Manfred Stauber
Thomas Weyerstahl

Duale Reihe

Gynäkologie und Geburtshilfe

Die überdurchschnittliche Ausstattung dieses Buches wurde durch die großzügige Unterstützung von drei Unternehmen ermöglicht, die sich seit langem als Partner der Mediziner verstehen.

Wir danken der

MLP Marschollek, Lautenschläger & Partner AG,
Alte Leipziger Lebensversicherungsgesellschaft aG,
Hallesche Nationale Krankenversicherung aG.

Nähere Informationen hierzu siehe am Ende des Buches.

Duale Reihe

Gynäkologie und Geburtshilfe

Manfred Stauber
Thomas Weyerstahl

unter Mitarbeit von
Alexander Beham, Cosima Brucker, Olaf Dathe, Gerlinde Debus, Thomas Dimpfl, Thomas Genz, Wolfgang Goetze-Claren, Thomas Grubert, Florian Hepp, Miguel Hinrichsen, Ralph Kästner, Thomas Klosterhalfen, Ernst Lengyel, Volker Maaßen, Diethard Pietschmann, Thomas Schramm, Ina Schuhmacher, Hans Franziskus Staiger, Manfred Stauber, Rainer Steldinger, Manfred Stumpfe, Adrienne Teschner, Susanne von Zumbusch-Weyerstahl, Thomas Weyerstahl, Gert Wunderer

549 Abbildungen, 213 Tabellen

Thieme

Die Deutsche Bibliothek - CIP-Einheitsaufnahme

Stauber, Manfred:
Gynäkologie und Geburtshilfe : Tabellen / Manfred Stauber ; Thomas Weyerstahl. Unter Mitarb. von Alexander Beham .... - Stuttgart : Thieme, 2001
(Duale Reihe)
ISBN 3-13-125341-X

Für die Verfasser:
Prof. Dr. Manfred Stauber
Klinikum der Universität München
I. Frauenklinik - Innenstadt
Maistraße 11
80337 München

Anschrift der Reihenherausgeber:

Dr. med. Alexander Bob
Weschnitzstraße 4
69469 Weinheim

Dr. med. Konstantin Bob
Weschnitzstraße 4
69469 Weinheim

Grafiker: Joachim Hormann, Stuttgart; Rolf Ochs, Karlsruhe
Layout: Arne Holzwarth, Stuttgart
Umschlaggestaltung: Thieme Marketing

Wichtiger Hinweis:

Wie jede Wissenschaft ist die Medizin ständigen Entwicklungen unterworfen. Forschung und klinische Erfahrung erweitern unsere Erkenntnisse, insbesondere was Behandlung und medikamentöse Therapie anbelangt. Soweit in diesem Werk eine Dosierung oder eine Applikation erwähnt wird, darf der Leser zwar darauf vertrauen, dass Autoren, Herausgeber und Verlag große Sorgfalt darauf verwandt haben, dass diese Angabe *dem Wissensstand bei Fertigstellung des Werkes* entspricht.
Für Angaben über Dosierungsanweisungen und Applikationsformen kann vom Verlag jedoch keine Gewähr übernommen werden. *Jeder Benutzer ist angehalten*, durch sorgfältige Prüfung der Beipackzettel der verwendeten Präparate und gegebenenfalls nach Konsultation eines Spezialisten festzustellen, ob die dort gegebene Empfehlung für Dosierungen oder die Beachtung von Kontraindikationen gegenüber der Angabe in diesem Buch abweicht. Eine solche Prüfung ist besonders wichtig bei selten verwendeten Präparaten oder solchen, die neu auf den Markt gebracht worden sind. *Jede Dosierung oder Applikation erfolgt auf eigene Gefahr des Benutzers.* Autoren und Verlag appellieren an jeden Benutzer, ihm etwa auffallende Ungenauigkeiten dem Verlag mitzuteilen.
Geschützte Warennamen (Warenzeichen) werden **nicht** besonders kenntlich gemacht. Aus dem Fehlen eines solchen Hinweises kann also nicht geschlossen werden, dass es sich um einen freien Warennamen handele.

Rüdigerstraße 14, D-70469 Stuttgart
Unsere Homepage: www.thieme.de

Printed in Germany 2001

Satz: Hagedorn Kommunikation, 68519 Viernheim
Druck: Appl, Wemding

ISBN 3-13-125341-X 1 2 3 4 5

Inhalt

Vorwort XXIII

1 Medizinethische Gesichtspunkte in der Frauenheilkunde 2

2 Gynäkologische Anatomie und ihre Störungen 8

3 Sexuelle Differenzierung und Störungen 28

2 Untersuchungstechniken in der Gynäkologie 137

5 Veränderungen und Tumoren der weiblichen Geschlechtsorgane . . . 212

6 Endometriose . . . 306
7 Blasenfunktionsstörungen und Lageveränderungen des weiblichen Genitaltrakts . . . 314

8 Verletzungen am weiblichen Genitale und Sexualdelikte . . . 339
1 Erkrankungen der Mamma . . . 344

Teil D

1 Kontrazeption und Familienplanung 392

2 Schwangerschaftsabbruch 417

Teil E

3 Sterilität und Infertilität 423

1 Regelrechte Anlage und Entwicklung der Schwangerschaft 450

2 Pathologie der Anlage und Entwicklung der Schwangerschaft 474

3 Untersuchungen in der Schwangerschaft 494

4 Risikoschwangerschaft und Krankheitsbilder in der Schwangerschaft 532

Teil F

Anschriften

Dr. med. Alexander Beham
Chirurgische Klinik und Poliklinik
der Universität Regensburg
Franz-Josef-Strauß-Allee 11
D-93047 Regensburg

Prof. Dr. med. Cosima Brucker
Universitätsfrauenklinik
und Poliklinik
Zentrum für Reproduktionsmedizin
und Gynäkologische Endokrinologie
Prittwitzstraße 43
D-89070 Ulm

Dr. med. Olaf Dathe
Klinikum der Universität München
I. Frauenklinik – Innenstadt
Maistraße 11
D-80337 München

PD Dr. med. Gerlinde Debus
Krankenhaus Neuperlach
Abteilung Gynäkologie/Geburtshilfe
Oskar-Maria-Graf-Ring 51
D-81737 München

PD Dr. med. Thomas Dimpfl
Frauenklinik
Klinikum Kassel
Mönchenbergstraße 41–43
D-34125 Kassel

Prof. Dr. med. Thomas Genz
Klinikum Garmisch-Partenkirchen
Abteilung Gynäkologie
und Geburtshilfe
Auenstraße 6
D-82467 Garmisch-Partenkirchen

Prof. Dr. med. Wolfgang Goetze-Claren
Klinikum der Universität München
I. Frauenklinik – Innenstadt
Maistraße 11
D-80337 München

Dr. med. Thomas Grubert
Klinikum der Universität München
I. Frauenklinik – Innenstadt
Maistraße 11
D-80337 München

Dr. med. Florian Hepp
Klinikum der Universität München
I. Frauenklinik – Innenstadt
Maistraße 11
D-80337 München

Dr. med. Miguel Hinrichsen
Gynäkologe
Lornsenstraße 4–6
D-22767 Hamburg

Dr. med. Ralph Kästner
Klinikum der Universität München
I. Frauenklinik – Innenstadt
Maistraße 11
D-80337 München

Dr. med. Thomas Klosterhalfen
Gynäkologe
Maximilianstraße 36
D-80539 München

PD Dr. med. Ernst Lengyel
University of California,
San Francisco (UCSF)
Department of Obstetrics,
Gynecology and Reproductive Sciences
and UCSF Comprehensive Cancer Center
2340 Sutter street
94143-0875 San Francisco, Kalifornien
USA

Dr. med. Volker Maaßen
Allgemeines Krankenhaus Harburg
Gynäkologie und Geburtshilfe
Eißendorfer Pferdeweg 52
D-21075 Hamburg

Dr. med. Diethard Pietschmann
Allgemeines Krankenhaus Harburg
Gynäkologie und Geburtshilfe
Eißendorfer Pferdeweg 52
D-21075 Hamburg

PD Dr. med. Thomas Schramm
Gynäkologe
Lachnerstraße 20
D-80639 München

Dr. med. Ina Schuhmacher
Krankenhaus Neuperlach
Abteilung Gynäkologie/Geburtshilfe
Oskar-Maria-Graf-Ring 51
D-81737 München

Dr. med. Hans Franziskus Staiger
St. Elisabeth Krankenhaus
Gesundheitszentrum Lahnstein
Abteilung Gynäkologie
und Geburtshilfe
Ostallee 3
D-56112 Lahnstein

Prof. Dr. med. Manfred Stauber
Klinikum der Universität München
I. Frauenklinik – Innenstadt
Maistraße 11
D-80337 München

PD Dr. med. Rainer Steldinger
Gynäkologe
Seestraße 11
D-83209 Prien am Chiemsee

Dr. med. Manfred Stumpfe
Gynäkologe
Jeschkenstraße 13
D-82538 Geretsried

Dr. med. Adrienne Teschner
Gynäkologin
Albert-Roßhaupter-Straße 65
D-81369 München

Dr. Dr. med. Susanne von Zumbusch-Weyerstahl
Biologin/Dermatologin
Schatzlgasse 20
D-82335 Berg

Dr. med. Thomas Weyerstahl
Gynäkologe
Weinstraße 8
D-80333 München

PD Dr. Dr. med. Gert Wunderer
Gynäkologe
Schongauer Straße 26
D-82380 Peißenberg

Vorwort

Das rasche Fortschreiten der Erkenntnisse im Fach Gynäkologie und Geburtshilfe erfordert sowohl für die Studentinnen und Studenten als auch für die sich weiterbildenden Ärztinnen und Ärzte ein aktuelles und übersichtliches Lehrbuch. Besonders hilfreich ist es, wenn dieses Lehrbuch neben einem tieferen Einblick in die Thematik zusätzlich eine zusammenfassende Orientierung ermöglicht. So wurde im Textteil auf ca. 750 Seiten das Stoffgebiet mit vielen Abbildungen, Schemata, Tabellen und abrundenden klinischen Fällen dargestellt. In Form einer Marginale findet sich am Rand der jeweiligen Abhandlung ein kleines Repetitorium, das ein Konzentrat des Lehrbuchtextes widerspiegelt.

Eine Besonderheit dieses Lehrbuches besteht auch darin, dass für die Frauenheilkunde wichtige und sehr aktuelle Zusatzgebiete integriert wurden – und dies in gut verständlicher und zusammenfassender Form. Hierzu zählen z. B. medizinethische, psychosomatische sowie rechtsmedizinische Aspekte. Für diesen Entschluss der Herausgeber war ausschlaggebend, dass die Frauenheilkunde mit einer kaum zu überbietenden Vielfalt von Konfliktfeldern verwoben ist, die sich aus der modernen **Reproduktionsmedizin** (z. B. In-vitro-Fertilisation, intrazytoplasmatische Spermieninjektion, Gametenspende, Präimplantationsdiagnostik), der **Geburtsmedizin** (z. B. Schwangerschaftsbeendigung, Frühgeburten, Geburtsmodus, Mutterschutzrecht) sowie der **gynäkologischen Onkologie** (z. B. Verlust der Genitalorgane, Strahlen- und Chemotherapie) ergeben. Auch die strafrechtlichen Aspekte, die durch das Embryonenschutzgesetz und den § 218 geregelt sind, werden entsprechend der Praxisrelevanz und auch der künftigen Prüfungsanforderungen mit Augenmaß und Weitblick abgehandelt.

Das in der „Dualen Reihe" neu erscheinende Lehrbuch für Gynäkologie und Geburtshilfe wurde in langjähriger Zusammenarbeit von den Herausgebern, den erfahrenen Autorinnen und Autoren mit kompetenten Mitarbeiterinnen und Mitarbeitern des Verlages erstellt. Es wurde dabei auch auf Prüfungsrelevanz geachtet. Die Herausgeber haben bei der Gliederung des Lehrbuches weiterhin darauf geachtet, dass die internationale Literatur mit einer Reihe neuer wissenschaftlicher Erkenntnisse in einem adäquaten Ausmaß berücksichtigt wurde. Hierzu muss gesagt werden, dass sich unser derzeitiges Wissen durch neue Forschungsansätze in der Molekularbiologie und der Endokrinologie laufend verändert. Die Erkenntnisse z. B. in der genetischen Polymorphismen-Diagnostik bedürfen auch in Zukunft weiterer kritischer Beobachtung und bei entsprechender Verifizierung der Integration in folgende Auflagen.

Besonderer Dank für die Unterstützung in den einzelnen Phasen der Entstehung dieses für die Frauenheilkunde neuartigen Lehrbuches gilt dem Direktor der I. Universitätsklinik in München, Herrn Prof. Dr. G. Kindermann, sowie allen beteiligten Autoren. Weiterhin danken wir dem Thieme-Verlag und den engagierten Fachkräften – insbesondere Herrn Albrecht Hauff, Herrn Dr. Alexander Bob, Frau Dr. Bettina Hansen, Frau Dr. Bettina Horn-Zölch sowie Frau Christine Friedl.

Manfred Stauber

Thomas Weyerstahl

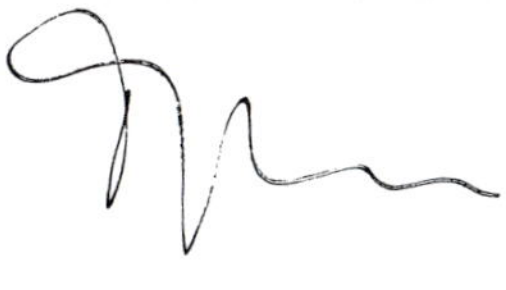

A

1 Medizinethische Gesichtspunkte in der Frauenheilkunde

Die Frauenheilkunde ist ein besonderer medizinischer Bereich, da die Entstehung des Lebens, die Geburt und der Tod hier eng nebeneinander thematisiert werden. Fortschreitende Entwicklungen neuer Technologien in Diagnostik und Therapie erweitern ständig das „medizinisch Machbare“ und eröffnen zahlreiche Grenzfragen, z. B. in den Spezialgebieten der

- modernen Reproduktionsmedizin
- der pränatalen Medizin
- der gynäkologischen Onkologie mit Eingriffen am Ende des Lebens.

Sie erfordern Entscheidungen mit großer Tragweite, die mit medizinischem Wissen alleine nicht mehr getroffen werden können – die medizinische Indikation bedarf der Erweiterung konkurrierender Wertvorstellungen. Ein Arzt alleine ist mit den oft damit verbundenen ethischen Konflikten überfordert – ein mehrheitlicher Konsens ist gefragt, um tragfähige Entscheidungen treffen zu können. In schwierigen Situationen, müssen die Vorstellungen, Wünsche und Ziele aller Beteiligten, und vor allem auch der direkt Betroffenen, berücksichtigt werden. Eine solche „Konsensethik“ berührt jedoch nicht die individuelle Gewissensentscheidung eines jeden Arztes, z. B. bei der Durchführung eines Schwangerschaftsabbruches.

Wenn es um die individuelle Gewissensentscheidung geht, so wird meist der Eid des Hippokrates (ca. 450 bis 370 v. Chr.) sowie die Verpflichtungsformel für deutsche Ärzte (verabschiedet vom 82. Deutschen Ärztetag 1979) zitiert. Die zentralen Aussagen des hippokratischen Eides und der Verpflichtungsformel für deutsche Ärzte sind in Tab. **A-1.1** bzw. Tab. **A-1.2** zusammengefasst.

Punkt 4 der Verpflichtungsformel (Tab. **A-1.2**) soll herausgegriffen und problematisiert werden. In der Realität ist oft der Umgang mit den Patienten und teilweise auch die medizinische Behandlung von der Kassenzugehörigkeit und der sozialen Stellung abhängig. Unter dem Blickwinkel der begrenzten Ressourcen wurde ein neues Wirtschaftlichkeitsdenken in die medizinische Behandlung hineingetragen. Bestimmte Leistungen könnten in Zukunft nur noch für sozial besser gestellte Schichten über zusätzliche private Absicherung oder Privatliquidation erreichbar sein. Das Solidarsystem, auf dem unser Gesundheitssystem beruht, würde auf diese Weise definitiv durch eine „Zweiklassenmedizin“ abgelöst. Die nicht zu verleugnende Begrenztheit der Ressourcen erfordert eine hohe ethische Kompetenz bei der Auseinandersetzung mit der Frage, wie

A-1.1 Zentrale Aussagen des Eides des Hippokrates

- Das Heil der Kranken fördern,
- nie Schaden zufügen („nihil nocere“),
- nie eine Arznei geben, die den Tod herbeiführt,
- kein Mittel zur Vernichtung keimenden Lebens geben,
- schweigen über Dinge, die in der Praxis geschehen.

A-1.2 Zentrale Aussagen der Verpflichtungsformel für deutsche Ärzte

- Das Leben in den Dienst der Menschlichkeit zu stellen,
- den ärztlichen Beruf mit Gewissenhaftigkeit und Würde auszuüben,
- die dem Arzt anvertrauten Geheimnisse zu wahren,
- keinen Unterschied in der ärztlichen Behandlung zu machen, weder nach Religion, Nationalität, Rasse, Parteizugehörigkeit oder sozialer Stellung,
- dem Menschenleben von der Empfängnis an Ehrfurcht entgegenzubringen,
- den Lehrern und Kollegen die schuldige Achtung zu erweisen.

Randspalte:

1 Medizinethische Gesichtspunkte in der Frauenheilkunde

Die Frauenheilkunde befasst sich mit zahlreichen Grenzfragen, die mit medizinischem Wissen allein nicht mehr beantwortet werden können.
Spezialgebiete wie
- Reproduktionsmedizin,
- pränatale Medizin und
- Onkologie

konfrontieren den Arzt häufig mit ethischen Konflikten, mit denen er nicht selten überfordert ist.
Zur Vermeidung einseitiger Entscheidungen bietet sich als Lösung eine „Konsensethik“ an. Individualentscheidungen sollten in schwierigen Situationen durch Konsensentscheidungen ersetzt werden. Konsensentscheidungen entheben den Arzt nicht seiner individuellen Gewissensentscheidung.

Tab. **A-1.1** bzw. Tab. **A-1.2** zeigen die zentralen Aussagen des hippokratischen Eides und der Verpflichtungsformel für deutsche Ärzte.

Punkt 4 der Verpflichtungsformel entspricht heute nicht mehr der Realität unseres ärztlichen Alltags. Bei der Diskussion über begrenzte Ressourcen und der Forderung einer Wirtschaftlichkeit der medizinischen Behandlung ist es besonders wichtig, diesem Punkt wieder einen höheren Stellenwert einzuräumen.

A-1.1

A-1.2

und für was und für wen die Mittel innerhalb des Bezahlbaren eingesetzt werden sollen. Es ist auch die Aufgabe der Ärzteschaft, die öffentliche Diskussion in diesem Punkt differenziert und verantwortungsbewusst mitzugestalten, um dem Punkt 4 der unterschiedslosen ärztlichen Behandlung wieder einen höheren Stellenwert einzuräumen. Andernfalls müsste dieser Punkt in Zukunft aus dem Gelöbnis der deutschen Ärzte gestrichen werden.

Im Folgenden führen einige kurze Fallbeispiele zu Themen aus gynäkologischen und geburtshilflichen Bereichen, die besonders an emotionalen, ethischen Brennpunkten arbeiten, in die Thematik ein.

Zur Einführung in die Thematik werden einige Kurzfallbeispiele dargestellt.

▶ Klinischer Fall. „Ein Kind um jeden Preis"
Die 50-jährige Frau wünscht mit ihrem neuen, 10 Jahre jüngeren Partner eine In-vitro-Fertilisation, da sich spontan keine Schwangerschaft einstellt. Sie drückt sich so aus, dass sie alle Chancen wahrnehmen möchte, um ihren späten Kinderwunsch zu erfüllen. Ihr Partner hat aus früherer Ehe 2 Kinder und ist als fertil anzusehen. Bei der Frau ergeben Anamnese, klinische Untersuchung und endokrinologische Parameter Anzeichen für ein beginnendes klimakterisches Syndrom.
Kommentar: Eine Risiko-Nutzen-Abwägung zeigt, dass die Chancen zur Erfüllung des Kinderwunsches deutlich geringer sind als die damit verbundenen Gefahren. Außerdem gewinnt man bei der psychosomatischen Zusatzuntersuchung den Eindruck, dass das Kind eher Mittel zum Zweck ist und die Patientin eine Scheinlösung ihrer inneren Konflikte mit einer späten Schwangerschaft erzielen will. Der Kinderwunsch ist überwertig. Im Rahmen der Indikationsbesprechung in der Spezialsprechstunde für Kinderwunschpaare wird die Durchführung der In-vitro-Fertilisation abgelehnt. Es handelt sich um eine Konsensentscheidung, wobei der „Kinderwunsch um jeden Preis" problematisiert wird. Die Entscheidung wird der Patientin mitgeteilt. Die Patientin erkennt die Ablehnung für diesen Eingriff nicht an und wendet sich an ein privates Institut für Reproduktionsmedizin.
In neuester Zeit wird in einigen ausländischen Reproduktionszentren der sehr späte Kinderwunsch (Frauen zwischen 50 und 70 Jahren) mit Hilfe fremder Eizellen zu erfüllen versucht. Nach dem deutschen Embryonengesetz ist dies nicht erlaubt. Nicht selten setzt ein Patienten-Tourismus ein, der oft neue ethische und rechtliche Probleme aufwirft.

◀ Klinischer Fall

▶ Klinischer Fall. Invasive Kinderwunschbehandlung trotz hoher Komplikationsrate?
Die 34-jährige Kinderwunsch-Patientin ist Überträgerin der rezessiv vererbbaren Muskeldystrophie. Sie hat gleichzeitig eine Tubensterilität und wünscht gemeinsam mit ihrem Mann die In-vitro-Fertilisation. Auf Grund einer parallel durchgeführten genetischen Untersuchung wird ihr mitgeteilt, dass im Fall einer Schwangerschaft folgende Wahrscheinlichkeiten für das Kind bestehen:

- in 25 % ein gesundes Mädchen
- in 25 % ein Mädchen, das Überträgerin ist
- in 25 % ein gesunder Junge
- in 25 % ein kranker Junge mit sehr schwerem Krankheitsverlauf.

Die Patientin wünscht nun die In-vitro-Fertilisation und – für den Fall der Schwangerschaft – eine Chorionzottenbiopsie bzw. Fruchtwasseruntersuchung zur genaueren Differenzierung der dann tatsächlichen Situation. Für den Fall eines kranken Jungen wünscht sie schon jetzt die Zusicherung für einen Schwangerschaftsabbruch.
Kommentar: Die Schwierigkeit in der Fragestellung besteht vor allem darin, dass invasive medizinische Eingriffe wie die IvF und die Chorionzottenbiopsie zu einem eventuellen Folgeproblem führen, nämlich zu einem Schwangerschaftsabbruch in einem relativ hohen Prozentsatz.
Es ist auch darauf hinzuweisen, dass in einigen Ländern die Präimplantationsdiagnostik (PID) in solchen Situationen zum Einsatz kommt. Hierbei wird nach der gelungenen Befruchtung im Reagenzglas ein Blastomer aus dem frühen Embryo entnommen und die Chromosomendiagnostik vorgenommen, bevor der Embryotransfer indiziert wird. Nach dem deutschen Embryonenschutzgesetz ist dies z. Z. noch nicht möglich.

◀ Klinischer Fall

▶ Klinischer Fall

▶ **Klinischer Fall. Sterilisation** aus ideologischen Gründen?
Die 24-jährige Patientin kommt mit dem Wunsch nach einer Sterilisation. Sie teilt mit, dass es ihr Wunsch sei, von vornherein kinderlos zu bleiben, da sie der Ansicht sei, dass es sowieso genügend Kinder auf der Welt gäbe. Sie bittet um die laparoskopische Sterilisation. Die in der Klinik pflichtmäßige psychosomatische Untersuchung bei dieser Patientinnengruppe zeigt neben dem Risikofaktor des jugendlichen Alters noch mehrere Risikofaktoren wie das Fehlen einer stabilen Partnerbeziehung und das Vorhandensein einer depressiven Grundstruktur. Es wird vermutet, dass die Patientin mit diesem Eingriff einen selbstzerstörerischen Vorgang auslöst, der psychische Schwierigkeiten erwarten lässt, die sich nach der endgültigen Kontrazeption ergeben.
Kommentar: Die beteiligten Ärzte(innen) entscheiden sich mehrheitlich für die Ablehnung der Sterilisation und raten zunächst zu weiteren psychosomatischen Gesprächen, speziell zur Aufarbeitung der bestehenden depressiven Symptome.
Es wird außerdem der Patientin empfohlen, vor einer eventuellen Sterilisation die passageren Kontrazeptiva anzuwenden, z. B. Ovulationshemmer oder Intrauterinpessar.

▶ Klinischer Fall

▶ **Klinischer Fall.** Problem der **medizinischen Indikation im Rahmen des § 218** (Schwangerschaftsabbruch).
Bei der 22-jährigen Patientin wurde ultraschalldiagnostisch beim Hausarzt das Fehlen des linken Vorderarmes des Fetens in der 23. SSW post menstruationem festgestellt. In der Klinik wurde diese Diagnose bestätigt. Die Patientin und ihr Partner erleben diese Malformatio-Diagnose schockartig und fordern den Schwangerschaftsabbruch aus medizinischer Indikation. Gleichzeitig liegt bei beiden Partnern eine schwere reaktive Depression vor. Vor allem die Patientin berichtet von Suizidphantasien, wenn der Schwangerschaftsabbruch nicht sofort vorgenommen würde.
Kommentar: Die Grenzziehung bei der Entscheidung einer medizinischen Indikation zum Schwangerschaftsabbruch stellt ein häufiges ethisches Dilemma dar. Vor allem fetale Missbildungen werden von der Patientin häufig mit schwerer psychischer und körperlicher Beeinträchtigung assoziiert. Von ärztlicher Seite wird meist überlegt, ob es einer Frau zumutbar wäre, mit dieser Art einer Missbildung beim Kind umzugehen. Andererseits hat die Autonomie der Patientin großes Gewicht. Schließlich ist sie es, die in ihrer eigenen Intimität zum Kind die Entscheidung für diese massive lebensbeeinflussende Situation bewältigen kann.

▶ Klinischer Fall

▶ **Klinischer Fall. Unterlassung ärztlicher Hilfeleistung?**
Ein Kind wurde mit einer ausgedehnten Meningomyelozele geboren. Die Kinderärzte drängen darauf, eine schnelle Operation vorzunehmen, um der zu erwartenden Infektion und dem möglichen Tod des Kindes vorzubeugen. Die Mutter verweigert diese Operation, da das Kind mit großer Wahrscheinlichkeit in den unteren Extremitäten gelähmt sein wird, und um – wie sie sagt – dies dem Kind zu ersparen. Die Kinderärzte überlegen, die Entmündigung der Mutter zu beantragen, um das Kind operieren zu können.

▶ Klinischer Fall

▶ **Klinischer Fall. Abwägung von mütterlichem und kindlichem Gesundheitsrisiko**
Bei der 31-jährigen Patientin liegt ein schweres Schwangerschaftsrisiko in der 26. Woche vor. Sie leidet unter einer chronischen Niereninsuffizienz und entwickelt eine bedrohliche Präeklampsie. Es wird ihr zu einer sofortigen Geburtsbeendigung geraten. Da der Fötus unreif ist und eine eingeschränkte Überlebenschance hat, will die Mutter zum jetzigen Zeitpunkt noch keine Geburtsbeendigung. Sie möchte „alles für das Kind tun", wie sie sich ausdrückt. Die Verzögerung der aus mütterlicher Indikation notwendigen Sectio führt zu einem zunehmenden lebensbedrohlichen Organversagen bei der Mutter. Die schließlich doch vorgenommene Sectio führt im Endergebnis zu weiteren schweren Spätkomplikationen bei der Mutter. Das Kind verstirbt an Unreife.

Die Fallbeispiele verdeutlichen, dass der einzelne Arzt oft mit der Entscheidung überfordert ist und besser alle Beteiligten in die Entscheidung miteinbezogen werden sollten.

Aus den angeführten Fallbeispielen wird deutlich, dass der einzelne Arzt oft mit der Entscheidung überfordert ist. Er erlebt ein „ethisches Dilemma", das im Interesse der Patientin und auch des Arztes besser auf den Schultern aller Beteiligten, vor allem mit der betroffenen Patientin, getragen und diskutiert werden sollte.

1.1 Ethische Entscheidungsprozesse

1.1 Ethische Entscheidungsprozesse

Vorschläge für ethische Entscheidungsprozesse in Geburtshilfe und Gynäkologie wurden von „The American College of Obstetricians and Gynecologists, Washington" gemacht, die in der Zeitschrift für Geburtshilfe und Gynäkologie

1991 publiziert wurden. Zentrale Aussagen hieraus sind in den folgenden Ausführungen berücksichtigt:

1. Der Arzt sollte über die Struktur seines eigenen Wertsystems Bescheid wissen.
2. Der Arzt sollte einen allgemeinen Wissenshintergrund im Fach Ethik haben.
3. Der Entscheidungsprozess und die Umsetzung ethischer Entscheidungen sollten beim Arzt systematisch und logisch konsistent sein.

Es wird festgehalten, dass die Verantwortung zur Sicherstellung moralisch gerechtfertigter Entscheidungen primär beim Arzt liegt. Bevor jedoch ein ethischer Zugang zur Lösung schwieriger Probleme möglich ist, müssen folgende grundlegende Dinge geklärt sein und Begriffe klassifiziert werden.

Zur Lösung schwieriger Probleme werden Anforderungen an den Arzt gestellt, die sein eigenes Wertsystem, seinen Wissenshintergrund im Fach Ethik und seine Berechenbarkeit betreffen.

Wertvorstellungen

Jedes Individuum erwirbt infolge einer Vielfalt von Lebenserfahrungen ein persönliches Wertebewusstsein. Gewisse Dinge, Beziehungen und Ziele werden als wünschenswerter erachtet als andere. Diese Wertvorstellungen beeinflussen das eigene Handeln.

Wertvorstellungen
Wertvorstellungen beeinflussen das eigene Handeln.

Moral

Moral ist die Beschreibung der allgemein gültigen Vorstellung von Recht und Unrecht, von dem was getan und nicht getan werden soll.

Moral
Moral ist die allgemein gültige Vorstellung von Recht und Unrecht.

Ethik

Es handelt sich dabei um das formale Studium des moralischen Verhaltens, bei dem moralische Verpflichtungen im Hinblick auf anerkannte ethische Prinzipien untersucht werden. Ethik als eine wissenschaftliche Disziplin hat sich aus der Diskussion moralischer Fragestellungen entwickelt und hat bekannte historische Vertreter in den Moralphilosophen Plato, Aristoteles, Thomas von Aquin, Immanuel Kant u. a.

Ethik
Ethik ist ein formales Studium des moralischen Verhaltens.

Ethisches Dilemma

Dies entsteht, wenn auf Wertvorstellungen basierende Rechtfertigungen für 2 oder mehrere konträre Handlungsweisen gefunden werden können. (So kommt der Arzt z. B. in ein ethisches Dilemma, wenn die Patientin eine persönliche Entscheidung der Operationsverweigerung trifft, obwohl es sich um ein operables Karzinom handelt.)

Ethisches Dilemma
Ein ethisches Dilemma entsteht, wenn mehrere konträre Handlungsweisen möglich sind.

Ethische Konflikte

Diese entstehen bei unterschiedlichen Urteilen der Entscheidungsträger, Hauptgründe dafür sind persönliche Überzeugungen, berufspolitische bzw. institutsspezifische Orientierungen, die in den Entscheidungsprozess einfließen.

Ethische Konflikte
Ethische Konflikte entstehen bei unterschiedlichen Urteilen der Entscheidungsträger.

Ethische Prinzipien

- Autonomie

Verpflichtung zur Nichteinmischung – es sei denn, die persönliche Freiheit Dritter wird betroffen (also weitgehende Berücksichtigung der Wünsche der Patientinnen). Die Autonomie ist in den letzten Jahren zunehmend zum wichtigsten ethischen Prinzip geworden. Wenn sich der Arzt über die Autonomie der Patientin hinwegsetzt, spricht man von „Paternalismus".

- Fürsorge

Dies ist die Verpflichtung, für das Wohlergehen anderer zu sorgen. Das damit zusammenhängende Prinzip des „Nichtzuleidetuns" („nihil nocere") verpflichtet den Arzt, Schaden zu vermeiden.

- Gerechtigkeit

Gerechtigkeit ist das Recht von Individuen, das zu beanspruchen, was ihnen auf der Grundlage von persönlichem Eigentum oder bestimmter Charakteristika zusteht. Rassen-, Geschlechts- und Religionszugehörigkeit sind keine moralisch gerechtfertigten Kriterien für die Verteilung von Gütern wie Arbeit und Wohnen. Gerechtigkeit beinhaltet die Verpflichtung zur Gleichbehandlung (so muss z. B. bei Bettenknappheit auf der Intensivstation entschieden werden, bei wem die größere Genesungswahrscheinlichkeit besteht und nicht, wer das meiste Geld hat).

Ethische Prinzipien
- Autonomie
- Fürsorge
- Gerechtigkeit.

Ethische Konzepte

- Informierte Einwilligung (informed consent)

Ethische Konzepte
- Informierte Einwilligung

- Aufrichtigkeit
- Vertraulichkeit.

Beziehungen im Entscheidungsprozess

1. Arzt-Patient-Beziehung
2. Mutter-Fötus-Beziehung
3. Beziehungen zu Dritten.

Richtlinien für den Entscheidungsprozess

sollten schematisch angewendet werden.

1. Identifikation des Entscheidungsträgers (meist Patientin)
2. Daten sammeln
3. Klarstellen aller wesentlichen Optionen
4. Evaluieren von Optionen
5. Klarstellung ethischer Konflikte und Prioritätensetzung
6. Wahl der am meisten gerechtfertigten Option
7. Entscheidung reevaluieren.

Die **„Konsenssuche"** soll eine möglichst richtige Entscheidung herbeiführen.

1.2 Künftig globale Ethik

Aktuelle ethische Dilemmata in verschiedenen Kontinenten, wie die geschlechtsspezifischen Aborte, die weibliche Beschneidung und die grenzenlose Reproduktionsmedizin erfordern eine globale Ethik. Eine konkrete Bearbeitung durch die verantwortlichen Frauenärztinnen und Frauenärzte ist erforderlich, da auch „die Wahrheit konkret ist".

Nach Aufklärung durch den Arzt über Art, Risiko und Nutzen sowie Alternativen des operativen Eingriffes trifft die Patientin eine persönliche Entscheidung. Der Kommunikationsprozess in der Arzt-Patientin-Beziehung soll die Selbstverantwortung der Patientin verdeutlichen.

- Aufrichtigkeit

Vollständige und wahrheitsgemäße Aufklärung über den medizinischen Status und über jeden Behandlungsweg. Dieses Konzept dient der Fürsorge wie auch der Autonomie der Patientin.

- Vertraulichkeit

Die Privatsphäre der Patientin muss respektiert werden. Ein ethisches Dilemma kann z. B. entstehen bei konkurrierenden Prinzipien, z. B. Autonomie der Patientin und Pflicht der Schadensabwendung von Dritten bei Geschlechtskrankheit. In den letzten Jahren wurde dieses Thema in Zusammenhang mit HIV-Infektionen aktuell.

Beziehungen im Entscheidungsprozess

Die verschiedenen im Gesundheitssystem beteiligten Parteien können eine Rückwirkung auf die Entscheidungen haben:

1. die Arzt-Patient-Beziehung (z. B. Arzt und Patientin haben unterschiedliche Ansichten über das, was gut für die Patientin ist, z. B. Wunsch einer 50-jährigen Patientin zur Anwendung der modernen Reproduktionsmedizin)
2. die Mutter-Fötus-Beziehung (zusätzliche Verpflichtung des Arztes für den zweiten Patienten)
3. Beziehungen zu Dritten (Vater des Kindes, Institutionen wie Krankenkasse usw.).

Richtlinien für den Entscheidungsprozess

Für den einzelnen Arzt ist es wichtig, ein Entscheidungsschema zu entwickeln, das im Fall eines „ethischen Dilemmas" widerspruchsfrei angewendet werden kann. Hilfreich ist ein aus einer Abfolge von logischen Schritten bestehender Ansatz:

1. Identifikation des Entscheidungsträgers (Wessen Entscheidung ist es? Im Allgemeinen die der Patientin! Ausnahme: Unzurechnungsfähigkeit usw.). Im Rahmen der Geburtshilfe wird im Allgemeinen die schwangere Frau als der für den Fötus zuständige Entscheidungsträger angesehen
2. Daten sammeln, Fakten erstellen (z. B. über Konsultationen)
3. Klarstellen aller wesentlichen Optionen
4. Evaluieren von Optionen nach Maßgabe der involvierten Wertvorstellungen und Prinzipien
5. Klarstellen ethischer Konflikte und Prioritätensetzung
6. Wahl der Option, die am meisten gerechtfertigt erscheint
7. die Entscheidung reevaluieren, nachdem danach verfahren wurde.

Selten wird man in einem ethischen Dilemma zu einer kristallklaren Lösung kommen. Eine **„Konsenssuche"** soll nach Abwägung der Wertvorstellungen und Ziele die richtige Entscheidung geben.

1.2 Künftig globale Ethik

Auf dem 12. Weltkongress für psychosomatische Geburtshilfe und Gynäkologie in Washington 1998 und erweitert auf dem 13. Weltkongress in Buenos Aires 2001 wurden die besonders auffälligen aktuellen ethischen Dilemmata im Fach Frauenheilkunde konkret beleuchtet. Ausgehend von konkreten Zahlen der NS-Medizin (Zwangssterilisationen, Zwangsabtreibungen, menschenverachtende Forschung) wurden die heute praktizierten inhumanen Verfahrensweisen in der Gynäkologie in den verschiedenen Kontinenten offen durch Vertreter der psychosomatischen Gynäkologie aufgezeigt. Dabei wurde Wert darauf gelegt, ethische Konzepte zunehmend im Sinne einer globalen Ethik anzuwenden. Die geschlechtsspezifischen Aborte in asiatischen Ländern, die weibliche Beschneidung in vorwiegend afrikanischen Ländern und eine gelegentlich grenzenlose Reproduktionsmedizin in Europa, Australien und den USA wurden detailliert diskutiert. Gleichzeitig wurde nach konkreten Lösungen gesucht, da auch „die Wahrheit konkret ist". Es wurde deutlich, dass es für die Zukunft wichtig ist, nicht nur über Ethik zu reden und zu schreiben, sondern die konkreten Dilemmata von ärztlicher Seite aktiv zu lösen. Für die inhumane Medizin tragen die Frauenärztinnen und Frauenärzte die wesentliche Verantwortung, so dass die nötigen Schlussfolgerungen primär auch von ihnen konkretisiert werden müssen. Rückblickend auf die inhumanen Praktiken der Nazimedizin mit Zwangssterilisationen, Zwangsabtreibungen, unterlassener Hilfeleistung und menschenverachtender Forschung heißt dies, dass auch heute die Ärzte(innen), die inhumane Medizin praktizieren, für ihr Handeln die Verantwortung tragen.

Extrempositionen, wie sie z. B. von dem australischen Bioethiker Peter Singer vertreten werden, stoßen vor allem in Deutschland auf verständlichen Widerstand und schnelle Ablehnung. Die Erfahrungen mit der inhumanen Medizin des Dritten Reiches haben ein Stück Sensibilität für eine Medizinethik mit Augenmaß entstehen lassen. Es gibt aber zurzeit auch eine Reihe von „Bioethikern", die angesichts der modernen medizinisch-technischen Möglichkeiten neue ethische Richtlinien fordern. Wir müssen uns allerdings dabei fragen, ob es sich hier nicht um eine „Bioethik-Falle" handelt. Schließlich ist es gerade die „wissenschaftliche Bioethik", die den Versuch unternimmt, beim Vorpreschen in bestimmten medizinischen Bereichen (Reproduktionsmedizin mit Manipulation am Embryo, Sterbehilfe, Handel mit fremden Organen) zu einer theoretischen Abstützung zu gelangen. Das Problem einer eng definierten „wissenschaftlichen Bioethik" besteht darin, dass sie nicht primär nach einem wirksamen Schutz für alle Menschen sucht, sondern den Menschen selbst aus dem Lebensrecht heraus definiert. Auf Grund der Erfahrungen aus der Medizingeschichte ist aber der Weg primär in Richtung „Lebensschutz" zu gehen. An erster Stelle gilt es also, Leben zu erhalten. Erst auf dieser Grundlage können einzelne Ausnahmen möglich sein, etwa beim Schwangerschaftsabbruch, beim Umgang mit Sterbenden oder besonders deutlich in der immer wieder neue Probleme aufwerfenden modernen Reproduktionsmedizin.

Die aktuellen „Bioethik-Diskussionen" können mehr Sensibilität für eine Medizinethik mit Augenmaß bringen.

2 Gynäkologische Anatomie und ihre Störungen

2.1 Gynäkologische Anatomie

2.1.1 Knöchernes Becken (Pelvis)

Der knöcherne **Beckenring** besteht aus den Ossa coxae, die durch die Symphyse miteinander verbunden sind, und dem Os sacrum (s. Abb. **A-2.1**).

Der Beckenring wird kaudal durch eine muskulös-bindegewebige Platte, den Beckenboden, abgeschlossen.

Das weibliche Becken ist niedrig und breit. Einen Vergleich mit dem männlichen Becken zeigt Abb. **A-2.2**.

2 Gynäkologische Anatomie und ihre Störungen

2.1 Gynäkologische Anatomie

2.1.1 Knöchernes Becken (Pelvis)

Das Becken bildet den unteren Abschluss des Rumpfes. Die knöcherne Grundlage des Beckens bildet der **Beckenring**, der sich zusammensetzt aus den beiden Ossa coxae (Hüftbeine), die ventral durch die Symphyse (Schambeinfuge) knorpelig miteinander verbunden sind, und dem Os sacrum (Kreuzbein) (s. Abb. **A-2.1**). Jedes Os coxae besteht aus drei Knochen: dem Os ilium (Darmbein), dem Os ischii (Sitzbein) und dem Os pubis (Schambein). Über das Os sacrum ist das Becken fest mit der Wirbelsäule verbunden; es trägt bei aufrechter Körperhaltung die Last des Rumpfes sowie der oberen Gliedmaßen und überträgt sie auf die Beine.

Der Beckenring ist in sich unbeweglich. Kaudal wird er durch eine muskulös-bindegewebige Platte, den Beckenboden, abgeschlossen. Damit erhält das knöcherne Becken die Form eines Trichters, der die Beckenorgane enthält.

Das weibliche Becken unterscheidet sich genetisch vom männlichen Becken. Durch den Einfluss der weiblichen Sexualhormone werden die Unterschiede in der Pubertät verstärkt. Das weibliche Becken ist niedriger und breiter und damit geräumiger als das männliche Becken, das durch die Steilstellung der Ossa coxae die Form eines Zylinders hat (s. Abb. **A-2.2**): Die Darmbeinschaufeln laden bei der Frau seitlich stärker aus, das Kreuzbein ist breiter und das Promontorium springt nicht so stark in das Becken vor. Insgesamt sind die weiblichen Beckenknochen dünner und bilden mit der Symphyse einen weiten Winkel von 90–100° (Arcus pubis).

A-2.1

A-2.1 Das knöcherne weibliche Becken

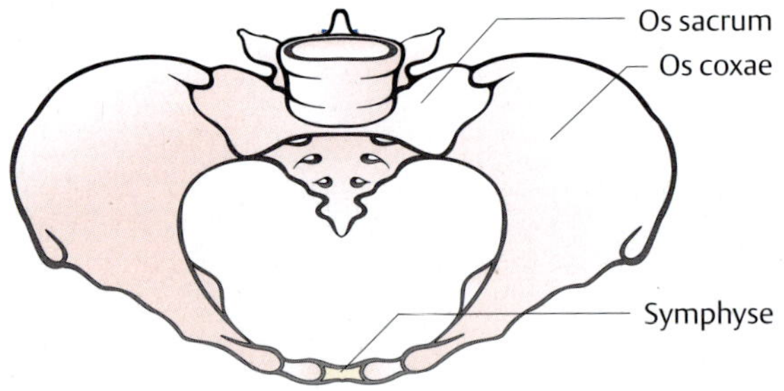

A-2.2

A-2.2 Weibliches und männliches knöchernes Becken im Vergleich

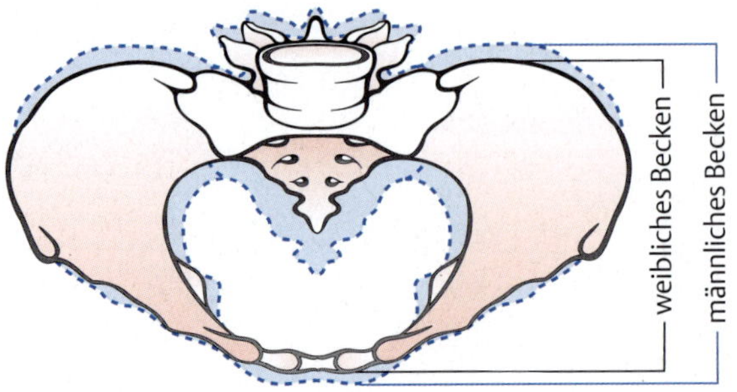

Die **Linea terminalis**, die vom Promontorium bogenförmig über Kreuzbein, Darmbein (Linea arcuata) und Schambein (Pecten ossis pubis) zum oberen Rand der Symphyse zieht, unterteilt das knöcherne Becken in das große und das kleine Becken (Pelvis major und Pelvis minor). Das **große Becken** wird von den Darmbeinschaufeln gebildet, enthält einen Teil der Baucheingeweide und bildet den Boden der Bauchhöhle. Das **kleine Becken** beherbergt die Beckeneingeweide und dient bei der Frau als **Geburtskanal**. Form und Maße des kleinen Beckens sind für den Verlauf der Geburt entscheidend (s. S. 576 ff).

Die **Linea terminalis** unterteilt das Becken in das große und das kleine Becken. Das **große Becken** enthält einen Teil der Baucheingeweide. Form und Maße des **kleinen Beckens**, des Geburtskanals, sind für den Verlauf der Geburt entscheidend (s. S. 576 ff).

2.1.2 Beckenboden

Der Beckenboden ist ein System von Muskel- und Bindegewebsplatten, das die Bauchhöhle unter Durchlass für Urethra, Vagina und Rektum nach kaudal abschließt. Der Beckenboden wird gebildet von dem Diaphragma pelvis, dem Diaphragma urogenitale und der äußeren Schließmuskulatur (s. Abb. **A-2.3**).

Der Beckenboden wird gebildet von dem Diaphragma pelvis, dem Diaphragma urogenitale und der äußeren Schließmuskulatur (s. Abb. **A-2.3**).

Diaphragma pelvis

Das Diaphragma pelvis bildet den kranialen muskulären, trichterförmigen Teil des Beckenbodens. Es besteht aus dem M. levator ani und dem M. coccygeus. Seine Funktion besteht im Tragen und Halten der Beckeneingeweide sowie in der Unterstützung des M. sphincter ani.
Der **M. levator ani** setzt sich zusammen aus dem M. pubococcygeus, dem M. puborectalis und dem M. iliococcygeus.
Die Mm. pubococcygei, die sog. Levatorschenkel, umfassen das Rektum und geben vor dem Rektum einen längsgerichteten Spalt für die Harn- und Geschlechtswege frei (**Levatorspalt**, Hiatus urogenitalis). Der Levatorspalt stellt die schwächste Stelle des weiblichen Beckenbodens dar.
Die Fasern des M. puborectalis ziehen zum Rektum, verbinden sich mit dessen Vorder- und Seitenwand und strahlen in den M. sphincter ani externus sowie in die Haut ein. Ein Teil der Faserbündel des M. puborectalis kreuzt vor dem Rektum zur Gegenseite und bildet mit den Fasern der Gegenseite hinter dem Rektum eine kräftige Schlinge.
Der M. iliococcygeus bildet den lateralen Anteil des M. levator ani. Er entspringt an der Spina ischiadica und am Arcus tendineus, einer sehnigen Verstärkung der Fascia pelvis parietalis. Er zieht am Rektum vorbei und bildet mit den Fasern der Gegenseite in der Mittellinie vor der Insertion am Os coccygis und am Lig. anococcygeum eine schmale Naht (Raphe anococcygea).

Das Diaphragma pelvis bildet den kranialen, trichterförmigen Teil des Beckenbodens. Es besteht aus dem M. levator ani und dem M. coccygeus. Es trägt die Beckenorgane.
Die Levatorschenkel umfassen das Rektum und geben vor dem Rektum einen längsgerichteten Spalt für die Harn- und Geschlechtswege frei (**Levatorspalt**), die schwächste Stelle des weiblichen Beckenbodens.

A-2.3 Beckenbodenmuskulatur

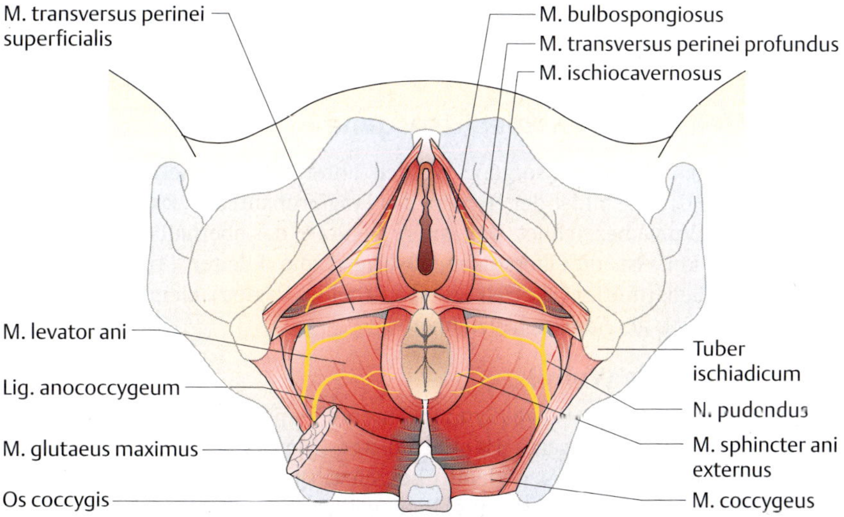

A-2.3

Der dreieckige **M. coccygeus** schließt sich dorsal an den M. levator ani an.

Das **Lig. anococcygeum** enthält Fasern aus dem M. levator ani und dem M. sphincter ani externus und dient dem Analkanal als Stütze.

Innervation des M. levator ani: Äste des Plexus sacralis.

Der dreieckige **M. coccygeus** schließt sich dorsal an den M. levator ani an. Er entspringt von der Spina ischiadica und dem Lig. sacrospinale und setzt seitlich am kranialen Steißbein und am kaudalen Sakrumabschnitt an.
Das **Lig. anococcygeum** ist ein zwischen Anus und Steißbein liegender Sehnenstrang. Er enthält Fasern aus dem M. levator ani und dem M. sphincter ani externus und dient dem Analkanal als Stütze.
M. levator ani und M. coccygeus werden auf beiden Seiten von je einer Faszie überzogen (Fascia diaphragmatis pelvis superior bzw. inferior).
Die **Innervation** erfolgt durch Äste des Plexus sacralis (S3, S4).

Diaphragma urogenitale

Das Diaphragma urogenitale ist eine muskulös-bindegewebige Platte, die sich zwischen Os pubis und Tuber ischiadicum erstreckt. Es verstärkt von kaudal her den Levatorspalt. Es besteht aus dem M. transversus perinei profundus, der bei der Frau weitgehend durch Bindegewebe ersetzt ist. In ihm liegen bei der Frau seitlich der Harnröhre bzw. der Scheide die Bartholin-Drüsen (Glandulae vestibulares majores).

Innervation: N. pudendus.

Diaphragma urogenitale

Das Diaphragma urogenitale ist eine trapezförmige, muskulös-bindegewebige Platte, die sich zwischen der Symphyse und den unteren Schambeinästen bis zum Tuber ischiadicum ausspannt. Es verstärkt von kaudal her den Levatorspalt. Es besteht aus dem M. transversus perinei profundus, der bei der Frau schwächer als beim Mann ausgebildet und weitgehend durch Bindegewebe ersetzt ist. In diesem Muskel liegen bei der Frau seitlich der Harnröhre bzw. der Scheide zwei kleine Schleimdrüsen, die Bartholin-Drüsen (Glandulae vestibulares majores), deren Ausführungsgänge zwischen dem hinteren und mittleren Drittel der kleinen Labien münden.
Der M. transversus perinei profundus wird durch die Fasciae diaphragmatis urogenitalis superior und inferior umhüllt.
Innerviert wird er durch Fasern des N. pudendus (S2 – S3).

Äußere Beckenbodenmuskulatur

M. sphincter ani und M. bulbospongiosus bilden eine „8“ um Rektum und Introitus vaginae. Der M. ischiocavernosus bedeckt die Schwellkörper der Klitoris. Der M. transversus perinei superficialis hat keine Haltefunktion.

Äußere Beckenbodenmuskulatur

Die Dammmuskeln M. sphincter ani, M. bulbospongiosus oder ischiocavernosus und M. transversus perinei superficialis bilden die am weitesten kaudal gelegene Schicht des Beckenbodens. M. sphincter ani externus und M. bulbospongiosus bilden eine „8“ um Rektum und Introitus vaginae. Der M. ischiocavernosus bedeckt die Schwellkörper der Klitoris. Der M. transversus perinei superficialis besteht aus Fasern des M. transversus perinei profundus, die in den Damm ausstrahlen, und ist ein funktionell unbedeutender Muskelzug.

Mm. obturatorius internus und piriformis

Mm. obturatorius internus und piriformis werden nicht zum Beckenboden gerechnet. Sie polstern die Wand des kleinen Beckens und stützen den Beckenboden indirekt.

Mm. obturatorius internus und piriformis

Die Mm. obturatorius internus und piriformis werden nicht zum Beckenboden gerechnet. Sie polstern die Wand des kleinen Beckens, treten beidseits durch das Foramen ischiadicum minus bzw. majus aus und inserieren am Femur.
Aufgabe beider Muskeln sind Auswärtsdrehung und Abduktion in der Hüfte. Eine direkte Stützfunktion für den Beckenboden ist nicht vorhanden; da die Faszie beider Muskeln jedoch in die Faszie des Diaphragma pelvis und die Fascia pelvis visceralis übergeht, ist eine indirekte Unterstützung der Haltefunktion des Beckenbodens anzunehmen.

2.1.3 Weibliche Geschlechtsorgane

Man unterscheidet das äußere Genitale, die Vulva, und das innere Genitale, das aus den Eierstöcken, Eileitern, der Gebärmutter und der Scheide besteht. Eierstock und Eileiter werden als Adnexe bezeichnet. Die Grenze zwischen äußerem und innerem Genitale bildet der Hymen.

2.1.3 Weibliche Geschlechtsorgane

Die weiblichen Geschlechtsorgane werden unterteilt in äußeres und inneres Genitale. Die Grenze bildet der Hymen, das Jungfernhäutchen. Das äußere Genitale wird als Vulva bezeichnet. Das innere Genitale, das oberhalb des Beckenbodens liegt, umfasst die Eierstöcke (Ovarien), die Eileiter (Tubae uterinae, Tuben), die Gebärmutter (Uterus) und die Scheide (Vagina). Eierstock und Eileiter werden auch als Adnexe bezeichnet.

Äußeres Genitale (Vulva)

Das äußere Genitale, die Vulva (s. Abb. **A-2.4**), wird durch den Mons pubis und die großen Schamlippen begrenzt, zwischen denen die kleinen Schamlippen liegen. Diese gehen vorne in die Klitoris über und

Äußeres Genitale (Vulva)

Das äußere Genitale, die Vulva (Syn.: Pudendum femininum, s. Abb. **A-2.4**), wird durch ein suprasymphysäres Hautfettpolster (**Mons pubis**) und die großen Schamlippen (Labia majora pudendi) begrenzt. Die **großen Schamlippen** sind Hautfalten, die reichlich Fett- und Bindegewebe, glatte Muskulatur, Nerven und Gefäße enthalten. Zwischen ihnen liegen die **kleinen Schamlippen** (Labia

A-2.4 Vulva

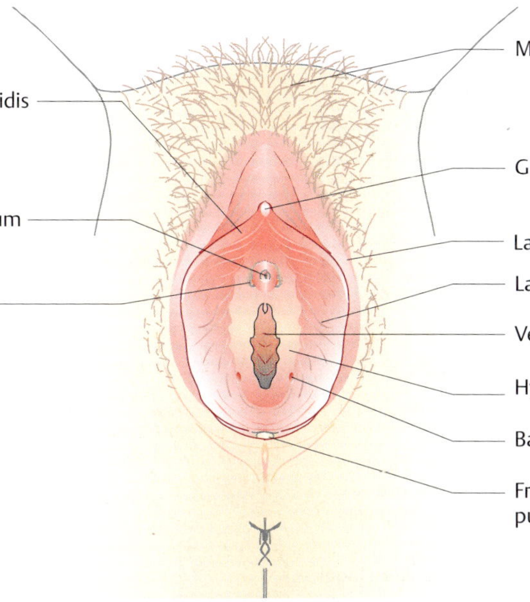

A-2.4

minora pudendi). Sie sind aus gefäß- und nervenreichem Bindegewebe aufgebaut, mit dem venösen Schwellkörpersystem der Bulbi vestibuli unterpolstert und dadurch erektil. Ihre laterale Oberfläche ist von verhorntem Plattenepithel, ihre mediale Oberfläche von unverhorntem Plattenepithel bedeckt. Vorne gehen die kleinen Schamlippen in die Frenula clitoridis und die Klitoris über, dammwärts vereinigen sie sich im Frenulum labiorum pudendi. Sie umgeben die Öffnung der Harnröhre (Ostium externum urethrae) und den Scheidenvorhof (Vestibulum vaginae).

umgeben die Harnröhrenöffnung und den Scheidenvorhof.

Die **Klitoris** entspricht entwicklungsgeschichtlich dem Penis. Sie besteht aus zwei erektilen Schwellkörpern (Corpora clitoridis), die sich zur Glans clitoridis vereinigen, und ist reich an Nervenfasern und sensiblen Endorganen.

Bei Frauen, die nicht geboren haben (Nulliparae), bedecken die großen Schamlippen die kleinen Schamlippen, die Klitoris und den Scheidenvorhof vollständig und bilden so die Schamspalte (Rima pudendi).

Bei Nulliparae bilden die großen Schamlippen die Schamspalte.

In den **Scheidenvorhof** münden alle Ausführungsgänge der Drüsen des äußeren Genitales. Das Sekret dieser Drüsen dient der Befeuchtung. Die **Bartholin-Drüsen** (Glandulae vestibulares majores) sind erbsen- bis bohnengroß und liegen unter dem M. bulbospongiosus. Ihr grau-weißes Sekret gelangt durch einen Ausführungsgang an der medialen Basis der kleinen Schamlippen in den Scheidenvorhof. Die **Glandulae vestibulares minores** sind kleine alveoläre Schleimdrüsen, die über die gesamte Wand des Scheidenvorhofs verstreut sind. Die Ausführungsgänge der **Gll. paraurethrales**, die sog. Skene-Gänge (Ductus paraurethrales), münden neben der Harnröhrenöffnung. In ihnen siedeln sich bevorzugt Infektionserreger an (Gonokokken, Trichomonaden).

In den Scheidenvorhof münden alle Ausführungsgänge der Drüsen des äußeren Genitales, d. h. der Bartholin-Drüsen (Gll. vestibulares majores), der Gll. vestibulares minores und der Gll. paraurethrales.

Die Vulva verändert sich in Abhängigkeit von den Sexualhormonen. Ein Nachlassen der hormonellen Stimulation im Alter oder nach operativer Entfernung der Ovarien hat eine Atrophie der Vulva zur Folge.

Sinkt der Sexualhormonspiegel, atrophiert die Vulva.

Inneres Genitale

Entwicklung des inneren Genitales

Beim männlich wie weiblich determinierten Embryo bilden sich zunächst die paarigen Urnierengänge, auch Wolff-Gänge genannt, die in den Sinus urogenitalis münden. Sie induzieren die Bildung der Müller-Gänge, die nach kaudal

Inneres Genitale

Entwicklung des inneren Genitales

Die Müller-Gänge wachsen nach kaudalmedial und münden am Müller-Hügel in den Sinus urogenitalis (s. Abb. **A-2.5a**).

A-2.5

A-2.5 **Differenzierung der Müller-Gänge beim weiblichen Embryo**

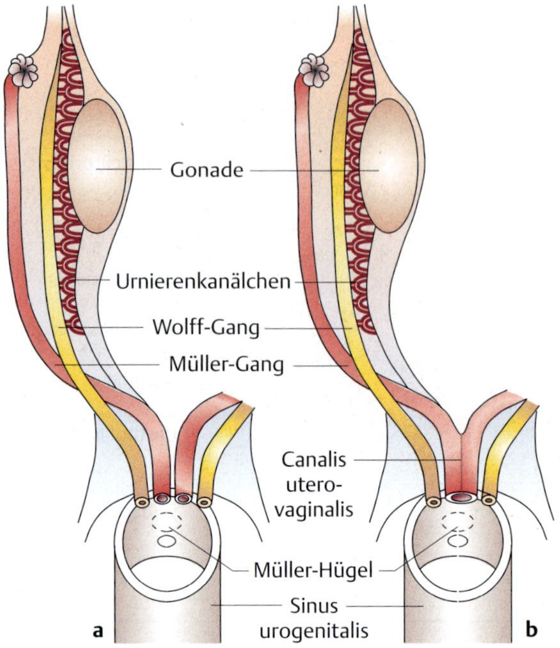

a Ende der 8. Entwicklungswoche.
b Ca. 12. Entwicklungswoche.

Beim weiblichen Embryo verschmelzen ihre kaudalen Abschnitte von kaudal nach kranial und sind kurzzeitig durch ein Septum geteilt (s. Abb. **A-2.5b**). Aus den Müller-Gängen entwickeln sich die Tuben, der Uterus und die oberen $^{2}/_{3}$ der Vagina. Das untere Drittel der Vagina entsteht aus dem Sinus urogenitalis. Die Lumina der Scheidenanlagen sind zunächst vollständig, nach Durchbruch am Müller-Hügel unvollständig durch den Hymen getrennt.

und medial wachsen und am Ende der 8. Entwicklungswoche am Müller-Hügel ebenfalls in den Sinus urogenitalis münden (s. Abb. **A-2.5a**). Während ihres Wachstums werden sie kanalisiert. Beim weiblichen Embryo verschmelzen etwa ab der 12. Woche die kaudalen Abschnitte der Müller-Gänge zum Canalis uterovaginalis. Die Verschmelzung beginnt kaudal und schreitet nach kranial fort. Der Canalis uterovaginalis ist zunächst in der Mittellinie durch ein Septum geteilt (s. Abb. **A-2.5b**), das jedoch bald resorbiert wird. Aus dem kranialen Abschnitt der Müller-Gänge entwickeln sich die Tuben, aus dem Canalis uterovaginalis der Uterus und die oberen $^{2}/_{3}$ der Vagina. Das untere Drittel der Vagina entsteht aus dem Sinus urogenitalis. Die Lumina der beiden Scheidenanlagen sind am Müller-Hügel zunächst vollständig durch eine mesenchymale Membran, den Hymen, auch Jungfernhäutchen genannt, getrennt. Nach Durchbruch am Müller-Hügel und Perforation des Hymens ist die Trennung nur noch unvollständig.

Vagina

Die Vagina ist ca. 8–10 cm lang, grenzt vorn an die Harnblase bzw. Harnröhre und liegt hinten dem Rektum an (s. Abb. **A-2.6**).
Sie umfasst die Portio vaginalis cervicis unter Bildung eines hinteren und vorderen Scheidengewölbes. Das hintere Scheidengewölbe grenzt an die Excavatio rectouterina, den Douglas-Raum (s. Abb. **A-2.6**), so dass man diesen von hier aus palpieren und punktieren kann.

Vagina

Die Vagina ist ca. 8–10 cm lang. Der längsovale Scheideneingang (Introitus vaginae) wird bei Jungfrauen durch eine quere Hautfalte, das sog. Jungfernhäutchen (Hymen) verengt, die normalerweise beim ersten Geschlechtsverkehr beim Einführen des Penis zerrissen wird. Der Hymen bildet die Grenze zwischen äußerem und innerem Genitale.
Die Vagina grenzt vorn an die Harnblase bzw. Harnröhre und liegt hinten dem Rektum an (s. Abb. **A-2.6**). Sie umfasst die Portio vaginalis cervicis unter Bildung eines hinteren und vorderen Scheidengewölbes. Das hintere Scheidengewölbe grenzt an die Excavatio rectouterina (Douglas-Raum, s. Abb. **A-2.6**), den tiefsten Punkt des Peritonealraumes bei der Frau. Von hier aus kann man den Douglas-Raum palpieren und punktieren, dies erlangt klinische Bedeutung z. B. bei Krebserkrankungen (Krukenberg-Tumor), der Diagnostik entzündlicher Prozesse (Tuboovarialabszess) sowie in der Differenzialdiagnose von Abortgeschehen (Extrauteringravidität).

A-2.6 Topographie des inneren Genitales

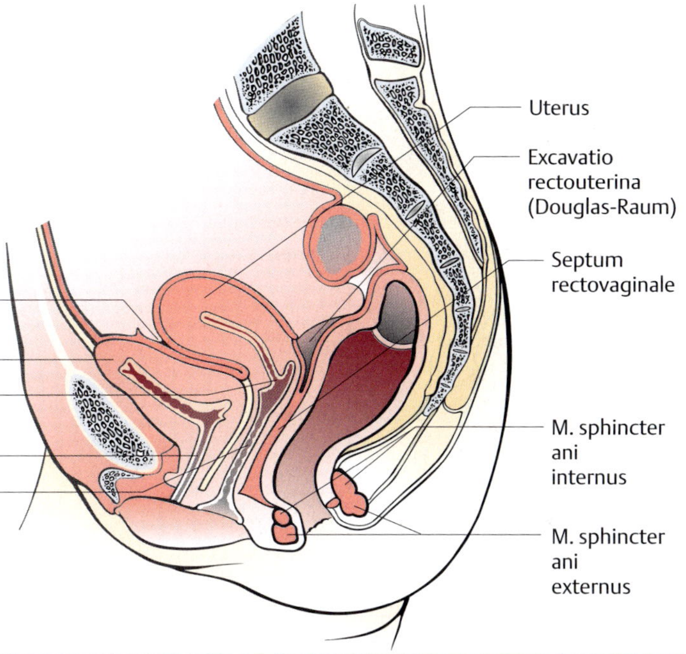

A-2.6

Das unverhornte Plattenepithel der Vagina besteht aus vier Schichten:
1. Basalschicht
2. Parabasalschicht
3. Intermediärschicht
4. Superfizialschicht.

Es steht unter hormonellem Einfluss und unterliegt daher bei der geschlechtsreifen Frau zyklischen Veränderungen: Unter Östrogeneinfluss reifen die Schichten 1–4, unter Progesteroneinfluss nur 1–3 heran (s. S. 92, Abb. **B-1.13**). Die Zellen der Superfizialschicht sind reich an Glykogen. Dieses wird durch die Döderlein-Bakterien (Laktobazillen) der Vagina zu Milchsäure verstoffwechselt, die für den sauren pH der Vagina (pH ca. 4,0) verantwortlich ist. Er bietet Schutz vor Besiedlung mit pathogenen Bakterien.
Die Vagina enthält keine Drüsen. Das Vaginalsekret besteht neben abgeschilferten Zellen aus Zervikalsekret und Transsudat der Vaginalwand.

Das unverhornte Plattenepithel besteht aus:
1. Basalschicht
2. Parabasalschicht
3. Intermediärschicht
4. Superfizialschicht.

Unter Östrogeneinfluss reifen die Schichten 1–4, unter Progesteroneinfluss nur 1–3 heran (s. S. 92, Abb. **B-1.13**). Die Zellen der Superfizialschicht sind reich an Glykogen, das die Döderlein-Bakterien zu Milchsäure verstoffwechseln. Sie ist für den sauren pH der Vagina (ca. 4,0) verantwortlich. Er schützt vor bakteriellen Infektionen.
Die Vagina enthält keine Drüsen.

Uterus

Der Uterus einer nicht graviden Frau ist ein birnenförmiges, ca. 7 cm langes, muskelstarkes Organ, das zwischen Blase und Rektum liegt. Er besteht aus drei Segmenten (s. Abb. **A-2.7**):
1. dem Körper (Corpus uteri) mit der Kuppel (Fundus uteri) und den Abgängen der Tuben im Tubenwinkel
2. einem kurzen Zwischenstück, dem Isthmus uteri: Es bildet mit elastischen Fasernetzen an seinem kaudalen Ende den inneren Muttermund (Ostium internum uteri) und in der Schwangerschaft das „untere Uterinsegment“
3. dem Hals (Cervix oder Collum uteri), der mit seinem kaudalen Pol, der Portio vaginalis (kurz: Portio), in die Vagina mündet. Diese Mündung bezeichnet man als äußeren Muttermund (kurz: Muttermund, Ostium externum uteri). Sie ist bei Nulliparae grübchenförmig (s. Abb. **A-2.8a**). Nach der ersten vaginalen Geburt wird sie zu einem queren Spalt (s. Abb. **A-2.8b** und **c**).

Auf seiner Vorderfläche ist der Uterus bis zur Korpus-Zervix-Grenze von Peritoneum bedeckt, das hier auf die Harnblase umschlägt und die Excavatio vesicouterina bildet. Zwischen Uterus und Rektum liegt das Septum rectovaginale (s. Abb. **A-2.6**).

Uterus

Der Uterus wird in drei Segmente unterteilt (s. Abb. **A-2.7**):
1. das Corpus uteri mit dem Fundus und den Abgängen der Tuben
2. den Isthmus uteri, der den inneren Muttermund (Ostium internum uteri) und in der Schwangerschaft das „untere Uterinsegment“ bildet
3. die Cervix = Collum uteri, die mit der Portio vaginalis cervicis in die Vagina mündet. Diese Mündung, der äußere Muttermund, ist bei Nulliparae grübchenförmig (s. Abb. **A-2.8a**) und nach der ersten vaginalen Geburt ein querer Spalt (s. Abb. **A-2.8b** und **c**).

Ventral ist der Uterus bis zur Korpus-Zervix-Grenze von Peritoneum bedeckt, das hier auf die Harnblase umschlägt und die Excavatio vesicouterina bildet.

A-2.7

A-2.7 **Die Segmente des Uterus**

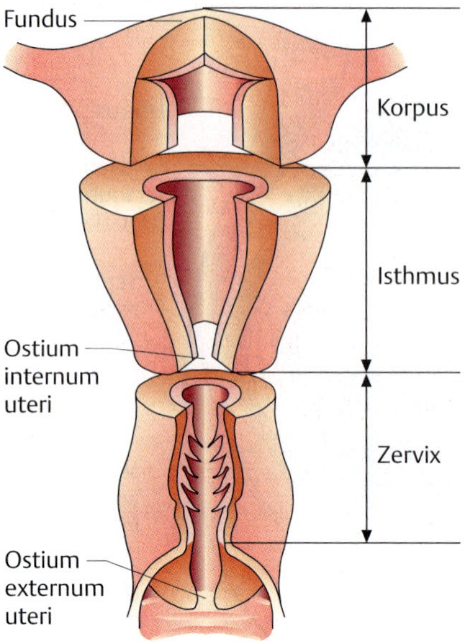

A-2.8

A-2.8 **Der (äußere) Muttermund**

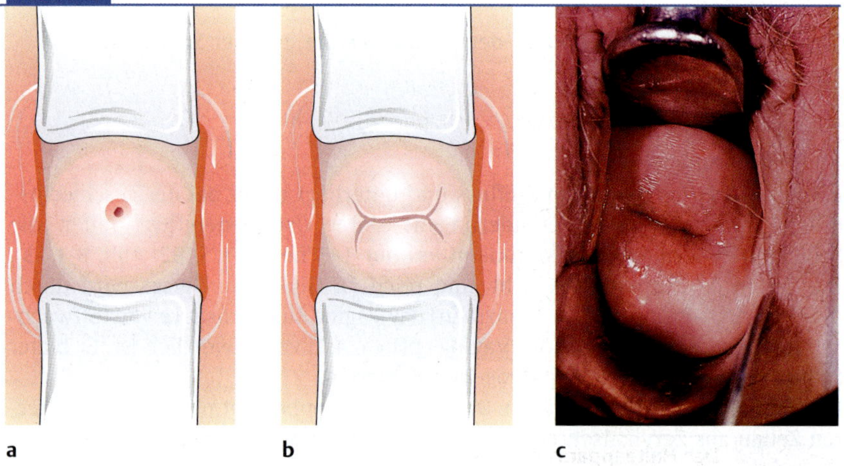

a Bei Nulliparae. **b** und **c** Nach der ersten vaginalen Geburt.

Die Wand des Corpus uteri besteht aus drei Schichten: Perimetrium, Myometrium und Endometrium.

Das Endometrium besteht aus zwei Schichten:
1. der Lamina basalis
2. der Lamina functionalis.
Innerhalb eines Zyklus (ca. 28 Tage) verändert sich der Aufbau des Endometriums unter hormonellem Einfluss (s. S. 96 ff und Abb. **B-1.16**).

Die Wand des Corpus uteri besteht aus drei Schichten:
1. einem Peritonealüberzug (Tunica serosa), dem Perimetrium,
2. einer dicken Schicht aus glatter, netzartig angeordneter Muskulatur (Tunica muscularis), dem Myometrium, und
3. einer drüsenreichen Schleimhaut (Tunica mucosa), dem Endometrium.

Das Endometrium besteht aus zwei Schichten:
1. der Lamina basalis, bestehend aus faserreichem Bindegewebe, Gefäßen und den basalen Anteilen der Drüsen
2. der Lamina functionalis aus faserarmem Bindegewebe, Gefäßen und den kranialen Anteilen der Drüsen.

In einem Zeitraum von 28 ± 3 Tagen, einem Zyklus, verändert sich der Aufbau des Endometriums hormonabhängig (s. S. 96 ff und Abb. **B-1.16**), was die Aufnahme und Ernährung eines befruchteten Eies sicherstellen soll. Bei der Menstruation wird die Lamina functionalis abgestoßen.

Die Wand des Isthmus uteri besteht vorwiegend aus Bindegewebe und ist nicht an den Wehen beteiligt. Die Schleimhaut ähnelt dem Endometrium, erfährt jedoch keine zyklischen Veränderungen.

Der Isthmus besteht vorwiegend aus Bindegewebe. Die dem Endometrium ähnliche Schleimhaut erfährt keine zyklischen Veränderungen.

Auch die Wand der Zervix besteht vor allem aus Bindegewebe. Der Zervikalkanal, die Endozervix, ist mit einem einschichtigen, schleimbildenden Zylinderepithel ausgekleidet. In Höhe des äußeren Muttermundes trifft dieses Epithel auf das mehrschichtige, unverhornte Plattenepithel der Vagina. Die Grenze zwischen beiden Epithelarten, die Übergangs- oder **Transformationszone** (s. S. 231, Abb. **B-5.15**), verschiebt sich unter dem Einfluss der Sexualhormone. Im geschlechtsreifen Alter, unter Östrogeneinfluss, befindet sich die Übergangszone auf der Portio (**Ektopie**), bei Kleinkindern und postmenopausalen Frauen im Zervikalkanal. Beim **Ektropion** liegt zusätzlich eine Auskrempelung des äußeren Muttermundes vor, und das Zylinderepithel der Endozervix wird sichtbar. Die von Zylinderepithel bedeckte Portiooberfläche heißt Ektozervix. Die Transformationszone ist Ausgangspunkt benigner und maligner Veränderungen (s. S. 230 f) und daher für die Krebsvorsorge von großer Bedeutung. Sie kann Ursache vermehrten Ausflusses sein.

Das Zylinderepithel des Zervikalkanals trifft in Höhe des äußeren Muttermundes auf das Plattenepithel der Vagina. Die Grenze zwischen den Epithelien verschiebt sich unter dem Einfluss der Sexualhormone: Im geschlechtsreifen Alter befindet sie sich auf der Portio (**Ektopie**). Sie ist Ausgangspunkt benigner und maligner Veränderungen (s. S. 230 f) und kann zu vermehrtem Ausfluss führen.

▶ **Merke.** Das vom Zylinderepithel der Zervix gebildete Sekret hat einen pH von 7–8 und stellt somit einen hochwertigen Infektionsschutz dar. Die Viskosität des Sekrets verändert sich hormonabhängig und wird so zu einem wichtigen Faktor für die Spermienpenetration.

◀ **Merke**

Der Halteapparat des Uterus

Die Stellung des Uterus im kleinen Becken wird durch Bindegewebe bestimmt, das sich zum Teil in – beidseits vorhandene – Bänder, Ligamenta, aufgliedern lässt (s. Abb. **A-2.9**):

Das **Lig. latum uteri** liegt als Peritonealduplikatur zwischen Uterus und seitlicher Beckenwand. Es führt in seiner oberen Kante die Tuben. Der basale Abschnitt des Lig. latum wird als **Lig. cardinale uteri** bezeichnet. Es handelt sich um kräftige, von der Zervix zeltförmig zur Beckenwand ziehende Bindegewebszüge. Es wird auch als **Parametrium** bezeichnet. Im Parametrium verlaufen die Vasa uterina, die Lymphbahnen der Zervix, Nerven und der Ureter.

Der Halteapparat des Uterus

Die Stellung des Uterus im kleinen Becken wird durch Bindegewebe bestimmt, das sich zum Teil in Ligamenta aufgliedern lässt (s. Abb. **A-2.9**):

Das **Lig. latum uteri**, eine Peritonealduplikatur, liegt zwischen Uterus und seitlicher Beckenwand. Es führt in seiner oberen Kante die Tuben. Sein basaler Abschnitt wird als **Lig. cardinale uteri** oder **Parametrium** bezeichnet. Hier verlaufen u. a. die Vasa uterina und der Ureter.

A-2.9 **Der Halteapparat des inneren Genitales**

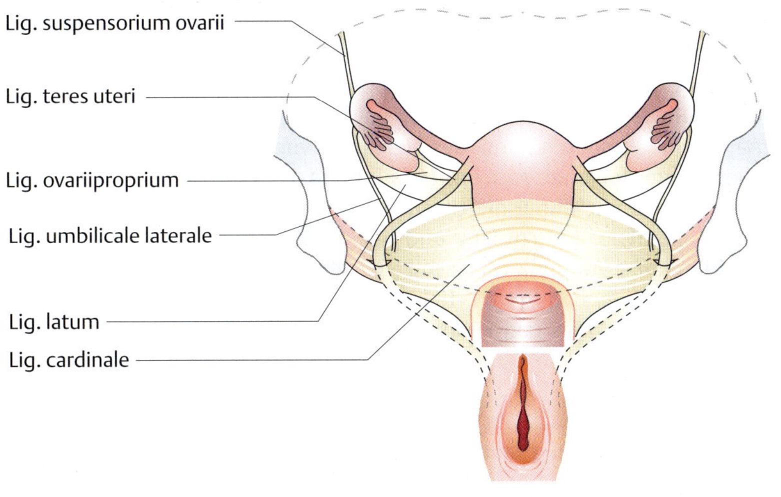

A-2.9

▶ Merke

▶ **Merke.** Der operierende Gynäkologe muss den pelvinen Verlauf des Ureters kennen, da dieser bei Operationen im kleinen Becken leicht verletzt werden kann: Der Ureter zieht ventral der A. iliaca in das kleine Becken und in der Basis des Lig. latum nach medial und vorn, unterkreuzt die A. uterina und verläuft 1–2 cm lateral der Zervix zur Blasenhinterwand. Er wird durch die Aa. vesicales und die A. uterina mit Blut versorgt. Um Nekrosen zu vermeiden, müssen die Aa. vesicales während der operativen Präparation geschont werden.

Die **Ligg. sacrouterina** strahlen von der Zervixhinterwand in die präsakrale Faszie ein.

Von der Zervixhinterwand strahlen die **Ligg. sacrouterina** auf der Höhe von S2–3 in die präsakrale Faszie ein.

Das **Lig. teres uteri** zieht vom Tubenwinkel ventral des Lig. latum durch den Leistenkanal zu den großen Schamlippen.

Das **Lig. teres uteri** (Syn.: Lig. rotundum) zieht vom Tubenwinkel ventral des Lig. latum uteri durch den Leistenkanal in das Bindegewebe der großen Schamlippen.

▶ Merke

▶ **Merke.** Wenn der Beckenboden durch häufige oder komplizierte Geburten geschwächt wird oder die Beckenbodenmuskulatur aufgrund neurologischer Erkrankungen erschlafft, kommt es häufig zu einer Senkung (Deszensus), d. h. einer stärkeren Einstülpung des Uterus in die Scheide. Hier besteht die Gefahr des partiellen oder totalen Vorfalls (Prolaps), bei dem der Uterus aus dem kleinen Becken heraustritt (s. S. 336, Abb. **B-7.19**).

In der Regel besteht eine Neigung nach ventral des Isthmus gegen die Zervix (**Anteflexio**) und der Zervix gegen die Körperlängsachse (**Anteversio**) (s. S. 333, Abb. **B-7.16**).

In der Regel ist, bedingt durch das Lig. teres uteri, der Isthmus gegen die Zervix nach ventral abgeknickt (**Anteflexio**); außerdem ist die Zervix gegen die Längsachse der Vagina nach ventral geneigt (**Anteversio**) (s. S. 333, Abb. **B-7.16**).

▶ Merke

▶ **Merke.** Vor jeder Ausschabung des Uterus (Kürettage) muss durch gynäkologische Untersuchung die Lage des Uterus bestimmt werden, um einer Perforation der Uteruswand vorzubeugen.

Die Lage des Uterus verändert sich mit der Körperhaltung.

Die Lage des Uterus verändert sich mit der Körperhaltung, insbesondere bei defektem Halteapparat. Im Stehen sinkt er nach unten, in Rückenlage nach hinten und in Seitenlage seitwärts. Dies ist für die vaginale bzw. rektale Untersuchung von Bedeutung.

Tuba uterina (Salpinx)

Die Tubae uterinae (Tuben) gehen vom Uterus im Tubenwinkel ab und verlaufen im Lig. latum zum Ovar. Sie dienen dem Eitransport.
Die Tube wird unterteilt in (s. Abb. **A-2.10**):
1. Pars uterina
2. Isthmus tubae
3. Ampulla tubae
4. Infundibulum (Ostium abdominale tubae) mit Fimbrien.

Tuba uterina (Salpinx)

Die Tubae uterinae (Tuben) sind zwei zwischen 10 und 14 cm lange, intraperitoneal liegende Röhren, die dem Eitransport dienen. Sie gehen vom Uterus knapp unterhalb des Fundus in einem nahezu rechten Winkel ab (Tubenwinkel) und verlaufen in der oberen Kante des Lig. latum vom Uterus in Richtung Ovar. Man unterscheidet folgende Abschnitte (s. Abb. **A-2.10**):
1. die Pars uterina, die durch die Uteruswand zieht
2. den Isthmus tubae, 3–6 cm lang und relativ eng
3. die 6–7 cm lange Ampulla tubae mit
4. dem Infundibulum, dem freien trichterförmigen Ende der Ampulle (Ostium abdominale tubae), das von Fimbrien umgeben ist. Das Infundibulum liegt frei beweglich über dem Ovar, die Fimbria ovarica erreicht die Oberfläche des Ovars.

Das Infundibulum fängt nach der Ovulation das Ei auf. In der Ampulle findet die Befruchtung statt.
Das Epithel der Tuben trägt z. T. Kinozilien, deren Flimmerschlag uteruswärts gerichtet ist.

Das Infundibulum fängt nach der Ovulation das Ei auf. Im ampullären Teil der Tube findet die Befruchtung statt, bei der sich Oozyt und Spermatozoon zur Zygote vereinigen.
Die Tubenschleimhaut besitzt ein einschichtiges, iso- bis hochprismatisches Epithel, dessen Zellen teils Kinozilien tragen, teils sezernieren. Der Flimmerschlag der Kinozilien ist uteruswärts gerichtet und dient dem Eitransport.

A-2.10 **Querschnitt durch das innere Genitale**

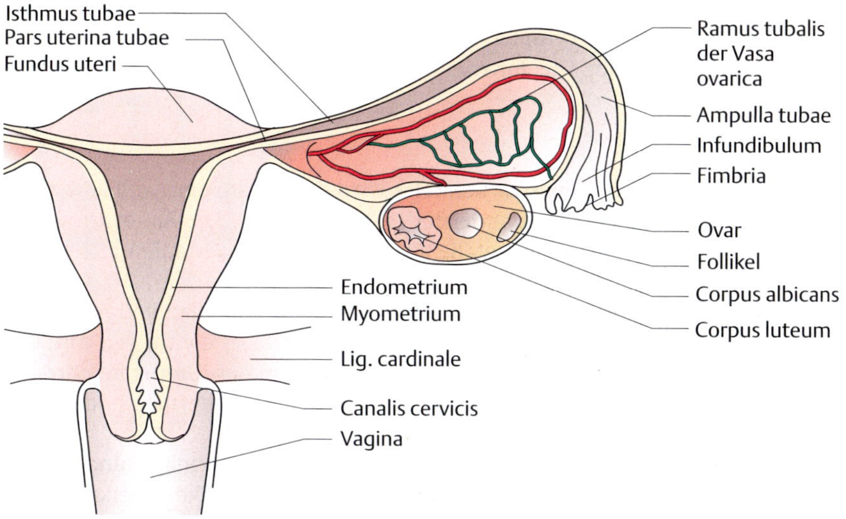

A-2.10

Die Tubenmuskulatur gliedert sich in eine äußere Längs- und eine innere Ringmuskelschicht, deren Kontraktionen den Eitransport ermöglichen.
Die normale Anatomie der Tuben und ihre funktionelle Integrität sind Voraussetzung für die Aszension der Spermien, ihre funktionelle Reifung und den Transport des befruchteten Eies. Durch organische oder funktionelle Störungen werden Tubargraviditäten begünstigt (s. S. 480 ff); auch Sterilität bzw. Infertilität kann die Folge sein (s. S. 427).

Abweichungen von der normalen Anatomie können Tubargraviditäten begünstigen und Ursache für Sterilität bzw. Infertilität sein.

Ovarium (Oophoron)

Die Ovarien sind paarige weibliche Keimdrüsen. Hier reifen die Eizellen heran und werden Geschlechtshormone produziert, d. h. die Ovarien haben sowohl eine generative als auch eine inkretorische Funktion. Sie sind bei der geschlechtsreifen Frau etwa pflaumengroß (2,5–5 cm lang, 1,0–3 cm breit und 0,5–1,5 cm dick) und länglich oval.
Sie sind aus drei Schichten aufgebaut: Eine aus mehreren Bindegewebslagen zusammengesetzte Tunica albuginea umschließt die Rindenschicht mit den verschiedenen Reifungsstadien der Eizellen, den Follikeln, und die zentral gelegene Marksubstanz aus Bindegewebe, Gefäßen und glatten Muskelzellen. Die Follikelreifung ist auf S. 85 beschrieben.
Bei der Ovulation wölbt sich der reife Follikel in die Tunica albuginea vor, die durch enzymatische Vorgänge perforiert. Die Eizelle wird mit der Corona radiata herausgeschleudert und im Normalfall vom Infundibulum in die Tube aufgenommen. Der zurückbleibende Rest des geplatzten Follikels wandelt sich in den Gelbkörper (Corpus luteum) und später in das weißliche Corpus albicans um (s. Abb. **A-2.10** und S. 450 f).
Durch das Reifen und Platzen der Follikel erhält das Ovar im Laufe der Geschlechtsreife eine narbige Oberfläche und nimmt mit zunehmendem Alter an Umfang ab.
Die Ovarien liegen größtenteils intraperitoneal.
Sie besitzen einen eigenen Halteapparat: Jedes Ovar ist durch eine Peritonealduplikatur, das Mesovarium, mit dem Lig. latum verbunden. Das Lig. ovarii proprium (s. Abb. **A-2.9**) verläuft vom Tubenwinkel des Uterus zum unteren Pol des Ovars. Das Lig. suspensorium ovarii (Syn.: Lig. infundibulum pelvicum, s. Abb. **A-2.9**) zieht vom Ovar und dem ampullären Teil der Tube aufsteigend zur seitlichen Beckenwand. Es enthält die Vasa ovarica.

Ovarium (Oophoron)

Die Ovarien sind paarige weibliche Keimdrüsen, in denen die Eizellen reifen, und die Steroidhormone produzieren.
Die bindegewebige Tunica albuginea umschließt die Rindenschicht mit den Reifungsstadien der Eizellen, den Follikeln, und die Marksubstanz. Zur Follikelreifung s. S. 85.

Bei der Ovulation durchbricht der reife Follikel die Tunica albuginea und die Eizelle wird vom Infundibulum der Tube aufgenommen. Der Rest des geplatzten Follikels wandelt sich in das Corpus luteum und später in das Corpus albicans um (s. Abb. **A-2.10** und S. 450 f).

Die Ovarien liegen größtenteils intraperitoneal.
Ihr Halteapparat besteht aus dem Mesovarium, dem Lig. ovarii proprium und dem Lig. suspensorium ovarii (s. Abb. **A-2.9**)

Leitungsbahnen

Die wesentlichen **Blutgefäße des äußeren Genitales** sind die Aa. und Vv. pudendae internae.
Regionäre **Lymphknoten** sind die Nodi lymphatici inguinales superficiales.
Innervation: N. pudendus.

Leitungsbahnen

Die wesentlichen **Blutgefäße des äußeren Genitales** sind die Aa. und Vv. pudendae internae. Die Aa. pudendae internae (s. Abb. **A-2.11**) entspringen aus den Aa. iliacae internae. Die **Lymphe** fließt vor allem zu den Nodi lymphatici inguinales superficiales ab. Die **Innervation** erfolgt hauptsächlich durch den N. pudendus.

Das **innere Genitale** wird durch Äste der Aa. iliacae internae und die Aa. ovaricae versorgt (s. Abb. **A-2.11**). Letztere entspringen aus der Aorta.
Die Vagina wird im Wesentlichen von den Aa. rectales mediae und Aa. pudendae internae versorgt, der Uterus durch die Aa. uterinae, Tube und Ovar von den Aa. uterinae und den Aa. ovaricae.

Die **Blutversorgung des inneren Genitales** wird durch Äste der Aa. iliacae internae und die Aa. ovaricae gewährleistet (s. Abb. **A-2.11**). Die Aa. ovaricae entspringen unterhalb der Nierengefäße aus der Aorta und verlaufen retroperitoneal in den Ligg. suspensoria ovarii.
Die Vagina wird im Wesentlichen von den Aa. rectales mediae und Aa. pudendae internae versorgt, der Uterus durch die Aa. uterinae, die im Lig. cardinale verlaufen und in Höhe des inneren Muttermundes an den Uterus herantreten. Sowohl die Tube als auch das Ovar werden von den Aa. uterinae und den Aa. ovaricae versorgt, die miteinander Anastomosen bilden.

Die Venen begleiten die gleichnamigen Arterien. Die linke V. ovarica mündet in die linke V. renalis, die rechte V. ovarica in die V. cava inferior.

Die Venen begleiten die gleichnamigen Arterien. Die Vv. uterinae münden in die V. iliacae internae. Die V. ovarica sinistra mündet in die linke V. renalis, die V. ovarica dextra in die V. cava inferior.

Die **regionären Lymphknoten** des unteren Drittels der Vagina sind die Nodi lymphatici inguinales superficiales, die der oberen $^2/_3$ der Vagina und der Zervix die Nodi lymphatici iliaci externi. Die Lymphe aus dem Corpus uteri fließt zu den Nodi lymphatici lumbales, inguinales superficiales und iliaci externi.
Regionäre Lymphknoten von Tuben und Ovarien sind die Nodi lymphatici lumbales.

Die **Lymphbahnen** des unteren Drittels der Vagina drainieren wie die der Vulva in die Nodi lymphatici inguinales superficiales, die der oberen $^2/_3$ der Vagina und der Zervix in die Nodi lymphatici iliaci externi. Die Lymphe des Corpus uteri fließt vorwiegend in Lymphbahnen entlang der Vasa ovarica zu den Nodi lymphatici lumbales an der Aorta abdominalis. Die Lymphgefäße der Vorderwand des Corpus uteri ziehen mit dem Lig. teres uteri zu den Nodi lymphatici inguinales superficiales, die der Seitenwand zu den Nodi lymphatici iliaci externi. Die Lymphbahnen von Tuben und Ovarien ziehen entlang der Vasa ovarica zu den Nodi lymphatici lumbales.

A-2.11

A-2.11 Die Blutversorgung der weiblichen Geschlechtsorgane

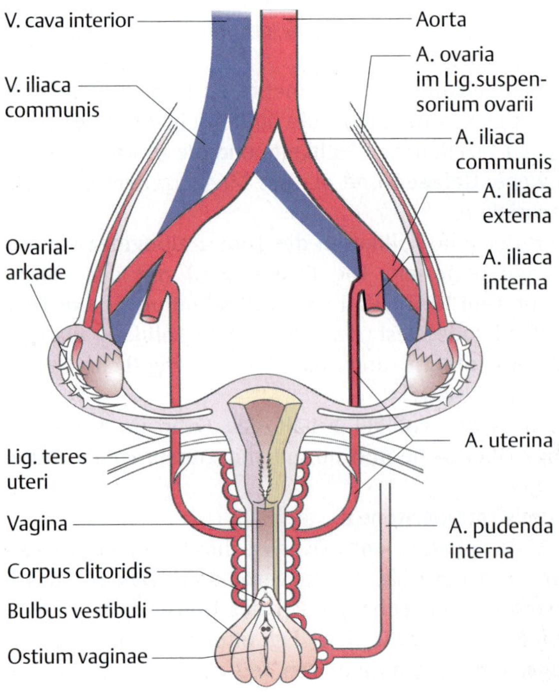

▶ **Merke.** Die Lage der regionären Lymphknoten des Genitale ist klinisch sehr wichtig, da sie bei vielen gynäkologischen Karzinomoperationen entfernt werden müssen.

◀ Merke

Die sympathische **Innervation** des Uterus, des oberen Scheidendrittels und der Ovarien übernehmen Fasern aus dem Plexus uterovaginalis und dem Plexus ovaricus.
Die parasympathische Versorgung des inneren Genitales erfolgt durch die Sakralnerven S 2 – S 4 (N. pelvicus).

Plexus uterovaginalis, Plexus ovaricus und N. pelvicus bilden die **nervale Versorgung** des inneren Genitale.

2.1.4 Mamma

Die weibliche Brustdrüse, Mamma, liegt über dem M. pectoralis major. Zwischen ihr und der äußeren Faszie des Muskels (Fascia pectoralis) liegt Fettgewebe. Die Brustdrüse ist gegenüber der Fascia pectoralis verschieblich. In ihrer Mitte befindet sich ein runder, pigmentierter Hautbezirk, der **Warzenhof** (Areola mammae), der mit Duftdrüsen (Glandulae areolares) versehen ist. In seinem Zentrum erhebt sich die **Brustwarze** (Papilla mammae).
Die Brustdrüse besteht aus einem weißlichen **Drüsenkörper** (Parenchym) mit zugehörigem **Milchgangsystem**, sowie einem gelblichen **Fettkörper**, der den Drüsenkörper umhüllt. Form und Konsistenz der Brustdrüse werden durch ein kollagenes Stützgewebe erzielt.
Der Drüsenkörper gliedert sich in 15–24 Einzeldrüsen (Lappen, **Lobi**), die durch lockeres Bindegewebe voneinander getrennt sind. Die Einzeldrüsen werden durch Bindegewebe weiter unterteilt in Drüsenläppchen, **Lobuli** (s. Abb. **A-2.12**).
Die alveolären Drüsenendstücke (Acini) der Lobuli sind das sekretorische Organ: Unter dem Einfluss des Hormons Prolaktin bilden sie die Milch.
Zu jedem Lobulus gehört ein Ausführungsgang (Milchgang, Ductulus lactiferus). Die Ductuli lactiferi vereinigen sich zu 12–15 Hauptausführungsgängen, Ductus lactiferi, die auf der Brustwarze münden (s. Abb. **A-2.12**).
Die **arterielle Blutversorgung** wird durch die A. thoracica interna und die A. axillaris gewährleistet.
Der **Hauptlymphabfluss** erfolgt **zur Achselhöhle** über die Nodi lymphatici pectorales und interpectorales (Level I), Nodi lymphatici axillares centrales und apicales (Level II) und Nodi lymphatici infraclaviculares (Level III) (s. Abb. **A-2.13**).

2.1.4 Mamma

Die Mamma setzt sich aus einem **Drüsenkörper** mit zugehörigem **Milchgangsystem**, einem **Fettkörper** und Bindegewebe zusammen.
Die 15–24 Einzeldrüsen (Lobi) des Drüsenkörpers gliedern sich in Drüsenläppchen, **Lobuli** (s. Abb. **A-2.12**), deren alveoläre Drüsenendstücke bilden unter dem Einfluss von Prolaktin die Milch.
Die Ausführungsgänge der Lobuli vereinigen sich zu 12–15 Hauptausführungsgängen, die auf der Brustwarze münden (s. Abb. **A-2.12**).

Die **arterielle Blutversorgung** erfolgt durch die A. thoracica interna und die A. axillaris. Der **Hauptlymphabfluss** erfolgt **zur Achselhöhle**; außerdem fließt die Lymphe zu den infra- und supraklavikulären sowie den parasternalen Lymphknoten (s. Abb. **A-2.13**).

A-2.12 Anatomie der Brustdrüse

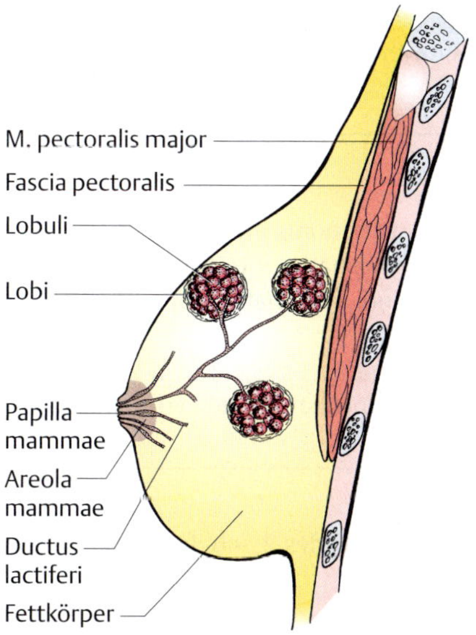

A-2.12

A-2.13

A-2.13 Lymphbahnen und regionäre Lymphknoten der weiblichen Brustdrüse

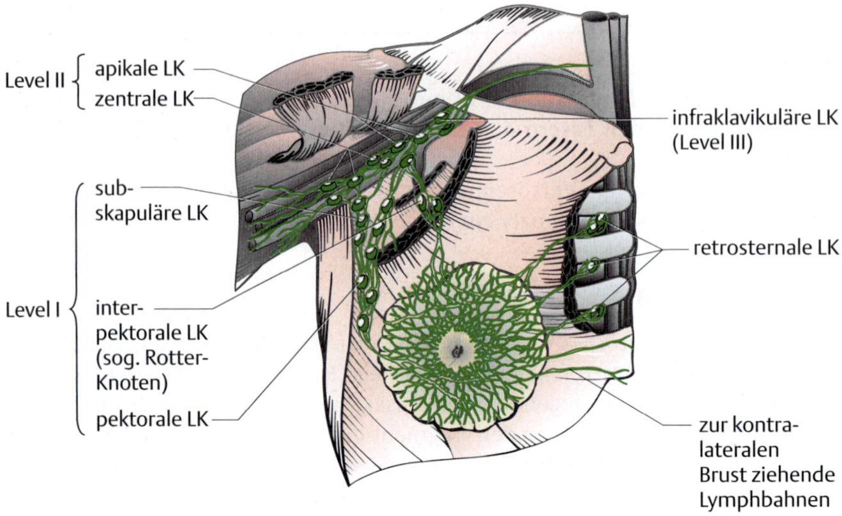

A-2.14

A-2.14 Die Brust als Zielorgan endokrinologischer Regelkreise

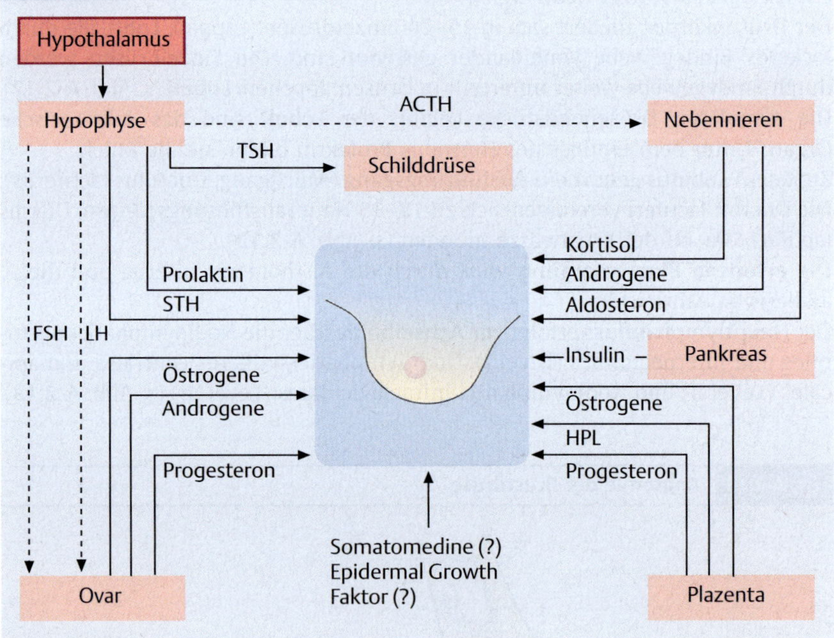

Die Level spielen in der Therapie des Mammakarzinoms eine Rolle (s. S. 376 ff). Weitere Lymphabflüsse bestehen über Nodi lymphatici intercostales und Nodi lymphatici mediastinales posteriores sowie Nodi lymphatici supraclaviculares (s. Abb. **A-2.13**).

▶ Merke

▶ **Merke.** Verbindungen bestehen auch zu kontralateralen Lymphabflusswegen.

Die **Innervation** erfolgt durch Hautäste des 2. – 6. Interkostalnervs.

Die Brustdrüse wird **innerviert** durch die Rr. cutanei des 2. – 6. Interkostalnervs.

Die Brustdrüse entwickelt sich aus der paarigen embryonalen Milchleiste (s. Abb. **A-2.18**), einer Reihe von Drüsenanlagen, die sich normalerweise – mit Ausnahme der Brustdrüse – zurückbildet. Die **Entwicklung der Brustdrüse** beginnt etwa ab dem 8. – 10. Lebensjahr durch den Einfluss der ovariellen Östrogene. Erstes sichtbares Zeichen ist die Knospung der Brust, die **Thelarche**. Sie findet ca. im 10. Lebensjahr und durchschnittlich 1–2 Jahre vor Beginn der Menstruation statt. Ausschlaggebend für die Entwicklung und das Wachstum der Brust (s. S. 43, Abb. **A-3.9**) sind in erster Linie die ovariellen Hormone Östrogen und Progesteron. Die Differenzierung des duktalen und lobulären Systems wird hauptsächlich von Progesteron reguliert.
Die Brust ist jedoch Zielorgan einer Vielzahl endokriner Regelkreise (s. Abb. **A-2.14**).
Im 40. Lebensjahr ist der Drüsenkörper am weitesten ausgebildet; ab diesem Zeitpunkt erfolgt eine Atrophie des Parenchyms (**Involution**), das innerhalb weniger Jahre durch Binde- und Fettgewebe ersetzt wird.

Die Brustdrüse entwickelt sich unter Östrogeneinfluss etwa ab dem 8. – 10. Lebensjahr aus der embryonalen Milchleiste (s. Abb. **A-2.18**). Das erste sichtbare Zeichen, die **Thelarche**, findet ca. im 10. Lebensjahr und durchschnittlich 1–2 Jahre vor Beginn der Menstruation statt. Ausschlaggebend für die Entwicklung der Brust (s. S. 43, Abb. **A-3.9**) sind Östrogen und Progesteron.

Die Brust ist Zielorgan einer Vielzahl endokriner Regelkreise (s. Abb. **A-2.14**).

Ab dem 40. Lebensjahr erfolgt eine Atrophie des Parenchyms (**Involution**).

2.2 Fehlbildungen der weiblichen Geschlechtsorgane und der Mamma

2.2 Fehlbildungen der weiblichen Geschlechtsorgane und der Mamma

2.2.1 Genitalfehlbildungen

2.2.1 Genitalfehlbildungen

Entwicklungsmissbildungen entstehen, wenn die Müller-Gänge (s. auch S. 12)
1. nicht nach kaudal bzw. medial wachsen
2. nicht kanalisiert werden
3. nicht verschmelzen, oder
4. das Septum im Canalis uterovaginalis nicht oder nur teilweise resorbiert wird.

Entwicklungsmissbildungen entstehen, wenn die Müller-Gänge
1. nicht nach kaudal bzw. medial wachsen
2. nicht kanalisiert werden
3. nicht verschmelzen, oder
4. das Septum nicht oder nur teilweise resorbiert wird.

▶ **Merke.** Die meisten Entwicklungsmissbildungen an Vagina und Uterus werden durch ein unvollständiges Verschmelzen der Müller-Gänge verursacht.

◀ Merke

Hymenalatresie (Hymen imperforatus)

Ätiologie. Bei sonst normal angelegtem Genitale bleiben der Durchbruch am Müller-Hügel und die Perforation des Hymens aus.

Klinik. Nach Eintritt der Menstruation sammelt sich das Blut zunächst in der Vagina (Hämatokolpos), später auch im Uterus (Hämatometra) bis hin zu den Tuben (Hämatosalpinx).
In der Pubertät treten daher bei primärer Amenorrhö in monatlichen Intervallen an Intensität zunehmende Unterleibsschmerzen auf, sog. **Molimina menstrualia**, die sich bis zu Koliken steigern können. Sie sind von Blähungen, Miktions- und Stuhlentleerungsstörungen begleitet.

Diagnostik. Bei der gynäkologischen Untersuchung findet man den Hymen gespannt und vorgewölbt. Von rektal ist ein prallelastischer Tumor unterschiedlicher Ausdehnung zu tasten. Auch ein großer Tumor lässt jedoch nicht automatisch auf eine Hämatometra schließen. Die Tuben können vergrößert sein.
Sonographisch bestätigt sich der Verdacht auf Hämatokolpos. Im Sonogramm lassen sich auch Hämatometra und Hämatosalpinx sicher nachweisen.

Therapie. Die Therapie besteht in einer Inzision des Hymens.

Hymenalatresie (Hymen imperforatus)

Ätiologie. Der Durchbruch am Müller-Hügel und die Perforation des Hymens bleiben aus.

Klinik. Nach der Menarche kommt es zu Hämatokolpos, evtl. auch zu Hämatometra und Hämatosalpinx.
Symptome sind primäre Amenorrhö und in monatlichen Intervallen auftretende, zunehmende Unterleibsschmerzen, **Molimina menstrualia**, mit Blähungen, Miktions- und Defäkationsstörungen.

Diagnostik. Der Hymen ist gespannt und vorgewölbt. Von rektal ist ein prallelastischer Tumor tastbar.

Im Sonogramm findet sich ein Hämatokolpos, evtl. auch eine Hämatometra und Hämatosalpinx.

Therapie. Inzision des Hymens.

A-2.15

A-2.15 Hymenalatresie

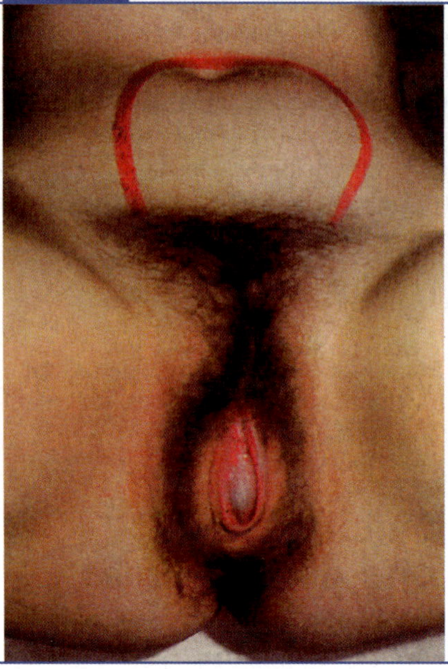

Überhäutung des Scheideneingangs. Die livide Verfärbung deutet auf das dahinter liegende alte Blut hin. Vorwölbung des Leibes durch Hämatometra (Vergrößerung des Uterus durch Menstrualblut im Cavum uteri).

Vaginale Fehlbildungen

Vaginalaplasie

Ätiologie. Die Entwicklung der Vaginalanlage bleibt aus.

Bei der **vollständigen Vaginalaplasie** sind die Müller-Gänge nicht verschmolzen; der Uterus ist meist nur rudimentär angelegt (**Mayer- v. Rokitansky-Küster-Hauser-Syndrom**, s. Uterusfehlbildungen S. 24 und S. 113 f).
Bei der **partiellen Vaginalaplasie** sind die Müller-Gänge zwar verschmolzen, aber nicht kanalisiert.

Ätiologie. Bei der seltenen Vaginalaplasie bleibt die Entwicklung der Vagina aus. Man unterscheidet zwischen vollständiger und partieller Vaginalaplasie.
Unterbleibt die Verschmelzung der Müller-Gänge, bildet sich keine Scheide aus (**Gynatresie**, **vollständige Vaginalaplasie**). Der Uterus ist meist nur rudimentär angelegt (**Mayer- v. Rokitansky-Küster-Hauser-Syndrom**, s. Uterusfehlbildungen S. 24 und S. 113 f). Häufig bestehen auch Fehlbildungen der Nieren oder der ableitenden Harnwege.
Bei der seltenen **partiellen Vaginalaplasie** sind die Müller-Gänge zwar verschmolzen, aber nicht kanalisiert worden. Dadurch ist nur das kraniale Drittel der Vagina angelegt. Uterus und Adnexe sind meist normal ausgebildet.

Klinik. Primäre Amenorrhö und Kohabitationsschwierigkeiten.

Klinik. Es bestehen eine primäre Amenorrhö und Kohabitationsschwierigkeiten.

Diagnostik. Inspektion (Abb. **A-2.16**), Palpation und Sonographie ermöglichen die Diagnose. Wegen möglicher Fehlbildungen des Harntraktes ist urologische Diagnostik indiziert.

Diagnostik. Inspektion und bimanuelle Palpation erlauben eine Verdachtsdiagnose (Abb. **A-2.16**), die durch Sonographie bestätigt wird. Wegen der möglichen Fehlbildungen an Nieren und ableitenden Harnwegen sollte eine urologische Diagnostik durchgeführt werden.

Therapie. Eine künstliche Scheide wird angelegt.

Therapie. Es wird eine künstliche Vagina angelegt.

Vagina septa bzw. subsepta

Ätiologie. Die Vagina septa bzw. subsepta entsteht, wenn sich nach Verschmelzung der Müller-Gänge das mediane Septum nicht oder unvollständig zurückbildet.

Ätiologie. Die Vagina septa bzw. subsepta entsteht, wenn sich nach Verschmelzung der Müller-Gänge das mediane Septum nicht oder nur unvollständig zurückbildet: Die Vagina ist durch längs- oder quer verlaufende Septen vollständig bzw. unvollständig unterteilt.

Klinik. Mediane Septen können zu Kohabitationsschwierigkeiten führen.

Klinik. Mediane Septen können zu Kohabitationsschwierigkeiten führen, laterale Septen bleiben dagegen in der Regel unbemerkt.

A-2.16 Vaginalaplasie

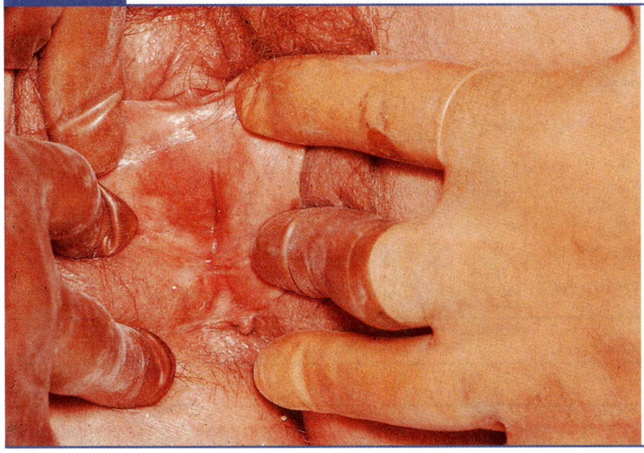

A-2.16

Diagnostik. Inspektion und Palpation erlauben eine Verdachtsdiagnose, die durch Sonographie bestätigt wird.

Diagnostik. Inspektion, Palpation und Sonographie ermöglichen die Diagnose.

Therapie. Die Septen werden chirurgisch durchtrennt.

Therapie. Chirurgische Durchtrennung.

Doppelfehlbildungen der Vagina

Die Ausbildung einer doppelten Vagina, **Vagina duplex**, ist durch zwei unvollständig verschmolzene Müller-Gänge zu erklären, die sich unabhängig voneinander weiterentwickelt haben.

Eine weitere Form der Doppelfehlbildung stellt die **rudimentäre zweite Vagina** dar. Hier haben sich die Müller-Gänge zunächst normal entwickelt, wobei die Entwicklung des einen jedoch sistiert und dieser keinen Anschluss an den Sinus urogenitalis gefunden hat.

Doppelfehlbildungen der Vagina

Bei der **Vagina duplex** haben sich zwei unvollständig verschmolzene Müller-Gänge unabhängig voneinander weiterentwickelt.

Bei der **rudimentären zweiten Vagina** hat die Entwicklung eines Müller-Ganges sistiert und er hat keinen Anschluss an den Sinus urogenitalis gefunden.

Vaginalatresie

Ätiologie. Es handelt sich um eine erworbene Fehlbildung. Ursache ist eine intra- oder extrauterine Infektion mit z. B. Masern oder Scharlach. Das obere Scheidendrittel ist nicht kanalisiert. Ein Introitus vaginae kann vorhanden sein.

Vaginalatresie

Ätiologie. Die Vaginalatresie ist eine durch Infektionskrankheiten bedingte, also erworbene Fehlbildung. Das obere Scheidendrittel ist nicht kanalisiert.

Klinik und Diagnostik. s. Vaginalaplasie und Abb. **A-2.16**.

Klinik und Diagnostik. s. Vaginalaplasie und Abb. **A-2.16**.

Therapie. s. Vaginalaplasie.

Therapie. s. Vaginalaplasie.

Fehlbildungen des Uterus

Uterusfehlbildungen sind gelegentlich kombiniert mit Fehlbildungen der Vagina und der Harnorgane. Von den zahlreichen Variationen sind die wichtigsten in Tab. **A-2.1** und Abb. **A-2.17** aufgeführt.

Eine unvollständige Verschmelzung der Müller-Gänge manifestiert sich, da die Müller-Gänge von kaudal nach kranial zusammenwachsen, höchstwahrscheinlich im oberen Uterus und nicht in einer doppelten Zervix mit normal ausgeformtem Korpus.

1. Beim **Uterus arcuatus** ist die Vereinigung der Müller-Gänge bis auf einen minimalen Rest erfolgt, aber der Fundus uteri ist auffallend breit und kann eingedellt sein.
2. Der **Uterus septus** bzw. **subseptus** hat eine äußerlich normale Form. Auch hier sind die Müller-Gänge vereinigt, aber das mediale Septum persistiert und teilt das Cavum uteri ganz (Uterus septus) oder partiell (Uterus subseptus).

Fehlbildungen des Uterus

Uterusfehlbildungen (s. Tab. **A-2.1** und Abb. **A-2.17**) treten gelegentlich mit Fehlbildungen der Vagina und der Harnorgane auf.

1. Beim **Uterus arcuatus** ist der Fundus uteri breit und kann eingedellt sein.
2. Beim **Uterus septus** bzw. **subseptus** persistiert das mediale Septum und teilt das Cavum uteri ganz oder partiell.
3. Beim **Uterus bicornis unicollis** sind zwei Uteruskörper und eine Zervix vorhanden.

A-2.1

A-2.1 Die wichtigsten Fehlbildungen des Uterus

1. Uterus arcuatus
2. Uterus septus und Uterus subseptus
3. Uterus bicornis unicollis
4. Uterus bicornis bicollis
5. Uterus didelphys
6. Uterusaplasie
7. Uterus cum cornu rudimentario

A-2.17 Häufige Uterusfehlbildungen

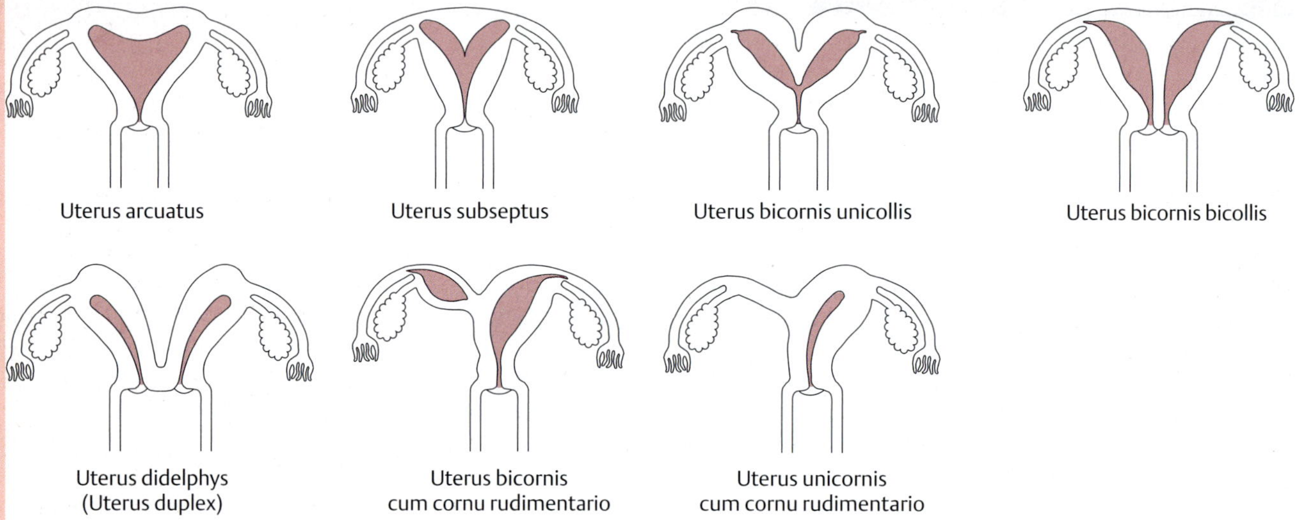

4. Beim **Uterus bicornis bicollis** sind zwei Uteruskörper und zwei Zervizes vorhanden.
5. Beim **Uterus didelphys** (Uterus duplex) sind zwei gleich große Uteri, zwei Zervizes und meist zwei Scheiden vorhanden.
6. Bei der **Uterusaplasie** findet sich an Stelle des Uterus Bindegewebe und gleichzeitig eine **Vaginalaplasie**: **Mayer-v. Rokitansky-Küster-Hauser-Syndrom** (s. S. 113 f). Oft bestehen weitere Fehlbildungen, z. B. des Harntrakts.
7. Bei normaler Entwicklung des einen und inkompletter Entwicklung des anderen Müller-Ganges entsteht ein **Uterus** uni- oder bicornis **mit einem rudimentären Horn**. Auf der Seite des Horns bestehen häufig auch Fehlbildungen des Harntrakts.

3. Vereinigen sich die Müller-Gänge im kranialen Abschnitt der Uterusanlage nicht, entsteht ein **Uterus bicornis unicollis**: Es sind zwei Uteruskörper und eine Zervix vorhanden.
4. Unter dem Begriff **Uterus bicornis bicollis** wird die Entwicklung von zwei gleich großen Uteri verstanden, die im medialen Wandbereich verschmolzen sind und damit auch zwei Zervizes aufweisen.
5. Bleibt die Vereinigung der Müller-Gänge ganz aus, entwickeln sich zwei gleich große, separate Uteri mit eigenen Zervizes und meist auch zwei Scheiden: **Uterus didelphys**, Syn.: Uterus duplex, cum vagina duplice.
6. Bei der **Uterusaplasie** ist der Anteil der Müller-Gänge, aus dem sich der Uterus entwickelt, rudimentär angelegt. Anstelle des Uterus findet man nur einen Strang aus Bindegewebe. **Gleichzeitig** besteht eine **Vaginalaplasie**. Diese Kombination von Fehlbildungen heißt **Mayer-v. Rokitansky-Küster-Hauser-Syndrom** (s. S. 113 f). Häufig bestehen noch weitere Fehlbildungen, z. B. des Harntrakts. Die betroffenen Mädchen haben eine primäre Amenorrhö und sind nicht fortpflanzungsfähig. Da die Ovarien normal entwickelt sind, haben sie einen normalen weiblichen Habitus.
7. Bei normaler Entwicklung des einen und inkompletter Entwicklung des anderen Müller-Ganges entsteht ein **Uterus** unicornis oder bicornis **mit einem rudimentären Horn**. Diese rudimentären Nebenhörner können mit und ohne Endometrium ausgestattet sein. Ist Endometrium vorhanden, kann es mit Beginn der Ovarialfunktion zur Retention von Menstrualblut und damit zu einer Hämatometra kommen. Rudimentäre Hörner sind

besonders oft mit Fehlanlagen des Harntraktes kombiniert. Diese finden sich auf der Seite des unterwickelten Müller-Ganges.

Klinik. Die Folgen einer Fehlbildung von Uterus und/oder Vagina können sein:
- Dysmenorrhö und Zyklusstörungen
- Störungen der Konzeption, Sterilität
- Aborte und geburtshilfliche Komplikationen, wie Lageanomalien des Feten und Uterusruptur.

Ein Uterus septus oder unicornis verursacht häufiger Beschwerden als ein Uterus bicornis.

Klinik. Durch eine Fehlbildung von Uterus und/oder Vagina können auftreten:
- Dysmenorrhö und Zyklusstörungen
- Störungen der Konzeption, Sterilität
- Aborte und geburtshilfliche Komplikationen.

▶ **Merke.** Nur bei 25 % aller Frauen mit Uterusfehlbildungen treten Sterilitäts- oder Schwangerschaftskomplikationen auf.

◀ **Merke**

Diagnostik. Diagnostische Methoden sind Inspektion (Vaginalaplasie!), Palpation, Sonographie, Röntgenkontrastdarstellung des Cavum uteri und der Tuben (Hysterosalpingographie) sowie Endoskopie.
Wird eine Uterusfehlbildung diagnostiziert, ist eine urologische Diagnostik indiziert, da häufig gleichzeitig Fehlbildungen des Harntraktes bestehen.

Diagnostik. Uterusfehlbildungen werden mittels Inspektion (Vaginalaplasie!), Palpation, Sonographie, Hysterosalpingographie sowie Endoskopie diagnostiziert.
Stets ist auch urologische Diagnostik indiziert.

Therapie. Bei Uterus septus bzw. subseptus kann das Septum hysteroskopisch reseziert werden. Bei Uterus bicornis kann eine Metroplastik nach Straßmann durchgeführt werden: Hierbei wird das mediane Septum gespalten, die beiden Uterushälften werden vereinigt. Die Indikation wird allerdings sehr zurückhaltend gestellt. Bei Uterusaplasie ist keine Therapie möglich.

Therapie. Bei Uterus septus bzw. subseptus kann das Septum reseziert, bei Uterus bicornis kann eine Metroplastik nach Straßmann durchgeführt werden. Bei Uterusaplasie ist keine Therapie möglich.

2.2.2 Fehlbildungen und Anomalien der Mamma

Polymastie und Polythelie

Bei unvollständiger Rückbildung der embryonalen Milchleiste kann zusätzliches Brustdrüsengewebe, es können auch lediglich überzählige Brustwarzen vorhanden sein (s. Abb. **A-2.18** und **A-2.19**). Im ersteren Fall spricht man von **Polymastie** oder **akzessorischen Mamma(e)**, im letzteren von **Polythelie**. Beide Anomalien sind angeboren.

2.2.2 Fehlbildungen und Anomalien der Mamma

Polymastie und Polythelie

Polymastie bezeichnet zusätzliches Brustdrüsengewebe (**akzessorische Mamma[e]**), **Polythelie** zusätzliche Brustwarzen im Verlauf der embryonalen Milchleiste (s. Abb. **A-2.18** und **A-2.19**).

A-2.18 Topographie der Milchleisten

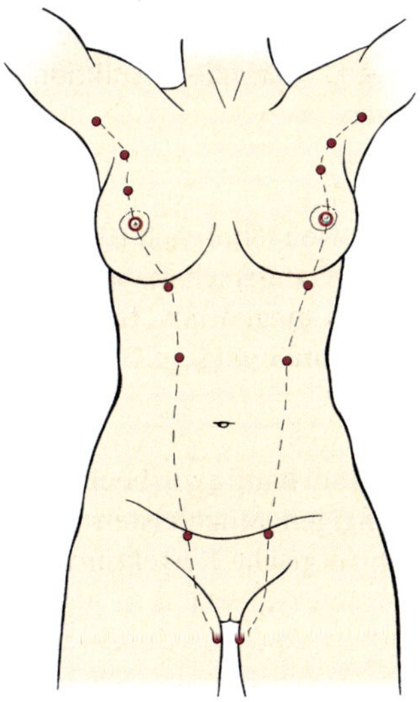

Die roten Punkte kennzeichnen die mögliche Lokalisation akzessorischer Mammae oder überzähliger Brustwarzen.

A-2.18

A-2.19

A-2.19 **Überzählige Brustwarze links mit angedeutetem Warzenhof**

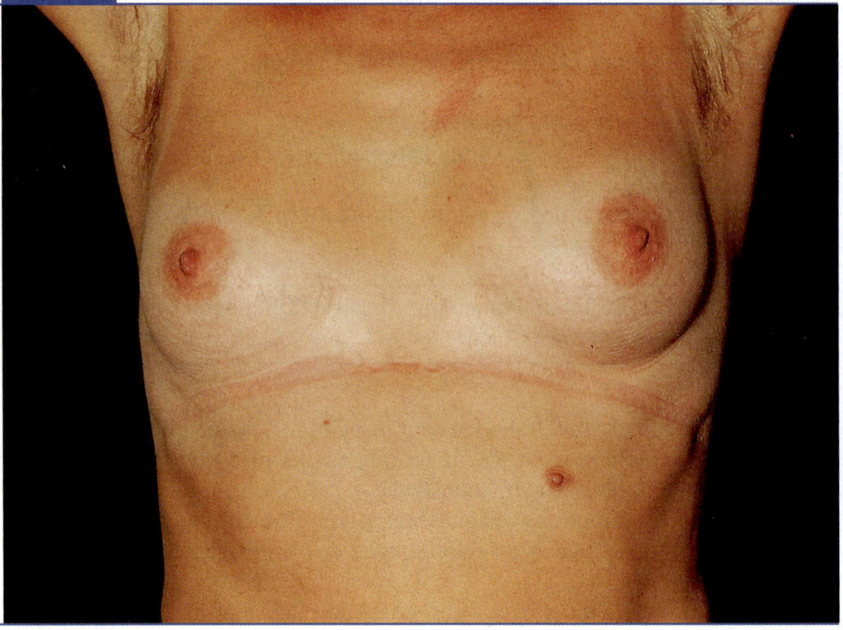

Bei akzessorischen Mammae sind Brustwarze und Warzenhof selten angelegt.

Eine **aberrierende Mamma** kann außerhalb der Milchleiste auftreten. Am häufigsten findet sie sich unter der Axilla.

Ein Warzenhof und eine Brustwarze sind bei den meist kleinen akzessorischen Mammae selten angelegt; ein Milchgang zur Haut kann vorhanden sein.
Eine **aberrierende Mamma** kann außerhalb der Milchleiste auftreten. Sie ist meist als subkutaner, weicher Drüsenkörper unterhalb der Axilla zu palpieren, kann aber selten auch am Körperstamm oder im Nacken, an Kinn, Ohr oder Oberarm lokalisiert sein.

▶ Merke

▶ **Merke.** Prämenstruell sowie in der Schwangerschaft und Laktationsperiode können akzessorische oder aberrierende Mammae schmerzhaft hypertrophieren und durch einen Milchstau zur Mastitis führen.

Die Polythelie verursacht keine Beschwerden.

Bei der Polythelie sind klinische Beschwerden nicht zu erwarten.

Flach- und Hohlwarzen

Flach- und Hohlwarzen müssen von der malignombedingten Mamillenretraktion differenziert werden. Sie verursachen oft Stillschwierigkeiten.

Angeborene Flach- und Hohlwarzen sind durch sorgfältige Anamnese von der meist einseitig auftretenden, malignombedingten Mamillenretraktion abzugrenzen. Sie führen häufig zu Stillschwierigkeiten.

Neonatale Hypertrophie

Die physiologische, neonatale Mammahypertrophie ist Folge einer passiven endokrinen Stimulation am Ende der Schwangerschaft. Milchiges Sekret (Hexenmilch) kann austreten.

Die beidseitige Hypertrophie der Brustdrüse beim Neugeborenen ist Folge einer passiven endokrinen Stimulation am Ende der Schwangerschaft. Sie findet sich bei männlichen wie weiblichen Neugeborenen. Gelegentlich tritt milchiges Sekret (Hexenmilch) aus. Eine Therapie ist nicht notwendig.

Asymmetrie

Eine gewisse Seitendifferenz ist physiologisch und häufig zu beobachten.

Eine gewisse Seitendifferenz ist physiologisch und häufig zu beobachten, da sich die Brüste aus zwei voneinander unabhängigen Milchleisten entwickelt haben. Bei psychischem Leidensdruck ist die chirurgische Korrektur indiziert.

Hypertrophie und Hypoplasie

Die ein- oder beidseitige Vergrößerung (**Hypertrophie**) der Brust hat meist keine erkennbare Ursache, kann jedoch Folge von Luteinzysten des Ovars sein. Unter **Makromastie** versteht man eine übermäßige Größenzunahme. Abgesehen vom psychischen Leidensdruck klagen die Betroffenen über Rückenschmerzen und Ziehen in den Achselhöhlen, bedingt durch das Gewicht der Brüste.
In beiden Fällen besteht die Möglichkeit der **Reduktionsplastik**.
Die Brust kann ein- oder beidseitig unterentwickelt sein: **Hypoplasie**. Dies ist meistens angeboren; es kann aber auch vorkommen, dass die Brust sich nach einer Schwangerschaft verkleinert. Die Therapie besteht in der **Aufbauplastik**.

Hypertrophie und Hypoplasie

Hypertrophie ist die ein- oder beidseitige Brustvergrößerung. Sie ist meist idiopathisch, kann auch durch Luteinzysten des Ovars bedingt sein.
Unter **Makromastie** versteht man eine übermäßige Größenzunahme der Brüste. Die Therapie ist in beiden Fällen die **Reduktionsplastik**.
Unter **Hypoplasie** versteht man ein- oder beidseitig kleine Brüste. Sie ist meist angeboren. Therapie: **Aufbauplastik**.

3 Sexuelle Differenzierung und Störungen

3 Sexuelle Differenzierung und Störungen

3.1 Normale chromosomale Geschlechtsdeterminierung

3.1 Normale chromosomale Geschlechtsdeterminierung

Die menschliche Zelle enthält 46 Chromosomen (23 Chromosomenpaare), unterteilt in 44 Autosomen und 2 Gonosomen (XX = weiblicher, XY = männlicher Karyotyp).

Die Körperzellen des Menschen enthalten auf jeweils 46 Chromosomen die gesamte Erbinformation.
Man unterscheidet 44 Autosomen bzw. 22 Autosomenpaare und 2 Gonosomen (Geschlechtschromosomen) bzw. 1 Gonosomenpaar. Die beiden Gonosomen bestehen bei der Frau aus zwei X-Chromosomen, beim Mann aus einem X- und einem Y-Chromosom.

▶ Merke

▶ **Merke.** Die chromosomale Zusammensetzung eines Zellkerns wird als Karyotyp bezeichnet.

3.1.1 Meiose (Reifeteilung)

3.1.1 Meiose (Reifeteilung)

Die Reduktion des Chromosomensatzes in den Keimzellen, die als Meiose oder Reifeteilung bezeichnet wird, umfasst zwei Teilschritte (Abb. **A-3.1**).

Jedes Autosom besitzt ein Partnerchromosom mit den gleichen morphologischen Merkmalen. Zusammen bilden sie ein Paar von Homologen. Obwohl das X- und das Y-Chromosom beim Mann morphologisch nicht identisch sind, spricht man beim Menschen von 23 Paaren oder von einem diploiden Chromosomensatz.
Wenn die Zahl der Chromosomen durch die Generationen hindurch konstant bleiben soll, muss der diploide Chromosomensatz, der in jeder Körperzelle vorhanden ist, in den Keimzellen (Gameten) vor der Befruchtung auf die Hälfte reduziert werden. Die Reduktion des Chromosomensatzes in den Keimzellen, die als Meiose oder Reifeteilung bezeichnet wird, umfasst zwei Teilschritte (Abb. **A-3.1**).
In der **ersten Reifeteilung** werden die homologen Chromosomen voneinander getrennt. Nach der ersten **meiotischen Teilung** beträgt die Chromosomenzahl 23 (doppelfädige Chromosomen).

Durch das **Crossing over entstehen unendlich viele Rekombinationsmöglichkeiten, wodurch letztendlich die genetische Variabilität gesichert ist.**

Ein wesentliches Merkmal der ersten Reifeteilung ist der Austausch von Chromatidabschnitten zwischen gepaarten homologen Chromosomen: **Crossing over. Hierdurch entstehen unendlich viele Rekombinationsmöglichkeiten, wodurch letztendlich die genetische Variabilität gesichert ist.**
In der zweiten Reifeteilung (= zweite meiotische Teilung) werden die Chromatiden der Chromosomen voneinander getrennt.

▶ Merke

▶ **Merke.** Das Ergebnis der Meiose (erste und zweite meiotische Teilung) ist eine Reduktion der Chromosomenzahl vom diploiden auf den haploiden Satz pro Geschlechtszelle. Bei der Verschmelzung der Kerne der Geschlechtszellen während der Befruchtung entsteht wieder ein diploider Chromosomensatz.

3.1.2 Oogenese

3.1.2 Oogenese

▶ Definition

▶ **Definition.** Als Oogenese wird die Entwicklung und Reifung der weiblichen Eizelle bezeichnet.

Von ca. 6 Mio. **Oogonien** differenzieren sich zwischen 700 000 und 2 Mio. zu **primären Oozyten**.

Die Oogenese (weibliche Gametogenese) findet zum größten Teil während der Embryonalzeit statt, wird aber erst kurz nach der Ovulation abgeschlossen. Die Urkeimzellen differenzieren sich in der 5. Embryonalwoche zu maximal etwa 6 Mio. **Oogonien** (Ureier). Zwischen dem 3. und 7. Fetalmonat differenzieren sich

A-3.1 Schematische Darstellung der 1. und 2. Reifeteilung (Meiose)

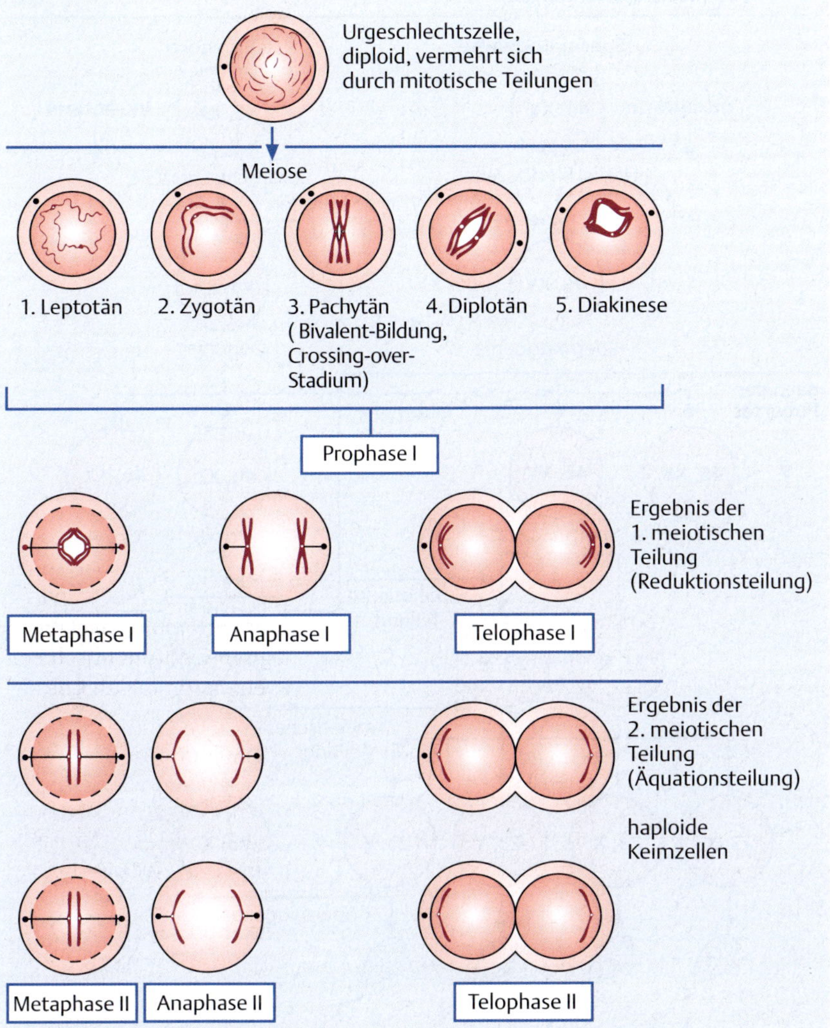

A-3.1

zwischen 700 000 und 2 Mio. Oogonien zu **primären Oozyten** (Eizellen), der Rest der Oogonien geht zugrunde.

Die Oozyten befinden sich bei der Geburt in einem Ruhestadium zwischen Prophase und Metaphase der ersten Reifungsteilung, im sog. **Diktyotän** und bilden mit dem sie umgebenden Epithel die **Primärfollikel**. Bis zum Eintritt der Geschlechtsreife vermindert sich die Zahl der primären Oozyten auf etwa 40 000, davon kommen ca. 400 (1 %) zur Ovulation.

Erst kurz vor der Ovulation wird die Meiose wieder aufgenommen. Die zweite Reifeteilung erfolgt nach der Ovulation, wenn ein Spermium eingedrungen ist (Abb. **A-3.2**). Bis zum Stadium des Diplotäns der ersten Reifeteilung verlaufen die männliche und weibliche Gametogenese gleich. Während der Oogenese entwickeln sich aus einer Keimzelle eine reife Eizelle und zwei oder drei Polkörperchen, die zwar auch den Chromosomensatz 23,X aufweisen, aber kaum Zytoplasma besitzen und zu funktionslosen Zellen degenerieren (ein drittes Polkörperchen entsteht wenn das erste Polkörperchen die zweite Reifeteilung vollzieht).

Bis zum Eintritt der Geschlechtsreife vermindert sich die Zahl der primären Oozyten auf ca. 40 000.

Während der Oogenese entstehen aus einer weiblichen Keimzelle eine reife Eizelle und 2 oder 3 funktionslose Polkörperchen (Chromosomensatz jeweils 23,X) (Abb. **A-3.2**).

3.1.3 Spermatogenese

Die Spermatogenese setzt erst mit der Pubertät ein. Aus einer männlichen Keimzelle entstehen vier gleichwertige Spermatiden (zwei mit dem Chromoso-

3.1.3 Spermatogenese

Die Spermatogenese beginnt während der Pubertät. Aus einer Keimzelle entstehen 2

A-3.2

A-3.2 Schematische Darstellung der Spermatogenese und der Oogenese (Mitose und Meiose)

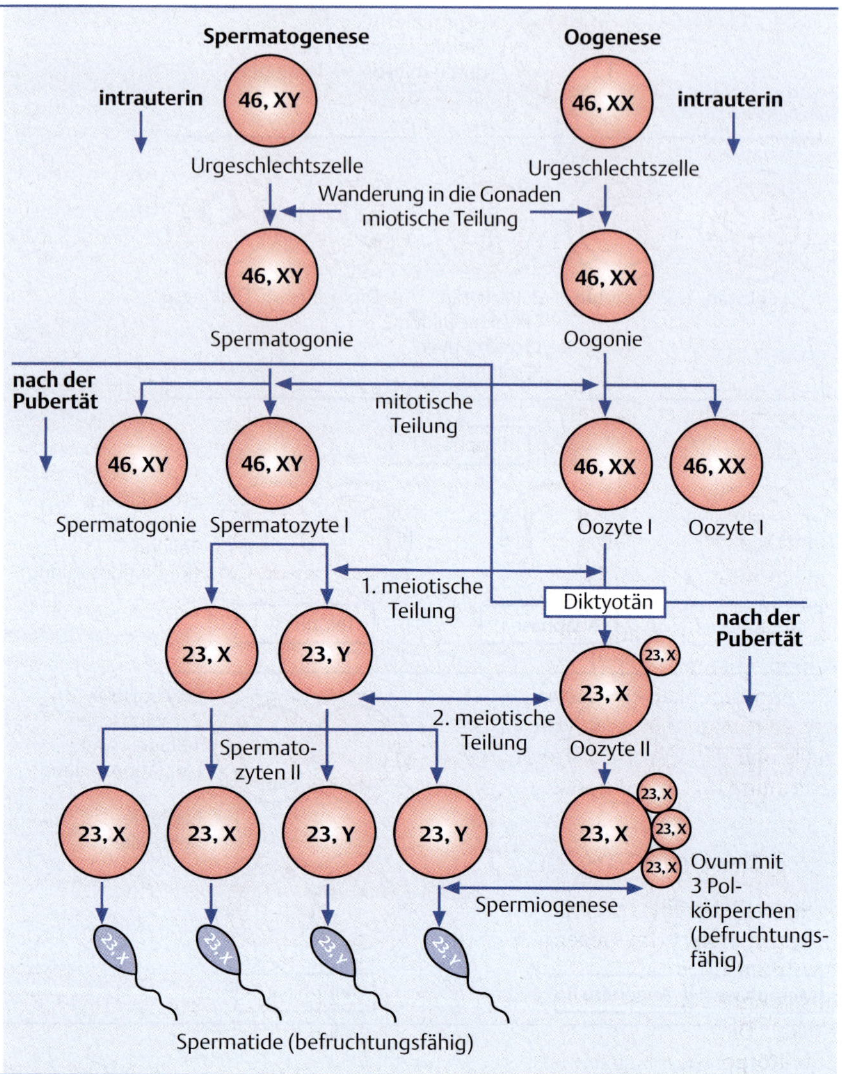

Spermatiden mit 23,X und 2 mit 23,Y (Abb. **A-3.2**).

mensatz 23,X und zwei mit 23,Y) die sich zu reifen Spermien weiterentwickeln (Abb. **A-3.2**).

Die Spermatogenese erfolgt unter Einfluss der in den Leydig-Zellen des Hodens gebildeten Androgene. Die primären Spermatozyten tragen noch den diploiden Chromosomensatz. Nach Duplikation des Chromatingehaltes und zweimaliger Zellteilung (Meiose I und II) entstehen zwei haploide sekundäre Spermatozyten und schließlich vier haploide Spermatiden.

▶ Merke

▶ **Merke.** Im Gegensatz zum Mann, bei dem nach der Pubertät immer wieder neue Spermatozyten gebildet werden, entstehen bei der Frau nach der Geburt keine neuen primären Oozyten.

3.1.4 Chromosomendarstellung

Die Chromosomenanalyse erfolgt meist an **Blutlymphozyten**.

Zur zytogenetischen Chromosomendarstellung eignen sich alle Zellen, die sich

3.1.4 Chromosomendarstellung

Die Untersuchung des Chromosomenbestandes wird in der Regel an **Lymphozyten** des peripheren Blutes vorgenommen.

Grundsätzlich eignen sich alle Zellen, die sich spontan oder nach Stimulation teilen, zur zytogenetischen Untersuchung. Für die pränatale genetische Diag-

A-3.3 Normales Karyogramm mit normalem männlichen Chromosomensatz (pränatale Zytogenetik)

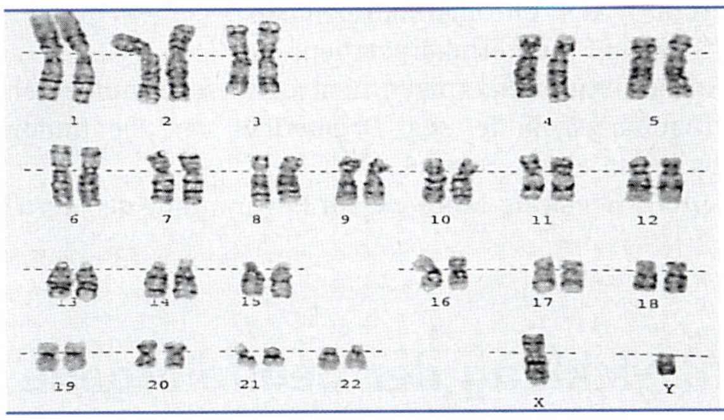

A-3.3

nostik hat vor allem die Kultivierung von **Chorion- und Amnionzellen** eine große Bedeutung (s. S. 527 f). Zur Chromosomendarstellung wird proliferierenden Zellkulturen das Spindelgift **Kolchizin** zugesetzt. Die Schwesterchromatiden können nicht mehr auseinander weichen, und die Zellen verbleiben im Metaphasestadium der Mitose.

spontan oder nach Stimulation teilen. Durch Zusatz von Spindelgift, z. B. **Kolchizin**, wird eine Anreicherung von Mitosen in der Metaphase erzielt.

Zur Darstellung der Chromosomenfeinstruktur erfolgt die Anfärbung mit speziellen **Kernfarbstoffen**, vor allem Giemsa (G-Bandenfärbung) oder dem Fluoreszenzfarbstoff Quinacrin (Q-Bandenfärbung). Durch die verschiedenen Färbemethoden können auch kleine morphologische Veränderungen an den Chromosomen erkannt werden. Mittels mikrophotographischer Wiedergabe können Chromosomenkarten (**Karyogramm**, Karyotypisierung) angefertigt werden.
Die 22 Autosomenpaare werden nach ihrer Gesamtlänge, der Lage des Zentromers und der Länge der vom Zentromer ausgehenden Arme von 1–22 fortlaufend nummeriert (Abb. **A-3.3**).

Die Sichtbarmachung der Chromosomen erfolgt durch **Kernfarbstoffe**. Mittels mikrophotographischer Wiedergabe können Chromosomenkarten (**Karyogramm**, Karyotypisierung) angefertigt werden (Abb. **A-3.3**).

3.1.5 Bestimmung des Kerngeschlechts

In jeder Zelle eines weiblichen Organismus ist eines der beiden X-Chromosomen inaktiviert. Im Gegensatz zu den anderen Chromosomen verbleibt es in der Interphase von zwei Mitosen in einem kondensierten Zustand und kann durch Anfärbung als Chromatinverdichtung nachgewiesen werden **(Lyon-Hypothese)**. Diese Verdichtung wird als X-Chromatin, Geschlechtschromatin oder **Barr-Körperchen** bezeichnet (Abb. **A-3.4**).
Als Screening-Methode eignet sich ein Wangenschleimhautabstrich, der bei gesunden Frauen durchschnittlich 25 % (+/− 10 %) Kerne mit randständigem Chromatinkörperchen aufweist.

3.1.5 Bestimmung des Kerngeschlechts

In jeder weiblichen Zelle ist ein X-Chromosom inaktiviert, verdichtet und als **Barr-Körperchen** nachweisbar (**Lyon-Hypothese**, s. Abb. **A-3.4**).

Als Screening-Methode eignet sich ein Wangenschleimhautabstrich.

▶ **Merke.** Die Anzahl der Chromatinkörperchen in einer Zelle ist jeweils um eins kleiner als die Zahl der vorhandenen X-Chromosomen.

◀ Merke

A-3.4 Verteilung des Chromatins (Barr-Körperchen)

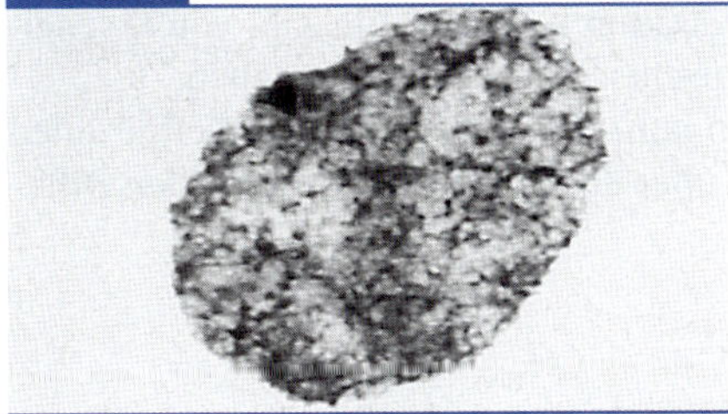

A-3.4

Beim normalen weiblichen Chromosomensatz (46,XX) findet man ein Chromatinkörperchen.

Zum Screening eignet sich auch ein Blutausstrich. Sogenannte **Drumsticks** finden sich nur bei Frauen.

Beispiele verschiedener Karotypen:

- XX (normale Frau) – ein Chromatinkörperchen
- X0 (Ullrich-Turner-Syndrom) – kein Chromatinkörperchen
- XXX (Triplo-X-Syndrom) – zwei Chromatinkörperchen.

Nur bei Frauen kommen in den segmentkernigen neutrophilen Granulozyten trommelschlegelartige Kernanhangsgebilde, sog. **Drumsticks** vor. Sie finden sich bei 2–3 % der Neutrophilen in einem Blutausstrich.
Hiermit ergibt sich eine weitere Screening-Methode zur Bestimmung des Kerngeschlechts.

3.2 Normale Entwicklung der Genitalorgane

Die Anlage der Gonaden beider Geschlechter ist **indifferent**.

Aus dem oberen Anteil der **Müller-Gänge** entstehen die Tuben, aus den unteren und mittleren Anteilen Uterus und obere der Vagina. Das untere der Scheide entsteht aus dem Sinus urogenitalis. Genitalmissbildungen können Folge einer gestörten Verschmelzung der Müller-Gänge sein.

Die Labia majora entstehen aus den Geschlechtswülsten, die Labia minora aus den Urethralfalten, die Klitoris aus dem Tuberculum genitale.

Das **TDF-Gen** auf dem Y-Chromosom induziert die Entwicklung eines männlichen Individuums. Aus den Wolff-Gängen entwickeln sich Samenleiter, Samenbläschen, Nebenhoden.

Die Müller-Gänge bilden sich unter Einfluss des **Anti-Müller-Faktors (AMF)** zurück. Das Corpus spongiosum entsteht durch Verschmelzung der Urethralfalten. Das Skrotum entsteht aus den Geschlechtswülsten; Corpora cavernosa und Penis aus dem Tuberculum genitale.

3.2 Normale Entwicklung der Genitalorgane

Die Anlage der Gonaden ist bei beiden Geschlechtern **indifferent**.

In der 4. Embryonalwoche bilden sich die inneren weiblichen Geschlechtsorgane aus. Aus dem oberen Anteil der **Müller-Gänge** entstehen bei weiblichen Individuen die Tuben. Aus den unteren und mittleren Anteilen der Müller-Gänge entsteht der Genitalstrang, aus dem sich später der Uterus und die oberen zwei Drittel der Vagina bilden. Das untere Drittel der Vagina entsteht aus dem Sinus urogenitalis. Bei gestörter Verschmelzung der Müller-Gänge kann es zu unterschiedlichen Missbildungen der Genitalorgane kommen.
Zwischen der 6. und 8. Embryonalwoche kommt es zur Differenzierung der äußeren weiblichen Geschlechtsorgane. Die Geschlechtswülste bilden die Labia majora, die Urethralfalten die kleinen Schamlippen. Aus dem Tuberculum genitale entsteht die Klitoris.
Auf dem Y-Chromosom befindet sich ein Gen, das sog. **TDF-Gen** (testes differentiating factor), das die Differenzierung der Gonadenanlage zum Hoden induziert und damit die Entwicklung eines männlichen Individuums auslöst. Durch die hohe Testosteronproduktion in den Leydig-Zellen des Hodens kommt es zur Ausbildung von Samenleiter, Samenbläschen und Nebenhoden aus dem Wolff-Gang.
Die Müller-Gänge bilden sich bei männlichen Individuen unter dem Einfluss des sog. **Anti-Müller-Faktors (AMF)**, der in den Sertoli-Zellen des Hodens gebildet wird, zurück. Durch Verschmelzung der Urethralfalten bildet sich das Corpus spongiosum. Aus den Geschlechtswülsten entwickelt sich das Skrotum. Der Genitalhügel bildet die Corpora cavernosa und den Penis mit der Glans penis. Die Differenzierung der Gonadenanlage in männliche oder weibliche Richtung wird also durch An- oder Abwesenheit eines Y-Chromosoms festgelegt.

3.3 Störungen der sexuellen Differenzierung

Störungen der sexuellen Differenzierung können als Gonadendysgenesien, Intersexualität, oder Genitalfehlbildungen in Erscheinung treten. Eine Übersicht gibt Tab. **A-3.1**. Äußere Erscheinungsbilder zeigt Abb. **A-3.5**.

3.3 Störungen der sexuellen Differenzierung

Die Ursache fehlerhafter Geschlechtsdifferenzierung kann in verschiedenen chromosomalen oder gonadalen Störungen, in pathologischen Hormonwirkungen oder exogenen Noxen liegen. Störungen der sexuellen Differenzierung können als Gonadendysgenesien, Intersexualität oder Genitalfehlbildungen in Erscheinung treten. Die Veränderungen können sich in verschiedenen Ausprägungsgraden manifestieren (Abb. **A-3.5**). Dadurch ist eine Vielzahl von Erscheinungsbildern mit unterschiedlichen klinischen Bedeutungen möglich.
Die Einteilung der Krankheitsbilder kann ja nach den bevorzugten Definitionen unterschiedlich erfolgen. Eine Übersicht über die Störungen der sexuellen Differenzierung gibt Tab. **A-3.1**.

A-3.1 Störungen der sexuellen Differenzierung

Diagnose	*Phänotyp*	*Kerngeschlecht*	*Häufigkeit*	*Klinik*	*Laborparameter*	*Therapie*
reine Gonaden dysgenesie	weibliche	46,XX		Streak-Gonaden, primäre Amenorrhö, Sterilität	FSH ↑, LH ↑	Östrogen-Gestagen-Substitution
Swyer-Syndrom	weiblich	46,XY		keine äußeren Missbildungen, hypoplastisches weibl. Genitale, Streak-Gonaden, prim. Amenorrhö, Sterilität	FSH ↑, LH ↑ Östrogen ↓ Androgene ↓	ab Pubertät Östrogen-Gestagen-Substitution, Entfernung der Gonaden (Entartungsgefahr)
Ullrich-Turner-Syndrom	weiblich	45,X0 Kerngeschlecht negativ kein Barr-Körperchen	1:2500	Schildthorax, Kleinwuchs, Pterygium colli, Cubitus valgus, infantiles äußeres Genitale, Streak-Gonaden, prim. Amenorrhö, Sterilität	Östrogene ↓ Androgene ↓	Pubertätsinduktion durch Östrogene, anschließend sequenzielle Östrogen-Gestagen-Kombinationen
Hermaphroditismus verus	rein männlich, rein weiblich	46,XX oder 46,XY oder Mosaik	insg. 300 Fälle bekannt	Testes und Ovarien vorhanden (auch als Ovotestis), Sterilität, keine Selbstbefruchtung möglich	abhängig von der Gonadenaktivität	plastisch-operative Maßnahmen, bei weibl. Phänotyp Östrogen-Gestagen-Substitution, bei männl. Phänotyp Testosterongabe
testikuläre Feminisierung (Pseudohermaphroditismus masculinus)	weiblich	47,XY Kerngeschlecht negativ	1:20 000	Keimdrüsen sind Hoden, knabenhafter Hochwuchs, fehlende Pubarche, „hairless women“, Brustentwicklung, prim. Amenorrhö, fehlender Uterus, Sterilität	Östrogene ↓ Androgene im männl. Normbereich	Aufklärung über die Sterilität, evtl. nicht über das Kerngeschlecht, ab 30. Lj. Entfernung der Gonaden (Entartungsgefahr)
adrenogenitales Syndrom (AGS) (Pseudohermaphroditismus femininus)	männlich	46,XX oder 46,XY	1:500	Virilisierung des äußeren Genitales weiblicher Kinder, unauffälliges äußeres Genitale männlicher Kinder, Pubertas praecox	Kortisol ↓ ACTH ↑	Kortisolsubstitution, ggf. zusätzlich Mineralokortikoide, Elektrolytsubstitution, plast. Operation vor 2. Lj. bei Mädchen

A-3.5 Äußeres Erscheinungsbild von erwachsenen Individuen mit gestörter Sexualentwicklung

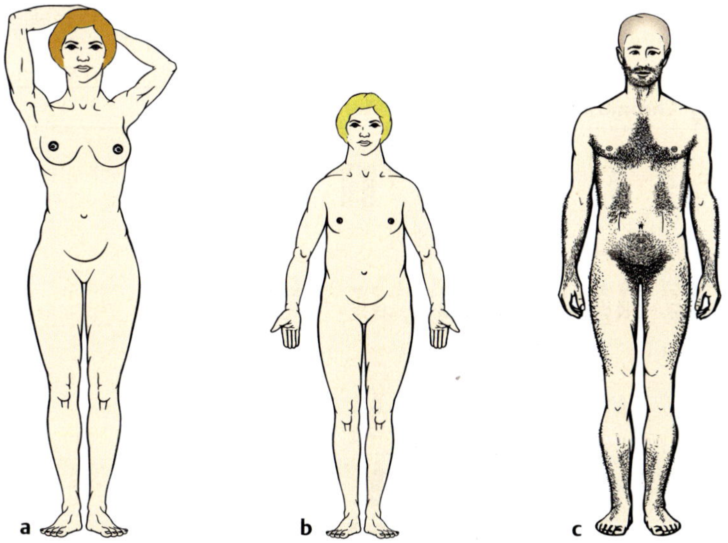

a Testikuläre Feminisierung, rein weiblicher Körperbau, keine Sekundärbehaarung, XY-Konfiguration.
b X0-Gonadendysgenesie mit Pterygium colli und Cubitus valgus.
c Unbehandeltes kongenitales adrenogenitales Syndrom. Männlicher Körperbau, fehlende Mammaentwicklung, Glatzenbildung, männliche Behaarung, vermännlichtes äußeres Genitale, XX-Konfiguration.

3.3.1 Gonadendysgenesien

3.3.1 Gonadendysgenesien

▶ Definition

▶ **Definition.** Unter Gonadendysgenesie versteht man das angeborene Fehlen von funktionstüchtigen Ovarien. An deren Stelle finden sich bindegewebige Leisten, sog. Streak-Gonaden.
Zu den häufigsten Gonadendysgenesien zählen das **Ullrich-Turner-Syndrom**, das **Swyer-Syndrom** (gemischte Gonadendysgenesie) und die **reinen Gonadendysgenesien**.

Ätiologie. Meist chromosomale Aberration.

Ätiologie. Die Ursache liegt überwiegend in chromosomalen Aberrationen.

Klinik. Durch Fehlen von Östrogen kommt es zum hypergonadotropen Hypogonadismus mit Amenorrhö und mangelhafter bzw. fehlender Sexualentwicklung.

Klinik. Die rudimentär angelegten Gonaden sind nicht im Stande, Östrogene zu bilden. Daher sind alle Gonadendysgenesien gekennzeichnet durch einen hypergonadotropen Hypogonadismus, primäre Amenorrhö sowie mangelhafte bzw. fehlende Sexualentwicklung.

Diagnostik. Bestimmung der Hormone und zytogenetische Untersuchung.

Diagnostik. Wenn klinische Hinweise (z. B. Ullrich-Turner-Symptomatik) eine Gonadendysgenesie vermuten lassen, sollten eine hormonelle Diagnostik und eine zytogenetische Untersuchung erfolgen.

▶ Merke

▶ **Merke.** Da Individuen mit einer Gonadendysgenesie ein breites Spektrum innerer und äußerer Fehlbildungen aufweisen können, gehören zur vollständigen Diagnostik auch Untersuchungen des Herz-Kreislauf-Systems, des Urogenitaltraktes und des Skelettsystems.

Therapie. Östrogen- bzw. Östrogen-Gestagen-Präparat bereits in der Pubertät.

Therapie. Symptomatische Langzeitbehandlung mit einem Östrogen- bzw. Östrogen-Gestagen-Kombinationspräparat bereits in der Pubertät.

Ullrich-Turner-Syndrom

Ullrich-Turner-Syndrom

▶ Definition

▶ **Definition.** Das Ullrich-Turner-Syndrom ist die häufigste Form der Gonadendysgenesie. Es handelt sich um eine **gonosomale Monosomie** mit Verlust eines X- oder Y-Chromosoms (Abb. **A-3.6**). In etwa der Hälfte der Fälle liegt ein chromosomales Mosaik vor, bei dem ebenfalls das klinische Bild eines Turner-Syndroms entsteht.

Häufigkeit. Die Häufigkeit liegt bei 1: 2500 Mädchengeburten.

Häufigkeit. Die Häufigkeit liegt bei 2:2500 Mädchengeburten. **Eine Zunahme der Frequenz bei erhöhtem Alter der Mutter besteht nicht.** Da überwiegend

A-3.6

A-3.6 **Chromosomensatz bei Ullrich-Turner-Syndrom**

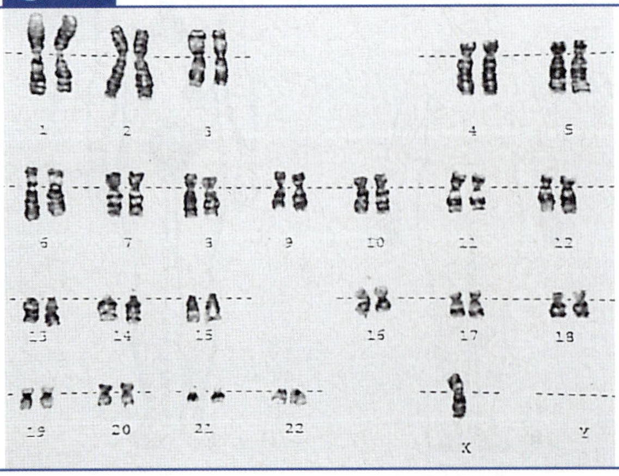

das väterliche X-Chromosom verloren geht, besteht möglicherweise ein Zusammenhang mit dem Alter des Vaters.

Klinik. Der Phänotyp ist weiblich. Pathognomonisch sind **Kleinwuchs** (durchschnittlich 147 cm), **hypoplastisches weibliches Genitale, primäre Amenorrhö** und **Streak-Gonaden mit Follikelatresie**. Zu möglichen charakteristischen Merkmalen zählen: kurzer Hals, Pterygium colli (Flügelfell), Cubitus valgus, Schildthorax, Trichterbrust, weiter Mamillenabstand, infantile Mammae, tiefer Haaransatz im Nacken, benigne Pigmentnävi, Nageldysplasien, Ohrdysplasien, Lymphödeme an Hand- und Fußrücken in den ersten Lebenswochen, Herz- und Aortenfehler (z. B. Aortenisthmusstenose), Nieren- und Harnleiterfehlbildungen, Skelettanomalien und Anomalien des Bandapparates. Patientinnen mit Ullrich-Turner-Syndrom können eine normale Intelligenz aufweisen, oft ist sie aber verringert. Die einzelnen Stigmata können unterschiedlich stark ausgeprägt sein, so dass die Anomalien nicht immer deutlich erkennbar sind.
Die psychosexuelle Einstellung ist weiblich. Psychisch belastend sind besonders der Kleinwuchs und der hypoplastische Genitalbefund.

Klinik. Der Phänotyp ist weiblich. Pathognomonisch sind **Kleinwuchs, hypoplastisches Genitale, primäre Amenorrhö** und **Streak-Gonaden**. Mögliche charakteristische Merkmale siehe Haupttext.

Die psychosexuelle Einstellung ist weiblich.

Diagnostik. Die Diagnose wird häufig beim Ausbleiben der Pubertätsentwicklung gestellt. Endokrinologisch finden sich stark erhöhte FSH- und LH-Werte und stark erniedrigte Östrogenwerte auf Grund der primären Ovarialinsuffizienz mit hypergonadotropem Hypogonadismus.

Diagnostik. Endokrinologisch finden sich stark erhöhte FSH- und LH-Werte sowie stark erniedrigte Östrogenwerte.

Therapie. Zu Beginn der Pubertät, etwa um das 12. Lebensjahr, sollte zunächst mit einer niedrig dosierten Östrogengabe begonnen werden. So kann ein Wachstum von Vagina, Uterus und Brustdrüsenkörper erreicht werden. Mit dem zyklischen Zusatz von Gestagen kommt es zur Transformation der Uterusschleimhaut und zur Auslösung der Menstruation.

Therapie. Therapeutisch sollte eine niedrig dosierte Östrogengabe, später eine sequenzielle Östrogen-Gestagen-Kombinationstherapie erfolgen.

▶ **Merke.** Die Sterilität bleibt bestehen, jedoch kann durch die Östrogen-Gestagen-Substitution eine wesentliche Verbesserung der physischen und psychischen weiblichen Merkmale sowie eine wirksame Osteoporoseprophylaxe erreicht werden.

◀ **Merke**

Zusätzlich kann durch eine frühzeitige Therapie (am besten schon im Kleinkindesalter) mit biosynthetischem Wachstumshormon (hGH) die Endgröße um 5–8 cm gesteigert werden. Regelmäßige endokrinologische und gynäkologische Kontrollen sind notwendig. Wichtig ist eine psychosoziale Betreuung aufgrund der äußeren und inneren Dysmorphiezeichen und der bleibenden Sterilität.

Die Endgröße kann durch frühzeitige Gabe von Wachstumshormon (hGH) um einige cm gesteigert werden. Lebenslange endokrinologische, gynäkologische und psychosoziale Betreuung ist notwendig.

Reine Gonadendysgenesie (46,XX)

Reine Gonadendysgenesie (46,XX)

▶ **Definition.** Bei normalem weiblichen Karyotyp haben Frauen mit einer reinen Gonadendysgenesie ebenfalls strangförmige Gonaden und daraus folgend eine hypergonadotrope Amenorrhö.

◀ **Definition**

Klinik. Die sekundären Geschlechtsmerkmale sind nicht ausgebildet. Die betroffenen Mädchen sind normal groß. Die inneren und äußeren Genitalien sind weiblich, als Gonadenrudimente finden sich beidseits Streak-Gonaden.
Das Risiko gonadale Tumoren zu entwickeln, ist niedriger als beim Swyer-Syndrom.

Klinik. Die sekundären Geschlechtsmerkmale sind nicht ausgebildet.

Therapie. Wie beim Ullrich-Turner-Syndrom.

Therapie. Wie beim Ullrich-Turner-Syndrom.

Swyer-Syndrom (46,XY)

▶ Definition

Swyer-Syndrom (46,XY)

▶ **Definition.** Das Swyer-Syndrom (46,XY) zeichnet sich durch einen normalen männlichen Karyotyp einerseits sowie einen eindeutig weiblichen Phänotyp andererseits aus. Die Gonaden sind Streak-Gonaden, die nur aus Stromgewebe bestehen. Da diese Streak-Gonaden kein Anti-Müller-Hormon produzieren können, sind Uterus, Tuben und Vagina ausgebildet.
Die Hodenentwicklung ist vermutlich während der frühen Embryonalphase als Folge eines fehlangelegten „testes differentiating factor" (TDF) ausgeblieben.

Klinik. Im Pubertätsalter unterbleibt die Ausbildung der sekundären Geschlechtsmerkmale, da Östrogene nicht ausreichend produziert werden. Auch Zeichen einer Androgenisierung (maskuline Skelettentwicklung, tiefe Stimme, Hirsutismus) können auftreten.

Klinik. Im Pubertätsalter unterbleibt die Ausbildung der sekundären Geschlechtsmerkmale, da Östrogene nicht ausreichend produziert werden. Bei den Patientinnen, die eine normale Körpergröße haben, findet man neben einer spärlichen Scham- und Achselbehaarung eine fehlende Brustentwicklung, eine primäre Amenorrhö und endokrinologisch einen hypergonadotropen Hypogonadismus. Auch Zeichen einer Androgenisierung (maskuline Skelettentwicklung, tiefe Stimme, Hirsutismus) können auftreten.

Therapie. Langfristige Substitutionsbehandlung mit Östrogen-Gestagen-Kombinationspräparaten.

Therapie. Wie bei den anderen Gonadendysgenesien ist eine langfristige Substitutionsbehandlung mit Östrogen-Gestagen-Kombinationspräparaten notwendig.

▶ Merke

▶ **Merke.** Da die fibrotisch umgewandelten Gonadenreste in 20–30 % der Fälle zur malignen Entartung neigen, wird eine prophylaktische Gonadenexstirpation empfohlen.

3.3.2 Intersexualität

▶ Definition

3.3.2 Intersexualität

▶ **Definition.** Unter Intersexualität (Zwittertum) versteht man das gemeinsame Vorliegen von männlichen und weiblichen Merkmalen bei einem Individuum. Es besteht eine Diskrepanz zwischen dem chromosomalen Geschlecht und dem morphologischen Gonadenbefund, der Entwicklung der äußeren Geschlechtsmerkmale und der individuellen Geschlechtsidentifikation.

Der Grad der Ausbildung einer Intersexualitätsform kann in verschiedene Grundtypen eingeteilt werden (Abb. **A-3.7**).

Der Grad der Ausbildung einer Intersexualitätsform (Häufigkeit liegt bei 1 %) kann schematisierend in fünf Grundtypen (nach Prader, 1954) eingeteilt werden, die vom rein weiblichen bis zum rein männlichen Phänotyp reichen (Abb. **A-3.7**).
Typ I = „rein weiblicher" Phänotyp, Typ II = gemeinsames Ostium urethrae externum für Urethra und Vagina, Typ III = Sinus urogenitalis kann für beide Mündungen persistieren, Typ IV = Vagina kann proximal in die Urethra münden, dabei kann ein Phallus mit peniler Urethra oder Hypospadie ausgebildet sein, Typ V = „rein männlicher" Phänotyp mit mehr oder minder stark ausgeprägtem Uterus.

A-3.7 Grundtypen des intersexuellen Urogenitalsystems (nach Overzier)

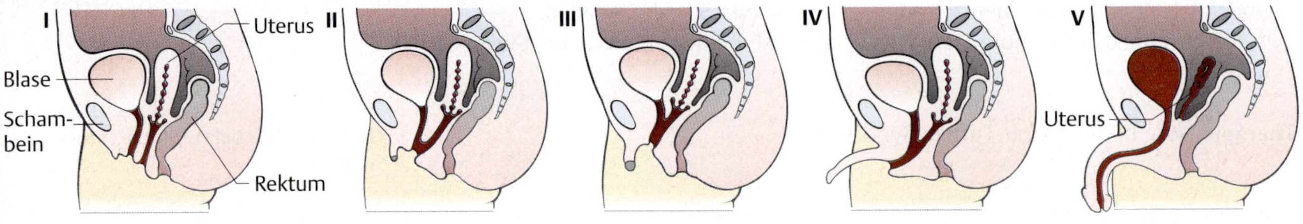

Von der „rein weiblichen" zur „rein männlichen" Form.

Unter dem Begriff der Intersexualität werden folgende Störungen der Geschlechtsdifferenzierung verstanden: Hermaphroditismus verus, Pseudohermaphroditismus masculinus sowie Pseudohermaphroditismus femininus.

Hermaphroditismus verus

▶ **Definition.** Dieses sehr seltene Krankheitsbild ist charakterisiert durch das gemeinsame Vorhandensein von Ovar- und Hodengewebe bei einem Individuum.

Ovar und Hoden können getrennt oder gemeinsam als Ovotestes vorliegen. Die Gonaden können Östrogene und Androgene produzieren. Chromosomal liegt bei den meisten Hermaphroditen eine **XX-**, selten eine **XY-Konstitution** oder ein **XX/XY-Mosaik** vor.

Ätiologie. Die Ursache ist nicht bekannt. Man nimmt eine Transposition des HY-Antigen-Lokus vom Y-Chromosom auf ein anderes Chromosom an.

Klinik. Die äußeren Geschlechtsorgane sind in verschiedenen Ausprägungsgraden, je nach Aktivität der gonadalen Hormonproduktion, weiblich und männlich. Die Verweiblichung mit Anlage von Ovar, Uterus und Vagina, Brustentwicklung und weiblichem Behaarungstyp überwiegt. Typ II nach Prader wird am häufigsten beschrieben (s. Abb. **B-1.30**, S. 122). Die Patienten sind steril.

Diagnostik. Die Diagnose wird nach dem klinischen Bild, zytogenetischen Untersuchungen und durch histologischen Nachweis von Hoden-/Ovargewebe gestellt.

Therapie. Prinzipiell sollte die vorherrschende Geschlechtsform, die der psychosexuellen Lebensform am ehesten entspricht, durch operative, hormonelle und psychologische Maßnahmen möglichst früh herausgearbeitet und betont werden.
Die operative Korrektur besteht aus einem plastisch-kosmetischen Teil und der Entfernung des unerwünschten Gonadengewebes. Die hormonelle Substitution beim weiblichen Phänotyp erfolgt mit Östrogenen und Gestagenen, beim männlichen Phänotyp mit Testosteron.

Pseudohermaphroditismus masculinus

▶ **Definition.** Unter dem Begriff Pseudohermaphroditismus masculinus **(männlicher Scheinzwitter)** versteht man Individuen, deren chromosomales und gonadales Geschlecht männlich, deren äußeres Erscheinungsbild dagegen überwiegend weiblich ist.

Ätiologie. Ursache des zu gering virilisierten Erscheinungsbildes kann eine fehlende bzw. verminderte Androgenproduktion oder die fehlende Wirkung der Androgene am Zielorgan sein. Die Fehlbildungen des äußeren Genitale können, je nach Schweregrad der Störung vom normal weiblichen bis zum annähernd normal männlichen Aspekt reichen.

Totale testikuläre Feminisierung

▶ **Definition.** Bei diesen Individuen besteht ein Androgenrezeptordefekt mit vollständiger Androgenresistenz.
Die dem Karyotyp 46,XY entsprechend vorliegenden Hoden produzieren Testosteron. Die Androgenwirkung bleibt jedoch aus, da die Zellen der Zielorgane einen defekten Testosteronrezeptor exprimieren. Ursache ist ein Grunddefekt auf dem X-Chromosom (X-chromosomal rezessiver Erbgang).

Hermaphroditismus verus

◀ Definition

Ovar und Hoden können getrennt oder gemeinsam als Ovotestes vorliegen. Die Gonaden können Östrogene und Androgene produzieren.

Ätiologie. Evtl. Transposition des HY-Antigen.

Klinik. Äußere Geschlechtsorgane entwickeln sich mehr in weibliche (überwiegend) oder männliche Richtung. Typ II nach Prader ist am häufigsten (s. Abb. **B-1.30**, S. 122). Es besteht Sterilität.

Diagnostik. Klinisches Bild, zytogenetische Untersuchungen und histologischer Gewebenachweis.

Therapie. Die vorherrschende Geschlechtsform sollte durch operative, hormonelle und psychologische Maßnahmen herausgearbeitet und betont werden.

Pseudohermaphroditismus masculinus

◀ Definition

Ätiologie. Fehlende bzw. verminderte Androgenproduktion oder fehlende Wirkung der Androgene am Zielorgan. Das äußere Genitale kann normal weiblich bis annähernd normal männlich ausgeprägt sein.

Totale testikuläre Feminisierung

◀ Definition

▶ Merke

▶ **Merke.** Die testikuläre Feminisierung ist mit ca. 1:20 000 die häufigste Form des Pseudohermaphroditismus masculinus.

Klinik. Das äußere Genitale ist weiblich, die Gonaden sind jedoch Hoden. Uterus, Tuben und Ovarien sind nicht angelegt, dadurch besteht bei den phänotypischen Mädchen eine primäre Amenorrhö mit Sterilität. Die Vagina endet blind, Kohabitationen sind in der Regel möglich. Charakteristisch sind die fehlende Sekundärbehaarung **(„hairless women")** und knabenhaft schlanker Hochwuchs mit gynandroider Beckenform.

Klinik. Das äußere Genitale ist weiblich. Die Gonaden sind Hoden, die intraabdominal, in den Labien oder im Leistenkanal liegen können. In der Kindheit und Schulzeit erfolgt eine unauffällige Entwicklung der als Mädchen registrierten Kinder. Während der Pubertät kommt es zu normalem Brustwachstum und regelrecht entwickelten äußeren Genitalien. Uterus, Tuben und Ovarien fehlen, die Vagina endet blind. Es besteht eine primäre Amenorrhö und Sterilität. Kohabitationen sind in der Regel möglich. Charakteristisch sind die fehlende Sekundärbehaarung **(„hairless women")** und knabenhaft schlanker Hochwuchs mit gynandroider Beckenform. Die **Intelligenz** ist durchschnittlich **bis überdurchschnittlich.**

Unter den „Models" aus Mode und Werbung findet man gehäuft Individuen mit einer testikulären Feminisierung, da sie dem heutigen Schönheitsideal entsprechen.

▶ Merke

▶ **Merke.** Da ein unauffälliger männlicher Karyotyp vorliegt, sind die Gonaden zu Hoden differenziert. Diese bilden das AMH (Anti-Müller-Hormon), welches die Regression der Müllerschen Strukturen bewirkt, und andererseits Androgene, die aber wegen des Rezeptordefektes nicht zur Wirkung kommen. Von der Pubertät an werden vermehrt Östrogene und Androgene produziert, welche in der Peripherie zum Teil zu Östrogenen umgewandelt werden. Dadurch kann sich die Brust normal entwickeln.

Diagnostik. Die Testosteronwerte liegen im männlichen Normbereich, die Östrogenwerte niedriger als bei der normalen weiblichen XX-Konstellation.

Diagnostik. Die Diagnose ergibt sich aus dem klinischen Bild und dem negativen Kerngeschlecht bei vorliegendem XY-Karyotyp. Die Testosteronwerte im Blut und Urin liegen im männlichen Normbereich. Der Östrogenspiegel ist niedriger als bei der normalen Frau.

Therapie. Eine Aufklärung über das tatsächliche chromosomale und gonadale Geschlecht sollte sorgfältig abgewogen werden.
Da eine Kohabitation meist möglich ist, kann eine Ehe rechtlich vollzogen werden.

Therapie. Die testikuläre Feminisierung ist die **äußerlich unauffälligste Intersexualitätsform**, die meist erst in der Pubertät erkannt wird. Da zu diesem Zeitpunkt die soziale und psychosexuelle Einstellung als Frau bereits erfolgt ist, sollte die Entscheidung über eine Aufklärung über das tatsächliche chromosomale und gonadale Geschlecht sorgfältig abgewogen werden. Die Patientinnen sind in der Regel kohabitationsfähig. Bei einer zu kurzen Vagina oder Vaginalaplasie muss chirurgisch interveniert werden. Da eine Kohabitation möglich ist, kann eine Ehe rechtlich vollzogen werden. Die Patientinnen müssen jedoch darüber aufgeklärt werden, dass sie amenorrhoisch bleiben und eine Schwangerschaft ausgeschlossen ist.

▶ Merke

▶ **Merke.** Wegen der Gefahr der malignen Entartung wird meist die Entfernung der Hoden empfohlen. Anschließend ist eine Langzeitsubstitution mit Östrogenen und Gestagenen notwendig, um das frühzeitige Einsetzen des Klimakteriums zu verhindern.

Partielle testikuläre Feminisierung

Partielle testikuläre Feminisierung

▶ Definition

▶ **Definition.** Es besteht ein Androgenrezeptordefekt mit unvollständiger Androgenresistenz und unterschiedlichen Intersexualitätsformen.

Klinik und Diagnostik. Chromosomal und gonadal männliche Individuen mit weiblichem Phänotyp. Im Laufe der Entwicklung kann es zu Virilisierungserscheinungen kommen.

Klinik und Diagnostik. Der Karyotyp ist männlich (46,XY). Die Gonaden sind Hoden. Uterus und Tuben fehlen. Das äußere Erscheinungsbild ist meist weiblich. Bei diesen Patientinnen finden sich eine Klitorishypertrophie, weibliche Sekundärbehaarung und eine mäßig gute Brustentwicklung. Im Laufe der Entwicklung kann es durch die zunehmende Testosteronproduktion zu Virilisierungserscheinungen kommen. Die Diagnose ergibt sich aus dem klinischen Bild und dem Chromosomenbefund.

Therapie. Um die Entwicklung in weibliche Richtung weiterlaufen zu lassen und wegen der Gefahr der malignen Entartung ist eine Entfernung der Hoden mit anschließender Östrogen-Gestagen-Substitution indiziert.

Therapie. Entfernung der Hoden mit anschließender Östrogen-Gestagen-Substitution.

Oviduktpersistenz

Oviduktpersistenz

▶ **Definition.** Die Oviduktpersistenz ist ein äußerst seltenes Krankheitsbild, bei dem (durch Mangel oder Resistenz) der Oviduktrepressorfaktor der Hoden nicht wirksam wird.

◀ **Definition**

Klinik. Bei den chromosomal und gonadal männlichen Patienten bleiben die Müller'schen Gänge bestehen, so dass Tubenanlagen und ein hypoplastischer Uterus nachweisbar sind.

Klinik. Tubenanlagen und ein hypoplastischer Uterus sind nachweisbar.

Therapie. Die Behandlung besteht in der Exstirpation von Tuben und Uterus.

Therapie. Exstirpation von Tuben und Uterus.

Störungen der Androgenbiosynthese

Die einfachste Form einer Androgensynthesestörung ist die **Leydig-Zell-Agenesie**. Häufiger werden aber Störungen der Androgenbiosynthese durch meist **autosomal-rezessiv vererbte Enzymdefekte** verursacht. Alle Enzymdefekte, die im Rahmen der Androgenbiosynthese auftreten können, sind seltener als 1:30 000.

Störungen der Androgenbiosynthese

Die einfachste Form ist die **Leydig-Zell-Agenesie**. Meist sind die Störungen allerdings **autosomal-rezessiv vererbte Enzymdefekte**.

▶ **Merke.** Die für die Testosteronbiosynthese notwendigen Enzyme stimmen in Hoden und Nebennierenrinde überein, so dass sich Enzymdefekte auf den gesamten Steroidstoffwechsel auswirken.

◀ **Merke**

Je nach Lage des Enzymdefektes sind Symptome der gestörten Sexualentwicklung mit Kortikosteroidbiosynthesestörungen kombiniert (Abb. **A-3.8**).

Symptome der gestörten Sexualentwicklung sind mit Kortikosteroidbiosynthesestörungen kombiniert (Abb. **A-3.8**).

a) Cholesterol-20-Hydroxylase-20,22-Lyasemangel
Cholesterol wird nicht zu Pregnenolon umgewandelt; dadurch akkumuliert Cholesterol in der Nebennierenrinde. Es kommt zur Lipoidhyperplasie mit Salzverlustsyndrom. Die Frühletalität ist sehr hoch. Beim männlichen Geschlecht ist das äußere Genitale weiblich, beim weiblichen Geschlecht unauffällig.

a) Cholesterol-20-Hydroxylase-20,22-Lyasemangel

b) 3 β-Hydroxysteroiddehydrogenasemangel
Dieses Enzym findet sich normalerweise in Nebennierenrinde und Ovar. Bei einem Defekt kommt es zu einem Anstau von Pregnenolon und z. B. DHEA und seinem Sulfat. Im Vordergrund steht das Salzverlustsyndrom. Beim männlichen Geschlecht findet sich wegen des vorgeburtlichen Androgenmangels ein intersexuelles Genitale.

b) 3 β-Hydroxysteroiddehydrogenasemangel

c) 17 α-Hydroxylasemangel
Progesteron wird nicht zu 17-OH-Progesteron umgewandelt. Es kommt zu einer gesteigerten Aldosteronproduktion. Klinisch stehen bei beiden Geschlechtern eine hypokaliämische Alkalose und eine Hypertonie im Vordergrund. Beim männlichen Geschlecht liegt ein intersexuelles Genitale vor.

c) 17 α-Hydroxylasemangel

d) 17,20-Desmolasemangel
Die Umwandlung von 17-OH-Progesteron zu den Androgenvorstufen ist unterbrochen. Die Kortison- und Aldosteronbiosynthese ist nicht gestört. Beim männlichen Geschlecht liegt eine Störung der Geschlechtsdifferenzierung mit intersexuellem Genitale vor.

d) 17,20-Desmolasemangel

e) 17 β-Hydroxysteroiddehydrogenasedefekt
Die Umwandlung von Androstendion zur Testosteron ist gestört. Beim männlichen Geschlecht liegt eine unvollständige Entwicklung des äußeren Genitale vor, Häufig verbunden mit einer Gynäkomastie.

e) 17 β-Hydroxysteroiddehydrogenasedefekt

A-3.8 Störungen der Androgenbiosynthese

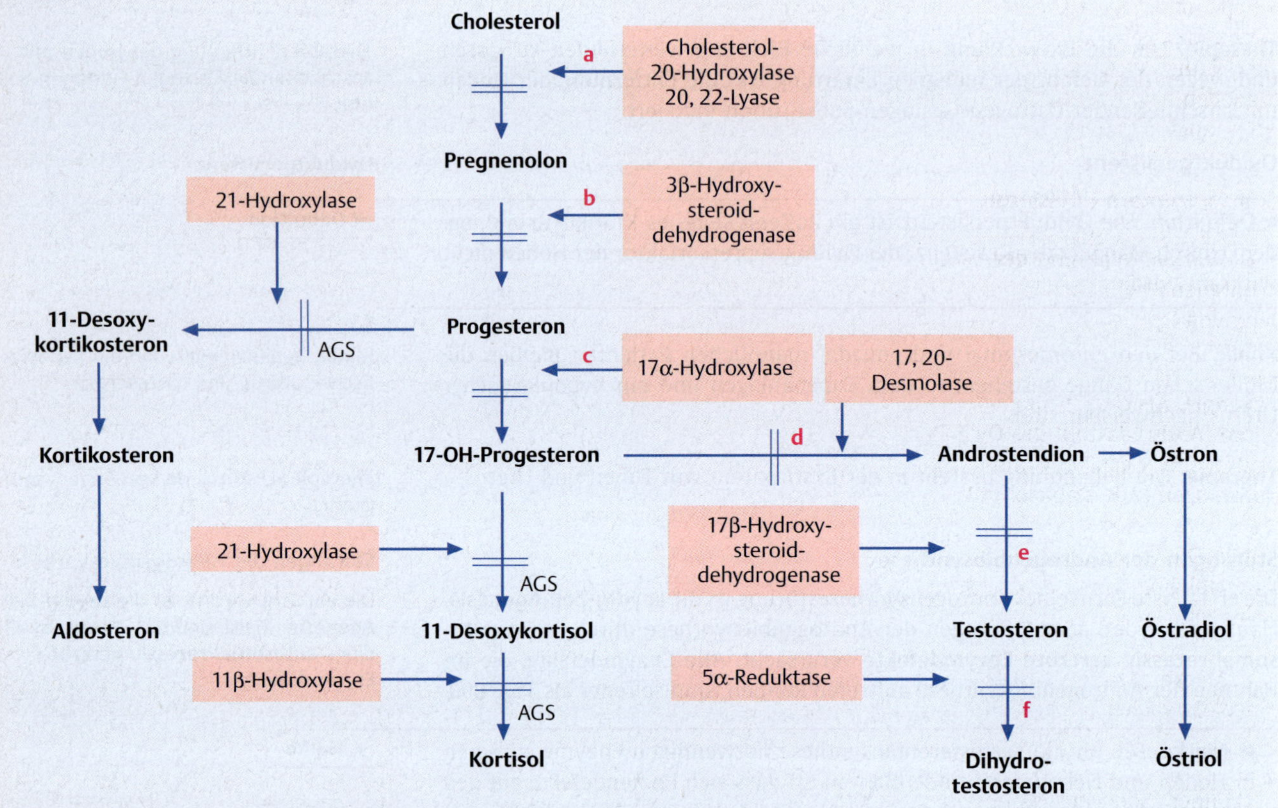

f) 5 α-Reduktasemangel

f) 5 α-Reduktasemangel

Die Umwandlung von Testosteron zu Dihydrotestosteron findet nicht statt. Somit entfällt der notwendige Faktor für die Maskulinisierung des äußeren Genitales. Genetisch männliche Individuen werden auf Grund des weiblichen Habitus als Mädchen aufgezogen. Während der Pubertät tritt eine starke Virilisierung (Stimmbruch, Bartwuchs, Klitorishypertrophie) ein, da Testosteron und die Testosteronrezeptoren der Zielorgane wirksam sind. Beim weiblichen Geschlecht tritt dieser Enzymdefekt klinisch nicht in Erscheinung.

Pseudohermaphroditismus femininus

Pseudohermaphroditismus femininus

▶ Definition

▶ **Definition.** Unter dem Begriff Pseudohermaphroditismus femininus **(weiblicher Scheinzwitter)** versteht man Individuen, deren chromosomales und gonadales Geschlechtsbild weiblich, deren äußeres Erscheinungsbild aber in unterschiedlichen Ausprägungsgraden vermännlicht ist.

Die Ursache liegt in der Einwirkung von Androgenen auf das weiblich angelegte Geschlecht.

Die Ursache liegt in der Einwirkung von Androgenen auf das weiblich angelegte Genitale. Die Androgene können als Folge von **Enzymstörungen** der Steroidbiosynthese anfallen, **exogen** während der Schwangerschaft zugeführt werden oder durch androgenbildende **Tumoren** der Mutter während der Schwangerschaft entstehen.

Adrenogenitales Syndrom (AGS)

Adrenogenitales Syndrom (AGS)

▶ Definition

▶ **Definition.** Beim adrenogenitalen Syndrom handelt es sich um einen **genetisch bedingten Enzymdefekt**, bei dem es meist durch den Mangel an 21-Hydroxylase, seltener Mangel der 11β-Hydroxylase, zu einer Störung der Biosynthese von Kortisol kommt. Der Kortisolmangel führt zu einer vermehrten ACTH-

Ausschüttung aus dem Hypophysenvorderlappen. Es kommt zu einer Hyperplasie der Nebennierenrinde. Die dadurch vermehrt anfallenden Androgene führen bereits intrauterin zu einer **Virilisierung des äußeren Genitales weiblicher Feten**. Männliche Feten weisen keine Abnormalitäten auf.
Die Häufigkeit liegt bei 1:7 000. Das Syndrom wurde wesentlich häufiger bei Mädchen beschrieben, da es bei Knaben erheblich schwerer zu diagnostizieren ist (s. auch S. 120 ff).

Transplazentare Virilisierung

Transplazentare Virilisierung

▶ **Definition.** Während der Schwangerschaft ist eine Virilisierung der äußeren Genitalien weiblicher Feten durch männliche Hormone möglich. Die Entwicklung von Uterus, Tuben und Ovarien ist nicht gestört.

◀ **Definition**

Ätiologie. Als Ursache kommen Androgen produzierende **Tumoren** der Schwangeren (Androblastom des Ovars, Nebennierenrindentumor), **exogen** zugeführte Androgene, Gestagene mit androgener Restwirkung und androgen wirkende Substanzen (z. B. Danazol und Anabolika) in Frage.

Ätiologie. Mögliche Ursachen sind Androgen produzierende **Tumoren, exogen** zugeführte Androgene, Gestagene mit androgener Wirkung, Danazol oder Anabolika.

Klinik. Die Auswirkungen auf das Genitale bzw. das Ausmaß der Virilisierung sind abhängig von Zeitpunkt und Art der Einwirkung, außerdem von der Dosis und Einwirkungsdauer der Substanz.

Klinik. Abhängig vom Zeitpunkt der Einwirkung, Dosis und Einwirkungsdauer der Androgene.

▶ **Merke.** Der Fetus ist besonders beeinflussbar in der 7. bis 16. Schwangerschaftswoche.

◀ **Merke**

Es können alle Formen des intersexuellen Genitales auftreten **(Stadium I–V nach Prader**, s. Abb. **B-1.30**, S. 122**)**. Die Genitalveränderungen bleiben bestehen. In der Pubertät kommt es zur normalen Entwicklung der sekundären Geschlechtsmerkmale.

Diagnostik. Die Diagnose ergibt sich aus der Anamnese und dem Ausschluss eines AGS durch Hormonanalysen.

Diagnostik. Anamnese, Ausschluss eines AGS.

Therapie. Es können operative plastische Korrekturen der betroffenen äußeren Genitalien durchgeführt werden.

Therapie. Operative plastische Korrekturen.

Vorgehen bei intersexuellem äußeren Genitale

Vorgehen bei intersexuellem äußeren Genitale

Wenn beim Neugeborenen eine eindeutige Geschlechtszuordnung nicht möglich ist, muss den Eltern mit viel Einfühlungsvermögen und Zurückhaltung klar gemacht werden, dass aufgrund des äußeren Genitalbefundes eine Feststellung des Geschlechtes noch nicht möglich ist und dass zur Klärung weitere Untersuchungen notwendig sind. Die standesamtliche Meldung ist bis dahin aufzuschieben.
Die diagnostische Abklärung sollte durch einen Kinderendokrinologen erfolgen. In das therapeutische Vorgehen sind Kinderchirurg, Urologe und Psychologe miteinzubeziehen.

Die standesamtliche Meldung ist bis zur Feststellung des Geschlechts aufzuschieben.

Diagnostik durch Kinderendokrinologen, Therapiekonzept gemeinsam mit Kinderchirurg, Urologe und Psychologe entwickeln.

▶ **Merke.** Wesentliches Kriterium für die Geschlechtszuordnung ist die potenzielle spätere Sexualfunktion.

◀ **Merke**

Die Rekonstruktion eines weiblichen äußeren Genitales, die Bildung einer funktionsfähigen Vagina und die medikamentöse Einleitung einer Feminisierung zum Pubertätszeitpunkt sind deutlich einfacher zu realisieren als die Rekonstruktion eines funktionstüchtigen Penis und eine ausreichende Virilisierung.

Die Rekonstruktion eines weiblichen Genitales ist deutlich einfacher zu realisieren als die eines männlichen.

▶ Merke

▶ **Merke.** Bei Inkongruenz zwischen Phänotyp und Genotyp (z. B. testikuläre Feminisierung, echter Hermaphroditismus) sollte die Erwähnung des Karyotyps ggf. unterbleiben.

Sind die Eltern mit der ärztlichen Entscheidung hinsichtlich der Geschlechtszuordnung ihres Kindes einverstanden und zufrieden, ist die Voraussetzung für eine normale familiäre und psychosexuelle Entwicklung des Kindes gegeben.

3.3.3 Numerische Fehlverteilung von Gonosomen

3.3.3 Numerische Fehlverteilung von Gonosomen

Während der Mitose bzw. Meiose kann es zu numerischen Chromosomenaberrationen kommen. Im Folgenden werden die für den gynäkologisch-geburtshilflichen Bereich wichtigsten Aberrationen behandelt.

▶ Merke

▶ **Merke.** Gonosomale Aberrationen bewirken im Vergleich zu autosomalen Aberrationen keine schwer wiegenden körperlichen und geistigen Schäden.

Häufigste und wichtigste numerische Gonosomenaberrationen: Ullrich-Turner-Syndrom, Triplo-X-Syndrom, Klinefelter-Syndrom.

Zu den häufigsten und wichtigsten numerischen Gonosomenaberrationen gehören das Ullrich-Turner-Syndrom, das Triplo-X-Syndrom (XXX-Syndrom) und das Klinefelter-Syndrom (47 XY).

Ullrich-Turner-Syndrom

s. S. 34

Ullrich-Turner-Syndrom

s. S. 34

XXX-Syndrom (Triplo-X-Frauen)

XXX-Syndrom (Triplo-X-Frauen)

▶ Definition

▶ **Definition.** Das X-Chromosom kommt dreifach oder mehrfach vor. Das durchschnittliche Alter der Eltern ist erhöht, deshalb wird ein Nondisjunction während der Meiose als Ursache angenommen.
Die Häufigkeit liegt bei 1:1000.

Klinik. Meist unauffälliger weiblicher Phänotyp. Die intellektuelle Entwicklung kann gestört sein.

Klinik. Bei der Mehrzahl der Frauen sind Phänotyp, Pubertät und Fertilität unauffällig. Die intellektuelle Entwicklung, insbesondere die Sprachentwicklung kann gestört sein.

Therapie. Sprachliche und emotionale Förderung.

Therapie. Meist genügt eine sprachliche und emotionale Förderung der Mädchen.

Klinefelter-Syndrom (XXY-Syndrom)

Klinefelter-Syndrom (XXY-Syndrom)

▶ Definition

▶ **Definition.** Fehlverteilung der Gonosomen, vermutlich infolge einer Nondisjunction während der Meiose. Die Patienten haben meist den Karyotyp 47 XXY, es kommen aber auch Konstellationen mit mehr als 2 X-Chromosomen und Mosaike vor.

Klinik. Männlicher Phänotyp mit unterentwickeltem Genitale. Die Patienten sind steril. Oft überdurchschnittliche Körpergröße.

Klinik. Der Habitus ist männlich, dabei fallen aber eine Gynäkomastie und ein unterentwickeltes Genitale mit abnorm kleinen Hoden auf. Die Körpergröße ist oft überdurchschnittlich. Es besteht ein hypergonadotroper Hypogonadismus mit Sterilität.

Therapie. Androgensubstitution.

Therapie. Da sich in den Hoden kein Keimepithel findet, lässt sich die Fertilität der Patienten nicht verbessern. Um hormonelle Ausfallerscheinungen zu vermeiden, sollte eine Substitution mit Androgenen erfolgen.

3.3.4 Fehlbildungen des weiblichen Genitaltrakts

Durch eine Störung der Differenzierung der Gangsysteme kommt es zu einer gestörten Genitalentwicklung (s. S. 21 ff).

3.3.4 Fehlbildungen des weiblichen Genitaltrakts

s. S. 21 ff.

3.3.5 Numerische Fehlverteilung von Autosomen

s. S. 491 ff.

3.3.5 Numerische Fehlverteilung von Autosomen

s. S. 491 ff.

3.4 Pubertät und Störungen

3.4 Pubertät und Störungen

▶ **Definition.** Die Pubertät umfasst den Zeitraum vom Auftreten der ersten sekundären Geschlechtsmerkmale bis zum Erlangen der vollen Fortpflanzungsfähigkeit (Geschlechtsreife). Die Pubertätsperiode dauert ca. 4 Jahre. Sie tritt bei Mädchen ungefähr 2 Jahre früher ein als bei Jungen. Die **Menarche** ist die erste funktionelle Blutung im Leben einer Frau.

◀ Definition

3.4.1 Physiologischer Ablauf der Pubertätsperiode

Körperliche Veränderungen während der Pubertät

Der Zeitpunkt des Eintritts der Pubertät hängt von endokrinen Vorgängen, aber auch von Ernährung, Rasse, Klima und anderen Umweltfaktoren ab. Die Pubertät setzt heute viel früher ein als um die Jahrhundertwende. Der erste Hinweis auf die beginnende Pubertät ist entweder der Beginn der Brustentwicklung, die **Thelarche**, oder der Beginn des Wachstums der Pubes, die **Pubarche**. Bei europäischen Mädchen beginnt die Thelarche zwischen dem 7./8. und 14. Lebensjahr, die Pubarche zwischen dem 8./9. und 15. Lebensjahr.
In Abb. **A-3.9** sind die Stadien in der Entwicklung von Brust, in Tab. **A-3.2** die der Schambehaarung (Einteilung nach Marshall und Tanner) aufgelistet.
Die **Menarche** setzt zwischen dem 9. und 16. Lebensjahr ein. Die erste Regelblutung ist oft anovulatorisch. Der Beginn der Pubertät steht in engem zeitlichen

3.4.1 Physiologischer Ablauf der Pubertätsperiode

Körperliche Veränderungen während der Pubertät

Der Zeitpunkt des Eintritts der Pubertät hängt von endokrinen Vorgängen, aber auch von Ernährung, Rasse, Klima und anderen Umweltfaktoren ab.

Abb. **A-3.9** und Tab. **A-3.2** zeigen die Entwicklungsstadien von Brust und Pubes.

Die **Menarche** setzt zwischen dem 9. und 16. Lebensjahr ein. Die erste Blutung ist oft

A-3.9 Stadien der Brustentwicklung

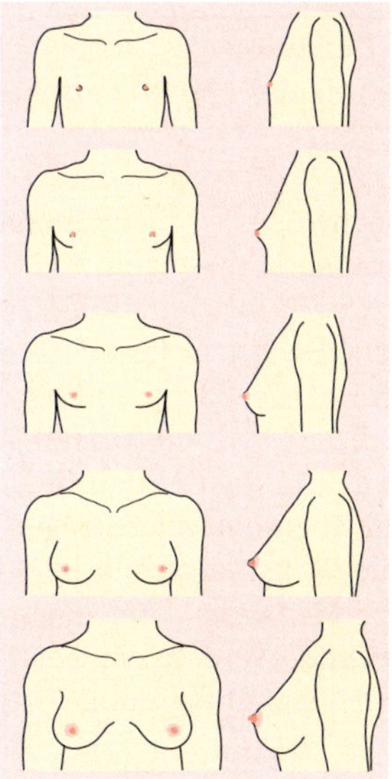

Stadium 1
Infantiles Stadium, kein Drüsenkörper tastbar, Areoladurchmesser klein, im Niveau der Haut, blass.

Stadium 2
Die Brustknospe und die Mamille heben sich über das Niveau der Thoraxhaut, die Areola nimmt etwas an Durchmesser zu.

Stadium 3
Brust und Areola wachsen weiter, die Brust sieht ähnlich einer Erwachsenenbrust aus, nur kleiner; kontinuierliche Kontur von Areola und restlichen Brustanteilen (bei seitlicher Betrachtung).

Stadium 4
Areola und Brustwarze vergrößern sich weiter und formen einen Sekundärhügel, der sich von der Kontur der übrigen Brust abhebt.

Stadium 5
Der Sekundärhügel des Stadiums 4 verschwindet wieder, die Brust ist größer und hat die typische Erwachsenenerscheinung.

Das Stadium 4 kann bei einigen Mädchen bis zur 1. Schwangerschaftswoche oder gar danach erhalten bleiben, manche Mädchen kommen vom Stadium 3 in das Stadium 5.

A-3.9

A-3.2

A-3.2 Stadien der Pubesentwicklung

Stadium 1	▪ Die Pubesbehaarung fehlt, man kann höchstens eine leichte flaumige Behaarung über dem Mons pubis finden.
Stadium 2	▪ Spärliches Wachstum gerader oder nur leicht gekrümmter, leicht pigmentierter Haare über den großen Schamlippen und den unteren Anteilen des Mons pubis.
Stadium 3	▪ Das Haarwachstum streut nach lateral, erreicht jedoch noch nicht die Schenkelbeugen, es wird dunkler und gröber bei nach oben horizontaler Begrenzung.
Stadium 4	▪ Das Haar hat jetzt das Aussehen von Schamhaaren Erwachsener, die Dichte des Haarwachstums ist jedoch noch geringer.
Stadium 5	▪ Typisches Erwachsenenmuster mit triangulärer Verteilung.

anovulatorisch. Der Beginn der Pubertät steht in engem zeitlichen Zusammenhang mit der Knochenentwicklung.
Hormonell wird der pubertäre **Wachstumsschub** von den gonadalen Sexualsteroiden gesteuert.

Zusammenhang mit der Entwicklung des Knochensystems. Zur Diagnostik kann die Knochenentwicklung mit der Pubertätsentwicklung verglichen werden, indem man die Knochenkerne der Handwurzelknochen, des Ellbogens oder des Knies beurteilt. Im Rahmen des pubertären **Wachstumsschubs** erreichen Mädchen ihre maximale Wachstumsgeschwindigkeit deutlich vor der Menarche. Die Dauer dieses Wachstumsschubs beträgt im Durchschnitt 2,8 Jahre. Hormonell wird der pubertäre Wachstumsschub von Wachstumshormonen und von den Sexualhormonen gesteuert.
In der Pubertätsperiode kommt es auch zu Veränderungen der Zusammensetzung des Körpergewebes. Während der relative Anteil des Skeletts, des Körperfetts und des übrigen Körpergewebes bei Mädchen und Jungen vor der Pubertät ungefähr gleich ist, kommt es nach der Pubertät zu erheblichen geschlechtsspezifischen Unterschieden. Bei Jungen wird sich das Muskelgewebe, bei Mädchen der relative Fettanteil stärker ausprägen. Als Auslöser für die Menarche scheinen der relative Fettanteil, die absolute Fettmasse und ein relativ fixiertes Körpergewicht von 38–49 kg kritische Faktoren zu sein.

Während der Pubertät kommt es zu einer geschlechtsspezifischen Veränderung der Zusammensetzung des Körpergewebes: Bei Jungen stärkere Ausprägung des Muskelgewebes, bei Mädchen mehr Fettgewebe.

Hochwuchs bei Mädchen. Die fördernde Wirkung der Östrogene auf die Knochenreifung lässt sich für die Behandlung des Hochwuchses nutzen.

Hochwuchs bei Mädchen. Die Tatsache, dass Östrogene die Skelettreifung fördern und eine wichtige Rolle für den Abschluss des Längenwachstums am Ende der Pubertätsperiode spielen, wird gelegentlich bei der Behandlung des Hochwuchses genutzt.

▶ **Definition**

▶ **Definition.** Als Hochwuchs wird ein Längenwachstum oberhalb der 96. Perzentile des chronologischen Alters bezeichnet.

Hochwuchs ist meist **familiär** bedingt. Ob eine Behandlungsindikation besteht, ist nach Abschätzung der voraussichtlichen Endgröße individuell zu entscheiden.

Hochwuchs ist meist **konstitutionell** oder **familiär** bedingt, seltener finden sich Grunderkrankungen z. B. wachstumshormonproduzierende Hypophysentumoren oder Stoffwechselerkrankungen wie das Marfan-Syndrom. Die voraussichtliche Endgröße lässt sich beim familiären Hochwuchs an Hand der Größe der Eltern nach Bestimmung des Knochenalters abschätzen. Ob eine Behandlung indiziert ist, muss dann individuell entschieden werden, da die erreichbare Reduktion der Endgröße oft nur wenige cm beträgt.
Die Therapie mit Östrogenen und Gestagenen sollte möglichst vor dem Pubertätswachstumsschub beginnen (bei einem Knochenalter von < 12 Jahren, vor der Menarche). Bei einem Knochenalter von 15,5 Jahren kann die Therapie beendet werden, ein wesentliches Wachstum ist dann nicht mehr zu erwarten. Die Behandlungsdauer beträgt 1–2 Jahre.

Beginn der Östrogene-Gestagen-Behandlung möglichst vor dem Pubertätswachstumsschub bei einem Knochenalter von < 12 Jahren, Behandlungsende nach 1–2 Jahren bei einem Knochenalter von 15,5 Jahren.

Hormonelle Veränderungen während der Pubertät

Adrenarche

Der Beginn des selektiven **Anstiegs** der **adrenalen Androgensynthese- und -sekretion**, der bei Mädchen zwischen dem 7. und 9. Lebensjahr beginnt, wird als Adrenarche bezeichnet. Es entwickelt sich die Zona reticularis der Nebennierenrinde, bis ihre Entwicklung im 13.–15. Lebensjahr abgeschlossen ist.
Die Adrenarche wird sichtbar durch den Beginn der Pubesentwicklung. Endokrinologisch wird zunächst vermehrt **DHEA** und **DHEAS**, später auch **Androstendion** gebildet.
Diese Mehrproduktion der adrenalen Androgene ist unabhängig von der Höhe des ACTH-Spiegels. Man nimmt an, dass durch die adrenalen Androgene der Hypothalamus die Fähigkeit bekommt, auf α-adrenerge Reize hin Releasing-Hormone zu synthetisieren.

Hormonelle Veränderungen während der Pubertät

Adrenarche

Adrenarche ist der Beginn des selektiven Anstiegs der **adrenalen Androgensynthese- und -sekretion**, der bei Mädchen zwischen dem 7. und 9. Lebensjahr beginnt.

Die wichtigen Hormone sind **DHEA, DHEAS** und **Androstendion**.

Gonadarche

In der späten Präpubertät kommt es zur zunehmenden hypothalamischen **GnRH-Aktivität** und damit zum Beginn der **Gonadotropinsynthese** und -sekretion. Zunächst kommt es in nächtlichen Schlafphasen zur **pulsatilen LH-Freisetzung**. Die Häufigkeit der pulsatilen Gonadotropinfreisetzung im Schlaf korreliert mit den REM-Phasen. Die nächtliche Erhöhung der Gonadotropinspiegel erreicht das 2–4fache der Tageswerte. Der diesem Phänomen zugrunde liegende Mechanismus, nämlich die Abnahme der hypothalamischen Sensibilität gegenüber der suppressiven Wirkung der Sexualsteroide, ist ein unabhängig von den Gonaden auftretender Prozess.
Im Verlauf der Pubertät und Adoleszenz kommt es zunehmend auch zur pulsatilen LH-Sekretion während des Tages. Das ist die Grundvoraussetzung für eine ovulatorische Funktion. In den **Ovarien** kommt es zur **Follikelreifung** und zur Synthese des **Östradiols**, welches seinerseits wieder die Gonadotropinsynthese und -sekretion auf hypophysärer Ebene beeinflusst. Es kommt zur Bildung von FSH-Rezeptoren in den Granulosazellen und von LH-Rezeptoren in den Theca-interna-Zellen und im Ovarialstroma. Unter Einfluss von LH wird Testosteron und Androstendion in den Zellen der Theca interna der Ovarien gebildet (s. auch S. 83).
Durch Einwirkung der Aromatase werden Androgene in Östrogene umgewandelt.
Die zunehmend gebildeten Östrogene hemmen die Sekretion von Wachstumshormon.

Gonadarche

Die Gonadarche ist gekennzeichnet durch eine zunehmende hypothalamische **GnRH-Aktivität** und damit durch eine beginnende **Gonadotropinsynthese** und -sekretion.

Die zunehmende **pulsatile LH-Sekretion** während des Tages ist Grundvoraussetzung für eine ovulatorische Funktion (Follikelreifung, Produktion von Östrogenen und Androgenen, Bildung von FSH- und LH-Rezeptoren).

A-3.10 Häufigkeit normaler und gestörter Zyklen in den Jahren nach der Menarche

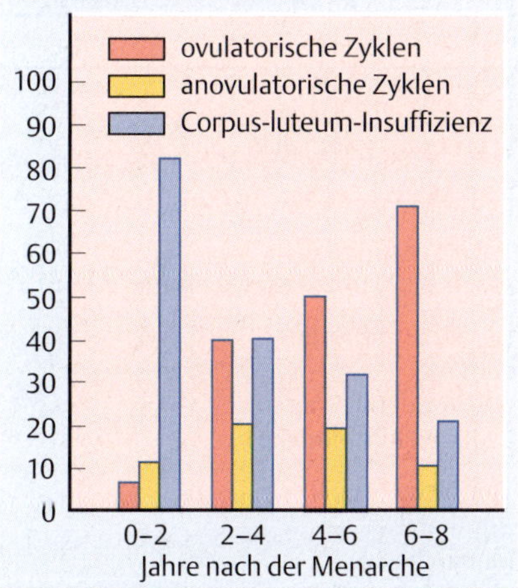

A-3.10

Nach der ersten Regelblutung dauert es noch einige Jahre, bis sich ein stabiler Zyklus eingestellt hat und regelmäßig Ovulationen stattfinden (Abb. **A-3.10**).

Die ovulatorische Funktion stabilisiert sich in einem Zeitraum von wenigen Jahren. Im Zeitraum unmittelbar nach der Menarche ist der ovulatorische Zyklus eher die Ausnahme (ca. 10 % aller Zyklen). Erst zwischen dem 25.–30. Lebensjahr erreicht die ovulatorische Funktion ihre größte Stabilität.
In Abb. **A-3.10** wird die Häufigkeit normaler und gestörter Zyklen in den Jahren nach der Menarche dargestellt.

3.4.2 Störungen der Pubertätsperiode

3.4.2 Störungen der Pubertätsperiode

Bei normaler Chromosomenkonstellation kommt es durch den Einfluss pathologisch erhöhter Hormonspiegel (Androgene, Östrogene) zu entsprechenden Störungen bei der Ausbildung der äußeren Geschlechtsorgane.

Pubertas praecox

Pubertas praecox

▶ Definition

▶ **Definition.** Von einer Pubertas praecox spricht man, wenn die Entwicklung der sekundären Geschlechtsmerkmale vor dem 8. Lebensjahr eintritt.
Zu den klinischen Zeichen der Pubertas praecox gehören das anfänglich schnelle Größenwachstum, die Entstehung der Brüste, der Scham- und Achselbehaarung und die Menarche. Durch den vorzeitigen Epiphysenschluss hört das Längenwachstum schließlich auf, die Endgröße ist vermindert.

Ätiologie. Man unterscheidet die echte Pubertas praecox, die Pseudopubertas praecox und die inkomplette Pubertas praecox. Tab. **A-3.3** zeigt mögliche Ursachen.

Ätiologie. Man unterscheidet die echte Pubertas praecox mit hypothalamisch-hypophysärer Gonadotropinsekretion, die Pseudopubertas praecox aufgrund einer pathologischen peripheren Hormonbildung und die inkomplette Pubertas praecox.
Tab. **A-3.3** zeigt die möglichen Ursachen der Pubertas praecox.

Diagnostik. Zur Diagnostik ist eine sorgfältige Anamnese, eine klinische Untersuchung, die Bestimmung des Knochenalters und eine Hormonbestimmung notwendig.

Diagnostik. Zur Diagnostik ist bei betroffenen Kindern eine sorgfältige Anamnese, besonders in Bezug auf den Zeitpunkt des Auftretens der Pubertätszeichen, eine klinische Untersuchung inklusive Rektaluntersuchung, die Bestimmung des Knochenalters und die Untersuchung einiger Hormone notwendig. Liegt der V. a. eine zentrale Form der Pubertas praecox nahe, sollte das Zentralnervensystem radiologisch untersucht werden.
Hormonanalytisch findet man bei Mädchen mit einer **Pseudopubertas praecox** infolge **sexualsteroidbildender Tumoren** erhöhte Sexualsteroidkonzentrationen bei **supprimiertem Gonadotropinspiegel**. Dadurch kann man eine zentrale Form von einer primär gonadal-adrenalen Form unterscheiden.

Therapie. Bei der inkompletten Form der Pubertas praecox ist in der Regel keine Therapie nötig.

Therapie. Bei der inkompletten Form der Pubertas praecox ist in der Regel keine Therapie erforderlich.

A-3.3

A-3.3 Ursachen der Pubertas praecox

Pubertas praecox vera	▪ idiopathisch ▪ kongenitale zerebrale Anomalien ▪ Tumoren des ZNS ▪ postinflammatorisch ▪ posttraumatisch ▪ andere Ursachen (z. B. primäre Hypothyreose)
Pseudopubertas praecox	▪ HCG produzierende Tumoren ▪ Ovarialtumoren ▪ Nebenniere: AGS oder Tumoren ▪ iatrogen (exogene Hormongabe)
inkomplette Pubertas parecox	▪ prämature Thelarche ▪ prämature Adrenarche ▪ prämature Menarche

Bei der Pseudopubertas praecox hängt die Behandlung von der zugrunde liegenden Störung ab. Die medikamentöse Therapie der Wahl bei Pubertas praecox ist die Verabreichung von **GnRH-Analoga**. Dadurch werden die gonadotropen Hormone und damit die endogene Sekretion der Sexualsteroide supprimiert. Ein Minderwuchs lässt sich durch diese Behandlung meist verhindern.
Es werden auch Antiandrogene bzw. andere Gestagene zur Behandlung verwendet.

Die medikamentöse Therapie der Pubertas praecox ist die Verabreichung von **GnRH-Analoga**.

Pubertas tarda

Pubertas tarda

▶ **Definition.** Unter Pubertas tarda versteht man eine verzögert eintretende Pubertät. Fehlt die Menarche bis zum 16. Lebensjahr oder sind keine Pubertätszeichen bis zum 14. Lebensjahr zu erkennen, sollte man nach den Ursachen dieser Verzögerung suchen.

◀ Definition

Ätiologie. Die häufigste Ursache der Pubertas tarda ist der **hypergonadotrope Hypogonadismus**. Es besteht eine **primäre Ovarialinsuffizienz**. Das Krankheitsbild der Gonadendysgenesie, z. B. Ullrich-Turner-Syndrom; wird auf S. 34f erläutert.
Auch eine Gonadotropinresistenz der Ovarien kann zur Pubertas tarda führen. Andererseits kann eine **Unterfunktion** der **hypothalamisch-hypophysären Einheit** vorliegen. Hier können Ursachen wie das Kallmann-Syndrom (Defekt des Bulbus olfactorius mit hypogonadotropem Hypogonadismus, Hyperprolaktinämie und Anosmie), Hypophysentumoren oder eine globale Hypophyseninsuffizienz unbekannter Ursache vorhanden sein. Auch schwere Allgemeinerkrankungen, Untergewicht und Hochleistungssport können die sexuelle Entwicklung verzögern.

Ätiologie. Die häufigste Ursache der Pubertas tarda ist der **hypergonadotrope Hypogonadismus**. Es besteht eine **primäre Ovarialinsuffizienz**.

Andererseits kann eine Unterfunktion der hypothalamisch-hypophysären Einheit vorliegen.

Diagnostik. Bei der Betrachtung des äußeren Erscheinungsbildes ist besonders auf die Zeichen eines Ullrich-Turner-Syndroms zu achten. Störungen im Androgenhaushalt sind ebenfalls wichtig. Bei der hormonellen Diagnostik ist die Bestimmung der ovariellen, hypophysären und adrenalen Hormone sinnvoll. Der **GnRH-Test** erlaubt die Beurteilung des Funktionszustandes der Hypothalamus-Hypophysen-Ovar-Achse bei verzögerter Pubertät (s. S. 80).
Zum Ausschluss einer Hypothyreose ist die Messung der Schilddrüsenhormonparameter wichtig.
Bei Patientinnen mit erhöhten Gonadotropinspiegeln sollte eine **Chromosomenanalyse** durchgeführt werden, um z. B. ein Ullrich-Turner-Syndrom ausschließen zu können.
Eine radiologische Diagnostik sollte zur Bestimmung des Knochenalters, zum Nachweis von Tumoren oder zur Beurteilung zentralnervöser Fehlbildungen durchgeführt werden.

Diagnostik. Neben der Bestimmung der peripheren Hormone ist ein **GnRH-Test** zur Beurteilung der Funktion der Hypothalamus-Hypophysen-Ovar-Achse sinnvoll.

Bei erhöhten Gonadotropinspiegeln ist eine **Chromosomenanalyse** wichtig.

Therapie. Soweit eine Behandlung möglich ist, richtet sich diese nach der Ursache der Pubertas tarda. Bei funktionslosen, geschädigten oder entfernten Gonaden muss eine adäquate **Substitution mit Östrogenen und Gestagenen** erfolgen.

Therapie. Bei funktionslosen, geschädigten oder entfernten Gonaden ist eine **Östrogen-Gestagen-Substitution** wichtig.

4 Psychosomatische Gynäkologie und Geburtshilfe

4 Psychosomatische Gynäkologie und Geburtshilfe

4.1 Entwicklung der psychosomatischen Frauenheilkunde

Medizingeschichtlich bestanden zwischen der Gynäkologie und der Psychiatrie enge Beziehungen. Die Gebärmutter wurde bis ins 20. Jahrhundert als Ursache seelischer Störungen diskutiert.

Seit der 2. Hälfte des 20. Jahrhunderts ist die psychosomatische Frauenheilkunde ein Spezialfach, das von einer deutschen und einer internationalen Gesellschaft vertreten wird.

4.1 Entwicklung der psychosomatischen Frauenheilkunde

In der **Medizingeschichte** gibt es zahlreiche Hinweise auf enge Beziehungen zwischen den Spezialfächern der Gynäkologie und der Psychiatrie. So glaubten Ärzte im Altertum und im Mittelalter häufig an eine Wechselwirkung zwischen seelischen Störungen der Frau und dem „unruhigen Organ" – der Gebärmutter. Noch am Ende des 19. Jahrhunderts wurde in gynäkologischen Lehrbüchern eine Hysterektomie bei „hysterischen Frauen" diskutiert. Man hat eine solche „Psychochirurgie" fallen lassen, als es um die Jahrhundertwende gelang, psychosomatische Symptome auf hypnotischem Wege zum Verschwinden zu bringen. Erst in der 2. Hälfte dieses Jahrhunderts hat sich zunehmend die psychosomatische Frauenheilkunde als Spezialfach entwickelt und vereinzelt an den Universitätsfrauenkliniken in Forschung, Lehre und Klinik etabliert. 1972 wurde in London von einer kleinen Gruppe engagierter und praxisnah denkender Psychosomatiker die Internationale Gesellschaft für psychosomatische Geburtshilfe und Gynäkologie ins Leben gerufen, aus der 1980 die deutsche Gesellschaft gleichen Namens hervorging. Parallel zu dieser Entwicklung im Westen Deutschlands, entstand auch in der früheren DDR eine engagierte Gruppe psychosomatisch tätiger Gynäkologen und Gynäkologinnen, die in gleicher Weise eine Gesellschaft für dieses Fach gründeten. Im Jahre 2000 kam es schließlich zur Vereinigung beider Gesellschaften mit dem Namen: „Deutsche Gesellschaft für psychosomatische Frauenheilkunde und Geburtshilfe".

4.2 Psychosomatische Aspekte in der Gynäkologie

Die Prävalenz psychosomatisch bedingter oder mitbedingter Beschwerden wird in der gynäkologischen Praxis mit einem Prozentsatz zwischen 25 % und 75 % angegeben. Es gibt Symptome in der Frauenheilkunde, die nahezu immer eine deutlich sichtbare psychische Bedingtheit aufweisen (z. B. Sexualstörungen), und Symptome mit seltenerer Psychogenese (z. B. Blasenentleerungsstörungen) (Abb. **A-4.1**).

4.2 Psychosomatische Aspekte in der Gynäkologie

Ein wichtiger Grund für die notwendige Integration psychosomatischer Aspekte in Klinik, Lehre und Forschung ist die Existenz einer großen Zahl von gynäkologischen Beschwerden, die psychisch bedingt oder mitbedingt sind. Vor allem praktisch tätige Gynäkologinnen und Gynäkologen berichten von zunehmenden psychosomatischen Symptomen, die zwischen 25 % und 75 % der Konsultationsgründe ausmachen. Auch Vorsorgeuntersuchungen werden häufig als Schrittmacher für zurückgehaltene psychosomatische Symptome benutzt. Eine Übersicht über psychisch bedingte oder mitbedingte Symptome in der Frauenheilkunde ist in Abb. **A-4.1** nach ihrer Häufigkeit zusammengestellt.

A-4.1

A-4.1 Symptome in der Frauenheilkunde mit möglicher Psychogenese

- Sexualstörungen
- Hyperemesis gravidarum
- Unterbauchschmerzen (Laparoskopie o.B.)
- klimakterische Beschwerden
- Fluor, Pruritus vulvae
- Dysmenorrhö
- vorzeitige Wehen, Gebärstörungen
- Laktationsstörungen
- Zyklusstörungen (sek. Amenorrhö, Anovulation)
- Sterilität, Infertilität
- Blasenentleerungsstörungen
- OP-Entscheidungen

Am Anfang dieser Übersicht finden sich Symptome wie **Sexualstörungen** oder **Hyperemesis gravidarum**, die mit sehr großer Wahrscheinlichkeit eine psychische Bedingtheit haben. Weiter unten stehende Symptome sind seltener mit psychischen Konflikten verwoben. Da im vorgegebenen Rahmen nicht alle Symptome abgehandelt werden können, soll jedoch bewusst erwähnt werden, dass jedes einzelne der angegebenen Phänomene bei psychischer Bedingtheit von einem oftmals unbewussten Konflikt hervorgerufen wird. So können z. B. bestimmte **Blasenentleerungsstörungen** ohne organisches Korrelat bei depressiven Frauen deutlich werden. Das Bild, dass diese Frauen „durch die Blase weinen", kennzeichnet diese Situation. Beim Symptom **Sterilität** kann der bewusste Kinderwunsch durch eine unbewusste Angst vor einer Schwangerschaft bzw. Mutterschaft überlagert sein. Bei psychisch bedingten Laktationsstörungen kann als Konflikt eine Ambivalenz gegenüber dem Kind deutlich werden.

Die zu Grunde liegenden psychischen Konflikte sind oftmals unbewusst. Beispielsweise kann beim Symptom **Sterilität** der bewusste Kinderwunsch durch eine unbewusste Angst oder Ablehnung der Schwangerschaft überlagert sein.

▶ **Merke.** Die einzelnen Symptome, die z. T. hier abgehandelt werden, lassen sich von der psychosomatischen Seite her am ehesten verstehen, wenn man sie auf der Basis der individuellen Persönlichkeit und des biografischen Hintergrundes zu begreifen versucht.

◀ **Merke**

Wichtige biografische Daten sind z. B. Geburtsverlauf, Geschwisterreihe, Erwünschtheit, Primordialsymptome, Entwicklung in Kindheit, Pubertät und Adoleszenz, Erziehungsstil, Begabungen, Beruf, Partnerschaft, Krisen und Drogenabhängigkeit. Neben der Berücksichtigung psychosomatischer Aspekte von Symptomen spielt auch die **psychische Intervention** durch den Frauenarzt **bei Krisen- und Konfliktsituationen** eine wichtige Rolle. Krisensituationen ergeben sich z. B. durch die Lebensphasen der Pubertät, der Adolenszenz und des Klimakteriums. Auch im Zusammenhang mit Schwangerschaftsabbruch, Kontrazeption, Sterilisation usw. ergeben sich notwendige psychosomatische Interventionen. Die Hilfe bei der Bewältigung von Folgeerkrankungen, die in der Gynäkologie vor allem im fortgeschrittenen onkologischen Bereich sinnvoll ist, sollte für den Gynäkologen selbstverständlich sein.

Biografische Daten (z. B. frühkindliche Entwicklung, Pubertät, Adoleszenz, Krisen) helfen zum Verständnis psychosomatischer Symptome. Wichtig ist auch die **psychische Intervention** bei **Krisen- und Konfliktsituationen**.

Spezielle Beratungshilfen bei Schwangerschaftskonflikt, Kontrazeption, Malignomen usw. sind in der Frauenheilkunde notwendig.

4.2.1 Kinderwunsch – das sterile Paar

4.2.1 Kinderwunsch – das sterile Paar

Die Fruchtbarkeit hat für den Menschen stets eine vorherrschende Rolle gespielt. Die Motivation zum Kind ist deshalb häufig stark und mehrdimensional, d. h. sowohl von gesellschaftlicher Seite, vom Partner oder von innen herauskommend.

Die Motivation zum Kind ist meist mehrschichtig (von Seiten der Gesellschaft, vom Partner und individuelle Beweggründe).

Auf Grund einer umfangreichen Studie (Stauber 1979, 1988) ließ sich zeigen, dass der nicht erfüllte Kinderwunsch für viele Paare eine erhebliche **Störung im Selbstwertgefühl** darstellt und mit dem äußeren Zeichen einer depressiven Stimmungslage einhergeht. Zur Abwehr dieser narzisstischen Kränkung beobachtet man häufig die Verleugnung, die diesen Paaren trotz Mitteilung der pathologischen Befunde völlig unrealistische Hoffnungen auf eine Erfüllung ihres Kinderwunsches belässt und sie von einem Spezialisten zum anderen treibt. Auch die Projektion wird häufig benutzt, um die innere Unzufriedenheit auf die für die Betroffenen insuffizienten Ärzte oder auf den subfertilen Partner zu verschieben.

Der unerfüllte Kinderwunsch **stört** häufig **das Selbstwertgefühl** und geht mit dem Zeichen der reaktiven Depression einher. Als Abwehr werden Verleugnung, Projektion und Agieren (z. B. häufiger Arztwechsel) beobachtet.

Auffallend sind vor allem die Paare mit überwertigem Kinderwunsch. Sie scheuen keinerlei Opfer in der Behandlung ihrer Sterilität und wünschen oft schon vorzeitig invasive Behandlungsmethoden wie Inseminationen und extrakorporale Befruchtung. Zum Arzt bestehen hierbei nicht selten sehr enge Übertragungsreaktionen (z. B. eine erotisierte oder eine idealisierte Gefühlslage), die die weitere Behandlung erschweren.

Wie sich aus mehreren Untersuchungen zeigte, **ist der bewusste Kinderwunsch nicht selten durch eine innere Ablehnung überlagert**. Dies kann zur sog. psychosomatischen Sterilität führen, die oft auch unter dem Namen funktionelle oder psychogene Sterilität beschrieben wird. Der pathogenetische Weg erklärt

Der bewusste Kinderwunsch kann durch innere Ablehnung überlagert sein. Die psychosomatische Sterilität kann als pathogenetischen Weg hormonelle bzw. neurovegetative Störungen benutzen.

sich hormonell (z. B. sekundäre Amenorrhö, Anovulation) oder auch neurovegetativ (z. B. Tubenspasmen). Auch in Form verschiedener sexueller Funktionsstörungen lassen sich psychische Ursachen für den nicht erfüllten Kinderwunsch aufzeigen.

Eine psychische Führung dieser Paare führt häufig zum Erfolg. Die voreilige Gabe von ovulationsstimulierenden Medikamenten ist nur eine symptomatische Therapie und vergibt die Chance einer Selbstreflexion des ambivalenten Kinderwunsches.
Bei Kinderwunschpaaren ohne Organbefund beobachtet man häufig Schwangerschaften ohne die Anwendung invasiver Behandlungsmethoden.

Eine psychische Führung dieser Paare erlaubt es häufig – ohne organische Hilfsmittel –, zu einer Konzeption zu gelangen. Dieser Behandlungsweg, z. B. einer sekundären Amenorrhö oder einer Anovulation, ist nicht selten der kausale Weg. Für eine Psychogenese zahlreicher Fälle von Sterilität spricht die Tatsache, dass ein Großteil der in Kinderwunschsprechstunden beobachteten Schwangerschaften ohne Anwendung invasiver Behandlungsmethoden eintritt, häufig nach Behandlungspausen, während der Diagnostik oder nach Mitteilung eines regelrechten laparoskopischen Befundes. Die voreilige Gabe von ovulationsstimulierenden Medikamenten setzt nur am Symptom an und vergibt die Chance einer Selbstreflexion des ambivalenten Kinderwunsches.

Kinderwunschpaare zeigen in ca. 10 % primäre Sexualstörungen; auch sekundäre Sexualstörungen durch die **Mechanisierung der Sexualität** sind als iatrogenes Phänomen nicht selten.

In der Beziehung steriler Paare spielt die Sexualität eine besondere Rolle. Sie scheint häufig nur auf die Erfüllung des Kinderwunsches abzuzielen. Dabei werden ca. 10 % primäre Sexualstörungen beobachtet, d. h. etwa 90 % der Störungen sind funktionell!
Es muss noch erwähnt werden, dass durch die **Mechanisierung der Sexualität** während der Kinderwunschbehandlung (Spermiogramm, Penetrationstests, Inseminationen, In-vitro-Fertilisierungen) iatrogene Sexualstörungen entstehen können.

▶ Merke

▶ **Merke.** Untersuchungen zeigten, dass nach Abschluss einer erfolglosen Kinderwunschbehandlung die Sexualität im Fühlen dieser Paare oftmals ihren Sinn verloren hat.

Ein **integriertes psychosomatisches Behandlungskonzept** wird der Situation des sterilen Paares am ehesten gerecht (Tab. **A-4.1**).

Eine psychische Führung ist hier besonders wichtig, vor allem, wenn mit fortschreitendem Alter jegliche Hoffnung auf das eigene Kind schwindet. Um dem wichtigen psychosomatischen Aspekt in der Betreuung steriler Paare gerecht zu werden, bietet sich ein **integriertes psychosomatisches Behandlungskonzept** an, das in Tab. **A-4.1** aufgezeigt wird.

Die **In-vitro-Fertilisation** (IVF) eröffnet eine neue Dimension in der Medizin. Hierdurch ist die Entstehung des Menschen im Labor beobachtbar und evtl. manipulierbar.

Durch die **In-vitro-Fertilisation** (IVF) ist eine neue, schwer überschaubare Dimension in die Medizin gekommen. Erstmals ist es möglich, die unmittelbare Entstehung des Menschen im Labor zu beobachten oder sogar an ihr zu experimentieren. Dabei eröffnen sich Perspektiven, die den meisten Ärzten wegen des möglichen Missbrauchs großes Unbehagen bereiten.

Durch Arbeitsgruppen, Standesorganisationen und Gesetze wurden Rahmenbedingungen für die moderne Reproduktionsmedizin erarbeitet.
„Berliner Modell“:
1. IVF **nur innerhalb der Familienstruktur** (keine Ei- und Samenspende, keine Leihmutter, keine Surrogatmutterschaft im Tierreich).
2. IVF **nur ohne Manipulation am Embryo.**
3. **Jeder Embryo geht zurück zur Mutter** (möglichst maßvolle Stimulation).
4. **Klare Indikationsstellung** – auch von psychosomatischer Seite.

Das **Bundesembryonenschutzgesetz** befasst sich mit der missbräuchlichen Anwendung von Fortpflanzungstechniken.

Die Deutsche Gesellschaft für Psychosomatische Geburtshilfe und Gynäkologie hat das an der Universitätsfrauenklinik Berlin-Charlottenburg entwickelte Modell von Rahmenbedingungen für die In-vitro-Fertilisation diskutiert und als Empfehlung herausgebracht. Es handelt sich dabei um folgende 4 Punkte:
1. IVF **nur innerhalb der Familienstruktur** (keine Ei- und Samenspende, keine Leihmutter, keine Surrogatmutterschaft im Tierreich).
2. IVF **nur ohne Manipulation am Embryo.**
3. **Jeder Embryo geht zurück zur Mutter** (möglichst maßvolle Stimulation).
4. **Klare Indikationsstellung** – auch von psychosomatischer Seite.

Dieses „Berliner Modell“ wurde Diskussionspunkt in verschiedenen Kommissionen. Bei der Suche nach dem „richtigen“ Gebrauch der neuen Reproduktionstechniken war die Betonung dieser neuralgischen Punkte hilfreich. In der Zwischenzeit wurde vom Bundestag das **Embryonenschutzgesetz** verabschiedet. Es befasst sich mit der missbräuchlichen Anwendung von Fortpflanzungstechniken, mit der missbräuchlichen Verwendung menschlicher Embryonen und verbietet künstliche Veränderungen an der menschlichen Keimbahn sowie das Klonen und eine Chimären- und Hybridbildung. Die in diesem Gesetz differenzierten Ausführungen entsprechen im Großen und Ganzen der Arbeitshypothese, die dem „Berliner Modell“ zu Grunde lagen.

Neuere Ergebnisse der Reproduktionsmedizin sollen die interdisziplinäre Diskus-

Auch in den folgenden Jahren sind interdisziplinäre Diskussionen zum Thema „Moderne Reproduktionsmedizin“ notwendig. Dabei ist es wichtig, einen Kon-

A-4.1 Fertilitätssprechstunde

Anamnese	*Diagnostik*	*Therapie*
Kinderwunschdauer prim./sek. Sterilität Vorbehandlungen Zyklus	genitaler Befund BTK Zervixfaktor Hormone Genetik erweiterte Laparoskopie	Entzündungsbehandlung Ovulationsterminierung Insemination Adoption Mikrochirurgie, IVF, ICSI
Leidensdruck durch KW Partnerbeziehung (stabil?) KW-Motivation Vita sexualis	psychosomatische Symptome Persönlichkeitsstruktur Partnerinteraktion „integrierte Psychosomatik"	psychische Führung Behandlungspausen, Entspannung Psychotherapie (AT, Paartherapie) Kontaktangebot (cave: fix. KW)
genitalspezifische Erkrankungen Vorbehandlungen, OP Noxen (Nikotin, Medikamente)	genitale Befunde Spermiogramme (Stress?) Hormone, SH, Immunologie, Hodenbiopsie	Entzündungsbehandlung Hormontherapie Spermakonservierung für Insemination, OP Adoption

AT: Autogenes Training
BTK: Basaltemperaturkurve
ICSI: Intrazytoplasmatische Spermieninjektion
IVF: In-vitro-Fertilisation
KW: Kinderwunsch
SH: Sims-Huhner Test

sens zu finden, der neuere Nachuntersuchungsergebnisse an IVF-Paaren und deren Kindern berücksichtigt.
Eine Neuerung besteht in der vom Bundesverband der Krankenkassen und Ärzte beschlossenen **neutralen Beratung**, die **vor** die künstliche Befruchtung gesetzt wurde. Diese neutrale Beratung soll sowohl medizinische und psychologische als auch soziale Aspekte der künstlichen Befruchtung beinhalten.

sion auch in Zukunft beleben und zu konsensfähigen Rahmenbedingungen führen.

4.2.2 Sexualstörungen

Hierbei handelt es sich um Funktionsstörungen im sexuellen Erleben. Sexualstörungen sind in der Mehrzahl der Fälle psychisch bedingt oder mitbedingt. Da sie viel zu wenig in den gynäkologischen Vorlesungen abgehandelt werden, soll als Basis der **sexuelle Reaktionszyklus**, den Masters und Johnson (1967) unter „Laborbedingungen" ermittelt haben, vorangestellt werden (Abb. **A-4.2**).
Aus den Abbildungen nach Masters und Johnson geht hervor, dass in den verschiedenen Phasen des Reaktionszyklus zwischen Mann und Frau deutliche Unterschiede bestehen. Dabei ist die sexuelle Erlebnisfähigkeit der Frau vielfältiger und somit leichter störbar. Allgemein ist festzustellen, dass beim Mann Libido und Ejakulation wenig störbare, stabile Funktionen sind, während die Erektion eine sehr leicht störbare, labile Phase des Geschehens darstellt. Bei der Frau hingegen sind Libido und Orgasmus leicht störbare Funktionen, während die vaginale Lubrikation, die der männlichen Erektion entspricht, eine stabile, wenig störbare Funktion darstellt.
Da es sich bei sexuellen Problemen häufig um ein partnerschaftliches Problem handelt, sollen neben den weiblichen auch männliche Sexualstörungen kurz erwähnt werden. So gibt es beim Mann seltene Störungen der Libido, die primär oder sekundär auftreten können. Die häufigeren Erektionsstörungen (Impotentia coeundi) stellen meist tiefere Störungen dar, die erst durch die Exploration der Persönlichkeitsentwicklung deutlich werden (z. B. Identitätsprobleme, Angst vor Nähe usw.). Schließlich gibt es Orgasmus- und Ejakulationsstörungen,

4.2.2 Sexualstörungen

Sexualstörungen sind meist psychisch bedingt.
Den **sexuellen Reaktionszyklus** zeigt Abb. **A-4.2**.

Die sexuelle Erlebnisfähigkeit der Frau ist gegenüber dem männlichen Reaktionszyklus vielfältiger und leichter störbar.

Sexuelle Störungen spiegeln oft partnerschaftliche Schwierigkeiten wider. Speziell männliche Sexualstörungen betreffen Libido, Erektion, Orgasmus und Ejakulation.

A-4.2 Synopsis **Sexueller Reaktionszyklus bei Mann und Frau**

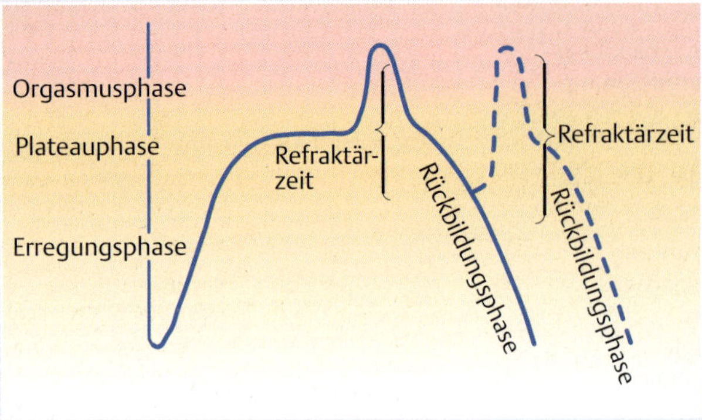

a Reaktionszyklus des Mannes.

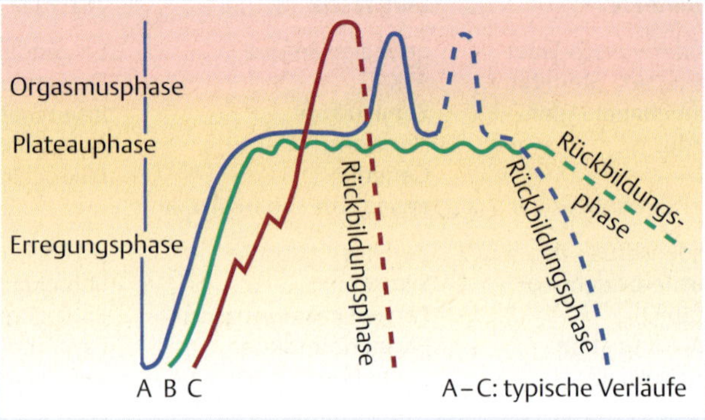

b Reaktionszyklus der Frau.

die einer genaueren Differenzierung bedürfen. Ejaculatio praecox und Ejaculatio retarda sind Störungen, die auch im Zusammenhang mit ersten Sexualerfahrungen auftreten. Bei Konstanz dieser Symptomatik bedarf es ebenfalls einer tiefenpsychologischen Klärung. Im Einzelnen darf hier auf die einschlägige Literatur verwiesen werden.

Weibliche Sexualstörungen betreffen meist Libido, vaginale Lubrikation und Orgasmus.

Die sexuellen Funktionsstörungen der Frau werden meist eingeteilt in:

- Libidostörungen
- Orgasmusstörungen
- Vaginismus
- Dyspareunie (Algopareunie).

Obwohl eine solche phänomenologische Darstellung sinnvoll ist, hilft sie in der Praxis wenig weiter. Einmal wird aus den Berichten der Patientinnen immer wieder deutlich, dass es eine individuelle Sexualität gibt. Diese ist nach psychoanalytischen Erkenntnissen am ehesten durch die verschiedenartige Ausprägung der Partialtriebe zu verstehen. Man wird bei der einzelnen Sexualstörung so vorgehen, dass man bei der Exploration behutsam von der äußeren zur inneren Schicht geht. Dabei wird man nach der phänomenologischen Darstellung die Partnerschaft in den Mittelpunkt rücken. Paargespräche sind zum Gesamtverständnis äußerst wichtig. Die einzelnen Fassetten der Persönlichkeitsentwicklung können dann die Sexualstörung deutlicher werden lassen. Der Gynäkologe kommt hier oft an seine therapeutischen Grenzen, und es bedarf der zusätzlichen sexual-medizinischen Spezialbehandlung bzw. der psychoanalytischen Langzeittherapie.

Paargespräche sind besonders effektiv. Im individuellen Fall können Spezialbehandlungen sinnvoll sein.

▶ **Klinischer Fall**

▶ **Klinischer Fall.** Die 30-jährige Patientin kommt zur Vorsorge zum Frauenarzt. Sie erwähnt nebenbei, dass sie einen Kinderwunsch habe, es in der Ehe jedoch seit einigen Jahren kaum noch zum sexuellen Verkehr komme. Im Laufe des weiteren Gesprächs wird deutlicher, dass sich vor allem der Ehemann einer intimen Beziehung entzieht. Daraufhin wird vom Gynäkologen ein Gesprächstermin mit beiden Partnern über Kinderwunsch und Sexualität vereinbart. Dieses Gespräch bringt die zunehmende Klärung, dass beim Ehemann eine Erektionsstörung vorliegt, die für ihn einen großen Leidensdruck bedeutet. Da im Gespräch deutlich wird, dass sehr tiefe Konflikte hinter der bestehenden Sexualstörung stehen, wird folgender Behandlungsweg vorgeschlagen: Anstreben einer Paarbehandlung beim Psychotherapeuten. Nach Besserung der Sexualstörung Vorstellung beider Partner zur Beratung über den bestehenden Kinderwunsch.

4.2.3 Unterbauchschmerzen ohne Organbefund (Pelipathie-Syndrom)

4.2.3 Unterbauchschmerzen ohne Organbefund (Pelipathie-Syndrom)

◀ Definition

▶ **Definition.** Schmerzen im Unterbauch, die länger als ein halbes Jahr bestehen und die durch eine organische Ursache nicht vollständig geklärt werden können.

Mögliche Ursachen des chronischen Unterbauchschmerzes sind somatoforme Störungen, Konversionsstörungen und Schmerzen im Rahmen depressiver Episoden.
Eine Laparoskopie führt bei Unterbauchschmerzen in ca. 20–50 % zur Diagnose „Unterbauchschmerzen ohne Organbefund".

Zu den möglichen **Ursachen** des chronischen Unterbauchschmerzes zählen somatoforme Störungen (z. B. die anhaltende somatoforme Schmerzstörung), Konversionsstörungen (dissoziative Sensibilitäts- und Empfindungsstörungen) und Schmerzen im Rahmen depressiver Episoden. Etwa 10 % aller Patientinnen, die ambulant einen Frauenarzt aufsuchen, sind betroffen. Da Unterbauchschmerzen oft ein erstes Signal für organisch behandelbare Leiden der Frau sind (z. B. Endometriose), ist bei chronischen Verläufen eine primäre laparoskopische Abklärung sinnvoll. In einem hohen Prozentsatz (ca. 20–50 %) kann man jedoch keine oder zumindest keine ausreichende Erklärung für eine primär organische Ursache finden.
Die Schwierigkeiten, mit diesem Problem zurechtzukommen, zeigen sich eindrücklich in den zahlreichen Bezeichnungen und Interpretationen in der Literatur, z. B. Hysteralgie, Parametropathia spastica. Pelvic congestion, Pseudoadnexitis spastica, Pelvipathie. Sie ist die „Krankheit mit den 20 Namen". Der Name Pelipathie-Syndrom wurde gewählt, weil es sich um ein polysymptomatisches Krankheitsbild mit einer ganzen Reihe zusätzlicher psychosomatischer Symptome handelt (im ICD-10 unter somatoformer Störung [F45.4]), wobei die Unterbauchschmerzen häufig das Leitsymptom sind. In abnehmender Häufigkeit finden sich Sexualstörungen, Magenfunktionsstörungen, hypotone Kreislaufstörungen, Kopfschmerzen, Dysmenorrhö, psychogener Fluor, Obstipation, Oligomenorrhö, Schlafstörungen, prämenstruelles Syndrom.

Das Pelipathie-Syndrom steht für „funktionelle Unterleibsschmerzen", verbunden mit einer Reihe zusätzlicher psychosomatischer Symptome in verschiedenen Organsystemen. Im ICD-10 unter somatoformer Störung (F45.4).

Der Gynäkologe kann drei verschiedene **Palpationsbefunde** unterscheiden:
- Druckschmerzhaftigkeit von Organen im kleinen Becken und Vorhandensein einer eigentlichen Organpathologie; der Uterus, eine oder beide Adnexe, Beckenwände, Parametrien und die Sakrouterinligamente können schmerzhaft sein
- „teigig gestauter" Tastbefund der Vasokongestion im kleinen Becken
- unauffällige Palpation.

Palpationsbefunde:
- Druckschmerzhaftigkeit von Organen im kleinen Becken und Vorhandensein einer eigentlichen Organpathologie
- „teigig gestauter" Tastbefund bei Vasokongestion im kleinen Becken
- unauffällige Palpation.

◀ Merke

▶ **Merke.** Bei der laparoskopischen Abklärung darf auch bei Vorliegen pathologischer Organbefunde nicht ohne weiteres gefolgert werden, dass diese die alleinige Ursache für die Beschwerden sind, denn organische und psychosomatische Schmerzursachen können gleichzeitig wirksam sein.

Eine Differenzialdiagnose unter Einbeziehung neurologischer, orthopädischer und internistischer Zusatzuntersuchungen ist notwendig.

Zur weiteren Abklärung des Pelipathie-Syndroms gehört der Ausschluss extragenitaler organischer Schmerzursachen, z. B. neurologische und gastrointestinale Schmerzursachen, orthopädisch bedingte Gründe sowie eine chronische Divertikulose, Appendizitis oder ein Morbus Crohn.

Unbewusste Konflikte sind ursächlich zu vermuten und aufzuarbeiten. Eine depressive Grundstruktur wurde besonders häufig beobachtet.

Pathogenetisch handelt es sich beim Pelipathie-Syndrom um eine neurotische Reaktion auf ursächliche lebensgeschichtliche Zusammenhänge bzw. ungelöste, unbewusste Konflikte, die hauptsächlich folgende Problemkreise betreffen:
- innere Vereinsamung
- Isolation
- Auseinandersetzung, sexuelle Wünsche und Geborgenheitswünsche in der Partnerbeziehung.

Bei überwiegend depressiver Persönlichkeitsstruktur gelingt es diesen Frauen kaum, im Alltagsleben eigene Wünsche und Erwartungen zu verwirklichen. So können Trennungs- und Verlustsituationen oder Verlust überwertiger sozialer Bezüge, z. B. Aufgabe oder Kündigung des Arbeitsplatzes, zum Auftreten der Unterbauchschmerzen führen. Hinter dem Pelipathie-Syndrom kann sich eine

Abwehr sexueller Wünsche des Partners verstecken. Diese Frauen suchen in erster Linie Geborgenheit und Wärme und nehmen eigene sexuelle Wünsche kaum wahr, fühlen sich als Sexualobjekt missbraucht oder vom Partner überfordert.

Es wurden zwei unterschiedliche Patientinnengruppen beobachtet. Dabei fiel **bei einer Gruppe** ein mehr aggressives Verhalten auf.

Es wurden zwei im Verhalten unterschiedliche Patientinnengruppen beobachtet: **Ein Teil** zeichnet sich aus durch eine allgemeine ärgerliche Befindlichkeit und versteckte Vorwurfshaltung. Diese Patientinnen äußern ihre Unzufriedenheit über den schleppenden Fortgang der diagnostischen Maßnahmen, kritisieren ärztliche Mit- und Voruntersucher. Durch ihr aggressiv anmutendes Verhalten können sich Kollegen leicht provoziert fühlen und die Behandlung aufgeben, oder sie lassen sich zu einer voreiligen Operation verleiten.

Bei der **zweiten Gruppe** werden Klagen über mangelnde Lebensfreude, allgemeine Lustlosigkeit und Antriebsschwäche, Appetitlosigkeit, Schlafstörungen, Abnahme des sexuellen Verlangens – depressive Symptome also – ausschließlich als Folge der Schmerzen erlebt.
Die Verleugnung der Depression und psychischer Schwierigkeiten macht einen therapeutischen Ansatz schwierig.

Bei einer **zweiten Gruppe** von Pelipathie-Patientinnen handelt es sich um eine verleugnete Depression. Im Vordergrund stehen zahlreiche körperliche Beschwerden, die psychischen Schwierigkeiten bleiben verdeckt. Daher suchen diese Patientinnen den Allgemeinarzt oder den Gynäkologen auf, nicht aber den Psychiater. Klagen über mangelnde Lebensfreude, allgemeine Lustlosigkeit und Antriebsschwäche, Appetitlosigkeit, Schlafstörungen, Abnahme des sexuellen Verlangens – depressive Symptome also – werden ausschließlich als Folge der Schmerzen erlebt. Diese Patientinnen verleugnen nicht nur ihre Depression, sondern ganz allgemein psychische Schwierigkeiten. Diese Verleugnung der Depression und seelischer Schwierigkeiten macht einen therapeutischen Ansatz schwierig.

Der **chronische Unterbauchschmerz** (in Verbindung mit zahlreichen Voroperationen) erschwert therapeutische Versuche durch den „sekundären" Krankheitsgewinn.
Tab. **A-4.2** fasst die diagnostischen und therapeutischen Möglichkeiten zusammen.

Ein besonders eindrucksvolles psychosomatisches Phänomen zeigt eine Gruppe von Patientinnen mit Unterbauchschmerzen, die sekundär verstärkt wurden durch eine große Anzahl von Voroperationen. Der **chronische Unterbauchschmerz** wirkt für diese Patientinnen somit rein organisch, da durch die oft zahlreich behandelnden Ärzte über starke Organveränderungen, vor allem Verwachsungen im Unterbauch, berichtet wird. Die Problematik liegt meist darin, dass die Patientinnen einen sekundären Krankheitsgewinn erleben und häufig

A-4.2

A-4.2 Diagnostik und Therapie bei chronischen Unterbauchschmerzen

Diagnostik	▪ im Vordergrund steht das **ärztliche Gespräch** entsprechend der psychosomatischen Grundversorgung (z. B. Belastungen, Partnerschaft, Verluste, frühere Traumata), wobei auf die Affekte der Patientin (z. B. Ärger) sowie auf Gegenübertragungsgefühle des Arztes (z. B. Hilflosigkeit, Ärger) zu achten ist. ▪ **gynäkologische Untersuchung** (erhobene Befunde/Nebenbefunde [z. B. Zysten, Myome] können als mitverursachend angesehen werden, müssen den chronischen Schmerz aber nicht vollständig klären) ▪ **Ausschluss akuter Schmerzursachen** (z. B. Infektionen) ▪ **vaginale Sonographie** ▪ **Labor** ▪ **Laparoskopie** (in der Regel sinnvoll) ▪ ggf. orthopädisches, chirurgisches, urologisches, neurologisches, internistisches oder psychiatrisches **Konsil**
Therapie	▪ nur bei lang anhaltenden Schmerzstörungen ist eine **stationäre** Therapie (psychosomatische Fachklinik) sinnvoll, ansonsten empfiehlt sich eine **ambulante** Therapie mit einem festen und langfristig angelegten Therapiekonzept
konservativ	▪ ärztliches Gespräch ▪ ergänzend Balneo-Physiotherapie und relaxierende Verfahren ▪ bei Vorliegen einer Depression Einsatz von Antidepressiva möglich
operativ	▪ bei eindeutiger Feststellung einer somatoformen Schmerzstörung soll eine operative Therapie nur erfolgen, wenn eine somatische Mitverursachung als wahrscheinlich angesehen werden kann (die diagnostische Laparoskopie kann ggf. therapeutisch eingesetzt werden)

den Weg in die Invalidität suchen. Eine Rente für die wiederholten Operationen mit Entfernung der Unterleibsorgane scheint für sie plausibel und gerechtfertigt. Ein psychosomatischer Zugang ist äußerst schwierig. Tab. **A-4.2** fasst die diagnostischen und therapeutischen Möglichkeiten bei chronischen Unterbauchschmerzen zusammen.

In dieses Kapitel gehören in der Regel auch die **Kreuzschmerzen**, die nicht nur organische, sondern auch emotionale Ursachen haben können. Eine sog. Erschöpfungsdepression kann sich in dem körperlichen Bild „sein Kreuz nicht mehr tragen können" ausdrücken. In der Literatur findet man Hinweise für Überforderungssyndrome in der Partnerbeziehung, in der Familie, die sich über eine Verkrampfung der Muskulatur im Rücken und Lumbalbereich mit Kreuzschmerzen ausdrücken können. Allgemein muss darauf geachtet werden, dass es einer genauen organischen Diagnose bedarf, da häufig belanglose anatomische Veränderungen des Genitales, z. B. retroflektierter Uterus, hierfür zu Unrecht verantwortlich gemacht werden.

Kreuzschmerzen können psychosomatisch erklärbar sein. Meist handelt es sich um Überforderungssyndrome, die bildlich ausdrücken, dass die Patientin „ihr Kreuz nicht mehr tragen kann".

▶ **Merke.** Die Hauptgefahr besteht in wiederholten Operationen mit zu invasivem Vorgehen.

◀ **Merke**

▶ **Klinischer Fall.** Die 25-jährige Patientin berichtet über rezidivierende Unterbauchschmerzen, die während der Menstruation zunehmen würden und bereits seit Jahren bestünden. Gynäkologischer Tastbefund und entzündliche Laborparameter sind unauffällig. Zum Ausschluss einer organischen Erkrankung, z. B. Endometriose, wird eine Bauchspiegelung vereinbart. Hier kann jedoch keinerlei Organbefund erhoben werden. Im postoperativen Gespräch wird der Patientin verdeutlicht, dass die Schmerzen als Verspannung im Unterleib zu deuten sind. Es wird ihr das Gefühl vermittelt, dass auch diese Art von psychisch bedingten Schmerzen eine normale Reaktionsweise des Körpers sein kann. Auf die Frage, ob es seelische Belastungen bei der Patientin geben könnte, die ihr Schmerzen bereiten, weint die Patientin. Im Laufe des weiteren Gespräches wird eine zunehmend depressive Grundstimmung deutlich, die sich auch aus der Biografie (Deprivationsproblematik in Form eines „broken home") erklären lässt. Da die Patientin in ihrem übrigen Leben gut zurechtkommt und speziell an den Unterleibsschmerzen eine Somatisierung zeigt, wird sie weiterhin von ihrem psychosomatisch orientierten Frauenarzt betreut. Hier werden parallel zu den notwendigen gynäkologischen Untersuchungen vorgebrachte psychische Konfliktstoffe (Schwierigkeiten in der Partnerbeziehung) integrativ bearbeitet.

◀ **Klinischer Fall**

4.2.4 Fluor, Pruritus vulvae

In der Literatur findet man häufig die Schlagworte Libido-Fluor und Abwehr-Fluor, die einen direkten Zusammenhang zu sexuellen Vorgängen herstellen. In der Tat haben zusammenfassende Untersuchungen, vor allem beim psychogenen Pruritus vulvae, vorwiegend sexuelle Konflikte als Ursache ergeben. Das Gesamtverständnis für den Fluor bzw. Pruritus vulvae erfordert jedoch eine Sichtweise auf genitaler, internistischer und psychosomatischer Ebene. Hier erscheint dies besonders wichtig, da man nur so der Patientin gerecht werden kann. Schematisch soll dies durch die Tab. **A-4.3** dargestellt werden, die einen Leitfaden für den Gynäkologen darstellen sollen.

Festzustellen ist noch, dass Patientinnen mit Ausfluss oder Pruritus vulvae nicht selten einen langen Leidensweg durchmachen. Obwohl eine organische Abklärung exogener und endogener Noxen am Anfang stehen muss, sollte von Beginn an auch eine mögliche Psychogenese ins Auge gefasst werden. Der Gynäkologe betreibt jedoch häufig bei diesem Krankheitsbild eine Polypragmasie und vergisst die hier so wichtige Integration des psychischen Aspektes. Die vielen Salbenbehandlungen, Sitzbäder usw. bedeuten für diese Frauen eine ständige Beschäftigung mit dem Genitale. Da dies vom Arzt verordnet wurde, wird eine Chronifizierung des Leidens durch ihn sogar unterstützt. Solche Patientinnen zelebrieren nicht selten ihr Dauerleiden auffällig mit einem sekundären Krankheitsgewinn.

Pathogenetisch imponieren bei diesen Frauen häufig sexuelle Konfliktstoffe. Einmal kann das Symptom einen **Abwehraspekt** beinhalten, z. B. in Form der

4.2.4 Fluor, Pruritus vulvae

Sexuelle Konfliktstoffe sind typisch bei psychisch bedingtem Fluor bzw. Pruritus vulvae.

Eine Zusammenschau gynäkologischer, internistischer und psychosomatischer Befunde hilft zur Klarstellung von Pathogenese, Diagnose und Therapie (Tab. **A-4.3**).

Polypragmasie fördert eine Chronifizierung des Pruritus vulvae.

Sekundärer Krankheitsgewinn ist oft aus dem Zelebrieren der Symptome zu erkennen.

Der sexuelle Konflikt kann **Abwehraspekt** oder auch **Wunschaspekt** darstellen.

A-4.3 Leitsymptome: Pruritus vulvae – Fluor vaginalis (s. auch Tab. **B-3.4**, S. 167)

	Pathogenese	
lokale Faktoren	**systemische Faktoren**	**psychogene Faktoren**
– Vulvitis (z. B. deszendierende Kolpitis) ▪ spezifisch (z. B. Soor, Trichomonaden, Gonorrhö, Lues, Tb) ▪ unspezifisch (bakteriell, mechanisch, chemisch) – Unsauberkeit (Coli, Oxyuren vom Anus und Filzläuse) – mechanische Reize (Wäsche, Vorlagen) – übertriebene Hygiene – Traumen, Manipulationen – Inkontinenz- und Fistelurin – Condylomata acuminata (HPV-Infektion)	– Diabetes mellitus – Nierenerkrankungen – Leukosen – Alkoholismus – Östrogenmangel (Postmenopause) – allergische Diathese – atrophische oder hypertrophische Dystrophie (Craurosis vulvae, Leukoplakie) – Neoplasie	– häufig sexuelle Konfliktstoffe ▪ Abwehraspekt (z. B. Aversion gegen Partner, gegen perverse Praktiken) ▪ Wunschaspekt (z. B. unerfüllte Erwartungen an den Partner) – masturbatorisches Äquivalent (mit Schuldentlastung) – früheste Traumatisierungen (z. B. Deprivationserlebnisse)
	Diagnostik	
Abklärung lokaler Faktoren	**Abklärung systemischer Faktoren**	**Psychodiagnostik**
– Fluor (Soor, Trichomonaden, Gonorrhö, Lues, Bakterien) – Hygiene? (Oxyuren, Filzläuse) – mechanische Reize? (Wäsche, Vorlagen) – Traumen, Manipulationen? – Kratzeffekt? (Epithelläsionen, Ekzeme, Follikulitiden, Pyodermien) – Abszessbildung – Bartholinitis – Condylomata	– innere Erkrankungen? (Laborscreening: z. B. BB, BZ, Leber-, Nierenwerte) – Östrogenspiegel – allergische Diathese? – Dystrophie? (Craurosis, Leukoplakie) – Funktionszytologie – Pigmentveränderungen?	– Schilderung der Beschwerden („3. Ohr" nach Reik, negative Gegenübertragung? sekundärer Krankheitsgewinn?) – fokussierte Anamnese (Partnersituation, Vita sexualis, psychosomatische Symptome) – erweitertes Interview (Biografie, neurosenrelevante Daten, Tests)
	Therapie	
Beseitigung lokaler Faktoren	**Beseitigung systemischer Faktoren**	**psychosomatische Führung**
– Vulvitisbehandlung (spezifisch/unspezifisch) – Fluorbehandlung (wenn deszendierende Infektion) – adäquate Hygiene – keine mechanischen Reize (Wäsche) – Lokalmaßnahmen bei Kratzeffekten ▪ antibakterielle und antiphlogistische Therapie	– internistische Behandlung (z. B. Diabetes einstellen) – dermatologische Behandlung (z. B. allergische Diathese) – endokrinologische Behandlung (z. B. Östrogensubstitution)	– Vermeidung der Chronifizierung ▪ gelungene Arzt-Patient-Beziehung ▪ cave: Polypragmasie – Fokal- bzw. Flashtherapie (Konfrontation, Klärung, Deutung, Durcharbeiten) – spezielle Therapieverfahren

Aversion gegen den Partner oder gegen seine sexuellen und/oder perversen Praktiken. Zum anderen ist es aber auch möglich, dass der **Wunschaspekt** im Vordergrund steht, d. h. dass z. B. unerfüllte Erwartungen an den Partner bestehen, die im Symptom des Fluors oder des Pruritus vulvae verschlüsselt sind. Psychodynamisch stellen sich diese Symptome gelegentlich als masturbatorisches Äquivalent dar, wobei hierin eine Schuldentlastung besteht. Das Krankheitssymptom zwingt ja zur Beschäftigung und Manipulation mit bzw. am Genitale. Besonders eklatant wirkt bei den betroffenen Patientinnen das pedantische Vortragen ihrer Beschwerden. Ein Krankheitsgewinn ist hier oft schon ablesbar. Diese Patientinnen wechseln sehr häufig den Arzt und schätzen in der Regel den rein somatisch handelnden Gynäkologen besonders hoch ein. „Der Arzt auf der falschen Fährte" erscheint für sie deshalb so geeignet, da sie damit der Kränkung durch den deutenden Arzt aus dem Wege gehen wollen.

Psychodynamisch zeigt sich mitunter der Pruritus vulvae als masturbatorisches Äquivalent, das Schuldentlastung bedeutet.

Der therapeutische Weg ist durch die meist vorliegende Chronifizierung des Leidens schwierig. Wenn es aber gelingt, die meist bestehende organische Polypragmasie durch psychotherapeutische Interventionen abzulösen, lässt sich die eingeschränkte Lebensperspektive dieser Patientinnen sinnvoll erweitern.

Therapeutisch ist eine psychosomatische Intervention mit Aufdeckung der unbewussten Konflikte angezeigt.

▶ **Klinischer Fall.** Die 63-jährige Patientin kommt wegen eines hartnäckigen Pruritus vulvae, der bereits von verschiedensten Ärzten mit zahlreichen lokalen und systemischen Medikamenten behandelt wurde, in die gynäkologische Poliklinik. Aufgrund der mitgebrachten Befunde wurden sowohl gynäkologische als auch internistische Ursachen ausgeschlossen. Im ärztlichen Gespräch, das die sexuelle Situation der Patientin einbezieht, wird deutlich, dass bereits seit 10 Jahren kein Sexualkontakt mit dem Ehepartner stattgefunden habe. „Schließlich ging dies ja nicht wegen der Schmerzhaftigkeit im Vaginalbereich." Mit dem Hinweis, dass ein Zusammenhang zwischen Sexualität und dem Pruritus vulvae bestehen kann, wird der Partner zum nächsten Arztbesuch hinzugebeten.

Bei diesem Gespräch wird deutlich, dass die Patientin durch die Ablehnung des vom Partner durchaus gewünschten Verkehrs eine Bestrafung für ihn vornimmt. Diese Deutung kann jedoch erst nach weiteren gemeinsamen Gesprächen gegeben werden. Deshalb erfolgen vorbereitende Aussprachen, die die Konfliktsituation erarbeiten sollen. Im Vordergrund der psychosomatischen Arbeit steht die Bewusstmachung des psychodynamischen Prozesses. Über die Erkenntnis, dass das jetzige Umgehen mit der Konfliktsituation eigentlich einen Verlust der Lebensqualität für die Patientin darstellt, kann sie zunehmend auf die bisherigen organischen Behandlungen verzichten und eine Symptomverbesserung erleben.

◀ **Klinischer Fall**

4.2.5 Störungen im hormonellen Zyklus

4.2.5 Störungen im hormonellen Zyklus

Das zyklische Geschehen stellt einen wesentlichen Teil der weiblichen Identität dar.

Das zyklische Geschehen mit der monatlichen Blutung stellt einen wesentlichen Teil der weiblichen Identität dar. Mit der Menarche entwickelt das Mädchen erstmals das Gefühl, Frau zu sein; mit der Menopause verbinden sich oft Phantasien, Abschied von der „fruchtbaren Zeit des Lebens" zu nehmen.

Während der verschiedenen Phasen des biologischen Zyklus schwingen manche Frauen in Emotionen und Motivationen mit. Auch das sexuelle Verlangen verstärkt sich oft zum Zeitpunkt der Ovulation und bestimmt die gefühlsmäßige Situation der einzelnen Frau. Es wird auch das untergründige Gefühl beschrieben, durch die Menstruation eingebunden zu sein in ein übergreifendes Naturgeschehen, vergleichbar dem von Ebbe und Flut, Mondphasen, Sonnenaufgang und Sonnenuntergang. Manche Frauen erleben dabei ein Gefühl der Faszination, wenn sie ihre biologische Gesetzmäßigkeit beobachten und daran geistig teilnehmen. So kann z. B. der Widerstand gegen die Pille damit zusammenhängen, dass die Frau dieses selbstverständliche und faszinierende Geschehen im eigenen Körper nicht missen will.

Eine Ablehnung von Kontrazeptiva kann eine Abwehr des Verlustes des natürlichen Zyklus sein.

Mehrere Autoren postulieren eine direkte Korrelation zwischen endogener Funktion und Erleben und Verhalten der Frau. Während der Östrogenphase sei die Triebkonstellation eher aktiv und extravertiert, auf sexuellen Kontakt und Empfängnis ausgerichtet. Während der Progesteronphase dagegen sei das Erleben der Frau eher nach innen gerichtet und in Vorbereitung auf die Mutterschaft passiv-rezeptiv und retentiv ausgerichtet. Ein solcher Kausalzusammenhang zwischen hormoneller Phase und Erleben der Frau lässt sich nicht auf-

Sekundäre Amenorrhö und Anovulation sind auch als psychosomatische Symptome bei Kinderwunschpatientinnen möglich.

rechterhalten. Es ist vielmehr so, dass persönlichkeitsspezifische, individuelle Empfindungen von äußeren Einwirkungen zusätzlich stark abhängig sind.
Im Rahmen der Kinderwunschbehandlung werden vor allem die Symptome der sekundären Amenorrhö und der Anovulation deutlich. Als Auslöser kann z. B. die unbewusste Ablehnung der weiblichen Rolle bzw. Mutterrolle deutlich werden. Da der Weg vom psychischen Konflikt zum körperlichen Symptom nicht einförmig abläuft, soll hier bewusst auf die notwendige individuelle Konfliktsuche hingewiesen werden. Nur selten findet man noch die typischen Notstandsamenorrhöen, wie sie früher bei jungen Mädchen beschrieben wurden, wenn sie das Elternhaus verlassen haben. Es ist vielmehr der innerlich erlebte Stress, der sich auch in den verschiedensten Formen von Blutungs- und Zyklusstörungen deutlich macht. Dabei treten oft vielschichtige Syndrome auf, z. B. das Krankheitsbild der Anorexia nervosa oder der Bulimie (s. auch S. 132). Im Rahmen dieser Krankheitsbilder kommen Zyklusstörungen als Nebensymptome vor. Viel entscheidender ist hier die oft nicht vom Gynäkologen alleine beeinflussbare neurotische Struktur der Patientin.

Die typische Notstandsamenorrhö ist selten. Amenorrhö kann Ausdruck einer aktuellen, starken psychischen Belastung sein, z. B. bei Anorexia nervosa (s. auch S. 132).

4.2.6 Aspekte der Kontrazeption/Sterilisation

4.2.6 Aspekte der Kontrazeption/Sterilisation

Kontrazeptiva haben den Zusammenhang von Sexualität und Fertilität aufgelockert.

Durch die zunehmende Einführung der „Pille" in den sechziger Jahren hat die Frau eine Möglichkeit erhalten, Konzeptionen sicher zu verhüten und außerdem den Zusammenhang von Sexualität und Fertilität aufzulockern. Auch andere Kontrazeptiva wie Intrauterinpessar, neue mechanische und chemische Verhütungsmittel, einfachere Sterilisationsmethoden bei Frau und Mann haben das reproduktive Verhalten deutlich verändert. Der sog. „Pillenknick" zeigt beispielhaft die einschneidende Änderung im Reproduktionsverhalten durch die neue Ära sicherer Kontrazeptiva.

Ein häufiges Vergessen der Pilleneinnahme kann als unbewusster Kinderwunsch gedeutet werden.

Da die bewusste Ablehnung eines Kindes durch einen unbewussten Kinderwunsch überlagert sein kann, gibt es verschiedenste Signale, die meist dem Gynäkologen vorgetragen werden. Gut erkennbar wird dies z. B. in Fehlleistungen wie häufigem Vergessen der Einnahme der Pille.

Der Ausdruck „Sterilisation" ist mit belastenden Erinnerungen verbunden. Neuere Ausdrücke sind z. B. definitive oder operative Familienplanung.

Das Wort „Sterilisation" ruft bei manchen Frauen und noch stärker bei Männern eine Assoziation hervor, die in Richtung Kastration geht. Auch historisch belastende Erinnerungen an die Zwangssterilisationen tauchen auf. Deshalb versuchte man andere Namen einzuführen, z. B. definitive oder operative Familienplanung, die sich aber nicht richtig durchsetzen konnten.
Aus medizinischen Gründen muss selten die Indikation zur Sterilisation gestellt werden. Hierbei wird bevorzugt der Psychiater zur Begutachtung gebeten. Betroffen sind dabei vor allem junge Frauen mit schweren psychiatrischen und neurologischen Leiden, die durch eine Schwangerschaft und Geburt Schaden erleiden können. Hier bedarf es der sehr kritischen Einschätzung auf dem Boden ethischer Grundsätze und Erfahrungen durch den Arzt für Psychiatrie und Neurologie. Eine ausführliche Begutachtung durch erfahrene Ärzte ist dabei vonnöten.

Da die Sterilisation psychische Folgeprobleme hervorrufen kann (z. B. Depressionen, Sexualstörungen, Refertilisierungswunsch), erscheint eine routinemäßige psychosomatische Beratung sinnvoll.

Weniger schwierig, aber ebenso wichtig, ist die Beratung von Frauen vor der Sterilisation aus Familienplanungsgründen, da nicht selten in der Zeit danach psychische Probleme (Depressionen, Sexualstörungen) bis hin zum Refertilisierungswunsch auftreten können.

Es existieren **Risikofaktoren** für vermehrte psychische **Verarbeitungsschwierigkeiten**.

Folgende **Risikofaktoren** für vermehrte psychische **Verarbeitungsschwierigkeiten** wurden dabei wiederholt beobachtet:

- kurzfristige Entscheidung zu einer Sterilisation
- zeitlicher Zusammenhang mit einem Abort, einer Abruptio oder einer Geburt
- noch bestehender versteckter, ambivalenter Kinderwunsch
- Neigung zu depressiven Reaktionen (Eingriff wird destruktiv erlebt)
- Vorhandensein zahlreicher psychosomatischer Symptome
- Meinungsverschiedenheiten über Sterilisation in der Partnerschaft
- äußere Faktoren wie jugendliches Alter, fehlende eigene Kinder
- ideologische Motive für eine endgültige Kontrazeption.

Wichtige Hinweise auf eine psychische Überlagerung des Sterilisationswunsches im Rahmen der Kontrazeptionsberatung sind z B. eine starre Forderungshaltung, eine Vorwurfshaltung bei der Problematisierung der Thematik Sterilisation, die alleinige Überlegung und Entscheidung eines Partners sowie die Projektion negativer Anteile (Funktionsverlust, operativer Eingriff) auf den Partner. Für den Fall der Begutachtung eines späteren Refertilisierungswunsches hat sich eine großzügige Indikation bewährt. Bei einer Gruppe von Patientinnen führen äußere Veränderungen zu einem starken Leidensdruck, z. B. der Tod eines Kindes oder ein neuer Partner. Eine andere Gruppe von Patientinnen leidet vor allem an der Kränkung, nicht mehr ganz über sich verfügen zu können. Hier empfehlen sich therapeutische Gespräche, die schließlich doch häufig zum Refertilisierungsversuch führen. Die Vorstellung einer aufbauenden Operation, einer Wiedergutmachung erleichtert es dem Gynäkologen, die endgültige Indikation zur mikrochirurgischen Tubenanastomose zu stellen.

Problematisch sind auch eine starre Forderungshaltung und eine Entscheidung ohne Wissen des Partners.

Für den Fall der Begutachtung eines späteren Refertilisierungswunsches hat sich eine großzügige Indikation bewährt.

Bei bestehendem Refertilisierungswunsch bedarf es wiederum einer psychosomatischen Zusatzberatung.

▶ **Klinischer Fall.** Die 27-jährige Patientin stellt sich im 8. Schwangerschaftsmonat mit dem Wunsch nach endgültiger Kontrazeption im bevorstehenden Wochenbett vor. Sie habe sich mit ihrem Mann kurzfristig geeinigt, dass ein Kind ausreichen würde, und es gebe ja sowieso eine Überbevölkerung. Die Patientin wirkt ideologisch fixiert und in ihrem Vortrag sicher und fordernd. Im Laufe des folgenden Gespräches werden vom behandelnden Gynäkologen die bekannten Risikofaktoren überblickartig erfasst. Es wird deutlich, dass der Entschluss zur Sterilisation aus einer Ehekrise heraus plötzlich gefasst wurde. Weiterhin wurde nicht erwogen, ob eventuell der deutlich ältere Ehepartner die Sterilisation vornehmen lassen könnte. Es fällt außerdem auf, dass sich in der Anamnese eine Reihe von psychosomatischen Symptomen findet, mit denen die Patientin konfrontiert wird. Schließlich wird ihr mitgeteilt, dass gerade die Sterilisation im Wochenbett besonders kritisch gesehen werden muss, da die Neigung zu einem später oft bereuten Entschluss aus der Belastung durch die neue Situation kommt. Es wird der Patientin vorgeschlagen, das Gespräch über die Kontrazeption 6 Wochen nach der Geburt zu wiederholen. Die Anwesenheit des Ehepartners wäre dabei sinnvoll. Die Patientin ist mit diesem Vorgehen, das bei der folgenden Schwangerschaftsberatung nochmals aufgegriffen wird, einverstanden.

◀ **Klinischer Fall**

4.3 Psychosomatische Aspekte der Schwangerschaft

4.3.1 Schwangerschaftserleben

Für viele Frauen bedeutet die Schwangerschaft – zumindest anfänglich – ein **ambivalentes** Erlebnis. Ein Extremfall wird gelegentlich bei Frauen mit jahrelangem Kinderwunsch beobachtet, die sich plötzlich nach Eintritt der Schwangerschaft mit Gedanken an einen Schwangerschaftsabbruch auseinander setzen. Umgekehrt fällt dies auch bei Frauen nach Schwangerschaftsabbruch auf, die plötzlich den vorgenommenen Eingriff bereuen. Die Gründe für die Ambivalenz im anfänglichen Schwangerschaftserleben können vielfältig sein. Gehäuft auftretende Faktoren, die sich in innere und äußere Beweggründe einteilen lassen, sind in Tab. **A-4.4** dargestellt.

4.3 Psychosomatische Aspekte der Schwangerschaft

4.3.1 Schwangerschaftserleben

Für viele Frauen ist die Schwangerschaft ein mehr oder weniger **ambivalentes** Erleben (Tab. **A-4.4**).

A-4.4 Gründe für die Ambivalenz im Schwangerschaftserleben

äußere Faktoren:	▪ Neuorientierung im Beruf ▪ Veränderung in der Partnerbeziehung ▪ soziale Probleme
innere Faktoren:	▪ Überlagerung des bewussten Kinderwunsches durch unbewusste Ablehnung (Ängste) ▪ psychische unausgewogene Struktur eines oder beider Partner ▪ Anpassungsschwierigkeiten an die neue Lebensperspektive

A-4.4

A-4.3

A-4.3 Angsthierarchie bei Schwangeren

- Fehlbildung beim Kind
- Komplikationen bei der Geburt
- einer langen Geburtsdauer
- dem Verlust der Selbstkontrolle
- Schmerzen
- der Narkose
- dem allein gelassen werden
- dem Ausgeliefertsein
- chirurgischen Instrumenten
- dem eigenen Tod
- Untersuchungen in der Klinik
- Unruhe im Kreißsaal
- Hebammen
- Krankenschwestern
- jungen Ärzten
- älteren Ärzten

In der Schwangerschaft besteht bereits eine psychosomatische Wechselwirkung zwischen Mutter und Fötus.

Bereits in der Schwangerschaft besteht eine psychosomatische Wechselwirkung zwischen Mutter und Fötus. Untersuchungen haben bestätigt, dass psychisch belastete Schwangerschaften, z. B. durch sozialen Stress, wie er etwa bei ledigen Müttern beobachtet wurde, ein somatisches Risiko für Mutter und Kind darstellen. Zu diesem Themenkreis gibt es eindrucksvolle Tierversuche, die zeigen, dass emotionelle Traumata, die stark angstbesetzt sind, negative somatische Einwirkungen auf Schwangerschaft und Geburt haben, z. B. in Form von Nidationssstörungen, Aborten, Missbildungen und Totgeburten.

Reale und neurotische Ängste in der Schwangerschaft stehen oft in Zusammenhang mit stärkerer Ambivalenz.

Vor allem die Vorstellung von der Geburt selbst geht bei jeder Schwangeren mit Phantasien und Ängsten einher. So beobachtet man gerade in der präpartalen Zeit bei vielen Schwangeren verstärkte Ängste, die mit der bevorstehenden Geburt zusammenhängen. Wenn man Erstgravidae nach ihren Ängsten im Zusammenhang mit der Geburt befragt, berichten sie von verschiedenartigsten Ängsten, die teilweise real, teilweise in ihrer Ausprägung aber auch neurotisch und damit verzerrt und schwer einfühlbar erscheinen.

Einen Überblick über häufig vorkommende Ängste gibt Abb. **A-4.3**.

Ein Überblick über häufig vorkommende Ängste findet sich in der ermittelten „Angsthierarchie", dargestellt in Abb. **A-4.3**.

Reale Ängste können durch sicherheitsgebende Untersuchungen gemildert werden.

Es fallen hier Ängste auf, in die man sich gut einfühlen kann, so z. B. allen voran die Angst vor einer Missbildung beim Kind, die Angst vor Komplikationen, die Angst vor Schmerzen usw. Man kann diese Ängste als **Realängste** bezeichnen, wenn sie auch manchmal auf der Basis stark neurotischer Persönlichkeiten als störend empfunden werden. Solche realen Ängste, die teilweise auf falschen Vorstellungen beruhen, lassen sich durch eine fachgerechte Schwangerenberatung sowie durch sicherheitsgebende Untersuchungen abbauen. So erscheint es sinnvoll, wenn man die Ängste einer älteren Schwangeren vor einem chromosomal behinderten Kind durch eine Amniozentese und eine zytogenetische Untersuchung beseitigt. Ähnlich kann man einer Frau durch wiederholte echographische Untersuchungen Sicherheit geben, wenn sie befürchtet, dass sich ihr Kind nicht termingerecht entwickelt.

▶ Merke

▶ **Merke.** Allgemein sollte bei der Erteilung von Auskünften an Schwangere besonders auf die Betonung der positiven Elemente geachtet werden, da die Frau in dieser Zeit besonders sensibel für Ängste ist.

Neurotische Ängste bedürfen eines „Holdings" durch Arzt und Hebamme. Meist handelt es sich um Patientinnen mit ausgeprägt ambivalenter Einstellung zur Schwangerschaft.

Die zweite Gruppe von Ängsten ist eher zu den **neurotischen Ängsten** zu rechnen, so z. B. die Angst vor dem Verlust der Selbstkontrolle, die Angst vor dem Ausgeliefertsein oder die Angst vor dem eigenen Tod. Meist handelt es sich um Patientinnen, bei denen man Schwierigkeiten bei der Anpassung an die Mutterrolle findet. Eine ambivalente Einstellung zur Schwangerschaft zeigt

sich oftmals in den beschriebenen neurotischen Ängsten. Sie bedürfen eines „Holdings" durch Arzt und Hebamme.
Mit zunehmendem Fortschreiten der Schwangerschaft und positiver Identifikation mit ihr lassen diese Ängste nach. Ebenso verschwinden mit zunehmender Schwangerschaftsdauer Symptome, die oft unter dem Stichwort **Impulsneurosen** subsumiert werden. Es handelt sich dabei meist um die Abfuhr oraler Bedürfnisse. Abnorme Gelüste, Hypersalivation, Heißhunger, Fettsucht und abnorme Verhaltensweisen wie z. B. Stehlen spiegeln solche nur kurzdauernde Krisen im Erleben der Schwangerschaft wider.

Symptome mit einer möglichen Psychogenese in der Schwangerschaft **(Impulsneurosen)** sind Hypersalivation, abnorme Gelüste, Fettsucht, Stehlen usw. Es handelt sich meist um die Abfuhr oraler Bedürfnisse.

4.3.2 Symptome in der Schwangerschaft mit möglicher Psychogenese

Eine Übersicht möglicher psychosomatischer Symptome in der Schwangerschaft nach ihrer Häufigkeit wird in Abb. **A-4.4** gegeben.
Einige der hier aufgeführten Symptome wurden bereits erwähnt. Es folgt die Beschreibung weiterer Symptome, die für die Praxis besonders relevant sind.

4.3.2 Symptome in der Schwangerschaft mit möglicher Psychogenese

Abb. **A-4.4** gibt eine Übersicht möglicher psychosomatischer Symptome in der Schwangerschaft.

Hyperemesis gravidarum

Die Hyperemesis gravidarum ist wohl das bekannteste, vorwiegend psychosomatisch erklärbare Symptom in der Schwangerschaft, das vor allem im 1. Trimenon auftritt. **Definitionsgemäß erbricht die Schwangere mehr als zehnmal täglich** und ist somit der Gefahr der Elektrolytstörung und der Mangelernährung ausgesetzt.
Der psychodynamische Hintergrund des Schwangerschaftserbrechens wurde in umfassender Weise von Molinski (1972) beschrieben. Er hat auf die Schwierigkeiten hingewiesen, in die eine Frau geraten kann, wenn sie mit der Rolle der Mutter konfrontiert wird. Er beschreibt vor allem Ängste bei Frauen, die im Bereich des oralen und aggressiven Erlebens gehemmt sind. So können verdrängte orale und aggressive Impulse durch die Schwangerschaft aktualisiert werden und verhindern, dass eine befriedigende Symbiose zwischen Mutter und Kind entsteht. Diese Frauen müssen deshalb den Fötus als oralen Konkurrenten, als Mitesser erleben. Die mobilisierten oralen und aggressiven Impulse können so z. B. als somatisches Korrelat zu einem verstärkten Schwangerschaftserbrechen führen. Ein Hinweis auf eine orale Störung dieser Schwangeren ist der immer wieder verblüffende therapeutische Effekt durch die alleinige stationäre Aufnahme. Über 90 % der Frauen, die wegen einer Hyperemesis gravidarum stationär aufgenommen werden, hören unmittelbar nach der Aufnahme auf zu erbrechen. Die Last ihres oralen Konkurrenten, „ihres Mitessers" wurde durch die Mutter Klinik – sprich Ärzte und Schwestern – deutlich erleichtert. Sie dürfen hier selbst wieder Kind sein, das versorgt wird. Das therapeutische Vorgehen zeichnet sich hierdurch bereits ab. Es besteht primär in einer halten-

Hyperemesis gravidarum

Die Hyperemesis gravidarum tritt vor allem im 1. Trimenon auf. **Definitionsgemäß erbricht die Schwangere mehr als zehnmal täglich**. Es besteht die Gefahr der Elektrolytstörung und der Mangelernährung.

Es bestehen oft Ängste, mit der neuen Situation nicht fertig zu werden. Der Fötus kann als oraler Konkurrent erlebt werden. Über 90 % der Frauen, die wegen einer Hyperemesis gravidarum stationär aufgenommen werden, hören durch den „Halt", den Ärzte und Schwestern geben, schnell wieder auf zu erbrechen. Ein „Holding" ist deshalb anzustreben.

A-4.4 Symptome in der Schwangerschaft mit möglicher Psychogenese

- Hyperemesis gravidarum
- abnorme Gelüste
- Hypersalivation
- Heißhunger
- Adipositas
- Suchttendenzen
- Impulse zum Stehlen
- verstärkte Ängste
- Erschöpfungszustände
- Abortbestrebungen
- vorzeitige Wehen
- Gestosen

A-4.4

den, unterstützenden Zuwendung, die innerhalb der geburtshilflichen Klinik und Praxis in der Regel gut geleistet werden kann („Holding").

▶ Klinischer Fall

▶ **Klinischer Fall.** Die 19-jährige Patientin, Ausländerin, kommt mit mehr als zehnmaligem Erbrechen pro Tag im 3. Schwangerschaftsmonat zur stationären Aufnahme. Vom Hausarzt habe sie bereits Antiemetika und Sedativa erhalten, die jedoch nichts geholfen hatten. Seit Beginn der Schwangerschaft habe sie außerdem 2 kg an Gewicht verloren. Bei einem ersten ausführlichen Gespräch nach der stationären Aufnahme wird deutlich, dass die Schwangerschaft zwar nicht geplant, aber doch von ihr und ihrem ebenfalls ausländischen Mann akzeptiert wird. Sie sind noch notdürftig bei Freunden untergebracht, eine Wohnung haben sie jedoch in Aussicht. Beide Partner seien Hilfsarbeiter und wüssten noch nicht so richtig wie es beruflich weitergehe. Die klinische und ultraschalldiagnostische Untersuchung ergibt eine regelrechte Schwangerschaft in der 10. Woche. Die Laborparameter einschließlich der Elektrolyte sind noch im Normbereich. Neben der ausführlichen Anamnese wird bei der Patientin eine Infusionsbehandlung eingeleitet, um eine Elektrolytstörung bzw. eine weitere Unterernährung zu vermeiden. Besonders starker Halt („Holding") wird der Patientin sowohl von den Schwestern als auch von den Ärzten entgegengebracht. Die Patientin erhält Wunschkost mit einer zusätzlichen Ration an Speiseeis. Die sozialen Probleme werden mit Hilfe einer Sozialarbeiterin weitsichtig bearbeitet. Schon nach wenigen Tagen hört die Patientin völlig auf zu erbrechen. Sie nimmt an Gewicht zu und kann schließlich in weitere ambulante Betreuung entlassen werden.

Psychogener und habitueller Abort

Psychische Auffälligkeiten stellen Risikofaktoren für die Abortneigung dar, die aufgearbeitet werden sollten. Stresssituationen sollen vermieden werden. So empfiehlt sich in der Schwangerschaft kein konfliktaufdeckendes Verfahren, sondern mehr eine unterstützende Arzt-Patientin-Beziehung.

Psychogener und habitueller Abort

Das Abortgeschehen hat meist organische Ursachen. Es muss deshalb hier eine exakte ultraschalldiagnostische, hormonelle und zytogenetische Begleitdiagnostik erfolgen. Trotzdem bleibt eine Reihe von Aborten ungeklärt und korreliert mit psychischen Auffälligkeiten bei Frauen, die zumindest einen Risikofaktor für die Schwangerschaft darstellen. Es handelt sich bei diesen Frauen meist um eine ambivalente Gefühlseinstellung. Einerseits wünschen sich solche Frauen auf der bewussten Ebene ein Kind, andererseits fühlen sie sich dieser Aufgabe nicht gewachsen. Als pathogenetischer Weg werden auf Grund chronischer Stresssituationen vegetative Fehlregulationen (Sympathikotonie) angenommen, die zu Uteruskontraktionen und schließlich zu einer Ablösung der Plazenta führen können. Eine vorangegangene Fehlgeburt kann eine ängstliche Erwartungshaltung bedingen, die diesen Mechanismus verstärkt. Therapeutisch empfiehlt sich hier – wie meist in der Schwangerschaft – kein konfliktaufdeckendes Verfahren, sondern mehr eine unterstützende, ichstärkende Arzt-Patientin-Beziehung in der Schwangerschaft.

Eingebildete Schwangerschaft

Die eingebildete Schwangerschaft ist seltener geworden. Ein überwertiger Kinderwunsch ist häufig als Konfliktstoff zu suchen. Eine Aufarbeitung der Konflikte mit beiden Partnern ist zu empfehlen.

Eingebildete Schwangerschaft

Die eingebildete Schwangerschaft oder „grossesse nerveuse" sehen wir im deutschen Sprachbereich nur noch selten. Der Grund hierfür dürfte in der freizügigeren Handhabung emotional stark verwobener Themen wie Sexualität, Schwangerschaft und Geburt liegen. So fällt auch auf, dass dieses Phänomen, das in der Regel mit allen objektiven Schwangerschaftszeichen (z. B. Amenorrhö, Vergrößerung des Leibesumfangs und der Brüste) und subjektiven Zeichen (Übelkeit, Erbrechen, Spannen der Brüste) einhergehen kann, vorwiegend bei Frauen aus Entwicklungsländern beobachtet wird. Es besteht dabei nahezu immer ein überwertiger Kinderwunsch. Bei der Betreuung solcher Patientinnen ist ein einfühlsamer Umgang besonders wichtig. Als Einstieg empfiehlt sich die vorsichtige Konfrontation mit dem Leidensdruck, der durch den frustranen Kinderwunsch hervorgerufen wird. Es sollte angeboten werden, mit beiden Partnern die Möglichkeiten einer gezielten Kinderwunschbehandlung durchzusprechen. Integrativ sollte während einer solchen Behandlung auch die Kinderwunschmotivation bearbeitet und der überwertige Kinderwunsch abgebaut werden. Ebenso lässt sich durch die Überlegung und Einleitung einer möglichen Adoption der umschriebene Konflikt mildern.

Auch eine Adoption sollte im Einzelfall diskutiert werden.

Gestosen

Diese schwangerschaftsspezifische Erkrankung geht häufig mit den Symptomen Ödembildung. Proteinurie, Hypertonie und Hyperreflexie einher. Als pathogenetischer Mechanismus liegt ein generalisierter Arteriolenspasmus zu Grunde. Obwohl man noch zu wenig über die Ätiologie dieses Symptomenkomplexes weiß, so wird neben psychischen Faktoren in neueren Arbeiten ein Magnesiummangel als somatische Ursache diskutiert. In der Klinik kommt man therapeutisch in den meisten Fällen gut mit Diät, Antihypertensiva und Sedativa zurecht. Es fällt aber auch hier auf, dass man durch Schaffung einer ausgewogenen emotionalen Situation dieses Leiden positiv beeinflussen kann.

In der Biografie solcher Patientinnen fallen gehäuft Störungen im oralen Bereich auf (gravierendes Über- und Untergewicht). Außerdem wurde wiederholt eine „maligne" Symbiose zur Mutter eruiert. Die Mütter, die sich objektiv als eher gefühlskalt und desinteressiert erwiesen, hatten sich ihren Töchtern als „ideal" und aufopfernd dargestellt. Störungen in der Beziehung konnten die Mädchen nur als selbst verursacht ansehen und massive Schuldgefühle entwickeln. Wut auf die tatsächliche Gleichgültigkeit der Mutter mussten die abhängigen Töchter wegen der Gefahr einer unerträglichen Zerreißprobe im Keim ersticken. Die Schwangere hofft, zusammen mit dem entstehenden Kind nun eine eigene Symbiose aufzubauen, die endlich die Loslösung von der Mutter ermöglichen soll. Gleichzeitig treten aber Ängste davor auf, dass das Kind sie ausbeuten könne. In dieser Ambivalenz zwischen dem Wunsch nach Selbstverwirklichung und der Angst vor Verlust der Mutter und Bedrohung durch das Kind kann der Boden dieser wichtigsten schwangerschaftsspezifischen Erkrankung liegen.

Gestosen

Die Ätiologie ist unbekannt. Psychische Faktoren werden als fördernd angenommen.

Als psychischer Faktor wurde eine „maligne" Symbiose zur eigenen Mutter beschrieben, die zu einem Spannungszustand führt.

Vorzeitige Wehen, Frühgeburt

In der geburtshilflichen Klinik gelingt es vermehrt, durch wehenhemmende Medikamente, Sedierung und Bettruhe eine drohende Frühgeburt zu verhindern oder zu verzögern. Obwohl diese therapeutischen Maßnahmen einen Fortschritt in der Herabsetzung der perinatalen Mortalität gebracht haben, so sind doch hierdurch das Schwangerschaftserleben und eine günstige Vorbereitung auf die extrauterine Mutter-Kind-Beziehung beeinträchtigt. Psychosomatisch orientierte Geburtshelfer betonen zudem immer wieder wehenauslösende emotionale Faktoren. In der angloamerikanischen Literatur werden tiefenpsychologische Hintergründe wie innere Ablehnung der Schwangerschaft, Schwierigkeiten mit der weiblichen Rolle oder unreife Persönlichkeitsstrukturen angeführt. In deutschsprachigen Arbeiten werden allerdings gehäuft soziale Risikofaktoren wie jugendliches Alter, Unverheiratetsein, Unerwünschtheit des Kindes und ein niedriger Sozialstatus beschrieben. Auch Berufstätige, besonders wenn es sich um qualifizierte Berufe handelt, neigen eher zu Frühgeburten als familienorientierte Frauen. Vermehrte psychosomatische Symptome und depressive Strukturen wurden beschrieben. In neueren Untersuchungen wird die Frühgeburtlichkeit als eine sehr **unspezifische Antwort auf allgemeine Überforderung** dargestellt. Die Frühgeburtlichkeit trage akzidentellen Charakter, sei also nicht persönlichkeitsspezifisch.

Therapeutisch wird von den meisten Autoren als wesentliches Ziel die Hilfe bei der Anpassung an die Schwangerschaft und deren Bewältigung gesehen. Das einfühlsame Visitengespräch steht dabei an erster Stelle. Je nach Indikationskriterien werden Einzelgespräche, autogenes Training, Hypnose und das respiratorische Biofeedback empfohlen.

Vorzeitige Wehen, Frühgeburt

Emotionale Faktoren können wehenauslösend sein!

Soziale Risikofaktoren wie jugendliches Alter und Unerwünschtheit des Kindes werden u. a. gehäuft beobachtet.

In neueren Arbeiten wird die Frühgeburtlichkeit auch als **unspezifische Antwort auf allgemeine Überforderung** dargestellt.

4.3.3 Sucht und Schwangerschaft

Suchterkrankungen sind in der Schwangerschaft nicht selten, und sie betreffen vor allem junge Frauen. Heroin spielt unter den Drogen eine sehr wichtige Rolle und soll deshalb hier akzentuiert werden. Allgemeine Gesetzmäßigkeiten wie z. B. das Zugrundeliegen einer depressiven Persönlichkeitsstruktur und das Vorhandensein spezieller Verhaltensweisen betreffen nahezu alle Patienten mit

4.3.3 Sucht und Schwangerschaft

Suchterkrankungen sind in der Schwangerschaft nicht selten und bedürfen der Behandlung. Depressive Grundstörungen liegen in den meisten Fällen vor.

Heroin spielt eine sehr bedeutende Rolle, aber auch Alkohol, Kokain, LSD und Psychopharmaka werden in der Schwangerschaft als Suchtmittel benutzt.

Gebrauch von Suchtmitteln, von denen neben Heroin auch Kokain, LSD, Psychopharmaka und Alkohol erwähnt werden sollen.

Unter den heroinkranken Frauen sind 80 % im gebärfähigen Alter, Schwangerschaften kommen trotz endogener Störungen zu Stande und sind vermehrt kompliziert durch Risiken für Mutter und Kind.

Mittelwertsprofil der heroinkranken Schwangeren

- Durchschnittsalter 24 Jahre
- Sozialstatus: ledig oder geschieden und arbeitslos
- Abhängigkeit etwa 5 Jahre
- frustrane Entzugsversuche.

Wenn man ein **Mittelwertsprofil** der heroinkranken schwangeren Frauen erstellt, so zeigt sich, dass diese im Durchschnitt 24 Jahre alt, ledig oder geschieden sowie arbeitslos sind. In der Anamnese findet man häufig die Probleme der Beschaffungskriminalität, der Prostitution und der Polytoxikomanie. Die Abhängigkeit bestand in der Regel zuvor 5 Jahre lang. Typische Auffälligkeiten in der Biografie sind neurosenrelevante Daten, frustrane Entzugsversuche und Behandlungsversuche wegen Depression und Suizidalität.

Häufige **Begleiterscheinungen** bei Heroinabhängigkeit **in der Schwangerschaft** sind Abszesse, Thrombophlebitiden, Anämie, positive HIV-AK, venerische Erkrankungen und Hepatitiden.
Außerdem findet man eine erhöhte Frühgeburtlichkeit.

Häufige **Begleiterscheinungen in der Schwangerschaft** sind bei den Patientinnen venerische und parasitäre Erkrankungen, Abszesse, Thrombophlebitiden, Hepatitiden, Anämie, HIV-Infektion, eine ungenügende Gewichtszunahme sowie Gestosen. Weiterhin treten vermehrt fetale Retardierungen und ein intrauteriner Fruchttod auf. Auch vorzeitige Wehen mit einer erhöhten Frühgeburtlichkeit ergeben sich aus den angloamerikanischen Arbeiten sowie aus eigenen Erfahrungen.

Bei der Geburt besteht ein erhöhtes Risiko für eine intrauterine Asphyxie.

Häufige **Begleiterscheinungen unter der Geburt** bei heroinkranken Patientinnen sind mütterliche und kindliche Entzugserscheinungen (beim Kind saltatorische CTG mit Dezelerationen, drohende intrauterine Asphyxien). Wiederholt beschrieben sind außerdem vermehrte operative Entbindungen, Lageanomalien und atonische Nachblutungen.

Im Wochenbett gibt es vermehrt depressive Reaktionen und Schuldgefühle gegenüber dem Kind.

Häufige **Begleiterscheinungen im Wochenbett** sind Entzugsprobleme und Infektionen. Die psychische Ebene mit Schuldgefühlen gegenüber dem Kind, Selbstzweifel, Depressionen, Spannungen mit dem Personal und schließlich Selbstentlassung ist besonders zu beachten.

Kindliche Entzugssymptome sind schrilles Schreien, Tremor, Unruhe, evtl. Krämpfe. Es besteht erhöhte Morbidität.

Beim Kind zeigt sich das **Entzugssyndrom** oft durch Unruhe, Zittern, Tremor, schrilles Schreien, wildes Saugen an der Brust und eventuell in generalisierten Krämpfen. Es besteht eine erhöhte Morbidität durch Frühgeburtlichkeit, intrauterine Retardierung. Aspirationspneumonie, Hyperbilirubinämie und Hypoglykämie. Bei Kindern heroinkranker Frauen sind jedoch keine signifikant vermehrten Fehlbildungen bekannt.

Eine Substitution mit Polamidon ist vor allem zur Vermeidung der intrauterinen Asphyxie indiziert.
Eine Übersicht über die schrittweise Behandlung ist in Tab. **A-4.5** und Tab. **A-4.6** gezeigt.

Die in Tab. **A-4.5** und Tab. **A-4.6** gezeigten Betreuungsschemata scheinen sich vor allem bei schwangeren Frauen zu bewähren. Die Frage, ob man in der Schwangerschaft mit Polamidon substituieren soll, wird nicht nur aus fetalen Gründen (Vermeidung der intrauterinen Asphyxie), sondern auch aus suchtbewältigenden Überlegungen bejaht. Bei erfolgreichem Entzug innerhalb der Schwangerschaft bleiben ca. 50 % der Schwangeren primär drogenfrei. Wenn ein Entzug gelungen ist, versorgen diese Mütter auch in der Regel ihr Kind langfristig befriedigend. Sie bedürfen aber stützender psychosozialer Maßnahmen, die angeboten werden sollten.

▶ **Klinischer Fall**

▶ **Klinischer Fall.** Die 24-jährige Patientin stellt sich im 5. Schwangerschaftsmonat erstmals in der Poliklinik vor. Sie habe die Schwangerschaft erst jetzt bemerkt, da sie über lange Zeit keine Periode mehr hatte (häufige sekundäre Amenorrhö). Im näheren Gespräch wird deutlich, dass sie seit 5 Jahren heroinabhängig ist. Neben Heroin spielen auch Drogen wie Alkohol, Haschisch und LSD eine Rolle. Wegen einer Beschaffungskriminalität und Betäubungsmittelmissbrauch steht ein Prozess mit einer möglichen Verurteilung bevor. Klinische und echographische Untersuchung der Schwangerschaft sind unauffällig. Die Laborparameter einschließlich des HIV-Antikörpertests und der Luesproben sind ohne Befund. In der Anamnese ist jedoch noch eine Hepatitis bekannt. Die Patientin hat außerdem eine Reihe von Einstichstellen an beiden Armen und Beinen, die schon gelegentlich zu Abszessen geführt haben.
Im ausführlichen Gespräch wird deutlich, dass der Vater des Kindes ebenfalls aus der Suchtszene kommt und zurzeit einen therapeutischen Entzug vornimmt. Weiterhin wird deutlich, dass die Patientin in ihrer Biografie ein „broken home" hat, das in der Folgezeit zu wiederholten depressiven Verstimmungen geführt hat.
Therapeutisch wird der Patientin vorgeschlagen, sie im Laufe der Schwangerschaft engmaschig zu betreuen. Beginnen sollte man mit einem stationären Aufenthalt, wobei die berichtete Heroindosis von ca. 1 g durch eine l-Polamidon®-Tropfenzahl von 60 ersetzt wird. Es ist

damit zu rechnen, dass die Entzugssymptome gering bleiben und von der Patientin und dem Fötus toleriert werden. Der Patientin wird mitgeteilt, dass auch der Fetus abhängig ist und nur einen langsamen Entzug, z. B. Reduktion der I-Polamidon®-Tropfenzahl täglich um einen Tropfen, toleriert. Der stationäre Aufenthalt wird individuell angepasst, z. B. 10 Tage. Danach erfolgt eine tägliche ambulante Gabe der Polamidon®-Tropfen. Dies wird jeweils mit einem Gespräch verbunden, das sich mit der psychischen und sozialen Situation der Patientin befasst. Über eine Sozialarbeiterin werden die Voraussetzungen für die Zeit nach der Geburt geplant.
Die Patientin willigt in dieses Vorgehen ein, wobei ihr deutlich gemacht wird, dass aus juristischen Gründen durch Urinkontrollen der schrittweise Entzug kontrolliert wird, dass aber der Erfolg nur über das Vertrauensverhältnis zum/zur Therapeuten/Therapeutin möglich ist.

A-4.5 Medizinische Betreuung heroinkranker Frauen

in der Schwangerschaft	
genaue Drogenanamnese	▪ Art der Droge(n) ▪ Dauer der Sucht ▪ Entzugsversuche ▪ Beschaffungskriminalität ▪ Prostitution ▪ HIV-Problematik ▪ soziale Situation, spez. Partnerschaft ▪ psychische Situation (suizidale Gefährdung) ▪ Schwangerschaftskonflikt
intensive Schwangerenvorsorge, da häufige Begleiterscheinungen	▪ HIV-Problematik ▪ venerische und parasitäre Erkrankungen ▪ Abszesse, Thrombophlebitiden ▪ Hepatitis, Hepatose, Anämie ▪ Gestosen ▪ Depressionen, Unlust- und Leeregefühle ▪ fetale Retardierung ▪ intrauteriner Fruchttod ▪ vorzeitige Wehen ▪ erhöhte Frühgeburtlichkeit
Entzugssyndrom	▪ **bei der Mutter** (z. B. Unruhe, Tremor, Schwitzen, Erbrechen, Bauchkrämpfe) ▪ **beim Kind** (oft vor der mütterlichen Symptomatik) starke Kindsbewegungen, drohende intrauterine Asphyxie ▪ **Therapie:** l-Polamidon, evtl. Diazepam
Heroinüberdosierung (Notfall)	▪ **Leitsymptome:** Miosis, Koma, Atemdepression, Lungenödem ▪ **Therapie:** Antidot – Naloxon (Narcanti) 0,4 mg i. v. + Intensivbehandlung
individualisiertes Polamidon-Entzugsprogramm	(strenge Indikation unter täglicher ärztlicher Kontrolle und wöchentlicher Urinuntersuchung) langsamer Entzug mit l-Polamidon im 2.–3. Trimenon Cave: abrupter Entzug, da intrauterine Asphyxie möglich! ▪ Schritt: stationäre Aufnahme für 3–10 Tage – Umstellung der letzten Heroindosis auf l-Polamidon – Tagesdosis auf morgens und abends verteilen – l-Polamidon-Tropfenzahl an klinische Symptome anpassen – nach 3–5 Tagen Versuch der einmaligen Tagesdosis ▪ Schritt: ambulantes Entzugsprogramm nach stationärer Stabilisierung – tägliche Reduktion der l-Polamidon-Dosis um 1 Tropfen – tägliches ärztl.-psychother. Gespräch („Holding“) allgemein: strenge Indikation, regelmäßige Urinkontrollen (cave: Polytoxikomanie)
während der Geburt	
▪ letzte Drogenanamnese erfragen! ▪ bei HIV-Problematik entsprechendes Vorgehen ▪ bei Entzugssyndrom: z. B. l-Polamidon 2,5 (–5) mg i. m. (i. v.): evtl. zusätzlich Diazepam 10–20 mg i. m. ▪ exakte Überwachung des Fetus wegen drohender Asphyxie (z. B. Amnioskopie, CTG, MBU) ▪ Verständigung des Pädiaters (Auftreten von Entzugssymptomen nach ca. 5 Stunden)	
im Wochenbett	
▪ Abstillen der Mutter, wenn noch Sucht besteht (Heroin ist stark milchgängig) ▪ Bei Entzugssyndrom: Haloperidol-Tropfen 3–5 × 20 Gtt./die, evtl. zusätzlich Diazepam 10–30 mg/die ▪ Überweisung in nachsorgende Therapieeinrichtungen (Mutter–Kind?)	

A-4.6

A-4.6 Psychische und soziale Betreuung heroinkranker Frauen während der Schwangerschaft

soziale Betreuung und Beratung	▪ Problem der Abruptio ▪ Frage der Adoption ▪ Frage der Kindunterbringung: selbst? Eltern? ▪ Unterstützung: Wohnung, Beihilfe ▪ Information über Hilfe post partum
psychische Betreuung	▪ **Sucht nicht isoliert sehen!** Patientinnen verspüren vermehrt Unlust- und Leeregefühle. Sie machen innere Krisen durch mit dem Gefühl der Enttäuschung, der Wut, der Ohnmacht und des Alleingelassenwerdens. Zusätzlicher sekundärer Lustgewinn unterstützt den Teufelskreis. Meist frühe Traumatisierung in der Biografie. ▪ **Betreuung in der geburtshilflichen Klinik im Sinne der „Holding"-Therapie** psychosomatische Geburtsvorbereitung: – Entspannungsübungen – Atemtechnik – reale und neurotische Ängste bearbeiten – Konfrontation mit der Relevanz der Mutter-Kind-Beziehung eventuell zusätzliche psychotherapeutische Betreuung: – bei HIV-Problematik – bei motivierten Patientinnen

4.3.4 Psychosomatische Forderungen an die Betreuung während der Schwangerschaft

4.3.4 Psychosomatische Forderungen an die Betreuung während der Schwangerschaft

Im Rahmen der Schwangerenberatung lassen sich alle hier angeführten Symptomgruppen durch eine intensivere Arzt-Patientin-Beziehung besser verstehen und in Grenzen halten. Die **psychosomatische Geburtsvorbereitung** beschränkt sich deshalb nicht nur auf entspannende und atemtechnische Übungen, sondern beginnt bereits mit einer gelungenen Arzt-Patientin-Beziehung in der Sprechstunde für Schwangere. Bewährt hat sich eine Kreißsaalbegehung, da das Kennenlernen von Hebamme und Räumlichkeiten angstmindernd wirkt und sich die Patientin so später nicht mehr an eine völlig fremde Situation adaptieren muss. Auch der Besuch eines Säuglingskurses und die Einbeziehung des Partners in die Geburtsvorbereitung sind präventivmedizinische Schritte in Richtung auf eine gelungene Mutter-Kind-Beziehung.

Konsensfähige Forderungen an die psychosomatische Betreuung zeigt Tab. **A-4.7**.

Die in Tab. **A-4.7** genannten Forderungen an eine psychosomatische Betreuung erscheinen konsensfähig.

A-4.7

A-4.7 Psychosomatische Forderungen während der Schwangerschaft

- **Ziel: Sicherheit in emotionaler Ausgewogenheit**
- **optimale medizinische Versorgung bei individueller psychischer Betreuung** („Holding", „tender loving care")
- **Berücksichtigung der Ambivalenz im Schwangerschaftserleben**, von externen (sozialen) und internen (intraindividuellen) Problemen sowie realen und neurotischen Ängsten
- **Geburtsvorbereitungskurs** (keine Ideologie, individuelle Prioritäten berücksichtigen)
  - Informationen über Physiologie und Psychologie der Schwangerschaft
  - Hinweise auf Auswirkungen von Drogen, Stress und Medikamenten
  - soziale Hilfsmöglichkeiten
  - Erläuterung von Entspannungs- und Atemtechniken und schmerzlindernden Methoden
  - Säuglingskurs, Besichtigung der Geburtsklinik, des Kreißsaals usw.

4.4 Psychosomatische Aspekte der Geburt

Die Geburt ist nicht lediglich das physiologische Ende der Schwangerschaft, sondern ein psychosomatisches Ereignis – ein Erlebnis, das die Frau mit Leib und Seele erfasst. Wohl kaum ein Ereignis im menschlichen Leben ist von so vielen Geheimnissen umgeben und mit einer solchen Vielfalt an Bedeutungsgehalten versehen worden. In tiefenpsychologischen Arbeiten zur Geburt wird auf den Objektverlust der Frau hingewiesen, der individuell verschieden verarbeitet wird und postpartale Depressionen erklären kann. Die Mutter muss sich schließlich von dem einverleibten Kind trennen, was bei ihr eigene Trennungsängste aktualisieren kann.

4.4 Psychosomatische Aspekte der Geburt

Die Geburt ist ein psychosomatisches Ereignis, das die Frau mit Leib und Seele erfasst.

Die Geburt bedeutet auch eine Trennung vom einverleibten Kind.

4.4.1 Geburtsvorbereitung, Geburtsschmerz, Geburtsstörungen

Die Geburtsvorbereitung ist ein positives Beispiel einer mehr und mehr gelingenden, integrierten psychosomatischen Geburtshilfe geworden. Sie wird fast in allen Kliniken angewendet und hat sich als äußerst nützlich erwiesen.

Die ersten Impulse für die routinemäßig durchgeführte Geburtsvorbereitung entstammen der psychosomatischen Denkweise. Als Basis diente vor allem die Erfahrung, dass Ängste den Schmerz ungünstig beeinflussen und dass gerade bei den Eröffnungswehen ein sich verstärkender Angst-Spannungs-Schmerz-Kreislauf zu einem negativen Geburtserlebnis führen kann. Die ersten geburtserleichternden Methoden versuchten deshalb vor allem, eine Angstreduktion durch Entspannungsübungen und physiotherapeutische Maßnahmen zu erreichen. Dabei sind die englische Methode nach Dick-Read (1933), die russisch-französische nach Velvovski et al. (1960) und Lamaze u. Vellay (1952, 1956) sowie suggestive Methoden wie Hypnose und autogenes Training besonders bekannt geworden.

Um der werdenden Mutter Selbstvertrauen durch mehr Wissen über den Verlauf von Schwangerschaft, Geburt und Wochenbett zu geben, wurden die Vorbereitungskurse in den letzten zwei Jahrzehnten durch Impulse der psychosomatischen Geburtshilfe erweitert. Diese Entwicklung wurde von den Frauen selbst unterstützt, die eine Technisierung der Geburt über das für die Sicherheit Notwendige hinaus kritisierten. Ärztliches und pflegerisches Handeln sollte so eingesetzt werden, dass jede Mutter die Geburt ihres Kindes als glückvolles Ereignis erleben kann. Dies ist die beste Voraussetzung für eine spontane positive Gefühlsbeziehung zum Neugeborenen. Eine gelungene Mutter-Kind-Beziehung ist gleichzeitig die Basis für eine psychisch und physisch gesunde Entwicklung des Kindes. Die Berücksichtigung individueller Wünsche der Patientin, so weit sie die Sicherheit nicht gefährden, ist für ein positives Erleben von Schwangerschaft und Geburt wichtig.

4.4.1 Geburtsvorbereitung, Geburtsschmerz, Geburtsstörungen

Die positive Wirkung der psychosomatischen Geburtsvorbereitung wird in den letzten 20 Jahren zunehmend anerkannt. Ausgangspunkt war die Erkenntnis, dass Angst Spannung macht und diese wiederum den Schmerz verstärkt.

An angstreduzierenden Methoden sind zu nennen:

- englische Methode
- russisch-französische Methode
- Hypnose und autogenes Training.

Ziel der Geburtsvorbereitung soll sein, dass jede Mutter die Geburt ihres Kindes positiv erleben kann, nicht zuletzt um eine gute Basis für eine gelungene Mutter-Kind-Beziehung zu schaffen.

▶ **Merke.** Jede Frau ist anders und jede Geburt wird deshalb „individuell" erlebt. Jegliche Ideologie bei der Geburtsvorbereitung – gleichgültig, ob sie von Seiten des Arztes oder der Patientin kommt – ist schädlich.

◀ **Merke**

Unter allen Phänomenen, die mit der Geburt zusammenhängen, wurde von jeher dem Geburtsschmerz die größte Beachtung geschenkt. Zwischen folgenden beiden Extremen lagen die Ansichten:

1. Der Schmerz gehört wesensmäßig zur Geburt und soll nicht behandelt werden, nachdem es bereits in der Genesis heißt „Du sollst Dein Kind unter Schmerzen gebären".
2. Der Schmerz ist eine sinnlose und deshalb überflüssige Begleiterscheinung der Geburt und bedarf der ärztlichen Behandlung.

Der Geburtsschmerz, der sich aus einem Kontraktions- und einem Dehnungsschmerz zusammensetzt, ist in Intensität und Dauer bei den Gebärenden sehr

Der Geburtsschmerz wurde in der Medizingeschichte am meisten diskutiert. Die Ansichten lagen zwischen den beiden Extremen, der Schmerz sei notwendig bzw. sinnlos.

A-4.5

A-4.5 Angst-Spannungs-Schmerz-Kreislauf

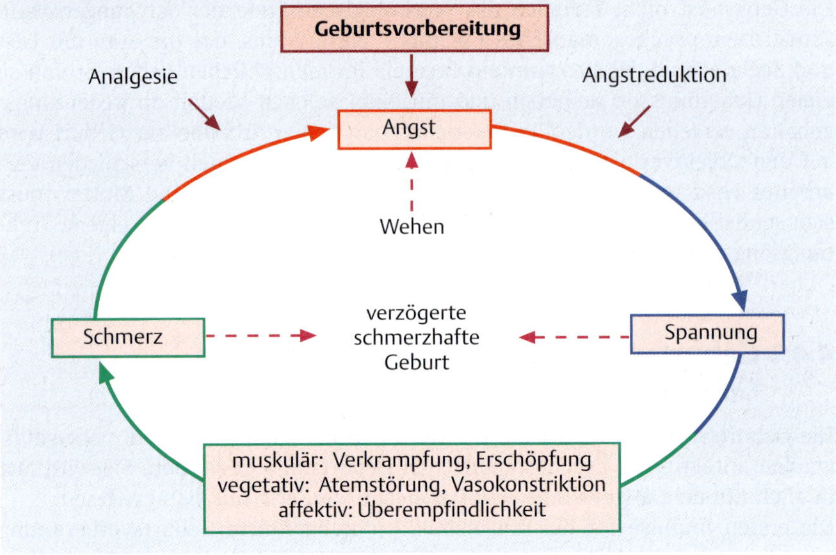

Die Pfeile ⟶ kennzeichnen die Möglichkeiten ärztlichen Eingreifens

Schmerzreaktionen sind u. a. von der emotionalen Verfassung der Gebärenden und ihrer Persönlichkeit abhängig.

unterschiedlich ausgeprägt. Das hängt einmal damit zusammen, dass die Geburt – gerade wenn sie spontan beendet wird – in ihrem Ablauf sehr verschieden sein kann. Zum anderen wird die Schmerzreaktion von der emotionalen Verfassung der Gebärenden in starkem Maße mitbestimmt. Vor allem der Angst vor Komplikationen bei Mutter und Kind kommt hier eine zentrale Rolle zu. Meist steigt sie bei jeder Wehe kurzfristig an, klingt in der Wehenpause etwas ab, nimmt aber mit der Geburtsdauer zu. Die Art der auftretenden Reaktionen ist persönlichkeits- und situationsbedingt.

Englische Methode der Geburtsvorbereitung

Wehen werden oft angstvoll erlebt, was dann mit Spannungen verbunden ist. Der dadurch verstärkt auftretende Schmerz bedingt eine verzögerte und damit oft komplizierte Geburt.

Die englische Methode nach Dick-Read hat als Arbeitshypothese den Angst-Spannungs-Schmerz-Kreislauf (Abb. **A-4.5**).

Englische Methode der Geburtsvorbereitung

Wehen werden oft angstvoll erlebt, was dann mit Spannung verbunden ist. Diese Spannung führt

- auf muskulärem Weg zu einer Verkrampfung
- auf vegetativem Weg zu Atmungsstörungen und Vasokonstriktion
- und affektiv zu einer Überempfindlichkeit.

Der dadurch verstärkt auftretende Schmerz bedingt eine verzögerte und damit oft komplizierte Geburt.

Dieser Angst-Spannungs-Schmerz-Kreislauf dient vor allem der englischen Geburtsvorbereitung nach Dick-Read als Arbeitshypothese. Ihr fehlen allerdings Differenzierungen wie die Art der Angst, z. B. bewusste und unbewusste Ängste oder reale und neurotische Ängste. Die ursprüngliche Grundannahme Dick-Reads, dass die Geburt von Natur aus schmerzfrei sei, ließ sich nicht bestätigen. Seine Ausführungen über die Schmerzverstärkung wurden aber zu einem sehr brauchbaren pathogenetischen Konzept. So lassen sich psychogene Gebärstörungen im Laufe der Eröffnungsperiode mit dem Angst-Spannungs-Schmerz-Syndrom für den Geburtshelfer fassbarer verstehen und in den verschiedenen Phasen unterschiedlich beeinflussen. Die 3 Möglichkeiten des ärztlichen Eingreifens in diesen Kreislauf ist in Abb. **A-4.5** skizziert.

Russische bzw. französische Methode der Geburtsvorbereitung

Russische bzw. französische Methode der Geburtsvorbereitung

Die russische bzw. französische Methode, die vor allem unter dem Namen Lamaze bekannt geworden ist, umfasst im klassischen Sinne folgende Behandlungsschritte:

Einleitend werden allgemeine Gesichtspunkte der Psychoprophylaxe dargelegt, wie z B. die Abhängigkeit des Erfolgs von der Ausbildung und dem Können der zu erlernenden Übungen einerseits und den menschlichen und pflegerischen Qualitäten des geburtshilflichen Personals andererseits. Es folgt eine individuelle Anamnese über psychische Traumata, Geburtsängste und Einstellungen zu Schwangerschaft und Geburt. Die positiven Seiten von Schwangerschaft und Geburt werden akzentuiert, um die Motivation zu einer glückvollen Geburt zu verstärken. Diese Gespräche werden dem Alter, dem Bildungsgrad und dem Beruf der jeweiligen Frau angepasst.

Die russische bzw. französische Methode versteht unter Psychoprophylaxe eine bessere Bewältigung der Geburt durch individuell angelegte Übungen (Atmung, Massagen, aktive Mitarbeit). Es werden aber auch suggestive Maßnahmen eingesetzt.

Dieser individuellen Vorbereitung folgen Gruppensitzungen. Dabei werden zuerst die Phasen der Geburt erörtert. Parallel werden in den Sitzungen des letzten Schwangerschaftsmonats schmerzerleichternde Verfahren erlernt, so die rhythmische Atmung, die während der Wehen vertieft werden soll, weiterhin eine leichte Massage des Unterleibes im Rhythmus der Atmung und schließlich ein Druck auf die Spinae iliacae anteriores superiores und auch die Mm. rhomboides.

Auf die individuelle Vorbereitung folgen Gruppensitzungen, in denen z. B. schmerzerleichternde Verfahren – wie rhythmische Atmung – erlernt werden.

In einer weiteren Sitzung wird die Austreibungsperiode geübt. Die Schwangeren werden darüber aufgeklärt, wie sie sich in dieser Phase hinlegen sollen und wie sie am besten aktiv mitarbeiten können.

In einer weiteren Sitzung wird die Austreibungsperiode geübt.

Im Rahmen dieser Methode wird auch auf eine Ausbildung des Personals – Ärzte, Hebammen, Schwestern – hingewiesen. Besonders akzentuiert wird dabei die Notwendigkeit einer ruhigen und freundlichen Atmosphäre in den Kreißsälen.

▶ **Merke.** Vom Moment ihrer Aufnahme an bis nach Beendigung der Geburt soll keine Frau sich selbst überlassen bleiben.

◀ **Merke**

Für die Eröffnungsperiode werden Atemübungen empfohlen, die kurz vor der Austreibungsperiode durch Streichmassagen des Abdomens ergänzt werden sollen, bei denen der Partner mit einbezogen werden kann. Bei verzögerter Eröffnung des Muttermundes wird der Druck auf die Spinae iliacae anteriores superiores und auf die Lendenmuskulatur vorgenommen. Auch teilweise suggestive Maßnahmen wie Glukoseinjektionen und Sauerstoffmaske gehören in das Repertoire der psycho-prophylaktischen Methode.

Sonderformen der Geburtsvorbereitung

Im deutschsprachigen Raum wurde an der Universitäts-Frauenklinik in Tübingen die englische Methode der Geburtsvorbereitung um das sog. „Tübinger Badegespräch" erweitert. Dies bedeutet eine Kurzschulung mit dem Ziel, eine ruhigere, angstfreiere und entspanntere Geburt zu erreichen.

Eine Reihe von wertvollen Neuerungen im Bereich der gymnastischen Geburtsvorbereitung, z. B. Schwimmübungen, ergänzt das Spektrum der erweiterten „Psychoprophylaxe". Auch suggestive Methoden (z. B. autogenes Training) werden eingesetzt.

Sonderformen der Geburtsvorbereitung

Zu den speziellen Geburtsvorbereitungen gehören auch das autogene Training, die Hypnose, das Badegespräch, Schwimmübungen, Gymnastik usw.

Erweiterte psychosomatische Geburtsvorbereitung

Die bisher beschriebenen geburtsvorbereitenden Methoden haben ihren Ursprung vor der Einführung bahnbrechender technischer Neuerungen in die Geburtsmedizin. In den Jahren von 1965 bis 1975 wurde der Ausdruck „sperinatale Medizin" zum Symbol der modernen Geburtshilfe. Die Mütter- und Säuglingssterblichkeit ließen sich durch neue und bessere Techniken (operatives Vorgehen, Mikroblutuntersuchung, Kardiotokographie, Ultraschall, Amnioskopie usw.) entscheidend senken.

Obwohl diese sicherer gewordene Geburtsmedizin für die Mutter einen zusätzlich positiven emotionalen Aspekt im Sinne einer Angstreduktion bedeuten konnte, waren doch viele Schwangere sehr unzufrieden über die weitgehende Zurückdrängung psychosomatischer Gesichtspunkte bei der Geburt. Verstärkt

Erweiterte psychosomatische Geburtsvorbereitung

Durch die zunehmende Apparatemedizin in der Geburtshilfe wurde auch der Ruf nach einer differenzierten Berücksichtigung psychosomatischer Erkenntnisse laut.

wurde dies noch durch die in einigen geburtshilflichen Kliniken einseitig bevorzugte Anwendung anästhesiologischer Methoden zur Geburtserleichterung.

Das eigene intime Geburtserlebnis als ein seltenes, sehr wichtiges Lebensereignis sollte nicht einer kühlen Klinikorganisation zum Opfer fallen.

Die erste Kritik einer fehlenden emotionalen Ausgewogenheit beim Geburtserleben kam von den Frauen selbst. Der an apparativen Techniken orientierten Geburtsmedizin wurde vorgeworfen, dass sie auf wesentliche emotionale Werte der werdenden Mutter und des Vaters zu wenig Wert lege, die Eltern ungenügend informiere, sie an medizinischen Entscheidungen nicht beteilige. Das eigene intime Geburtserlebnis als ein seltenes, sehr wichtiges Lebensereignis sollte nicht einer kühlen Klinikorganisation zum Opfer fallen. So lässt sich, von den Frauen selbst ausgehend und von der Richtung der psychosomatischen Geburtshilfe unterstützt, nach 1975 eine erneute Veränderung der Geburtshilfe beobachten.

Die Verbindung von Sicherheit bei der Geburt und emotionaler Ausgewogenheit (Geborgenheit) ist eines der wichtigsten Ziele einer psychosomatischen Geburtshilfe (Tab. **A-4.8**).

Das Ziel dieser mehr psychosomatisch orientierten Geburtshilfe ist dabei die Verbindung von Sicherheit und emotionaler Ausgewogenheit. Durch die geforderte Basis einer sicheren Geburt schließen sich auch einige Tendenzen aus, die im Rahmen so mancher „Überpsychologisierung" auftraten, wie z. B. der erneute Ruf nach der Hausgeburt. Eine an individuellen Gesichtspunkten orientierte Geburtshilfe ist sicherlich auch in der Klinik möglich (Kentenich u. Stauber, 1988). Einen kurzen Einblick in die psychosomatische Geburtsvorbereitung gibt Tab. **A-4.8**.

Verfahren zur **Geburtserleichterung** zeigt Tab. **A-4.9**.

Was die **Geburtserleichterung** betrifft, so soll Tab. **A-4.9** günstige, weniger günstige und ungünstige Verfahren für das Geburtserleben aufzeigen.

A-4.8

A-4.8 Psychosomatische Geburtsvorbereitung

medizinische Grundlagen	Information über: ▪ Physiologie der Geburt ▪ Aufklärung über den natürlichen Geburtsablauf ▪ Noxen (Nikotin, Medikamente, Stress)
psychologische Information	Psychologie der Geburt Psychologie des Geburtserlebens Mutter-Kind-Beziehung
Maßnahmen während der Geburt	Entspannungsübungen, Gymnastik, Körperpflege Information über: ▪ apparativ-technische Überwachungsmethoden ▪ Schmerzerleichterung ▪ geburtshilfliche Operationen
Information über die Geburtsklinik	Besichtigung der ausgewählten Geburtsklinik Hinweis auf Flexibilität bei individuellen Wünschen Darstellung des roten Fadens der hauseigenen Geburtshilfe ambulante Geburt Partneranwesenheit
Wochenbett und Neugeborenes	Besonderheiten des Wochenbetts Stillen Ernährung des Säuglings und des Kleinkindes körperliche und seelische Entwicklung des Kindes Vorsorgeuntersuchung, Impfungen
beratende Personen	Hebamme, Geburtshelfer, Krankengymnastin, Psychosomatiker, Kinderarzt

A-4.9 Verfahren zur Geburtserleichterung

	medikamentöse Geburtserleichterung				*psychologische Geburtserleichterung*
	Allgemein-anästhesie	**Regional-anästhesie**	**Analgetika**	**Sedativa**	(z. B. nach Read, Lamaze, autogenes Training)
	i. v./Inhalation	peridural kaudal	Pudendus Damm-infiltration	Opiate Spasmolytika Tranquilizer	Entspannungsübungen, Atemtechnik, Gymnastik, Vertrauensverhältnis Arzt – Hebamme
I. Analgesie					
Ausdehnung	++	++	+	+	+
Wirkungsgrad	++	++	+	+	+
II. Geburtsphase					
Eröffnung	–	++	–	+	+
Austritt	++	++	+	–	+
III. Zeit					
zur Vorbereitung	++	+	+	+	–
Wirkungsdauer	–	++	+	+	+
IV. Nebenwirkungen					
Mutter	+	+	+	+	++
Kind	+	++	++	+	++
V. Geburtserleben der Mutter					
	–	+	++	+	++

++ = günstig
\+ = weniger günstig
– = ungünstig

4.4.2 Psychosomatische Forderungen an die Betreuung während der Geburt

Ziel der psychosomatischen Geburtshilfe liegt darin, dass die Frau emotional ausgewogen in die Geburtssituation hineingeht, dass die emotionale Situation während der Geburt so weit wie möglich berücksichtigt wird, und so die Frau ihre Geburt individuell erleben kann, ohne die notwendige Sicherheit zu vernachlässigen. Die wichtigsten Punkte werden im Folgenden zusammengefasst:

- **einfühlsame individuelle Betreuung während der Eröffnungswehen**
  Keine überflüssigen Medikamente, Bewegungsfreiheit, sofern kein Sicherheitsrisiko besteht, Berücksichtigung individueller Wünsche
- **Möglichkeit der Anwesenheit einer Vertrauensperson** (meist der Vater des Kindes)
  Erhöht die Geborgenheit, verringert den Einsatz von Analgetika, dient der besseren Informationsvermittlung zwischen der Entbindenden und dem Personal
- **Individualisierte Schmerzerleichterung** (keine Ideologie!)
  Natürliches Geburtserleben der Mutter möglichst erhalten
- **Förderung des sofortigen Kontakts zwischen Mutter und Kind**
  Bahnung des „Bondings" und „Stillens".

4.4.2 Psychosomatische Forderungen an die Betreuung während der Geburt

Die Forderungen der Psychosomatik zielen auf eine sichere Geburtshilfe in emotionaler Ausgewogenheit.

- einfühlsame individuelle Betreuung
- Anwesenheit einer Vertrauensperson
- individualisierte Schmerzerleichterung
- Förderung eines sofortigen Kontakts zwischen Mutter und Kind.

4.5 Psychosomatische Aspekte des Wochenbetts

In psychosomatischer Hinsicht beginnt mit dem Wochenbett ein Prozess, den der Psychoanalytiker Fornari (1970) „das zentrale Problem der gesamten Ent-

4.5 Psychosomatische Aspekte des Wochenbetts

Die Zeit des Wochenbetts ist für die kindliche psychische Entwicklung äußerst wichtig. Die frühe Mutter-Kind-Beziehung ist deshalb auf die Unterstützung der beteiligten Ärzte, Hebammen und Schwestern angewiesen.

Durch prospektive und retrospektive Untersuchungen wurde die **nach der Geburt noch notwendige Einheit von Mutter und Kind** für die gesunde kindliche Entwicklung bestätigt.

Die früheste Kommunikation zwischen Mutter und Kind erfordert die mütterliche Intuition, ihre gesteigerte Sensibilität, ihre Empathie.

Die Mutter sollte wie eine Hülle fungieren, um das Kind vor äußeren und inneren Spannungen zu schützen. Die zunächst diffusen Gefühle beim Säugling wie Lust und Unlust können sich nur entwickeln, wenn die Gefühlsäußerungen jeweils von der Mutter angenommen und wiedergegeben werden. Der Mutter kommt bei diesem Prozess eine Spiegelfunktion zu.

Eine Mutterentbehrung kann negative Folgen für die Gefühlsentwicklung des Kindes haben (Deprivation).

wicklung des kindlichen psychischen Lebens" nennt: die Beziehung zwischen Mutter und Kind. Diesen Prozess der frühen Mutter-Kind-Beziehung zu unterstützen, ist im Rahmen einer integrativen psychosomatischen Geburtshilfe die gemeinsame Aufgabe von Geburtshelfer, Pädiater und Pflegepersonal.

Die Erforschung der frühesten psychischen Entwicklung des Kindes ist praktisch erst das Werk der letzten Jahrzehnte. Auf der einen Seite haben Psychosomatiker versucht, durch experimentelle Beobachtungen die Entwicklung des Säuglings zu verfolgen. Auf der anderen Seite wurden aus den Psychoanalysen von Kindern und Erwachsenen Material und Erkenntnisse zusammengetragen, die einen Einblick in die Genese neurotischer Bilder geben.

Allen Autoren kommt es bei der Beschreibung der Mutter-Kind-Beziehung darauf an zu betonen, **dass Mutter und Kind nach der Geburt noch eine Einheit bilden**. So ist es interessant, dass einige Biologen das erste Lebensjahr des Menschen zur Embryonalzeit rechnen. Der Mensch komme gemäß seiner Wuchsform im ersten Lebensjahr sowie seiner Gehirngröße ein Jahr zu früh auf die Welt. Im Vergleich zur Tierwelt ist der Mensch ein Nesthocker, der noch der extrauterinen Nabelschnur bedarf. Für diesen zweiten postpartalen Uterus gelten beim Menschen in einem nur geringen Maße die erblich gegebenen instinktiven Ordnungen, die eine funktionierende Entwicklung garantieren.

Die Erforschung der besonderen Wahrnehmung, die die Mutter befähigt, die neonatale Situation ihres Kindes zu verstehen, ist noch in den Anfängen. Die Tatsache, dass diese Fähigkeit sich kaum in Worte, geschweige denn in verifizierbare Größen fassen lässt, spricht dafür, dass sie in den tiefsten vorsprachlichen Schichten des menschlichen Gefühlslebens angesiedelt ist.

Dieses Phänomen der Beziehung der Mutter zu ihrem Säugling kann nur umschrieben werden. Wir sprechen von mütterlicher Intuition, von Empathie oder von einer gesteigerten Sensibilität.

Die Mutter sollte wie eine Hülle fungieren, die das Kind vor übermäßigen äußeren und damit auch inneren Spannungen beschützt. Die zunächst diffusen Gefühle beim Säugling wie Lust und Unlust können sich nur entwickeln, wenn die Gefühlsäußerungen jeweils von der Mutter angenommen und wiedergegeben werden. Der Mutter kommt bei diesem Prozess eine Spiegelfunktion zu. Gelingt es der Mutter nicht, die Signale ihres Kindes zu verstehen, ist der „Dialog" zwischen ihr und dem Kind gestört, und beim Kind treten überstarke Unlust und Desorientiertheit auf. Wird das Kind immer wieder diesen negativen irritierenden Eindrücken ausgesetzt, kann es kein Urvertrauen entwickeln, das die notwendige Basis für eine weitere gesunde seelische Entwicklung darstellt. Stattdessen steht am Beginn seiner Entwicklung ein „kumulatives Trauma" mit der Folge oft unbeeinflussbarer neurotischer und psychotischer Krankheitsbilder.

Diese frühe Einheit von Mutter und Kind ist vielen Gefährdungen ausgesetzt. Der „postpartale Uterus" arbeitet nicht mit der gleichen Sicherheit wie der Mutterleib. Dies gilt heute erst recht, da die ursprünglichen Formen des Familienlebens durch die modernen Arbeitsweisen gelockert oder fast aufgehoben sind. In diesem Zusammenhang soll noch auf die negativen Folgen hingewiesen werden, die eine Mutterentbehrung in frühester Kindheit haben kann. Die Folgen partieller Deprivation sind Angst, exzessive Liebesansprüche, starke Hassgefühle und als Folge der Letzteren Schuld und Depression. Die totale Deprivation beeinflusst tiefreichend die charakterliche Entwicklung und zerstört die Fähigkeit zum zwischenmenschlichen Kontakt.

Die Erkenntnisse über die Deprivation finden erst in den letzten Jahren mehr Verständnis in den geburtshilflichen Abteilungen – dachte man doch bisher, dass die frühe Wochenbettzeit vorwiegend von somatischen und endokrinologischen Prozessen bestimmt sei.

Auf Grund der aufgezeigten Erkenntnisse muss es die Aufgabe der Perinatologen sein, Bedingungen zu schaffen, die es Mutter und Kind ermöglichen, diese sensitive Phase positiv zu erleben. Es ließen sich dann sicher iatrogene Schäden abwenden, die zurzeit noch häufig aus Unwissenheit oder auf Grund zu großer Abwehr psychosomatischen Gedankengutes entstehen.

Das **„Rooming-in-System“** – das ganztägige Zusammenbringen von Mutter und Kind auf der Wochenbettstation – hat sich als Unterstützung beim Aufbau einer gelungenen Mutter-Kind-Beziehung bewährt. Die Einheit von Mutter und Kind wird dadurch erhalten. Zusätzlich bestehen Vorteile, die der Mutter mehr Sicherheit in dieser Zeit geben. Zu nennen sind z. B.:

- schnelleres Erkennen der normalen und individuellen Reaktionen des Kindes
- Entängstigung mancher Erstgebärenden gegenüber ihrem Kind
- Entwicklung einer besseren pflegerischen Fähigkeit.

Selbstverständlich bewirkt das alleinige räumliche Zusammenbringen von Mutter und Kind noch keine gelungene Dyade, es stellt aber einen Nährboden hierfür dar. Deutsch glaubte bereits 1954, dass sich die Zahl der versagenden Mütter sehr verringern würde, wenn man die freie Entwicklung der mütterlichen Gefühle weniger reglementieren würde. Das trifft vor allem auf die Frage des Stillens zu, von dem Benedek (1971) sagt, dass es gemeinsam mit dem Hautkontakt (vgl. Montagu, 1974) die extrauterine Nabelschnur zwischen Mutter und Kind darstelle.

Als weitere wichtige Punkte sind das **Self-demand-feeding** und die Einbeziehung von Vater und Geschwistern zu nennen.

Die sensitive Phase zwischen Mutter und Kind bedarf im Wochenbett der Unterstützung durch Geburtshelfer, Pädiater, Hebamme und Schwester. Möglichkeiten hierzu sind neben einer guten Kommunikation das **Rooming-in**, das **Self-demand-feeding** sowie die Einbeziehung von Vater und Geschwistern.

4.5.1 Depressive Syndrome post partum

Wie bereits beim Thema Geburt ausgeführt, erlebt die Mutter durch die Abnabelung eine Trennung vom „einverleibten“ Kind. Zuvor konnte sie ganz über dieses Kind verfügen – jetzt kümmern sich Geburtshelfer, Kinderarzt, Hebamme und Schwestern um das Neugeborene. Auf der bewussten Ebene wird die Mutter eine Erleichterung von dem in den letzten Monaten oft auch körperlich belastenden Kind erfahren. Unbewusst aber muss die Mutter ihr Kind teilen und kann dies in Form eines großen Verlustes erleben. Dies kann zu depressiven Verstimmungen führen, die je nach individueller Struktur verschiedenartig ausgeprägt sind.

Ein weiterer Faktor, der depressive Reaktionen im Wochenbett begünstigt, kann bei Erstgebärenden der Übergang von der Zweier- in die Dreierbeziehung sein. Die Veränderungen in der Familienstruktur sind oft belastend und können schon im Wochenbett zu depressiven Reaktionen führen.

Ein weiterer Grund für depressive Reaktionen im Wochenbett sind **Überforderungssyndrome**. Die Anpassung an die neue Situation nach der Geburt ist oft körperlich und seelisch besonders groß. Es liegt deshalb in der Verantwortung des Arztes und der Wochenbettschwester, rechtzeitig einem Überforderungssyndrom entgegenzuwirken.

Es ist z. B. wichtig zu beachten, dass Frauen mit Idealvorstellungen sich selten erlauben, mit „ihrer“ Geburt zufrieden zu sein. Alles hätte noch besser sein können, d. h. sie hätten in dieser wichtigen Phase auch eine bessere Mutter sein können.

4.5.1 Depressive Syndrome post partum

Die Mutter erlebt durch die Abnabelung eine Trennung vom „einverleibten“ Kind, die als Depressionsäquivalent erlebt werden kann.

Auch die veränderte Familienstruktur kann als Belastung erlebt werden. Depressive Reaktionen können auch durch ein enttäuschendes Geburtserlebnis entstehen.

Überforderungssyndrome treten im Wochenbett gehäuft auf.

▶ **Merke.** Im Rahmen der Wochenbettvisite ist es wichtig, der Frau zu verdeutlichen, dass ihre individuelle Geburt für sie die bestmögliche und insofern richtig war.

◀ **Merke**

Psychotische Reaktionen im Wochenbett sind deutlich seltener geworden. Man führt dies u. a. darauf zurück, dass bedeutend weniger ungewollte Schwangerschaften ausgetragen werden. Weiterhin dürfte eine psychosomatische Geburtsvorbereitung solchen Phänomenen entgegenwirken. Bei einer akuten psychotischen Reaktion ist jedoch die Konsultation eines Psychiaters wegen möglicher Gefahren für das Leben von Mutter und Kind indiziert.

Eine aktuelle Einteilung der psychischen Störungen im Wochenbett zeigt Tab. **A-4.10**.

Psychotische Reaktionen sind von den bisher beschriebenen Phänomenen abzugrenzen. Sie bedürfen wegen der Gefahren für Mutter und Kind der psychiatrischen Konsultation.

Eine Einteilung der psychischen Störungen im Wochenbett zeigt Tab. **A-4.10**.

A-4.10

A-4.10 Psychische Störungen im Wochenbett

Hauptsyndrome (psychotische Syndrome)

- **Wochenbettpsychose** (early agitated syndrome)
  Dauer: wenige Tage bis Monate – auch bei Frauen ohne bisherige Symptomatik
  Phänomenologie: Erregung, Verwirrung, Stimmungsschwankung, Euphorie, Manie, Depressionen, Halluzinationen, Wahnvorstellungen, Gewalttätigkeiten möglich, deshalb konstante Überwachung
- **spätes postpartales Depressionssyndrom** (late depressive syndrome)
  Dauer: 3 oder mehr Wochen nach der Geburt auftretend und evtl. monatelang anhaltend
  Phänomenologie: Depressionen, Erschöpfungszustände, geistige und körperliche Einengung
- **verdeckte späte postpartale psychotische Depression** (late mercurial syndrome)
  Phänomenologie: leichte bis mäßige Depression, oft keine Klinikeinweisung, viele Fälle von Kindstötungen bekannt, möglichst frühzeitige psychiatrische Begleitung sinnvoll

leichtere Syndrome (neurotische Depressionen)

- **reaktive Wochenbettdepression** (maternity blues)
  Auftreten zwischen 1. und 10. Tag nach der Geburt, verbunden mit Ängsten, Tränen, Unruhe; wenige Stunden bis Tage („Jede Frau weint einmal im Wochenbett")
- **postpartale leichte Depression** (postnatal depression)
  Ermüdungserscheinungen, Umweltverarbeitungsstörung, oft Überforderungssyndrome

4.5.2 Laktationsstörungen

Die Laktation unterliegt psychischen Einflüssen (z. B. Überforderung, Stress, Selbstzweifel).

4.5.2 Laktationsstörungen

Die Laktation gehört sicher zu jenen physiologischen Prozessen, die wie die Menstruation und alles, was mit der Fortpflanzung zusammenhängt, starken psychischen Einflüssen unterliegen. Laktationsschwierigkeiten sind im Wochenbett besonders häufig zu beobachten. Auf tiefenpsychologischer Ebene lässt sich dieses Versagen oft als eine Flucht vor den Pflichten einer Mutterschaft erkennen, die der Wöchnerin Angst einflößt. In der heutigen Situation kommt die junge Mutter mit ihrem beruflichen Engagement häufig in Konflikt zwischen Ich-Interessen und Mutterschaft. Auf endokrinologischem Wege erscheinen hierdurch Funktionsstörungen in der Laktation möglich.

Ein für Mutter und Kind befriedigendes Stillerlebnis gibt ein gutes Fundament für eine gelungene Mutter-Kind-Beziehung. Der gleichzeitige Hautkontakt vermittelt dem Kind Geborgenheit.

Ein für Mutter und Kind befriedigendes Stillerlebnis gibt nach den Feststellungen vieler Autoren ein tragbares Fundament für eine genügend gute emotionale Beziehung zwischen beiden. Man darf auch annehmen, dass das Stillen der Mutter ein besseres Verstehen der verbalen Signale des Kindes ermöglicht. Es vermittelt gleichzeitig Hautkontakt und somit das Gefühl der Wärme und Geborgenheit.

▶ **Klinischer Fall**

▶ **Klinischer Fall.** Die 25-jährige Erstgebärende wurde durch Kaiserschnitt bei relativem Missverhältnis und protrahiertem Geburtsverlauf von einem eutrophen gesunden Kind entbunden. Am 4. Wochenbetttag weint die Patientin zunehmend und begründet dies mit den Schwierigkeiten, die sie beim Stillen habe. Sie habe zu wenig Milch und würde auch hier wieder versagen, ähnlich wie sie ihre Geburtssituation negativ erlebt habe. Das psychosomatisch orientierte Gespräch beinhaltet zuerst eine Aufarbeitung der Geburt. Der Patientin wird verdeutlicht, dass auf Grund ihrer individuellen Situation und der des Kindes ein Kaiserschnitt unumgänglich und somit richtig war. Diese Aussprache bedarf eines „Durcharbeitens des Geburtserlebnisses". Da die Patientin mit großer Erwartungshaltung in Richtung auf eine „natürliche Geburt" in die Klinik gekommen war, ist eine Aufarbeitung der Geburtssituation in den verschiedenen Fassetten notwendig und hilfreich für eine Entlastung von Schuldgefühlen. Das Gefühl der Patientin, eine „nicht ausreichend gute" Mutter zu sein, wird in den folgenden Gesprächen an Hand der vorgegebenen individuellen Situation aufzulösen versucht.
Was das Stillen betrifft, so wird eine besonders einfühlsame Unterstützung durch die Schwestern eingeleitet und bei der Patientin um Geduld gebeten, da die frühe Mutter-Kind-Beziehung ein sehr sensibler Prozess ist, der seine Entwicklungszeit braucht. Im Laufe der klinischen

Betreuung wird das zusätzliche psychosomatische Gespräch täglich geführt und für die ersten Wochenbetttage zu Hause noch der Besuch einer Hebamme zur Unterstützung veranlasst. Die Patientin erhält auch ein Kontaktangebot zur Aussprache beim Hausarzt bzw. in der Klinik. Laut der späteren Rückmeldung der Patientin wurden die kurzfristige depressive Phase sowie die psychogene Agalaktie überwunden.

4.5.3 Wochenbettvisite

Die Wochenbettvisite hat einen besonders hohen Stellenwert für den psychosomatisch orientierten Arzt. In der sensitiven Zeit post partum ist die Mutter besonders anfällig für psychische Störungen und hier vor allem für die Entwicklung depressiver Syndrome, die wiederum die Mutter-Kind-Beziehung zum Erliegen bringen können. Sowohl aus psychodiagnostischer Sicht als auch aus vorbeugenden Gründen empfiehlt sich deshalb die Integration psychosomatischer Aspekte in die Wochenbettvisite.

Am ersten Wochenbetttag sollte mit der Patientin über die Geburt gesprochen werden. Ein Vergleich von Wunschgeburt (Idealgeburt) und wirklicher Geburt dient beim einfühlsamen Gespräch einem Abbau von eventuellen Schuldgefühlen.

Am zweiten Wochenbetttag sollten die typischen Unsicherheiten im Zusammenhang mit dem Körpererleben sowie emotionale Unstimmigkeiten besprochen werden. Die Chance liegt dabei immer wieder darin, dass der Geburtshelfer auf der organischen Schiene einen schnellen Zugang zur Patientin findet und dann auf der Basis einer vertrauensvollen Arzt-Patientin-Beziehung im Hier und Jetzt bei der Visite Stimmungsschwankungen, Ängste und Schuldgefühle bearbeiten kann.

An den folgenden Tagen können (je nach individueller Notwendigkeit) konkrete Hinweise zu psychohygienischen Aspekten gegeben werden. Die Suche nach einer gelungenen Mutter-Kind-Beziehung mit all den damit zusammenhängenden Erleichterungen kann ein weiterer Inhalt der Gespräche sein. Dabei ist es immer wieder wichtig, die Bedürfnisse von Mutter und Kind im Einzelfall abzuwägen. Überforderungssyndrome der Mutter – z. B. durch fehlenden Schlaf – schaden Mutter und Kind und sollten frühzeitig bearbeitet werden. Auch die großzügige Handhabung einer frühzeitigen Entlassung **(„ambulante Geburt")** kann im Einzelfall hilfreich sein (Stauber, 1989). Dies kann v. a. in Erwägung gezogen werden, wenn günstige familiäre Bedingungen, eine häusliche Hebammenbetreuung und eine pädiatrische Vorsorgeuntersuchung gewährleistet sind.

Eine Zusammenfassung der wichtigsten Aspekte der Wochenbettvisite findet sich in Tab. **A-4.11**.

4.5.3 Wochenbettvisite

Die Wochenbettvisite soll schrittweise die individuellen Bedürfnisse der Mutter berücksichtigen und psychosomatische Erkenntnisse integrieren.

Erster Wochenbetttag:
Ein Vergleich von Wunschgeburt (Idealgeburt) und Realgeburt dient einem Abbau eventueller Schuldgefühle.

Zweiter Wochenbetttag:
Stimmungsschwankungen, Ängste und Wünsche der Mutter sollten im Gespräch verstanden und bearbeitet werden.

Folgende Tage:
Gespräch über Mutter-Kind-Beziehung und entsprechend individueller Notwendigkeit über psychohygienische Aspekte.

Eine **„ambulante Klinikgeburt"** soll ermöglicht werden, wenn keine Kontraindikationen bestehen.

Die wichtigsten Aspekte der Wochenbettvisite fasst Tab. **A-4.11** zusammen.

A-4.11 Wochenbettvisite

Integration psychosomatischer Aspekte	
1. Tag:	▪ Eingehen auf das Geburtserleben (Vergleich von Ideal und Wirklichkeit) ▪ Abbau von Schuldgefühlen
2. Tag:	▪ Angebot zur Hilfe bei Unsicherheiten – im Körpererleben (Episiotomie, Milcheinschuss, Nachwehen) – im psychischen Bereich (Stimmungsschwankungen)
3. Tag:	▪ konkrete Hinweise auf psychohygienische Aspekte (Eltern-Kind-Beziehung, Rooming-in, Stillen, Hautkontakt)
4.–6. Tag:	▪ Bedürfnisse von Mutter und Kind abwägen! (emotionale Grenzen der Mutter – Verstehen der kindlichen Signale)
Demissio:	▪ Richtlinien, entwicklungspsychologische Aspekte, Kontaktangebot

A-4.11

4.5.4 Psychosomatische Forderungen an die Betreuung während des Wochenbetts

Eine Berücksichtigung psychosomatischer Aspekte im Wochenbett (Tab. **A-4.12**) ergibt sich auch aus präventivmedizinischen Gründen im Hinblick auf die spätere Persönlichkeitsentwicklung des Kindes.

4.5.4 Psychosomatische Forderungen an die Betreuung während des Wochenbetts

Wenn man sich vergegenwärtigt, wie eminent wichtig die Förderung der sensiblen perinatalen Zeit für die spätere Persönlichkeitsentwicklung des Kindes ist, so kann man sich der hieraus erwachsenden präventivmedizinischen Verantwortung kaum entziehen.
Zusammengefasst finden sich die psychosomatischen Forderungen an die Betreuung während des Wochenbetts in Tab. **A-4.12**.

A-4.12

A-4.12 Psychosomatische Forderungen während des Wochenbetts

- **Ziel: Sicherheit für Mutter und Kind in emotionaler Ausgewogenheit**
  - **Möglichkeit zum „Rooming-in" und „Self-demand-feeding"**
  - **individuelle Betreuung zur Prävention von Schuldgefühlen und depressiven Reaktionen**
    Aussprache über das Geburtserleben mit dem Vergleich von idealer und realer Geburt
  - **ermutigende Unterstützung der sich entwickelnden Mutter-Kind-Beziehung**
    psychohygienische Aspekte: Hautkontakt, Stillen, „Bonding"
  - **Möglichkeit der frühzeitigen Entlassung aus der Klinik**
    „Ambulante Geburt" möglich, sofern die Sicherheit von Mutter und Kind gewährleistet ist (Hebammenbetreuung der Wöchnerin, pädiatrische Vorsorgeuntersuchungen).

B

1 Gynäkologische Endokrinologie

1.1 Weibliches Hormonsystem

1.1.1 Hypothalamisch-hypophysär-ovarieller Regelkreis

Der Regelkreis des weiblichen Hormonsystems umfasst **Hypothalamus, Hypophyse** und **Ovar**. Gonadotropin-Releasing-Hormone **(GnRH)** induzieren im HVL die Sekretion von **FSH** und **LH**, die dann in den Ovarien die Produktion von **Östrogen** und **Gestagen** stimulieren (s. Abb. **B-1.1**).

1 Gynäkologische Endokrinologie

1.1 Weibliches Hormonsystem

1.1.1 Hypothalamisch-hypophysär-ovarieller Regelkreis

Hormone sind als chemische **Informationsträger** in einen **Regelkreis** eingebunden, der beim weiblichen Hormonsystem **Hypothalamus, Hypophyse und Ovar** umfasst. Das hypothalamische Gonadotropin-Releasing-Hormon **(GnRH)** induziert im Hypophysen-Vorderlappen (HVL) die Synthese und Sekretion von **FSH** (Follikel stimulierendes Hormon) und **LH** (luteinisierendes Hormon), die wiederum die Gonaden stimulieren. Die Ovarien selbst reagieren mit der Produktion von **Östrogenen** und **Gestagenen**, deren Blutspiegel das Ergebnis der erfolgten Stimulationskaskade an die Rezeptoren von Hypophyse und Hypothalamus im Sinne einer **Selbststeuerung** zurückmelden (s. Abb. **B-1.1**). Als Folge

B-1.1

B-1.1 Hypothalamisch-hypophysär-ovarieller Regelkreis mit Feed-back-Mechanismus

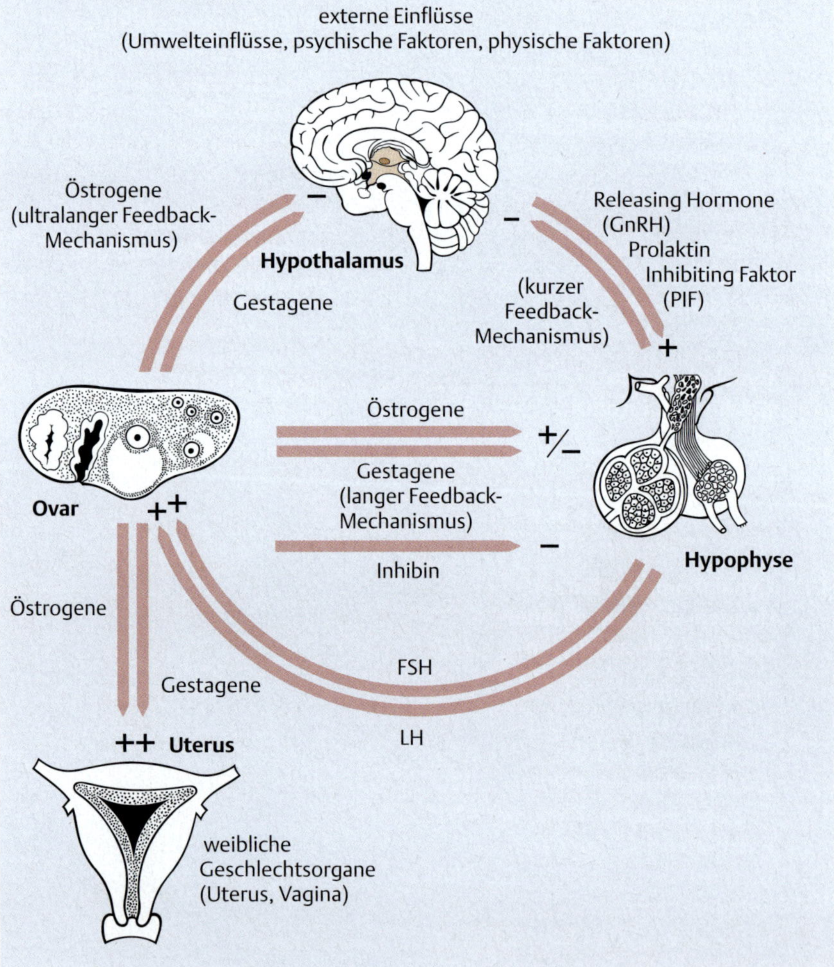

Oberstes Steuerorgan ist der **Hypothalamus** als „Empfänger" zusätzlicher externer Reize. Der **hormonelle Signaltransfer** läuft über die **Hypophyse** zum **Ovar**, dessen Hormone letztendlich das zyklische Geschehen am Zielorgan, z. B. Uterus, verursachen. **Selbststeuerung** bedeutet in diesem Regelkreis, dass **Stimulation** oder **Hemmung** einer Hormonsekretion über die Blutspiegel der einzelnen Hormone initiiert wird im Sinne einer Rückmeldung an alle vorgeschalteten „Regelstationen".

stehen zwei Reaktionsmöglichkeiten zur Verfügung: das einfache Unterlassen der **Stimulation** oder ein aktives **Hemmen** der nachgeschalteten Funktionen durch hemmende Hormone **(Inhibiting-Faktoren)**. In beiden Fällen handelt es sich um eine **negative Rückkopplung**. Führt die Rückmeldung zu einer verstärkenden Stimulation, spricht man von einer **positiven Rückkopplung**. Einige Regulationsmechanismen des Endokriniums sind noch nicht geklärt. Das Grundprinzip ist jedoch auf allen Stufen gleich: Adaptation des selbst gesteuerten Regelkreises über die Veränderung der Blutspiegel der sezernierten Hormone. Hypothalamische und hypophysäre Hormone werden nicht kontinuierlich sezerniert, sondern **pulsatil**, d. h. rhythmisch in einem regelmäßigen zeitlichen Intervall. Die Regulation der hormonellen Sekretion erfolgt über die Modulation dieses Rhythmus. Die Regelgrößen des **Feedback-Mechanismus** sind physiologisch fixiert. Das Wissen um die Reihenfolge und die wechselseitige Beeinflussung der in einem Regelkreis ablaufenden Funktionen lässt sich im Krankheitsfall für die Diagnostik nutzen.
Orientiert an den anatomisch funktionellen Strukturen, werden im Folgenden zuerst die dort gebildeten Hormone beschrieben. Synthetische Hormone, die ganz oder teilweise die Funktionen der natürlichen Stubstanzen übernehmen, werden an entsprechender Stelle im Anschluss erläutert. Der klinische Teil dieses Kapitels beschreibt den physiologischen Ablauf eines normalen Zyklus und die Zyklus- und Blutungsstörungen.

Eine **negative Rückkopplung** hemmt, eine **positive Rückkopplung** verstärkt die ursprüngliche Stimulation **(Selbststeuerung)**. **Inhibiting-Faktoren** wirken direkt hemmend auf die von ihnen kontrollierte Funktion.
Hypothalamische und hypophysäre Hormone werden **pulsatil** ausgeschüttet. Ihre Regulation wird über die Modulation des Rhythmus gesteuert.

1.1.2 Hormone des Hypothalamus

Der Hypothalamus ist Bestandteil des Zwischenhirns und liegt auf dem Boden des 3. Ventrikels. Im Hypothalamus wird die Bildung und Freisetzung der beiden gynäkologisch relevanten Hormone **Gonadotropin-Releasing-Hormon (GnRH)** und **Oxytozin** gesteuert. Oxytozin gelangt über axonalen Transport zum Hypophysenhinterlappen (HHL), der Neurohypophyse, die Releasing Hormone über das „Pfortadersystem" zum Hypophysenvorderlappen (HVL), der Adenohypophyse.

1.1.2 Hormone des Hypothalamus

Der Hypothalamus **steuert Bildung und Freisetzung von GnRH** und **Oxytozin**. GnRH gelangt über das „Pfortadersystem" zum HVL, Oxytozin über axonalen Transport zum HHL.

Gonadotropin-Releasing-Hormon (GnRH)

Gonadotropin-Releasing-Hormon (GnRH)

▶ **Synonym.** Gonadoliberin, LH-Releasing-Hormon (LH-RH), FSH/LH-Releasing-Hormon (FSH/LH-RH), Luliberin.

◀ Synonym

▶ **Definition.** GnRH bewirkt die Neusynthese und Sekretion von LH und FSH im Hypophysenvorderlappen. Wegen ihrer vornehmlichen Wirkung auf die Gonaden werden diese beiden Hormone Gonadotropine genannt.

◀ Definition

B-1.2 Aminosäuresequenz des GnRH und der GnRH-Analoga (Buserelin)

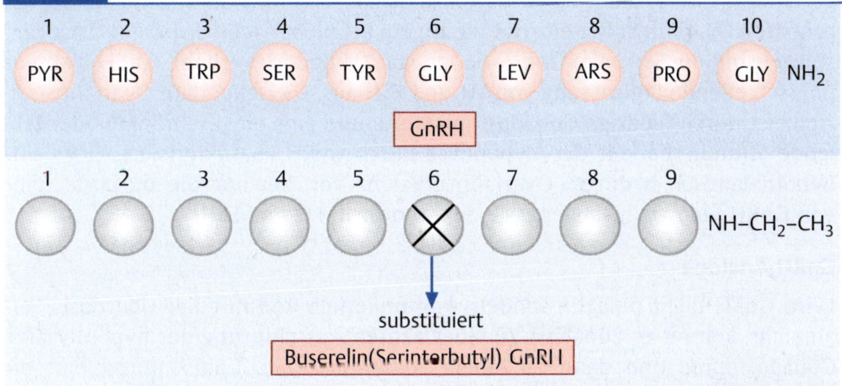

B-1.2

B-1.3

B-1.3 **Pulsatile Sekretion von GnRH**

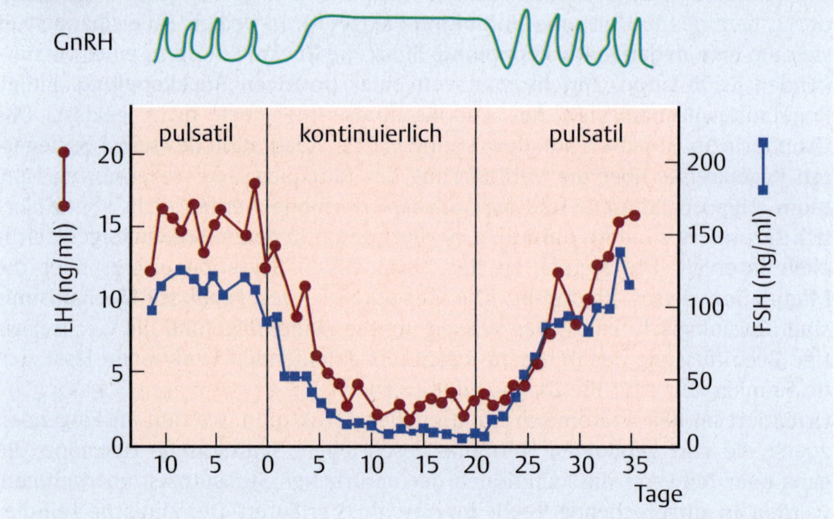

Hemmung der Gonadotropinsekretion bei einem Rhesusaffen mit einer Läsion des Hypothalamus, indem die pulsatile Gabe von GnRH (1 µg/min für 6 Minuten jede Stunde) ab Tag 0 ersetzt wird durch eine kontinuierliche Infusion des Dekapeptids. Wird GnRH ab Tag 20 wieder in pulsatiler Form gegeben, ist die Hemmung der Gonadotropine LH und FSH wieder aufgehoben.

Struktur, Sekretion und Funktion. GnRH ist ein hypothalamisches Dekapeptid (s. Abb. **B-1.2**). Es gelangt durch Neurosekretion in die Adenohypophyse (HVL).

GnRH wird in pulsatiler Form, d. h. alle 60–120 min freigesetzt (s. Abb. **B-1.3**). In der Hypophyse bewirkt GnRH die Synthese und Freisetzung von FSH und LH. Störungen der **pulsatilen Sekretion** führen zu einer hypothalamisch bedingten Ovarialinsuffizienz.

Struktur, Sekretion und Funktion. GnRH ist ein Dekapeptid mit einem Molekulargewicht von 1181, das im Hypothalamus gebildet wird und durch Neurosekretion über das hypothalamisch-hypophysäre Pfortadersystem zum Hypophysenvorderlappen gelangt (s. Abb. **B-1.2**).
Die Sekretion erfolgt in pulsatiler Form, d. h. alle 60–120 min wird eine bestimmte Menge GnRH freigesetzt (s. Abb. **B-1.3**). Die Zeitinvervalle in der Follikelphase betragen ungefähr 90 min, in der Corpus-luteum-Phase sind die Abstände zwischen den einzelnen Pulsen größer. Die **pulsatile Sekretion von GnRH** ist Conditio sine qua non für die Wirkung an den gonadotropen Zellen. Im Hypophysenvorderlappen wird dadurch die Synthese und Sekretion von LH und FSH gesteuert. Störungen der pulsatilen GnRH-Freisetzung führen infolgedessen zu einer hypothalamisch bedingten Ovarialinsuffizienz. Die Halbwertszeit von GnRH beträgt 5 min.

Nachweismethoden und Normalwerte. Sie sind beim GnRH nicht von klinischer Relevanz, da nur im hypophysären Portalvenenblut wirksame Mengen vorkommen.

Der **GnRH-Test** dient der Differenzialdiagnose von Zyklusstörungen. Mit Hilfe dieses Tests können eine primäre, sekundäre und hypothalamisch bedingte Ovarialinsuffizienz voneinander unterschieden werden.

Der **GnRH-Test** (Stimulation der LH- und FSH-Sekretion mittels synthetisch hergestelltem GnRH) dient zur Differenzialdiagnose von Zyklusstörungen. Bei der primären Ovarialinsuffizienz mit niedrigem bis nicht nachweisbarem Östrogenspiegel sind die Serumkonzentrationen von LH und FSH erhöht. GnRH löst eine überschießende Freisetzung von LH und FSH aus. Die sekundäre Ovarialinsuffizienz ist durch niedrige Gonadotropinwerte **und** eine eingeschränkte oder fehlende Stimulierbarkeit der Hypophyse durch GnRH charakterisiert. Liegt eine hypothalamisch bedingte Ovarialinsuffizienz vor, bewirkt die pulsatile Gabe von GnRH eine zyklusangepasste Sekretion von LH und FSH.

GnRH-Analoga

GnRH-Analoga

Wird GnRH nicht pulsatil, sondern kontinuierlich und in einer Überdosis verabreicht, kommt es zunächst zu einer akuten Ausschüttung der hypophysären Gonadotropine und dann zu einem Sekretionsabfall. Damit unterbleibt die Sekretion der Eierstockhormone. Folge ist eine Desensitivierung der gonadotropinsezernierenden Zellen durch Verlust ihres GnRH-Rezeptorbesatzes.

Im Laufe der Zeit wurden verschiedene GnRH-Analoga mit agonistischer bzw. antagonistischer Wirkung entwickelt. Agonistisch wirkende Präparate haben eine höhere Rezeptorbindung als das natürliche GnRH. Bei ihrer Anwendung kommt es zuerst zu der oben beschriebenen anfänglich ausgeprägten Gonadotropinausschüttung, dann zu einer mehr oder weniger stark ausgeprägten Suppression der Gonadotropine und der ovariellen Hormone.
Die dadurch entstandene Hemmung der Ovulation bzw. die Gonadotropinsuppression wird im Rahmen einer Kinderwunschbehandlung genutzt. Bei der Behandlung der Endometriose oder von östrogenabhängigen gutartigen oder bösartigen Tumoren (Myome, Brustkrebs) ist der völlige Östrogenentzug eine Möglichkeit der Therapie.
Durch den Östrogenentzug entstehen unerwünschte Nebenwirkungen wie z. B. reversibler Verlust an Knochenmasse, Libidoverlust, Hitzewallungen oder Stimmungsschwankungen.
Antagonistisch wirkende GnRH-Analoga haben den Vorteil, die Gonadotropinproduktion sofort zu hemmen.

Im Laufe der Zeit wurden verschiedene GnRH-Analoga mit agonistischer bzw. antagonistischer Wirkung entwickelt. Agonistisch wirkende Präparate führen anfänglich zu einer ausgeprägten Gonadotropinausschüttung, dann zu einer Suppression der Gonadotropine und der ovariellen Hormone.
Sie werden z. B. im Rahmen einer Kinderwunschbehandlung eingesetzt.
Antagonistisch wirkende Analoga hemmen die Gonadotropinproduktion sofort.

Oxytozin

▶ **Definition.** Oxytozin ist ein Peptidhormon, das in neurosekretorischen Neuronen des Hypothalamus gebildet wird, durch axonalen Transport in den Hypophysenhinterlappen gelangt und dort gespeichert wird.

◀ **Definition**

Struktur, Sekretion und Funktion. Oxytozin ist ein Oktapeptid, welches sich von Vasopressin durch nur 2 Aminosäuren unterscheidet. Oxytozin entfaltet seine **kontraktile Wirkung** direkt am Myometrium. Mechanische Reize von Vagina und Uterus verursachen über eine neurale Rückkopplung zum Hypothalamus die Ausschüttung von Oxytozin aus dem HHL. Oxytozinrezeptoren kommen in der Schwangerschaft mit zunehmendem Gestationsalter am Myometrium in steigender Konzentration vor. Gegen Ende der Schwangerschaft und unter der Geburt führt Oxytozin zur Auslösung und Anpassung der **Wehentätigkeit**. Über seine Wirkung am Myoepithel der Brustdrüse ist Oxytozin, vermittelt über den mechanischen Saugreiz an den Mamillen, für die **Milchabgabe** verantwortlich. Prostaglandine, insbesondere Prostaglandin F-2α, bewirken ebenfalls eine Oxytozinfreisetzung.

Struktur, Sekretion und Funktion. Oxytozin ist ein hypothalamisches Peptidhormon, das im HHL gespeichert wird. Mechanische Reize von Vagina und Uterus sowie der Saugreiz an den Mamillen führen zur Synthese und Sekretion von Oxytozin. Es bewirkt die **Milchejektion** und fördert die **Uteruskontraktion**.

Nachweismethoden und Normalwerte. Oxytozin kann durch Radioimmunoassay gemessen werden.

Normalwerte:	Nichtschwangere und Schwangere:	1–2 mIE/ml
	während der Stillzeit:	5–15 mIE/ml

Nachweismethoden und Normalwerte. Nichtschwangere und Schwangere: 1–2 mIE/ml, während der Stillzeit: 5–15 mIE/ml.

1.1.3 Hormone der Hypophyse

Hypothalamus und Hypophyse bilden eine endokrine Einheit. Der Hypophysenstiel verbindet den Hypothalamus mit der in der Sella turcica gelegenen Hypophyse. Der HVL bildet und sezerniert bei beiden Geschlechtern die gonadotropen Hormone: das follikelstimulierende Hormon (FSH), das luteinisierende Hormon (LH). Außerdem ist der HVL Produktionsort des Prolaktins. Andere Stoffwechselhormone wie ACTH, STH, TSH und MSH werden ebenfalls in der Adenohypophyse produziert und von dort freigesetzt. Der Hypophysenhinterlappen (HHL = Neurohypophyse) speichert und sezerniert die Hormone Oxytozin und antidiuretisches Hormon (ADH), die im Hypothalamus gebildet werden. Einen Überblick über die Hormone des HVL gibt s. Tab. **B-1.1**.
Synthese und Sekretion von FSH und LH werden durch das pulsatil wirkende hypothalamische GnRH sowie durch Sexualsteroide im Rahmen des Feedback-Mechanismus gesteuert.

Hypothalamus und Hypophyse bilden eine endokrine Einheit.
Der HVL produziert und sezerniert FSH, LH und Prolaktin.

Der HHL sezerniert Oxytozin und ADH. Einen Überblick über die Hormone des HVL gibt Tab. **B-1.1**.

Pulsatile GnRH-Signale steuern Synthese und Sekretion der hypophysären Hormone. Der Einfluss der Sexualsteroide erfolgt im Rahmen des Feedback-Mechanismus.

B-1.1

B-1.1 Hormone des Hypophysenvorderlappens

Hormon	*Chemische Struktur*	*Zielorgan*
Gonadotrope Hormone		
▶ FSH (follikelstimulierendes Hormon)	Glykoprotein	Ovar
▶ LH (luteinisierendes Hormon)	Glykoprotein	Ovar, Corpus luteum
▶ Prolaktin (laktotropes Hormon)	Polypeptid	Mammae
Stoffwechselhormone		
▶ ACTH (adrenokortikotropes Hormon)	Polypeptid	Nebennierenrinde
▶ STH (somatotropes Hormon, Wachstumshormon)	Polypeptid	gesamter Organismus
▶ TSH (thyreoideastimulierendes Hormon)	Glykoprotein	Schilddrüse
▶ MSH (melanozytenstimulierendes Hormon)	Peptid	Melanozyten

Follikelstimulierendes Hormon (FSH)

▶ Synonym

▶ Definition

Struktur, Sekretion und Funktion. FSH ist ein hypophysäres Proteohormon. Die FSH-Konzentration steigt in der Follikelphase bis zu einem Maximum in der Zyklusmitte. Sie nimmt in der Corpus-luteum-Phase wieder ab.

FSH fördert das **Wachstum der Follikel** und die ovarielle **Östrogensynthese**. Beim Mann stimuliert FSH die **Spermiogenese**.

Den Konzentrationsverlauf der hypophysären Gonadotropine im Serum zeigt Abb. **B-1.4**.

Follikelstimulierendes Hormon (FSH)

▶ **Synonym.** Follitropin.

▶ **Definition.** FSH bewirkt das Wachstum der Sekundär- und Tertiärfollikel. Gemeinsam mit LH wird die ovarielle Östrogensynthese gefördert. Beim Mann stimuliert FSH die Spermiogenese.

Struktur, Sekretion und Funktion. FSH ist ein Proteohormon (207 Aminosäuren) mit 15 % Kohlenhydratanteil und einem Molekulargewicht von 32000, das von gonadotropen Zellen der Hypophyse gebildet und sezerniert wird. Es besteht aus zwei Untereinheiten, einer α-Untereinheit, die identisch mit der von LH, TSH und HCG ist, und einer hormonspezifischen β-Untereinheit. Die Halbwertszeit beträgt 3 Stunden. FSH wird in pulsatiler Form, jedoch mit niedriger Amplitude als Folge der pulsatilen GnRH-Freisetzung sezerniert. Die Konzentration von FSH steigt in der Follikelphase bis zu einem Maximum in Zyklusmitte. In der Corpus-luteum-Phase nimmt die FSH-Konzentration ab. Die FSH-Freisetzung wird durch Inhibin aus den Granulosazellen gehemmt. FSH fördert das **Wachstum der Follikel** und in der Follikelphase zusammen mit LH die **Östrogenbildung.** Beim Mann stimuliert FSH die **Spermiogenese**. FSH-Rezeptoren kommen in Granulosazellen des Ovars sowie in den Tubuli seminiferi des Hodens vor.
Den Konzentrationsverlauf der hypophysären Gonadotropine im Serum zeigt Abb. **B-1.4**.

Nachweismethoden und Normalwerte. FSH kann gemessen werden mittels Radioimmunoassay, Enzymassay und Bioassay.

Normalwerte:	Pubertät	2–3 mIE/ml
	Geschlechtsreife	
	– Follikelphase	2–10 mIE/ml
	– Ovulationsphase	8–20 mIE/ml
	– Lutealphase	2–8 mIE/ml
	Postmenopause	> 20 mIE/ml

B-1.4 Blutspiegel hypophysärer Gonadotropine und ovarieller Steroide im Verlauf eines Zyklus

B-1.4

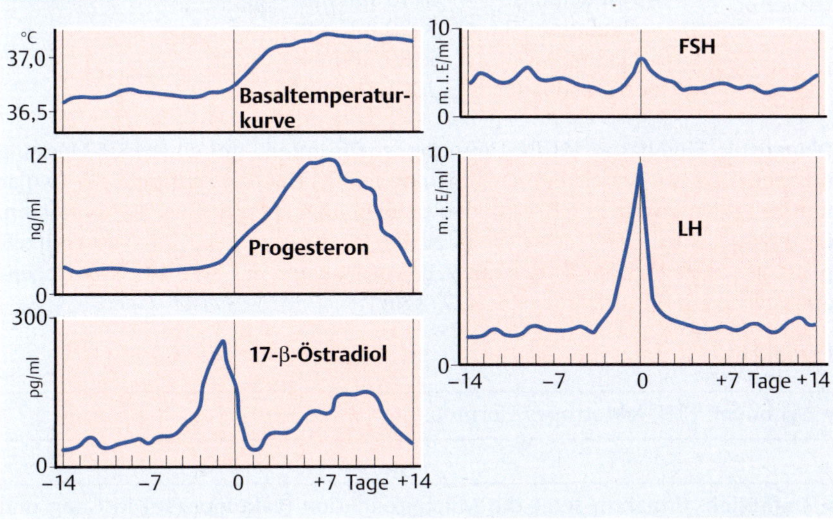

Dargestellt sind die Serumkonzentrationen des hypophysären FSH und LH sowie der ovariellen Sexualsteroide Östradiol und Progesteron im Verlauf eines Zyklus, der durch die Basaltemperaturkurve beschrieben wird. Es wurde eine typische Zyklusdauer von 28 Tagen zu Grunde gelegt. Der „Tag 0" entspricht der Ovulation.

Diagnostik. Zur Beurteilung der Hypophysen-Ovar-Achse ist es nötig, FSH und Östradiol im Serum zu messen. Ein FSH-Funktionstest ist nicht bekannt.

Diagnostik. FSH und Östradiol sind im Serum nachzuweisen und ermöglichen die Beurteilung der Hypophysen-Ovar-Achse.

Luteinisierendes Hormon (LH)

Luteinisierendes Hormon (LH)

▶ **Synonym.** Lutropin.

◀ Synonym

▶ **Definition.** Zusammen mit FSH steuert LH die Eizellreifung vom Primärfollikel bis zum Tertiärfollikel und unterstützt die Östrogensynthese. LH löst den Eisprung aus und fördert in der Gelbkörperphase vor allem die Progesteronbildung. Im Hoden stimuliert LH die Steroidbiogenese in den Leydig-Zwischenzellen.

◀ Definition

Struktur, Sekretion und Funktion. LH ist ein Proteohormon (205 Aminosäuren) mit 18 % Kohlenhydratanteil und einem Molekulargewicht von 30000. Es besteht aus einer α-Untereinheit, die identisch mit der von FSH, TSH und HCG ist, sowie einer hormonspezifischen β-Untereinheit. LH-Rezeptoren kommen in den Theka-Granulosa- und in den Theka-Lutein-Zellen vor. LH wird in pulsatiler Form sezerniert. Die Halbwertszeit beträgt 1 Stunde. Zusammen mit FSH steuert LH die **Eizellreifung vom Primärfollikel bis zum Tertiärfollikel** und löst die **Ovulation** aus. Die Konzentration von LH nimmt präovulatorisch kurzfristig bis auf das 10fache der Basalkonzentration zu (LH-Peak). LH stimuliert die **Gestagensynthese im Tertiärfollikel** und im **Corpus luteum** sowie die Androgenproduktion in den Leydig- und Thekazellen des Hodens.

Struktur, Sekretion und Funktion. LH ist ein hypophysäres Proteohormon. Zusammen mit FSH steuert LH die **Eizellreifung bis zum Tertiärfollikel** und induziert die **Ovulation**. Prävulatorisch steigt die LH-Konzentration bis auf das 10fache (LH-Peak). Es stimuliert die **Gestagensekretion im Corpus luteum** des Ovars und die Androgenproduktion in den Leydig- und Thekazellen des Hodens.

Nachweismethoden und Normalwerte. Eine semiquantitave Messung ist auch durch die Patientin selbst mit einem Messstreifen im Urin möglich. Quantitative Bestimmungen erfolgen durch Radioimmunoassay, Enzymimmunoassay oder seltener durch Bioassay.

Normalwerte:	Pubertät	10 mIE/ml
	Geschlechtsreife	
	– Follikelphase	3–15 mIE/ml
	– Ovulationsphase	8–20 mIE/ml
	– Lutealphase	2–8 mIE/ml
	Postmenopause	20–100 mIE/ml

Diagnostik. Um den Zeitpunkt der Ovulation zu erkennen, ist es hilfreich, den präovulatorischen „LH-Peak" zu erfassen.

Diagnostik. Eine basale LH-Bestimmung ist zusammen mit einer FSH-Messung im Rahmen einer Zyklusüberwachung notwendig. Um den Zeitpunkt der Ovulation zu erkennen, ist es hilfreich, den präovulatorischen „LH-Peak" zu erfassen. Ein hohes LH-FSH-Verhältnis (> 2) zu Beginn bzw. in der Mitte der Follikelphase ist pathologisch. Dies kann z. B. ein Hinweis auf eine hyperandrogenämische Ovarialinsuffizienz (s. S. 427) sein.

Prolaktin

Prolaktin

▶ Synonym

▶ **Synonym.** LTH, laktotropes Hormon.

▶ Definition

▶ **Definition.** Prolaktin setzt die Milchproduktion **(Laktogenese)** in Gang und unterhält sie **(Galaktopoese)**. Zusammen mit Östrogenen und Progesteron beeinflusst sie die Differenzierung der Milchdrüse.

Struktur, Sekretion und Funktion

Prolaktin ist ein hypophysäres Proteohormon. Die Sekretion wird vom **Prolactin inhibiting Factor (PIF)** gehemmt. PIF ist wahrscheinlich mit Dopamin identisch.
Die Prolaktinsekretion steht auch unter dem Einfluss von TRH sowie Östrogenen und Progesteron (Steigerung der Prolaktinfreisetzung).
Die Prolaktinsekretion ist pulsatil und zirkadian.

Struktur, Sekretion und Funktion. Prolaktin ist ein einkettiges Proteohormon mit 198 Aminosäuren und einem Molekulargewicht von 22000. Es wird von den laktotropen Zellen des Hypophysenvorderlappens gebildet und sezerniert. Im Gegensatz zu den anderen HVL-Hormonen steht die Prolaktinsekretion dauernd unter einer direkten Hemmung durch den im Hypothalamus gebildeten **Prolactin inhibiting Factor (PIF)**, auch Prolaktostatin genannt. Dieser Faktor ist wahrscheinlich **mit Dopamin identisch** und gelangt über das Pfortadersystem zu den laktotropen Zellen des HVL. Erhöhte Prolaktinkonzentrationen führen zu einer hypothalamischen Anreicherung von Dopamin. Somit reguliert Prolaktin indirekt seine eigene Sekretion. TSH-Releasing-Hormon (TRH) fördert offensichtlich die Prolaktinfreisetzung. Es ist aber zweifelhaft, ob dieser Effekt unter physiologischen Bedingungen von Bedeutung ist. Bei primärer Schilddrüsenunterfunktion führt jedoch die gesteigerte TRH-Freisetzung oft zu einer Hyperprolaktinämie. Östrogene und Progesteron steigern die Prolaktinausschüttung, indem sie die Ansprechbarkeit der laktotropen HVL-Zellen auf Dopamin hemmen (z. B. in der Schwangerschaft). Prolaktin unterliegt sowohl Kurzzeitschwankungen (pulsatile Sekretion) als auch einer Tagesrhythmik. In der Nacht ist die Prolaktinausschüttung auf das 2- bis 3fache erhöht.

▶ Merke

▶ **Merke.** Die Freisetzung von Prolaktin bei **Prolaktin produzierenden Hypophysentumoren** unterliegt **keiner Tagesrhythmik**.

In der Schwangerschaft und bei stillenden Frauen ist die Prolaktinkonzentration physiologischerweise erhöht (direkte Wirkung auf die **weibliche Brustdrüse** und auf die **Milchproduktion**).

Eine physiologische Erhöhung der Prolaktinkonzentration liegt in der Schwangerschaft und bei stillenden Frauen vor. Bei nicht-stillenden Frauen sinkt die Prolaktinkonzentration nach der Geburt innerhalb von 2 Monaten. Prolaktin wirkt direkt auf die **weibliche Brustdrüse** und auf die **Milchproduktion**.
Prolaktin wirkt offenbar auch auf andere Organe, da sich z. B. in der Nebennierenrinde (NNR) und in der Leber Prolaktinrezeptoren finden. In der NNR scheint es Einfluss auf den Androgenstoffwechsel zu haben, in der Leber stimuliert es die Bildung von Somatomedin.

Nachweismethoden und Normalwerte. Prolaktin kann durch Radioimmunoassay oder Enzymimmunoassay nachgewiesen werden:

Normalwerte:	100–600 μE/ml
kontrollbedürftige Werte:	600–1000 μE/ml
eindeutig erhöhte Werte:	> 1000 μE/ml

Unter Medikamenteneinnahme findet man unterschiedliche Prolaktinspiegel, so kann z. B. die Einnahme von Metoclopramid den Prolaktinspiegel auf über 2000 μE/ml erhöhen. Liegen die Werte für Prolaktin über 1000 μE/ml, sollte ein Prolaktinom mittels Kernspintomographie ausgeschlossen werden; Werte über 3000–4000 μE/ml, deuten mit großer Wahrscheinlichkeit auf das Vorliegen eines Prolaktinoms hin. Geringgradig erhöhte Prolaktinwerte von 600–1000 μE/ml sollten kontrolliert und eine mögliche Erklärung gesucht werden (z. B. Stress, eine Schilddrüsenfunktionsstörung, hormonelle Störungen wie Hyperandrogenämie oder Medikamenteneinnahme s. o.).

Prolaktinspiegel von 3000–4000 μE/ml beweisen nahezu immer ein Prolaktinom.

Da Prolaktin in einigen Fällen von **Amenorrhö mit oder ohne begleitende Galaktorrhö**, aber auch bei anderen Zyklusstörungen als Zeichen einer hypothalamischen Störung erhöht sein kann, kommt seiner Bestimmung im Serum eine wichtige diagnostische Bedeutung zu. Dabei werden die Basalwerte des Prolaktins im Serum gemessen.

Die Bestimmung der basalen Prolaktinwerte ist ein wichtiger Parameter in der Diagnostik von **Zyklusstörungen mit oder ohne begleitende Galaktorrhö**.

Zu beachten ist, dass wegen der erhöhten Nachtsekretion eine **Blutabnahme frühestens 1–2 Stunden nach dem Aufstehen** erfolgen sollte. Um zwischen einer latenten und einer manifesten Hyperprolaktinämie unterscheiden zu können, ist es nützlich, einen **Metoclopramidtest** durchzuführen. Metoclopramid hemmt die dopaminergen Rezeptoren und stimuliert dadurch die Prolaktinsekretion.

Metoclopramidtest: Dieser Test wird zwischen dem 20. und 22. Zyklustag durchgeführt. Die Prolaktinspiegel werden vor und nach Gabe von 1 Amp à 10 mg Metoclopramid (z. B. Paspertin) bestimmt. Eine manifeste Hyperprolaktinämie liegt vor, wenn ein **bereits erhöhter Basalwert um mehr als das 20fache ansteigt**.

Mit dem **Metoclopramidtest** kann zwischen einer latenten und manifesten Hyperprolaktinämie unterschieden werden.

1.1.4 Hormone des Ovars

Neben der Bereitstellung reifer und befruchtungsfähiger Gameten hat das Ovar die Funktion, Sexualhormone zu bilden.

In der Pubertät beginnt unter **LH- und FSH-Einfluss** die zyklische Rekrutierung und Reifung der seit Geburt „ruhenden" **Primärfollikel**, aus denen sich über das Zwischenstadium des **Sekundärfollikels** pro Zyklus ein sprungreifer **Tertiärfollikel** oder **„Graafscher" Follikel** entwickelt. Dieser besitzt eine innere **Granulosa-** und eine äußere **Thekazellschicht**, in deren Zellen die Hormone gebildet werden. In seinem Inneren befindet sich die von Flüssigkeit umgebene **reife Eizelle**. Nach der **Ovulation** organisieren sich die im Ovar verbliebenen Restbestandteile des Follikels durch Einblutung zunächst in ein **Corpus rubrum**, der sich unter LH-Einfluss zum **Corpus luteum** (Gelbkörper) entwickelt. Tritt keine Schwangerschaft ein, vernarbt der Gelbkörper zum **Corpus albicans** (s. Abb. **B-1.5**). Gleichzeitig kommt in der Pubertät die zyklische Hormonbildung in Gang. **Hormonbiosynthese** und -sekretion finden in den **Theka- und Granulosazellen des Follikels** sowie im **Corpus luteum** statt. Thekazellen bilden vor allem **Androgene** wie Androstendion und Testosteron, die durch Aromatisierung in den Granulosazellen zu **Östrogenen** umgewandelt werden. Das Corpus luteum sezerniert überwiegend **Progesteron**. Gleichzeitig bilden Granulosazellen des Ovars **Inhibin** zur **selektiven Hemmung von FSH**. Ein Überblick über die ovariellen Hormone gibt Tab. **B-1.2**.

Sexualhormone sind Steroidhormone. Sie leiten sich von einem gemeinsamen Grundgerüst, dem Zyklopentano-Perhydro-Phenantren-Ring, ab. Dieses Grundgerüst besteht aus 3 hydrierten Benzolringen (A, B, C) sowie einem Zyklopentanring (D). Die Vorstufe der Sexualhormone im Ovar ist das **Cholesterin**, aus dem Östrogene, Gestagene und Androgene entstehen. Die Beeinflussung der Steroidbiosynthese durch FSH und LH zeigt Abb. **B-1.6**.

1.1.4 Hormone des Ovars

Im Ovar entwickeln sich befruchtungsfähige Gameten. Gleichzeitig werden dort die Sexualhormone gebildet.

LH und FSH bewirken ab der Pubertät die Reifung eines Primärfollikels zum sprungreifen **„Graafschen" Follikel**. Er enthält die **reife Eizelle**. Nach der Ovulation entwickelt sich die im Ovar verbliebene Follikelhülle zum **Corpus luteum**. Tritt keine Schwangerschaft ein, vernarbt der **Gelbkörper** zum **Corpus albicans** (s. Abb. **B-1.5**). In der Pubertät beginnt auch die **zyklische Hormonbildung**. Thekazellen bilden vor allem Androgene, die durch Aromatisierung in den Granulosazellen zu **Östrogenen** umgewandelt werden. Das Corpus luteum sezerniert überwiegend **Progesteron**.
Granulosazellen bilden gleichzeitig Inhibin zur **selektiven Hemmung von FSH**. Einen Überblick der ovariellen Hormone zeigt Tab. **B-1.2**.

Die Steroidbiosynthese erfolgt bei der Frau im Ovar und in der Nebennierenrinde. Vorstufe der Sexualsteroide ist das **Cholesterin**. Die Beeinflussung der Steroidbiosynthese durch FSH und LH zeigt Abb. **B-1.6**.

B-1.5

B-1.5 Entwicklung eines Follikels vom Primärstadium bis zur Atresie

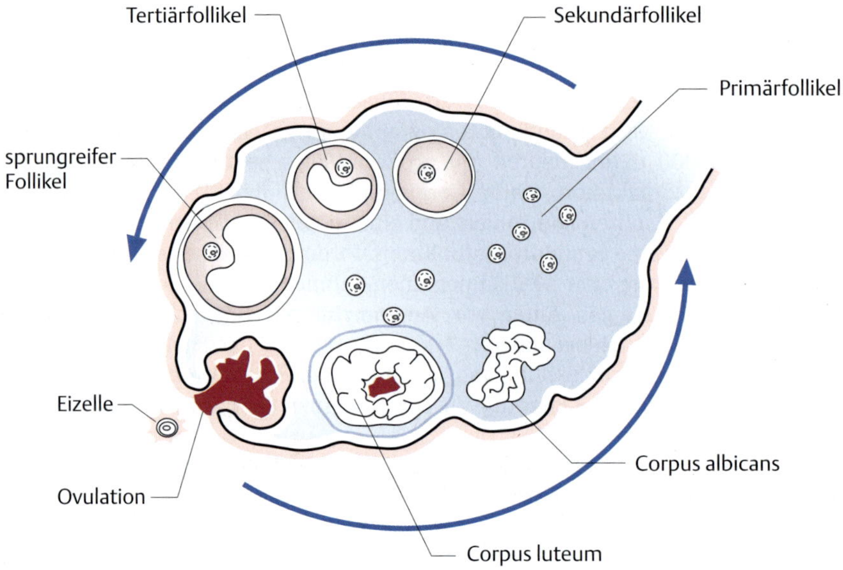

B-1.6

B-1.6 Beeinflussung der Steroidbiosynthese durch FSH und LH

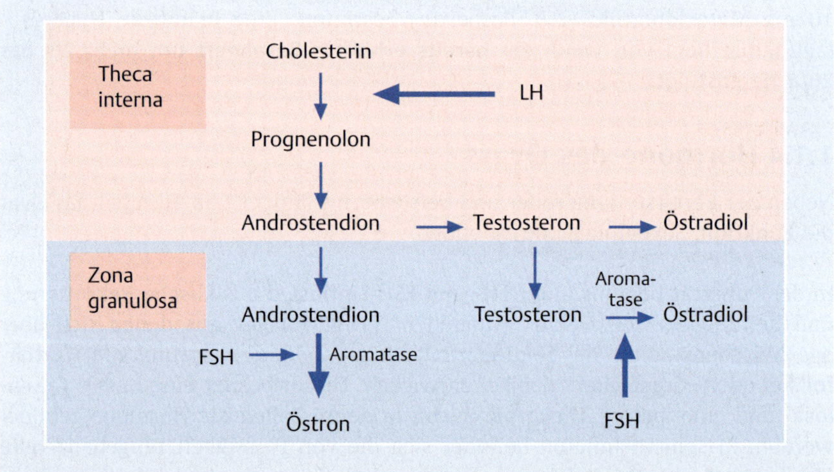

Androgene sind die obligaten Vorstufen des Östradiols. Durch das Enzym Aromatase, dessen Bildung durch FSH hervorgerufen wird, werden Androgene in Östrogene umgewandelt. In der Thekazellschicht des Ovars werden unter dem Einfluss von LH Androgene synthetisiert und sezerniert. Die Androgene diffundieren in die Zona granulosa des Ovars. Wenn die Granulosazellen unter Einfluss von FSH genug Besatz an Aromatase haben, werden Androgene in Östrogene umgewandelt.

B-1.2 Ovarielle Hormone

Hormon	*Entstehung*	*Normalwerte*		*Bedeutung*
Östrogene				▪ Ausbildung der Geschlechtsorgane ▪ Ausbildung der sekundären Geschlechtsmerkmale
▶ Östradiol	▪ Granulosazellen und Zellen der Theka interna des Follikels ▪ Konversion aus Östron oder Testosteron	▪ Pubertät: ▪ Follikelphase: ▪ Lutealphase: ▪ Postmenophase:	30 pg/ml bis 350 pg/ml 150 pg/ml oder mehr 15–20 pg/ml	▪ Leithormon der Geschlechtsreife, ▪ Parameter für Ablauf des menstruellen Zyklus (besonders der Eizellreifung)
▶ Östron	▪ Ovar und Bindegewebe: Konversion aus adrenalen Androgenen	▪ Geschlechtsreife: ▪ Postmenopause:	> 50 pg/ml bis 40 pg/ml	▪ Leithormon der Postmenopause ▪ Hauptstoffwechselweg in der Postmenopause, biologisch wenig wirksam
▶ Östriol	▪ Ovar: Aromatisierung fetaler Vorstufen ▪ Plazenta: Aromatisierung fetaler Vorstufen	▪ stetiger Anstieg im Verlauf der Schwangerschaft ▪ 20. SSW ca. 1–3,5 ng/ml, 40. SSW ca. 7–25 ng/ml		▪ nur während der Schwangerschaft von Bedeutung als Funktionsparameter der fetoplazentaren Einheit
Gestagene				
▶ Progesteron	▪ Corpus luteum des Ovars, Plazenta ▪ Zwischenprodukt der adrenalen Steroidsynthese	▪ Pubertät: ▪ Follikelphase: ▪ Lutealphase: ▪ Postmenophase: ▪ 1. Schwanger-Trimenon 10–50 ng/ml ▪ 2. Schwanger-Trimenon 20–130 ng/ml ▪ 3. Schwanger-Trimenon 130–260 ng/ml	0–2 ng/ml < 1 ng/ml > 12 ng/ml < 1 ng/ml	▪ Vorbereitung der Uterusschleimhaut, in der Schwangerschaft Hemmung der Kontraktion der Uterusmuskulatur
Androgene				
▶ Testosteron	▪ 25 % im Ovar durch Konversion aus Androstendion	▪ Follikelphase: ▪ Ovulationsphase: ▪ Lutealphase: ▪ Menopause: ▪ freies Testosteron:	< 0,4 ng/ml < 0,5–0,6 ng/ml < 0,5 ng/ml < 0,8 ng/ml 1,2–2,2 %	▪ Sekundärbehaarung ▪ Vorstufe für die ovarielle Östrogensynthese
▶ Androstendion	▪ 60 % ovarieller Herkunft	▪ Androstendion	1,0–4,4 ng/ml	▪ Sekundärbehaarung ▪ Vorstufe für die ovarielle Östrogensynthese
▶ DHEAS	▪ > 90 % in Nebennierenrinde gebildet	▪ DHEAS:	0,3–4,3 µg/ml	▪ Sekundärbehaarung ▪ Vorstufe für die ovarielle Östrogensynthese
Inhibin	▪ Granulosazellen des Ovars	▪ nicht bekannt		▪ Hemmung der FSH-Sekretion in der Hypophyse, ohne die LH-Ausschüttung zu beeinflussen

Östrogene

Östrogene

Natürliche Östrogene

Natürliche Östrogene

◀ Synonym

▶ **Synonym.** Follikelhormon.

◀ Definition

▶ **Definition.** Östrogene sind Steroidhormone, die beim Tier die Brunst erzeugen. Die wichtigsten natürlichen Östrogene sind **Östradiol** (E_2), **Östron** und **Östriol** (s. Abb. **B-1.7**).

B-1.7

B-1.7 Natürliche Östrogene

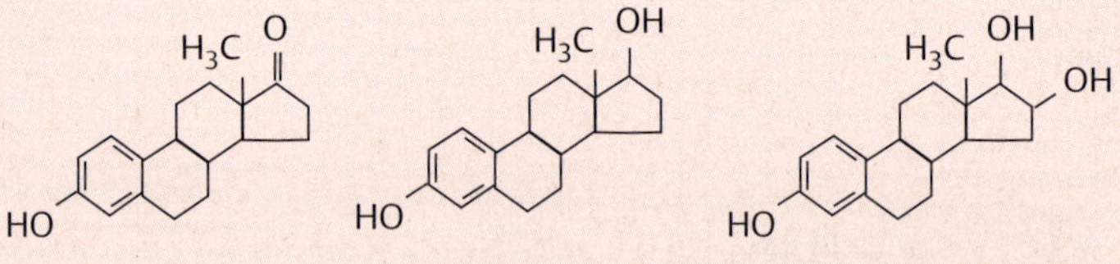

Die wichtigsten Östrogene sind Östradiol (E_2), Östron und Östriol. **Östradiol** ist die **biologisch aktivste** Substanz. Östron hat nur ⅓, Östriol nur ⅒ der biologischen Wirksamkeit bezogen auf das Östradiol.

B-1.8

B-1.8 Wirkungen der Östrogene auf den weiblichen Körper

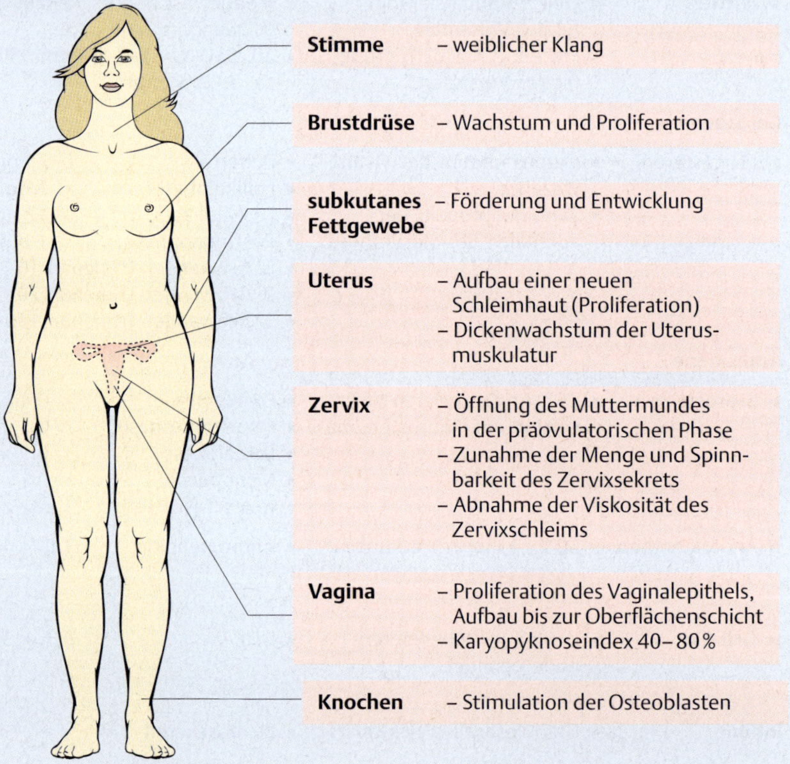

Struktur, Sekretion und Funktion. Östradiol ist die biologisch aktivste Substanz. Östron weist nur ⅓, **Östriol** nur ⅒ der Wirksamkeit von Östradiol auf. Die Synthese der Östrogene erfolgt überwiegend in den **Granulosa- und Theca-interna-Zellen der Follikel** und in geringerem Ausmaß in der **NNR**. In der **Schwangerschaft** produziert die **Plazenta** Östrogene durch Aromatisierung von DHEA der kindlichen NNR. Vor allem Androstendion wird in der **Menopause** in Fett- und Bindegewebe zu Östrogenen aromatisiert.

Struktur, Sekretion und Funktion. Östrogene bestehen aus 18 Kohlenstoffatomen und einem ungesättigten „aromatischen" A-Ring. Sie unterscheiden sich untereinander durch Hydroxylgruppen an C-3 (Östron), an C-3 und C-17 (Östradiol) bzw. C-3, C-16 und C-17 (Östriol). **Östradiol** ist die biologisch **aktivste** Substanz. **Östron** weist **nur ⅓, Östriol nur ⅒** der biologischen Wirksamkeit von Östradiol auf. Östrogene werden bei der Frau vor allem in den **Granulosa- und Theca-interna-Zellen der Follikel**, aber auch in der **Nebennierenrinde**, gebildet. Beim Mann synthetisiert der **Hoden** kleine Mengen Östrogene. Durch Aromatisierung von Androgenen, dem Dehydroepiandrosteron (DHEA) und dem 16α-OH-Dehydroepiandrosteron (16α-OH-DHEA) der kindlichen Nebennierenrinde ist die **Plazenta** während der Schwangerschaft in die Östrogensynthese eingebunden. In der **Menopause** werden Androgene, vor allem Androstendion, im Binde-, Fett- und Muskelgewebe und im Gehirn zu Östrogenen aromatisiert.

B-1.9 Farnkrautphänomen

Streicht man den **präovulatorisch** gut spinnbaren Schleim auf einem Objektträger aus und lässt ihn an der Luft trocknen, bildet er farnkrautähnliche Strukturen, das sogenannte **Farnkrautphänomen**.

B-1.9

Östrogene haben eine durchschnittliche Halbwertszeit von 20 min und werden im Serum an das **Sex-Hormon-Bindungs-Protein (SHBP)** gebunden. Lediglich 1–3 % der Östrogene kommen in ungebundener, biologisch aktiver Form vor. Die Konzentration von Östradiol steigt während der Follikelphase bis auf ca. 350 pg/ml pro sprungreifem Follikel, sinkt post ovulationem kurzfristig ab, steigt langsam bis auf ca. 200 pg/ml eine Woche post ovulationem und sinkt schließlich wieder gegen Zyklusende (s. Abb. **B-1.4** und Abb. **B-1.6**).

Östrogene sind für die **Reifung der weiblichen Geschlechtsorgane** und für die **Entwicklung der sekundären Geschlechtsmerkmale** verantwortlich. Sie stimulieren das Wachstum von Uterus, Eileitern, Vagina, Vulva und Mammae. Genitale und extragenitale Wirkungen sind aus Abb. **B-1.8** zu entnehmen.

Im Serum werden Östrogene an **SHBP** gebunden. Nur 1–3 % der Östrogene kommen in ungebundener und somit biologisch aktiver Form vor. Die Östrogenkonzentration steigt in der Follikelphase bis auf ein präovulatorisches Maximum von 350 pg/ml pro Follikel (s. Abb. **B-1.4** und Abb. **B-1.6**).

Die Östrogene bewirken die **Reifung weiblicher Geschlechtsorgane** und die **Entwicklung der Geschlechtsmerkmale** (s. Abb. **B-1.8**).

Metabolismus, Nachweismethoden und Normalwerte. Klinisch lässt sich eine Östrogenaktivität durch Vaginalzytologie (s. Abb. **B-1.13**), Spinnbarkeit des Zervixschleims, Zervixindex und durch das Farnkrautphänomen (s. Abb. **B-1.9**) nachweisen. Eine **quantitative** Messung erfolgt durch Radioimmunoassay oder Enzymimmunoassay. Zwischen der Höhe der Östradiolkonzentration im Serum und der Anzahl der sprungreifen Follikel kann ein Bezug hergestellt werden (s. o.), was im Rahmen einer Sterilitätstherapie von großer Wichtigkeit sein kann. Die **Normalwerte** sind aus Tab. **B-1.2** zu entnehmen.

Metabolismus, Nachweismethoden und Normalwerte. Vaginalzytologie, Spinnbarkeit des Zervixschleims, Zervixindex und das Farnkrautphänomen sind **klinische** Zeichen einer Östrogenaktivität (s. Abb. **B-1.9** und Abb. **B-1.13**). Es besteht ein Bezug zwischen der Höhe der Östradiolkonzentration im Serum und der Anzahl der sprungreifen Follikel. **Normalwerte** zeigt Tab. **B-1.2**.

Liegen in der Pubertät oder in der Postmenopause die Östradiolkonzentrationen im Serum oberhalb der Normalwerte, so ist an Östrogen bildende Tumoren zu denken (z. B. Thekazelltumoren). Genitalhypoplasie, Gonadendysgenesie, vorzeitige Ovarialerschöpfung oder die Entfernung beider Eierstöcke ergeben niedrige Östradiolkonzentrationen.

Bei **intakter Frühschwangerschaft** steigen die Werte für Östradiol im Serum stetig an.

Hohe Östradiolspiegel während der Pubertät und der Postmenopause finden sich bei Östrogen bildenden Tumoren, niedrige Östradiolspiegel bei Genitalhypoplasie, Gonadendysgenesien und Ovarektomie. Eine **intakte Frühschwangerschaft** wird durch einen stetigen Anstieg des Östradiolspiegels begleitet. Anhand des Östriolspiegels kann man die fetoplazentare Einheit beurteilen.

Der **Abbau** der Östrogene erfolgt in der Leber durch Konjugation an Schwefel- oder Glukuronsäure. Es entstehen dadurch wasserlösliche Verbindungen, die dann größtenteils über die Niere ausgeschieden werden können.

Der **Abbau** der Östrogene erfolgt in der Leber, die Ausscheidung über die Niere.

Synthetische Östrogene

Synthetische Östrogene

▶ **Definition.** Synthetische Östrogene haben im Gegensatz zu den natürlichen Östrogenen eine hohe, länger anhaltende östrogene Wirkung nach oraler Gabe.

◀ Definition

Struktur und Funktion. Die synthetischen Verbindungen leiten sich vom Östradiol ab. Die wichtigsten Vertreter sind das **17α-Ethinylöstradiol** und dessen 3-Methylester, das Mestranol (s. Abb. **B-1.10**). Das **Mestranol** wird erst nach Demethylierung in der Leber biologisch wirksam.

Struktur und Funktion. Synthetische Östrogene leiten sich vom Östradiol ab. Wichtigste Vertreter: **17α-Ethinylöstradiol** und **Mestranol** (s. Abb. **B-1.10**).

B-1.10

B-1.10 Wichtige synthetische Östrogene

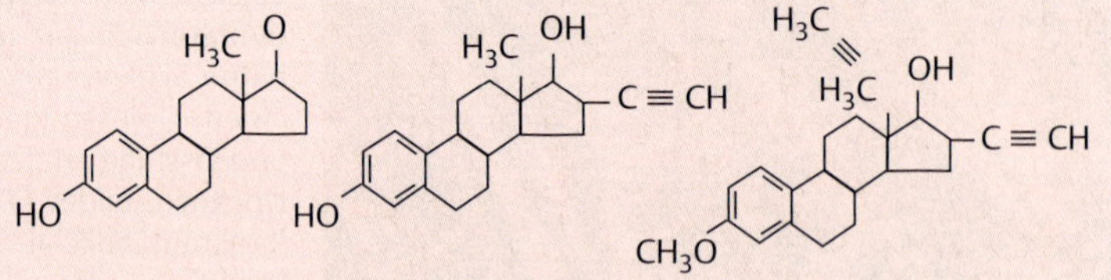

17-β-Östradiol 17-α-Ethinylöstradiol Mestranol

Die wichtigsten Vertreter der synthetischen Östrogene sind das 17α-Ethinylöstradiol und sein Methylester, das Mestranol. Das Mestranol wird erst nach der Leberpassage biologisch wirksam, wo es demethyliert wird. Links ist das natürliche 17β-Östradiol zum Vergleich dargestellt.

B-1.3

B-1.3 Klinischer Einsatz von synthetischen Östrogenen

▶ **reine Östrogentherapie:**	▪ Verbesserung des Zervixschleimes ▪ Zusatzbehandlung zur oralen Kontrazeption bei Zwischenblutungen ▪ Zusatzbehandlung bei Endomyometritis ▪ Lokalbehandlung bei Kolpitiden, bei trockener Vagina, bei Descensus genitalis (besonders in der Postmenopause)
▶ **kombinierte Östrogen-Gestagen-Therapie**	▪ hormonelle Kontrazeption ▪ peri- bzw. postmenopausale Hormonsubstitution ▪ Hormonsubstitution nach Ovarektomie in der Geschlechtsreife

Therapie. Reine Östrogentherapie oder kombinierte Östrogen-Gestagen-Therapie (s. Tab. **B-1.3**).

Therapie. Therapeutisch kommen die synthetischen Östrogene als reine Östrogentherapie oder in Kombination mit Gestagenen zum Einsatz (s. Tab. **B-1.3**).

Gestagene

Natürliche Gestagene

Gestagene

Natürliche Gestagene

▶ Synonym

▶ **Synonym.** Gelbkörperhormon.

▶ Definition

▶ **Definition.** Gestagene sind Steroidhormone, die vorwiegend im Corpus luteum und in der Plazenta gebildet werden. Sie rufen an der Gebärmutterschleimhaut eine Transformation in ein sekretorisches Endometrium hervor.

Die natürlichen Gestagene zeigt Abb. B-1.11.

Struktur, Sekretion und Funktion. Wichtigster Vertreter der natürlichen Gestagene ist das **Progesteron**. Synthese und Sekretion erfolgen in den Granulosa-Lutein- und in den Theka-Lutein-Zellen des Gelbkörpers, in der Plazenta sowie in geringerem Ausmaß in der Nebennierenrinde. Die Progesteronkonzentration steigt in der Corpus-luteum-Phase (s. Abb. **B-1.4**). Progesteron bewirkt die **sekretorische Umwandlung des Endometriums**, den

Die natürlichen Gestagene zeigt Abb. **B-1.11**.

Struktur, Sekretion und Funktion. Gestagene sind Steroidhormone mit 21 C-Atomen, deren wichtigster Vertreter das **Progesteron** ist. Progesteron wird im Gelbkörper (Granulosa-Lutein- und Theka-Lutein-Zellen), in der Plazenta und in geringerem Ausmaß in der Nebennierenrinde gebildet. In der Follikelphase ist die Progesteronkonzentration niedrig. Mit Beginn des präovulatorischen LH-Anstiegs nimmt die Progesteronkonzentration zu, gefolgt von einem anschließenden Plateau in der Corpus-luteum-Phase (s. Abb. **B-1.4**). Die Progesteronkonzentration korreliert mit der Entwicklung und Rückbildung des Corpus luteum. Progesteron wird in Pregnandiol abgebaut und so über die Niere ausgeschieden. Progesteron ist für die **sekretorische Transformation des Endometriums** verantwortlich. Ebenso bewirkt Progesteron eine Glykogeneinlagerung

B-1.11 Natürliche Gestagene

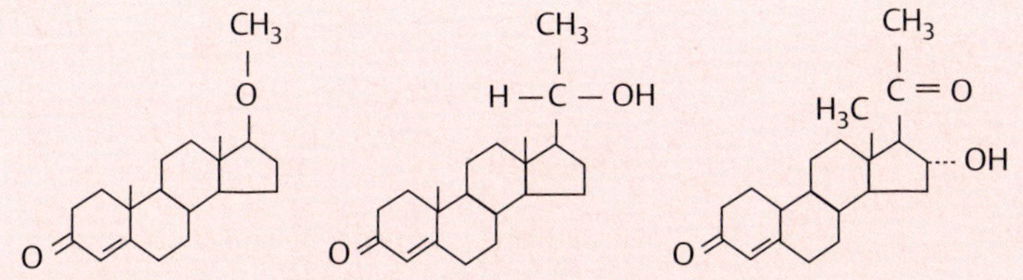

Progesteron 20-α-Hydroxyprogesteron 17-α-Hydroxyprogesteron

Progesteron, 20α-Hydroxyprogesteron und 17α-Hydroxyprogesteron sind die natürlichen gestagenwirksamen Substanzen. Sie werden sehr rasch über den hepatischen Kreislauf inaktiviert, weshalb eine orale Medikation nicht günstig ist.

B-1.11

in die Deziduazellen. In der Zervix führt es zu einem **postovulatorischen Verschluss des Muttermundes**, zur **Abnahme der Menge und der Spinnbarkeit des Zervixschleimes** durch Zunahme seiner Viskosität. In der **Vagina** bewirkt es eine regressive Veränderung mit Aufbau der Intermediärzellschicht und somit einen Karyopyknoseindex unter 20 %. Zusammen mit Östrogenen führt Progesteron in der **Brustdrüse** zur Förderung der Proliferations- und Sekretionsbereitschaft der Alveoli. Die Erhöhung der **Körpertemperatur** von 0,4–0,6 °C infolge einer Anregung des Wärmezentrums des Hypothalamus durch Progesteron wird beim Messen der Basaltemperaturkurve zur Kontrazeption oder in der Sterilitätsdiagnostik genutzt.

postovulatorischen Verschluss des Muttermundes und die **Abnahme der Menge und der Spinnbarkeit des Zervixschleimes**.

Die **Körpertemperatur** wird durch Progesteron um 0,4–0,6 °C erhöht.

▶ **Merke.** Progesteron ist für den Schutz der Gravidität verantwortlich (Tonusminderung des Uterus). Im Uterus wird es an ein spezifisches Rezeptorprotein gebunden, dessen Bildung durch Östrogene stimuliert wird. Die Effekte an den weiblichen Genitalorganen einschließlich Mammae lassen sich daher nur dann nachweisen, wenn das betreffende Organ vorher **durch Östrogen stimuliert wurde.**

◀ Merke

Die Wirkung des Progesterons auf das Myometrium bzw. auf die gesamte **glatte Muskulatur** ist tonusmindernd. In der Schwangerschaft wird dadurch der Uterus ruhig gestellt. Aber auch der Tonus von Ureter und Venen wird vermindert, so dass unter anderem auch dadurch in der Schwangerschaft häufiger Pyelitiden und Varizen auftreten können.
Die Wirkungen der Gestagene auf den weiblichen Körper fasst Abb. **B-1.12** zusammen.

Progesteron vermindert den Tonus des **Myometriums** und der gesamten sonstigen **glatten Muskulatur**. Die Wirkungen der Gestagene auf den weiblichen Körper fasst Abb. **B-1.12** zusammen.

Metabolismus, Nachweismethoden und Normalwerte. Wie die Östrogene werden die Gestagene in der Leber abgebaut und konjugiert. Wasserlösliche Metabolite werden über die Niere ausgeschieden. Die Bestimmung des Progesterons erfolgt quantitativ durch einen spezifischen enzymimmunologischen bzw. radioimmunologischen Nachweis im Serum. Klinisch lässt sich der individuelle Progesteronstatus durch Messen der Basaltemperaturkurve (BTK), durch das Farnkrautphänomen und durch eine Vaginalzytologie definieren (s. Abb. **B-1.13**). Durch eine Endometriumbiopsie kann ein zyklusgerecht sekretorisch transformiertes Endometrium in der Corpus-luteum-Phase nachgewiesen werden.

Metabolismus, Nachweismethoden und Normalwerte. Gestagene werden in der Leber abgebaut und konjugiert. Die wasserlöslichen Metabolite werden renal ausgeschieden. Klinisch lässt sich der individuelle Progesteronstatus durch Messen der BTK, durch das Farnkrautphänomen und eine Vaginalzytologie definieren (s. Abb. **B-1.13**).

Diagnostik. Um einen Ovulationsnachweis zu führen bzw. die Lutealphase zu beurteilen, kann Progesteron im Serum gemessen werden. Der Wert sollte in der Mitte der Corpus-luteum-Phase über 10 ng/ml liegen. Die Normalwerte sind aus Tab. **B-1.2** zu entnehmen.

Diagnostik. Um einen Ovulationsnachweis zu führen, kann Progesteron im Serum gemessen werden. Normalwerte zeigt Tab. **B-1.2**.

B-1.12

B-1.12 Wirkungen der Gestagene auf den weiblichen Körper

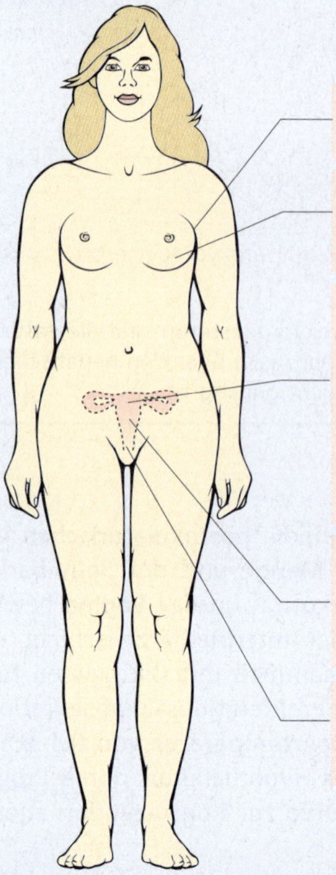

Körpertemperatur	– Anstieg um 0,4 – 0,6 °C
Brustdrüse	– zusammen mit den Östrogenen Förderung der Proliferations- und Sekretionsbereitschaft der Alveoli
Uterus	– Umwandlung der Uterusschleimhaut in ein drüsenreiches Gewebe (Sekretion) – Glykogeneinlagerung in die Stromazellen der Schleimhaut (Deziduazellen) – Abnahme des Tonus des Myometriums
Zervix	– Muttermund schließt sich – Abnahme der Menge und Spinnbarkeit des Zervixschleims – Zunahme der Viskosität
Vagina	– regressive Veränderungen Aufbau der Intermediärschicht – Karyopyknoseindex < 20 %

B-1.13 Vaginalzytologie im Zyklusverlauf

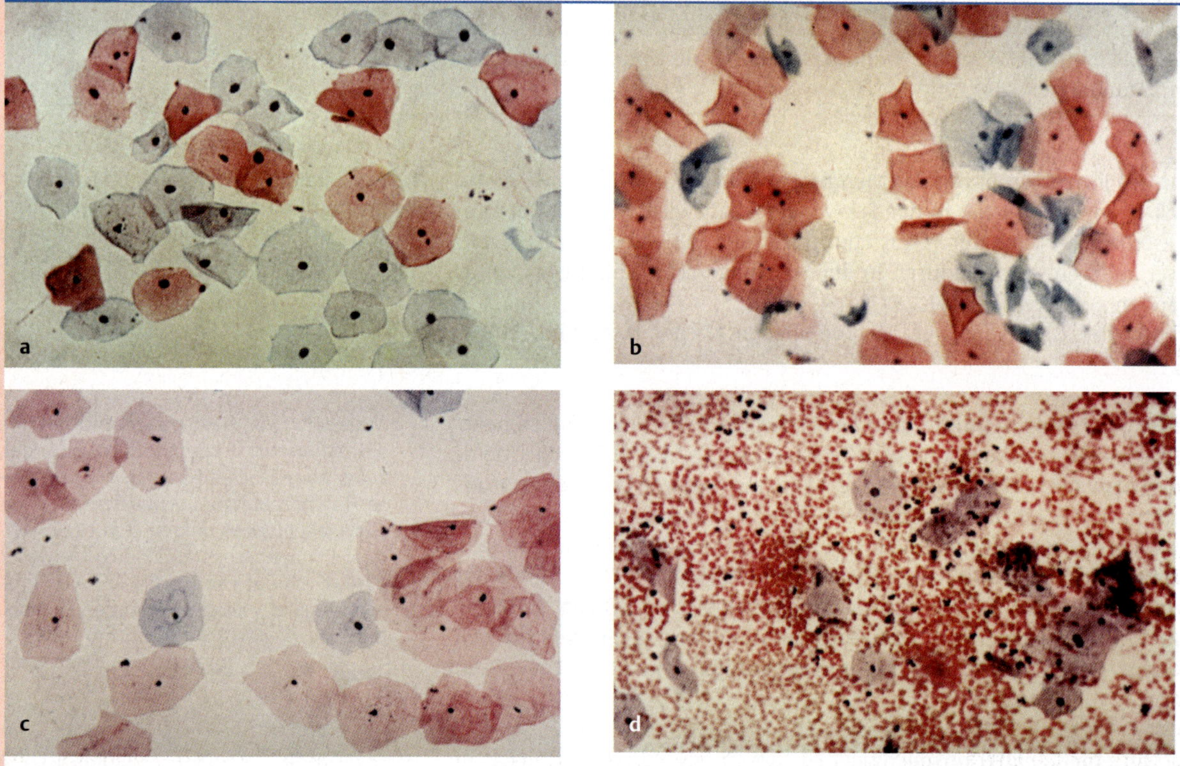

a Proliferationsphase: überwiegend flach ausgebreitete große Intermediär- und Superfizialzellen.
b Kurz nach der Ovulation: fast ausschließlich Superfizialzellen.
c Sekretionsphase: in Haufen liegende Intermediär- und Superfizialzellen, die Zellränder sind hochgeschlagen.
d Menstruationsphase (Desquamationsphase): viele Erythrozyten, Intermediär- und Superfizialzellen.

Synthetische Gestagene

▶ **Definition.** Synthetische Gestagene haben nur zum Teil ähnliche Eigenschaften wie das natürliche Progesteron. Die meisten biologischen Effekte werden durch das Zusammenwirken mit Östrogenen ausgelöst oder unterstützt.

Struktur und Funktion. Die synthetischen Gestagene besitzen nur Partialwirkungen des Progesterons und sind Derivate des Testosterons bzw. des 19-Nortestosterons oder des Progesterons bzw. des 17α-Hydroxyprogesterons. Derivate des Progesterons bzw. des 17α-Hydroxyprogesterons sind z. B. Hydrogesteron oder Medroxyprogesteronacetat. Ihnen ist gemeinsam, dass sie keine signifikante androgene oder anabole Restwirkungen besitzen. Derivate des 19-Nortestosterons (z. B. Norethisteronacetat, Levonorgestrel, Gestoden) sind als gestagener Anteil in vielen oralen Kontrazeptiva enthalten. Diese Substanzen haben in hohen, nicht gebräuchlichen Dosen anabole Restwirkungen. Einige haben eine östrogene Restwirkung.
Klinisch wird entweder eine reine Gestagentherapie oder eine kombinierte Östrogen-Gestagen-Therapie durchgeführt (s. Tab. **B-1.4**).

B-1.4 Klinischer Einsatz von synthetischen Gestagenen

▶ **reine Gestagentherapie:**	▪ hormonelle Kontrazeption (Minipille, postkoital, Dreimonatsspritze) ▪ Mastopathie und Mastodynie ▪ Zyklusregulierung ▪ peri- bzw. postmenopausale Hormontherapie (wenn Östrogene kontraindiziert sind) ▪ adjuvante Therapie beim Korpuskarzinom ▪ Hormontherapie bei adenomatöser Hyperplasie ▪ lokale Freisetzung beim Intrauterinpessar
▶ **kombinierte Östrogen-Gestagen-Therapie:**	▪ hormonelle Kontrazeption ▪ Verschieben der Menstruation ▪ Menstruationsschmerzen, Dysmenorrhö, Mastopathie ▪ Ovarialzysten ▪ Androgenisierungserscheinungen ▪ peri- und postmenopausale Hormontherapie

Androgene

▶ **Definition.** Androgene sind Steroidhormone, die die Entwicklung und Ausbildung männlicher Geschlechtsmerkmale fördern.

Struktur, Sekretion und Funktion. Androgene sind Steroide mit 19 C-Atomen, deren wichtigster Vertreter das **Testosteron** ist. Bildungsort der Androgene bei der Frau sind die Thekazellen des Ovars und die NNR. Das wirksamste Androgen ist das Dihydrotestosteron **(DHT)**. Weniger wirksame Androgene sind Dehydroepiandrosteron **(DHEA)** und das Dehydroepiandrosteronsulfat **(DHEAS)**. Das schwach wirksame **Androstendion** stammt aus den Thekazellen des Ovars, und etwa zu 10 % entsteht es peripher aus der Umwandlung von DHEA. Es ist eine wichtige Ausgangssubstanz für die Bildung des Testosterons. Die Synthese der Androgene in den Gonaden wird durch LH, die der NNR durch ACTH kontrolliert (s. Abb. **B-1.14**).
Die im weiblichen Organismus gebildeten Androgene fungieren zum größten Teil als **Vorstufe für die Östrogensynthese**. Durch die Wirkung der Androgene entwickeln sich beim Mann die Geschlechtsorgane und die typischen **sekundären männlichen Charakteristika** (s. Abb. **B-1.15**). Bildungsort sind die Leydig-Zwischenzellen im Hoden. Extragenital bewirken Androgene ein **vermehrtes**

Synthetische Gestagene

◀ Definition

Klinisch wird die reine Gestagentherapie oder eine kombinierte Östrogen-Gestagen-Therapie durchgeführt (s. Tab. **B-1.4**).

B-1.4

Androgene

◀ Definition

Struktur, Sekretion und Funktion. Bildungsort der Androgene bei der Frau sind die Thekazellen des Ovars und die NNR. **Testosteron** ist das wichtigste Androgen. Wirksamer ist jedoch das Dihydrotestosteron **(DHT)**. **DHEA** und **DHEAS** ebenso wie das Androstendion sind nur schwach wirksam (s. Abb. **B-1.14**). Die Synthese der Androgene in den Gonaden wird durch LH, die der NNR durch ACTH kontrolliert.

Im weiblichen Organismus dienen Androgene hauptsächlich als **Vorstufe für die Östrogensynthese**. Beim Mann sind sie für die Entwicklung der Geschlechtsorgane und der sekundären männlichen Charakte-

B-1.14 **Natürliche Androgene**

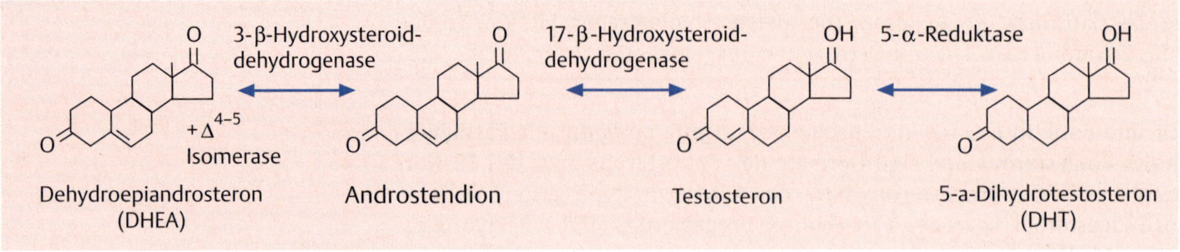

Das wirksamste Androgen ist das Dihydrotestosteron **(DHT)**, das in Ovar und NNR aus Testosteron gebildet wird. Das schwach wirksame Androstendion entsteht ebenfalls aus dem Testosteron und in etwa zu 10 % aus Dehydroepiandrosteron, das selbst einen nur geringen androgenen Effekt bewirkt.

B-1.15

B-1.15 **Beeinflussung des Haarwuchses durch Östrogene und Androgene beim Mann und bei der Frau**

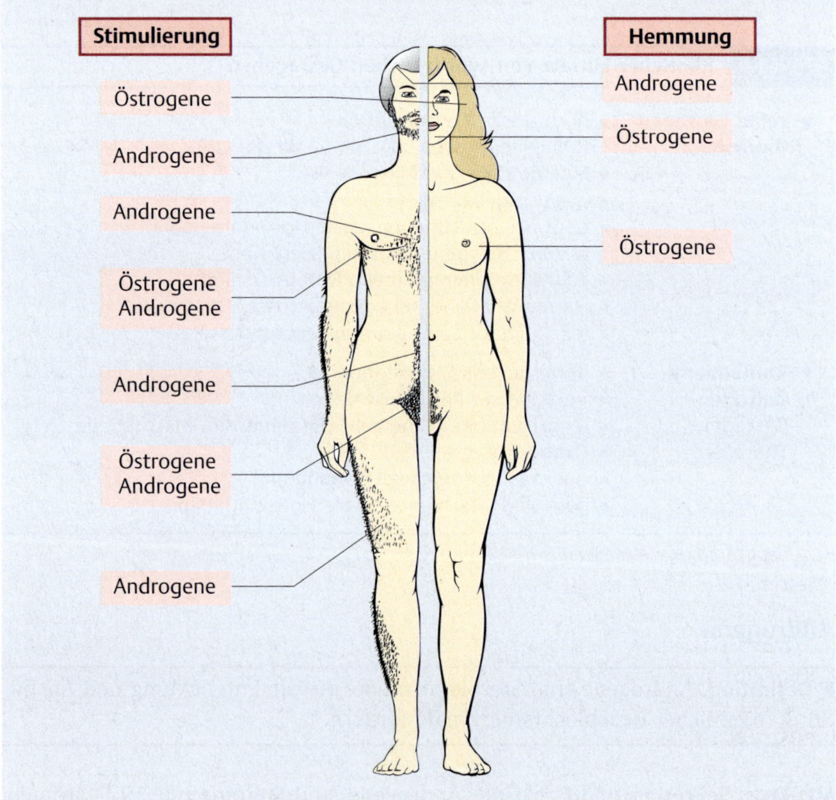

ristika verantwortlich. Sie fördern Knochen- und Muskelwachstum, die Fettproduktion der Haut und den männlichen Behaarungstyp (s. Abb. **B-1.15**).

Metabolismus, Nachweismethoden und Normalwerte. Normalwerte zeigt Tab. **B-1.2**.

Knochen- und Muskelwachstum, eine vermehrte Fettproduktion der Haut **(Seborrhö)** und den **männlichen Behaarungstyp**. Die **eiweißanabole Wirkung** kann therapeutisch genutzt werden.

Metabolismus, Nachweismethoden und Normalwerte. Der Androgenstoffwechsel spielt sich in der Leber und im Unterhautfettgewebe bzw. im Bindegewebe ab. Wasserlösliche Verbindungen werden über die Niere ausgeschieden. Quantitativ können verschiedene Androgene durch Enzymimmun- oder Radioimmunoassays gemessen werden. Sollen die einzelnen Androgenfraktionen separat nachgewiesen werden, muss vorher eine chromatographische Auftrennung durchgeführt werden. Die Normalwerte sind in Tab. **B-1.2** aufgeführt.

Diagnostik. In der Klinik ist die Bestimmung von freiem und an Sex-Hormon-Bindungs-Globulin (SHBG) gebundenem Testosteron und DHEAS im Serum von Bedeutung. Nur der freie, nicht an SHBG gebundene Teil des Testosterons und DHT sind für die biologische Wirkung verantwortlich. Bei der Beurteilung der Laborwerte ist zu beachten, dass eine Erniedrigung des SHBG im Blut zu einer Veränderung des Testosteronserumspiegels (freies Testosteron) führt. So kommt es durch Östrogene, Schwangerschaft und Thyroxin zur Erhöhung von SHBG und zu einer konsekutiven Verminderung des freien Testosterons. Im Gegensatz dazu vermindern Gestagene, Kortikosteroide und Androgene das SHBG und erhöhen das freie Testosteron.

Dexamethason-Test: Die Gabe von synthetischen Glukokortikoiden zur **differenzialdiagnostischen Klärung einer erhöhten Androgenproduktion** gibt Hinweise auf eine ursächliche benigne Hyperplasie oder einen eventuell vorliegenden autonomen Prozess. Durch Dexamethason wird im Normalfall eine Hemmung der hypophysären ACTH-Sekretion und somit auch der Androgenproduktion in der NNR hervorgerufen. In Kombination mit einem Östrogen-Gestagen-Präparat ist auch eine Aussage über den Bildungsort (NNR oder Ovar) möglich.

Diagnostik. Der freie, nicht an SHBG gebundene Teil des Testosterons ist für die biologische Wirkung verantwortlich. Eine Erhöhung bzw. Erniedrigung des SHBG führt zu einer Veränderung des Serumtestosteronspiegels.

Mit dem **Dexamethasontest** kann zwischen benigner Hyperplasie oder autonomem Prozess einer **erhöhten Androgenproduktion** unterschieden werden. Dexamethason hemmt die ACTH-Sekretion und damit auch die Androgenproduktion.

Inhibin

▶ **Synonym.** Follikulostatin.

◀ Synonym

▶ **Definition.** Inhibin ist ein Proteohormon, das in den Granulosazellen des Ovars und in den Sertoli-Zellen des Hodens gebildet wird. Es wirkt hemmend auf die FSH-Freisetzung, ohne die LH-Sekretion zu beeinflussen. Bei der Geschlechtsdifferenzierung unterstützt es die Rückbildung der Müllerschen Gänge beim männlichen Embryo.

◀ Definition

Im Laufe der Follikelreifung steigt die Sekretion von Inhibin langsam an. Unterstützt durch Östradiol hemmt es selektiv FSH und trägt auf diese Weise in der Zyklusmitte zur Ausbildung des LH-Peaks bei.

Während der Follikelreifung steigt die Sekretion von Inhibin. **Inhibin hemmt selektiv FSH.**

1.2 Menstrueller Zyklus

Als **Geschlechtsreife** bezeichnet man bei der Frau die Phase von der ersten (**Menarche**, meist zwischen dem 12. und 16. Lebensjahr) bis zur letzten Periodenblutung (**Menopause**, etwa 45. bis 55. Lebensjahr). Gleichzeitig ist dies die **fruchtbare oder reproduktive Phase** im Leben einer Frau. Ab dem 40. Lebensjahr lässt die Fertilität nach, die Menopause schließt diesen Abschnitt ab. Ausdruck einer normalen **Fortpflanzungsfähigkeit** ist der **regelmäßige menstruelle Zyklus**.

Die reproduktive Phase einer Frau von der ersten Periodenblutung **(Menarche)** bis zur letzten **(Menopause)** wird als **Geschlechtsreife** bezeichnet. Der **regelmäßige Zyklus** ist Ausdruck einer normalen **Fortpflanzungsfähigkeit**.

▶ **Definition.** Ein Zyklus beginnt mit dem 1. Tag der Menstruationsblutung und endet mit dem Tag vor Einsetzen der nächsten Regelblutung.

◀ Definition

Ein Zyklus wird in verschiedene Phasen unterteilt. Diese beschreiben einerseits den hormonellen Zyklusablauf am Ovar, zum anderen beziehen sie sich auf die parallelen **zyklischen Veränderungen am Endometrium** (s. Tab. **B-1.5**).

Die Unterteilung in die verschiedenen Zyklusphasen erfolgt auf Grund des hormonellen Zyklusverlaufs am Ovar bzw. der parallelen Veränderungen am Endometrium (s. Tab. **B-1.5**).

Im Idealfall dauert der menstruelle Zyklus 28 Tage, wobei die Schwankungen von ± 3 Tagen als normal anzusehen sind. Diese Schwankungen sind auf eine unterschiedlich lang dauernde 1. Zyklusphase zurückzuführen, d. h. die Reifung der Follikel variiert individuell. Die Dauer der sich anschließenden Gelbkörperphase beträgt relativ konstant 14 Tage. Der Eisprung erfolgt somit ungefähr am 14.–15. Tag vor Einsetzen der Menstruationsblutung.

Die Dauer des menstruellen Zyklus beträgt 28 ± 3 Tage. Diese Schwankungen sind auf eine individuell lang dauernde 1. Zyklusphase zurückzuführen. Die Gelbkörperphase ist relativ konstant und beträgt 14 Tage. Der Eisprung erfolgt ungefähr am 14.–15. Tag vor Einsetzen der Blutung.

B-1.5

B-1.5 Phasen des Menstruationszyklus

*Hormonzyklus**		*endometrialer Zyklus**	
Follikelphase	▶ frühe Follikelphase 1.–7. Tag ▶ späte Follikelphase 7.–14. Tag	**Proliferationsphase** (1.–15. Tag)	▶ Menstruation (1.–4. Tag) ▪ Desquamationsphase (1.–2. Tag) ▪ Regenerationsphase (3.–4. Tag)
Ovulation	▶ periovulatorische Phase 14 ± 2 Tage		
Lutealphase	▶ 15.–28. Tag	**Sekretionsphase** (16.–28. Tag)	

* Alle Angaben in Tagen sind relativ. Auch in einem typischen Zyklus von 28 Tagen sind sie individuell in einem gewissen Umfang variabel.

1.2.1 Ablauf des Zyklus

Menstruation

Die Menstruation dauert ungefähr 4 Tage. Sie kann in 2 Phasen – die **Desquamations-** und die **Regenerationsphase** – eingeteilt werden.

In der **Desquamationsphase** kommt es durch **Progesteronentzug** und Veränderungen der Schleimhaut zur Abstoßung der Funktionalis.
Der Blutverlust beträgt ca. 50–100 ml.

In der **Regenerationsphase** werden die Wundflächen wieder repariert. Abb. **B-1.16a** zeigt das Endometrium während der Menstruation.

▶ Merke

Follikelphase

Mit der Pubertät beginnt die pulsatile Sekretion von GnRH. Unter GnRH-Einfluss werden FSH und LH sezerniert. Durch FSH-Wirkung reift ein **dominanter Follikel** heran.
Von Granulosazellen des Follikels freigesetzte Östrogene und Inhibin hemmen die FSH-Sekretion (negativer Rückkopplungsmechanismus).

Unter Östrogeneinfluss wird die Funktionalis wieder aufgebaut **(Proliferationsphase)**, (s. Abb. **B-1.16b**).

1.2.1 Ablauf des Zyklus

Menstruation

Die menstruelle Blutung markiert Ende und Anfang des ovariellen Zyklus. Sie hält etwa 4 Tage an und kann in 2 Phasen, die **Desquamationsphase** (1.–2. Tag) und die **Regenerationsphase** (3.–4. Tag) eingeteilt werden.

Während der **Desquamationsphase** wird die Funktion abgestoßen. Durch Abfall der Hormonproduktion des Corpus luteum kommt es zu einem **Progesteronentzug**. Dieser führt zu einer Kapillarschädigung der Schleimhaut der Gebärmutter mit Schrumpfung des Bindegewebes. Der mechanische Verschluss der Spiralarterien bedingt eine Ischämie in der Schleimhaut. So wird das Gewebe durch Blutmangel, aber auch durch Freisetzung von Fermenten und Toxinen geschädigt. Es kommt durch einen Spasmus der Arterien zur völligen Blutleere mit einem Absterben der obersten Schleimhautschicht. Durch proteolytische Enzyme werden die Arterien eröffnet. Es tritt Blut aus, die nekrotischen Schleimhautfetzen lösen sich ab. Der Blutverlust beträgt ca. 50–100 ml.
In der **Regenerationsphase** werden die Wundflächen mit Epithelzellen aus Resten der Uterusdrüsen der Zona basalis überzogen. Abb. **B-1.16a** zeigt das Endometrium während der Menstruation.

▶ **Merke.** Die Menstruationsblutung ist hormonal gesehen eine **Entzugsblutung**, auf die Funktion des Endometriums bezogen eine **Abbruchblutung**.

Follikelphase

Durch die pulsatile Freisetzung von GnRH, die in der Pubertät zum ersten Mal einsetzt, wird die Gonadotropinsekretion angeregt. Unter FSH-Einfluss wird die Follikelreifung gefördert. In der frühen Follikelphase kommt es zur **Selektion eines dominanten Follikels** und zur Rückbildung (Atresie) der anderen heranreifenden Follikel. Dieser Vorgang wird durch das lokale Mikromilieu gesteuert; die einzelnen Mechanismen sind jedoch nur zum Teil bekannt. Mit zunehmender Reife der Follikel steigt die Östrogen- und Inhibinproduktion in der mittleren Follikelphase, was zu einer Hemmung der hypophysären FSH-Ausschüttung führt (negativer Rückkopplungsmechanismus). In der späten Follikelphase, ungefähr am 7. Zyklustag, kurz nachdem die Selektion der Follikel stattgefunden hat, bildet der dominante Follikel zunehmend Östradiol.
Unter diesem Östrogeneinfluss wird eine neue Funktonalis des Endometriums aufgebaut. Die Schleimhaut verdichtet sich durch Wucherung der Basalzellen

B-1.16 Histologie des Endometriums

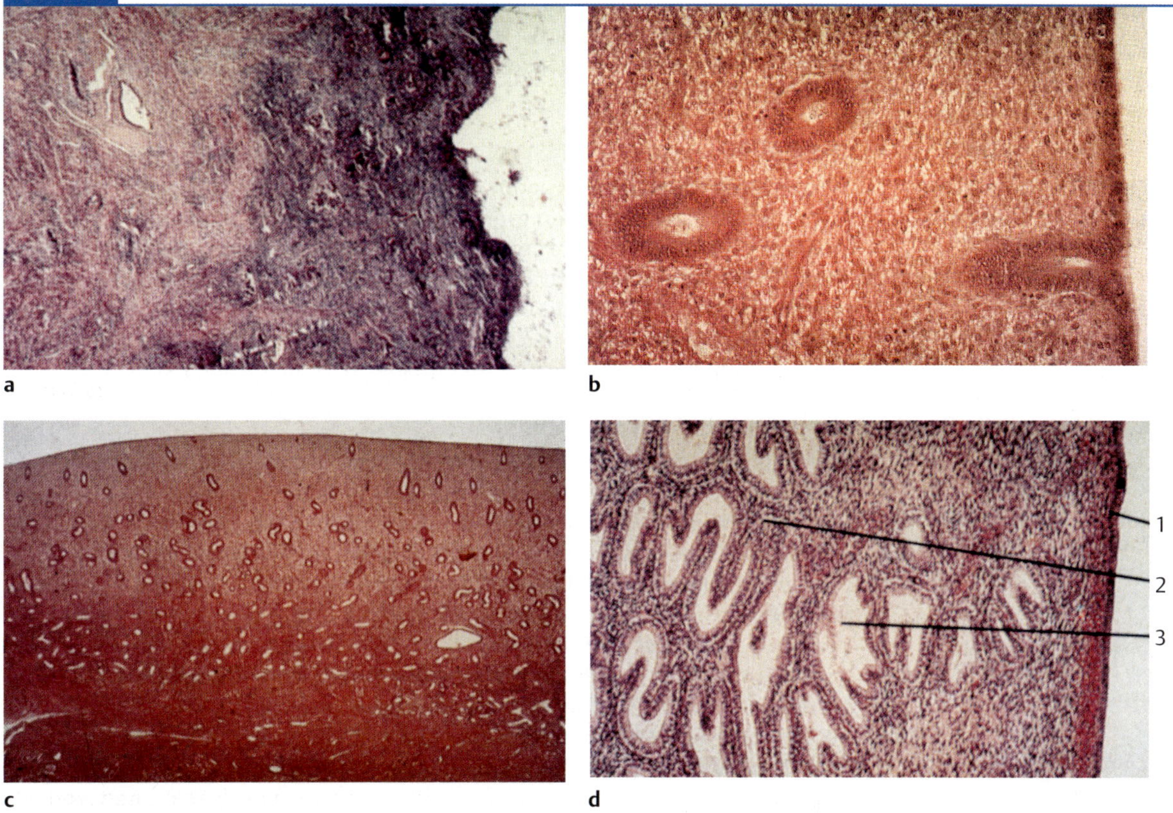

a Endometrium in der Desquamationsphase (Menstruation): es findet sich eine ausgeprägte Demarkation der oberflächlichen, in Abstoßung begriffenen Schleimhautschichten, während die basalen Anteile inkakt bleiben.
b Endometrium während der Proliferationsphase: das Endometrium ist niedrig und enthält gleichmäßig verteilte enge, gerade verlaufende Drüsen in lockerem spindelzelligem Stroma. Spiralarterien sind nicht entwickelt.
c Endometrium zur Zyklusmitte: die Drüsen sind jetzt geschlängelt und werden von hochzylindrischem, mehrreihig übereinandergelagertem Epithel ausgekleidet.
d Endometrium in der fortgeschrittenen Sekretionsphase: es lassen sich 2 Endometriumschichten voneinander unterscheiden. Die obere Kompakta (1), die hauptsächlich aus Stromazellen besteht und die darunterliegende Spongiosa (2), die sich aus stark geschlängelten, sägeblattförmigen dichtliegenden Drüsen zusammensetzt. Im Drüsenlumen (3) finden sich Reste von eingedicktem Sekret. Spiralarterien sind ausgebildet.

der Basalis. So wird diese Phase aus Sicht des Endometriums auch **Proliferationsphase** genannt (s. Abb. **B-1.16b**).

Periovulatorische Phase

In dieser Zeitspanne, um den Zeitpunkt des Eisprungs herum, findet die Ausbildung des sprungreifen Follikels statt. In der Theka- und der Granulosazellschicht sind jetzt zahlreiche Mitosen nachweisbar. Es treten subnukleäre glykogenhaltige Vakuolen auf, die dann zu Beginn der Corpus-luteum-Phase an die Oberfläche wandern. Abb. **B-1.16c** zeigt das Endometrium in der periovulatorischen Phase.

Der vergleichsweise schnelle Östradiolkonzentrationsanstieg der späten Follikelphase fördert zunächst die LH-Synthese und -speicherung und letztlich deren massive Ausschüttung.

Das LH leitet über spezifische LH-Rezeptoren die Luteinisierung des Follikels ein. Dies bewirkt einen präovulatorischen Anstieg von Progesteron, der wiederum die positive Feedback-Wirkung der Östrogene unterstützt. Über diesen positiven Rückkopplungsmechanismus kommt es zu einer massiven LH-Aus-

Periovulatorische Phase

Um den Zeitpunkt des Eisprungs herum findet die Ausbildung des sprungreifen Follikels statt. Abb. **B-1.16c** zeigt das Endometrium in dieser Phase.

Der schnelle Östradiolanstieg fördert die LH-Synthese und -speicherung. Die präovulatorische steigende Östradiolsekretion löst eine massive LH-Ausschüttung aus **(LH-Peak)**. Der LH-Peak induziert die Ovulation.

Durch diese LH-Ausschüttung wird die 2. Reifeteilung der Oozyte, die Luteinisierung der Granulosazellen und die Synthese von Progesteron und Prostaglandinen im Follikel ausgelöst. Ist ein ausreichender Gonadotropinspiegel erreicht und befindet sich der Follikel im entsprechenden Reifestadium, findet die Ovulation statt.

Ovulation

Die Wirkung proteolytischer Enzyme und Prostaglandine rupturiert die Follikelwand. Somit wird die **Ovulation** ermöglicht.

Progesteron verstärkt bei periovulatorisch niedriger Konzentration die durch Östradiol induzierte Gonadotropinfreisetzung (positiver Rückkopplungsmechanismus). Proteolytische Enzyme und Prostaglandine, die von den Gonadotropinen (insbesondere LH) und durch Progesteron aktiviert werden, ermöglichen die Ruptur der Follikelwand und damit die Ovulation. Die Eizelle wird mitsamt der Follikelflüssigkeit und den Kumuluszellen herausgeschwemmt und vermutlich im Douglas-Raum vom Fimbrientrichter der Tube aufgenommen.

Gelbkörper- oder Lutealphase

Durch die Luteinisierung der Granulosazellen **(Corpus luteum)** steigt die Progesteronausschüttung stark an und parallel dazu auch leicht die Östradiolkonzentration. Der negative Feedback führt zum Abfallen von LH- und FSH. Tritt keine Schwangerschaft ein, bildet sich der Gelbkörper zurück und vernarbt zum **Corpus albicans**. Folge des Progesteronabfalls im Blut ist die **Entzugsblutung**.

Nach der Ovulation wird der zurückgebliebene Rest des Follikels vaskularisiert und die Luteinisierung der Granulosazellen nimmt zu. Es entsteht das **Corpus luteum. Progesteronsynthese und -ausschüttung steigen stark an.** Dabei nimmt auch die Östradiolkonzentration noch einmal leicht zu, was fallende LH- und FSH-Spiegel im Blut nach sich zieht (negativer Rückkopplungsmechanismus).

In **Abwesenheit einer Schwangerschaft** und mit fortschreitender Atresie des Gelbkörpers sinkt die Progesteronkonzentration. Als Folge wird eine **Entzugsblutung** ausgelöst. Bindegewebszellen ersetzen nach und nach den Gelbkörper, er vernarbt zum **Corpus albicans.**

Die Inhibinproduktion ist gegen Ende des Zyklus vermindert. Die selektive Hemmung von FSH lässt nach, so dass eine neue Follikelreifung und ein neuer Zyklus durch den wieder steigenden FSH-Einfluss beginnen kann.

Durch Progesteron wandelt sich die Gebärmutterschleimhaut in sekretorisches Epithel um (Sekretionsphase; s. Abb. **B-1.16d**).

Unter dem Progesteroneinfluss kommt es in der Corpus-luteum-Phase zur Umwandlung des Endometriums in ein sekretorisches Epithel (Sekretionsphase; s. Abb. **B-1.16d**). Der Mitoseindex fällt ab. Die glykogenhaltigen Vakuolen, die um die Ovulation herum entstanden sind, werden sezerniert. Es kommt zur zunehmenden Dezidualisierung.

1.2.2 Medikamentöse Verschiebung der Menstruation

Da Frauen sich durch das Einsetzen der menstruellen Blutung unterschiedlich belastet fühlen, bietet die medikamentöse Menstruationsverschiebung in besonderen Situationen für manche Frauen eine erhebliche Erleichterung. Es ist möglich, die Blutung vorzuverlegen oder sie hinauszuschieben. Eine sachgerechte Verordnung von Sexualsteroiden ist hierzu notwendig.

Vorverlegung der Menstruation

Dazu werden Ovulationshemmer benutzt. Die Tabletteneinnahme wird 3 Tage vor dem Zeitpunkt der gewünschten Blutung abgesetzt (s. Abb. **B-1.17**).

Bei Frauen, die keine Ovulationshemmer einnehmen, muss ein solches Präparat verordnet werden. Die Tabletteneinnahme beginnt wie üblich am Anfang des Zyklus und wird 3 Tage vor dem Zeitpunkt der gewünschten Blutung abgesetzt, d. h. die Einnahme sollte 7 Tage vor dem gewünschten Beginn des blutungsfreien Intervalls beendet sein. Wenn also z. B. eine Vorverlegung der Blutung um 6 Tage erreicht werden soll, verordnet man ein Kombinationspräparat vom 5.–19. Zyklustag. Bei diesem Beispiel wurde eine normale Zykluslänge von 28 Tagen angenommen.

Das Gleiche gilt für Frauen, die bereits Ovulationshemmer einnehmen. Es empfiehlt sich nicht, mehr als ⅓ der Tabletten einer Monatspackung wegzulassen. Bei Einnahme von Zwei- oder Dreiphasenpräparaten darf die Einnahmedauer der 2. Phase 5 Tage nicht unterschreiten (s. Abb. **B-1.17**).

B-1.17 **Menstruationsverschiebung**

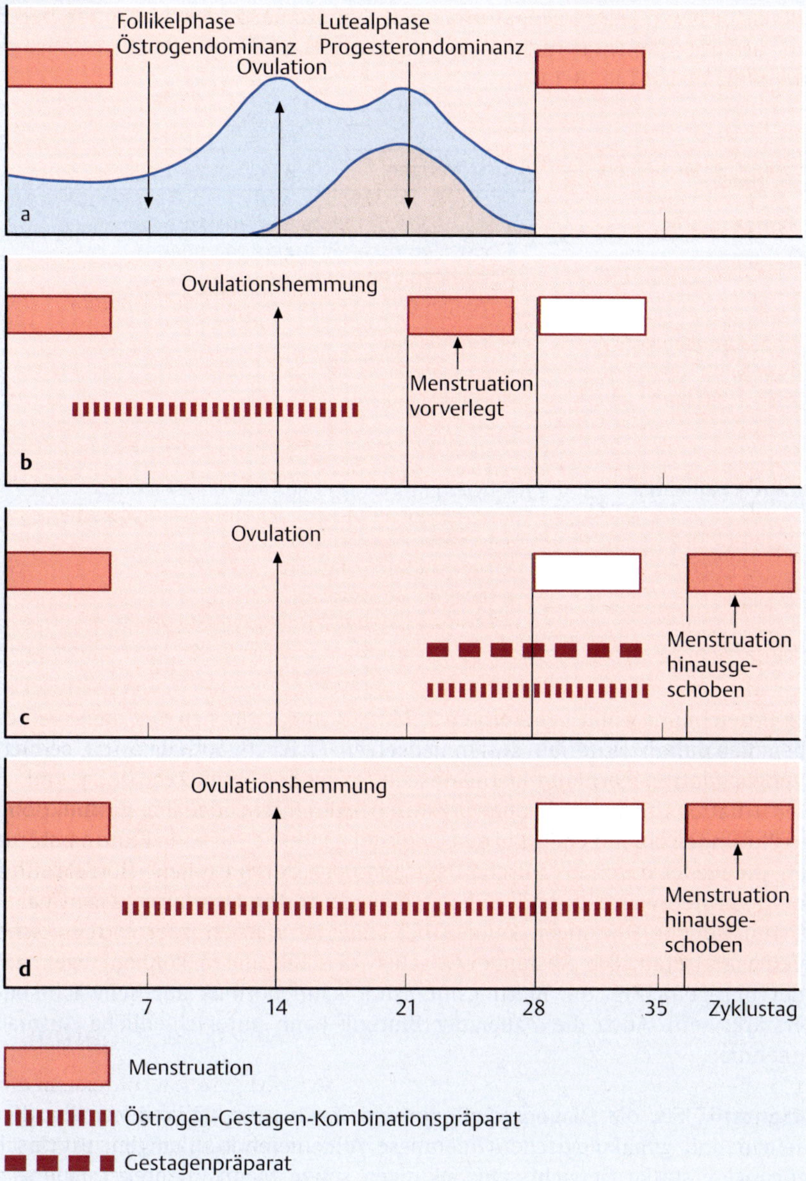

a Normaler Ablauf eines Zyklus: Der Abstand vom 1. Tag der Periode bis zum 1. Tag der nächsten Periode beträgt ungefähr 28 Tage.
b Vorverlegung der Menstruation: Die Einnahme eines Ovulationshemmers beginnt wie üblich am Beginn des Zyklus und wird 3 Tage vor dem Zeitpunkt der gewünschten Blutung abgesetzt.
c–d Hinausschieben der Menstruation: Entweder ab dem ungefähr 22. Zyklustag Einnahme eines Gestagen- oder Östrogen-Gestagenpräparates so lange bis die Menstruation erfolgen soll, Verlängerung der Einnahme eines Ovulationshemmers bis zum gewünschten Eintritt der Periode.

Hinausschieben der Menstruation

Für Frauen, die keine Ovulationshemmer einnehmen, ist die rechtzeitige Einnahme eines Gestagenpräparates ausreichend. Man nimmt ungefähr ab dem 22. Zyklustag täglich z. B. 2 × 5 mg Medroxyprogesteronacetat ein und setzt es 3 Tage vor dem gewünschten Menstruationstermin wieder ab.
Natürlich können auch Kombinationspräparate in unterschiedlicher Form in analoger Weise verwendet werden. Frauen, die Ovulationshemmer einnehmen, müssen die Einnahme der Tabletten um die Zeitspanne verlängern, um die die Menstruation verzögert werden soll. Bei Kombinationspräparaten vom Einphasentyp muss das Präparat z. B. um 1 Woche länger eingenommen werden, wenn die Blutung um 1 Woche verschoben werden soll. Bei Zweiphasenpräparaten ist zu beachten, dass die zusätzliche Einnahme mit Tabletten der 2. Phase durchgeführt wird (s. Abb. **B-1.17**).

Hinausschieben der Menstruation

Dazu nehmen Frauen, die keine Ovulationshemmer nehmen, ab dem 22. Zyklustag Gestagene ein, die sie dann 3 Tage vor dem gewünschten Menstruationstermin wieder absetzen. Frauen, die Ovulationshemmer einnehmen, verlängern die Tabletteneinnahme (s. Abb. **B-1.17**).

1.3 Störungen des menstruellen Zyklus

Die Einteilung der Zyklusstörungen zeigt Tab. **B-1.6**.

Zyklusstörungen lassen sich an Hand der Symptomatik, des zu Grunde liegenden Pathomechanismus und der charakteristischen Labordiagnostik bezeichnen und einteilen (s. Tab. **B-1.6**).

B-1.6

B-1.6 Einteilung der Zyklusstörungen

Symptomatik	▪ Störungen des Blutungscharakters ▪ anovulatorische Blutungsstörungen ▪ Störungen der Blutungsrhythmik ▪ Dysmenorrhö und prämenstruelles Syndrom
Pathomechanismus ▶ organisch bedingt ▶ dysfunktionell	▪ hypothalamisch ▪ hypophysär ▪ ovariell ▪ uterin ▪ andere endokrine Organe
Labordiagnostik	▪ hypogonadotrop – normoprolaktinämisch ▪ normogonadrotrop – normoprolaktinämisch ▪ hyperprolaktinämisch ▪ hyperandrogenämisch ▪ hypergonadotrop ▪ Dysfunktion anderer endokriner Organe

Dysfunktionelle Blutungen sind Folge einer gestörten Ovarialfunktion.

Dysfunktionelle Blutungen können im Rahmen eines ovulatorischen oder anovulatorischen Zyklus vorkommen.

Die Bezeichnung einer bestimmten Zyklusstörung kann sich aus mehreren der oben genannten Kriterien zusammensetzen (z. B. „hypothalamisch bedingte hypogonadotrop-normoprolaktinämische sekundäre Amenorrhö").
Menstruationsstörungen können organisch bedingt sein oder aber **dysfunktionellen Blutungen** entsprechen. Bei den letzteren handelt es sich um Blutungsstörungen, die weder durch organische Ursachen noch durch exogene Hormonzufuhr hervorgerufen werden, sondern Folge einer gestörten Ovarialfunktion sind.
Dysfunktionelle Blutungen können bei anovulatorischen oder ovulatorischen Zyklen auftreten. Die Abstände zwischen den Blutungen können regelmäßig oder unregelmäßig, die Blutungsintensität kann normal, abgeschwächt oder verstärkt sein. Auch die Dauer der Blutung kann unterschiedliche Ausmaße annehmen.

Diagnostik. Bei der Anamnese müssen Allgemeinerkrankungen, psychische Probleme, starke Gewichtsschwankungen sowie Medikamenteneinnahmen beachtet werden. Neben Inspektion und Palpation werden Basaltemperaturkurven und Hormonkonzentrationsbestimmungen zur Diagnostik von Zyklusstörungen herangezogen.
Als bildgebende Verfahren stehen Ultraschall, CT und MR zum Ausschluss von Tumoren zur Verfügung.

Diagnostik. Für die Diagnosestellung einer Zyklusstörung sind bei der allgemeinen und gynäkologischen Anamnese Allgemeinerkrankungen, psychische Störungen, starke Gewichtsschwankungen sowie Medikamenteneinnahme zu berücksichtigen.
Es folgt die körperliche und gynäkologische Untersuchung (Inspektion und Palpation) und die Beurteilung der morgendlich gemessenen Basaltemperaturkurve. Laborparameter, insbesondere Hormonkonzentrationsbestimmungen im Serum (Prolaktin, Gonadotropine, Östrogene, Gestagene, Androgene, Schilddrüsenhormone u. a.), sowie bildgebende Verfahren (Ultraschall, CT, MR) zum Ausschluss endokrin aktiver Tumoren bzw. zur Darstellung zyklusspezifischer Veränderungen der Genitalorgane können herangezogen werden.
Welche Untersuchungen in welcher Reihenfolge im Einzelnen bei den verschiedenen Zyklusstörungen notwendig sind, wird im Zusammenhang mit der betreffenden Störung im Folgenden genauer erläutert.

1.3.1 Störungen des Blutungscharakters

Die Beschreibung von Menstruationsstörungen richtet sich nach Stärke, Dauer und dem Zeitpunkt einer atypischen Blutung (Abb. **B-1.18**).

Die Beschreibung von Menstruationsstörungen richtet sich nach Stärke und Dauer der Blutung und dem Zeitpunkt, an dem die Blutung eintritt. Bezogen auf den Zeitpunkt kann eine Blutung atypisch innerhalb eines Zyklus oder außerhalb eines Zyklus (Perimenopause, Klimakterium) auftreten (Abb. **B-1.18**).

Blutungsstärke. Abweichungen von der normalen Blutungsstärke äußern sich als **Hypermenorrhö**, einer **verstärkten** Menstruationsblutung bzw. als **Hypomenorrhö, einer abgeschwächten** Periodenblutung. Benötigt eine Frau mehr als 5 Vorlagen bzw. Tampons/Tag, kann von einer verstärkten Blutung ausgegangen werden. Eine Hypomenorrhö kann sowohl bei biphasischen als auch monophasischen Zyklen vorkommen, wozu die Basaltemperaturkurve erste Hinweise gibt.

Blutungsstärke. Die **Hypermenorrhö** ist eine verstärkte, die **Hypomenorrhö** eine abgeschwächte Menstruationsblutung. Einer abgeschwächten Periodenblutung kann sowohl ein mono- als auch ein biphasischer Zyklus vorausgehen (Basaltemperaturkurve auswerten).

Blutungsdauer. Bei verlängerter und verstärkter Blutung spricht man von **Menorrhagie**. Eine solche Blutung dauert mehr als 6 Tage. Eine Periodenblutung von weniger als 3 Tagen wird als **Brachymenorrhö** bezeichnet.

Blutungsdauer. Die **Menorrhagie** ist eine verlängerte (> 6 Tage) und verstärkte Blutung. Eine **Brachymenorrhö** dauert weniger als 3 Tage.

Blutungszeitpunkt. Eine meist lang andauernde Gebärmutterblutung außerhalb der Menstruation wird **Metrorrhagie** genannt. In der Perimenopause z. B. kann es zur **Menometrorrhagie** kommen. Eine solche Blutung ist meist verstärkt und verlängert, ein regelmäßiger Zyklus ist nicht mehr erkennbar.

Blutungszeitpunkt. Eine starke und lang andauernde Blutung außerhalb der Menstruation wird **Metrorrhagie** genannt. Tritt eine solche Blutung während der Perimenopause auf, spricht man von einer **Menometrorrhagie**.

Zu erwähnen sind noch die Schmierblutungen, die als **prä- bzw. postmenstruelles Spotting** oder während des Zyklus als **Zwischenblutung** auftreten können. Eine **Mittelblutung** ist eine leichte Blutung kurz vor dem Eisprung.

Schmierblutungen können als **prä- bzw. postmenstruelles Spotting** auftreten oder während des Zyklus als **Zwischenblutung**. **Mittelblutungen** sind leichte Blutungen kurz vor dem Eisprung.

Bei zu starker und/oder zu langer Blutung kommen ursächlich **organische Veränderungen der Gebärmutter** in Frage, die die **Kontraktionsfähigkeit** einschränken, wie z. B. Uterus myomatosus, Polypen, Adenomyositis uteri. Auch Gerinnungsstörungen können in Betracht kommen. Je nach Lebensphase der Frau, in der die Blutung auftritt, muss ein Karzinom ausgeschlossen werden. Vor allem bei **Blutungen in der Menopause** muss die Blutungsursache immer durch eine **fraktionierte Abrasio** histologisch abgeklärt werden.

Organische Veränderungen des Uterus, die die **Kontraktionsfähigkeit** einschränken, können zu verstärkten und verlängerten Blutungen führen. Je nach Lebensphase der Frau muss bei solchen Blutungen ein Karzinom ausgeschlossen werden (z. B. in der Menopause durch eine fraktionierte Abrasio).

Bei zu schwachen, zu kurzen und zu seltenen Blutungen liegen eher **hormonelle Unregelmäßigkeiten** zu Grunde. Dies gilt auch für das Spotting und die Zwischen- und Mittelblutung. Bei Frauen, die Kontrazeptiva einnehmen, ist ohnehin die Menstruationsblutung abgeschwächt. Bei der Brachymenorrhö sollte auch an eine Endometriumanomalie gedacht werden, die meist nicht therapiebedürftig ist. Ursächliche Hormonstörungen können durch die Gabe von Östrogen-Gestagen- bzw. Kombinationspräparaten behoben werden.

Hormonelle Ursachen liegen eher zu schwachen, zu kurzen und zu seltenen Blutungen zu Grunde. Unter Antikonzeption ist die Menstruationsblutung ohnehin abgeschwächt. Ursächliche Hormonstörungen sind durch Östrogen-, Gestagen- bzw. Kombinationspräparate therapierbar.

Anovulatorische Blutungsstörungen

Anovulatorische Blutungsstörungen

▶ **Definition.** Bei anovulatorischen Blutungsstörungen handelt es sich um Blutungen, die trotz Fehlen der Ovulation und fehlender Gelbkörperfunktion auftreten.

◀ **Definition**

Über die Ursachen dieser Zyklusstörungen, die bei ¼ aller Patientinnen vorliegen, die wegen einer Ovarfunktionsstörung nicht schwanger werden, besteht noch keine völlige Klarheit.

Meist fehlt der präovulatorische LH-Peak. Die Gonadotropine zeigen meist kein typisches Zyklusprofil.

Diagnostik. Es zeigt sich bei der Basaltemperaturmessung ein monophasischer Verlauf. Im zytologischen Abstrich, im Farnkrauttest und bei der Progesteronbestimmung in der Mitte der 2. Zyklushälfte wird das Fehlen der Ovulation deutlich (s. Abb. **B-1.19**). Die Gonadotropine zeigen meist ein untypisches Zyklusprofil. Der präovulatorische LH-Peak fehlt.
Zusätzlich ist es wichtig, Nebennieren- und Schilddrüsenfunktion abzuklären.

Diagnostik. Die Basaltemperaturkurve verläuft monophasisch. Zytologie, Farnkrauttest, Progesteron und Gonadotropine im Serum zeigen das Fehlen der Ovulation (s. Abb. **B-1.19**).

Therapie. Die Behandlung anovulatorischer Zyklusstörungen kann einerseits die Stillung einer übermäßig starken Blutung, andererseits die Regulation der Blutungsintervalle zum Ziel haben. Der therapeutische Ansatz richtet sich danach,

Therapie. Die Therapie der Anovulation erfolgt durch Östrogen-, Gestagen- und Kombinationspräparate (s. S. 435 ff). Sie

B-1.18

B-1.18 Störungen des Blutungscharakters

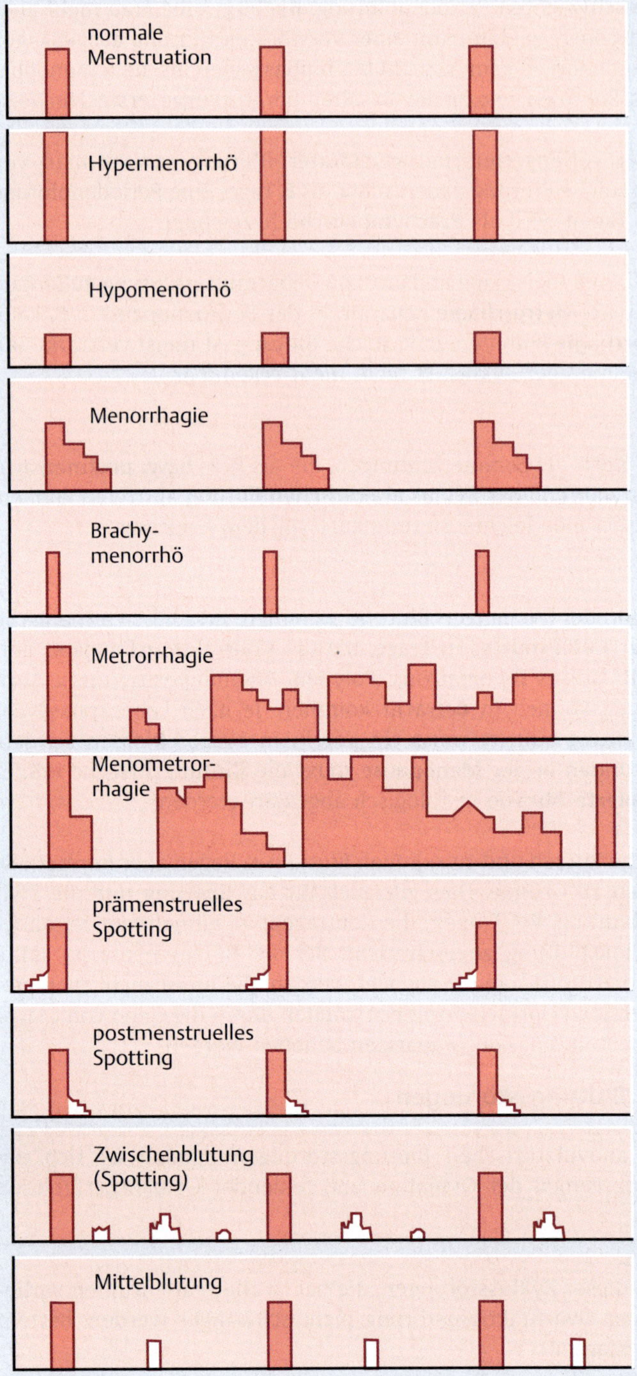

richtet sich auch danach, ob Kontrazeptionsbedarf oder Kinderwunsch besteht.

ob Kontrazeptionsbedarf besteht oder ob bei vorliegendem Kinderwunsch durch Medikamente die Ovulation ausgelöst werden soll.

Bei Wunsch nach gleichzeitiger Kontrazeption werden Östrogen-, Progesteron- oder Kombinationspräparate nach bestimmten Schemata eingesetzt. Die Therapie der Ovulationsauslösung zur Behandlung von Patientinnen mit unerfülltem Kinderwunsch wird auf S. 435 ff gesondert erläutert.

LUF-Syndrom: Das Syndrom des luteinisierten, jedoch nicht rupturierten Follikels (LUF-Syndrom = luteinized unruptured follicle syndrome) ist eine Sonderform der anovulatorischen Funktionsstörung. Bei normaler Wachstumskurve

B-1.19 Diagnostik von ovulatorischen und anovulatorischen Zyklen

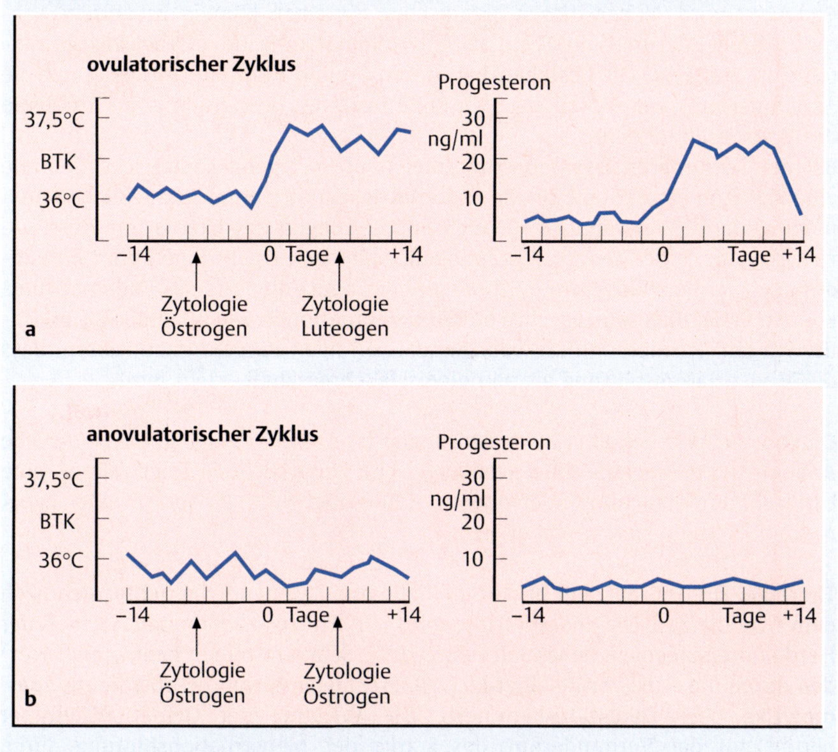

a Typisch für einen ovulatorischen Zyklus ist der biphasische Verlauf der Basaltemperaturkurve, die unterschiedliche Beurteilung der Zytologie und der typische Anstieg des Progesterons in der 2. Zyklushälfte.
b Dies alles fehlt bei einem anovulatorischen Zyklus.

B-1.19

des Follikels in der Follikelreifungsphase sieht man sonographisch Luteinisierungszeichen des Follikels ohne Hinweis auf eine Ruptur des Follikels. Die fehlende Ovulation wird durch niedrige mittzyklische LH-Werte und niedrige Progesteronspiegel in der Lutealphase diagnostiziert. Besonders bei Patientinnen mit ungeklärter Infertilität und Endometriose sollte ein LUF-Syndrom ausgeschlossen werden. Therapeutisch sollte bei vorliegender Sterilität die Follikelreifung unterstützt, die Ovulation mit Medikamenten ausgelöst und die Corpusluteum-Phase kontrolliert werden.

1.3.2 Dysmenorrhö und prämenstruelles Syndrom

Dysmenorrhö

1.3.2 Dysmenorrhö und prämenstruelles Syndrom

Dysmenorrhö

▶ **Definition.** Unter **Dysmenorrhö** versteht man eine stark schmerzhafte Menstruationsblutung. Es sind vor allem Beschwerden wie krampfartige Unterbauchschmerzen, Übelkeit und Kreislaufstörungen vorhanden, die vor Einsetzen der Blutung beginnen und am 1. und 2. Zyklustag am stärksten sind.

◀ **Definition**

Man unterscheidet die primäre Dysmenorrhö, die seit der Menarche besteht, und die sekundäre oder „erworbene" Dysmenorrhö.

Ätiologie und Pathogenese. Mögliche anatomische Ursachen der **primären Dysmenorrhö** sind ausgeprägte Uterus- bzw. Genitalhypoplasien, Lageanomalien der Gebärmutter (Retroflexion) oder Uterusfehlbildungen. Eine größere Bedeu-

Klinisch lassen sich 2 Formen der Dysmenorrhö, die primäre und die sekundäre, unterscheiden.

Ätiologie und Pathogenese. Mögliche Ursachen der **primären Dysmenorrhö** liegen im anatomischen (Uterusfehlbildungen, Retroflexio uteri, Genitalhypoplasien), hormonellen (vermehrte Prostaglandinbildung) und psychischen Bereich.

tung scheint eine vermehrte Prostaglandinbildung im Endometrium zur Zeit der Menstruation zu haben, wodurch die Kontraktilität des Myometriums extrem gesteigert wird. Neben diesen organischen Ursachen können psychische Faktoren von Bedeutung sein. Nicht selten wirken organische und psychische Faktoren in Synergie. Oft bestehen bei diesen Frauen Konflikte in Bezug auf die Annahme ihrer weiblichen sozialen Rolle bzw. der Bewältigung der Probleme des Erwachsenwerdens.

Bei der **sekundären Dysmenorrhö** spielen überwiegend somatische Befunde, z. B. eine **Endometriose**, Entzündungen von Uterus und Ovar oder Myome eine Rolle. Aber auch psychische Konfliktsituationen (z. B. unerfüllter Kinderwunsch) können ursächlich sein.

Bei der **sekundären Dysmenorrhö** spielen überwiegend somatische Befunde eine Rolle. An erster Stelle sei die **Endometriose** in ihren unterschiedlichen Ausprägungsformen erwähnt. Aber auch Entzündungen des Uterus und der Ovarien, Myome, eine Stenose des Zervikalkanals nach Operationen oder Entzündungen, ein liegendes Intrauterinpessar oder eine Polyposis des Endometriums können ursächlich sein. Psychische Konfliktsituationen wie z. B. unerfüllter Kinderwunsch, Partnerkonflikte oder Sexualstörungen können dazu führen, dass die Menstruationsblutung als pathologisch schmerzhaft erlebt wird.

Diagnostik. Dazu gehören eine ausführliche Anamnese und die gynäkologische Untersuchung. Gegebenenfalls können Ultraschall und operative Eingriffe indiziert sein.

Diagnostik. Wie bei allen Zyklusstörungen ist es notwendig, eine ausführliche **Anamnese** zu erheben. Eine gynäkologische Untersuchung folgt immer, eine Ultraschalluntersuchung oder operative Eingriffe wie z. B. Abrasio oder Laparoskopie können sich anschließen.

Therapie. Die Therapie der organisch bedingten Dysmenorrhö richtet sich nach dem Grundleiden. Schmerztherapie mittels **Analgetika, Spasmolytika** oder **Ovulationshemmern** kann erfolgen. Auch Wärmeanwendungen, Gymnastik und Psychotherapie kommen zum Einsatz.

Therapie. Die Therapie der organisch bedingten Dysmenorrhö richtet sich nach dem Grundleiden. Die Endometriose wird je nach Lokalisation und Ausmaß der Herde unterschiedlich behandelt (s. S. 310 ff). Schmerzfreiheit kann erzielt werden durch die Gabe von **Analgetika** (z. B. Prostaglandinsynthesehemmer), **Spasmolytika** oder **Ovulationshemmern**. Die Wirkung der Ovulationshemmer beruht auf der Verminderung der Stärke der Menstruationsblutung durch eine schwach ausgeprägte Proliferation des Endometriums. Die Prostaglandine, die normalerweise in der Corpus-luteum-Phase ansteigen, bleiben auf niedrigem Niveau. Neben Wärmeanwendungen und Gymnastik kommen auch psychotherapeutische Behandlungsformen zur Anwendung.

▶ **Klinischer Fall**

▶ **Klinischer Fall.** Mit sehr starken Unterleibsschmerzen stellt sich eine Patientin in der Praxis vor. Die Schmerzen haben mit Eintreten der Monatsblutung begonnen. Sie berichtet, sich seit 1 Jahr sehr stark ein Kind zu wünschen, dieser Wunsch sei aber noch nicht in Erfüllung gegangen. Bei jeder Regelblutung sei sie sehr enttäuscht und über mehrere Tage in einer depressiven Phase. Die gynäkologische und die sonographische Untersuchung sind unauffällig. Die Hormonkonzentrationen im Serum liegen im Normbereich. Mit Spasmolytika werden die Schmerzen behandelt. Im psychotherapeutischen Gespräch wird die Problematik des überwertigen Kinderwunsches besprochen. Bald tritt eine Schwangerschaft ein. Eine Dysmenorrhö bleibt bei regelmäßigen Zyklen nach der Entbindung aus.

Prämenstruelles Syndrom

Die Symptome des prämenstruellen Syndroms zeigt Tab. **B-1.7**.

Prämenstruelles Syndrom

Besonders bei Funktionsstörungen des Ovars treten bei einem Teil der Patientinnen in der 2. Zyklushälfte unterschiedliche Beschwerden auf, die in Tab. **B-1.7** aufgelistet sind.

Aufgrund eines gestörten Zusammenspiels der verschiedenen Hormone kommt es zu Flüssigkeits- und Elektrolytverschiebungen im Körper der Frau, was zum Teil eine Erklärung für dieses Krankheitsbild darstellt.

Pathogenese. Aufgrund eines gestörten Zusammenspiels der verschiedenen Hormone kommt es zu Flüssigkeits- und Elektrolytverschiebungen im Körper der Frau, was zum Teil eine Erklärung für dieses Krankenbild darstellt. Auch Aldosteron und Prolaktin sollen neben Östrogenen und Progesteron eine Rolle spielen.

Diagnostik und Therapie. Prämenstruelle Gestagengaben, niedrig dosierte Ovulationshemmer, aber auch entwässernde Maßnahmen können die Beschwerden lindern.

Diagnostik und Therapie. Wichtig ist eine gezielte Anamnese. Das prämenstruelle Syndrom ist für viele Frauen ein chronischer Zustand, an den sie sich gewöhnt haben, so dass man ausdrücklich nach den Symptomen fragen muss. Da die in der 2. Zyklushälfte auftretenden Einschränkungen der körperlichen Leistungsfähigkeit und seelischen Befindlichkeit einer Frau nicht nur für sie selbst oft intolerabel sind, sondern auch Folgen für ihre zwischenmenschlichen Beziehungen in der Familie, im Freundeskreis und bei der Arbeit haben können,

B-1.7 Symptome des prämenstruellen Syndroms

- Mastodynie (Brustspannen)
- psychische Labilität
- Depression
- Lethargie
- Akneneigung
- Reizbarkeit
- Aggression
- Obstipation/Flatulenz
- Wassereinlagerungen
- Kopfschmerzen, Migräne
- Kreislauflabilität
- Hitzewallungen, Schweißausbrüche
- Völlegefühl, Gewichtszunahme
- Rückenschmerzen
- Unterleibsschmerzen

B-1.7

gibt dies oft Anlass zur Therapie. Prämenstruelle Gestagengaben, niedrig dosierte Ovulationshemmer, aber auch entwässernde Maßnahmen (z. B. salzarme Kost) können die Beschwerden lindern.

Klinischer Fall. Eine Patientin klagt über starke Brustempfindlichkeit und Ziehen in Rücken und Unterleib vor Eintreten der Periodenblutung. Sie nimmt zu diesem Zeitpunkt an Gewicht zu. Psychisch sei sie prämenstruell stark labil, teils aggressiv, teils depressiv. Ihre Umwelt leide sehr unter ihren Beschwerden. Bei einer Zyklusüberwachung ist eine Ovulation vorhanden. Deutlich wird eine Gelbkörperschwäche mit Schmierblutungen 3–5 Tage vor der Periodenblutung. Durch eine Gestagengabe in der 2. Zyklushälfte wird das prämenstruelle Syndrom erfolgreich behandelt. Die Schmierblutungen verschwinden.

Klinischer Fall

1.3.3 Störungen der Blutungsrhythmik

Das normale Zyklusintervall bei unauffälliger Follikel- und Corpus-luteum-Phase beträgt 25–31 Tage **(Eumenorrhö)**. Beträgt der Abstand zwischen zwei Menstruationsblutungen weniger als 25 Tage, spricht man von **Polymenorrhö. Oligomenorrhö** bezeichnet den Zustand, wenn das blutungsfreie Intervall mehr als 31 Tage beträgt. Bleibt die Blutung über längere Zeit aus (mehr als 6 Monate), liegt eine **Amenorrhö** vor. Zusätzlich ist es möglich, dass die Blutungen in völlig unregelmäßigen Abständen auftreten, so dass eine Einordnung in die genannten Formen nicht mehr möglich ist.
Eine Übersicht über die verschiedenen Störungen der Blutungsrhythmik gibt Abb. **B-1.20**.

1.3.3 Störungen der Blutungsrhythmik

Eumenorrhö bezeichnet einen 25–31 Tage langen Zyklus. Bei der **Polymenorrhö** sind die Abstände geringer als 25 Tage. Beträgt das blutungsfreie Intervall mehr als 21 Tage, spricht man von **Oligomenorrhö**. Bleibt die Blutung mehr als 6 Monate aus, liegt eine **Amenorrhö** vor.

Eine Übersicht über die verschiedenen Störungen der Blutungsrhythmik gibt Abb. **B-1.20**.

B-1.20 Störungen der Blutungsrhythmik

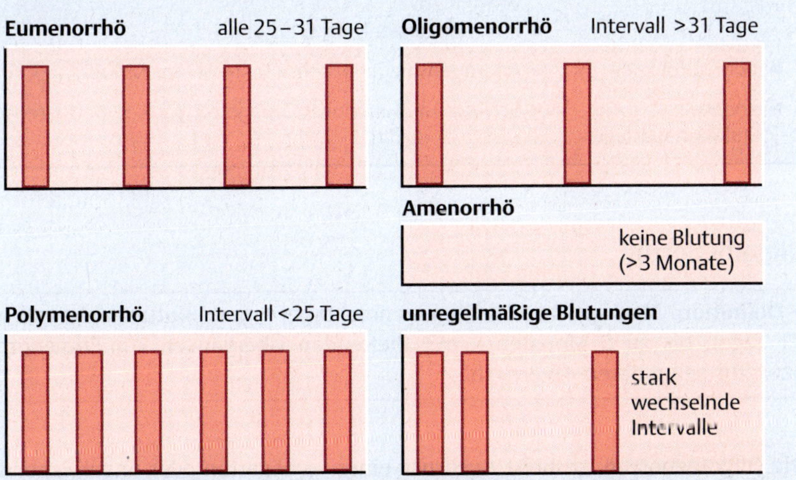

B-1.20

Polymenorrhö

▶ Definition

Polymenorrhö

▶ **Definition.** Von Polymenorrhö spricht man, wenn bei meist normaler Blutungsstärke der Abstand zwischen zwei Menstruationsblutungen weniger als 25 Tage beträgt.

Es liegt meist eine verkürzte Follikelphase und/oder eine verkürzte Corpus-luteum-Phase vor, wobei der Zyklus ovulatorisch oder anovulatorisch sein kann.

Die Polymenorrhö tritt häufiger nach dem 35. Lebensjahr auf. Meist ist die Follikelphase verkürzt, seltener die Gelbkörperphase. Der Zyklus kann ovulatorisch oder anovulatorisch sein. Es ist auch möglich, dass die Blutungen in völlig unregelmäßigen Abständen auftreten. Es wechseln sich dann meist ovulatorische mit anovulatorischen Abschnitten ab. Die im Individualfall zu Grunde liegende Ursache ist in den verschiedenen endokrinen Systemen zu suchen.

Besonders im höheren Alter ist eine Abrasio zum Ausschluss eines Karzinoms notwendig.

Werden diese häufigen Blutungen als belastend empfunden oder führen sie über den übermäßigen Blutverlust zur Anämie, ist eine Therapie erforderlich. Besonders im höheren Alter ist eine Abrasio zum Ausschluss eines Karzinoms notwendig.

Durch die Gabe von Hormonpräparaten können die Zyklen normalisiert werden.

Durch Gabe von Östrogen, Clomifen oder Östrogen-Gestagen-Kombinationspräparaten können die Zyklen normalisiert werden. Bei einer Corpus-luteum-Insuffizienz ist es möglich, in der 2. Zyklushälfte Gestagene zu geben. Unregelmäßige Blutungen sind in ähnlicher Weise ins Gleichgewicht zu bringen.

Corpus-luteum-Insuffizienz

Diese Störung ist ein Sammelbegriff für bisher unzureichend definierte Funktionsstörungen des Gelbkörpers. In der Basaltemperaturkurve zeigt sich eine verkürzte hypertherme Phase. Bei ca. 50 % der Patientinnen, die wegen einer Ovarfunktionsstörung nicht schwanger werden, ist die Ursache eine Corpus-luteum-Insuffizienz. Die verschiedenen Ursachen sind in Tab. **B-1.8** aufgeführt.

Corpus-luteum-Insuffizienz

Diese Störung, auch Lutealinsuffizienz oder Gelbkörperschwäche genannt, ist ein Sammelbegriff für bisher unzureichend definierte Funktionsstörungen des Gelbkörpers, die sich auch klinisch nicht einheitlich darstellen, gehäuft aber mit einem prämenstruellen Syndrom einhergehen. Die verkürzte Gelbkörperphase ist relativ einfach durch die Basaltemperaturkurve als verkürzte hypertherme Phase auszumachen. Manchmal manifestiert sie sich als Polymenorrhö. Geht jedoch der verkürzten Gelbkörperphase eine verlängerte Follikelreifung voraus, kann das Blutungsintervall normal sein. Bei etwa 50 % der Patientinnen, die wegen einer Ovarfunktionsstörung nicht schwanger werden, liegt eine Corpus-luteum-Insuffizienz vor. Die verschiedenen Ursachen sind in Tab. **B-1.8** ausführlich dargestellt.

B-1.8

B-1.8 Ursachen der Corpus-luteum-Insuffizienz

Ursachen	*Hormonkonstellation*
▶ hypothalamisch	▪ GnRH-Amplitude vermindert ▪ GnRH-Pulse vermehrt
▶ hypophysär	▪ FSH-Konzentration prä- und postmenstruell vermindert ▪ LH ab 7. Zyklustag einschließlich des LH-Gipfels vermindert ▪ Prolaktinkonzentration erhöht
▶ adrenal/ovariell	▪ Androgenspiegel erhöht (Testosteron, DHEAS)
▶ andere Endokrinopathien	▪ Schilddrüsenfunktionsstörungen (Hypo-, Hyperthyreose) ▪ Diabetes mellitus

Oligomenorrhö

▶ Definition

Oligomenorrhö

▶ **Definition.** Man spricht von Oligomenorrhö bei einem Blutungsintervall von 33 Tagen bis zu 6 Monaten – mit fließenden Übergängen zur Eumenorrhö bzw. zur sekundären Amenorrhö.

Die Oligomenorrhö ist meist Ausdruck einer unzureichenden oder verzögerten

Die Oligomenorrhö ist meist Ausdruck einer verzögerten oder unzureichenden Follikelreifung. Der Zyklus kann ovulatorisch oder anovulatorisch sein. Da sich

B-1.21 Eumenorrhö – Oligomenorrhö – Amenorrhö

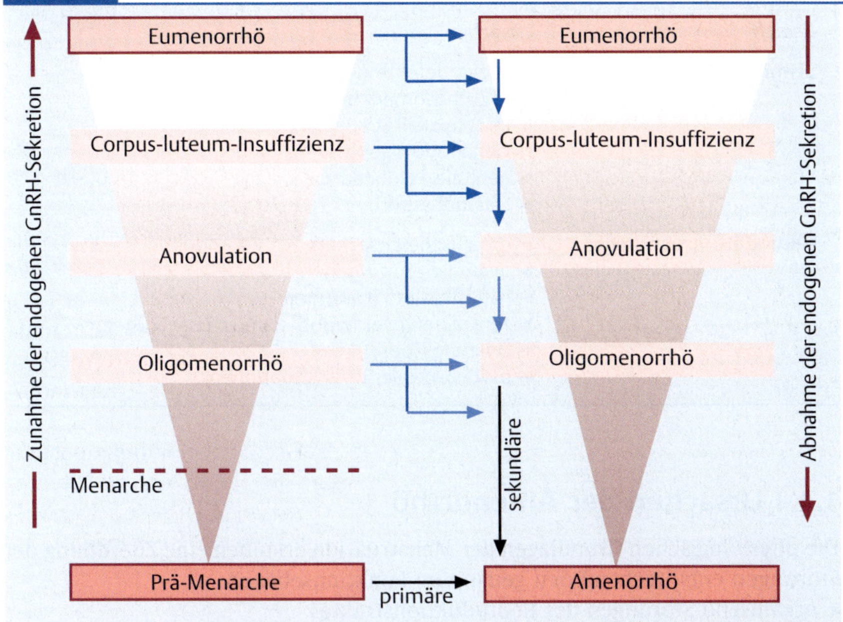

Schematische Darstellung der fließenden Übergänge Eumenorrhö – Oligomenorrhö – Amenorrhö am Beispiel einer hypothalamischen Störung: Im linken Teil der Grafik sieht man bei Zunahme der endogenen GnRH-Sekretion von der Menarche an die Ausbildung eines normalen regelmäßigen Zyklus über die Schritte Oligomenorrhö, Anovulation und Corpus-luteum-Insuffizienz. Bei einer hypothalamisch bedingten Störung kann über eine Abnahme der endogenen GnRH-Sekretion ein regelmäßig ovulatorischer Zyklus über ähnliche Schritte in eine Amenorrhö übergehen.

oligomenorrhoische Zyklen oftmals als Vorstadien mit Übergang in eine sekundäre Amenorrhö oder nach Wiedereinsetzen der zyklischen Ovarialfunktion nach sekundärer Amenorrhö finden, werden die Ursachen dieser Zyklusstörungen gemeinsam unter der Überschrift „Amenorrhö" ausgeführt. Kurz zusammengefasst finden sich bei der Oligomenorrhö ursächlich zentrale Funktionsstörungen (s. hypothalamisch bedingte Amenorrhö), eine Hyperprolaktinämie oder auch z. B. eine Hyperandrogenämie, die mit dem klinischen Bild eines sog. polyzystischen Ovarialsyndroms (Stein-Leventhal-Syndrom) gekoppelt sein kann.
Durch die Beurteilung mehrerer konsekutiv geführter Basaltemperaturkurven und einer zusätzlichen Hormondiagnostik können oligomenorrhoische Zyklen und deren Ursache verifiziert werden.

Follikelreifung. Oligomenorrhoische Zyklen sind oftmals Vorstadien mit Übergang in eine sekundäre Amenorrhö oder eine Durchgangsform nach Wiederbeginn der zyklischen Ovarialfunktion nach sekundärer Amenorrhö. Die Ursachen sind unter der Überschrift „Amenorrhö" erläutert.

Die Oligomenorrhö ist gewöhnlich dann behandlungsbedürftig, wenn bei der Patientin Kinderwunsch vorliegt.

Oligomenorrhoische Zyklen sind meist nur bei Kinderwunsch behandlungsbedürftig.

Die fließenden Übergänge zwischen Eumenorrhö, Oligomenorrhö und Amenorrhö zeigt Abb. **B-1.21**.

Die fließenden Übergänge zwischen Eu-, Oligo- und Amenorrhö zeigt Abb. **B-1.21**.

Vollständigkeitshalber sollten die physiologischen Formen der Amenorrhö während der Präpubertät, Gravidität, Laktationsperiode und Postmenopause erwähnt werden. Es ist wichtig, diese Formen von der pathologischen Amenorrhö (s. Definition) abzugrenzen.

1.4 Amenorrhö

◀ **Definition**

▶ **Definition.** Jede Patientin mit einem der folgenden Kriterien sollte als amenorrhoisch aufgefasst werden (s. Tab. **B-1.9**):
1. Keine Menarche bis zum 14. Lebensjahr **und** keine Entwicklung sekundärer Geschlechtsmerkmale (primäre Amenorrhö).
2. Keine spontane Menstruationsblutung bis zum 15. Lebensjahr (entsprechend 2 Jahre nach dem durchschnittlichen Menarchealter von etwa 13 Jahren), **unabhängig** von der Ausprägung sekundärer Geschlechtsmerkmale **(primäre Amenorrhö).**
3. Ausbleiben der Blutung bei einer zuvor menstruierenden Frau für den Zeitraum, der 3 ihrer vorhergehenden Zyklusintervalle entspricht, oder über eine Phase von mehr als **6 Monaten (sekundäre Amenorrhö).**

B-1.9

B-1.9 Ursachen primärer und sekundärer Amenorrhö

Begriff	*Ursachen*
primäre Amenorrhö	▶ Enzymdefekte (adrenogenitales Syndrom) ▶ Chromosomenaberrationen ▶ Intersexualität ▶ Gonadendysgenesie ▶ genitale Fehlbildungen ▶ Leistungssport
sekundäre Amenorrhö	▶ organische Ursachen des Reproduktionstraktes ▶ ovarielle Störungen ▶ hypophysäre Störungen ▶ zentralnervöse, hypothalamische Störungen ▶ Leistungssport ▶ psychosoziale Stresssituationen

1.4.1 Ursachen der Amenorrhö

Der Beschreibung von Ursachen und diagnostischem Vorgehen bei der Amenorrhö orientiert sich im Folgenden an den bereits genannten Funktionsebenen:
- organische Störungen des Reproduktionstraktes
- ovarielle Störungen
- hypophysäre Störungen
- zentralnervöse-hypothalamische Störungen

(s. Abb. **B-1.22** und Tab. **B-1.10**). Die Einteilung der Amenorrhö nach WHO zeigt Tab. **B-1.11**.

1.4.1 Ursachen der Amenorrhö

Die physiologischen Grundlagen der Menstruation erlauben eine Zuordnung der Störungen entsprechend den genannten Funktionsebenen:
- organische Störungen des Reproduktionstraktes
- ovarielle Störungen
- hypophysäre Störungen
- zentralnervöse-hypothalamische Störungen.

Da sich an diesen 4 Abschnitten das spezielle diagnostische Vorgehen orientiert, wurden sie auch der Beschreibung von Klinik, Diagnostik und Therapie der Krankheitsbilder zu Grunde gelegt. Vorangestellt wird jedoch noch eine Erläuterung des generellen diagnostischen Vorgehens bei Amenorrhö. Eine Übersicht der Ursachen der Amenorrhö zeigt. Abb. **B-1.22** bzw. Tab. **B-1.10**. Die Einteilung der Amenorrhö nach WHO ist in Tab. **B-1.11** dargestellt.

B-1.10

B-1.10 Übersicht der Ursachen der Amenorrhö

Abschnitt 1	**organische Ursachen des Reproduktionstraktes** ▶ uterine Amenorrhö: ▪ **primäre** Form: Mayer-v.-Rokitansky-Küster-Syndrom ▪ **testikuläre** Feminisierung sekundäre Form: Asherman-Syndrom ▶ distale Gynatresie
Abschnitt 2	**ovarielle Störungen** ▶ Hypoplasie der Ovarien (Ullrich-Turner-Syndrom, 45,X0; 46,XX-Gonadendysgenesie; 46,XY-Gonadendysgenesie; Mosaikformen) ▶ Syndrom der polyzystischen Ovarien (= Stein-Leventhal-Syndrom, Hyperthecosis ovarii) Differenzialdiagnose: adrenogenitales Syndrom ▶ vorzeitige Ovarialerschöpfung ▶ Ovarialtumoren (hormonell aktive und hormonell inaktive)
Abschnitt 3	**hypophysäre Störungen** ▶ Hyperprolaktinämie ▶ Hypophysentumoren ▶ Sheehan-Syndrom ▶ Laurence-Moon-Biedl-Bardet-Syndrom (gengebundene Anomalie mit Dysfunktion der Hypophyse)
Abschnitt 4	**zentralnervöse hypothalamische Störungen** ▶ funktionelle Ursachen (psychogen-psychoreaktive Störungen z. B. bei Anorexia nervosa, Katastrophensituationen, Leistungssport) ▶ organische Ursachen (Tumoren, Entzündungen, Missbildungen) ▶ medikamentöse Ursachen

B-1.11 Einteilung der Amenorrhö (nach WHO)

WHO-Gruppe	*Diagnose*	*Ätiologie*
I	▶ hypogonadotrope Amenorrhö	▶ hypothalamisch-hypophysäre Insuffizienz
II	▶ hypothalamisch-hypophysäre Dysregulation („Amenorrhö, anovulatorische Oligoamenorrhö“)	▶ Störung der Rückkopplung ▶ PCO-Syndrom
III	▶ hypogonadotrope Amenorrhö	▶ Ovarialinsuffizienz
IV	▶ nomogonadotrope Amenorrhö	▶ Störung des Endometriums (kongenitale Anomalie, Synechien)
V	▶ hyperprolaktinämische Amenorrhö	▶ Adenome der Hypophyse, (Prolaktinom), idiopathisch, medikamentös
VI	▶ Amenorrhö	▶ unbekannt (psychisch?)
VII	▶ hypogonadotrope Amenorrhö	▶ hypothalamisch-hypophysäre Insuffizienz (Tumor)

B-1.22 Einteilung der Ursachen der Amenorrhö nach 4 Abschnitten

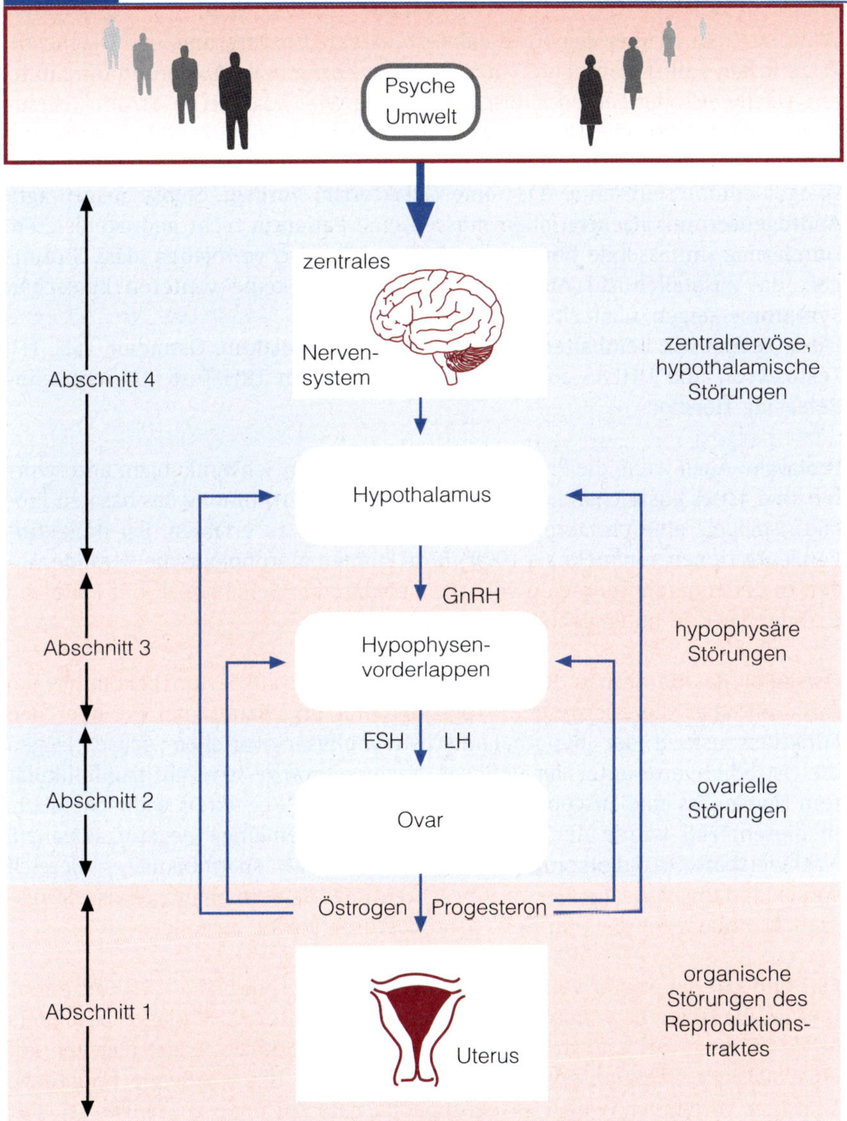

B-1.22

1.4.2 Diagnostisches Vorgehen bei der Amenorrhö

▶ Merke

1.4.2 Diagnostisches Vorgehen bei der Amenorrhö

▶ **Merke.** Vor Beginn jeder Diagnostik einer sekundären Amenorrhö muss eine Schwangerschaft ausgeschlossen werden.

Eine **(gestörte) Schwangerschaft** ist zu Beginn mittels HCG-Bestimmung auszuschließen.

Eine ausführliche Anamnese sowie eine sorgfältige **körperliche und gynäkologische Untersuchung** sind unbedingt notwendig. Bei der Untersuchung der Mammae muss besonders auf eine spontane oder indizierbare **Sekretion der Brust** geachtet werden (Galaktorrhö). Zur Vorgehensweise s. Abb. **B-1.23** und **B-1.24**.

Eine **Schwangerschaft**, auch wenn sie gestört sein sollte, ist am günstigsten durch eine HCG-Bestimmung (Human-Chorion-Gonadotropin) aus dem Serum auszuschließen.
Eine exakte Anamnese, in der nach genetischen Anomalien in der Familie und psychischen sowie physischen Belastungen gesucht wird, sollte selbstverständlich sein. Die Untersuchung des **gesamten Körpers** muss auch die Relation von Größe und Gewicht, den Entwicklungsstand der sekundären Geschlechtsmerkmale, das Wachstum bei peripuberalen Patientinnen und die Schilddrüsengröße umfassen. Durch eine **gynäkologische Untersuchung** sind Störungen oder Anomalien des Reproduktionstraktes auszuschließen. Da die Amenorrhö gelegentlich mit einer Galaktorrhö vergesellschaftet ist, muss auch auf eine spontane oder induzierbare **Sekretion der Brust** geachtet werden. Zur Vorgehensweise s. Abb. **B-1.23** und Abb. **B-1.24**.

Erster diagnostischer Schritt: hormonelle Abklärung

Die primäre **hormonelle Diagnostik** beinhaltet Serumbestimmungen von Prolaktin, Östradiol, FSH, LH, Testosteron, DHEAS und einen TRH-Test.

Erster diagnostischer Schritt: hormonelle Abklärung

Während man früher den Gestagentest in den Vordergrund der Diagnostik gestellt hat, sollte man heute vorrangig eine **hormonelle Abklärung** durchführen. Nachweis oder Fehlen klinischer Befunde wie Galaktorrhö, Struma, Hirsutismus, Adipositas oder Untergewicht haben bei der Amenorrhödiagnostik keinen Einfluss auf die Auswahl der Hormonbestimmungen. So kann der Prolaktinspiegel erhöht sein, ohne dass eine Galaktorrhö vorliegt. Selbst ausgeprägte Androgenserumkonzentrationen müssen eine Patientin nicht androgenisieren. Durch eine umfassende hormonelle Diagnostik wird vermieden, dass Störungen, die zusätzlich zur Amenorrhö wenige oder keine weiteren klinischen Symptome zeigen, übersehen werden.
Diese Diagnostik beinhaltet Bestimmungen von Prolaktin, Östradiol, FSH, LH, Testosteron und DHEAS aus dem Serum und einen TRH-Test (Thyreotropin-Releasing-Hormon).

Prolaktin. Durch Bestimmung des basalen Prolaktinspiegels lässt sich eine prolaktinabhängige Amenorrhö erfassen.
Bei Prolaktinkonzentrationen > 1000 µE/ml sollte die Sella mittels CT oder MRT zum Ausschluss eines Prolaktinoms abgeklärt werden.

Prolaktin. Auch wenn die Prolaktinspiegel deutlichen Schwankungen unterworfen sind, ist es ausreichend, durch eine einmalige Bestimmung des basalen Prolaktinspiegels eine prolaktinabhängige Amenorrhö zu erfassen. Bei Prolaktinkonzentrationen von mehr als 1000 µE/ml können morphologische Veränderungen in der Hypophysenregion vorliegen, so dass der Sellabereich mit Hilfe von CT oder MRT zu untersuchen ist (s. auch S. 84 f).

Östradiol. Man erhält Auskunft über die endogene Östrogenaktivität und damit indirekt über den Funktionszustand der hypothalamisch-hypophysär-ovariellen Achse. Bei niedrigen Werten ist eine ausgeprägte Störung in diesem Regelkreis wahrscheinlich.

Östradiol. Bestimmt man die Östradiolkonzentration im Serum, bekommt man Auskunft über die endogene Östrogenaktivität und damit indirekt über den Funktionszustand der hypothalamisch-hypophysär-ovariellen Achse. Liegen die Östradiolwerte unter der üblichen Nachweisgrenze bzw. auf frühfollikulärem Niveau, ist eine ausgeprägte Störung in diesem Regelkreis wahrscheinlich. In diesem Fall würde der Gestagen-Test im Allgemeinen negativ ausfallen. Nachweisbare Östradiolkonzentrationen in mitt- bzw. spätfollikulärem Bereich sprechen dafür, dass die Eierstöcke von zentraler Seite in einem gewissen Ausmaß stimuliert werden. Ein Gestagentest würde positiv ausfallen.

FSH und LH. Ein erhöhter FSH-Spiegel, besonders in Verbindung mit erniedrigten E_2-Werten, weist auf eine ovarielle Funktionsstörung bzw. Erschöpfung hin. Bei perimenopausalen Zuständen wäre der LH/FSH-Quotient zu Gunsten des FSH verschoben (< 1).

FSH und LH. Bei primär voll leistungsfähigen Ovarien liegt die FSH-Konzentration im niedrigen bzw. normalen Bereich. Ein erhöhter FSH-Spiegel, besonders in Verbindung mit erniedrigten Östradiolkonzentrationen, weist dagegen auf eine ovarielle Funktionsstörung bzw. Erschöpfung hin. Fließende Übergänge sind hier vorhanden, wobei an perimenopausale Zustände zu denken ist. Der LH/FSH-Quotient ist dann zu Gunsten der FSH verschoben und liegt unter 1. Es gibt jedoch seltene Befundkonstellationen mit erhöhten Gonadotropinen und Ovarien, die noch funktionsfähige Follikel enthalten.

B-1.23 Diagnostisches Vorgehen bei primärer Amenorrhö

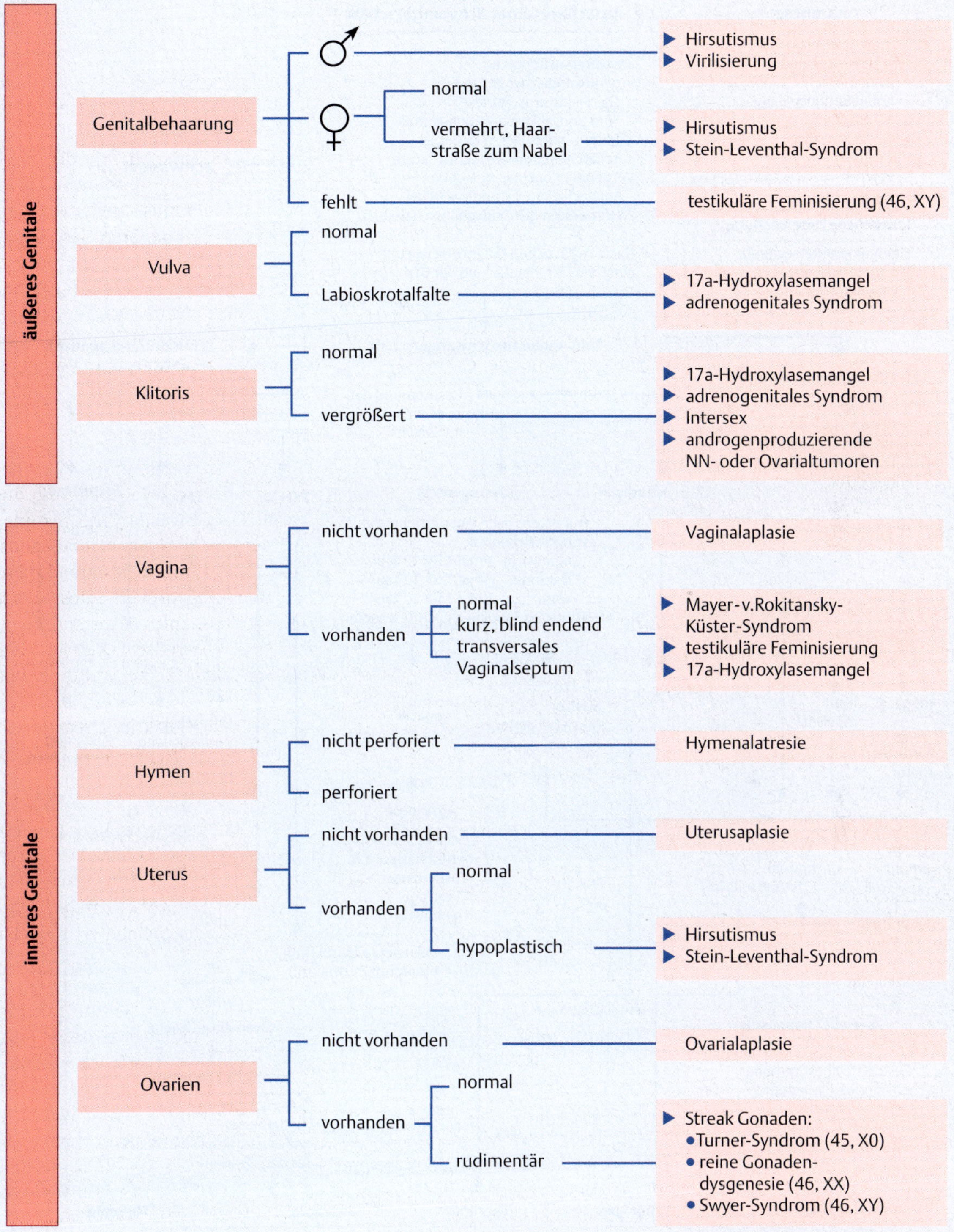

B-1.24 Diagnostisches Vorgehen bei sekundärer Amenorrhö

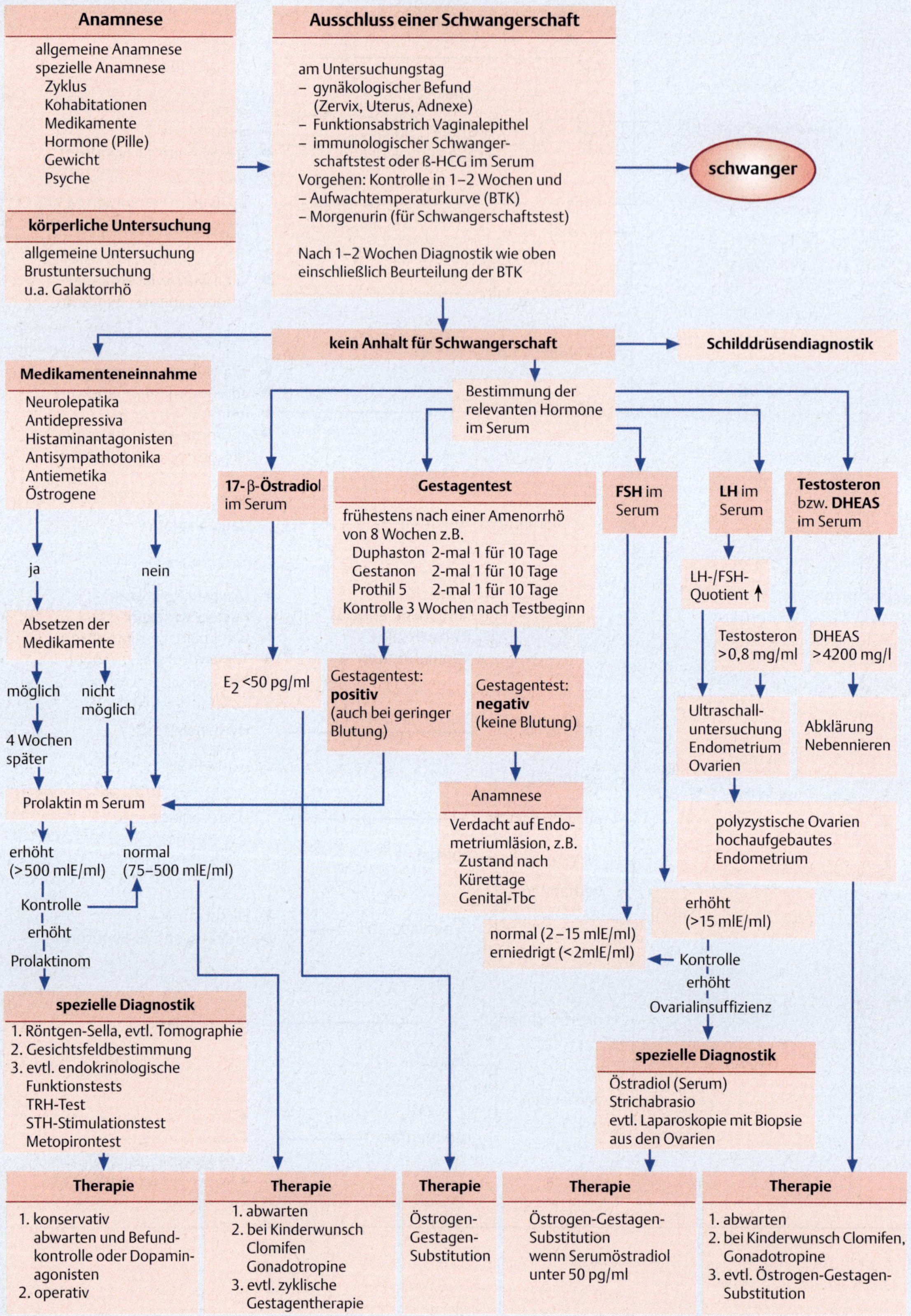

Testosteron, DHEAS, freies DHEA. Erhöhte Testosteronwerte sind vor allem Zeichen einer **Reifestörung der Follikel** und können Bestandteil des Syndroms „polyzystischer" Ovarien sein. Findet man erhöhte Serumkonzentrationen von DHEAS bzw. freiem DHEA, so sollte eine weiterführende Abklärung der Nebennierenfunktion durchgeführt werden. **Androgenisierungserscheinungen** an der Haut wie **Hirsutismus** und **Akne** sind zwar wichtige Hinweise auf eine Hyperandrogenämie, keinesfalls aber obligate Zeichen. Oft findet man bei Frauen mit einer hyperandrogenämischen Ovarialfunktionsstörung ein deutliches **Übergewicht**.

Testosteron, DHEAS, freies DHEA. Erhöhte Testosteronwerte können auf polyzystische Ovarien hinweisen. Bei erhöhtem DHEAS bzw. freiem DHEA sollten die Nebennieren abgeklärt werden.

TRH-Test. Manifeste Störungen der Schilddrüsenfunktion **(Hypo- und Hyperthyreose)** lassen sich durch die Bestimmung des basalen TSH, des freien Thyroxins T_4 und des Trijodthyroxins T_3 gut erkennen. Die **latente Hypothyreose** lässt sich ausschließlich durch den Einsatz eines dynamischen TRH-Tests feststellen, da sich diese Patientinnen hinsichtlich der Schilddrüsenhormonwerte in einem kompensierten Zustand befinden und diese Parameter im normalen Bereich liegen.
Da die primäre Hypothyreose häufig – jedoch nicht obligat – zu einer Hyperprolaktinämie führt, ist die Wahrscheinlichkeit einer latenten oder auch manifesten Hypothyreose bei Nachweis erhöhter Prolaktinspiegel etwa 3- bis 5mal so groß wie bei Nachweis normaler Prolaktinspiegel. Überfunktionen der Schilddrüse kommen im Patientenkollektiv eines Frauenarztes relativ selten vor, vermutlich da die Symptome der Hyperthyreose die Frau zuerst zum Hausarzt bzw. zum Internisten führen.

TRH-Test. Deutliche Schilddrüsenfunktionsstörungen lassen sich durch die Bestimmung des basalen TSH, des T_4 und des T_3 gut erkennen. Die latente Hypothyreose lässt sich ausschließlich durch einen TRH-Test feststellen. Die Wahrscheinlichkeit einer latenten oder manifesten Hypothyreose ist bei Nachweis erhöhter Prolaktinspiegel etwa 3- bis 5mal so groß wie bei normalen Prolaktinspiegeln.

Zweiter diagnostischer Schritt: Gestagentest

Wenn das Endometrium amenorrhoischer Patientinnen durch endogene Östrogene ausreichend proliferiert ist, ruft die mindestens 10-tägige Verabreichung von z. B. 5 mg Medroxyprogesteronacetat pro Tag innerhalb von 2–7 Tagen nach Therapieende eine Abbruchblutung hervor. Der **Gestagentest** ist damit **positiv**. Anatomische Störungen des Reproduktionstraktes können damit weitgehend ausgeschlossen werden.
Bei herabgesetzter endogener Östrogenaktivität, z. B. bei verminderter hypothalamisch-hypophysärer Stimulation der Ovarien, ist ein **negativer Gestagentest** zu erwarten. Hier wäre es möglich, anschließend einen **Östrogen/Gestagentest** durchzuführen, um eine uterine Ursache der Amenorrhö auszuschließen. Allerdings sollte dabei bedacht werden, dass bei der sekundären Amenorrhö anatomische Veränderungen an den Genitalorganen ohne anamnestische Hinweise (z. B. Kürettage, Konisation) äußerst selten sind. Bei entsprechendem Verdacht auf uterine Ursachen der Amenorrhö ist eine Hysteroskopie nötig.

Zweiter diagnostischer Schritt: Gestagentest

Positiver Test: Nach 10-tägiger Verabreichung von 5 mg Medroxyprogesteronacetat pro Tag kommt es zu einer Abbruchblutung. Dies schließt anatomische Störungen des Reproduktionstraktes weitgehend aus.

Bei **negativem Gestagentest** wäre es möglich, einen **Östrogen/Gestagentest** anzuschließen, um eine uterin bedingte Amenorrhö auszuschließen. Ansonsten weist ein negativer Gestagentest auf eine verminderte endogene Östrogenaktivität hin.

1.4.3 Organische Störungen des Reproduktionstraktes

An erster Stelle steht die uterine Amenorrhö, die in eine primäre (Mayer-v.-Rokitansky-Küster-Hauser-Syndrom, testikuläre Feminisierung) und eine sekundäre Form (Asherman-Syndrom) unterteilt wird.
Auch die Kryptomenorrhö und die distale Hymenalatresie können Ursachen einer Amenorrhö sein.

1.4.3 Organische Störungen des Reproduktionstraktes

Mayer-v.-Rokitansky-Küster-Hauser-Syndrom

Mayer-v.-Rokitansky-Küster-Hauser-Syndrom

▶ **Definition.** Durch ein Ausbleiben der Kanalisierung des Genitalstranges fehlt diesen Patientinnen die Scheide entweder vollständig, oder sie ist stark hypoplastisch. Der Uterus ist meist rudimentär angelegt und besitzt oft keine Verbindung zum normal ausgebildeten Introitus. Dieses Krankheitsbild ist eine der häufigsten anatomischen Ursachen der primären Amenorrhö.

◀ **Definition**

Klinik und Diagnostik. Die Diagnose wird meist erst in der Pubertät bei Ausbleiben der Periode gestellt.

Es ist ein weibliches chromosomales (46,XX) und gonadales Geschlecht vorhanden. Die Ovarialfunktion ist in der Regel nicht gestört.
Kombinierte Fehlbildungen (Urogenitalsystem, Skelettsystem) sind häufig.

Klinik und Diagnostik. Da Patientinnen mit einem Mayer-v.-Rokitansky-Küster-Hauser-Syndrom zunächst keine Beschwerden haben, wird die Diagnose in der Regel erst in der Pubertät gestellt, wenn die primäre Amenorrhö abgeklärt werden soll oder wenn Kohabitationsbeschwerden offenbar werden.
Es handelt sich stets um Individuen mit einem normalen weiblichen Genotyp (46,XX) und einem normal weiblichen gonadalen Geschlecht. Dementsprechend ist die Entwicklung des weiblichen Aussehens, der Mammae und der Vulva normal. Die Ovarialfunktion ist in der Regel nicht gestört, so dass die hormonelle Situation unauffällig sein kann.
Zur weiteren Untersuchung gehört die Darstellung des harnableitenden Systems, da kombinierte Fehlbildungen häufig sind. Im Einzelnen werden ektope Nieren, Nierenagenesie, Hufeisennieren und Doppelureteren gefunden. In 12% der Fälle sind Skelettanomalien nachzuweisen, die meist die Wirbelsäule betreffen.

Differenzialdiagnose. Auch beim Pseudohermaphroditismus masculinus externus (testikuläre Feminisierung) kann eine Aplasie der Vagina vorliegen. In diesem Fall ist jedoch das Kerngeschlecht männlich (46,XY).

Differenzialdiagnose. Auch beim Pseudohermaphroditismus masculinus externus (testikuläre Feminisierung) kann eine hochgradige Aplasie der Vagina vorliegen. In diesem Fall fehlt jedoch die Sexualbehaarung, die bei Patientinnen mit einem Mayer-v.-Rokitansky-Küster-Hauser-Syndrom nach der Pubertät normal ist. Ferner ist das Kerngeschlecht bei der testikulären Feminisierung männlich, d. h. es liegt der Karyotyp 46,XY vor.

Therapie. Die Therapie sollte als Ziel haben, dass die infertilen Patientinnen ein uneingeschränktes Selbstwertgefühl entwickeln können. Meist ist es notwendig, eine künstliche Scheide zu schaffen.

Therapie. Ziel einer Behandlung soll es sein, dass die infertile Patientin ein uneingeschränktes Selbstwertgefühl entwickelt und ein normales Leben als Frau führen kann. Dazu kann es notwendig sein, eine funktionsfähige Scheide zu schaffen. Je nach Ausmaß der Anlagestörung kann ein Bougieren der rudimentären Scheide ausreichen. Darüber hinaus gibt es verschiedene Operationsverfahren zur Anlage einer künstlichen Scheide.

Testikuläre Feminisierung

s. S. 37 f.

Asherman-Syndrom

▶ **Definition**

▶ **Definition.** Unter dem Asherman-Syndrom versteht man eine sekundäre Amenorrhö infolge eines Endometriumverlustes durch schwere intrakavitäre Entzündungen oder schwerer traumatisch-mechanischer Insulte des Endometriums einschließlich der Basalis (z. B. zu scharfe Kürettage). Als Folge sind Uteruskavum, innerer Muttermund und Zervixkanal teilweise oder vollständig obliteriert.

Klinik. Die Ovarialfunktion läuft meist völlig ungestört ab. Symptome wie Amenorrhö, Dysmenorrhö oder Hypomenorrhö u. ä. führen die Patientinnen zum Arzt.

Klinik. Patientinnen mit einem Asherman-Syndrom stellen sich nicht nur wegen einer Amenorrhö vor. Auch andere Symptome wie Dysmenorrhö oder Hypomenorrhö führen sie zur Untersuchung. Wiederholte Aborte oder Infertilität, besonders nach einem Schwangerschaftsabbruch, sollten Anlass zu einer Hysteroskopie geben. Die Ovarialfunktion kann dabei völlig ungestört ablaufen, so dass die Basaltemperaturkurve biphasisch verläuft.

Therapie. Die Therapie besteht in einer Kürettage oder in einer Lösung der Verwachsungen unter hysteroskopischer Sicht.

Therapie. Die Behandlung besteht in einer Kürettage oder besser in einer Lösung der Verwachsungen unter hysteroskopischer Sicht. Darüber hinaus ist es günstig, eine sequenzielle Östrogen-Gestagen-Substitution durchzuführen.

Distale Gynatresie

▶ **Definition**

▶ **Definition.** Die Lumenverlegung im Bereich des Genitaltraktes kann angeboren (Hymenalatresie, Scheidenaplasie, Obliteration des Introitus vaginae) oder erworben sein (z. B. durch Konisation der Zervix) und wird als distale Gynatresie bezeichnet.

Klinik und Diagnostik. Es fehlt die Abflussmöglichkeit für das Menstrualblut, das sich dann oberhalb des Verschlusses in der Vagina (Hämatokolpos), in der Gebärmutter (Hämatometra) oder in den Tuben (Hämatosalpinx) anstaut. Klinisch treten häufig intervallartige Schmerzen im Unterbauch auf, die sich von Mal zu Mal steigern können. Durch eine genaue gynäkologische Untersuchung, gegebenenfalls durch eine Sonographie unterstützt, lässt sich die Diagnose stellen.

Therapie. Das gestaute Menstrualblut sollte sofort abgelassen werden, um eine weitere Schädigung der Organe zu vermeiden. Gelegentlich sind ausgiebige Korrekturen notwendig.

Klinik und Diagnostik. Es fehlt die Abflussmöglichkeit für das Menstrualblut, das sich oberhalb des Verschlusses in der Scheide (Hämatokolpos), in der Gebärmutter (Hämatometra) oder in den Tuben (Hämatosalpinx) anstaut. Intervallartige Schmerzen im Unterbauch sind typisch. Die Diagnose wird eventuell durch eine Sonographie unterstützt.

Therapie. Das Menstrualblut sollte sofort abgelassen werden.

Kryptomenorrhö

In sehr seltenen Fällen bleibt die Menstruation auch bei völlig normalem Zyklusablauf und erwiesener Fertilität aus. Das sekretorisch umgewandelte Endometrium reagiert auf den Hormonentzug mit einer weitgehenden Regression, nicht wie üblich mit einer menstruellen Abstoßung.

Kryptomenorrhö

Bei dieser Erkrankung liegt ein völlig normaler Zyklus vor, jedoch reagiert das sekretorisch umgewandelte Endometrium nur mit einer Regression, nicht mit einer menstruellen Abstoßung.

1.4.4 Ovarielle Störungen

Störungen im Bereich der Ovarien können struktureller und funktioneller Art sein. **Hypoplastische Eierstöcke** sind bei Individuen mit Gonadendysgenesie vorhanden. Hierzu zählen das Ullrich-Turner-Syndrom (45,X0), Gonadendysgenesien mit Mosaikformen (45,X0/46,XX), die „reine" Gonadendysgenesie (46,XX) und das Swyer-Syndrom (46,XY). Ein wichtiges Charakteristikum dieser Störungen ist die **primäre Amenorrhö**, deren Abklärung in Abb. **B-1.25** dargestellt wird. Auch die Aplasie beider Ovarien führt zu einem primären Ausbleiben der Menstruation.

Das Syndrom der **polyzystischen Ovarien** (früher Stein-Leventhal-Syndrom) führt zu ovariellen Funktionsstörungen, ebenso die **Hyperthecosis ovarii**, eine morphologische Variante der hyperandrogenämischen Ovarveränderungen. Beim adrenogenitalen Syndrom **(AGS)** sind die Ovarfunktionsstörungen androgenabhängig. Weitere Ursachen einer Amenorrhö auf Grund funktioneller Ovarstörungen sind eine **vorzeitige Ovarialerschöpfung** oder auch **Ovarialtumoren**, unabhängig davon, ob sie hormonell aktiv oder inaktiv sind.

1.4.4 Ovarielle Störungen

Das wichtigste Charakteristikum kryptoplastisch oder nicht angelegter Eierstöcke ist die **primäre Amenorrhö** (s. Abb. **B-1.25**).

Funktionelle Ovarstörungen können zur Amenorrhö führen. Als Ursache kommen folgende Erkrankungen in Frage: Syndrom der polyzystischen Ovarien, Hyperthecosis ovarii, AGS, vorzeitige Ovarialerschöpfung, Ovarialtumoren.

Gonadendysgenesie

▶ **Definition.** Anstelle von normal entwickelten Gonaden haben Individuen mit einer Gonadendysgenesie **bindegewebige Stränge** („streaks"), die keine Keimzellen enthalten (s. Abb. **B-1.26**). Ihr Chromosomensatz kann unterschiedlich sein.

◀ **Definition**

Klinik. Da sich im Ovar keine Follikel ausbilden, wird die Gonadotropinausschüttung aus der Hypophyse nicht gehemmt, so dass diese Menschen **hohe FSH- und LH-Spiegel** haben. Die inneren und äußeren Geschlechtsorgane bleiben als Folge des Östrogenmangels auf dem Entwicklungsstand der Präpubertät stehen. Es besteht eine **primäre Amenorrhö und Sterilität**.

Diagnostik. Am Anfang der diagnostischen Abklärung steht die Betrachtung des äußeren Erscheinungsbildes, die Spekulumeinstellung und die gynäkologische vaginale und rektale Untersuchung. Bei Auffälligkeiten ist eine Ultraschalluntersuchung sinnvoll. Eine umfassende Hormonanalyse mit Schilddrüsenwerten sollte durchgeführt werden. Das Kerngeschlecht wird mit einer Chromosomenanalyse ermittelt.

Da Individuen mit einer Gonadendysgenesie andere Fehlbildungen haben können, gehört zur kompletten Diagnostik eine Untersuchung des Herz-Kreislauf-Systems, des Urogenitaltraktes, des Skelettsystems sowie der Seh- und Hörfunktion.

Klinik. Da ovarielle Follikel fehlen, besteht ein Östrogenmangel. Die Ausschüttung hypophysärer GnRH-A wird nicht gehemmt. Dadurch hohe **FSH- und LH-Spiegel**. Es kommt zur **primären Amenorrhö und Sterilität**.

Diagnostik. Da Gonadendysgenesien mit anderen Fehlbildungen kombiniert sein können, ist eine sorgfältige diesbezügliche Untersuchung obligat.

B-1.25 Differenzialdiagnosen bei primärer Amenorrhö, abhängig von der Chromosomenkonstellation

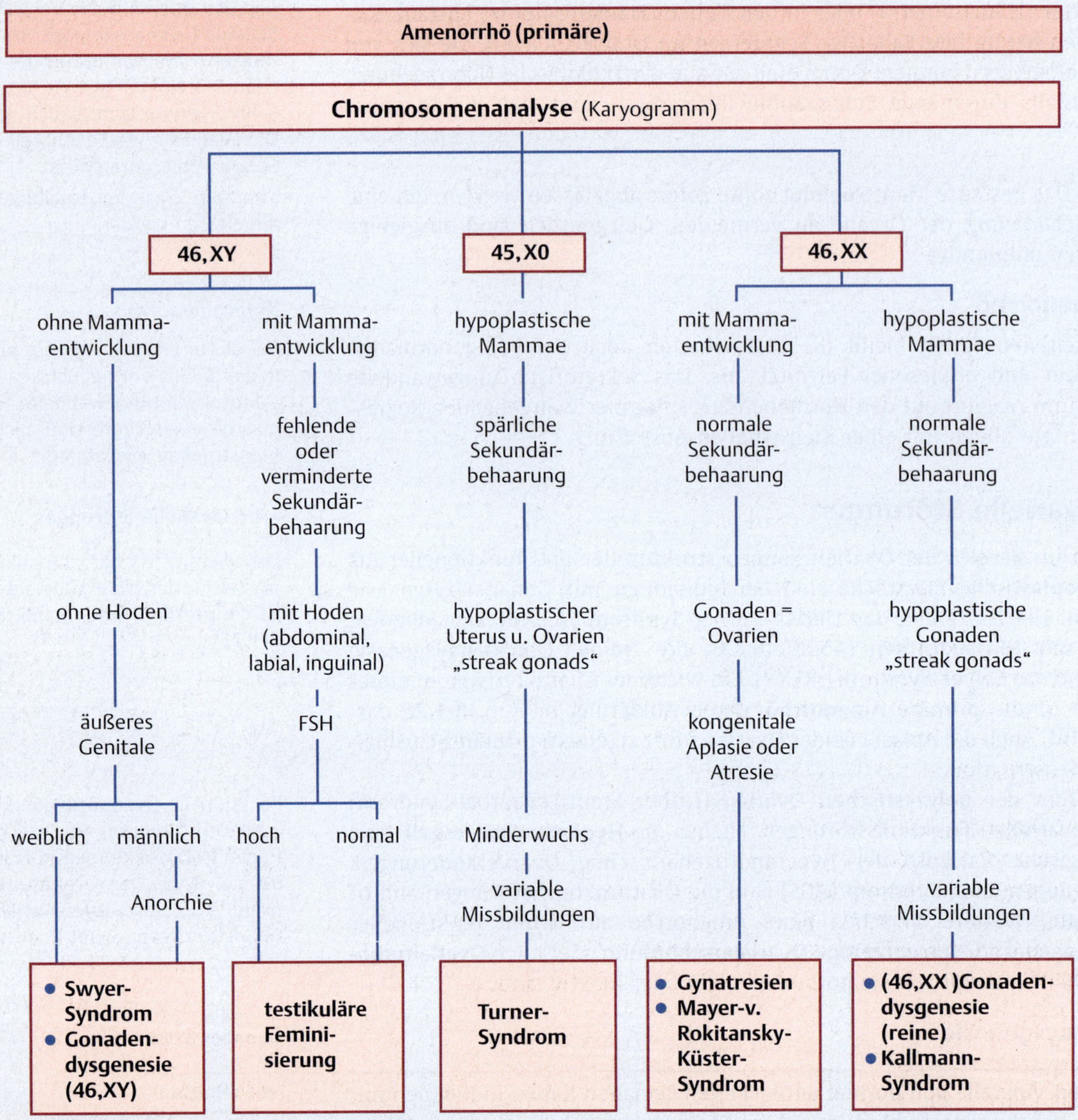

B-1.26

B-1.26 Laparoskopische Darstellung von „Streak“-Gonaden

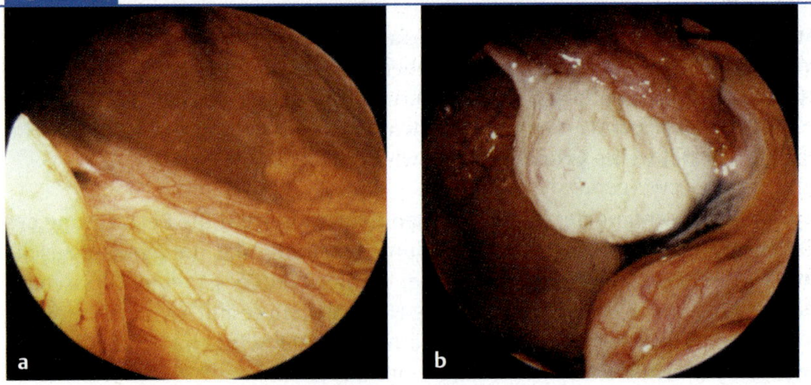

a Laparoskopisch stellt sich ein bindegewebiger Strang („Streak“-Gonaden) an Stelle eines normalen Eierstocks dar (Patientin mit Turner-Syndrom und Karyotyp 45,X0).
b Laparoskopische Darstellung eines normalen Ovars mit ampullären Enden der Tube (Durchgängigkeit der Tuben mit Indigokarminlösung demonstriert).

Therapie. Bei der Gonadendysgenesie ist keine kausale Therapie möglich. Eine Substitutionsbehandlung mit Östrogen-Gestagen-Kombinationspräparaten ist über viele Jahre hinweg notwendig. Es besteht eine primäre Sterilität. Bei Personen mit männlichem Karyotyp und „Streak"-Gonaden besteht ein erhöhtes gonadales Tumorrisiko (bis zu 50 %). Aus präventiven Gründen werden in diesen Fällen „Streak"-Gonaden frühzeitig entfernt.
Ausführlich wird auf das Thema „Gonadendysgenesien" auf S. 34 ff eingegangen.

Therapie. Eine kausale Therapie ist nicht möglich. Eine Substitutionsbehandlung mit Östrogen-Gestagen-Präparaten ist notwendig. Wegen des erhöhten Tumorrisikos sollten bei Personen mit männlichem Karyotyp „Streak"-Gonaden frühzeitig entfernt werden.

Syndrom der polyzystischen Ovarien (PCO)

Syndrom der polyzystischen Ovarien (PCO)

▶ **Synonym.** Stein-Leventhal-Syndrom.

◀ Synonym

▶ **Definition.** Stein und Leventhal beschrieben 1935 einen Symptomenkomplex, der durch Amenorrhö bis Oligomenorrhö, Adipositas und Hirsutismus geprägt ist. Es liegt eine androgenämische ovarielle Funktionsstörung vielgeschichtiger Natur vor, die polyzystisches Ovarsyndrom (PCO-Syndrom) genannt wird.

◀ Definition

Ätiologie. Bei insgesamt gestörter hypothalamisch-hypophysärer-ovarieller Achse ist die Lokalisation und Art der ursächlichen Störung bisher weitgehend ungeklärt. Pathophysiologisch liegt wahrscheinlich eine mangelnde Aktivität von Aromatasen in der Granulosaschicht zu Grunde, die im gesunden Ovar durch FSH stimuliert werden. Beim PCO jedoch blockiert die hyaline Verdichtung der Lamina basalis die Wirkung des FSH, so dass sich die Granulosazellen durch die mangelhafte Stimulation in Regression befinden. Durch den gleichzeitig bestehenden gonadotropen Dauerstimulus (LH ↑) entgleist die Steroidbiosynthese im Ovar, woraufhin mehr Androgene gebildet werden. Der Androgenexzess seinerseits bedingt wiederum u. a. die hyaline Verdickung der Lamina basalis.

Ätiologie. Störung der hypothalamisch-hypophysären-ovariellen Achse bei unbekannter Ursache. Pathophysiologisch liegt wahrscheinlich eine mangelnde Aktivität von Aromatasen zu Grunde, die durch die fehlende FSH-Wirkung bedingt ist. Durch die gonadotrope Dauerstimulation kommt es zur Entgleisung der Steroidbiosynthese und dadurch zur vermehrten Androgenbildung.

Klinik und Diagnostik. Die im Blut oder Urin gefundenen Konzentrationen verschiedener Hormone ergeben kein einheitliches Bild. Als Folge der chronischen Anovulation und der kontinuierlichen Östrogenwirkung an der Hypophyse findet man am häufigsten **hohe LH-Spiegel**, dadurch einen LH/FSH-Quotienten oft größer 2–3, eine exzessive LH-Sekretion nach GnRH-Applikation und die **Erhöhung eines oder mehrerer Androgenparameter** wie Testosteron, Androstendion, DHEA oder DHEAS. Auch die Prolaktinspiegel können erhöht sein. Sind die SHBG-Werte erniedrigt, so kann dies zu einer Erhöhung des freien Anteils der Androgene führen. Dadurch nimmt die Wahrscheinlichkeit von Androgenisierungserscheinungen zu. Hirsute Frauen haben im Allgemeinen niedrigere SHBG-Konzentrationen im Serum als nichthirsute.
Androgenisierungserscheinungen äußern sich durch:

- **Hirsutismus:** Auftreten eines männlichen Behaarungstyps mit rhombenförmig zum Nabel ziehender Schambehaarung, Terminalbehaarung der Brust, Lumbosakralregion und der Oberschenkel sowie Bartwuchs.
- **Virilismus:** neben Hirsutismus Klitorishypertrophie, tiefe Stimmlage, Glatzenbildung, männliche Körperproportionen bis hin zur Hypotrophie der Mammae (abzugrenzen ist die **Hypertrichosis** mit typisch feminin lokalisierter, aber verstärkter Terminalbehaarung; eine gestörte Androgenwirkung ist hierzu nicht zwingend).
- **Zyklusstörungen:** Oligomenorrhö, Amenorrhö, anovulatorische Zyklen.
- **Seborrhö, Akne**
- **androgenetische Alopezie**
- häufige Assoziation mit **Adipositas.**

Klinik und Diagnostik. Es finden sich im Serum **hohe LH-Spiegel**, normale bis niedrige FSH-Werte, ein hoher LH/FSH-Quotient, **hohe Spiegel für Testosteron, Androstendion, DHEA oder DHEAS.** Auch die Prolaktinspiegel können über der Norm liegen.

Bei niedrigen SHBG-Werten finden sich häufig **Hyperandrogenisierungserscheinungen:**

- **Hirsutismus** (= männlicher Behaarungstyp)
- **Virilismus** (= Klitorishypertrophie, tiefe Stimme, Glatze, Hypotrophie der Mammae)
- **Zyklusstörungen**
- **Seborrhö, Akne**
- **androgenetische Alopezie**
- **Adipositas.**

Neben den klinischen und hormonellen Veränderungen zeigt auch das sonographische Bild der Ovarien beim PCO-Syndrom eine große Variationsbreite (s. Abb. **B-1.27**). Es können völlig unauffällige Darstellungen vorliegen, oder es sind an den Ovarien oft beidseits subkortikal perlenkettenartig angeordnete, zystische Strukturen zu erkennen. Durch die Zunahme des Stromagewebes ist das Ovar größer als normal.

Sonographisch stellen sich die Ovarien mit vielen subkortikal perlenkettenartig angeordneten zystischen Strukturen dar (s. Abb. **B-1.27**). Völlig unauffällige Ultraschallbefunde sind jedoch ebenfalls möglich.

B-1.27

B-1.27 **Sonographische Darstellung eines polyzystischen Ovars**

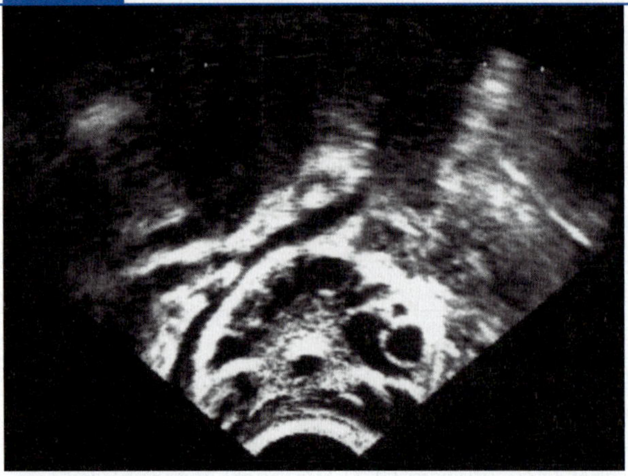

Sonographisch sieht man ein vergrößertes Ovar mit subkutikal perlschnurartig angeordneten zystischen Strukturen (= Follikel). Das Stromagewebe ist vermehrt.

Histologisch findet man im Ovar multiple Mikrozysten mit atretischen und unreifen Follikeln und eine fibrös-sklerös verdickte ovarielle Kapsel.

Untersucht man das Ovar histologisch, imponieren multiple Mikrozysten mit atretischen und unreifen Follikeln, ferner eine fibrös verdickte ovarielle Kapsel.

Das PCO-Syndrom wird meist im **2. und 3. Lebensjahrzehnt manifest**. Eine familiäre Häufung wird beschrieben.

Das PCO-Syndrom wird meist im **2. und 3. Lebensjahrzehnt klinisch manifest**. Die Entstehungsgeschichte reicht jedoch oft in die Pubertät und Adoleszenz zurück. Eine familiäre Häufung wird beschrieben.

Wichtig ist, auf den **Zeitraum** und die **Geschwindigkeit des Auftretens der Androgenisierungserscheinungen** zu achten. Liegt ein Tumor vor, so entwickeln sich die Symptome sehr rasch. Bei Testosteron-Werten > 1,5 µg/l bzw. DHEAS-Werten > 6 µg/l sollte nach hormonbildenden Tumoren gefahndet werden.

Bei der Anamneseerhebung ist deshalb insbesondere auf den **Zeitraum** und auf die **Geschwindigkeit des Auftretens der Androgenisierungserscheinungen** zu achten. Tumorbedingte Androgenisierungserscheinungen entwickeln sich meist in wenigen Monaten und sind üblicherweise sehr ausgeprägt. Man kann Tumoren finden, die selbst Androgene sezernieren, und solche, die über ihr Sekretionsprodukt die Bildung von Androgenen in normalerweise androgenbildenden Organen (Nebennierenrinde, Ovarien) stimulieren. Bei Testosteron-Werten > 1,5 µg/l bzw. DHEAS-Werten > 6 µg/l sollte nach hormonproduzierenden Tumoren, unterstützt durch bildgebende Verfahren (US, CT, MR), gefahndet werden.

▶ Merke

▶ **Merke.** Tumorbedingte Androgenisierungserscheinungen entwickeln sich rasch und sind meist sehr ausgeprägt.

Ebenso ist auf das evtl. Vorliegen eines adrenogenitalen Syndroms oder eines Morbus Cushing zu achten. Androgenisierungserscheinungen können auch Folge von Medikamenteneinnahmen (z. B. Phenytoin) sein.

Anamnestische Hinweise auf andere Endokrinopathien wie das adrenogenitale Syndrom und den Morbus Cushing sind wichtig und müssen abgeklärt werden. Androgenisierungserscheinungen können auch medikamentös bedingt sein, z. B. durch Phenytoin, Minoxidil, Diazoxid, Ciclosporin A, Anabolika und Androgene.

Therapie. Die Behandlung richtet sich sowohl nach den zu Grunde liegenden Faktoren als auch nach den Bedürfnissen und Beschwerden der Patientin.

Besteht kein Kinderwunsch, kann z. B. durch Einnahme eines **cyproteronacetathaltigen Ovulationshemmers** die Androgenproduktion der Ovarien gehemmt werden. Auch Aldosteronantagonisten haben

Therapie. Die Therapie richtet sich nach den Bedürfnissen und Beschwerden der Patientin. Besteht kein Kinderwunsch, kann die Androgenproduktion in den Ovarien und in den Nebennierenrinden durch Einnahme von **Ovulationshemmern** und/oder Glukokortikoiden gehemmt werden.
Eine weit verbreitete Antiandrogenbehandlung ist die Therapie mit **cyproteronacetathaltigen Ovulationshemmern** (z. B. Diane). Es kommt zur kompetitiven Hemmung von Androgenrezeptoren an der Haut und durch die Kombination mit Ethinylöstradiol zur Senkung der LH- und FSH-Sekretion. Spironolacton, ein Aldosteronantagonist, besitzt ebenfalls antiandrogene Wirkung. Durch

Hemmung der Androgenbiosynthese in den Gonaden und den Nebennierenrinden und auch durch kompetitive Hemmung der Androgenbindungen in den androgenabhängigen Organen können Androgenisierungserscheinungen deutlich gebessert werden.

antiandrogene Wirkung. Glukokortikoide verhindern die Androgenbildung in den Nebennieren.

Bei **vorhandenem Kinderwunsch** stellt die Normalisierung der gestörten Ovarialfunktion bei Hyperandrogenämie bzw. PCO-Syndrom ein bisher ungelöstes Problem in der Reproduktionsmedizin dar. In Abhängigkeit vom Ausmaß der Funktionsstörung sind Therapiemöglichkeiten mit Clomifen, Gonadotropinen (HMG, FSH), Glukokortikoiden oder der pulsatilen Gabe von RnRH gegeben. Vor der Gonadotropinbehandlung kann die Suppression der Ovarialfunktion durch GnRH-Analoga notwendig sein. Früher wurde auch die chirurgische Therapie der Keilresektion empfohlen. Bei Patientinnen mit einem PCO-Syndrom ist es wichtig, das Risiko bei Stimulationsbehandlungen gut abzuschätzen.

Bei **vorhandenem Kinderwunsch** bestehen Therapiemöglichkeiten mit Clomifen, der pulsatilen Gabe von GnRH und Gonadotropinen.

▶ **Merke.** Es besteht das Risiko der Überstimulation und der Mehrlingsschwangerschaft bei Stimulationsbehandlungen bei PCO-Syndrom.

◀ **Merke**

Leider sind viele Störungen im Androgenhaushalt chronisch oder gar progredient, so dass man sich oft auf eine **Langzeittherapie** einstellen muss. Spätestens nach 9–12 Monaten sollte der Therapieerfolg objektiviert und die Medikation erhöht, geändert oder eine Zusatztherapie erwogen werden.

Kosmetische Maßnahmen wie Rasur, Epilation und Elektrolyse können ergänzend zur endokrinen Therapie angewandt werden.

Kosmetische Maßnahmen wie Rasur, Epilation und Elektrolyse sind oft ergänzend nötig.

▶ **Klinischer Fall.** Seit 5 Monaten bemerkt eine 20-jährige Frau einen vermehrten Haarwuchs im Bereich des Bauchnabels, des Gesichtes und am Dekolletee.
Sie klagt über zunehmende Akne und Haarausfall des Kopfhaares. Ihr Gewicht hat in den letzten 6 Monaten um 10 kg zugenommen. Es bestehen seit mehreren Monaten keine Menstruationsblutungen mehr. Bei unauffälliger gynäkologischer Untersuchung sieht man im Ultraschall polyzystische Ovarien. Die Gebärmutterschleimhaut ist hoch aufgebaut. Im Serum werden erhöhte Testosteronwerte gemessen. DHEAS liegt im Normbereich. Da bei der Patientin kein Kinderwunsch vorliegt, wird mit der Gabe eines cyproteronacetathaltigen Östrogen-Gestagen-Kombinationspräparates begonnen. Darunter treten alle 4 Wochen Blutungen auf. Der Hirsutismus lässt nach. Ebenso bessert sich die Akne. Die Testosteronserumwerte fallen ab.

◀ **Klinischer Fall**

Hyperthecosis ovarii

Hyperthecosis ovarii

▶ **Definition.** Die Hyperthecosis ovarii ist eine morphologische Variante der Veränderungen, die bei hyperandrogenämischen Funktionsstörungen des Ovars beobachtet werden. Sie tritt familiär gehäuft auf.

◀ **Definition**

Klinik. Das klinische Bild ist gekennzeichnet durch Oligo-, Amenorrhö, Hirsutismus, Virilisierungserscheinungen und androgen bedingte Alopezie. Frauen mit Hyperthecosis haben demnach ähnliche Symptome wie Patientinnen mit PCO-Syndrom, jedoch ist der Ausprägungsgrad der Androgenisierungserscheinungen stärker. Ein erheblicher Teil der Patientinnen zeigt Virilisierungserscheinungen und Übergewicht. Auch eine Acanthosis nigricans kann auftreten.

Die hormonellen Veränderungen sind bei der Hyperthecosis ovarii meist deutlicher ausgeprägt als beim PCO-Syndrom. Androstendion und Testosteron können Werte erreichen, die denen androgenbildender Tumoren ähnlich sind. DHEA und DHEAS sind dagegen im Normbereich, ebenso die LH-Werte und der daraus resultierende LH/FSH-Quotient.

Klinik. Patientinnen mit Hyperthecosis ovarii haben ähnliche Symptome wie Frauen mit einem PCO-Syndrom (Oligo-, Amenorrhö, Hirsutismus, Virilisierungserscheinungen und Alopezie), jedoch wesentlich stärker ausgeprägt. Ebenso sind die hormonellen Veränderungen deutlicher.

Diagnostik. Die endgültige Diagnose kann nur an Hand des typischen histologischen Befundes gestellt werden. Die vergrößerten Ovarien haben eine dicke Kapsel, massiv entwickeltes Stromagewebe mit atretischen Follikeln, eine luteinisierte Theca-interna-Schicht und Ansammlungen von luteinisierten Zellen

Diagnostik. Die endgültige Diagnose gelingt nur durch die typische Histologie. Das Ovar ist vergrößert. Innerhalb einer verdickten Kapsel enthält das Stromagewebe atretische Follikel mit einer luteinisierten Theca-interna-Schicht, außerdem luteinisierten Zellhaufen.

Therapie. Eine Therapie ist sehr schwierig. Langwirksame GnRH-Analoga setzen die Androgene im Blut mit Ausnahme des DHEAS herab.

im Stroma. Polyzystische Degenerationen von Follikeln wie beim PCO-Syndrom sind meist nicht nachweisbar.

Therapie. Die Therapie ist hier sehr schwierig. Die Gabe langwirksamer GnRH-Analoga führt zu einer drastischen Abnahme von Testosteron und Androstendion im Blut, ohne die DHEAS-Sekretion zu beeinflussen.

Adrenogenitales Syndrom (AGS)

Adrenogenitales Syndrom (AGS)

▶ **Definition**

▶ **Definition.** Unter dem Überbegriff „adrenogenitales Syndrom“ fasst man eine Reihe von vererbbaren Enzymstörungen der Nebennierenrinde zusammen.

Epidemiologie. Das AGS wird autosomal-rezessiv vererbt. Die Häufigkeit des 21-Hydroxylase-Defektes liegt zwischen 1:5000 bis 1:15 000.

Epidemiologie. Das AGS wird **autosomal-rezessiv** vererbt. Der 21-Hydroxylase-Defekt ist der häufigste dieser Enzymdefekte. Er tritt mit einer Wahrscheinlichkeit von 1:5000 bis 1:15 000 in der Bevölkerung auf.

Ätiologie und Pathogenese. Die Enzymdefekte führen zur **Synthesestörung des Cortisols** und durch Wegfall der negativen Rückkopplung über eine ACTH-Überstimulation zur **Hyperplasie der NNR** mit einer entsprechend gesteigerten Androgenbildung (s. Abb. **B-1.28**).

Am häufigsten ist der **21-Hydroxylase-Defekt**. Wesentlich seltener sind die **3β-Hydroxysteroiddehydrogenase** und die **11β-Hydroxylase** betroffen (s. Abb. **B-1.29**). Je nach Enzymdefekt variiert das klinische Erscheinungsbild. Die vor dem Enzymblock gebildeten Vorstufen reichern sich im Blut an. Ihre Metaboliten können im Urin nachgewiesen werden, ebenso eine Erhöhung der 17-Ketosteroide als Ausdruck der Hyperandrogenämie.

Ätiologie und Pathogenese. Primär führen die Enzymdefekte zu einer **Synthesestörung** des **Cortisols**, seltener sind auch die **Mineralokortikoide** betroffen. Durch den Wegfall der negativen Rückkopplung kommt es kompensatorisch über eine **vermehrte ACTH-Sekretion** zur **Hyperplasie der Nebennierenrinde** mit einer entsprechend gesteigerten Androgenbildung. Zusätzliche Androgene entstehen auch zum Ausgleich der vermehrt anfallenden Cortisolvorstufen. Abb. **B-1.28** zeigt schematisch den Weg der Hormonsynthese von der gemeinsamen Ausgangssubstanz Cholesterin bzw. Pregnenolon bis zum fertigen Hormon.

Am häufigsten sind die **21-Hydroxylase** (etwa 95 % der Fälle), die **3β-Hydroxysteroiddehydrogenase** und die **11β-Hydroxylase** betroffen (s. Abb. **B-1.29**). Insgesamt sind inzwischen 10 Enzyme bekannt, die zu einer Syntheseblockade führen – grundsätzlich kann jedoch jedes Enzym, das zur Cortisolsynthese benötigt wird, fehlerhaft sein. Je nachdem, welches Enzym betroffen ist, kommt es zu unterschiedlichen klinischen Erscheinungsbildern. Die jeweils vor dem Enzymblock gebildeten Vorstufen des Cortisols reichern sich im Blut an. Entsprechende Metaboliten sind im Urin nachweisbar, z. B. Pregnantriol, Pregnantriolon. Aufgrund der überstimulierten Androgensynthese sind deren Abbauprodukte, die 17-Ketosteroide, im Urin erhöht.

B-1.28

B-1.28 Übersicht der Synthese der wichtigsten Steroidhormone aus Cholesterin

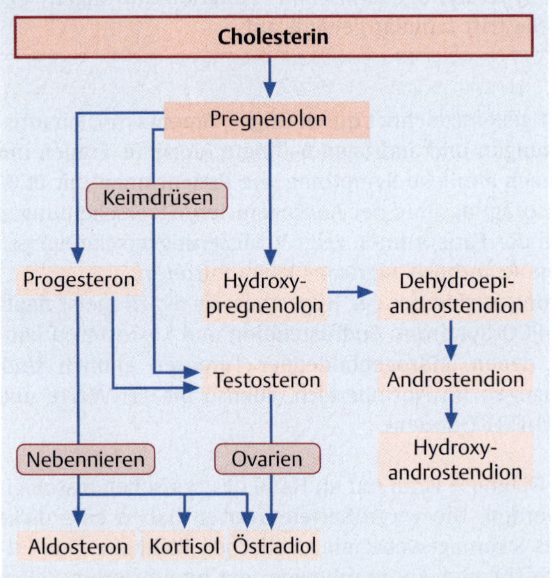

In der Reaktionskette kommt dem Zwischenprodukt Pregnenolon die wichtige Schlüsselrolle zu, da von hier aus die Synthese in der Nebennierenrinde und in den Keimdrüsen weitergeführt wird.

B-1.29 **Darstellung der Enzymdefekte beim AGS**

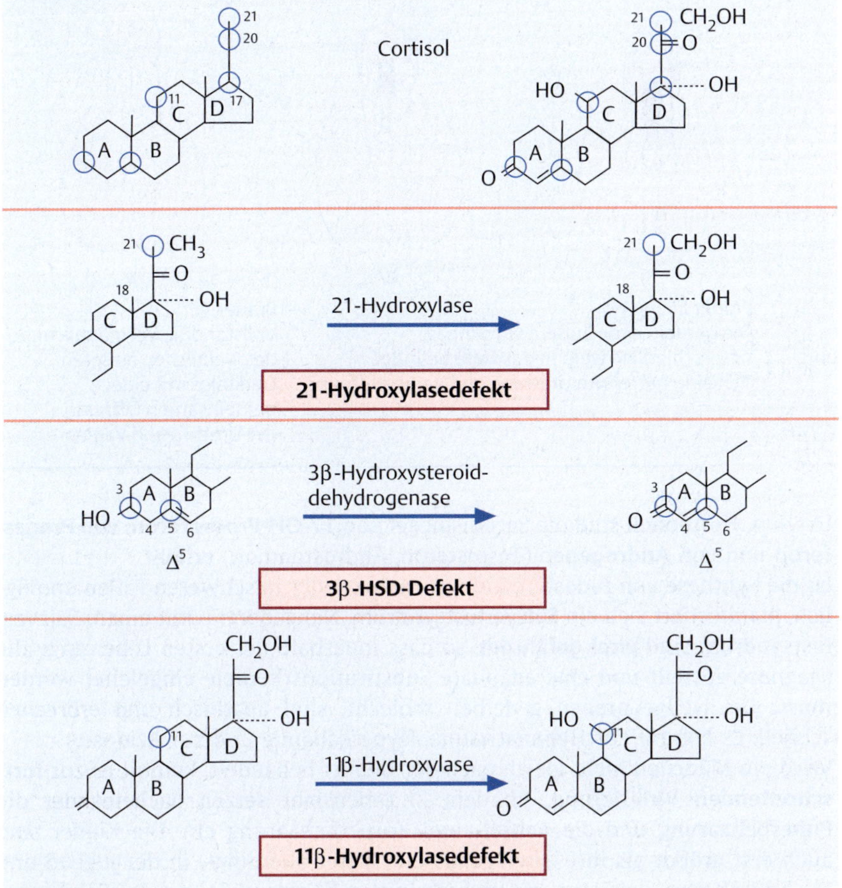

Die drei häufigsten Enzymdefekte sind der 21-Hydroxylase-, der 3β-Hydroxysteroid-dehydrogenase-(3β-HSD-) und der 11β-Hydroxylase-Defekt. Dargestellt sind die beteiligten Enzyme und die durch sie vermittelten metabolischen Schritte.

B-1.29

Klinik. Patientinnen mit einem AGS haben **normal ausgebildete innere Genitalorgane** und einen normalen weiblichen Chromosomensatz **(46,XX)**. Die **äußeren Geschlechtsorgane** hingegen sind nicht vollständig weiblich ausgeprägt. Abhängig vom Zeitpunkt und Ausmaß der gesteigerten Androgenwirkung führt das AGS zur **Maskulinisierung der äußeren Geschlechtsorgane** (Abb. **B-1.30**). Das AGS kann sich bereits während des Fetallebens, aber auch erst im Laufe der Kindheit, in der Pubertät oder postpuberal manifestieren.

Klinik und Diagnostik der häufigsten Enzymdefekte werden im Folgenden gesondert beschrieben.

a) 21-Hydroxylase-Defekt

Der 21-Hydroxylase-Defekt, der eine ausschließlich adrenale Enzymstörung darstellt, unterteilt sich klinisch in 3 Schweregrade:

- den **klassischen 21-Hydroxylase-Defekt**,
- den **nicht-klassischen Defekt** mit postpuberal auftretenden Androgenisierungserscheinungen und
- die **kryptische Form** des nicht-klassischen Defektes mit fehlenden oder nur gering ausgeprägten Androgenisierungsmerkmalen.

Beim **klassischen Defekt** treten bei Mädchen **bereits pränatal** Virilisierungserscheinungen auf. Bei der Geburt können die **äußeren Genitalorgane maskulinisiert** sein: Fusion der Labioskrotalfalten unterschiedlichen Ausmaßes, Klitorishypertrophie, anatomische Veränderungen im Bereich von Scheide und

Klinik. Die Patientinnen haben einen normalen Genotyp (**46,XX**). Im Gegensatz zu den inneren Geschlechtsorganen sind die äußeren Geschlechtsmerkmale nicht vollständig ausgeprägt. Der Zeitpunkt der Manifestation ist variabel: Fetalzeit, Kindheit, Pubertät oder auch postpuberal.

a) 21-Hydroxylase-Defekt

Der 21-Hydroxylase-Defekt wird klinisch unterteilt in

- den klassischen 21-Hydroxylase-Defekt,
- den nicht-klassischen Defekt mit postpuberal und
- die kryptische Form mit fehlenden bzw. geringen Androgenisierungsmerkmalen.

Beim **klassischen** Defekt treten **Virilisierungserscheinungen** bei betroffenen Mädchen **bereits pränatal** auf, so dass bei Geburt die äußeren Geschlechtsmerkmale maskulinisiert sind (Abb. **B-1.30**). Die Serumspiegel

B-1.30 Verschiedene Grade der Maskulinisierung beim AGS (nach Prader)

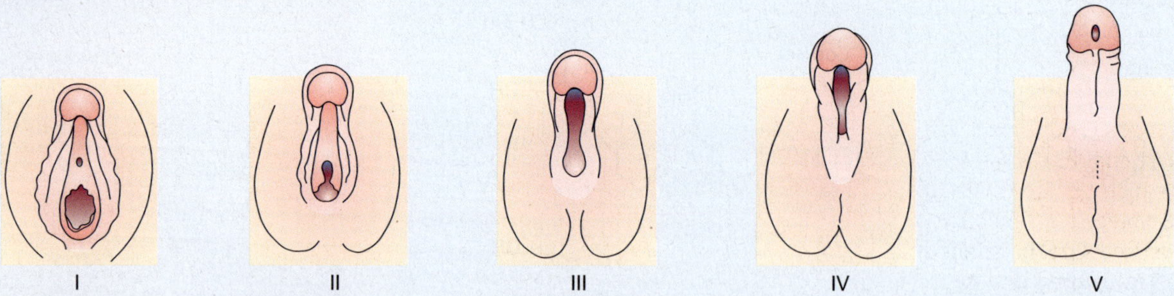

Prader I: Leichte Klitorishypertrophie

Prader II: Stärkergradige Klitorishypertrophie

Prader III und IV: Die gemeinsame äußere Öffnung ist unterschiedlich weit. In der Tiefe befindet sich eine getrennte Urethral- und Vaginalöffnung

Prader V: Vollständige Vermännlichung des weiblichen äußeren Genitales mit einer gemeinsamen Öffnung der Urethra und Vagina

von **17-OH-Progesteron, Progesteron** und der **Androgene** sind erhöht.

Ist die Synthese von Aldosteron mitbetroffen, manifestiert sich ein **Salzverlustsyndrom**. Diese Kinder sind **vital gefährdet**. Eine sofortige adäquate Therapie ist unbedingt einzuleiten.

Urethra. Hormonell sind die Serumspiegel von **17-OH-Progesteron**, von **Progesteron** und von **Androgenen** (Testosteron, Androstendion) **erhöht**.
Ist die Synthese von Aldosteron eingeschränkt oder in schweren Fällen unmöglich, manifestiert sich ein **Salzverlustsyndrom**. Neugeborene mit einem Salzverlustsyndrom sind **vital gefährdet**, so dass innerhalb der ersten Lebenstage die Diagnose gestellt und eine adäquate Substitutionstherapie eingeleitet werden muss. Die Neugeborenen gedeihen schlecht, sind apathisch und erbrechen schnell. Es kommt zur Hyponatriämie, Hyperkaliämie und zur Azidose.

Bei fehlender Behandlung kommt es zur **fortschreitenden Virilisierung** der Mädchen. Ab dem 2. Lebensjahr treten nacheinander die Pubesbehaarung und die Achsel- und Körperbehaarung auf. Die **weibliche Pubertätsentwicklung bleibt aus**, die Mädchen sind **amenorrhoisch** und **infertil**. Betroffene **männliche Individuen** zeigen zwar eine **frühe Androgenisierung**. Über die Hemmung der Gonadotropine bleibt sie jedoch **unzureichend**.

Wird ein Mädchen nicht gleich nach der Geburt behandelt, kommt es zur **fortschreitenden Virilisierung**. Ab dem 2. Lebensjahr setzen nacheinander die Pubesbehaarung und die Achsel- und Körperbehaarung ein. Die Kinder sind auch erst größer als ihre Altersgenossen. Später allerdings, in der Jugend und als Erwachsene, erreichen sie eine geringere Körpergröße, da der **Epiphysenschluss vorzeitig vollzogen** wird. Es bildet sich ein **männlicher Körperbau** und auch ein Stimmbruch aus. Die **weibliche Pubertätsentwicklung bleibt aus**, d. h. die Mädchen sind **amenorrhoisch** und **infertil**. Werden **männliche Individuen** von diesem Enzymdefekt betroffen, ist zwar anfangs eine verstärkte und **frühzeitige Androgenisierung** vorhanden. Sie kann jedoch **unzureichend** bleiben, da die Androgene die Sekretion der Gonadotropine hemmen.

Mädchen mit der **nichtklassischen** Form entwickeln Androgenisierungserscheinungen **erst im Verlauf von Kindheit, Pubertät** oder **postpuberal**.

Mädchen, bei denen eine **nichtklassische** Form des 21-Hydroxylase-Defekts vorliegt, sind **bei der Geburt meist unauffällig**. Sie können im Verlauf von **Kindheit, Pubertät oder später** Androgenisierungserscheinungen ausbilden.

Die **kryptische** Form kann symptomlos bleiben oder sich spät als Zyklusstörungen und Sterilität manifestieren.

Mit dem **ACTH-Test** lassen sich diese 3 Untergruppen voneinander unterscheiden. Er erlaubt auch bei unklarer Diagnose eine Abgrenzung zu nicht betroffenen Patienten.

Die **kryptische** Form kann symptomlos verlaufen und eventuell nur durch **Zyklusstörungen** und **Sterilität** auffällig werden. Ein Salzverlustsyndrom wird in diesem Zusammenhang selten beobachtet.
Diese 3 Untergruppen des 21-Hydroxylase-Defektes können am besten durch einen **ACTH-Test** voneinander abgegrenzt werden. Ebenso kann durch diesen Test bei unklarer Diagnose eine Abgrenzung zu einer nicht betroffenen Population eindeutig dargestellt werden.
Durchführung des ACTH-Stimulationstestes: Um 8.00 Uhr werden zuerst nüchtern 17-OH-Progesteron und Kortisol aus dem Serum bestimmt. Dann werden 250 mg ACTH intravenös verabreicht. 60 min später werden erneut 17-OH-Progesteron und Kortisol aus dem Serum gemessen. Wichtig ist, den Test am Zyklusanfang durchzuführen, da man nur dann sichergeht, dass das gemessene 17-OH-Progesteron nicht dem Corpus luteum entstammt.
Liegt die Differenz zwischen dem 1. und 2. Wert von 17-OH-Progesteron nicht über 2,5 ng/ml, so kann die Reaktion als normal bezeichnet werden. Kann ein erhöhter Anstieg der Cortisolsekretion verzeichnet werden, so spricht dies für eine NNR-Hyperplasie.

b) 3β-Hydroxysteroiddehydrogenase-Defekt (3β-HSD-Defekt)
Der 3β-HSD-Defekt betrifft alle biologisch aktiven Steroide, die im Ovar und in der Nebennierenrinde synthetisiert werden. Es besteht ein adrenaler und ovarieller Enzymdefekt, so dass die **Bildung von Kortikoiden, Androgenen und Östrogenen** vermindert ist.

Die Neugeborenen sind schwer krank. Weibliche Neugeborene sind leicht virilisiert, männliche unzureichend maskulinisiert, meist mit einer Hypospadie. Es gibt auch leichtere Verläufe, die nur auf Grund eines erhöhten DHEA- oder DHEAS-Spiegels diagnostiziert werden. Meist liegt hier ein Hirsutismus vor.
Diagnostisch sind, bei eindeutig erhöhten DHEA- und DHEAS-Werten, die Spiegel für Testosteron und Androstendion normal bis wenig erhöht. Ein **ACTH-Test** sollte zur Klärung des Defektes durchgeführt werden. **Zusätzlich zu 17-OH-Progesteron und Cortisol wird 17-OH-Pregnenolon** gemessen. Bei Vorliegen eines 3β-HSD-Defektes kommt es zu einem stark ausgeprägten Pregnenolonanstieg.

c) 11β-Hydroxylase-Defekt
Hier ist die **Bildung von Gluko- und Mineralokortikoiden** gestört. Die akkumulierten Vorstufen werden in die Androgenbiosynthese eingebracht, so dass ein ähnliches Bild entsteht wie beim 21-Hydroxylase-Defekt. Frauen mit diesem Krankheitsbild zeigen **unterschiedlich ausgeprägte Androgenisierungserscheinungen**. Oft liegt eine **Oligo-** bis **Amenorrhö** vor. Häufige, aber nicht obligate Zusatzsymptome sind ein Hypertonus und eine Hyperkaliämie als Folge der Erhöhung von Desoxykortikosteron. Labordiagnostisch sind die Spiegel von Desoxykortikosteron und von 11-Desoxykortisol erhöht. Die Serumwerte für Testosteron, Androstendion, DHEA und DHEAS liegen ebenfalls über den Normalwerten.

Therapie. Bei allen Enzymdefekten des adrenogenitalen Syndroms muss meist lebenslang **Cortisol** (z. B. Hydrocortison oder Dexamethason) substituiert werden. Dadurch wird die endogene ACTH-Produktion gemindert und die Sekretion von adrenalen Androgenen und Cortisolvorstufen gebremst. Beim Salzverlustsyndrom sollte zur Normalisierung des Serumrenins eine zusätzliche Therapie mit einem **Mineralokortikoid** (z. B. Fludrocortison) durchgeführt werden, wodurch es meist zu einem weiteren Abfall der Androgene und des ACTH kommt. Zudem wird die Elektrolytstörung (hohes Kalium; niedriges Natrium) behoben. Bei weiblichen Patienten ist eine zusätzliche Behandlung mit einem oralen antiandrogen wirksamen Kontrazeptivum möglich.
Ziel der Therapie ist es, eine weitere **Virilisierung zu verhindern**. Gleichzeitig ist die Therapie so zu handhaben, dass kein Cushing-Syndrom und im Kindesalter keine Wachstumshemmung auftritt. Die Dosierungen müssen immer **individuell angepasst** werden.

Bei adäquater Dosierung kann man längerfristig einen **Rückgang der Androgenisierungserscheinungen der Haut** und eine **Normalisierung der Ovarialfunktion** erwarten. Die Patientinnen sind **fortpflanzungsfähig**. Man sollte darauf hinweisen, dass gesunde Kinder dieser Frauen die Erkrankung geerbt haben und alle **Überträger** sind. Bei **Neugeborenen** muss darauf geachtet werden, dass sie auf Grund der mütterlichen Einnahme von synthetischen Steroidhormonen eine **Nebennierenrindeninsuffizienz** haben können, die frühzeitig behandelt werden muss.
Durch eine genetische Untersuchung beider Partner kann das Erkrankungsrisiko für die klassische Form des AGS abgeschätzt und ggf. eine pränatale Diagnostik (Amniozentese, Chorionzottenbiopsie) und eine Glukokortikoidtherapie eingeleitet werden.

Vorzeitige Ovarialerschöpfung

Die Ursache einer vorzeitigen Erschöpfung beider Ovarien bleibt **häufig ungeklärt**. Wahrscheinlich handelt es sich um eine genetische Störung, bei der die

b) 3β-Hydroxysteroiddehydrogenase-Defekt
Es besteht ein adrenaler und ovarieller Enzymdefekt, so dass die **Bildung von Kortikoiden, Androgenen und Östrogenen** vermindert ist.

Die Neugeborenen sind meist schwer krank. Weibliche Neugeborene sind leicht virilisiert, männliche unzureichend maskulinisiert, meist mit einer Hypospadie.

Diagnostisch sind, bei eindeutig erhöhten DHEA- und DHEAS-Werten, die Spiegel für Testosteron und Androstendion normal bis wenig erhöht. Wird ein **ACTH-Test** durchgeführt, sieht man einen deutlichen Anstieg des Pregnenolons.

c) 11β-Hydroxylase-Defekt
Hier ist die **Bildung von Gluko- und Mineralokortikoiden** gestört. Die akkumulierten Vorstufen werden in die Androgenbiosynthese eingebracht, so dass ein ähnliches Bild wie beim 21-Hydroxyplasie-Defekt entsteht. Als Folge der Erhöhung von Desoxykortikosteron und der Verminderung von Renin und Aldosteron können auch ein Hypertonus und eine Hypokaliämie vorliegen.

Therapie. Es muss lebenslang **Cortisol** substituiert werden, um die endogene ACTH-Produktion zu vermindern, was dann wiederum die Sekretion von Androgenen und Cortisolvorstufen herabsetzt. Zur Normalisierung des Serumrenins ist eine Zusatztherapie mit einem **Mineralokortikoid** notwendig.

Therapieziel ist, eine weitere **Virilisierung zu verhindern**. Wichtig ist dabei eine **individuelle Anpassung der Dosierung**, um einen M. Cushing und beim Kind eine Wachstumshemmung zu vermeiden.

Bei adäquater Therapie bilden sich Androgenisierungserscheinungen langfristig zurück. Mit einer Normalisierung der Ovarialfunktion werden die Patientinnen **fortpflanzungsfähig**, wobei **alle gesunden Nachkommen Überträger des AGS** sind. Bei gesunden **Neugeborenen** ist eine evtl. vorliegende **NNR-Insuffizienz** zu beachten.

Vorzeitige Ovarialerschöpfung

Wahrscheinlich handelt es sich um eine genetische Störung, bei der die **Follikel**

einer fortschreitenden Atresie unterliegen. Autoimmunprozesse, Virusinfektionen, Chemotherapie oder Bestrahlung kommen als Ursache ebenso in Frage. **Je jünger** die Patientin ist, desto wahrscheinlicher kann ein **normaler Zyklus** wieder einsetzen.

Follikel einer fortschreitenden Atresie unterliegen. Häufig lassen sich Chromosomenanomalien nachweisen (z. B. Turner-Mosaik-Syndrome: 45,X0/46,XX). Autoimmunprozesse, Virusinfektionen, ebenso eine Chemotherapie oder eine Bestrahlung können Ursache eines ovariellen Schadens sein. **Je jünger** die Patientin ist, desto unwahrscheinlicher tritt eine Zerstörung aller Follikel ein. Selbst nach jahrelangen amenorrhoischen Phasen **kann der Zyklus** wieder einsetzen.

Hyperandrogenämie und Insulinresistenz

Bei fehlangelegtem Insulinrezeptor oder rezeptorbindenden Antikörpern kann eine Insulinresistenz auftreten. Hohe Insulinkonzentrationen führen über Bindung an die IGF-I-Rezeptoren zur Stimulation der Androgensynthese durch Thekazellen.

Hyperandrogenämie und Insulinresistenz

In den letzten Jahren wird der Verbindung zwischen Hyperandrogenämie und Insulinresistenz zunehmend Aufmerksamkeit gewidmet. Die Insulinresistenz beruht meistens auf einer gestörten Bindung des Insulins an den Insulinrezeptor, gefolgt von einem gestörten Kohlenhydratstoffwechsel. Die erhöhte Insulinkonzentration führt durch Bindung an den „Insulin like growth factor I"-(IGF-I-)Rezeptoren in den Thekazellen zu einer vermehrten Androgensynthese. Anhand dieser Kriterien lassen sich Patientinnen mit einer idiopathischen Hyperandrogenämie oder einem PCO-Syndrom in Abhängigkeit von der gegebenen bzw. nicht gegebenen Insulinresistenz in unterschiedliche Gruppen unterteilen.

Ovarialtumoren (hormonell aktive und inaktive)

s. S. 274 ff.

Ovarialtumoren (hormonell aktive und inaktive)

s. S. 274 ff.

1.4.5 Hypophysäre Störungen

1.4.5 Hypophysäre Störungen

Bei den hypophysären Störungen stellt die Hyperprolaktinämie mit ihren unterschiedlichen Ursachen das am häufigsten auftretende Problem dar. Es können aber auch Tumoren im Bereich der Sella turcica oder seltene Erkrankungen wie das Sheehan-Syndrom oder das Laurence-Moon-Biedl-Bardet-Syndrom vorkommen.

Hyperprolaktinämie

Hyperprolaktinämie

▶ Definition

▶ **Definition.** Pathologisch erhöhte Prolaktinkonzentrationen führen bei der Frau zu einer Einschränkung der pulsatilen GnRH-Freisetzung und somit zu einer Ovarialinsuffizienz, die sich durch Follikelreifungsstörungen, Zyklusstörungen und Fertilitätsstörungen manifestieren kann.

Man unterscheidet eine manifeste von einer latenten Hyperprolaktinämie. Die Regulation der Prolaktinfreisetzung zeigt Abb. **B-1.31**.

Die Beeinflussung des Prolaktinhaushaltes durch körpereigene Substanzen, Erkrankungen und andere Einflüsse zeigt Tab. **B-1.12**.
In Tab. **B-1.13** sind Wirksubstanzen und Medikamentenbeispiele aufgeführt, die den Prolaktinhaushalt beeinflussen.

Man unterscheidet eine manifeste Hyperprolaktinämie mit erhöhter basaler Prolaktinkonzentration von einer latenten Hyperprolaktinämie, die durch eine permanente Bereitschaft der Hypophyse, auf Reizsignale mit pathologisch hoher Prolaktinfreisetzung zu reagieren, gekennzeichnet ist. Die Regulation der Prolaktinfreisetzung zeigt Abb. **B-1.31**.
Störungen im Prolaktinhaushalt wirken sich auf viele andere Organfunktionen aus (z. B. Ovarien, Nebennierenrinde) oder sind Begleiterscheinungen bestimmter Endokrinopathien, Stoffwechselstörungen oder anderer Erkrankungen (Tab. **B-1.12**). Besonders bei ovariellen Störungen ist die Bestimmung der Prolaktinspiegel im Blut wichtig. Eine große Anzahl von Medikamenten beeinflusst den Prolaktinhaushalt. Die wichtigsten Wirksubstanzen sind in Tab. **B-1.13** aufgeführt.

Klinik. An erster Stelle stehen die **Galaktorrhö, Zyklusstörungen** (Corpus-luteum-Insuffizienz bis Amenorrhö) und **Infertilität**.

Klinik. Im Vordergrund der Symptomatik stehen **Zyklusstörungen** unterschiedlichen Ausmaßes und die **Galaktorrhö**. Bei einer Galaktorrhö ist die Wahrscheinlichkeit einer Hyperprolaktinämie so hoch, dass sie auf jeden Fall abgeklärt werden muss.
Trotzdem sollte man wissen, dass nicht jede hyperprolaktinämische Patientin eine Galaktorrhö aufweist bzw. nicht jede Galaktorrhö zwingend mit einer Hyperprolaktinämie einhergeht. Typischerweise kommt es bei vorhandener Galaktorrhö spontan oder durch Druck zur milchigen Sekretion meist aus beiden Mamillen.

B-1.31 Regulation der Prolaktinfreisetzung

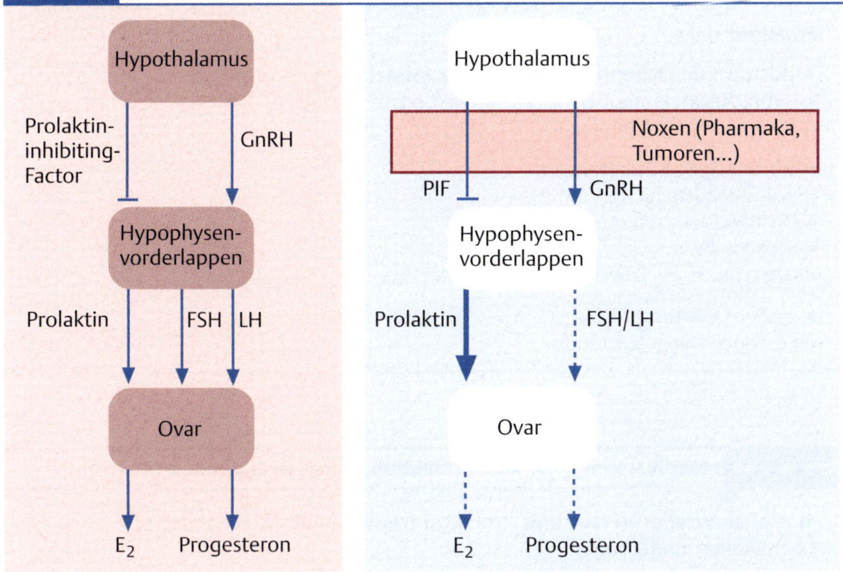

Bei der gesunden Frau wird die Ausschüttung von Prolaktin aus dem HVL durch den Hypothalamus gesteuert. Ist dieser Regulationsmechanismus gestört (z. B. durch Hemmung des PIF, Prolaktinom der Hypophyse) kann Prolaktin verstärkt wirksam werden. Die Hyperprolaktinämie führt zu einer Ovarfunktionsstörung.

B-1.31

B-1.12 Beeinflussung des Prolaktinhaushaltes durch körpereigene Substanzen und andere Einflüsse

B-1.12

Prolaktin steigt

▶ **Substanzen:**
- Östrogene
- endogene Opiate (z. B. Endorphine)
- TSH-Releasing-Hormon (TRH)
- Serotonin
- Vasopressin
- Melatonin
- Angiotensin II
- Vitamin D
- GnRH

▶ **hypophysäre Störungen:**
- Prolaktin produzierende Tumoren (Prolaktinome)
- Hyperplasie prolaktinsezernierender Hypophysenzellen

▶ **Störungen im Bereich des Hypothalamus und des Hypophysenstiels bei:**
- Enzephalitis
- Sarkoidose
- Neoplasmen im Bereich des Hypothalamus (Kraniopharyngeome, Astrozytome und andere Tumoren)
- Empty-Sella-Syndrom
- traumatischen Hypophysenstielläsionen nach chirurgischen Eingriffen und Unfällen
- nichtprolaktinproduzierenden intra- oder suprasellären Tumoren

▶ **neurogene und psychiatrische Störungen:**
- Reizung von Thoraxnerven, z. B. bei Herpes zoster, Mammaprothesen
- Narben- und Verbrennungsnarben im Thoraxbereich
- psychiatrische Erkrankungen
- psychogene Hyperprolaktinämie

▶ **andere Erkrankungen und Umstände:**
- primäre Hypothyreose
- Insulinhypoglykämie
- Niereninsuffizienz
- Akromegalie
- Cushing-Syndrom
- Hirsutismus/Hyperandrogenämie
- akute Porphyrie
- Endometriose
- Intrauterinspirale
- ektope prolaktinproduzierende Tumoren (z. B. Bronchialkarzinome, Hypernephrome)
- nach Radiatio der Sellaregion
- intensivere Manipulation an der Brust
- Saugreiz beim Stillen
- Koitus (Orgasmus)
- Schwangerschaft
- schlaf- und traumbezogener Prolaktinanstieg
- akute physische Betätigung (Sport)
- akute Stresssituationen
- Hypoglykämie

B-1.12

B-1.12 Fortsetzung von Seite 125

Prolaktin sinkt

▶ **postpartale Hypophyseninsuffizienz (Sheehan-Syndrom):**
- Hypoprolaktinämie bei Tumoren des Corpus pineale
- isolierter Prolaktinmangel

▶ **körpereigene Substanzen:**
- γ-Aminobuttersäure (GABA)
- Histidyl-Prolin-Diketopiperazin (HPD)
- Somatostatin
- GAP (GnRH-assoziiertes Protein)

▶ **andere Einflussgrößen:**
- Östrogenmangelzustände

B-1.13

B-1.13 Medikamente, die den Prolaktinhaushalt beeinflussen (Auswahl)

a) Alphabetisches Verzeichnis Prolaktin freisetzender Medikamente, Chemikalien und Drogen

Medikamente, Handelsname	Wirkung, Anwendung	chemischer Name
Anafranil	Antidepressivum	Clomipramin
Androcur	Gestagen/Antiandrogen	Cyproteronacetat
Aponal	Antidepressivum	Doxepin
Arminol	Neuroleptikum	Sulpirid
Arosil	Neuroleptikum	Promethazin
Catapresan	Antihypertensivum	Clonidin
Ciatyl	Neuroleptikum	Clopenthixol
Clonidin	Antihypertensivum	Clonidin
Dapotum	Neuroleptikum	Fluphenazin
Decentan	Neuroleptikum	Perphenazin
Dehydrobenzperidol	Neuroleptikum	Droperidol
Dilaudid	Narkoanalgetikum	Hydromorphon
Dipiperon	Neuroleptikum	Pipamperon
Dominal	Neuroleptikum	Prothipendyl
Equilibrin	Antidepressivum	Amitryptilinoxid
Eunerpan	Neuroleptikum	Melperon
Fluanxol	Neuroleptikum	Flupentixol
Glianimon	Neuroleptikum	Benperidol
Haldol	Neuroleptikum	Haloperidol
Haloperidol	Neuroleptikum	Haloperidol
Imap	Neuroleptikum	Fluspirilen
Impromen	Neuroleptikum	Bromperidol
Insidon	Antidepressivum	Opipramol
Isoptin	Kalziumantagonist	Verapamil
Jatroneural	Neuroleptikum	Trifluoperazin
Jatrosom	Neuroleptikum	Tranylcyprominsulfat
Limbatril	Neuroleptikum	Amitriptylin
Ludiomil	Antidepressivum	Maprotilin
Lyogen	Neuroleptikum	Fluphenazin
Melleril	Neuroleptikum	Thioridazin
Meresa	Neuroleptikum	Sulpirid
Methyldopa Stada	Antihypertensivum	Methyldopa
Metoclopramid	Magen-Darm-Mittel	Metoclopramid
Morphin	Narkoanalgetikum	Morphin
Motilium	Magen-Darm-Mittel	Domperidon
neogama	Neuroleptikum	Sulpirid
Neurocil	Neuroleptikum	Levomepromazin
Parnate	Antidepressivum	Tranylcypromin
Paspertin	Magen-Darm-Mittel	Metoclopramid
Pertofran	Antidepressivum	Desipramin
Presinol	Antihypertensivum	Methyldopa
Protactyl	Neuroleptikum	Promazin

B-1.13 Fortsetzung von Seite 126

B-1.13

Medikamente, Handelsname	Wirkung, Anwendung	chemischer Name
Repeltin	Antiallergikum	Alimemazin
Saroten	Antidepressivum	Amitriptylin
Sostril	Magen-Darm-Mittel	Ranitidin
Stangyl	Antidepressivum	Trimipramin
Tagamet	Magen-Darm-Mittel	Cimetidin
Tofranil	Antidepressivum	Imipramin
Triperidol	Neuroleptikum	Trifluperidol
Truxal	Neuroleptikum	Chlorprothixen
Zantic	Magen-Darm-Mittel	Ranitidin
Sonstige Substanzen:		
Alkohol		
Heroin		
b) Alphabetisches Verzeichnis der prolaktinhemmenden Medikamente		
Agit	Antihypotonikum	Dihydroergotamin
Angionorm	Antihypotonikum	Dihydroergotamin
Captagon	Psychoanaleptikum	Fenetyllin
Cuvalit	Migränemittel	Lisurid
Deseril	Migränemittel	Methysergid
DET MS	Antihypotonikum	Dihydroergotamin
Dopamin Guilini	Antihypotonikum	Dopamin
Dopergin	Prolaktinhemmer	Lisurid
Methergin	blutungsstillendes Mittel	Methylergometrin
Narcanti	Opiatantidot	Naloxon
Nehydrin	Sympathikolytikum	Dihydroergocristin
Ponderax	Appetitzügler	Fenfluramin
Pravidel	Prolaktinhemmer	Bromocriptin
Ritalin	Psychoanaleptikum	Methylphenidat
Trivastal	durchblutungsförderndes Mittel	Piribedil
Sonstige Substanzen:		
Lysergsäurediäthylamid (LSD)		
Amphetamin		

► **Merke.** Eine nicht vorhandene Galaktorrhö schließt eine Hyperprolaktinämie nicht aus.

◄ Merke

Bei 15–40 % der Fälle hyperprolaktinämischer Störungen haben die Frauen auch Zyklusstörungen. Das Spektrum der Zyklusstörungen reicht von der Lutealinsuffizienz über die Amenorrhö bis zur Infertilität. Liegen bei einer Patientin Zeichen einer Hyperandrogenämie bzw. Störungen der Schilddrüsenfunktion (Ausschluss einer Hypothyreose) vor, sollte der Prolaktinspiegel überprüft werden. Besonders eine Erhöhung der adrenalen Androgene (DHEA, DHEAS) kann mit einer Hyperprolaktinämie verbunden sein.

Der Prolaktinspiegel sollte auch bei Zeichen einer Hyperandrogenämie bzw. bei Verdacht auf Hypothyreose überprüft werden, da auch hier häufig eine Hyperprolaktinämie vorliegt.

Da durch Hyperprolaktinämie nicht nur die Ovulation, sondern auch die Follikelreifung gehemmt ist, ist die Sekretion der Östrogene stark vermindert. Dies kann an Hand von Mangelerscheinungen an Östrogenerfolgsorganen, einem negativen Gestagen-Test oder mit Hilfe niedriger Östradiolspiegel im Serum dokumentiert werden. Während der Schwangerschaft und beim Stillvorgang ist die Hyperprolaktinämie physiologisch. Eine Erhöhung des Prolaktins kann die Libido vermindern.

Hohe Prolaktinwerte können mit niedrigen Östrogenspiegeln kombiniert sein, da auch die Follikelreifung gehemmt ist (Infertilität). So kann es zu den typischen Östrogenmangelerscheinungen kommen.

Diagnostik. An erster Stelle steht eine detaillierte Anamnese, die schon viele Hinweise auf die Ursache einer vorliegenden Hyperprolaktinämie geben kann. Es schließen sich die gynäkologische Untersuchung und die Palpation beider Mammae an. Gelegentlich wird empfohlen, erforderliche Blutentnahmen vor

Diagnostik

- Anamnese
- gynäkologische Untersuchung
- Palpation beider Mammae

- Labor:
  Prolaktin im Serum
  Metoclopramid-Provokationstest
- radiologische Verfahren:
  Computertomographie
  Kernspintomographie
- ophthalmologische Untersuchungen:
  Messung des Gesichtsfeldes.

den Untersuchungen vorzunehmen, da der Prolaktinspiegel stressbedingt akut erhöht sein kann. Die Diagnose einer Hyperprolaktinämie wird durch den Nachweis eines erhöhten Prolaktinspiegels im Serum gestellt. Es ist nötig, erhöhte Prolaktinspiegel durch mehrere Kontrollen zu bestätigen und Störelemente weitgehend auszuschließen.

Die Anwendung des Metoclopramid-Provokationstestes wird auf S. 85 erläutert. Prolaktinspiegel über 1000 µE/ml sollten als eindeutig erhöht und als prolaktinomverdächtig angesehen werden.

Die bildgebende Methode der Wahl für den Nachweis eines Prolaktinoms ist die Computertomographie bzw. die Kernspintomographie. Die Nachweisgrenze liegt hier bei einem Tumordurchmesser von 4 mm, manchmal auch bereits darunter.

Besonders bei Makroprolaktinomen (> 1 cm im Durchmesser) und bei nicht Prolaktin produzierenden Tumoren, die den Hypophysenstiel und den Sehnerv komprimieren (z. B. Kraniopharyngiome), können Gesichtsfelddefekte auftreten. Diese Patienten sollten ophthalmologisch untersucht werden.

Differenzialdiagnose. Eine Hypothyreose sowie eine Akromegalie müssen ausgeschlossen werden, da sie ebenfalls mit einer Hyperprolaktinämie einhergehen können. Ein Schema zur Abklärung bei Galaktorrhö zeigt Abb. **B-1.32**.

Differenzialdiagnose. Da es auch bei einer Hypothyreose bzw. bei einer Akromegalie zur Hyperprolaktinämie kommen kann, sollten diese Krankheitsbilder ausgeschlossen werden.

Ein Schema zur Abklärung bei Galaktorrhö zeigt s. Abb. **B-1.32**.

B-1.32 Stufendiagnostik einer Galaktorrhö

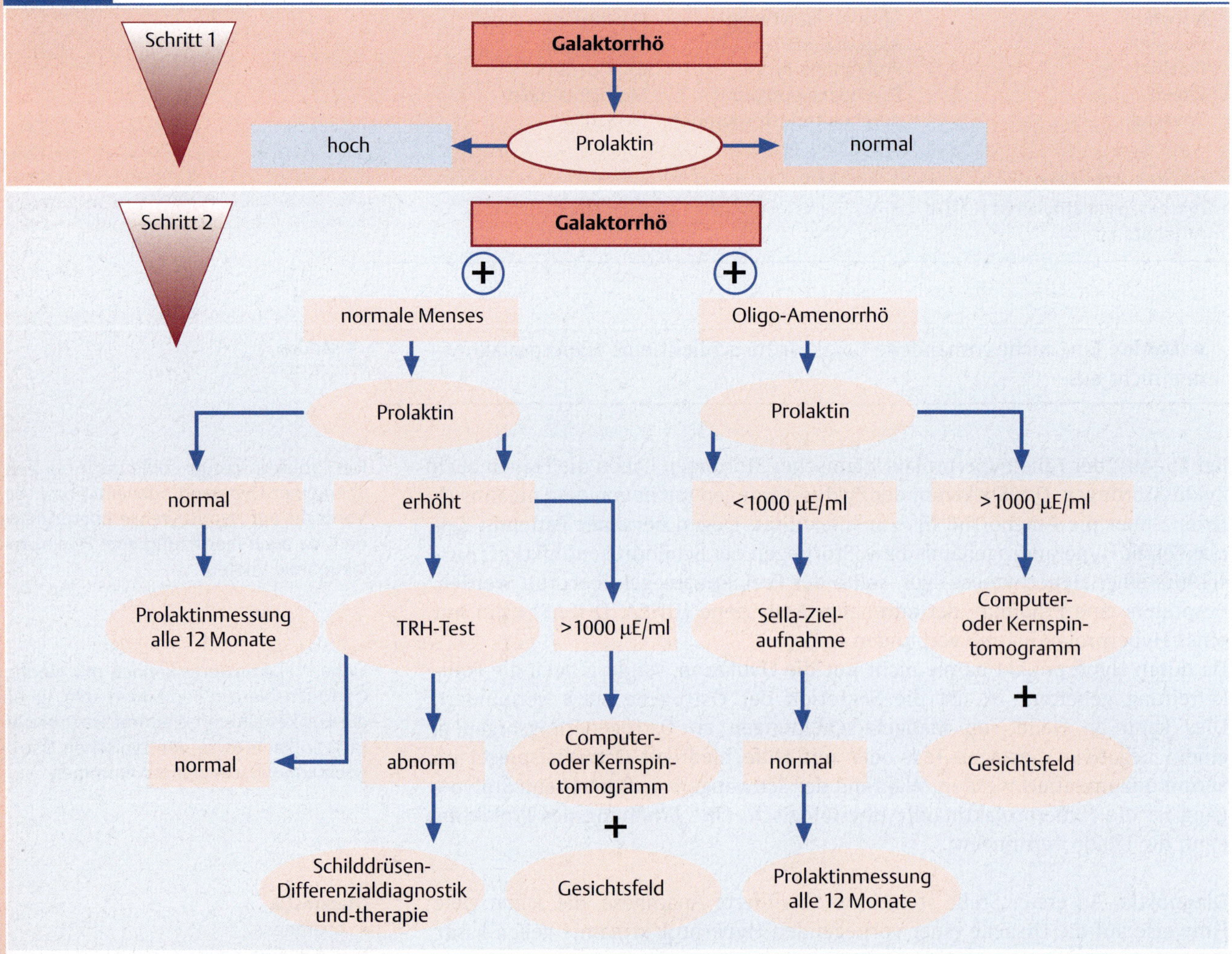

Therapie. Die Therapie einer Hyperprolaktinämie hängt von der klinischen Situation ab und ist nicht in jedem Fall notwendig.
Das Ausmaß einer Galaktorrhö kann ein Kriterium für eine Behandlung sein, wenn die Patientin sich eingeschränkt und belastet fühlt. Die Mittel der Wahl sind **Prolaktinhemmer** wie z. B. Bromocriptin oder Lisurid. Diese Medikamente sind Dopaminagonisten, die ihre Wirkungen und Nebenwirkungen an allen Organen ausüben, die unter dopaminergem Einfluss stehen. Hierzu gehört auch das Brechzentrum und das Herz-Kreislauf-Zentrum. Deshalb ist es günstig, die Behandlung mit kleinen Dosen zu beginnen. Die wirksame Dosis wird durch Kontrolle des Serumprolaktins ermittelt. Der Abfall des Prolaktinspiegels führt bei den meisten Patientinnen zur Wiederherstellung ovulatorischer Zyklen.
Neu entwickelte Prolaktinhemmer wie Cabergolin zeigen bei gleichen therapeutischem Effekt deutlich weniger systemische Nebenwirkungen (z. B. Dostinex).
Bei hyperprolaktinämischen Patientinnen mit aktuellem Kinderwunsch und Zyklusstörungen ist es ein therapeutisches Anliegen mit Prolaktinhemmer, die Prolaktinspiegel und so den Zyklus zu normalisieren.

Therapie. Die Therapie einer Hyperprolaktinämie orientiert sich weitgehend an den Bedürfnissen der Patienten. Bei Patientinnen mit störender Galaktorrhö sind **Prolaktinhemmer** die Medikamente der Wahl.

Bei bestehendem Kinderwunsch und Zyklusstörungen werden ebenfalls Prolaktinhemmer eingesetzt, um den Zyklus zu normalisieren.

Bei Patientinnen ohne Kinderwunsch ist eine Therapie dann notwendig, wenn die Östrogenkonzentrationen unterhalb der Werte der frühen Follikelphase liegen. Eine niedrig dosierte Östrogen-Gestagen-Substitution sollten den Folgen eines Östrogenmangels (Skelettsystem, Haut, Scheide, Blase, Herz-Kreislauf-System) Einhalt gebieten.
Bei schwangeren hyperprolaktinämischen Patientinnen ist die Prolaktinkonzentration monatlich zu kontrollieren. Es besteht die Gefahr, dass unter Östrogen- und Progesteroneinfluss, der die Sensibilität der laktotropen Zellen auf Dopamin herabsetzt, ein Prolaktinom zu wachsen beginnt und sich klinisch manifestiert.

Bei nicht vorhandenem Kinderwunsch ist nur bei ausgeprägter Ovarialinsuffizienz die Substitution mit einem Östrogen-Gestagen-Präparat sinnvoll. Wird in der Schwangerschaft eine pathologische Hyperprolaktinämie diagnostiziert, sind monatliche Kontrollen notwendig, da unter Östrogen- und Progesteroneinfluss die Sensibilität der laktotropen Zellen auf Dopamin vermindert ist und ein Prolaktinom wachsen kann.

Therapie bei Prolaktinom. Wenn ein Prolaktinom vorliegt, muss in Zusammenarbeit mit dem Internisten, dem Neurochirurgen und dem Neuroradiologen entschieden werden, welche Therapieform angebracht ist. Die Therapie in den unterschiedlichen Situationen ist in Tab. **B-1.14** aufgeführt.
Da die Wachstumstendenz von Mikroadenomen gering ist, stellt der radiologische Nachweis eines Mikroprolaktinoms noch keine Indikation zur Operation dar. Die **Therapie der Wahl sind Prolaktinhemmer** (Dopaminagonisten), die sowohl die Prolaktinsekretion als auch das Prolaktinomwachstum hemmen. Neurochirurgische Operationen sind in den Fällen angezeigt, die einer Prolaktinhemmerbehandlung gegenüber refraktär sind bzw. in denen sich der Tumor nachteilig auf die Nachbarorgane auswirkt. Die transnasale Adenomektomie ist hier der übliche Eingriff.

Therapie bei Prolaktinom. Wichtig ist die Zusammenarbeit mit Internisten, Neuroradiologen und eventl. Neurochirurgen.

Die Therapie der Wahl bei Mikroadenomen sind **Prolaktinhemmer** (= Dopaminagonisten). Sie hemmen die Prolaktinsekretion und auch das Prolaktinomwachstum (s. Tab. **B-1.14**).

B-1.14 Therapie der Prolaktinome

	normale Sella turcica	*radiologisch nachweisbare Mikroadenome (< 1 cm Durchmesser)*	*Makroadenome (> 1 cm Durchmesser), invasive Adenome*
▶ **Beobachtung**	möglich, wenn keine klinischen Beschwerden bestehen	möglich, wenn keine klinischen Beschwerden bestehen	nein, Therapie siehe unten
▶ **medikamentöse Therapie**	Therapie der Wahl (= Dopaminagonisten)	Therapie der Wahl (= Dopaminagonisten)	sollte in jedem Fall versucht werden, in 50–80 % Dauertherapie
▶ **transsphenoidale selektive Adenomektomie**	nicht indiziert	▪ bei Dopaminagonisten-unverträglichkeit ▪ bei Größenzunahme unter medikamentöser Therapie	▪ bei Kinderwunsch ▪ bei Unverträglichkeit der Dopaminagonisten bzw. fehlender Ansprechbarkeit ▪ rasch verfallendes Gesichtsfeld
▶ **Radiotherapie**	nicht indiziert	nicht indiziert	bei Versagen der medikamentösen und operativen Behandlung

Da Prolaktinome in der Schwangerschaft schnell an Größe zunehmen können, ist zu diskutieren, ob die operative Entfernung vor einer geplanten Schwangerschaft durchgeführt werden soll.
Die Häufigkeit hormoneller und radiologischer Kontrollen hängt von der individuellen Ausgangssituation ab.

▶ Klinischer Fall

▶ **Klinischer Fall.** Eine 25-jährige Patientin stellt sich mit milchiger Sekretion aus beiden Brustwarzen, die sie seit 3 Monaten bemerkt hat, in der Praxis vor. Im Gespräch gibt die Patientin eine ausgeprägte Oligomenorrhö an. Ihre Zyklen haben eine Dauer von 2–4 Monaten. Sie versuchte seit 1 Jahr schwanger zu werden, was nicht gelang. Anamnestisch gibt sie an, keine Medikamente einzunehmen. Lebensgewohnheiten, Verhaltensbesonderheiten und Essgewohnheiten hatten sich in der letzen Zeit nicht verändert.
Bei der Palpation der Brüste bemerkt man eine Sekretion aus beiden Mamillen. Der Prolaktinwert im Serum beträgt 2000 mIE/ml. Ein Kernspintomogramm ergibt den Verdacht auf ein kleines Prolaktinom der Hypophyse. Ein Kontrollwert des Prolaktins aus dem Serum ist wieder stark erhöht. Eine Behandlung mit Prolaktinhemmern wird begonnen. Nach zweimonatiger Einnahme normalisiert sich der Zyklus weitgehend. Die Prolaktinwerte normalisieren sich. Nach einem halben Jahr wird die Patientin schwanger.

Hypophysentumoren

Hypophysentumoren

Die Größenzunahme der Tumoren, die oft supraselär wachsen, kann problematisch werden, wenn es zur Kompression von Nachbarorganen (z. B. Chiasma opticum) kommt. Dies führt dann zu Visuseinschränkungen im Sinne einer bitemporalen Hemianopsie. Eine endokrine Manifestation tritt erst bei Beteiligung des Hypophysenstiels auf.

Neben dem Prolaktinom können auch andere Tumoren der Hypophyse über Hormoneffekte Zyklusstörungen verursachen.
Maligne Tumoren sind äußerst selten, aber auch benigne Tumoren können durch ihre Größenzunahme oder ihr lokal invasives Wachstum Probleme bereiten. Meistens kommt es zur Kompression des Chiasma opticum und damit zur bitemporalen Hemianopsie, da häufig ein supraselläres Wachstum vorhanden ist. Kleinere Tumoren zeigen selten Visuseinschränkungen: Ein Beispiel sind Kraniopharyngeome, die sich röntgenologisch durch Kalkablagerungen erfassen lassen und rasch zu Gesichtsfeldverlusten führen, da sie sich oftmals in der Nähe der Sehnervenkreuzung entwickeln. Eine endokrine Manifestation im Sinne einer Hypophyseninsuffizienz tritt erst auf, wenn der Hypophysenstiel miteinbezogen ist. Manchmal gibt es auch klinische Hinweise auf ein Hypophysenadenom, insbesondere wenn es sich um Zeichen der Akromegalie (eosinophiles Adenom) oder des Morbus Cushing (basophiles Adenom) handelt.
Es werden auch Tuberkulome, Gummen und Fettablagerungen beschrieben, die durch Kompression der Hypophysenzellen zu einem Ausfall einzelner Hypophysenvorderlappenfunktionen führen können.

Sheehan-Syndrom

Sheehan-Syndrom

Eine hypophysäre Insuffizienz kann auch Folge einer Ischämie oder eines Infarktes der Hypophyse sein.

▶ Definition

▶ **Definition.** Beim Sheehan-Syndrom handelt es sich um die Folge eines hämorrhagischen Schocks während einer Geburt. Es kommt zur ischämischen Nekrose der Adenohypophyse, welche durch Blutungen unter der Geburt oder durch Thrombosen der hypophysären Venen verursacht sein kann.

Klinik. Es kann zur Insuffizienz der Adenohypophyse mit allen endokrinologischen Konsequenzen kommen.

Klinik. Wenn mehr als ¾ des Hypophysenvorderlappens zerstört sind, treten klinische Symptome wie Amenorrhö, Adynamie, Hypothermie, Agalaktie, Reduzierung der Achsel- und Schambehaarung, Pigmentverlust und Libidoverlust auf.

Diagnostik. Sie ergibt sich aus den Symptomen und den verminderten FSH- und LH-Werten.

Diagnostik. Die Diagnose ergibt sich aus den Symptomen und den verminderten FSH- und LH-Werten.

Therapie. Sie besteht in der Substitution fehlender peripherer Hormone.

Therapie. Die Therapie besteht in der Substitution fehlender peripherer Hormone.

Laurence-Moon-Biedl-Bardet-Syndrom

Es liegt eine gengebundene Erkrankung vor, die mit einer Hypophysenvorderlappeninsuffizienz einhergeht. Kennzeichen dieser wahrscheinlich autosomal-rezessiv vererbbaren Störung sind neben dem hypogonadotropen Hypogonadismus geistige Retardierung, Adipositas, Retinitis pigmentosa, Polydaktylie und andere Anomalien.

Laurence-Moon-Biedl-Bardet-Syndrom

Es handelt sich hier um eine gengebundene Anomalie mit Hypophysenvorderlappen-insuffizienz.

1.4.6 Zentralnervöse, hypothalamische Störungen

Hypothalamische Störungen werden durch den Ausschluss hypophysärer Ursachen diagnostiziert und meistens von einer hypogonadotropen Amenorrhö begleitet.
Man unterscheidet **organische Ursachen** wie Tumoren (z. B. Kraniopharyngeom), Entzündungen (z. B. Meningoenzephalitis) oder **Missbildungen** (z. B. Kallmann-Syndrom = olfaktogenitales Syndrom) im Bereich des Hypothalamus, die eher selten sind, und **funktionelle Ursachen**. Einen Überblick über die Begleiterscheinungen im Zusammenhang mit meist sekundärer Amenorrhö hypothalamisch-hypophysärer Genese gibt Abb. **B-1.33**.

1.4.6 Zentralnervöse, hypothalamische Störungen

Hypothalamische Störungen gehen meist mit einer hypogonadotropen Amenorrhö einher.

Man unterscheidet **organische Ursachen** wie Tumoren, Entzündungen und Missbildungen des Hypothalamus, die eher selten sind, und **funktionelle Ursachen** (Abb. **B-1.33**).

Organische Ursachen

Neben Tumoren und Entzündungen im Bereich des Hypothalamus kann auch das **Kallmann-Syndrom** zur Amenorrhö führen. In seiner vollen Ausprägung kommt es zur primären Pubertätsentwicklungsstörung, zur primären Amenorrhö mit niedrigen Gonadotropinspiegeln und einem fehlenden Geruchssinn. Es besteht ein hypogonadotroper Hypogonadismus. Medikamentös ist es möglich, Ovulationen auszulösen. Konzeptionen und ungestörte Schwangerschaften sind zu beobachten.

Organische Ursachen

Beim **Kallmann-Syndrom** ist ein hypogonadotroper Hypogonadismus mit einer Anosmie verbunden.

B-1.33 Sekundäre Amenorrhö hypothalamisch-hypophysärer Genese: Ursachen und Begleiterscheinungen

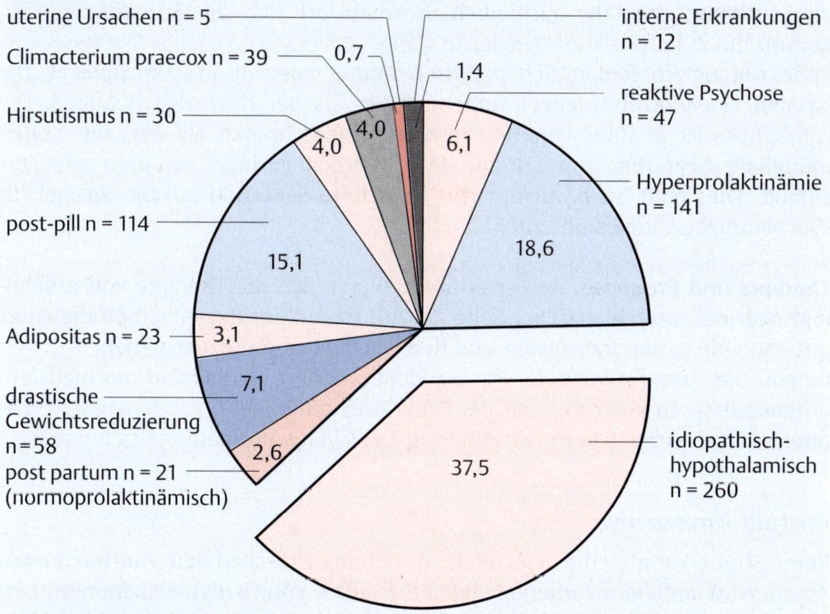

Die idiopathisch-hypothalamische Amenorrhö ist die häufigste Ursache der sekundären Amenorrhö.

B-1.33

Funktionelle Ursachen

Bei Patientinnen mit hypothalamischer Amenorrhö findet man häufig psychogen-psychoreaktive Störungen als mögliche Ursachen. Oft gibt es einen zeitlichen Zusammenhang zwischen einem besonderen Ereignis und dem Auftreten der Amenorrhö.

Die **Anorexia nervosa** und die **Bulimie** stellen psychogene Störungen des Essverhaltens dar.

Durch das extreme Untergewicht bzw. die durch das dauernde Erbrechen hervorgerufenen Stoffwechselentgleisungen kommt es zu Zyklusstörungen und anderen körperlichen Symptomen wie z. B. trockene Haut, Hypothermie, Bradykardie, Hyperaktivität.

Auch extremes körperliches Training (Leistungssport, Balletttänzerinnen) kann zur Amenorrhö führen.

Die basalen Gonadotropinspiegel sind erniedrigt. Die GnRH-induzierte Sekretion von LH und FSH läuft verzögert ab. Der Prolaktinspiegel ist normal. Die Wachstumshormone sind erhöht.

Therapie und Prognose. Da die Ursache der Anorexia nervosa oft in einer gestörten Familienbeziehung und in einer gestörten Einstellung zum eigenen weiblichen Körper liegt, ist die psychologische Therapie am wichtigsten. Durch die Normalisierung des Gewichtes werden alle Körperfunktionen wieder stabilisiert.

Postpill-Amenorrhö

Es besteht kein ursächlicher Zusammenhang zwischen einer hormonellen Kontrazeption und einer nach Absetzen der Ovulationshemmer auftretenden Amenorrhö.

Funktionelle Ursachen

Die normale Ovarfunktion ist das Ergebnis einer abgestimmten Zusammenarbeit zwischen dem Hypothalamus, der Hypophyse und dem Ovar. Die Funktion des Hypothalamus als funktionelle Einheit des ZNS und oberstes hormonelles Steuerungsorgan ist wiederum abhängig von Umweltfaktoren und anderen Einflüssen, die auf den Menschen einwirken.
So ist es verständlich, dass man bei Patientinnen mit hypothalamischer Amenorrhö **psychogen-psychoreaktive Störungen** als mögliche Ursachen finden kann. Oft entdeckt man einen zeitlichen Zusammenhang zwischen einem einschneidenden Ereignis und dem Auftreten der Amenorrhö.
Ein gutes Beispiel einer hypothalamischen Störung ist die Amenorrhö, die durch eine extreme und schnelle Gewichtsabnahme hervorgerufen wird. An erster Stelle seien hier die **Anorexia nervosa** und die **Bulimie** als psychogene Störungen des Essverhaltens genannt. Auch wenn beide Störungen sich klinisch unterschiedlich manifestieren und unterschiedlich verlaufen, haben die Betroffenen die überwertige Vorstellung gemeinsam, übergewichtig zu sein. Bei der anorektischen Patientin wird die Nahrung strikt verweigert, so dass lebensbedrohliche Situationen auftreten können und ein Klinikaufenthalt notwendig werden kann. Frauen mit Bulimie haben einen unwiderstehlichen Drang zur exzessiven Nahrungsaufnahme, gefolgt von zwanghaftem, selbstinduziertem Erbrechen, Fasten oder dem Missbrauch von Laxanzien und Diuretika. Die resultierende Stoffwechselentgleisung führt zu Zyklusstörungen.
Patientinnen mit Anorexia nervosa zeigen neben einer Amenorrhö häufig weitere körperliche Symptome wie trockene Haut, Hypertrichosis, Hypothermie, Bradykardie, Hypotonie, Hyperaktivität, Herzgeräusche u. a. Typisch sind auch spezielle Verhaltensweisen. Oft versuchen die Betroffenen, ihr Untergewicht zu verheimlichen, und nehmen eine Abwehrhaltung ein, wenn über mögliche Probleme und Ursachen gesprochen wird. Die Anorexia nervosa kann Ausdruck dafür sein, dass die Beziehungen in der Familie und zum eigenen Körper gestört sind.
Durch extremes körperliches Training, durch extreme seelische Belastungen oder Unterernährung auf Grund einer Katastrophensituation kann die Menstruationsblutung ebenfalls ausbleiben. Normalisiert sich die Situation wieder, kommt die Zyklusfunktion wieder in Gang.
Endokrinologisch finden sich praktisch immer normale Prolaktinspiegel. Die basalen Gonadotropinspiegel sind niedriger als bei Normalgewichtigen. Die Hypophyse ist in ihrer Funktion insofern eingeschränkt, als dass die GnRH-induzierte Sekretion von LH und FSH deutlich geringer ist und verzögert abläuft. Dies trifft auch auf die TRH-induzierte Sekretion zu. Die Spiegel für Wachstumshormone sind erhöht.

Therapie und Prognose. An erster Stelle bietet sich die Therapie von psychologischer oder psychiatrischer Seite an. Auf Grund der Begleitsymptome ist es unvermeidlich, den Internisten und den Gynäkologen hinzuzuziehen.
Indem die Untergewichtige ihr Gewicht wieder weitgehend normalisiert, durchläuft sie in kürzester Zeit die Funktionsstadien der Hypothalamus-Hypophysen-Ovar-Achse wie in der Pubertät. Der Zyklus normalisiert sich wieder.

Postpill-Amenorrhö

Keine Studie konnte eine ursächliche Beziehung zwischen dem Auftreten einer Amenorrhö und einer vorhergehenden Einnahme von Ovulationshemmern herstellen. Die Fertilität ist nach Abbruch der Einnahme nicht eingeschränkt. Mögliche Ursachen einer Amenorrhö können hier psychogener Natur sein oder im Zusammenhang mit einer Gewichtsreduktion stehen. Eine Abklärung ist erforderlich, wenn die Amenorrhö länger als 6 Monate besteht.

1.5 Klimakterium

1.5 Klimakterium

▶ **Definition.** Unter dem Klimakterium versteht man die mehrere Jahre dauernde Übergangsphase von der Zeit der vollen Geschlechtsreife in die Zeit der hormonellen Ruhe der Ovarien (meist 45.–55. Lebensjahr).

◀ **Definition**

Obwohl eine relativ große individuelle Schwankungsbreite besteht, machen nahezu alle Frauen das Klimakterium zwischen dem 45. und 55. Lebensjahr durch. Wenn die Ovarialfunktion bereits vor dem 40. Lebensjahr erlischt, spricht man vom **Climacterium praecox**. Die Ursache hierfür liegt meist in einer vorzeitigen Erschöpfung der ovariellen Follikel. Die Altersabhängigkeit der Oozytenzahl im Ovar zeigt Abb. **B-1.34**.
Das Sistieren der Menstruation gilt als äußeres Zeichen für die nachlassende Ovarialfunktion. die letzte Blutung im Zyklus einer Frau bezeichnet man als **Menopause**. Die Zeit um die Menopause herum wird **Perimenopause** genannt; folglich bezeichnet man die oft von unregelmäßigen Blutungen gekennzeichnete Zeitspanne vor der Menopause als **Prämenopause**, die Zeit danach als **Postmenopause**.

Man spricht vom **Climacterium praecox**, wenn bereits vor dem 40. Lebensjahr die Ovarialfunktion erlischt. Die Altersabhängigkeit der Oozytenzahl im Ovar zeigt Abb. **B-1.34**.

Menopause = letzte Blutung **Peri-, Prä- und Postmenopause** kennzeichnen die jeweiligen Phasen.

Ätiologie. In der Mitte des 4. Lebensjahrzehntes zeigen sich zunehmend Organveränderungen an den Ovarien wie Follikelverarmung und Gefäßsklerosierungen. Zunächst findet sich eine Insuffizienz der Lutealphase, die bereits einige Jahre zuvor eine Ursache für die verminderte Konzeptionsfähigkeit darstellt. Im Zyklus der Frau sind wiederholt Anovulationen bei noch durchaus regelmäßigen Menstruationen festzustellen. Da die Ovarien meist trotzdem noch ausreichend Östrogene produzieren, kommt es zum Wachstum des Endometriums ohne die übliche progesteronabhängige Transformation. Die Folge sind vermehrte Endometriumhyperplasien, die typisch für die Zeit des Klimakteriums sind. Mit zunehmendem Fortschreiten des Klimakterums fällt die Östrogenbildung deutlich ab. Es kommt zu einer starken Zunahme der Gonadotropinausscheidung (s. Abb. **B-1.35**). Zwei weitere Hormone spielen bei der zunehmenden endokrinen Ovarialinsuffizienz eine Rolle. Die nachlassende Sekretion von Inhibin verursacht bei oft noch normaler Östrogenproduktion bereits ein anstei-

Ätiologie. Im 4. Lebensjahrzehnt zeigen sich Organveränderungen in den Ovarien in Form von Follikelverarmung und Gefäßsklerosierungen; meist sind Anovulationen festzustellen.

Man findet häufig Endometriumhyperplasien durch fehlende progesteronabhängige Transformation. Der Abfall der Östrogenbildung führt zu einer Zunahme der Gonadotropinausscheidung (Abb. **B-1.35**).

B-1.34 **Altersabhängigkeit der Oozytenzahl im Ovar**

B-1.34

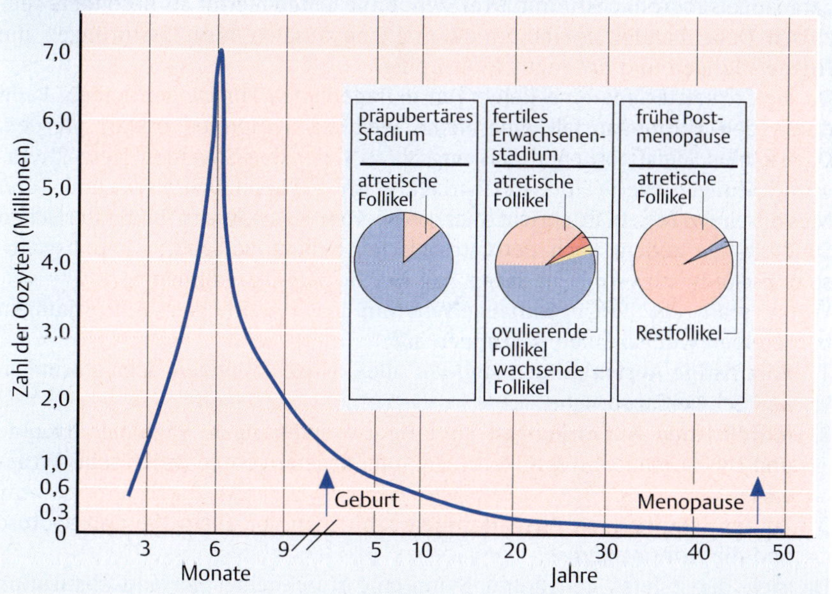

Ab der Geburt nimmt die Anzahl der Eizellen kontinuierlich ab.

B-1.35

B-1.35 Veränderungen der Hormonsituation im Klimakterium

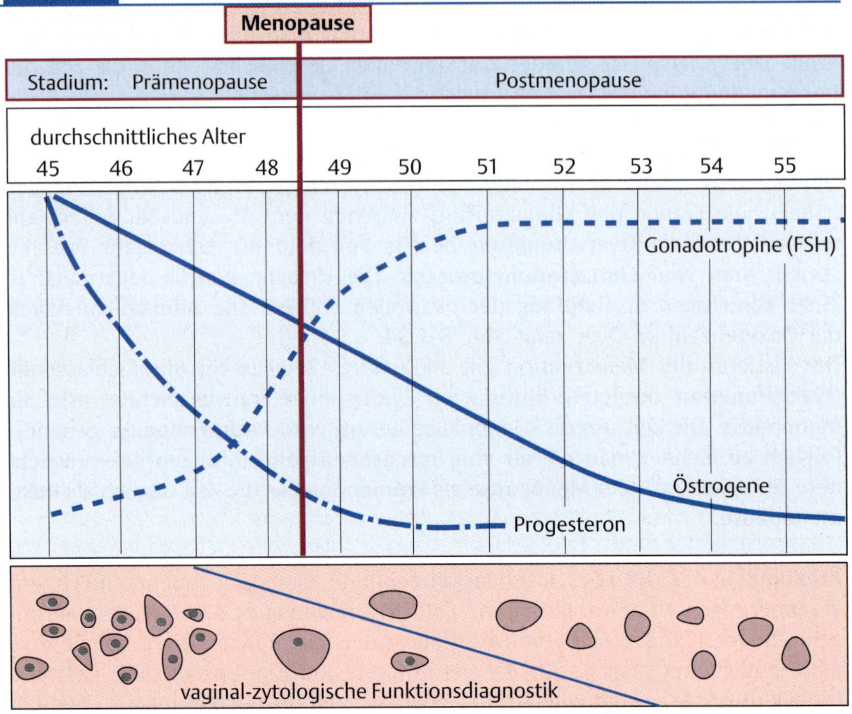

Nach der Menopause kommt es zum weiteren Abfall des Progesterons und der Östrogene. Die Gonadotropine steigen kontinuierlich an. In der Vaginalzytologie sieht man nach der Menopause zunehmend Basalzellen.

gendes FSH. Neben dieser zu Beginn des Klimakteriums wichtigen Inhibinwirkung sind es die Androgene, die am Ende des Klimakteriums zunehmend ausfallen und für eine Aromatisierung zu Östrogenen nicht mehr zur Verfügung stehen.

Klinik. Drei Symptome sind spezifisch: prämenopausale Blutungsstörungen, Hitzewallungen und die vaginale Atrophie.

Weitere Symptome durch Abfall der Sexualsteroide: Schlafstörungen, Leistungsabfall, Gelenkbeschwerden, Nervosität, Reizbarkeit, Harnwegsbeschwerden.

Kurzfristige Auswirkungen: Hitzewallungen, Schlafstörungen.
Mittelfristige Auswirkungen: Hautveränderungen, Stressinkontinenz, vaginale Atrophie.

Klinik. Das volle klinische Bild im Klimakterium wird vor allem durch das Östrogenmangelsyndrom bestimmt. Drei Symptome gelten hierfür als besonders spezifisch. Dabei handelt es sich um die prämenopausalen Blutungsstörungen, die Hitzewallungen und die vaginale Atrophie.
Da die Sexualsteroide eine Reihe von extragenitalen Funktionen haben, kann durch den Hormonausfall eine Reihe weiterer Symptome erklärt werden. Dazu zählen Schlafstörungen, Leistungsabfall, Gelenkbeschwerden, Herz-Rhythmus-Störungen, Nervosität, Reizbarkeit, Harnwegsbeschwerden, Gelenk- und Muskelschmerzen. Man spricht hier gerne vom sogenannten klimakterischen Syndrom, da zudem auch dermatologische, ophthalmologische und psychosomatische Beschwerden in dieser Zeit deutlich werden können.
Wenn man das Östrogenmangelsyndrom nach zeitlichen Auswirkungen beschreiben will, so fallen 3 Gruppen auf:

1. **Kurzfristige Auswirkungen** sind vor allem Hitzewallungen, Schafstörungen und Schweißausbrüche.
2. **Mittelfristige Auswirkungen** sind Hautveränderungen, vaginale Atrophie und Dyspareunie, Stressinkontinenz und vegetative und psychische Symptome.
3. Zu den **langfristigen Auswirkungen** zählt man vor allem die Osteoporose und die Arteriosklerose.

Da sich die zuletzt genannten Symptome durch eine Hormonsubstitution vermeiden lassen, soll darauf noch speziell eingegangen werden.

B-1.15 **Hormonwerte in der Postmenopause**

▶ FSH	> 20 mIE/ml
▶ LH	20–100 mIE/ml
▶ Östradiol	5– 20 pg/ml
▶ Progesteron	< 1 ng/ml
▶ Testosteron	< 0,8 ng/ml

B-1.15

Beim unbeeinflussten Alterungsvorgang kommt es relativ häufig im Bereich der **Wirbelsäule zum Verlust der normalen Krümmung**. Der sogenannte **„Witwenbuckel"** ist gepaart mit einer Abnahme der Körpergröße und Einschränkung der allgemeinen Beweglichkeit. Rücken- und Gelenkbeschwerden führen häufig zu einer starken **Leistungsverminderung** und zum Gefühl, einen großen Schritt zum Alter zu tun. Es ist auch auffällig, dass sich Frauen infolge der zunehmenden **Osteoporose** gegenüber gleichaltrigen Männern signifikant **häufiger Frakturen**, vor allem an den langen Röhrenknochen, zuziehen. Der Verlust an Knochensubstanz kann bereits Jahre zuvor durch eine Knochendichtemessung festgestellt werden.

Wird in den Alterungsvorgang nicht eingegriffen, führt der **Östrogenabfall** häufig zu einem sogenannten **„Witwenbuckel"** als Folge einer **Osteoporose**, mit Rücken- und Gelenkbeschwerden und einem erhöhten **Frakturrisiko**.

Die **Haut- und Schleimhautatrophien** sind in der Postmenopause besonders auffällig. Vor allem im Bereich der Vulva, des Introitus und der Vagina wird die Haut dünner und verliert deutlich an Elastizität. Schrumpfungsprozesse führen oft zu Schmerzen beim Geschlechtsverkehr. Die **Dyspareunie** zählt somit zu einem häufigen Symptom in der Postmenopause und im Senium, das jedoch mit Östrogenpräparaten günstig behandelt werden kann.

Es kommt zu **atrophischen Veränderungen** am Urogenitaltrakt vor allem im Bereich der Vulva, des Introitus und der Vagina mit möglicher **Dyspareunie** als Folge.

Diagnostik. Die Diagnose des klimakterischen Syndroms kann meist bereits aus der Anamnese gestellt werden. Die Koinzidenz von Alter und Auftreten der klassischen Östrogenmangelsymptome reicht meist für eine klare Diagnose aus. Eine sehr hilfreiche Zusatzdiagnostik, die vor allem für die Verlaufsbeobachtung wichtig ist, ist die **vaginalzytologische Untersuchung**. Mit ihrer Hilfe lässt sich eine ausreichende Östrogenisierung der Scheidenepithelien gut erkennen. Zusätzliche Hormonuntersuchungen scheinen primär nicht notwendig, können aber die Diagnose des Klimakteriums erleichtern, vor allem wenn es sich um ein vorzeitiges Klimakterium handelt (Tab. **B-1.15**).

Diagnostik. Für die klinische Diagnose des Klimakteriums sind die Symptome meist ausreichend.
Die **Vaginalzytologie** ist hilfreich in der Verlaufsdiagnostik. Nur bei vorzeitigem Klimakterium sind gelegentlich Hormonuntersuchungen angebracht (Tab. **B-1.15**).

Therapie. Im Laufe des letzten Jahrzehntes hat sich wegen der anerkannt positiven Wirkung einer Hormonsubstitutionsbehandlung ein Wandel vollzogen. Während es noch vor wenigen Jahren nur 10–20% der Frauen waren, die auf Grund klimakterischer Symptome den Arzt aufsuchten, sind es jetzt zunehmend mehr Frauen, die von den Ärzten erwarten, dass sie das allgemeine körperliche und seelische Befinden sowie die Prävention der Osteoporose berücksichtigen. Ergebnisse amerikanischer Studien zeigen eine geringere Mortalität postmenopausaler Frauen, wenn sie mit Östrogenen behandelt werden. Im Einzelnen wurde eine geringere Erkrankungswahrscheinlichkeit für Herzinfarkt, koronare Herzkrankheiten und Apoplexien gefunden. Besonders betonen sie den präventiven Einfluss einer Östrogentherapie auf die Osteoporose. So sollte ein pathologisches Ergebnis bei der Knochendichtemessung zu einer großzügigen Östrogensubstitution führen. Zusätzliche stabilisierende Maßnahmen wie Sport und kalziumreiche Ernährung sind zu empfehlen. Auch psychische Symptome lassen sich wahrscheinlich als Folge besseren körperlichen Befindens und der erhöhten Lebensqualität durch eine adäquate Behandlung vermeiden bzw. bessern.

Therapie. Die Hormonsubstitution wird wegen der vielen Vorteile für die Lebensqualität der Patientinnen zunehmend in Anspruch genommen.

Besonders wichtig ist die Indikation für eine angepasste **Östrogen-** bzw. **Östrogen-Gestagen-Substitution** bei
- **primärer Ovarialinsuffizienz**
- **vorzeitigem Klimakterium, z. B. durch Operation**

Wichtige **Indikationen** einer **Östrogen-Gestagen-Substitution** sind:
- **primäre Ovarialinsuffizienz**
- **vorzeitiges Klimakterium**

- **atrophische Veränderungen im Urogenitalbereich**
- **Osteoporose, besonders bei familiärer Häufung.**

Kontraindikationen bestehen bei Leberschäden, Thromboembolien, Mamma- und Korpuskarzinomen.

Anmerkung. Durch die Diskussion um die Substitution mit Östrogenen wurden in der Öffentlichkeit Verunsicherungen hervorgerufen.

Der Knochenmasseverlust wird durch die Östrogensubstitution vermieden. Gestagene verstärken diese günstige Wirkung.

Das erhöhte Risiko in Bezug auf ein Endometrium- und/oder Mammakarzinom bedarf noch der Abklärung durch Langzeitstudien.

Zusammenfassung: Nachteilige Auswirkungen der Östrogen-Gestagen-Substitution lassen sich durch individuelle Indikationen weitgehend einschränken.

- **atrophischen Veränderungen im Urogenitalbereich**
- **Osteoprorose, besonders bei familiärer Häufung.**

Kontraindikationen einer solchen Behandlung gibt es wenige.
Allerdings ist darauf zu achten, dass bei schweren Leberschäden, bei Thromboembolien und bei Mamma- und Korpuskarzinomen Zurückhaltung bei einer klimakterischen Hormonsubstitution geübt werden muss. Oberstes Behandlungsziel ist eine **individualisierte**, an die **subjektiven klimakterischen Beschwerden angepasste Hormonsubstitution**.
Eine Vielzahl von Östrogenen und Gestagenen mit unterschiedlichen metabolischen Effekten in oraler, transdermaler, vaginaler und parenteraler Anwendungsform steht zur Verfügung.
Bei einer gesunden Frau bietet sich die orale Gabe oder transdermale Applikation eines Gestagen-Östrogen-Kombinationspräparates an.
Die atrophischen Veränderungen im Urogenitalbereich werden in der Regel mit einer vaginalen Applikation von Östriol behandelt.

Anmerkung. Da die Diskussion um die Substitution mit Hormonpräparaten in der Öffentlichkeit auch zahlreiche Verunsicherungen hervorgerufen hat, wurde vom **„Züricher Gesprächskreis"** von kompetenten gynäkologischen Endokrinologen ein **Paket von Empfehlungen** herausgegeben. Hieraus sollen einige zentrale Aussagen wiedergegeben werden:
Bei Östrogenmangelzuständen wird eine **Substitution mit Östrogenen und Gestagenen aus präventiven und therapeutischen Erwägungen** empfohlen. Als Gründe werden angegeben, dass **vegetative Störungen** wie Hitzewallungen, Schweißausbrüche, Schlafstörungen und Tachykardien durch eine adäquate Östrogensubstitution behoben werden.
Weiterhin werden **atrophische Veränderungen** am Urogenitaltrakt und deren Folgeerscheinungen (z. B. vulvovaginale Beschwerden, Dyspareunie, Kolpitis, Urethrozystitis) durch eine Östrogentherapie beseitigt. Es wird weiter betont, dass vorteilhafte Auswirkungen der Östrogene auf die Haut und die Schleimhäute bestehen. Sie haben auch günstige Wirkungen auf Muskeln und Gelenke. Eine adäquate Substitution **verhindert außerdem zuverlässig den östrogenmangelbedingten Knochenmasseverlust**. Gestagene verstärken hierbei die günstige Wirkung der Östrogene. Ein besonders wichtiger Effekt besteht auch darin, dass Östrogene auf den Fettstoffwechsel und die Gefäße wirken und somit einer Arterioskleroseentwicklung entgegenwirken.
Es wird auch betont, dass eine längerfristige Östrogeneinwirkung auf das Endometrium mit einem erhöhten Risiko einer Hyperplasie bzw. eines Karzinoms verbunden ist. Es empfiehlt sich deshalb eine zyklische Gestagensubstitution zur Verhinderung dieser Erscheinungen am Endometrium. Weiterhin wird betont, dass es **keinen Beweis für einen Schutzeffekt** der Gestagene **hinsichtlich der Entwicklung eines Mammakarzinoms** gibt. Es gibt auch **keinen Beweis für eine Erhöhung des Risikos eines Mammakarzinoms** durch eine Östrogen-Gestagen-Substitution.
Zusammenfassend wird festgestellt, dass nachteilige Auswirkungen auf die Gesundheit durch eine angemessene Substitution mit Östrogenen und Gestagenen nicht zu erwarten sind.

2 Untersuchungstechniken in der Gynäkologie

Dieses Kapitel beschreibt die normale gynäkologische Untersuchung und erläutert den normalen gynäkologischen Befund. Es gibt einen Überblick über die in der Gynäkologie eingesetzten weiterführenden Untersuchungsverfahren, deren Indikationen und die damit erhobenen Befunde in den speziellen Kapiteln kommentiert werden.

Für die gynäkologische Untersuchung ist die folgende Reihenfolge nicht nur sachlich begründet, sondern hat sich auch in der Praxis bewährt:

- Anamnese
- Palpation des Abdomens
- Inspektion des äußeren Genitales
- Spekulumuntersuchung mit Kolposkopie
- Abstrichentnahme
- bimanuelle Tastuntersuchung
- rektale/rekto-vaginale Tastuntersuchung
- Mammauntersuchung (fakultativ kann diese auch nach der Anamnese erfolgen)
- bei Indikation Ultraschall (und weitere diagnostische Maßnahmen)
- Dokumentation.

2 Untersuchungstechniken in der Gynäkologie

Das Kapitel beschreibt die normale gynäkologische Untersuchung, die in aller Regel in folgender Reihenfolge durchgeführt wird:

- Anamnese
- Palpation Abdomen
- Inspektion äußeres Genitale
- Spekulumuntersuchung mit Kolposkopie
- Abstrichentnahme
- bimanuelle Tastuntersuchung
- rektale/rekto-vaginale Tastuntersuchung
- Mammauntersuchung (fakultativ kann diese auch nach der Anamnese erfolgen)
- bei Indikation Ultraschall (und weitere diagnostische Maßnahmen)
- Dokumentation.

2.1 Anamnese

Die **Anamnese ist der Schlüssel zur Diagnose**! Die angegebenen Symptome vermitteln prospektiv erste Hinweise auf die Diagnose. Retrospektiv kann der objektive Untersuchungsbefund noch einmal mit den subjektiven und gezielt erfragten anamnestischen Angaben abgeglichen werden. Diskrepanzen zwischen Anamnese und Befund sollten den Arzt zur Überprüfung und Reflektion der diagnostischen Schlussfolgerung veranlassen.

Ein **systematischer Aufbau** der Anamneseerhebung in der Gynäkologie hat sich in der Praxis bewährt und gewährleistet am ehesten Vollständigkeit (Tab. **B-2.1**):

- Eigenanamnese
- spezielle Krankheitsanamnese (orientiert am aktuellen Anlass)
- gynäkologische und geburtshilfliche Anamnese
- erweiterte Eigenanamnese
- psychosoziale Anamnese (mit Berufsanamnese)
- Familienanamnese.

Im Rahmen der **Eigenanamnese** legt die erste Frage „Warum kommen Sie in die Sprechstunde/Ambulanz?" den aktuellen Beweggrund dar und bringt am einfachsten das Gespräch in Gang. Man lässt die Patientin zunächst ihre Beschwerden mit ihren eigenen Worten vortragen, ohne sie zu unterbrechen. Fragen zum aktuellen Anliegen können im Anschluss gestellt werden, um die Information, wenn nötig, zu erweitern und abzurunden. Die Gründe für die Konsultation eines Gynäkologen lassen sich in drei Gruppen zusammenfassen:

- akute Beschwerden
- Beratung (Antikonzeption, Familienplanung)
- Vorsorge
  - Schwangerenvorsorge
  - Krebsvorsorge.

Unabhängig vom Anlass sind beim ersten Kontakt die in Tab. **B-2.1** zusammengestellten Erhebungen für eine vollständige Anamnese in der Gynäkologie obligatorisch.

Im Anamnesegespräch zwischen Arzt und Patientin wird nicht nur Information ausgetauscht. Es ist ein wichtiger Ausgangspunkt für ein Vertrauensverhältnis zwischen Arzt und Patientin. Der Arzt sollte der Patientin den Eindruck vermit-

2.1 Anamnese

Der Anamnese kommt sowohl als erster Hinweis auf die mögliche Diagnose als auch retrospektiv zum Abgleich zwischen Symptom und Befund ein beachtlicher Stellenwert zu.

Eine **Systematik** in der Anamneseerhebung gewährleistet Vollständigkeit.

- Eigenanamnese
- spezielle Krankheitsanamnese
- gynäkologische und geburtshilfliche Anamnese
- erweiterte Eigenanamnese
- psychosoziale Anamnese
- Familienanamnese.

Die Patientin trägt zunächst ihre Beschwerden vor **(Eigenanamnese)**. Erst anschließend sollten Fragen zum aktuellen Anliegen gestellt werden, um die Information abzurunden. Tab. **B-2.1** zeigt die Systematik einer vollständigen gynäkologischen Anamnese.

Ein vertrauensvolles Gespräch zwischen Arzt und Patientin, das sich bei der Erhebung der Anamnese oder danach ergibt, ist

B-2.1 Anamnese in der Gynäkologie

Eigenanamnese	***im einzelnen zu erhebende anamnestische Daten***
▶ aktuelle Beschwerden (Leitsymptom) ▶ aktuelles Anliegen	die **Frau berichtet mit eigenen Worten** über den Grund ihres Arztbesuches
symptombezogene spezielle Krankheitsanamnese	
▶ Unterleibsschmerzen (s. S. 169 ff)	▪ Charakter, Stärke, Lokalisation, Dauer ▪ Beziehung zum Zyklus ▪ Beziehung zu Nachbarorganen (z. B. Blase) ▪ Auftreten in Beziehung mit Kohabitation
▶ Senkungsbeschwerden (s. S. 332 ff)	▪ Druckgefühl, Kreuzschmerzen, Harninkontinenz
▶ Kinderwunsch	▪ Dauer des Kinderwunsches ▪ primäre oder sekundäre Sterilität, (s. S. 424 ff) – Zyklusanamnese – früher diagnostische und therapeutische Maßnahmen ▪ somatische Ursachen – gynäkologische Anamnese (V. a. Adnexitiden, Endometriose, Operationen, z. B. perforierte Appendizitis) ▪ Partnerdiagnostik – Zeugungsfähigkeit ▪ Sexualverhalten
gynäkologische Anamnese	
▶ **Blutungsanamnese** (der letzten 4–6 Monate) (s. S. 100 ff)	▪ letzte Periode (Datum) – (primäre/sekundäre Amenorrhö?) – Zykluslänge (1. Tag Menstruation bis letzter Tag vor nächster Blutung) – Blutungsdauer – Blutungsstärke (Anzahl Vorlagen/Tampons/die) – Blutungszeitpunkt innerhalb des Zyklus (Zwischenblutung, Mittelblutung) ▪ Dysmenorrhö (Dauer, Maximum, Schmerzlokalisation) ▪ Zeitpunkt Menarche bzw. Sistieren der Periodenblutung (Menopause)
▶ **Antikonzeption** (s. S. 392 ff)	▪ hormonelle Kontrazeption, Implantate, hormonelles Intrauterinsystem (IUS), IUP, Sterilisation, natürliche, mechanische, chemische Kontrazeption
▶ **Fluoranamnese** (s. S. 166 ff)	▪ Stärke, Konsistenz, Farbe, Geruch, Blutbeimengung ▪ Frage nach möglichen Ursachen: – Erkrankung (z. B. Diabetes), Medikamente (z. B. Antibiotika, Hormoneinnahme) – Sonstiges: Scheidenspülungen, Fremdkörper (z. B. vergessene Tampons)
▶ **Schwangerschafts- und Geburtsanamnese** (s. S. 498 ff)	▪ Zahl und Verlauf der Schwangerschaften, Komplikationen während der Schwangerschaften ▪ Zahl der Geburten (Zeitpunkt, Ort, Art der Entbindung, Komplikationen sub partu, postpartal) ▪ Fehlgeburten (Zeitpunkt, Ort, Schwangerschaftsalter, Ursachen ▪ Extrauteringraviditäten ▪ Interruptiones
▶ **gynäkologische Erkrankungen**	▪ Adnexitis (Zeitpunkt, Art der Therapie) ▪ Geschlechtskrankheiten ▪ gynäkologische Operationen (Zeitpunkt, Ort, Komplikationen) ▪ gynäkologische Tumorerkrankung, s. S. 212 ff
erweiterte Eigenanamnese	
▶ **nicht gynäkologische Erkrankungen**	▪ Infektionserkrankungen (z. B. Kinderkrankheiten, Hepatitis, HIV) ▪ Allgemeinerkrankungen (z. B. Diabetes, Nierenerkrankungen, Hypertonie, Varikosis, Allergien)
▶ **nicht gynäkologische Operationen**	▪ z. B. Appendektomie, Operationen im Bereich der Niere und ableitenden Harnwege, Gallensteinoperation
▶ **Medikamentenanamnese**	▪ z. B. Hormoneinnahme außer Antikonzeption
▶ **Suchtanamnese**	▪ Nikotin-, Alkohol-, Drogenanamnese
psychosoziale Anamnese	
▶ **soziales Umfeld** ▶ **berufliches Umfeld**	▪ Partnerschaft, Familie ▪ Art der beruflichen Tätigkeit (Vollzeit, Teilzeit) ▪ Noxen am Arbeitsplatz (wichtig z. B. während der Schwangerschaft)

B-2.2 Anamnese im Hinblick auf Erkrankungen der Brust

Eigenanamnese	▶ vorausgegangene Brustoperationen (benigne oder maligne Tumoren), Punktionen (Zysten, solide Tumoren) ▶ Absonderungen aus der Brustwarze (Galaktorrhö) ▶ Schmerzen in der Brust (Mastodynie); prä-, postmenstruell, andauernd ▶ vorausgegangene Mammographien
Familienanamnese	▶ Brustkrebs in der Familie (Schwester, Mutter, Großmutter, Tante; prä- oder postmenopausal) ▶ Kolon- und Ovarialkarzinome in der Familie

B-2.2

teln, dass sie in ihrer Person und medizinischen Problematik angenommen wird. Die anschließende gynäkologische Untersuchung ist für jede Patientin unangenehm und eine, wenn auch unbewusste, Abwehrhaltung häufig. Umso wichtiger ist es, bereits während des Gesprächs eine vertrauensvolle Situation zu schaffen. Die Patientin wird sich während der gynäkologischen Untersuchung leichter entspannen können und besser kooperieren. Dies ist für Arzt und Patientin von Vorteil.

für die anschließende gynäkologische Untersuchung sehr wichtig. Die Frau kann sich dadurch in der für sie unangenehmen Situation und Untersuchungsposition besser entspannen, was dem Arzt die Untersuchung sehr erleichtert.

Eine ganz wesentliche Voraussetzung ist, dass die Patientin **nicht** aufgefordert wird, sich vor dem Gespräch bereits für die gynäkologische Untersuchung zu entkleiden.

Wesentliche Voraussetzung ist, dass die Patientin sich **nicht** schon vor dem Gespräch für die gynäkologische Untersuchung entkleiden muss.

Tab. **B-2.2** zeigt, welche Punkte man im Hinblick auf **Erkrankungen der Brust** klären sollte.

Tab. **B-2.2** zeigt, welche Punkte man im Hinblick auf **Erkrankungen der Brust** klären sollte.

2.2 Der gynäkologische Untersuchungsgang

Während das ärztliche Gespräch meist unter vier Augen geführt wird, ist bei der gynäkologischen Untersuchung durch einen männlichen Untersucher die Anwesenheit einer zusätzlichen weiblichen Person z. B. als Helferin unerlässlich. Bei einer Ärztin ist dies nicht unbedingt erforderlich, jedoch ist eine Assistenz bei der Untersuchung in jedem Fall sinnvoll.

Die Anwesenheit einer zusätzlichen weiblichen Person ist bei der gynäkologischen Untersuchung durch einen männlichen Untersucher unerlässlich.

▶ **Merke.** Vor jeder gynäkologischen Untersuchung muss die Harnblase entleert werden!

◀ Merke

Für die gynäkologische Untersuchung wird die Patientin in der sog. Steinschnittlage gelagert. Wegen des natürlichen Schamgefühls und zur Herstellung eines guten Kontaktes sollte der Arzt der Patientin bei der Lagerung behilflich sein und sie nicht in einer für sie unangenehmen und peinlichen Lage warten lassen.

Die Patientin wird zur Untersuchung in Steinschnittlage gelagert.
Hilfestellung bei der Lagerung fördert den Arzt-Patienten-Kontakt.

Die Aufgabe des Untersuchers und die Kunst bei jeder Untersuchung besteht darin, die willkürliche Abwehr nicht aufkommen zu lassen und die unwillkürliche Abwehr durch geeignete Maßnahmen auszuschalten. Wichtig ist dabei auch, dass der Untersucher der Frau während der Untersuchung kurz mit ein paar Worten erklärt, was er gerade im Begriff ist zu tun, da sie viele Dinge von ihrer Position aus nicht verfolgen kann.

Das Vermeiden willkürlicher und unwillkürlicher Abwehrmechanismen ist für die Untersuchung essenziell.

Bei richtiger Lagerung ist die Lendenlordose der Wirbelsäule ausgeglichen, so dass sich die Bauchdecke leichter entspannen kann.

Bei richtiger Lagerung ist die Lendenlordose aufgehoben, so dass sich die Bauchdecke leichter entspannen kann.

▶ **Merke.** Ein eindeutiger Befund kann nur erzielt werden, wenn die Patientin völlig entspannt liegt

◀ Merke

2.2.1 Inspektion und Palpation des Abdomens

Bei der Inspektion des Abdomens auf Operationsnarben, eine eventuelle Vorwölbung des Leibes, einen Aszites, erweiterte Venen und den Behaarungstyp (s. dazu Abb. **B-1.15**, S. 94) zu achten.

Die bimanuelle Untersuchung fahndet nach pathologischen Resistenzen, palpiert Leber, Nierenlager und tastet in den Leisten nach Hernien und vergrößerten Lymphknoten.

2.2.1 Inspektion und Palpation des Abdomens

Am Beginn der Untersuchung steht die Inspektion und die Palpation des Abdomens. Bei der Inspektion ist die Betrachtung des Nabels, die Suche nach Operationsnarben, einer eventuellen Vorwölbung des Leibes, eines Aszites sowie die Beachtung des Behaarungstyps obligat (s. dazu Abb. **B-1.15**, S. 94). Gleichzeitig ist auf erweiterte Venen zu achten.

Die Palpation des Abdomens erfolgt mit beiden Händen. Man tastet nach pathologischen Resistenzen im Bauchraum, achtet auf eventuelle Schmerzäußerungen der Patientin, palpiert die Leber und die Nierenlager und schließt die Untersuchung mit dem Abtasten der Leisten nach vergrößerten Lymphknoten ab. Im positiven Fall wird deren Konsistenz (weich, derb, hart) und Verschieblichkeit beurteilt und dokumentiert. Zum Ausschluss einer Hernie lässt man die Patientin husten oder kurz pressen, während man palpiert.

2.2.2 Inspektion des äußeren Genitales

Die Inspektion des äußeren Genitales schließt die Betrachtung des Dammes und des Anus mit ein. Um kleine Schamlippen, Klitoris, Introitus vaginae beurteilen zu können, werden die großen Schamlippen leicht gespreizt (Abb. **B-2.1**). Zu achten sind auf:

- Zeichen einer Infektion
- atrophische Veränderungen in der Postmenopause
- bei V. a. Intersexualität besonders auf Klitoris und Gestaltung der kleinen und großen Schamlippen
- Prolaps von Blase, Rektum und Uterus (Patientin pressen lassen), Zeichen von Harninkontinenz.

2.2.2 Inspektion des äußeren Genitales

Die Inspektion des äußeren Genitales schließt die Betrachtung des Dammes und des Anus mit ein. Um Harnöffnung, Klitoris, die kleinen Schamlippen und den Introitus vaginae darzustellen, werden die großen Schamlippen mit zwei Fingern vorsichtig gespreizt (Abb. **B-2.1**). Dabei sollte man auf entzündliche Erscheinungen wie ekzematöse, herpetiforme oder papulöse Hautveränderungen, besonders auf Condylomata acuminata achten. Sichtbare Kratzspuren können Zeichen einer Infektion sein, können jedoch auch die Folge altersatrophischer Veränderungen in der Postmenopause darstellen, die mit starkem Juckreiz einhergehen können.

Die Klitoris und die Gestaltung der kleinen und großen Schamlippen ist zu beschreiben. Dies gilt vor allem dann, wenn der V. a. Intersexualität besteht.

Man bittet die Frau kräftig zu pressen oder zu husten, um einen Deszensus (Vorwölbung von Blase, Rektum oder sogar Uterus in den Vulvaraum) oder einen eventuellen Harnabgang (Inkontinenz) auszuschließen.

B-2.1

B-2.1 Inspektion des äußeren Genitales

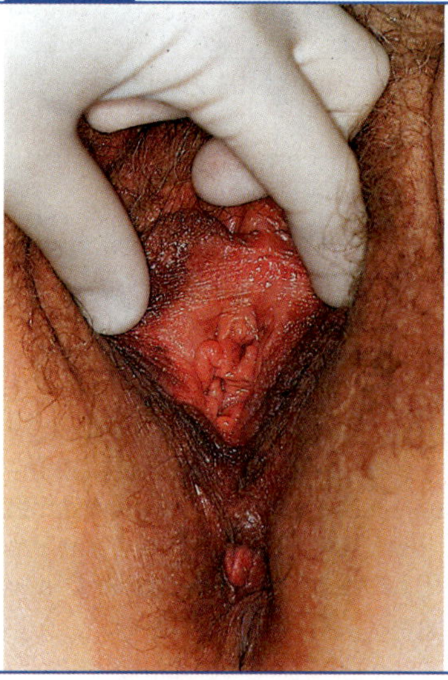

Darstellung der kleinen Schamlippen und Introitus bei einer jungen Frau.

2.2.3 Spekulumuntersuchung

▶ **Merke.** Die Spekulumuntersuchung (s. Abb. **B-2.2**) muss der gynäkologischen Tastuntersuchung unbedingt vorausgehen.

Jede Irritation der Portio kann das Ergebnis der Zytologie verfälschen, so dass diese Reihenfolge für die sachgerechte Abstrichentnahme unerlässlich ist. Dies gilt sowohl für die zytologische Untersuchung bei der Krebsvorsorge als auch bei der Keimdiagnostik bei V. a. Infektion.
Es gibt getrennte Spekula oder selbsthaltende Entenschnabelspekula unterschiedlicher Größe. Getrennte Spekula bestehen aus einem hinteren, rinnenförmig gestalteten Blatt und einem vorderen flachen Blatt, mit dem die vordere Scheidenwand angehoben werden kann. Der Befund der Spekulumuntersuchung wird entsprechend den anatomischen Gegebenheiten mit „vorne" und „hinten" beschrieben (und nicht aus der Sicht des Untersuchers mit „oben" und „unten").

▶ **Merke.**
vorne = Richtung Symphyse
hinten = Richtung Damm/Anus

Durchführung. Bei Benutzung **getrennter Spekula** (Abb. **B-2.2**) wird zunächst das hintere Blatt nach Spreizen der Schamlippen hochkant oder schräg und unter Drehung in den queren Durchmesser in den Introitus und den vorderen Teil der Vagina eingeführt. Dadurch entfaltet sich der Scheideneingang etwas und erlaubt nun auch das Einführen des vorderen Spekulums, das zur Schonung des Urethralwulstes leicht gekippt eingesetzt und damit die Portio vom vorderen Scheidengewölbe aus angehoben wird. Erst jetzt lässt man das hintere Blatt bis zum hinteren Scheidengewölbe gleiten. Durch Zug an den Spekula wird die Scheide entfaltet und die Zervix im vollen Umfang dargestellt. Durch dieses sukzessive Einführen der Spekula lassen sich Verletzungen der Portio vermeiden. Durch Hin- und Herbewegen, Drehen der Spekula und zuletzt wäh-

2.2.3 Spekulumuntersuchung

◀ Merke

Jede Irritation der Portio kann das Ergebnis der Zytologie verfälschen, so dass die Reihenfolge der Untersuchung unbedingt eingehalten werden muss.

Es stehen getrennte Spekula, mit hinterem, rinnenförmigen und vorderen flachen Blatt und selbsthaltende Entenschnabelspekula in unterschiedlichen Größen zur Verfügung.

◀ Merke

Durchführung. Getrennte Spekula: Technik s. Abb. **B-2.2**.

B-2.2 Spekulumuntersuchung mit getrennten Spekula

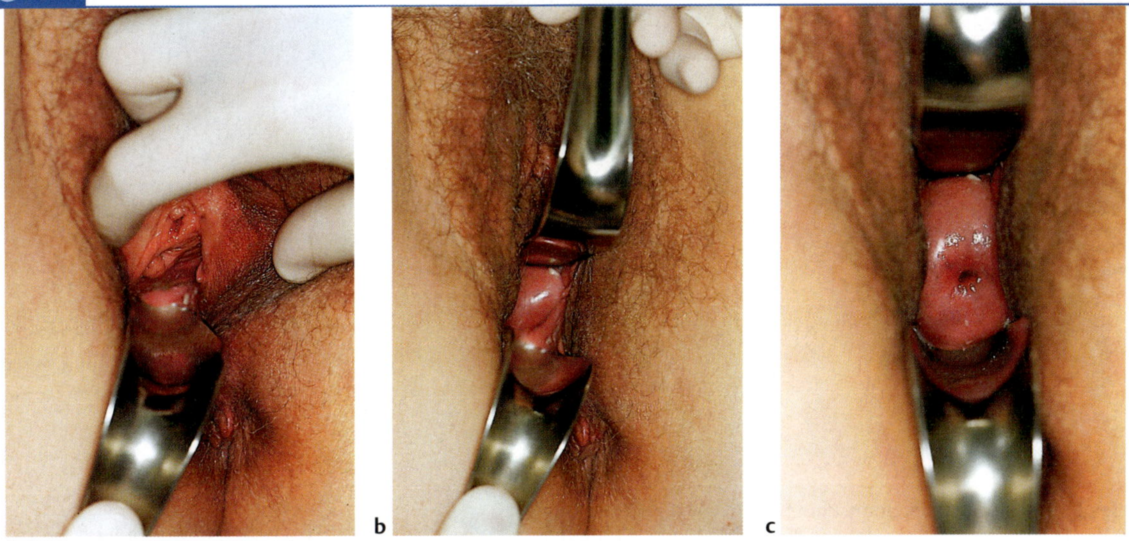

a b c

a Haltung des hinteren Spekulums und seine Position unmittelbar vor dem Einführen.
b Einführen des hinteren Spekulums und Einsetzen des vorderen Spekulums. Das hintere Spekulum wurde noch nicht vollständig eingeführt.
c Das hintere Spekulum ist vollständig eingeführt. Durch die vom Spekulum geschaffene vaginale „Öffnung" Sicht auf die eingestellte Portio.

rend des langsamen Zurückziehens werden alle Teile der Vagina, das Scheidengewölbe und Buchten und Falten der Scheidenwand auf pathologische Veränderungen überprüft.

Entenschnabelspekulum: Technik s. Abb. **B-2.3**.

Bei Benutzung eines **Entenschnabelspekulums** (s. Abb. **B-2.3**) wird dieses nach Entfalten der Schamlippen geschlossen im schrägen Durchmesser eingeführt unter leichter Drehung in den queren Durchmesser auf halbem Wege geöffnet und dann mit gespreizten Branchen bis in die Scheidengewölbe vorgeschoben. Die Branchen werden so eingestellt, dass die Portio gut sichtbar wird.

B-2.3 Spekulumuntersuchung mit dem Entenschnabelspekulum

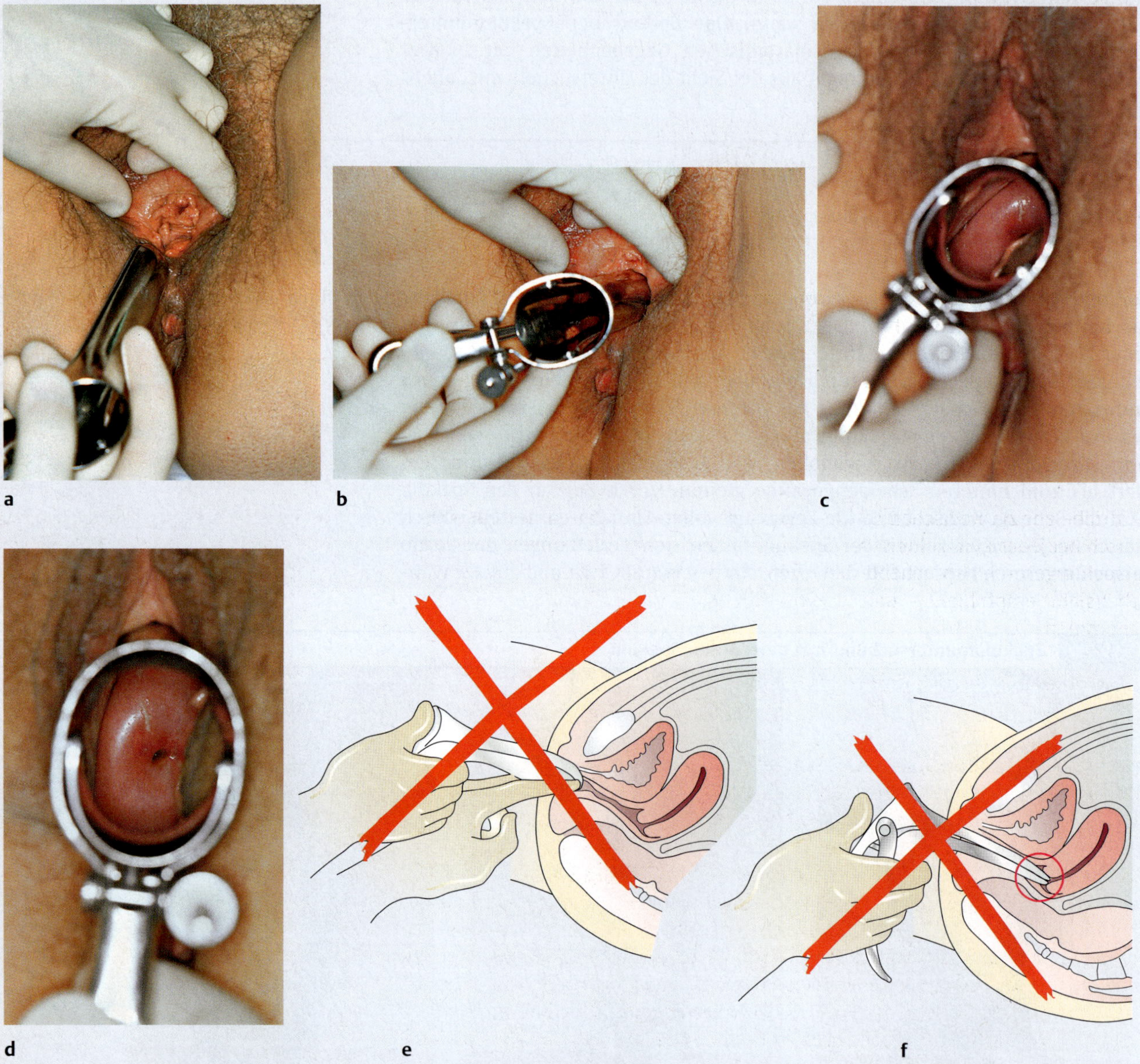

- **a** Haltung des Entenschnabelspekulums unmittelbar vor dem Einführen.
- **b, c** Einführen des Spekulums ins Scheidengewölbe und Öffnen der Branchen auf halbem Weg, dabei wird das Spekulum langsam von der schrägen in die waagrechte Position gedreht.
- **d** Eingestellte Portio.
- **e** Falsch: Das waagerechte Einführen der Spekulumblätter und das unmittelbare Einführen des Spekulums im vorderen Drittel der Vaginalöffnung sind für die Frau unangenehm und meist schmerzhaft.
- **f** Falsch: Das sofort vollständig eingeführte hintere Spekulum verwundet die hintere Muttermundslippe.

B-2.4 **Beispiele makroskopischer Befunde von Vagina und Portio**

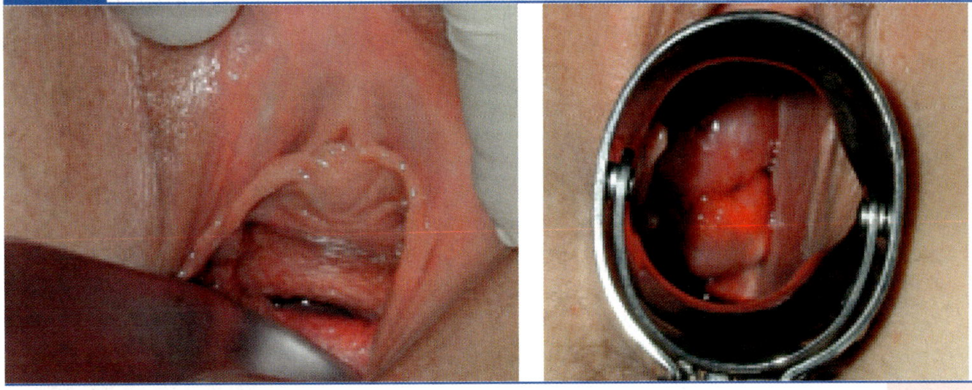

a Blick auf die unauffällige vordere und hintere Vaginalwand; unauffälliger Introitus vaginae.
b Einstellung der makroskopisch unauffälligen Portio; minimale Blutung e cervice.

Durch Zurückziehen der Spekula kann bei gleichzeitigem Pressen der Patientin ein Deszensus der Scheidenwände und ein Tiefstand der Portio genau festgestellt werden.
Die Untersuchung schließt alle sichtbaren Bereiche der Vagina und die **makroskopische Beurteilung** der Portio mit ein (Abb. **B-2.4**). Auch Buchten und Falten der Scheidenwand und das Scheidengewölbe werden auf pathologische Veränderungen überprüft. Alle Veränderungen wie z. B. Narben eines verheilten Zervixrisses (Emmetriss), Farbveränderungen (Lividität, Leukoplakie, Erythroplakie), die Beschaffenheit des ausfließenden Zervixschleims, Neubildungen (Kondylome, Polypen) und karzinomverdächtige Areale sollten dokumentiert werden.

Alle sichtbaren Bereiche der Vagina und des Scheidengewölbes werden auf pathologische Veränderungen abgesucht. Bei der **makroskopischen Beurteilung** der Portio (Abb. **B-2.4**) muss auf anatomische Veränderungen: Narben, Farbe, Beschaffenheit des Zervixschleims und Neubildung geachtet werden.

2.2.4 Zytologischer Abstrich

Abstriche zur zytologischen Untersuchung (Papanicolaou 1929) werden obligatorisch bei jeder gynäkologischen Erstuntersuchung, bei allen Krebsvorsorgeuntersuchungen – entsprechend der Krebsfrüherkennungsrichtlinien ab dem 20. Lebensjahr empfohlen – und gezielt bei verdächtigen Veränderungen vorgenommen.

2.2.4 Zytologischer Abstrich

Zytologische Abstriche werden bei jeder gynäkologischen Erstuntersuchung, jeder Krebsvorsorge und bei verdächtigen Veränderungen durchgeführt.

▶ **Merke.** Ein Abstrich darf niemals blind erfolgen.

◀ Merke

Durchführung. Routinemäßig werden zwei Abstriche gemacht: Der erste muss von der Oberfläche der Portio vaginalis **(Ektozervix)** genommen werden, der zweite aus der **Endozervix**, also aus dem Zervikalkanal (Abb. **B-2.5**).

Beim ersten Abstrich von der Oberfläche der Portio vaginalis wird der Watteträger mit einer leichten kreisförmigen Wischbewegung über die gesamte Portiooberfläche geführt.
Beim zweiten Abstrich von der Endozervix wird ein weiterer Watteträger mit leicht drehender Bewegung so hoch wie möglich in den Zervixkanal eingebracht. Das Abstrichmaterial wird auf den Objektträger abgerollt und sofort fixiert.
Um Verwechslungen auszuschließen, sollte der Objektträger vorher mit Name und Geburtsdatum der Frau, aktuellem Datum und Entnahmeort (Portio, Zervixkanal) beschriftet werden.

Durchführung. Der erste Abstrich erfolgt von der Portio vaginalis **(Ektozervix)**, der zweite aus dem Zervixkanal **(Endozervix)** (Abb. **B-2.5**).

Sofort nach der Abnahme des Materials wird es auf den Objektträger ausgestrichen und fixiert.

▶ **Merke.** Der Abstrich von der Portio vaginalis ist immer im Bereich der **Platten-Zylinderepithel-Grenze** durchzuführen. Dort entstehen die meisten Karzinome, und dort befinden sich auch am häufigsten makroskopisch verdächtige Stellen. Von makroskopisch auffälligen Stellen außerhalb dieses Bereiches sollten zusätzliche Abstriche gemacht werden.

◀ Merke

B-2.5 Zytologischer Abstrich von Portio und Zervixkanal

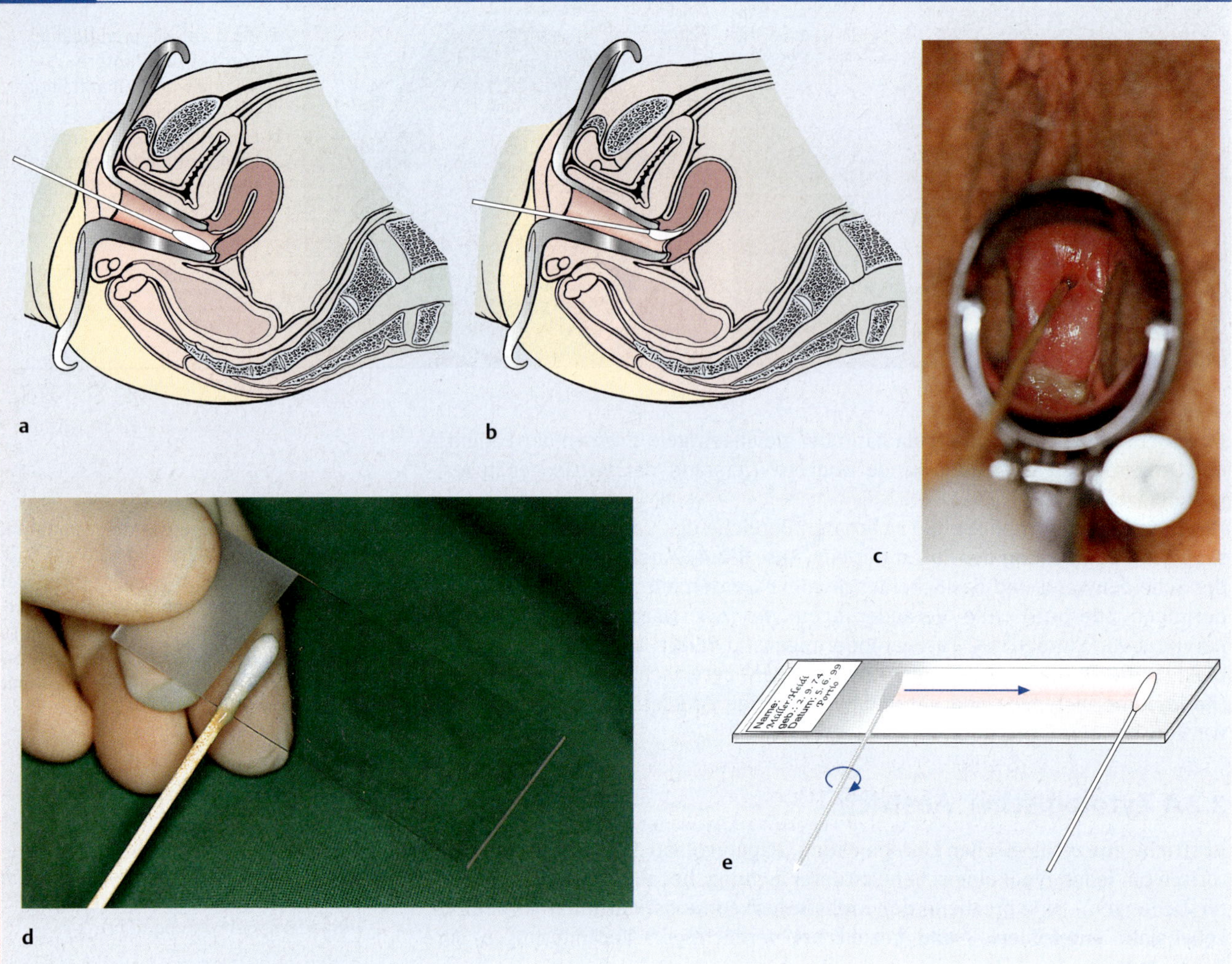

a Abstrich von der Portiooberfläche (Ektozervix).
b, c Abstrich aus dem Zervixkanal (Endozervix).
d, e Das Abstrichmaterial wird auf den Objektträger abgerollt und muss anschließend sofort fixiert werden.

Die Färbung erfolgt nach **Papanicolaou**.

Die Zellabstriche werden nach einer von **Papanicolaou** angegebenen Methode in den zytologischen Laboratorien gefärbt und beurteilt. Zytologie und Klassifizierung des Zellbildes bzw. der Epithelatypien werden im Kapitel Maligne Tumoren beschrieben (s. S. 232 f).
Achtung: Immer mit Bleistift beschriften, andere Beschriftungen lösen sich im Fixierbad auf.

2.2.5 Hormonelle Funktionsdiagnostik

Hormonelle Funktionsdiagnostik (**Vaginalzytologie**, s. Abb. **B-1.13**, S. 92): Abstrich aus seitlichem Scheidengewölbe.

2.2.5 Hormonelle Funktionsdiagnostik

Für die **hormonelle Funktionsdiagnostik** (**Vaginalzytologie**, s. Abb. **B-1.13**, S. 92) genügt ein Abstrich aus dem seitlichen Scheidengewölbe, der in gleicher Weise weiterverarbeitet wird. Tumorzellen bei einem Endometriumkarzinom findet man am ehesten im hinteren Scheidengewölbe.

2.2.6 Fluor- und Keimdiagnostik

Bei V. a. eine entzündliche Erkrankung ist eine Erregersuche obligat.

2.2.6 Fluor- und Keimdiagnostik

Besteht V. a. eine entzündliche Erkrankung, z. B. eine Kolpitis, Zervizitis oder Adnexitis, muss die Erregersuche eingeleitet werden.

Durchführung. Für den Sofortnachweis einer pathologischen Flora wird ein **Nativpräparat** angefertigt. Dazu wird das Sekret aus dem seitlichen oder hinteren Scheidengewölbe mit einer ausgeglühten Platineuse oder mit einer stumpfen Pipette entnommen. Ein Tropfen wird auf einen Objektträger mit wenig physiologischer Kochsalzlösung vermischt und mit einem Deckglas versehen. Die Beurteilung erfolgt mit der Phasenkontrastmikroskopie.

Durchführung. Das **Nativpräparat** dient dem Sofortnachweis einer pathologischen Flora mittels der Phasenkontrastmikroskopie.

Das Nativpräparat eignet sich besonders zum mikroskopischen Nachweis von Trichomonaden, E. coli, Pilzen und Leptothrix, sowie dem Nachweis von Leukozyten und Clue-Cells.
Clue-Cells im Ausstrich sind die Schlüsselzellen der Aminkolpitis. Dabei handelt es sich um Epithelzellen, auf denen ein dichter Bakterienrasen „klebt" (s. Abb. **B-4.10**, S. 187).

Es eignet sich besonders zum Nachweis von Trichomonaden, E. coli, Pilzen und Leptothrix sowie Leukozyten.

Besteht der Verdacht einer **Aminkolpitis** werden 1–2 Tropfen einer 10%igen Kalilauge auf das Scheidensekret getropft (entweder direkt auf dem Spekulumblatt oder auf einem Objektträger). Der für die Erkrankung typische fischartige Geruch wird dadurch verstärkt („Amintest").

Bei V. a. eine **Aminkolpitis** werden 1–2 Tropfen einer 10%igen Kalilauge auf das Sekret getropft. Der für die Erkrankung typische fischartige Geruch wird dadurch verstärkt.

Wird eine Mischflora oder eine Leukozytenvermehrung festgestellt, so ist die Anfertigung eines **gefärbten Präparates** sinnvoll (Methylenblaufärbung, Gramfärbung).

Wird phasenoptisch eine Mischflora oder vermehrt Leukozyten nachgewiesen, folgt das Anfertigen eines **gefärbten Präparates**.

Dazu wird Sekret aus dem Zervikalkanal und aus dem seitlichen Scheidengewölbe auf dem Objektträger ausgestrichen. Diese werden mit einer 0,1%igen Methylenblaulösung auf einem Objektträger verrührt und unter dem Mikroskop untersucht. Die Suche gilt hier Pilzen und sog. Clue-Cells bei Aminkolpitis (Gardnerella vaginalis) sowie dem Leukozytennachweis.
Der Nachweis von Trichomonaden erfolgt besser am ungefärbten Nativpräparat (die Beweglichkeit der Geißeltierchen geht nach Farbzusatz verloren).

Die Suche gilt hier Trichomonaden, Pilzen und sog. Clue-Cells bei Aminkolpitis (Gardnerella vaginalis) sowie dem Leukozytennachweis.

Erhärtet sich der V. a. eine entzündliche Erkrankung, muss das Vaginalsekret mikrobiologisch untersucht werden. Dazu werden je nach Fragestellung Abstriche aus dem Zervikalkanal oder dem seitlichen bzw. hinteren Scheidengewölbe für den aeroben oder anaeroben Keimnachweis (spezielles Kulturmedium zum Transport) angefertigt.

Die mikrobiologische Untersuchung des Sekretes vervollständigt die Erregersuche.

Bezüglich der speziellen Technik der Abstrichentnahme bei V. a. Gonorrhö bzw. Diagnose eines Chlamydienbefalles wird auf S. 205 f bzw. S. 191 verwiesen.

Der Ausschluss einer Gonorrhö, bzw. Diagnose Chlamydienbefall erfordert eine besondere Technik (s. S. 191 ff).

Unmittelbar an die Abstrichentnahme schließt sich die kolposkopische Betrachtung an.

Die Kolposkopie schließt sich an die Abstrichentnahme an.

2.2.7 Die Kolposkopie

Für die kolposkopische Untersuchung bleibt die Portio im Spekulum eingestellt (Abb. **B-2.6**).
Das Kolposkop ist eine für die speziellen Belange der Gynäkologie konstruierte binokulare Lupe, mit der in 10- bis 40facher Vergrößerung die Zervixoberfläche, der äußere Muttermund und – nach Spreizung des Zervikalkanales – auch der untere Anteil der Endozervix, ebenso die Vaginalwände sowie die Vulva betrachtet werden. Dabei lassen sich Veränderungen erkennen, die durch Verhornungsvorgänge der obersten Zellschichten, Störungen im Aufbau des Epithels und Verschiebung der Epithel-Stroma-Relation in Abhängigkeit von den Anordnungen der Stromapapillen bedingt sein können.

Mit dem Kolposkop können Zervixoberfläche, äußerer Muttermund, unterer Anteil der Endozervix, Vaginalwände und Vulva in 10- bis 40facher Vergrößerung betrachtet werden. Die Portio bleibt dazu im Spekulum eingestellt (Abb. **B-2.6**).

Die Bewertung erfolgt rein deskriptiv und empirisch (Tab. **B-2.3**). Es muss betont werden, dass der kolposkopische Befund nicht ausreicht, um zwischen histologischen Fehldifferenzierungen (d. h. abnormes gutartiges Epithel) und atypischem Epithel mit den entsprechenden Varianten zu differenzieren.

Die Bewertung erfolgt rein deskriptiv und empirisch (Tab. **B-2.3**). Mit der Kolposkopie kann nicht entschieden werden, ob sich hinter einem auffälligen Areal abnormes gutartiges oder atypisches Epithel verbirgt.

Man unterscheidet die einfache Kolposkopie (ausschließlich Betrachtung der Portio) und die erweiterte Kolposkopie zur besseren Darstellung atypischen Epithels. Dazu wird die Zervixoberfläche mit 2–3%iger Essigsäure betupft, so dass das Eiweiß im Zervixschleim gefällt und eine Quellung des Zylinderepi-

Für die erweiterte Kolposkopie wird die Zervixoberfläche mit 2–3%iger Essigsäure betupft. Durch Quellung des Zylinderepithels heben sich Epithelatypien weißlich

B-2.3

B-2.3 Nomenklatur kolposkopischer Befunde

▶ normale kolposkopische Befunde
- originäres Plattenepithel
- Zylinderepithel (Ektopie)
- Umwandlungszone /Transformationszone

▶ abnorme kolposkopische Befunde
- atypische Umwandlungszone/atypische Transformationszone
- Mosaik (Felderung)
- Punktierung (Grund, Tüpfelung)
- essigweißes Epithel
- Keratose (Leukoplakie)
- atypische Gefäße
- V. a. invasives Karzinom

▶ verschiedene kolposkopische Befunde
- Entzündung
- atrophische Veränderungen
- Erosion
- Kondylom
- Papillom
- sonstige Befunde

B-2.6

B-2.6 Die kolposkopische Untersuchung

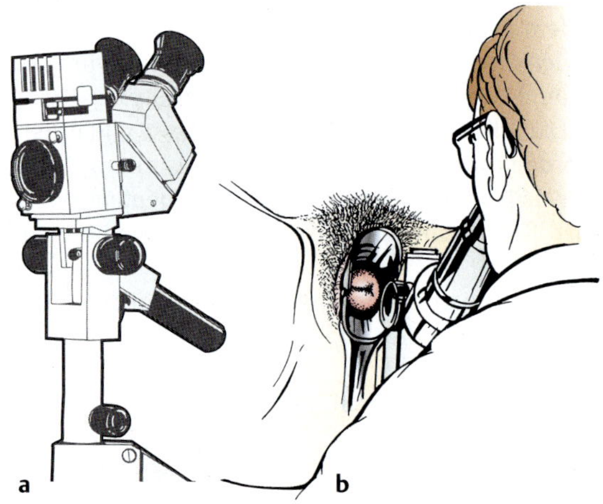

a Das Kolposkop (optischer Teil).
b Betrachtung der Portio mit dem Kolposkop nach Einstellen mit einem Selbsthaltespekulum.

von der Umgebung ab (s. Abb. **B-5.19**, S. 235).

Die Bedeutung der Kolposkopie liegt u. a. darin, dass **gezielt** sowohl **zytologisch** als auch **histologisch** Material für die Untersuchung gewonnen werden kann.

Schiller-Jodprobe:
Die Portio und das Scheidengewölbe werden mit 4%iger Lugol-Jodlösung betupft. Gesundes Gewebe färbt sich braunrot, krankes bleibt ungefärbt.

thels erreicht wird. Nach etwa einer halben Minute heben sich veränderte Epithelareale weißlich von der Umgebung ab (s. Abb. **B-5.19**, S. 235).

Die Bedeutung der Kolposkopie liegt u. a. darin, dass **gezielt** sowohl **zytologisch** als auch **histologisch** Material für die Untersuchung gewonnen werden kann. Gerade die Kombination von Zytologie und Kolposkopie erbringt in der Hand erfahrener Untersucher eine hohe diagnostische Sicherheit.

Bei suspekten Befunden kann auch die Schiller-Jodprobe, ein älteres diagnostisches Verfahren, durchgeführt werden. Dazu wird die Portio und das Scheidengewölbe (evtl. auch die gesamte Scheide) mit 4%iger Lugol-Jodlösung betupft. Das Glykogen des gesunden Gewebes (normal aufgebautes reifes Plattenepithel) verbindet sich mit Jod und ruft eine braunrote Farbe hervor. Krankem Gewebe fehlt das Glykogen, die Reaktion bleibt deshalb aus, es ergibt sich keine Färbung. Die Jodprobe ist eine hervorragende Methode, verdächtige Bezirke an der Portio und in der Vagina aufzuspüren, sie ist jedoch als Suchmethode für das Zervixkarzinom ungeeignet.

Zum speziellen Einsatz der Kolposkopie s. S. 233 ff.

2.2.8 Palpationsuntersuchung

Bei der **palpatorischen Untersuchung** der Geschlechtsorgane sollte stets folgende Reihenfolge eingehalten werden:
- Austastung der Vagina
- Bimanuelle Palpation von Uterus und Adnexen
- Rektale und rektovaginale Palpation von Parametrien und Douglas-Raum.

2.2.8 Palpationsuntersuchung

Die **palpatorische Untersuchung** sollte stets in folgender Reihenfolge ablaufen:
- Austastung der Vagina
- Bimanuelle Palpation von Uterus und Adnexen
- rektale und rektovaginale Palpation von Parametrien und Douglas-Raum.

Austastung der Vagina

Durchführung. Zum Einführen der vaginal tastenden Finger kann es hilfreich sein, mit der anderen Hand zuerst die kleinen Labien zu spreizen. Zunächst wird nur der Zeigefinger (s. Abb. **B-2.7a**) in die Vagina eingeführt und bei ausreichend Platz auch der Mittelfinger. Die untersuchenden Finger werden dabei immer im hinteren Bereich der Vagina, also über dem Damm eingeführt. Dabei zeigen auch die Fingerkuppen Richtung Damm. Der zweite Finger lässt sich manchmal einfacher einführen, wenn mit dem Zeigefinger ein leichter Druck ausgeübt wird – aber immer nur in Richtung Damm! Dies bereitet der Patientin in der Regel keine Schmerzen und verhindert so auch eine Abwehrspannung.
Das Tasten mit zwei „inneren" Fingern vermittelt dem Untersucher eine bessere räumliche Vorstellung.
Eine vaginale Palpation ist bei Kindern, Virgines oder atrophischen Veränderungen nicht immer möglich. Wenn jedoch eine vaginale Untersuchung vorsichtig versucht wird, sollte auf jeden Fall nur ein Finger, und zwar der kleine Finger benutzt werden.
Bei der Palpation werden die Scheidenwände, das Scheidengewölbe, der Beckenboden, die Kreuzbeinhöhle, die Portio und die Symphysenhinterfläche systematisch abgetastet und mit dem zuvor bei der Spiegeleinstellung erhaltenen Eindruck verglichen. Dabei ist auf anatomische Veränderungen (z. B. Vagina septa) Gewebselastizität, Resistenzen, Fluktuation und Schmerzhaftigkeit zu achten.

Austastung der Vagina

Durchführung. Nach Spreizen der kleinen Labien wird zunächst nur der Zeigefinger (s. Abb. **B-2.7a**) und bei ausreichend Platz auch der Mittelfinger in die Vagina eingeführt.

Das Tasten mit zwei „inneren" Fingern vermittelt dem Untersucher eine bessere räumliche Vorstellung.

Normalbefund. Bei einem normalen Befund tastet man glatte Scheidenwände, die Zervix tastet sich als derber Knoten.

Normalbefund.

▶ **Merke.** Besonders aufmerksam sollte die Palpation des unteren Scheidendrittels sowie des Introitus durchgeführt werden. Tief sitzende Tumoren werden bei der Inspektion nicht selten von den Spekula überdeckt und so leicht übersehen (s. S. 212).

◀ **Merke**

Bimanuelle Untersuchung

Der gynäkologische Untersuchungsvorgang geht ohne Unterbrechung von der Austastung der Vagina in die bimanuelle Untersuchung über.

Bimanuelle Untersuchung

Die bimanuelle Untersuchung schließt sich ohne Unterbrechung an die Palpation der Vagina an.

Prinzip. Die bereits vaginal palpierende Hand wird als „innere Hand" bezeichnet. Die in die Scheide eingeführten Finger bringen Organe bzw. Organabschnitte der auf der Bauchdecke liegenden äußeren Hand entgegen. Größe, Konsistenz und Beweglichkeit werden gegen den Widerhalt der inneren Hand ermittelt.

Prinzip. Hierbei werden von der äußeren Hand Größe, Konsistenz und Beweglichkeit von Uterus und Adnexen gegen den Widerhalt der vaginal untersuchenden inneren Hand ermittelt.

Palpation des Uterus

Bei der Palpation des Uterus werden seine Lage, Größe, Form, Konsistenz und Mobilität bestimmt.

Palpation des Uterus

Durchführung. Nach der Austastung der Vagina, gleiten der oder die untersuchenden Finger in das hintere Scheidengewölbe; heben von dort die Zervix an und schieben damit den Uterus nach vorn gegen die Bauchdecke. Die äußere Hand versucht dabei mit leichtem Druck das Corpus uteri zu umgreifen. Bei

Durchführung. Die untersuchenden Finger gleiten in das hintere Scheidengewölbe, heben die Zervix an und schieben damit den Uterus gegen die Bauchwand. Die

B-2.7 Vaginale und bimanuelle Tastuntersuchung

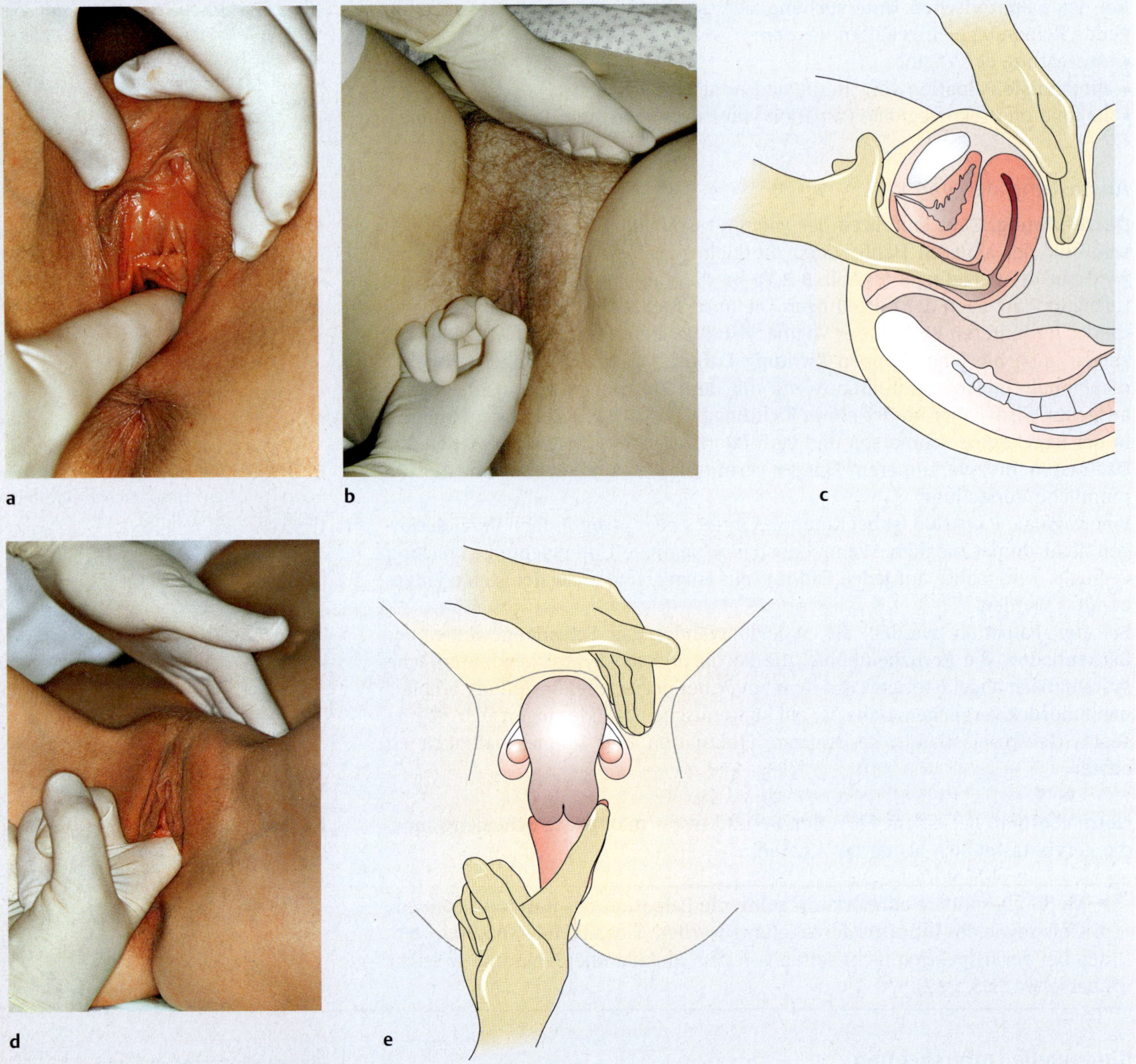

a Vaginale Untersuchung. Spreizen der kleinen Labien und Einführen des Zeigefingers.
b Im Anschluss an die vaginale erfolgt die bimanuelle Untersuchung des Uterus. Im Verlauf dieser Untersuchung wird die äußere Hand gekrümmt und tief eingedrückt.
c Schematische Darstellung der bimanuellen Untersuchung des Uterus. Äußere und innere Hand nehmen Beziehung zueinander auf.
d Bimanuelle Untersuchung der Adnexe.
e Schematische Darstellung der bimanuellen Untersuchung der Adnexe. Der untersuchende Finger gleitet in das seitliche Scheidengewölbe.

äußere Hand versucht das Corpus uteri zu umgreifen (Abb. **B-2.7b**, **c**).

Anteflexion kann so das Corpus uteri zwischen den Fingern der inneren und äußeren Hand abgegrenzt werden (Abb. **B-2.7b**, **c**). Dabei wird die Vorderwand des Corpus uteri durch die innere Hand und die Uterushinterwand durch die äußere Hand ertastet.
Lässt sich das Corpus uteri auf diese Weise nicht tasten, muss der V. a. eine Retroflexio uteri geäußert werden. Man fühlt dann auch einen stärkeren Widerstand über dem hinteren Scheidengewölbe (s. u. Rektale Untersuchung).

Normalbefund. Bei der bimanuellen Untersuchung ist die Gebärmutter normalerweise birnenförmig, nach vorne gekippt und meist in sich nach vorne geknickt tastbar. Sie hat eine glatte Oberfläche, ist gut mobil und zeigt eine kugelige Abgrenzung nach oben.

Normalbefund. Birnenförmiger, nach vorne gekippter Uterus mit glatter Oberfläche, gut mobil und nach oben kugelig abgegrenzt.

Palpation der Adnexe

Ovarien sind manchmal sehr schwierig oder auch gar nicht zu palpieren. Die zarten Tuben sind fast nie zu tasten.

Ovarien sind manchmal schwierig, Tuben fast nie zu palpieren.

Durchführung. Zur **Palpation der Adnexe** (Abb. **B-2.7d, e**) gleitet der untersuchende Finger in das seitliche Scheidengewölbe und hebt von hier aus die Adnexe der äußeren Hand entgegen, die auf der gleichen Seite durch die Bauchdecke palpiert.

Durchführung. Der Finger gleitet in das seitliche Scheidengewölbe und hebt die Adnexe der äußeren Hand entgegen (Abb. **B-2.7d, e**).

Normalbefund. Bei dünnen und entspannten Bauchdecken sind bei Frauen in der Geschlechtsreife die beweglichen Eierstöcke gelegentlich als mindestens fingergliedgroße, 3 cm^2 große, gut bewegliche Strukturen zu tasten. Sind Ovarien in den umgebenden Strukturen fixiert, sind sie deutlicher tastbar. Durch die Irritation beim Abtasten kann der typische „Ovarialschmerz" ausgelöst werden, den manche Frauen auch beim Eisprung (Mittelschmerz) beschreiben.

Normalbefund. Bei dünnen und entspannten Bauchdecken sind die Ovarien gelegentlich zu tasten und der typische „Ovarialschmerz" auszulösen.

▶ **Merke.** Gut tastbare Ovarien in der Postmenopause sind tumorverdächtig.

◀ Merke

▶ **Merke.** Pathologische Resistenzen entgehen der Untersuchung, wenn die äußere Hand nicht hoch genug mit der Palpation ansetzt.

◀ Merke

Bei der inneren Untersuchung ist darauf zu achten, wie die Patientin auf die verschiedenen Testbewegungen des Untersuchers reagiert (z. B. Portioschiebeschmerz, Druckschmerzhaftigkeit).
Für die Prüfung des Portioschiebeschmerzes wird die Portio vaginalis vorsichtig hin und her bewegt. Die dabei auftretende Schmerzhaftigkeit zeigt den Sitz der krankhaften Veränderung im kleinen Becken an.

Bei der inneren Untersuchung ist darauf zu achten, wie die Patientin auf die verschiedenen Tastbewegungen des Untersuchers reagiert.

Rektale Untersuchung

Die rektale Untersuchung ergänzt die gynäkologische Palpationsuntersuchung. Sie ermöglicht dem Untersucher, die Hinterfläche des Uterus, die sakrouterinen Anteile des Parametriums, des Septum rectovaginale, die Kreuzbeinhöhle und den Douglas-Raum zu beurteilen.

Sie ermöglicht die Beurteilung von: Uterushinterfläche, Parametriumanteilen, Septum rectovaginale der Kreuzbeinhöhle und Douglas-Raum.

Indikation. Die rektale Untersuchung ist unerlässlich bei unklaren Befunden in der Tiefe des kleinen Beckens (Douglas-Raum, Kreuzbeinhöhle, Parametrien), sowie bei der Krebsfrüherkennungsuntersuchung nach dem 45. Lebensjahr. Obligat ist diese Untersuchung bei der Beurteilung der Ausbreitung eines gynäkologischen Karzinoms, zum Ausschluss eines Rezidivs und zur Beurteilung der Beckensituation bei V. a. Endometriose.
Die rektale Untersuchung wird an Stelle der vaginalen Palpation vorgenommen, wenn die Hymenalöffnung fehlt, die Scheide für den untersuchenden Finger zu eng ist (Virgines), bei Kindern oder wenn krankhafte oder posttherapeutische Veränderungen die vaginale Exploration unmöglich machen (s. auch S. 157 f).

Indikation. Bei unklaren Befunden in der Tiefe des kleinen Beckens, Krebsfrüherkennungsuntersuchung, zur Beurteilung der Beckensituation und zum Ausschluss gynäkologischer Karzinome oder Rezidive.

Die rektale Untersuchung wird an Stelle der vaginalen Palpation bei enger Hymenalöffnung, fehlender Scheide, oder Unmöglichkeit der vaginalen Exploration durchgeführt.

Pathologische Prozesse des Anus und Rektums (Sphinkterschluss, Hämorrhoiden, Rektumpolypen, Karzinom) können nur durch eine rektale Untersuchung erfasst werden.

Pathologische Prozesse des Anus und Rektums können nur durch eine rektale Untersuchung erfasst werden.

Durchführung. Üblicherweise wird mit dem Zeigefinger untersucht (Abb. **B-2.8**). Für die Einführung des untersuchenden Fingers fordert man die Frau auf, wie beim Stuhlgang kurz zu pressen. Dadurch wird reflektorisch die Spannung des Sphinktermuskels herabgesetzt, und der Finger lässt sich leicht in den

Durchführung. Der Zeigefinger wird in den Anus eingeführt (Frau pressen lassen) und in den Enddarm vorgeschoben (Abb. **B-2.8**).

B-2.8

B-2.8 Rektale Untersuchung

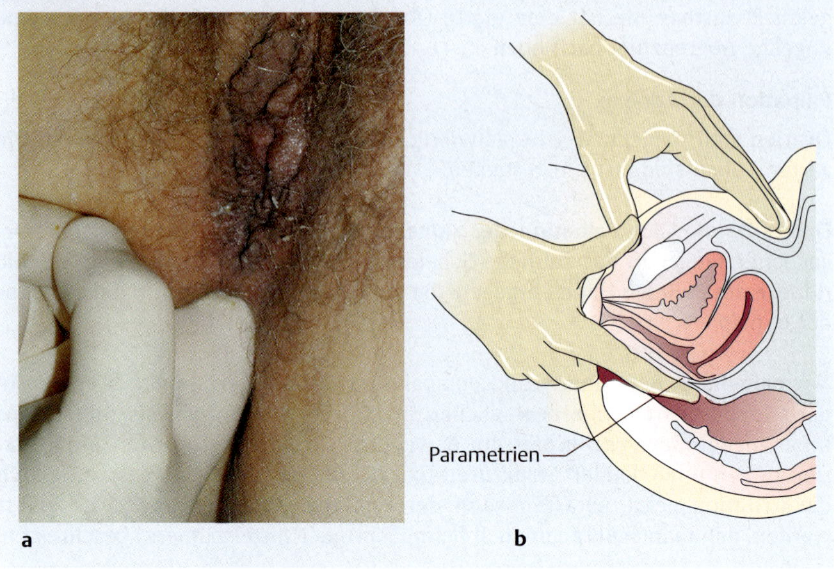

a Der Zeigefinger wird in den Anus eingeführt.
b Schematische Darstellung. Im Sagittalschnitt dargestellte Untersuchung der Hinterfläche des Uterus, der Parametrien und der Sakrouterinbänder.

Enddarm vorschieben. Manche Untersucher befeuchten zusätzlich den Handschuh vor dem Einführen des Fingers oder benutzen Vaseline als Gleitmittel. Die Austastung sollte systematisch erfolgen.

▶ Merke

▶ **Merke.** Eine gynäkologische Exploration ohne rektale Untersuchung ist als unvollständig anzusehen. Die rektale Untersuchung stellt gleichzeitig einen wichtigen Teil der Vorsorgeuntersuchung dar.

Rektovaginale Untersuchung

Es handelt sich um eine bidigitale Untersuchung (Abb. **B-2.9**).

Indikation. Bei enger Vagina und V. a. Retroflexio uteri. Für die Palpation bei Retroflexi uteri, die Austastung des Septum rectovaginale, des Douglas-Raumes und zur Beurteilung der Parametrien ist sie die Methode der Wahl.

Durchführung. Kombinierte rektale und vaginale Untersuchung (s. dort).

Palpation von Parametrien und Douglas

Die Parametrien und der Douglas-Raum lassen sich nur rektal oder mit Hilfe der rektovaginalen Untersuchung exakt beurteilen (s. o.).

Rektovaginale Untersuchung

Diese Variante ist eigentlich eine bidigitale Untersuchung (Zeigefinger in der Vagina, Mittelfinger im Rektum (Abb. **B-2.9**).

Indikation. Die Indikation der rektovaginalen Untersuchung ist großzügig zu stellen, v. a. dann, wenn die Vagina **nur für einen** Finger passierbar ist (Abb. **B-2.9**). In jedem Fall sollte sie als Ergänzung zur vaginalen Untersuchung durchgeführt werden bei V. a. Retroflexio uteri. Für die Austastung des Septum rectovaginale, des Douglas-Raumes und zur Beurteilung der Parametrien ist sie die Methode der Wahl.

Durchführung. Wie bei der rektalen Untersuchung wird der Mittelfinger während die Patientin leicht presst, in den Anus und das Rektum eingeführt. Der Zeigefinger gleitet dabei in die Vagina.

Palpation von Parametrien und Douglas

Diese Strukturen lassen sich nur rektal oder mit Hilfe der rektovaginalen Untersuchung exakt beurteilen (s. o.). Bei der Austastung des normalerweise leeren Douglas-Raumes, der Palpation des Septum rectovaginale und der Rektumschleimhaut muss auf Knoten (Endometriose), Infiltrationen (bei Tumoren) sowie auf Tumoren geachtet werden.

B-2.9 **Rektovaginale Untersuchung**

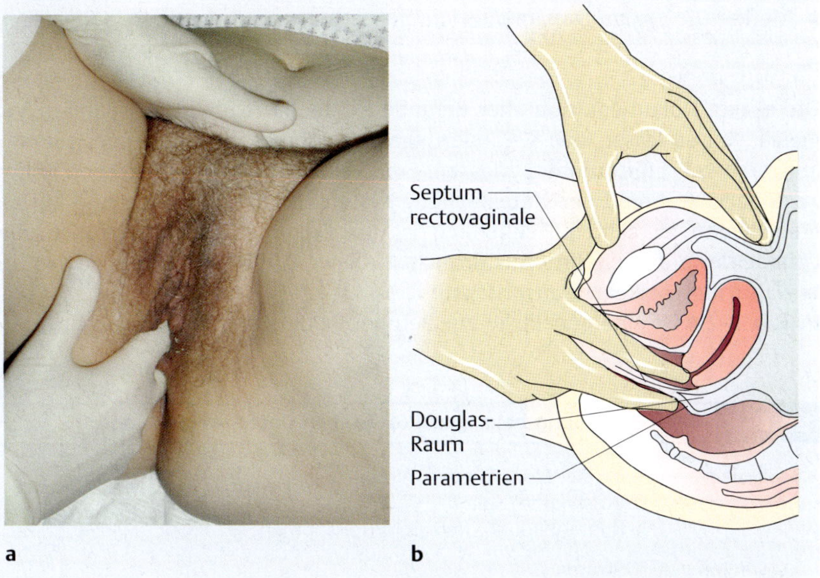

a Der Zeigefinger wird in die Vagina, der Mittelfinger in Anus und Rektum eingeführt.
b Schematische Darstellung. Im Sagittalschnitt dargestellte Untersuchung des Douglas-Raumes, der Parametrien und des Septum rectovaginale.

B-2.9

Normalbefund. Die Parametrien tasten sich als fingerdicker, elastischer Strang zwischen Uterus und Beckenwand beidseits.

Normalbefund. Die Parametrien tasten sich als fingerdicker, elastischer Strang.

Palpationsuntersuchung in Narkose

Die Palpation kann in absoluten Ausnahmefällen auch in Narkose durchgeführt werden, wenn es nicht gelingt, die Abwehrspannung der Patientin so weit auszuschalten, dass bei besonders schwierigen Fragestellungen oder bei der Untersuchung von Kindern ein ausreichendes Ergebnis erzielt wird.

Palpationsuntersuchung in Narkose

Sie ist nur ausnahmsweise indiziert, falls die Untersuchung zu keinem ausreichenden Ergebnis führt und diagnostische Möglichkeiten ausgeschöpft sind.

2.3 Untersuchung der Mamma

s. S. 344 ff.

2.3 Untersuchung der Mamma

s. S. 344 ff.

2.4 Krebsvorsorge

Die gesetzliche Krankenversicherung bietet jeder Frau ab dem 20. Lebensjahr jährlich eine Untersuchung zur Krebsfrüherkennung an. Die gynäkologische Krebsvorsorge umfasst im Prinzip die Stationen einer normalen gynäkologischen Untersuchung.

- Anamnese (s. S. 137 f)
- Inspektion des äußeren Genitales mit Inspektion von Vagina und Zervix, Spekulumuntersuchung einschließlich Kolposkopie (s. S. 140 ff und S. 145 f)
- Abstrichentnahme (s. S. 143 f)
- Austastung der Vagina (s. S. 147)
- Bimanuelle Tastuntersuchung (s. S. 147 ff)
- Rektale/rektovaginale Untersuchung (s. S. 149 ff)
- Palpation der Mamma (ab dem 30. Lebensjahr) (s. S. 344 f), einschließlich der Anleitung zur regelmäßigen Selbstuntersuchung (s. auch Abb. C-1.1, S. 345),

2.4 Krebsvorsorge

Die von der gesetzlichen Krankenversicherung ab dem 20. Lebensjahr angebotene Krebsvorsorge umfasst:

- Anamnese
- Inspektion des äußeren Genitales, von Vagina und Zervix, Spekulumuntersuchung und Kolposkopie
- Abstrichentnahme
- bimanuelle Tastuntersuchung
- rektale Untersuchung
- Palpation der Mamma.

2.5 Dokumentation

▶ Merke

Die ausführliche Dokumentation aller Befunde ist die Basis für jeden späteren Vergleich.
Sie ist nicht zuletzt auch aus juristischen Gründen erforderlich, erzieht auch den Untersucher zur Systematik, beweist aber auch die Sorgfalt des Arztes (s. Tab. **B-2.4**).

B-2.4

2.5 Dokumentation

▶ **Merke.** Die exakte Dokumentation aller erhobenen Befunde ist obligat!

Die exakte Dokumentation aller Befunde ist die Basis für jeden späteren Vergleich. Nur so lassen sich Veränderungen, ein Tumorwachstum oder ein Neuauftreten von Infiltrationen erfassen. Eine vollständige Dokumentation erzieht auch dazu, während der Untersuchung systematisch vorzugehen und auf alle Einzelheiten zu achten. Schließlich ist die Dokumentation aus juristischen Gründen erforderlich. Ihre Ausführlichkeit beweist die Sorgfalt des Arztes und bewahrt ihn vor Regressansprüchen.
In Tab. **B-2.4** ist eine Checkliste zur Befunderhebung zusammengestellt.

B-2.4 Befunderhebung beim gynäkologischen Untersuchungsgang

Mammae	Größe, Einziehungen, Vorbuckelungen, Verfärbung, Rötung, Brustwarze, Sekret Knotenbildung, Retraktionsphänomen
Halsregion	Struma
Axillen	Lymphknotenvergrößerung
Abdomen	Narben, Nabel Aszites, Knoten in der Bauchdecke, gestaute Venen Nierenlager Lebervergrößerung
Leisten	Lymphknotenvergrößerungen
äußeres Genitale	Schamhaargrenze Hautveränderungen, Vulvadystrophie, Pigmentstörungen, Leukoplakien Scheidenvorhof, Urethralmündung, Ausführungsgänge der Bartholin-Drüsen, Tumoren
Vagina	Zystozele, Rektozele, Douglasozele Entzündungen, Läsionen, Knoten suburethrale Infiltrationen, Parakolpium Scheideninhalt
Portio, Zervix	Länge, Durchmesser, Form Oberfläche, kolposkopische Befunde Zervixschleim, Sekret, Blutung Konsistenz der Portio, Schiebeschmerz
Corpus uteri	Lage, Größe, Konsistenz, Oberflächenbeschaffenheit, Mobilität, Druckschmerzhaftigkeit
Adnexregionen	Ovar, Größe, Oberfläche, Beweglichkeit, Druckschmerz, Resistenz Tubenregion, Druckschmerzhaftigkeit, Tumorbildung
Parametrien	Infiltrationen, Resistenzen
Beckenwände	Knoten
Douglas	Knoten, Vorwölbung, Druckschmerzhaftigkeit
retrozervikale Region	Knoten
Rektum	Blut am Finger, Knoten, Polypen, Ulzera

2.6 Ultraschalluntersuchung

Der Einsatzbereich der Sonographie, die als bildgebendes Verfahren erstmals in der Geburtshilfe eingesetzt wurde, erstreckt sich inzwischen auf das gesamte gynäkologische Fachgebiet. Zwei sich je nach Fragestellung ergänzende Verfahren werden routinemäßig eingesetzt: Der abdominale Ultraschall und der vaginale Ultraschall.

Prinzipiell wird heute zunächst die **vaginale Sonographie** (soweit das die Scheidenverhältnisse zulassen [cave Virgo, senilatrophisches Genitale]) durchgeführt.

Der Vorteil der Methode liegt darin, dass mit der endogenen Sonographie die Organe direkt beschallt werden können und die Auflösung zur Beurteilung von pathologischen Veränderungen damit besser wird.

Die **abdominale Sonographie** wird durchgeführt bei Unmöglichkeit zur vaginalen Sonographie (Virgo, Scheidenstenosen), zur Beurteilung eines sehr großen Uterus mit multiplen Myomen, zur Beurteilung von großen Ovarialtumoren sowie in der Gravidität ab der 17./18. SSW. Der Grund liegt darin, dass die Eindringtiefe der vaginalen Sonographie die Organstrukturen nicht mehr vollständig erfassen kann.

Der Indikationsbereich der gynäkologischen Sonographie ist breit gefächert von der Antikonzeption bis zur Tumordiagnostik. Die Ultraschalluntersuchung wird als Ergänzung zur Palpation eingesetzt, wenn ein unklarer Tastbefund vorliegt; sie ist außerdem die Methode der Wahl bei der Verordnung eines Intrauterinpessars zur Antikonzeption. In diesem Fall werden zunächst die Kontraindikationen (Uterus myomatosus, intrauterine Gravidität, angeborene Fehlbildung, Genitaltumor) ausgeschlossen. Nach Legen des IUP dient die Ultraschalluntersuchung der Lagekontrolle (Abb. **B-2.10**). Die weiteren Indikationen für die Sonographie sind in den jeweiligen Kapiteln zu den Krankheitsbildern aufgeführt.

Eine wichtige Rolle spielt die Sonographie außerdem bei invasiven diagnostischen Maßnahmen in der Gynäkologie, die unter sonographischer Sicht ausgeführt werden, z. B. Amniozentese in der Pränataldiagnostik, der Punktion von Zysten u. a.

In der Geburtshilfe dient sie nicht nur zur Beurteilung der Gravidität wie z. B. extrauterin/intrauterin, Lage von Plazenta sondern auch zur fetalen Diagnostik, z. B. bei Entwicklungsstörungen (s. S. 511 ff).

Untersuchungstechnik

Vorbereitung: Als Voraussetzung für ein befriedigendes Untersuchungsergebnis ist bei der abdominalen Sonographie eine gefüllte Harnblase notwendig. Dadurch werden störende Darmschlingen nach kranial und lateral verdrängt und das innere Genitale aus der Tiefe des kleinen Beckens herausgelagert und dem Schallkopf näher gebracht („Wasservorlaufstrecke“).

2.6 Ultraschalluntersuchung

Sowohl die abdominale als auch die vaginale Sonographie zählen zu den bildgebenden Routinemethoden in der Geburtshilfe und Gynäkologie.

In der Gynäkologie ist sie die ideale Untersuchungsmethode zur Ergänzung eines suspekten Palpationsbefundes.
Bei der Verordnung eines Intrauterinpessars zur Antikonzeption ist die Sonographie die Methode der Wahl zum Ausschluss der Kontraindikationen und später im Verlauf zur Lagekontrolle des IUPs (Abb. **B-2.10**).

Invasive diagnostische Maßnahmen werden unter sonographischer Sicht ausgeführt.

In der Geburtshilfe hilft die Sonographie zur Beurteilung intra- und extrauteriner Gravidität und zur Diagnostik von Entwicklungsstörungen.

Untersuchungstechnik

Vorbereitung: Als Voraussetzung ist bei der abdominalen Sonographie eine gefüllte Harnblase notwendig, nicht jedoch bei der Vaginosonographie.

B-2.10 Lagekontrolle eines Intrauterinpessars

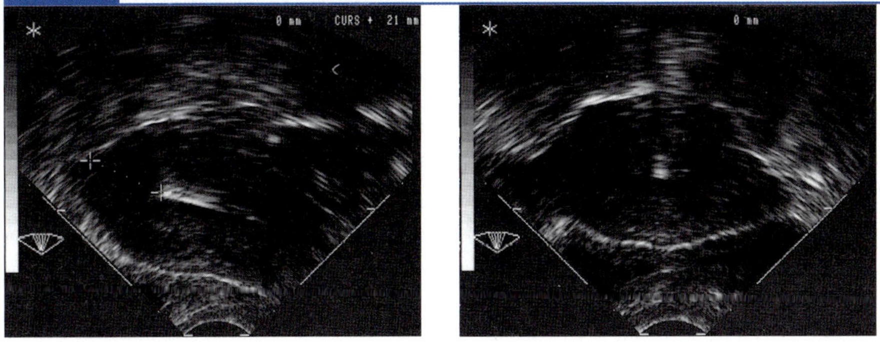

a Uterus im Längsschnitt. **b** Uterus im Querschnitt.

▶ Merke

▶ **Merke.** Für den **abdominalen Ultraschall** ist eine **gefüllte Harnblase** erforderlich. Faustregel: Die Patientin soll 1 Liter Flüssigkeit eine Stunde vor der Untersuchung trinken!
Der **vaginale Ultraschall** erfordert eine **leere Harnblase**.

Lagerung. Die Vaginosonographie ist im Anschluss an die gynäkologische Untersuchung gut möglich. Alternativ kann die Patientin auch auf einer Liege untersucht werden.

Lagerung. Die Vaginosonographie ist im Anschluss an die gynäkologische Untersuchung in Steinschnitt-Lage möglich, unproblematisch und verläuft für die Patientin oft unbemerkt. Alternativ kann die Patientin auch auf einer Liege untersucht werden. Hierzu muss die Patientin die Beine auf die Unterlage aufstellen und maximal im Hüftgelenk nach außen rotieren.

Normalbefund. Die **Blase** zeigt sich als glatt konturiertes echofreies Gebilde.
Uterus (Abb. **B-2.11a**, **b**): Das **Myometrium** weist ein homogenes Echomuster, das zentrale Endometrium zyklusabhängig eine unterschiedliche Dicke auf.
In Verlängerung der **Zervix** findet sich die **Vagina** mit reflexbetonten Doppelkonturen.

Normalbefund. Die flüssigkeitsgefüllte **Blase** stellt sich als glatt konturiertes, echofreies Gebilde dar. Der **Uterus** wird nach Form, Lage und Größe beurteilt (Abb. **B-2.11a**, **b**). Das **Myometrium** zeigt ein feinstrukturiertes, homogenes Echomuster. Die zentrale **Endometriumzone** ist in Abhängigkeit vom Zyklus unterschiedlich dick. In Verlängerung der **Zervix** mit dem Zervikalkanal sowie der Portio kommt die **Vagina** mit reflexbetonten Doppelkonturen (vordere und hintere Vaginalwand) zur Darstellung.

Die **Ovarien** sind beiderseits des Uterus als ovale, echoärmere Gebilde erkennbar (Abb. **B-2.11c**).

Die **Ovarien** sind beiderseits des Uterus als ovale, echoärmere Gebilde zu erkennen (Abb. **B-2.11c**). Ihre Größe ist unterschiedlich und unterliegt in der generativen Phase einer Frau zyklischen Veränderungen.

▶ Merke

▶ **Merke.** Eine sonographische Darstellung der unveränderten Tuben ist nicht möglich.

▶ Merke

▶ **Merke.** Raumfordernde Prozesse sind ab einer Größe von 1–2 cm nachzuweisen. Bei kleinzystischen Veränderungen ist zu beachten, dass sie physiologischerweise im Rahmen des hormonellen Zyklus auftreten.

Regionäre Lymphknoten lassen sich nur bei signifikanter Vergrößerung abgrenzen.

Die entlang der großen Beckengefäße liegenden **regionären Lymphknoten** kann man in der Regel – außer bei signifikanter Vergrößerung – nur schwer von dem umgebenden isosonoren Weichteilgewebe abgrenzen.

Ureter: wurmartige Kontraktionen, Darmschlingen: Peristaltik.

Der unveränderte **Ureter** lässt sich durch seine wurmartigen Kontraktionen identifizieren, Darmschlingen durch ihre Peristaltik.

Bei **genitalen Fehlbildungen** sind Niere und ableitende Harnwege in die Diagnostik einzuschließen.

Bei **genitalen Fehlbildungen** sollte eine sorgfältige Untersuchung der Nieren und ableitenden Harnwege erfolgen, da es sich meist um komplexe urogenitale Fehlbildungen handelt.

Die Sonographie beschreibt bei pathologischen Befunden nur Echomuster, nicht die Dignität.

Bei pathologischen Befunden kann die Sonographie Echomuster beschreiben, über die Dignität von Tumoren kann sie jedoch keine Aussage machen.

B-2.11 Normale Ultraschallbefunde

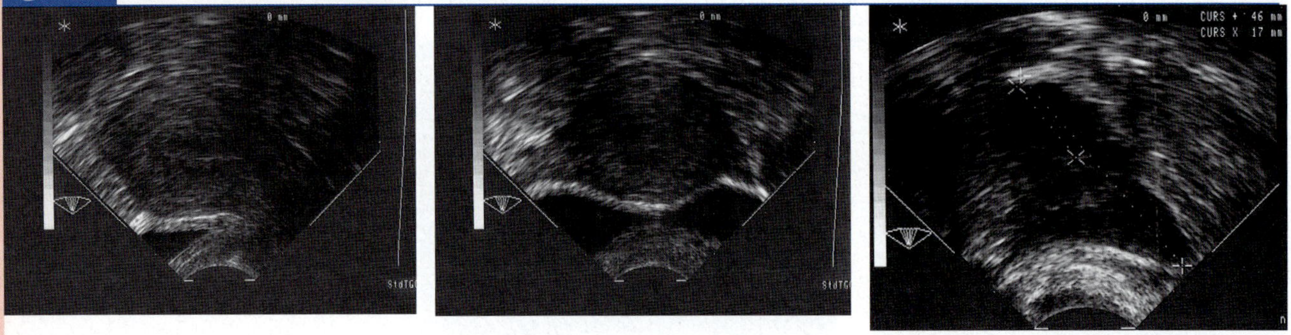

a Uterus im Längsschnitt.

b Uterus im Querschnitt.

c Darstellung unauffälliger Ovarien (hier linkes Ovar) mit kleiner Funktionszyste (D 17 mm).

B-2.5 Pathologische Ultraschallbefunde in der Gynäkologie

Lokalisation	*Art d. Pathologie*	*Diagnose*	*Indikation und Ultraschallbefund*
Hymen	Fehlbildung	Hymenalatresie	Hämatokolpos
Vagina	Fehlbildung	Vaginalatresie	Hämatometra
Zervix	Fehlbildung	Zervixatresie	Hämatriometra
	Tumoren	Myome	Lokalisation, Verlaufskontrolle
		Karzinom	Zervixvolumen, Parametrieninfiltration, Blaseninfiltration, LK-Vergrößerungen
Uterus	Fehlbildung	Uterus duplex	doppeltes Endometriumecho
		Uterus arcuatus	Fundusverbreiterung
	Endometriumveränderungen	Retention	Flüssigkeitsansammlung im Cavum uteri
		Hyperplasie	Endometriumverbreiterung
		Poly	polypöses Gebilde im Cavum uteri
		Karzinom	bizarre Gebilde im Cavum uteri
	Tumoren	Myome	Lokalisation, Sekundärveränderungen, Verlaufskontrollen
Ovar	Tumoren	Funktionszysten	glattwandig, echoleer, kontrollbedürftig
		PCO-Syndrom	vergrößerte Ovarien, perlschnurartig angeordnet kleine Zysten
		Dermoide	inhomogene Tumoren
		Kystome	zystisch, echoleer o. echoarm, evtl. gekammert, oft doppelseitig
		Endometriose	zystische, zystisch-solide, solide, echoleere bis echoreiche Binnenstruktur
		benigne Neubildungen	
		maligne Neubildungen	Kriterien s. Tab. **B-2.6**, Therapieeffizienzkontrolle, Sekundärveränderungen
Tuben	Entzündungen	Salpingitis	flüssigkeitsgefüllte Tube mit verdickter Wand (Saktosalpinx)
		Tuboovarialabszess	Verlaufskontrolle bei konservativem Therapieversuch

▶ **Merke.** Die Dignitätsbeurteilung kann nur durch die histologische Aufarbeitung erfolgen.

◀ **Merke**

Einen tabellarischen Überblick über die wichtigsten pathologischen sonographischen Befunde in der Gynäkologie gibt Tab. **B-2.5**. Weitere Einzelheiten sind den speziellen Kapiteln zu entnehmen.

Einen tabellarischen Überblick über die wichtigsten pathologischen sonographischen Befunde in der Gynäkologie gibt Tab. **B-2.5**.

Kontrastmittelsonographie

Die Verwendung eines Kontrastmittels in der Sonographie ist eine gute und non-invasive Möglichkeit der Überprüfung von Tubendurchgängigkeit, der Darstellung des Cavum uteri sowie zum Ausschluss von Fehlbildungen. Auch Tubenveränderungen können eventuell festgestellt werden. Diese Methode hat die früher gebräuchliche Hysterosalpingographie weitgehend abgelöst. Kontraindikation der Kontrastmittelsonographie sind entzündliche Genitalerkrankungen wegen der Gefahr der iatrogenen Aszension von Keimen.

Kontrastmittelsonographie

Sie stellt eine gute und non-invasive Möglichkeit dar zur Überprüfung von: Tubendurchgängigkeit, Tubenveränderungen, Cavum uteri, Ausschluss Fehlbildungen.

2.7 Röntgendiagnostik

Indikation. Früherkennung von Erkrankungen, Therapieplanung, präoperative Diagnostik, in der Strahlentherapie und in der Tumornachsorge.

2.7 Röntgendiagnostik

Früherkennung, präoperative Diagnostik, individuelle Therapieplanung, Strahlentherapie und Tumornachsorge.

B-2.6 Röntgendiagnostische Verfahren in der Gynäkologie

Untersuchung	*Indikationen*	*Kontraindikationen*	*zu beachten*
▶ **Thoraxaufnahme**	▪ Hinweis auf kardiologische Erkrankungen ▪ Beurteilung der Atmungsorgane (Stauungszeichen, Entzündungen, Atelektasen, Emphysem, postspez. Veränderung, Metastasen, Pleuraerguss, -schwarte, -karzinose)	keine	
▶ **Abdomenübersichtsaufnahme**	▪ meist als **Grundinformation** bei der Kontrastmitteluntersuchung der ableitenden Harnwege (Ausscheidungsurogramm) ▪ **akutes Abdomen:** – Perforatio: Nachweis subphrenischer Luftsichel – Ileus: gasgefüllte Darmschlingen und Spiegelbildung ▪ **Suche nach IUP** bei sonographisch leerem Uteruskavum	keine	
▶ **Ausscheidungsurogramm**	▪ pathologische Verkalkungen im Bereich des Nierenparenchyms, der ableitenden Harnwege und der Blase ▪ **Topografie** der Nieren und Lageveränderungen ▪ **Ausscheidungsfunktion** der Nieren ▪ **Darstellung der Ureteren** in sämtlichen Abschnitten ▪ **Missbildungen** ▪ Darstellung **morphologischer Veränderungen am Nierenbeckenkelchsystem** ▪ präoperativ aus **juristischen Gründen**	keine absoluten Kontraindikationen!	obligat: Patientin muss nüchtern und über KM-Nebenwirkungen aufgeklärt sein **Cave:** Kontrastmittelallergie, Hyperthyreose, Gravidität
▶ **Kolonkontrasteinlauf**	▪ Erfassung von Lageveränderungen durch Raumforderungen im kleinen Becken (Organverlagerung) ▪ Nachweis oder Ausschluss von Schleimhautveränderungen des Kolons, v. a. an Sigma und Rektum (Tumoreinbruch, -infiltration, Stenosen, Kompressionen, Polypen)	**absolut:** – Darmperforation – Ileus **relativ:** – akute Divertikulitis	optimale Darmreinigung!
▶ **Computertomographie (CT)**	▪ **Abdomen-CT** bei Staging von **Tumorerkrankungen** (Größe des Primärtumors, Infiltration in die Nachbarorgane [Blase, Darm] sowie Parametrien, Lymphknotenvergrößerungen [pelvin, paraaortal], intraabdominelle Flüssigkeitsansammlungen, Peritoneal- und Leberbefall) ▪ Nebennierenrindenbeurteilung bei der **Sterilitätsdiagnostik** ▪ **Nachsorge:** Rezidiverfassung, Ausdehnungsbeurteilung, Sekundärveränderungen ▪ postoperativ Abklärung unklarer Befunde (Abszess, Lymphozelen, retroperitoneale Flüssigkeitsansammlungen) ▪ **Leber-CT:** Darstellung von Leberveränderungen ▪ **Thorax-CT:** Abklärung unklarer Röntgenbefunde ▪ **Schädel-CT:** Ausschluss intrakranieller RF, Hypophysentumor ▪ **CT in Knochentechnik:** Abklärung unklarer Röntgenbefunde (Übersicht, Tomographie) ▪ **Bestrahlungsplanung** ▪ **CT-gesteuerte Feinnadelpunktionen**	Einsatz von Kontrastmitteln bei bekannter Allergie.	Patientin muss nüchtern sein eine Aufklärung über die Kontrastmittelnebenwirkungen (Allergie) ist obligat!
▶ **Magnetresonanz-Tomographie (MRT)**	▪ **Tumorstaging:** Infiltrationen des Primärtumors in die Nachbarorgane, Scheidenbefall beim Zervixkarzinom, Lymphknotenvergrößerungen, Parametrienbefall ▪ **Leber, Schädel, Knochen:** weiterführende Diagnostik bei unklaren Prozessen	keine	Cave: Klaustrophobie
▶ **Szintigraphie**	▪ **Skelettszintigraphie:** Suche nach Knochenmetastasen ▪ **renale Funktionsszintigraphie (selten getrennte ^{131}J-Hip puran-Clearance):** Nierenfunktionsbestimmung ▪ **Lungenperfusionsszintigraphie:** Diagnostik Lungenembolie		

B-2.6 Fortsetzung

Untersuchung	*Indikationen*	*Kontraindikationen*	*zu beachten*
▶ **Lymphographie: Darstellung von Lymphabflussgebieten**	▪ Diagnostik von Lymphknotenmetastasen beim Zervix- und Endometriumkarzinom	**absolut:** – pulmonale Prozesse – fieberhafte Erkrankungen – Jod- oder Patentblauallergie – Herzfehler – Ulcus cruris	
▶ **Phlebographie: Venendarstellung**	▪ Nachweis oder Ausschluss tiefer Bein- und Beckenvenenthrombosen, flottierender Thromben, postthrombotischer Syndrome postoperativ bzw. -partal, in graviditate oder bei Einflussstauungen	Kontrastmittelallergie	Patientin muss nüchtern sein
▶ **retrogrades Pyelogramm**	▪ bei gynäkologischen Grunderkrankungen oder Strahlenfolgen: – Lokalisation von Engstellen, Knick- und Schleifenbildung, Ureterverlagerung – Nachweis von Harnleiterläsionen und Ureterscheidenfisteln – Planung zur inneren Harnleiterschienung		strenge Asepsis! Cave: Schleimhautläsionen!
▶ **Miktionszysturethrogramm**	▪ Lageveränderungen des weiblichen Genitales mit Pressversuch ▪ Klärung des vesikorenalen Refluxes		strenge Asepsis! niedrige Blasenkapazität bei Schrumpfstrahlenblase!
▶ **Kolpographie**	▪ Ausschluss oder Nachweis von Fehlbildungen (Septenbildung) ▪ Darstellung von Gartner-Gang-Zysten		
▶ **weiterführende Röntgennativdiagnostik**	▪ meist spezifische Fragestellungen, die sich aus den o. g. Untersuchungen ergeben haben.		

Die Tab. **B-2.6** dient dem Überblick diagnostischer Röntgenverfahren in der Gynäkologie.

Die Tab. **B-2.6** bietet einen Überblick über den Einsatz diagnostischer Röntgenverfahren in der Gynäkologie, die im einzelnen in den entsprechenden Kapiteln besprochen werden.

◀ **Merke**

▶ **Merke.** Vor dem Einsatz einer Röntgenuntersuchung müssen Indikation und Fragestellung klar definiert sein.

Gerade in der Tumornachsorge ist die ausführliche Anamnese und die klinische Untersuchung **vor** der laborchemischen und technischen Diagnostik erforderlich.

Als Beispiel dient die Tumornachsorge. Dabei ist die ausführliche Anamnese und die klinische Untersuchung **vor** der laborchemischen und technischen Diagnostik unbedingt erforderlich. Umfangreiche Studien haben z. B. gezeigt, dass nur in seltenen Fällen eine Skelettmetastasierung aufzudecken ist, wenn die Patientin keine Beschwerden angibt.

2.8 Gynäkologische Untersuchung bei Kindern/Vaginoskopie

Das Vaginoskop ist ein endoskopisches Instrumentarium, das den **kindlichen** anatomischen Verhältnissen angepasst ist und die Spekulumuntersuchung ersetzt (Abb. **B-2.12**).

Die Vaginoskopie wird bei **Kindern** eingesetzt. Das Vaginoskop ist ein endoskopisches Instrument, das den kindlichen anatomischen Verhältnissen angepasst ist und die Spekulumuntersuchung ersetzt. Es handelt sich dabei um ein Rundspekulum (es gibt unterschiedliche Kaliber) mit einer eingeschobenen Kaltlichtquelle, in das geeignete, einfache Instrumente eingeführt werden können (Abb.

B-2.12

B-2.12 Vaginoskopische Untersuchung

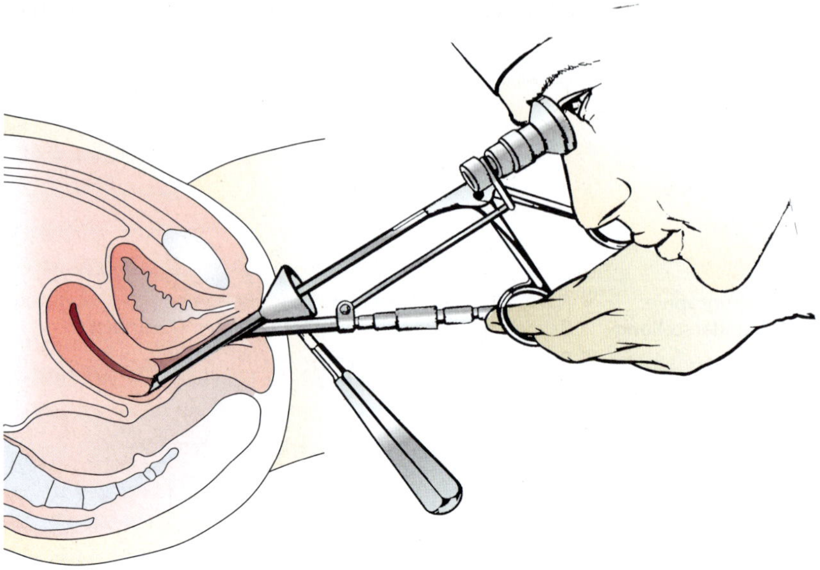

Optimal beleuchtet können Portio und Scheidenwand beurteilt werden.

B-2.12). Bei optimaler Beleuchtung können Portio und Scheidenwand beurteilt werden.

Lagerung. Je nach Alter und Größe wird das Kind zur Untersuchung auf einer Liege oder auf dem Untersuchungsstuhl gelagert.

Lagerung. Für die Untersuchung wird das Kind – je nach Größe und Alter – entweder auf einer Liege oder auf dem gynäkologischen Untersuchungsstuhl gelagert. Auch auf der Liege müssen die Beine in Hüft- und Kniegelenk gebeugt sein, das Becken des Kindes wird durch eine Hilfsperson fixiert.

Vorgehen. Die Inspektion des äußeren Genitales steht am Anfang. Nach vorsichtiger Sondierung der Scheide mit einem Glasstab wird das Vaginoskop eingeführt. Es erlaubt die Inspektion sowie die Durchführung kleiner Eingriffe.

Vorgehen. Nach Inspektion des äußeren Genitales und vorsichtiger Sondierung der Scheide mit einem Glasstab (Fremdkörpersuche, Sekretgewinnung) wird das Vaginoskop mit einem Obturator eingeführt, die Lichtquelle aufgesetzt und die Inspektion der Portio vorgenommen. Auch kleinere diagnostische (Vaginalsekretabnahme, zytologische Abstriche, Probeexzisionen), und therapeutische Eingriffe (Polypen-, Fremdkörperentfernung) können durch das Instrument vorgenommen werden.

Zur bimanuellen Abschlussuntersuchung wird rektal mit dem kleinen Finger getastet.

Den Abschluss der gynäkologischen Untersuchung des Kindes bildet die bimanuelle Untersuchung. Hierbei wird mit dem kleinen Finger rektal untersucht.

▶ Merke

▶ **Merke.** Für die kindergynäkologische Untersuchung ist ein psychologisch einfühlsames und behutsames Vorgehen absolut wichtig, um eine Stigmatisierung des Kindes zu vermeiden.

2.9 Hysteroskopie

Nach der Insufflation von CO_2 kann die entfaltete Gebärmutterhöhle mit der eingebrachten Optik inspiziert werden (Abb. **B-2.13**).

Indikationsbereiche:
- intrakavitäre **Sterilitäts- und Infertilitätsursachen**
- Entfernung eines „Lost IUP".

2.9 Hysteroskopie

Die Hysteroskopie ist ein endoskopisches Untersuchungsverfahren zur Beurteilung der Gebärmutterhöhle, das in Allgemein- oder Lokalanästhesie (Parazervikalblock – PCB) durchgeführt wird. Durch Insufflation von CO_2 entfalten sich Zervix und Cavum uteri, so dass sie mit der durch den Zervikalkanal eingebrachten Optik inspiziert werden können (Abb. **B-2.13**).
Indikationsbereiche dieses diagnostischen Verfahrens sind: Ausschluss intrakavitärer **Sterilitäts- und Infertilitätsursachen**, v. a. in Form von Synechien, Polypen, Myombildungen und Uterusanomalien.

B-2.13 Technik der Hysteroskopie

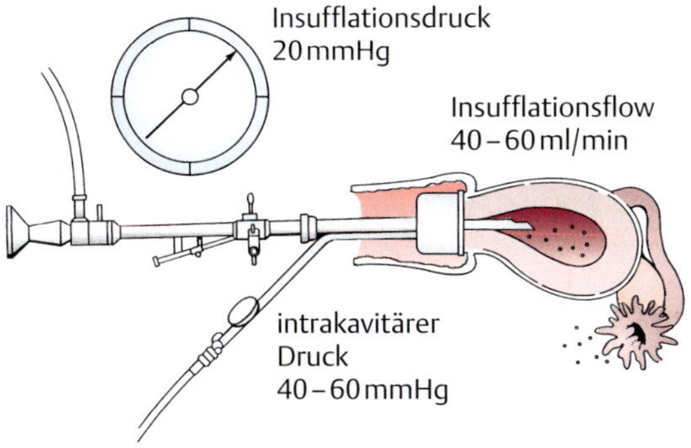

B-2.13

Entfernung eines „Lost IUP“ (verlorenes Intrauterinpessar), auch in der Frühgravidität.

Speziell in der **Tumordiagnostik:**

- Abklärung kolposkopisch nicht erfassbarer, pathologischer Vaginalsmears (Diagnostik asymptomatischer Endometriumkarzinome)
- Abklärung unklarer uteriner Blutungen (z. B. Endometriumpolypen, die bei der Abrasio nicht erfasst wurden; kleine submuköse Myome)
- Präoperatives Staging (intrauterine Ausbreitung) des histologisch gesicherten Endometriumkarzinoms.

Weitere Indikationen, die derzeit wissenschaftlich erforscht werden, sind die ambulante Endometriumdiagnostik, die Chorionbiopsie, die transzervikale Tubensterilisation und die Kontakthysteroskopie zur Beurteilung der Ausdehnung und des Schweregrades intrazervikaler Neoplasien.

Speziell in der Tumordiagnostik:

- Kolposkopisch nicht erklärbare pathologische Zytologie von Zervix- oder Vaginalabstrichen
- Abklärung unklarer uteriner Blutungen
- präoperatives Staging.

Komplikationen. Selten kommt es zu Komplikationen wie Perforation und dadurch evtl. zu Darmläsionen, Exazerbation entzündlicher Prozesse, Komplikationen bei der Gasinsufflation oder Kreislaufdysregulation nach Lokalanästhesie.

Das Problem der Tumorzellverschleppung wird in der Literatur kontrovers diskutiert.

Komplikationen. Perforation, Darmläsionen, Exazerbation und entzündlicher Prozesse stellen seltene Komplikationen dar. Eine Tumorzellverschleppung ist fraglich.

Kontraindikationen. Absolute Kontraindikationen für die Hysteroskopie stellen akute oder chronische Entzündungszustände des inneren Genitales dar, da es durch den Eingriff zu einer Exazerbation der Erkrankung durch den Eingriff kommen kann. Als relative Kontraindikationen müssen starke uterine Blutungen sowie eine intakte Intrauteringravidität angesehen werden.

Kontraindikationen. Absolute Kontraindikationen sind akute oder chronische Entzündungszustände. Zu relativen Kontraindikationen zählen starke uterine Blutungen sowie eine intakte Intrauteringravidität.

2.10 Pelviskopie/Laparoskopie

Die gynäkologische Laparoskopie oder auch Pelviskopie („Laparoskopie des kleinen Beckens“) (Abb. **B-2.14**) genannt, hat in den letzten Jahren eine große diagnostische und auch operativ/therapeutische Bedeutung erlangt.

2.10 Pelviskopie/Laparoskopie

In vielen Fällen wird erst durch die Pelviskopie (Abb. **B-2.14**) eine klare Diagnose gestellt.

Prinzip. Bei der Laparoskopie (Pelviskopie) wird über einen transumbilikalen Zugang ein Laparoskop in das kleine Becken eingebracht. Uterus, Ovarien und Tuben lassen sich so beurteilen. Der Trend geht zur operativen Pelviskopie („minimal invasive Chirurgie = MIC“). Mit dem Begriff der MIC wird der Übergang von der Laparatomie zur Pelviskopie/Laparoskopie und von der Organexstirpation zu organerhaltenden Operationsmethoden beschrieben.

Prinzip. Über einen transumbilikalen Zugang wird ein Laparoskop ins kleine Becken eingebracht, Uterus, Ovarien und Tuben lassen sich so beurteilen. Der Trend geht zur operativen Pelviskopie („minimal invasive Chirurgie = MIC“)

Indikation. Die häufigsten Indikationen zur Pelviskopie sind in Tab. **B-2.7** zusammengestellt.

Indikationen. Die häufigsten Indikationen zeigt Tab. **B-2.7**.

B-2.14

B-2.14 Pelviskopische Untersuchung

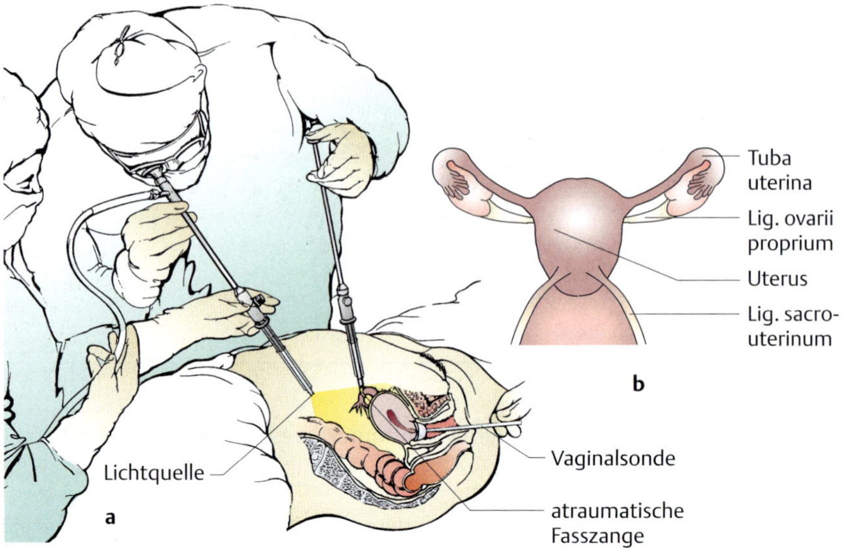

B-2.7

B-2.7 Indikationen zur Pelviskopie

- Abklärung **akuter** Unterbauchbeschwerden
  - Versuch des Erregernachweises
  - Differenzialdiagnose Adnexitis – Appendizitis
- Abklärung **chronischer** Unterbauchbeschwerden
- Sterilitätsabklärung (evtl. kombiniert mit aszendierender Chromosalpingoskopie)
  - primäre Sterilität
  - sekundäre Sterilität
  - Beurteilung **vor** mikrochirurgischer Tubenoperation
  - Second-look-Laparoskopie **nach** Mikrochirurgie
  - IVF und GIFT
- Refertilisierungswunsch
- Extrauteringravidität (zur tubenerhaltenden Chirurgie)
- Endometriose
  - Beurteilung der Ausbreitung
  - Therapieerfolgskontrolle
- Genitalfehlbildungen
- V. a. Uterusperforation (z. B. nach perforiertem IUP, evtl. Extraktion)
- Myomenukleation
- Ovarialkarzinom
  - Kontrolle von operierten Frühstadien
  - Spätkontrolle erfolgreich behandelter Patientinnen
- Abdominalbeschwerden (bei Therapieresistenz)
- Blasensuspension

Vorgehen. Eine „offene" Laparoskopie als Modifikation mit chirurgischem, schichtweisem Eröffnen der Bauchdecken ist v. a. dann indiziert, wenn ausgedehnte Adhäsionen befürchtet werden.

Vorgehen. Üblicherweise wird das Laparoskop nach CO_2-Insufflation blind durch zwei abdominale Einschnitte in das kleine Becken eingeführt. Durch Modifikation der herkömmlichen, „geschlossenen" Technik wurde die sog. „offene" Laparoskopie entwickelt. Ziel ist die Vermeidung des Blindeinstiches (v. a. nach vorausgegangener Peritonitis, Ileusoperation oder nach Radiatio). Dabei wird das Abdomen über eine 1–2 cm lange Inzision in der unteren Nabelgrube chirurgisch schichtweise eröffnet (Minilaparotomie) und der

Optiktrokar unter Sicht eingeführt. Erst dann wird durch Insufflation von CO_2-Gas das Pneumoperitoneum aufgebaut.

Komplikationen. Die Rate schwerer Komplikationen bei der klassischen Pelviskopie beträgt 0,4–4,2 %, die Letalität 0,2 %. Am häufigsten entstehen Komplikationen durch die Blindpunktion mit der Veress-Nadel, gefährlich sind vor allem die Verletzung größerer Gefäße und des Darmes. Es kann zu Emphysembildung, in seltenen Fällen (früher beschrieben) auch zu Gasembolien und schweren Herz-Kreislauf-Komplikationen kommen. Weitere Komplikationsmöglichkeiten ergeben sich aus den einzelnen Indikationsbereichen.

Komplikationen. Schwere Komplikationen treten in 0,4–4,2 % der Fälle auf. Verletzung größerer Gefäße und des Darmes, Emphysembildung, Herz-Kreislauf-Komplikationen können vorkommen. Weitere Komplikationsmöglichkeiten ergeben sich aus den einzelnen Indikationsbereichen.

Kontraindikationen. Absolute Kontraindikationen sind die Narkoseunfähigkeit und hämorrhagische Diathesen.

Kontraindikationen. Narkoseunfähigkeit und hämorrhagische Diathesen.

▶ **Merke.** Die Patientin muss für den Notfall immer die Einwilligung zu einer Laparotomie geben!

◀ **Merke**

2.11 Rektoskopie

Die Rektoskopie bzw. Rektosigmoidoskopie ist eine einfache endoskopische Untersuchungstechnik zur Beurteilung des Rektums und des Colon sigmoideum, deren Indikation in der Gynäkologie auf wenige Fragestellungen begrenzt ist (s. Tab. **B-2.8**).

Gynäkologische Indikationsbereiche für die Rektoskopie bzw. die Rektosigmoidoskopie zeigt Tab. **B-2.8**.

B-2.8 Indikationen für die Rektoskopie in der Gynäkologie

- **Therapieplanung gynäkologischer Malignome:** Tumoreinbruch (Operationsplanung)
- **Kondylomerkrankung:** Befall des Anus
- **Endometriose:** Mitbeteiligung der unteren Darmanteile

B-2.8

2.12 Punktion

2.12.1 Pleurapunktion, Aszitespunktion

Sowohl die Punktion von Pleuraergüssen als auch die Punktion eines Aszites erfolgen in der Gynäkologie fast ausschließlich zur Entlastung und Therapie, z. B. bei Patientinnen mit malignem Aszites bei Ovarialkarzinom oder bei einem Überstimulationssyndrom IV. Grades mit massiver Aszitesbildung.
Nur in Ausnahmefällen wird aus diagnostischen Gründen (zytologische Untersuchung) punktiert. Bei malignem Pleuraerguss bzw. maligner Ursache des Aszites kann die Punktion zur Instillation von z. B. Zytostatika genutzt werden.

Punktionen von Pleuraerguss und Aszites erfolgen in der Gynäkologie fast nur zur Entlastung und Therapie der Akutsymptomatik, ausnahmsweise zur zytologischen Untersuchung des Punktats.

2.13 Histologische Probenentnahme

Ein weiterer Punkt der diagnostischen Methoden sind die histologischen Probeentnahmen. Im **Bereich der äußeren wie inneren Genitalorgane** (Vulva, Vagina, Portio, Zervix, Endometrium, Tube, Ovar) gibt es eine Reihe von diagnostischen Eingriffen (s. S. 212 ff):
- Knipsbiopsie (s. S. 237)
- Stanzbiopsie
- operative Probeexstirpation

Im Rahmen der histologischen Probeentnahmen kommen im **Bereich der äußeren und inneren Genitalorgane** folgende Eingriffe in Frage:
- Knipsbiopsie (s. S. 237)
- Stanzbiopsie
- operative Probeexstirpation

- diagnostische Konisation (s. S. 236)
- Portioabschabung und Zervixkürettage (s. S. 236 f)
- fraktionierte Kürettage (s. S. 253)
- Strichkürettage (s. S. 252)
- Saug-/Spülmethode (s. S. 252).

Im **Bereich der Brust** finden sich folgende Möglicheiten der histologischen (zytologischen) Klärung (s. S. 351 ff):

- Feinnadelbiopsie
- Exfoliativzytologie
- Hochgeschwindigkeits-Stanzbiopsie
- operative Probeexstirpation.

Diese zytologischen, besonders aber histologischen Entnahmemöglichkeiten sichern meist die Verdachtsdiagnose, die man durch die anderen diagnostischen Maßnahmen wie Inspektion, Palpation, Sonographie etc. gewonnen hat.

- diagnostische Konisation (s. S. 236)
- Portioabschabung und Zervixkürettage (s. S. 236 f)
- fraktionierte Kürettage (s. S. 253)
- Strichkürettage (s. S. 252)
- Saug-/Spülmethode (s. S. 252).

Im **Bereich der Brust** (s. S. 351 ff) die:

- Feinnadelbiopsie
- Exfoliativzytologie
- Hochgeschwindigkeits-Stanzbiopsie
- operative Probeexstirpation.

2.14 Apparative Untersuchung der Mammae

s. S. 345 ff.

2.14 Apparative Untersuchung der Mammae

s. S. 345 ff.

3 Gynäkologische Kardinalsymptome

Es sind vor allem drei Symptome, die in der gynäkologischen Praxis im Mittelpunkt stehen:

- **Genitalblutungen**
- **Unterbauchschmerzen**
- **Fluor genitalis.**

Neben diesen drei Kardinalsymptomen gibt es noch viele weitere differenzialdiagnostische Herausforderungen in der Gynäkologie und Geburtshilfe. In der Praxis sind sie jedoch bedeutend seltener und werden deshalb in diesem Kapitel nicht speziell berücksichtigt.

Dazu gehören der Juckreiz (Pruritus), pathologische Tastbefunde im kleinen Becken und an der Brust, die Schwellung (z. B. Leistenlymphknoten), die Galaktorrhö, Hautveränderungen (z. B. Vulvaleukoplakie) sowie schwangerschaftsbedingte Symptome wie Hypertonie, Ödeme usw.

Nicht zu vergessen sind internistische Probleme (z. B. Erbrechen) und urologische Symptome (z. B. Harninkontinenz).

Eine besondere Bedeutung haben in der Gynäkologie und Geburtshilfe die Beschwerden aus dem psychosomatischen Formenkreis.

3 Gynäkologische Kardinalsymptome

Es gibt drei gynäkologische Kardinalsymptome:

- **Genitalblutungen**
- **Unterbauchschmerzen**
- **Fluor genitalis.**

Seltenere Symptome sind:
Pruritus, Resistenzen, Schwellungen, Hautveränderungen, Galaktorrhö usw.
Interdisziplinäre Symptome sind z. B. Erbrechen, Harninkontinenz und psychosomatische Beschwerden.

3.1 Genitalblutungen

Bei der geschlechtsreifen Frau ist eine exakte Zyklusanamnese zur Beurteilung von Blutungen unerlässlich. Ein regelrechter Zyklus weist eine Proliferations- und Sekretionsphase auf, wobei der Eisprung in der Zyklusmitte zwischen dem 12. und 15. Tag post menstruationem liegt. In ca. 28-tägigen Abständen kommt es nach Abfall der Sexualhormone zur Abbruchblutung. Den physiologischen Ablauf dieser Vorgänge mit einer zeitgerechten Blutung bezeichnet man als **Eumenorrhö**. Die normale Menstruation hält etwa 4 Tage (3–6) an und führt zu einem Blutverlust von etwa 50 ml (2–5 Vorlagen/Tag).

3.1 Genitalblutungen

Als **Eumenorrhö** bezeichnet man die zeitgerechte zyklische Blutung.

▶ **Definition.** Als **irreguläre genitale Blutung** bezeichnet man eine vaginale Blutung, die sich in Dauer, Intervall oder Blutungsstärke von der normalen Menstruationsblutung unterscheidet oder die außerhalb des normalen Zyklus auftritt. Außerdem sind alle Blutungen nach der Menopause irregulär.

◀ **Definition**

Ätiologie. Man unterscheidet **organisch bedingte Blutungen** (Polypen, Myome, Karzinome, Verletzungen) von **dysfunktionellen Blutungen**, die durch Störungen der Ovarialfunktion und damit Störungen des Aufbaus und der Funktion des Endometriums bedingt sind. Letztere kommen gehäuft in den Jahren nach der Menarche (20 % der Fälle) und bei Frauen über 40 Jahre in der Prämenopause vor (40 % der Fälle).

In Tab. **B-3.1** sind Ursachen, diagnostische Hinweise sowie Therapieempfehlungen dysfunktioneller und organisch bedingter Blutungen aufgeführt.

Ätiologie. Man unterscheidet **organisch bedingte Blutungen** (Polypen, Myome, Karzinome, Verletzungen) von **dysfunktionellen Blutungen**, die durch Störungen der Ovarialfunktion bedingt sind (Tab. **B-3.1**).

▶ **Merke.** Die Diagnose **„dysfunktionelle" Blutung** darf erst nach Ausschluss einer organischen Ursache (Karzinom!) gestellt werden.

◀ **Merke**

B-3.1 Genitalblutungen: Ursachen, Diagnose, Therapie

	Ursachen	*diagnostische Hinweise*	*Therapie*
▶ **dysfunktionelle Blutungen**			
▶ Ovulationsblutung	Absinken des Östrogenspiegels zur Zyklusmitte	Anamnese, Basaltemperaturkurve	Behandlung nur bei extrem starker Ausprägung, evtl. hormonelle Substitution, z. B. Östrogengabe 13.–17. Tag
▶ prämenstruelle Blutung	Corpus-luteum-Insuffizienz (vorzeitiger Hormonabfall)	Basaltemperaturkurve	evtl. hormonelle Substitution, z. B. Progestagen 18.–25. Tag
▶ postmenstruelle Blutung	verzögerte Abstoßung des Endometriums oder verzögerter Östrogenanstieg	Hormonanalysen	prämenstruell Östrogen-Gestagen-Gabe oder Östrogensubstitution 4.–8. Tag
▶ Polymenorrhö	verkürzte Follikel- und/oder Corpus-luteum-Phase	Basaltemperaturkurve	nur bei Sterilität bzw. Anämie Hormonsubstitution entsprechend der verkürzten Zyklusphase
▶ Oligomenorrhö	meist verlängerte Follikelreifungsphase	Basaltemperaturkurve	Pille, bei Kinderwunsch Clomifen
▶ Hypomenorrhö	z. B. oberflächliche Abstoßung der Schleimhaut	Anamnese	keine
▶ Hypermenorrhö Menorrhagie	(80 %: organisch, z. B. Myome) 15 %: prämenstruelles Gestagendefizit	Anamnese, Ausschluss organischer Ursachen (s. u.)	Behandlung des Grundleidens (z. B. Polypentfernung) oder post-ovulatorisch Gestagengabe
▶ Metrorrhagie	(35 %: organisch, z. B. Karzinom) 60 %: Störung der Follikelreifung mit Durchbruchblutung	Anamnese, Ausschluss organischer Ursachen (s. u.)	abhängig von dem Ergebnis der Abrasio; bei hormonaler Genese Östrogen-Gestagen-Gabe
▶ klimakterische Blutung	anovulatorische Zyklen und Follikelpersistenz, DD Karzinom	Anamnese, Abrasio	Östrogen-Gestagen-Substitution
▶ **organisch bedingte Blutungen**	Karzinome (Vagina, Zervix, Corpus uteri, Tuben, Ovar)	Inspektion, Tastbefund, Zytologie, PE, Kolposkopie, Abrasio, Sonographie	OP/Radiatio/ Chemotherapie
	Myome (v. a. submuköse Myome) Polypen, Adenomyosis uteri	Palpation, Sonographie, Hysteroskopie	konservativ oder OP (Laparoskopie, Laparotomie)
	Infektionen (Kolpitis, Zervizitis, Endometritis, Adnexitis)	Schmerzen, Fieber, Palpation, Labor, Abstrich	Antibiotika
	Verletzungen (Kohabitation, Masturbation, Fremdkörper)	Inspektion	Naht
	Portioektopie	postkoitale Blutung, Inspektion, Kolposkopie	evtl. Elektrokoagulation, Laser oder Ätzung (z. B. Albothyl)
	Ulkus (bei Prolaps), Pessarulkus	Inspektion	lokal Östrogene, OP
	Intrauterinpessar	Menorrhagie, Hypermenorrhö, Sonographie	Entfernung
	Allgemeinerkrankungen (Hypertonus, Leber- und Nierenerkrankungen, Gerinnungsstörungen)	Labor, körperliche Untersuchung	Behandlung der Grundkrankheit

B-3.2 Blutungen in Schwangerschaft und Wochenbett

	Ursachen	*diagnostische Hinweise*	*Therapie*
▶ **Blutungen in der Schwangerschaft**	Abort	Inspektion, Schwangerschaftstest, Sonographie	Klinik **(Notfall?)**, evtl. Abortkürettage
	Extrauteringravidität	Unterbauchschmerzen, HCG, Sonographie („leerer" Uterus)	Klinik **(Notfall?)**, evtl. Laparoskopie/ Laparotomie
	Placenta praevia	schmerzlose Blutung, Sonographie	Klinik **(Notfall?)**, evtl. Sectio
	vorzeitige Plazentalösung	schmerzhafte Blutung, brettharter Uterus, Sonographie	Klinik **(Notfall?)**, evtl. Sectio
▶ **Blutungen im Wochenbett**	Plazentaretention	vergrößerter Uterus, Sonographie	Wehenmittel (z. B. Oxytozin), manuelle Lösung, evtl. Kürettage
	Geburtsverletzung/ Nahtinsuffizienz (z. B. Episiotomie)	Schmerzen, Spekulumbefund	Naht
	Endometritis, Myometritis	Funduskantenschmerz, Fieber, Lochien vermehrt und übel riechend	Kontraktionsmittel (z. B. Methergin), Eisblase, Antibiotika
	Gerinnungsstörungen (z. B. vorbestehende Blutungsneigung, starker Blutverlust sub partu, HELLP-Syndrom)	Labor	Kreislaufstabilisierung, Substitution der fehlenden Gerinnungsfaktoren

B-3.2

Klinik. Die **dysfunktionellen Blutungen** können als Störungen der **Blutungshäufigkeit**, der **Blutungsstärke** und der **Blutungsdauer** auftreten (Tab. **B-3.3**).

Klinik. Man unterscheidet **dysfunktionelle Blutungen** nach Häufigkeit, Stärke und Dauer (Tab. **B-3.3**).

B-3.3 Dysfunktionelle Blutungen

▶ **Störungen der Blutungshäufigkeit**
- verkürzte Zyklen (Zyklus < 25 Tage): Polymenorrhö
- stark verlängerte Zyklen (Zyklus > 35 Tage): Oligomenorrhö
- keine Periodenblutung (> 3 Monate): Amenorrhö

▶ **Störungen der Blutungsstärke**
- verstärkte Periodenblutung (> 5 Vorlagen/Tag): Hypermenorrhö
- verminderte Periodenblutung (< 2 Vorlagen/Tag): Hypomenorrhö
- Schmierblutung (prä/postmenstruell, mittzyklisch): Spotting
- Zusatzblutung zwischen 2 regulären Menstruationen: Metrorrhagie

▶ **Störungen der Blutungsdauer**
- verstärkte und verlängerte Periodenblutung (> 6 Tage): Menorrhagie
- verkürzte Periodenblutung (< 3 Tage): Brachymenorrhö

B-3.3

Organisch bedingte Blutungen sind in Tab. **B-3.1** aufgeführt.

Abzugrenzen von den dysfunktionellen Blutungsstörungen sind die **organisch bedingten Blutungen** (Tab. **B-3.1**). Bei Blutungen in der Schwangerschaft, peri- und postpartal kommen spezielle Ursachen in Frage (s. S. 729 ff).

Diagnostik. Zu Diagnostik und Therapie einer **dysfunktionellen Blutungsstörung** s. Tab. **B-3.1** und S. 100 ff.

Diagnostik. Die Diagnose einer **dysfunktionellen Blutungsstörung** darf nur nach gründlicher Anamnese und Dokumentation (Zeitpunkt, Dauer, Stärke der Blutungen) sowie Ausschluss einer organischen Ursache (z. B. durch Ultraschall, Abrasio, Zytologie) gestellt werden. Zu Diagnostik und Therapie siehe Tab. **B-3.1** und S. 100 ff.

Zum Ausschluss **organisch bedingter Blutungen** empfiehlt sich eine **aszendierende Diagnostik** (vgl. Tab. **B-3.1**).

Irreguläre Genitalblutungen sind häufig. Aus den Angaben der Patientin ist jedoch nicht immer ersichtlich, woher die Blutung stammt. Zum Ausschluss **organisch bedingter Blutungen** empfiehlt sich eine gründliche **aszendierende Diagnostik**, d. h. man untersucht zunächst die leicht zugängliche Vulva, Vagina und Portio (Inspektion, Spekulum, Zytologie, Kolposkopie, Probeentnahme). Nach erfolgloser Therapie einer Ektopie oder einer Kolpitis oder aber bei unauffälligem Untersuchungsbefund müssen höher gelegene Blutungsquellen (Zervikalkanal, Corpus uteri, Adnexe) untersucht werden (Zytologie, Abrasio).

▶ Merke

▶ **Merke.** Pathologische Veränderungen des Endometriums sind nur durch **Abrasio** mit anschließender histologischer Untersuchung sicher zu erfassen. Deshalb muss bei Frauen über 40 Jahren auch bei unverdächtigem Abstrich das Korpuskarzinom durch eine fraktionierte Abrasio des Corpus uteri und des Zervikalkanals ausgeschlossen werden. Die Kürettage dient gleichzeitig der Blutstillung.

Findet sich auch im Corpus uteri und im Adnexbereich kein pathologischer Befund (z. B. Adnexitis, Ovarialtumor), müssen Gerinnungsstatus (hämorrhagische Diathese?), Herz, Kreislauf und Leber überprüft werden, da bestimmte Erkrankungen (z. B. Hypertonus, Gefäßfragilität) ebenfalls zu irregulären genitalen Blutungen führen können (vgl. Tab. **B-3.1**).

▶ Merke

▶ **Merke.** Die Diagnostik darf erst dann eingestellt werden, wenn die Ursache der Blutung erkannt ist, bzw. diese erfolgreich behandelt wurde.

Therapie s. Tab. **B-3.1**.

Therapie. s. Tab. **B-3.1**.

▶ Klinischer Fall

▶ **Klinischer Fall.** Eine 40-jährige Verkäuferin kommt in die Sprechstunde, da sie erstmals nach dem Verkehr Blutflecken im Bettlaken bemerkt hat. Sie ist darüber beunruhigt, da sie die nächste Periodenblutung erst in 7 Tagen erwartet. Unter Einnahme von Ovulationshemmern hat sie regelmäßig 5 Tage dauernde Blutungen alle 28 Tage.

Ihr Allgemeinbefinden ist gut, sie war seit drei Jahren nicht mehr in der Vorsorge. Bei der Spekulumeinstellung sieht man eine tonnenförmig aufgetriebene Zervix und einen kleinen, bei Berührung blutenden exophytischen Tumor. Es wird eine Knipsbiopsie vorgenommen. Bei der rektovaginalen Untersuchung tastet man eine vergrößerte, derbe Portio und eine derbe Infiltration der linksseitigen Parametrien. Die Verdachtsdiagnose bestätigt sich auch histologisch: Zervixkarzinom Stadium IIb. Die Patientin wird in eine Schwerpunktklinik überwiesen, wo nach weitergehender Diagnostik (Fernmetastasen?, Lymphknoten?) eine primäre kombinierte Strahlentherapie durchgeführt wird.

3.2 Fluor genitalis

3.2 Fluor genitalis

▶ Definition

▶ **Definition.** Vermehrter Ausfluss aus dem Bereich der äußeren weiblichen Geschlechtsteile.

Ätiologie. Fluor genitalis ist sehr häufig (20 bis 30% aller gynäkologischen Patientinnen) und kann ein **Symptom** unterschiedlicher Erkrankungen sein. Die Vielfalt der Ursachen (z. B. Entzündungen, Östrogenmangel, Intimsprays, Karzinome usw.) verdeutlicht, dass es unverantwortlich ist, ohne vorherige Diagnostik eine symptomatische Therapie zu verordnen, wie dies oft geschieht (Tab. **B-3.4**).

Ätiologie. Fluor ist ein **Symptom** und kann verschiedene Ursachen haben, z. B. Entzündungen, Östrogenmangel, Intimsprays, Karzinome usw. (Tab. **B-3.4**).

B-3.4 **Fluor genitalis: Ursachen, Diagnose, Therapie** (s. auch Tab. **A-4.3**, S. 56)

Fluor genitalis	***Ursachen***	***diagnostische Hinweise***	***Therapie***
▶ **vaginaler Fluor**	**Infektionen**	Anamnese, Inspektion, Geruch, Palpation, Nativpräparat, Amintest, Abstriche, Kultur	spezifische lokale und/oder systemische Behandlung
	– Trichomonadenkolpitis (Trichomonas vaginalis)	Nativpräp.: begeißeltes Protozoon, grün-gelber schaumiger Fluor, fötide riechend, Pruritus	Metronidazol, Partnerbehandlung
	– Soorkolpitis (Candida albicans) v. a. in der Schwangerschaft (30%)	Nativpräp.: Pseudomyzellen, weißlich-cremiger geruchloser Fluor, Pruritus	z. B. Nystatin, Clotrimazol
	– Aminkolpitis, Hämophilus (Gardnerella vaginalis, Mischflora)	Nativpräp.: Clue cells, Amintest: fischartiger Geruch, grauer, fötider Fluor	Metronidazol, Partnerbehandlung
	– bakterielle Kolpitis (Staphylo-, Strepto-, Enterokokken usw.)	Kultur, Spezialfärbungen, eitriger, fötider Fluor	lokal antibiotisch
	Östrogenmangel (Kolpitis) v. a. Kinder und Senium	Anamnese, Atrophie (Colpitis senilis), Funktionsabstrich (Zytologie), dünnflüssiger, häufig bräunlich verfärbter Fluor	Östrogene lokal, evtl. systemisch
	Fremdkörperkolpitis (Kinder!)	Inspektion	Entfernung
	Fehlverhalten (z. B. Spülungen, Intimsprays: pH-Verschiebung!)	Anamnese, Inspektion	Beratung
	psychosomatisch	Anamnese (Wunsch?, Abwehr?, sexueller Konflikt?), Polysymptomatik	Psychotherapie
	Transsudationsfluor (sexuelle Erregung, neurovegetativ)	Anamnese	keine
	Desquamationsfluor (verstärkte Zytolyse durch vermehrte Produktion von Östrogenen und Gestagenen, z. B. in der Schwangerschaft)	Anamnese, Funktionsabstrich (Zytologie)	keine
▶ **zervikaler Fluor**	**funktionell-hormonell/psychisch** (Mittelfluss, prämenstrueller Fluor, zervikale Hypersekretion)	Anamnese (Zyklusmitte?, abhängig von Erregungen?), Inspektion	kausal oder symptomatisch (z. B. Vaginaladstringens)
	Infektionen – Chlamydienzervizitis	eitriger Fluor, Kultur, cave: Aszension	z. B. Erythromycin, Tetrazyklin
	– Gonorrhö	gelb-grüner Fluor, intrazelluläre gramnegative Diplokokken, Kultur	z. B. Penicillin
	organische Zervixveränderungen (Ektopie, Polyp, Riss, Karzinom)	Inspektion (bei Malignom bräunlicher, blutiger oder fleischfarbener Fluor) Kolposkopie, Zytologie, PE	kausal (OP, Naht, Laser, Verätzung usw.)
▶ **korporaler Fluor**	**organisch** (Korpus-Ca, Polyp, zerfallendes Myom, Pyometra)	Histologie (Abrasio), Sonographie	OP
	Endometritis	Histologie, Labor	Antibiotika, Uterus-Kontraktionsmittel
▶ **tubarer Fluor**	**organisch** (z. B. Tuben-Ca)	Sonographie, Laparoskopie	OP
	Adnexitis	Tastbefund, Labor, Sonographie	Antibiotika

▶ Merke

▶ **Merke.** Es ist wichtig, vor Therapiebeginn den Entstehungsort zu lokalisieren (Tube, Corpus uteri, Cervix uteri, Vagina, Vulva) und einen malignen Prozess auszuschließen.

Diagnostik. Bei der **Anamnese** ist nach Pruritus, Menge, Farbe, Konsistenz, zyklusabhängigem Auftreten, Medikamenteneinnahme und nach der Sexualanamnese zu fragen.

Die **Spekulumeinstellung** kann Hinweise auf anatomische Veränderungen an der Portio geben.

Diagnostik. Bei der Erhebung der **Anamnese** ist nach Pruritus, Menge, Farbe, Konsistenz und zyklusgebundenem Auftreten des Fluors zu fragen. Ferner ist eine Medikamentenanamnese (Antibiotika, Hormone, Intimsprays) und Sexualanamnese zu erheben (Tampons, Juckreiz beim Partner usw.).

Bei der **Spekulumeinstellung**, evtl. ergänzt durch **Kolposkopie**, ist auf anatomische Veränderungen an der Portio zu achten, z. B. Ektopie, Polyp, Emmet-Riss, Exophyt.

▶ Merke

▶ **Merke.** Die **Zytologie** nach Papanicolaou von Portio und Zervikalkanal ist obligat, da sich hinter dem Symptom Fluor ein Karzinom oder eine Präkanzerose verbergen kann.

Aspekt und **Geruch** des Fluors geben erste Hinweise auf die Ätiologie (Tab. **B-3.4**).

Bei Verdacht auf eine vaginale oder zervikale Infektion sollte man ein **Nativpräparat** anfertigen. So kann man schnell beurteilen, ob eine Infektion vorliegt und um welche es sich handelt. Bei Verdacht auf eine Haemophilus-vaginalis-Infektion wird zusätzlich ein **Amintest** durchgeführt.

Spezielle **Abstriche, Kulturen** und **Immunfluoreszenztests** sind bei Verdacht auf eine Zervizitis durch Gonokokken oder Chlamydien durchzuführen.

Ein unauffälliger **Genitaltastbefund** lässt einen tubaren Fluor, verursacht durch Hydro- oder Pyosalpinx oder Karzinom, unwahrscheinlich erscheinen. Nur durch **Abrasio** kann jedoch eine karzinomatöse Veränderung oder eine Entzündung ausgeschlossen werden.

Aspekt und **Geruch** des Fluors geben oft schon einen ersten Hinweis auf die Ätiologie (Tab. **B-3.4**).
Besteht der Verdacht auf eine Infektion, sollte man zunächst ein **Nativpräparat** anfertigen. Durch die mikroskopische Untersuchung des Präparates kann man schnell beurteilen, ob eine vaginale oder zervikale Infektion vorliegt, und um welche Infektion es sich handelt. Ergänzend sollte man bei Verdacht auf eine Haemophilus-vaginalis-Infektion einen **Amintest** machen (Technik: s. S. 145, Krankheitsbilder s. S. 172 ff).

Wird bei der Spekulumuntersuchung eine Zervizitis festgestellt, sind spezielle **Abstriche** auf Gonokokken (aus Zervix, Urethra und Rektum) und Chlamydien durchzuführen. Am sichersten gelingt der Nachweis dieser Erreger jedoch durch **Kultur** und **Immunfluoreszenztests** in Speziallabors.
Der korporale und tubare Fluor ist Symptom einer entzündlichen oder tumorösen Erkrankung des Endometriums bzw. der Adnexe. Ein unauffälliger **Genitaltastbefund** lässt einen tubaren Fluor, verursacht durch Hydro- oder Pyosalpinx oder Karzinom, unwahrscheinlich erscheinen, Dünnflüssiger, schwallartig auftretender Fluor, mitunter blutig tingiert, weckt den Verdacht auf korporale Genese, wobei ein vorübergehender Zervixverschluss den Sekretstau im Korpus verursachen kann. Nur durch eine **Abrasio** lässt sich eine karzinomatöse Veränderung, eine Pyometra oder Endometritis verifizieren.

▶ Merke

▶ **Merke.**
1. Fluor ist sehr häufig (20 bis 30 %) und nur dann behandlungsbedürftig, wenn Leidensdruck besteht oder wenn entzündliche oder andere ernsthafte Ursachen vorliegen.
2. Die Ätiologie des Fluor genitalis ergibt sich meist aus Anamnese, Inspektion und Palpation des Genitales sowie mikroskopische Beurteilung des Sekrets bzw. Anlegen einer Kultur.
3. Findet sich im zervikalen und vaginalen Bereich keine eindeutige Ursache oder bleibt eine dortige Therapie ohne Effekt, so muss man einen korporalen Fluor annehmen und ein Karzinom durch Abrasio ausschließen.

Differenzialdiagnose und Therapie Eine Übersicht über Differenzialdiagnose und Therapie gibt Tab. **B-3.4**.

Differenzialdiagnose und Therapie. Eine Übersicht über Differenzialdiagnose und Therapie des Fluor genitalis gibt Tab. **B-3.4**.

▶ **Klinischer Fall.** Eine 25-jährige Patientin sucht die Sprechstunde auf, weil sie seit einigen Wochen „übel riechende und brennende" Absonderungen aus der Scheide bemerkt habe. Da ihr Partner sich an dem Geruch gestört hatte, benutzte sie ein Intimspray. Erst nach genauer Befragung werden Schmerzen beim Wasserlassen und Beschwerden beim Partner nach dem Verkehr angegeben. Die Medikamenten- und Menstruationsanamnese ist unauffällig.
Die gynäkologische Untersuchung zeigt eine gerötete Vulva (Vulvitis), in der Scheide reichlich schaumigen, grün-gelben Fluor. Sonst ist der gynäkologische Befund unauffällig.
Der Verdacht auf eine Trichomonadenkolpitis bestätigt sich beim Blick durch das Mikroskop: massenhaft birnenförmige, begeißelte Trichomonaden (= Flagellaten) und Begleitflora aus reichlich Leukozyten, Bakterien, jedoch wenig Döderlein-Stäbchen.
Zur Therapie wird Metronidazol oral gegeben und eine Partnerbehandlung durchgeführt.

◀ Klinischer Fall

3.3 Unterbauchschmerzen

Abdominelle Schmerzzustände sind häufig. Die enge topografische Beziehung verschiedener Organsysteme im kleinen Becken ergibt zahlreiche gynäkologische, chirurgische, internistische und urologische Differenzialdiagnosen (Tab. **B-3.5**, s. auch S. 713 ff).
Eine Unterscheidung der Unterbauchschmerzen in **akute** und **chronische** Schmerzzustände ist differenzialdiagnostisch sehr wichtig (Tab. **B-3.6**). Eine akut auftretende abdominale Symptomatik erfordert rasches diagnostisches Vorgehen und eine entsprechende Therapie. In Geburtshilfe und Gynäkologie gibt es nur wenige, aber typische Krankheitsbilder, die unter dem klinischen Eindruck eines **„akuten Abdomens"** auftreten.

3.3 Unterbauchschmerzen

Mit dem Symptom Unterbauchschmerzen werden Ärzte verschiedener medizinischer Fachrichtungen konfrontiert (Tab. **B-3.5**, s. auch S. 713 ff).

Man unterscheidet **akute** und **chronische** Unterbauchschmerzen (Tab. **B-3.6**). In Geburtshilfe und Gynäkologie gibt es nur wenige, aber typische Krankheitsbilder, die unter dem klinischen Eindruck eines **„akuten Abdomens"** auftreten.

▶ **Merke. Kardinalsymptome** des akuten Abdomens sind:
- schmerzhaftes Abdomen
- Druckempfindlichkeit und Abwehrspannung
- Erbrechen
- Schock

◀ Merke

B-3.5 Differenzialdiagnose: Adnexitis – Appendizitis – Extrauteringravidität

	Adnexitis	*Appendizitis*	*Extrauteringravidität*
▶ **Schmerz**	zuerst Adnexe, später ganzer Unterbauch, ziehend	rechts (McBurney), wandernd	einseitig, krampfartig, bei Ruptur plötzlicher „Zerreißungsschmerz"
▶ **Befund**	Portioschiebeschmerz, Fluor, Abwehrspannung, Tastbefund erst bei Pyo- oder Hydrosalpinx	evtl. Druckschmerz McBurney/Lanz, Loslass-Schmerz, Erbrechen	einseitige Abwehrspannung , Portioschiebeschmerz, Schmierblutungen
▶ **Regelanamnese**	meist postmenstrueller Beginn	unauffällig	Amenorrhö (6–8 Wochen), HCG positiv
▶ **Temperatur**	Temperatur oft > 38,5 °C, rektal/axillar < 1 °C Differenz	Temperatur oft < 38,5 °C, rektal/axillar > 1 °C Differenz	normal bis gering erhöht
▶ **Labor**	Leukozytose, BSG-Erhöhung	Leukozytose, BSG-Erhöhung	HCG positiv, Hb-Abfall, Leukozyten meist nicht erhöht
▶ **Ultraschall**	freie Flüssigkeit, evtl. Tube darstellbar, evtl. solider Adnextumor	unauffällig	„leerer Uterus", extrauterine Fruchtblase, freie Flüssigkeit

B-3.5

B-3.6

B-3.6 Unterbauchschmerzen in der Gynäkologie: Ursachen, Diagnose, Therapie

	Ursachen	*diagnostische Hinweise*	*Therapie*
▶ **akut auftretend**	Extrauteringravidität	Amenorrhö, HCG positiv, Schmierblutungen, Portioschiebeschmerz, Sonographie: „leerer Uterus", extrauterine Fruchtblase, freie Flüssigkeit im Abdomen	Klinikeinweisung (Notfall!), Laparoskopie/Laparotomie
	Adnexitis	postmenstrueller Beginn, Fluor, Portioschiebeschmerz, Fieber, Leukozytose, BSG/CRP-Erhöhung, Sonographie: freie Flüssigkeit, evtl. „Tumor"	Antibiotika, Antiphlogistika, evtl. OP (z. B. bei Tuboovarialabszess)
	Stieldrehung (Zyste, Myom)	nach Körperdrehung?, plötzlich!, Sonographie: Zyste, Labor meist unauffällig	Klinikeinweisung (Notfall!), OP
	Zystenruptur	Anamnese (Zyste bekannt?), plötzlicher peritonealer Schmerz	Klinikeinweisung (Notfall!), Beobachtung, evtl. OP
	Ovulationsblutung	Mittelschmerz (Peritonealreizung), Sonographie: freie Flüssigkeit	Beobachtung
	infiziertes (nekrotisierendes) Myom	Anamnese, Sonographie, Fieber, BSG-Erhöhung, Leukozytose	OP
▶ **chronisch**	chronische Adnexitis/Endometritis	Anamnese, Befund, Labor	Antibiotika, evtl. OP
	genitale Tumoren	Tastbefund, Sonographie, Laparoskopie	OP
	Endometriose	Dysmenorrhö, Blutungsstörung, Sterilität, Tastbefund, Laparoskopie	OP oder Gestagene (bei kleinen Herden)
	Lageveränderung des Genitales (Deszensus, Prolaps)	Inspektion, Palpation	evtl. OP, Pessar
	Adhäsionen	Anamnese (Adnexitis, Voroperationen?)	konservativ oder OP
	psychosomatisch (z. B. Pelipathie-Syndrom)	Multisymptomatik, kein pathologischer Organbefund	Psychotherapie
	Zystitis	Dysurie, Urinsediment, Kultur	Antibiotika
▶ **Kreuzschmerzen**	z. B. schwangerschaftsbedingt, Lageveränderungen, Tumoren, Endometriose, Adhäsionen	interdisziplinäre Diagnostik (Urologie, Orthopädie, Innere)	kausal

Differenzialdiagnose und Therapie des akuten Abdomens sind im Kapitel „Notfälle in der Gynäkologie“ (s. S. 713 ff) näher erläutert.

Im Gegensatz zu akut auftretenden Schmerzen lassen sich **chronische Schmerzen** über einen längeren Zeitraum zurückverfolgen. Sie können ein Folgezustand nach akuten Erkrankungen sein (z. B. chronisch-rezidivierende Adnexitis, Verwachsungen nach Operationen oder Entzündungen im Beckenraum). Bei entzündlichen Erkrankungen und Tumoren bestehen oft gleichzeitig abnorme Blutungen und/oder Fluor. Zyklusabhängige Schmerzen sind für die Endometriose typisch. Die Anamnese liefert hier bereits wichtige Hinweise. Weitere Kriterien für die Differenzialdiagnose chronischer Unterbauchschmerzen in der Gynäkologie finden sich in Tab. **B-3.6**.

Bei 60 % der Frauen mit chronischen Unterleibsschmerzen findet sich keine organische Ursache. Man kann in diesem Zusammenhang von **psychosomatischem Schmerz** sprechen. Auch Begriffe wie Pelipathie-Syndrom (s. S. 53 f) oder Parametropathia spastica beschreiben glaubhafte Schmerzen ohne organisches Korrelat. Andererseits können auch chronische Schmerzen organischen Ursprungs zu psychischen Reaktionen führen, z. B. zu Depressionen. Gerade in diesem Feld sind Diagnostik und Therapie oft frustran. Bei der Anamneseerhebung sollten deshalb unbedingt das psychosoziale Umfeld, das Sexualleben und die Persönlichkeitsstruktur der Patientin miterfasst werden.

Eine Sonderform der Unterbauchschmerzen ist der **tiefe Kreuzschmerz**. Er tritt nicht nur bei orthopädischen und neurologischen Erkrankungen auf, sondern kann auch spezifisch geburtshilflich-gynäkologische Ursachen haben:

- schwangerschaftsbedingt (Gewebeauflockerung)
- Descensus uteri et vaginae
- Endometriose
- Genitaltumoren
- Knochenmetastasen (z. B. bei Mammakarzinom)
- postinflammatorische Verwachsungen.

Zu Differenzialdiagnose und Therapie des akuten Abomens s. S. 713 ff.

Bei **chronischen** Unterbauchschmerzen ergibt oft die Anamnese wichtige Hinweise (Rezidive nach Adnexitis, Verwachsungen nach Entzündungen oder Operationen). Blutungsstörungen oder Fluor können auf Entzündungen oder Tumoren hinweisen. Zyklusabhängige Schmerzen finden sich bei der Endometriose (s. Tab. **B-3.6**).

Der **psychosomatische Schmerz** (60 % der Frauen mit chronischen Unterleibsschmerzen) ist meist chronisch und ohne Organbefund.

Kreuzschmerzen können auch Symptom gynäkologischer Erkrankungen sein, z. B. bei Descensus uteri, Endometriose, Tumoren, Knochenmetastasen, Verwachsungen.

◀ **Klinischer Fall**

▶ **Klinischer Fall.** Eine 38-jährige Patientin leidet seit 3 Jahren unter chronischen Schmerzen im Unterbauch. Der Schmerz ist zyklusabhängig und hat auf Grund seiner Intensität schon häufiger zu Arbeitsunfähigkeit geführt. Zudem haben sich Partnerschaftsprobleme entwickelt, da die Patientin beim Geschlechtsverkehr Schmerzen empfindet. Die Patientin nimmt regelmäßig Analgetika ein. Anamnestisch geht dem Geschehen eine Adnexitis vor 4 und 2 Jahren voraus, die jeweils 4 Tage antibiotisch (oral) behandelt wurde. Darüber hinaus wurde vor 15 Jahren eine Appendektomie nach Blinddarmruptur durchgeführt.

Bei der gynäkologischen Untersuchung imponiert ein diffuser Druckschmerz im gesamten Unterbauch. Im Blutbild finden sich keine Entzündungszeichen, der Schwangerschaftstest (HCG) ist negativ.

Unter der Verdachtsdiagnose „Adhäsionen bei Z. n. Adnexitis und Appendektomie“ wird eine Laparoskopie durchgeführt.

Es zeigen sich breitflächige Adhäsionen im Genital-, Darm- und Peritonealbereich, die gelöst werden können. Mit Ausnahme dieser typischen postentzündlichen Veränderungen ist der intraabdominelle Befund unauffällig. Der Eingriff führt postoperativ zu einer deutlichen Schmerzreduktion.

4 Gynäkologische Entzündungen und sexuell übertragbare Erkrankungen

4 Gynäkologische Entzündungen und sexuell übertragbare Erkrankungen

▶ Definition

▶ **Definition.** Gynäkologische Entzündungen im engeren Sinne betreffen Vulva (Vulvitis), Bartholin-Drüsen mit ihren Ausführungsgängen (Bartholinitis), Vagina (Kolpitis), Zervix (Zervizitis) und Corpus uteri (Endometritis, Myometritis) sowie die anderen Organe des kleinen Beckens. Salpingitis (Eileiterentzündung), Oophoritis (Eierstockentzündung), Adnexitis (Entzündung von Eierstock + Eileiter) und Tuboovarialabszess (Abszess von Ovar und Eileiter) bis zur Pelveoperitonitis (auf das kleine Becken begrenzte Bauchfellentzündung) werden im angloamerikanischen Sprachraum mit dem Begriff **Pelvic inflammatory Disease (PID)** bezeichnet. Im weiteren Sinne gehören zu den gynäkologischen Entzündungen auch der infizierte Abort (s. S. 490), das Puerperalfieber (s. S. 685 f) sowie die Entzündungen der Brustdrüse (s. S. 353 ff).

Entzündungen sind die häufigsten weiblichen Genitalerkrankungen und breiten sich meist **aszendierend** aus.

Entzündungen stellen die häufigsten Erkrankungen des weiblichen Genitales dar. Die anatomische Besonderheit einer kontinuierlichen Verbindung von Bauchraum und Außenwelt im weiblichen Organismus disponiert zu aufsteigenden **(aszendierenden)** und (seltener) retrograden Infektionen.

4.1 Physiologische Infektionsbarrieren des weiblichen Genitales

4.1 Physiologische Infektionsbarrieren des weiblichen Genitales

Die Vulvaoberfläche besteht aus **verhorntem Plattenepithel**, das Epithel der Vagina ist **nicht verhornt**. An der Portio liegt die Übergangszone zum **drüsigen Epithel**.

Als mechanische Barriere dient das **verhornte Plattenepithel** der Labia majora, das am Scheidenvorhof (Vestibulum) in das mehrschichtige **unverhornte Plattenepithel** der Vagina übergeht. An der Übergangszone (Metaplasiezone) der Portio vaginalis uteri geht das Plattenepithel in das spezifische drüsige **prismatische Epithel** des Zervikalkanals über.

▶ Merke

▶ **Merke.** Die Vagina selbst besitzt kein Drüsensystem und das Vaginalepithel ist daher im histologischen Sinn **keine** Schleimhaut!

Glandulae vestibulares produzieren seröse Flüssigkeit am Introitus, der physiologische **Fluor vaginalis** besteht aus **Transsudat** und **Zervixsekret**. Letzteres ist auch verantwortlich für den schützenden Schleimpfropf im Zervikalkanal.

Die Befeuchtung der Hautoberfläche erfolgt am Introitus durch die **Glandulae vestibulares** mit wasserklarem Sekret. Der physiologische **Fluor genitalis** (leicht trüb, nicht riechend) besteht aus einem **Transsudat** der Vaginalhaut und dem **Zervixsekret**, das aus verzweigten Schleimdrüsen im Zervikalkanal stammt. Es bildet hormongesteuert und daher zyklusabhängig den alkalischen Schleimpfropf, der Schutz vor aufsteigenden Infektionen bietet und gleichzeitig die Spermienwanderung beeinflusst.

Den Regelkreis zur Steuerung des vaginalen Milieuoptimums zeigt Abb. **B-4.1**.

Durch ein kompliziertes Regelkreissystem herrscht in der Vagina ein protektives Milieu, das im balancierten Zustand ausreichend Schutz vor Infektionen bietet (Abb. **B-4.1**).

Ein vaginaler pH von 4–4,5 bietet Schutz vor Infektionen. Die Ansäuerung erfolgt durch Milchsäurebakterien **(Döderlein-Bakterien)**, die sich von Glykogenbestandteilen ernähren. Glykogenquelle sind die unter Hormoneinfluss abgeschilferten Epithelzellen.

Ausgangspunkt ist das hormonabhängige Plattenepithel. Östrogene stimulieren die Epithelproliferation und die intrazelluläre Glykogenbildung. Gestagene führen zur Abschilferung der Oberflächenzellen. **Döderlein-Bakterien** (Milchsäurebakterien aus der Familie der Lactobacillaceae), die zur physiologischen Vaginalflora gehören, helfen, die Zellen zu lysieren, um das enthaltene Glykogen zu einfachen Zuckern abzubauen. Daraus entsteht Milchsäure, die den physiologischen pH bei 4,0–4,5 stabilisiert. In diesem sauren Milieu sind pathogene Keime kaum lebensfähig (s. Abb. **B-4.1**).

Neugeborene und geschlechtsreife Frauen sind v. a. durch die Östrogene vor Infektionen geschützt, in der **Präpubertät** und

Die Hormonabhängigkeit (v. a. vom Östrogen) führt zu einer vom Lebensalter abhängigen, unterschiedlich ausgeprägten Entzündungsresistenz. So ist in der Zeit der Geschlechtsreife die Resistenz am höchsten. Auch das neugeborene

B-4.1 Schutzmechanismen der Vagina gegen mechanische Reize und Infektionen im Zusammenspiel zwischen Hormonen und physiologischer Vaginalflora

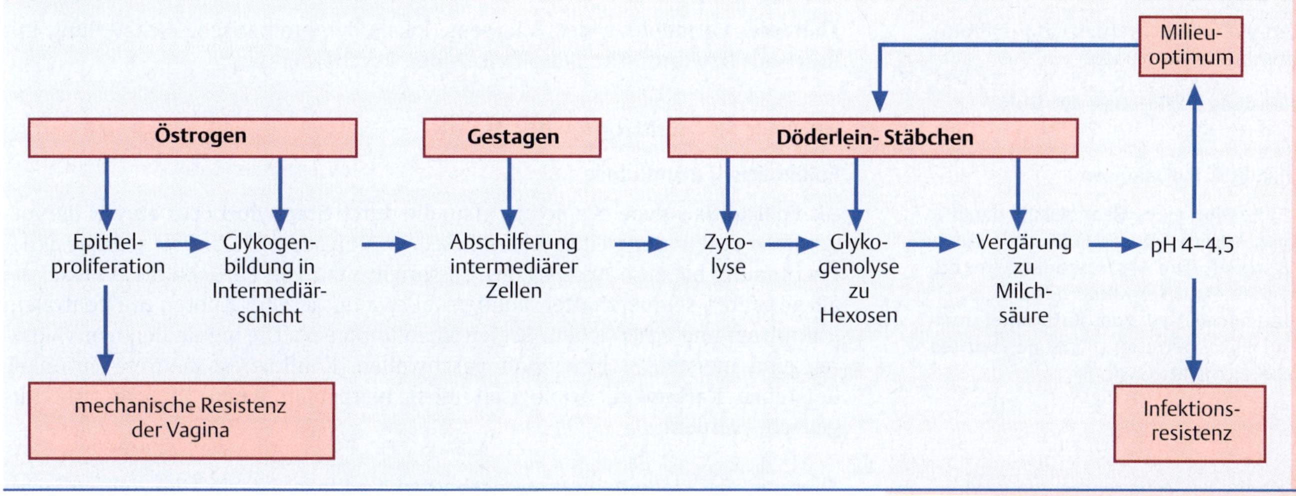

Mädchen ist durch die plazentaren Hormone geschützt. **Präpuberal** und **postmenopausal** besteht eine **erhöhte Infektionsanfälligkeit** durch die physiologischerweise verminderte bis aufgehobene Hormonproduktion.

nach der **Menopause** besteht eine **erhöhte Infektionsanfälligkeit** durch den Östrogenmangel.

4.2 Entzündungen der Vulva

4.2 Entzündungen der Vulva

▶ **Definition.** Als **Vulvitis** bezeichnet man die entzündlichen Veränderungen im Bereich des äußeren weiblichen Genitales (Labia majora, Klitoris, Labia minora, Vestibulum vaginae, Glandulae vestibulares majores = Bartholin-Drüsen). Die Ursachen können infektiöser oder nicht infektiöser Natur sein. Man unterscheidet die **primäre** Vulvitis, bei der die Entzündung auf die Vulva beschränkt ist, und die **sekundäre** Vulvitis, die sich infolge einer Infektion des Ano- und/oder Urogenitaltrakts entwickelt. Auch die Beteiligung der Vulva im Rahmen von dermatologischen Erkrankungen oder Allgemeinerkrankungen gehört zu den sekundären Formen.

◀ **Definition**

Bedingt durch die topografische Nähe zu Vagina, Urethra, Anus und Schritt ist die Vulva mehr als andere Hautregionen schädigenden Einflüssen ausgesetzt.

Die Vulvaregion ist gegenüber schädigenden Einflüssen exponiert.

Klinik. Unabhängig von der Krankheitsursache manifestiert sich eine Infektion im Vulvabereich regelmäßig mit **Juckreiz (Pruritus)**, brennenden Schmerzen, Rötung, Schwellung sowie Fluor. Fakultativ finden sich geschwollene und gelegentlich schmerzhafte regionale (Leisten-)Lymphknoten. Durch Kratzeffekte kann es zu **Lichenifikation** (Verdickung der Hornschicht und verstärktes Hervortreten der Hautfelderung) und Superinfektion kommen.

Klinik. Ursachenunabhängige Symptome einer Vulvainfektion sind **Pruritus**, brennende Schmerzen, Rötung, Schwellung sowie Fluor. **Lichenifikation** und Superinfektion treten sekundär auf.

4.2.1 Primäre Vulvitis

4.2.1 Primäre Vulvitis

Primäre nicht infektiöse Vulvitis (allergische oder toxische Dermatose)

Ätiopathogenese. Meistens entsteht die primäre Vulvitis als Ausdruck einer **allergischen Reaktion** im Sinne einer akuten Dermatitis. Auslösende Noxen sind: direkt oder indirekt (Kleidung) aufgebrachte Seifen, Waschmittel, Desinfizienzien, Intimsprays, synthetische Fasern oder Arzneimittel (lokal und/oder systemisch appliziert!). Finden sich anamnestisch keine derartigen Faktoren,

Primäre nicht infektiöse Vulvitis (allergische oder toxische Dermatose)

Ätiopathogenese. Meistens handelt es sich um eine akute Dermatitis als **allergische Reaktion** (z. B. auf Kleidung oder Arzneimittel). Ohne organische Ursache kommt eine psychogene Entwicklung bzw. der seltene **essenzielle Pruritus** in Betracht.

so muss an eine psychogene Entwicklung gedacht werden. Der sog. **essenzielle Pruritus** ist selten!

Therapie. Allergenvermeidung, symptomatisch, Psychotherapie.

Therapie. Vermeidung des Allergens, lokale symptomatische Behandlung mit Kortison- bzw. Anästhetikasalben, Puder, Psychotherapie.

Bakterielle Infektionen der Vulva

Follikulitis, Furunkulose

Die Infektion eines Haarfollikels durch **Staph. aureus** wird als **Folliculitis vulvae** bezeichnet. Eine Abszessbildung (geröteter, schmerzhafter Knoten) führt zur **Furunculosis** bzw. zum **Karbunkel** (mehrere Follikel betroffen). Tritt gehäuft bei Diabetes mellitus auf.

Als **Folliculitis vulvae** bezeichnet man die durch **Staphylococcus aureus** hervorgerufene Entzündung eines Haarfollikels im Vulvabereich. Breitet sich die akute Entzündung bis zum Abszess aus, so spricht man von **Furunculosis vulvae**, die als geröteter, schmerzhafter, bohnen- bis walnussgroßer Knoten mit zentralem Eiterpfropf und erheblichem Begleitödem imponiert. Die inguinalen Lymphknoten sind meistens schmerzhaft geschwollen. Konfluieren mehrere Furunkel, entstehen **Karbunkel**. Ätiologisch muss hierbei an einen Diabetes mellitus gedacht werden.

Therapie. Bei kleineren Herden lokale Desinfektion. Sonst Inzision und Entleerung.

Therapie. Bei kleinen Entzündungsherden sind lokale Desinfizienzien indiziert. Bei größeren Herden erfolgt eine chirurgische Sanierung durch Inzision und Entleerung.

Bartholinitis

▶ **Definition**

▶ **Definition.** Die **Bartholinitis** ist eine Entzündung des **Ausführungsganges** einer der **Glandulae vestibulares majores**.

Epidemiologie. Häufigster „Tumor“ im Vulvabereich.

Epidemiologie. Die durch eine Bartholinitis verursachte Schwellung ist die häufigste tumoröse Veränderung im Vulvabereich.

Erreger und Pathogenese. Staphylo- und Streptokokken, E. coli, Anaerobier und seltener Gonokokken. Eine Infektion der Bartholin-Drüse und besonders der Ausführungsgänge führt zum schmerzhaften **Bartholin-Empyem** oder **-Abszess**. Endstadium ist die nicht druckdolente Retentionszyste (**Bartholin-Zyste**).

Erreger und Pathogenese. Typische Erreger sind **Staphylokokken, Streptokokken, Escherichia coli** und **Anaerobier.** Seltener liegt eine Infektion mit **Gonokokken** vor. Die Verlegung eines der Drüsenausführungsgänge, die etwa 1 cm oberhalb der hinteren Kommissur im Vestibulum vulvae münden, durch das die Infektion begleitende Ödem, führt zu einem **Empyem** bzw. Pseudoabszess im davorgelegenen Abschnitt. Zu einem **Abszess** kommt es im eigentlichen Sinn nur bei einer eitrigen Einschmelzung des umgebenden Gewebes, nur selten ereignet sich eine echte Drüseninfektion. Die nicht druckdolente Retentionszyste als Endzustand einer Bartholinitis bezeichnet man als **Bartholin-Zyste**. Sie tritt häufig im Gefolge von Adnexitiden auf.

Klinik. Starke Schmerzen, zunehmende Schwellung.

Klinik. Die Erkrankung macht sich durch starke Schmerzen und die zunehmende einseitige Schwellung an typischer Stelle bemerkbar.

Diagnostik. Einseitige, prallelastische, schmerzhafte Schwellung am hinteren Labiendrittel (s. Abb. **B-4.2**).

Diagnostik. Die klinische Diagnose ist leicht zu stellen. Inspektorisch findet sich eine **einseitige**, am hinteren Drittel der Labien gelegene, prallelastische, bis tennisballgroße, schmerzhafte Schwellung (s. Abb. **B-4.2**).

Therapie.
- Im Frühstadium lokal analgetisch und antiphlogistisch
- im Spätstadium (Empyem, Abszess, Zyste) Inzision und **Marsupialisation** (= Auskrempelung der Zystenwand, s. Abb. **B-4.3**)
- bei therapieresistenten Rezidiven wird die **gesamte Drüse exstirpiert**.

Therapie. Im Frühstadium sind antiphlogistische und analgetische Maßnahmen indiziert (z. B. lokal Voltaren-Emulgel und mit Chinosol 0,1 % angefeuchtete Kompressen).
Später, nach Einschmelzung mit Empyem- bzw. Zystenbildung, muss die Entlastung durch Inzision entlang des Ausführungsgangs und **Marsupialisation**, d. h. Auskrempelung der Gangwände durch Vernähen mit der Epidermis, erfolgen (s. Abb. **B-4.3**). Dies ist notwendig, um eine erneute Verklebung und damit Rezidivbildung zu vermeiden. Die chirurgische Sanierung muss auch bei spontan perforierten Abszessen erfolgen. Bei Chronifizierung kommt es zu Retentionszysten, die eine **Exzision der gesamten Drüse** notwendig machen können.

B-4.2 **Akute Bartholinitis**

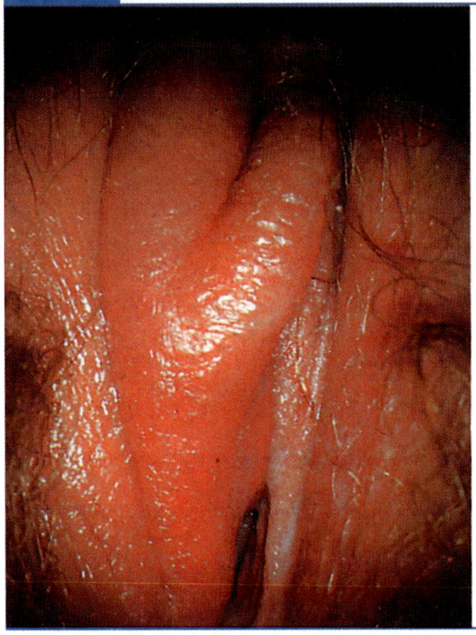

Akute Bartholinitis mit Ödem der rechten Labia minora bei 15-jähriger Patientin. Kulturell wurde Staphylococcus aureus nachgewiesen.

B-4.2

B-4.3 **Bartholin-Abszess**

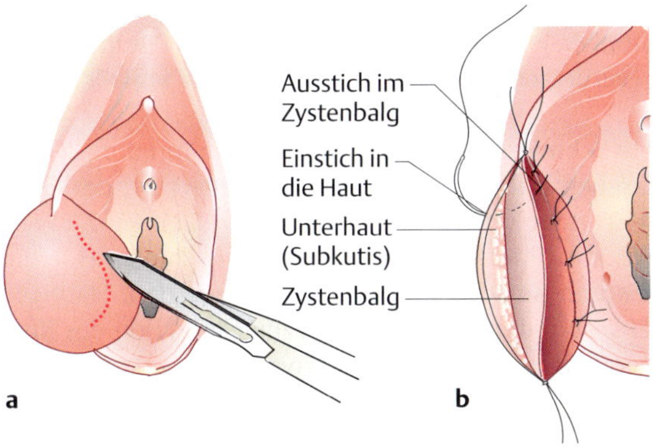

a Inzision des fluktuierenden Abszesses, Eiterentleerung und digitales bzw. instrumentelles Lösen von Septen.
b Anschließend Marsupialisation: Auskrempelung der Abszessmembran – oder der Zystenwand – und Vernähung mit der äußeren Haut. Aus der Zystenöffnung bzw. Abszessöffnung entsteht später ein neuer Ausführungsgang.

B-4.3

Granuloma venereum

Granuloma venereum

▶ **Synonym.** Donovanosis, Granuloma inguinale (im englischen Schrifttum!), Granuloma pudendi tropicum, Wucherbeule.

◀ Synonym

▶ **Definition.** Endemisch in den warmen Ländern vorkommende, chronische bakterielle, sexuell übertragene Krankheit (STD = Sexually transmitted Disease).

◀ Definition

Erreger. Das **Calymmatobacterium granulomatis** ist ein gramnegatives Stäbchen mit Kapsel.

Erreger. Calymmatobacterium granulomatis, ein gramnegatives Stäbchen.

Klinik. Die Inkubationszeit reicht von 1 Woche bis zu 3 Monaten. Im Genitalbereich entwickeln sich schmerzlose, chronische Ulzera, die Infektion breitet sich flächenhaft aus. Anfangs sind meist keine Lymphknotenvergrößerungen nachweisbar, erst Sekundärinfektionen führen zur Mitbeteiligung der regionären Lymphknoten.

Klinik. Schmerzlose Geschwüre im Genitalbereich mit Ausbreitungstendenz. Eine primäre Lymphadenopathie fehlt typischerweise.

Diagnostik. Typisches klinisches Bild, Mikroskopie und Kultur sind möglich.

Diagnostik. Die Diagnose wird meist an Hand des klinischen Bildes gestellt. Die Erreger lassen sich mikroskopisch nachweisen, indem man Abstriche von den Läsionen entnimmt und gefärbte Ausstrichpräparate untersucht (z. B. Giemsafärbung). Man findet die Keime als sog. „Donovan-Körperchen" im Zytoplasma von Makrophagen. Auch der kulturelle Nachweis ist möglich.

Therapie. Trimethoprim-Sulfamethoxazol (Bactrim oder Tetrazykline).

Therapie. Die Erkrankung spricht auf eine Behandlung mit Trimethoprim-Sulfamethoxazol an (z. B. Bactrim 2 × 80/400 mg/die für 14 Tage), alternativ können auch Tetrazykline eingesetzt werden (4 × 500 mg/die für 2 Wochen).

Virale Infektionen der Vulva

Herpes-simplex-Virus-Infektion

Gehört zu den sexuell übertragbaren Erkrankungen (STD).

Die Infektion mit dem Herpes-simplex-Virus gehört zu den sexuell übertragbaren Erkrankungen (STD).

Erreger und Pathogenese.
- Erstmanifestation (**primärer Herpes genitalis**): Inkubationszeit 3–9 Tage
- Reaktivierung (**Rezidiv**): milderer Verlauf, lokal begrenzt.

HSV Typ 2 verursacht die Mehrzahl der Genitalinfektionen, **HSV Typ 1** verursacht seltener Vulvainfektionen.

Bläscheninhalt ist für 2–3 Wochen (bei Rezidiven 1 Woche) hochinfektiös, es kommt zur **Schmier-/Tröpfcheninfektion**.

Das Virus kann während der Schwangerschaft **transplazentar** auf das Kind übertragen werden. Häufiger ist die **intrapartale Infektion**, mögliche Folge: **Herpes neonatorum** mit hoher Letalität.

Erreger und Pathogenese. Eine Infektion mit dem **Herpes-simplex-Virus (HSV)** führt zur lebenslangen Persistenz des Erregers. Die Genitalinfektion tritt entweder als **Erstmanifestation (primärer Herpes genitalis)** oder als **Rezidiv** auf. Erstere hat eine Inkubationszeit von 3–9 Tagen, letztere stellt eine Reaktivierung der in Ganglienzellen (Sakralganglion) persistierenden Viren dar, verursacht z. B. durch eine Schwächung des Immunsystems. Das Rezidiv verläuft milder und örtlich strenger begrenzt ab.
In der Mehrzahl der Fälle (primärer Herpes: 50–70 %, Rezidiv: 90 %) sind Vulvainfektionen mit Herpes-simplex-Viren durch den **Typ 2** bedingt **(Herpes genitalis)**. Auch das **HSV Typ 1** (verursacht vornehmlich den **Herpes labialis**) kann die Infektion auslösen.
Die Übertragung erfolgt durch **Schmier-** und **Tröpfcheninfektion** mit dem Sekret aus den hochinfektiösen Bläschen. Die Virusausscheidung dauert bei der Erstmanifestation länger (ca. 14–21 Tage), bei Rezidiven nur kurze Zeit (3–7 Tage).
Bei einer Genitalherpesinfektion während der Schwangerschaft kann das Virus **transplazentar** oder aszendierend auf das Kind übertragen werden. Häufiger kommt es jedoch **intrapartal**, also unter der Geburt, zu einer Infektion des Kindes mit der Gefahr des generalisierten **Herpes neonatorum**. Die Erkrankungshäufigkeit infizierter Neugeborener ist hoch (40–50 %), ebenso die Sterblichkeit.

Epidemiologie. Durchseuchung mit HSV 2 in Europa ca. 30 %. Peripartal 1 % floride Infektionen. Eine Neugeboreneninfektion unter 2000–5000 Geburten.

Epidemiologie. Die Durchseuchung mit HSV 2 im gebärfähigen Alter liegt bei etwa 30 % in Europa, wobei die Infektion den Betroffenen oft nicht bewusst ist. Peripartal ist bei 1 % der Schwangeren eine floride HSV-Genitalinfektion nachweisbar, in 1 von 2000–5000 Geburten kommt es zur Infektion des Neugeborenen.

Klinik. Juckreiz, Spannungsgefühl, Schmerzen. **Gruppierte Bläschen**, die **ulzerieren** und mit **Krustenbildung** eintrocknen (s. Abb. **B-4.4**). Asymptomatische Verläufe kommen vor.

Die **Primärinfektion** zeichnet sich durch Mitbeteiligung von Vulva, Vagina, Zervix und Leistenlymphknoten aus. Das Rezidiv ist meist lokal begrenzt.

Klinik. Symptome sind Juckreiz, Spannungsgefühl, Schmerzen. Später bilden sich charakteristische **gruppierte Bläschen**, die **ulzerieren**, mit **Krustenbildung** eintrocknen und nach 8–10 Tagen narbenlos abheilen (s. Abb. **B-4.4**). Es gibt auch asymptomatische Verläufe (sowohl beim primären [60–70 %] als auch beim rezidivierenden Herpes).
Die **primäre Infektion** unterscheidet sich durch die Mitbeteiligung von Vulva, Vagina, Zervix, Leistenlymphknoten (dolent geschwollen) und manchmal auch des oberen Genitales sowie die längere Krankheitsdauer von dem lokal begrenzten Rezidiv. Fieber, Dysurie und schmerzhafte Defäkation können vorkommen.

Diagnostik. Diagnose an Hand der Klinik. Zusätzliche Untersuchungen: zytologischer Nativabstrich (Nachweis **nuklearer Einschlusskörperchen**), Virusisolierung (Gewebekultur), Serologie (Antikörpernachweis).

Diagnostik. Die Diagnose ergibt sich meist aus dem typischen klinischen Bild. Hilfreich aber nicht beweisend kann ein zytologischer Nativabstrich aus den Bläschen sein, wenn sich charakteristische **nukleare Einschlusskörperchen** als Hinweis auf DNA-Virus finden. Der Erregernachweis durch Gewebekulturanzucht ist möglich, aber aufwendig. Beweisend ist der Virusnachweis aus einem Abstrich (als Antigennachweis mittels Immunfluoreszenztest bzw. als

B-4.4 **Herpes genitalis**

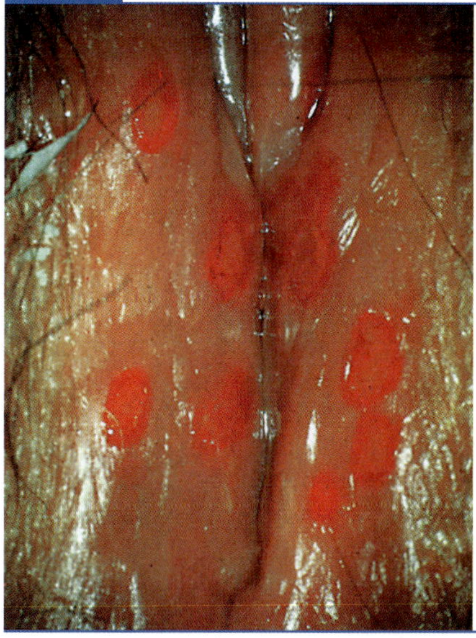

Primärer Herpes genitalis bei 32-jähriger verheirateter Frau mit einem Kind. Wegen Brennen und Jucken zunächst Behandlung mit einem Antimykotikum. Die Isolierung ergab HSV 2.

B-4.4

DNA-Nachweis mittels PCR). Außerdem können HSV-Antikörper serologisch nachgewiesen werden.

Therapie. Virostatika können die Erregervermehrung nur in der **Frühphase** stoppen oder abschwächen. Die lokale Applikation von **Aciclovir** (z. B. Zovirax), vor allem beim Rezidiv, kann versucht werden. Wirksamer ist Aciclovir systemisch (5 × 200 mg/die oral für 1–2 Tage beim Rezidiv und für 5–10 Tage bei der Erstinfektion). Bei schwer beeinträchtigten, hospitalisierten Patientinnen kann Aciclovir intravenös (3 × 5 mg/kg KG/die für mind. 5 Tage) appliziert werden. Bei erfolgreicher Therapie lassen die Schmerzen nach 2–3 Tagen nach. Symptomatisch helfen Antiphlogistika (z. B. Diclofenac – Voltaren 100 Supp.) und Anaesthesin 20 % Salbe. Gelegentlich sind Antibiotika bzw. Desinfizienzien (z. B. Betaisodona) zur Behandlung bzw. Prävention von Superinfektionen sinnvoll.
Eine orale Dauertherapie (ca. 6 Monate) bei sehr häufigen Rezidiven (> 5/Jahr) oder eine Prophylaxe, z. B. bei wiederkehrendem Herpes während der Menstruation, kann indiziert sein.

Therapie. Virostatika wirken in der frühen Erregervermehrungsphase am besten. Je nach Beschwerdebild kann Aciclovir lokal oder systemisch (5 × 200 mg/die p. o.) verabreicht werden. Symptomatisch sind z. B. Voltaren 100 Supp. und Anaesthesin 20 % Salbe wirksam.

Bei häufigen Rezidiven (> 5/Jahr) kann eine Dauertherapie sinnvoll sein.

Papillomavirus-(HPV-)Infektion

Papillomaviren verursachen im Genitalbereich **spitze Kondylome** (**Condylomata acuminata**, Feigwarzen) und **flache Kondylome** der Portio.

Papillomavirus-(HPV-)Infektion

Epidemiologie. Die Durchseuchung der Allgemeinbevölkerung mit HPV ist hoch (die Angaben reichen von 5–46 % bis 20–80 % Prävalenz). Condylomata acuminata stellen heutzutage die häufigste virale Genitalerkrankung in den USA dar. Innerhalb der letzten 25 Jahre (im Zusammenhang mit Sexualverhaltensänderungen) konnte in verschiedenen westlichen Ländern eine sehr starke Zunahme der Inzidenz (um mehr als das 5fache) von Condylomata acuminata beobachtet werden. Die Prävalenz der spitzen Kondylome liegt in westlichen Ländern etwa bei 0,1–1 %. Bei Schwangeren beträgt die Rate etwa 2 % (wahrscheinlich begünstigt die physiologische zellulare Immunsupprimierung die Infektion und Reaktivierung). Das mittlere Manifestationsalter liegt zwischen 20 und 24 Jahren, zwei Drittel der Patientinnen sind zwischen 15 und 30 Jahre alt.

Epidemiologie. Hohe Durchseuchung mit HPV unter Erwachsenen. In den USA ist die HPV-Infektion bereits die häufigste virale Genitalerkrankung. Condylomata acuminata kommen bei ca. 0,1–1 % der Erwachsenen vor, in der Schwangerschaft verdoppelt sich der Anteil. Das mittlere Manifestationsalter liegt zwischen 20 und 24 Jahren, ⅔ der Patientinnen sind zwischen 15 und 30 Jahre.

Erreger und Pathogenese. Etwa 90 Genotypen des humanen Papillomavirus, einem DNA-Virus aus der Familie der Papovaviren, sind heute bekannt. Davon sind mehr als 20 für den menschlichen Anogenitaltrakt infektiös. Die Erreger verursachen zunächst gutartige Hautwarzen. Gemäß ihrer Assoziation mit

Erreger und Pathogenese. Es gibt ca. 90 humane Papillomaviren, von denen ca. 20 den menschlichen Anogenitaltrakt befallen. Einige Genotypen sind eher mit beni-

B-4.1

B-4.1 Einteilung der humanen Papillomaviren (HPV)

	Low-risk	*High-risk*
HPV-Genotypen	– 6,11,42	– 16, 18, 31, 33, 35, 45
Assoziation	– spitze Kondylome (Condylomata acuminata) – CIN* I	– flache Kondylome – CIN* II–III – Zervixkarzinome
DNS-Lokalisation	– extrachromosomal im Wirtszellkern	– integriert im Wirtszellgenom

*CIN cervikale intraepitheliale Neoplasie (s. Tab. B-5.4, S. 240)

gnen, andere mit malignen Epithelveränderungen assoziiert. Man unterscheidet demnach **„Low-risk"**- und **„High-risk"**-Genotypen (Tab. **B-4.1**).

intraephithelialen Dysplasien bis hin zu Zervixkarzinomen lassen sich **„Low-risk"**- und **„High-risk"**-HPV-Genotypen unterscheiden (Tab. **B-4.1**). Die Progredienz zu manifesten Neoplasien lässt sich jedoch aus der Anwesenheit von HPV-Viren allein nicht vorhersagen! Offensichtlich sind dafür Kofaktoren notwendig (chronische Infektionen, HSV 2, Rauchen etc.).

Zielzellen sind die Basalzellen, Mikrotraumen und Ulzerationen begünstigen die Infektion. Die Übergangszone der Zervix ist eine Prädilektionsstelle für die Infektion. Die Inkubationszeit ist lang. Die Infektion erfolgt durch Schleimhautkontakt **(STD)**, auch Schmierinfektionen asexueller Art sind möglich.

Der Erreger befällt die Basalzellschicht des Plattenepithels. Ulzerationen und Epitheldefekte begünstigen die Infektion. Eine Prädilektionsstelle stellt die Übergangszone an der Zervix dar. Mit der zunehmenden Ausdifferenzierung des Epithels erfolgt die Replikation und der Zusammenbau der Viruspartikel in den obersten Epithelzellschichten. Die Inkubationszeit beträgt Wochen bis Monate. Die Erkrankung wird hauptsächlich durch Geschlechtsverkehr übertragen und gehört zu den **sexuell übertragbaren Erkrankungen (STD)**. Auch eine asexuelle Schmierinfektion ist möglich (**cave:** Virusverschleppung bei der gynäkologischen Untersuchung!).

Histologisch sind Kondylome **Fibroepitheliome**.

Feingeweblich sind die Condylomata **Fibroepitheliome** mit einem verdickten Plattenepithel und virustypischen Zell- und Kernveränderungen (sog. **Koilozytose**).

Klinik. Die Infektion kann **latent** bleiben, d. h. bei unauffälligem Epithel ist Virus-DNA nachweisbar. Bei klinisch apparentem Verlauf sind spitze Kondylome (Condylomata acuminata) mit dem Kolposkop oder ohne Hilfsmittel erkennbar. Sie sitzen oft an der hinteren Vulvakommissur (s. Abb. **B-4.5**), Vagina und Perianalregion. **Flache Kondylome** finden sich v. a. im Bereich der Portio.

Oft keine Symptome, z. T. Nässegefühl, Pruritus, postkoitale Blutungen.

Klinik. HPV-Infektionen verlaufen unterschiedlich: Die Infektion kann **latent** bleiben, d. h. bei sonst unauffälligem Epithel ist lediglich Virus-DNA nachweisbar. Bei klinisch apparentem Verlauf sind die typischen hahnenkammartigen **spitzen Kondylome (Condylomata acuminata)** mit dem Kolposkop oder mit bloßem Auge wahrnehmbar. Form und Ausbreitung sind sehr variabel. Vorzugsweise sitzen die Läsionen an der hinteren Kommissur (s. Abb. **B-4.5**), dem Vestibulum, dem Introitus und der Vagina. Auch **flache Kondylome** kommen vor, besonders im Bereich der Portio. Selten ist bei der Frau die Urethra betroffen, häufig dagegen (jede 3. Betroffene) die Perianalregion und die Analschleimhaut. Geklagt wird über Nässegefühl und Pruritus, Brennen oder postkoitale Blutungen. Schmerzen werden nur manchmal angegeben, oft gibt es überhaupt keine Beschwerden.

Diagnostik. Weiterführende diagnostische Maßnahmen:
- **Kolposkopie** mit **Essigprobe:**- Kondylome werden als weiße Flecken sichtbar (s. Abb. **B-4.6**)
- **Zytologie** und **Histologie:** pathognomonisch sind **Koilozyten**
- molekularbiologische Nachweismethoden von **viraler DNA**.

Diagnostik. Condylomata acuminata der Vulva bieten, im Gegensatz zu anderen Lokalisationen, klinisch ein charakteristisches Bild. Weiterführende diagnostische Maßnahmen:
- **Kolposkopie:** Nach ausreichend langem (ca. 1 Minute) Betupfen suspekter Regionen mit 3 %iger **Essigsäure** stellen sich hyperkeratotische Stellen als weißliche, teils erhabene Flecken dar (s. Abb. **B-4.6**)
- **Zyto- bzw. histologisch:** es finden sich pathognomonische **Koilozyten** (Ballonzellen), Akanthose und Hyperkeratose
- **Nachweis von HPV-DNA:** Die heutzutage wichtigste molekularbiologische Nachweis- und Typisierungsmethode ist der **Nukleinsäurenachweis** mit PCR-Technik.

B-4.5 **Condylomata acuminata**

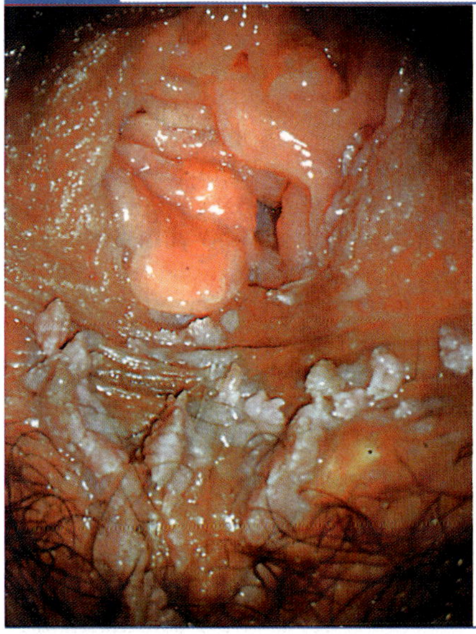

Hahnenkammartige spitze Kondylome im Bereich der hinteren Kommissur und des Dammes bei 20-jähriger Patientin.

B-4.5

B-4.6 **Diskrete Vulvitis condylomatosa**

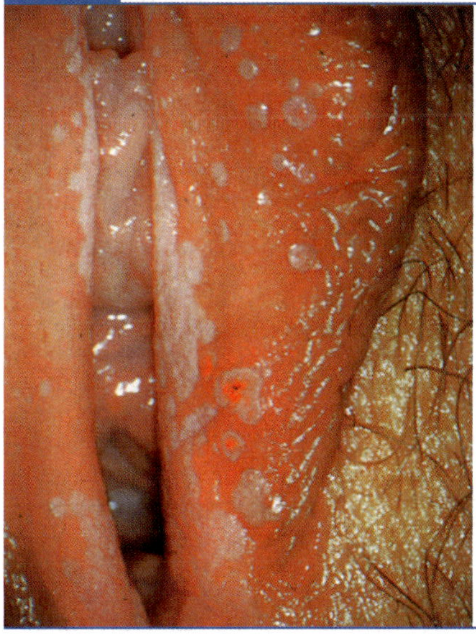

Die flachen kondylomatösen Herde kommen erst nach Betupfen der Vulva mit 3 %iger Essigsäure zum Vorschein. Bei der Patientin wurde gleichzeitig Candida albicans nachgewiesen.

B-4.6

Therapie. Die heute bekannten Therapieformen sind rein symptomatisch und führen nicht zu einer dauerhaften Viruselimination. Nach der Therapie von Kofaktoren wie Begleitinfektionen, hormonelle Dysbalance u. ä. kann es zu **Spontanrückbildungen** der Kondylome kommen. Die Einbeziehung des Sexualpartners in das therapeutische Konzept ist dringend indiziert (z. B. diagnostische Abklärung, evtl. Therapie, Kondomschutz bei bestehenden klinischen Läsionen).
Moderne Therapiemethoden: Bewährt hat sich die lokale Abtragung der Effloreszenzen durch **Vaporisation** mit dem **CO_2-Laser** und evtl. die Kombination mit der systemischen (s. c.) Verabreichung von **Interferon-α** in niedriger Dosierung. Kleine Herde können auch mit Interferon-Gel lokal behandelt werden. Die Herde können auch durch Diathermie, Vereisung oder mit dem scharfen Löffel chirurgisch entfernt werden, dabei kommt es aber oft zu Narbenbildungen.
Weitere Therapieverfahren (2. Wahl): Weitere lokal destruierende Therapeutika sind Podophyllotoxin 0,5 %, 5-Fluorouracil, Imiquimod (z. B. Aldara 5 % Creme), und hochprozentige Di-/Trichloressigsäure. Die Läsionen werden mit

Therapie. Es gibt nur eine symptomatische Therapie, die dauerhafte Viruselimination ist nicht möglich. **Spontanrückbildungen** kommen vor. Der Sexualpartner muss in das therapeutische Konzept einbezogen werden.

Moderne Methoden:
- **Vaporisation** mit **CO_2-Laser**
- chirurgische Exzision, Diathermie, Kryochirurgie
- **Interferon-α** systemisch (s. c.), vor allem in Kombination mit der Laserung.

Weitere Verfahren (2. Wahl): Lokal destruierend wirksam sind Lösungen mit Podophyllotoxin 0,5 %, 5-Fluorouracil, Imiquimod und Di-/Trichloressigsäure.

den genannten Substanzen betupft. Di-/Trichloressigsäure wird nicht resorbiert und ist daher auch in der Schwangerschaft anwendbar.

▶ Merke

▶ **Merke.** Die Therapie HPV-bedingter Läsionen beseitigt nur selten die Virusinfektion selbst. Rezidive sind häufig. Obwohl die Infektion durch bestimmte HPV-Typen mit dem gehäuften Auftreten maligner Epithelveränderungen assoziiert ist, besteht kein Grund, die Patientinnen zu beunruhigen. Eine Voraussage hinsichtlich des Entartungsrisikos ist nicht möglich. Eine beginnende maligne Transformation ist nur durch die Zyto- und Histologie zu erkennen.

Andere Virusinfektionen der Vulva

Mollusca contagiosa (Dellwarzen) können sich als Folge einer Pockenvirusinfektion auch im Genitalbereich manifestieren. Übertragung der Hautkrankheit durch Schmierinfektion. Therapie durch Abtragung.

Andere Virusinfektionen der Vulva

Mollusca contagiosa (Synonym: **Dellwarzen**) kommen vor allem bei Kindern vor, sie manifestieren sich in Form multipler, disseminierter, ca. 2–10 mm großer Papeln mit zentraler Eindellung. Prädilektionsstellen im gynäkologischen Gebiet sind Genitalien und Axilla. Der Erreger ist ein **Pockenvirus**, das durch Schmierinfektion übertragen wird (Exprimat). Therapie der Hautkrankheit durch chirurgische Abtragung mit dem scharfen Löffel, Laser oder Elektrokoagulation.

4.2.2 Sekundäre Vulvitis

Sekundäre Vulvitiden, z. B. als Folge einer **Kolpitis** durch den Fluor ausgelöst, sind **häufig**. Die wichtigsten Erreger sind Hefepilze (Candida) und Trichomonaden (s. S. 182 ff).

4.2.2 Sekundäre Vulvitis

Die von anderen Genitalabschnitten ausgehende sekundäre Infektion ist die **häufigste** Ursache für eine Vulvitis. So führt jede **Kolpitis** früher oder später über den erregerhaltigen Fluor zur Vulvitis. Die Hauptrolle unter den Erregern spielen dabei die Hefepilze (Vulvitis candidamycotica) sowie die Trichomonaden als Protozoen. Auch Bakterien können über den Fluor an das äußere Genitale gelangen und dort eine Reizung hervorrufen. Alle genannten Erkrankungen sind auf S. 182 ff abgehandelt.

Oxyuriasis

Oxyuriasis

▶ Synonym

▶ **Synonym.** Madenwurmbefall, Enterobiose.

Erreger und Pathogenese. Madenwürmer (Enterobius vermicularis) legen nachts Eier in die Analfalten. Der Juckreiz begünstigt Super- bzw. Reinfektionen.

Erreger und Pathogenese. Vom Analbereich aus kann es zum **Oxyurienbefall (Enterobius vermicularis)** der Vulvaregion kommen. Die Weibchen der wenige Millimeter langen **Madenwürmer** legen nachts ihre Eier in die Analfalten. Durch Kratzen infolge des Juckreizes wird eine Super- und Reinfektion begünstigt.

Diagnostik und Therapie. Wurmeiernachweis mittels Klebestreifen, Antihelminthika.

Diagnostik und Therapie. Der Nachweis der Wurmeier erfolgt mittels Klebestreifen, abgenommen von der Analregion. Therapeutisch helfen spezifische Antihelminthika wie Mebendazol (z. B. Vermox) per os.

Skabies (Krätze)

Skabies (Krätze)

Erreger und Pathogenese. Vor allem durch Geschlechtsverkehr wird die **Krätzmilbe (Sarcoptes scabiei hominis)** übertragen. Nach ca. 4–5 Wochen treten Symptome auf.

Erreger und Pathogenese. Die **Krätzmilbe (Sarcoptes scabiei hominis)** wird durch intensiven Kontakt, z. B. bei gemeinsamer Bett- und Wäschebenutzung oder durch Geschlechtsverkehr, übertragen. Extradermal können Milben 2–3 Tage überleben. Ca. 4–5 Wochen lang verläuft die Infektion symptomlos. Dabei besteht Infektiosität. Die immunologische Reaktion führt dann zur Symptomatik.

Klinik und Diagnostik. Die nächtlichen Eiablagen führen zu heftigem Pruritus, Inspektorisch findet sich ein charakteristisches Gangmuster. Mikroskopischer Milbennachweis.

Klinik und Diagnostik. Bei einer Genitalinfektion, vor allem in der Leistenregion, seltener an der Vulva, kommt es durch die nächtlichen Eiablagen zu heftig juckenden Papeln mit der Gefahr der Superinfektion. Das charakteristische Muster der bis 1 cm langen Gänge und der mikroskopische Nachweis der Milbe in einem Hautpartikel vom Gangende führen zur Diagnose.

Therapie. Die Behandlung der Dermatose mit Lindan (z. B. Jacutin Gel) erstreckt sich über die gesamte Hautoberfläche (außer Kopf). Eine Mitbehandlung der Sexualpartner und Familienmitglieder ist erforderlich, Leib- und Bettwäsche sollte gekocht und nicht kochbare Wäsche 4–5 Tage nicht benutzt oder gereinigt werden.

Therapie. Mittel der Wahl ist Lindan (z. B. Jacutin). Sexualpartner und Familienmitglieder müssen mitbehandelt werden.

Filzlausvulvitis

▶ **Synonym.** Pediculosis, Phthiriasis.

Erreger und Pathogenese. Die Übertragung der relativ passiven, ca. 2 mm großen **Filzläuse (Pediculosis pubis)** erfolgt vornehmlich durch Sexualkontakt. In Bettwäsche oder Handtüchern können die Läuse 24 Stunden überleben. Die Speichelabsonderungen der Tierchen führen an der Einmündung des Haares in die Epidermis durch Blutextravasate zu charakteristischen **Taches bleues** (blaugraue Flecken).

Erreger und Pathogenese. Hauptinfektionsweg ist der Sexualkontakt. Übertragung durch Wäsche ist möglich. An der Schamhaarwurzel entstehen charakteristische **Taches bleues** (blaugraue Flecken).

Klinik und Diagnostik. Die Patientinnen klagen über Juckreiz im Schamhaarbereich, evtl. sind Kratzspuren und Taches bleues sichtbar. Man findet **Nissen** (Eier) an die Schamhaare geklebt und kann die Filzläuse mit bloßem Auge wahrnehmen.

Klinik und Diagnostik. Hauptsymptom: Pruritus. Filzläuse oder **Nissen** in der Schambehaarung erkennbar.

Therapie. Das Mittel der Wahl ist die Lokalbehandlung mit Lindan (z. B. Jacutin Gel) für mehrere Tage. Das Rasieren der Schambehaarung ist unnötig. Die Mitbehandlung der Kontaktpersonen ist erforderlich.

Therapie. Mehrtägige Lokalbehandlung (auch der Kontaktpersonen) mit Lindan (z. B. Jacutin).

4.2.3 Allgemeinerkrankungen und dermatologische Erkrankungen

Verschiedene Hauterkrankungen wie z. B. Lichen simplex chronicus, Erythrodermien, Psoriasis, Erythema exsudativum multiforme, seborrhoische Dermatitis, Behçet-Krankheit und Erythrasma können sich im Bereich der Vulva manifestieren (s. Lehrbücher der Dermatologie). Ein isolierter Befall der Vulva ist aber selten. Allgemeinerkrankungen, die mit Pruritus einhergehen, können sich ebenfalls durch Symptome einer Vulvitis bemerkbar machen (z. B. Diabetes mellitus).

Dermatosen mit Manifestation im Vulvabereich: Erythrasma, Lichen simplex chronicus, Erythrodermien, Erythema exsudativum multiforme, Psoriasis. Allgemeinerkrankungen wie Diabetes können ebenfalls zur Vulvitis führen (Pruritus!).

4.3 Entzündungen der Vagina

4.3.1 Physiologische und pathologische Flora der Vagina

Die **Normalflora** in der Vagina wird von Milchsäure produzierenden grampositiven Stäbchenbakterien verschiedener Größe gebildet. Die häufigsten Keime sind **Lactobacillus** jensenii, L. acidophilus, L. gasseri und L. fermenti **(Döderlein-Bakterien)**, wobei mehrere Typen gleichzeitig vorkommen können. Die Konzentration liegt bei 10^5–10^8 Keimen/ml. Eine Abgrenzung von pathologischen Keimen im Nativ- oder Methylenblaupräparat ist morphologisch nicht möglich, es sei denn, es liegt ein optimaler, nur für physiologische Keime tolerierbarer pH der Scheide vor (< 4,5). Laktobazillen sind gegen die meisten Antibiotika empfindlich (mit Ausnahme von Metronidazol und Gyrasehemmern). Häufig finden sich andere (oft fakultativ pathogene) Keime in niedriger Konzentration (bis 10^4–10^5/ml) im Fluor, die bei hoher Keimzahl (bis 10^9) pathogen wirken können. Eine pathologische Flora wird durch die Keimmenge definiert, außer bei obligat pathogenen Keimen (z. B. Gonokokken, Streptokokken der Gruppe A, Staphylococcus aureus) (s. Tab. **B-4.2**).
Die Methoden der Fluor- und Keimdiagnostik zur Abklärung von Infektionen sind auf S. 144 f eingehend beschrieben.

Die vaginale **Normalflora** wird von **Laktobazillen (= Döderlein-Bakterien)** in hoher Keimzahl gebildet. Morphologisch handelt es sich um grampositive Stäbchen verschiedener Größe. Häufig finden sich andere Keime. Der Übergang von der Normalflora zur Infektion ist fließend und abhängig von der Konzentration (fakultativ pathogene Keime) und der Virulenz (obligat pathogene Keime). Zur Häufigkeit der Erreger s. Tab. **B-4.2**.

Methoden zur Fluor- und Keimdiagnostik s. S. 144 f.

B-4.2

B-4.2 Häufig vorkommende Erreger im Fluor genitalis

Erreger	*Häufigkeit*
Bakterien	
Gardnerella vaginalis	30–60 %
Mykoplasmen	bis 40 %
Streptokokken	bis 30 %
Chlamydia trachomatis	bis 10 %
Pilze	
Candida	bis 20 %
Protozoen	
Trichomonas vaginalis	3 %

B-4.3

B-4.3 Ursachen für Störungen des vaginalen Reglermechanismus

Störfaktoren	*Auswirkungen*
Kindheit, Senium, Schwangerschaft, iatrogen	Östrogenmangel → Glykogenmangel → Verminderung der physiologischen Flora
erhöhte Zervixsekretion, exogen (Intimsprays, zu häufiges Duschen)	pH-Erhöhung → Milieu für Laktobazillen ungeeignet
Antibiotikagabe (iatrogen)	Vernichtung der physiologischen Flora

▶ Merke

▶ **Merke.** Störungen der Reglermechanismen für die physiologische Flora – besonders in Verbindung mit einem Östrogenmangel – begünstigen eine Vaginalinfektion **(Kolpitis)** (s. Tab. **B-4.3**).

Die isolierte Kolpitis macht wegen der geringen Nervenversorgung wenig Beschwerden. Oft sind Vulva und Vagina mit denselben Erregern infiziert. Am häufigsten sind **Pilzinfektionen** und **bakterielle Vaginose. Primäre Kolpitis:** pathogene Keime in großer Zahl gelangen in die Vagina und führen zur Entzündung. Entwickeln sich pathogene Keime auf dem Boden einer gestörten Scheidenflora, liegt eine **sekundäre** Kolpitis vor.

Von den Vulvitiserregern können fast alle auch die Vagina infizieren. Gleichzeitige Infektionen von Vulva und Vagina sind häufig. Die vulvovaginale **Pilzinfektion** ist in der Praxis zusammen mit der **bakteriellen Vaginose** am häufigsten als Ursache einer Kolpitis anzutreffen. Das Beschwerdebild einer Kolpitis ist wegen der geringeren sensiblen Nervenversorgung insbesondere im proximalen Vaginalabschnitt weniger ausgeprägt.
Man unterscheidet eine **primäre** von einer **sekundären** Kolpitis. Wenn eine große Zahl pathogener oder fakultativ pathogener Keime in die Vagina gelangt und dort das Keimgleichgewicht so stört, dass es zu einer Entzündung der Scheidenwand kommt, spricht man von einer primären Kolpitis. Entwickeln sich pathogene Keime auf dem Boden einer gestörten Scheidenflora, so handelt es sich um eine **sekundäre** Kolpitis.

4.3.2 Candidamykose

4.3.2 Candidamykose

▶ Synonym

▶ **Synonym.** Vulvovaginitis candidamycotica, Moniliasis, Soorkolpitis.

Epidemiologie. Wahrscheinlich gehört die Besiedlung der Scheide mit Candida zur Normalflora **(Kommensalismus)**, erst bei hoher Keimzahl bzw. Abwehrschwäche wird der Pilz pathogen. Bei 10 % asymptomatischer und 20 % symptomatischer Frauen findet man Candida, bei Schwangeren in bis zu 30 % (s. Tab. **B-4.2**). 75 % aller Frauen haben irgendwann eine Sprosspilzinfektion.

Epidemiologie. Sprosspilze zählen zu den häufigsten Erregern von Vulvovaginalinfektionen. Candida albicans gehört wahrscheinlich zu den **Opportunisten** oder **Kommensalen.** Es handelt sich dabei um Keime, die zur Normalflora gehören und erst bei hoher Keimzahl und/oder Abwehrschwäche der Patientin pathogen wirken. Bei asymptomatischen Frauen kann man in 10 % Hefepilze kulturell nachweisen. Schwangere ante partum weisen in 30 % eine Besiedelung mit Hefepilzen auf, die unter der Geburt in ca. 10–25 % zu einer Infektion des Neugeborenen führt. Bei Frauen mit pathologischem Fluor lassen sich in etwa 20 % Pilze nachweisen (s. Tab. **B-4.2**). Schätzungsweise 75 % aller Frauen infizieren sich wenigstens einmal im Leben mit Sprosspilzen, die Hälfte davon mehrfach.

Erreger und Pathogenese. Ca. 80 % der Infektionen sind durch Candida albicans verursacht, die übrigen 20 % meist durch Candida glabrata oder tropicalis. Candida kann in unterschiedlichen Wachstumsformen auftreten (Abb. **B-4.7**): Als 2–6 µm große, ovale Spross(= Hefe-)zelle oder als Pseudomyzel (Pilzgeflecht aus aneinander gereihten Sprosszellen) oder als echte Hyphe. Tab. **B-4.4** zeigt eine Übersicht über bekannte prädisponierende Faktoren für eine Pilzinfektion. Die **Ausprägung** kann von der asymptomatischen Besiedelung über die latente zur leichten, mittelschweren bis hin zur schweren Kandidose reichen.

Erreger und Pathogenese. Die Infektion ist in ca. 80 % durch Candida albicans verursacht (Abb. **B-4.7**), sonst vor allem durch Candida glabrata und tropicalis. Prädisponierende Faktoren für eine Soorkolpitis: s. Tab. **B-4.4**.

Die **Ausprägung** reicht von der asymptomatischen Besiedelung bis zur schweren Kandidose.

Die Hefen heften sich an die Epithelzellen und vermehren sich. Die Wirtszelle wird schließlich unter Enzymeinfluss penetriert und geschädigt. Der pH hat keinen Einfluss auf das Hefewachstum. Döderlein-Bakterien sind oft vorhanden. Mit Gestagenen zusammen fördern sie die Virulenz und Haftfähigkeit der Pilze durch Glykogenspaltung aus abgeschilferten Zellen.

Der Soorbefall ist pH-unabhängig. Döderlein-Bakterien und vor allem Gestagene begünstigen durch Glykogenbereitstellung und -spaltung das Hefewachstum.

Klinik. Asymptomatische Verläufe kommen vor. **Juckreiz** und ein **brennendes Gefühl** mit prämenstrueller Verstärkung sind die Leitsymptome. Dabei sind häufiger **Vagina und Vulva gemeinsam** betroffen als nur ausschließlich eine dieser Regionen. **Dyspareunie** wird angegeben. Ist die Urethra mitbetroffen, kommt es zur Dysurie.

Klinik. Häufig **Vulvovaginitis**. Symptome: **Juckreiz, Brennen**, **Dyspareunie,** bei Urethrabeteiligung **Dysurie**. Auch asymptomatische Verläufe kommen vor.

Inspektorisch findet man anfangs oft multiple punktförmige Rötungen im Vestibulumbereich. Grundlage für die Verdachtsdiagnose bilden **grauweißliche Beläge** mit **krümeligem Fluor** (ähnlich geronnener Milch) im Bereich von Introitus und Vaginalwand bis zur Portio (s. Abb. **B-4.8**). Nach dem Wegwischen der

Zu Beginn oft multiple punktförmige Rötungen im Vestibulumbereich. Typisch sind **grauweißliche Beläge** mit **krümeligem Fluor** (wie geronnene Milch) und mit

B-4.7 **Mikroskopische Charakterisierung von Candida albicans**

B-4.7

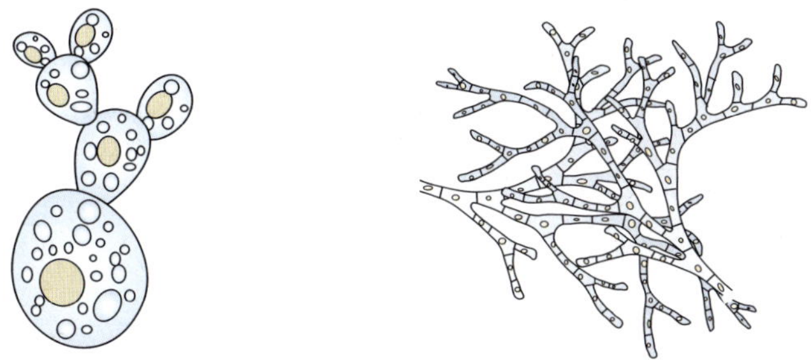

a Im Milieu von 37 °C zumeist als grampositiver ca. 2–6 µm großer (ca. 5× Bakteriengröße) **Spross (= Hefe-)pilz** erkennbar. Mehrere dieser ovalen Sprossformen zu einer Kette aneinander gereiht bilden ein (unseptiertes) **Pseudomyzel** (nie bei Candida glabrata).

b Unter gewissen Bedingungen (25–30 °C, Mikroaerophilie) wächst Candida aber auch als echte **Hyphe** mit der Ausbildung von septierten Myzelien, das für einen pathogenen, aktiven invasiven Prozess spricht. Beide Vermehrungsformen gleichzeitig bezeichnet man als **Dimorphismus**.

B-4.4 **Faktoren, die zur Mykose disponieren**

B-4.4

endogen	*exogen*
– Diabetes mellitus	– Antibiotikatherapie
– Schwangerschaft	– Hormonbehandlung (z. B. Ovulationshemmer, Östrogensubstitution)
– maligne Tumoren	– hefekontaminierter Partner
– Immunsuppression (z. B. HIV-Infektion)	– Immunsuppression (z. B. Zytostatikabehandlung)
– atrophische Genitalveränderungen	– Radiatio

darunterliegendem erythematösen Vaginalepithel (s. Abb. **B-4.8**).

rasenartigen Beläge bei der Spekulumeinstellung zeigt sich das entzündlich gerötete Vaginalepithel. All diese Befunde können aber auch fehlen!

Diagnostik. Zu 50 % wird die Diagnose **klinisch (Anamnese und Befund)** gestellt, in weiteren 30–40 % mikroskopisch (Abstrich). Bei fehlendem Nachweis trotz Verdacht und bei Rezidiven ist der kulturelle Nachweis indiziert.

Diagnostik. In der Praxis erfolgt die Diagnose in der Hälfte der Fälle aus **Anamnese** und klinischem **Befund**. In weiteren 30–40 % der Fälle lässt sich im Abstrich mikroskopisch Soor nachweisen, wobei der richtige Ort der Probeentnahme entscheidend ist. Am häufigsten findet man die Erreger an geröteten Stellen mit flockigem, festhaftendem Fluor. Kann auf diese Weise keine eindeutige Diagnose gestellt werden oder tritt die Erkrankung rezidivierend auf, muss der Erregernachweis nach kultureller Anzucht erfolgen.

Mikroskopie: Sprosszellen oder (Pseudo-)Myzelien sind unbehandelt im **Nativpräparat,** gefärbt mit **Methylenblau 0,1 %** oder behandelt mit **KOH 10 %** mikroskopisch sichtbar (s. Abb. **B-4.9**).

Mikroskopie (s. Abb. **B-4.9**):
- Direktnachweis von Sprosszellen oder (Pseudo-)Myzelien im Phasenkontrastmikroskop aus dem **Nativpräparat** des Scheideninhalts
- Abstrich behandelt mit **KOH 10 %** (die Epithelzellen werden lysiert, die Pilzzellen bleiben übrig
- Abstrich gefärbt mit **Methylenblau 0,1 %**.

Ein Negativbefund schließt einen Soorbefall jedoch nicht aus!

Ein positiver Befund findet sich jedoch erst ab einer Keimzahl von 10 000/ml, d. h. ein negatives Nativpräparat schließt eine Candidakolpitis nicht aus!

B-4.8

B-4.8 Candidavulvitis

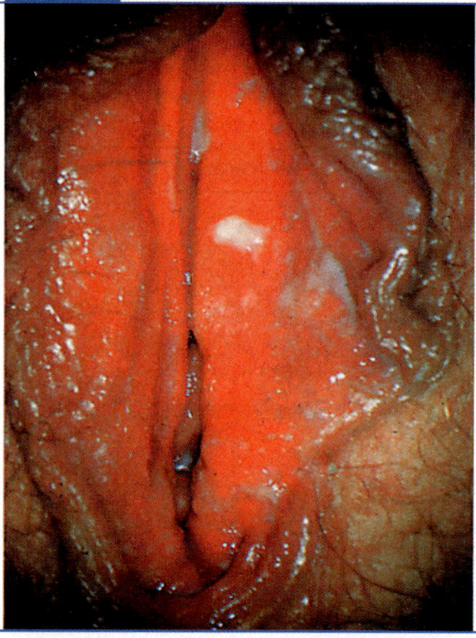

Homogene Rötung der Innenseite der Labia minora mit zum Teil flockigem, gelegentlich auch gelblich-bröckeligem Fluor, welcher aus der Vagina kommt (39-jährige Patientin).

B-4.9

B-4.9 Pseudomyzelien von Candida albicans

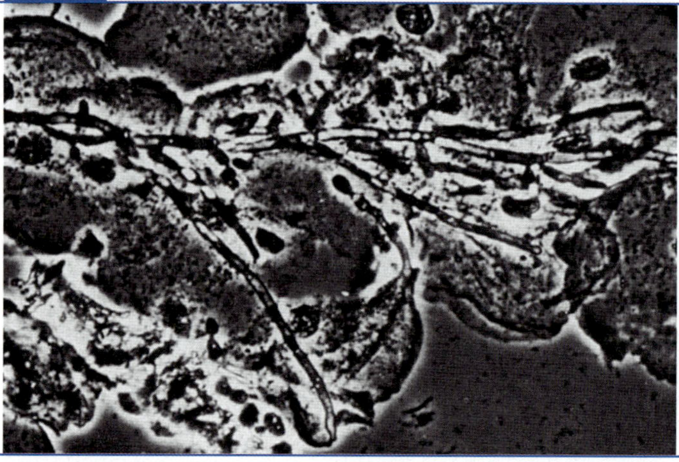

Myzelien von Candida albicans, über einer Gruppe von Plattenepithelzellen liegend (Phasenkontrastmikroskop).

Kultur: Ein besonderes Transportmedium ist nicht erforderlich. Die Anzucht kann auf verschiedenen Nährböden erfolgen (z. B. Sabouraud, Reisagar) und dauert ca. 48 Std. Anschließend erfolgt die weitere Differenzierung (mikroskopisch, serologisch oder durch Untersuchung von Stoffwechselmerkmalen).

Kultur: Ein spezielles Transportmedium ist nicht erforderlich. Nach Anzucht, z. B. auf Sabouraud-Agar, kann weiter differenziert werden.

Differenzialdiagnose. Psoriasis vulgaris, Lichen sclerosus, Lichen ruber planus oder Virusinfektionen (HSV-HPV) müssen insbesondere bei Rezidiven und therapieresistenten Beschwerdebildern in Betracht gezogen werden. Natürlich muss auch an die geläufige Situation der «Läuse **und** Flöhe» gedacht werden, also das gleichzeitige Vorliegen von anderen Erkrankungen und einer Pilzinfektion.

Differenzialdiagnose. Insbesondere an die Möglichkeit einer **Doppelinfektion** muss gedacht werden.

Therapie. Einfache (einmalige) Infektion. Es empfiehlt sich die Lokaltherapie mit **Imidazolderivaten**. Gebräuchlich sind **Clotrimazol** (z. B. Canesten), **Econazol** (z. B. Epi-Pevaryl), **Miconazol** (z. B. Daktar) u. v. a.
Zu den **Vaginalovula**, die praktischerweise vor dem Schlafengehen appliziert werden sollten, verschreibt man üblicherweise noch **Creme** für die Vulvabehandlung und die Mitbehandlung des Partners **(Glans penis)**, die aber erst bei rezidivierenden Infekten obligat wird (ggf. Partneruntersuchung). Alternativ zu Vaginalovula kann auch Creme intravaginal mit einem Applikator platziert werden.
Es gibt Behandlungsschemata über 1, 3 und 6 Tage, mit oder ohne **systemische** Behandlung, deren Wirksamkeit nicht sehr differiert. Die Therapie soll bis über die Beseitigung der Beschwerden hinaus durchgeführt werden. Häufig handelt es sich bei wiederholten Soorkolpitiden gar nicht um echte Rezidive, sondern um ein Wiederaufflackern einer nur unvollständig (zu kurz) oder ineffektiv (mit zu niedriger Konzentration des Antimykotikums) behandelten Infektion. So ist nachgewiesen, dass die Therapie einer Candida-glabrata-Infektion ca. 2–4fach höhere Imidazolkonzentrationen erfordert (s. Tab. **B-4.5**).
Rezidivierende, chronische Mykose: Wenn die genannte Lokaltherapie, die im übrigen auch pathogene Kokken (Streptokokken, Staphylokokken) beseitigt, keine Langzeitheilung herbeiführen konnte, ist die systemische Therapie mit Triazolderivaten (**Fluconazol – z. B. Fungata**; Itraconazol – z. B. Siros) indiziert.
Vorschlag für ein Therapieschema:
Rp. Fungata 4×.
Verabreichung von 1 Kapsel sofort, 2 Kapseln nach 1 Woche, 3 Kapseln nach 4 Wochen, 4 Kapseln nach 10 Wochen.
Kultur auf Candida nach 2 Wochen Therapie.

Therapie. Bei der einfachen Infektion Imidazolderivate wie Clotrimazol (z. B. Canesten), Econazol und Miconazol.

Die Lokalanwendung erfolgt mit **Vaginalovula** oder **Vaginalcreme** (mit Applikator) am besten nachts vor dem Schlafen. Die **Glans penis** des Partners kann damit auch mitbehandelt werden.

Die Therapie dauert 1–6 Tage und kann mit einer **systemischen** Behandlung kombiniert werden. Sie sollte in jedem Fall über das Abklingen der Beschwerden hinaus fortgeführt werden (s. Tab. **B-4.5**).

Die **rezidivierende, chronische Mykose** muss nach erfolgloser Lokalbehandlung systemisch therapiert werden. Gebräuchliche Medikamente sind **Fluconazol (z. B. Fungata)** und Itraconazol (z. B. Siros). Kontrolle durch Pilzkultur.

Prophylaxe. In bestimmten Situationen, die eine Veränderung des mikrobiologischen Milieus mit sich bringen, ist eine vorbeugende Behandlung mit Antimykotika in Intervallen (von 2 × /Woche bis monatlich) angezeigt. Solche Gelegenheiten können sein: Diabetes mellitus, HIV-Infektion, immunsuppressive Therapie (Kortikoide) und antibiotische Behandlung.

Prophylaxe. Nur in bestimmten Situationen indiziert, z. B. bei Diabetes mellitus, HIV-Infektion, immunsuppressive Therapie, Antibiotikatherapie.

B-4.5 Candidamykose – Hinweise für die Praxis

- Wichtig für eine effektive Behandlung ist eine gute Compliance der Patientin, die man durch gründliche Information über das Krankheitsbild und die überlegte Wahl der Medikation verbessern kann.
- Die Patientin muss darauf hingewiesen werden, dass allein die Besserung der Symptome einige Zeit (Tage) braucht und dass die Therapie bei Besserung nicht gleich abgebrochen werden darf.
- Bei prophylaktischen Intervalltherapien empfiehlt sich die praktische orale Einmaldosis.
- Während der Menstruation kann die Therapie (oral) weitergeführt werden.
- Eine Verschlechterung von Symptomatik und Befund unter der Therapie kann durch eine Allergie gegen das Antimykotikum bedingt sein. Versuchsweise Medikament wechseln!

B-4.5

Schwangerschaft. s. S. 571 f.

Schwangerschaft. Die Therapie der Soorkolpitis in der Schwangerschaft ist auf S. 571 f beschrieben.

▶ Klinischer Fall

▶ **Klinischer Fall.** In der Praxis stellt sich eine 20-jährige Patientin vor, die wegen einer akuten Sinusitis vor einer Woche mit 3 g Amoxicillin/die für 6 Tage (oral) therapiert worden ist. Seit 2–3 Tagen bestehen, im Verlauf zunehmend, Juckreiz an der Vulva sowie Ausfluss und Schmerzen beim Geschlechtsverkehr. Keine Dysurie. Inspektorisch findet sich weißlicher, krümeliger Fluor auf der geröteten Vaginalwand. Im Nativpräparat erkennt man Pseudomyzelien und reichlich Leukozyten.
Die klinische Diagnose lautet: Soorkolpitis. Rezeptiert wird: gyno Canesten 3 Kombipack bestehend aus 3 Vaginalovula und 20 g Creme. Die Patientin ist darauf hinzuweisen, dass die Creme auch vom Partner mitbenutzt werden sollte.

4.3.3 Bakterielle Vaginose

4.3.3 Bakterielle Vaginose

▶ Synonym

▶ **Synonym.** Aminkolpitis. Gardnerella-Vaginitis, unspezifische Kolpitis, Anaerobiervaginose.

▶ Definition

▶ **Definition.** Die bakterielle Vaginose ist eine atypische Scheidenbesiedelung durch Gardnerella vaginalis und andere Bakterien (Anaerobier) als **Mischinfektion** mit hoher Keimzahl. Die Aminkolpitis zählt zu den sexuell übertragbaren Erkrankungen (STD).

Epidemiologie. Häufigste Vaginalinfektion (10 %).

Erreger und Pathogenese. Gardnerella vaginalis ist ein unbewegliches gramnegatives, kurzes Stäbchen. Es verursacht durch Synergismus zusammen mit anderen Anaerobiern Kolpitiden. Eine Besiedelung liegt bei 40 % der Frauen vor (s. Tab. **B-4.2**). Um eine Infektion handelt es sich definitionsgemäß erst bei **Mitbeteiligung von Anaerobiern** (z. B. Bacteroides) in **hoher Keimzahl**! Die Therapiebedürftigkeit ergibt sich aus der (seltenen) Aszensionsgefahr. Prädisponierend wirken Schwangerschaft, Geburt und Operationen.

Epidemiologie. Die Aminkolpitis ist mit 10 % die häufigste Vaginalinfektion.

Erreger und Pathogenese. Der Erreger ist ein 1955 von Gardner und Dukes erstmals als **Haemophilus vaginalis** bezeichnetes, zartes, kurzes, gramnegatives, unbewegliches Stäbchen. Es ist nur gering pathogen. 1980 erfolgte die mikrobiologische Einordnung als **Gardnerella vaginalis**. Durch Synergismus mit anderen Bakterien, speziell obligaten, gramnegativen Anaerobiern wie **Bacteroides**, deren Stoffwechsel gefördert wird, kommt es zum pathologischen Fluor. Durch bakterielle Aminfreisetzung entsteht der charakteristische Geruch. Die Diagnose «bakterielle Vaginose» darf nur bei **Mitbeteiligung von Anaerobiern in hoher Keimzahl** (10^7–10^9/ml) gestellt werden. Gardnerella allein kommt bei 40 % asymptomatischer Frauen vor (s. Tab. **B-4.2**). Eine Aszension mit schwerer Infektion der oberen Genitalbereiche ist möglich, ebenso wie die Begünstigung eines Amnioninfektes in der Schwangerschaft (mit drohender Frühgeburtlichkeit). Daher ist die Therapie obligat. Prädisponierend, besonders für das Anaerobierwachstum, wirken Schwangerschaft und Geburt sowie operative Eingriffe (Episiotomie, Laparotomie). Eine Sepsis mit Gardnerella vaginalis beim Neugeborenen ist möglich.

Klinik. Der einzige Hinweis bei Beschwerdefreiheit ist oft dünner, grau-weißlicher Fluor mit Fischgeruch.

Klinik. Einziges Symptom ist in der Regel grau-weißlicher, dünnflüssiger Fluor mit unangenehmem, fischartigem Geruch. Andere Entzündungszeichen wie Juckreiz und Rötung fehlen meistens. Die Leistenlymphknoten sind in der Regel nicht geschwollen.

Diagnostik. Klinisch: Fluor vaginalis mit **Fischgeruch**, der durch den **Amintest** verstärkt wird.

Mikroskopisch: Im Nativpräparat oder gefärbt mit 0,1 % Methylenblau oder nach Gram. Indizien: **Schlüsselzellen (Clue cells** = Epithelzellen, dicht besetzt mit Bakterien), **hohe Bakterienzahl** (Mischflora) (s. Abb. **B-4.10**).

Diagnostik. Klinische Fluorbeurteilung: Zur besseren Perzeption des Geruchs dient der **Amintest**. Das Aufträufeln von 1–2 Tropfen 10 %iger Kalilauge auf das Vaginalsekret im Spekulum intensiviert den **Fischgeruch**. Die Messung des Scheiden-pH bringt Werte über 4,5.
Phasenkontrastmikroskopischer (oder zytologischer) Nachweis: Man findet **«Schlüsselzellen» (Clue cells)**, d. h. in den Epithelzellen gelegene dichte Körnelungen aus kleinen Bakterien (Gardnerella, aber auch andere). Nativ oder mit **Methylenblaufärbung** (0,1 %) sind sie gut, im **Gram-Präparat** noch besser sichtbar. Feststellung der **Mischinfektion** (Stäbchen und Kokken) sowie der **Quanti-**

B-4.10 Vaginalabstrich mit Gardnerella vaginalis

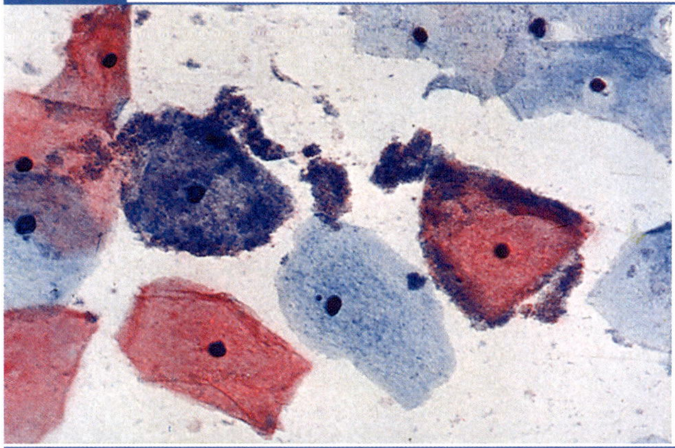

In der Mitte „Clue cells", die dicht von Bakterien überlagert sind. Daneben weitere typische Ansammlungen von Gardnerella-Bakterien (Obj. 40x, Ok. 10x).

B-4.10

B-4.6 Therapie der Aminokolpitis mit 5-Metronidazol

vaginale Anwendung
- 500 mg oder 1000 mg einmalig
- 1 × 500 mg/die über 5 Tage
- 2 × 100 mg/die über 5 Tage

orale Anwendung
- 1 × 2 g an Tag 1 und 2 (oder 3)

B-4.6

tät (massenhaft) im Nativpräparat (s. Abb. **B-4.10**). Nach Begleitinfektionen wie Trichomonaden und Mykoplasmen ist zu fahnden.
Ein **kultureller Nachweis** ist nur in besonderen Fällen (hartnäckige Rezidive, Ausschluss anderer pathogener Keime) sinnvoll.

Kultur nur im Ausnahmefall sinnvoll.

Therapie. Mittel der Wahl ist **Metronidazol** (z. B. Clont, Flagyl, Arilin), es wirkt nicht gegen Gardnerella vaginalis, erfasst jedoch die Anaerobier. Über 90 % der Infektionen werden mit oral appliziertem Metronidazol erfolgreich therapiert. Auch die lokale Behandlung mit Metronidazol-Vaginaltabletten ist möglich. Alternativ können Amoxicillin (auch in der Schwangerschaft) oder Clindamycin (z. B. Sobelin) eingesetzt werden (Tab. **B-4.6**).
Alternative, nicht chemotherapeutische Lokalbehandlungen können mit Milchsäurepräparaten (z. B. Tampovagan), Vaginalzäpfchen mit Lactobazillen (z. B. Vagiflor, Gynoflor) oder Vitamin C (z. B. Vagi-C) versucht werden.

Therapie. Metronidazol (z. B. Clont) ist mit einer Erfolgsrate von 90 % bei oraler Anwendung Mittel der Wahl. Metronidazol-Vaginaltabletten, Amoxicillin und Clindamycin oral sind therapeutische Alternativen (Tab. **B-4.6**).

Nicht chemotherapeutisch kann lokal die Sanierung der Scheidenflora mit Milchsäurepräparaten versucht werden.

Verlauf. Die Rezidivrate ist hoch. Die Behandlung des Partners ist im Allgemeinen nicht indiziert, da sie die Rezidivrate nur kurzfristig senkt.

Verlauf. Hohe Rezidivrate, eine Partnertherapie senkt die Rezidivrate nur kurzfristig.

4.3.4 Trichomoniasis

4.3.4 Trichomoniasis

▶ **Synonym.** Trichomonadenkolpitis.

◀ **Synonym**

Epidemiologie. Trichomonaden kommen weltweit vor. Trichomonas vaginalis ist der dritthäufigste Kolpitiserreger. Die Durchseuchungsangaben schwanken zwischen 0,1 und 14 % bei Frauen. Ca. 58 % der männlichen Partner infizierter Frauen sind ebenfalls infiziert, jedoch erlischt die Infektion bei letzteren schnell.

Epidemiologie. Ubiquitäres Vorkommen. Dritthäufigster Kolpitiserreger. Durchseuchung bei Frauen zwischen 0,1 und 14 %.

B-4.11

B-4.11 Trichomonas vaginalis

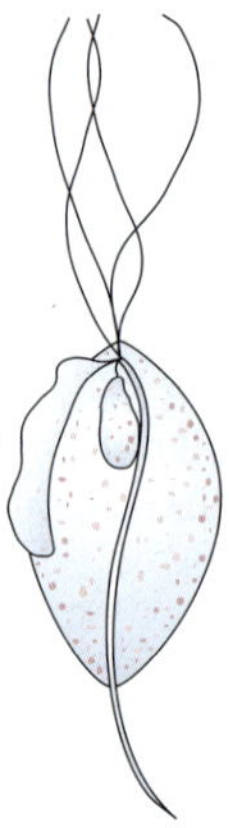

Im frischen (d. h. wenige Minuten alten) Nativpräparat lässt sich der Erreger meist problemlos auf den ersten Blick identifizieren: typische Morphologie, schnelle Eigenbewegung des Flagellaten.

B-4.12

B-4.12 Trichomonaden im Vaginalabstrich (Phasenkontrastmikroskop)

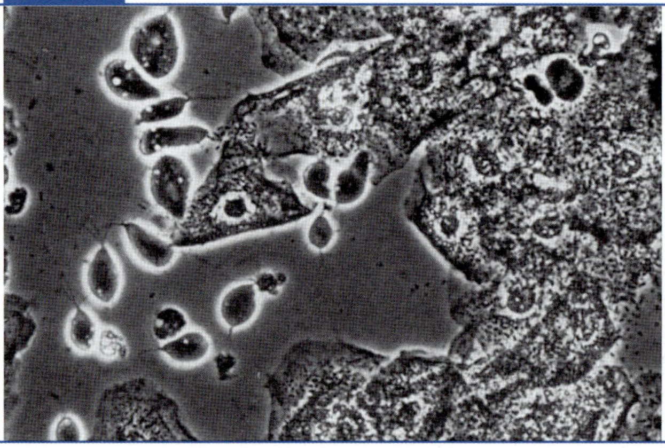

Erreger und Pathogenese. Trichomonas vaginalis ist ein fakultativ pathogener Flagellat mit charakteristischer Morphologie (s. Abb. **B-4.11**). Die Übertragung erfolgt vornehmlich sexuell (STD). Infiziert sind hauptsächlich **Vagina, Drüsenausführungsgänge (Skene, Bartholin)** und **Urethra**. Manchmal Zervix-, Blasen- und Rektumbefall.

Erreger und Pathogenese. Der seit 1837 bekannte Erreger Trichomonas vaginalis ist ein fakultativ pathogener Flagellat. Lebensräume sind vor allem die Lumina im Urogenitaltrakt. Die Identifizierung fällt durch die charakteristische Morphologie leicht (s. Abb. **B-4.11**). Die Übertragung erfolgt vornehmlich sexuell, daher wird die Infektion zu den sexuell übertragbaren Erkrankungen (STD) gezählt. Kaum ins Gewicht fällt die asexuelle Übertragung durch kontaminiertes (Bade-)Wasser, Badekleidung oder Handtücher. Neben der **Vagina** und den **Drüsenausführungsgängen (Skene, Bartholin)** ist in 75 % der Fälle auch die **Urethra** mitbefallen. Zervix-, Blasen- und Rektuminfektionen kommen vor, ausnahmsweise ist ein Befall des Uteruskavums möglich.

Klinik. Oft asymptomatisch. Hauptsymptom: Fluor (dünnflüssig, schaumig, gelbbräunlich, scharf riechend).

Klinik. Asymptomische Verläufe sind häufig. Hauptsymptom im akuten Stadium ist ein starker, dünnflüssiger, schaumiger, gelblich-bräunlicher Fluor mit scharfem Geruch. Im Gefolge tritt heftiger Juckreiz auf.

Diagnostik. Inspektion des Fluors und der entzündlich geröteten Vaginalwände (z. T. Colpitis granularis).

Diagnostik. Außer dem beschriebenen Fluor kann eine umschriebene oder auch diffuse Rötung der Vaginalwand vorhanden sein (bei herdförmiger Rötung spricht man von „Colpitis granularis"). Der **Scheiden-pH** ist bei 5,5–6,0 optimal für Trichomonaden.

Die **Phasenkontrastmikroskopie** des **ungefärbten frischen** Nativpräparates führt zur Diagnose (s. Abb. **B-4.12**).

Entscheidend ist der **Direktnachweis im frischen Nativpräparat** unter dem Phasenkontrastmikroskop. Man erkennt die charakteristisch geformten Flagellaten mit ihren wasserflohartigen Bewegungen (s. Abb. **B-4.12**).

Therapie. Mittel der Wahl ist **Metronidazol** (z. B. Clont, Arilin, Flagyl). Bevorzugt wird heutzutage die **orale Einmaltherapie** mit 1,5–2 g per os in leichten Fällen. Bei Chronifizierung ist eine 5–10tägige orale Therapie mit 2–3 g/die nötig. Eine kombinierte Behandlung mit Vaginalzäpfchen ist möglich. Ein Kohabitationsverbot und die Behandlung des Partners sind für die nachhaltige Heilung erforderlich. Alternativ (und in der Schwangerschaft) kommt **Nifuratel** (z. B. Inimur) lokal bzw. systemisch in Frage.

Therapie. Metronidazol (z. B. Clont): in leichten Fällen **orale Einmaltherapie**, sonst 5–10-tägige Gabe. Vaginalovula können kombiniert gegeben werden. Der Partner muss mitbehandelt werden. Alternativ: Nifuratel lokal oder systemisch.

Verlauf. In 90 % erfolgt die schnelle Ausheilung. Die 10 % Rezidive sind bei bekannter fehlender Resistenzbildung der Trichomonaden auf Reinfektionen zurückzuführen.

Verlauf. Ausheilung in 90 %. Die 10 % Rezidive sind wahrscheinlich Reinfektionen.

4.3.5 Colpitis senilis

Ätiopathogenese. Die akute Vaginitis nach der Menopause kommt durch die Rückbildungsvorgänge bei veränderter Hormonlage (Östrogenmangel) im Alter zu Stande. Durch den verminderten natürlichen Schutz des Scheidenepithels können pathogene Keime aus der Damm- und Analregion zur aszendierenden Infektion führen.

4.3.5 Colpitis senilis

Ätiopathogenese. Bei der postmenopausalen Vaginitis kommt es durch Östrogenmangel zur Plattenepithelatrophie und damit zu erhöhter Infektanfälligkeit.

Klinik. Fluor (blutig, manchmal eitrig), Pruritus, Dysurie, Dyspareunie.

Klinik. Fluor, Pruritus, Dysurie, Dyspareunie.

Diagnostik. Eine fleckige Rötung des atrophischen Vaginalepithels und Vulnerabilität mit Blutung sind bei der Spekulumeinstellung auszumachen. Diagnostisch wichtig ist die Zytologie mit atrophischen Zellen (fast ausschließlich Parabasal- und Basalzellen), Leukozyten und Bakterien. Maligne Prozesse der höhergelegenen Bereiche müssen ausgeschlossen werden!

Diagnostik. Das vulnerable Vaginalepithel ist fleckig und blutet leicht. Zytologisch finden sich atrophische Zellen, Leukozyten und Bakterien. Ein Karzinom muss ausgeschlossen sein.

Therapie. Primär kommen **östrogenhaltige lokale Therapeutika** zur Anwendung (z. B. Ortho-Gynest Ovula oder Creme). Eine Dauertherapie (1–2 Vaginalovula/Woche) als Rezidivprophylaxe ist sinnvoll. Auch eine systemische Behandlung kann manchmal angezeigt sein. Erst bei Versagen der Östrogentherapie kommt eine zusätzliche antibiotische Therapie in Frage. Die hormonelle Therapie beeinflusst gleichzeitig Beschwerden in Form von Dyspareunie und Stressinkontinenz positiv. Scheidenspülungen sind kontraindiziert, da sie die Symptomatik verschlimmern können (weitere Zerstörung des Milieus).

Therapie. Primär östrogenhaltige Lokaltherapeutika, eine Dauertherapie (1–2 Vaginalovula/Woche) als Rezidivprophylaxe ist sinnvoll. Keine Scheidenspülungen (können die Symptome verschlimmern). Östrogene mildern die Dyspareunie- und Stressinkontinenzbeschwerden.

4.3.6 Toxisches Schocksyndrom

4.3.6 Toxisches Schocksyndrom

▶ **Synonym.** TSS, Tamponkrankheit.

◀ Synonym

▶ **Definition.** Das TSS ist ein sepsisartiges Krankheitsbild mit Schocksymptomatik, das sich infolge einer Staphylokokkeninfektion der Vagina durch Produktion bestimmter bakterieller Toxine entwickeln kann. Es wurde zuerst im Zusammenhang mit der Verwendung von hochsaugfähigen Vaginaltampons beschrieben.

◀ Definition

Epidemiologie. Seltene Erkrankung. Das Syndrom ist gehäuft bei jungen Frauen während der Menstruation aufgetreten.

Epidemiologie. Seltene Erkrankung.

Erreger und Ätiopathogenese. Bestimmte Stämme von **Staphylococcus aureus** können das **TSST-1** (Toxic-Shock-Syndrom-Toxin-1) bilden. Normalerweise findet sich Staphylococcus aureus nur in geringer Zahl in der Vaginalflora. Findet der Keim eine Nische, in der er sich vermehren und größere Mengen des Toxins freisetzen kann, kann das Toxin in die Blutbahn gelangen und das Toxische-Schock-Syndrom hervorrufen. Das Toxin ist ein Superantigen, das eine oligoklonale T-Zellaktivierung auslöst. Dadurch kommt es zur unkontrollierten Freiset-

Erreger und Ätiopathogenese. Stämme von Staphylococcus aureus, die das **TSST-1** (Toxic-Shock-Syndrom-Toxin-1) freisetzen können, sind für das Krankheitsbild verantwortlich. Das Toxin ist ein Superantigen, das eine unkontrollierte Zytokinfreisetzung in Gang setzt.

zung von Zytokinen, die das schwere Krankheitsbild verursachen. Das TSS ist nicht immer Folge einer Vaginalinfektion, es kann auch von einer Staphylokokkeninfektion anderer Stellen des Körpers ausgehen.

Klinik. Hohes Fieber, Schocksymptomatik. generalisiertes Exanthem mit nachfolgender Hautschuppung u. a. Störungen.

Klinik. Fieber über 39 °C, Schocksymptomatik, generalisiertes diffuses Exanthem mit späterer Hautschuppung (besonders an Händen und Füßen), Erbrechen, Diarrhö, Oligurie, Muskelschmerzen, Verwirrtheit und andere Störungen.

Diagnostik. Klinik, Anamnese, Erregernachweis.

Diagnostik. Klinisches Bild und typische Anamnese sowie der Erregernachweis führen zur Diagnose.

Therapie. Schockbehandlung, penicillinasefeste Antibiotika (z. B. Oxacillin-Stapenor).

Therapie. Schockbehandlung unter intensivmedizinischen Bedingungen. Einleitung einer erregerspezifischen Therapie mit penicillinasefesten Antibiotika (z. B. Oxacillin-Stapenor) systemisch und lokal.

Entzündungen der Zervix (Zervizitis)

4.4 Entzündungen der Zervix (Zervizitis)

Erreger und Pathogenese. Zusätzlich zu den Vaginalkeimen finden sich Chlamydien, Mykoplasmen und Gonokokken.

Die Zervix schützt vor aszendierenden Infektionen durch:
- anatomische Verengung
- zilienbesetztes Epithel
- lokale Immunität (IgA)
- spezifischen Schleim.

Erreger und Pathogenese. Grundsätzlich lassen sich am Gebärmutterhals (Cervix uteri, Zervix) dieselben Keime finden wie in der Vagina. Zusätzlich können sich Chlamydien, Mykoplasmen und Gonokokken ansiedeln.
Die Zervix bildet eine wichtige **physiologische Barriere** gegen eine aufsteigende (aszendierende) Infektion. Außer der anatomischen Engstellung und der lokalen humoralen Immunität mit IgA spielt dabei der Zervixschleim eine wichtige Rolle. Von bakterizider bzw. bakteriostatischer Qualität, befördert er mechanisch, durch die Ziliarbewegung des Drüsenepithels angetrieben, Erreger nach außen. Die Schleimproduktion ist hormonabhängig und variiert demnach im Zyklus sowie in den verschiedenen Lebensabschnitten (s. auch Kap. „Gynäkologische Endokrinologie", S. 78 ff).

Infektionsbegünstigend:
- Ektopie
- Intrauterinpessar
- Verletzungen.

Infolge einer Aszension kann es zu Endometritis, Salpingitis oder Pelveoperitonitis kommen.

Infektionsbegünstigend wirken Ektopie (des zervikalen Zylinderepithels nach außen auf die Portiooberfläche), Intrauterinpessar (IUP, Spirale) und mechanische Schwächungen der Barriere wie Zervixrisse bei Geburten oder operativen Eingriffen. Durch die Aszension der Keime kann es zu einer Endometritis (s. S. 192 ff), Salpingitis (s. S. 194 ff) oder Pelveoperitonitis kommen.

Klinik. Zervikaler Fluor (Hauptsymptom), evtl. Kohabitationsbeschwerden und Kontaktblutungen.

Klinik. Leitsymptom ist der Fluor mit Ursprung im Zervikalkanal. Manchmal treten Kohabitationsbeschwerden mit Kontaktblutungen, zusammen mit Dysurie bei Ureterbeteiligung, auf. Es kommt kaum zu Allgemeinsymptomen.

Diagnostik. Inspektion der Zervix:
- Rötung und Schwellung
- eitriger Fluor (Leukozytose im Nativpräparat)
- Erythroplakie
- Kontaktblutungen (z. B. beim Abstrich)
- Portio-Palpationsschmerz.

Diagnostik. Bei der Spekulumeinstellung erscheint die Portio gerötet und ödematös, Austritt von eitrigem Fluor (mit Leukozytose im Nativpräperat) aus dem Muttermund gibt einen wichtigen Hinweis. Ist eine ausgedehnte Ektopie in den Entzündungsprozess einbezogen, spricht man von **Erythroplakie**. Kontaktblutungen, z. B. bei der zytologischen Abstrichentnahme, weisen auf die Fragilität des entzündeten Epithels hin. Bei der Palpation ist die Portio schmerzempfindlich. Wichtig ist die Erregersuche.

4.4.1 Bakterielle Infektionen der Zervix

4.4.1 Bakterielle Infektionen der Zervix

Chlamydieninfektion

Chlamydieninfektion

Epidemiologie. Häufigste Zervizitiserreger. Allgemeine Prävalenz 6–9 % (10–25 % unter jungen, sexuell aktiven Frauen).

Epidemiologie. Ca. 6–9 % der Frauen haben eine Zervizitis mit Chlamydien, dem häufigsten dort nachgewiesenen Erreger. Junge, sexuell aktive Frauen sind sogar zu 10–25 % betroffen. Davon sind 30–50 % asymptomatisch.

Erreger und Pathogenese. Chlamydia trachomatis Serotyp D-K (kleine, **intrazelluläre** Bakterien) häufigster Erreger der

Erreger und Pathogenese. Die Zervizitis wird durch kleine (∅ 0,3 µm) **intrazelluläre** Bakterien der Spezies **Chlamydia trachomatis** vom Serotyp D-K hervorgerufen (**Cave:** Serotyp L verursacht das Krankheitsbild des Lymphogranuloma

inguinale, s. S. 209 f). Beim Mann befallen die Erreger bevorzugt die Urethra und verursachen dort eine nicht gonorrhoische Urethritis.
Die Inkubationszeit beträgt 7–21 Tage, der Krankheitsverlauf ist chronisch schleichend. Bei der Chlamydienzervizitis kommt es oft zu einer **Aszension** über die Zervix hinaus, die dann zur Endometritis und Salpingitis führt. Deshalb stellen Chlamydieninfektionen eine häufige Ursache der tubaren Sterilität dar. Auch Eileiterschwangerschaften kommen nach einer Chlamydieninfektion häufiger vor. Eine weitere Komplikation ist das **Fitz-Hugh-Curtis-Syndrom** (Perihepatitis), in 80 % der Fälle sind neben Gonokokken Chlamydien nachweisbar. Die peripartale Infektion des Neugeborenen (Infektionsrate 20–40 %) kann eine **Einschlusskörperchenkonjunktivitis** (entspricht der Schwimmbadkonjunktivitis des Erwachsenen) hervorrufen. Ein Teil der infizierten Kinder entwickelt auch eine **Pneumonie**.

Zervizitis. Beim Mann meist Urethra betroffen.

Chronischer Verlauf. Oft kommt es zur **Aszension** (Endometritis, Salpingitis), mögliche Folgen: Sterilität, Eileiterschwangerschaften. Eine weitere Komplikation ist das **Fitz-Hugh-Curtis-Syndrom** (Perihepatitis). Peripartal erfolgt in 20–40 % der Fälle eine Infektion des Neugeborenen, das eine **Einschlusskörperchenkonjunktivitis** bzw. **Pneumonie** entwickelt.

Klinik. Die Chlamydieninfektion der Frau verläuft auch bei aszendierender Salpingitis oft asymptomatisch. Leitsymptom der akuten Zervizitis ist der zervikale schleimig-eitrige Fluor. Dysurie und Pollakisurie finden sich als Ausdruck einer Urethritis, Entzündungen der Bartholin'schen Drüsen kommen vor. Zwischenblutungen sind bereits Zeichen einer aszendierenden Endometritis.

Klinik. Oft asymptomatischer Verlauf, ansonsten ist der gelbliche, klebrige zervikale Fluor ein Leitsymptom. Zwischenblutungen sind bereits Zeichen der Aszension (Endometritis).

Diagnostik. Bei einer aszendierenden Infektion findet man oft lokale und generalisierte Entzündungszeichen: vermehrt Leukozyten im Nativabstrich, leicht erhöhte BKS und leichte Leukozytose bis 12 000/µl. Die Diagnose wird durch den **direkten Erregernachweis** gesichert. Da sich der Erreger obligat intrazellulär vermehrt, sollte die Untersuchung an **zellreichem Material** erfolgen. Wesentlich ist deshalb die richtige Probeentnahme tief im Zervikalkanal bzw. aus der Urethra mit festem Andrücken und Rotieren des Watteträgers zur Zellgewinnung. **Antigen-Nachweisverfahren** durch **Immunfluoreszenz** oder **Enzymimmunoassay** (EIA) sind technisch einfach, schnell durchführbar und deshalb weit verbreitet. Allerdings gibt es nicht selten falsch positive Ergebnisse, besonders beim EIA. Der Erregernachweis nach Anzucht in der **Gewebekultur** ist spezifischer, aber aufwendiger, nur in speziellen Labors möglich und dauert länger. Moderne Verfahren wie die **PCR/LCR-Diagnostik** (Polymerase- bzw. Ligasekettenreaktion) zum Nachweis von Chlamydien-DNA sind ebenfalls sehr spezifisch und hochsensitiv. Mit diesen Methoden, die zunehmend an Bedeutung gewinnen, ist der Nachweis von Chlamydien aus Urin und ungezielten Abstrichen vom Introitus möglich.

Diagnostik. Der **direkte Erregernachweis** ist obligat, die Untersuchung sollte möglichst aus **zellreichem Material** erfolgen (korrekt durchgeführter zervikaler oder urethraler Abstrich). Am gebräuchlichsten sind **Antigen-Nachweisverfahren (Immunfluoreszenztest, Enzymimmunoassay)**. Es gibt aber nicht selten falsch positive Ergebnisse (v. a. EIA). Die **Gewebekultur** ist spezifischer, dauert aber länger und ist sehr aufwendig. Neuere Verfahren wie die **PCR/LCR** zum Nachweis von Chlamydien-DNA sind ebenfalls sehr spezifisch und so empfindlich, dass auch der Erregernachweis aus Urin und vom Introitusabstrich möglich ist.

▶ **Merke.** Wegen möglicher falsch positiver Befunde sollten alle Direktnachweise (Ausnahme: Gewebekultur) durch einen anderen Test bestätigt werden.

◀ **Merke**

Therapie. Bei einer nachgewiesenen Chlamydieninfektion ist eine 10-tägige Therapie mit zellgängigen Antibiotika indiziert. Mittel der Wahl sind Tetrazykline (z. B. Doxycyclin 200 mg/die) und in der Schwangerschaft Erythromycinethylsuccinat (4 × 500 mg/die). Alternativen sind andere Makrolidantibiotika wie Roxithromycin oder Chinolone (z. B. Ofloxacin). Ein Kontrollabstrich sollte frühestens 48 Stunden nach Abschluss der Therapie erfolgen. Eine Partnerbehandlung ist erforderlich.

Therapie. Eine Antibiotikatherapie (mit Partnerbehandlung) ist indiziert. Mittel der Wahl sind Tetrazykline, auch Erythromycinethylsuccinat (in der Schwangerschaft einsetzbar), andere Makrolide und Chinolone sind wirksam.

Mykoplasmen- und Ureaplasmeninfektion

Epidemiologie. Die Keime sind weltweit verbreitet. Die Besiedelung des Genitaltraktes steigt mit dem Grad der sexuellen Aktivität. Bei 20–70 % asymptomatischer Frauen lassen sich Mykoplasmen nachweisen. Neben Gardnerella vaginalis und Candida gehören Mykoplasmen zu den häufigsten pathogenen Keimen im Fluor. Mykoplasmen und Ureaplasmen sind bei 25 % der Adnexinfektionen beteiligt, bei der Zervizitis sogar zu 40 %.

Mykoplasmen- und Ureaplasmeninfektion

Epidemiologie. Ubiquitär verbreitete Keime. Mykoplasmen lassen sich bei 20–70 % sexuell aktiver asymptomatischer Frauen nachweisen.

Erreger und Pathogenese. Mykoplasmen und **Ureaplasmen** sind kleinste, zellwandlose Bakterien. Die Besiedelung von Vagina und Zervix kann zu Infektionen des oberen Genitaltrakts führen. Mykoplasmen verbreiten sich mehr lymphogen oder hämatogen als kanalikulär.

Erreger und Pathogenese. Mykoplasmen und Ureaplasmen (letztere spalten Harnstoff) sind die kleinsten Bakterien, sie besitzen keine Zellwand. Die Erreger, die den Urogenitaltrakt befallen, haften auf der Epiteloberfläche der Schleimhäute. Die Besiedelung von Vagina und Zervix kann zum Ausgangspunkt von gravierenden Infektionen des oberen Genitaltraktes werden. Im Gegensatz zu Gonokokken und Chlamydien, die kanalikulär aufsteigen, verbreiten sich die Mykoplasmen mehr lymphogen oder hämatogen. Eine Parametritis ist deshalb häufiger.

Klinik. Dünnflüssiger Fluor oder völliges Fehlen von Symptomen. Fieber im Wochenbett oder postoperativ.

Klinik. Häufig ist der Verlauf asymptomatisch. Ansonsten ist oft das einzige Symptom dünnflüssiger Fluor. Fieberschübe kommen nach operativen Eingriffen bzw. postpartal, bakteriämiebedingt, vor.

Diagnostik. Der Erregernachweis in der Spezialkultur erfolgt aus Abstrichmaterial von Zervix-, Vaginal- und Urethralsekret (Spezialtransportmedium erforderlich).

Diagnostik. Das Abstrichmaterial (z. B. von Zervix, Vagina, Urethra) muss in einem speziellen Medium transportiert werden. Die Erreger werden durch Anzucht auf Selektivnährböden identifiziert. Nach 2–4 Tagen Bebrütung erfolgt die Kolonienbeurteilung: M. hominis wächst in der typischen **Spiegeleiform**; U. urealyticum wächst ohne Hof und spaltet Harnstoff.

Therapie. Tetracyclin 4 × 500 mg/die bzw. Doxycyclin 2 × 100 mg/die, in der Schwangerschaft Erythromycin 4 × 500 mg/die oder Clarithromycin 2 × 250 mg/die (jeweils über 10 Tage).
Cave: weitgehende Resistenz von M. hominis gegen Erythromycin.

Therapie. Mittel der Wahl ist Tetracyclin 4 × 500 mg/die (5–10 % der U.-urealyticum-Stämme sollen resistent sein) bzw. Doxycyclin 2 × 100 mg/die per os über 10 Tage. Ersatzweise oder in der Schwangerschaft und bei Kindern kann man mit Erythromycin oder besser Clarithromycin (z. B. Klacid, 2 × 250 mg/die per os) behandeln (guter Effekt nur auf U. urealyticum, M. hominis weitgehend resistent). Als Alternative stehen Clindamycin (M. hominis) und Gyrasehemmer zur Verfügung.

4.4.2 Virale Entzündungen der Zervix

Infektionen mit **Papilloma-** und **Herpes-simplex-Viren** können sich auch an der Zervix manifestieren. Die Diagnose wird klinisch gestellt und unter Anwendung von Essigtest. Bei HSV zeigen sich typische schmerzlose (!) Bläschen an der Portio.

Papillomaviren (s. S. 177 ff) befallen auch die Zervix mit hauptsächlich flachen Kondylomen an der Portio. Die sorgfältige Überwachung der (High-risk-)HPV-Infektion wird empfohlen (s. Tab. **B-4.1**, S. 178).
Die **Herpes-simplex**-Infektion kann sich mit den typischen Bläschen auch an der Portio manifestieren, meist beim rezidivierenden Herpes genitalis. Wegen fehlender Innervation ist die Infektion der Zervix schmerzlos (HSV s. S. 176 f).

4.5 Entzündungen des Endo- und Myometriums (Endometritis, Myometritis)

Ätiopathogenese. Durch **Aszension von Keimen** (anterograd), seltener deszendierend (Salpingitis) oder hämatogen kann es zur Infektion des Endo- und auch des Myometriums kommen. Die Barrierefunktion des inneren Muttermunds kann durch **Menstruation, Geburt** oder **transzervikale Eingriffe** gestört sein. Durch die Menstruationsblutung (Schleimhautabstoßung) existiert ein Selbstheilungsprozess, solange sich die Infektion auf die Lamina functionalis des Endometriums beschränkt.

Ätiopathogenese. Zur Infektion des Corpus uteri mit der Folge einer Endometritis oder Endomyometritis kommt es meist infolge einer **Keimaszension**, z. B. von Staphylokokken, Streptokokken, Chlamydien und Anaerobiern („anterograde Infektion"). Die Infektion kann aber auch deszendierend von Salpingitiden aus (z. B. tuberkulöse Salpingitis) oder hämatogen (bei Tbc) erfolgen. Normalerweise stellt der innere Muttermund am Übergang vom Zervix- zum Korpusepithel eine Barriere dar. Diese kann durch physiologische Vorgänge wie **Menstruation** oder **Geburt**, aber auch artifiziell durch **transzervikale Eingriffe** wie Sondierung und Kürettage des Kavums gestört sein. Durch die zyklische Abstoßung der Zona functionalis während der Menstruation existiert ein Selbstheilungsprozess. Breitet sich die Infektion jedoch bis zur Basalis des Endometriums aus, kann die Endometritis persistieren. Eine Infektion der Uterusmuskulatur (Myometritis) kommt nur im Zusammenhang mit einer eitrigen Endometritis vor (Endomyometritis).

Klinik. Blutungsstörungen; bei Myometriumbeteiligung (Endomyometritis) zusätzlich Unterbauchschmerzen, evtl. Fieber.

Klinik. Die **Endometritis** macht sich mit **Blutungsstörungen** bemerkbar (z. B. Menorrhagie, Metrorrhagie, Schmierblutungen). Im Falle einer Beteiligung des

Myometriums (**Endomyometritis**) treten zusätzlich Unterbauchschmerzen und Fieber auf.

Diagnostik. Bei der Anamneseerhebung ist auf Blutungsstörungen im Zusammenhang mit Menstruation oder vaginalen Eingriffen zu achten. Bei Myometriumbeteiligung ergibt die Palpation einen druckdolenten **(Kantenschmerz)**, vergrößerten Uterus. Die Labordiagnostik (Entzündungsparameter) bietet meist keinen Anhaltspunkt. Im Nativpräparat findet sich leukozytärer Fluor.

Diagnostik. Anamnese: Blutungsstörungen nach Menstruation oder transzervikalen Eingriffen. Bei Myometriumbeteiligung druckdolenter Uterus **(Kantenschmerz)**. Mikroskopisch finden sich Leukozyten im Fluor.

▶ **Merke.** Bei Blutungsstörungen muss in jedem Fall ein Karzinom ausgeschlossen werden (Zervixzytologie! Abrasio nach Abklingen der Entzündung)!

◀ **Merke**

Therapie. Eine Myometritis und eine sekundäre (aufgestiegene) Endometritis sollten mit Antibiotika behandelt werden. Bei der isolierten Endometritis wird die Proliferation und Abstoßung der Zona functionalis des Endometriums mit Hormonen unterstützt (z. B. Östrogensequenzpräparate oder Prosiston 1 Tbl. täglich für 10 Tage) im Sinne einer **hormonellen Abrasio**. Vor einer diagnostischen Abrasio sollte die Normalisierung der Symptome abgewartet werden und der Eingriff dann unter Antibiotikaschutz erfolgen.

Therapie. Antibiotikabehandlung , Unterstützung der Selbstheilungskapazität mit Östrogensequenzpräparaten (bzw. Prosiston 1 Tbl./die für 10 Tage) zur Auslösung einer Entzugsblutung **(hormonelle Abrasio)**.

4.5.1 Sonderformen der Endometritis

Fremdkörperendometritis (nach IUP-Insertion)

Epidemiologie. Trägerinnen eines **Intrauterinpessars (IUP)** haben ein höheres Risiko, an einer pelvinen Infektion zu erkranken: Nulliparae haben wesentlich häufiger Infektionen des kleinen Beckens (am gefährdetsten sind Frauen unter 20 Jahren!), nach Geburten ist die Infektionshäufigkeit noch doppelt so hoch wie in der Kontrollgruppe. Bei fester Partnerschaft liegt die Infektionsrate bei unter 5 %, bei promiskuitivem Lebenswandel steigt die Rate.

4.5.1 Sonderformen der Endometritis

Fremdkörperendometritis (nach IUP-Insertion)

Epidemiologie. Ein **Intrauterinpessar (IUP)** erhöht die Gefahr einer pelvinen Infektion, insbesondere bei Promiskuität. Am höchsten ist die Infektionsrate unter IUP-Anwendung bei Nulliparae unter 20 Jahren.

Ätiopathogenese. Die Infektionsauslösung geschieht durch am IUP haftende Keime (vor allem aus der Zervix), lokale Fremdkörperreaktionen des Endometriums (bis zum Schleimhautdefekt) und den **Strickleitereffekt** (d. h. aufsteigende Infektion über den im Zervikalkanal liegenden IUP-Faden).

Ätiopathogenese. Zur Endometritis kommt es durch die Keimbeladung des IUP, die lokale Fremdkörperreaktion und die Keimaszension über den IUP-Faden **(Strickleitereffekt)**.

Prophylaxe. Um einer Infektion im Zusammenhang mit der IUP-Einlage vorzubeugen, sollten folgende Punkte beachtet werden:

- vor der IUP-Einlage sollten Genitalinfektionen ausgeschlossen sein. Wird eine Infektion diagnostiziert, so ist diese zunächst adäquat zu behandeln, das IUP darf erst nach Ausheilung eingelegt werden
- Position des IUP und Entzündungsparameter sollten nach Einlage kontrolliert werden. Bei falscher Lage oder Hinweisen auf eine Infektion ist das IUP sofort zu entfernen
- die Indikation zur Anwendung bei Jugendlichen muss kritisch gestellt werden, da hier die Infektionsgefahr besonders groß ist.

Prophylaxe:

- Vor IUP-Einlage Entzündungsdiagnostik/-therapie
- Anwendung bei Jugendlichen überdenken
- Kontrolle von IUP-Position und Entzündungsparametern; IUP bei Infektion sofort entfernen.

Pyometra (senile Endometritis, Serometra)

Epidemiologie. Diese Form der Endometritis kommt besonders im höheren Lebensalter vor. Bei ca. 50 % der Patientinnen ist die Erkrankung mit einem **Endometriumkarzinom** assoziiert (Begleitendometritis).

Pyometra (senile Endometritis, Serometra)

Epidemiologie. Vor allem bei älteren Patientinnen, in 50 % assoziiert mit einem **Endometriumkarzinom**.

Ätiopathogenese. Infolge einer Verklebung des inneren Muttermunds (z. B. nach Zervizitis oder durch neoplastische Prozesse bedingt) kann sich Sekret im Corpus uteri ansammeln **(Serometra)**. Handelt es sich um eitriges Sekret **(Pyometra)**, so finden sich häufig Staphylococcus aureus und Anaerobier (z. B. Bacteroides). Neben der Endometritis bzw. dem Karzinom kann auch eine abakterielle Entzündung nach intrauteriner **Bestrahlung** Ursache für eine Serometra sein.

Ätiopathogenese. Serometra: Sekretstau durch Zervikalstenose oder Tumor (eitriges Sekret: **Pyometra**, oft Staphylokokken und Anaerobier nachweisbar). Auch nach Bestrahlung kann eine Serometra auftreten (abakterielle Entzündung).

Klinik. Heftige **wehenartige Unterbauchschmerzen**, evtl. eitriger Fluor. Uterus druckdolent und aufgetrieben.

Klinik. Neben asymptomatischen Verlaufsformen treten oftmals heftige **wehenartige Unterbauchschmerzen** auf, manchmal auch Fieber. Bei teilweisem Abfluss kann es zu eitrig-hämorrhagischem Fluor kommen. Palpatorisch ist der Uterus aufgetrieben und druckschmerzhaft.

Diagnostik. Sonographisch Nachweis von Flüssigkeit, allgemeine Entzündungszeichen.

Diagnostik. Ultrasonographisch lässt sich die Flüssigkeitsansammlung darstellen. Unspezifische Entzündungszeichen (Fieber, Leukozytose, BKS) kommen hinzu.

Therapie. Die Stenose des Zervikalkanals wird dilatiert und mit einem Fehling-Röhrchen dräniert. Breitgefächerte Antibiotikatherapie. Zum Ausschluss eines Karzinoms **diagnostische Abrasio** so bald wie möglich!

Therapie. Dilatation des Zervikalkanals und Offenhalten des Abflusses durch Einlegen eines Fehling-Röhrchens beseitigt den pathologischen Zustand. Weiterhin ist eine breite antibiotische Behandlung mit Wirkung gegen gramnegative und anaerobe Keime indiziert. Nach Abklingen der Entzündungszeichen muss möglichst bald eine **diagnostische Abrasio** erfolgen, um ein Karzinom auszuschließen.

Endometritis puerperalis und fieberhafter Abort

Endometritis puerperalis: häufigste Form der Endometritis (s. S. 685 f). Endometritis nach Fehlgeburt oder Schwangerschaftsabbruch: s. S. 490.

Endometritis puerperalis und fieberhafter Abort

Die Endometritis puerperalis ist die häufigste Form der Endometritis (s. S. 685 f). Auch nach einer Fehlgeburt kann es zur Infektion des Endometriums kommen, z. B. wenn Plazentareste im Cavum verblieben sind. Eine weitere Ursache sind Schwangerschaftsabbrüche, vor allem wenn sie unsachgemäß durchgeführt werden (s. S. 490).

4.6 Entzündungen der Adnexe (Adnexitis)

4.6 Entzündungen der Adnexe (Adnexitis)

▶ **Synonym**

▶ **Synonym.** Pelvic inflammatory disease **(PID)** ist der internationale Sammelbegriff für die akute und chronische Salpingitis (Entzündung der Tube), die Salpingoophoritis (Entzündung von Tube und Ovar) und ihre Komplikationen (Tuboovarialabszess, Pelveoperitonitis) sowie die Parametritis.

Epidemiologie. Jährliche Inzidenz: 10–13/1000 Frauen im fertilen Alter vor allem zwischen 15 und 19 Jahren.

Epidemiologie. Es besteht eine enge Korrelation einer PID mit dem frühen Beginn sexueller Aktivität und der Zahl der Geschlechtspartner. Die jährliche Inzidenz beträgt ca. 10–13/1000 Frauen im gebärfähigen Alter und ist bei 15–19-jährigen Frauen am höchsten.

Erreger und Pathogenese. Verschiedene Verlaufsformen eines einheitlichen Infektionsgeschehens. Bei **Virgines** an **Tbc** denken. **Primäre** Form: von den Genitalorganen ausgehend (99 %), sekundäre Form: Ursache extragenital, z. B. perityphlitischer Abszess (1 %). Meist **aszendierende** Infektion, begünstigt durch Minderung der natürlichen Schutzbarrieren (Menstruation, Eingriffe, IUP).

Überwiegend **STD-Erreger** (in > 75 % Gonokokken, Chlamydien, Mykoplasmen); daneben E. coli, Anaerobier u. a. Keime. Sehr selten hämatogene Infektion mit Mykobakterien. Ernste Erkrankung mit z. T. lebensbedrohlichen **Komplikationen** (Peritonitis) und gravierenden **Spätfolgen (Sterilität, EUG)**.

Erreger und Pathogenese. Nosologisch, ätiologisch und pathophysiologisch handelt es sich um ein einheitliches Infektionsgeschehen mit unterschiedlicher Ausbreitung und -prägung. Bei **Virgines** muss an eine **tuberkulöse Genese** gedacht werden. Ursächlich lässt sich zwischen **primärer**, also von den Genitalorganen ausgehender, und seltener (< 1 %) **sekundärer**, von extragenitalen Bauchorganen (z. B. perityphlitischer Abszess, Ileitis, Divertikulitis) ausgehender Adnexentzündung unterscheiden. Häufigste Ursache ist die **Aszension** von Keimen aus dem unteren Genitaltrakt. Eine Minderung der natürlichen Schutzbarrieren durch Menstruation, instrumentelle Eingriffe (Risiko bei Abortus legalis 0,5 %) oder Fremdkörper (IUP) begünstigen die Infektion. Als Transportvehikel für pathogene Keime können Spermatozoen und Trichomonaden dienen. Ein Reflux von Menstrualblut in die Tuben (physiologisch) fördert ebenfalls die Keimaszension. Vorherrschende Erreger gehören zu der Gruppe der **STD-Keime.** Gonokokken, Chlamydien und Mykoplasmen sind für mehr als 75 % der Infektionen bei Frauen unter 25 Jahren verantwortlich. Daneben kommen auch E. coli, Anaerobier und andere Keime vor. Eine hämatogene Infektion mit Mycobacterium tuberculosis ist heutzutage selten. Der schwere Verlauf und die Gefahr z. T. lebensbedrohlicher **Komplikationen** (z. B. Peritonitis) sowie die oft gravierenden **Spätfolgen (Sterilität, Extrauteringravidität)** kennzeichnen die entzündliche Erkrankung dieses Genitalabschnittes.

4.6.1 Verlaufsformen der Adnexitis

Akute Salpingitis

Ätiopathogenese. Meist kommt es zur Infektion beider Eileiter. Die zelluläre entzündliche Reaktion geht in den Tuben sehr schnell vor sich. Es kommt zur ödematösen Schwellung der Eileiter mit lymphozytärer Durchsetzung der gesamten Tubenwand und eitriger seröser oder fibrinöser Sekretion ins Tubenlumen sowie zum Tubenverschluss im uterinen Bereich und am Fimbrienende. Durch Sekretstau entwickelt sich im Verlauf eine bis doppeltdaumendicke Auftreibung des Eileiters **(Saktosalpinx)**. Je nach Beschaffenheit des angesammelten Sekretes spricht man von **Hydrosalpinx** (wässriges Sekret) oder **Pyosalpinx** (eitriges Sekret). Abb. **B-4.13** zeigt eine Salpingitis im Anfangs- und Endstadium. Der entzündliche Prozess kann sich ausdehnen und auf die Eierstöcke übergreifen (Salpingoophoritis, Tuboovarialabszess). Wenn sich die Infektion auf das Beckenperitoneum ausdehnt, kommt es zur Peritonitis (s. S. 200).

4.6.1 Verlaufsformen der Adnexitis

Akute Salpingitis

Ätiopathogenese. Meist sind beide Tuben entzündet. Die Tubenwände schwellen an. Eitrige seröse bzw. fibrinöse Flüssigkeit wird ins Tubenlumen sezerniert, die distalen und proximalen Tubenenden verschließen sich. Am Schluss steht die dick aufgetriebene **Saktosalpingx (Hydro- oder Pyosalpinx,** s. Abb. **B-4.13**). Wenn sich die Infektion auf Ovar oder Beckenperitoneum ausbreitet, drohen Tuboovarialabszess und Peritonitis (s. S. 200).

Klinik. Wechselnd starke, meist beidseitige, z. T. seitenbetonte **Unterbauchschmerzen** gehen mit plötzlichem Krankheitgefühl einher. Nicht obligat sind Temperaturerhöhung und **Fieber** (40 %). Meteorismus und Obstipation können auftreten. Sind Blase und Rektum beteiligt (schmerzhafte Miktion bzw. Defäkation), ist dies bereits ein Hinweis auf eine diffuse Pelveoperitonitis. Erbrechen und diffuse Schmerzausbreitung im Abdomen sind Zeichen der generalisierten Peritonitis. **Fluor** und **Schmierblutungen** sind häufige Zeichen einer gleichzeitig vorhandenen Kolpitis, Zervizitis und Endometritis.

Klinik. Charakteristisch sind z. T. heftige, doppelseitige (manchmal auch seitenbetonte) **Unterbauchschmerzen** mit und ohne Temperaturanstieg. Als Zeichen der Infektion tiefergelegener Genitalabschnitte können **Fluor** und **Blutungsstörungen** auftreten.

Diagnostik. Anamnestisch wird nach zeitlichen Zusammenhängen mit der Menstruation und operativen Unterleibseingriffen gefragt. Inspektorisch und im Nativabstrich (Leukozytose) können sich Hinweise auf eine Kolpitis bzw. Zervizitis/Endometritis ergeben. Palpatorisch besteht ein **starker Druckschmerz**, meist doppelseitig, eine Verdickung ist besonders im Anfangsstadium selten zu tasten. Bei fortgeschrittener Erkrankung manifestiert sich die Tubenauftreibung oft als **prallelastischer, keulenförmiger Adnextumor von geringer Beweglichkeit**. Bei der Palpation ist Vorsicht geboten, um keine Tubenruptur hervorzurufen! Abwehrspannung, Portioschiebe- und -wackelschmerz sowie Uterusdruckschmerz erschweren die Palpation, weisen aber auch auf die ausgeprägte Entzündung hin. Die Körpertemperatur kann erhöht sein, die Entzün-

Diagnostik. Besteht ein zeitlicher Zusammenhang zur Menstruation bzw. vaginalen Eingriffen in der Anamnese? Sind Hinweise auf eine Kolpitis, Zervizitis oder Endometritis vorhanden? Die Adnexbereiche sind **sehr druckdolent**, **verdickte Tuben** aber oft erst im fortgeschrittenen Stadium zu tasten. Weitere lokale Entzündungszeichen sind: Abwehrspannung, Portioschiebe- und Uterusdruckschmerz. BKS- und CRP-Anstieg sowie Leukozytose.

B-4.13 Akute und chronische Salpingitis

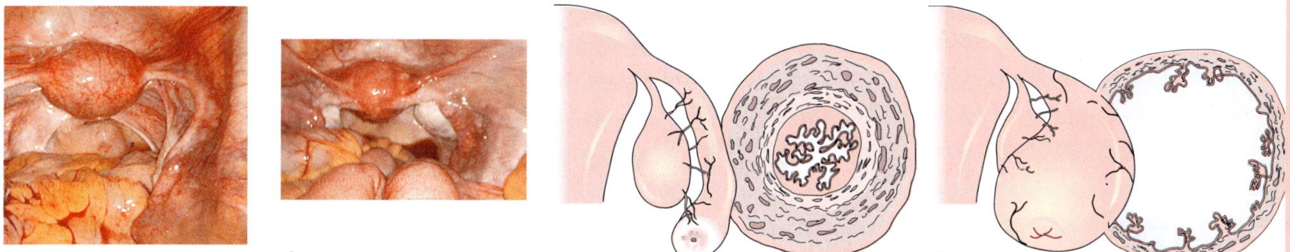

a b c d

a Laparoskopischer **Normalbefund** von Uterus und rechter Adnexe.
b Klinisches Bild bei **akuter Salpingitis** (Laparoskopie).
c Schematische Darstellung bei **unspezifischer akuter Salpingitis**. Tube nur wenig verdickt, vermehrter Gefäßreichtum auf der Serosa, beginnende Einkrempelung des Ostium abdominale, zarte Verwachsungen mit dem Ovar. Histologisch starke entzündliche Durchsetzung der Schleimhaut und der Tubenwand.
d Schematische Darstellung bei Z. n. **chronischer Salpingitis**. Tube verschlossen, hühnereidick, starke Verwachsungen mit der Umgebung. Im Tubeninneren findet sich kein Eiter, sondern ein wässriges Sekret (Hydrosalpinx). Histologisch weitgehender Schwund der Tubenschleimhautfalten.

B-4.14

B-4.14 Vaginalsonographie mit Hydrosalpinx

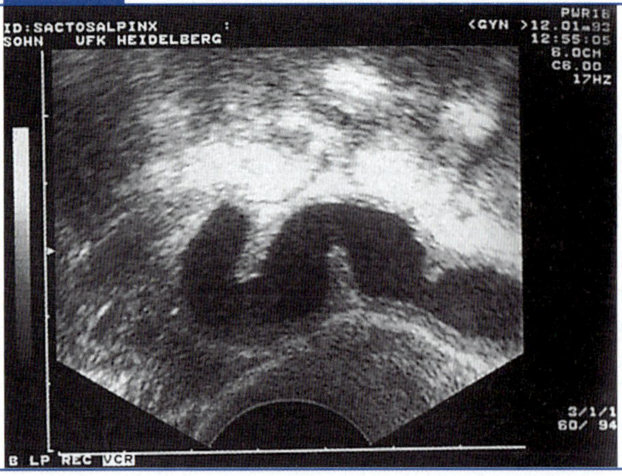

dungsparameter im Serum (BKS oder CRP, Leukozyten) sind meist pathologisch verändert.

Sonographie: Im fortgeschrittenen Stadium Flüssigkeit in den Tuben und evtl. im Douglas-Raum (s. Abb. **B-4.14**).

Sonographie: Das Ultraschallbild zeigt im fortgeschrittenen Stadium der Erkrankung Flüssigkeitsansammlungen im Tubenlumen (bei Hydro- bzw. Pyosalpinx), verdickte Tuben und evtl. freie Flüssigkeit (Douglas-Raum) (s. Abb. **B-4.14**).

Bei unklarer Diagnose sollte frühzeitig **laparoskopiert** werden. Die diagnostische Pelviskopie ist die einzige Möglichkeit, eine Adnexitis sicher zu diagnostizieren.

Eine frühzeitige **diagnostische Laparoskopie (Pelviskopie)** zur Diagnosesicherung kann indiziert sein, z. B. wenn aufgrund fehlender Entzündungszeichen Zweifel an der Diagnose bestehen. Bei dieser Untersuchung werden Direktabstriche von den Tuben für den Erregernachweis entnommen. Die Pelviskopie ist die einzige diagnostische Methode, mit der eine Adnexitis sicher diagnostiziert werden kann. Wenn die Diagnose aufgrund der Anamnese, des klinischen Bildes und des Erregernachweises aus dem Zervixabstrich wahrscheinlich ist, und die Patientin auf einen Antibiotikatherapie gut anspricht, kann auf die Laparoskopie verzichtet werden.

Differenzialdiagnose. Unbedingt auszuschließen sind:

- **Extrauteringravidität**
- **Appendizitis**
- **Genitaltuberkulose**

Differenzialdiagnose. Unbedingt ausgeschlossen werden müssen vor allem folgende Diagnosen (s. auch akutes Abdomen, S. 713 ff):

- **Extrauteringravidität:** Typische Blutungsanamnese mit sekundärer Amenorrhö, oft nur einseitiger Befund, meist keine pathologischen Laborparameter **(keine Entzündungszeichen)** und kein Fieber, **β-HCG**-Kontrolle, Identifikation des Schwangerschaftsproduktes mit **Ultraschall.**
- **Appendizitis:** Häufig werden Patientinnen mit der Verdachtsdiagnose Appendizitis von den Chirurgen zum Ausschluss einer Infektion im kleinen Becken konsiliarisch vorgestellt. Bei der Appendizitis liegt das Maximum der Druckschmerzhaftigkeit höher, im Bereich der typischen Punkte (McBurney, Lanz), und die Schmerzen treten einseitig (rechts) auf. Entzündungsanzeichen sind auch hier meist vorhanden (Fieber, Leukozytose). Stuhlverhalt, Übelkeit und Erbrechen sind häufig (in der Anamnese muss explizit danach gefragt werden), gynäkologische Symptome und Befunde fehlen (Fluor, vaginale Blutung, Portio-Schiebe/Wackelschmerz). Ein Zusammenhang mit Menstruation, Abort, Geburt und Operationen fehlt.
- Genitaltuberkulose: (s. S. 201 f).

Therapie. Antibiotikatherapie gemäß Resistenzschema vorzugsweise **stationär**.

Therapie. Übergeordnetes Ziel ist neben der akuten Besserung die Aufrechterhaltung der Tubenfunktion. Dies gelingt meist nur unter längerdauernder **stationärer Behandlung** mit Antibiotikaabdeckung und physikalischer Therapie (s. u.), ein IUP muss ggf. entfernt werden.

Antibiotikatherapie: Intravenöse antibiotische Therapie über mindestens 10 Tage. Die Behandlung wird mit Antibiotika, die

Antibiotikatherapie: Die Adenxitis erfordert eine intravenöse Antibiotikaabdeckung für mindestens 10 Tage. Wegen der Schwere des Krankheitsbildes sollte der Keimnachweis nicht abgewartet werden. Nach Entnahme der (Zervix-, ggf. Tuben-)Abstriche wird zunächst mit Antibiotika, die gegen die häufigsten Adnexitis-Erreger (Chlamydien und Gonokokken) wirken, behandelt (kalkulierte Antibiotikatherapie). Sobald das bakteriologische Ergebnis vorliegt, kann die Therapie dem Erreger- und Resistenzbild angepasst werden. Folgende Zweifachkombinationen sind gegen die häufigsten Erreger wirksam:

- Doxycyclin 200 mg + Metronidazol 2 × 500 mg/die
- Clindamycin 4 × 600 mg + Gentamicin oder Tobramycin 80 mg/die
- Ampicillin 3 × 2 g + Doxycyclin 200 mg/die
- Gyrasehemmer (z. B. Ofloxacin) 0,4–1 g + Metronidazol 2 × 500 mg/die:

Gelingt der Keimnachweis nicht, oder spricht die Infektion auf die Therapie nur ungenügend an, ist eine intensivere Breitspektrumtherapie erforderlich, z. B. mit einer Dreifachkombination aus einem Cephalosporin der 3. Generation (z. B. Cefotaxim = Claforan 3 × 2 g/die) + Metronidazol (z. B. Clont 3 × 500 mg/die) + Gentamicin (z. B. Refobacin 2 × 80 mg/die). Wenn die akuten Symptome abgeklungen sind, kann später eine Umstellung auf orale Antibiotika erfolgen.

Antiphlogistische Therapie: Besonders in der akuten Phase mit entzündlichen Ödemen sind nichtsteroidale Antiphlogistika (z. B. Diclofenac 100 mg/die) sinnvoll. Ob sich durch den Einsatz von Kortikosteroiden die Entwicklung von entzündlichen Verklebungen und Adhäsionen verhindern lässt, ist umstritten.

Physikalische Therapie: Eine sinnvolle physikalische Maßnahme im akuten Stadium ist die stundenweise Kühlung der Adnexgegend mit einer **Eisblase**. Der antiphlogistische Effekt ergibt sich durch Vasokonstriktion. Später führen feuchtwarme Wickel und Fangopackungen zur Durchblutungsanregung und zur Besserung. Die nachstationäre Behandlung besteht aus balneologischer Therapie mit Fangopackungen und Moorbädern.

Verlauf und Prognose. Gute Heilungschancen mit Fertilitätserhalt bestehen bei frühzeitiger Diagnosestellung und Therapieeinleitung, auch wenn schon deutliche Adnextumoren nachweisbar waren. Bei ausgeprägter Exsudation und Verklebung ist die Prognose hinsichtlich der Konzeptionsfähigkeit schlecht. Heilt die Infektion nicht vollständig aus, kann sich eine chronische Salpingitis entwickeln.

gegen die mutmaßlichen Erreger wirksam sind, eingeleitet, bevor das bakteriologische Ergebnis vorliegt. Folgende Zweifachkombinationen erfassen die häufigsten Keime:

- Doxycyclin + Metronidazol
- Clindamycin + Aminoglykosid
- Ampicillin + Doxycyclin
- Gyrasehemmer + Metronidazol.

Später wird entsprechend dem Erregernachweis behandelt. Bei unzureichendem Ansprechen oder fehlendem Erregernachweis ggf. Dreifachkombination (z. B. Cephalosporin + Metronidazol + Gentamicin). Später evtl. Umstellung auf orale Antibiotika.

Antiphlogistische Therapie: In der akuten Phase sind nichtsteroidale Antiphlogistika (z. B. Diclofenac 100 mg/die) sinnvoll.

Physikalische Therapie: Im akuten Stadium hilft die stundenweise Kühlung des Unterbauchs mit der Eisblase. Später sind warme Wickel und Fangopackungen sinnvoll.

Verlauf und Prognose. Bei frühzeitiger Therapie Aussichten auf Heilung und Erhaltung der Fertilität gut, bei fortgeschrittener Infektion zunehmend schlechter. Übergang in eine chronische Salpingitis möglich.

▶ **Klinischer Fall.** Eine 28 Jahre alte Patientin (mit 12 Jahren Appendektomie, IUP-Entfernung während der letzten Periode) leidet seit 1 Tag unter starken stechenden Unterbauchschmerzen beidseits und Temperatur bis 38,5 °C. Miktion und Defäkation sind unauffällig, es besteht keine Übelkeit und kein Erbrechen. Es werden pathologische Laborparameter erhoben 15 000 Leukozyten, CRP 250 mg/l, HCG im Urin negativ. Bei der körperlichen Untersuchung finden sich eine reizlose Narbe nach Appendektomie und ein druckdolenter, angespannter Unterbauch. Vulva und Vagina sind inspektorisch o. B., im Phasenkontrastmikroskop finden sich eine Mischflora mit reichlich Stäbchen und Kokken sowie massenhaft Leukozyten. Palpatorisch besteht ein Portioschiebeschmerz. Wegen Abwehrspannung bei starker Schmerzhaftigkeit sind die Adnexe nicht eindeutig zu tasten. Die sonographische Untersuchung ergibt keinen eindeutigen Befund. Mit der klinischen Verdachtsdiagnose akute Adnexitis wird die Patientin stationär mit eingeschränkter Bettruhe (d. h. aufstehen zum Waschen, Essen, Toilette erlaubt) aufgenommen und ab sofort intravenös mit 3 × 2 g Augmentan und 2 × 500 mg Clont/die behandelt. Zur Analgesie werden Voltaren 100 Suppositorien zweimal täglich verordnet. Die Patientin bekommt eine Eisblase für den Unterbauch und wird vorsorglich nüchtern gelassen, um ggf. eine Laparoskopie durchführen zu können. Am nächsten Tag geht es der Patientin klinisch viel besser. Die Entzündungszeichen im Blut sinken auf 12000 Leukozyten, CRP auf 100 mg/l. Auf die in Betracht gezogene Bauchspiegelung konnte verzichtet werden. Nach sieben Tagen stationärem Aufenthalt wird die Antibiotikatherapie auf orale Gabe umgestellt. Nach zehn Tagen kann die Patientin beschwerdefrei und mit normalen Laborwerten entlassen werden, mit der Auflage, sich noch mindestens für zwei Wochen körperlich zu schonen.

◀ **Klinischer Fall**

Subakute/chronische Salpingitis

Nach Abklingen des akuten Stadiums ohne (adäquate) Therapie kann sich aus der akuten Salpingitis übergangslos die chronische Salpingitis entwickeln. Charakteristisch sind die bindegewebigen Verwachsungen mit der Umgebung und

Subakute/chronische Salpingitis

Aus der akuten Salpingitis kann sich übergangslos die chronische Salpingitis entwickeln. Typisch sind bindegewebige

Verwachsungen und Hydrosalpingen mit atrophierter Tubenschleimhaut (s. Abb. **B-4.13d**).

die dauerhaft verschlossene(n) Tube(n) mit wasserartigem sterilem Inhalt (Hydrosalpinx). Eine Druckatrophie der Tubenschleimhaut ist die Folge (s. Abb. **B-4.13d**).

Klinik. Ein- und beidseitige, dumpfe Unterbauchschmerzen, Kohabitationsbeschwerden.

Klinik. Im chronischen Stadium bestehen dumpfe, wechselnd starke, ein- oder beidseitige Unterbauchschmerzen, die beim Hinsetzen stärker werden. Ein Teil der Patientinnen klagt über Kohabitationsbeschwerden (durch Verwachsungen).

Diagnostik. Palpatorisch finden sich z. T. ausgeprägte ein- oder beidseitige **Adnextumoren** bei meistens fehlender Abwehrspannung. Die Serumentzündungsparameter können erhöht sein. Die Diagnose lässt sich durch **Laparoskopie** sichern. Dabei ist oft keine Infektion mehr nachweisbar, sondern lediglich die Folgezustände der Adnexitis (Saktosalpingen, Adhäsionen) sichtbar. Die Verwachsungen sind in diesen Fällen Ursache der Beschwerden.

Diagnostik. Die typische Anamnese ergibt Hinweise auf ein vorangegangenes akutes Stadium mit Unterbauchschmerzen. Bei schnellem Abklingen der Symptomatik wurde dann auf einen Arztbesuch verzichtet. Palpatorisch finden sich teilweise ausgeprägte druckschmerzhafte **Adnextumoren** ein- oder beidseitig. Eine Abwehrspannung der Bauchdecken besteht meistens nicht. Manchmal weisen erhöhte Serumparameter (BKS, CRP, Leukozyten) auf einen entzündlichen Prozess hin. Wie bei der akuten Erkrankung ist die Sicherung der Diagnose nur durch eine **Laparoskopie** möglich, dabei sollten Abstriche zum Nachweis der Erreger entnommen werden. Nicht selten stellt sich heraus, dass keine aktive Infektion mehr nachweisbar ist. Man sieht aber die Folgen der abgelaufenen Adnexitis wie Saktosalpingen und Adhäsionen. Die Beschwerden der Patientin sind dann nicht auf eine Persistenz oder ein Rezidiv der Infektion zurückzuführen, sondern auf die Verwachsungen.

Differenzialdiagnose. Eine **Endometriose**, Divertikulitis oder **psychosomatische** Ursachen kommen in Betracht.

Differenzialdiagnose. Eine **Endometriose** (Endometriosis genitalis externa, s. S. 306 ff) und entzündliche Darmerkrankungen (Divertikulitis) können ähnliche Symptome hervorrufen. Auch **psychosomatische** Ursachen müssen in Betracht gezogen werden.

Therapie. Wenn noch Entzündungszeichen nachweisbar sind, wird wie bei der akuten Salpingitis zunächst antibiotisch behandelt (s. S. 196 f). Bei Tubenverschlüssen und Adhäsionen Versuch einer chirurgischen Rekonstruktion und Adhäsiolyse (kann bei der diagnostischen Laparoskopie in gleicher Sitzung erfolgen).

Therapie. Die Behandlung unterscheidet sich nicht von der Intervention im akuten Stadium, wenn noch Entzündungszeichen vorhanden sind. In diesen Fällen erfolgt also zunächst eine Antibiotikatherapie (s. S. 196 f). Eine Resorption auch großer Adnextumoren ist möglich. Die Tuben bleiben aber oft verklebt (v. a. im ampullären Teil), und einzig die plastisch-chirurgische Operation zur Wiederherstellung der Fertilität mit Tubeneröffnung und Adhäsiolyse (Lösen der Verwachsungen) kann dann noch versucht werden. Der Eingriff kann im Rahmen der diagnostischen Laparoskopie vorgenommen werden (diagnostisch-therapeutische Laparoskopie).

Verlauf. Sterilität ist häufig. Oft kommt es zu Rezidiven. Manchmal ist die Sanierung durch Salpingektomie nötig.

Verlauf. Die Rezidivgefahr ist groß und die Fertilität oft dauerhaft geschädigt. Anhaltende oder dauerhaft chronische Salpingitiden müssen unter Umständen radikal chirurgisch saniert werden (Salpingektomie).

Komplikationen der Adnexitis

Tuboovarialabszess

Pathogenese. Die Salpingitis kann sich zur Salpingoophoritis ausdehnen. Die Infektion breitet sich kontinuierlich über das Fimbrienende oder als Tubenwanddurchwanderung aus. In der Folge kommt es zu Narbenverwachsungen in der Umgebung sowie zur Abszessbildung zwischen Tube und Ovar. Resultat ist ein großer, verbackener **Konglomerattumor** (s. Abb. **B-4.15**).

Komplikationen der Adnexitis

Tuboovarialabszess

Pathogenese. Aus einer Salpingitis kann durch Ausbreitung der Infektion auf das Ovar eine **Salpingoophoritis** entstehen. Die Infektion breitet sich entweder über das (noch) unverschlossene Fimbrienende oder durch die Tubenwand hindurch aus. Zwischen den betroffenen Geweben kommt es zu fibrinösen Verwachsungen. Zwischen Tube und Ovar kann es zu Einschmelzungen mit Abszessbildung kommen, vorzugsweise in einer alten Follikelhöhle als präformiertem Abszesssitz. Die Tubenmotilität und der Eiauffangsmechanismus sind extrem gestört. Es entsteht ein großer, unbeweglicher **Konglomerattumor,** der mit Uterus, Darm, Douglas, Ligamentum latum und mit der Beckenwand, selten auch mit der Blase verbacken ist (s. Abb. **B-4.15**).

Klinik. Anhaltende, ein- oder beidseitige Unterbauchschmerzen. Fieberschübe, z. T.

Klinik. Charakteristisch sind anhaltende, wechselnd starke, ein- oder beidseitige Unterbauchschmerzen bei chronisch krank erscheinenden Frauen in reduziertem Allgemeinzustand. Unregelmäßige Fieberschübe mit z. T. hohen Tempera-

B-4.15 **Tuboovarialabszess**

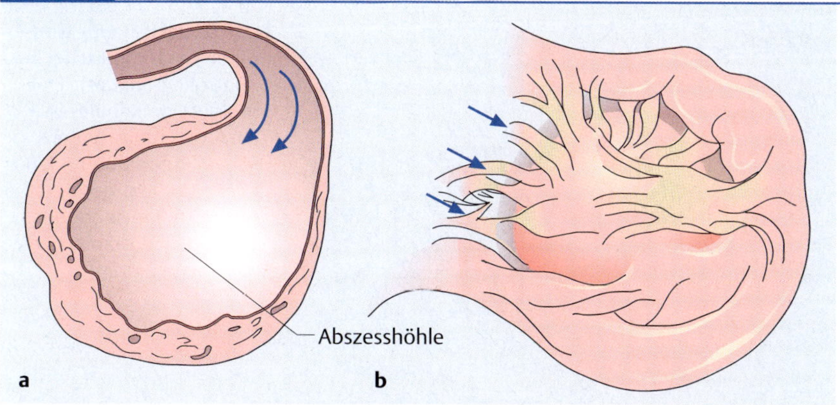

a Der ampulläre Tubenanteil und das Ovar bilden eine **große Abszesshöhle**. Das Fimbrienende ist mit dem Ovar untrennbar verwachsen.
b **Starke Verwachsungen** mit der Umgebung.

turen treten auf. Die Darmbeteiligung macht sich mit Obstipation und Meteorismus bemerkbar.

Diagnostik. Bei der sehr schmerzhaften Palpation zeigt sich (falls die Schmerzen der Patientin die Untersuchung zulassen) ein Konglomerattumor mit eher teigig-weicher Konsistenz. Der Unterbauch ist insgesamt oder auf eine Seite beschränkt, sehr druckempfindlich, z. T. mit Abwehrspannung. Mit Hilfe der **Vaginalsonographie** lässt sich eine unscharf begrenzte, solid-zystische Raumforderung im Bereich der Adnexe darstellen. BKS und CRP sind extrem erhöht, es besteht eine deutliche Leukozytose.

Differenzialdiagnose. Wie bei der akuten und chronischen Salpingitis, zusätzlich kommen noch Malignome von Ovar und Darm in Betracht.

Therapie. Zunächst Therapie mit Antibiotika und Antiphlogistika wie bei der akuten Salpingitis (Ausnahme: rupturierter Abszess. Hier muss wegen der Gefahr einer eitrigen Peritonitis sofort operiert werden). Nach Abklingen der Entzündung kann eine Organ erhaltende operative Therapie mit Adhäsiolyse und Tubenrekanalisierung (bei erhaltener Tubenschleimhaut) versucht werden. Bei abgeschlossener Familienplanung bzw. nach fehlgeschlagenen konservativen Therapieversuchen wird man die Herdsanierung mit Organentfernung empfehlen. Dieser individuell sehr belastende radikale Eingriff stellt oft die einzige endgültige Heilungschance eines jahrelangen schweren Leidens dar. Folgende Punkte sind zu beachten und müssen auch bei der Aufklärung der Patientin berücksichtigt werden.

- Die endgültige Entscheidung über die Ausdehnung des Eingriffs bis hin zur Hysterektomie mit Entfernung beider Adnexe kann erst intra operationem erfolgen
- bei geschlechtsreifen Frauen wird eine Ovar(teil)erhaltung angestrebt
- im Falle einer beidseitigen Adnexexstirpation wird eine Hormondauersubstitution (Östrogene und Gestagene) erforderlich
- die Inzidenz einer Extrauteringravidität ist nach Tubenerhaltung 10-mal höher als im Normalkollektiv.

Douglas-Abszess

Ausgehend von einem Tuboovarialabszess kann sich eine Eiteransammlung am tiefsten Punkt des kleinen Beckens (Douglas-Raum) entwickeln. Der Douglas-Abszess wird nach oben von Darmschlingen (Dünndarm, Sigma) abgedeckt.

B-4.15

septisch. Meteorismus und Obstipation wegen der Darmbeteiligung.

Diagnostik. Tastbarer Adnextumor, Unterbauch ein- oder beidseitig sehr druckempfindlich. **Vaginalsonographisch** lässt sich ein zystischer Konglomerattumor nachweisen. Die Entzündungsparameter sind extrem erhöht (BKS, CRP, Leukozyten).

Differenzialdiagnose. Wie bei akuter/chronischer Salpingitis, Tumoren von Ovar und Darm.

Therapie. Wie bei der akuten Salpingitis zuerst Antibiotikatherapie (Ausnahme: nach Ruptur des Abszesses sofortige Operation). Nach Abklingen der Infektion evtl. Organ erhaltende chirurgische Therapie mit Adhäsiolyse und Tubenrekanalisierung. Meist ist die radikale Herdsanierung mit Organentfernung indiziert. Bei der Aufklärung der Patientin ist zu beachten:

- Entscheidung über die Ausdehnung des Eingriffs kann erst intraoperativ erfolgen
- bei geschlechtsreifen Frauen möglichst Ovarerhaltung
- nach Adnexektomie Hormonsubstitution notwendig
- EUG-Risiko nach tubenerhaltendem Vorgehen erhöht.

Douglas-Abszess

Ein Abszess im Douglas-Raum, nach oben von Darmschlingen abgedeckt, kann sich aus dem Tuboovarialabszess entwickeln.

B-4.16

B-4.16 Technik der Douglas-Punktion

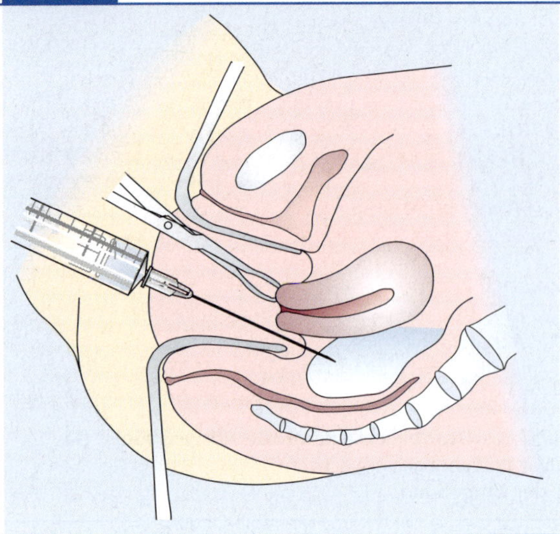

Der Douglas-Raum wird unter sonographischer Kontrolle punktiert. Eine großlumige Kanüle wird dazu durch das hintere Scheidengewölbe in den Douglas-Raum geführt. Die Abszesshöhle sollte gut entleert und dräniert werden (evtl. T-Drän).

Klinik wie beim Tuboovarialabszess, Schmerzen bei der Defäkation möglich. Bei der rektovaginalen Untersuchung tastet man eine Vorwölbung des Douglas-Raums, bei der Spekulumuntersuchung ist eine schmerzhafte Vorwölbung des hinteren Scheidengewölbes sicht bar. Bei reifem Abszess tastbare Fluktuation.

Symptome wie beim Tuboovarialabszess und Schmerzen bei der Defäkation können auftreten. Der Allgemeinzustand der Patientin ist stark beeinträchtigt. Die rektovaginale Untersuchung ergibt eine Vorwölbung des Douglas-Raums. Bei der Spekulumuntersuchung zeigt sich eine schmerzhafte Vorwölbung des hinteren Scheidengewölbes. Bei der sehr schmerzhaften Palpation kann ein oft nicht abgrenzbarer großer Konglomerattumor aus dem kleinen Becken herausragen, der Uterus wird nach ventral verdrängt. Das Rektum ist eingeengt. Bei reifem Abszess tastet man die Fluktuation. Die Entzündungsparameter sind erhöht.

Diagnostik und Therapie. Laparoskopie mit Abstrichentnahme, Abszessspaltung und Spülbehandlung. Die Douglas-Punktion wird nur noch selten durchgeführt (s. Abb. **B-4.16**).

Diagnostik und Therapie. Üblicherweise wird die Laparoskopie sowohl diagnostisch als auch therapeutisch eingesetzt. Im Rahmen dieses Eingriffes erfolgt, neben der Beurteilung des gesamten inneren Genitale und des Bauchraums, eine Abstrichentnahme, Abszessspaltung und Spülbehandlung. Die Douglas-Punktion wird heutzutage nur noch sehr selten durchgeführt (s. Abb. **B-4.16**).

Pelveoperitonitis

Eine lebensbedrohliche Komplikation der Adnexitis ist die Peritonitis. Bei der **Pelveoperitonitis** (auf das kleine Becken beschränkt) konservativer Therapieversuch mit Antibiotika, bei **diffuser Peritonitis** Laparotomie mit Spülungen und Dränagen zusätzlich zur Antibiotikatherapie.

Pelveoperitonitis

Kommt es im Verlauf einer Adnexitis zur Keimausbreitung in den Bauchraum, so kann sich eine **Pelveoperitonitis**, die nur das kleine Becken betrifft, oder eine **diffuse Peritonitis** entwickeln. Bei der Pelveoperitonitis ist ein konservativer Therapieversuch mit Antibiotika gerechtfertigt. Die diffuse Peritonitis (hohe Letalität) erfordert die Laparotomie mit Spülungen und Dränage zusätzlich zur antibiotischen Abdeckung . Die Therapie erfolgt interdisziplinär unter intensivmedizinischen Bedingungen gemeinsam mit Intensivmedizinern und Chirurgen. Oft sind multiple Abdominaleingriffe und eine längere Betreuung auf der Intensivstation notwendig (s. Lehrbücher der Chirurgie).

Parametritis

▶ Definition

Parametritis

▶ **Definition.** Phlegmonöse, überwiegend unilaterale Infektion des Parametriums.

Epidemiologie und Ätiopathogenese. Heute seltene, häufig einseitige Infektion mit Abszessbildung. Vorkommen meist nach Zervixverletzungen, auch im Rahmen von Neoplasien bzw. nach Radiatio.

Epidemiologie und Ätiopathogenese. Die seltene Parametritis tritt vor allem nach Perforationen bei Eingriffen an der Zervix oder nach Geburtsverletzungen auf. Beim Zervixkarzinom, aber auch als Strahlentherapiefolge, können entzündliche Infiltrationen des Parametriumgewebes auftreten. Die Infektion erfolgt meist einseitig entlang der Lymphbahnen und tendiert zur Einschmelzung und Abszessbildung.

Klinik. Die Patientin klagt über einseitige, starke Dauerschmerzen tief im Becken mit Ausstrahlung in das Gesäß und den Oberschenkel, dabei treten Fieberschübe auf, z. T. mit Temperaturen über 39 °C und Schüttelfrost. Meistens bestehen Blasentenesemen und Schmerzen bei der Defäkation.

Klinik. Einseitige, in Gesäß und Oberschenkel ausstrahlende Schmerzen, hohes Fieber, Blasentenesmen, Schmerzen bei der Defäkation.

Diagnostik. Bei der Palpation findet sich ein schmerzhaftes, keilförmiges Infiltrat, das bis zur Beckenwand reicht und dort breitbasig aufsitzt (differenzialdiagnostisch wichtigster Befund zur Abgrenzung gegen Adnexitiden). Im fortgeschrittenen Stadium ist die Resistenz bretthart. Die Gebärmutter ist nach kontralateral verdrängt und immobil. Eventuell ist eine Untersuchung in Narkose notwendig. Die Serumentzündungswerte sind erhöht (BKS, CRP, Leukozyten).

Diagnostik. Palpatorisch zeigt sich ein schmerzhaftes, keilförmiges Infiltrat, das breit bis zur Beckenwand reicht und im fortgeschrittenen Stadium bretthart tastbar ist. Der Uterus ist verdrängt und immobil. Die Entzündungsparameter sind erhöht.

▶ **Merke.** Differenzialdiagnostisch ist stets ein Zervixkarzinom auszuschließen.

◀ **Merke**

Therapie. Die Antibiotikatherapie und die antientzündliche Behandlung werden wie bei der Adnexitis durchgeführt (s. S. 196 f). Ein Abszess muss dräniert werden (durch das Scheidengewölbe).

Therapie. Antibiotische Therapie wie bei der Adnexitis (s. S. 196 f), ggf. Abszessdränage.

4.7 Genitaltuberkulose

Die Genitaltuberkulose ist keine Geschlechtskrankheit, sondern eine Sekundärtuberkulose. Der Primärherd liegt meist in der Lunge oder im Darm.

4.7 Genitaltuberkulose

Es handelt sich um eine Form der Sekundärtuberkulose.

Epidemiologie. Die Genitaltuberkulose ist hierzulande außerordentlich selten und tritt am häufigsten im 3.–4. Lebensjahrzehnt und im hohen Alter (Altenheim) auf.

Epidemiologie. Sehr selten, tritt v. a. im 3.–4. Lebensjahrzehnt und im hohen Alter auf.

Ätiopathogenese. Der Genitalbefall erfolgt als Sekundärinfektion in über 90 % der Fälle **hämatogen**, meist durch Streuung eines Primärherdes in der Lunge. Eine lymphogene oder kontunierliche Ausbreitung ist selten. Fast immer kommt es zunächst zu einem **doppelseitigen** Tubenschleimhautbefall **(Salpingitis tuberculosa)** im ampullären Teil, von dort kann sich die Infektion über den isthmischen und intramuralen Anteil des Eileiters auf die Zona functionalis (selten basalis) des Endometriums **(Endometritis tuberculosa)** ausbreiten. Die Erreger werden mit dem Menstruationsblut ausgeschieden , es handelt sich also um eine offene Tuberkulose, die **meldepflichtig** ist. Selten ist die Absiedelung in Form peritonealer Knötchen, in 10 % manifestiert sich gleichzeitig eine ebenfalls sekundäre Harnwegstuberkulose.

Ätiopathogenese. In > 90 % erfolgt die Genitalinfektion **hämatogen.** Es kommt zur doppelseitigen **Salpingitis tuberculosa** und deszendierend zur **Endometritis tuberculosa**. Die Erreger werden mit dem Menstruationsblut ausgeschieden (offene Tbc, **Meldepflicht**!). Eine sekundäre Harnwegstuberkulose manifestiert sich in 10 %.

Klinik. Die Genitaltuberkulose verläuft oft asymptomatisch. Uncharakteristische Beschwerden wie Schmerzen, Obstipation, Meteorismus, Defäkationsbeschwerden sowie Blutungsstörungen bis hin zur Amenorrhö bei Befall der Zona basalis können auftreten.

Klinik. Oft fehlen Symptome. Schmerzen, Obstipation und Blutungsstörungen (Amenorrhö) können auftreten.

Diagnostik. Die Anamnese ergibt in über der Hälfte der Fälle Hinweise auf eine abgelaufene **Pleuritis als Primärmanifestation** der Tuberkulose. Typischerweise werden die außerordentlich **derben, aber indolenten, beidseitigen, kaum beweglichen Adnextumoren** zufällig entdeckt. Differenzialdiagnostisch ist die Tuberkulose in Betracht zu ziehen, wenn bei Virgines Adnextumoren vorliegen. Die klinische Diskrepanz zwischen deutlichem Tastbefund und fehlenden Symptomen führt zusammen mit einer spezifischen Lungenerkrankung in der Anamnese zur Verdachtsdiagnose. Ein positiver **Tuberkulintest** (z. B. Tine Test) besagt, dass ein Mykobakteriumkontakt oder eine BCG-Impfung stattgefunden haben, ist aber **nicht beweisend** für eine akute oder chronische Erkrankung. In 90 % der Fälle finden sich in der Röntgenaufnahme des Thorax Hinweise

Diagnostik. Anamnestisch gibt es Hinweise auf eine **Pleuritis als Primärmanifestation**. Oft als Zufallsbefund werden **derbe, indolente und immobile Adnextumoren beidseits** entdeckt (Adnextumoren bei Virgines: an Tbc denken!). Ein positiver **Tuberkulintest** ist **nicht beweisend für eine akute oder chronische** Erkrankung. Thorax-Röntgen: In 90 % Hinweise auf eine abgelaufene spezifische Entzündung. In jedem Fall muss der **Erregernachweis** versucht werden: aus **Menstrualblut** (gewonnen mittels Portiokappe), prämenstruelle **Kürettage** oder laparoskopisch (typisch: **Porzellantuben**).

auf eine abgelaufene spezifische Entzündung. Beweisend ist allein der **Erregernachweis** (säurefeste Stäbchen), der zunächst aus **Menstrualblut** (per Portiokappe aufgefangen) und später durch **Kürettage** (prämenstruell) oder Biopsien im Rahmen einer diagnostischen **Laparoskopie** (typisch: **porzellanartige Tuben**) geführt werden kann (typische Histologie: Granulome mit Verkäsung und Langerhans-Riesenzellen).

Therapie. Kombination aus Isoniazid (INH) + Rifampicin (RMP) + Ethambutol (EMB) über 6 Monate. Ggf. Resektion. Sterilitätsrate 90 % bei behandelten Patientinnen.

Therapie. Die antibiotische Kombinationstherapie aus Isoniazid (INH) + Rifampicin (RMP) + Ethambutol (EMB) ist heutzutage ambulant möglich und dauert in der Regel ein halbes Jahr. Bei Persistenz oder Rezidiven der Konglomerattumoren ist die chirurgische Resektion erforderlich. Die Sterilitätsrate beträgt nach therapierter Genitaltuberkulose ca. 90 %.

4.8 Entzündungen der Brust

s. S. 353 ff.

4.8 Entzündungen der Brust

s. S. 353 ff.

4.9 Sexuell übertragbare Erkrankungen

4.9 Sexuell übertragbare Erkrankungen

▶ Synonym

▶ **Synonym.** Sexually transmitted Disease (STD), Geschlechtskrankheiten, venerische Infektionen.

Die häufigsten sexuell übertragbaren Krankheiten zeigt Tab. **B-4.7**. Seit dem 1. 1. 2001 regelt das Infektionsschutzgesetz (IFSG) die Meldepflicht von Infektionen (Tab. **B-4.8**).

Tab. **B-4.7** gibt die häufigsten sexuell übertragbaren Krankheiten wieder, unter besonderer Hervorhebung der vier **„klassischen"** Geschlechtskrankheiten, die bis zum 31. 12. 2000 dem **Gesetz zur Bekämpfung der Geschlechtskrankheiten** unterlagen. Seit dem 1. 1. 2001 regelt das **„Gesetz zur Verhütung und Bekämpfung von Infektionskrankheiten beim Menschen"** (Infektionsschutzgesetz – IFSG) die Meldepflicht (s. Tab. **B-4.8**).

B-4.7

B-4.7 Sexuell übertragbare Erkrankungen

▶ **klassische Geschlechtskrankheiten** (bis 31. 12. 2000 meldepflichtig gemäß dem Gesetz zur Bekämpfung der Geschlechtskrankheiten)
- Gonorrhö (s. S. 203 ff)
- Syphilis (s. S. 206 ff)*
- Lymphogranuloma inguinale (s. S. 209 f)
- Ulcus molle (s. S. 209)

▶ **andere STDs mit genitaler Manifestation**
- Aminkolpitis (s. S. 186 f)
- Candidainfektion (s. S. 182 ff)
- Chlamydieninfektion (s. S. 190 f)
- Condylomata acuminata (HPV) (s. S. 177 ff)
- Granuloma venereum (s. S. 175 f)
- Herpes genitalis (s. S. 176 f)
- Molluscum contagiosum (s. S. 180 f)
- Mykoplasmeninfektion (s. S. 191 f)
- Phthiriasis (Filzlausbefall) (s. S. 181)
- Skabies (s. S. 180 f)
- Streptokokken-A-Infektion
- Trichomoniasis (s. S. 187 ff)

▶ **STDs mit vorwiegend extragenitaler Manifestation**
- AIDS (HIV) (s. S. 210)*
- Hepatitis B (s. S. 210)*

* Diese Erkrankungen sind über das Infektionsschutzgesetzt (IFSG) erfasst (vgl. Tab. **B-4.8**)

B-4.8 Gesetz zur Verhütung und Bekämpfung von Infektionskrankheiten beim Menschen (Infektionsschutzgesetz – IFSG) – zum 1. 1. 2001 in Kraft getreten

B-4.8

Demnach besteht u. a. für folgende Erkrankungen Meldepflicht an das Gesundheitsamt: Syphilis, AIDS, Hepatitis B. Das Gesundheitsamt leitet diese Meldung an das Robert-Koch-Institut (www.rki.de) zum Zwecke der epidemiologischen Auswertung weiter.

- nicht namentlich ist (u. a.) der Erregernachweis von **Treponema pallidum** (Syphilis) und **HIV** zu melden
- namentlich ist der Erregernachweis (u. a.) von **Hepatitis B** zu melden (soweit die Nachweise auf eine akute Infektion hinweisen)

Charakteristische Merkmale von „Geschlechtskrankheiten“ sind:

- sie sind weit verbreitet und nur schwer einzudämmen
- in der Regel handelt es sich **nicht um Monoinfektionen**, sondern um eine Infektion mit mehreren, verschiedenen Keimen
- die Erkrankungen können lange persistieren, es gibt z. T. gravierende **Früh- und Spätschäden**
- es besteht die Gefahr der prä-, peri- und postnatalen **Übertragung** von der Mutter **auf das Kind**.

Geschlechtskrankheiten zeigen folgende Charakteristika:

- weite Verbreitung
- meist **Mischinfektionen**
- z. T. erhebliche **Früh- und Spätschäden**
- Gefahr der **prä-, peri- und postnatalen Übertragung**.

Die **Venerologie**, also die Lehre der sexuell übertragenen Erkrankungen, gehört traditionell dem **Fachgebiet der Dermatologie** an. Die Geschlechtskrankheiten bei weiblichen Individuen werden demnach gemeinsam von Gynäkologen/Geburtshelfern und Dermatologen diagnostiziert und behandelt (s. Tab. **B-4.7**).

Die **Venerologie** gehört zur Dermatologie. Diagnostik und Therapie der STDs gemeinsam durch Gynäkologen und Dermatologen (s. Tab. **B-4.7**).

▶ **Merke.** Bei der Anamneseerhebung an STDs denken und bei Verdacht gezielt nachfragen, da die Patientinnen Geschlechtskrankheiten selten von selbst ansprechen! Vorgebrachte Infektionsursachen sind selten glaubhaft.

◀ Merke

4.9.1 Klassische Geschlechtskrankheiten

Gonorrhö

4.9.1 Klassische Geschlechtskrankheiten

Gonorrhö

▶ **Synonym.** Tripper, Morbus Neisser.

◀ Synonym

Epidemiologie. Die Gonorrhö (GO) ist die weltweit häufigste „klassische“ Geschlechtskrankheit und besonders unter Jugendlichen verbreitet. Die Inzidenz bei gynäkologischen Patientinnen in unseren Breiten beträgt 0,5 %.

Epidemiologie. Häufigste „klassische“ Geschlechtskrankheit. Inzidenz unter gynäkologischen Patientinnen 0,5 %.

Erreger und Ätiopathogenese. Von Neisser 1879 entdeckt, ist der bakterielle Erreger **(Neisseria gonorrhoeae)** ein gramnegativer, aerober **Diplococcus** (s. Abb. **B-4.7b**). Prädilektionsorte sind die Ostien der **Urethra** (95 %) und der **Bartholin-Drüsen** (20 %) sowie **Zervix-** (80 %) und **Rektumschleimhaut** (10 %). Die Inkubationszeit nach der Infektion durch Kohabitation reicht von Stunden bis zu Tagen mit einem Häufigkeitsmaximum am 3. Tag. Gesunde Plattenepithelien (Vagina) geschlechtsreifer Frauen können unter normalen Umständen nicht infiziert werden. Bei Kindern und postmenopausalen Frauen ist jedoch eine Infektion der Scheide möglich. Die Übertragung erfolgt fast ausschließlich durch Geschlechtsverkehr, selten über Schmierinfektion (v. a. kleine Mädchen). Infektionsquelle ist das gonokokkenhaltige Ejakulat des Mannes. Die Übertragungswahrscheinlichkeit bei einmaligem Kontakt von Mann auf Frau beträgt ca. 80–90 %, umgekehrt 20–40 %.

Erreger und Ätiopathogenese. Neisseria gonorrhoeae ist ein gramnegativer **Diplococcus** (s. Abb. **B-4.7b**). **Urethra, Bartholindrüsen, Zervix-** und **Rektumschleimhaut** sind Prädilektionsstellen. Die Inkubationszeit beträgt Stunden bis Tage. Kaum infiziert werden vaginale Plattenepithelzellen geschlechtsreifer Frauen. Hauptinfektionsweg ist der Geschlechtsverkehr. Die Infektiosität bei einmaligem Kontakt ist außerordentlich hoch.

Die Infektion kann **primär** die **Zervix** betreffen (am häufigsten) und durch eitrigen Zervikalausfluss sekundär nach kurzer Zeit auf die genannten Prädilektionsorte am Introitus übergehen. Durch physiologische und pathologische Umstände wie Menstruation, Geburt, Abort, Operation u. a. können die Erreger

Meist wird **primär** die **Zervix** infiziert, dann Ausbreitung durch das Zervixsekret. Die **Aszension** wird durch Menstruation, Geburt, Abort, Operation u. a. begünstigt.

B-4.17

B-4.17 Gonorrhö

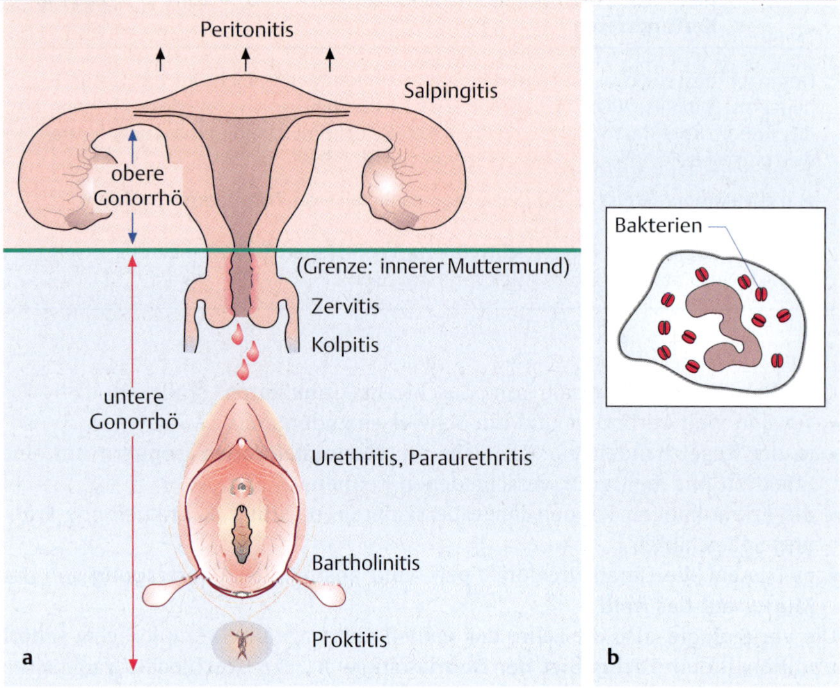

a Obere und untere Gonorrhö bei der Frau.
b Neisseria Gonorrhoeae (intrazellulär in einem Granulozyten liegende gramnegative Diplokokken in Semmelform).

Der innere Muttermund ist die Grenze zwischen **unterer** und **oberer GO** (s. Abb. **B-4.17a**). Die Endometritis ist meist selbstlimitierend (Menstruation), bei Salpingitis kommt es frühzeitig zum Tubenverschluss, eine Pelveoperitonitis ist selten. Häufig Koinfektionen (z. B. mit Chlamydien). Gonorrhö hinterlässt keine dauerhafte Immunität.

aszendieren. Je nach Lokalisation im weiblichen Genitaltrakt kann eine **untere** und eine daraus hervorgegangene **obere Gonorrhö** unterschieden werden. Die Grenze zwischen der sog. unteren und oberen GO ist der innere Muttermund (s. Abb. **B-4.17a**). Die Gonokokkenendometritis ist meist durch die Abstoßung der Funktionalis während der Menstruation selbstlimitierend, bei Tubenbefall bleibt die Infektion durch den frühzeitigen Verschluss der Tubenenenden meist auf den Eileiter begrenzt. Nur selten kommt es zur Pelveoperitonitis. Koinfektionen sind häufig, so z. B. durch Chlamydien (bis zu 45 %) oder HPV. Die Gonokokkeninfektion führt nicht zur Ausbildung einer dauerhaften Immunität.

Klinik. Eitriger zervikaler Fluor sowie Dysurie sind typische Gonorrhösymptome. Ein **Bartholin-Abszess** kann auftreten. Bei Aszension entspricht das klinische Bild der **akuten Salpingitis,** die mit hohem Fieber und starken Unterbauchschmerzen verlaufen kann, aber rasch in ein subaktes Stadium übergeht. Folge ist oft eine **tubare Sterilität**.

Klinik. Asymptomatische Verläufe sind häufig (60 %)! Es kommt bei Zervixbefall zu **eitrigem, grün-gelbem Fluor** und bei Befall der Urethra zu **Dysurie.** Ein **Bartholin-Abszess** ist Folge einer Infektion der Ausführungsgänge der Bartholin-Drüsen. Der Befall der Tube bei der oberen GO manifestiert sich als **akute Salpingitis** mit plötzlichen starken Unterbauchschmerzen, hohem Fieber, Stuhlverhalt und Abwehrspannung. Charakteristischerweise dauert die akute Phase durch den Verschluss der Tubenenden nur kurz, dann geht die Erkrankung in ein subakutes bzw. chronisches Stadium über. Eine chronische Gonokokkensalpingitis lässt sich klinisch nicht von der durch andere Erreger hervorgerufenen Salpingitis abgrenzen. Die Salpingitis hinterlässt oft irreparable Schäden mit der Folge einer **tubaren Sterilität.**

Befall der Vagina macht sich durch eitrigen Fluor und Dysurie bemerkbar.

Wird das Vaginalepithel befallen, z. B. bei Kindern in Form der **Vaginitis gonorrhoica infantum**, so kommt es zu plötzlich auftretendem, eitrigem vaginalen Fluor und Dysurie.

Diagnostik. Frage nach dem Sexualpartner und den Praktiken. **Inspektion: Ostium urethrae** bzw. **Bartholin-Drüsen-**Ausfüh-

Diagnostik. Gezielt sollte nach Art und Dauer des Fluors, dem letzten Geschlechtsverkehr, den Praktiken und dem Partner gefragt werden. **Inspektion:** Gelegentlich kommt es kurz nach der Infektion zur umschriebenen **Rötung**

periurethral bzw. im Bereich der Ausführungsgänge der **Bartholin-Drüsen.** Später kann sich **eitriges Sekret aus der Urethra** spontan oder auf digitalen Druck von vaginal entleeren. Ebensolches charakteristischerweise **grün-gelbes Sekret** quillt bei Zervixbefall aus dem **Zervikalkanal**. Die Diagnose wird durch den **Erregernachweis** gesichert:

- **Direktnachweis:** Objektträgerausstriche mit Proben von Urethra und Zervix (mit sterilen Watteträgern oder Platinöse entnommen) gefärbt mit **Methylenblau** oder nach **Gram** dienen der ersten orientierenden Untersuchung. In typischen Fällen findet man **intrazelluläre** gramnegative (semmelförmige) Diplokokken (s. Abb. **B-4.17b**). Die Methode ist nicht sehr zuverlässig, da die tief in Schleimhautfalten liegenden Erreger nicht erfasst werden (falsch negativ) oder morphologisch ähnliche Bakterien eine falsch positiven Befund vortäuschen können.
- **Kultureller Nachweis (beweisend):** Abstriche von **Urethra, Zervikalkanal** und **Rektum** müssen unverzüglich auf ein spezielles Transportmedium übertragen werden, da der Erreger sehr empfindlich ist (z. B. Stuart-Transportmedium). Die Antibiotikaempfindlichkeit sollte immer mitbestimmt werden.

rungsgänge sind **gerötet**. **Eitriges Sekret** entleert sich spontan oder auf Druck aus der **Urethra** bzw. spontan aus dem **Zervikalkanal.** Sicherung der Diagose durch den Erregernachweis:

- **Direktnachweis** der **intrazellulären** Diplokokken (Semmelform) im **methylenblau-** oder **gramgefärbten** Präparat (s. Abb. **B-4.17b**). Relativ unzuverlässige Methode.
- **Kultur** als Goldstandard. Wegen der Empfindlichkeit der Erreger spezielles Transportmedium erforderlich. Die Antibiotikaempfindlichkeit sollte immer getestet werden.

Therapie. Wegen der drohenden Spätfolgen (Sterilität) ist eine möglichst frühzeitige Therapie notwendig. **Penicillin** ist bei 4–17 % **resistenten Stämmen** in Deutschland nicht mehr 1. Wahl. Da auch Tetrazyklinresistenzen zugenommen haben, werden seit 1992 von der Deutschen Gesellschaft zur Bekämpfung von Geschlechtskrankheiten folgende Richtlinien empfohlen:

- **Frühe „untere" (unkomplizierte) GO:** Soforttherapie der Wahl (gilt auch für die Schwangerschaft) ist die einmalige Applikation von 250 mg Ceftriaxon (z. B. Rocephin) intramuskulär (in ca. 1 ml H_2O mit 1 % Lidocain-Zusatz – Packungsbeilage!). Alternativ können einmalig 2 g Spectinomycin i. m. gegeben werden (Aminoglykosid, z. B. Stanilo; Kontraindikationen: Gonokokkensepsis, Gravidität, Anwendung bei Neugeborenen). Wegen der hohen Koinfektionsrate mit Chlamydien kann zusätzlich Doxycyclin 100 mg oral 2 × täglich über 7 Tage sinnvoll sein. Neben Cephalosporinen wie Cefixim (z. B. Cephoral) 400 mg per os sind auch Chinolone oral als Einmalgabe anwendbar, z. B. Ciprofloxacin (z. B. Ciprobay) 500 mg oder Ofloxacin (z. B. Tarivid) 400 mg (in der Schwangerschaft, Stillzeit und bei Kindern kontraindiziert). Azithromycin (z. B. Zithromax, Makrolidantibiotikum) ist gegen Gonokokken **und** Chlamydien wirksam (1 g per os als Einmaldosis).
- **Gonorrhoische Salpingitis:** Erforderlich ist die stationäre Behandlung über mindestens 7 Tage. Prinzipiell können die gleichen Medikamente eingesetzt werden wie bei der unteren Gonorrhö, in höherer Dosierung. Wirksam sind Cephalosporine der 3. Generation (z. B. Ceftriaxon = z. B. Rocephin 1–2 g i. v./die). Spectinomycin 2–4 g/i. m. jeden 2. Tag und bei Empfindlichkeit auch Penicillin G 20–30 Mio. IE/die. Wegen häufiger Mischinfektionen (z. B. mit Anaerobiern, Enterobacteriaceae, Mykoplasmen) ist oft eine Kombinationstherapie erforderlich (s. akute Salpingitis, S. 196 f).
- **Therapie in der Schwangerschaft:** Ceftriaxon 250 mg i. m. einmalig. Zur gleichzeitigen Chlamydientherapie empfiehlt sich zusätzlich Erythromycin 4 × 500 mg p. o. für mindestens 7 Tage.

Therapie. Wegen der mittlerweile häufigen **Penicillinresistenzen** sowie zunehmender Resistenz auch gegenüber Tetrazyklinen sollte die Gonokokkeninfektion heutzutage wie folgt therapiert werden:

- **Unkomplizierte GO:** Ceftriaxon (z. B. Rocephin) 250 mg i. m. einmalig oder Spectinomycin 2 g i. m. als Einmaldosis. Wegen der häufigen Koinfektion durch Chlamydien evtl. Kombination mit Doxycyclin 100 mg oral über 7 Tage. Alternative Antibiotika: Orale Cephalosporine (Cefixim = z. B. Cephoral), Chinolone (z. B. Ofloxacin = z. B. Tarivid, Ciprofloxacin = z. B. Ciprobay), Azithromycin (z. B. Zithromax).
- **Gonorrhoische Salpingitis:** Ceftriaxon (1–2 g i. v./mindestens 7 Tage) oder Spectinomycin (2–4 g i. m. jeden 2. Tag), bei Empfindlichkeit auch Penicillin G (20–30 Mio. IE/die). Wegen häufiger Mischinfektionen oft Kombinationstherapie notwendig (s. akute Salpingitis, S. 196 f).
- **Therapie in der Schwangerschaft:** Ceftriaxon 250 mg i. m. einmalig.

Verlauf. Zum Ausschluss einer Koinfektion ist eine Kontrolle der Luesserologie zu Behandlungsbeginn und nach ca. 4–6 Wochen indiziert. Als Spätkomplikation bei okkulter bzw. chronischer GO und prolongiertem Verlauf kann eine **Monarthritis** (Gonarthritis) und sehr selten auch eine Polyarthritis auftreten. Das seltene **Fitz-Hugh-Curtis-Syndrom** ist eine **akute Perihepatitis** mit Entzündung der Leberkapsel, dessen Symptome heftiger rechtsseitiger Oberbauchschmerz, Fieber und evtl. Schüttelfrost sind. Die gonorhoische Konjunktivitis (**Blennorrhö**) der Neugeborenen wird auf S. 698 abgehandelt. **Als Spätfolgen** der oberen GO können Kohabitationsbeschwerden, rezidivierende Unterbauchschmerzen, Sterilität oder Tubargravidität auftreten.

Verlauf. Kontrolle der Lues-Serologie nach 4–6 Wochen (Koinfektion?). Seltene Spätkomplikationen: **Monarthritis** (Gonarthritis), **Fitz-Hugh-Curtis-Syndrom** (Perihepatitis). Konjunktivitis des Neugeborenen **(Gonoblennorrhö)** s. S. 698. **Spätfolgen:** rezidivierende Schmerzen, Kohabitationsbeschwerden, Tubargravidität, Sterilität.

Lues

▶ Synonym

▶ Definition

Epidemiologie. Die Lues ist weltweit verbreitet und besonders in Entwicklungsländern epidemiologisch relevant.

Erreger. Treponema pallidum, ist ein 5–15 µm großes Schraubenbakterium. Die Spirochäte tritt z. B. über Mikrodefekte an der Vulva nach Geschlechtsverkehr in den Körper ein. Erregerhaltig und damit infektiös sind Primäraffekt und Papeln der Lues II sowie Blut. Wegen der **Plazentagängigkeit** ist die intrauterine Infektion möglich.

Ätiopathogenese und Klinik. Die Lues verläuft in 3 Stadien:
Lues I: Der nässende, infektiöse, harte, indolente **Primäraffekt (Ulcus durum, harter Schanker)** tritt nach drei Wochen Inkubationszeit an der Eintrittsstelle (z. B. Vulva) auf (Abb. **B-4.18**). Wenn zusätzlich beidseitige, schmerzlose Lymphknotenschwellungen **(Bubo)** auftreten spricht man von **Primärkomplex**.

B-4.18

Lues

▶ **Synonym.** Syphilis, Schaudinn-Krankheit, französische Krankheit, harter Schanker.

▶ **Definition.** Die Lues ist eine bakterielle Infektion, die hauptsächlich durch Geschlechtsverkehr **(Lues acquisita)** übertragen wird. Sie verläuft chronisch in drei charakteristischen Stadien: Wegen der diaplazentaren Übertragungsmöglichkeit **(Lues connata)** muss ein Schwangerschaftsscreening (TPHA-Test) erfolgen.

Epidemiologie. Die Lues ist weltweit verbreitet mit Schwerpunkt in Entwicklungsländern. Hierzulande sind mehr infizierte Männer (vornehmlich homosexuelle Übertragung) als Frauen gemeldet mit einer Inzidenz von 1:100 000 pro Jahr. Die Dunkelziffer wird hoch eingeschätzt.

Erreger. Der Erreger, die Spiralbakterie **Treponema pallidum**, wurde 1905 von Schaudinn und Hoffmann entdeckt, ist ca. 5–15 µm lang und hat 10–20 Windungen (s. Abb. **B-4.20**). Die Spirochäte ist bei der Übertragung auf **Epithelläsionen** angewiesen. Intaktes Epithel kann sie nicht überwinden. Deswegen sitzt der Primäraffekt an Stellen mit vorbestehenden oder z. B. durch mechanische Einwirkung beim Koitus entstandenen Defekten. Erregerhaltig und damit infektiös sind Primäraffekt und Papeln der Lues II sowie Blut. Die Spirochäten sind **plazentagängig** (ab 20. SSW) und können den Fetus intrauterin infizieren **(Lues connata)**.

Ätiopathogenese und Klinik. Die Lues verläuft in 3 Stadien:
Lues I: Inkubationszeit ca. 3 Wochen, dann Entstehung des meist solitären **Primäraffektes** an der Eintrittsstelle. Es handelt sich dabei um ein münzgroßes, **hartes, indolentes** Geschwür mit wallartigem Rand und meist etwas nässender (infektiöser!) Oberfläche **(Ulcus durum, harter Schanker)** (s. Abb. **B-4.18**). Die inguinalen Lymphknoten **(Bubo)** schwellen kurze Zeit später erheblich an, bleiben aber schmerzlos. Bei der Frau ist der Primäraffekt bevorzugt an der Vulva, dem hinteren Scheidengewölbe oder der Portiooberfläche lokalisiert, kann aber prinzipiell an jeder Körperstelle auftreten (z. B. Lippe, Mamille). Abklatschgeschwüre können an aufeinander liegenden Schleimhautoberflächen vorkommen. Primäraffekt und Bubo zusammen werden als **Primärkomplex** bezeichnet.

B-4.18 **Primäraffekt (schmerzlos) bei Lues**

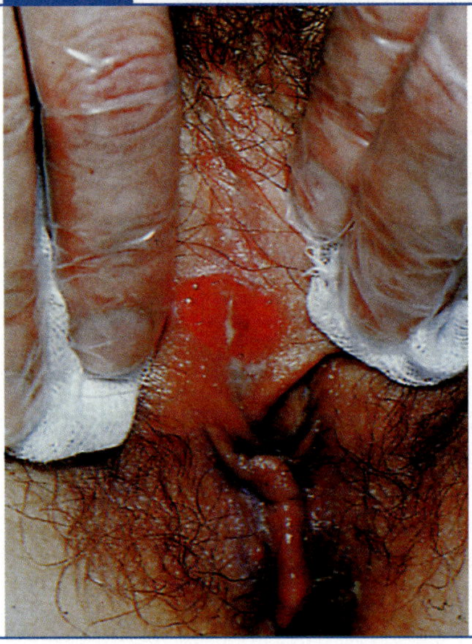

B-4.19 **Condylomata lata (hochinfektiös) perianal im Sekundärstadium der Lues**

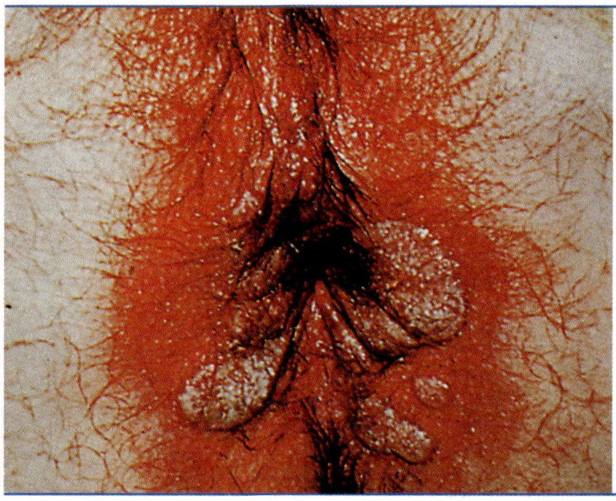

B-4.19

Im Verlauf von ca. 4–6 Wochen schmilzt der Primäraffekt unter Narbenbildung von selbst ein, es kommt zu einer Bakteriämie.

Lues II: Etwa in der 9. Woche post infectionem manifestiert sich die Generalisierung in Allgemeinsymptomen (Kopf- und Gliederschmerzen, BKS-Erhöhung, Fieber), generalisierten Lymphknotenschwellungen und einem makulösen, nicht juckenden **Exanthem**. In der späten Phase der Lues II wird das Exanthem makulo-papulös, das **Palmoplantarsyphilid** tritt auf (fleckförmiger psoriasiformer Ausschlag an Handtellern und Fußsohlen), und vor allem an der Vulva erscheinen **Condylomata lata** (s. Abb. **B-4.19**) (breitbasig aufsitzende, nässende, hochinfektiöse! Granulome). Weiter sind Angina specifica, Alopecia specifica und syphilitisches Leukoderm (v. a. am Hals: „Collier de Venus") typische Manifestationen der Sekundärsyphilis.

Lues III: Die Spätsyphilis, die nach ca. 5 Jahren in Erscheinung tritt, ist heutzutage in Westeuropa selten geworden und wird kaum in der gynäkologischen Praxis vorkommen. Einzig seltene Gummata (subkutane Granulome, die mit einer ulzerösen Defektbildung einschmelzen können, teilweise mit nachweisbaren Treponemen – aber **ohne** Kontagiosität!) könnten auch im Genitalbereich angetroffen werden. Sie sind inspektorisch nicht von Karzinomen zu unterscheiden. Früher wurden einzelne, ca. 10–20 Jahre nach der Infektion aufgetretene neurologische Krankheitsbilder unter dem Begriff **Quartärstadium** zusammengefasst. Dazu gehören: **Tabes dorsalis, progressive Paralyse**.

Lues connata: s. S. 567 f.

Diagnostik. Der Gynäkologe wird in der Praxis möglicherweise mit den sichtbaren Läsionen der Stadien I und II konfrontiert, wobei die Patientinnen wegen des generalisierten Exanthems im Stadium II häufiger zunächst den Dermatologen aufsuchen.

Direktnachweis: Mit der Dunkelfeldmikroskopie im Nativpräparat. Erregerhaltiges Material lässt sich mit einem Holzspatel von der nässenden Oberfläche bzw. durch Auspressen aus der Tiefe von Primäraffekt oder breitem Kondylom gewinnen. Ungefärbt kann man dann im Dunkelfeldmikroskop die sich bewegenden Treponemen erkennen (s. Abb. **B-4.20**).

Serodiagnose: Die serologischen Untersuchungen dienen zur Diagnosesicherung. Außerdem werden die Therapiebedürftigkeit und der Therapieerfolg nachgewiesen.

1. Zur Screeninguntersuchung (in der Schwangerschaft vorgeschrieben) wird vornehmlich der einfache und empfindliche **qualitative Treponema-pallidum-Hämagglutinationstest (TPHA)** eingesetzt. Patientenserum mit spezifischen Antikörpern (IgG und IgM) reagiert sehr früh (ca. 3 Wochen post infectionem) mit einer Agglutination der mit Treponemen versehenen Testerythrozyten

---

Nach ca. 4–6 Wochen schmilzt der Primäraffekt ein mit konsekutiver Bakteriämie.

Lues II: Ca. 9 Wochen nach der Infektion treten Allgemeinsymptome auf. Ein zunächst makulöses, nicht juckendes **Exanthem** wird im Verlauf papulös, an Hand- und Fußflächen erscheint das **Palmoplantarsyphilid**. **Condylomata lata** (Abb. **B-4.19**) sind breite, nässende (hochinfektiöse) Granulome im Genitalbereich.

Lues III: Das nach ca. 5 Jahren eintretende Spätstadium ist in Westeuropa selten anzutreffen. Auch im Genitalbereich könnten **Gummata** (subkutane Granulome) auftreten. **Quartärstadium** war früher die Bezeichnung für neurologische Krankheitsbilder **(Tabes dorsalis, progressive Paralyse)** die erst nach 10–20 Jahren in Erscheinung traten.

Lues connata: s. S. 567 f.

Diagnostik. Ab Stadium II wird primär der Dermatologe konsultiert, dem Gynäkologen könnten die Läsionen von Stadium I und II begegnen.

Direktnachweis: Im Nativpräparat aus dem nässenden Sekret von Primäraffekt bzw. breitem Kondylom kann man per Dunkelfelduntersuchung im Mikroskop die spiralförmigen Bakterien erkennen (s. Abb. **B-4.20**).

Serodiagnose: Diagnosesicherung und Differenzierung zwischen behandlungswürdiger bzw. einer ausreichend therapierter Lues.

1. **Treponema-pallidum-Hämagglutinationstest (TPHA):** Einfacher spezifischer (Nachweis von IgG und IgM) Suchtest, der 3 Wochen nach der Infektion positiv wird und lebenslang reaktiv bleiben kann.

B-4.20

B-4.20 Treponema pallidum im Dunkelfeldmikroskop

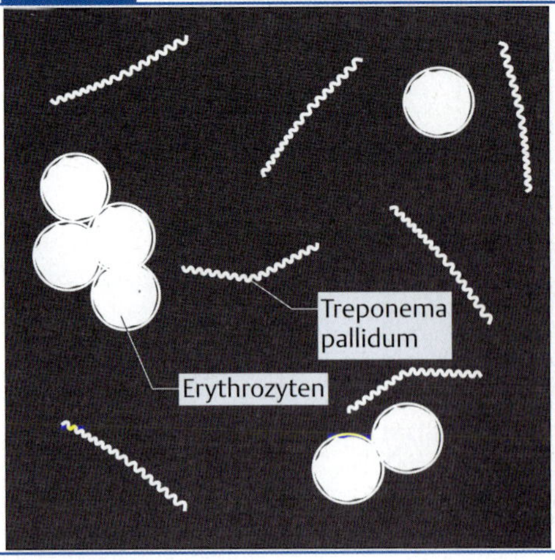

vom Schaf. Die Reaktion kann lebenslang (auch nach erfolgreicher Therapie) erhalten bleiben.

2. Noch vor dem TPHA-Test kann der **FTA-Abs-Test (Flureszenz-Treponemen-Antikörper-Absorptions-Test)** 2–3 Wochen nach der Primärinfektion positiv werden. Dieser spezifische Test ist dem TPHA qualitativ gleichwertig und wird als Bestätigungsreaktion bzw. zur Beurteilung der Therapiebedürftigkeit benützt. Mit der Verwendung von fluoreszeinmarkierten **Anti-Human-IgM-Gammaglobulinen** (19S-IgM-FTA-Abs) kann eine **aktive** Infektion (bei fehlender Plazentagängigkeit vom IgM) auch des Neugeborenen nachgewiesen werden. IgM-Antikörper bleiben wenige Monate, IgG-AK bis lebenslang nachweisbar.

3. Der **quantitative VDRL-Test (Venereal-Disease-Research-Laboratory-Standard)** mit dem Nachweis von unspezifischen Antikörpern (Reaginen) dient zur **Beurteilung der Aktivität** einer Lues. Mit dem VDRL der 4–6 Wochen post infectionem positiv wird, lässt sich ein Therapieerfolg messen (die Reagintiter nehmen um 3–4 Titerstufen ab) bzw. kann eine nicht behandlungswürdige Seronarbe abgegrenzt werden (negativer Test). Falsch positive Ergebnisse können, durch andere Infekte oder Krankheiten bedingt (Schwangerschaft, Mononukleose, Malaria, Lepra, Tumoren, Autoimmunkrankheiten), auftreten.

Anhand dieser Tests ist der Infektionsstatus in den meisten Fällen klar bestimmbar.

2. Zur Bestätigung dient der spezifische **FTA-Abs-Test (Fluoreszenz-Treponemen-Antikörper-Absorptions-Test)**, der 2–3 Wochen nach der Primärinfektion reaktiv werden kann. Durch Nachweis von IgM kann eine **akute** Infektion nachgewiesen werden.

3. Mit dem **VDRL-Test (Venereal-Disease-Research-Laboratory-Standard)** können unspezifische Antikörper quantitativ gemessen werden. So werden Aktivität und Therapieverlauf beurteilbar. Falsch positive Reaktionen sind möglich (Beeinflussung durch Schwangerschaft, Tumoren u. a.).

Therapie. Bis heute ist das klassische Penicillin das Mittel der Wahl zur Therapie der Syphilis. Die antibiotische Therapie muss mit einem ausreichend hohen Spiegel (0,03 IE/ml Serum) **mindestens 14 Tage** lang durchgeführt werden. Dies erfordert die langsame Generationszeit der Treponemen mit nur einer Teilung pro 24 Stunden. Alternativ ist eine Behandlung mit Depot-Penicillinen möglich, die nach einmaliger Injektion den Wirkstoff über einen Zeitraum von 3–4 Wochen kontinuierlich freisetzen.

Die WHO empfiehlt täglich bis zu 1,2 Mio. IE Procain-Penicillin G i. m. (z. B. Jenacillin A) für mindestens 14 Tage. Die Deutsche Gesellschaft zur Bekämpfung von Geschlechtskrankheiten empfiehlt 1 Mio. IE Clemizol-Penicillin G. Dies gilt primär für **alle Stadien**. Alternative: Benzathin-Penicillin 2,4 Mio. IE i. m. einmalig (verteilt auf beide Gesäßseiten). Bei einer Krankheitsdauer von über einem Jahr sind 3 Kuren mit 2,4 Mio IE Benzathin-Penicillin i. m. (z. B. Tardocillin) im wöchentlichen Abstand sinnvoll. Alternative: Behandlung mit Penicillin G i. m. 21 Tage lang (ohne Unterbrechung).

Bei einer **Penicillinunverträglichkeit** können alternativ orale Behandlungen mit Tetracyclin (4 × 500 mg), Doxycyclin (2 × 100 mg) und Erythromycin (4 × 500 mg) täglich über 15–20 Tage empfohlen werden.

Therapie. Wegen der langsamen Teilungszeit der Treponemen (24 Stunden) muss ununterbrochen **mindestens 14 Tage** lang antibiotisch behandelt werden. Geeignete Medikamente sind: Procain-Penicillin 1,2 Mio. IE i. m. (Empfehlung der WHO) bzw. Clemizol-Penicillin G 1 Mio. IE i. m. Die **Spätsyphilis** (ab 1 Jahr nach Infektion) kann mit 3 Kuren á 2,4 Mio. IE Benzathin-Penicillin G i. m. (z. B. Tardocillin) im wöchentlichen Abstand sinnvoll behandelt werden.

Bei **Penicillinunverträglichkeit** stehen Tetracyclin, Erythromycin (4 × 500 mg/die p. o.) oder Doxycyclin (2 × 100 mg/die p. o.) zur Verfügung.

In der **Schwangerschaft** ist eine Penicillinbehandlung möglich, wobei Clemizol-Penicillin G wegen der besseren Plazentagängigkeit 1. Wahl sein sollte. Alternativ können Erythromycin (s. o.) oder Cephalosporine (z. B. Cefuroxim) 2 × 1 g i. m. täglich für 14 Tage verabreicht werden.

In der **Schwangerschaft** können Penicillin, Erythromycin und Cephalosporine (z. B. Cefuroxim 2 × 1 g/die i. m.) verwendet werden.

▶ **Merke.** Die Syphilistherapie sollte dem Venerologen vorbehalten bleiben!

◀ Merke

Der Erregernachweis von Treponema pallidum ist gemäß IFSG ohne Namensnennung meldepflichtig.

Die Patientin darf während der Therapie bis zur Ausheilung keine Kohabitation haben und nicht stillen.

Bis zur Ausheilung keine Kohabitation oder Stillen.

Ulcus molle

▶ **Synonym.** Schankroid, weicher Schanker.

◀ Synonym

Epidemiologie. Das Ulcus molle gehört zu den „klassischen" Geschlechtskrankheiten. Die Erkrankung kommt in den Tropen endemisch vor, in Mitteleuropa ist sie sehr selten (Prävalenz ca. 4 Fälle pro 1 Mio. Einwohner).

Epidemiologie. „Klassische" Geschlechtskrankheit. Endemisch in den Tropen, in Westeuropa selten.

Erreger. Erreger ist das gramnegative Stäbchenbakterium **Haemophilus Ducreyi**.

Erreger. Haemophilus Ducreyi (gramnegatives Stäbchen).

Klinik. Nach einer Inkubationszeit von 2–6 Tagen entwickelt sich an der Eintrittsstelle (Vulva, Perineum) eine Papel, die geschwürig zerfällt. Häufig finden sich mehrere münzgroße, flache, **schmerzhafte Geschwüre** mit **weichem** Wundgrund (= Ulcus molle). Die Leistenlymphknoten sind schmerzhaft geschwollen und neigen zur Einschmelzung (abszedierende Lymphadenitis).

Klinik. Inkubationszeit 2–6 Tage, **weiche, druckdolente Ulzera** (= Ulcus molle) an der Eintrittsstelle. Schmerzhafte, zur Einschmelzung neigende, inguinale Lymphknoten.

Diagnostik. Der **mikroskopische Erregernachweis** im gramgefärbten Präparat ist ausreichend (fischzugartig angeordnete Stäbchen). Wenn der Nachweis auf diese Weise nicht gelingt, sollte die **Kultur** auf Spezialmedium erfolgen.

Diagnostik. Wenn der **mikroskopische Erregernachweis** im Grampräparat nicht gelingt, sollte die **Kultur** erfolgen.

Therapie. Mindestens 7 Tage Erythromycin bzw. Tetrazykline in einer Dosierung von 4 × 500 mg/die oder Trimethoprim-Sulfamethoxazol (z. B. Bactrim forte) 2 × 160/800 mg/die oder Akzithromycin (z. B. Rocephin) 1 g jeweils oral. Zur i. m. Einmaltherapie ist Ceftriaxon 250 mg geeignet. Hilfreich ist manchmal die Punktion (nicht Inzision!) der einschmelzenden Lymphknoten.

Therapie. Oral Erythromycin bzw. Tetrazykline oder Trimethoprim-Sulfamethoxazol (z. B. Bactrim forte). Einmaltherapie mit Ceftriaxon. Evtl. Punktion einschmelzender Lymphknoten.

Verlauf. Bei inadäquater Behandlung bzw. wenn eine Therapie unterbleibt, besteht die Gefahr, dass sich inguinale Abszesse, urethrale Strikturen und Fisteln bilden. Zum Ausschluss eines **Ulcus mixtum** (d. h. gleichzeitig erworbene Luesinfektion) ist die **Luesserologie** unerlässlich.

Verlauf. Bei inadäquater Therapie drohen inguinale Abszesse, Fisteln, Urethrastrikturen. Luesserologie zum Ausschluss eines **Ulcus mixtum!**

Lymphogranuloma inguinale

▶ **Synonym.** Morbus Durand-Nicolas-Favre, Lymphogranuloma venereum (Cave: Verwechslungsgefahr mit Granuloma venereum, das im englischen, nicht aber im deutschen Schriftgebrauch, als Synonym für Lymphogranuloma inguinale verwendet wird).

◀ Synonym

Epidemiologie. Hierzulande ist die „klassische" Geschlechtskrankheit mit einer Inzidenz von ca. 1 Fall pro 1 Mio. Einwohner selten, in den warmen Ländern kommt sie endemisch vor.

Epidemiologie. „Klassische" Geschlechtskrankheit, hier seltene Erkrankung, endemisch in warmen Ländern.

Erreger. Der Erreger ist ein kokkoides, obligat intrazelluläres Bakterium der Familie der **Chlamydien, Species trachomatis, Serotyp L1–L3**.

Erreger. Chlamydia trachomatis, Serotyp L1–L3; obligat intrazelluläres Bakterium.

Klinik. Inkubationszeit 2–6 Wochen. An der Infektionsstelle herpetiforme, **nicht schmerzhafte** Läsion mit Übergang in Erosion oder Ulkus. Schmerzhafte regionäre Lymphknotenbeteiligung, z. T. mit Einschmelzung (bei der Frau v. a. anorektale LK). Abheilung unter Fistel- und Narbenbildung, evtl. Lymphstau.

Klinik. Nach einer Inkubationszeit von 2–6 Wochen bildet sich an der Infektionsstelle eine herpetiforme Läsion aus. Daraus entwickelt sich eine Erosion oder ein kleines, **nicht schmerzhaftes** Geschwür unter Beteiligung der regionären Lymphknoten. Im Gegensatz zur Primärläsion sind die Lymphknoten schmerzhaft und neigen zur Einschmelzung. Bei der Frau sind eher die pararektalen, beim Mann die inguinalen Lymphknoten betroffen. Abheilung unter Fistel- und Narbenbildung. Bei Chronifizierung wegen ungenügender oder fehlender Behandlung kann es zu einem irreversiblen Lymphstau (Elephantiasis genitoanorectalis) kommen.

Diagnostik. Klinisch, serologisch, kulturell, (s. S. 191).

Diagnostik. Klinisch, serologisch, kulturell (Speziallabor), (s. S. 191).

Therapie. Mittel der Wahl ist Tetracyclin bzw. Doxycyclin oder in der Schwangerschaft Erythromycin für mindestens 7 Tage.

Therapie. Generell ist bei der oralen Chlamydientherapie das Mittel der Wahl Tetracyclin (4 × 500 mg/die) bzw. Doxycyclin (2 × 100 mg/die) oder in der Schwangerschaft Erythromycin (4 × 500 mg/die) für mindestens 7 Tage. Des Weiteren ist Trimethoprim-Sulfamethoxazol (z. B. Bactrim forte) 2 × 160/800 mg/die wirksam.

Sexuell übertragbare Erkrankungen mit vorwiegend extragenitaler Manifestation

Sexuell übertragbare Erkrankungen mit vorwiegend extragenitaler Manifestation

Hepatitis B

s. auch S. 569.

Geschlechtsverkehr ist einer der Hauptübertragungswege dieser Virusinfektion, die primär die Leber betrifft. Bedeutung in der Schwangerschaft s. S. 569. Der Erregernachweis ist meldepflichtig nach dem IFSG.

Hepatitis B

s. auch S. 569.

Die Hepatitis B (Serumhepatitis) ist eine Infektion mit hepatotropen Viren (HBV), die primär die Leber betrifft. Der Geschlechtsverkehr ist einer der Hauptübertragungswege. In der Gynäkologie und Geburtshilfe ist diese Virushepatitis vor allem während der Schwangerschaft von Interesse, da chronisch infizierte Frauen vertikal/perinatal ihre Kinder infizieren können (s. S. 569). Der Erregernachweis von HBV ist namentlich gemäß IFSG zu melden.

HIV-Infektion, AIDS

Zunehmende Bedeutung der durch HIV verursachten Immunschwäche in der Gynäkologie. Neben der sexuellen ist auch die vertikale Übertragung des Virus möglich (s. S. 571).

HIV-Infektion, AIDS

Das **Humane Immundefekt Virus (HIV)** wird vor allem sexuell übertragen und löst nach einer Latenzzeit eine Immunschwäche-Erkrankung mit charakteristischen Krankheiten aus **(AIDS, Acquired immunodeficiency syndrome)**. In der Frauenheilkunde gewinnt die HIV-Infektion zunehmend an Bedeutung. Die Erkrankung kann auch vertikal von einer HIV-infizierten Schwangeren auf das Kind übertragen werden (s. S. 571).

In diesem Kapitel sind nur die im Zusammenhang mit der HIV-Infektion auftretenden gynäkologischen Erkrankungen aufgeführt. Zur Diagnostik und Therapie wird auf die Lehrbücher der Inneren Medizin und Mikrobiologie verwiesen.

Gynäkologische Erkrankungen im Zusammenhang mit AIDS: Häufig sind Infektionen mit Soor, HPV, Herpesviren und andere STD's. Bei HIV-infizierten Frauen kommt es öfter zu **Zervixdysplasien** (engmaschig zytologische Kontrollen!). Das **Zervixkarzinom** gehört zu den AIDS-definierenden Erkrankungen. Bei operativen Eingriffen kommt es 6-mal häufiger zu Komplikationen (u. a. Infektionen) als bei Nichtinfizierten. Besonders komplikationsbelastet sind Laparotomie, Sectio und Abruptio. HIV in der Schwangerschaft/Geburtshilfe: s. S. 571.

Wichtige gynäkologische Erkrankungen im Zusammenhang mit AIDS: Aufgrund des T-Zell-Defektes treten häufiger Begleitinfektionen mit Soor, HPV, Herpes- und Varicella-zoster-Virus (VZV) auf. STD's kommen wegen der Beschaffungsprostitution von Drogenabhängigen häufiger vor als im Allgemeinkollektiv. Bei HIV-infizierten Frauen kommt es ca. 10-mal häufiger zu **Zervixdysplasien** bzw. zervikalen intraepithelialen Neoplasien. Häufige zytologische Kontrollen sind deshalb wichtig. Das **Zervixkarzinom** gehört seit der Reform der Klassifikation für HIV/AIDS der CDC 1993 zu den AIDS-definierenden Erkrankungen.

Sind operative gynäkologisch/geburtshilfliche Eingriffe notwendig, so treten bei HIV-infizierten Frauen in Abhängigkeit von Immunstatus und Krankheitsstadium bis zu 6-mal häufiger Komplikationen auf als bei nicht HIV-infizierten (z. B. Infektionen, Sekundärheilung und Zweiteingriff). Die Komplikationsrate ist insbesondere bei Laparotomien (78 %), Sectio (48 %) und Abruptiones (15 %) sehr hoch. HIV in der Schwangerschaft und Geburtshilfe: s. S. 571.

◀ Merke

▶ **Merke.** Bei V. a. Kontamination/Infektion mit HIV sollte umgehend ein Zentrum für HIV/AIDS konsultiert werden! Zusammen mit Spezialisten wird, soweit erforderlich, dann eine Postexpositionsprophylaxe festgelegt. Geeignete Informationen gibt es z. B. unter folgenden Adressen:

- Robert Koch-Institut, Nordufer 20, D-13353 Berlin, Tel.: 01888/754-0, www.rki.de
- Max von Pettenkofer-Institut, Virologie, Pettenkoferstr. 9a, D-80336 München, Tel.: 089/5160–5234, http://alpha1.mpk.med.uni-muenchen.de
- Institut für Klinische und Molekulare Virologie, Universität Erlangen-Nürnberg – Nationales Referenzzentrum (NRZ) Retroviren –, Schlossgarten 4, D-91054 Erlangen, Tel.: 09131/85 26002, www.viro.med.uni-erlangen.de

Meldepflicht. In Deutschland geregelt durch:

- zentrales AIDS-Fallregister
- anonyme Laborberichtspflicht bei positiven HIV-Tests.

Meldepflicht. In Deutschland existieren zwei Möglichkeiten der Meldung; die Auswertung erfolgt im AIDS-Zentrum des Robert-Koch-Institutes:

- freiwillig und anonym werden seit 1982 die Fallberichte der behandelnden Ärzte über AIDS-Erkrankungen und Todesfälle in einem **zentralen AIDS-Fallregister** zusammengetragen
- seit 1987 besteht die **anonyme Laborberichtspflicht** für (bestätigt) positive HIV-Tests, die über das IFSG geregelt ist.

5 Veränderungen und Tumoren der weiblichen Geschlechtsorgane

5 Veränderungen und Tumoren der weiblichen Geschlechtsorgane

5.1 Veränderungen und Tumoren von Vulva und Vagina

5.1 Veränderungen und Tumoren von Vulva und Vagina

5.1.1 Diagnostik

5.1.1 Diagnostik

Anamnese und Klinik

Anamnese und Klinik

Fragen nach Sexualgewohnheiten, Hygiene und Vorerkrankungen.
Die Beschwerden im Bereich der Vulva sind meistens unspezifisch; Juckreiz, Brennen oder Wundgefühl werden angegeben.

Bei der Anamneseerhebung sind die Sexualgewohnheiten, die Hygiene und Vorerkrankungen, besonders der Haut zu beachten.
Die Beschwerden im Bereich der Vulva sind meistens unspezifisch; Juckreiz, Brennen oder Wundgefühl werden angegeben.
Auch die klinischen Bilder der unterschiedlichen Erkrankungen können häufig in verschiedensten Varianten auftreten, so dass erst spezielle Untersuchungsmethoden die Diagnose sichern.

Gynäkologische Untersuchung

Gynäkologische Untersuchung

Schon die Inspektion von Vulva und Vagina gibt Hinweise auf verdächtige Areale.
Um Erkrankungen der Vagina erkennen zu können, muss diese Inspektion schon bei der Einführung oder bei der Entfernung der Spekula erfolgen.

Das Epithel im Bereich von Vulva und Vagina ist unterschiedlich aufgebaut: die Vagina und der Introitus einschließlich der inneren Seite der kleinen Labien sind von unverhorntem Plattenepithel bedeckt, die übrigen Abschnitte der Vulva von verhorntem Plattenepithel. Im letzteren Bereich wiederum unterscheidet man behaarte von nicht behaarten Zonen.
Läsionen von Vulva und Vagina werden häufig im Rahmen der gynäkologischen Vorsorgeuntersuchung (s. S. 151 ff) entdeckt.
Schon die Inspektion von Vulva und Vagina gibt Hinweise auf verdächtige Areale. Um Erkrankungen der Vagina erkennen zu können, muss diese Inspektion schon bei der Einführung oder bei der Entfernung der Spekula erfolgen.
Tumoren, zystische Veränderungen oder Indurationen können durch Palpation erkannt werden.

Spezielle Untersuchungsmethoden

Spezielle Untersuchungsmethoden

Lupenbetrachtung: Hierdurch sollte neben Form, Farbe und Oberflächenbeschaffenheit die genaue Grenze zwischen verhorntem Epithel, unverhorntem Epithel und krankhaften Läsionen erfasst werden.

Lupenbetrachtung (Vulvoskopie, Kolposkopie). Durch die Betrachtung von Vulva und Vagina mit dem Kolposkop sollte neben Form, Farbe und Oberflächenbeschaffenheit die genaue Grenze zwischen verhorntem Epithel, unverhorntem Epithel und krankhaften Läsionen erfasst werden. Dabei ist die Anwendung von Essigsäurelösung hilfreich.
Bei der Schiller-Jodprobe werden durch Lugol-Lösung ausgereifte gesunde Plattenepithelbezirke durch ihre positive Reaktion gegen nicht angefärbte krankhafte Areale, wie z. B. intraepitheliale Neoplasien unterscheidbar.

Collins-Test. Zur Darstellung makroskopisch verdächtiger Bezirke wird die Vulva mit Toluidinblaulösung angefärbt (s. Abb. **B-5.1**).

Collins-Test. Um makroskopisch verdächtige Bezirke besser darzustellen, wird die Vulva mit 1 %iger Toluidinblaulösung angefärbt und mit 1 %iger wässriger Eisessiglösung nachgespült. Parakeratosen und ulzeröse Veränderungen werden im Gegensatz zu dem normalen Epithel mit seinen kernlosen Hornschollen blau gefärbt (s. Abb. **B-5.1**).

Zytologie. Wichtiges Instrument, um Veränderungen der Vagina frühzeitig zu erkennen.

Zytologie. Die Abstrichzytologie (s. S. 232) spielt zur Früherkennung von Erkrankungen der Vagina eine wichtige Rolle, jedoch weniger bei Vulvaerkrankungen. Sie gibt allerdings die Möglichkeit, histologisch geklärte Prozesse zu überwachen.

Histologie. Durch die scharfe Abgrenzung der verdächtigen Befunde kann gezielt biopsiert werden. Um auch tiefer liegende Gewebsschichten beurteilen zu können, wird eine Stanzbiopsie entnommen.

Histologie. Die Indikation zur Biopsie mit histologischer Klärung ist bei jedem V. a. eine pathologische Veränderung im Bereich Vulva/Vagina gegeben. Durch die scharfe, blau markierte Abgrenzung der pathologisch veränderten Bezirke kann die histologische **Probeentnahme** gezielt durchgeführt werden. Um multizentrisch wachsende Tumoren erfassen zu können, ist es gelegentlich notwen-

B-5.1 **Toluidinblauprobe bei hyperplastischer Dystrophie der Vulva**

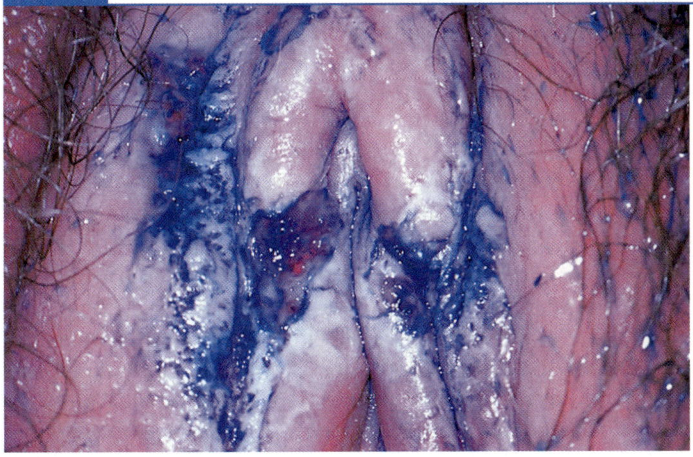

Ödematös geschwollene Vulva mit grauweiß verfärbten Bezirken. Durch die Toluidinblauprobe wurden die Stellen, an denen eine größere Dichte von Zellkernen vorhanden ist, markiert.

B-5.1

dig, mehrere Biopsien von unterschiedlichen Stellen zu entnehmen. Bei der Stanzbiopsie kann im Gegensatz zur Knipsbiopsie das Gewebe in allen Schichten beurteilt werden. Bei kleinen Tumoren ist die Biopsie Diagnostik und Therapie zugleich, wenn die Veränderung im Gesunden entfernt wurde.

▶ **Merke.** Bei V. a. ein malignes Melanom der Vulva darf auf keinen Fall eine Biopsie aus den melanomverdächtigen Bezirken entnommen werden.

◀ Merke

Die im Folgenden beschriebenen benignen und malignen Veränderungen werden in erster Linie an Hand der Inspektion und der Histologie diagnostiziert.

Apparative Untersuchung

Zur Beurteilung der Nachbarorgane Urethra, Harnblase und Rektum, sollten bei pathologischen Veränderungen im Bereich der Vulva und/oder Vagina eine Zystourethroskopie und eine Rektoskopie durchgeführt werden.
Um einen Befall der pelvinen und paraaortalen Lymphknoten auszuschließen ist eine Kernspintomographie des Retroperitonealraums erforderlich.
Hämatogene Metastasen kommen selten vor. Bei entsprechendem Verdacht werden zur weiteren Diagnostik eine Röntgen-Thoraxuntersuchung, ein Ultraschall der Leber und ein Knochenszintigramm durchgeführt.

Apparative Untersuchung

Eine Beteiligung der Nachbarorgane wird durch Zystourethroskopie und Rektoskopie geprüft.

5.1.2 Benigne Veränderungen und Tumoren

Vulvadystrophie

5.1.2 Benigne Veränderungen und Tumoren

Vulvadystrophie

▶ **Definition.** Unter diesem Oberbegriff sind Veränderungen der Vulva zusammengefasst, die bei der Inspektion als weißliche, perlmuttartige Veränderungen auffallen. Sie werden deskriptiv als »Leukoplakie« bezeichnet.
Die früher gebräuchlichen, häufig eher verwirrenden Namen wie Craurosis vulvae oder atrophische Vulvitis sind unter diesem Oberbegriff eingeordnet.

◀ Definition

Klassifikation. Histologisch unterscheidet man drei Formen der Vulvadystrophie:

Klassifikation. Histologisch unterscheidet man.

- **Lichen simplex**
- **Lichen sclerosus**
- **gemischte Dystrophie**.

- **Lichen simplex (squamöse Hyperplasie)**
- **Lichen sclerosus (atrophische Dystrophie)**
- **gemischte Dystrophie** mit Anteilen beider genannten Veränderungen.

Ätiologie. Squamöse Hyperplasie: Wahrscheinlich kommt es infolge eines chronischen Reizzustandes zur Verbreiterung der Hornschicht.

Lichen sclerosus: Östrogenmangel führt zur Atrophie des Epithels.

Ätiologie. Merkmal der **squamösen Hyperplasie** ist eine Verbreiterung der Hornschicht. Die verdickten Leisten (Akanthose) ragen in die entzündliche Unterhaut hinein. Die Erkrankung ist wahrscheinlich Folge eines chronischen Reizzustandes. Hier spielen möglicherweise lokal wirkende chemische Substanzen eine Rolle. Am ehesten betroffen sind Frauen zwischen 30 und 60 Jahren.
Der **Lichen sclerosus** tritt vorwiegend in der Postmenopause auf. Mit zunehmender Atrophie verliert das Epithel die papillare Verzahnung zur ödematösen, später sklerotischen Unterhaut.
Als Ursache der Erkrankung wird an erster Stelle ein Östrogenmangel angenommen, aber auch der lokale 5α-Reduktase-Mangel spielt eine Rolle. Als Kofaktoren kommen Autoimmunvorgänge und genetische Aspekte hinzu.

Bei den **gemischten Formen** findet man häufig atypische Veränderungen.

Bei den **gemischten Formen** der Dystrophie finden wir in den hyperplastischen Bereichen häufig (5 %) atypische Veränderungen. Diese zellularen Atypien des Plattenepithels werden als **Dysplasie** bezeichnet.

Klinik. Squamöse Hyperplasie: rötliche ödematöse Vulva mit hyperkeratotischen weißlichen Plaques.

Beim **Lichen sclerosus** ist die Haut pergamentartig dünn, häufig weiß verfärbt und durch Kratzeffekte superinfiziert. Durch Schrumpfungseffekte sind Kohabitationsbeschwerden möglich.

Klinik. Bei der **squamösen Hyperplasie** fällt die rötliche ödematöse Vulva mit den hyperkeratotischen weißlichen Plaques auf. Fissuren und Verschorfungen sind Folge des Kratzeffektes.
Bei der häufigsten Veränderung, dem **Lichen sclerosus** (s. Abb. **B-5.2**), ist die Haut pergamentartig dünn, häufig weiß verfärbt und durch Kratzeffekte superinfiziert. Durch Abnahme der Elastizität kommt es zu Schrumpfungseffekten, die Beschwerden bei der Kohabitation verursachen können. Im Spätstadium verschwinden die kleinen Labien und die Klitoris häufig und durch Atrophie entsteht eine Verengung des Introitus vaginae.
Die gemischte Dystrophie zeigt Mischbilder mit unterschiedlicher Ausprägung der bereits beschriebenen Befunde.

Diagnostik. Histologische Abklärung.

Diagnostik. Bei allen Leukoplakien muss eine histologische Abklärung erfolgen. Bei Ausschluss atypischer Veränderungen sind Leukoplakien **nicht** als Präkanzerose anzusehen.

B-5.2 Atrophische Dystrophie der Vulva (Lichen sclerosus)

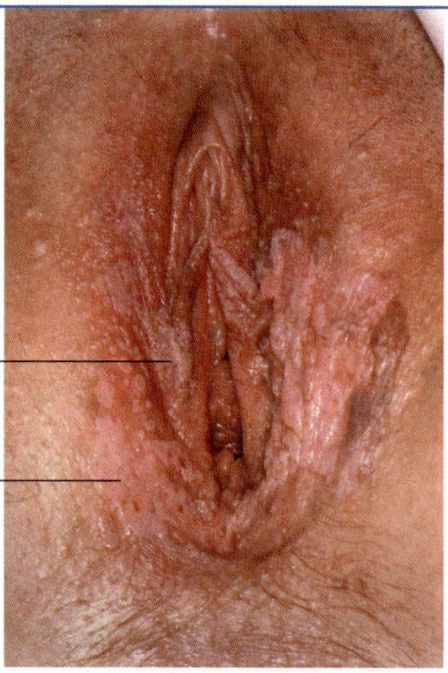

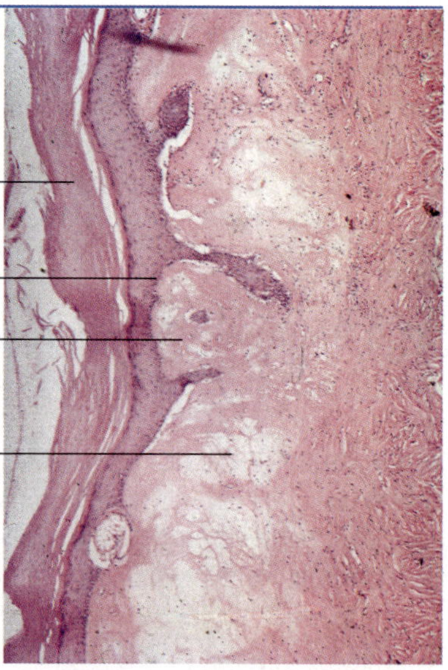

a Atrophische Labien, Verlust des Hautreliefs mit grau-weißer Oberfläche.
b Abgeflachtes Epithel mit Hyperkeratose, kollagenisierte, ödematöse subepitheliale Zone mit basaler Entzündung.

▶ **Merke.** Die Abgrenzung zwischen einer Vulvadystrophie mit und ohne Atypien und einem Carcinoma in situ kann nur histologisch erfolgen.

◀ Merke

Therapie. Die **squamöse Hyperplasie** kann am ehesten durch Entfernen des verursachenden Reizes behandelt werden. Auslösende Reize können Chemikalien, Sprays, Deodoranzien und synthetische Stoffe sein. Enge Kleidung sollte gemieden werden, um ein feuchtes lokales Milieu zu verhindern. Der quälende Juckreiz wird durch eine kurzzeitige Therapie mit lokal wirkenden Kortisonpräparaten behandelt.

Therapie. Squamöse Hyperplasie: Entfernen des verursachenden Reizes. Kurzfristig lokale Kortisonapplikation zur Behandlung des quälenden Juckreizes.

Bei der **atrophischen Form** der Vulvadystrophie hilft die intermittierende Gabe von hochdosierten Östrogenen z. B. konjugierte Östrogene. Lokale Testosteronapplikation und evtl. Kortisongaben lindern den Juckreiz.

Atrophische Dystrophie: intermittierende Gabe von hochdosierten Östrogenen. Zur Linderung des Juckreizes lokal Testosteron, evtl. Kortison.

Zysten

Zysten sind die häufigsten benignen Tumoren der Vulva und Vagina.

Zysten

Häufigste benigne Tumoren der Vulva und Vagina.

Diagnostik. Zysten werden meist bereits bei der klinischen Untersuchung diagnostiziert.

Bartholin-Zysten entstehen durch eine Verklebung der Drüsenausführungsgänge im Bereich ihrer Mündung im Vestibulum vaginae. Es resultiert ein Sekretstau mit zystischer Erweiterung des Ganges. Die Therapie erfolgt durch operative breite Eröffnung des Drüsenganges (Marsupialisation).

Bartholin-Zysten entstehen durch eine Verklebung im Bereich des Drüsenausführungsganges.

▶ **Merke.** Die am häufigsten vorkommende Bartholin-Zyste ist eine **Retentionszyste.** Klinisch imponiert sie als Tumor von etwa Pflaumengröße im Bereich der kleinen Labien, der beim Gehen und Sitzen Schmerzen verursachen kann.

◀ Merke

Talggefüllte Zysten (Atherome) entstehen ausschließlich im behaarten Bereich der großen Labien. Meistens entstehen sie durch Verlegung eines Follikelausführungsganges.

Muzinöse Zysten liegen überwiegend im Bereich des Vestibulums. Es handelt sich um dysontogenetische Zysten aus dem Epithel des Urogenitalsinus.

Gartner-Gang-Zysten entstehen aus Resten des Wolff-Ganges. Es sind dünnwandige Zysten mit klarem Inhalt. Sie liegen meist in der seitlichen Wand

Talggefüllte Zysten (Atherome) entstehen nur im behaarten Bereich der großen Labien.

Muzinöse Zysten sind dysontogenetische Zysten im Bereich des Vestibulums.

Gartner-Gang-Zysten (s. Abb. **B-5.3**) sind Reste des embryonalen Wolff-Ganges. Sie sind dünnwandig mit klarem Inhalt.

B-5.3 Gartner-Gang-Zyste

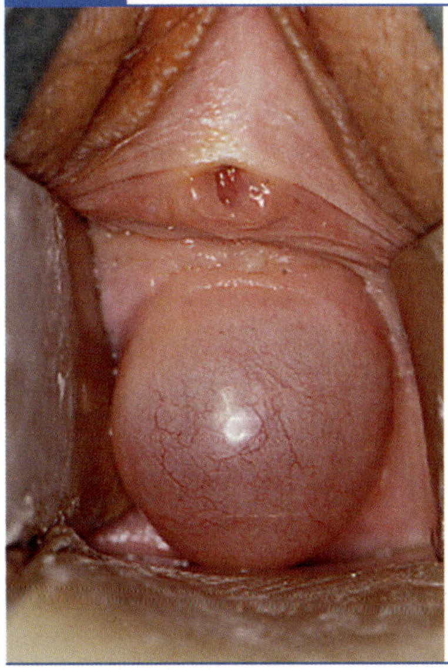

Große Gartner-Gang-Zyste in der anterolateralen Wand mit weitgehender Einengung der Vagina.

B-5.3

von Vagina und Vulva und können **multipel** vorkommen; gelegentlich auch neben der Klitoris. In manchen Fällen werden sie so groß, dass sie den Introitus vaginae verengen, was zu Beschwerden führt (s. Abb. **B-5.3**).

Epidermale Inklusionszysten sind Folge einer traumatischen oder operativen Läsion.

Epidermale Inklusionszysten der Vagina sind meistens Folge einer traumatischen oder operativen Manipulation, bei der das Epithel unter die Oberfläche versenkt wurde.

Bei der **Adenosis vaginae** ist zumeist der obere Teil der Vagina von kleinen, zahlreichen Zysten besetzt, die von Drüsenepithel begrenzt werden. Es entsteht ein samtartiges, rötliches Bild.

Bei der **Adenosis vaginae** ist zumeist der obere Teil der Vagina von kleinen, zahlreichen Zysten besetzt, die von Drüsenepithel begrenzt werden. Es entsteht ein samtartiges, rötliches Bild. Die Adenosis vaginae kann auf eine Behandlung mit Stilbenen während der intrauterinen Entwicklung zurückgehen. Gelegentlich ist sie auch Vorläufer des seltenen Adenokarzinoms der Vagina.

Epitheliale Tumoren

Papillome (Condylomata acuminata) sind die häufigsten benignen Tumoren der Vulva. Sie werden durch eine Infektion mit verschiedenen HPV-Typen induziert (s. S. 239).

Papillome (Condylomata acuminata) sind die häufigsten benignen Tumoren der Vulva. Sie werden durch eine Infektion mit verschiedenen HPV-Typen induziert (s. S. 239). Sie weisen eine warzenähnliche, oft bizarre Form von weißer oder blassrosa Farbe auf. Papillome der Vagina sind selten. Die Therapie erfolgt durch Laser- oder Elektrokoagulation.

Hidradenome werden nur bei Beschwerden entfernt.

Hidradenome (Schweißdrüsenadenome) sind meist derb und haben einen Durchmesser unter 2 cm. Sie liegen im Bereich der großen Labien und an der lateralen Seite der kleinen Labien. Bei Beschwerden werden sie operativ entfernt.

▶ Merke

▶ **Merke.** Differenzialdiagnostisch ist bei gutartigen Vulvatumoren auch an eine Inguinalhernie bzw. an einen nicht verschlossenen Processus vaginalis peritonei zu denken.

Sonstige Tumoren

Leiomyome, Lipome, Fibrome und **Neurofibrome** sind äußerst selten. Sie werden operativ entfernt.

Gutartige solide Tumoren mesenchymaler Herkunft sind äußerst selten. **Leiomyome** sind gutartige Muskeltumoren, die gelegentlich im Bereich der Klitoris sitzen. **Lipome, Fibrome** und **Neurofibrome** sind von unterschiedlicher Größe und ragen teilweise als gestielte Tumoren aus dem Introitus vaginae heraus. Die Therapie besteht in der operativen Entfernung.

Hämangiome sind meist angeboren und bilden sich spontan zurück. **Senile Hämangiome** sind klinisch ohne Bedeutung.

Hämangiome der Vulva sind meist angeboren und bilden sich spontan zurück. Häufig sind **senile Hämangiome,** die als kleine rote Papeln auffallen. Sie sind klinisch ohne Bedeutung.

5.1.3 Atypische Veränderungen und maligne Tumoren der Vulva

Vorstufen des Vulvakarzinoms. Nur in einem kleinen Prozentsatz der Vulvadystrophien werden zellulare Atypien gefunden. In diesen Fällen sprechen wir von Dysplasien des Plattenepithels und damit möglichen Vorläufern eines invasiven Vulvakarzinoms (Präkanzerosen). Diese Veränderungen werden in **intraepitheliale Neoplasien** eingeteilt.

Vorstufen des Vulvakarzinoms. Nur in einem kleinen Prozentsatz der Vulvadystrophien werden zellulare Atypien gefunden. Ausschließlich in diesen Fällen sprechen wir von Dysplasien des Plattenepithels und damit möglichen Vorläufern eines invasiven Vulvakarzinoms (Präkanzerosen). Abhängig von dem Ausmaß der Dysplasie werden diese Veränderungen, in Analogie zu den Vorstufen des Zervixkarzinoms, in **intraepitheliale Neoplasien** eingeteilt. Mit dem Einbruch in das subepitheliale Stroma kommt es dann zum infiltrierenden Karzinom. Intraepitheliale Neoplasien und invasive Tumoren unterscheiden sich hinsichtlich Klinik, Diagnostik und Therapie zum Teil sehr deutlich. Sie werden daher getrennt abgehandelt.

Vulväre intraepitheliale Neoplasie (VIN)

▶ Definition

▶ **Definition.** Der Oberbegriff vulväre intraepitheliale Neoplasie umfasst alle prämalignen Formen, die früher sehr verwirrend eingeteilt waren. Hierzu gehören u. a. die Begriffe Morbus Bowen, Erythroplasia Queyrat und Carcinoma simplex.

B-5.4 Schwere intraepitheliale Neoplasie der Vulva (VIN III)

B-5.4

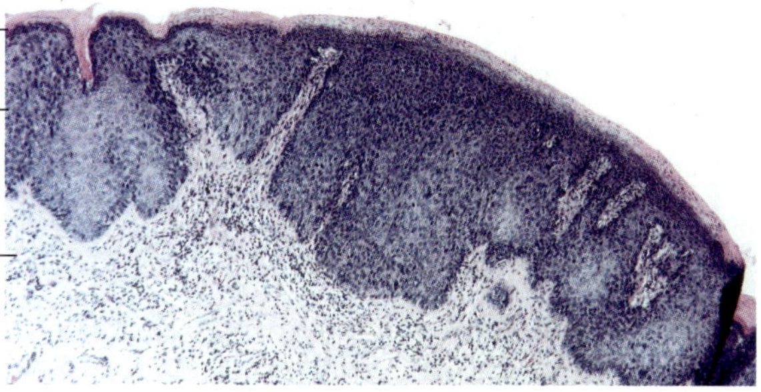

Verhornendes Plattenepithel, atypische Zellen in der gesamten Dicke des Epithels.

Klassifikation. Je nach Ausmaß der Atypie unterscheidet man:
1. milde Dysplasie = VIN I
2. mittelschwere Dysplasie = VIN II
3. schwere Dysplasie und Carcinoma in situ = VIN III

Der Morbus Bowen zählt zu den schweren Dysplasien und zeichnet sich durch Hyperpigmentation aus.

Wachstum und Ausbreitung. Bei VIN I und VIN II kann in den meisten Fällen mit einer Rückbildung des Prozesses gerechnet werden; die intraepitheliale Neoplasie Grad III dagegen wird mit größter Wahrscheinlichkeit in die infiltrierende Form eines Plattenepithelkarzinoms übergehen. Abb. **B-5.4** zeigt das histologische Bild einer vulvären intraepithelialen Neoplasie Grad III.
Die intraepithelialen Neoplasien kommen bei mehr als 30 % der Patientinnen multizentrisch vor. Die Latenzzeit zwischen dem Auftreten einer VIN und der Entwicklung eines invasiven Karzinoms wird auf mindestens 10–15 Jahre geschätzt.

Klinik. In mehr als der Hälfte der Fälle besteht ein vermehrter **Juckreiz**. Das Auftreten von Blutungen oder der Nachweis von kleinen Tumoren deutet auf eine Frühinfiltration hin.

Klassifikation. Je nach Schweregrad wird die Atypie in VIN I, VIN II oder VIN III eingeteilt.
Der Morbus Bowen zählt zu den schweren Dysplasien und zeichnet sich durch Hyperpigmentation aus.

Wachstum und Ausbreitung. VIN I und VIN II bilden sich oft zurück. Eine VIN III dagegen geht häufig in ein Plattenepithelkarzinom über (s. Abb. **B-5.4**).

VIN treten zu mehr als 30 % multizentrisch auf. Die Latenzzeit bis zur Entwicklung eines invasiven Karzinoms beträgt mindestens 10–15 Jahre.

Klinik. Hauptsymptom ist der **Juckreiz**. Bei Auftreten von Blutungen oder Nachweis kleiner Tumoren ist eine frühe Infiltration wahrscheinlich.

B-5.5 Intraephitheliale Neoplasie der Vulva

B-5.5

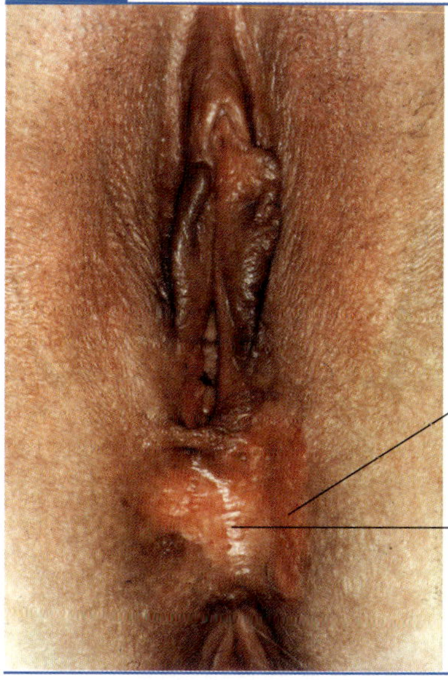

Umschriebene Leukoplakie und angedeutete papillöse Veränderungen.

B-5.6

B-5.6 **Lokale Schnittführung bei einfacher Vulvektomie**

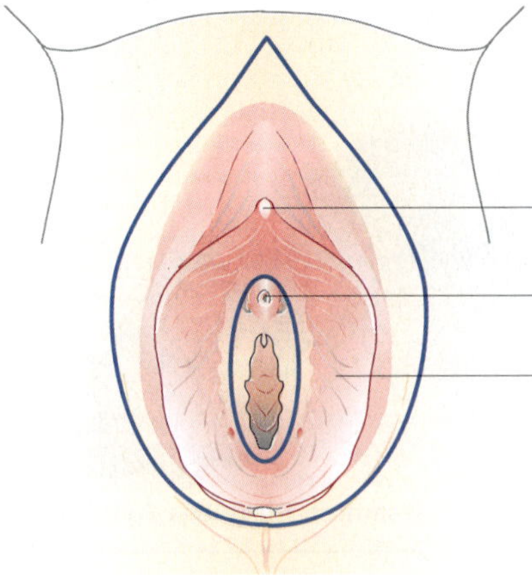

▶ Merke

▶ **Merke.** Neoplasien im Bereich von Vulva und Zervix treten vermehrt simultan auf.

Diagnostik. Pigmentveränderungen oder papillöse Veränderungen im Bereich der Vulva deuten auf eine intraepitheliale Neoplasie hin (s. Abb. **B-5.5**).
Der Nachweis von HPV-DNA kann als ein den Krankheitsverlauf negativ beeinflussender Faktor angenommen werden.

Diagnostik. Vulväre intraepitheliale Neoplasien können mit dem histologischen Aufbau einer Parakeratose und dem klinischen Bild einer Leukoplakie einhergehen. Pigmentveränderungen innerhalb dieser Zonen oder papillöse Veränderungen machen die Diagnose wahrscheinlicher. Bei verdächtigem makroskopischem oder kolposkopischem Befund sollte aus dem Bezirk eine Biopsie zur histologischen Klärung entnommen werden (s. S. 233 f). In Abb. **B-5.5** sind derartige Veränderungen erkennbar.
Der Nachweis von HPV-DNA kann als ein den Krankheitsverlauf negativ beeinflussender Faktor angenommen werden. Mit steigendem Schweregrad der Neoplasie nimmt die Häufigkeit dieses Nachweises zu, wobei am häufigsten Typ 16 gefunden wird.

Therapie. Eine lokale Exzision mit einem Sicherheitsabstand von 1 cm ist besonders bei jungen Frauen Therapie der Wahl. Im Stadium VIN III können größere Vulvabezirke bis etwa 5 mm Tiefe abgetragen und anschließend mit einem Schwenklappen oder Spalthautlappen gedeckt werden. Die Vulvektomie wird selten durchgeführt (s. Abb. **B-5.6**).

Therapie. In den Stadien VIN I und VIN II ist es auch bei multifokalem Wachstum gerade bei jüngeren Frauen gerechtfertigt, eine lokale Exzision mit einem Sicherheitsabstand von 1 cm durchzuführen. Eine radikale lokale Operation wäre in diesen Fällen mit einer deutlichen Einbuße der Lebensqualität verbunden. Im Stadium VIN III oder bei multizentrischer Ausbreitung können größere Zonen der Vulva bis etwa 5 mm Tiefe abgetragen werden, anschließend wird das zurückbleibende subkutane Gewebe durch einen Schwenklappen oder Spalthautlappen gedeckt (Skinektomie). Der Spalthautlappen wird von der Innenseite des Oberschenkels oder der Gesäßbacke transplantiert. Wenn die Vulva nicht mehr erhalten werden soll, ist eine einfache Vulvektomie indiziert (s. Abb. **B-5.6**).

Mit einem CO_2-Laser können intraepitheliale Neoplasien schonend entfernt werden. Ein entscheidender Nachteil dieser Methode ist die schlechte histologische Untersuchungsmöglichkeit der Resektionsränder.

Eine weitere Therapiemöglichkeit ist das Entfernen der befallenen Areale mit einem CO_2-Laser. Die Vorteile dieser Methode sind bessere anatomische Ergebnisse, insbesondere im Bereich von Klitoris und Perianalregion sowie die problemlose Wiederholbarkeit. Die Nachteile sind eine mögliche „Untertherapie" und die schlechte histologische Untersuchungsmöglichkeit, da die Resektionsränder nicht beurteilt werden können.

Wegen der hohen Zahl der Lokalrezidive (30 %) ist eine sorgfältige Nachkontrolle notwendig.

Die Häufigkeit eines Lokalrezidivs liegt unabhängig von der Methode bei nahezu 30 %, selbst wenn die primäre Operation im Gesunden erfolgte. Daher ist es wichtig, regelmäßig sorgfältige klinische Kontrollen durchzuführen.

Morbus Paget

Morbus Paget

▶ **Definition.** Der Morbus Paget der Vulva stellt eine Sonderform der intraepithelialen Neoplasien dar, da er nicht von plattenepithelialen Anteilen seinen Ursprung nimmt, sondern von den Hautanhangsdrüsen abstammt. Nicht verwechselt werden darf dieses Krankheitsbild mit dem Morbus Paget der Mamille, der meistens Teil eines invasiven Karzinoms darstellt.

◀ **Definition**

Epidemiologie. Der Morbus Paget der Vulva macht etwa 2 % aller Vulvaneoplasien aus. Das mittlere Erkrankungsalter liegt bei 65 Jahren.

Epidemiologie. In 2 % aller Vulvaerkrankungen liegt ein Morbus Paget vor (mittlere Erkrankungsalter 65 Jahre).

Histologie. Der Morbus Paget zeichnet sich durch ein besonderes histologisches Bild aus. Neben zellularen Atypien, die einer intraepithelialen Neoplasie ähnlich sind, treten sog. **Paget-Zellen** auf. Diese liegen in Nestern vorkommend oder als verstreute Zellen innerhalb des Epithels oder in Hautanhangsdrüsen. Charakteristisch sind das vakuolisierte Zytoplasma und bläschenförmige Kerne (s. Abb. **B-5.7**). Paget-Zellen werden möglicherweise von apokrinen Hautanhangsdrüsen gebildet, eventuell aber auch von epidermalen Stammzellen.

Histologie. Kennzeichnend für das histologische Bild sind die sog. Paget-Zellen (s. Abb. **B-5.7**).

Klinik. Meistens sind die großen Labien befallen, ein Übergang auf perianale Bereiche ist möglich; auch multizentrisches Auftreten ist häufig. Die Symptome unterscheiden sich kaum von denen der intraepithelialen Neoplasien. Im Vordergrund steht ein ausgeprägter Juckreiz, der gelegentlich mit Wundheits- und Spannungsgefühl einhergeht.
Makroskopisch sieht man rote, relativ scharf begrenzte, häufig auch mit Krusten belegte Zonen.

Klinik. Die großen Labien sind am häufigsten befallen. Bei der Untersuchung sieht man rote, scharf begrenzte, z. T. verkrustete Areale.

▶ **Merke.** Bei der Ausdehnung innerhalb des Epithels werden keine Lymphknotenmetastasen beobachtet. Man findet jedoch in etwa ¼ der Fälle ein begleitendes invasives Adenokarzinom im Vulvabereich, das sich unter dem Morbus Paget verbirgt.

◀ **Merke**

Diagnostik. Neben den bereits auf S. 218 genannten diagnostischen Verfahren ist hier eine Stanzbiopsie, die tieferliegende Veränderungen erfasst, wichtig.
Da simultane Adenokarzinome der Cervix uteri, der Mamma, des Gastrointestinaltrakts und der harnableitenden Wege gehäuft gefunden werden, sollte danach gezielt gefahndet werden.

Diagnostik. Die Stanzbiopsie muss v. a. auch tieferliegende Veränderungen miterfassen. Beim diagnostischen Vorgehen muss die Suche nach simultanen Adenokarzinomen eingeplant werden.

▶ **Merke.** Das diagnostische Vorgehen und die Therapie unterscheiden sich nicht von dem bei der intraepithelialen Neoplasie.

◀ **Merke**

B-5.7 Morbus Paget der Vulva

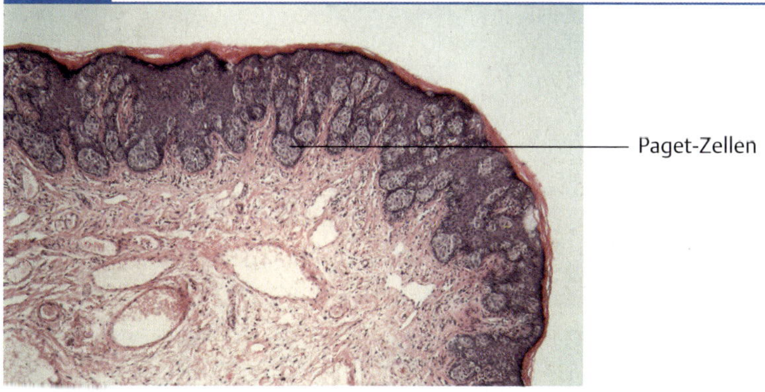

Intraepithelial wachsende Nester von Paget-Zellen.

B-5.7

Therapie. Die Behandlung besteht in einer großzügigen lokalen Exzision im Gesunden. Bei multizentrischem Auftreten oder begleitendem Adenokarzinom ist oft eine Vulvektomie notwendig.

Therapie. Die Veränderungen werden operativ entfernt. Eine großzügige lokale Exzision ist häufig ausreichend. Auch eine für diagnostische Zwecke entnommene Stanzbiopsie kann therapeutisch ausreichend sein, wenn die Veränderung im Gesunden entfernt wurde. Wegen der bekannten Multizentrizität dieser Erkrankung können jedoch auch größere Probeentnahmen bis hin zur Vulvektomie notwendig sein. Bei einem begleitenden Adenokarzinom erfolgt die Behandlung analog dem Vulvakarzinom, d. h. es wird eine ausgedehnte Vulvektomie mit beidseitiger Lymphonodektomie durchgeführt.

Prognose. Häufige lokale Rezidive. 5-Jahresüberlebensrate: 90 %.

Prognose. Lokale Rezidive treten in 20 % der Fälle auf. Die 5-Jahresüberlebensrate beträgt ca. 90 %.

Plattenepithelkarzinom

Epidemiologie und Ätiologie. 4 % der weiblichen Genitalkarzinome sind Vulvakarzinome. Man unterscheidet zwei Hauptgruppen:
1. Durchschnittsalter 55 Jahre, oft Kombination mit VIN, häufig Virusgenome zu finden (HPV), oft Nikotinabusus.
2. Durchschnittsalter 77 Jahre, meist gut differenzierte Karzinome, gehäuft Lichen sclerosus oder squamöse Hyperplasie.

Weitere Faktoren: unzureichende Genitalhygiene, Störung der Immunkompetenz, Kontakte mit Karzinogenen.

Plattenepithelkarzinom

Epidemiologie und Ätiologie. Bei 4 % der weiblichen Genitalkarzinome handelt es sich um Vulvakarzinome. Bezogen auf eine Anzahl von 100 000 Frauen liegt die Inzidenz bei zwei Neuerkrankungen pro Jahr.
Man unterscheidet zwei Hauptgruppen: In einer Gruppe sind eher jüngere Frauen mit einem Durchschnittsalter von 55 Jahren und einem Nikotinabusus betroffen. Die Kombination mit einer vulvären intraepithelialen Neoplasie oder begleitenden Zervix- und Vaginalkarzinomen ist häufig. In 75 % der Fälle werden Virusgenome vom HPV-Typ 16 nachgewiesen. In der zweiten Gruppe sind ältere Frauen mit einem Durchschnittsalter von 77 Jahren betroffen. Die Hälfte der Patientinnen hat Begleiterkrankungen wie Diabetes mellitus, Adipositas, Hypertonie und Arteriosklerose, die wahrscheinlich auf die Altersstruktur zurückzuführen sind. Bei diesen Frauen findet man neben dem meistens gut differenzierten Karzinom gehäuft einen Lichen sclerosus oder eine squamöse Hyperplasie. Virusgenese und Nikotinabusus werden seltener gesehen.
Beiden Guppen gemeinsam sind epidemiologische Faktoren wie unzureichende Genitalhygiene, Störung der Immunkompetenz und Kontakte mit Karzinogenen.

Pathogenese. 90 % der Tumoren sind Plattenepithelkarzinome (s. Abb. **B-5.8**). Der Rest entfällt auf Melanome, Sarkome, Basaliome und Metastasen.

Pathogenese. 90 % der bösartigen Vulvatumoren sind Plattenepithelkarzinome (s. Abb. **B-5.8**). Der Rest entfällt auf Melanome, Sarkome, Basaliome und Metastasen. Die Vulvakarzinome treten gelegentlich in Verbindung mit einer Leuko-

B-5.8

B-5.8 Plattenepithelkarzinom

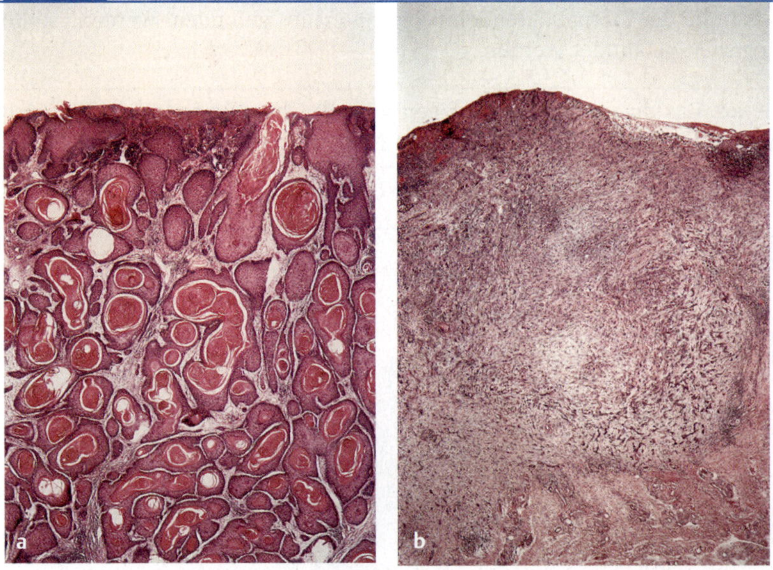

a Gut differenziertes Plattenepithelkarzinom der Vulva (G1): Invasion der Dermis durch Inseln von verhornenden Tumorzellverbänden.
b Gering differenziertes Plattenepithelkarzinom der Vulva (G3): Oberflächlicher Defekt. Netzförmige Invasion der Dermis durch assoziiert wachsende Tumorzellen.

plakie auf. Darunter versteht man eine scharf begrenzte weißliche Felderung der Haut bzw. Schleimhaut, die auf eine gestörte Verhornungstendenz und Atrophie des Plattenepithels zurückzuführen ist.

▶ **Merke.** Die „Leukoplakie" wurde früher als Vorläufer einer Krebserkrankung betrachtet. Heute ist bekannt, dass nur bei einem kleinen Teil der Leukoplakien zellulare Atypien auftreten.

◀ **Merke**

Invasives Vulvakarzinom

Invasives Vulvakarzinom

▶ **Definition.** Karzinome, die in der Größenordnung unter 2 cm Durchmesser an der Oberfläche und unter 1 mm Infiltrationstiefe liegen, werden als **mikroinvasive Karzinome** (oberflächlich-invasives Plattenepithelkarzinom) bezeichnet. Die Wahrscheinlichkeit einer lymphogenen und hämatogenen Metastasierung ist äußerst gering. Bei Karzinomen, deren Ausdehnung über das Maß eines Mikrokarzinoms hinausgeht, besteht die Gefahr einer diskontinuierlichen Ausbreitung.

◀ **Definition**

Wachstum und Ausbreitung. Etwa 90 % der Karzimome treten solitär auf. 60 % der Tumoren sind bei Diagnosestellung größer als 2 cm im Durchmesser. Ca. ⅓ der Patientinnen hat zusätzlich einen Lichen sclerosus der Vulva.

Wachstum und Ausbreitung. Etwa 90 % der Karzinome treten solitär auf.

▶ **Merke.** Die meisten Karzinome sind im Bereich der großen Labien lokalisiert. An zweiter Stelle folgen die kleinen Labien, dann die Klitoris. Abklatschmetastasen auf der dem Tumor gegenüberliegenden Seite der Vulva sind häufig. Neben dem makroskopisch sichtbaren Karzinom können auch weitere, intraepitheliale Herde vorhanden sein.

◀ **Merke**

Mit kontinuierlicher Ausdehnung des Tumors kommt es zu einer Beteiligung von Urethra, Vagina, Perineum und Anus. Gelegentlich bilden sich Fisteln zu benachbarten Hohlorganen. Später können auch Blasen- und Rektumschleimhaut und schließlich die Beckenknochen infiltriert sein. Bei etwa 10 % der Patientinnen tritt ein multifokales Tumorwachstum auf.

Die frühzeitige, lymphogene Metastasierung beim Vulvakarzinom erfolgt entlang der anatomischen Lymphabflussgebiete: Ausbreitung primär über inguinale Lymphknoten (oberflächliche und tiefe), über pelvine Lymphknoten bis hin zu den paraaortalen Lymphknoten.

Bei kontinuierlichem Wachstum kommt es zum Befall von Urethra, Vagina, Perineum und Anus. In fortgeschrittenen Fällen können auch Harnblase, Rektum und Beckenknochen befallen sein. Gelegentlich treten Fistelbildungen zu benachbarten Hohlorganen auf.
Die lymphogene Metastasierung folgt entlang der anatomischen Lymphabflussgebiete.

▶ **Merke.** Mit einer lymphogenen Metastasierung muss gerechnet werden, wenn die Invasionstiefe des Vulvakarzinoms größer als 1 mm ist.

◀ **Merke**

Stadieneinteilung. Tab. **B-5.1** zeigt die Stadieneinteilung des Vulvakarzinoms mit Therapieempfehlung.
Im Stadium I finden wir in 10 % und im Stadium III in 50 % inguinale Lymphknotenmetastasen. Bei metastasischem Befall der inguinalen Lymphknoten muss man in 25 % mit einem Befall der nächsten Lymphknotenstation, der pelvinen Lymphknoten rechnen. Hämatogene Fernmetastasen in Lunge und Leber sind extrem selten.

Stadieneinteilung. s. Tab. **B-5.1**.

In Stadium I liegen in 10 %, in Stadium III in 50 % lymphogene Metastasen vor. Hämatogene Fernmetastasen sind sehr selten.

Klinik. Im Anfangsstadium des invasiven Vulvakarzinoms stehen chronischer Pruritus und Schmerzen im Vordergrund. Bei fortgeschrittenem Befund treten lokale Schwellungen, Brennen und Ausfluss auf. Gelegentlich entwickeln sich Ulzera, die fötide übel riechende Sekrete absondern. Bemerkenswert ist, dass 20 % der Patientinnen gar keine Beschwerden angeben. Deshalb wird das Vulvakarzinom häufig verschleppt und erst spät diagnostiziert.

Klinik. Hauptsymptome sind Pruritus und Schmerzen. Ein Fünftel der Patientinnen ist beschwerdefrei!

B-5.1 Stadieneinteilung des Vulvakarzinoms entsprechend der FIGO- und TNM-Klassifikation mit Therapieempfehlung

FIGO-Stadium	*TNM-Klassifikation*	*Kriterien*	*Therapie*
Stadium 0	Tis	Carcinoma in situ, intraepitheliales Karzinom	lokale Entfernung des Tumors im Gesunden
Stadium IA	T1 N0 M0	Tumor bis 2 cm mit einer Invasionstiefe bis 1 mm	lokale Entfernung des Tumors im Gesunden
Stadium IB	T2 N0 M0	Tumor begrenzt auf Vulva und Perineum, bis 2 cm, Invasionstiefe mehr als 1 mm, keine Leistenlymphknoten tastbar	Standardtherapie ist die radikale Vulvektomie mit Ausräumung der inguinalen und femoralen LK. Bei jüngeren Frauen kann eine lokale Exzision weit im Gesunden in Erwägung gezogen werden.
Stadium II	T2 N0 M0	Tumor begrenzt auf Vulva, Perineum, über 2 cm, keine Leistenlymphknoten tastbar	radikale Vulvektomie mit beidseitiger inguinaler Lymphonodektomie
Stadium III	T3 N0/1 M0 T1–3 N1 M0	Tumor jeder Größe mit Ausdehnung auf distale Urethra, Vagina und/oder Anus	radikale Vulvektomie mit Entfernung der befallenen Organe. Um weiterhin die Harnableitung bzw. Stuhlentleerung zu ermöglichen, ist in manchen Fällen eine Nephrostomie (oder Neoblase) oder das Anlegen eines Anus praeter erforderlich.
Stadium IVA	T1–4 N2 M0	Tumor jeder Größe mit Infiltration der proximalen Urethra, der Blasenmukosa, der Rektummukosa, des Beckenknochens	radikale Vulvektomie mit (Teil-) Exenteration der befallenen Organe. Weniger belastend ist die Kombination aus Operation und anschließender Bestrahlung. Bei schlechtem Allgemeinzustand oder hohem Alter der Patientin Elektroresektion mit gleichzeitiger Koagulation des Wundbetts und begleitender Radiatio; evtl. zystostatische Therapie.
Stadium IVB	T1–4 N1–2M1	Fernmetastasen	palliativ: Radiatio, evtl. zytostatische Therapie.

B-5.9

B-5.9 Kleines Vulvakarzinom

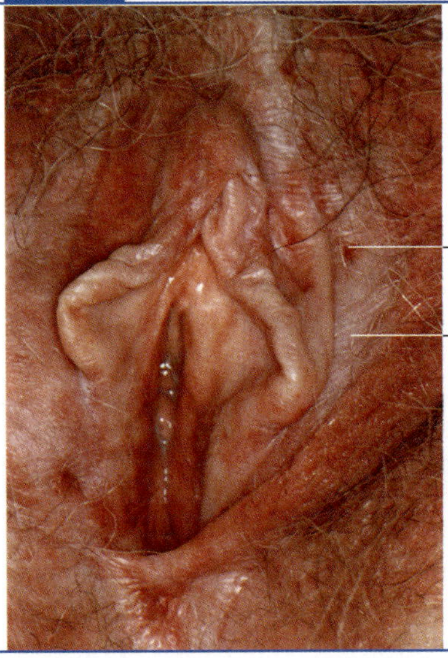

Kleine Ulzeration innerhalb eines Leukoplakiebezirks.

Kleine Vulvakarzinome (s. Abb. **B-5.9**):
- einzelne rötliche Papeln
- isolierte Verhärtungen mit warzenähnlichem Bild
- erosive Defekte und Ulzerationen.

Fortgeschrittene Karzinome können exophytisch wie blumenkohlartige Tumoren oder endophytisch mit Ulzerationen wachsen (s. Abb. **B-5.10**).

Kleine Vulvakarzinome können in Erscheinung treten als
- einzelne rötliche Papeln,
- isolierte Verhärtungen mit warzenähnlichem Bild oder
- erosive Defekte und Ulzerationen.

Abb. **B-5.9** zeigt das Bild eines kleinen Vulvakarzinoms.

Fortgeschrittene Karzinome imponieren als
- blumenkohlartige Tumoren (exophytisch wachsende oder papillomatöse Veränderungen, s. Abb. **B-5.10**) oder
- Ulzerationen mit induriertem Randwall (endophytisch wachsende Tumoren mit Ulzeration).

B-5.10 **Vulvakarzinom im T2-Stadium**

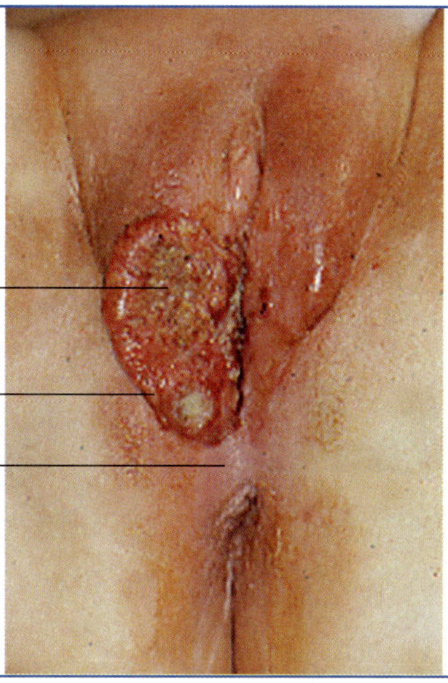

Man sieht einen exophytisch wachsenden ulzerierten Tumor von über 2 cm Durchmesser.

B-5.10

Diagnostik. Sie erfolgt meist durch Inspektion und wird durch histologische Abklärung nach Knipsbiopsie erhärtet (s. S. 212 f).

Diagnostik. Inspektion und histologische Abklärung (Knipsbiopsie).

Therapie. Die Therapie ist je nach Stadium unterschiedlich (s. Tab. **B-5.1**). In der Behandlung des Vulvakarzinoms dominieren die lokalen Therapien. Insbesondere die Operation steht an erster Stelle, in fortgeschrittenen Stadien wird sie mit einer Bestrahlung kombiniert. Die systemische Zytostatikatherapie spielt eine untergeordnete Rolle und kommt nur bei Fernmetastasierung in Frage.

Therapie. Der Schwerpunkt zur Behandlung des Vulvakarzinoms liegt auf der lokalen Therapie. An erster Stelle steht die Operation.

Lokale Therapie:
Durch operative Therapie und primäre Strahlentherapie des Vulvakarzinoms werden in etwa gleiche Ergebnisse erzielt. Wegen der besseren Prognoseeinschätzung durch Aufarbeitung des histologischen Materials wird in den meisten Zentren die operative Therapie bevorzugt.

- **Operative Therapie:** Standardtherapie ist die **radikale Vulvektomie** (s. Abb. **B-5.6**) mit dem Ziel, den Tumor weit im gesunden Gewebe zu entfernen. Hierbei werden die gesamte Vulva, der Mons pubis und die oberflächlichen und tiefen Lymphknoten der Leisten entfernt. Eine zusätzliche pelvine Lymphonodektomie wird in Erwägung gezogen, wenn inguinale Lymphknoten befallen sind. Die Radikalität der Operation muss der Tumorgröße angepasst sein (s. Tab. **B-5.1**).

Lokale Therapie:
Durch operative und primäre Strahlentherapie werden nahezu gleiche Ergebnisse erzielt. Wegen der besseren Prognoseeinschätzung durch histologische Untersuchung wird die operative Therapie bevorzugt.
Standardtherapie ist die **radikale Vulvektomie**. Grundsätzlich sollte die Radikalität der Operation der Tumorgröße angepasst sein (s. Tab. **B-5.1**)

▶ **Merke.** Die Entfernung der ipsilateralen inguinalen Lymphknoten kann gelegentlich bei streng auf einer Labie lokalisiertem Sitz ausreichen. In den übrigen Fällen ist die beidseitige Lymphonodektomie notwendig.

◀ **Merke**

Bei Tumoren im Stadium IA und IB ist eine lokale Exzision weit im Gesunden möglich. Der Defekt wird anschließend mit einem Schwenklappen gedeckt (s. Abb. **B-5.11**). Dieses Vorgehen wird bei jüngeren Frauen eingesetzt, um die Kohabitationsfähigkeit zu erhalten. Wegen der möglichen multizentrischen Erkrankung oder einer begleitenden intraepithelialen Komponente wird mit der radikalen Vulvektomie die größere Sicherheit erreicht (s. Abb. **B-5.6**).

In Tumorstadium IA und IB ist eine lokale Exzision im Gesunden möglich (s. Abb. **B-5.11**). Eine größere Sicherheit bietet die radikale Vulvektomie (s. Abb. **B-5.6**).

▶ **Merke.** Bei einem mikroinvasiven Karzinom ist prinzipiell, ebenso wie bei der intraepithelialen Neoplasie, ein multizentrisches Vorkommen zu beachten.

◀ **Merke**

B-5.11

B-5.11 Lokale Exzision eines kleinen Vulvakarzinoms und Deckung des Defekts mit einem Schwenklappen

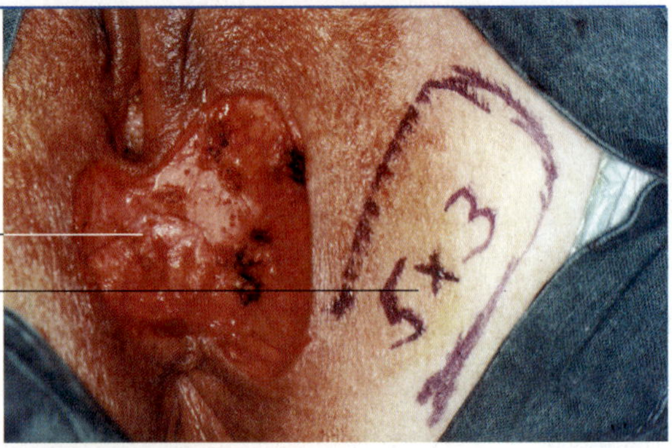

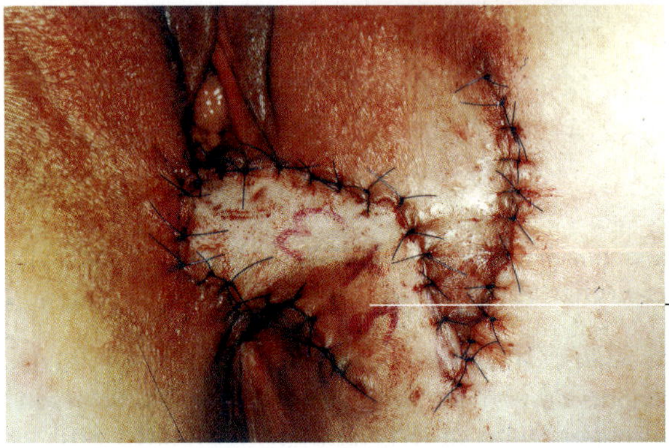

a Defekt nach Exzision **b** Nach Deckung mit einem Schwenklappen.

Bei Befall der Nachbarorgane ist meist eine extrem radikale Operation, teilweise mit Exenteration des Organs notwendig. Die Harn- und Stuhlentleerung muss durch eine Nephrostomie oder einen Anus praeter sichergestellt sein (Tab. **B-5.1**, s. S. 222).

Ausgedehntere Karzinome mit Befall von Vagina, Urethra, Blase oder Enddarm können nur durch eine extrem radikale Vorgehensweise, wie z. B. Exenteration angegangen werden. Um die Harn- bzw. Stuhlentleerung zu ermöglichen ist eine künstliche Harnableitung (über eine Ersatzblase aus Darm oder eine Nephrostomie) oder das Anlegen eines Anus praeter notwendig. Die untere Hälfte der Urethra kann reseziert werden, ohne dass eine Inkontinenz auftritt. Den Zusammenhang zwischen Tumorgröße bzw. -ausbreitung und operativem Vorgehen zeigt Tab. **B-5.1** (s. S. 222).

Die **primäre Strahlentherapie** wird hauptsächlich bei inoperablen Patientinnen angewandt.
Die Elektroresektion der Vulva mit anschließender Telekobaltbestrahlung ist eine Behandlungsalternative.

- **Strahlentherapie:** Die **primäre Radiatio** wird hauptsächlich bei inoperablen Patientinnen angewandt. Die Behandlungsdauer von ca. 5 Wochen ist im Vergleich zur operativen Therapie sehr lange. Die Radiatio wird mit einem Linearbeschleuniger (Elektronenbestrahlung) durchgeführt. Entscheidende Nachteile der Bestrahlung sind die erhöhte Frühmorbidität in Form von Erbrechen, Durchfall und Kreislaufproblemen. Im späteren Verlauf sind Hautnekrosen und Fistelbildung möglich (Spätmorbidität).
  Bei älteren Patientinnen in reduziertem Allgemeinzustand ist die Elektroresektion der Vulva mit anschließender Telekobaltbestrahlung eine Behandlungsalternative.

Systemische Therapie:
Das Ansprechen von Plattenepithelkarzinomen auf eine Chemotherapie ist schlecht. Bei Vorliegen von hämatogenen Metastasen kann in 30 % der Fälle durch zytostatische Behandlung eine kurzzeitige Remission erreicht werden.

Systemische Therapie:
Das Ansprechen von Plattenepithelkarzinomen auf eine Chemotherapie ist schlecht. Bei den seltener vorkommenden hämatogenen Metastasen (weniger als 5 %) kann eine systemische Zytostatikatherapie, z. B. mit Bleomycin, versucht werden. Dabei muss jedoch bedacht werden, dass die Remissionsrate nur maximal 30 % beträgt, aber die Nebenwirkungen belastend sein können, gerade bei den häufig schon älteren Patientinnen. Zudem ist die Remission nur von kurzer Dauer.

Prognose. Das Vulvakarzinom hat trotz seines langsamen Wachstums eine relativ schlechte Prognose. Die Lebenserwartung hängt von der Größe des Tumors und der lymphogenen Metastasierung ab. Die alterskorrigierte 5-Jahresüberlebensrate aller Patientinnen liegt bei 70 %. Sind die inguinalen Lymphknoten befallen, sinkt die mittlere 5-Jahresüberlebensrate auf 30–60 %. Bei Befall der pelvinen Lymphknoten liegt sie bei 0–25 %.
Bei etwa jeder 3. Patientin ist mit einem Rezidiv der Erkrankung zu rechnen, wobei das Lokalrezidiv im Bereich der Vulva etwa dreimal häufiger gesehen wird als Metastasen. Ein **Lokalrezidiv** bedeutet für die betroffenen Patientinnen eine langdauernde, nur langsam progrediente lokale Erkrankung mit massiven Schmerzen und unangenehmen hygienischen Folgen. Bei rezidivierenden ausbehandelten Lymphknotenmetastasen der Leistenregion kann es zu Arrosionsblutungen großer Gefäße kommen.

Prognose. Trotz langsamen Wachstums ist die Prognose des Vulvakarzinoms relativ schlecht. Die 5-Jahresüberlebensrate aller Patientinnen liegt bei 70 %. Bei Lymphknotenbefall sinkt sie rapide auf 30–60 %. Rezidive sind häufig. Sie treten bei 30 % der Patientinnen auf. Es handelt sich dabei in erster Linie um **Lokalrezidive**.

Nachsorge. Der größte Teil der Rezidive tritt innerhalb der ersten 2 Jahre nach der Primärtherapie auf. Während dieser Zeit wird eine vierteljährliche, bis zum Ende des 5. Jahres eine halbjährliche Kontrolle durchgeführt. Im Vordergrund stehen die lokale Inspektion und die Palpation der inguinalen Lymphknoten.

Nachsorge. In den ersten beiden Jahren vierteljährlich, bis zu 5 Jahren halbjährlich empfohlen. Neben der lokalen Inspektion muss die Leistengegend untersucht werden.

▶ **Merke.** Beinödeme können auf einen stenosierenden Prozess im Bereich der Lymphbahnen und Gefäße hinweisen.

◀ **Merke**

▶ **Klinischer Fall.** Eine 68-jährige, etwas verwahrloste Frau kommt in Begleitung ihrer Tochter in die Sprechstunde. Die Mutter war ihr in der letzten Zeit wegen eines unangenehmen Geruchs aufgefallen. Die Patientin klagt seit Monaten über einen Juckreiz im Bereich der Scheide, den sie selbst mit unterschiedlichen Salben behandelt hat. Außerdem leidet sie unter Brennen beim Wasserlassen. Seit 15 Jahren besteht ein insulinpflichtiger Diabetes. Die Frau war vor 5 Jahren das letzte Mal beim Gynäkologen. Bei der Untersuchung fällt bei der adipösen Frau eine Fetthängeschürze auf. Im Bereich der rechten großen Labie sieht man einen 4 cm großen erhabenen, z. T. ulzerierten Tumor, der wenig druckdolent ist. Die Umgebung zeigt eine weißlich schimmernde Oberfläche. Im Bereich der übrigen Vulva sind zahlreiche Kratzeffekte zu sehen. Die inguinalen Lymphknoten sind nicht vergrößert. Die rektovaginale Untersuchung ist unauffällig. Der Zellabstrich weist degenerative Veränderungen und zahlreiche Parakeratosen auf. In der in Lokalanästhesie durchgeführten Stanzbiopsie findet sich ein verhornendes, gut differenziertes Plattenepithelkarzinom. Die zystoskopische und die rektoskopische Untersuchung sind unauffällig, die Röntgen-Thoraxaufnahme ebenfalls. Die Untersuchung des Gewebes der fraktionierten Kürettage gibt keinen Hinweis auf ein Zweitkarzinom. Bei diesem Stadium T2 N0 M0 (FIGO II) wird die radikale Vulvektomie mit inguinaler Lymphonodektomie durchgeführt (s. Abb. **B-5.12**). Histologisch erkennt man ein mittelgradig differenziertes Plattenepithelkarzinom (G2) mit VIN III in der Umgebung. Der Tumor war im Gesunden entfernt worden. Drei oberflächliche inguinale Lymphknoten rechts wiesen Metastasen auf. Postoperativ bildet sich eine Lymphozele der rechten Leiste mit Wundheilungsstörung und Sekundärheilung. Da die Patientin die ihr vorgeschlagene Entfernung der pelvinen Lymphknoten ablehnt, wird 3 Wochen nach der Operation eine perkutane Elektronenbestrahlung des Beckens angeschlossen.

◀ **Klinischer Fall**

B-5.12 Ulzerierendes Vulvakarzinom

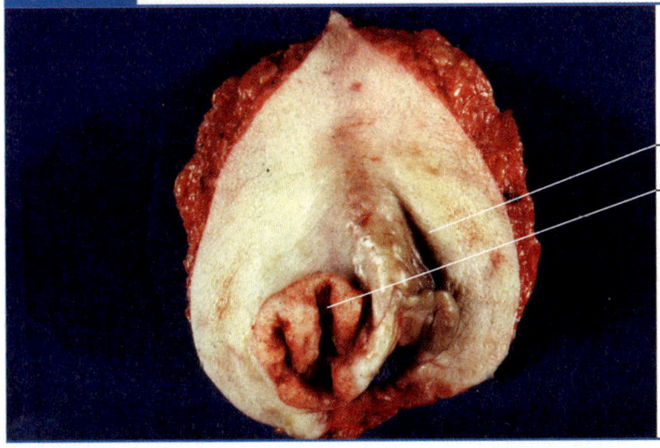

Operationspräparat nach Vulvektomie.

— Introitus vaginae
— ulzerierender Tumor

B-5.12

Malignes Melanom

Epidemiologie. 5 % aller malignen Melanome wachsen primär im Bereich der Vulva.

Malignes Melanom

Epidemiologie. Etwa 8 % der malignen Erkrankungen der Vulva sind der Gruppe der malignen Melanome zuzuordnen. Etwa 5 % aller malignen Melanome wachsen primär im Bereich der Vulva. Das mittlere Erkrankungsalter liegt zwischen 50 und 60 Jahren.

Klinik. Evtl. Juckreiz, lokale Blutungen.

Klinik. Juckreiz oder lokale Blutungen können vorkommen, die Klinik weist jedoch selten den Weg zur Diagnose.

Diagnostik. Das oberflächlich spreitende Melanom imponiert als erhabener, pigmentierter Tumor. Noduläre Form: häufig exophytisch wachsende, ulzerierte Veränderungen. Entzündungen der direkten Umgebung oder kleinere Satelliten weisen eher auf einen bösartigen Prozess hin (s. Abb. **B-5.13**).

Diagnostik. Das oberflächlich spreitende Melanom kommt am häufigsten vor. Es imponiert als erhabener Tumor, der schwarz, braun oder gemischt erscheinen kann. Vom umgebenden Gewebe ist er meist scharf abgegrenzt. Die noduläre Form des Melanoms bildet einen exophytisch wachsenden, häufig ulzerierenden dunklen Tumor. Abb. **B-5.13** zeigt die beiden verschiedenen Wachstumsformen. Entzündungen der direkten Umgebung oder kleinere Satelliten sprechen eher für Bösartigkeit.

Therapie. Als Therapie wird die radikale Vulvektomie mit inguinaler Lymphonodektomie durchgeführt. Die Erfolgsaussichten sind auch bei adjuvanter Chemotherapie gering.

Therapie. An erster Stelle steht die radikale Vulvektomie mit inguinaler Lymphonodektomie. Vor diesem radikalen lokalen Eingriff sollten hämatogene Metastasen in Lunge, Leber, Knochen und Gehirn ausgeschlossen werden. Eine adjuvante Chemotherapie, eventuell in Verbindung mit einer Immuntherapie, kann versucht werden. Die Erfolgsaussichten sind allerdings gering.

▶ Merke

▶ **Merke.** Bei kleinen Melanomen mit einer Tumordicke von weniger als 1–4 mm kann eine lokale Exzision im Gesunden mit einem Sicherheitsabstand von 2–3 cm genügen. Allerdings werden diese Frühformen nur selten erfasst.

Prognose. 60 % der Patientinnen versterben innerhalb von 2 Jahren.

Prognose. Die Gesamtprognose der Vulvamelanome ist schlecht; 60 % der Patientinnen versterben innerhalb von 2 Jahren nach Diagnosestellung.
Die 5-Jahresüberlebensrate hängt von vielen Faktoren ab und wird für Patientinnen mit tumorfreien Lymphknoten bei 30–40 %, mit Lymphknotenbefall bei 15 % und mit Fernmetastasen bei 0 % angenommen.

B-5.13

B-5.13 Malignes Melanom der Vulva

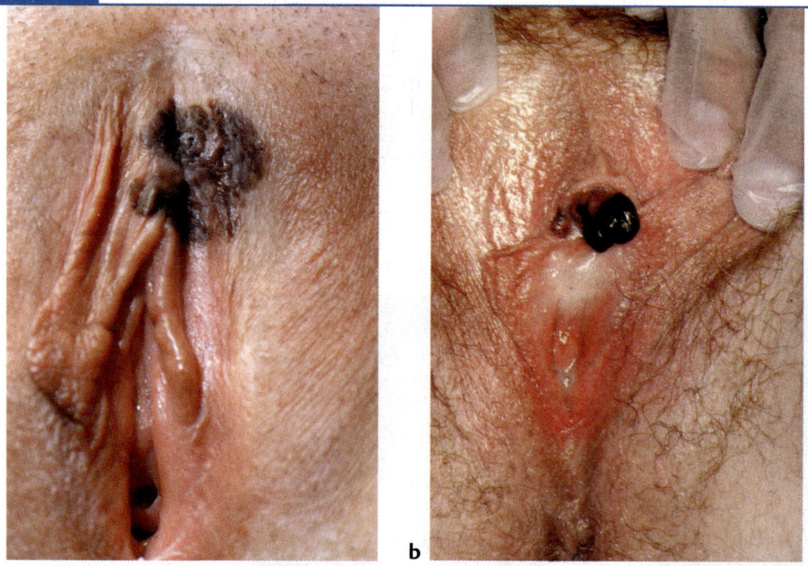

a b

Dunkelbräunlich pigmentierter, etwas erhabener Bezirk im Bereich der Klitoris mit Satellit, zwei Wachstumsformen.
a Oberflächlich spreitendes malignes Melanom. **b** Noduläres malignes Melanom.

Sarkom

Das primäre Sarkom der Vulva ist äußerst selten. Betroffen sind vorwiegend jüngere Frauen mit einem Durchschnittsalter von 38 Jahren. Der Tumor liegt häufig unterhalb der intakten Haut. Durch eine radikale Vulvektomie und Entfernung der inguinalen Lymphknoten wird versucht, eine Heilung zu erreichen. In 50 % der Fälle wird jedoch eine frühe hämatogene Metastasierung erwartet.

Sarkom

Diese seltene Erkrankung zeigt in 50 % der Fälle bereits bei Therapie hämatogene Metastasen.

Weitere Karzinome

Basalzellkarzinom

Etwa 3 % der Malignome im Bereich der Vulva sind Basalzellkarzinome. Betroffen hiervon sind vor allem ältere Frauen. Ausgangsgewebe des Basalzellkarzinoms sind wahrscheinlich die pluripotenten, unreifen epidermalen Zellen. Der bevorzugte Sitz sind die großen Labien. Langsam wachsende, glatt begrenzte Knoten bis zu 3 cm Durchmesser, häufig mit Ulzerationen und Pigmentation sind kennzeichnend. Metastasen sind selten.
Als Therapie ist die Exzision weit im Gesunden ausreichend. In etwa 20 % der Fälle kommt es jedoch zu einem lokalen Rezidiv.

Weitere Karzinome

Basalzellkarzinom

Hauptsächlich ältere Frauen erkranken an einem Basalzellkarzinom. Die Tumoren wachsen langsam, vorwiegend im Bereich der großen Labien.
Metastasen sind selten.

Die Exzision weit im Gesunden ist therapeutisch ausreichend. Häufig Lokalrezidive (20 %).

Verruköses Karzinom

Das verruköse Karzinom wurde primär im Bereich des Larynx beschrieben. Es gilt als besondere Form eines von der Epidermis ausgehenden Karzinoms und ist dem Plattenepithelkarzinom ähnlich. Charakteristisch ist ein ausgeprägt exophytisches Wachstum mit papillarer Struktur und deutlicher Verhornung. Es liegen Ähnlichkeiten mit den Condylomata acuminata vor. Die Infiltrationstiefe ist häufig nur sehr gering, eine Metastasierung wird selten gesehen.
Zur Therapie wird eine Entfernung weit im Gesunden oder eine einfache Vulvektomie vorgeschlagen. Lokalrezidive kommen häufiger vor.

Verruköses Karzinom

Verruköse Karzinome zeigen das Bild eines exophytisch wachsenden, papillaren Tumors. Die Infiltrationstiefe ist sehr gering; Metastasen kommen selten vor.

Therapie: Tumorentfernung im Gesunden oder einfache Vulvektomie.

Adenokarzinom

Diese von den Bartholin-Drüsen ausgehenden Tumoren sind äußerst selten. Sie sind meist im Bereich der Mündung der Drüsenausführungsgänge lokalisiert.
Das Adenokarzinom kommt eher bei jüngeren Frauen vor und kann zu Kohabitationsschmerzen führen. Da die Tumorentwicklung subkutan stattfindet, wird die Diagnose in der Regel erst spät gestellt. Die Tumoren dehnen sich oft in die Fossa ischiorectalis aus und gewinnen dort Anschluss an die pelvinen Lymphbahnen.

Adenokarzinom

Das Adenokarzinom ist ein seltener Tumor, der von den Bartholin-Drüsen ausgeht.
Er tritt bei jungen Frauen häufiger auf. Wegen der subkutanen Lokalisation erfolgt die Diagnose oft erst spät.

▶ **Merke.** Ein therapierefraktäres entzündliches Bild der Vulva kann Zeichen eines Adenokarzinoms sein.

◀ Merke

Entsprechend der Lokalisation der Tumoren besteht die Therapie in einer Vulvektomie mit partieller Kolpektomie. Zusätzlich wird empfohlen, die inguinalen und pelvinen Lymphknoten zu entfernen. Über die Prognose liegen angesichts geringer Fallzahlen keine zuverlässigen Daten vor.

Vulvektomie und partielle Kolpektomie sind therapeutisch notwendig. Zusätzlich wird eine Entfernung der inguinalen und pelvinen Lymphknoten empfohlen.

5.1.4 Maligne Tumoren der Vagina

Vaginalkarzinom

Epidemiologie. Primäre Vaginalkarzinome sind selten. Bezogen auf die bösartigen Tumoren des weiblichen Genitaltraktes haben sie einen Anteil von 1–2 %. Die Erkrankung tritt vorwiegend im höheren Lebensalter auf.
Mehr als doppelt so hoch liegt der **sekundäre Befall** der Vagina durch Ausbreitung von Zervix- Vulva-, Ovarial-, Rektum-, Blasen- und Urethralkarzinomen.

5.1.4 Maligne Tumoren der Vagina

Vaginalkarzinom

Epidemiologie. Primäre Vaginalkarzinome sind selten. Mehr als doppelt so hoch ist der **sekundäre Befall** durch Ausbreitung von Karzinomen der Nachbarorgane.

▶ **Merke.** 90 % der Vaginalkarzinome sind Plattenepithelkarzinome.

◀ Merke

Ätiologie. Eindeutige Informationen über auslösende Faktoren des Vaginalkarzinoms gibt es kaum. Nach chronischer Irritation oder Beckenbestrahlung treten Karzinome häufiger auf.

Ätiologie. Es gibt wenig eindeutige Informationen über die Ätiologie des Vaginalkarzinoms. Obgleich in der Vagina häufig Infektionen durch Papillomaviren vorkommen, ist die enge Beziehung zur viralen Erkrankung wie beim Karzinom der Vulva oder der Zervix nicht abzuleiten. Erwähnenswert ist lediglich das häufigere Auftreten von Vaginalkarzinomen nach chronischer Irritation (Prolaps oder längere Benutzung von Intrauterinpessaren). Auch die Beckenbestrahlung kann eine Rolle in der Genese des Vaginalkarzinoms spielen.
In Amerika wurde das Auftreten eines hellzelligen Adenokarzinoms der Vagina beobachtet, das bei Töchtern von Müttern entstand, die während der Schwangerschaft mit Diethylstilböstrol behandelt wurden.

Vorstufen des Vaginalkarzinoms. Analog den Vorstufen des Vulva- oder Zervixkarzinoms werden die vaginalen intraepithelialen Neoplasien (VAIN) in Schweregrad I, II und III eingeteilt.

Vorstufen des Vaginalkarzinoms. Innerhalb des Epithels der Vagina werden, wie auch im Bereich der Vulva und Zervix, intraepitheliale Atypien beobachtet. Entsprechend den Veränderungen der Vulva und der Zervix werden diese atypischen Zellläsionen in **vaginale intraepitheliale Neoplasien** (VAIN) verschiedener Ausprägung eingeteilt:
1. milde Atypien = VAIN I,
2. mäßige Atypien = VAIN II,
3. schwere Atypien = VAIN III.

Zumindest ein Teil dieser atypischen Plattenepithelveränderungen geht in ein infiltrierendes Plattenepithelkarzinom über.

Wachstum und Ausbreitung. Die meisten Vaginalkarzinome beginnen im hinteren Teil des oberen Drittels der Vagina. Es überwiegt das exophytische Wachstum (Ausbreitung ähnlich wie Zervixca.). Karzinome im mittleren Drittel der Vagina zeigen eine Ausbreitung ähnlich wie das Vulvakarzinom. Bei Befall des unteren Drittels der Vagina sind bei 75 % der Patientinnen inguinale Lymphknotenmetastasen zu erwarten.

Wachstum und Ausbreitung. Die meisten Vaginalkarzinome beginnen im hinteren Teil des oberen Drittels der Vagina. Es überwiegt das exophytische Wachstum. Die weitere Ausdehnung erfolgt kontinuierlich mit Befall umliegender Strukturen und diskontinuierlich über die Lymphbahnen. Über die parakolpischen Lymphbahnen kann es zu einer metastatischen Absiedlung in die pelvinen Lymphknoten kommen. Eine Ausbreitung über Blutgefäße ist selten. Das lokale Wachstum der Karzinome im oberen Scheidendrittel entspricht dem des Zervixkarzinoms. Die im mittleren Drittel der Vagina wachsenden Karzinome zeigen eine Ausbreitung ähnlich der des Vulvakarzinoms. In 25 % der Fälle treten Metastasen in den inguinalen Lymphknoten auf. Bei Befall des unteren Drittels der Vagina sind bei 75 % der Patientinnen inguinale Lymphknotenmetastasen zu erwarten.

Stadieneinteilung. s. Tab. **B-5.2**.

Stadieneinteilung. Das Vaginalkarziom wird gemäß den FIGO-Empfehlungen in Stadium I bis IV eingeteilt (s. Tab. **B-5.2**).

Klinik. Hauptsymptom des infiltrierenden Vaginalkarzinoms ist die vaginale Blutung, meist nach Kohabitation. In fortgeschrittenen Fällen treten Miktionsstörungen auf. Etwa 20 % der Fälle sind asymptomatisch.

Klinik. Intraepitheliale vaginale Neoplasien zeigen keine klinische Symptomatik. Infiltrierende Vaginalkarzinome fallen in 50–80 % der Fälle wegen vaginaler Blutungen, v. a. nach Kohabitation, oder fleischwasserfarbenem Fluor genitalis auf. Exophytisch wachsende Tumoren verursachen ein Druckgefühl in der Scheide. Miktionsstörungen sind ein Hinweis auf ein bereits fortgeschrittenes Karzinomwachstum.
Etwa 20 % der erkrankten Patientinnen haben keine Beschwerden.

B-5.2

B-5.2 Stadieneinteilung des Vaginalkarzinoms entsprechend der FIGO-Klassifikation

Stadium	*Kriterien*
Stadium 0	präinvasives Stadium
Stadium I	Tumor auf Vaginalwand begrenzt
Stadium II	Ausbreitung in das paravaginale Gewebe ohne Erreichen der Beckenwand
Stadium III	Tumor reicht bis zur Beckenwand
Stadium IV	Ausbreitung über das kleine Becken hinaus mit Befall der Mukosa von Blase oder Darm (IVa) oder mit Fernmetastasen (IVb)

Diagnostik. Meist werden Neoplasien der Vagina durch die zytologischen und kolposkopischen Vorsorgeuntersuchungen entdeckt (s. S. 232 ff).

Diagnostik. s. S. 232 ff.

Therapie. Ziel einer lokalen Therapie ist das Entfernen der intraepithelialen Neoplasie im Gesunden. Gelegentlich ist hierzu auch eine partielle Kolpektomie notwendig. Eine schonendere Form der lokalen Gewebeentfernung kann durch CO_2-Laser erreicht werden. Bei diesem Vorgehen besteht jedoch die Gefahr der „Untertherapie".

Therapie. Die intraepitheliale Neoplasie wird lokal im Gesunden entfernt. Eine schonendere Form der lokalen Gewebeentfernung kann durch CO_2-Laser erreicht werden.

▶ **Merke.** Eine histologische Aufarbeitung nach CO_2-Laser ist nicht möglich.

◀ Merke

- **Strahlentherapie:** Das fortgeschrittene infiltrierende Vaginalkarzinom wird meistens bestrahlt. Die lokale Kontakttherapie durch Afterloading mit Iridium oder Caesium wird bei Vorliegen von größeren Karzinomen durch eine perkutane Bestrahlung des Beckens ergänzt. Die tumortoxische Dosis beträgt dabei ca. 50 Gy.
- **Operative Therapie**: Beim operativen Vorgehen werden Karzinome im oberen Scheidendrittel durch eine radikale Hysterektomie mit oberer Kolpektomie und pelviner Lymphonodektomie behandelt.
  Ist das mittlere Drittel befallen, werden zusätzlich die inguinalen Lymphknoten entfernt.
  Liegt das Karzinom im unteren Scheidendrittel, wird die untere Kolpektomie mit eingeschränkter Vulvektomie und inguinaler Lymphonodektomie durchgeführt.

Strahlentherapie: Das infiltrierende Vaginalkarzinom wird meist durch eine lokale Kontakttherapie behandelt (bei größeren Karzinomen Kombination mit einer perkutanen Beckenbestrahlung).
Operative Therapie: Bei Lokalisation im oberen Scheidendrittel radikale Hysterektomie mit oberer Kolpektomie und pelviner Lymphonodektomie; bei Sitz im mittleren Drittel zusätzlich Entfernung der inguinalen Lymphknoten. Liegt der Tumor im unteren Drittel, ist die untere Kolpektomie mit eingeschränkter Vulvektomie und inguinaler Lymphonodektomie indiziert.

Prognose. Die 5-Jahresüberlebensrate aller Stadien zusammen beträgt nur 40 %. Lokalrezidive innerhalb von 2 Jahren nach Primärtherapie sind häufig.

Prognose. Die 5-Jahresüberlebensrate liegt bei 40 %.

Weitere maligne Tumoren

Maligne Tumoren der Vagina wie das **Sarkom** und das **Melanom** sind selten. Sie werden meistens wie das Plattenepithelkarzinom behandelt. Eine Ausnahme ist das **Sarcoma botryoides** (Rhabdomyosarkom). Dieser vorwiegend bei jüngeren Mädchen vorkommende, mesodermale maligne Tumor wird lokal entfernt und anschließend mit einer Chemotherapie behandelt.

Weitere maligne Tumoren

Sarkome und **Melanome** der Vagina sind selten. Das **Sarcoma botryoides** (Rhabdomyosarkom) tritt vorwiegend bei jüngeren Mädchen auf.

▶ **Klinischer Fall.** Eine 62-jährige Patientin in gutem Allgemeinzustand wird schon seit mehreren Jahren wegen einer entzündlichen atrophischen Kolpitis mit östrogenhaltigen Salben behandelt. Sie klagt immer wieder über Juckreiz und geringgradige Kontaktblutungen beim Geschlechtsverkehr. Bei der gynäkologischen Untersuchung erkennt man bei der Spekulumeinstellung zunächst eine völlig unauffällige Portio. Erst beim langsamen Zurückziehen des hinteren Spekulums stellt sich im oberen Bereich hinten ein 3 cm großer, zentral ulzerierter Tumor dar, der bei Berührung sofort blutet. Bei der vaginalen Palpation wirkt dieser Tumor relativ derb, bei der bidigitalen Austastung von vaginal und rektal erscheint das Septum rectovaginale nicht infiltriert, die Schleimhaut des Darmes ist gut verschieblich. Die Leistenlymphknoten sind nicht vergrößert. Im zytologischen Abstrich sind Tumorzellen (Pap Gruppe V) vorhanden. Es wird eine Knipsbiopsie durchgeführt. Die histologische Untersuchung zeigt ein geringgradig verhornendes Plattenepithelkarzinom. Die Zystoskopie, Rektoskopie, das Ausscheidungsurogramm, die fraktionierte Kürettage und die Röntgen-Thoraxuntersuchung sind unauffällig. Es liegt das Stadium T2 N0 M0 (FIGO II) vor. Die operative Therapie umfasst die abdominale Radikaloperation nach Wertheim mit oberer Kolpektomie, Entfernung des Parakolpiums und die beidseitige inguinale Lymphknotenentfernung. Histologisch liegt ein gut differenziertes, wenig verhornendes Plattenepithelkarzinom der Vagina vor (s. Abb. **B-5.14**), zusätzlich ein Oberflächenkarzinom an der Ektozervix (CIN III). Die Operation erfolgt im Gesunden. Die entfernten Lymphknoten sind metastasenfrei. Die Patientin ist 5 Jahre nach der Operation rezidivfrei.

◀ Klinischer Fall

B-5.14

B-5.14 **Plattenepithelkarzinom der Vagina**

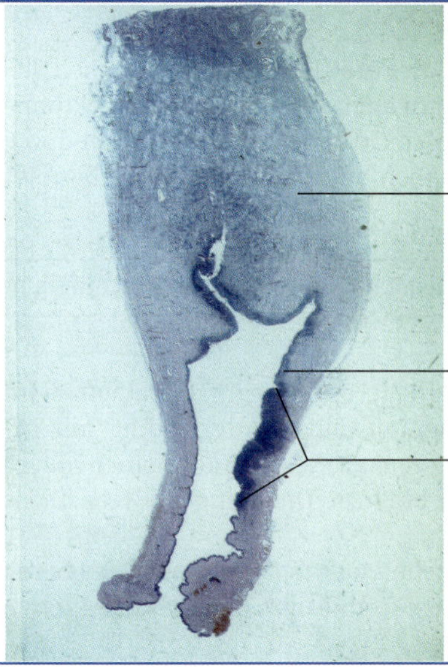

5.2 Veränderungen und Tumoren der Cervix uteri

5.2.1 Zusammenhang zwischen Transformationszone und Zervixveränderungen

An der Zervix stößt das unverhornte Plattenepithel der Portiooberfläche an das intrazervikal sitzende Zylinderepithel. Am Übergang zwischen Plattenepithel und Zylinderepithel liegt die **Transformationszone** (s. Abb. **B-5.15**) bezeichnet. Sie liegt während der Geschlechtsreife eher an der Portiooberfläche, postmenopausal zieht sie sich in den Zervikalkanal zurück. Sie ist häufig Ausgangspunkt karzinomatöser Veränderungen.

5.2 Veränderungen und Tumoren der Cervix uteri

5.2.1 Zusammenhang zwischen Transformationszone und Zervixveränderungen

Die Grenze zwischen dem Zylinderepithel der Endozervix und dem unverhornten Plattenepithel (s. Abb. **B-5.15**) der Ektozervix verschiebt sich unter dem Einfluss der Sexualhormone. Während der Geschlechtsreife liegt der Grenzbereich eher an der Portiooberfläche, postmenopausal ist die Grenze wieder im Zervikalkanal angesiedelt. Diese Zone, in der ständig Umbauvorgänge stattfinden, wird **Transformationszone** genannt. Karzinomatöse Veränderungen beginnen häufig in diesem Bereich oder in höher gelegenen zervikalen Abschnitten. Durch indirekte Metaplasie der subzylindrischen Reservezellen entsteht meist die unreife Form eines zunächst auf das Epithel beschränkten Krebswachstums. Außerhalb der Transformationszone entstehen über eine atypische basale Hyperplasie eher reifere, zunächst auf das Epithel beschränkte Neoplasien.

▶ Merke

▶ **Merke.** Bei Frauen in der Geschlechtsreife ist der Tumorbeginn eher an der Portiooberfläche, bei der postmenopausalen Frau eher innerhalb des Zervikalkanals zu erwarten.

Auch für benigne Veränderungen ist die Grenzzone besonders anfällig. Gelegentlich entstehen flache Kondylome oder Hyperkeratosen, die als **Leukoplakie** imponieren.

Das auf der Portiooberfläche sichtbare Drüsenfeld wird als **Ektopie** bezeichnet. Treffender wäre der Begriff **Erythroplakie**. Durch Überwuchern der Ausführungsgänge von Zervixdrüsen entstehen Retentionszysten, die **Ovula Nabothi**.

Auch für benigne Veränderungen ist die Grenzzone besonders anfällig. Gelegentlich entstehen **flache Kondylome**, da aufgrund der Proliferation eine erhöhte Sensibilität gegenüber HP-Viren besteht. Bei der Bildung von Hyperkeratosen, entsteht meist ein scharf begrenzter weißer Fleck, die **Leukoplakie**. Bei der Jodprobe (s. S. 234) bleiben diese Bezirke negativ, weil kein Glykogen eingelagert wird.
Das auf der Portiooberfläche sichtbare Drüsenfeld wird als **Ektopie** bezeichnet. Treffender wäre der Begriff **Erythroplakie**, da das Zylinderepithel rötlich erscheint. Unter dem sauren Milieu der Vagina und den häufig vorkommenden Entzündungen wird das ektopische Zylinderepithel durch Plattenepithel ersetzt. Hierbei wandeln sich subzylindrische Reservezellen in Plattenepithel um (Metaplasie). Werden dadurch Ausführungsgänge von Zervixdrüsen überwuchert, entstehen bis 1 cm große Retentionszysten, die **Ovula Nabothi**. Sie enthalten gelb-weißliches, schleimiges Sekret.

B-5.15 **Grenzzone der Zervix**

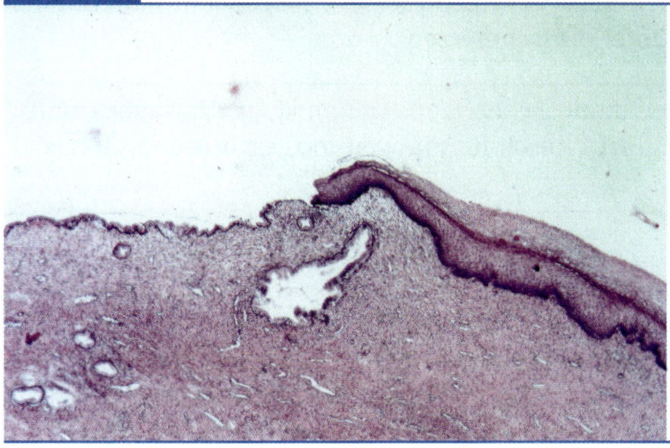

Grenzbereich zwischen Zylinderepithel des Zervikalkanals und unverhorntem Plattenepithel der Portiooberfläche.

B-5.15

Bei der **Erosio vera** liegt im Gegensatz zur Ektopie immer ein Zelldefekt vor. Dieser ist meist entzündlich bedingt und makroskopisch als roter Fleck sichtbar.

Bei der **Erosio vera** liegt ein echter Zelldefekt vor.

5.2.2 Diagnostik

Anamnese und Klinik

Vorstadien des Zervixkarzinoms weisen in der Regel keine Symptome auf. Sie werden ebenso wie die benignen Veränderungen meist zufällig während einer gynäkologischen Vorsorgeuntersuchung (s. S. 151 f) entdeckt.
Im Gegensatz dazu zeigen 90 % der fortgeschrittenen Karzinome Krankheitssymptome. Das wichtigste Symptom ist die **abnorme Blutung**. Sie tritt als

- Schmier- oder Zwischenblutung auf oder
- als klimakterische oder postmenopausale Blutung.

Der **Kontaktblutung** kommt eine besondere symptomatische Bedeutung zu. Sie entsteht durch mechanische Reizung der Tumoroberfläche und nimmt mit zunehmender Tumorgröße an Häufigkeit zu. Kontaktblutungen treten bei 10–15 % der Patientinnen im Frühstadium eines Zervixkarzinoms auf, können jedoch auch bei benignen Tumoren vorkommen. Bei ausgedehnteren, nekrotisch zerfallenen oder infizierten Tumoren kommt es häufig zu einem blutigen fleischwasserfarbenen, übel riechenden **Fluor**.

5.2.2 Diagnostik

Anamnese und Klinik

Vor- und Frühstadien des Zervixkarzinoms werden meist zufällig bei einer gynäkologischen Vorsorgeuntersuchung entdeckt.

Das wichtigste Symptom bei fortgeschrittenen Karzinomen ist die **abnorme Blutung**.

Die **Kontaktblutung** entsteht durch mechanische Reizung der Tumoroberfläche. Sie kann sowohl Hinweis auf ein Frühkarzinom als auch Symptom eines benignen Tumors sein. Bei nekrotisch zerfallenen oder infizierten Tumoren kommt es häufig zu übel riechendem, fleischwasserfarbenem **Fluor**.

B-5.16 **Fortgeschrittenes Zervixkarzinom**

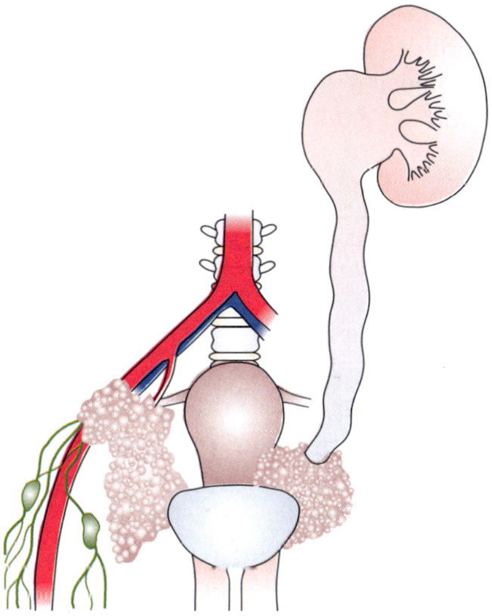

Durch Ummauerung des linken Ureters und der pelvinen Gefäße rechts, kommt es zu den Symptomen Ureterobstruktion und Beinödem. Die Infiltration des Nervenplexus verursacht lumbosakrale Schmerzen.

B-5.16

Schmerzen und Gewichtsabnahme sind Zeichen eines fortgeschrittenen Karzinoms.

Hat das Karzinom die Gebärmuttergrenze überschritten und ist in benachbarte Strukturen und Organe des Beckens eingewachsen, klagen die Patientinnen auch über ausstrahlende Unterleibsschmerzen.

▶ Merke

▶ **Merke.** Die Trias lumbosakrale Schmerzen, Lymphödem des Beines und einseitige Ureterobstruktion ist typisch für ein weit fortgeschrittenes Zervixkarzinom (s. Abb. **B-5.16**).

Gynäkologische Untersuchung

Wichtige Screeningmethoden zur Früherkennung des Zervixkarzinoms sind die **Zytologie** und die **Kolposkopie**. Dadurch könnte ein Zervixkarzinom heute fast immer entdeckt, behandelt und geheilt werden.

Die klinische Ausbreitung des Karzinoms wird durch die **bimanuelle gynäkologische Untersuchung** festgelegt.

Gynäkologische Untersuchung

Im Rahmen der gynäkologischen Vorsorgeuntersuchung sind die **zytologische Abstrichentnahme** und die **Kolposkopie** wichtige Screeningmethoden, um Epithelatypien an der Portiooberfläche und im Zervikalkanal zu erfassen. Durch die regelmäßige Früherkennungsuntersuchung mit Screeningmethoden könnte ein Zervixkarzinom heute fast immer entdeckt, behandelt und geheilt werden, bevor es symptomatisch wird.
Besteht bei der gynäkologischen Untersuchung bereits der Verdacht auf ein fortgeschrittenes Karzinom, kann die **bimanuelle gynäkologische Untersuchung** auch in Narkose durchgeführt werden. Häufig erhält man bei dieser Untersuchung schon genaue Informationen über die klinische Ausbreitung des Karzinoms, insbesondere der Größe, der Beweglichkeit und einer möglichen Infiltration der Parametrien.

Spezielle Untersuchungsmethoden

Zytologie

Zellabstriche der Portiooberfläche und aus dem Zervikalkanal (s. Abb. **B-5.17**) werden nach Fixierung und Papanicolaou-Färbung mikroskopisch untersucht. Durch diese Methode werden Vor- und Frühstadien des Zervixkarzinoms erfasst (s. Abb. **B-5.18**). Bei folgenden Veränderungen sind Atypien wahrscheinlich:
1. Veränderungen des Kernes,
2. Veränderungen des Plasmas,
3. Verschiebung der Kern-Plasma-Relation zu Gunsten der Kerngröße.

Die Klassifizierung des Ausstrichs erfolgt nach dem Münchner Schema. Die Zellveränderungen werden in fünf unterschiedliche Gruppen eingeteilt (s. Tab. **B-5.3**). Die Treffsicherheit dieser Untersuchungen wird mit 80–90 % angegeben.

Spezielle Untersuchungsmethoden

Zytologie

Hier werden Zellabstriche von der Portiooberfläche und vom Zervikalkanal getrennt entnommen (s. Abb. **B-5.17**) Nach Fixierung und Färbung nach **Papanicolaou** werden die Zellabstriche mikroskopisch beurteilt (s. Abb. **B-5.18**). Die Bewertung der zytologischen Befunde basiert auf den Beobachtungen von Papanicolaou, der 1943 die Methode der zytologischen Untersuchung für die klinische Anwendung entwickelte. Veränderungen am Zellkern und am Zytoplasma geben Hinweise auf das Vorliegen von Atypien. Folgende Veränderungen sind wesentlich für die Beurteilung:
1. Veränderungen des Kernes: Polymorphie, Mehrkernigkeit, vermehrt Mitosen, Vergrößerung der Nukleoli, atypische Chromatinstruktur,
2. Veränderungen am Plasma: Vakuolisierung, Phagozytose, Anisozytose,
3. Verschiebung der Kern-Plasma-Relation zu Gunsten der Kerngröße.

Die Klassifizierung des Ausstrichs erfolgt im deutschen Sprachraum nach dem sog. Münchner Schema unter Einbeziehung der Gruppierung nach Papanicolaou. Hierbei wird das zytologische Zellbild beschrieben, in Gruppen von I bis V klassifiziert (s. Tab. **B-5.3**) und bei pathologischen Befunden unter Berücksichtigung des zu erwartenden histologischen Bildes eine weiterführende Diagnostik empfohlen. Die Sensitivität für die zytologische Erfassung des Zervixkarzinoms und seiner Vorstadien wird heute mit 80–90% angegeben. Zwei Drittel

B-5.17

B-5.17 Zellabnahme von der Zervix für die zytologische Untersuchung

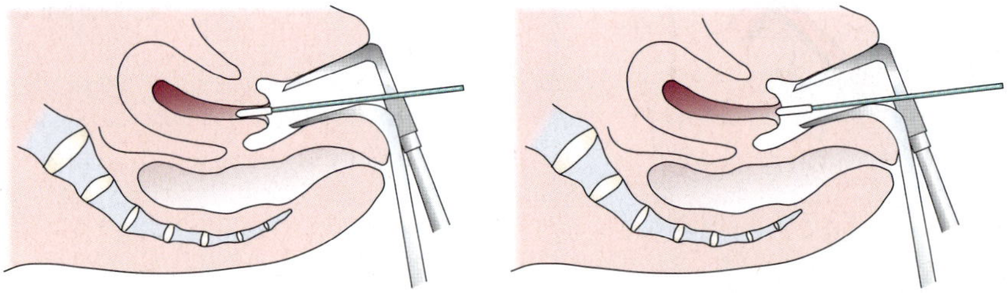

a Aus dem Zervikalkanal. **b** Von der Portiooberfläche.

B-5.18 Zytologischer Abstrich der Zervix

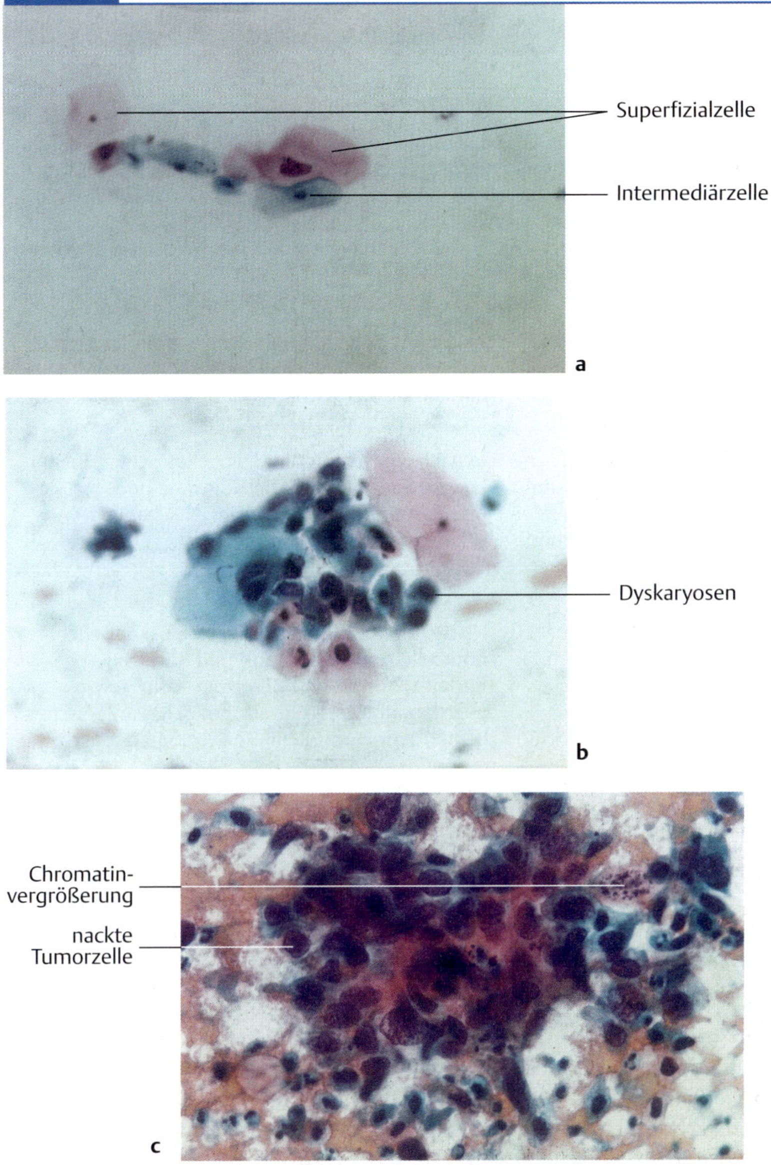

a PAP III D: Mittelgradige Dyskaryosen der mittleren und oberen Zellschicht.
b PAP IV a: Ausgeprägte Dyskaryosen der tiefen Zellschicht.
c PAP V: Blutig schmutziger Präparationshintergrund. Nackte Tumorzellen, hochgradige Chromatinvergrößerung.

B-5.18

der 10–15 % falsch negativen Befunde sind durch eine fehlerhafte Entnahmetechnik und schlechte Präparation des Abstrichs bedingt. Ca. 30 % der Fehler sind durch den untersuchenden Zytologen verursacht.

Kolposkopie

Bei der Kolposkopie wird die Portiooberfläche mit einer Lupenoptik untersucht. Der große Vorteil der Kolposkopie liegt u. a. darin, dass gezielt sowohl zytologisches als auch histologisches Untersuchungsmaterial gewonnen werden kann. Bei der einfachen Kolposkopie wird die Portio nur mit dem Kolposkop, ohne weitere Hilfsmittel, betrachtet. Die Ausdehnung des klinischen Karzinoms auf die Scheide ist zu klären und im Zweifelsfall durch Biopsien zu sichern. Zur Darstellung von Epithelatypien wird die Portiooberfläche mit einer Essigsäurelösung betupft (erweiterte Kolposkopie). Dadurch kommt es zu einer besseren

Kolposkopie

Bei der Kolposkopie wird die Portiooberfläche mit einer Lupenoptik untersucht. Ein verwertbares Ergebnis liefert die Kolposkopie nur, wenn die Grenzzone zwischen Plattenepithel und Zylinderepithel eingesehen werden kann. Punktierungen, Mosaike, Felderung, Keratosen und abnorme Umwandlungszonen können Hinweise auf Krebsvorstadien sein (s. Abb.

B-5.3 Klassifizierung des Zellbildes nach Papanicolaou und gruppenabhängiges Vorgehen bzw. Therapie

Gruppe	*Zellbild*	*Vorgehen, Therapie*
I	Normales Zellbild, dem Alter entsprechend, einschließlich leichter degenerativer Veränderungen sowie bakterieller Zytolyse	nihil
II	Deutliche entzündliche Veränderungen an Zellen des Platten- und zervikalen Zylinderepithels, unreife metaplastische Zellen, stärkere degenerative Zellveränderungen, Para- und Hyperkeratosezellen. Normale Endometriumzellen, auch nach der Menopause. Ferner spezielle Zellbilder wie follikuläre Zervizitis, Zellveränderungen bei IUP, Zeichen einer HPV-Infektion ohne wesentliche Kernveränderungen, Zeichen einer Herpes- oder Zytomegalievirusinfektion	Entzündungsbehandlung oder Aufhellung durch Östrogene. Zytologische Kontrolle, Zeitabstand nach klinischem Bild
III D	Zellen einer Dysplasie leichten bis mäßigen Grades (CIN I und CIN II). HPV-Infektionen sollten besonders erwähnt werden.	Kolposkopisch-zytologische Kontrolle in 3 Monaten. Bei Nachweis von HPV 16 oder 18 baldige histologische Klärung und Therapie, z. B. Konisation.
III	Unklarer Befund: schwere entzündliche degenerative oder iatrogene Zellveränderungen, die eine sichere Beurteilung zwischen gut- und bösartig nicht zulassen. Auffällige Zellen eines Drüsenepithels, deren Herkunft aus einem Karzinom nicht sicher auszuschließen ist, möglichst mit Hinweis, ob die Zellen endometrialen oder extrauterinen Ursprungs sind.	Je nach klinischem und kolposkopischem Befund kurzfristige zytologische Kontrolle oder histologische Klärung, z. B. Biopsie, Abschabung und Kürettage oder Konisation.
IVa	Zellen einer schweren Dysplasie oder eines Carcinoma in situ (CIN III) (Zeichen einer HPV-Infektion sollten besonders erwähnt werden)	Histologische Klärung unter kolposkopischer Kontrolle, z. B. Konisation und Kürettage, gezielte Biopsie und Kürettage oder Portioabschabung, Zervixkürettage. Bei histologischer Bestätigung von CIN III Konisation oder Hysterektomie
IVb	Zellen einer schweren Dysplasie oder eines Carcinoma in situ (CIN I), Zellen eines invasiven Karzinoms nicht auszuschließen	wie IVa
V	Zellen eines malignen Tumors, Zellen eines Plattenepithelkarzinoms, Zellen eines Adenokarzinoms, möglichst mit Hinweis, ob endometrialen oder endozervikalen Ursprungs. Zellen sonstiger maligner Geschwulste	Histologische Klärung unter kolposkopischer Kontrolle, z. B. gezielte Biopsie. Therapie in Abhängigkeit vom Stadium

B-5.19). Auch atypische Gefäßveränderungen oder Leukoplakien bedürfen einer weiteren Diagnostik.

Darstellung von Gefäßveränderungen und zu einer Markierung des atypischen Epithels. Die Befunde werden fotografisch dokumentiert. Zur adäquaten Durchführung dieser Methode muss der Untersucher die Grenzzone zwischen Plattenepithel und Drüsenepithel und die gesamte Transformationszone übersehen können. Ergibt die kolposkopische Untersuchung den Befund eines Mosaiks, einer Punktierung, Felderung, Keratose oder abnormen Umwandlungszone (s. Abb. **B-5.19**), so sind dies Hinweise auf Krebsvorstadien, die abgeklärt werden müssen. Auch atypische Gefäßveränderungen oder Leukoplakien bedürfen einer weiteren Diagnostik.

Kolposkopie und Zytologie ergänzen sich hervorragend. Die kolposkopisch kontrollierte Knipsbiopsie hat eine Treffsicherheit von ca. 90 %.

Mit der Kolposkopie werden Lokalisation und Ausdehnung eines atypischen Epithelbezirks erfasst, so dass die Biopsie exakt gesteuert werden kann. Bei kolposkopisch kontrollierten Knipsbiopsien wird eine diagnostische Treffsicherheit von etwa 90 % erreicht.

Jodprobe

Mit der Jodprobe wird normal aufgebautes Plattenepithel braun gefärbt, da die Zellen glykogenhaltig sind. Hierdurch kann man die Ausdehnung und Begrenzung eines pathologischen Epithels an der Portio erfassen.

Jodprobe

Bei der Schiller-Jodprobe werden Portio und Scheidengewölbe mit Lugol-(Jod-)Lösung betupft. Normal aufgebautes reifes Plattenepithel wird durch die Reaktion von Jodid und Glykogen braun angefärbt, veränderte Bezirke bleiben hell, da hier das Gykogen fehlt und somit keine Glykogen-Jodid-Verbindung erfolgen kann. Mit dieser Methode werden Ausdehnung und Begrenzung eines pathologischen Epithels an der Portio durch die genau abgrenzbaren jodnegativen Areale sichtbar. Hiervon wird beispielsweise bei der Konisation Gebrauch gemacht, um die Veränderung mit großer Sicherheit im gesunden

B-5.19 Kolposkopie

B-5.19

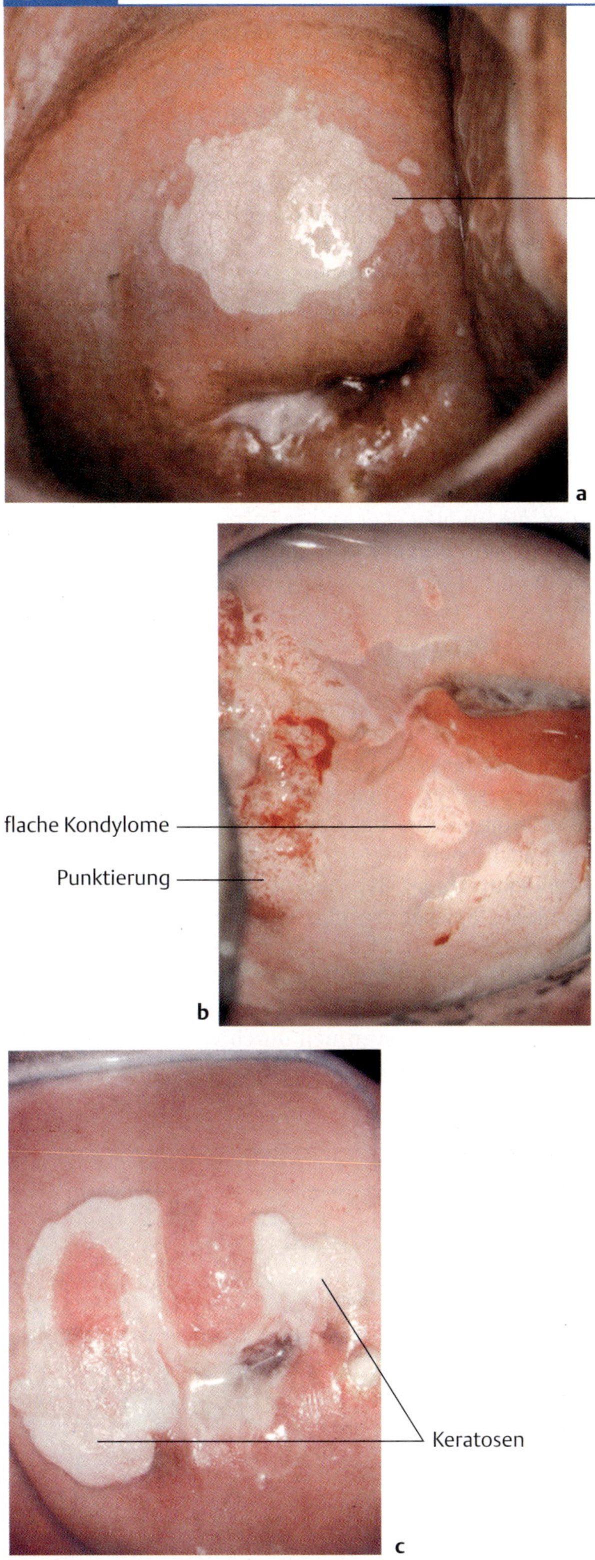

a Mosaik bei CIN II.
b Zarte bis grobe Punktierung bei flachen Kondylomen.
c Keratose bei CIN III.

Bereich ausschneiden zu können. Als Screening-Test zur Erfassung von Zervixkarzinomen ist die Jodprobe nicht geeignet.

Bei Hinweisen auf das Vorliegen eines atypischen Epithels: feingewebliche Untersuchungen.

Zytologische und/oder kolposkopische Hinweise auf das Vorliegen eines atypischen Epithels sollten durch feingewebliche Untersuchungen untermauert werden.

Histologie

Untersuchungsmethoden sind die diagnostische Konisation, die gezielte Biopsie unter kolposkopischer Kontrolle oder die Portioabschabung mit Zervixkürettage.

Zur feingeweblichen Untersuchung von Epithelatypien werden die diagnostische Konisation, die gezielte Biopsie unter kolposkopischer Kontrolle oder die Portioabschabung mit Zervixkürettage eingesetzt. Ist bei der Inspektion der Zervix bereits makroskopisch der dringende Verdacht auf ein Zervixkarzinom vorhanden, reicht eine Knipsbiopsie aus, um die Diagnose histologisch zu sichern.

Diagnostische Konisation: Mit einem Skalpell oder speziell geformten Messer wird ein Gewebekegel aus der Zervix entnommen, der einen Teil der Portiooberfläche und des Zervikalkanales enthalten sollte (s. Abb. **B-5.20a**). Bei Frauen in der Geschlechtsreife wird eine flache Konisation angeraten (s. Abb. **B-5.20b**), bei Frauen in der Postmenopause eine spitze Konisation (s. Abb. **B-5.20c**).

Diagnostische Konisation: Mit einem Skalpell oder einem speziell geformten Messer wird ein Gewebekegel aus der Zervix entnommen (s. Abb. **B-5.20a**). Dieser Konus muss sowohl einen Teil der Portiooberfläche als auch einen Teil des Zervikalkanals enthalten. Durch die vorher durchgeführte Jodprobe wird sichergestellt, dass die Schnittführung im jodpositiven Bereich liegt und die atypischen Gewebeveränderungen komplett innerhalb des Konus liegen. Während der Geschlechtsreife werden die Atypien eher an der Portiooberfläche erwartet. Daher wird ein flacher Kegel, mit breiterem Durchmesser entnommen (s. Abb. **B-5.20b**). Liegen die erwarteten Epithelveränderungen mehr intrazervikal, wie es bei postmenopausalen Frauen erwartet wird, sollte der Konus mehr spitz und hoch ausfallen (s. Abb. **B-5.20c**).

Die Konisation ist ein operativer Eingriff mit Früh- und Spätkomplikationen.

Die Indikation für eine Konisation muss sorgfältig gestellt werden, da sie einen operativen Eingriff darstellt. Es können Frühkomplikationen in Form von Blutungen (10 %) oder aszendierenden Infektionen auftreten (1 %). Im späteren Verlauf sind eine Zervixinsuffizienz oder -stenose möglich, die v. a. während einer Schwangerschaft Probleme verursachen können.

Im Anschluss an eine Konisation wird in der Regel eine Zervix- und Korpuskürettage durchgeführt, um auch höher liegende Atypien zu erfassen.

Portioabschabung und Zervixkürettage: Portioabschabung und Zervixkürettage sind eine weniger invasive diagnostische Maßnahme zur Untersuchung von Epithelatypien als die Konisation. Von Nachteil ist, dass die metrische Einschätzung eines Mikrokarzinoms nicht möglich ist.

Portioabschabung und Zervixkürettage: Bei dieser Technik wird mit einem scharfen Skalpell oberflächliches Epithel von der Portiooberfläche abgeschabt und in einem zweiten Arbeitsgang mit einer scharfen Kürette Gewebe aus dem Zervikalkanal entnommen. Diese Methode ist deutlich weniger invasiv als die Konisation und weist deshalb weniger Komplikationen auf. Sie hat den Vorteil, dass die Zahl der Fälle, in denen eventuell durch ein intrazervikal sitzendes oder nicht erwartetes Karzinom hindurch konisiert wird, deutlich gerin-

B-5.20 Konisation

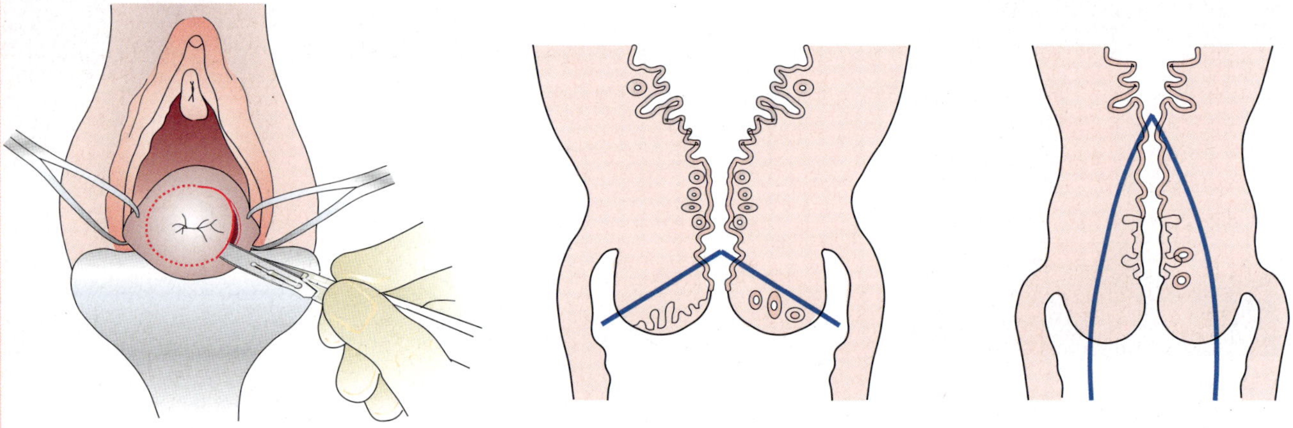

a Messerkonisation.

b Flache Konisation; Grenzzone an der Ektozervix.

c Tiefe Konisation; Grenzzone in der Endozervix.

ger ausfällt; allerdings ist eine metrische Einschätzung gerade bei Mikrokarzinomen nicht möglich.

Probeentnahme: Die einfache **Knipsbiopsie** reicht zur histologischen Diagnosesicherung aus, wenn durch die Kolposkopie auffällige Areale differenziert werden können oder wenn klinisch der dringende Verdacht auf ein Zervixkarzinom vorliegt. Die Entnahme mit dem scharfen Löffel oder der Knipszange kann während der Untersuchung erfolgen.

Probeentnahme: Bei Vorliegen eines klinischen Karzinoms sollte nicht die Konisation sondern die Knipsbiopsie erfolgen.

Apparative Untersuchungen

Mit der **Ultraschalluntersuchung** gelingt es, begleitende Adnextumoren oder Lymphknotenvergrößerungen festzustellen. Auch ein Nierenaufstau durch Ureterkompression oder Lebermetastasen können erfasst werden.

Die **Röntgen-Thoraxaufnahme** wird gefordert, um die allgemeine internistische Situation der Patientin abzuschätzen und um eventuell vorliegende pulmonale Metastasen auszuschließen.

Apparative Untersuchungen

Die **Ultraschalluntersuchung zeigt** Veränderungen an Adnexen, Lymphknoten, Nieren und Leber.

Mit der **Röntgen-Thoraxaufnahme** werden pulmonale Metastasen ausgeschlossen.

B-5.21 Diagnostisches Vorgehen bei Zervixkarzinom

Anamnese	
Symptome:	Metrorrhagien? postkoitale Kontaktblutungen? abnorme Schmierblutungen? blutiger, eitriger oder übelriechender Fluor? ausstrahlende Unterbauchschmerzen? lumbosakrale Schmerzen? Lymphstau des Beines? Gewichtsabnahme?
Risikofaktoren:	viele Geschlechtspartner? Geschlechtskrankheiten (Herpes genitalis, Kondylome, HPV)? HIV-Infekt? schlechte Genitalhygiene? Nikotin?
letzte gynäkologische Krebsvorsorge?	
gynäkologische Untersuchung	
Spekulumeinstellung:	Leukoplakien? Erosionen? Tumor? Ulzerationen? zervikale Läsionen? Kondylome?
bimanuelle Palpation:	Zervix verbreitert? Uterus mobil? Parametrien verkürzt oder knotig induriert? Tumor palpabel? Beckenwände frei?
Zytologie	
fraktionierte Abstrichentnahme von suspekten Arealen	
Ergebnis:	Dysplasie (PAP Gruppe IIID, IVa)? Carcinoma in situ mit fraglicher Invasion (IVb)? Tumorzellen (V)
Kolposkopie	
Beurteilung der Transformationszone mittels Essigsäureprobe:	Leukoplakie? essigweiße Epithelbezirke? atypisches Gefäßmuster? Punktierungen? mosaikartige Bezirke?
histologische Abklärung	
Knipsbiopsie:	von der Portiooberfläche bei makroskopisch/kolposkopisch tumorverdächtigen Arealen
Portioabschabung und Zervixkürettage oder diagnostische Konisation:	bei suspekter Zervixzytologie/suspekter Kolposkopie nach Anwendung der Schiller-Jodprobe
invasives Zervixkarzinom	
klinische Staging-Untersuchung	
Narkoseuntersuchung:	Tumorausdehnung?
Zystoskopie/Rektoskopie:	Tumoreinbruch? Kompression? Wandstarre?
Ausscheidungsurogramm:	Nierenstauung? Ureterobstruktion? Blasenpelottierung?
gynäkologische Sonographie:	Lymphknoten? Corpus uteri und Adnexe? Nieren?
Thoraxröntgenaufnahme:	Metastasen?
Abdomencomputertomographie, Kernspintomographie und Koloskopie:	bei gezielter Fragestellung
Therapie	
Operation/Bestrahlung	

Rektoskopie, Zystoskopie und i. v. Pyelogramm sind bei invasiven Karzinomen erforderlich, um die Ausdehnung und das Stadium einzuschätzen.
Eine Einschätzung von Tumorvolumen und Tumorausdehnung erfolgt durch die MRT (Abb. **B-5.21**).

Zusätzliche Untersuchungen wie Rektoskopie, Zystoskopie und i. v. Pyelogramm sind bei invasiven Karzinomen erforderlich, um die Ausdehnung und das Stadium einzuschätzen. Durch Computertomographie können Lymphknoten-Veränderungen im Bereich der Bauchgefäße, mit Hilfe der Kernspintomographie insbesondere das Tumorvolumen und das Einwachsen in Nachbarorgane gut beurteilt werden (Abb. **B-5.21**).

5.2.3 Benigne Tumoren und Pseudotumoren der Cervix uteri

Häufigste benigne Tumoren:
- endozervikaler Polyp
- mikroglanduläre Hyperplasie
- epitheliale Einschlusszyste.

Der **Endozervixpolyp** (s. Abb. **B-5.22**) ist der häufigste benigne Tumor. Gelegentlich fällt er durch vermehrten Ausfluss oder Blutungsstörungen auf.

5.2.3 Benigne Tumoren und Pseudotumoren der Cervix uteri

Zu den häufigsten benignen Tumoren der Cervix uteri gehören der
- endozervikale Polyp (er kommt häufiger vor als der Korpuspolyp),
- die mikroglanduläre Hyperplasie der Zervixschleimhaut und
- die epitheliale Einschlusszyste.

Die häufigste Veränderung ist der **Endozervixpolyp** (s. Abb. **B-5.22**), eine Hyperplasie der Zervixschleimhaut, die zu polypösen Formationen führt. Der Endozervixpolyp tritt meist zwischen dem 50. und 60. Lebensjahr auf. Er wird oft zufällig bei einer Routineuntersuchung entdeckt, gelegentlich fällt er durch vermehrten Ausfluss oder Blutungsstörungen auf. Endozervixpolypen variieren in ihrer Größe von wenigen Millimetern bis zu mehreren Zentimetern.

▶ Merke

▶ **Merke.** Zervixpolypen entarten selten, dennoch sollte ein Zervixpolyp zur Sicherheit entfernt und anschließend eine Kürettage des Zervixkanals durchgeführt werden.

Die **mikroglanduläre Hyperplasie** kann sich als weißlich-gelbe granulierte Verdickung darstellen. Die **epitheliale Einschlusszyste** ist dem Ovulum Nabothi (s. S. 230) gleichzusetzen.

Die **mikroglanduläre Hyperplasie** wird auf die Gestagenwirkung von Ovulationshemmern zurückgeführt, aber auch während der Schwangerschaft beobachtet. Makroskopisch sieht man meist eine weißlich-gelbe granulierte Verdickung. Differenzialdiagnostisch muss ein Adenokarzinom ausgeschlossen werden, da makroskopisches und histologisches Bild sehr ähnlich sind. Die **epitheliale Einschlusszyste** ist mit dem Ovulum Nabothi (s. S. 230) gleichzusetzen.

B-5.22

B-5.22 Endozervixpolyp

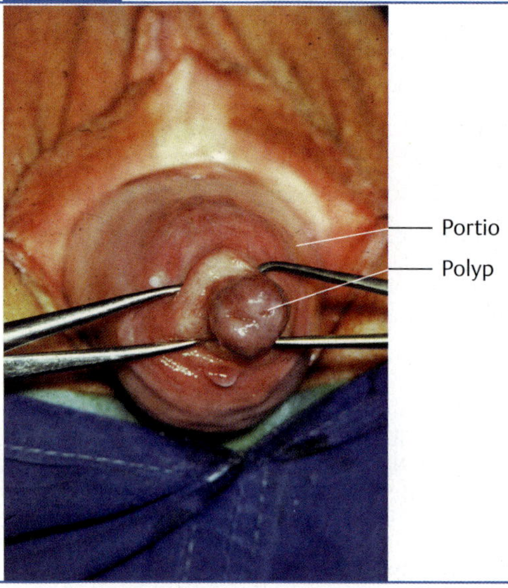

Leiomyome

Leiomyome sind Tumoren der glatten Muskulatur, die gewöhnlich einzeln auftreten. Bei größerem Volumen können sie eine Deformierung des Zervikalkanals und des äußeren Muttermundes bewirken und gelegentlich wehenartige Schmerzen auslösen (Abb. **B-5.23**).

Leiomyome

Leiomyome sind Tumoren der glatten Muskulatur, die gewöhnlich einzeln auftreten (Abb. **B-5.23**).

B-5.23 Großes Zervixmyom der hinteren Zervix

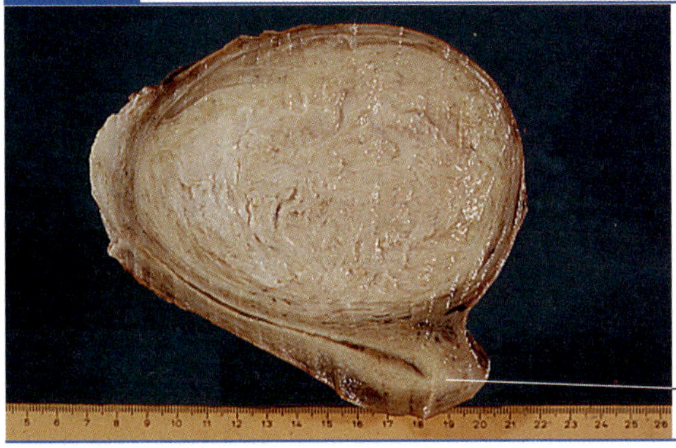

B-5.23

▶ **Merke.** Nur etwa 8 % aller Uterusmyome sind Leiomyome der Zervix.

◀ **Merke**

Da Zervixmyome meist kombiniert mit korporalen Myomen (s. S. 255 ff) auftreten, ist eine lokale Exzision nur in Sonderfällen als Therapie ausreichend.

Eine lokale Exzision ist nur in Sonderfällen als Therapie ausreichend.

5.2.4 Atypische Veränderungen und maligne Tumoren der Cervix uteri

5.2.4 Atypische Veränderungen und maligne Tumoren der Cervix uteri

Epidemiologie und Ätiologie. Vor 20 Jahren war das Zervixkarzinom bei geschlechtsreifen Frauen etwa 3-mal so häufig wie das Korpuskarzinom. Mittlerweile erkranken weniger Frauen an einem Zervix- als an einem Korpuskarzinom. Diese Verschiebung wird größtenteils auf die verbesserte Früherkennung zurückgeführt.

Die Inzidenz liegt in Deutschland unter 15 Neuerkrankungen pro Jahr bezogen auf 100 000 Frauen. In Industrieländern kommt das Zervixkarzinom seltener vor als in Entwicklungsländern. Man findet einen Häufigkeitsgipfel bei Frauen zwischen 40 und 50 Jahren und einen zweiten zwischen 65 und 75 Jahren. Allerdings wird das Zervixkarzinom gerade bei jüngeren Frauen wieder häufiger beobachtet. Dabei handelt es sich um Tumoren, die trotz geringer Tumormasse einen besonders bösartigen Verlauf zeigen.

Epidemiologie und Ätiologie. In Industrieländern erkranken heute weniger Frauen an einem Zervix- als an einem Korpuskarzinom (v. a. durch verbesserte Früherkennung).

In Industrieländern liegt die Inzidenz unter 15 Neuerkrankungen jährlich. Das Zervixkarzinom tritt bei Frauen zwischen 40 und 50 Jahren und postmenopausal zwischen 65 und 75 Jahren am häufigsten auf.

Risikofaktoren. Ein wichtiger Faktor, der in direktem Zusammenhang mit dem Erkrankungsrisiko steht, ist das Sexualverhalten. Das Risiko steigt, je früher und regelmäßiger Sexualverkehr aufgenommen wurde; auch die Zahl der Geschlechtspartner spielt eine Rolle: Prostituierte erkranken wesentlich häufiger an einem Zervixkarzinom als Nonnen. In Bevölkerungsschichten mit schlechter Genitalhygiene treten Zervixkarzinome häufiger auf als bei guter Hygiene oder Zirkumzision des Mannes.

Betrachtet man alle genannten sozioepidemiologischen Faktoren, so liegt die Vermutung nahe, dass es einen sexuell übertragbaren Faktor gibt, der für die Genese der Erkrankung mitverantwortlich ist. Hier sind insbesondere Virusgenome der Papilloma-Viren (HPV) genannt. Von den etwa 90 bekannten Subtypen sind vor allem bei den HPV-Typen 16, 18 und 45 ausgeprägte Assoziationen mit Neoplasien der Zervix nachgewiesen. Als eigentliche Verursacher dieser HPV-Wirkung sind die E_6- und E_7-Transformationsproteine anzusehen.

Risikofaktoren. Häufiger, früher Sexualverkehr, und schlechte Genitalhygiene begünstigen das Auftreten eines Zervixkarzinoms. Es besteht die Vermutung, dass es einen sexuell übertragbaren Faktor gibt, der mitverantwortlich für die Genese der Erkrankung ist. Hierbei sind v. a. Virusgenome der Papilloma-Viren (HPV) zu nennen (v. a. HPV-Typen 16, 18 und 45).

Virusinfektionen des Genitaltrakts mit Herpes-simplex-Viren, Virusgenomen der Papilloma-Viren (HPV) oder HIV-Infektionen spielen in Verbindung mit Nikotinabusus und den o. g. sozioepidemiologischen Faktoren eine wesentliche Rolle bei der Entstehung von Zervixkarzinomen.

Weitere Risiken, die im Zusammenhang mit einer multifaktoriellen Genese des Zervixkarzinoms diskutiert werden sind frühe und häufige **Virusinfektionen** des Genitaltrakts mit Herpes-simplex-Viren, und HIV-Infektionen. Sie spielen in Verbindung mit Nikotinabusus und den o. g. sozioepidemiologischen Faktoren wohl auch eine Rolle bei der Entstehung von Zervixkarzinomen.

▶ Merke

▶ **Merke.** Als prädisponierende Faktoren des Zervixkarzinoms werden niedriger sozioökonomischer Status, mangelnde Sexualhygiene, frühzeitige Aufnahme sexueller Beziehungen und hohe Geburtenzahl angesehen.

Vorstadien des Zervixkarzinoms

Klassifikation. Vorstufen des Zervixkarzinoms sind zunächst auf das Epithel begrenzt und weisen noch keine Infiltration in das darunterliegende Stroma auf (Tab. **B-5.4**).

Je höhergradig die Stufe der zervikalen intraepithelialen Neoplasie ist, desto wahrscheinlicher ist eine Weiterentwicklung in ein invasives Zervixkarzinom. 20 % der intraepithelialen atypischen Veränderungen gehen in ein infiltrierendes Krebswachstum über. Die Latenzzeit liegt bei 10 Jahren.

Vorstadien des Zervixkarzinoms

Klassifikation. Vorstufen des Zervixkarzinoms sind zunächst auf das Epithel begrenzt und weisen noch keine Infiltration in das darunterliegende Stroma auf. Sie sind unterschiedlich differenziert. Unter einer **Dysplasie** versteht man die Fehlbildung oder Fehlentwicklung eines Gewebes. Eine Gegenüberstellung der Klassifikationen der Vorstufen des Zervixkarzinoms zeigt Tab. **B-5.4**.
Aus jeder dieser zervikalen intraepithelialen Neoplasien (CIN, auch squamous intraepithelial lesions = SIL) kann der Übergang zum invasiven Wachstum erfolgen. Dieser Übergang ist jedoch bei der geringgradigen Dysplasie (CIN I; s. Abb. **B-5.24a**) unwahrscheinlicher als in höheren Stadien; hier kann oft mit einer Rückbildung der Veränderung gerechnet werden. Bei der zervikalen intraepithelialen Neoplasie Grand III (s. Abb. **B-5.24b**) muss man mit großer Wahrscheinlichkeit mit dem Übergang in ein infiltrierendes Zervixkarzinom rechnen. Insgesamt gehen weniger als 20 % der intraepithelialen atypischen Veränderungen in ein infiltrierendes Wachstum über. Zwischen dem Entstehen dieser zunächst auf das Epithel beschränkten Erkrankung und einer Infiltration ist mit einer Latenzzeit von etwa 10 Jahren zu rechnen. Ganz vereinzelt werden auch kürzere Verläufe gesehen.

▶ Merke

▶ **Merke.** Das Überschreiten der Epithelleiste (Basalmembran) und der Einbruch in das subepitheliale Bindegewebe sind kennzeichnend für das **infiltrierende Zervixkarzinom.**

Therapie. Die Kontrollzytologie ist in den Stadien CIN I und II ausreichend, da in den meisten Fällen eine spontane Rückbildung erfolgt. Bei wiederholter oder länger als 12 Monate andauernder CIN I, II oder einmaliger CIN III ist eine lokale operative Therapie erforderlich.

Therapie. Bei Vorliegen einer zervikalen intraepithelialen Neoplasie Grad I und II ist in mehr als 50 % mit einer spontanen Rückbildung zu rechnen und zunächst eine Kontrollzytologie nach 3 Monaten anzuraten. Bei Fortbestehen dieser Veränderungen über mehr als 12 Monate oder bei schwer wiegenderen Veränderungen (CIN III) ist eine operative Therapie indiziert. Ob eine lokale

B-5.4

B-5.4 Klassifikation der Vorstadien des Zervixkarzinoms

neue Klassifikation	*alte Klassfikation*	*Abbildung*
CIN I	leichte Dysplasie	Abb. **B-5.24a**
CIN II	mittelschwere Dysplasie Atypische Zellen reichen bis in höhere Schichten. Es treten vermehrt Zell- und Kernatypien sowie atypische Mukosaschichten auf.	Abb. **B-5.24b**
CIN III	schwere Dysplasie/Carcinoma in situ Atypische Veränderungen des gesamten Epithels. Seine Schichtung ist jedoch noch angedeutet erkennbar. Beim Carcinoma in situ ist die Schichtung aufgehoben; es ist ein Karzinom, das die Basalmembran noch nicht durchbrochen hat (obligate Präkanzerose).	Abb. **B-5.24c**

B-5.24 Vorstadien des Zervixkarzinoms

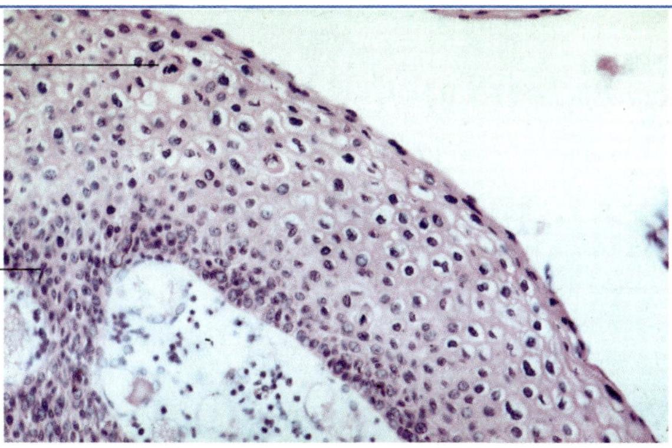

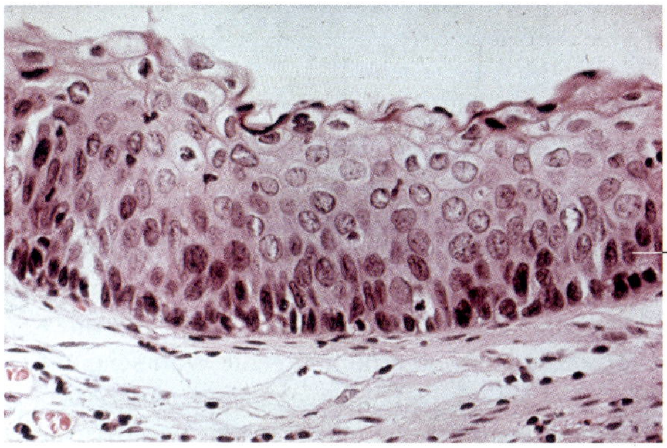

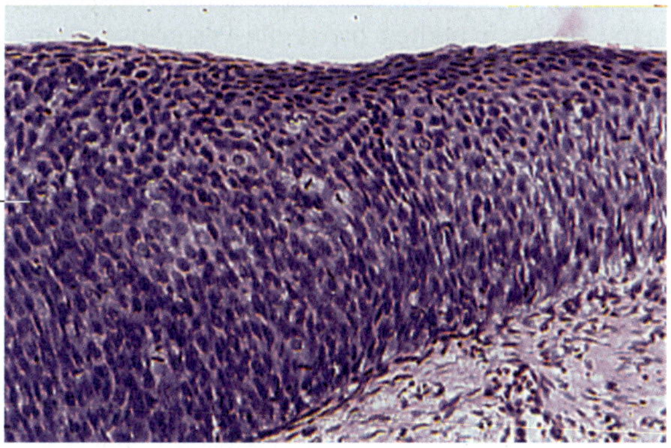

a Milde Dysplasie (CIN I) der Zervix: Zelluläre Atypien in den unteren Zellschichten. Koilozyten und hyperchromatische Zellkerne in den oberen Zellschichten (Virusinfektion).
b Mittelschwere Dysplasie (CIN II) der Zervix: Zelluläre Atypien in den unteren und mittleren Zellschichten mit unregelmäßigen hyperchromatischen Kernen.
c (Carcinoma in situ) der Zervix, CIN III.

B-5.24

operative Therapie ausreicht oder ob eine Hysterektomie notwendig ist, hängt von weiteren Faktoren (s. S. 242.) und der persönlichen Lebensplanung der Patientin ab.

Lokale operative Therapie:

- **Messer-Konisation:** Ziel der Konisation ist die Entfernung der pathologischen Veränderung im Gesunden. Um dies zu erreichen, muss die jeweilige Form und die Tiefe des Gewebekonus der erwarteten Lokalisation des pathologischen Gewebes angepasst werden (s. Abb. **B-5.25**).

Lokale operative Therapie:

- **Messer-Konisation, Schlingen-Konisation (LEEP):** Die Schnittführung muss der erwarteten Lokalisation des pathologischen Gewebes entsprechen (s. Abb. **B 5.25**). Bei im Konus nachgewiesenen freien Resektionsrändern beträgt die

B-5.25

B-5.25 **Angepasster Konus**

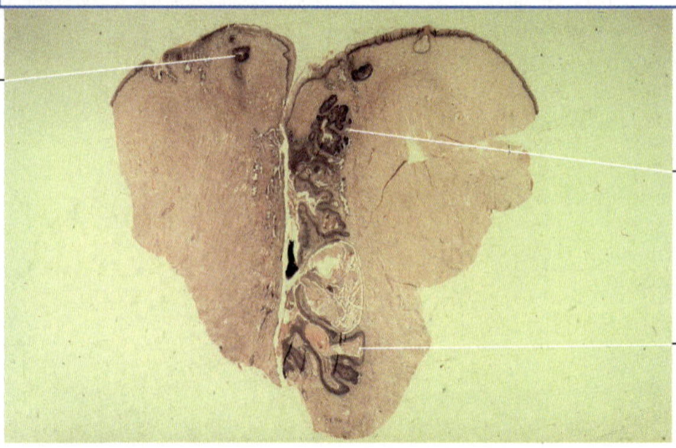

Breiter und tiefer Konus bei CIN III an der Ekto- und Endozervix.

Wahrscheinlichkeit für das Neuauftreten einer Zellatypie 1–2 %. Enthalten die Resektionsränder atypische Zellveränderungen, kann bei engmaschiger zytologischer Kontrolle der Uterus belassen werden. Größere diagnostische Sicherheit wird mit der Portioabschabung mit Zervixkürettage erreicht (s. S. 236).

Bei der **Schlingen-Konisation (LEEP)** wird mit Hilfe einer elektrischen Schlinge das gleiche Ziel erreicht. Die histologische Beurteilung der Schnittränder ist ausreichend möglich.
Bei im Konus nachgewiesenen freien Resektionsrändern und somit vollkommen entfernter zervikaler intraepithelialer Neoplasie liegt die Wahrscheinlichkeit des erneuten Auftretens einer Zellatypie bei 1–2 %. Sind die Abtragungsränder nicht frei von Zellatypien, so erhöht sich die Wahrscheinlichkeit des Wiederauftretens atypischer Zellveränderungen an der Zervix auf 15–20 %. Unter der Voraussetzung, dass eine engmaschige zytologische Kontrolle gewährleistet ist, kann der Uterus dennoch belassen werden. Eine größere diagnostische Sicherheit bietet die Portioabschabung mit Zervixkürettage nach ca. 3 Monaten (s. S. 236). Wird hierbei wiederholt eine intraepitheliale Neoplasie (CIN) festgestellt, sollte eine Zweitkonisation oder die Entfernung der Gebärmutter (Hysterektomie) erfolgen.

▶ Merke

▶ **Merke.** Die Konisation ist die am häufigsten angewandte Methode zur Therapie einer zervikalen intraepithelialen Neoplasie.

- **Laserchirurgie:** Mit einem Laserstrahl wird pathologisches Gewebe bis 7 mm Tiefe zerstört. Vorteile sind Schmerz- und Blutungsarmut, Nachteil ist eine nicht mehr exakte histologische Beurteilungsmöglichkeit.

- **Laserchirurgie:** Bei der CO_2-Lasertherapie wird mit einem steuerbaren Laserstrahl gezielt das pathologisch veränderte Gewebe zerstört. Die erwartete Arbeitstiefe ist mit 5–7 mm bemessen. Eine histologische Beurteilung des behandelten Areals ist anschließend erschwert, was einen entscheidenden Nachteil der Methode darstellt. Die Vorteile liegen in der geringen Invasivität.

Hysterektomie:
Bei abgeschlossener Familienplanung sowie bei postmenopausalen Frauen oder zusätzlichen Erkrankungen des Uterus wird eher die Hysterektomie angeraten.

Hysterektomie:
Die Hysterektomie ist in folgenden Fällen angezeigt:
- Bei Patientinnen mit abgeschlossener Familienplanung,
- Patientinnen in der Postmenopause,
- Patientinnen mit Vorliegen einer weiteren Erkrankung des Uterus (z. B. Uterusmyome, Endometriosen, Vorfall).

Frühstadien des Zervixkarzinoms

Klassifikation. Zu den Frühstadien der Zervixkarzinome zählen das Karzinom mit **früher Stromainvasion** und das **Mikrokarzinom** (s. Abb. **B-5.26**).

Frühstadien des Zervixkarzinoms

Klassifikation. Zu den Frühstadien das Zervixkarzinoms zählen
- das Karzinom mit früher Stromainvasion von bis zu 3 mm Tiefe und
- das Mikrokarzinom

Beide Frühstadien gehen vom Plattenepithel aus. Beim **Karzinom mit früher Stromainvasion** sind im subepithelialen Bindegewebe häufig multifokale kolbenförmige, atypische Plattenepithelausläufer zu finden. Das umliegende Stroma wirkt aufgelockert und ist meist leukozytär infiltriert. Die gemessene

B-5.26 Karzinom mit früher Stromainvasion

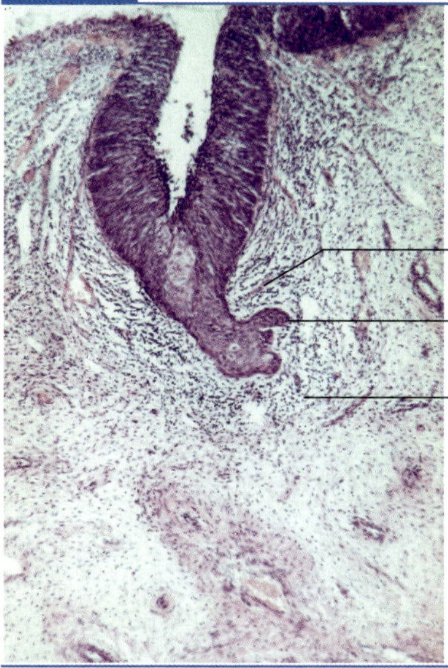

Kolbenförmiges Eindringen des Plattenepithels in das Stroma mit umgebender entzündlicher Infiltration.

B-5.26

B-5.27 Mikrokarzinom der Zervix

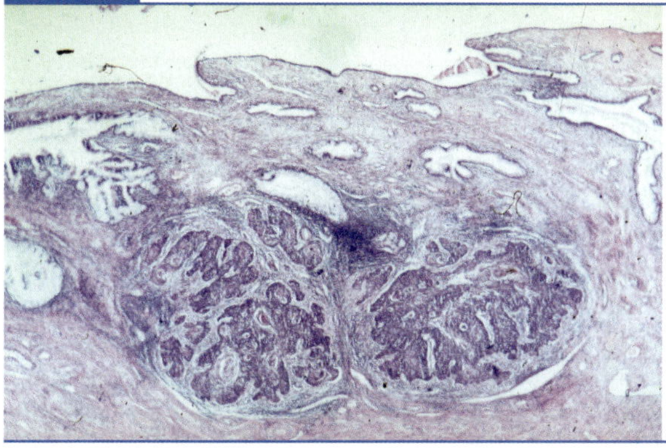

Umschriebene Infiltration der Zervixschleimhaut durch Wucherung eines Plattenepithelkarzinoms von weniger als 7 × 5 mm.

B-5.27

Stromainvasion von der Basalmembran darf max. 3 mm betragen (s. Abb. **B-5.26**).

Beim **Mikrokarzinom** handelt es sich um einen umschriebenen Netzverband von atypischen Plattenepithelverbänden mit eindeutiger Infiltration des präexistenten Bindegewebes. Tumoren mit einer Tiefeninfiltration bis zu 5 mm und einer Ausdehnung in Länge und Breite von bis zu 7 mm werden unter dem Begriff des Mikrokarzinoms erfasst (s. Abb. **B-5.27**).

Das infiltrierende Wachstum innerhalb des Bindegewebes ist charakteristisch für diese Frühformen. Eine Metastasierung ist extrem selten.

Tumoren, die eine Tiefeninfiltration von 5 mm und eine Ausdehnung in Länge und Breite von 7 mm nicht überschreiten, werden als **Mikrokarzinome** bezeichnet (s. Abb. **B-5.27**).

Eine Metastasierung kommt bei den Frühformen des Karzinoms sehr selten vor.

Wachstum und Ausbreitung. Bei der geschlechtsreifen Frau liegen die intraepithelialen Zervixatypien an der Portiooberfläche und dem äußeren Muttermund. Postmenopausal liegen diese Atypien wieder endozervikal. Diese Verschiebung ist Folge einer hormonell bedingten Form- und Strukturwandlung der Zervix im Lebenslauf einer Frau (s. S. 230). Ein ähnlich topografisches Verhalten ist auch bei den Frühstadien des Karzinoms zu erwarten. Etwa ¾ der Frühkarzinome werden an der Portiooberfläche, die restlichen Veränderungen im Zervikalkanal gefunden.

Eine Lymphknotenmetastasierung ist bei Frühstadien des Zervixkarzinoms kaum zu erwarten, da meistens noch kein Einbruch in das Gefäßsystem stattgefunden hat.

Wachstum und Ausbreitung. Frühstadien des Zervixkarzinoms werden eher an der Portiooberfläche als intrazervikal gefunden da sich die Transformationszone erst postmenopausal wieder in den Zervikalkanal hinein verlagert.

Bei Frühstadien des Zervixkarzinoms sind i. d. R. keine Lymphknotenmetastasen vorhanden.

Therapie. Bei Patientinnen mit früher Stromainvasion ist durch **Hysterektomie** eine absolute Heilungsrate von 100 %, bei Patientinnen mit Mikrokarzinom eine Heilungsrate von 95 % zu erreichen.

Therapie. Bei Patientinnen mit früher Stromainvasion ist durch **Hysterektomie** eine absolute Heilungsrate von 100 %, bei Patientinnen mit Mikrokarzinom eine Heilungsrate von 95 % zu erreichen.
Da bei einem Mikrokarzinom in etwa 7 % mit Lymphknotenbefall zu rechnen ist, sollte in diesem Stadium eine pelvine Lymphonodektomie mit erfolgen.
Bei Frauen mit Kinderwunsch kann in ausgewählten Fällen die Konisation (s. S. 236) als endgültige Behandlung vertreten werden, wenn die Epithelatypie nachgewiesenermaßen vollständig entfernt wurde. Ein Einbruch in das Gefäßsystem sollte histologisch ausgeschlossen worden sein. Regelmäßige Nachsorgeuntersuchungen in Form von Kontrollabstrichen der Cervix uteri sind erforderlich.

▶ Merke

▶ **Merke.** Bei Vorliegen einer frühen Stromainvasion ist in der Regel eine Hysterektomie oder bei Kinderwunsch eine Konisation als Therapie ausreichend. Bei einem Mikrokarzinom (Stad. IA2) sollten zusätzlich die pelvinen Lymphknoten mit entfernt werden.

Invasives Zervixkarzinom

Pathogenese. Ursprung ist meist eine zervikale intraepitheliale Neoplasie am äußeren Muttermund. Von den invasiven Zervixkarzinomen sind etwa 90 % Plattenepithel-, 10 % Adeno- und Mischkarzinome.

Pathogenese. Von einem fortgeschrittenen, invasiven Zervixkarzinom spricht man, wenn die Größenordnung eines Mikrokarzinoms überschritten ist. Das Karzinom geht meist von einer zervikalen intraepithelialen Neoplasie aus, die ihren Ursprung hauptsächlich am äußeren Muttermund hat. Etwa 90 % der Zervixkarzinome sind Plattenepithelkarzinome, 10 % Adeno- und Mischkarzinome.

Diagnostik. s. S. 231 ff.

Diagnostik. s. S. 231 ff.

Zervixkarzinom und Gravidität. Etwa 1 % der Zervixkarzinome tritt während einer Schwangerschaft auf. Bei der Konisation besteht ein erhöhtes Blutungsrisiko und die Gefahr einer Zervixinsuffizienz.

Frühinvasives Zervixkarzinom und Gravidität. Eine Schwangerschaft schließt das Vorhandensein eines Zervixkarzinoms nicht aus. Etwa 1 % der Zervixkarzinome treten während einer Schwangerschaft auf. Die Schwangerschaft an sich hat prognostisch keinen Einfluss auf das Karzinom.
Therapeutisch ist nach bioptischer Sicherung eine Konisation angeraten. Das Blutungsrisiko ist in der Schwangerschaft erhöht. Durch eine Zervixinsuffizienz oder durch eine Verletzung der Fruchtblase kann eine vorzeitige Geburt ausgelöst werden. Nach der Spontangeburt ist wie o. g vorzugehen. Bei geplanter Hysterektomie und Lymphadenektomie kann diese Operation mit einer primären Schnittentbindung kombiniert werden.

Wachstum und Ausbreitung. Die Ausdehnung des Zervixkarzinoms im Gewebeverband wird als **kontinuierliches Wachstum** bezeichnet. Tumoren der Portiooberfläche zeigen meist exophytisches Wachstum (s. Abb. **B-5.28a** und **b**), wohingegen intrazervikale Karzinome eher endophytisch wachsen (s. Abb. **B-5.28c**).

Wachstum und Ausbreitung. Das Zervixkarzinom kann sich durch kontinuierliches und diskontinuierliches Wachstum ausdehnen.
Kontinuierlich wachsende Tumoren bleiben in einem Gewebeverband. In Abhängigkeit ihrer Lage entwickeln die Tumoren ein exophytisches oder endophytisches Wachstum. Tumoren der Portiooberfläche wachsen eher exophytisch. Sie sind häufig bei der Inspektion erkennbar und zeigen ein blumenkohlähnliches Bild (s. Abb. **B-5.28a** und **b**).
Intrazervikale Karzinome (s. Abb. **B-5.28c**) wachsen eher endophytisch und kommen häufig bei älteren Frauen vor. Sie können sich lange hinter einer intakt erscheinenden Portiooberfläche verbergen.

Stadieneinteilung. Die klinische Stadieneinteilung deckt sich nur in 60 % mit der realen Tumorausdehnung. Stadieneinteilung nach FIGO und TNM-Klassifikation (s. Tab. **B-5.5**, s. Abb. **B-5.29a** und **b**).

Stadieneinteilung. Zwischen der klinischen Einschätzung der Tumorausdehnung und der später am Operationspräparat gefundenen Ausdehnung besteht nur eine Übereinstimmung von 60 %. Entzündliche Infiltrate oder Endometrioseherde können ein fortgeschrittenes Stadium vortäuschen. Dennoch gibt es für die praktischen Bedürfnisse des Klinikers im täglichen Umgang mit der Erkrankung zurzeit keinen Ersatz für die klinische Stadieneinteilung (s. Tab. **B-5.5**, s. Abb. **B-5.29a** und **b**).

Klinik. Folgende **Symptome** weisen auf eine kontinuierliche Ausdehnung auf Nachbarorgane hin: Ureterstenose,

Klinik. Folgende Symptome können bei der Ausdehnung auf Nachbarorgane und -gewebe auftreten: Ureterstenose, Lymphödeme der unteren Extremitäten, Rücken- und Blasenschmerzen, Neuralgien der unteren Extremitäten, Ileus-

B-5.5 Stadieneinteilung des Zervixkarzinoms nach TNM- und FIGO-Klassifikation

FIGO-Stadien	*TNM-Kategorien*	*Kriterien*
	TX	▶ Primärtumor kann nicht beurteilt werden.
	T0	▶ kein Anhalt für Primärtumor
0	Tis	▶ Carcinoma in situ
I	T1	▶ Zervixkarzinom begrenzt auf die Zervix (die Ausdehnung zum Corpus uteri sollte dabei unbeachtet bleiben).
IA	T1a	▪ präklinisches invasives Karzinom, ausschließlich durch Mikroskopie diagnostiziert.
IA1	T1a1	▪ minimale mikroskopische Stromainvasion von weniger als 3 mm
IA2	T1a2	▪ Tumor mit einer invasiven Komponente von 5 mm oder weniger in der Tiefe, gemessen von der Basis des Epithels, und 7 mm oder weniger horizontaler Ausbreitung
IB	T1b	▪ ∅Tumor größer als in T1a2
II	T2	▶ Zervixkarzinom infiltriert jenseits des Uterus, aber nicht bis zur Beckenwand und nicht bis zum unteren Drittel der Vagina.
IIA	T2a	▪ ohne Infiltration des Parametriums
IIB	T2b	▪ mit Infiltration des Parametriums
III	T3	▶ Zervixkarzinom breitet sich bis zur Beckenwand aus und/oder befällt das untere Drittel der Vagina und/oder verursacht Hydronephrose oder stumme Niere.
IIIA	T3a	▪ Tumor befällt unteres Drittel der Vagina, keine Ausbreitung zur Beckenwand.
IIIB	T3b	▪ Tumor breitet sich bis zur Beckenwand aus und/oder verursacht Hydronephrose oder stumme Niere.
IVA	T4	▶ Tumor infiltriert Schleimhaut von Blase oder Rektum und/oder überschreitet die Grenzen des kleinen Beckens. Anmerkung: Das Vorhandensein eines bullösen Ödems genügt nicht, um einen Tumor als T4 zu klassifizieren.
IVB	M1	Fernmetastasen

T = Primärtumor
NX = regionäre Lymphknoten können nicht beurteilt werden
N0 = keine regionären Lymphknotenmetastasen
N1 = regionäre Lymphknotenmetastasen

Die regionären Lymphknoten sind die parazervikalen, parametranen, hypogastrischen (Obturator-) Lymphknoten, ferner die Lymphknoten an den Aa. iliacae communes, internae und externae sowie die präsakralen und sakralen Lymphknoten.

symptomatik und/oder Harninkontinenz. Eine kontinuierliche Ausdehnung auf das zervixnahe Parametrium wird in 15 % der Fälle beobachtet, ein Befall der Scheide in etwa 30 %, ein Befall des Corpus uteri in etwa 20 %. Der kontinuierliche Befall von Harnblase oder Rektum kommt selten vor.

Lymphödeme der unteren Extremitäten, Rücken- und Blasenschmerzen, Neuralgien der unteren Extremitäten, Ileussymptomatik und/oder Harninkontinenz.

Bei der **diskontinuierlichen** Ausdehnung werden vom Primärtumorkomplex gelöste Zellen entlang der Lymph- und Gefäßbahnen verschleppt. Das lymphogene **Metastasierungsrisiko** steigt entsprechend. Beckenlymphknoten sind bei etwa 30 % und paraaortale Lymphknoten bei 5–10 % der Patientinnen befallen. Die Wahrscheinlichkeit einer Metastasierung steigt mit zunehmendem Tumorvolumen und bei Überschreiten der Zervixgrenzen sprunghaft an: wenn das Karzinom auf die Zervix beschränkt ist, liegt die Wahrscheinlichkeit einer Lymphknotenmetastasierung im Becken bei 15 %. Sie steigt sprunghaft auf über 50 % an, wenn das Parametrium infiltriert ist.

Durch **diskontinuierliches** Wachstum können Tumorzellen über Lymph- und Gefäßbahnen in das Parametrium und die Lymphknoten verschleppt werden. Die Wahrscheinlichkeit einer lymphogenen Metastasierung steigt mit zunehmendem Tumorvolumen und mit Überschreitung der Zervixgrenzen.

Eine hämatogene Metastasierung mit Fernmetastasen in Lunge, Leber und Skelett wird in 5–10 % der Fälle beobachtet.

Hämatogene Metastasierung in 5–10 %.

B-5.28 Zervixkarzinom

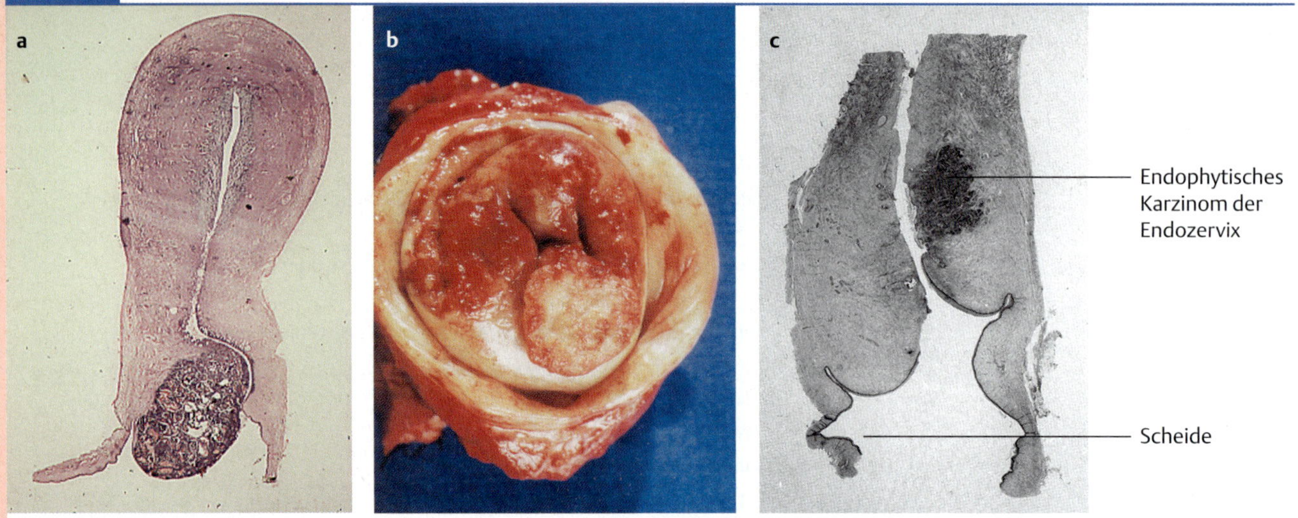

a Plattenepithelkarzinom mit Lokalisation an der Portiooberfläche (Ektozervix).
b Operationspräparat eines exophytisch wachsenden Zervixkarzinoms. Man sieht einen blumenkohlartigen Tumor an der Portiooberfläche.
c Endophytisch wachsendes Plattenepithelkarzinom im Zervikalkanal (Endozervix).

B-5.29

B-5.29 Stadien des Zervixkarzinoms

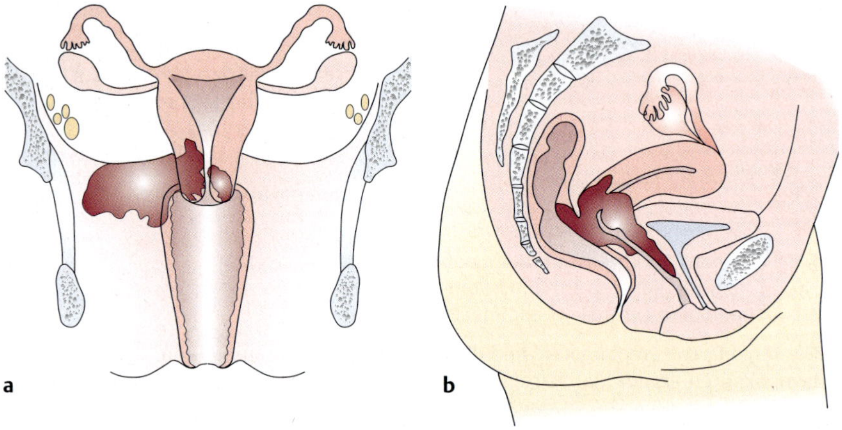

a Zervixkarzinom Stadium T2b, N1 (FIGO IIb). Befall des rechten Parametriums, nicht an die Beckenwand heranreichend. Befall der pelvinen Lymphknoten.
b Zervixkarzinom Stadium T4 (FIGO IVa). Infiltration von Blase und Rektum (Schleimhaut).

Therapie. Das Behandlungskonzept muss dem Einzelfall angepasst werden. Operative Therapie, Bestrahlung oder Chemotherapie werden einzeln oder in Kombination eingesetzt. Einen Überblick über das therapeutische Vorgehen beim Zervixkarzinom gibt Abb. **B-5.30**.

Therapie. Um beim infiltrierenden Zervixkarzinom eine Verbesserung der Überlebensraten zu erreichen, ist nicht die maximale Ausweitung der Radikalität einzelner Behandlungsmethoden erforderlich, sondern ein dem Einzelfall angepasstes Behandlungskonzept. Dieses umfasst die operative Therapie, Bestrahlung und/oder Chemotherapie. Je nach Erfordernis werden die Behandlungsmethoden einzeln oder in Kombination eingesetzt. Einen Überblick über das therapeutische Vorgehen beim Zervixkarzinom gibt Abb. **B-5.30**.

▶ **Merke**

▶ **Merke.** Operation und Bestrahlung stehen bei der Therapie des invasiven Zervixkarzinoms an erster Stelle.

B-5.30 Therapie des Zervixkarzinoms

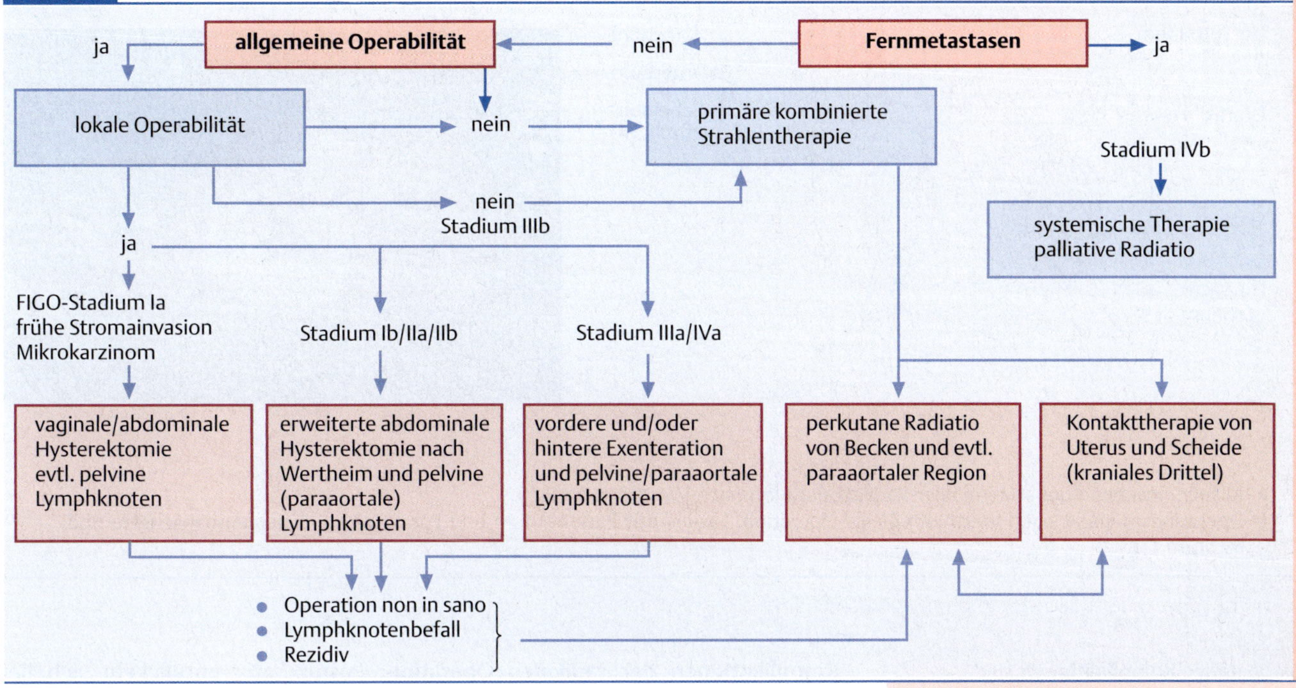

Operative Therapie:
In den FIGO-Stadien IB bis IIB ist die operative Therapie des Zervixkarzinoms die Behandlung der Wahl, wenn die Patientin primär operabel erscheint. Diese Voraussetzung liegt vor, wenn der Tumor die Beckenwand noch nicht erreicht hat und die Patientin in einem guten Allgemeinzustand ist.
Die **Standardoperation** des invasiven Zervixkarzinoms ist die erweiterte abdominale Radikaloperation. Diese kann in verschiedenen Stufen durchgeführt werden. Die am häufigsten praktizierte Operationsweise ist nach **Wertheim-Meigs** benannt. Hierbei werden der Uterus mit einer Scheidenmanschette, das parametrane und parakolpische Gewebe sowie die pelvinen Lymphknoten entfernt (s. Abb. **B-5.31a** und **b**). Da Ovarialmetastasen bei operablen Fällen von Plattenepithelkarzinomen äußerst selten sind (unter 1 %), kann, vor allem bei Frauen in der Geschlechtsreife, auf die Adnektomie verzichtet werden.
Bei gezielter Indikation, z. B. bei größeren Karzinomen und bei intraoperativ durch Schnellschnittdiagnostik bewiesenen pelvinem Lymphknotenbefall, kann auch eine paraaortale Lymphknotenentfernung angezeigt sein. Die Größe der Scheidenmanschette richtet sich nach dem Ausmaß des Tumorübergangs auf die Vagina. Mit der Jodprobe (s. S. 234 f) kann der Übergang von Tumorgewebe zu gesundem Gewebe exakt abgegrenzt werden.
Bei Einsatz der **mikroinvasiven Operationstechnik (MIC)** werden die pelvinen und bei o. g. Indikation auch die paraaortalen Lymphknoten laparoskopisch entfernt und die Entfernung von Uterus und Parametrien vorbereitet. Anschließend wird der Eingriff im Sinne einer modifizierten radikalen vaginalen Hysterektomie beendet.
Bei dieser Methode kann, wie bei der klassischen radikalen vaginalen Operation nach Schauta, die notwendige Länge der zu entfernenden Scheidenmanschette unter Sicht bestimmt werden. Dem weiteren Vorteil einer geringeren Traumatisierung steht möglicherweise der Nachteil der geringeren Radikalität, insbesondere bei größeren Karzinomen, entgegen.
Bei Übergang des Karzinoms auf die Harnblase oder das Rektum können gelegentlich ultraradikale Operationen wie Becken-Exenteration notwendig sein. Eine hämatogene Metastasierung sollte vor Durchführung einer solchen Maßnahme ausgeschlossen werden.

Operative Therapie:
Die operative Therapie ist die Behandlung der Wahl, wenn das Karzinom die Beckenwand noch nicht erreicht hat (Stadien IB, IIB).

Die **Standardoperation** ist die erweiterte abdominale Radikaloperation nach **Wertheim-Meigs**. Hierbei werden der Uterus, das parametrane und parakolpische Gewebe, eine Scheidenmanschette und die pelvinen Lymphknoten entfernt (s. Abb. **B-5.31a** und **b**). Die Adnektomie ist nicht obligat.

Durch die Jodprobe (s. S. 234 f) kann der Übergang von Tumorgewebe zu gesundem Gewebe exakt abgegrenzt werden.

Es werden zunehmend **mikroinvasive Operationstechniken** eingesetzt, wodurch die perioperative Morbidität sinkt.

Je nach Ausdehnung des Karzinoms kann die Operation erweitert werden (zuvor Ausschluss hämatogene Metastasierung).

B-5.31 Wertheim-Meigs-Operation

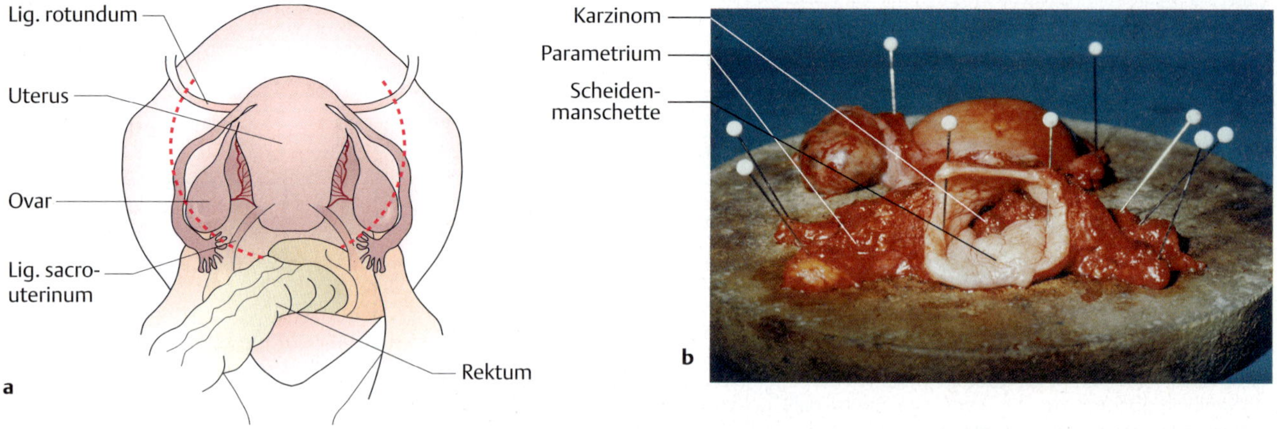

a Absetzungsebene bei abdominaler Radikaloperation nach Wertheim-Meigs.
b Operationspräparat nach Wertheim-Meigs-Operation. Uterus mit Parametrium und Parakolpium, Scheidenmanschette und rechtem Ovar.

Postoperative **Komplikationen** sind Blasen-Scheiden- oder Ureter-Scheiden-Fisteln, Lymphödeme der unteren Extremitäten, sowie Lymphozelen.

Komplikationen der radikalen Operation: Postoperativ entwickeln sich bei ca. 1 % der Patientinnen Blasen-Scheiden- oder Ureter-Scheiden-Fisteln, bei 5 % treten Lymphödeme der unteren Extremitäten auf. Lymphozelen werden ebenfalls bei 5 % der Patientinnen beobachtet.

Strahlentherapie:

Wenn das Karzinom die Zervixgrenzen überschritten hat oder die Patientin nicht operiert werden kann, kommt primär die Strahlentherapie zur Anwendung. Ziel der Bestrahlung ist eine lokale Kontrolle des Karzinomwachstums unter weitgehender Schonung der angrenzenden Organe. In der Regel wird die **perkutane computergesteuerte Bestrahlung** durch einen Linearbeschleuniger durchgeführt.

Eine **postoperative Bestrahlung** wird angeraten, wenn durch die Operation das Karzinom nicht vollständig entfernt werden konnte.

Bei kleinen Karzinomen wird eine Kombination aus perkutaner Bestrahlung (s. Abb. **B-5.32a** und **b**) und Tumor-Kontakttherapie angestrebt. Bei der Kontakttherapie wird ein mit radioaktivem Material beladener Stift in Afterloading-Technik in den Zervikalkanal, d. h. direkt an den Tumor gebracht (s. Abb. **B-5.32c**). Bei größeren Karzinomen wird nach exakter Tumorsdarstellung im NMR die alleinige perkutane Bestrahlung (Teletherapie) vorgezogen.

Strahlentherapie:

Die Strahlentherapie kommt primär zum Einsatz, wenn das Karzinom die Zervixgrenzen überschritten hat (teilweise Stadium IIb und III) und deshalb eine Operation im Gesunden schwer möglich ist. Sie wird auch bei kleineren Zervixkarzinomen durchgeführt, wenn die Patientinnen nicht operabel sind.
Ziel der Bestrahlung ist es, eine lokale Kontrolle des Karzinomwachstums unter weitgehender Schonung der angrenzenden Organe zu erreichen. In der Regel wird die **perkutane computergesteuerte Bestrahlung** durch einen Linearbeschleuniger durchgeführt.

Die **postoperative Bestrahlung** wird dann durchgeführt, wenn bei der Operation der Tumor nicht im Gesunden entfernt werden konnte. Eine Indikation für die generelle Nachbestrahlung besteht nicht.

Bei kleinen Karzinomen wird eine Kombination aus perkutaner Bestrahlung (s. Abb. **B-5.32a** und **b**) und Tumor-Kontakttherapie angestrebt. Bei der Kontakttherapie wird ein mit radioaktivem Material beladener Stift in Afterloading-Technik in den Zervikalkanal, d. h. direkt an den Tumor gebracht (s. Abb. **B-5.32c**). Die Dosis sollte in einem Referenzpunkt 2 cm oberhalb und 2 cm neben dem äußeren Muttermund bei etwa 70 Gy liegen. Bei der anschließenden Perkutantherapie muss der durch die Kontakttherapie schon erfasste Gewebeanteil ausgeblendet werden.
Bei größeren Karzinomen wird nach exakter Darstellung des Tumors durch die Kernspintomographie (NMR) nach einem computergestützten Bestrahlungsplan die alleinige perkutane Bestrahlung (Teletherapie) vorgezogen. Durch die Photonenstrahlen des Linearbeschleunigers sollte eine Dosis von 50 Gy erreicht werden.
Eine möglicherweise notwendige Bestrahlung der paraaortalen Lymphknoten sollte möglichst in einer Mehrfeldtechnik zur Schonung des Dünndarmes bis max. 50 Gy angeschlossen werden.

B-5.32 **Bestrahlung bei Zervixkarzinom**

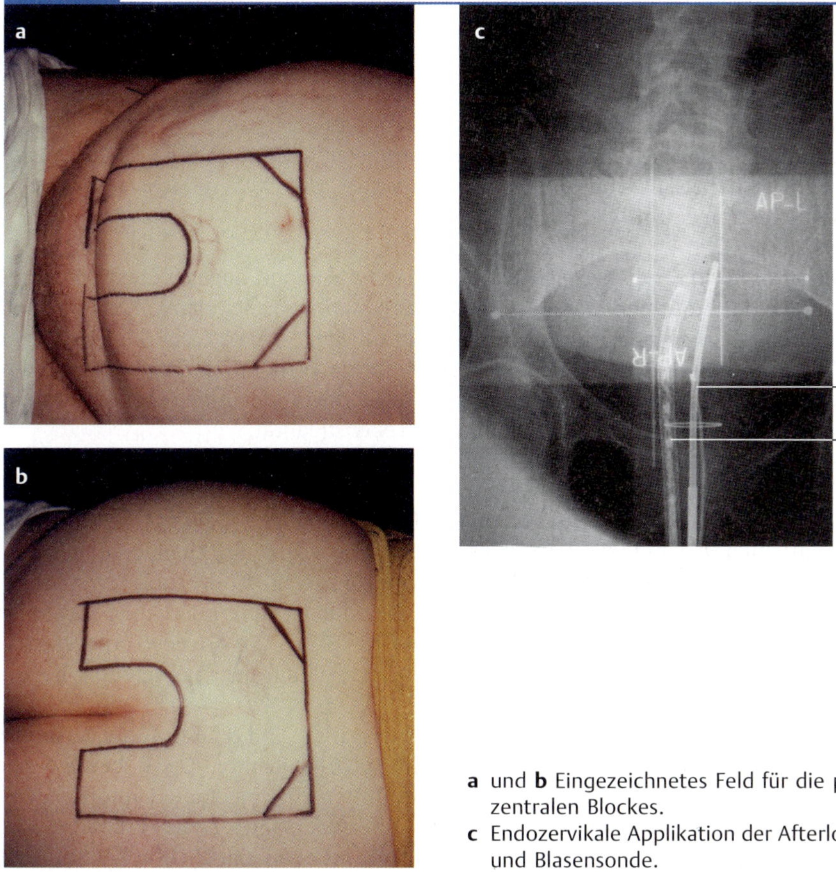

a und **b** Eingezeichnetes Feld für die perkutane Bestrahlung. Ausblendung des zentralen Blockes.
c Endozervikale Applikation der Afterloading-Sonde bei Zervixkarzinom mit Rektum- und Blasensonde.

Komplikationen. Die Kolpitis mit möglicher Dyspareunie ist mit 13 % eine der häufigsten postradiogenen Komplikationen gefolgt von der Strahlenzystitis bzw. -proktitis in 5–6 % der Fälle. Eine Fistelbildung zwischen Scheide und Blase bzw. Scheide und Rektum tritt bei 0,2 % der bestrahlten Patientinnen auf. Bei jungen Frauen ist der Verlust der Ovarialfunktion möglich. Narbenbildungen im Bereich von Gefäßen, Lymphbahnen und Nerven können zu deren Einengung und Folgeerkrankungen führen. Es treten Schmerzen, Thrombosen und Lymphödeme auf. Eine kombinierte postoperative Radio-Chemotherapie scheint in den Fällen einen Lebensgewinn zu bringen, in denen aus Untersuchungen des Operationspräparates ein Verbleiben von Tumorresten zu erwarten ist.

Komplikationen. Kolpitis, Zystitis, Proktitis, Fisteln und Narbenbildungen im Bereich von Lymph- und Gefäßbahnen zählen zu den postradiogenen Risiken. Bei jüngeren Frauen ist der Verlust der Ovarialfunktion möglich.

Chemotherapie:
Eine Chemotherapie wurde beim Zervixkarzinom nur dann durchgeführt, wenn eine Sanierung durch Operation und Bestrahlung nicht mehr erreicht werden konnte. Es wurden u. a. platinhaltige Zystostatika, Bleomycin, Cyclophosphamid, Ifosfamid und 5-Fluorouracil verwendet. Insgesamt waren die Ergebnisse jedoch enttäuschend. Dieser Effekt war deshalb so schlecht, weil die vorher erfolgte Operation und/oder Strahlentherapie durch eine Mangeldurchblutung zu einer Selektion hypoxischer strahlen- und chemotherapieresistenter Zellklone geführt hat.
Dieser Nachteil besteht nicht bei der **primären** (neoadjuvanten) **Chemotherapie**, bei der ein lokal fortgeschrittenes Karzinom vor einer radikalen Operation oder einer Strahlentherapie durch ein sog. **Down Staging** in eine für diese Therapien vorteilhafte Größe gebracht werden soll.

Chemotherapie:
Durch Zytostatikatherapie des nicht ausreichend behandelbaren oder metastasierten Zervixkarzinoms werden nur mäßige Ergebnisse erreicht.

Um Zervixkarzinome in fortgeschrittenem Stadium in einen operablen Zustand zu bringen, kann eine **primäre Chemotherapie** versucht werden.

Bei einer hohen Wahrscheinlichkeit von postoperativ verbliebenen Mikrometastasen kann eine **adjuvante Chemotherapie** die Überlebenschancen vergrößern.

Bei Patientinnen, die aufgrund der histologischen Untersuchung der entfernten Organe wahrscheinlich verbliebene Mikrometastasen haben, kann eine **adjuvante Chemotherapie** die Überlebenschancen verbessern oder die Überlebenszeit verlängern.
Bei großem Tumor, hohem Grading, peritumoraler Lymphangiose und Lymphknotenbefall sollte diese Therapie erwogen werden.

Spätfolgen der Therapie sind in 10–15 % der Fälle zu erwarten.

Die therapiebedingte Mortalität beim Zervixkarzinom liegt bei 2 %, Spätfolgen der Primärtherapie sind in 10–15 % zu erwarten. Hier stehen Darm- und Blasenkomplikationen im Vordergrund.

Prognose. Die mittlere 5-Jahresüberlebensrate der auf die Zervix beschränkten Karzinome (Stadium I) liegt bei 80 %.

Prognosekriterien sind:
- Tumorgröße
- Ausdehnung über die Zervixgrenzen
- Art des Tumorwachstums und
- Einbruch in Lymph- und Blutgefäße.

Prognose und Prognosekriterien. Die im Annual Report angegebenen Therapieerfolge der einzelnen Stadien zeigen eine erstaunliche Schwankungsbreite. Die mittlere 5-Jahresüberlebensrate im Stadium I liegt bei 80 %, im Stadium II bei 70 %, im Stadium III bei 45 % und im Stadium IV bei 15 %. Wichtig ist, dass sich Operation und Strahlentherapie hinsichtlich der Überlebenszeit nicht unterscheiden, wohl aber bezüglich der Lebensqualität.
Aus der klinischen Stadieneinteilung wird ein grobes Raster für die erwartete Prognose gestellt. Wichtige Hinweise auf die erwartete Prognose können aus der **Tumorgröße** abgeleitet werden. Mit zunehmender Größe kommt es zur deutlichen Zunahme der lymphogenen Metastasierung und zu einer steigenden Mortalität. Bei **Überschreiten der Zervixgrenze** sowohl in Richtung Parametrien als auch in Richtung Scheide kommt es ebenfalls zu einer deutlichen Zunahme der lymphogenen und hämatogenen Metastasierung. Die **Art des Tumorwachstums**, angegeben durch das Ausmaß der Dissoziation der Tumorzellen, beeinflusst die Lebenserwartung ebenfalls.
Lymphgefäßeinbruch, vor allem der Einbruch in Blutgefäße, führt zu einer deutlichen Verschlechterung der 5-Jahresüberlebensrate. Diese beträgt bei Blutgefäßeinbruch 30 %, ohne Blutgefäßeinbruch 80 %. Auch die Lymphknotenmetastasierung gibt eine wesentliche Information über die Prognose der Erkrankung. Die 5-Jahresüberlebensrate fällt von 85 % bei Nichtbefall auf 50 % bei metastatischem Befall der Lymphknoten.
Andere Prognosemerkmale wie z. B. der DNA-Ploidie-Status werden durch die Durchflusszytophotometrie erfasst. Hiermit kann die exzessive DNA-Produktion der Tumorzellen quantitativ bestimmt werden. Die Bedeutung der Expression von Onkogenen durch die Tumorzelle wird in ihrer Bedeutung noch erforscht.

Nachsorge. Ziel ist das Erkennen von Rezidiven, Metastasen, Therapiefolgen, Zweitmalignomen und die psychische Führung der Patientin. 75 % der Rezidive werden in den ersten 3 Jahren gefunden. In den ersten beiden Jahren wird alle 3 Monate, anschließend halbjährlich eine Nachsorgeuntersuchung durchgeführt.

Nachsorge. Im Rahmen der Nachsorge werden verschiedene Faktoren erfasst. Ziele sind:
1. Rechtzeitiges Erkennen eines Rezidivs oder von Metastasen,
2. Erkennen und Behandeln von Therapiefolgen,
3. Psychische Führung und Rehabilitation,
4. Vorsorge und Erkennen von Zweitmalignomen.

Da 75 % der Rezidive innerhalb der ersten 3 Jahre auftreten, sollte hier die Nachsorge intensiv erfolgen. Die Patientinnen werden während der ersten beiden Jahre nach der Therapie in vierteljährlichen Abständen, anschließend bis zum 5. Jahr halbjährlich zur Nachsorgeuntersuchung einbestellt. Neben einer ausführlichen Zwischenanamnese wird bei der gynäkologischen Untersuchung (einschließlich rektaler Untersuchung) ein zytologischer Kontrollabstrich entnommen. Routinemäßige Laboruntersuchungen erfassen Blutbild, BKS und Kreatinin. Die allgemeinmedizinische Untersuchung beinhaltet die Messung des Beinumfangs und eine Nierensonographie. Auch sollte die Patientin hinsichtlich ihrer Lebensführung und sexuellen Aktivität beraten werden, da sexuelle Abstinenz eine Atrophie des Introitus vaginae begünstigt.

Lokal-regionale Rezidive sind am Scheidenstumpf und an der Beckenwand lokalisiert.

Rezidive am Scheidenstumpf und an der Beckenwand können palpatorisch vermutet und durch Punktionszytologie oder Biopsie gesichert werden. Apparative Untersuchungen sind nur bei entsprechender Symptomatik mit gezielter Fragestellung gerechtfertigt. Einengungen der ableitenden Harnwege werden durch Ultraschalluntersuchungen oder ein Infusionsurogramm erfasst. Die eher seltenen Lungenmetastasen (etwa 5 %) können durch Röntgen-Thorax-

untersuchungen entdeckt werden, Knochenmetastasen (etwa 5 %) durch ein Knochenszintigramm.
Zur Verlaufskontrolle können die Tumormarker SCC und CEA sinnvoll sein, sofern sie prätherapeutisch erhöht waren.

Die Tumormarker SCC und CEA dienen der Verlaufskontrolle.

▶ **Klinischer Fall.** Eine 41-jährige Patientin, Gravida III, Raucherin, mit häufig wechselnden Sexualpartnern kommt in die Sprechstunde. Sie klagt über schmerzlose Kontaktblutungen und Zwischenblutungen, die schon seit 3 Monaten bestehen. An der Krebsvorsorgeuntersuchung hat sie die letzten 12 Jahre nicht teilgenommen. Das rechte Nierenlager ist klopfschmerzhaft. Die gynäkologische Untersuchung und die Kolposkopie zeigen folgende Befunde: Die Portio ist kraterförmig umgewandelt, der Zervixdurchmesser auf 5 cm verbreitert. Das Corpus uteri ist klein, derb und fixiert; das Parametrium rechts weist knotige Veränderungen auf, die jedoch die Beckenwand nicht erreichen. Das Parametrium links sowie die Adnexe sind unauffällig. Die knotige Infiltration greift auf das kraniale Drittel der Scheide über. Die Zervixzytologie zeigt Tumorzellen der Gruppe PAP V. Eine Knipsbiopsie der Portio ergibt ein undifferenziertes, nicht verhornendes Plattenepithelkarzinom der Cervix uteri. Röntgen-Thorax, Abdomensonographie und Rektoskopie sind unauffällig. Die AUG zeigt eine leichte Stauung des rechten Nierenbeckenkelchsystems und des rechten Ureters. Das Karzinom wird in Stadium IIIB (FIGO) eingeteilt. Es erfolgt eine radikale Krebsoperation nach Wertheim (abdominale Hysterektomie mit Entfernung einer Scheidenmanschette und der Parametrien), eine pelvine und paraaortale Lymphonodektomie sowie eine rechtsseitige Ureterolyse. Die Histologie zeigt ein undifferenziertes, nicht verhornendes Plattenepithelkarzinom der Cervix uteri mit 4 cm Durchmesser und endophytischem Wachstum mit Befall des rechten Parametriums zur Hälfte. Die Operation erfolgt in sano, alle Absetzungsebenen sind tumorfrei. Es liegt eine Hämangiosis carcinomatosa vor, 3 von 32 pelvinen Lymphknoten sind metastasisch befallen, die 16 paraaortalen Lymphknoten sind tumorfrei. Das postoperative Staging lautet: pT2b pN1 M0 G3 (FIGO IIB). Die anschließende perkutane Bestrahlung des Beckens wird mit dem Gammatron (Co 60) bis zur Gesamtdosis von 50 Gy durchgeführt. Eineinhalb Jahre nach der Operation treten zunehmend Rückenschmerzen auf, die zunächst vom Hausarzt unter dem Verdacht einer „Lumboischialgie" erfolglos behandelt werden. Parallel treten rezidivierende Pyelonephritiden auf, die antibiotisch behandelt werden müssen. Schmerzfreiheit ist nur durch hohe Morphindosen zu erzielen. Im Abdomen-CT fällt ein 7 cm großer, retroperitonealer rechtsbetonter Tumor auf, der sich histologisch als Beckenwandrezidiv herausstellt und zu einem erneuten Nierenbeckenstau und zu einer Infiltration des Plexus sacralis geführt hat. Der Patientin können nur eine symptomatische Schmerztherapie und eine palliative Nierenfistelung rechts (bei intakter Nierenfunktion links) zuteil werden. Ein Jahr später treten Lungenmetastasen auf, die zum Tod der Patientin an respiratorischer Insuffizienz führen.

◀ **Klinischer Fall**

5.3 Tumoren des Corpus uteri

5.3.1 Diagnostik

Anamnese und Klinik

In vielen Fällen werden Veränderungen und Tumoren des Corpus uteri zufällig entdeckt, da sie keine Beschwerden verursachen. Das häufigste Symptom ist die **Blutungsstörung**. Sie tritt sowohl bei benignen als auch malignen Veränderungen auf. Bei Frauen in der Geschlechtsreife ist eine verstärkte und verlängerte Regelblutung (Hypermenorrhö) häufig ein Hinweis auf ein Endometriumkarzinom. Jedoch können auch benigne Tumoren, insbesondere Myome, Dauerblutungen, Meno- und Metrorrhagien auslösen. Bei Frauen in der Postmenopause ist ca. ein Drittel der wiederholt auftretenden, unterschiedlich starken Schmierblutungen auf ein Endometriumkarzinom zurückzuführen, wobei die Wahrscheinlichkeit für ein Karzinom mit zunehmendem Abstand zur Menopause steigt. Eine Neubildung von Myomen postmenopausal gibt es nicht, da ihr Wachstum östrogenabhängig ist.

5.3 Tumoren des Corpus uteri

5.3.1 Diagnostik

Anamnese und Klinik

Das häufigste Symptom bei Tumoren des Corpus uteri ist die **Blutungsstörung.** Sie kann ein Hinweis auf ein Endometriumkarzinom sein, tritt jedoch auch bei ca. 50 % der Patientinnen mit einem Myom auf. Ein Drittel der postmenopausalen Blutungen ist durch ein Endometriumkarzinom bedingt.

▶ **Merke.** Jede postmenopausale Blutung muss bis zum Beweis des Gegenteils als malignomverdächtig angesehen und entsprechend abgeklärt werden.
In Abhängigkeit von Größenwachstum, Lokalisation und Wachstumsrichtung können Myome unterschiedliche Beschwerden hervorrufen, die jedoch weit seltener vorkommen als die Blutungsstörungen (s. S. 258 f).

◀ **Merke**

Hinweise auf ein fortgeschrittenes Stadium sind eitriger Fluor, wehenartige Schmerzen durch Uteruskontraktionen.

Hinweise auf ein fortgeschrittenes Stadium eines Endometriumkarzinoms sind eitriger Fluor, meist bedingt durch den Zerfall des Karzinoms und wehenartige Schmerzen durch reflektorische Uteruskontraktionen.

Gynäkologische Untersuchung

Bei der gynäkologischen Untersuchung werden Tumoren der Gebärmutter häufig als Zufallsbefund diagnostiziert.

Inspektion, Palpation und die Entnahme eines Zellabstrichs weisen häufig schon bei der gynäkologischen Untersuchung auf eine Erkrankung der Gebärmutter hin. Bei der Inspektion der Portio kann z. B. ein gestielter Endometriumpolyp entdeckt oder das Ausmaß des Übergreifens eines Korpuskarzinoms auf Portiooberfläche und Vagina beurteilt werden.

Bei der bimanuellen Palpation kann man Größen- und Konsistenzveränderungen des Uterus, die z. B. durch Blut- oder Eiteransammlungen (s. Abb. **B-5.33**) bedingt sind, feststellen. Die Ausdehnung eines Tumors sowie der mögliche Befall der Ovarien kann ebenfalls abgeschätzt werden.

Bei der bimanuellen Palpation werden Größenveränderungen und Konsistenz des Uterus sowie die Ausdehnung eines Tumors auf Nachbarorgane beurteilt. Myome können gelegentlich als harte, kugelige , mit dem Uterus zusammenhängende Tumoren getastet werden. Bei tiefem Sitz eines Karzinoms auftretende Blut- oder Eiteransammlungen (Hämatometra, Pyometra; s. Abb. **B-5.33**) in der Gebärmutter führen ebenfalls zu einer Veränderung der Gebärmuttergröße. Sie ist in diesen Fällen weich und vergrößert tastbar.

B-5.33

B-5.33 Hämatometra

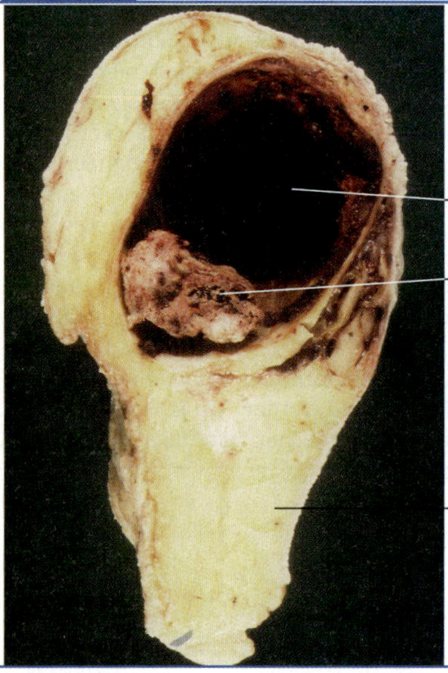

Exophytisch wachsendes Endometriumkarzinom vor dem inneren Muttermund. Das Uteruskavum ist durch die Blutansammlung aufgedehnt.

Spezielle Methoden

Zytologie

Zytologischer Abstrich. Durch die zytologische Untersuchung kann gelegentlich schon der Verdacht auf ein Korpuskarzinom geäußert werden.

Zytologischer Abstrich. Bei Vorliegen eines Korpuskarzinoms sind in unter 30 % der Fälle Endometriumzellen im Zellabstrich von der Portio uteri nachweisbar. Aufgrund des langen Weges zwischen dem Abschilferungsort im Corpus uteri und der Portio sind diese Zellen häufig stark degeneriert, was die Beurteilung erschwert. Bessere Ergebnisse mit Trefferquoten um die 80 % werden mittels der intrauterinen Saug- und Spülmethoden erzielt.

Saug- und Spülmethode. Mit dieser Technik ist es gelegentlich möglich, Vorstadien des Endometriumkarzinoms zu diagnostizieren.

Die **Strichkürettage** ist ein belastender Eingriff, bei dem häufig kein repräsentatives Zellmaterial gewonnen werden kann. Deshalb wird sie selten durchgeführt.

Saug- und Spülmethode. Diese Methode ist zur Diagnostik von Vorstadien des Endometriumkarzinoms geeignet, da die Zellen mittels einer besonderen Saug- und Bürstentechnik direkt aus dem Cavum uteri entnommen werden. Am gebräuchlichsten ist die Jet-wash-Technik, bei der durch Druck uterines Zellmaterial aus dem Cavum herausgespült wird.

Verwendet wird auch eine **Strichkürettage**. Dabei wird ein kleiner Katheter durch die Cervix uteri bis in das Cavum vorgeschoben und unter Vakuumaspiration Endometriummaterial gewonnen. Die Strichkürettage ist jedoch ein belastender, intrauteriner Eingriff für die Patientin und ist daher nur als Screen-

ing bei Patientinnen mit Risikoprofil (Adipositas, Hypertonus, Diabetes mellitus, Nulliparität) zu überlegen, zumal häufig kein repräsentatives Zellmaterial gewonnen werden kann. Unter hysteroskopischer Sicht mit einer 5-mm-Führung kann die Abstrichentnahme gezielt durchgeführt werden.
Allerdings ist in einem Viertel der Fälle diese Untersuchung nur unter Mühe oder gar nicht möglich. Da hierunter gerade die postmenopausale Risikogruppe fällt, ist diese Methode nur bei etwa 80 % der Frauen als Screening-Methode einsetzbar. Aufgrund ihrer diagnostischen Unsicherheit sind die genannten Verfahren nicht geeignet, um ein Korpuskarzinom definitiv zu diagnostizieren.

Die definitive Diagnostik ist mit den genannten zytologischen Methoden nicht möglich.

Invasive diagnostische Maßnahmen

Fraktionierte Kürettage. Als diagnostischer „Goldstandard" wird bei den beschriebenen Symptomen die fraktionierte Kürettage (Abrasio) durchgeführt. Hierbei wird mit einer scharfen Kürette zuerst Gewebematerial aus dem Zervikalkanal und anschließend aus dem Korpusbereich entnommen (s. Abb. **B-5.34**). Zur Dilatation verwendet man Hegar-Stifte. Um eine Zellvermischung auszuschließen ist es wichtig, vor der vollständigen Korpus-Kürettage, den Zervikalkanal kräftig auszuschaben. Die Sondenlänge des Uterus wird vor der Korpus-Kürettage gemessen, obgleich die prognostische Bedeutung dieses Wertes an Bedeutung verloren hat.
Das entnommene Gewebe wird von Blutbeimengungen befreit und getrennt zur histologischen Untersuchung gegeben. Durch die fraktionierte Kürettage ist es möglich, ein Karzinom zu diagnostizieren, seine Herkunft festzustellen und ungefähr die Ausdehnung zu beurteilen.

Invasive diagnostische Maßnahmen

Fraktionierte Kürettage. Die wichtigste Form der diagnostischen Abklärung ist die fraktionierte Kürettage (fraktionierte Abrasio; s. Abb. **B-5.34**). Hierbei wird mit einer scharfen Kürette zuerst Gewebematerial aus dem Zervikalkanal und anschließend aus dem Korpusbereich entnommen (s. Abb. **B-5.34**). Zur Dilatation verwendet man Hegar-Stifte.

Durch die getrennte Entnahme und Untersuchung des Gewebematerials aus Cervix und Corpus uteri können Herkunft und ungefähre Ausdehnung des Karzinoms beurteilt werden.

Hysteroskopie. Bei der Hysteroskopie kann vor allem die Ausdehnung und Lokalisation eines Karzinoms beurteilt werden. Insbesondere ein möglicher Zervixbefall (Stadium II) sollte hierdurch erkannt werden, da hieraus therapeutische Konsequenzen gezogen werden (s. S. 244 ff). Auch gezielte Gewebeentnahmen sind möglich. Dazu wird nach Einführen eines Hysteroskops das Cavum uteri mit einer Flüssigkeit aufgefüllt, so dass es sich besser entfaltet. Die Hysteroskopie wird meist in Kombination mit einer fraktionierten Kürettage durchgeführt.

Hysteroskopie. Mit der Hysteroskopie kann die Ausdehnung eines Karzinoms festgestellt werden. Gleichzeitig ist eine gezielte Gewebeentnahme möglich.

B-5.34 Fraktionierte Kürettage

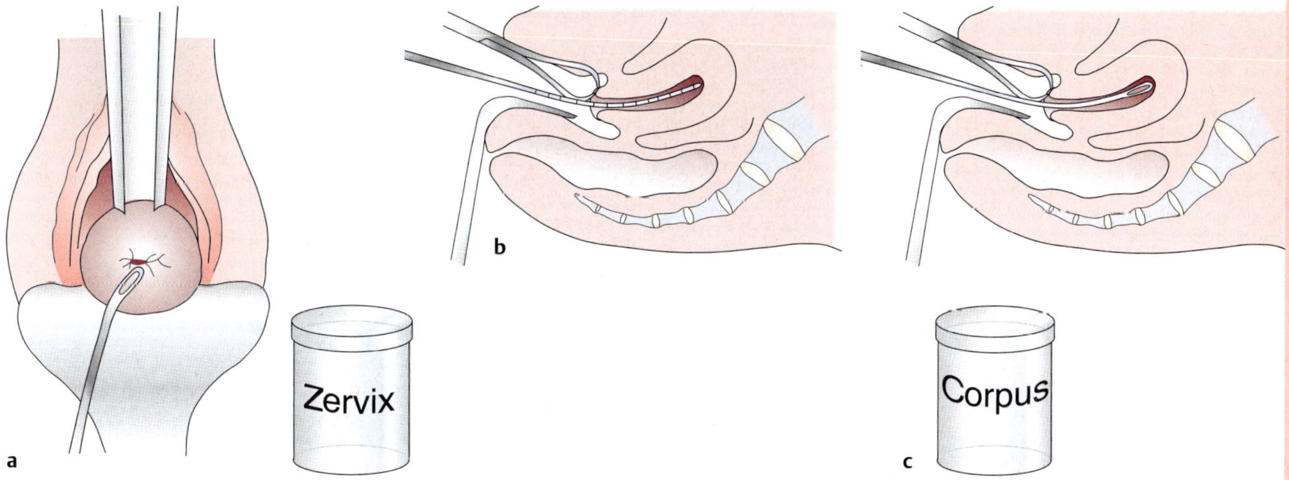

a Kürettage der Cervix uteri. **b** Messung der Länge des inneren Uterus mit einer Messsonde. **c** Kürettage des Corpus uteri.

Apparative Untersuchungen

Ultraschalluntersuchung

Mit Hilfe der **vaginalen Ultraschalltechnik** ist es möglich, differenzialdiagnostische Fragestellungen zu klären und Veränderungen des Endometriums zu erfassen (s. Abb. **B-5.35**).

Zunehmend wird versucht, Ultraschalluntersuchungen im Sinne einer Früherkennung von Karzinomen einzusetzen. Da man bei einer hohen Zahl falsch positiver Befunde viele unnötige Kürettagen durchführen müsste, bleibt diese Methode als Screening-Untersuchung umstritten.

Eine Schwangerschaft muss ausgeschlossen werden.

Apparative Untersuchungen

Ultraschalluntersuchung

Die Ultraschalluntersuchung nimmt in der Diagnostik sowohl benigner als auch maligner Uterustumoren einen hohen Stellenwert ein. Insbesondere die **vaginale Ultraschalluntersuchung** kann den differenzialdiagnostischen Unterschied klären zwischen Veränderungen, die von der Gebärmutter ausgehen und solchen, die primär den Adnexen zuzuordnen sind. Dies ist z. B. wichtig, um ein Myom von einem Adnextumor zu unterscheiden (Abb. **B-5.35b**). Auch die Ausdehnung eines Karzinoms innerhalb der Gebärmutter, insbesondere die Infiltrationstiefe und der Übergang auf die Zervix, (s. Abb. **B-5.35a**) sowie ein metastatischer Befall der Ovarien kann beurteilt werden. Zunehmend wird versucht, Ultraschalluntersuchungen im Sinne einer Früherkennung von Karzinomen einzusetzen. So ist frühestens bei einer Endometriumdicke von über 4 mm das Vorhandensein eines Karzinoms möglich. Da man bei einer hohen Zahl falsch positiver Befunde viele unnötige Kürettagen durchführen müsste, bleibt diese Methode als Screening-Untersuchung umstritten. Ebenso schwierig ist die sonographische Beurteilung der tamoxifeninduzierten Endometriumhyperplasie (s. S. 263).

Selbstverständlich ist bei der Diagnostik von Tumoren des Uterus der sonographische Ausschluss einer Schwangerschaft. Die abdominale Ultraschalluntersuchung dient in erster Linie der Erkennung von Metastasen. Beckentumoren mit Einengung der Ureteren und konsekutiver Hydronephrose und Lebermetastasen seien genannt.

B-5.35

B-5.35 Tumoren des Corpus uteri

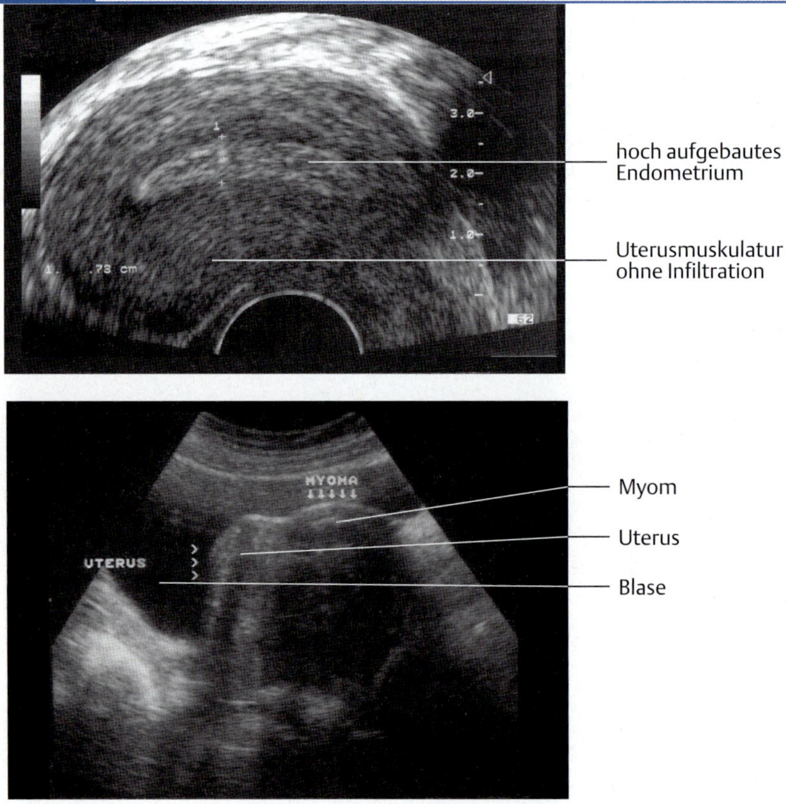

a Endometriumkarzinom im Ultraschall. Retroflektierter Uterus mit hoch aufgebautem Endometrium. Keine Infiltration des Myometriums erkennbar.

b Uterus myomatosus im Ultraschallbild.

B-5.52 Diagnostisches Vorgehen bei Tumoren des Corpus uteri

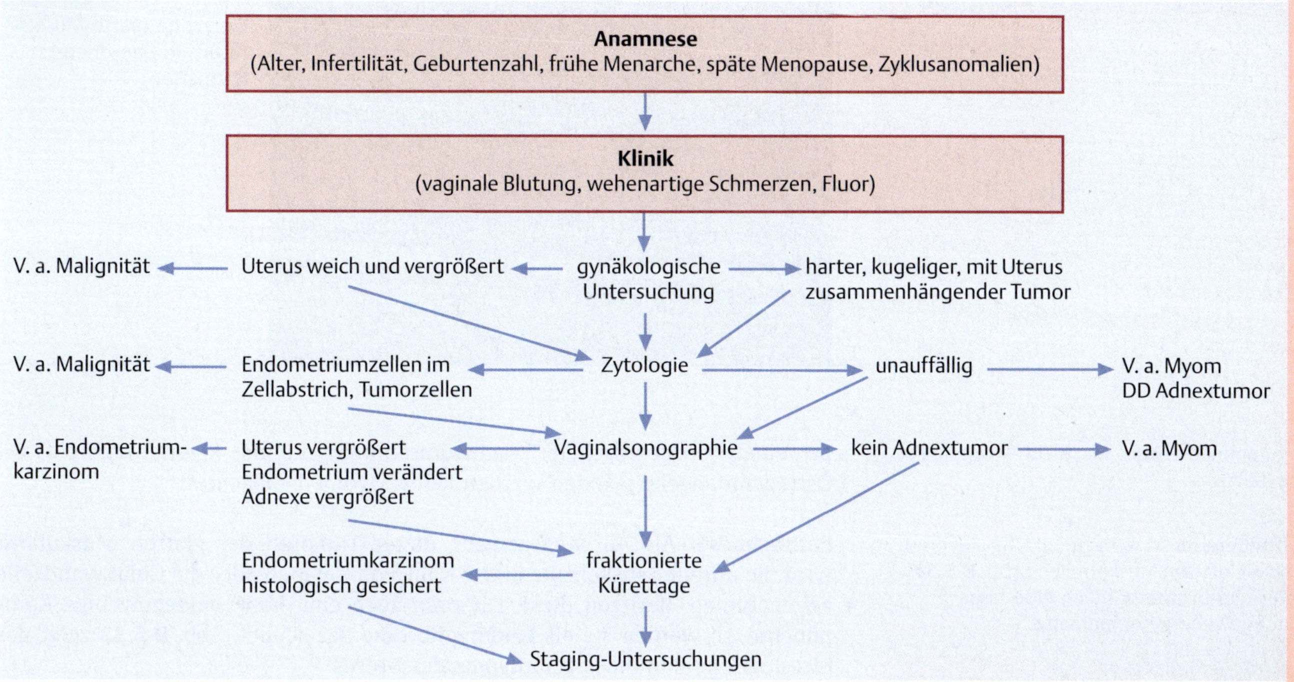

Weitere apparative Untersuchungen

Zusätzliche apparative Untersuchungen spielen im Rahmen des Stagings eine Rolle: Bei Verdacht auf Blaseneinbruch liefert die Zytoskopie, bei Verdacht auf Rektumeinbruch die Rektoskopie weitere diagnostische Informationen. Durch die Röntgenuntersuchung des Thorax können Lungenmetastasen entdeckt werden. Die Infusionsurographie zeigt Stauungen im Bereich der ableitenden Harnwege. Computertomographie, Kernspin- und Lymphographie sind nur bei gezielten Fragestellungen sinnvoll.
Einen Überblick über das diagnostische Vorgehen bei Tumoren des Corpus uteri zeigt Abb. **B-5.36**.

Weitere apparative Untersuchungen

Apparative Untersuchungen spielen bei der Diagnostik des Endometriumkarzinoms eine untergeordnete Rolle. Ihre Bedeutung liegt in der Staging-Diagnostik. Insbesondere die Thorax- Röntgenaufnahme ist zum Ausschluss von Lungenmetastasen sinnvoll.

Diagnostisches Vorgehen bei Tumoren des Corpus uteri: Abb. **B-5.36**.

5.3.2 Benigne Tumoren des Corpus uteri

Leiomyome

▶ **Definition.** Myome sind gutartige mesenchymale Tumoren der glatten Muskulatur.

◀ **Definition**

Epidemiologie. Myome gehören zu den häufigsten Tumoren der Frau. Bei der Obduktion können Myome bei etwa jeder 4. Frau über 30 Jahren gefunden werden. Der Häufigkeitsgipfel liegt zwischen dem 35. und 45. Lebensjahr. Myome werden häufiger bei Nulliparae gesehen.

Epidemiologie. Myome gehören zu den häufigsten Tumoren der Frau und finden sich bei ca. 20–30 % der Frauen über 30 Jahren (Häufigkeitsgipfel zwischen dem 35. und 45. Lebensjahr).

▶ **Merke.** Da Myome östrogenabhängig sein können, beobachtet man in der Schwangerschaft häufig ein rapides Größenwachstum, dagegen eine Rückbildung in der Postmenopause. Eine Neubildung von Myomen postmenopausal gibt es nicht. Ebensowenig gibt es Myome im Kindesalter.

◀ **Merke**

Ätiologie. Über die eigentliche Ursache der Myomentstehung gibt es keine klare Vorstellung. Gesichert ist hingegen, dass ein Überwiegen der Östrogene im Kör-

Ätiologie. Die Ursache der Entstehung ist unklar. Gesichert ist jedoch, dass Östro-

B-5.37

B-5.37 **Leiomyom des Uterus**

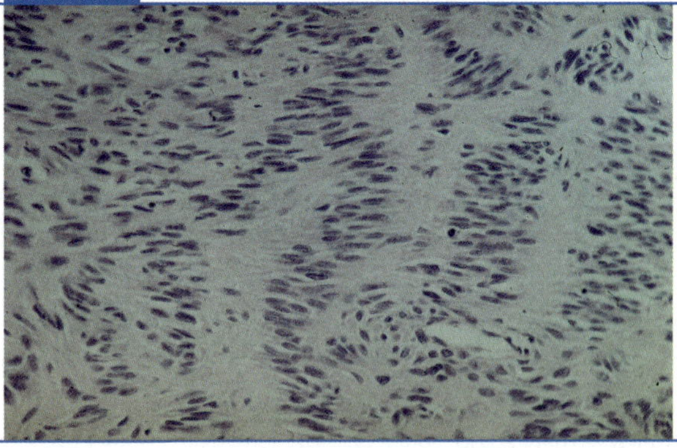

Gutartige glatte Muskelfasern in geordneter Formation.

gendominanz einen Wachstumsstimulus darstellt.

per einen (unspezifischen) Wachstumsstimulus für die Myome darstellt. Bei Östrogenmangelzuständen werden keine Myome beobachtet.

Pathogenese. Ausgangspunkt der Myome sind die glatten Muskelzellen (Abb. **B-5.37**). **Leiomyofibrome** besitzen eine hohe bindegewebige Komponente.

Pathogenese. Als Ausgangsgewebe dieser Tumoren der glatten Muskulatur wird die unreife Muskelzelle in der Nähe von Gefäßen oder die Gefäßwandzelle angenommen. Besitzen diese Tumoren auch eine hohe bindegewebige Komponente, so werden sie als **Leiomyofibrome** bezeichnet. Abb. **B-5.37** zeigt das histologische Bild eines Leiomyoms des Uterus.

Myome fühlen sich hart an und haben eine dünne Pseudokapsel.

Die Konsistenz der Myome ist äußerst hart, so dass sie relativ leicht im Bereich der sonst weicheren Uteruswand getastet werden können. Die Schnittfläche erscheint wegen der Blutarmut weiß, die Anordnung der Muskelfasern ist wirbelartig. Durch eine häufig gut erkennbare, dünne Pseudokapsel ist das Myom von der übrigen Muskulatur getrennt.

Wachstum und Wachstumsformen. Reproduzierbare sonographische Verlaufskontrollen in regelmäßigen Abständen geben einen Hinweis auf die Wachstumstendenz. Bei sehr schnellem Wachstum ist ein malignes Leiomyosarkom (s. S. 271 ff) auszuschließen. Wachstumsformen (s. Abb. **B-5.38a**):

- intramurales Wachstum
- subseröses Wachstum
- submuköses Wachstum.

Wachstum und Wachstumsformen. Myome sind in der Regel langsam wachsende Tumoren. Reproduzierbare sonographische Verlaufskontrollen in regelmäßigen Abständen geben einen Hinweis auf die Wachstumstendenz. Bei raschem Wachstum trotz ausgeschlossener Schwangerschaft muss an den seltenen Fall eines malignen Leiomyosarkoms (s. S. 271 ff) gedacht werden. Diese maligne Entartung kommt jedoch nur bei 0,1 % der Myome vor.

Nach dem Sitz der Leiomyome innerhalb des Corpus uteri werden drei verschiedene Wachstumsformen unterschieden (Abb. **B-5.38a**):

- intramurales Wachstum
- subseröses Wachstum
- submuköses Wachstum.

Intramurale Myome kommen am häufigsten vor. Sie wachsen in der Uteruswand.

Die **intramuralen Myome** kommen am häufigsten vor. Sie entwickeln sich innerhalb der Uteruswand. Kleine Myome verändern die Gesamtform des Uterus nicht, große Myome können zu einer kartoffelsackartigen Vergrößerung des Uterus führen. In der Mehrzahl der Fälle kommt es bei Größenzunahme zu einer Vorwölbung der Mukosa oder der Serosa.

Die **subserösen Myome** entwickeln sich in Richtung Serosa und sind zum Teil gestielt. Intraligamentäre Myome können Gefäße oder auch den Ureter stenosieren.

Die **subserösen Myome** entwickeln sich in Richtung Serosa und führen zu einer Vorbuckelung des Uterus. Bei weiterer Größenzunahme können sie so weit hervortreten, dass sie nur noch durch einen Stiel mit dem Uterus verbunden sind. Bei lateralem Sitz dehnen sich die außen sitzenden Myome zwischen den beiden Blättern der Ligamenta lata aus. Diese intraligamentären Myome können größere retroperitoneale Tumoren bilden und gelegentlich Gefäße oder auch den Ureter stenosieren.

Die **submukösen Myome** wachsen in Richtung des Uteruslumens. Diese Formen sind sehr selten, machen sich aber früh klinisch bemerkbar.
Abb. **B-5.38b** zeigt ein gestieltes Myom, das durch die Zervix in Richtung Vagina gewachsen ist.

Die **submukösen Myome** wachsen in Richtung des Cavum uteri und führen zu einer Vorwölbung der Schleimhaut. Submukös wachsende Myome machen nur 5 % der Gesamtgruppe aus, verursachen jedoch früh klinische Beschwerden. Bei Größenzunahme kann das Cavum uteri völlig ausgefüllt werden mit Vorwölbung der Gegenseite und Zunahme der Gesamtgröße des Uterus. Wie die subserösen Myome können viele der submukösen Myome eine polypartige Form

B-5.38 Myome

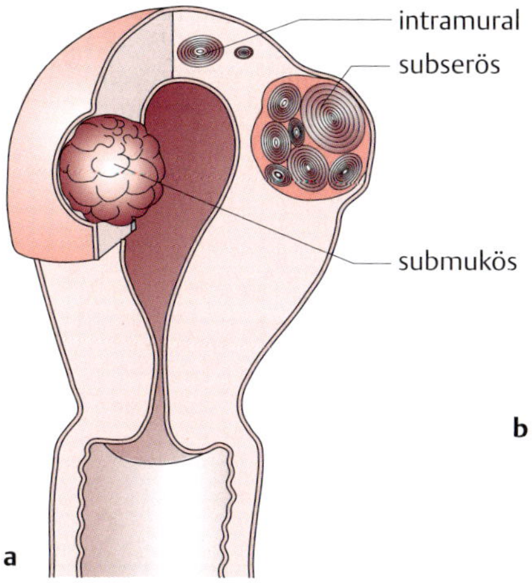

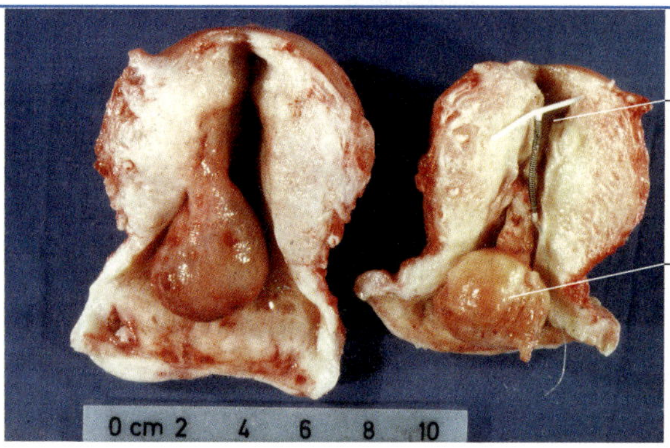

a Uterus mit intramuralem, subserösem und submukösem Myom.
b Uterus mit zwei gestielten submukösen Myomen bei liegender Spirale.

mit einem Stiel bilden. Dabei kann das Myom durch die Zervix in die Vagina »hineingeboren« werden (s. Abb. **B-5.38b**).

▶ **Merke.** Kleinere submuköse Myome können schon bei der Kürettage durch ein »Holpern« getastet werden.

◀ Merke

Sekundärveränderungen. Durch eingeschränkte Blutversorgung kann es, je nach Ausmaß der Ischämie, zu unterschiedlichen degenerativen Veränderungen kommen.

Sekundärveränderungen.

- **Hyaline Degeneration:**
Diese Veränderung wird in fast allen Myomen in unterschiedlichem Ausmaß gefunden. Bei stärkerer Ausprägung kann die hyaline Degeneration zu einer weicheren Konsistenz der Myome führen.

- **Hyaline Degeneration** (Erweichung)

- **Zystische Degeneration:**
Hierbei kommt es zur Bildung von zystischen Hohlräumen, die gelatinöses Material enthalten. Der Tastbefund kann einen schwangeren Uterus vortäuschen.

- **Zystische Degeneration** (Hohlraumbildung)

- **Kalzifikation:**
Bei langsam entstandener Ischämie, vor allem in der Postmenopause kommt es häufig zu einer disseminierten Verkalkung. Im Extremfall kann hier ein steinähnlicher Tumor entstehen. Bereits bei der Abdomen-Röntgenübersicht geben disseminierte grobschollige Verkalkungen den Hinweis auf ein verkalktes Myom.

- **Kalzifikation**

- **Infektion:**
Diese Veränderung entsteht am ehesten bei submukösen Myomen. Aszendierende Keime können hier über die häufig ulzerierte Mukosa direkt in Myome eindringen und Vereiterungen oder Verjauchungen hervorrufen. Gelegentlich ist eine schwere Sepsis die Folge.

- **Infektion** (Vereiterung und Verjauchung)

- **Nekrosen:**
Gestielte Myome mit Torsion (Stieldrehung) können nekrotisch werden. Auf der Schnittfläche sieht man hier gelbliche Veränderungen, in der Schwangerschaft zeigen nekrotische Myome eine rote Degeneration.

- **Nekrosen** (Stieldrehung von gestielten Myomen)

- **Parasitäre Myome:**
Bei entzündlichen Veränderungen verwachsen subseröse Myome mit dem Peritoneum oder dem Netz, welches die Gefäßversorgung übernimmt. In seltenen Fällen kommt es zur völligen Trennung der Myome vom Uterus.

- **Parasitäre Myome**

B-5.39

B-5.39 Uterus myomatosus

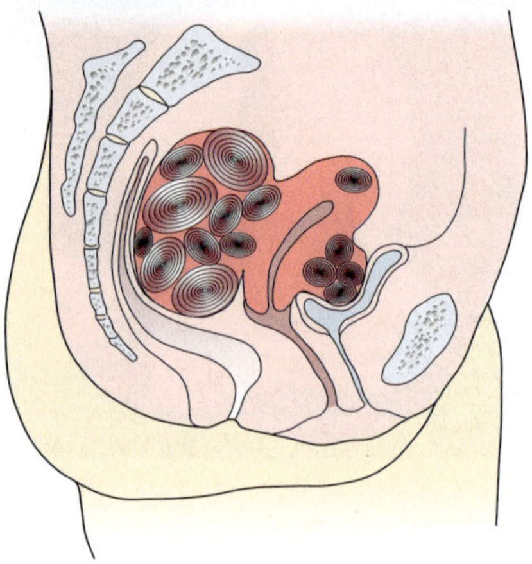

Darmentleerungsstörungen und Kreuzschmerzen durch Myom an der Uterushinterwand und Miktionsbeschwerden durch Myom an der Vorderwand.

Klinik. Myome verursachen oft keine Beschwerden. **Blutungsstörungen** in Form von Menorrhagien, Metrorrhagien oder Dauerblutungen finden sich bei mehr als 50 % der Frauen, v. a. bei submukösen Myomen.

Klinik. In vielen Fällen machen die Uterusmyome keine Beschwerden und werden nur zufällig entdeckt. Von der Art der Blutungsstörung kann man Rückschlüsse auf die Wachststumsform des Myoms ziehen. Intramurale Myome führen durch Abflussbehinderung des Blutes und durch verminderte Kontraktionsfähigkeit eher zur **Menorrhagie**. Submuköse Myome bewirken durch Atrophie und mechanisch bedingte Schleimhauterosionen **Metrorrhagien**. Gestielte submuköse Myome können über venöse Stauungen starke und lang anhaltende **Dauerblutungen** bewirken.

Neben den Blutungsstörungen können folgende Beschwerden auftreten:

- **Verdrängungs- und Druckerscheinungen**

Durch **Druck auf** Nachbarorgane kann es zu Miktionsbeschwerden, Obstipation, Kreuzschmerzen und Harnabflussstörungen kommen (s. Abb. **B-5.39**).

- **Verdrängungs- und Druckerscheinungen**

Diese Symptome sind seltener als Blutungsstörungen. Je nach Sitz und Wachstumsrichtung kommt es zu einem Druck auf die Harnblase, den Darm, die Ureteren oder Gefäße (s. Abb. **B-5.39**). Folgen sind Miktionsbeschwerden, Obstipation, Kreuzschmerzen sowie Harnleiter- oder Blutabflussstauungen der unteren Extremitäten.

- **Schmerzen**

- **Schmerzen**

▶ Merke

▶ **Merke.** Wehenartige Schmerzen oder Dysmenorrhö können auftreten, wenn der Uterus mit Kontraktionen auf den «Fremdkörper» reagiert.

Bei Stieldrehung des Myoms kann sich ein **akutes Abdomen** entwickeln.

Akute peritoneale Symptome bis zum Vollbild des **akuten Abdomens** sind Zeichen einer Stieldrehung subseröser Myome oder akut entstehender Nekrosen.

- **Anämie**

Verstärkte bzw. verlängerte uterine Blutungen führen oft zu einer **Anämie.**

- **Anämie**

Metorrhagien und Dauerblutung führen zu einer Eisenmangelanämie mit Verschlechterung des allgemeinen Wohlbefindens.

- **Sterilität, Infertilität**

In Zusammenhang mit Myomen treten Störungen der Fertilität (erhöhte Abortrate) bzw. Sterilität gehäuft auf.

- **Sterilität, Infertilität**

Ungünstige Lokalisation oder Größe der Myome können zu einer **erhöhten Abortrate** führen. Die gehäuft vorkommende **Sterilität** bei Myomen ist jedoch meist durch eine begleitende Tubenendometriose oder Ovulationsstörung verursacht.

Diagnostik. s. S. 251 ff.

Diagnostik. s. S. 251 ff. In der Regel genügen die Anamnese, die körperliche Untersuchung und die Vaginalsonographie um die Diagnose zu stellen.

Therapie. Ein Uterus myomatosus, der Beschwerden macht, ist behandlungsbedürftig.

Therapie. Bei Patientinnen ohne klinische Symptome ist keine Therapie notwendig. Ausnahme ist das schnell wachsende Myom, da hier ein malignes Geschehen nicht ausgeschlossen werden kann (Leiomyosarkom). Treten jedoch Beschwerden auf, muss eine Behandlung eingeleitet werden. In der Regel gibt es die Alternative zwischen operativer Therapie oder einer Hormonbehandlung.

Operative Therapie:
Bei folgenden Kriterien ist eine Operation anzuraten:
- Beschwerden in Form von schweren Blutungsstörungen, Schmerzen, Obstruktion eines Harnleiters,
- raschem Wachstum (V. a. Ovarialtumor oder Sarkom),
- Diagnoseunsicherheiten, d. h. wenn keine sichere Abgrenzung zu einem Ovarialtumor möglich ist,
- Sterilität bzw. Infertilität,
- akute Komplikationen (Stieldrehung, Kapselruptur, Myominfektion).

Bei Blutungsstörungen muss vor der Operation eine fraktionierte Kürettage vorgenommen werden, um eine Karzinomerkrankung als Ursache der Blutung auszuschließen. Immerhin tritt bei 2 % der Patientinnen gleichzeitig mit dem Uterus myomatosus ein Endometriumkarzinom auf.
Bei Patientinnen mit Kinderwunsch wird eine **uteruserhaltende Operation** angestrebt. Insbesondere dann, wenn ein solitäres Myom vorliegt. Die Myomentfernung erfolgt dann meist **laparoskopisch** (s. Abb. **B-5.40**). Dabei wird das Myom herausgeschält, anschließend zerstückelt und über den Arbeitskanal des Laparoskops entfernt. Bei der Laparotomie wird das Myom enukleiert, indem man den Tumor aus seiner Kapsel herauslöst.
Bei abgeschlossener Familienplanung bzw. bei größerem Uterus myomatosus wird in der Regel eine **Hysterektomie** vorgenommen. In Abhängigkeit von der Größe des Uterus myomatosus wird der Eingriff von vaginal oder abdominal durchgeführt.
Submuköse Myome können gelegentlich **hysteroskopisch** entfernt werden.

Operative Therapie:
Operative Therapie bei
- Beschwerden
- raschem Wachstum
- fraglicher Diagnose
- Sterilität bzw. Infertilität
- akuten Komplikationen.

Vor der Operation muss durch eine fraktionierte Kürettage ein Endometriumkarzinom ausgeschlossen werden.

Bei Kinderwunsch und solitären Myomen wird eine **uteruserhaltende Operation** mittels **Laparoskopie** (s. Abb. **B-5.40**) oder Laparotomie angestrebt.

Bei abgeschlossener Familienplanung wird abhängig von der Größe eine vaginale oder abdominale **Hysterektomie** vorgenommen.

Submuköse Myome können gelegentlich **hysteroskopisch** entfernt werden.

B-5.40 **Entfernung eines subserösen Myoms durch mikroinvasive laparoskopische Technik**

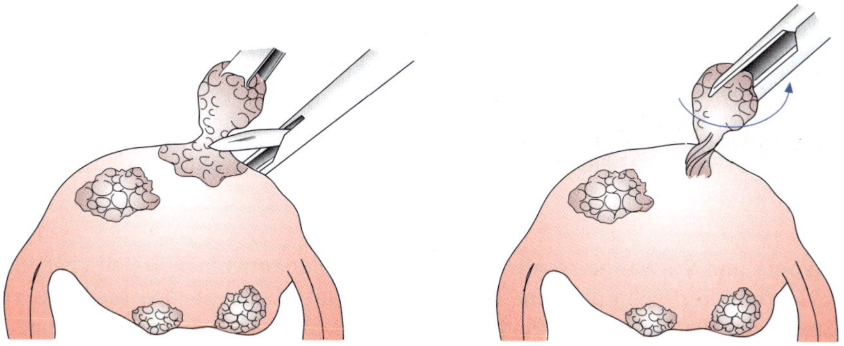

B-5.40

Hormontherapie:
Durch Antiöstrogene, Gestagene oder GnRH-Analoga kann eine Wachstumshemmung oder gar eine Schrumpfung der Myome erzielt werden. Grundlage dieser medikamentösen Behandlung ist die Unterbrechung der Östrogendominanz, wodurch eine Proliferationshemmung erreicht wird. Der Therapieeffekt ist nach Absetzen der Hormone jedoch reversibel.
Eine Hormontherapie kann auch bei größeren Myomen versucht werden, jedoch ist eine Rückbildung regressiv veränderter Myome nicht möglich.
Die funktionellen, meistens durch eine glandulär-zystische Hyperplasie des Endometriums bedingten Blutungsstörungen können durch eine zyklische Gestagengabe behandelt werden.

Hormontherapie:
Durch Gabe von Antiöstrogenen, Gestagenen oder GnRH-Analoga kann oft eine Verkleinerung des Myoms erreicht werden, wobei dieser Effekt nach Absetzen der Medikamente reversibel ist.

▶ **Merke.** Die GnRH-Agonisten werden häufig präoperativ zur Myomverkleinerung eingesetzt, so dass eine anschließende laparoskopische Myomentfernung leichter und schonender durchführbar ist.

◀ Merke

▶ Klinischer Fall

▶ **Klinischer Fall.** Eine 46-jährige Patientin, Para III, adipös, klagt seit Jahren über dysmenorrhoische Beschwerden und Blutungsstörungen (Zwischenblutung, verlängerte und verstärkte Periodenblutung). Außerdem leidet sie unter Kreuzschmerzen, Obstipationsneigung, Anämie mit herabgesetzter Leistungsfähigkeit, Palpitationen, Schwindel, Kopfschmerz und Stressinkontinenz Grad I.
Der gynäkologische Untersuchungsbefund zeigt einen mannsfaustgroßen Uterus mit derber, höckriger Oberfläche, der nach sakral und ins kleine Becken ausladend ist, sowie eine Druckdolenz im Uterusbereich. Die Sonographie stellt einen «Kartoffelsackuterus» mit multiplen, unterschiedlich großen, intramuralen, submukösen und subserösen Myomen dar und legt den V. a. zentrische Nekrosen in einzelnen Myomen nahe. Die Laborwerte ergeben: Hb 8,2 g/dl, BKS 40/65, Leukozyten 14500/μl, Quick und PTZ o. B.
Es erfolgt eine abdominale Hysterektomie. Die Histologie des 560 g schweren Uterus myomatosus (s. Abb. **B-5.41**) zeigt teilweise nekrotische bzw. regressiv veränderte Leiomyomknoten. Es besteht kein Anhalt für Malignität. Die Patientin ist beschwerdefrei.

B-5.41

B-5.41 Uterus myomatosus

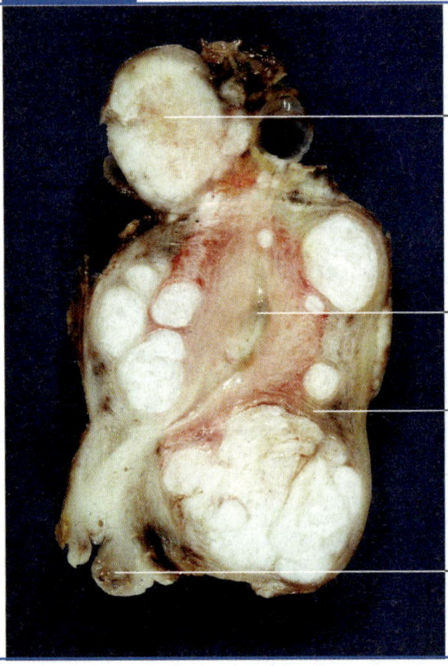

Myome und Schwangerschaft. Es werden gehäuft Ovulationsstörungen und eine Corpus-luteum-Insuffizienz beobachtet, was zu Störungen der Konzeption und Nidation führt. Fehl- und Frühgeburtsrate sind erhöht. Die Größenzunahme bei Schwangerschaft geht v. a. auf degenerative Veränderungen und Flüssigkeitsansammlung zurück.
Myome können durch Zwangshaltung des Fetus zu Fehlbildungen führen. Sie stellen nur selten ein Geburtshindernis dar. Post partum sind atonische Nachblutungen häufiger als sonst.

Myome und Schwangerschaft. Bei Frauen mit Uterusmyomen werden gehäuft Ovulationsstörungen und eine Corpus-luteum-Insuffizienz beobachtet, was zu Störungen der Konzeption und Nidation führt. Bei eingetretener Schwangerschaft sind Fehl- und Frühgeburtsrate erhöht.
Im Verlauf einer Schwangerschaft nehmen die Myome an Größe zu. Diese Vergrößerung beruht hauptsächlich auf degenerativen Veränderungen und insbesondere auf Flüssigkeitsansammlungen im Myomgewebe. Lediglich ein Drittel der Größenzunahme geht auf eine Zunahme der Muskelmasse zurück. In der Schwangerschaft auftretende **Schmerzen** können durch tumorbedingte Dehnung des Perimetriums oder Stieldrehung subseröser Myome verursacht sein. Ischämiebedingte Nekrosen rufen Symptome einer **akuten Entzündung** hervor, die bis zum Bild eines akuten Abdomens führen können. Da sich die meisten Myome mit fortschreitender Schwangerschaft aus dem Becken heraus entwickeln, bilden sie nur selten ein Geburtshindernis. Submuköse Myome können zu einer Zwangshaltung mit schweren Fehlbildungen des Fetus führen. Post partum sind atonische Nachblutungen und Plazentalösungsstörungen häufiger als sonst.

Im Wochenbett gehen die Myome auf ihre Ausgangsgröße zurück.

Im Wochenbett gehen die Myome auf ihre Ausgangsgröße zurück, gelegentlich mit Verkalkungen.

Endometriumpolypen (Korpuspolypen)

Definition. Der Korpuspolyp ist eine meist von der Basalis ausgehende Hyperplasie der Schleimhaut, die in das Cavum uteri hineinragt. Polypen der Funktionalis reagieren mit dem Zyklus. Sie kommen wesentlich seltener vor.

Epidemiologie. Polypen können in jedem Lebensalter auftreten. Der Altersgipfel liegt zwischen dem 30. und 60. Lebensjahr.

Pathogenese. Polypen treten einzeln oder multipel auf. Endometriumpolypen treten häufig innerhalb eines Uterus myomatosus auf. Ihre Größe variiert von wenigen Millimetern bis hin zu Polypen, die das Cavum uteri ausfüllen und durch die Zervix in die Vagina hineinreichen (Status nascendi). In der Regel sind sie durch einen Stiel mit ihrem Ursprungsort verbunden, manche sitzen auch breitbasig auf (Abb. **B-5.42a** und **b**).

Diagnostik. Nicht symptomatische Polypen werden gelegentlich als Zufallsbefund bei einer Sonographie entdeckt. Zur Abklärung der Blutungsstörungen wird eine fraktionierte Kürettage durchgeführt. Mit ihr kann ein Endometriumkarzinom als mögliche Blutungsursache abgeklärt und gleichzeitig ein evtl. diagnostizierter Polyp abgetragen werden.

Therapie. Polypen werden immer abgetragen, entweder durch eine Korpuskürettage (s. S. 253) oder über eine operative Hysteroskopie.
Die Häufigkeit eines Adenokarzinoms innerhalb eines Polypen liegt bei maximal 3 %, wobei unklar bleibt, ob in diesem Fall eine maligne Entartung vorliegt oder zwei Krankheitsbilder simultan vorkommen.

B-5.42 Endometriumpolypen

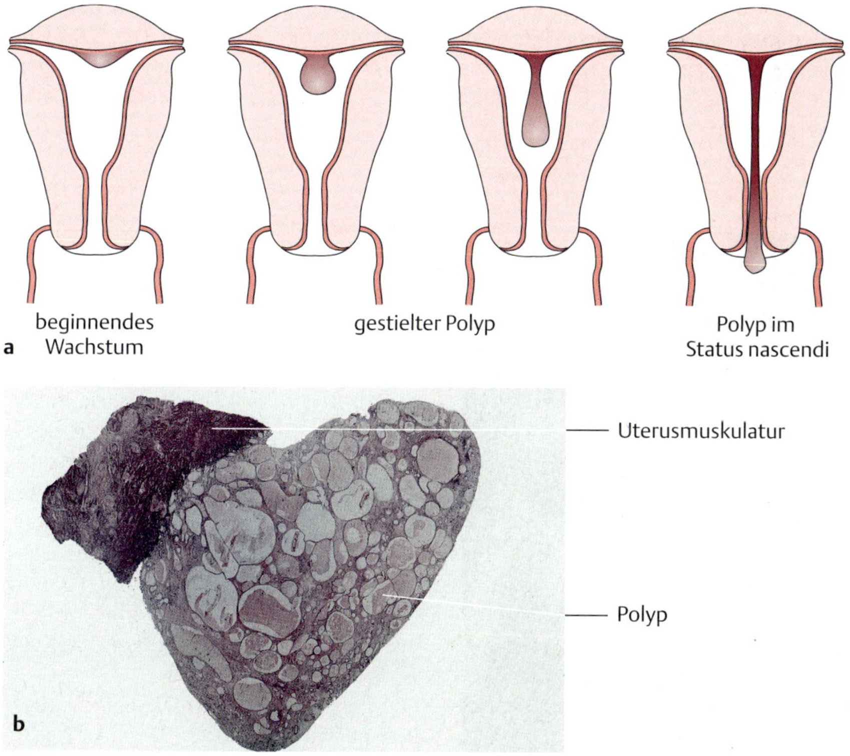

a Wachstum eines Endometriumpolypen am Fundus uteri.
b Breitbasig auf der Muskulatur aufsitzender drüsiger Polyp.

Endometriumpolypen (Korpuspolypen)

Definition

Epidemiologie. Polypen treten am häufigsten zwischen dem 30. und 60. Lebensjahr auf.

Pathogenese. Polypen treten in vielen Varianten auf. Typisch sind die gestielten Polypen (Abb. **B-5.42a** und **b**).

Diagnostik. Gelegentlich Zufallsbefund bei der Sonographie. Auch bei der zur Abklärung der Blutung durchgeführten fraktionierten Kürettage werden Polypen diagnostiziert.

Therapie. Polypen werden immer abgetragen. Die Häufigkeit von Adenokarzinomen innerhalb eines Polypen liegt bei max. 3 %.

B-5.42

5.3.3 Atypische Veränderungen und maligne Tumoren des Corpus uteri

Allgemeines

Synonym: Korpuskarzinom.

Epidemiologie. In den westlichen Industrieländern tritt im Gegensatz zu den Entwicklungsländern das Korpuskarzinom häufiger auf als das Zervixkarzinom.
Die Inzidenz liegt zwischen 20 und 30 Neuerkrankungen/Jahr.

Das mittlere Erkrankungsalter liegt zwischen dem 55. und 65. Lebensjahr. Nur 5 % sind jünger als 40 Jahre.

Ätiopathogenese. Die Endometriumproliferation wird durch Östrogene stimuliert, wobei insbesondere bereits maligne transformierte Zellen stark auf diesen Stimulus ansprechen.

Das hormonabhängige Karzinom ist hoch differenziert und enthält viele Östrogen- und Progesteronrezeptoren. Vorstufe ist die atypische adenomatöse Hyperplasie.
Das hormonunabhängige Karzinom ist wenig differenziert und enthält nur wenige Hormonrezeptoren. Seine Prognose ist schlecht.

B-5.43

5.3.3 Atypische Veränderungen und maligne Tumoren des Corpus uteri

Allgemeines

Synonym: Korpuskarzinom.

Epidemiologie. Das Endometriumkarzinom wird in den letzten Jahrzehnten häufiger beobachtet. Es liegt in den westlichen Industrieländern an dritter Stelle bei den Karzinomen der Frau, und zwar nach dem Mammakarzinom, aber noch vor dem Zervixkarzinom. Die geschätzte Inzidenz, d. h. die Zahl der jährlich auftretenden Neuerkrankungen pro 100 000 Frauen liegt zwischen 20 und 30. In Deutschland treten jährlich 9600 Neuerkrankungen auf. Die Mortalität ist in westlichen Industrieländern seit 1970 rückläufig. Man zählt etwa 1300 an Endometriumkarzinomen verstorbene Frauen jährlich in Deutschland. In den Entwicklungsländern und auch in asiatischen Ländern wird das Endometriumkarzinom seltener beobachtet. Die Ursache hierfür ist letztlich unklar.

Das mittlere Erkrankungsalter liegt zwischen dem 60. und 70. Lebensjahr. Ein Drittel der betroffenen Patientinnen befindet sich im Klimakterium, ⅔ sind in der Postmenopause, nur 5 % sind jünger als 40 Jahre.

Ätiopathogenese. Das Endometriumkarzinom entwickelt sich aus der Schleimhaut des Corpus uteri, wobei die Proliferation des Endometriums durch Östrogene stimuliert wird, die ihre Wirkung über Östrogenrezeptoren des Drüsenepithels entfalten. Nach heutigem Kenntnisstand ist eine andauernde Stimulation des Endometriums nicht unbedingt die Ursache maligner Entartung, regt jedoch die Proliferation maligne transformierter Zellen an, insbesondere bei Fehlen von Gestagenen.
Man unterscheidet ein
- hormonabhängiges und ein
- hormonunabhängiges Endometriumkarzinom.

Das hormonabhängige Karzinom enthält viele Östrogen- und Progesteronrezeptoren und ist hoch differenziert. Die Vorstufe dieses Karzinoms ist die atypische adenomatöse Hyperplasie. Das hormonunabhängige Karzinom (ca. 20 %) hat wenig oder keine Hormonrezeptoren. Aufgrund seiner Entdifferenzierung ist die Prognose schlecht. Es tritt gehäuft bei Frauen ohne entsprechende Risikofaktoren auf.

B-5.43 Adenomatöse Hyperplasie des Endometriums

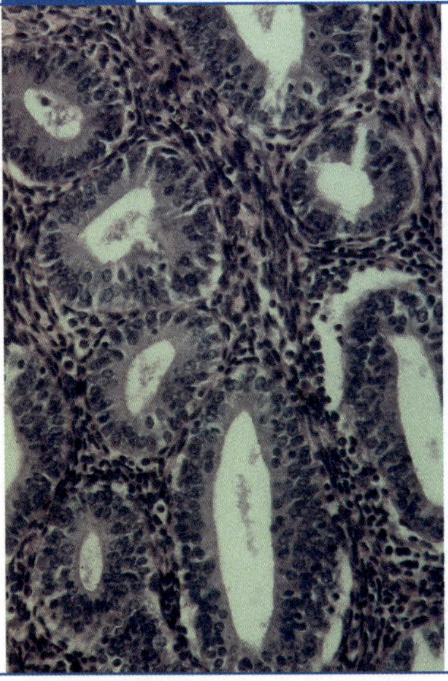

Atypisch proliferierende Drüsen (Mitosen, Mehrreihigkeit).

Die **atypische adenomatöse Hyperplasie** (s. Abb. **B-5.43**) ist als Präkanzerose anzusehen, wohingegen bei einer adenomatösen Hyperplasie ohne Atypien mit einer spontanen Rückbildung zu rechnen ist. Dementsprechend werden die Hyperplasien folgendermaßen eingeteilt:
- Endometriumhyperplasie ohne Atypien und
- atypische Endometriumhyperplasie.

Man unterscheidet jeweils eine einfach und eine komplexe (adenomatöse) Form, die in die Ausprägungsgrade leicht, mittel und schwer eingeteilt werden. Der Zeitraum zwischen dem Auftreten einer atypischen adenomatösen Hyperplasie und der Entwicklung eines Endometriumkarzinoms umfasst ca. 10 Jahre.

Die **atypische adenomatöse Hyperplasie** (s. Abb. **B-5.43**) ist als Präkanzerose anzusehen. Mit zunehmendem Atypiegrad steigt die Wahrscheinlichkeit, dass sich ein Karzinom entwickelt.

Risikofaktoren. Das Endometriumkarzinom tritt in Zusammenhang mit folgenden Faktoren gehäuft auf:
- langjährige Applikation hoher Östrogendosen. Die endometriumstimulierende Wirkung der Östrogene kann durch die kombinierte Gabe von Gestagenen gebremst werden, da Gestagene proliferationshemmend wirken und dadurch die Östrogenwirkung antagonisieren. Zudem führt die Gestagengabe zu einer sekretorischen Transformation des Endometriums mit der Folge einer Abbruchblutung (hormonelle Abrasio).
- Verlängerung der Geschlechtsreife bei früher Menarche und später Menopause und häufigen Zyklusanomalien. Letztere weisen auf vermehrte anovulatorische Zyklen und eine Corpus-luteum-Insuffizienz hin.
- eingeschränkte Parität. Ca. 30 % der Patientinnen sind Nulliparae.
- hoher sozioökonomischer Status.
- Adipositas und höheres Lebensalter. Im Fettgewebe reichern sich nicht gebundene Östrogene und Östron an. Mit zunehmendem Körpergewicht steigt der Anteil des Fettgewebes und damit der dort erfolgende Umbau von Androstendion der Nebenniere zu Östron. Gleichzeitig sinkt der Plasmaspiegel des sexualhormonbindenden Globulins (SHBG), so dass eine Erhöhung des freien Östrogenspiegels resultiert, der wiederum als Stimulus für die Endometriumproliferation fungiert. Dieser Mechanismus ist von der Ovarialfunktion unabhängig und erhöht deshalb gerade postmenopausal das Risiko, an einem Endometriumkarzinom zu erkranken.
- gestörter Metabolismus wie z. B. bei Leberzirrhose mit Leberfunktionsstörungen.
- Tamoxifen-Therapie (bei Patientinnen mit Mammakarzinom). Unter der auf das Endometrium proliferativ wirkenden Antiöstrogentherapie kommt es zu einem relativen Risiko der Karzinomentstehung von 2,0–7,5.

Risikofaktoren.
- langjährige Applikation hoher Östrogendosen. Durch die Kombination mit Gestagenen kann die stimulierende Wirkung der Östrogene auf das Endometrium gebremst werden
- frühe Menarche und späte Menopause, Zyklusanomalien
- wenig oder keine Schwangerschaften
- hoher sozioökonomischer Status
- Adipositas und höheres Lebensalter
- gestörter Metabolismus (z. B. Leberzirrhose)
- Tamoxifen-Therapie.

▶ **Merke.** Die Trias Hypertonus, Diabetes mellitus und Adipositas ist eine häufige Begleiterkrankung bei Patientinnen mit Korpuskarzinom (dieses Bild wurde früher als Korpuskarzinomsyndrom bezeichnet). Dabei sind die Hypertonie und der Diabetes vermutlich nur Folgeerkrankungen des Übergewichts.

◀ **Merke**

Histologie. Die endometroiden Adenokarzinome sind mit einem Anteil von 60 % die häufigsten Endometriumkarzinome. Mischformen, die neben glandulären auch plattenepitheliale Anteile enthalten kommen in 25 % vor. Die restlichen 15 % sind spezielle, selten vorkommende Karzinomtypen. Die endometroiden (reinen) Adenokarzinome werden nach ihrem Malignitätsgrad eingestuft in gut differenzierte (G1; s. Abb. **B-5.44a**), mittelgradig differenzierte (G2) und gering differenzierte (G3) Karzinome.

Je höher differenziert die Karzinome sind, desto günstiger ist die Prognose. Zu den Karzinomen mit hohem Differenzierungsgrad und entsprechend guter Prognose gehören die sekretorischen, die muzinösen und die Flimmerepithelkarzinome.

Auch bei den Mischformen zeigen diejenigen mit einer höheren Differenzierung die bessere Prognose. Hierzu gehören die Adenoakanthome, die mit 20 % die

Histologie. Wir unterscheiden endometroide Endometriumkarzinome, Mischformen mit plattenepithelialen Anteilen sowie seltene spezielle Typen.

Gut differenzierte (G1) Karzinome (s. Abb. **B-5.44a**) haben eine bessere Prognose, z. B. das sekretorische, das muzinöse und das Flimmerepithelkarzinom. Zu den Mischformen mit besserer Prognose zählen die Adenoakanthome. Schlechtere Prog-

B-5.44 Endometriumkarzinom

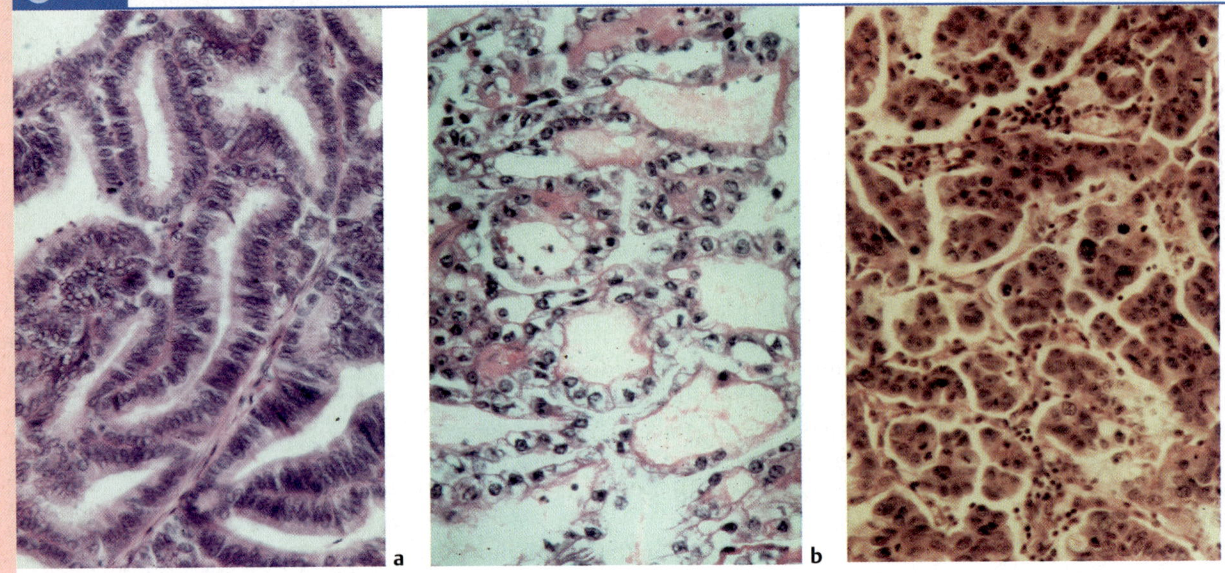

a Gut differenziertes Endometriumkarzinom. Endometroides Karzinom mit gut differenzierten Drüsen und mäßiger Polymorphie der Kerne.
b Klarzellkarzinom des Endometriums. Drüsige Formation von Zellen mit klarem Zytoplasma und ausgeprägter Polymorphie der Zellkerne.
c Serös-papilläres Endometriumkarzinom. Serös-papillare Proliferation mit deutlicher Polymorphie der Kerne und zahlreichen Mitosen (G3).

nosen haben das Klarzellkarzinom (s. Abb. **B-5.44b**), das gering differenzierte und serös-papillare Karzinom (s. Abb. **B-5.44c**).

zweitstärkste Gruppe bilden. Bei diesen Karzinomen ist die Plattenepithelkomponente gutartig. Zu den Formen mit deutlich schlechterer Prognose zählen das Klarzellkarzinom (6 %; s. Abb. **B-5.44b**) und das in letzter Zeit häufiger beobachtete gering differenzierte serös-papillare Karzinom (5–10 %; s. Abb. **B-5.44c**).

Atypische adenomatöse Endometriumhyperplasie

Die atypische adenomatöse Hyperplasie ist eine Vorstufe des Endometriumkarzinoms und wird meist zufällig im Rahmen der Diagnostik von Blutungsstörungen entdeckt.

Atypische adenomatöse Endometriumhyperplasie

Die atypische adenomatöse Hyperplasie ist eine bedingte Vorstufe des Endometriumkarzinoms mit dem relativen Risiko einer Progression von 29. Sie wird meist nur zufällig entdeckt. Die klinischen Symptome und die entsprechende Diagnostik ist auf S. 251 ff dargestellt, wobei die adenomatöse Hyperplasie meistens erst durch die aufgrund von Blutungsstörungen vorgenommene Kürettage entdeckt wird.

Frauen mit Kinderwunsch können durch Gestagentherapie behandelt werden. Kontrollkürettagen sind unbedingt notwendig. In allen anderen Fällen wird eine Hysterektomie durchgeführt.

In wenigen Ausnahmen kann es bei einer atypischen Hyperplasie therapeutisch gerechtfertigt sein, nach einer Gestagenbehandlung von etwa 3 Monaten noch einmal eine Kontrollkürettage durchzuführen, insbesondere bei Frauen mit Kinderwunsch. In den übrigen Fällen sollte eine Hysterektomie durchgeführt werden. Bei postmenopausalen Patientinnen wird zusätzlich die Adnektomie empfohlen.

Endometriumkarzinom

Wachstum und Ausbreitung. Meist gehen die Karzinome vom Fundus uteri aus. Sie wachsen exophytär (s. Abb. **B-5.45a**) oder endophytär (s. Abb. **B-5.45b**).

Bei der kontinuierlichen Ausdehnung erfolgt in 10 % ein Befall der Zervix.In weiteren 10 % kommt es zur kontinuierlichen Überschreitung der Uterusgrenzen.

Endometriumkarzinom

Wachstum und Ausbreitung. Das Karzinom geht meist vom Fundus uteri aus. Bei der exophytären Wachstumsform entwickelt sich der Tumor Richtung Uteruslumen (s. Abb. **B-5.45a**). Bei der endophytären Form wächst der Tumor in die Uterusmuskulatur hinein (s. Abb. **B-5.45b**).

In etwa 10 % kommt es zu einer kontinuierlichen Ausdehnung des Karzinoms auf die Zervix, in weiteren 10 % zu einer kontinuierlichen Überschreitung der Uterusgrenzen. Bei Befall der Zervix ist eine weitere Ausdehnung in das angrenzende Parametrium und in die pelvinen Lymphknoten möglich. Bei Befall der Vagina liegen die Metastasen hauptsächlich im oberen Drittel der vorderen Vaginalwand.

B-5.45 Wachstumsformen des Endometriumkarzinoms

B-5.45

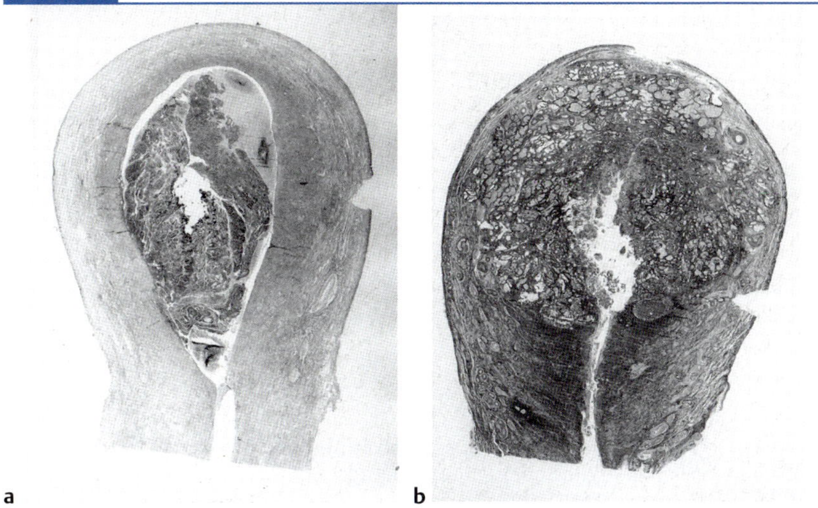

a b

a Exophytär wachsendes Endometriumkarzinom. Von der Seite ins Cavum uteri wachsendes, auf die Schleimhaut beschränktes Karzinom (Stadium IA).
b Endophytär wachsendes Endometriumkarzinom. Die Infiltrationstiefe umfasst über die Hälfte des Myometriums (Stadium IC).

Eine diskontinuierliche Tumorverschleppung kann intrakanalikulär über die Tuben oder über den Zervikalkanal erfolgen. Über die lymphogene Ausbreitung können bis zu 20 % der pelvinen und etwa 10 % der paraaortalen Lymphknoten befallen sein. Ovarialmetastasen treten in 10 % der Fälle auf. Mit einem hämatogenen Befall von Lunge, Leber oder Knochen wird in der Größenordnung von etwa 5 % gerechnet. Das serös-papilläre Karzinom des Endometriums weist eine besondere bösartige Wachstumsform auf: In über 40 % der Fälle liegt eine fortgeschrittene myometrane Infiltration mit entsprechend hohem Metastasierungsrisiko vor. Aber auch bei geringer Infiltrationstiefe kann schon ein ausgedehnter Befall der retroperitonealen Lymphknoten des Netzes und des Peritoneums gefunden werden. In einem Viertel der Fälle sind die Ovarien metastatisch befallen.
Auch das klarzellige Karzinom weist frühzeitig eine tiefe myometrane Infiltration auf mit entsprechend hoher Metastasierungsrate.
Im Gegensatz dazu bleibt das muzinöse Karzinom lange Zeit lokal begrenzt mit entsprechend guter Prognose.

Die diskontinuierliche Tumorausbreitung erfolgt intrakanalikulär entweder über die Tuben oder den Zervikalkanal. Lymphknotenmetastasen findet man in erster Linie in den pelvinen und paraaortalen Lymphknoten. In 10 % treten Ovarialmetastasen auf. Hämatogene Metastasen treten in einer Größenordnung von 5 % auf.

Stadieneinteilung. Die Stadieneinteilung nach den Empfehlungen der FIGO bzw. die TNM-Klassifikation sind in Tab. **B-5.6** dargestellt. Die zu erwartende Prognose und die empfohlene Therapie richtet sich nach dem klinischen und dem histologischen Stadienmuster.

Stadieneinteilung. S. Tab. **B-5.6**.

Diagnostik. s. S. 251 ff.

Diagnostik.

Therapie. Bei der Behandlung des Korpuskarzinoms stehen zwei Therapiekonzepte im Vordergrund:

- operative Behandlung und evtl. Nachbestrahlung,
- primäre Strahlenbehandlung.

Im Unterschied zum Zervixkarzinom, bei dem operative Behandlung und Strahlentherapie etwa gleichwertige Ergebnisse liefern, ist beim Korpuskarzinom die Operation der Strahlenbehandlung vorzuziehen, da sie bessere Ergebnisse erzielt.

Therapie. Prinzipiell gibt es zwei Möglichkeiten:

- operative Behandlung und evtl. Nachbestrahlung
- primäre Strahlenbehandlung.

An erster Stelle steht die operative Therapie, da sie bessere Ergebnisse erzielt.

B-5.6 Stadieneinteilung des Endometriumkarzinoms nach FIGO- und TNM-Klassifikation

FIGO-Stadium		*TNM-Klassifikation*		*Beschreibung*
–		TX		Primärtumor kann nicht beurteilt werden
–		T0		kein Anhalt für Primärtumor
0		Tis		Carcinoma in situ
I		T1		Tumor begrenzt auf Corpus uteri
	IA		T1a	Tumor auf das Endometrium begrenzt
	IB		T1b	Tumor infiltriert die innere Hälfte des Myometriums
	IC		T1c	Tumor infiltriert die äußere Hälfte des Myometriums
II		T2		Tumor infiltriert die Zervix
	IIA		T2a	endozervikaler Drüsenbefall
	IIB		T2b	Invasion in das Stroma der Zervix
III		T3		lokale und/oder regionale Ausbreitung über den Uterus hinaus
	IIIA		T3a	Tumor befällt Serosa und/oder Adnexe (durch direkte Ausbreitung oder Metastasierung) und/oder Tumorzellen in Aszites oder Peritoneallavage
	IIIB		T3b	Befall der Vagina (durch direkte Ausbreitung oder Metastasierung)
	IIIC		N1	Metastasen in Becken- und/oder paraaortalen Lymphknoten
IV		T4		Tumor über das kleine Becken ausgedehnt oder in angrenzendes Organ eingebrochen
	IVA			Tumor infiltriert die Blasen- und/oder Darmschleimhaut
	IVB		M1	Fernmetastasen, z. B. peritoneale Metastasen – M1 (aber nicht: Metastasen in Vagina, Beckenserosa oder Adnexen, in Leistenlymphknoten und/oder anderen intraabdominalen sowie paraaortalen Lymphknoten)

Die primäre Bestrahlung wird bei Patientinnen angewandt, die aufgrund von Risikofaktoren oder inoperabler Tumorausdehnung nicht operiert werden können.

Bei Patientinnen, die aufgrund eines schlechten Allgemeinzustandes oder internistischer Risikofaktoren nicht operiert werden können, oder bei inoperabler Tumorausdehung, gibt man primär der Strahlenbehandlung den Vorzug.

Operative Therapie:
Die abdominale Hysterektomie mit beidseitiger Adnektomie ist die Operation der Wahl bei Korpuskarzinomen in Stadium I und IIa. Die Adnektomie ist u. a. wegen des simultanen Vorkommens von Adenokarzinomen von Corpus uteri und Ovar indiziert.

Bei klinischem Zervixbefall werden zusätzlich das parametrane Gewebe und eine Scheidenmanschette entfernt (Operation nach Wertheim-Meigs).

Wenn Ausdehnung und Differenzierungsgrad des Karzinoms für einen Befall der pelvinen und/oder paraaortalen Lymphknoten sprechen, müssen sie reseziert werden (s. Abb. **B-5.46**).
Bei Karzinomtypen mit aggressivem Verhalten ist zusätzlich eine Netzentfernung erforderlich.

Operative Therapie:
Bei Endometriumkarzinomen in Stadium I (75 % der Korpuskarzinome) und IIa wird eine abdominale Hysterektomie mit Entfernung beider Adnexe durchgeführt. Die beidseitige Adnektomie ist notwendig, da das Korpuskarzinom in 10 % der Fälle in die Adnexe metastasiert bzw. die Adnexe auch der primäre Sitz eines in das Cavum uteri metastasierten Adenokarzinoms sein können. Ebenso gibt es simultane Adenokarzinome von Corpus uteri und Ovar. Es handelt sich dabei meist um eine Synkarzinogenese im Rahmen der Systemkarzinome.
Wenn die Zervix klinisch befallen ist, d. h. palpatorisch oder auch apparativ nachweisbar oder bei histologischem Nachweis einer Infiltration des zervikalen Stromas (Stad. IIB), werden zusätzlich das parametrane Gewebe sowie eine Scheidenmanschette entfernt. Dieses Vorgehen entspricht der Therapie des primären Zervixkarzinoms.
Der histologische Nachweis des Befalles der Zervixschleimhaut (Stad. IIA) rechtfertigt nicht die Durchführung dieses radikalen Eingriffes.
Bei myometraner Infiltration (s. Abb. **B-5.46**) geringgradiger Differenzierung oder bei Karzinomtypen mit schlechter Prognose, ist ein Befall der pelvinen und gelegentlich auch der paraaortalen Lymphknoten zu erwarten. In diesen Fällen ist daher eine Entfernung der Lymphknoten angeraten. Falls bei der histologischen Aufarbeitung keine Metastasen gefunden werden, erspart dieses Vorgehen der Patientin eine postoperative perkutane Bestrahlung. Bei Karzinomtypen mit besonders aggressivem Verhalten (gering differenziertes seröspapillares Karzinom) ist eine zusätzliche Entfernung des Netzes angeraten.

B-5.46 **Operationspräparat eines Endometriumkarzinoms**

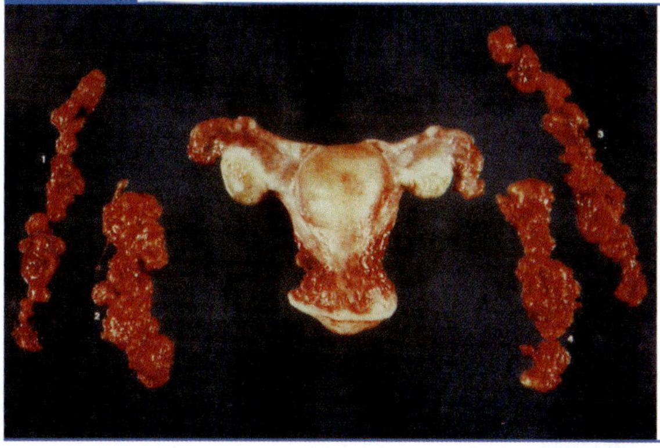

Uterus mit beiden Ovarien, Tuben und pelvinen Lymphknoten.

B-5.46

Dem radikalen operativen Vorgehen (z. B. erweiterte abdominale Hysterektomie nach Wertheim-Meigs, pelvine und paraaortale Lymphonodektomie bei Stadium IIb) sind allerdings oft durch das hohe Alter, durch Morbidität, Adipositas bzw. Begleiterkrankungen der Patientinnen Grenzen gesetzt. Oft ist nur eine einfache Hysterektomie unter Mitnahme der Adnexe möglich (eventuell auch gezielte Entnahme vergrößerter pelviner bzw. paraaortaler Lymphknoten). Im Anschluss wird bei diesen Patientinnen eine Strahlentherapie durchgeführt. Bei der **laparoskopisch assistierten vaginalen Hysterektomie** wird zunächst eine Staging-Laparoskopie vorgeschaltet. Dabei können schon Lymphknoten und Adnexen entfernt werden. Die Gebärmutter wird anschließend von der Scheide herausgenommen. Die mögliche mechanische Traumatisierung bei häufig enger Scheide (Nulliparae) birgt das Risiko der Tumorverschleppung.

Hohes Alter, Morbidität, Adipositas und Begleiterkrankungen stehen dem radikalen operativen Vorgehen oft im Wege. Eine weniger belastende Strahlentherapie wird dann angeschlossen.
Bei der **laparoskopisch assistierten vaginalen Hysterektomie** wird zunächst eine Staging-Laparoskopie vorgeschaltet.

Strahlentherapie:

- **Postoperative Bestrahlung:** Bei Vorliegen eines aggressiv wachsenden Karzinoms und bei tiefer myometraner Infiltration wird durch eine Kontakttherapie durch Afterloading (Iridium oder Cäsium) die drohende Gefahr eines Vaginalrezidivs auf etwa ein Drittel reduziert. Eine perkutane Bestrahlung des Beckens ist bei

1. histologischem Nachweis von Metastasen der Beckenlymphknoten,
2. Tumorinfiltration von mehr als 50 % und fehlender Lymphknotenentfernung (Stadium IC) oder
3. niedrig differenzierten Tumortypen und unklarem Lymphknotenstatus indiziert.

Eine perkutane Hochvoltbestrahlung des Beckens wird in einer Größenordnung von 40–60 Gy vorgenommen. Die Therapie wird mit dem Betatron oder mit dem Linearbeschleuniger durchgeführt.

- **Primäre Strahlentherapie:** Sie steht nur bei absolut inoperablen Patientinnen an erster Stelle. Sie wird als intrakavitäre Kontaktbestrahlung im Afterloading-Verfahren mit Cäsium oder Iridium-Isotopen durchgeführt (s. Abb. **B-5.47**). Dabei werden in die Gebärmutterhöhle leere Strahlenapplikatoren eingebracht, in die später durch Fernbedienung das radioaktive Material eingefahren wird. Am Tumor sollte eine Dosis von etwa 100 Gy erreicht werden. Da allerdings bei der reinen intrakavitären Kontakttherapie die Strahlendosis reziprok zum Quadrat des Abstandes von der Strahlenquelle abnimmt, erhalten einige entfernte Lymphknoten nur noch eine minimale Dosis. Deshalb wird die Kontakttherapie durch eine perkutane Hochvolttherapie ergänzt mit der zusätzlich auch eine tiefere Tumorinfiltration und Lymphknotenmetastasen an der Beckenwand erreicht werden können. Die dabei angestrebte Herddosis beträgt 50 Gy.

Strahlentherapie:

- **Postoperative Bestrahlung:** Wenn nach der durchgeführten Operation ein lymphogenes Rezidiv im Bereich der Scheide und der Lymphknoten erwartet wird (tiefe Infiltration, aggressiv wachsender Tumortyp, Operation des Präparates nicht im Gesunden), ist eine anschließende postoperative Kontaktbestrahlung der Scheide notwendig. Die perkutane Hochvolttherapie des Beckens erfolgt mit einer Dosis von 40–60 Gy.

- **Primäre Strahlentherapie:** Bei Patientinnen, die absolut inoperabel sind, wird eine primäre Strahlentherapie angeraten. Hierbei werden die lokale Kontakttherapie mit Iridium oder Cäsium und die perkutane Hochvolttherapie kombiniert (s. Abb. **B-5.47**).

B-5.47

B-5.47 **Intrakavitäre Kontaktbestrahlung**

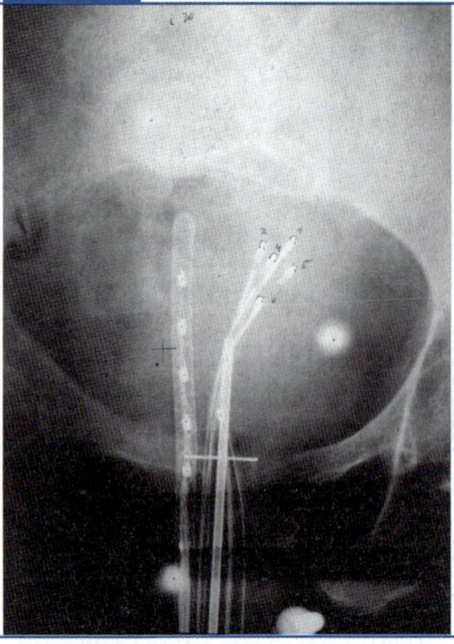

Endokorporale Applikation von sechs Afterloading-Sonden bei Endometriumkarzinom mit Rektum- und Blasensonde.

Systemische Therapie:
Die **Gestagentherapie** wird bei gut differenzierten, hormonrezeptorpositiven Karzinomen eingesetzt, wenn der Tumor nicht im Gesunden entfernt werden konnte, eine Mikrometastasierung vorliegt oder mit hoher Wahrscheinlichkeit ein Rezidiv erwartet wird.
Eine **Zytostatikatherapie** kann bei gleichen Indikationen erwogen werden, wenn kein Ansprechen auf die Hormontherapie vorliegt oder wenn die Hormonrezeptoren negativ sind.

Systemische Therapie:
Da gut differenzierte Endometriumkarzinome Progesteronrezeptoren enthalten, kann man in 30 % mit einem Ansprechen einer **Gestagentherapie** rechnen, bei rezeptorreichen Tumoren liegt das Ansprechen bei 60 %. Gestagentherapie ist indiziert, wenn ein inoperabler Tumor vorliegt oder wenn nach palliativer Operation oder Bestrahlung noch Tumor verblieben ist. Lungenmetastasen reagieren besonders günstig auf diese Therapie mit einer Remissionsrate von 60 %. Die Dosis beträgt für MPA (Medroxyprogesteronacetat) 200 mg/die oral. Weitere Hormone, die Wirksamkeit versprechen, sind Tamoxifen, GnRH-Analoga und Aromatasehemmer.
Eine **Zytostatikatherapie** kann bei gleichen Indikationen erwogen werden, wenn kein Ansprechen auf die Hormontherapie vorliegt oder wenn die Hormonrezeptoren negativ sind. Wirksame Medikamente sind z. B. Anthrazykline und Platinderivate. Ihre Remissionsraten liegen um 50 %.
Eine besondere Situation bietet das besonders aggressive serös-papilläre Karzinom des Endometriums (s. S. 265). Dieses wird ähnlich nachbehandelt wie das Ovarialkarzinom (s. S. 292 f), z. B. mit Taxanen und Platinderivaten. Ob bei den häufig älteren Patientinnen diese aggressiven Behandlungsformen eingesetzt werden, obliegt der individuellen Entscheidung.
Die Therapie des Korpuskarzinoms ist in Abbildung **B-5.48** zusammengefasst.

Therapie des Korpuskarzinoms s. Abb. **B-5.48**.

Prognose und Prognosekriterien.
Patientinnen mit einem Endometriumkarzinom in Stadium I haben eine günstige 5-Jahresüberlebensrate von 75–90 %.

Prognose und Prognosekriterien. Die Heilungserwartung ist beim Endometriumkarzinom weitgehend identisch mit der 5-Jahresüberlebensrate wobei die Art der Primärtherapie entscheidenden Einfluss auf die Prognose hat: Bei primär operativem Vorgehen sind die Heilungsaussichten etwa 10 % besser als nach primärer Strahlentherapie. Die 5-Jahresüberlebensrate ist u. a. abhängig von der Ausbreitung des Karzinoms. Sie beträgt in

Stadium I	85 %
Stadium II	70 %
Stadium III	50 %
Stadium IV	20 %.

Die insgesamt günstige Überlebenswahrscheinlichkeit von ca. 80 % kommt daher, dass 75 % der Tumoren im Stadium I diagnostiziert werden. Allerdings muss die Überlebensrate immer in Zusammenhang mit

- der Infiltrationstiefe des Tumors,
- dem histologischen Typ und
- dem Differenzierungsgrad (s. Tab. **B-5.7**)

Ungünstige Prognosen werden erwartet:
- bei tiefer Wandinfiltration
- bei schlechter Differenzierung und bestimmten histologischen Typen (s. Tab. **B-5.7**)
- bei Befall pelviner und paraaortaler Lymphknoten

B-5.48 Therapie des Endometriumkarzinoms

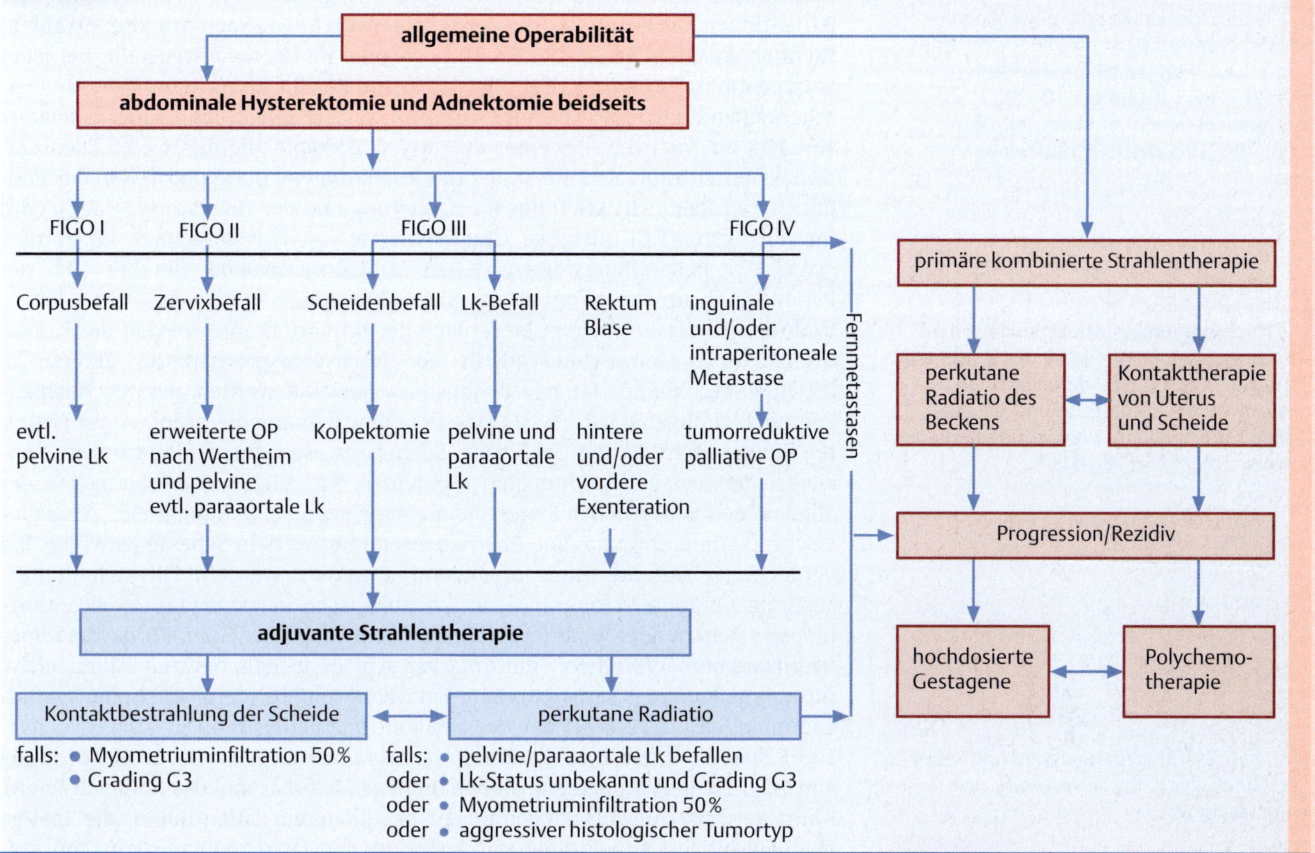

B-5.7 Prognose des Endometriumkarzinoms in Abhängigkeit von Differenzierungsgrad und histologischem Typ

histologischer Typ	*Häufigkeit*	*Differenzierung*	*5-Jahresüberlebensrate*
▶ Adenokarzinom	60 %	gut differenziert	93 %
		mäßig differenziert	76 %
		schlecht differenziert	61 %
▶ Adenoakanthom	21 %		87 %
▶ adenosquamöses Karzinom	7 %		47 %
▶ klarzelliges Karzinom	6 %		35 %
▶ papilläres Karzinom	5 %		51 %

beurteilt werden. Die 5-Jahresüberlebensrate bei Patientinnen mit einer Wandinfiltration von ⅓ und weniger liegt bei 90 %. Sie fällt auf 33 % ab, wenn über ⅔ der Wand infiltriert sind. 90 % der Frauen mit einem gut differenzierten Karzinom überleben fast 5 Jahre, bei schlechter Differenzierung sinkt diese Quote auf 50 % ab. Bei nachgewiesenem Gefäßeinbruch sinkt die 5-Jahresüberlebensrate von 85 % auf 65 %. Bei Befall pelviner Lymphknoten liegt die 5-Jahresüberlebensrate bei etwa 60–70 %, bei Befall paraaortaler Lymphknoten bei 20–30 %. Die Östrogenrezeptoren, insbesondere aber die Progesteronrezeptoren, korrelieren mit der Reife des Karzinoms. Sie bestimmen damit ebenfalls die Prognose der Patientin und beeinflussen die Therapie.

▪ bei geringer Anzahl von Progesteronrezeptoren.

Nachsorge. Die meisten Rezidive treten in den ersten 2 Jahren auf. Am häufigsten ist mit einem lokalen Rezidiv zu rechnen. Überlebensraten nach radiologischer oder operativer Therapie eines Scheidenstumpfrezidivs liegen bei 10–20 %. Strahlenreaktionen an Blase und Darm treten bei 10 % der Patientinnen auf.

Nachsorge. 70 % der Rezidive treten innerhalb der ersten 2 Jahre nach der Behandlung auf. Nach der Operation überwiegt bei mehr als der Hälfte der Patientinnen das lokale Rezidiv am Scheidenabschluss. Nach primärer Strahlentherapie wurde in etwa 10 % ein Tumorrezidiv im Uterus festgestellt. Bei jeder 5. Patientin im Stadium I oder II ist mit einem Rezidiv zu rechnen. Bei radiologischer Behandlung eines Scheidenstumpfrezidivs ist eine 5-Jahresüberlebensrate von 10 % zu erwarten; bei einer operativen Therapie, die meist eine Exenteration bedeutet (radikale Entfernung mit Resektion von Blase und Teilen des Enddarms, mit Rekonstruktion der Harnableitung und der Dickdarmpassage), wird im günstigsten Fall mit einer Überlebensrate von 20 % gerechnet. Im Vordergrund der Behandlungsfolgen stehen Strahlenreaktionen, die bei 10 % der Patientinnen am Darm und an der Blase auftreten.

Die Nachsorgeuntersuchung findet innerhalb der ersten beiden Jahre alle 3 Monate statt. Sie umfasst eine detaillierte Anamnese sowie die körperliche und gynäkologische Untersuchung. Verdächtige Befunde werden umgehend abgeklärt.

Während der ersten beiden Jahre nach der Primärtherapie werden die Patientinnen im 3-Monats-Intervall in der Nachsorgesprechstunde untersucht. Anschließend können längere Zeitabstände gewählt werden. Bei den Nachsorgeuntersuchungen wird jeweils eine detaillierte Anamnese erhoben mit gezielten Fragen nach Miktion, Stuhlgang, Schmerzen, Gewichtsveränderungen, Knochenschmerzen und pulmonalen Problemen. Anschließend erfolgt neben der allgemeinen körperlichen Untersuchung eine gründliche bimanuelle gynäkologische Examination und eine Abstrichentnahme aus dem Scheidengewölbe. Ein verdächtiger Befund muss umgehend abgeklärt werden. Ultraschalluntersuchung, Computertomographie und histologische Sicherung (Zytologie, Stanzbiopsie) sichern oder widerlegen die Verdachtsdiagnose. Einen für das Endometriumkarzinom typischen Tumormarker gibt es in den meisten Fällen nicht. Ausnahme kann das serös-papillare Karzinom sein, bei dem, wie beim Ovarialkarzinom, das CA12-5 bei der Verlaufskontrolle helfen kann.

Mit einer Zweitkarzinomerkrankung muss gerechnet werden (v. a. Mamma- und Kolonkarzinom).

Das Risiko an einem Zweitkarzinom zu erkranken liegt in der Größenordnung von 10–15 %. Im Vordergrund stehen hier das Mamma- und das Kolonkarzinom. Klimakterische Ausfallserscheinungen bei jüngeren Patientinnen, die infolge der beidseitigen Adnektomie mit konsekutivem Östrogenmangelzustand auftreten, sollten substitutiv mit Östrogenen behandelt werden. Patientinnen, bei denen durch die Operation das Karzinom im Gesunden entfernt wurde, haben hierdurch nicht mit einer Risikoerhöhung zu rechnen.

▶ **Klinischer Fall**

▶ **Klinischer Fall.** Eine 59-jährige postmenopausale Patientin in altersentsprechendem Allgemeinzustand, Nullipara, mit arterieller Hypertonie und Adipositas klagt über intermittierende schmerzlose Schmierblutungen seit 2 Monaten. Wegen „klimakterischen Beschwerden" erhält sie seit 4 Jahren wiederholt Östrogenspritzen. Die gynäkologische Untersuchung ergibt einen leicht vergrößerten, mobilen und aufgelockerten Uterus. Vagina, Zervix, Adnexe und Douglas-Raum sind palpatorisch unauffällig. Die Zervixzytologie zeigt Zellen der Gruppe PAP III (suspekte endometriale Zellverbände mit stark degenerativen Veränderungen und Blutüberlagerung). Im vaginalsonographischen Bild beträgt der Portio-Fundus-Abstand 9 cm, die Endometriumhöhe 16 mm (unregelmäßig gestaltet); die Adnexe sind unauffällig. Es wird eine fraktionierte Kürettage durchgeführt. Das Untersuchungsergebnis stellt ein Adenokarzinom des Corpus uteri (G2) ohne Beteiligung der Zervixschleimhaut fest. Röntgenthorax, Abdomensonographie, Zytoskopie, Rektoskopie und AUG sind unauffällig. Das Karzinom wird in Stadium I (FIGO) eingeteilt. Es erfolgt eine abdominale Hysterektomie mit Adnektomie beidseits und pelviner Lymphonodektomie (s. Abb. **B-5.49**). Die paraaortalen Lymphknoten werden nicht entfernt, da die pelvinen Lymphknoten makroskopisch unauffällig scheinen. Die Histologie zeigt ein hochdifferenziertes Adenokarzinom des Corpus uteri ohne Tumorausbreitung in Zervix oder Adnexe. Die Myometriuminfiltration beträgt über 50 %. Die 27 pelvinen Lymphknoten sind tumorfrei. Das postoperative Staging lautet: pT1c pN0 M0 G1 (FIGO IC). Postoperativ schließt sich eine Kontaktbestrahlung der Scheide in HDR-Afterloading-Technik mit einer Gesamtdosis von 40 Gy an. Während des Nachsorgezeitraums von 5 Jahren wird kein Hinweis auf ein Rezidiv oder auf Fernmetastasierung gefunden.

B-5.49 **Operationspräparat eines Endometriumkarzinoms im Stadium Ic**

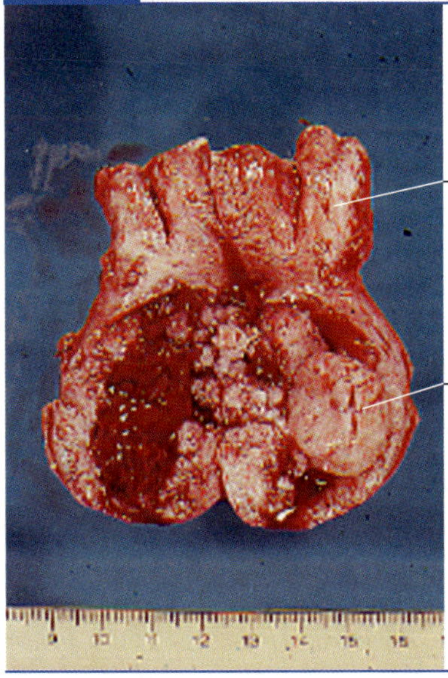

Längs aufgeschnittener Uterus. Endo- und exophytisch wachsendes Karzinom mit nahezu völliger Durchsetzung des Myometriums. Die Zervix ist nicht befallen.

B-5.49

Uterussarkom

Epidemiologie und Ätiologie. 1,5–4,5 % der malignen Uterustumoren sind in die Gruppe der Sarkome einzuordnen. Die häufigsten Formen sind die **Leiomyosarkome**, gefolgt von mesodermalen Mischtumoren. Das Erkrankungsalter liegt zwischen dem 40. und 60. Lebensjahr. Die Mehrzahl der Sarkome entwickelt sich aus präexistenten Leiomyomen. Man muss jedoch in weniger als 0,3 % mit einer sarkomatösen Transformation von Myomen rechnen. Die Leiomyosarkome stammen von der glatten Muskelzelle des Myometriums ab, die Stromasarkome von endometrialen Stromazellen.

Uterussarkom

Epidemiologie und Ätiologie. Maximal 4,5 % der malignen Uterustumoren gehören zur Gruppe der Sarkome. Das Erkrankungsalter liegt zwischen dem 40. und 60. Lebensjahr. Leiomyosarkome leiten sich von der glatten Muskelzelle ab, die Stromasarkome von den endometrialen Stromazellen.

Diagnostik. Die Frühdiagnostik von Uterussarkomen gelingt nur selten. Gelegentlich kann eine rasche Größenzunahme des Uterus auf die sarkomatöse Entartung eines Myoms hinweisen. Blutungen aufgrund großer Zerfallsneigung des Tumors können auftreten. Das Leiomyosarkom ähnelt wahrscheinlich dem Myom, ist aber graurot und weicher. Diagnostische Maßnahmen sowie klinische Stadieneinteilung entsprechen in etwa denen des Endometriumkarzinoms.
Histologisch stützt man sich auf die Zahl der Mitosen, um das Leiomyosarkom vom Myom abzugrenzen.

Diagnostik. Bei rascher Größenzunahme des Uterus muss auch an ein Sarkom gedacht werden. Blutungen können ebenfalls ein Hinweis sein. Die Diagnostik entspricht der des Endometriumkarzinoms.

Histologisch sind zahlreiche Mitosen nachweisbar.

Therapie. Die operative Behandlung besteht in der Entfernung des Uterus, beider Adnexe und eventuell der Lymphknoten. Der Nutzen einer zusätzlichen Strahlentherapie ist fraglich, da myogene Sarkome wahrscheinlich wenig strahlensensibel sind. Da die Sarkome frühzeitig in Gefäße einbrechen und hämatogen metastasieren, wird der adjuvante Einsatz einer Zytostatikatherapie diskutiert. Eindeutige Ergebnisse aus Studien liegen nicht vor. Da der Tumor sehr selten vorkommt, existieren keine vergleichbaren Ergebisse unterschiedlicher Behandlungsmethoden.

Therapie. Die operative Therapie mit Hysterektomie und Entfernung beider Adnexe und evtl. der Lymphknoten, steht an erster Stelle. Aufgrund der raschen hämatogenen Metastasierung wird der zusätzliche Nutzen einer adjuvanten Zytostatikatherapie diskutiert.

Prognose. Die Prognose dieser Karzinome ist, insbesondere im fortgeschrittenen Stadium und aufgrund der oft frühen hämatogenen Metastasierung, trotz aggressiver Chemotherapie schlecht. Wichtige Prognosefaktoren sind Tumorstadium, Tumortyp, Mitoserate und Ausmaß der Tumornekrose. Insgesamt liegt die 5-Jahresüberlebensrate, für alle Stadien- und Tumortypen zusammengefasst, höchstens bei 25–30 %. Unabhängig vom histologischen Typ versterben 80 % der Patientinnen mit Uterussarkom im Stadium III und IV innerhalb der ersten 2 Jahre.

Prognose. Die 5-Jahresüberlebensrate liegt bei 25–30 %. Wichtige Prognosefaktoren sind Tumorstadium, Tumortyp, Mitoserate und Tumornekrose.

Uterussarkome zeigen eine frühzeitige Rezidivneigung. Selbst in Stadium I ist in der Hälfte der Fälle mit einem Rezidiv zu rechnen. 90 % der Patientinnen mit einem Rezidiv sterben innerhalb der folgenden 2 Jahre, wobei am häufigsten lokoregionale Rezidive und pulmonale Metastasen gefunden werden.

5.4 Tumoren der Tuben

5.4.1 Diagnostik

Anamnese und Klinik

Die meisten Tubentumoren sind entzündlicher Genese. Es liegt eine Hydro- oder Pyosalpinx vor. Auch eine durch Endometriose verursachte Hämatosalpinx oder eine Eileiterschwangerschaft zeigen das klinische Bild eines Tubentumors.

5.4 Tumoren der Tuben

5.4.1 Diagnostik

Anamnese und Klinik

Die Beschwerden von Patientinnen, die mit dem klinischen Bild eines Tubentumors zur Abklärung kommen, gehen meist auf einen entzündlichen Prozess zurück. In der Regel liegt eine Hydrosalpinx oder Pyosalpinx vor. Auch eine durch Endometriose bedingte Hämatosalpinx oder eine Eileiterschwangerschaft können die Symptome verursachen. Häufig sind zystische Veränderungen, die aus den der Tube anliegenden mesonephrischen Tubuli (Wolff-Gängen) und paramesonephrischen Müller-Gängen hervorgehen. Echte primäre Tumoren sind äußerst selten (0,3/100 000).

▶ Merke

▶ **Merke.** Bei Frauen vor der Menopause ist immer eine Eileiterschwangerschaft in die Differenzialdiagnose einzuschließen.

Schmerzen auf der erkrankten Seite und periodisch auftretender fleischwasserfarbener Ausfluss sind typisch für einen malignen Tubentumor.

Bei bösartigen Prozessen werden die Schmerzen auf der erkrankten Seite lokalisiert. Besteht zusätzlich ein fleischwasserfarbener Ausfluss mit periodischer Entleerung größerer Mengen (Hydrops tubae profluens), muss prinzipiell an ein Tubenkarzinom gedacht werden. Bei Blutungen in der Postmenopause sollte, wenn ein Endometriumkarzinom ausgeschlossen ist, der Verdacht auf ein Tubenkarzinom geäußert werden. Grundsätzlich bestehen keine größeren Unterschiede in der Symptomatik und Diagnostik zwischen gut- und bösartigen Tumoren der Tube und des Ovars (s. S. 274 ff).

▶ Merke

▶ **Merke.** Die Trias atypische Blutung, Ausfluss und Schmerzen kann auf ein Tubenkarzinom hindeuten, insbesondere wenn die Symptome postmenopausal auftreten.

Gynäkologische Untersuchung

Der Tastbefund eines Tubenkarzinoms zeigt eine runde bis längliche, glatte und druckempfindliche Resistenz. Eine differenzialdiagnostische Abgrenzung gegenüber Entzündungen der Tube, Eileiterschwangerschaft und Ovarialtumoren muss erfolgen. In 50 % liegt ein **pathologischer** Zellabstrich vor. Die **Vaginalsonographie** ist eine Untersuchungsmethode, um auch Tubenkarzinome früher erkennen zu können.

Gynäkologische Untersuchung

Die bimanuelle gynäkologische Untersuchung wird hier einen ähnlichen Befund ergeben wie bei einem ovarialen Tumor. Man tastet eine runde bis längliche, glatte Resistenz, die druckempfindlich ist. Differenzialdiagnostisch sollte in erster Linie an entzündliche Erkrankungen der Tube oder eine Eileiterschwangerschaft gedacht werden, maligne oder benigne Ovarialtumoren sind selten.
Bei Vorliegen eines Tubenkarzinoms erwartet man bei der **zytologischen** Untersuchung in etwa 50 % der Fälle den Nachweis von pathologischen Zellen in der Endozervix oder im Endometrium.
Wie bei der Untersuchung des Ovarialtumors hofft man, durch die **Vaginalsonographie** auch Tubenkarzinome früher zu erkennen.

5.4.2 Benigne Tumoren von Tube und Mesosalpinx

Zysten

Hydatiden

Hydatiden sind häufig vorkommende, kleine gefüllte Bläschen im Bereich der Pars ampullaris. Sie sind klinisch bedeutungslos.

5.4.2 Benigne Tumoren von Tube und Mesosalpinx

Zysten

Hydatiden

Die häufigsten Zysten, die sich aus dem Müller-System (paramesonephrisch) entwickeln, sind Hydatiden (Morgagni-Hydatiden). Die Größe der gestielten Bläschen, die mit klarer seröser Flüssigkeit gefüllt sind, variiert zwischen 2–10 mm. Sie kommen hauptsächlich in der Pars ampullaris vor und haben keine klinische Bedeutung. Die Stieldrehung oder maligne Entartung dieser kleinen Zysten ist eher eine Rarität.

Parovarialzysten

Über die embryonalen Strukturen, aus denen sich Parovarialzysten entwickeln, gibt es unterschiedliche Ansichten. Von Autoren im deutschsprachigen Raum wird das mesonephrische Wolff-System als Ausgangspunkt angenommen. Im englischsprachigen Raum werden die größeren Parovarialzysten wie die Hydatiden dem Müller-System zugeordnet.

Parovarialzysten liegen immer **intraligamentär**, d. h. in der Mesosalpinx bzw. im Mesovar. Die Gefäße von Zyste und Mesosalpinx überkreuzen sich und sind pathognomonisch für die Parovarialzysten, die eine beträchtliche Größe erreichen können (s. Abb. **B-5.50**). Sie sind von einem einschichtigen, kubischen Epithel ausgekleidet. Da sie gestielt sind, können sie bei Stieldrehung das klinische Bild des akuten Abdomens verursachen (s. S. 713 ff).

Parovarialzysten

Über die embryonalen Strukturen, aus denen sich Parovarialzysten entwickeln gibt es unterschiedliche Ansichten.

Parovarialzysten liegen immer **intraligamentär** (s. Abb. **B-5.50**). Aufgrund dieser Lage zeigen sie das pathognomonische Bild der Überkreuzung.

B-5.50 Zysten von Tube und Mesosalpinx

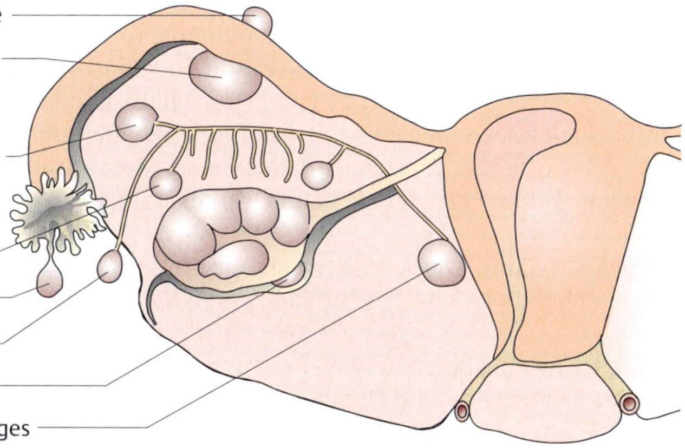

a Zysten im Bereich der Tube und der Mesosalpinx.

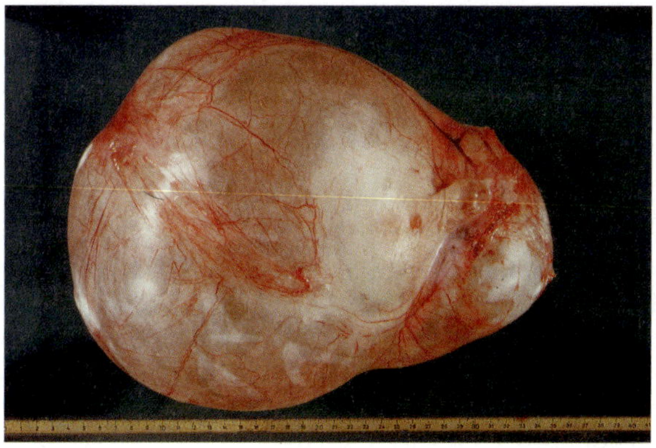

b Intraligamentäre Parovarialzyste.

B-5.50

Sonstige Tumoren

Echte Tubentumoren sind äußerst selten. Am ehesten findet man **Adenomatoidtumoren**; grauweiße, umschriebene, gelegentlich bis zu 8 cm große Knoten unterhalb der Tubenserosa. Diese aus mesothelialem Endothel gebildeten Tumoren sind fast immer gutartig, allerdings gibt es manchmal differenzialdiagnostische Schwierigkeiten gegenüber einem Adenokarzinom.

Ebenfalls selten sind die von der Endosalpinx ausgehenden Polypen und die der Myosalpinx entstammenden Leiomyome, Hämangiome und Lymphangiome.

Sonstige Tumoren

Echte gutartige Tubentumoren sind eine Rarität. Am ehesten findet man **Adenomatoidtumoren**.

5.4.3 Tubenkarzinom

Epidemiologie und Ätiologie. Das Tubenkarzinom ist das seltenste Malignom der weiblichen Organe mit einer erwarteten Inzidenz von 0,3. Das mittlere Erkrankungsalter liegt zwischen dem 50. und 60. Lebensjahr.
Etwa 10–20 % der Frauen mit einem Tubenkarzinom haben bereits eine Krebserkrankung eines gynäkologischen Organs durchgemacht.

Pathogenese. Dem infiltrierenden Korpuskarzinom geht meistens ein intraepitheliales Wachstum mit Atypien voraus. Am häufigsten das serös-papilläre Karzinom.

Wachstum und Ausbreitung. In 10–30 % tritt das Tubenkarzinom beidseitig auf. Es ist am häufigsten im Bereich der Ampulle lokalisiert. Eine frühzeitige lymphogene Metastasierung in die pelvinen und paraaortalen Lymphknoten ist bekannt.

Stadieneinteilung. Die Stadieneinteilung folgt der des Ovarialkarzinoms.

Therapie. Die Therapie entspricht der des Ovarialkarzinoms (s. S. 291 ff).

Prognose. 5-Jahresüberlebensrate ca. 30–40 %.

5.5 Ovarialtumoren

5.5.1 Klassifikation

Ovarialtumoren zeigen eine Vielfalt von unterschiedlichen Strukturen und unterschiedlichem Ausgangsgewebe. Die Klassifikation erfolgt nach
- makroskopischem Erscheinungsbild
- Malignitätsgrad
- Hormonproduktion und
- Histogenese.

Die Einteilung der WHO nimmt die Histogenese als Ausgangspunkt. Zu den wichtigsten Gruppen gehören:
1. Epitheliale Tumoren
2. Keimstrang-, Keimdrüsenstromatumoren
3. Keimzelltumoren.

5.4.3 Tubenkarzinom

Epidemiologie und Ätiologie. Obwohl in den letzten Jahren eine Zunahme der Tubenkarzinome beobachtet wird, zählt die Tube zu den weiblichen Organen, die am seltensten maligne Tumoren aufweisen. Bezogen auf 100 000 Frauen treten 0,3 Neuerkrankungen pro Jahr auf. Das mittlere Erkrankungsalter liegt etwa zwischen dem 50. und 60. Lebensjahr. 10–20 % der Frauen, die an einem Tubenkarzinom erkranken, haben in ihrer Anamnese bereits eine Krebserkrankung eines anderen gynäkologischen Organs durchgemacht. Bei über 5 % der Frauen, die an einem Ovarialkarzinom erkrankt sind, findet man Veränderungen der Tubenschleimhaut, die als Vorformen einer Krebserkrankung angesehen werden können.

Pathogenese. Es wird angenommen, dass dem infiltrierenden Karzinom ein intraepitheliales Wachstum mit Atypien vorausgeht. Hieraus können sich verschiedene Formen der Drüsenkarzinome entwickeln. Am häufigsten ist das serös-papilläre Karzinom, gefolgt vom endometroiden Karzinom. Das Klarzellkarzinom tritt seltener auf.

Wachstum und Ausbreitung. Tubenkarzinome treten bei 10–30 % der Patientinnen beidseitig auf. Das Karzinomwachstum beginnt eher im Bereich der Ampulle; deshalb kommt es häufig zu einem Verschluss der Fimbrien. Eine frühzeitige lymphogene Metastasierung mit Befall der pelvinen und paraaortalen Lymphknoten wird beschrieben. Auch hämatogene Metastasen werden beim Tubenkarzinom früher erwartet als beim Ovarialkarzinom.

Stadieneinteilung. Die verschiedenen Ausbreitungsstadien des Tubenkarzinoms werden ähnlich wie beim Ovarialkarzinom klassifiziert.

Therapie. Im Allgemeinen wird das Tubenkarzinom nach denselben Prinzipien wie das Ovarialkarzinom behandelt (s. S. 291 ff). An erster Stelle steht die radikale Operation mit Entfernung beider Adnexe, des Uterus und des Netzes. Eine anschließende zytostatische Therapie wird wie beim Ovarialkarzinom ebenfalls empfohlen.

Prognose. Die 5-Jahresüberlebensrate liegt in der Größenordnung von 30–40 %.

5.5 Ovarialtumoren

5.5.1 Klassifikation

Das Ovar ist aus **unterschiedlichen Geweben** (Keimgewebe, Epithel, Bindegewebe) aufgebaut, welche die funktionsspezifischen Abläufe ermöglichen. Aufgrund dieser Besonderheit zeigen Ovarialtumoren eine Vielfalt von unterschiedlichen Strukturen und Ausgangsgeweben. Entsprechend ihrer Vielfalt werden folgende Kriterien zur Klassifikation herangezogen:
- makroskopisches Erscheinungebild (zystisch, solide),
- Malignitätsgrad (gutartig, bösartig, fakultativ bösartig),
- Hormonproduktion (z. B. östrogenproduzierend) und
- Histogenese.

Durchgesetzt hat sich die von der Weltgesundheitsorganisation festgelegte Einteilung nach der Histogenese. Sie berücksichtigt die Abstammung des Gewebes und legt folgende Gruppen fest:
1. Epitheliale Tumoren
2. Keimstrang- und Keimdrüsenstromatumoren
3. Keimzelltumoren
4. Tumoren des nicht spezialisierten Ovarialgewebes
5. unklassifizierte Primärtumoren des Ovars und
6. metastasierte Tumoren.

B-5.8 Übersicht über die Ovarialtumoren nach Histogenese

Klassifikation	*Tumoren*	*Dignität bzw. Häufigkeit sekundärer Entartung*	*Merkmale*	*Vorkommen, Metastasierung, Besonderes*
▶ **epitheliale Tumoren** (ca. 60 % aller Ovarialtumoren)	**serös:** ▪ Ovarialkystom (60 % der serösen Tumoren)	benigne	Epithel ähnelt der Tubenschleimhaut, zystisch, flüssigkeitsgefüllt	doppelseitig in 15 %
	▪ niedrige maligne Ovarialtumoren (10 % der serösen Tumoren) (s. Abb. **B-5.51a**)	niedrig maligne	Zellatypien, keine Infiltration	Beim Nachweis epithelialer Atypien ohne invasives Wachstum spricht man von einem Borderline-Tumor; in 50 % doppelseitig
	▪ Ovarialkarzinom (30 % der serösen Tumoren) (s. Abb. **B-5.51b** und **B-5.51c**)	sehr maligne	zystisch/solide; Psammom-Körper in 60 %	in 5 % doppelseitig
	muzinös: ▪ Ovarialkystome (80 % der muzinösen Tumoren)	benigne	Epithel ähnelt der Zervixschleimhaut, schleimgefüllt	
	▪ niedrig maligne Ovarialtumoren (10–15 % der muzinösen Tumoren)	niedrig maligne		
	▪ Ovarialkarzinom (5 % der muzinösen Tumoren) (s. Abb. **B-5.51d–f**)	maligne		
	endometrioide Ovarialtumoren	häufig maligne endometroides Adenokarzinom (s. Abb. **B-5.51g** und **B-5.51h**)	Epithel ähnelt dem Endometrium	Karzinome treten ⅓ beidseits auf, sind meist auf das Becken beschränkt: in 20 % mit einem Endometriumkarzinom vergesellschaftet (Simultankarzinogenese)
	Klarzelltumoren	maligne Entartung Klarzell-Karzinom	kleinzystisch	häufig im Stadium Ia (einseitig)
	Brenner-Tumoren	meist benigne, sehr selten maligne Entartung	stammt vom Zölomepithel ab, Epithel vom Übergangstyp	kann endokrin aktiv sein (Östrogenbildung)
▶ **Keimzelltumoren** (ca. 20 % aller Ovarialtumoren)	▪ Dysgerminome	maligne	solider Tumor, stammt von Urkeimzellen ab, doppelter DNA-Gehalt der Tumorzellen	häufigster maligner Ovarialtumor im Jugendalter (50 % < 20 Jahre), sehr strahlensensibel, 20 % doppelseitig
	▪ Dottersacktumoren	sehr maligne	solide/kleinzystisch, oft gallertartiger Tumor, bildet α-Fetoprotein	v. a. im Kindes- und Jugendalter, metastasiert frühzeitig lympho- und hämatogen
	▪ Teratome (15 % aller Ovarialtumoren)	benigne („reifes Teratom") und maligne (undifferenziert)	stammt von Keimzellen oder differenzierten pluripotenten embryonalen Zellen ab	enthält Organanlagen (Zähne, Knorpel, Knochen u. a.)
	▪ embryonale Karzinome und Polyembryome	sehr maligne	Stammzelltumoren mit multipotenzieller Entwicklungsmöglichkeit	v. a. bei jungen Frauen, Prognose infaust
	▪ prim. Chorionkarzinom	sehr maligne	Wucherung extraembryonaler fetaler Zellen	frühzeitige Metastasierung in Lunge und Vagina

B-5.8 Fortsetzung der Tabelle von Seite 275

Klassifikation	*Tumoren*	*Dignität bzw. Häufigkeit sekundärer Entartung*	*Merkmale*	*Vorkommen, Metastasierung, Besonderes*
▶ **Fibrome** (5 % aller Ovarialtumoren)	▪ Fibrome	benigne	solide	meist einseitig, z. T. mit Aszites und Pleuraerguss, Meigs-Syndrom
	▪ Sarkome	maligne		
▶ **metastasierte Tumoren** (ca. 15 % aller Ovarialtumoren)	▪ Krukenberg-Tumor bei Magenkarzinom („Abtropfmetastase")	maligne	abhängig vom Primärtumor	
	▪ Metastasen bei Primärtumoren in Uterus, GI-Trakt und Mamma			
▶ **Keimstrang-, Keimdrüsen-stromatumoren** (ca. 8 % aller Ovarialtumoren)	▪ Granulosazell-tumoren	niedrig maligne	teils zystisch, teils solide	meist einseitig, Östrogenproduktion, häufig postmenopausal
	▪ Sertoli-Leydig-Zelltumoren	benigne, maligne Entartung	gelblicher, solider Tumor	in 80 % Androgenproduktion, eher junge Frauen
	▪ Androblastome	selten		
	▪ Thekom	benigne	solide	einseitig, hormonaktiv

B-5.9

B-5.9 Einteilung der epithelialen Tumoren nach dem Epitheltyp

Epitheltyp	*ähnliches Epithel aus dem Müller- oder Wolff-Gang*	*gutartige, fakultativ maligne und bösartige Tumoren*
▶ **seröses Epithel**	Epithel der Tubenmukosa (s. Abb. **B-5.51i**)	seröses Ovarialkystom seröses Ovarialkystom vom LMP-Typ seröses Ovarialkarzinom
▶ **endometroides Epithel**	Epithel des Endometriums (s. Abb. **B-5.51j**)	endometroider Tumor endometroider Tumor vom LMP-Typ endometroides Ovarialkarzinom
▶ **muzinöses Epithel**	Epithel der Endozervix (s. Abb. **B-5.51k**)	muzinöses Ovarialkystom muzinöses Ovarialkystom LMP-Typ muzinöses Ovarialkarzinom
▶ **Übergangsepithel**	Übergangsepithel der ableitenden Harnwege	Brenner-Tumor maligner Brenner-Tumor
▶ **hellzelliges Epithel**	Epithel des Endometriums in Hypersekretion	Klarzelltumor Klarzelltumor vom LMP-Typ klarzelliges Ovarialkarzinom

Häufigkeitsverteilung:
60 % epitheliale Tumoren,
20 % Keimzelltumoren und
5 % Keimstrang-Keimdrüsenstromatumoren.
15 % der Ovarialtumoren sind Metastasen eines anderen Primärtumors (z. B. Mammakarzinom, Magenkarzinom).

Da Ovarialtumoren erst spät von umliegenden Organen am Wachsen gehindert werden, sind über das kleine Becken hinausgehende „Riesengeschwülste" häufig.

Übersicht Ovarialtumoren s. Tab. **B-5.8**; Tab. **B-5.9**.

60 % aller Tumoren gehören in die Gruppe der epithelialen Tumoren, 20 % in die der Keimzelltumoren und 5 % in die der Keimstrang- Keimdrüsenstromatumoren. Etwa 15 % der gefundenen Ovarialtumoren sind Metastasen eines anderen Organs, wobei am ehesten die Genitalorgane, der Gastrointestinaltrakt und die Mamma Sitz des Primärtumors sind. Beim primären Magenkarzinom beispielsweise findet man häufig eine „Abtropfmetastase am Ovar" (Krukenberg-Tumor). Unabhängig von ihren spezifischen Merkmalen werden Ovarialtumoren durch ihr Größenwachstum symptomatisch. Große Tumoren, die die Grenze des kleinen Beckens überschreiten, findet man deshalb häufig, weil ihr Wachstum nicht durch umgebende Organe behindert wird und sie dadurch erst spät Symptome verursachen.

Eine Übersicht über die Ovarialtumoren gibt Tab. **B-5.8**; eine Einteilung der epithelialen Tumoren nach dem Epitheltyp zeigt Tab. **B-5.9**.

B-5.51 Ovarialkarzinom

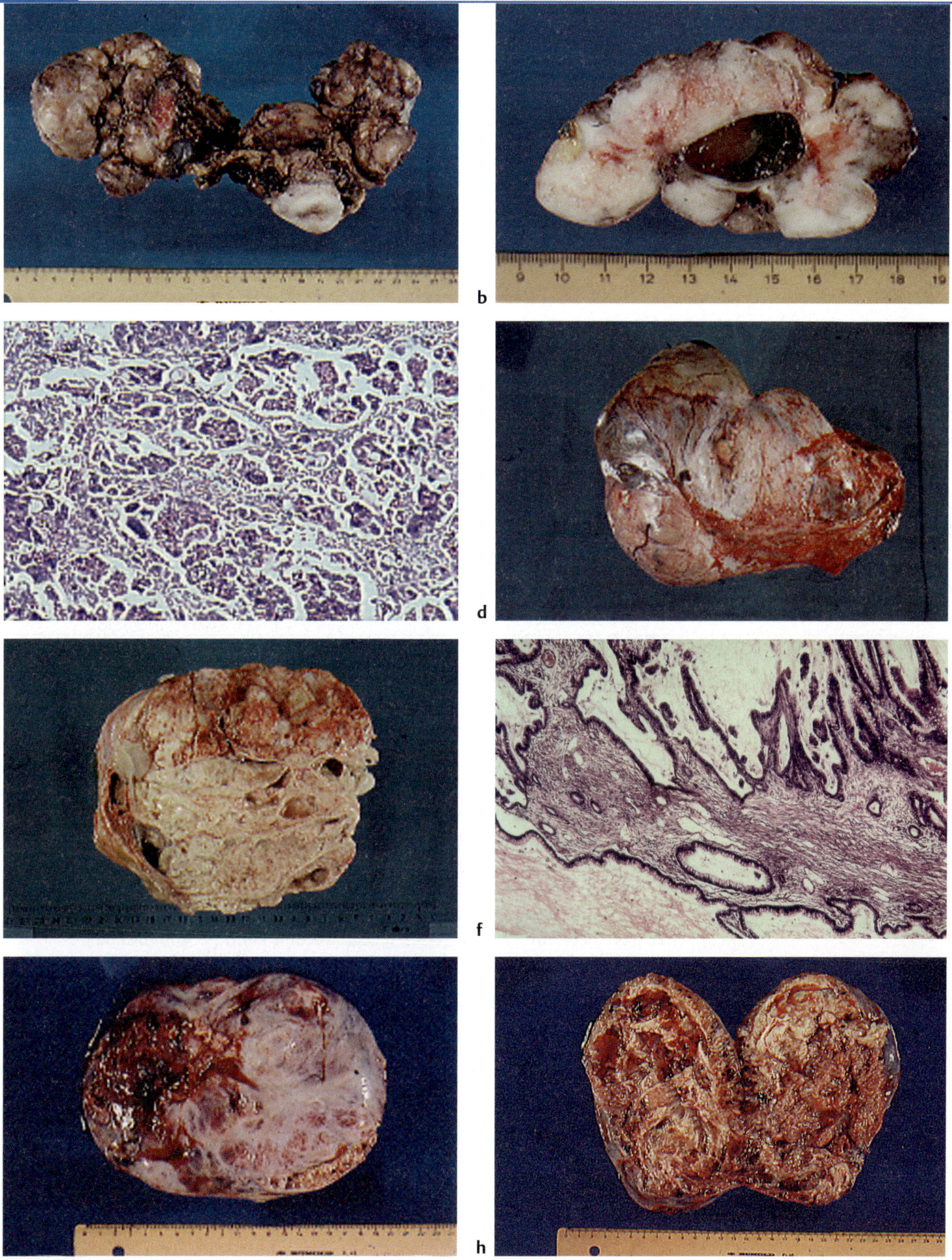

a Seröses Ovarialkarzinom. Uterus mit Tumorbefall und Ovarialkarzinom.
b Schnittfläche durch ein seröses Ovarialkarzinom.
c Seröses Ovarialkarzinom. Papillärer Tumor mit ausgeprägten Atypien und infiltrierendem Wachstum.
d Muzinöses Ovarialkarzinom. Höckriger Tumor mit teilweise gelblich durchschimmerndem Inhalt.
e Muzinöses Ovarialkarzinom. Schnittfläche mit teils markigem, teils zystischem Bild.
f Gut differenziertes muzinöses Ovarialkarzinom (Schleimbildung).
g Endometroides Ovarialkarzinom. Teilweise rupturiert, Kapsel gelblich-rötlich durchschimmernd.
h Endometroides Ovarialkarzinom. Schnittfläche teilweise kleinzystisch bis markig mit nekrotischen und hämorrhagischen Bezirken.

B-5.51 Ovarialkarzinom (Fortsetzung von Seite 277)

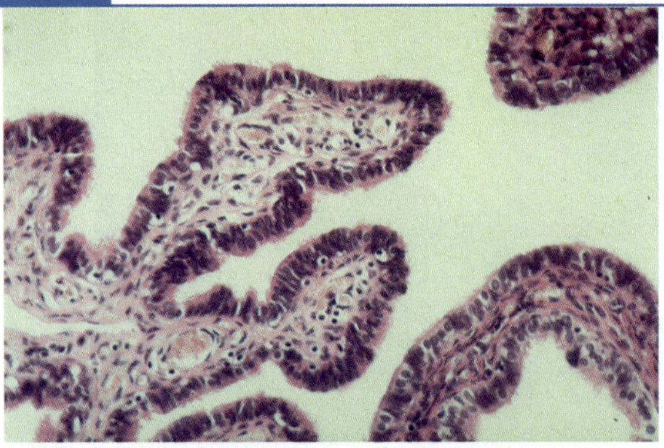

i

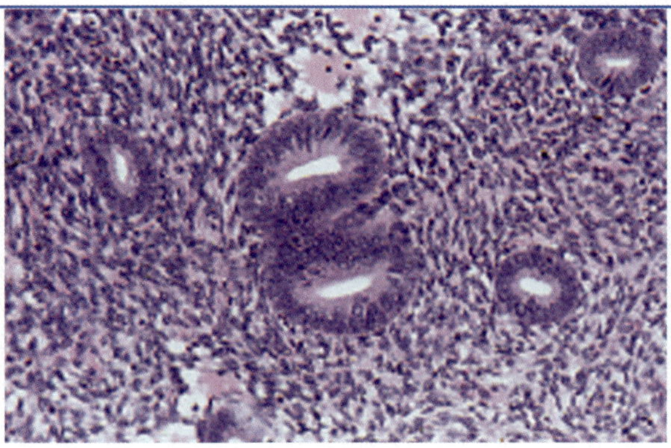

j

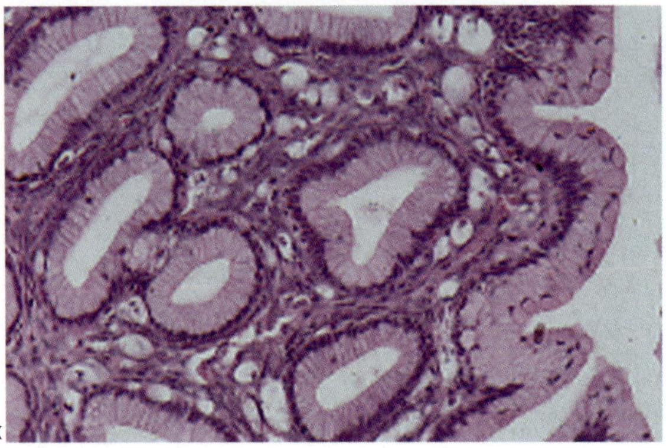

k

i Seröses Epithel der Tubenmukosa.
j Endometroide Drüsen des proliferierenden Endometriums.
k Muzinöses Epithel der Zervixmukosa.

5.5.2 Diagnostik

Jeder Ovarialtumor muss bis zum Beweis des Gegenteils als potenziell maligne betrachtet werden.

5.5.2 Diagnostik

Eine Unterscheidung zwischen benignen und malignen Tumoren ist oft klinisch nicht möglich. Sind funktionelle Zysten ausgeschlossen, muss jeder Ovarialtumor als potenziell maligne betrachtet werden. Ein operativer Eingriff ist zur weiteren Klärung notwendig.

▶ Merke

▶ **Merke.** Bei jedem nachgewiesenen Ovarialtumor muss laparoskopiert oder laparotomiert werden, da die Dignität des Tumors nur durch den operativen Aspekt bzw. die Histologie festgelegt werden kann (s. Abb. **B-5.52**).

Anamnese und Klinik

Charakteristische klinische Symptome, die auf einen Ovarialtumor hinweisen sind selten, da die Ovarialtumoren im kleinen Becken frei beweglich sind und die Nachbarorgane lange Zeit nicht beeinträchtigen.
Eine Zunahme des Bauchumfangs ist häufig das erste Symptom, das die Patientin zum Arzt führt. Zum Zeitpunkt der Diagnosestellung haben die Tumoren häufig schon einen Durchmesser von über 10 cm.

In 25 % der Fälle treten bei Ovarialkarzinomen vaginale Blutungen durch Metastasen in der Uterusschleimhaut und/oder die Wirkung vermehrt gebildeter Östrogene auf.

Anamnese und Klinik

Charakteristische klinische Symptome, die auf einen Ovarialtumor hinweisen sind selten. Insbesondere die frühen Stadien der Erkrankung verlaufen unauffällig, da die Ovarialtumoren lange Zeit im kleinen Becken frei beweglich sind und die Nachbarorgane Blase und Darm gut ausweichen können. Die meisten Patientinnen suchen den Arzt erst auf, wenn sie eine Zunahme des Bauchumfanges bemerken („der Rock passt nicht mehr“). Zu diesem Zeitpunkt haben die Tumoren häufig schon einen Durchmesser von über 10 cm. Dies sind Größenordnungen, die von anderen gynäkologischen Tumoren kaum erreicht werden, weil hier schon weitaus früher tumorbedingte Warnzeichen auftreten. Manche Frauen klagen auch über ein uncharakteristisches Druckgefühl im Bauch oder leichte Bauchschmerzen, die sie zum Arzt führen.
In ca. 25 % der Fälle treten bei Ovarialkarzinomen vaginale Blutungen auf. Diese können durch Metastasen oder simultane Karzinome im Bereich der Uterusschleimhaut bedingt sein. Da jedoch im Stroma der Ovarialkarzinome gelegentlich vermehrt Östrogene gebildet werden, kann auch eine dadurch verursachte **Endometriumhyperplasie** Ursache der Blutung sein.

B-5.52 Diagnostisches Vorgehen bei Ovarialtumoren

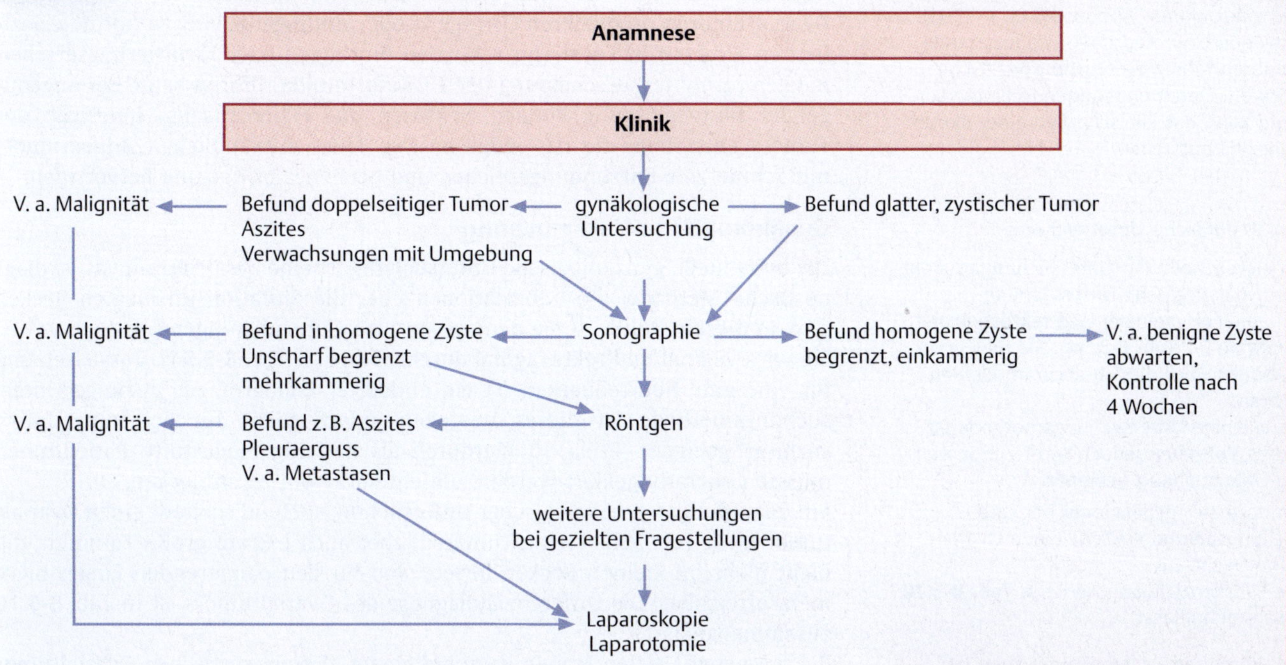

B-5.53 Patientin mit Peritonealkarzinose, Tumorkachexie, aufgetriebenes Abdomen (Facies ovarica)

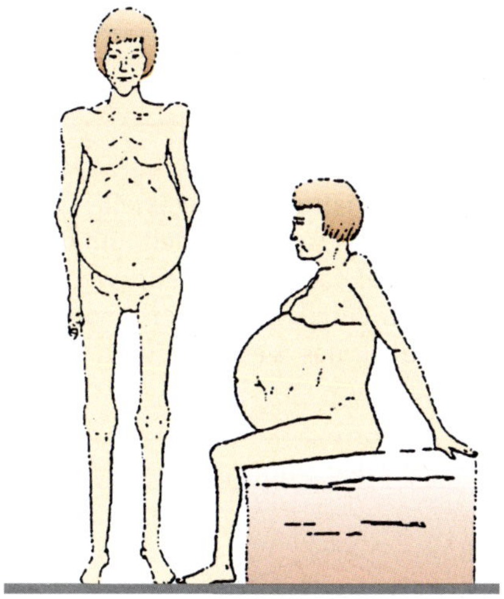

Durch verdrängendes oder infiltratives Größenwachstum kommt es erst sehr spät zur Behinderung der umliegenden Organe mit folgenden Beschwerden:

- Miktionsstörungen (Polyurie, Stress-Urge-Inkontinenz, erschwerte Miktion),
- Defäkationsschmerzen,
- Harnleiterstauungen (Hydronephrose, sekundäre Pyelonephritis),
- Uterusverdrängung (Zug an den Ligamenta rotunda),
- Gastrointestinale Beschwerden (Völlegefühl, Übelkeit, Obstipation)
- Schmerzen im Lumbalbereich.

In mehr als der Hälfte der Fälle von Karzinomen liegt bei Diagnosestellung eine Peritonealkarzinose vor, häufig in Verbindung mit einem Aszites. Sowohl Gewichtszunahme als auch Gewichtsverlust sind möglich. Eine tumorbedingte Kachexie mit typischem eingefallenem Gesicht (Facies ovarica) und dem durch Tumor und Aszites aufgetriebenen Leib sind Zeichen eines fortgeschrittenen Ovarialkarzinoms (s. Abb. **B-5.53**).

B-5.53

Durch Größenzunahme kommt es zu

- Miktionsstörungen,
- Defäkationsschmerzen,
- Harnleiterstauungen,
- Uterusverdrängung und
- gastrointestinalen Beschwerden
- Kreuzschmerzen.

In ca. 50 % liegt bei Diagnosestellung eines Ovarialkarzinoms eine Peritonealkarzinose mit dem Bild einer Tumorkachexie vor (s. Abb. **B-5.53**).

Bei Drehung eines Ovarialtumors um den Gefäßstiel oder Ruptur entsteht häufig das Bild eines akuten Abdomens (s. S. 719 f). Östrogen bzw. Androgen produzierende Tumoren führen zu hormonspezifischen Effekten. Durch ungenügende Blutversorgung kann das klinische Bild einer akuten Adnexitis entstehen.

Bei Drehung eines Ovarialtumors um den Gefäßstiel oder Ruptur eines Tumors kann das klinische Bild eines akuten Abdomens auftreten (s. S. 719 f). Einige Ovarialtumoren produzieren Östrogene oder Androgene, was zu hormonspezifischen Effekten in Form von vaginalen Blutungen oder Virilisierungserscheinungen (erhöhte Ausscheidung der 17-Ketosteroide) führen kann. Bei ungenügender Blutversorgung können Nekrosen und Hämorrhagien innerhalb des Tumors entstehen, die das klinische Bild eines entzündlichen Adnextumors mit Schmerzen, Entzündungszeichen und peritonealer Reizung hervorrufen.

Gynäkologische Untersuchung

An erster Stelle der Untersuchungen steht die gynäkologische Untersuchung mit bimanueller vaginaler und rektovaginaler Palpation (s. Abb. **B-5.54**). Sie gibt Informationen über die Situation im kleinen Becken.
Als alleinige Untersuchungsmethode ist dieses Vorgehen jedoch nicht zur Screening-Untersuchung geeignet.

Ein normaler gynäkologischer Untersuchungsbefund schließt einen Ovarialtumor nicht aus.
Die Differenzialdiagnose ist in Tab. **B-5.10** zusammengefasst.

Bei prämenopausalen Frauen kann bei einem glatten, zystischen Ovarialtumor auch eine funktionelle Zyste vorliegen. Bei Fehlen weiterer Malignitätskriterien kann zunächst abgewartet werden.

Gynäkologische Untersuchung

Die bimanuelle gynäkologische Untersuchung ist eine basale non-invasive diagnostische Methode, die Informationen über die Situation im kleinen Becken gibt. In diesem Punkt ist sie den apparativen Untersuchungen überlegen.
Sie wird vaginal und rektovaginal durchgeführt (s. Abb. **B-5.54**). Voraussetzung für eine gute Beurteilbarkeit ist ein entleerter Enddarm. Als alleinige Untersuchungsmethode ist dieses Vorgehen jedoch nicht zur Screening-Untersuchung geeignet. Etwa 70 hierdurch als auffällig eingestufte Patientinnen müssten operativ geklärt werden, um ein Karzinom zu entdecken.
Ein unauffälliger gynäkologischer Untersuchungsbefund schließt einen Ovarialtumor nicht aus. Sehr kleine Tumoren, aber auch extrem große Tumoren, die nicht mehr im kleinen Becken liegen, sind für den palpierenden Finger nicht mehr erreichbar. Die Differenzialdiagnose des Ovarialtumors ist in Tab. **B-5.10** zusammengefasst.
Bei prämenopausalen Frauen kann bei einem glatten, zystischen Ovarialtumor bis 5 cm Durchmesser auch eine funktionelle Zyste vorliegen (s. S. 284 ff). Bei Fehlen weiterer Malignitätskriterien ist in diesen Fällen ein zunächst abwartendes Verhalten unter weiteren Kontrollen gerechtfertigt. Evtl. ist zusätzlich eine Hormontherapie angezeigt.

▶ Merke

▶ **Merke.** Jeder verdächtige Tastbefund der Ovarien muss diagnostisch abgeklärt werden.

Bei doppelseitigen Ovarialtumoren ist die Wahrscheinlichkeit eines Karzinoms 2–3-mal höher. Bei Verwachsungen mit der Umgebung steigt sie auf das 4–5fache, bei Knotenbildungen im Douglas-Raum auf das 5fache.

Wird bei der Untersuchung ein doppelseitiger Ovarialtumor festgestellt, ist die Wahrscheinlichkeit, dass es sich um einen malignen Prozess handelt, um das 2- bis 3fache erhöht. Die Wahrscheinlichkeit steigt auf das 4- bis 5fache, wenn der Ovarialtumor mit der Umgebung verwachsen ist. Bei gleichzeitigen Knotenbildungen im Douglasraum erhöht sich das Risiko auf das 5fache.

B-5.54

B-5.54 Bimanuelle gynäkologische Untersuchung

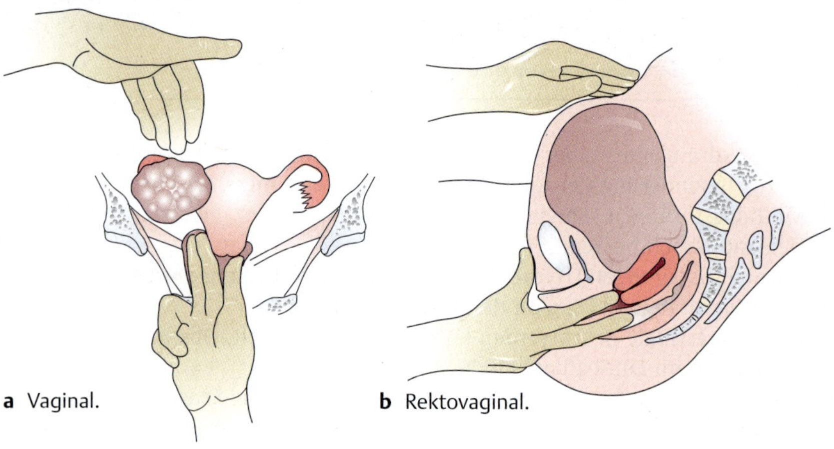

a Vaginal.
b Rektovaginal.

B-5.10 Differenzialdiagnose eines Ovarialtumors

- Retentionszysten: polyzystische Ovarien, Follikelzysten, Corpus-luteum-Zysten, Paraovarialzysten
- subseröse Myome, intraligamentäre Myome
- Schwangerschaft bei Uterusmissbildung
- alte Tubargravidität
- Luteinzysten bei Blasenmole
- entzündliche Adnextumoren
- Endometriose
- Sigmatumoren
- Beckenniere, Zystenniere
- Intestinalmetastasen im Douglas-Raum
- Lymphome
- Neurinome

B-5.10

B-5.55 Unterscheidung eines Aszites von einem Kystom durch Perkussion

B-5.55

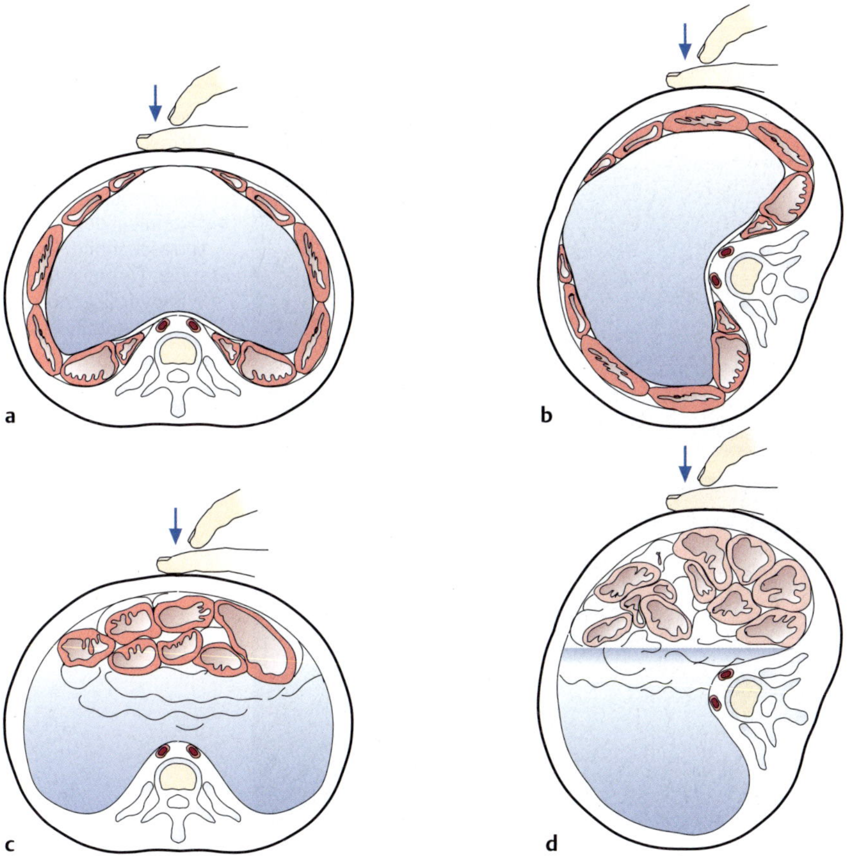

a, b Beim Kystom Wandern des Dämpfungsschalles bei seitlicher Drehung.
c, d Beim Azites gleich bleibender tympanitischer Klopfschall.

▶ **Merke.** Auch ein gutartiger Ovarialtumor ist potenziell gefährlich: Es besteht die Möglichkeit einer sekundären Entartung und das Risiko einer Stieldrehung oder Ruptur.

◀ Merke

In 30 % der Fälle wird mittels Perkussion ein Aszites festgestellt. Der Klopfschall ist tympanitisch und bleibt bei Drehung der Patientin in Seitenlage erhalten. Im Gegensatz dazu ist der Klopfschall bei einem Kystom gedämpft und wandert bei Drehung in Seitenlage entsprechend (s. Abb. **B-5.55**).

In 30 % der Fälle wird mittels Perkussion ein Aszites festgestellt. Zur Abgrenzung Aszites und Kystom s. Abb. **B-5.55**.

Ultraschalluntersuchung

Mit der häufig routinemäßig eingesetzten vaginalen Ultraschalluntersuchung können auch kleinere, symptomfreie Tumoren frühzeitig erkannt werden. Sie dient zur Klärung verdächtiger Befunde und wird eingesetzt, wenn die gynäkologische Untersuchung nur eingeschränkt beurteilbar ist.
Im Rahmen von Verlaufskontrollen hat sie große Bedeutung.

Bei der Untersuchung werden Hinweise zur Dignität eines Tumors gewonnen (s. Abb. **B-5.56** und Tab. **B-5.11**).

Ultraschalluntersuchung

Die **vaginale Ultraschalluntersuchung** wird heute meist routinemäßig zur Beurteilung der Ovarien eingesetzt. Es besteht die Chance, auch klinisch symptomfreie kleinere Tumoren zu erkennen. Allerdings werden damit auch Zysten entdeckt, die kleiner als 1 cm sind und damit noch als physiologisch eingestuft werden können. Bei unklaren und/oder palpatorisch verdächtigen Befunden an den Ovarien ist sie ein wichtiges Instument zur weiteren Klärung. Insbesondere Patientinnen, bei denen wegen Adipositas oder ausgeprägter Abwehrspannung die gynäkologische Untersuchung nur eingeschränkt beurteilbar ist, profitieren von einer vaginalen Ultraschalluntersuchung. Des Weiteren kommt ihr eine große Bedeutung im Rahmen von Verlaufskontrollen zu.
Bei der Untersuchung werden Hinweise zur Dignität eines Tumors gewonnen: Glatt begrenzte, einkammrige, homogene Zysten sprechen eher für Gutartigkeit. Inhomogene, unscharf begrenzte, zystisch-solide Tumoren deuten eher auf maligne Prozesse hin. Weitere Malignitätskriterien sind auffällig breite Septen, wandständige papillare Septen und umgebende Flüssigkeit (s. Abb. **B-5.56** und Tab. **B-5.11**).

B-5.56

B-5.56 Ovarialtumoren im Ultraschall

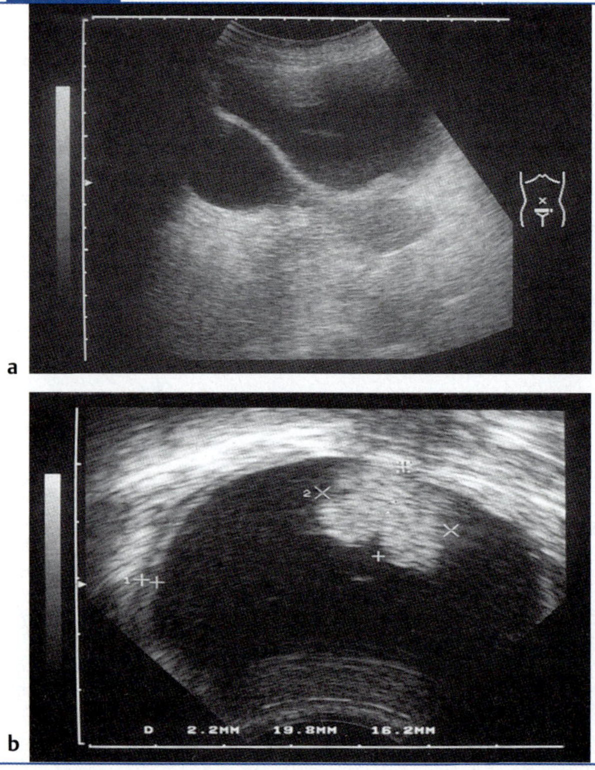

a Ovarialkystom im Ultraschallbild. Glatt begrenzter, einkammriger Tumor.
b Ovarialkarzinom im Ultraschallbild. Zystischer Tumor mit Wandverdickung und soliden Anteilen.

B-5.11

B-5.11 Sonomorphologische Kriterien für maligne Ovarialtumoren

- Außenbegrenzung (Oberfläche) unscharf, unregelmäßig konfiguriert, höckrig
- Wand dick, wechselnde Wandstärke
- komplexe inhomogene (echoleere, echoreiche und echodichte) Anteile oder solides Reflexmuster der Binnenstruktur
- Nachweis von soliden und papillären Strukturen innerhalb des Tumors
- Darstellung von Septen unterschiedlicher Dicke
- Befall beider Ovarien
- Nachweis von Aszites

▶ **Merke.** Malignitätsverdächtige Tumoren dürfen niemals punktiert werden; die Methode ist diagnostisch unsicher und es besteht die Gefahr, Tumorzellen zu streuen.

◀ Merke

Mit der **abdominalen Ultraschalluntersuchung** können weitere Befunde erhoben werden, die zur Einschätzung des Tumors und zur weiteren Prognose wichtig sind:
1. Aszites,
2. Lebermetastasen,
3. Netz- und Peritonealkarzinosen,
4. vergrößerte Lymphknoten,
5. Pleuraerguss.

Der Aszites ist ein häufiges Phänomen bei Ovarialtumoren (s. Abb. **B-5.56c**) und sollte immer punktiert sowie zytologisch untersucht werden. Die Punktion wird unter Ultraschallkontrolle durchgeführt.

Mit der abdominalen Ultraschalluntersuchung wird festgestellt ob Aszites (s. Abb. **B-5.56c**), Lebermetastasen, Netz- und Peritonealmetastasen, vergrößerte Lymphknoten oder ein Pleuraerguss vorliegen.

▶ **Merke.** Um Harnabflussstörungen rechtzeitig erkennen und behandeln zu können, sollten bei jeder Untersuchung in Zusammenhang mit einem Unterbauchtumor auch die Nieren und die Ureteren betrachtet werden.

◀ Merke

Röntgenuntersuchungen

Röntgenuntersuchungen werden zur Stadieneinteilung eines malignen Tumors und zur Planung einer operativen Therapie benötigt. Bei Ovarialtumoren sind in der Regel eine Röntgen-Thoraxaufnahme, ein intravenöses Ausscheidungsurogramm und in manchen Fällen ein Kolon-Kontrasteinlauf erforderlich.
Die **Röntgen-Thoraxaufnahme** in zwei Ebenen ist eine Standarduntersuchung zur Diagose von pulmonalen Metastasen und/oder einem Pleuraerguss.
Das **intravenöse Ausscheidungsurogramm** wird durchgeführt, um eine tumorbedingte Stauung der ableitenden Harnwege durch Kompression, eine Verlagerung der Ureteren oder vergrößerte retroperitoneale Lymphknoten auszuschließen.
Hinweise auf eine mögliche Darmwandbeteilung gibt der **Kolonkontrasteinlauf**, der möglichst in Doppelkontrasttechnik aufgenommen werden sollte. Häufig wird diese Untersuchung durch die Koloskopie ersetzt.

Röntgenuntersuchungen

Röntgenuntersuchungen sind für die Stadieneinteilung und für die Operationsplanung wichtig.

Röntgen-Thoraxaufnahme zum Ausschluss von Metastasen oder Pleuraerguss.

Ein Nierenaufstau wird mit dem **intravenösen Ausscheidungsurogramm** ausgeschlossen.

Der **Kolonkontrasteinlauf** gibt Hinweise auf eine mögliche Darmwandbeteiligung.

Andere apparative Untersuchungen

Computertomographie, Kernspintomographie und Szintigrafie sollten nur bei gezielten Fragestellungen eingesetzt werden, da sie nur selten zusätzliche Informationen gegenüber den bereits genannten Untersuchungen bieten.
Durch eine Zystoskopie und eine Rekto-Sigmoidoskopie kann ein Tumorbefall von Blase und Rektum gesehen und entsprechende Vorsorge für die Operation getroffen werden.
Bei gastrointestinaler Symptomatik ist eine Abklärung mittels Gastroskopie bzw. Magen-Darm-Passage, oder Koloskopie erforderlich.

Andere apparative Untersuchungen

CT, MRT oder eine Szintigraphie werden nur bei gezielten Fragestellungen eingesetzt.

Zystoskopie, Rekto- Sigmoidoskopie und eine Abklärung des Gastrointestinaltrakts sind bei entsprechender Symptomatik erforderlich.

5.5.3 Stieldrehung und Ruptur von Ovarialtumoren

Stieldrehung

Aus voller Gesundheit heraus kommt es zu massiven Schmerzen mit Ausbildung eines peritonealen Schocks. Ein sofortiger operativer Eingriff ist erforderlich. Nur gelegentlich gelingt es, durch Rückdrehung des Prozesses das Organ zu erhalten. Bei abgeschwächter Symptomatik und dadurch verzögertem operativen Vorgehen kann es zu penetrierenden Nekrosen und zur späteren Bildung einer Pelveoperitonitis kommen.
Die Drehung eines am Mesovar und Infundibulum hängenden Adnextumors tritt am ehesten auf, wenn der Tumor so groß ist, dass zwar eine Hebelwirkung effek-

5.5.3 Stieldrehung und Ruptur von Ovarialtumoren

Stieldrehung

Die Stieldrehung eines Ovarialtumors ist ein gynäkologischer Notfall.

Sie tritt am ehesten bei flüssigkeitsgefüllten Tumoren mittlerer Größe auf. Zunächst kommt es zur Kompression der Venen, was zu einer **Stauungshyperämie** führt. Später zur Drosselung der arteriellen Versorgung mit Ausbildung einer **hämorrhagischen Nekrose**.

tiv wird, er auf der anderen Seite aber nicht so groß ist, dass er durch umgebende Strukturen fixiert wird. Außerdem muss er mit Flüssigkeit gefüllt sein, deren Trägheit bei Beschleunigung (z. B. plötzliche Drehung des Körpers) wirksam wird. Zunächst können durch die Torsion des Tumorstiels nur die dünnwandigen Venen komprimiert werden. Dies führt zu einer **stauungsbedingten Hyperämie** mit Größenzunahme des Tumors. Bei Drosselung der arteriellen Versorgung entwickelt sich anschließend eine **hämorrhagische Nekrose**.

Ruptur eines zystischen Ovarialtumors

Die Ruptur einer funktionellen Zyste ist ein physiologisches Ereignis ohne weitere klinische Symptome.
Bei etwa 3 % der serösen Kystome kommt es zur Ruptur und peritonealen Reizerscheinungen.
Das Pseudomyxoma peritonei ist eine gefürchtete Komplikation nach Ruptur von muzinösen Kystomen.

Ruptur eines zystischen Ovarialtumors

Die Ruptur einer funktionellen Zyste ist ein physiologisches Geschehen und macht nur selten eine klinische Symptomatik (z. B. Ovulationsschmerz). Auch bei der bimanuellen Untersuchung kann eine funktionelle Zyste rupturieren, so dass sie anschließend im Ultraschallbild nicht mehr nachweisbar ist.
Bei etwa 3 % der serösen Kystome kommt es zu einer Ruptur, die **peritoneale Reizerscheinungen** verursachen kann. Dabei ist eine Absiedlung seröser Zellen möglich. Bei der spontanen, aber auch bei der iatrogen verursachten Ruptur eines muzinösen Kystoms befürchtet man die Entwicklung eines **Pseudomyxoma peritonei** (s. S. 296).

5.5.4 Funktionelle Zysten

Funktionelle Zysten werden meist zufällig bei einer Ultraschalluntersuchung entdeckt und bilden sich unter dem Einfluss endokriner Steuerungsvorgänge spontan zurück.

5.5.4 Funktionelle Zysten

Die genaue Inzidenz funktioneller Zysten ist nicht bekannt, da sie oft zufällig bei einer Ultraschalluntersuchung entdeckt werden. In der Regel sind sie nicht symptomatisch. Die meisten funktionellen Zysten bilden sich ohne Therapie nach Wochen zurück, was durch sonographische Verlaufskontrollen gut beobachtet werden kann. Sie unterliegen endokrinen Steuerungsvorgängen und können sich unter dem Einfluss von Ovarialhormonen zurückbilden. Klinische Relevanz erlangen solche Zysten, wenn sie größer als 5 cm im Durchmesser werden und/oder länger als 2 Monate nachweisbar bleiben. In diesen Fällen ist eine weitere Abklärung notwendig, v. a. wenn die Zysten postmenopausal auftreten.

Man unterscheidet
- präovulatorische Follikelzysten und
- postovulatorische Corpus-luteum-Zysten.

Entsprechend ihres Entstehungszeitpunktes innerhalb eines Zyklus entstehen
- die präovulatorischen Follikelzysten oder
- die postovulatorischen Zysten des Corpus luteum.

Follikelzysten

Follikelzysten entwickeln sich aufgrund eines gestörten hypophysär-ovariellen Regelkreises.

Der normale Graaf-Follikel erreicht eine Größe von bis zu 2 cm. Ab einem Durchmesser von 3 cm sind nicht luteinisierte Follikel als pathologisch einzustufen.

Da Follikelzysten mit einer Östrogenproduktion einhergehen entsteht am Endometrium eine Endometriumhyperplasie, die mit Dauerschmierblutungen einhergeht.

Follikelzysten

Follikelzysten entstehen entweder in der Follikelwachstumsphase oder in der atretischen Phase. Sie entwickeln sich aufgrund eines gestörten hypophysär-ovariellen Regelkreises infolge
- einer unphysiologisch hohen FSH-Sekretion oder
- als überschießende Reaktion auf eine normale FSH-Sekretion.

Der normale Graaf-Follikel kann eine Größe bis zu 2 cm erreichen. Der Übergang zum zystischen Follikel ist fließend. Ab einem Durchmesser von 3 cm sind nicht luteinisierte Follikel als pathologisch einzustufen. Sie können bis zu 10 cm groß werden und in der Schwangerschaft auch einen Durchmesser von bis zu 25 cm erreichen. Zysten, die sich in der atretischen Phase entwickeln, bleiben mit durchschnittlich 1 cm deutlich kleiner. Follikelzysten sind meist solitär, Ausnahmen gibt es beim Überstimulationssyndrom.
Die in den Follikeln enthaltenen Granulosazellen produzieren Östrogene, die eine glandulär-zystische Hyperplasie des Endometriums bewirken, was zu Dauerschmierblutungen führt. Unmittelbar nach der Menarche oder in der Menopause treten östrogenbildende Follikelzysten am häufigsten auf. Sie können bis zu 6 Jahren nach der Menopause vorkommen.

▶ **Merke.** Die unspezifischen klinischen Symptome Schmerzen im Unterbauch, Übelkeit und Durchfall führen während der Pubertät häufig zur Verdachtsdiagnose einer Appendizitis, obwohl sie auch durch die Stieldrehung einer Follikelzyste verursacht sein können.
Unter Antikoagulanzien kann es zu einer hämorrhagischen Ruptur kommen. In Einzelfällen werden Follikelzysten schon beim weiblichen Fetus beobachtet. Sie bilden sich in der Regel nach der Geburt zurück, jedoch ist auch hier die Komplikation einer Stieldrehung oder Ruptur beschrieben.

◀ **Merke**

Corpus-luteum-Zysten

Die postovulatorischen Corpus-luteum-Zysten treten meist solitär auf und sind durchschnittlich 5,5 cm groß. Am häufigsten findet man sie bei schwangeren Frauen und nach einer ovulationsauslösenden Therapie.
Die Zysten entstehen aus dem Corpus luteum durch eine übermäßige zentrale Blutung. Histologische Zeichen der Ovulation sind nachweisbar. Makroskopisch sind im Inneren der Zyste Zeichen einer älteren Blutung sichtbar. Die Innenfläche ist samtartig und gelblich gefärbt.
Gelegentlich verursacht die verlängerte Progesteronphase ein hypersekretorisches Endometrium mit geringen Blutungsstörungen.

Corpus-luteum-Zysten

Sie treten am häufigsten bei schwangeren Frauen und nach einer ovulationsauslösenden Therapie auf.

Die Zysten entstehen aus dem Corpus luteum durch eine übermäßige zentrale Blutung.

Syndrom der polyzystischen Ovarien (PCO)

Beidseits vergrößerte polyzystische Ovarien sind möglicherweise eine Sonderform der Follikelzysten. Sie treten in Verbindung mit einer Ovulationsstörung (Anovulation) und Amenorrhö auf, was zur Sterilität führt.
Ätiologie und Krankheitsbild sind auf S. 117 ff beschrieben.

Syndrom der polyzystischen Ovarien (PCO)

s. S. 117 ff.

Thekaluteinzysten

Diese Zysten treten als Folge einer verlängerten oder verstärkten β-HCG-Wirkung auf. Ursache können Mehrlingsschwangerschaften, ovarielle Überstimulation, Blasenmole oder Chorionepitheliom sein.
Die Ovarien können bis zu 30 cm große Zysten bilden, die mit klarer, teilweise hämorrhagischer Flüssigkeit gefüllt sind. Als Folge eines allgemeinen Epitheldefekts kann zu einer Hypovolämie mit Aszites und Pleuraerguss kommen.

Thekaluteinzysten

Sie werden in Verbindung mt einem erhöhten β-HCG-Spiegel bei Mehrlingsschwangerschaften, ovarieller Überstimulation, Blasenmole oder Chorionepitheliom gesehen.

Zysten in der Postmenopause

Bei Untersuchungen in der Postmenopause findet man bei knapp 20% der Frauen ovarielle Zysten. Sie sind meist unilokulär, kleiner als 3 cm im Durchmesser und sonographisch echoleer. In der Hälfte der Fälle sind sie nach einem Jahr nicht mehr nachweisbar. Jedoch rund 25% bleiben ohne Größenzunahme erhalten. Bei kleinen unilokulären Zysten ist zunächst ein abwartendes Verhalten gerechtfertigt.

Zysten in der Postmenopause

Bei 20% der Frauen in der Postmenopause findet man ovarielle Zysten bis zu 3 cm Durchmesser. Die Hälfte davon bildet sich innerhalb eines Jahres zurück.

Stromahyperplasie und Hyperthekose

Eine Hyperplasie des ovariellen Stromas im 6. und 7. Lebensjahrzehnt führt zu einer mäßigen Vergrößerung der Ovarien mit Erhöhung der Androgenproduktion. Übergewicht, Bluthochdruck und Störungen des Glukosestoffwechsels treten begleitend auf.
Die Hyperthekose (s. S. 119 f) tritt eher bei Frauen in der späten Geschlechtsreife auf. Das klinische Bild ist dem der Stromahyperplasie ähnlich.

Stromahyperplasie und Hyperthekose

Bei einer Stromahyperplasie sind die Ovarien vergrößert und die Androgenproduktion erhöht. Der Häufigkeitsgipfel liegt im 6. und 7. Lebensjahrzehnt.

Hyperthekose s. S. 119 f.

Ovarielle Inklusionszysten

Meist als Zufallsbefund einer mikroskopischen Untersuchung findet man Einschlussdrüsen in der direkten Verlängerung der mesothelialen Fältelung der Ovaroberfläche. Diskutiert wird ein traumatisches Hineinverlagern dieser proliferativ aktiven Mesothelzellen, wobei die Ovulation als auslösendes Ereignis angesehen wird. Ein Teil der Inklusionszysten dürfte tatsächlich so entstanden sein, jedoch wird auch die Persistenz embryonaler Zellen diskutiert, da die Epithelzellen mancher Zysten die gleiche Differenzierungsvielfalt wie primäres

Ovarielle Inklusionszysten

Diese Zysten findet man als Einschlussdrüsen in der direkten Verlängerung der mesothelialen Fältelung der Ovaroberfläche. Die Epithelzellen zeigen dieselbe Differenzierungsvielfalt wie primäres Müller-Epithel. Durch vermehrte Proliferation und vereinzelte Dysplasien gelten sie als Matrix für Neoplasien.

Müller-Epithel aufweisen. Diese Strukuren zeigen gelegentlich vermehrte Proliferation und vereinzelte Dysplasien, weshalb sie als Matrix für die Entstehung epithelialer Neoplasien gelten.

Massives Ödem des Ovars

Die massive Vergrößerung des Ovars kann zu einem akuten Abdomen führen.
75 % der Patientinnen sind zwischen 6 und 30 Jahre alt.

Diese seltene tumorähnliche Veränderung der Ovarien kann durch Ansammlung von Flüssigkeit im Stroma zu einer massiven Vergrößerung des Ovars führen. 75 % der zwischen 6 und 30 Jahre alten Patientinnen suchen wegen akuter abdominaler Symptomatik den Arzt auf. In 50 % liegt eine Torsion des Organs vor. Bei der Laparotomie wird versucht, durch eine großzügige Keilresektion das Ovar zu erhalten.

5.5.5 Epitheliale Ovarialtumoren

Es gibt eine Vielzahl histologischer Epitheltypen:
- seröses Epithel
- endometrioides Epithel
- muzinöses Epithel
- klarzelliges Epithel
- Brenner-Epithel

Tumoren, die auf dem Boden dieser epithelialen Strukturen entstehen, können nicht immer eindeutig zugeordnet werden.

Die mesotheliale äußere Schicht der Ovarien entsteht aus dem Zölomepithel. Abschnürung nach innen, in Form von Inklusionszysten, und papillare Strukturen bilden die Grundlage für eine Gewebeproliferation, wie sie häufig in der Postmenopause zu finden ist. Die Zellen weisen dasselbe Differenzierungspotenzial auf wie das primäre Epithelgewebe der Müller-Gänge. Aus diesem Grund gibt es bei den epithelialen Ovarialtumoren eine Vielzahl unterschiedlicher histologischer Epitheltypen:
- seröses Epithel, dessen Aufbau mit dem der Tube vergleichbar ist,
- endometroides Epithel, das dem Endometrium ähnelt,
- muzinöses Epithel, das Strukturen der Zervixschleimhaut, vereinzelt auch intestinale Drüsen aufweist,
- klarzelliges Epithel, das einem hypersekretorischen Endometrium vergleichbar ist,
- Brenner-Epithel, dessen Aufbau Ähnlichkeiten mit dem Übergangsepithel des Wolff-Ganges zeigt.

Tumoren, die auf dem Boden dieser epithelialen Strukturen entstehen, können nicht immer eindeutig zugeordnet werden. Je nach Epitheltyp, Art des Wachstums und begleitenden stromatösen Strukturen sind Übergänge zwischen den einzelnen Tumorarten möglich.

Benigne epitheliale Ovarialtumoren

Seröse Ovarialtumoren

Man unterscheidet:
- seröse Zystadenome
- seröse papillare Zystadenofibrome
- seröse Adenofibrome.

Etwa 60 % der serösen Ovarialtumoren sind gutartig. Die meisten Patientinnen sind zwischen 40 und 50 Jahre alt. In 15 % sind beide Ovarien betroffen.

Etwa 60 % der serösen Ovarialtumoren (ca. ¼ aller Ovarialtumoren) sind gutartig. Die meisten Frauen sind bei Diagnosestellung zwische 40 und 50 Jahre alt. In etwa 15 % sind beide Eierstöcke betroffen. Vereinzelt findet man im unauffälligen kontralateralen Ovar mikroskopisch nachweisbare kortikale Adenofibrome.
Je nach Anteil der bindegewebigen Komponente unterscheidet man
- seröse Zystadenome,
- seröse papillare Zystadenofibrome,
- seröse Adenofibrome.

Die unilokulären **serösen Zystadenome** können eine Größe bis zu 20 cm Durchmesser erreichen. Die Innenfläche ist meist von einem einreihigen, zilientragenden Epithel ausgekleidet und glatt. Ein Teil der Zystadenome zeigt auf der Innenseite derbere, papillare Strukturen, die weißlich aussehen. Der Zysteninhalt besteht aus einer serösen Flüssigkeit.
Beim serösen **papillaren Zystadenofibrom** mit teilweise blumenkohlartigem Wachstum, ist eine Abgrenzung gegenüber einem malignen Prozess nur histologisch möglich.

Bei jüngeren Frauen: einseitige Adnektomie. Die Inspektion des kontralateralen Ovars ist immer notwendig. In der Postmenopause: beidseitige Adnektomie.

Bei jüngeren Frauen wird zur Behandlung die einseitige Adnektomie durchgeführt. Allerdings ist wegen der möglichen Bilateralität eine sorgfältige Inspektion des kontralateralen Ovars notwendig. In der Postmenopause wird eine beidseitige Adnektomie vorgenommen.

Muzinöse Ovarialtumoren

Ca. 20 % der gutartigen Ovarialtumoren sind muzinöse Tumoren. In 5 % sind beide Ovarien befallen. Der Altersgipfel dieser Tumorart liegt zwischen dem 30. und 50. Lebensjahr. Sie werden jedoch auch bei deutlich jüngeren Frauen diagnostiziert und gehören zu den häufigsten Tumoren in der Schwangerschaft.
Muzinöse Kystome zeigen einen charakteristischen einschichtigen Aufbau aus hohen Zylinderepithelzellen, die Ähnlichkeiten mit der epithelialen Struktur der Endozervix (zervikaler Typ), aber auch des Dickdarms (intestinaler Typ) aufweist.
Muzinöse Tumoren sind die größten Ovarialtumoren überhaupt mit einem möglichen Durchmesser bis zu 50 cm und einem Gewicht von vereinzelt über 4 000 g. Sie sind von einer relativ dicken Kapsel umgeben, deren glatte Oberfläche durch einzelne Zysten höckrig vorgewölbt ist und enthalten dickflüssigen, zähen Schleim (s. Abb. **B-5.57**). Dieser enthält auch solide erscheinende Areale, die aus vielen kleinen wabenförmig angelegten Zysten bestehen. Obwohl diese als Tochterzysten bezeichneten Räume eine erhöhte Proliferation aufweisen, sind die Tumoren gutartig.
Gelegentlich tritt in Verbindung mit einem muzinösen Kystom vom intestinalen Typ ein **Pseudomyxoma peritonei** (s. S. 296) auf. Bei diesen Krankheitsbild ist der gesamte intraperitoneale Raum mit einer zähen, gelblichen Schleimmasse, die disseminierte muzinöse Drüsenkomplexe enthält, ausgefüllt. Als Ursache wird von vielen Autoren die Verschleppung dieses Schleims als Folge einer Kapselruptur angesehen. Bei der Untersuchung und Operation jedes potenziell muzinösen Tumors sollte daher schonend vorgegangen werden. Zellveränderungen weisen auf eine Erkrankung niedrig maligner Potenz hin.
Die Therapie besteht bei prämenopausalen Frauen in der einseitigen Adnektomie. Bei Frauen nach der Menopause wird die beidseitige Adnektomie durchgeführt.

Muzinöse Ovarialtumoren

Ca. 20 % der gutartigen Ovarialtumoren sind muzinöse Tumoren. In 5 % bilaterales Vorkommern. Am häufigsten sind Frauen zwischen 30 und 50 Jahren betroffen.

Sie sind aus Zylinderepithelzellen aufgebaut. Man unterscheidet einen intestinalen und einen zervikalen Typ.

Muzinöse Tumoren sind die größten Ovarialtumoren überhaupt mit einem möglichen Durchmesser bis zu 50 cm und einem Gewicht von vereinzelt über 4000 g.
Sie enthalten dicken, zähflüssigen Schleim (Abb. **B-5.57**).

In Verbindung mit einem muzinösen Kystom vom intestinalen Typ kann ein **Pseudomyxoma peritonei** auftreten. Bei diesem Krankheitsbild ist der gesamte peritoneale Raum mit zähem Schleim ausgefüllt.
Die einseitige, bei Frauen nach der Postmenopause eher die beidseitige Adnektomie sind Therapie der Wahl.

B-5.57 Muzinöses Ovarialkystom, das mit gelblichem, zähem Schleim gefüllt ist

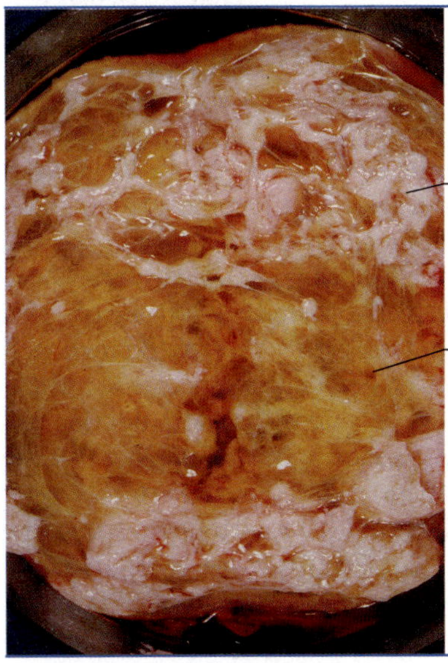

B-5.57

Endometroide Tumoren

Etwa 5–10 % der endometroiden Ovarialtumoren stammen von einer Endometriose ab. Gutartige endometroide Tumoren, z. B. das endometroide Zystadenom, sind selten, ebenso das als Variante dieses Tumors gesehene Zystadenofibrom vom **Klarzelltyp.**

Endometroide Tumoren

5–10 % dieser Tumoren nehmen ihren Ausgang von der Endometriose. Die gutartigen Formen sind selten.

B-5.58

B-5.58 **Histologisches Bild eines Brenner-Tumors**

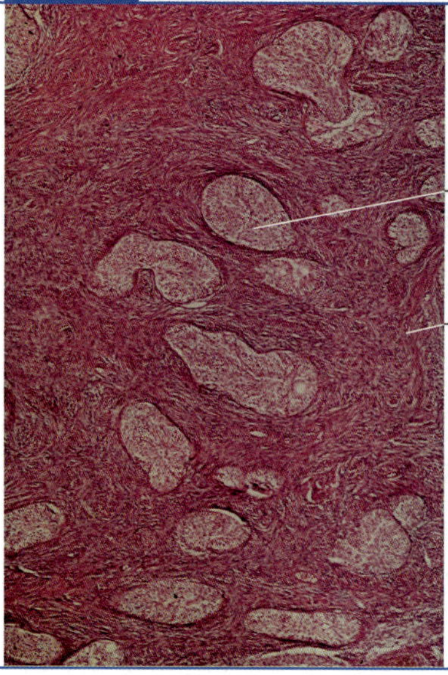

Man sieht umschriebene Inseln von Übergangszellen, die von fibrosiertem Stroma umgeben sind.

Brenner-Tumoren

Diese Tumoren werden aus einem Übergangsepithel gebildet (Abb. **B-5.58**). Sie sind sehr klein und werden deshalb meist zufällig entdeckt. Ihre Entartungstendenz ist gering.

Brenner-Tumoren

Brenner-Tumoren der Ovarien bestehen aus einem Übergangsepithel mit Hyperplasie des ovariellen Stromas (Abb. **B-5.58**). Ca 2 % aller Ovarialtumoren sind Brenner-Tumoren. Da sie häufig kleiner als 2 cm sind, stellen sie oft einen Zufallsbefund bei einem aus anderer Indikation entfernten Ovar dar. In 7 % der Fälle sind beide Seiten betroffen.

Die soliden, manchmal höckrigen Tumoren haben eine weißlich-gelbe Farbe. Die Hälfte ist verkalkt. Klinische Zeichen einer Östrogensekretion werden gelegentlich beobachtet.

Maligne epitheliale Tumoren

Ovarialkarzinom

Epidemiologie und Ätiologie. Der Anteil der Ovarialkarzinome an allen malignen Tumoren der Frau beträgt 4,5 %. Jährlich erkranken von 100 000 Frauen 15 an einem Ovarialkarzinom. Es sterben mehr Frauen an einem Ovarialkarzinom als an allen anderen Tumoren der Genitalorgane zusammen.

In 75 % der Fälle hat der Krankheitsprozess bei Diagnosestellung die Grenzen des kleinen Beckens bereits überschritten.

Ovarialkarzinome treten in jedem Lebensalter auf, der Erkrankungsgipfel liegt im 6. Lebensjahrzehnt.

Das Erkrankungsrisiko nimmt mit Zunahme der abgelaufenen Ovulationen zu, d. h., dass Kinderlosigkeit, hoher sozialer Status und fehlende Einnahme von Ovulationshemmern Risikofaktoren sind.

Tab. **B-5.12** zeigt die Risikofaktoren.

Maligne epitheliale Tumoren

Ovarialkarzinom

Epidemiologie und Ätiologie. Ovarialkarzinome sind seröse, endometroide oder muzinöse Tumoren (Tab. **B-5.8**). Der Anteil der Ovarialkarzinome an allen malignen Tumoren der Frau beträgt 4,5 % im Vergleich zu dem häufigsten Tumor, dem Mammakarzinom, mit 25 %. Jährlich erkranken in Deutschland 7700 Frauen am Ovarialkarzinom. Diese Häufigkeit der Neuerkrankungen hat sich in den letzten Jahrzehnten kaum geändert (Inzidenz: 15 Neuerkrankungen pro 100 000 Frauen im Jahr). Ebenso haben sich der Verlauf und die Sterblichkeit nur gering verbessert. Von den Frauen, die an einem Karzinom der Genitalorgane erkrankt sind, stirbt fast die Hälfte an einem Ovarialkarzinom. Diese schlechten Ergebnisse werden zum Teil dadurch erklärt, dass in etwa 75 % der Fälle der Krankheitsprozess zum Zeitpunkt der Diagnosestellung schon die Grenze des kleinen Beckens überschritten hat. Würde man die Karzinome schon im Frühstadium (Stadium FIGO I) entdecken, könnte man die Sterblichkeit nahezu auf ein Drittel reduzieren.

Ovarialkarzinome treten in jedem Lebensalter auf. Die Wahrscheinlichkeit, an einem Ovarialkarzinom zu erkranken, nimmt bis zum 60. Lebensjahr kontinuierlich zu, immerhin aber treten 10 % dieser Karzinome bei Frauen unter 40 Jahren auf. Eine geringe familiäre Disposition zur Erkrankung liegt vor. Man konnte an bestimmten Genorten bei an Ovarialkarzinom erkrankten Frauen gleiche Mutationen entdecken.

So beträgt z. B. bei einer Mutation am Genabschnitt BRCA I das Risiko einer Ovarialkarzinomerkrankung bis zum 70. Lebensjahr etwa 45 %. Ob Ernährungs- und Umwelteinflüsse eine Rolle spielen, ist bislang unklar. Verschiedene epidemio-

B-5.12 Risikofaktoren für das Ovarialkarzinom

B-5.12

- Kinderlosigkeit
- Alter über 40 Jahre
- Zugehörigkeit zur weißen Rasse
- seltene Einnahme von Ovulationshemmern
- hoher sozioökonomischer Status
- Mammakarzinom

B-5.59 Aszension von Kanzerogenen in den Intraperitonealraum

B-5.59

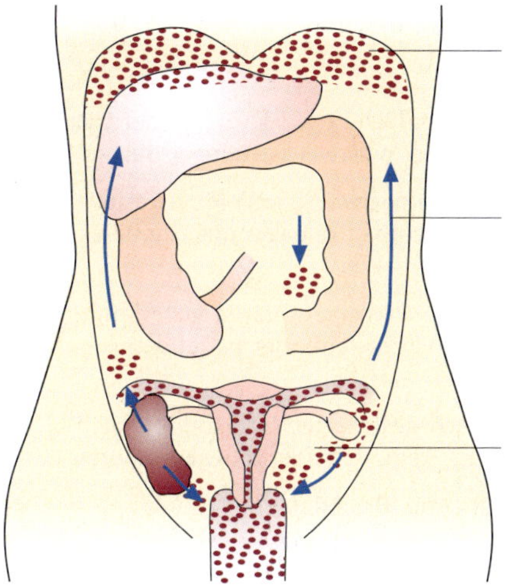

logische Daten sprechen dafür, dass das Erkrankungsrisiko mit dem generativen Verhalten zusammenhängt: eine geringe Zahl der durchgemachten Schwangerschaften, ein höherer sozialer Status und die seltenere Einnahme von Ovulationshemmern gehen mit einer Erhöhung des Karzinomrisikos einher. Diese Tatsache führt zu der Vermutung, dass die zunehmende Zahl der Ovulationen einen entscheidenden Risikofaktor darstellt. So senkt die langjährige Einnahme von Ovulationshemmern das Risiko einer Karzinomentstehung auf die Hälfte. Die wiederholte Ruptur und Proliferation des Oberflächenepithels des Ovars bei gleichzeitig erhöhtem Gonadotropinspiegel spielt dabei eine wichtige Rolle. (hyophysär negativer Feedback-Mechanismus). Einen Überblick über die Risikofaktoren gibt Tab. **B-5.12**.
Zusätzlich können Kanzerogene (z. B. Talkum) durch Aszension über das bei der Frau offene Genitalsystem in den Intraperitonealraum eindringen und die Ovarien erreichen (s. Abb. **B-5.59**).

Kanzerogene können über das offene Genitalsystem die Ovarien erreichen (s. Abb. **B-5.59**).

Wachstum und Ausbreitung. Vor- und Frühformen werden bei den Ovarialkarzinomen selten gesehen. Erklärungen hierfür könnten das späte Auftreten von Symptomen und das häufige Auftreten eines multizentrisch wachsenden Ovarialkarzinoms sein. Ein auf ein Ovar beschränktes und hier in einem Bereich lokalisiertes Ovarialkarzinom ist eine Rarität. Mehr als die Hälfte der serösen Ovarialkarzinome liegen schon bei Diagnosestellung bilateral vor und breitet sich frühzeitig intraperitoneal aus. Den Druckverhältnissen im Bauchraum folgend, kommt es überwiegend zu einer Absiedlung des Tumors im

- unteren Teil des kleinen Beckens,
- Oberbauch und Zwerchfell (Aspirationsunterdruck)
- Bereich des Omentum majus.

Eine Lymphknotenmetastasierung wird im pelvinen und paraaortalen Bereich in etwa gleicher Größenordnung erwartet. Bei frühzeitig diagnostizierten Karzinomen liegt die Lymphknotenbeteiligung in einer Größenordnung von 10–20 %.

Wachstum und Ausbreitung. Mehr als 50 % der serösen Ovarialkarzinome sind beidseitig lokalisiert.Es kommt zu einer frühzeitigen Ausdehnung mit Absiedlung des Tumors im kleinen Becken, im Oberbauch und Zwerchfell sowie im Omentum majus.

Bei frühzeitig diagnostizierten Karzinomen liegt in 10 % eine Lymphknotenbeteiligung vor, in fortgeschrittenen Fällen steigt sie

B-5.13 Stadieneinteilung des Ovarialkarzinoms nach FIGO-Kriterien

FIGO-Stadium		*TNM-Klassifikation*		*Beschreibung*
I		T1		Karzinom auf die Ovarien begrenzt
	IA		T1a	nur ein Ovar befallen, kein Aszites, kein Tumor auf der Oberfläche, Kapsel intakt (Abb. **B-5.60a**)
	IIB		T1b	beide Ovarien befallen, kein Aszites, kein Tumor auf der Oberfläche, Kapsel intakt
	IC		T1c	wie Stadium IA oder IB, aber mit Tumor auf der Oberfläche eines Ovars/beider Ovarien oder mit Kapselruptur oder mit positivem Aszites oder positiver Peritonealspülung
II		T2		Karzinom eines oder beider Ovarien mit Ausdehnung im kleinen Becken
	IIA		T2a	Ausdehnung/Metastasen auf Uterus oder Tuben (Abb. **B-5.60b**)
	IIB		T2b	Ausdehnung auf andere Gewebe im kleinen Becken
	IIC		T2c	wie Stadium IIA oder IIB, aber mit Tumor auf der Oberfläche eines Ovars/beider Ovarien oder mit Kapselruptur oder mit positivem Aszites oder positiver Peritonealspülung
III		T3 und/oder N1		Karzinom mit intraperitonealer (auch nur histologisch nachweisbarer) Metastasierung außerhalb des kleinen Beckens und/oder positiven retroperitonealen oder inguinalen Knoten, Leberkapselmetastasen
	IIIA		T3a	Tumor makroskopisch auf das kleine Becken begrenzt ohne retroperitoneale Knoten, aber mit histologisch gesicherter Metastasierung in viszeralem oder parietalem Peritoneum
	IIIB		T3b	Karzinom eines oder beider Ovarien mit histologisch gesicherten intraabdominalen Metastasen, deren Größe 2 cm nicht überschreitet, keine retroperitonealen Knoten
	IIIC		T3c und/oder N1	abdominale Metastasen > 2 cm im Durchmesser (Abb. **B-5.60c**) und/oder retroperitoneale oder inguinale Knoten
IV			M1	Karzinom eines oder beider Ovarien mit Fernmetastasen, bei Pleuraergüssen nur bei positivem Tumorzellnachweis, Leberparenchymmetastasen (Abb. **B-5.60d**)

auf 60–70 % an. Im Gegensatz dazu sind hämatogene Fernmetastasen selten (5–10 %).

Bei fortgeschrittenen Karzinomen steigt sie auf 60–70 % an. Die hämatogene Ausbreitung von Fernmetastasen in Leber, Knochen und Lunge ist seltener und liegt bei 5–10 %.

Stadieneinteilung. Die Stadieneinteilung gelingt erst postoperativ. Tab. **B-5.13** zeigt die Einteilung nach FIGO.

Stadieneinteilung. Die Festlegung des Stadiums der Erkrankung geschieht postoperativ unter Einbeziehung klinischer und pathologisch-anatomischer Befunde. Die Einteilung der Krankeitsstadien nach FIGO zeigt Tab. **B-5.13**.

Diagnostik. s. S. 278 ff.

Diagnostik. s. S. 278 ff.

Therapie. Bei unklarer Dignität erfolgt die Diagnosesicherung laparoskopisch.

Therapie. Ist die Dignität nicht eindeutig, z. B. bei Ovarialzysten ohne klare Zusatzbefunde, ist eine Diagnosesicherung durch die Laparoskopie möglich.

▶ **Merke**

▶ **Merke.** Malignitätsverdächtige zystische Tumoren sollten dabei möglichst nicht punktiert werden. Erstens ist diese Methode unsicher (mehrkammrige Tumoren) und zweitens besteht die Gefahr, Tumorzellen zu streuen.

Bei Vorliegen eines Ovarialkarzinoms wird eine Laparotomie durchgeführt. Da eine komplette Tumorentfernung meist nicht möglich ist, ist anschließend eine systemische Therapie notwendig.

Eine gewisse Sicherheit ist gegeben, wenn man laparoskopisch einen Bergesack einführt, die Zyste ohne die Gefahr der Kontamination innerhalb dieses Schutzes entleert und anschließend den Tumor hierin geborgen entfernt.
Nach Durchführung einer radikalen Operation muss zumindestens bei Patientinnen der Stadien FIGO IC, II und höher eine anschließende systemische Therapie durchgeführt werden, da davon ausgegangen werden muss, dass mit großer Wahrscheinlichkeit proliferationsfähige Tumorreste zurückgeblieben sind.

B-5.60 Ovarialkarzinom Einteilung nach FIGO

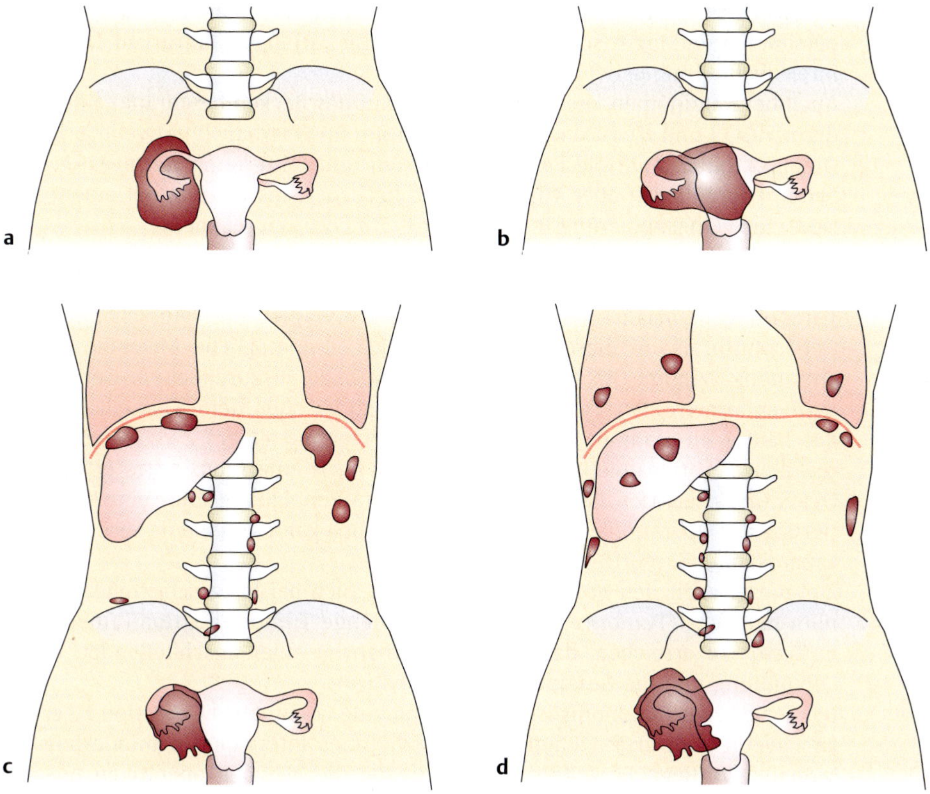

a Ovarialkarzinom Stadium IA (FIGO).
b Ovarialkarzinom Stadium IIA (FIGO).
c Ovarialkarzinom Stadium IIIC (FIGO).
d Ovarialkarzinom Stadium IV (FIGO).

Therapie

Operative Therapie

Bei malignen Ovarialtumoren wird eine mediane Laparotomie mit einem nach kranial über den Bauchnabel reichenden Schnitt durchgeführt, da in deutlich mehr als der Hälfte der Fälle eine Mitbeteiligung im oberen Bauchraum zu erwarten ist. Der Längsschnitt ermöglicht eine sorgfältige Inspektion und Austastung des gesamten Peritonealraumes unter besonderer Berücksichtigung von Leber, Kolon, parakolischen Rinnen, Zwerchfellkuppen, Mesenterien, Dünndarm, Douglas-Raum, Netz und Lymphknotenstation.
Kernstück der Operation ist die Entfernung der erkrankten Adnexen (Ovarien und Tuben) des Uterus, des pelvinen Peritoneums, insbesondere in der Umgebung der Ovarien und des infra- und suprakolischen Netzes.
Auch tumorbefallene Anteile von Blase und Darm sollten entfernt werden. Eine Kontinenzerhaltung ist dabei fast immer möglich, da der Dickdarm meistens nur im intraperitonealen Anteil befallen ist.
Metastasen im Bereich des viszeralen und parietalen Peritoneums werden möglichst mit dem umgebenden Peritoneum entfernt.
Bei Befall der Milz erfolgt eine Splenektomie, bei Befall der Leber eine Leberteilresektion. Bei dem häufigen Befall des Zwerchfells, besonders rechts kann auch hier eine Teilentfernung dieses Organs erwogen werden. Wenn intraperitoneal eine weitgehende Tumorreduktion gelungen ist (Tumorreste unter 1–2 cm), ist auch die pelvine und paraaortale Lymphonodektomie sinnvoll.
Ziel dieser radikalen Vorgehensweise ist es, auch bei fortgeschrittenen Karzinomen Tumorfreiheit oder weitgehende Tumorreduktion zu erreichen, da hierdurch eine deutlich bessere Ausgangssituation für die anschließende Chemo-

Therapie

Operative Therapie

Kernstück der Operation ist die Entfernung der erkrankten Adnexen (Ovarien und Tuben) des Uterus, des pelvinen Peritoneums, insbesondere in der Umgebung der Ovarien und des infra- und suprakolischen Netzes.
Auch tumorbefallene Anteile von Blase und Darm sollten entfernt werden.

Bei Befall der Milz erfolgt eine Splenektomie, bei Befall der Leber eine Leberteilresektion.
Der postoperativ verbliebene Tumorrest ist der wichtigste Prognoseparameter.

therapie und damit eine Prognoseverbesserung gegeben ist. Der postoperativ verbliebene Tumorrest ist der wichtigste Prognoseparameter.
Sinnvoll ist es, dass diese Operation in einem Krankenhaus mit entsprechend personeller und logistischer Ausrichtung (Kooperation mit Chirurgen, Urologen, Intensivabteilung usw.) durchgeführt wird.

Auch bei Karzinomen, die makroskopisch auf das Becken beschränkt sind (Stadium FIGO I und II), ist eine Stagingoperation im Oberbauch notwendig.

Auch bei Karzinomen, die makroskopisch auf das Becken beschränkt sind (Stadium FIGO I und II), ist eine Stagingoperation im Oberbauch notwendig. Durch Omentektomie, multiple Peritonealbiopsien und Entfernung retroperitonealer Lymphknoten ist in über 40 % nach histologischer Auswertung mit einem sog. Upstagen (Eingruppierung in ein höheres Stadium) zu rechnen.

Fertilitätserhaltende Operationen bei Frauen mit Kinderwunsch im Stadium FIGO IA sind in Risikoabwägung (Grading, Größe, Metastasierungsrisiken des Tumors) gemeinsam mit der Patientin zu erwägen.

Fertilitätserhaltende Operationen bei Frauen mit Kinderwunsch im Stadium FIGO IA sind in Risikoabwägung (Grading, Größe, Metastasierungsrisiken des Tumors) gemeinsam mit der Patientin zu erwägen. Eine Ausschabung der Gebärmutter ist in diesem Fall erforderlich, um mögliche Metastasen oder Simultankarzinome im Bereich der Schleimhaut auszuschließen. Gerade bei dem endometroiden Typ des Ovarialkarzinoms oder dem Klarzellkarzinom, das häufig im Stadium FIGO I auftritt, ist hier mit einem Zweitkarzinom zu rechnen. Peritonealbiopsien und möglichst auch eine Biopsie des erhaltenen Ovars sind angeraten. Nach Abschluss der Familienplanung sollte eine Komplettierung der Operation erfolgen. Zwischenzeitlich kann durch eine Second-Look-Laparoskopie Tumorfreiheit abgeklärt werden.

Ziel dieser Vorgehensweise ist die Tumorfreiheit bzw. Tumorreduktion, da hiervon die Prognose abhängt.

Ziel dieser radikalen Vorgehensweise ist es, auch bei fortgeschrittenem Karzinom möglichst Tumorfreiheit oder weitgehende Tumorreduktion (Tumorreste < 2 cm) zu erreichen, da hiervon die Chancen einer anschließenden Nachbehandlung und die Gesamtprognose abhängen.
Bei Rezidiv des Karzinoms ist immer dann eine nochmalige Operation zu erwägen, wenn zum ersten Eingriff ein rezidivfreies Intervall von mindestens 12 Monaten vorliegt. Es gelten in diesem Falle die gleichen operativen Ansätze wie beim ersten Eingriff.

Systemische Therapie

Zytostatische Therapie: In den Stadien FIGO IC, II und darüber ist auch nach radikaler Operation mit mikroskopischer Tumorfreiheit davon auszugehen, dass Tumorzellen verblieben sind.
Bei inkomplett operierten Fällen soll eine Tumorremission zur Verbesserung der Lebensqualität eingeleitet werden (palliative Chemotherapie).
Die Dauer der Therapie sollte an den Tumorverlauf adaptiert werden, der in den meisten Fällen durch den Verlauf des Tumormarkers CA 12-5 erfasst wird.
Bei chemotherapiesensiblen Karzinomen sollte nach spätestens 3 Zyklen ein Abfall dieses Markers um mehr als 50 % erfolgt sein.

Systemische Therapie

Zytostatische Therapie: In den Stadien FIGO IC, II und darüber ist auch nach radikaler Operation mit mikroskopischer Tumorfreiheit davon auszugehen, dass mit großer Wahrscheinlichkeit noch proliferationsfähige Tumorzellverbände verblieben sind. Aus diesem Grunde ist eine postoperative zytostatische Therapie notwendig.
Nach erfolgreichem maximalen Tumordebulking soll durch diese adjuvante Chemotherapie die Rezidivrate gesenkt werden mit dem therapeutischen Ansatz einer Heilung. Die Dauer dieser Therapie wird mit etwa einem halben Jahr bemessen.
Bei inkomplett operierten Fällen soll eine Tumorremission eingeleitet werden, um die Lebensqualität zu verbessern und das progressionsfreie Intervall zu verlängern. In diesem Fall spricht man von einer palliativen Chemotherapie.
Die Dauer der Therapie sollte an den Tumorverlauf adaptiert werden, der in den meisten Fällen durch den Verlauf des Tumormarkers CA 12-5 erfasst wird.
Bei chemotherapiesensiblen Karzinomen sollte nach spätestens 3 Zyklen ein Abfall dieses Markers um mehr als 50 % erfolgt sein. Anderenfalls muss man auf eine alternative Schiene der Chemotherapie (Second-line-Chemotherapie) wechseln.
Erfahrungen mit den Alkylanzien, z. B. Cyclophosphamid oder Treosulfan, liegen schon seit längerer Zeit vor. Auch heute kommen diese Medikamente noch zum Einsatz, insbesondere bei Frauen mit allgemein erhöhter Morbidität.

Therapie der 1. Wahl ist die Kombination eines platinhaltigen Medikaments mit Cyclophosphamid oder Paclitaxel.
Es bestehen allerdings erhebliche Nebenwirkungen.

Als **Therapie der ersten Wahl** wird häufig eine Kombination eines platinhaltigen Medikamentes z. B. Carboplatin mit Cyclophosphamid oder dem aus der Eibe gewonnenen Mitosehemmstoff Paclitaxel gewählt. Zur Zweittherapie stehen Etoposid, Topotecan oder Gemcitabin zu Verfügung.
Unter diesen Therapieformen kann man häufig erstaunliche Remissionen erreichen (etwa in 70 % Tumorrückbildung und in 80 % erfolgreiche Therapie eines Aszites).

Dennoch muss man auch die teilweise erheblichen Nebenwirkungen, wie Alopezie, Emesis, Myelosuppression und Neurotoxizität kennen und, wenn möglich, rechtzeitig behandeln.

Therapie von Höhlenergüssen: Der im Stadium FIGO III in mehr als der Hälfte vorkommende Aszites und der Pleuraerguss werden meistens durch die systemische Chemotherapie günstig beeinflusst.

Aszites und der Pleuraerguss werden meistens durch die systemische Chemotherapie günstig beeinflusst.

Nur nach Ausschöpfung dieser Therapie ist bei klinisch belastenden Fällen eine Punktion mit anschließender lokaler Instillation gelegentlich wirksam. Thiotepa, Tetrazykline oder Fluorouracil werden hier genannt.

Hormontherapie: Bei speziellen Formen des Ovarialkarzinoms wird unter der Gabe von Gestagenen eine Remission (10%) oder zumindest ein Stagnieren des Tumorwachstums erwartet. Auch mit Antiöstrogenen oder GnRH-Analoga werden ähnliche Ergebnisse erzielt. Durch Selektion von Patientinnen mit positiven Hormonrezeptoren können evtl. noch bessere Ergebnisse erreicht werden. Die Hormontherapie kommt bislang nur bei fortgeschrittenen, austherapierten Karzinomen zur Anwendung. Bei der Tumorkachexie kann man sich den allgemein roborierenden Effekt von Gestagenen zu Nutze machen.

Hormontherapie: Bei hormonrezeptorpositiven Patientinnen kann durch die Gabe von Gestagenen, Antiöstrogenen oder GnRH-Analoga in ca. 10% eine Remission erreicht werden. Allerdings kommt die Hormontherapie bislang nur bei fortgeschrittenen, austherapierten Karzinomen zur Anwendung.

Sonstige systemische Therapien: Medikamente aus der Gruppe der sog. Immunmediatoren, die inzwischen gentechnisch in größeren Mengen hergestellt werden können, sind z.B. die Interferone, Interleukin und der Tumornekrosefaktor. Durch systemische Gabe oder durch intraperitoneale Applikation kann eine Tumorrückbildung von mikroskopisch kleinen Tumorresten versucht werden. Der Tumornekrosefaktor bewirkt bei Patientinnen in fortgeschrittenem Stadium eine passagere Rückbildung des Aszites. Die Immuntherapie über mono- und polyklonale Antikörper gegen Oberflächenantigene der Tumorzellen ist noch in Entwicklung.

Sonstige systemische Therapien: Durch die Immunmediatoren Interferon, Interleukin und den Tumornekrosefaktor kann die Tumorrückbildung von mikroskopisch kleinen Tumorresten versucht werden.

Strahlentherapie

Die Strahlentherapie ist heute weitestgehend durch die Chemotherapie ersetzt worden. Wenn ein lokal begrenzter Tumorrest oder ein Tumorrezidiv vorliegen, wird die Strahlentherapie jedoch weiterhin eingesetzt. Zur Analgesie bei Knochenmetastasen kann eine **palliative Strahlentherapie** zur Anwendung kommen. Im Bereich des Beckens wird eine **perkutane Bestrahlung** durchgeführt, deren Höchstdosis in Beckenmitte ca. 50 Gy beträgt. Der Oberbauch und die Zwerchfellkuppeln werden mit einer Höchstdosis von 30 Gy bestrahlt.

Strahlentherapie

Die Strahlentherapie ist heute weitestgehend durch die Chemotherapie ersetzt worden. Bei lokalen Tumorresten oder Tumorrezidiv wird die perkutane Bestrahlung des Beckens und Oberbauchs durchgeführt. Die palliative Bestrahlung dient in der Regel zur Analgesie z.B. bei Knochenmetastasen.

Prognose und Prognosekriterien. Eine Prognoseeinschätzung erfolgt an Hand der intra- und postoperativ gewonnenen Daten. Prognosekriterien sind

- das Stadium der Erkrankung,
- der Epitheltyp des Tumors,
- das pathologische Grading und
- die Größe des postoperativ verbleibenden Resttumors.

Die 5-Jahresüberlebensrate liegt bei Patientinnen im Stadium IA bei etwa 80%, im Stadium IC bei 70%, in Stadium II bei etwa 55% und in Stadium III bei 25%. Eine besondere Bedeutung für die Prognose hat der zurückbleibende Tumorrest nach durchgeführten Operationen. Ist es gelungen, makroskopisch tumorfrei zu operieren, liegen die Heilungschancen bei 60%. Liegt der Durchmesser des Resttumors über 1 cm, fällt die 5-Jahresüberlebensrate rapide auf ca. 10% ab.

Die Überlebensrate beim muzinösen Karzinom ist deutlich höher (50%) als bei undifferenzierten Tumoren (20%). Dies hängt vermutlich damit zusammen, dass die muzinösen Karzinome zu Beginn der Therapie noch häufiger auf das Becken beschränkt sind als die undifferenzierten Tumoren.

Prognose und Prognosekriterien. Prognosekriterien sind das Stadium der Erkrankung, der epitheliale Typ der Karzinome, das pathologische Grading und insbesondere der postoperativ verbleibende Resttumor.

Die 5-Jahresüberlebensrate des muzinösen Karzinoms liegt bei 50%, die des undifferenzierten Karzinoms bei 20%. Gelingt es, durch Operation eine makroskopische Tumorfreiheit zu erzielen, liegt die Heilungschance bei etwa 60%.

Nachsorge. Nach Abschluss der Primärbehandlung erleiden über ⅔ der Patientinnen ein Rezidiv, das schließlich zum Tode führt. Die Prognose ist daher deutlich schlechter als bei anderen gynäkologischen Karzinomen. Ein Schwerpunkt der Nachsorge liegt deshalb darin, Entscheidungen über den Zeitpunkt und die Art der nachfolgenden Therapie bei wahrscheinlich nicht mehr heilbaren Patientinnen zu treffen.

Nachsorge. Nach Abschluss der Primärbehandlung kommt es in ⅔ der Fälle zu einem Rezidiv.

Ein wichtiges Instrument zur Verlaufskontrolle ist die bimanuelle gynäkologische Untersuchung.

Verlaufskontrollen nach Entfernung des Rezidivs oder die Verlaufsbeobachtug des verbliebenen Resttumors sind ebenfalls Bestandteil der Nachsorge. Hier hat die bimanuelle gynäkologische Untersuchung ihre primäre Bedeutung. Bei gezielten Fragestellungen werden zusätzlich apparative Untersuchungen wie Ultraschalluntersuchung, Computertomographie und Kernspintomographie eingesetzt.

Wesentlich für das Auffinden von Rezidiven ist die Verlaufsbeobachtung der Tumormarker (v. a. CA 12-5, insbesondere bei serösen und endometroiden Karzinomen). Besonders wenn er vor der Operation erhöht und postoperativ abgefallen war spricht ein erneutes Ansteigen für ein Rezidiv. CEA dient der Verlaufsbeobachtung der muzinösen und endometroiden Karzinome. Keimzelltumoren: AFP und β-HCG.

Eine wesentliche Bedeutung für die Verlaufsbeurteilung kommt auch den **Tumormarkern** zu. Tumorspezifische Antigene werden mit Hilfe von Antikörpern auch bei geringerer Tumormasse erkannt. Der Nachweis des Antigens CA 12-5 ist vor allem bei den serösen und endometroiden Karzinomen möglich. Gerade wenn vor der operativen Therapie der Wert dieses Markers hoch war und nach Primärtherapie abgefallen ist, lässt dessen weitere Beobachtung einen guten Rückschluss auf den Verlauf der Krebserkrankung zu. Der Wiederanstieg kann der klinischen Manifestation 3 Monate vorausgehen. Das karzinoembryonale Antigen CEA ist ein aussagekräftiger Parameter zur Verlaufsbeobachtung der muzinösen und endometroiden Karzinome. Antigene wie das α-Fetoprotein (AFP) und das Choriongonadotropin (β-HCG) sind eher bei Keimzelltumoren bedeutungsvoll.

Eine Operation zum Beweis der klinischen Tumorfreiheit nach Beendigung der Chemotherapie (Second-look-Laparotomie) ist heutzutage nur noch in Sonderfällen indiziert.

Nach Beendigung der Primärtherapie (Operation und Chemotherapie) bei klinisch und apparativ tumorfreien Patientinnen kann gelegentlich eine **Second-Look-Laparotomie** vorgeschlagen werden, um zu sehen inwieweit die Diagnose der Tumorfreiheit erhärtet werden kann. Das Ergebnis zeigt, ob eine weitere systemische Behandlung notwendig ist oder nicht. Der mit der Nachsorge betraute Arzt hat die Aufgabe, den Nutzen dieses Eingriffs für die Patientin sorgfältig abzuwägen.

Bei primär progredientem und frühem Rezidiv ist eine Heilung extrem selten. Daher zielt die anschließende Therapie auf eine Verbesserung der Lebensqualität ab. Tritt ein Rezidiv später als 12 Monate nach der Erstoperation auf, kann eine Radikaloperation mit erneut anschließender Chemotherapie sinnvoll sein.

Bei primär progredientem oder auch früh rezidiviertem Ovarialkarzinom ist eine Heilung extrem selten. Trotzdem ist die Einleitung einer palliativen Therapie sinnvoll, um die Lebensqualität zu verbessern. Hier kann evtl. eine chemotherapeutische Behandlung hilfreich sein, die so ausgewählt und dosiert sein sollte, dass wenig Nebenwirkungen auftreten. Tritt ein Rezidiv später als 12 Monate nach der Erstoperation auf, ist eine nochmalige Operation mit dem Versuch der Tumorreduktion und anschließender Chemotherapie sinnvoll.

Palliative Eingriffe. Bei Auftreten eines Ileus ist eine operative Intervention zum Anlegen eines künstlichen Darmausganges angezeigt.

Bei Aszites lindern wiederholte Punktionen oder die intraperitoneale Applikation von Tumornekrosefaktor die Beschwerden.

Palliative Eingriffe. Ein großer Teil der Patientinnen stirbt nicht am Ovarialkarzinom sondern an der sekundär auftretenden Darmbeteiligung in Form eines Ileus. Hier ist eine operative Intervention, zumeist mit Anlage eines künstlichen Darmausgangs, angezeigt.

Häufig kommt es zu rezidivierender Aszitesbildung, weshalb die Kontrolle des Bauchumfangs bei Nachsorgeuntersuchungen sinnvoll ist. Eine wiederholte Punktion kann den Patientinnen vorübergehend Erleichterung verschaffen. Die intraperitoneale Applikation von Zytostatika oder neuerdings von Medikamenten aus der Gruppe der sog. Immunmediatoren (Interferon, Tumornekrosefaktor) kann versucht werden.

▶ **Klinischer Fall**

▶ **Klinischer Fall.** Eine 63-jährige Patientin klagt über allmählich zunehmenden Bauchumfang, Gewichtszunahme, ein diffuses Druckgefühl im Oberbauch und hartnäckige Obstipation. Bei der gynäkologischen Untersuchung ist ein ca. 12 cm großer, prallelastischer Unterbauchtumor palpabel, der von der rechten Adnexregion ausgeht. Das linke Ovar ist derb und höckrig vergrößert; Uterus, Zervix, Vagina und Vulva sind unauffällig. Die Sonographie zeigt einen multilokulären, gekammerten Ovarialtumor rechts mit einem Durchmesser von 15 cm. Papilläre Binnenstrukturen und inhomogen verteilte Binnenechos, solide und zystische Anteile sowie unscharf begrenzte Außenkonturen sind zu erkennen. Die linke Adnexe ist ebenfalls tumorös umgewandelt und im Douglas-Raum liegt ein geringer Aszites vor. Im CT des Abdomens sieht man einen unscharf begrenzten Ovarialtumor mit inhomogenen Binnenstrukturen, eine bogige Impression der Blasenhinterwand und der Rektumvorderwand. Das CT zeigt keinen Hinweis auf eine intraabdominale oder retroperitoneale Metastasierung, keinen Aszites und keinen Nierenstau. Das Ausscheidungsurogramm zeigt eine Impression der Harnblase von dorsal und kranial, aber keinen Nierenbeckenkelchstau. Die Zystoskopie bestätigt die Impression von außen bei intakten Schleimhautverhältnissen. Die Rektoskopie zeigt eine Wandimpression und -starre bei etwa 12 ab ano mit einer Lungenverengung des Rektums. Im Kolonkontrasteinlauf sieht man eine Stenose im rektosigmoidalen Übergangsbereich bei intakten

Schleimhautverhältnissen. Der Tumormarker CA 12-5 ist auf 1059 IE/ml erhöht. In der Asziteszytologie werden Tumorzellen gefunden. Das Karzinom wird als Stadium IC (FIGO) eingeteilt. Es erfolgt eine abdominale Hysterektomie und Adnektomie beidseits mit Omentektomie sowie pelviner und paraaortaler Lymphonodektomie. Die Operation führt zu makroskopischer Tumorfreiheit. Die Histologie zeigt beidseits ein serös-papillares Zystadenokarzinom mit Kapseldurchbruch und malignem Aszites. Der Uterus und die 28 pelvinen Lymphknoten sind metastasenfrei. Zwei der 17 paraaortalen Lymphknoten sind metastatisch befallen (Durchmesser 2,1 und 1,2 cm). Das postoperative Staging lautet auf Stadium IIIc. Es wird eine Chemotherapie mit 6 Zyklen Carboplatin/Cyclophosphamid durchgeführt. Die Patientin ist anschließend 2 Jahre lang rezidiv- und beschwerdefrei. Dann entwickelt sie ein Rezidiv im kleinen Becken mit mechanischem Ileus im Sigmabereich. Es wird ein Anus praeter angelegt und eine Second-Line-Chemotherapie mit Etoposid durchgeführt. Hierdurch wird eine Teilremission für 2 Jahre erzielt, bevor die Patientin an ihrem Tumorleiden stirbt.

Primär papillär seröses Karzinom des Peritoneums (PSCP)

▶ **Synonym.** „Nicht ovarielles Ovarialkarzinom".

Das primäre papilläre seröse Karzinom des Peritoneums (PSCP) ist eine Sonderform mit ähnlichem histologischen Aufbau und klinischem Verhalten wie die maligne Verlaufsform des serösen Ovarialkarzinoms und wird deshalb auch unter den Ovarialkarzinomen erfasst. Da allerdings die Ovarien nicht oder nur wenig betroffen sind, geht man davon aus, dass diese Krebsform primär auf dem Boden des Zölomepithels aus dem Peritoneum entstanden ist (extraovarielles Ovarialkarzinom). Es zeigt sich ein ausgedehnter knotiger Befall des Peritoneums und nahezu immer eine Lymphknotenbeteiligung.
Die Therapie unterscheidet sich nicht wesentlich von der des Ovarialkarzinoms, allerdings sollte man in den Vordergrund der Operation die Peritonealektomie stellen. Die Prognose dieser Erkrankung ist eher ungünstig.

Primär papillär seröses Karzinom des Peritoneums (PSCP)

◀ **Synonym**

Das primäre papilläre seröse Karzinom des Peritoneums (PSCP) ist eine Sonderform mit ähnlichem histologischen Aufbau und klinischem Verhalten wie die maligne Verlaufsform des serösen Ovarialkarzinoms und wird deshalb auch unter den Ovarialkarzinomen erfasst.
Die Therapie unterscheidet sich nicht wesentlich von der des Ovarialkarzinoms.

5.5.6 Ovarialtumoren niedrig maligner Potenz

▶ **Synonym.** Borderline-Tumoren, LMP = Low malignant potencial.

Ovarialkarzinome niedrig maligner Potenz bilden innerhalb der Ovarialkarzinome eine eigene Entität, die sich im pathologischen Bild und im Wachstumsverhalten deutlich von den o.g. Karzinomen unterscheiden können. Die Existenz dieser Sondergruppe rechtfertigt sich insbesondere durch die gegen die o.g. Karzinome deutlich bessere Prognose.

Epidemiologie und Pathologie. Etwa 20 % der Ovarialkarzinome sind dieser Gruppe zuzuordnen. Das mittlere Erkrankungsalter liegt etwa 10 Jahre früher als bei dem invasiven Ovarialkarzinom.
In mehr als der Hälfte der Fälle liegt eine auf ein Ovar begrenzte Erkrankung vor. In diesen Fällen ist häufig eine Unterscheidung gegenüber einem gutartigen zystischen Prozess nicht einfach. Es finden sich zystische, häufig mehrkammrige Prozesse, die beachtliche Größen einnehmen, aber an der Außenfläche völlig glatt erscheinen können. An der Innenfläche können solide Anteile und papillare Wucherungen vorliegen. Das innen vorliegende Epithel weist mit Mehrreihigkeit, vermehrten Mitosen bei büschelförmiger Proliferation und Zell- und Kernpolymorphie Zeichen der Malignität auf, allerdings fehlt die Invasion in das Stroma.
Am häufigsten liegt die seröse Form dieses Tumors vor, bei dem in 30 % beide Ovarien betroffen sind. Bei sorgfältiger Untersuchung des Abdomens findet man nicht selten zahlreiche Tumorknoten am Peritoneum, dem Netz, am Zwerchfell und in 10 % auch in peritonealen Lymphknoten. In den meisten Fällen zeigen auch diese peritonealen Implantate keine Invasion, so dass man nicht von einer echten Metastasierung reden kann.

5.5.6 Ovarialtumoren niedrig maligner Potenz

◀ **Synonym**

Ovarialkarzinome niedrig maligner Potenz können sich im pathologischen Bild und Wachstumsverhalten deutlich von o.g. Karzinomen unterscheiden.

Epidemiologie und Pathologie. Etwa 20 % der Ovarialkarzinome sind dieser Gruppe zuzuordnen.
In mehr als der Hälfte der Fälle liegt eine auf ein Ovar begrenzte Erkrankung vor. In diesen Fällen ist häufig eine Unterscheidung gegenüber einem gutartigen zystischen Prozess nicht einfach.
Am häufigsten liegt die seröse Form dieses Tumors vor, bei dem in 30 % beide Ovarien betroffen sind.

B-5.61

B-5.61 **Seröser Ovarialtumor niedrig maligner Potenz (Borderline-Karzinom)**

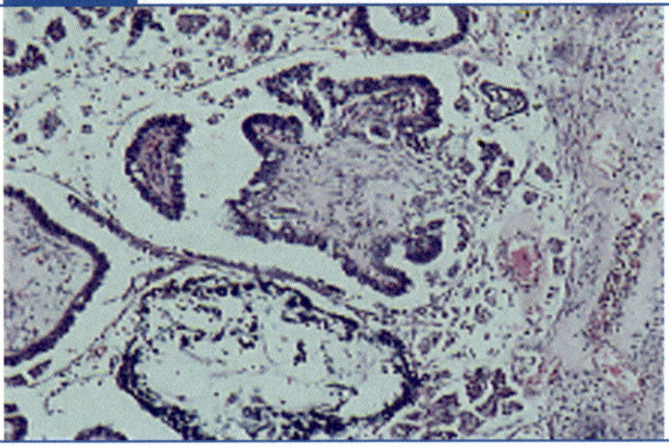

Papillärer Tumor, Zellatypien, büschelförmige Abschilferungen, keine Infiltration.

Therapie. Bei Patientinnen mit abgeschlossener Familienplanung entspricht die operative Therapie der des Ovarialkarzinoms, allerdings sollte man bei der Entfernung der Lymphknoten zurückhaltend sein.
Bei Frauen mit Kinderwunsch und einseitigem Ovarbefall ist die einseitige Adnektomie vertretbar.

Therapie. Bei Patientinnen mit abgeschlossener Familienplanung entspricht die operative Therapie der des Ovarialkarzinoms, allerdings sollte man bei der Entfernung der Lymphknoten zurückhaltend sein. Nur selten bilden die hier vorliegenden Absiedelungen klinische Symptome, wie z. B. Ureterobstruktion.
Bei Frauen mit Kinderwunsch und einseitigem Ovarbefall ist die einseitige Adnektomie vertretbar, zur Sicherheit sollten jedoch eine Keilexzision aus dem anderen Ovar und zahlreiche Peritonealbiopsien erfolgen. Nach Abschluss der Familienplanung sollten das kontralaterale Ovar und der Uterus entfernt werden.
Im Gegensatz zum Vorgehen beim Ovarialkarzinom ist bei den Borderline-Tumoren auch bei einer generalisierten Absiedelung von Implantaten eine Zytostatikatherapie nicht indiziert.

Prognose. Die 5-Jahresüberlebensrate beträgt 80 %. Der Übergang in ein invasives Karzinom ist unwahrscheinlich.

Prognose. Die Malignität des Tumors bleibt über viele Jahre konstant, so dass das Risiko überschaubar bleibt. Der Übergang in ein invasives Karzinom ist unwahrscheinlich. Da Rezidive auch nach mehr als 5 Jahren auftreten können, ist zur Kontrolle eine wiederholte Laparoskopie nötig; es sind Todesfälle bis zu 20 Jahren nach Ersttherapie bekannt. Die 5-Jahresüberlebensrate beträgt 80 %.

Pseudomyxoma peritonei

Diese Sonderform der muzinösen Ovarialtumoren geht mit der massiven Bildung von tumorzellarmem Schleim im gesamten Intraperitonealraum einher. (s. Abb. **B-5.62**). Als Ursache werden eine Kapselruptur aber auch eine multifokale Erkrankung diskutiert.

Pseudomyxoma peritonei

Hinter den meisten Fällen eines Pseudomyxoma peritonei verbirgt sich ein muzinöser Ovarialtumor niedrig maligner Potenz, wobei häufiger der intestinale Typ der muzinösen Drüsen gefunden wird. Das Charakteristikum dieser Erkrankung ist die massive tumorzellarme Schleimbildung im gesamten Intraperitonealraum (s. Abb. **B-5.62**). Die intraperitoneale Ausdehnung kann Folge einer Ruptur des muzinösen Tumors sein. Aus diesem Grunde muss gerade beim muzinösen Typ eines zystischen Ovarialtumors eine operative Ruptur des Tumors mit der Verteilung des gallertigen Materials im Bauchraum verhindert werden. Das Vorliegen eines sog. Gallertbauches, auch bei intakter Kapsel oder in Verbindung mit einer Mukozele der Appendix, legt allerdings die Vermutung nahe, dass es sich um eine primär multifokale Erkrankung handeln könnte. Aus diesem Grund ist auch die prophylaktische Appendektomie in diesen Fällen angeraten.
Obwohl das Pseudomyxoma peritonei zu der Gruppe der niedrig malignen Ovarialtumoren gezählt wird, liegt die 5-Jahresüberlebensrate lediglich bei 50 %. Grund dafür ist die immer wieder auftretende massive Schleimproduktion, die trotz wiederholter Entlastungsoperation letztendlich zur Tumorkachexie führt.

Das Pseudomyxoma peritonei wird als Ovarialtumor niedrig maligner Potenz eingestuft. Dennoch liegt die 5-Jahresüberlebensrate bei 50 %. Dies ist darauf zurückzuführen, dass die massive, wiederholte Schleimproduktion letztendlich zur Tumorkachexie führt.

B-5.62 **Pseudomyxoma peritonei**

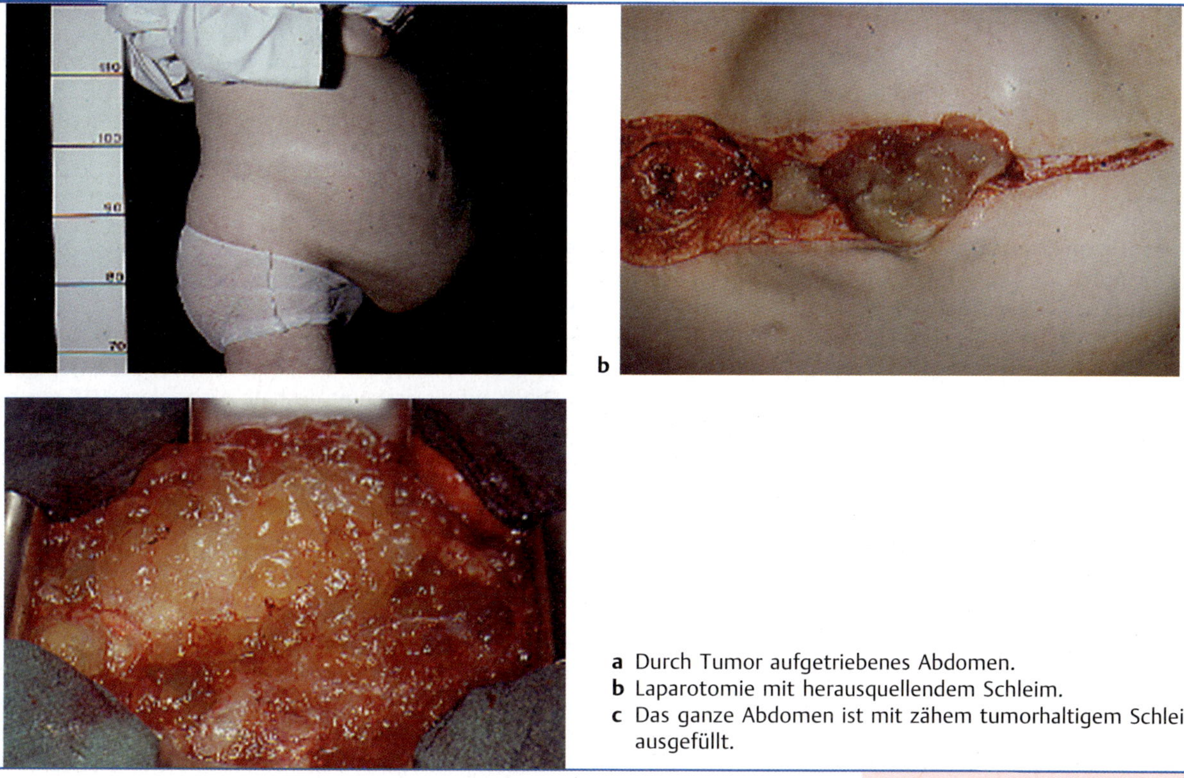

a Durch Tumor aufgetriebenes Abdomen.
b Laparotomie mit herausquellendem Schleim.
c Das ganze Abdomen ist mit zähem tumorhaltigem Schleim ausgefüllt.

5.5.7 Keimzelltumoren

Epidemiologie. Etwa 20 % der Ovarialtumoren gehören in die Gruppe der Keimzelltumoren. Weitaus die Mehrzahl der Tumoren zählt zu den gutartigen Teratomen, lediglich 3–5 % der Keimzelltumoren sind maligne. Im Gegensatz zu den anderen Ovarialtumoren, die eine Zunahme der Inzidenz mit zunehmendem Alter aufweisen, liegt der Altersgipfel der Keimzelltumoren bei 30 Jahren. Anschließend fällt die Häufigkeit des Auftretens steil ab. Mehr als die Hälfte aller Ovarialtumoren bei Frauen unter 20 Jahren geht von Keimzellen aus, etwa ein Drittel davon ist maligne.

5.5.7 Keimzelltumoren

Epidemiologie. Etwa 20 % der Ovarialtumoren gehören in diese Gruppe; nur 3–5 % entarten maligne. Keimzelltumoren treten vor allem bei jüngeren Frauen auf.

▶ **Merke.** Je jünger eine Frau mit Ovarialtumor ist, desto häufiger liegt ein maligner Keimzelltumor vor.

◀ Merke

Klassifikation. Folgende Klassifikation für die Keimzelltumoren hat sich durchgesetzt:
- Dysgerminome
- Dottersacktumoren
- Teratome
- embryonale Karzinome und Polyembryome
- Chorionkarzinome.

Mischformen unterschiedlicher Keimzelltumoren sind häufig.

Klassifikation. Folgende Klassifikation hat sich durchgesetzt:
- Dysgerminome
- Dottersacktumoren
- Teratome
- embryonale Karzinome und Polyembryome
- Chorionkarzinome.

Benigne Keimzelltumoren

Teratome

Diese Tumoren entstehen aus pluripotenten embryonalen Stamm(keim)zellen und enthalten Anteile aller drei Keimblätter. Die Einteilung erfolgt nach dem Differenzierungsgrad der Zellen. Man unterscheidet

Benigne Keimzelltumoren

Teratome

Diese Tumoren enthalten Anteile aller drei Keimblätter.
Je nach Differenzierungsgrad unterscheidet man reife Formen (Dermoidzyste, solide

- reife Formen in zystischer oder solider Ausprägung (Dermoidzyste, solide Tumoren),
- hochspezialisierte Sonderformen (z. B. Struma ovarii, Karzinoide),
- unreife oder embryonale Teratome, die meist maligne sind.

▶ Merke

▶ **Merke.** Die Malignität der Tumoren sinkt mit zunehmendem Differenzierungsgrad (Ausreifung).

Reife Teratome (Dermoidzysten)

Epidemiologie. 15 % aller Ovarialtumoren gehören in diese Gruppe. Sie treten in 10 % der Fälle beidseitig auf.

Pathogenese. Sie weisen gut differenzierte Anteile aller 3 Keimblätter auf, d. h. sie enthalten Bestandteile von Haaren, Haut, Zähnen, Knochen, Fett und Nervengewebe (s. Abb. **B-5.63**).

Klinik. Sie können durch Unterbauchbeschwerden, einem palpablen abdominalen Tumor, Blutungen oder Stieldrehung auffällig werden.

Diagnostik. Dermoidzysten werden häufig zufällig diagnostiziert. Die Zahnanlage ist z. T. im Röntgenbild sichtbar

Reife Teratome (Dermoidzysten)

Epidemiologie. Diese Keimzelltumoren gehören zu den häufigsten Ovarialtumoren. Etwa 15 % aller Ovarialtumoren entfallen auf diese Gruppe. Dermoidzysten treten in 10 % der Fälle beidseitig auf. Die Mehrzahl der Fälle tritt während der reproduktiven Phase auf. Es erstaunt deshalb nicht, dass 10 % der reifen Teratome in Verbindung mit einer Schwangerschaft gefunden werden.
Die durchschnittliche Größe liegt bei 8 cm. Die Oberfläche der häufig ovoiden oder runden Tumoren ist glatt.

Pathogenese. Die reife Form der Teratome zeigt in der Mehrzahl der Fälle das Bild des zystischen Teratoms, auch bezeichnet als **Dermoidzyste**. Diese Tumoren weisen gut differenzierte Anteile aller drei Keimblätter auf, die ektodermalen Anteile überwiegen dabei. Durch die Wand der zystischen Anteile kann der in über 90 % vorliegende Anteil von Haaren, gemischt mit Öl, gelblich durchschimmern (s. Abb. **B-5.63a**). Interessanterweise können die Haare bei Teratomen älterer Patientinnen grau werden. Andere, vorwiegend epidermale Bestandteile, sind verhornendes Plattenepithel, Talgdrüsen und Zahnanlagen, die in 30 % der Fälle vorkommen. Weitere, häufiger gesehene Strukturen sind Glia-/Nervengewebe, Fett, Knorpel, Muskulatur und Knochen (s. Abb. **B-5.63b**).

Klinik. Klinische Symptome sind gelegentliche Unterbauchschmerzen, Zunahme des Bauchumfanges oder vaginale Blutungen.
Etwa 10 % führen zu einer Stieldrehung mit dem klinischen Bild des akuten Abdomens. Spontane Ruptur mit Bildung einer der Tuberkulose, aber auch der Karzinomatose ähnlichen chemischen Peritonitis ist eher selten (1 %).

Diagnostik. Dermoidzysten werden häufig zufällig bei gynäkologischen Untersuchungen durch einen palpablen Adnextumor diagnostiziert. Etwa 30 % der Fälle zeigt die beschriebenen Zahnanlagen im Röntgenbild (s. Abb. **B-5.64a**),

B-5.63 Dermoidzyste

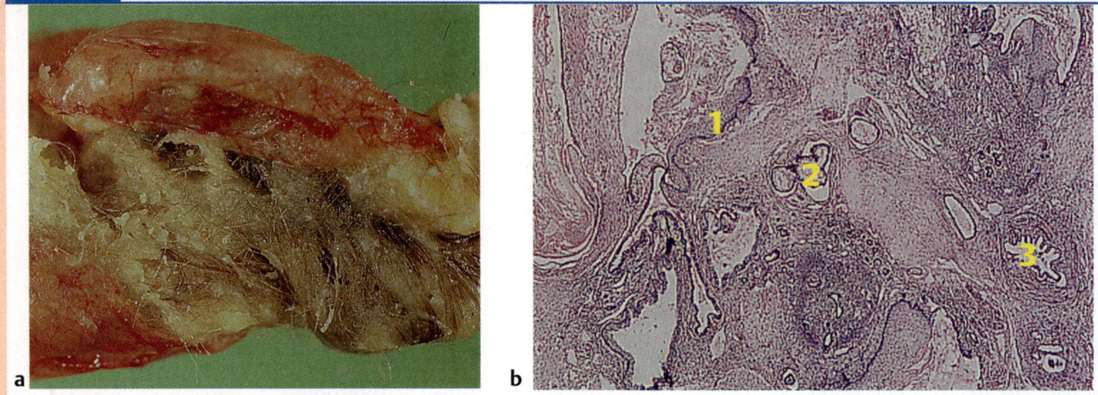

a Eröffnete Dermoidzyste mit Anteilen von Haaren und Talg.
b Histologisches Bild einer Dermoidzyste mit verhornendem Plattenepithel (1), muzinöser Drüse (2), Darmwand (3).

B-5.64 Apparative Untersuchungen

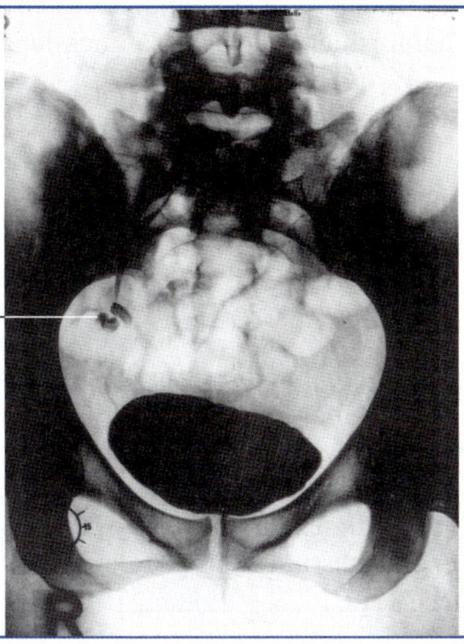

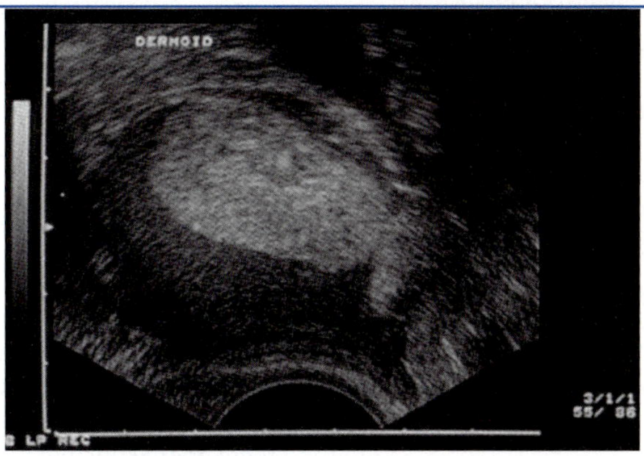

a Röntgenaufnahme Beckenübersicht. Im Unterbauch rechts Zahnanlage bei einer Dermoidzyste.
b Ultraschallbild einer Dermoidzyste.

bei mehr als einem Drittel der Fälle kann der Tumor eine im Ultraschall typische Struktur aufweisen (zystische Anteile mit echodichteren Herden, s. Abb. **B-5.64b**).

(s. Abb. **B-5.64a**). Im Ultraschall kann der Tumor eine typische Struktur aufweisen (s. Abb. **B-5.64b**).

Therapie. Wegen der üblicherweise guten Prognose der reifen Teratome ist eine einseitige Ovarektomie ausreichend, wobei eine Spontanruptur wegen der genannten Komplikation vermieden werden sollte. Bei alleiniger Ausschälung liegt die die Zahl der Rezidive bei etwa 10 %.

Therapie. Die einseitige Ovarektomie ist aufgrund der guten Prognose ausreichend.

Prognose. Etwa 1 % der zystischen Teratome entartet maligne. In über 90 % dieser Fälle entsteht dann ein Plattenepithelkarzinom. Diese Entartung entsteht eher bei postmenopausalen Frauen.
Ist in diesen Fällen die Erkrankung auf das Ovar begrenzt, liegt die 5-Jahresüberlebensrate bei 80 %; sobald die Kapsel durchbrochen ist, fällt die Überlebenswahrscheinlichkeit rapide ab.

Prognose. In etwa 1 % kommt es zur malignen Entartung (meist Plattenepithelkarzinom).

Die 5-Jahresüberlebensrate liegt in diesen Fällen bei 80 %, solange die Kapsel des Ovars noch nicht durchbrochen ist.

Hoch spezialisierte Teratome (monophylitische Teratome)

Bei den hoch spezialisierten Teratomen kommt es zum isolierten Wachstum einer Gewebeart (monophylitisches Wachstum). Ist hierbei Schilddrüsengewebe ausgebildet, spricht man von einer **Struma ovarii** (3 % der Teratome; s. Abb. **B-5.65**). Symptome einer Hyperthyreose können auftreten.

Hoch spezialisierte Teratome (monophylitische Teratome)

Diese Tumoren können Schilddrüsengewebe nachahmen und zu einer Hyperthyreose führen (**Struma ovarii**; s. Abb. **B-5.65**).

B-5.65 Struma ovarii

B-5.65

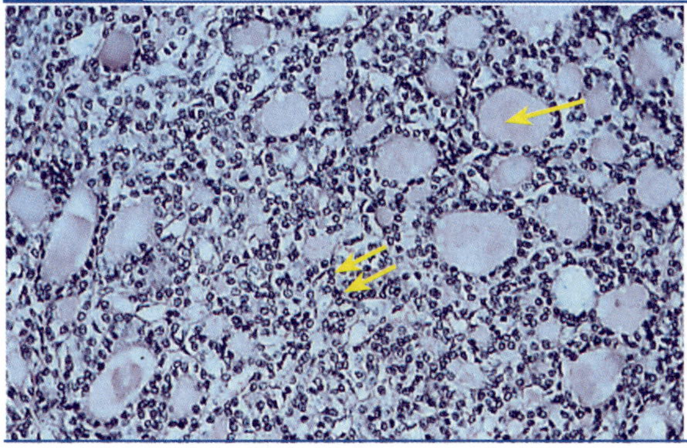

Schilddrüsengewebe vom makrofollikulären (→) und mikrofollikulären (⇉) Drüsentyp.

Selten entsprechen sie einem **Karzinoidtumor** des Gastrointestinaltraktes und führen zu einer Serotoninausschüttung.

Selten werden Tumoren gesehen, die dem **Karzinoidtumor** des Gastrointestinaltraktes entsprechen. Diese Serotonin produzierenden Tumoren können eine typische Flushsymptomatik hervorrufen, wie sie z. B. auch beim Karzinoid der Appendix auftreten kann.

Das maligne Potenzial ist sehr gering.

Die hoch spezialisierten Teratome haben nur ein sehr geringes malignes Potenzial.

Maligne Keimzelltumoren

Dysgerminome

Maligne Keimzelltumoren

Dysgerminome

Epidemiologie. Das Dysgerminom ist der häufigste Keimzelltumor.

90 % der Patientinnen sind jünger als 30 Jahre.

Epidemiologie. Der häufigste maligne Keimzelltumor ist das Dysgerminom Etwa 2–5 % aller malignen Ovarialtumoren entfallen auf diesen Tumor.
90 % aller Patientinnen sind jünger als 30 Jahre. Häufig treten diese Tumoren während einer Schwangerschaft auf. Eine hohe Inzidenz von Dysgerminomen wird in Japan beobachtet. Bei 5 % der Patientinnen mit Gonadendysgenesien treten Gonadoblastome mit vorwiegendem Wachstum des Dysgerminomanteils auf.

▶ Merke

▶ **Merke.** Das Dysgerminom der Frau entspricht dem Seminom des Mannes.

Klinik. Dysgerminome (s. Abb. **B-5.66**) wachsen schnell und können einen Durchmesser bis zu 50 cm erreichen. Der Zeitraum zwischen dem Auftreten von Symptomen und der Diagnosestellung ist relativ kurz.

Klinik. Die klinische Symptomatik entspricht der anderer maligner Ovarialtumoren. Allerdings ist die Dauer der Symptomatik vor Diagnosestellung relativ kurz. Dies deutet auf ein schnelles Wachstum hin. Dysgerminome können einen Durchmesser von bis zu 50 cm erreichen. Die Tumoren sind solide aufgebaut und zeigen eine grauweiße Schnittfläche (s. Abb. **B-5.66**).

Ausbreitung. In 70–80 % ist das Dysgerminom auf ein Ovar begrenzt, in 20 % sind beide Ovarien befallen.

Ausbreitung. Die Ausbreitung ist ähnlich wie bei den anderen Ovarialtumoren. In 70–80 % ist das Dysgerminom auf ein Ovar begrenzt (Stadium IA), in 20 % sind beide Ovarien befallen.

Therapie. Bei Frauen mit Kinderwunsch ist eine einseitige Adnektomie gerechtfertigt. In allen anderen Fällen erfolgt die beidseitige Adnektomie, Hysterektomie und Omentektomie.

Dysgerminome sind strahlensensibel und sprechen auf Chemotherapie gut an.

Therapie. Bei den meist sehr jungen Frauen in Stadium IA ist die unilaterale Adnexentfernung möglich. Eine kontralaterale Biopsie sollte durchgeführt werden. Besteht kein Kinderwunsch oder liegt ein Stadium IB und darüber vor, ist eine beidseitige Adnexentfernung mit Hysterektomie und Omentektomie der sicherere Weg.
Da Dysgerminome für das gute Ansprechen auf eine Strahlentherapie bekannt sind, wird eine postoperative Bestrahlung mit 30–40 Gy angeraten, die häufig zur Vollremission führt. Die Bestrahlung ist insbesondere bei operativ belassenen Lymphknoten oder einem Rezidiv indiziert.
Dysgerminome sprechen auch gut auf eine Chemotherapie an.

B-5.66

B-5.66 Dysgerminom

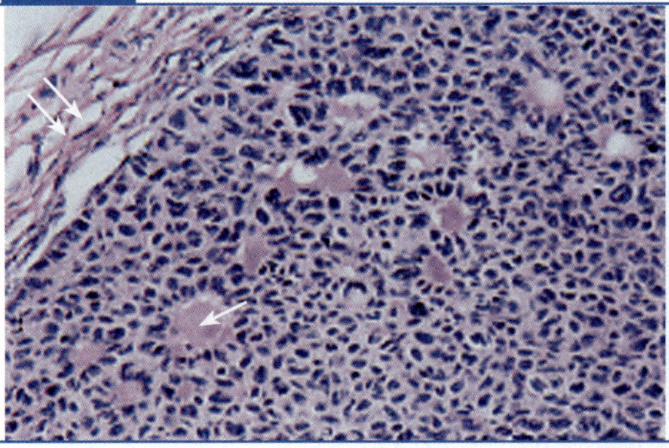

Tumorzellansammlungen (primordiale Keimzellen [→], bandförmig durchsetzt von Lymphozyten CLCA positiv [⇉]).

Prognose. Die 10-Jahresüberlebensrate liegt bei 75–90 %. Das metastasierte Dysgerminom kann nach einer Bestrahlung mit einer Chemotherapie weiterbehandelt werden. Gute Ergebnisse sind bekannt, wenn auch bei kleinen Fallzahlen.

Prognose. Die 10-Jahresüberlebensrate liegt bei 75–90 %.

Dottersacktumoren

Epidemiologie und Pathologie. Obwohl Dottersacktumoren (Yolk-Sac-Tumoren, endodermale Sinuszelltumoren) relativ selten sind, zählen sie zur zweithäufigsten Form innerhalb der Gruppe der malignen Keimzelltumoren und sind die häufigsten hochmalignen Ovarialtumoren in der Kindheit. Das mittlere Erkrankungsalter liegt bei 19 Jahren.
Bei Dottersacktumoren handelt es sich um relativ weiche, häufig zystische Tumoren mit nekrotischen und hämorrhagischen Anteilen.

Klinik. Die hochmalignen Dottersacktumoren wachsen extrem schnell, was häufig zu einem akuten Beginn der klinischen Symptomatik führt. Daher sucht etwa die Hälfte der Patientinnen innerhalb weniger Tage nach Auftreten der Krankheitsymptome den Arzt auf. 75 % der Patientinnen kommen mit Bauchschmerzen und in nahezu der Hälfte der Fälle sind zu diesem Zeitpunkt Tumormassen tastbar. Die Mehrzahl der Tumoren hat bei Diagnosestellung einen Durchmesser von über 10 cm. Bei Ruptur oder Torsion des Tumors zeigt sich das Bild eines akuten Abdomens. Gelegentlich führt dies zur Verwechslung mit einer akuten Appendizitis.

Therapie. Durch eine operative Intervention wird die Tumorentfernung angestrebt. Auf eine radikale Chirurgie wird verzichtet, da hierdurch keine besseren Überlebenschancen erreicht werden. Entscheidend ist die anschließende aggressive Behandlung mit Zytostatika, die in allen Stadien notwendig ist.

Prognose und Nachsorge. In etwa 70 % der Fälle liegt bei Operation ein Stadium Ia vor. Durch die operative Tumorentfernung mit anschließender Chemotherapie konnte die Mortalität von über 90 % auf 20 % gesenkt werden. 90 % der Rezidive treten innerhalb eines Jahres nach Diagnose auf.
Dottersacktumoren bilden α-Fetoprotein (AFP). Dieser Tumormarker ist hervorragend für die postoperative Überwachung geeignet, da einerseits das Ansprechen des Tumors auf die Chemotherapie und andererseits das Auftreten eines Rezidivs zuverlässig erkannt werden können.

Dottersacktumoren

Epidemiologie und Pathologie. Dottersacktumoren sind die zweithäufigsten malignen Keimzelltumoren und die häufigsten hochmalignen Ovarialtumoren im Kindesalter.

Klinik. Die Tumoren wachsen sehr schnell, was zu einer akuten Symptomatik mit Bauchschmerzen führt. In mehr als der Hälfte der Fälle ist der Tumor tastbar. Ein akutes Abdomen entwickelt sich bei Ruptur des Tumors.

Therapie und Prognose. Entscheidend für die Prognose ist eine aggressive Chemotherapie, mit der die 5-Jahresüberlebensrate auf über 80 % angehoben werden konnte. Die vorangehende Tumorresektion ist zur Entlastung notwendig, hat jedoch wenig Einfluss auf die Überlebenschancen. Der Tumormarker α-Fetoprotein ist zur Verlaufskontrolle hervorragend geeignet.

Unreife Teratome

Etwa 1 % aller Ovarialtumoren sind unreife Teratome. Sie treten fast immer vor dem 20. Lebensjahr auf. Im Gegensatz zu den reifen Teratomen sind hier die Derivate der drei Keimblätter ungeordnet und undifferenziert. Unreifes Neuralgewebe überwiegt. Die Tumoren sind meist größer als bei den reifen Formen. Verwachsungen mit der Umgebung und Kapselrupturen sind häufig. Die Prognose der unreifen Teratome ist schlecht, da die Tumoren schnell metastasieren und peritoneal ausstreuen. Die 5-Jahresüberlebensrate liegt unter 20 %. Therapie der Wahl ist die einseitige Adnektomie; da die Tumoren gut auf Zytostatika ansprechen, wird anschließend eine Chemotherapie durchgeführt.

Unreife Teratome

Diese Tumoren sind hoch maligne und treten fast immer vor dem 20. Lebensjahr auf. Sie enthalten undifferenzierte Anteile der drei Keimblätter. Die Prognose der unreifen Teratome ist schlecht, da die Tumoren schnell metastasieren und peritoneal ausstreuen. Die 5-Jahresüberlebensrate liegt unter 20 %.

Seltene Keimzelltumoren

Schwangerschaftsunabhängige Chorionkarzinome (primäre Chorionkarzinome des Ovars, die β-HCG produzieren), embryonale Karzinome und Polyembryome sind äußerst selten, jedoch hoch maligne. Sie treten eher bei jüngeren Frauen auf. Mischformen sind häufig. Als Therapie wird die Adnektomie mit anschließender aggressiver Chemotherapie vorgeschlagen. Die Prognose ist schlecht, Heilungen sind die Ausnahme.

Seltene Keimzelltumoren

Hierzu gehören die schwangerschaftsunabhängigen Chorionkarzinome, die embryonalen Karzinome und Polyembryome. Die Tumoren sind hoch maligne. Therapeutisch wird eine Adnektomie mit anschließender Chemotherapie durchgeführt.

5.5.8 Keimstrang- und Keimdrüsenstromatumoren

Etwa 8 % der Ovarialtumoren gehören in die Gruppe der Keimstrang- Keimdrüsenstromatumoren. In der WHO-Klassifikation sind sie unter der Bezeichnung Keimdrüsenstromatumoren subsummiert. Es gibt folgende Untergruppen:
- Tumoren der Thekom-Fibromgruppe
- Sertoli-Leydig-Zelltumoren
- Gynandroblastome
- Granulosazelltumoren.

5.5.8 Keimstrang- und Keimdrüsenstromatumoren

Knapp 8 % der Ovarialtumoren, darunter fast alle endokrin aktiven Tumoren, gehören zu dieser Gruppe. Die Tumoren gehen von den Keimsträngen oder vom Mesenchym aus. Sie enthalten charakteristische Zellen von Ovar und Hoden in Kombination mit einem bindegewebigen Anteil unterschiedlicher Größe. Viele der Tumoren produzieren Hormone, die spezifische Symptome hervorrufen. Man unterscheidet
- Tumoren der Thekom-(Thekazell-)Fibromgruppe
- Sertoli-Leydig-Zelltumoren
- Gynandroblastome
- Granulosazelltumoren.

In der WHO-Klassifikation sind sie unter der Bezeichnung Keimdrüsenstromatumoren subsummiert.

Tumoren der Thekom-(Thekazell-)Fibromgruppe

Sie kommen meist in der Postmenopause vor, sind immer einseitig und entarten selten maligne. Da sie von hormonaktiven Thekazellen ausgehen, produzieren sie Östrogene, die eine Endometriumhyperplasie bewirken.

Therapie ist die einseitige Ovarektomie.

Tumoren der Thekom-(Thekazell-)Fibromgruppe

Thekome treten in der Mehrzahl der Fälle in der Postmenopause auf. Thekome sind immer einseitig und entarten sehr selten maligne. Sie gehen von hormonaktiven Thekazellen des Bindegewebes aus. Die festen, an der Oberfläche glatten Tumoren zeigen eine typische gelbliche Farbe. Sie produzieren Östrogene, die eine Endometriumhyperplasie bewirken, was sich klinisch in Blutungen äußert. Selten treten sie in Kombination mit Aszites auf.
Als Therape ist eine einseitige Ovarektomie ausreichend. Zum Ausschluss einer Zweiterkrankung als Ursache der postmenopausalen Blutung ist eine Kürettage erforderlich.

Fibrome

Sie haben einen Anteil von etwa 5 % an allen Ovarialtumoren. Über 90 % der Patientinnen ist älter als 30 Jahre.

Ausgangspunkt der Tumoren ist ovarielles Stroma. Sie sind meist endokrin inaktiv.

Fibrome

Etwa 5 % aller Ovarialtumoren gehören in diese Gruppe. Prinzipiell treten sie in jeder Lebensphase auf, jedoch sind über 90 % der Patientinnen älter als 30 Jahre.
Eine große Anzahl der Fibrome kann als ausgebrannte Thekome angesehen werden. Sie entstehen aus ovariellem Stroma und produzieren nur noch selten Hormone. Fibrome zeigen eine weißliche, derbe Schnittfläche. Bis zu 10 % der Tumoren weisen Verkalkungen auf, gelegentlich auch zystische Areale.
Zirka 10–15 % der Tumoren, die einen größeren Durchmesser als 6 cm haben, sind mit Aszites kombiniert. In 1 % der Fälle tritt zusätzlich ein Pleuraerguss auf. Diese Symptomentrias wird als **Meigs-Syndrom** (s. Abb. **B-5.67**) bezeichnet.

B-5.67

B-5.67 Aszites und Pleuraerguss bei Ovarialfibrom (Meigs-Syndrom)

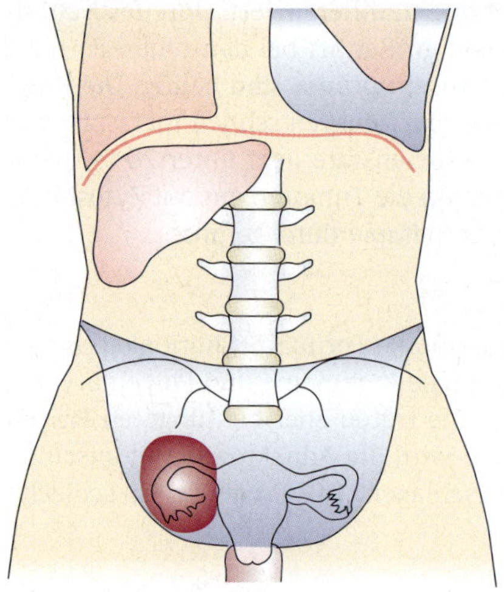

▶ **Merke.** Das gemeinsame Auftreten von Ovarialfibrom. Aszites und Pleuraerguss wird als Meigs-Syndrom bezeichnet (s. Abb. **B-5.61**).

◀ Merke

Da Fibrome gutartig sind, reicht als Therapie die einseitige Ovarektomie aus. Aszites und Pleuraerguss bilden sich anschließend zurück.

Da es sich um gutartige Tumoren handelt reicht die einseitige Ovarektomie aus.

Sertoli-Leydig-Zelltumoren (Androblastome, Arrhenoblastome)

Diese Tumoren (Abb. **B-5.68a**) haben einen Anteil von nur etwa 0,5 % an allen Ovarialtumoren und sind in 90 % gutartig. Wegen der besonderen klinischen Symptomatik werden sie jedoch häufig dramatisch erlebt. Sie sind aus Sertoli-Leydig-Zellen aufgebaut und zeigen in 80 % der Fälle die klinischen Symptome einer Androgenproduktion. Daher werden sie auch als **Androblastome** bezeichnet. Die häufig bei jungen Frauen auftretenden Tumoren bewirken oft eine Oligomenorrhö, gefolgt von einer Amenorrhö. Es kommt zu einer Rückbildung der weiblichen Geschlechtsmerkmale und zu einer zunehmenden Maskulinisierung. Dazu gehören Hirsutismus und Vermännlichung der Stimme sowie unter Umständen eine Klitorishypertrophie (Abb. **B-5.68b**). Die Behandlung besteht in der operativen Therapie.

Sertoli-Leydig-Zelltumoren (Androblastome, Arrhenoblastome)

0,5 % aller Ovarialtumoren sind Sertoli-Leydig-Zelltumoren (s. Abb. **B-5.68a**). In 80 % der Fälle bestehen Zeichen der Androgenproduktion mit Amenorrhö, Rückbildung der weiblichen Geschlechtsmerkmale und zunehmender Maskulinisierung (Abb. **B-5.68b**). Die Behandlung besteht in der operativen Therapie. 90 % der Sertoli-Leydig-Zelltumoren sind gutartig.

Gynandroblastome

Diese aus Sertoli-Leydig- und Granulosazellen bestehenden Tumoren mit einer dadurch bedingten klinischen Symptomatik sind äußerst selten.

Gynandroblastome

Sie bestehen aus Sertoli-Leydig- und Granulosazellen und sind sehr selten.

Granulosazelltumoren

Epidemiologie. Sie haben einen Anteil von 2 % bezogen auf alle Ovarialtumoren. Allerdings steigt dieser Anteil auf 10 %, wenn die Bezugsgruppe der malignen Ovarialtumoren zugunde gelegt wird. Das mittlere Erkrankungsalter liegt bei 52 Jahren, d. h. die meisten Frauen sind postmenopausal. Bei ca. 5 % der Patientinnen treten die Tumoren auch schon vor Eintritt der normalen Pubertät auf, sog. juvenile Granulosazelltumoren.

Granulosazelltumoren

Epidemiologie. 2 % aller Ovarialtumoren sind Granulosazelltumoren. Ihr Anteil an den malignen Ovarialtumoren beträgt 10 %. Meist sind postmenopausale Frauen betroffen. Der juvenile Granulosazelltumor ist selten.

B-5.68 Sertoli-Leydig-Zelltumor

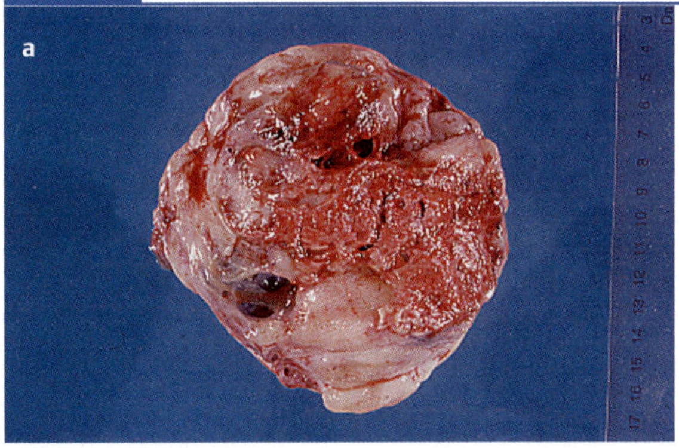

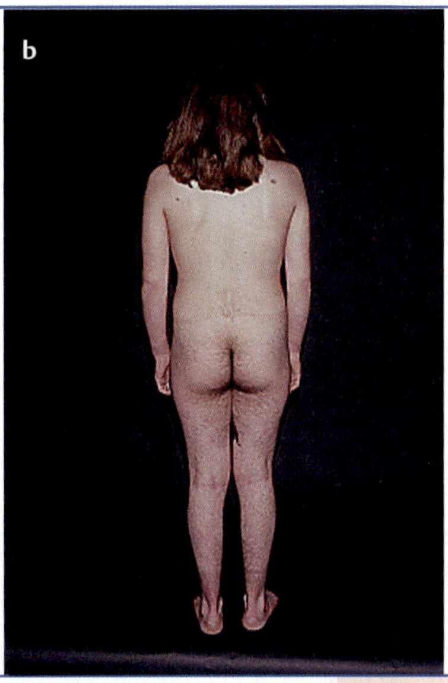

a Schnittfläche des gelblichen, teilweise hämorrhagischen Tumors.
b Patientin mit Sertoli-Leydig-Zelltumor. Männlicher Wachstumstyp ist deutlich zu erkennen.

Klinik und Diagnostik. Durch Östrogenproduktion des Tumors kommt es bei präpubertären Mädchen zur Vorverlagerung der Pubertät. Bei erwachsenen Frauen stehen Blutungsstörungen durch eine **glandulär-zystische Endometriumhyperplasie** im Vordergrund. Das Risiko an einem Endometriumkarzinom zu erkranken ist um das 4fache erhöht.

80 % der Tumoren werden aufgrund ihrer Größe bei der bimanuellen Palpation entdeckt. Sie sind meist auf ein Ovar begrenzt.
Der hohe Lipidgehalt des Tumors ist an der gelblichen Farbe zu erkennen (s. Abb. **B-5.69**).

Klinik und Diagnostik. Prägend für das klinische Bild ist die Östrogenproduktion des Tumors. Bei Mädchen vor der Pubertät kann es zum Bild einer **Pseudopubertas praecox** kommen, bei der Brust- und Schamhaarentwicklung sowie die Menarche zeitlich vorgelagert sind. Frauen im reproduktiven Alter kommen häufig wegen Zyklusstörungen mit vaginalen Blutungen, die durch eine glandulär-zystische **Endometriumhyperplasie** bedingt sind, in die Sprechstunde. Das Risiko an einem Endometriumkarzinom zu erkranken ist bei diesen Patientinnen um das 4fache erhöht. Auch in der postmenopausalen Phase sind vaginale Blutungen ein häufiges Symptom.
Im Vordergrund der Diagnostik steht die bimanuelle Untersuchung. Da die Tumorgröße meist über 6 cm liegt, werden ca. 80 % der Granulosazelltumoren durch Palpation gefunden. Bei über 90 % der Patientinnen ist der Tumor zu diesem Zeitpunkt auf ein Ovar beschränkt, 5 % treten bilateral auf. Weitere Aufschlüsse, z. B. über solide oder zystische Areale innerhalb des Tumors gibt die Ultraschalluntersuchung. Bei der Operation weist die häufig gelbliche Farbe des Tumors auf den hohen Lipidgehalt des Tumors hin (s. Abb. **B-5.69**).

Wachstum und Ausbreitung. Die Ausbreitung erfolgt meist durch lokales Übergreifen auf Nachbarorgane. Obwohl der Granulosazelltumor als Tumor mit niedriger maligner Potenz eingestuft wird, kann sein Wachtums- und Ausbreitungsverhalten dem Ovarialkarzinom entsprechen.

Wachstum und Ausbreitung. Granulosazelltumoren breiten sich durch lokales Übergreifen auf Nachbarorgane aus. Die Lymphknoten im paraaortalen und pelvinen Bereich können ebenfalls befallen sein. Obwohl der Granulosazelltumor als Tumor mit niedriger maligner Potenz eingestuft wird, kann sein Wachtums- und Ausbreitungsverhalten dem eines Ovarialkarzinoms entsprechen. Bei den präpubertär auftretenden Granulosazelltumoren erscheint das histologische Bild maligner als das biologische Verhalten.

Therapie. Im Stadium IA wird bei Frauen in der reproduktiven Phase die einseitige Adnexentfernung, die kontralaterale Keilexzision des kontralateralen Ovars und die Kürettage des Uterus vorgenommen. In allen anderen Fällen werden die Tumoren wie ein Ovarialkarzinom behandelt.

Postoperativ ist bei verbliebenen Tumorresten eine Strahlentherapie erfolgversprechend, bei metastasierten Tumoren ist eine Chemotherapie notwendig.

Therapie. Im Stadium IA, d. h. bei strikter Beschränkung auf ein Ovar, wird bei Frauen in der reproduktiven Phase die einseitige Adnexentfernung, die kontralaterale Keilexzision des kontralateralen Ovars und die Kürettage des Uterus (cave: simultanes Endometriumkarzinom möglich) vorgenommen. Bei postmenopausalen Patientinnen, Frauen ohne Kinderwunsch und Ausdehnung des Tumors über ein Ovar hinaus entspricht das therapeutische Vorgehen der Therapie beim Ovarialkarzinom (s. S. 291 ff) mit Entfernung beider Adnexe, Hysterektomie und Omentektomie und evtl. Lymphadenektomie.
Da der Tumor strahlensensibel ist, wird bei postoperativ verbliebenen Tumorresten eine Strahlentherapie durchgeführt. Bei metastasierten Granulosazelltumoren ist eine systemische (Chemo-)Therapie notwendig.

Prognose. Die 10-Jahresüberlebensrate liegt bei 70–95 %. Spätrezidive können auch noch nach 20 Jahren vorkommen.

Prognose. Die 10-Jahresüberlebensrate liegt bei 70–95 %. Granulosazelltumoren neigen zu Lokalrezidiven im kleinen Becken. Spätrezidive sind auch noch nach 20 Jahren möglich. Deshalb wird eine lebenslange Tumornachbetreuung empfohlen.

B-5.69 **Schnitt durch einen Granulosazelltumor**

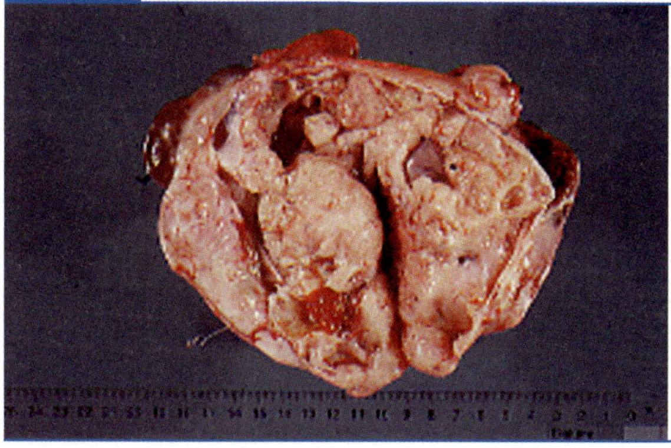

Auf der gelblich-weißen Schnittfläche sieht man solide und zystische Anteile.

B-5.69

6 Endometriose

6 Endometriose

▶ Definition

▶ **Definition.** Unter einer Endometriose versteht man das Vorkommen von endometrialem Drüsengewebe und Stroma (d.h. Inseln von Gebärmutterschleimhaut) an unphysiologischen Stellen außerhalb des Cavum uteri.

Je nach Lokalisation werden unterschieden:

- **Endometriosis genitalis externa**: Herde im Bereich des kleinen Beckens
- **Endometriosis genitalis interna**: Endometrioseinseln innerhalb des Myometriums
- **Endometriosis extragenitalis**: Endometrioseherde außerhalb des kleinen Beckens.

Je nach Lokalisation werden drei verschiedene Formen der Endometriose unterschieden:

- **Endometriosis genitalis externa**: Hierbei handelt es sich um ektope Endometrioseinseln außerhalb des Uterus in den Organen des kleinen Beckens (v.a. Ovarien, Ligg. sacrouterina, Douglas- und Blasenperitoneum).
- **Endometriosis genitalis interna**: Diese Form der Endometriose wird auch Adenomyosis uteri genannt, da sich die Endometrioseinseln innerhalb des Myometriums befinden.
- **Endometriosis extragenitalis**: Hierunter versteht man Endometrioseherde außerhalb des kleinen Beckens, z.B. in Lunge, Blase, Ureteren, Darm.

Epidemiologie. Ca. 8–10 % aller Frauen zwischen dem 15. u. 50. Lebensjahr sind an einer Endometriose erkrankt (Tab. **B-6.1**). Besonders hoch ist die Erkrankungshäufigkeit bei Frauen mit unerklärbarer Sterilität.

Die Endometriose kommt vor allem bei Frauen zwischen 20 und 40 Jahren vor.

Epidemiologie. Die Prävalenz der Endometriose ist unbekannt, da eine exakte Diagnose nur durch Laparoskopie oder Laparotomie möglich ist. Schätzungsweise haben etwa 8–10% der Frauen zwischen dem 15. und 50. Lebensjahr eine Endometriose. Diese Zahl ergibt sich aus den Auswertungen von gynäkologischen Eingriffen mit unterschiedlicher Indikation (Laparoskopien und Laparotomien, Tab. **B-6.1**).
Das typische Alter zum Zeitpunkt der Erstdiagnose liegt zwischen 20 und 40 Jahren. Da aufgrund ständiger Weiterentwicklung der Technik und zunehmender Verbreitung der Methode die Indikation zur Laparoskopie in den letzten Jahren immer großzügiger gestellt wird, wird die Endometriose auch zunehmend bei Frauen unter 20 Jahren diagnostiziert (ca. 10 % aller Endometriosefälle). Obwohl es sich um eine Erkrankung der geschlechtsreifen Frau handelt, vermutet man, dass die Erkrankung auch noch bei 1–2 % der postmenopausalen Frauen vorkommt.

Ätiologie und Pathophysiologie. Die Ätiologie ist bis heute unbekannt, die Histogenese ist nur unvollständig geklärt.

Es gibt verschiedene **Entstehungstheorien.**

- **Transplantationstheorie:**

Sie beruht auf der Annahme, dass **während der Menstruation** vitales Endometriumgewebe **retrograd** durch die Tuben in den Bauchraum gelangt und sich **auf dem Peritoneum implantiert.**

Ätiologie und Pathophysiologie. Die Ätiologie dieser in der Gynäkologie sehr relevanten Erkrankung ist bis heute unbekannt. Wissenschaftliche Daten zur Pathophysiologie sind dürftig, die **Histogenese** ist nur **unvollständig geklärt.**
Es gibt verschiedene **Theorien zur Entstehung** der Endometriose.

- **Transplantationstheorie:**

Die Transplantationstheorie ist die am besten akzeptierte Theorie. Sie beruht auf der Annahme, dass **während der Menstruation** vitales Endometriumgewebe **retrograd** durch die Tuben in den Bauchraum gelangt. Günstige Bedingungen führen zur **Implantation** dieser Fragmente **auf dem Peritoneum** und somit zur Entstehung der Endometriose.

B-6.1

B-6.1 Häufigkeit der Endometriose

▪ bei gynäkologischen Laparotomien	1–50 %
▪ bei gynäkologischen Laparoskopien	5–53 %
▪ bei infertilen Frauen	15–24 %
▪ bei unerklärbarer Sterilität	40–70 %
▪ bei laparoskopischer Tubensterilisation	2–10 %

(Die wirkliche Häufigkeit in der weiblichen Bevölkerung ist unbekannt.)

Die Transplantationstheorie wird durch wissenschaftliche Untersuchungsergebnisse gestützt:
- Im Menstrualblut finden sich vitale Endometriumdrüsen und endometriales Stroma
- Endometriumzellen können sich auf dem Peritoneum implantieren und dort wachsen
- sowohl Östrogene als auch Gestagene induzieren und beeinflussen das Wachstum der Implantate
- die retrograde Menstruation ist nach neueren Erkenntnissen als physiologisch anzusehen
- bei Frauen mit Störungen der Entwicklung der Müllerschen Gänge mit Abflussbehinderung des Menstrualblutes findet man ein gehäuftes Auftreten von Endometriose
- Frauen mit Hyper- und Polymenorrhöen sind vermehrt betroffen
- die bevorzugte Lokalisation der Endometrioseherde ist der Douglas-Raum.

Aus histologischen Untersuchungen ist bekannt, dass es über Lymphwege und Blutgefäße zur **Streuung** der Erkrankung kommen kann **(„benigne Metastasierung")**. Das Vorkommen von Endometriose bei Frauen mit primärer Amenorrhö oder ohne funktionstüchtiges Endometrium (z. B. Rokitansky-Küster-Syndrom) sowie bei Männern nach Prostatektomie mit nachfolgender Östrogenbehandlung wird jedoch durch die Transplantationstheorie nicht erklärt.

Über Lymphwege und Blutgefäße kann es zur **Streuung** kommen (**„benigne Metastasierung"**).

- **Metaplasietheorie:**

Die Metaplasietheorie geht davon aus, dass **wiederholte Irritationen des Zölomepithels** durch verschiedene Faktoren wie z. B. Infektionen **Metaplasien induzieren**, die zur Transformation der pluripotenten Zölomzelle in endometriales Gewebe führen. Durch die **Kombination** von **Transplantations- und Metaplasietheorie** versucht man, die klinische Vielfalt der Endometriose in ein ganzheitliches Konzept zu fassen.

- **Metaplasietheorie:**

Sie beruht auf der Vorstellung, dass **wiederholte Irritationen des Zölomepithels** zur Metaplasie von endometroiden Zellen führen.

- **Immunologische Theorie:**

Die immunologische Theorie geht davon aus, dass die in den Douglas-Raum gelangten Endometriumfragmente von der körpereigenen Abwehr entfernt werden müssen. Diese Aufgabe fällt den Makrophagen zu. Bei Frauen mit einem isolierten **Immundefekt gegen autologes Endometrium** sind Implantation und Wachstum der Fragmente möglich. Auftreten und Ausmaß des Immundefekts erklären das unterschiedliche Manifestationsalter, die verschiedenen Schweregrade und die unterschiedliche klinische Ausprägung der Krankheit.

- **Immunologische Theorie:**

Sie beruht auf der Annahme, dass normalerweise in den Douglas-Raum gelangte Endometriumzellen von der körpereigenen Immunabwehr entfernt werden. Ein **Immundefekt gegen autologes Endometrium** ermöglicht die Implantation und das Wachstum der Fragmente auf dem Peritoneum.

Eine **genetische Komponente** für die Entstehung des Immundefekts würde die familiäre Häufung der Endometriose sowie das erhöhte Erkrankungsrisiko bei Verwandten ersten Grades erklären.

Eine **genetische Komponente** scheint ebenfalls eine Rolle zu spielen.

Unumstritten ist, dass genetische, immunologische, endokrine und mechanische Faktoren eine gewisse Rolle für die Entstehung und Ausdehnung der Endometriose spielen. Nach Auftreten des ersten Endometriose-Implantats auf dem Peritoneum kommt es zur diskontinuierlichen Ausbreitung der Erkrankung im kleinen Becken und in der Peritonealhöhle. Bei progressiven Krankheitsverläufen findet sich **infiltrierendes Wachstum** in die Nachbarorgane **Blase** und **Darm**.

Etwa 50 % der Endometrioseherde reagieren (abhängig vom Differenzierungsgrad, s. Tab. **B-6.4**, S. 310) auf den zyklischen Einfluss der Sexualhormone ähnlich wie die normale Gebärmutterschleimhaut. Östrogene fördern die Proliferation, Gestagene bewirken eine sekretorische Umwandlung des Drüsengewebes. Während der Menstruation kommt es zu einer Blutung, wobei das Blut aber oft nicht abfließen kann. Endometrioseherde können wie das normale Endometrium Prostaglandine produzieren. Die Beschwerden der Patientinnen lassen sich zum Teil auf die Ansammlung von Blut und die gesteigerte Prostaglandinsynthese zurückführen.

Die Endometrioseherde reagieren auf den Einfluss der Östrogene und Gestagene ähnlich wie das normale Endometrium. Während der Menstruation kommt es zu einer Blutung aus den Herden, das Blut kann aber oft nicht abfließen. Die Endometrioseherde produzieren Prostaglandine.

Klinik. Die Endometriose spielt im klinischen wie auch im Praxisalltag eine wichtige Rolle. Wenn eine über 20-jährige Patientin über zunehmende **Dys-**

Klinik. Dringend verdächtig auf eine Endometriose sind (Tab. **B-6.2**): **Dys-**

B-6.2

B-6.2 Symptome der Endometriose

Symptome	*Häufigkeit*
▪ sekundäre Dysmenorrhö	50–60 %
▪ Dyspareunie	
▪ zyklische Unterbauchschmerzen	30–40 %
▪ Dysurie	2– 5 %
▪ zyklische Hämaturie/blutige Defäkation	<1 %
▪ prämenstruelle Schmierblutungen und Hypermenorrhö	5–15 %
▪ Sterilität	30–50 %
▪ Defäkationsbeschwerden	1– 5 %

B-6.3

B-6.3 Verteilungsmuster der Endometriose

Lokalisation	*Häufigkeit*
innere Genitalien	
▪ Ovarien	50 %
▪ Sakrouterinligamente und Douglasperitoneum	60 %
▪ Tuben (v. a. Isthmus tubae)	10 %
benachbarte Organe	
▪ Blase	15 %
▪ Darm (isolierter Befall)	ca. 8 %

menorrhö = Leitsymptom, zyklische **Unterbauchschmerzen, Blutungsstörungen, Sterilität.**

menorrhö, zyklische **Unterbauchschmerzen** und **Blutungsstörungen** bei **ungewollter Kinderlosigkeit** klagt, ist der Symptomenkomplex dringend verdächtig auf eine Endometriose (Tab. **B-6.2**).

▶ Merke

▶ **Merke.** Die Aktivität der Endometriose unterliegt ebenso der hormonalen Stimulation wie das Endometrium und besteht so lange, wie hormonale Impulse erfolgen. Nach der Menopause schwinden die Symptome und allmählich auch die Befunde.

▶ Merke

▶ **Merke.** Beschwerdebild und klinische Ausprägung der Erkrankung korrelieren nicht miteinander.

Die **Symptomatologie** reicht von weitgehender **Beschwerdefreiheit** bis zu **starken Unterbauchschmerzen** und Dysmenorrhö.

So gibt es Frauen mit einem minimalen organischen Befund und **heftigsten Beschwerden**, und umgekehrt Frauen mit großen Endometriosezysten des Ovars/der Ovarien, die **kaum Beschwerden** haben. Man nimmt an, dass etwa die Hälfte aller Patientinnen mit Endometriose beschwerdefrei ist.

Lokalisation Bei der Mehrzahl der Erkrankungen finden sich Implantate im Bereich der **inneren Genitalien** (Tab. **B-6.3**). Ausschließlich **extragenitale** Erkrankungen sind selten, **extraabdominale** Fälle sehr selten.

Lokalisation. Bei der Mehrzahl von Erkrankungen finden sich Herde im Bereich der **inneren Genitalien**, in 50 % an den Ovarien, in bis zu 10 % in den Tuben, in 60 % an den Sakrouterinligamenten und im Bereich des Douglas-Peritoneums (Tab. **B-6.3**).
Benachbarte Organe sind seltener befallen: Die Blase ist in 15 % betroffen. Insgesamt 20 % der Patientinnen haben bei genitaler Erkrankung eine zusätzliche Beteiligung von Darm (Rektum, Appendix) und Ureter. Ausschließlich **extragenitale** Erkrankungen sind selten (ca. 8 % der Fälle). **Extraabdominale** Fälle kommen sehr selten vor: Endometrioseherde der Lunge und Pleura, Herde in Laparotomiewunden, an den Extremitäten und im Spinalkanal.

Makroskopisches Bild. Endometrioseherde können unterschiedlich aussehen:
- Farbe: gelb bis dunkelbraun

Makroskopisches Bild. Endometrioseherde können ein sehr vielfältiges Erscheinungsbild aufweisen. Meist handelt es sich um gruppiert stehende, dunkelbraune, stecknadelkopfgroße, leicht erhabene Bezirke auf dem Peritoneum. Sie kön-

B-6.1 **Große Endometriosezyste des linken Ovars**

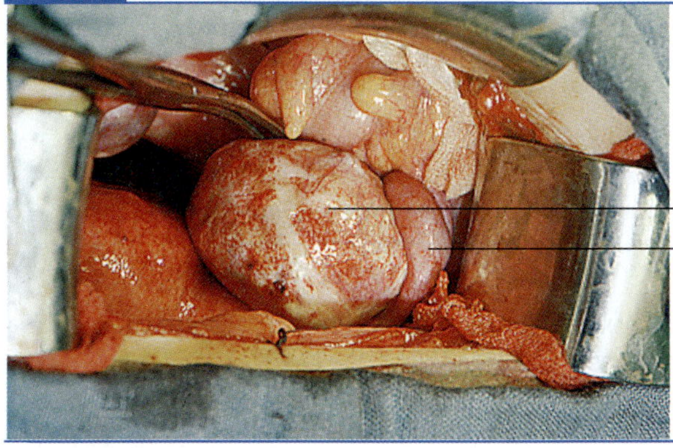

B-6.1

B-6.2 **Endometrioseherde im Ovarialstroma**

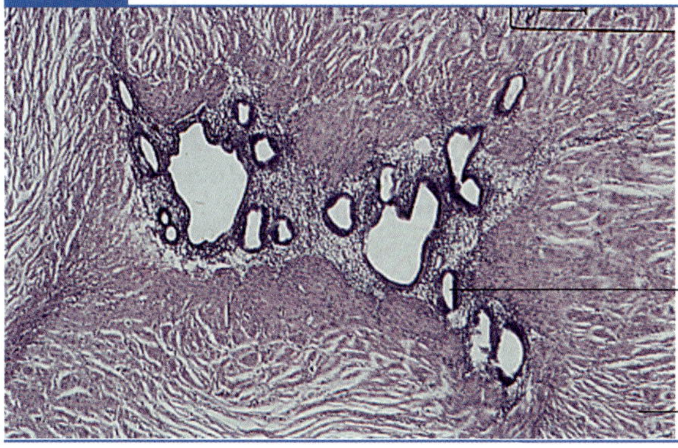

B-6.2

nen jedoch auch gelb oder hellbraun gefärbt sein oder sich nur durch ihre Erhabenheit von der Umgebung unterscheiden. Gelegentlich bilden sie das Zentrum eines Narbensterns. Sie wachsen entweder polypös oder infiltrieren subperitoneal das umgebende Bindegewebe. Rupturen können auftreten. Inwieweit dies zu neuen Herden führt, ist ungeklärt.
Die Ovarialendometriose bildet gelegentlich große Zysten (Abb. **B-6.1**), die sog. **Schokoladenzysten** („Endometriome"), deren cremiger, dunkelbrauner Inhalt vermutlich durch Einblutungen bedingt ist. Endometrioseherde der Tube können zum Tubenverschluss führen, die Folge ist eine **tubare Sterilität**. Durch die Einblutungen in diese Herde kann sich eine **Hämatosalpinx** entwickeln. Bei der Endometriose des interstitiellen Tubenabschnitts spricht man auch von **„Salpingitis isthmica nodosa"**.

- Größe und Form: stecknadelkopfgroß, erhaben, Narbenstern
- Wachstum: polypös, infiltrierend.

Eine Besonderheit sind die mit brauner Flüssigkeit gefüllten **Schokoladenzysten** am Ovar (Abb. **B-6.1**). Die Tubenendometriose kann zum Tubenverschluss und zur **Hämatosalpinx** führen. Die Endometriose des interstitiellen Tubenabschnitts wird auch **„Salpingitis isthmica nodosa"** genannt.

Mikroskopisches Bild. Das mikroskopische Bild der Endometriose ist so bunt wie das makroskopische (Tab. **B-6.4**).
Es finden sich Endometriosen **mit hochdifferenzierten Drüsen und Stroma**, die meist denselben zyklischen Veränderungen unterliegen wie das uterine Endometrium (Abb. **B-6.2**).
Eine zweite Endometriose-Gruppe wurde nachgewiesen, deren **Drüsenepithel unterschiedliche Differenzierungsgrade** aufweist. Diese Implantate zeigen keine Hormonabhängigkeit.
Eine dritte Gruppe hat **hochdifferenziertes Drüsenepithel ohne endometriumspezifische Differenzierung**. Die Zellen zeigen das Bild von tubenähnlichem Epithel oder **Drüsenepithel der Zervix**. Auch in dieser Gruppe können keine hormonabhängigen Veränderungen festgestellt werden.
Durch gleichzeitige histologische Untersuchung von Endometrium und Endometrioseherden konnte bewiesen werden, dass nur die erste Gruppe zeitgleich

Mikroskopisches Bild. Das mikroskopische Bild ist sehr vielfältig (Tab. **B-6.4**).

Endometriosen mit **hochdifferenzierten Drüsen und Stroma** verändern sich im gleichen Sinne wie das uterine Endometrium (Abb. **B-6.2**). Außerdem gibt es Endometriosen **ohne endometriumspezifische Differenzierung**, die **nicht hormonabhängig** sind.

B-6.4

B-6.4 Differenzierungsgrad und Hormonabhängigkeit der Endometriose

Differenzierungsgrad/Hormonabhängigkeit	*Häufigkeit*
▪ hochdifferenzierte Drüsen und Stroma, hormonabhängig	ca. 50 %
▪ niedrigdifferenziertes Epithel, dilatierte Drüsen, nicht hormonabhängig	ca. 15 %
▪ hochdifferenzierte Drüsen und Stroma, nicht hormonabhängig	ca. 35 %

Ca. 70 % aller Endometrioseherde enthalten **Östrogenrezeptoren**, wobei die Rezeptorkonzentration wesentlich niedriger als im Endometrium ist.

mit dem uterinen Endometrium reagiert, die anderen Gruppen sind nur gering oder gar nicht hormonabhängig.
Die morphologischen Befunde werden durch Rezeptoranalysen unterstützt. Nach heutigem Kenntnisstand enthalten ca. **70 % aller Endometrioseimplantate Östrogenrezeptoren**, wobei die Rezeptorkonzentrationen nicht annähernd so hoch sind wie im parallel entnommenen Endometrium.

Diagnostik. Vulva-, Vagina- oder Portioendometriose sind makroskopisch oder kolposkopisch erkennbar. Typisch sind bei der **Palpation** des kleinen Beckens:
- schmerzhafter Douglasraum, Portiolüftungsschmerz
- Retroflexio uteri fixata
- teigige, druckdolente Ovarialtumoren (sonographisch echoarme Zysten).

Diagnostik. Die **gynäkologische Untersuchung** bei der Endometriose kann sehr unterschiedliche Befunde ergeben: Der seltene Befall von Vulva oder Vagina ist makroskopisch oder kolposkopisch erkennbar, ebenso die Portioendometriose. Bei der **Palpation** des kleinen Beckens fällt bei der Douglasendometriose ein sehr **schmerzhaftes Douglas-Peritoneum** auf, bei Befall der Sakrouterinligamente ist die Beweglichkeit des Uterus schmerzhaft (**Portiolüftungsschmerz**), eine **fixierte Retroflexio** uteri kann Ausdruck ausgedehnter Verwachsungen des Uterus mit dem Beckenperitoneum sein. Endometriosezysten der **Ovarien** tastet man als teigige, druckdolente Tumoren, **sonographisch** stellen sie sich als echoarme **Zysten** dar.

Laparoskopie: Das **Verfahren der Wahl** ist die Laparoskopie. Mit ihr können Endometrioselokalisation, -ausdehnung und Aktivitätsgrad bestimmt werden.

Laparoskopie: Das **Verfahren der Wahl** zur Diagnosesicherung ist die Laparoskopie. Sie sollte immer durchgeführt werden, wenn die Verdachtsdiagnose Endometriose gestellt worden ist.
Mit dieser Methode lassen sich die exakte Lokalisation, das Ausmaß (Staging) und der Aktivitätsgrad der Erkrankung beurteilen.
Im klinischen Alltag bereitet die Endometriose aufgrund der unzureichenden Übereinstimmung zwischen pathomorphologischem Korrelat und Beschwerdebild (kleine Herde am Peritoneum mit heftigen Beschwerden, große Ovarialzysten ohne Beschwerden) ohne Laparoskopie erhebliche diagnostische Schwierigkeiten. Tastbefund und Sonographie sind oft nicht beweisend.

Bei **Verdacht auf Befall von Blase und Darm** sind zusätzliche Untersuchungen (z. B. Zystoskopie) vor der Laparoskopie indiziert.

Besteht der Verdacht auf **Befall von Nachbarorganen** wie **Blase** und **Darm,** sollten je nach Befund andere Untersuchungen der Laparoskopie vorangehen: **Zystoskopie, i. v. Urogramm, Kolon-Kontrasteinlauf, Koloskopie.**

Differenzialdiagnose. Tumoröse, entzündliche, urologische, chirurgische und psychosomatische Erkrankungen.

Differenzialdiagnose. Da das Beschwerdebild je nach Lokalisation der Endometriose sehr variabel ist, ist auch die Differenzialdiagnose schwierig. Es kommen tumoröse, entzündliche, aber auch urologische, chirurgische und psychosomatische Erkrankungen in Betracht.

▶ Merke

▶ **Merke.** Differenzialdiagnostisch muss bei Ovarialzysten immer ein Ovarialkarzinom ausgeschlossen werden.

Therapie. Die Wahl der Behandlungsmethode hängt u. a. von folgenden Faktoren ab:
- Alter der Patientin
- evtl. Kinderwunsch
- Symptomatik
- Nebenwirkungen der Therapie
- individuelle Ausheilungschance.

Therapie. Da die Endometriose sehr unterschiedlich verlaufen kann, muss für jede Patientin ein individuelles Behandlungskonzept erstellt werden. Folgende Faktoren sind bei der Therapiewahl von Bedeutung:
- das Alter der Patientin
- ein eventuell vorhandener Kinderwunsch
- die Symptomatik
- Ergebnisse vorangegangener Behandlungsversuche, Nebenwirkungen der Medikamente
- individuelle Ausheilungschance und die Kosten der Behandlung.

B-6.5 Medikamente zur Endometriosebehandlung

- Analgetika (Prostaglandin-Synthetase-Hemmer)
- Östrogen-Gestagen-Kombinationen
- Gestagen-Dauertherapie
- Danazol
- GnRH-Agonisten

B-6.5

Man unterscheidet **medikamentöse** und **chirurgische** Behandlungsmethoden. Rein symptomatische Therapieansätze haben das Ziel, die Aktivität der Herde zu reduzieren und damit die Beschwerden der Patientin zu lindern. Da auch eine gering ausgeprägte Endometriose weiter fortschreitet und die Sterilität der Patientin gefährdet, kommt eine symptomatische Behandlung vor allem für Frauen ohne Kinderwunsch bzw. ältere Patientinnen mit geringen Beschwerden in Einzelfällen in Frage. Häufig werden medikamentöse und chirurgische Maßnahmen kombiniert. Das Behandlungsziel ist in diesen Fällen die Beseitigung der Endometrioseherde und die Unterdrückung des Wachstums neuer Herde.

Es gibt **medikamentöse** und **chirurgische** Therapieverfahren. Rein symptomatische Behandlungsmethoden kommen in Einzelfällen für Frauen ohne Kinderwunsch bzw. in höherem Lebensalter in Frage, wenn die Beschwerden relativ gering sind. **Häufig** werden **chirurgische mit medikamentösen Verfahren kombiniert**, um die Herde zu entfernen und das Wachstum neuer Herde zu verhindern.

- **Medikamentöse Therapie:** Die medikamentöse Therapie beruht auf der Beobachtung, dass sowohl in der Postmenopause als auch nach operativer Kastration eine Endometriose meist inaktiv wird oder zumindest regressiven Veränderungen unterliegt. Auch im letzten Trimenon einer Schwangerschaft und während der Laktationsperiode kann sie sich zurückbilden. Daraus ergeben sich unterschiedliche Ansätze für die medikamentöse Behandlung. Die Entscheidung für eine bestimmte Behandlungsstrategie hängt von der individuellen Situation der Patientin ab. Für die medikamentöse Behandlung stehen die in Tab. **B-6.5** genannten Medikamente zur Verfügung.

- **Medikamentöse Therapie:**
Sowohl in der Postmenopause als auch nach operativer Kastration wird eine Endometriose meist inaktiv. Auf diesem Hintergrund basiert die medikamentöse Therapie.
Eine Übersicht über die zur Verfügung stehenden Medikamente gibt Tab. **B-6.5**.

1. **Symptomatische Therapie mit Analgetika:** Bei minimaler Ausprägung der Erkrankung, wenn z. B. Schmerzen bei der Menstruation im Vordergrund stehen, reicht unter Umständen eine **rein symptomatische Therapie** mit Prostaglandin-Synthetase-Hemmern (z. B. Ibuprofen) aus. Auch in Kombination mit anderen Therapieverfahren können diese Medikamente eingesetzt werden, um die **Dysmenorrhö** zu bessern.

Analgetika (Prostaglandin-Synthetase-Hemmer) beseitigen meist die **Dysmenorrhö** und sind als rein symptomatische Therapie oder zusätzlich zu anderen Verfahren geeignet.

2. **Kontinuierliche Gabe von Östrogen-Gestagen-Kombinationen:** Durch kontinuierliche Gabe von Östrogen-Gestagen-Kombinationen in hoher Dosierung wird die hypothalamische GnRH-Ausschüttung und die daraus resultierende hypophysäre LH- und FSH-Sekretion unterdrückt. Durch Suppression der ovariellen Steroidbiosynthese kommt es zwar zunächst zu einer Stimulation des Endometriums, längerfristig jedoch zur Amenorrhö und zur Nekrobiose und Resorption der Endometrioseherde. Hochdosierte Östrogen-Gestagen-Kombinationspräparate werden heute wegen ausgeprägter Nebenwirkungen nicht mehr eingesetzt. Kombinationspräparate in Form der **Kontrazeptiva** (v. a. gestagenbetonte Präparate) werden zur längerfristigen Nachbehandlung nach operativer Sanierung der Endometrioseherde eingesetzt.

Die **kontinuierliche Östrogen-Gestagen**-Gabe in hoher Dosierung zur Blockade der GnRH-Sekretion wird heute wegen schwer wiegender Nebenwirkungen nicht mehr durchgeführt. Kombinationspräparate in Form der gestagenbetonten **„Pille“** werden z. T. zur längerfristigen Nachbehandlung nach operativer Sanierung eingesetzt.

3. **Gestagentherapie:** Eine Dauertherapie mit Gestagenen führt zur Schmerzlinderung und in hoher Dosierung teilweise auch zur Regression der Endometrioseherde. Durch negatives Feedback auf die hypothalamische Hormonsekretion sinken die Gonadotropinspiegel ab, allerdings nicht so stark wie unter Östrogen-Gestagen-Kombinationstherapie. Wichtigste Nebenwirkungen sind: Durchbruchsblutungen, Übelkeit, Wasserretention, Depressionen und Brustspannen. Gestagene werden vor allem nach operativer Sanierung zur Nachbehandlung eingesetzt.

Die **kontinuierliche Gestagengabe** in hoher Dosierung führt zur Atrophie der Endometriumherde.

4. **Danazol:** Der Wirkungsmechanismus von Danazol ist im Einzelnen noch nicht geklärt. Es hemmt die Steroidbiosynthese in den Gonaden und in der Nebennierenrinde. Peripher führt es zu einer Hemmung der Steroidhor-

Danazol hemmt die Steroidbiosynthese, blockiert periphere Steroidhormon-Rezeptoren, LH und FSH-Peak entfallen. Außerdem direkte Wirkung auf Endometriosezellen. Danazol ist wesentlich effektiver als die Östrogen-Gestagen-Therapie (Erfolgsrate 70–94 %). Hauptnebenwirkungen sind Androgeneffekte.

monrezeptoren und damit zur Hemmung von Östrogeneffekten an hormonabhängigen Zellen. Ein weiterer wichtiger Effekt ist die Beeinflussung der Hypothalamus-Hypohysen-Achse: LH- und FSH-Peak entfallen. Zusätzlich konnte für Danazol eine direkte Wirkung an den Endometriosezellen nachgewiesen werden: Die Bindung an Androgen- und Progesteronrezeptoren führt bei hormonabhängigem Endometriosegewebe zu weiterer Suppression der Zellproliferation.
Die Therapieform ist bei relativ geringen Nebenwirkungen (Hypoöstrogenämie, Androgenämie) wesentlich effektiver als die Östrogen-Gestagen-Kombinationstherapie. Bei laparoskopischer Kontrolle wurden Erfolgsraten von 70–94 % (Abheilung und Regression) berichtet. Eine Besserung der subjektiven Beschwerden tritt bei 66–100 % der behandelten Patientinnen ein und ist schon im ersten Behandlungszyklus zu erwarten. Hauptnebenwirkungen sind Androgeneffekte (Akne, Seborrhö, Gewichtszunahme, Hirsutismus, Veränderungen der Stimmlage). Der Behandlungszeitraum beträgt etwa 6 Monate.

GnRH-Agonisten erzeugen (reversibel) einen hypogonadotropen Hypogonadismus und führen dadurch ebenfalls zum Rückgang der Endometrioseherde. Nebenwirkungen sind die der Hypoöstrogenämie.

5. **GnRH-Agonisten:** Der Einsatz von GnRH-Agonisten stellt eine wirkungsvolle und gut tolerierte Therapieform dar. GnRH-Agonisten erzeugen durch eine verlängerte Rezeptorbindung an die hypophysären GnRH-Rezeptoren einen hypogonadotropen Hypogonadismus. Die gonadotropinproduzierenden Zellen werden refraktär gegenüber einer weiteren Stimulation und erschöpfen sich auf diese Weise. Dieser Effekt ist reversibel. Laparoskopische Untersuchungen haben ergeben, dass die Endometrioseimplantate in ca. 75 % der Fälle regressiven Veränderungen und nachfolgender Resorption unterliegen.
   Nebenwirkungen beruhen auf der Hypoöstrogenämie (z. B. Hitzewallungen, Atrophie der Vaginalhaut, Osteoporose bei Langzeitanwendung). Auch hier beträgt der Behandlungszeitraum etwa 6 Monate.

- **Chirurgische Therapie:**
Sie ist bei ausgedehnter Endometriose indiziert sowie bei Folgeschäden, die auf eine medikamentöse Behandlung nicht ansprechen (z. B. Adhäsionen). Ein **mikrochirurgisches Vorgehen** ist bei **Sterilität** angezeigt.
Wenn möglich, sollte die chirurgische Therapie laparoskopisch durchgeführt werden. Bei ausgedehntem Befall oder schwer zugänglichen Herden ist manchmal auch eine Laparotomie erforderlich.

- **Chirurgische Therapie:** Je ausgedehnter eine Endometriose ist und je ausgeprägter die Sekundärschäden sind, umso eher ist die operative Behandlung indiziert. Mikrochirurgische Maßnahmen wie die Lösung von Adhäsionen (die auf eine medikamentöse Therapie nicht ansprechen), die Resektion von Endometrioseherden und -zysten, die **Rekonstruktion der Ovarien** und die **Wiederherstellung der Fertilität** sind das **primäre Ziel** der operativen Therapie bei der **infertilen Frau.** Seit die laparoskopische Operationstechnik weitere Vervollkommnung erfahren hat, werden die beschriebenen Maßnahmen laparoskopisch durchgeführt. Ausgedehnte und schwer zugängliche Herde sind manchmal nur über eine Laparotomie zu erreichen. Bei abgeschlossener Familienplanung steht die Beseitigung der Symptome und die **vollständige Entfernung der Endometrioseherde** im Vordergrund. Dies gilt besonders dann, wenn Blase, Ureteren oder Darm befallen sind, so dass Passagestörungen auftreten.

- **Kombiniert medikamentös chirurgische Therapie:** Bewährt hat sich eine 3-Stufen-Therapie mit chirurgischer Resektion der Herde, anschließender Nachbehandlung mit Hormonen, ggf. erneuter Resektion von Restherden. Auch eine **medikamentöse Vorbehandlung** mit anschließender Resektion kann manchmal sinnvoll sein.

- **Kombination von chirurgischer und medikamentöser Therapie:** Solange die zyklische Ovarialfunktion vorhanden ist, muss man mit einem Rezidiv rechnen. Ist die vollständige Entfernung der Endometriose bei dringendem Kinderwunsch oder ausgedehntem Befall nicht möglich, sollte im Anschluss an die Operation eine medikamentöse Therapie mit GnRH-Analoga, Gestagenen oder Danazol vorgenommen werden. Verbliebene Herde können dann in einem zweiten Eingriff nach 3-6 Monaten entfernt werden (3-Stufen-Therapie). Es ist auch möglich, eine ausgedehnte Endometrioseerkrankung zunächst durch **medikamentöse Vorbehandlung** in ein besser zu operierendes Stadium zu bringen, bevor die Resektion der Herde erfolgt (z. B. durch 6-monatige GnRH-Behandlung).

Prognose. Solange die Ovarialfunktion vorhanden ist, besteht ein von der Schwere des Ausgangsbefundes abhängiges **Rezidivrisiko.**

Prognose. Alle konservativen **und organerhaltenden Behandlungskonzepte** haben bis heute ein **hohes Rezidivrisiko.** Die Rezidivraten schwanken in Abhängigkeit von der Schwere der Erkrankung. Nur bei geringgradigen Endometriosen scheint eine echte Ausheilung möglich zu sein.

▶ **Der klinische Fall.** Eine 38-jährige Patientin, Nulligravida, klagt seit 3 Monaten über ziehende Unterbauchschmerzen. Der Zyklus sei immer regelmäßig gewesen, in letzter Zeit habe sie Blutauflagerungen auf dem Stuhl bemerkt. Es besteht eine Kolonkarzinomanamnese in der Familie.

Gynäkologische Untersuchung: 10 cm großer Unterbauchtumor, unbeweglich, höckerig, differenzialdiagnostisch Ovarialkarzinom.

Ultraschall: 10 × 11 cm großer, inhomogener, teils zystischer, teils solider Tumor, dringender V. a. Ovarialkarzinom.

Koloskopie: villöses Adenom (mit Adenokarzinom), auf die Submukosa beschränkt, sonst unauffällige Mukosaverhältnisse, kein Anhalt für Endometriose.

I. v. Urogramm: unauffällig.

Operationssitus: faustgroße, am Uterus fest adhärente Schokoladenzyste des linken Ovars bei ausgedehnter Beckenendometriose (prävesikales und Douglas-Peritoneum, Lig. rotundum rechts, Sigmaserosa, Ovaroberfläche rechts), faustgroßer mehrknolliger Uterus myomatosus.

Operation: abdominale Hysterektomie mit Adnexektomie beidseitig, Resektion von präsakralem Peritoneum und Douglas-Peritoneum, Teilresektion der Rektumvorderwand.

Histologie: ausgedehnte Beckenendometriose mit Befall des linken Ovars und Bildung einer Schokoladenzyste sowie Befall der Zervixhinterwand. Knotige Rektumendometriose (Abb. **B-6.3a**) und Endometrioseherde des Blasenperitoneums (Abb. **B-6.3b**). Uterus myomatosus mit Adenomyosis uteri.

Postoperatives Vorgehen: Hormonsubstitution mit monophasischer Östrogen-Gestagen-Kombination.

◀ **Klinischer Fall**

B-6.3 Histologische Befunde bei ausgedehnter Beckenendometriose

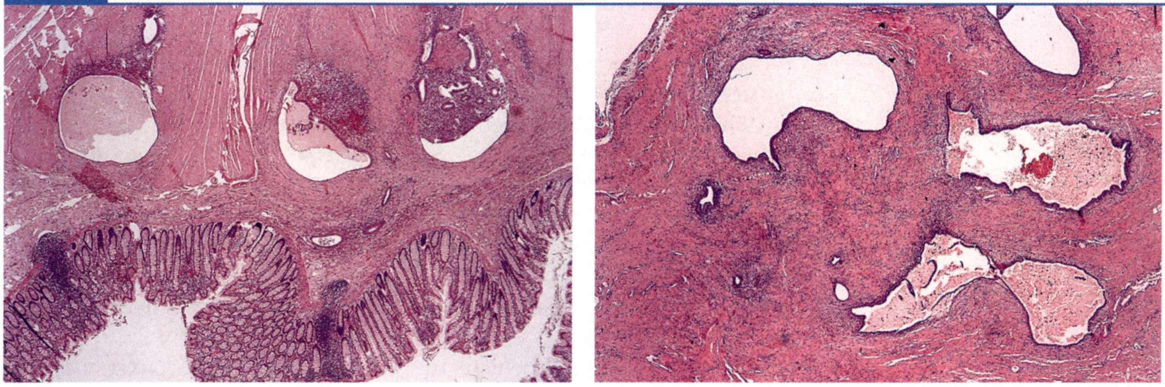

a Knotige Rektumendometriose.

b Endometriose des Blasenperitoneums.

7 Blasenfunktionsstörungen und Lageveränderungen des weiblichen Genitaltrakts

7 Blasenfunktionsstörungen und Lageveränderungen des weiblichen Genitaltrakts

7.1 Anatomie und Physiologie der unteren Harnwege

7.1 Anatomie und Physiologie der unteren Harnwege

7.1.1 Anatomie

Die Blase liegt dem Blasenboden, dem M. levator ani, auf. Durch die endopelvine Faszie ist die Blase mit der Beckenwand verbunden. Im Bereich des **Blasenhalses** besteht eine enge Verflechtung des M. detrusor vesicae mit den Nachbarorganen. Die Urethra verläuft in diesem Bereich in einem Winkel von 90–100° gegen den Blasenboden.

7.1.1 Anatomie

Die Blase ist das am weitesten kaudal und ventral gelegene Organ des kleinen Beckens. Sie ruht auf dem muskulären Beckenboden (M. levator ani, s. S. 9). Der Blasenboden ist durch die endopelvine Faszie nach ventral und laterodorsal mit der Beckenwand verbunden. Mit ihrer ventralen Wand liegt die Blase der Symphyse an.

Im Bereich des **Blasenhalses**, der Übergangsstelle zwischen Blase und Urethra, besteht eine enge Verflechtung des M. detrusor vesicae mit den Nachbarorganen: Fasern der äußeren Longitudinalschicht des Detrusors strahlen als M. rectovesicalis in das Rektum ein. Eine weitere Schlinge verläuft als M. puborectalis vom Os pubis und vom Arcus tendineus des M. levator ani zum Blasenhals. Das Lig. supravaginale verbindet die Blase mit der Cervix uteri. Die Ligg. pubourethralia fixieren die mittlere Urethra an der Hinterkante der Symphyse.

Der Winkel zwischen Urethra und Blase wird als **Blasenhalswinkel** bezeichnet. Der mittlere und der obere Abschnitt der Urethra verläuft in diesem Bereich in einem Winkel von 90–100° gegen den Blasenboden.

Aufbau der Blasenwand

Die Blasenwand besteht aus drei Muskelschichten: der äußeren Longitudinalschicht, der mittleren zirkulären Schicht und der inneren Longitudinalschicht (s. Abb. **B-7.1**).

Aufbau der Blasenwand

Die Blasenwand ist aus drei Muskelschichten aufgebaut (s. Abb. **B-7.1**):

- einer äußeren Longitudinalschicht, die sich in die äußere zirkuläre Schicht der Urethra fortsetzt,
- einer mittleren zirkulären Schicht, die am Meatus urethrae internus endet und
- einer inneren Longitudinalschicht, die sich in die Urethra fortsetzt.

Zwischen den drei Schichten besteht eine enge Vernetzung der Muskelfaserbündel, eine wichtige Voraussetzung für die koordinierte Funktion des Detrusors. Auch die beiden Muskelschichten des Trigonums, die äußere Zirkulärschicht und die innere Longitudinalschicht, strahlen lateral in den Detrusor ein.

B-7.1

B-7.1 Aufbau von Blasen- und Urethralwand

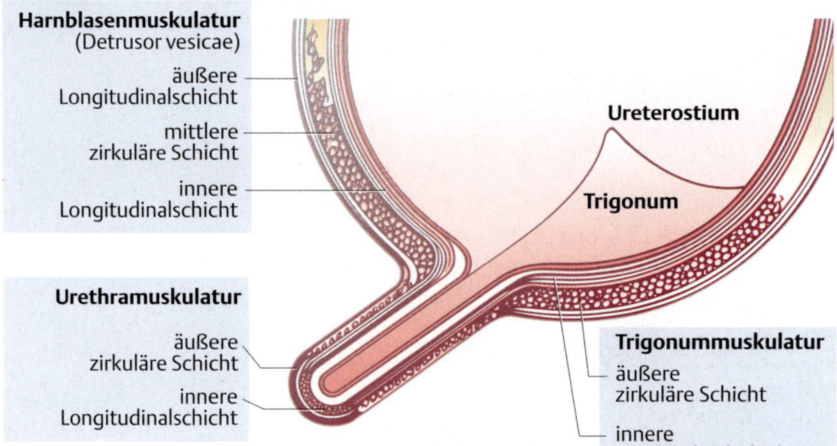

▶ **Merke.** Die enge Vernetzung der drei Muskelschichten der Blase und der zwei Schichten des Trigonums ist eine wichtige Voraussetzung für die koordinierte Blasenfunktion.

◀ Merke

7.1.2 Physiologie

Physiologie des Blasenverschlusses

Die Kontinenzfunktion der Harnblase der Frau wird durch folgende Faktoren gewährleistet:
Blasenfaktoren: Während der Füllungsphase verhindern die dehnbare Blasenwand, der intrinsische Tonus der glatten Muskulatur und die nervale Hemmung des Detrusors einen Druckanstieg.

Urethrafaktoren: Der Urethraverschluss ist durch das periurethrale Gewebspolster, die reichlich vorhandenen elastischen Fasern im Bereich der proximalen Urethra und den östrogenabhängigen Turgor des Urethralepithels sowie den **Urethrasphinkter** gewährleistet.
Der externe Urethrasphinkter befindet sich auf der Höhe der Levatorplatte. Seine quer gestreiften Muskelfasern entspringen an der Urethralwand. Er umschließt die Urethra ringförmig und ist im mittleren Anteil am stärksten ausgebildet. Der oberflächliche Anteil wird dem M. transversus perinei profundus zugeordnet. Die tiefen Bündel entspringen der Fascia obturatoria. Der externe Urethrasphinkter kann über lange Zeit einen konstanten Druck aufrechterhalten. Eine retrosymphysäre Stabilisierung der mittleren Urethra ist durch die Ligg. pubourethralia gegeben.
Beckenbodenfaktoren: Die **Beckenbodenmuskulatur** unterstützt den Urethraverschluss insbesondere bei abdomineller Druckerhöhung, indem sich die Muskulatur reflektorisch kontrahiert. Dieser Mechanismus ist eine Voraussetzung für die Erhaltung der Kontinenz bei intraabdominellen Druckveränderungen (Abb. **B-7.2**), wie es beim Husten oder Niesen der Fall ist.

ZNS-Koordination: Die nervale Steuerung von Blase und Urethra unterliegt hauptsächlich dem **peripheren autonomen Nervensystem**. Die Innervation ist streng hierarchisch gegliedert. Eine Vielzahl von Reflexbögen kontrolliert den willkürlichen Miktionsreflex.
Emotionale Faktoren: Die Unterdrückung von plötzlich auftretendem Harndrang oder die willentliche Aktivierung sobald eine miktionsgerechte Situation aufgetreten ist, stellt eine soziale Funktion dar. Somit ist verständlich, dass **emotionale Einflüsse** und **psychische Faktoren** zu Störungen der Blasenfunktion führen können.

7.1.2 Physiologie

Physiologie des Blasenverschlusses

Kontinenz entsteht durch Zusammenwirken multipler Faktoren:
- Blasenfaktoren
- Urethrafaktoren
- ZNS-Koordination
- Beckenbodenfunktion
- emotionale Faktoren.

Am Urethraverschluss sind mehrere Gewebskomponenten beteiligt.

Der quer gestreifte externe **Urethrasphinkter** umschließt die Urethra ringförmig. Er kann über lange Zeit einen konstanten Druck aufrechterhalten

Der Urethraverschluss wird durch die reflektorische Kontraktion der **Beckenbodenmuskulatur,** v. a. bei intraabdomineller Druckerhöhung, unterstützt. Die reflektorische Kontraktion ist eine wichtige Voraussetzung für Kontinenz (Abb. **B-7.2**).

Für die ungestörte Miktion ist die **zentrale Steuerung** des Zusammenspiels von Blase und Urethra essenziell.

Die Kontrolle der Miktion stellt eine soziale Funktion dar. **Emotionale und psychische Faktoren** können diesen Vorgang beeinflussen.

B-7.2 Drucktransmission auf die Urethra und den Beckenboden bei Kontinenz und Inkontinenz

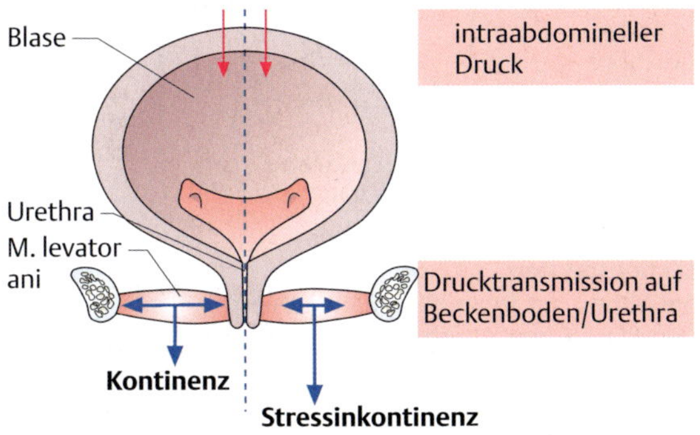

B-7.2

Blasenentleerung

Beim Neugeborenen und Säugling wird die Blasenentleerung hauptsächlich durch präformierte Reflexbögen geregelt. Mit fortschreitender Entwicklung wird die Kontrolle der Blasenfunktion erlernt (s. Abb. **B-7.3**)

Beim Gesunden kann die Miktion, unabhängig vom Füllungszustand, willkürlich eingeleitet werden. Durch gleichzeitige Relaxation des Beckenbodens, Zunahme des Detrusordrucks und Abnahme des Urethradrucks kommt es zur Miktion.

Die nervale Steuerung von Blase und Urethra unterliegt dem peripheren autonomen Nervensystem und läuft streng hierarchisch ab. Der externe Urethrasphinkter wird von den Nn. splanchnici versorgt (S2–S4). Die Innervation der periurethralen Muskulatur erfolgt über dem N. pudendus.

Blasenentleerung

Beim Neugeborenen und Säugling wird die Blasenentleerung hauptsächlich durch präformierte Reflexbögen geregelt, über die eine autonome Detrusorkontraktion herbeigeführt wird. Mit fortschreitender Entwicklung der supraspinalen motorischen Zentren kann die Aktivität der spinalen Zentren willkürlich im Sinne einer Hemmung oder Förderung beeinflusst werden. Die Miktion ist daher ein willkürlich ausgelöster Prozess, der jedoch reflektorisch abläuft. (s. Abb. **B-7.3**)

Die Miktionsphase kann beim Gesunden unabhängig vom Füllungszustand willkürlich eingeleitet werden. Die physiologischen Voraussetzungen zur Blasenentleerung treten synchron ein: die Muskulatur des Beckenbodens und des externen Urethrasphinkters erschlafft. Gleichtzeitig fällt der intraurethrale Druck ab und der M. detrusor vesicae kontrahiert sich, sobald die Hemmung durch übergeordnete Zentren auf den sakralen Reflexbogen wegfällt. Die Detrusorkontraktion führt zu einem intravesikalen Druckanstieg, der durch Anspannung der Bauchmuskulatur beim Niesen oder Husten noch gesteigert werden kann.

Die nervale Steuerung von Blase und Urethra unterliegt dem peripheren autonomen Nervensystem und läuft streng hierarchisch ab (s. Abb. **B-7.3**): Durch übergeordnete ZNS-Strukturen ist eine willkürliche, zielgerichtete Beeinflussung möglich. Die Innervation des externen Urethrasphinkters erfolgt über Fasern aus dem Sakralmark S2 – S4, die Nn. splanchnici. Zu Beginn der Miktion wird der Tonus durch zentrale Hemmung der Motoneurone reduziert. Diese Hemmung wird über aufsteigende spinale Bahnen an höhergelegene Zentren weitergegeben. Gleichzeitig aktivieren Impulse aus absteigenden Bahnen das präganglionäre, parasympathische System des Detrusors. Die Innervation der periurethralen Muskulatur erfolgt über den N. pudendus.

Die zentrale Steuerung von Blase und Urethra ist essenziell für die ungestörte Miktion.

B-7.3

B-7.3 Miktion

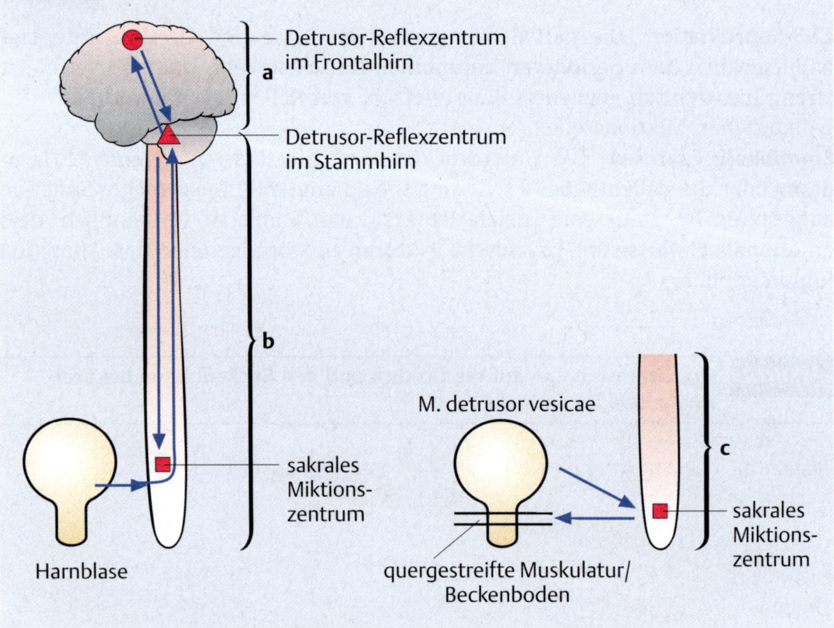

a Willkürliche Kontrolle des Miktionsreflexes.
b Auslösung einer Detrusorkontraktion zur freien Blasenentleerung.
c Koordination der Aktivität von Blasen- und Urethramuskulatur bei der Miktion.

Blasenfüllung

Die Blase hat eine Reservoirfunktion. Während der Füllungsphase entsteht kaum ein Druckanstieg innerhalb der Blase, weil
1. die Blasenwand dehnbar ist,
2. in der Urethra ein höherer Druck (Verschlussdruck) herrscht als in der Blase und
3. der Detrusor entspannt ist.
   Die beiden letztgenannten Mechanismen kommen dadurch zu Stande, dass Rezeptoren in der Blasenwand den Füllungszustand messen und über afferente Bahnen an das Sakralmark weiterleiten. Von dort erfolgt die Hemmung der Detrusorkontraktion und die Tonussteigerung des Urethrasphinkters.
   Die Dehnbarkeit der Blasenwand wird als **Compliance** bezeichnet und in cm H_2O/100 ml gemessen.

Mit zunehmender Füllung nimmt außerdem die Muskelaktivität des Beckenbodens zu. Die genannten Faktoren gewährleisten die Blasenkontinenz.

Blasenfüllung

Während der Blasenfüllung entsteht in der Blase kaum ein Druckanstieg, weil die Blasenwand dehnbar ist, in der Urethra ein höherer Druck als in der Blase herrscht, der Detrusor entspannt ist und mit zunehmender Füllung die Muskelaktivität des Beckenbodens zunimmt.
Das Verhältnis von Druckanstieg zu Volumenzunahme wird als **Compliance** bezeichnet.

7.2 Diagnostik von Blasenfunktionsstörungen und Lageveränderungen

7.2 Diagnostik von Blasenfunktionsstörungen und Lageveränderungen

Harninkontinenz bzw. Blasenfunktionsstörungen und Lageveränderungen der weiblichen Geschlechtsorgane stehen in engem Zusammenhang. Deshalb wird die Diagnostik im Folgenden gemeinsam abgehandelt.
Die Senkung des Urogenitaltrakts, insbesondere ein Descensus uteri, tritt häufig in Kombination mit einer Funktionsstörung des unteren Harntrakts auf. Daher ist im Rahmen einer Deszensusdiagnostik immer eine Basisdiagnostik der Harnblasenfunktion erforderlich (s. Tab. **B-7.1**).
Die weitere Diagnostik hängt vom Ausmaß der Beschwerden und dem Grad der Blasenfunktionsstörung (s. S. 325 ff) ab. Bei der Harninkontinenz besteht häufig eine Diskrepanz zwischen individuellem Beschwerdebild (das abhängig ist vom persönlichen Leidensdruck), anamnestischen Angaben und den diagnostischen Befunden. Da die Ergebnisse der Diagnostik das therapeutische Vorgehen wesentlich beeinflussen, ist eine korrekte Klassifizierung der Harninkontinenz mit objektivierbaren Befunden unabdingbare Voraussetzung, um eine erfolgversprechende Therapie zu gewährleisten.

Die Basisdiagnostik bei Blasenfunktionsstörungen zeigt Tab. **B-7.1**.

Es ist die Aufgabe der Urogynäkologie, die Harninkontinenz mittels einer Stufendiagnostik zu objektivieren, zu klassifizieren und zu quantifizieren.

▶ **Merke.** Ein Harnwegsinfekt muss vor jeder weiteren Diagnostik ausgeschlossen werden (Urinstatus).

◀ Merke

B-7.1 Basisdiagnostik bei Blasenfunktionsstörungen

- Anamnese/Inkontinenz-Fragebogen
- Urinstatus
- gynäkologischer Befund
- orientierende neurologische Untersuchung
- Restharnbestimmung durch Sonographie oder Katheterisierung

B-7.1

B-7.2 Erweiterter Untersuchungsgang bei Blasenfunktionsstörungen

1. Zystoskopie (s. S 319 f)
2. Bougie à boule (= Urethrakalibrierung)
3. Urodynamik (s. S 320 ff)
4. bildgebende Diagnostik (s. S 323 ff)
   - Zystourethrogramm/Beckenviszerogramm
   - sonographische Untersuchung
   - ggf. MRT

B-7.2

Teilweise sind dazu aufwendige apparative Untersuchungen erforderlich (s. Tab. **B-7.2**).

Um die Form der Harninkontinenz zu bestimmen, sind teilweise aufwendige apparative Untersuchungen notwendig (s. Tab. **B-7.2**). Diese werden schwerpunktmäßig in urogynäkologischen Spezialambulanzen durchgeführt.

7.2.1 Anamnese

Ziel der Anamnese muss es sein, die Beschwerden und die persönliche Beeinträchtigung der Patientin so genau wie möglich herauszufinden. Ein spezieller Inkontinenz-Fragebogen, den die Patientin vor der Untersuchung ausfüllt, ist hilfreich. Wichtig ist vor allem, in welcher Form der Urinverlust auftritt.

Die Anamneseerhebung orientiert sich an der allgemeinen gynäkologischen Untersuchung. Aktuelle Beschwerden und ihre Entwicklung werden erfragt. Da die Patientinnen häufig nur ungenaue Angaben bezüglich ihrer Beschwerden und des Miktionsverhaltens geben können, ist es hilfreich, einen themenspezifischen Fragebogen einzusetzen. Dieser wird vor der Untersuchung von der Patientin ausgefüllt. Der Grad der Beeinträchtigung ist für die Therapieplanung von Bedeutung. Deshalb ist eine sorgfältige Anamnese wichtig, bei der insbesondere eruiert werden sollte, in welchem Zusammenhang der Urinverlust auftritt:

- bei körperlicher Betätigung
- bei nicht unterdrückbarem (imperativem) Harndrang
- ohne weitere Anzeichen (Enuresis).

Nach der Miktionshäufigkeit (Pollakisurie, Nykturie) und nach Schmerzen bei der Miktion (Dysurie) wird ebenfalls gefragt. Auch eine unvollständige Blasenentleerung bereitet häufig Probleme und muss bei der Anamnese berücksichtigt werden. Bei Patientinnen, die über ständigen vaginalen Urinabgang klagen, muss an eine Scheidenharnfistel gedacht werden.

Häufig gibt ein Miktionsprotokoll weiteren Aufschluss über die Blasenfunktionsstörung. Es wird von der Patientin selbst, ggf. von Angehörigen oder Pflegepersonal geführt.

In manchen Fällen kann schon durch das Bewusstmachen des eigenen Verhaltens und der Miktionsfrequenz ein therapeutischer Effekt erzielt werden. So führt z. B. eine gewohnheitsmäßige auf den Abend konzentrierte Flüssigkeitszufuhr zu einer Nykturie.

Im Durchschnitt besteht eine Harninkontinenz 3 bis 5 Jahre, bevor die Patientin darüber spricht.

Eine Harninkontinenz ist für die Patientin häufig sehr belastend und beschämend. Es dauert daher durchschnittlich 3 bis 5 Jahre, bis die betroffenen Frauen ihre Scham überwinden und eine gynäkologisch-urologische Sprechstunde aufsuchen.

Eine möglicherweise parallel vorhandene Stuhlinkontinenz sollte bei der gynäkologischen Anamnese immer mit erfragt werden.

7.2.2 Gynäkologische Untersuchung

Bei der Spekulumuntersuchung ist eine Aussage möglich über
- Östrogenisierungsgrad der Vaginalschleimhaut
- Kolpitis (Nativpräparat)
- Senkung des Genitaltrakts
- Beurteilung des Blasenhalsbereichs unter Belastung
- Urinabgang aus der Urethra beim Husten und Pressen (Stressinkontinenz, s. Stresstest).

Bei Patientinnen mit Kontinenzproblemen wird die Spekulumuntersuchung bei mittelmäßig gefüllter Blase durchgeführt. Bei der Inspektion fällt bei einem Descensus uteri die klaffende Vulva auf. Der Damm ist in der Regel niedrig und nach Geburtstraumata vernarbt. Im Rahmen der gynäkologischen Untersuchung muss bei der Inspektion auf einen Anal-/Rektumprolaps oder Hämorrhoiden geachtet werden. Ein stuhlverschmierter Anus kann ein Hinweis auf eine Stuhlinkontinenz sein. Mit dem Spekulum wird die Scheide gespreizt und gleichzeitig das Scheidensekret bzw. der Östrogenisierungsgrad der Schleimhaut beurteilt. Langsam wird zunächst das vordere, dann das hintere Spekulumblatt zurückgezogen. Beim Zurückziehen des hinteren Spekulumblattes wird die Patientin zum Pressen oder Husten aufgefordert. Hierbei kann eine mögliche Senkung der Scheidenwand beobachtet werden (Zystozele, Urethrozele, Enterozele, Rektozele, s. S. 334 f). Ein Verstreichen des Urethrovesikalwinkels während des Pressens kann ein Hinweis auf eine Lockerung des urethralen Halteapparates sein. Während der Untersuchung werden zwei einfache diagnostische Tests zur Beurteilung der Kontinenz durchgeführt:

Stresstest: Urinabgang beim Husten oder Pressen.

Bonney-Probe: Bei positivem Stresstest wird die vordere Vaginalwand angehoben und so Kontinenz erreicht.

Stresstest: Verliert eine Patientin beim Husten oder Pressen Urin, liegt mit hoher Wahrscheinlichkeit eine Stressinkontinenz vor.

Bonney-Probe: Durch Anheben der vorderen Vaginalwand rechts und links des Blasenhalses an die Symphysenhinterkante und erneutes Auffordern zum Hus-

B-7.4 Palpation des M. levator ani

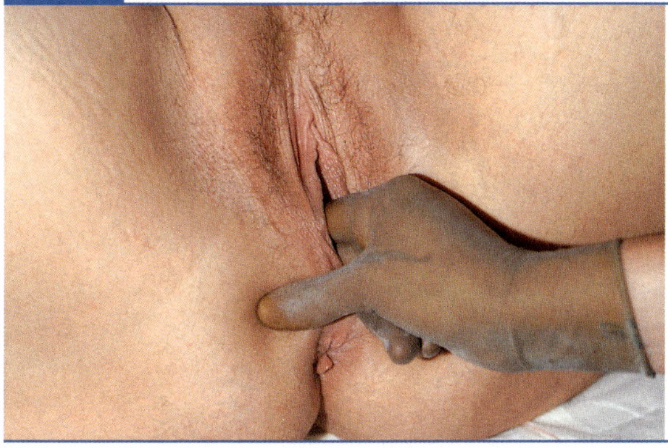

B-7.4

ten, wird die Effektivität einer operativen Anhebung des Blasenhalses geprüft. Zeigt der Test Kontinenz, ist eine Operation voraussichtlich erfolgversprechend.
Um zu klären, ob zusätzlich ein **Descensus uteri** (s. S. 333 ff) vorliegt, wird im Rahmen der Untersuchung mit beiden Blättern des Spekulums den Bewegungen der Portio uteri beim Pressen gefolgt. Bei einem Deszensus wölbt sich die vordere und/oder hintere Scheidenwand vor (s. S. 335 f, Abb. **B-7.17–B-7.19**). Dieses Phänomen verstärkt sich beim Husten oder Pressen.

Ein **Descensus uteri** kann durch das Mitgehen des Spekulums bei den Bewegungen der Portio uteri beim Pressen erkannt werden.

Die bimanuelle Tastuntersuchung gibt Aufschluss über intraperitoneale Lageveränderungen des Corpus uteri (s. S. 332).
Die Palpation des Beckenbodens und seine Funktionsprüfung schließen die Untersuchung ab (s. Abb. **B-7.4**). Dicke und Symmetrie der Levatorschenkel sowie die Weite des Levatorspaltes werden beurteilt. Durch Anspannen der Muskelplatte kann ein Eindruck von der Stärke und Ausdauer des Muskels gewonnen werden (Willküraktivität). Bei einer Beckenbodeninsuffizienz ist die Muskelreaktion nur schwach oder gar nicht zu tasten.

Zwischen äußerem und mittlerem Drittel der Vagina ist der M. levator ani tastbar. (s. Abb. **B-7.4**) Bei der Palpation des Beckenbodens wird seine Aktivität bei reflektorischer oder willkürlicher Anspannung geprüft.

Es schließt sich der neurologische Status im Bereich S_2–S_4 an, mit Analreflexprüfung, digitaler rektaler Untersuchung und Kontrolle des Sphinktertonus. Eine Stuhlinkontinenz muss immer proktologisch abgeklärt werden, erst dann kann ggf. ein interdisziplinäres Prozedere geplant werden.
Da die Steuerung und Koordination der Blasenfunktion über willkürliche und autonome nervale Mechanismen gesteuert wird, muss bei der Untersuchung auf Hinweise für eine **neurologische Erkrankung** geachtet werden. Sowohl Hirnleistungsstörungen als auch Erkrankungen des Rückenmarks bzw. peripherer Nerven können Ursache einer Blasenfunktionsstörung sein. Bei entsprechendem Verdacht ist eine genaue neurologische Untersuchung erforderlich.

Verschiedene **neurologische Erkrankungen** können Blasenfunktionsstörungen bedingen.

7.2.3 Apparative Diagnostik

Urethrozystoskopie

Die Urethrozystoskopie ist eine endoskopische Methode zur Beurteilung von Blase und Urethra. Sie ist ein wesentlicher Bestandteil jeder Untersuchung bei Blasenbeschwerden. Das Urethrozystoskop besteht aus einem Obturator mit eigenständig regulierbarem Zu- und Abflusssystem, einem ansetzbaren Arbeitskanal sowie einer Optik (s. Abb. **B-7.5**).
Bei der Untersuchung werden über eine durch die Urethra eingeführte Optik die Mukosa (Entzündung, Tumor), die Ureterostien (Lage, Form, Funktion) sowie eventuelle Fremdkörper beurteilt.
Die Indikationen für eine Urethrozystoskopie sind in Tab. **B-7.3** zusammengefasst.

7.2.3 Apparative Diagnostik

Urethrozystoskopie

Spiegelung der Blase mit einer durch die Urethra eingeführten Optik (s. Abb. **B-7.5**) zur Beurteilung von:
- Mukosa (Entzündung, Tumor)
- Ureterostien (Lage, Form, Funktion)
- Fremdkörpern (Steine).

Die Indikationen zeigt Tab. **B-7.3**.

B-7.5

B-7.5 Urethrozystoskopie

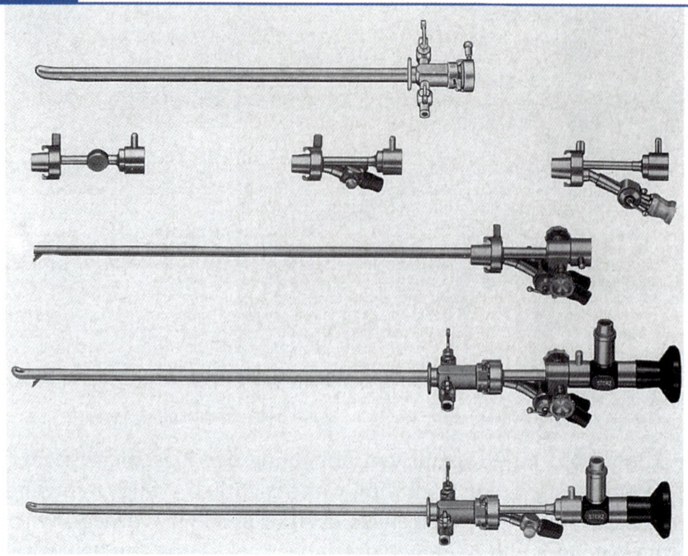

a Instrumentenschaft mit Obturator und regulierbarem Zu- und Ablauf.
b Arbeitseinsatz mit einem Arbeitskanal.
c Arbeitseinsatz mit zwei Arbeitskanälen und Albarran-Lenksystem.
d und **e** zusammengesetztes Instrument mit Optik, mit (d) und ohne (e) Albarran-Lenksystem.

B-7.3

B-7.3 Indikationen für die Urethrozystoskopie

▶ **ungklärte oder maligne Genitaltumoren**	Ausschluss Infiltration der Blase
▶ **Mikro- und Makrohämaturie**	Lokalisation der Blutung
▶ **Abklärung funktioneller Störungen des unteren Harntraktes**	Zystitis, Verlegung, Topografie
▶ **rezidivierende Harnwegsinfekte**	Infektionsherde, refluxverdächtige Ostien
▶ **Verdacht auf Urogenitalfistel und Fistellokalisation**	Fisteltopografie (Operationsverfahren), Abheilung (Operationszeitpunkt)
▶ **Condylomata acuminata**	Befall der Urethra
▶ **Verdacht auf Ureter duplex**	Ausschluss zweites Ostium

Urodynamische Untersuchungen

Hierbei werden in Form einer Katheteruntersuchung die Druckverhältnisse in Blase, Urethra und Darm in Ruhe und unter Belastung gemessen.

Urodynamische Untersuchungen

Bei urodynamischen Untersuchungen werden die Druckverhältnisse in Blase, Urethra und Darm über einen Katheter gemessen. Im Einzelnen handelt es sich bei urodynamischen Untersuchungen um die Urethraprofilometrie, die Zystotonometrie und die Uroflow-Messung.

Urethraprofilometrie

Es handelt sich um eine Untersuchung zur Überprüfung der Urethraverschlussfunktion. Hierzu wird die Druckübertragung von der Blase auf die Urethra gemessen und das Druckprofil in Ruhe und unter Belastung (Husten) aufgezeichnet (s. Abb. **B-7.6** – **B-7.8**).

Urethraprofilometrie

Um eine Aussage über die Urethraverschlussfunktion zu erhalten, wird die Druckübertragung von der Blase auf die Urethra gemessen. Hierzu bringt man einen semiflexiblen Katheter von 7 Ch Durchmesser in die Blase ein, der mit Mikrotransducern ausgestattet ist (s. Abb. **B-7.6**). Zunächst wird das Urethradruckprofil unter Ruhebedingungen aufgezeichnet (s. Abb. **B-7.7**). Anschließend fordert man die Patientin auf zu husten, um ein **Stressprofil** aufzunehmen (s. Abb. **B-7.8**).

B-7.6 Mikro-Katheter zur simultanen Druckmessung in Blase (Spitze) und Urethra (distaler Sensor)

B-7.6

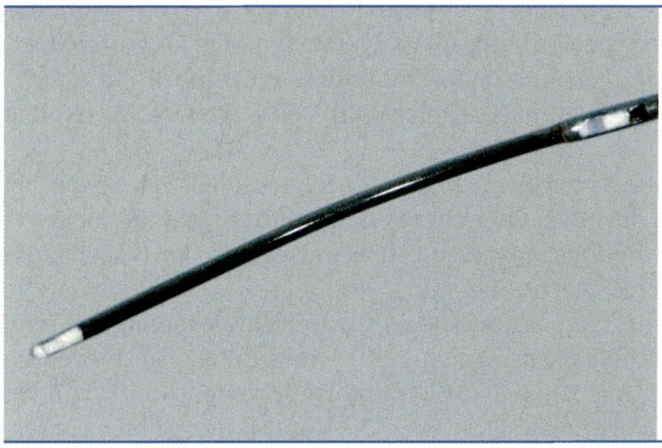

B-7.7 Urethradruckprofil in Ruhe

B-7.7

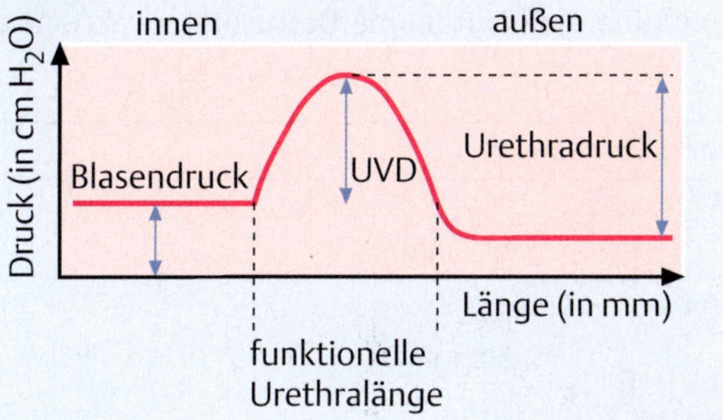

UVD maximaler Urethraverschlussdruck.

B-7.8 Urethradruckprofil beim Husten (Stressprofil)

B-7.8

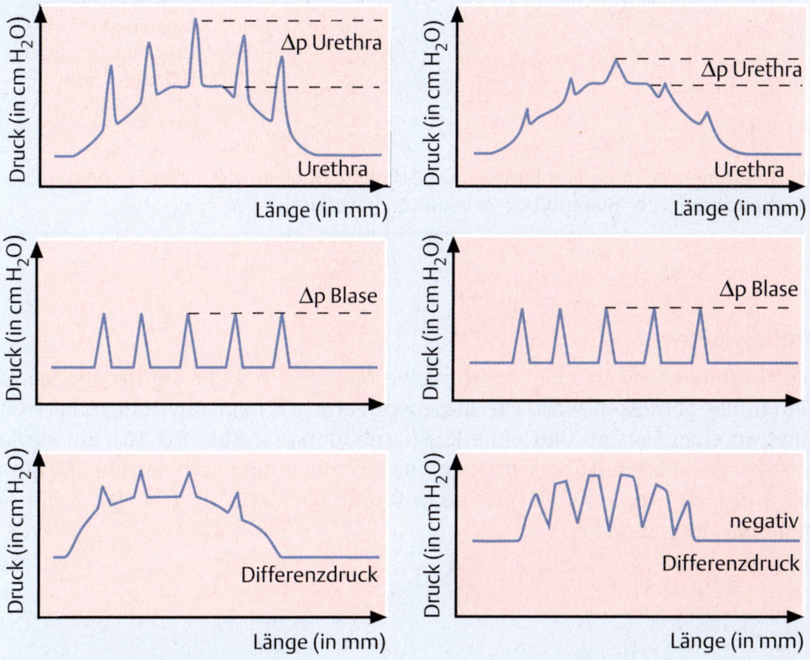

a Kontinente Patientin. **b** Inkontinente Patientin.

Zystotonometrie

Das Druckverhalten des Detrusors vesicae wird unter kontinuierlicher Blasenfüllung erfasst. Die Differenz zwischen dem Blaseninnendruck und dem intrabdominellen Druck ergibt den **Detrusordruck.**

Normalerweise beträgt das Blasenfüllungsvolumen beim Erwachsenen etwa 500 ml.

Kontraktionen des Detrusors, sog. **autonome Detrusorkontraktionen,** sind pathologische Ereignisse (s. Abb. **B-7.9**). Sind sie nicht unterdrückbar, handelt es sich um eine **Detrusorinstabilität,** führen sie zusätzlich zu unwillkürlichem Urinabgang, um eine **motorische Dranginkontinenz.** Ursachen können neurologische Erkrankungen oder Diabetes mellitus sein (s. Tab. **B-7.7**, S. 329).

Zystotonometrie

Zur Beurteilung der Reservoirfunktion der Blase und zur Abgrenzung einer motorischen von einer sensorischen Dranginkontinenz (s. S. 328 f) wird der Blaseninnendruck während der Füllungsphase gemessen und aufgezeichnet. Hierzu wird eine doppelläufige Messsonde in die Blase eingeführt. Zur gleichzeitigen Messung des intraabdominalen Drucks wird eine weitere Messsonde im Darm platziert.
Das normale Füllungsvolumen bei Erwachsenen beträgt ca. 500 ml. Schon bei 250 ml Füllungsvolumen tritt physiologischerweise Harndrang auf, der bei weiterer Füllung wieder verschwindet und sich erst bei Erreichen der Blasenkapazität wieder stark bemerkbar macht.
Kontraktionen des Detrusors, sog. **autonome Detrusorkontraktionen,** während der Blasenfüllung sind pathologische Ereignisse (s. Abb. **B-7.9**). Sie führen zu einem imperativen Harndrang. Bei willkürlich unterdrückbaren Kontraktionen spricht man von einer **Detrusorinstabilität.** Sind die Kontraktionen nicht unterdrückbar und führen zu unwillkürlichem Urinabgang, liegt eine **motorische Dranginkontinenz** vor. Sie kann bedingt sein durch neurologische Erkrankungen (s. Tab. **B-7.7**, S. 329) oder Diabetes mellitus. Im Gegensatz dazu ist die **sensorische Dranginkontinenz** eine Inkontinenz als Folge von imperativem Harndrang bei kleinen Füllungsvolumina ohne autonome Detrusorkontraktionen.

B-7.9

B-7.9 Autonome Detrusorkontraktionen

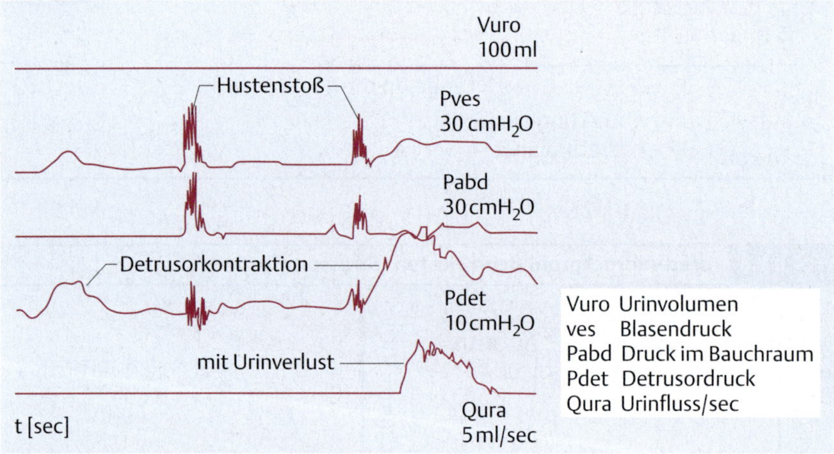

Bei simultaner Messung von Blasen- und Rektaldruck bleibt der intraabdominale Druck gleich, während der Blasendruck wellenförmig ansteigt.

Uroflowmetrie

Hierbei wird die Urinmenge/Zeiteinheit gemessen. Die normale Blasenentleerung erfolgt zügig und in einer Portion (s. Abb. **B-7.10**). Ein exzessiver Druckanstieg bei gleichzeitig schwachem Harnfluss deutet auf ein Abflusshindernis hin.

Uroflowmetrie

Die Uroflowmetrie ist eine nichtinvasive Methode, bei der die Urinmenge pro Zeiteinheit gemessen wird. Die Blasenentleerung erfolgt physiologischerweise zügig in einer Portion und ohne Restharnbildung (s. Abb. **B-7.10**). Ein starker Anstieg des Blasendruckes in Kombination mit einem schwachen Harnfluss weist auf ein Abflusshindernis hin, z. B. durch Einengung der Harnröhre bei Tumoren oder Steinen.

B-7.10 Uroflowmetrie bei normaler Blasenentleerung

B-7.10

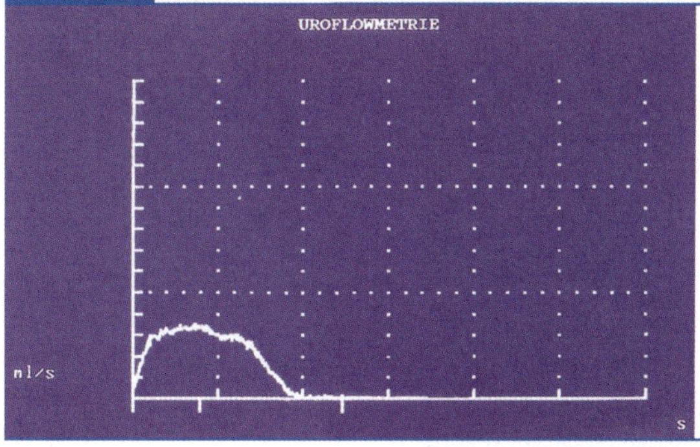

7.2.4 Bildgebende Verfahren

Sonographie

Die Sonographie der unteren ableitenden Harnwege hat in den letzten Jahren an Bedeutung gewonnen, da mehrere Verfahren entwickelt wurden, die eine „dynamische" Untersuchung ohne Strahlenexposition ermöglichen. Durch Adaptation eines Sektorschallkopfes an die Vulva (Perinealsonographie) oder an den Introitus vaginae (Introitussonographie) können Lageveränderungen von Urethra und Blase unter Valsalva-Manöver, Husten oder Anspannen des Beckenbodens ohne Strahlenexposition beobachtet werden. Zudem ist es möglich, Lageveränderungen der Organe des kleinen Beckens bzw. der unteren ableitenden Harnwege (im Füllungszustand) im Verhältnis zur Symphyse als Fixpunkt sichtbar zu machen (s. Abb. **B-7.11**). Die Sonographie ist Standard in der Diagnostik intraperitonealer Lageveränderungen.

7.2.4 Bildgebende Verfahren

Sonographie

In den letzten Jahren wurden mehrere Verfahren entwickelt, die eine dynamische Untersuchung ohne Strahlenbelastung ermöglichen. Durch Adaptation eines Sektorschallkopfes an die Vulva oder an den Introitus vaginae können Lageveränderungen von Urethra und Blase unter Valsalva-Manöver, Husten oder Anspannen des Beckenbodens ohne Strahlenexposition beobachtet werden (s. Abb. **B-7.11**).

Laterales Zystourethrogramm

Die klassische Form der Darstellung von Blase und Urethra im Rahmen der Diagnostik von Blasenfunktionsstörungen ist das laterale Zystourethrogramm. Die Blase wird retrograd mit Kontrastmittel gefüllt und die Urethra mit Kette oder Docht markiert. Zwei Aufnahmen im lateralen Strahlengang (unter Ruhebedingungen und beim Pressen) zeigen die Beweglichkeit des Blasenhalses im Vergleich zu den knöchernen Strukturen des kleinen Beckens (s. Abb. **B-7.12**).

Laterales Zystourethrogramm

Im lateralen Zystourethrogramm werden Lageveränderungen von Blase und Urethra bei Belastung (Pressen) sichtbar gemacht (s. Abb. **B-7.12**).

Beckenviszerogramm

Das Beckenviszerogramm ermöglicht die Beurteilung des Zusammenspiels aller Organe des kleinen Beckens. Dazu werden Vagina und Darm ebenfalls mit Kontrastmittel markiert (s. Abb. **B-7.13**).
Diese aufwendige Diagnostik wird durchgeführt, wenn ein Therapiekonzept für den insuffizienten Beckenboden mit Harninkontinenz und Obstipation entwickelt werden soll.

Beckenviszerogramm

Die mit Kontrastmittel markierten Organe des kleinen Beckens, (Rektum, Vagina, Urethra und Blase) werden im lateralen Strahlengang in ihrer Lagebeziehung zueinander beurteilt (s. Abb. **B-7.13**).

MRT (Magnetresonanztomographie)

In neuerer Zeit ist die dynamische Kernspintomographie zur Darstellung des Zusammenspiels der dem Beckenboden aufliegenden Organe, bei Deszensus- und Inkontinenzproblemen von Harnblase und Darm in den Blickpunkt wissenschaftlichen Interesses gerückt.

MRT (Magnetresonanztomographie)

Die dynamische MRT wird in neuerer Zeit diagnostisch eingesetzt, um das Zusammenspiel der dem Beckenboden aufliegenden Organe darzustellen.

B-7.11 Perinealsonographie

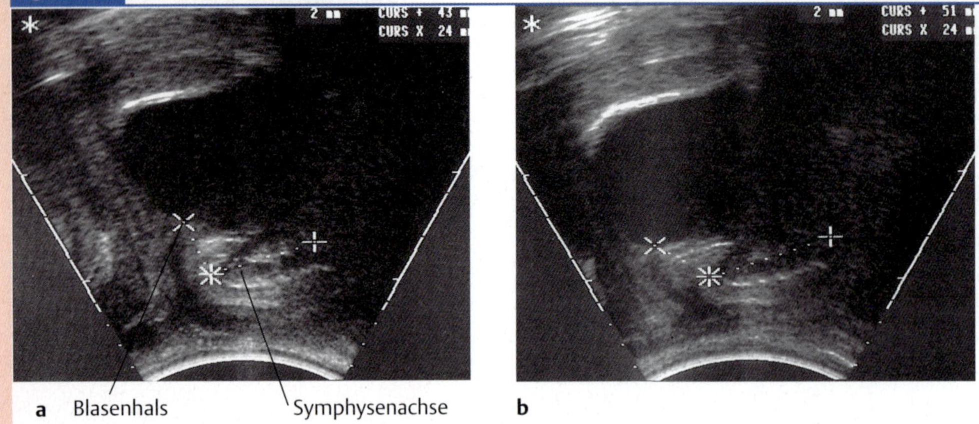

a Ruhebild.
b Pressbild: Der Blasenhals tritt etwas tiefer und nach dorsal.

B-7.12

B-7.12 Laterales Zystourethrogramm

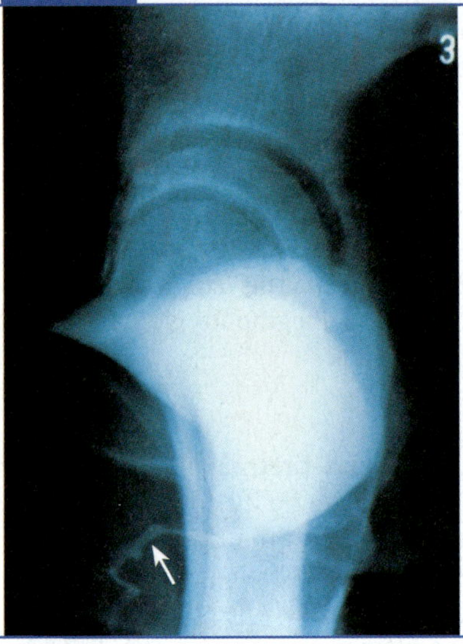

Die Urethra (↑) ist mit einem Draht markiert, die Blase mit Kontrastmittel gefüllt.

B-7.13

B-7.13 Beckenviszerogramm

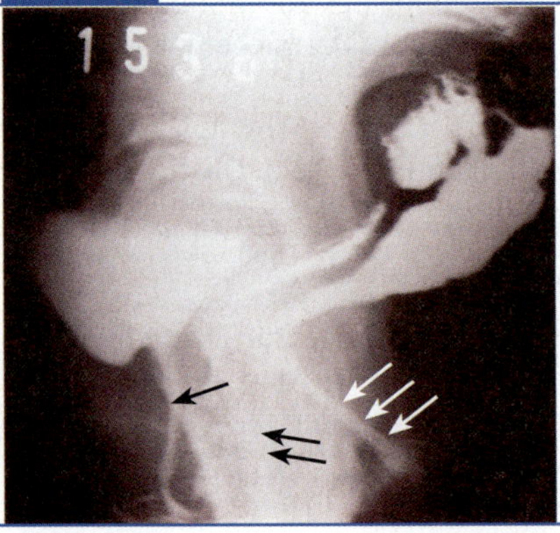

Urethra (↑), Vagina (↑↑), Rektum (↑↑↑) sind mit Docht bzw. Kontrastmittel markiert.

7.2.5 Harnfisteldiagnostik

Harnfisteln treten als Komplikation nach gynäkologischen Operationen (0,08 %) ebenso auf wie beim Zervixkarzinom bzw. nach dessen Bestrahlung (2,8 %). Bei der Blasenscheidenfistel ist die Miktion infolge der herabgesetzten Blasenfüllung beeinträchtigt. Im Gegensatz dazu bleibt bei der Ureterscheidenfistel die Miktion intakt. In beiden Fällen liegt eine absolute Harninkontinenz vor. Direkte und indirekte Methoden zur Lokalisation der Harnfisteln zeigt Tabelle **B-7.4**.

7.2.5 Harnfisteldiagnostik

Bei Blasenscheidenfisteln ist die Miktion beeinträchtigt, bei Ureterscheidenfisteln bleibt sie intakt.
Direkte und indirekte Methoden zur Fistellokalisation zeigt Tabelle **B-7.4**.

B-7.4 Direkte und indirekte Methoden zur Harnfisteldiagnostik

Direkte Methoden zur Lokalisation der Fistelöffnungen	***Indirekte Methoden zur Lokalisation der Fistelgänge***
Vaginale Inspektion – Spekulumeinstellung Gelegentlich ist die Fistelöffnung in der Scheide direkt erkennbar.	**Sonographie** – evtl. gestautes Pyelon bei Ureterfistel.
Zystoskopie – Blasenscheidenfistel: Lokalisation der Fistelöffnung in der Blase. (Anm.: Eine zystoskopisch fehlende Urinausscheidung aus einem Ureter Ostium kann ein indirekter Hinweis für eine Ureterscheidenfistel der ipsilateralen Seite sein.)	**Retrograde Blasenfüllung mit Indigokarmin** und Einlegen von Tupfern in die Scheide – Blasenscheidenfistel: Austritt von blauer Flüssigkeit in die Vagina durch die Fistelöffnung, Blaufärbung der eingelegten Tupfer. – Ureterscheidenfistel: Keine Blaufärbung der in die Scheide eingelegten Tupfer, es sei denn es liegt ein Reflux vor.
	i. v. Urogramm – Darstellung des Fistelganges und Austritt von Kontrastmittel durch die Fistelöffnung in die Scheide. Obligatorisch bei der Lokalisation bestehender Ureterfisteln/-anomalien. (Anm.: Bei der Ureterscheidenfistel kann evtl. eine Dilatation des ipsilateralen Pyelons dargestellt werden infolge gleichzeitiger Stenose mit Harnstau.)

B-7.4

7.3 Blasenfunktionsstörungen

7.3.1 Harninkontinenz

7.3 Blasenfunktionsstörungen

7.3.1 Harninkontinenz

▶ **Definition.** Harninkontinenz ist der unwillkürliche Verlust von Urin, der klinisch objektivierbar ist.

◀ Definition

Inzidenz. In Deutschland schätzt man die Zahl der harninkontinenten Frauen auf etwa 9 bis 15 Millionen, d. h. jede 3. bis 4. Frau ist betroffen. Die Prävalenz nimmt mit dem Alter zu. Der Anteil harninkontinenter Frauen beträgt
- bei 20- bis 30-jährigen Frauen 10 %
- bei 30- bis 40-jährigen Frauen 15 %
- bei 40- bis 50-jährigen Frauen 25 %
- bei über 80-jährigen Frauen bis 40 %, in geriatrischen Abteilungen sogar 60 %.

Inzidenz. In Deutschland sind ca. 9–15 Millionen Frauen betroffen.
Die Prävalenz nimmt mit dem Alter zu.

Formen. s. Tab. **B-7.5**.

Formen. Die verschiedenen Formen der Harninkontinenz sind in Tabelle **B-7.5** dargestellt.

B-7.5

B-7.5 Formen der Harninkontinenz

- Stressinkontinenz
- Dranginkontinenz
  - motorische Dranginkontinenz
  - sensorische Dranginkontinenz
- Reflexinkontinenz
- extraurethrale Inkontinenz

Stressinkontinenz

▶ Definition

▶ **Definition.** Stressinkontinenz ist der unwillkürliche Urinabgang bei Druckänderungen im Abdomen, der auf eine Insuffizienz der urethralen Verschlussmechanismen zurückzuführen ist.

Sie ist die häufigste Inkontinenzform der Frau. Man unterscheidet drei Schweregrade (s. Tab. **B-7.6**):

Sie ist mit 35-45 % die häufigste Inkontinenzform der Frau. Eine Stressinkontinenz ist überdurchschnittlich häufig mit einer Senkung des Urorektogenitaltrakts kombiniert. Klinisch unterscheidet man drei Schweregrade (s. Tab. **B-7.6**):

Ätiologie. Ursächlich ist eine Schwäche des Beckenbodens und/oder eine Schädigung des urethralen Bandapparates. Die Lockerung der Ligg. pubourethralia führt zu einer Lockerung der mittleren Urethra. Intraabdominelle Druckerhöhungen können nicht mehr durch Kompression der Urethra aufgefangen werden. Der Verlust der physiologischen Drucktransmission führt zur Inkontinenz (s. Abb. **B-7.14**).

Ätiologie. Eine Schwäche des Beckenbodens und/oder eine Schädigung des Bandapparates der Urethra bilden die Grundlage für eine Stressinkontinenz. Meist ist die Beckenbodenschwäche mit einem Descensus vaginae et uteri verbunden. Bei gleichzeitiger Senkung von vorderer Scheidenwand und Blasenboden entsteht eine Zystozele (s. Abb. **B-7.17a**, S. 335). Die Lockerung der Ligg. pubourethralia führt zu einer Lockerung der mittleren Urethra. Intraabdominelle Drucksteigerungen können nicht mehr durch Kompression der Urethra aufgefangen werden, der Verlust der physiologischen Drucktransmission führt zu unwillkürlichem Urinabgang (s. Abb. **B-7.14**).

Stressinkontinenz und Schwangerschaft. Schwangerschaft und vaginale Geburt begünstigen das Auftreten einer Stressinkontinenz. Nervale Störungen des Beckenbodens sind meist geburtstraumatisch bedingt.

Stressinkontinenz und Schwangerschaft. Mit Nervenleitgeschwindigkeitsmessungen konnte man nachweisen, dass vaginale Geburten nervale Schäden am M. levator ani verursachen und so die Kontraktionsfähigkeit der Beckenbodenmuskulatur vermindern. Reihenuntersuchungen zeigen, dass bereits während der Schwangerschaft bei 50 % aller Frauen eine Stressinkontinenz auftritt. Bei etwa 6 % von ihnen bleibt nach Abschluss der Rückbildungsvorgänge die Stressinkontinenz bestehen.

Therapie. Es stehen konservative und operative Therapiemöglichkeiten zur Wahl.

Therapie. Zur Behandlung der Stressinkontinenz stehen konservative und operative Therapiemöglichkeiten zur Auswahl (s. u.). In der Regel werden zunächst konservative Maßnahmen versucht. Wenn diese wenig Erfolg zeigen, wird eine operative Therapie in Erwägung gezogen. Der Erfolg einer konservativen Maßnahme hängt neben dem Schweregrad der Insuffizienz wesentlich davon ab, ob die Patientin aktiv mitarbeiten kann oder nicht.

B-7.6

B-7.6 Schweregrade der Stressinkontinenz

Grad 1	Urinverlust bei schneller intraabdominaler Druckerhöhung (Husten, Niesen, Lachen)
Grad 2	Urinverlust bei langsamer intraabdominaler Druckerhöhung (bei leichter körperlicher Belastung, z. B. Laufen, Heben, Treppen steigen)
Grad 3	Urinverlust ohne Belastung (absolute Harninkontinenz)

B-7.14 Urethrablasenwinkel beim vertikalen und rotatorischen Deszensus der Harnblase

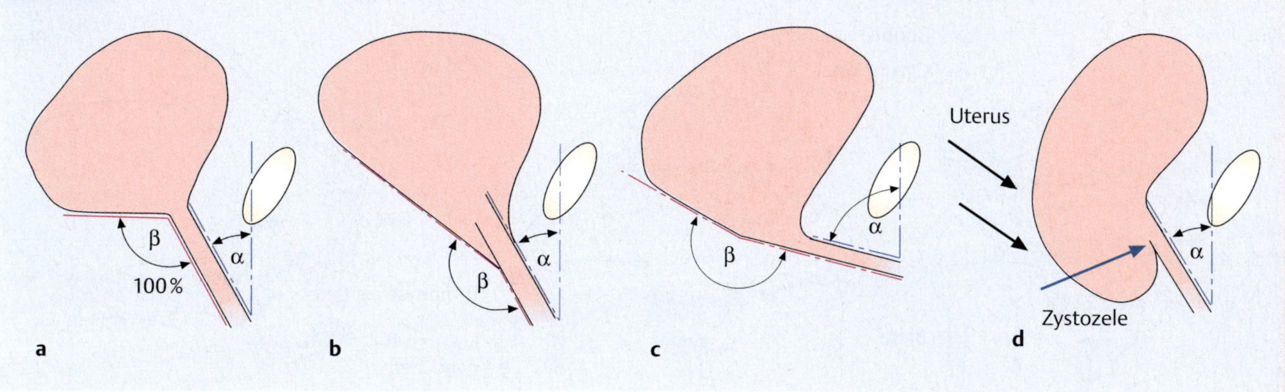

a Normaler urethrovesikaler Winkel von 100°.
b Vertikaler Deszensus durch Tiefertreten des Blasenhalses und der Urethra mit Harninkontinenz bei fast aufgehobenem Winkel β, α verändert sich nicht.
c Beim rotatorischen Deszensus rotieren Blasenhals und Urethra nach kaudal/dorsal.
d Isolierte Senkung des Blasenbodens bei retrosymphysär fixierter Urethra (= Quetschphänomen, blauer Pfeil).

▶ **Merke.** Da die operative Behandlung der Stressinkontinenz ein Wahleingriff ist, sollten möglichst immer konservative Maßnahmen vorangehen.

◀ **Merke**

- **Konservative Maßnahmen:**

Bei Nachlassen oder Störungen der Beckenbodenfunktion steht die Beckenbodengymnastik an erster Stelle. Ziel ist das Wiedererlernen der reflektorischen Beckenbodenkontraktion bzw. der richtige Einsatz der Beckenbodenfunktion. Voraussetzung ist, dass die Patientin ihren Beckenboden spürt. Dann kann bei konsequenter Übung auch bei schwereren Formen der Stressinkontinenz ein guter Erfolg erzielt werden. Das **Biofeedback-Training** als Beckenbodentraining mit visueller oder akustischer Rückkopplung ist effektiver.

Bei Frauen mit hohem internistischem Operationsrisiko werden **Pessare** zur Anhebung von Uterus und/oder Blasenhalsregion eingesetzt (s. Abb. **B-7.22**, S. 338). Wenn die Levatorenschenkel nicht zu weit auseinander klaffen, ist diese Maßnahme erfolgreich. Auch zur Vorbereitung der atrophischen Vagina vor Stressinkontinenzoperationen werden Pessare mit gleichzeitiger Anwendung von östrogenhaltigen Cremes angewandt.

Über die Rolle des Übergewichts bei der Entstehung einer Stressinkontinenz gibt es verschiedene Meinungen. Es ist jedoch oft zu beobachten, dass die Inkontinenzbeschwerden bei **Reduktion des Übergewichts** nachlassen.

Konservative Maßnahmen:
Bei Nachlassen oder Störungen der Beckenbodenfunktion ist die Beckenbodengymnastik erfolgreich.

Bei Frauen mit hohem Operationsrisiko werden **Pessare** eingesetzt (s. Abb. **B-7.22**, S. 338). Wenn die Levatorenschenkel nicht zu weit auseinander klaffen, können sie den Uterus und/oder die Blasenhalsregion anheben.

- **Operative Maßnahmen:**

Die operativen Maßnahmen richten sich nach der Schwere der Deszensus- und/oder der Inkontinenzsymptomatik. Da häufig eine Kombination von Inkontinenz und Deszensus vorliegt, muss präoperativ abgeschätzt werden, welche Beschwerden im Vordergrund stehen, um die jeweils geeignete Operationsmethode zu finden. Besonders wichtig ist in diesem Zusammenhang der Ausschluss einer larvierten Stressinkontinenz: So kann z. B. eine isolierte Zystozele durch Abdrücken der Urethra gegen die Symphyse eine Kontinenz vortäuschen, die dann nach einer Behandlung der Zystozele störend in Erscheinung tritt.

Steht die Stressinkontinenz im Vordergrund des Beschwerdebildes, so muss diese vorrangig behandelt werden. Das Prinzip der hierfür geeigneten Operationsmethoden besteht darin, die Urethra hinter der Symphyse zu stabilisieren.

Operative Maßnahmen:
Bei gleichzeitigem Vorliegen von Stressinkontinenz und Deszensus muss abgewogen werden, was mehr Beschwerden verursacht. Wichtig ist der präoperative Ausschluss einer larvierten Stressinkontinenz, die postoperativ nach Aufhebung ihrer Ursache in den Vordergrund der Beschwerden tritt.

Es gibt eine Vielzahl von Operationsverfahren zur Behandlung der Stressinkontinenz. Ihr Prinzip beruht auf der Fixierung des gelockerten Blasenhalses an Strukturen des Beckens oder der Bauchwand.

Die Operationsmethode, die weltweit die erfolgreichste mit den besten Langzeitergebnissen ist, ist die Methode von Burch (s. Abb. **B-7.15a**). In neuerer

Am erfolgreichsten ist die Methode nach Burch (s. Abb. **B-7.15a**).

B-7.15 Operationsverfahren bei Stressinkontinenz

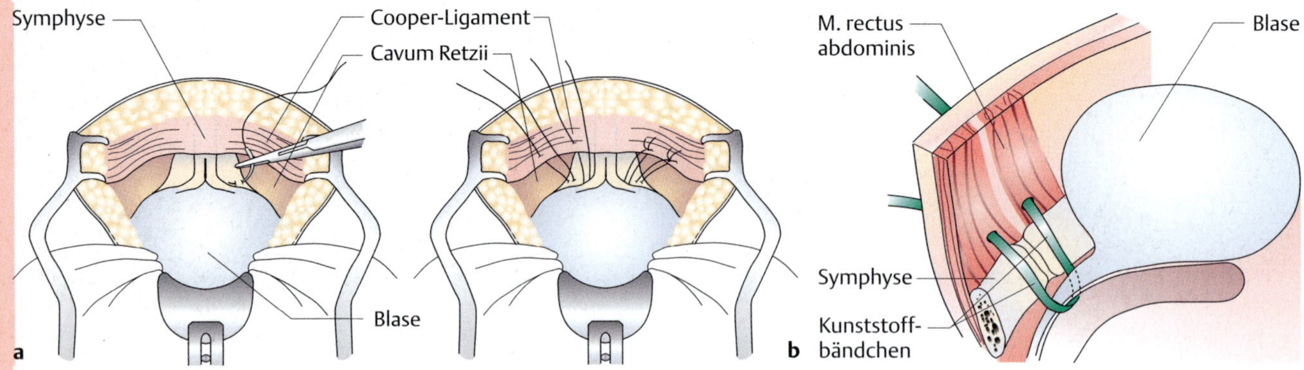

a Operation nach Burch: Über einen kleinen suprasymphysären Hautschnitt werden die Rektusmuskeln auseinander gedrängt, das Cavum Retzii eröffnet und der Blasenhals dargestellt. Entlang der Blasenunterkante, 1 cm vom Blasenhals beginnend, wird die paravaginale Faszie mit je zwei nicht resorbierbaren Nähten gefasst und am Cooper-Ligament befestigt. Dadurch wird die Urethra intraabdominal hochgezogen.

b TVT-Verfahren: Ein Kunststoffband wird unter die Harnröhre gelegt und an der Bauchdecke fixiert und die mittlere Urethra somit stabilisiert.

Zeit wird über den pathophysiologischen Ansatz der Lockerung der Ligg. pubourethralia der Bereich der mittleren Urethra durch Einlage eines Kunststoffbändchens (tension free vaginal tape = TVT) stabilisiert (Abb. **B-7.15b**).

Bei Beckenbodenmuskulaturdefekten wird die Scheiden-Damm-Plastik durchgeführt.

Defekte der Beckenbodenmuskulatur sollten durch die Scheiden-Damm-Plastik immer mitbehoben werden.

▶ **Klinischer Fall**

▶ **Klinischer Fall. Anamnese:** 36-jährige Patientin, zwei Spontangeburten, seit der Geburt des ersten Kindes unwillkürlicher Urinabgang beim Sport, gelegentlich auch beim Husten, kein vermehrter Harndrang, keine Nykturie, keine Probleme bei der Miktion.

Befunde: Spekulum: wenig geöffneter Introitus, leichter Deszensus des Uterus und der Scheidenwände (Urethro-Zystozele, Rektozele), rechter Levatorschenkel palpatorisch defekt, symmetrische, kräftige willkürliche Beckenbodenkontraktion. Der Stresstest ist positiv. Die Endosonographie zeigt einen rotatorischen Blasenhalsdeszensus (s. Abb. **B-7.14**). Beim neuro-urologischen Befund sind ASR, PSR und Beckenbodenreflexe unauffällig. Der Mittelstrahlurin ist ebenfalls unauffällig.

In der Urethra-Profilometrie (s. Abb. **B-7.8**) zeigen sich im Stressprofil beim Hustenstoß negative Differenzdrucke. Die Wasserzystometrie sowie die Uroflowmetrie ergeben unauffällige Befunde.

Diagnostik: Stressinkontinenz.

Therapie: Die Therapie erfolgt zunächst konservativ mit Beckenboden-Biofeedbacktraining. Darunter bessert sich die Symptomatik so weit, dass eine operative Intervention nicht erforderlich ist.

Urge- oder Dranginkontinenz

Urge- oder Dranginkontinenz

▶ **Definition**

▶ **Definition.** Kennzeichnend für eine Dranginkontinenz sind starker Harndrang und unwillkürlicher Urinabgang während der Blasenfüllungsphase.
Im Gegensatz dazu tritt bei der Urgency-Symptomatik zwar ein Harndrang auf, es kommt jedoch zu keinem Urinabgang.

Häufigkeit. Die Urgeinkontinenz ist die zweithäufigste Inkontinenzform der Frau. Bei 20–40 % der Patientinnen sind Stress- und Dranginkontinenz kombiniert.

Man unterscheidet:
- **motorische Dranginkontinenz**
- **sensorische Dranginkontinenz**.

Häufigkeit. Die Urge- oder Dranginkontinenz ist mit 25–35 % die zweithäufigste Form der weiblichen Harninkontinenz und steht bezogen auf Störungen der Reservoirfunktion der Blase sogar an erster Stelle. Bei 20–40 % der Patientinnen sind Stress- und Dranginkontinenz kombiniert.

Man unterscheidet die
- **motorische Dranginkontinenz,** bei der autonome Detrusorkontraktionen nachweisbar sind und die
- **sensorische Dranginkontinenz** (s. S. 329).

B-7.7 Häufige Ursachen der motorischen Dranginkontinenz

▪ Morbus Parkinson	▪ Hirntumoren
▪ Morbus Alzheimer	▪ Mantelkantensyndrom
▪ senile Demenz	▪ Apoplex
▪ Polyneuropathien (z. B. in Folge Diabetes mellitus)	▪ Medikamenteneinnahme (z. B. Parasympathomimetika)

B-7.7

Ätiologie. In 80 % der Fälle kann keine Ursache gefunden werden (idiopathische Dranginkontinenz). Bei der **motorischen Dranginkontinenz** liegt eine Funktionsstörung des M. detrusor vesicae vor. Entscheidend ist der Wegfall der zentralen Hemmung der Blase, bei normalen sensorischen Impulsen. Die häufigsten Ursachen sind neurologische Erkrankungen (Tab. **B-7.7**).

Ätiologie. Bei der **motorischen Dranginkontinenz** liegt eine Funktionsstörung des M. detrusor vesicae vor. Mögliche Ursachen hierfür zeigt Tab. **B-7.7**.

▶ **Merke.** Der motorischen Dranginkontinenz liegt eine Hyperreflexie des Detrusors zugrunde, die durch unterschiedlichste Störungen bedingt sein kann. Die Abklärung erfolgt durch urodynamische Untersuchungen (s. S. 320 ff).

◀ Merke

Die **sensorische Dranginkontinenz** ist durch verstärkte afferente Impulse aus der Blasenwand bedingt. Kennzeichnend ist der imperative Harndrang bei kleinen Urinvolumina ohne Auftreten von Detrusorkontraktionen. Die häufigsten Ursachen sind
- Entzündungen,
- Steine oder
- Tumoren.

Bei der **sensorischen Dranginkontinenz** führen verstärkte afferente Impulse aus der Blasenwand zu imperativem Harndrang bei kleinen Urinvolumina. Die häufigsten Ursachen sind Entzündungen, Steine und Tumoren.

Therapie. Bei der motorischen und sensorischen Dranginkontinenz wird die zugrunde liegende Erkrankung behandelt. Bei der idiopathischen Dranginkontinenz steht die **medikamentöse** Therapie evtl. zusammen mit einem **Blasentraining** oder einer supportiven **Psychotherapie** im Vordergrund. Dabei stehen Substanzen zur Verfügung, die entweder direkt am M. detrusor vesicae oder an seiner parasympathischen Innervation angreifen:
- Spasmolytika (z. B. Flavonat, Oxybutynin)
- Parasympatholytika (z. B. Tolterodin)
- trizyklische Antidepressiva (z. B. Imipramin)
- β-Sympathomimetika (z. B. Clenbuterol).

Therapie. Bei der idiopathischen Dranginkontinenz erfolgt sie, neben evtl. unterstützendem Blasentraining und Psychotherapie, **medikamentös**. Folgende Substanzen mit unterschiedlichen Angriffspunkten stehen zur Verfügung:
- Spasmolytika
- Parasympatholytika
- trizyklische Antidepressiva
- β-Sympathomimetika.

Nebenwirkungen sämtlicher parasympatholytisch wirkender Substanzen sind eine Hemmung der Speichelsekretion (Xerostomie) und eine Steigerung des Augeninnendrucks beim Engwinkelglaukom.
Die trizyklischen Antidepressiva zeigen an muskarinischen Acetylcholin-Rezeptoren einen antagonistischen Effekt, der sich als Detrusorhemmung auswirkt.

Nebenwirkungen der Parasympatholytika sind Xerostomie und Anstieg des Augeninnendrucks bei Engwinkelglaukom.

Bei einer Drangsymptomatik in Kombination mit einer atrophischen Kolpitis liegt der Verdacht auf einen Östrogenmangel vor. Werden in diesen Fällen keine Detrusorkontraktionen gefunden, ist oftmals die lokale Anwendung von **Östrogenen** erfolgreich.

Die **Östrogentherapie** ist bei konsequenter lokaler Anwendung häufig erfolgreich.

Reflexinkontinenz

Reflexinkontinenz

▶ **Definition.** Charakteristisch für die Reflexinkontinenz ist eine vollständige Blasenentleerung ohne Harndrang, aufgrund sog. Triggermechanismen. Dies sind z. B. suprapubische kutane Reize und Hustenstöße.

◀ Definition

Die Reflexinkontinenz spielt in der Gynäkologie eine untergeordnete Rolle.

Ätiologie. Sie kann erstes Symptom einer multiplen Sklerose sein und kommt typischerweise bei tiefen Querschnittslähmungen vor.

Ätiologie. Schädigungen des Rückenmarks oberhalb des Miktionszentrums S2–S4, wie sie typischerweise bei Querschnittslähmungen vorkommen, führen typischerweise zu einer Reflexinkontinenz. Das isolierte Auftreten einer Reflexinkontinenz kann erstes Symptom einer multiplen Sklerose sein.

Therapie. Die Reflexinkontinenz ist therapeutisch nicht zugänglich.

Therapie. Die Reflexinkontinenz ist therapeutisch nicht zugänglich. Über die Triggerung in Form suprapubischer kutaner Reize kann eine gewisse gezielte Steuerung der Blasenentleerung erfolgen.

Überlaufinkontinenz

Überlaufinkontinenz

▶ **Definition**

▶ **Definition.** Bei dieser Form der Inkontinenz wird die Kapazitätsgrenze der Blase infolge einer Störung der Blasenmotorik überschritten. Dabei fließt so viel Urin aus der Blase ab, bis der Druckausgleich zwischen Blase und Urethra wiederhergestellt ist. Es verbleiben Restharnmengen.

Ätiologie. Die Überlaufinkontinenz ist meist durch periphere Nervenschädigungen bedingt.

Ätiologie. Eine Überlaufinkontinenz ist meist durch die Schädigung der peripheren Innervation der Blase, z. B. nach ausgedehnten Krebsoperationen im kleinen Becken, bedingt. Wenn die Urethra durch ein mechanisches Hindernis (z. B. Descensus uteri, Myom, Tumor) komprimiert wird, tritt derselbe Effekt ein. Auch chronische Blasenentleerungsstörungen (s. u.) können zu einer Überlaufinkontinenz führen.

Therapie. Bei Detrusorinaktivität können Parasympathomimetika bei Detrusordyssynergien α-Sympatholytika Erfolg bringen.

Therapie. Bei mechanischen oder funktionellen Störungen steht die Beseitigung der Ursache im Vordergrund. Die medikamentöse Behandlung mit Parasympathomimetika (Detrusorinaktivität) oder α-Sympatholytika bei Detrusordyssynergien bringt gelegentlich Erfolg.

Extraurethrale Inkontinenz

Extraurethrale Inkontinenz

▶ **Definition**

▶ **Definition.** Unter extraurethraler Inkontinenz versteht man den Urinabgang durch andere Öffnungen als durch die Urethra.

Ätiologie. **Fistelbildungen** sind die häufigste Ursache für einen extraurethralen Urinverlust. Sie treten infolge einer Bestrahlung, nach gynäkologischen Operationen oder traumatisch bedingt auf.

Ätiologie. Die häufigste Ursache der extraurethralen Inkontinenz sind **Fisteln.** Sie treten als Nekrosefisteln nach Bestrahlung von gynäkologischen Malignomen oder nach gynäkologischen Operationen mit unbemerkten Blasenläsionen auf. Traumatisch bedingte Fisteln entstehen infolge von Operationen, Geburten oder Pfählungsverletzungen.

Therapie. Es ist immer eine Operation notwendig.

Therapie. Die Beseitigung einer Fistel kann nur operativ erfolgen. Hierbei wird die Fistel großzügig reseziert. Anschließend werden Blase und Scheide rekonstruiert. Bei Tumoren ist dieses Vorgehen allerdings oft nur eingeschränkt möglich.

7.3.2 Blasenentleerungsstörungen

7.3.2 Blasenentleerungsstörungen

Kennzeichnend für eine Blasenentleerungsstörung ist der **Harnverhalt.**

Kennzeichen von Blasenentleerungsstörungen ist der **Harnverhalt.** Es gibt zwei Formen der Blasenentleerungsstörung

- die **akute Blasenentleerungsstörung** und die
- **chronische Blasenentleerungsstörung.**

▶ **Definition**

▶ **Definition** (nach Stanton 1981). Von einer **akuten Entleerungsstörung** spricht man, wenn eine

- plötzliche schmerzhafte oder schmerzlose
- über 24 Stunden dauernde Harnverhaltung auftritt,
- die einen Blasenkatheterismus erforderlich macht, der ein Harnvolumen von mindestens der Hälfte der Blasenkapazität fördert.

Die **chronische Entleerungsstörung** ist die
- unbemerkt auftretende Blasenentleerungsstörung,
- die zu einer Restharnmenge von mindestens 50 % der maximalen Blasenkapazität führt.

Die chronische Retention verläuft in zwei Stufen:
1. Stufe: Die Patientin bemerkt lediglich eine erschwerte Miktion, kann aber die Miktion durch die Valsalva-Übung kontrollieren;
2. Stufe: Es treten unkontrollierte Miktionen und eine Überlaufinkontinenz auf.

Ätiologie. Die Ursachen für Blasenentleerungsstörungen sind vielfältig: Neurologische Erkrankungen, hormonelle Störungen, akute Entzündungen, mechanische Hindernisse oder eine Überdehnung der Harnblase können zu einem Harnverhalt führen. Auch pharmakologische Einflüsse und psychogene Faktoren beeinflussen die Blasenentleerung.

Ätiologie. Die Ursachen für Blasenentleerungsstörungen sind vielfältig.

Klinik. Ein akuter Harnverhalt äußert sich durch abdominelle Beschwerden. Die Folgen einer chronischen Harnverhaltung sind Überlaufinkontinenz (s. S. 330), rezidivierende Harnwegsinfekte und gelegentlich eine Harnstauung, wenn es in Folge einer Obstruktion zu einer pathologischen Druckerhöhung in der Harnblase kommt, mit Rückstauung in das Nierenhohlsystem.

Klinik. Bei akutem Harnverhalt treten abdominelle Beschwerden auf. Überlaufinkontinenz und rezidivierende Harnwegsinfekte sind Folgen einer chronischen Blasenentleerungsstörung.

Blasenfunktionsstörungen nach radikalen Operationen im kleinen Becken

Bei radikalen Krebsoperationen im kleinen Becken, z. B. bei der Wertheim-Operation des Zervixkarzinoms, sowie bei der hinteren Exenteration beim fortgeschrittenen Zervix- oder Vaginalkarzinom und bei der abdominosakralen Rektumamputation werden Ureteren und Blase, evtl. auch die Urethra, durch ausgedehnte Mobilisation und Resektion des umgebenden Gewebes erheblich in Mitleidenschaft gezogen. Störungen der Blasenfunktion sind unvermeidbar. Sie betreffen vor allem die Sensibilität (Füllungs- und Entleerungsgefühl) sowie die Blasenentleerung durch Verlust der Kontraktilität.
Die **Inzidenz** dieser Störungen wird zwischen 18 und 80 % angegeben. Bei der hinteren Exenteration liegt die Inzidenz der Blasenfunktionsstörungen bei 100 %.

Blasenfunktionsstörungen nach radikalen Operationen im kleinen Becken

Bei bis zu 80 % der Patientinnen nach radikaler Krebsoperation, z. B. bei der Wertheim-Operation des Zervixkarzinoms treten postoperativ Störungen der Blasenfunktion auf. Bei der Rektumamputation sind es sogar bis zu 100 %. Störungen der Sensibilität und Blasenenentleerungsstörungen kommen am häufigsten vor.

Ätiologie. Ursächlich für die postoperativen Blasenfunktionsstörungen sind
- Verletzungen von Becken-Nervengewebe,
- direkte Schädigung des Detrusors durch ausgedehnte Mobilisierung der Blase,
- fehlerhafte postoperative Harnableitung,
- rezidivierende Harnwegsinfekte bei fehlender Blasensensibilität.

Die Verletzung von extra- und intramuralen parasympathischen Ganglien führt zu einer partiellen Denervierung des Detrusors. Der Hauptanteil der Nervenfasern des Plexus pelvicus verläuft im Parametrium bzw. im Parakolpium (unterer Anteil des Lig. cardinale). Dieses Gewebe wird typischerweise bei der Wertheim-Operation teilweise reseziert.
Bei der hinteren Exenteration sowie bei der abdominosakralen Rektumamputation wird in Bezug auf die pararektalen und präsakralen Anteile des Plexus pelvicus noch radikaler vorgegangen. Dies führt zu einer kompletten parasympathischen Denervierung von Blase und Urethra.

Ätiologie. Verantwortliche Faktoren sind intraoperative Verletzungen des Becken- und Nervengewebes oder die direkte Schädigung des Detrusors durch ausgedehnte Mobilisierung der Blase. Postoperativ sind eine fehlerhafte Harnableitung oder rezidivierende Harnwegsinfekte bei gestörter Blasensensibilität bedeutsam. Eine Folge der Resektion des Parametriums und Parakolpiums ist die partielle Denervierung des Detrusors.

Die hintere Exenteration führt zu einer kompletten parasympathischen Denervierung von Blase und Urethra.

Therapie der Blasenentleerungsstörungen

Vorübergehende Entleerungsstörungen z. B. nach vaginalen Operationen sind im Allgemeinen mit **Parasympathomimetika** (z. B. Carbachol) gut beherrschbar.

Bei Entleerungsstörungen, die mit pathologischen Restharnmengen einhergehen, ist ein **Blasentraining** oft ausreichend: Die Patientinnen werden angehalten, mindestens alle 4 h ihre Blase zu entleeren und sich dazu viel Zeit zu las-

Therapie der Blasenentleerungsstörungen

Vorübergehende Entleerungsstörungen werden mit einem **Parasympathomimetikum** behandelt.

Schwere Störungen sind u. U. durch **Blasentraining** und Restharnkontrolle zu beherrschen.

Bei völliger Miktionsunmöglichkeit bleibt nur der saubere intermittierende **Blasenkatheterismus**. Falls möglich führt ihn die Patientin selbst durch.
Die Dauerableitung mittels suprapubischem Katheter ist die Ultima ratio.

sen; zur Unterstützung kann die Bauchpresse eingesetzt werden. Wiederholte Kontrollen der Restharnmengen sind erforderlich, um den Erfolg zu überprüfen. Bei vollständiger Miktionsunfähigkeit ist die Urinableitung durch einen Katheter notwendig. Dazu gibt es die Methode des intermittierenden Katheterismus oder die Möglichkeit der Dauerableitung. Falls irgend möglich wird die Patientin geschult, um den sterilen, intermittierenden **Selbstkatheterismus** zu erlernen. Nur wenn die Patientin dies aus körperlichen oder mentalen Gründen nicht selbst durchführen kann und Pflegepersonen nicht zur Verfügung stehen, ist die Dauerableitung mittels suprapubischem Katheter gerechtfertigt.

7.4 Lageveränderungen des weiblichen Genitaltrakts

7.4.1 Intraperitoneale Lageveränderungen

7.4 Lageveränderungen des weiblichen Genitaltrakts

7.4.1 Intraperitoneale Lageveränderungen

▶ Definition

▶ **Definition.** Intraperitoneale Lageveränderungen des weiblichen Genitaltraktes sind anatomische Normvarianten der inneren Genitalorgane.

Die Abweichungen können die Neigung der Zervix gegen die Vagina **(Versio)**, die Neigung des Corpus uteri gegen die Zervix **(Flexio)** und die Stellung des Uterus im kleinen Becken betreffen **(Positio)**. Die weitaus am häufigsten vorkommende Lage des Uterus ist die Anteversio-Anteflexio uteri (s. Abb. **B-7.16a**).

Die Neigung der Zervix gegen die Vagina (**Versio**) ebenso wie die Neigung des Uteruskorpus gegen die Zervix (**Flexio**) werden durch den Halteapparat des Uterus mitbestimmt. Die normale Stellung (**Positio**) des Uterus im kleinen Becken ist die mittelständige Anteversio-Anteflexio uteri (s. Abb. **B-7.16a**). Abweichungen davon können die Neigung des Uterus nach vorn oder hinten (z. B. Retroversio, Retroflexio uteri, s. Abb. **B-7.16b**) oder die Abweichung nach rechts oder links (z. B. Dextro- oder Sinistropositio uteri) betreffen. Intraperitoneale Lageveränderungen betreffen in der Regel allein den Uterus.

Häufigkeit. Bei ca. 10 % aller Frauen gibt es Abweichungen von der mittelständigen Anteversio-Anteflexio uteri.

Häufigkeit. Abweichungen von der als Norm bezeichneten mittelständigen Anteversio-Anteflexio uteri treten bei ca. 10 % aller Frauen auf.

Ätiologie. Intraperitoneale Lageveränderungen sind meist angeboren. Daneben sind differenzialdiagnostisch Tumoren und entzündliche Prozesse von Bedeutung, da sie zur Verlagerung des Uterus führen können. Nach Geburten kann wegen vorübergehender Überdehnung des Bandapparates eine Retroversio-Retroflexio auftreten, die sich jedoch nach Abschluss der Rückbildungsvorgänge vollständig zurückbildet.

Ätiologie. Intraperitoneale Lageveränderungen des Uterus sind meist angeboren. Differenzialdiagnostisch wichtig ist, dass auch Tumoren oder entzündliche Prozesse durch z. B. Verkürzung der Haltestrukturen zu Lageänderungen des Uterus führen können. Ein entzündlicher Prozess im Bereich der Ligg. cardinalia, eine sog. Parametritis, beispielsweise nach operativen Eingriffen an der Zervix (z. B. Konisation, Kürettage), kann zu einer Verkürzung der Bänder mit Verlagerung des Uterus nach rechts oder links (Dextro- bzw. Sinistropositio) führen. Eine volle Harnblase drängt den Uterus nach hinten. Eine Raumforderung zwischen Rektum und Uterus drängt den Uterus nach vorn. Die Retroversio-Retroflexio ist häufig vorübergehend nach Geburten anzutreffen, solange die Rückbildung des uterinen Bandapparates noch unzureichend ist. Bei der Retroflexio uteri mobilis liegt der Fundus des retroflektierten Uterus frei beweglich in der Beckenhöhle.

Verwachsungen zwischen der Serosa des Uterus und des Rektums führen zu einer Retroflexio uteri fixata (s. Abb. **B-7.16b**).

Bei eingetretener Schwangerschaft richtet sich der Uterus meist auf. Kommt es z. B. infolge von entzündlichen Prozessen oder bei der Endometriose durch Verwachsungen zwischen der Serosa des Uterus und der Serosa des Rektums zu einer Fixierung des retroflektierten Uterus im kleinen Becken, so spricht man von einer Retroflexio uteri fixata (s. Abb. **B-7.16b**).

▶ Merke

▶ **Merke.** Das Erkennen eines retroflektierten Uterus ist insbesondere vor intrauterinen Eingriffen (z. B. Kürettage, Hysteroskopie, Einlagen eines IUP) wichtig, um iatrogene Perforationen im vorderen Zervixbereich auszuschließen.

B-7.16 Beispiele für intraperitoneale Lageveränderungen des weiblichen Genitaltraktes

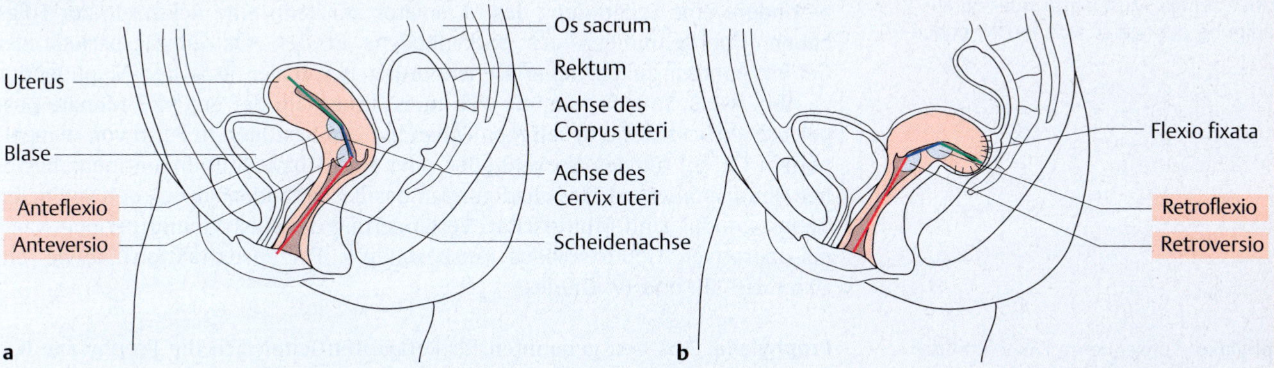

a Normale Stellung des antevertierten, anteflektierten Uterus im kleinen Becken.
b Retroversio/Retroflexio uteri fixata.

Klinik. Die meisten Patientinnen mit intraperitonealen Lageveränderungen des Genitaltraktes sind beschwerdefrei. Einige geben Rückenschmerzen im Kreuzbereich, Dysmenorrhö, Dyspareunie, Druckgefühl auf den Darm und Obstipation an. Intraperitoneale Lageveränderungen haben als Normvarianten, bis auf wenige Ausnahmen, keinen pathologischen Wert, sind jedoch für operative Eingriffe und bei der Differenzialdiagnose vor gynäkologischen Eingriffen von Bedeutung. Selten findet man intraperitoneale Lageveränderungen als Ursache für Sterilitätsprobleme oder für Aborte.

Klinik. Meist beschwerdefrei. Rückenschmerzen, Dysmenorrhö, Dyspareunie, Druckgefühl auf den Darm, Obstipation. Selten Sterilitätsprobleme, Abortursache. Bis auf wenige Ausnahmen kein pathologischer Wert.

Diagnostik. Die Diagnose wird bei der bimanuellen, rektalen und rektovaginalen Untersuchung gestellt und kann z. B. sonographische Untersuchung gesichert werden (S. 323).

Diagnostik. Sie wird bei der bimanuellen und rektovaginalen Untersuchung und z. B. durch sonographische Verfahren gesichert (S. 323).

Therapie. In den meisten Fällen ist keine Therapie erforderlich. Nur bei anhaltenden Beschwerden wird eine operative Lösung von Verwachsungen in Betracht gezogen.

Therapie. In der Regel ist keine Therapie notwendig.

7.4.2 Extraperitoneale Lageveränderungen

7.4.2 Extraperitoneale Lageveränderungen

▶ **Definition.** Unter extraperitonealen Lageveränderungen des weiblichen Genitaltraktes versteht man die Senkung (Deszensus) der inneren Genitalorgane unter Mitnahme der benachbarten Organe Blase und/oder Rektum.

◀ **Definition**

Ätiologie. Es bestehen enge bindegewebige Verbindungen zwischen den weiblichen inneren Genitalorganen und ihren Nachbarorganen Blase und Rektum (s. Abb. **A-2.6**, S. 13). Daher sind bei einer Senkung des inneren Genitaltraktes nahezu immer Blase und/oder Rektum mitbetroffen. Extraperitoneale Lageveränderungen entwicklen sich aufgrund einer Insuffizienz des Beckenbodens bei nachlassendem Beckenbodentonus und einer Insuffizienz des Halteapparates des Uterus. Folgende Faktoren erhöhen das Risiko, eine Senkung des Urogenitaltrakts zu entwickeln:
- mehrere vaginale Geburten,
- Traumata des Beckenbodens (z. B. Geburtverletzungen),
- konstitutionelle Bindegewebsschwäche,
- Übergewicht,
- chronischer Husten (z. B. Asthmatikerinnen, Raucherinnen) oder
- schwere körperliche Arbeit.

Ätiologie. Insuffizienz des Beckenbodens und des Halteapparates des Uterus. Erhöhtes Risiko bei Mehrgebärenden, Frauen mit Traumata des Beckenbodens, konstitutioneller Bindegewebsschwäche, Übergewicht, chronischem Husten oder bei körperlich schwerer Arbeit.

Beeinträchtigung der Beckenbodenfunktion bei der vaginalen Geburt durch Traumatisierung der Muskulatur oder durch Schädigung perinealer Äste des N. pudendus.

Der vaginale Geburtsmodus kann die Beckenbodenfunktion durch Traumatisierung der Muskulatur oder des Bindegewebes unmittelbar beeinträchtigen. Insbesondere eine Schädigung des M. levator ani kann eine Rektozele zur Folge haben. Überdehnungen des Beckenbodens in der Austreibungsperiode der Geburt können zu partieller Denervierung perinealer Äste des N. pudendus (s. Abb. **A-2.3**, S. 9) führen, die sich meist innerhalb der ersten 3 Monate post partum zurückbilden. In seltenen Fällen bleiben Residuen in Form von mangelhaftem Gefühl für den Beckenboden oder Harn- bzw. Stuhlinkontinenz bestehen. Prädisponierend für Schädigungen des Beckenbodens durch den vaginalen Geburtsmodus sind Multiparität, Verlängerung der Austreibungsperiode, vaginal-operativer Geburtsmodus (insbesondere Forzepsextraktion) sowie ein Dammriss III. und IV. Grades.

Prophylaxe. Konsequente Durchführung einer Wochenbett- und Rückbildungsgymnastik sowie das Vermeiden schwerer körperlicher Arbeit.

Prophylaxe. Aus den genannten Risikofaktoren leitet sich die Prophylaxe von Senkungsbeschwerden ab: besonders im Wochenbett sollte schwere körperliche Arbeit vermieden werden. Zur Förderung der Rückbildungsvorgänge wird eine konsequente Wochenbett- und Rückbildungsgymnastik empfohlen.

Deszensusformen. Man unterscheidet:

- **Zystozele:** Descensus vaginae anterior mit Senkung des Blasenbodens (s. Abb. **B-7.17a**).
- **Urethrozystozele:** Senkung der vorderen Scheidenwand, beginnend am Os urethrae externum (s. Abb. **B-7.17b**).
- **Rektozele:** Descensus vaginae posterior mit Senkung der Rektumvorderwand (s. Abb. **B-7.17c** und **B-7.18**).
- **Zystorektozele:** Descensus vaginae anterior et posterior mit Senkung von Blasenboden und Rektumvorderwand (s. Abb. **B-7.17d**).
- **Enterozele:** (Douglasozele) Senkung der hinteren Scheidenwand durch Vorwölbung von Darmschlingen (s. Abb. **B-7.17e**).
- **Rektoenterozele:** Senkung der gesamten hinteren Scheidenwand (s. Abb. **B-7.17f**).

Beim **Descensus uteri** richtet sich das Ausmaß der Gebärmuttersenkung nach der Senkung der Portio uteri beim Pressen (Abb. **B-7.19**). Zur Einteilung (s. Tab. **B-7.8**).

Deszensusformen. Man unterscheidet einen Descensus vaginae und einen Descensus uteri. Meist liegt eine Kombination beider Senkungsformen vor, d. h. ein Descensus vaginae et uteri.

- **Descensus vaginae:** Die vordere Scheidenwand ist durch Bindegewebe mit der Blasenwand verbunden. Kommt es beim Deszensus der vorderen Scheidenwand (Descensus vaginae anterior) zur Senkung des Blasenbodens, so bezeichnet man dies als **Zystozele** (s. Abb. **B-7.17a**).

Kommt es zusätzlich zu einer Lockerung der Ligg. pubourethralia, die die Urethra retrosymphysär fixieren, entsteht eine **Urethrozystozele**. Dabei ist eine Senkung des gesamten vorderen Scheidenbereichs, beginnend am Os urethrae externum zu beobachten (s. Abb. **B-7.17b**).

Die Senkung der hinteren Scheidenwand geht mit einer Senkung der Rektumvorderwand einher und wird als **Rektozele** bezeichnet (s. Abb. **B-7.17** und **B-7.18**).

Bei der **Zystorektozele** treten beim Descensus vaginae anterior et posterior die Senkung des Blasenbodens und der Rektumvorderwand kombiniert auf (s. Abb. **B-7.17d**).

Bei der **Enterozele** (Synonym: Douglasozele) senkt sich der obere Anteil der hinteren Scheidenwand mit Vorwölbung des mit Darmschlingen gefüllten Douglas-Raums (s. Abb. **B-7.17e**).

Bei der kombinierten **Rektoenterozele** senkt sich die gesamte hintere Scheidenwand (s. Abb. **B-7.17f**).

- **Descensus uteri:** Das Ausmaß der Gebärmuttersenkung richtet sich nach der Senkung der Portio uteri beim Pressen, wie sie in der Spekulumeinstellung beobachtet werden kann (s. Abb. **B-7.19**). Die Einteilung nach dem Ausmaß der Senkung ist in Tabelle **B-7.8** dargestellt.

Klinik. Progredientes Geschehen. Druckgefühl „nach unten“, Kreuz- und Rückenschmerzen, Dyspareunie, Funktionsstörungen des unteren Harntraktes:

- Stressharninkontinenz
- „Quetschhahnphänomen“: Restharnbildung durch Abknicken der Urethra gegen den Blasenboden, Gefahr von Harnwegsinfekten und Harnverhaltung bis zur Überlaufblase
- Harndrangsymptomatik mit Pollakisurie durch Absenkung des Blasenbodens.

Klinik. Die Senkung des Urorektogenitaltraktes ist in der Regel ein progredientes Geschehen, das zu Beschwerden führt, die vom Ausmaß des Deszensus und von den jeweils betroffenen Organen abhängig sind. Der Descensus uteri führt zu einem Druckgefühl „nach unten“, das in der Regel umso stärker ist, je ausgeprägter die Senkung ist. Uncharakteristische Kreuz- und Rückenschmerzen (cave: Ausschluss einer orthopädischen oder neurologischen Genese) sowie Dyspareunie können zum Beschwerdebild gehören. Im Rahmen der Deszensussymptomatik können Funktionsstörungen des unteren Harntraktes unterschiedlicher Genese auftreten.

Die Urethrozystozele mit oder ohne Uterusdeszensus wird häufig von einer Stressharninkontinenz begleitet, bedingt durch die Senkung des Blasenhalses und die damit verbundene Aufhebung der Angulation der Urethra (urethrovesikaler Winkel). Bei alleiniger Senkung des Blasenbodens bei vorhandener retro-

B-7.17 Beispiele für extraperitoneale Lageveränderungen des weiblichen Genitaltraktes unter Mitnahme der benachbarten Organe

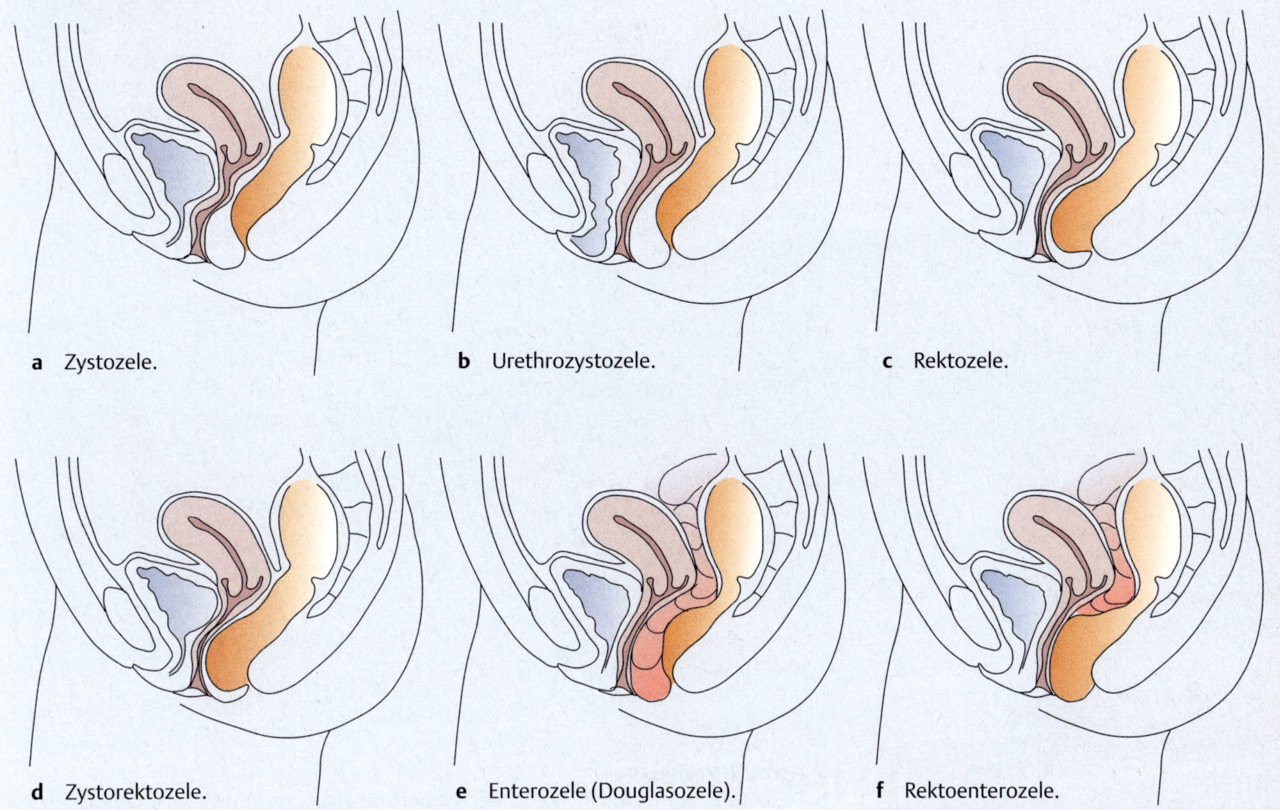

a Zystozele. **b** Urethrozystozele. **c** Rektozele.

d Zystorektozele. **e** Enterozele (Douglasozele). **f** Rektoenterozele.

B-7.18 Rektozele mit Vorwölbung der hinteren Scheidenwand (→)

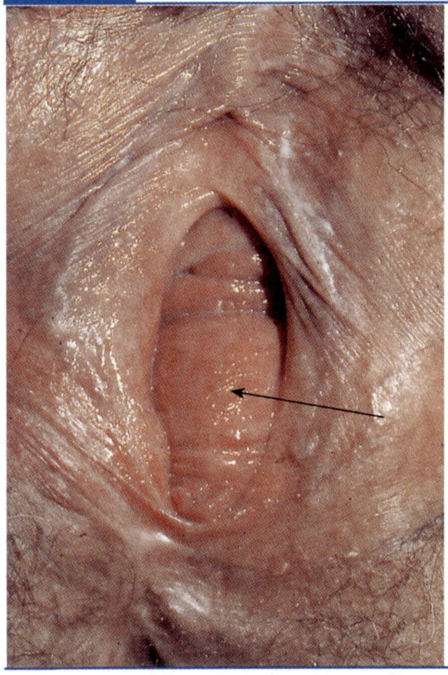

B-7.18

B-7.19

B-7.19 **Descensus uteri**

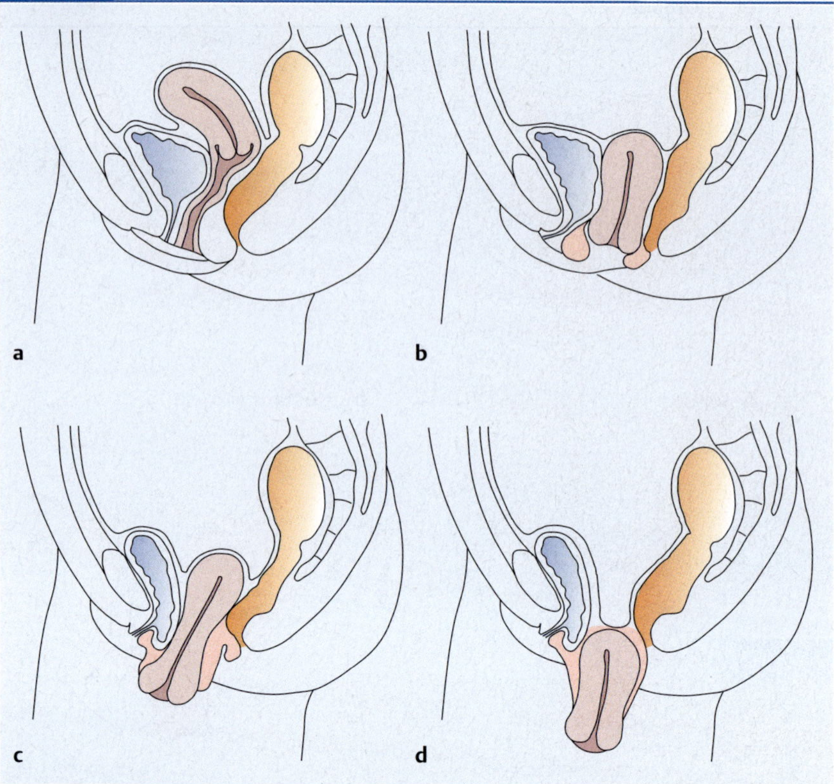

a Normale Positio uteri.
b Descensus uteri Grad 1: Portio deszendiert bis max. ins untere Scheidendrittel.
c Subtotalprolaps des Uterus mit Elongatio colli uteri.
d Totalprolaps des Uterus.

B-7.8

B-7.8 **Einteilung des Descensus uteri**

Descensus uteri Grad 1:	Portio uteri deszendiert bis maximal ins untere Scheidendrittel (s. Abb. **B-7.19b**)
Descensus uteri Grad 2:	Portio uteri deszendiert bis ins Vulvaniveau.
Descensus uteri Grad 3:	Prolaps uteri et vaginae. Beim **Subtotalprolaps** fällt der Uterus teilweise (s. Abb. **B-7.19c**), beim **Totalprolaps** in toto mit Umstülpung der Vagina vor die Vulva (s. Abb. **B-7.19d**, Abb. **B-7.20**).

symphysärer Fixierung von Urethra und Blasenhals kann durch Abknicken der Urethra gegen den Blasenboden die Blasenentleerung erschwert sein und Restharnbildung auftreten. Dieser Mechanismus wird als „Quetschhahnphänomen“ bezeichnet. Es besteht die Gefahr von rezidivierenden Harnwegsinfekten bis hin zur Harnverhaltung und Überlaufblase durch chronische Überdehnung. Darüber hinaus führt die starke Absenkung des Blasenbodens häufig zu einer Harndrangsymptomatik mit Pollakisurie, die von der Patientin oft als sehr beeinträchtigend empfunden wird. Durch das Zurückgleiten des Urogenitaltraktes im Liegen sind die Beschwerden nachts meist besser.

Obstipation, gestörte Defäkation bei der Rektozele.
Gefahr von Ulzerationen beim prolabierten Uterus (s. Abb. **B-7.20**).

Bei der Rektozele kann es zu Obstipation und gestörter Defäkation mit vermehrtem Pressen kommen. Eine isolierte Enterozele bereitet gelegentlich ein Druckgefühl nach unten. Beim prolabierten Uterus ist die Gefahr von Ulzerationen der Vaginalschleimhaut (Abb. **B-7.20**) und der Portio uteri mit der Bildung von blutigem Fluor gegeben.

B-7.20 Prolaps uteri mit Ulzerationen der Vaginalschleimhaut

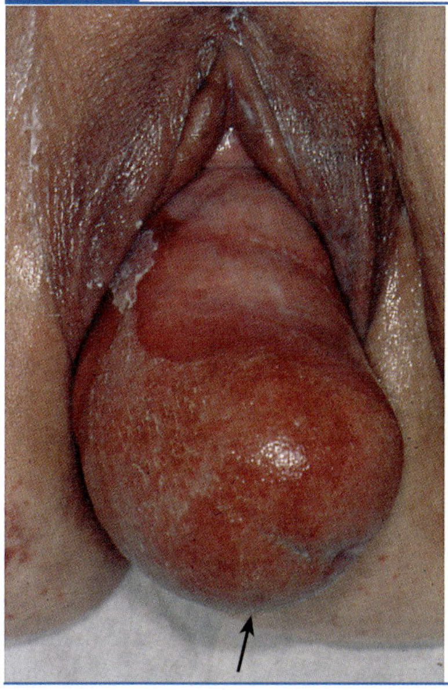

Die Portio uteri befindet sich bei 6.00 Uhr und ist als grübchenförmige Struktur zu erkennen.

B-7.20

B-7.21 Konen

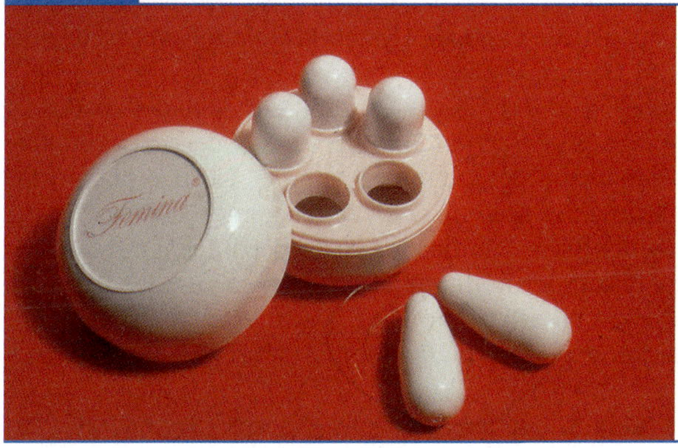

Die Konen haben ein unterschiedliches Gewicht. Sie finden Anwendung zur Beckenbodengymnastik bei Deszensus- und Stressinkontinenz.

B-7.21

Therapie. Falls ein Deszensus behandlungsbedürftig ist, gibt es die Möglichkeit der konservativen oder der operativen Therapie. Die Art der Behandlung richtet sich nach dem Leidensdruck der Patientin und nach dem Ausmaß des Deszensus. **Konservative Therapie:** Begonnen werden kann bei einer leichten Deszensusproblematik mit einer konsequenten **Beckenbodengymnastik** unter Anleitung einer Physiotherapeutin. Dabei können auch Konen (s. Abb. **B-7.21**) zum Einsatz kommen, die in die Scheide eingeführt und dort gehalten werden müssen.

Entscheidend ist das Bewusstmachen der willkürlichen Betätigung der Beckenmuskulatur. Dies kann z. B. unter digital-vaginaler Kontrolle der Kontraktionen erlernt werden. Eine Erweiterung der Beckenbodengymnastik stellt die **Elektrostimulation** der Beckenbodenmuskulatur dar. Wird eine Operation nicht gewünscht oder ist aus medizinischen Gründen nicht möglich, kann ein Anheben des deszendierten Uterus mittels angepassten **Schalen-, Würfel oder Ringpessaren** (s. Abb. **B-7.22**) erfolgreich sein. Diese benötigen ein Widerlager, das durch Symphyse und Beckenbodenmuskulatur gegeben ist. Voraussetzung ist, dass die Levatorschenkel nicht zu weit deszendiert sind. Für die Langzeitbehandlung sind Pessare wegen der Entstehung von Druckulzera nur selten geeignet.
Die **lokale Östrogenapplikation** in der Peri-/Postmenopause wirkt einer Atrophie der Vaginalschleimhaut und des Urothels entgegen.

Therapie.

Konservative Therapie: Bei leichter Deszensusproblematik **Beckenbodengymnastik,** evtl. mit Konen (s. Abb. **B-7.21**), oder durch **Elektrostimulation** der Beckenbodenmuskulatur.

Mit **Pessaren** (s. Abb. **B-7.22**) kann eine Anhebung des deszendierten Uterus erreicht werden. Wegen der Entstehung von Druckulzera sind sie für eine Langzeitbehandlung nicht geeignet.

Die **lokale Östrogenapplikation** wirkt einer Atrophie des Vaginalepithels entgegen.

B-7.22

B-7.22 **Schalen-, Würfel- und Ringpessare**

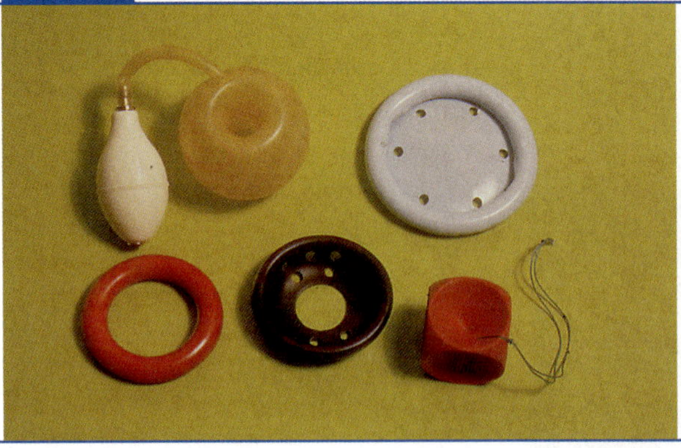

Pessare werden über die Scheide eingeführt und an der Portio so positioniert, dass der deszendierte Uterus angehoben wird. Cave: Gefahr der Entstehung von Druckulzera bei Langzeitbehandlung.

Operative Therapie: Die Wahl des operativen Verfahrens erfolgt nach objektiven und subjektiven Kriterien.

Operative Therapie: Die Wahl des operativen Vorgehens richtet sich nach objektivierbaren Kriterien des Deszensus, berücksichtigt jedoch gleichermaßen Leidensdruck, Alter sowie körperliche und geistige Verfassung der Patientin und insbesondere der Wunsch nach weiterbestehender Fortpflanzungs- und Sexualfunktion. Die operative Therapie von Deszensus und gleichzeitig auftretender Stressinkontinenz muss beide Symptome erfassen. Ziel einer Operation ist die Wiederherstellung der Defekte von Beckenboden und Haltestrukturen.

Das Standardverfahren ist die **vaginale Hysterektomie** mit vorderer und hinterer Kolporrhaphie und Dammplastik.

Das am häufigsten angewandte Verfahren bei ausgeprägter Deszensussymptomatik und bei Uterusprolaps ist die **vaginale Hysterektomie mit vorderer und hinterer Kolporrhaphie und Dammplastik.**

Operationsprinzip: Zunächst wird der Uterus entfernt, der Scheidenabschluss gesäumt und am Halteapparat (Ligg. sacrouterina) fixiert. Bei der **vorderen Kolporrhaphie** wird die Scheidenwand gespalten und von der Blase abpräpariert. Die bindegewebigen Strukturen der Blasenfaszie werden gerafft. Dieses Verfahren bewirkt eine Anhebung der Blase. Für die **hintere Kolporrhaphie mit Dammplastik** erfolgt die Abpräparation der hinteren Scheidenwand von der Rektumvorderwand. Das paravaginale Bindegewebe wird gerafft. Zur Rekonstruktion des Dammes wird die Beckenboden- und Dammmuskulatur vor dem Rektum vereinigt.

Zur Behebung einer gleichzeitig bestehenden Stressinkontinenz ist es sinnvoll, Scheide und Uterus auf abdominellem Weg anzuheben (Sakrofixation) und die Blase hinter der Symphyse zu fixieren (Kolposuspension [s. Abb. **B-7.15b**]).

Um die gleichzeitig mit dem Deszensus auftretende oder postoperativ zu erwartende Stressinkontinenz in gleicher Sitzung zu beheben, wird neuerdings die Stabilisierung der mittleren Urethra mittels TVT (s. Abb. **B-7.15b**, S. 328) vorgenommen. In diesen Fällen kann es aber auch sinnvoll sein, Scheide (und Uterus) auf abdominalem Wege anzuheben (Sakrofixation mit alloplastischem Material) und gleichzeitig den Blasenhals hinter der Symphyse zu fixieren (Kolposuspension).

Grundsätzlich sollten sowohl der Deszensus als auch die Stressinkontinenz so rezidivsicher wie möglich operiert werden.

Komplikationen. Nach der vorderen Kolporrhaphie kann eine Stressinkontinenz auftreten.

Komplikationen. Nach der vorderen Kolporrhaphie kann eine Stressinkontinenz auftreten, wenn durch die Operation eine zu starke Steilstellung zwischen Blasenboden und Urethra erzeugt wurde oder eine präoperativ lavierte Stressinkontinenz nicht erkannt wurde.

8 Verletzungen am weiblichen Genitale und Sexualdelikte

8.1 Unfallbedingte Verletzungen

Verletzungen am Genitale der Frau durch Unfälle sind relativ selten, da ein natürlicher Schutz durch das knöcherne Becken besteht. Weiterhin schützt der reflektorische Oberschenkelschluss vor Verletzungen.
Im Kindesalter ereignen sich gelegentlich Verletzungen beim Klettern oder auch durch Einführen von Fremdkörpern. Dabei sind Hämatome vorwiegend die Folge **stumpfer Traumen**. Nur selten sind hier operative Interventionen notwendig, da in der Regel durch die Weichteilkompression die Blutung sistiert.
Pfählungsverletzungen können ein massives Ausmaß annehmen und ausgiebige operative Maßnahmen erfordern. Es ist dabei stets mit der Gefahr zu rechnen, dass neben den erkennbaren äußeren Verletzungen perforierende Schädigungen von Nachbarorganen des Genitales vorliegen. Deshalb ist zu klären, ob Symptome einer peritonealen Reizung bestehen oder Harnverhaltung, Hämaturie oder Blutungen aus Harnröhre oder Rektum auf Verletzungen von Blase, Urethra oder Darm hinweisen. Auch auf Kreislaufsymptome, z. B. Schock, als Folge solcher weitergehenden Verletzungen ist zu achten. Es gilt als Grundregel, dass unter Klinikbedingungen endoskopische, röntgenologische und sonstige diagnostische Hilfsmaßnahmen eingesetzt werden. Ins Kalkül zu ziehen ist bei diesen Verletzungen auch die Frage nach einer Tetanusimmunisierung.

8 Verletzungen am weiblichen Genitale und Sexualdelikte

8.1 Unfallbedingte Verletzungen

Unfallbedingte Verletzungen sind selten, da ein anatomischer und reflektorischer Schutz besteht.

Stumpfe Traumen, die zu Hämatomen führen, ereignen sich gehäuft bei Kindern. Sie müssen nur selten operativ versorgt werden.

Pfählungsverletzungen können neben den äußeren Verletzungen perforierende Schädigungen der Nachbarorgane bedingen. Endoskopische, ultraschalldiagnostische und röntgenologische Zusatzmaßnahmen können in der Klinik notwendig werden.

8.2 Kohabitationsverletzungen

Bei der **Defloration** (erste Kohabitation, Kohabitarche) kommt es meist zu mehrfachen kleinen Einrissen des Hymens, die nur eine leichte Blutung hervorrufen. In seltenen Fällen kann es aber bei der Defloration zu einer massiven Blutung kommen, die einer chirurgischen Versorgung bedarf.
Kohabitationsverletzungen können auch ohne besondere Gewaltanwendung vorkommen, z. B. wenn die Scheide **im Alter** durch Östrogenmangel verletzlicher ist. Es kommt dann meist zu rissförmigen Verletzungen im seitlichen oder auch hinteren Scheidengewölbe, die gelegentlich massive arterielle Blutungen verursachen. Eine chirurgische Versorgung ist dann notwendig. Besteht der Verdacht auf höherreichende Traumatisierung mit Eröffnung des Douglas-Raumes, so sind ausgedehntere Diagnostik (z. B. Laparoskopie) und Therapie (z. B. Laparotomie) erforderlich.

8.2 Kohabitationsverletzungen

Bei der **Defloration** kommt es meist nur zu leichten Blutungen. In seltenen Fällen kann eine massive Blutung auftreten, die einer chirurgischen Versorgung bedarf.

Kohabitationsverletzungen sind bei Östrogenmangel **(im Alter)** auf Grund der erhöhten Vulnerabilität der Scheidenwand leichter möglich.

8.3 Sexualdelikte

Verletzungen durch **Vergewaltigung** (Stuprum) führen nicht selten zu schwersten Genitalschädigungen, die in den Dammbereich, das Rektum und die Parametrien sowie bis hin zum Peritoneum reichen können. Es sind dabei häufig Kinder, aber auch Frauen nach der Menopause betroffen. Die Versorgung muss meist stationär erfolgen mit der Möglichkeit einer Allgemeinnarkose.
Allgemein stellt die ärztliche Untersuchung und Begutachtung von Kindern und Erwachsenen nach Vergewaltigung große Anforderungen an das ärztliche Einfühlungsvermögen. Das Opfer befindet sich häufig unter psychischer Schockwirkung. Es empfiehlt sich, wegen der zahlreichen Fragestellungen nach einem Erhebungsbogen vorzugehen. Abb. **B-8.1** zeigt ein Begutachtungsschema für Sexualdelikte.
Einige Grundregeln für die gelegentlich vom Hausarzt oder Klinikarzt geforderte Begutachtung sollen im Folgenden erläutert werden. So ist eine Einwilligung zur Untersuchung bei der Patientin einzuholen (bei Minderjährigen die eines Eltern-

8.3 Sexualdelikte

Verletzungen durch **Vergewaltigung** können zu schwersten Schädigungen des Genitales, des Dammbereichs, des Rektums, der Parametrien und des Peritoneums führen.

Ärztliche Untersuchung und Begutachtung nach Vergewaltigung erfordern großes Einfühlungsvermögen, da die Opfer häufig unter psychischer Schockwirkung stehen. Hilfreich ist ein Erhebungsbogen (Abb. **B-8.1**).

Bei der Begutachtung ist die Einwilligung der Patientin einzuholen. Die Untersuchung sollte möglichst im Beisein einer

B-8.1 Untersuchungsschritte bei der Begutachtung nach Sexualdelikten

Opfer

allgemeiner Eindruck
Allgemeinzustand gut ❑
herabgesetzt ❑
erscheint altersentsprechend ❑
älter ❑
jünger ❑
Einfluss von Alkohol ❑
Drogen ❑
Sonstiges ______
psychische Alteration starke ❑
mäßige ❑
keine ❑

soziale Daten
Stand ledig ❑
verheiratet ❑
getrennt lebend ❑
geschieden ❑
verwitwet ❑
Beruf ______
Partner ______
Nationalität ______

Anzeiger

Opfer ❑
Vater ❑
Mutter ❑
Großeltern ❑
Freund/Verlobter ❑
andere Person ______
Anzeige: Datum ______
Uhrzeit ______

Täter

Anzahl ______
Alter der Täter ______
Täter dem Opfer unbekannt ❑
flüchtig bekannt ❑
gut bekannt ❑
mit Opfer verwandt ❑
Einfluss von Alkohol ❑
Drogen ❑
Sonstiges ______
Nationalität ______

Tatzeit

Datum ______
Uhrzeit ______

Tatort

Wohnung des Opfers ❑
des Täters ❑
Sonstiger Ort ______

Tatbehauptung

Anwendung von KO-Tropfen ❑
Lockmitteln ❑
Sonstiges ______
Aggression des Täters keine ❑
verbale ❑
Festhalten ❑
Schlagen ❑
Würgen ❑
Waffen ❑
Einführen von Fingern ❑
Gegenständen ❑
Verkehr vaginal versucht ❑
vollendet ❑
anal versucht ❑
vollendet ❑
oral versucht ❑
vollendet ❑
Samenerguss bemerkt ❑
Gegenwehr ja ❑
nein ❑
Vergehen einmalig ❑
mehrfach ❑
langzeitig ❑
Sonstiges ______
glaubwürdig ja ❑
nein ❑
unsicher ❑

Untersuchungsbefunde (allg. I)

Datum ______ Uhrzeit ______
Stunden nach der Tat ______
nach der Tat geduscht ❑
gebadet ❑
vaginale Spülung ❑
Harn/Stuhl entleert ❑
Kleidung gewechselt ❑
in den letzten
24 Stunden Medikamente ❑
Alkohol ❑
Drogen ❑
Koituserfahrung ja ❑
nein ❑

Untersuchungsbefunde (allg. II)

Wann war die letzte
Kohabitation vor der Tat? ______
mit wem? ______
(Blutgruppenbestimmung,
AB0-Ausscheider?)
frühere Schwangerschaften? ______
gynäkologische Operationen? ______
Zyklus regelmäßig ❑
unregelmäßig ❑
Datum der letzten Regel ______
Zyklustag der Tat ______
kontrazeptive Maßnahmen ______

Untersuchungsbefunde

extragenitale Verletzungen: keine ❑
Kratzspuren ❑
Hämatome ❑
Injektionsstellen ❑
Würgemale ❑
Foto (Rechtsmedizin) ❑
wo? Kopf, Hals, Brust, Rücken, Extremitäten

gynäkologische Untersuchung

äußeres Genitale unauffällig ❑
Schleim und Spermaspuren perigenital ❑
in der Wäsche ❑
Fremdkörper (Sand etc.) ❑

	Vulva	Damm	Anus
Schürfwunden	❑	❑	❑
Kratzwunden	❑	❑	❑
Blutungen	❑	❑	❑
Einrisse	❑	❑	❑

genauere Beschreibung ______
Hymen unverletzt ❑
keine frischen Verletzungen ❑
flache Kerben frisch ❑
alt ❑
tiefe Kerben frisch ❑
alt ❑
Kolposkopie ❑
Ballonkatheter ❑
Foto ❑
Dehnbarkeit des Hymens ___ cm
des Introitus ___ cm
Besonderheiten ______
Vagina unauffällig ❑
Verletzungen nein ❑ leicht ❑ schwer ❑
Details ______
übriges Genitale unauffällig ❑
auffällig Portio ❑
Uterus ❑
Adnexe links ❑
Adnexe rechts ❑
Untersuchung schmerzhaft ❑
Besonderheiten ______

Abstriche auf Spermien
Vagina nativ durchgeführt ❑
Spermien keine ❑
immobil einzeln ❑
massenhaft ❑
mobil einzeln ❑
massenhaft ❑
CK nativ durchgeführt ❑
Spermien keine ❑
immobil einzeln ❑
massenhaft ❑
mobil einzeln ❑
massenhaft ❑

Sonstige Abstriche
Vagina nativ durchgeführt ❑

	negativ	positiv
Trichomonaden	❑	❑
Pilze	❑	❑
Bakterien	❑	❑
Leukozyten	❑	❑
Erythrozyten	❑	❑

Tupfer Scheide ❑
Anus ❑
Mund ❑
(saure Phosphatase?)
(Blutgruppenserologie)
PAP ______

	negativ	positiv
GO-Kultur	❑	❑
Neisser	❑	❑
Schwangerschaftstest	❑	❑

Spezialuntersuchungen bei der polizeitechnischen Untersuchungsstelle

wichtig: Verwendung von mehreren (2–4) **Watteträgern.** Diese **lufttrocknen, einzeln** mit Klebeetikett beschriften und in Briefumschlag verwahren bzw. versenden.
Objektträger lufttrocknen, beschriften und mitversenden.

Spermiennachweis Objektträger

	negativ	positiv
CK	❑	❑
Scheide	❑	❑
Anus	❑	❑
Mund	❑	❑

Spermiennachweis Tupfer

	negativ	positiv
CK	❑	❑
Scheide	❑	❑
Anus	❑	❑

Prostatasekret
saure Phosphotase ❑ ❑
DNA-Analytik anhand von PCR als Spurennachweis.

Zusatzuntersuchungen

Blut HIV-AK ❑
Luesserologie ❑
Hepatitis-Antigen ❑
Blutgruppe ❑
DNA ❑
Alkohol- und Drogennachweis ❑
HCG ❑
Urin Gravidität ❑
Suchtmittel ❑
Ultraschall ______
Blut- und Gewebespuren unter den Fingernägeln ______
Konsiliarius Chirurgie ❑
Innere Medizin ❑
HNO ❑
Augen ❑
Urologie ❑
Neurologie ❑
Psychiatrie ❑
Psychosomatik ❑
Sonstiges ______

Nachuntersuchungen

sofort (bei Beschwerden) ❑
nach 48 Stunden GO-Kultur ❑
nach 1–3 Wochen HCG ❑
Grav.-Test ❑
nach 6 Wochen Luesserologie ❑
HIV-AK ❑
Kontaktangebot für ärztlich-psychologische Hilfen in jeder Verarbeitungsphase.

erforderliche Therapie

Verletzungen ❑
Kontrazeption ❑
psychotherapeutische Hilfen ❑
Krisenintervention ❑
Langzeitbehandlung ❑

teils oder die des Vormundes). Die Untersuchung sollte – wie grundsätzlich alle gynäkologischen Untersuchungen – im Beisein einer **dritten Person** erfolgen. Sichtbare Befunde sollten möglichst fotografisch dokumentiert werden.

Nach dem Nachweis oder Ausschluss von Verletzungen erfolgt die **Spurensicherung** für weitere Untersuchungen, meist in Spezialinstituten (z. B. Gerichtsmedizin). Es geht dabei um Blut, Schleim, Spermaspuren, Haare. Durch die Untersuchung dieser Spuren lässt sich der Kreis der Tatverdächtigen oft einengen. Ein wichtiger Punkt ist weiterhin der **Schutz** des Opfers **vor venerischen Infektionen** (Gonorrhö, HIV-Infektion usw.) und **Schwangerschaft.**

In den letzten Jahren wird das Thema Vergewaltigung in unserer Gesellschaft sensibler gehandhabt. Informationen für das Opfer sowie auch für die begutachtenden Ärzte und Ärztinnen wurden von übergeordneten Behörden verfasst. Solche Formblätter sind in der extremen Belastungssituation, vor allem für das Opfer, durchaus hilfreich. Es werden z. B. für die Opfer folgende Informationen gegeben (Formblatt des Bayerischen Landeskriminalamts):

„Unabhängig davon, ob Sie eine sofortige Strafanzeige bei der Polizei erstatten wollen, sollten Sie versuchen, die Sicherung von Spuren für eine evtl. spätere Beweisführung vor Gericht zu unterstützen. Nach der Tat besteht bei Opfern ein verständliches Bedürfnis, sich zu duschen oder zu waschen. Dabei werden allerdings wichtige Spuren vernichtet. Sollte dies erfolgt sein, weisen Sie die Ärztin/den Arzt bitte darauf hin. Die Untersuchung ist dennoch sinnvoll. Ihre bei der Tatausführung getragene Kleidung, auch Unterwäsche, sowie andere Gegenstände, mit denen der Täter in Berührung gekommen ist, dürfen nicht gewaschen oder anderweitig gereinigt werden, da sie wesentliche Beweisspuren enthalten können. Bitte bewahren Sie diese Sachen getrennt voneinander luftgetrocknet auf! Die Frage nach genossenem Alkohol ist für die Beweisführung von Bedeutung. Wenn beispielsweise Ihre Alkoholbeeinflussung mittels Alkoholtest festgestellt ist, gibt es hierüber im späteren Strafverfahren keine Spekulationen. Ist keine diesbezügliche Feststellung erfolgt, wird erfahrungsgemäß versucht, die Glaubwürdigkeit des Opfers in Frage zu stellen. Es kann hilfreich sein, sich Notizen zum Tatgeschehen zu machen. Eine Anzeige ist Voraussetzung dafür, dass Ansprüche nach dem Opferentschädigungsgesetz geltend gemacht werden können. Eine sofortige Strafanzeige würde die Beweislage, die Spurensicherung und auch die Möglichkeiten für die Täterermittlung/Überführung wesentlich verbessern. Zur Erstattung einer Strafanzeige können Sie sich von einer Person Ihres Vertrauens begleiten lassen. Bei der Polizei erhalten Sie ein Merkblatt über Ihre Rechte im Strafverfahren und weitere Opferschutzinformationen."

In den letzten Jahren haben sich auch verschiedene zusätzliche Informations- und Hilfsangebote für Frauen mit Gewalterfahrungen gebildet, die auch eine Chance für die Prophylaxe gegen Gewalt an Frauen bieten können.

Bei **sexuellem Missbrauch von Kindern** sind die Täter oft mit dem Kind verwandt oder mit der Familie des Kindes befreundet. Die Tat wird häufig verleugnet oder verdrängt, die Diagnose dadurch erschwert. Die ersten (und manchmal einzigen) Hinweise auf einen Missbrauch sind nicht selten psychosomatische Beschwerden oder psychische Auffälligkeiten des Kindes (z. B. Konzentrationsschwäche, Teilnahmslosigkeit, Schlafstörungen, Bettnässen) und Lernprobleme in der Schule. Bei der Untersuchung des Kindes ist auch auf extragenitale Misshandlungsspuren (z. B. Hämatome) zu achten. Die Inspektion der äußeren Genital- und Analregion und des Hymens wird durch die Vaginoskopie (s. S. 157 f) ergänzt. Bei begründetem Verdacht auf sexuellen Missbrauch sollte das Jugendamt eingeschaltet werden.

Neueste Untersuchungen aus der gynäkologischen Praxis ergeben, dass 20 % aller Frauen in Deutschland in ihrem Leben zu sexuellen Handlungen gezwungen werden. Diese sexuelle Gewalterfahrung bedeutet für die betroffene Frau immer auch eine psychische Traumatisierung. Eine adäquate Bearbeitung dieser Thematik in der Frauenarztpraxis ist derzeit noch nicht ausreichend gewährleistet. Daher wird im Rahmen der Facharztausbildung die vermehrte Integration psychosomatischer Aspekte angestrebt.

dritten Person erfolgen. Evtl. fotografische Dokumentation.

In Zusammenarbeit mit Spezialinstituten, z. B. Gerichtsmedizin, erfolgt die **Spurensicherung** (Blut, Schleim, Sperma, Haare usw.). **Venerische Infektionen** und eine **Schwangerschaft** müssen ausgeschlossen werden.

Es existieren Formblätter für vergewaltigte Frauen, um eine möglichst beweiskräftige Begutachtung zu ermöglichen.

Es gibt auch Informations- und Hilfsangebote für Frauen mit Gewalterfahrungen. Dies ist eine Chance für die Prophylaxe gegen Gewalt an Frauen.

Bei **sexuellem Missbrauch von Kindern** ist die Diagnose oft schwierig. Die Kinder zeigen nicht selten Verhaltensauffälligkeiten und psychosomatische Beschwerden. Die Untersuchung beinhaltet u. a. die Inspektion des äußeren Genitales, des Hymens und der Analregion und die Vaginoskopie (s. S. 157 f). Auf extragenitale Misshandlungsspuren ist zu achten. Bei begründetem Verdacht Einschaltung des Jugendamtes.

Jede 5. Frau in Deutschland wird in ihrem Leben zu sexuellen Handlungen gezwungen, was immer auch eine psychische Traumatisierung für die betroffene Frau mit sich bringt.

C

1 Erkrankungen der Mamma
1.1 Untersuchung der Mamma
1.1.1 Klinische Untersuchung

1 Erkrankungen der Mamma

1.1 Untersuchung der Mamma

1.1.1 Klinische Untersuchung

Es empfiehlt sich die Untersuchung der Brust an die gynäkologische Untersuchung anzuschließen. Die Frau kleidet sich an und macht den Oberkörper für die Palpation der Mamma frei.

Inspektion

Die Mammae sollen im Stehen zunächst bei herabhängenden, danach bei erhobenen Armen inspiziert werden. Zu achten ist auf:
- Größe, Form und evtl. Seitendifferenzen der Brüste, Warzenhöfe und Mamillen
- Veränderungen der Haut und der Mamillen
- spontane Sekretion
- Entzündungszeichen.

Inspektion

Die Mammae sollen im Stehen bei vollständig entkleidetem Oberkörper betrachtet werden, zunächst bei herabhängenden, danach bei erhobenen Armen. Zu achten ist auf:
- Größe, Form und eventuelle Seitendifferenzen der Brüste, Warzenhöfe und Mamillen
- Veränderungen der Haut und der Mamillen, wie Einziehen, Vorwölbungen, „Orangenhaut" (= Hautödem) oder eine Ekzem der Mamillen
- spontane Sekretion
- Entzündungszeichen.

Palpation

Palpation

▶ Merke

▶ **Merke.** Die Palpation der Mammae sollte bei Frauen in der Geschlechtsreife nach Ablauf der Regelblutung erfolgen, da die Mammae prämenstruell meist druckempfindlicher und gespannt sind und hormonell bedingte Wassereinlagerungen Knoten vortäuschen können.

Die Mammae werden im Stehen und im Liegen bimanuell palpiert. Durch leichten Druck auf den Drüsenkörper und die Perimamillarregion prüft man, ob Sekret aus der Mamille austritt und tastet anschließend die **regionären Lymphknotenstationen** ab.

Die Mammae werden im Stehen (nötigenfalls im Sitzen) und im Liegen bimanuell palpiert: Systematisch tastet der Untersuchende jeden Quadranten von außen nach innen ab, wobei die Thoraxwand als Widerlager fungiert. Durch leichten Druck auf den Drüsenkörper und die Perimamillarregion prüft er, ob Sekret aus der Mamille austritt und tastet anschließend die **regionären Lymphknotenstationen (Supraklavikular- und Axillargrube)** ab.

Bei unklaren oder unscharf zu tastenden **Gewebsverdichtungen (Resistenzen)** kann eine Untersuchung im Liegen (gegebenenfalls unter Zuhilfenahme von Sonographiegel) von Vorteil sein.

Bei Gewebeverdichtungen Dokumentation folgender Befunde:
- Lokalisation
- Größe
- Abgrenzung zum umliegenden Gewebe
- Form
- Verschieblichkeit
- Druckschmerzhaftigkeit
- **Plateauphänomen** sichtbar, **Jackson-Test** positiv (Hinweise auf ein Mammakarzinom)?

Bei Gewebsverdichtungen müssen folgende Punkte dokumentiert werden:
- Lokalisation
- Größe
- Abgrenzung zum umliegenden Gewebe
- Form
- Verschieblichkeit auf der Unterlage und gegenüber der Haut
- Druckschmerzhaftigkeit
- Ist das **Plateauphänomen** sichtbar (umschriebene Einziehung der Haut über der Resistenz), ist der **Jackson-Test** positiv, d. h. entsteht bei Kompression der Brust über der Resistenz eine Enziehung (Hinweis auf ein Mammakarzinom)?

Die Frau soll zur Selbstuntersuchung der Brust angeleitet werden (Abb. **C-1.1**).

Anschließend soll die Frau zur Selbstuntersuchung der Brust motiviert und angeleitet werden (Abb. **C-1.1**).

▶ Merke

▶ **Merke.** Ein großer Anteil (80 %) der Mammakarzinome wird nach wie vor durch die Patientin selbst entdeckt.

C-1.1 Inspektion und Palpation der Mamma (Selbstuntersuchung)

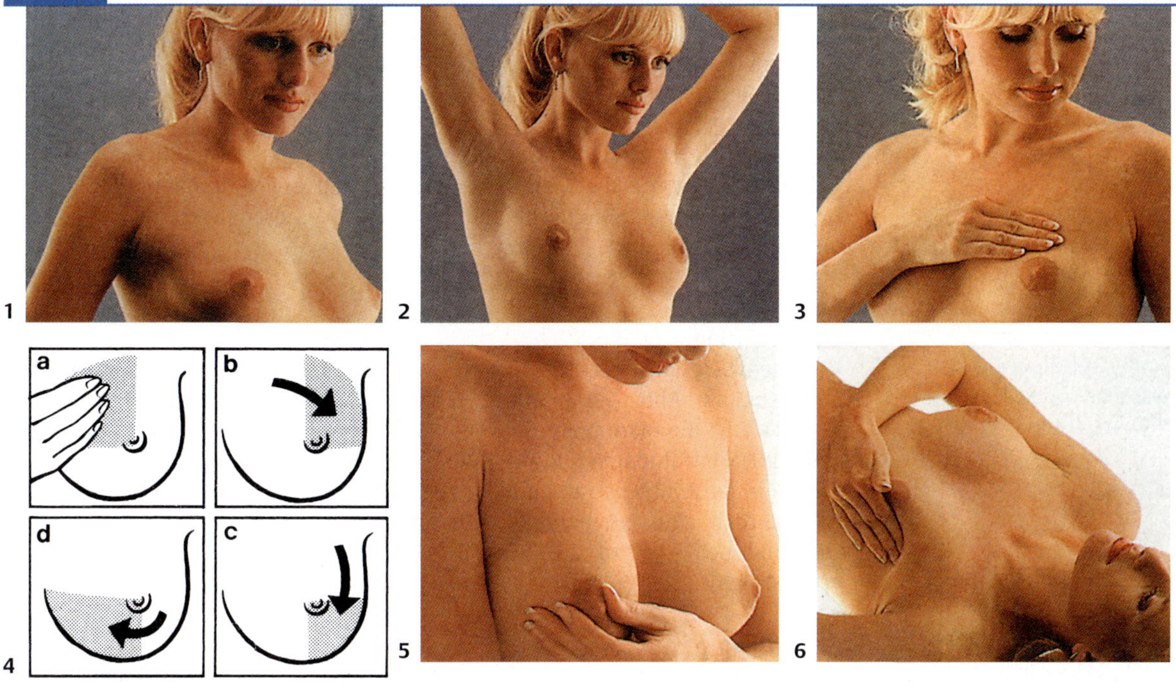

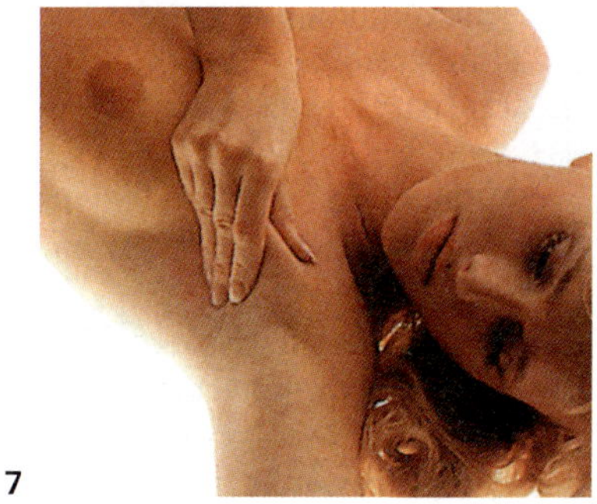

1 Betrachten Sie vor dem Spiegel mit am Körper anliegenden Armen Ihre Brust und suchen Sie dabei aufmerksam nach einer kürzlich eingetretenen Veränderung des Umfangs, der Form, des Aussehens der Haut oder der Brustwarzen.
2 Heben Sie dann die Arme hoch und betrachten Sie – jeweils von vorne und von beiden Seiten – Form und Größe der Brüste. Achten Sie besonders auf Falten, Vorwölbungen oder Hauteinziehungen, Hautveränderungen oder Einziehungen der Brustwarze. Vergleichen Sie beide Brüste und achten Sie auf neu auftretende, bisher unbekannte Unterschiede.
3 Tasten Sie dann – zunächst im Stehen – Ihre Brust mit allen Fingern der flach aufliegenden Hand ab, die rechte Brust mit der linken, die linke Brust mit der rechten Hand.
4 Tasten Sie dabei jeweils ein Viertel der Brust sorgfältig ab. Im oberen äußeren Viertel ist die Brustdrüse bei den meisten Frauen dichter.
5 Dann drücken Sie jede Brustwarze einzeln zwischen Daumen und Zeigefinger. Wenn Flüssigkeit erscheint, achten Sie auf die Farbe.
6 Anschließend wiederholen Sie das Abtasten der Brust im Liegen – wieder kreisförmig ein Viertel nach dem anderen. Besonders die unteren Bereiche der Brust können so noch besser untersucht werden.
7 Suchen Sie mit den Fingern, ob Lymphknoten in den Achselhöhlen tastbar sind. Sie sind nicht außergewöhnlich. Es ist nur wichtig, ihr kürzliches Auftreten oder eine Veränderung zu erkennen.

Wiederholen Sie diese Selbstuntersuchung monatlich, nach Möglichkeit während der Regelblutung. Sollten Ihnen Knoten oder irgendwelche anderen Veränderungen auffallen, berichten Sie bitte Ihrem Arzt darüber. Sie brauchen sich jedoch nicht zu beunruhigen, denn die meisten Veränderungen sind gutartig.
Mit freundlicher Genehmigung von Nourypharma GmbH.

1.1.2 Apparative Untersuchung

Mammographie

Indikationen.
Für die radiologische Untersuchung des Brustdrüsenkörpers sowie seiner axillären Ausläufer gibt es folgende Indikationen:
- auffällige Palpationsbefunde
- Krebsvorsorge, -früherkennung
  - Frauen ohne Risikofaktoren jenseits des 40. Lebensjahres: Mammographie routinemäßig in ca. 2- bis 3-jährigen Abständen
  - Frauen ohne Risikofaktoren nach dem 50. Lebensjahr: Mammographie routinemäßig ungefähr in 1- bis 2-jährigen Abständen
  - Frauen mit ausgeprägten Risikofaktoren (z. B. Brustkrebs in der Eigenanamnese; Mutter am Mammakarzinom erkrankt): jährliche Mammographiekontrollen.

1.1.2 Apparative Untersuchung

Mammographie

Indikationen.
Eine Mammographie ist in folgenden Situationen angezeigt:
- auffällige Palpationsbefunde
- Krebsvorsorge, -früherkennung:
  - Frauen ohne Risikofaktoren > 40 Jahre: routinemäßig alle 2–3 Jahre
  - Frauen ohne Risikofaktoren > 50 Jahre: routinemäßig in 1–2-jährigen Abständen
  - Frauen mit ausgeprägten Risikofaktoren: jährliche Kontrollen.

Der Nutzen dieser regelmäßigen Röntgenuntersuchung übertrifft bei weitem einen hypothetischen Schaden, insbesondere da aufgrund verbesserter Technik die Strahlenbelastung deutlich reduziert werden konnte. Bei Frauen unter 20 Jahren ohne suspekten Tastbefund oder Risikofaktoren sollte sie dennoch nicht durchgeführt werden, bei 20- bis 40-jährigen Patientinnen nur im Einzelfall.

▶ Merke

▶ **Merke.** Die Mammographie sollte nach Ablauf der Regelblutung durchgeführt werden, da die Mammae prämenstruell meist druckempfindlicher und gespannt sind und hormonell bedingte Wassereinlagerungen Knoten vortäuschen können.

Durchführung.
Routinemäßig wird die Mamma in zwei Ebenen dargestellt (kraniokaudaler Strahlengang [Abb. **C-1.2**] und schräger Strahlengang).

Durchführung.
Routinemäßig wird die Mamma in zwei Ebenen dargestellt (kraniokaudaler Strahlengang, Abb. **C-1.2**, sowie schräger Strahlengang [45°-Winkel]). Mit 28–30 kV ist die Mammographie eine Weichstrahluntersuchung (im Gegensatz z. B. zur Hartstrahldarstellung des Thorax mit 100–150 kV): die Durchdringungsfähigkeit der Röntgenstrahlen ist gering, die Feinstrukturzeichnung ausgeprägt. Gelegentlich sind ergänzende Aufnahmen mit verschobenem (torquiertem) Drüsenkörper bzw. in der Vergrößerungstechnik (Ausschnittsvergrößerung) erforderlich.

Bewertung.
Röntgendichte Strukturen (z. B. Zysten, Verkalkungen) führen zu einer Aufhellung (Verschattung) im Röntgenbild (Abb. **C-1.3**), während sich Fettgewebe als relativ dunkler Bereich darstellt.

Bei der seitenvergleichenden Beurteilung der Mammogramme einer Patientin achtet man auf **Asymmetrien,** bei der separaten Beurteilung auf **Verschattungen:**
- **polymorphe, gruppiert** liegenden **Mikroverkalkungen** (Abb. **C-1.4**) sind malignitätsverdächtig.

Mikroverkalkungen gelten als führendes röntgendiagnostisches Kriterium des **In-situ- oder Frühkarzinoms.** Polymorphie der Verkalkungen und Anzahl der Kalzifikate sind ausschlaggebendes Kriterium für die Bösartigkeit.

Bewertung.
Röntgendichte Strukturen (z. B. Zysten, Fibroadenome, Verkalkungen, Karzinome) führen zu einer Abschwächung der Röntgenstrahlung und auf der Filmfolie zu einer Aufhellung (= Verschattung im Mammogramm! Abb. **C-1.3**). Fettgewebe dagegen stellt sich als relativ dunkler, transparenter Bereich dar.

Bei der seitenvergleichenden Beurteilung der Mammogramme einer Patientin achtet man auf **Asymmetrien,** bei der separaten Beurteilung jedes Mammogramms auf **Verschattungen:**
- **(Mikro)verkalkungen** stellen sich sehr hell dar. Sie werden nach Größe, Form und Verteilungsmuster beurteilt. Bei **polymorphen, gruppiert liegenden Mikroverkalkungen** (Abb. **C-1.4**) besteht **Verdacht auf Malignität:** Sie sind in ca. 30 % Ausdruck von malignen, intraduktalen Prozessen.

Mikroverkalkungen gelten als das führende röntgendiagnostische Kriterium des **In-situ- oder Frühkarzinoms.** In diesem Stadium sind Mikroverkalkungen in 80–90 % einziger Hinweis auf einen neoplastischen Prozess. Neben der Polymorphie der Verkalkungen ist die **Anzahl der Kalzifikate ausschlaggebendes Kriterium für die Bösartigkeit:** Eine Neoplasie ist umso wahrscheinlicher, je mehr Mikroverkalkungen in einem umschriebenen Areal auftreten.

C-1.2

C-1.2 Mammographie

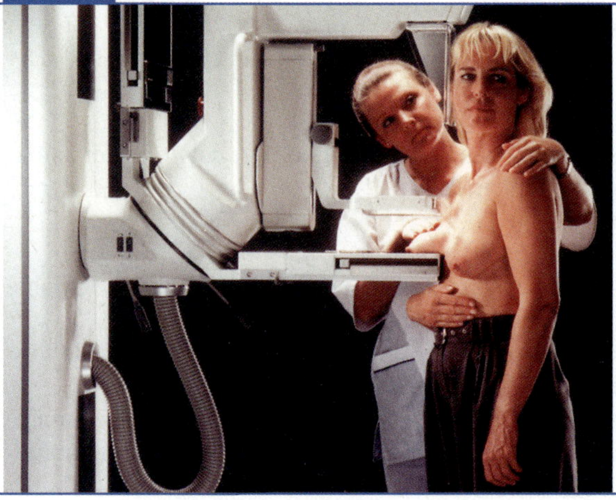

Kraniokaudaler Strahlengang.

C-1.3 **Mammographisches Bild eines kleinen Mammakarzinoms** (oben, brustwandnah [→])

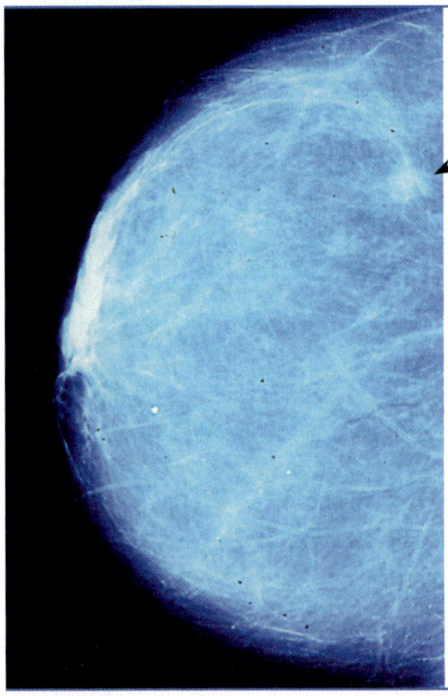

C-1.3

C-1.4 **Polymorphe, gruppiert liegende Mikrokalzifikate (→) als Ausdruck eines intraduktalen Neoplasmas**

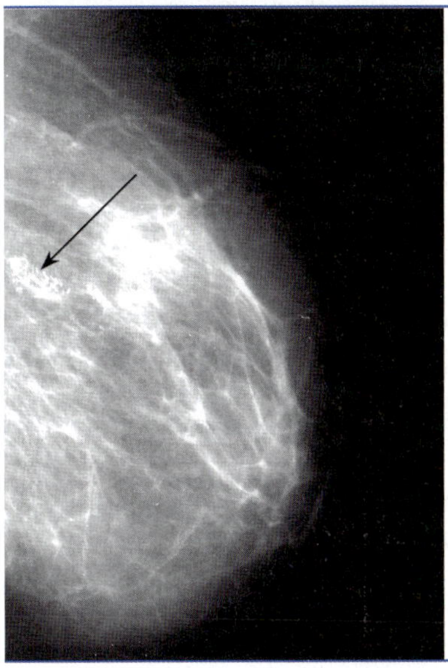

C-1.4

- **Benigne Tumoren** (Fibroadenome, Zysten) sind meist **homogen dicht** und **glatt begrenzt,** während **maligne** Tumoren häufig sternförmige Ausläufer **(„Krebsfüßchen")** aufweisen und **unscharf begrenzt** sind.

Einen Rückschluss auf die histologische Beschaffenheit eines Herdbefundes lässt die Mammographie nur sehr bedingt zu.

5–8 % aller palpablen Tumoren lassen sich mammographisch nicht darstellen. Dann sind andere, additive Untersuchungstechniken (Sonographie, Punktionszytologie, bis hin zur histologischen Untersuchung) hinzuzuziehen.

- **Benigne Tumoren** (z. B. Fibroadenome) sind meist **homogen dicht** und **glatt begrenzt,** maligne Tumoren weisen häufig sternförmige Ausläufer **(„Krebsfüßchen")** auf und sind **unscharf begrenzt**.

5–8 % aller palpablen Tumoren lassen sich mammographisch nicht darstellen.

Galaktographie

Indikation.

Sekretion aus der Mamille, insbesondere einseitige oder blutige Absonderung, ist durch Kontrastmittelauffüllung der Milchgänge (Galaktographie, Abb. **C-1.5**) abzuklären, um intraduktale Prozesse (Papillome, kleine intraduktale Karzinome) darzustellen und somit zu lokalisieren.

Galaktographie

Indikation.

Sekretion aus der Mamille, insbesondere einseitige Absonderung, sind Indikationen für die Darstellung der Milchgänge (Abb. **C-1.5**).

C-1.5

C-1.5 **Galaktographie. Unauffälliges Ductussystem**

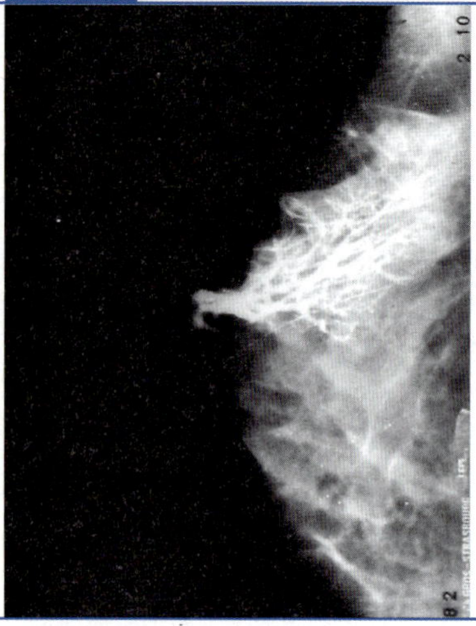

Durchführung.
Injektionen einer kleinen Kontrastmitteldosis in die Milchgangsmündung mit anschließender Mammographie.

Durchführung.
Eine sehr dünne Sonde wird in die Milchgangsmündung eingeführt und eine geringe Menge eines Kontrastmittels (0,1–0,2 ml) appliziert. Anschließend wird die Brust wie bei einer normalen Mammographie in zwei Ebenen geröntgt.

Bewertung.
Kaliberschwankungen der Milchgänge, sowie **Kontrastmittelabbrüche** und -aussparungen deuten auf pathologische Prozesse hin.

Bewertung.
In der Galaktographie nachgewiesene **Kaliberschwankungen** der Milchgänge sowie **Kontrastmittelabbrüche** und -aussparungen deuten auf pathologische Prozesse hin. Die Galaktographie lässt keine Rückschlüsse auf die histologische Beschaffenheit eines Herdbefundes zu.

Sonographie

Wichtigste zusätzliche Untersuchung zu klinischer Untersuchung und Mammographie. Indikationen zeigt Tab. **C-1.1**.

Die Sonographie ist die wichtigste zusätzliche Untersuchung zu klinischer Untersuchung und Mammographie.
Tab. **C-1.1** zeigt die Indikationen zur Mammasonographie.

▶ Merke

▶ **Merke.** Jeder palpatorisch oder mammographisch erhobene Herdbefund (Gewebsverdichtung) ist auch sonographisch abzuklären.

Tab. **C-1.2** zeigt Kriterien zur Beurteilung von Herdbefunden.

Mit der **Farb-Doppler-Sonographie** (bisher nur in speziellern Zentren) lässt sich die Gefäßversorgung eines soliden Herdbefundes bzw. das Einsprossen von Gefäßen in den Herdbefund darstellen.

Kriterien zur Beurteilung von Herdbefunden sind in Tab. **C-1.2** aufgeführt.

Ein im Bereich der Brustdiagnostik relativ neues, noch nicht standardisiertes Diagnostikum ist die **Farb-Doppler-Sonographie.** Sie erlaubt es, die Gefäßversorgung eines soliden Herdbefundes bzw. das Einsprossen von Gefäßen in den Herdbefund darzustellen. Eine vermehrte Vaskularisation sowie eine

C-1.1

C-1.1 **Indikationen zur Mammasonographie**

Als Screeningmethode in der Krebsfrüherkennung sowie zur Aufdeckung von Mikrokalzifikaten ist die Mammasonographie (noch?) ungeeignet.

Durchgesetzt hat sich die Real-time-Methode mit Parallelscannerschallköpfen bei Frequenzen von 7,5–10 (–13) mHz. Zur Analyse von Milchgängen (z. B. Darstellung von intraduktalen Papillomen u. ä.) werden Schallköpfe mit Frequenzen zwischen 13 und 20 mHz verwendet (Duktussonographie).

Die Brustdrüse erscheint im Ultraschallbild inhomogen, mit teils echodichten, teils echoarmen Arealen (Abb. **C-1.6**). Echodicht sind Haut, Drüsengewebe, Cooper-Ligamente, Muskelfaszien und Pleura, echoarm sind subkutanes und intramammäres Fettgewebe sowie die Rippen.

C-1.6 Mammasonographie

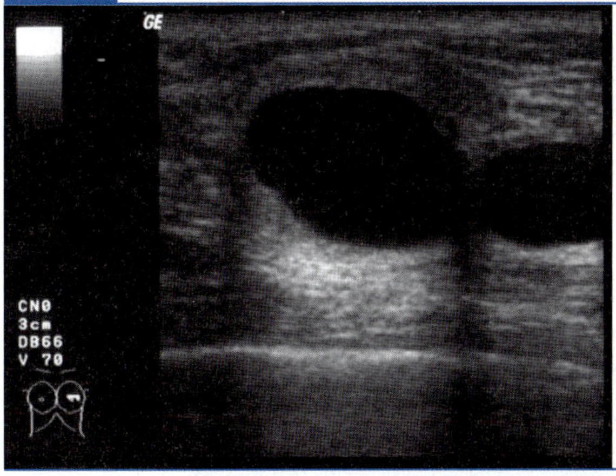

Fibrozystische Mastopathie.

C-1.6

C-1.2 Kriterien zur Beurteilung sonographischer Herdbefunde

C-1.2

1. Randkontur

scharf, glatt	benigne
scharf gezackt gerundet	
unscharf, aber glatt gerundet	indifferent
unscharf, gezackt	maligne

2. Echodensität

∅ Echos	benigne
echoarm	benigne
echodicht	
fast echoleer	maligne

3. Echostruktur

∅ Echos	benigne
homogen	
inhomogen	maligne

4. dorsale Schallverhalten

zentrale Schallverstärkung	benigne
bilaterales Schattenphänomen	benigne
unverändertes Echo	indifferent
Zentralschatten	
unilaterales Schattenphänomen	maligne

Zunahme des Gefäßwiderstandes und der Flussgeschwindigkeit sind Hinweis auf Malignität. Bisher wird das Verfahren nur in speziellen Zentren angewandt.

Magnetresonanz-Mammographie

Die Magnetresonanz-(MR-)Mammographie, noch in technischer und klinischer Erprobung, zeichnet sich durch einen hohen Weichteilkontrast aus (Abb. **C-1.7**).

Magnetresonanz-Mammographie

Die Magnetresonanz-(MR-)Mammographie zeichnet sich durch einen hohen Weich-

C-1.7

C-1.7 Magnetresonanz-Mammographie

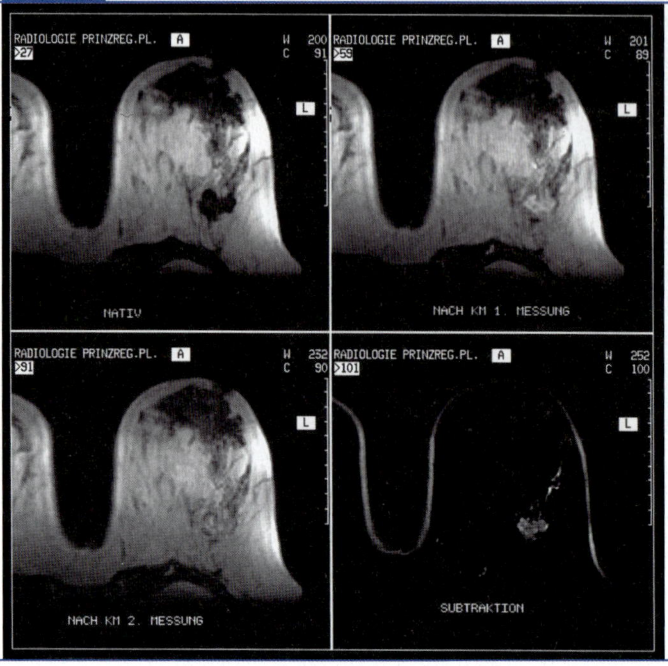

C-1.3

C-1.3 Indikationen zur MR-Mammographie

- Zustand nach Operation und Bestrahlung zur Differenzierung von Narbe, Rezidiv und Strahlenfolge
- Zustand nach Prothesenimplantation
- unklare brustwandnahe Herde
- dichtes Drüsenparenchym
- vor brusterhaltender Therapie eines Mammakarzinoms zum Ausschluss von Multilokalität und Multizentrizität

teilkontrast aus (Abb. **C-1.7**). Sie ist nur mit Kontrastmittel aussagekräftig. Die Sensitivität in der Diagnose von Früh- und kleinen Karzinomen ist hoch, insbesondere bei multifokalen und multizentrischen Karzinomen.

Die Brust wird schichtweise (Schichtdicke ca. 3–4 mm) zunächst nativ abgebildet, dann nach Kontrastmittelgabe (Gadolinium-DTPA) zu verschiedenen Zeitpunkten. Das Verfahren weist noch relativ viele falsch-positive Befunde auf, bei Kontrastmittelanwendung aber relativ wenig falsch-negative Ergebnisse; es ist nur mit Kontrastmittel aussagekräftig. Die Kontrastmittelinjektion ermöglicht es, zwischen gut- und bösartigen Läsionen zu differenzieren. Die Sensitivität in der Diagnose von Früh- und kleinen Karzinomen ist hoch, insbesondere bei Multifokalität (Vorhandensein eines weiteren Karzinoms im gleichen Quadranten) und Multizentrizität (Vorhandensein eines weiteren Karzinoms in einem anderen Quadranten). Der Ausschluss eines invasiven Karzinoms ab einer Größe von 2 mm gelingt mit einer Wahrscheinlichkeit von > 98 %.

Indikationen zeigt Tab. **C-1.3**.
Die MR-Mammographie ist eine Zusatzuntersuchung, die derzeit nur von Spezialisten eingesetzt wird.

Tab. **C-1.3** zeigt die Indikationen zur MR-Mammographie
Aufgrund der hohen Kosten und der geringen Erfahrung mit der MR-Mammographie wird sie nur von Spezialisten eingesetzt. Sie ist als Zusatzuntersuchung anzusehen.

Thermographie

Diese wenig gebräuchliche Zusatzuntersuchung stellt Temperaturunterschiede an der KOF dar. So lassen sich Prozesse mit erhöhter Durchblutung, wie z. B. Tumoren nachweisen.

Die Thermographie, eine Zusatzuntersuchung, stellt Temperaturunterschiede an der Körperoberfläche, bedingt durch unterschiedliche regionale Durchblutung, dar. So lassen sich Prozesse mit erhöhter Stoffwechselaktivität bzw. Durchblutung, wie z. B. Entzündung oder Tumor, nachweisen. Die Sensitivität und Spezifität der Thermographie sind gering, so dass sie fast nur noch historischen Wert hat.

Zytodiagnostik

Feinnadelbiopsie

Mit einer Punktionsnadel werden Zellen aus einem in der Brust liegenden Herd entnommen. Meist handelt es sich um tastbare Tumoren, seltener nur um unter Ultraschallkontrolle darzustellende Herde. Die Punktion wird auch zur Entleerung von Zysten eingesetzt.

▶ **Merke.** Bei Verdacht auf einen soliden Tumor (die sonographische Untersuchung gibt hier häufig den Hinweis) sollte vor der Punktion ein Mammogramm angefertigt werden, da eine Einblutung als Folge der Punktion das mammographische Erscheinungsbild verfälschen kann.

Die Punktionsnadel setzt sich aus einer Kanüle und einem Einmalspritzenzylinder (10 oder 20 ml) zusammen, der in ein Handstück eingespannt ist (Abb. **C-1.8**). Eine Lokalanästhesie ist nicht erforderlich, weil bei geschicktem Vorgehen der Eingriff kaum schmerzhaft ist. Nach Desinfektion der Haut wird die Kanüle in den Tumor eingestochen und mit Hilfe der Spritze ein Vakuum erzeugt (Aspiration). Die Nadelspitze wird fächerförmig durch den Tumor geführt (Abb. **C-1.9**). Vor dem Herausziehen der Kanüle wird der Unterdruck ausgeglichen. Anschließend wird das Material auf einen Objektträger ausgespritzt und ausgestrichen, fixiert und zur zytologischen Untersuchung gegeben. Diese wird von speziell geschulten Zytologen durchgeführt.

▶ **Merke.** Es empfiehlt sich, jeden Tumor zweimal zu punktieren, weil dadurch die Materialausbeute verbessert wird.

Zytodiagnostik

Feinnadelbiopsie

Mit einer Punktionsnadel (Abb. **C-1.8**) werden Zellen aus einem in der Brust liegenden Herd entnommen (Abb. **C-1.9**) oder Zysten entleert.

◀ Merke

Anschließend wird das Material durch einen speziell geschulten Zytologen zytologisch untersucht.

◀ Merke

C-1.8 **Intrumentarium zur Feinnadelpunktion (Cameco)**

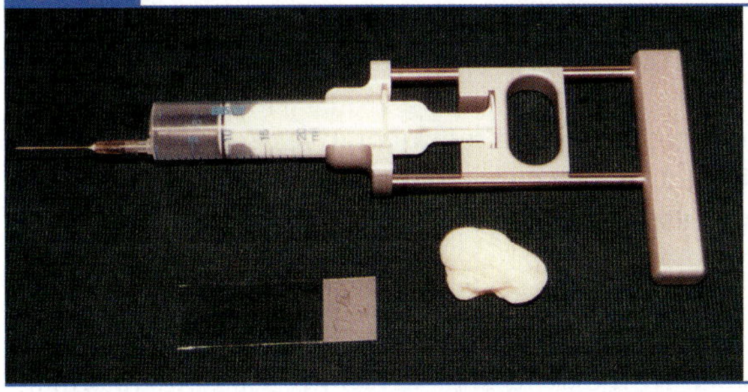

C-1.8

C-1.9 **Schema der Feinnadelpunktionstechnik**

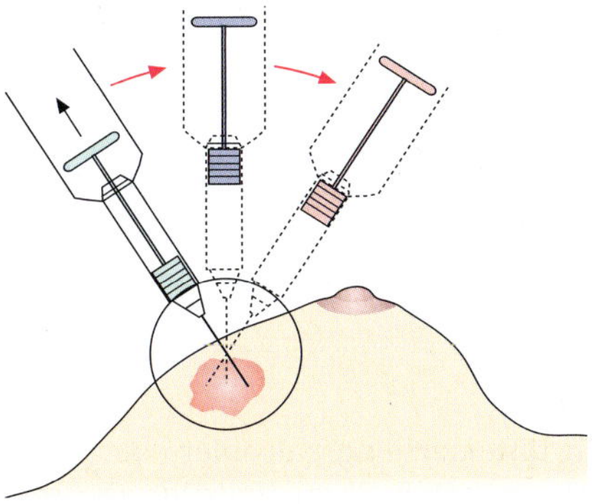

Nach dem Einstich wird die Nadel bei gleichzeitiger Aspiration (nach Boquoi und Kreuzer) fächerförmig durch den Tumor geführt.

C-1.9

C-1.10

C-1.10 Untersuchung eines mammographischen Herdbefundes durch Feinnadelpunktion und Pneumozystographie

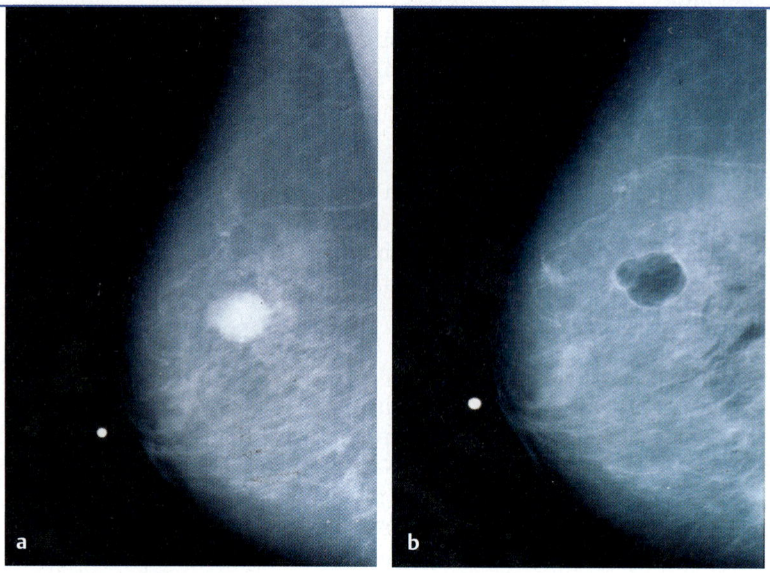

a Mammographischer Herdbefund: Zyste, Fibroadenom oder (medulläres) Karzinom?
b Pneumozystographie nach sonographisch gesteuerter Punktion einer Zyste.

Spätestens die Punktion klärt, ob der Tumor eine Zyste oder solide ist.

Spätestens die Punktion klärt, ob der Tumor eine Zyste oder solide ist: Die Flüssigkeit einer Zyste sammelt sich in der Spritze an, bei einem soliden Tumor gelangt das Zellmaterial in die Kanüle, ist im Spritzenzylinder jedoch meist nicht sichtbar.

Zysten werden entleert, die Zystenwände zum **Ausschluss** eines **intrazystischen Karzinoms** dargestellt (**Pneumozystographie,** Abb. **C-1.10**).

Zysten werden entleert. Anschließend sollten zum **Ausschluss eines intrazystischen Karzinoms** die Zystenwände dargestellt werden: die Zyste wird mit Luft gefüllt und anschließend ein Mammogramm angefertigt (**Pneumozystographie,** Abb. **C-1.10**).

Die **zytologische Untersuchung** des durch Punktion gewonnenen Zellmaterials ist von **hohem diagnostischen Wert.**

Gewinnt man durch die Punktion genügend repräsentatives Zellmaterial, so ist die nachfolgende **zytologische Untersuchung (Mikroskopie)** von **hohem diagnostischen Wert.** Auch jede Zystenflüssigkeit wird nach Zentrifugation zytologisch beurteilt.

Sekretzytologie

Bei **Sekretion aus der Mamille** wird die Flüssigkeit von der Mamille mit einem Objektträger abgestrichen, gefärbt und unter dem Mikroskop untersucht.

Sekretzytologie

Bei **Sekretion aus der Mamille** wird die Flüssigkeit von der Mamille mit einem Objektträger abgestrichen, entweder luftgetrocknet und nach Giemsa gefärbt oder in Alkohol fixiert und nach Papanicolaou gefärbt und anschließend unter dem Mikroskop untersucht.

Exfoliativzytologie

Bei einer **ekzemartigen Veränderung der Mamille** sollten Zellen durch vorsichtiges Abschaben, z. B. mit einem Skalpell, gewonnen und zytologisch untersucht werden.

Exfoliativzytologie

Bei einer **ekzemartigen Veränderung der Mamille** sollten ebenfalls Zellen für eine zytologische Diagnostik gewonnen werden. Dazu schabt man Zellmaterial vorsichtig von dem erkrankten Bereich ab, meist mit einem Skalpell oder einem scharfrandigen Objektträger, und streicht es auf einem Objektträger aus. Der weitere Untersuchungsgang entspricht dem der Punktions- oder Sekretzytologie.

Stanzbiopsie

Sie dient der **histologischen Untersuchung** (z. B. Schnelleinbettung) von Herdbefunden, kann ambulant durchgeführt werden.

Stanzbiopsie

Die Stanzbiopsie dient der **histologischen Untersuchung** palpabler oder sonographisch darstellbarer Herdbefunde. Sie kann ambulant durchgeführt werden. Nach Lokalanästhesie wird die Biopsienadel parallel zur Thoraxwand bis vor den Herdbefund geschoben und mit einem Hochgeschwindigkeitsschussgerät ein kleiner Gewebszylinder aus dem Herdbefund geschnitten. Dieser wird histologisch untersucht (z. B. Schnelleinbettung).

Biopsie

Eine Biopsie sollte **bei jedem unklaren Befund** durchgeführt werden (palpabler Knoten, Sekretion aus der Mamille, mammo- oder sonographischer Herdbefund). Sie wird in Allgemeinanästhesie durchgeführt (Lokalanästhesie ist meist unzureichend). Die meisten Areale der Mamma erreicht man vom Warzenhofrandschnitt oder einer Hautinzision an der Mammaumschlagsfalte (Bardenheuer-Schnitt) aus. Nach vorangegangener Absprache mit der Patientin kann von einem Biopsat ein intraoperativer Schnellschnitt angefertigt werden. Findet sich im Schnellschnitt ein Tumor, kann er in gleicher Narkose entfernt werden.

Biopsie

Eine Biopsie sollte **bei jedem unklaren Befund** durchgeführt werden. Sie wird meist in Allgemeinanästhesie durchgeführt. Die meisten Areale der Mamma erreicht man vom Warzenhofrandschnitt oder von einer Hautinzision an der Mammaumschlagsfalte (Bardenheuer-Schnitt) aus.

▶ **Merke.** Tumoren werden immer in toto exstirpiert. Eine Inzisionsbiopsie, d. h. Teilentfernung eines Knotens, ist zu vermeiden.

◀ **Merke**

1.2 Mastitis

Die Mastitis ist eine **(akute) Entzündung** der Brustdrüse. Sie wird unterteilt in die **Mastitis puerperalis** und die **Mastitis non-puerperalis.**

1.2 Mastitis

Akute Entzündung der Brustdrüse, die in die **Mastitis puerperalis** und die **Mastitis non-puerperalis** unterteilt wird.

1.2.1 Mastitis puerperalis

1.2.1 Mastitis puerperalis

▶ **Definition.** Es handelt sich um eine akute Entzündung der Brustdrüse im Wochenbett. Meist tritt sie nach der 2. Woche post partum auf.

◀ **Definition**

Epidemiologie. Die Mastitis puerperalis galt bisher als häufigste Entzündung der Mamma. Aufgrund zunehmender Häufigkeit der Mastitis non-puerperalis ist die Inzidenz der Mastitis puerperalis in den letzten Jahren um ungefähr 40 % auf ca. 50 % gesunken.

Epidemiologie. Die Mastitis puerperalis galt bisher als häufigste Entzündung der Mamma.

Ätiologie und Pathogenese. Als Erreger der Mastitis puerperalis ist in 94 % Staphylococcus aureus nachzuweisen, seltener sind Streptokokken, Proteus, E. coli, Pneumokokken und Klebsiellen. Die Erreger werden von der Mutter oder dem Pflegepersonal auf den Nasen-Rachen-Raum des Säuglings übertragen. Ungenügende Hygiene ist häufig ein prädisponierender Faktor. Die Übertragung auf die Mamma erfolgt beim Stillen: Meistens dringen die Erreger durch Rhagaden im Bereich der Brustwarze (Folge des Stillens) in die Lymphspalten des Bindegewebes ein **(interstitielle Mastitis)**. Der seltene Infektionsweg von der Brustwarze in die Ductus lactiferi **(parenchymatöse Mastitis)** wird durch einen Milchstau begünstigt.

Ätiologie und Pathogenese. In 94 % durch Staphylokokken. Die Erreger werden von der Mutter auf den Nasen-Rachen-Raum des Säuglings und beim Stillen dann auf die Mamma übertragen.
Bei der **interstitiellen Mastitis** (häufigste Form) gelangen sie durch Rhagaden im Bereich der Brustwarze in die Lymphspalten des Bindegewebes. Bei der **parenchymatösen Mastitis** werden die Ductus lactiferi befallen.

Klinik und Diagnostik. Meist bildet sich die Entzündung in einem umschrieben Areal der Mamma, bevorzugt im oberen äußeren Quadranten, aus. Selten ist der gesamte Drüsenkörper befallen. Die Diagnose der Mastitis puerperalis bereitet selten Schwierigkeiten, da die Kardinalsymptome der Entzündung auftreten:

- Rötung (Rubor)
- Überwärmung (Calor)
- Schwellung (Tumor)
- Schmerzhaftigkeit (Dolor): häufig wird selbst die vorsichtigste Palpation des entzündeten Areals nicht toleriert
- eingeschränkte Stillfunktion (Functio laesa).

Die Achsellymphknochen sind angeschwollen, die Körpertemperatur beträgt über 38 °C und es besteht ein ausgeprägtes Krankheitsgefühl. Eine Leukozytose ist diagnostisch weniger relevant.

Klinik und Diagnostik. Meist ist ein umschriebenes Areal der Mamma entzündlich verändert. Die Symptome der Mastitis puerperalis sind **Rötung, Überwärmung, Schwellung** der Brust sowie meist erhebliche **Schmerzhaftigkeit** und **eingeschränkte Stillfunktion**. Häufig findet man Fieber und vergrößerte Achsellymphknochen, es besteht ein ausgeprägtes Krankheitsgefühl.

C-1.11

C-1.11 Abzessdränage bei Mammaabszess nach Mastitis

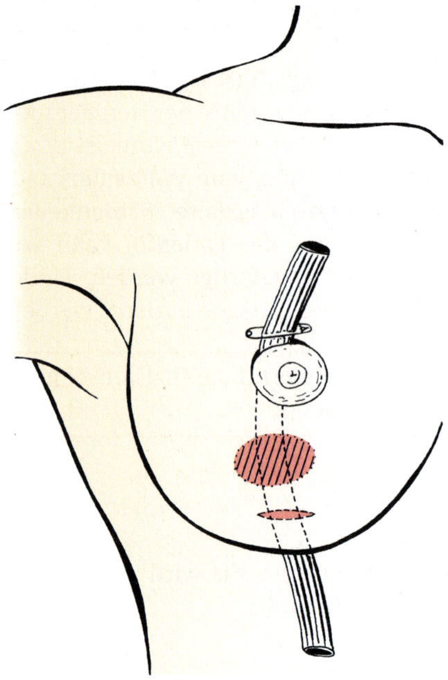

Inzision und Gegeninzision (gestrichelt), Einlegen einer Lasche.

Anfangs ist die Entzündung diffus **(Phlegmone)**. Zu diesem Zeitpunkt sollte die Erkrankung erkannt und behandelt werden, denn nur in diesem Stadium ist eine konservative Therapie erfolgreich. Persistiert die Entzündung unbehandelt über einige Tage, kapselt sie sich ab und schmilzt ein, es entsteht ein **Abszess**. Bei der Palpation findet sich dann ein fluktuierender Tumor.

Im Anfangsstadium ist die Entzündung diffus **(Phlegmone)**. Zu diesem Zeitpunkt sollte die Erkrankung erkannt und behandelt werden, denn nur in diesem Stadium ist eine konservative Therapie erfolgreich. Persistiert die Entzündung unbehandelt über einige Tage, kapselt sie sich ab und schmilzt ein, es entsteht ein **Abszess**.
Diagnostisch sind Phlegmone und Abzess durch Palpation und Sonographie zu unterscheiden: Für einen Abszess spricht bei der Palpation ein Tumor, der sich gut eindrücken lässt (Fluktuation), im Ultraschall stellt sich ein Abszess echoarm dar. Eine Phlegmone zeigt sich durch flächenhafte Rötung und Verhärtung der Brust in diesem Bereich.

Therapie. Anfänglich sind Kühlung und Ruhigstellung sinnvoll. Die Milch wird abgepumpt und verworfen, da sie keimhaltig ist. **Antibiotikagabe** ist **nur im Anfangsstadium** sinnvoll. Im **fortgeschrittenen Stadium** wird die Milchproduktion zudem medikamentös durch Prolaktinhemmer reduziert oder gehemmt **(Abstillen)**. Im **Spätstadium** sollte die Einschmelzung mit **Wärmetherapie** (Rotlicht, Kurzwelle) gefördert werden. Der reife **Abszess** wird **inzidiert** (s. Abb. **C-1.11**).

Therapie. Im **Anfangsstadium** sind **Kühlung,** z. B. durch Alkoholumschläge oder Eisbeutel, und **Ruhigstellung** (straffer BH) sinnvoll. Die **Milch wird abgepumpt** (Vermeidung eines weiteren Milchstaus) und verworfen, da sie keimhaltig ist. **Antibiotikagabe** ist **nur im Anfangsstadium** – während sich die Erreger in der Blutbahn befinden (pyämische Phase) – sinnvoll (Breitbandpenicilline, Cephalosporine, Erythromycin). Im **fortgeschrittenen Stadium** wird, zusätzlich zum Abpumpen, die Milchproduktion medikamentös reduziert oder gehemmt **(Abstillen)** (durch Prolaktinhemmer wie Bromocriptin, Lisurid oder Cabergolin). Im **Spätstadium** sollte die Einschmelzung mit **Wärmetherapie** (Rotlicht, Kurzwelle) gefördert werden. Der reife **Abszess** wird **inzidiert**, gleichzeitig erfolgt am unteren Pol der Abzesshöhle eine Gegeninzision. Die Wundhöhle wird durch eine Gummilasche dräniert (s. Abb. **C-1.11**). Da dieser Prozess eine Sekundärheilung darstellt, entstehen meist hässliche, breite Narben.

▶ **Klinischer Fall**

▶ **Klinischer Fall.** Eine 28-jährige Zweitgravida, Erstpara, 18 Tage post partum, stillt das Kind ausschließlich. Sie bemerkt eine schmerzhafte Rötung im oberen äußeren Quadranten der rechten Brust. Die Körpertemerpatur ist leicht erhöht (37,9 °C). Bei der klinischen Untersuchung findet sich im befallenen Quadranten eine gerötete, überwärmte, derbe und hoch druckdolente Verhärtung (Infiltrat) ohne Fluktuation. Die ipsilateralen axillaren Lymphknoten sind geschwollen. Im Sonogramm ist das krankhafte Areal relativ echodicht; es bestehen keine Dichteunterschiede zum umliegenden Gewebe. Weder die klinische noch die sonographische Untersuchung ergibt also einen Anhalt für einen Abszess.

Die Patientin wünscht trotz der Entzündung zumindest mit der anderen Brust weiterzustillen. Um die Milchproduktion vorübergehend zu reduzieren, erhält sie nur eine niedrige Dosis eines Prolaktinhemmers. Gleichzeitig wird sie angehalten, physikalische Maßnahmen anzuwenden: Ruhigstellung der Brust (straffer BH) und Kühlung mit Alkoholumschlägen. Komplikationen (Abszessbildung) können durch den frühen Therapiebeginn vermieden werden. Bei der nur geringen Temperaturerhöhung wurde primär auf den Einsatz eines Antibiotikums verzichtet. Nach ca. 4 Wochen ist eine Restitutio ad integrum erreicht.

1.2.2 Mastitis non-puerperalis

▶ Definition. Die Mastitis non-puerperalis (MNP) ist eine bakterielle oder abakterielle (unspezifische) Entzündung der Mamma außerhalb von Schwangerschaft und Wochenbett.

Epidemiologie. Bisher galt die MNP mit einem Anteil von 5–10 % an den Mastitiden als seltene Erkrankung. In den letzten Jahren wurde aber eine deutliche Zunahme auf fast 50 % beobachtet. Eine Erklärung für diese relative Zunahme gibt es bisher nicht.
Die MNP ist eine Erkrankung der geschlechtsreifen Frau. Nur in 10 % der Fälle tritt sie jenseits der Menopause auf.
Prädisponierende Faktoren. Die MNP ist mit einer Reihe von benignen Mammaerkrankungen assoziiert (s. Tab. **C-1.4**).
Begünstigende Faktoren sind auch die abgelaufene Stillperiode, Mammaverletzung sowie die Einnahme von Tranquilizern, östrogenbetonten Ovulationshemmern oder Sexualsteroiddepotpräparaten (Gynodian o. ä.).

C-1.4 Benigne, eine Mastitis non-puerperalis verursachende Erkrankungen der Mamma

- Galaktorrhö
- proliferierende oder fibrozystische Mastopathie
- Makromastie
- Mastodynie
- Hohlwarzen

Ätiologie und Pathogenese. Bakterielle MNP: Als Erreger kommen Staph. aureus (40 % – bei der Mastitis puerperalis 95 %), Staph. epidermidis (40 %), E. coli (5 %), Proteus (5 %) sowie Streptokokken und Fusobakterien in Frage. Sehr selten tritt die MNP im Rahmen einer Tuberkulose, Lues, Aktinomykose, Lepra oder von Typhus auf.
Die bakterielle Infektion entsteht meist kanalikulär, begünstigt z. B. durch eine Galaktorrhö, vergleichbar den Verhältnissen bei der parenchymatösen puerperalen Mastitis. Eine hämatogene Keimabsiedelung (z. B. bei gleichzeitiger Furunkulose) stellt die Ausnahme dar. Bei einer großzystischen Mastopathie können sich Zysten bakteriell infizieren.
Abakterielle MNP: Meist führt eine **Hyperprolaktinämie**, die hormonell, medikamentös oder durch Stress bedingt sein kann, zu einer vermehrten Sekretion der Drüsenendstücke. Es kommt zu einem **Milchstau**, reaktiv zu einer Gangerweiterung (Duktektasie), schließlich zum Austritt der Milch ins periduktale oder interlobuläre Gewebe, das sich entzündet. Es handelt sich um eine Fremdkörperreaktion **(granulomatöse Entzündung)**. Besteht im periduktalen Gewebe eine ausgeprägte plasmazelluläre Infiltration, wird auch von einer **Plasmazellmastitis** gesprochen. In seltenen Fällen kann es zu einer bakteriellen Superinfektion kommen.
Sehr selten tritt eine MNP im Rahmen einer Sarkoidose (Morbus Boeck) auf.

1.2.2 Mastitis non-puerperalis

◀ Definition

Epidemiologie. Die MNP ist eine Erkrankung der geschlechtsreifen Frau. Nur in 10 % der Fälle tritt sie jenseits der Menopause auf.

Prädisponierende Faktoren. (s. Tab. **C-1.4**).
Begünstigende Faktoren: abgelaufene Stillperiode, Mammaverletzungen und die Einnahme von Tranquilizern, östrogenbetonten Ovulationshemmern oder Sexualsteroiddepotpräparaten.

C-1.4

Ätiologie und Pathogenese. Bakterielle MNP: Als Erreger kommen Staph. aureus (40 %), Staph. epidermidis (40 %), E. coli (5 %), Proteus (5 %) sowie Streptokokken und Fusobakterien in Frage. Die bakterielle Infektion entsteht meist kanalikulär, begünstigt z. B. durch eine Galaktorrhö, vergleichbar den Verhältnissen bei der parenchymatösen puerperalen Mastitis.

Abakterielle MNP: Meist führt eine **Hyperprolaktinämie** zu einer vermehrten Sekretion der Drüsenendstücke. Es kommt zu einem Milchstau und schließlich zum Austritt der Milch ins periduktale oder interlobuläre Gewebe, das sich entzündet.

C-1.12

C-1.12 Mastitis non-puerperalis

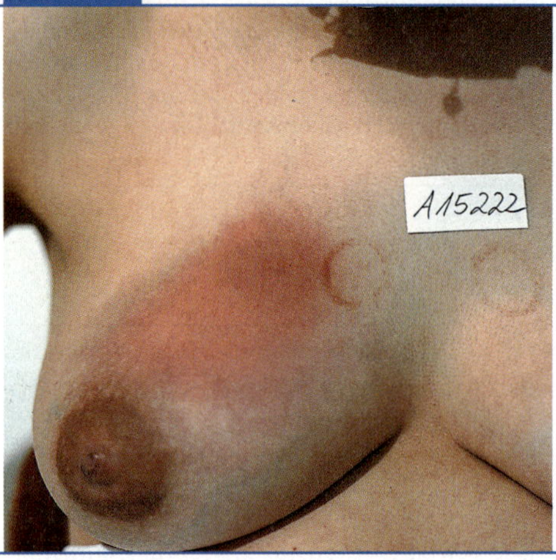

▶ Merke

▶ **Merke.** Auch bei einer Normoprolaktinämie kann es durch erhöhte Sensibilität der Prolaktinrezeptoren zu einer verstärkten Sekretion aus der Mamille kommen.

Klinik und Diagnostik.

▶ Merke

▶ **Merke.** Die Symptome der MNP unterscheiden sich prinzipiell nicht sehr von denen der Mastitis puerperalis. Lediglich die Körpertemperatur ist bei der MNP selten erhöht.

Rötung (s. Abb. **C-1.12**), **Überwärmung** und **Schmerzhaftigkeit** sind ausgeprägt. Die Größe des **diffusen palpablen Infiltrats** variiert stark.

Die übrigen Symptome wie **Rötung** (s. Abb. **C-1.12**), **Überwärmung** und insbesondere die **Schmerzhaftigkeit** des erkrankten Bezirkes sind ausgeprägt. Man palpiert ein derbes, **diffuses Infiltrat** (Tumor), das in der Größe stark variiert. Bei der Hälfte der Patientinnen findet man eine ipsilaterale Lymphknotenschwellung sowie eine erhöhte BKS. Bei ca. 40 % der Fälle kommt es zur Abszedierung.

Die **Mammasonographie** zeigt nur bei Abszedierung einen Befund.

Die **Mammasonographie** zeigt nur im Falle einer Abszedierung einen klassischen Herdbefund (echoarme, inhomogene Binnenechos).

Nach Abschluss der Therapie der Akutphase wird **zum Ausschluss eines Malignoms** in der Regel eine Mammographie angefertigt.

Differenzialdiagnose.

▶ Merke

▶ **Merke.** Die wichtigste Differenzialdiagnose der MNP ist das **inflammatorische Mammakarzinom**. Bessert sich die Erkrankung unter der medikamentösen Therapie (s. unten) nicht, so ist die mammographische und eventuell zytologische Diagnostik erforderlich.

Im Zweifelsfall sollte eine histologische Untersuchung erfolgen.

Besteht weiterhin Zweifel an der Dignität und/oder bei Fortbestehen eines Infiltrats soll die Indikation zur histologischen Abklärung (Biopsie) großzügig gestellt werden.

Das Zusammentreffen von MNP und Mammakarzinom ist zufällig; die MNP stellt keinen prädisponierenden Faktor für die Entwicklung eines Malignoms dar.

Therapie. Bei der **nicht abszedierenden MNP** steht die Gabe von Prolaktinhemmern im Vordergrund. Darunter werden die meisten Patientinnen schon nach 2–4 Tagen beschwerdefrei (Therapie über 3–6 Wochen).

Therapie. Bei der **nicht abszedierenden MNP** steht die Gabe von **Prolaktinhemmern** (Bromocriptin, Lisurid oder Cabergolin) im Vordergrund. Nach Verabreichung von 5–7,5 mg/Tag Bromocriptin sind die meisten Patientinnen schon nach 2–4 Tagen beschwerdefrei. Die Therapie ist wegen der hohen Rezidivrate in der Regel 3–6 Wochen fortzuführen.

C-1.13 Abszesslokalisation bei Mastitis puerperalis und Mastitis non-puerperalis

C-1.13

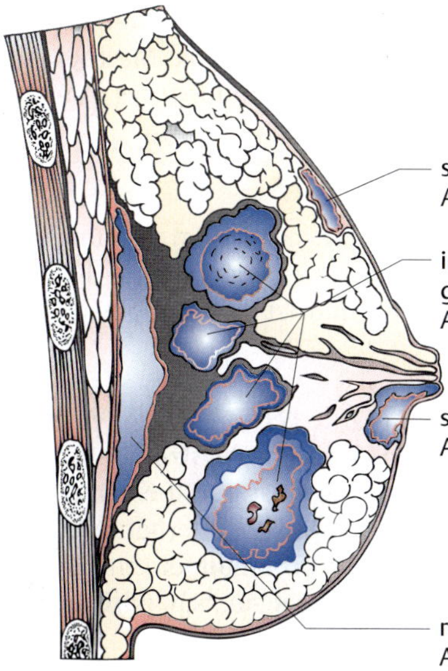

C-1.5 Präventive Aspekte bei der Mastitis non-puerperalis

C-1.5

- ausreichend lange Behandlung einer MNP (3–6 Wochen) mit Prolaktinhemmern
- Ausschluss einer Hyperprolaktinämie
- Behandlung einer nach der Stillperiode persistierenden Sekretion
- Ausschluss einer latenten Schilddrüsenfunktionsstörung
- Resektion von Duktektasien bzw. Resttumoren nach konservativer MNP-Therapie

Eine bakteriell verursachte MNP muss antibiotisch therapiert werden.

Ist die Mastitis non-puerperalis bakteriell verursacht, so sollte eine antibiotische Therapie mit Flucloxacillin (z. B. Staphylex 3 × 1 g/die i. v.), Cephalosporinen (z. B. Zinacef 3 × 1,5 g/die i. v.; Claforan 2–3 × 3 g/die i. v.) oder Oxacillin (3 × 1 g/die p. o.) erfolgen.
Bei einer abakteriellen MNP ist die Gabe eines Antibiotikums nicht sinnvoll.

Bei einer abakteriellen MNP ist die Gabe eines Antibiotikums nicht sinnvoll.

Ein **Abszess** (s. Abb. **C-1.13**) wird indiziert, begleitend wird über mehrere Wochen ein Prolaktinhemmer gegeben.

Ein **Abszess** (s. Abb. **C-1.13**) wird durch Inzision und Gegeninzision mit anschließender Dränage (s. auch Therapie der Mastitis puerperalis, S. 354) behandelt, begleitend verabreicht man 3–6 Wochen lang Prolaktinhemmer, um ein Rezidiv zu vermeiden.

Prophylaxe. Sehr **hohe Rezidivrate.** Präventive Aspekte zeigt Tab. **C-1.5**.

Prophylaxe. Die MNP ist eine Erkrankung mit sehr **hoher Rezidivrate**. Um diese zu senken, muss die Diagnose frühzeitig und die Therapie rechtzeitig erfolgen. Tab. **C-1.5** zeigt präventive Aspekte.

◀ **Klinischer Fall**

▶ **Klinischer Fall.** Eine 44-jährige Patientin, Nullipara, mit retrahierten Mamillen beidseits (seit vielen Jahren), stellt plötzlich eine Rötung der linken Mamma fest, die auch Schmerzen verursacht. Sie gibt an, diese Symptome seien in den letzten 10 Jahren schon viermal aufgetreten und als MNP diagnostiziert worden. Klinisch und sonographisch ergibt sich kein Anhalt für einen abszedierenden Prozess. Wie bei den vorangegangenen Erkrankungen wird der Patientin sofort Bromocriptin (Pravidel) verabreicht. Da kein Abszess besteht, ist eine chirurgische Intervention nicht notwendig, die Gabe eines Antibiotikums nicht sinnvoll. Die Bromocriptinmedikation (anfänglich 10 mg/die über 5 Tage) wird 6 Wochen lang verabreicht (2,5–5 mg/die abends). Eine Prolaktinbestimmung im Serum nach Abschluss der Therapie ergibt keine pathologischen Werte. Zur Prävention weiterer Rezidive schlägt der behandelnde Arzt eine Mamillenaufrichtungsoperation vor, die die Patientin nach Abklingen der Entzündung durchführen lässt. In den folgenden 5 Jahren treten keine weiteren MNP-Rezidive auf.

1.3 Mastopathie (Dysplasie der Mamma)

▶ Definition

▶ **Definition.** Unter dem Begriff der Mastopathie wird eine Vielzahl proliferativer und regressiver Veränderungen des Brustdrüsenparenchyms zusammengefasst. **Auslöser** ist in jedem Fall eine **hormonelle Dysfunktion**. Die Mastopathie ist eine primär abnorme, jedoch nicht neoplastische Umbildung des Drüsenkörpers. Sie betrifft zumeist **beide Brüste.**

Epidemiologie. Die Mastopathie tritt bevorzugt zwischem dem 30. und 50. Lebensjahr auf. Sie ist die häufigste Brustdrüsenveränderung überhaupt.

Epidemiologie. Die Mastopathie tritt bevorzugt zwischen dem 30. und 50. Lebensjahr auf, gelegentlich jedoch auch bei jüngeren oder älteren Frauen. Die Mastopathie betrifft ca. 50–60 % aller Frauen und ist damit die **häufigste Brustdrüsenveränderung** überhaupt.

Ätiologie. Die Ursache liegt vermutlich vor allem in einer **Verschiebung** des **Östrogen-Progesteron-Gleichgewichts zu Gunsten des Östrogens**, ausgelöst durch **Östrogenstimulus, Progesteronmangel, Hyperprolaktinämie, Hyperandrogenämie** oder **Mangel an Schilddrüsenhormonen.**

Ätiologie. Ursache der Mastopathie ist eine endokrine Fehlsteuerung. Vermutlich handelt es sich vorrangig um eine **Verschiebung** des **Östrogen-Progesteron-Gleichgewichts zu Gunsten des Östrogens**, ausgelöst durch einen **Östrogenstimulus** (erhöhte Konzentration des Gesamtöstrogens oder erhöhter Anteil freier, nicht an SHBG gebundener Östrogene), **Progesteronmangel**, eine **Hyperprolaktinämie, Hyperandrogenämie** oder einen **Mangel an Schilddrüsenhormonen.**

Pathogenese und Histologie. Die hormonelle Dysregulation führt zur **Proliferation des Drüsenparenchyms**. Diese äußert sich als **Adenose, Hyalinose, Epitheliose** oder **Papillomatose** (s. Abb. **C-1.14**). Durch vermehrte Sekretion kommt es zu Gangerweiterungen **(Duktektasien)** und **Zystenbildung**; Proliferation des Stützgewebes führt zur **Fibrose**. Die Verbindung von ausgeprägter Fibrose mit Adenose bezeichnet man als **sklerosierende Adenose.**

Pathogenese und Histologie. Die hormonelle Dysregulation führt zu einer gesteigerten **Proliferation des Drüsenparenchyms** (Östrogenwirkung). Diese äußert sich als **Adenose** (Proliferation von Gangsegmenten, Drüsenendstücken und Myoepithelzellen), **Hyalinose** (Hyalinisierung des Drüsenkörpers), **Epitheliose** (Proliferation des Gangepithels) oder **Papillomatose** (umschriebene intraduktale Wucherungen) (s. Abb. **C-1.14**). Durch vermehrte Sekretion der Drüsen kommt es zu Gangerweiterungen **(Duktektasien)** und **Zystenbildung**; bei externem Abfluss zu Mamillensekretion. Proliferation des Stützgewebes führt zur **Fibrose**. Die Verbindung von ausgeprägter Fibrose mit Adenose bezeichnet man als **sklerosierende Adenose.**

C-1.14

C-1.14 Benigne, regressive und progressive Veränderungen des Drüsenläppchens der Mamma

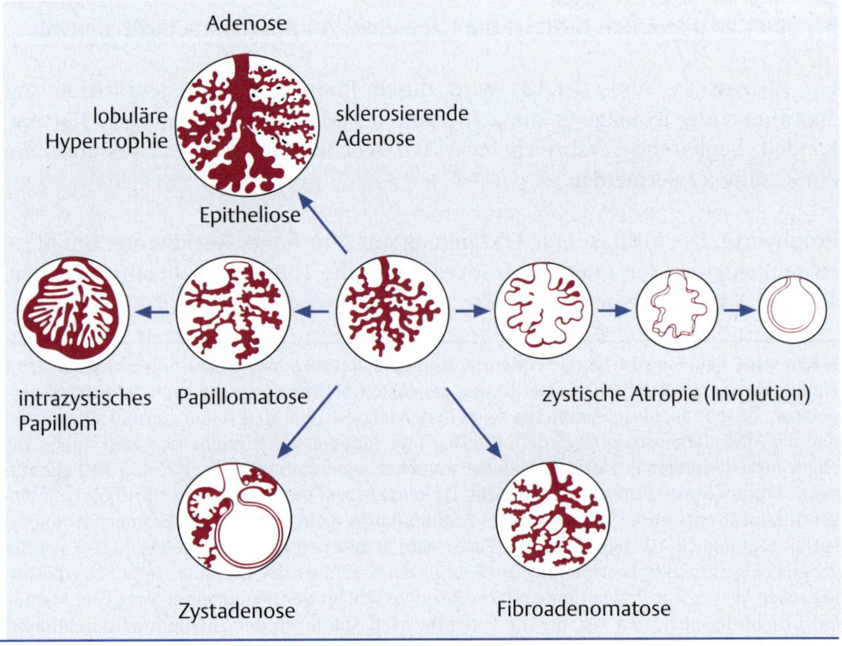

C-1.15 Fibrozystische Mastopathie

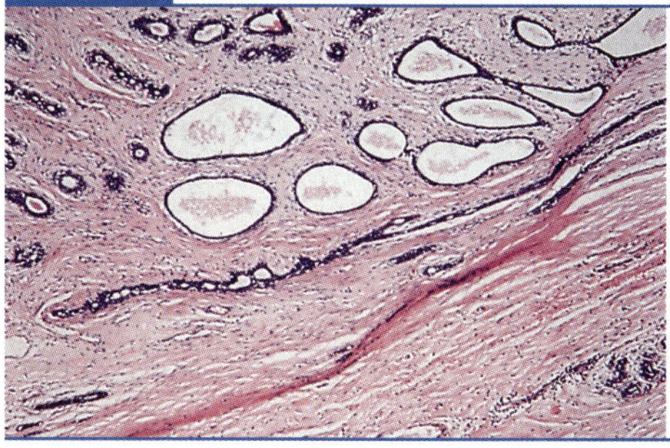

Dieser histologische Schnitt zeigt einfache mastopathische Veränderungen in einem fibrotischen Mammagewebe mit zystischen Erweiterungen ohne auffällige Proliferationen (Mastopathie Grad I).

C-1.15

Weshalb eine Mamma mehr zur Adenose, die andere mehr zur Zystenbildung oder Fibrosierung neigt, lässt sich bis jetzt nicht beantworten.

Klassifikation. Aus diagnostischen und vor allem aus prognostischen Gründen unterscheidet man bei der Mastopathie drei Formen (Einteilung nach Prechtel):
1. **Einfache Mastopathie (Mastopathie Grad I):** ohne Epithelproliferationen. Hierzu zählen die fibröse und die fibrozystische Mastopathie (s. Abb. **C-1.15**).
2. **Einfache proliferierende Mastopathie (Mastopathie Grad II):** mit regulären Epithelproliferationen. Hierzu zählen Adenose, sklerosierende Adenose, Epitheliose und Papillomatose.
3. **Atypisch proliferierende Mastopathie (Mastopathie Grad III):** mit atypischen Epithelproliferationen, jedoch ohne die für das Carcinoma in situ typischen Läsionen. Das Karzinomrisiko bei der Mastopathie Grad III beträgt 3–4 %.

Klassifikation. Man unterscheidet drei Formen der Mastopathie (Einteilung nach Prechtel):
1. **Einfache Mastopathie** (Mastopathie Grad I): (s. Abb. **C-1.15**)
2. **Einfache Mastopathie** (Mastopathie Grad II)
3. Atypisch proliferierende Mastopathie (Grad III).

Klinik. Das klinische Erscheinungsbild ist im Wesentlichen von drei Symptomen geprägt: **Knotenbildung** (Verhärtungen), **Schmerzen (Mastodynie)** und **Sekretion aus der Mamille** (eher selten).

Klinik. Die drei Hauptsymptome sind **Knotenbildung** (Verhärtungen), **Schmerzen (Mastodynie)** und **Sekretion aus der Mamille.**

Beim Tasten finden sich multiple, meist diffuse, häufig auch beidseitig nachweisbare Verdichtungen, bevorzugt in den **oberen äußeren Quadranten**. Sie sind gut verschieblich. Die Mammae können sehr berühungsempfindlich, die Veränderungen hochgradig druckdolent sein. Die Frauen bemerken zyklusabhängige Größenschwankungen des oder der getasteten Knoten (Maximum: 2. Zyklushälfte, Minimum nach Einsetzen der Regelblutung).
Oft klagen die Frauen spontan über Schmerzen **(Mastodynie)**. Diese sind charakteristischerweise **zyklusabhängig**, treten vor allem in der 2. Zyklushälfte auf bzw. nehmen in dieser Phase an Intensität zu und klingen mit Einsetzen der Regelblutung ab.
Eine einseitige pathologische Absonderung aus der Brustwarze ist selten (ca. 15 %). Sie tritt entweder spontan auf oder kann durch Druck provoziert werden.

Die Verdichtungen finden sich bevorzugt in **den oberen äußeren Quadranten** der Mammae; ihre Größe variiert in Abhängigkeit von der Zyklusphase (Maximum 2. Zyklushälfte, Minimum nach Einsetzen der Regelblutung).

Schmerzen sind sehr häufig **(Mastodynie)**. Meistens sind sie **zyklusabhängig** und treten vor allem in der 2. Zyklushälfte auf.

Eine einseitige pathologische Absonderung aus der Brustwarze tritt in ca. 15 % auf.

Diagnostik. Die klinische Diagnose einer zystisch-fibrösen Mastopathie bedarf weiterer Abklärung: Präkanzeröse epitheliale Proliferationen müssen rechtzeitig erkannt werden. Als wichtigste diagnostische Maßnahmen dienen **Sonographie** und **Mammographie.** Zysten sollte man zusätzlich unter Ultraschallkontrolle punktieren und den Inhalt zytologisch untersuchen, um intraluminäre proliferative Vorgänge auszuschließen bzw. nachzuweisen. Zur Überprüfung der Wandstrukturen kann die Zyste nach Entleerung auch mit Luft gefüllt und anschließend röntgenologisch dargestellt werden (Pneumozystographie, s. Abb. **C-1.16**).
Eine **histologische Untersuchung** ist bei folgenden Befunden angezeigt:
- **Mammographie:** gruppierter Mikrokalk
- **Mammasonographie:** unklarer Herdbefund intrazystische Struktur
- **Punktat:** blutiges bzw. biliverdinfarbenes Sekret
- **Zytologie:** zweifelhafter oder maligner Befund.

Diagnostik. Präkanzeröse epitheliale Proliferationen müssen rechtzeitig erkannt werden. Primär werden **Sonographie** und **Mammographie eingesetzt.**
Zysten sollten punktiert und der Inhalt zytologisch untersucht werden. Im Anschluss empfiehlt sich eine Pneumozystographie (s. Abb. **C-1.16**).

Bei unklaren Befunden oder Verdacht auf Malignität ist eine **histologische Untersuchung** angezeigt.

C-1.16

C-1.16 **Intrazystisches Papillom**

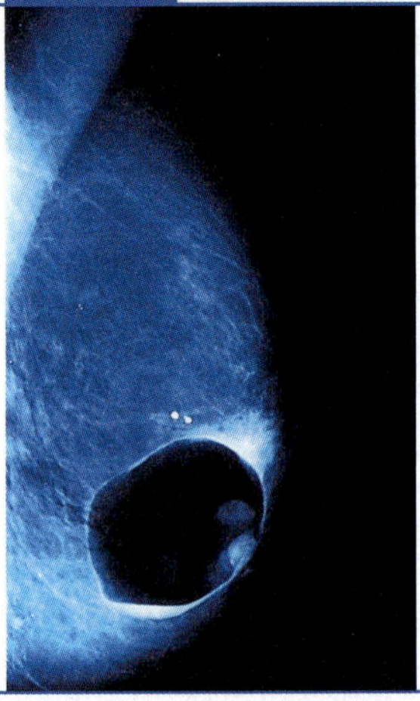

Diese Mammographie ist eine sog. Pneumozystographie im schrägen Strahlengang. Die Zyste war vor der Aufnahme punktiert und vollständig entleert worden. Das Lumen der Zyste ist mit Luft insuffliert, so dass eine gute Strahlentransparenz und die Zystenwand mit dem ventralen Papillom gut zur Darstellung kommen.

Die Indikation zur Biopsie ist im Zweifelsfall großzügig zu stellen. Bei nicht palpablen Veränderungen muss der verdächtige Bezirk präoperativ mittels Sonographie oder Mammographie lokalisiert und mit Röntgenkontrastmittel sowie blauem Farbstoff markiert werden. Intraoperativ kann das Exzidat mittels Präparatradiologie auf die Markierung hin überprüft und somit festgestellt werden, ob das Exzidat den verdächtigen Berzirk beinhaltet.

Differenzialdiagnose. An erster Stelle steht das Mamakarzinom; des Weiteren gutartige Tumoren wie Fibroadenome und Lipome. Die Differenzialdiagnose der **Mastodynie** zeigt Tab. **C-1.6**.

Differenzialdiagnose. In der Differenzialdiagnose steht das Mammakarzinom an erster Stelle; des Weiteren kommen gutartige Tumoren wie Fibroadenome und Lipome infrage. Die Differenzialdiagnose der **Mastodynie** zeigt Tab. **C-1.6**.

Therapie. Die Therapie gutartiger Veränderungen richtet sich nach dem klinischen Bild. Tab. **C-1.7** zeigt ein Stufenschema zur Behandlung der Mastopathie.

Therapie. Die Therapie gutartiger Veränderungen der Mamma richtet sich nach dem klinischen Bild.
Bei den **leichten Formen der Mastopathie ohne Knotenbildung** steht die prämenstruelle Symptomatik **(Mastodynie)** im Vordergrund. Ergeben die diagnostischen Maßnahmen keinen pathologischen Befund, bessern sich bei knapp der Hälfte der Patientinnen nach einem **aufklärenden Gespräch** die Beschwerden oder verschwinden sogar vollständig. Nicht selten ist die Dysfunktion eines hormonproduzierenden Organs, z. B. der Schilddrüse, für die Schmerzen verantwortlich. **Physikalische Maßnahmen** (Eis, Alkoholumschläge), der **Entzug von** methylxanthinhaltigen Lebensmitteln (wie **Tee, Kaffee, Schokolade**) oder ein **hormonfreies Phytotherapeutikum** (Pflanzenextrakte in alkoholischer Lösung) tragen in ca. 70 % zur Linderung der Beschwerden bei. Diese nichthormonalen Maßnahmen stellen den ersten Behandlungsschritt dar. Bei **stärkerer Sympto-**

C-1.6

C-1.6 **Differenzialdiagnose des Brustdrüsenschmerzes**

- Mammakarzinom
- zyklische Mastodynie (prämenstruelles Syndrom)
- zyklusunabhängige Mastodynie (z. B. bei fibrozystischer Mastopathie)
- non-puerperale Mastitis
- Stenokardien
- Interkostalneuralgien
- zervikobrachiale Neuralgien
- Fettgewebsnekrose
- Hämatom und Trauma
- M. Mondor (oberflächliche Thrombophlebitis)
- Tietze-Syndrom (chondrosternale Entzündung)
- Spannungsgefühl der Mammae bei Gravidität

C-1.7 Stufenschema zur Therapie der Mastopathie

1. gut sitzender Büstenhalter
2. Vermeidung von Methylxanthinen (Kaffee, Tee, Cola, Schokolade)
3. Agnus-castus-Präparate
4. perkutane Gestagene
5. Vitamin E, Vitamin B_1 und B_6
6. vermehrt essenzielle Fettsäuren (oral)
7. orale Gestagene (ggf. gestagenbetonte Mikropille)
8. lokale Kühlung (Eis, Alkoholumschläge)
9. Akupunktur
10. Diuretika (in der 2. Zyklushälfte)
11. Danazol
12. Prolaktinhemmer (z. B. Pravidel, Liserdol, Dostinex)
13. Androgene
14. Antiöstrogene (Tamoxifen, Clomifen)
15. Schilddrüsenhormone

C-1.7

C-1.8 Entartungsrisiken der Mastopathie

Zunahme des Risikos gegenüber der normalen Inzidenzrate des Mammakarzinoms	
▶ Mastopathie insgesamt	2fach
▶ einfach proliferierende Mastopathie	1,5fach
▶ atypisch proliferierende Mastopathie	10fach

C-1.8

matik sind gute Therapieerfolge mit **lokaler oder systemischer Hormongabe** zu erzielen. Die kutane Applikation gestagenhaltiger Gele auf die Brust führt zur subjektiven, nur selten zu nachweisbarer Besserung der Mastodynie (ca. 10 % der Dosis werden resorbiert). Gute Behandlungsergebnisse sind bei oraler Gabe von **Gestagenen** (in der 2. Zyklushälfte), von **Östrogen-Gestagen-Kombinationen** (mit niedrigem Östrogengehalt) bei gleichzeitigem Wunsch der Frau nach Kontrazeption, außerdem von **Prolaktinhemmern** und **Antiöstrogenen** zu beobachten. Tab. **C-1.7** fasst die Therapie der Mastopathie zusammen.

Bei einer **Mastopathie mit Knotenbildung** empfiehlt sich die **Exzision** und **histologische Untersuchung.**

Bei einer **Mastopathie mit Knotenbildung** sind die **Exzision** und die **histologische Untersuchung** zu empfehlen. Wird bei einer Biopsie eine Mastopathie mit atypischen Proliferationen diagnostiziert, muss die Patientin regelmäßig und engmaschig klinisch, mammo- und sonographisch, in speziellen Fällen auch durch die Magnetresonanz-Mammographie überwacht werden.

Bei wiederholten Mastopathien Grad III und Vorliegen zusätzlicher Risikofaktoren ist eine subkutane Mastektomie (Entfernung des Brustdrüsenkörpers unter Erhalt der Mamille) in Erwägung zu ziehen.

Prognose. Die einfache Mastopathie ist keine v. a. Präkanzerose. Die proliferierende, aber die atypisch proliferierende Mastopathie hat ein erhöhtes Entartungsrisiko (s. Tab. **C-1.8**).

Prognose. Die einfache Mastopathie stellt keine Präkanzerose dar. Die proliferierende, besonders jedoch die atypisch proliferierende Mastopathie weist ein erhöhtes Entartungsrisiko auf. Mit einem Übergang in ein Mammakarzinom ist in 3–4 % der Fälle zu rechnen (s. Tab. **C-1.8**).

◀ **Klinischer Fall**

▶ **Klinischer Fall.** Eine 41-jährige Patientin erscheint angstvoll in der Praxis: Sie hat einen Knoten in der rechten Brust entdeckt. Gleichzeitig gibt sie Schmerzen in den Brüsten an, rechts mehr als links, besonders oben außen. Die letzte Periode hat vor 24 Tagen begonnen; die Patientin nimmt keine Ovulationshemmer ein; es liegt keine familiäre Disposition hinsichtlich eines Mammakarzinoms vor. Man tastet grobnoduläre Verdichtungen beidseits, teilweise umschrieben bis prallelastisch, gut verschieblich. Sonographisch sind in meist echodichten Arealen (dichtes Parenchym/fibröse Mastopathie) einzelne echoleere Herdbefunde mit nachfolgender Schallverstärkung nachzuweisen (entspricht Zysten). Da sich die Frau etwa 3 Tage vor der zu erwartenden Regelblutung befindet, wird sie beruhigt und zur weiteren Diagnostik post menstruationem (10. Zyklustag) einbestellt. Nach Abklingen der Regelblutung nimmt zum Erstaunen der Patientin der Knoten rechts oben außen an Größe ab, Schmerzen treten kaum noch auf. Unter Sonographiekontrolle wird der größte Herdbefund (Durchmesser 21 mm) punktiert. Es entleeren sich 8 ml einer klaren gelben Flüssigkeit (Zytologie: unverdächtig, kaum zellulares Material, eiweißreicher Niederschlag). Durch die liegende Punktionskanüle werden 6 ml Luft insuffliert. Die anschließende Pneumozystographie zeigt das typische Bild einer dichten fibrozystischen Mastopathie. Die entleerte Zyste weist glatte Wandstrukturen auf. Mikrokalk ist nicht darstellbar. Die Befunde werden mit der Patientin besprochen, man empfiehlt ihr, weitere klinische und sonographische Kontrollen in 6-monatigen Abständen vornehmen zu lassen. Die nächste Mammographiekontrolle sollte in ca. 1,5 Jahren erfolgen.

1.4 Mastodynie und Mastalgie

Bei der **Mastodynie** ist der Brustschmerz meist zyklusabhängig. Typisch sind prämenstruelle Schmerzen und Spannungszustände der Mammae.

Sind die Brustschmerzen diffus oder umschrieben spricht man von einer **Mastalgie**.

1.4 Mastodynie und Mastalgie

Der Brustschmerz ist das häufigste Symptom im Bereich der Mammae. Bei der **Mastodynie** ist der Brustschmerz meist zyklusabhängig. Typisch sind prämenstruelle Schmerzen und Spannungszustände der Mammae. Die Mastodynie tritt auch bei der Mastopathie (s. S. 359) auf. Auslöser scheint ein Ungleichgewicht des Östrogen-Progesteron-Gleichgewichts zu Gunsten des Östrogens zu sein. Die Pathogenese ist unbekannt. Die Häufigkeit nimmt ca. ab dem 30. Lebensjahr bis zur Menopause zu; in der Postmenopause ist die Mastodynie selten. Werden postmenstruelle Patientinnen hormonell substituiert, tritt die Mastodynie wieder häufiger auf.

Sind die Brustschmerzen diffus oder umschrieben spricht man von einer **Mastalgie.**

1.5 Sekretorische Erkrankungen

Wir unterscheiden zwischen **Galaktorrhö** (Sekretion aufgrund physiologischer Prozesse oder endokrinologischer Störungen) und **pathologischer Sekretion** (aufgrund verschiedener Erkrankungen der Mamma).

1.5 Sekretorische Erkrankungen

Sekretion aus der Mamille außerhalb von Schwangerschaft und Stillperiode ist kein eigenständiges Krankheitsbild, sondern ein Symptom. Sie kann bei ca. 50 % aller Frauen durch Druck auf die Mamillen provoziert werden. Nach ihrer Ursache teilt man sie ein in **Galaktorrhö** (Sekretion aufgrund physiologischer Prozesse oder endokrinologischer Störungen) und **pathologische Sekretion** (aufgrund verschiedener Erkrankungen der Mamma).

C-1.9

C-1.9 Ursachen physiologischer Sekretion aus der Mamille

- Laktationsperiode
- Stress-Situation
- taktile Manipulation der Mamille
- Koitus
- stärkere körperliche Aktivität
- Schlaf

C-1.10

C-1.10 Häufigste Ursachen der Hyperprolaktinämie

- Prolaktinom
- Störung von Produktion und Transport des Prolaktin inhibierenden Hormons (PIH)
- erhöhte Bindung von Prolaktin an die peripheren Rezeptoren
- Pharmaka:
  - Dopamin-D_2-Rezeptor-Antagonisten, z. B. Neuroleptika, Metoclopramid
  - Reserpin und α-Methyldopa (senken die Dopaminkonzentration in den Vesikeln der dopaminergen Neurone)
  - Substanzen mit antiandrogener Wirkung, wie Östrogene, Cyproteronacetat
  - Opiate
- primäre Hypothyreose (besonders in Jodmangelgebieten wie z. B. Bayern daran denken!)

C-1.11 Erkrankungen der Mamma mit Sekretion aus der Mamille

- Mastopathie
  - Papillom (Sonderform der Mastopathie): zum Teil blutige Sekretion
- Fibroadenom: pathologische Sekretion in 1–5 % der Fälle
- laktierendes Adenom (Sonderform des Adenoms)
- Mastitis non-puerperalis: pathologische Sekretion als Hauptsymptom, tritt in 20–30 % der Fälle auf
- Morbus Paget der Mamille: meist nur Pseudosekretion aufgrund ekzematöser, nässender Veränderungen der Mamille
- Mammakarzinom: stark schwankende Häufigkeitsangaben (0,5–30 %); pathologische Sekretion bevorzugt bei postmenopausalen Patientinnen, häufig blutiges Sekret. Bis zu 10 % der intraduktalen Karzinome (DCIS) verursachen eine pathologische Sekretion!

C-1.11

1.5.1 Galaktorrhö

Die meist beidseitige Sekretion ist das **Symptom physiologischer Vorgänge** (s. Tab. **C-1.9**) **oder endokriner Störungen** mit Auswirkung auf die Brust. Die wichtigste **endokrine Störung** ist die **Hyperprolaktinämie.** Ihre häufigsten Ursachen sind in Tab. **C-1.10** dargestellt.

1.5.1 Galaktorrhö

Die meist beidseitige Sekretion ist das **Symptom physiologischer oder endokriner Vorgänge** (s. Tab. **C-1.9**). Die wichtigste **endokrine Störung** ist die **Hyperprolaktinämie** (s. Tab. **C-1.10**).

1.5.2 Pathologische Sekretion

Eine pathologische Sekretion aus der Mamille tritt, meist einseitig, im Rahmen von Erkrankungen der Mamma auf (s. Tab. **C-1.11**). Eine zytologische Untersuchung des abgesonderten Sekrets kann in einigen Fällen Rückschlüsse auf die Ursache der Sekretion liefern.

1.5.2 Pathologische Sekretion

Eine pathologische Sekretion aus der Mamille tritt, meist einseitig, im Rahmen von Erkrankungen der Mamma auf (s. Tab. **C-1.11**).

1.6 Benigne Tumoren

1.6.1 Fibroadenom

1.6 Benigne Tumoren

1.6.1 Fibroadenom

▶ **Definition.** Das Fibroadenom ist ein gutartiger, abgerundeter, solitär oder multipel auftretender Tumor aus epithelialen Anteilen der Lobuli und Mesenchym (Bindegewebe).

◀ Definition

Epidemiologie. Das Fibroadenom ist der häufigste benigne Tumor der Mamma. Es ist der typische Mammatumor des jüngeren Lebensalters. Der Altersgipfel liegt bei ca. 30–35 Jahren.

Epidemiologie. Das Fibroadenom ist der häufigste benigne Tumor der Mamma.

Histologie. Die epithelialen und mesenchymalen Gewebeanteile wachsen peri- oder intrakanalikulär. Das Epithel kann durch diesen Wachstumsdruck vollständig zurückgebildet sein. Andere Fibroadenome neigen zu degenerativen Veränderungen (Verkalkungen). Bei den juvenilen Typen kann die epitheliale Komponente dominieren, teilweise bis hin zum reinen Adenom.

Histologie. Die epithelialen und mesenchymalen Gewebeanteile wachsen peri- oder intrakanalikulär. Das Epithel kann durch den Druck vollständig zurückgebildet sein.

Klinik und Diagnostik. Das Fibroadenom ist ein derber, häufig rundlicher, gut umschriebener Tumor. Es ist meist glatt und verschieblich. Ein Plateauphänomen (s. S. 371) ist nicht auslösbar. Sonographisch weist das Fibroadenom glatte Randkonturen auf und ist homogen echoarm. In der Mammographie stellt sich der Tumor als glatt begrenzte Verdichtung dar, die nicht von einer Zyste zu unterscheiden ist. Zur Sicherung der Diagnose und zur weiteren Therapieplanung empfiehlt sich eine **Feinnadelpunktion**. Deren zytologisches Ergebnis ist meist eindeutig und beweisend (s. Abb. **C-1.17**).

Klinik und Diagnostik. Das Fibroadenom ist ein derber, runder, gut abgegrenzter, verschieblicher Tumor. Sonographisch ist er glatt und homogen echoarm. Mammographisch lässt er sich schwer von einer Zyste unterscheiden. Eine **punktionszytologische Untersuchung** ist sinnvoll (s. Abb. **C-1.17**).

C-1.17 Synopsis **Diagnostische Befunde bei Fibroadenom**

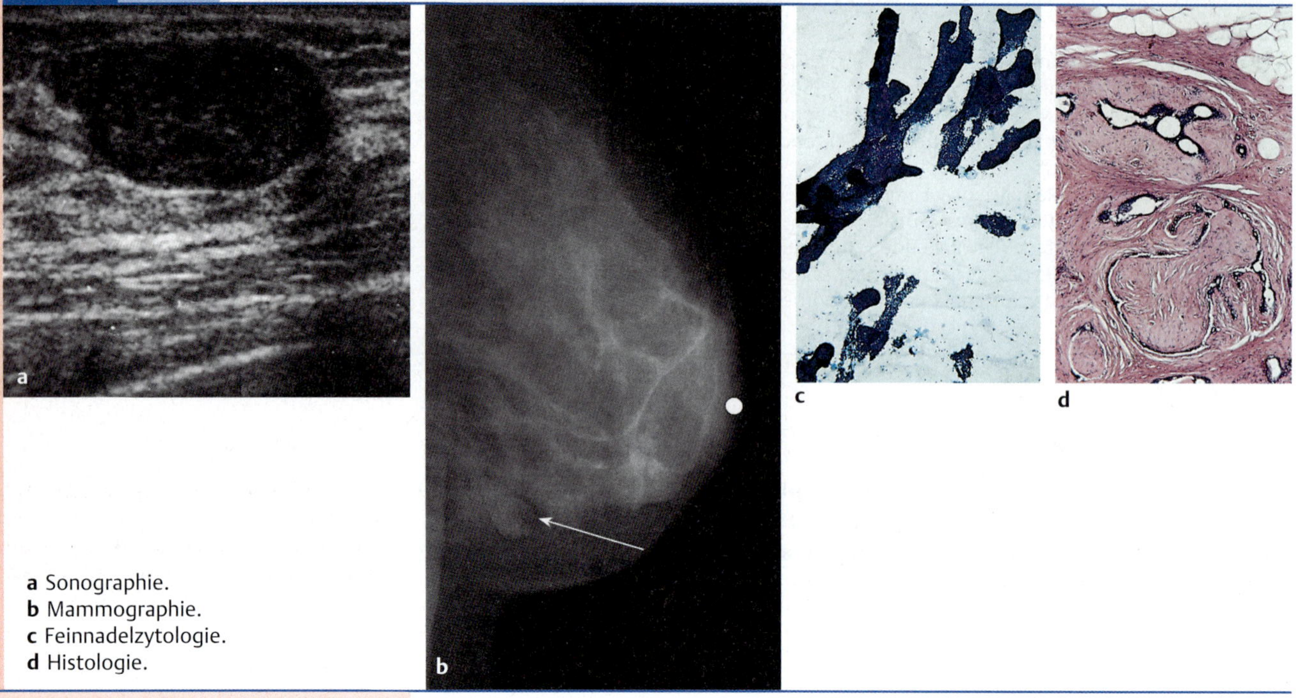

a Sonographie.
b Mammographie.
c Feinnadelzytologie.
d Histologie.

▶ **Merke**

▶ **Merke.** Jeder unklare Mammatumor muss histologisch untersucht werden!

Differenzialdiagnose. Das Fibroadenom ähnelt am ehesten einer prall gefüllten **Makrozyste**. Auch ein **Mammakarzinom**, insbesondere das medulläre, kann ein ähnliches Erscheinungsbild haben.

Differenzialdiagnose. Klinisch, sonographisch und mammographisch ähnelt das Fibroadenom einer prall gefüllten **Makrozyste**. Manchmal schafft erst die punktionszytologische Untersuchung Klarheit. Auch ein **Mammakarzinom**, insbesondere die medulläre Wuchsform, muss differenzialdiagnostisch in Betracht gezogen werden.

▶ **Merke**

▶ **Merke.** Bei schnellem Wachstum immer auch an einen Phylloides-Tumor denken (s. S. 365)!

Therapie. Bei jungen Frauen kann ein Fibroadenom engmaschig und genau kontrolliert werden. Bei Größenzunahme, diagnostischer Unsicherheit oder Karzinophobie muss es entfernt werden.

Therapie. Bei jungen Frauen (unter 25 Jahren) kann ein Fibroadenom bei sicherer Diagnose (Sonographie, Mammographie und Punktionszytologie) beobachtet werden. Bei Größenzunahme, diagnostischer Unsicherheit oder Karzinophobie der Patientin sowie bei älteren Patientinnen muss es exstirpiert werden. Der Tumor soll möglichst über einen Areolarrandschnitt entfernt werden (kosmetisch bestes Ergebnis).

▶ **Klinischer Fall**

▶ **Klinischer Fall.** Eine 26-jährige Patientin tastet einen Knoten in der linken Brust. Er ist ihr schon seit 6 Jahren bekannt. Klinisch imponiert er als derb, umschrieben, verschieblich, ohne Malignitätskriterien. Sonographie und Mammographie zeigen die Kriterien eines Fibroadenoms. Eine punktionszytologische Untersuchung lehnt die Patientin zunächst ab. Die Kontrolluntersuchungen nach 9 Monaten ergeben ein Größenwachstum. Bei der jetzt von der Patientin akzeptierten Feinnadelpunktion und -zytologie finden sich polymorphe Kerne, so dass der Befund als suspekt eingestuft wird. Der Tumor wird in der Klinik operativ entfernt. Die Histologie bestätigt einerseits den Verdacht auf ein Fibroadenom, zeigt aber auch Atypien des eingelagerten Epithels im Sinne eines Carcinoma in situ. Eine weitergehende Therapie über die Tumorexstirpation hinaus ist nicht nötig; für die Zukunft werden sorgfältige Kontrollen (Sonographie und Mammographie) vereinbart.

1.6.2 Lipom

1.6.2 Lipom

▶ **Definition.** Lipome sind abgekapselte, gutartige Fettgewebswucherungen.

◀ Definition

Diagnostik. Palpatorisch, mammographisch und insbesondere punktionszytologisch ist die Diagnose eindeutig zu stellen.

Diagnostik. Palpation, Mammographie und Punktionszytologie.

Therapie. Die operative Exzision ist fakultativ.

Therapie. Fakultativ operative Exzision.

1.6.3 Papillom

1.6.3 Papillom

▶ **Definition.** Papillome sind keine eigenständigen Tumoren, sondern gehören zum Formenkreis der (proliferierenden) Mastopathie.

◀ Definition

Klinik. Hauptsymptom ist die einseitige, häufig blutige Sekretion der Mamille.

Klinik. Einseitige, häufig blutige Sekretion der Mamille.

Diagnostik. Die Verdachtsdiagnose ergibt sich aus dem Hauptsymptom. Papillome lassen sich durch Palpation und Mammographie nur selten erfassen, sind dagegen gut durch **Duktussonographie** (Schallköpfe mit Frequenzen zwischen 13 und 20 mHz) und **Galaktographie** zu lokalisieren.

Diagnostik. Duktussonographie und Galaktographie.

Differenzialdiagnostik. Differenzialdiagnostisch muss immer an ein intraduktal wachsendes Karzinom gedacht werden.

Differenzialdiagnose. Intraduktales Karzinom.

Therapie. Eine operative Exzision des befallenen Gangsegments und die histologische Untersuchung sind obligat.

Therapie. Operative Exzision und histologische Untersuchung sind obligat.

1.6.4 Hamartom

1.6.4 Hamartom

Hamartome der Mamma sind sehr seltene, pseudokapsulär begrenzte Neubildungen aus Epithel und Fettgewebe („Mamma in der Mamma"). Die Therapie besteht in der operativen Exzision der meist gut abgrenzbaren Tumoren.

Hamartome sind sehr seltene, pseudokapsulär begrenzte Neubildungen aus Epithel und Fettgewebe („Mamma in der Mamma").

1.7 Semimaligne Tumoren

1.7 Semimaligne Tumoren

1.7.1 Phylloides-Tumor

1.7.1 Phylloides-Tumor

▶ **Definition.** Der Phylloides-Tumor (früher Cystosarcoma phylloides) ist ein semimaligner, epithelial-mesenchymaler Tumor.

◀ Definition

Histologie. Der Phylloides-Tumor ähnelt histologisch dem Fibroadenom. Er besteht ebenfalls aus epithelialen und mesenchymalen Anteilen, wobei das Stroma zellreich und pleomorph ist. Die Histologie kann einem Sarkom ähneln.

Histologie. Ähnlich dem Fibroadenom.

Klinik. Der Phylloides-Tumor wächst meist überschießend destruktiv und kann immense Größe annehmen (bis zu 30 cm im Durchmesser). Es gibt fließende Übergänge zur malignen Form: 20 % sind als bösartig einzustufen und metastasieren hämatogen.

Klinik. Der Phylloides-Tumor wächst meist überschießend destruktiv und kann sehr groß werden. Es gibt fließende Übergänge zur malignen Form.

▶ **Merke.** Bei schnell wachsenden „Fibroadenomen" – besonders auch bei jugendlichen Patientinnen – immer an einen Phylloides-Tumor denken!

◀ Merke

Therapie. Grundsätzlich Exzision.

Therapie. Der Tumor muss grundsätzlich exzidiert werden. Bei unvollständiger Entfernung ist das Rezidivrisiko sehr hoch.

1.8 Maligne Tumoren

1.8.1 Mammakarzinom

1.8 Maligne Tumoren

1.8.1 Mammakarzinom

▶ Definition

▶ **Definition.** Das Mammakarzinom ist ein bösartiger, vom Epithel der Drüsenlobuli oder der Milchgänge ausgehender Tumor.

Epidemiologie. Jährlich erkranken 110 von 100 000 Frauen an einem Mammakarzinom. Die Wahrscheinlichkeit, zu erkranken, nimmt mit dem Alter zu. Es sind aber auch zunehmend junge Frauen betroffen. Die Morbiditätsrate ist ansteigend.

Epidemiologie. Von den Malignomen der Frau entfallen ca. 25 % auf das Mammakarzinom bei jährlich 110 Neuerkrankungen pro 100 000 Frauen. Etwa jede 10. Frau entwickelt demnach im Laufe ihres Lebens ein Mammakarzinom. Die Wahrscheinlichkeit an Brustkrebs zu erkranken steigt mit zunehmendem Lebensalter. Es sind aber auch zunehmend junge Frauen betroffen. die Morbiditätsrate ist ansteigend. Die 5-Jahres-Überlebensrate beträgt 75 %, die 10-Jahres-Überlebensrate 60 %. Eine endgültige Heilung lässt sich erst 20 bis 40 Jahre nach Erstdiagnose feststellen und wird immerhin in 50 % der Fälle erreicht.

▶ Merke

▶ **Merke.** Das Mammakarzinom ist die häufigste maligne Erkrankung der Frau. Jede 10. Frau wird im Laufe ihres Lebens ein Mammakarzinom entwickeln.

Häufigste Todesursache in der Altergruppe der **35- bis 55-jährigen Frauen.**

In der Altersgruppe der **35- bis 55-jährigen Frauen** (westliche Welt) ist das Mammakarzinom die **häufigste Todesursache.**

Ätiologie. Die Ätiologie des Mammakarzinoms ist unbekannt. Risikofaktoren zeigt Tab. **C-1.12**.

Ätiologie. Die Ätiologie des Mammakarzinoms ist unbekannt. Endogene Faktoren, wie z. B. familiäre Häufung, scheinen ebenso eine Rolle zu spielen wie exogene Einflüsse. Bis heute sind zwei Tumorsuppressorgene bekannt, deren Mutation zu einem erhöhtem Risiko an einem Mammakarzinom zu erkranken führt. Das BRCA1-Gen ist auf Chromosom 17q lokalisiert, das BRCA2-Gen liegt auf Chromosom 13q. Mutationen des BRCA1-Gens werden in bis zu 80 % aller Fälle von familiär vererbten Mammakarzinomen gefunden. Veränderungen dieses Gens führen zusätzlich zu einem erhöhtem Risiko, an einem Ovarialkarzinom zu erkranken. Tab. **C-1.12** gibt einen Überblick über die Risikofaktoren.

Eine bis zu 5 Jahren dauernde Einnahme von Ovulationshemmern scheint das Mammakarzinom-Risiko nicht zu erhöhen. Eine Einnahme > 5 Jahre erhöht das Risiko, sinkt aber nach dem Absetzen der Hormonsubstitution wieder.

Eine bis zu fünfjährige Hormonsubstitution führt zu keiner statistisch signifikanten Erhöhung des Karzinomrisikos, allerdings zeigen eine Reihe retro- und prospektiver Studien (Nurses Health Study), dass eine länger als fünf Jahre andauernde Hormonsubstitution zu einem moderaten Anstieg des Mammakarzinomrisikos führt (relatives Risiko 1,2 bis 1,4). Das Risiko scheint mit zunehmender Einnahmedauer anzusteigen, ist wohl dosisabhängig (supraphysiologische Dosen müssen vermieden werden) und sinkt nach dem Absetzen der Hormonsubstitution wieder ab. Die Letalität bei Vorliegen eines Mammakarzinoms nach vorhergehender Hormonsubstitution ist jedoch reduziert (relatives Risiko ca. 0,75).

Möglicherweise sind genetische Faktoren und unterschiedliche Lebensgewohnheiten (z. B. Ernährung) für die geographischen Unterschiede in der globalen Inzidenz des Mammakarzinoms. verantwortlich.

Möglicherweise sind genetische Faktoren und unterschiedliche Lebensgewohnheiten (z. B. Ernährung) für die geographischen Unterschiede in der globalen Inzidenz des Mammakarzinoms verantwortlich. So erkranken Japanerinnen selten am Mammakarzinom (das Verhältnis der Neuerkrankungen zwischen Europa und Japan beträgt 6:1), die Inzidenzrate bei in den USA lebenden Japanerinnen ist jedoch deutlich erhöht, bei deren dort geborenen Töchtern sogar noch höher.

Pathogenese. Das Mammakarzinom entwickelt sich biphasisch über intraepithe-

Pathogenese. Das Mammakarzinom entwickelt sich biphasisch über intraephitheliale (In-situ-) Stadien, die nach vermutlich mehrjähriger Latenz in ein infiltrierendes Karzinom übergehen. Die Verdopplungszeit der Tumorzellen liegt je

C-1.12 Risikofaktoren für das Mammakarzinom

Risikofaktor	*Risikoerhöhung*
▶ fleisch- und fettreiche Ernährung	
▶ Fettsucht, besonders in der Postmenopause	2–3
▶ genetische Disposition (BRCA1-Gen auf Chromosom 17q, BRCA2-Gen auf Chromosom 13q), familiäre Belastung: Mammakarzinom bei der Mutter, Schwester	2–9
▶ Mammakarzinom der anderen Seite	> 10
▶ frühe Menarche und späte Menopause, somit langer Östrogeneinfluss	1,0–2
▶ gestörtes Östrogen-Gestagen-Verhältnis (Gestagenmangelhypothese)	
▶ supraphysiologische Östrogenbehandlung in der Postmenopause	1,0–1,5
▶ höheres Alter (> 30 Jahre) bei ausgetragener Erstschwangerschaft	~3
▶ Nulliparität	1,5–2,3
▶ Mastopathie a) ohne Atypien b) mit Atypien	~ 2 1–1,5 2–10
▶ ansteigendes Risiko mit dem Alter	
▶ ionisierende Strahlen (Mammographien führen aufgrund der geringen Strahlenbelastung zu keiner nennenswerten Risikoerhöhung!)	
▶ Hyperprolaktinämie	
▶ ethnische Faktoren	
▶ Virusgenese (?)	

C-1.12

nach histologischem Typus zwischen ca. 100 und 300 Tagen (v. Fournier, 1980). Es ist ungeklärt, ob das Karzinom de novo aus normalem Epithel entsteht oder sich aus primär atypischen Hyperplasien entwickelt.

liale Stadien, die nach mehrjähriger Latenz in ein infiltrierendes Karzinom übergehen.

Histologie. 85–90 % der Mammakarzinome gehen vom **Epithel der Ductus oder der terminalen Ductuli** aus. Befindet sich der Tumor innerhalb der anatomischen Grenzen der Milchgänge und durchbricht die Basalmembran nicht, bezeichnet man ihn als **duktales Carcinoma in situ = DCIS = intraduktales Karzinom,** bei Infiltration des umliegenden Gewebes als **invasives duktales Karzinom. 10–15 % entwickeln sich aus dem Epithel der Lobuli** und werden dann als lobuläre Karzinome bezeichnet. Bei Befall eines einzelnen Lobulus, evtl. auch des zugehörigen Milchgangs, spricht man vom **Carcinoma lobulare in situ = CLIS**, bei Infiltration des umliegenden Gewebes vom **invasiven lobulären Karzinom**. Den histologischen Malignitätsgrad zeigt Tab. **C-1.13**.

Histologie. 85–90 % der Mammakarzinome sind **duktaler Genese** (DCIS und invasives duktales Karzinom), 10–15 % entwickeln sich aus dem Epithel der Lobuli (CLIS und invasives lobuläres Karzinom). Den histologischen Malignitätsgrad zeigt s. Tab. **C-1.13**.

Das **DCIS** ist eine innerhalb der Milchgänge entstandene und in situ wachsende Neoplasie mit unterschiedlicher Differenzierung: solide, komedoartig, kribriform oder papillar. Der solide Typ ist die häufigste Form des DCIS. Die zentralen Anteile des DCIS nekrotisieren häufig, es bilden sich degenerative **Verkalkungen.**

Das **DCIS** ist eine innerhalb der Milchgänge wachsende Neoplasie mit unterschiedlicher Differenzierung: solide, komedoartig, kribriform oder papillar. Durch zentrale Nekrosen bilden sich degenerative **Verkalkungen**.

▶ **Merke.** Die Kalziumpräzipitate („Mikrokalk") sind das entscheidende mammographische Indiz für das DCIS.

◀ Merke

C-1.13

C-1.13 Histologischer Malignitätsgrad der Mammakarzinome

▶ Differenzierung	glandulär	gemischt	solide oder disseminiert
▶ Kernpleomorphie	gering	mittelgradig	hochgradig
▶ Mitosezahl	max- 1/HPF	2/HPF	3 und mehr/HPF
▶ Punktzahl	1	2	3

Grad I: 3–5 Punkte; Grad II: 6–7 Punkte; Grad III: 8 oder 9 Punkte

Befällt das DCIS die Epidermis der Mamille, führt dies zum Bild des **Morbus Paget** (s. S. 389).

Teilweise breitet sich das DCIS auf die Lobuli aus (lobuläre Kanzerisation). Bei mamillennaher Lokalisation können die Tumorzellen bis in die Epidermis der Mamille vordringen und dort zum Bild des **Morbus Paget** (s. Abb. **C-1.21g**, S. 372 und S. 389) führen. Somit ist der Morbus Paget meist die äußere Manifestation eines tiefer im Gangsystem lokalisierten DCIS.

Latenzzeit zwischen DCIS und invasivem duktalem Karzinom ist relativ kurz.

Die Latenzzeit zwischen einem DCIS und einem invasiven duktalen Karzinom ist relativ kurz (meist weniger als 10 Jahre).

Beim **CLIS** sind Mikroverkalkungen selten.

Beim **CLIS** handelt es sich um eine monomorphe Zellproliferation in den Lobuli mit kolbenförmiger Auftreibung der Acini. Die Tumorzellen sind klein, gut konturiert, Mitosen sind selten zu beobachten. Mikroverkalkungen innerhalb eines CLIS sind selten.

Die Latenzzeit bis zum Übergang in ein invasives lobuläres Karzinom ist relativ lang (bis zu 25 Jahre).

Die Latenzzeit bis zum Übergang in ein invasives lobuläres Karzinom ist im Gegensatz zum DCIS relativ lang (bis zu 25 Jahre). Das CLIS wird daher nicht als unmittelbarer Vorläufer eines invasiven Karzinoms angesehen.

Beide In-situ-Karzinome können bilateral auftreten (DCIS in 10–30 %, CLIS in 30 %). Das **CLIS** kommt **häufig multizentrisch** vor (60 %).

Beide In-situ-Karzinome können bilateral auftreten. Das DCIS kommt in 10–30 % der Fälle beidseitig vor, entgegen früherer Ansicht nicht viel seltener als das CLIS (bilateral in 30 %). Das **CLIS** kommt **häufig multizentrisch** vor (in 60 % der Fälle).

Das **invasive duktale Karzinom** (s. Abb. **C-1.18**) ist die häufigste Form des Mammakarzinoms (s. Tab. **C-1.14**).

Das **invasive duktale Karzinom** ist die häufigste Form des Mammakarzinoms. Zu diesem Typ zählen auch einige seltene, spezielle Formen, wie z. B. das muzinöse, medulläre, papillare, tubuläre, adenoid-zystische und das apokrine duktale Karzinom (s. Tab. **C-1.14**), die sich durch eine besondere Wuchsform, durch einen speziellen klinischen Verlauf und eine bestimmte Prognose auszeichnen. Abb. **C-1.18** zeigt ein invasives duktales Karzinom, das vorwiegend intraduktal wächst. Wenn Tumorzellen absterben, sammelt sich im Milchgang Detritus an. Da er aus dem Gang herausgepresst werden kann, wie man einen Mitesser (Komedo) ausdrückt, heißt das duktale Karzinom dann Komedokarzinom.

▶ Merke

▶ **Merke.** Die einzelnen Formen des invasiven duktalen Karzinoms zeichnen sich durch unterschiedliche biologische Verläufe auf unterschiedliche Therapieempfindlichkeit aus.

Eine klinische und pathologisch-anatomische Sonderform mit undifferenzierten Tumorzellen und hohem Malignitätsgrad stellt das inflammatorische Mammakarzinom dar (s. S. 388).

C-1.18

C-1.18 Komedokarzinom (invasiv duktales Karzinom)

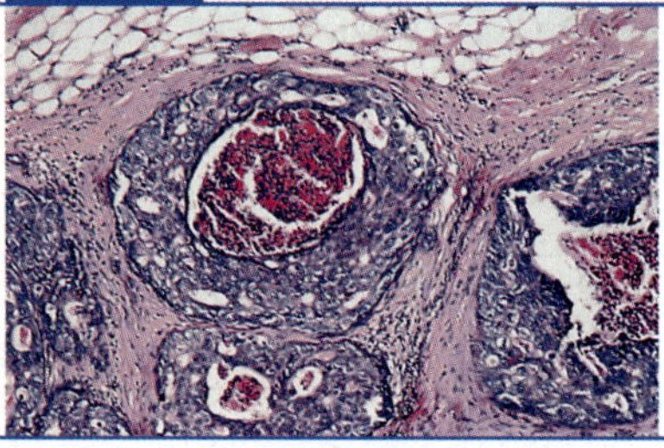

Dieser histologische Schnitt zeigt im oberen Bereich unauffälliges Fettgewebe. Darunter Karzinombereiche periduktal sowie abgestorbenes Karzinomzellmaterial im Duktuslumen. Zwischen den Karzinombereichen unauffälliges Bindegewebe.

C-1.14 WHO-Klassifikation der Mammakarzinome

1. nichtinvasiv
   a) intraduktales Karzinom (DCIS)
   b) Carcinoma lobulare in situ (CLIS)
2. invasiv
   a) invasives duktales Karzinom
   b) invasives duktales Karzinom mit dominierender intraduktaler Komponente
   c) invasives lobuläres Karzinom
   d) muzinöses Karzinom
   e) medulläres Karzinom
   f) papillares Karzinom
   g) tubuläres Karzinom
   h) adenoid-zystisches Karzinom
   i) sekretorisches (juveniles) Karzinom
   j) apokrines Karzinom
   k) Karzinom mit Metaplasie
      - squamöser Typ
      - Spindelzelltyp
      - kartilaginärer und össärer Typ
      - gemischter Typ
   l) andere
3. Morbus Paget der Mamille

C-1.14

C-1.19 Prozentuale Häufigkeitsverteilung des Mammakarzinoms in den einzelnen Quadranten der Brust

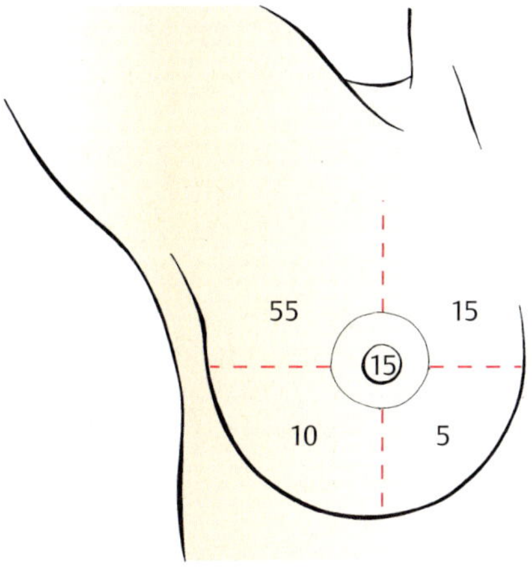

C-1.19

Man differenziert zwischen **invasiven** (95 % der Fälle) und nichtinvasiven (ca. 5 % der Fälle) Karzinomen.

95 % der Mammakarzinome sind **invasiv**, ca. 5 % nichtinvasiv.

Lokalisation, Wachstum und Metastasierung. Das Mammakarzinom findet sich am häufigsten im **oberen äußeren Quadranten (ca. 55 %!)**, meist einseitig unter Bevorzugung der linken Brustdrüse (53 % linke Brust, 47 % rechte Brust). Es folgen mit etwa gleicher Häufigkeit der obere innere Quadrant und die retroareoläre Region (jeweils ca. 15 %), der untere äußere Quadrant ist in ca. 10 % der Fälle betroffen. In seltenen Fällen ist das Karzinom im unteren inneren Quadranten lokalisiert (ca. 5 %; s. Abb. **C-1.19**).

Lokalisation, Wachstum und Metastasierung. Am häufigsten findet sich das Mammakarzinom **im oberen äußeren Quadranten** (ca. 55 %, s. Abb. **C-1.19**). Es ist meist einseitig und bevorzugt die linke Brustdrüse.

Ca. 5–25 % der Mammakarzinome wachsen **multizentrisch.** Weiterhin findet man bei subtiler Untersuchung der kontralateralen Brust in 5–10 % **simultane Zweitkarzinome,** vor allem dann, wenn primär ein invasives lobuläres Karzinom vorlag.

5–25 % der Karzinome wachsen **multizentrisch**. In 5–10 % findet man **simultane Zweitkarzinome** in der kontralateralen Brust.

Die **Metastasierung** kann bereits früh erfolgen, je nach histomorphologischer und biologischer Charakteristik des Karzinoms. Eine 5 mm große Geschwulst zeigt in

Mammakarzinome **metastasieren** früh; auch Tumoren unter 5 mm Durchmesser können streuen. Je größer der Tumor, um so größer die Wahrscheinlichkeit, dass eine Metastasierung erfolgt ist.

ca. 10 %, eine 20 mm große in 50 % eine Fernmetastasierung, d. h. es besteht eine direkte Beziehung zwischen der Größe des Primärtumors und der Geschwindigkeit seiner metastatischen Ausbreitung über die Lymph- oder Blutbahnen.

▶ **Merke**

▶ **Merke.** Die Metastasierung findet schon sehr frühzeitig statt.

Das Mammakarzinom metastasiert **lymphogen in die regionären Lymphknoten** (Axilla). Organe der hämatogenen Metastasierung sind Skelettsystem, Pleura, Lungen, Leber und Gehirn, seltener Ovar (s. Abb. **C-1.20**). Die Metastasen können über Jahre/Jahrzehnte klinisch stumm bleiben.

Die Erstmanifestation von Metastasen zeigt Tab. **C-1.15**.

Das Mammakarzinom metastasiert **lymphogen in die regionären Lymphknoten (Axilla).** Werden regionäre Lymphknotenmetastasen nachgewiesen, ist es wahrscheinlich, dass bereits eine **hämatogene Metastasierung** stattgefunden hat. Bevorzugte Organe der **hämatogenen Metastasierung** sind **Skelettsystem, Pleura, Lungen, Leber und Gehirn**, seltener Ovar (s. Abb. **C-1.20**). Die (Mikro-)Metastasen können über Jahre klinisch stumm bleiben und sich erst nach 15 und mehr Jahren manifestieren. Sind Metastasen außerhalb der regionären Grenzen nachzuweisen, so befindet sich das Mammakarzinom im Stadium der **Generalisation**. Einen Überblick über die Erstmanifestation von Metastasen gibt Tab. **C-1.15**.

C-1.20

C-1.20 Metastasenlokalisation beim Mammakarzinom

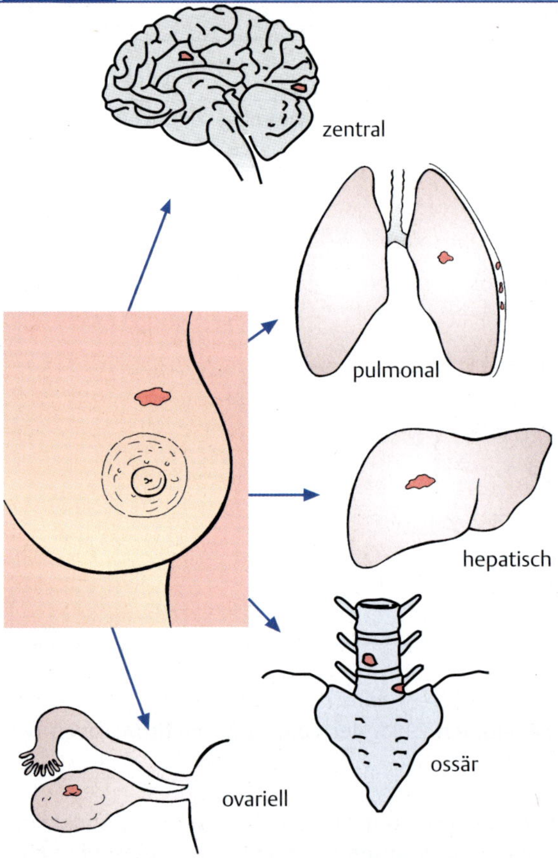

C-1.15

C-1.15 Erstmanifestation von Metastasen des Mammakarzinoms

▶ ossär	35 %
▶ lokoregionär	20 %
▶ pulmonal	20 %
▶ gemischt	20 %
▶ viszeral (meist hepatisch)	5 %

Klinik. Leitsymptom des Mammakarzinoms ist der derbe palpable Knoten.

Klinik. Knoten.

▶ **Merke.** Jeder Knoten ist grundsätzlich und ausnahmslos abzuklären!

◀ Merke

Mehr als 80 % aller malignen Tumoren in der Brust werden auch heute noch von den Frauen selbst entdeckt.
Tumoren verursachen manchmal eine **Vorwölbung**, meist jedoch eine **Hauteinziehung (Plateauphänomen).** Häufig verstärkt sich diese Einziehung bei Elevation der Arme bzw. bei dem Versuch, die Haut über dem Tumor zusammenzuschieben **(Jackson-Test).** Während dieses Phänomen auch schon bei kleineren Tumoren auftritt, beobachtet man zwei weitere Symptome eher im fortgeschrittenen Stadium: das **Apfelsinenschalenphänomen** (Synonym **Apfelsinen-/Orangenhaut, Peau d'orange**), verursacht durch ein intradermales Lymphödem, sowie eine **Mamillenretraktion. Einseitige, insbesondere blutige Sekretion aus der Mamille** findet sich in ca. 5 % der Mammakarzinome. Hinter einer **chronisch ekzematös veränderten Mamille** verbirgt sich häufig der Morbus Paget (Karzinom der Mamille bzw. retromamilläres duktales Karzinom mit sekundärem Befall der Mamille, s. S. 389).

Weitere Symptome sind:
- Vorwölbung (selten)
- Hauteinziehung (Plateauphänomen) (häufig)
- Jackson-Test
- Peau d'orange
- Mamillenretraktion
- einseitige, insbesondere blutige Sekretion aus der Mamille
- ekzematös veränderte Mamille.

▶ **Merke.** Bei jedem Mamillenekzem primär an ein Malignom denken! Erst nach Ausschluss eines Karzinoms darf weiter dermatologisch abgeklärt und behandelt werden.

◀ Merke

Klassische Symptome des Mammakarzinoms zeigt Abb. **C-1.21**.

Klassische Symptome des Mammakarzinoms zeigt Abb. **C-1.21**.

Der Brustschmerz, auch der einseitige, ist kein klassisches Malignomzeichen. Dennoch sollte bei Frauen über 30 Jahren neu aufgetretener Brustschmerz abgeklärt und ein Karzinom ausgeschlossen werden. Bei immerhin ca. 7 % der Karzinompatientinnen ist der (einseitige) Brustschmerz das Erstsymptom.

Der Brustschmerz ist kein klassisches Malignomzeichen.

▶ **Merke.** Keines der aufgeführten Symptome ist ein Frühsymptom des Mammakarzinoms. Im Anfangsstadium ist es nur apparativ, in erster Linie durch die Mammographie, zu diagnostizieren!

◀ Merke

Diagnostik. Anamnese und klinische Untersuchung: Die gezielte Befragung der Patientin nach den oben aufgeführten Symptomen steht am Anfang der Untersuchung. Viele Patientinnen verschweigen aus Angst vor der Wahrheit ihre Beobachtungen.
Inspektion und Palpation werden durchgeführt, wie auf S. 344 beschrieben; zusätzlich die Inspektion bei Elevation der Arme und die Palpation bei der liegenden Patientin bzw. indem man hinter die Patientin tritt. Dabei achtet man auf die oben aufgezählten Symptome.

Diagnostik. Anamnese und klinische Untersuchung: Gezielte Befragung der Patientin nach den oben aufgeführten Symptomen. Inspektion und Palpation (s. S. 344), zusätzlich Inspektion bei Elevation der Arme und Palpation bei liegender Patientin.

Sonographie (s. S. 348 f): Dies ist die wichtigste Zusatzuntersuchung zur Mammographie. Sie ist heutzutage bei der Diagnostik von Mammatumoren obligat, denn mit ihrer Hilfe lässt sich schon relativ sicher klären, ob ein Herdbefund unverdächtig ist oder ob Verdacht auf ein Malignom besteht. Die Sonographie ist besonders geeignet, um zwischen Zysten und soliden Tumoren zu differenzieren sowie Ausdehnung und Lokalisation einer Läsion zu bestimmen.
Tab. **C-1.16** zeigte die sonographischen Kriterien maligner Tumoren.

Sonographie (s. S. 348 f): Mit der Sonographie lassen sich Tumoren schon relativ sicher in unverdächtige und suspekte Herdbefunde einteilen. Tab. **C-1.16** zeigt die sonographischen Kriterien maligner Tumoren.

Bei palpablen Tumoren beträgt die Sensitivität der Sonographie 90–98 % und ist damit höher als die der Mammographie, bei nicht palpablen (klinisch okkulten) Tumoren ist die Sensitivität der Mammographie höher. Im Untersuchungsgang geht die Sonographie der Mammographie voran: Besteht bei der Sonographie der sichere Verdacht auf einen zystischen Tumor, wird dieser vor der Mammographie punktiert, abgesaugt und es wird Luft insuffliert, um mit der Mammographie gleichzeitig die Pneumozystographie zu erhalten. Dieses Vorgehen erspart der Patientin eine nochmalige Röntgenaufnahme.

Bei palpablen Tumoren beträgt die Sensitivität der Sonographie 90–98 % und ist damit höher als die der Mammographie, bei nicht palpablen (okkulten) Tumoren ist die Sensitivität der Mammographie höher.

C-1.21 Klassische Symptome des Mammakarzinoms

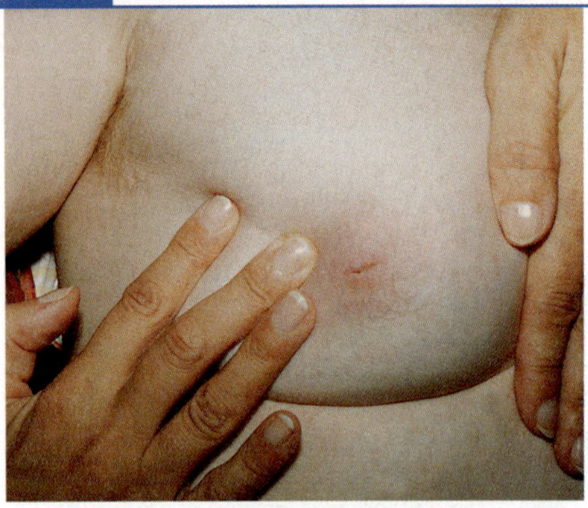

a

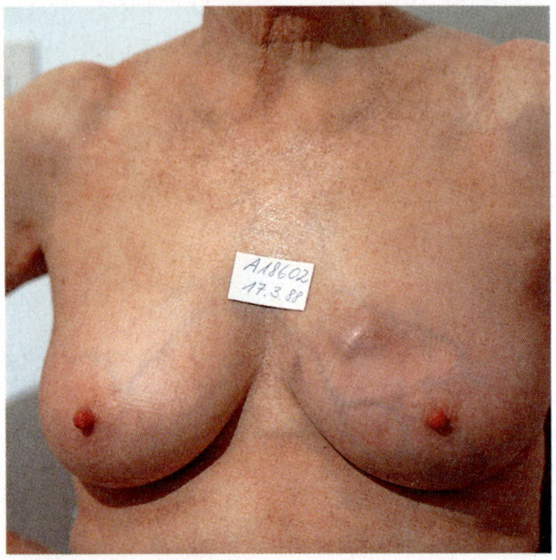

b

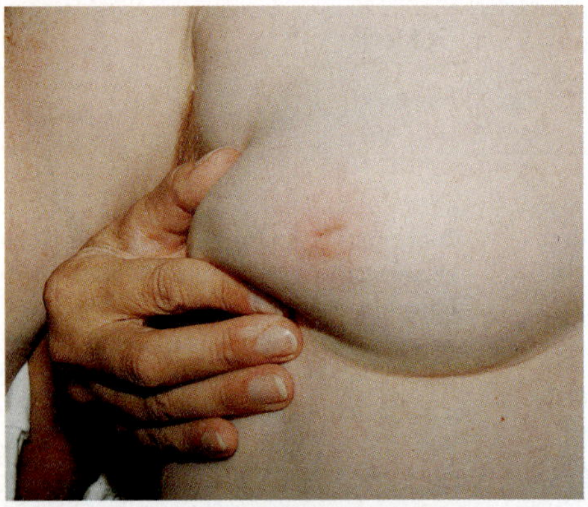

c

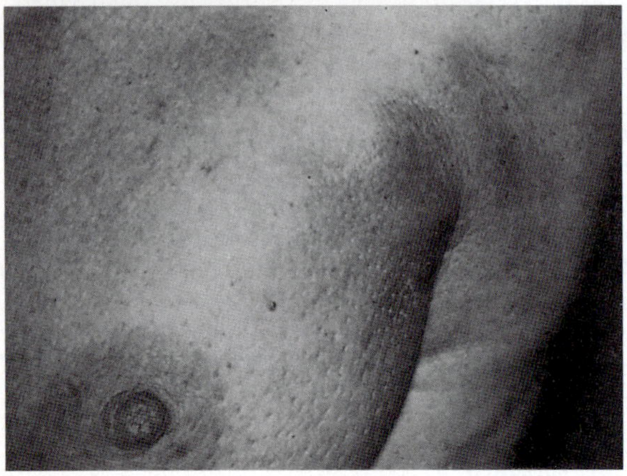

d

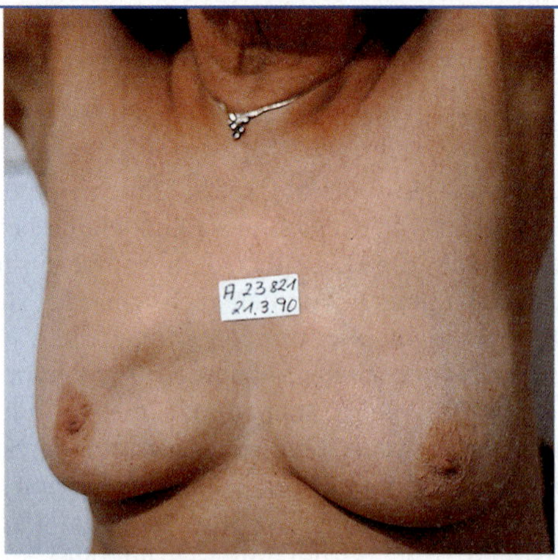

e

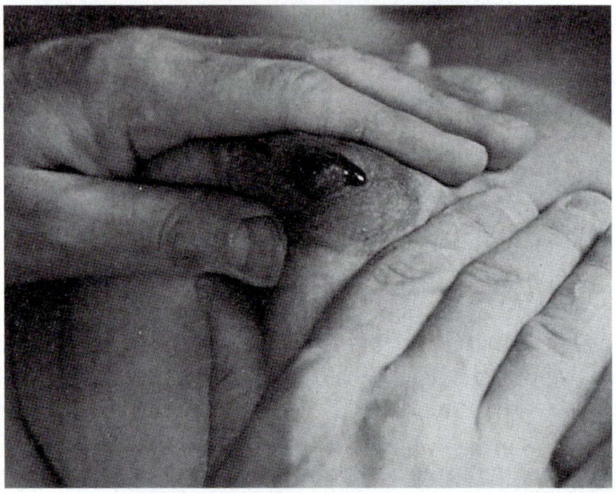

f

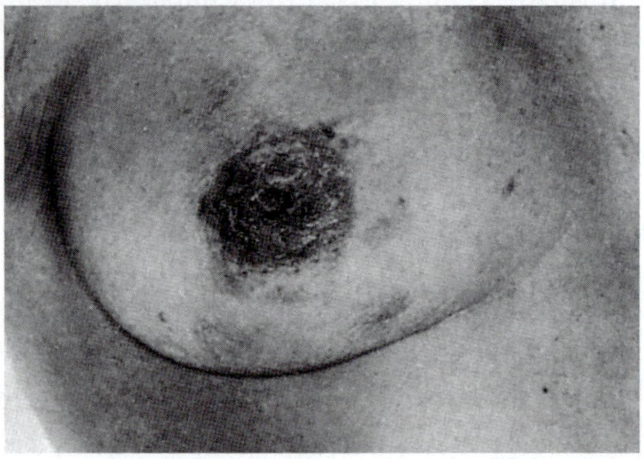

g

a Palpabler Tumor.
b Vorwölbung.
c Jackson-Test bei Plateauphänomen.
d Peau d'orange.
e Mamillenretraktion.
f Blutige Sekretion aus der Mamille.
g Ekzematös veränderte Mamille (Morbus Paget).

C-1.16 Sonographische Kriterien maligner Tumoren

- echoarm bis fast echoleer
- inhomogene Binnenstruktur
- unscharfe Randkontur
- hyperdenser Randsaum
- dorsale Schallabschwächung
- unilateraler Schallschatten
- senkrechte Tumorachse
- fehlende Komprimierbarkeit
- gestörte/unterbrochene Architektur

C-1.16

▶ **Merke.** Die Frühdiagnose eines Malignoms oder der Nachweis klinisch okkulter Karzinome gelingt mit der Sonographie nur selten.

◀ Merke

Mammographie (s. S. 345 ff): Die Mammographie hat unter den bildgebenden Verfahren die höchste Sensitivität (90–95 %) im Nachweis von malignen Neoplasien, insbesondere, wenn diese klinisch noch okkult sind. Als Screeningmaßnahme wird sie auch in der nahen Zukunft nicht von moderneren Verfahren wie der Magnetresonanz-Mammographie abgelöst werden. Der Vorhersagewert der Mammographie für bösartige Tumoren ist dagegen niedrig anzusetzen: Er liegt bei 10–54 %.
Röntgenologische Kriterien des Mammakarzinoms zeigt Tab. **C-1.17**.

Mammographie (s. S. 345 ff): Die Mammographie hat unter den bildgebenden Verfahren die höchste Sensitivität (90–95 %) im Nachweis von Malignomen, insbesondere wenn diese klinisch noch okkult sind. Sie ist die wichtigste apparative Screeningmethode.

Röntgenologische Kriterien des Mammakarzinoms zeigt Tab. **C-1.17**.

Gruppiert liegende, **polymorphe Mikroverkalkungen** gelten als das führende röntgendiagnostische Kriterium des **In-situ- oder Frühkarzinoms**. In diesem Stadium sind Mikroverkalkungen in 80-90 % einziger Hinweis auf einen neoplastischen Prozess.

Polymorpher, gruppierter Mikrokalk ist häufig ein mammographisches Zeichen für ein klinisch okkultes Karzinom.

▶ **Merke.** Jede mammographisch erfasste gruppierte Mikrokalkansammlung muss exzidiert werden.

◀ Merke

Bei einer **pathologischen Sekretion aus der Mamille** (z. B. einseitiger blutiger Sekretion) soll die **Galaktographie** (s. S. 347 f) eingesetzt werden. Die Füllung der Milchgänge mit einem Kontrastmittel erlaubt die Beurteilung des Lumens der Gänge und den Nachweis bzw. Ausschluss von intraduktalen Wucherungen. Ziel dieser Untersuchung ist nicht eine Dignitätsaussage über die Gewebsproliferationen, sondern deren Lokalisation. Eine histologische Untersuchung muss sich unbedingt anschließen.
Intrazystische Karzinome – eine Rarität – werden durch die Pneumozystographie aufgedeckt.

Bei **pathologischer Sekretion** aus der Mamille sollte eine **Galaktographie** (s. S. 347 f) durchgeführt werden. Hiermit können intraduktale Wucherungen lokalisiert werden. Eine histologische Untersuchung muss sich unbedingt anschließen.

Magnetresonanz-Mammographie (s. S. 349 f): Dieses additive Untersuchungsverfahren ist nur mit Kontrastmittel aussagekräftig. Die Spezifität ist gering. Bei fehlender Kontrastmittelspeicherung kann ein Malignom jedoch fast sicher ausgeschlossen werden.

Magnetresonanz-Mammographie (s. S. 349 f): Additives Untersuchungsverfahren, nur mit Kontrastmittel aussagekräftig. Spezifität gering.

C-1.17 Röntgenologische Kriterien des Mammakarzinoms

- sternförmige Verdichtungen mit Spiculae („Krebsfüßchen") und Kernschatten (zentrale Verdichtung)
- Retraktionsphänomen in der Umgebung
- gruppiert liegender, polymorpher Mikrokalk
- inhomogene band- und netzförmige Verschattungen
- umschriebene Verdickung oder Einziehung von Haut und/oder Mamille
- asymmetrische Herdbefunde mit unscharfer Randbegrenzung

C-1.17

Thermographie (s. S. 350): Diese Methode ist weder sehr spezifisch noch sensitiv und in der Diagnostik des Mammakarzinoms heute fast bedeutungslos.

Thermographie (s. S. 350): Malignome sind immer stärker vaskularisiert als ihre Umgebung, somit wärmer. Dies weist die Thermographie nach. Es hat sich jedoch gezeigt, dass diese Methode weder sehr spezifisch noch sensitiv ist. Damit ist sie in der Diagnostik des Mammakarzinoms heute fast bedeutungslos geworden.

Aspirationszytologie: Durch die Feinnadelpunktion (s. S. 351 ff) kann sehr häufig schnell und sicher eine Aussage über die Dignität eines Knotens gemacht werden.

Aspirationszytologie: Durch die Feinnadelpunktion mit anschließender zytologischer Untersuchung (s. S. 351 ff) kann sehr häufig schnell und sicher eine Aussage über die Dignität eines Knotens gemacht werden. Die Aspirationszytologie zählt seit einem Jahrzehnt zu den Standardmethoden in der Abklärung von Mammatumoren und ist obligater Bestandteil der Triple-Diagnostik.

▶ Merke

▶ **Merke.** Die sogenannte Triple-Diagnostik beinhaltet die klinische Untersuchung, Mammographie und Zytologie. In den letzten Jahren ist dieses Untersuchungsspektrum um die Sonographie erweitert worden. Bei gleichzeitigem Einsatz aller vier Methoden ist eine hohe diagnostische Sicherheit zu erzielen.

▶ Merke

▶ **Merke.** Befinden sich klinische Untersuchung, Punktion und zytologische Auswertung des gewonnenen Materials in einer versierten Hand, so liegt die Fehlerquote unter 1 %; falsch-positive Aussagen werden nicht vorkommen.

Die Komplikationsrate ist gering, das Risiko einer Tumorzellverschleppung besteht nicht.

Es gibt keine Kontraindikation für die Feinnadelpunktion der Mamma. Hämatome und Infektionen sind selten (ca. 1 %). Das Risiko der Metastasierung durch Tumorzelldissemination ist bei der Aspirationszytologie nicht erhöht.

Exfoliativzytologie (s. S. 352): Diese Untersuchung klärt die Ursache von Epithelveränderungen der Brustwarze bzw. des Warzenhofes. In der Diagnostik des Morbus Paget (s. S. 389) hat die Exfoliativzytologie einen hohen Stellenwert.

Exfoliativzytologie (s. S. 352): Sie klärt die Ursache von Epithelveränderungen der Brustwarze bzw. des Warzenhofes. In der Diagnostik des Morbus Paget (s. S. 389) hat die Exfoliativzytologie einen hohen Stellenwert: Hier finden sich weder ein palpabler Tumor noch malignomtypische Zeichen im Mammogramm, Paget-Zellen im zytologischen Befund sind jedoch pathognomonisch.

Biopsie (s. S. 353): Sie wird als Drillbiopsie oder Hochgeschwindigkeitsstanzbiopsie durchgeführt. Ein Einschneiden mit Teilentnahme der Geschwulst (Inzisionsbiopsie) soll vermieden werden.

Biopsie (s. S. 353): Eine Biopsie sollte bei jedem unklaren Befund durchgeführt werden, damit er histologisch untersucht werden kann. Sie wird als Drillbiopsie oder Hochgeschwindigkeitsstanzbiopsie durchgeführt (teilweise unter radiologischer Kontrolle). Ein Einschneiden mit Teilentnahme der Geschwulst (Inzisionsbiopsie) soll vermieden werden.

Abb. **C-1.22** fasst die diagnostischen Methoden zusammen.

Abb. **C-1.22** zeigt zusammenfassend die diagnostischen Methoden beim Mammakarzinom.

Stadienteinteilung. Tab. **C-1.18**.

Stadieneinteilung. Die Stadieneinteilung des Mammakarzinoms nach dem TNM-System ist in Tab. **C-1.18** aufgeführt.

Wird ein In-situ-Karzinom diagnostiziert, muss ein Mammogramm der kontralateralen Brust angefertigt werden, um Multizentrizität auszuschließen. Das Karzinom muss exzidiert und histologisch untersucht werden. Die histologische Aufarbeitung muss besonders sorgfältig erfolgen, um invasive Anteile auszuschließen (s. Abb. **C-1.23**).

In-situ-Karzinome wurden früher eher selten nachgewiesen (5 %), heute jedoch, durch den verbreiteten Einsatz der Mammographie und durch Verfeinerung der diagnostischen Methoden (Farbdoppler-Sonographie, s. S. 348, und Magnetresonanz-Mammographie, s. oben), beträgt ihr Anteil an der Gesamtheit aller diagnostizierten Brustmalignome ca. 20 %. Wird ein In-situ-Karzinom diagnostiziert, muss ein Mammogramm der kontralateralen Brust angefertigt werden, um Multizentrizität auszuschließen. Das Karzinom muss exzidiert und histologisch untersucht werden. Die histologische Aufarbeitung muss in allen Fällen besonders sorgfältig erfolgen, um invasive Anteile auszuschließen (s. Abb. **C-1.23**).

Regionäre Lymphknotenmetastasen werden als Indikator einer stattgefundenen hämatogenen Metastasierung angesehen. Hiervon hängen Prognose und Therapie ab. Zu ihrem Nachweis sollte prinzipiell eine komplette **Staging-Untersuchung** erfolgen.

Metastasen in den axillaren Lymphknoten („nodal-positiv") werden als Zeichen dafür angesehen, dass das Karzinom bereits hämatogen metastasiert hat. Prognose und Therapie hängen davon ab, ob hämatogene Metastasen vorliegen. Zu ihrem Nachweis sollte prinzipiell eine komplette **Staging-Untersuchung** erfolgen: Röntgen des Thorax, Lebersonographie, Knochenszintigramm und gynäkologische Untersuchung.

C-1.22 Synopsis Diagnostische Methoden beim Mammakarzinom

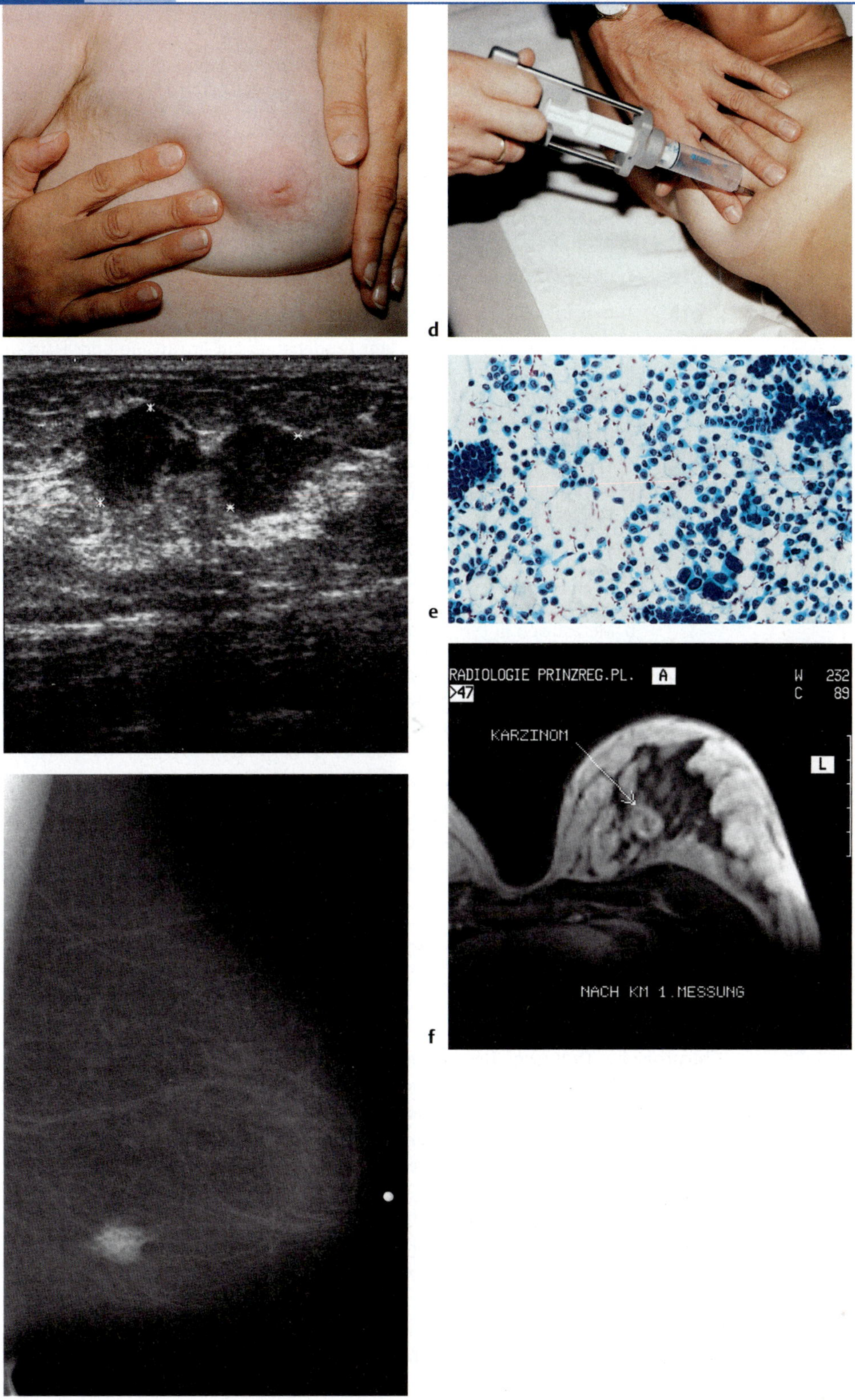

a Klinische Untersuchung.
b Sonographie.
c Mammographie.
d Feinnadelpunktion.
e Zytologische Untersuchung.
f Magnetresonanz-Mammographie.

C-1.18

C-1.18 Stadieneinteilung beim Mammakarzinom

pT0	kein Anhalt für Primärtumor
pTis	Carcinoma in situ: intraduktales Karzinom oder lobuläres Carcinoma in situ oder Morbus Paget der Mamille ohne nachweisbaren Tumor *Anmerkung*: Der Morbus Paget, kombiniert mit einem nachweisbaren Tumor, wird entsprechend der Größe des Tumors klassifiziert
pT1	Tumor max. Durchmesser ≤ 2,0 cm **a** max. Durchmesser ≤ 0,5 cm **b** max. Durchmesser > 0,5 cm bis 1 cm **c** max. Durchmesser > 1,0 cm bis 2 cm
pT2	Tumor max. Durchmesser > 2,0 cm bis 5 cm
pT3	Tumor max. Durchmesser > 5,0 cm
pT4	Tumor jeder Größe mit direkter Ausdehnung auf Brustwand oder Haut. *Anmerkung*: Die Brustwand schließt die Rippen, die Interkostalmuskeln und den vorderen Serratusmuskel mit ein, nicht aber die Pektoralismuskulatur. **a** mit Ausdehnung auf die Brustwand **b** mit Ödem (einschließlich Apfelsinenhaut), Ulzeration der Brustwand oder Satellitenmetastasen der Haut der gleichen Brust **c** beide obigen Kriterien (T4a und T4b) **d** entzündliches Karzinom
pN0	keine regionären Lymphknotenmetastasen
pN1	Metastasen in beweglichen ipsilateralen axillaren Lymphknoten **a** nur Mikrometastasen (≤ 0,2 cm) **b** Metastasen in Lymphkonten, zumindest eine > 0,2 cm I Metastasen in 1–3 Lympknoten, > 0,2 cm bis < 2 cm II Metastasen in ≥ 4 Lymphknoten, > 0,2 cm bis < 2 cm III Ausdehnung der Metastasen über die Lymphknoten-Kapsel hinaus, max. Durchmesser ≮ 2 cm IV Lymphknostenmetastase in Lymphknoten max. Durchmesser ≥ 2 cm
pN2	Metastasen in ipsilateralen axillaren Lymphknoten, untereinander oder an andere Strukturen fixiert
pN3	Metastasen in Lymphknoten entlang der Amn. mammaria interna

Differenzialdiagnose. Tab. **C-1.19** zeigt die Differenzialdiagnose des Mammakarzinoms.

Differenzialdiagnose. Tab. **C-1.19** zeigt die Differenzaldiagnose des Mammakarzinoms.

Therapie.
Chirurgische Therapie: Das Überleben der Patientin hängt in erster Linie von der Metastasierung ab. Daher hat man in den letzten Jahren von den radikalen operativen Eingriffen im Bereich der Brust/Thoraxwand immer mehr Abstand genommen.

Therapie.
Chirurgische Therapie: Die Prognose, also das Überleben der Patientin, hängt nicht von der Radikalität des lokalen operativen Vorgehens, sondern von der Frage ab, ob der Primärtumor zum Zeitpunkt der Diagnose schon metastasiert hat. Daher hat man in den letzten Jahren von den radikalen operativen Eingriffen im Bereich der Brust/Thoraxwand immer mehr Abstand genommen.

▶ Merke

▶ **Merke.** Mit der Operation soll Geschwulstfreiheit in der Brustdrüse und den regionären Lymphknoten erreicht werden.

1. Mastektomie:
- **Radikale (klassische Mastektomie:** Bei der von Halsted und Rotter empfohlenen radikalen Mastektomie werden gleichzeitg der Pektoralmuskel und das axillare Lymphabflussgebiet entfernt (s. Abb. **C-1.24**).

1. Mastektomie:
- **Radikale (klassische) Mastektomie:** Bei der von **Halsted** (1894) und **Rotter** (1896) empfohlenen radikalen Mastektomie werden der Brustdrüsenkörper, der Pektoralmuskel (s. Abb. **C-1.24a**), die ispsilateralen axillaren Lymphknoten und das axillare Fettgewebe en bloc reseziert. Häufige Folgen sind eine eingeschränkte Beweglichkeit von Schulter und Arm sowie ein Lymphödem von Arm und Hand, und es entsteht eine große Narbe (s. Abb. **C-1.24b**). Die radikale Mastektomie galt bis vor einigen Jahren als das klassische Standardverfahren zur Behandlung des operablen Mammakarzinoms.

C-1.23 Präoperative Lokalisation zweifelhafter oder nicht palpabler Befunde und deren Entfernung

C-1.23

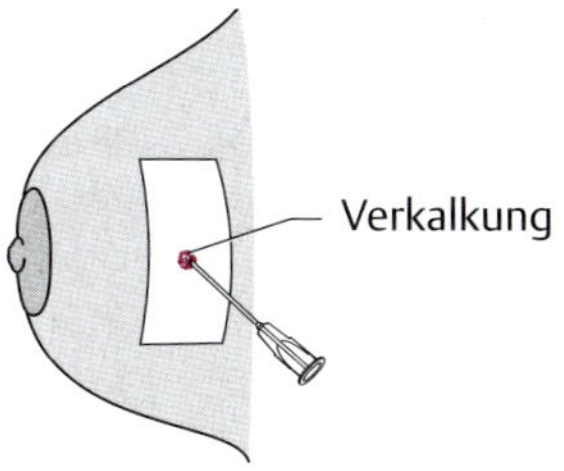

a Einbringen der Einführungsnadel in den verdächtigen Befund.

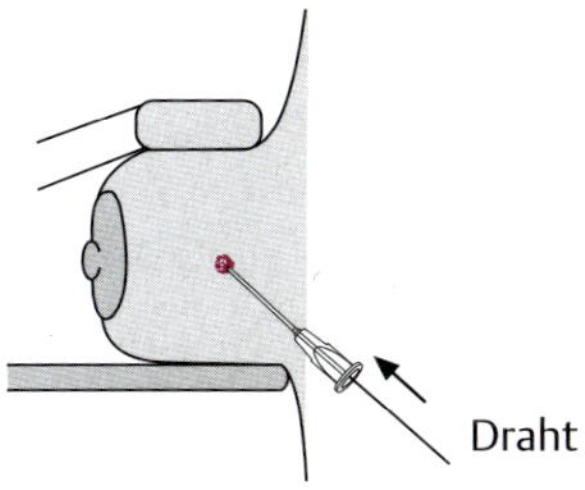

b Nach mammographischer Lagekontrolle Einlegen des Markierungsdrahtes.

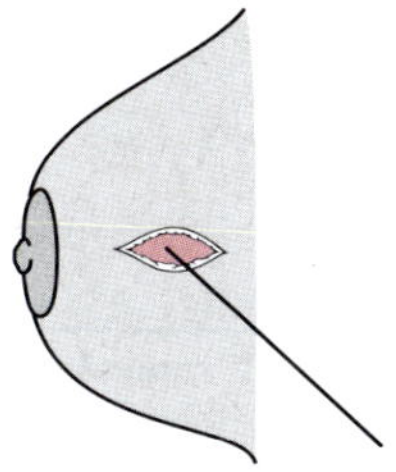

c Gerade Inzision neben dem Draht.

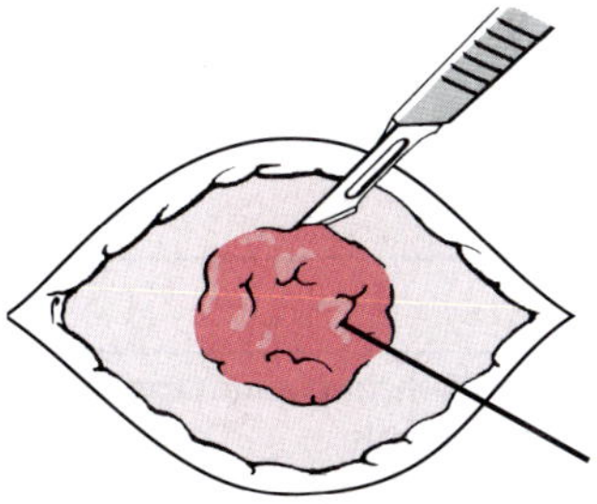

d Exzision des markierten Befundes.

Die vollständige Entfernung des verdächtigen Befundes wird mit einer anschließenden Präparatmammographie bestätigt.

C-1.19 Differenzialdiagnose des Mammakarzinoms

C-1.19

- **gutartige, degenerative Mammaveränderungen**
  - Zysten
  - umschriebene fibröse Mastopathie
  - Papillome
  - atypisch proliferierende Mastopathie
- **gutartige Tumoren**
  - Fibroadenom
  - Lipom
  - Hamartom
  - Akanthom der Haut
  - Nävi der Haut
- **Traumafolgen**
  - Narben (mammographisch häufig sternförmige Raffungsfigur!)
  - Granulom
- **Entzündungen**
  - Mastitis non-puerperalis (wichtigste DD beim inflammatorischen Karzinom!)
  - Tuberkulose (heute eher selten)
- **nicht epitheliale Tumoren**
  - Phylloides-Tumor
  - Sarkom
  - Lymphom

C-1.24

C-1.24 Radikale Mastektomie nach Halsted und Rotter

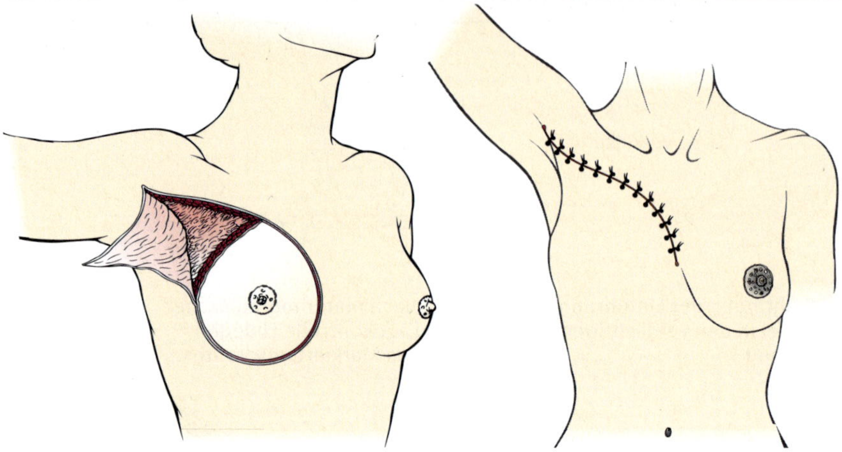

a Resektion. **b** Naht.

C-1.25

C-1.25 Schnittführung und Operationsgebiet bei der modifizierten radikalen Mastektomie

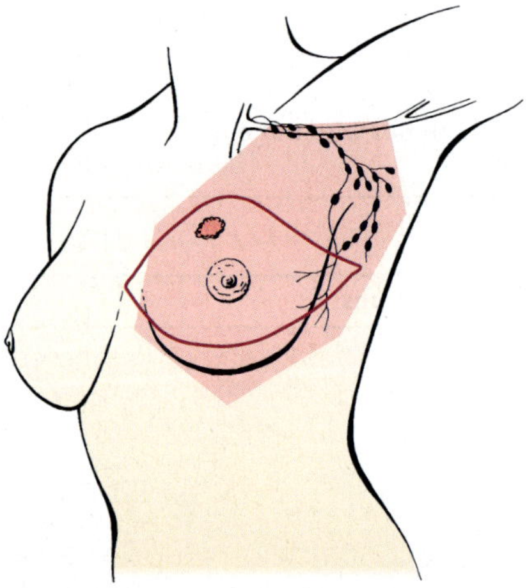

▶ Merke

▶ **Merke.** Die radikale Mastektomie nach Halsted und Rotter sollte heute nur mehr bei Tumoren angewandt werden die den M. pectoralis major infiltriert und noch keine Fernmetastasierung verursacht haben.

- **Modifizierte radikale Mastektomie:** Hierbei werden die Brust, die Pektoralisfaszie, die axillaren Lymphknoten (pektoral, interpektoral, apikal und zentral: Level I und II, s. Abb. **A-2.13**, S. 20) reseziert. Außerdem wird das Fettgewebe in der Axilla bis an die V. axillaris entfernt. Die Pektoralismuskeln mitsamt ihrer Gefäß- und Nervenstränge bleiben erhalten. Abb. **C-1.25** zeigt die Schnittführung und das Operationsgebiet.

- **Modifizierte radikale Mastektomie:** Um die nach der radikalen Mastektomie auftretenden Folgeschäden zu mindern, wurde die modifizierte radikale Mastektomie (Ablatio mammae mit Axillarevision) eingeführt. Hierbei werden die Brust, die Pektoralisfaszie und die axillaren Lymphknoten (pektoral, interpektoral, apikal und zentral: Level I und II, s. Abb. **A-2.13**, S. 20) reseziert. Zur Prognoseabschätzung und weiteren Therapieplanung sollten dabei mindestens 10 Lymphknoten der Level I und II entfernt werden. Außerdem wird das Fettgewebe in der Axilla bis an die V. axillaris entfernt. Die Pektoralismuskeln mitsamt ihrer Gefäß- und Nervenstränge bleiben erhalten. Diese Operation lässt sich meist von einem Stewart-Hauteinschnitt (Querschnitt) ausführen, der gleichzeitig einen späteren plastischen Wiederaufbau ermöglicht. Abb. **C-1.25** zeigt die Schnittführung und das Operationsgebiet.

C-1.26 Operationsgebiet bei Lumpektomie und axillarer Dissektion

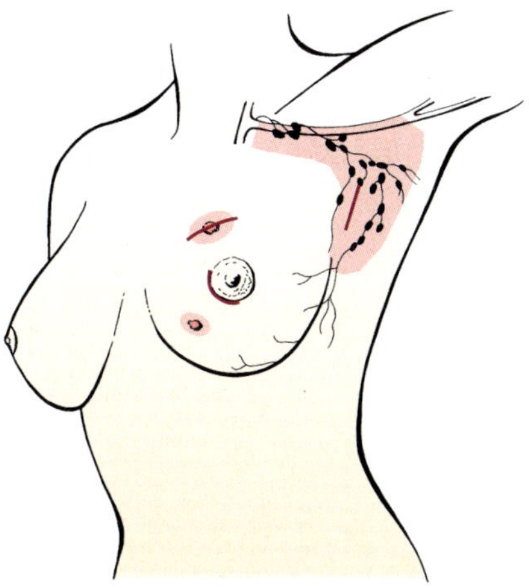

Diese Operationsart wird immer dann angewandt, wenn kleinere umschriebene Tumoren in den unteren Quadranten oder im oberen inneren Quadranten liegen, so dass die Knotenentfernung (Lumpektomie) und die axilläre Dissektion nicht von ein und demselben Operationsschnitt durchgeführt werden kann.

C-1.26

Die Beweglichkeit von Arm und Schulter ist größer, das kosmetische Ergebnis besser als bei der radikalen Mastektomie. Diese Technik kommt zum Einsatz, wenn eine brusterhaltende Therapie (s. u.) z. B. aufgrund der Tumorgröße und des Ausbreitungsgrades kontraindiziert ist oder von der Patientin abgelehnt wird.

2. Brusterhaltende Therapie (BET): Ist die zu operierende Brust nicht zu klein, der Sitz des Tumors und das Verhältnis der Tumorgröße zum Volumen der Brust günstig und infiltiert der Tumor weder Haut noch Muskulatur, so wird heutzutage die BET durchgeführt. Für einen radikalen Eingriff gibt es heute immer weniger Indikationen. Die Gesamtüberlebensraten bei pT1- und pT2-Tumoren (abhängig vom Lymphknotenbefall) sind für BET und Mastektomie vergleichbar. Allerdings ist bei verbliebenem Brustdrüsengewebe nach BET das Risiko für die Entstehung eines Lokalrezidivs auf das 3- bis 4-fache im Vergleich zur Mastektomie erhöht. Bei der BET wird ein bogenförmiger Schnitt über dem Tumor entlang der Hautspalten gesetzt. Der Tumor wird mitsamt der Haut und einem Sicherheitssaum tumorfreien Gewebes (mindestens 1 cm auf allen Seiten) entfernt (**Wide excision, Lumpektomie, Tylektomie**, s. Abb. **C-1.26**). Je nach Beziehung des Tumors zur Brustwarze wird diese mit entfernt. Die axillaren Lymphknoten werden von einem 2. Schnitt aus entfernt (s. Abb. **C-1.26**). Nur noch selten wird der Sicherheitssaum so weit gewählt, dass ein Segment reseziert wird **(Segmentresektion)** oder gar ein Viertel der Mamma entfernt wird (**Quadrantektomie**, s. Abb. **C-1.27**). Bei nachgewiesener Fernmetastasierung bei Diagnosestellung sollte ebenfalls die BET angestrebt werden, da bei diesen Patientinnen die Prognose nicht durch den Lokalbefund, sondern durch die hämatogene Aussaat bestimmt wird.

2. Brusterhaltende Therapie (BET): Ist die zu operierende Brust nicht zu klein und der Sitz des Tumors günstig und infiltiert dieser weder Haut noch Muskulatur, so wird heutzutatge die BET durchgeführt. Bei Kombination mit Entfernung der axillaren Lymphknoten und nachfolgender Strahlentherapie (s. S. 381) sind die Heilungschancen ähnlich wie bei der Mastektomie. Der Knoten wird mit einem Sicherheitssaum zusammen mit dem darüber liegenden Hautbereich entfernt (**Wide Excision, Tylektomie, Lumpektomie,** s. Abb. **C-1.26**). Nur noch selten wird der Sicherheitssaum so weit gewählt, dass ein Segment reseziert wird **(Segmentresektion)** oder gar ein Viertel der Mamma entfernt wird (**Quadrantektomie**, s. Abb. **C-1.27**).

Therapie der In-situ-Karzinome: Die Mehrzahl der **Carcinomata in situ** können brusterhaltend operiert werden. Eine regelmäßige Nachsorge ist aber unerlässlich, um Rezidive rechtzeitig erkennen zu können.

Therapie der In-situ-Karzinome: Die Mehrzahl der **Carcinomata in situ** kann brusterhaltend operiert werden. Wichtig sind regelmäßige Nachsorgen um Rezidive rechtzeitig zu erkennen.

DCIS: Das Risiko eines axillaren Befalls liegt bei 0–2 % und die intramammäre Rezidivrate konnte durch die postoperative Radiatio von 20,9 % auf 10,4 % gesenkt werden. Deshalb wird eine BET im Gesunden (tumorfreier Resektionsrand allseits mindestens 1 cm) mit Nachbestrahlung, jedoch ohne axillare Lymphonodektomie empfohlen. Hochrisikopatientinnen sollten weiterhin mastektomiert werden.

CLIS: Es wird die BET ohne Axilladissektion und ohne anschließende Radiatio empfohlen. Bei ausgedehnten Befunden oder Multifokalität sollte jedoch mastektomiert werden.

Ist bei der histologischen Untersuchung eines In-situ-Karzinoms ein invasives Wachstum sicher auszuschließen, kann auf eine axillare Lymphonodektomie verzichtet werden. Wird sie dennoch durchgeführt und findet man dabei

C-1.27

C-1.27 **Operationsgebiet bei einer Quadrantektomie und axillarer Dissektion**

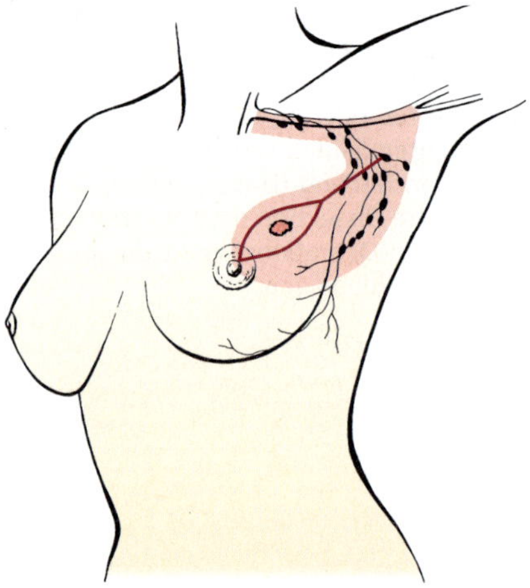

Bei der Lokalisation des Tumors im oberen äußeren Quadranten wird die Umschneidung des Knotens und die Entfernung der entsprechenden Lymphknoten vom gleichen Hautschnitt aus durchgeführt.

Lymphknotenmetastasen, kann man davon ausgehen, dass bei der histologischen Aufarbeitung das invasive Wachstum übersehen wurde.

Vom Operationspräparat werden Proben zur Bestimmung des Östrogen- und Progesteronrezeptorstatus asserviert.

Nach Exstirpation des Tumors bzw. der Mamma muss das Gewebe sofort an den Pathologen weitergeleitet werden, damit dieser Proben zur Bestimmung des Östrogen- und Progesteronrezeptorstatus asservieren kann.

▶ Merke

▶ **Merke.** Sind im Tumorgewebe Östrogen- oder Progesteronrezeptoren nachzuweisen (ER + bzw. PR+), so hat dies u. U. Auswirkungen auf die adjuvante Therapie und auf die Prognose.

3. Lymphonodektomie: Resektion von Lymphknotenmetastasen und pathologisch-anatomisches Staging.

3. Lymphonodektomie: Die Axilladissektion dient der Resektion von Lymphknotenmetastasen und dem pathologisch-anatomischen Staging.

▶ Merke

▶ **Merke.** Der Lymphknotenstatus ist eines der wichtigsten prognostischen Kriterien des Mammakarzinoms. Daher gehört die axillare Lymphonodektomie bei der Mastektomie und der BET obligat zum diagnostischen und therapeutischen Konzept.

Es sollten mindestens 10 Lymphknoten entfernt und histologisch untersucht werden.

Bei einer Mastektomie erfolgt die axillare Dissektion en bloc, bei einer BET muss meist ein zweiter Schnitt (Axillarrand) gelegt werden. Die axillaren Gefäße und Nerven werden freigelegt, das Lymphknotenfettgewebspaket (üblicherweise Level I und II, s. Abb. **A-2.13**, S. 20) entnommen. Es sollten mindestens 10 Lymphknoten entfernt und histologisch untersucht werden.

4. Rekonstruktion der Brust: Nach einer Mastektomie kann die Brust in gleicher Sitzung (simultane Rekonstruktion) oder nach einer Latenzzeit von mindestens 6 Monaten rekonstruiert werden. Die Brustrekonstruktion erfolgt entweder mit heterologem Material (Implantate) oder autologem Gewebe. Für die autologe Rekonstruktion kommen thorako-epigastrische, Latissimus-drosi- oder Rectus-abdominis-Schwenklappen (TRAM-Lappen) in Frage.

4. Rekonstruktion der Brust: Nach einer Mastektomie kann die Brust in gleicher Sitzung (simultane Rekonstruktion) oder nach einer Latenzzeit von mindestens 6 Monaten rekonstruiert werden. Die simultane Rekonstruktion mildert das psychische Trauma der Brustamputation wirkungsvoll. Die spätere Rekonstruktion hat den Vorteil, dass nach Abschluss des Staging (Histologie, Lymphknotenstatus, Rezeptorstatus, Metastasen-Screening) das Ausmaß der Erkrankung bekannt ist und die adjuvante Therapie abgeschlossen ist.
Die Brustrekonstruktion erfolgt entweder mit heterologem Material (Implantate) oder autologem Gewebe. Für die autologe Rekonstruktion kommen thorako-epigastrische, Latissimus-dorsi- oder Rectus-abdominis-Schwenklappen (TRAM-Lappen = transforsaler Rectus abdominis muskulokutaner Lappen) in Frage.

C-1.28 Weit fortgeschrittenes, inoperables Mammakarzinom

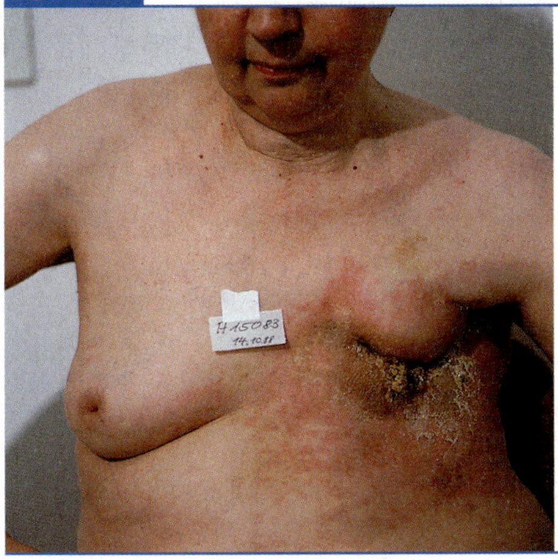

C-1.28

Primäre Bestrahlung:
Sie ist bei operablen Tumoren heutzutage absolet. Lediglich bei inoperablen Patientinnen mit fortgeschrittener lokaler Erkrankung, wie z. B. in Abb. **C-1.28**, ist sie als Palliativmaßnahme indiziert.

Primäre Bestrahlung:
Sie ist heutzutage nur noch bei inoperablen Patientinnen mit fortgeschrittener lokaler Erkrankung (s. Abb. **C-1.28**) indiziert.

Adjuvante Therapie:
Die adjuvante Therapie schließt sich der Resektion des Tumors an. Sie hat zum Ziel, vermutete Metastasen zu eliminieren, die mit den uns zur Verfügung stehenden diagnostischen Methoden nicht erfasst werden können. Der immunzytochemische Nachweis disseminierter epithelialer Tumorzellen im Knochenmark (Mikrometastasen) gelingt durch eine Knochenmarkaspiration mit anschließender Antikörpermarkierung der epithelialen Tumorzellen und deren Anfärbung. Durch Mikroskopie können diese vereinzelten Tumorzellen dann nachgewiesen werden. Man unterscheidet die **postoperative Bestrahlung** (lokal) und die **systemische Therapie** mittels Hormonen oder Zytostatika.

- **Adjuvante postoperative Bestrahlung:** Sie erfolgt mit Kobalt 60, da dieses die Brust homogen durchstrahlt, und in der Regel computergestützt, um die Nebenwirkungen gering zu halten. Die angestrebte Gesamtdosis liegt bei 50 Gy, unterteilt in Einzeldosen zu je 2 Gy. In einzelnen Zentren wird zusätzlich das Tumorbett mit Elektronen bestrahlt (10 Gy, Boost).

Adjuvante Therapie:
Die adjuvante Therapie schließt sich der Resektion des Tumors an. Sie hat zum Ziel, vermutete Metastasen zu eliminieren, die mit den uns zur Verfügung stehenden bildgebenden diagnostischen Methoden nicht erfasst werden können.
Man unterscheidet die **postoperative Bestrahlung** (lokal) und die **systemische Therapie** mittels Hormonen oder Zytostatika.

- **Adjuvante postoperative Bestrahlung:** Sie erfolgt mit Kobalt 60 in der Regel computergestützt. Die angestrebte Gesamtdosis liegt bei 50 Gy.

▶ **Merke.** Zur Zeit gilt die postoperative Bestrahlung der verbliebenen Brust nach BET als obligat. Sie senkt die Lokalrezidivrate von 30 % auf 5 %.

◀ Merke

Nach Mastektomie wird **keine adjuvante Bestrahlung** der Brustwand durchgeführt, da die Überlebensrate durch die Bestrahlung nicht steigt, die Nebenwirkungen (z. B. Lungenfibrose) jedoch zunehmen. Erfolgte die Mastektomie jedoch nicht im Gesunden, ist eine Bestrahlung der Brustwand sinnvoll.

- **Adjuvante systemische Therapie:** Hierfür stehen **Zytostatika** und **Hormone** zur Verfügung. Die Entscheidungskriterien für eine der beiden Optionen sind noch in der Diskussion. Auch die Empfehlungen zu Dauer und Dosierung der Medikamente ändern sich häufig. Prinzipielle Kriterien für die Wahl zwischen Zytostatika- und Hormontherapie sind Menopausenstatus, Lymphknotenstatus, Östrogen- bzw. Progesteronrezeptorstatus, Tumorgröße und Grading. Anhand dieser Parameter schätzt man das Risiko einer Patientin ohne axillare Lymphknotenmetastasen (nodal-negativ) ab, Metastasen zu entwickeln. Auch eine Überexpression des C-erb B2 (HER-2/neu) Onkogens in den Tumorzellen des Mammakarzinoms scheint mit einer schlechteren Prognose einherzugehen. Diese Überexpression führt zu einer vermehrten Bildung

Die **adjuvante Bestrahlung** der Brustwand **nach Mastektomie** wird heutzutage **nicht mehr durchgeführt**, es sei denn, die Entfernung konnte nicht im Gesunden erfolgen.

- **Adjuvante systemische Therapie:** Hierfür stehen **Zytostatika** und **Hormone** zur Verfügung. Bei der Wahl zwischen diesen beiden Optionen orientiert man sich prinzipiell an Menopausenstatus, Lymphknotenstatus, Östrogen- bzw. Progesteronrezeptorstatus, Tumorgröße und Grading. Anhand dieser Parameter schätzt man das Risiko einer Patientin ohne axillare Lymphknotenmetastasen ab, Metastasen zu entwickeln.

C-1.20

C-1.20 Chemotherapieschemata/Dosierungen

Schema	*Medikamente*	*Dosierung (mg/m² KOF)*
CMF (i.v.)	Cyclophosphamid, Methotrexat, 5-Fluorouracil	500 (oder 600)/40/600 Tag 1+8, 4-wöchentlich, 6 Zyklen
EC	Epirubicin, Cyclophosphamid	90/600, 3-wöchentlich, 4 Zyklen
AC	Adriamycin, Cyclophosphamid	60/600, 3-wöchentlich, 4 Zyklen
EC → CMF	Epirubicin, Cyclophosphamid → Cyclophosphamid, Methotrexat, 5-Fluorouracil	90/600, 3-wöchentlich, 4 Zyklen → 500/40/600 Tag 1+8, 4-wöchentlich, 3 Zyklen
A → CMF	Adriamycin → Cyclophosphamid, Methotrexat, 5-Fluorouracil	75, 3-wöchentlich, 4 Zyklen → 600/40/600 3-wöchentlich, 8 Zyklen
FEC	5-Fluorouracil, Epirubicin, Cyclophosphamid	500/100/500 oder 600/60/600, jeweils 3-wöchentlich, 6 Zyklen
FAC	5-Fluorouracil, Adriamycin, Cyclophosphamid	500/50/500, 3-wöchentlich, 6 Zyklen

eines transmembranösen Glykoproteinrezeptors an den Tumorzellen, welcher wachstumsstimulierende Eigenschaften besitzt. Gegen die extrazelluläre Domäne dieses Rezeptors gibt es inzwischen einen monoklonalen Antikörper (Herceptin), der im Rahmen klinischer Studien zur Therapie des Mammakarzinoms eingesetzt wird.

In verschiedenen nationalen und internationalen Konsensuskonferenzen wurde in den letzten Jahren versucht, einen Standard der adjuvanten Behandlung des Mammakarzinoms zu formulieren; zuletzt geschah dies auf der internationalen Konferenz zur adjuvanten Therapie des primären Mammakarzinoms im Februar 2001 in St. Gallen.

Die **zytostatische Therapie (Polychemotherapie)** wird standardmäßig nach dem AC/EC-Schema (4 Zyklen) oder nach dem CMF-Schema (6 Zyklen) durchgeführt (Tab. **C-1.20**).

Die **zytostatische Therapie (Polychemotherapie)** wird standardmäßig nach dem AC/EC-Schema (4 Zyklen) oder nach dem CMF-Schema (6 Zyklen) durchgeführt (Tab. **C-1.20**). In letzten wissenschaftlichen Analysen konnte ein kleiner, aber statistisch signifikanter Vorteil des AC/EC-Schemas gegenüber dem CMF-Schema gezeigt werden, so dass dieses bei Hochrisikosituationen bevorzugt werden sollte.

▶ Merke

▶ **Merke.** Die zytostatische Therapie ist in den meisten Fällen das Standardverfahren in der adjuvanten Therapie.

Eine **Hormontherapie** kann das Wachstum des Tumors oder Rezidivs beeinflussen. Östrogen- bzw. Progesteronrezeptoren sind Kernproteine, an die Östrogene bzw. Progesteron binden und die u. a. das Wachstum von Mammakarzinomzellen regulieren. Tumoren prämenopausaler Frauen sind in 50–60 %, Tumoren postmenopausaler Frauen in 70–80 % rezeptorpositiv (Grenzwert jeweils > 20 fmol/mg Rezeptorprotein im Zytosol). Hormonrezeptorpositive Karzinome weisen eine bessere Prognose auf.

Man unterscheidet zwischen ablativer und additiver Hormontherapie. Die **ablative Hormontherapie** (Ausschaltung der Ovarien) wird heute nur noch selten angewandt. Die **additive Hormontherapie** beinhaltet die Gabe von Hormonen oder Antihormonen.

Man unterscheidet zwischen ablativer und additiver Hormontherapie. Die **ablative Hormontherapie** besteht in der Ausschaltung der Ovarien (operativ oder durch Bestahlung) und wird heute nur noch selten angewandt. Die **additive Hormontherapie** beinhaltet die Gabe von Hormonen (z. B. GnRH-Analoga, Gestagene) oder Antihormonen (Antiöstrogene, Antigestagene). Außerhalb von Studien kommt zur Zeit nur die Gabe eines **Antiöstrogens** in Betracht (bei postmenopausalen Frauen): Sie verbessert die Prognose bei postmenopausalen Frauen mit axillaren Lymphknotenmetastasen und positivem Hormonrezeptorstatus in ca. 25 % der Fälle. Man verabreicht 20–30 mg **Tamoxifen** pro Tag per os über die Dauer von 5 Jahren. Sollte es unter der Einnahme

C-1.21 Therapeutischer Nutzen einer adjuvanten Chemotherapie und einer fünfjährigen adjuvanten Tamoxifentherapie

Therapeutischer Nutzen einer adjuvanten Chemotherapie

	< 50 Jahre	*50–69 Jahre*[a]
alle Patientinnen		
relative Risikoreduktion des Rezidivrisikos	35 %	20 %
relative Risikoreduktion der Mortalität	27 %	11 %
nodal-negative Patientinnen		
Zehnjahresüberleben ohne CT	71 %	67 %
Zehnjahresüberleben mit CT	78 %	69 %
absolute Differenz	7 %*	2 %*
nodal-positive Patientinnen		
Zehnjahresüberleben ohne CT	42 %	46 %
Zehnjahresüberleben mit CT	53 %	49 %
absolute Differenz	11 %*	3 %*

Therapeutischer Nutzen einer fünfjährigen adjuvanten Tamoxifentherapie

Zehnjahres-Daten	*Rezidivfreiheit*	*Überleben*
nodal-negative Patientinnen		
ohne Tam (%)	64,3	73,3
mit Tam (%)	79,2	78,9
absolute Differenz (%)	14,9*	5,6*
nodal-positive Patientinnen		
ohne Tam (%)	44,5	50,5
mit Tam (%)	59,7	61,4
absolute Differenz (%)	15,2*	10,9*
relative Risikoreduktion		
alle Patientinnen	47 %	26 %

* Statistisch signifikant
[a] bei Patientinnen über 70 Jahre liegen bisher nur wenige Daten vor.

C-1.21

von Tamoxifen zu einer Progression der Tumorerkrankung kommen, so ist die Umstellung auf einen Aromatasehemmer (z. B. Arimidex, Femara, Exemestan) sinnvoll. Dieses Medikament reduziert die Östrogenbildung des Körpers und führt so zu einer verminderten Stimulierung der Östrogenrezeptoren.

◀ Merke

▶ **Merke.** Der Nutzen einer adjuvanten Chemotherapie (Tab. **C-1.21**) und der einer adjuvanten antihormonellen Therapie (Tab. **C-1.21**) ist additiv. Somit sollten alle Patientinnen mit hormonrezeptorpositiven Tumoren, bei denen keine Kontraindikationen vorliegen und die eine adjuvante Chemotherapie erhalten, eine antihormonelle **Anschlusstherapie** mit Tamoxifen erhalten.

Tab. **C-1.22** fasst die adjuvante systemische Therapie zusammen.

Tab. **C-1.22** fasst die adjuvante systemische Therapie des Mammakarzinoms bei Patientinnen ohne und mit Tumorbefall der axillären Lymphknoten zusammen.

Therapie des fortgeschrittenen/metastasierten Mammakarzinoms: In vielen Fällen befindet sich das Mammakarzinom zum Zeitpunkt der Diagnosestellung schon im Stadium der Generalisation, die jedoch erst nach Monaten oder Jahren manifest wird. Man unterscheidet **zwei Formen von Metastasen:** das lokoregionäre Rezidiv und die generalisierte Form (Fernmetastasen).

Therapie des fortgeschrittenen/metastasierten Mammakarzinoms: Da das Mammakarzinom frühzeitig metastasiert, befindet es sich bei vielen Frauen zum Zeitpunkt der Diagnosestellung breits im Stadium der Generalisation. Klinisch manifest wird diese jedoch häufig erst nach Monaten oder Jahren.
Man unterscheidet **zwei Formen von Metastasen:** die lokoregionäre (lokales oder regionäres Rezidiv) und die generalisierte Form (Fernmetastasen).

C-1.22

C-1.22 Adjuvante medikamentöse Behandlung bei Patientinnen ohne und mit Tumorbefall der axillären Lymphknoten

Risikogruppe	*rezeptorpositiv*		*rezeptornegativ*	
	prä-menopausal	**post-menopausal**	**prä-menopausal**	**post-menopausal**
N0, niedriges Risiko				
T ≤ 1 cm und G1 und ER/PR + und ≥ 35 Jahre	TAM oder nichts	TAM oder nichts	entfällt	entfällt
alle anderen Konstellationen ≥ 35 Jahre (N0, N+)	Ovarsuppression ± TAM oder CT + TAM	N0: TAM oder CT + TAM N+: CT + TAM	CT	CT
< 35 Jahre (N0, N+)	CT + obligate endokrine Therapie		CT	entfällt

TAM = Tamoxifen, CT = Polychemotherapie, ER = Östrogenrezeptor, PR = Progesteronrezeptor

C-1.29

C-1.29 Hautmetastasen beim Mammakarzinom

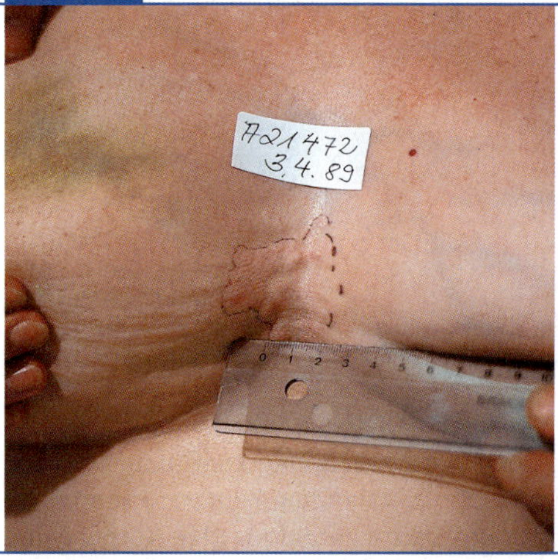

- **Lokoregionäres Rezidiv:** Ein Rezidiv an der Thoraxwand und/oder in der Achselhöhle muss **exstirpiert** und **histologisch (inkl. Rezeptorbestimmung)** untersucht werden.

Bei einer lymphogenen Hautmetastasierung (s. Abb. **C-1.29**) sollte bestrahlt werden. Eine systemische Nachbehandlung ist zu diskutieren.

- **Fernmetastasen:** Knochen (Abb. **C-1.30**), Lunge und Leber sind am häufigsten von einer Fernmetastasierung betroffen. Metastasen sind nicht heilbar, aber behandelbar. Die **systemische Gabe von Medikamenten** steht im Vordergrund (s. Abb. **C-1.31**). Die Hormontherapie ist besser verträglich als die Chemotheapie.

- **Lokoregionäres Rezidiv:** Dies ist ein Rezidiv an der Thoraxwand (lokales Rezidiv) und/oder in der Achselhöhle (regionäres Rezidiv) respektive in der verbliebenen Brust (lokales oder intramammäres Rezidiv). Es muss **exstirpiert** und **histologisch (inkl. Rezeptorstatus)** untersucht werden. Nach vorausgegangener Mastektomie ist die Exstirpation sinnvoll, eventuell mit plastischer Deckung der Gewebsdefekte, nach brusterhaltendem Vorgehen eine sekundäre Mastektomie.

Ist klinisch eine lokale oder regionäre **lymphogene Hautmetastasierung** erkennbar (s. Abb. **C-1.29**), so ist häufig die **Bestrahlung** dem operativen Eingriff vorzuziehen. Wegen der in über 70 % der Fälle synchron oder asynchron eintretenden Fernmetastasierung ist eine systemische Nachbehandlung zu diskutieren.

- **Fernmetastasen:** Knochen (Abb. **C-1.30**) Lunge und Leber sind am häufigsten von einer Fernmetastasierung betroffen. Die Metastasen sind zwar nicht heilbar, aber behandelbar. Hierbei steht die **systemische Gabe von Medikamenten im Vordergrund**. Ähnlich der adjuvanten Therapie ist die Wahl zwischen Zytostatika und Hormonen vom Rezeptor- und Menopausenstatus abhängig (s. Abb. **C-1.31**). Zunehmend werden die Verträglichkeit der Stoffe und die Lebensqualität der betroffenen Frauen unter dieser palliativen Therapie mit

C-1.30 Knochenmetastasen in der Ganzkörperskelettszintigraphie

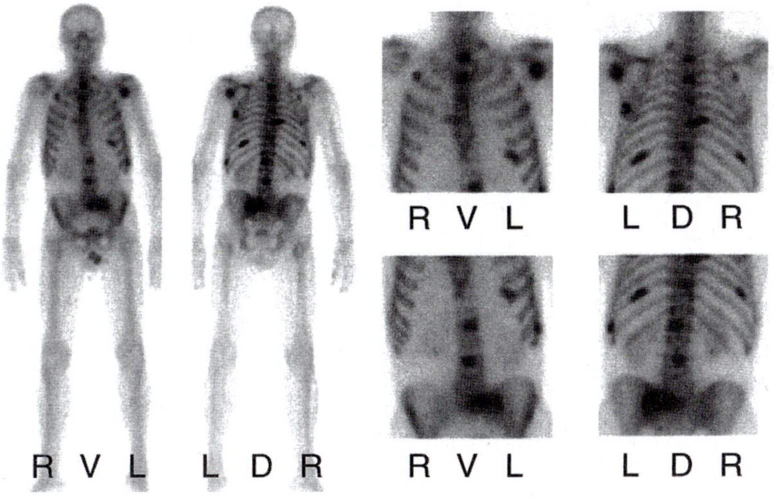

Metastasen eines Mammakarzinoms einer 67-jährigen Patientin im Bereich des Radius mit Instabilität in allen Bewegungausmaßen. Ganzkörperskelettszintigraphie und Einzelaufnahmen des Thorax und des Beckens jeweils von ventral (RVL) und dorsal (LDR) 3 Stunden nach i. v. Gabe von 600 mbq ^{99m}Tc-MDP. Die tiefschwarz dargestellten Bezirke entsprechen einem enorm gesteigerten Knochenstoffwechsel bei einer 64-jährigen Patientin mit multiplen, stammbetonten osteoblastischen Metastasen bei Mammakarzinom.

C-1.31 Therapieführung bei Patientinnen mit metastasierendem Mammakarzinom

hormonelle Therapie

Prämenopause →
1. Ausschaltung der Ovarialfunktion (GnRH-Analoga/OP/Radiatio) und Tamoxifen
2. (GnRH-Analoga und) Aromatasehemmer[1]
3. (GnRH-Analoga und) Gestagen

Postmenopause →
1. Antiöstrogen oder Aromatasehemmer
2. Aromatasehemmer oder Antiöstrogen
3. Gestagen

[1] Nur Aromatasehemmer nach Ovarektomie oder Radiatio

↓
- bei Nichtansprechen
- bei starken Beschwerden
- nach letzter Stufe der hormonellen Therapie

zytostatische Therapie

langsame Progression, geringe Beschwerden → Monochemotherapie

schnelle Progression, starke Beschwerden → Polychemotherapie

Monochemotherapie → Polychemotherapie: schnelle Progression, starke Beschwerden

Polychemotherapie → Monochemotherapie: reduzierter AZ

primäre zytostatische Therapie

- bei rascher Progredienz der Tumorerkrankung
- bei starken Beschwerden
- bei negativem Rezeptorstatus des Tumors/der Metastase(n)

C-1.23

C-1.23 Aufgaben der Nachsorge beim Mammakarzinom

- menschliche Betreuung (Induktion von Zuversicht, Beratung über psychosexuelle Probleme usw.)
- Erhalten des Erfolgs der Primärbehandlung
- Beratung über Rehabilitationsmaßnahmen und -hilfen
- Erkennung und Behandlung von Therapie und Krankheitsfolgen (Lymphödem o. ä.)
- Erkennung und Behandlung von Rezidiven und/oder Progression
- Vorsorge hinsichtlich Zweitkarzinom (kontralaterale Brust) oder anderer Malignome (Zervix, Endometrium usw.)

berücksichtigt. Die Hormontherapie wird ungleich besser toleriert als die Chemotherapie.

Eine **chirurgische Therapie** ist **bei solitären** Lungen- oder Knochenmetastasen möglich. Sie hat nur einen **palliativen** Charakter. Zur Wirbelsäulenstabilisierung kann auch bestrahlt werden.

Ein **chirurgisches Vorgehen** ist allenfalls bei **solitären** Lungen- oder Knochenmetastasen zu diskutieren. Es hat jedoch nur **palliativen** Charakter. Bei einer Wirbelsäulenmetastase dient es der Stabilisierung der Wirbelsäule (Prävention der Querschnittslähmung). Der gleiche Effekt lässt sich evtl. auch durch eine Bestrahlung erzielen. Hirnmetastasen können systemisch oder durch palliative Ganzhirnbestrahlung behandelt werden; ein chirurgisches Vorgehen macht hier selbst bei einer Solitärmetastase wenig Sinn.

Nachsorge. Die Betreuung krebskranker Frauen soll unmittelbar nach der Primärtherapie einsetzen. Aufgaben der Nachsorge zeigt Tab. **C-1.23**.

Das **persönliche Gespräch** und die einfache **körperliche Untersuchung** stehen im Vordergrund. Ausgedehnte bzw. belastende apparative Diagnostik ist in den Hintergrund zu stellen.

Nachsorge. Die Betreuung krebskranker Frauen soll unmittelbar nach der Primärtherapie einsetzen und sowohl somatische als auch psychosoziale Aspekte der Erkrankung berücksichtigen. Tab. **C-1.23** zeigt die Aufgaben der Nachsorge.

Das **persönliche Gespräch** und die einfache **körperliche Untersuchung** stehen im Vordergrund. Ausgedehnte bzw. belastende apparative Diagnostik (Röntgenthorax, Knochenszintigraphie, CT, wiederholtes Bestimmen von Laborwerten wie Tumormarker oder BSG) ist in den Hintergrund zu stellen. Studien belegen, dass eine sogenannte Früherkennung der Fernmetastasen im Rahmen der aufwendigen Screeningmaßnahmen keine Verbesserung der Gesamtüberlebenszeit bringt.

▶ Merke

▶ **Merke.** Bei den regelmäßigen Nachsorgeuntersuchungen stehen die Inspektion und Palpation des Operationsgebietes, der kontralateralen Brust und Achselhöhle sowie der übrigen Lymphabflussgebiete der Mammae als diagnostische Maßnahmen an erster Stelle.

Zur Früherkennung des Zweitkarzinoms ist eine **jährliche Mammographie der kontralateralen** Seite bzw. beidseitige Mammographie nach brusterhaltender Therapie (Früherkennung des intramammären Rezidivs) sinnvoll.
Klagt eine Patientin über Beschwerden, so ist diesen gezielt nachzugehen.

Auch die regelmäßige, **jährliche kontralaterale Mammographie (Vorsorge des häufigen Zweitkarzinoms!) bzw. beidseitige Mammographie nach brusterhaltender Therapie** (Entdeckung des intramammären Rezidivs) ist sinnvoll. Klagt eine Patientin über Beschwerden (Knochenschmerzen, Atembeschwerden, Oberbauchschmerzen), so ist den Symptomen gezielt nachzugehen (Knochenszintigramm, Röntgenthorax, Lebersonographie o. ä.). In den ersten 3 Jahren nach der Operation wird man die Patientin vierteljährlich einbestellen, bis zum 5. Jahr halbjährlich und danach (entsprechend der allgemeinen Vorsorge) jährlich.

▶ Merke

▶ **Merke.** Neu aufgetretene Beschwerden sind als metastatisch bedingt anzusehen, solange nicht das Gegenteil bewiesen ist.

Prognose. Abb. **C-1.32**.

Prognose. Abb. **C-1.32** zeigt die Überlebensrate in Abhängigkeit vom Lymphknotenstatus.

C-1.32 Überlebensrate beim Mammakarzinom in Abhängigkeit vom Lymphknotenstatus (pN)

C-1.32

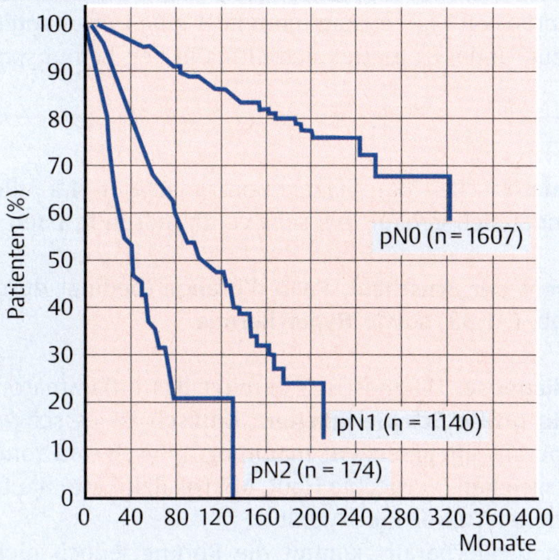

▶ **Klinischer Fall.** Eine 32-jährige Frau tastet im oberen äußeren Quadranten der rechten Brust eine „Verdichtung". Beunruhigt ist sie bei dieser Entdeckung jedoch nicht. 12 Monate zuvor hat sie ein Kind geboren; gestillt hat sie bis 3 Monate zuvor. Seitdem hat sie einmal menstruiert.

Bei der klinischen Untersuchung sind weder an der Haut der Brüste noch an den Brustwarzen Veränderungen zu sehen. Im oberen äußeren Quadranten der rechten Mamma tastet man eine unscharf begrenzte, nicht verschiebliche Verdichtung. Ein Plateauphänomen lässt sich darüber jedoch nicht auslösen.

Die Ultraschalluntersuchung ergibt in einer sonst echodichten, inhomogenen Brust einen Herdbefund: 16–18 mm, echoarm, unscharf begrenzt, inhomogen. Das dorsale Schallverhalten dieses Herdes ist indifferent. Der sonographische Befund muss als suspekt eingestuft werden.

Mammographisch findet sich in beiden Brüsten ein dichtes Strukturbild mit ausgeprägter Opazität, entsprechend einer dichten allgemeinen Mastopathie, ohne gruppierten Mikrokalk. Vereinzelt sind granuläre Mikrokalzifikate erkennbar, die als Kalk einer Mastopathie einzustufen sind. Ein suspekter Herd mit Malignitätskriterien kann auch in Kenntnis des Tastbefundes und der Lokalisation nicht dargestellt werden.

Der palpable Tumor ist klinisch und mammographisch durchaus einer asymmetrischen Mastopathie zuzuordnen, während er sonographisch als suspekter Befund eingestuft wird. Somit liegt eine Befunddiskrepanz vor, weshalb man sich in Absprache mit der Patientin zu einer Feinnadelpunktion entschließt. Das Ergebnis der zytologischen Untersuchung lautet „maligne". Die Patientin wird zur histologischen Diagnostik und operativen Therapie in eine Frauenklinik eingewiesen.

Nachdem die Schnellschnittuntersuchung die Malignität des Prozesses bestätigt hat, wird die Patientin brusterhaltend operiert (günstiger Sitz des Karzinoms im oberen äußeren Quadranten, junge Patientin, gutes Verhältnis von Brust- zu Tumorgröße). Gleichzeitig wird eine Lymphonodektomie der Level I–III vorgenommen.

Der histologische Befund zeigt ein 14 mm großes, diffuses wachsendes, solides Mammakarzinom duktaler Genese mit Nekrosen in erweiterten Milchgängen sowie periduktaler Rundzellinfiltration. Am Primärtumor findet sich eine Lymphangiosis carcinomatosa. Das Grading nach Bloom lautet auf Grad II. 3 von 14 Lymphknoten des Level I sind metastatisch durchsetzt. Die 8 Lymphknoten des Level II sowie 5 des Level III sind frei von Metastasen. Biochemisch und immunhistochemisch lassen sich im Karzinomgewebe weder Östrogen- noch Progesteronrezeptoren nachweisen. Das histologische Staging lautet: pT1c, pN1. Im Röntgenthorax, Leber- und Knochenszintigramm findet sich kein Anhalt für Fernmetastasen (M0).

Nach abgeschlossener Wundheilung erhält die Patientin eine adjuvante Anschlussbehandlung: **1. systemisch** ab dem 14. postoperativen Tag (EC/CMF-Schema oder adjuvante Hochdosischemotherapie mit autologem Stammzellsupport im Rahmen klinischer Studien) für 6 Monate, **2. lokal** in Form einer Nachbestrahlung der Brust ab der 4. Woche post operationem. Da die Patientin beide Behandlungen gut toleriert, werden sie parallel durchgeführt: Sie erhält 5× pro Woche eine Bestrahlung (pro Sitzung 2 Gy/Telekobalt) sowie alle 4 Wochen einen Zyklus CMF. Während der Bestrahlung schält sich die Haut und es kommt zu Hyperpigmentation. Infolge der Chemotherapie verspürt die Patientin mäßige Übelkeit, die 12–48 Stunden anhält; die Leukozytenzahl sinkt bis auf den Minimalwert von 1900/ml. Zu einer Alopezie kommt es nicht. Nach 5 Wochen ist die adjuvante Radiatio (Gesamtdosis 50 Gy), nach 6 Monaten die CMF-Chemotherapie abgeschlossen. Die Patientin erholt sich relativ schnell. Das kosmetische Ergebnis ist zufriedenstellend. In den folgenden Monaten bildet sich die Hyperpigmentation etwas zurück.

In den ersten 3 Jahren nach der Primärheilung stellt sich die Patientin vierteljährlich bei ihrem onkologisch tätigen Gynäkologen vor. Nach einem ausführlichen Gespräch über ihr körperliches und seelisches Befinden schließt sich die Untersuchung insbesondere der lokoregionären Stationen an. Im 6. postoperativen Monat werden eine Sonographie und eine Mammographie der erkrankten Seite vorgenommen. Im weiteren Verlauf erfolgen diese Untersuchungen in jährlichen Abständen. 2 Jahre nach Stellung der Diagnose klagt die Patientin über Schmerzen in der Lendenwirbelsäule. Um Metastasen auszuschließen, werden ein Knochenszintigramm und eine Röntgenaufnahme der Wirbelsäule angefertigt. In beiden Untersuchungen lassen sich nur degenerative Veränderungen als wahrscheinliche Ursache der Beschwerden nachweisen. Bis heute – 4 Jahre nach der Primärtherapie – ist die Patientin frei von einem Rezidiv des Mammakarzinoms.

1.8.2 Sonderformen des Mammakarzinoms

Inflammatorisches Mammakarzinom

1.8.2 Sonderformen des Mammakarzinoms

Inflammatorisches Mammakarzinom

▶ Definition

▶ **Definition.** Dem inflammatorischen Mammakarzinom liegt eine **Lymphangiosis carcinomatosa** der Haut zugrunde. Es breitet sich diffus in den Lymphspalten der Haut aus.

Epidemiologie. 1–4 % aller Mammakarzinome. Es findet sich gehäuft bei sehr voluminösen Brüsten.

Epidemiologie. Das inflammatorische Mammakarzinom macht 1–4 % aller Mammakarzinome aus. Es findet sich gehäuft bei sehr voluminösen Brüsten.

Klinik. Symptome sind **Erythem der Brusthaut, Peau d'orange** (s. Abb. **C-1.33**) sowie **Hyperthermie.**

Klinik. Symptome sind **Erythem der Brusthaut, Peau d'orange** (bedingt durch ein Haut[lymph]ödem) (s. Abb. **C-1.33**) sowie **Hyperthermie.**

Diagnostik und Differenzialdiagnose. Diagnostisch bestehen **häufig große Schwierigkeiten.** Es ist schwer von einer Mastitis non-puerperalis abzugrenzen; außerdem sind die Malignitätszeichen im mammographischen und sonographischen Bild häufig nur diskret.

Diagnostik und Differenzialdiagnose. Diagnostisch bereitet das inflammatorische **Mammakarzinom häufig große Schwierigkeiten:** Klinisch ist es schwer von einer Mastitis non-puerperalis abzugrenzen; mammographisch und sonographisch sind die Malignitätszeichen (verdeckte Haut, Mikrokalzifikate) häufig nur diskret, da ein umschriebener Tumor meist fehlt.

Im Gegensatz zur Mastitis non-puerperalis kommt die Rötung jedoch nicht plötzlich, es bestehen kaum Schmerzen und die Patientin hat kein Fieber.

▶ Merke

▶ **Merke.** Eine Sicherung der Diagnose „inflammatorisches Mammakarzinom" erfolgt über die Feinnadelpunktion oder die Biopsie.

Therapie. Die Therapie des inflammatorischen Mammakarzinoms beginnt entweder mit einer aggressiven Polychemotherapie (sog. neoadjuvante Chemotherapie) oder mit einer Radiatio. Erst im Anschluss daran erfolgt die operative Therapie.

Therapie. Folgendes therapeutisches Vorgehen bietet sich an:

1. **primäre aggressive Polychemotherapie** (sogenannte neoadjuvante Chemotherapie) (meist 3 Zyklen) zur Behandlung der diffusen Lymphangiosis carcinomatosa;
2. daran anschließend **operative Therapie**, meist als modifizierte radikale Mastektomie mit axillarer Dissektion;
3. **Fortführung der Polychemotherapie** (weitere 3 Zyklen);
4. hochdosierte **Radiatio der Brustwand.**

Zu diesem Vorgehen gibt es diverse Alternativen (z. B: primäre Radiatio). Die Kombination von aggressiver systemischer Chemotherapie, Operation und hochdosierter Radiatio scheint das krankheitsfreie Intervall zu verlängern.

Prognose. Die 5-Jahres-Überlebensrate liegt unter 5 %.

Prognose. Die 5-Jahres-Überlebensrate liegt unter 5 %! An diesem Schicksal haben Modifikationen des operativen Vorgehens, einschließlich sehr radikaler Verfahren, nichts ändern können.

C-1.33

C-1.33 Inflammatorisches Mammakarzinom

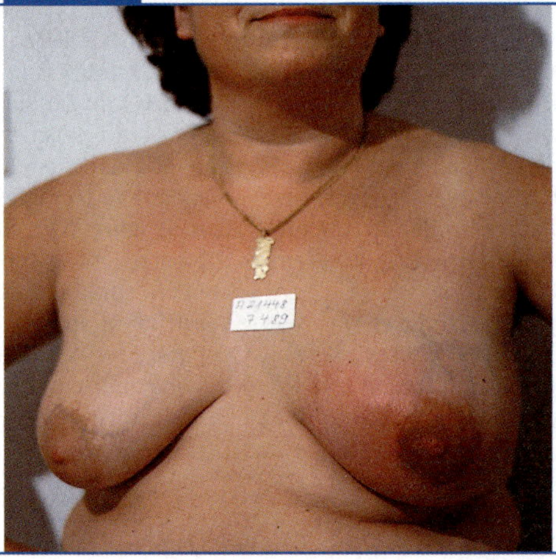

Paget-Karzinom (Morbus Paget)

Paget-Karzinom (Morbus Paget)

▶ **Definition.** Das Paget-Karzinom (Synonym: Morbus Paget) ist ein überwiegend intraduktal wachsendes Karzinom, meist auch mit infiltrierenden Arealen, welches kontinuierlich oder auch diskontinuierlich die Mamille und/oder die Areola befällt.

◀ Definition

Klinik. Klinisches Erscheinungsbild des Paget-Karzinoms ist eine **ekzematöse Veränderung der Mamille** oder auch der Areola (s. Abb. **C-1.21g**), die später häufig in eine ulzeröse Läsion übergeht.

Klinik. Leitsymptom ist eine **ekzematöse Veränderung der Mamille** und/oder der Areola (s. Abb. **C-1.21g**).

▶ **Merke.** Bei jedem Mamillen/Areola-„Ekzem" primär an ein Paget-Karzinom denken!

◀ Merke

Diagnostik. Der histologische und zytologische Nachweis (Exfoliativzytologie) der typischen **Paget-Zellen** ist beweisend.

Diagnostik. Nachweis der typischen **Paget-Zellen** mittels Exfoliativzytologie.

Therapie. Die chirurgische Therapie der Wahl ist die **modifizierte radikale Mastektomie.** Das brusterhaltende Vorgehen ist in Ausnahmefällen möglich. Die Mamille kann nicht erhalten werden.

Therapie. Modifizierte radikale Mastektomie.

Prognose. Die Prognose ist wie bei den anderen Karzinomformen abhängig vom Lymphknotenstatus (s. Abb. **C-1.32**).

Prognose. Abhängig vom Lymphknotenstatus (s. Abb. **C-1.32**).

1.8.3 Mammasarkom

Sarkome sind selten (weniger als 1 % aller Mammamalignome). Nur in 3–4 % der Fälle kommt es zu Lymphknotenmetastasen. Therapie der Wahl ist die modifizierte radikale Mastektomie. Eine axillare Dissektion ist wegen der seltenen Lymphknotenmetastasierung nicht unbedingt erforderlich. Über die Wirksamkeit einer adjuvanten Therapie ist bisher nichts bekannt.

1.8.3 Mammasarkom

Sarkome sind selten. Nur in 3–4 % der Fälle kommt es zu Lymphknotenmetastasen. Therapie der Wahl ist die modifizierte radikale Mastektomie, wobei eine axillare Dissektion nicht unbedingt erforderlich ist.

D

1 Kontrazeption und Familienplanung

1 Kontrazeption und Familienplanung

▶ Definition

▶ **Definition.** Familienplanung ist das Bestreben, Zahl und Abstand der Kinder nach den eigenen Lebensumständen zu planen. Dies kann vorübergehende und/ oder dauerhafte Empfängnisverhütung (Kontrazeption) beinhalten.

Im Jahr 2050 wird die Weltbevölkerung etwa 12,5 Milliarden betragen. Die Bevölkerungsentwicklung zeigt Abb. **D-1.1**.

Fehlender wirtschaftlicher und sozialer Fortschritt und fehlende soziale Absicherung verhindern in den Ländern der „3. Welt" auch heute noch eine gezielte Familienplanung.

Die jährliche Zuwachsrate der Weltbevölkerung liegt seit 1970 bei etwa 80 Millionen Menschen. Bis zum Jahr 2050 wird eine Zunahme der Weltbevölkerung von derzeit 6 Milliarden auf insgesamt 12,5 Milliarden erwartet (Abb. **D-1.1**). Obwohl sichere Empfängnisverhütung eine bedeutende Maßnahme darstellt, mit der diese Entwicklung beeinflusst werden könnte, ist sie nur in den industrialisierten Ländern mit höherem Lebensstandard ein wirksamer Steuerungsmechanismus. Fehlender wirtschaftlicher und damit verbundener sozialer Fortschritt und fehlende soziale Absicherung (z. B. bei Krankheit und im Alter) in den Ländern der sog. „Dritten Welt" verhindern dort auch heute noch eine gezielte Familienplanung. Nicht zu unterschätzen ist dabei auch der Einfluss von Religion und kulturellen Traditionen, die ganze Bevölkerungsgruppen in ihrer Einstellung zur Antikonzeption lenken.

D-1.1

D-1.1 Bevölkerungsentwicklung seit der Zeitenwende

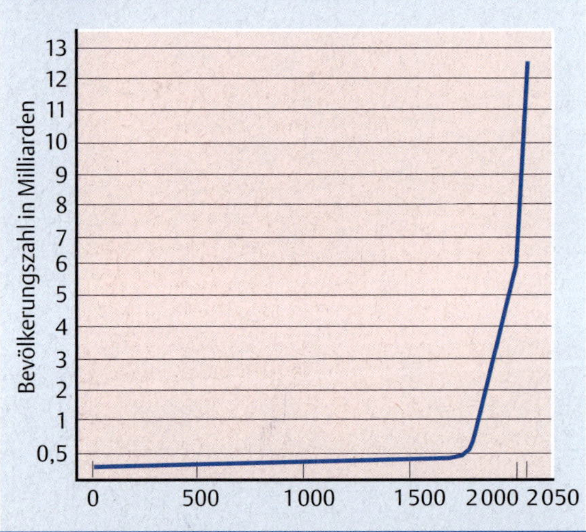

Seit Beginn des 19. Jahrhunderts zeigt sich eine beschleunigte Zuwachsrate.

1.1 Einsatzbereiche und Sicherheit der Kontrazeption

1.1.1 Indikation

Medizinische Indikation. Die Kontrazeption dient dem Schutz der Frau vor allem bei Vorerkrankungen, die sich durch Schwangerschaft oder Geburt verschlechtern können. Erblich bedingte Erkrankungen erfordern eine genetische Beratung und eine auf die individuelle Situation abgestimmte Antikonzeption.

1.1 Einsatzbereiche und Sicherheit der Kontrazeption

1.1.1 Indikation

Medizinische Indikation. Die Erhaltung der körperlichen und psychischen Gesundheit und des Lebens der Frau steht immer im Vordergrund, vor allem bei bereits bestehenden Erkrankungen, die durch eine Schwangerschaft und Geburt exazerbieren können. Bei erblich bedingten Erkrankungen der Frau oder des Partners sollte eine genetische Beratung empfohlen werden. Eine auf die individuelle Situation abgestimmte Antikonzeptionsberatung sollte im Anschluss daran stattfinden.

Beschränkung der Kinderzahl. Sie ist die wichtigste und häufigste Motivation der Familienplanung. Dabei spielen sozioökonomische Gründe sowie Gesichtspunkte der gemeinsamen Lebensgestaltung des Paares und Selbstbestimmung der Frau eine Rolle. Eine sichere Kontrazeption ermöglicht die Trennung von Sexualität und reproduktiver Funktion.

Die **Beschränkung der Kinderzahl** ist die wichtigste und häufigste Motivation der Familienplanung.

Geplante Elternschaft. Die Lebensumstände des Paares und die körperlichen und seelischen Möglichkeiten der Frau bestimmen den Zeitpunkt und den Abstand zwischen den Schwangerschaften. Aus präventivmedizinischer Sicht ist ein Abstand von 2–3 Jahren zwischen den Geburten anzuraten. Bei diesem Intervall ist die Morbidität der Mütter und Kinder eindeutig niedriger als bei rasch aufeinander folgenden Schwangerschaften.

Geplante Elternschaft. Die Lebensumstände des Paares bestimmen Zeitpunkt und Abstände zwischen den Schwangerschaften. Unter dem Gesichtspunkt der Prävention ist ein Abstand von 2–3 Jahren zwischen den Geburten anzuraten.

Reduzierung von Schwangerschaftsabbrüchen. Eine bewusste Kontrazeption verhindert unerwünschte Schwangerschaften und damit einen möglichen Schwangerschaftsabbruch mit seinen körperlichen und psychischen Risiken.

Schwangerschaftsabbrüche und ihre Folgen können durch bewusste Antikonzeption vermieden werden.

1.1.2 Aufgaben des Arztes bei der Kontrazeption

Der Arzt hat vor allem eine informierende und beratende Funktion. Er soll die Frau oder besser beide Partner bei der Auswahl des für sie geeigneten Kontrazeptivums unterstützen. Dazu gehört die Information und Erklärung der verschiedenen in Frage kommenden Methoden ebenso wie das Abwägen von Risikofaktoren und Kontraindikationen. Wichtig ist, dass die Zuverlässigkeit der jeweiligen Methode besprochen wird. Fällt die Entscheidung für hormonelle Kontrazeptiva, ist es Aufgabe des Arztes, das individuell am besten geeignete Präparat auszuwählen und die Frau während der Dauer der Anwendung zu betreuen. Gleiches gilt bei der Entscheidung für ein Intrauterinpessar.

1.1.2 Aufgaben des Arztes bei der Kontrazeption

Der Arzt hat bei Fragen der Kontrazeption eine informierende und beratende Funktion. Bei der Anwendung hormoneller Kontrazeptiva obliegt ihm die Präparatewahl und die Betreuung während der Anwendung. Gleiches gilt bei der Entscheidung für ein Intrauterinpessar.

1.1.3 Zuverlässigkeit der kontrazeptiven Methode

Die traditionelle Form zur Beurteilung der Sicherheit empfängnisverhütender Maßnahmen ist der sog. **Pearl-Index**. Als objektives Bezugssystem wird eine statistisch relevante Zahl von Zyklen benutzt. Grundlage der Berechnung sind 100 Frauenjahre oder 1200 Anwendungsmonate (= 100 Frauen im gebärfähigen Alter, die 1 Jahr lang die gleiche kontrazeptive Maßnahme anwenden). Die Zahl der Versager einer Methode wird auf diesen Zeitraum umgerechnet. Dabei geht man davon aus, dass pro Zyklus nur eine Befruchtung stattfinden kann. Tab. **D-1.1** zeigt die durch den Pearl-Index berechnete Sicherheit verschiedener kontrazeptiver Maßnahmen.
Ohne Anwendung kontrazeptiver Maßnahmen beträgt der Pearl-Index 85–90.

1.1.3 Zuverlässigkeit der kontrazeptiven Methode

Zur Beurteilung der Sicherheit von Kontrazeptiva wird der **Pearl-Index** verwendet. Er bezeichnet die Anzahl der Versager pro 100 Frauenjahre (Tab. **D-1.1**).

Ohne Anwendung einer Kontrazeption beträgt der Pearl-Index 85–90.

▶ **Merke.** Der **Pearl-Index** bezeichnet die Zahl der ungewollten **Schwangerschaften pro 100 Frauenjahre**.

◀ **Merke**

Zur Beurteilung der Sicherheit kontrazeptiver Maßnahmen wird zunehmend das Verfahren der **„Life Table Analysis“** herangezogen. Dabei wird nicht die theoretische Sicherheit errechnet, sondern die praktische Brauchbarkeit einer Methode beurteilt. Berücksichtigt werden dabei Frequenz des Geschlechtsverkehrs und individuelle Anwendungsfehler, die mit der Dauer der Anwendung in Beziehung gesetzt werden. Die Aussage der Life Table Analysis bezieht sich auf den kumulativen Anteil von Frauen, die in Abhängigkeit von der Anwendungsdauer mit einer bestimmten Verhütungsmethode **nicht** schwanger geworden sind. Tab. **D-1.2** zeigt ein Beispiel für die Sicherheit eines Sequenzpräparates.

Die **„Life Table Analysis“** benennt kumulativ den Anteil der Frauen, die bei gegebener Anwendungsdauer einer bestimmten Verhütungsmethode **nicht** schwanger geworden sind. Tab. **D-1.2** zeigt ein Beispiel für die Sicherheit eines Sequenzpräparates.

D-1.1

D-1.1 Sicherheit kontrazeptiver Maßnahmen nach dem Pearl-Index

Kontrazeptiva	***Versager pro 100 Frauenjahre***
▶ orale Kontrazeptiva	
– kombinierte Präparate	0,5–0,8
– Sequenz- und Stufenpräparate	0,3–0,9
– orale Gestagene (Minipille)	0,2–3,0
– „Pille danach"	0,1
▶ Gestagendepotinjektionen	0,3–0,4
▶ Gestagenimplantate	0,2
▶ Intrauterinpessare	0,9–3,0
▶ Levonorgestrel-Intrauterinsystem	0,5–0,1
▶ Scheidendiaphragma	12–20
▶ Scheidendiaphragma in Verbindung mit Spermiziden	4–10
▶ Portiokappe	6
▶ spermizide Substanzen	3–21
▶ Zeitwahlmethode	9
▶ Basaltemperaturmessung	3
▶ Kondom	2–12
▶ Coitus interruptus	4–18
▶ Scheidenspülung	31
▶ Tubensterilisation	0,5–0,2
▶ Vasektomie	0,1–0,15

D-1.2

D-1.2 Life-Table-Darstellung der Sicherheit eines Sequenzpräparats zur Empfängnisverhütung

Zahl der Zyklen	***Zahl der Schwangerschaften***	***Zahl der Frauen***	***Prozentsatz geschützter Frauen***	***kumulativer Prozentsatz geschützter Frauen***
0	–	5335	100	100
6	22	3504	99,5	99,5
12	7	2108	99,7	99,2
18	6	913	99,5	98,7
24	1	374	99,7	98,4
30	0	198	100	98,4
36	1	153	99,3	97,8

1.1.4 Methoden der modernen Kontrazeption

Man unterscheidet **hormonelle** und **nichthormonelle** Methoden. Einen Überblick über die verschiedenen Ansatzpunkte der Kontrazeption zeigt Abb. **D-1.2**.

1.1.4 Methoden der modernen Kontrazeption

Es werden aus praktischen Gründen **hormonelle** und **nichthormonelle** Methoden der Kontrazeption unterschieden. Bei den nichthormonellen Methoden wird weiter zwischen den sog. natürlichen Methoden, den mechanischen und chemischen Barrieremethoden, der intrauterinen Kontrazeption und der chirurgischen Kontrazeption unterschieden. Einen Überblick über die verschiedenen Ansatzpunkte der Kontrazeption zeigt Abb. **D-1.2**.

D-1.2 Ansatzpunkte der modernen Kontrazeption

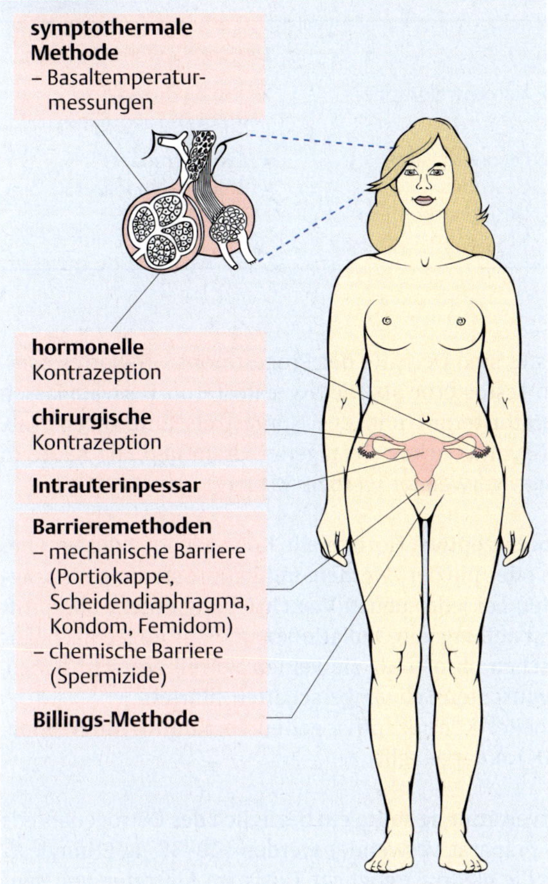

D-1.2

1.2 Hormonelle Kontrazeption

s. auch Anhang S. 759.

Geschichtlicher Überblick. Die ovulationshemmende Wirkung von Progesteron wurde zuerst von Makepeace (1937) am Kaninchen beschrieben. 1944 zeigten Bickenbach und Paulikovicz die ovulationshemmende Wirkung einer Injektion von 20 mg Progesteron bei Frauen. Die ovulationshemmende Wirkung der Östrogene wurde von Kurzrock (1937), Lyons (1943), Albright (1945) und anderen gefunden und untersucht. Ein wichtiger Schritt war die Herstellung oral wirksamer synthetischer Östrogene und Gestagene 1938 durch Hohlweg und Imhoffen. Seit den fünfziger Jahren befassten sich Arbeiten von Pincus et al. und Goldzieher et al. mit der Anwendung von Östrogenen und Gestagenen im Hinblick auf deren kontrazeptive Wirkung. 1959 wurde die erste Pille „ENOVID“ von Pincus und Rock in den USA auf den Markt gebracht. Weitere Meilensteine der Entwicklung stellten das Erscheinen der Dreimonatsspritze 1969, der Minipille 1971, der Mikropille 1973 und der Dreistufenpille 1979 dar.

Chemie. Die in den hormonellen Kontrazeptiva verwendeten Hormone sind synthetische Derivate der natürlich vorkommenden weiblichen Geschlechtshormone. Die orale Wirksamkeit wird durch Substitution mit Äthinyl- oder Methylgruppen erreicht. Verwendet werden als orale Östrogene das Ethinylestradiol (EE) und das Mestranol (3-Methyläther des Ethinylestradiols). Sie sind im Gegensatz zum natürlichen Östrogen außerordentlich stark wirksam, da sie in der Leber relativ langsam metabolisiert werden.

1.2 Hormonelle Kontrazeption

s. auch Anhang S. 759.

Geschichtlicher Überblick. 1959 wurde die erste Pille „ENOVID“ von Pincus und Rock auf den Markt gebracht.

Chemie. Es werden synthetische Derivate der natürlich vorkommenden weiblichen Geschlechtshormone verwendet. Als orale Östrogene werden Ethinylestradiol (EE) und Mestranol verwendet.

D-1.3

D-1.3 Am häufigsten verwendete Östrogene und Gestagene in hormonellen Kontrazeptiva

Derivate von Nortestosteron		*Derivate von Progesteron*
▶ Norethisterongruppe	▶ Norgestrelgruppe	▶ 17α-Hydroxyprogesterongruppe
▪ Norethisteron ▪ Norethisteronazetat ▪ Lynestrenol ▪ Dienogest	▪ Levonorgestrel ▪ Gestoden ▪ Desogestrel ▪ Norgestimat	▪ Cyproteronazetat ▪ Chlormadinonazetat

Synthetische Gestagene sind Abkömmlinge des Progesterons (17α-Hydroxyprogesteron-Ester) oder des Testosterons (19-Nortestosteron-Derivate).

17α-Hydroxyprogesteron-Ester sind Derivate des Progesterons, 19-Nortestosteron-Derivate leiten sich vom Testosteron ab. Die Nortestosteron-Derivate lassen sich in die Gruppe des Norethisterons und des Norgestrels unterteilen. Tab. **D-1.3** stellt die wichtigsten synthetischen Gestagene zusammen, die heute in den gängigen Pillenpräparaten verwendet werden (s. S. 93).

Verordnung hormoneller Kontrazeptiva. Hormonelle Kontrazeptiva dürfen über Jahre hinweg eingenommen werden. Die Pillenpause ist absolet.

Verordnung hormoneller Kontrazeptiva. Hormonelle Kontrazeptiva dürfen über Jahre hinweg eingenommen oder injiziert werden. Indikationsstellung, Verträglichkeit und Dosierung sollten bei jeder neuen Verschreibung erneut überprüft werden. Pillenpausen zur Feststellung von Ovulationen und Blutungen nach längerer Einnahme sind inzwischen obsolet, da sie keinen Vorteil erbracht haben, sondern allenfalls zu unerwünschten Schwangerschaften führten.
Für die Anwendung hormoneller Kontrazeptiva gelten bestimmte Minimalforderungen. Sie sind in Tab. **D-1.4** dargestellt.

Erstverordnung. Absolute und relative Kontraindikationen sind unbedingt zu beachten (s. Tab. **D-1.7**).
Bei der Erstverordnung sollte ein Präparat mit möglichst niedrigem Östrogenanteil verwendet werden (20–35 µg EE). Die niedrigstmögliche Dosis orientiert sich am Auftreten von Zwischenblutungen (nach 3–6-monatiger Einnahme sollten keine Zwischenblutungen mehr auftreten).

Erstverordnung. Bei der Erstverordnung sollte ein bezüglich des Östrogenanteils möglichst niedrig dosiertes Präparat verwendet werden (20–35 µg Ethinylestradiol). Dabei orientiert sich die niedrigstmögliche Dosis am Auftreten von Zwischenblutungen von mehr als 2 Tagen Dauer. Nach 3–6-monatiger Einnahme eines Präparates sollten keine Zwischenblutungen mehr auftreten, anderenfalls muss ein bezüglich des Östrogenanteils höher dosiertes Präparat verordnet werden. Eine Ausnahme von dieser Empfehlung stellt die gleichzeitige Einnahme von Medikamenten dar, die die Sicherheit niedrig dosierter oraler Kontrazeptiva beeinträchtigen (z. B. Antiepileptika, Antibiotika). Die absoluten und relativen Kontraindikationen sind unbedingt zu beachten (Tab. **D-1.7**, s. S. 402).

▶ Merke

▶ **Merke.** Bei der Erstverordnung sollte darauf hingewiesen werden, dass mit der Pilleneinnahme im 1. Zyklus bereits am 1. Blutungstag begonnen wird.

D-1.4

D-1.4 Minimalforderungen für die Verordnung hormoneller Kontrazeptiva

▶ Vor der Behandlung:
1. Ausschluss aller Kontraindikationen durch Anamnese und Befund der körperlichen Untersuchung
2. Untersuchung des Genitales einschließlich Portiozytologie und Untersuchung der Brust
3. Untersuchung des Urins auf Glukose
4. Blutdruckmessung

▶ Während der Behandlung:
1. Halbjährliche gynäkologische Untersuchung mit Portiozytologie, Untersuchung der Brust. Ausdrückliche gezielte Befragung nach Beschwerden
2. Halbjährliche Untersuchung auf Glukose im Urin
3. Halbjährlich Blutdruckmessung
4. Transaminasen bei Leber-Gallen-Beschwerden oder Hinweise aus der Anamnese
5. Überprüfung der Wahl des Präparates und der Methode

Wiederverordnung. Zunächst kommt die Patientin nach einer Einnahmedauer von 3 Monaten zu einer Kontrolluntersuchung, später alle 6 Monate. Das Auftreten von Nebenwirkungen kann unter Umständen durch Präparatewechsel gebessert oder aufgehoben werden. Eine Anpassung der Dosis bei Zwischenblutungen sollte möglichst erst nach einer Einnahmedauer von 6 Monaten durchgeführt werden, da Zwischenblutungen bei längerer Einnahme häufig von selbst aufhören. Bei guter Verträglichkeit kann die Pille so lange eingenommen werden, bis eine Schwangerschaft erwünscht ist oder bis Risikofaktoren eine Beendigung der Pilleneinnahme erforderlich machen.

Wiederverordnung. Die Pille kann bei guter Verträglichkeit so lange verordnet werden, bis eine Schwangerschaft erwünscht ist. Regelmäßige Kontrolluntersuchungen sind erforderlich. Harmlose Nebenwirkungen können durch Präparatewechsel gebessert werden.

Pilleneinnahme über 40. Bei Frauen über 40 Jahren muss die Verordnung der Pille wegen des ansteigenden Risikos vaskulärer Komplikationen sorgfältig abgewogen werden, insbesondere wenn die Patientin Raucherin ist. Wird jedoch eine weitere Kontrazeption durch die Pille gewünscht, so ist dies nach eingehender Beratung über die Risiken zu entscheiden. Neben dem Rauchen bilden Übergewicht (Body-Mass-Index [BMI] > 30), Diabetes, Gefäßschäden, Thromboseneigung und Störungen des Fettstoffwechsels eine Kontraindikation (s. Tab. **D-1.7**, S. 402). Die Pille sollte spätestens im Alter von 50 Jahren abgesetzt werden.

Pilleneinnahme über 40. Bei Frauen über 40 Jahren sollte auf Grund des steigenden Risikos vaskulärer Komplikationen die Pille nur in Ausnahmefällen nach eingehender Beratung verordnet werden (Kontraindikationen Tab. **D-1.7**, S. 402).

Hormonelle Kontrazeption bei Minderjährigen. Hormonelle Kontrazeptiva dürfen Jugendlichen ab 14 Jahren verschrieben werden, wenn die Gefahr einer unerwünschten Schwangerschaft besteht. Beratung und Aufklärung müssen besonders sorgfältig durchgeführt werden. Die ärztlichen Überlegungen, die zur Verordnung der Pille geführt haben, sind ausführlich zu dokumentieren.
Bei Jugendlichen unter 14 Jahren muss die schriftliche Einwilligung mindestens eines Elternteils vorliegen. Bei Jugendlichen zwischen 14 und 16 Jahren ist die Einwilligung wenigstens eines Elternteils anzuraten.
Die Verordnung und der Bezug hormoneller Kontrazeptiva, ebenso auch von Intrauterinpessaren, einschließlich deren Applikation, ist für Jugendliche bis zur Vollendung des 20. Lebensjahres kostenfrei, wenn sie in einer gesetzlichen Krankenkasse versichert sind.

Hormonelle Kontrazeption bei Minderjährigen. Hormonelle Kontrazeptiva dürfen Jugendlichen ab 14 Jahren verschrieben werden. Die Eltern müssen von der Verordnung nicht unterrichtet werden.

Bei Jugendlichen unter 14 Jahren muss mindestens ein Elternteil schriftlich einwilligen.

Die Verordnung, der Bezug und die evtl. Applikation von Kontrazeptiva bis zur Vollendung des 20. Lebensjahres ist für gesetzlich Versicherte kostenfrei.

Postpartale Pilleneinnahme. Nach Entbindungen wird im Allgemeinen erst nach dem Abstillen wieder mit der Pilleneinnahme begonnen, um die Laktation nicht zu gefährden und den Übergang von Hormonen auf das Kind zu vermeiden. In Ausnahmefällen kann die Minipille (nur Gestagen) verabfolgt werden, wenn eine frühe zuverlässige Kontrazeption unbedingt erforderlich erscheint.

Postpartale Pilleneinnahme. Die Pilleneinnahme wird während der Laktation nicht empfohlen, um ein Übergehen von Hormonen in die Muttermilch zu vermeiden. In Ausnahmefällen kann die Minipille gegeben werden.

1.2.1 Kombinationsmethode

Alle Tabletten enthalten gleiche Mengen Östrogen bzw. Gestagen. Bei den neuen Präparaten wurde der Östrogenanteil von 50 µg Ethinylestradiol (EE) auf 20–35 µg EE reduziert (Mikropille). Diese Einphasenmethode ist das älteste Verfahren unter den hormonellen Kontrazeptiva und leitet sich von der von Pincus und Rock eingeführten Pille ab.

1.2.1 Kombinationsmethode

Alle Tabletten enthalten eine konstante Menge Östrogen bzw. Gestagen. Bei den neueren Mikropillen wurde die Dosierung von 50 µg EE auf 20–35 µg EE reduziert.

Wirkungsweise. Die kontrazeptive Wirkung der Kombinationspräparate beruht auf einer zentralen Ovulationshemmung durch verminderte Freisetzung von FSH und LH (negative Rückkoppelung) sowie auf einer fertilitätshemmenden Wirkung auf das Endometrium (Atrophie und deziduale Stromaveränderung, wodurch eine Einnistung verhindert wird) und das Zervixsekret (Beeinträchtigung der Spermienaszension durch Viskositätszunahme). Des Weiteren entsteht ein negativer Effekt auf die Tubenmotilität.

Wirkungsweise. Die Wirksamkeit der Kombinationspräparate beruht auf einer zentralen Ovulationshemmung, einer Viskositätszunahme des Zervixsekrets, einer Tubenmotilitätshemmung und dem „Endometriumeffekt".

Anwendung. Im 1. Zyklus wird mit der Pilleneinnahme am 1. Blutungstag begonnen; es wird täglich eine Pille eingenommen, wobei, vor allem bei den niedrig dosierten Präparaten, die Einnahme zur gleichen Tageszeit erfolgen sollte. Danach wird alle 28 Tage mit einer neuen Packung begonnen. Ein sicherer Schutz besteht vom Tag der 1. Einnahme an.

Anwendung. Die Pilleneinnahme sollte, vor allem bei den niedrig dosierten Präparaten, etwa zur gleichen Tageszeit erfolgen. Sicherer Schutz besteht vom Tag der 1. Einnahme an.

Da bei den Kombinationspräparaten schon die 1. „Pille" ein Gestagen enthält, treten frühzeitig Veränderungen auf, die sonst erst während der 2. Zyklushälfte nachweisbar sind. Diese Nebeneffekte sind zum Teil unerwünscht, andererseits aber auch von antikonzeptioneller Bedeutung.

Zuverlässigkeit. Sehr hohe Sicherheit. Pearl-Index: 0,5–0,8.

Zuverlässigkeit. Die kontrazeptive Sicherheit der Kombinationspräparate ist sehr hoch, der Pearl-Index wird mit 0,5–0,8 angegeben.

1.2.2 Sequenzmethode

Die **Sequenz-** oder **Zweiphasenpräparate** enthalten in der 1. „Phase" nur Östrogen, in der 2. „Phase" eine Östrogen-Gestagen-Kombination. Sie sind dem normalen Zyklusablauf besser angepasst als die Kombinationspräparate.

Dieses jüngere Verfahren ist auch als **Zweiphasenmethode** bekannt. Es wird in der 1. „Phase" nur Östrogen, in der 2. „Phase" eine Östrogen-Gestagen-Kombination verabreicht. Die Sequenzpräparate scheinen im Hinblick auf das Endometrium dem normalen Zyklusablauf besser angepasst zu sein als die Kombinationspräparate. In den modernen Sequenzpräparaten wurde der Beginn der 2. Phase vor den Ovulationstermin gelegt, um deren Sicherheit zu erhöhen. Dieses Verfahren wird auch als „normophasisches" Sequenzialverfahren bezeichnet, da durch das Applikationsschema eine Annäherung an den physiologischen endokrinen Ablauf erreicht wird. Die Einnahme erfolgt analog zu den Kombinationspräparaten.

Wirkungsweise. Die Antikonzeption wird in der 1. Phase durch die Östrogene allein (FSH-Suppression), in der 2. Phase durch Östrogene und Gestagene bewirkt (Endometriumeffekt, Hemmung der Spermienaszension).

Wirkungsweise. Bei diesem Verfahren wird die Antikonzeption zunächst durch die Östrogene bewirkt (Hemmung der FSH-Freisetzung). In der 2. „Phase" werden dann die Ovulationshemmung, die vorzeitige Umwandlung des Endometriums und die Spermienpenetrationshemmung durch Gestagenzugabe gesichert.

Zuverlässigkeit. Pearl-Index 0,3–0,9.

Zuverlässigkeit. Die Sequenzpräparate haben ebenfalls eine hohe kontrazeptive Sicherheit, der Pearl-Index wird mit 0,3–0,9 angegeben.

1.2.3 Stufenmethode

Bei der Zweistufenmethode wird zur Erhöhung der kontrazeptiven Sicherheit bereits in der 1. Phase eine kleine Gestagendosis gegeben. Die Dreistufenmethode ist eine Weiterentwicklung der Zweistufenmethode. Es wird eine noch bessere Annäherung an den natürlichen Zyklus erreicht.

Die Stufenmethode (Zwei-, Dreistufenpräparate) ist eine Modifikation der Sequenzialmethode, wobei zur Erhöhung der kontrazeptiven Sicherheit bereits in der 1. Phase eine kleine Gestagendosis gegeben wird. Die Östrogendosis bleibt überwiegend konstant. Bei den Zweistufenpräparaten wird in der 1. Phase von 11 Tagen eine relativ geringe Dosis von Gestagen gegeben, in der 2. Phase von 10 Tagen wird die Gestagendosis auf das Doppelte oder 2,5fache erhöht. Es handelt sich somit um eine Übergangsform zwischen Kombinations- und Sequenzmethode. Eine Weiterentwicklung stellt das Dreistufenkonzept mit variabler Gestagendosis dar, welches dem natürlichen Zyklus noch mehr angenähert ist. Die Einnahme der Stufenpräparate entspricht der der Kombinationspräparate.

Wirkungsweise. Durch Zugabe von Gestagen in der 1. Phase wird im Gegensatz zu den Sequenzpräparaten die Gestagenwirkung bereits in der 1. Phase ausgenutzt.

Wirkungsweise. Durch Zugabe einer kleinen Gestagendosis in der 1. Phase wird im Unterschied zu den Sequenzpräparaten bei den Stufenpräparaten die Gestagenwirkung auf den Zervixschleim und auf die Spermienpenetration bereits in der 1. Phase ausgenutzt.

Zuverlässigkeit. Pearl-Index: 0,3–0,9.

Zuverlässigkeit. Die Wirksamkeit entspricht mit 0,3–0,9 der der Sequenzpräparate.

1.2.4 Minipille

Die Minipille ist ein reines niedrigdosiertes Gestagenpräparat.

Die Minipille besteht ausschließlich aus niedrigdosiertem Gestagen. Durch den Verzicht auf Östrogenzugabe ist die Minipille auch für Frauen mit Kontraindikationen gegen eine Östrogeneinnahme bzw. bei Östrogenunverträglichkeit geeignet.

Wirkungsweise. Die Wirkung der Minipille beruht auf einer Verminderung der Viskosität des Mukus und einer Penetrationshemmung für Spermien im Zervixschleim. Wahrscheinlich werden auch das Endometrium und die Tubenfunktion gestört. Es kommt zur Lutealinsuffizienz. Die Ovulation selbst wird bei den meisten Präparaten nicht gehemmt, da mit der Minipille die Ovulationshemmdosis nicht erreicht wird. Ausnahme: Minipille mit 75 µg Desogestrel (seit Ende 1999 erhältlich) wirkt auch ovulationshemmend.

Wirkungsweise. Die Minipille bewirkt eine Verminderung der Viskosität des Mukus und eine Penetrationshemmung für Spermien. Die Ovulation selbst wird bei den meisten Präparaten nicht gehemmt.

Anwendung. Mit der Einnahme wird am 1. Tag der Menstruation begonnen. Es wird **fortlaufend jeden Tag** eine Tablette eingenommen. Die Einnahme darf nicht, wie bei den Kombinationspräparaten üblich, unterbrochen werden, da sonst der kontrazeptive Schutz nicht gewährleistet ist. Die regelmäßige, zuverlässige Einnahme zur **gleichen Tageszeit** ist sehr wichtig. Bereits eine Abweichung von 2–3 Stunden kann ein Versagen zur Folge haben. Die fehlende Östrogenzugabe verursacht häufige intermenstruelle Durchbruch- und Schmierblutungen. Sie kann auch zum Ausbleiben der Menstruation führen. Trotz gutem kontrazeptivem Effekt wird die Minipille daher heute nur wenig verordnet, und zwar meist dann, wenn Östrogene absolut kontraindiziert sind.

Anwendung. Die Minipille muss **kontinuierlich** und immer zur **gleichen Tageszeit** eingenommen werden. Die fehlende Östrogenzugabe führt häufig zu Blutungsanomalien. Hauptanwendungsgebiet ist die hormonelle Kontrazeption bei absoluter Kontraindikation von Östrogenen.

Zuverlässigkeit. Die Wirksamkeit liegt etwas unter der der Kombinations- und Stufenpräparate, der Pearl-Index wird mit 0,2–3,0 angegeben.

Zuverlässigkeit. Pearl-Index: 0,2.–3,0.

▶ **Merke.** Bewährtes Vorgehen bei Einnahmefehler:
1 Pille entweder in der ersten oder zweiten Zyklushälfte **vergessen** – die vergessene Pilleneinnahme innerhalb 24 h nachholen und den Rest der Packung weiter nach Vorschrift einnehmen, um eine Abbruchblutung zu verhindern. Die kontrazeptive Wirksamkeit ist nicht oder nur geringfügig eingeschränkt.
2 oder mehr Pillen in der ersten oder zweiten Zyklushälfte **vergessen** – zusätzliche Maßnahmen sinnvoll z. B. Kondom, Diaphragma und/oder Spermizid. In der ersten Zyklushälfte kann eine Abbruchblutung durch Pille danach, in der zweiten Zyklushälfte durch Weglassen der restlichen Pillen induziert werden, wenn eine Interzeption gewünscht ist. Mit der neuen Packung wird nach einem einnahmefreien Intervall von 7 Tagen begonnen.
Minipille vergessen – zusätzliche Maßnahmen sind sinnvoll. Interzeption durch Postkoitalpille, wenn dies gewünscht wird.
Verhalten bei Erbrechen – bei Erbrechen innerhalb von 3–4 Stunden nach der Pilleneinnahme ist die vollständige Resorption nicht gewährleistet. Es sollte wie beim Vergessen einer Pille verfahren werden.
Verhalten bei längerdauernden gastrointestinalen Störungen – zusätzliche Maßnahmen wie beim Vergessen von 2 oder mehr Pillen sind sinnvoll.

◀ **Merke**

1.2.5 Depotpräparate

Seit langem bekannt ist die Injektion von Gestagenen, auch bekannt als Dreimonats-Spritze. In bestimmten Situationen (z. B. bei wenig zuverlässiger Einnahme oder in Entwicklungsländern, wo Pillenpräparate nicht immer zugänglich sind), kann diese Darreichung vorteilhaft sein. Ein großer Nachteil ist jedoch, dass beim Auftreten von Nebenwirkungen die „Behandlung" nicht abgebrochen werden kann.
Nebenwirkungen bei fortgesetzter Behandlung wie Gewichtszunahme, Müdigkeit, Libidoverlust, Kopfschmerzen und Neigung zu Depressionen sind häufig. Daneben schränken Begleiterscheinungen wie unregelmäßige Durchbruchblutungen, Dauerschmierblutungen und Metrorrhagien den Einsatzbereich von Depotpräparaten ein. Nach mehrfacher Anwendung tritt häufig eine langdauernde Amenorrhö auf. Bei jungen Frauen ist diese Methode daher nicht geeignet.
Eine weitere Anwendungsform sind Hormonimplantate. Sie setzen kontinuierlich ein Gestagen (Levonorgestrel oder Desogestrel) frei und sind 2–5 Jahre wirksam. Die Implantation erfolgt an der Innenseite des Oberarms.

1.2.5 Depotpräparate

Es handelt sich um eine Gestageninjektion mit lang anhaltender kontrazeptiver Wirkung.
Nebenwirkungen sind häufig. Die „Behandlung" kann nicht abgebrochen werden.

Wirkungsweise. Die Gestagengabe bewirkt eine anhaltende Ovulationshemmung, eine Beeinträchtigung der Tubenfunktion und eine Veränderung des Zervikalsekrets sowie des Endometriums.

Zuverlässigkeit. Pearl-Index: 0,2–0,4.

Wirkungsweise. Die Gestagengabe bewirkt eine anhaltende Ovulationshemmung, eine Beeinträchtigung der Tubenfunktion (Motilität und Sekretion) und eine konzeptionshemmende Beeinflussung durch Veränderung des Zervikalsekrets sowie des Endometriums.

Zuverlässigkeit. Der Pearl-Index für Depotpräparate liegt bei 0,2–0,4.

1.2.6 „Pille danach"

Die „Pille danach" verhindert als Interzeptivum die Implantation. Es werden 2 × 2 Tabletten einer kombinierten Östrogen-Gestagen-Pille im Abstand von 12 Stunden verabreicht.

Sie ist kein Kontrazeptivum im engeren Sinne, sondern wirkt überwiegend interzeptiv, indem sie die Implantation verhindert. Heute ist die Gabe eines normalen kombinierten, kontrazeptiven Östrogen-Gestagen-Präparates das Mittel der Wahl, das z. B. 0,05 mg Ethinylestradiol und 0,25 mg Levonorgestrel pro Tablette enthält. Möglichst innerhalb von 48 Stunden nach dem ungeschützten Verkehr werden 2 Tabletten gegeben, danach im Abstand von 12 Stunden nochmals 2 Tabletten.
Nebenwirkungen wie Übelkeit und Erbrechen sind möglich. Der Einnahme folgt üblicherweise eine kurzfristige Schmierblutung.

Wirkungsweise. Durch eine vorzeitige Umwandlung des Endometriums und eine anschließende Entzugsblutung wird die Implantation verhindert.

Zuverlässigkeit. 98–99 % (bei Einnahme spätestens 48 Stunden nach Verkehr).

Wirkungsweise. Die Postkoitalpille verursacht eine vorzeitige Umwandlung des Endometriums und im Anschluss daran eine schwache Entzugsblutung, wodurch die Einnistung der Eizelle verhindert wird.

Zuverlässigkeit. Wird mit der Einnahme nicht später als 48 Stunden nach dem Verkehr begonnen, so liegt die Zuverlässigkeit der „Pille danach" bei 98–99 %.

D-1.3

D-1.3 Unterschiedliche Präparatetypen, hormonelle Dosisverteilung im Zyklusverlauf

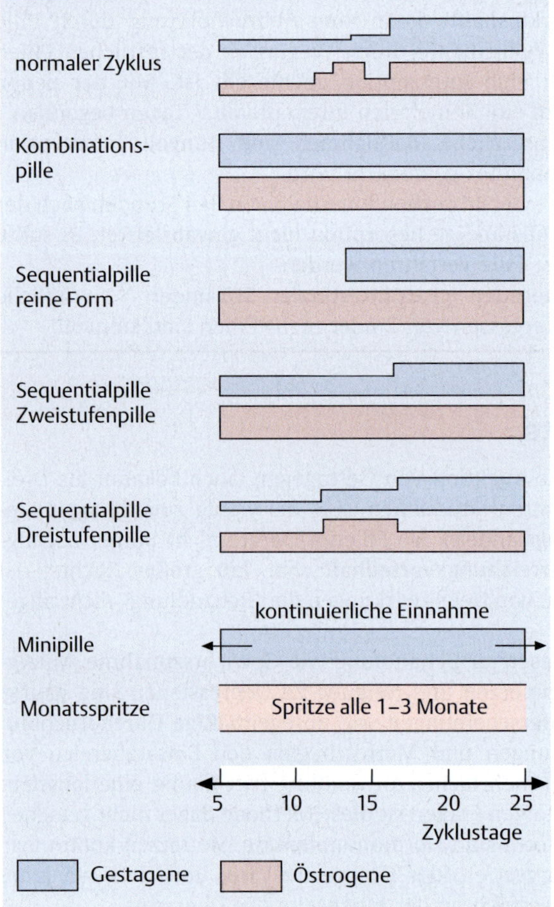

Eine Zusammenfassung der Östrogen-/Gestagenverteilung der verschiedenen hormonellen Kontrazeptiva zeigt Abb. **D-1.3**.

Die Östrogen-/Gestagenverteilung der verschiedenen hormonellen Kontrazeptiva zeigt Abb. **D-1.3**.

1.2.7 Nebenwirkungen der hormonellen Kontrazeptiva

Die Einnahme hormoneller Kontrazeptiva kann zu einer Reihe von unerwünschten Nebenwirkungen führen. Diese können z.T. auf die Östrogene, z.T. auf die Gestagene zurückgeführt werden. Tab. **D-1.5** listet die häufigsten östrogen- bzw. gestagenbedingten Nebenwirkungen auf; Tab. **D-1.6** die entsprechenden Gegenmaßnahmen.

Sowohl Östrogene wie Gestagene können spezifische Nebenwirkungen aufweisen (Tab. **D-1.5**). Tab. **D-1.6** führt die entsprechenden Gegenmaßnahmen auf.

D-1.5 Östrogen- und gestagenbedingte Nebenwirkungen

östrogenbedingt	*gestagenbedingt*
▶ Übelkeit ▶ Erbrechen ▶ Ödeme durch Natrium- und Wasserretention – Gewicht ▶ Mastodynie ▶ Kopfschmerzen ▶ Wadenkrämpfe ▶ Varizenbeschwerden ▶ zervikale Hypersekretion	▶ Appetitsteigerung – Gewicht ▶ Müdigkeit ▶ depressive Verstimmung ▶ Libidoverlust ▶ trockene Scheide ▶ Hypo- u. Amenorrhö bei höheren Dosen ▶ Hyperpigmentierung (Chloasma) ▶ bei Nortestosteronderivaten zusätzlich ▪ Akne, Seborrhö ▪ Hypertrichose ▪ Haarausfall

D-1.5

D-1.6 Maßnahmen bei Nebenwirkungen unter hormoneller Kontrazeption

Nebenwirkungen	*praktisches Vorgehen*
Chloasma	▶ In den Sommermonaten Einnahme der Pille in den Abendstunden, damit die höchsten Steroidspiegel während der Nacht auftreten, evtl. Anwendung einer Sonnencreme mit Lichtschutzfaktor. ▶ Reduktion des Gestagenanteils
Kopfschmerzen	
▶ unter der Pille	▶ niedrig dosierte Pille verordnen ▶ evtl. Minipille oder Dreimonatsspritze
▶ in der Pillenpause	▶ Einnahme von konjugierten Östrogenen zur Vermeidung eines zu starken Hormonabfalls
Übelkeit	▶ abendliche Einnahme der Pille nach dem Essen
Gewichtszunahme	▶ Verordnung eines niedrig dosierten Präparates; Gewichtsschwankungen von 2–3 kg sind reversibel.
Zwischenblutungen	
▶ prämenstruell	▶ Verordnung einer östrogenbetonten Pille ▶ Umsetzen von Dreistufenpräparat auf Sequenzialpräparat
▶ mittzyklisch	▶ 20–40 µg Ethinylestradiol vom 12.–18. Zyklustag
▶ postmenstruell	▶ Verordnung einer reinen Sequenzialpille
Pillenamenorrhö	▶ höher dosiertes östrogenhaltiges Präparat oder reine Sequenzialpille oder Dreistufenpille
„Post-pill-Amenorrhö"	▶ bei Kinderwunsch: Ovulationsinduktion durch Antiöstrogene ▶ ohne Kinderwunsch: keine spezifische Therapie erforderlich, Kontrolle des Östradiolspiegels
Hypermenorrhö	▶ Verordnung einer Kombinationspille
vaginaler Ausfluss	▶ Verordnung einer gestagenbetonten Pille
Brustspannen	▶ Verordnung einer gestagenbetonten Pille
Libidoabnahme	▶ Verordnung einer östrogenbetonten Pille

D-1.6

D-1.7

D-1.7 Absolute und relative Kontraindikationen für die Verordnung hormoneller Kontrazeptiva

	absolute Kontraindikationen	*relative Kontraindikationen*
kardiovaskuläre Erkrankungen	vorausgegangene Thrombosen oder Thromboembolien	Zustand nach oberflächlicher Beinvenenthrombose
	pulmonale Hypertonie	Thrombophlebitis
	Hypertonie > 160/95 mmHg	starke Varikosis
	Frauen über 35 Jahre, die mehr als 20 Zigaretten täglich rauchen	Frauen über 40 Jahre
	Schwere Migräne (migraine accompagneé)	Migräne (unkompliziert) Herzerkrankungen (z. B. Mitralklappenfehler)
Erkrankungen des Gerinnungssystems	Gerinnungsstörungen (z. B. Mangel an Antithrombin III, Protein C, Protein S)	
Erkrankungen des Lipidstoffwechsels	Hyperlipidämie mit Gefäßkomplikationen	
	ausgeprägte Adipositas (BMI > 40)	Hypercholesterinämie Hypertriglyzeridämie Hypertonie > 160/95 mmHg Otosklerose Adipositas (BMI ≤ 40)
Erkrankungen des Kohlenhydratstoffwechsels	schwer einstellbarer Diabetes mellitus	insulinpflichtiger Diabetes mellitus (Blutzuckerkontrolle, evtl. Neueinstellung)
	akute Erkrankungen des Pankreas	Zustand nach Gestationsdiabetes
	Diabetes mellitus mit Gefäßkomplikationen	
Leberstoffwechselstörung	akute Lebererkrankungen (z. B. Hepatitis)	Porphyrie
	Lebertumoren und schwerer Leberschaden	
	akute Erkrankungen der Gallenblase	familiäres Auftreten von Gallensteinen
	Enzymopathien der Leber (selten) ▪ Dubin-Johnson-Syndrom ▪ Rotor-Syndrom	
	Schwangerschaftsikterus in der Anamnese	
	wiederkehrender cholestatischer Ikterus	
Wachstumsstimulierung von hormonabhängigen Geweben	östrogenabhängige Tumoren ▪ prämaligne Portioveränderungen ▪ Hypophysentumoren (?) ▪ Mammakarzinom	
Verschiedenes	Frühgravidität geplante größere Operationen	schwere Oligomenorrhö bei jungen Patientinnen (Abklärung vor Verordnung des Präparates) Epilepsie

Absolute und relative Kontraindikationen für die Verordnung hormoneller Kontrazeptiva sind in Tab. **D-1.7** zusammengestellt.

Absolute und relative Kontraindikation für die Verordnung hormoneller Kontrazeptiva sind in Tab. **D-1.7** zusammengefasst.

Wirkungen auf den Kohlenhydratstoffwechsel. Unter Einnahme hormoneller Kontrazeptiva kann es zu einer Verminderung der Glukosetoleranz kommen. Es findet sich bei normalen Nüchternglukose- und Insulinspiegeln eine leicht erhöhte Insulin-Konzentration im oralen Glukosetoleranztest. Diese Veränderungen sind in aller Regel reversibel. Bei Frauen mit vorbestehendem Diabetes mellitus kann unter Pilleneinnahme der Insulinbedarf steigen. Bei fortgeschrittenen Stadien des Diabetes mit Gefäßbeteiligung muss die Verordnung hormoneller Kontrazeptiva sorgfältig abgewogen werden, da eine erhöhte Gefahr vaskulärer Komplikationen besteht.

Wirkungen auf den Kohlenhydratstoffwechsel. Häufig ist eine herabgesetzte Glukosetoleranz, die bei gesunden Frauen reversibel ist. Bei bestehendem Diabetes kann der Insulinbedarf steigen, bei Diabetes mit Gefäßkomplikationen müssen Vor- und Nachteile hormoneller Kontrazeptiva sorgfältig abgewogen werden.

Wirkungen auf den Fettstoffwechsel. Die Einnahme von Östrogenen und Gestagenen führt zu einer Veränderung peripherer Parameter des Fettstoffwechsels. Östrogene stimulieren die Synthese der Apolipoproteine in der Leber und steigern die Bildung von Rezeptoren, vor allem für Apoprotein B und E. Hierdurch kommt es zu einer beschleunigten Elimination von LDL. Durch Hemmung der Aktivität der hepatischen Triglyceridhydrolase bewirken Östrogene eine Steigerung der Konzentrationen zirkulierender HDL. Sie haben außerdem einen stark positiven Effekt auf die Triglycerid- und VLDL-Spiegel. Gestagene wirken einer Erhöhung der Triglycerid- und VLDL-Spiegel entgegen und erniedrigen HDL vor allem durch eine Aktivitätssteigerung der hepatischen Triglyceridhydrolase. Die meisten Wirkungen auf die peripheren Lipoproteinspiegel werden mit zunehmender Anwendungsdauer geringer und gleichen sich wieder prätherapeutischen Werten an. Eine etwaige Arteriosklerose-fördernde Wirkung oraler Kontrazeptiva (auf Grund ihres Einflusses auf den Fettstoffwechsel) konnte weder durch epidemiologische Erhebungen noch durch angiographische Untersuchungen nachgewiesen werden. Bei bestehenden Fettstoffwechselstörungen muss die Pillenverordnung sorgfältig abgewogen werden.

Wirkungen auf den Fettstoffwechsel. Östrogene und Gestagene verändern periphere Parameter des Fettstoffwechsels. Bei Fettstoffwechselstörungen muss die Pillenverordnung sorgfältig abgewogen werden.

Wirkungen auf den Eiweißstoffwechsel. Bei Einnahme oraler Kontrazeptiva kommt es zu geringen Verschiebungen im Serumalbumin-Globulin-Quotienten und zu einem Anstieg des α_1-Trypsin-Inhibitors. Diese Veränderungen findet man auch in der Schwangerschaft, sie sind nicht als pathologisch anzusehen.

Wirkungen auf den Eiweißstoffwechsel. Es kommt zu einer nicht pathologischen Verschiebung des Serumalbumin-Globulin-Quotienten und zu einem Anstieg des α_1-Trypsin-Inhibitors.

Wirkungen auf die Leberfunktion. Orale Kontrazeptiva bewirken eine Enzyminduktion sowie eine Stimulation der hepatischen Proteinsynthese (SHBG, CBG, TBG, Angiotensinogen). Die Veränderungen von Leberenzymen (Transaminasen, γ-GT, GOT, GPT) sind meist reversibel und bewegen sich innerhalb des physiologischen Normbereiches. Mäßige Erhöhungen der Leberenzyme, vor allem der Transaminasen, können durch eine ovulationshemmerinduzierte, nicht entzündliche Hepatose verursacht sein. Im Einzelfall muss die hormonale Kontrazeption abgesetzt werden. Eine virale Hepatitis wird nach heutigem Kenntnisstand durch orale Kontrazeptiva nicht ungünstig beeinflusst. Daher können orale Kontrazeptiva nach Normalisierung der Leberwerte wieder eingesetzt werden. Bei Persistenz pathologischer Leberwerte nach durchgemachter Hepatitis können orale Kontrazeptiva möglicherweise nachteilig sein.
Östrogene können zu einer Verringerung der Bilirubinkonjugierung und -ausscheidung führen. Hierdurch wird das Auftreten von Gallensteinen begünstigt. Patientinnen mit Schwangerschaftscholestase in der Anamnese zeigen meist auch bei Anwendung hormonaler Kontrazeptiva eine intrahepatische Cholestase. Enzymopathien, die zu einer Ausscheidungsstörung von Bilirubin führen (Dubin-Johnson-Syndrom, Rotor-Syndrom) werden durch orale Kontrazeptiva verschlechtert.
Orale Kontrazeptiva können über die Hemmung der Zytochrom-P450-abhängigen Monooxygenasen zu einer Vermehrung der Porphyrinogene führen. Bei Porphyrie ist eine mögliche Verordnung in Abhängigkeit vom Typ der Erkrankung abzuwägen.

Wirkungen auf die Leberfunktion. Orale Kontrazeptiva bewirken eine Enzyminduktion, eine Stimulation der hepatischen Proteinsynthese und eine Verringerung der Bilirubinkonjugierung und -ausscheidung. Bei bestehenden oder vorausgegangenen Lebererkrankungen muss die Verordnung hormonaler Kontrazeptiva je nach Sachlage entschieden werden.

Wirkungen auf den Blutdruck. Es kann zu einem reversiblen Anstieg des systolischen und diastolischen Blutdrucks um 1–5 mmHg kommen. Bei prädisponierten Frauen kann sich eine echte Hypertonie entwickeln. Bei schwerem Hypertonus (> 160/95 mmHg) sollte eine andere Methode angewendet werden.

Wirkungen auf den Blutdruck. Unter der Einnahme hormoneller Kontrazeptiva kann es zu einem reversiblen Anstieg des systolischen und diastolischen Blutdrucks um 1–5 mmHg kommen. Dies ist auf eine Störung des Renin-Angiotensin-Aldosteron-Systems zurückzuführen. Es kommt zu einer vermehrten Bildung von Angiotensinogen, einer verstärkten Natrium- und Wasserretention und einem erhöhten Plasma- und Herzminutenvolumen. Bei besonders prädisponierten Frauen mit familiärer Belastung kann sich eine Hypertonie mit Blutdruckwerten von über 140/90 mmHg entwickeln, die hinsichtlich der hormonell verursachten Komponente reversibel ist. Bei Frauen mit manifester Hypertonie bringt die hormonelle Kontrazeption ein erhöhtes Risiko für vaskuläre Komplikationen mit sich.
Bei leichtem Hypertonus bis zu 160/95 mmHg können nach Risikoabwägung niedrig dosierte Ovulationshemmer bzw. Gestagen-Monopräparate verordnet werden. Bei schwereren Hypertonien sollte auf hormonelle Kontrazeptiva verzichtet werden.

Wirkung auf das Gerinnungssystem. Das Risiko einer thromboembolischen Erkrankung, unter Umständen mit Todesfolge (Zerebralthrombose, Lungenembolie), ist erhöht. Die Häufigkeit steigt mit zunehmendem Alter, besonders gefährdet sind Raucherinnen.

Wirkung auf das Gerinnungssystem. Die hormonellen Kontrazeptiva erhöhen in quantitativ geringem Ausmaß das Risiko einer thromboembolischen Erkrankung, in schweren Fällen (Zerebralthrombose, Lungenembolie) unter Umständen mit Todesfolge. Die Häufigkeit tödlicher thromboembolischer Komplikationen steigt mit zunehmendem Alter. Starke Raucherinnen sind zusätzlich gefährdet.
Östrogene führen zu einer überphysiologischen Synthesesteigerung von Gerinnungsfaktoren – wie auch von fibrinolytischen Faktoren – der Leber. Zusätzlich kommt es zu einer Aggregationsförderung der Thrombozyten, sowie zu einer vermehrten Thrombinbildung. Der Nettoeffekt der Veränderung sämtlicher Faktoren führt zu einer Verschiebung des Gerinnungspotenzials im Sinne der Hyperkoagulabilität. In den meisten Fällen wird diese jedoch offensichtlich kompensiert. Komplikationen treten zumeist bei prädisponierten Frauen auf.

Eine genaue Eigen- und Familienanamnese ist wichtig. Bei der Verordnung sollte niedrig dosierten Präparaten der Vorzug gegeben werden, da sie ein geringeres Thromboserisiko zu haben scheinen.

Eine genaue Erhebung der Anamnese bezüglich früher durchgemachter Thrombosen oder einer familiären Belastung ist daher besonders wichtig. Bei der Verordnung hormoneller Kontrazeptiva sollte niedrig dosierten Präparaten der Vorzug gegeben werden, da hier das Thromboserisiko geringer zu sein scheint. Bei Frauen mit belasteter Anamnese sollte eine andere Verhütungsmethode gewählt werden. Krampfadern stellen keine Kontraindikation dar, bei Zunahme der Stauungsbeschwerden sollte jedoch ebenfalls eine andere Methode erwogen werden.
Bei Sichelzellerkrankungen kommt es häufig zu rezidivierenden Vasookklusionen mit Gewebszerstörung in fast allen Organen. Es gibt jedoch keine Hinweise für ein erhöhtes Thromboserisiko bei dieser Patientengruppe. Daher ist die Anwendung hormonaler Kontrazeptiva hier nicht absolut kontraindiziert.

Tab. **D-1.8** fasst die wichtigsten Warnhinweise zusammen, die zum Absetzen des Präparates führen sollten.

Aus den Nebenwirkungen ergeben sich die wichtigsten Warnhinweise, die zum Absetzen des Präparates führen sollten (Tab. **D-1.8**).
Von wichtiger präventiver Bedeutung ist die regelmäßige Durchführung der Krebsvorsorge-Untersuchung.

Kokarzinogenese. Die Einnahme hormoneller Kontrazeptiva scheint das Risiko eines Zervixkarzinoms gering zu erhöhen. Das Risiko für ein Mammakarzinom ist generell nicht erhöht.

Kokarzinogenese. Die karzinogene Wirkung der oralen Kontrazeptiva wurde in mehreren Langzeitstudien untersucht. Man ist derzeit der Ansicht, dass das Risiko der Entstehung eines Zervixkarzinoms leicht erhöht ist. Es ist jedoch nicht völlig geklärt, ob diese Erhöhung auf ein verändertes Sexualverhalten mit größerer sexueller Freiheit wegen der Möglichkeit einer sicheren Kontrazeption zurückzuführen ist. So wird auch die Übertragung von karzinomassoziierten humanen Papillomaviren begünstigt, von denen bestimmte Gruppen (HPV 16, 18, 31, 33, 35) als Kofaktoren für die Karzinomentstehung eine Rolle spielen.

Das Risiko von Endometriumkarzinomen und Ovarialkarzinomen ist nach langjähriger Einnahme oraler Kontrazeptiva deutlich erniedrigt.

Die bisher zur Frage der Risikoerhöhung für das Auftreten eines Mammakarzinoms durchgeführten Studien konnten keinen Zusammenhang mit der Einnahme oraler Kontrazeptiva nachweisen. Eine geringe Erhöhung des Risikos bei längerer Einnahme der Pille vor dem 25. Lebensjahr vor der ersten ausgetra-

D-1.8 Warnhinweise, die zum Absetzen der Pille führen sollten

▶ Erkrankungen	tiefe Beinvenenthrombose Myokardinfarkt Gallenblasenkoliken Pankreatitis
▶ Symptome	Beinschmerzen Ikterus epileptische Reaktionen akute Sehstörungen heftige ungewohnte Kopfschmerzen starker Blutdruckanstieg

Weiterhin sollte die Pille 6 Wochen vor einer geplanten Operation oder bei längerer Immobilisierung abgesetzt werden.

D-1.8

genen Schwangerschaft wird weiterhin diskutiert. Gesichert ist die Abnahme der Häufigkeit von Endometriumkarzinomen und Ovarialkarzinomen um ca. 50 % nach langjähriger Einnahme kombinierter oraler Kontrazeptiva.
Die Entstehung von Leberzelladenomen und Leberzellkarzinomen unter der Pille wurde bisher nur in Fallberichten und Fallkontrollstudien erwähnt. Größere Studien, die ein erhöhtes Risiko sichern, wurden bisher nicht durchgeführt.

Die Entstehung von Leberzelladenomen und -karzinomen ist aus Fallberichten bekannt. Größere Studien zur Risikosicherung wurden bisher nicht durchgeführt.

Teratogenität. Orale Kontrazeptiva erhöhen das Fehlbildungsrisiko beim Embryo oder Fetus nicht. Ein Schwangerschaftsabbruch aus medizinischer Indikation bei versehentlicher Einnahme oraler Kontrazeptiva in der Frühschwangerschaft ist nicht gerechtfertigt. Auch bei Anwendung von niedrigdosierten anti-androgen wirksamen oralen Kontrazeptiva wurde eine Fehlbildung im Sinne einer Verweiblichung männlicher Feten nicht beobachtet. Bei Einnahme hoher Dosen anti-androgen wirksamer Substanzen (Cyproteronacetat), von Androgenen oder Anabolika muss das Risiko im Einzelfall durch eine genetische Beratungsstelle beurteilt werden.

Teratogenität. Orale Kontrazeptiva erhöhen das Fehlbildungsrisiko beim Embryo oder Fetus nicht.

▶ **Merke.** Die meisten ernsthaften Komplikationen, die die Einnahme von Ovulationshemmern mit sich bringt, gehen vom Gefäßsystem aus!
Sie erhöhen das Risiko
- einer Koronarerkrankung
- eines Myokardinfarkts
- thromboembolischer Erkrankungen
- eines zerebralen Insultes (ischämisch oder hämorrhagisch)!

Risikofaktoren sind:
- Alter über 35 Jahre
- Rauchen
- RR ↑
- Hyperlipidämie
- Nierenerkrankungen
- Diabetes mellitus

Liegen einer oder mehrere dieser Risikofaktoren vor, wobei dem Rauchen und dem Alter die größte Bedeutung zukommt, ist die betroffene Frau besonders gefährdet.

◀ Merke

Subjektive Begleiterscheinungen. Sie sind bei Pilleneinnahme häufig und wurden vielfach auch in Plazebogruppen beobachtet.

Subjektive Begleiterscheinungen sind häufig.

Günstige Eigenschaften. Die Ovulationshemmer zeigen eine Reihe günstiger Begleiteigenschaften, die sich gezielt therapeutisch einsetzen lassen. Dazu

Günstige Eigenschaften. Zu den günstigen Eigenschaften der Ovulationshemmer zählen die Besserung von Dysmenorrhö, Hypermenorrhö, Mittelschmerz und dem prämenstruellen Syndrom. Einer Zystenbildung des Ovars wird vorgebeugt. Der Uterus myomatosus, die Endometriose und die Mastopathie können durch Gestagene behandelt werden. Die Zahl gutartiger Brusterkrankungen nimmt ab. Präparate mit antiandrogener Komponente bessern Akne, Seborrhö und Hirsutismus. Eine weitere günstige Eigenschaft ist die Verminderung der Häufigkeit bestimmter Karzinome.

gehört die Behandlung von Dysmenorrhö, Mittelschmerz und dem prämenstruellen Syndrom. Die Hypermenorrhö wird insbesondere durch gestagenbetonte Präparate vermindert. Gestagenbetonte Präparate oder Gestagene allein können für die Behandlung des Uterus myomatosus, der Endometriose oder der Mastopathie herangezogen werden. Es ist hier zu beachten, dass Östrogene bei diesen Erkrankungen relativ kontraindiziert sind. Die Zahl gutartiger Brustveränderungen nimmt unter der Einnahme von kombinierten oralen Kontrazeptiva ab. Östrogene – Gestagene können auch einer Zystenbildung der Ovarien vorbeugen oder zur Behandlung ovarieller Funktionszysten dienen. Östrogen-Antiandrogen-Kombinationspräparate bessern die Erscheinungen bei Akne, Seborrhö, androgenetischem Haarausfall und Hirsutismus. Hingewiesen sei außerdem auf die Verminderung der Häufigkeit bestimmter Karzinome.

1.2.8 Wechselwirkungen zwischen oralen Kontrazeptiva und anderen Medikamenten

Enzyminduktoren beschleunigen den Abbau der oralen Kontrazeptiva.

1.2.8 Wechselwirkungen zwischen oralen Kontrazeptiva und anderen Medikamenten

Durch Enzyminduktion kommt es zu einem beschleunigten Abbau der Steroide und somit zu einer Gefährdung der Kontrazeption. Zu den wichtigen Enzyminduktoren gehören Rifampicin, Penizilline, Sulfonamide, Diazepam, Barbiturate, Phenobarbital und Phenylbutazon.

▶ Merke

▶ **Merke.** Medikamente wie Rifampicin, Phenobarbital, Penizilline und Sulfonamide können durch Enzyminduktion die Kontrazeption gefährden.

▶ Klinischer Fall

▶ **Klinischer Fall.** Eine 30-jährige Patientin kommt in die Sprechstunde. Die letzte Schwangerschaft ist trotz liegendem IUP eingetreten. Die Patientin hat jetzt 3 Kinder. Ihr Kinderwunsch ist damit abgeschlossen. Risikofaktoren, die gegen die Einnahme von Ovulationshemmern sprechen würden, bestehen nicht.
Wir raten der Patientin zur Verhütung durch Ovulationshemmer. Damit wird dem nun größeren Sicherheitsbedürfnis der Patientin entsprochen, da bereits einmal trotz liegender Spirale eine Schwangerschaft eingetreten ist. Von einer endgültigen operativen Empfängnisverhütung (z. B. Tubenligatur) würden wir angesichts des Alters der Patientin abraten, da sich die Lebenssituation der Patientin in den nächsten Jahren durchaus ändern könnte und ein erneuter Kinderwunsch nicht ausgeschlossen ist.

1.3 Natürliche Methoden

Übersicht. Die natürlichen Methoden beruhen auf der Festlegung der fertilen Tage. Als Basis dient die Zeitwahlmethode nach Ogino und Knaus.

1.3 Natürliche Methoden

Übersicht. Die natürlichen Methoden beruhen auf der Festlegung der möglichen fertilen Tage im Menstruationszyklus. Als Basis dieser Methoden dient die Zeitwahlmethode nach Ogino und Knaus. Diese kann mit der Beurteilung physiologischer körperlicher Veränderungen im Zyklus kombiniert werden. Insgesamt liegt die Sicherheit der natürlichen Methoden unter der Sicherheit anderer Möglichkeiten der Kontrazeption.

1.3.1 Zeitwahlmethode (periodische Enthaltsamkeit, Kalendermethode)

Wirkungsweise. Sie beruht auf der Konstanz der Corpus-luteum-Phase, wodurch der Ovulationszeitpunkt berechnet werden kann. Nach Knaus findet die Ovulation bei einem 28-tägigen Zyklus immer am 15. Tag vor der zu erwartenden Menstruation statt. Zum eigentlichen Ovulationstag werden dann 3 Tage vor- (Lebensfähigkeit der Spermien) und 1 Tag nach der Ovulation (Lebensfähigkeit der Eizelle) addiert.

1.3.1 Zeitwahlmethode (periodische Enthaltsamkeit, Kalendermethode)

Wirkungsweise. Die Methode beruht auf der Konstanz der Corpus-luteum-Phase. Nach Knaus findet die Ovulation bei einem 28-tägigen Zyklus immer am 15. Tag vor der zu erwartenden Menstruation statt, da die Gelbkörper- oder postovulatorische Phase mit 14 Tagen normalerweise nahezu konstant ist. Rechnet man 3 Tage vor der Ovulation für die Lebensfähigkeit der Spermien und einen Tag nach der Ovulation für die Lebensfähigkeit der Eizelle zum eigentlichen Ovulationstag hinzu, so ergeben sich nach Knaus in einem 28-tägigen Zyklus 5 fruchtbare Tage, nämlich immer zwischen dem 12. und dem 16. Zyklustag. Nach Ogino kann der Ovulationszeitpunkt vom 12. bis zum 16. Tag vor der nächsten Menstruation schwanken. Es ergibt sich damit eine fruchtbare Phase vom 9. bis zum 17. Zyklustag.

Nach Knaus liegen die fruchtbaren Tage somit zwischen dem 12.–16. Zyklustag. Nach Ogino liegt die fruchtbare Phase zwischen dem 9.–17. Tag.

Anwendung. Beide, Ogino und Knaus fordern, dass vor Anwendung ihrer Berechnungsmethode zunächst für 12 Monate die Konstanz des Zyklus bzw. die größte und geringste Abweichung durch Kalenderführung festgestellt werden muss. Aus der kürzesten und längsten Zyklusdauer ergeben sich dann die individuellen fruchtbaren Tage nach der Formel von Knaus folgendermaßen: längster Zyklus minus 11 Tage, kürzester Zyklus minus 18 Tage. Dies bedeutet bei einem längsten Periodenabstand von 32 und einem kürzesten Abstand von 26 Tagen eine fruchtbare Phase von Tag 8 bis 21 des Zyklus. Durch Hinzufügen weiterer Tage vor und nach der Ovulation wird die mögliche „fruchtbare Phase" verlängert und die Sicherheit verbessert. Man kommt dann jedoch zu langen Phasen der Abstinenz, die bei Zyklusunregelmäßigkeiten noch weiter verlängert werden.

Anwendung. Nach Ogino und Knaus muss vor der Anwendung der Methode die Konstanz des Zyklus über 12 Monate geprüft werden. Die fruchtbaren Tage werden dann unter Berücksichtigung des längsten und des kürzesten Zyklus festgelegt.

▶ **Merke.** Berechnung der fertilen Tage nach Ogino/Knaus:
erster fertiler Tag: kürzester Zyklus minus 18 Tage,
letzter fertiler Tag: längster Zyklus minus 11 Tage.

◀ **Merke**

Zuverlässigkeit. Die Zeitwahlmethode hat einen Pearl-Index von 9. Sie wird stark durch Zyklusschwankungen und Verschiebungen des Ovulationstermins (z. B. bei fieberhaften Erkrankungen, Operationen, körperlichen und psychischen Stresssituationen, Medikamenteneinnahme, Diät) beeinflusst. Die Zeitwahlmethode ist daher eher geeignet, die fruchtbaren Tage bei Kinderwunsch festzulegen.

Zuverlässigkeit. Pearl-Index: 9.

1.3.2 Billings-Methode (Beurteilung der Spinnbarkeit des Zervikalschleims)

Mit der Billings-Methode wird versucht, den voraussichtlichen Ovulationstermin täglich im voraus festzulegen, um so die langen Abstinenzzeiten der Kalendermethoden zu umgehen.

Wirkungsweise. Die Methode beruht darauf, dass mit zunehmender Östrogenisierung durch den reifenden Follikel der Flüssigkeitsgehalt in der Scheide zunimmt. Die Viskosität des Zervixschleims nimmt ab, er wird wässriger und klarer. Der Introitus vaginae wird feuchter und die Lubrikation nimmt zu.

Wirkungsweise. Die Billings-Methode beruht auf der Beurteilung des Zervixsekrets, um den voraussichtlichen Ovulationstermin festzulegen.

Anwendung. Die Beschaffenheit des Zervixschleims (Menge, Konsistenz, Spinnbarkeit, Farbe) ist täglich zu beurteilen und zu dokumentieren. Besonderheiten wie vermehrter Ausfluss, Geschlechtsverkehr, Krankheiten, Medikamente sind ebenfalls zu vermerken. Sobald sich an aufeinander folgenden Tagen die Schleimmenge verdoppelt oder verdreifacht, ist innerhalb der nächsten 2–3 Tage mit dem Eisprung zu rechnen und sexuelle Abstinenz geboten. Zur Beurteilung der Spinnbarkeit s. Abb. **D-1.4**.

Anwendung. Die Beschaffenheit des Zervixschleims ist täglich zu beurteilen. Sobald sich die Schleimmenge an aufeinander folgenden Tagen verdoppelt oder verdreifacht, ist innerhalb der nächsten 2–3 Tage mit dem Eisprung zu rechnen. Zur Spinnbarkeit s. Abb. **D-1.4**.

Zuverlässigkeit. Der Pearl-Index der Billings-Methode wird mit etwa 15 angegeben.

Zuverlässigkeit. Pearl-Index: etwa 15.

D-1.4 „Billings-Methode zur Beurteilung der Spinnbarkeit des Zervikalschleims"

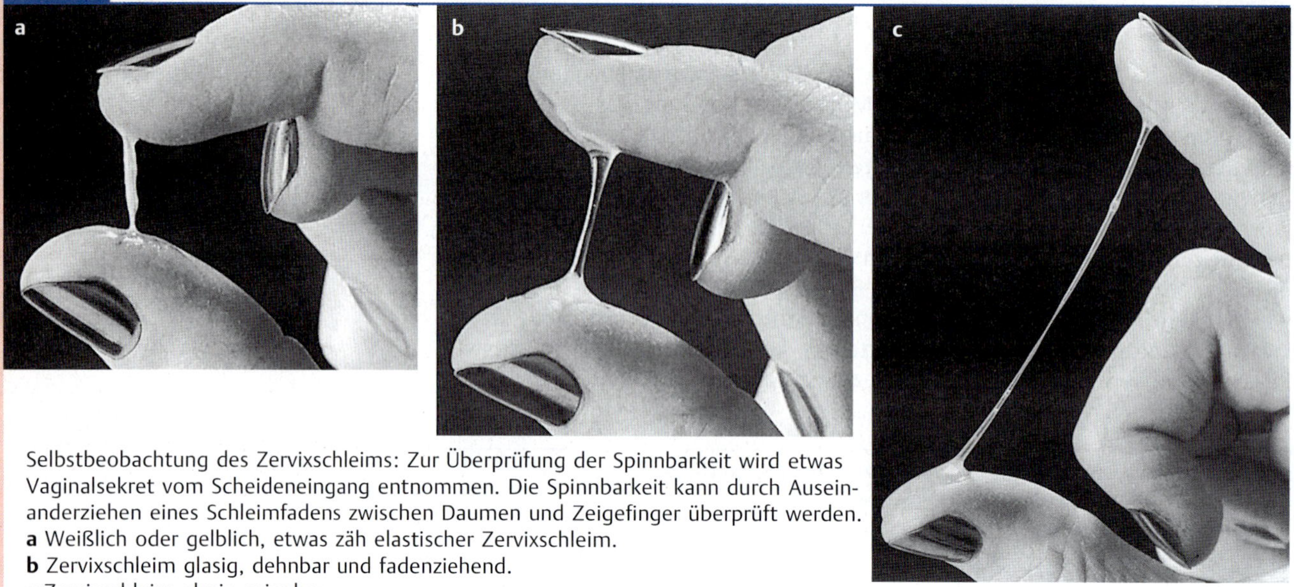

Selbstbeobachtung des Zervixschleims: Zur Überprüfung der Spinnbarkeit wird etwas Vaginalsekret vom Scheideneingang entnommen. Die Spinnbarkeit kann durch Auseinanderziehen eines Schleimfadens zwischen Daumen und Zeigefinger überprüft werden.
a Weißlich oder gelblich, etwas zäh elastischer Zervixschleim.
b Zervixschleim glasig, dehnbar und fadenziehend.
c Zervixschleim glasig spinnbar.

1.3.3 Basaltemperaturmessung

Diese Methode erfordert die Aufzeichnung der täglichen **„Aufwachtemperatur"** und deren Beurteilung im Zyklusverlauf.

Wirkungsweise. Grundlage ist der **biphasische** Verlauf der Aufwachtemperatur. Man geht davon aus, dass bei etwa 80 % der Frauen der Ovulationstermin durch den tiefsten Temperaturpunkt vor dem Anstieg auf das Niveau der hyperthermen Phase gekennzeichnet wird. Die Temperaturerhöhung wird durch die Wirkung des Progesterons vermittelt (s. auch S. 90 f). Nach der Definition der WHO gilt der Anstieg als gesichert, wenn er innerhalb von 48 Stunden (oder weniger)

1.3.3 Basaltemperaturmessung

Die Aufwachtemperatur wird täglich aufgezeichnet und beurteilt.

Wirkungsweise. Im biphasischen Kurvenverlauf kennzeichnet der tiefste Punkt vor dem Anstieg zur bleibenden Temperaturerhöhung den Ovulationstermin. Ab dem 3. Tag der hyperthermen Phase (Progesteronwirkung) wurde noch nie eine Kon-

D-1.5

D-1.5 **Basaltemperaturkurve mit Konzeptionsoptimum und sicher unfruchtbaren Tagen**

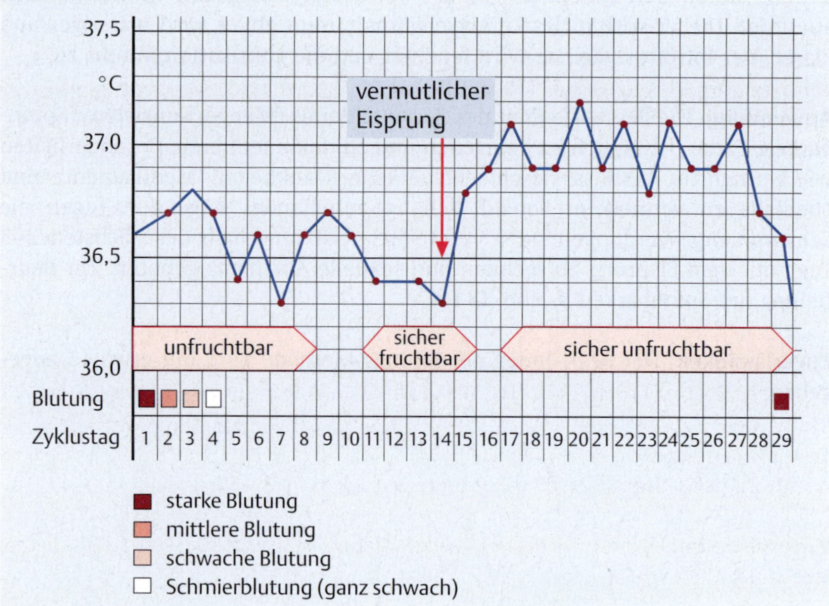

erfolgt und die Temperatur mindestens an 3 aufeinander folgenden Tagen um mindestens 0,2 °C höher liegt als an den vorangegangenen 6 Tagen. Ab dem 3. Tag der hyperthermen Phase bis zur nächsten Blutung ist nie eine Konzeption beobachtet worden. Ein Beispiel zeigt Abb. **D-1.5**. Dauert die hypertherme Phase länger als 16 Tage, muss mit einer Schwangerschaft gerechnet werden.

zeption beobachtet. Ein Beispiel zeigt Abb. **D-1.5**. Dauert die hypertherme Phase länger als 16 Tage, muss mit einer Schwangerschaft gerechnet werden.

Anwendung. Die Basaltemperatur sollte zunächst über einige Monate gemessen werden, ohne dass diese Methode zur Kontrazeption dient. Die Temperatur muss immer auf die gleiche Weise gemessen werden – oral, vaginal oder rektal. Diese Probephase dient zur Feststellung der Regelmäßigkeit des Zyklus und zur Bestimmung des Mittelwerts für den 1. hyperthermen Tag. Es ist unbedingt zu beachten, dass jeden Morgen zur gleichen Zeit und vor dem Aufstehen gemessen wird, unter Ruhebedingungen (d. h. vor jeder anderen Tätigkeit wie Essen, Trinken, Rauchen) und nach einer Schlafdauer von 5–6 Stunden. Abweichungen sollten im Kurvenprotokoll bei den jeweiligen Tagen vermerkt werden.

Anwendung. Vor Anwendung der Methode sollte die Basaltemperaturkurve über einige Monate bestimmt werden. Die Temperatur muss täglich auf die gleiche Weise, zur gleichen Zeit vor dem Aufstehen und nach einer Schlafdauer von 5–6 Stunden gemessen werden.

Zuverlässigkeit. Der Pearl-Index wird bei strenger Anwendung (Geschlechtsverkehr nur in der unfruchtbaren Phase nach dem Eisprung) mit 3 angegeben.

Zuverlässigkeit. Bei konsequenter Anwendung Pearl-Index: 3.

1.3.4 Symptothermale Methoden

Bezüglich der natürlichen Familienplanung unterscheidet man im biphasischen 28-tägigen Menstruationszyklus eine unfruchtbare Periode in der Follikelphase, eine sicher fruchtbare periovulatorische Phase sowie eine sicher unfruchtbare Periode in der Lutealphase. Die einzelnen Maßnahmen der natürlichen Methoden legen immer nur einen Teil des Zyklus als sicher unfruchtbar fest. Durch Kombination verschiedener Maßnahmen, die mehr als einen Indikator zur Festlegung der fruchtbaren Phase benutzen, z. B. die Veränderung des Zervikalschleims in Kombination mit Kalendermethoden zur Berechnung des Beginns der fertilen Periode oder mit Temperaturmethoden zur Ermittlung ihres Endes, kann die natürliche Familienplanung optimiert werden.

1.3.4 Symptothermale Methoden

Mehrere Indikatoren zur Festlegung der fruchtbaren Tage werden kombiniert:
- Kalendermethode (Knaus/Ogino)
- Basaltemperaturkurve
- Billings-Methode

Zuverlässigkeit. Bei sorgfältiger Anwendung kann eine hohe kontrazeptive Sicherheit erreicht werden. Dies spiegelt sich in einem Pearl-Index von 0,8–10 wider.

Zuverlässigkeit. Bei sorgfältiger Anwendung kann eine hohe kontrazeptive Sicherheit erreicht werden (Pearl-Index 0,8–10).

1.3.5 Verlängerte Stillperiode

Während der Stillperiode besteht eine leichte Hyperprolaktinämie mit sekundärer Oligo-/Amenorrhö und Anovulation. Spontanovulationen kommen jedoch auch in der Stillperiode vereinzelt vor. Die Methode der verlängerten Stillzeit wird in zahlreichen Entwicklungsländern praktiziert und führt zumindest zu einer Verminderung der unerwünschten Schwangerschaften, setzt jedoch regelmäßiges Anlegen des Kindes zum Trinken voraus.

1.3.5 Verlängerte Stillperiode

Während der Stillperiode besteht auf Grund der Hyperprolaktinämie eine sekundäre Oligo-/Amenorrhö, Spontanovulationen sind jedoch möglich.

Zuverlässigkeit. Die kontrazeptive Sicherheit ist relativ schlecht. Versager treten in 8–10 % der Fälle auf.

Zuverlässigkeit. Die kontrazeptive Sicherheit ist auf Grund von gelegentlich auftretenden Ovulationen schlecht (8–10 % Versager).

1.3.6 Coitus interruptus

Der Geschlechtsverkehr wird vor der Ejakulation unterbrochen. Diese Methode stellt hohe Anforderungen an die Selbstbeherrschung des Partners. Das Bewusstsein der Unsicherheit kann bei der Frau zur Konzeptionsangst und damit zu psychosexueller Hemmung und Anorgasmie führen.

1.3.6 Coitus interruptus

Der Geschlechtsverkehr wird vor der Ejakulation unterbrochen.

Zuverlässigkeit. Die Sicherheit ist nicht besonders hoch, der Pearl-Index wird mit 4–18 angegeben.

Zuverlässigkeit. Pearl-Index: 4–18.

1.4 Mechanische und chemische Methoden

1.4.1 Scheidendiaphragma

Das Scheidendiaphragma ist eine scheibenförmige Gummimembran, die sich zwischen vorderer und hinterer Scheidenwand entfaltet und die Portio uteri völlig bedeckt (Abb. **D-1.6a**).

Anwendung. Das Diaphragma wird vor dem Verkehr in die Scheide eingeführt und 8–10 Stunden nach dem Verkehr wieder entfernt. Zur Verbesserung der kontrazeptiven Sicherheit sollte es immer mit spermizider Creme bestrichen werden.

Zuverlässigkeit. Pearl-Index: 12–20, bei Kombination mit Spermiziden 4–10.

D-1.6

1.4 Mechanische und chemische Methoden

1.4.1 Scheidendiaphragma

Es handelt sich um eine fast scheibenförmige dünne Gummimembran, deren Form durch einen eingelagerten Metallspiralenring erhalten wird. Das segelartig ausgespannte Diaphragma deckt die Portio und den vorderen Scheidenbereich mechanisch ab. Es liegt aber im Gegensatz zur Portiokappe in der Scheide und kann sich durch seine Verformbarkeit auf Grund des federnden Außenrings der Weite der Scheide anpassen. Wichtig ist die genaue Größenanpassung des Diaphragmas durch den Arzt und Kontrolle der Größe bei Änderung des Körpergewichts um mehr als 5 kg sowie nach Geburt. Bei zu kleinen Diaphragmen ist die Abdichtung der Portio durch das Diaphragma unzuverlässig, ein zu großes Diaphragma verursacht ein ständiges Druckgefühl. Der Umgang mit dem Scheidendiaphragma sollte in Anwesenheit des Arztes geübt und von diesem kontrolliert werden. Unbedingt wichtig ist, dass die Frau nicht nur das Einführen übt, sondern auch die richtige Platzierung des Diaphragmas durch Nachtasten beurteilen lernt.

Anwendung. Vor dem Verkehr wird das Diaphragma zusammengedrückt in die Scheide eingeführt, wo es sich zwischen Symphyse und hinterem Scheidengewölbe entfaltet. Die Portio uteri ist dabei völlig bedeckt, die Verankerungspunkte des Diaphragmas liegen im hinteren Scheidengewölbe und hinter der Symphyse (Abb. **D-1.6a**). Zur Verbesserung der kontrazeptiven Sicherheit sollte das Diaphragma vor dem Einführen immer mit spermizider Creme bestrichen werden, die auf den Rand des Diaphragma aufgetragen wird. Das Diaphragma kann bis zu 2 h vor dem Geschlechtsverkehr eingeführt werden und muss danach mindestens 8–10 Stunden in der Vagina verbleiben. Für einen erneuten Geschlechtsverkehr ist eine nochmalige Applikation des Spermizids nötig.
Vorteilhaft ist, dass das Diaphragma nur verwendet wird, wenn es gebraucht wird. Es ist gut verträglich und stellt kein gesundheitliches Risiko dar. Kontraindikationen sind ein ausgeprägter Descensus uteri sowie narbige Prozesse der Scheide.

Zuverlässigkeit. Das Diaphragma allein hat einen Pearl-Index von 12–20. Bei Anwendung in Kombination mit Spermiziden gewährleistet das Diaphragma einen relativ zuverlässigen Schutz mit einem Pearl-Index von 4–10.

D-1.6 **Scheidendiaphragma (a) und Portiokappe (b) in situ**

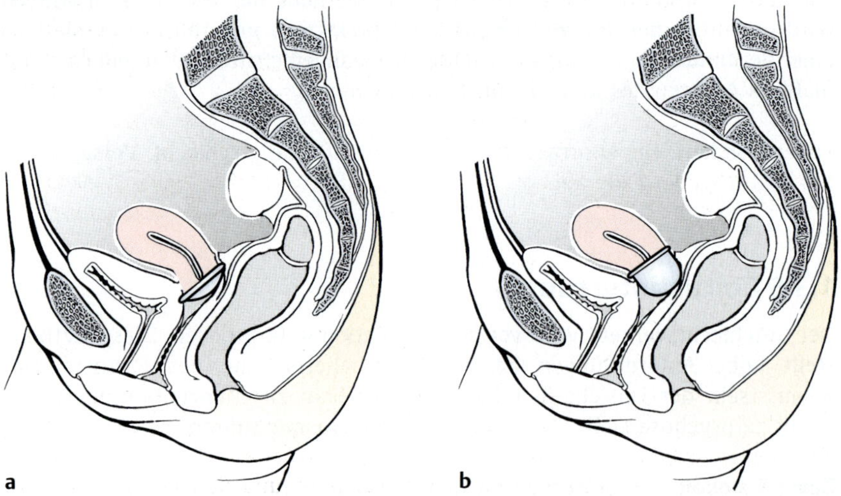

1.4.2 Okklusivpessare (Portiokappen, Zervixpessare)

Portiokappen sind halbkugelförmige Kappen mit aufgeworfenem Rand. Sie bestehen entweder aus Gummi oder Plastik. Sie bewirken eine Abdeckung des äußeren Muttermundes. Abb. **D-1.6b** zeigt eine Portiokappe in situ.

Anwendung. Das Pessar wird vom Arzt oder der Frau selbst nach der Menstruation auf die Portio aufgesetzt und kurz vor dem erwarteten Termin der nächsten Menstruation wieder entfernt. Die Kombination mit Spermiziden ist möglich. Vorteile der Portiokappen sind die fehlenden systemischen Nebenwirkungen sowie die nicht allzu häufigen genitalen Manipulationen. Nachteilig können lokale Reizungen (Zervizitis, Endometritis) sein. Bei Frauen mit bestehenden Entzündungen im Genitalbereich ist die Portiokappe kontraindiziert. Es wird als unangenehm empfunden, dass die Portiokappe häufig durch den Arzt ersetzt werden muss (in 50 % der Fälle kann sie nicht selbst platziert oder entfernt werden).

Zuverlässigkeit. Die Portiokappe allein hat einen Pearl-Index von 6. Durch Kombination mit Spermiziden kann die kontrazeptive Sicherheit erhöht werden. Auf Grund ihrer relativ geringen kontrazeptiven Sicherheit kann die Methode nur bedingt für Frauen mit noch nicht abgeschlossener Familienplanung empfohlen werden, die andere Methoden nicht vertragen oder ablehnen. Die Portiokappe hat als Verhütungsmethode keine Verbreitung gefunden.

1.4.2 Okklusivpessare (Portiokappen, Zervixpessare)

Okkluvispessare sind halbkugelförmige Kappen, die auf die Portio aufgesetzt werden. Sie bewirken einen Verschluss des äußeren Muttermundes (Abb. **D-1.6b**).

Anwendung. Die Portiokappe wird nach der Menstruation auf die Portio aufgesetzt und kurz vor der nächsten Menstruation wieder entfernt. Nachteilig können lokale Reizungen sein.

Zuverlässigkeit. Pearl-Index: 6. Durch Kombination mit Spermiziden kann die Sicherheit erhöht werden.

1.4.3 Kondom

Kondome sind die am häufigsten zur Kontrazeption verwendeten Mittel überhaupt. Ein wichtiger Vorteil des Kondoms als Barrieremethode ist der sichere Schutz vor der Übertragung von Genitalinfektionen einschließlich der HIV-Infektion.

Wirkungsweise. Das Kondom ist die einzige vom Mann anzuwendende Barrieremethode. Kondome bestehen aus hochelastischem Gummi mit einer Schichtdicke von 0,5–0,8 mm und enthalten an ihrer inneren Oberfläche ein Spermizid. Die äußere Oberfläche ist mit einer silikonhaltigen Gleitsubstanz versehen.

Zuverlässigkeit. Der Pearl-Index liegt zwischen 2 und 12.

1.4.3 Kondom

Kondome sind die am häufigsten verwendeten Kontrazeptiva. Ein Vorteil des Kondoms ist der Schutz vor Übertragung von Genitalinfektionen.

Zuverlässigkeit Pearl-Index: 2–12.

1.4.4 Kondom für die Frau (Femidom)

Das Frauenkondom besteht aus dünnem Polyurethan. Es ist ca. 15 cm lang und liegt wie ein großes Kondom locker in der Vagina. Es bedeckt zusätzlich den Scheideneingang. Das Femidom ist die einzige Barrieremethode in den Händen der Frau, das einen guten Schutz vor sexuell übertragbaren Infektionen einschließlich der HIV-Infektion bietet.

Wirkungsweise. Das Femidom wird vor dem Koitus in die Vagina platziert. Es ist mit einem Spermizid beschichtet (Nonoxinol-9) und für den einmaligen Gebrauch bestimmt.

Zuverlässigkeit. Der Pearl-Index wird mit 1–14 angegeben.

1.4.4 Kondom für die Frau (Femidom)

Das Frauenkondom besteht aus Polyurethan. Es wird vor dem Koitus in die Vagina platziert. Es bietet guten Schutz vor sexuell übertragbaren Infektionen.

Zuverlässigkeit. Pearl-Index: 1–14.

1.4.5 Spermizide

Spermizide Substanzen liegen in verschiedenen Zubereitungen als Tabletten, Zäpfchen, Cremes und Schaumovula vor. Sie werden vor dem Verkehr tief in das hintere Scheidengewölbe appliziert. Tabletten und Schaumovula müssen sich zunächst in der Scheide auflösen, bevor die volle Wirksamkeit entfaltet ist. Dies dauert mindestens 10 Minuten.

1.4.5 Spermizide

Tabletten und Schaumovula benötigen etwa 10 Minuten, um sich in der Scheide aufzulösen.

Wirkungsweise. Die Spermizide bewirken sowohl eine mechanische Sperre gegen die Spermienaszension als auch eine Abtötung der Spermatozoen.

Wirkungsweise. Das Wirkprinzip der vaginalen Kontrazeption mit spermiziden Zubereitungen beruht auf einer mechanischen Sperre gegen die Aszension der Spermatozoen und gleichzeitig auf der spermiziden Aktivität. Beide Effekte sind sowohl chemischer als auch physikalischer Art.

Zuverlässigkeit. Pearl-Index: 3–21.

Zuverlässigkeit. Die alleinige Anwendung von Spermiziden hat je nach Zusammensetzung eine sehr unterschiedliche Wirksamkeit. Präparate, die Nonoxinol enthalten, haben sich als verhältnismäßig zuverlässig erwiesen. Der Pearl-Index liegt zwischen 3 und 21.

1.5 Intrauterine Methoden

Moderne **Intrauterinpessare** bestehen aus meist T-förmigen Kunststoffskeletten, die Kupfer oder ein Gestagen enthalten. Abb. **D-1.7** zeigt die gebräuchlichsten Modelle.

1.5 Intrauterine Methoden

Intrauterinpessar (IUP, IUD). Moderne Intrauterinpessare bestehen aus gewebefreundlichen, flexibel gestalteten Kunststoffskeletten. Ihr Design ist meist T-förmig. Abb. **D-1.7** zeigt die gebräuchlichsten Modelle. Der vertikale Arm ist mit Kupferdraht umwickelt und dient als Lagestabilisator im Uterus. Außerdem werden IUPs angewandt, die nicht mit Kupfer, sondern mit Gestagen beladen sind (IUS, Intrauterinsystem).

Wirkmechanismus. Inerte IUPs verursachen im Uterus eine „sterile Entzündung" mit Einwanderung von polymorphkernigen Leukozyten und Makrophagen. Das ionisierte Kupfer wirkt zusätzlich spermizid. Gestagenhaltige IUPs verändern das Endometrium, wodurch es für die Implantation ungeeignet wird.

Wirkmechanismus. Inerte IUPs (in Deutschland nicht mehr im Handel) verursachen eine lokale Reizung des Endometriums mit sterilen „Entzündungsreaktionen" unter Einwanderung polymorphkerniger Leukozyten und Makrophagen. Die mit Medikamenten beladenen IUPs setzen zusätzlich Substanzen frei, die fertilitätshemmend wirken. Kupferionen haben eine direkte Wirkung auf die Spermatozoenfunktion, die Tuben und die Blastozyste. Es kommt nur selten zur Befruchtung. Gestagen-beladene IUPs verändern durch die kontinuierliche Hormonfreisetzung das Endometrium. Sie haben einen lokal antiöstrogenen und antimitotischen Effekt.

Einlageassoziierte Komplikationsmöglichkeiten. Kreislaufprobleme bis zum Kollaps und Verletzungen des Uterus sind möglich, ebenso aufsteigende Infektionen unmittelbar nach der Einlage (1–2 % der Fälle).

Einlageassoziierte Komplikationsmöglichkeiten. Es können Kreislaufprobleme, durch die Einlage bedingt, bis zum Kollaps auftreten. Des Weiteren besteht die Möglichkeit der Verletzung des Uterus. Aufsteigende Entzündungen nach der Einlage kommen in 1–2 % der Fälle vor.

Das Pessar kann bei Bedarf jederzeit durch Zug am Faden entfernt werden.

Kupferpessare mit 275 mg Cu können 3 Jahre, die mit höherem Kupfergehalt (375 mg) 5 Jahre liegen bleiben. Gestagenabgebende IUS können ebenfalls 5 Jahre liegen bleiben. IUPs sollten ein Jahr nach Eintreten der Menopause gezogen werden.

D-1.7

D-1.7 Intrauterinpessare

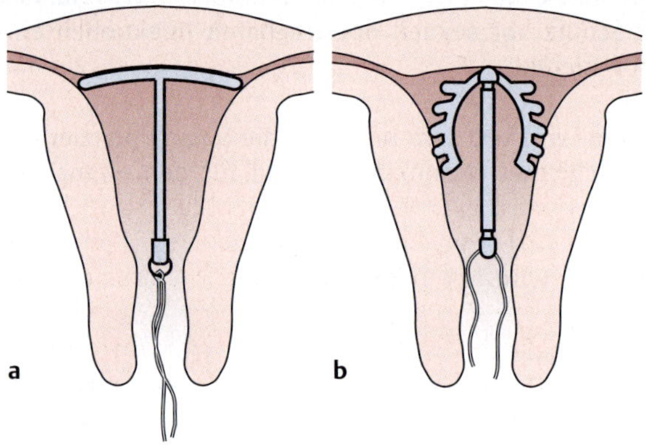

Die Wahl des IUP richtet sich bei den Kupfer-IUPs nach der Länge der Gebärmutter. Die Entscheidung für ein gestagenhaltiges IUP wird nach den individuellen Bedürfnissen der Patientin getroffen (weniger Blutungskomplikationen, niedrigere EUG-Rate, höherer Preis).
a Kupfer-T (Gyne-T), Liegezeit 3 Jahre
b Multiload Cu, Liegezeit 3 Jahre (Cu 250) oder 5 Jahre (Cu 375)

Einlage des Pessars. Sie erfolgt bei noch weitgestelltem Muttermund im 1. Zyklusabschnitt während der Menstruation mit Hilfe eines röhrenförmigen Applikators. Nach der Einlage wird der Faden auf 3 cm Länge abgeschnitten. Dadurch können Arzt und Patientin den orthotopen Sitz des Pessars an Hand der Fadenlänge jederzeit überprüfen. Kontrolluntersuchungen – Fadenkontrolle und Ultraschallkontrolle der Lage des IUPs – müssen nach der 1. Periode und später alle 6 Monate erfolgen. Nach einer Geburt wird mit der Einlage des Pessars meist etwa 5 Wochen gewartet, um die Rückbildung des Uterus abzuwarten.

Einlage des Pessars. Das Pessar wird bei ausklingender Periode mit Hilfe eines Applikators eingelegt. Der Faden wird auf 3 cm Länge gekürzt, um jederzeit den orthotopen Sitz kontrollieren zu können.

Nebenwirkungen des IUPs. Nach der Einlage können gelegentlich Schmerzen auftreten, insbesondere bei Nulliparae und empfindlichen Patientinnen mit kleinem Uterus. Es kann auch zu Fluorbeschwerden, Schmierblutungen und Zwischenblutungen kommen, die sich während der ersten Zyklen wiederholen können. Verlängerte und verstärkte Blutungen und Schmerzen, die zu einer Entfernung des Pessars zwingen, werden mit einer Häufigkeit von 3–10 je 100 Anwendungsjahre angegeben.

Aszendierende Entzündungen wie Endometritis, Endomyometritis, Salpingitis, Adnexitis und Pelveoperitonitis kommen in etwa 0,16 Fällen je 100 Anwendungsjahre vor. Je nach Schwere der vorangegangenen Entzündung kann es zur Ausbildung von Saktosalpingen, Pyosaktosalpingen und Tuboovarialabszessen kommen, die eventuell zu einer bleibenden Zerstörung der Eileiter und dadurch bedingter Sterilität führen können. Eine beiderseits monogame Partnerbeziehung führt zur Risikominimierung.

Nebenwirkungen. Nach der Einlage eines IUPs können Schmerzen, Beschwerden wegen Fluor, Schmier- und Zwischenblutungen auftreten. Verstärkte Blutungen und Schmerzen führen gelegentlich zur Entfernung des IUPs.

Aszendierende Entzündungen kommen in 4 % der Fälle vor, im ungünstigsten Fall kann eine Zerstörung der Eileiter zur Sterilität führen.

Lost IUD. Ist der Faden eines IUPs nicht mehr sichtbar, so bezeichnet man dies als okkultes IUP oder, im angloamerikanischen Sprachgebrauch, als lost IUD. Es muss eine Schwangerschaft ausgeschlossen und die Lage des Pessars (intrauterin oder extrauterin nach Perforation oder Durchwanderung) sonographisch geortet werden.

Möglich ist auch ein unbemerkter Verlust des IUP. Insgesamt findet eine Spontanausstoßung (je nach IUP-Typ 0,5–10 %), die von den Frauen oft bemerkt wird, am ehesten perimenstruell in den ersten Monaten nach Einlage statt. Besonders hoch ist die Ausstoßungsrate bei postpartaler Einlage (12–31 %). Ansonsten ist die Ausstoßungsrate bei nulliparen Frauen (8 %) höher als bei multiparen Frauen (3–4 %).

Lost IUD. Der Faden des IUPs ist nicht mehr im Zervikalkanal zu sehen. Eine Schwangerschaft muss ausgeschlossen und das IUP sonographisch geortet werden.

Eine unbemerkte Spontanausstoßung ist möglich, meist in den ersten Monaten nach Einlage. Besonders hoch die Ausstoßungsrate bei postpartaler Einlage (12–31 %).

Indikation und Kontraindikation. Intrauterinpessare eignen sich besonders für Frauen, die bereits ein Kind geboren haben und deren Familienplanung noch nicht abgeschlossen ist. Eine weitere Indikationsgruppe bilden die Frauen, die auf orale Antikonzeptiva verzichten müssen. In dieser Gruppe sollte jedoch das erhöhte Risiko aszendierender Entzündungen bei Nulliparae bedacht werden. Schließlich ist die Verwendung des IUPs auch sinnvoll bei Frauen über 40 Jahren, wenn das „Pillenrisiko“, insbesondere bei vorhandenen zusätzlichen Risikofaktoren, ansteigt. Das Intrauterinpessar kann auch empfohlen werden bei abgeschlossener Familienplanung und Pillenmüdigkeit, ferner bei denjenigen Frauen, die in der Tabletteneinnahme unzuverlässig sind.

Kontraindikationen der Verwendung von Intrauterinpessaren ergeben sich aus deren Risiken. Die wichtigsten Kontraindikationen sind Infektionen des Genitales, Blutungsanomalien oder Behandlung mit Antikoagulanzien, Uterusanomalien, verdächtige Befunde bei der Zytodiagnostik und Schwangerschaft (Tab. **D-1.9**).

Die Intrauterinpessare haben ihre größte Verbreitung in den sog. Entwicklungsländern. Man schätzt, dass insgesamt etwa 80 Millionen Frauen Intrauterinpessare zur Empfängnisverhütung anwenden.

Indikation und Kontraindikation. Nach der Geburt eines Kindes und noch nicht abgeschlossener Familienplanung ist das IUP eine geeignete Antikonzeptionsmethode. Dies gilt auch für Frauen, die auf Grund von Risikofaktoren oder ihres Alters auf hormonelle Kontrazeptiva verzichten müssen. Bei Pillenmüdigkeit oder unzuverlässiger Tabletteneinnahme ist das IUP eine geeignete Alternative.

Kontraindikationen sind in Tab. **D-1.9** zusammengestellt.

D-1.9

D-1.9 Kontraindikationen der Intrauterinpessare

▶ **Kontraindikationen** in der Anamnese:
- bestehende oder kürzlich abgelaufene entzündliche Genitalaffektionen
- fieberhafter Abort in den letzten 3 Monaten
- ektope Schwangerschaften
- Blutungsstörungen (pathologische Blutungen, Hypermenorrhö)

▶ **V. a./Vorliegen von:**
- Schwangerschaften
- Genitalkarzinom
- Uterusanomalie
- submuköse Myome
- Entzündungen des Genitales

▶ **relative Kontraindikationen** (besondere Beratung erforderlich):
- häufig wechselnde Sexualpartner
- Alter unter 25 Jahren
- Nulligravida/Nullipara
- Blutgerinnungsstörungen
- Anämie
- Diabetes mellitus
- Herzklappenfehler/Herzerkrankungen
- Kortikosteroidtherapie
- Immunsuppressive Therapie
- M. Wilson

Schwangerschaft. 50–60 % der Schwangerschaften, die trotz IUP eingetreten sind, enden als Abort. Wegen erhöhter Infektionsgefahr sollte bei sichtbarem Faden das IUP gezogen werden. Die Fehlbildungsquote bei Schwangerschaften mit liegendem IUP ist nicht erhöht (keine Abbruchindikation).
Das Risiko ektoper Schwangerschaften mit IUP ist höher als im Vergleichskollektiv.

Schwangerschaft. Bei Konzeption mit liegendem IUP sollte wegen der erhöhten Infektionsgefahr das IUP entfernt werden, wenn der Faden im Zervikalkanal fassbar ist. 50–60 % der bei liegendem IUP eingetretenen Schwangerschaften enden als Abort. Die Fehlbildungsquote bei Schwangerschaften mit liegendem IUP ist nicht erhöht, so dass daraus keine Indikation für einen Schwangerschaftsabbruch abgeleitet werden kann. Ektope Schwangerschaften treten häufiger (3–4 %) auf als bei Frauen, die keine oder alternative Verhütungsmethoden anwenden (0,8 %).

▶ Merke

▶ **Merke.** Schwangerschaften **mit liegendem IUP** gelten als Risikoschwangerschaft.

Zuverlässigkeit. Pearl-Index: 0,9–3.

Zuverlässigkeit. Die Versagerquote des IUPs differiert bei den einzelnen Formen und beträgt insgesamt zwischen 0,9 und 3 Schwangerschaften auf 100 Frauenjahre.

▶ Klinischer Fall

▶ **Klinischer Fall.** Eine 24-jährige Patientin kommt in die Sprechstunde mit der Bitte, ihr eine Spirale einzulegen. Die Patientin hat seit 5 Jahren orale Kontrazeptiva eingenommen, ist die Methode jedoch leid und sucht nach Alternativen. Seit 2 Jahren ist die Patientin verheiratet. Es besteht derzeit kein Kinderwunsch, dies wird sich jedoch nach Angaben der Patientin in den nächsten 1–2 Jahren ändern.
Wir schlagen der Patientin vor, eine der Barrieremethoden (z. B. Diaphragma) oder eine natürliche Methode zu verwenden, um die Zeit bis zum Eintreten des Kinderwunsches zu überbrücken. Vom Einlegen einer Spirale würden wir eher abraten, da die Patientin noch keine Kinder hat und eine möglicherweise eintretende Komplikation die spätere Konzeption erschweren oder gar unmöglich machen könnte.

1.6 Chirurgische Kontrazeption

Im Rahmen der Familienplanung stellt sich zunehmend die Frage nach der freiwilligen Sterilisation eines Partners. Da die Sterilisation bei beiden Partnern durchgeführt werden kann, muss überlegt werden, welcher Partner sich der Operation unterziehen sollte.

Grundsätzlich sollte die Frau – oder auch der Mann, wenn er sich für eine Sterilisation entschieden hat – ihren Entschluss gut prüfen, da in den meisten Fällen eine Sterilisation irreversibel ist. Zwischen ausführlicher Information über Art und Risiken des Eingriffs, Versagerquote, bei der zusätzlich das erhöhte Risiko einer Extrauteringravidität besteht, und dem tatsächlichen Eingriff sollte ein zeitlicher Abstand bestehen. In dem vorangehenden Beratungsgespräch sollten auch alternative Möglichkeiten einer sicheren Antikonzeption noch einmal thematisiert werden, ebenso in der Zukunft mögliche veränderte Lebensumstände, die zu einem neuen Kinderwunsch führen könnten (Scheidung, Tod des Partners oder eines Kindes). Eine Altersgrenze für die Sterilisation ist nicht festgelegt. Allerdings ist die Entscheidung für eine Sterilisation umso mehr zu problematisieren, je jünger die Frau bzw. der Mann ist, vor allem, wenn sie bis zu diesem Zeitpunkt noch keine Kinder haben. Die Gespräche im Zusammenhang mit einer Sterilisation sollten immer auf die Irreversibilität des Eingriffs und die beschränkte Erfolgsquote einer Refertilisation hinweisen. Zu berücksichtigen ist ebenso, dass das Bewusstsein der „Unfruchtbarkeit" zu erheblichen psychischen Belastungen führen kann (s. auch S. 49 ff).

Die rechtliche Genehmigungspflicht einer Sterilisation wurde aufgehoben. Maßgeblich ist der begründete Wunsch der Frau und ihre schriftliche Einwilligung. Eine Zustimmung des Partners ist nicht erforderlich. Die Sterilisation nicht einwilligungsfähiger Personen ist durch das Betreuungsgesetz geregelt, eine Sterilisation Minderjähriger jedoch ausnahmslos nicht erlaubt. Kein Arzt kann zur Durchführung einer Sterilisation gezwungen werden. Für den Arzt ist es wichtig zu dokumentieren, dass er die Frau bzw. den Mann über Risiken und Sicherheit der Methode informiert hat, da er sonst bei Versagen der Kontrazeption und Geburt eines Kindes zu Unterhaltszahlungen herangezogen werden kann.

1.6 Chirurgische Kontrazeption

Es muss überlegt werden, welcher der beiden Partner sich der freiwilligen Sterilisation unterziehen sollte.

Einer definitiven chirurgischen Kontrazeption muss ein Beratungsgespräch vorausgehen. Dabei sollten folgende Punkte thematisiert und dokumentiert werden:

- Aufklärung über das Sterilisationsverfahren
- Irreversibilität der Methode mit Hinweis auf die beschränkte Erfolgsquote einer Refertilisation
- Risiken der Methode
- Versagerquote, mit Hinweis auf erhöhtes Risiko einer EU bei Eintreten einer Schwangerschaft

zusätzlich:

- alternative Methoden sicherer Antikonzeption
- zukünftig veränderte Lebensumstände, die einen Refertilisierungswunsch nach sich ziehen könnten.

Der begründete Wunsch einer Frau und ihre schriftliche Einwilligung ist für eine Sterilisation ausreichend. Die Zustimmung des Partners ist nicht erforderlich. Das Gesetz verbietet ausnahmslos die Sterilisation Minderjähriger. Für nicht einwilligungsfähige Personen gilt das Betreuungsgesetz.

Beim Mann

Es wird typischerweise die Vasektomie durchgeführt. Dabei wird der Ductus deferens (Samenleiter) durch Teilresektion oder Ligatur bzw. Elektrokoagulation unterbrochen. Kontrazeptive Sicherheit ist erst nach Vorliegen einer Azoospermie gegeben, die durch andrologische Untersuchung nachgewiesen werden kann. Man geht davon aus, dass die Azoospermie nach 2–3 Monaten eintritt. Der Eingriff beim Mann wird vom Urologen durchgeführt.

Beim Mann

Es wird die Vasektomie durchgeführt. Es ist zu berücksichtigen, dass die Azoospermie erst 2–3 Monate nach der Sterilisation eintritt.

Zuverlässigkeit. Der Pearl-Index beträgt bei korrekter Durchtrennung 0,1–0,15. Versager beruhen auf Koitus vor Eintreten der Azoospermie, spontaner Rekanalisation oder Nicht-Durchtrennen des Ductus deferens.

Zuverlässigkeit. Pearl-Index: 0,1–0,15.

Bei der Frau

Es gibt mehrere Möglichkeiten der Sterilisation der Frau, wobei stets die Eröffnung der Bauchhöhle erforderlich ist. Die am häufigsten angewandte Methode ist die laparoskopische Tubenkoagulation, bei der der isthmische Anteil der Tuben thermisch destruiert wird. Meist wird zusätzlich eine Durchtrennung der Tuben durchgeführt. Die Tubensterilisation kann auch durch Kunststoff- oder Metall-Clips (z. B. Filshie-Clip) oder Überstülpen von Silastik-Ringen erfolgen. Diese Verfahren haben den Vorteil einer möglichen Reversibilität, bieten jedoch eine etwas geringere Sicherheit.

Die Durchführung der Tubensterilisation unmittelbar post partum oder post abortum ist möglich, sollte aber frühzeitig während der Schwangerschaft mit der Frau besprochen worden sein. In der Regel wird die Tubenligatur in einem Intervall von 6 Wochen post partum durchgeführt. Bei Durchführung

Bei der Frau

Es ist auf jeden Fall eine Eröffnung der Bauchhöhle erforderlich. Typischerweise wird die laparoskopische Tubenkoagulation und Durchtrennung durchgeführt. Abb. **D-1.8** zeigt verschiedene operative Verfahren.

D-1.8 Unterschiedliche Verfahren chirurgischer Kontrazeption

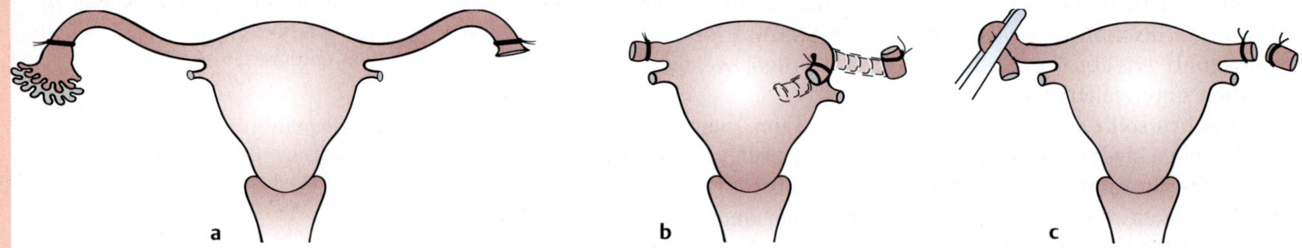

a Tubensterilisation nach Kroener: Fimbriektomie mit doppelter Ligatur unter Verwendung nicht resorbierbaren Nahtmaterials
b Operation nach Irving: Exzision eines isthmischen Tubenteilstücks, Einnähen des proximalen Tubenstumpfes ins Myometrium, Versenkung des distalen Tubenstumpfes zwischen die Blätter des Ligamentum latum
c Operation nach Pomeroy: Anheben des isthmischen Tubenteils mit der Pinzette und Resektion desselben, proximale und distale Ligatur.

der Sterilisation im Rahmen eines Kaiserschnitts wird häufig die Methode nach Kroener angewandt. Es handelt sich um eine Fimbriektomie mit doppelter Ligatur unter Verwendung von nicht resorbierbarem Nahtmaterial. Andere Methoden zur chirurgischen Tubensterilisation im Rahmen von ohnehin durchzuführenden Laparotomien, z. B. nach Irving oder Pomeroy, werden heute nur noch selten verwendet. Abb. **D-1.8** zeigt verschiedene operative Sterilisationsverfahren.

Zuverlässigkeit. Pearl-Index: 0,5–0,2.

Zuverlässigkeit. Der Pearl-Index beträgt 0,5–0,2.

2 Schwangerschaftsabbruch

Der Umgang mit dem Schwangerschaftskonflikt zeigt im internationalen Vergleich, dass Indikationen zum Schwangerschaftsabbruch sehr unterschiedlich gehandhabt werden. Es gibt Länder, z. B. in Ostasien, in denen ein Schwangerschaftsabbruch unabhängig jeglicher Zeitgrenzen großzügig vorgenommen wird, während in anderen Ländern ein Schwangerschaftsabbruch generell verboten ist. Ein anderer Aspekt des Schwangerschaftsabbruchs zeigt sich z. B. in China, wo – als Konsequenz der staatlich geforderten Ein-Kind-Familie – vermehrt geschlechtsbezogene Schwangerschaftsabbrüche durchgeführt werden. Gleiches gilt für Indien, wo ebenfalls hauptsächlich weibliche Feten allerdings aus kulturellen/sozialpolitischen Gründen abgetrieben werden. Solche Maßnahmen können letztendlich das Geschlechtsverhältnis innerhalb einer Gesellschaft zu Gunsten des männlichen Geschlechts verschieben – mit nicht unproblematischen Folgen. In Deutschland sind geschlechtsbezogene Abbrüche bei der Indikation nach dem Beratungsmodell nicht erlaubt.

Neben Ländern mit sehr liberaler Handhabung des Schwangerschaftsabbruchs stehen andere, z. B. im südeuropäischen Raum, in denen durch religiöse Einflüsse sehr strenge Regelungen gelten. Dort besteht dann allerdings vermehrt das Problem des illegalen Aborts, wobei meist unsachgemäße Methoden angewandt werden, mit hohen Komplikationsraten und nicht selten hoher Sterblichkeit.

Eine Reihe von Staaten hat sich für die **Fristenlösung** entschieden, d. h. die Schwangerschaft kann ohne besondere Indikation innerhalb einer definierten Frist allein auf Wunsch der Frau abgebrochen werden. Die Frist erstreckt sich in aller Regel bis zur 12. Woche post conceptionem (p. c.), bzw. bis zur 14. Woche post menstruationem (p. m.). Bei einer Indikationsregelung bedarf es eines bestimmten Grundes, um einen Schwangerschaftsabbruch legal durchführen zu können.

2.1 Gesetzliche Regelung in Deutschland

Für Deutschland gilt seit vielen Jahren eine Indikationsregelung: mit einer **„Indikation" nach dem Beratungsmodell**, einer **kriminologischen Indikation** und einer **medizinische Indikation** (s. Tab. **D-2.1**). Umfangreiche Diskussionen in der Öffentlichkeit und im Deutschen Bundestag haben gezeigt, dass die Meinungen zu dieser Thematik gespalten sind und kein Patentrezept für den Schwangerschaftskonflikt angeboten werden kann. Die letzte Neufassung des § 218 – Schwangerschaftsabbruch – erfolgte am 21. 8. 1995 im Deutschen Bundestag.

Nach § 218 bleibt ein Schwangerschaftsabbruch gesetzwidrig und auch strafbar. Das Indikationsmodell, nach § 218a definiert lediglich die Bedingungen, unter denen ein Schwangerschaftsabbruch straffrei möglich wird. In § 219 ist die gesetzliche Grundlage der Beratung der Schwangeren in einer Not- und Konfliktlage beschrieben, wie sie für die Straffreiheit eines Schwangerschaftsabbruchs in § 218a gefordert wird. Die wichtigsten Punkte der §§ 218 und 219 sind in Tab. **D-2.1** zusammengestellt. Dabei ist anzumerken, dass viele Ärzte das **Beratungsmodell** als „Fristenlösung" apostrophieren, da die letztendliche Entscheidung bei der Frau alleine liegt. Trotzdem stellt die Schwangerschaftskonfliktberatung eine Vorbedingung dar, ohne die kein Arzt den Schwangerschaftsabbruch vornehmen darf. Folglich gibt es auch hier „keinen medizinischen Eingriff ohne Indikation". Zu erwähnen ist noch, dass in Bayern durch das sog. **Schwangerenhilfeergänzungsgesetz (1996)** zusätzliche Anforderungen – wie z. B. die Motivangabe bei der Beratung – gestellt werden.

Um einen akut gesundheitlich bedrohenden Zustand der Schwangeren abzuwenden, ist es in besonderen Fällen nicht zu umgehen, dass der Tod des „Kindes" als unvermeidbare Folge der Maßnahmen in Kauf genommen wird. Durch die Neufassung des § 218 wurde die früher bestehende „embryopathische Indi-

2 Schwangerschaftsabbruch

Der Umgang mit dem Schwangerschaftskonflikt wird international sehr unterschiedlich gehandhabt. Es existiert das gesamte Spektrum von Regelungen von absolut liberal, über Fristen- und Indikationsmodellen bis hin zu sehr restriktiven Vorschriften. Geschlechtsbezogene Schwangerschaftsabbrüche sind in Deutschland nicht erlaubt.

Sehr strenge Indikationen erhöhen die Gefahr des illegalen Schwangerschaftsabbruchs mit unsachgemäßen Methoden mit hoher Komplikationsrate und nicht selten letalem Ausgang.

Bei einer **Fristenlösung** ist ein Schwangerschaftsabbruch allein auf Wunsch der Frau innerhalb einer definierten Frist möglich, meist 12 Wochen p. c. bzw. 14 Wochen p. m. Bei der Indikationsregelung müssen bestimmte Gründe gegeben sein, um eine Schwangerschaft legal beenden zu können.

2.1 Gesetzliche Regelung in Deutschland

In Deutschland wird seit 8/95 zwischen einer **„Indikation" nach dem Beratungsmodell**, einer **kriminologischen Indikation** und einer **medizinischen Indikation** unterschieden (s. Tab. **D-2.1**).

Nach § 218 bleibt ein Schwangerschaftsabbruch gesetzwidrig und auch strafbar. Die Indikationsregelung in § 218a definiert die Bedingungen, unter denen ein Schwangerschaftsabbruch straffrei bleibt. Die wichtigsten Punkte der §§ 218 und 219 sind in Tab. **D-2.1** zusammengestellt. Beim **Beratungsmodell** liegt die letztendliche Entscheidung bei der Frau.

Die frühere „embryopathische Indikation" wurde durch die Neufassung des § 218 in die medizinische Indikation integriert. Wichtig ist, dass dabei die Frist bezogen

D-2.1

D-2.1 **Die wichtigsten Fakten nach § 218 und § 219**

- Die Durchführung eines Schwangerschaftsabbruchs außerhalb der gesetzlichen Regelung wird mit Freiheitsstrafe bis zu 3 Jahren oder mit Geldstrafe belegt. Wird die Tat durch die Schwangere selbst durchgeführt, ist das Strafmaß 1 Jahr oder Geldstrafe (§ 218).
- Straflosigkeit des Schwangerschaftsabbruchs ist gemäß § 218a gegeben, **„Indikation" nach dem Beratungsmodell**
  - wenn weniger als 12 Wochen seit der Empfängnis vergangen sind,
  - wenn sich die Schwangere mindestens 3 Tage vor dem Eingriff beraten ließ und
  - wenn der Schwangerschaftsabbruch von einem Arzt durchgeführt wird, der nicht selbst die Beratung durchgeführt hat.
- Straflosigkeit besteht, wenn aus ärztlicher Erkenntnis schwer wiegende körperliche und seelische Beeinträchtigungen der Schwangeren abzuwenden sind. Für diese **medizinische Indikation** wurde die begrenzende Frist aufgehoben. Es besteht **keine** Beratungspflicht.
- Straflosigkeit besteht innerhalb einer Frist von 12 Wochen p. c., wenn die Schwangerschaft auf Grund einer rechtswidrigen Tat eingetreten ist (z. B. durch eine Vergewaltigung).
- Handlungen, deren Wirkung **vor Abschluss der Einnistung** des befruchteten Eies in der Gebärmutter eintreten, gelten **nicht** als Schwangerschaftsabbruch im Sinne des Gesetzes.
- Die offene, nicht direktive Beratung der Schwangeren in einer Not- und Konfliktsituation dient dem Schutz des ungeborenen Lebens und ist als verantwortliche und gewissenhafte Entscheidungshilfe zu verstehen. Die Beratung muss durch eine anerkannte Schwangerenkonfliktberatungsstelle erfolgen.
- Eine **schriftliche Bescheinigung der Konfliktberatung** muss vorliegen.
- Der Arzt muss der Frau Gelegenheit zur Darlegung ihres Schwangerschaftskonfliktes geben. Er ist verpflichtet, die Frau vor dem Eingriff über Ablauf und organische und psychische Risiken aufzuklären.
- Der Arzt muss sich vor Durchführung des Abbruchs von der Dauer der Schwangerschaft überzeugen.
- Eine Werbung für den Abbruch der Schwangerschaft im Hinblick auf einen Vermögensvorteil ist strafbar. Ausnahmen sind Hinweise durch anerkannte Beratungsstellen bzw. wissenschaftliche Publikationen.
- Wer Mittel zum Abbruch der Schwangerschaft in Verkehr bringt, wird mit Freiheits- oder Geldstrafe bestraft.

auf die Schwangerschaftsdauer aufgehoben wurde.

Pränatalmedizinische Untersuchungen, die zu einem so späten Schwangerschaftszeitpunkt zu einer medizinischen Indikation führen, dass das Kind bereits extrauterin lebensfähig ist, haben einen gezielten Fetozid vor Einleitung des Eingriffs zur Konsequenz. Die ethischen und sozialen Dimensionen dieser neuen Regelung werden inzwischen intensiv diskutiert.

kation" in die medizinische Indikation integriert. Eine wichtige Neuerung ist die dabei ebenfalls weggefallene Frist von 22 Wochen p. c. (24 Wochen p. m.).
Ein auffälliger fetaler Befund als Ergebnis einer pränatalmedizinischen Untersuchung setzt immer eine sorgfältige Überprüfung und Absicherung voraus – auch eventuell durch einen zweiten Untersucher. Besonders problematisch sind schwer wiegende Befunde beim Fetus zu einem späten Zeitpunkt der Schwangerschaft, die auf Grund einer „anderweitig nicht abzuwendenden schwer wiegenden körperlichen und seelischen Beeinträchtigung der Schwangeren" zu einer medizinischen Indikation führen. In der Situation eines extrauterin lebensfähigen Kindes hat die medizinische Indikation einen gezielten Fetozid (z. B. durch intrakardiale Injektion von Kaliumchlorid) vor Einleitung des Abortes zur Konsequenz. Diese Problematik hat inzwischen zu einer immer breiter werdenden Diskussion u. a. auch innerhalb der Ärzteschaft geführt, die die sozialen und ethischen Dimensionen verdeutlichen.

Die Kosten für einen Abbruch nach der medizinischen und kriminologischen Indikation werden von den Krankenkassen übernommen.

Die Kosten für einen Schwangerschaftsabbruch auf Grund einer kriminologischen und medizinischen Indikation werden von der gesetzlichen Krankenkasse übernommen. Die Kosten eines Schwangerschaftsabbruchs nach dem Beratungsmodell müssen von der Frau selbst getragen werden. Bei Bedürftigkeit

kann sie einen Antrag auf Kostenübernahme bei der zuständigen Krankenkasse stellen, die die dafür zur Verfügung gestellten Bundesmittel verwalten. Eine Bedürftigkeit ergibt sich aus einem niedrigen Einkommen der Frau (z. Zt. DM 1750,– netto), wobei nur ihr persönliches Einkommen zu Grunde gelegt wird und nicht der Verdienst des Ehemannes oder Partners.
Kein Arzt kann zur Durchführung oder Teilnahme an einem Schwangerschaftsabbruch gezwungen werden, es sei denn es besteht eine akute, lebensbedrohliche Situation für die Frau (medizinische Indikation).
Die obigen Ausführungen mit ihren ethischen und strafrechtlichen Bedingungen sind für den Arzt besonders wichtig. Sie entsprechen dem sogenannten **legalen** Abort. Der **illegale** Abort oder kriminelle Abort bezieht sich auf den Schwangerschaftsabbruch außerhalb des rechtlich abgesteckten Rahmens.

Kein Arzt muss an einem Schwangerschaftsabbruch mitwirken, es sei denn es besteht akute Lebensgefahr für die Frau.

Der Schwangerschaftsabbruch innerhalb der Indikationen entspricht dem **legalen** Abort im Gegensatz zum **illegalen** oder kriminellen Abort, der außerhalb des rechtlichen Rahmens durchgeführt wird.

2.2 Philosophische Aspekte

Bei den umfangreichen Diskussionen im Deutschen Bundestag, die zu den aktuellen Bestimmungen des § 218 am 21.8.95 geführt haben, wurde deutlich, dass eine ganze Nation in dieser Thematik gespalten ist und kein Patentrezept für den Schwangerschaftsabbruch angeboten werden kann. Die vorgetragenen Argumente beziehen sich auf medizinische, juristische, religiöse, ideologische, psychologische, philosophische und ökonomische Gesichtspunkte. Was den wichtigen philosophischen Aspekt betrifft, so sind nach L'hoste besonders relevant:

1. Die **biologisch-naturphilosophische Richtung** – die sog. konservative Position –, die dem menschlichen Leben ab der Verschmelzung von Spermium und Eizelle den gleichen Status zubilligt, wie dem erwachsenen Menschen.
2. Die **utilitaristische Richtung** – die sog. liberale Position –, die dem Ungeborenen noch keine Form des Bewusstseins zubilligt. Von dieser Richtung ausgehend bestehen keine Bedenken gegen einen großzügig zu handhabenden § 218.
3. Die **moderate Position**, die zwischen den beiden vorgenannten diametralen Positionen steht und pragmatische Ansätze für den § 218 vorschlägt. Der Status des Embryos und Fetus wird relativiert, so dass die Autonomie der Frau weitgehend berücksichtigt werden kann.

Aus der Sicht der Ärztin/des Arztes wird bei der Schwangerschaftskonfliktberatung deutlich, dass sich um den von der Frau gewünschten Abbruch Konflikte gruppieren, die auch den betreuenden Arzt bzw. die Ärztin stark belasten. Der Arzt/die Ärztin wird mit dem individuellen Leid, dem Erwartungsdruck der Gesellschaft wie auch mit der Einstellung seiner einbezogenen Kolleginnen und Kollegen und seinen eigenen Wertvorstellungen konfrontiert.
Weiterhin muss der Arzt/die Ärztin den hohen Stellenwert der Autonomie der Frau berücksichtigen.
Die Frau muss ihrerseits die Entscheidung über Leben und Tod treffen.
Nach einem erfolgten Abbruch lasten häufig Schuldgefühle und die Erinnerung an das in ihrer Phantasie mitwachsende Kind auf ihr.
Auf welcher Grundlage der Arzt bzw. die Ärztin die Indikation für den Schwangerschaftsabbruch treffen soll, ist ein ethisches Dilemma für das es kaum klare Lösungen gibt.

2.2 Philosophische Aspekte

Der philosophische Aspekt des Schwangerschaftsabbruchs spielt bei der Diskussion eine wichtige Rolle.

Nach L'hoste sind besonders relevant:
1. Die **biologisch-naturwissenschaftliche Richtung** bewertet menschliches Leben nach der Kernverschmelzung gleich.
2. Die **utilitaristische Richtung** billigt dem Ungeborenen keine Form des Bewusstseins zu.
3. Die **moderate Richtung** relativiert den Status von Embryo und Fetus.

Die Ärztin/der Arzt werden bei der Schwangerschaftskonfliktberatung stark belastet.
Der Umgang mit dem individuellen Leid, dem Erwartungsdruck der Gesellschaft, der Einstellung von Kollegen sowie mit den eigenen Wertvorstellungen können konflikthaft erlebt werden.
Die Indikationsstellung soll auch die Autonomie der Frau berücksichtigen.
Es gibt bei der Indikationsstellung kaum klare Lösungen.

2.3 Methoden

Grundsätzlich ist festzustellen, dass der Schwangerschaftsabbruch auf 2 Wegen – eventuell in Kombination – erfolgen kann, einmal **instrumentell**, zum anderen **medikamentös**. Instrumentelle und medikamentöse Methoden werden dabei vorwiegend in Abhängigkeit vom Schwangerschaftsalter eingesetzt. Die unterschiedlichen Methoden sollten auf Grund von Vorerkrankungen, der Indikation,

2.3 Methoden

Instrumentelle und **medikamentöse** Methoden werden zum Schwangerschaftsabbruch verwendet. Ein differenzierter Einsatz – evtl. in Kombination – ist je nach **Alter der Schwangerschaft** und **ärztlicher Erfahrung** wichtig.

dem **Alter der Schwangerschaft** und der **Erfahrung der einzelnen Ärztin/des Arztes** differenziert dem Einzelfall angepasst werden.
Gewebsproben des gewonnenen Materials sollten zur histologischen Untersuchung weitergeleitet werden.

Gewebsproben sollten histologisch untersucht werden.

Instrumentell-operative Ausräumung

Sie eignet sich besonders bis zur 14. SSW post menstruationem.

Eine Dilatation der Cervix uteri mit anschließender Kürettage ist im Allgemeinen bis zur 14. Schwangerschaftswoche post menstruationem gut anwendbar. In Voll- oder Regionalanästhesie wird die Cervix uteri mit Hegar-Stiften schrittweise dilatiert. Mit der Abortzange wird der Uterusinhalt entfernt und das Cavum uteri von verbleibenden Plazentaresten geleert.

Saugkürettage

Durch Erzeugen eines Unterdrucks kann das Schwangerschaftsprodukt innerhalb der ersten 3 Monate abgesaugt werden.

Nach einer Dilatation des Zervikalkanals mit Hegar-Stiften wird eine Kunststoff- oder Metallkanüle in den Uterus eingeführt, über die durch Erzeugen eines Unterdrucks die Absaugung des Schwangerschaftsproduktes erfolgt. Es empfiehlt sich im Einzelfall die Nachtastung mit der stumpfen Kürette, um Sicherheit über die völlige Entleerung des Cavum uteri zu erhalten. Bei Unklarheit (z. B. Uterusmissbildung) ist intraoperativ der Einsatz einer Ultraschalldiagnostik sinnvoll. Diese Methode ist ebenfalls bis zur 14. SSW post menstruationem geeignet. Die Aufdehnung des Muttermundes kann zur Vermeidung von Verletzungen medikamentös (z. B. Prostaglandine) oder mit organischen Quellstoffen (Laminaria-Stifte) erfolgen.

Medikamentös induzierter Schwangerschaftsabbruch

Antigestagene RU 486 Mifegyne sind Synonyma für den in neuerer Zeit vor allem im Ausland vermehrt vorgenommenen Schwangerschaftsabbruch.

Aus Gründen der Effektivität sind Antigestagene nur bis zum 49. Tag post menstruationem zugelassen.

In ca. 95 % kommt es zu einem vollständigen Abbruch der Schwangerschaft.
Eine Nachkürettage muss äußerst selten erfolgen.

Kontraindikationen von Mifepriston sind die Extrauteringravidität, das liegende IUP, die Nebenniereninsuffizienz und das Asthma bronchiale.

Von der Deutschen Gesellschaft für Gynäkologie und Geburtshilfe wird auf die Notwendigkeit einer genauen Diagnostik (Ultraschall) der Schwangerschaft hingewiesen. Diese ermöglicht eine Vermeidung von nicht indizierten medikamentösen Schwangerschaftsabbrüchen.

Neu im deutschen Raum ist die Zulassung des medikamentös induzierten frühzeitigen Schwangerschaftsabbruchs durch das Antigestagen Mifepriston (Mifegyne, RU 486). Umfangreiche Erfahrungen mit diesem Präparat bestehen bereits in einigen europäischen Ländern, so z. B. in Frankreich, England und China. Das Präparat für den medikamentös induzierten frühen Schwangerschaftsabbruch wird aus Gründen der Effektivität nur bis zum 49. Tag post menstruationem zugelassen. Die Frauen nehmen nach einer vorausgegangenen gynäkologischen Untersuchung mit Ultraschall und Laborkontrolle 600 mg Mifepriston (3 Tabl. Mifegyne). Zwei Tage später erhalten sie 400 µg Misoprostol (2 Tabl. Cyprostol/Cytotec). Nach dieser Medikation werden sie in der Regel einige Stunden beobachtet und ca. 1 Woche später zu einer erneuten Kontrolle des Ausgangsbefundes (Ultraschall bzw. β-HCG) bestellt. Nach den Ergebnissen verschiedener Untersuchungen kommt es in ca. 95 % zu einem vollständigen Schwangerschaftsabbruch. Nur bei einem sehr kleinen Teil der Patientinnen muss eine Kürettage wegen einer weiterhin persistierenden Schwangerschaft, eines nicht erfolgten Aborts oder wegen starker Blutung durchgeführt werden.
Kontraindikationen von Mifepriston sind die Extrauteringravidität, das liegende IUP, die Nebenniereninsuffizienz und das Asthma bronchiale.

Die Deutsche Gesellschaft für Gynäkologie und Geburtshilfe hat zum Thema Mifegyne und Mifepriston eine viel diskutierte Stellungnahme durch eine Adhoc-Kommission publiziert (Frauenarzt 8/1999). Diese Stellungnahme zu Mifegyne und Mifepriston sieht eine Indikation für einen Schwangerschaftsabbruch erst nach dem sonographischen Beweis einer intakten Schwangerschaft – also bei vorhandener embryonaler Herzaktion – als gegeben an. Da Mifegyne nur für einen Abbruch bis zum 49. Tag zugelassen ist, verengt diese Empfehlung somit das Zeitfenster für die Indikation auf die Zeit vom ca. 38.–49. Tag post menstruationem. Es wird eine exakte Diagnose der intakten Schwangerschaft als Voraussetzung für den Abbruch gefordert. Gleichzeitig wird darauf hingewiesen, dass ein Schwangerschaftsabbruch auf Verdacht nicht im Sinne der Patientin sei, da es gerade in den frühen Schwangerschaftswochen eine große Zahl von Spontanaborten gibt, die einen Abbruch überflüssig machen. Da der Verdacht einer intakten Schwangerschaft erst durch die exakte sonographische

Diagnostik zur Gewissheit wird, sei erst hierdurch eine korrekte Indikationsstellung möglich.

Induktion der Spontanentleerung durch Prostaglandine

Da Prostaglandine zu jedem Zeitpunkt der Schwangerschaft Wehen auslösen und den Muttermund erweichen, eignet sich dieses Präparat besonders für die Abortinduktion. Prostaglandine können sowohl lokal (intrazervikal) als auch systemisch (intramuskulär oder intravenös) wirksam verabreicht werden. Sie stellen die Methode der Wahl bei Schwangerschaftsabbrüchen nach dem ersten Trimenon dar. Durch immer neuere Entwicklungen von Medikamenten zur Weheninduktion ist vor allem in den letzten Jahren die Komplikationsrate beim Schwangerschaftsabbruch deutlich gesunken.

Induktion der Spontanentleerung durch Prostaglandine

Prostaglandine eignen sich wegen ihrer wehenauslösenden Wirkung besonders zur Abortinduktion in fortgeschrittenen Schwangerschaften. Sie können sowohl lokal (intrazervikal) als auch systemisch (intramuskulär/intravenös) verabreicht werden.

Invasive operative Methoden

Unter invasiven operativen Methoden werden die vaginalen und abdominalen Hysterotomien bzw. Hysterektomien verstanden. Ein Beispiel einer sinnvollen Hysterektomie besteht bei der Diagnose eines fortschreitenden Zervixkarzinoms. Auch bei Vorhandensein gutartiger Tumoren (Myome) kann ein invasives operatives Vorgehen notwendig werden.

Invasive operative Methoden

Sie eignen sich bei speziellen Zusatzdiagnosen (z. B. Zervixkarzinome, Myome).

Sonstige Methoden

Die intra- und extraamniale Applikation von Flüssigkeiten (z. B. Kochsalz, Rivanol-Lösungen) wurde in früheren Jahren gehäuft vorgenommen. Sie sollte wegen der negativen Allgemeinwirkungen heute nicht mehr zum Einsatz kommen.

Sonstige Methoden

Die intra- und extraamniale Applikation von Flüssigkeiten zum Schwangerschaftsabbruch ist obsolet.

▶ **Merke.** Bei Rh-negativen Frauen ist nach einem Schwangerschaftsabbruch innerhalb 72 h eine **Anti-D-Prophylaxe** durch Injektion eines Anti-D-Immunglobulins durchzuführen.

◀ **Merke**

2.4 Komplikationsmöglichkeiten

Bezogen auf den Zeitpunkt der Manifestation ist mit folgenden Komplikationen zu rechnen:

2.4 Komplikationsmöglichkeiten

Sofortkomplikationen

In unmittelbarem Bezug zum Eingriff stehen Verletzungen durch die Instrumente. So kann es z. B. zu einem Zervixriss bei der Dilatation durch Hegar-Stifte kommen. Eine Perforation der Uteruswand ist sowohl mit dem Hegar-Stift als auch mit der Kürette möglich, Verletzungen im Bauchraum mit Darmeröffnung können Blutungen, Schock usw. zur Folge haben. Weiterhin können beim Schwangerschaftsabbruch durch die Narkose oder auch durch die Nebenwirkungen der Prostaglandine Komplikationen auftreten.

Sofortkomplikationen

Sofortkomplikationen können durch Verletzungen mit dem Hegar-Stift bzw. der Kürette entstehen. Lebensbedrohlich können Uterusperforationen mit Darm- und Gefäßverletzungen sein.

Frühkomplikationen

In den ersten Tagen nach dem operativen Eingriff können **Nachblutungen** auftreten. Die Häufigkeit von **Infektionen** wird in der internationalen Literatur mit 1–10 % für diesen Zeitraum angegeben, wobei diese Angaben die Endometritis, die Salpingitis sowie in schweren Fällen die Pelveoperitonitis mit möglichem Schock und Organversagen einschließen.

Frühkomplikationen

Nachblutungen in den ersten Tagen sind möglich. Nach der internationalen Literatur liegt die Häufigkeit von **Infektionen** zwischen 1 und 10 %.

Spätkomplikationen

Durch die Verwachsungsbildung nach Salpingitis und Pelveoperitonitis kann es zu massiven Beschwerdebildern kommen. **Rezidivierende Unterbauchschmerzen** sowie **Störungen im sexuellen Bereich** sind in Einzelfällen möglich. Auch **Sterilitäten** nach früheren Aborten sind keine sehr seltene Erscheinung. Schließlich wurden **psychische Störungen** wiederholt beobachtet. Diese sind insofern gut zu verstehen, da jede Schwangerschaft mehr oder weniger ambivalent

Spätkomplikationen

Spätkomplikationen sind z. B. **rezidivierende Unterbauchschmerzen** mit Verwachsungsbildung, **Sexualstörungen, Sterilitäten, psychische Symptome** in Form von **Depressionen** und **Schuldgefühlen.**

von der betroffenen Frau erlebt wird. Ein Schwangerschaftsabbruch bedeutet somit auch die Vernichtung eines unbewussten Wunsches nach einem Kind. **Depressive Reaktionen** sind deshalb als Verlusterlebnis immer wieder zu beobachten. Weiterhin berichtet eine Reihe von Frauen von **Schuldgefühlen**, die mit der Tötung des werdenden Kindes in Zusammenhang stehen. Auffällig ist auch gelegentlich, dass diese Frauen dem verlorenen, fantasierten Objekt einen Namen gegeben haben und das Alter nennen, das im Falle eines nicht durchgeführten Schwangerschaftsabbruchs gegenwärtig bestünde. Diese Schuldgefühle werden vor allem bei späterem, schwer erfüllbarem Kinderwunsch angegeben.

Die Risiken des Schwangerschaftsabbruchs steigen mit fortschreitender Schwangerschaft an.

Was die Komplikationsmöglichkeiten betrifft, ist auch noch auf Probleme hinzuweisen, die bei späteren Schwangerschaften eintreten können. Eine gering erhöhte Abortneigung, eine erhöhte Rate von Extrauteringraviditäten sowie eine etwas erhöhte Frühgeburtlichkeit werden nach Schwangerschaftsabbrüchen beobachtet. Auch Nachgeburtskomplikationen (Placenta adhaerens, accreta) sind möglich. Die erwähnten Komplikationen und Risiken stehen in einer deutlichen Korrelation zum Zeitpunkt des durchgeführten Schwangerschaftsabbruchs sowie auch zur eingesetzten Methode des Abbruchs. Grundsätzlich ist anzumerken, dass die Risiken des Eingriffs mit fortschreitender Schwangerschaft ansteigen. Medizinisch korrekt durchgeführte Schwangerschaftsabbrüche – vor allem vor der 10. SSW – zeigen relativ wenig medizinische Komplikationen. Die Rate der Früh- und Spätkomplikationen liegt hierbei deutlich unter 10 %. Die medizinische Risikorate steigt ab der 12. Woche deutlich an, selbst dann, wenn der Schwangerschaftsabbruch unter optimalen Bedingungen in einer für Notfallsituationen eingerichteten Klinik erfolgt.

Das Nichtbeachten medizinischer Sicherheitsvorschriften, der Einsatz toxischer Lösungen und die mangelhafte Qualifikation der durchführenden Personen kann auch heute noch für die Frau beim **illegalen Schwangerschaftsabbruch** ein tödliches Risiko bedeuten.

Bei **illegalen Schwangerschaftsabbrüchen** werden in aller Regel medizinische Sicherheitsvorschriften nicht beachtet. Hinzu kommt die mangelhafte Qualifikation der durchführenden Personen, denen sich die Frauen mangels gesetzlicher straffreier Regelung in ihrer Notlage anvertrauen. Außerdem kann der Einsatz toxischer Lösungen wie Seifenlauge, Desinfektionsmittel und anderer obsoleter Hilfsmittel auch heute noch für die Schwangere eine tödliche Gefahr bedeuten.

3 Sterilität und Infertilität

3 Sterilität und Infertilität

3.1 Allgemeines

3.1 Allgemeines

▶ **Definition. Sterilität (Impotentia generandi)** bedeutet das Ausbleiben einer Schwangerschaft trotz Kinderwunsch eines Paares und regelmäßiger Kohabitationen über einen Zeitraum von 2 Jahren.

◀ Definition

Wenn der Zeitraum ungewollter Kinderlosigkeit kürzer als 2 Jahre ist, spricht man besser von „Konzeptionsschwierigkeiten". Man unterscheidet die **primäre Sterilität** (bisher keine Gravidität) von der **sekundären Sterilität** (es lag bereits eine Schwangerschaft vor, und zwar gleichgültig, ob in Form einer Geburt, einer Fehlgeburt oder einer Extrauterinschwangerschaft).

Man unterscheidet die **primäre** von der **sekundären** Sterilität.

▶ **Definition. Infertilität** der Frau bedeutet eine habituelle Abortbereitschaft. In der Anamnese finden sich wiederholte Fehlgeburten. Nicht die Konzeption ist gestört, sondern die Fähigkeit, ein lebensfähiges Kind auszutragen. Infertilität des Mannes bedeutet Unfruchtbarkeit auf Grund der erhobenen Befunde im Spermiogramm (z. B. im Sperma befinden sich keine beweglichen Samenfäden).

◀ Definition

Als **Impotentia coeundi** bezeichnet man die Unfähigkeit zur Durchführung des Geschlechtsverkehrs (anatomische oder funktionelle Beschränkungen der Kohabitationsfähigkeit).

Impotentia coeundi ist die Unfähigkeit zur Durchführung des Geschlechtsverkehrs.

Epidemiologie. 10–15 % der Paare im reproduktionsfähigen Alter leiden unter einer ungewollten Kinderlosigkeit. Eine steigende Tendenz in den letzten Jahrzehnten ist durch den zunehmend „späten Kinderwunsch" gegeben. Das durchschnittliche Alter der Erstgebärenden hat sich aus Gründen der längeren Ausbildungszeit und Berufstätigkeit der Frau nach hinten verschoben und bedingt zwangsläufig auch die Möglichkeit gehäuft auftretender Konzeptionshindernisse (z. B. durch Entzündungen).
Eine „gewollte" Kinderlosigkeit kommt in ca. 10 % der Ehen vor. Dieses Phänomen ist gegenüber früheren Jahrzehnten neu.

Epidemiologie. 10–15 % der Paare im reproduktionsfähigen Alter sind steril.

In ca. 10 % der Ehen kommt eine gewollte Kinderlosigkeit vor.

3.2 Motive für den Kinderwunsch

3.2 Motive für den Kinderwunsch

Die ursprünglich existenzielle Bedeutung von Fertilität wurde in den letzten Jahrzehnten zunehmend abgeschwächt. Die Motivation von außen, d. h. der gesellschaftliche Druck lässt nach. Trotzdem sind Sterilität und Infertilität oft mit großem Leidensdruck verbunden. Zahlreiche Paare begründen ihren Kinderwunsch mit partnerschaftlichen Motiven oder mit Überlegungen, die mit der eigenen psychischen Struktur zusammenhängen. Im Einzelnen zeigen die Ergebnisse aus psychosomatischen Untersuchungen sehr unterschiedliche Beweggründe. Die folgenden Motive für einen Kinderwunsch werden häufig angegeben:

- ohne Kind kein Sinn im Leben
- Kind als Erfüllung der Partnerschaft
- Kinder gehören einfach dazu
- im Kind weiterleben
- Kinder machen die Welt menschlicher
- die Familie erwartet von mir ein Kind
- ich möchte endlich auch ein eigenes Kind
- das Kind soll es besser haben als ich.

Folgende Beweggründe für einen Kinderwunsch werden häufig genannt:

3.3 Sterilitätsursachen

Isoliert männliche Fertilitätsstörungen findet man bei ca. 30 % und vorwiegend weibliche Sterilitätsursachen bei ca. 50 % der Paare.

Eine Zusammenfassung der wesentlichen Sterilitätsursachen erfolgt in Tab. **D-3.1**.

3.3 Sterilitätsursachen

Eine strikte Trennung in männliche und weibliche Sterilitätsursachen ist nicht immer möglich, da bei einem Teil der ungewollt kinderlosen Paare (ca. 10–20 %) Konzeptionshindernisse bei beiden Partnern auftreten. Isoliert männliche Fertilitätsstörungen findet man in ca. 30 % und vorwiegend weibliche Sterilitätsursachen bei 50 % der Paare.
Eine Zusammenfassung der wesentlichen Sterilitätsursachen erfolgt in Tab. **D-3.1**.

3.3.1 Sterilitätsursachen beim Mann

Spermiogramm. Die Ejakulatuntersuchung sollte möglichst an den Anfang der Paardiagnostik gestellt werden. Hierdurch können ggf. die oft invasiven diagnostischen und therapeutischen Schritte bei der Frau vermieden werden.
Tab. **D-3.2** zeigt die Normalwerte im Spermiogramm **(Normozoospermie)**.

3.3.1 Sterilitätsursachen beim Mann

Spermiogramm. Die Ejakulatuntersuchung sollte möglichst an den Anfang der Paardiagnostik gestellt werden. Hierdurch lassen sich ggf. invasive diagnostische und therapeutische Schritte bei der Frau vermeiden. Die Ejakulatanalyse sollte nach 3- bis 5tägiger sexueller Karenz durchgeführt werden, da die Spermienzahl im Ejakulat bei häufigem Geschlechtsverkehr beträchtlich absinken kann. Das durch Masturbation gewonnene Ejakulat wird mikroskopisch untersucht. Dabei gelten nach der WHO-Klassifizierung die in Tab. **D-3.2** aufgeführten Normalwerte **(Normozoospermie)**.

D-3.1 Wesentliche Sterilitätsursachen

andrologische Ursachen

- Fehlbildungen (z. B. Fehlmündungen der Harnröhre, Fehlen oder Lageanomalien der Hoden, Aplasie des Keimepithels, Gonadendysgenesie)
- Varikozele (varizenähnliche Erweiterung des Plexus pampiniformis)
- Verletzungen
- bakterielle Infektionen
- Virusinfektionen (Mumps)
- Hormonstörungen (Testosteronmangel, z. B. genetisch bedingt bei Klinefelter-Syndrom, Leydig-Zell-Insuffizienz, Erkrankungen des Hypophysenvorderlappens)
- iatrogen (z. B. nach Vasektomie), Medikamente
- immunologische Störungen
- psychische Konflikte
- Allgemeinerkrankungen (z. B. Diabetes mellitus, Arteriosklerose)

gynäkologische Ursachen

▶ ovariell
- Fehlbildungen (z. B. Gonadendysgenesie)
- hypothalamisch-hypophysär bedingte
- ovarielle Dysfunktion (z. B. bei Hyperprolaktinämie, Hypophyseninsuffizienz, Essstörungen, idiopathische hypothalamische Insuffizienz, Hypophysentumoren)
- Climacterium praecox
- zystische Veränderungen, Tumoren
- Endometriose
- Syndrom der polyzystischen Ovarien

▶ uterin
- Fehlbildungen
- Tumoren (meist Myome)
- entzündliche oder traumatische Veränderungen (z. B. Synechien nach Abrasio)

▶ vaginal
- Fehlbildungen
- Stenosen nach Trauma oder Entzündung
- Entzündungen, psychische Hindernisse (z. B. Vaginismus)1

▶ tubar
- Störungen der Durchgängigkeit, Beweglichkeit und Eiaufnahme durch Genitalinfektionen
- Endometriose
- funktionelle Störungen wie Tubenspasmen

▶ zervikal
- anatomische Veränderungen (z. B. Zervixrisse, nach Konisation)
- Störungen der Sekretbildung (verändertes Sekret z. B. bei Infektionen, Östrogenmangel)
- Entzündungen

weitere Ursachen

▶ extragenital
- schwere Allgemeinerkrankungen
- Diabetes mellitus
- Erkrankungen der Nebenniere (z. B. M. Cushing, adrenogenitales Syndrom)
- Schilddrüsenerkrankungen (Hypo-, Hyperthyreose)
- Medikamente, Alkohol- oder Drogenabusus

▶ psychische Ursachen
- seelische Konflikte
- Störungen der Sexualität
- Ambivalenz gegenüber einer Schwangerschaft

▶ immunologisch
- z. B. Spermienantikörper

D-3.2 Normalwerte im Spermiogramm = Normozoospermie (nach WHO)

▶ Ejakulatvolumen	≥ 2,0 ml
▶ pH	7,2 bis 7,8
▶ Spermienkonzentration	≥ 20–250 Mio./ml
▶ Gesamtspermienzahl	≥ 40 Mio. pro Ejakulat
▶ Motilität	> 50 % mit Vorwärtsbeweglichkeit oder > 25 % mit schneller linearer Beweglichkeit innerhalb von 60 Min. nach Probengewinnung
▶ Morphologie	> 30 % mit normaler Form
▶ Anteil der lebenden Spermien	> 50 % vitale Zellen
▶ Leukozyten	< 1 Mio./ml
▶ Zink (gesamt)	> 2,4 µmol pro Ejakulat
▶ Zitronensäure (gesamt)	> 52 µmol (10 mg) pro Ejakulat
▶ Fruktose (gesamt)	> 13 µmol pro Ejakulat, weniger als 10 % Spermatozoen mit anhaftenden Partikeln

D-3.2

◀ Definition

▶ **Definition.** Folgende Begriffe finden bei der Beschreibung pathologischer Befunde im Spermiogramm Verwendung (Nomenklatur nach WHO):

Oligozoospermie	Spermienkonzentration < 20 Mio./ml
Asthenozoospermie	< 50 % Spermien mit Vorwärtsprogression oder < 25 % Spermien mit schneller linearer Beweglichkeit
Teratozoospermie	< 50 % Spermien mit normaler Morphologie
Oligoasthenoteratozoospermie	alle 3 Variablen sind gestört (Anzahl, Motilität und Morphologie, sog. **OAT-Syndrom**)
Azoospermie	keine Spermien im Ejakulat
Aspermie	kein Ejakulat
Parvisemie	zu geringes Ejakulatvolumen
Normozoospermie	normale Zahl, Form und Beweglichkeit

Bei einem fertilen Mann reifen die Spermien in ca. 70 Tagen heran **(Spermiogenese)**. Ein wichtiger Reifungsschritt der Spermatozoen **(Kapazitation)** findet in der Zervix uteri und in den Eileitern statt.

Bei einem fertilen Mann reifen die Spermien in ca. 70 Tagen heran **(Spermiogenese)**. Sie gelangen vom Hoden in den Nebenhoden und werden nach der Erektion, vermischt mit den Sekreten der Samenbläschen und der Prostata, in das hintere Scheidengewölbe ejakuliert. Ein weiterer Reifungsschritt der Spermatozoen **(Kapazitation)** erfolgt dann auf dem Weg zwischen Zervix uteri und den Eileitern.

Organische Sterilitätsursachen sind z. B. Missbildungen oder Verletzungen der Hoden, Nebenhoden, Prostata, Urethra sowie Varikozele oder eine abgelaufene Mumpsinfektion.

Die **Spermiogenese** wird durch **FSH**, die Funktion der **Leydig-Zellen** durch **LH** gesteuert. Die Leydig-Zellen sind epitheloide Zellhaufen im interstitiellen Bindegewebe des Hodens, sie bilden Androgene. Die Androgene spielen für die Spermiogenese eine wichtige Rolle. In den akzessorischen Geschlechtsdrüsen werden die Bestandteile des Seminalplasmas produziert. **Primär organische Sterilitätsursachen** ergeben sich durch Missbildungen oder Verletzungen an Hoden, Nebenhoden, Prostata, Urethra usw. Störungen können auch durch eine Varikozele sowie durch früher abgelaufene Infektionen (z. B. Mumps) hervorgerufen werden. Schädigende Einflüsse auf die Spermiogenese sind auch Nikotin, Alkohol und Drogen sowie Allgemeinkrankheiten. Zur Erfassung solcher Störungen bedarf es einer exakten Anamnese und Untersuchung.

◀ Merke

▶ **Merke.** Die körperliche Untersuchung des Mannes umfasst die Beurteilung der sekundären Geschlechtsmerkmale, die Inspektion und Palpation von Penis, Skrotum und Prostata.

Funktionelle Sterilitätsursachen von Seiten des Mannes wie Libidostörungen, Erektionsstörungen, Orgasmusstörungen und Ejakulationsstörungen sind vorwiegend psychischer Genese.

Die Durchführung wird vor allem durch Andrologen (Dermatologen, Internisten, Urologen oder Gynäkologen) vorgenommen.
Sterilitätsursachen von Seiten des Mannes (männliche Subfertilität und Infertilität) können auch vorwiegend psychische Ursachen haben. Es handelt sich hierbei meist um **funktionelle Sexualstörungen**, die sich in Form von

- Libidostörungen
- Erektionsstörungen
- Orgasmusstörungen
- Ejakulationsstörungen

äußern. Nähere Einzelheiten finden sich im Kapitel „Psychosomatische Gynäkologie" (s. S. 49 ff).

▶ Merke

▶ **Merke.** Spermaqualitätsminderungen können auch psychisch bedingt sein.

Eine umfangreiche Studie konnte zeigen, dass Spermaqualitätsminderungen positiv mit beruflichen und familiären Stressoren sowie psychosomatischen Beschwerden korrelieren.

3.3.2 Sterilitätsursachen bei der Frau

Eine Übersicht zur schrittweisen Abklärung möglicher gestörter Konzeptionsvorgänge findet sich in Abb. **D-3.1**. Die Häufigkeitsverteilung weiblicher Sterilitätsursachen zeigt Tab. **D-3.3**.

3.3.2 Sterilitätsursachen bei der Frau

Diagnostik und Therapie weiblicher Sterilitätsursachen gestalten sich in der Regel deutlich komplizierter und langwieriger als beim Mann. Wenn man eine anatomische Übersicht des weiblichen Genitales zu Grunde legt, kann man systematisch die einzelnen Sterilitätsursachen schrittweise abklären. Dabei beginnt man mit der Untersuchung des Ovars (s. Abb. **D-3.1**).
Die Häufigkeitsverteilung weiblicher Sterilitätsursachen findet sich in Tab. **D-3.3**, Beispiele in Tab. **D-3.1**.

Ovarielle Sterilitätsursachen

Als Ursache einer Sterilität kommen alle Formen der Ovarialinsuffizienz in Frage: Die **hypothalamisch-hypophysäre** Ovarialinsuffizienz mit ungenügender Gonadotropinausschüttung (WHO-Gruppe I [s. auch S. 109, Tab. **B-1.11**]) kann z. B. bei **Stress, Leistungssport** oder **Magersucht** auftreten.
Eine ungenügende Gonadotropinausschüttung kann auch auf einer Insuffizienz des Hypophysenvorderlappens (z. B. Sheehan-Syndrom) beruhen.

Ovarielle Sterilitätsursachen

Die verschiedenen Formen der Ovarialinsuffizienz und ihre Klassifikation nach WHO sind im Kapitel Endokrinologie (s. S. 109, Tab. **B-1.11**) ausführlich dargestellt.
Bei der **hypothalamisch-hypophysären Ovarialinsuffizienz** (hypogonadotrope normoprolaktinämische Ovarialinsuffizienz, WHO-Gruppe I) führt die unzureichende Ausschüttung von GnRH zu einer verminderten Synthese und Freisetzung von LH und FSH. Die Folgen können eine Amenorrhö, ein anovulatorischer Zyklus oder eine Corpus-luteum-Insuffizienz sein. Als Ursachen kommen große psychische **(Stress)** sowie körperliche Belastungen (z. B. **Hochleistungssport)**, die **Anorexia nervosa** und seltenere Erkrankungen wie das Kallmann-Syndrom in Frage. Eine mangelhafte Gonadotropinausschüttung findet sich auch bei

D-3.1

D-3.1 Schritte der Befruchtung

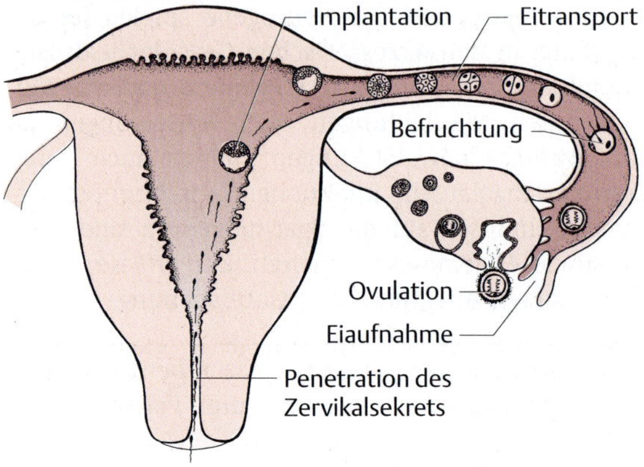

Das Schema zeigt die einzelnen Teilabschnitte der Konzeption; jeder dieser Schritte kann gestört sein und damit als Ursache einer Sterilität in Frage kommen. Es kann also ovarielle, tubare, uterine, zervikale und vaginale Sterilitätsursachen geben. Hinzu kommen noch immunologische, psychische und extragenitale Sterilitätsursachen.

D-3.3 Relative Häufigkeit von Sterilitätsursachen bei der Frau (ungefähre Zahlenangaben)

▶ ovariell	ca. 30 %
▶ tubar	ca. 30 %
▶ uterin	ca. 5 %
▶ zervikal	ca. 5 %
▶ vaginal	ca. 5 %
▶ psychisch	ca. 10–(30) %
▶ extragenital, immunologisch, ungeklärt	ca. 15 %

D-3.3

der Insuffizienz des Hypophysenvorderlappens (z. B. beim Sheehan-Syndrom). Ist die Freisetzung der GnRH auf Grund eines Tumors im Bereich des Hypothalamus/der Hypophyse gestört, können zusätzlich zu den Zyklusstörungen neurologische Symptome hinzutreten (WHO Gruppe VII).

Die **normogonadotrope normoprolaktinämische Ovarialinsuffizienz** (Gruppe II nach WHO) wird in 2 Gruppen unterteilt: Bei der Gruppe IIa finden Menstruationsblutungen statt, dabei bestehen aber anovulatorische Zyklen oder eine Corpus-luteum-Insuffizienz. Die Gruppe IIb ist durch eine primäre oder sekundäre Amenorrhö gekennzeichnet. Auch hier liegt die Ursache wahrscheinlich primär im Hypothalamus (Störung der pulsatilen GnRH-Ausschüttung). Bei der **hyperandrogenämischen Ovarialinsuffizienz** liegt eine gesteigerte Androgenproduktion vor; neben der Sterilität leiden die Patientinnen hier unter Virilisierungserscheinungen. Beispiele für diese Form sind das adrenogenitale Syndrom, das Syndrom der polyzystischen Ovarien und die Hyperthecosis ovarii.

Bei der **normogonadotropen normoprolaktinämischen** Form der Ovarialinsuffizienz (WHO-Gruppe II) liegt die Ursache vermutlich ebenfalls im Hypothalamus.
Die **hyperandrogenämische** Ovarialinsuffizienz geht mit Virilisierungserscheinungen einher (z. B. beim adrenogenitalen Syndrom, Syndrom der polyzystischem Ovarien).

Die **hypergonadotrope Ovarialinsuffizienz** ist durch erhöhte FSH-Spiegel gekennzeichnet, die Störung betrifft primär das Ovar selbst (Gruppe III nach WHO). Diese Form findet sich z. B. bei den Gonadendysgenesien und chromosomalen Störungen wie dem Ullrich-Turner-Syndrom, kann aber auch nach Bestrahlung oder Chemotherapie auftreten. Beim **Climacterium praecox** kommt es zu einer vorzeitigen Erschöpfung der Ovarien.

Die Störung kann primär das Ovar betreffen **(hypergonadotrope Ovarialinsuffizienz)** wie bei der Gonadendysgenesie, chromosomalen Störungen (z. B. X0-Ullrich-Turner-Syndrom), **Climacterium praecox** oder nach exogener Schädigung durch Bestrahlung oder Chemotherapie.

Erhöhte Prolaktinspiegel können durch ein Prolaktinom bedingt sein (WHO-Gruppe V) oder ohne Tumornachweis, z. B. nach Einnahme von Dopaminantagonisten auftreten (Gruppe VI). Die Hyperprolaktinämie führt durch Hemmung der pulsatilen GnRH-Ausschüttung zur Sterilität, als weiteres Symptom tritt manchmal eine Galaktorrhö auf.

Erhöhte Prolaktinspiegel durch ein Prolaktinom oder nach Einnahme von Dopaminantagonisten können ebenfalls zu einer ovariellen Sterilität führen, evtl. tritt als zusätzliches Symptom eine Galaktorrhö auf.

Tubare Sterilitätsursachen

Gründe für eine tubare Sterilität sind oft anamnestisch eruierbare Entzündungen der Eileiter **(Adnexitiden)**. Die häufigste Ursache einer Adnexitis sind Infektionen durch Chlamydien. Gonorrhö, Lues oder Urogenitaltuberkulose sind in den Industrieländern seltener für eine Entzündung der Eileiter verantwortlich. Durch die Entzündung kommt es zu Veränderungen der Tubenschleimhaut und zu Verwachsungen innerhalb des Lumens, die den Eitransport behindern. Auch ein kompletter Verschluss der Tube ist häufig. Entzündungen im kleinen Becken können auch zu Verwachsungen der Tuben mit der Umgebung (Adhäsionen) führen. Diese peritubaren Adhäsionen können die Beweglichkeit der Eileiter so stark einschränken, dass der Eiaufnahmemechanismus nicht mehr funktioniert.

Die **Endometriose** kann ebenfalls zu einem Tubenverschluss oder zu Adhäsionen führen (s. S. 309).

Tubare Sterilitätsursachen

Adnexitiden durch Chlamydieninfektionen (seltener infolge einer Gonorrhö, Lues oder Urogenitaltuberkulose) sind neben der Endometriose häufige Ursachen für einen Tubenverschluss.

▶ **Merke.** Obwohl man funktionelle Störungen der Tubenbeweglichkeit schwer feststellen kann, werden diese in der Literatur als mögliche Sterilitätsursache beschrieben, die vor allem im Rahmen von psychischen Konflikten auftritt.

◀ Merke

Uterine Sterilitätsursachen

Anatomische **Fehlbildungen, Myome** sowie **Synechien** des Cavum uteri nach Abrasio oder Entzündungen sind häufig für eine uterine Sterilität verantwortlich.

Uterine Sterilitätsursachen

Zu den uterinen Sterilitätsursachen zählen anatomische **Fehlbildungen** wie der Uterus bicornis, Uterussepten (s. S. 23 f) oder die Hypoplasie des Uterus. Uterusfehlbildungen stellen meist kein Konzeptionshindernis dar, führen aber häufig zu Fehlgeburten. Nach Infektionen (Endometritis) oder wiederholter Kürettage kann es zu einer Schädigung des Endometriums und zu Verwachsungen innerhalb des Cavum uteri **(Synechien)** kommen. Weiterhin spielen submuköse und intramurale **Myome** eine wichtige Rolle. Sie können den Aufbau des Endometriums beeinträchtigen oder zu einer Verlegung oder Kompression des Tubenlumens führen und dadurch eine Sterilität hervorrufen.

Zervikale Sterilitätsursachen

Anatomische Ursachen sind alte Zervixrisse sowie Veränderungen durch lokale chronische Entzündungen.

Ein **Östrogenmangel** wirkt sich nicht nur nachteilig auf Aufbau und Sekretion der Zervixschleimhaut aus, sondern auch auf die „Kapazitation der Spermien".

Zervikale Sterilitätsursachen

Anatomische Ursachen sind alte Zervixrisse sowie Veränderungen durch lokale chronische Entzündung des Zervikalkanals.
Der Zervixschleim macht einen zyklusabhängigen Wandel durch. Man spricht von einer **„Störung des Zervixfaktors"**, wenn sich der Zervixschleim z. B. unter Östrogenmangel zur Zyklusmitte nicht in die Gelphase begibt (mangelhafte Spinnbarkeit, fehlendes Kristallisationsphänomen).
Ein **Östrogenmangel** wirkt sich nicht nur nachteilig auf Aufbau und Sekretion der Zervixschleimhaut aus, sondern auch auf die „Kapazitation der Spermien". Hierunter versteht man die Vorbereitung der Spermien, die Zona pellucida der Eizelle mit Hilfe lytischer Fermente zu durchdringen. Östrogene fördern, Progesterone hemmen die Kapazitation (s. auch S. 432 f).

▶ **Merke**

▶ **Merke.** Auch anatomische Veränderungen nach Konisationen können eine Störung der Spermienaszension bewirken.

Unter **Spermaimmunität** versteht man die Behinderung der Spermienaszension durch immobilisierende oder agglutinierende Antikörper im Zervixschleim.

Unter **Spermaimmunität** versteht man die Behinderung der Spermienaszension durch immobilisierende oder agglutinierende Antikörper im Zervixschleim. Bei Frauen aus sterilen Ehen finden sich Spermaantikörper häufiger als bei Frauen aus fertilen Ehen.

Vaginale Sterilitätsursachen

Fehlbildungen, Stenosen, Entzündungen sowie psychisch bedingte Phänomene sind mögliche Sterilitätsursachen.

Vaginale Sterilitätsursachen

Ursachen vaginaler Sterilität können Fehlbildungen sein, ebenso posttraumatische Stenosen oder entzündliche Erkrankungen (rezidivierende Kolpitiden). Auch funktionelle Anomalien (Vaginismus) können die Kohabitation erschweren oder unmöglich machen.

Extragenitale Sterilitätsursachen

Extragenitale Störungen wie Erkrankungen der **Hypophyse, Nebennierenrinde, Schilddrüse** und des **Pankreas** können Ursache einer Sterilität sein.
Darüber hinaus können **Medikamente** mit dopaminantagonistischer Wirkung, z. B. Psychopharmaka, Drogen- oder Alkoholabusus die Fertilität einschränken.

Extragenitale Sterilitätsursachen

Da das endokrine System im Gesamtorganismus vielfältig verknüpft ist, können verschiedene extragenitale Faktoren die Fortpflanzungsfähigkeit beeinflussen. Die **Tumoren der Hypophyse** (z. B. Adenome, Prolaktinome) wurden bei den ovariellen Sterilitätsursachen bereits erwähnt. Auch Erkrankungen der **Schilddrüse** (Hypo- oder Hyperthyreose), **Diabetes mellitus**, Störungen der **Nebennierenrinde** (Morbus Cushing, Morbus Addison, AGS) können seltene extragenitale Sterilitätsursachen darstellen. Schwere Allgemeinerkrankungen sowie die Einnahme bestimmter **Medikamente** mit dopaminantagonistischer Wirkung (z. B. Neuroleptika und trizyklische Antidepressiva, Metoclopramid, Methyldopa), Drogen-, Alkohol- und Nikotinabusus können die Fertilität einschränken.

Psychische Sterilitätsursachen

Psychische Sterilitätsursachen können sich
- **symptomatisch** (Sexualstörungen, Amenorrhö, Anovulation) und
- **asymptomatisch** (idiopathisch) zeigen.

Psychische Sterilitätsursachen

Die sog. psychogene Sterilität zeigt sich phänomenologisch in unterschiedlicher Weise:
- In Form von **Symptomen** (z. B. Sexualstörungen, Amenorrhö, Anovulation). Pathogenetisch betrachtet, läuft dieser Vorgang über das Hormonsystem oder das neurovegetative System. Ätiologisch findet man meist psychische Konflikte, die in engstem Zusammenhang mit Schwangerschaft und Geschlechtsidentität stehen (s. S. 48 ff).

- Als **symptomlose** psychogene Sterilität, z. B. in Form der idiopathischen Sterilität. Hier finden sich im Rahmen der üblichen Sterilitätsdiagnostik keine Hinderungsgründe für eine Konzeption. Es kommt deshalb besonders auf das psychosomatisch orientierte, explorative Gespräch an, das tiefere Konflikte, z. B. Ambivalenz einer Schwangerschaft gegenüber, aufdecken und lösen kann.

3.4 Diagnostische Vorgehensweise zum Ausschluss weiblicher Sterilitätsursachen

Obwohl die Abklärung der Sterilitätsursachen **Mann und Frau** einer ungewollt kinderlosen Partnerschaft einbeziehen sollte, sucht häufig die Frau zuerst den Gynäkologen auf. Bevor aber invasive diagnostische Maßnahmen bei der Frau vorgenommen werden, empfehlen sich neben der andrologischen Untersuchung des Partners zunächst eine ausführliche Anamnese sowie eine gynäkologische Routineuntersuchung.

Die **Anamnese** beinhaltet das **Zyklusgeschehen** und muss Aufklärung über **frühere Schwangerschaften, gynäkologische Erkrankungen** und **Operationen** und **Allgemeinerkrankungen** bringen. Auch die Vorgeschichte in Bezug auf die bisherigen Bemühungen um die Erfüllung des Kinderwunsches sollten erörtert werden. Dazu gehören Angaben über das **Sexualverhalten** und die Beziehung zum Ovulationstermin. Fragen nach typischen gynäkologischen Symptomen wie Ausfluss, Blutungen, Schmerzen und Galaktorrhö sollten in die Anamnese einbezogen werden.

Es schließt sich in der Regel die **gynäkologische Untersuchung** an, die einen pathologischen **Abstrichbefund** an Portio und Zervix uteri sowie einen pathologischen **Palpationsbefund** ausschließen soll. Durch die erhobene Anamnese und den gynäkologischen Befund ergeben sich nicht selten bereits erste Anhaltspunkte für mögliche Sterilitätsursachen. Diese sollten dann für die weitere individuelle Sterilitätsdiagnostik genutzt werden.

3.4 Diagnostische Vorgehensweise zum Ausschluss weiblicher Sterilitätsursachen

Sterilitätsdiagnostik soll **gleichzeitig beide Partner** betreffen. Eine ausführliche **Anamnese** beider Partner und eine orientierende **gynäkologische bzw. andrologische Untersuchung** führen zu einem Diagnostik- und Therapiekonzept.

Zur Anamnese gehören Fragen nach dem Zyklus, früheren Schwangerschaften, gynäkologischen Erkrankungen oder Operationen, Allgemeinerkrankungen und nach dem Sexualverhalten.

3.4.1 Ausschluss ovarieller Sterilitätsursachen

Die ovariellen Sterilitätsursachen sind oftmals bereits aus der **Zyklusanamnese** zu erkennen. Eine ovarielle Dysfunktion macht sich oft durch Blutungsstörungen bemerkbar. Das Ausbleiben der Menstruation (Amenorrhö) oder zu seltene Blutungen (Oligomenorrhö) weisen auf eine gestörte Follikelreifung hin. Zu häufige Regelblutungen (Polymenorrhö) können Anzeichen eines anovulatorischen Zyklus oder einer Corpus-luteum-Insuffizienz sein.

3.4.1 Ausschluss ovarieller Sterilitätsursachen

Bereits die **Zyklusanamnese** kann auf eine ovarielle Sterilitätsursache hinweisen. Eine ovarielle Dysfunktion kann sich durch Blutungsstörungen bis hin zur Amenorrhö bemerkbar machen.

▶ **Merke.** Eine primäre oder sekundäre Amenorrhö, ein anovulatorischer Zyklus und eine Corpus-luteum-Insuffizienz sind typische Erscheinungsbilder einer ovariellen Sterilität.

◀ **Merke**

Hilfreich für das Erkennen eines anovulatorischen Zyklus ist hier auch die Durchführung einer **Basaltemperaturkurve**, möglichst über 3 Zyklen. Dabei wird die Körpertemperatur täglich morgens vor dem Aufstehen (möglichst immer zur gleichen Zeit) gemessen (orale, rektale oder vaginale Messung geeignet, immer dieselbe Methode anwenden!). Das Ausbleiben eines Anstieges der Basaltemperaturkurve zur Zyklusmitte spricht für einen **anovulatorischen Zyklus**; eine verkürzte hypertherme Phase (< 10 Tage) oder ein stufenförmiger Anstieg zur Zyklusmitte sind erste Anhaltspunkte für eine **Corpus-luteum-Insuffizienz** (s. Abb. **D-3.2**).

Eine Aussage über die Zyklusphase bzw. den Einfluss von Östrogenen und Gestagenen ermöglicht auch die **Vaginalzytologie** (charakteristische Umwandlung der Vaginalepithelien unter Östrogen- bzw. Progesteroneinfluss [s. S. 92, Abb. B-1.13]) und die Untersuchung des **Zervixmukus** (Zunahme der Spinnbarkeit und des Farnkrautphänomens präovulatorisch, s. Abb. **D-3.5**). Die Untersuchung

Ein Hilfsmittel für das Erkennen einer **Ovulation** ist die **Basaltemperaturkurve** (biphasischer Verlauf nach Ovulation, monophasischer Verlauf bei **anovulatorischem Zyklus**, verzögerter Anstieg oder verkürzte hypertherme Phase bei **Corpus-luteum Insuffizienz**), s. Abb. **D-3.2**.

Eine Orientierung über Zyklusphase, Hormoneinfluss bzw. stattgehabte Ovulation ermöglichen **Vaginalzytologie**, Untersuchung des **Zervixmukus** (zunehmende Spinnbarkeit und Farnkrautphänomen prä-

D-3.2 Basaltemperaturkurven (BTK)

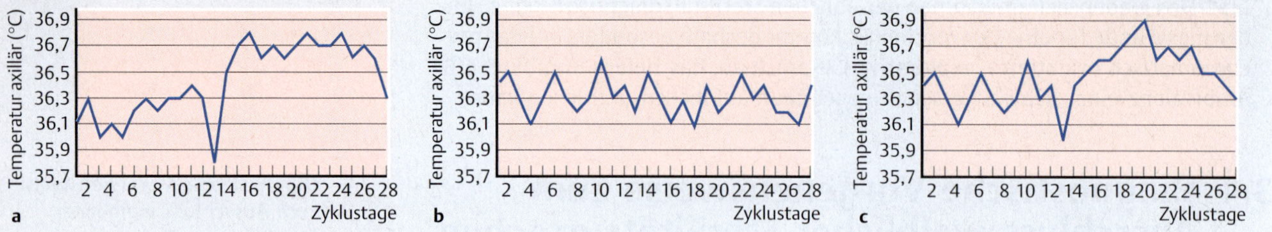

a Normale BTK mit biphasischem Verlauf. In der 2. Zyklushälfte kommt es unter dem Einfluss des Gelbkörperhormons zu einem raschen Anstieg um ca. 0,5 °C.
b Monophasische BTK bei anovulatorischem Zyklus. Der Anstieg der Temperatur zur Zyklusmitte bleibt aus, da keine Ovulation stattgefunden hat.
c Verzögerter Anstieg der BTK bei Corpus-luteum-Insuffizienz. Auch eine verkürzte hypertherme Phase (< 11 Tage) nach normalem Anstieg kann auf eine Störung der Lutealphase hinweisen.

ovulatorisch) sowie durch Strichkürettage gewonnene **Endometriumbiopsie** (sekretorische Umwandlung nach Ovulation).

Messungen der Follikelgröße und der Endometriumdicke sind mit der **vaginalen Sonographie** möglich.

einer ca. 4 Tage vor erwartetem Menstruationsbeginn durch Strichkürettage gewonnene **Endometriumbiopsie** zeigt, ob die postovulatorische sekretorische Umwandlung des Endometriums stattgefunden hat (s. S. 97, Abb. **B-1.16**).
Die **vaginale Sonographie** ermöglicht es, die Follikelgröße und die Dicke des Endometriums zu messen.

Hormonanalysen. Die Analyse von **FSH, LH, Östradiol, Prolaktin, Testosteron, DHEA-S** und **Schilddrüsenhormonen** erfolgt in der ersten Zyklusphase, die von Progesteron in der 2. Phase.

Hormonanalysen. Bei Verdacht auf eine ovarielle Sterilität werden die gleichen Hormonuntersuchungen durchgeführt wie bei Amenorrhö/Oligomenorrhö ohne Kinderwunsch (s. S. 110 ff). Die Blutentnahme für die Bestimmung von **FSH, LH, Östradiol, Prolaktin, Testosteron, DHEA-S** und die **Schilddrüsenhormone** erfolgt bevorzugt am 2.–5. Zyklustag. Bei V. a. eine Störung der Corpus-luteum-Phase sind mehrfache Messungen des Progesteronspiegels zwischen dem 20. und 24. Zyklustag, also in der Lutealphase, sinnvoll. Nach der Basishormonanalyse erfolgt die weitere Differenzierung durch Funktionstests **(Gestagentest, Östrogen-Gestagentest**, s. S. 113).

3.4.2 Ausschluss tubarer Sterilitätsursachen

Hysterosalpingographie, Laparoskopie mit Blauinstillation, Hysterosalpingo-Kontrastsonographie und Pertubation sind Verfahren zum Ausschluss einer tubaren Sterilität.

3.4.2 Ausschluss tubarer Sterilitätsursachen

Eine tubare Sterilitätsursache wird durch Prüfung des sog. **Tubenfaktors** diagnostiziert. Dafür kommen hauptsächlich 3 Methoden zur Anwendung:
- Hysterosalpingographie
- gynäkologische Laparoskopie mit Blauinstillation
- Hysterosalpingo-Kontrastsonographie
- Pertubation.

Hysterosalpingographie. Bei dieser Untersuchung wird wasserlösliches Kontrastmittel zur Darstellung des Cavum uteri und der Tuben im Röntgenbild benutzt (s. Abb. **D-3.3**). Beweglichkeitsstörungen der Tuben sind hierbei jedoch nicht diagnostizierbar.

Hysterosalpingographie. Die Darstellung von Uterus und Tuben im Röntgenbild mit Hilfe eines wasserlöslichen Kontrastmittels ist wesentlich aussagekräftiger als die Pertubation. Nach Kontrastmittelinjektion in das Cavum uteri kann man unter Durchleuchtung die Verteilung des Kontrastmittels im Cavum uteri und in den Tuben beobachten, zur Dokumentation werden Röntgenaufnahmen angefertigt. Bei durchgängigen Tuben tritt das Kontrastmittel in die freie Bauchhöhle aus. Tubenverschlüsse lassen sich lokalisieren und pathologische Erweiterungen des Tubenlumens (Saktosalpinx, s. Abb. **D-3.3**) sind sichtbar. Eine Aussage über Beweglichkeitsstörungen der Tuben und damit über Verwachsungen lässt sich mit dieser Methode nicht machen.
Ein Vorteil dieser Methode besteht jedoch darin, dass das Cavum uteri dargestellt wird und auch hier pathologische Veränderungen (z. B. subseröses Myom) als Ursache einer Sterilität erkannt werden können.

Hysterosalpingo-Kontrastsonographie. Nach Injektion eines Sonokontrastmittels

Hysterosalpingo-Kontrastsonographie. Bei dieser Untersuchung wird nach Injektion eines Sonokontrastmittels über einen Katheter in das Cavum uteri

D-3.3 Hysterosalpingographie

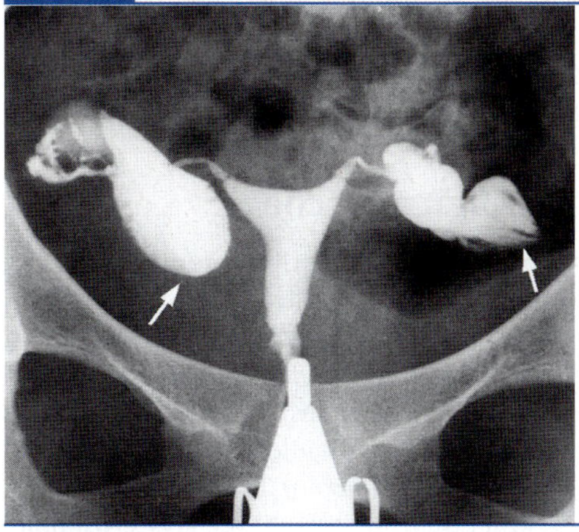

Hysterosalpingographie bei einer 31-jährigen Patientin mit primärer Sterilität. Es liegen beidseitige Saktosalpingen (→) vor.

D-3.3

D-3.4 Pertubation

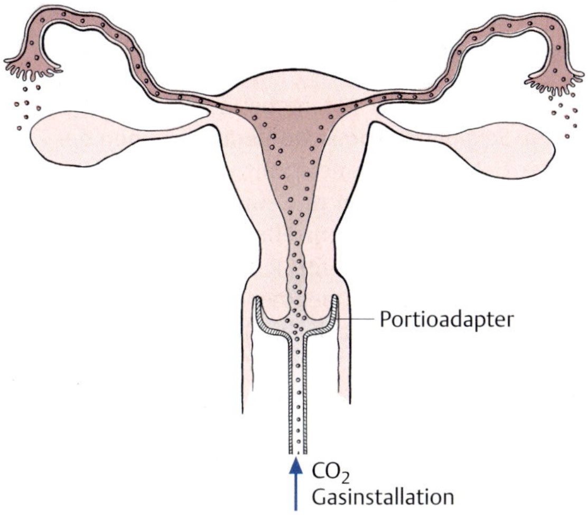

D-3.4

eine transvaginale Ultraschalluntersuchung durchgeführt. Das Verfahren hat den Vorteil der fehlenden Strahlenbelastung und eignet sich gut als orientierende Untersuchung.

in das Cavum uteri wird eine transvaginale Sonographie durchgeführt.

Laparoskopie mit Blauinstillation. Die gynäkologische Laparoskopie bietet die Möglichkeit einer Gesamtübersicht des inneren Genitales. Die Tuben lassen sich makroskopisch beschreiben, die Beweglichkeit der Tuben, Verwachsungen und Endometrioseherde können beurteilt werden. Die Tubendurchgängigkeit lässt sich durch eine Blauinstillation (Indigokarmin) über die Zervix uteri unter Verwendung eines Portioadapters prüfen **(Chromopertubation)**. Bei regelrechtem Tubenfaktor kann mit dem Laparoskop der Austritt von Blaulösung aus beiden Fimbrientrichtern beobachtet werden. Bei der Laparoskopie können auch kleinere therapeutische Eingriffe durchgeführt werden, z. B. das Lösen von Adhäsionen.

Gynäkologische Laparoskopie. Diese Methode ermöglicht eine Gesamtübersicht des inneren Genitales (Verwachsungen sind erkennbar) sowie zusätzlich eine Beurteilung der Tubendurchgängigkeit mittels Blauinstillation über die Zervix **(Chromopertubation)**.

Pertubation. Bei dieser Untersuchung wird ein Portioadapter aufgesetzt und CO_2 über den Zervikalkanal in den Uterus und die Tuben geblasen (s. Abb. **D-3.4**). Mit einem speziellen Gerät kann man die Durchflussmenge von CO_2 sowie den benötigten Insufflationsdruck messen. Ein Druckabfall im System zeigt eine freie Tubenpassage an. Man kann dies auch durch Auskultation im Unterbauch bestätigen.

Pertubation. Über einen Portioadapter wird CO_2 in den Uterus und die Tuben geblasen. Ein Druckabfall im System zeigt die freie Tubenpassage an (s. Abb. **D-3.4**).

Bei freier Tubenpassage geben die Patientinnen nach einigen Stunden häufig einen Schmerz im Schulterbereich rechts an (Leitung über Zwerchfell durch Nervus phrenicus).
Kritisch ist hier anzumerken, dass diese diagnostische Maßnahme gehäuft falsch-positive und auch falsch-negative Ergebnisse zeigt.

3.4.3 Ausschluss uteriner Sterilitätsursachen

Uterusmissbildungen und **Uterustumoren** lassen sich diagnostizieren durch Palpation, Ultraschalluntersuchung, Laparoskopie, **Hysterosalpingographie** und **Hysteroskopie**.

3.4.3 Ausschluss uteriner Sterilitätsursachen

Die Feststellung von **Uterusmissbildungen** sowie von **Uterustumoren** (meist Myome) ist häufig schon durch die **Palpation** möglich. **Ultraschalluntersuchung** und **Laparoskopie** sind weiterführende diagnostische Maßnahmen. Mit diesen Verfahren kann man „von außen" die Größe der Gebärmutter bestimmen sowie myomatöse Veränderungen und Endometriosen feststellen. Die **Hysterosalpingographie** (s. S. 430) stellt das Cavum uteri sowie die Tuben mittels Kontrastmittel dar. Hypoplasien des Uterus, Missbildungen, Tumoren und Synechien werden dabei sichtbar. Eine Direktbetrachtung erlaubt die **Hysteroskopie**. Hierbei wird mit einem Hysteroskop über die Zervix in das Cavum uteri eingegangen. Einzelheiten zur Hysteroskopie sind im Kapitel Untersuchungstechniken dargestellt (s. S. 158 f).

3.4.4 Ausschluss zervikaler Sterilitätsursachen

Anatomische Veränderungen der Zervix nach Aborten oder Geburten (Risse) lassen sich bereits durch die Routineuntersuchung feststellen. Zervixschleimveränderungen im Rahmen des zyklischen Geschehens **(„Zervixfaktor")** sind durch **Spinnbarkeit** und **Farnkrauttest** diagnostizierbar (s. Abb. **D-3.5**).

Unter **Östrogenmangel** bleibt der Zervixmukus für die Spermien undurchdringlich. Auch für die **Kapazitation** der Spermien sind Östrogene wichtig.

3.4.4 Ausschluss zervikaler Sterilitätsursachen

Zervikale Sterilitätsursachen lassen sich meist bereits bei der gynäkologischen Routineuntersuchung feststellen. So sind **anatomische Veränderungen** der Zervix, z. B. Risse nach Aborten oder Geburten, die meist mit verstärktem Ausfluss einhergehen, sowie entzündliche Veränderungen mit einer eventuellen bakteriellen Besiedlung abzuklären. Weiterhin ist die Beurteilung des **„Zervixfaktors"** notwendig. Der Zervixschleim verändert sich im Rahmen des zyklischen Geschehens, wobei der Schleim unter dem zunehmenden Östrogeneinfluss periovulatorisch verstärkt glasig und **spinnbar** wird (bis 10 cm, s. Abb. **D-3.5a**). Unter dem Mikroskop zeigt ein östrogenisierter Zervixschleim ein Kristallisationsphänomen **(Farnkrauttest**, s. Abb. **D-3.5b**).
Unter **Östrogenmangel** bleibt der Zervixschleim für die Spermatozoen undurchdringlich. Ein Östrogenmangel wirkt sich auch nachteilig auf die **Kapazitation** der Spermien aus.

D-3.5

D-3.5 Beurteilung des Zervixfaktors

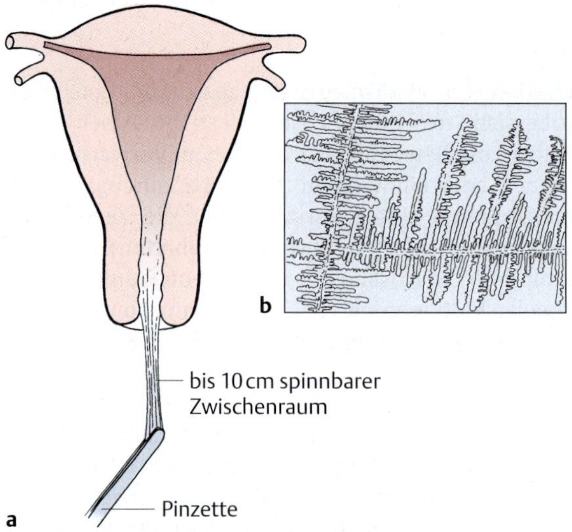

a Spinnbarkeit des Zervixschleims.
b Farnkrautphänomen.

▶ **Definition.** Kapazitation bedeutet die Fähigkeit der Spermien, die Zona pellucida und die Matrix des Cumulus oophorus mit Hilfe lytischer Fermente zu durchdringen – eine Fähigkeit, die durch die Sekrete im Zervikalkanal auf dem Weg in die Tube erreicht wird. Hierbei wird die Membran der Akrosomenkappe am Kopf der Spermien aufgelöst, und es werden Enzyme, vor allem das Akrosin, frei, die die Spermien befähigen, die Zellschichten des Oozyten zu durchdringen. Östrogene fördern, Progesterone hemmen die Kapazitation.

◀ Definition

Auch **entzündliche Vorgänge** (u.a. Infektionen, z.B. eine durch Mykoplasmen oder Chlamydien verursachte Zervizitis) können zu Veränderungen des Zervixschleims führen, die die Penetration der Spermien verhindern. Deshalb gehört zur Sterilitätsdiagnostik auch ein **bakteriologischer Abstrich**, zumal Infektionen auch eine wichtige Rolle bei der tubaren Sterilität spielen.

Auch **entzündliche Vorgänge** wie z.B. eine infektiöse Zervizitis können das Zervixsekret so verändern, dass eine Penetration der Spermien nicht möglich ist. Diagnose durch **bakteriologischen Abstrich**.

Testmethoden

Es gibt eine Reihe von Tests zur Prüfung des Zervixfaktors.

Testmethoden

Postkoitaltest. Der einfachste Test ist der Postkoitaltest nach **Sims-Huhner**. Die Untersuchung der Patientin findet zur Ovulationszeit nach 3- bis 5-tägiger sexueller Karenz des Mannes einige Stunden nach stattgehabtem Verkehr statt. Es wird eine Schleimprobe aus dem hinteren Scheidengewölbe sowie aus dem Zervikalkanal entnommen und phasenkontrastmikroskopisch untersucht. Bei Vorhandensein beweglicher Spermien gilt der Test als positiv. Die Lebensfähigkeit der Spermien im Zervikalsekret ist deutlich länger als im Scheidengewölbe und kann mehr als 24 Stunden betragen. Bei negativem Test empfiehlt sich die Wiederholung, da ein einmalig negativer Postkoitaltest noch keinen sicheren Hinweis auf eine zervikale oder andrologische Sterilität ergibt.

Der **Postkoitaltest** nach **Sims-Huhner** gilt als positiv, wenn man zur Ovulationszeit einige Stunden nach stattgehabtem Verkehr bewegliche Spermien im Zervikalschleim nachweisen kann.
Ein negativer Postkoitaltest ergibt noch keinen sicheren Hinweis auf eine zervikale oder andrologische Sterilität.

Kurzrok-Miller-Test. Dieser In-vitro-Test ist ebenfalls zum Ovulationszeitpunkt durchzuführen. Bei der Patientin wird ein Tropfen Zervixschleim entnommen und mit einem Tropfen des durch Masturbation gewonnenen Spermas auf dem Objektträger in Berührung gebracht. Unter dem Mikroskop lässt sich beobachten, ob die Spermien in den Zervixschleim eindringen (s. Abb. **D-3.6**). Der Test ergibt eine erweiterte Aussage, wenn man in einem zweiten Testansatz

Kurzrok-Miller-Test. Bei diesem Test (s. Abb. **D-3.6**) lässt sich beobachten, ob zum Ovulationszeitpunkt die Spermien in den Zervixschleim eindringen. Als In-vitro-Test gibt er eine erweiterte Aussage, wenn Zervixschleim einer sicher fertilen Frau bzw. Sperma eines sicher fertilen Mannes verwendet wird.

D-3.6 Kurzrok-Miller-Test

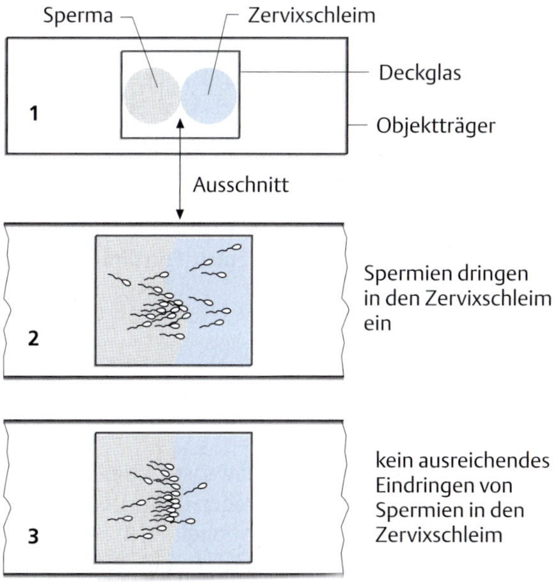

1 Testansatz: 1 Tropfen Zervikalsekret der Patientin und ein Tropfen Sperma des Partners werden direkt nebeneinander auf einen Objektträger aufgebracht und mit Deckgläschen abgedeckt
2 positives Testergebnis: Die Spermien penetrieren den Zervixschleim
3 negatives Testergebnis: Anhäufung nicht penetrationsfähiger Spermien an der Sperma-Mukus-Grenze.

D-3.6

den Zervixschleim einer sicher fertilen Frau verwendet bzw. Sperma eines sicher fertilen Mannes einsetzt („gekreuzter Spermien-Penetrationstest"). Die Unterscheidung eines pathologischen Zervixfaktors von einem mangelhaften Invasionsvermögen der Spermien ist auf diese Weise möglich.

Kapillar-Sperma-Penetrationstest. Eine Sekretprobe aus der Zervix wird mit einer Spermaprobe in eine Kapillare aufgezogen. Man beurteilt die Zahl der Spermien und ihre maximale Penetrationshöhe.

Kapillar-Sperma-Penetrationstest. Zur Zyklusmitte wird eine Sekretprobe aus der Zervix in eine Hämatokritkapillare aspiriert und in ein Spermaejakulat getaucht. Die Zahl der Spermatozoen und ihre maximale Penetrationshöhe in der Kapillare werden beurteilt.
Ähnlich dem Kurzrok-Miller-Test lässt sich der Kapillar-Sperma-Penetrationstest durch die Verwendung eines sicher fertilen Spermas sowie eines Zervixschleimes einer sicher fertilen Frau erweitern.
Die angeführten Tests zur Prüfung des Zervixfaktors können auch auf die seltenen **immunologischen Sterilitätsursachen** hinweisen. Bei der **immunologischen Sterilität** finden sich Antikörper gegen das Sperma des Partners im Zervixschleim, diese können zur Immobilisation der Spermien führen. Die Immobilisation ist z. B. im Sims-Huhner-Test nachweisbar. Spermaagglutinierende Antikörper lassen sich manchmal im Zervixschleim oder Blut der Frau nachweisen. Auch im Blut des Mannes und im Sperma selbst können sich Antikörper finden. Das Gebiet der immunologischen Sterilität ist bisher diagnostisch noch schwer zu fassen.

Immunologische Sterilitätsursachen können auf Grund der Ergebnisse der Tests zur Prüfung des Zervixfaktors vermutet werden. Bei der immunologischen Sterilität werden Antikörper gegen das Sperma des Partners im Zervixschleim ausgeschieden und können zur Immobilisation der Spermien führen.

3.4.5 Ausschluss vaginaler Sterilitätsursachen

Durch die gynäkologische Routineuntersuchung können **angeborene Anomalien** oder **sekundäre Stenosen** nach Trauma oder Entzündung diagnostiziert werden. **Entzündliche Faktoren** lassen sich durch die Inspektion und durch die mikroskopische Untersuchung abklären. Dabei ist ein Abstrich anzufertigen, der auf Keime untersucht wird. Eine Spermaschädigung durch Infektionen im hinteren Scheidengewölbe lässt sich dadurch ausschließen.
Eine spezielle vaginale Sterilitätsursache ist der sog. **Vaginismus** (Scheidenkrampf) (s. S. 428 und S. 51 f). Es handelt sich dabei um ein psychosomatisches Beschwerdebild, das psychotherapeutisch gut angehbar ist.

3.4.5 Ausschluss vaginaler Sterilitätsursachen

Anomalien oder **sekundäre Stenosen** können durch die gynäkologische Routineuntersuchung diagnostiziert werden. **Entzündliche Faktoren** lassen sich inspektorisch und mikroskopisch abklären. Der **Vaginismus** ist psychotherapeutisch anzugehen (s. S. 428).

3.4.6 Ausschluss extragenitaler Sterilitätsursachen

Vor allem **endokrinologische** Erkrankungen können zu einer Sterilität führen. Erkrankungen der Hypophyse wie die Insuffizienz des Hypophysenvorderlappens, z. B. durch ein Prolaktinom verursacht, sind unter den ovariellen Sterilitätsursachen abgehandelt (s. S. 426). Störungen der **Nebennierenrinde**, der **Schilddrüse** oder ein **Diabetes mellitus** sowie andere schwere chronische **Allgemeinerkrankungen** erfordern eine entsprechende internistische Diagnostik. Bei Patientinnen mit Ovarialinsuffizienz finden sich in 5–15 % Schilddrüsenfunktionsstörungen – **überwiegend Hypothyreosen, seltener Hyperthyreosen**. Zur Diagnostik gehören die Messung der **TSH-, T_3- und T_4-Spiegel** im Serum und der TRH-Stimulationstest. Häufig haben hypothyreote Frauen **erhöhte Prolaktinserumwerte** oder eine latente Hyperprolaktinämie. Die Einnahme von **Psychopharmaka** oder Drogen als mögliche Ursache einer Fertilitätsstörung kann durch die Anamnese erfasst werden.

3.4.6 Ausschluss extragenitaler Sterilitätsursachen

Endokrinologische Erkrankungen **(Nebennierenrinde, Schilddrüse, Diabetes mellitus)** und schwere **Allgemeinerkrankungen** erfordern eine internistische Diagnostik. Vor allem **Hypothyreosen, seltener Hyperthyreosen** finden sich nicht selten bei Patientinnen mit gestörter Ovarialfunktion. Diagnose: Bestimmung von **TSH-, T_3- und T_4**. Auf die Einnahme von **Medikamenten** oder Drogen muss bei der Anamneseerhebung geachtet werden.

3.4.7 Diagnostisches Verständnis für psychische Sterilitätsursachen

Zahlreiche Untersuchungen haben ergeben, dass der bewusste Kinderwunsch oft von innerer Ablehnung einer Schwangerschaft und/oder Geburt überlagert ist. Da sich eine **psychisch** bedingte Sterilität meist hormonell (z. B. sekundäre **Amenorrhö, Anovulation**) oder neurovegetativ **(Tubenspasmen)** zeigt, empfiehlt sich auch bei diesen oft einseitig organisch dargestellten Symptomen

3.4.7 Diagnostisches Verständnis für psychische Sterilitätsursachen

Psychisch bedingte Sterilität kann auftreten in Form von sekundärer **Amenorrhö, Anovulation** oder **Tubenspasmen**. Daher empfiehlt sich auch bei diesen oft einseitig organisch dargestellten Symptomen das explorative Gespräch.

das explorative Gespräch. Besonders wichtig ist dieses Gespräch, wenn die Patientin Sexualstörungen zeigt. Vor der Durchführung invasiver Sterilitätsdiagnostik ist hier die psychotherapeutische Abklärung notwendig. Gelegentlich erfordert dies zeitaufwendige, tiefenpsychologisch orientierte Gespräche, die jedoch häufig zum Erfolg führen. Zusätzlich soll aber betont werden, dass allgemein die ungewollte Kinderlosigkeit eine Lebenskrise auslöst, die eine psychosomatische Betreuung sinnvoll macht.

3.5 Therapeutische Möglichkeiten bei Sterilität der Frau

Das therapeutische Vorgehen soll schrittweise erfolgen und muss sich an den diagnostischen Befunden orientieren, wobei mit wenig invasiven Methoden begonnen wird. Die Möglichkeiten, dem Kinderwunschpaar zu einer spontanen Schwangerschaft zu verhelfen, sollten – so weit dies ausreichend erfolgversprechend ist – genutzt werden.

3.5 Therapeutische Möglichkeiten bei Sterilität der Frau

Ein schrittweises therapeutisches Vorgehen ist wichtig, wobei mit wenig invasiven Methoden begonnen werden soll.

3.5.1 Therapie der ovariellen Sterilität

Je nach Vorliegen einer hyper, normo- oder hypogonadotropen Ovarialinsuffizienz gibt es individuell angepasste Möglichkeiten der Behandlung. Auch wenn kein Kinderwunsch besteht, ist bei Störungen der Ovarialfunktion oft eine Therapie notwendig, z. B. um den Folgen eines Östrogenmangels entgegenzuwirken. Die einzelnen therapeutischen Schritte sind im Kapitel „Gynäkologische Endokrinologie“ bei den verschiedenen Krankheitsbildern aufgeführt. Im Folgenden sind Behandlungsmaßnahmen beschrieben, die mit dem Ziel einer Ovulationsauslösung eingesetzt werden.

3.5.1 Therapie der ovariellen Sterilität

Die gezielte Behandlung einer Ovarialinsuffizienz ist auch ohne Kinderwunsch notwendig, um hormonelle Ausfallerscheinungen zu vermeiden (s. Kap. „Gynäkologische Endokrinologie“). Im Folgenden geht es um Maßnahmen mit dem Ziel einer Ovulationsauslösung.

Therapie der Hyperprolaktinämie

Erhöhte Prolaktinspiegel führen über eine Hemmung der Gonadotropinsekretion zur Störung der Ovarialfunktion. Ergibt die Anamnese Hinweise auf eine medikamentös bedingte Hyperprolaktinämie (s. S. 126, Tab. **B-1.13**), kann ein Umstellen der Medikation sinnvoll sein. Frauen mit einer hyperprolaktinämisch bedingten Ovarialinsuffizienz und Kinderwunsch sollten primär mit **Prolaktinhemmern** behandelt werden. Es handelt sich dabei um Dopaminagonisten wie z. B. Bromocriptin (Pravidel), Lisuridmaleat (Dopergin) oder Cabergolin (Dostinex). Voraussetzung dafür ist eine ausreichende klinische, laboranalytische und apparative Diagnostik. Das therapeutische Ziel der Behandlung mit Prolaktinhemmern ist die weitgehende Normalisierung der Prolaktinserumwerte. Dadurch kommt es zu einem regelmäßigen Zyklus mit Ovulation und eventuell nachfolgender Schwangerschaft. Bei Prolaktinomen führt die Therapie außerdem zu einer Tumorverkleinerung. Die Höhe der Dosierung und die Verteilung der Prolaktinhemmerdosis über den Tag hängt von der Ausgangssituation ab. Unter einer Dauerbehandlung mit Prolaktinhemmern sollten die Prolaktinwerte im Serum regelmäßig kontrolliert werden. Die Therapie erfolgt mindestens so lange, wie eine normale Ovarfunktion erforderlich ist, d. h. beispielsweise über die Dauer einer Sterilitätstherapie hinaus. Häufig steigen die Prolaktinserumwerte nach Absetzen der Prolaktinhemmer wieder an.

Therapie der Hyperprolaktinämie

Standard ist die Behandlung mit **Prolaktinhemmern** wie z. B. Bromocriptin, Lisuridmaleat oder Carbergolin. Ziel der Behandlung ist die weitgehende Normalisierung der Prolaktinserumwerte. Dadurch kommt es zur Ovulation und evtl. zur Schwangerschaft. Bei Prolaktinomen kommt es durch die Therapie auch zu einer Tumorverkleinerung. Unter der Behandlung sind Kontrollen der Prolaktinserumwerte wichtig.

Bei schnell wachsenden Makroadenomen bzw. rasch progredientem Gesichtsfeldausfall und bei Unwirksamkeit oder Unverträglichkeit der medikamentösen Therapie ist eine chirurgische Entfernung des Hypophysenadenoms **(selektive Adenomektomie)** indiziert.

Große Hypophysenadenome müssen evtl. chirurgisch entfernt werden **(selektive Adenomektomie)**.

Kann durch eine alleinige Prolaktinhemmerbehandlung die Ovarfunktion nicht normalisiert werden, ist eine Zusatzbehandlung mit Ovulationsauslösern wie Clomifen, Gonadotropinen oder GnRH angebracht.

Bleibt nach Therapie mit Prolaktinhemmern eine Ovulation aus, ist eine Zusatzbehandlung mit Clomifen, Gonadotropinen oder GnRH sinnvoll.

Therapie bei Störungen im hypophysär-hypothalamischen Bereich

Behandlung mit Ovulationsauslösern. Ovulationsauslöser unterstützen die Follikelreifung durch die Stimulation der endogenen Sekretion der Gonadotropine. Dazu gehören **Clomifen, Cyclofenil, Tamoxifen** und **Epimestrol**.

Cave: Überstimulationserscheinungen, Mehrlingsschwangerschaften, erhöhte Abortrate.

Ovulationsauslöser können mit **β-HCG** zur Auslösung einer Ovulation kombiniert werden.
Die Kombination mit **Östrogenen** zur Verbesserung der Zervixmukusqualität kann ebenfalls sinnvoll sein.

Behandlung mit Gonadotropinen. Nach erfolgloser Therapie mit Ovulationsauslösern können Extrakte aus dem Urin postmenopausaler Frauen **(HMG = humanes menopausales Gonadotropin)** mit einem Verhältnis FSH zu LH von 1:1 eingesetzt werden. Auch **reine FSH-Präparate** sind geeignet. HMG und FSH fördern die Reifung der Follikel. **β-HCG** entspricht in seiner Wirkung LH und wird zur Ovulationsauslösung und Unterstützung der Lutealfunktion eingesetzt.

Cave: Hohes **Überstimulations- und Mehrlingsschwangerschaftsrisiko**.

Um die endogene Gonadotropinsekretion während einer Stimulationsbehandlung vorübergehend zu unterdrücken, ist eine **Kombinationstherapie** mit **HMG/β-HCG** und **GnRH-Analoga** möglich.

Die klinischen Symptome bei Überstimulation mit HMG/β-HCG, eine Einteilung in

Therapie bei Störungen im hypophysär-hypothalamischen Bereich

Behandlung mit Ovulationsauslösern. Ovulationsauslöser sind Substanzen, die die Follikelreifung und damit die ovulatorische Funktion durch Stimulation der endogenen Sekretion von Gonadotropinen unterstützen. Dazu gehören **Clomifen, Cyclofenil, Tamoxifen** und **Epimestrol**. Diese Medikamente werden zu Beginn des Zyklus in möglichst niedriger Dosierung über eine vorgeschriebene Anzahl von Tagen eingenommen. Sie werden vor allem bei der Corpus-luteum-Insuffizienz, anovulatorischen Zyklen und normogonadotroper Amenorrhö eingesetzt.
Als **Nebenwirkung** kann eine **Überstimulation** der Ovarien mit Zystenbildung und Aszites auftreten. Außerdem kommt es nach Behandlung mit Ovulationsauslösern zu einer erhöhten Rate an **Mehrlingsschwangerschaften** (nach den Ergebnissen großer Sammelstatistiken in 5–10% der Schwangerschaften). Zudem wird über eine erhöhte Abortrate berichtet, deren Ursache nicht eindeutig geklärt werden kann.
Besonders um Überstimulationserscheinungen zu vermeiden, sollten die Follikelreifung, die Ovulation und die Lutealphase klinisch, laboranalytisch und sonographisch kontrolliert werden. Häufig werden Ovulationsauslöser mit Choriongonadotropin **(β-HCG)** zur zeitgerechten Auslösung des Eisprungs kombiniert. Da sich wegen der antiöstrogenen Eigenschaften der Ovulationsauslöser die Qualität des Zervixmukus nachteilig verändern kann, ist eine Kombination mit **Östrogenen** zur Verbesserung der präovulatorischen Zervixsekretion oft sinnvoll.

Behandlung mit Gonadotropinen. Indikationen für eine Stimulation der Eierstöcke mittels Gonadotropinen sind aktueller Kinderwunsch, stimulierbare Follikel und eine vorangegangene erfolglose Behandlung mit Ovulationsauslösern wie Clomifen.
Bei den verwendeten Gonadotropinen handelt es sich um Extrakte aus dem Urin postmenopausaler Frauen **(HMG = humanes menopausales Gonadotropin)**, die FSH zu LH in einem Verhältnis von 1:1 enthalten. Auch **reine FSH-Präparate** werden verwendet.
Während HMG die Reifung der Follikel fördert, dient das humane Choriongonadotropin **(β-HCG)**, das aus dem Urin schwangerer Frauen gewonnen wird und LH-Aktivität besitzt, der Ovulationsauslösung und der Unterstützung der Gelbkörperfunktion.
Diese Präparate werden subkutan oder intramuskulär injiziert. Je nach Indikation beginnt man am 3.–5. Zyklustag mit einer möglichst niedrigen Dosierung. Um das **hohe Risiko von Überstimulationen und Mehrlingsschwangerschaften** zu reduzieren, müssen exakte Zyklusverlaufskontrollen mittels Labor und Ultraschall durchgeführt werden. Ist eine In-vitro-Fertilisation geplant, kann das Heranwachsen mehrerer Follikel gewünscht sein. Es besteht dann eine größere Chance, mehrere Eizellen nach Follikelpunktion zu erhalten.
Die Ovulation kann mit β-HCG ausgelöst werden, wenn die Follikel mit entsprechenden Serumwerten für Östradiol zu gewünschter Größe herangewachsen sind. Es ist möglich, die Lutealphase mit β-HCG-Injektionen zu unterstützen. Die Behandlung mit reinen FSH-Präparaten ist besonders bei Patientinnen mit einer hyperandrogenämischen Ovarialinsuffizienz und PCO-Syndrom sinnvoll, da ein häufig vorhandener hoher endogener LH/FSH-Quotient annähernd normalisiert werden kann.
Um die endogene Gonadotropinsekretion während einer Behandlung mit HMG vorübergehend zu unterdrücken, ist eine **Kombinationstherapie** mit **HMG/β-HCG** und **GnRH-Analoga** möglich. Dadurch werden eine vorzeitige Luteinisierung nicht ausgereifter Follikel und ein nicht steuerbarer endogener Eisprung vermieden. GnRH-Analoga können subkutan, intramuskulär oder als intranasale Sprays verabreicht werden.
Das Risiko, durch eine HMG/β-HCG-Behandlung eine Überstimulation, d. h. die Bildung vieler Follikel unter Durchbrechung der Dominanz des führenden Follikels auszulösen, ist relativ hoch. Daraus resultiert eine erhöhte Mehrlingsrate.

D-3.4 Überstimulationssyndrom: Schweregrade und Therapie

Gradeinteilung	*Maßnahmen*
Grad 1	
stark erhöhte Steroidsekretion im Urin oder stark erhöhter Steroidspiegel im Blut (Östradiol, Progesteron) und mäßige Vergrößerung der Ovarien (< 5 cm), keine oder mäßige abdominelle Beschwerden	engmaschige Überwachung
Grad 2	
ausgeprägte Ovarzysten (bis 10 cm), Auftreibung des Abdomens, Übelkeit, Erbrechen, Diarrhö	stationäre Aufnahme, symptomatische Behandlung, Kontrolle des Kreislaufs, speziell Hämatokrit und Gerinnung kontrollieren
Grad 3	
schwere Überstimulation mit vielen ovariellen Zysten (Größe > 10 cm), Aszites, Hydrothorax, starke Auftreibung des Abdomens, Bauchschmerzen, evtl. Atemnot, Hämokonzentration und erhöhte Blutviskosität durch Verschiebung großer Flüssigkeitsmengen in die Zysten und die Peritoneal-/Pleurahöhle, erhöhtes thromboembolisches Risiko	stationäre Behandlung, Korrektur des gestörten Flüssigkeits- und Elektrolytgleichgewichts, sorgfältige Flüssigkeitsbilanzierung. Infusion von Plasmaexpandern, notfalls Aszitespunktion bzw. Pleurapunktion mit Dränage

D-3.4

In Tab. **D-3.4** sind die klinischen Symptome bei Überstimulation sowie die Einteilung in Schweregrade und die Therapie zusammengefasst.

Schweregrade und die jeweilige Therapie zeigt Tab. **D-3.4**.

▶ **Merke.** Als Folge von schweren Überstimulationen bei HMG/β-HCG-Behandlung sind auch Todesfälle vorgekommen.

◀ **Merke**

Die Mehrlingsschwangerschaften nach Gonadotropintherapie stellen für Mutter und Kind ein hohes Risiko dar (s. Tab. **D-3.5**).

Die Komplikationen bei Mehrlingsschwangerschaften nach Gonadotropintherapie zeigt Tab. **D-3.5**.

Behandlung mit Gonadotropin-Releasing-Hormon (GnRH). Analog der natürlichen Ausschüttung von GnRH aus dem Hypothalamus kann besonders bei Patientinnen mit hypothalamischer Amenorrhö (WHO Gruppe I) die zu geringe oder fehlende GnRH-Injektion mittels tragbarer Minipumpen (z. B. Zyklomat)

Behandlung mit Gonadotropin-Releasing-Hormon (GnRH). Besonders bei Patientinnen mit zu geringer oder fehlender GnRH-Sekretion kann GnRH in **pulsa-**

D-3.5 Gehäuft auftretende Komplikationen bei Mehrlingsschwangerschaften nach Gonadotropintherapie

bei der Mutter	*beim Kind*
▪ Präeklampsie	▪ Abort
▪ Hydramnion	▪ intrauterine Wachstumsverzögerung
▪ Herzinsuffizienz	▪ Frühgeburt
▪ postpartale Hypotonie	▪ perinatale Mortalität
▪ Extrauteringraviditäten	▪ frühkindliche Morbidität
▪ Anämie	
▪ Pruritus gravidarum	
▪ postpartale Blutungen	
▪ Ruptur von uteroovariellen Venen	

D-3.5

D-3.7 Auswirkungen unterschiedlicher medikamentöser Stimulation auf die Gonadotropine und das Ovar

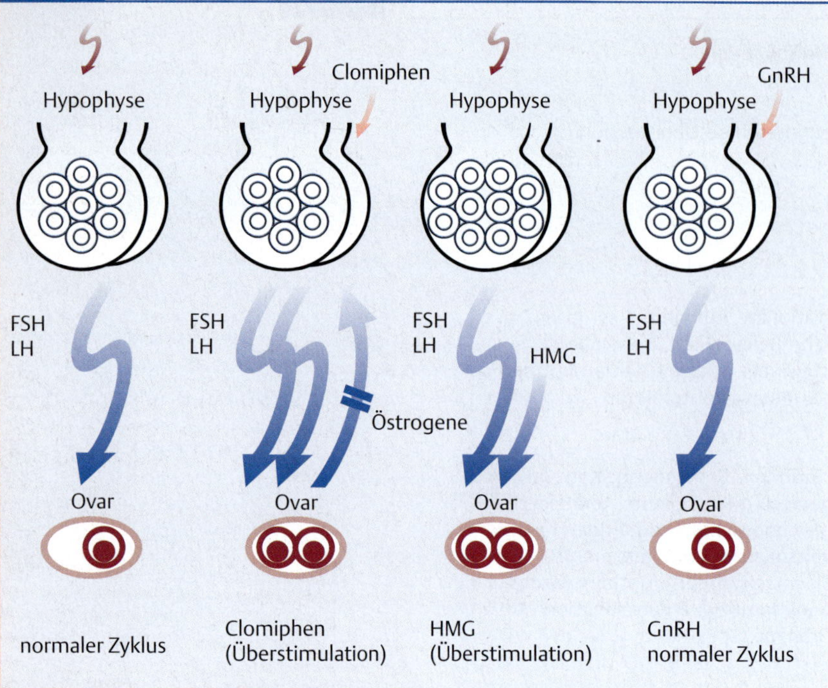

Clomiphen führt zu einer vermehrten Ausschüttung endogener Gonadotropine, indem es die negative Rückkopplung der Östrogene aufhebt. Es besteht die Gefahr einer Überstimulation. HMG (Mischung von FSH und LH) stimuliert wie die endogenen Gonadotropine das Ovar direkt. Auch hier kommt es häufig zu einer Überstimulation. GnRH führt zu einer weitgehend physiologischen Stimulation der hypophysären Gonadotropinausschüttung, so dass meist nur ein Follikel reift.

tiler Form über tragbare Minipumpen verabreicht werden. Die physiologischen Rückkopplungsmechanismen können ungestört ablaufen, so dass das Risiko der Überstimulation sehr gering ist und meist nur ein Follikel reift (s. Abb. **D-3.7**).

ausgeglichen werden. Voraussetzung für die Wirksamkeit dieser Methode ist eine intakte gonadotrope Funktion des Hypophysenvorderlappens. Die Substitution von GnRH erfolgt **pulsatil**, d. h. eine bestimmte Dosis GnRH wird ungefähr alle 90 Min. auf subkutanem oder intravenösem Weg verabreicht. Die physiologischen Rückkopplungen zwischen Eierstock und Hypophyse, die das Follikelwachstum, die Ovulation und die Gelbkörperbildung steuern, können ungehindert ablaufen. Im Gegensatz zur Stimulation mit Clomifen oder Gonadotropinen sind die Risiken von Überstimulation und Mehrlingsschwangerschaft deutlich geringer (s. Abb. **D-3.7**).

Bei korrekter Indikationsstellung erreicht man fast in 100 % Ovulationen und die Schwangerschaftsrate kommt der natürlichen Rate sehr nahe.

Bei richtiger Indikationsstellung können eine Ovulationsrate von nahezu 80 % und eine Schwangerschaftsrate, die der natürlichen Schwangerschaftsrate sehr nahe kommt, erreicht werden.

Therapie mit Schilddrüsenhormonen bei Störungen der Ovarfunktion

Bei Kinderwunsch und gestörter Ovarfunktion muss eine **Hypothyreose** oder seltener eine **Hyperthyreose** diagnostiziert und behandelt werden.

Therapie mit Schilddrüsenhormonen bei Störungen der Ovarfunktion

Bei Kinderwunsch und gestörter Ovarfunktion sollte eine **gestörte Schilddrüsenfunktion** diagnostiziert und ausgeglichen werden. Hier ist die Zusammenarbeit mit einem endokrinologisch erfahrenen Internisten erforderlich. Die Therapie sollte zum vollständigen Ausgleich der Hypothalamus-Hypophysen-Schilddrüsen-Achse führen und erfolgt nach den bekannten internistischen Richtlinien.

Therapie von Störungen im Androgenhaushalt

Bei vorwiegend **adrenaler** Androgenbildung führt die **Langzeittherapie mit Glukokortikoiden** zur Senkung der Androgenserumwerte durch Suppression der adrenalen Androgenproduktion und zur Normalisierung der gestörten Ovarfunktion.
Bei fehlendem Ansprechen **Kombinationstherapie** mit **Clomifen, β-HCG oder HMG/β-HCG** und einem Glukokortikoid. Anstelle

Therapie von Störungen im Androgenhaushalt

Bei **adrenal** bedingten Formen der Hyperandrogenämie ist die **Langzeitbehandlung** der Patientinnen mit **Glukokortikoiden** eine bewährte Therapieform. Es kommt zur Senkung der Androgenserumwerte und zur Normalisierung der gestörten Ovarfunktion.

Allerdings sprechen Frauen mit einer hyperandrogenämisch bedingten Ovarialinsuffizienz, die morphologische Veränderungen an den Eierstöcken, z. B. polyzystische Ovarien oder eine Hyperthecosis, zeigen, auf eine Glukokortikoidgabe seltener oder nur teilweise an. In solchen Fällen ist eine **Kombinationstherapie** mit **Clomifen, β-HCG oder HMG/β-HCG** zusätzlich zu einem Glukokortikoid möglich. Wegen der erhöhten Sensibilität gegenüber HMG ist alternativ auch eine Behandlung mit reinem FSH möglich.

Geht man von einer Hyperandrogenämie **rein ovariellen**, nicht adrenalen Ursprungs aus, kann eine **Monotherapie** mit **Clomifen** oder – bei unzureichender Reaktion – mit **HMG/β-HCG** angezeigt sein. Als eventuell letzte Möglichkeit kann eine **laparoskopische Oberflächenkoagulation** oder **mikrochirurgische Keilresektion** der Eierstöcke durchgeführt werden. Dabei kommt es zur Reduktion des androgenproduzierenden Gewebes, der Erfolg ist aber meist nur vorübergehend.

von HMG findet auch reines FSH Verwendung.

Bei **ovariell** bedingter Hyperandrogenämie **Monotherapie** mit **Clomifen** oder **HMG (FSH)/β-HCG**. Die ovarielle Androgenproduktion lässt sich vorübergehend auch durch laparoskopische **Koagulation** der Ovarialkapsel oder **Keilresektion** reduzieren.

Therapie der Lutealphaseninsuffizienz

Da die Corpus-luteum-Insuffizienz meist Folge einer gestörten Follikelreifung ist, liegt die Therapie in der Stimulation der Follikelreifung zu Beginn des Zyklus mit **Ovulationsauslösern** (z. B. Clomifen) oder **Gonadotropinen** (HMG). Eine andere oder zusätzliche Behandlungsmöglichkeit stellt die Substitution von **Progesteron** in der 2. Zyklushälfte mit Progesteronsuppositorien, Gestagenen oder mikronisiertem Progesteron dar. Auch β-**HCG**- Injektionen können durch Stimulation der Gestagensynthese im Corpus luteum die Lutealphase unterstützen.

Therapie der Lutealphaseninsuffizienz

Bei Corpus-luteum-Insuffizienz ist eine Therapie mit **Ovulationsauslösern** (z. B. Clomifen) oder **Gonadotropinen** (HMG) und/oder die Substitution von **Progesteron** in der 2. Zyklushälfte direkt mit Progesteronsuppositorien, Gestagenen oder mikronisiertem Progesteron angezeigt. Auch Injektionen von **β-HCG** sind möglich.

3.5.2 Therapie der tubaren Sterilität

In der Behandlung der Tubensterilität kommen **operative Eingriffe** zur Wiederherstellung der Tubendurchgängigkeit oder aber die neuen Verfahren der Reproduktionsmedizin (z. B. **In-vitro-Fertilisation**) zum Einsatz. Je nach Ausmaß der pathologischen Veränderung der Tuben und dem Vorhandensein von Kofaktoren wird man sich im individuellen Fall für das eine oder andere entscheiden. Bei einer jungen Frau mit peritubaren Adhäsionen kann man durch eine **Laparoskopie** – also endoskopisch – eine **Salpingolyse** vornehmen und die Tubenbeweglichkeit hierdurch wiederherstellen. Ein Tubenverschluss lässt sich operativ durch **Salpingostomie** (Herstellung einer neuen Tubenöffnung bei endständig verschlossener Tube) oder auch durch eine **End-zu-End-Anastomose** nach Resektion des verschlossenen Abschnitts beheben. Auch eine Neuimplantation der Tube in das Cavum uteri bei proximalem Verschluss ist möglich.

3.5.2 Therapie der tubaren Sterilität

Neben **operativen Eingriffen** zur Wiederherstellung der Tubendurchgängigkeit ist die **In-vitro-Fertilisation** ein geeignetes Verfahren zur Behandlung der Tubensterilität. **Laparoskopisch** lassen sich Verwachsungen an den Tuben lösen **(Salpingolyse)**. Tubenverschlüsse können durch **Salpingostomie, End-zu-End-Anastomose** oder Neuimplantation der Tube behandelt werden.

Der Einsatz **mikrochirurgischer Techniken** unter Zuhilfenahme von Operationsmikroskop oder Lupenoptik hat vor allem in der Tubenchirurgie immer mehr Einfluss gewonnen. Grundsätzlich gilt aber, dass die Indikation zur operativen Sterilitätsbehandlung sehr eng gestellt werden muss, da die In-vitro-Fertilisierung zum Teil höhere Erfolgsquoten aufweist. Beim völligen Verlust oder irreparablen Funktionsstörungen der Tuben wird grundsätzlich die In-vitro-Fertilisation eingesetzt. Die Erfolgsaussichten sind am größten bei der Refertilisierung, wenn der Tubenverschluss also auf einer Tubensterilisation beruht.

Mikrochirurgische Techniken haben sich bei der operativen Behandlung der Tubensterilität bewährt. Die Indikation ist eng zu stellen, da bei stärkerer Schädigung der Tuben die In-vitro-Fertilisation höhere Erfolgsaussichten aufweist.

Nach tubenchirurgischen Eingriffen muss mit einer erhöhten Rate an **Extrauteringraviditäten** gerechnet werden.

Die Rate an **Extrauteringraviditäten** ist nach tubenchirurgischen Eingriffen erhöht.

3.5.3 Therapie der uterinen Sterilität

Die Behandlung der uterinen Sterilität richtet sich nach der Grunderkrankung. Beim Vorliegen von Myomen ist eine **Myomenukleation** die Therapie der Wahl. Dabei kommen auch laparoskopische oder hysteroskopische Techniken zur Anwendung. Nicht immer gelingt es, dieses Verfahren schonend und ohne Funktionsverlust vorzunehmen. Die Patientin muss deshalb präoperativ darüber informiert werden, dass bei ungünstigem Befund (größere Anzahl von Myomen, Beeinträchtigung des Cavum uteri) eventuell der Uterus nicht zu erhalten ist.

3.5.3 Therapie der uterinen Sterilität

Beim Vorliegen von Myomen ist eine **Myomenukleation** die Therapie der Wahl.

Unterschiedliche Formen von **Uterusfehlbildungen** lassen sich operativ korrigieren, z. B. können **Septen** hysteroskopisch entfernt werden. Schließlich

Uterusfehlbildungen können operativ korrigiert (z. B. hysteroskopische Entfernung von **Septen**) und **Synechien** hysteroskopisch abgetragen werden.

kann je nach Grunderkrankung auch die hysteroskopische Lösung von **Synechien** im Cavum uteri sinnvoll sein (Asherman-Syndrom).

3.5.4 Therapie der zervikalen Sterilität

Entzündliche Veränderungen lassen sich durch gezielte lokale oder systemische **Antibiotikatherapie** beseitigen. Bei hormonal gestörter Zervixsekretion wirkt sich eine **Östrogensubstitution** oder **HMG** zur Ovulationszeit günstig aus.

Bei **immunologisch** bedingter Sterilität können sexuelle Karenz oder der Coitus condomatus einen Abfall des Antikörpertiters bewirken. Führen diese Maßnahmen nicht zum Erfolg, ist durch die **intrauterine Insemination** eine Umgehung des Zervixmukus möglich.

3.5.4 Therapie der zervikalen Sterilität

Bei einem pathologischen Zervixfaktor steht die Normalisierung des veränderten Zervixsekretes im Vordergrund der therapeutischen Maßnahmen. Entzündliche Veränderungen der Zervix sind durch eine gezielte lokale oder systemische **Antibiotikatherapie** gut zu beeinflussen. Bei hormonal gestörter Zervixsekretion wirkt sich eine **Östrogensubstitution** einige Tage vor dem Ovulationstermin günstig aus. Auch eine ovarielle Stimulation durch HMG verbessert die Mukuseigenschaften (cave: Überstimulation).
Bei einer **immunologisch** bedingten Sterilität der Frau (Antikörper gegen die Spermatozoen des Mannes) werden häufig die mehrmonatige sexuelle Karenz bzw. der Coitus condomatur eingesetzt. Der Kondomverkehr über mindestens ein halbes Jahr soll die Antigenexposition vermeiden, bis der Antikörpertiter deutlich gesenkt ist. Danach ist weiterhin der Gebrauch von Kondomen anzuraten. Nur an den fertilen Tagen des Zyklus soll darauf verzichtet werden. Eine Behandlung der immunologischen Sterilität mit Glukokortikoiden ist gelegentlich erfolgreich. Auch bei der immunologischen Sterilität des Mannes kommen Glukokortikoide zum Einsatz. Die Wirksamkeit dieser Behandlung ist aber umstritten. Schließlich kann durch **intrauterine Insemination** eine Umgehung des Zervixschleims erreicht werden. Ursache des immunologisch bedingten habituellen Aborts in der Frühschwangerschaft ist möglicherweise eine mangelhafte Bildung blockierender Antikörper mit partnerbezogener Spezifität. Mit immunstimulierenden Spezialbehandlungen versucht man an einigen Zentren, diese Ursache von Infertilität zu therapieren.

3.5.5 Therapie der vaginalen Sterilität

Bei Missbildungen und posttraumatischen Stenosen empfehlen sich Methoden der **plastischen Chirurgie**. Kolpitiden bedürfen einer **medikamentösen** Behandlung. Funktionelle Störungen (Vaginismus) sind **psychotherapeutisch** anzugehen.

3.5.5 Therapie der vaginalen Sterilität

Bei Missbildungen und posttraumatischen Stenosen empfehlen sich Methoden der **plastischen Chirurgie**. Unspezifische und spezifische Kolpitiden, hervorgerufen durch Candida albicans, Trichomonaden, Gonokokken, Chlamydien, HPV usw., bedürfen der lokalen und eventuell systemischen **medikamentösen** Behandlung. Funktionelle, d. h. meist psychogene vaginale Sterilitätsursachen (Vaginismus) sind **psychotherapeutisch** anzugehen.

3.5.6 Therapie der extragenitalen Sterilität

Die Grunderkrankung entscheidet über die spezifische Behandlung.

3.5.6 Therapie der extragenitalen Sterilität

Die Grunderkrankung entscheidet über die spezifische Behandlung. Beim Vorliegen von Tumoren der Hypophyse (z. B. Prolaktinom) muss eine medikamentöse bzw. operative Therapie erfolgen. Störungen der Nebennieren und der Schilddrüse sowie des Inselorgans sind internistisch zu versorgen. Sind Psychopharmaka oder Drogen Ursache der Sterilität, so ist eine individuell angepasste Vorgehensweise notwendig.

Sterilität und HIV-Infektion

Bei einer **HIV-Infektion** der Frau konnte in letzter Zeit durch die antiretrovirale Therapie von Mutter und Kind und die primäre Schnittentbindung die Transmissionsrate auf das Kind von 25 % auf unter 3 % gesenkt werden. Bei einer isolierten Infektion des Mannes konnten nach Samenaufbereitung Infektionsübertragungen vermieden werden. Trotzdem bleibt ein Restrisiko und von einer Sterilitätstherapie wird meist abgeraten.

Sterilität und HIV-Infektion

Ein Problem ist das Vorliegen einer **HIV-Infektion** bei einem oder beiden Partnern mit Kinderwunsch. Bei einer HIV-Infektion der Frau konnte zwar in der letzten Zeit durch antiretrovirale Therapie von Mutter und Kind sowie die primäre Sectio die Transmissionsrate auf das Kind von ca. 25 % auf unter 3 % gesenkt werden. Trotzdem wird von einer Schwangerschaft und damit auch von einer Sterilitätstherapie meist abgeraten. Bei einer isolierten Infektion des Mannes konnten nach Samenaufbereitung Infektionsübertragungen vermieden werden. Es bleibt jedoch ein Restrisiko sowie die Problematik einer schweren Belastung der familiären Situation durch eine kranke Mutter bzw. einen kranken Vater.

3.5.7 Therapie der psychischen Sterilitätsursachen

Das **psychotherapeutische Gespräch** ist vor der Anwendung invasiver Sterilitätstherapien vor allem bei Vorliegen spezifischer psychosomatischer Symptome wichtig und erfolgreich. Die psychotherapeutische Behandlung bedeutet hier eine kausale Therapie, während eine endokrinologische Behandlung den eigentlichen Konflikt ausblendet.
Im Laufe der Sterilitätsbehandlung gibt es eine Serie von notwendigen psychosomatischen Gesprächen. So empfiehlt sich z. B. stets das Ansprechen des **überwertigen Kinderwunsches** oder auch einer reaktiven Depression nach fehlgeschlagenen Therapieversuchen. Auch der Hinweis auf die Gefahr einer Mechanisierung der Sexualität durch zu viele Sterilitätsbehandlungen erscheint sinnvoll.
Von psychosomatischer Seite empfiehlt es sich außerdem, **Behandlungspausen** in die oft über Jahre gehende Sterilitätsbehandlung einzulegen. Der Druck auf die betreffenden Partner kann dadurch reduziert werden.

3.5.7 Therapie der psychischen Sterilitätsursachen

Das **psychotherapeutische Gespräch** ist vor der Anwendung invasiver Sterilitätstherapien vor allem bei Vorliegen spezifischer psychosomatischer Symptome wichtig und erfolgreich.

Im Laufe der Sterilitätsbehandlung gibt es eine Serie von notwendigen psychosomatischen Gesprächen. Z. B. sollten ein **überwertiger Kinderwunsch** oder eine Depression auf Grund fehlgeschlagener Therapieversuche angesprochen werden.

Im Rahmen der Sterilitätsbehandlung sind **Behandlungspausen** sowie aktuelle psychosomatische Interventionen sinnvoll.

3.6 Therapeutische Möglichkeiten bei Sterilität des Mannes

Anatomische Veränderungen wie z. B. Fehlbildungen, Tumoren oder Varikozelen erfordern die **operative** Behandlung durch den Urologen. **Entzündliche** Befunde an Hoden, Nebenhoden und Prostata bedürfen der **antibiotischen** Behandlung.

3.6 Therapeutische Möglichkeiten bei Sterilität des Mannes

Fehlbildungen, Tumoren, Varikozelen sind **operativ** zu behandeln. **Entzündliche** Befunde an Hoden, Nebenhoden und Prostata bedürfen der **antibiotischen** Behandlung.

▶ **Merke.** Passagere Spermaqualitätsminderungen können durch Medikamente, Nikotin und Stress hervorgerufen werden.

◀ **Merke**

Eine individuell angepasste Behandlung ist hier anzustreben. Bei der chronischen Subfertilität des Mannes, die sich z. B. in Form einer **Oligoasthenoteratozoospermie** zeigt, werden gelegentlich hormonelle und medikamentöse Therapieversuche unternommen. Zum Einsatz kommen z. B. **Testosteron** oder **Antiöstrogene** (Clomifen, Tamoxifen). Bei der **Asthenozoospermie** kann ein Versuch mit **Kallikrein** (Padutin) über mehrere Monate die Motilität der Spermien verbessern. Eine Therapie mit **HMG/β-HCG** oder **GnRH** in pulsatiler Form sind beim hypogonadotropen Hypogonadismus (z. B. Kallmann-Syndrom) angezeigt. Diese Behandlungen stellen oftmals nur therapeutische Versuche mit ungewisser Erfolgsaussicht dar und bedürfen der streng angepassten individuellen Indikation.
Schließlich gibt es eine Reihe von **Potenzstörungen (Impotentia coeundi)** beim Mann. Sowohl Libido-, Erektions-, Orgasmus- als auch Ejakulationsstörungen sind häufiger mit einer psychischen Ursache in Zusammenhang zu bringen. Eine psychotherapeutische Behandlung sollte hier an den Anfang der Kinderwunschtherapie gestellt werden, um der Partnerin invasive Kinderwunschbehandlungen zu ersparen.

Zur Verbesserung der Spermaqualität z. B. bei der **Oligoasthenoteratozoospermie** kann ein Therapieversuch mit **Testosteron** oder **Antiöstrogenen** erfolgen, allerdings mit umstrittener Wirksamkeit. Bei **Asthenozoospermie** soll **Kallikrein** (Padutin) manchmal die Motilität der Spermien verbessern. **HMG/β-HCG** oder **GnRH** ist beim hypogonadotropen Hypogonadismus indiziert.

Potenzstörungen (Impotentia coeundi) bedürfen oft der psychotherapeutischen Behandlung.

3.7 Moderne Reproduktionsmedizin

3.7.1 Homologe Insemination

Bestimmte Formen der **männlichen Subfertilität** mit Spermaqualitätsminderung, z. B. die Parvisemie (zu geringes Ejakulatvolumen), die Oligozoospermie oder auch die Asthenozoospermie (s. S. 425), stellen Indikationen für die homologe Insemination dar. Außerdem wird dieses Verfahren bei der **zervikalen** und **immunologischen** Sterilität eingesetzt. Dabei soll die Ausgangsposition der Spermatozoen durch eine Instillation in den Zervikalkanal oder in das Cavum

3.7 Moderne Reproduktionsmedizin

3.7.1 Homologe Insemination

Die homologe Insemination ist eine Behandlungsmöglichkeit für bestimmte Formen der **andrologischen Subfertilität** (Parvisemie, Oligozoospermie und Asthenozoospermie). Auch bei **zervikalen** oder **immunologischen** Formen der Sterilität kann diese Methode erfolgreich sein. Nach der **Aufbereitung** des Spermas, die zur **Kapazitation** der Spermien führt, erfolgt die Instillation der Spermien in den Zervikalkanal oder direkt in den Uterus. Neben **Nativsperma** ist auch die Verwendung von **kryokonserviertem** Sperma möglich. Eine Übersicht über die psychischen Aspekte der homologen Insemination findet sich in Tab. **D-3.6**.

uteri verbessert werden. Gelegentlich wird auch der Versuch gemacht, durch den Zusatz von Koffein, Kallikrein (Padutin) und anderen Lösungen eine größere Spermienmotilität zu erreichen. Durch die In-vitro-Fertilisation wurden Techniken der **Spermienaufbereitung** erarbeitet, die auch bei der homologen Insemination eingesetzt werden können und die zu einer **Kapazitation** der Spermien führen, d. h. die Spermien sind nach der Aufbereitung befruchtungsfähig. Durch diese Aufbereitungsmethoden werden auch unerwünschte Bestandteile des Seminalplasmas entfernt (z. B. Prostaglandine, die Uteruskontraktionen auslösen können). Außerdem findet eine Selektion vitaler und motiler Spermatozoen statt. Beispiele für Aufbereitungsmethoden sind die Percolldichtegradienten-Zentrifugation (intakte und defekte Zellen werden auf Grund ihres unterschiedlichen spezifischen Gewichtes getrennt), die Filtration durch Glaswolle (defekte Spermien bleiben an der Glaswolle hängen) und die Swim-up-Technik. Bei der Swim-up-Methode wird das Ejakulat mit flüssigem Kulturmedium überschichtet und bei 37 °C inkubiert. Die motilen Spermien schwimmen durch ihre Eigenbewegungen in das Kulturmedium und können abpipettiert werden.
Neben **Nativsperma** kann auch **kryokonserviertes** Sperma aufbereitet werden. Eine Übersicht über die psychischen Aspekte bei homologer Insemination findet sich in Tab. **D-3.6**.

D-3.6

D-3.6 Homologe Insemination: psychosomatische Aspekte

Hauptindikation	Frau fertil, Mann subfertil, Parvisemie, Oligospermie, Asthenospermie, Teratospermie
genetische Eltern	beide Partner
medizinisches Verfahren	intrazervikal, intrakorporal, Nativsperma, Kryosperma
mögliche psychische Probleme	Ovulationsstörungen, verstärkte Übertragung, Subfertilität belastet, Identitätsprobleme, Schuldgefühle, iatrogene Sexualstörung

Die homologe Insemination hat – bei einfühlsamer Anwendung – kaum psychisch negative Auswirkungen.

3.7.2 Heterologe Insemination

Bei männlicher Infertilität wünschen einige Paare die Verwendung von Fremdsperma. Dieses Verfahren ist wegen **juristischer** und **psychosomatischer Probleme** (Tab. **D-3.7**) umstritten.

3.7.2 Heterologe Insemination

Bei Vorliegen einer männlichen Infertilität wird von einigen Paaren die heterologe Insemination, d. h. die Verwendung von Fremdsperma, gewünscht. Dieses Verfahren ist aus juristischer und psychosomatischer Sicht umstritten. Der technische Vorgang unterscheidet sich von der homologen Insemination nur dadurch, dass natives Sperma eines Donors oder Kryosperma von der Samenbank verwendet wird. Das heterologe Verfahren ist wegen **juristischer** und **psychosomatischer Probleme** umstritten. So hat ein Kind, das durch heterologe Insemination gezeugt wurde, das Grundrecht, später seinen biologischen Vater kennen zu lernen. Die Anonymität des Spenders kann dann nicht gewahrt werden, das Kind könnte Unterhaltsansprüche geltend machen.

▶ Merke

▶ **Merke.** Die Erfüllung des Wunsches vieler Paare, den Samenspender anonym zu halten, ist rechtlich nicht abgesichert.

Durch die Möglichkeit der intrazytoplasmatischen Spermieninjektion (ICSI, s. S. 444) ist die heterologe Insemination nur noch selten indiziert.

Eine Übersicht über die psychischen Aspekte der heterologen Insemination zeigt Tab. **D-3.7**.
Seit Einführung der intrazytoplasmatischen Spermieninjektion (ICSI, s. S. 444) hat die heterologe Insemination stark an Bedeutung verloren. Es gibt nur noch wenige Indikationen, z. B. das komplette Fehlen der testikulären Spermiogenese oder schwere Erbkrankheiten beim Mann.

D-3.7 Heterologe Insemination: psychosomatische Aspekte

psychische Risikofaktoren
- überwertiger Kinderwunsch
  - „ein Kind um jeden Preis"
  - Kind als Substitut unerfüllter Wünsche
- problematische Partnerbeziehung (z. B. dominante Frau – gefügiger Mann)
- paranoide Züge (Misstrauen, Verschlossenheit)
- depressive Züge (Belastung durch Gravidität)

mögliche psychische Belastungen
- für den Mann: Das Kind erinnert ihn ständig an seine Impotentia generandi
- Lebenslüge durch Verschweigen des genetischen Vaters
- Identitätsstörung beim Kind (gestörter Reifungsprozess?)
- der Mann kann Ehelichkeit anfechten
- das Kind hat ein Recht, seinen genetischen Vater kennen zu lernen
- der Arzt muss evtl. die Kosten ersetzen (Unterhaltsansprüche)
- bei Misserfolg: Wunsch nach grenzenloser Reproduktionsmedizin (heterologe IVF, Embryobank, Leihmutterschaft)

Die heterologe Insemination ist mit vielen psychischen Belastungen verbunden
Vorschlag: Denkpause, Reproduktionsmedizin nur innerhalb der Familienstruktur

D-3.7

3.7.3 In-vitro-Fertilisation (IVF)

Dieses seit der Geburt von Louise Brown 1979 eingesetzte Verfahren wurde in den letzten Jahren zunehmend vereinfacht. Das Prinzip besteht darin, dass nach ovarieller Stimulation eine oder mehrere Eizellen aus den sprungreifen Follikeln gewonnen werden. Dies geschieht durch transvaginale Follikelpunktion nach Hormon- und Ultraschallkontrolle. Im Labor werden die Eizellen mit ca. 100 000 Spermatozoen in einer Nährlösung zusammengebracht. Eine Befruchtung tritt bei normalem Samenbefund in bis zu 80 % der Fälle ein.

3.7.3 In-vitro-Fertilisation (IVF)

Das Prinzip der In-vitro-Fertilisation besteht darin, dass mit oder ohne ovarielle Stimulation eine oder mehrere Eizellen aus den sprungreifen Follikeln gewonnen und anschließend mit Spermatozoen in einer Nährlösung zusammengebracht werden.

▶ **Merke.** Bei der In-vitro-Fertilisation werden meist 1–3 Embryonen im Vier- bis Achtzellstadium (nach ca. 48 Stunden) in das Uteruskavum transferiert.

◀ Merke

Ovarielle Stimulation. Um möglichst mehrere Eizellen für die In-vitro-Fertilisation zur Verfügung zu haben, erfolgt eine kontrollierte ovarielle Hyperstimulation. Häufig wird eine Vorbehandlung mit GnRH-Agonisten durchgeführt. Dadurch lässt sich die Hypophyse „blockieren", sie wird unempfindlich gegenüber endogenem GnRH. Vorzeitige Ovulationen können auf diese Weise vermieden werden, die Follikel reifen während der nachfolgenden Stimulation synchron und die weiteren Schritte der IVF (Eizellgewinnung und Embryotransfer) können genau zeitlich festgelegt werden. Zur Stimulation der Follikelreifung erhält die Patientin HMG oder FSH, das Wachstum der Follikel wird sonographisch kontrolliert. Haben die Follikel eine bestimmte Größe erreicht, wird mit β-HCG die Ovulation ausgelöst.

Phasen der In-vitro-Fertilisation:
- Ovarielle Stimulation
- Follikelpunktion
- In-vitro-Kultivierung
- Embryotransfer.

Follikelpunktion. Die Punktion kann auf laparoskopischem Weg erfolgen, die ultraschallgesteuerte transvaginale Punktion wird daher meist bevorzugt. Der Inhalt mehrerer Follikel wird abgesaugt und unter dem Mikroskop auf das Vorhandensein reifer Eizellen untersucht. Anschließend werden die Eizellen in Kulturschalen, die mit einem speziellen Medium gefüllt sind, im Brutschrank gelagert.

In-vitro-Kultivierung. Nach einer Vorinkubationszeit von 3–6 Stunden werden aufbereitete Spermien mit den Eizellen im Kulturmedium zusammengebracht. 16–20 Stunden nach der Insemination werden die Eizellen mikroskopisch auf das Vorhandensein von Vorkernen untersucht. Maximal 3 befruchtete Eizellen werden in frischem Medium zu Embryonen weiterentwickelt und nach 40–48 Stunden (im 4- bis 8-Zellstadium) transferiert. Die übrigen Eizellen können im Pronukleusstadium eingefroren und in einem späteren Zyklus transferiert werden (die Kryokonservierung von Embryonen ist nach dem Embryonenschutzgesetz von 1991 verboten).

Die **GIFT**-Methode (Gamete Intra Fallopian Tube Transfer) besteht im Einbringen von Sperma und Ei auf laparoskopischem Weg in die Ampulle der Tube.

Embryotransfer. Die Embryonen werden mit einem dünnen Spezialkatheter unter sterilen Bedingungen in das Cavum uteri eingebracht. Nach dem Transfer erhält die Patientin β-HCG-Injektionen oder Progesteron zur Unterstützung der Gelbkörperphase bzw. der Implantation.
Gewisse Variationen dieser Methode sind möglich. Bei der **GIFT**-Methode (Gamete Intra Fallopian Tube Transfer) werden die Eizellen auf laparoskopischem Weg gewonnen und mit einem Spezialkatheter zusammen mit aufbereiteten Spermien in die Ampulle der Tube eingebracht.

▶ Merke

▶ **Merke.** Die GIFT-Methode stellt eine In-vitro-Fertilisation dar, für die ein durchgängiger Eileiter Voraussetzung ist.

Sowohl bei der Stimulation als auch bei der Eizellgewinnung kann es zu schweren **Komplikationen** kommen. Zudem treten gehäuft Mehrlingsgeburten, Aborte und Frühgeburten auf.

Sowohl die In-vitro-Fertilisation als auch das GIFT-Verfahren sind neue Methoden, die bei Formen der weiblichen Sterilität und bei einer Subfertilität des Partners eingesetzt werden. Sie bieten für manche Paare die einzige Möglichkeit, zu einem eigenen Kind zu kommen. Diese Verfahren haben jedoch eine Reihe von Nebenwirkungen. So kann es sowohl bei der Stimulation als auch bei der Eizellgewinnung schwere **Komplikationen** geben, die in einigen wenigen Fällen letal verlaufen sind. Auch nach Eintritt einer Schwangerschaft (Erfolgsrate zwischen 10 und 25 %, stark abhängig vom Alter der Patientin) gibt es eine große Zahl von möglichen Komplikationen wie Mehrlingsgeburten, Aborte und Frühgeburten.

3.7.4 Intrazytoplasmatische Spermieninjektion

Die Behandlung der männlichen Subfertilität hat durch die intrazytoplasmatische Spermieninjektion **(ICSI)** einen Durchbruch erreicht. Mit Hilfe feinster Glaspipetten werden einzelne Spermien direkt in die Eizelle eingebracht (s. Abb. **D-3.8**). So ist es möglich, direkt aus dem Hoden **(TESE)** oder Nebenhoden **(MESA)** gewonnene Spermatozoen für eine In-vitro-Fertilisation zu verwenden.

3.7.4 Intrazytoplasmatische Spermieninjektion

Die intrazytoplasmatische Spermieninjektion **(ICSI)** hat Mitte der 90er Jahre der Behandlung schwerer Formen der männlichen Subfertilität zum Durchbruch verhelfen können. Nach einer langen Erprobungsphase ergaben sich zunehmend hohe Erfolgsraten. Ein einzelner Samenfaden wird mit Hilfe feinster Glaspipetten direkt in die Eizelle eingebracht.
So ist es möglich, auch direkt aus dem Hoden (**TESE** = testicular sperm extraction) oder dem Nebenhoden (**MESA** = microsurgical sperm extraction) gewonnene einzelne Samenfäden mit relativ gutem Befruchtungserfolg zu verwenden. Diese Verfahren kommen z. B. bei Azoospermie oder Ejakulationsstörungen zum Einsatz.

▶ Merke

▶ **Merke.** Während für die In-vitro-Fertilisation bei männlicher Subfertilität Hunderttausende von motilen Spermien erforderlich sind, kann durch die ICSI mit weniger Spermatozoen – evtl. nur einem – eine Befruchtung erzielt werden.

Die Patientinnen werden in gleicher Weise vorbereitet wie für die konventionelle IVF-Methode. Der Partner sollte bei bakteriologisch auffälligem Befund zuvor eine antibiotische Therapie erhalten. Nach Verflüssigung wird das Ejakulat in mehrere Portionen geteilt und mit IVF-Kulturmedium überschichtet. Die Eizellen werden nach der Gewinnung aus den Follikeln mit Hilfe von Hyaluronidase von anhaftenden Granulozyten befreit. Eizellen mit sichtbarem Polkörper (Metaphase II) werden für die ICSI ausgewählt. Nach weiteren speziellen Arbeitsgängen im Reproduktionslabor erfolgt die Injektion von Samenfäden mit Hilfe einer feinen Glaspipette (s. Abb. **D-3.8**).

D-3.8 Intrazytoplasmatische Spermieninjektion (ICSI)

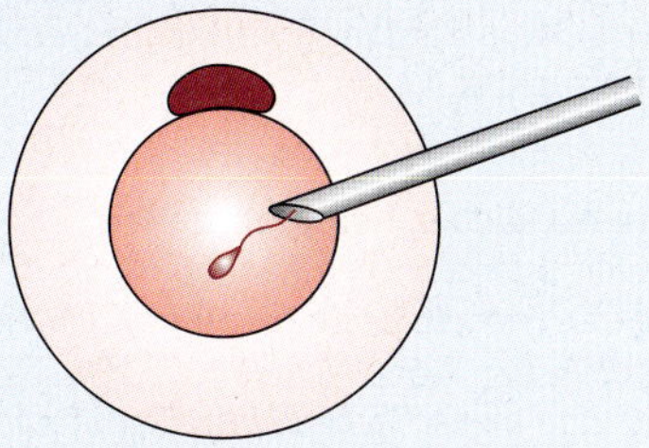

direkte Injektion eines Spermatozoons ins Ooplasma

D-3.8

3.8 Rahmenbedingungen neuer Reproduktionstechniken

3.8 Rahmenbedingungen neuer Reproduktionstechniken

Durch die In-vitro-Fertilisation eröffnen sich in der Reproduktionsmedizin neue, schwer überschaubare Perspektiven. Erstmals ist es möglich, die unmittelbare Entstehung des Menschen im Labor beobachten zu können oder sogar an ihr zu experimentieren. Die meisten Ärzte und auch viele Gruppen in unserer Gesellschaft beobachten die Entwicklung in der modernen Reproduktionsmedizin wegen des möglichen Missbrauchs mit großem Unbehagen. Es geht dabei um folgende Fragen:

- Wo sind die Grenzen des technisch Machbaren?
- Ist der Missbrauch vorprogrammiert?
- Sollte man nicht häufiger versuchen, den überwertigen Kinderwunsch solcher Paare vorher auf tiefenpsychologischer Ebene zu verstehen?
- Besteht die Gefahr, dass die technische Entwicklung unserer geistigen Entwicklung davonläuft?

Die neuralgischen Punkte der modernen Reproduktionstechniken sind die Möglichkeit, die Familienstruktur zu verlassen (z. B. Samenspende, Eispende, Embryonenspende) sowie die mögliche Manipulation am Embryo (z. B. Embryoteilung, Embryofusion).

3.8.1 Embryonenschutzgesetz

3.8.1 Embryonenschutzgesetz

Am 1. Januar 1991 ist das Embryonenschutzgesetz in Deutschland in Kraft getreten. Das Gesetz kennt in seiner Strenge keinen Vergleich mit anderen Ländern (Tab. **D-3.8**).

Am 24. 10. 1990 hat der Deutsche Bundestag das Embryonenschutzgesetz verabschiedet, das in seiner Strenge keinen Vergleich mit anderen Ländern kennt. Das Embryonenschutzgesetz ist am 1. 1. 1991 in Kraft getreten. Wegen der großen Bedeutung dieses Gesetzes für die zukünftigen Grenzen in der Reproduktionsmedizin (Klonierung, Stammzellzüchtung usw.) soll der genaue Wortlaut gebracht werden (Tab. **D-3.8**):

D-3.8 Embryonenschutzgesetz der Anästhesiologie

Gesetz zum Schutz von Embryonen (Embryonenschutzgesetz – ESchG)

Der Deutsche Bundestag hat in seiner 230. Sitzung am 24. 10. 1990 aufgrund der Beschlußempfehlung und des Berichtes des Rechtsausschusses den von der Bundesregierung eingebrachten Entwurf eines Gesetzes zum Schutz von Embryonen (Embryonenschutzqesetz ESchG) in der nachstehenden Fassunq anqenommen:

§ 1

Mißbräuchliche Anwendung von Fortpflanzungstechniken

(1) *Mit Freiheitsstrafe bis zu drei Jahren oder mit Geldstrafe wird bestraft, wer*

1. auf eine Frau eine fremde unbefruchtete Eizelle überträgt,
2. es unternimmt, eine Eizelle zu einem anderen Zweck künstlich zu befruchten, als eine Schwanqerschaft der Frau herbeizuführen, von der die Eizelle stammt,
3. es unternimmt, innerhalb eines Zyklus mehr als drei Embryonen auf eine Frau zu übertragen,
4. es unternimmt, durch intratubaren Gametentransfer innerhalb eines Zyklus mehr als drei Eizellen zu befruchten,

D-3.8 Fortsetzung

5. es unternimmt, mehr Eizellen einer Frau zu befruchten, als ihr innerhalb eines Zyklus übertragen werden sollen,
6. einer Frau einen Embryo vor Abschluß seiner Einnistung in der Gebärmutter entnimmt, um diesen auf eine andere Frau zu übertragen oder ihn für einen nicht seiner Erhaltung dienenden Zweck zu verwenden, oder
7. es unternimmt, bei einer Frau, welche bereit ist, ihr Kind nach der Geburt Dritten auf Dauer zu überlassen (Ersatzmutter), eine künstliche Befruchtung durchzuführen oder auf sie einen menschlichen Embryo zu übertragen.

(2) Ebenso wird bestraft, wer
1. künstlich bewirkt, daß eine menschliche Samenzelle in eine menschliche Eizelle eindringt, oder
2. eine menschliche Samenzelle in eine menschliche Eizelle künstlich verbringt, ohne eine Schwangerschaft der Frau herbeiführen zu wollen, von der die Eizelle stammt.

(3) Nicht bestraft werden
1. in den Fällen des Absatzes 1 Nr. 1, 2 und 6 die Frau, von der die Eizelle oder der Embryo stammt, sowie die Frau, auf die die Eizelle übertragen wird oder der Embryo übertragen werden soll, und
2. in den Fällen des Absatzes 1 Nr. 7 die Ersatzmutter sowie die Person, die das Kind auf Dauer bei sich aufnehmen will.

(4) In den Fällen des Absatzes 1 Nr. 6 und des Absatzes 2 ist der Versuch strafbar.

§ 2
Mißbräuchliche Verwendung von Embryonen

(1) Wer einen extrakorporal erzeugten oder einer Frau vor Abschluß seiner Einnistung in der Gebärmutter entnommenen menschlichen Embryo veräußert oder zu einem nicht seiner Erhaltung dienenden Zweck abgibt, erwirbt oder verwendet, wird mit Freiheitsstrafe bis zu drei Jahren oder mit Geldstrafe bestraft.

(2) Ebenso wird bestraft, wer zu einem anderen Zweck als der Herbeiführung einer Schwangerschaft bewirkt, daß sich ein menschlicher Embryo extrakorporal weiterentwickelt.

(3) Der Versuch ist strafbar.

§ 3
Verbotene Geschlechtswahl

Wer es unternimmt, eine menschliche Eizelle mit einer Samenzelle künstlich zu befruchten, die nach dem in ihr enthaltenen Geschlechtschromosom ausgewählt worden ist, wird mit Freiheitsstrafe bis zu einem Jahr oder mit Geldstrafe bestraft. Dies gilt nicht, wenn die Auswahl der Samenzelle durch einen Arzt dazu dient, das Kind vor der Erkrankung an einer Muskeldystrophie vom Typ Duchenne oder einer ähnlich schwerwiegenden geschlechtsgebundenen Erbkrankheit zu bewahren, und die dem Kind drohende Erkrankung von der nach Landesrecht zuständigen Stelle als entsprechend schwerwiegend anerkannt worden ist.

§ 4
Eigenmächtige Befruchtung, eigenmächtige Embryoübertragung und künstliche Befruchtung nach dem Tode

(1) Mit Freiheitsstrafe bis zu drei Jahren oder mit Geldstrafe wird bestraft, wer
1. es unternimmt, eine Eizelle künstlich zu befruchten, ohne daß die Frau, deren Eizelle befruchtet wird, und der Mann, dessen Samenzelle für die Befruchtung verwendet wird, eingewilligt haben,
2. es unternimmt, auf eine Frau ohne deren Einwilligung einen Embryo zu übertragen, oder
3. wissentlich eine Eizelle mit dem Samen eines Mannes nach dessen Tode künstlich befruchtet.

§ 5
Künstliche Veränderung menschlicher Keimbahnzellen

(1) Wer die Erbinformation einer menschlichen Keimbahnzelle künstlich verändert, wird mit Freiheitsstrafe bis zu fünf Jahren oder mit Geldstrafe bestraft.

(2) Ebenso wird bestraft, wer eine menschliche Keimzelle mit künstlich veränderter Erbinformation zur Befruchtung verwendet.

(3) Der Versuch ist strafbar.

(4) Absatz 1 findet keine Anwendung auf
1. eine künstliche Veränderung der Erbinformation einer außerhalb des Körpers befindlichen Keimzelle, wenn ausgeschlossen ist, daß diese zur Befruchtung verwendet wird.
2. eine künstliche Veränderung der Erbinformation einer sonstigen körpereigenen Keimbahnzelle, die einer toten Leibesfrucht, einem Menschen oder einem Verstorbenen entnommen worden ist, wenn ausgeschlossen ist, daß
   a) diese auf einen Embryo, Foetus oder Menschen übertragen wird oder
   b) aus ihr eine Keimzelle entsteht, sowie
3. Impfungen, strahlen-, chemotherapeutische oder andere Behandlungen, mit denen eine Veränderung der Erbinformation von Keimbahnzellen nicht beabsichtigt ist.

§ 6
Klonen

(1) Wer künstlich bewirkt, daß ein menschlicher Embryo mit der gleichen Erbinformation wie ein anderer Embryo, ein Foetus, ein Mensch oder ein Verstorbener entsteht, wird mit Freiheitsstrafe bis zu fünf Jahren oder mit Geldstrafe bestraft.

(2) Ebenso wird bestraft, wer einen in Absatz 1 bezeichneten Embryo auf eine Frau überträgt.

(3) Der Versuch ist strafbar.

§ 7
Chimären- und Hybridbildung

(1) Wer es unternimmt,
1. Embryonen mit unterschiedlichen Erbinformationen unter Verwendung mindestens eines menschlichen Embryos zu einem Zellverband zu vereinigen,
2. mit einem menschlichen Embryo eine Zelle zu verbinden, die eine andere Erbinformation als die Zelle des Embryos enthält und sich mit diesem weiter zu differenzieren vermag, oder
3. durch Befruchtung einer menschlichen Eizelle mit dem Samen eines Tieres oder durch Befruchtung einer tierischen Eizelle mit dem Samen eines Menschen einen differenzierungsfähigen Embryo zu erzeugen, wird mit Freiheitsstrafe bis zu fünf Jahren oder mit Geldstrafe bestraft.

(2) Ebenso wird bestraft, wer es unternimmt,
1. einen durch eine Handlung nach Absatz 1 entstandenen Embryo auf
   a) eine Frau oder
   b) ein Tier zu übertragen oder
2. einen menschlichen Embryo auf ein Tier zu übertragen.

§ 8
Begriffsbestimmung

(1) Als Embryo im Sinne dieses Gesetzes gilt bereits die befruchtete, entwicklungsfähige menschliche Eizelle vom Zeitpunkt der Kernverschmelzung an, ferner jede einem Embryo entnommene totipotente Zelle, die sich bei Vorliegen der dafür erforderlich weiteren Voraussetzungen zu teilen und zu einem Individuum zu entwickeln vermag.

D-3.8 Fortsetzung

(2) In den ersten vierundzwanzig Stunden nach der Kernverschmelzung gilt die befruchtete menschliche Eizelle als entwicklungsfähig, es sei denn, daß schon vor Ablauf dieses Zeitraumes festgestellt wird, daß sich diese nicht über das Einzelstadium hinaus zu entwickeln vermag.
(3) Keimbahnzellen im Sinne dieses Gesetzes sind alle Zellen, die in einer Zell-Linie von der befruchteten Eizelle bis zu den Ei- und Samenzellen des aus ihr hervorgegangenen Menschen führen, ferner die Eizelle vom Einbringen oder Eindringen der Samenzelle an bis zu der mit der Kernverschmelzung abgeschlossenen Befruchtung.

§ 9
Arztvorbehalt
Nur ein Arzt darf vornehmen:
1. die künstliche Befruchtung,
2. die Übertragung eines menschlichen Embryos auf eine Frau.

§10
Freiwillige Mitwirkung
Niemand ist verpflichtet, Maßnahmen der in § 9 bezeichneten Art vorzunehmen oder an ihnen mitzuwirken.

§ 11
Verstoß gegen den Arztvorbehalt
(1) Wer, ohne Arzt zu sein,
1. entgegen § 9 Nr. 1 eine künstliche Befruchtung vornimmt oder
2. entgegen § 9 Nr. 2 einen menschlichen Embryo auf eine Frau überträgt, wird mit Freiheitsstrafe bis zu einem Jahr oder mit Geldstrafe bestraft.

(2) Nicht bestraft werden im Fall des § 9 Nr. 1 die Frau, die eine künstliche Insemination bei sich vornimmt, und der Mann, dessen Samen zu einer künstlichen Insemination verwendet wird.

§ 12
Bußgeldvorschriften
(1) Ordnungswidrig handelt, wer ohne Arzt zu sein, entgegen § 9 Nr. 3 einen menschlichen Embryo oder eine dort bezeichnete menschliche Eizelle konserviert.
(2) Die Ordnungswidrigkeit kann mit einer Geldbuße bis zu fünftausend Deutsche Mark geahndet werden.

§ 13
Inkrafttreten
Das Gesetz tritt am 1. Januar 1991 in Kraft.

3.8.2 Pflichtberatung bei der assistierten Reproduktion

Ein großer Schritt in Richtung einer vermehrten Integration psychosomatischer Aspekte in die Gynäkologie war die Einführung einer Pflichtberatung vor einer künstlichen Befruchtung. Inhalt der Beratung sind medizinische, soziale und psychosomatische Aspekte der assistierten Fortpflanzungstechnik (s. Tab. **D-3.9**).

3.8.2 Pflichtberatung bei der assistierten Reproduktion

Seit 1990 ist eine Pflichtberatung bei der assistierten Fortpflanzung vorgeschrieben. Es werden medizinische, psychosomatische und soziale Aspekte von einem neutralen Arzt vor der Durchführung der assistierten Fortpflanzungstechnik mit der Patientin erörtert (s. Tab. **D-3.9**).

D-3.9 Psychosomatische Beratung zur künstlichen Befruchtung (Ergänzung zum Bundesbeschluss der Ärzte und Krankenkassen vom 14.08.90)

Unter Berücksichtigung der individuellen medizinischen, psychischen und sozialen Situation erscheinen folgende Inhalte wichtig:

medizinischer Aspekt
- Erfolgsrate der eingesetzten Verfahren
- Komplikationsmöglichkeiten bei den einzelnen Behandlungsschritten (z. B. Stimulation, Punktion, Laparoskopie, Transfer)
- Risiken und Belastungen durch die erhöhte Abortrate, EU-Rate, Frühgeburtenrate, Mehrlingsproblematik usw.

psychischer Aspekt
- Aufklärung über die psychische Belastung durch das jeweilige Verfahren
- mögliche Auswirkungen auf die Sexualität
- mögliche reaktive Depressionen bei Misserfolg
- mögliche Steigerung des Leidensdruckes
- Möglichkeit zur grenzenlosen Risikobereitschaft
- Ausschluss von absoluten und relativen Kontraindikationen, z. B. Psychosen, Sucht, Ambivalenz, instabile Partnerschaft
- Ansprechen eines evtl. vorliegenden überwertigen Kinderwunsches

sozialer Aspekt
- aktueller Stand über Adoptionsmöglichkeiten (Neugeborene, ältere Kinder, ausländische Kinder)
- Hinweis auf familiäre und berufliche Stressoren, die Auslöser für Subfertilität und Sexualstörungen sein können
- Kinderwunschmotivation (familiärer Druck, Religion, Sonstiges)

D-3.9

3.9 Weitere Entwicklung der modernen Reproduktionsmedizin

Eine Reproduktionsmedizin mit mehr Augenmaß ist das Ziel des Embryonenschutzgesetzes und der Pflichtberatung für die assistierte Fortpflanzung.

In den letzten 10 Jahren gab es kleine Schritte hin zur kommerziellen Nutzung der Reproduktionstechniken. Die Gefahr einer unheilvollen Allianz zwischen Patientenpaaren mit extremem Kinderwunsch und monokausal argumentierenden Ärzten wurde deutlich.

3.9 Weitere Entwicklung der modernen Reproduktionsmedizin

Auch in Zukunft steht das Verständnis des individuellen Kinderwunsches beider Partner und der daraus resultierenden Lebenskrise an erster Stelle. Es ist wichtig, psychische Sterilitätsursachen zu erkennen und zu behandeln. Das Behandlungsteam muss das sterile Paar bei belastenden Eingriffen begleiten und ggf. bei der Bewältigung des unerfüllt bleibenden Kinderwunsches unterstützen. Die Rahmenbedingungen, die durch das Embryonenschutzgesetz und die Pflichtberatung bei der assistierten Fortpflanzung geschaffen wurden, geben die Chance, eine „Reproduktionsmedizin mit mehr Augenmaß" zu leisten.
Wenn man die letzten 10 Jahre der Entwicklung der modernen Reproduktionsmedizin betrachtet, so lief eine Revolution in kleinen Schritten ab, die einer kritischen Betrachtung bedarf. Anfänglich wurde die In-vitro-Fertilisation mit strenger Indikation vorgenommen (irreparable Tubenschädigung, Spermaqualitätsminderungen mäßigen Grades). In den Folgejahren wurden großzügig idiopathische Sterilitäten einbezogen. Kommerzielle Interessen beeinflussten zunehmend die modernen Reproduktionstechniken, vor allem in einigen Ländern. So war es möglich, Gametenspenden, Embryonenspenden und Leihmutterschaften in die Behandlungsprogramme einzubeziehen. Man argumentierte, der Patientenwunsch allein sei ausschlaggebend. In Wirklichkeit hatte sich oft eine unheilvolle Allianz zwischen Patientenpaaren mit extremem Kinderwunsch und monokausal argumentierenden Ärzten entwickelt. In einigen ausländischen Arbeitsgruppen wurde zunehmend an Embryonen geforscht. Betrachtet man diese Entwicklung der Reproduktionsmedizin, liegt die Befürchtung nahe, dass die In-vitro-Fertilisation und in neuester Zeit ganz besonders die intrazytoplasmatische Spermieninjektion als Methode zur Vermeidung genetischer Krankheiten (Präimplantationsgenetik) allgemein propagiert werden könnten. Die Vorstellung, dass man frühe genetische Diagnosen im Labor im Rahmen der In-vitro-Fertilisation vornehmen kann, wird immer wieder auf Kongressen zu diesem Thema diskutiert. Auch die Möglichkeit zum „reproduktiven Klonen" ist seit der Jahrtausendwende in der Diskussion.

3.10 Adoption

Die Adoption ist in den letzten Jahren in den Hintergrund getreten, da es wenig Neugeborene gibt, die für eine Adoption zur Verfügung stehen.

3.10 Adoption

Die Adoption als „Behandlungsweg" der Infertilität ist in den letzten Jahren in den Hintergrund getreten, da es nur sehr wenige Neugeborene gibt, die zur Adoption zur Verfügung stehen. Die Voraussetzungen, die die adoptionswilligen Eltern und das Kind erfüllen müssen, sind rechtlich festgelegt und werden sowohl über die Jugendämter als auch über Hilfsorganisationen (Caritas, Diakonie) geregelt. Um der Mutter, die das Kind zur Adoption freigibt, die Möglichkeit zur Überlegung zu geben, wird ihr eine 8-wöchige Frist bis zur Einwilligung in die Adoption gegeben. Das Kind wird den Adoptionseltern zunächst 1 Jahr in Pflege gegeben, erst nach dieser Zeit ist die Adoption rechtskräftig.

E

1 Regelrechte Anlage und Entwicklung der Schwangerschaft

1 Regelrechte Anlage und Entwicklung der Schwangerschaft

1.1 Physiologische Voraussetzungen

1.1 Physiologische Voraussetzungen

Die Entwicklung der männlichen und weiblichen Gameten, also einer befruchtungsfähigen Eizelle und eines reifen Spermatozoons, sind Voraussetzung für eine Empfängnis.

1.1.1 Oogenese und Follikelreifung

1.1.1 Oogenese und Follikelreifung

Oogenese. Bei Eintritt der Geschlechtsreife beherbergen die Ovarien ca. 40 000 Oozyten im Diktyotänstadium der Meiose. Etwa 400 davon gelangen zur Ovulation. Die Meiose wird kurz vor der Ovulation beendet (s. S. 28 f).

Oogenese. Die Entwicklung der befruchteten Eizelle beginnt bereits während der Embryonalzeit und ist daher im Kapitel „Sexuelle Differenzierung und Störungen" genauer beschrieben (s. S. 28 f). Bei Eintritt der Geschlechtsreife enthalten die Ovarien ca. 40 000 Oozyten, die sich in einem Ruhestadium der ersten Reifeteilung (Meiose), dem sog. Diktyotän, befinden. Von diesen Eizellen gelangen aber nur etwa 400 zur Ovulation. Die Meiose wird erst kurz vor dem Eisprung abgeschlossen.

Follikelreifung. Der Einfluss der Sexualhormone auf die Follikelreifung ist auf S. 78 ff beschrieben. Sobald das einschichtige Epithel des **Primärfollikels** mehrschichtig wird, spricht man von einem **Sekundärfollikel**, dessen Granulosazellen bereits Östrogene produzieren. Diese Östrogene sind neben dem hypohysären FSH für die Entwicklung und Ernährung der Eizelle sehr wichtig. Von den Sekundärfollikeln reift pro Zyklus meist nur ein **Tertiärfollikel** heran, der durch eine flüssigkeitsgefüllte Höhle und den Eihügel mit der ca. 100 µm großen Eizelle gekennzeichnet ist. Präovulatorisch misst der sprungreife Follikel 25 mm. Er ist jetzt sonographisch gut sichtbar und wird **Graaf-Follikel** genannt. Kurz vor der Ovulation entsteht aus der primären Oozyte mit 46 Chromosomen die sekundäre Oozyte mit einem haploiden Chromosomensatz.

Follikelreifung. Die Phasen der Follikelreifung und der Einfluss der Sexualhormone sind in Kapitel „Gynäkologische Endokrinologie" näher beschrieben (s. S. 78 ff). Abb. **B-1.5** (s. S. 86) zeigt einen Querschnitt durch das Ovar einer geschlechtsreifen Frau mit Follikeln in unterschiedlichen Reifestadien. Die ruhenden Oozyten bilden zusammen mit dem sie umgebenden einschichtigen Epithel die **Primärfollikel**. Sobald das Follikelepithel (Granulosazellepithel) mehrschichtig wird, spricht man von einem **Sekundärfollikel**. Die Granulosazellen des Sekundärfollikels produzieren hauptsächlich Östrogene, die zusammen mit dem follikelstimulierenden Hormon (FSH) für die Ernährung und Entwicklung der Eizelle wesentlich sind. Aus einem Pool von Sekundärfollikeln reift meist nur ein Follikel weiter bis zur Sprungreife. Zunächst entsteht der **Tertiärfollikel** mit einem Durchmesser von ca. 20 mm, der durch Ausbildung einer flüssigkeitsgefüllten Follikelhöhle gekennzeichnet ist. Die den Follikel innen auskleidenden Granulosazellen bilden den Cumulus oophorus („Eihügel"), in dem sich die jetzt etwa 100 µm große Eizelle befindet. Sie ist von einer mukopolysaccharidhaltigen Masse umgeben, der Zona pellucida. Präovulatorisch wächst der Follikel auf etwa 25 mm Durchmesser an, er liegt dann dicht unter der Oberfläche des Ovars und kann diese vorwölben. Man spricht von einem sprungreifen Follikel oder **Graaf-Follikel**, dieser ist sonographisch gut darstellbar.
Schließlich löst sich der Cumulus oophorus des sprungreifen Follikels aus dem Zellverband der Granulosazellen und schwimmt kurz vor der Ovulation frei in der Follikelflüssigkeit. Wenige Stunden vor der Ovulation finden die letzten Reifungsvorgänge statt: Aus der primären Oozyte mit 46 Chromosomen (diploider Chromosomensatz) entsteht die sekundäre Oozyte mit haploidem Chromosomensatz unter Ausstoßung eines funktionslosen Polkörperchens mit einem ebenfalls haploiden Chromosomensatz.

Die Entwicklung des Follikels, die Ovulation und die Bildung des Corpus luteum werden durch die Gonadotropine FSH und LH gesteuert.
Die Theka- und Granulosazellen des wachsenden Follikels produzieren Östrogene.

Die Gonadotropine FSH (follikelstimulierendes Hormon) und LH (luteinisierendes Hormon) steuern die Entwicklung der Follikel, die Ovulation und die Ausbildung des Corpus luteum. Vereinfachend kann man sagen, dass FSH die Follikelbildung initiiert und LH die Ausreifung der Sekundärfollikel steuert. Beide Hormone wirken jedoch synergistisch in einem komplizierten Zusammenspiel (s. S. 82 ff). Die Theka- und Granulosazellen des wachsenden Follikels produzieren die weiblichen Geschlechtshormone Östron und Östradiol durch Aromatisierung der Vorstufen Androstendion und Testosteron, die für die Entwicklung und Funktion der Genitalorgane verantwortlich sind.

Der Follikel springt etwa am 14. Tag des Zyklus **(Ovulation)**.

Unter **Ovulation** versteht man das Springen des Follikels etwa am 14. Tag des Zyklus.

unter dem Einfluss proteolytischer Enzyme
e Prostaglandin am höchsten und dünnsten
ie Eizelle wird, umgeben von den Cumulus-
geschwemmt und vom Fimbrientrichter des
ıer der Befruchtungsfähigkeit der Eizelle
Stunden.

Bei der Ovulation wird die Eizelle aus der Follikelhöhle herausgeschwemmt und vom Fimbrientrichter des Eileiters aufgenommen.
Die **Dauer der Befruchtungsfähigkeit** der Eizelle beträgt nach der Ovulation 12–24 Stunden.

um Zeitpunkt der Ovulation den sogenannten
ı dafür können in der zunehmenden Kapsel-
riss der Ovarialoberfläche oder in der perito-
ıde Follikelflüssigkeit oder Blut liegen.

◀ **Merke**

wird die Entwicklung anderer Follikel durch
obald die Follikelhöhle entleert ist, faltet sich
rch Lipoideinlagerung gelblich gefärbte Granu-
ıren ein, begleitet von Bindegewebszellen. Es
Gelbkörper). Der Gelbkörper entwickelt sich
produziert vorwiegend Progesteron und etwas
gentliche schwangerschaftserhaltende Hormon.
ıdlung der Uterusschleimhaut in die Sekretions-
ıf die Implantation der Blastozyste vorbereitet.
ergrößert sich das Corpus luteum und entwickelt
itatis, das durch das vom Trophoblasten (Chorion)
ıic Gonadotropin) zur verstärkten Produktion von
ınd damit für die Aufrechterhaltung der Früh-
ı 6–12 Wochen sorgt. Nach dieser Zeit übernimmt
kzessive die Produktion von Progesteron; das Cor-
elt sich zum Corpus albicans um und degeneriert.
Befruchtung, werden die Granulosazellen resor-
ingesprossten Bindegewebszellen verursacht eine
ikel ist nach 10 bis 12 Tagen post ovulationem
s luteum menstruationis) umgewandelt.

Nach dem Eisprung faltet sich die Wand der Follikelhöhle zusammen. Unter dem Einfluss von LH entsteht der „Gelbkörper", das **Corpus luteum**, das vorwiegend Progesteron und etwas Östrogen produziert. Progesteron bewirkt als schwangerschaftserhaltendes Hormon die Umwandlung der Uterusschleimhaut in die Sekretionsphase.

Wird die Eizelle befruchtet, wandelt sich das Corpus luteum zum **Corpus luteum graviditatis** um, das durch verstärkte Progesteronproduktion für die Aufrechterhaltung der Frühschwangerschaft in den ersten 6–12 Wochen sorgt.

Ohne Befruchtung degeneriert der Gelbkörper innerhalb von 10–12 Tagen zum **Corpus albicans**.

se

1.1.2 Spermatogenese

S. 29 f näher beschrieben. Die haploiden Spermati-
er zu Spermatozoen mit einer Länge von 55 µm und

Am Ende der Spermatogenese (s. S. 29 f) steht ein reifes Spermatozoon mit haplo-

ermatozoons ◎ E-1.1

hwanz

Der Kopf besteht hauptsächlich aus dem Kern (Nukleus), der das genetische Material enthält. Das Akrosom, das den Kopf wie eine Kappe bedeckt, enthält Enzyme, die für die Befruchtung wichtig sind.

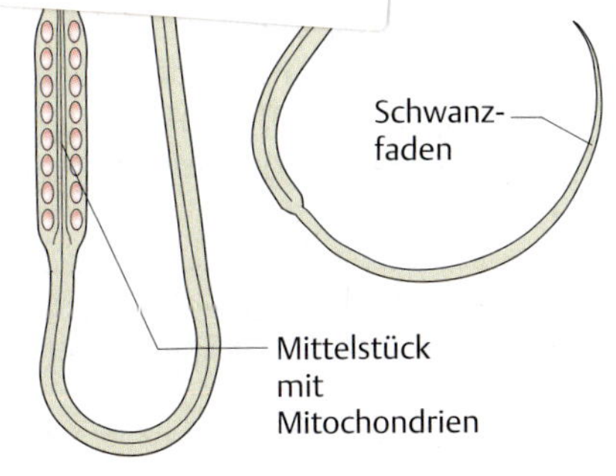

idem Chromosomensatz. Es hat eine Länge von ca. 55 µm und ist 2–4 Tage lang befruchtungsfähig (s. Abb. **E-1.1**).

einem Kopfdurchmesser von 5 µm. Abb. **E-1.1** zeigt schematisch den Aufbau eines Spermatozoons. Die Spermien sind im Durchschnitt 2–4 Tage lang befruchtungsfähig, z. T. bis zu 7 Tagen (nach der Ejakulation).

1.1.3 Spermienaszension im weiblichen Genitaltrakt

Von 300–500 Mio. Spermien (pro Ejakulat) dringen 100 000–300 000 in den Zervikalkanal ein. Das Vaginalmilieu liegt im sauren Bereich (pH 4–5).
Das Sekret der Zervix ist alkalisch, was die Spermienaszension begünstigt.
Die während der periovulatorischen Phase weitmaschige Struktur des Zervikalschleims fungiert als Filter für fehlgebildete oder wenig bewegliche Spermien.
Die Zervixkrypten dienen als Reservoir und geben über einen Zeitraum von 48 Stunden ständig Spermien frei.
In den Tuben reduziert sich die Zahl der Spermien auf 500–800. Kontraktionen der Uterusmuskulatur und Prostaglandine aus dem Seminalplasma unterstützen die Aszension der Spermien.

1.1.3 Spermienaszension im weiblichen Genitaltrakt

Bei der Kohabitation werden 2–6 ml Ejakulat mit ca. 300–500 Mio. Spermien in das hintere Scheidengewölbe entleert. Die Spermatozoen bleiben 2–2,5 Stunden mobil. Nur 100 000 bis 300 000 dringen in den Zervikalkanal ein. Das Vaginalmilieu liegt mit pH-Werten von 4–5 im sauren Bereich. Hier sterben die Spermatozoen im Allgemeinen innerhalb einer Stunde ab. Im oberen Scheidendrittel macht sich jedoch der Einfluss des alkalischen Zervixsekrets mit einem pH-Wert von 7–8,5 bemerkbar. Das Sekret der Zervix hat eine puffernde Wirkung im hinteren Fornixbereich und begünstigt dadurch die Spermienaszension. Die Struktur des zervikalen Mukus ist während der periovulatorischen Phasen für die Spermienaszension optimal: Die Schleimfäden sind längsgerichtet, und das „Gitterwerk" ist weitmaschig. Dabei übt der Zervikalschleim eine Filterfunktion aus. Er absorbiert die fehlgebildeten oder weniger beweglichen Spermien. Ein großer Anteil der Spermatozoen wird zunächst in den unter Östrogeneinfluss weitgestellten Krypten der Zervix zwischengelagert. Dieses Reservoir gibt über 48 Stunden kontinuierlich Spermien frei. Viele Spermien bleiben in den Drüsenlumina des Endometriums hängen. Dort sterben sie ab und werden phagozytiert. In den Tuben findet eine erneute Reduktion der Spermien auf eine Zahl von 500–800 statt. Unterstützt durch Kontraktionen der Uterus- und Tubenmuskulatur (8–12/Min.) und durch Prostaglandine aus dem Seminalplasma passieren die Spermien den weiblichen Genitaltrakt mit einer Geschwindigkeit von 40 µm pro Sek. (= 14,4 cm pro Stunde).

Während der Aszension durchlaufen die Spermien einen Reifungsprozess **(Kapazitation)**, der zur Befruchtungsfähigkeit führt. Dabei löst sich das Akrosom an der Spitze des Spermienkopfs auf. Akrosomale Enzyme werden freigesetzt, die die Penetration des Spermiums in die Eizelle ermöglichen.

Während der Aszension durchlaufen die Spermien einen zwei- bis vierstündigen Reifungsprozess **(Kapazitation)**, der zur Befruchtungsfähigkeit führt. Bei diesem Vorgang werden die im männlichen Reproduktionstrakt aufgeladenen Proteinaseinhibitoren und ein Glykoproteid (sogenannte Dekapazitationsfaktoren), die die vorzeitige Fusion von Samen- und Eizelle verhindern, von der Spermienoberfläche abgesprengt. Dabei wird das Akrosom an der Spitze des Spermiums aufgelöst und die darin befindlichen Enzyme Hyaluronidase, Neuraminidase und Akrosin freigesetzt. Diese ermöglichen die Penetration des Spermiums in die Eizelle.

1.2 Fertilisation (Vorgang der Befruchtung)

Der Fimbrientrichter stülpt sich über den sprungreifen Follikel, so dass die Oozyte direkt nach der Ovulation aufgenommen werden kann. Dann erfolgt die Vereinigung von Ei- und Samenzelle, in der Regel im ampullären Tubenteil.

1.2 Fertilisation (Vorgang der Befruchtung)

Durch bisher nicht bekannte Mechanismen stülpt sich der Fimbrientrichter der Tube über den sprungreifen Follikel, so dass der Eisprung direkt in die Tube erfolgt. Es kommt auch vor, dass die Oozyte mitsamt den Granulosazellen mit der Follikelflüssigkeit in den Douglas-Raum freigesetzt und von dort durch den Fimbrientrichter in die Tube aufgenommen wird. Die Vereinigung von Ei- und Samenzelle findet in der Regel im ampullären Anteil der Tube statt. Der gesamte Vorgang dauert etwa 24 Stunden und verläuft in mehreren Schritten.

Zunächst wird die **Corona radiata** von mehreren kapazitierten Spermien durchdrungen. Dann wird die innerste Eihülle, die sog. Zona pellucida, von einem Spermium penetriert **(Imprägnation)**, (Abb. **E-1.2**).

Zunächst durchdringen mehrere kapazitierte Spermien den die Eizelle umgebenden Kranz von Follikelepithelzellen **(Corona radiata)**. Dies wird durch die **akrosomale Reaktion** ermöglicht, bei der Enzyme, v. a. Hyaluronidase, freigesetzt werden. In der Folge penetriert ein Spermium mit Hilfe eines weiteren Enzyms, des Akrosins, die innerste Eihülle (Zona pellucida). Dieser Vorgang wird als **Imprägnation** bezeichnet (Abb. **E-1.2**).

▶ **Merke**

▶ **Merke.** Die Bindung zwischen Spermium und Zona pellucida ist speziesspezifisch, so dass Kreuzfertilisationen zwischen verschiedenen Spezies verhindert werden.

E-1.2 **Akrosomale Reaktion und Imprägnation**

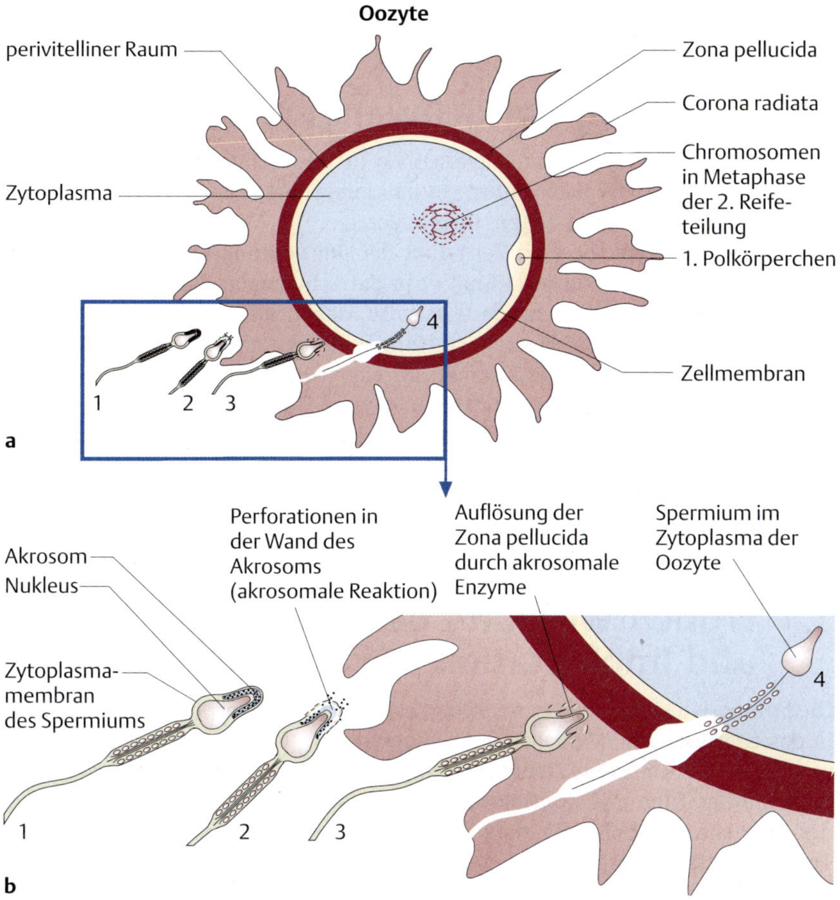

1 Spermium während der Kapazitation
2 das Akrosom hat sich z. T. aufgelöst
3 mit Hilfe der aus dem Akrosom freigesetzten Enzyme durchdringt das Spermium die Zona pellucida
4 das Spermium wird in die Oozyte aufgenommen, die Membranen von Eizelle und Spermium verschmelzen.

E-1.2

Normalerweise gelingt nur **einem** Spermium die Penetration der Zona pellucida. Das Eindringen weiterer Spermien wird durch die sogenannte kortikale Reaktion verhindert, bei der sich Granula mit lysosomalen Enzymen in der Nähe der Oozytenoberfläche entleeren. Dadurch wird eine Verhärtung der Zona pellucida induziert (sog. **Polyspermieblock**).

Bei anomalen Befruchtungsvorgängen ist auch ein Eindringen von zwei Spermien in die Eizelle möglich. Es entstehen triploide Embryonen mit stark verminderter Vitalität. Bleibt die Schwangerschaft erhalten, kommt es oft zum Abort oder zur Totgeburt, oder das Neugeborene ist auf Grund schwerster Fehlbildungen nicht lebensfähig.

Im nächsten Schritt kommt es aufgrund eines spezifischen Membranerkennungssystems zur Bindung und **Fusion der Membranen** von Spermium und Oozyte. Anschließend wird das gesamte Spermium in die Oozyte inkorporiert. Erst nach dieser Phase beendet die sekundäre Oozyte die 2. Reifeteilung unter Abschnürung des zweiten (funktionslosen) Polkörperchens. Der Zellkern ist jetzt zum weiblichen Vorkern **(Pronukleus)** geworden. Gleichzeitig degeneriert der Schwanzfaden des Spermiums, und der Spermiumkopf wird zum männlichen Vorkern. Beide Pronuklei treffen im Zentrum der Zelle zusammen, verlie-

Durch die kortikale Reaktion verhärtet sich die Zona pellucida, so dass normalerweise nur **einem** Spermium die Penetration gelingt (sog. **Polyspermieblock**). Bei Befruchtungsvorgängen mit zwei Spermien entstehen triploide Embryonen (Folge: meist Fehlgeburt; wird die Schwangerschaft ausgetragen, sind die Kinder auf Grund schwerster Fehlbildungen nicht lebensfähig).

Nach der Penetration **fusionieren die Membranen** von Spermium und Oozyte. Das gesamte Spermium wird in die Oozyte inkorporiert. Danach beendet die Oozyte die 2. Reifeteilung. Der Zellkern wird zum weiblichen Vorkern **(Pronukleus)**. Der Spermiumkopf wird zum männlichen Vorkern. Anschließend erfolgt die **Konjugati-**

on: Beide Pronuklei fusionieren zu einer Zelle mit 46 Chromosomen **(Zygote)**.

ren ihre Membranen und fusionieren, so dass eine Zelle mit diploidem Chromosomensatz, d. h. mit 46 Chromosomen, entsteht **(Zygote)**. Die Verschmelzung der beiden Gametenkerne bezeichnet man als **Konjugation**.

1.3 Datierung der Schwangerschaft

Altersangaben werden in der Embryologie vom Zeitpunkt der Befruchtung aus berechnet **(post conceptionem = p. c.)**. Die Kliniker datieren vom 1. Tag der letzten Periode an **(post menstruationem = p. m.)**.

Ein Ereignis am 1. Tag der 12. Schwangerschaftswoche (SSW) datiert man 11/0 (abgeschlossene 11. SSW/abgeschlossene Tage in der 12. Woche).

1.3 Datierung der Schwangerschaft

Die Altersangaben werden im Allgemeinen für die Präimplantationsphase (bis ca. 10 Tage nach der Befruchtung) und Embryonalperiode (bis 10 Wochen nach der Befruchtung) in Tagen, für die Fetalzeit in Wochen gemacht. Hierbei wird in der Embryologie vom Zeitpunkt der Befruchtung **(post conceptionem = p. c.)** aus berechnet. In der Klinik wird die Schwangerschaft allerdings vom 1. Tag der letzten Periode an datiert **(post menstruationem = p. m.)**. Da die Ovulation am 12–14. Zyklustag stattfindet, entspricht die 12. Schwangerschaftswoche (SSW) p. m. des Klinikers also der 10. SSW p. c. Im Buch ist im Folgenden (falls nicht anders gekennzeichnet) die SSW p. m. gemeint.
Wird ein Ereignis beschrieben, das z. B. in der 12. Woche p. m. stattfindet, so notiert man z. B. 11/0 (abgeschlossene 11. Schwangerschaftswoche/abgeschlossene Tage in der 12. Woche) für den 1. Tag der 12. Woche oder 11/6 für den letzten Tag der 12. Woche.

1.4 Frühentwicklung der Zygote und Implantation

Die Frühentwicklung der Zygote erfolgt **während des Transportes** durch die Tube. Die erste Teilung in zwei **Blastomeren** geschieht 30 Stunden nach der Befruchtung.
Man nimmt an, dass die Zellen bis zum **8-Zell-Stadium** noch **omnipotent** sind, d. h. jede einzelne Zelle kann sich zu einem vollständigen Individuum entwickeln. Der Eintritt der Zygote in den Uterus erfolgt nach drei Tagen als **Morula** (32-Zell-Stadium). Am 4. Tag entsteht eine **Blastozyste** mit zwei abgrenzbaren Zellhaufen:

- **Embryoblast** (zentral) und
- **Trophoblast** (außen).

Aus dem Embryoblasten wird der Embryonalkörper. Aus dem Trophoblasten entwickeln sich Plazenta und Chorion.

Abb. **E-1.3** fasst die Entwicklungstadien schematisch zusammen.

Nach Auflösung der Zona pellucida legt sich die Blastozyste mit dem embryonalen Pol an das Endometrium an.

Der Trophoblast differenziert sich in einen inneren **Zytotrophoblasten** und einen äußeren **Synzytiotrophoblasten** (s. Abb. **E-1.4**).

1.4 Frühentwicklung der Zygote und Implantation

Die Frühentwicklung der Zygote erfolgt **während des Transports durch die Tube** in das Uteruskavum. Die lokalen, hormonell beeinflussten Transportmechanismen der Tube umfassen Zilienschlag in Richtung auf das Cavum uteri, Sekretstrom in der Tube und Kontraktionen der Tubenmuskulatur. 30 Stunden nach der Befruchtung erfolgt die erste Teilung in zwei als **Blastomeren** bezeichnete Tochterzellen, die sich wiederum weiter teilen.
Alle Furchungsteilungen erfolgen ohne anschließende Zytoplasmasynthese. Die Tochterzellen einer Furchungsteilung (Blastomeren) sind also immer kleiner als die vorhergehenden Zellen. Man nimmt an, dass die Zellen bis zum **8-Zell-Stadium** noch **omnipotent** sind, d. h. jede einzelne Zelle kann sich zu einem vollständigen Individuum entwickeln.
Nach etwa 3 Tagen ist eine Kugel mit ca. 32 Zellen entstanden, die als **Morula** (lat. morus = Maulbeere) bezeichnet wird. Zu diesem Zeitpunkt erfolgt der Eintritt der Zygote in das Uteruslumen.
Am 4. Tag lagert sich Flüssigkeit in die Morula ein, die damit zur **Blastozyste** wird (gr. blast- = Spross, Trieb; gr. kyst- = Blase). Es entsteht eine Höhle mit zwei abgrenzbaren Zellhaufen. Man unterscheidet:

- eine zentral angeordnete Zellmasse, den **Embryoblasten**, aus dem später der Embryonalkörper wird, und
- eine äußere Zellschicht, den **Trophoblasten** (gr. trophe = Ernährung), aus dem sich später Plazenta und Chorion entwickeln. Der Trophoblast umschließt ringförmig die Blastozystenhöhle mit dem etwas nach innen ragenden Embryoblasten.

Abb. **E-1.3** fasst schematisch die Stadien der Frühentwicklung zusammen.

Die Zona pellucida wird nunmehr langsam aufgelöst. Am 5. und 6. Tag p. c. legt sich die vor allem im Trophoblastanteil weitergewachsene Blastozyste mit dem embryonalen Pol an das Endometrium an.
Im Trophoblasten differenzieren sich zwei Zellschichten: ein innerer **Zytotrophoblast** und ein äußerer **Synzytiotrophoblast**. Beim Zytotrophoblasten sind die Zellmembranen erhalten, der Synzytiotrophoblast ist eine vielkernige Protoplasmamasse ohne erkennbare Zellgrenzen. Der Zytotrophoblast ist die teilungsaktive Zellschicht des Trophoblasten. Die hier gebildeten Zellen wandern in den Synzytiotrophoblasten, wo sie verschmelzen (s. Abb. **E-1.4**).

E-1.3 Stadien der Frühentwicklung in der Tube

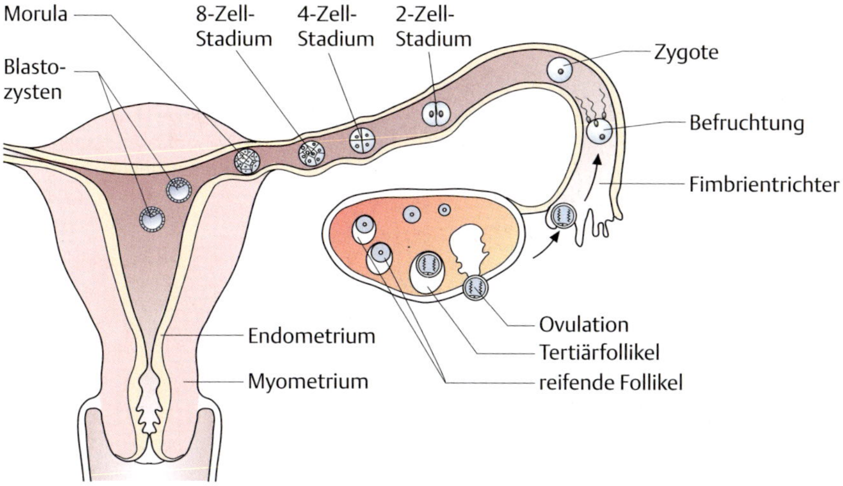

E-1.3

E-1.4 Zytotrophoblast und Synzytiotrophoblast während der Implantation (7.–8. Tag)

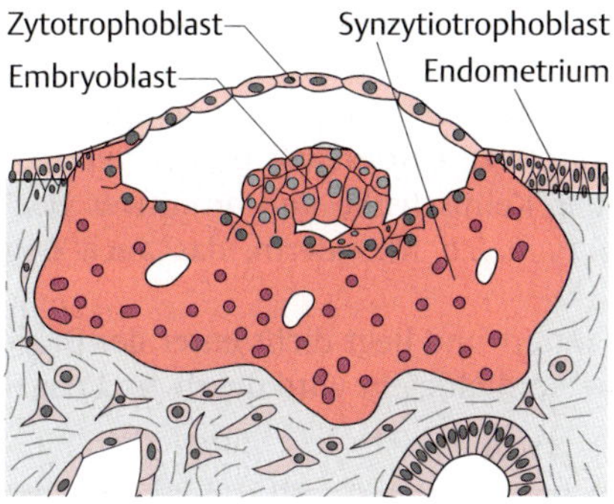

Die dünne Zytotrophoblastschicht liegt innen an der Grenze zur Fruchthöhle. Der Synzytiotrophoblast, eine dicke Schicht aus verschmelzenden Zellen, liegt innen an der Grenze zum mütterlichen Gewebe.

E-1.4

Zwischen dem 7. und 12. Tag p. c. läuft die Implantation (Nidation) ab: Mit Hilfe enzymatischer Vorgänge wächst der Trophoblast in die Kompakta- und Spongiosaschicht des dezidual umgewandelten Endometriums ein. Als **Dezidua** bezeichnet man die auf die Schwangerschaft vorbereitete Funktionalis des Endometriums. Man unterteilt die Dezidua in drei Schichten.

- **Decidua basalis** (zwischen Keimanlage und Myometrium)
- **Decidua capsularis** (überzieht den Keim, zum Uteruskavum gerichtet)
- **Decidua parietalis** (kleidet das Cavum außerhalb des Implantationsbezirks aus).

Bei der fortgeschrittenen Schwangerschaft verschmelzen Decidua capsularis und parietalis. Das Cavum uteri obliteriert.

Der Zerfall der Deziduazellen in der Umgebung des Synzytiotrophoblasten liefert Nährstoffe für den Keimling (**histiotrophe Ernährung**). Erst ab dem 9. Tag entstehen Lakunen im Synzytiotrophoblasten, die sich mit mütterlichem Blut aus arrodierten Kapillaren des Endometriums füllen (**hämatotrophe Ernährung**). Durch den Anschluss des fetalen an das mütterliche Blut wird der HCG-Nachweis im mütterlichen Blut möglich.

Zwischen Embryoblast und Trophoblast bildet sich etwa ab dem 8. Tag die Fruchtwasserhöhle (**Amnionhöhle**). Dies ist zunächst nur ein Spaltraum, der von einem einschichtigen Plattenepithel (Amnion) ausgekleidet ist. Amnionhöhle und Trophoblast sind durch einen Haftstiel verbunden, aus dem später

Die Implantation (Nidation) in die **Dezidua** erfolgt am 7.–12. Tag.
Die Dezidua ist die auf die Schwangerschaft vorbereitete Funktionalis des Endometriums. Man unterscheidet drei Schichten.

- Decidua basalis
- Decidua capsularis
- Decidua parietalis.

Zunächst ernährt sich der Keimling aus zerfallenen Deziduazellen (**histiotrophe Ernährung**). Ab dem 9. Tag folgt die **hämatotrophe Ernährung** durch mütterliches Blut aus arrodierten Kapillaren des Endometriums. Die Fruchtwasserhöhle (**Amnionhöhle**) bildet sich ab dem 8. Tag. Gleichzeitig formt sich der Embryoblast zu einer zweiblättrigen rundlichen Keimscheibe aus **Ektoderm** und **Entoderm**.

E-1.5

E-1.5 Amnionhöhle, Keimscheibe und Dottersack

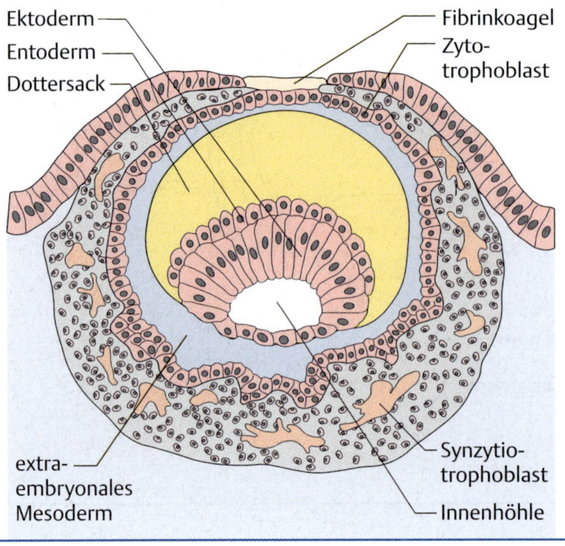

Ca. 9 Tage alter Keim. Man erkennt die zweiblättrige Keimscheibe mit dem Ektoderm und Entoderm. Im Synzytiotrophoblasten haben sich Lakunen gebildet.

die Nabelschnur hervorgeht. Synchron dazu wandelt sich der Embryoblast zu einer zweiblättrigen rundlichen Keimscheibe aus **Ektoderm** und **Entoderm**.

Aus der Blastozystenhöhle entsteht der **primitive Dottersack** (s. Abb. **E-1.5**).

Gleichfalls ab dem 8. Tag kleiden aus dem Zytotrophoblasten hervorgehende Zellen die Innenseite der Blastozystenhöhle aus (Heuser-Membran). Die dadurch entstehende Höhle wird als **primitiver Dottersack** bezeichnet und hat eine Ernährungsfunktion. Amnionhöhle, Keimscheibe und primitiver Dottersack werden umgeben vom extraembryonalen Mesoderm, das auch den Haftstiel bildet (s. Abb. **E-1.5**).

Am 10. Tag ist die Implantation abgeschlossen.

Am 10. Tag ist der Keim vollständig implantiert und liegt dicht unter der Dezidua. Der durch die Einnistung entstandene Epitheldefekt wird durch ein Koagel verschlossen.

▶ Merke

▶ **Merke.** Die Implantation kann um den 23. Tag p. m. (post menstruationem) eine leichte Schmierblutung nach außen verursachen („Einnistungsblutung“).

Am 12. Tag ist der Defekt epithelialisiert.

Am 12. Tag ist die Epithealisierung des Defektes vollzogen. Jetzt ist die Blastozyste nur noch an einer geringen Vorwölbung des Endometriums zu erkennen.

E-1.6

E-1.6 Entwicklung des Mesoderms

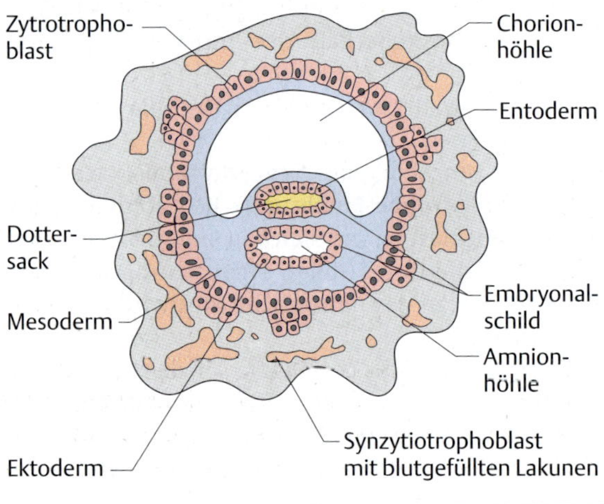

Der 13 Tage alte Keim besteht jetzt aus drei Keimblättern. Die Chorionhöhle hat sich gebildet.

Die Implantation erfolgt meist im oberen Bereich der Uterushinterwand.

Die Implantation erfolgt meist im oberen Bereich der Uterushinterwand.

Um den 13. Tag p.c. entwickelt sich als drittes Keimblatt zwischen Ektoderm und Entoderm das **Mesoderm**. Der Dottersack ist jetzt mit Zellen aus dem Entoderm ausgekleidet (sekundärer Dottersack) und bildet sich immer mehr zurück, während sich die mit ektodermalen Zellen ausgekleidete Amnionhöhle vergrößert. Man erkennt eine dritte Höhle, die **Chorionhöhle** (Exozölom). Die Wand der Chorionhöhle, das Chorion, besteht aus Trophoblastzellen und innen anliegendem extraembryonalem Mesoderm (Abb. **E-1.6**).

Ca. am 13. Tag p.c. ist der Keim durch Ausbildung des **Mesoderms** dreiblättrig. Die Amnionhöhle wächst, der Dottersack verkleinert sich zunehmend. Die **Chorionhöhle** ist erkennbar (s. Abb. **E-1.6**).

Während der weiteren Entwicklung stülpt sich das Amnion über den Embryo und nähert sich durch Ausdehnung der Amnionhöhle dem Chorion von innen immer mehr an. Schließlich verkleben Chorion und Amnion miteinander und bilden die **Eihäute** (s. S. 462).

Durch Vergrößerung der Amnionhöhle nähert sich das Amnion dem Chorion von innen an, beide Schichten verkleben und bilden die **Eihäute** (s. S. 462).

1.5 Plazenta, Eihäute, Nabelschnur und Fruchtwasser

1.5.1 Entwicklung und Aufbau der Plazenta

1.5 Plazenta, Eihäute, Nabelschnur und Fruchtwasser

1.5.1 Entwicklung und Aufbau der Plazenta

Ab dem 9. Tag wird der Synzytiotrophoblast durch zunehmende Lakunenbildung schwammartig aufgelockert. Die mütterlichen Kapillargefäße sind im Bereich der Implantationsstelle erweitert und gestaut (sogenannte **Sinusoide**). Durch die fortschreitende Invasion des Trophoblasten werden schließlich mütterliche Sinusoide arrodiert, in die Trophoblastlakunen sickert mütterliches Blut. Vom 13. Tag an entstehen durch Proliferation des Zytotrophoblasten die **Primärzotten** (auch Chorionzotten genannt). Diese wandeln sich durch einwachsendes Mesenchym zu **Sekundärzotten** um. Am Ende der 3. Woche bilden sich innerhalb des Mesenchymkerns der Zotten Kapillaren, man spricht dann von **Tertiärzotten.** Ungefähr am 21. Tag beginnt in den Zotten die embryonale Blutzirkulation.

Ab dem 9. Tag bilden sich im Synzytiotrophoblasten Lakunen, die sich später durch Arrosion der zu Sinusoiden umgewandelten Kapillaren des Endometriums mit mütterlichem Blut füllen. Durch Proliferation des Zytotrophoblasten entstehen die **Primärzotten.** Diese werden durch einwachsendes Mesenchym zu **Sekundärzotten,** durch Kapillarisierung zu **Tertiärzotten.** Die embryonale Blutzirkulation beginnt ca. am 21. Tag.

Das **Chorion** (gr. = Haut, Fell; Zottenhaut), das sozusagen die Ummantelung des gesamten Keims bildet, ist zunächst gleichmäßig mit Zotten besetzt (**Chorion villosum**). Ab der 8. Woche degenerieren die Zotten auf der Seite der Decidua capsularis **(Chorion laeve)**, während es im Bereich der Decidua basalis zu einer verstärkten Vermehrung der Zotten mit zunehmendem Einwachsen in die Dezidua kommt. Hier entsteht der fetale Anteil der Plazenta, das **Chorion frondosum**. Der maternale Anteil der Plazenta wird von der Decidua basalis gebildet.

Der Keim ist vom **Chorion** ummantelt, es ist zunächst gleichmäßig mit Zotten besetzt **(Chorion villosum)**. Im Bereich der Decidua capsularis degenerieren die Zotten **(Chorion laeve)**, im Bereich der Decidua basalis bilden sich vermehrt Zotten **(Chorion frondosum)**, hier entsteht der fetale Plazentateil. Der mütterliche Teil entsteht aus der Decidua basalis.

▶ **Merke.** Das Chorion stellt den fetalen Anteil der Plazenta. Das Endometrium stellt den mütterlichen Anteil der Plazenta.

◀ **Merke**

Zwischen Chorion frondosum und Decidua basalis befindet sich ein mit maternalem Blut gefüllter Raum, in den die Stammzotten mit ihren Verästelungen (Zottenbäume) von der Choriondeckplatte hineinragen. Wie aus Abb B-2.7 ersichtlich, gehen von der Dezidual- bzw. Basalplatte Septen aus, welche die Plazenta in 10–38 Läppchen (**Kotyledonen**) unterteilen. Jeder Kotyledon enthält zwei oder mehr Zottenbäume. Die Septen reichen nicht bis zur Chorionplatte, so dass die Kotyledonen untereinander in Verbindung stehen.
Zusammengehalten wird das komplizierte System von sogenannten Haftzottenstämmen, die von der Choriondeckplatte zur Decidua basalis ziehen (s. Abb. **E-1.7**).

Von der Choriondeckplatte ragen die Stammzotten in einem mit maternalem Blut gefüllten Raum zwischen Chorion frondosum und Decidua basalis.
Die Plazenta wird durch Septen in 10–38 **Kotyledonen** unterteilt (s. Abb. **E-1.7**). Jeder Kotyledon hat mindestens zwei Stammzotten.

Die Plazenta hat um die 14. Woche ihre endgültige Struktur erreicht. Die Dickenzunahme der Plazenta ist mit dem 5. Monat praktisch abgeschlossen; später ist nur noch ein Flächenwachstum nachweisbar. In der 20. Woche liegt der Durchmesser bei 10 cm, am Geburtstermin bei 20 cm, mit einer Dicke

Die Plazenta hat um die 14. SSW ihre endgültige Struktur erreicht. Am Geburtstermin misst sie etwa 20 cm mit einer Dicke von 2–4 cm; das Gewicht beträgt ca.

E-1.7 Plazenta mit Kotyledonen

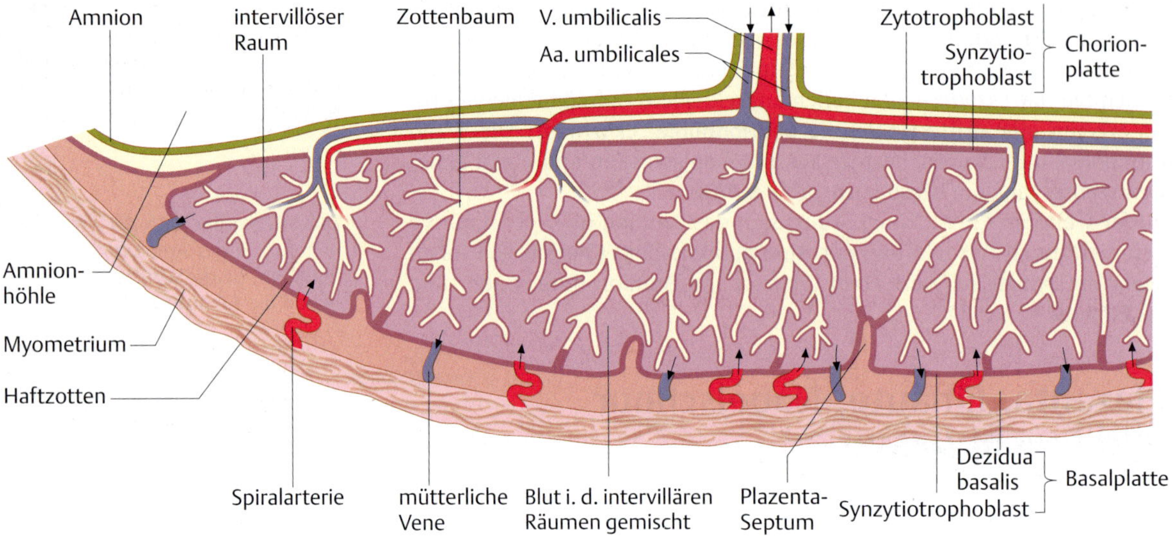

Aufbau einer reifen Plazenta.

500 g und korreliert mit dem Gewicht des Kindes.

von 2–4 cm. Das Gewicht von etwa 500 g ist mit dem Geburtsgewicht des Kindes signifikant korreliert.

▶ Merke

▶ **Merke.** Das regelrechte Gewicht der Plazenta korreliert mit dem regelrechten Gewicht des Kindes.

1.5.2 Plazentakreislauf

Das mütterliche Blut gelangt aus ca. 70 **Spiralarterien** der Decidua basalis unter hohem Druck bis zur Choriondeckplatte. Von dort fällt es duschenartig auf die Basalplatte zurück und umspült dabei die Kotyledonen. Der Rückfluss erfolgt über die Venen der Dezidua. Der komplette Blutaustausch von 150–200 ml findet 3–4-mal pro Minute statt.
Die **zwei Umbilikalarterien** des Fetus bringen **sauerstoffarmes**, mit Abbauprodukten beladenes Blut an die Plazenta. Das ausgedehnte Kapillarnetz und die große Gesamtoberfläche der Zotten ermöglichen einen intensiven Kontakt.

Plazentaschranke. Im Zuge der Plazentareifung wird der Zytotrophoblast abgebaut, die fetalen Kapillaren legen sich z. T. direkt dem Synzytium an. Das mütterliche Blut in den intervillösen Räumen ist vom Fetalkreislauf ab dem 4. Monat nur noch durch eine 2–4 µm dicke **synzytiokapillare Stoffwechselmembran** getrennt (hämochoriale Plazenta).

1.5.2 Plazentakreislauf

Das mütterliche Blut tritt aus ca. 70 **Spiralarterien** der Decidua basalis in die intervillösen Räume der Plazenta über. Zunächst gelangt es unter hohem Druck bis zur Choriondeckplatte, von wo es duschenartig auf die Basalplatte zurückfällt und dabei die Kotyledonen umspült. Dadurch wird ein intensiver Gas- und Stoffaustausch mit dem fetalen Blut ermöglicht. Über die Venen der Dezidua fließt es schließlich wieder in das mütterliche Gefäßsystem zurück. 3–4-mal in der Minute findet ein kompletter Blutaustausch statt, wobei sich jeweils 150–200 ml maternales Blut in den intervillösen Räumen befindet. Vom Fetus gelangt über die **zwei Umbilikalarterien sauerstoffarmes** und mit Abbauprodukten beladenes Blut an die Plazenta. Auf der Chorionplatte verzweigen sich die Arterien und münden als sogenannte Stammarterien in die Kotyledonen. In dem ausgedehnten Kapillarnetz kommt es über die Zottenoberfläche (insgesamt 10–15 m^2!) zu indirektem Kontakt mit dem mütterlichen Blut.

Plazentaschranke. Die Trennschicht zwischen kindlichem und mütterlichem Kreislauf besteht bis zum 4. Monat aus dem Endothel und der Basalmembran der fetalen Blutgefäße, dem Bindegewebe im Zottenkern, dem Zytotrophoblasten und dem Synzytiotrophoblasten. Durch Abbau des Zytotrophoblasten wird die Plazentaschranke dünner, ab dem 4. Monat legt sich ein Teil der kindlichen Kapillaren direkt an die Synzytiumschicht an. Der Stoffaustausch wird dadurch erleichtert. Da zwischen dem fetalen Blut und dem mütterlichen Blut in den intervillösen Räumen eine Trennschicht aus Choriongewebe liegt, spricht man von einer hämochorialen Plazenta. Die **synzytiokapillare Stoffwechselmembran** ist etwa 2–4 µm dick.

Über diese sogenannte Plazentagrenzfläche erfolgt sowohl die Abgabe der Abbauprodukte des Fetus (Kohlendioxid, Harnstoff und Bilirubin) als auch die Aufnahme von Sauerstoff und Nahrungssubstraten, die über die Kotyledonenvenen in die Vena umbilicalis und damit zum Fetus gelangen.

Über diese Plazentagrenzfläche erfolgt die Abgabe der Abbauprodukte des Fetus und die Aufnahme von Sauerstoff und Nährsubstraten, die dann über die Kotyledonenvenen und die Vena umbilicalis zum Fetus gelangen.

▶ **Merke.** Die Vena umbilicalis transportiert Sauerstoff und Nahrungssubstrate von der Plazenta zum Fetus. Die beiden Umbilikalarterien transportieren die Abbauprodukte des Kindes in die Plazenta.

◀ Merke

1.5.3 Plazentafunktion, Austauschfunktion

Die Plazenta ist in erster Linie ein Austauschorgan. Dies betrifft vor allem die Blutgase Sauerstoff und Kohlendioxid, die Nährsubstrate und die Abbauprodukte. Aber auch Medikamente, Blutzellen und Immunglobuline werden ausgetauscht. Je nach Substrat erfolgt der Stoffaustausch entweder durch aktiven Transport oder passiven Durchtritt (s. Tab. **E-1.1**).

1.5.3 Plazentafunktion, Austauschfunktion

Hauptaufgabe der Plazenta ist der Austausch von Blutgasen, Nährsubstraten und Abbauprodukten durch aktiven Transport oder passiven Durchtritt (s. Tab. **E-1.1**).

Hormonbildung der Plazenta

Die Plazenta bildet hauptsächlich folgende Hormone:

- Proteohormone:
  - humanes Choriongonadotropin (HCG)
  - humanes Plazentalaktogen (HPL)
  - humanes Chorionthyreotropin (HCT)
- Steroidhormone:
  - Gestagene (Progesteron)
  - Östrogene (Östriol, Östradiol, Östron).

Die Synthese der Steroidhormone (Östrogene und Gestagene) kann allerdings nur erfolgen, wenn vom Fetus oder von der Mutter Steroidvorstufen geliefert werden (feto-materno-plazentares System).

Hormonbildung der Plazenta

Die Plazenta bildet (hauptsächlich) humanes Choriongonadotropin (HCG), humanes Plazentalaktogen (HPL), humanes Chorionthyreotropin (HCT) und Steroidhormone: Gestagene (Progesteron), Östrogene (Östriol, Östradiol, Östron).

Die Synthese der Östrogene und Gestagene erfolgt aus Steroidvorstufen, die vom Fetus oder der Mutter geliefert werden.

E-1.1 Austauschfunktionen der Plazenta

Vorgang	*Substanz*
aktive Austauschmechanismen	
▶ aktiver, energieverbrauchender Transport (z. T. enzymatisch)	anorganische Ionen, Fettsäuren, Aminosäuren, Vitamine, Hormone
▶ Pinozytose (Aufnahme hochmolekularer Substanzen über eine Einstülpung der Trophoblastmembran, Transport durch das Zytoplasma, Abgabe in das fetale Blut)	Proteine, Lipide, Immunglobuline (IgG)
passive Austauschmechanismen	
▶ einfache Diffusion (entlang eines Konzentrations- oder Druckgefälles)	O_2, CO_2, Kreatinin, Harnstoff, Bilirubin, Wasser, Medikamente
▶ erleichterte Diffusion (nach Bindung an Trägermoleküle, sog. Carrier)	Glukose, Laktat
▶ Diapedese (Durchtritt über Lücken in der Gefäßwand, z. T. nach Mikrotrauma)	Erythrozyten, Leukozyten, Medikamente mit Molekulargewicht über 600 (auch Viren, Bakterien, Protozoen werden auf diesem Wege übertragen)

E-1.1

Humanes Choriongonadotropin (HCG)

Die Bildung von HCG erfolgt im Synzytiotrophoblasten, die Ausscheidung im mütterlichen Harn.
Durch eine dem LH ähnliche Struktur werden die fetalen Gonaden stimuliert.

Die HCG-Produktion des Trophoblasten verhindert die Lyse des Corpus luteum so lange, bis der Trophoblast nach 6–12 Wochen selbst genügend Progesteron zur Erhaltung der Dezidua bildet. Immunologische Schwangerschaftstests basieren auf HCG-Nachweis im Urin oder in Blutproben (s. S. 508 f).

▶ Merke

Humanes Choriongonadotropin (HCG)

HCG, ein Glykoprotein, wird im Synzytiotrophoblasten gebildet, geht auf die Mutter über und wird im Harn ausgeschieden. Durch einen dem LH strukturell ähnlichen Aufbau gibt es eine weitgehende Übereinstimmung der HCG-Wirkung mit der **LH-Wirkung**: Die fetalen Gonaden werden stimuliert. Die Follikelreifung in den fetalen Ovarien geht bis zum Tertiärfollikel. Beim männlichen Fetus werden die Leydig-Zellen zur Bildung von Testosteron angeregt. Außerdem stimuliert HCG den Deszensus der Hoden.
Die HCG-Produktion des Trophoblasten verhindert die Lyse des Corpus luteum (s. S. 451). Die im Corpus luteum graviditatis gebildeten Gestagene und Östrogene erhalten die Decidua graviditatis so lange, bis der Trophoblast nach 6–12 Wochen selbst ausreichend Progesteron für die Erhaltung der Dezidua bildet. Die immunologischen Schwangerschaftstests (s. S. 508 f) basieren auf dem HCG-Nachweis in Urin- oder Blutproben. Schon wenige Tage nach der Implantation beginnt die Ausscheidungs- bzw. Serumkurve anzusteigen.

▶ **Merke.** Während der normalen Frühschwangerschft findet alle 2 Tage eine Verdopplung der HCG-Konzentration im Serum statt.

Zum Verlauf der HCG-Konzentration in Urin und Serum Abb. **E-3.10**, S. 509.

Humanes Plazentalaktogen (HPL)

HPL wird im Synzytiotrophoblasten gebildet. Es weist große **Ähnlichkeit** mit dem **Wachstumshormon** auf.
Die HPL-Konzentration im maternalen Blut (s. Abb. **E-1.8**) hängt vom **Funktionszustand der Plazenta** ab; HPL-Werte unter 4,0 mg/l nach der 30. SSW sprechen für eine Plazentainsuffizienz.

Humanes Plazentalaktogen (HPL)

Plazentalaktogen ist ein einkettiges Eiweiß, das im Synzytiotrophoblasten gebildet wird und große **Ähnlichkeit mit dem Wachstumshormon** aufweist. Es besteht eine Korrelation zwischen dem Anstieg des HPL im maternalen Blut und der funktionsfähigen Synzytiotrophoblastmenge; die Konzentration im Serum steigt während der Schwangerschaft kontinuierlich an (s. Abb. **E-1.8**). Im letzten Drittel der Schwangerschaft hängt die HPL-Konzentration im maternalen Blut vom **Funktionszustand der Plazenta** ab, d. h. HPL-Werte unter 4,0 mg/l nach der 30. SSW sprechen für eine Plazentainsuffizienz. Die physiologische Wirkung des HPL ist noch nicht genügend geklärt. Diskutiert wird eine mögliche antiinsulinäre Funktion sowie Mobilisierungs- und Regulierungsaufgaben bezüglich des diaplazentaren Durchtritts freier Fettsäuren.

E-1.8

E-1.8 Verlauf der HPL-Konzentrationen im Serum in der Schwangerschaft

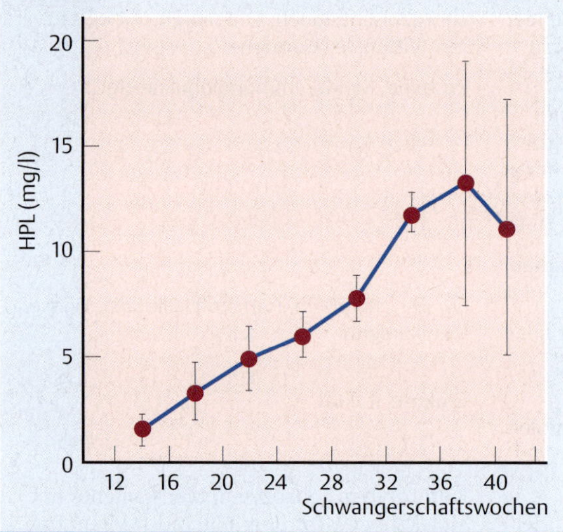

Humanes Chorionthyreotropin (HCT)

Chorionthyreotropin ist ein Glykoprotein mit thyreotroper Wirkung. Die physiologische Bedeutung ist noch unbekannt.

HCT hat eine thyreotrope Wirkung mit unbekannter physiologischer Bedeutung.

Steroidhormone

Progesteron ist in den ersten Wochen der Schwangerschaft ein essenzielles Hormon. Es bewirkt die Umwandlung vom proliferativen zum sekretorischen Endometrium und hemmt die Kontraktilität der Uterusmuskulatur. Ferner soll es an der Entwicklung der Mammae und Laktogenese beteiligt sein. Die von der fetoplazentaren Einheit produzierten **Östrogene** stimulieren das Wachstum von Uterus und Mammae.
Diese Effekte treten aber auch im normalen Zyklus auf, wenn auch in geringerem Ausmaß. Die schwangerschaftsspezifische Wirkung der Steroidhormone ist nicht genau bekannt.

Progesteron bewirkt die Umwandlung des Endometriums in die Sekretionsphase. Es hemmt die Kontraktionsfähigkeit der Uterusmuskulatur. Es soll die Entwicklung der Mammae und die Laktogenese fördern. Plazentare **Östrogene** stimulieren das Wachstum von Uterus und Mammae.

Progesteron

Progesteron wird als Vorläufer der Steroidhormone im Corpus luteum, in der Plazenta und in weit geringerem Maße in der Nebennierenrinde gebildet. Die Plazenta produziert ab dem 3. Schwangerschaftsmonat kontinuierlich steigende Mengen an Progesteron. Die zur Synthese benötigten Ausgangssubstanzen Cholesterin und Pregnenolon stammen hauptsächlich von der Mutter. Der Fetus baut das von der Plazenta kommende Progesteron teilweise zu Kortikosteron, Kortisol und verschiedenen anderen Steroiden um. Hauptmetabolit ist das Pregnandiol, das im Urin der Schwangeren ausgeschieden wird. Prinzipiell ist die renale Pregnandiolausscheidung ein Maß für den plazentaren Funktionszustand, da ja die Progesteronsynthese eine plazentare Leistung ist. Aufgrund der verzögerten Reaktion auf Störungen der fetoplazentaren Einheit ist die Pregnandiolausscheidung jedoch nicht als Akutparameter für die Überwachung von Risikoschwangerschaften geeignet.

Bildungsorte des Progesterons sind das Corpus luteum, die Plazenta und die Nebennierenrinde.
Der Fetus baut das von der Plazenta kommende Progesteron zu Kortikosteron, Kortisol und anderen Steroiden um. Hauptmetabolit ist das Pregnandiol; es wird im Urin der Schwangeren ausgeschieden.
Die Kontrolle der Pregnandiolausscheidung bei Risikoschwangerschaften hat sich aber nicht bewährt.

Östrogene

Die plazentare Produktion der Östrogene Östron (E_1), Östradiol (E_2) und Östriol (E_3) nimmt im Laufe der Schwangerschaft kontinuierlich zu. Ausgangsprodukt für Östron und Östradiol ist Dehydroepiandrosteronsulfat (DHEAS), das hauptsächlich aus der fetalen Nebennierenrinde (NNR) stammt. Durch einen Mangel an 16-Hydroxylase kann die Plazenta kein Östriol aufbauen. In der fetalen Leber ist dieses Enzym reichlich vorhanden; das dort und in der fetalen Nebenniere gebildete 16-OH-DHEAS wird dann in der Plazenta desulfatiert und zu Östriol aromatisiert. Die Östrogene werden im mütterlichen Organismus konjugiert und renal ausgeschieden.

Östron und Östradiol werden aus Dehydroepiandrosteronsulfat (DHEAS) gebildet. Wegen eines 16-Hydroxylasemangels kann die Plazenta allein kein Östriol bilden. Das dazu benötigte 16-OH-DHEAS stammt aus der fetalen Leber und der fetalen Nebennierenrinde.

▶ **Merke.** Die Östron-/Östradiol-Synthese ist abhängig von der Funktion der mütterlichen und kindlichen NNR. Die Östriolsynthese hängt ausschließlich von der fetalen Leber- und Nebennierenfunktion ab. Die Östriolkonzentration im Serum der Mutter bzw. die Östriolausscheidung im mütterlichen Urin ist ein Parameter für die Vitalität des Fetus, sie spielt heutzutage in der Diagnostik jedoch nur noch eine untergeordnete Rolle (s. S. 510).

◀ **Merke**

Natürlich gilt auch hier, dass das gesamte klinische Bild miteinbezogen werden muss. Ein pathologischer Einzelwert bedeutet nicht zwangsläufig ein fetales Risiko, da die Östriolausscheidung bei verschiedenen Erkrankungen der Mutter oder infolge von Medikamenteneinnahme erniedrigt sein kann (s. Tab. **E-1.2**).

Die Östriolausscheidung kann bei verschiedenen Erkrankungen der Mutter oder infolge von Medikamenteneinnahme erniedrigt sein (s. Tab. **E-1.2**).

E-1.2

E-1.2 Ursachen für eine erniedrigte Östriolausscheidung

▶ Erkrankung der Mutter	▶ Medikamente	▶ fetale NNR-Insuffizienz
– Präeklampsie	– Ampicillin	– Down-Syndrom
– Diabetes mellitus	– Laxanzien	– Anenzephalus
– Rhesusinkompatibilität	– Kortikoide	– Hydrozephalus
– Anämie	– β-Mimetika	– isolierte NNR-Hypoplasie
– Nephropathie		
– Hepatopathie (Störung der Östriolkonjugation)		

1.5.4 Eihäute und Nabelschnur

Das Chorion laeve bildet die **äußere Eihaut**. Die vom Amnion gebildete **innere Eihaut** übernimmt vor allem in der frühen Schwangerschaft die Fruchtwasserbildung und -resorption.

Die aus dem Haftstiel hervorgehende Nabelschnur misst ca. 50–55 cm bei einer Dicke von 1–2 cm.
Die zwei spiraligen, dickwandigen Arterien und die dünnwandige Vene sind zum Schutz in die **Wharton-Sulze** eingebettet.
Zu 70 % setzt die Nabelschnur im Zentrum der Plazenta an (**Insertio centralis**). Laterale Ansätze oder Ansätze an den Eihäuten (**Insertio marginalis, Insertio velamentosa**) sind selten (s. S. 655 f).

1.5.4 Eihäute und Nabelschnur

Die Frucht wird von einem doppelwandigen Eihautsack umschlossen. Die **äußere Eihaut** wird durch das Chorion laeve (Lederhaut) gebildet. Es ist zunächst von der Decidua capsularis überzogen, die durch die Ausdehnung des Fruchtsacks druckatrophisch wird. Ab der 20. SSW überdeckt die Decidua parietalis das Chorion laeve. Das Amnion, das die Fruchthöhle tapetenartig auskleidet, bildet die **innere Eihaut** (Wasserhaut), die vor allem in der frühen Schwangerschaft die Fruchtwasserbildung und -resorption übernimmt. Beide Schichten sind ab der 16. SSW miteinander verklebt. Zwischen Amnion und Chorion liegt eine leicht verschiebbare bindegewebige Intermediärzone.
Die Nabelschnur (Funiculus umbilicalis) setzt meist im Zentrum der Plazenta an. Sie geht aus dem Haftstiel hervor. Ihre Länge beträgt 50–55 cm, der Durchmesser liegt bei 1–2 cm. Der äußere Überzug besteht aus Amnion. Die zwei spiralig verlaufenden dickwandigen Nabelschnurarterien (Aa. umbilicales) und die dünnwandige Nabelschnurvene (V. umbilicalis) sind eingebettet in eine gallertartige Masse aus embryonalem Bindegewebe, die **Wharton-Sulze**. Diese dient dem Schutz der Gefäße vor Kompression. Zusätzliche Krümmungen der Gefäße und vermehrt vorliegende Whartonsche Sulze können „falsche" Nabelschnurknoten vorspiegeln, die von echten Knoten abgegrenzt werden müssen. In 70 % aller Fälle findet sich die Insertion der Nabelschnur in der Mitte der Plazenta (**Insertio centralis** oder paracentralis). Seltener setzt die Nabelschnur seitlich an der Plazenta oder an den Eihäuten an (**Insertio marginalis** oder **velamentosa,** klinische Bedeutung s. S. 655 f).

▶ Merke

▶ **Merke.** Die Nabelschnur hat **zwei** Arterien und **eine** Vene.

1.5.5 Fruchtwasser (Liquor amni)

Bis zur 12. SSW besteht die Amnionflüssigkeit aus einem Ultrafiltrat mütterlichen Plasmas. Danach ist die fetale Urinausscheidung (500 ml/24 h) maßgeblich. Die Resorption erfolgt über den fetalen Gastrointestinaltrakt, die Alveolen, die Eihäute und über die Plazenta.

Mengen: Fruchtwasservolumen in der 10. SSW ca. 30 ml, in der 20. SSW ca. 350–500 ml, in der 36. SSW 1,0–1,5 l.
Ab der 37. SSW verringert sich die Fruchtwassermenge auf 800–1000 ml.
Pathologische Fruchtwassermengen:
>2000 ml (Polyhydramnie)
<100 ml (Oligohydramnie).

1.5.5 Fruchtwasser (Liquor amni)

Der Embryo bzw. Fetus schwimmt an der Nabelschnur frei in der Amnionflüssigkeit, geschützt gegen Austrocknung und mechanische Insulte. Das Fruchtwasser besteht bis zur 12. SSW im Wesentlichen aus einem Ultrafiltrat des mütterlichen Plasmas. Danach wird die Menge zunehmend durch die fetale Urinausscheidung bestimmt. Diese liegt am Ende der Schwangerschaft bei ca. 500 ml/24 h. Die Resorption erfolgt überwiegend im fetalen Gastrointestinaltrakt und in den fetalen Alveolen nach Schlucken des Fruchtwassers, außerdem über die Eihäute sowie über die Plazenta. Das Fruchtwasser wird am Ende der Schwangerschaft, etwa alle drei Stunden, komplett ausgetauscht.
Mengen: Das Fruchtwasservolumen beträgt in der 10. SSW ca. 30 ml, in der 20. SSW ca. 350–500 ml; in der 36. SSW ist mit 1000–1500 ml das Maximum erreicht. Danach kommt es zu einer physiologischen Verringerung, die wöchentlich ca. 100 ml beträgt, auf etwa 800–1000 ml. Wegen des schnellen Wasseraustauschs können schon geringe Bilanzstörungen zwischen Produktion und Resorption zu pathologischen Fruchtwassermengen führen: eine Polyhydramnie (>2000 ml), auch Hydramnion genannt, kann z. B. durch eine Schluckstörung des Fetus bei Ösophagusstenose oder -atresie entstehen, eine

E-1.3 Funktionen der Amnionflüssigkeit

- Schutz vor mechanischen Schäden
- Temperaturregulation
- fördert die Entwicklung der fetalen Lungen
- freie Beweglichkeit und Entwicklung des Bewegungsapparates
- Ermöglichung gleichmäßigen Wachstums
- Verhinderung von Verwachsungen zwischen Amnion und Fetus

E-1.3

Oligohydramnie (<100 ml) bzw. Anhydramnie bei bilateraler Nierenagenesie des Fetus (s. auch S. 647 und Abb. **E-6.27**, S. 648).

Aussehen: Das Fruchtwasser ist in der 15./16. SSW infolge Bilirubinexkretion gelblich-klar. Am Geburtstermin enthält es Vernixflocken und ist dadurch weißlich-trübe.

Aussehen: Das Fruchtwasser ist bis zur 15./16. SSW gelblich/klar, am Termin weißlich-trüb.

Zusammensetzung: Die Amnionflüssigkeit besteht zu 99 % aus Wasser. Neben abgeschilferten fetalen Epithelzellen werden organische Bestandteile wie Proteine, Kohlenhydrate, Fette und Enzyme sowie anorganische Substanzen wie Elektrolyte und Harnstoff gefunden.

Zusammensetzung: Es besteht zu 99 % aus Wasser.

Funktionen: Die Funktionen der Amnionflüssigkeit sind in Tab. **E-1.3** aufgeführt. Diagnostisch bedeutsam sind die Bestimmung der Phospholipide im Fruchtwasser (L/S-Ratio) zur Abschätzung der Lungenreife und die Spektralphotometrie des Fruchtwassers zur Erfassung der Bilirubinkonzentration bei der Blutgruppeninkompatibilität. Zunehmende Bedeutung erlangt die Fruchtwasseranalyse im Rahmen der pränatalen Diagnostik angeborener Fehlbildungen und Erbleiden (s. S. 527).

Funktionen: s. Tab. **E-1.3**.
Untersuchungen des Fruchtwassers geben Hinweise auf die Lungenreife, auf Blutgruppeninkompatibilitäten sowie auf angeborene Fehlbildungen und Erbleiden (s. S. 527).

1.6 Mehrlingsschwangerschaft

1.6 Mehrlingsschwangerschaft

1.6.1 Zwillinge (Gemini)

1.6.1 Zwillinge (Gemini)

Nicht stimulierte Zwillingsschwangerschaften kommen mit einer Häufigkeit von 1:80–90 Geburten vor. Durch die Sterilitätstherapie erhöht sich die Gesamtrate auf 1:50 Geburten (nicht stimulierte und stimulierte Schwangerschaften zusammen genommen). Man unterscheidet eineiige Zwillinge (EZ) und zweieiige Zwillinge (ZZ).

Häufigkeit bei nicht stimulierten Zwillingsschwangerschaften ca. 1:85 Geburten. Durch Sterilitätstherapie erhöht sich die Gesamtrate auf 1:50 Geburten. Man unterscheidet eineiige (EZ) und zweieiige Zwillinge (ZZ).

Eineiige Zwillinge

Eineiige Zwillinge

Die seltener vorkommenden eineiigen Zwillingsschwangerschaften (⅓ aller Zwillingsschwangerschaften) entstehen durch die Teilung einer befruchteten Zygote oder eines Embryoblasten in zwei **genetisch identische**, also auch gleichgeschlechtliche Embryonalanlagen. Bei einer konstanten Frequenz von 3–4 pro 1000 Geburten weisen sie nur unbedeutende rassische und säkulare Schwankungen auf. Eineiige Zwillinge entwickeln sich meist in einer gemeinsamen Chorionhöhle, wobei aber jedes seinen eigenen Amnionsack hat (**monochorisch-diamniotisch**, s. Abb. **E-1.9b**). Sie werden von einer gemeinsamen Plazenta versorgt und wachsen bis auf wenige Ausnahmen größengleich heran. Manchmal entstehen durch eine frühzeitige Teilung der Blastomeren (noch während der Tubenpassage) eineiige Zwillinge mit zwei Amnien, zwei Chorionhöhlen und zwei Plazenten (**dichorisch-diamniotisch**, s. Abb. **E-1.9a**). Bei einer unvollständigen Teilung der Keimscheibe befinden sich beide Kinder in einer Fruchthöhle und besitzen einen gemeinsamen Amnion- und Chorionsack sowie eine gemeinsame Plazenta (**monochorisch-monoamniotisch**, s. Abb. **E-1.9c**). Diese Konstellation ist sehr ungünstig, da sich die beiden Nabelschnüre oft verschlingen. Die Feten sterben dann meist wegen der nicht mehr funktionierenden Blutzirkulation ab. Den Einfluss des Teilungszeitpunktes zeigt Tab. (s. Tab. **E-1.4**).

EZ entstehen durch die Teilung einer befruchteten Zygote oder eines Embryoblasten in zwei **genetisch identische** Embryonalanlagen (s. Abb. **E-1.9**). Sie haben meist eine gemeinsame Chorionhöhle, aber getrennte Amnionsäcke (**monochorisch-diamniotisch**). Die Auswirkung des Teilungszeitpunkts zeigt Tab. **E-1.4**.

E-1.4

E-1.4 Einfluss des Teilungszeitpunktes bei Mehrlingsschwangerschaften

- Teilung in den ersten drei Tagen: dichorisch-diamniotisch
- Teilung zwischen dem 3. und 8. Tag: monochorisch-diamniotisch
- Teilung zwischen dem 8. und 13. Tag: monochorisch-monoamniotisch
- Teilung nach dem 13. Tag: unvollständige Trennung der Embryonen und damit Doppelmissbildungen („siamesische Zwillinge")

E-1.9

E-1.9 Eineiige Zwillinge

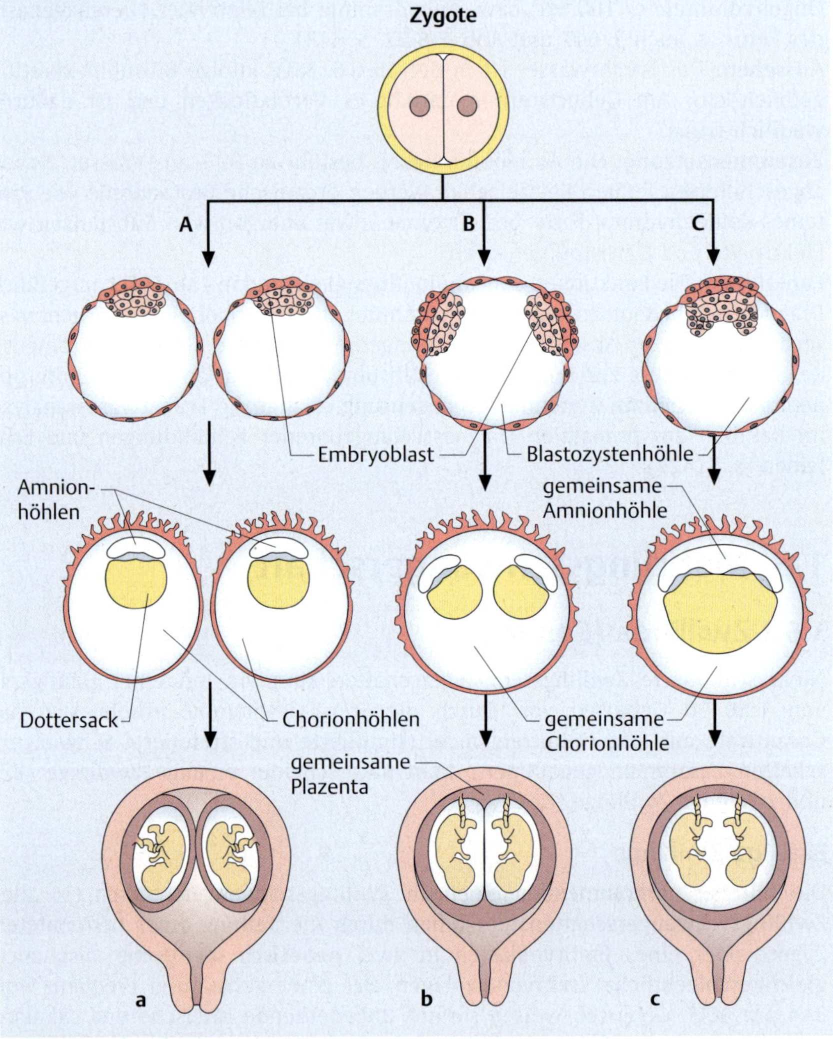

a Bei Teilung der Zygote in den ersten drei Tagen nach der Befruchtung entstehen zwei getrennte Plazenten, zwei Amnionsäcke und Chorionhöhlen.
b Bei Teilung des Embryoblasten zwischen dem 3. und 8. Tag haben beide Embryonen getrennte Amnionhöhlen, aber eine gemeinsame Plazenta und eine gemeinsame Chorionhöhle.
c Bei Teilung des Embryonalschildes zwischen dem 8. und 13. Tag besitzen die Embryonen eine gemeinsame Plazenta, gemeinsame Amnion- und Chorionhöhlen.

Zweieiige Zwillinge

Zweieiige Zwillinge sind häufiger als eineiige Zwillinge (⅔ aller Gemini) und entstehen durch die **Befruchtung von zwei Eizellen** durch zwei Spermien. Zweieiige Zwillinge haben immer zwei Chorionhöh-

Zweieiige Zwillinge

Die häufiger (⅔ aller Zwillinge) vorkommenden zweieiigen Gemini entstehen durch die **Befruchtung von zwei Eizellen** durch zwei Spermien. Zweieiige Zwillinge können daher sowohl gleich- als auch verschiedengeschlechtlich sein. Genetisch entsprechen sie zwei Geschwistern, die in verschiedenen Jahren geboren wurden. Grundsätzlich besitzen zweieiige Zwillinge immer zwei Cho-

E-1.10 Zweieiige Zwillinge

E-1.10

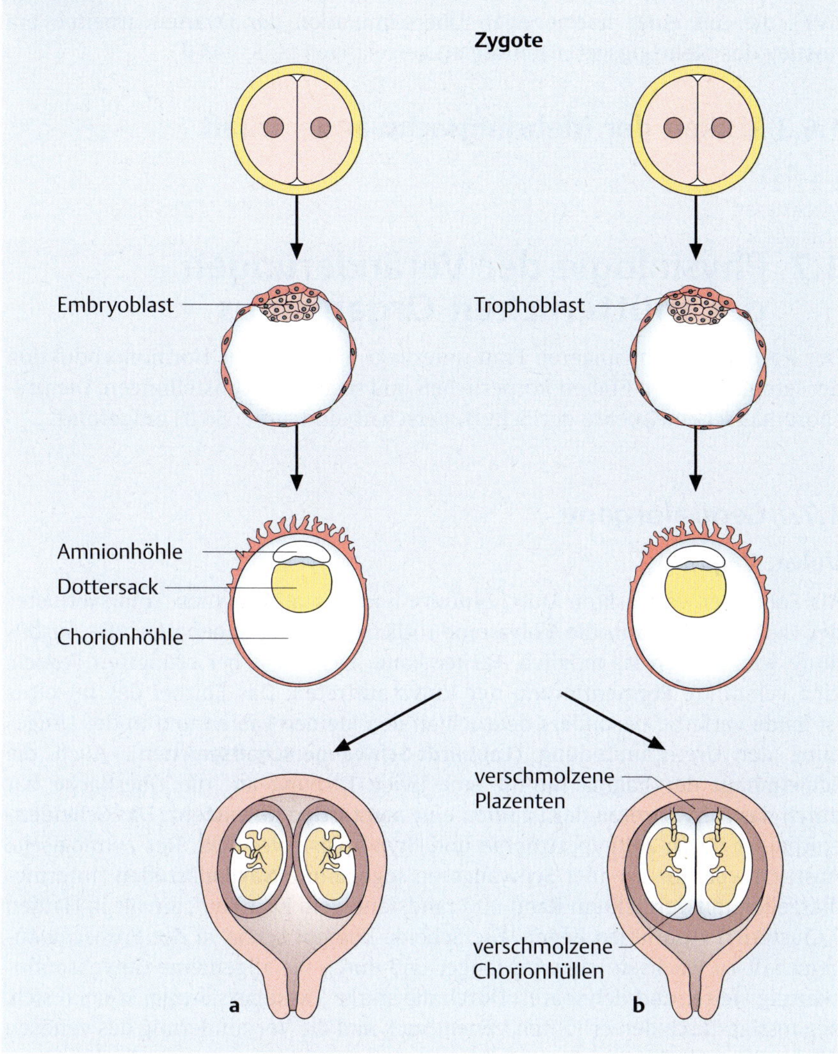

Zwei Zygoten entwickeln sich nebeneinander weiter.
a Es bilden sich zwei Plazenten, zwei Amnion- und Chorionhöhlen.
b Wenn die Implantationsstellen dicht beeinander liegen, kann es zur Verschmelzung der Plazenten und der Eihäute kommen.

rionhöhlen und zwei Amnien; Eihäute und Plazenten können jedoch miteinander verschmelzen (s. Abb. **E-1.10**). Zweieiige Zwillingsgburten treten familiär gehäuft auf und kommen bei verschiedenen Rassen unterschiedlich oft vor.

len und zwei Amnien (s. Abb. **E-1.10**). Sie treten familiär gehäuft auf.

1.6.2 Andere Mehrlingsgeburten

Die Häufigkeit von nicht stimulierten Mehrlingsgeburten wird durch die **Hellin-Regel** (1985) angegeben (s. Tab. **E-1.5**). Sie ist auch heute noch für europäische Verhältnisse zutreffend.

1.6.2 Andere Mehrlingsgeburten

Die **Hellin-Regel** gibt die Häufigkeit von nicht stimulierten Mehrlingsgeburten an (s. Tab. **E-1.5**).

E-1.5 Häufigkeit von Mehrlingsgeburten (Hellin-Regel)

E-1.5

- Zwillinge 1:85
- Drillinge $1:85^2 = 1:7255$
- Vierlinge $1:85^3 = 1:614125$
- Fünflinge $1:85^4 = 1:52200625$

Die Technik der In-vitro-Fertilisation führt in letzter Zeit zu einem Anstieg der Mehrlingsgeburtenrate.

Demnach sind Mehrlingsgeburten mit mehr als drei Kindern überaus selten. Dennoch ist in den letzten Jahren durch die Technik der In-vitro-Fertilisation (IVF), die mit einer hormonellen Überstimulation der Ovarien arbeitet, ein Anstieg der Mehrlingsgeburtenrate zu verzeichnen (s. S. 344 ff).

1.6.3 Risiken der Mehrlingsschwangerschaft

s. S. 633 ff.

1.6.3 Risiken der Mehrlingsschwangerschaft

s. S. 633 ff.

1.7 Physiologie der Veränderungen des mütterlichen Organismus

Die Schwangerschaft führt zu physischen und psychischen Veränderungen (s. S. 59 ff).

1.7 Physiologie der Veränderungen des mütterlichen Organismus

Der Körper der schwangeren Frau unterliegt aufgrund der Hormonproduktion der fetoplazentaren Einheit körperlichen **und** seelischen Umstellungen. Die psychosomatischen Aspekte der Schwangerschaft sind auf S. 59 ff) aufgeführt.

1.7.1 Genitalorgane

Vulva, Vagina

Die Vulva färbt sich rötlich; die Ausbildung von Varizen ist möglich. Eine verstärkte Pigmentierung kann auftreten.
Der Introitus ist **livide** verfärbt (**Labhardt-Schwangerschaftszeichen**); die Schleimhaut der Vagina hat eine **samtartige Konsistenz**.
Das verdickte Scheidenepithel zeigt oft in Haufen liegende **Navikularzellen**.
Die Scheide wird länger und dehnbarer.
Die verstärkte Durchblutung, der Tonusverlust der Gefäßwände und der erhöhte Venendruck begünstigen die Entwicklung von **Vaginavarizen**, die unter der Geburt zu Blutungen führen können.

1.7.1 Genitalorgane

Vulva, Vagina

Als Folge der verstärkten Durchblutung und des allgemeinen Tonusverlustes der Gefäßwände kann die Vulva eine rötliche Färbung annehmen; die Ausbildung von **Varizen** ist möglich. Ferner kann, besonders bei brünetten Frauen, eine verstärkte **Pigmentierung** der Vulva auftreten. Das Epithel des Introitus ist **livide** verfärbt, besonders deutlich an den kleinen Labien und in der Umgebung der Urethramündung (**Labhardt-Schwangerschaftszeichen**). Auch die Schleimhaut der Vagina nimmt eine livide Färbung an; die Oberfläche hat durch das Hervortreten der Papillen eine **samtartige Konsistenz**. Das Scheidenepithel ist durch Zellhypertrophie und -hyperplasie verdickt. Der zytologische Abstrich weist bei ⅔ aller Schwangeren sogenannte **Navikularzellen** (Intermediärzellen mit verdicktem Rand und randständigem Kern) auf, die oft in Haufen („Clustern") zusammen liegen. Die Scheide beginnt schon in der Frühschwangerschaft zu wachsen; sie wird länger und durch die allgemeine Gewebsauflockerung weiter und dehnbarer. Durch die starke Vaskularisierung, können sich, begünstigt durch den erhöhten Venendruck und die Verminderung des venösen Rückstroms, **Vaginavarizen** ausbilden.
Aus diesen Varizen kann es unter der Geburt zu starken Blutungen kommen.

Uterus

Der Uterus wiegt am Angang der Schwangerschaft ca. 60 g. Durch **Hyperplasie** und **Hypertrophie** erreicht er am Schwangerschaftsende ein Gewicht von ca. 1000 g.

Der Isthmus uteri dehnt und verlängert sich und wird ab dem 4. Schwangerschaftsmonat Teil der Fruchthöhle. Er wird dann als **unteres Uterinsegment** bezeichnet. Im Gegensatz zum Korpusbereich, der sich unter den Geburtswehen kontrahiert, wird dieses Segment passiv gedehnt.

Uterus

Das Gewicht des Uterus beträgt am Anfang der Schwangerschaft ca. 60 g. Durch Vergrößerung der vorhandenen Muskelzellen (**Hypertrophie**) sowie durch Neubildung von Muskelzellen und Bindegewebe (**Hyperplasie**) erreicht der Uterus am Schwangerschaftsende ein Gewicht von ca. 1000 g. Die Durchblutung des aufgelockerten Gewebes steigt von anfänglich 50 ml/min auf 500–800 ml/min. Neben der Größe verändert der sonst birnenförmige Uterus auch die Form und nimmt, bedingt durch das Wachstum der Frucht, ab dem 3. Schwangerschaftsmonat einen eiförmigen Zustand ein. Der Isthmus uteri, die Übergangszone zwischen Korpus und Zervix, dehnt und verlängert sich im Verlauf der Schwangerschaft. Vom 4. Schwangerschaftsmonat an wird der Isthmus in den Frucht tragenden Raum miteinbezogen und als **unteres Uterinsegment** bezeichnet. Aufgrund ihrer unterschiedlichen Ausstattung mit Muskulatur, verhalten sich Korpus und unteres Uterinsegment unter der Geburt unterschiedlich: Während sich der Korpusbereich im Rahmen der Wehen aktiv kontrahiert, wird das untere Uterinsegment passiv gedehnt.

▶ **Merke.** Der Übergang vom unteren Uterinsegment zur Korpuswand ist unter Wehentätgkeit von außen als Furche zu tasten (**Bandl-Kontraktionsring**). Unter der Geburt zeigt ein schnelles Hochsteigen der Furche bis oder über Nabelhöhe eine drohende Uterusruptur an.

◀ Merke

Das Progesteron hält den Tonus der Uterusmuskulatur niedrig; Spontankontraktionen kommen allerdings während der gesamten Schwangerschaft vor. Ab der 20. SSW kommt es zunehmend häufiger zu sogenannten **Braxton-Hicks-Kontraktionen**, die sich mit einer Amplitude bis 30 mmHg auf größere Areale des Uterus ausbreiten. Als obere Grenze der physiologischen Uterusaktivität werden bis zur 28. SSW 3 Kontraktionen pro Stunde angesehen; ab der 30.–32. SSW gelten maximal 5 Kontraktionen pro Stunde als normal. Diese Kontraktionen werden von der Schwangeren wahrgenommen, sind aber nicht schmerzhaft!

Spontankontraktionen des Uterus kommen während der gesamten Schwangerschaft vor. Die sog. **Braxton-Hicks-Kontraktionen** (physiologisch bis zu 3 Kontraktionen pro Stunde bis 28. SSW und maximal 5 Kontraktionen ab der 30.–32. SSW) sind spürbar, aber nicht schmerzhaft.

1.7.2 Mamma

Stimuliert durch luteale und plazentare Sexualsteroide nehmen die Brüste in der Schwangerschaft an Volumen zu. Um die 5.–8. Schwangerschaftswoche wird die Brust merklich schwerer (**Spannungsgefühl!**); die oberflächlichen Venen sind dilatiert und die **Pigmentierung** der Brustwarze und der Areola mammae wird intensiver. Außer dem adenohypophysären Prolaktin, das während der Schwangerschaft zunehmend sezerniert wird, unterstützen plazentares Laktogen, Wachstumshormon und eventuell Choriongonadotropin die duktulär-lobulär-alveoläre Brustentwicklung. Auch Stoffwechselhormone wie Insulin, Kortisol, Schilddrüsenhormone und Parathormon sind daran beteiligt. Das Binde- und Fettgewebe wird durch die Vergrößerung der Milchdrüsen zurückgedrängt (**„Schwangerschaftsadenosis“**). Die Palpation ergibt einen knollig veränderten Drüsenkörper, der schon ab dem dritten Monat auspressbare Sekrettröpfchen, das **Kolostrum** (Erstmilch), produzieren kann. Das Kolostrum besteht aus Wasser, Mineralien, Fetttröpfchen sowie aus abgeschilferten Drüsenepithelzellen und Lipidmakrophagen (**„Schaumzellen“**). Das Ausmaß der genannten Veränderungen ist individuell und abhängig von der ursprünglichen Größe sowie der Anzahl der Drüsenläppchen; dennoch lässt sich sagen, dass jede Brust bis zum Ende der Schwangerschaft ungefähr um 400 g zunimmt. Mit fortschreitender Schwangerschaft differenzieren sich die Drüsenstammzellen unter dem Einfluss von Prolaktin, Plazentalaktogen und anderen metabolischen Hormonen zu milchsynthetisierenden Zellen.

1.7.2 Mamma

Bedingt durch das duktulär-lobulär-alveoläre Brustwachstum (um ca. 400 g) treten um die 5.–8. SSW **Spannungsgefühle** auf. Brustwarze und Areola sind **verstärkt pigmentiert.** Hauptsächlich folgende Hormone sind daran beteiligt: Prolaktin, plazentares Laktogen, Wachstumshormon und eventuell HCG.
Binde- und Fettgewebe werden durch Vergrößerung der Milchdrüsen zurückgedrängt (**Schwangerschaftsadenosis**): Der Drüsenkörper ist knollig verändert und produziert schon ab dem 3. Monat das **Kolostrum** (Erstmilch). Dieses besteht aus Wasser, Mineralien, Fetttröpfchen und enthält sogenannte **Schaumzellen** (Lipidmakrophagen).

▶ **Merke.** Prolaktin induziert die Milchsynthese und die alveoläre Milchausscheidung.

◀ Merke

Endet die Schwangerschaft vor der 16.–20. Schwangerschaftswoche, bilden sich die Veränderungen der Mammae reaktionslos zurück. Nach diesem Zeitpunkt reicht der um das 20fache erhöhte Prolaktinspiegel aus, um eine Milchproduktion auszulösen.

1.7.3 Herz und Kreislauf

Durch die hormonelle Umstellung kommt es sehr früh zu subjektiv spürbaren Veränderungen an Herz und Kreislauf. Oft tritt schon in den ersten Wochen der Schwangerschaft ein **Wärmegefühl** ein. Besonders an den Unterarmen, Händen und Füßen nimmt die Durchblutung der Haut sichtbar zu; sie werden als angenehm warm empfunden. **Gefäßektasien** in der Haut des Gesichtes, Venektasien im Nagelbett und **Varizen** am Genitale sowie an den unteren Extremitäten sind weitere Zeichen für die Zunahme der Gefäßerweiterung und der Durchblutung. Der Puls wird stark und hart; er ist bis in die Akren zu spüren.

1.7.3 Herz und Kreislauf

Die hormonellen Umstellungen verursachen in den ersten Schwangerschaftswochen ein allgemeines **Wärmegefühl**. **Gefäßektasien** und **Varizen** sind Zeichen der verstärkten Durchblutung.

Infolge der Gefäßerweiterung sinkt der Blutdruck zunächst geringfügig (um etwa 10 mmHg). Ab dem 2. Trimenon kehren die Werte wieder zum Ausgangspunkt zurück. Zur Verbesserung der Durchblutung ist der Puls um etwa 10 Schläge pro Minute erhöht.

Besonders im ersten Trimenon kann es zu **orthostatischen Dysregulationen** kommen. Eine ähnliche Symptomatik kann gegen Ende der Schwangerschaft durch das Vena-cava-Syndrom auftreten (s. S. 546 f).

Orthostatische Dysregulationen mit Schwindel und Ohnmacht treten besonders im ersten Trimenon auf. Eine ähnliche Symptomatik kann gegen Ende der Schwangerschaft auftreten, Ursache ist dann die manchmal im Liegen auftretende Kompression der Vena cava inferior durch den vergrößerten Uterus (s. S. 546 f). Durch das steigende Körpergewicht fühlt sich die Schwangere oft behindert, was zu einer meist subjektiv empfundenen Leistungsminderung führt.

Varizen manifestieren sich nicht selten erstmalig in der Schwangerschaft. Therapie mit Stützstrümpfen, Bewegung, Hochlagern der Beine.

Der Druck durch den sich vergrößernden Uterus vermindert den venösen Rückstrom in den Beinen. Eine Disposition zu **Varizen** kommt nicht selten in der Schwangerschaft zum ersten Mal zum Vorschein. Durch Tragen von Stützstrümpfen, Bewegung und häufiges Hochlagern der Beine lassen sich durch die Krampfadern bedingte Beschwerden (z. B. schmerzhaftes Spannungsgefühl) lindern. Eine chirurgische Therapie sollte während der Schwangerschaft unterbleiben, da sich die Varikosis postpartal oft zurückbildet oder zumindest bessert.

Herzveränderungen

Der durch das Uteruswachstum bedingte Zwerchfellhochstand führt zur **Querlagerung** des Herzens.
Systolische Ausflussbahngeräusche können auftreten.
Herzfrequenz- und **Herzminutenvolumen** sind **erhöht**.

Herzveränderungen

Durch das Uteruswachstum kommt es im späteren Verlauf der Schwangerschaft zum Zwerchfellhochstand und damit zu einer **Querlagerung** des Herzens. Zusammen mit der Zunahme der Blutstromgeschwindigkeit und der Förderleistung bedingt die Anhebung besonders der Herzspitze ein Auftreten **systolischer Ausflussbahngeräusche**. 1. und 2. Herzton sind verstärkt hörbar; auch Stenosegeräusche (Pulmonalstenose, Aortenstenose) werden lauter. Die Geräusche einer Mitralinsuffizienz werden leiser. Die allgemeine Venendilatation kann zu einer funktionellen Störung der Venenklappen führen; d. h. der Pumpmechanismus, der für den Rückstrom zum Herzen sorgt, versagt. **Herzfrequenz** und **Herzminutenvolumen** sind infolge der Zunahme des intravaskulären Volumens **erhöht**. Eine Herzfrequenz bis 80 Schläge pro Minute gilt als normal.

Blutvolumen

Von der 8.–12. SSW bis zur 36. SSW nimmt das Blutvolumen um 30–40 % zu.
Die Erhöhung des Blutplasmavolumens führt zu einer **physiologischen Schwangerschaftsanämie** (Hb bis 11 g/dl). Darunter liegende Werte weisen auf eine meist durch Eisenmangel bedingte echte Anämie hin. Der Eisenbedarf steigt von täglich 1 mg im 1. Trimenon auf 10 mg im 3. Trimenon.

Blutvolumen

Das Blutvolumen steigt in der Zeit von der 8.–12. SSW bis zur 36. SSW um 30–40 % an. Grund dafür ist hauptsächlich die durch Wassereinlagerung bedingte Erhöhung des Blutplasmavolumens. Die Erythrozytenmenge nimmt nur um 25 % zu. Diese Konstellation führt zu einer Blutverdünnung, die auf Grund der sinkenden Hämoglobinkonzentration als **physiologische Schwangerschaftsanämie** bzw. **-hydrämie** bezeichnet wird. Das Ausbleiben dieses relativen Hämoglobinabfalls, beispielsweise bei der Präeklampsie, kann als frühes Warnzeichen für eine fehlerhafte Adaptation des mütterlichen Organismus angesehen werden. Grenzwert ist ein Hb von 11 g/dl; bei niedrigeren Werten handelt es sich um eine meist durch Eisenmangel bedingte echte Anämie. Der Eisenmangel ist vor allem auf den erhöhten Eisenbedarf für die vermehrte mütterliche Erythrozytenbildung und die Versorgung des Fetus zurückzuführen. Obwohl die Eisenresorption aus dem Darm um das Dreifache gesteigert wird, sollte vor allem im letzten Schwangerschaftsdrittel Eisen substituiert werden, um den Bedarf, der von täglich 1 mg im 1. Trimenon auf 10 mg im 3. Trimenon steigt, zu decken (s. S. 506 f).

Während der Schwangerschaft ist die Leukozytenzahl leicht erhöht, unter der Geburt können Werte bis 20000/mm^3 auftreten.

Durch eine gesteigerte Neubildung von Leukozyten findet man während der normalen Schwangerschaft Leukozytenwerte zwischen 10000 und 15000/mm^3. Unter der Geburt und am Anfang des Wochenbetts können die Leukozyten bis auf 20000/mm^3 ansteigen.

▶ Merke

▶ **Merke.** Die Leukozytose in der Schwangerschaft ist ein unsicherer Entzündungsparameter.

Auch im Blutgerinnungssystem ergeben sich Veränderungen. Die **Gerinnungsfaktoren II, VII, VIII** und **X** werden vermehrt produziert und auch die **Fibrinogenkonzentration** steigt an.
Die daraus resultierende Hyperkoagulabilität des Blutes ist allerdings nicht als Hauptursache für das rund 10fach **erhöhte Thromboserisiko** in der Schwangerschaft und im Wochenbett anzusehen. Diese liegt vielmehr darin, dass es infolge des Progesteronanstiegs bereits in den ersten Wochen der Schwangerschaft zu einer Senkung des Venentonus kommt. Die Weiterstellung der Venen bedeutet eine Erhöhung der Kapazität bei Verlangsamung des venösen Blutstroms.

Die Produktion von **Fibrinogen** und **Gerinnungsfaktoren II, VII, VIII** und **X** wird gesteigert. Das um das 10fache **erhöhte Thromboserisiko** in der Schwangerschaft und im Wochenbett resultiert allerdings weniger aus der Hyperkoagulabilität als aus der allgemeinen Senkung des Venentonus sowie der Verlangsamung des venösen Rückstroms.

1.7.4 Körpergewicht

Die augenscheinlichste Veränderung stellt die Gewichtszunahme der Schwangeren dar, die vor allem durch das Wachstum des Kindes, des Uterus und der Plazenta sowie die allgemeine Ödematisierung bedingt ist. Die ideale Zunahme im Verlauf der Schwangerschaft beträgt insgesamt ca. 11 kg. Die Verteilung zeigt Tab. **E-1.6**. Die Gewichtszunahme sollte vom 3. Trimenon an 500 g/Woche nicht überschreiten.

1.7.4 Körpergewicht

Die Gewichtszunahme im Verlauf der Schwangerschaft beträgt circa 11 kg (s. Tab. **E-1.6**). Sie sollte im letzten Schwangerschaftsdrittel 500 g/Woche nicht überschreiten.

E-1.6 Gewichtszunahme in der Schwangerschaft

▶ Zunahme Blut	ca. 1,5 kg
▶ Kind	3–3,5 kg
▶ Fruchtwasser	ca. 1 kg
▶ Myometrium	ca. 1 kg
▶ Plazenta	ca. 0,5 kg
▶ Uterus mit Inhalt	4,5–5,5 kg
▶ physiologische Ödematisierung	4–6 kg
▶ Mammahypertrophie	ca. 0,8 kg
▶ Zunahme des Gesamtgewichts	9–12 kg

E-1.6

Flüssigkeitsvolumen

Die hormonellen Umstellungen führen zu einer Retention von Natrium und Wasser. Die dadurch bedingte Vermehrung des Flüssigkeitsvolumens betrifft vorwiegend den interstitiellen Raum (+35 %). Durch eine gesteigerte Diurese werden normalerweise die Volumina des intravasalen, interstitiellen und intrazellulären Raums im Gleichgewicht gehalten. Ist dieser Kompensationsvorgang nicht ausreichend, kommt es durch die Verlagerung von Flüssigkeit in den interstitiellen Raum zur Ausbildung von **Ödemen**.
Häufig wird in der Schwangerschaft über Ödeme in den abhängigen Körperpartien, die besonders abends z. B. in den Beinen auftreten, geklagt. Sie sind meist auf die hormonellen Veränderungen mit vermehrter Wasserretention und auf die Weitstellung der Venen zurückzuführen. Davon zu unterscheiden sind generalisierte Ödeme (Gesicht, Hände, sakral), die oft das erste Anzeichen einer Präeklampsie sind (s. S. 539).

Flüssigkeitsvolumen

Durch Retention von Natrium und Wasser erhöht sich besonders das interstitielle Flüssigkeitsvolumen.
Wenn die kompensatorisch gesteigerte Diurese nicht ausreichend ist, bilden sich **Ödeme**.

Ödeme in abhängigen Körperpartien treten besonders abends auf und sind eine häufige Klage in der Schwangerschaft. Generalisierte Ödeme können auf eine Präeklampsie hinweisen (s. S. 539).

▶ **Merke.** Ödeme sind nicht immer deutlich sichtbar und werden von der Schwangeren auch oft nicht als solche bemerkt. Durch einfache Fragen, z. B. ob der Ehering noch abnehmbar ist oder ob die Schuhe enger sitzen, ergeben sich die ersten Hinweise auf eine beginnende Ödembildung.

◀ Merke

1.7.5 Harnwege und Nieren

Ab der 10. SSW kommt es zu einer vorwiegend progesteronbedingten **Weitstellung der Nierenkelche, Nierenbecken** und **Harnleiter**. Diese Veränderung bleibt bis zur 12. Woche post partum konstant. Das im harnableitenden System

1.7.5 Harnwege und Nieren

Die progesteronbedingte **Dilatation** von **Nierenkelchen und -becken** sowie **Harnleitern** begünstigt eine Keimaszension.

befindliche Harnvolumen verdreifacht sich (von 50 ml auf 150 ml) und fließt langsamer ab. Die Dilatation begünstigt eine Keimaszension in das Nierenbecken.

▶ Merke

▶ **Merke.** In der Schwangerschaft kommt es häufiger zu Harnwegsinfekten. Diese müssen frühzeitig behandelt werden, um der Entwicklung einer Pyelonephritis gravidarum und verstärkter Wehentätigkeit vorzubeugen.

Nierendurchblutung und glomeruläres Filtrat erhöhen sich ab Ende des 1. Trimenons um 30–40 %.

Die Erweiterung ist in der Regel rechts ausgeprägter als links, da das Sigma den Uterus nach rechts drängt. Nierendurchblutung und glomeruläres Filtrat erhöhen sich ab Ende des 1. Trimenons um ca. 30–40 %. Die Ursachen dafür sind nicht eindeutig geklärt. Die Vermehrung des Blutvolumens und die Zunahme des Herzminutenvolumens spielen dabei sicherlich eine Rolle. Zusätzlich werden endokrine Faktoren diskutiert, z. B. die stark erhöhten Progesteronwerte und die während der Schwangerschaft auftretende Verminderung des onkotischen Drucks des Blutplasmas.

Die renale **Schwangerschaftsglukosurie** (>150 mg/24 h) tritt intermittierend auf und wird als physiologisch angesehen. Bei wiederholter Glukosurie muss eine Kohlenhydratstoffwechselstörung ausgeschlossen werden.

Werden mehr als 150 mg Glukose im 24-Stunden-Urin ausgeschieden, spricht man von einer renalen **Schwangerschaftsglukosurie**, welche intermittierend auftritt und primär als physiologisch angesehen wird. Als Ursache wird eine Vermehrung der glomerulären Filtrationsrate mit einer entsprechend erhöhten Glukosefiltration im Primärharn bei gleich bleibender oder leicht gesenkter tubulärer Rückresorptionskapazität angenommen. Die hohe Glukosekonzentration im Harn begünstigt die Ausbildung eines Harnwegsinfekts. Die Schwangerschaftsglukosurie ist eine häufige Erscheinung (ca. 15 %); dies darf aber nicht darüber hinwegtäuschen, dass es sich auch um ein Symptom einer Kohlenhydratstoffwechselstörung handeln kann. Bei wiederholter Glukosurie muss daher ein Schwangerschaftsdiabetes ausgeschlossen werden.

Schwangerschaftsproteinurie: Bis 150 µg/l über 24 Stunden noch physiologisch; höhere Werte können Symptom der Präeklampsie sein.

Häufiges Wasserlassen ohne Infektzeichen ist in der Schwangerschaft physiologisch.

Gleiches gilt für die **Schwangerschaftsproteinurie**, bei der Proteinmengen bis 150 µg/l im 24-Stunden-Urin noch als physiologisch betrachtet werden. Höhere Werte gelten als pathologisch und können ein Symptom der Präeklampsie sein (s. S. 539).

Das aufgelockerte Bindegewebe, der weitgestellte Ureter und die Größenzunahme des Uterus haben auch Auswirkungen auf die **Blasenfunktion** der Schwangeren. Während der Spätschwangerschaft ist häufiges Wasserlassen eine gängige Beschwerde, die ohne gleichzeitige Infektzeichen nicht Besorgnis erregend ist. Ein Drittel aller Schwangeren verliert beim Husten oder Tragen schwerer Gegenstände etwas Urin.

1.7.6 Lunge und Atmung

Meist besteht eine **Belastungsdyspnoe**, manchmal auch eine **Ruhedyspnoe** mit gleichzeitiger **Hyperventilation**.

1.7.6 Lunge und Atmung

Viele Schwangere klagen über eine **Belastungs-** und auch **Ruhedyspnoe**. Über die Ursachen besteht keine einheitliche Meinung; diskutiert werden Faktoren einer erniedrigten Diffusionskapazität, eines erhöhten Atemwegswiderstands und die veränderte Erregbarkeit des Atemzentrums gegenüber CO_2. In der Spätschwangerschaft kommen zusätzlich auch mechanische Faktoren hinzu: Das Zwerchfell ist durch den Uterus hochgedrückt, und die Atemhilfsmuskulatur wird vermehrt zur Überwindung des erhöhten Strömungswiderstands beansprucht. Mit der Dyspnoe ist im allgemeinen eine **Hyperventilation** verbunden, die auf die hormonelle Wirkung von Östrogenen und Gestagenen sowie auf die Verschiebung der Sauerstoffdissoziationskurve zurückgeführt wird. Haben Frauen bereits vor der Schwangerschaft Funktionseinschränkungen der Lunge, wie z. B. bei chronischer Bronchitis oder Asthma bronchiale, können schon bei geringer Belastung echte Lungeninsuffizienzerscheinungen auftreten.

1.7.7 Gastrointestinaltrakt

Mundhöhle und Ösophagus

Gingivitis und **Zahnfleischbluten** kommen in der Schwangerschaft häufig vor. Infolge der vermehrten Östrogenwirkung kommt es zu einer Proliferation der Blutgefäße im Bereich des Parodontiums, woraus eine Blutungsneigung resultiert. Eine sorgfältige Zahnhygiene ist deshalb wichtig. Diese hormonell bedingten Veränderungen normalisieren sich innerhalb von drei Monaten nach der Entbindung. Ob der erniedrigte pH-Wert des Speichels zu einer Zunahme der Anfälligkeit der Schwangeren und stillenden Frau für **Zahnkaries** führt, ist inzwischen umstritten.

Ebenso häufig werden von Schwangeren Beschwerden über **Sodbrennen** als Ausdruck des gastroösophagealen Refluxes geäußert. die Ursache ist im progesteronbedingten Ruhedruckabfall des unteren Ösophagussphinkters zu sehen. Vorbeugend werden häufige, kleine Mahlzeiten empfohlen, die Beschwerden lassen sich durch Antazida lindern.

Der Grund für die in der Schwangerschaft oft auftretende **Obstipation** ist noch nicht eindeutig geklärt; diskutiert werden eine vermehrte Wasserresorption im Kolon sowie die Progesteronwirkung an der glatten Muskulatur des Darms. Die Prophylaxe besteht in reichlicher Flüssigkeitsaufnahme, ballaststoffreicher Kost und ausreichender Bewegung. Therapeutisch können ggf. Laxanzien eingesetzt werden, wobei in der Schwangerschaft vor allem Quellstoffe geeignet sind (keine Anthrachinonderivate, kein Rizinusöl!).

Ein seltenes, aber sehr lästiges Symptom schwangerer Frauen ist der **Ptyalismus gravidarum**, ein verstärkter Speichelfluss.

Übelkeit und Erbrechen (vor allem morgens) sind in den ersten drei Schwangerschaftsmonaten nicht ungewöhnlich und in der Regel nicht therapiebedürftig. Vermutlich hängen die Beschwerden mit der hormonellen Umstellung zusammen, die Ursachen sind aber nicht genau bekannt. Es gibt fließende Übergänge zur **Hyperemesis gravidarum** (s. S. 551).

Leber und Gallenwege

In der Schwangerschaft bleiben Lebergröße, Leberdurchblutung und Lebermorphologie konstant. Die Mehrbelastung durch fetale Stoffwechselprodukte führt normalerweise nicht zu einer Beeinträchtigung der Leberfunktion. Die **Albuminkonzentration** und die Konzentrationen der **Gammaglobuline** nehmen während der Schwangerschaft kontnuierlich ab, ebenso das **Gesamteiweiß**. Dies ist in erster Linie auf einen Verdünnungseffekt durch die Zunahme des Plasmavolumens zurückzuführen. Transportproteine wie das Thyroxin bindende Globulin (TBG), Transferrin und Coeruloplasmin werden vermehrt produziert, ebenso einige Faktoren der Blutgerinnung und Fibrinogen. Vor allem im 2. und 3. Trimenon kommt es durch Bildung eines Isoenzyms in der Plazenta zu einem deutllichen **Anstieg der alkalischen Phosphatase**. Die Serumkonzentration der anderen Leberenzyme und des Bilirubins ändern sich kaum. Das während der Schwangerschaft ansteigende **Alpha-Fetoprotein** (AFP) stammt aus dem Dottersack des Fetus bzw. später aus der fetalen Leber.

Ein Teil der Laborwerte ist also in der Schwangerschaft aufgrund physiologischer Vorgänge verändert. Das Verhalten einiger Parameter der Leberfunktion zeigt Tab. **E-1.7**.

Ein Anstieg der Lebertransaminasen SGOT, SGPT und GLDH ist als Hinweis auf eine Leberfunktionsstörung zu verstehen; in diesen Fällen muss eine weiterführende Diagnostik zum Ausschluss einer Hepatitis oder eines HELLP-Syndroms erfolgen (HELLP-Syndrom = **H**emolysis, **E**levated **L**iver enzymes, **L**ow **P**latelets. Das HELLP-Syndrom ist eine Variante der Präeklampsie, die mit Hämolyse, pathologisch erhöhten Transaminasen und Bilirubinwerten sowie niedrigen Thrombozytenzahlen einhergeht (s. S. 542).

Die Gallenblase wird durch den wachsenden Uterus vor allem im letzten Trimenon oft nach lateral verlagert, und ihr Tonus ist unter der vermehrten Progesteroneinwirkung vermindert, was zu einer mechanischen und funktionellen

1.7.7 Gastrointestinaltrakt

Mundhöhle und Ösophagus

Häufig sind **Gingivitis** und **Zahnfleischbluten**, deshalb ist eine sorgfältige Mundhygiene wichtig. Ob eine erhöhte **Kariesanfälligkeit** besteht, ist heute umstritten.

Weitere Symptome, über die in der Schwangerschaft oft geklagt wird, sind **Sodbrennen** und **Obstipation**.

Ptyalismus (Hypersalivation) ist ein seltenes, aber lästiges Symptom.

Übelkeit und leichte Formen des **morgendlichen Erbrechens** sind in der Frühschwangerschaft relativ häufig. Eine Behandlung ist meist nicht notwendig. Abzugrenzen ist das Krankheitsbild der **Hyperemesis gravidarum** (s. S. 551).

Leber und Gallenwege

Die mütterliche Leber wird durch die fetalen Stoffwechselprodukte vermehrt belastet. Der Abfall der **Gesamtprotein-**, **Albumin-** und **Gammaglobulinkonzentrationen** beruht nicht auf einer eingeschränkten Leberfunktion, sondern auf einem Verdünnungseffekt durch Zunahme des Plasmavolumens. Transportproteine und einige Gerinnungsfaktoren werden vermehrt gebildet. Die **alkalische Phosphatase** steigt durch Bildung eines plazentaren Isoenzyms an. Das ansteigende **Alpha-Fetoprotein** (AFP) wird im Dottersack und in der Leber des Fetus gebildet. Tab. **E-1.7** zeigt das Verhalten einiger Parameter der Leberfunktion während der Schwangerschaft.

Der Anstieg der Lebertransaminasen SGOT, SGPT und GLDH erfordert eine weiterführende Diagnostik. Neben anderen Lebererkrankungen (z. B. Hepatitis) muss ein HELLP-Syndrom (s. S. 542) ausgeschlossen werden.

Die Verlagerung der Gallenblase kann den Galleabfluss beeinträchtigen, die Neigung zur Gallensteinbildung ist erhöht.

E-1.7

E-1.7 Parameter der Leberfunktion während der Schwangerschaft (Konzentrationen im Serum bzw. Plasma)

erhöht	*konstant*	*erniedrigt*
▶ alkalische Phosphatase	▶ Aspartataminotransferase (SGOT)	▶ Gesamteiweiß
▶ Gerinnungsfaktoren II, VII, VIII, X	▶ Alaninaminotransferase (SGPT)	▶ Gammaglobuline (besonders IgG)
▶ Fibrinogen	▶ Bilirubin	▶ Albumin
▶ Transferrin	▶ Gammaglutamyltranspeptidase (γ-GT)	▶ Eisen
▶ Alpha-Fetoprotein	▶ Glutamatdehydrogenase (GLDH)	

Ikterus und **Pruritus** können auf einen **idiopathischen Schwangerschaftsikterus** hinweisen, der auf einer **intrahepatischen Cholestase** beruht und unter dem Einfluss plazentarer Östrogene entsteht. Andere Ursachen für eine Cholestase wie Hepatitis, HELLP-Syndrom und Verschlussikterus sind auszuschließen.

Beeinträchtigung des Galleabflusses führt. Die Neigung zur Bildung von Gallensteinen ist daher erhöht. Cholestatische Beschwerden wie **Ikterus** und **Pruritus** können Anzeichen einer **intrahepatischen Cholestase** sein, deren Ursache nicht genau bekannt ist **(idiopathischer Schwangerschaftsikterus)**. Offensichtlich besteht ein Zusammenhang mit den vermehrt produzierten Sexualhormonen. Patientinnen mit einer intrahepatischen Schwangerschaftscholestase zeigen z. T. auch nach Einnahme von Kontrazeptiva die gleichen Symptome (Ikterus, Hautjucken). Differenzialdiagnostisch müssen hier Virushepatitis, HELLP-Syndrom und Verschlussikterus durch Cholelithiasis ausgeschlossen werden.

1.7.8 Stoffwechsel

Der Grundumsatz nimmt um 20 % zu.

1.7.8 Stoffwechsel

Die Mehrbelastung des schwangeren mütterlichen Organismus wird durch eine Steigerung des Energiehaushaltes kompensiert, der Grundumsatz nimmt um 20 % zu.

Kohlenhydratstoffwechsel

Glukosurie und im Nüchternzustand herabgesetzte und postprandial erhöhte Blutglukosespiegel sind die wesentlichsten Veränderungen.

Kohlenhydratstoffwechsel

Wesentliche Veränderungen sind die recht häufig vorkommende **Glukosurie** sowie die im Nüchternzustand herabgesetzten und postprandial erhöhten Blutglukosespiegel bei gleichzeitig erhöhten Plasmaspiegeln an freien Fettsäuren. Die Empfindlichkeit peripherer Organe gegenüber Insulin nimmt im Verlauf der Schwangerschaft ab. Das Pankreas wird zwar zur Aufrechterhaltung der Glukosehomöostase verstärkt beansprucht, hat aber normalerweise genug Reserven, um auf entsprechende Reize ausreichend Insulin abzugeben.

Fettstoffwechsel

Durch Zunahme fast aller Lipidfraktionen besteht eine sekundäre **Hyperlipidämie**.

Fettstoffwechsel

Der Fettstoffwechsel ist in der Schwangerschaft gesteigert. Die Zunahme nahezu aller Lipidfaktoren führt zu einer sekundären **Hyperlipidämie**, deren Ursache noch nicht geklärt werden konnte. Die Triglyzeride steigen auf das Dreifache des Ausgangswertes; Cholesterin ist um 50 % erhöht; die Phospholipide steigen um ca. 40 %.

Eiweißstoffwechsel

Mit zunehmender Schwangerschaftsdauer zeigt sich eine **Abnahme der Gesamtproteine** im Plasma (s. S. 471).

Eiweißstoffwechsel

Mit zunehmender Schwangerschaftsdauer zeigt sich eine **Abnahme der Gesamtproteine** im Plasma. Diese lässt sich hauptsächlich auf die verminderten Konzentrationen des Serumalbumins zurückführen. Die Gruppe der Globuline und das Fibrinogen sind vermehrt (s. S. 471).

1.7.9 Hypophyse

Der **Hypophysenvorderlappen** nimmt durch Vermehrung der Prolaktin bildenden Zellen an Gewicht zu. Prolaktin bewirkt die

1.7.9 Hypophyse

In der Schwangerschaft hypertrophiert der **Hypophysenvorderlappen** durch Vermehrung der Prolaktin produzierenden Zellen mit einer mittleren Gewichtszunahme von 100 mg. Die Prolaktinproduktion steigt ab der 14. SSW stetig an; das Maximum wird um die 22.–26. SSW erreicht. Durch Prolaktin kommt es zur

Reifung des Drüsengewebes der Brust. Ferner beeinflusst Prolaktin auch die Nierenfunktion am proximalen Tubulusanteil, was zur vermehrten Natrium-, Kalium- und Wasserretention führt.
Die in der Schwangerschaft verstärkte Pigmentierung der Haut wird auf das in den basophilen Zellen der Pars intermedia der Hypophyse vermehrt produzierte **melanozytenstimulierende Hormon (MSH)** sowie auf das **adrenokortikotrope Hormon (ACTH)** zurückgeführt.
Die **Gonadotropinsekretion** ist auf Grund negativer Rückkopplung der plazentaren Sexualhormone reduziert, ebenso die Produktion von **Wachstumshormon**.

Reifung des Drüsengewebes der Brust. Es beeinflusst auch die Nierenfunktion.

Das **melanozytenstimulierende Hormon (MSH)** und das **adrenokortikotrope Hormon (ACTH)** fördern die verstärkte Hautpigmentierung. **Gonadotropine** und **Wachstumshormon** sind während der Schwangerschaft erniedrigt.

1.7.10 Skelett und Bindegewebe

Alle bindegewebigen Strukturen der Körpers erfahren eine schwangerschaftsspezifische hormonell bedingte **Auflockerung.** Davon sind auch die Verbindung des Beckenrings durch Symphysenknorpel und die Iliosakralgelenke betroffen. Die nun gegeneinander beweglichen Beckenknochen können vor der Geburt starke Schmerzen verursachen; unter der Geburt kann es beim Durchtritt des kindlichen Schädels zu Läsionen, vor allem der Symphyse, kommen.
Die aufgelockerten Bandverbindungen der Knochen werden von der Schwangeren durch verstärkten Einsatz der Muskulatur des Rückens und der unteren Körperhälfte fixiert. Dabei kommt es oft zu einer **Fehlhaltung**: Der große, schwere Uterus zieht den Bauch nach vorne, die Schwangere versucht, durch Zurückziehen der Schultern einen Ausgleich zu schaffen. Dadurch kann es zu einer unphysiologischen Anspannung des Musculus erector spinae und der Halsmuskulatur kommen. Dies führt zu den häufig genannten Beschwerden über **Kreuz-** und **Rückenschmerzen.** Lokale Wärme, Bäder und Massagen können die Beschwerden lindern, die Muskulatur lässt sich am besten durch Schwangerschaftsgymnastik kräftigen. Schmerzmittel sind nur selten notwendig.

1.7.10 Skelett und Bindegewebe

Die allgemeine **Auflockerung** der bindegewebigen Strukturen betrifft auch die Symphyse und die Iliosakralgelenke. Läsionen unter der Geburt sind möglich.

Kreuz- und **Rückenschmerzen** treten auf, die oft auf einer **Fehlhaltung** beruhen. Therapie: Wärme, Massagen und Kräftigung der Muskulatur durch Schwangerschaftsgymnastik.

1.7.11 Haut

Die gestationsbedingte vermehrte **Pigmentierung** manifestiert sich besonders an Bereichen, die ohnehin pigmentiert sind, z. B. Mamillen, Vulva, After und Nabel. Im Bereich der Linea alba zwischen Nabel und Symphyse kann eine pigmentierte Linie, die **Linea fusca**, auftreten. Als **Chloasma uterinum** werden fleckförmige Pigmentierungen im Gesicht der Schwangeren bezeichnet; auch diese bilden sich nach der Geburt meist vollständig zurück. Die Pigmentierungen werden durch Sonnenlicht intensiviert. Die **Striae gravidarum**, sogenannte Schwangerschaftsstreifen, entstehen vorwiegend am Bauch, Gesäß, Hüften und den Brüsten. Ursächlich für die zunächst blauroten, später grauweißen narbenartigen Hautdehiszenzen ist neben der mechanischen Dehnung die Veränderung der elastischen Fasern durch vermehrte Kortikoidproduktion. Der von den Schwangeren häufig beklagte **Haarausfall** normalisiert sich wenige Monate nach der Entbindung.

1.7.11 Haut

Es kommt zu verstärkten **Pigmentierungen**, z. B. im Bereich von Mamille, Nabel, Vulva, After, Gesicht **(Chloasma uterinum)**, Linea alba **(Linea fusca).** Diese Veränderungen werden durch Sonnenlicht verstärkt und sind meist reversibel, im Gegensatz zu den **Striae gravidarum**, den Schwangerschaftsstreifen. Nicht selten klagen Schwangere über vermehrten **Haarausfall**, der sich aber einige Monate nach Entbindung wieder normalisiert.

2 Pathologie der Anlage und Entwicklung der Schwangerschaft

2.1 Pathologie der Plazenta

Während der Schwangerschaft kann es zu einer **abnormen Proliferation des Trophoblasten** (= ernährende Hülle des Embryos) kommen. Die Trophoblasterkrankungen haben eine Entwicklungsstörung der Frucht zur Folge und können für die Mutter eine ernste Bedrohung darstellen. Formen:

- Blasenmole
- destruierende Blasenmole (Chorionepitheliom)
- Chorionkarzinom.

2.1.1 Blasenmole

▶ Synonym

▶ Definition

Epidemiologie. In Europa und USA kommt auf 1500 Geburten eine Blasenmole.

Ätiologie. Die Blasenmole entsteht durch eine defekte Keimanlage mit Verlust des genetischen Materials der Mutter. Der eingedrungene väterliche Chromosomensatz ist verdoppelt, meist XX-Konstellation. Seltener entstehen XY-Blasenmolen durch **Dispermie**.

Als Stütze der **«rezessiven Expressionshypothese»** wurde schon länger die höhere Inzidenz der Trophoblasterkrankungen in den asiatischen Ländern im Zusammenhang mit der dort häufigeren Verwandtenehe herangezogen.

Bei den partiellen Blasenmolen findet man oft Triploidien.

2 Pathologie der Anlage und Entwicklung der Schwangerschaft

2.1 Pathologie der Plazenta

Während der Schwangerschaft kann es zu einer **abnormen Proliferation des Trophoblasten** (= ernährende Hülle des Embryos) kommen. Die klinische Bedeutung dieser Trophoblasterkrankungen liegt zum einen in der Entwicklungsstörung der Frucht, zum anderen in der ernsten Bedrohung der Mutter. Abhängig von Ausprägung und Invasivität des Wachstums unterscheidet man die Blasenmole, das Chorionepitheliom (invasive oder destruierende Blasenmole) und das Chorionkarzinom (malignes Chorionepitheliom). Sie werden als **gestationsbedingte Trophoblasterkrankungen** (benigne bis hochmaligne Form) bezeichnet. Die Übergänge zwischen der destruierenden (invasiven) Form der Blasenmole und dem metastasierenden Chorionkarzinom sind fließend. Einteilung und Nomenklatur sind daher problematisch und in der Literatur nicht einheitlich.

2.1.1 Blasenmole

▶ **Synonym.** Mola hydatidosa, Traubenmole.

▶ **Definition.** Die Blasenmole stellt eine hydropische Entartung der plazentaren Chorionzotten dar. Die Vaskularisation der veränderten Zotten ist reduziert oder fehlt. Der Trophoblast zeigt eine gesteigerte Proliferationsaktivität.
Bei der **vollständigen Blasenmole** finden sich keine Anteile fetalen oder embryonalen Gewebes. Abzugrenzen ist die **partielle Blasenmole**, bei der sich neben blasig umgewandelten Zotten mit Trophoblastwucherungen aus chorialen und synzytialen Elementen auch normale Zotten finden und ein Embryo vorhanden ist. Die invasiven Formen wachsen über die Grenzen des Endometriums hinaus in die Tiefe.

Epidemiologie. In Europa und USA kommt auf 1500 Geburten eine Blasenmole. In Südostasien, Indien und China ist die Inzidenz etwa 20-mal so hoch.
Bei Frauen, die jünger als 20 und älter als 40 Jahre sind, ist die Inzidenz höher, wobei das Malignitätsrisiko mit steigendem Alter zunimmt.

Ätiologie. Die komplette Blasenmole entsteht durch eine defekte Keimanlage mit Verlust des Zellkerns und damit des genetischen Materials der Mutter. Der eingedrungene väterliche Chromosomensatz ist verdoppelt.
90 % der Blasenmolen sind XX-homozygot. Die 10 % 46,XY-heterozygoten Blasenmolen entstehen durch Eindringen von je einem X- und einem Y-Spermiengenom in die Eizelle. Diese Fertilisation einer «leeren» Eizelle mit einem X- und einem Y-tragenden Spermatozoon nennt man **Dispermie**.
Da die homologen Chromosomen einer 46,XX-Blasenmole genetisch identisch sind, könnten defekte Gene mit rezessivem Erbgang zur Expression gelangen, die in heterozygotem Zustand durch die Anwesenheit eines normalen Allels nicht exprimiert werden. Als Stütze dieser **«rezessiven Expressionshypothese»** wurde schon länger die höhere Inzidenz der Trophoblasterkrankungen in den asiatischen Ländern im Zusammenhang mit der dort häufigeren Verwandtenehe, d. h. Blutsverwandtschaft, herangezogen.
Die partiellen Blasenmolen zeigen häufig einen triploiden Chromosomensatz mütterlicher und väterlicher Herkunft.

Pathogenese. Bei der Blasenmole sind die Zotten in bis zu haselnussgroße, mit Flüssigkeit gefüllte Bläschen verwandelt, welche durch dünne Stiele verbunden sind. Im Zottenstroma finden sich kaum Gefäßanlagen. Das Zottenepithel ist für den Stoffaustausch nicht mehr tauglich, so dass der Embryo fast immer abstirbt. Der entartete Trophoblast bildet auf Grund der Wucherung im Übermaß gonadotropes Chorionhormon.

Pathogenese. Umwandlung der Zotten in mit Flüssigkeit gefüllte Bläschen, die für den Stoffaustausch nicht mehr tauglich sind. Kaum Gefäßanlagen im Zottenstroma. Der Embryo stirbt fast immer ab. Der entartete Trophoblast bildet gonadotropes Chorionhormon im Übermaß.

▶ **Merke.** Die meisten Blasenmolen sind makroskopisch erkennbar: Im Uterus findet sich eine große Masse traubenartigen Gewebes mit deformierten Zotten, zentralen Ödemarealen und multiplen kleinen Bläschen. Ein Embryo bzw. Fetus ist bei der partiellen Blasenmole immer vorhanden, bei der kompletten Blasenmole äußerst selten. Endet ausnahmsweise die Schwangerschaft nicht als Abort, sondern wird ausgetragen, so sind die Kinder schwerst fehlgebildet.

◀ **Merke**

Klinik. In der Frühschwangerschaft kommt es zu **vaginalen Blutungen,** teilweise mit Abgang von wasserhellen Bläschen. Infolge der **Überproduktion von gonadotropem Chorionhormon** bilden sich in 10 % der Fälle an beiden Ovarien **Luteinzysten** aus, die sich nach Entfernen der Blasenmole meist spontan zurückbilden. Verstärkte subjektive Schwangerschaftszeichen wie morgendliche Übelkeit und Erbrechen bis hin zur **Hyperemesis** gravidarum werden oft angegeben.

Klinik. In der Frühschwangerschaft treten **vaginale Blutungen** auf, z. T. mit Abgang von wasserhellen Bläschen. In 10 % der Fälle bilden sich an beiden Ovarien **Luteinzysten** aus. Nicht selten bestehen Symptome einer **Hyperemesis** gravidarum.

Diagnostik. Typischerweise zeigt sich bei der klinischen Untersuchung eine auffallende **Diskrepanz zwischen Uterusgröße und Dauer der Schwangerschaft,** d. h. der Uterus ist im Verhältnis zum Gestationsalter deutlich zu groß. Das **Ultraschallbild** zeigt unregelmäßige echoarme (zystische) und stark echogene (solide) Anteile in der Gebärmutter (früher wurde dieses Bild wegen des schlechteren Auflösungsvermögens der Geräte auch als «Schneegestöber» bezeichnet).

Diagnostik. Der Uterus ist im Vergleich zum Schwangerschaftsalter stark vergrößert. **Ultraschall:** unregelmäßige echoarme (zystische) und stark echogene (solide) Anteile in der Gebärmutter (frühere Bezeichnung: «Schneegestöber»).

▶ **Merke.** Das typische Plazentamuster im Ultraschallbild kann vor der 10. SSW so klein sein, dass es dem Nachweis entgeht (10 % falsch negative Resultate).

◀ **Merke**

Im Cavum sind keine fetalen Anteile abzugrenzen, bei partieller Blasenmole weist die Frucht oft Anomalien auf (Wachstumsretardierung, multiple Fehlbildungen).
Eventuell sieht man beidseitige mehrkammrige Ovarialzysten, die durch die Überproduktion von β-HCG stimuliert werden.
Wiederholt stark erhöhte Konzentrationen von β-HCG im Urin und im Serum (quantitative β-HCG-Kontrolle) von 500 000 bis 1 Million IE/l lassen eine Blasenmole vermuten. Bei Einlingsschwangerschaften werden normalerweise Aktivitätswerte von 100 000 bis 200 000 IE/l kaum überschritten.

Fetale Strukturen sind nicht abgrenzbar, oder es finden sich Anomalien.

Ovarialzysten können sich beidseits zeigen.

Die β-HCG-Konzentration im Urin und im Serum ist stark erhöht.

Differenzialdiagnose. Die Abgrenzung zum Abortgeschehen ist mit Hilfe der Sonographie und durch Feststellung der extensiv erhöhten β-HCG-Werte im Regelfall unproblematisch.

Differenzialdiagnose. Abort (Abgrenzung durch Ultraschall und β-HCG-Bestimmung).

▶ **Merke.** Zu beachten ist, dass es auch hormonell inaktive Blasenmolen gibt.

◀ **Merke**

Therapie und Verlauf.

Therapie und Verlauf.

▶ **Merke.** Oberstes Gebot ist die schonende und vollständige Ausräumung der Gebärmutter.

◀ **Merke**

Das Vorgehen ist vom Ausmaß der Blutung abhängig. Bei leichter Blutung ist die Spontanausstoßung nach Weheninduktion mit anschließender Kürettage Methode der Wahl. Bei stärkerer Blutung wird in Laparotomiebereitschaft primär kürettiert (Verwendung der stumpfen Kürette bzw. Saugkürettage). Ultima ratio bei unstillbarer Blutung ist die Hysterektomie.

Die Kürettage bei Blasenmole ist ein gefährlicher Eingriff mit hoher Morbidität, da es bei der stark aufgelockerten Gebärmutterwand sehr leicht zur Perforation und zu einer lebensbedrohlichen Blutung kommen kann. Das Vorgehen ist abhängig vom Ausmaß der Blutung. Besteht nur eine leichte vaginale Blutung, so ist zunächst die Methode der Wahl, die Spontanausstoßung mit Prostaglandinen und/oder Oxytozin voranzutreiben. Anschließend muss in jedem Fall vorsichtig nachkürettiert werden. Wegen der erhöhten Perforationsgefahr wird die stumpfe Kürette bzw. Saugkürette verwendet. Zwingt eine stärkere Blutung zum aktiven Handeln, so muss die Gebärmutter in Laparotomiebereitschaft unter Uterotonikagabe mit maximaler Vorsicht primär kürettiert werden. Ultima ratio bei unstillbarer Blutung ist die Hysterektomie.

Engmaschige Kontrollen (Übergang in invasive Blasenmole/Chorionkarzinom möglich!). Klinische Untersuchung, **β-HCG-**Kontrollen (als Tumormarker) zunächst wöchentlich, später monatlich.

Da der Patientin die Entwicklung einer invasiven Blasenmole oder eines Chorionkarzinoms droht, sind **engmaschige Verlaufskontrollen** zwingend notwendig. Neben der klinischen Untersuchung ist die Bestimmung des Schwangerschaftshormon **(β-HCG)** als «Tumormarker» von herausragender Bedeutung. Zunächst sind über 2 Monate wöchentliche, nach Abfall unter die Nachweisgrenze monatliche Kontrollen nötig.

▶ Merke

▶ **Merke.** Als Alarmzeichen für eine unvollständige Entleerung der Blasenmole bzw. die Entwicklung der destruierenden Form oder eines Chorionkarzinoms sind zu werten:
- kein kontinuierlicher β-HCG-Abfall
- abnorme Blutungen
- Größenzunahme des Uterus.

E-2.1

E-2.1 Ultraschallbild einer Blasenmole

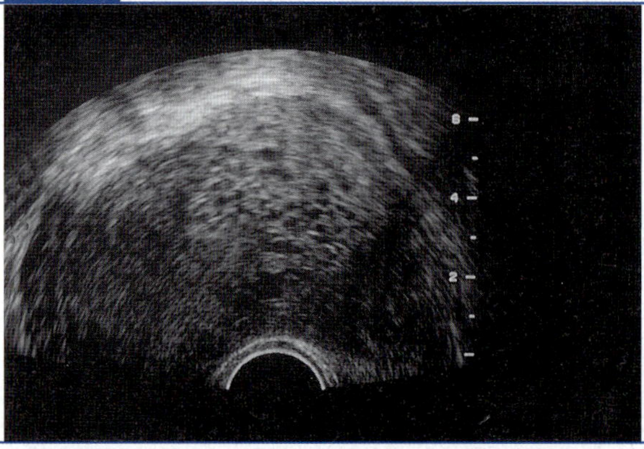

E-2.2

E-2.2 Histologisches Bild einer Blasenmole

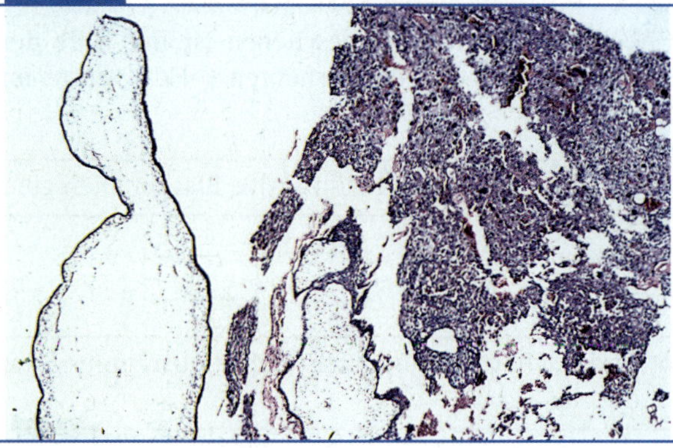

▶ **Klinischer Fall.** Eine 22-jährige Patientin in der rechnerisch 7. Schwangerschaftswoche klagt über vaginale Blutungen mit Abgang von bläschenähnlichen Gebilden. Bei der gynäkologischen Untersuchung fällt ein mindestens der 14. Schwangerschaftswoche entsprechender Uterus auf. Sonographisch sind im Cavum keine fetalen Anteile nachweisbar, sondern unregelmäßige, teils echodichte, teils echoarme Strukturen (Abb. **E-2.1**).
Unter der Verdachtsdiagnose einer Throphoblasterkrankung wird der Uterus vorsichtig durch Kürettage entleert. Histologisch handelt es sich um eine Blasenmole (Abb. **E-2.2**). Der postoperative Verlauf ist komplikationslos. Der β-HCG-Wert fällt innerhalb der nächsten 4 Wochen unter die Nachweisgrenze ab.

◀ **Klinischer Fall**

2.1.2 Destruierende Blasenmole

2.1.2 Destruierende Blasenmole

▶ **Synonym. Chorionepitheliom,** invasive Blasenmole, penetrierende Blasenmole, Chorionadenoma destruens, Mola hydatiformis destruens, Chorionepitheliose.

◀ **Synonym**

▶ **Definition.** Das Chorionepitheliom ist eine benigne, aber invasiv wachsende Form der Blasenmole. Eine Metastasierung ist möglich, aber meist rückbildungsfähig.

◀ **Definition**

Epidemiologie. In der westlichen Welt kommt auf 20 000 Geburten ein Chorionepitheliom, in Asien ist die Erkrankung ebenso wie die Blasenmole erheblich häufiger. Besonders betroffen sind Erstgebärende und ältere Schwangere.

Epidemiologie. In der westlichen Welt bei 1 von 20 000 Geburten (besonders ältere Erstgebärende und Schwangere).

Ätiologie und Pathogenese. Die invasive Blasenmole kann sich im Anschluss an eine nichtinvasive Blasenmole (50 %), nach einem Abort oder einer Extrauteringravidität (25 %) entwickeln. Sie kann sich aber auch während einer Schwangerschaft (25 %) bilden.

Ätiologie und Pathogenese. Entstehung nach nichtinvasiver Blasenmole, Abort, Extrauteringravidität oder in der Schwangerschaft möglich.

▶ **Merke.** 15 % der behandelten nichtdestruierenden Blasenmolen führen zu einem Chorionepitheliom.

◀ **Merke**

Die Trophoblastzellen dringen über die Dezidua hinaus in das Endometrium ein und können durch Einbruch in die Blutbahn zu einer hämatogenen Metastasierung führen, bevorzugt in die Lunge, seltener in Knochen, Leber, Gehirn und Scheide. Auffälligerweise fehlen histomorphologisch die Zeichen der malignen Entartung. Die Metastasen sind meist vollständig rückbildungsfähig.

Durch Einbruch der Trophoblastzellen in die Blutbahn kann es zu einer hämatogenen Metastasierung kommen, die jedoch meist rückbildungsfähig ist.

Klinik. Klinische Hinweise auf ein Chorionepitheliom sind zum einen ein großer, weicher Uterus mit geringer Rückbildungstendenz, zum anderen anhaltende unregelmäßige oder neu einsetzende vaginale Blutungen im Wochenbett und nach Blasenmolen- oder Abortausräumung. Der β-HCG-Titer ist hochpathologisch erhöht. Bei bereits erfolgter Disseminierung werden die Symptome durch die Metastasenlokalisation und -ausdehnung bestimmt (Lunge: Kurzatmigkeit, Leber: Ikterus und uncharakteristische Oberbauchbeschwerden, Gehirn: zerebrale Veränderungen, Vagina und Vulva: rötlich-blau-schwarze Knoten).

Klinik. Blutungsunregelmäßigkeiten und ein großer Uterus mit verzögerter Rückbildung können erste Anzeichen sein. Der β-HCG-Titer ist hochpathologisch erhöht. Bei bereits erfolgter Disseminierung werden die Symptome durch die Metastasenlokalisation und -ausdehnung bestimmt.

Diagnostik. Im Vordergrund steht die Bestimmung des β-HCG-Wertes im Serum (hochpathologische Konzentrationen). Im Ultraschall zeigt sich ein der Blasenmole ähnliches Bild. Zusätzlich ist das Myometrium von unregelmäßigen Tumoranteilen fokal durchsetzt. Es entsteht ein «unruhiges Bild».

Diagnostik. Bestimmung des β-HCG-Wertes im Serum. Sonographisch zeigt sich ein ähnlich unruhiges Bild wie bei der Blasenmole.

▶ **Merke.** Histologisch unterscheidet sich die destruierende Blasenmole von der partiellen oder kompletten Blasenmole durch eine **zunehmende Trophoblastproliferation** und **Invasion des Myometriums**.

◀ **Merke**

Die Sicherung der Diagnose durch Abrasio ist nicht immer möglich. Im Falle der Disseminierung muss ein breit angelegtes Metastasenscreening durchgeführt werden.

Die Sicherung der Diagnose durch Abrasio ist nicht immer möglich. Bei Verdacht auf Metastasierung sind die entsprechenden Untersuchungsmethoden wie Röntgenthorax, Lebersonographie, Hirn- und Leberszintigraphie, β-HCG-Bestimmung im Liquor, evtl. Beckenarterienangiographie sowie Computertomographie als Screening erforderlich.

Differenzialdiagnose. Die Abgrenzung zum Chorionkarzinom ist schwierig.

Differenzialdiagnose. Die histologische Unterscheidung vom **Chorionkarzinom** bereitet gelegentlich Schwierigkeiten. Eine vorausgegangene Schwangerschaft ohne Blasenmolenbildung spricht eher für ein Chorionkarzinom, ist aber nicht beweisend (s. u.).

Therapie und Verlauf zytostatische Therapie wie beim Chorionkarzinom (s. u.). Bei adäquater Behandlung gute Prognose, spätere Gravidität möglich.

Therapie und Verlauf. Das Mittel der Wahl ist die zytostatische Therapie. Sie erfolgt nach den gleichen Grundsätzen wie beim Chorionkarzinom (s. u.). Das Chorionepitheliom hat bei adäquater Behandlung eine gute Prognose. Nach einem unauffälligen Kontrollverlauf von einem Jahr besteht keine Kontraindikation gegen eine Gravidität.

2.1.3 Chorionkarzinom

2.1.3 Chorionkarzinom

▶ Synonym

▶ **Synonym.** Chorionepithelioma malignum.

▶ Definition

▶ **Definition.** Das Chorionkarzinom ist ein maligner Trophoblasttumor mit meist foudroyantem Verlauf. Der Tumor besteht histologisch aus karzinomatös entarteten chorialen Zellen. Es sind nur noch anaplastische Zellen und **keine Zotten** mehr nachweisbar (im Gegensatz zur destruktiven Blasenmole).

Epidemiologie. Seltener Tumor (< 1 % der Malignome der weiblichen Genitalorgane).

Epidemiologie (s. auch Chorionepitheliom, S. 477). Das Chorionkarzinom ist ein ausgesprochen seltener Tumor. Von den weiblichen Malignomen der Genitalorgane entfallen unter 1 % auf das Chorionkarzinom.

Ätiologie und Pathogenese. Das Chorionkarzinom entwickelt sich im Anschluss an Blasenmolen, Spontanaborten oder normalen Schwangerschaften.

Ätiologie und Pathogenese. Etwa 50 % der Chorionkarzinome entwickeln sich im Anschluss an eine Blasenmole, etwa 30 % treten in der Folge von Spontanaborten auf, 20 % folgen nach einer normalen Schwangerschaft. Die Latenzperiode, d. h. der Zeitabstand zwischen Schwangerschaft und Chorionkarzinom, kann unter Umständen Jahre dauern.
Als **Risikofaktoren** gelten Alter der Mutter, Anzahl der vorausgegangenen Aborte und Primiparität.

Klinik. Ähnlich Chorionepitheliom, Tab. **E-2.1**, s. S. 477.

Klinik. Die Klinik gleicht der des Chorionepithelioms (Tab. **E-2.1**, s. S. 477).

E-2.1

E-2.1 Klinische Zeichen des Chorionkarzinoms

- weiche, vergößerte Gebärmutter bzw. nicht zeitgerechte Rückbildung
- unregelmäßige, abnorme Blutungen
- Auftreten von Ovarialtumoren post abortem oder post partum (Thekaluteinzysten)
- Verfall der Patientin (Gewichtsabnahme, Leistungsminderung, Müdigkeit)
- blaue (hämorrhagische) Metastasen in der Scheide bzw. Vulva

E-1.2 Einteilung der Patientinnen beim Chorionkarzinom in Low-risk- und High-risk-Gruppen

	Low-risk	*High-risk*
Metastasen	keine bzw. kleines Becken bzw. Lunge	Knochen, Leber, ZNS
Latenzzeit zw. SSW und Symptomen	$\leq$ 4–6 Monate	$>$ 6 Monate
β-HCG-Konzentration im Serum	$\leq 1 \times 10^6$ IE/l	$> 1 \times 10^6$ IE/l
Rezidiv nach Therapie	nein	ja

E-1.2

▶ **Merke.** Für ein Chorionkarzinom sprechen β-HCG-Werte über 5000–1 Million IE/l im Serum, Latenzzeiten zwischen Schwangerschaftsgeschehen und Tumorbildung von mehr als 4–6 Monaten sowie hämatogene Metastasierung in Leber, Knochen und ZNS.

◀ Merke

Häufig ist die Manifestation der Fernmetastasen der erste Hinweis auf den malignen Trophoblasttumor.

Diagnostik und Differenzialdiagnose. s. auch S. 477 f. Die histologische Sicherung der Diagnose erfolgt durch die Abrasio. Führt diese zu keinem eindeutigen Ergebnis, müssen zur Differenzierung die Höhe des β-HCG-Titers und evtl. vorhandene Metastasenlokalisationen herangezogen werden.

Diagnostik und Differenzialdiagnose. s. auch S. 477 f. Die histologische Sicherung erfolgt durch Abrasio.

Therapie und Verlauf. Abhängig von Klinik und Metastasierung werden die Patientinnen in Risikogruppen (Low-risk/High-risk) eingeteilt (Tab. **E-1.2**).
Patientinnen mit **nicht metastasiertem Chorionkarzinom** sowie **Low-risk-Fälle** erhalten eine Monotherapie mit dem Folsäureantagonisten **Methotrexat** (15–25 mg Tagesdosis über 5 Tage). Die Wirkung von Methotrexat beruht auf der Störung der DNA-Synthese und der Mitoseaktivtät. Diese Therapie wird in 3-wöchigen Abständen durchgeführt. Nach Abfall des β-HCG-Titers unter die Nachweisgrenze erfolgen 3 Sicherheitszyklen. Bei **High-risk-Erkrankungen** kommen die hochdosierte Methotrexat-Monotherapie oder auch Kombinationstherapien (z. B. Methotrexat, Actinomycin D, 6-Mercaptopurin) zum Einsatz.

Therapie und Verlauf. Einteilung in Low- und High-risk-Gruppen (Tab. **E-1.2**).

Das **nicht metastasierte Chorionkarzinom** und **Low-risk-Fälle** werden mit **Methotrexat** therapiert. **High-risk-Fälle** werden mit hochdosiertem Methotrexat oder mit Kombinationsschemata behandelt.

Als Maßstab für den Erfolg der Chemotherapie gilt der Abfall des Schwangerschaftshormons **β-HCG als «Tumormarker»**. Die Therapie wird so lange wiederholt, bis sich dieser wieder im Normbereich befindet. Das ist in der Regel nach 5–6 Zyklen der Fall.

Maßstab für den Erfolg der Chemotherapie ist der Abfall des **«Tumormarkers» β-HCG**.

Wegen schwerer Nebenwirkungen (Myelosuppression, Schleimhautulzerationen und -irritationen, gastrointestinale Symptome) ist die engmaschige klinische und laborchemische Überwachung der Patientinnen unerlässlich. Bei Überdosierung oder toxischen Reaktionen kommt das Antidot **Leukovorin** zum Einsatz.

Die Patientinnen müssen auf Grund möglicher Nebenwirkungen klinisch und laborchemisch engmaschig überwacht werden.

Die Hysterektomie ist heute nur noch bei Chemoresistenz und gleichzeitiger Begrenzung des Tumors auf den Uterus oder schweren uterinen Blutungen indiziert.

Die Hysterektomie ist nur in Ausnahmefällen (Chemoresistenz, Blutungen) indiziert.

In der **Nachsorge** müssen zunächst wöchentliche klinische Untersuchungen und Serum-β-HCG-Bestimmungen durchgeführt werden. Bleibt der β-HCG-Titer unter der Nachweisgrenze, reichen monatliche Kontrollen über ein Jahr. In dieser Zeit ist auf eine sichere Antikonzeption zu achten (z. B. Ovulationshemmer).

Nachsorge: anfangs wöchentliche klinische Untersuchungen und β-HCG-Kontrollen. Monatliche Kontrollen, wenn β-HCG negativ ist. Antikonzeption!

Prognose. Bei adäquater Therapie können praktisch alle Patientinnen aus der Low-risk-Gruppe geheilt werden. In der High-risk-Gruppe lassen sich in ca. 75 % Vollremissionen erreichen. Die meisten dieser Patientinnen sind auf

Prognose. In der Low-risk-Gruppe 100 %, in der High-risk-Gruppe ca. 75 % Vollremissionen.

Dauer geheilt. Rezidive treten meist in den ersten beiden Jahren nach Abschluss der Therapie auf.

▶ Merke

▶ **Merke.** Jeder von der Norm abweichende Befund muss als Alarmzeichen und bis zum Beweis des Gegenteils als Rezidiv des malignen Prozesses angesehen werden.

▶ Klinischer Fall

▶ **Klinischer Fall.** Einen Monat nach Spontanpartus bei einer 32-jährigen III-Para treten zunehmend starke Blutungen auf, welche nicht mit Uterotonika beherrscht werden können. Es wird eine Kürettage durchgeführt. Die histologische Untersuchung erbringt ein Chorionkarzinom. Der semiquantitative β-HCG-Wert beträgt zunächst 5000–10 000 IE/l. Es ergibt sich kein Hinweis auf eine Fernmetastasierung. Entsprechend der Einteilung in die Low-risk-Gruppe wird die Therapie mit Methotrexat begonnen. Darunter kommt es nach 2 Zyklen zu einem Anstieg der β-HCG-Werte bis auf 10 0–50 000 IE/l, so dass die Umstellung auf eine Kombinationschemotherapie indiziert ist. Unter dieser Therapie fallen die β-HCG-Titer innerhalb von 3 Wochen auf 50–500 IE/l ab. Gleichzeitig kommt es zu einer Hormonentzugsblutung. Nach Abfall der β-HCG-Werte unter die Nachweisgrenze und der Gabe von 2 Sicherheitszyklen ist die Patientin symptomfrei. Während der Nachsorgeuntersuchungen in den folgenden 2 Jahren ergibt sich kein Hinweis auf ein Rezidiv. Die Patientin menstruiert regelmäßig, die β-HCG-Werte bleiben unter der Nachweisgrenze.

2.2 Extrauteringravidität

2.2 Extrauteringravidität

▶ Synonym

▶ **Synonym.** Ektope Gravidität.

▶ Definition

▶ **Definition.** Unter einer Extrauteringravidität (EUG) versteht man die Implantation einer befruchteten Eizelle außerhalb des Cavum uteri.

Epidemiologie. Auf 100 Geburten kommt etwa eine ektope Gravidität, wobei die Inzidenz in den letzten Jahren stark angestiegen ist.

Epidemiologie. Weltweit hat sich die Rate der Extrauteringraviditäten verdoppelt: derzeit kommt auf ca. 100 Geburten eine ektope Schwangerschaft. Der Anstieg der Inzidenz wird wahrscheinlich durch 3 Faktoren bestimmt: die verbesserte Labor- (β-HCG-Test) und Ultraschalldiagnostik und die zu einem frühen Zeitpunkt durchgeführte diagnostische Pelviskopie. Dadurch werden Extrauteringraviditäten aufgedeckt, die früher spontan geheilt, bzw. zu Grunde gegangen sind. Außerdem sind mögliche Ursachen für eine Zunahme ektoper Schwangerschaften die häufigere Anwendung von **Intrauterinpessaren**, eine Zunahme von **aszendierenden Genitalinfektionen** sowie vermehrte **Sterilitätsbehandlungen.**

Ätiologie und Pathogenese. Die Tubargravidität (99 %) ist die häufigste Form der Extrauteringravidität. Zur Lokalisation der Tubargravidität s. Abb. **E-2.3**. Das pathologische Bild einer Extrauteringravidität zeigt Abb. **E-2.4**.

Ätiologie und Pathogenese. Mit 99 % aller Extrauteringraviditäten ist die Tubargravidität (Eileiterschwangerschaft) die häufigste Form. Davon entfallen ein Großteil auf den ampullären Teil der Tube, wenige auf den isthmischen Teil, und nur sehr selten nistet sich die Schwangerschaft intramural (= interstitiell) ein. Die möglichen Lokalisationen der Tubargravidität zeigt Abb. **E-2.3**. Die übrigen ektopen Schwangerschaften (1 %) verteilen sich auf das Ovar, das Peritoneum (Abdominalgravidität oder Bauchhöhlenschwangerschaft) und die Zervix uteri. Im folgenden wird nur auf die Tubargravidität eingegangen. Das Operationspräparat einer Tubargravidität zeigt Abb. **E-2.4**.
Die Tubenschleimhaut ist wie das Endometrium – wenn auch in begrenztem Umfang – in der Lage, sich dezidual umzuwandeln. Ist das befruchtete Ei bis zum 5. oder 6. Tag nicht in die Gebärmutter vorgedrungen, nistet es sich zum Zeitpunkt der Nidationsfähigkeit am Ort des momentanen Aufenthaltes ein.

▶ Merke

▶ **Merke.** Die deziduale Transformation des Endometriums als typische Schwangerschaftsveränderung tritt auch bei der Extrauteringravidität auf.

E-2.3 **Lokalisation der Tubargravidität**

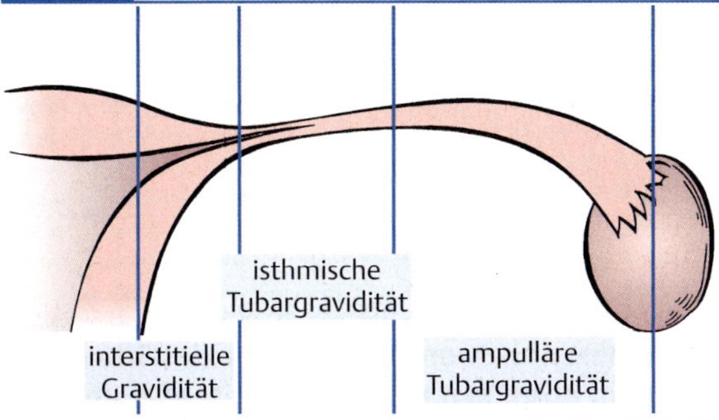

E-2.3

E-2.4 **Pathologisches Bild einer Extrauteringravidität**

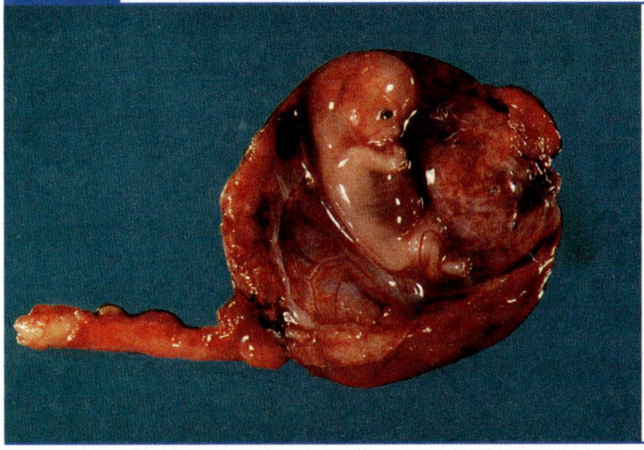

Tubargravidität: Operationspräparat.

E-2.4

Die fehlerhafte Implantation beruht auf Störungen des Eiauffangmechanismus oder der Tubenpassage. Als Ursache kommen **angeborene Anomalien** (z. B. Divertikel oder blind endende Nebentuben), erworbene **mechanische Hindernisse** und **funktionelle** Störungen (Zilienschlag des Flimmerepithels, Tubenmotilität) in Frage. Anatomische und funktionelle Faktoren treten oft kombiniert auf. Hindernisse auf dem Transportweg des Eies vom Fimbrientrichter bzw. Ovar zum Uteruskavum sind vor allem Adhäsionen innerhalb der Tube und peritubar. Sie können z. B. folgende Ursachen haben:

- Endometrioseherde
- entzündliche Prozesse in der Vorgeschichte, z. B. Adnexitis (häufigste Ursache, s. S. 194 ff)
- operative Eingriffe im Abdomen (z. B. Appendektomie)
- mikrochirurgische Eingriffe an der Tube, z. B. Tubensterilisation (Versagerquote), aber auch Eingriffe zur Wiederherstellung der Durchlässigkeit (Sterilitätsbehandlung)
- vorausgegangene EUG oder Abort.

Gründe für eine fehlerhafte Implantation sind neben angeborenen Anomalien **mechanische** und **funktionelle Störungen** der Tubenpassage. Verwachsungen innerhalb des Lumens und mit der Umgebung können verschiedene Ursachen haben, z. B.:

- Endometrioseherde
- Entzündungen (z. B. Adnexitis, häufigste Ursache)
- Operationen im Bauchraum, an der Tube selbst
- vorangegangene EUG.

Bei Trägerinnen eines **IUP** („Spirale", s. S. 412 ff) treten ektope Schwangerschaften häufiger auf als bei Frauen, die andere Verhütungsmethoden anwenden. Auch Störungen der Ovarialfunktion erhöhen das Risiko einer EUG, möglicherweise über eine Beeinträchtigung der Tubenfunktion (Peristaltik und Funktion der Mukosa sind hormonabhängig).

Ein erhöhtes Risiko einer EUG besteht auch bei Verhütung mit **IUP** und bei Störungen der Ovarialfunktion.

Klinik

Klinik

▶ **Merke.** Bei jeder Frau im gebärfähigen Alter mit Abdominalschmerzen muss differenzialdiagnostisch auch eine Extrauteringravidität in Betracht gezogen werden.

◀ Merke

E-2.3

E-2.3 Symptome bei Extrauteringravidität

- sekundäre Amenorrhö
- Schmierblutung
- rezidivierende Unterbauchschmerzen mit Koliken
- Schulterschmerzen (evtl.)
- Kreislaufkollaps und Schock (evtl.)

Das Beschwerdebild hängt ab von Lokalisation, Alter und Zustand der Schwangerschaft.

Es reicht von völliger Symptomfreiheit bis hin zum Kreislaufkollaps mit Schock. Bisweilen treten Schulterschmerzen auf. Evtl. **unsichere Schwangerschaftszeichen** (Übelkeit, Brustspannen).

Das Beschwerdebild kann sehr variabel sein. Es hängt ab von der jeweiligen Lokalisation, dem Alter der Schwangerschaft und dem Zustand des Schwangerschaftsproduktes (Frucht intakt, im Absterben begriffen, bereits abgestorben). Somit reicht die Klinik von völliger Symptomfreiheit über rezidivierende, kolikartige Unterbauchschmerzen bis hin zum Vernichtungsschmerz mit Kreislaufkollaps und hämorrhagischem Schock. Es kann als Folge einer Reizung des Nervus phrenicus durch die intraabdominelle Blutung zu Schulterschmerzen kommen. Zusätzlich klagt die Patientin evtl. über die **unsicheren Schwangerschaftszeichen** (morgendliche Übelkeit, Brustspannen).

Das erste Symptom ist häufig ein diskreter einseitiger Schmerz im Adnexbereich mit Blutungen nach einer sekundären Amenorrhö von 5–9 Wochen. Die Symptome bei Extrauteringravidität zeigt Tab. **E-2.3**.

Das erste Symptom ist häufig nach einer sekundären Amenorrhö von 5–9 Wochen ein diskreter einseitiger Schmerz im Adnexbereich mit Blutungen. Nicht selten lässt sich in der Anamnese eine Schmierblutung zwischen der letzten Periode und dem jetzigen Ereignis erfragen. Sie ist meist eine Hormonentzugsblutung, seltener eine orthograde Blutung aus der Tube über den Uterus. Die Symptome bei Extrauteringravidität sind Tab. **E-2.3** zu entnehmen.

Diagnostik. Klinische Untersuchung: schmerzhafte Resistenz neben dem Uterus, Portioschiebeschmerz. Labor: **β-HCG**.

Diagnostik. Bei der **klinischen Untersuchung** findet sich eine druckschmerzhafte Resistenz neben dem Uterus und ein Portioschiebeschmerz. Die wichtigste **Laboruntersuchung** ist der **β-HCG**-Nachweis im Serum.

▶ Merke

▶ **Merke.** Bei protrahiertem Verlauf der Symptomatik kann der Schwangerschaftstest mit Urin bereits negativ ausfallen. Im Serum ist aber immer β-HCG im Sinne einer Schwangerschaft nachweisbar, wenn auch in geringerer Konzentration, als vom Zeitpunkt her zu erwarten wäre.

Bei der **Tubarruptur** akute Symptomatik, beim **Tubarabort** protrahierter Verlauf.

Die Symptome einer Extrauteringravidität können akut unter dem Bild des akuten Abdomens auftreten **(Tubarruptur)** oder sich protrahiert entwickeln (**Tubarabort:** symptomloses Stadium I, symptomarmes Stadium II, evtl. Stadium III: peritonealer Schock).

Mögliche Hinweise im **Ultraschall** (s. Abb. **E-2.5**):
- leeres Cavum, evtl. Pseudo-Gestationssack
- Verdickung an der Tube
- freie abdominale Flüssigkeit
- ab ca. 6. Woche p. m. Nachweis der Fruchtblase mit Embryo extrauterin.

Die **Ultraschalluntersuchung** (s. Abb. **E-2.5**) ergibt ein leeres Cavum ohne Fruchtblase. Häufig ist ein Pseudo-Gestationssack nachweisbar (eine fruchtblasenähnliche Ringstruktur zentral im Cavum uteri, die durch Einlagerung von Flüssigkeit in das Endometrium entsteht). Evtl. lassen sich eine Verdickung oder Erweiterung der Tube oder freie Flüssigkeit (= Blut) im Bauchraum darstellen. Etwa ab der 6. Woche p. m. gelingt z. T. der Nachweis einer Fruchtblase mit Embryo im Bereich der Adnexe.

E-2.5 Ultrasonographisches Bild einer Extrauteringravidität

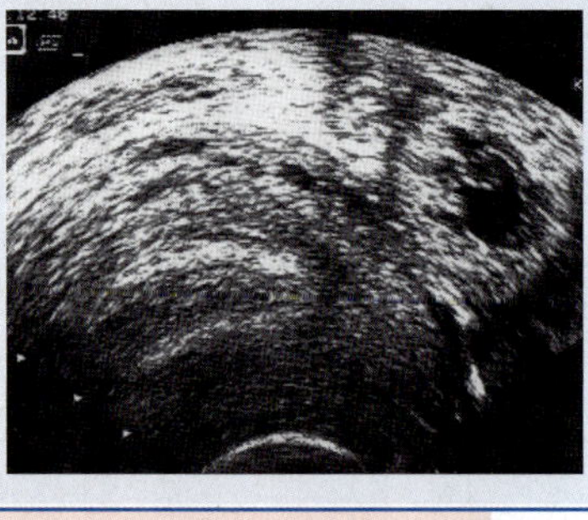

a

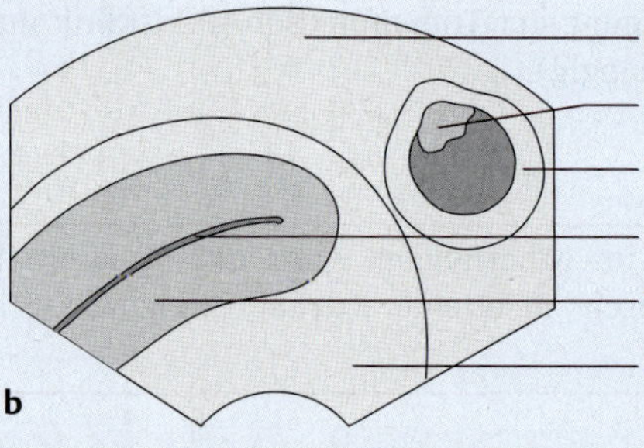

b

Durch die Kombination aus sorgfältig erhobener Anamnese (Amenorrhö, Schmerzen, vaginale Blutung), klinischer Untersuchung, Sonographie und β-HCG-Nachweis lässt sich die Diagnose mit großer Wahrscheinlichkeit stellen. Die Sicherung der Diagnose erfolgt durch eine **Laparoskopie** (Pelviskopie, s. S. 159 ff).

Verdachtsdiagnose ergibt sich aus Anamnese, klinischem Untersuchungsbefund, β-HCG-Nachweis, Ultraschallbefund. Sicherung durch **Laparoskopie**.

Differenzialdiagnose. Abzugrenzen sind Aborte, intakte, noch nicht in utero nachweisbare Frühgraviditäten, Appendizitiden, akute Adnexitiden, stielgedrehter Ovarialtumor und urologische Koliken.

Differenzialdiagnose. Aborte, Frühgraviditäten, Appendizitis, Adnexitis, Ovarialtumoren, urologische Koliken.

Therapie und Verlauf. Heute ist das Vorgehen der Wahl zur Abklärung und Behandlung einer Extrauteringravidität die **diagnostisch-therapeutische Pelviskopie**. Außer bei Schwangerschaften zu einem frühen Zeitpunkt lässt sich so mit hoher Sicherheit eine Extrauteringravidität ausschließen oder bestätigen. Grundsätzlich ist zwischen zwei verschiedenen Vorgehensweisen in Abhängigkeit von bestehendem Kinderwunsch sowie der Größe der ektopen Gravidität zu differenzieren:

- konservatives **organerhaltendes** Verfahren (das tubenhaltende Vorgehen ist allerdings mit einer erhöhten Rezidivgefahr behaftet).
- radikales **tubenentfernendes** Verfahren.

Meist kommt das pelviskopische Operationsverfahren mit Vermeidung des belastenden Bauchschnittes zum Einsatz (MIC = minimal invasive Chirurgie).

Therapie und Verlauf. Methode der Wahl ist die **diagnostisch-therapeutische Pelviskopie**.
Wichtig ist die Unterscheidung zwischen konservativen **organerhaltendem** und radikalem **tubenentfernendem** Vorgehen. Erhöhte Rezidivgefahr bei tubenerhaltendem Vorgehen!

Meist kommen pelviskopische Operationsverfahren zum Einsatz (MIC = minimal invasive Chirurgie).

Das weitere Vorgehen wird vom Sitz (ampullär, isthmisch, intramural) und von der Größe der ektopen Frucht bestimmt.
Bei ampullärem Sitz handelt es sich meist um einen Tubarabort, der in der Regel exprimiert oder abgesaugt werden kann. Hierbei bleibt die befruchtete Eizelle auf ihrem Weg in die Gebärmutter in den verklebten Schleimhautfalten des distalen Tubenendes hängen.
Nistet sich das befruchtete Ei weiter proximal im isthmischen Teil der Tube ein und wird nicht interveniert, so ist der Ausgang der Tubenschwangerschaft in aller Regel die Tubenruptur mit Eröffnung großer, in der Wand verlaufender Gefäße und damit der Gefahr der lebensbedrohlichen Blutung. (Das Verhältnis von Tubarabort zu Tubarruptur beträgt etwa 7:1.) Therapeutisch wird bei isthmischem Sitz die Tube längs inzidiert, das Schwangerschaftsprodukt entfernt und die Tube anschließend wieder vernäht (Salpingotomie). Bei Ruptur des Eileiters ist die Tubektomie (Salpingektomie) erforderlich (auch diese kann pelviskopisch durchgeführt werden).

Von Sitz und Größe der ektopen Frucht wird das weitere Vorgehen bestimmt:

- Expression oder Absaugen des Schwangerschaftprodukts (ampullärer Sitz)
- Salpingotomie (isthmischer Sitz ohne Ruptur)
- Salpingektomie (nach Ruptur).

In frühen Stadien der EUG, wenn die Patientin noch symptomlos ist und keine Ruptur oder Blutung besteht, ist auch eine **medikamentöse Therapie** möglich. Bei der **lokalen** medikamentösen Therapie wird während der Laparoskopie das Prostaglandin PgF2α oder Metothrexat in die EUG injiziert. Bei der systemischen medikamentösen Therapie erhält die Patientin Metothrexat i. v. oder i. m. bis zum Abfall der β-HCG-Werte. Die Medikamente führen zum Absterben der Frucht mit anschließender Resorption.

Bei noch symptomloser EUG ist auch eine **medikamentöse Therapie** (lokal durch Injektion von PgF2α oder Metothrexat in die Tube oder durch systemische Metothrexat-Applikation) möglich.

▶ **Merke.** Routinemäßig muss bei allen Therapieverfahren der β-HCG-Verlauf bis zum Abfall unter die Nachweisgrenze kontrolliert werden, um eine evtl. persistierende Schwangerschaft rechtzeitig zu erkennen.

◀ **Merke**

Prognose. Eine Wiederholung der Extrauteringravidität tritt in 5–20 % der Fälle auf. Zur Extrauteringravidität vgl. auch S. 716 f.

Prognose. Wiederholungsrisiko der Extrauteringravidität: 5–20 %.

▶ Klinischer Fall

▶ **Klinischer Fall.** Notfallmäßig kommt eine 28-jährige I-Gravida, 0-Para zur Aufnahme. Die Patientin ist blass, kaltschweißig, geht gekrümmt und klagt über stärkste linksseitige Unterbauchschmerzen. Anamnestisch bestehen eine sekundäre Amenorrhö von 9 Wochen und Schmierblutungen seit wenigen Tagen. Bei der gynäkologischen Untersuchung palpiert man eine tumoröse, druckschmerzhafte Auftreibung der linken Adnexe. Ultrasonographisch findet sich freie Flüssigkeit im Bauch, im Cavum ist keine intakte Gravidität bei positivem β-HCG-Wert nachzuweisen. Unter der Verdachtsdiagnose einer Extrauteringravidität wird die diagnostisch-therapeutische Pelviskopie durchgeführt. Intraoperativ zeigt sich außer einem Hämatoperitoneum eine im isthmischen Anteil der linken Tube rupturierte Extrauteringravidität. Der Eileiter wird pelviskopisch entfernt. Der postoperative Verlauf ist komplikationslos, am 3. postoperativen Tag kann die Patientin entlassen werden.

2.3 Fehlgeburt (Abort)

2.3 Fehlgeburt (Abort)

▶ Definition

▶ **Definition.** Beim Abort handelt es sich um eine vorzeitige Beendigung der Gravidität mit oder ohne Ausstoßung der toten Frucht mit einem Geburtsgewicht unter 500 g.

Spontanaborte haben natürliche Ursachen, im Gegensatz zu **artifiziellen** (künstlichen) Aborten (dazu zählt z. B. der vorsätzliche Schwangerschaftabbruch, s. Kap. B8). **Frühabort:** bis zur 12. SSW, **Spätabort:** 13.–24. SSW. Ab der 24. SSW wird nicht mehr von Abort, sondern von Früh- oder Totgeburt gesprochen. Aborte in den ersten Schwangerschaftswochen werden nicht selten als verspätete Menstruationsblutung verkannt.

Man unterscheidet **Spontanaborte** aus natürlicher Ursache von **artifiziellen Aborten** durch medikamentöse, chemische oder sonstige Maßnahmen. Außerdem unterteilt man das Abortgeschehen in **Frühabort** (bis zur 12. SSW) und **Spätabort** (13.–24. SSW). Frühaborte kommen häufiger vor als Spätaborte. Da sich durch Fortschritte der Neonatologie die Untergrenze der Lebensfähigkeit des Fetus verschoben hat, wird ab der 24. SSW nicht mehr von einem Abort, sondern von einer Tot- bzw. Frühgeburt gesprochen. In den ersten Schwangerschaftswochen verläuft der Abort nicht selten subklinisch, d. h. die Patientin nimmt an, es handele sich um eine verspätete, evtl. leicht verstärkte Regelblutung. Die vorsätzliche Unterbrechung der Schwangerschaft aus medizinischer oder kriminologischer Indikation oder aus Indikationsstellung mit Beratungsmodell ist ein artifizieller Abort (s. S. 417 ff).

Abhängig vom Stadium bzw. von der Verlaufsform unterscheidet man:
- Abortus imminens
- Abortus incipiens
- Abortus incompletus
- Abortus completus
- Missed Abortion
- Abortus febrilis
- Abortus habitualis.

Abhängig vom Stadium bzw. von der Verlaufsform unterscheidet man:
- Abortus imminens (drohender Abort)
- Abortus incipiens (beginnender Abort)
- Abortus incompletus (unvollständiger Abort)
- Abortus completus (vollständiger Abort)
- Missed Abortion (verhaltener Abort)
- Abortus febrilis (fieberhafter Abort, schwerste Verlaufsform = septischer Abort)
- Abortus habitualis (habitueller Abort).

Epidemiologie. Bei 20–29-jährigen Frauen gehen 40–70 % der befruchteten Eizellen spontan zugrunde, ca. 20 % davon sind als Abort erkennbar.

Epidemiologie. Es ist nicht genau bekannt, wie häufig Aborte vorkommen. Man nimmt an, dass in der Gruppe der 20–29-jährigen Frauen 40–70 % der befruchteten Eizellen spontan zu Grunde gehen. Klinisch als Fehlgeburt erkennbar sind davon aber nur ungefähr 20 %.

Ätiologie. Der Abort ist ein multifaktorielles Geschehen. Unterschieden werden mütterliche, fetoplazentare (v. a. **chromosomale Störungen**), immunologische, andrologische und andere Gründe (Tab. **E-2.4**).

Ätiologie. Der Abort ist ein multifaktorielles Geschehen. Man unterscheidet mütterliche, fetoplazentare, immunologische, andrologische und andere Gründe (Tab. **E-2.4**). Unter den fetoplazentaren Ursachen sind die **chromosomalen Störungen** hervorzuheben: Diese Gruppe macht 50–70 % aller Spontanaborte aus. Bei den mütterlichen Ursachen unterscheidet man anatomische Veränderungen an den Genitalorganen (Uterus, Zervix), hormonale Störungen (Gelbkörperinsuffizienz) und andere, wie chronische, schwere Infektionskrankheiten, mechanische oder psychische Traumen, exogene Intoxikationen und Antigen-Antikörperreaktionen (Rhesusinkompatibilität).

Klinik. Frühschwangerschaft: Erstsymptom meist **vaginale Blutung**, gefolgt von z. T. **wehenartigen Schmerzen**. Spätschwan-

Klinik. Der Abort macht sich durch unterschiedlich starke, **vaginale Blutungen** bemerkbar (bei Aborten in der Frühschwangerschaft oft das erste Zeichen). Hinzu kommen z. T. **wehenartige Schmerzen** im Unterbauch oder Kreuz-

E-2.4 Häufige Abortursachen

genitale Anomalien
- Missbildungen (uterine Doppelbildung, intrauterine Synechien)
- Uterustumoren (Myome)
- Zervixinsuffizienz (Trauma, Bindegewebsschwäche)
- endokrine Störungen (Endometriuminsuffizienz)
- Infektionen (Zervizitis, Endometritis)
- Hypermotiliät (psychovegetative Störung, Fieber)

extragenitale Anomalien
- endokrine Störungen (Diabetes, Hyperthyreose, Tetanie)
- virale und bakterielle Infektionen (fieberbedingte Hypermotilität des Uterus, infektiöse bzw. toxische Fruchtschädigung)
- Anämie
- Trauma
- konsumierende Erkrankungen

fetoplazentare Ursachen
- Chromosomenaberrationen
- Trophoblastanomalien (Hypo- bzw. Hyperplasie, Gefäßmangel)
- Störung der Nidation (Placenta praevia)
- funktionelle Trophoblaststörung (endokrine Insuffizienz?)
- gestörte Immuntoleranz (immunologische Abwehr, Chorionaggressivität)

andrologische Anomalien
- spermatogener Abort (Veränderungen der Spermienzahl oder -morphologie, z. B. Teratospermie)
- genetische Anomalien

andere Ursachen
- iatrogene und artifizielle Aborte
- ionisierende Strahlen
- Kurzwellen
- Medikamente
- Impfungen

E-2.4

schmerzen. Bei Aborten in der Spätschwangerschaft sind Wehen oder der Abgang von Fruchtwasser oft die ersten Symptome. Beim verhaltenen Abort (Missed Abortion, s. S. 488) fehlen diese Symptome. Hier fallen ein Stillstand des Uteruswachstums und das Fehlen kindlicher Vitalitätszeichen auf. Fieber und eitriger Ausfluss sind Hinweise auf eine infektiöse Komplikation des Abortgeschehens (fieberhafter Abort).

gerschaft: Wehen oder Fruchtwasserabgang meist erstes Zeichen. Verhaltener Abort: Stillstand des Uteruswachstums, Fehlen kindlicher Vitalitätszeichen. Fieber weist auf einen infizierten Abort hin.

Diagnostik. Die gynäkologische Untersuchung ergibt, abhängig von der Verlaufsform bzw. dem Stadium des Abortgeschehens, unterschiedliche Befunde. Der Zervikalkanal kann geschlossen sein (beim drohenden Abort und beim verhaltenen Abort) oder er ist geöffnet. Neben der Blutung ist evtl. Abortgewebe im Zervikalkanal nachweisbar. Der Uterus kann einen erhöhten Kontraktionstonus aufweisen, beim infizierten Abort ist er druckschmerzhaft. Wichtig ist die **Ultraschalluntersuchung** zum Nachweis **kindlicher Vitalitätszeichen** (ab der 6.–7. SSW sollten kindliche Herzaktionen nachweisbar sein) und zur Verlaufskontrolle. Beim drohenden Abort sind diese noch vorhanden, hier kann sich evtl. ein retroplazentares Hämatom darstellen. Ergibt die Sonographie keinen eindeutigen Befund, z. B. in den ersten Schwangerschaftswochen, können **serielle β-HCG-Bestimmungen** zur Verlaufskontrolle herangezogen werden.

Diagnostik. Die gynäkologische Untersuchung kann unterschiedliche Befunde ergeben (Zervix geschlossen oder schon geöffnet, Blutung oder Abgang von Abortgewebe). Zum Nachweis der **Vitalität** des Kindes und zur Verlaufskontrolle eignen sich **Ultraschallunter-suchungen** und **serielle β-HCG-Bestimmungen.**

Differenzialdiagnose. Alle Erkrankungen, die zu vaginalen Blutungen in der Schwangerschaft führen können, kommen in Betracht (s. Tab. **E-2.5**).

Differenzialdiagnose. Alle mit vaginalen Blutungen verbundenen Erkrankungen (s. Tab. **E-2.5**).

Therapie. Das therapeutische Vorgehen hängt davon ab, wie weit der Abort fortgeschritten ist, und ob eine Erhaltung der Schwangerschaft noch möglich ist bzw. sinnvoll erscheint.

Therapie. Die Behandlung hängt davon ab, wie weit der Abort fortgeschritten ist.

E-2.5

E-2.5 Differenzialdiagnose der vaginalen Blutung

- Nidationsblutung
- Blasenmole
- Extrauteringravidität
- Abort
- Varizenblutung
- Polypenblutung
- Ektopieblutung
- Zervixkarzinom
- mechanische Verletzungen
- vorzeitige Plazentalösung
- Placenta praevia und andere schwangerschaftsspezifische Blutungen

▶ Merke

▶ **Merke.** Bei rhesusnegativen Patientinnen muss nach einem Abort eine Anti-D-Prophylaxe durchgeführt werden (s. S. 566).

2.3.1 Verlaufsformen des Aborts

Abortus imminens

Bei **geschlossenem Zervikalkanal** und **intakter Gravidität** treten Blutungen und/oder Wehen auf (s. Abb. **E-2.6a**).

Therapie. Bettruhe, solange die Blutung anhält. Bei wehenartigen Beschwerden kommen ab ca. der 20. SSW Tokolytika in Betracht. Ultraschallkontrollen und ggf. serielle β-HCG-Bestimmungen zur **Vitalitätskontrolle.** Sistieren die Blutungen, ist meist mit einer Restitutio ad integrum zu rechnen.

2.3.1 Verlaufsformen des Aborts

Abortus imminens

Beim Abortus imminens (Synonym: drohende Fehlgeburt) kommt es bei **geschlossenem Zervikalkanal** und **intakter Gravidität** zu Blutungen und/oder Wehentätigkeit (Abb. **E-2.6a**). Die Ursache der vaginalen Blutung ist meist ein begrenztes, retroplazentares Hämatom, das sich – falls der Abort nicht fortschreitet – organisiert und ausheilt. Bei der vaginalen Untersuchung palpiert man die Zervix in voller Länge sowie einen geschlossenen Muttermund.

Therapie. Es gibt keine spezifische Therapiemöglichkeit für den drohenden Abort. Die Patientin sollte **Bettruhe** einhalten, solange die vaginalen Blutungen anhalten. Auf vaginale Untersuchungen, die nicht unbedingt notwendig sind, sollte verzichtet werden. In regelmäßigen Abständen müssen die **Vitalitätszeichen kontrolliert** werden (Ultraschall, serielle β-HCG-Bestimmungen). Bei Wehentätigkeit sind ab ca. der 20. SSW wehenhemmende Medikamente (Tokolytika, z. B. Sympathomimetika wie Partusisten) indiziert. Die Gabe von Gestagenen hat derzeit an Bedeutung verloren, ist aber bei Corpus-luteum-Insuffizienz indiziert. Kommen die Blutungen zum Stillstand, ist meist mit einer Restitutio ad integrum zu rechnen.

▶ Merke

▶ **Merke.** Die einzige symptomatische Therapie beim Abortus imminens ist körperliche Schonung.

Abortus incipiens, incompletus und completus

Diese Stadien bezeichnen einen Abort, der bereits in Gang gekommen ist. **Abortus incipiens** (s. Abb. **E-2.6b**): Stärkere Blutung als beim Abortus imminens, **geöffneter Muttermund,** evtl. ist Schwangerschaftsgewebe tastbar. Fetale Vitalitätszeichen können vorhanden sein oder fehlen.

Abortus incipiens, incompletus und completus

Diese drei Stadien kennzeichnen eine Fehlgeburt, die schon in Gang gekommen ist. Der **Abortus incipiens** (Abb. **E-2.6b**) wird auch als beginnender Abort, in Gang befindlicher Abort, nicht mehr aufzuhaltender Abort bezeichnet. Die Schwangerschaft ist meist **irreversibel gestört.** Vaginale Blutung und Schmerzen sind stärker als beim drohenden Abort, der **Muttermund** ist **geöffnet.** Bei der vaginalen Untersuchung ist evtl. Schwangerschaftsgewebe zu tasten. Fetale Vitalitätszeichen können noch vorhanden sein oder bereits fehlen.

▶ Merke

▶ **Merke.** Ist der Zervikalkanal für einen Finger passierbar, so ist das Abortgeschehen meist nicht mehr aufzuhalten.

Therapie. Da bei fortschreitendem Abortgeschehen Versuche, die Schwangerschaft

Therapie. Da der Abortus incipiens meist in einen Abortus (in)completus übergeht, d. h. die Frucht ausgestoßen wird, sind Versuche, die Schwangerschaft zu erhalten, in diesem Stadium nicht mehr sinnvoll. Die wichtigste Behandlungsmaßnahme ist die Entleerung des Uterus durch **Kürettage**.

Beim **Abortus incompletus** (Abb. **E-2.6c**) ist ein Teil des Schwangerschaftsproduktes bereits ausgestoßen. Bei der klinischen Untersuchung ist Abortgewebe im Zervikalkanal oder in der Scheide sichtbar. Die Inspektion des abgegangenen Gewebes kann Hinweise auf die Unvollständigkeit geben. Nicht selten ist der Fetus abgegangen, während Teile der Plazenta im Cavum zurückgeblieben sind. Diese Zottenreste können zu anhaltenden Blutungen oder Infektionen führen oder maligne entarten. Definitionsgemäß werden alle Aborte bis zur 24. SSW als unvollständige Aborte angesehen. Die Plazenta ist bis zu diesem Zeitpunkt noch nicht ausgereift und wird oft nicht vollständig ausgestoßen.

Therapie. Beim unvollständigen Abort muss grundsätzlich kürettiert werden. Die instrumentelle Ausräumung des Cavum uteri ist wegen der erhöhten Blutungs- und Perforationsgefahr ein gefährlicher Eingriff. In den meisten Fällen kann bei geöffnetem Zervikalkanal mit der stumpfen Kürette vorsichtig eingegangen werden. Ist der Zervikalkanal bereits wieder geschlossen, muss vorsichtig dilatiert werden. Auf eine vollständige Entleerung des Cavums, insbesondere der Tubenwinkel, ist zu achten. Nach der Kürettage kommt die Blutung in der Regel zum Stillstand. Gleichzeitig wird die Uteruskontraktion durch Oxytozin unterstützt.

Beim **Abortus completus** (kompletter Abort, vollständiger Abort) sind Fetus, Eihäute und Plazenta vollständig ausgestoßen.

Therapie. Bei Aborten ab der 24. SSW kann man von einem kompletten Abort ausgehen und auf eine Ausräumung verzichten, wenn die Blutung nachlässt, der Uterus sich rasch zurückbildet und das Abortgewebe vollständig ist. Bestehen Zweifel an der Vollständigkeit, sollte sicherheitshalber eine Kürettage erfolgen.

zu erhalten, nicht mehr sinnvoll sind, muss meist **kürettiert** werden.

Beim **Abortus incompletus** (Abb. **E-2.6c**) sind Teile des Schwangerschaftsproduktes abgegangen und im Zervikalkanal oder in der Scheide sichtbar. Plazentareste im Cavum können zu Blutungen und Infektionen führen oder maligne entarten. Bis zur 24. SSW werden alle Aborte definitionsgemäß als inkomplett angesehen.

Therapie. Das Cavum muss durch Kürettage vollständig entleert werden. Die Kontraktion des Uterus wird durch Oxytozin unterstützt. Nach der Ausräumung kommt die Blutung meist zum Stillstand.

Abortus completus: Die Frucht ist komplett ausgestoßen.

Therapie. Bei vollständigem Abort ab 24. SSW kann auf die Kürettage verzichtet werden. Bei Zweifeln an der Vollständigkeit wird kürettiert.

E-2.6 Verlaufsformen des Abortgeschehens

E-2.6

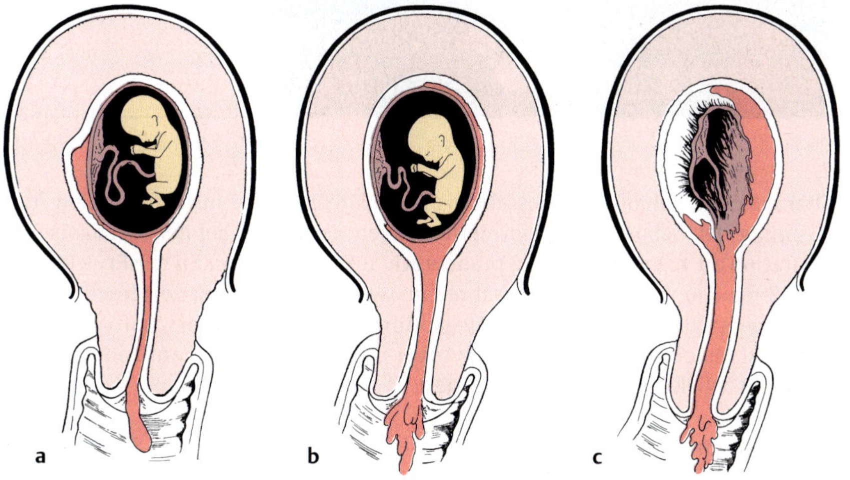

a Abortus imminens. Leichte Blutung bei geschlossenem Zervikalkanal, retroplazentares Hämatom.
b Abortus incipiens. Zervikalkanal geöffnet, stärkere Blutung.
c Abortus incompletus. Die Frucht ist ausgestoßen, Teile der Plazenta haften noch an der Uteruswand.

▶ Klinischer Fall

▶ **Klinischer Fall.** Eine 22-jährige I-Gravida, 0-Para mit sekundärer Amenorrhö von 9 Wochen und positivem HCG-Test wird mit vaginalen Blutungen aufgenommen. Die Ultraschalluntersuchung zeigt eine zeitgemäß entwickelte, intakte intrauterine Gravidität. Unter der Diagnose eines drohenden Abortes wird die Patientin stationär aufgenommen. Trotz Bettruhe nehmen die vaginalen Blutungen in den folgenden 2 Tagen zu. Am 3. Tag kommt es zu stärkeren Blutungen und Schmerzen. Der Zervikalkanal ist geöffnet, Schwangerschaftsgewebe geht ab. In der Kontrollsonographie sind keine fetalen Herzaktionen mehr nachweisbar. Bei nun vorliegendem Abortus incompletus wird die instrumentelle Nachtastung durchgeführt. Die histologische Untersuchung bestätigt die Diagnose. Die genetische Untersuchung ergibt keinen Hinweis auf mögliche Ursachen.

Missed Abortion

Beim verhaltenen Abort wird die abgestorbene Fruchtanlage nicht ausgestoßen. Hinweise: **Sistieren des Uteruswachstums**, die Patientin spürt keine Kindsbewegungen mehr. Blutungen fehlen. Die Zervix ist geschlossen. Diagnose durch **Sonographie:** Nachweis eines Embryos **ohne Vitalitätszeichen** (Herzaktionen, Bewegungen), (Abb. **E-2.7**).

Missed Abortion

Beim verhaltenen Abort (Missed Abortion) ist die Fruchtanlage abgestorben, wird aber nicht ausgestoßen. Äußere Anzeichen für einen Abort wie Blutungen oder Abgang von Gewebe fehlen. Der Zervikalkanal ist geschlossen. Häufig fällt bei Kontrolluntersuchungen ein **nicht zeitgerechtes Wachstum des Uterus** auf, oder die Schwangere registriert ein Nachlassen und schließlich **Aufhören der Kindsbewegungen**. Subjektive Schwangerschaftsbeschwerden wie Übelkeit oder Brustspannen lassen nach. Die Diagnose erfolgt **sonographisch** (Abb. **E-2.7**). Dabei ist ein Embryo nachweisbar, Vitalitätszeichen wie fetale Herzaktionen oder Bewegungen fehlen jedoch.

E-2.7

E-2.7 Ultraschallbild einer Missed Abortion

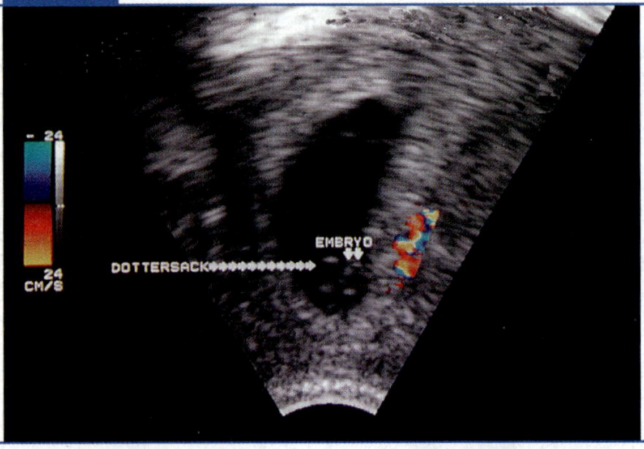

Ein Embryo ohne fetale Herzaktion ist sichtbar. In der Doppler-Flussmessung ist nur der Fluss in den Uteringefäßen darstellbar, der fetale Blutfluss ist null.

Therapie. Bis 12. SSW primäre Kürettage (evtl. nach Vorbehandlung der Zervix mit Prostaglandinen lokal). Nach der 12. SSW Prostaglandin- oder Oxytozininfusionen, um die Ausstoßung auszulösen. Anschließend instrumentelle Nachkürettage.

Therapie. Die Behandlung besteht bis zur 12. SSW in der instrumentellen Ausräumung der Gebärmutter. Um Verletzungen der Zervix bei der mechanischen Dilatation zu vermeiden, sollte präoperativ lokal Prostaglandin zur Erweiterung und Erweichung der Zervix verabreicht werden. Bei weiter fortgeschrittenen Schwangerschaften wird die Ausstoßung des Schwangerschaftsproduktes zunächst medikamentös durch Oxytozin- oder Prostaglandininfusionen induziert, anschließend wird nachkürettiert.

Komplikationen. Durch Einschwemmung von thromboplastischem Material kann eine disseminierte intravasale Gerinnung auftreten (**Dead-Fetus-Syndrom**, selten).

Komplikationen. Verbleibt der abgestorbene Fetus nach der 12. SSW mehrere Wochen in der Gebärmutterhöhle, kann sich in seltenen Fällen ein sog. **„Dead-Fetus-Syndrom“** entwickeln. Dabei kommt es durch Einschwemmung von thromboplastischem Material in die mütterliche Blutbahn zu einer lebensbedrohlichen Gerinnungsstörung (disseminierte intravasale Gerinnung).

▶ Merke

▶ **Merke.** Wegen der Gefahr eines Dead-Fetus-Syndroms sollten verhaltene Aborte in der Klinik behandelt werden.

Windei

Beim Windei handelt es sich um ein fehlentwickeltes Ei mit verkümmerter oder **fehlender Embryonalanlage**, das schon in den ersten Wochen der Schwangerschaft zu Grunde geht. Bei ca. 50–90 % der Spontanfehlgeburten im 2. Schwangerschaftsmonat liegt ein Windei vor. Neben genetischen Defekten kommen auch exogene Ursachen in Frage (Intoxikationen, O_2-Mangel). Wie bei der Missed Abortion ist der Uterus im Vergleich zum Schwangerschaftsalter zu klein. Da der Fruchtsack nur minimal an Größe zunimmt, kann bei einer sonographischen Kontrolluntersuchung nach ca. einer Woche kein Wachstum festgestellt werden. Subjektive Schwangerschaftszeichen sind nur schwach ausgeprägt, es kann zu Schmierblutungen kommen. Die Diagnose wird sonographisch gestellt: Die Schwangerschaftsanlage ist meist kleiner als 3 cm. Man sieht die leere Fruchtblase ohne embryonale Strukturen, von einem mäßig echogenen Saum, den Chorionzotten, umgeben.

Windei

50–90 % der Spontanfehlgeburten liegt ein Windei (fehlentwickeltes Ei **ohne Embryonalanlage**) zu Grunde.
Der Uterus ist für die Dauer der Schwangerschaft zu klein, im Verlauf der Schwangerschaft kann kein adäquates Wachstum des Fruchtsacks festgestellt werden. Evtl. treten Schmierblutungen auf. Sicherung der Diagnose durch Sonographie: leere Fruchtblase ohne embryonale Strukturen.

Therapie. Das Windei erfordert die gleichen therapeutischen Maßnahmen wie der verhaltene Abort (s. S. 488).

Therapie. Wie beim verhaltenen Abort (s. S. 488).

▶ **Klinischer Fall.** Bei einer 19-jährigen I-Gravida, 0-Para in der rechnerisch 8. SSW zeigt sich sonographisch intrauterin eine leere Fruchtblase. Eine Woche später lassen sich weder fetale Anteile noch ein Größenzuwachs nachweisen. Der Uterus wird durch Kürettage entleert. Die histologische Untersuchung des Kürettagematerials bestätigt die Diagnose eines Abortiveis. 16 Monate später wird die Patientin von einem gesunden Jungen entbunden.

◀ **Klinischer Fall**

Habitueller Abort

Bei 3 oder mehr aufeinander folgenden Aborten spricht man vom habituellen Abort. Die Ursachen sind meist multifaktoriell und im Einzelnen nur schwer nachzuweisen. Frühaborten (bis 12. SSW) liegen zum Großteil **chromosomale Veränderungen** (strukturelle oder nummerische Aberrationen) oder **Störungen des Trophoblasten** (z. B. Blasenmole) bzw. der Nidation zu Grunde. In der Spätschwangerschaft treten eher **funktionelle** (Zervixinsuffizienz) und **anatomische** (Uterusfehlbildungen) Veränderungen als Abortursachen in den Vordergrund. Submuköse Myome des Uterus können die Trophoblastinvasion behindern. Außerdem kommen **Hormonstörungen** in Frage, z. B. die Corpus-luteum-Insuffizienz. Auch endokrinologische Erkrankungen (Funktionsstörungen der Schilddrüse, Diabetes mellitus) können zu gehäuften Aborten führen. Außerdem gibt es **immunologische** Ursachen. Für die ungestörte Entwicklung des Fetus, der ja für das Immunsystem der Mutter ein Fremdtransplantat darstellt, ist u. a. die Bildung blockierender Antikörper mit partnerbezogener Spezifität wichtig. Diese Antikörper besetzen Antigene auf der Trophoblastoberfläche. Die mangelhafte Bildung blockierender Antikörper wird als mögliche Ursache habitueller Aborte angesehen. Auch lokale und systemische **Infektionen** (Lues, Toxoplasmose, aszendierede Infektionen des mütterlichen Genitaltrakts) können zu rezidivierenden Aborten führen.

Habitueller Abort

In Frage kommen **chromosomale** Veränderungen, **Störungen des Trophoblasten, funktionelle** (Zervixinsuffizienz) und **anatomische Anomalien** (Uterusfehlbildungen), **hormonale** (Gelbkörperinsuffizienz), **immunologische** und **infektiöse** Ursachen.

Die Vielzahl der möglichen Ursachen erfordert eine entsprechend umfangreiche **Diagnostik**:
- Chromosomenanalyse des Paares
- Hormonanalysen
- Ausschluss von Infektionen durch Zervixabstriche, Serologie
- Ausschluss von Uterusmissbildungen durch Sonographie, ggf. weiterführende Untersuchungen wie Hysteroskopie, Hysterosalpingographie.

Die **Diagnostik** umfasst u. a.:
- Chromosomenanalysen
- Hormonanalysen
- Zervixabstriche, Infektionsserologie
- Sonographie, ggf. Hysteroskopie, Hysterosalpingographie.

Wenn die genannten Untersuchungen keinen Hinweis auf die Ursache der Abortneigung ergeben, sollte man versuchen, bei einem erneuten Abort **fetales Material** für eine **Chromosomenanalyse** zu gewinnen.

Findet sich keine Ursache, sollte bei einem weiteren Abort eine **Chromosomenanalyse** mit **fetalem Material** erfolgen.

Therapie. Lässt sich ein Grundleiden als Auslöser für die Aborte finden, sollte dieses nach Möglichkeit beseitigt werden. Vor allem anatomische Veränderungen des Uterus lassen sich mit relativ guten Erfolgsaussichten behandeln.

Therapie. Behandlung des Grundleidens, falls dies möglich ist.

E-2.8

E-2.8 **Beziehung zwischen Zeitpunkt und Ursache von Aborten**

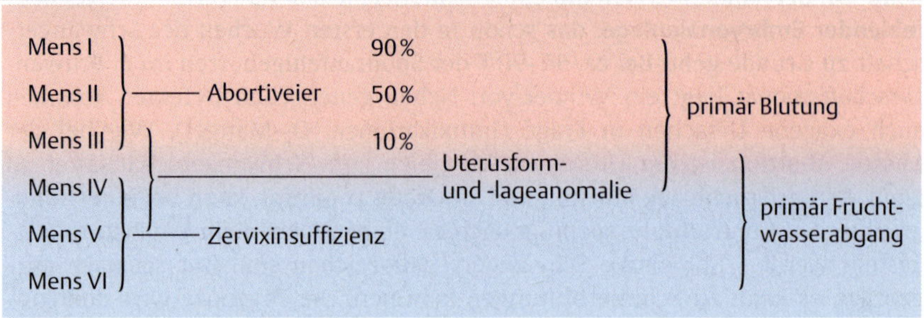

Die Beziehung zwischen Zeitpunkt und Abortursache zeigt Abb. **E-2.8**.

Abb. **E-2.8** zeigt die Zusammenhänge zwischen Zeitpunkt und Ursache von Aborten.

Komplikationen des Abortgeschehens

Bei **fieberhaftem Abort** besteht zunächst eine lokale Endometriuminfektion (Erreger: v. a. Staphylokokken, Streptokokken, Clostridium perfringens). Neben Fieber können unterschiedlich starke Blutungen und Schmerzen bestehen.

Durch Aszension von Keimen in das Cavum uteri kann es zu einer Infektion des Endometriums und der Fruchthöhle kommen, die zunächst noch lokalisiert ist **(fieberhafter Abort, infizierter Abort)**. In dieser Phase zeigt die Patientin Fieber zwischen 38 und 39 °C ohne weitere Komplikationen (z. B. von Seiten des Kreislaufs). Als Erreger lassen sich meist Staphylokokken, Streptokokken, E. coli oder Clostridium perfringens nachweisen. Diese Komplikation ist typisch für unsachgemäß durchgeführte instrumentelle Ausräumungen beim Schwangerschaftsabbruch. Im Stadium der lokalen Endometriuminfektion können neben dem Fieber unterschiedlich starke vaginale Blutungen und Unterbauchschmerzen bestehen.

Therapie. Zunächst Antibiotika. Wenn die Patientin fieberfrei ist, folgt die Kürettage.

Therapie. Zunächst konservativ mit Antibiotika, bis die Patientin fieberfrei ist. Danach schließt sich die Entleerung des Uterus durch Kürettage an.

▶ Merke

▶ **Merke.** Beim infizierten Abort muss unbedingt verhindert werden, dass durch Manipulation am Uterus infektiöses Material in die mütterliche Blutbahn verschleppt wird und eine generalisierte Infektion auslöst.

Die Infektion kann sich auf die Adnexe ausbreiten und zu einer **Peritonitis** führen. Durch Einschwemmung von Endotoxinen in die Blutbahn kann es zum Vollbild des septischen Schocks mit **disseminierter intravasaler Gerinnung** kommen.
Die klinischen Zeichen sind septische Temperaturen mit Schüttelfrost, putrider Fluor oder putrides Fruchtwasser, druckschmerzhafter Uterus, schweres Krankheitsgefühl mit Schocksymptomatik.

Die Infektion kann auf die Adnexe und/oder das Beckenperitoneum übergreifen oder zu einer generalisierten **Peritonitis** führen. Durch Ausbreitung der Infektion bestehen meist hohes Fieber und verstärkte abdominale Beschwerden mit Abwehrspannung und ausgeprägtem Krankheitsgefühl. Durch Einschwemmung von Endotoxinen (meist von gramnegativen Erregern) in den mütterlichen Kreislauf kann es innerhalb kurzer Zeit zu einer lebensbedrohlichen **Sepsis** kommen. Zusätzlich kann eine **disseminierte intravasale Gerinnung** und in deren Folge ein **Multiorganversagen** durch Schädigung von Nieren, Herz, Lunge und ZNS auftreten. Die klinischen Zeichen sind Temperaturen über 39 °C mit Schüttelfrost, putrider Fluor oder putrides Fruchtwasser, Druckschmerzhaftigkeit des Uterus und der Adnexe. Die Patientin zeigt ein schweres Krankheitsbild mit Bewusstseinstrübung, Unruhe und Schocksymptomatik mit Blutdruckabfall und Störung der Gerinnung.

Therapie. Die Patientin muss intensivmedizinisch überwacht und antibiotisch behandelt werden. Zur Prophylaxe der DIC ist bei schweren Verläufen eine Heparintherapie indiziert. Bessert sich der Allgemeinzustand, wird die Uterusentleerung aufgeschoben, bis die Patientin fieberfrei ist. Bleibt die Behandlung ohne Erfolg,

Therapie. Im Vordergrund steht zunächst die Behandlung der Sepsis mit Antibiotika unter intensivmedizinischen Bedingungen. Dazu gehören die Überwachung der Vitalfunktionen, des Gerinnungssystems und des Wasser- und Elektrolythaushaltes. Zur Prophylaxe der disseminierten intravasalen Gerinnung (DIG) wird bei schwerem Krankheitsverlauf Heparin eingesetzt.
Verbessert sich unter dieser Behandlung der Allgemeinzustand der Patientin, kann mit der Uterusentleerung zunächst gewartet werden, bis die Infektion unter Kontrolle ist. Zeigt die Antibiotikatherapie keinen Erfolg, ist die Entfer-

nung des Infektionsherdes (evtl. durch Hysterektomie) die Ultima ratio, um das Leben der Patientin zu retten.

muss als Ultima ratio der Infektionsherd entfernt werden.

▶ **Merke.** Jeder komplizierte Abort ist ein potenziell lebensbedrohliches Geschehen.

◀ **Merke**

▶ **Klinischer Fall.** Eine 26-jährige II-Gravida, I-Para kommt nachts mit stärksten Unterbauchschmerzen und Schüttelfrost zur Aufnahme. Die Patientin berichtet nach eindringlicher Befragung über einen vor 3 Tagen selbst durchgeführten artifiziellen Abort mit Seifenlauge. Trotz sofort begonnener, hochdosierter Therapie mit Breitspektrumantibiotika verschlechtert sich der Allgemeinzustand mit Temperaturen über 41 °C und Entwicklung einer Sepsis. Eine Laparotomie mit Entfernung des Uterus als Infektionsherd am 7. Tag nach Aufnahme kann nicht verhindern, dass die Patientin wegen respiratorischer Insuffizienz (Schocklunge) intubiert und beatmet werden muss. In den folgenden Tagen kommt es neben einer Entgleisung des Wasser- und Elektrolythaushaltes zur disseminierten intravasalen Gerinnung. Am 16. Tag verstirbt die Patientin unter den Zeichen des Multiorganversagens.

◀ **Klinischer Fall**

2.4 Pathologie der Embryonal- und Fetalentwicklung

Anlage und Entwicklung der Frucht können durch verschiedene **äußere Einflüsse** gestört werden. Medikamente, Suchtmittel und Toxine, ionisierende Strahlen, Infektionen (durch Bakterien, Viren, Protozoen), Hormone, Stoffwechselerkrankungen der Mutter (z. B. Diabetes mellitus) und Hypoxie können zu einer pränatalen Schädigung führen. Die Folgen sind ein **Abort, Fehlbildungen** oder **Erkrankungen** des Kindes, **Funktionsstörungen** oder eine allgemeine Mangelentwicklung. Art und Ausmaß der Schädigung hängen vom **Zeitpunkt des Einwirkens** der Noxe (Entwicklungsstadium der Frucht), von der **Dosis** und der **Expositionsdauer** ab. Die verschiedenen Formen der pränatalen Schädigungen zeigt Tab. **E-2.6**.

2.4 Pathologie der Embryonal- und Fetalentwicklung

Unterschiedliche Noxen können zu einer pränatalen Schädigung führen. Mögliche Folgen sind ein **Abort** oder **Fehlbildungen, Erkrankungen** und **Funktionsstörungen** des Kindes.
Entscheidend ist der **Zeitpunkt** (Entwicklungsphase des Kindes), in der die Noxe einwirkt, sowie die **Dosis** und **Dauer** der Exposition (Tab. **E-2.6**).

E-2.6 Nomenklatur pränataler Schädigungen

Bezeichnung	*Zeitpunkt des Einwirkens der Noxe*	*Auswirkung*
Gametopathien (strukturelle oder nummerische Chromosomenaberrationen)	Gametogenese (vor der Befruchtung)	Abort oder typische Syndrome (z. B. Down-Syndrom bei Trisomie 21)
Embryopathien	Organogenese (3.–8. Woche p. c.)	schwere Fehlbildungen (Organe, Gliedmaßen)
Fetopathien	ab 9. Woche p. c.	fetale Erkrankungen, funktionelle Störungen

E-2.6

2.4.1 Gametopathien

Während der Meiose können durch Nondisjunction eines Chromosomenpaars Fehlverteilungen der Chromosomen auftreten, die **nummerische Aberrationen** zur Folge haben. So können z. B. Gameten entstehen, die statt 23 Chromosomen 22 oder 24 Chromosomen (haploider Chromosomensatz) besitzen. Im Falle einer Befruchtung entstehen dann Zygoten mit 45 bzw. 47 Chromosomen (Monosomien und Trisomien). Die Fehlverteilungen von Gonosomen ist in Kapitel „Sexuelle Differenzierung und Störungen" beschrieben (s. S. 42). Autosomale Monosomien führen zum Abort. Auch die autosomalen Trisomien enden meist mit einer Fehlgeburt. Bei Lebendgeborenen kommen nur drei Formen der autosomalen Trisomie vor: Die **Trisomie 21**, 13 und 18.

2.4.1 Gametopathien

Durch Nondisjunction bei der Meiose entstehen **nummerische Chromosomenaberrationen**. Sind Gameten mit fehlendem/überzähligem Chromosom an der Befruchtung beteiligt, entstehen Zygoten mit Mono-/Trisomien. Zur Fehlverteilung von Gonosomen s. S. 42. Autosomale Monosomien führen zum Abort, ebenso die meisten Trisomien. **Trisomie 21**, 13 und 18 kommen bei Lebendgeburten vor.

▶ Merke

▶ **Merke.** Nummerische Aberrationen der Autosomen haben eine schwere Beeinträchtigung der geistigen und körperlichen Entwicklung zur Folge.

Das **Down-Syndrom** ist die häufigste Autosomenaberration unter Lebendgeborenen. Triploidien führen in der Regel zum Frühabort.

Die Behinderungen bei der Trisomie 21 (**Down-Syndrom**, Mongolismus) sind im Vergleich zu den anderen Trisomien relativ gering. Dies dürfte die Erklärung dafür sein, dass das Down-Syndrom die häufigste Autosomenaberration unter Lebendgeborenen darstellt. Die Trisomien 13 **(Pätau-Syndrom)** und 18 **(Edwards-Syndrom)** sind zwar zunächst mit dem Leben vereinbar, die Kinder überleben jedoch selten das 1. Lebensjahr. Triploidien, d. h. die Verdreifachung des haploiden Chromosomensatzes, treten in etwa 2 % aller Konzeptionen auf und führen in der Regel zum Frühabort.

Down-Syndrom (Trisomie 21)

▶ Definition

▶ **Definition.** Dem Down-Syndrom liegt eine Trisomie, also das dreifache Vorkommen des Chromosoms 21 zu Grunde. Diese Trisomie entsteht zu 95 % durch Nondisjunction in der ersten mütterlichen Reifeteilung, zu 5 % durch Translokationen und Mosaikbildungen.

Das durchschnittliche Alter der Mütter von Kindern mit Down-Syndrom ist mit 34,4 Jahren erhöht (Tab. **E-2.7**).

Die Wahrscheinlichkeit, ein Kind mit einem Down-Syndrom zu bekommen, steigt mit zunehmendem Alter der Mutter (Tab. **E-2.7**). Das durchschnittliche Alter der Mütter von Kindern mit Down-Syndrom liegt bei 34,4 Jahren.

Klinik. Erscheinungsbild: flaches Gesichtsprofil, Schrägstellung der Augen („Mongolismus"), große Zunge, Vier-Finger-Furche (Abb. **E-2.9**).

Organfehlbildungen wie Herzfehler und Atresien des Magen-Darm-Trakts sind häufig, ebenso Hüftdysplasien. Die Lebenserwartung ist vermindert (Ursache: Organfehlbildungen, erhöhte Infektanfälligkeit).

Klinik. Das Erscheinungsbild der Kinder ist charakteristisch: kleiner, runder Schädel mit abgeflachtem Profil, weiter Augenabstand und schräge Augenstellung („Mongolismus"), flache Nasenwurzel, kleiner Mund, große Zunge, kurze Finger, Vier-Finger-Furche, überstreckbare Gelenke (Abb. **E-2.9**).
Fast die Hälfte der Patienten weist außerdem Organfehlbildungen auf, dabei sind Herzfehler (Septumdefekte), Duodenalstenosen/-atresien und Hüftdysplasien am häufigsten. Es besteht eine geistige Retardierung mit einem unterdurchschnittlichen IQ. Die Pubertät verläuft bei beiden Geschlechtern normal. Während die Knaben steril sind, sind die Mädchen fertil und haben, wenn es

E-2.9

E-2.9 Down-Syndrom

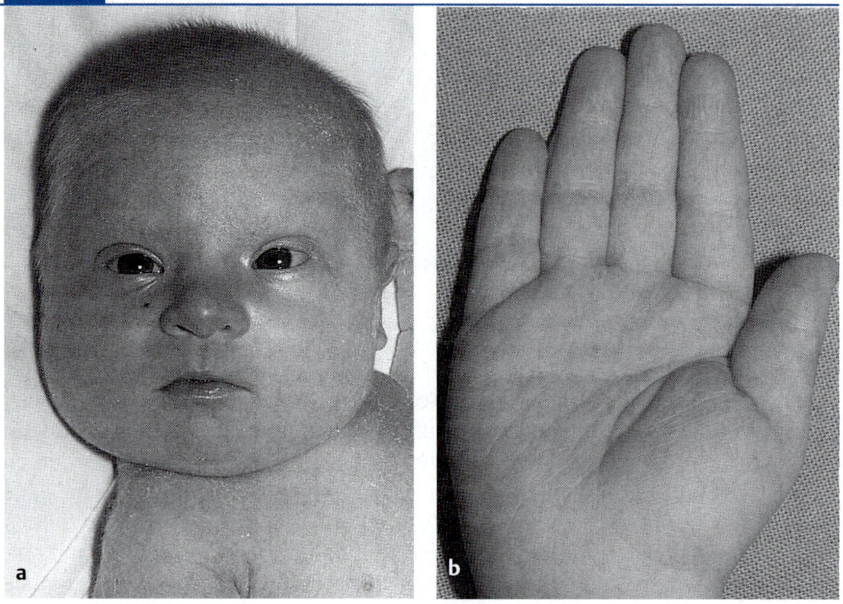

a Typisches Erscheinungsbild bei einem Neugeborenen („Mongolismus").
b Vier-Finger-Furche.

E-2.7 Häufigkeit des Down-Syndroms und anderer Chromosomenaberrationen in % bei lebend geborenen Kindern in Abhängigkeit vom Alter der Mutter

Alter der Mutter	*Down-Syndrom*	*andere Chromosomenstörungen*
20	0,5–0,07	0,19
25	0,7–0,09	0,21
30	0,9–0,12	0,26
35	0,25–0,39	0,56
40	0,85–1,37	1,56
43	1,76–3,06	3,26
45	2,87–5,23	5,37

E-2.7

zu einer Schwangerschaft kommt, zu 50 % gesunde und 50 % kranke Kinder. Die Lebenserwartung ist infolge der inneren Fehlbildungen und einer deutlich erhöhten Infektanfälligkeit reduziert.

Therapie. Operative Korrektur organischer Fehlbildungen sowie lebenslange Förderung (Sonderschulen, beschützende Werkstätten) sind angezeigt.

Therapie. Operative Korrektur von Fehlbildungen, lebenslange Förderung.

▶ **Klinischer Fall.** Bei einer 39-jährigen Patientin (drei gesunde Kinder im Alter von 13, 12 und 9 Jahren) wird in der 31. SSW (!) eine regel- und zeitgerechte Schwangerschaft festgestellt. Die sehr adipöse, viel beschäftigte Landwirtin hielt die wochenlange sekundäre Amenorrhö für ein Zeichen von frühen Wechseljahren. Erst als sie in der 23. SSW Kindsbewegungen und eine Zunahme des Bauchumfangs gespürt hatte, realisierte sie die Schwangerschaft. Dennoch besucht sie ihren Gynäkologen erst in der 31. SSW. Eine Amniozentese zur Karyotypisierung wird von der Patientin nicht gewünscht. In der 39. SSW kommt es zum Spontanpartus. Bei der kinderärztlichen Untersuchung in der Klinik werden folgende Auffälligkeiten festgestellt: relativ kleiner Hirnschädel mit flachem Hinterkopf, flache Nasenwurzel, ansteigende Lidachsen, kleine plumpe Ohrmuscheln, vergrößerte Zunge, Trinkschwäche, kurze plumpe Finger und Vierfingerfurchen, beidseitige Hüftdysplasie. Aufgrund der Verdachtsdiagnose eines Down-Syndroms wird eine Karyotypisierung durchgeführt. Die Verdachtsdiagnose wird bestätigt. Innere Missbildungen (Herz-, Nieren-, Darmfehlbildungen) finden sich nicht.

◀ **Klinischer Fall**

2.4.2 Embryopathien und Fetopathien

Schädigende Einflüsse vor der 3. SSW p. c. haben meist einen Abort zur Folge. Während der **Organogenese**, die vor allem zwischen der 3. und 8. SSW stattfindet, können verschiedene Noxen zu schwersten, komplexen Fehlbildungen führen oder zum Abort. Neben ionisierenden Strahlen (z. B. Röntgen) sind vor allem Virusinfekte (z. B. Röteln) und Medikamente von Bedeutung. Ab dem 3. Monat, also in der **Fetalperiode**, nimmt die Empfindlichkeit gegenüber Noxen ab. In dieser Phase kommt es seltener zu Fehlbildungen (z. B. Genitale, ZNS, Sinnesorgane). Auch hier spielen Infektionen eine große Rolle, außerdem Stoffwechselstörungen (Diabetes mellitus) der Mutter und Blutgruppenunverträglichkeiten. Es kann zu einer Erkrankung des Fetus kommen (z. B. generalisierte Infektion durch Toxoplasmen, Morbus haemolyticus neonatorum durch Rhesusantikörper); auch eine allgemeine Wachstumsverzögerung mit Geburt eines dystrophen Kindes ist möglich. Einzelheiten finden sich im Kapitel Risikoschwangerschaft (s. S. 532 ff).

2.4.2 Embryopathien und Fetopathien

Während der **Organogenese** besteht eine besondere Empfindlichkeit gegenüber schädigenden Einflüssen. Die Folgen können schwerste Fehlbildungen sein, oder es kommt zur Fehlgeburt. Ab dem 3. Monat **(Fetalperiode)** nimmt die Empfindlichkeit in Hinblick auf das Fehlbildungsrisiko ab. In dieser Phase führen Noxen häufiger zu Erkrankungen des Fetus oder allgemeiner Retardierung. Einzelheiten finden sich im Kapitel Risikoschwangerschaft (s. S. 532 ff).

3 Untersuchungen in der Schwangerschaft

3 Untersuchungen in der Schwangerschaft

3.1 Diagnose der Schwangerschaft

Der häufigste Grund für den ersten Arztbesuch in der Schwangerschaft ist die **sekundäre Amenorrhö**.

3.1 Diagnose der Schwangerschaft

Die überwiegende Mehrzahl der Schwangeren sucht den Arzt wegen des Ausbleibens der Periodenblutung **(sekundäre Amenorrhö)** auf, um Sicherheit über das Bestehen der Schwangerschaft zu erhalten. Oft wird die Diagnose von den Patientinnen selbst gestellt, z. B. mit einem in jeder Apotheke käuflichen Schwangerschaftstest. Eine Basisuntersuchung im Rahmen der Schwangerenvorsorge sollte möglichst früh erfolgen.

▶ Merke

▶ **Merke.** Die Amenorrhö ist das wichtigste anamnestische Kriterium für das Bestehen einer Schwangerschaft.

Die Diagnose einer Frühgravidität erfolgt durch **Sonographie** (s. S. 511 ff), evtl. auch **β-HCG-Nachweis** im Blut oder Urin (s. S. 508 f).

Im Zeitalter moderner Labordiagnostik und weiter Verbreitung der Sonographie wird die Diagnose einer frühen Gravidität meist durch die **sonographische Untersuchung** (s. S. 511 ff) gesichert, ggf. auch durch Hormontests aus Urin oder Blut (**β-HCG-Nachweis**, s. S. 508 f).

3.1.1 Klinische Schwangerschaftszeichen

3.1.1 Klinische Schwangerschaftszeichen

Vor Einführung der empfindlichen sonographischen und hormonellen Methoden des Schwangerschaftsnachweises war der Geburtshelfer auf die sog. „klinischen Schwangerschaftszeichen" angewiesen. Sie haben heute viel an Bedeutung verloren, sollten jedoch nicht gänzlich in Vergessenheit geraten.
Die klassische geburtshilfliche Lehre unterscheidet:

- **sichere** Schwangerschaftszeichen
- **wahrscheinliche** Schwangerschaftszeichen
- **unsichere** Schwangerschaftszeichen.

Sichere Schwangerschaftszeichen sind erst spät erfassbar:

- Hören kindlicher **Herztöne**
- Fühlen kindlicher **Bewegungen**
- Fühlen kindlicher **Körperteile**.

Sichere klinische Schwangerschaftszeichen sind das Hören der kindlichen **Herztöne**, das Spüren oder Fühlen kindlicher **Bewegungen** und das Fühlen kindlicher **Körperteile**. Alle diese sicheren Schwangerschaftszeichen sind nur in der zweiten Hälfte der Schwangerschaft erfassbar.

Wahrscheinliche Schwangerschaftszeichen sind früher erkennbar und deswegen bedeutsamer:

- Amenorrhö
- Vergrößerung und Auflockerung des Uterus
- Linea fusca, verstärkte Pigmentierung der Areolae mammae
- livide Verfärbung von Introitus und Vagina, samtartige Oberfläche der Vaginalhaut.

Die **wahrscheinlichen** Schwangerschaftszeichen sind wesentlich früher erkennbar und daher in der Regel wichtiger für die Diagnose einer frühen Schwangerschaft. Es zählen dazu:

- **Amenorrhö** – Ausbleiben der Regelblutung (s. S. 495 f)
- Veränderung der **Gebärmutter** in Größe und Konsistenz (weicher)
- Veränderung der **Brüste** (Vergrößerung, Auftreten von Spannungsgefühl)
- Zunehmende **Pigmentierung** der Areolae mammae (Warzenhöfe) und der Medianlinie des Bauches (Linea fusca)
- Veränderungen der **Vagina**: bläulich-violette (livide) Verfärbung von Scheidenhaut und Scheideneingang (Introitus) durch vermehrte Durchblutung. Zunahme der Scheidendehnbarkeit und -weite. Die Oberfläche der Vaginalhaut erscheint samtartig.

Unsichere Schwangerschaftszeichen können die Diagnose stützen. Typische Beschwerden zeigt Tab. **E-3.1**.

Unsichere Schwangerschaftszeichen können die Diagnose stützen. Dazu gehören **Befindlichkeitsveränderungen** oder Störungen wie Obstipation, Pollakisurie (häufiger Harndrang), morgendliches Erbrechen und Übelkeit, Appetitänderungen sowie vermehrter Fluor vaginalis ohne zu Grunde liegende Infektion. Die Häufigkeit typischer Beschwerden in der Frühschwangerschaft zeigt Tab. **E-3.1**.

Wichtigstes klinisches Merkmal sind die **„Uteruszeichen"**.

Das wichtigste klinische Untersuchungsmerkmal ist die Veränderung des Uterus. Der Untersucher muss mit den wichtigsten **„Uteruszeichen"** der Schwangerschaft vertraut sein, die sich bei der **vorsichtigen** bimanuellen Untersuchung zeigen können. Hier eine Aufstellung:

E-3.1 Typische Beschwerden in der Frühschwangerschaft

E-3.1

Brustspannen	70–80 %
Emesis	50–70 %
Pollakisurie	> 50 %
vermehrter Speichelfluss	> 50 %
verstärkter Fluor vaginalis	> 50 %
Obstipation	> 50 %
abnorme Gelüste	> 50 %

E-3.1 Palpatorische Schwangerschaftszeichen

E-3.1

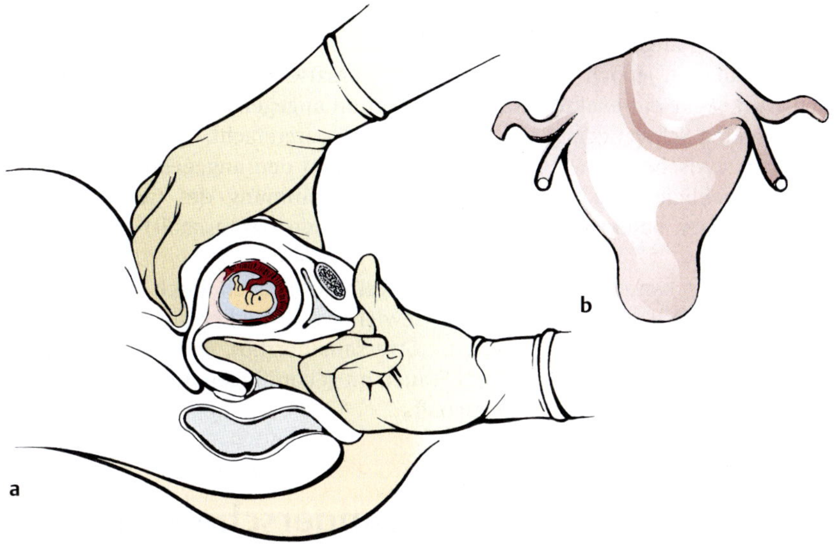

a Hegar-Zeichen: Bei der bimanuellen Palpation des Uterus zwischen der 6. und 11. SSW entsteht der Eindruck, dass sich auf Grund der Auflockerung im isthmischen Bereich innere und äußere Hand fast berühren können.
b Piskaček-Zeichen: Der Fundus uteri wölbt sich an der Nidationsstelle etwas aus und ist hier besonders weich zu palpieren.

- **Hegar-Schwangerschaftszeichen:** Durch die **Auflockerung des Isthmus uteri** können sich bei der bimanuellen Untersuchung die Finger der inneren und äußeren Hand fast berühren (s. Abb. **E-3.1a**)
- **Piskaček-Schwangerschaftszeichen:** In der Zeit von der 5.–11. SSW ist der Uterus im Bereich der Einnistungsstelle besonders weich und zeigt eine weiche Vorwölbung in diesem Areal der Uteruswand (Abb. **E-3.1b**). Diese ist bedingt durch ein stärkeres lokales Wachstum und eine weichere Konsistenz des Myometriums als Folge der lokalen Progesteronwirkung.
- **Osiander-Arterienzeichen:** Am schwangeren Uterus kann seitlich an den Kanten des Uterus vom Scheidengewölbe aus die Pulsation der aufsteigenden Arteria uterina gut getastet werden.
- **Noble-Schwangerschaftszeichen:** Die seitliche Ausladung des Uterus durch Verbreiterung und Ausdehnung des unteren Uterinsegments, wie sie vom seitlichen Scheidengewölbe aus etwa in der 13./14. SSW tastbar ist, wird so bezeichnet.

- **Hegar-Schwangerschaftszeichen:** s. Abb. **E-3.1a**.
- **Piskaček-Schwangerschaftszeichen:** s. Abb. **E-3.1b**.
- **Osiander-Arterienzeichen:** Vom seitlichen Scheidengewölbe aus tastbare Pulsation der A. uterina.
- **Noble-Schwangerschaftszeichen:** Zeigt die seitliche Ausladung des Uterus.

3.1.2 Zyklusanamnese

Das Ausbleiben der Regelblutung (Amenorrhö) ist in den meisten Fällen der erste Hinweis auf das Bestehen einer Schwangerschaft. Die Zyklusanamnese beinhaltet deshalb Fragen nach Datum, Dauer und Stärke der letzten und vor-

3.1.2 Zyklusanamnese

Die häufigste Ursache der sekundären Amenorrhö bei der Frau ist die Schwangerschaft.

Die Zyklusanamnese stellt den Beginn der Schwangerschaftsbetreuung dar.

letzten Perioden, also dem bisherigen Menstruationszyklus. Die durchschnittliche Zyklusdauer beträgt 28 Tage. Wichtig ist die Erfassung von verlängerten oder verkürzten Zyklen, da diese z. B. bei der Berechnung des Konzeptionszeitpunkts und damit des Geburtstermins berücksichtigt werden müssen. Wichtig ist auch die Frage nach einer vorausgegangenen oralen Kontrazeption, da es gelegentlich, z. B. nach Absetzen von Ovulationshemmern, zu Zyklusverschiebungen kommt.

In einigen Fällen sind die erfragten Angaben zur Zyklusanamnese nur bedingt verwertbar. Oft sind exakte Daten den Patientinnen nicht mehr erinnerlich oder nur vage zu ermitteln. Gelegentlich kommt es trotz bestehender Schwangerschaft zu menstruationsähnlichen Blutungen (1–4 %). Bei manchen Frauen kommt es zum Zeitpunkt der Implantation der befruchteten Eizelle zu sog. **Nidationsblutungen**, deren Datum dann fälschlicherweise als das der letzten Menstruation angegeben wird.

Oftmals können jedoch die erfragten Daten präzise genannt werden, gelegentlich wird sogar ein exakter Konzeptionstermin angegeben, was die Ermittlung des genauen Schwangerschaftsalters erheblich vereinfacht.

Bestehen zwischen den klinischen Befunden und den angegebenen Blutungsdaten erhebliche Diskrepanzen, kann die Bestimmung des Gestationsalters nur mit einer objektiven Untersuchungsmethode (Ultraschall) durchgeführt werden.

In Einzelfällen kann ein Ausbleiben der Regelblutung auch durch Erkrankungen, Klima- oder Ortswechsel, stärkeren Gewichtsverlust oder starke körperliche Belastungen hervorgerufen werden (Stressamenorrhö). Prinzipiell erfordert aber jede sekundäre Amenorrhö bei Frauen im gebärfähigen Alter den Nachweis oder Ausschluss einer Schwangerschaft.

3.2 Definition des Schwangerschaftsalters und Ermittlung des voraussichtlichen Geburtstermins

3.2 Definition des Schwangerschaftsalters und Ermittlung des voraussichtlichen Geburtstermins

Die **mittlere Schwangerschaftsdauer post menstruationem** beträgt bei 28-tägigem Zyklus 281 Tage (s. Abb. **E-3.2**). **Erweiterte Naegele-Regel:**
1. Tag der letzten Menstruation + 7 Tage − 3 Monate + 1 Jahr ± x = E. T. (x = Abweichung vom 28-Tage-Zyklus in Tagen).

Für die Schwangerschaftsdauer gibt es zwei Berechnungsgrundlagen:

1. Am exaktesten ist die Berechnung bei bekanntem Konzeptionstermin: Ausgehend vom **Tag der Konzeption** beträgt die **mittlere tatsächliche Schwangerschaftsdauer** 267 Tage (= 38 Wochen) bis zum Tag der Geburt. Der Entbindungstermin (E. T.) wird nach folgender Regel ermittelt:
Konzeptionstermin – 7 Tage − 3 Monate + 1 Jahr = E. T.
2. Wenn der Konzeptionstermin nicht bekannt ist, und für die Berechnung nur der 1. Tag der letzten Regelblutung zur Verfügung steht, kann die Berechnung nach der **erweiterten Naegele-Regel** erfolgen: Ausgehend vom 1. Tag der letzten Menstruationsblutung ergibt sich eine **mittlere Schwangerschaftsdauer post menstruationem** von 281 Tagen (= 40 Wochen oder 10 Lunarmonate) bei regelmäßigem, 28-tägigem Zyklus (s. Abb. **E-3.2**). Regelmäßige Abweichun-

E-3.2

E-3.2 **Mittlere Schwangerschaftsdauer p. m.**

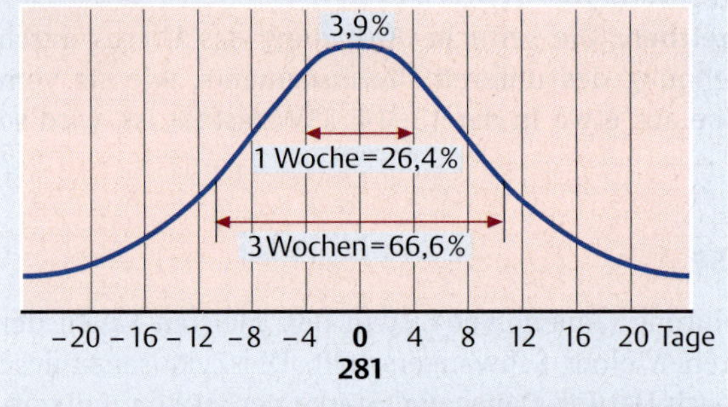

gen vom 28-Tage-Zyklus sind bei der Berechnung unbedingt zu berücksichtigen. Erweiterte Naegele-Regel:
1. Tag der letzten Menstruation + 7 Tage − 3 Monate + 1 Jahr ± x Tage = E. T. (x ist die Abweichung vom 28-Tage-Zyklus in Tagen).

▶ **Merke. Datum** (1. Tag der letzten Regel) **plus 7** (Tage) **minus 3** (Monate) plus 1 Jahr **plus/minus x** (Tage, Abweichung vom 28-Tage-Zyklus).

◀ Merke

Beispiel: letzte Periode am 29. 6. 00, 33-Tage-Zyklus
29. Juni 2000
+ 7 Tage = 6. Juli
− 3 Monate = 6. April
+ 1 Jahr + 5 Tage = **11. April 2001**

Die Treffsicherheit dieser Berechnung ist eingeschränkt, da die Schwangerschaftsdauer natürlich einer Normalverteilung entspricht. Am errechneten Termin werden nur etwa 4 % der Kinder geboren. Zwei Drittel aller Kinder kommen innerhalb von 3 Wochen (± 10 Tage) um den errechneten Termin zur Welt, die verbleibenden ca. 30 % werden ± 4 Tage um den Geburtstermin geboren (s. Abb. **E-3.2**).

Nur ca. 4 % aller Kinder kommen am errechneten Termin zur Welt, zwei Drittel werden innerhalb von 3 Wochen (± 10 Tage) um den Termin geboren (s. Abb. **E-3.2**).

E-3.3 Beispiel für ein Gravidarium

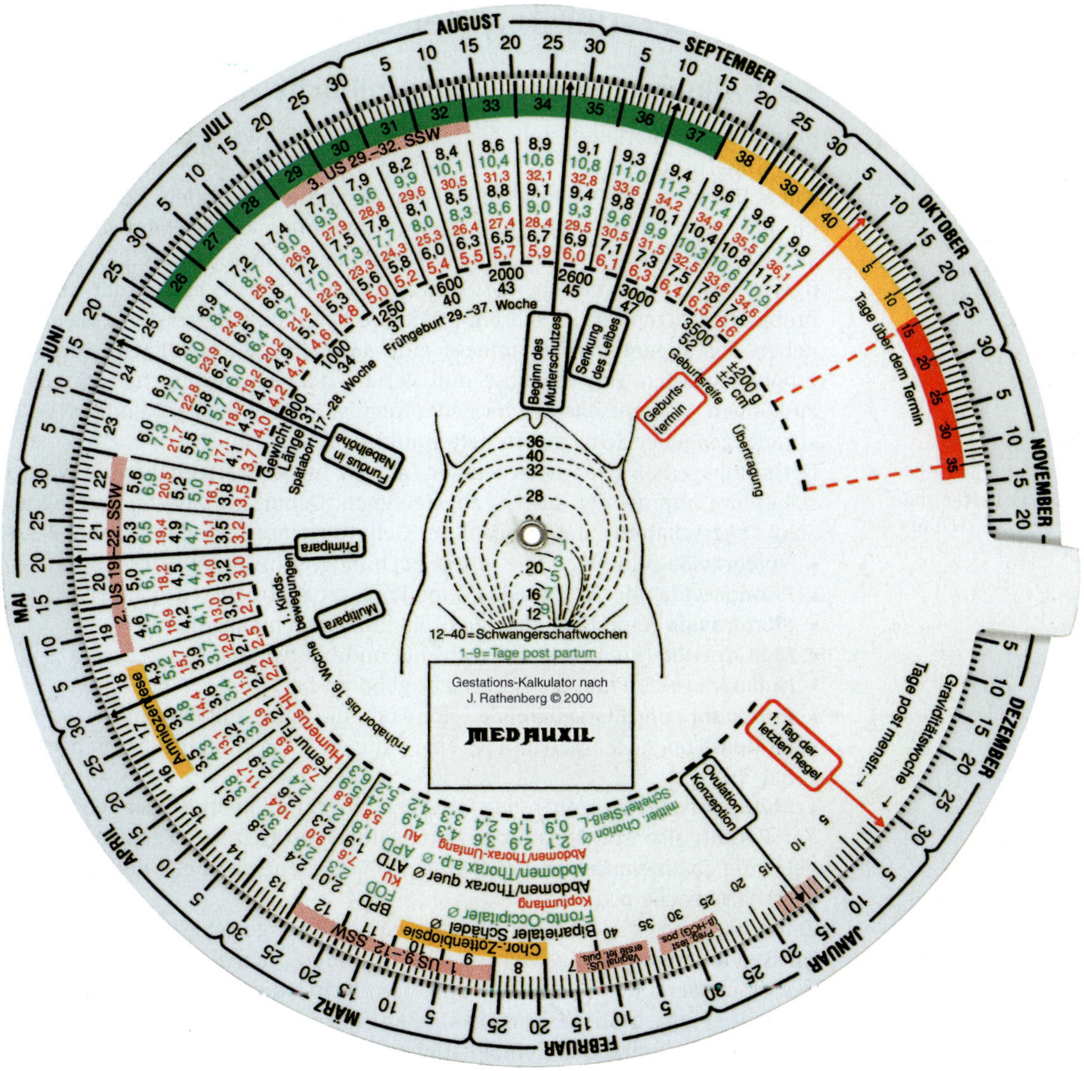

Das Gestationsalter wird meist in SSW post menstruationem angegeben.

Erste Kindsbewegungen treten bei Erstgebärenden ab der 20. SSW, bei Mehrgebärenden ab der 18. SSW auf.

Für Eintragungen im Mutterpass und im fachlichen Sprachgebrauch wird das Gestationsalter in Schwangerschaftswochen post menstruationem angegeben. Wenn die Zyklusanamnese keine oder nur sehr ungenaue Angaben ergibt, kann der Zeitpunkt des **ersten Auftretens von Kindsbewegungen** ein guter Hinweis auf das Gestationsalter sein. Bei Erstgebärenden sind die ersten Kindsbewegungen um die 20. SSW, bei Mehrgebärenden etwa in der 18. SSW spürbar, die Variationsbreite liegt bei etwa 2 Wochen (früher oder später).

Auch der **Fundusstand** gibt Hinweise auf das Gestationsalter (s. Abb. **E-3.6**, S. 501).

Auch die **Größe des Uterus** und der **Fundusstand** (s. Abb. **E-3.6**, S. 501) geben Hinweise auf das Gestationsalter, wobei die Variationsbreite hier naturgemäß sehr groß ist.

Üblicherweise wird heute die Festlegung des Schwangerschaftsalters durch die frühe Ultraschalluntersuchung gestützt. In den ersten Wochen der Schwangerschaft korrelieren Schwangerschaftsalter und Größe des Embryos sehr genau, so dass auch bei unklarer Zyklusanamnese das Gestationsalter bestimmt werden kann.

Hilfreich bei der Berechnung von Schwangerschaftsalter und Geburtstermin sind Gravidarien (s. Abb. **E-3.3**).

Bei der Berechnung von Schwangerschaftsalter und Geburtstermin ist ein sog. Gravidarium, eine einfache, scheibenförmige, rechenschieberähnliche Berechnungshilfe, sehr nützlich (s. Abb. **E-3.3**). Es gibt verschiedene Modelle, die oft auch über Zusatzinformationen (z. B. Ultraschalltabellen, Gewichtsmittelwerte) verfügen.

3.3 Anamnese und körperliche Untersuchung der Schwangeren

3.3.1 Allgemeine und geburtshilfliche Anamnese

3.3 Anamnese und körperliche Untersuchung der Schwangeren

3.3.1 Allgemeine und geburtshilfliche Anamnese

Die Feststellung einer Schwangerschaft kann für die Patientin eine Problemsituation darstellen, in der sie der Arzt nicht allein lassen sollte.
Bei der Erstuntersuchung wird neben der allgemeinen Anamnese eine **spezielle, geburtshilfliche Anamnese** erhoben.

In manchen Situationen stellt die Diagnose einer Schwangerschaft die Patientin vor große psychische, soziale und wirtschaftliche Probleme. In einem solchen Fall sollte man die Patientin mit dieser Diagnose nicht allein lassen, sondern ihr alle notwendigen Hilfsmittel und Informationen an die Hand geben, damit sie sich in dieser neuen Situation zurechtfinden kann (s. Kap. A 7.3.1). Im häufigeren Fall ist die bestehende Schwangerschaft jedoch erwünscht und wird problemlos akzeptiert. In diesem Fall sollte bereits bei der ersten Konsultation neben der allgemeinen Anamnese eine **spezielle geburtshilfliche Anamnese** erhoben werden, um Prognose und Verlauf der Schwangerschaft abschätzen zu können. Von entscheidender Bedeutung ist hierbei die Zahl und der Verlauf vorangegangener Schwangerschaften und Geburten.

Basisangaben informieren über die Gravidität (Anzahl der Schwangerschaften) und die Parität (Zahl der Geburten; s. Haupttext und Abb. **E-3.4**).

Definitionsgemäß wird zwischen der Zahl der bisher stattgehabten Schwangerschaften (Summe der bisher abgelaufenen Geburten, Aborte und ektopen Schwangerschaften) und der Zahl der Geburten unterschieden (s. Abb. **E-3.4**):

- **Nulligravida** (eine Frau, die bisher noch nicht schwanger war)
- **Primigravida** oder **Erstgravida** (eine Frau, die erstmalig schwanger ist)
- **Plurigravida** (eine Frau, die zwei- bis fünfmal schwanger war)
- **Multigravida** (eine Frau, die sechsmal und häufiger schwanger war)
- **Nullipara** (eine Frau, die noch nicht geboren hat)
- **Primipara** oder Erstgebärende (eine Frau, die erstmalig entbunden wird)
- **Pluripara** oder Mehrgebärende (eine Frau, die 2 bis 5 Geburten durchgemacht hat)
- **Multipara** oder Vielgebärende (eine Frau, die 6 und mehr Kinder geboren hat).

Zur Parität, also zur Anzahl der durchgemachten Geburten, zählen auch Totgeburten ab einem Geburtsgewicht von > 500 g, entsprechend der 21. Schwangerschaftswoche p. c.

Von Interesse sind besonders Erkrankungen während der Schwangerschaft und Komplikationen bei der Geburt, in der Nachgeburtsperiode und im Wochenbett.

Zeitpunkt und Verlauf vorausgegangener Schwangerschaften und Geburten müssen detailliert erfragt werden. Von besonderer Bedeutung sind diese Angaben dann, wenn Komplikationen aufgetreten sind wie Schwangerschaftserkrankungen, geburtshilfliche Komplikationen (dazu gehört z. B. die Indikation für einen Kaiserschnitt) und Komplikationen in der Nachgeburtsperiode (atonische Nachblutung, Plazentaretention, Hämatombildungen). Weiterhin sind Angaben

E-3.4 Gravidität/Parität

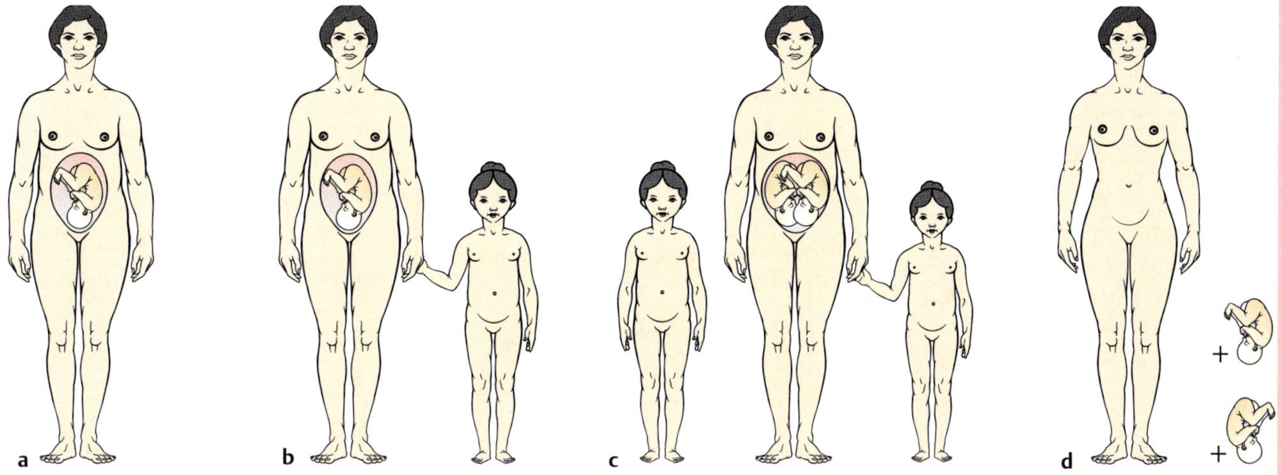

a Gravida 1 (Primigravida)
b Gravida 2 - Para 1
c Gravida 3 - Para 2 (Plurigravida, Pluripara)
d Gravida 2 - Para 0 (Plurigravida, Nullipara)

über Größe, Geschlecht und Zustand des Kindes bei der Geburt von Interesse sowie Angaben über Wochenbettverlauf und Stillperiode. Auch die Anamnese bezüglich Spontanaborten, Schwangerschaftsabbrüchen und Frühgeburten sollte möglichst detailliert erfragt und dokumentiert werden.

Weitere **Punkte der Anamnese** sind:

- **Vorausgegangene gynäkologische Operationen und Erkrankungen.** Nach Operationen an der Gebärmutter, z. B. Myomenukleationen, oder an der Zervix, z. B. Konisation, ist die bestehende Schwangerschaft als Risikoschwangerschaft einzustufen, da das Risiko einer Fehlgeburt erhöht sein kann (z. B. durch Zervixinsuffizienz) und Geburtskomplikationen (z. B. Uterusruptur) gehäuft auftreten.
- **Zyklusanamnese** (s. S. 495 f)
- **Allgemeinanamnese** bezüglich vorausgegangener allgemeiner Operationen und Erkrankungen, insbesondere Erkrankungen der Nieren- und Harnwege, Herz- und Kreislauferkrankungen, Diabetes mellitus, Schilddrüsenerkrankungen, Kollagenosen, Allergien, psychischen Erkrankungen, Anfallsleiden sowie durchgemachten akuten oder chronischen Infektionskrankheiten.
- **Arbeits- und Sozialanamnese.** Ungünstige soziale Verhältnisse und psychische Belastungssituationen können die Schwangerschaft gefährden.
- **Familienanamnese.** Hierbei soll vor allem eine familiäre genetische Belastung erfasst werden, da bei Erbkrankheiten die Möglichkeiten der pränatalen Diagnostik genutzt werden können.
- **Erkrankungen und Beschwerden, die seit dem Zeitpunkt der vermuteten Konzeption aufgetreten sind.** Hierbei ist in erster Linie nach **Infektionskrankheiten** zu fragen, die eine Gefährdung für den Embryo beinhalten (z. B. Röteln, Parvovirus-Infektionen, Toxoplasmose). Im Verdachtsfall ist eine zusätzliche serologische Diagnostik einzuleiten. Zu diesem Anamnesepunkt gehört auch die Frage nach der Medikamenteneinnahme seit dem Zeitpunkt der Konzeption.

Die geburtshilfliche Anamnese ist nach den Mutterschaftsrichtlinien im Mutterpass zu vermerken und die bestehende Schwangerschaft gegebenenfalls als Risikoschwangerschaft einzustufen.

- **Vorausgegangene gynäkologische Operationen und Erkrankungen.**
- **Zyklusanamnese** (s. S. 495 f)
- **Allgemeinanamnese**
- **Arbeits- und Sozialanamnese**
- **Familienanamnese**
- **Erkrankungen und Beschwerden seit dem Zeitpunkt der vermuteten Konzeption.** Hier ist besonders auf Infektionskrankheiten und die Einnahme von Medikamenten zu achten.

3.3.2 Allgemeine Untersuchung

Wie in allen medizinischen Fächern empfiehlt es sich, bei der ersten Konsultation eine Einschätzung der **Konstitution** und des **Körperbaus** der Schwangeren

Konstitutionstyp und **Körperbau** der Schwangeren erlauben prognostische Aus-

E-3.5 Michaelis-Raute

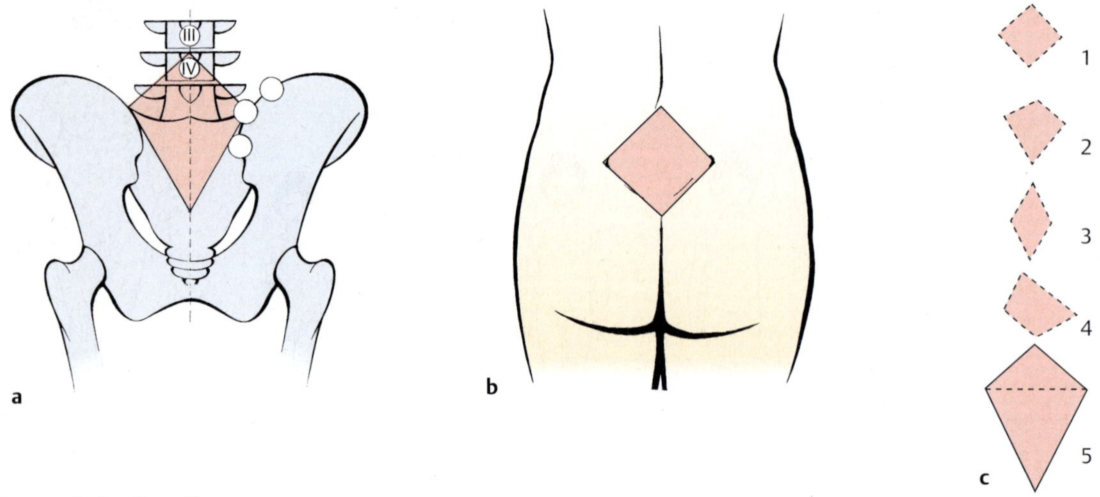

a Anatomische Grundlage:
- oberer Punkt: Grube über Processus spinosus des 4. Lendenwirbels
- unterer Punkt: Beginn der Analfurche
- seitlicher Punkt: Gruben über den Spinae iliacae posteriores superiores.

b Äußerer Aspekt der normalen Michaelis-Raute. Die Betrachtung sollte am besten bei seitlich auffallendem Licht erfolgen.

c Schemazeichnung zu den Varianten der Michaelis-Raute:
1 Normalbefund (angenähertes Quadrat)
2 Papierdrachenform bei platt-rachitischem Becken
3 längliche Form bei allgemein verengtem Becken
4 asymmetrische Form bei schräg verengtem Becken
5 verlängerte Michaelis-Raute bei langem Becken

sagen über die Wahrscheinlichkeit eines regelwidrigen Geburtsverlaufs.

vorzunehmen. Für die Geburtshilfe hat diese Beurteilung prognostische Bedeutung, weil verschiedene Regelwidrigkeiten der Geburt bei bestimmten Konstitutionsvarianten gehäuft auftreten: Bei Asthenikerinnen und eher android gebauten Frauen finden sich häufiger Störungen der Wehentätigkeit (Dystokien) als bei Pyknikerinnen; Missverhältnisse zwischen Becken und Kind werden häufiger bei virilem Körperbau beobachtet.
Zusätzlich ist bei der ersten Konsultation eine **allgemeinmedizinische Untersuchung** zum Ausschluss extragenitaler Erkrankungen notwendig.

Eine **allgemeinmedizinische Untersuchung** dient dem Ausschluss extragenitaler Erkrankungen.

Die Beurteilung der **Michaelis-Raute** ist für die Diagnostik des engen Beckens wichtig. (s. Abb. **E-3.5**).

Ein Bestandteil der Erstuntersuchung ist die Beurteilung der **Michaelis-Raute** (s. Abb. **E-3.5**). Sie kann als Hilfskriterium für die Diagnose eines engen Beckens verwertet werden. Ihre Grenzpunkte sind das Grübchen über dem Dornfortsatz des 4. Lendenwirbels, der Beginn der Analfurche sowie die beiden Grübchen über den hinteren oberen Darmbeinstacheln. Im Normalfall handelt es sich um eine symmetrische gleichförmige Raute. Bei virilem Becken ist sie schmal, bei der heute seltenen Rachitis kranial abgeflacht („Papierdrachenform"). Bei Unklarheiten kommt in seltenen Fällen die Röntgendiagnostik oder die Kernspintomographie (keine Strahlenbelastung) zur Anwendung.

3.3.3 Äußere Palpation

Fundusstand. Höhenstand und Konsistenz des Uterus können bei der äußeren Palpation untersucht werden.
Abb. **E-3.6** zeigt den Fundusstand in Abhängigkeit vom Gestationsalter.

3.3.3 Äußere Palpation

Fundusstand. Bei der äußeren Palpation sollen Größe und Konsistenz des Uterus bei jeder Untersuchung der Schwangeren beurteilt werden. Der Fundus uteri ist in der 12. Schwangerschaftswoche (SSW) hinter der Symphyse zu tasten. In der 24. SSW hat der Fundus den Nabel der Schwangeren erreicht, in der 36. SSW den Rippenbogen (Höchststand), um schließlich um den Termin etwa 1–2 Querfinger unterhalb des Rippenbogens zu stehen. Abb. **E-3.6** zeigt die detaillierte Zuordnung verschiedener Höhenstände zum Gestationsalter.

E-3.6 Höhenstand des Fundus uteri am Ende der einzelnen SSW

E-3.6

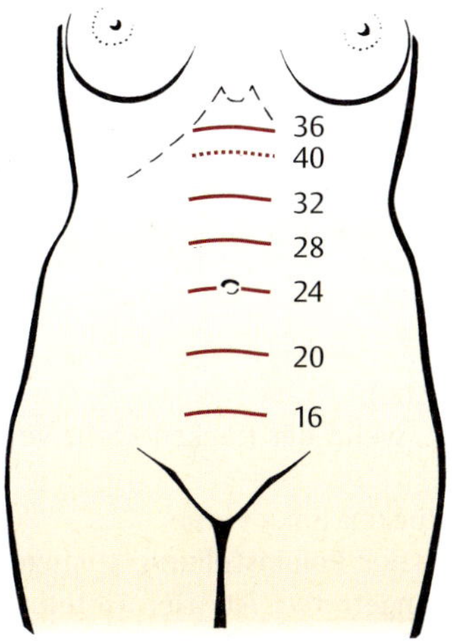

Die Bestimmung des Höhenstandes erfolgt mit dem 1. Leopold-Handgriff (s. Abb. **E-3.7**).

▶ **Merke.** 24. SSW = Fundus am Nabel
36. SSW = Fundus am Rippenbogen

◀ Merke

Abweichungen des Höhenstandes werden bei Terminfehlern (↑, ↓), Mehrlingen (↑), veränderter Fruchtwassermenge (↑, ↓), fetaler Mangelernährung (↓), Blasenmole (↑) und Tumoren (↑) beobachtet.

Werden bei der Beurteilung des Höhenstandes **Abweichungen nach oben** festgestellt, so kann es sich um einen Terminfehler, eine Blasenmole, eine Mehrlingsschwangerschaft, eine Polyhydramnie oder eine Tumorbildung (Myom) handeln. Bei **kleinerem Uterus** kommen ebenfalls Terminfehler, eine verminderte Fruchtwassermenge (Oligo- oder Anhydramnie) oder eine Wachstumsretardierung des Fetus als Ursachen in Frage. Neben der palpatorischen Bestimmung des Höhenstandes des Fundus kann auch die Messung des Symphysen-Fundus-Abstandes vorgenommen werden.

Leopold-Handgriffe. Ab der 20. SSW kann die äußere Palpation durch die Leopold-Handgriffe erfolgen (s. Abb. **E-3.7**).

Leopold-Handgriffe. Ab der 20. SSW kann die äußere Palpation durch die Leopold-Handgriffe in Rückenlage und bei entleerter Blase erfolgen (s. Abb. **E-3.7**).

E-3.7 Leopold-Handgriffe zur äußeren Palpation des Uterus und der fetalen Lage, Poleinstellung sowie Stellung

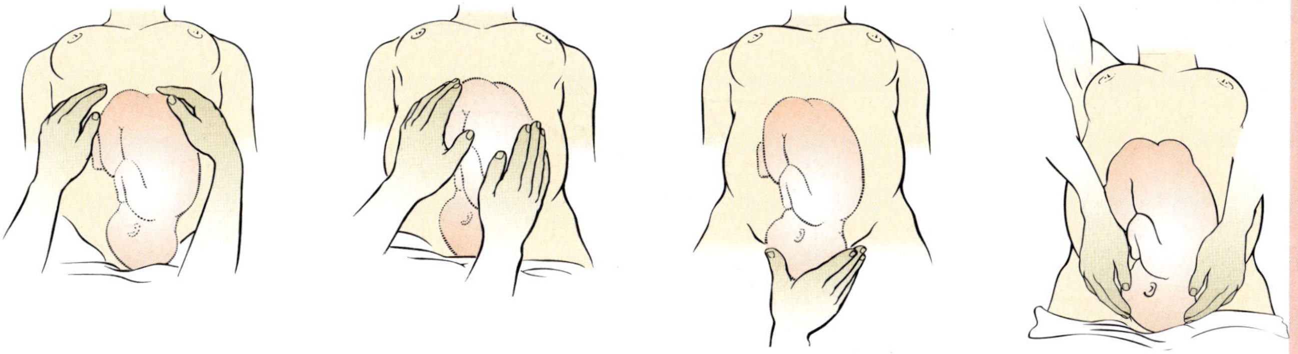

Mit dem **1. Handgriff** werden Fundusstand, Tonus des Myometriums, Lage und Poleinstellung bestimmt (z. B. kugeliges Teil im Fundus = Kopf = Beckenendlage).
Mit dem **2. Handgriff** ermittelt man Stellung und Lage des Fetus (z. B. Rücken rechts = 2. Stellung).
3. und 4. Handgriff dienen der Feststellung von Poleinstellung und Höhenstand (z. B. harter kugeliger Teil = fetaler Kopf).

1. Handgriff: Fundushöhe, Tonus, Lage, Art des vorangehenden Teils **(Poleinstellung)**.

1. Leopold-Handgriff: Der **Fundusstand** wird mit beiden Händen beurteilt, indem die ulnaren Handkanten über dem Fundus auf die Bauchdecke gelegt und etwas eingedrückt werden. Im späten zweiten und im dritten Trimenon der Schwangerschaft kann damit neben der Größe des Uterus in Korrelation zum Schwangerschaftsalter die Art des vorangehenden Teils überprüft werden, also die **Poleinstellung**.

2. Handgriff: Stellung, Lage.

2. Leopold-Handgriff: Damit wird die **Stellung des Rückens** und der **kleinen Teile** diagnostiziert; dabei werden beide Handflächen seitlich auf den Uterus aufgelegt und durch leichten Druck Rücken bzw. Arme und Beine gesucht. Es gilt folgende Regel:

I. Stellung: Der fetale Rücken ist **links** zu tasten.

II. Stellung: Der fetale Rücken ist **rechts** zu tasten.

Ergänzend wird die Stellung mit a bezeichnet, wenn der Rücken mehr ventral steht, bzw. mit b, wenn er mehr dorsal steht.

Beispiel: Bei der Stellung Ia findet man den Rücken links vorne.

3. und 4. Handgriff: Poleinstellung, Höhenstand des vorangehenden Teils.

3. Leopold-Handgriff: Er dient der Diagnostik der **Poleinstellung**, solange der vorangehende Teil noch nicht ins Becken eingetreten ist. Der Untersucher geht dabei mit abgespreiztem Daumen und Zeigefinger über der Symphyse ein und versucht, den vorangehenden Teil ruckartig zu bewegen. Handelt es sich um den fetalen Kopf, so lässt sich dabei ein **Ballottement** auslösen, d. h. der Kopf pendelt hin und her. Geht der Steiß voran, so ist dieses Zeichen negativ.

4. Leopold-Handgriff: Er kommt zur Anwendung, wenn der Kopf bereits etwas ins Becken eingetreten ist: Die Fingerspitzen beider Hände des Untersuchenden werden von lateral her parallel zum Leistenrand vorsichtig ins Becken eingerückt, um **Art und Höhenstand des vorangehenden Teils** im Verhältnis zum Beckeneingang zu beurteilen. Diese Handgriffe werden während der Schwangerschaft, also im Normalfall am wehenlosen Uterus ausgeführt.

Palpation unter der Geburt: Hier werden zusätzlich zur Diagnostik eines Missverhältnisses der **Zangemeister-Handgriff** (s. Abb. **E-3.8**) und die kombinierte äußere und innere Untersuchung (s. Abb. **E-3.9**) durchgeführt.

Palpation unter der Geburt: Hier kommen der sog. **Zangemeister-Handgriff** und die kombinierte äußere und innere Untersuchung zur Anwendung. Sie dienen der Diagnostik eines **Missverhältnisses** zwischen mütterlichem Becken und kindlichem Kopf (z. B. bei hohem Geradstand, s. S. 626).

Beim Zangemeister-Handgriff (s. Abb. **E-3.8**) legt der Untersucher eine Hand auf die Symphyse der Kreißenden, die andere Hand auf den kranial davon befindlichen Abschnitt des Uterus. Im Normalfall soll die kraniale Hand die Symphyse nicht überragen, bei einem Missverhältnis findet sich eine mehr oder weniger stark ausgeprägte Stufe.

E-3.8

E-3.8 Zangemeister-Handgriff
(manchmal auch als 5. Leopold-Handgriff bezeichnet)

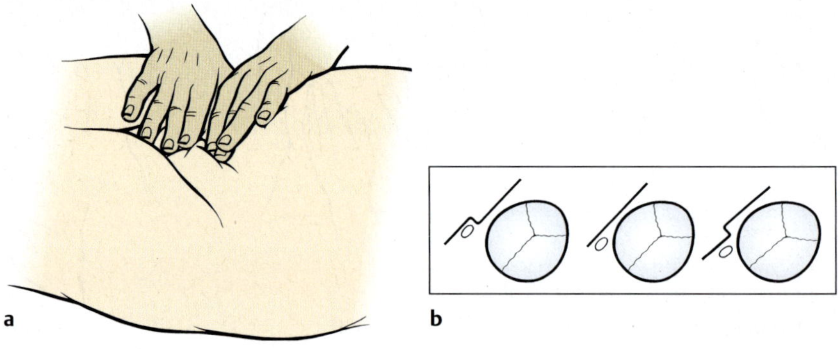

a Die auf der Symphyse und dem fetalen Kopf liegenden Hände stehen in gleicher Höhe. Daraus ergibt sich der V. a. ein (geringgradiges) Missverhältnis.
b Links ist der Normalbefund gezeigt (die Hand auf dem kindlichen Kopf steht tiefer als die Hand auf der Symphyse), in der Mitte die Situation wie in **a**, rechts besteht der V. a. ein deutliches Missverhältnis (Hand auf dem Kindskopf überragt Hand auf der Symphyse).

E-3.9 Kombinierte innere und äußere Untersuchung

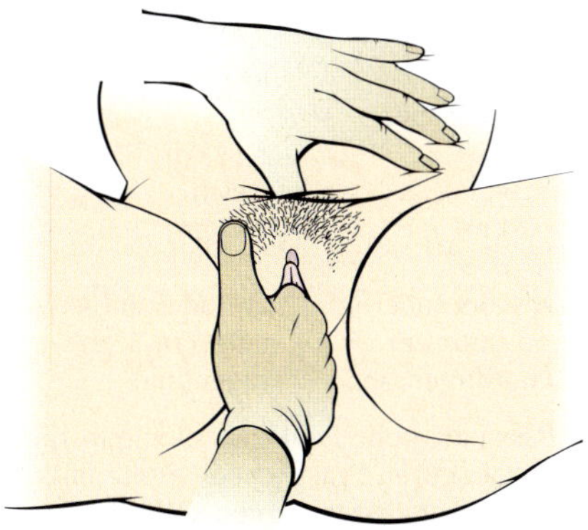

Während die äußere Hand den kindlichen Kopf ins kleine Becken zu drücken versucht, wird mit der inneren Hand der Erfolg dieser Manipulation beurteilt.

Bei der kombinierten inneren und äußeren Untersuchung (sog. Maßnahmen unter der Geburt, s. Abb. **E-3.9**) versucht die äußere Hand, den kindlichen Kopf der inneren vaginal untersuchenden Hand ins kleine Becken entgegenzudrücken. Gelingt dies, so ist ein Missverhältnis weitgehend auszuschließen.

3.3.4 Vaginale Untersuchung

Die äußere Palpation wird durch die vaginale Untersuchung der Schwangeren ergänzt. Bei der ersten Konsultation sowie bei verstärktem bzw. verdächtigem Fluor vaginalis und bei Blutungen in der Schwangerschaft ist die Spekulumeinstellung vorzunehmen. Bei unauffälliger Frühgravidität sind schwangerschaftsbedingte Veränderungen nachweisbar, z. B. die livide Verfärbung von Introitus, Vagina und Portio vaginalis (wahrscheinliche Schwangerschaftszeichen, s. S. 494). Die vorsichtige Entnahme eines zytologischen Abstrichs schließt die Spekulumeinstellung ab.

In der Frühschwangerschaft wird die bimanuelle Palpation des Uterus zur Beurteilung der Größe, Konsistenz und Lage des Organs sowie der Adnexen vorgenommen. Der Uterus ist ab der 6. SSW vergrößert und auf Grund der vermehrten Durchblutung aufgelockert tastbar.

▶ **Merke.** Der nichtschwangere Uterus hat eine derbe Konsistenz wie Radiergummi, während der schwangere Uterus sich ähnlich wie der nicht angespannte Daumenballen anfühlt.

Hegar- und Piskaček-Zeichen sind bei der Palpation nachweisbar (s. S. 495).

Bei jeder Untersuchung in der Schwangerschaft ist die **Palpation der Cervix uteri** (Portio) vorzunehmen. Sie dient der frühzeitigen Erkennung der Zervixinsuffizienz als möglicher Ursache einer Frühgeburt. Folgende Kriterien sind zu berücksichtigen:

- Portiostand
- Länge der Portio
- Konsistenz der Portio
- Zustand (Weite) des Muttermundes.

Die Befunde sind je nach Parität unterschiedlich.

Die Portio vaginalis der Zervix lässt sich als etwa 2–3 cm lange zapfenförmige Struktur tasten. Sie ist kreuzbeinwärts (sakral) gerichtet und hat bei der Erstpara eine derbe Konsistenz. Der Muttermund ist bis etwa zur 36./37. SSW grübchenförmig, bei Zweit- und Mehrgebärenden quer gespalten zu tasten. Bei Letzteren ist darüber hinaus die Portio oft klobiger und etwas aufgelockert, der äußere Muttermund kann bereits frühzeitig etwas klaffen. Nach der 36. SSW

E-3.9

3.3.4 Vaginale Untersuchung

Bei der ersten vaginalen Untersuchung wird eine Spekulumeinstellung mit Smearentnahme durchgeführt. Der Introitus und die Vaginalhaut sind meist livide verfärbt (unsicheres Schwangerschaftszeichen, s. S. 494).

In der Frühschwangerschaft wird der Uterus bimanuell palpiert, er ist deutlich aufgelockert und ab der 6. SSW auch tastbar vergrößert.

◀ Merke

Die **Palpation der Cervix uteri** (Portio) ist bei jeder Untersuchung zur Erkennung einer Zervixinsuffizienz nach folgenden Kriterien durchzuführen:

- Portiostand
- Länge
- Konsistenz
- Zustand (Weite) des Muttermundes.

Normalbefund bei Erstparae: 2–3 cm lang, derb, kreuzbeinwärts (sakral) gerichtet, Muttermund grübchenförmig.

Bei Mehrgebärenden: klobig, kürzer, Muttermund manchmal frühzeitig klaffend.

E-3.2

E-3.2 Bishop-Score

Befunde	*1 Punkt*	*2 Punkte*	*3 Punkte*
▪ Portiostand	sakral	nahe der Führungslinie	in Führungslinie
▪ Portiolänge	≥ 2 cm	1 cm	< 1 cm
▪ Portiokonsistenz	derb	mittel	weich
▪ Weite des Muttermundes	geschlossen	1–2 cm	2–3 cm
▪ Höhenstand des vorangehenden Teils	über Beckeneingang	zwischen oberem und unterem Schoßfugenrand	am oder unter unterem Schoßfugenrand

Bewertung der Befunde: Grundsätzlich gilt, dass eine hohe Punktzahl eine günstige Beurteilung der Geburtsbereitschaft der Zervix bedeutet. Praktischen Einsatz findet der Bishop-Score insbesondere, wenn die Geburt eingeleitet werden soll. Niedrige Punktzahlen bedeuten, dass die Reifung der Zervix mittels vaginaler Prostaglandinapplikation induziert werden muss, bei hohen Punktzahlen kann ein Wehentropf mit Syntocinon angewandt werden.

Nach der 36. SSW lockert die Zervix auf, der Muttermund öffnet sich leicht.

kann meistens im Sinne einer Vorbereitung der Zervix auf die Geburt eine Auflockerung und Verkürzung der Portio sowie eine geringgradige Öffnung des Muttermunds (vor allem bei Mehrgebärenden) beobachtet werden. Bei der sog. **isthmozervikalen Insuffizienz** ist die Portio verkürzt und aufgelockert zu tasten; der Zervikalkanal und insbesondere der innere Muttermund sind geöffnet.

Im **Bishop-Score** wird die Beurteilung der Zervix quantitativ im Sinne eines geburtshilflichen Prognoseindex erfasst (s. Tab. **E-3.2**).

Die angeführten Kriterien bei der Untersuchung der Zervix werden quantitativ im sog. **Bishop-Score** erfasst. Er ist als geburtshilflicher Prognoseindex, insbesondere zur Abschätzung des Geburtsfortschrittes bei Geburtseinleitungen, aber auch zur Abschätzung des Schweregrades einer isthmozervikalen Insuffizienz zu verwenden. In Tab. **E-3.2** ist der erweiterte Bishop-Score aufgeführt.

3.4 Schwangerschaftsvorsorgeuntersuchungen

3.4.1 Mutterschaftsrichtlinien und Mutterschutzgesetz

Ziel der Schwangerenvorsorge ist die Erkennung von Risikoschwangerschaften und Risikogeburten.

Eine der wesentlichen Aufgaben in der Geburtsmedizin ist die Betreuung von Patientinnen im Rahmen der Schwangerenvorsorge. Ziel der ärztlichen Schwangerenvorsorge ist die frühzeitige Erkennung von Risikoschwangerschaften und Risikogeburten. Sie umfasst jedoch darüber hinaus alle diagnostischen und therapeutischen Betreuungsmaßnahmen für Mutter und Kind im Verlauf der Gravidität und nach der Entbindung.

Grundlagen sind die **Mutterschaftsrichtlinien**.

Grundlagen der Betreuung bilden die sog. **Mutterschaftsrichtlinien** (Richtlinien des Bundesausschusses der Ärzte und Krankenkassen über die ärztliche Betreuung während der Schwangerschaft und nach der Entbindung).

Die Mutterschaftsrichtlinien sind über die frauenärztlichen Verbände beziehbar und geben auf ca. 6 Seiten den Rahmen vor, der eine weitgehende Standardisierung der Schwangerenbetreuung ermöglichen soll. Die Richtlinien geben zusätzliche Hinweise für den sinnvollen und zeitgerechten Einsatz diagnostischer Maßnahmen sowie Anweisungen zur Führung des Mutterpasses.

Verbesserte Schwangerenvorsorge führt zu verringerter Säuglingssterblichkeit und reduziert die mütterliche und kindliche Morbidität.

Die Bedeutung der Schwangerenvorsorge liegt vor allem in der Reduktion der perinatalen Mortalität sowie der Abwendung von Schäden (Morbidität) von Mutter und Kind. Ein eindeutiger Zusammenhang zwischen der Qualität und Intensität der Schwangerenvorsorge und der perinatalen Sterblichkeit ist seit langem bekannt. Die Reduktion der Säuglingssterblichkeit in Deutschland steht in direktem Zusammenhang mit der Verbesserung der Schwangerenvorsorge. Hauptgründe sind:

- Frühzeitiges Erkennen kindlicher Mangelzustände (Plazentainsuffizienz) führt zu rechtzeitiger Beendigung einer Risikoschwangerschaft (durch Geburtseinleitung oder Kaiserschnitt).
- Frühzeitiges Erkennen „ungünstiger" mütterlicher Faktoren, z. B. vorzeitige Wehentätigkeit, Zervixinsuffizienz und Infektionen, führt zu rechtzeitiger Behandlung der Mutter und damit zu einer Reduktion des Frühgeburtsrisikos.
- Rechtzeitiges Erkennen geburtshilflicher Regelwidrigkeiten, z. B. Mehrlinge, Querlage, Beckenendlage, ermöglicht ein adäquates geburtshilfliches Vorgehen.

Kindliche und mütterliche Risikosituationen können erkannt und adäquat behandelt werden.

Die derzeitige perinatale Mortalität in der Bundesrepublik Deutschland beträgt ca. 6,2 ‰ (1999). Dabei fallen 5,7 ‰ auf Kinder mit weniger als 1000 g Geburtsgewicht, also auf extreme Frühgeburten.

Ausgeprägte Frühgeburten sind besonders gefährdet.

Bei der Betreuung von Schwangeren besteht die besondere Situation, dass gleichzeitig zwei Individuen überwacht werden müssen. Ziel dieser Überwachung ist, fetale und mütterliche Gefahrenzustände frühzeitig zu erkennen und gegebenenfalls notwendige Maßnahmen rechtzeitig einzuleiten. Da sich nicht nur mütterliche Krankheitszustände, sondern ebenso auch vielfältige Umwelt- bzw. Umgebungseinflüsse nachteilig auf den Schwangerschaftsverlauf auswirken können, ist auch die **Berücksichtigung schwieriger psychosozialer Lebensbedingungen** der Schwangeren von besonderer Wichtigkeit. Solche Bedingungen sollten während der Schwangerschaft so gut wie möglich günstig beeinflusst werden. Die gesetzliche Grundlage dafür bildet das **Mutterschutzgesetz** (s. Anhang, S. 755 ff) in dem versucht wurde, schwangere Frauen vor beruflichen und sozialen Nachteilen, die durch die Schwangerschaft entstehen könnten, zumindest teilweise zu bewahren.

Schwierige psychosoziale Lebensbedingungen sind darüber hinaus besonders bedeutsam.

Das **Mutterschutzgesetz** regelt Beschäftigung und Kündigungsschutz während der Schwangerschaft. So darf die Schwangere keine Tätigkeiten ausüben, die ihre Gesundheit oder die des Kindes gefährden könnten (dazu gehören z. B. Umgang mit gesundheitsgefährdenden Stoffen oder ionisierenden Strahlen und das Heben von schweren Lasten). Während der letzten 6 Wochen vor dem voraussichtlichen Entbindungstermin darf die Schwangere nicht mehr beschäftigt werden (Ausnahme: ausdrücklicher Wunsch der Schwangeren). In den ersten 8 Wochen nach der Entbindung (12 Wochen bei Mehrlingen oder Frühgeburten) gilt uneingeschränktes Beschäftigungsverbot. Während der Schwangerschaft und bis 4 Monate nach der Entbindung besteht Kündigungsschutz. Der Arbeitgeber ist außerdem verpflichtet, den Durchschnittslohn, den die Frau vor der Schwangerschaft erhalten hat, fortzuzahlen. Wichtig ist, der Schwangeren eine Bescheinigung über die Diagnose der Schwangerschaft auszustellen, damit sie ihren Arbeitgeber informieren und ihre Rechte fristgerecht wahrnehmen kann.

Die Möglichkeiten der Beschäftigung von Schwangeren werden durch das **Mutterschutzgesetz** geregelt (s. Anhang, S. 755 ff). In den ersten 8 Wochen nach der Geburt (12 Wochen bei Mehrlingen und Frühgeburten) darf die Mutter auf keinen Fall beschäftigt werden, in den letzten 6 Wochen vor der Entbindung nur auf ausdrücklichen Wunsch. Das Gesetz beinhaltet außerdem einen Kündigungsschutz während der Schwangerschaft und in den ersten 4 Monaten nach der Entbindung und verpflichtet den Arbeitgeber zur Lohnfortzahlung.

3.4.2 Vorsorgeuntersuchungen

3.4.2 Vorsorgeuntersuchungen

Die Mutterschaftsrichtlinien sehen etwa 10 Untersuchungen im Verlauf der Schwangerschaft vor, und zwar zunächst alle 4 Wochen, in den letzten 2 Schwangerschaftsmonaten alle 2 Wochen.

Bei regelwidrigen Befunden sind ggf. kürzere Intervalle notwendig.

Übliche Intervalle der Vorsorgeuntersuchungen.

Bei Regelwidrigkeiten können häufigere Untersuchungen notwendig sein.

Bei der **Erstuntersuchung** sind folgende Untersuchungen vorgesehen, die im Mutterpass dokumentiert werden:

- Anamnestische Daten zu vorangegangenen Schwangerschaften
- Zyklenanamnese und errechneter, ggf. korrigierter Geburtstermin
- allgemeine körperliche Untersuchung
- Kolposkopie und Zervixabstrich zur Krebsfrüherkennung
- Chlamydien-Abstrich
- Bestimmung von Blutgruppe und Rhesusfaktor
- Antikörpersuchtest auf irreguläre Antikörper (Wiederholung in der 24.–28. SSW, bei Rhesus-negativen Frauen wird der Antikörpersuchtest in der 20.–24. Woche und in der 27.–30. SSW wiederholt)

Erstuntersuchung:

- allgemeine körperliche Untersuchung
- Kolposkopie, Zervixabstrich (Zytologie)
- Antikörpersuchtest (Wiederholung 24.–28. SSW, bei Rh-negativen Frauen in der 20.–24. SSW und in der 27.–30. SSW)
- Röteln-, Lues-, HIV-Serologie (HIV nur bei Einverständnis).

Ab der 32. SSW HBs-Antigen-Bestimmung (möglichst nahe am Geburtstermin).

- Bestimmung der Rötelnimmunität
- Lues-Suchtest (TPHA)
- HIV-Antikörper (nur mit Einverständnis der Schwangeren).

Nach der 32. SSW, möglichst nahe am Entbindungstermin, wird außerdem das HBs-Antigen bestimmt.

▶ Merke

▶ **Merke.** Beim Lues- und HIV-Antikörpertest darf im Mutterpass nur dokumentiert werden, dass die Tests durchgeführt wurden, nicht aber das Ergebnis.

3 Ultraschalluntersuchungen sind bei unkompliziertem Verlauf der Schwangerschaft vorgesehen.

Eine serologische Untersuchung auf Toxoplasmose ist bei entsprechender Exposition bzw. Gefährdung ebenfalls sinnvoll.
Bei normalem Verlauf der Schwangerschaft sind insgesamt 3 Ultraschalluntersuchungen vorgesehen (ca. in der 10., 20. und 30. SSW) sowie ab der 36. SSW CTG-Untersuchungen bei jedem Vorsorgetermin.

Bei allen Vorsorgeterminen:
- Körpergewicht
- Blutdruckmessung
- äußere Palpation (Fundusstand)
- vaginale Untersuchung
- Hb-Messung
- Urinuntersuchung (Teststreifen).

Die folgenden Untersuchungen werden bei allen weiteren Vorsorgeterminen durchgeführt:
- Kontrolle des Körpergewichts und der Gewichtszunahme
- Blutdruckmessung
- Kontrolle der kindlichen Herztöne bzw. Lebensbewegungen
- äußere Palpation (Fundusstand, s. S. 500 f)
- vaginale Untersuchung (Zevixstatus, s. S. 503 f)
- Hämoglobinmessung (bei Werten unter 11,2 g/dl zusätzlich Erythrozytenzahl)
- Urinuntersuchung mit Teststreifen (Erythrozyten, Leukozyten, Eiweiß, Glukose, Nitrit).

3.4.3 Beratung der Schwangeren

Grundlage der Patienteninformation in der Schwangerschaft muss die Beratung sein. Die Beratung muss informieren über:

3.4.3 Beratung der Schwangeren

Die Patientin ist über die Ergebnisse aller Untersuchungen so bald wie möglich zu informieren, insbesondere auch darüber, ob die bestehende Schwangerschaft intakt und zeitgerecht entwickelt ist oder ob auffällige Befunde vorliegen, die weiterer Klärung bedürfen. Wie in den Mutterschaftsrichtlinien vorgesehen, muss die Schwangere jetzt, vor allem bei der ersten Schwangerschaft, über verschiedene Dinge des alltäglichen Lebens beraten werden. In der Regel sind dies auch die Fragen, die die Schwangeren von sich aus stellen. Diese Beratungspunkte sind im Einzelnen:

- Notwendigkeit regelmäßiger **Kontrolluntersuchungen**.

- **Kontrolluntersuchungen.** Die regelmäßige Schwangerschaftsüberwachung hat entscheidend zur Senkung der perinatalen Mortalität und Morbidität beigetragen und ist deshalb in jedem Fall sinnvoll.

- **Ernährung.** Der Kalorienverbrauch steigt in der Schwangerschaft nur geringfügig, dagegen ist der Bedarf an **Eiweiß, Eisen, Vitaminen** und **Kalzium** erhöht. Eine ausgewogene Ernährung ist deshalb wichtig; kein „Essen für 2".
Eine Substitution von **Eisen, Folsäure** (Verminderung des Risikos von Neuralrohrdefekten beim Kind) und **Jodid** (Strumaprophylaxe beim Kind) wird empfohlen.

- **Ernährung.** Der täglichen Kalorienbedarf einer Schwangeren wird mit etwa 9700 kJ (entsprechend 2300 kcal) angegeben. Dies entspricht einem zusätzlichen Bedarf von ca. 1300 kJ (entsprechend 300 kcal) gegenüber einer Nichtschwangeren. Da jedoch die mittlere tägliche Kalorienzufuhr in Deutschland mit ca. 2800 kcal schon weit über diesem Bedarf liegt, ist eine vermehrte Nahrungsaufnahme normalerweise nicht notwendig. Das landläufige „Essen für 2" sollte vermieden werden. Wichtiger ist die Qualität der Nahrung, wobei auch in der Schwangerschaft die Ausgewogenheit der Ernährung ausschlaggebend ist. Um dem **erhöhten Proteinbedarf** Rechnung zu tragen, wird eine eiweißreiche Kost empfohlen (70–85 g). Hierzu eignen sich vor allem Eier, Fisch und Fleisch, wobei wegen der Gefahr der Toxoplasmoseübertragung auf rohes Fleisch verzichtet werden soll. Durch Milch und Milchprodukte kann gleichzeitig der Phosphat- und Kalziumbedarf gedeckt werden. Der tägliche Kohlenhydratbedarf wird mit 290 bis 340 g angegeben. Er sollte ⅔ des täglichen Energiebedarfs decken. Die tägliche Fettzufuhr sollte reduziert werden und nur 15–20 % (bei Nichtschwangeren 25 %) der täglichen Kalorienzufuhr ausmachen.
Der **erhöhte Eisenbedarf** kann grundsätzlich mit Nahrungsmitteln gedeckt werden, die reich an Eisen sind (Fleisch, Innereien, Grüngemüse). Häufig reicht

jedoch das mit der Nahrung zugeführte Eisen nicht aus, so dass v. a. in der 2. Schwangerschaftshälfte eine Substitution mit Eisenpräparaten sinnvoll erscheint, auch um die Eisendepots aufzufüllen. Bei Bestehen einer schwangerschaftsbedingten Eisenmangelanämie mit Hb-Werten < 11 g% sollten jedoch **zusätzlich Eisenpräparate** verordnet werden. Der tägliche **Vitaminbedarf** ist normalerweise mit einer ausgewogenen obst- und gemüsereichen Ernährung gedeckt. Vermieden werden sollte eine tägliche **Aufnahme von Kochsalz** von mehr als 4 g/Tag, d. h. die Speisen sollten für normale Verhältnisse eher salzarm sein. Es sollte jodiertes Speisesalz verwendet werden, um einer Struma congenita des Neugeborenen entgegenzuwirken, die Substitution von 200 µg/d **Jodid** wird empfohlen (Jodid-Tabletten). Die Substitution von Folsäure (0,4 mg/d) ist sinnvoll, da sich dadurch das Risiko von Neuralrohrdefekten reduzieren lässt (möglichst schon **vor** der Konzeption beginnen).
Übergewicht bei Schwangeren führt häufiger zu geburtshilflichen Komplikationen und erhöht die kindliche Mortalität und Morbidität. Von einer Gewichtsreduktion während der Schwangerschaft ist jedoch abzuraten.

Übergewicht der Schwangeren bedeutet ein erhöhtes Risiko für Mutter und Kind, trotzdem ist eine Reduktionsdiät während der Schwangerschaft nicht zu empfehlen.

Morgendliche Übelkeit und gelegentliches Erbrechen sind bis zur 12. SSW als nicht krankhaft anzusehen. Pathologisch ist erst die Hyperemesis gravidarum (s. S. 61 f und S. 551), die zu Gewichtsabnahme und Elektrolytverschiebungen führen kann.

Morgendliche Übelkeit und Erbrechen sind im 1. Trimenon normal, im Gegensatz zur Hyperemesis gravidarum (s. S. 61 f und S. 551).

- **Alkoholkonsum und Rauchen.** Rauchen – aktiv und passiv – sollte wegen seiner potenziellen Gefährlichkeit für den Fetus (z. B. Plazentainsuffizienz, Mangelentwicklungen) konsequent vermieden werden. Auch der Alkoholkonsum sollte – besonders im 1. Trimenon der Schwangerschaft – im Hinblick auf die bekannte Alkoholembryo- bzw. -fetopathie möglichst vermieden werden.

- **Alkohol und Rauchen.** Wegen der Gefährdung des Kindes sollte auf alkoholische Getränke und Nikotin verzichtet werden.

- **Sport und körperliche Belastungen.** Bei unkompliziertem Schwangerschaftsverlauf kann sich gemäßigte sportliche Aktivität (Gymnastik, Wandern, Schwimmen) positiv auf das Wohlbefinden der Schwangeren auswirken. Vermieden werden sollten jedoch Leistungssport und Sportarten mit erhöhter Sturzgefahr, stärkeren Erschütterungen und abrupten Bewegungen (Abfahrtsskilauf, Leichtathletik, Tennis). Schwere körperliche Arbeit in Beruf und Haushalt ist mit einer erhöhten Frühgeburtsrate assoziiert. Die im Mutterschutzgesetz festgelegten Schutzvorschriften und Fristen sollen in jedem Fall beachtet werden.

- **Sport und körperliche Belastung.** Sportarten wie Schwimmen, Gymnastik, Wandern sind vorteilhaft. Leistungssport und Sportarten mit erhöhter Sturzgefahr und stärkeren Erschütterungen sind zu meiden.
  Auch in Haushalt und Beruf keine schwere körperliche Arbeit.

- **Reisen.** Gegen kürzere Reisen, insbesondere in sicheren Verkehrsmitteln mit Reisepausen, vor allem in Ländern ohne extreme Klima- und Höhenschwankungen bestehen grundsätzlich keine Bedenken. Das 2. Trimenon der Schwangerschaft gilt als der am wenigsten gefährdete Schwangerschaftsabschnitt, bietet sich also besonders für Reisen an. Auch Fliegen (in Druckkabinen-Flugzeugen) ist weitgehend gefahrlos möglich.

- **Reisen.** Kürzere Reisen in Länder ohne extremes Klima und ohne Aufenthalt in großer Höhe sind möglich, auch Flugreisen. Vorteilhaft: 2. Trimenon (geringe Komplikationsneigung).

- **Sexualverhalten.** Bei einer normal verlaufenden Schwangerschaft scheint sich Geschlechtsverkehr nicht nachteilig auszuwirken. Bei bestehender Zervixinsuffizienz oder habitueller Abortneigung sollte von Kohabitationen jedoch abgeraten werden, da durch die mechanische Irritation der Zervix oder durch im Sperma enthaltene Prostaglandine eine vorzeitige Wehentätigkeit oder ein vorzeitiger Blasensprung ausgelöst werden kann.

- **Sexualverhalten.** Bei normalem Verlauf der Schwangerschaft sind keine Einschränkungen nötig. Bei Zervixinsuffizienz oder Neigung zu Abort wird jedoch von Geschlechtsverkehr abgeraten.

- **Duschen und Baden.** Da die Kreislaufregulation bei Schwangeren beeinträchtigt sein kann, sollten hierbei extreme Temperaturen und schnelle Temperaturwechsel vermieden werden. Ebenso sind Saunagänge über 10 Minuten mit einer starken Erhöhung der Körperkerntemperatur nicht sinnvoll.

- **Duschen und Baden.** Extreme Temperaturen, schnelle Temperaturwechsel und Saunagänge über 10 min. vermeiden.

- **Strahlenbelastung** mit ionisierenden Strahlen (Radioaktivität, Röntgen). Eine Strahlenexposition von Schwangeren ist zu vermeiden; die entsprechenden Strahlenschutzvorschriften im Mutterschutzgesetz sind hierbei die Grundlage. Röntgenuntersuchungen von Schwangeren sollten nur bei vitaler Notwendigkeit durchgeführt werden.

- **Strahlenbelastung.** Röntgenuntersuchungen sollten während der Schwangerschaft nur bei vitaler Indikation erfolgen.

- **Medikamente.** Grundsätzlich gilt: **So wenig Medikamente in der Schwangerschaft wie möglich.** Fast alle Medikamente sind plazentagängig, und nur für einen Teil dieser Pharmaka sind die Auswirkungen auf den Embryo bekannt.

- **Medikamente.** So wenig Medikamente wie möglich.

E-3.3

E-3.3 Schutzimpfungen in der Schwangerschaft

Impfstoff	***Schwangerschaftsmonat***		
Lebendimpfstoffe	I–III	IV–VIII	IX–X
Masern	–	–	–
Mumps	–	–	–
Röteln	–	–	–
Varizellen	–	–	–
Gelbfieber	(+)	(+)	(+)
Tuberkulose	–	–	–
Tot-Subunit-Impfstoffe oder Toxoide			
Poliomyelitis (Salk)	+	+	+
Influenza	+	+	+
Tollwut	(+)	(+)	(+)
Hepatitis A u. B	(+)	(+)	(+)
FSME	(+)	(+)	(+)
Tetanus	+	+	+
Diphtherie	(+)	(+)	(+)
Typhus (oral)	(+)	(+)	(+)
Cholera	(+)	(+)	(+)
Meningokokken, Pneumokokken	(+)	(+)	(+)

+ = unbedenklich, (+) = bei Reisen in Endemiegebiete oder nach Kontakt,
– = keine Impfung von Schwangeren

Vor allem in der Embryonalphase sollte die Indikation einer medikamentösen Therapie genau überprüft werden.

- **Schutzimpfungen.** Lebendimpfstoffe sind kontraindiziert, Totimpfstoffe können bei erhöhter Gefährdung in Einzelfällen verabreicht werden (s. Tab. **E-3.3**). Eine passive Immunisierung gegen Hepatitis, Masern, Windpocken, Mumps, Röteln oder FSME muss möglichst früh nach Exposition erfolgen.

- **Schutzimpfungen.** Auf aktive Impfungen während der Schwangerschaft sollte nach Möglichkeit verzichtet werden. Ausnahmen sind z. B. vor nicht vermeidbaren Reisen in Endemiegebiete bei einigen Impfungen möglich. Lebendimpfstoffe sind allgemein kontraindiziert. Totimpfstoffe, die nach sorgfältiger Abwägung von Nutzen und Risiken ggf. verabreicht werden dürfen, zeigt Tab. **E-3.3**. Eine passive Immunisierung mit Immunglobulinpräparaten ist nach Kontakt der Schwangeren mit Hepatitis A und B, Frühsommer-Meningoenzephalitis (FSME), Windpocken, Mumps, Röteln möglich und muss möglichst früh nach der Exposition erfolgen, um prophylaktisch zu wirken.

Die Inhalte der Beratung werden im Mutterpass dokumentiert.

Nachdem die Schwangere über all diese Punkte beraten worden ist, sollte dies – wie vorgesehen – ebenfalls im Mutterpass vermerkt werden. Die Schwangere sollte den Mutterpass möglichst immer bei sich tragen und zu jeder ärztlichen Untersuchung in der Schwangerschaft mitbringen.

3.5 Biochemische Diagnostik

3.5.1 Schwangerschaftstests

Die Diagnose der Schwangerschaft wird durch die bimanuelle Palpation (und ggf. Ultraschalluntersuchung) gestellt. Immunologische Schwangerschaftstests sollen nur bei V. a. regelwidrigen Sitz oder Verlauf der Gravidität sowie zur Kontrolle bei Trophoblasttumoren und bei Sterilitätstherapie eingesetzt werden.

3.5 Biochemische Diagnostik

3.5.1 Schwangerschaftstests

Die Diagnose der Schwangerschaft wird meist klinisch durch die bimanuelle Palpation gestellt. Viele Gynäkologen führen darüber hinaus frühe Ultraschalluntersuchungen zum Nachweis der intrauterinen vitalen Frühgravidität durch. Für die immunologischen Schwangerschaftstests gibt es folgende Indikationen:

- V. a. gestörte Frühgravidität
- V. a. ektope Gravidität
- radiologische Untersuchung geschlechtsreifer Frauen (wenn Schwangerschaft anamnestisch nicht auszuschließen ist)
- Verlaufskontrollen nach Trophoblasttumoren
- Verlaufskontrolle bei Sterilitätstherapie.

▶ Merke

▶ **Merke.** Die gängigen Schwangerschaftstests beruhen auf dem immunologischen Nachweis von Human-Chorion-Gonadotropin (β-HCG).

Dieses im Trophoblasten gebildete Glykoprotein besteht aus einer α- und einer β-Untereinheit. Die für Schwangerschaftstests verwendeten Antikörper reagieren nur mit der **β-Untereinheit**, so dass Kreuzreaktionen mit anderen ähnlich aufgebauten Proteohormonen wie dem luteinisierenden Hormon (LH) ausgeschlossen sind.

Der Nachweis von β-HCG ist sowohl im maternalen Serum als auch aus Urin möglich. Für gewöhnlich sind Urintests ausreichend. Die im Handel erwerblichen Tests sind auf verschiedene Empfindlichkeiten eingestellt, reagieren also zu verschiedenen Zeitpunkten der Schwangerschaft: Ist die Empfindlichkeit auf 50–100 IE/l eingestellt (z. B. Neopregnosticon), so ist der Test bereits um den 8. Tag nach Konzeption (p. c.) positiv. Tests, die auf 500–800 IE/l eingestellt sind, sind um den Zeitpunkt der erwarteten Periodenblutung positiv.

Nachweis von β-HCG aus Urin ist für die Routine ausreichend.

Während diese Tests qualitative Tests sind, kann bei speziellen Fragestellungen, z. B. Verlaufskontrolle bei Blasenmole, gestörter Frühschwangerschaft oder ektoper Gravidität, an Hand von Verdünnungsreihen auch eine **semiquantitative** Aussage getroffen werden.

Verdünnungsreihen liefern **semiquantitative** Ergebnisse, z. B. für Verlaufskontrollen nach Blasenmole.

Genaue **quantitative** Angaben können aus der **radioimmunologischen** Bestimmung von β-HCG aus dem maternalen Serum getroffen werden. Die Nachweisgrenze liegt hier bei 5 IE/l. Da diese Technik aufwendiger und teurer ist als die Urintests, sollte der β-HCG-RIA nur bei sehr speziellen Fragestellungen zum Einsatz kommen, vor allem in der Sterilitätstherapie und in der Verlaufskontrolle von Trophoblasttumoren, wenn die Urintests bereits negativ sind. Bei der Diagnostik der ektopen Gravidität wird die quantitative β-HCG-Bestimmung ergänzend eingesetzt. Bei V. a. eine gestörte intrauterine Frühschwangerschaft hingegen haben serielle Bestimmungen des Serum-β-HCG keine große Bedeutung mehr, da mit der Ultraschalldiagnostik sehr differenzierte Aussagen möglich sind.

Der **quantitative** β-HCG-Nachweis aus Serum mittels **RIA** kommt nur noch selten zum Einsatz, vor allem bei negativem Urin-β-HCG in der Diagnostik der ektopen Gravidität.

Abb. **E-3.10** zeigt die Verlaufskurven von Serum- und Urinkonzentration des β-HCG. Hieraus lässt sich ablesen, dass die Konzentration im Urin etwa das Dreifache derjenigen im Serum beträgt.

Abb. **E-3.10** zeigt, dass die β-HCG-Konzentration im Urin das Dreifache der Serumkonzentration beträgt.

E-3.10 Verlaufskurven von Serum- und Urinkonzentration des β-HCG

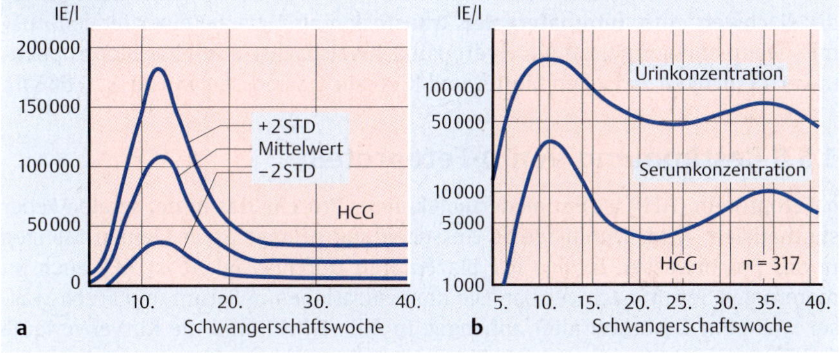

Verlaufskurven der Urinkonzentration (**a**) von β-HCG während der Gravidität in IE/l mit 2facher Standardabweichung (STD) und der Serumkonzentration (rechts) (**b**). Die höchsten Konzentrationen werden um die 12. SSW erreicht. Die Konzentration im Urin beträgt annähernd das 3fache der Serumkonzentration.

E-3.10

3.5.2 Hormonelle Überwachung in der Schwangerschaft

Die hormonelle Überwachung in der Schwangerschaft durch die Analyse der Serum- bzw. Urinkonzentrationen plazentarer Hormone hat heute keine praktische Bedeutung mehr.

3.5.2 Hormonelle Überwachung in der Schwangerschaft

Die hormonelle Überwachung in der Schwangerschaft durch die Analyse der Serum- bzw. Urinkonzentrationen plazentarer Hormone wie **Östriol, Gesamtöstrogene und HPL** (Human Placental Lactogen) hat heutzutage keine praktische Bedeutung mehr. Früher wurde damit die Syntheseleistung der Plazenta abgeschätzt und beispielsweise bei einem akuten Abfall der Östrogene eine fetale Bedrohung vermutet.

3.5.3 Bestimmung der fetalen Reife

Zur Einschätzung der **fetalen Lungenreife** ist die Untersuchung von **Lezithin** und **Sphingomyelin** als biochemische Parameter der Lungenreife möglich. Ein L/S-Quotient von ≥ 2 wird als Ausdruck der reifen Lunge gewertet (Wahrscheinlichkeit 98,5 %).

3.5.3 Bestimmung der fetalen Reife

In Fällen einer drohenden Frühgeburt, nach der Induktion der Lungenreife durch Kortikoide oder andere Medikamente, kann die biochemische Bestimmung der **fetalen Lungenreife** notwendig sein. Hier ist vor allem die Bestimmung von **Lezithin** und **Sphingomyelin** im Fruchtwasser bzw. der **Quotient** der Konzentrationen (sog. L/S-Quotient) von Interesse. Diese Phospholipide sind Bestandteile des Surfactant-Systems, das die Lungenreife bestimmt. Durch Auswaschung aus den Alveolen gelangt eine gewisse Menge davon in das Fruchtwasser. Findet sich bei der simultanen Bestimmung der Substanzen ein Quotient von ≥ 2, so ist die Lungenreife zu 98,5 % als gegeben anzusehen. Atemnotsyndrome werden bei Werten zwischen 1,5 und 2,0 in 35 % und bei noch niedrigeren Werten in 78 % der Fälle beobachtet.

3.5.4 Fetale Hämoglobinfärbung

Bei **vaginalen Blutungen** im späten zweiten und dritten Trimenon ist die Untersuchung vaginalen Blutes auf HbF nach Kleihauer-Betke möglich, um die Ruptur fetaler Gefäße zu erkennen.

3.5.4 Fetale Hämoglobinfärbung

Bei **vaginalen Blutungen** im späten zweiten und im dritten Trimenon, z. B. bei Placenta praevia oder partieller Plazentalösung, ist bei vitaler Schwangerschaft die Untersuchung des vaginalen Blutes auf fetales Hämoglobin (HbF) notwendig, um die Prognose und die Notwendigkeit entbindender Maßnahmen abschätzen zu können. Der Ausstrich wird nach der Methode nach Kleihauer-Betke gefärbt. Dabei wird durch Säure das adulte Hämoglobin herausgelöst. Findet sich im vaginalen Blut HbF, so kann dies ein Hinweis auf die Ruptur aberrierender fetaler Gefäße, seltener auf eine vorzeitige Lösung der Plazenta sein.

Die Bestimmung fetalen Hämoglobins in **maternalem Blut** sollte bei fetalem Hydrops zum Nachweis einer **fetomaternalen Transfusion** erfolgen.

Eine Indikation für die Bestimmung fetalen Hämoglobins in **maternalem Blut** ist der Nachweis einer **fetomaternalen Transfusion** als Ursache einer fetalen Anämie, wenn sonographisch ein Hydrops nachweisbar ist und eine Blutgruppenunverträglichkeit zwischen Mutter und Kind ausgeschlossen wurde (s. S. 565 ff).

3.5.5 Bestimmung von α-Fetoprotein

AFP wird in der fetalen Leber synthetisiert und ist im Fruchtwasser und im maternalen Serum nachweisbar.
Abb. **E-3.11** zeigt den Verlauf von Serum- und Fruchtwasser-AFP.

3.5.5 Bestimmung von α-Fetoprotein

α-Fetoprotein (AFP) ist ein niedermolekulares Protein, das in der fetalen Leber synthetisiert wird. Durch renale Ausscheidung gelangt es in kleinen Mengen in das Fruchtwasser. Infolge der plazentaren Durchlässigkeit ist AFP auch im maternalen Serum nachweisbar. Die Konzentrationen in Serum und Fruchtwasser sind vom Gestationsalter abhängig. In Abb. **E-3.11** sind die Kurvenverläufe für Serum- und Fruchtwasser-AFP gezeigt.

Bei **Dysrhaphien** und **ventralen Spaltbildungen** ist **AFP** im mütterlichen Serum und im Fruchtwasser oft **erhöht**.
Die Bestimmung der **Azetylcholinesterase** im Fruchtwasser ist hoch sensitiv für **Neuralrohrdefekte**.

Bei Verletzung der Grenzfläche zwischen Fetten und Fruchtwasser, z. B. bei **Dysrhaphien** (Spina bifida, Anenzephalus) und **ventralen Spaltbildungen**, ist die Konzentration von **AFP** im mütterlichen Serum und im Fruchtwasser oft deutlich erhöht. Eine weitere biochemische Differenzierung kann durch die gleichzeitige Bestimmung der **Azetylcholinesterase (AChE) im Fruchtwasser** vorgenommen werden. Unter optimalen Laborbedingungen und Ausschluss methodischer Fehler ist sie hoch sensitiv für **Neuralrohrdefekte**.

Bei Fetus mit **Down-Syndrom** und bei Polyhydramnion ist **AFP** häufiger **niedrig**.

Als eine weitere Indikation für die **AFP**-Bestimmung wird das gehäufte Vorhandensein **niedriger Werte** bei Fetus mit **Down-Syndrom** diskutiert. Die Validität ist allerdings schlecht. Ferner findet man niedrige AFP-Werte bei Polyhydramnion.

E-3.11 Normalwertbereich für α-Fetoprotein (AFP) in der Schwangerschaft im maternalen Serum (grau) und Fruchtwasser (rosa)

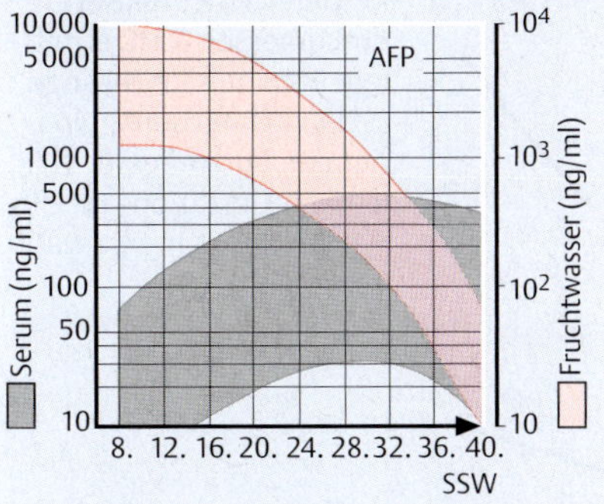

Angegeben ist der 95 %-Vertrauensbereich. Während AFP im maternalen Serum ansteigt, fällt es im Fruchtwasser in typischer Weise ab. Die Zeitpunkte für ein eventuelles AFP-Screening zur Erkennung insbesondere dorsaler und ventraler Spaltbildungen sollten um die 16. und 18. SSW liegen, um ausreichend Zeit für weitere Diagnostik (Sonographie, Amniozentese) zu haben.

3.5.6 Triple-Test

Wenn beim Fetus ein **Down-Syndrom** vorliegt, findet man im mütterlichen Serum oft **erniedrigte Östriol-** und **AFP-Werte**. Die **β-HCG-Konzentration** ist dagegen **erhöht**. Die Bestimmung dieser drei Parameter wurde als Screeninguntersuchung bei Schwangeren mit erhöhtem Risiko für ein Kind mit Down-Syndrom eingeführt (sog. Triple-Test). Der Triple-Test wird um die 16. SSW durchgeführt. Er ist wegen häufig falsch-positiver Resultate als generelle Screeninguntersuchung umstritten. Ein pathologisches Testergebnis muss durch Amniozentese und zytogenetische Untersuchung bestätigt werden.

Bei Fetus mit **Down-Syndrom** sind im Serum der Mutter **AFP** und **Östriol** oft **erniedrigt**, **β-HCG** dagegen ist **erhöht**. Die Messung dieser drei Parameter wird bei erhöhtem Risiko für Down-Syndrom durchgeführt. Falsch-positive Ergebnisse sind nicht selten. Eine Bestätigung durch Amniozentese ist notwendig.

3.6 Ultraschalldiagnostik

3.6.1 Ultraschalldiagnostik in der Frühschwangerschaft

Die Ultraschalldiagnostik ist das wichtigste Hilfsmittel zur exakten Bestimmung des **Implantationsortes**, des **Gestationsalters** und der **Vitalität** des Embryo. Bereits kurz nach dem Ausbleiben der Regelblutung ist es möglich, durch Sonographie die Fruchtblase bildlich darzustellen (ca. 30 Tage p. m. mit der vaginalen Sonographie, bei der abdominalen Sonographie sind die Strukturen der Fruchtanlage etwa eine Woche später zu erkennen, s. Abb. **E-3.12**).

Die Sonographie ermöglicht Aussagen über **Implantationsort, Gestationsalter** und **Vitalität** der Fruchtanlage. Die Fruchtblase ist vaginalsonographisch bereits ca. 30 Tage p. m. sichtbar, mit abdominaler Sonographie etwa eine Woche später (s. Abb. **E-3.12**).

E-3.12 Sonographische Darstellung einer Frühgravidität

a b

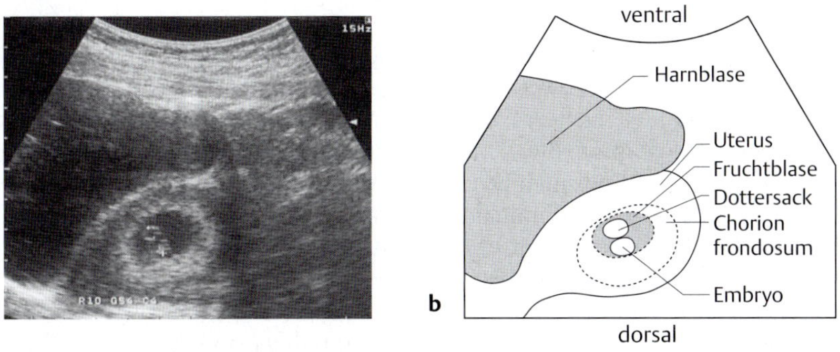

Transabdomineller Sagittalschnitt durch Blase und Uterus. Man erkennt im Uterus die Fruchtblase mit Embryonalstruktur. Die Scheitel-Steiß-Länge des Embryos beträgt 0,95 cm, entsprechend der 7. SSW.

E-3.13

E-3.13 Wachstumstabelle im 1. Trimenon

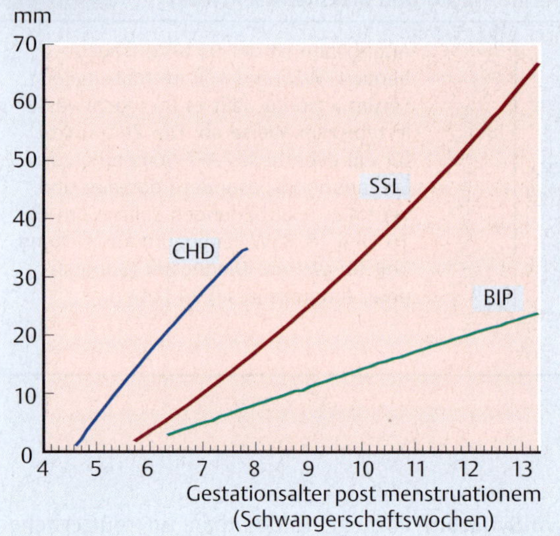

Mittlerer Fruchtblasendurchmesser (CHD), mittlere Scheitel-Steiß-Länge (SSL) und mittlerer biparietaler Durchmesser (BIP) je nach Gestationsalter in Wochen post menstruationem (SSW).

E-3.14

E-3.14 Transabdominelle Sonographie in der 9. SSW

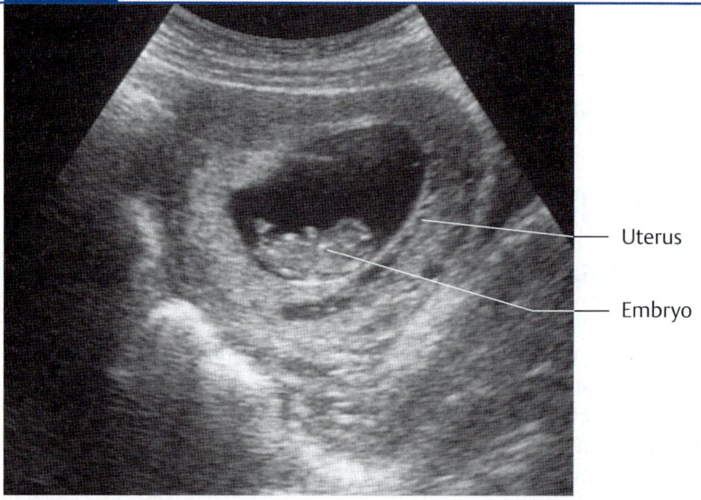

Der Embryo liegt in der Amnionhöhle. Kopf (rechts) und Extremitätenknospen lassen sich gut erkennen.

Biometrie. Aus **Fruchtblasendurchmesser** bzw. **Scheitel-Steiß-Länge** lässt sich das Gestationsalter genau bestimmen (s. Abb. **E-3.13**).

Biometrie. Frühe Messungen des **Fruchtblasendurchmessers** bzw. der **Scheitel-Steiß-Länge** (ab der 6. SSW) (s. Abb. **E-3.13**), ergeben exakte Angaben zum Gestationsalter. Als weiteres biometrisches Maß wird der **biparietale Kopfdurchmesser** bestimmt (BPD), da er zusammen mit dem Abdomenquerdurchmesser später für Kontrollen des fetalen Wachstums herangezogen wird.

Der Nachweis eines Embryos mit Herzaktionen ist 5–6 Wochen p. m. möglich. Abb. **E-3.14** zeigt das sonographische Bild eines Embryos in der 9. SSW.

Zur Verfügung stehen abdominal und transvaginal anwendbare Schallköpfe, die je nach Auflösungsvermögen und Bildqualität bereits 5–6 Wochen p. m. den Nachweis eines Embryos mit Herzaktionen ermöglichen. Abb. **E-3.14** zeigt das sonographische Bild eines Embryos in der 9. SSW.

Die Sonographie ermöglicht die **Abgrenzung von Windeiern** (s. S. 489) und **ektopen Schwangerschaften** (s. S. 480 ff) sowie nicht vitalen Schwangerschaften von der intakten Intrauteringravidität. **Vitalitätskriterien** sind Herzaktionen und

Die sonographische Untersuchung in der Frühschwangerschaft ermöglicht den **Ausschluss eines Windeis** (s. S. 489), wenn embryonale Strukturen und ein Dottersack darzustellen sind. Durch den Nachweis von **Vitalitätskriterien**, wie embryonale Herzaktionen oder Bewegungen (ab 8. SSW), gelingt die Abgrenzung vitaler von nicht vitalen Schwangerschaften. Mehrlingsschwangerschaften können frühzeitig erkannt werden, ebenso die Plazentaverhältnisse bei Mehr-

E-3.15 Nackenödem

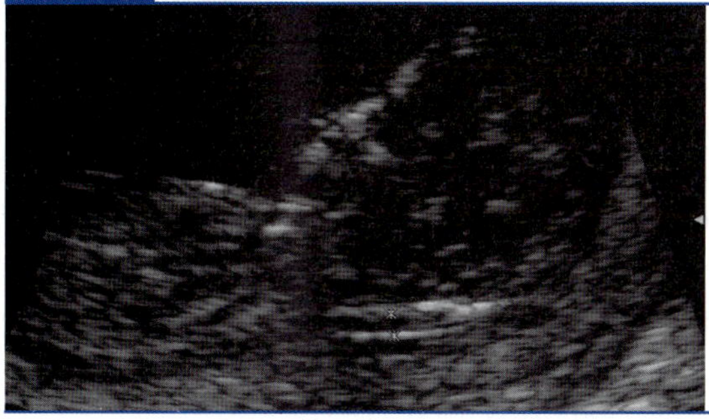

Bei der Messung des dorsonuchalen Ödems ist ein exakter medianer Längsschnitt erforderlich. Der hier gemessene Wert von 2,3 mm liegt im Normbereich.

E-3.15

lingen. Auch in der Diagnostik einer **Extrauteringravidität** kommt der Ultraschalluntersuchung ein hoher Stellenwert zu (s. S. 480 ff).
Während der Ultraschall-Screeninguntersuchung im 1. Trimenon sollte auch auf das Vorliegen eines **dorsonuchalen Ödems** geachtet werden. Ein Nackenödem findet sich gehäuft bei Chromosomenaberrationen (Trisomie 21), es bildet sich im weiteren Verlauf der Schwangerschaft oft wieder zurück (s. Abb. **E-3.15**).

Bewegungen des Embryos. Mehrlinge sind frühzeitig zu erkennen.

Auf das Vorliegen eines **Nackenödems** (s. Abb. **E-3.15**) ist zu achten (gehäuft bei Chromosomenanomalien wie Down-Syndrom).

▶ **Merke.** Gemäß den Mutterschaftsrichtlinien sollten in der Schwangerschaft mindestens 3 Ultraschalluntersuchungen im Sinne eines Screenings bei allen Schwangeren erfolgen: Etwa in der 10., der 20. und der 30. SSW.

◀ Merke

3.6.2 Ultraschalluntersuchungen im 2. und 3. Trimenon

Bei den weiteren Ultraschalluntersuchungen wird an Hand der Beurteilung verschiedener Kriterien wie Fruchtwassermenge, Plazentastruktur, -größe und -sitz, Wachstum und anatomische Integrität des Fetus die regelrechte oder regelwidrige Entwicklung der Schwangerschaft festgestellt. Abb. **E-3.16** führt die Kriterien und Schnittebenen auf, die routinemäßig beurteilt werden sollten.

3.6.2 Ultraschalluntersuchungen im 2. und 3. Trimenon

Bei der Ultraschalluntersuchung werden beurteilt: Fruchtwassermenge, Plazentastruktur, -größe und -sitz, Wachstum und anatomische Integrität des Fetus. Abb. **E-3.16** listet die Schnittebenen und Untersuchungskriterien auf.

Beim Screening in der ca. 20. SSW kommt insbesondere dem **Ausschluss fetaler Entwicklungsstörungen** mit ungünstiger oder infauster Prognose eine große Bedeutung zu: So kann bei Diagnosen, die mit dem Überleben des Kindes nicht vereinbar sind, wie Anenzephalus oder bilaterale Nierenagenesie, mit den werdenden Eltern ein Schwangerschaftsabbruch erwogen werden (s. S. 417 ff).
Bei potenziell operablen Erkrankungen wie einer Omphalozele sollte zunächst die **Karyotypisierung** erfolgen, um eine Aneuploidie (z. B. Trisomie 18) als Ursache der Missbildung auszuschließen. Abb. **E-3.17** zeigt einen unauffälligen Fetus im Profilschnitt, in Abb. **E-3.18** ist ein Anenzephalus zu erkennen. In Tab. **E-3.4** ist die Differenzialdiagnose auffälliger sonographischer Befunde aufgeführt.

Große Bedeutung hat der **Ausschluss fetaler Entwicklungsstörungen**: Bei Anenzephalie oder bilateraler Nierenagenesie kann eine Abruptio graviditatis indiziert sein.

Bei Missbildungen muss eine **Aneuploidie ausgeschlossen** werden. Abb. **E-3.17** und **E-3.18** zeigen einen unauffälligen Fetus bzw. einen Anenzephalus, Tab. **E-3.4** die Differenzialdiagnose wichtiger pathologischer sonographischer Befunde.

Neben den mit einer Häufigkeit von 1–2 % auftretenden schweren Missbildungen ist die frühe Diagnose der **fetalen Mangelentwicklung** eine Hauptaufgabe der Sonographie. Sie wird in etwa 5 % aller Schwangerschaften beobachtet. Über die Messung (Biometrie) des Fetus, insbesondere seines transversalen Abdominaldurchmessers, lassen sich frühzeitig Wachstumsretardierungen erkennen. Eine auffällige Blutflussmessung mittels Doppler-Sonographie in der Nabelarterie sowie in der A. cerebri media kann ebenfalls auf eine Plazentainsuffizienz hinweisen. Abb. **E-3.19** zeigt die Biometrie des Rumpfes, Abb. **E-3.20** die zugehörige Wachstumskurve. Aus den biometrischen Befunden kann mit einer Genauigkeit von ± 10–20 % die Schätzung des Gewichts vorgenommen werden. Kleine Kinder werden dabei häufig über-, größere unterschätzt.

Die frühe Diagnose der **fetalen Mangelentwicklung** (Häufigkeit 5 %) erfolgt durch die Biometrie des Fetus (s. Abb. **E-3.19** und **E-3.20**), Blutflussmessung mittels Doppler-Sonographie.
Das Gewicht des Kindes kann mit einer Genauigkeit von ± 10–20 % geschätzt werden.

E-3.16 Kriterien und Schnittebenen der Sonographie im 2. und 3. Trimenon

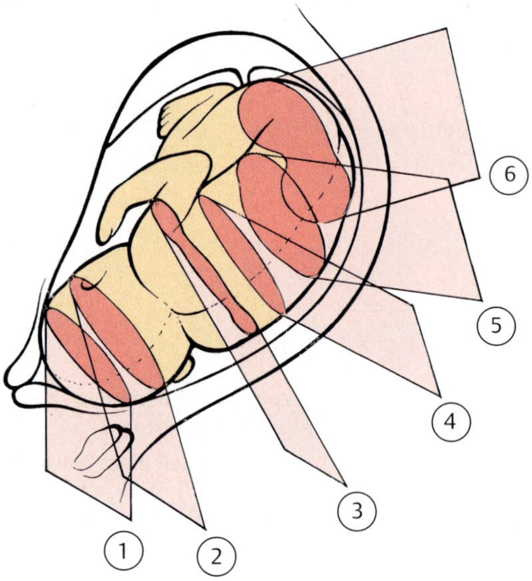

① Beurteilung der Seitenventrikel

② Biometrie BPD (biparietaler Durchmesser)
FOD (frontookzipitaler Durchmesser)

③ Herz: Vierkammerblick, obere Extremitäten

④ Biometrie Thorax: Magen, Leber

⑤ Niere, Darm, Nabelschnurabgang

⑥ Blase, „untere Extremitäten", Biometrie Femur

- Allgemeiner Überblick
  - Fruchtwassermenge
  - Plazentastruktur und -sitz
  - Vitalität des Fetus
- Fetus
  - Lage, Stellung, Poleinstellung
  - allgemeiner Eindruck
  - Gehirnventrikel
  - Gehirnanatomie, Messung des biparietalen Durchmessers
  - Wirbelsäule
  - Herz: Anatomie, Frequenz, Rhythmus
  - Oberbauch: Magen, Leber, Biometrie des Rumpfes
  - Mittelbauch: Nieren, Darm, Bauchwand
  - Becken: Harnblase, Geschlecht
  - Extremitäten: Darstellung, Biometrie (Femur-Diaphyse)

E-3.17 Profilschnitt eines unauffälligen Fetus in der 20. SSW.

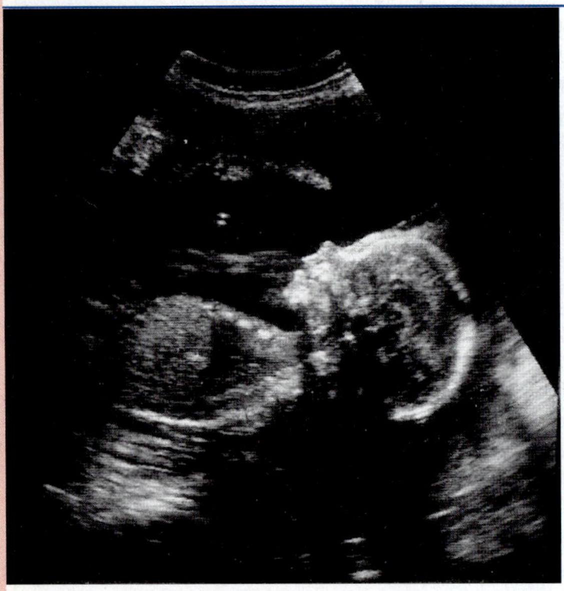

Transabdominale Sonographie.

E-3.18 Frontalschnitt eines Anenzephalus

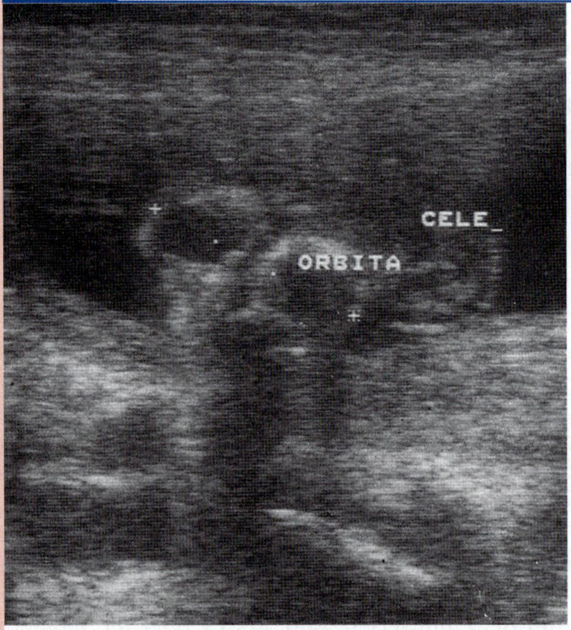

Transabdominale Sonographie. Man erkennt das typische Froschkopfphänomen mit Protrusio bulbi beidseits und eine als Zele bezeichnete Struktur, die rudimentärer Zerebralsubstanz entspricht.

E-3.4 Differenzialdiagnose sonographischer Befunde bei Entwicklungsstörungen

E-3.4

Anhydramnie, Oligohydramnie
- Fehlbildungen der Nieren (z. B. Agenesie bei Potter-Syndrom)
- vorzeitiger Blasensprung
- Mangelernährung (Dystrophie)

Polyhydramnie
- Stenose oder Atresie oberer Darmabschnitte (z. B. Ösophagus, Duodenum)
- neurologische Problematik (z. B. Hydrozephalus)
- Skelettdysplasie (z. B. thanatophorer Zwerg)
- fetofetale Transfusion
- Plazentachorangiom
- idiopathisch

Dysproportion
- Skelettdysplasie
- Mangelernährung (Dystrophie)
- Chromosomenaberration

Wachstumsretardierung
- Mangelernährung (Plazentainsuffizienz, EPH-Gestose, Nikotin)
- familiär kleines Kind
- Chromosomenaberration

Umrissstörung
- Anenzephalus
- ventrale Spaltbildung (z. B. Omphalozele)
- lemon sign
- dorsale Spaltbildung (z. B. Spina bifida aperta)
- Steißteratom
- siamesische Zwillinge

intrafetale Zysten
- Hydrozephalus, Gehirnfehlbildungen
- Lungenzysten
- Obstruktionen von Darmabschnitten
- Obstruktionen der ableitenden Harnwege
- Kloakenfehlbildungen
- Ovarialzysten

kardiale Auffälligkeiten
- Herzfehler: (z. B. VSD, Single Ventricle, hypoplastisches Linksherz)
- Arrhythmien: (z. B. ektope prämature Extrasystolien, Tachykardien, Bradykardien)

Hydrops fetalis
- immunologischer Hydrops (z. B. Rh-Inkompatibilität)
- nicht immunologischer Hydrops:
  - kardial (z. B. bei Tachykardie)
  - infektiös (Toxoplasmose, Zytomegalie, Parvovirus B19)
  - Hygroma colli
  - Darmruptur
  - Skelettdysplasien
  - idiopathisch
  - Anämie durch fetofetale oder fetomaternale Transfusion

E-3.19

E-3.19 Biometrie des Rumpfes

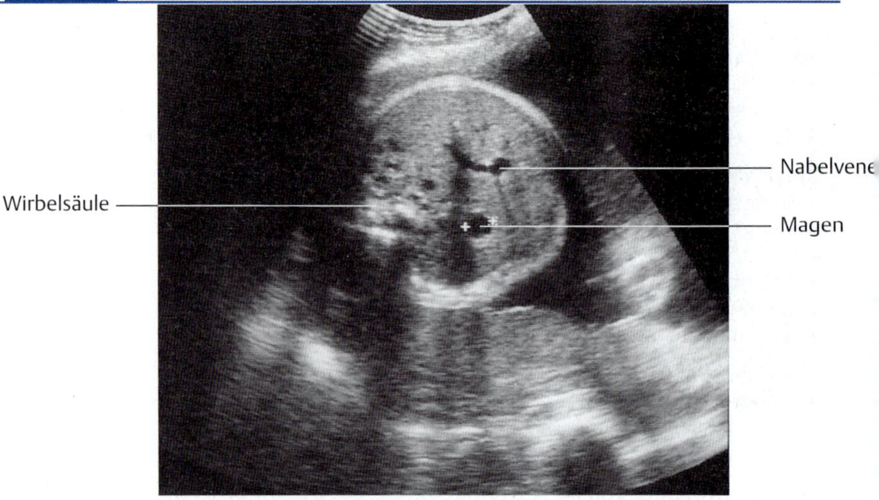

Der Oberbauch mit dem Magen und der Vena umbilicalis ist im Querschnitt dargestellt. Der sog. transversale Abdominaldurchmesser wird an der unteren Thoraxapertur von Rippe zu Rippe abgegriffen.

E-3.20

E-3.20 Wachstumskurve des transversalen Abdominaldurchmessers (TAD).

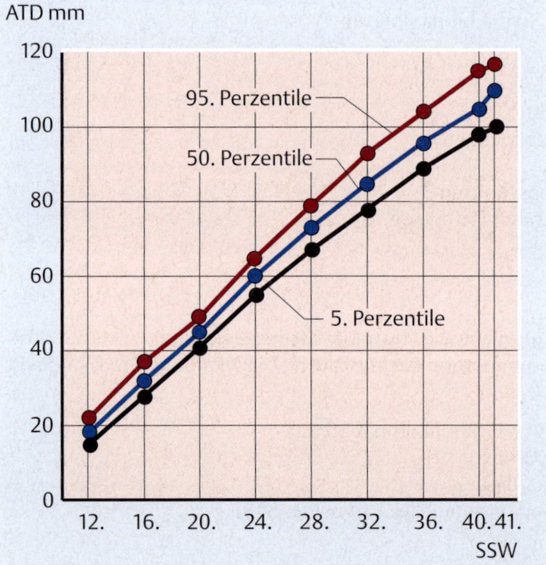

Die **Lokalisation der Plazenta** (Abb. **E-3.21**), Bestimmung der **fetalen Lage** und Beurteilung der **Zervixlänge** sind weitere wichtige Aufgaben der pränatalen Sonographie.

Geburtshilflich relevant ist weiterhin die **Lokalisation der Plazenta** sowie die zuverlässige Bestimmung der **fetalen Lage, Stellung und Poleinstellung**. In Abb. **E-3.21** ist die Situation einer Placenta praevia partialis dargestellt. Weitere Einsatzmöglichkeiten sind die Beurteilung der **Zervixlänge** bei isthmozervikaler Insuffizienz sowie die Beurteilung der maternalen Nieren.

In den letzten Jahren wurde zunehmend versucht, frühzeitig ultraschalldiagnostische Hinweise für Missbildungssyndrome zu finden. Obwohl hierfür vor allem Spezialisten für Pränataldiagnostik zuständig sind, kann der zunehmend geschulte Geburtshelfer in der Praxis im Rahmen seiner Ultraschallerfahrungen Weichen für eine weitere Diagnostik stellen. Ein Frühzeichen für eine erst in der späteren Fetalzeit deutlich werdende Spina bifida bzw. auch eines Hydrozephalus ist z. B. das sog. „Lemon sign". Es handelt sich um eine zitronenförmige Konfiguration des Kopfes im Frontalbereich, die sich speziell im 2. Trimenon der Schwangerschaft beobachten lässt. Das Lemon sign stellt eine ultraschall-

E-3.21 **Transvaginale Sonographie bei einer Placenta praevia totalis in der 30. SSW**

E-3.21

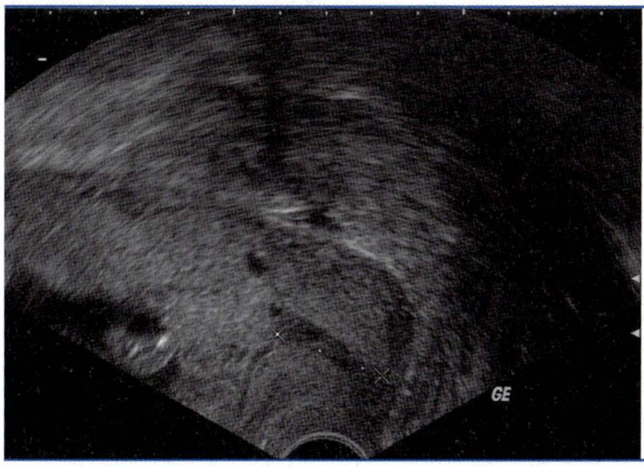

Der Zervikalkanal ist mit Kreuzen markiert, der innere Muttermund ist vollständig durch die Plazenta überdeckt.

diagnostisch gut fassbare Abweichung von der normalen ovoiden Kopfform im Horizontalschnitt dar.

3.7 Kardiotokographie

Prinzip. Die biophysikalische Diagnostik mittels Kardiotokographie (CTG) ist eine Möglichkeit der **direkten, kontinuierlichen und nicht invasiven aktuellen Analyse** des fetalen Befindens. Sie beruht auf der Tatsache, dass die menschliche Herzfrequenz abhängig von biochemischen, neuralen und hämodynamischen Faktoren permanenten Schwankungen unterliegt. Diese kurz-, mittel- und langfristigen Veränderungen können bei einer kontinuierlichen Aufzeichnung sichtbar gemacht werden.

3.7 Kardiotokographie

Prinzip. Die CTG analysiert **direkt, kontinuierlich und nicht invasiv** das aktuelle Befinden des Fetus durch Messung der fetalen Herzfrequenz bei gleichzeitiger Aufzeichnung uteriner Kontraktionen.

Die Aufzeichnung erfolgt nach der **Beat-to beat-Methode**: Aus dem zeitlichen Abstand zwischen zwei Herzschlägen des Fetus wird die jeweilige momentane Herzfrequenz (in Schlägen pro Minute = Spm) hochgerechnet. Die kindlichen Herztöne werden beim ante- und subpartalen CTG in der Regel extern über die Bauchdecke der Mutter mittels Doppler-Ultraschallköpfen abgeleitet. Die optimale Ableitungsstelle findet man dort, wo der Rücken des Kindes liegt (bei I. Schädellage beispielsweise im linken Unterbauch der Schwangeren). Subpartal ist auch eine interne direkte Ableitung mittels Skalpelektrode möglich.

Die Schwankungen der Herzfrequenz werden durch eine **Beat-to beat-Aufzeichnung** sichtbar gemacht. Die Herztöne werden extern mittels Doppler-Ultraschallköpfen abgeleitet. Subpartal kann intern mittels Skalpelektrode abgeleitet werden.

Gleichzeitig mit der fetalen Herzfrequenz (FHF) wird immer die Wehentätigkeit aufgezeichnet (Tokometrie), da die Wehenabhängigkeit der FHF-Veränderungen Hinweise auf die Ursache einer fetalen Gefährdung geben kann. Serielle Untersuchungen erleichtern die Interpretation auffälliger Befunde und damit die eventuell nötige geburtshilfliche Entscheidung.

Die gleichzeitige Aufzeichnung der Wehentätigkeit erlaubt die Korrelation von Veränderungen der fetalen Herzfrequenz zu den Wehen und gibt Hinweise auf eine mögliche fetale Gefährdung.

Indikation. Die Indikation zur antenatalen CTG ist weit zu stellen, insbesondere bei Verdacht auf fetale Mangelentwicklung, bei schwangerschaftsinduzierter Hypertonie, vorzeitiger Wehentätigkeit, unter tokolytischer Therapie, allgemein also bei allen potenziellen Gefährdungsmöglichkeiten für den Fetus. Eine sinnvolle Interpretation des CTG besteht etwa ab der 26.–28. SSW.

Indikation. Die Indikation zur antenatalen CTG besteht bei fetaler Mangelentwicklung, schwangerschaftsinduzierter Hypertonie, vorzeitiger Wehentätigkeit sowie unter Tokolyse.

Normalbefund. In einem über 30 Min. unter Ruhebedingungen (Non-Stress-Test = NST) geschriebenen CTG soll die Basalfrequenz bei 110–150 Spm liegen („Baseline“). Die Herzfrequenz sollte innerhalb dieses Zeitraums wenigstens zweimal um 15–20 Spm ansteigen (= mittelfristige Veränderung). Kurzfristig schwankt die Herzfrequenz als Ausdruck des ständigen Wechsels zwischen parasympathischem und sympathischem Einfluss 5- bis 13-mal/Min. um 10–30 Spm (= undulatorische Oszillationsfrequenz und -amplitude). In Abb. **E-3.22** ist ein normales antepartales CTG in der 39. SSW dargestellt.

Normalbefund. Die Basalfrequenz („Baseline“) liegt antepartal bei 110–150 Spm. Innerhalb 30 Min. sollte sie zweimal um 1520 Spm akzelerieren. Die kurzfristige Schwankung soll 5- bis 13-mal/Min. = 10–30 Spm betragen (= undulatorisch). Abb. **E-3.22** zeigt ein normales antepartales CTG.

E-3.22

E-3.22 Normales antepartales CTG in der 39. SSW

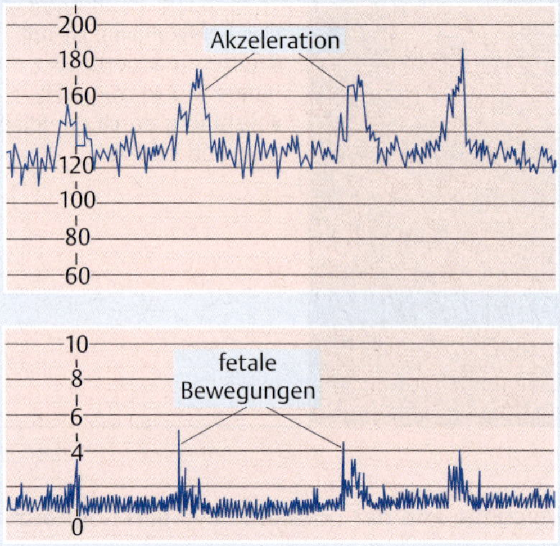

Die untere Kurve zeichnet die Kontraktionstätigkeit des Uterus auf (Tokogramm); wie im Beispiel gut zu erkennen, werden auch fetale Bewegungen registriert. Die obere Kurve entspricht der fetalen Herzaktion mit einer Basalfrequenz (Baseline) um 130 Spm, undulatorischer Oszillation und 4 sog. sporadischen Akzelerationen, die zeitgleich mit den kindlichen Bewegungen auftreten.

▶ Merke

▶ **Merke.** 110–150 Spm normal
$>$ 150 Spm mäßige Tachykardie
$>$ 170 Spm schwere Tachykardie
$<$ 110 Spm mäßige Bradykardie
$<$ 90 Spm schwere Bradykardie

▶ Merke

▶ **Merke.** Bei der Interpretation des CTG müssen das Schwangerschaftsalter und eine etwaige Medikation berücksichtigt werden: So findet man in der 28. SSW gehäuft physiologische kurze Herztonabfälle, sog. Dezelerationen Typ 0 (= Dip 0) bzw. Spikes, ein Befund, der am Termin nicht mehr oder nur selten zu sehen ist. Wenn, dann kann er ein früher Hinweis auf eine Nabelschnurumschlingung sein. Unter der Medikation mit Diazepam bei vorzeitigen Kontraktionen oder SIH (schwangerschaftsinduzierte Hypertension) wird die Oszillationsamplitude der FHF eingeengt. Auch Opiate führen zu einer eingeengten Amplitude.

Belastungstests. Durch Belastungstests mittels Oxytozininfusion, Mamillenstimulation oder körperlicher Belastung kann eine im Ruhe-CTG nicht manifeste Versorgungseinschränkung erkannt werden.

Belastungstests. Neben dem antepartalen CTG als Non-Stress-Test besteht die Möglichkeit, durch Belastungs- bzw. Stress-Tests eine im Ruhe-CTG nicht manifeste Versorgungseinschränkung des Fetus zu erkennen: Durch eine uterine Minderdurchblutung unter Wehentätigkeit (z. B. durch Oxytozininfusion oder durch Mamillenstimulation induziert) oder bei körperlicher Belastung wird die Situation unter der Geburt simuliert. Für den Normalbefund der Belastungstests gelten die gleichen Kriterien wie für das Ruhe-CTG.

Indikationen für Belastungstests sind vor allem die Übertragung und der V. a. Mangelentwicklung.

Indikationen für Belastungstests sind vor allem die **Übertragung** und der sonographische Verdacht auf eine intrauterine Mangelentwicklung des Fetus, wenn zuvor ein unauffälliges Ruhe-CTG registriert wurde.

Auffällige Befunde. Langfristige Veränderungen: Frequenzen über 150 bzw. 170 Spm (mäßige bzw. schwere Tachykardie) können Ausdruck einer fetalen Herzerkrankung sein, als Kompensation einer passageren Hypoxie oder bei Fieber der Mutter auftreten (s. Abb. **E-3.23**).

Auffällige Befunde. Entsprechend den angegebenen Normalbefunden lassen sich auch die pathologischen Befunde in lang-, mittel- und kurzfristige Veränderungen einteilen. Dabei kommt den einzelnen Symptomen eine sehr unterschiedliche Wertigkeit zu:
Eine fetale Tachykardie besteht bei Frequenzen über 150 (mäßig) bzw. 170 Spm (schwer); sie kann Ausdruck einer fetalen Herzerkrankung sein, aber auch als Kompensation einer passageren Hypoxie oder bei maternalem Fieber auftreten. Abb. **E-3.23** zeigt ein Beispiel einer schweren fetalen Tachykardie bei Fieber der Mutter im Rahmen einer Infektion.

E-3.23 Ausschnitt aus einem CTG bei Amnioninfektsyndrom

E-3.23

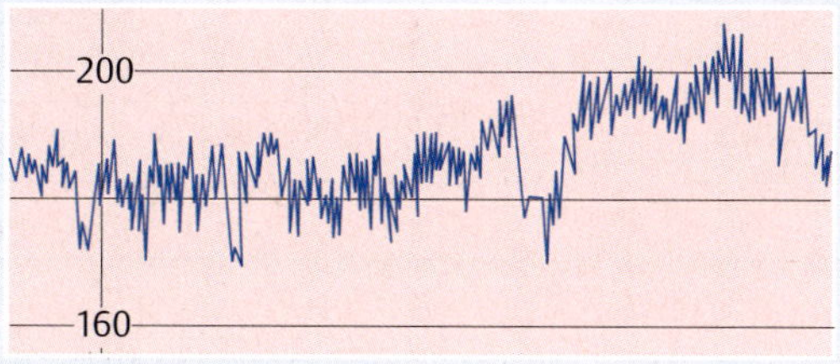

Die fetale Herzfrequenz liegt bei einer Baseline um 190 Spm mit undulatorischer Oszillation. Es handelt sich also um eine prognostisch günstige schwere Tachykardie.

Ebenso kann einer Bradykardie (< 110 leicht bzw. < 90 Spm schwer) eine fetale Herzerkrankung zu Grunde liegen, andererseits ist sie insbesondere bei Einschränkung oder Verlust der Oszillationsbreite als bedrohliches Zeichen der Hypoxie ohne Kompensation anzusehen.

Bradykardien (< 110 bzw. < 90 Spm) werden bei fetaler Herzerkrankung und bei Hypoxie ohne Kompensation beobachtet.

Den längerfristigen, über 10 (Tachykardie) bzw. über 3 Min. (Bradykardie) anhaltenden Veränderungen stehen die **mittelfristigen** Veränderungen gegenüber: Neben der physiologischen sporadischen Akzeleration im Ruhe-CTG, z. B. bei Kindsbewegungen, werden periodische Akzelerationen wehenabhängig unter der Geburt beobachtet. Sie werden als Kompensationszeichen bei uteroplazentarer Minderdurchblutung und bei Kompression der Nabelvene aufgefasst und als prognostisch günstig interpretiert.

Mittelfristige Veränderungen: Periodische Akzelerationen unter der Geburt sind Kompensationszeichen bei uteroplazentarer Minderdurchblutung und bei Kompression der Nabelvene.

Dezelerationen, also mittelfristige Herztonabfälle von unter 3 Min. Dauer, die sporadisch und wehenunabhängig auftreten, werden als **Dip 0** bezeichnet.
Bei einer Dauer unter 30 Sek. sind sie als harmlos zu betrachten. Bei einem Vena-cava-Kompressionssyndrom kommt es auf Grund der mütterlichen Hypotonie zu einer prolongierten Dezeleration, die bei Links-Seiten-Lagerung der Mutter schnell reversibel ist. Abb. **E-3.24** zeigt den Verlauf der fetalen Herzfrequenz bei einem typischen Vena-cava-Kompressionssyndrom.

Sporadische Dezelerationen (Herztonabfälle unter 3 Min. Dauer) ohne Wehenabhängigkeit **(Dip 0)** unter 30 Sek. sind harmlos. Bei Vena-cava-Kompressionssyndrom werden länger anhaltende Dip 0 beobachtet (s. Abb. **E-3.24**).

Bei prolongierten Dip 0 ohne maternale Hypotonie muss immer an eine fetale Hypoxie gedacht werden, insbesondere in Kombination mit einem Verlust der Oszillationsamplitude.

Prolongierte Dip 0 können Ausdruck einer fetalen Hypoxie sein.

Periodisch auftretende Dezelerationen sind unter Wehentätigkeit zu beobachten. Zu unterscheiden sind **frühe** Dezelerationen **(Dip I)**, **späte** Dezelerationen **(Dip II)** und **variable** Dezelerationen (variabler Dip):

Unter Wehentätigkeit werden **periodisch** auftretende Dezelerationen beobachtet:

- **Dip I** verlaufen **wehensynchron**, d. h. der Herztonabfall beginnt mit Beginn der Wehe und endet mit Wehenende. Sie werden vornehmlich in der Austreibungsphase beobachtet und gelten als Zeichen der vagalen Reaktion bei Kompression des fetalen Kopfes. Bestehen sie bereits in der Eröffnungsperiode län-

- **Dip I** (frühe Dezelerationen) sind **wehensynchron** und vor allem in der Austreibungsphase zu beobachten (s. Abb. **E-3.25**). Gehäufte Dip I in der

E-3.24 CTG bei Vena-cava-Kompressionssyndrom

E-3.24

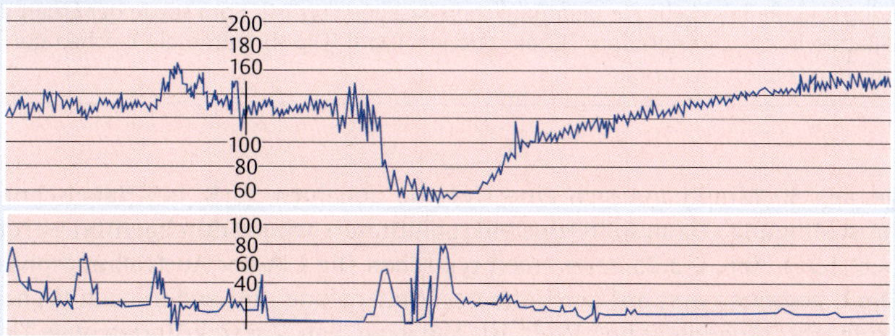

Es zeigt sich in Rückenlage ein prolongierter Dip 0, der sich bei Seitenlagerung der Schwangeren schnell auflöst. Zeitgleich klagte die Schwangere über Übelkeit und Schwindel als typische Symptome des Vena-cava-Kompressionssyndroms.

E-3.25

E-3.25 CTG während der frühen Austreibungsphase

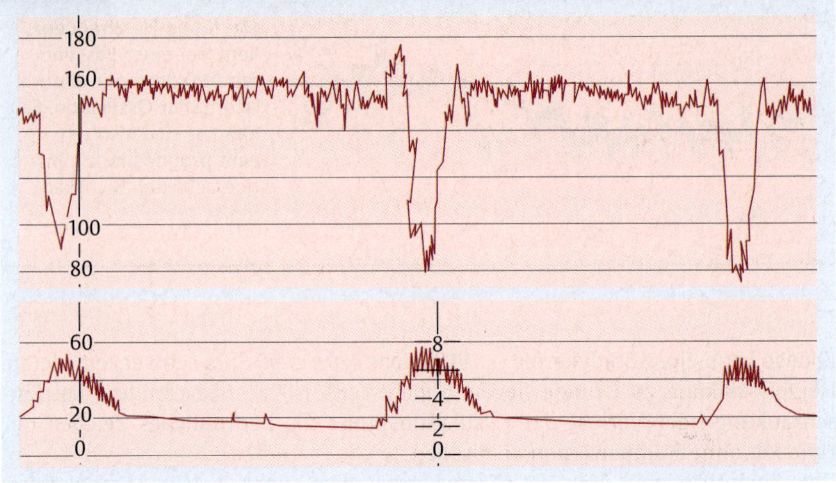

Wehentätigkeit regelmäßig, etwa alle 6 Minuten. Durch die Kopfkompression entstehen typische Dezelerationen Typ I (Dip I). Zeitgleich mit den Wehen fällt die fetale Herzfrequenz spiegelbildlich zur Wehe ab, um am Wehenende wieder die Basalfrequenz von ungefähr 140 Spm zu erreichen. Die Oszillationsbreite ist undulatorisch.

E-3.26

E-3.26 CTG während der Eröffnungsperiode

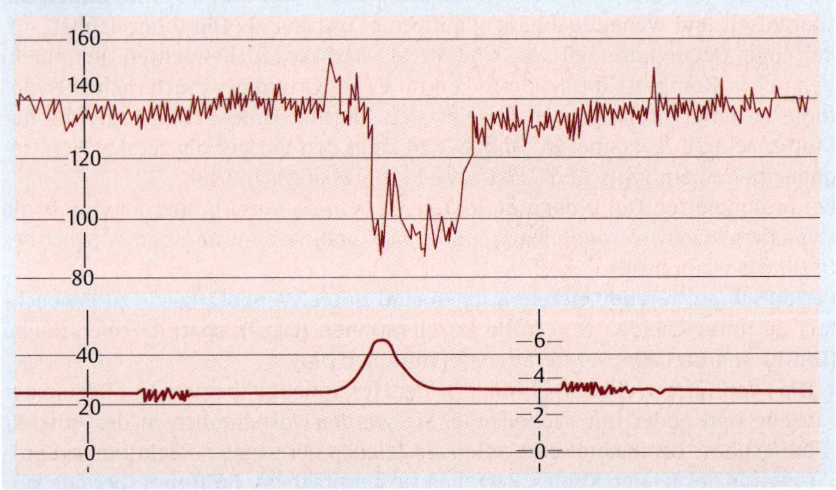

Wie in Abbildung **E-3.25** besteht eine zur Wehe annähernd formähnliche Dezeleration der fetalen Herzfrequenz, aber gegen die Wehe versetzt: Die Dezeleration beginnt zeitgleich mit dem Wehenhöhepunkt, der sog. Wehenakme. Diese sog. späte Dezeleration (Typ II) endet erst 1 Min. nach Wehenende. Prognostisch günstig ist der steile Anstieg und die Rückkehr zur ursprünglichen Baseline von 140 Spm sowie der Erhalt der Oszillation in der Dezeleration. Dezelerationen Typ II (Dip II) gelten als Zeichen der möglichen fetalen Hypoxie.

Eröffnungsperiode sollten zur Mikroblutuntersuchung führen, da sie eine Hypoxie anzeigen können.

- **Dip II** (s. Abb. **E-3.26**) beginnen in der Wehenakme und enden nach Wehenende. Abhängig von Zusatzkriterien (Tiefe, Breite, Oszillation, kompensatorische Tachykardie) wichtigstes Hypoxiezeichen.

ger als 30 Min., kann sich eine Hypoxie anbahnen (z. B. bei Nabelschnurumschlingung). Dann sollte eine Mikroblutuntersuchung durchgeführt werden (s. S. 531). Abb. **E-3.25** zeigt einen typischen Dip I in der Austreibungsphase.

- **Dip II** beginnen erst auf der Höhe der Wehenakme und enden nach Wehenende. Ihr prognostischer Wert ist abhängig von Zusatzkriterien wie Tiefe und Breite der Dezeleration, Oszillation während des FHF-Abfalls sowie dem Auftreten einer kompensatorischen Tachykardie. Dip II werden als wichtigstes Zeichen für eine fetale Hypoxie betrachtet. In Abb. **E-3.26** wird eine Dezeleration Dip II dargestellt.

- **Variable Dip** sind durch wechselnde zeitliche Zuordnung zur Wehentätigkeit und wechselnde Form charakterisiert. Als mögliche Ursache wird die Kompression der Nabelschnur angenommen. In der Pressperiode werden sie häufig ohne pathologische Wertigkeit beobachtet. Abb. **E-3.27** zeigt eine variable Dezeleration bei einem Oxytozin-Belastungstest.

Kurzfristige Änderungen der Herzfrequenz von Schlag zu Schlag bezeichnet man als **Oszillation**.

Veränderungen der **Oszillationsamplitude und -frequenz** haben im Zusammenhang mit den genannten lang- und mittelfristigen Veränderungen eine hohe Wertigkeit: Ein Absinken der Oszillationsamplitude unter 10 Spm **(eingeengt undulatorisch)** wird bei physiologischen Ruhephasen des Kindes oder Sedierung der Mutter beobachtet. Ein „Weckversuch" (z. B. durch Schütteln des mütterlichen Abdomens) kann darüber Aufschluss geben. Bei negativem Weckversuch ist die eingeengt undulatorische Kurve der fetalen Herzfrequenz als ernstes Zeichen einer fetalen Hypoxie zu werten. Das Gleiche gilt für noch stärker eingeschränkte Undulationen (unter 5 Spm, sog. **silente Kurve**).

Eine vergrößerte Bandbreite über 25 Spm **(saltatorisch)** ist Ausdruck der erhaltenen kompensatorischen Leistung bei Nabelschnurkompression. In Tab. **E-3.5** sind die Kriterien der Oszillation zusammenfassend dargestellt.

- **Variable Dip** (wechselnde Form und zeitliche Zuordnung zur Wehe, s. Abb. **E-3.27**) werden in der Pressperiode bei Nabelschnurkompression beobachtet.

Kurzfristige HF-Veränderungen: Oszillation.

Veränderungen der **Oszillationsamplitude und -frequenz** (s. Tab. **E-3.5**): Ein Absinken der Amplitude unter 10 Spm **(eingeengt undulatorisch)** im Ruhe-CTG tritt bei fetalen Ruhephasen und maternaler Sedierung auf. Ist ein „Weckversuch" negativ bzw. die Kurve **silent (Oszillation** < 5 Spm), ist eine fetale Hypoxie wahrscheinlich.

Saltatorische Kurven (= Bandbreite über 25 Spm) kommen bei erhaltener kompensatorischer Leistung bei Nabelschnurkompression vor.

E-3.27 CTG unter Belastung mit Oxytozin-Tropf 4 mE/min
(Oxytozin-Belastungstest)

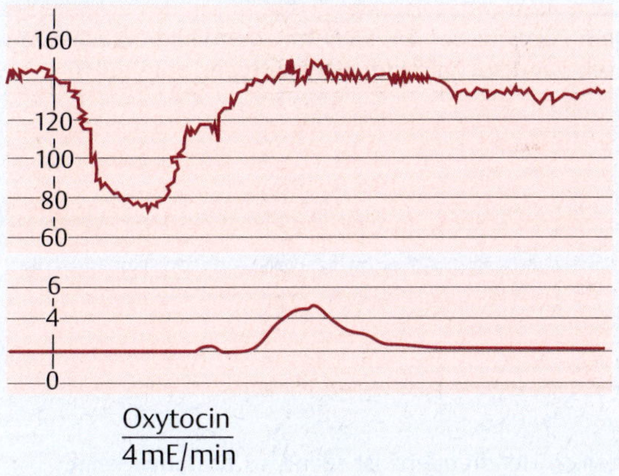

Es tritt eine Dezeleration auf, die zeitlich und förmlich nicht der Wehe zuzuordnen ist (sog. variable Dezeleration bzw. Dip). Die schnelle Rückkehr zur Basalfrequenz von 140 Spm ist prognostisch günstig, die eingeengte Undulation erscheint eher ungünstig.

E-3.27

E-3.5 CTG-Kriterien der Oszillation

Form	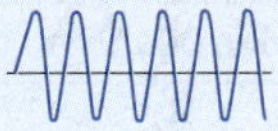	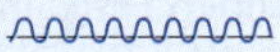	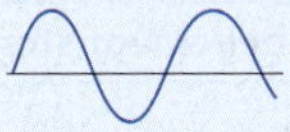	
Amplitude der Oszillation (Bandbreite)	groß	klein	groß	klein
Zahl der Nulldurchgänge pro Minute	groß	groß	klein	klein
Beurteilung	physiologisch	vermutlich günstig	ungünstig	pathologisch

E-3.5

▶ Merke

▶ **Merke.** Die Interpretation der Bandbreite sollte die technische Ableitungsmethode berücksichtigen: Bei direkter Ableitung ist die Amplitude gelegentlich größer als bei externer transabdomineller Ableitung.

Oszillationsamplitude bzw. Bandbreite:

10–25 Spm: undulatorisch = normal
5–10 Spm: eingeengt undulatorisch
< 5 Spm: silent
> 25 Spm: saltatorisch

Eine Abnahme der Oszillationsfrequenz (normal 6–13 Nulldurchgänge) und eine Verrundung der Umkehrpunkte sind ungünstig (s. Abb. **E-3.28**). Bei sterbenden Fetus sind die Verrundungen oft sinusoidal (s. Abb. **E-3.29**).

Die Oszillationsfrequenz, die an Hand der Nulldurchgänge (normal 6–13/Min.) oder der Gipfelpunkte (2–6/Min.) gemessen wird, ergänzt die Beurteilung der Makrofluktuation: Ein Absinken unter diese Werte sowie eine Verrundung der Umkehrpunkte wird als ungünstig betrachtet, beim sterbenden Feten beobachtet man häufig sinusoidale Verrundungen (sog. Vogelschwingen-CTG). Abb. **E-3.28** zeigt das Beispiel eines silenten CTG mit niedriger Oszillationsfrequenz bei chronischer Hypoxie des Feten. In Abb. **E-3.29** ist ein präfinales CTG mit sinusoidalen Verrunden dargestellt.

CTG-Scores erlauben die summarische Beurteilung des CTG. Tab. **E-3.6** zeigt den CTG-Score nach Fischer.

Die geschilderten Veränderungen können summarisch beurteilt werden an Hand von CTG-Scores: Den verschiedenen Kriterien werden unterschiedliche Punktzahlen zugeordnet, die Summe der Punkte ist ein Maß für die Gefährdung des Fetus. Als Beispiel wird in Tab. **E-3.6** der CTG-Score nach Fischer aufgeführt.

E-3.28

E-3.28 Ruhe-CTG bei einem Fetus in der 34. SSW mit deutlicher Wachstumsretardierung bei schwangerschaftsinduzierter Hypertonie (SIH)

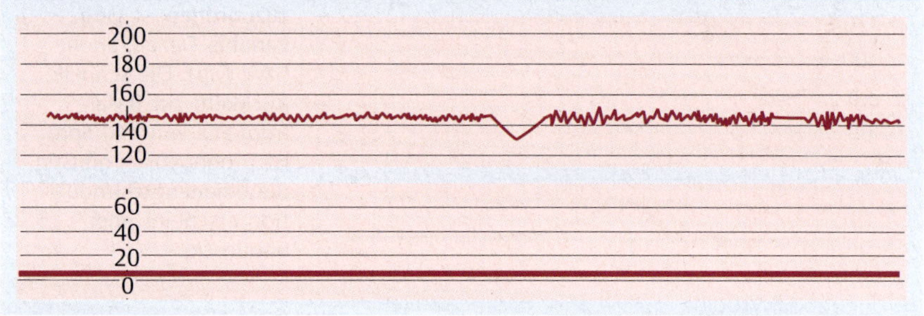

Die Oszillationsamplitude der fetalen Herzfrequenz ist silent, es bestehen keine Akzelerationen, aber eine Dezeleration Typ 0. Entschluss zur primären Sectio: Geburtsgewicht: 1100 g, pH arteriell: 7,18, Apgar 7/8/9.

E-3.29

E-3.29 CTG bei einem sterbenden Fetus in der 30. SSW

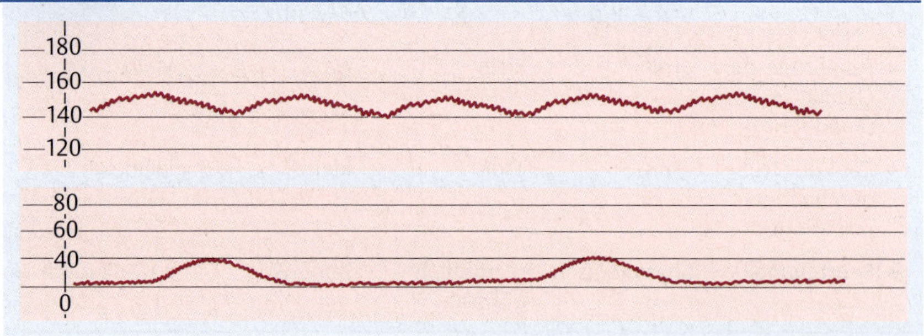

Silente Oszillation und typische sinusoidale Verrundungen („Vogelschwingen-CTG").

E-3.6 Fischer-Score zur semiquantitativen CTG-Beurteilung

		0	1	2
▶ basale FHF (fetale Herzfrequenz)	▪ Niveau (Spm)	< 100 > 180	100–120 160–180	120–160
	▪ Bandbreite (Spm)	< 5	5–10 > 30	10–30
	▪ Nulldurchgänge (n/min)	< 2	2–6	> 6
▶ FHF-Alterationen	▪ Akzelerationen	keine	periodisch	sporadisch
	▪ Dezelerationen	späte, variable mit prognostisch ungünstigen Zusatzkriterien	variable	keine, sporadisch auftretende Dip 0
	▪ Zustandsindex			

Beachte: Registrierdauer 30 Min., Berücksichtigung des jeweils ungünstigsten Musters, zusätzliches Zeitkriterium für basale FHF, 10 Min. Mindestdauer.

Die in der Tabelle links angegebenen 5 Kriterien werden mit einer Punktezahl zwischen 0 und 2 belegt. Die Summe aus der Addition der Punkte beschreibt den fetalen Zustand:
8–10 Punkte: unauffälliger Befund (= «normal»)
– 7 Punkte: prognostisch fragliche Situation (= «auffällig»)
– 4 Punkte: lebensbedrohliche Beeinträchtigung des Fetus (= «pathologisch»)

E-3.6

3.8 Biophysikalisches Profil

In den letzten Jahren haben sich zur Beurteilung der fetalen Verhaltenszustände noch eine Reihe von Methoden entwickelt, deren gemeinsamer Nenner eine **frühzeitige Vorhersage akuter fetaler Bedrohung** ist.
So zeigt das Ruhe-CTG im Mittel nur 0–3 Tage vor der fetalen Dekompensation die Beeinträchtigung an. Im Wesentlichen geht es beim biophysikalischen Profil darum, mehrere Untersuchungsparameter zu einer Gesamteinschätzung des fetalen Befindens zusammenzufassen. Neben Herzfrequenz, Plazentastruktur und Fruchtwassermenge werden auch Quantität und Qualität der fetalen Bewegungen beachtet.
Im **Kineto-Kardiotokogramm** (K-CTG) werden zusätzlich zur fetalen Herzfrequenz und Wehentätigkeit die Bewegungsaktivitäten des Fetus mittels Ultraschall-Doppler erfasst und dokumentiert. Eine Verkürzung der Bewegungsdauer soll einer fetalen Notsituation bereits 10 bis 14 Tage vorausgehen.
Neben der quantitativen Bewegungsanalyse scheint die **qualitative Bewegungsanalyse** mit verschiedenartigen Bewegungsmustern insbesondere für die beeinträchtigte Gehirnentwicklung (neurologische Störungen) ein frühzeitiger Hinweis zu sein.

3.8 Biophysikalisches Profil

Um **frühzeitig eine akute fetale Bedrohung** vorhersagen zu können, werden mehrere Untersuchungsparameter zusammengefasst, die eine Gesamteinschätzung des fetalen Befindens erlauben.
Hierzu zählen Herzfrequenz, Plazentastruktur, Fruchtwassermenge wie auch die Beurteilung von Quantität und Qualität fetaler Bewegungen. Im **Kineto-Kardiotokogramm** können die Bewegungsaktivitäten erfasst werden. Entsprechende Veränderungen können einer fetalen Notsituation bereits 10–14 Tage vorangehen.

3.8.1 Pulsoxymetrie

Die Pulsoxymetrie ist ein aus der Intensivmedizin bekanntes und für die Geburtshilfe adaptiertes Verfahren zur kontinuierlichen Überwachung des fetalen Zustandes unter Geburt. Bei pathologischen CTG-Veränderungen kann durch Einbringen einer Sonde, die aus Lichtquelle und Photodetektor besteht, die fetale Sauerstoffsättigung gemessen werden. Derzeit ist der diagnostische Wert des Verfahrens, auf Grund unterschiedlicher Kalibrierungen der Messgeräte ohne hinreichende Standardisierung als noch gering zu bezeichnen, so dass klinische Entscheidungen nicht vom Untersuchungsergebnis abhängen sollten.

3.8.1 Pulsoxymetrie

Die Pulsoxymetrie erlaubt die Messung der fetalen Sauerstoffsättigung unter der Geburt. Das Verfahren ist allerdings noch nicht ausreichend standardisiert.

3.9 Doppler-Sonographie

Die Doppler-Sonographie der Aa. uterinae, der Aa. umbilicales bzw. der Aa. cerebri mediae ist seit 1995 im Rahmen der Deutschen Mutterschaftsrichtlinien zugelassen.

3.9 Doppler-Sonographie

Die Doppler-Sonographie der Aa. uterinae, der Aa. umbilicales und der Aa. cerebri mediae beim Fetus ist ein diagnostisches Verfahren in der Schwangerschaft, das seit 1995 auch im Rahmen der Deutschen Mutterschaftsrichtlinien zugelassen ist. Es handelt sich um eine nichtinvasive Methode, die eine signifikante Senkung der fetalen Morbidität und Mortalität erzielen kann. In Risikokollektiven kann eine spätere fetale Notsituation bis zu 3 Wochen vor deren Eintritt erkannt werden.

Eine Indikation zur Doppler-Sonographie in der Schwangerschaft besteht, wenn auf Grund anamnestischer Daten oder pathologischer Befunde Hinweise auf eine drohende **uteroplazentare Minderperfusion** vorliegen (Mangelentwicklung, intrauteriner Fruchttod, Präeklampsie bei früheren Schwangerschaften), außerdem bei Erkrankungen des mütterlichen Gefäßsystems (Hypertonie, Nephropathie, Autoimmunkrankheiten, Diabetes mellitus). Indikationen in der aktuellen Schwangerschaft sind z. B. fetale Wachstumsretardierung, Präeklampsie, Gestationsdiabetes, Zwillinge mit diskordantem Wachstum, fetale Erkrankungen und Fehlbildungen (z. B. Herz).

Es besteht immer dann eine Indikation zur Doppler-Sonographie in der Schwangerschaft, wenn auf Grund anamnestischer Daten oder auf Grund pathologischer Befunde Hinweise auf eine drohende oder bestehende **uteroplazentare Minderperfusion** gegeben sind. Dies ist z. B. der Fall, wenn in vorangegangenen Schwangerschaften eine Mangelgeburt, ein intrauteriner Fruchttod oder eine Präeklampsie aufgetreten sind. Außerdem besteht eine Indikation bei chronischen Erkrankungen mit Einfluss auf das mütterliche Gefäßsystem (Hypertonie, Nephropathie, Autoimmunkrankheiten, Diabetes mellitus). Weitere Indikationen können auf Grund pathologischer Befunde in der aktuellen Schwangerschaft bestehen (z. B. fetale Wachstumsretardierung, Präeklampsie, Gestationsdiabetes, Zwillinge mit diskordantem Wachstum sowie auffällige fetale Herzfrequenzmuster). Spezielle Indikationen für die Doppler-Sonographie in der Schwangerschaft bestehen schließlich noch bei Verdacht auf fetale Fehlbildungen (z. B. Herzfehler) oder fetale Erkrankungen.

Da die Doppler-Sonographie auch in anderen medizinischen Spezialgebieten mit den gerätetechnischen Modalitäten abgehandelt wird, sollen hier für die Geburtsmedizin nur zusammenfassende Aussagen getroffen werden:

Die Doppler-Sonographie gewinnt bei der **Überwachung von Risikoschwangerschaften** zunehmend an Bedeutung. Störungen der Plazentation bewirken ein Fortbestehen der diastolischen Inzisur und einen **erhöhten Widerstand in den Aa. uterinae** über die 25. SSW hinaus. Das Risiko einer **Präeklampsie** ist in diesen Fällen erhöht (s. S. 539 ff).

- Die Doppler-Sonographie gewinnt zunehmend eine Bedeutung als **Routineuntersuchung bei Risikoschwangerschaften**. Normalerweise kommt es im Verlauf der Plazentation bis zur 24. SSW zu einer Abnahme des Gefäßwiderstands im Strombett der uteroplazentaren Einheit (Spiralarterien, Aa. uterinae). Bei Störungen der Plazentation mit mangelhafter Invasion des Trophoblasten in die Spiralarterien bleibt die physiologische Vasodilatation aus, man findet ein Fortbestehen der frühdiastolischen Inzisur und **erhöhte**

E-3.30 Dopplersonographie

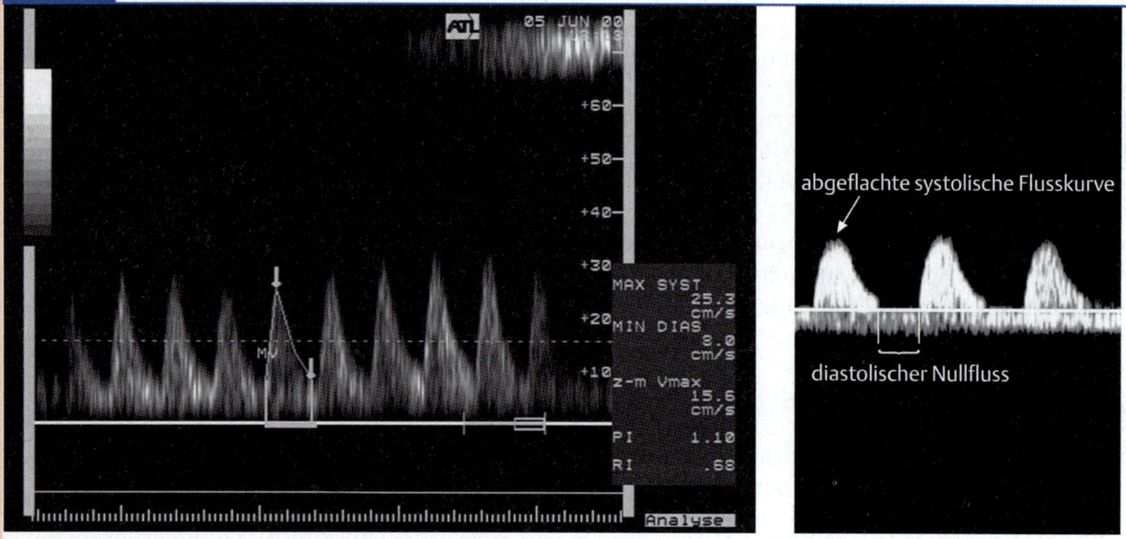

a Normalbefund mit unauffälligem Fluss in der Nabelschnurarterie. Der erste Pfeil markiert den Punkt des maximalen systolischen Flusses, der zweite Pfeil den maximalen Fluss während der Diastole.
b Hochpathologischer Befund mit erhöhtem Widerstand, der zu einer Abflachung des systolischen Flusses führt und während der Diastole die Strömung zur Plazenta nicht mehr vorhanden ist (Zeroflow ≙ Nullfluss).

Widerstandsindizes in den Aa. uterinae über die 25. Schwangerschaftswoche hinaus. Die Wahrscheinlichkeit einer **Präeklampsie** (s. S. 539 ff) ist in diesen Fällen erhöht.

- Eine **Plazentainsuffizienz** mit Obliteration des plazentaren Gefäßbettes bewirkt **erhöhte Flusswiderstände in den Nabelschnurarterien**, die einen diastolischen Null- bzw. Reverse Flow zeigen können (Abb. **E-3.30**). Hier besteht eine erhöhte perinatale Morbidität und Mortalität. Eine engmaschige Kontrolle dieser Situation bis hin zur intensiven stationären Überwachung ist erforderlich.
- Ein verringerter Gefäßwiderstand in den **Aa. cerebri mediae** kann ein erster Hinweis auf einen Kompensationsmechanismus sein und damit auf eine Gefährdung des Fetus hinweisen. Dabei kommt es bei ausgeprägter uteroplazentarer Insuffizienz zu einer Umverteilung der Durchblutung zu Gunsten des fetalen Gehirns (Brain-sparing-Effect).

Bei **Plazentainsuffizienz** mit Obliteration des plazentaren Gefäßbettes können die **Nabelschnurarterien** auf Grund des **erhöhten Gefäßwiderstands** einen diastolischen Null- bzw. Reverse Flow zeigen (Abb. **E-3.30**).

Ein geringer Gefäßwiderstand in den **Aa. cerebri mediae** weist auf einen Kompensationsmechanismus zu Gunsten des fetalen Gehirns (Brain-sparing-Effect) und damit auf eine Gefährdung des Fetus hin.

3.10 Genetische Beratung und pränatale Diagnostik

Im Gegensatz zur Sonographie, die als Screeninguntersuchung allen Schwangeren angeboten wird, erfordern die invasiven Methoden der Pränataldiagnostik eine strenge Indikationsstellung. Jedem Eingriff muss eine ausführliche und unabhängige Beratung über Nutzen und Risiken vorausgehen.

Die Indikation zur invasiven Pränataldiagnostik ist streng zu stellen. Jedem Eingriff muss eine ausführliche Beratung vorausgehen.

Indikationen. Hauptindikation ist die Erstellung des fetalen Karyogramms (Chromosomenanalyse). Sie wird vor allem Schwangeren mit einem Lebensalter über 35 Jahren angeboten, da das Risiko für Aneuploidien nach dem 35. Lebensjahr deutlich ansteigt (sog. **Altersindikation**).
Die Karyotypisierung ist auch bei zahlreichen sonographisch nachgewiesenen **Fehlbildungen** wie Omphalozele oder obstruktive Uropathien angezeigt.

Indikationen. Die Erstellung des fetalen Karyogramms (Chromosomenanalyse) wird vor allem Schwangeren, die älter als 35 sind, angeboten **(sog. Altersindikation)**.

Bei vielen sonographisch nachgewiesenen **Fehlbildungen** (z. B. Omphalozele) ist ebenfalls die Karyotypisierung indiziert.

Eine weitere Indikation besteht in der Diagnostik **angeborener Stoffwechselstörungen** und anderer **Erbkrankheiten**. Durch DNA-Analyse oder Enzymanalysen aus Amnion- oder Trophoblastzellen können z. B. Mukopolysaccharidosen, Hämophilien, Mukoviszidose oder progressive Muskeldystrophien erkannt werden.
Bei **kongenitalen Infektionen** ist der direkte Erregernachweis aus Fruchtwasser oder Plazenta bzw. ab der 22. SSW der Antikörpernachweis beim Fetus möglich.

Stoffwechselerkrankungen und **Erbkrankheiten** sind durch DNA- und Enzymanalytik aus Amnion- oder Throphoblastzellen erkennbar.

Bei **kongenitalen Infektionen** ist der Erregernachweis aus Fruchtwasser oder Plazenta sowie der Antikörpernachweis aus Fetalblut möglich.

Bei **Blutgruppenunverträglichkeit**, vor allem bei der Rhesus-Inkompatibilität, ermöglicht die Analyse des **Bilirubingehalts** des Fruchtwassers eine Abschätzung der Behandlungsnotwendigkeit. Dabei wird spektralphotometrisch bei einer Wellenlänge von 450 nm der sog. ΔE_{450}-Wert als Abweichung von einer Normalkurve bestimmt. Abb. **E-3.31** zeigt eine typische Kurve bei Rhesus-Inkompatibilität. Der ΔE_{450}-Wert muss abhängig vom Gestationsalter bewertet werden. In Abb. **E-3.32** wird das Schema nach Liley dargestellt, das eine Abschätzung des Risikos für das Kind bei Rh-Unverträglichkeit ermöglicht.
Wird die Indikation zur Behandlung gestellt, so kann durch eine Fetalblutanalyse mit Hb-Bestimmung nach Punktion der Nabelschnur (Chordozentese) das genaue Ausmaß der Anämie bestimmt werden.
Bei unklarem fetalen Befinden (CTG, Doppler) ist zur Entscheidungsfindung des weiteren Vorgehens in ausgewählten Fällen die **Blutgasanalyse aus Fetalblut** von Interesse. Ebenso ist in sehr seltenen Fällen die Untersuchung weiterer Parameter wie fetaler Leberwerte und die Erstellung eines Differenzialblutbildes indiziert.
Die **Punktion fetaler Zysten**, der Harnblase bei obstruktiver Uropathie oder von Aszites wird aus teils diagnostischen, teils therapeutischen Gründen durchgeführt.

Bei **Blutgruppenunverträglichkeit** wird die Notwendigkeit einer Behandlung auf Grund des Bilirubingehalts des Fruchtwassers (ΔE_{450}) abgeschätzt (s. Abb. **E-3.31** und Abb. **E-3.32**).

Durch Fetalblutanalyse kann das genaue Ausmaß der Anämie bestimmt werden.

Bei unklarem fetalen Befinden erfolgt eventuell die **Blutgasanalyse aus Fetalblut**.

Auch die **Punktion von fetalen Zysten** oder Aszites ist pränatal möglich.

E-3.31

E-3.31 Spektrophotometrie des Fruchtwassers

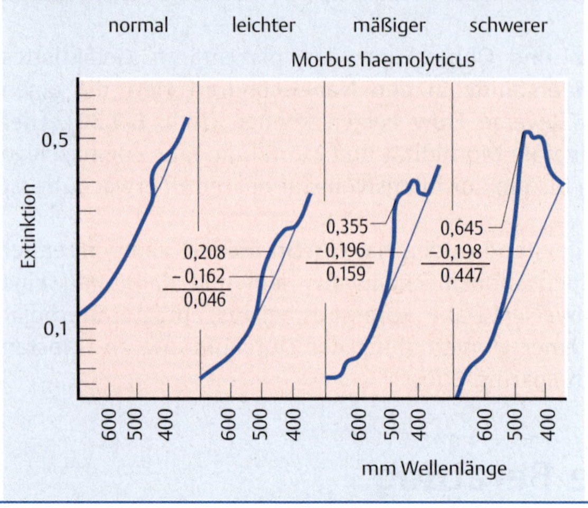

Normalkurve und Kurven bei unterschiedlichen Schweregraden der Rhesus-Inkompatibilität. Wie die Grafik zeigt, findet sich das für den Morbus haemolyticus fetalis typische Maximum der Absorption bei 410–460 nm. Das Ausmaß der Gefährdung des Fetus ist annähernd proportional der Extinktion, wenn man das Gestationsalter berücksichtigt.

E-3.32

E-3.32 Schema nach Liley zur Interpretation des ΔE_{450}-Wertes in Abhängigkeit vom Schwangerschaftsalter

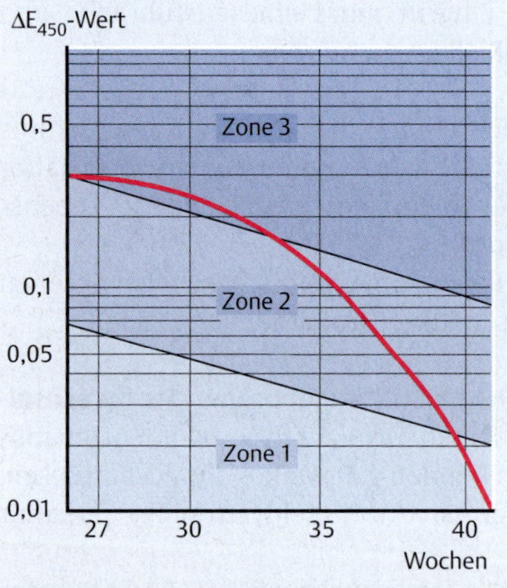

Zone 1: Der Fetus ist nicht wesentlich gefährdet, die Amniozentese sollte nach 2 Wochen wiederholt werden.
Zone 2: Sie kennzeichnet eine starke Gefährdung oder mittelschwere Erkrankung des Fetus. Früher war bei diesen Werten die Konsequenz eine systematische Wiederholung der Amniozentese in engen Abständen. Heute wird durch die weiterführende Methode der Nabelschnurpunktion das Ausmaß der Anämie genau festgelegt; gegebenenfalls werden serielle intrauterine Austauschtransfusionen durchgeführt.
Zone 3: Schwer erkrankte Kinder, meist bereits mit sonographisch erkennbarem Hydrops. Auch hier erfolgt die Bestimmung des fetalen Hämoglobinwerts sowie die intrauterine intravenöse Austauschtransfusion via Nabelschnurpunktion. Die im Schema eingezeichnete gebogene Linie entspricht der sog. „Aktionslinie", jenseits (= rechts) von dieser Linie wird bis zur 33. SSW die Transfusion, nach der 33. SSW die Entbindung empfohlen.

Bei Anhydramnie oder Oligohydramnie kann zur weiteren Diagnostik ein **artifizieller Fruchtwasserersatz** vorgenommen werden.

In Fällen einer Anhydramnie oder Oligohydramnie wird der **artifizielle Fruchtwasserersatz** unter Verwendung isotonischer Lösungen zur besseren Visualisierung und Beurteilung des Fetus durchgeführt.

Mit Ausnahme des Routineeingriffs einer Amniozentese zur Karyotypisierung sollten pränatale Diagnostik und Therapie bei allen anderen genannten Indikationen in spezialisierten Zentren erfolgen.

Alle invasiven Maßnahmen sind sonographisch geführt. Bei rhesusnegativen Patientinnen wird nach invasiver Diagnostik eine Anti-D-Prophylaxe durchgeführt (s. S. 566).

Alle heute angewendeten Methoden sind sonographisch geführt, d. h., die Eingriffe finden unter ständiger Ultraschallsicht statt. Bei rhesusnegativen Patientinnen sollte nach invasiven diagnostischen Maßnahmen eine Anti-D-Prophylaxe durchgeführt werden (s. S. 566).

Im Folgenden werden die einzelnen Methoden besprochen.

E-3.33 Schematische Darstellung der Amniozentese

E-3.33

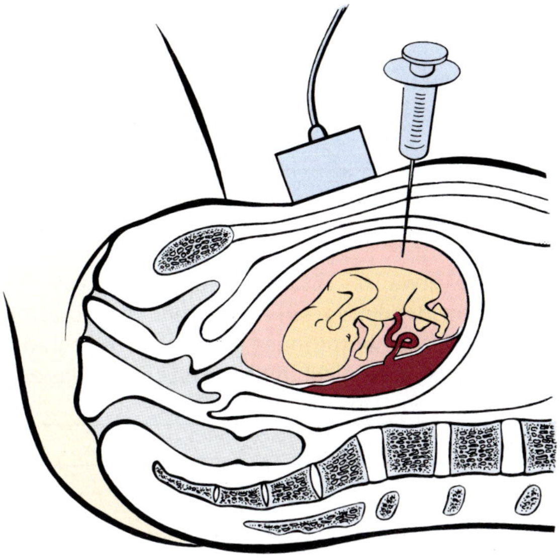

Unter kontinuierlicher sonographischer Sicht wird die Amnionhöhle (im Beispiel bei Hinterwandplazenta) so punktiert, dass der Fetus nicht verletzt werden kann. Es werden 20–25 ml Fruchtwasser zur genetischen Diagnostik und Bestimmung von AFP bzw. Acetylcholinesterase (AChE) entnommen. Zur Untersuchung der Bilirubinkonzentration oder des L/S-Quotienten reichen 10 ml aus.

3.10.1 Amniozentese

3.10.1 Amniozentese

▶ **Definition.** Entnahme von Fruchtwasser durch transabdominale Punktion der Amnionhöhle. Hierzu wird eine mit Mandrin armierte Nadel unter sonographischer Sicht in die Amnionhöhle eingeführt.

◀ **Definition**

Der Vorgang ist in Abb. **E-3.33** schematisch dargestellt.

Abb. **E-3.33** zeigt den Vorgang.

Indikationen. Häufigste Indikation ist die **Karyotypisierung** aus Amnion- und Superfizialzellen des Fetus etwa um die 14.–16. SSW (Frühamniozentese). Regelmäßig wird dabei auch die Konzentration von **AFP** und **AChE** zur Diagnostik von Dysrhaphien gemessen. Die Befunde der Karyotypisierung aus Amnionzellen liegen nach 12–21 Tagen vor, da die gewonnenen Zellen erst durch Kultivierung vermehrt werden müssen. Die Entscheidung über einen Abbruch der Schwangerschaft aus medizinischer Indikation wird abhängig vom Befund individuell getroffen.
Indikationen zur Amniozentese zu späteren Zeitpunkten sind die Bestimmung des Bilirubingehalts aus dem Fruchtwasser (ΔE_{450}-Wert) bei Blutgruppenunverträglichkeit und die Bestimmung des **L/S-Quotienten** zur Untersuchung der fetalen Lungenreife. Seltenere Indikationen sind die Untersuchung fetalen Insulins bzw. seiner Abbauprodukte bei maternalem Diabetes mellitus und DNA-Analytik. Bei verschiedenen Infektionen, z. B. Toxoplasmose, kann der **Erregernachweis** aus Fruchtwasser erfolgen.

Indikationen:
- Karyotypisierung des Fetus
- Bestimmung von AFP und AChE
- Bestimmung von Bilirubin bei Blutgruppenunverträglichkeit
- Bestimmung des L/S-Quotienten
- Untersuchung fetalen Insulins
- DNA-Analytik
- Erregernachweis bei fetaler Infektion.

Komplikationen. Die Komplikationsrate nach Amniozentese beträgt abhängig vom Gestationsalter 0,4–1 %, wobei im Vordergrund Abort und vorzeitiger Blasensprung stehen. Infektionen und Blutungen werden selten beobachtet.

Komplikationen. Die Komplikationsrate liegt bei etwa 0,4–1 %. Hauptkomplikationen: Abort und vorzeitiger Blasensprung.

3.10.2 Chorionzottenbiopsie

▶ Synonym

▶ Definition

Abb. **E-3.34** zeigt den Vorgang.

Indikationen. Erstellung des fetalen Karyogramms im 1. Trimenon. Vorteil der Methode ist, dass bei pathologischem Befund ein Schwangerschaftsabbruch durch

E-3.34

3.10.2 Chorionzottenbiopsie

▶ **Synonym.** Chorionic Villus Sampling (CVS)

▶ **Definition.** Aspiration von Chorionzotten aus Chorion frondosum bzw. Plazenta durch transzervikale Kathetertechnik oder transabdominale Punktion unter sonographischer Sicht.

Der Vorgang ist in Abb. **E-3.34** schematisch dargestellt.

Indikationen. Die CVS im 1. Trimenon (etwa 10.–12. SSW) wird als Alternative zur Frühamniozentese angeboten. Entscheidender Vorteil ist die frühe Diagnosestellung. Eine Untersuchung auf nummerische Aberrationen und grobe Strukturanomalien kann bereits am Untersuchungstag an nicht kultivierten Trophoblastzel-

E-3.34 Chorionzottenbiopsie

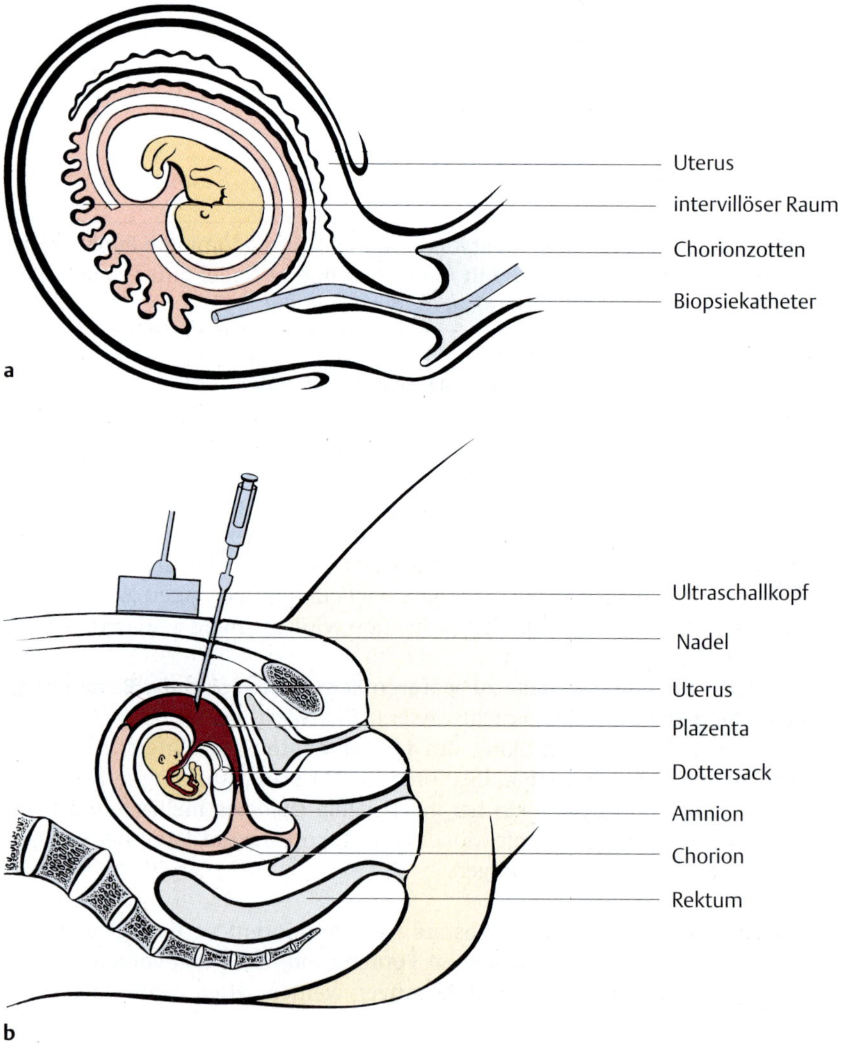

a Transzervikale Chorionzottenbiopsie mittels eines flexiblen Plastikkatheters. Das Chorion frondosum befindet sich an der Hinterwand.
b Transabdominale Chorionzottenbiopsie mittels einer Nadelpunktion unter Aufbau eines Vakuums. Das Chorion frondosum befindet sich an der Vorderwand. Die Eingriffe werden unter ständiger Ultraschallkontrolle durchgeführt. Das Aspirat sollte für eine optimale Diagnostik (Direktpräparation und Langzeitkultur) etwa 20 mg Zotten enthalten.

len durchgeführt werden. Ein eventueller Schwangerschaftsabbruch kann bis zur 12. SSW durch Saugkürettage erfolgen (nach Amniozentese kann der Abbruch erst zu einem späteren Zeitpunkt, jenseits der 14. SSW, durch Weheninduktion vorgenommen werden, die Belastung für die Schwangere ist größer).
In 0,6 % der Fälle werden Mosaike gefunden, die durch eine Amniozentese weiter abgeklärt werden müssen. Ein weiteres Problem bei der Karyotypisierung aus Trophoblastzellen sind falsch positive, seltener falsch negative Ergebnisse. Zumindest pathologische Befunde sollten deshalb in der Langzeitkultur aus Fibroblastzellen überprüft werden.
Zunehmend wird die CVS auch zur DNA-Analytik und frühen Diagnostik von Stoffwechselerkrankungen herangezogen. Als transabdominale Plazentazentese wird die CVS bei sonographischem Nachweis fetaler Entwicklungsstörungen im 2. und 3. Trimenon zur Karyotypisierung durchgeführt.
Aus Chorion- bzw. Plazentazotten lässt sich auch der Erregernachweis z. B. bei Rötelninfektion führen.

Saugkürettage erfolgen kann. Als Nachteil wird angesehen, dass in 0,6 % der Fälle Mosaike gefunden werden oder falsch-positive bzw. -negative Ergebnisse auftreten.

Die CVS wird auch zur DNA-Analytik und frühen Diagnostik von Stoffwechselerkrankungen durchgeführt, außerdem zur Karyotypisierung bei sonographischem Nachweis fetaler Entwicklungsstörungen im 2. und 3. Trimenon und zum Erregernachweis durch transabdominale Plazentazentese.

3.10.3 Fetalblutentnahme

3.10.3 Fetalblutentnahme

▶ **Definition.** Aspiration von Fetalblut nach sonographisch geführter Punktion der V. umbilicalis (Nabelschnurpunktion bzw. Chordozentese) oder des fetalen Herzens (Kardiozentese).

◀ **Definition**

Der Vorgang wird in Abb. **E-3.35** gezeigt.

Abb. **E-3.35** zeigt die Methode.

Indikationen. Karyotypisierung aus fetalen Lymphozyten zu späten Schwangerschaftszeitpunkten jenseits der 20. SSW. Das Ergebnis liegt meist nach sieben Tagen vor. Da diese Methode zuverlässiger als die Bestimmung des Karyogramms aus Trophoblastzellen ist, sollte sie im Vordergrund stehen. Weitere Indikationen zur Fetalblutentnahme sind die Bestimmung fetaler Antikörper bei **Infektionen** in der Schwangerschaft, die hämatologische Untersuchung bei fetaler **Anämie** sowie die **Blutgasanalyse**, insbesondere bei fetaler Wachstumsretardierung. Der Zugang zum fetalen Kreislauf ermöglicht außerdem die direkte **Applikation von Medikamenten**, wie z. B. Digoxin bei fetaler Tachykardie, sowie die intrauterine Austauschtransfusion bei fetaler Anämie.

Indikationen:
- Karyotypisierung aus fetalen Lymphozyten
- Bestimmung fetaler Antikörper bei Infektionen
- fetale Hämatologie und Blutgasanalyse
- direkte Applikation von Medikamenten
- intrauterine Austauschtransfusion.

E-3.35 Sonographisch geführte Punktion der Nabelschnur

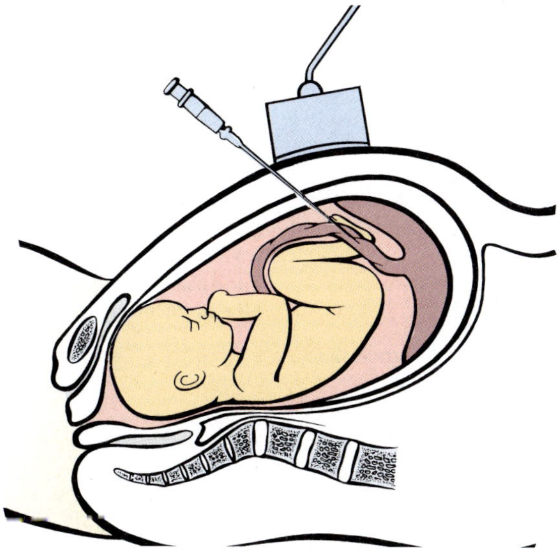

Die Nadel wird in den plazentaren Nabelschnuransatz geschoben. Es werden etwa 6 ml Fetalblut zur Bestimmung des Karyogramms sowie biochemischer und hämatologischer Parameter entnommen.

E-3.35

Komplikationen ähnlich wie bei den anderen Verfahren.

Komplikationen. Die Komplikationsrate nach Fetalblutentnahme scheint nicht höher zu liegen als bei den bisher geschilderten Techniken (ca. 1 %).

3.10.4 Fetoskopie

Eine nur noch selten (vor allem für Hautbiopsien bei erblichen Hautleiden wie Ichthyosis) durchgeführte Methode ist die **Fetoskopie**. Dabei wird der Fetus über ein Endoskop betrachtet.

Eine Möglichkeit der direkten Visualisierung des Fetus, die vor Einführung der differenzierten Ultraschalldiagnostik auch für die Fetalblutentnahme genutzt wurde, ist die endoskopische Betrachtung mit **Fetoskopen** (1,7–2,7 mm Außendurchmesser). Wegen der hohen Abortrate von etwa 4–6 % ist die Fetoskopie heute nur noch in Ausnahmefällen, z. B. für Biopsien bei schweren erblichen Hautleiden (Ichthyosis congenita gravis) indiziert. Mit derselben Technik werden in spezialisierten Zentren pränatale Eingriffe wie beispielsweise Laserbehandlungen von kommunizierenden Plazentagefäßen beim feto-fetalen Transfusionssyndrom durchgeführt.

3.10.5 Amnioskopie

▶ **Definition.** Betrachtung des Fruchtwassers am unteren Eipol bei intakter Fruchtblase in den letzten Schwangerschaftswochen.

Technik. s. Abb. **E-3.36**

Technik. Ein konisches Metallrohr mit Außendurchmessern von 12–20 mm wird durch den meist fingerdurchgängigen Zervikalkanal eingeführt. Mittels einer Kaltlichtquelle kann die Farbe des Fruchtwassers in der Vorblase beurteilt werden. In Abb. **E-3.36** ist die Amnioskopie schematisch dargestellt.

Aussagekraft. Weiß-trübliches Fruchtwasser wird als unauffälliger Befund angesehen, eine Grünverfärbung deutet auf Mekoniumabgang als Zeichen einer fetalen Hypoxie hin.
Seltenere Befunde sind gelbes Fruchtwasser bei Blutgruppenunverträglichkeit und fleischfarbenes bei intrauterinem Fruchttod. Die Amnioskopie wird heute nur noch selten angewendet, z. B. bei Übertragung.

Aussagekraft. Die Farbe des Fruchtwassers ist abhängig vom Gestationsalter. Beim reifen Kind ist es weiß-trüblich auf Grund der Vernixflocken. Findet man eine Grünverfärbung auf Grund von Mekoniumabgang, so kann dies als mögliches Zeichen einer fetalen Hypoxie gewertet werden. Gelbes Fruchtwasser findet sich bei Blutgruppenunverträglichkeiten, fleischfarbenes bei intrauterinem Fruchttod.
Die Amnioskopie ist in der Überwachung der Spätschwangerschaften wegen ihrer hohen Häufigkeit falsch-negativer und falsch-positiver Resultate den moderneren Methoden wie CTG, Doppler-Sonographie und Sonographie deutlich unterlegen. Die Indikation wird daher nur noch selten, z. B. bei Übertragung, gestellt.

E-3.36

E-3.36 Amnioskopie

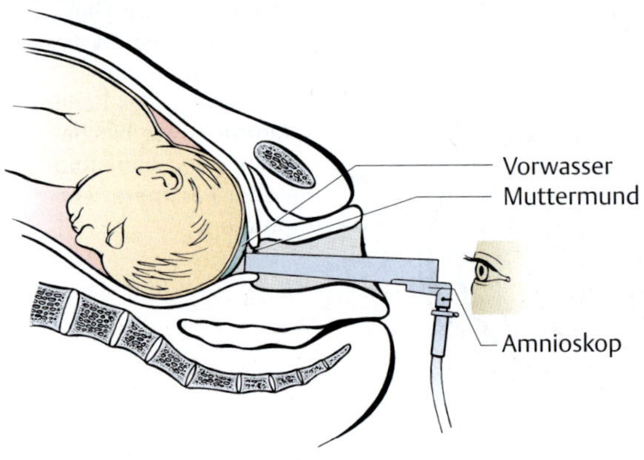

Das konisch geformte Amnioskop ist mit seinem schmaleren Ende durch den leicht geöffneten Muttermund eingeführt und ermöglicht die Betrachtung des Fruchtwassers im unteren Eipol. Zur Ausleuchtung dient eine Kaltlichtquelle.

3.10.6 Mikroblutuntersuchung (MBU)

3.10.6 Mikroblutuntersuchung (MBU)

▶ **Definition.** Analyse der fetalen Blutgase unter der Geburt (nach Blasensprung) durch Entnahme einer Blutprobe vom fetalen Skalp. Es handelt sich um eine diskontinuierliche Methode als Ergänzung zur CTG-Überwachung.

◀ **Definition**

Technik. Unter amnioskopischer Sicht oder mittels Spekulumeinstellung wird nach sorgfältiger Desinfektion und Hyperämisierung durch flüssigen Stickstoff der fetale Skalp bis zum Austritt von Kapillarblut angeritzt. Dieses wird in einer heparinisierten Glaskapillare aufgefangen und mittels der Astrup-Methode analysiert. Die Methode illustriert Abb. **E-3.37**.

Technik. Nach Anritzen des fetalen Skalps wird in einer heparinisierten Kanüle Blut aspiriert (s. Abb. **E-3.37**).

Befunde. Als aussagekräftigster Parameter der Fetalblutanalyse hinsichtlich einer Hypoxie gilt der aktuelle pH-Wert. Werte über 7,24 werden als unauffällig angesehen. Als präazidotisch werden Werte zwischen 7,20 und 7,24 angegeben, die Azidose wird bei Werten unter 7,20 angenommen. Werte unter 7,0 sprechen für eine schwere Azidose. Die ergänzende Angabe von pO_2, pCO_2, Basenexzess bzw. Bikarbonat sowie die Äquilibrierung auf einen Normalsäuregehalt erlauben die Differenzierung zwischen respiratorischer und metabolischer Azidose.

Befunde. Aktuelle pH-Werte über 7,24 sind physiologisch. Werte zwischen 7,20 und 7,24 sind präazidotisch, Werte unter 7,20 azidotisch, unter 7,0 schwer azidotisch. pO_2, pCO_2, Basenexzess bzw. Bikarbonat sowie pH nach Äquilibrierung auf einen Normalsäuregehalt ergänzen den Befund.

Indikation. Da die Kardiotokographie als Methode der kontinuierlichen Überwachung einen hohen negativen prädikativen, aber einen niedrigen positiven prädikativen Wert von etwa 35 % hat, müssen nicht eindeutig pathologische Befunde mittels der MBU überprüft werden. Dazu zählen:
- unklare Brady- und Tachykardien (basale Herzfrequenz < 110 oder > 150)
- ausgeprägte (> 30 %) Dip I in der Eröffnungsperiode
- leichte bis mittelschwere Dip II
- mittelschwere variable Dezelerationen
- Dezelerationen mit prognostisch ungünstigen Zusatzkriterien.

Indikationen. Die MBU soll bei unklaren CTG-Befunden durchgeführt werden. Dazu zählen:
- unklare Brady- und Tachykardien
- > 30 % Dip I in der Eröffnungsperiode
- leichte bis mittelschwere Dip II, mittelschwere variable Dezelerationen
- Dezelerationen mit ungünstigen Zusatzkriterien.

Liegen die gemessenen pH-Werte im normalen oder präazidotischen Bereich, so sollte eine Wiederholung der MBU nach 30 Minuten erfolgen. Bei abfallender Tendenz ist die Beendigung der Geburt anzustreben. Bei gleich bleibendem Wert kann eine abwartende Haltung mit erneuten Wiederholungen der MBU eingenommen werden.
Bei eindeutig pathologischen Befunden des CTG und bei Höhenstand des kindlichen Kopfes am Beckenboden bedeutet die MBU nur eine Zeitverzögerung der erforderlichen operativen Therapie und ist daher nicht mehr indiziert.

Je nach Befund der MBU kann weiter die Spontangeburt angestrebt werden, oder es muss in Abhängigkeit vom Geburtsfortschritt die operative Entbindung erfolgen.

E-3.37 **Entnahme von fetalem Blut vom fetalen Skalp zur Mikroblutuntersuchung**

E-3.37

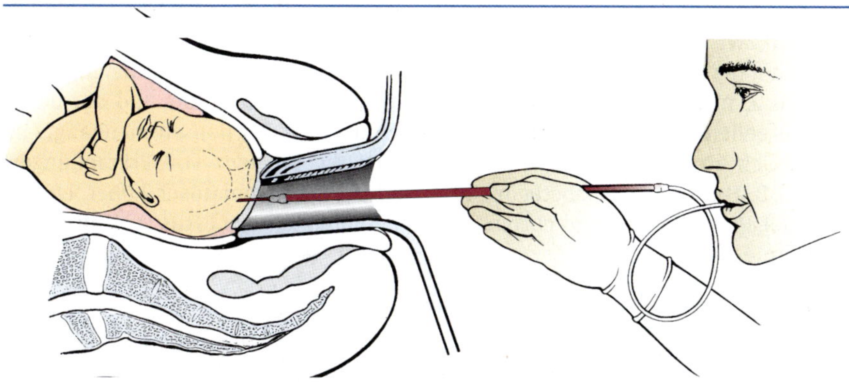

Unter amnioskopischer Sicht wird nach Desinfektion und Hyperämisierung durch flüssigen Stickstoff die Haut angeritzt und das Blut in einer heparinisierten Glaskapillare aufgefangen.

4 Risikoschwangerschaft und Krankheitsbilder in der Schwangerschaft

4 Risikoschwangerschaft und Krankheitsbilder in der Schwangerschaft

▶ Definition

▶ **Definition.** Man spricht von einer Risikoschwangerschaft, wenn Mutter, Fetus oder das Neugeborene durch Risiken gefährdet sind, die sich aus der Anamnese oder im Verlauf der Schwangerschaft ergeben.

Die Zeit der Schwangerschaft und Geburt gehört auch heute noch zu den gefährlichsten im Leben von Mutter und Kind.

Die Zeit der Schwangerschaft und Geburt gehört auch heute noch zu den gefährlichsten im Leben von Mutter und Kind. Obwohl es in der modernen Geburtshilfe vielfältige Überwachungsmöglichkeiten für Mutter und Kind gibt, bleibt in jeder Schwangerschaft ein Restrisiko bestehen. Die Chance, eine Erkrankung von Mutter und/oder Kind zu behandeln, ist nur gegeben, wenn der behandelnde Arzt rechtzeitig das Risiko einer Erkrankung oder die Erkrankung selbst erkennt. Hierzu sind fundierte Kenntnisse und viel Erfahrung nötig.

4.1 Diagnose der Risikoschwangerschaft

4.1.1 Anamnese

Risiken ergeben sich aus dem Alter der Schwangeren, dem Verlauf früherer Schwangerschaften, Anomalien des Uterus, Allgemeinerkrankungen, dem Konsum von Genussmitteln sowie der Einnahme von Medikamenten.

4.1 Diagnose der Risikoschwangerschaft

4.1.1 Anamnese

Um Risiken frühzeitig erkennen zu können, wird bei der Erstvorstellung der Patientin in der Schwangerenvorsorge eine detaillierte Anamnese erhoben. Risiken ergeben sich aus dem **Alter** der Schwangeren, dem **Verlauf früherer Schwangerschaften**, **Anomalien des Uterus** (Fehlbildungen, Myome, Zustand nach Operation), **Allgemeinerkrankungen**, dem **Konsum von Genussmitteln** sowie der **Einnahme von Medikamenten**.
Im Folgenden werden die einzelnen Schwangerschaftsrisiken besprochen:

Alter

Das Schwangerschaftsrisiko ist zwischen 20 und 29 Jahren am geringsten.

Bei Frauen unter 20 Jahren treten häufiger auf:
- soziale Probleme
- Präeklampsie
- vorzeitige Wehen
- intrauterine Mangelentwicklung
- Frühgeburten
- uterine Durchblutungsstörungen.

Bei Frauen über 35 Jahren treten häufiger auf:
- Aborte
- chromosomale Anomalien des Fetus (vor allem Trisomie 21)
- Erkrankungen wie Diabetes und Hypertonie
- Präeklampsie
- operative Entbindungen.

Alter

Frauen zwischen 20 und 29 Jahren haben das niedrigste Schwangerschaftsrisiko.
Frauen unter 20 Jahren haben ein höheres Schwangerschaftsrisiko: Zum einen kann es zu uterinen Durchblutungsstörungen kommen. Zum anderen ergeben sich im Zusammenhang mit einer nicht gewünschten Schwangerschaft häufig soziale Probleme, z. B. ökonomischer oder konfessioneller Art. Präeklampsie (s. S. 539 ff), vorzeitige Wehen, intrauterine Mangelentwicklung und Frühgeburten (s. S. 639 ff) treten in dieser Altersgruppe häufiger auf; die Präeklampsie insbesondere bei Schwangeren unter 16 Jahren.
Frauen über 35 Jahren haben ebenfalls ein höheres Schwangerschaftsrisiko als Frauen zwischen 20 und 29, weshalb der Begriff „alte Gravida" geprägt wurde: Die Zahl der Aborte und der operativen Entbindungen ist höher als bei Jüngeren, was u. a. mit der schlechteren Durchblutung der Gebärmutter und der damit einhergehenden uteroplazentaren Insuffizienz (s. S. 657) zusammenhängt. Im Vergleich zu den anderen Altersgruppen ist die Inzidenz von Erkrankungen, wie z. B. Hypertonie, Diabetes mellitus und Uterus myomatosus höher, ebenso die der Präeklampsie und chromosomaler Anomalien des Fetus (vor allem der Trisomie 21).

Verlauf früherer Schwangerschaften

Chromosomenanomalien in einer früheren Schwangerschaft: Indikation zur genetischen Untersuchung und Fehlbildungsdiagnostik mit Ultraschall in der aktuellen Schwangerschaft.

Verlauf früherer Schwangerschaften

Chromosomenanomalien: Sind in einer früheren Schwangerschaft Chromosomenanomalien aufgetreten, erfolgt vor einer geplanten Schwangerschaft eine genetische Beratung des Ehepaars. Während der Schwangerschaft sollte eine genetische Untersuchung (Chorionzottenbiopsie, s. S. 528; Amniozentese, s. S. 527) durchgeführt werden und zur Fehlbildungsdiagnostik eine ausführliche Ultraschalluntersuchung in der 20.–24. SSW erfolgen (s. S. 513 ff).

Habituelle (= mehr als drei aufeinander folgende) Aborte: Zugrunde liegen können chromosomale Anomalien der Frucht, Immunreaktionen, Infektionen und Uterusmalformationen, endokrine (Schilddrüse) und idiopathische (Thrombopathie) Ursachen. Insbesondere die beiden erstgenannten Faktoren sollten idealerweise vor einer Schwangerschaft bekannt sein. Ist eine Patientin mit habituellen Aborten anderer Genese wieder schwanger, sollte der behandelnde Arzt sein Augenmerk auf die Verhütung von Infektionen und das Vorliegen einer Zervixinsuffizienz richten: Letztere ist eine der seltenen Indikationen zu einer prophylaktischen Zerklage oder zum „totalen Muttermundsverschluss" nach Saling. Auf jeden Fall sollte man das Rauchen reduzieren oder besser einstellen.

Bei **habituellen** (= mehr als drei aufeinander folgenden) **Aborten** sollte die Ursache vor einer geplanten Schwangerschaft untersucht werden. Wesentliche Vorsorgemaßnahmen sind die Verhütung von Infektionen und, bei Zervixinsuffizienz, eine prophylaktische Zerklage oder ein „totaler Muttermundsverschluss" nach Saling.

Totgeburten: Die Ursache der Totgeburten sollte, soweit möglich, anamnestisch abgeklärt werden: Gab es eine geburtshilfliche Notsituation wie eine vorzeitige Plazentalösung, oder wurde eine nicht lebensfähige Fehlbildung festgestellt (z. B. Trisomie 18, 13 oder Anenzephalus)? War eine Fehlbildung die Ursache, muss in der jetzigen Schwangerschaft eine Fehlbildungsdiagnostik durchgeführt werden: Amniozentese oder Chorionzottenbiopsie, Ultraschall, Doppler der Gefäße (s. S. 524), Farbdoppler zum Ausschluss von Herzvitien.

War eine Fehlbildung der Frucht Ursache einer **Totgeburt**, ist in der jetzigen Schwangerschaft eine Fehlbildungsdiagnostik indiziert (Triple-Test, Amniozentese, Ultraschall, Doppler der Gefäße, Farbdoppler zum Ausschluss von Herzvitien).

Frühgeburten: Sie sind ein Hinweis auf eine Gefährdung in der jetzigen Schwangerschaft. In der Hälfte der Fälle ist eine Infektion für die Frühgeburt verantwortlich. Daher sind bei vorangegangener Frühgeburt eine Infektionsprophylaxe mit Döderlein-Bakterien (Gynoflor, Vagiflor), regelmäßige Abstriche und Scheiden pH Messung (Teststreifen) und bei Infekt eine konsequente Antibiotikatherapie indiziert. Andere Ursachen einer Frühgeburt sind Zervixinsuffizienz, Immunreaktionen und Sucht (Rauchen, Medikamente, Alkohol).

Bei vorangegangener **Frühgeburt** sind eine Infektionsprophylaxe mit Döderlein-Bakterien, regelmäßige Abstriche und bei Infekt eine konsequente Antibiotikatherapie indiziert.

Geburtsgewicht: Ein früheres makrosomes Kind (Geburtsgewicht > 4000 g) kann Hinweis auf einen Gestationsdiabetes sein und ist eine Indikation für einen oralen Glukosetoleranztest (s. S. 560 f).

Ein **Geburtsgewicht** über 4000 g kann Hinweis auf einen Gestationsdiabetes sein.

Rhesus-Unverträglichkeit in der Vorgeschichte: In der jetzigen Schwangerschaft müssen regelmäßig die Rhesus-Antikörpertiter mit dem indirekten Coombs-Test bestimmt und im Mutterpass dokumentiert werden. Weitere Diagnostik s. S. 566.

Eine **Rhesus-Unverträglichkeit in der Vorgeschichte** ist Indikation für regelmäßige Kontrolle der Rhesus-Antikörpertiter.

Frühere Geburten – Zeitpunkt, Verlauf, Probleme während und nach der Geburt: Man sollte der Patientin folgende Fragen stellen: In welcher Schwangerschaftswoche erfolgte die Geburt? Wie lange dauerte die Geburt ab dem Beginn regelmäßiger Wehen? Gab es Probleme unter der Geburt? Wurde operativ entbunden (Vakuum, Zange, Sectio)? Bei einer Sectio in der Anamnese muss eine Beratung hinsichtlich des Geburtsmodus (spontan versus Re-Sectio) und der jeweiligen Komplikationen erfolgen. Wurde ein Dammschnitt gemacht? Kam die Plazenta zeitgerecht von alleine und vollständig? Kam es postpartal zu verstärkten Blutungen? Gab es Probleme im Wochenbett, trat Fieber auf? Gab es Probleme mit dem Stillen?

Frühere Geburten – Zeitpunkt, Verlauf, Probleme während und nach der Geburt müssen erfragt werden.

Anomalien des Uterus

Fehlbildungen wie Uterus bicornis und Uterus septus (s. S. 23 ff) können zu Aborten und Frühgeburten führen.

Myome können zu einer erhöhten Abortrate und zu Blutungen während der Geburt und im Wochenbett führen. Am gefährlichsten sind große **submuköse Myome**, da sie im Vergleich zu den übrigen Myomlokalisationen die Implantation und das Wachstum der Frucht am meisten behindern. Außerdem erhalten sie bei einem ⅓ aller Schwangeren während der Schwangerschaft einen Wachstumsschub und führen zu chronischen Schmerzen. Eine engmaschige (4-wöchige) klinische und sonographische Kontrolle ist erforderlich, denn in seltenen Fällen führt die Stieldrehung oder Nekrose eines Myoms zu einem akuten Abdomen.

Ist das Myom sehr groß und/oder im Zervixbereich lokalisiert, verengt es den Geburtskanal, so dass eine primäre Sectio notwendig wird.

Anomalien des Uterus

Fehlbildungen (Uterus bicornis, Uterus septus) können zu Aborten und Frühgeburten führen.

Myome können zu einer erhöhten Abortrate und zu Blutungen während der Geburt und im Wochenbett führen. Submuköse Myome behindern Wachstum und Implantation der Frucht am meisten.
Sehr große und/oder im Zervixbereich lokalisierte Myome verengen den Geburtskanal und erfordern eine primäre Sectio.

Operationen am Uterus (Myomenukleation, Fehlbildungskorrekturen, Konisation): Ist bei der Operation die Gebärmutterhöhle eröffnet worden, ist eine Sectio indiziert.

Nach einer Konisation kann es zu Zervixinsuffizienz und zu Verwachsungen an der Zervixöffnung kommen.

Operationen am Uterus (Myomenukleation, Fehlbildungskorrekturen, Konisation) müssen sorgfältig abgeklärt werden, und der alte Operationsbericht sollte eingesehen werden: Ist bei der Operation die Gebärmutterhöhle eröffnet worden, ist eine Sectio indiziert, da die Gefahr der Uterusruptur besteht.

Nach einer Konisation gibt es im Allgemeinen keine größeren Komplikationen in der Schwangerschaft. Manchmal kommt es jedoch zu einer Zervixinsuffizienz, die mit einer Zerklage behandelt werden kann. Andererseits kommt es nach einer Konisation vor, dass sich der Muttermund unter der Geburt trotz kräftiger Wehen wegen Verwachsungen an der Zervixöffnung nicht öffnet. Die alte Konisationsnarbe kann in solchen Fällen manuell oder instrumentell gesprengt werden.

Allgemeinerkrankungen

In Tab. **E-4.1** sind wichtige Allgemeinerkrankungen aufgeführt, die den Verlauf einer Schwangerschaft nachteilig beeinflussen können.

Allgemeinerkrankungen

In Tab. **E-4.1** sind wichtige Allgemeinerkrankungen aufgeführt, die den Verlauf einer Schwangerschaft nachteilig beeinflussen können. Wichtig ist eine gründliche Anamnese, um sich über die schon erfolgte Diagnostik und die Therapie ein Bild zu machen.

E-4.1

E-4.1 Allgemeinerkrankungen, die den Schwangerschaftsverlauf nachteilig beeinflussen können

- Herzinsuffizienz
- chronische Hypertonie
- Sichelzellanämie
- Lungenerkrankungen (schweres Asthma bronchiale, offene Lungentuberkulose)
- Morbus Crohn und Colitis ulcerosa
- Nierenerkrankungen
- Schilddrüsenerkrankungen
- schwere Epilepsie
- schwere psychiatrische Erkrankungen
- Infektionen (Röteln, Varizellen, Hepatitis B, AIDS, Toxoplasmose, Listeriose)
- Malignome

Konsum von Genussmitteln

Rauchen vermindert die uteroplazentare Durchblutung. Aufgrund intrauteriner Mangelentwicklung sind die Kinder von

Konsum von Genussmitteln

Rauchen und regelmäßiger Alkoholkonsum wirken sich nachteilig auf die Schwangerschaft aus:
Rauchen vermindert die Durchblutung von Uterus und Plazenta und führt dadurch zu intrauteriner Mangelentwicklung: Bei Raucherinnen ist der Anteil sehr kleiner Kinder (Small-for-date-Babys) hoch, Spontanaborte sind bei

E-4.1

E-4.1 Embryofetales Alkoholsyndrom

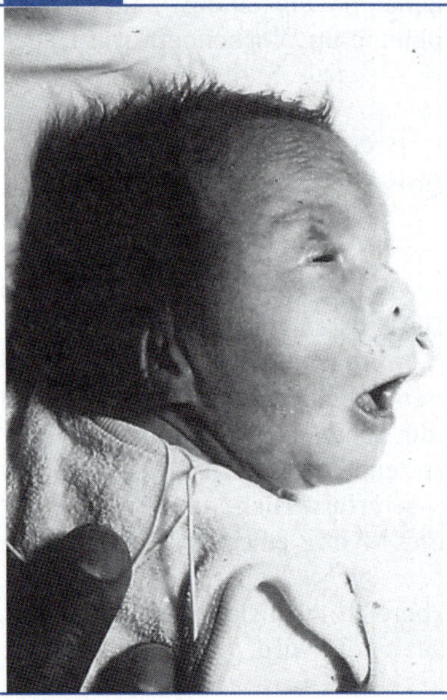

11 Tage altes Neugeborenes mit typisch kleinem Kopf, enger Lidspalte, langem, konturarmem Philtrum, schmaler Oberlippe und Verkrümmung des Kinns.

ihnen doppelt so häufig wie bei Nichtraucherinnen. Die perinatale Mortalität und das Risiko des plötzlichen Kindstodes (Sudden Infant Death Syndrome) sind bei Kindern von Raucherinnen deutlich erhöht.

Raucherinnen oft sehr klein (Small-for-date-Babys), die perinatale Mortalität ist deutlich höher als bei Kindern von Nichtraucherinnen.

Bei **chronischem Alkoholkonsum** kommt es zum **embryofetalen Alkoholsyndrom** (s. Abb. **E-4.1**). Es ist gekennzeichnet durch eine Verminderung von Geburtsgewicht, Körperlänge und Kopfumfang sowie durch Entwicklungsstörungen bzw. Fehlbildungen von Gesicht, Gehirn und Schädel. Das Risiko für Embryo und Fetus wächst mit der Dauer und dem Schweregrad des Alkoholgenusses. Daher sollten Schwangere weitgehend auf den Genuss von Alkohol verzichten. Zeigt sich beim Erstgespräch, dass die Schwangere Alkoholikerin ist, sollte man vorsichtig die Sucht ansprechen, die Nebenwirkungen erklären und, ohne zu verurteilen, auf einen Entzug drängen. Ein gut überwachter Entzug ist auch in der Schwangerschaft möglich und empfehlenswert.

Bei **chronischem Alkoholkonsum** kommt es zum **embryofetalen Alkoholsyndrom** (Verminderung von Geburtsgewicht, Körperlänge, Kopfumfang und Entwicklungsstörungen von Gesicht, Gehirn und Schädel, (s. Abb. **E-4.1**).

Ein gut überwachter Alkoholentzug ist auch in der Schwangerschaft möglich und empfehlenswert.

Einnahme von Medikamenten

Medikamente sind nur sehr selten toxisch für den Embryo bzw. Fetus. Da sie aber häufig in Unkenntnis der Schwangerschaft in der vulnerablen Phase der Frühschwangerschaft eingenommen werden, sind viele Frauen verunsichert. Die Erkenntnisse zur Toxizität von Medikamenten in der Schwangerschaft (Embryo-, Fetotoxizität) beziehen sich nur auf Monosubstanzen, bei Kombinationspräparaten sind sie spärlich. Medikamente und Vitamine mit embryo- und fetotoxischer Wirkung sind in Tab. **E-4.2** zusammengestellt. Ausführliche Informationen in Lehrbüchern der Pharmakologie und bei den Informationsstellen für Arzneimittel in der Schwangerschaft (z. B. uni-ulm.de / medizin-forum.de).

Einnahme von Medikamenten

Medikamente und Vitamine mit embryo- und fetotoxischer Wirkung sind in Tab. **E-4.2** zusammengestellt.

E-4.2 Medikamente und Vitamine mit embryo- und fetotoxischer Wirkung

Medikamente/ Vitamine	***Anomalien***
▪ ACE-Hemmer	im Tierversuch vermehrt diverse Fehlbildungen, keine ausreichende Erfahrung bei Menschen; Anurie bei Neugeborenen
▪ Aminoglykoside	Ototoxizität (Schädigung des 8. Hirnnervs), Nephrotoxizität
▪ Androgene	Vermännlichung weiblicher Fetus
▪ Benzothiadiazine	verminderte Durchblutung der Plazenta, Elektrolytstörungen des Fetus
▪ Cumarin-Derivate	Warfarin-Syndrom: Hypoplasie der Nase, mentale Retardierung, Atrophie des Nervus opticus
▪ Folsäure-antagonisten	Lippen-Kiefer-Gaumen- u. a. Spaltbildungen, Hydrozephalus
▪ Lithium	Herz- und Gefäßfehlbildungen
▪ Östrogene	Feminisierung männlicher Fetus
▪ Phenytoin	Lippen- und Gaumenspalten, kraniofaziale Dysmorphie, Störungen der geistigen Entwicklung, Hypoplasie der Phalangen
▪ Retinoide, Vitamin A	Ohr-, ZNS- und Skelettfehlbildungen
▪ Tetrazykline	Zahnverfärbung, Schmelzdefekte, Verzögerung des Knochenwachstums
▪ Thalidomid	Phokomelie
▪ Thyreostatika	Struma, Hypothyreose, Kretinismus
▪ Valproinsäure	Mikroenzephalie, kraniofaziale Dysmorphie, Spina bifida

E-4.2

4.1.2 Untersuchung

Körperliche Untersuchung

Im Anschluss an die Anamnese folgt bei der Erstvorstellung die körperliche Untersuchung. Um Risiken zu erkennen, sollte der Untersucher sein Augenmerk besonders auf folgende Parameter bzw. Organe richten:

Größe: Ist die Schwangere nicht größer als 150 cm, besteht das Risiko einer **Beckendystokie**, d. h. eines gestörten Geburtsverlaufs aufgrund eines Missverhältnisses zwischen dem Beckenausgang und dem Kopf des Kindes (s. S. 607 ff.). Ist der Lebenspartner groß, ist die Wahrscheinlichkeit einer Dystokie höher.

Gewicht: Untergewichtige Frauen sollten ermuntert werden, während der Schwangerschaft genug Nahrung zu sich zu nehmen. Die Nahrung soll vitaminreich und ausgewogen sein; vor allem ist auf eine ausreichende Eiweißzufuhr zu achten (pro Tag 1–1,5 g/kg Idealgewicht).

Übergewicht kann Schwangerschaft und Geburt komplizieren: Diabetes, Präeklampsie und geburtsmechanische Probleme wie Becken-, Schulterdystokie und Wehenschwäche können auftreten. Ein Gestationsdiabetes sollte ausgeschlossen werden (s. S. 560).

Blutdruck: Ein erhöhter Blutdruck, begleitet von einer Proteinurie und Ödemen, ist oft Zeichen einer Präeklampsie (s. S. 539). Bei chronischer Hypotonie treten vermehrt Frühgeburten auf.

Augen: Bei bekannter Hypertonie der Schwangeren muss ab Beginn der Schwangerschaft der Augenhintergrund regelmäßig (alle 3 Monate) kontrolliert werden. Zusätzlich sollten regelmäßige Kontrollen des Augenkammerdrucks und des Visus erfolgen. Je länger der Blutdruck unkontrolliert hoch war, umso ausgeprägter sind die Veränderungen am Augenhintergrund. Bei Diabetes muss der Augenhintergrund im Laufe der Schwangerschaft ebenfalls in jedem Trimester kontrolliert werden. Frauen mit einer bereits bestehenden proliferierenden Retinopathie müssen evtl. während der Schwangerschaft gelasert werden.

Schilddrüse: Eine Vergrößerung der Schilddrüse oder klinische Symptome einer Schilddrüsenerkrankung sollten durch Kontrolle der Schilddrüsenwerte abgeklärt werden.

Herz: Ergibt sich bei der auskultatorischen Untersuchung des Herzens ein pathologischer Befund, sollten ein EKG, eine Echokardiographie und evtl. eine Röntgenaufnahme des Thorax durchgeführt werden. Systolische Geräusche sind oft akzidentell, während diastolische Herzgeräusche einer weiteren Abklärung bedürfen. Im Zweifelsfall muss der Kardiologe hinzugezogen werden.

Gefäßsystem: Eine Varikosis kann sich während der Schwangerschaft verschlimmern oder zum ersten Mal manifest werden. Sie birgt das Risiko einer Thrombophlebitis und in seltenen Fällen einer Phlebothrombose. Stützstrümpfe verbessern den venösen Rückfluss, verzögern die Bildung von Varizen und senken das Thromboserisiko. Bei einer sehr ausgeprägten Insuffizienz der Venenklappen wird die Patientin im Wochenbett wegen der erhöhten Thrombosegefahr – in Absprache mit dem Angiologen – antikoaguliert.

Gynäkologische Untersuchung

Der Untersucher beurteilt die Uterusgröße (Fundusstand, s. S. 500 f), die Zervix („Bishop Score“: Länge, Öffnung des Zervikalkanals, Konsistenz, Lage), die Adnexe und die Beckenarchitektur. Insbesondere sollte er nach Myomen, Zervixrissen und Uterusfehlbildungen fahnden. In der Spätschwangerschaft prüft man auch die Lage des Kindes, die Höhe des vorangehenden Teils und ob dieser Druck auf die Zervix ausübt. Aus dem Scheidensekret wird ein Tropfen auf einen Objektträger aufgetragen und unter dem Phasenkontrastmikroskop auf Entzündungszeichen bzw. Döderlein-Flora untersucht.

4.1.2 Untersuchung

Körperliche Untersuchung

Um Risiken zu erkennen, sollte man sein Augenmerk besonders auf folgende Parameter bzw. Organe richten:

Größe: Frauen, die kleiner als 150 cm sind, bekommen unter der Geburt häufiger eine **Dystokie**.

Gewicht: Untergewichtige Schwangere sollen ausreichend ausgewogene Nahrung zu sich nehmen.

Bei übergewichtigen Schwangeren können Diabetes, Präeklampsie und geburtsmechanische Probleme auftreten.

Blutdruck: Hoher Blutdruck, Proteinurie und Ödeme sind Zeichen der Präeklampsie (s. S. 539). Bei chronischer Hypotonie treten vermehrt Frühgeburten auf.

Augen: Ab Beginn der Schwangerschaft sollte bei bekannter Hypertonie der Schwangeren, der Augenhintergrund und der Visus regelmäßig beurteilt werden. Bei Diabetikerinnen muss der Augenhintergrund ebenfalls regelmäßig (alle 3 Monate) überprüft werden.

Schilddrüse: Eine Schilddrüsenvergrößerung oder klinische Symptome einer Schilddrüsenerkrankung laborchemisch abklären.

Herz: Diastolische Herzgeräusche müssen abgeklärt werden.

Gefäßsystem: Eine Varikosis kann sich während der Schwangerschaft verschlimmern. Sie birgt das Risiko einer Thrombophlebitis und in seltenen Fällen einer Phlebothrombose. Therapie: Stützstrümpfe, bei ausgeprägter Insuffizienz der Venenklappen Antikoagulation im Wochenbett.

Gynäkologische Untersuchung

Beurteilt werden Uterusgröße, Zervix, Adnexe und Beckenarchitektur, wobei auf Myome, Zervixrisse und Uterusfehlbildungen zu achten ist, in der Spätschwangerschaft außerdem die Lage des Kindes und die Höhe des vorangehenden Teils. Scheidensekret wird auf Entzündungszeichen untersucht.

4.1.3 Dokumentation der Befunde und Aufklärung der Schwangeren

Anamnese und Untersuchung werden sorgfältig in Mutterpass und Krankenblatt dokumentiert, damit Risiken sofort erkennbar sind.
Die Schwangere sollte ausführlich über Risiken, die aus bestehenden Erkrankungen erwachsen, aufgeklärt werden.

4.1.3 Dokumentation der Befunde und Aufklärung der Schwangeren

Die genaue Dokumentation der Befunde in Krankenblatt und Mutterpass ist unerlässlich, ebenso eine ausführliche Aufklärung der Schwangeren über bestehende Risiken.

4.2 Erkrankungen in der Schwangerschaft

4.2 Erkrankungen in der Schwangerschaft

4.2.1 Kardiovaskuläre Erkrankungen

4.2.1 Kardiovaskuläre Erkrankungen

Herzerkrankungen

Die wichtigsten physiologischen kardiovaskulären Veränderungen in der Schwangerschaft sind eine Zunahme des zirkulierenden Blutvolumens und des Herzminutenvolumens sowie eine Abnahme des peripheren Widerstands (s. S. 467 ff). Es ist deshalb nicht verwunderlich, dass durch die Mehrbelastung des Kreislaufs in der Schwangerschaft eine Herzerkrankung demaskiert werden oder die Symptomatik einer vorbestehenden Herzerkrankung zunehmen kann.
Die Häufigkeit von Herzerkrankungen in der Schwangerschaft beträgt 0,2–1 %. Früher war – und in den Entwicklungsländern ist – die Ursache meistens rheumatisches Fieber. Heute machen rheumatische Herzklappenfehler nur noch ca. 40 % der Herzerkrankungen in der Schwangerschaft aus, ca. 60 % sind angeborene Herzfehler.

Herzerkrankungen

In der Schwangerschaft nehmen zirkulierendes Blutvolumen und Herzminutenvolumen zu und der periphere Widerstand ab. Durch die Mehrbelastung des Kreislaufs kann sich eine Herzerkrankung klinisch manifestieren oder verschlimmern.

Die Häufigkeit von Herzerkrankungen in der Schwangerschaft beträgt 0,2–1 %. Ca. 40 % sind durch rheumatisches Fieber bedingt, ca. 60 % sind angeborene Herzfehler.

Herzklappenfehler nach rheumatischer Endokarditis: Der häufigste Herzklappenfehler nach rheumatischer Endokarditis ist die **Mitralstenose** (Häufigkeit ca. 80 %).
Eine Schwangerschaft verstärkt die Auswirkungen der Mitralstenose (Druckbelastung des linken Vorhofs, Rückstau des Blutes in die Lunge, pulmonale Hypertonie, Druckbelastung des rechten Ventrikels, evtl. Rückstau des Blutes in den großen Kreislauf) aus folgenden Gründen: Erstens verkürzt die in der Schwangerschaft physiologische Tachykardie die Diastole, so dass weniger Zeit bleibt, den Ventrikel zu füllen. Dadurch wird die bereits durch die Mitralstenose behinderte Ventrikelfüllung zusätzlich erschwert. Zweitens ist die Inzidenz kardialer Arrhythmien in der Schwangerschaft größer. Drittens nimmt das Blutvolumen in den Lungenvenen durch den Anstieg des zirkulierenden Blutvolumens in der Schwangerschaft zu.
Die **Symptome** sind zu Beginn der Schwangerschaft gering ausgeprägt; der behandelnde Arzt darf sich deshalb nicht in falscher Sicherheit wiegen. Eine Zunahme der Symptomatik (Dyspnoe, Husten, Arrhythmie, evtl. sichtbare Venenstauung am Hals und Zungengrund, Ödeme) weist auf eine beginnende Dekompensation hin.

Herzklappenfehler nach rheumatischer Endokarditis: Am häufigsten ist die **Mitralstenose** (ca. 80 %).

Die Schwangerschaft verstärkt die hämodynamischen Auswirkungen der Mitralstenose.
Eine Zunahme der **Symptomatik** (Dyspnoe, Husten, Arrhythmie, evtl. sichtbare Venenstauung am Hals und Zungengrund, Ödeme) weist auf eine beginnende Dekompensation hin.

Die **Therapie** sollte den modernen Grundsätzen der Herzinsuffizienzbehandlung folgen (Zusammenarbeit mit Kardiologen!). Dabei sollte man die potenzielle Embryo- und Fetotoxizität der ACE-Hemmer und Benzothiadiazindiuretika bedenken (s. Tab. **E-4.2**). Allgemeine Maßnahmen wie Bettruhe, Salzrestriktion und Stützstrümpfe unterstützen die Therapie. Sehr selten wird eine operative Behandlung notwendig.

Therapie. Behandlung der Herzinsuffizienz. **Cave:** Embryo- und Fetotoxizität von ACE-Hemmern und Benzothiadiazindiuretika!

Angeborene Herzklappenfehler: Dank der chirurgischen Behandlungsmöglichkeiten überleben immer mehr Neugeborene mit einem angeborenen Herzfehler und erreichen das reproduktive Alter. Noch Jahre nach der Korrektur des Herzfehlers kann es zu unerwarteten **Spätkomplikationen** kommen: Es handelt sich meistens um Überleitungsstörungen, Arrhythmien, irreversiblen pulmonalen Hochdruck, Verschleiß von künstlichen Klappen und Herzinsuffizienz. Diese können unter der Geburt Probleme bereiten oder eine Sectio von Seiten der Narkose komplizieren. Die Betreuung erfolgt gemeinsam mit dem Kardiologen.
Patientinnen mit einer künstlichen Herzklappe, die mit Cumarin-Derivaten **antikoaguliert** werden, müssen wegen deren Embryo- und Fetotoxizität auf

Angeborene Herzklappenfehler: Spätkomplikationen korrigierter Herzfehler (Überleitungsstörungen, Arrhythmien, irreversibler pulmonaler Hochdruck, Verschleiß künstlicher Klappen, Herzinsuffizienz) können unter der Geburt Probleme bereiten oder eine Sectio von Seiten der Narkose komplizieren.

Cumarin-Derivate müssen wegen Embryo- und Fetotoxizität durch Heparin ersetzt werden.

Infektionen müssen bei den geringsten Anzeichen behandelt werden. Beim geringsten Verdacht einer Endokarditis sind stationäre Aufnahme und antibiotische Therapie erforderlich.

Herzinsuffiziente Schwangere müssen in einem perinatologischen Zentrum in Zusammenarbeit mit den Kardiologen betreut werden.

Geburtshilfliche Konsequenzen von Herzerkrankungen:

- Komplikationen wie Herzinsuffizienz, Arrhythmie und Embolie rechtzeitig erkennen, die Patientin stationär aufnehmen und behandeln
- längere Ruhepause während des Tages
- bei beginnender Dekompensation Kochsalzbeschränkung und medikamentöse Therapie
- konsequente Therapie von Infektionen.

Intrapartal:
- sorgfältige Überwachung
- adäquate Analgesie
- evtl. vaginal-operative Entbindung, um die Kreislaufbelastung durch die Austreibungswehen zu vermindern.

Postpartal:
- Verzicht auf Oxytozin
- intensivierte Überwachung, da nach der Geburt der venöse Rückstrom zum Herzen steigt und das Herz evtl. dekompensiert.

Heparin umgestellt werden. Große Studien haben gezeigt, dass die niedermolekularen Heparine eine Alternative zum unfraktionierten Heparin sind.
Patientinnen mit angeborenen Herzklappenfehlern neigen zu Infektionen und müssen bei den ersten Anzeichen eines Infektes behandelt werden. Besonders gefürchtet ist die Endokarditis in der Schwangerschaft. Beim geringsten Verdacht sind die stationäre Aufnahme und eine antibiotische Therapie erforderlich.
Herzinsuffizienz: Die mütterliche Mortalität beträgt im Stadium NYHA I und II 0,4 %, im Stadium NYHA III und IV bis zu 7 %. Die Betreuung dieser Risikoschwangerschaften muss in einem perinatologischen Zentrum in Zusammenarbeit mit den Kardiologen erfolgen.

Geburtshilfliche Konsequenzen von Herzerkrankungen:
Antepartal sollte versucht werden, Komplikationen von Herzerkrankungen wie Herzinsuffizienz, Arrhythmie und Embolie rechtzeitig zu erkennen und zu behandeln. Die Schwangere wird anfänglich alle 2 Wochen und später jede Woche durch den Gynäkologen untersucht, gleichzeitig regelmäßig durch den Kardiologen. Im Zweifelsfall sollte die Schwangere immer stationär aufgenommen werden.
Bettruhe vermindert die Arbeitsbelastung des Myokards. Daher sollte die Schwangere während des Tages längere Ruhepausen einlegen.
Bei beginnender Dekompensation sind Kochsalzbeschränkung und eine medikamentöse Therapie notwendig.

Jede Infektion (Bronchitis, Blasenentzündung) wird konsequent therapiert, da Infektionen die Herzarbeit vergrößern.
Intrapartal muss die Patientin gut überwacht werden.
Eine adäquate Analgesie ist wesentlich, da diese die Herzarbeit um etwa 20 % verringert. Die Methode der Wahl bei Patientinnen mit kardiologischen Erkrankungen ist meistens die Epiduralanästhesie.
Evtl. sollte die Geburt in der Austreibungsperiode vaginal-operativ erleichtert werden (Zangengeburt, Vakuumextraktion), um die Kreislaufbelastung durch die Austreibungswehen vor Geburt des Kopfes zu vermindern.
Postpartal verzichtet man wegen der kardialen Nebenwirkungen darauf, zur Unterstützung der Plazentaablösung Oxytozin zu geben.
Eine intensivierte Überwachung ist postpartal wichtig, da Schwangere mit Herzerkrankungen besonders gefährdet sind. Die plötzliche Umstellung des Kreislaufs nach der Geburt mobilisiert extrazelluläre freie Flüssigkeit und verstärkt den venösen Rückstrom zum Herzen. Die Vena cava inferior ist nicht mehr durch den graviden Uterus eingeengt und trägt verstärkt das venöse Blut aus den Beinen zum Herzen. Das gesunde Herz kann diese Veränderungen gut kompensieren. Beim vorgeschädigten Herzen kann diese Vorlasterhöhung in den ersten Tagen nach der Geburt zur Dekompensation führen. Nach 2 Wochen normalisiert sich das kardiale Schlagvolumen wieder.

Hypertonie, Präeklampsie und Eklampsie

Eine Hypertonie in der Schwangerschaft kann durch diese bedingt sein oder unabhängig davon bestehen (s. Tab. **E-4.3**).

Hypertonie, Präeklampsie und Eklampsie

Eine Hypertonie in der Schwangerschaft kann durch die Schwangerschaft induziert sein oder unabhängig von der Schwangerschaft bestehen (s. Tab. **E-4.3**).

E-4.3

E-4.3 Klassifikation der Hypertonie in der Schwangerschaft

Schwangerschaftsinduzierte Hypertonie
- ohne Proteinurie: Gestationshypertonie
- mit Proteinurie: Präeklampsie (= EPH-Gestose, Begriff veraltet)

Schwangerschaftsunabhängige (vorbestehende) Hypertonie
- **chronische, primäre (essenzielle) oder sekundäre (z. B. renale, endokrine) Hypertonie ohne Proteinurie**
- chronische, primäre (essenzielle) oder sekundäre (z. B. renale, endokrine) Hypertonie mit neu aufgetretener Proteinurie = Pfropfpräeklampsie = Propfgestose

▶ **Definitionen. Hypertonie:** Blutdruck > 140/90 mmHg bei zweimaliger Messung im Abstand von mindestens 6 Stunden.
Präeklampsie: Auftreten von Hypertonie und Proteinurie nach der 20. Schwangerschaftswoche (SSW) bei zuvor normotensiven, nicht proteinurischen Schwangeren.
Eklampsie: Auftreten von tonisch-klonischen Krämpfen bei präeklamptischen Patientinnen, die keiner anderen Ursache zugeordnet werden können.
Chronische Hypertonie in der Schwangerschaft: vor der Konzeption, vor der 20. SSW oder länger als 6 Wochen post partum bestehende Hypertonie.

◀ **Definitionen**

Es ist oft schwer zu beurteilen, ob eine Patientin eine Präeklampsie, eine chronische Hypertonie oder eine Pfropfpräeklampsie hat. Die Diagnose wird dadurch kompliziert, dass der Blutdruck im II. Trimenon ca. 10 mmHg niedriger ist, als vor der Schwangerschaft und eine chronische Hypertonie maskieren kann. Meistens kann die endgültige Einteilung erst postpartal erfolgen. Bei belasteter Anamnese sind 50 mg Acetylsalizylsäure täglich ab der 12. SSW zur Prävention der Hypertonie hilfreich.

Die Abgrenzung zwischen Präeklampsie, chronischer Hypertonie und Pfropfpräeklampsie ist schwierig. Meistens kann die endgültige Einteilung erst postpartal erfolgen.

Präeklampsie

Epidemiologie. Die Präeklampsie kommt bei ca. 5 % aller Schwangerschaften vor. Die Häufigkeit variiert in Abhängigkeit von der geografischen Herkunft: schwarze und indische Frauen sind stärker gefährdet.

Epidemiologie. Die Häufigkeit (ca. 5 %) variiert in Abhängigkeit von der geografischen Herkunft.

Ätiologie und Pathogenese. Prädisponierend sind genetische Faktoren (Mutter an Präeklampsie oder Eklampsie erkrankt), thrombophile Gerinnungsstörungen, ein niedriger sozialer Status, Primiparität, chronische Erkrankungen, die zu Gefäßveränderungen führen, wie z. B. Diabetes, Hypertonie und Nierenerkrankungen.
Im Jahre 1916 nannte der deutsche Arzt Zweifel die Präeklampsie die „Krankheit der Theorien". Auch heute ist diese Charakterisierung noch immer zutreffend, da es keine Erklärung für alle Symptome gibt. Die meisten Hypothesen lassen sich unter drei Oberbegriffen zusammenfassen:

1. **Neigung zu Vasospasmus:** Man vermutet, dass bei präeklamptischen Patientinnen eine erhöhte Empfindlichkeit der Tunica media der Gefäße gegenüber vasokonstriktorischen Substanzen besteht, die zu Vasospasmen disponiert. Der Vasospasmus bei der Präeklampsie ist wahrscheinlich multifaktorieller Genese.
2. **Immunologische Faktoren:** Verschiedene Charakteristika der Präeklampsie lassen eine immunologische Genese vermuten: Meistens kommt die Präeklampsie bei Primipara vor, nur selten in den folgenden Schwangerschaften. Jedoch ist bei Multiparae mit einem neuen Lebenspartner in der nächsten Schwangerschaft die Wahrscheinlichkeit einer Präeklampsie wieder genauso groß wie bei einer Primigravida. Es scheint daher nahe liegend, dass ein Immunmechanismus existiert, der sich mit fetalen Antigenen – die zur Hälfte vom Vater stammen – auseinander setzt und die Mutter in den folgenden Schwangerschaften schützt.
   In der frühen Schwangerschaft finden sich normalerweise Antikörper gegen fetale Leukozytenantigene, im weiteren Schwangerschaftsverlauf werden sie supprimiert. Es gibt Hinweise darauf, dass bei präeklamptischen Schwangeren diese Antikörper nicht supprimiert werden.
   Darüber hinaus ähneln die histologischen Veränderungen der Niere und der Plazenta bei der Präeklampsie den histologischen Befunden bei der Vaskulitis, die zu den Autoimmunerkrankungen zählt.
3. **Eikosanoide:** Prostaglandin E_1 und Prostazyklin bewirken eine Vasodilatation und eine Hemmung der Thrombozytenaggregation, Thromboxan bewirkt eine Vasokonstriktion und Thrombozytenaggregation. Bei Schwangeren mit Präeklampsie findet man im fetalen Anteil der Plazenta hohe

Ätiologie und Pathogenese. Prädisponierend sind genetische Faktoren, ein niedriger sozialer Status, Primiparität und zu Gefäßveränderungen führende Erkrankungen.

Die Pathogenese der Präeklampsie ist unklar. Die meisten Hypothesen lassen sich unter drei Oberbegriffen zusammenfassen:

1. **Neigung zu Vasospasmus:** Erhöhte Empfindlichkeit der Tunica media der Gefäße gegenüber vasokonstriktorischen Substanzen, die zu Vasospasmen disponiert.
2. **Immunologische Faktoren:** Verschiedene Charakteristika der Präeklampsie (u. a. Primiparität, histologische Veränderungen an Nieren und Plazenta) lassen eine immunologische Genese vermuten.
3. **Eikosanoide:** Bei der Präeklampsie verschiebt sich das Gleichgewicht zwischen Prostaglandin E_1 und Prostazyklin, die eine Vasodilatation und eine

Hemmung der Thrombozytenaggregation bewirken zu Gunsten von Thromboxan, das eine Vasokonstriktion und Thrombozytenaggregation bewirkt.

Thromboxanwerte. So stellt sich die Präeklampsie als ein gestörtes Verhältnis von Prostaglandin E_1 und Prostazyklin einerseits und Thromboxan andererseits dar. Diabetische Schwangere, bei denen die Präeklampsie vermehrt auftritt, zeigen ebenfalls ein Ungleichgewicht zu Gunsten von Thromboxan.

Zusammenfassend lässt sich sagen, dass keine dieser Theorien die Pathogenese der Präeklampsie erschöpfend erklärt. Die Präeklampsie scheint eine Anpassungsstörung des mütterlichen Organismus an die vielfältigen Anforderungen im Zusammenhang mit der Schwangerschaft zu sein.

Pathophysiologie. ZNS: In leichten Fällen einer Präeklampsie kommt es zum zerebralen Ödem, in schweren Fällen zur zerebralen Blutung.

Pathophysiologie. ZNS: Die Perfusion des Gehirns beträgt normalerweise – unabhängig vom Blutdruck – ca. 55 ml/min/100 g (Autoregulation). Steigt der Blutdruck über ein gewisses Maß, funktioniert die Autoregulation nicht mehr, die Endothelzellen der Gehirngefäße werden geschädigt. In leichten Fällen kommt es zum zerebralen Ödem, in schweren Fällen zur zerebralen Blutung. Die Grenzen der Autoregulation sind bei Gesunden und Hypertonikern unterschiedlich. So wird die junge Primipara, deren Blutdruck normalerweise 100/70 mmHg beträgt, schon bei 180/120 mmHg einen generalisierten Anfall bekommen (Eklampsie), während eine Schwangere mit chronischer Hypertonie bei demselben Blutdruck keine Symptome oder nur leichte Kopfschmerzen hat.

Augen (Retina): Tonische Engstellung der Arterien, bei schwerer Präeklampsie Blutungen und Ödem (Retinopathia eclamptica gravidarum).

Augen: An der Netzhaut kommt es zur tonischen Engstellung der Arterien, bei schwerer Präeklampsie zu Blutungen und Ödem (Retinopathia eclamptica gravidarum).

Lunge: Lungenödem möglich.

Kardiovaskuläres System: Hämokonzentration, erhöhter Hämatokrit.

Nieren: Charakteristisch für Präeklampsie ist die Glomeruloendotheliose (Schwellung des Kapillarendothels), die zu einer verminderten Perfusions- und Filtrationsrate führt.

Lunge: Bei Präeklampsie kann ein Lungenödem auftreten.

Kardiovaskuläres System: Es kommt zur Hämokonzentration, der Hämatokrit ist erhöht (Cave: Hämatokrit > 38 %).

Nieren: Die charakteristische Läsion der Präeklampsie ist die Glomeruloendotheliose, eine Schwellung des Kapillarendothels, die zu einer verminderten Perfusions- und Filtrationsrate führt. Bei normaler Nierenfunktion sind die Retentionswerte im Normbereich. Ein erhöhter Harnsäurespiegel ist Ausdruck einer Störung der Tubulusfunktion und somit ein Alarmzeichen.

Gerinnung: Die Gerinnung bei präeklamptischen Patientinnen ist meistens normal, eine Thrombozytopenie ein Alarmzeichen. Eine Sonderform der Präeklampsie wird als **HELLP-Syndrom** (**H**ämolyse, **E**levated **L** iver Enzymes, **L**ow **P**latelets) bezeichnet (s. u.).

Gerinnung: Die Gerinnung bei präeklamptischen Patientinnen ist meistens normal. Eine Thrombozytopenie (< 100 000/µl) ist auch bei milder Präeklampsie ein Alarmzeichen. Im Zusammenhang mit Störungen der plasmatischen Gerinnung kann es zu einer verstärkten Thrombenbildung im Kreislauf kommen. Diese Entwicklung ist eine Sonderform der Präeklampsie und wird als **HELLP-Syndrom** (s. u.) (**H**ämolyse, **E**levated **L**iver Enzymes and **L**ow **P**latelets) bezeichnet. Die Angiopathie spielt sich in diesem Fall hauptsächlich in der Leber ab und führt zu einer Störung der Leberfunktion, die sich in einer Zunahme der Leberenzyme (Transaminasen, LDH) äußert.

Plazenta: Eine Präeklampsie entwickelt sich auf dem Boden einer gestörten Plazentation, besonders in der zweiten Invasionsphase. Die Wand der Spiralarterien wird nur ungenügend durch den Trophoblasten aufgelockert, die Arterien fördern nicht genug Blut (s. Abb. **E-4.2**). Folge ist eine Hypoperfusion des intervillösen Raumes. Es resultiert ein erhöhtes Risiko einer Frühgeburt, einer intrauterinen Mangelentwicklung und im Extremfall der intrauterine Fruchttod.

Plazenta: Die normale Plazentation in einer gesunden Schwangerschaft läuft in zwei Phasen ab. Bis zum Ende des 1. Trimenons dringt der Trophoblast in die mütterliche Dezidua und das benachbarte Myometrium ein. Nach einer ca. vierwöchigen Ruhephase beginnt eine zweite Invasionsphase: Die kindlichen Zellen eröffnen die Spiralarterien und ersetzen deren Endothelschicht bis in das innere Myometriumdrittel. Die tieferen Radialarterien und die oberflächlichen Spiralarterien werden dilatiert, um dem vergrößerten Blutbedarf des Fetus gerecht zu werden (s. Abb. **E-4.2**).

Eine Präeklampsie entwickelt sich auf dem Boden einer gestörten Plazentation, besonders in der zweiten Invasionsphase. Die Wand der Spiralarterien wird nur ungenügend durch den Trophoblasten aufgelockert, und die Arterien fördern nicht genug Blut. Durch die verminderte Trophoblastinvasion dilatieren die Arterien nur unzureichend (s. Abb. **E-4.2**). Es resultiert eine Hypoperfusion des intervillösen Raumes. Folgen sind ein erhöhtes Risiko einer Frühgeburt, intrauterine Mangelentwicklung und im Extremfall der intrauterine Fruchttod. Als Gegenregulation steigt der mütterliche Blutdruck an, es kommt zur Hypertonie.

E-4.2 Plazentagefäße in der normalen Schwangerschaft und bei Präeklampsie

E-4.2

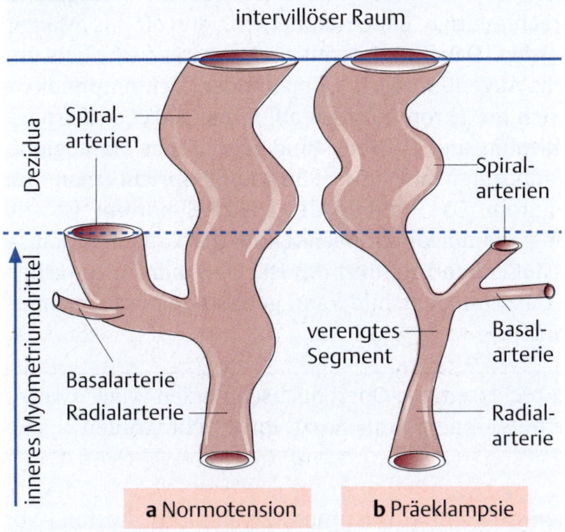

Klinik. Hypertonie: Der Anstieg des Blutdrucks ist das wichtigste Kriterium für die Diagnose der Präeklampsie. Ein Anstieg um 15 mmHg diastolisch oder 30 mmHg systolisch muss ernst genommen werden.
Viele junge Erstgebärende haben im II. Trimenon Blutdruckwerte um 100 bis 110/60 bis 70 mmHg. Dann kann ein Blutdruck von 130/80 mmHg schon eine relative Hypertonie bedeuten. Entscheidend ist der Anstieg des mittleren arteriellen Blutdrucks (MAP).

Klinik. Hypertonie: Der Anstieg des mittleren arteriellen Blutdrucks (MAP) ist das wichtigste Kriterium für die Diagnose der Präeklampsie.

▶ **Merke.** Bei jeder Schwangerenvorsorgeuntersuchung muss der Blutdruck gemessen werden.

◀ Merke

Ödeme: Ödeme der abhängigen Körperpartien (Beine) sind normale Erscheinungen in der Schwangerschaft. Ödeme der nicht abhängigen Körperpartien (Hände, Gesicht) sind dagegen pathologisch und Zeichen einer Präeklampsie. Ödeme führen zur Gewichtszunahme, daher sollte eine plötzliche Zunahme des Gewichts den V. a. eine Präeklampsie lenken.
Proteinurie: Die Proteinurie (> 0,3 g/l in 24 h) tritt bei der Präeklampsie zuletzt auf. In ca. 20 % der Fälle kommt es nicht zur Proteinurie; diese Patientinnen haben trotzdem eine Präeklampsie. Sie fallen durch ihre neurologischen Symptome auf.

Ödeme: Ödeme der nicht abhängigen Körperpartien (Hände, Gesicht) sind pathologisch und Zeichen einer Präeklampsie.

Proteinurie: Sie tritt bei der Präeklampsie zuletzt auf. In ca. 20 % der Fälle besteht keine Proteinurie; trotzdem liegt eine Präeklampsie vor.

▶ **Merke.** Bei jeder Schwangerenvorsorgeuntersuchung muss der Urin auf Proteine untersucht werden.

◀ Merke

Zentralnervöse Symptome: Bei einer schweren Präeklampsie klagt die Schwangere über Sehstörungen, Doppelbilder, Gesichtsfeldeinengung, Kopfschmerzen, Übelkeit und motorische Unruhe. Die Muskeleigenreflexe sind deutlich gesteigert, die Reflexzonen verbreitert als Ausdruck einer drohenden Eklampsie. Bei Frauen mit einer Hyperreflexie kommt es ohne Behandlung oft zu einem eklamptischen Anfall.

Zentralnervöse Symptome: Bei einer schweren Präeklampsie bestehen Sehstörungen, Doppelbilder, Gesichtsfeldeinengung, Kopfschmerzen, Übelkeit und motorische Unruhe. Die Muskeleigenreflexe sind deutlich gesteigert, die Reflexzonen verbreitert

▶ **Merke.** Das Auftreten neurologischer Symptome im Zusammenhang mit Hypertonie, Ödemen und Proteinurie ist das wichtigste Alarmzeichen einer drohenden Eklampsie. Deshalb regelmäßige Kontrolle der Reflexe!

◀ Merke

Das **HELLP-Syndrom** ist eine Sonderform der Präeklampsie. Symptome sind Krankheitsgefühl, rechtsseitige Bauchschmerzen, Übelkeit, Augenflimmern, Doppelbilder, Lichtempfindlichkeit und eine Thrombozytenzahl < 100 000/µl. Das Vollbild des HELLP-Syndroms ist eine lebensgefährliche Erkrankung.

Das **HELLP-Syndrom** ist eine Sonderform der Präeklampsie, die sehr akut verlaufen kann und häufig unterschätzt wird. Die Patientinnen haben ein ausgesprochenes Krankheitsgefühl, rechtsseitige Bauchschmerzen, die oft als Magenschmerzen fehlgedeutet werden. Daneben kommt es zu starker Übelkeit und zentralnervösen Symptomen (Augenflimmern, Doppelbilder, Lichtempfindlichkeit). Laborchemisch zeigt sich die Thrombozytenzahl unter 100 000/µl erniedrigt, die GOT, GPT, LDH, Bilirubin und D-Dimer sind erhöht, das Haptoglobin erniedrigt. Bei einer Thrombozytenzahl unter 30 000/µl spricht man von einem schweren HELLP-Syndrom. Das Vollbild des HELLP-Syndroms ist eine lebensgefährliche Erkrankung, die nur durch Beendigung der Gravidität kausal behandelt werden kann. Im äußersten Fall führt das HELLP-Syndrom zur Leberruptur und Gehirnblutung. Das Krankheitsbild kann genau wie die Präeklampsie auch postpartal vorkommen.

▶ Merke

▶ **Merke.** Jede Patientin mit rechtsseitigen Oberbauchschmerzen in der zweiten Schwangerschaftshälfte muss einem Frauenarzt vorgestellt werden.

Diagnostik. Blutdruckmessung: zweimal im Abstand von mindestens 6 Stunden unter Ruhebedingungen:
≥ 140/90 mmHg < 160/110 mmHg: leichte Präeklampsie
≥ 160/110 mmHg: schwere Präeklampsie

Funduskopie: eng gestellte Netzhautarterien, bei schwerer Präeklampsie außerdem Blutungen und Netzhautödem.

Laboruntersuchungen (s. u.): Diagnostische und zugleich prognostische Bedeutung hat die Bestimmung der Harnsäure im Serum. Erhöhte Werte sind ein Hinweis auf eine Präeklampsie.

Hb und Hkt sind erhöht.

Thrombozytopenie und ein Anstieg der GOT-, GPT-, Bilirubin- und der LDH-Konzentration (Hämolyse) weisen auf ein HELLP-Syndrom hin. Zeichen einer beginnenden Verbrauchskoagulopathie sind eine verminderte Fibrinogen- und AT-III-Konzentration und ein Anstieg der D-Dimer-Konzentration.

Therapie. Kausale Therapie ist die Beendigung der Schwangerschaft. Der Zeitpunkt dafür hängt zum einen vom Schweregrad der Erkrankung ab: Eine schwer kranke Patientin darf nur in stabilem Zustand entbunden werden, evtl. muss ihr Zustand erst durch intensivmedizinische Maßnahmen stabilisiert werden. Zum anderen hängt er vom Gestationsalter ab: Vor der 36. SSW versucht man unter intensivmedizinischer Überwachung und Therapie ein höheres Gestationsalter zu erreichen. Nach der 36. SSW leitet man die Geburt ein.

Diagnostik. Blutdruckmessung: Der Blutdruck muss zweimal im Abstand von mindestens 6 Stunden unter Ruhebedingungen gemessen werden. Liegen die Blutdruckwerte bei ≥ 140/90 mmHg und < 160/110 mmHg, besteht eine leichte Präeklampsie, liegen sie bei ≥ 160/110 mmHg, besteht eine schwere Präeklampsie. Der Schweregrad der Präeklampsie hat nicht zwingend eine prognostische Bedeutung.
Funduskopie: Die Netzhautarterien sind eng gestellt, bei schwerer Präeklampsie sind außerdem Blutungen und ein Netzhautödem zu sehen.

Laboruntersuchungen (s. u.): Diagnostische und zugleich prognostische Bedeutung hat die Bestimmung der Harnsäure im Serum. Werte > 5 mg/dl sind Hinweis auf eine Präeklampsie. Daher ist die Harnsäurebestimmung ein Suchtest bei Frauen, die ein anamnestisches Risiko für eine Hypertonie haben.
Die Funktion der Nieren muss überprüft werden. In den meisten Fällen ist die Bestimmung von Kreatinin oder Harnstoff ausreichend.
Die Hämokonzentration führt zu einem Anstieg des Hämoglobins und des Hämatokrits.
Eine Thrombozytopenie (< 100 000/µl), ein Anstieg der GOT-, GPT-, Bilirubin- und der LDH-Konzentration (Hämolyse) weisen auf ein HELLP-Syndrom hin.
Wichtiges Alarmzeichen einer beginnenden Verbrauchskoagulopathie sind eine verminderte Fibrinogen-, eine erhöhte D-Dimer-Konzentration (Fibrinspaltprodukte) und ein Absinken des AT III.
Jede neu aufgetretene Veränderung dieser Laborwerte ist Ausdruck einer Verschlechterung der Präeklampsie und muss zu einer konsequenten engmaschigen Kontrolle der Laborwerte führen.

Therapie. Da die Ursache der Präeklampsie nicht bekannt ist, kann die Präeklampsie nur durch die Beendigung der Schwangerschaft beseitigt werden. Der Zeitpunkt der Beendigung der Schwangerschaft hängt zum einen vom Schweregrad der Erkrankung ab: Eine schwer kranke Patientin darf nur in stabilem Zustand entbunden werden. Wenn klinische und laborchemische Befunde auf eine Störung der Vitalfunktionen hinweisen (z. B. Lungenödem, Niereninsuffizienz, schwere Hypertonie, Hyperreflexie), muss vor der Entbindung erst der Zustand der Patientin durch intensivmedizinische Therapie stabilisiert werden. Zum anderen hängt der Zeitpunkt der Entbindung vom Gestationsalter ab: Vor der 36. SSW versucht man, wenn die mütterliche Erkrankung es erlaubt, auch bei schwerer Präeklampsie unter intensivmedizinischer Überwachung und Therapie, im Interesse des Kindes ein höheres Gestationsalter zu erreichen. Nach der 36. SSW leitet man die Geburt ein, weil der Fetus durch ein Zuwarten keinen Vorteil mehr hat.

Bei **leichter Präeklampsie**, die vor der 36. SSW auftritt, wird die Schwangere stationär aufgenommen, erhält eiweißreiche Kost und muss in Linksseitenlage Bettruhe halten, um die Uterusdurchblutung zu verbessern. Das Befinden des Kindes wird durch Ultraschalluntersuchung (Informationen über die Wachstumsrate, Herzfrequenz und Bewegungen) und Doppler-Untersuchung (Informationen über die Blutversorgung) kontrolliert. Warnzeichen ist eine Erhöhung des Widerstandes in der Nabelschnurarterie bei gleichzeitiger Abnahme des Widerstandes in der A. cerebri media des Fetus: Dies entspricht einer Zentralisation der fetalen Blutversorgung zu Gunsten des Gehirns („brain sparing"). Ferner werden die Blutdruck-, Blut- und Urinwerte engmaschig kontrolliert. Darüber hinaus wird die Patientin bezüglich der Ein- und Ausfuhr von Flüssigkeit bilanziert. Eine verminderte Urinausscheidung ist ein Hinweis auf eine sich verschlechternde Präeklampsie. Mindestens zweimal täglich wird ein CTG aufgezeichnet. Bis zur 34. SSW gibt man Betametason, um die Lungenreife zu beschleunigen. Der Blutdruck wird mit Antihypertensiva eingestellt (s. u.).

Therapie der **leichten Präeklampsie vor der 36. SSW**: stationäre Aufnahme, eiweißreiche Kost, Bettruhe, engmaschige Überwachung und Gabe von Antihypertensiva.

Die Therapie der **schweren Präeklampsie** verfolgt drei Ziele, erstens die Prävention eklamptischer Anfälle, zweitens die Kontrolle des mütterlichen Blutdrucks und drittens die Entbindung (s. o.).

Die Therapie der **schweren Präeklampsie** verfolgt drei Ziele: die Prävention eklamptischer Anfälle, die Kontrolle des mütterlichen Blutdrucks und die Entbindung.

Zur Prävention eklamptischer Anfälle gibt man Magnesiumsulfat und Sedativa (z. B. Diazepam), das für Mutter und Kind sicherste Antikonvulsivum.

Das Antihypertensivum der ersten Wahl ist α-Methyldopa (z. B. Presiol). Es ist ein zentral wirkender α_2-adrenerger Rezeptoragonist, der sympatholytisch wirkt. Es ist eines der wenigen Medikamente, dessen Sicherheit für Mutter und Fetus ausreichend belegt ist. Der periphere Widerstand wird gesenkt, das Herzzeitvolumen bleibt unverändert. Die Wirkung tritt innerhalb von 1–2 Stunden ein. Eine Dauertherapie führt in 20 % der Fälle zu einem positiven direkten Coombs-Test.

Dihydralazin (z. B. Nepresol) ist bei schweren Fällen von Präeklampsie indiziert. Es bewirkt eine Vasodilatation durch direkten Angriff an den Gefäßmuskelzellen und führt zusätzlich über den Barorezeptor-Reflex zu Tachykardie und einem Anstieg des Herzminutenvolumens. Letzterer Effekt ist wichtig, da er meistens einer sekundären Hypertonie vorbeugt. Bei der hypertonen Krise titriert man je nach Wirkung 5–20 mg i. v.

Zur Prävention gibt man Magnesiumsulfat und Sedativa.

Antihypertensivum der ersten Wahl ist α-Methyldopa. Es senkt den peripheren Widerstand und lässt das Herzminutenvolumen unbeeinflusst. Zweite Wahl ist Dihydralazin, das eine Tachykardie und einen Anstieg des Herzminutenvolumens auslöst.

Nitroglyzerin und β-Blocker können in der Schwangerschaft verabreicht werden. Sie finden aber zurzeit noch selten Anwendung, da sie offiziell für diese Indikation noch nicht zugelassen sind. β-Blocker sind überdies wegen Wachstumsretardierung und Hypoglykämie des Fetus relativ kontraindiziert.

Eine zu starke Senkung des Blutdrucks ist zu vermeiden, da die uteroplazentare Durchblutung beeinträchtigt wird.

Tritt die Präeklampsie vor der 36. SSW auf, sollte die Patientin in ein perinatologisches Zentrum mit Neugeborenenintensivstation verlegt werden, um im Falle einer klinischen Verschlechterung eine adäquate Versorgung des Neugeborenen zu gewährleisten.

Für den Fall eines eklamptischen Anfalls sollten ein Gummikeil und eine Diazepam-Ampulle bereitstehen.

Beim **HELLP-Syndrom** muss die **Entbindung sofort** erfolgen, da die Leberinsuffizienz mit ihren deletären Folgen, z. B. einer Gerinnungsstörung, nicht kausal therapierbar ist. Die Entbindung erfolgt innerhalb weniger Stunden nach der Diagnosestellung, in den meisten Fällen durch primäre Sectio. Da das HELLP-Syndrom erfahrungsgemäß wellenförmig verläuft, kann man unter kontrollierten Bedingungen (Studienbedingungen) versuchen, das HELLP-Syndrom zunächst konservativ zu behandeln.

Beim **HELLP-Syndrom** muss die **Entbindung sofort** erfolgen.

Prognose. Durch frühzeitiges Erkennen und Behandeln sind mütterliche Todesfälle bei der Präeklampsie selten. Schreitet das Geschehen zu einer zerebralen Blutung, Embolie, Leberruptur oder Niereninsuffizienz fort, ist das Leben der Schwangeren akut bedroht.

Prognose. Bei frühzeitiger Diagnose und Therapie sind mütterliche Todesfälle selten.

Nach der Geburt Restitutio ad integrum. In folgenden Schwangerschaften kann es zum Rezidiv kommen.

Nach der Geburt führt eine Präeklampsie weder zu chronischem Hochdruck noch zu anderen langfristigen Schäden bei der Mutter. Allerdings besteht das Risiko eines Rezidivs in folgenden Schwangerschaften, und für Töchter der Patientin besteht ein erhöhtes Risiko, an Präeklampsie oder Eklampsie zu erkranken.

Eklampsie

Ätiologie. s. Präeklampsie S. 539.

Klinik. Tonisch-klonischer epileptischer Anfall. Anschließend kann die Schwangere in ein Koma fallen.

Therapie.
1. **symptomatisch:** zur Unterbrechung des eklamptischen Anfalls Diazepam i. v. (5–10 mg) und Magnesiumsulfat i. v. (3–4 g)
   Zur Prophylaxe weiterer Anfälle Magnesiumsulfat oder -askorbat per infusionem stabile Seitenlage, Anästhesie informieren!
   Bei Blutdruckwerten > 150/110 mmHg unter Magnesium gibt man Dihydralazin oder Diazoxid i. v.
   Kontinuierliche Überwachung von Blutdruck, Atemfrequenz, Puls, EKG, Urinausscheidung und Patellarsehnenreflex
2. **kausal: Entbindung!** Es ist abzuwägen, ob eine vaginale Geburt möglich ist (schonender als Sectio). Post partum Überwachung und Weiterführen der Therapie mit Magnesiumsulfat, da 25 % der eklamptischen Anfälle postpartal auftreten.

▶ Merke

Prognose. Bei adäquater Therapie Restitutio ad integrum. In folgenden Schwangerschaften besteht meist das Risiko eines Rezidivs.

Eklampsie

Ätiologie. Die Ursachen der Eklampsie basieren auf den gleichen pathophysiologischen Mechanismen wie bei der Präeklampsie (s. S. 539).

Klinik. Nach den Prodromi einer Präeklampsie oder aus vollem Wohlbefinden heraus kommt es zu einem tonisch-klonischen epileptischen Anfall. Anschließend kann die Schwangere in ein Koma fallen. 25 % aller eklamptischen Anfälle treten postpartal auf.

Therapie.
1. **symptomatisch:** Um den eklamptischen Anfall zu unterbrechen, verabreicht man als erstes Diazepam i. v. (5–10 mg). Außerdem Magnesiumsulfat i. v. in hoher Dosis (3–4 g in Abhängigkeit von Körpergewicht und Urinausscheidung, da Magnesium renal ausgeschieden wird).
   Zur Prophylaxe weiterer Anfälle wird Magnesiumsulfat oder -askorbat per infusionem verabreicht.
   Sofern möglich, schiebt man der Patientin einen Gummikeil zwischen die Zähne, um einen Zungenbiss zu verhindern. Die Patientin wird in Seitenlage gebracht, um die Atemwege frei zu halten und die Anästhesie sofort informiert.
   Magnesium senkt den Blutdruck. Falls der Blutdruck unter der hoch dosierten Magnesiumtherapie dennoch über 150/110 mmHg liegt, wird Dihydralazin oder Diazoxid verabreicht. Der Blutdruck muss kontinuierlich überwacht werden.
   Da Magnesium in hohen Dosen eine Atemdepression, eine Störung der Erregungsleitung im Herzen und Muskellähmung bewirkt, ist außerdem die kontinuierliche Überwachung von Atemfrequenz, Puls, EKG und Urinausscheidung notwendig. Außerdem prüft man wiederholt, ob der Patellarsehnenreflex auslösbar ist, da sich die Reflexe bei zu hohem Magnesiumspiegel nicht mehr auslösen lassen.
2. **kausal: Entbindung!** In Abhängigkeit vom Schweregrad der Erkrankung und dem vaginalen Untersuchungsbefund wägt man ab, ob eine vaginale Geburt möglich ist. Sie ist für die Mutter manchmal schonender als eine Sectio, aber dies ist umstritten. Post partum muss die Patientin gut überwacht werden, da 25 % der eklamptischen Anfälle postpartal auftreten. Die antikonvulsive Therapie mit Magnesiumsulfat wird deshalb für 24 Stunden post partum fortgesetzt.

▶ Merke. Die Entbindung ist die einzige kausale Therapie der Präeklampsie und der Eklampsie.

Prognose. Bei adäquater Therapie bleiben keine Schäden zurück. Wie bei der Präeklampsie besteht meist das Risiko eines Rezidivs in folgenden Schwangerschaften, und für Töchter der Patientin besteht ein erhöhtes Risiko, an Präeklampsie oder Eklampsie zu erkranken. Leider kommt es auch heute noch zu Todesfällen bei Patientinnen mit Präeklampsie/Eklampsie, da die Erkrankung nicht rechtzeitig erkannt oder nicht adäquat therapiert wird.

Chronische Hypertonie

▶ **Definition.** Blutdruckwerte vor der Konzeption, vor der 20. SSW oder länger als 6 Wochen post partum > 140/90 mmHg bei zweimaliger Messung im Abstand von mindestens 6 Stunden.

Klinik. Patientinnen mit chronischer Hypertonie sind meistens über 30 Jahre alt, adipös und haben oft Diabetes oder Nierenerkrankungen. Die typische Patientin hat eine Hypertonie ohne begleitende Symptome der Präeklampsie.
Die Hauptkomplikation der chronischen Hypertonie in der Schwangerschaft ist die **Pfropfpräeklampsie:** Blutdruckanstieg um 30 mmHg systolisch oder 15 mmHg diastolisch mit Ödem und Proteinurie. Früher starben viele Patientinnen mit Pfropfpräeklampsie an einem Schlaganfall oder an Herzinsuffizienz, doch heute lässt sich das Risiko dieser Erkrankungen durch eine konsequente antihypertensive Therapie und elektive Geburt vermindern.
In 25 % der Fälle von chronischer Hypertonie werden die Feten frühzeitig geboren und sind in 15 % der Fälle zu klein für das Gestationsalter (Small-for-date-Baby).

Diagnostik und Differenzialdiagnose. Die Diagnose wird durch Blutdruckmessung im Rahmen der Schwangerenvorsorgeuntersuchung gestellt. Bei der Funduskopie finden sich je nach Schweregrad Netzhautödem und/oder peitschenschnurartige Schlängelung der Netzhautarterien. Im EKG findet sich selten eine Linksherzhypertrophie.
Manchmal ist es schwierig zu beurteilen, ob ein Anstieg des Blutdrucks auf eine Pfropfpräeklampsie oder eine schwangerschaftsbedingte Verschlechterung der Nierenfunktion zurückzuführen ist.

Therapie. Eine antihypertensive Therapie verringert das Risiko eines Schlaganfalls oder einer Herzinsuffizienz deutlich.
Liegt der diastolische Blutdruckwert unter 100 mmHg, macht man einen Therapieversuch mit salzarmer Diät, „Reistag" und Regulierung der Lebensweise (Nikotinkarenz, Alkoholreduktion).
Liegt er bei 110 mmHg oder darüber, sollte man medikamentös behandeln: Die medikamentöse Behandlung der Hypertonie in der Schwangerschaft stützt sich auf α-Methyldopa, das Schwangeren und Stillenden vermutlich ohne Risiko für den Fetus verabreicht werden kann. Dihydralazin ist ebenfalls in der Schwangerschaft anwendbar, doch bei chronischer Hypertonie nicht alleine wirksam. Es wird in Kombination mit α-Methyldopa verabreicht. β-Blocker und Diuretika sind in der Schwangerschaft wegen Wachstumsretardierung des Fetus relativ kontraindiziert (Unterschiede zwischen den einzelnen Substanzen siehe spezielle Pharmakologielehrbücher).
Besteht schon vor der Schwangerschaft eine Hypertonie, sollten Frauen mit Kinderwunsch von potenziell embryo- und fetotoxischen Medikamenten (Thiaziddiuretika, ACE-Hemmer) auf nicht toxische Substanzen umgestellt werden. In jedem Fall sollte man einen Internisten hinzuziehen.

Prognose. Bei leichter Hypertonie (≥ 140/90 mmHg ≤ 160/110 mmHg) ist die Prognose für Mutter und Kind sehr gut. Die Schwangere sollte jedoch gut überwacht werden, um Komplikationen frühzeitig zu erkennen.

Transitorische Hypertonie

Die transitorische Hypertonie ist eine häufige Form der Hypertonie in der Schwangerschaft. Es handelt sich wahrscheinlich um eine leichte essenzielle Hypertonie, die durch die Schwangerschaft demaskiert wird und nach der Entbindung nicht mehr klinisch apparent ist. Dies bestätigen Beobachtungen, wonach betroffene Frauen in den folgenden Schwangerschaften meistens wieder eine transitorische Hypertonie entwickeln.

Chronische Hypertonie

◀ **Definition**

Klinik. Die typische Patientin hat eine Hypertonie ohne begleitende Symptome der Präeklampsie.

Die Hauptkomplikation der chronischen Hypertonie in der Schwangerschaft ist die **Pfropfpräeklampsie** (Blutdruckanstieg um 30 mmHg systolisch oder 15 mmHg diastolisch mit Ödem und Proteinurie), mit Risiko einer Frühgeburt und intrauterinen Mangelentwicklung (Small-for-date-Baby).

Diagnostik und Differenzialdiagnose. Die Diagnose wird durch die Blutdruckmessung gestellt. Bei der Funduskopie finden sich hypertoniecharakteristische Veränderungen.

Die Abgrenzung zu einer schwangerschaftsbedingten Verschlechterung der Nierenfunktion kann schwierig sein.

Therapie. Diastolischer Blutdruckwert < 100 mmHg: salzarme Diät, „Reistag" und Regulierung der Lebensweise (Nikotinkarenz, Alkoholreduktion).

Diastolischer Blutdruckwert ≥ 110 mmHg: α-Methyldopa oder Dihydralazin plus α-Methyldopa.

Hypertonikerinnen mit Kinderwunsch sollten von potenziell embryo- und fetotoxischen Medikamenten auf nicht toxische Substanzen umgestellt werden.

Prognose. Bei leichter Hypertonie (≥ 140/90 mmHg ≤ 160/110 mmHg) sehr gut.

Transitorische Hypertonie

Bei der transitorischen Hypertonie handelt es sich wahrscheinlich um eine leichte essenzielle Hypertonie, die durch die Schwangerschaft demaskiert wird und nach der Entbindung nicht mehr klinisch apparent ist.

Sie ist eine Erkrankung des 3. Trimenons, charakterisiert durch einen isolierten Blutdruckanstieg (keine Proteinurie). Eine antihypertensive Therapie ist nur in Einzelfällen erforderlich.

Die transitorische Hypertonie tritt im 3. Trimenon auf und ist charakterisiert durch einen isolierten Anstieg des Blutdrucks. Eine Proteinurie tritt nicht auf. Das Risiko einer Eklampsie ist gering, die Prognose für Mutter und Kind sehr gut. Das intrauterine Wachstum ist nicht beeinträchtigt. Eine antihypertensive Therapie ist nur in Einzelfällen erforderlich. Frauen, die während der Schwangerschaft eine transitorische Hypertonie hatten, haben ein erhöhtes Risiko, später eine essenzielle Hypertonie zu entwickeln.

Hypotonie

Hypotonie

▶ Definition

▶ **Definition.** Man spricht von Hypotonie, wenn der systolische Blutdruck < 100 mmHg und der diastolische Blutdruck < 60 mmHg liegt.

Epidemiologie. Die Inzidenz der Schwangerschaftshypotonie ist größer als die der Schwangerschaftshypertonie. Schwangere mit einer Hypotonie haben häufiger geburtshilfliche Komplikationen als normotensive Schwangere.

Epidemiologie. Die Inzidenz der Schwangerschaftshypotonie ist größer als die der Schwangerschaftshypertonie, die Hypotonie findet aber bei weitem nicht so viel Beachtung. Große retrospektive Untersuchungen zeigen, dass Schwangere mit einer Hypotonie häufiger geburtshilfliche Komplikationen aufweisen als dies bei einem normotensiven Vergleichskollektiv der Fall ist.

Ätiologie. Man unterscheidet die primäre (essenzielle) Hypotonie (häufigste Form) von der sekundären Hypotonie (Ursache z. B. Herzerkrankung, Endokrinopathie, Medikamente).

Ätiologie. Die häufigste Form ist die primäre (essenzielle) Hypotonie, sekundäre Hypotonien, z. B. bedingt durch eine Herzkrankheit oder eine Endokrinopathie, sind selten. Nicht vergessen sollte man, dass viele Medikamente eine Hypotonie verursachen (Psychopharmaka, Nitropräparate, Diuretika, Antiarrhythmika, β-Blocker).

Pathogenese. Die in der Schwangerschaft erweiterten venösen Gefäße und deren geringe Tonisierung sind mögliche Ursachen der Hypotonie.

Pathogenese. Eine nicht schwangere Frau verlagert beim Aufstehen ca. 350 ml Blut in die venösen Kapazitätsgefäße. Der venöse Rückfluss zum Herzen sinkt, der Sympathikus wird aktiviert und Blutdruck und Herzminutenvolumen steigen.
In der Schwangerschaft sind die venösen Gefäße erweitert, so dass beim Lagewechsel ein deutlich größeres Volumen umverteilt wird. Weiterhin ist die reflektorische Tonisierung der Kapazitätsgefäße durch hohe Östrogen- und Prostaglandinspiegel vermindert. Dies kann zur Hypotonie führen.

Klinik. Müdigkeit, Kopfschmerzen, Schwindelgefühl beim Aufstehen, kalte Hände und Füße sowie Obstipation. In 50 % der Fälle haben die Schwangeren Varizen.

Die verminderte uteroplazentare Durchblutung beeinträchtigt die fetale Reifung.

Hypotensives Syndrom = Vena-cava-Kompressionssyndrom: (s. auch S. 744) starke Drosselung des venösen Rückstroms zum Herzen in Rückenlage. Folgen sind Blutdruckabfall, Schock und fetale Minderversorgung.

Klinik. Die Schwangere ist durch die Hypotonie nicht unmittelbar gefährdet, die Symptome sind jedoch lästig: So klagen Hypotonikerinnen über Müdigkeit, Kopfschmerzen, Schwindelgefühl beim Aufstehen, kalte Hände und Füße sowie Obstipation. In 50 % der Fälle haben die Schwangeren Varizen, was die Bedeutung des venösen Poolings für die Hypotonie in der Schwangerschaft unterstreicht.
Aufgrund der verminderten uteroplazentaren Durchblutung ist die fetale Reifung beeinträchtigt, das Geburtsgewicht niedrig.
Eine **Sonderform** der Hypotonie ist das **hypotensive Syndrom**, auch **Vena-cava-Kompressionssyndrom** (s. auch S. 744) genannt. In Rückenlage drosselt der vergrößerte Uterus den venösen Rückstrom zum Herzen durch die Vena cava erheblich, die Patientinnen kollabieren (Blutdruckabfall, Schock) und der Fetus wird minderversorgt.

Diagnostik. Blutdruckmessung, Schellong-Test.

Diagnostik. Die Blutdruckmessung wird wie üblich im Sitzen an der entspannten Patientin durchgeführt, am besten an beiden Armen. Zur weiterführenden Diagnostik der orthostatischen Hypotonie setzt man den Schellong-Test ein.

Therapie.
Allgemeinmaßnahmen:
- vermehrte Kochsalzzufuhr
- Massagen
- Bewegung
- Wechselbäder.

Therapie. Bei leichter Hypotonie sind zunächst **Allgemeinmaßnahmen** angebracht:
- vermehrte Kochsalzzufuhr (z. B. gesalzenes Butterbrot morgens)
- Massagen
- regelmäßige Bewegung, insbesondere isometrische Übungen, die den Blutdruck heben
- Wechselbäder.

Wenn diese Maßnahmen nicht wirken, ist eine **medikamentöse** Therapie angezeigt. Ihr Angriffspunkt ist die schlechte Tonisierung der venösen Kapazitätsgefäße. Mittel der ersten Wahl ist im II. Trimenon Dihydroergotamin, ein Secale-Alkaloid, das die α-Rezeptoren der venösen Kapazitätsgefäße stimuliert. Sympathomimetika (z. B. Etilefrin) stimulieren die α-Rezeptoren der arteriellen und venösen Gefäße, bewirken aber auch Tachykardie und Rhythmusstörungen.

Medikamentös: Im II. Trimenon Dihydroergotamin und Sympathomimetika.

Die kausale Therapie des **Vena-cava-Kompressionssyndroms** ist die Linksseitenlagerung (die Vena cava liegt rechts von der Wirbelsäule). Hinzu kommt ggf. Schockbehandlung, insbesondere Flüssigkeitssubstitution.

Die kausale Therapie des **Vena-cava-Kompressionssyndroms** ist die Linksseitenlagerung.

4.2.2 Hämatologische Erkrankungen

4.2.2 Hämatologische Erkrankungen

Anämien

Anämien

▶ **Definition.** Verminderung der Hämoglobinkonzentration oder der Erythrozytenzahl unter die Norm: Hb < 11 g/dl, Erythrozyten < 3,9 Mio./µl.
Diese Norm ist bei Schwangeren niedriger angesetzt als bei Nichtschwangeren, da das intravasale Volumen in der Schwangerschaft zunimmt (Hämodilution).

◀ **Definition**

Die Anämie ist eine häufige Erkrankung in der Schwangerschaft. Die häufigste Ursache ist der Eisenmangel. Folsäuremangel ist weitaus seltener, sehr selten der Vitamin-B_{12}-Mangel. Ferner kann der Blutverlust unter der Geburt und im Wochenbett (Blutverlust bei einem Spontanpartus 500 ml, bei einer Sectio 1000 ml) zu einer Anämie führen. Bei Schwarzen ist die Sichelzellkrankheit Ursache einer Anämie (Sichelzellanämie), bei Angehörigen mediterraner Länder die Thalassämie.

Die häufigste Ursache einer Anämie ist der Eisenmangel. Folsäuremangel ist weitaus seltener, sehr selten der Vitamin-B_{12}-Mangel.

Eisenmangelanämie

Eisenmangelanämie

Epidemiologie. Eisenmangel ist für ca. 80 % aller Anämien in der Schwangerschaft verantwortlich.

Epidemiologie. Häufigste Anämie in der Schwangerschaft (80 %).

Ätiologie. Meistens handelt es sich um einen erhöhten Eisenbedarf, der durch die Nahrung nur unzureichend gedeckt wird.

Ätiologie. Meist erhöhter, durch die Nahrung nicht gedeckter Eisenbedarf.

Pathogenese. Das Körpereisen (ca. 2 g bei einer 56 kg schweren Frau) setzt sich zusammen aus dem im Hämoglobin gebundenen Eisen (ca. 1,7 g) und dem als Ferritin bzw. Hämosiderin gespeicherten Eisen (ca. 300 mg). Fehlendes Hämosiderin im Knochenmark ist ein erster Hinweis auf erschöpfte Eisenspeicher.
Während der ersten Schwangerschaftshälfte ist der Eisenbedarf nicht erhöht, und die orale Eisenaufnahme genügt (mit der Nahrung nimmt man 10–15 mg/d auf), um den basalen Verlust (1 mg/d) zu decken.
In der zweiten Schwangerschaftshälfte ist der Bedarf deutlich höher. Ab dem 2. Trimenon steigt das intravasale Volumen bei gleich bleibender Erythrozytenzahl um 500 ml. Entsprechend sinkt der Hämatokrit auf Werte um 36 % ab. Um die Hämoglobinkonzentration konstant zu halten, werden für das größere Blutvolumen zusätzlich ca. 500 mg Eisen benötigt, der Fetus und die Plazenta verbrauchen zusammen weitere 300 mg Eisen. In der 12. – 14. SSW setzt beim Fetus die Blutbildung in den parenchymatösen Organen (Leber, Milz, Niere) ein. Die dafür benötigte Eisenmenge (800 mg) kann in so kurzer Zeit nicht mit der Nahrung zugeführt werden, so dass der Körper sich seiner endogenen Eisenspeicher (Ferritin, Hämosiderin) bedient.

Pathogenese. Das Körpereisen setzt sich aus dem im Hämoglobin gebundenen Eisen und dem als Ferritin bzw. Hämosiderin gespeicherten Eisen zusammen.

Der Eisenbedarf ist erst in der zweiten Schwangerschaftshälfte erhöht (erhöhtes intravasales Volumen, Eisenbedarf des Fetus).

Klinik. Die Symptome einer Eisenmangelanämie sind unspezifisch: Blässe der Schleimhäute, Müdigkeit, Tachykardie und evtl. Ohrensausen.

Klinik. Blässe der Schleimhäute, Müdigkeit, Tachykardie und evtl. Ohrensausen.

Diagnostik und Differenzialdiagnose. Bei **latentem Eisenmangel** ist die Konzentration von Serumeisen niedrig, von Transferrin ($β_1$-Globulin, das Eisen im Blut

Diagnostik und Differenzialdiagnose.
Latenter Eisenmangel: Konzentration von

Serumeisen niedrig, von Transferrin hoch, Hb und Erythrozytenzahl normal. **Manifester Eisenmangel:** Konzentration von Serumeisen niedrig, von Transferrin hoch, Hb und Erythrozytenzahl vermindert. MCV $< 80\ \mu m^3$, Hbe < 27 pg.

transportiert) hoch, Hb und Erythrozytenzahl sind normal. Bei **manifestem Eisenmangel** ist die Konzentration von Serumeisen niedrig, von Transferrin hoch, Hb und Erythrozytenzahl sind vermindert. Die Ferritinkonzentration ist niedrig. Das mittlere korpuskuläre Volumen (MCV) liegt unter 80 μm^3 und der mittlere korpuskuläre Hb-Gehalt (HBe) unter 27 pg.

Zum Ausschluss chronischer Blutverluste sollte ein Haemoccult-Test durchgeführt werden.

Um chronischen Blutverlust (z. B. durch ein Ulkus oder einen gastrointestinalen Tumor) als Ursache der Anämie auszuschließen, sollte auch in der Schwangerschaft ein Haemoccult-Test (Nachweis von Blut im Stuhl) erfolgen.

Therapie. Bei einem Hb-Wert von unter 10 g/dl ist eine orale Substitution mit Eisen-II-Salzen indiziert.
Nebenwirkungen sind Obstipation, Übelkeit und Reizung der Magenschleimhaut.

Therapie. Eine Patientin mit einem Hb-Wert von unter 10 g/dl muss, unabhängig von klinischen Symptomen, mit Eisen substituiert werden. Eisen-II-Salze, z. B. Eryfer, ferro sanol, werden nach oraler Gabe gut resorbiert und sind für die Substitutionstherapie in der Schwangerschaft gut geeignet. Die tägliche Dosis beträgt 100–200 mg und wird auf drei Dosen verteilt. Eisen-III-Salze werden von der Darmschleimhaut nicht resorbiert und oral nicht mehr verordnet. Eine mit Eisen-III-Salzen mögliche i. v. Therapie in der Schwangerschaft ist heute obsolet. Eine i. m. Therapie ist selten notwendig. Nebenwirkungen von Eisenpräparaten sind Obstipation, Übelkeit und Reizung der Magenschleimhaut (Häufigkeit ca. 15 %). Daher empfiehlt sich die Einnahme nach den Mahlzeiten. Die Unverträglichkeitsrate ist hoch.

▶ Merke

▶ **Merke.** Eisentabletten sind am besten verträglich bei Einnahme nach den Mahlzeiten.

Bei Erfolg der Eisentherapie steigen die Retikulozytenzahl und der Hb-Gehalt im peripheren Blut.

Eine erfolgreiche Eisentherapie erkennt man nach 1 Woche am Anstieg der Retikulozytenzahl und des Hb-Gehaltes im peripheren Blut. Das Hb sollte um ca. 0,3 g/dl pro Woche ansteigen.

Folsäuremangelanämie

Folsäuremangel ist für ca. 10 % aller Anämien in der Schwangerschaft verantwortlich.

Folsäuremangel liegt in der Schwangerschaft bei Nüchtern-Folsäurewerten < 3 ng/ml vor. Bei latentem Folsäuremangel ist die Folsäurekonzentration im Serum erniedrigt, im Erythrozyten jedoch noch normal. Die Symptome ähneln denen der Eisenmangelanämie.

Das Erythrozytenvolumen ist erhöht (MCV > 96 fl) und die Erythrozyten sind hyperchrom (Hbe > 34 pg).

2–5 mg Folsäure oral bewirken nach 3–4 Tagen einen Retikulozytenanstieg.

Prophylaxe: 0,5 mg Folsäure/die.

Folsäuremangelanämie

Folsäuremangel ist für ca. 10 % aller Anämien in der Schwangerschaft verantwortlich. Folsäure ist ein wichtiger Kofaktor der DNA-Synthese.

In der Schwangerschaft beträgt die Folsäurekonzentration im Serum 4–10 ng/ml (bei Nichtschwangeren $>$ 4–16 ng/ml). Bei Schwangeren spricht man von einem Folsäuremangel bei Nüchtern-Folsäurewerten im Serum < 3 ng/ml. Ist die Serum-Folsäurekonzentration erniedrigt, die Folsäurekonzentration im Erythrozyten jedoch noch normal, spricht man von einem latenten Folsäuremangel.
Die Symptome ähneln denen der Eisenmangelanämie.
Bei Folsäuremangel ist das Erythrozytenvolumen erhöht (MCV > 96 fl) und die Erythrozyten sind hyperchrom (Hbe > 34 pg). Im Knochenmark sind Megaloblasten nachweisbar, doch wird in der Schwangerschaft nur in Ausnahmefällen eine Knochenmarkpunktion durchgeführt.
Eine orale Folsäuresubstitution von ca. 2–5 mg führt schon nach 3–4 Tagen zu einem Anstieg der Retikulozyten.
Zur Prophylaxe des Folsäuremangels gibt man 0,5 mg Folsäure täglich.
In mehreren Studien hat sich gezeigt, dass Folsäure vor Neuralrohrdefekten schützt. Junge Frauen, die vor einer geplanten Schwangerschaft Folsäure einnahmen, hatten signifikant seltener Kinder mit Neuralrohrdefekten oder anderen Fehlbildungen. Deshalb empfiehlt die amerikanische Gesundheitsbehörde allen Frauen im gebärfähigen Alter, 0,4 mg Folsäure am Tag einzunehmen. In Deutschland wird die Substitution noch nicht uneingeschränkt empfohlen.

Sichelzellanämie

Eine Schwangerschaft kann bei homozygoten Trägern des HbS-Gens Hämolysen und vasookklusive Krisen mit Organinfark-

Sichelzellanämie

Die Sichellzellanämie kommt hauptsächlich bei Schwarzen und Angehörigen mediterraner Länder vor. Bei den heutigen Migrationsbewegungen sollte jeder Arzt in Mitteleuropa im Einzelfall bei einer ausgeprägten Anämie daran denken.

Ein anormales Hämoglobinmolekül (HbS) ist die Ursache einer sichelförmigen Verformung der Erythrozyten bei Hypoxie. Eine Schwangerschaft kann bei homozygoten Trägern des HbS-Gens Hämolysen und schmerzhafte vasookklusive Krisen mit Organinfarkten (Lunge, Niere, ZNS) auslösen. Auch die kindliche Morbidität ist dann erhöht. Die genetische Beratung beider Partner ist wichtig. Eine kausale Therapie ist nicht bekannt. Hämolysen machen ausgedehnte Transfusionen notwendig. Infektionen müssen gezielt angegangen werden.

ten auslösen. Auch die kindliche Morbidität ist dann erhöht. Die genetische Beratung beider Partner ist wichtig.

Eine kausale Therapie ist nicht bekannt. Hämolysen erfordern Transfusionen, Infektionen eine gezielte Therapie.

Blutungsanämie

Eine Blutungsanämie kann infolge einer Placenta praevia oder einer vorzeitigen Plazentalösung (s. S. 658 und S. 659) entstehen. Bei schwerer Blutungsanämie kann die Transfusion von Erythrozytenkonzentraten notwendig werden. Bei einem Hb unter 7 g/dl sollte im Interesse der fetalen Entwicklung substituiert werden, insbesondere um eine zerebrale Schädigung infolge eines Mangels an Sauerstoffträgern zu vermeiden.

Blutungsanämie

Eine Blutungsanämie kann infolge einer Placenta praevia oder einer vorzeitigen Plazentalösung entstehen. Bei schwerer Blutungsanämie ggf. Transfusion von Erythrozytenkonzentraten, die bei einem Hb unter 7 g/dl indiziert ist.

Gerinnungsstörungen

Gerinnungsstörungen in der Schwangerschaft können angeboren sein (Hämophilie A und B, von-Willebrand-Syndrom) oder erworben sein (z. B. Verbrauchskoagulopathie bei geburtshilflichen Komplikationen). Die Therapie besteht darin, die Grunderkrankung zu behandeln und, wenn nötig, Thrombozyten, Gerinnungsfaktoren oder Blutprodukte (Erythrozytenkonzentrate, FFP) zu substituieren.

Gerinnungsstörungen

Gerinnungsstörungen in der Schwangerschaft können angeboren oder erworben sein. Die Grunderkrankung muss behandelt und, wenn nötig, Thrombozyten, Gerinnungsfaktoren oder Blutprodukte substituiert werden.

Thrombosen

Die Rate tiefer Beinvenenthrombosen ist in der Schwangerschaft nur leicht erhöht. Begünstigend wirkt eine Erweiterung der venösen Gefäße der unteren Extremität, da ab der 20. Schwangerschaftswoche der venöse Druck in den Beinen zweimal höher als vor der Schwangerschaft ist. Daneben beeinträchtigt der sich vergrößernde Uterus den venösen Rückstrom zum Herzen. Dagegen ist das Thromboserisiko im Wochenbett 5–6-mal höher im Vergleich zu einer nicht schwangeren Frau. Zu Diagnostik und Therapie der Beinvenenthrombose s. S. 688.

Thrombosen

Die Thromboserate in der Schwangerschaft ist nur leicht erhöht. Begünstigend wirkt u. a. die zunehmende venöse Stase durch den sich vergrößernden Uterus.

4.2.3 Lungenerkrankungen

Asthma bronchiale

4.2.3 Lungenerkrankungen

Asthma bronchiale

▶ **Definition.** Anfallsweise Atemnot durch Atemwegsobstruktion auf dem Boden eines hyperreaktiven Bronchialsystems, ausgelöst durch exogene oder endogene Reize.

◀ **Definition**

Epidemiologie. Asthma ist die häufigste obstruktive Lungenerkrankung in der Schwangerschaft (ca. 1 %).

Epidemiologie. Häufigste obstruktive Lungenerkrankung in der Schwangerschaft (ca. 1 %).

Ätiologie. Asthma kann bedingt sein durch Allergie (allergisches oder extrinsisches Asthma), Infektion, Anstrengung oder Medikamente (nicht allergisches oder intrinsisches Asthma). Es gibt auch Mischformen.

Ätiologie. Allergie, Infektion, Anstrengung oder Medikamente. Es gibt auch Mischformen.

Pathogenese. Der klinische Verlauf von Asthma bei Schwangeren wird von physiologischen Veränderungen im Rahmen der Schwangerschaft beeinflusst. In der Schwangerschaft sind der Tonus der Bronchialmuskulatur und der Atemwegswiderstand herabgesetzt, was die Obstruktion hindert. Andererseits ist die zellvermittelte Immunität beeinträchtigt, es besteht eine verstärkte Neigung zu viralen Infekten. Dies und die in der Spätschwangerschaft physiologische Hyperventilation können ein vorbestehendes Asthma verstärken. In einer Studie über den Krankheitsverlauf von Asthma bei Schwangeren (über 1000 Studienteilnehmerinnen) fand sich bei 48 % keine Veränderung der Symptoma-

Pathogenese. Die physiologischen Veränderungen in der Schwangerschaft können Asthma positiv oder negativ beeinflussen.

tik, bei 29 % nahm die Symptomatik ab und bei 23 % zu. Prägravidar schweres Asthma verstärkt sich häufig in der Schwangerschaft.

Klinik. Die Frühgeburtenrate ist geringfügig erhöht. Unter der Geburt können Asthmaanfälle auftreten.

Klinik. Bei schwangeren Asthmatikerinnen ist die Frühgeburtenrate nur geringfügig erhöht. Dennoch müssen sie sorgfältig geburtshilflich überwacht werden, um vorzeitige Wehen rechtzeitig erkennen und behandeln zu können.
Das Ventilationsvolumen einer Gesunden kann während der normalen Geburt bis zu 20 l/min betragen, eine Asthmatikerin kann auf diese Belastung mit Asthmaanfällen reagieren.

Therapie. Allgemeine Maßnahmen: Expositionsprophylaxe, Schonung, konsequente Behandlung oberer Atemwegsinfekte und Einstellen des Rauchens.

Therapie. Allgemeine Maßnahmen umfassen Expositionsprophylaxe, Schonung, konsequente Behandlung oberer Atemwegsinfekte und Einstellen des Rauchens.

Therapie im Anfall:
- leichter Anfall: β-Sympathomimetika (z. B. Fenoterol) per inhalationem
- schwerer Anfall: Sauerstoff; Theophyllin und Hydrocortison i. v.

Therapie im Anfall: Leichte Asthmaanfälle werden mit β-Sympathomimetika (z. B. Fenoterol) per inhalationem behandelt. Verschlechtert sich die Situation, sollte Theophyllin je nach Schweregrad oral oder i. v. gegeben werden.
Beim schweren Asthmaanfall muss die Patientin hospitalisiert und ein Internist hinzugezogen werden. Die Akuttherapie umfasst Sauerstoffgabe, Hydrocortison und Theophyllin i. v. Eine Blutgasanalyse und das klinische Bild dienen dazu, die Sauerstoffversorgung der Patientin einzuschätzen. Zur kindlichen Überwachung wird ein CTG aufgezeichnet und die Blutflussgeschwindigkeit in den Nabelschnurarterien mit dem Doppler bestimmt.

Interimstherapie: Je nach Schweregrad des Asthmas inhalative Glukokortikoide allein oder zusätzlich ein langwirkendes β-Sympathomimetikum.
Da während der Geburt Asthmaanfälle auftreten können, ist die präpartal gute Einstellung wichtig.

Interimstherapie: Wie bei Nichtschwangeren gibt man bei leichtem Dauerasthma inhalative Glukokortikoide (z. B. Beclometason), bei mäßigem Dauerasthma zusätzlich ein langwirkendes inhalatives β-Sympathomimetikum, z. B. Clenbuterol.
Präpartal muss die Asthmatikerin gut eingestellt werden, da aufgrund der Hyperventilation während der Geburt die Gefahr von Asthmaanfällen besteht.

Geburtshilfliche Konsequenzen: Bei Anfallsprophylaxe mit einem β-Sympathomimetikum gibt man zur **Tokolyse** Magnesiumsulfat i. v.

Geburtshilfliche Konsequenzen: Inhaliert die Patientin zur Anfallsprophylaxe ein β-Sympathomimetikum, ist der Einsatz von β-Sympathomimetika zur **Tokolyse** problematisch, da sich die Wirkungen der β-Sympathomimetika addieren. Magnesiumsulfat wirkt ebenfalls tokolytisch, daher ist es, i. v. gegeben, eine sinnvolle Alternative.

Zur **Prophylaxe vorzeitiger Wehen** gibt man Magnesium oral. Am günstigsten ist die **vaginale Geburt**.

Zur **Prophylaxe vorzeitiger Wehen** ist die orale Gabe von Magnesium sinnvoll. Die **vaginale Geburt** ist am günstigsten.

Lungentuberkulose

Epidemiologie. Die Häufigkeit der Tuberkulose in Deutschland nimmt wieder zu.

Epidemiologie. In der deutschen Bevölkerung ist die Tuberkulose sehr selten, ihre Häufigkeit in Deutschland nimmt jedoch aufgrund der Zuwanderung von Menschen aus außereuropäischen Ländern zu.

Klinik. Exazerbation während der Schwangerschaft und im Wochenbett möglich. Symptome sind Husten, subfebrile Temperaturen, Nachtschweiß, Auswurf, Appetitverlust und Schwäche.

Klinik. Während der Schwangerschaft und im Wochenbett kann die Tuberkulose exazerbieren. Die Symptomatik entspricht der bei Nichtschwangeren: Husten, subfebrile Temperaturen, Nachtschweiß, Auswurf, Appetitverlust und Schwäche.

Diagnostik. s. Haupttext.

Diagnostik. Die Diagnostik umfasst Anamnese, Klinik, Tuberkulin-Tine-Test (Effloreszenzen > 10 mm sind positiv), Sputum- und Magensaftanalyse, Thoraxröntgenaufnahme (unter Abdeckung des Abdomens) und Bronchoskopie.

Therapie. Aktive Tuberkulose: 2 Monate lang Ethambutol, Isoniazid und Rifampicin, anschließend für 7–10 Monate Isoniazid und Rifampicin.

Therapie. Bei **aktiver Tuberkulose** verabreicht man 2 Monate lang Ethambutol (**cave:** Neuritis n. optici, daher regelmäßige Kontrollen des Augenhintergrunds, Visus und Gesichtsfelds!), Isoniazid (INH) und Rifampicin, in den folgenden 7–10 Monaten Isoniazid und Rifampicin.
Bisher sind bei diesen Medikamenten keine embryo- oder fetotoxischen Effekte beschrieben. Streptomycin dagegen ist in der Schwangerschaft kontraindiziert, da es für den Fetus oto- und nephrotoxisch ist.

Bei **inaktiver Tuberkulose** ist wegen der Gefahr der Exazerbation während der gesamten Schwangerschaft die Monotherapie mit INH angezeigt.

Geburtshilfliche Konsequenzen: Die Schwangerschaft verändert den Verlauf einer Tuberkulose im Allgemeinen nicht. Deshalb gibt es keine besonderen Richtlinien hinsichtlich der Geburtsleitung. Die allgemeinen Vorschriften zur Vermeidung der Ansteckung sind einzuhalten. Wurde die Schwangere tuberkulostatisch ausreichend behandelt, besteht für den Fetus und das Neugeborene keine Infektionsgefahr.

Inaktive Tuberkulose: Isoniazid während der gesamten Schwangerschaft.

Geburtshilfliche Konsequenzen: Einhaltung der Vorschriften zur Vermeidung von Ansteckung. Bei ausreichender tuberkulostatischer Behandlung der Schwangeren besteht keine Infektionsgefahr für Fetus und Neugeborenes.

Prophylaxe. Die **BCG-Impfung** mit dem derzeit verfügbaren BCG-Impfstoff wird von der STIKO **nicht mehr empfohlen** (Stand: 7/2001).

Bevor eine Mutter mit aktiver Tuberkulose mit ihrem Neugeborenen in Kontakt kommt, sollte sie mindestens 3 Wochen therapiert worden sein; das Neugeborene sollte prophylaktisch Isoniazid erhalten. Ist die Mutter nicht mehr infektiös, kann sie stillen, denn Antituberkulotika schaden dem Säugling nicht.

Prophylaxe. Die **BCG-Impfung** wird von der STIKO **nicht mehr empfohlen** (Stand: 7/2001).

Bevor eine Mutter mit aktiver Tuberkulose mit ihrem Neugeborenen in Kontakt kommt, sollte sie ≥ 3 Wochen therapiert worden sein und das Neugeborene prophylaktisch Isoniazid erhalten.

4.2.4 Erkrankungen des Gastrointestinaltrakts, der Leber und der Gallenwege

Hyperemesis gravidarum

Bei diesem Krankheitsbild, das meist im 1. Trimenon beginnt, tritt häufiges, starkes Erbrechen auf. Es kann zu schweren Störungen des Wasser- und Elektrolythaushaltes kommen. Eine zunehmende Verschlechterung des Allgemeinbefindens mit Gewichtsverlust, Anzeichen der Exsikkose und Ikterus (durch Störung der Leberfunktion) können die stationäre Behandlung erforderlich machen. Laborbefunde: Hypokaliämie, Hypochlorämie, metabolische Alkalose, Ketonämie, Ketonurie, in schweren Fällen erhöhtes Serum-Bilirubin. Neben vermehrter HCG-Bildung (z. B. bei Mehrlingsschwangerschaften oder Blasenmole, s. S. 475) spielen ursächlich vor allem psychische Faktoren eine Rolle (s. S. 61).

Hier führt häufiges Erbrechen zu Exsikkose, Gewichtsverlust, evtl. Störungen der Leberfunktion mit Ikterus. Labor: Ketonkörper im Urin vermehrt, Hypokaliämie, Hypochlorämie, Alkalose, in schweren Fällen erhöhtes Serum-Bilirubin. Neben vermehrter HCG-Bildung (z. B. Mehrlinge, Blasenmole) sind psychische Konflikte von Bedeutung (s. S. 61).

Appendizitis

s. S. 573 f.

Cholezystitis und Choledocholithiasis

s. S. 574.

Idiopathischer Schwangerschaftsikterus (intrahepatische Cholestase)

Epidemiologie. Der idiopathische Schwangerschaftsikterus betrifft etwa 0,1–0,2 % aller Schwangeren und tritt in der Regel im 3. Trimenon auf.

Epidemiologie. Tritt bei 0,1–0,2 % aller Schwangeren in der Regel im 3. Trimenon auf.

Klinik. Im Vordergrund der klinischen Symptomatik steht ein ausgeprägter Juckreiz (Pruritus graviditatis), der einmal aufgetreten, bis zum Ende der Schwangerschaft anhält. Ein deutlicher Ikterus entwickelt sich nur selten.
Das Risiko eines intrauterinen Fruchttodes und einer Frühgeburt ist erhöht.

Klinik. Im Vordergrund steht ein ausgeprägter Juckreiz (Pruritus graviditatis).

Diagnostik. Die Diagnose wird laborchemisch gestellt, wobei das konjugierte Bilirubin erhöht, die γ-GT und alkalische Phosphatase stark erhöht und die Transaminasen leicht erhöht sind.

Diagnostik. Die Cholestase-Enzyme und das konjugierte Bilirubin sind erhöht.

Therapie. Neben der symptomatischen Therapie wird in sehr schweren Fällen Cholestyramin (Ionenaustauschharz) zur Bindung der Gallensäuren im Darm eingesetzt. Da dieses die Resorption der fettlöslichen Vitamine beeinträchtigt (Cave: Blutgerinnung), muss ggf. Vitamin K substituiert werden.

Therapie. Symptom in sehr schweren Fällen mit Cholestyramin; ggf. Vitamin K-Substitution.

Akute Schwangerschaftsfettleber

Lebensgefährliche, sehr seltene Erkrankung in der Schwangerschaft, die zu akutem Leberversagen führt.

Akute Schwangerschaftsfettleber

Sehr seltene Erkrankung (1:1 Million) mit hoher Letalität. Es kommt aus ungeklärter Ursache zur Leberzellverfettung und Nekrosen, die zu einem fulminanten Leberversagen (Ikterus, Somnolenz) führen. Neben einer sofortigen Entbindung wird in Zusammenarbeit mit den Internisten eine intensivmedizinische Therapie begonnen. Da die Ursache unbekannt, ist die Therapie auf supportive Maßnahmen beschränkt.

4.2.5 Erkrankungen der Nieren und der ableitenden Harnwege

Progesteron und die Kompression der Ureteren durch den vergrößerten Uterus bewirken in der Schwangerschaft eine Dilatation von Nierenkelchen, Nierenbecken und Ureteren. Der Urinfluss nimmt ab. Es kann zu einem **Aufstau des Harns** in Ureteren und Nierenbecken kommen. Ist die Niere hochgradig gestaut, wird sie durch eine perkutane Nephrostomie oder einen Ureterkatheter (Double-J) entlastet.

In der Schwangerschaft enthält der Urin in geringem Maße Glukose, Aminosäuren und Proteine, der pH ist höher als außerhalb der Schwangerschaft.

4.2.5 Erkrankungen der Nieren und der ableitenden Harnwege

In der Schwangerschaft bewirkt Progesteron und das Wachstum des schwangeren Uterus (Kompression der Ureteren), eine Dilatation von Nierenkelchen, Nierenbecken und Ureteren. Folge ist eine Abnahme des Urinflusses. Es kann zu einem **Aufstau des Harns** in Ureteren und Nierenbecken kommen. Dies kann in einzelnen Fällen – meistens rechtsseitig – zu Flankenschmerz und klopfschmerzhaftem Nierenlager führen. Dann muss eine Infektion der Harnwege, insbesondere eine Pyelonephritis, ausgeschlossen werden (s. u.). Ist im Ultraschall die Niere hochgradig gestaut, wird sie durch eine perkutane Nephrostomie oder einen Ureterkatheter (Double-J) entlastet (Vorstellung der Patientin in der Urologie). Selten ist allein der Schmerz eine Indikation zur Punktion.
Außerdem verändert sich in der Schwangerschaft die Zusammensetzung des Urins: Er enthält in geringem Maße Glukose, Aminosäuren und Proteine. Der pH ist höher als außerhalb der Schwangerschaft.
Diese **schwangerschaftsbedingten Veränderungen begünstigen Harnwegsentzündungen**, die nach den Anämien die zweithäufigsten Erkrankungen in der Schwangerschaft sind.

Asymptomatische Bakteriurie

▶ Definition

Asymptomatische Bakteriurie

▶ **Definition.** Symptomlose Anwesenheit von Bakterien in den weiblichen Harnwegen (die distale Urethra ausgenommen, da sie oft natürlich besiedelt ist).

Epidemiologie. 5 % aller sexuell aktiven Frauen und > 10 % aller Schwangeren haben eine asymptomatische Bakteriurie.

Epidemiologie. 5 % aller sexuell aktiven Frauen und > 10 % aller Schwangeren haben eine asymptomatische Bakteriurie. Schwangere mit einer Sichelzellanämie sind doppelt so häufig betroffen, Diabetikerinnen dreimal so häufig.

Ätiologie. In 80 % der Fälle E. coli, in 20 % Klebsiellen, Enterokokken oder Proteus mirabilis.

Ätiologie. In 80 % der Fälle handelt es sich bei den Bakterien um E. coli, in 20 % um Klebsiellen, Enterokokken oder Proteus mirabilis.

Pathophysiologie. Die Rate vorzeitiger Wehen und Frühgeburten ist erhöht. In 25 % der Fälle entwickelt sich eine Pyelonephritis.

Pathophysiologie. In 25 % der Fälle führt eine unbehandelte Bakteriurie zu einer Pyelonephritis. Die unbehandelte Bakteriurie geht mit einer erhöhten Rate von vorzeitigen Wehen und Frühgeburten einher, unabhängig von der Entwicklung einer Pyelonephritis.

Diagnostik. Mittelstrahlurin wird durch eine Stixuntersuchung semiquantitativ auf Leukozyten, Erythrozyten, Bakterien, Nitrit, Eiweiß und Zucker untersucht. Sind Bakterien und Nitrit nachweisbar, ist das ein direkter Hinweis auf eine Keimbesiedlung.

Diagnostik. Um Kontaminationen zu vermeiden, ist es wichtig, Mittelstrahlurin abzunehmen (Reinigung der Periurethralregion und Abnahme in einen Becher während der Mitte der Miktion). Der Urin wird durch eine Stixuntersuchung semiquantitativ auf Leukozyten, Erythrozyten, Bakterien, Nitrit, Eiweiß und Zucker untersucht. Sind Bakterien und Nitrit nachweisbar, ist das ein direkter Hinweis auf eine Keimbesiedlung. Ein Nachweis von Leukozyten allein ohne Blut oder Bakteriennachweis ist meistens Zeichen einer Verunreinigung mit Vaginalsekret und nicht behandlungsbedürftig.

Therapie. Mittel der ersten Wahl sind Ampicillin und Cephalosporine. Mittel der zweiten Wahl, z. B. bei Penicillinallergie, ist Erythromycin. Eine 5–7-tägige Behandlung ist in den meisten Fällen ausreichend.

Therapie. Mittel der ersten Wahl sind Ampicillin und Cephalosporine. Mittel der zweiten Wahl, z. B. bei Penicillinallergie, ist Erythromycin. Eine 5–7-tägige Behandlung ist in den meisten Fällen ausreichend. Auf eine bei Nichtschwange-

ren übliche einmalige Gabe von Antibiotika („Single-shot-Therapie") sollte verzichtet werden.
Trimethroprim, ein Folsäureantagonist, ist in der Schwangerschaft kontraindiziert, da es die Plazentaschranke passiert, beim Fetus Bilirubin aus der Bindung an Plasmaproteine verdrängt und zum Kernikterus führen kann.

Trimethoprim ist in der Schwangerschaft kontraindiziert.

Akute Zystitis

Akute Zystitis

▶ **Definition.** Schmerzhafte akute Entzündung der Harnblase.

◀ Definition

Ätiologie. Das Keimspektrum der akuten Zystitis ähnelt dem der asymptomatischen Bakteriurie (s. S. 552).

Ätiologie. s. Asymptomatische Bakteriurie, S. 552.

Klinik. Man findet folgende Symptome:
- erschwertes Wasserlassen (Dysurie)
- Schmerzen und Brennen beim Wasserlassen (Algurie)
- suprapubische Schmerzen
- häufigen Harndrang mit geringen Urinmengen (Pollakisurie)
- evtl. häufiges nächtliches Wasserlassen (Nykturie)
- Mikro- oder Makrohämaturie.

Klinik.
- Dysurie
- Algurie
- suprapubische Schmerzen
- Pollakisurie
- Nykturie
- Mikro- oder Makrohämaturie.

▶ **Merke.** Patientinnen mit akuter Zystitis haben nie Fieber oder Flankenschmerzen.

◀ Merke

Diagnostik. Die Diagnose stützt sich auf die Symptomatik und die Urinuntersuchung (s. asymptomatische Bakteriurie, S. 552).

Diagnostik. Anhand von Symptomatik und Urinuntersuchung (s. asymptomatische Bakteriurie, S. 552).

Therapie. s. asymptomatische Bakteriurie, S. 552.

Therapie. s. asymptomatische Bakteriurie, S. 552.

Akute Pyelonephritis

Akute Pyelonephritis

▶ **Definition.** Akute bakterielle Entzündung des Niereninterstitiums (interstitielle Nephritis) unter Einbeziehung des Nierenbeckens (Pyelon).

◀ Definition

Epidemiologie. Eine akute Pyelonephritis kommt bei 1–2 % aller Schwangerschaften vor.

Ätiologie. Die akute Pyelonephritis entwickelt sich aus einer asymptomatischen Bakteriurie (s. S. 552) oder einer akuten Zystitis (s. o.).

Ätiologie. Auslöser ist eine asymptomatische Bakteriurie (s. S. 552) oder eine akute Zystitis (s. o.).

Klinik. Die Patientinnen haben in der Regel hohes Fieber, Schüttelfrost, Flankenschmerzen und Miktionsbeschwerden, die akute Pyelonephritis kann jedoch auch afebril und symptomarm verlaufen. Die Nierenlager sind rechts häufiger klopfschmerzhaft als links.
Die häufigsten **Komplikationen** der Pyelonephritis sind Nierenschäden, die selten bis zum Nierenversagen führen können. Aus einem Nierenabszess kann sich eine Urosepsis entwickeln. Diese ist für die Schwangere lebensbedrohlich. Bei Persistenz der Pyelonephritis trotz regelrechter Antibiotikatherapie liegt oft ein Nierenstein vor, der das Ureterlumen obstruiert.
Der Fetus ist durch vorzeitige Wehen, vorzeitige Plazentalösung und Frühgeburtlichkeit gefährdet.

Klinik. Meist hohes Fieber, Flankenschmerzen, Schüttelfrost und Miktionsbeschwerden. Die Nierenlager sind klopfschmerzhaft.

Komplikationen sind Nierenschäden, Nierenabszess und Sepsis. Bei Persistenz der Pyelonephritis unter Antibiotika liegt oft ein Nierenstein vor.

Der Fetus ist durch vorzeitige Wehen oder Plazentalösung und Frühgeburtlichkeit gefährdet.

Diagnostik. Die **Urinuntersuchung** zeigt typischerweise Leukozyten, Bakterien und evtl. Nitrit. Die mikrobiologische Untersuchung eines korrekt entnommenen Mittelstrahlurins ergibt normalerweise eine signifikante Bakteriurie: $> 10^5$ Bakterien pro ml Urin. Mittelstrahlurin wird zum Zwecke von Urinkultur und Antibiogramm in die Mikrobiologie geschickt, um eine wirksame Therapie gewährleisten zu können.

Diagnostik. Die **Urinuntersuchung** zeigt typischerweise Leukozyten, Bakterien und evtl. Nitrit.

Blutuntersuchung: Leukozytose, hohes CRP, hohe BKS sowie Linksverschiebung.

Sonogramm: gestautes Nierenbecken oder Nierenabszess.

Die **Blutuntersuchung** ergibt eine Leukozytose, ein erhöhtes CRP, eine erhöhte BKS (die aber auch ohne Erkrankung in der Schwangerschaft erhöht ist) und eine Linksverschiebung im Differerenzialblutbild.
Im **Sonogramm** sieht man meistens ein gestautes Nierenbecken oder einen Nierenabszess.

Therapie. Allgemeine Maßnahmen sind Bettruhe, reichliche Flüssigkeitszufuhr und der Verzicht auf nephrotoxische Analgetika. Sofortige **medikamentöse Therapie** mit Ampicillin oder Cephalosporin i. v., bei Penicillinallergie Erythromycin i. v. (mikrobiologischer Befund wird nicht abgewartet).
Bei nach 48–72 Stunden unveränderter Symptomatik wird zusätzlich ein Aminoglykosid eingesetzt (Kontrolle der Plasmakonzentration wegen Fetotoxizität!). Gleichzeitig muss nach einem Nierenabszess oder Harnstau als Ursache der Persistenz gefahndet werden.

Therapie. Jede Schwangere mit einer Pyelonephritis wird stationär aufgenommen. **Allgemeine Therapiemaßnahmen** sind Bettruhe, reichliche Flüssigkeitszufuhr und der Verzicht auf nephrotoxische Analgetika. Die **medikamentöse Therapie** beginnt sofort, ohne den mikrobiologischen Befund abzuwarten. Die Antibiotikatherapie mit Ampicillin oder einem Cephalosporin sollte i. v. erfolgen. Bei Penicillinallergie kommt Erythromycin zum Einsatz. Die Effektivität dieser Antibiotikatherapie muss nach Eintreffen des Antibiogramms überprüft werden.
Ist die Symptomatik nach 48–72 h nicht eindeutig rückläufig, wird das antibiotische Spektrum um ein Aminoglykosid erweitert (Kontrolle der Plasmakonzentration wegen Fetotoxizität!). Differenzialdiagnostisch muss man dann an einen Nierenabszess oder einen Harnstau denken und eine Ultraschalluntersuchung vornehmen. Selten muss ein Urogramm angefertigt werden. Um die Strahlenbelastung zu minimieren, fertigt man in der Schwangerschaft nur eine Voraufnahme und eine Frühaufnahme (15 min nach Injektion des Kontrastmittels) an. Ein Nierenabszess muss auch in der Schwangerschaft chirurgisch saniert werden.

Die Patientin sollte fortlaufend klinisch und kardiotokographisch überwacht werden.

Die Patientin sollte fortlaufend klinisch und kardiotokographisch überwacht werden. Gelegentlich müssen vorzeitig einsetzende Wehen mit einem Tokolytikum behandelt werden.

Nach Abschluss der Antibiotikatherapie muss der Urin auf Bakterien untersucht werden.

Nach Abschluss der Antibiotikatherapie ist zur Kontrolle eine erneute bakteriologische Urinuntersuchung notwendig.

Prognose. Patientinnen mit einer Pyelonephritis haben eine hohe Rezidivquote bezüglich einer erneuten Bakteriurie (30 %).

Prognose. Patientinnen mit einer Pyelonephritis entwickeln in der Folgezeit in 30 % der Fälle erneut eine Bakteriurie, in 10 % der Fälle erneut eine Pyelonephritis während der Gravidität. In diesen Fällen kann eine kontinuierliche Prophylaxe mit Nitrofurantoin oder Cefuroximaxetil (Elobact) sinnvoll sein. Auf jeden Fall sollten diese Patientinnen im weiteren Schwangerschaftsverlauf sorgfältig auf Bakterien im Urin getestet werden.

Nierensteine

Epidemiologie. Die Inzidenz ist in der Schwangerschaft nicht verändert (0,25 % aller Frauen).

Ätiologie. Risikofaktoren sind chronische Harnwegsentzündung, Hyperparathyreoidismus, Gicht, obstruktive Uropathie (meist Kalziumoxalatsteine).

Klinik. Nierenkolik mit Hämaturie. Sonogramm: gestautes Nierenbecken.

Nierensteine

Epidemiologie. Die Inzidenz von Nierensteinen ist in der Schwangerschaft nicht verändert (0,25 % aller Frauen).

Ätiologie. Begünstigend sind eine chronische Entzündung der Harnwege, Hyperparathyreoidismus, Gicht oder eine obstruktive Uropathie. Die meisten Steine bestehen aus Kalziumoxalat.

Klinik. Wie bei Nichtschwangeren treten rezidivierend sehr starke Schmerzen in der Nierengegend (Nierenkoliken) und Hämaturie auf. Die Schmerzen werden oft als Rückenschmerzen fehlgedeutet und vom Arzt bagatellisiert. Im Sonogramm sieht man ein gestautes Nierenbecken. Evtl. kann man beim Wasserlassen mit einem Sieb Nierengries filtern.

Diagnostik und Differenzialdiagnose. Die Diagnose ist bei Vorliegen der klassischen Symptome einfach. Bei diskreter Symptomatik kommen differenzialdiagnostisch in Frage:
- Appendizitis
- Gallenkolik
- Adnextorsion
- Wehen.

Diagnostik und Differenzialdiagnose. Die Diagnose ist bei Vorliegen der klassischen Symptome einfach. Bei diskreter Symptomatik kommen differenzialdiagnostisch in Frage:
- Appendizitis
- Gallenkolik
- Adnextorsion
- Wehen.

Therapie. Sie besteht aus adäquater analgetischer Therapie, evtl. Antibiotikagabe und i.v. Flüssigkeitszufuhr. Die meisten Steine gehen spontan ab; in der Schwangerschaft ist fast nie eine chirurgische Intervention notwendig.

Therapie. Analgetika, Flüssigkeit i.v. und evtl. Antibiotika.

Niereninsuffizienz

Die akute Niereninsuffizienz in der Schwangerschaft ist ein seltenes Ereignis mit einer hohen Mortalität. Sie ist meistens durch eine akute Hypovolämie bedingt. Die Urinausscheidung sinkt unter 20 ml/h, die Harnstoff- und Kreatininwerte steigen kontinuierlich an, und die Patientinnen werden langsam azidotisch. In der Schwangerschaft führt die akute Niereninsuffizienz häufig zu Aborten, Frühgeburtlichkeit und niedrigem Geburtsgewicht.

Die **Therapie** richtet sich nach der Ursache (prärenal, renal oder postrenal, s. Lehrbücher der Inneren Medizin oder Urologie).

Allgemeine Maßnahmen sind Flüssigkeitsbilanzierung, Elektrolytkontrolle (Kalium!) und Ausgleich des Säure-Basen-Haushaltes. Steigt der Kaliumspiegel über 7g/dl oder das Kreatinin über 6 mg/dl, muss man sich auch in der Schwangerschaft rechtzeitig zur Dialyse entschließen. Unter Umständen muss die Schwangerschaft beendet werden, da die Schwangerschaft an sich schon die Nierenfunktion beeinträchtigt.

Niereninsuffizienz

Die akute Niereninsuffizienz in der Schwangerschaft ist selten und meistens Folge einer Hypovolämie.
Komplikationen sind Aborte, Frühgeburtlichkeit und niedriges Geburtsgewicht.

Die **Therapie** richtet sich nach der Ursache.

Unabhängig davon sind Flüssigkeitsbilanzierung, Elektrolytkontrolle (Kalium!), Ausgleich des Säure-Basen-Haushaltes und evtl. Dialyse indiziert.

Schwangerschaft nach Nierentransplantation

Frauen mit einer schweren Niereninsuffizienz können während einer Dialyse nicht schwanger werden, da die Ovarialfunktion gestört ist und die Patientinnen oft amenorrhöisch sind. Nach einer Nierentransplantation können die Frauen wieder schwanger werden: Die transplantierte Niere reinigt das Blut wesentlich wirkungsvoller als die Dialyse, so dass sich erneut eine zyklische Ovarialfunktion einstellt und damit die Voraussetzungen für eine Schwangerschaft geschaffen werden.

Eine Schwangerschaft verringert die Überlebenszeit des Transplantates nicht, wenn die Funktion der Transplantatniere gut ist. Je besser die Nierenfunktion vor der Schwangerschaft ist, desto eher ist eine komplikationsarme Schwangerschaft zu erwarten.

Eine Abstoßungsreaktion kommt in der Schwangerschaft nicht gehäuft vor.

60 % der nierentransplantierten Frauen haben im letzten Trimenon eine Proteinurie.

Die Betreuung schwangerer Nierentransplantierter erfolgt in spezialisierten Zentren, da es sich um Hochrisikopatientinnen handelt: 30 % der Patientinnen entwickeln eine schwangerschaftsinduzierte Hypertonie. Außerdem macht die immunsuppressive Therapie die Schwangere anfällig für Infekte und ist für eine erhöhte Fehlbildungsrate beim Fetus verantwortlich. Über beides ist die Schwangere aufzuklären.

In den meisten Fällen werden nierentransplantierte Schwangere aus Sicherheitsgründen per Sectio entbunden, obwohl eine vaginale Geburt möglich ist. Die transplantierte Niere in der Fossa iliaca ist kein anatomisches Geburtshindernis.

Schwangerschaft nach Nierentransplantation

Nierentransplantierte Frauen können schwanger werden.

Eine Schwangerschaft verringert bei vor der Schwangerschaft guter Nierenfunktion die Überlebenszeit des Transplantates nicht.

Eine Abstoßungsreaktion kommt nicht gehäuft vor.
60 % der nierentransplantierten Frauen haben im letzten Trimenon eine Proteinurie. 30 % der Patientinnen entwickeln eine schwangerschaftsinduzierte Hypertonie.
Die immunsuppressive Therapie macht nierentransplantierte Schwangere anfällig für Infekte und ist für eine erhöhte Fehlbildungsrate beim Fetus verantwortlich.
Aus Sicherheitsgründen wird, obwohl eine vaginale Geburt möglich ist, meist per Sectio entbunden.

4.2.6 Erkrankungen des endokrinen Systems

Schilddrüsenerkrankungen

Die physiologischen Veränderungen in der Schwangerschaft beeinflussen sowohl Anatomie als auch Physiologie der Schilddrüse: Es kommt zu einer diffusen Vergrößerung der Schilddrüse. Aufgrund der erhöhten Östrogenkonzentration nimmt die Konzentration von TBG (thyroxinbindendem Globulin) zu. Am Ende der Schwangerschaft ist die TBG-Konzentration doppelt so hoch wie bei Nichtschwangeren. Thyroxin und Trijodthyronin sind zu 99 % an TBG gebunden, somit verdoppelt sich auch die Konzentration von Gesamtthyroxin (T_4) und Gesamttrijodthyronin (T_3). Freies T_3 und freies T_4 bleiben unverändert.

4.2.6 Erkrankungen des endokrinen Systems

Schilddrüsenerkrankungen

Die Konzentration an TBG (thyroxinbindendem Globulin) und damit auch des daran gebundenen T_3 und T_4 verdoppelt sich am Ende der Schwangerschaft.

Während der Schwangerschaft ist der Jodbedarf erhöht (prophylaktische Gabe von 200 µg Jodid/die). Die Stoffwechsellage ist in der Regel aber euthyreot.

Während der Schwangerschaft ist der Jodbedarf erhöht, so dass es zu relativem Jodmangel kommt. Trotzdem ist die Stoffwechsellage in der Schwangerschaft in der Regel euthyreot. Schwangere sollten dennoch prophylaktisch täglich 200 µg Jodid einnehmen.

Hypothyreose

Ätiologie. Ursache ist meistens eine Hashimoto-Immunthyreoiditis oder Thyreostatika-Überdosierung.

Klinik. Kalte und trockene Haut, brüchiges Haar, Obstipation, Müdigkeit, leichte Erregbarkeit oder Antriebsarmut, Struma, verlangsamte Sehnenreflexe.

Ätiologie. Ursache ist meistens eine Hashimoto-Immunthyreoiditis oder eine Überdosierung von Thyreostatika.

Klinik. Symptome sind kalte und trockene Haut, brüchiges Haar, Obstipation, Müdigkeit, leichte Erregbarkeit oder Antriebsarmut. Eine Diagnose allein aufgrund der Anamnese ist in der Schwangerschaft schwierig, da auch euthyreote Schwangere über ähnliche Symptome klagen. Hilfreich ist es manchmal, nach der Symptomatik in der letzten Schwangerschaft zu fragen. Sind die derzeitigen Symptome signifikant stärker ausgeprägt, spricht dies für eine Hypothyreose.
Bei der klinischen Untersuchung zeigen sich oft eine Struma, trockene Haut und verlangsamte Sehnenreflexe, letztere sind jedoch für den Anfänger schwer zu objektivieren.

Diagnostik. Hohes basales TSH, niedriges freies T_4; bei Hashimoto-Immunthyreoiditis zusätzlich Thyreoglobulinantikörper (TAK) im Blut.

Diagnostik. Ein hohes basales TSH (4 µU/ml) und ein niedriges freies T_4 sichern die Diagnose. Bei der durch eine Hashimoto-Immunthyreoiditis verursachten Hypothyreose finden sich zusätzlich Thyreoglobulinantikörper (TAK) im Blut.

Therapie. Adäquate Dauersubstitution mit L-Thyroxin und regelmäßige Kontrollen der Schilddrüsenwerte während der gesamten Schwangerschaft.

Therapie. Eine adäquate Dauersubstitution mit L-Thyroxin ist auch in der Schwangerschaft angezeigt. Mögliche Nebenwirkungen sind Angina-pectoris-Anfälle und Herzrhythmusstörungen. Bei subjektivem Wohlbefinden der Patientin und normalem basalen TSH ist die Dosis richtig gewählt. Oft muss man im Verlauf der Gravidität wegen der erhöhten TBG-Konzentration die L-Thyroxin-Dosis etwas erhöhen.
Bei vorbestehender und behandelter Hypothyreose müssen während der Schwangerschaft die Schilddrüsenwerte regelmäßig kontrolliert werden.

Hyperthyreose

Epidemiologie. Eine Hyperthyreose ist in der Schwangerschaft seltener als eine Hypothyreose.

Ätiologie. Ursache ist meistens ein Morbus Basedow, selten eine Schilddrüsenautonomie.

Klinik. Unruhe, Tremor, Tachykardie, warme, feuchte Haut, Wärmeintoleranz und Myopathie (Schwäche der Oberschenkelmuskulatur); bei Morbus Basedow Struma.

Thyreotoxische Krise: Tachykardie oder -arrhythmie, Unruhe bis Delirium, Fieber, Erbrechen, Diarrhö und Muskelschwäche.

Ätiologie. Ursache der Hyperthyreose ist meistens ein Morbus Basedow (immunogene Hyperthyreose), selten eine Schilddrüsenautonomie.

Klinik. Symptome sind Unruhe, Tremor, Tachykardie, warme, feuchte Haut, Wärmeintoleranz und Myopathie (Schwäche der Oberschenkelmuskulatur). Dies sind aber auch gängige Beschwerden euthyreoter Schwangerer. Die klinische Diagnose der Hyperthyreose kann daher schwierig sein. Bei Morbus Basedow findet sich eine Struma.
In sehr seltenen Fällen kommt es auch in der Schwangerschaft zur **thyreotoxischen Krise**. Sie ist gekennzeichnet durch hochgradige Tachykardie oder Tachyarrhythmie, Unruhe bis Delirium, Fieber bis 41 °C, Erbrechen, Diarrhö und Muskelschwäche. Die korrekte Diagnose ist schwer zu stellen, meistens wird eine Präeklampsie fehldiagnostiziert. Die thyreotoxische Krise ist ein lebensbedrohliches Krankheitsbild.

Diagnostik. TSH basal erniedrigt, freies T_3 und T_4 erhöht. Bei Morbus Basedow sind im Blut TR-AK nachweisbar.

Diagnostik. Die Diagnose wird an Hand folgender Laborwerte gestellt: TSH basal ist erniedrigt, freies T_3 und T_4 erhöht. Bei Morbus Basedow kann man außerdem im Blut TSH-Rezeptorantikörper nachweisen (TR-AK).
Eine hyperthyreote Struma sollte durch Ultraschall abgeklärt werden. Die Szintigraphie der Schilddrüse ist in der Schwangerschaft relativ kontraindiziert.

Therapie. Die Thyreostatika Propylthiouracil und Thiamazol hemmen die Synthese von Monojod- und Dijodthyronin. Propylthiouracil wird bevorzugt eingesetzt, da es die Konversion des freien T_4 in das sehr viel potentere freie T_3 hemmt und eine hohe Eiweißbindung hat, die die Plazentapassage erschwert. Die gängige Kombination von Thyreostatika mit Schilddrüsenhormonen ist in der Schwangerschaft kontraindiziert, da letztere den Fetus nicht erreichen und den Bedarf der Mutter an Thyreostatika erhöhen.
In schweren Fällen werden 100–200 mg Propylthiouracil viermal täglich notwendig sein. In milden Fällen reichen 100 mg ein- bis dreimal täglich. Der Therapieerfolg definiert sich über das Wohlbefinden der Mutter und die Schilddrüsenwerte. Die Symptome lassen erst nach ca. 2 Wochen nach, da die Inkretion der schon fertigen Hormone von Thyreostatika nicht beeinflusst wird.
Die **thyreotoxische Krise** wird auf der Intensivstation behandelt: Die Hormonsynthese wird durch Propylthiouracil gehemmt, die Abgabe von Schilddrüsenhormonen ins Blut durch Jodid. Zusätzlich wird Prednisolon verabreicht, weil während einer thyreotoxischen Krise eine relative Nebennierenrindeninsuffizienz vorliegt. Propranolol, ein β-Blocker, senkt die Herzfrequenz und blockiert die Konversion von freiem T_4 in das sehr viel potentere freie T_3.

Therapie. Thyreostatika: Propylthiouracil, zweite Wahl: Thiamazol. Der Therapieerfolg definiert sich über das Wohlbefinden der Schwangeren und die Schilddrüsenwerte.

Die **thyreotoxische Krise** wird auf der Intensivstation durch Gabe von Propylthiouracil, Jodid, Prednisolon und Propranolol therapiert.

▶ **Klinischer Fall.** Eine 26-jährige Primigravida, Primipara ohne Vorerkrankungen kommt vor der nächsten Routineuntersuchung in die Schwangerenvorsorge und klagt über Verstopfung, kalte, trockene Haut, dauernde Müdigkeit und Antriebsarmut. Sie berichtet, in der letzten Zeit häufig wegen Übermüdung früher von der Arbeit nach Hause gegangen zu sein, sowie über eine Kälteintoleranz. Es fällt der Patientin sichtlich schwer, sich für die klinische Untersuchung auf die Liege zu legen. Die gynäkologische Untersuchung ist unauffällig, der Blutdruck beträgt 125/80 mmHg. Die sonstige klinische Untersuchung ist unauffällig.
Die Analyse der Schilddrüsenwerte ergibt ein TSH von 6,8 μU/ml, ein freies T_4 von 0,3 ng/dl und ein freies T_3 von 4,0 pg/ml. Das TBG ist normal hoch. Die Werte sind Indikatoren einer hypothyreoten Stoffwechsellage.
Nach einschleichender Substitution mit 50 μg/d L-Thyroxin bessern sich die Symptome rasch, und die Patientin wird wieder leistungsfähiger. Zusätzlich werden 200 μg Jodid verordnet.

◀ **Klinischer Fall**

Diabetes mellitus

Epidemiologie. Ein Diabetes mellitus kommt bei 1–2 % aller Schwangeren vor. Vor der Entdeckung des Insulins durch Banting und Best 1921 gab es fast keine Schwangerschaften bei diabetischen Frauen, da die meisten Frauen amenorrhoisch und infertil waren. Kam es trotzdem zu einer Schwangerschaft, war die Komplikationsrate und die Mortalität von Mutter und Kind hoch.

Ätiologie. Der Diabetes mellitus ist eine Kohlenhydratverwertungsstörung. Es handelt sich um eine Gruppe von genetisch heterogenen Erkrankungen, deren gemeinsames Merkmal erhöhte Blutzuckerwerte sind.

Klassifikation.
Manifester vorbestehender Diabetes mellitus: Ein manifester Diabetes mellitus ist meist vom Typ I, sehr selten vom Typ II.
Ursache des **Typ-I-Diabetes mellitus** ist wahrscheinlich eine Autoimmunerkrankung, die evtl. durch einen Virusinfekt verursacht ist. Es besteht absoluter Insulinmangel. Typ-I-Diabetes tritt meist vor dem 40. Lebensjahr auf.
Ein Typ-II-Diabetes beruht u. a. auf einem Defekt des Insulinrezeptors der peripheren Zellen. Es besteht Insulinresistenz, die begleitet ist von normalen oder erhöhten Insulinkonzentrationen im Plasma. Zu 80 % sind übergewichtige Erwachsene über 40 Jahre betroffen. 10 % der Typ-II-Diabetiker sind normalgewichtig und entwickeln schon in einem früheren Lebensabschnitt einen Typ-II-Diabetes. Eine immer häufigere Sonderform, die in der Jugend auftritt, ist der sog. **MODY** (maturity onset diabetes of young people). Normalerweise kann ein MODY in den ersten Jahren ohne Insulin gut eingestellt werden. In der Schwangerschaft benötigen die Frauen immer Insulin.
Gestationsdiabetes: Von einem Gestationsdiabetes spricht man, wenn erstmalig in der Schwangerschaft eine Kohlenhydratverwertungsstörung diagnosti-

Diabetes mellitus

Epidemiologie. Ein Diabetes mellitus kommt bei 1–2 % aller Schwangeren vor.

Ätiologie. Genetisch heterogene Gruppe von Kohlenhydratverwertungsstörungen. Gemeinsames Merkmal sind erhöhte Blutzuckerwerte.

Klassifikation.
Manifester vorbestehender Diabetes mellitus: Ein manifester Diabetes mellitus ist meist vom Typ I, sehr selten vom Typ II.

Gestationsdiabetes: Kohlenhydratverwertungsstörung, die auf Schwangerschaft und Stillzeit begrenzt ist.

ziert wird. Der Begriff Gestationsdiabetes drückt aus, dass die Kohlenhydratverwertungsstörung auf die Schwangerschaft und Stillzeit und die damit verbundenen Belastungen zurückzuführen ist.

Klinik. Bei vorbestehendem **Diabetes Typ I** treten vermehrt Hypoglykämien in der Früh-, bei schlechter Blutzuckereinstellung vermehrt Ketoazidosen in der Spätschwangerschaft auf.
Bei **Typ II** treten Hyperglykämien in der Spätschwangerschaft auf.
Der **Gestationsdiabetes** ist asymptomatisch.

Klinik. Bei Frauen mit **vorbestehendem Diabetes Typ I** treten in der Frühschwangerschaft vermehrt Hypoglykämien und bei schlechter Blutzuckereinstellung in der Spätschwangerschaft vermehrt Ketoazidosen auf. Bei vorbestehendem Diabetes **Typ II** (sehr selten) treten gegen Ende der Schwangerschaft Hyperglykämien auf.

Ein Diabetes birgt folgende **Gefahren für die Schwangere:**
Das Risiko von **Harnwegsinfekten** ist erhöht.

Der **Gestationsdiabetes** ist asymptomatisch, Kennzeichen ist die postprandiale Hyperglykämie.
Ein Diabetes, gleich welcher Art, bringt folgende **Gefahren für die Schwangere** mit sich:
Das Risiko von **Harnwegsinfekten** ist wegen der Glukosurie erhöht. Infekte müssen konsequent antibiotisch therapiert werden (s. S. 552, Achtung: evtl. Wirkung des Antibiotikums auf den Blutzuckerspiegel beachten).

Das Risiko einer **Präeklampsie** und **Eklampsie** ist erhöht.

Diabetische Schwangere haben öfter eine **Präeklampsie** und/oder **Eklampsie** (s. S. 539 ff). Die Therapie erfolgt nach den gängigen Richtlinien (s. S. 542 ff), jedoch unter besonderer Berücksichtigung des Blutzuckers.

Eine vorbestehende **Retinopathie** kann sich im Laufe der Schwangerschaft verschlechtern.

Eine vorbestehende **Retinopathie** kann sich im Laufe der Schwangerschaft verschlechtern. Wie bei nicht schwangeren Diabetikerinnen wird die Netzhaut gelasert, um die Progression zu bremsen. Selten muss wegen einer proliferierenden Retinopathie, insbesondere mit Visusverlust, eine Schwangerschaft frühzeitig beendet werden.

▶ Merke

▶ **Merke.** Jede schwangere Diabetikerin muss regelmäßig vom Augenarzt untersucht werden.

Ein **ketoazidotisches Koma** ist ein Notfall für Mutter und Kind: In der Hälfte der Fälle stirbt der Fetus intrauterin ab. Therapie: Substitution von Flüssigkeit, Insulin, Kalium. Im 3. Trimenon bei stabilem Zustand der Schwangeren Sectio.

Bei Hyperglykämie mit Insulinmangel wird die Lipolyse stimuliert. Dies führt zur Bildung von Ketonkörpern und damit zur metabolischen Azidose. Ein **ketoazidotisches Koma** ist ein Notfall. Die Therapie besteht in sofortiger Flüssigkeits-, Insulin- und Kaliumsubstitution (s. auch Lehrbücher der inneren Medizin).
Das ketoazidotische Koma ist auch eine Gefahr für den Fetus: In der Hälfte der Fälle stirbt er intrauterin ab. Wenn der Zustand der Mutter wieder stabil ist, wird daher im 3. Trimenon im Allgemeinen eine Sectio durchgeführt.

Hauptursache einer **Hypoglykämie** ist, dass sich die Schwangere zu viel Insulin spritzt.

Hypoglykämie: Die Insulinwirkung ist im 1. Trimenon verstärkt. Wird dies nicht in Erwägung gezogen, spritzt sich die Schwangere zu viel Insulin. Wegen der Gefahr einer Hypoglykämie sollte jede Schwangere immer etwas zur Steigerung des Blutzuckers bei sich haben.

Gefahren für den Embryo/Fetus:

Ein Diabetes bringt außerdem folgende **Gefahren für den Embryo/Fetus** mit sich:

Die **Fehlbildungsrate** ist bei diabetischen Schwangeren dreimal so hoch wie bei nicht diabetischen Schwangeren. Fehlbildungen beim Fetus diabetischer Schwangerer (z. B. Herzfehler, kaudales Regressionssyndrom, s. Abb. **E-4.3**) bezeichnet man als **Fetopathia diabetica**.

Die **Fehlbildungsrate** ist bei diabetischen Schwangeren dreimal so hoch wie bei nicht diabetischen Schwangeren. Fehlbildungen bei Fetus diabetischer Mütter bezeichnet man als **Fetopathia diabetica**. Sie können jedes Organ betreffen, ein diabetesspezifisches Fehlbildungsmuster – wie etwa bei der Thalidomid-Embryopathie – gibt es nicht. Herzfehler sind die häufigsten Fehlbildungen. Eine seltene, typischerweise bei Diabetes vorkommende Fehlbildung ist das sog. **kaudale Regressionssyndrom** (Fehlbildung oder Fehlen von Teilen der unteren Körperhälfte, s. Abb. **E-4.3**).
Wahrscheinlich steigt die Fehlbildungsrate bei schlechter Blutzuckereinstellung vor und während der Schwangerschaft, dies unterstreicht die Notwendigkeit der präkonzeptionellen Normalisierung des Blutzuckers.

Durchblutungsstörungen in den der Plazenta vorgeschalteten mütterlichen Gefäßen und/oder in der Plazenta selbst können zur **intrauterinen Wachstumsretardierung** führen (**Small-for-date-Baby**).

Durchblutungsstörungen in den der Plazenta vorgeschalteten mütterlichen Gefäßen und/oder in der Plazenta selbst können zur **intrauterinen Wachstumsretardierung** führen (**Small-for-date-Baby**). Diese Feten müssen sehr sorgfältig überwacht werden (CTG, Doppler usw.). Sie sind durch intrauterinen Fruchttod

E-4.3 Kaudales Regressionssyndrom

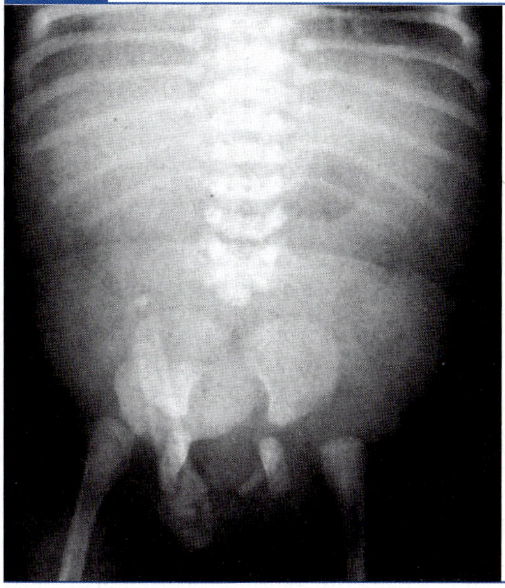

Kaudale Regression bei einem Neugeborenen einer diabetischen Mutter.

E-4.3

gefährdet. Diese Komplikation ist allerdings durch die intensivierte fetale Überwachung seltener geworden ist.

Die **Folgen eines schlecht eingestellten Diabetes** sind fetale Hyperglykämien und fetale Polyurie **(Hydramnion)**. Als Gegenregulation der Hyperglykämien entwickelt sich beim Fetus ein Hyperinsulinismus (s. Abb. **E-4.4**), der mit subkutaner Fetteinlagerung und postpartaler Hypoglykämie einhergeht. Dies führt zu **Makrosomie** (Geburtsgewicht > 4000 g). Aufgrund der Größe des Kindes (s. Abb. **E-4.5**) kann es unter der Geburt zur Schulterdystokie kommen (s. S. 628). Im Zweifelsfall führt man bei sehr großen Kindern (> 4500 g) und relativem Missverhältnis zwischen der Größe des Kopfes und dem Beckenausgang eine Sectio durch.

Die Neugeborenen sind trotz des hohen Geburtsgewichts funktionell unreif. Sie haben deshalb gehäuft ein Atemnotsyndrom (Respiratory Distress Syndrome, RDS), eine Hyperbilirubinämie und Gerinnungsstörungen.

Folgen eines schlecht eingestellten Diabetes ist die Entwicklung eines gegenregulatorischen Hyperinsulinismus beim Fetus (Abb. **E-4.4**), welcher zur **Makrosomie** (Geburtsgewicht > 4000 g, s. Abb. **E-4.5**) und zu einem **Hydramnion** (vermehrte Fruchtwassermenge) führt. Bei Makrosomie kann es zu einer Schulterdystokie kommen.

Makrosome Neugeborene sind funktionell unreif und haben ein erhöhtes Risiko für Atemnotsyndrom, Hyperbilirubinämie und Gerinnungsstörungen.

E-4.4 Diabetes in der Schwangerschaft: Auswirkungen auf den Fetus

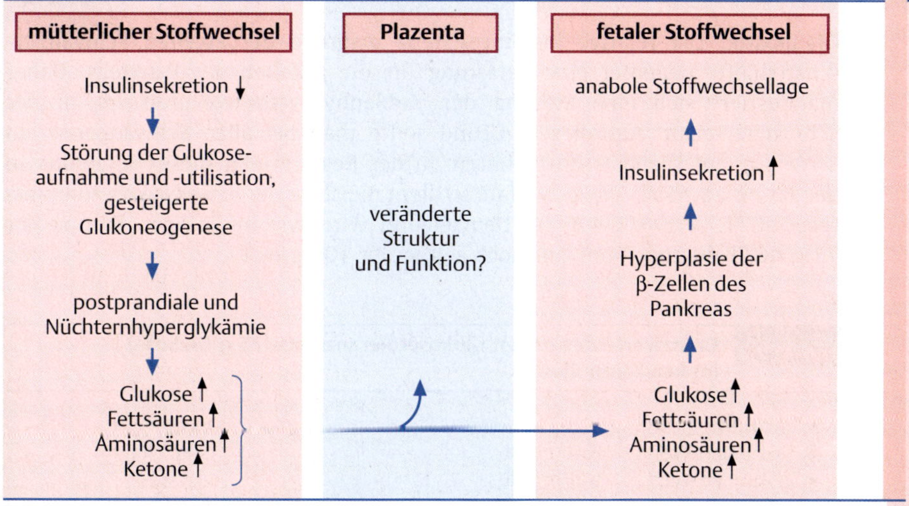

E-4.4

E-4.5

E-4.5 Makrosomes Neugeborenes

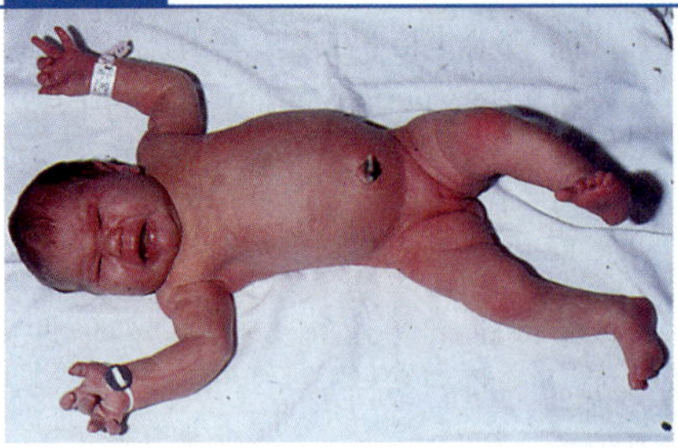

Neugeborenes einer diabetischen Mutter.

Ein ausgeprägtes Hydramnion (Polyhydramnion) gefährdet den Fetus durch Lageinstabilität (Querlage), beim Blasensprung durch Nabelschnurvorfall und verschleppte Querlage.

Die fetale Polyurie kann zu vermehrter Fruchtwassermenge (**Hydramnion**, s. S. 645 f) führen. Ein ausgeprägtes Hydramnion (Polyhydramnion) gefährdet den Fetus durch Lageinstabilität (Querlage), beim Blasensprung durch Nabelschnurvorfall und verschleppte Querlage. Schwangere mit Polyhydramnion sollten schon bei Verdacht stationär überwacht werden.

Neugeborene diabetischer Mütter neigen in den ersten Lebenstagen zu **Hypoglykämie**.
Ergeben die postpartalen Kontrollen beim Kind niedrige Blutzuckerspiegel (< 50 mg/dl), führt man oral oder parenteral Glukose zu. Länger andauernde Hypoglykämien führen beim Neugeborenen zu dauerhaften ZNS-Störungen.

Neonatale Hypoglykämie: Neugeborene diabetischer Mütter neigen in den ersten Lebenstagen zu Hypoglykämie. Dies hängt damit zusammen, dass der Fetus im letzten Trimenon den hohen Glukosespiegeln der hyperglykämischen Mutter ausgesetzt ist. Sie induzieren eine Hyperplasie der β-Zellen des fetalen Pankreas und bewirken einen Anstieg der Insulinsekretion (s. Abb. **E-4.4**). Sobald die Nabelschnur abgeklemmt ist, fällt die Glukosequelle weg, das kindliche Pankreas produziert aber immer noch relativ zu viel Insulin. Die Folge ist eine Hypoglykämie. Außerdem kann eine Hypokalzämie auftreten.
Ergeben die postpartalen Kontrollen beim Kind niedrige Blutzuckerspiegel (< 50 mg/dl), führt man oral oder parenteral Glukose zu. Länger andauernde Hypoglykämien führen beim Neugeborenen zu dauerhaften ZNS-Störungen.

Die **perinatale Mortalität** von Kindern diabetischer Mütter (3 %) ist selbst in spezialisierten Zentren zwei- bis dreimal höher als bei Kindern von Nichtdiabetikerinnen.

Die **perinatale Mortalität** von Kindern diabetischer Mütter ist selbst in spezialisierten Zentren zwei- bis dreimal höher als bei Kindern von Nichtdiabetikerinnen. Bezogen auf alle Geburten diabetischer Frauen in Deutschland, beträgt die perinatale kindliche Mortalität nach wie vor 3 %.

Bei ausgeprägter Hyperglykämie der Schwangeren kann es zum plötzlichen intrauterinen Fruchttod kommen. Warnzeichen: Makrosomie, Mangelentwicklung, nachlassende fetale Bewegungen.

Bei ausgeprägter Hyperglykämie der Schwangeren kann es zum plötzlichen intrauterinen Fruchttod kommen. Warnzeichen von Seiten des Fetus können sein: Makrosomie, Mangelentwicklung, pathologische Blutflussgeschwindigkeit in der Doppler-Untersuchung, CTG-Veränderungen und insbesondere geringere fetale Bewegungen.

Diagnostik. Bei allen Schwangeren sollte man ein Screening auf Diabetes mit dem **oralen Glukosetoleranztest** (s. Tab. **E-4.4**) durchführen.

Diagnostik. Die relative Insulinresistenz während der zweiten Schwangerschaftshälfte bedeutet eine Belastung für die β-Zellen des Pankreas. Daher manifestiert sich eine Störung des Kohlenhydratstoffwechsels oft in der Schwangerschaft. Aus diesem Grund sollte man bei allen Schwangeren ein Screening auf Diabetes durchführen. In der Regel erfolgt dieses Screening in der 24. bis 28. SSW. Als Testverfahren dient meistens der **orale Glukosetoleranztest** (oGTT, s. Tab. **E-4.4**). In Deutschland wird wie im übrigen Europa der 75-g-oGTT durchgeführt, nur noch selten der 100-g-oGTT.

E-4.4

E-4.4 Grenzwerte des oralen Glukosetoleranztests (75 g Glukose) im kapillaren Blut

- nüchtern: < 90 mg/dl
- 1-Stunden-Wert: < 160 mg/dl
- 2-Stunden-Wert: < 140 mg/dl

Bei jeder Schwangerenvorsorgeuntersuchung wird der **Urin auf Glukose überprüft**. Die Glukosurie ist einfach festzustellen, als diagnostischer Parameter jedoch sehr unspezifisch. Die Nierenschwelle für Glukose sinkt in der Schwangerschaft, so dass bis zu 50 % der Urinuntersuchungen falsch positiv (im Sinne der Diabetes-Diagnostik) sind. Eine Glukosurie vor der 20. SSW ist jedoch ungewöhnlich und häufig die Erstmanifestation eines Typ-I-Diabetes. Bei jeder Schwangeren sollte, bei einer Glukosurie muss ein oGTT durchgeführt werden.
Die Bestimmung von Fruktosamin und HbA_{1c} ist zur Aufdeckung eines Gestationsdiabetes zu unempfindlich und nur zur Verlaufsbeobachtung nützlich (s. u.).

Bei jeder Schwangerenvorsorgeuntersuchung wird der **Urin auf Glukose überprüft**. Bis zu 50 % der Urinuntersuchungen ergeben eine Glukosurie. Eine Glukosurie vor der 20. SSW ist jedoch ungewöhnlich und häufig die Erstmanifestation eines Typ-I-Diabetes. Bei Glukosurie muss man einen oGTT durchführen.

Therapie. Schwangere mit einem Gestationsdiabetes können meistens **diätetisch** eingestellt werden. Die Diät besteht aus 40–50 % Kohlenhydraten, 30 % Fett und 20–30 % Proteinen bei einer Gesamtkalorienzahl von 1800–2400 kcal/Tag (35 kcal/kg des Idealgewichts). Insgesamt soll die Diät kohlenhydratreich und kalorienbeschränkt sein. Trotz dieser Vorgaben sollte die Schwangere, gerade im Hinblick auf die Lebensqualität, ihre Diät selbst zusammenstellen. Die Schwangere mit Gestationsdiabetes nimmt am Tag 5–7 kleine Mahlzeiten zu sich, insbesondere eine kleine Mahlzeit am späten Abend. Ziel ist es, große Blutzuckerschwankungen am Tag und während der Nacht zu vermeiden
Wenn unter diätetischer Therapie (13–16 Broteinheiten) die Blutzuckerspiegel immer noch erhöht sind, muss zur Vermeidung eines fetalen Hyperinsulinismus **zusätzlich Insulin** gespritzt werden.
Die Betreuung erfolgt beim diätetisch einstellbaren Gestationsdiabetes durch den Frauenarzt und eine Diätassistentin, die die Schwangere regelmäßig berät. (Die Schwangere erhält ein BZ-Messgerät zur regelmäßigen BZ-Selbstkontrolle. Die Werte sollten dokumentiert werden, um einen besseren Überblick über den BZ-Verlauf zu haben s. u.) Der insulinpflichtige Gestationsdiabetes wird von Internisten und Gynäkologen gemeinsam betreut.
Das **Therapieziel** beim insulinpflichtigen Diabetes mellitus – meistens handelt es sich um einen Typ-I-Diabetes – ist, den Blutzuckerspiegel im normoglykämischen Bereich (60–120 mg/dl postprandial) zu halten, um Komplikationen des Diabetes zu vermeiden. Auch beim insulinpflichtigen Diabetes mellitus ist die Einhaltung der Diät (diätetische Beratung!) entscheidend.
Insulin wird entweder in Form der intensivierten Insulintherapie (mindestens drei Injektionen täglich) oder durch Insulinpumpen zugeführt. Durch das sog. Basis-Bolus-Prinzip wird die normale Insulinsekretion nachgeahmt: Vor dem Schlafengehen und, wenn nötig, morgens, injiziert die Schwangere ein mittellang wirkendes Insulin. Ca. 30–45 Minuten vor den Mahlzeiten spritzt sie Altinsulin. Diese Mischung aus Altinsulin und mittellang wirksamem Insulin hält den Nüchtern-Blutzuckerspiegel zwischen 60 und 90 mg/dl und den postprandialen unter 120 mg/dl. Insulinart, Dosis und Applikationszeit werden individuell angepasst. Ausgedehntere Mahlzeiten, Erkrankungen oder Stress-Situationen erfordern eine höhere Insulindosis, während körperliche Betätigung die notwendige Insulindosis verringert. Abb. **E-4.6** zeigt den Insulinbedarf in der Schwangerschaft: In der ersten Hälfte der Schwangerschaft ist er geringer als vor der Schwangerschaft. Spritzt die Schwangere hier dieselbe Insulindosis wie vor der Schwangerschaft, kann es zu Hypoglykämie kommen. In der zweiten Schwangerschaftshälfte steigt der Insulinbedarf infolge der verminderten peripheren Insulinwirkung um bis zu 50%. Die gesteigerte Insulinproduktion des Fetus (s. Abb. **E-4.4**) kann den erhöhten Insulinbedarf nicht ausgleichen.

Therapie. Schwangere mit einem Gestationsdiabetes können meistens **diätetisch** eingestellt werden.
Wenn unter diätetischer Therapie (13–16 Broteinheiten) die Blutzuckerspiegel immer noch erhöht sind, muss zur Vermeidung eines fetalen Hyperinsulinismus **zusätzlich Insulin** gespritzt werden.

Das **Therapieziel** beim insulinpflichtigen Diabetes ist, den Blutzuckerspiegel im normoglykämischen Bereich (60–120 mg/dl postprandial) zu halten, um Komplikationen des Diabetes zu vermeiden.

Dies gelingt durch eine ausgewogene Diät und eine intensivierte Insulintherapie. Insulinart, Dosis und Applikationszeit werden individuell angepasst. Abb. **E-4.6** zeigt den Insulinbedarf in der Schwangerschaft.

▶ **Merke.** Jede Diabetikerin, die Insulin spritzt, muss immer etwas zur Steigerung des Blutzuckers bei sich haben, um Hypoglykämien schnell beseitigen zu können. Die Angehörigen sollten Glukagon bereithalten.

◀ Merke

E-4.6

E-4.6 Insulinverbrauch in der Schwangerschaft

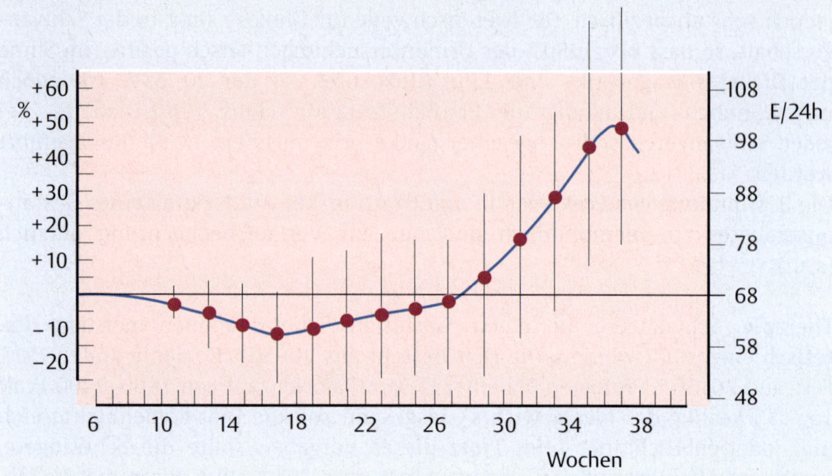

Orale Antidiabetika sind in der Schwangerschaft kontraindiziert (möglicherweise teratogen, zudem schwer steuerbar). Vor einer geplanten Schwangerschaft muss auf Insulin umgestellt werden.

Therapiekontrolle: Blutzucker-Selbstkontrolle mehrmals pro Woche; zur Verlaufskontrolle Bestimmung von Kreatinin, Harnstoff und HbA_{1c}.

Geburtshilfliche Aspekte: Häufigere Vorsorgeuntersuchungen, damit Hypo- oder Hyperglykämien sowie Komplikationen rechtzeitig diagnostiziert werden können.

Regelmäßig Ultraschallkontrollen (Größe?, Fruchtwassermenge?), ab der 35. Woche wöchentliche CTG-Kontrollen. Im 2. Trimenon sonographische Fehlbildungsdiagnostik.

Bei ausreichender Reife des Fetus und Normoglykämie der Schwangeren Spontangeburt abwarten, Übertragung aber vermeiden.

Bei Makrosomie ist, um die Gefahr der Schultersdystokie zu minimieren, die Einleitung der Geburt ab der 38.–40. SSW vertretbar.

Unter der Geburt und postpartal sinkt der mütterliche Insulinbedarf. Postpartal ist nur noch die Hälfte der Insulindosis notwendig.
Tab. **E-4.5** zeigt die Maßnahmen während und nach der Geburt. Intensivierte Insulintherapie und Blutzucker-Selbstkontrolle müssen mindestens bis zum Ende der Stillperiode fortgesetzt werden.

Orale Antidiabetika (z. B. Euglucon) haben möglicherweise eine teratogene Wirkung und sind außerdem schwer zu steuern. Darüber hinaus passieren sie die Plazenta und führen zu fetalem Hyperinsulinismus. Sie sind daher in der Schwangerschaft kontraindiziert. Vor einer geplanten Schwangerschaft muss auf Insulin umgestellt werden.

Therapiekontrolle: Gestationsdiabetikerinnen müssen mehrmals wöchentlich ihren Blutzucker mit einem Blutzucker-Messgerät, welches in der Apotheke per Rezept erhältlich ist, kontrollieren. Sie sollten Buch führen über die gemessenen Blutzuckerwerte und die durchgeführte Diät. Zur Verlaufskontrolle sollte der behandelnde Arzt regelmäßig Kreatinin, Harnstoff, HbA_{1c} und Fruktosamin bestimmen.

Geburtshilfliche Aspekte: Es sollten häufigere Vorsorgeuntersuchungen durchgeführt werden um Entgleisungen im Zuckerstoffwechsel oder Komplikationen (Fehlbildungen, Makrosomie, Plazentainsuffizienz, Harnwegs- und vaginale Infektionen) frühzeitig erkennen zu können.

Die Größe des Kindes und die Fruchtwassermenge werden durch Ultraschalluntersuchung festgestellt. Ein Ausschluss von Fehlbildungen erfolgt mittels Ultraschall eines erfahrenen Untersuchers im 2. Trimenon. Spätestens ab der 35. SSW sollten die Vorsorgeuntersuchungen wöchentlich stattfinden.

Wenn der Fetus reif genug und die Schwangere normoglykämisch ist, kann man bis zum errechneten Termin auf die Spontangeburt warten. Eine Übertragung sollte vermieden werden.

Bei pathologischen Befunden von Mutter und/oder Kind wird die ärztliche Überwachung intensiviert. In solchen Fällen ist die Indikation zur stationären Aufnahme in der Regel zu stellen. Bei Makrosomie ist (um die Gefahr der Schultersdystokie zu minimieren) die Einleitung der Geburt ab der 38.–40. SSW vertretbar. Je nach Muttermundbefund werden Prostaglandine oder Oxytozin eingesetzt (s. S. 669 ff).

Unter der Geburt sinkt der mütterliche Insulinbedarf, weshalb der Blutzucker häufig kontrolliert werden sollte. Ist eine Sectio notwendig, setzt man einen Insulinperfusor ein, da er die optimale Einstellung des Blutzuckerspiegels erlaubt.

In den ersten Stunden post partum sinkt der Insulinbedarf weiter. Deshalb muss die Insulindosis nach der Geburt um ca. 50 % reduziert werden, um schwere mütterliche Hypoglykämien zu verhindern. Tab. **E-4.5** zeigt die Maßnahmen während und nach der Geburt. Der Blutzuckerspiegel wird gleich nach der Geburt regelmäßig (zweistündlich) kontrolliert, um Blutzuckerspitzen zu behandeln. Intensi-

E-4.5 Maßnahmen während und nach der Geburt bei Diabetes

- I. Gestationsdiabetes (normale Gebärende)
  - kein Insulin
  - Infusionen wie sonst üblich
- II. Typ IDDM (insulinpflichtig auch außerhalb der Schwangerschaft)
  - spontane Wehen oder Einleitung mit Prostaglandinen
    - stündliche BZ-Kontrolle
    - Untersuchung des Urins auf Ketonkörper mit U-Stix; bei +++ Keton fehlt Insulin!
    - BZ unter 80 mg/dl: Glukose 5 % – 100 ml/h (wegen der Hypoglykämiegefahr beim Kind keine Glukose 10 % verwenden)
    - BZ über 150 mg/dl: 2 IE Altinsulin/h über Perfusor
  - Einleitung mit Oxytozin oder Sectio
    - stündliche BZ-Kontrolle
    - konstante Infusion von Glukose 5 % und Insulin
    - BZ-Werte sollten zwischen 80–150 mg/dl sein.
  - Insulinpumpen unter der Geburt abstellen und konstante Infusion von Glukose 5 % und Insulin
- III. Postpartum
  - Insulindosis halbieren

E-4.5

vierte Insulintherapie und Blutzucker-Selbstkontrolle müssen mindestens bis zum Ende der Stillperiode fortgesetzt werden. Insulinpflichtige Frauen mit Gestationsdiabetes oder Typ-II-Diabetes benötigen nach der Geburt meistens kein Insulin mehr, sondern sind allein durch Diät normoglykämisch.

Prävention. Diabetikerinnen sollten Schwangerschaften planen. Diese Forderung schließt eine sichere Kontrazeption zur Verhütung unerwünschter Schwangerschaften ein.
Um Fehlbildungen und Abort vorzubeugen, sollte das HbA_{1c} unter 6 % liegen. Bei höheren Werten ist vor einer geplanten Schwangerschaft eine Neueinstellung des Diabetes vorzunehmen.
Bei guter Blutzuckereinstellung beträgt die Chance, ein gesundes Kind zu bekommen, ungefähr 95 %.
Bei proliferierender Retinopathie ist ggf. eine Lasertherapie angezeigt, um eine Progression während der Schwangerschaft zu verhindern.
Eine eingeschränkte Nierenfunktion ist eine relative Kontraindikation für eine Schwangerschaft, da die Nierenfunktion sich in der Schwangerschaft verschlechtern kann und die Fehlbildungs- und Abortraten bei Niereninsuffizienz deutlich höher sind.

Prävention. Diabetikerinnen sollten Schwangerschaften planen.

Um Fehlbildungen und Abort vorzubeugen, sollte das HbA_{1c} unter 6 % liegen.

Bei proliferierender Retinopathie ggf. Lasertherapie.

Eine eingeschränkte Nierenfunktion ist eine relative Kontraindikation für eine Schwangerschaft.

▶ **Merke.** Diabetikerinnen im gebärfähigen Alter müssen über Antikonzeption und Schwangerschaft beraten werden.

◀ Merke

4.2.7 Neurologische Erkrankungen

Epilepsie

Epidemiologie. Häufigste neurologische Erkrankung in der Schwangerschaft (5–8 auf 1000 Schwangere).

Klinik. Epileptische Anfälle während der Schwangerschaft sind generalisiert; es handelt sich meistens um tonisch-klonische Anfälle (Grand mal) oder um Absencen (Petit mal). Bei 50 % aller Frauen mit Grand-mal-Anfällen verändert sich die Anfallsfrequenz während der Schwangerschaft nicht, in je einem Viertel der Fälle steigt oder fällt sie. Bei steigender Anfallsfrequenz ist in zwei Drittel

4.2.7 Neurologische Erkrankungen

Epilepsie

Epidemiologie. Häufigste neurologische Erkrankung in der Schwangerschaft.

Klinik. Epileptische Anfälle während der Schwangerschaft sind meist tonisch-klonische Anfälle (Grand mal) oder Absencen (Petit mal). Bei 50 % aller Frauen mit Grand-mal-Anfällen bleibt die Anfalls-

E-4.6

E-4.6 Differenzialdiagnose der Bewusstlosigkeit in der Schwangerschaft

- Eklampsie
- Sinusvenenthrombose
- kardiovaskuläre Synkope (Herzvitium, Adam-Stokes-Anfall)
- reflektorische Synkope (Karotissinus-Syndrom, vagovasale Synkope)
- metabolische Ursachen (Hypoglykämie, Hypokalzämie)
- Medikamentenentzug
- psychische Ursachen (hysterischer Anfall, Hyperventilation)

frequenz während der Schwangerschaft unverändert, steigt sie, ist in ⅔ der Fälle Medikamenten-Noncompliance oder Schlafentzug die Ursache.

Ein **Status epilepticus** ist für die Schwangere und den Embryo/Fetus lebensbedrohlich.

Diagnostik. Bei erstmaligem Auftreten eines zerebralen Krampfanfalls in der Schwangerschaft ist eine gründliche neurologische Diagnostik angezeigt (EEG, CT, NMR).

Differenzialdiagnose. s. Tab. **E-4.6.**

Therapie. Meistens muss die Medikation erhöht werden, weil die Proteinbindungskapazität in der Schwangerschaft steigt.

Wegen des deutlich erhöhten Fehlbildungsrisikos unter Antikonvulsiva (Valproinsäure: Neuralrohrdefekte, Dysmorphien des Gesichtes; Phenytoin: kraniofaziale Dysmorphien) und des Risikos einer intrauterinen Mangelentwicklung unter Primidon, Phenobarbital und Carbamazepin sollte man bei Anfallsfreiheit vor einer Schwangerschaft versuchen, die Medikamente abzusetzen.

Status epilepticus: Diazepam i. v. Krampft die Patientin weiter, Phenobarbital und evtl. Phenytoin i. v.
Wenn das Gestationsalter es erlaubt, sollte die Entbindung erfolgen.

der Fälle Medikamenten-Noncompliance oder Schlafentzug die Ursache (z. B. durch nächtliche Kindsbewegungen im 3. Trimenon oder Stillen bei Wöchnerinnen).

Beim **Status epilepticus** treten epileptische Anfälle in Serie auf, unterbrochen von kurzen anfallsfreien Intervallen. Der Status epilepticus ist für die Schwangere und den Embryo/Fetus lebensbedrohlich.

Diagnostik. Tritt ein zerebraler Krampfanfall erstmals in der Schwangerschaft auf, ist zum Ausschluss symptomatischer Ursachen (z. B. Sinusvenenthrombose) eine gründliche neurologische Diagnostik angezeigt (EEG, CT, NMR).

Differenzialdiagnose. Bei Krampfanfällen mit Bewusstseinsverlust ist es entscheidend, einen epileptischen Anfall von anderen Formen des Bewusstseinsverlusts abzugrenzen (s. Tab. **E-4.6**). Ein eklamptischer Anfall, eine Synkope und Hyperventilation haben eine ähnliche Symptomatik, meistens treten hier jedoch keine Aura, kein Stuhl- oder Urinabgang während des Anfalls und kein postiktales Stadium auf. Dies ist besonders für die Unterscheidung zwischen eklamptischem und epileptischem Anfall sehr wichtig. Metabolische Ursachen der Bewusstlosigkeit (Hypoglykämie, Hypokalzämie) und Medikamentenentzug müssen ebenfalls ausgeschlossen werden.

Therapie. Während der Schwangerschaft sinkt die Konzentration der meisten Antikonvulsiva im Blut ab, weil die Proteinbindungskapazität im mütterlichen Blut erhöht ist. Deshalb muss die Dosis von Antikonvulsiva in der Schwangerschaft meistens erhöht werden. Um eine adäquate Dosierung zu gewährleisten, erfolgen alle 4 Wochen klinische und neurologische Kontrollen. Dabei wird auch die Medikamentenkonzentration im mütterlichen Blut bestimmt.
Frauen, die Antikonvulsiva einnehmen, haben ein dreifach erhöhtes Risiko einer kindlichen Fehlbildung. Alle Antikonvulsiva passieren die Plazenta, und folgende Substanzen verursachen Fehlbildungen: Carbamazepin, Phenobarbital, Phenytoin, Primidon und Valproinsäure. Bei Einnahme von Valproinsäure werden gehäuft Neuralrohrdefekte und Dysmorphien des Gesichtes beobachtet. Kraniofaziale Dysmorphien des Fetus treten auch gehäuft unter Phenytoin auf. Unter Primidon, Phenobarbital und Carbamazepin beobachtet man außerdem vermehrt Small-for-date-Babys.
Daher sollten Frauen mit Epilepsie, die eine Schwangerschaft planen und seit längerer Zeit (> 2 Jahre) anfallsfrei sind, unter fachärztlicher Kontrolle versuchen, die Medikamente vor der Schwangerschaft abzusetzen.
Im **Status epilepticus** gibt man Diazepam i. v. (2 mg/min bis die Anfälle aufhören oder bis 20 mg erreicht sind, Cave: Atemdepression). Bei Grand mal Anfällen werden zusätzlich 250–500 mg Phenytoin langsam i. v. während und nochmals 2–3 Stunden nach dem Anfall verabreicht. Sistiert der Anfall nicht, wird die Patientin intubiert und eine i. v. Anästhesie eingeleitet, um den Anfall zu durchbrechen. In der Frühschwangerschaft muss nach einem Status epilepticus die Medikation überprüft werden. In der Spätschwangerschaft entbindet man die Patientin, soweit es das Gestationsalter erlaubt.

4.2.8 Psychiatrische Erkrankungen

Psychiatrische Erkrankungen treten in der Schwangerschaft selten auf, häufiger im Wochenbett (s. S. 689 f).

4.2.8 Psychiatrische Erkrankungen

In der Schwangerschaft selten, häufiger im Wochenbett (s. S. 689 f).

4.2.9 Fetomaternale Blutgruppeninkompatibilitäten

4.2.9 Fetomaternale Blutgruppeninkompatibilitäten

▶ **Definitionen.**

Morbus haemolyticus neonatorum bzw. fetalis: Beschleunigter Abbau roter Blutkörperchen durch Anlagerung mütterlicher Antikörper infolge Blutgruppenunverträglichkeit zwischen Mutter und Kind (vor allem Rhesus- oder AB0-Inkompatibilität). Folgen sind meistens eine Erythroblastosis fetalis und eine Hyperbilirubinämie.

Erythroblastosis fetalis: Erythrozytenvermehrung im Blut Neugeborener als Ausdruck gesteigerter Blutbildung nach Blutverlusten oder Hämolyse, z. B. bei Morbus haemolyticus neonatorum oder Infektionen. Der Begriff „Erythroblastose" leitet sich von der erhöhten Zahl von Erythroblasten im Blut ab.

Hydrops fetalis: Generalisierte Ödeme (am Kopf, an den Extremitäten, den Körperhöhlen und am Genitale), meistens vergesellschaftet mit Aszites und einem generalisierten Plazentaödem (Hydrops placentae). Ursachen sind ein Morbus haemolyticus fetalis, eine Chromosomenaberration (z. B. Turner-Syndrom) oder intrauteriner Fruchttod.

◀ **Definitionen**

Am häufigsten treten fetomaternale Blutgruppeninkompatibilitäten im Rhesus-Blutgruppensystem auf, selten im AB0-System.

Fetomaternale Blutgruppeninkompatibilitäten treten meistens im Rhesus-System auf.

Inkompatibilität im Rhesus-System

Pathogenese. Die Rhesus-Blutgruppe besteht aus den drei Merkmalspaaren Dd, Cc und Ee. Das Hauptantigen ist der Rhesusfaktor (Rh-Faktor) D, der dominant vererbt wird. Ist die Mutter Rh-negativ, der Vater Rh-positiv, sind die Kinder je nachdem, ob der Vater heterozygot oder homozygot Rh-positiv ist, mit 50 %iger oder 100 %iger Wahrscheinlichkeit Rh-positiv. Ist die Mutter Rh-negativ, das Kind Rh-positiv, besteht eine Inkompatibilität im Rhesus-System. In Europa sind ca. 15 % der Bevölkerung Rhesus-negativ.

Nach Fehlgeburten, intrauterinen Eingriffen (Amniozentese, Chorionzottenbiopsie), Extrauteringravidität, vorzeitiger Plazentalösung sowie während und nach der Geburt können fetale Erythrozyten in den mütterlichen Kreislauf gelangen (**fetomaternale Transfusion**). Eine Rh-negative Mutter wird dadurch gegen die Rh-Antigene ihres Kindes sensibilisiert und bildet Antikörper. Es ist unklar, wie viele Rh-positive Zellen nötig sind, um die Bildung von Antikörpern zu induzieren, doch dürften ca. 0,1 ml Blut genügen. Bei einer Spontangeburt kommt es in ungefähr der Hälfte der Fälle zur Sensibilisierung. Zunächst bildet die Rh-negative Mutter IgM-Antikörper, nach 6–12 Wochen IgG-Antikörper. IgG (Molekulargewicht [MG] ca. 12000) passieren im Gegensatz zu IgM (MG ca. 90000) die Plazenta und können fetale Erythrozyten zerstören.

Inkompatibilität im Rhesus-System

Pathogenese. Nach Fehlgeburten, intrauterinen Eingriffen, Extrauteringravidität, vorzeitiger Plazentalösung sowie während und nach der Geburt können fetale Erythrozyten in den mütterlichen Kreislauf gelangen (**fetomaternale Transfusion**). Eine Rh-negative Mutter wird dadurch gegen die Rh-Antigene ihres Rh-positiven Kindes sensibilisiert und bildet Antikörper, zunächst IgM, nach einigen Wochen IgG. Letztere passieren die Plazenta und können fetale Erythrozyten zerstören.

▶ **Merke.** Eine Rhesus-Inkompatibilität führt in der ersten Schwangerschaft meistens nicht zu Komplikationen, da die Sensibilisierung erst während der Geburt erfolgt. In der zweiten Schwangerschaft existieren jedoch bereits IgG-Antikörper, die die Plazenta passieren und beim Fetus eine generalisierte Hämolyse auslösen.

◀ **Merke**

Klinik. Die mütterlichen IgG-Antikörper zerstören die fetalen Erythrozyten (Hämolyse, **Morbus haemolyticus**). Je nach Schweregrad der hämolytischen Anämie kann es zu Ödemen, Perikarderguss, Pleuraerguss, Aszites, Herzinsuffizienz bis

Klinik. Mütterliche Antiköper zerstören fetale Erythrozyten. Die Hämolyse kann sich z. B. durch Ödeme, Perikarderguss, Pleuraerguss, Aszites oder Hydrops fetalis

E-4.7

E-4.7 Sonographischer Befund bei Morbus haemolyticus

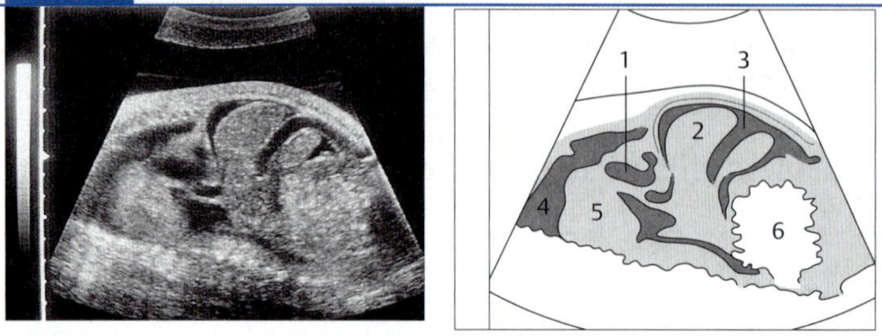

Sagittalschnitt bei Pleuraerguss und mäßigem Aszites (1 Herz, 2 Leber, 3 Aszites, 4 Hydrothorax, 5 Lunge, 6 Darmkonvolut).

äußern (Abb. **E-4.7**). Die extramedulläre Blutbildung des Fetus wird stimuliert (**Erythroblastosis fetalis**).

hin zum Hydrops fetalis kommen (Abb. **E-4.7**). Aufgrund der Anämie wird die extramedulläre Blutbildung des Fetus stimuliert (**Erythroblastosis fetalis**).

Diagnostik. In der ersten Schwangerenvorsorgeuntersuchung wird die Rhesus-Blutgruppe bestimmt und ein indirekter Coombs-Test durchgeführt. Mit diesem Test weist man Anti-D-Antikörper im Blut der Schwangeren nach. Sind Anti-D-Antikörper nachweisbar und liegt der Titer über 1:8, besteht der V. a. einen Morbus haemolyticus fetalis.

Bei ausgeprägter fetaler Anämie sind im Sonogramm Hepatomegalie, Hautödem, Aszites und Kardiomegalie nachweisbar.

Der Nachweis einer vergrößerten Leber, eines Hautödems, von Aszites und Kardiomegalie im Sonogramm spricht für eine ausgeprägte fetale Anämie.

Die Diagnose wird durch Bestimmung der Bilirubinkonzentration im Fruchtwasser oder der Hämoglobinkonzentration gestellt.

Die Diagnose wird durch Bestimmung der Bilirubinkonzentration im Fruchtwasser mittels Amniozentese (s. S. 527) und Spektrophotometrie des Fruchtwassers oder durch Bestimmung der fetalen Hämoglobinkonzentration (mittels Chordozentese) gestellt.

Nach jeder Geburt direkter Coombs-Test mit Nabelvenenblut (Anti-D-Antikörper?).

Nach der Geburt – nach jeder Geburt – wird im Nabelvenenblut mit Hilfe des direkten Coombs-Tests nach Anti-D-Antikörpern gesucht.

Therapie. Bei hohen Bilirubinwerten im Fruchtwasser oder niedrigem fetalen Hb ist eine **intrauterine Transfusion** angezeigt.

Therapie. Bei hohen Bilirubinwerten im Fruchtwasser oder niedrigem fetalen Hb ist eine **intrauterine Transfusion** angezeigt. Dem Fetus werden intraperitoneal oder direkt in die Nabelschnurarterie zwischen 40 und 120 ml Rh-negatives, mit seiner AB0-Blutgruppe kompatibles Blut transfundiert. Die Transfusionen werden bis zur 32. SSW wiederholt. Das Intervall ist abhängig von Ultraschallbefund und Laborwerten und beträgt in der Regel 2 Wochen.

Die kausale Therapie der Rhesus-Inkompatibilität ist die **Entbindung**. Vor der Geburt wird die Lungenreife stimuliert. Bei ausreichender Reife des Kindes: vorzeitige Geburt.

Die kausale Therapie der Rhesus-Inkompatibilität ist die **Entbindung**, da durch die Transfusionen immer wieder kindliche Erythrozyten ins mütterliche Blut geschwemmt werden und den Immunisierungsmechanismus aufrechterhalten. Vor der Geburt wird die Lungenreife mit Kortikosteroiden (Betametason) stimuliert. Mit zunehmender Reife des Kindes nimmt das postnatale Risiko ab, und eine vorzeitige Entbindung bietet sich an.

Nach der Geburt sofortige Abnabelung des Kindes.

Nach der Geburt muss das Kind sofort abgenabelt werden, um den weiteren Übertritt mütterlicher Anti-D-Antikörper zu verhindern.

Postpartal intensivmedizinische Betreuung des Neugeborenen; bei Hb-Werten < 7 g/dl und Hämatokrit < 35 % Austauschtransfusion mit Rh-negativen Erythrozytenkonzentraten.

Postpartal sollte das Neugeborene intensivmedizinisch betreut werden. Bei Hb-Werten < 7 g/dl und einem Hämatokrit < 35 % erfolgt die Austauschtransfusion mit Rh-negativen Erythrozytenkonzentraten. Ein ausgedehnter Aszites wird punktiert und das Kind parenteral ernährt.

Prophylaxe. Bei Rh-negativen Frauen gibt man nach einer intra- oder extrauterinen Gravidität und nach Amniozentese Anti-D-Immunglobulin, außer bei Geburt Rh-negativer Kinder.

Prophylaxe. Um einer Sensibilisierung vorzubeugen, verabreicht man Rh-negativen Müttern Rh-positiver Kinder innerhalb der ersten 72 Stunden post partum Anti-D-Immunglobulin. Auch nach Aborten, Schwangerschaftsabbrüchen, Extrauteringravidität und Amniozentese muss Rh-negativen Frauen Anti-D-Immunglobulin verabreicht werden; in diesen Fällen ist eine niedrigere Dosierung ausreichend.

Anti-D-Immunglobulin besetzt die Rh-Antigene auf den fetalen Erythrozyten im mütterlichen Blut und verhindert die Sensibilisierung der Mutter. Die Anti-D-Immunprophylaxe hat die Sensibilisierungsrate um 90 % gesenkt und so den Morbus haemolyticus fetalis selten werden lassen.

◀ Merke

▶ **Merke.** Jede Rh-negative Frau muss nach Aborten, intrauterinen Eingriffen, vorzeitiger Plazentalösung oder der Geburt eines Rh-positiven Kindes Anti-D-Immunglobulin erhalten.

Differenzialdiagnose und Komplikationen. Die physiologische Hyperbilirubinämie tritt zwischen dem 4. und 6. Tag post partum auf und dauert ca. 8 Tage. Der Bilirubinspiegel nach fetaler Hämolyse steigt schon am 1. Lebenstag über 7 mg/dl (**Icterus praecox**) bis auf über 16 mg/dl (**Icterus gravis**) an. Steigt er über 25 mg/dl, kommt es zum **Kernikterus**. Betroffene Kinder sind vital gefährdet oder können durch athetotische Zerebralparese, Taubheit und erhebliche intellektuelle Retardierung lebenslang schwer behindert sein.

Differenzialdiagnose und Komplikationen. Die Leber des Neugeborenen hat eine niedrige Konzentration an Glukuronyltransferase und ist in den ersten Tagen nicht fähig, das gesamte Bilirubin zu konjugieren. Dies führt zur „physiologischen Hyperbilirubinämie" (bis maximal 15 mg/dl) des Neugeborenen, die sich als Icterus neonatorum (physiologischer Ikterus, s. S. 701 f) äußern kann. Er tritt zwischen dem 4. und 6. Tag post partum auf und dauert ca. 8 Tage an. Der Bilirubinspiegel nach fetaler Hämolyse steigt jedoch schon innerhalb der ersten 24 Stunden post partum über 7 mg/dl an (**Icterus praecox**), bis auf über 16 g/dl (**Icterus gravis**). Steigt er über ca. 25 mg/dl, lagert sich unkonjugiertes Bilirubin in den Basalganglien des Gehirns ab (**Kernikterus**). Betroffene Kinder sind vital gefährdet oder können durch athetotische Zerebralparese, Taubheit und erhebliche intellektuelle Retardierung lebenslang schwer behindert sein.

Inkompatibilität im AB0-System

Bei einer Inkompatibilität im AB0-System hat die Mutter immer die Blutgruppe 0 und das Kind die Blutgruppe A oder B, denn nur die von Trägern der Blutgruppe 0 gebildeten Antikörper sind plazentagängig.

Die AB0-Inkompatibilität verläuft viel milder als die Rhesusinkompatibilität. Es kommt meistens zu Hämolyse beim Neugeborenen, die zu einem Ikterus, in seltenen Fällen auch zu einem Kernikterus führen kann.

Überschreitet die Bilirubinkonzentration des reifen Neugeborenen 14–15 mg/dl, ist eine Phototherapie indiziert. Eine Austauschtransfusion ist fast nie notwendig.

Inkompatibilität im AB0-System

Bei einer Inkompatibilität im AB0-System hat die Mutter immer die Blutgruppe 0 und das Kind die Blutgruppe A oder B, denn nur die von Trägern der Blutgruppe 0 gebildeten Antikörper sind plazentagängig. Im Gegensatz zur Rhesus-Inkompatibilität erkrankt bereits das erste Kind in 40–50 % der Fälle, da Antikörper gegen Antigene des AB0-Systems ohne vorherige Sensibilisierung im Serum vorliegen.

Eine AB0-Inkompatibilität verläuft viel milder als die Rhesus-Inkompatibilität, da die Antigene des AB0-Systems beim Fetus erst spät exprimiert werden und eine Reaktion zwischen fetalen Antigenen und mütterlichen Antikörpern erst gegen Ende der Schwangerschaft stattfindet. Daher kommt es fast nie zum Hydrops fetalis, sondern meistens zu Hämolyse beim Neugeborenen. Diese kann zu einem Ikterus, in seltenen Fällen auch zu einem Kernikterus führen.

Überschreitet die Bilirubinkonzentration des reifen Neugeborenen 14–15 mg/dl, ist eine Phototherapie indiziert (beim unreifen Neugeborenen ab 10 mg/dl): Hierdurch wird das unkonjugierte Bilirubin in konjugiertes, wasserlösliches und damit renal eliminierbares Bilirubin umgewandelt. Sehr selten ist die hämolytische Anämie beim Neugeborenen so ausgeprägt, dass eine Austauschtransfusion notwendig ist.

Bei einer Rh-negativen Mutter mit Blutgruppe 0 und einem Rh-positiven Kind mit Blutgruppe A verhindert die AB0-Inkompatibilität die Anti-D-Sensibilisierung der Mutter, denn bei einer fetomaternalen Transfusion reagieren die Anti-A-Antikörper der Mutter mit den fetalen Erythrozyten, bevor eine Sensibilisierung stattfinden kann.

4.2.10 Infektionen

Bakterielle Infektionen

Lues (Syphilis)

4.2.10 Infektionen

Bakterielle Infektionen

Lues (Syphilis)

(s. auch S. 206 ff)

Die Infektion des Fetus erfolgt meistens transplazentar im Stadium der Bakteriämie (Lues II), ist aber auch unter der Geburt (vaginale Entbindung) durch Kontakt mit einer syphilitischen Läsion möglich.

Folge einer Luesinfektion des Fetus kann eine Fehl- oder Frühgeburt oder **Lues connata** sein:

- **Lues connata praecox:** Manifestation vor dem 2. Lebensjahr mit makulopapulösem Exanthem, plattenförmigen Hautinfiltraten und serös-blutigem Schnupfen
- **Lues connata tarda:** Manifestation nach dem 2. Lebensjahr mit Hutchinson-Trias, Sattelnase und Säbelscheidentibia.

Folge der intrauterinen Infektion kann eine Fehl- oder Frühgeburt sein. Lebend geborene Kinder zeigen eine der beiden Formen der **Lues connata**: Bei der **Lues connata praecox** entwickeln sich innerhalb der ersten 2 Lebensjahre die Symptome einer Lues II, u. a. ein makulopapulöses Exanthem, plattenförmige Hautinfiltrate, Hepatosplenomegalie und ein serös-blutiger Schnupfen. Die **Lues connata tarda** manifestiert sich nach dem 2. Lebensjahr und ist charakterisiert durch die Hutchinson-Trias (Tonnenform der Schneidezähne, Innenohrschwerhörigkeit und Keratitis parenchymatosa) sowie durch entzündliche Periostverdickungen (Sattelnase, Säbelscheidentibia).
Die **Diagnose** der Syphilis bei der **Mutter** wird durch serologische Tests gesichert (TPHA-Test), die den Nachweis von IgG-Antikörpern erlauben (TPHA-Test als Suchtest, FTA-Abs Bestätigungstest). Diese Antikörper treten 2–3 Wochen nach erfolgter Infektion auf und persistieren meist lebenslang. Der Nachweis von IgM-Antikörpern beweist eine Erregerpersistenz und stellt ein potenzielles Infektionsrisiko für das Kind dar.
Der Nachweis von IgM-Antikörpern gegen Treponema pallidum beim **Neugeborenen** spricht für die Diagnose Lues connata.

Therapie der Wahl ist Penicillin (s. S. 208 f). **Prophylaxe.**

Bei jeder aktiv infektiösen Syphilis ist Penicillin **Therapie** der Wahl (s. S. 208 f).
Prophylaxe.

▶ Merke

▶ Merke. Die frühzeitige Diagnose und Therapie einer floriden Syphilis in der Schwangerschaft kann die Entstehung der Lues connata in der Regel verhindern.

Listeriose

Folgen einer intrauterinen Infektion können Abort, Totgeburt oder Sepsis des Neugeborenen sein (Frühform der Neugeborenenlisteriose). Bei intra- oder postpartaler Infektion tritt 1–6 Wochen post partum eine Meningoenzephalitis auf (Spätform der Neugeborenenlisteriose).

Die Infektion mit Listeria monocytogenes erfolgt hauptsächlich über die Nahrung (Milchprodukte, rohes Fleisch), wobei es zu milden/unspezifischen grippeähnlichen Symptomen kommt. Listerien werden transplazentar, während oder nach der Geburt auf den Fetus bzw. das Neugeborene übertragen. Folgen einer intrauterinen Infektion können Abort, Totgeburt oder eine Sepsis des Neugeborenen mit Atemstörungen, Schock und Meningitis sein (Frühform der Neugeborenenlisteriose). Erfolgt die Infektion während oder nach der Geburt, tritt 1–6 Wochen post partum eine Meningoenzephalitis auf (Spätform der Neugeborenenlisteriose). Die Neugeborenenlisteriose ist meldepflichtig.

Diagnose in der Schwangerschaft: Nachweis des Erregers in Blut, Urin, Stuhl, Fruchtwasser oder Plazentagewebe.

Therapie der Schwangeren: Penicillin oder Ampicillin, des infizierten Neugeborenen: Ampicillin.

Die **Diagnose** der Listeriose in der Schwangerschaft wird durch Nachweis des Erregers in Blut (Listeriumagglutinine), Urin, Stuhl, Fruchtwasser oder Plazentagewebe gestellt.
Therapie. Schwangere werden mit Penicillin oder Ampicillin, infizierte Neugeborene mit Ampicillin behandelt.

Chlamydieninfektion

Chlamydia trachomatis findet sich auf der Zervix von 2–13 % aller Schwangeren.
Hauptsymtom: Zervizitis.
Diagnose: Abstrich.
Komplikationen: Frühgeburtlichkeit und Konjunktivitis des Neugeborenen.

Chlamydia trachomatis findet sich auf der Zervix von 2–13 % aller Schwangeren und ist gehäuft bei Frauen mit niedrigem sozialen Status. Im Rahmen der Erstinfektion, die meist vor der Schwangerschaft erfolgt ist, kommt es zu einer Urethritis und Zervizitis, häufig auch zu einer Adnexitis (s. S. 194 ff) die einer der Ursachen für eine Extrauteringravidität (s. S. 480 ff) sein kann. Die Zervizitis äußert sich in einem dünnflüssigen mukopurulenten Ausfluss. Die klinische **Diagnose** ist schwierig, so dass in der Frühschwangerschaft routinemäßig auf eine Chlamydieninfektion an der Zervix (und eventuell Urethra) untersucht wird. Da Chlamydien intrazelluläre Erreger sind, ist ein zellreicher Zervixabstrich wichtig. Deshalb wird die Zervix zuerst von Schleim befreit und anschließend der Abstrich durchgeführt. Der Nachweis erfolgt mit Hilfe der PCR. Schwangere Patientinnen mit einer Chlamydieninfektion sind durch Frühgeburtlichkeit (s. S. 639) und vorzeitigen Blasensprung (PROM = Premature Rupture of Membranes) (s. S. 748) gefährdet.
Beim exponierten Neugeborenen kommt es in 18–50 % der Fälle zu einer eitrigen Konkunktivitis, seltener zu einer Pneumonie.

Therapie der Wahl ist Erythromycin (1,5–2 g) für mindestens 7 Tage. Anschließend sollte ein Kontrollabstrich durchgeführt werden. Der Partner muss auf jeden Fall mitbehandelt werden (Tetrazyklin).

Therapie: Erythromycin, Partnerbehandlung.

Virale Infektionen

Hepatitis-B-Infektion

(s. auch S. 210)
Das Hepatitis-B-Virus (HBV) kann während oder nach der Geburt übertragen werden.

s. auch S. 210

Klinik. In den meisten Fällen verläuft die Hepatitis B beim Neugeborenen asymptomatisch, bei 80–100 % dieser Kinder muss mit einem chronischen Verlauf gerechnet werden, in über 30 % dieser Fälle entwickelt sich eine Leberzirrhose.

Klinik. Beim Neugeborenen meist asymptomatisch, der Verlauf bei 80–100 % chronisch, in > 30 % dieser Fälle entwickelt sich eine Leberzirrhose.

Diagnostik und Therapie. Zur Diagnose steht eine Reihe serologischer Tests zur Verfügung (Nachweis von HBsAg, HBeAg, Anti-HBs, Anti-HBe, Anti-HBc). Bei Nachweis von HbsAg im Serum der Mutter wird das Neugeborene post partum aktiv und passiv gegen Hepatitis B geimpft (Simultanimpfung, s. Tab. **E-4.7**). Dadurch können mehr als 90 % der chronischen Hepatitiden verhindert werden.

Diagnostik und Therapie. Das Neugeborene wird bei Nachweis von HbsAg im Serum der Mutter post partum aktiv und passiv gegen Hepatitis B geimpft (s. Tab. **E-4.7**). Über 90 % der chronischen Hepatitiden lassen sich so verhindern.

Seit 1994 werden im Rahmen der Schwangerenvorsorge alle Schwangeren (früher: nur Risikogruppen) ab der 32. SSW auf HBsAg untersucht.
Wie bei den meisten Viruskrankheiten gibt es keine echte ursächliche Therapie. Wenn die Hepatitis B nicht chronifiziert, heilt sie von allein aus. Die chronische Hepatitis kann unter bestimmten Voraussetzungen mit Interferon α erfolgreich behandelt werden.

Seit 1994 werden alle Schwangeren ab der 32. SSW auf HBsAg untersucht.

Eine ursächliche Therapie gibt es nicht.

Prophylaxe. Die aktive Impfung zur Prophylaxe ist in jedem Fall bei Patientinnen aus Risikogruppen (Drogenabhängige, medizinisches Personal u. v. a.) sowie bei Neugeborenen HBV-infizierter Mütter indiziert.

Prophylaxe. Die aktive Impfung ist bei Patientinnen aus Risikogruppen und Neugeborenen HBV-infizierter Mütter indiziert.

Rötelninfektion

Epidemiologie. In Deutschland haben ca. 7–12 % aller Frauen weder eine Rötelninfektion durchgemacht noch sind sie geimpft worden. Die Übertragung erfolgt über Tröpfcheninfektion, die Übertragung auf den Fetus diaplazentar.

Epidemiologie. Ca. 7–12 % aller Frauen in Deutschland haben keine Rötelninfektion durchgemacht und sind auch nicht geimpft.

Klinik. Die Schwangere hat bei Röteln eine milde Erkrankung mit mäßigem Fieber, Kopfweh und starker nuchaler Lymphknoten-Schwellung. 5 Tage später kommt es zu einem schwachen nicht konfluierenden Exanthem an Hals und Brust. Die Erstinfektion in der Frühschwangerschaft hat eine **Rötelnembryopathie** zur Folge. Die klassische **Fehlbildungs-Trias aus Katarakt, Herzfehler und Innenohrtaubheit** wird auch als **Gregg-Syndrom** bezeichnet. Bei Rötelninfektion vor der 12. SSW sollte der behandelnde Arzt mit der Patientin die Möglichkeit einer Abruptio diskutieren.

Klinik. Die Rötelninfektion in der Frühschwangerschaft führt beim Fetus zu **Katarakt, Herzfehler und Taubheit (Gregg-Syndrom)**. Bei Infektion vor der 12. SSW ist die Interruptio zu erwägen. Bei Infektion nach der 16. SSW kommt es beim Fetus „nur“ zu neurologischen Komplikationen.

E-4.7 HBV-Simultanimpfung bei Neugeborenen

Möglichst noch im Kreißsaal:
- aktive Immunisierung (z. B. Gen H-B-Vax-K 0,5 ml i. m. in die anterolaterale Seite des Oberschenkels)
- gleichzeitig Gabe von Immunglobulinen (z. B. HBIG 1,0 ml i. m. kontralateral) zur passiven Immunisierung
- das Schema der aktiven Immunisierung muss mit zwei weiteren Dosen später komplettiert werden
- nicht stillen!

E-4.7

Erfolgt die Infektion nach der 16. SSW, treten beim Fetus in der Regel „nur“ neurologische Komplikationen auf, die ihn jedoch weniger gefährden als das Gregg-Syndrom.

Diagnostik. Röteln-HAH-Test: Ein Titer über 1:16 gilt als Zeichen einer abgelaufenen Infektion. Ist der Titer niedriger, muss die Schwangere den Kontakt mit Kleinkindern meiden. In der 16. SSW wird der HAH-Titer erneut überprüft. Bei einer plötzlichen Serokonversion muss eine Infektion durch Nachweis von IgM-Antikörpern gesichert werden.

Diagnostik. Nach den Mutterschaftsrichtlinien ist beim ersten Arztbesuch ein Röteln-Hämagglutinin-Hemm-(HAH-)Test aus dem Serum durchzuführen. Ein HAH-Titer über 1:16 gilt als Zeichen einer abgelaufenen Infektion und spricht damit für eine Immunität. Bei einem niedrigeren Titer muss die Schwangere den Kontakt mit Kleinkindern meiden. In den folgenden Vorsorgeuntersuchungen eruiert man, ob ein Exanthem aufgetreten ist und überprüft in der 16. SSW erneut den HAH-Titer. Bei einer plötzlichen Serokonversion muss eine Infektion durch Nachweis von IgM-Antikörpern gesichert werden.

Prophylaxe. Der einzige sichere Schutz vor einer Rötelnembryopathie ist die aktive Immunisierung. In der Regel werden alle Kinder mit 15 Monaten gegen Röteln geimpft.

Prophylaxe. Der einzige sichere Schutz vor einer Rötelnembryopathie ist die aktive Immunisierung. In der Regel werden alle Kinder mit 15 Monaten im Rahmen der trivalenten Impfung (Masern, Mumps und Röteln) gegen Röteln geimpft. Ist der Titer nicht ausreichend, wird im Wochenbett oder unter ausreichendem Konzeptionsschutz geimpft. Während der Schwangerschaft ist eine aktive Immunisierung kontraindiziert. Eine Postexpositionsprophylaxe mit Röteln-Hyperimmunglobulin ist bei fehlendem oder unerkanntem Röteln-Immunstatus nur bis zum 8. Tag nach Kontakt sinnvoll. Spätere Gaben können eventuell noch zu einer Verminderung der Virämie und zur Verschiebung des Infektionszeitpunktes für den Embryo dienen.

▶ Merke

▶ **Merke.** Alle Mädchen müssen bis zur Pubertät gegen Röteln geimpft werden.

Varizelleninfektion (Windpocken)

Varizelleninfektion (Windpocken)

Das Varizellen-zoster-Virus (VZV) kann transplazentar übertragen werden. Ca. 7 % der Frauen besitzen keine Antikörper gegen das Virus.

Klinik. Erstinfektion mit VZV
- im 1. und 2. Trimenon: sog. **Varizellensyndrom** des Fetus (Entwicklungsstörungen der Extremitäten und des Gehirns, Hautveränderungen, niedriges Geburtsgewicht)
- im 3. Trimenon bis 5 Tage vor der Geburt: intrauterine Infektion ohne Erkrankung (Schutz der mütterlichen IgG-Antikörper)
- weniger als 5 Tage vor der Geburt: **neonatale Varizellen** (Letalität bis zu 30 %).

Klinik. Bei Erstinfektion von Schwangeren ohne Immunität gegen VZV mit dem Varizella-zoster-Virus im 1. und 2. Trimenon kann sehr selten das sog. **Varizellensyndrom** auftreten (Entwicklungsstörungen der Extremitäten und des Gehirns, Hautveränderungen, niedriges Geburtsgewicht). Insgesamt besteht ein geringes Risiko für konnatale Defekte bei Exposition. Bei Erstinfektion im 3. Trimenon bis 5 Tage vor der Geburt erkrankt der Fetus aufgrund der mütterlichen Antikörper nicht. Bei Erstinfektion weniger als 5 Tage vor der Geburt ist die Konzentration der mütterlichen Antikörper im Blut des Fetus zu gering, um eine Erkrankung zu verhindern. Die Letalität der **neonatalen Varizellen** beträgt dann bis zu 30 %.
Ein Herpes zoster in der Schwangerschaft gefährdet den Fetus nicht.

Diagnostik. Zügige Bestimmung der Immunitätslage. Der Nachweis von IgM- und IgG-Antikörpern sichert die Diagnose.

Diagnostik. Die Diagnose einer Erstinfektion mit VZV wird neben dem typischen klinischen Bild durch den Nachweis von IgM- und IgG-Antikörpern gestellt. Da 93–94 % der Schwangeren gegen das Virus immun sind sollte vor der Verabreichung des (teuren) Immunglobulins eine zügige Bestimmung der Immunitätslage erfolgen.

Therapie. Im Falle einer Erstinfektion muss, zur Verhütung einer Varizelleninfektion innerhalb von 24–96 h nach Kontakt Hyperimmunglobulin verabreicht werden, eine spätere Gabe kann die Infektion nicht mehr verhindern. Besteht schon ein Exanthem ist die Passiv-Impfung nur indiziert, wenn die Entbindung in 2–3 Tagen bevorsteht. Nach der Entbindung erhält das Neugeborene 2 ml Hyperimmunglobulin.

Therapie. Zur Verhütung einer Varizelleninfektion muss im Falle einer Erstinfektion der Mutter Zoster-Immunglobulin innerhalb von 24–96 h nach Kontakt verabreicht werden (Dosierung: 0,2 ml/kg KG bis 72 h nach Kontakt, 0,4 ml/kg KG bis 96 h nach Kontakt).
Bei späterer Gabe kann die Infektion nicht mehr verhindert, sondern nur noch abgeschwächt werden. Bei schon ausgebrochenem Exanthem ist die Passiv-Impfung nur dann gerechtfertigt, wenn es sich um den Zeitraum 2–3 Tage vor Entbindung handelt; Geburt möglichst verzögern! Nach der Entbindung

erhält das Neugeborene 2 ml Hyperimmunglobulin, gleiches gilt für Kinder bei deren Müttern die Infektion 2–4 Tage nach der Geburt aufgetreten ist.

Zytomegalie

Die CMV-Infektion zählt zu den häufigsten Infektionen während der Schwangerschaft. Von Bedeutung für den Embryo bzw. Fetus ist dabei nur die **Erstinfektion,** die zu einer Embryo-bzw. Fetopathie führen kann. CMV wird transplazentar auf den Fetus übertragen.

Klinik. Eine Erstinfektion mit dem Zytomegalievirus (CMV) während der Schwangerschaft verläuft bei der Schwangeren meist asymptomatisch. Beim Kind hingegen führt eine Infektion im 1. Trimenon zu **Fehlbildungen** (Embryopathie bzw. Fetopathie). Eine Infektion unter der Geburt führt zur **kongenitalen Zytomegalie** mit Hepatosplenomegalie, Thrombozytopenie, Petechien, geistiger und körperlicher Retardierung und Hörschäden.

Diagnostik. Die Diagnose einer Erstinfektion mit CMV wird durch Nachweis von IgM- und IgG-Antikörpern gestellt, außerdem kann CMV in Urin und Zervixsekret nachgewiesen werden.

Therapie. Bei Erstinfektion im 1. Trimenon muss eine Abruptio in Erwägung gezogen werden.

HIV-Infektion

(s. auch S. 210 f)

Epidemiologie. Die Prävalenz der HIV-Infektion beträgt bei uns bei Schwangeren weniger als 0,1 %. Ohne prophylaktische Maßnahmen kommt es in ca. 20–25 % der Fälle zur intrauterinen Infektion. Durch eine antiretrovirale Behandlung in der Schwangerschaft und eine elektive Kaiserschnittentbindung am wehenfreien Uterus, kann die Tranmissionsrate unter 1 % gesenkt werden.

Klinik. Eine Schwangerschaft führt nicht grundsätzlich zur Progredienz der HIV-Erkrankung. Die Immunlage während und nach einer Schwangerschaft ist abhängig vom Ausgangsstatus und der medikamentösen Therapie.
Bei den Kindern, die von ihren Müttern vertikal infiziert wurden, verläuft die HIV-Infektion unterschiedlich:

- Manche Kinder sterben noch im 1. Lebensjahr an den Folgen einer schweren Immunsuppression. Man nimmt an, dass sie frühzeitig intrauterin, wohl meistens transplazentar, infiziert wurden. Zu diesem Zeitpunkt ist die fetale Immunabwehr noch inkompetent.
- Bei der Mehrheit der Kinder ist die Infektion lange Jahre nur gering progredient. Diese Kinder wurden wahrscheinlich intrapartal oder (seltener) kurz vor der Geburt angesteckt. Vorstellbar ist, dass vor allem eine höhere Virusbeladung der Mutter (wie sie im fortgeschrittenen Krankheitsstadium vorkommt) diesen Verlauf begünstigt.

Manche Kinder werden erst post partum durch das Stillen infiziert. Der Infektionsverlauf gleicht dem spät intrauterin infizierter Kinder.

Diagnostik. In, besser noch vor der Schwangerschaft sollte routinemäßig ein HIV-Test (nach Einwilligung der Patientin) durchgeführt werden. Bei positivem Testergebnis muss die Patientin einer kompetenten Beratung zugeführt werden.

Therapie. Die Behandlung der Schwangeren mit antiretroviralen Medikamenten muss sich nach dem Immunstatus der Mutter richten. Hierzu existieren detallierte Richtlinien. Die Auswahl und Initiierung einer Therapie muss in einem Zentrum erfolgen, das Erfahrung auf diesem Gebiet hat. Eine weitere Reduktion des HIV-Transmissionsrisikos kann durch die elektive Sectio caesarea am

---

Zytomegalie

Klinik. Bei **Erstinfektion** der Schwangeren mit CMV im 1. Trimenon kommt es zu **Fehlbildungen** (Embryo- bzw. Fetopathie). Eine Infektion unter der Geburt führt zur **kongenitalen Zytomegalie** mit Hepatosplenomegalie, Thrombozytopenie, Petechien, geistiger und körperlicher Retardierung und Hörschäden.
Diagnostik. Nachweis von IgM- und IgG-Antikörpern, außerdem von CMV in Urin und Zervixsekret.

Therapie. Bei Erstinfektion im 1. Trimenon ist eine Abruptio zu erwägen.

HIV-Infektion

s. auch S. 210 f

Epidemiologie. Prävalenz der HIV-Infektion bei Schwangeren < 0,1 %, ohne prophylaktische Maßnahmen intrauterine Infektion in ca. 20–25 % der Fälle.

Klinik. Eine Schwangerschaft führt nicht grundsätzlich zur Progredienz der HIV-Erkrankung.

Bei den Kindern, die von ihren Müttern vertikal infiziert wurden, verläuft die HIV-Infektion unterschiedlich:
- Manche Kinder sterben noch im 1. Lebensjahr an den Folgen einer schweren Immunsuppression.
- Bei der Mehrheit der Kinder ist die Infektion lange Jahre nur gering progredient.

Manche Kinder werden erst post partum durch das Stillen infiziert.

Diagnostik. HIV-Test (mit Einwilligung der Patientin).

Therapie. Je nach Immunstatus der Mutter werden, entsprechend festgelegter Richtlinien antivirale Medikamente verabreicht. Der Patientin muss dringend zum Stillverzicht geraten werden.

wehenfreien Uterus erreicht werden. Der Patientin muss zum Stillverzicht geraten werden.

Pilzinfektionen

Soorkolpitis (s. auch S. 182 ff)

Eine Schwangerschaft prädisponiert zur Soorkolpitis. Vorsichtshalber sollte im 1. Trimenon auf die lokale Behandlung mit Antimykotika verzichtet und die Vaginalflora lediglich mit Milchsäurepräparaten stabilisiert werden. Die präpartale Sanierung der Geburtswege durch lokal applizierbare Antimykotika ist jedoch obligat, da nur so eine intrapartale Infektion vermieden werden kann.

Pilzinfektionen

Soorkolpitis (s. auch S. 182 ff)

Eine Schwangerschaft prädisponiert zur Soorkolpitis. Fruchtschädigungen sind bei Verwendung der gebräuchlichen Antimykotika nicht nachgewiesen worden, dennoch sollten in den ersten 12 SSW vorsichtshalber lokal **keine** Antimykotika, sondern nur Döderlein-Bakterien (Vagiflor) oder Naturjoghurt (enthält Laktobazillen) zur Normalisierung der Vaginalflora eingesetzt werden. In den letzten 4–6 Wochen vor dem Geburtstermin ist eine Sanierung der Geburtswege durch lokal applizierbare Antimykotika obligat, da nur so eine Infektion unter der Geburt vermieden werden kann. Die Kandidainfektion des Neugeborenen manifestiert sich ca. 3 Wochen post partum als Mundsoor oder Windeldermatitis. Frühgeborene sind besonders gefährdet.

Parasitäre Infektionen

Diagnostik. Nachweis von IgM- bzw. IgG-Antikörpern.

Parasitäre Infektionen

Diagnostik. Die Diagnose wird durch den Nachweis von IgM- bzw. IgG-Antikörpern gestellt.

Toxoplasmose

Ätiologie. Rohes Fleisch, Katzenkot.

Toxoplasmose

Ätiologie. Toxoplasma gondii wird durch den Verzehr rohen Fleisches und durch Kontakt mit Katzenkot übertragen. Die Übertragung auf den Fetus erfolgt transplazentar.

Klinik. Die Erstinfektion mit Toxoplasma gondii in der Schwangerschaft kann beim Fetus zu Hydrozephalus, intrazerebralen Verkalkungen, Chorioretinitis und evtl. zu intrauterinem Fruchttod, Frühgeburt, körperlicher und geistiger Behinderung oder Ikterus des Neugeborenen führen **(kongenitale Toxoplasmose).** Bei den meisten Neugeborenen manifestiert sich die Infektion erst nach der Geburt.

Klinik. Der Fetus ist nur bei Erstinfektion in der Schwangerschaft gefährdet, wobei die Gefahr bleibender Schäden im 1. Trimenon besonders groß ist. Die Folgen sind variabel und reichen vom intrauterinen Fruchttod bis zur Frühgeburt mit körperlicher und geistiger Behinderung (durch Hydrozephalus, intrazerebrale Verkalkungen und eine Chorioretinitis), daneben kann ein Neugeborenenikterus bestehen **(kongenitale Toxoplasmose)**. Klinische Symptome der Mutter sind: grippale Symtpome mit Lymphadenopathie, Krankheitsgefühl, Exanthem und Splenomegalie.
Bei den meisten Neugeborenen manifestiert sich die Infektion erst nach der Geburt.

Therapie. bis zu 20. SSW Spiramycin, danach Pyrimethamin plus Sulfadiazin (Folsäuresubstitution!).

Therapie. Jede Erstinfektion in der Schwangerschaft wird antibiotisch behandelt: Bis zur 12. SSW gibt man Spiramycin, danach Pyrimethamin plus Sulfadiazin plus Folsäure (Substitution). Thrombozytenkontrolle!

4.2.11 Chirurgische Eingriffe in der Schwangerschaft

Eine chirurgische Intervention wird bei ca. 1–2 % aller Schwangeren notwendig. Die höhere mütterliche und kindliche Letalität ist hauptsächlich auf eine Verzögerung bezüglich Diagnose und Therapie zurückzuführen.

4.2.11 Chirurgische Eingriffe in der Schwangerschaft

Eine chirurgische Intervention wird bei ca. 1–2 % aller Schwangeren notwendig. Die höhere mütterliche und kindliche Letalität operativ zu behandelnder intraabdominaler Erkrankungen in der Schwangerschaft ist hauptsächlich auf eine Verzögerung bezüglich Diagnose und Therapie zurückzuführen. Die veränderte Anatomie der Schwangeren macht die Diagnose, die Gefährdung des Fetus, die Therapie operativ zu behandelnder Erkrankungen in der Schwangerschaft schwierig.

Klinik. Kardinalsymptom einer potenziell chirurgisch anzugehenden intraabdominalen Erkrankung ist ein diffuser oder lokalisierter **Bauchschmerz**, der mit Fieber, Übelkeit, Erbrechen oder Verstopfung einhergehen kann **(Begleitsymptome).**

Klinik. Kardinalsymptom einer potenziell chirurgisch anzugehenden intraabdominalen Erkrankung ist ein diffuser oder lokalisierter **Bauchschmerz**. Der Rückschluss von der Schmerzlokalisation auf das auslösende Organ ist durch den schwangeren Uterus erschwert: Bei Schwangeren sind Mittelbauch- oder Oberbauchschmerzen oft Hinweise auf eine Appendizitis, Cholezystitis oder Pankreatitis. Ein lokalisierter mittelständiger Unterbauchschmerz ist oft uteriner Genese. Hat die Schwangere gleichzeitig vaginale Blutungen, steht wahrscheinlich eine geburtshilfliche Problematik im Vordergrund.

Begleitsymptome können Übelkeit, Erbrechen oder Verstopfung sein. Fieber über 38 °C weist im Zusammenhang mit einer abdominalen Erkrankung auf eine Entzündung hin.

Diagnostik. Neben der sorgfältigen **Untersuchung des Abdomens** ist die **rektale Untersuchung** unerlässlich.
Auch die **Laboruntersuchungen** (Differenzialblutbild, Hb, CRP, γ-GT, Amylase, Lipase, alkalische Phosphatase) geben wichtige Hinweise für die Diagnose.
Die **Ultraschalluntersuchung** erlaubt sowohl eine Aussage über den Zustand des Kindes (Doppler) als auch über die Oberbauchorgane, soweit der vergrößerte Uterus es zulässt.
Bei eindeutigen Zeichen peritonealer Reizung ist die chirurgische Exploration angezeigt. Wenn die Größe des Uterus es zulässt, ist eine Laparaskopie zur Absicherung der klinischen Verdachtsdiagnose angezeigt.
Für **Operationen an Schwangeren** gilt: Es wird der kleinstmögliche Eingriff durchgeführt; ohne Manipulation am graviden Uterus.
Ist eine Operation nicht dringlich, sollte sie auf das 2. Trimenon oder das Wochenbett verschoben werden.

Diagnostik. Neben der klinischen Untersuchung geben die Labor- und die Ultraschalluntersuchung wichtige Hinweise für die Diagnose (Differenzialblutbild, Hb, CRP, γ-GT, Amylase, Lipase, alkalische Phosphatase).

Bei eindeutigen Zeichen peritonealer Reizung ist die chirurgische Exploration angezeigt.

Für **Operationen an Schwangeren** gilt: Es wird der kleinstmögliche Eingriff durchgeführt; ohne Manipulation am graviden Uterus.

Nachsorge. Die **postoperative Betreuung** hängt vom Eingriff und vom Gestationsalter ab. Unerlässlich sind die postoperative CTG-Überwachung und eine Ultraschalluntersuchung des Fetus. Postoperativ können durch den Stress der Operation (Postaggressionsstoffwechsel) Wehen ausgelöst werden. In Abhängigkeit vom Gestationsalter ist deshalb eine prophylaktische Wehenhemmung zu erwägen. Eine Volumenbelastung der Mutter und eine übermäßige Sedierung müssen vermieden werden, und die Patientin ist wegen der erhöhten Thrombosegefahr früh zu mobilisieren.

Nachsorge. Postoperativ können durch den Stress der Operation Wehen ausgelöst werden. In Abhängigkeit vom Gestationsalter ist deshalb eine prophylaktische Wehenhemmung zu erwägen. **Cave:** Hypervolämie, übermäßige Sedation. Frühzeitige Mobilisation (erhöhte Thrombosegefahr!).

Appendizitis

▶ **Definition.** Entzündung des Wurmfortsatzes durch eine Obstruktion des Lumens.

◀ **Definition**

Epidemiologie. Die Häufigkeit einer Appendizitis in der Schwangerschaft beträgt ca. 1:1000.

Epidemiologie. Die Häufigkeit liegt bei ca. 1:1000.

Klinik. Die Diagnose einer Appendizitis verzögert sich häufig, da die Symptome atypisch und undramatisch sind. Die Lokalisation der Appendix ist durch den schwangeren Uterus verändert: Mit fortschreitendem Gestationsalter verlagert sie sich in den rechten Mittel- bis Oberbauch (s. Abb. **F-1.1**, S. 724).

Die Symptome sind durch die peritoneale Reizung bedingt. Übelkeit, Erbrechen und in der Regel ein diffuser Schmerz im rechten Abdomen, begleitet von Abwehrspannung und Loslass-Schmerz. Die Temperatur kann erhöht oder normal sein, oft kommt es zu der bei Appendizitis typischen rektal-axillären Temperaturdifferenz. Sonographisch lässt sich die verdickte, entzündete Appendix nachweisen (Kokardenphänomen).

Klinik. Die Diagnose einer Appendizitis verzögert sich häufig, da die Symptome atypisch und undramatisch sind. Die Appendix wird durch den schwangeren Uterus nach oben verlagert (s. Abb. **F-1.1**, S. 724).

Symptome der peritonealen Reizung sind Übelkeit, Erbrechen und diffuser Schmerz im rechten Abdomen, begleitet von Abwehrspannung und Loslass-Schmerz.

Labor. Die relative Schwangerschaftsleukozytose (normal 12000–16000 Leukozyten/µl) verschleiert eine Infektion. Obwohl nicht alle Patientinnen mit einer Appendizitis eine Leukozytenzahl > 16000/µl haben, zeigen doch 75 % eine Linksverschiebung im Differenzialblutbild. Ein stark erhöhtes CRP weist auch in der Schwangerschaft auf eine Entzündung hin.

Labor. Die relative Schwangerschaftsleukozytose verschleiert eine Infektion, jedoch zeigen 75 % der Patientinnen eine Linksverschiebung im Differenzialblutbild.

Differenzialdiagnose. Sie beinhaltet die vorzeitige Plazentalösung (s. S. 659 ff), Adnextorsion (s. S. 575), Pyelonephritis (s. S. 553), vorzeitige Wehen, Cholezystitis oder Choledocholithiasis (s. S. 574) sowie Nieren- oder Uretersteine (s. S. 554).

Differenzialdiagnose. Vorzeitige Plazentalösung, Adnextorsion, Pyelonephritis, vorzeitige Wehen, Cholezystitis, Nieren- oder Uretersteine.

Therapie. Die Therapie der Appendizitis ist die sofortige Operation. Die **nicht perforierte akute Appendizitis** wird durch einfache Appendektomie behandelt und hat eine sehr gute Prognose.

Therapie. Die **nicht perforierte akute Appendizitis** wird durch einfache Appendektomie behandelt und hat eine sehr gute Prognose. Eine prophylaktische Tokolyse während der Operation ist nicht notwendig. Tokolyse sollte nur bei beginnenden Wehen erfolgen.
Im Zweifelsfall ist es besser, eine nicht entzündete Appendix zu entfernen, als auf die typischen Zeichen einer perforierten Appendix und generalisierten Peritonitis (Schmerzzunahme, Temperaturerhöhung, Abwehrspannung, Ileus) zu warten.

Eine **perforierte Appendix** erfordert eine sofortige operative Sanierung (evtl. mit transabdominaler Dränge) und eine adäquate Antibiotikatherapie (**cave:** Fetotoxizität!). Bei generalisierter Peritonitis Sectio erwägen.

Eine **perforierte Appendix** erfordert eine sofortige operative Sanierung (evtl. mit transabdominaler Dränage) und eine adäquate Antibiotikatherapie (wegen der potenziellen Fetotoxizität bei der Wahl des Antibiotikums aufpassen!). Bei einer generalisierten Peritonitis ist eine Sectio zu erwägen, da die bakteriellen Toxine den Fetus gefährden. Der Zugang sollte entsprechend der Verdrängung der Appendix weiter kranial gewählt werden.

Cholezystitis und Choledocholithiasis

Epidemiologie. Bei 4 % aller Schwangeren finden sich Gallensteine, eine Cholezystitis ist sehr selten.

Epidemiologie. Eine akute Entzündung der Gallenblase tritt bei 0,03 % aller Schwangeren auf.
Bei 4 % aller Schwangeren bestehen bereits vor, oder bilden sich während der Schwangerschaft Gallensteine.

Ätiologie und Pathogenese. Als Ursachen werden Gallensteine, sistierender Gallefluss, bakterielle Infektion und Irritation der Gallenblase durch Pankreassekret diskutiert.

Ätiologie und Pathogenese. Als Ursachen einer Cholezystitis werden Gallensteine (sie sind in 85–95 % der Fälle zu finden), sistierender Gallefluss, bakterielle Infektion und Irritation der Gallenblase durch Pankreassekret diskutiert. Ein Risikofaktor für die Entwicklung von Gallensteinen ist Multiparität.

Während der Schwangerschaft steigt die Lithogenität der Galle, zusätzlich ist die Entleerung der Gallenblase erschwert.

Während der Schwangerschaft steigt die Lithogenität der Galle, und das Volumen der Gallenblase verdoppelt sich. Zusätzlich ist die Entleerung der Gallenblase erschwert.

Klinik und Labor. Akute Symptomatik mit kolikartigen, rechtsseitigen Oberbauchschmerzen.

Häufig sind die Konzentrationen von γ-GT und alkalischer Phosphatase erhöht (Cholestasezeichen).

Klinik und Labor. Die Symptome sind akut einsetzende, kolikartige, rechtsseitige Oberbauchschmerzen, die oft in das rechte Schulterblatt ausstrahlen, außerdem Fieber, Übelkeit und Erbrechen.
Häufig sind die Konzentrationen von γ-GT und alkalischer Phosphatase erhöht (Cholestasezeichen), ebenso die des Bilirubins (2–4 mg/dl), was eine entzündliche Mitreaktion des Ductus choledochus anzeigt.
Ist ein Gallengang durch einen Stein verschlossen, können Leukozytose, BKS-Erhöhung und ein Ikterus hinzukommen.

Diagnostik und Differenzialdiagnose. Sonographischer Nachweis von Steinen in der Gallenblase, einer verdickten Gallenblasenwand oder eines Sludge-Phänomens.

Wichtigste Differenzialdiagnose ist das HELLP-Syndrom und die Appendizitis.

Diagnostik und Differenzialdiagnose. Entscheidend für die Diagnose ist der sonographische Nachweis von Steinen in der Gallenblase, einer verdickten Gallenblasenwand oder eines Sludge-Phänomens (Eindickung von Galle in der Gallenblase).
Die wichtigste Differenzialdiagnose ist das HELLP-Syndrom (Labor!, s. S. 542), evtl. eine Appendizitis.

Therapie. Im Gegensatz zur Appendizitis ist die Cholezystitis im 1. Trimenon am besten konservativ zu behandeln: stationäre Aufnahme, Nahrungskarenz, parenterale Zufuhr von Flüssigkeit, Spasmolytika, adäquate Schmerztherapie, Breitspektrumantibiose.

Therapie. Im Gegensatz zur Appendizitis ist die Cholezystitis im 1. Trimenon am besten konservativ zu behandeln. Indiziert sind stationäre Aufnahme, Nahrungskarenz, parenterale Gabe von Flüssigkeit, Spasmolytika, adäquate Schmerztherapie und Breitspektrumantibiotikatherapie. In 75 % der Fälle tritt innerhalb von wenigen Tagen eine Besserung ein. Eine endgültige chirurgische Versorgung kann im 2. Trimenon oder nach der Geburt erfolgen.

Eine Cholezystektomie ist angezeigt, wenn die konservative Therapie keinen Erfolg hat.

Eine Cholezystektomie ist angezeigt, wenn die konservative Therapie keinen Erfolg hat, wie z. B. bei einer Größenzunahme der Gallenblase (V. a. Empyem), bei Ikterus (Obstruktion des Ductus choledochus), einer Begleitpankreatitis oder wenn der V. a. eine Gallenblasenruptur besteht.

Adnextorsion

Die Adnextorsion kommt in der Schwangerschaft selten vor. Ursache ist meist eine Ovarialzyste oder ein Tumor. Sie tritt meist im 1. Trimenon auf, später verhindert das Wachstum des Uterus eine Torsion.
Symptome sind akute Schmerzen im Unterbauch, Übelkeit und Erbrechen.

Als Differenzialdiagnose kommt eine akute Appendizitis in Betracht, im 1. Trimenon außerdem eine Extrauteringravidität.
Die Adnextorsion wird durch Laparotomie, Detorquierung und Zystektomie behandelt. Ist die Adnexe bereits nekrotisch, muss sie entfernt werden.

Unfälle

Die chirurgische Versorgung der polytraumatisierten Schwangeren ähnelt dem Vorgehen bei Nichtschwangeren. Jedoch hat es der Arzt immer mit zwei Patienten zu tun. Um Mutter und Kind zu retten, gilt es, gemäß den ABCD-Regeln der Wiederbelebung (Airway, Breathing, Circulation, Drugs) den Kreislauf so schnell wie möglich wiederherzustellen. Vorsichtig sollte man bei der Dosierung vasopressorischer Substanzen (z. B. Adrenalin, Dopamin) sein, da sie zu Hypoxie der Plazenta und damit des Fetus führen können.
Jedes stumpfe Bauchtrauma gefährdet besonders in der zweiten Schwangerschaftshälfte auch die Gebärmutter (vorzeitige Plazentalösung, Blasensprung). Die Patientin sollte im Zweifelsfall zur Überwachung stationär aufgenommen werden. Eine sonographische Kontrolluntersuchung der Plazenta sollte am nächsten Tag wiederholt werden, da eine partielle Plazentalösung sich erst 24 h später ultrasonographisch zeigen kann. Bei großer Gewalteinwirkung kann ein über dem Bauch getragener Sicherheitsgurt eine Uterusruptur bewirken. Jedes schwere Trauma einer Schwangeren bedarf deshalb unbedingt der Zusammenarbeit von Chirurgen und Gynäkologen.

▶ **Merke.** Es ist wichtig, Schwangere darauf hinzuweisen, den Sicherheitsgurt so tief wie möglich unter der Gebärmutter zu tragen! Der Gurt sollte dem unteren Beckenkamm straff anliegen.

Adnextorsion

Ursache ist meist eine Ovarialzyste oder ein Tumor. Sie tritt meist im 1. Trimenon auf.

Symptome sind akute Schmerzen im Unterbauch, Übelkeit und Erbrechen.

Differenzialdiagnose: akute Appendizitis, Extrauteringravidität (im 1. Trimenon).

Die Therapie besteht in Laparotomie, Detorquierung und Zystektomie.

Unfälle

Der Arzt hat es immer mit zwei Patienten zu tun! Um Mutter und Kind zu retten, gilt es, gemäß den ABCD-Regeln der Wiederbelebung den Kreislauf so schnell wie möglich wiederherzustellen.
Vorsicht bei der Dosierung vasopressorischer Substanzen (Hypoxie des Fetus)!

Jedes stumpfe Bauchtrauma gefährdet besonders in der zweiten Schwangerschaftshälfte auch die Gebärmutter (vorzeitige Plazentalösung, Blasensprung).

◀ **Merke**

5 Die regelrechte Geburt

5.1 Voraussetzungen

Der reibungslose Ablauf der Geburt ist für das ganze Leben des Neugeborenen von Bedeutung.

Geburtsmechanische Faktoren:
- Anatomie des mütterlichen Geburtskanals
- Größe, Form, Einstellung des kindlichen Kopfes
- Wehentätigkeit.

Die Geburtshilfe erfordert spezielle Kenntnisse der Anatomie des Geburtskanals, der kindlichen Anatomie und der Bedeutung der Wehentätigkeit.

5.1.1 Geburtskanal

Knöchernes Becken

Beckenformen

Das weibliche Becken (gynäkoide Form) ist durch einen querovalen Beckeneingang und einen weiten Schambogenwinkel sowie das gekrümmte Kreuzbein gekennzeichnet (s. Abb. **E-5.1**).

5 Die regelrechte Geburt

5.1 Voraussetzungen

Die Geburt ist wohl der risikoreichste Augenblick im Leben jedes Menschen, ist doch ihr reibungsloser Ablauf von entscheidender Bedeutung für das ganze Leben des Neugeborenen. Um diesen ungestörten Ablauf zu gewährleisten, müssen anatomische und physiologische Gegebenheiten bei Mutter und Kind in korrekter Weise zueinander passen. Schon kleine Varianten und Funktionsstörungen können dazu führen, dass die Geburt einen regelwidrigen und potenziell gefährlichen Verlauf nimmt, oder dass eine natürliche Geburt sogar unmöglich wird.

Die maßgeblichen Faktoren für die Geburtsmechanik sind:
- die Anatomie des mütterlichen „Geburtskanals", bestehend aus knöchernem Becken und Weichteilkanal
- Größe, Form und Einstellung des kindlichen Kopfes
- die Wehentätigkeit.

Die Geburt selbst ist unter diesen Aspekten eigentlich ein Kompromiss: die Schwangerschaft wird zu einem Zeitpunkt terminiert, an dem der kindliche Kopf (der größte und umfangreichste Körperteil des Neugeborenen) das weibliche Becken gerade noch passieren kann. Allerdings ist das Neugeborene zu diesem Zeitpunkt, verglichen z. B. mit der Nachkommenschaft anderer Säugetiere, noch völlig hilflos und schlecht auf das Leben außerhalb des Mutterleibs vorbereitet. Aufgrund der anatomischen Verhältnisse ist ein längeres Verbleiben des Kindes im Mutterleib jedoch nicht möglich.

Grundlegend für die Geburtshilfe sind spezielle Kenntnisse: Anatomie des weiblichen Beckens (Beginn des Geburtskanals) und des Weichteilrohres (als Fortsetzung des Geburtskanals) mit seinen Landmarken, körperliche Gesetzmäßigkeiten des Kindes sowie das Wissen um die Bedeutung der Wehentätigkeit vor dem Hintergrund der geburtsmechanischen Gesetze.

5.1.1 Geburtskanal

Knöchernes Becken

Beckenformen

Die normale, weibliche Beckenform (gynäkoides Becken) ist – im Gegensatz zur androiden, anthropoiden oder platypeloiden Beckenform (s. Abb. **E-5.1**) – durch einen querovalen Beckeneingang (engster wichtigster Durchmesser ca. 11 cm), einen weiten Schambogenwinkel und eine mittlere Kreuzbeinkrümmung gekennzeichnet. Von Bedeutung für Geburt und Geburtsmechanik ist unter nor-

E-5.1 Die weiblichen Beckenformen

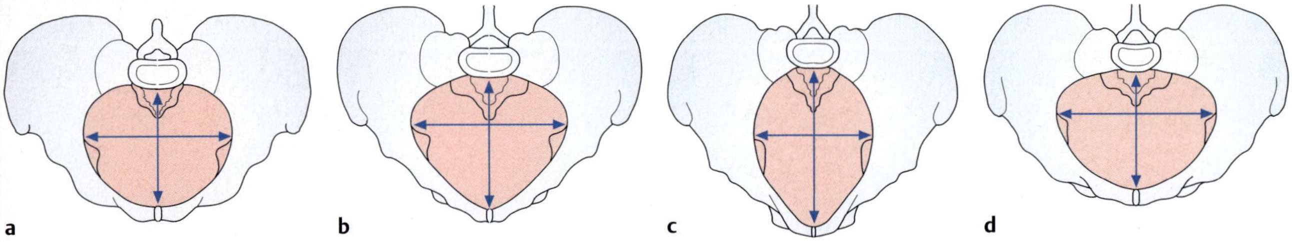

a Gynäkoides Becken mit querovalem Beckeneingang. Diese für die Geburtsmechanik ideale Beckenform kommt am häufigsten vor.
b Androides Becken mit herzförmigem oder dreieckigem Beckeneingang. Diese Form erinnert an das männliche Becken.
c Anthropoides Becken mit längsovalem Beckeneingang.
d Flaches (paltypeloides) Becken.

malen anatomischen Verhältnissen nur das kleine Becken als knöcherner Anteil des Geburtskanals.

Der Aufbau des kleinen Beckens zwingt das „Geburtsobjekt“ (Kind) während der Geburt zu mehreren Änderungen der „Haltung“ und der „Einstellung“. Aus der Sicht des Geburtshelfers wird das weibliche Becken in drei räumliche Abschnitte unterteilt die von gedachten Ebenen, bzw. von anatomischen Strukturen begrenzt werden. Mehrere Begriffe bzw. Definitionen werden hier, je nach Erfordernis parallel verwendet:

Das weibliche Becken wird in verschiedene Ebenen und räumliche Abschnitte unterteilt die unterschiedlich definiert sind:
In der klassischen Geburtshilfe sind verschiedene **Ebenen** (s. Abb. **E-5.2a**) definiert, die das Verständnis des Geburtsmechanismus erleichtern:
- Beckeneingangsebene
- Ebene der Beckenweite
- Ebene der Beckenenge
- Beckenausgangsebene.

In der **klassischen Geburtshilfe** werden verschiedene **Ebenen** (s. Abb. **E-5.2a**) definiert, um das Verständnis für den Geburtsmechanismus zu erleichtern. Es handelt sich hierbei um die
- **Beckeneingangsebene** in Höhe der Conjugata vera obstetrica,
- Ebene der **Beckenweite,** die auf der Verbindungslinie der Mitte der Symphysenhinterwand und der Mitte des 3. Lendenwirbelkörpers liegt,
- Ebene der **Beckenenge** auf der Höhe der Verbindungslinie der Symphysenunterkante und des Sakrokokcygealgelenks,
- **Beckenausgangsebene,** definiert durch die Verbindung der Symphysenunterkante und der Steißbeinspitze.

Der Vorteil dieses Ebenensystems ist, dass die Krümmung des Geburtskanals berücksichtigt wird, d. h. dass die Führungslinie (s. Abb. **E-5.2a**) jeweils senkrecht zu diesen Ebenen steht. Im Rahmen der **geburtshilflichen Routinediagnostik**, bzw. der **Höhenstandsdiagnostik** (s. S. 584) unter der Geburt verwendet man jedoch häufig das System der **parallelen Ebenen nach Hodge.** Die vier gedachten Ebenen (s. Abb. **E-5.2b**) sind per Definition jeweils 4 cm voneinander entfernt und werden als

Im Rahmen der geburtshilflichen **Routine-** bzw. **Höhenstandsdiagnostik** (s. S. 584) werden aber meist die parallelen Ebenen nach Hodge verwandt (s. Abb. **E-5.2b**)
- obere Schoßfugenrandebene
- untere Schoßfugenrandebene
- Interspinalebene (Nullebene)
- Beckenbodenebene.

- **obere Schoßfugenrandebene**
- **untere Schoßfugenrandebene**
- **Interspinalebene**
- **Beckenbodenebene**

bezeichnet.

Mit Hilfe beider Ebenensysteme sowie der zusätzlichen Definition der **Terminalebene** (parallel zur oberen Schoßfugenrandebene gedachte Ebene in Höhe der seitlichen Anteile der Linea terminalis) können geburtshilfliche relevante Räume im kleinen Becken definiert werden (s. Abb. **E-5.2c**)
- **Beckeneingangsraum** (auch Beckenhöhle genannt)
- mit querovaler Form, begrenzt durch Promontorium, Linea terminalis (Grenze zwischen großem und kleinem Becken) und Symphyse

Diese beiden Ebenensysteme erlauben in Verbindung mit der Terminalebene die Unterteilung des Beckens in geburtshilflich relevante Räume (s. Abb. **E-5.2c**):
- **Beckeneingangsraum** (queroval)
- **Beckenmitte** (runder Querschnitt)
- **Beckenausgangsraum** (längsoval).

E-5.2 Einteilung des weiblichen Beckens

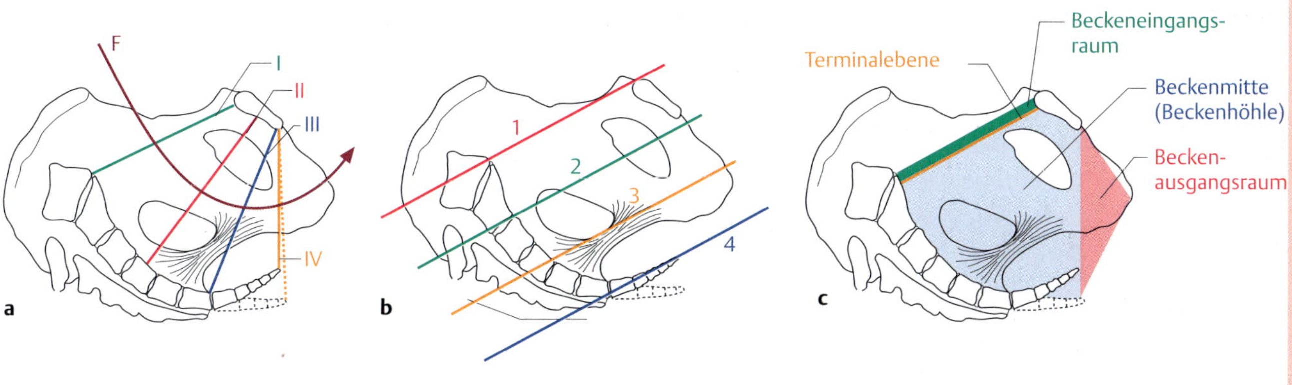

a Die klassischen Beckenebenen: Beckeneingang (I), Beckenweite (II), Beckenenge (III), Beckenausgang (IV)
Verbindet man die Mittelpunkte dieser Ebenen, ergibt sich die Führungslinie (F).
b Die Parallelebenen des Beckens nach Hodge: obere Schoßfugenrandebene (1), untere Schoßfugenrandebene (2), Interspinalebene (3), Beckenbodenebene (4).
c Die Räume des kleinen Beckens: Beckeneingangsraum, Beckenmitte (Beckenhöhle), Beckenausgangsraum, Terminalebene.

- **Beckenmitte** mit annähernd rundem Querschnitt, begrenzt durch Kreuzbein, Spinae ischiadicae und Symphyse
- **Beckenausgangsraum** mit eher längsovaler Form, begrenzt durch Steißbein, Tubera ischiadica und Schambeinbogen.

Beckenmaße

Beckenmaße

Die **Pelvimetrie** (Ermittlung der Beckenmaße) dient der Erkennung möglicher Geburtshindernisse (pelvine Dystokie). Entscheidend ist das funktionelle Zusammenspiel mit den Maßen des kindlichen Kopfes.

Die Beurteilung und Messung des Beckens einer Schwangeren **(Pelvimetrie)** sollte nicht vor der 38. SSW durchgeführt werden; sie dient der Früherkennung möglicher Geburtshindernisse (pelvine Dystokie). Auch wenn der geburtshilfliche Erfolg nicht an genauen Zentimeterangaben festgemacht werden kann (deren exakte Messung oft auch nicht möglich ist), so sind grundsätzliche Kenntnisse der wichtigsten Beckenmaße im funktionellen Zusammenspiel mit den entsprechenden Maßen des kindlichen Kopfes von großer Bedeutung.

Die **Conjugata vera obstetrica** bestimmt den geraden Durchmesser, also den kleinsten sagittalen Durchmesser des kleinen Beckens, ist aber nur durch Röntgen oder vaginale Sonographie messbar. Durch vaginale Untersuchung kann die **Conjugata diagonalis** gemessen werden (s. Abb. **E-5.3**).

Im **Beckeneingang** ist der kleinste gerade Durchmesser des kleinen Beckens, die **Conjugata vera obstetrica,** besonders wichtig. Dabei handelt es sich um die Distanz zwischen Promontorium und dem am weitesten ins kleine Becken ragenden Punkt der Symphysenhinterfläche. Dieser kleinste sagittale Durchmesser des Beckeneingangs kann radiologisch oder vaginalsonographisch bestimmt werden. Es gibt Methoden, um dieses Maß bei der vaginalen Untersuchung abzuschätzen: Messbar ist der Abstand zwischen Promontorium und der unteren Symphysenkante, genannt **Conjugata diagonalis** oder auch „Hebammen-Durchmesser" (s. Abb. **E-5.3**).

Faustregel: Conjugata diagonalis - 1,5 cm = Conjugata vera.

Bei der Untersuchung versucht man, mit dem Mittelfinger das Promontorium zu erreichen. Gelingt dies, markiert man die Stelle, an der der Symphysenunterrand die Oberkante der messenden Hand berührt. Ist die Distanz zwischen der Mittelfingerspitze und dem markierten Punkt größer als 12,5 cm, kann man davon ausgehen, dass die Conjugata vera normal, d. h. größer als 11 cm ist (Faustregel: Conjugata diagonalis - 1,5 cm = Conjugata vera).

Wenn eine normal große Hand das Promontorium nicht erreicht, ist die Conjugata vera vermutlich normal (> 11 cm). Abb. **E-5.4** zeigt die normalen Beckenmaße.

Erreicht eine normal große Hand das Promontorium nicht, kann man ebenfalls von einer normalen Conjugata vera (> 11 cm) ausgehen. Abb. **E-5.4** zeigt die normalen Beckenmaße.

Der quere Durchmesser **(Diameter transversa)** ist das wichtigste Maß für die **Beckenmitte**, kann aber nicht palpatorisch bestimmt werden. Eine Abschätzung ist durch Palpation der Spinae ischiadicae möglich.

Für die **Beckenmitte** ist der quere Durchmesser **(Diameter transversa)** das entscheidende Maß. Er beträgt ca. 13 cm und ist ebenfalls einer direkten Messung nicht zugänglich. Der quere Durchmesser lässt sich durch Palpation der Spinae ischiadicae abschätzen, deren Abstand größer als 9 cm sein sollte. Dabei kann ggf. auch ein „Vorspringen" der Spinae getastet werden. Ebenfalls untersucht werden kann die Neigung der seitlichen Wände des kleinen Beckens (Inklina-

E-5.3

E-5.3 Messung der Conjugata diagonalis

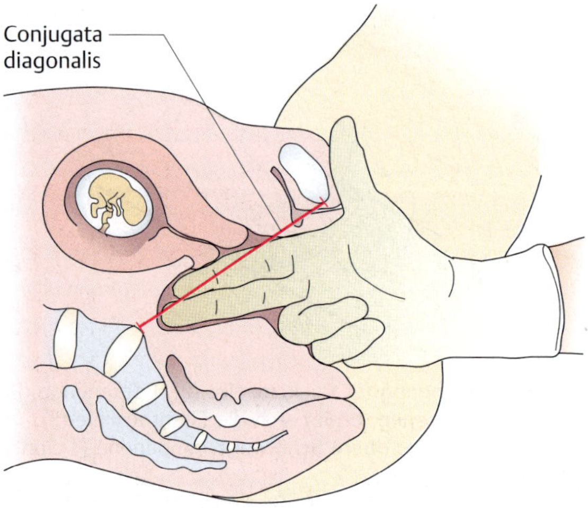

E-5.4 Durchmesser des weiblichen Beckens

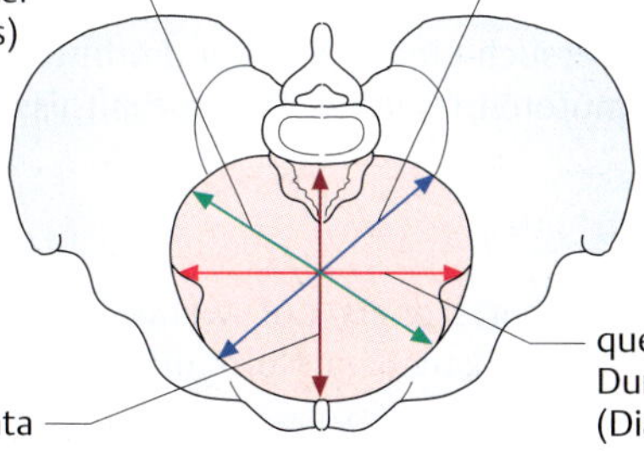

Conjugata vera: 11 cm
Diameter obliqua: 12,5 cm
Diameter transversa: 13,5 cm

E-5.4

E-5.1 Maße des kleinen Beckens

E-5.1

Ebene	*gerader Durchmesser (cm)*	*schräger Durchmesser (cm)*	*querer Durchmesser (cm)*	*Form*
Beckeneingang	11	12	13	queroval
Beckenweite	12	12	12	rund
Beckenenge	11		10,5–11	
Beckenausgang	11–12	12	11	längsoval

tion). Der regelrechte Verlauf ist parallel, pathologisch ist ein konvergierender oder divergierender Verlauf.

Im **Beckenausgang** wird der gerade Durchmesser indirekt bestimmt: Die Steißbeinspitze sollte nicht nach vorne vorspringen, der Schambeinbogen sollte zwei Querfinger bequem aufnehmen. Der quere Durchmesser des Beckenausgangs wird gemessen, indem man die geschlossene Faust zwischen beide Tubera ischiadica drückt. Eine normal große Faust passt zwischen beide Tubera, wobei diese Distanz größer als 8 cm sein sollte.

Beckenausgang: Bei normalem geradem Durchmesser springt die Steißbeinspitze nicht vor, der Schambeinbogen nimmt zwei Querfinger auf, die Distanz zwischen den Tubera ischiadica beträgt > 8 cm.

Die Betrachtung der **Michaelis-Raute** (optimal bei seitlichem Lichteinfall) kann ebenfalls Hinweise auf eine mögliche Beckenanomalie geben (s. S. 500, Abb. **E-3.5**).

Auch die Inspektion der **Michaelis-Raute** (s. S. 500, Abb. **E-3.5**) kann Hinweis auf Beckenanomalien geben.

Auch die Schuhgröße der Schwangeren korreliert indirekt mit dem Vorkommen von Beckenanomalien:

Schuhgröße	Sectiorate
< 37,5	21 %
37,5–39	10 %
> 39	1 %

Tabelle **E-5.1** zeigt die Durchmesser des normalen Beckens in verschiedenen Ebenen.

Tab **E-5.1** zeigt die Maße des normalen Beckens.

Die Beckenmessung (Pelvimetrie) dient der Erkennung von pathologischen Konstellationen im Vorfeld der Geburt: Wenn die geburtswirksamen Kräfte bei einsetzender Wehentätigkeit keinen Geburtsfortschritt bewirken, kommt es zum Bild einer **pelvinen Dystokie** (s. S. 608). Im Falle einer schweren Dystokie (Conjugata vera < 8,5 cm, stark vorspringende Spinae ischiadicae o. ä.) ist eine vaginale Geburt nicht möglich. Man spricht von einem **absoluten Missverhältnis** zwischen mütterlichem Becken und kindlichem Kopf, das jedoch äußerst selten vorkommt und eine Indikation zur **primären** Sectio darstellt. In den meisten Fällen kann man aber nur einen Verdacht auf ein **relatives Missverhältnis** äußern. Dies ist z. B. der Fall, wenn man zwar am Becken einer Schwangeren keine grobe anatomische Anomalie feststellt, aber der kindliche Kopf, der

Wenn Beckenanomalien vorliegen, die zum Geburtsstillstand führen, spricht man von **pelviner Dystokie** (s. S. 608). Die Beckenmessung ergibt selten Hinweise auf ein **absolutes Missverhältnis**, in diesem Fall ist eine vaginale Entbindung primär unmöglich und eine Sectio notwendig. Meist besteht nur der Verdacht auf ein **relatives Missverhältnis** zwischen dem Becken der Mutter und dem kindlichen Kopf. Die klinische Bedeutung eines solchen Missverhältnisses wird oft erst beim Versuch einer vaginalen Entbindung sichtbar, da neben den anatomischen Voraussetzungen auch funktionelle Faktoren wie die Wehentätigkeit den Geburtsfortschritt beeinflussen.

ja z. B. einer Messung durch Ultraschall zugänglich ist, für dieses Becken zu groß scheint. Entscheidend ist stets das Zusammenspiel der geburtsrelevanten Faktoren mütterliches Becken, kindlicher Kopf und funktionelle Wehentätigkeit. Das bedeutet in der Praxis, dass bei einem Verdacht auf ein relatives Missverhältnis bei Geburtsbeginn immer eine gewisse Unsicherheit und Unabwägbarkeit bestehen bleibt. Erst durch den Versuch einer vaginalen Entbindung kann die klinische Bedeutsamkeit des vermuteten relativen Missverhältnisses überprüft werden.

Weichteilkanal

Der Weichteilkanal, bestehend aus unterem Uterinsegment, Zervix, Vagina und Beckenboden, dehnt sich von anfänglich 2 cm auf über 10 cm in der Austreibungsperiode.

Weichteilkanal

Während der knöcherne Anteil des Geburtskanals nur wenig dehnbar und beweglich ist, verändert sich der Weichteilkanal im Normalfall während der Geburt sehr stark.

Der Weichteilkanal setzt sich aus einem inneren und einem äußeren Anteil zusammen. Der innere Anteil besteht anatomisch und funktionell aus dem unteren Uterinsegment, der Cervix uteri, der Vagina und der Vulva. Der äußere Anteil wird vom sogenannten Beckenboden gebildet, bestehend aus den Beckenbodenmuskeln M. levator ani, M. transversus perinei profundus, M. transversus perinei superficialis und dem M. sphincter ani.

Der Weichteilkanal wird weitgehend passiv durch das vorangehende Kindsteil gedehnt: Von einer queren Weite von ca. 2–3 cm zu Beginn der Eröffnungsperiode auf über 10 cm während der Austreibungsperiode.

Um ein Einreißen des stark beanspruchten Damms zu verhindern oder die Austreibungsphase abzukürzen oder zu erleichtern, kann ein **Dammschnitt (Episiotomie)** notwendig werden.

Der gesamte Vulvabereich und in besonderem Maße die Region zwischen dorsaler Kommissur und ventralem Analbereich, genannt **„Damm"**, wird maximal mechanisch beansprucht. Um ein Einreißen in diesem Bereich zu verhindern (sog. Dammriss) und in der Vorstellung das individuelle Risiko einer späteren Gebärmuttersenkung zu vermindern, kann der Damm bei engen Weichteilverhältnissen bis zu mehreren Zentimetern eingeschnitten werden **Dammschnitt** = (**Episiotomie** s. S. 677). Ein solcher Eingriff kann auch notwendig sein um die Austreibung zu erleichtern oder abzukürzen.

5.1.2 Kindlicher Kopf

Der Kopf als vorangehender Teil ist für den ungestörten Ablauf der Geburt wesentlich.

5.1.2 Kindlicher Kopf

Da das mütterliche Becken als eine weitgehend unveränderliche geburtsmechanische Komponente betrachtet werden muss, kommt dem vorangehenden Teil als der zweiten maßgeblichen Komponente der regelrechten Geburt ganz besondere Bedeutung zu. Eine regelrechte Geburt ist per definitionem nicht möglich, wenn das kindliche Becken führt (sog. Steißlage), obwohl in diesem Fall die Geburt evtl. vaginal beendet werden kann. Meist befindet sich das Kind jedoch in Schädellage, der Kopf ist somit der vorangehende Teil; seine Form und seine Maße sind also ausschlaggebend für die Passage durch das mütterliche Becken.

▶ Merke

▶ **Merke.** 94 % aller Geburten erfolgen aus Schädellage.

Der kindliche Kopf muss sich dem Geburtsweg optimal anpassen, so dass der **kleinste Kopfumfang** geburtsmechanisch wirksam wird.

Man erkennt den Kopf bei der vaginalen Untersuchung an seiner Größe, Härte, den Nähten und Fontanellen. Eine Orientierung über Lage und Einstellung des kindlichen Kopfes ist über die Palpation der Fontanellen und der Pfeilnaht möglich (s. Abb. **E-5.5**).

Die Position von Nähten (Pfeilnaht) und Fontanellen zeigt, ob sich der Kopf an die

Da selbst bei „normalen Verhältnissen" der kindliche Kopf unter der Geburt den Beckenraum bis auf einen schmalen Spalt ausfüllt, ist folgerichtig die Geburt nur durch optimale Anpassung des Kopfes an den Geburtskanal möglich. Hierbei ist wichtig, dass der **kleinste Kopfumfang** geburtsmechanisch zum Tragen kommt. Die Schädelknochen des Kindes sind durch bindegewebige Nähte miteinander verbunden und dadurch verschieblich. Durch das Zusammentreffen mehrerer Nähte entstehen Knochenlücken, die sog. Fontanellen. Die Orientierung über Haltung und Einstellung des kindlichen Kopfes erfolgt an Hand der großen und kleinen Fontanelle und der dazwischenliegenden Pfeilnaht (s. Abb. **E-5.5**). Diese Strukturen können bei der vaginalen Untersuchung getastet werden. Man erkennt den Kopf an Größe, Härte, Nähten und Fontanellen.

Die Beschreibung der Position von Nähten und Fontanellen erlaubt einen Rückschluss darauf, ob sich der kindliche Kopf an die vorgegebenen Verhältnisse des

E-5.5 Synopsis Schema des kindlichen Schädelknochens

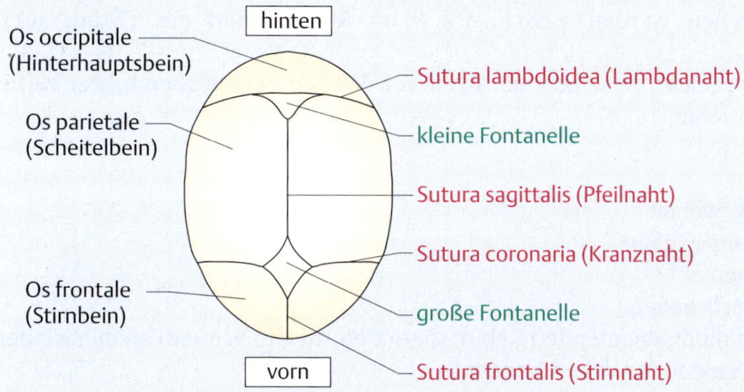

Pfeilnaht	Naht zwischen den Scheitelbeinen Naht zwischen großer und kleiner Fontanelle
Stirnnaht	Naht zwischen den Stirnbeinen
Kranznaht	Naht zwischen den Stirn- und Scheitelbeinen
Lambdanaht	Naht zwischen Scheitelbeinen und Hinterhauptsbein
kleine Fontanelle	nackenwärts, dreieckig
große Fontanelle	stirnwärts, viereckig

E-5.6 Durchmesser und Umfänge des kindlichen Kopfes

E-5.6

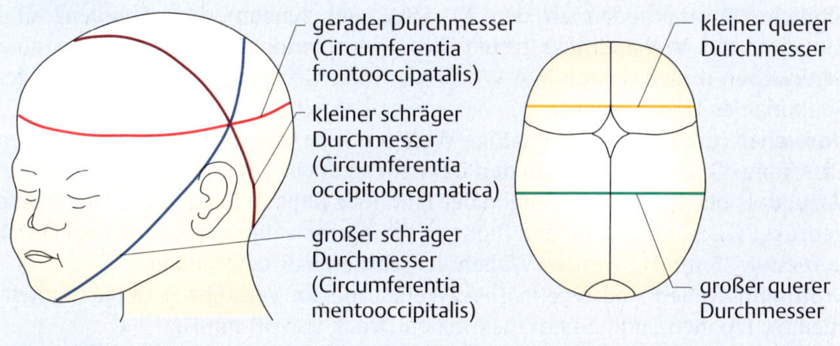

E-5.2 Maße des kindlichen Schädels

E-5.2

Bezeichnung	*Verlauf*	*Messwert (cm)*
gerader Durchmesser (Diameter frontooccipitalis)	Glabella–Hinterhaupt	12,0
Circumferentia frontooccipitalis (Hutmaß)		34,0
kleiner schräger Durchmesser (Diameter suboccipitobregmaticus)	Nacken–große Fontanelle	9,5
Circumferentia suboccipitobregmatica		32,0
großer schräger Durchmesser (Diameter mentooccipitalis)	Kinnspitze–Hinterhaupt	13,5
Circumferentia mentooccipitalis		38,0
großer querer Durchmesser (Diameter biparietalis)	zwischen beiden Scheitelbeinhöckern	9,5
kleiner querer Durchmesser (Diameter bitemporalis)	zwischen beiden Schläfenbeinen	8,0

mütterlichen Beckens anpasst. Die Stellung der Pfeilnaht und die Position der Fontanellen beschreiben unter der Geburt die Ausrichtung des kindlichen Kopfes. Abb. **E-5.6** zeigt die Durchmesser und Umfänge des kindlichen Kopfes, Tab. **E-5.2** die zugehörigen Messwerte.

vorgegebenen Verhältnisse des mütterlichen Beckens anpasst. Abb. **E-5.6** und Tab. **E-5.2** zeigen die Maße des kindlichen Kopfes.

5.1.3 Geburtskräfte (Wehen)

Wehen, die austreibenden Kräfte bei der Geburt, entstehen im **Myometrium**.

Man unterscheidet:

- Senkwehen
- Vorwehen
- Eröffnungswehen
- Austreibungswehen
- Presswehen
- Nachgeburtswehen.

Unregelmäßige, lokale Uteruskontraktionen („Schwangerschaftswehen“) treten schon während der Schwangerschaft auf (Alvarez-Wellen und Braxton-Hicks-Kontraktionen). In den letzten 3–4 Wochen vor der Geburt kommt es zu **Senkwehen**, verbunden mit der Senkung des Leibes.

Unregelmäßige, kräftige (Druck bis ca. 40 mmHg) **Vorwehen** treten in den letzten Tagen vor der Geburt auf. Ab einem Druck von ca. 25 mmHg sind Wehen schmerzhaft.

Eröffnungswehen: regelmäßig, zunehmende Frequenz, Druck max. 50 mmHg.
Austreibungswehen: Häufig, regelmäßig, Druck bis 200 mmHg.

Nachgeburtswehen: unregelmäßig, schwächer.
Zu Wehenstärke, -dauer und -häufigkeit s. Tabelle **E-5.3**.

5.1.3 Geburtskräfte (Wehen)

Grundlage der Geburt ist die Erzeugung austreibender Kräfte in Form von Wehen. Wehen werden ausschließlich im **Myometrium** des Corpus uteri erzeugt.
Man unterscheidet verschiedene Arten von Wehen entsprechend ihrer zeitlichen Reihenfolge:

- Senkwehen
- Vorwehen
- Eröffnungswehen
- Austreibungswehen
- Presswehen
- Nachgeburtswehen.

Die nacheinander ablaufenden Geburtsperioden sind im Wesentlichen nach den hierbei auftretenden Wehen benannt.
Physiologischerweise treten Uteruskontraktionen bereits während der Schwangerschaft in unregelmäßigen Abständen auf, sie nehmen mit fortschreitendem Schwangerschaftsalter an Häufigkeit zu. Man bezeichnet diese Schwangerschaftswehen als „Alvarez-Wellen“ = lokale Kontraktionen mit hoher Frequenz und als „Braxton-Hicks-Kontraktionen“ = unregelmäßig auftretende wehenähnliche Kontraktionen ab der 20. SSW. Bei zunehmender Frequenz und Zunahme des Wehendrucks treten diese Kontraktionen dann als sogenannte **Senkwehen** in den letzten 3–4 Wochen vor der Geburt auf und gehen mit der Senkung des Leibes einher.
Vorwehen (kräftige, unregelmäßige Wehen mit bereits erhöhtem intrauterinen Druck bis 40 mmHg) treten in den letzten Tagen vor der Geburt auf. Sie führen dazu, dass bei der Erstgebärenden der kindliche Kopf fest in den Beckeneingang gedrückt wird und gehen dann fließend in Geburtswehen über. Ab einem Druck von etwa 25 mmHg werden Wehen als schmerzhaft empfunden.
Eröffnungswehen sind regelmäßige Wehen mit im Verlauf der Geburt zunehmender Frequenz und einem maximalen Druck von 50 mmHg.
Austreibungswehen sind regelmäßig, häufig, der Druck kann bis zu 200 mmHg betragen.
Nachgeburtswehen sind unregelmäßig und wesentlich schwächer.
Wehenstärke, -dauer und -häufigkeit im Zusammenhang mit der jeweiligen Geburtsphase sind in Tabelle **E-5.3** zusammengefasst.

E-5.3 Wehenarten

Periode	*Wehentyp*	*Druck*	*Frequenz*	*Beschreibung*
Eröffnungsperiode	Eröffnungswehen (regelmäßig)	40–50 mmHg	alle 5–20 Min.	erhöht den Ruhetonus, Wehendauer 30–60 sec. Zweck: Erweiterung des Muttermundes, Tiefertreten des vorangehenden kindlichen Teils, Dauer: Erstpara bis 12 h, Mehrpara 2–8 h
Austreibungsperiode	Austreibungswehen (regelmäßig)	60 mmHg	alle 4–10 Min.	Steigerung in Quantität und Qualität (i. Vgl. zu Eröffnungswehen), reflektorische Zunahme von Druck und Frequenz nach vollständiger Muttermundöffnung. Dauer: Erstpara bis 50 Min., Mehrpara bis 20 Min.
Pressphase	Presswehen	200 mmHg	alle 2–3 Min.	letzter Teil der Austreibungsperiode, hoher intrauteriner Druck, zusätzlich Einsatz der Bauchpresse. Aktive Mitarbeit der Gebärenden verkürzt die Pressphase.
Nachgeburtsperiode	Nachgeburtswehen	nachlassend	nachlassend	Uteruskontraktion, Lösung und Austreibung der Plazenta, Dauer ca. 10 Min.
Wochenbett	Nachwehen			vor allem bei Mehrgebärenden, lokale Kontraktionen zur Blutstillung und Rückbildung (Involution) des Uterus

5.2 Vorzeichen der Geburt

Ein typisches Zeichen für die beginnende Geburt ist die Ausstoßung des zervikalen Schleimpfropfs, der meist etwas blutig tingiert ist. Von Alters her wird dieser Vorgang **„Zeichnen"** genannt und ist häufig Anlass für die werdende Mutter, sich besorgt im Kreißsaal der Geburtsklinik vorzustellen. Weitere Signale für die bevorstehende Geburt sind **regelmäßiger** und **häufiger** auftretende **Wehen** in Abständen von 20–30 Minuten oder auch der Abgang von **Fruchtwasser**, auch ohne Wehentätigkeit (= **vorzeitiger Blasensprung,** s. S. 588).

Die Erkennung der **Geburtsbereitschaft** und der **Geburtsreife** einer Schwangeren erfolgt in der Regel über eine vaginale Untersuchung, die unter sterilen Bedingungen durchgeführt werden sollte. Durch diese Untersuchung können folgende Kriterien beurteilt werden:

- Beschaffenheit und Weite des Muttermunds (s. Tab. **E-3.2**, S. 504).
- Zustand des Geburtskanals (Weite des Beckens, Beschaffenheit der Weichteile)
- Zustand der Fruchtblase (intakt oder gesprungen)
- Art des vorangehenden Kindsteils und dessen **Höhenstand** im kleinen Becken (s. u.).
- Wehentätigkeit.

5.2 Vorzeichen der Geburt

Ein typisches Zeichen für den Beginn der Geburt ist der Abgang eines blutigen Schleimpropfs (sog. **„Zeichnen"**). Weitere Hinweise: **Wehen** in **regelmäßigen** und zunehmend kürzeren Abständen, Abgang von **Fruchtwasser**.

Geburtsbereitschaft und **Geburtsreife** werden durch eine vaginale Untersuchung nach folgenden Kriterien beurteilt:

- Zervix (Weite, Zustand, Bishop-Score s. S. 504, Tab. **E-3.2**)
- Zustand des Geburtskanals
- Zustand der Fruchtblase
- Art des vorangehenden Teils und Höhenstands
- Wehentätigkeit.

5.3 Geburtsmechanismus

Im Folgenden werden **Begriffe** kurz erläutert, die bei der regelrechten und regelwidrigen Geburt von Bedeutung sind.

Bei der Beschreibung der **mütterlichen Verhältnisse** geht man von der „stehenden Frau" aus:

vorn = symphysenwärts
hinten = kreuzbeinwärts
oben = kopfwärts
unten = fußwärts

Die Bezeichnungen „rechts" und „links" richten sich nach den tatsächlichen Verhältnissen „für die Frau".

Der Geburtsweg ist ein kombinierter Knochen-Weichteilkanal.

Hierbei stellt der Weichteilkanal einen Dehnungs- und Durchtrittsschlauch dar, der sich aus dem unterem Uterinsegment, dem Gebärmutterhals (Zervix), der Scheide (Vagina) und der Beckenbodenmuskulatur zusammensetzt. All diese Strukturen werden unter der Geburt vollständig aufgeweitet und ausgewalzt.

Die Richtung des Geburtsweges ist vorgegeben durch die sogenannte **Führungslinie** oder Beckenachse. Sie ist die gedachte Verbindungslinie der Mittelpunkte aller geraden Durchmesser des kleinen Beckens. Sie beschreibt den Geburtsweg, den der kindliche Kopf zwangsläufig vom Beckeneingang bis zum Beckenausgang nehmen muss. Der untere Anteil der Führungslinie verläuft nach einer Biegung direkt zum Zentrum des Beckenausganges. Hier setzt sich der Geburtsweg fort in dem unter der Geburt ausgewalzten Weichteilkanal (s. Abb. **E-5.2**).

Zur Beschreibung des Geburtsfortschritts wird die Eröffnung des Gebärmutterhalses (Zervix) herangezogen **(Muttermundsweite)**. Die Zervix ist zunächst sakralwärts gerichtet und der Zervixkanal weitgehend geschlossen. Unter dem Druck des vorangehenden kindlichen Teils richtet sich der Gebärmutterhals nach vorne, d. h. er zentriert sich in etwa in der Führungslinie. Gleichzeitig erfolgt die Verkürzung der Zervix und die Eröffnung des Zervikalkanals. Der Zervikalkanal erweitert sich von 0 auf etwa 10 cm Durchmesser. Man nennt dies **vollständige Muttermundseröffnung**

Beim **Kind** unterscheidet man **„große Teile"**: das sind Kopf, Rücken und Steiß, sowie **„kleine Teile"**: das sind die Extremitäten. Diese Unterscheidung ist wichtig, da man beim Tasten eines „kleinen Teiles" zum einen noch nicht immer sagen kann, um welche Extremität es sich handelt, zum anderen das Tasten eines kleinen Teils bei der inneren Untersuchung immer eine nicht „normale" Situation darstellt.

5.3 Geburtsmechanismus

Im Folgenden werden geburtsmechanische **Begriffe** erklärt.

Mütterliche Verhältnisse:
vorn = symphysenwärts
hinten = kreuzbeinwärts
oben = kopfwärts
unten = fußwärts

Der Geburtsweg ist ein kombinierter Knochen-Weichteilkanal.

Die **Führungslinie** (Verbindungslinie der Mittelpunkte aller geraden Durchmesser des kleinen Beckens.) bestimmt die Richtung des Geburtswegs (s. Abb. **E-5.2**).

Die **Muttermundsweite** ist ein wichtiges Kriterium für den Geburtsfortschritt. Unter der Geburt zentriert sich die Zervix in der Führungslinie, es kommt zur Verkürzung der Zervix, der Muttermund weitet sich von 0 auf 10 cm **(vollständige Muttermundseröffnung)**.

Man unterscheidet beim Kind **große** (Kopf, Rücken, Steiß) und **kleine Teile** (Extremitäten).

Der **Höhenstand** des vorangehenden kindlichen Teils ist der tiefste Punkt des vorangehenden kindlichen Teils **(„Leitstelle")**. Er kann durch die klassischen Beckenebenen oder durch das Parallelebenensystem nach Hodge (s. Abb. **E-5.2**) definiert werden.

Für die Beziehung zwischen mütterlicher und kindlicher Anatomie gilt: Die zurückgelegte Wegstrecke des „Geburtsobjekts" auf dem Geburtsweg wird unter anderem beschrieben durch den **„Höhenstand"** des vorangehenden kindlichen Teiles. Der Höhenstand beschreibt den tiefsten Punkt des vorangehenden kindlichen Teils in der Führungslinie **(„Leitstelle")** und lässt sich durch die sogenannten „klassischen Ebenen" des mütterlichen kleinen Beckens, oder durch das Parallelebenensystem nach Hodge definieren. Die klassischen Ebenen entsprechen den auf S. 577 beschriebenen Abschnitten des Beckens: Beckeneingang, Beckenweite, Beckenenge, Beckenausgang. (s. Abb. **E-5.2**).

▶ **Merke**

▶ **Merke.** Durch Angaben zum Höhenstand der Leitstelle und zur Muttermundsweite lässt sich der Geburtsfortschritt einfach beschreiben.

Die Leitstelle wird bei vaginaler Untersuchung getastet (s. Abb. **E-5.7**) und befindet sich normalerweise ca. 4 cm unterhalb des größten wirksamen Kopfdurchmessers, also eine Beckenetage tiefer. Alternativ: Höhenstandsangabe in cm oberhalb/unterhalb der Interspinalebene.

Die Position der Leitstelle wird durch vaginale Untersuchung ermittelt (s. Abb. **E-5.7**). Die knöcherne Leitstelle befindet sich im Normalfall zu jedem Zeitpunkt der Geburt ca. 4 cm unterhalb des größten wirksamen Kopfdurchmessers, also jeweils eine Beckenetage tiefer.
Alternativ kann der Höhenstand auch in cm oberhalb (+) oder unterhalb (–) der als Nullebene festgelegten Interspinalebene angegeben werden.
Die vier Grundbegriffe **Lage, Stellung, Haltung** und **Einstellung** erläutern die räumliche Beziehung von Mutter und Kind in Schwangerschaft und Geburt.

Lage (Situs): Verhältnis Längsachse des Kindes zu Längsachse der Mutter (s. Abb. **E-5.8**). 99 % Schädellagen, 1 % Querlagen. **Schädellage:** Der Kopf führt, **Beckenendlage:** Der Steiß führt. Häufigkeit (s. Abb. **E-5.8**).

Lage (Situs): Bezeichnet das Verhältnis der Längsachse des Kindes zur Längsachse der Mutter (s. Abb. **E-5.8**). 99 % aller Geburten erfolgen aus Längslage, nur 1 % aus Querlage. Ist bei der Längslage der kindliche Kopf der vorangehende Teil, spricht man von einer **Schädellage**, geht der Steiß voran, von einer **Beckenendlage**. Die Häufigkeitsverteilung der möglichen Lagen ist in Abb. **E-5.9** schematisch wiedergegeben.

Stellung (Positio): Verhältnis des kindlichen Rückens zur Gebärmutterwand (s. Abb. **E-5.10**). I. Stellung = Rücken links, II. Stellung = Rücken rechts.

Stellung (Positio): Dieser Begriff beschreibt das Verhältnis des kindlichen Rückens zur Gebärmutterwand (s. Abb. **E-5.10**). Definitionsgemäß spricht man von I. Stellung wenn sich der Rücken auf der linken Seite der Mutter befindet, von II. Stellung, wenn er sich rechts befindet.
Die Tendenz des Rückens nach vorne wird dabei zusätzlich mit a, nach hinten mit b bezeichnet, d. h. Ia, Ib, IIa oder IIb (Merkregel: a = anterior, b = posterior).

▶ **Merke**

▶ **Merke.** Rücken rechts = **2** × **„r"** = **II.** Stellung.

E-5.7

E-5.7 Ermittlung des Höhenstands

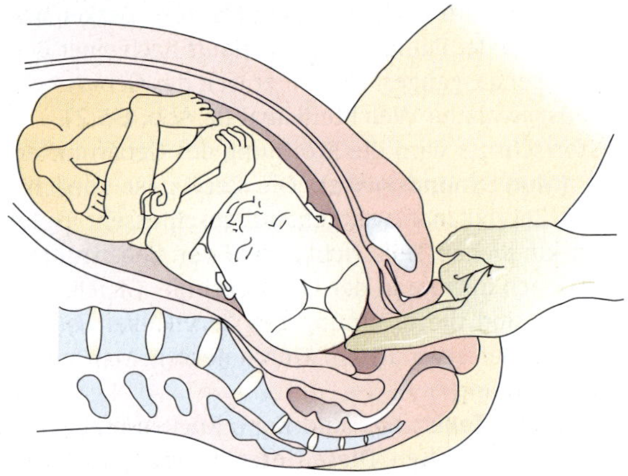

Der Höhenstand der Leitstelle wird durch vaginale Tastuntersuchung beurteilt.

E-5.8 Der Grundbegriff „Lage“

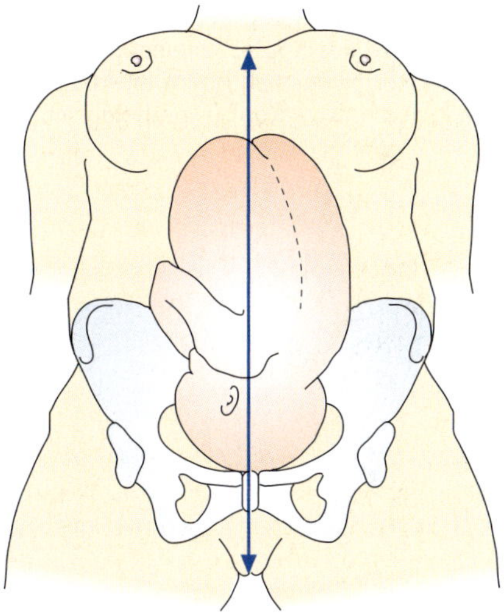

Lage = Beziehung der Längsachse des Kindes zur Längsachse der Mutter (Längslage/Schräglage/Querlage).

E-5.8

E-5.9 Häufigkeitsverteilung der möglichen Lagen

92 normale Hinterhauptslagen (vordere)
\+ 2 regelwidrige Kopflagen (z. B. hintere Hinterhauptslagen)
94 Kopflagen

94 Kopflagen
\+ 5 Beckenlagen
99 Längslagen

99 Längslagen
\+ 1 Querlage
100 total

E-5.10 Der Grundbegriff „Stellung“

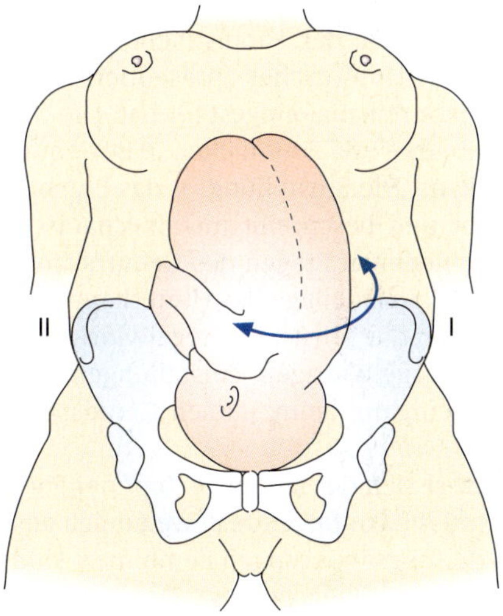

Stellung = Position des kindlichen Rückens in Beziehung zur Gebärmutter (I = Rücken links, II = Rücken rechts).

E-5.10

Haltung (Habitus): Die Haltung gibt an, „wie das Kind sich hält“. Dieser Begriff beschreibt die Beziehung einzelner Kindsteile zueinander, z. B. Längsachse des kindlichen Kopfes zur Längsachse des kindlichen Rumpfs (s. Abb. **E-5.11**). Bei vorderer Hinterhauptslage (= normale HHL) ist dies die Flexions-(Beugungs-)Haltung. Hierbei hält das Kind seinen Kopf stark gebeugt mit dem Kinn auf der Brust. Es tritt so in den Geburtskanal ein. Der kindliche Kopf macht auf seinem Weg durch den Geburtskanal Haltungsänderungen durch und befindet sich je nach Höhenstand in indifferenter, Beuge- oder Streckhal-

Haltung (Habitus): Beziehung der Längsachse des kindlichen Kopfes zur Längsachse des kindlichen Rückens (s. Abb. **E 5.11**). Beim Durchtritt durch den Geburtskanal ändert sich die Haltung des Kindes mehrfach, so dass normalerweise der kleinste Kopfdurchmesser geburtsmechanisch wirksam wird. Je nach Höhenstand befindet sich der Kopf in indifferenter, Beuge- oder Streckhaltung.

E-5.11

E-5.11 **Der Grundbegriff „Haltung“**

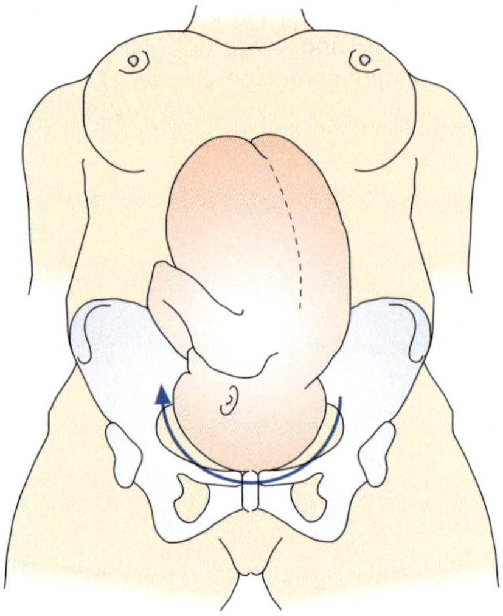

Haltung = Beziehung der Kindsteile, insbesondere des Kopfes, zueinander (z. B. flektierter [= normal] oder deflektierter bzw. gestreckter Kopf [= pathologisch]).

Lage, Stellung und Haltung werden zusammengefasst, um die Beziehung zwischen Kind und Geburtskanal zu beschreiben.

tung. Die Haltung entscheidet darüber, ob beim Durchtritt durchs mütterliche Becken der jeweils kleinste Kopfumfang zum Tragen kommt. Bei regelwidrigen Streck- (Deflexions-)haltungen ist das nicht der Fall.
Die Begriffe Lage, Stellung und Haltung werden bei der Beschreibung des Kindes im Uterus zusammengefasst: Die Angabe „I. vordere Hinterhauptslage“ bedeutet, dass sich die Frucht in Schädellage, der Rücken in Ia-Stellung befindet und der Kopf eine Flexionshaltung eingenommen hat.

▶ Merke

▶ **Merke.** Die normale Geburt erfolgt aus **vorderer Hinterhauptslage.**

Einstellung (Praesentatio): Beschreibt das Verhältnis des vorangehenden Kindsteils zum Geburtskanal (s. Abb. **E-5.12**). Normalerweise ist bei der Schädellage das Hinterhaupt eingestellt. Regelwidrige Einstellungen: Vorderhaupt, Gesicht oder Stirn sind eingestellt, gerade Pfeilnaht am Beckeneingang (hoher Geradstand), (s. S. 616 ff).

Einstellung (Praesentatio): Sie beschreibt, wie sich der vorangehende Teil bei der inneren und äußeren Untersuchung dem Untersucher „präsentiert“, d. h. wie sich der vorangehende Kindsteil zum Geburtskanal eingestellt hat. Die Orientierung erfolgt dabei an Hand der Schädelnähte und Fontanellen in Beziehung zu den Ebenen und Durchmessern des Beckens. Die Einstellung ist das Ergebnis von Lage, Stellung und Haltung der Frucht und beschreibt ihre mechanische Anpassung an die Gegebenheiten der verschiedenen Etagen des Geburtskanals (s. Abb. **E-5.12**). „Eingestellt“ können sein: bei Schädellage das Hinterhaupt (regelrecht), das Vorderhaupt, das Gesicht oder die Stirn (alle regelwidrig, s. S. 616 ff). Wesentlich ist die Erkennung von regelwidrigen Einstellungen, z. B. gerade anstatt querer Pfeilnaht am Beckeneingang beim „hohen Geradstand“ (s. auch Kapitel „Regelwidrige Geburt“).

Der kindliche Kopf vollzieht folgende Haltungs- und Einstellungsänderungen:

- Tiefertreten des Kopfes
- Beugung
- innere Rotation
- Streckung
- äußere Rotation.

Vom Beckeneingang bis zum Beckenausgang rotiert der Kopf vom queren Durchmesser über den schrägen Durchmesser in einen geraden Durchmesser.

Bei seinem Weg durch den Geburtskanal passt sich der kindliche Kopf der Form und der Biegung des Geburtsweges an. Er muss dazu folgende Bewegungen ausführen, die jeweils mit Haltungs- und Einstellungsänderungen kombiniert sind:

- **Tiefertreten** des Kopfes (= Veränderung des Höhenstandes). Der Kopf tritt mit indifferenter Haltung und querer Pfeilnaht in den querovalen Beckeneingang ein.
- **Beugung** des Kopfes (= Veränderung der Haltung). In der Beckenhöhle wird der Kopf beim Tiefertreten zunehmend gebeugt. Dabei wird das Durchtrittsplanum kleiner.
- **innere Drehung** des Kopfes (1. Rotation = Veränderung der Einstellung). Der Kopf muss sich in den geraden Durchmesser drehen, um sich dem längsovalen Beckenausgang anzupassen.
- **Streckung.** Beim Austritt aus dem Becken und dem Weichteilrohr wird der Kopf zunehmend gestreckt.

E-5.12 Der Grundbegriff „Einstellung"

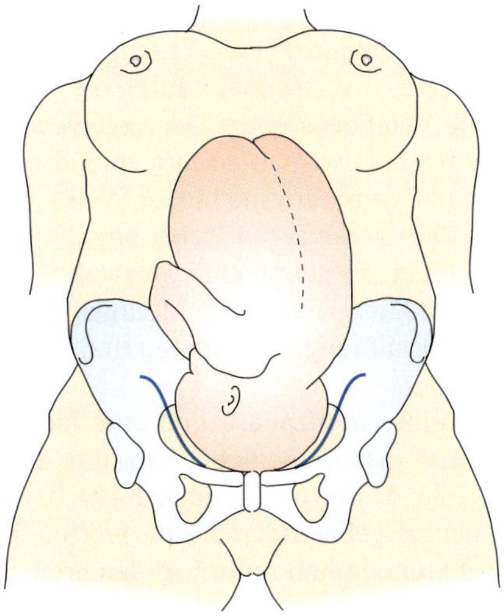

Einstellung = Beziehung des vorangehenden Teils zum Geburtskanal.

E-5.12

E-5.13 Räumliche Darstellung der Beckenebenen

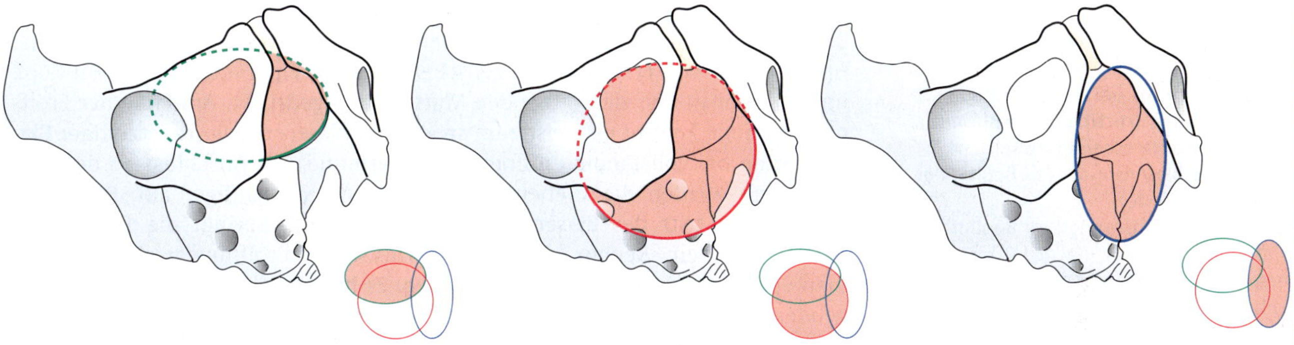

Man erkennt den querovalen Beckeneingang, die runde Beckenmitte und den längsovalen Beckenausgang.

- **äußere Drehung** des Kopfes (2. Rotation). Die Schultern müssen die Drehung des Köpfchens nachvollziehen, damit sie im geraden Durchmesser austreten können. Dabei dreht sich das Köpfchen zur Seite.

Die Form des Kopfes stimmt also in jeder Phase der Geburt mit der Form der jeweiligen Beckenebene überein (s. auch S. 592 ff). Abb. **E-5.13** zeigt eine räumliche Darstellung von Beckeneingang, Beckenmitte und Beckenausgang.

Dabei passt sich der Kopf der Form der Beckenebenen optimal an (s. auch S. 592 ff). Abb. **E-5.13** zeigt eine räumliche Darstellung der Beckenebenen.

5.4 Physiologischer Ablauf der Geburt

Der Ablauf einer normalen Geburt aus vorderer Hinterhauptslage gliedert sich in Eröffnungsperiode, Austreibungsperiode und Nachgeburtsperiode.

5.4 Physiologischer Ablauf der Geburt

Man unterscheidet Eröffnungs-, Austreibungs- und Nachgeburtsperiode.

5.4.1 Eröffnungsperiode

Der Beginn der Eröffnungsperiode ist durch das Auftreten **„muttermundwirksamer"** Wehen gekennzeichnet, die regelmäßig auftreten und schmerzhaft sind. Es kommt zu einer fortschreitenden **Auflockerung** (von straff bis weich) und **Dilatation der Zervix** uteri, bis der Muttermund vollständig eröffnet ist (von 0 bis ca. 10 cm). Der kindliche Kopf tritt dabei allmählich tiefer, der Mut-

5.4.1 Eröffnungsperiode

Muttermundwirksame Wehen kennzeichnen die Eröffnungsperiode. Es kommt zur fortschreitenden **Auflockerung** und **Dilatation** der Zervix (von 0 bis ca. 10 cm). Die Öffnung des Muttermunds kommt u. a.

durch zunehmende Wehentätigkeit und Tiefertreten des kindlichen Kopfes zu Stande. Außerdem findet unter Prostaglandineinfluss eine Veränderung der Zervixgewebes statt (**„Zervixreifung"**). Die Zervix verlagert sich in die Führungslinie. Bei Erstgebärenden verkürzt sich zuerst die Zervix, der innere Muttermund öffnet sich. Erst, wenn die Zervix aufgebraucht ist, öffnet sich der äußere Muttermund. Bei Mehrgebärenden erfolgen Zervixverkürzung und Öffnung des inneren und äußeren Muttermunds gleichzeitig.

Man kann eine **Latenz-** und eine **Aktivphase** unterscheiden. **Latenzphase:** Die Zervixreifung und Öffnung von 0 bis ca. 3 cm, dauert bei der Erstgebärenden ca. 8 Stunden, bei der Mehrgebärenden ca. 4. Stunden.

Aktivphase: Weitere Eröffnung des Muttermundes bis zur Vollständigkeit durch zunehmende Wehenfrequenz.

Blasensprung: Am Ende der Eröffnungsperiode, bei vollständig eröffnetem Muttermund, kommt es bei ⅔ aller Frauen zum Blasensprung **(rechtzeitiger Blasensprung).** Man unterscheidet außerdem:

- frühzeitiger Blasensprung (zu Beginn der Eröffnungsperiode)
- vorzeitiger Blasensprung (vor Beginn der Eröffnungsperiode)
- verspäteter Blasensprung (in der Austreibungsperiode)
- hoher Blasensprung (oderhalb des Muttermunds). Folgt ein Sprung am unteren Eipol: zweizeitiger Blasensprung

Falscher Blasensprung (nur Amnion gesprungen, Chorion intakt).

termund verlagert sich aus seiner ursprünglichen Position (kreuzbeinwärts = sakral) in Richtung der Führungslinie des Geburtskanals. Die Muttermundseröffnung wird einerseits passiv durch den Wehendruck der Korpusmuskulatur bei gleichzeitiger Dilatation des unteren Uterinsegmentes bewerkstelligt. Andererseits erfolgt durch aktive Stoffwechselprozesse, insbesondere durch die Wirkung der Prostaglandine, eine biochemische Veränderung des Zervixgewebes, die auch mit dem Begriff **„Zervixreifung"** bezeichnet wird. Die Muttermundseröffnung verläuft bei Primiparae und Multiparae in unterschiedlicher Weise ab. Bei Erstgebärenden muss sich zunächst die Zervix verkürzen, dabei öffnet sich der innere Muttermund. Erst nachdem die Zervix „aufgebraucht", also vollständig verkürzt ist, erweitert sich auch der äußere Muttermund. Bei Mehrgebärenden laufen die Verkürzung der Zervix und die Eröffnung des äußeren und inneren Muttermunds gleichzeitig ab.

Man kann diesen Geburtsabschnitt auch in eine **Latenzphase** und eine **Aktivphase** einteilen: Als **Latenzphase** kennzeichnet man denjenigen Zeitraum, den die Zervix zur Entfaltung benötigt, wobei der Muttermund noch nicht bzw. nur leicht geöffnet ist. Diese Phase dauert bei Erstgebärenden bis zur Eröffnung des Muttermunds bis auf 2–3 cm ca. 7 bis 8 Stunden und nimmt so den größeren Anteil der Eröffungsperiode in Anspruch. Bei Mehrgebärenden verläuft sie in der Regel deutlich schneller (als Anhaltspunkt: etwa doppelt so schnell oder kürzer d. h. 3–4 Stunden).

In der **Aktivphase** nimmt die Wehenfrequenz zu. Die Erweiterung des Muttermunds von 3–4 cm bis zur Vollständigkeit verläuft bei Erstgebärenden in ca. 3–4 Stunden, bei Mehrgebärenden wieder in entsprechend kürzerer Zeit.

Blasensprung: Mit zunehmender Wehentätigkeit wird die Vorblase, eine Ansammlung von Fruchtwasser zwischen unterem Eipol und kindlichem Kopf, immer mehr in den sich öffnenden Muttermund gedrückt. Am Ende der Eröffnungsperiode kommt es meist zum spontanen Blasensprung (**rechtzeitiger Blasensprung** bei vollständig eröffnetem Muttermund). Im Anschluss an den Blasensprung werden die Wehen kräftiger und treten häufiger auf. Bei ca. ⅔ aller Frauen tritt der Blasensprung rechtzeitig auf. Springt die Fruchtblase bereits vor dem Beginn muttermundswirksamer Eröffnungswehen, spricht man von einem **vorzeitigen Blasensprung.** Es besteht die Gefahr einer aufsteigenden Infektion. Einen Blasensprung zu Beginn der Eröffnungsphase, vor vollständiger Muttermundseröffnung, bezeichnet man als **frühzeitig.** Springt die Fruchtblase erst in der Austreibungsperiode, handelt es sich um einen **verspäteten Blasensprung.** Beim **hohen Blasensprung** findet die Ruptur der Eihäute oberhalb des Muttermundbereichs statt. Die Vorblase ist dann noch tastbar, obwohl Fruchtwasser abgeht. Tritt im weiteren Verlauf zusätzlich ein Blasensprung am unteren Eipol auf, handelt es sich um einen doppelten oder **zweizeitigen Blasensprung.** Beim falschen Blasensprung rupturiert nur das Chorion, das Amnion bleibt erhalten. Dabei geht wenig Flüssigkeit ab, die sich zwischen den Eihäuten befunden hat.

5.4.2 Austreibungsperiode

Die Austreibungsphase beginnt mit der vollständigen Eröffnung des Muttermunds und endet mit der Geburt des Kindes. Der tiefer tretende kindliche Kopf löst durch Druck auf den Beckenboden reflektorisch Pressdrang aus **(Presphase).**

Der kindliche Kopf ist zuerst während der Wehe in der Vulva sichtbar (**„Einschneiden"**), schließlich bleibt er auch in der Wehenpause sichtbar (**„Durchschneiden"**). Die Austreibungsperiode ist die für das

5.4.2 Austreibungsperiode

Die zweite Phase der Geburt, die Austreibungsperiode, umfasst den Zeitraum von der vollständigen Eröffnung des Muttermundes bis zur Geburt des Kindes. Wenn der kindliche Kopf den Beckenboden der Mutter erreicht, löst er durch seinen Druck bei der Mutter reflektorisch einen Drang zum aktiven Mitpressen in der Wehe aus. Während dieser **Pressphase** werden die Austreibungswehen also durch willkürliche Anspannung der Bauchdeckenmuskulatur unterstützt. Dieser erhöhte Druck ist notwendig, um die Scheide und das Weichteilansatzrohr auszuweiten.

Wird während der Wehe der kindliche Kopf in der Vulva sichtbar, spricht man vom **„Einschneiden"** des Kopfes. Bleibt er auch in der Wehenpause sichtbar, kann der Kopf schließlich die Vulva passieren (**„Durchschneiden"** des Kopfes). Der Damm erreicht in diesem Moment seine maximale Dehnung, der Sphincter ani klafft weit. In dieser Geburtsphase besteht für das Kind eine erhöhte Gefährdung: Die Presswehen führen zu einer verminderten Durchblutung des Uterus und damit auch der Plazenta, und können auf diese Weise das Kind in akute Sauerstoffnot bringen. Zusätzlich besteht durch den verstärkten Druck auf den kindlichen Kopf die Gefahr einer verminderten Hirndurchblutung des Kindes. Es gilt daher die Regel, dass die Austreibungsperiode bei Erstgebärenden nicht länger als eine Stunde, bei Mehrgebärenden maximal 20–30 Minuten dauern sollte. Während der Austreibungsperiode ist eine intensive Überwachung notwendig.

Kind gefährlichste Phase. Während der Presswehen ist die Durchblutung der Plazenta reduziert, dadurch ist die Sauerstoffversorgung des Kindes reduziert. Bei Erstgebärenden sollte die Austreibungsphase nicht länger als 1 Stunde, bei Mehrgebärenden max. 30 Minuten dauern.

5.4.3 Nachgeburtsperiode

Diese dritte Phase der Geburt beginnt nach Geburt des Kindes und endet mit der Ausstoßung der Plazenta. Sie nimmt gewöhnlich 10-20 Minuten in Anspruch. Aus der Plazenta werden große Mengen an Prostaglandinen ausgeschüttet, die zu einer starken Kontraktion des Uterus führen. Durch die Verkleinerung der Gebärmutter vermindert sich die Haftfläche der Plazenta, dies führt schließlich zur Ablösung in der Decidua spongiosa. Die Ausstoßung der Plazenta mit dem anhaftenden Hämatom und den Eihäuten (den Resten der Fruchtblase) erfolgt meistens durch eine nochmalige, kräftige Uteruskontraktion. Bei ca. ¾ aller Geburten beginnt der Ablösungsprozess im Zentrum der Plazentahaftfläche und führt so zur Bildung eines retroplazentaren Hämatoms. Dieser sogenannte **zentrale Lösungsmodus** ist auch **nach Schulze** benannt. Erkennbar ist dieser Lösungsmodus daran, dass zuerst die fetale Fläche der Plazenta mit dem Nabelschnuransatz in der Vulva erscheint. Bei einem Viertel der Geburten beginnt die **Plazentalösung vom Rand her** (Lösungsmechanismus **nach Duncan**), wobei mehr Blut nach außen abläuft. Es erscheint zuerst eine Randpartie der Plazenta in der Vulva, der Blutverlust bei diesem Lösungsmodus ist meist etwas größer als bei der zentralen Lösung.

Die Lösung der Plazenta kann an den folgenden sog. „Lösungszeichen" erkannt werden:

- **Uteruskantenzeichen** (Schröder-Zeichen): Der Fundus uteri zieht sich über der gelösten Plazenta zusammen, wird schmal und kantig, steigt etwas höher und ist dann nach rechts oder links oben verzogen tastbar
- **Nabelschnurzeichen** (Küstner-Zeichen): Man drückt mit der Handkante zwischen Symphyse und Nabel die Bauchdecke ein, Zieht sich die Nabelschnur in die Vagina zurück, ist die Plazenta noch nicht gelöst
- **Vorrücken der Nabelschnur** (Ahlfeld-Zeichen): Die Nabelschnur wird vulvanah mit einem Bändchen oder einer Klemme markiert. Während des Lösungsvorgangs rückt das Bändchen vom Introitus nach kaudal vor.

Im Normalfall beträgt der Blutverlust in der Nachgeburtsperiode bis zu 300 ml, er wird durch verschiedene **Blutstillungsmechanismen** in Grenzen gehalten. Durch die Nachgeburtswehen und die Kontraktion der Gebärmutter werden die Gefäße komprimiert und drosseln den Blutfluss. Die veränderte Hämodynamik im uterinen Gefäßbett nach dem Abklemmen der Nabelschnur unterstützt diesen Vorgang. Zudem erfolgt eine verstärkte Aktivierung des Gerinnungssystems.

5.4.3 Nachgeburtsperiode

Die Ausstoßung der Plazenta dauert gewöhnlich 10 bis 20 Minuten. Prostaglandine aus der Plazenta führen zu einer starken Uteruskontraktion, die Plazentahaftfläche verkleinert sich, die Plazenta löst sich und wird ausgestoßen.
Bei ca. ¾ aller Geburten löst sich die Plazenta zuerst im Zentrum **(Lösung nach Schulze)**, die fetale Seite mit dem Nabelschnuransatz erscheint zuerst in der Vulva. Bei ¼ der Geburten löst sie sich **vom Rand** her **(nach Duncan)**, hier erscheint die Randpartie zuerst in der Vulva. Der Blutverlust ist bei der zentralen Lösungs etwas geringer.

Lösungszeichen:
- Uteruskantenzeichen
- Nabelschnurzeichen
- Vorrücken der Nabelschnur.

Der Blutverlust wird durch Nachgeburtswehen, Kontraktionen des Uterus und Aktivierung der Blutgerinnung normalerweise auf ca. 300 ml begrenzt.

5.5 Leitung und Überwachung der Geburt

5.5.1 Kreißsaalaufnahme

Die Überwachung von Mutter und Kind während der Geburt soll das Wohlbefinden von beiden gewährleisten. Abweichungen vom normalen Geburtsverlauf müssen rechtzeitig erkannt werden, um Gefahrensituationen abwenden zu können. Gefährliche Situationen können grundsätzlich bei jeder Geburt, oft ohne vorherige Warnzeichen, auftreten.

Im Alltag kommen die Schwangeren meist im Laufe der Eröffnungsperiode zur Kreißsaalaufnahme. Die wichtigsten Indikationen für die Aufnahme sind:

5.5 Leitung und Überwachung der Geburt

5.5.1 Kreißsaalaufnahme

Gefährdungen für Mutter und Kind müssen durch Überwachung während der Geburt rechtzeitig erkannt werden.

Gründe für die Kreißsaalaufnahme:

- regelmäßige Wehen
- Abgang von Fruchtwasser
- vaginale Blutung.

Vorgehen **nach der Kreißsaalaufnahme:**

- CTG über 30 Minuten
- Anamnese erheben
- allgemeine und gynäkologische Untersuchung (Leopold-Handgriffe, vaginale Untersuchung) zur Beurteilung des Geburtfortschritts
- bei erfolgtem Blasensprung Nativabstrich
- bei unklarer Kindslage, Blutungen und anderen Auffälligkeiten Sonographie
- Blutentnahme (Blutgruppe, Gerinnung, Elektrolyte, HBs-Antigen).

Die Schwangere wird auf die Geburt vorbereitet (Bad oder Dusche, Einlauf, Teilrasur der Schambehaarung, venöser Zugang). Die Patientin wird über den weiteren Ablauf und die Möglichkeiten der Analgesie aufgeklärt. Bei Erstvorstellung sollte man ganz besonders auf die häufig angstbetonte psychische Situation der Patientin eingehen und ein positives Grundgefühl vermitteln.

▶ Merke

Wünsche der Schwangeren in Bezug auf Entbindung und Wochenbett sollten so weit wie möglich berücksichtigt werden.

- regelmäßige Wehen
- Abgang von Fruchtwasser
- vaginale Blutung.

Das Handeln von Hebamme und Arzt muss sich nach der aktuellen geburtshilflichen Situation richten.

Nach der Kreißsaalaufnahme: Bleibt bis zur Geburt ausreichend viel Zeit, wird standardmäßig folgendermaßen vorgegangen:

- Aufnahme-CTG über ca. 30 Minuten anlegen
- während der CTG-Registrierung können die Unterlagen ergänzt bzw. die Anamnese vollständig erhoben werden. Besonders zu beachten sind dabei Anzahl und Verlauf vorangegangener Schwangerschaften sowie der bisherige Verlauf der bestehenden Schwangerschaft. Nicht selten kommt es vor, dass eine Schwangere nach Einsetzen der Eröffnungswehen erstmalig in der Geburtsklinik vorstellig wird. Unter Umständen bestehen in solch einem Fall zusätzlich sprachliche Verständigungsprobleme. Ein gut geführter Mutterpass ist dann von unschätzbarem Wert
- äußere Untersuchung mit Hilfe der Leopold-Handgriffe und vaginale Untersuchung zur Beurteilung des Geburtsfortschritts. Evtl. Beckenaustastung. Entnahme eines Nativabstriches, vor allem bei bereits erfolgtem Blasensprung. Bei unklarer Kindslage, vaginaler Blutung oder anderen Auffälligkeiten kann noch eine Ultraschalluntersuchung durchgeführt werden
- Erhebung des Allgemeinstatus der Mutter einschließlich Messung von Blutdruck. Puls, Temperatur und Körpergewicht
- Blutentnahme. Bestimmt werden bei unauffälligem Befund: Blutgruppe, Blutbild, Gerinnung (notwendig für eventuelle PDA), Elektrolyte, HBs-Antigen. Bei bereits erfolgtem Blasensprung zusätzlich CRP

Je nach Befund wird die Schwangere weiter auf die Geburt vorbereitet (warmes Bad oder Dusche, Teilrasur der Schambehaarung, Darmentleerung durch Klysma, venöser Zugang). Sie sollte über den weiteren Ablauf und die Möglichkeiten der Schmerzerleichterung unter der Entbindung ausführlich aufgeklärt werden. Von Anfang an sollte die persönliche Zuwendung und die psychische Betreuung der Gebärenden durch Hebamme und Arzt selbstverständlich sein. Die meisten Schwangeren sind heutzutage durch Geburtsvorbereitungskurse oder ähnliche Veranstaltungen über den Geburtsablauf und das, was sie im Kreißsaal erwartet, gut informiert. Trotzdem bestehen natürlich, insbesondere bei Erstgebärenden, bei der Kreißsaalaufnahme erhebliche Ängste und Unsicherheiten im Bezug auf die anstehende Geburt. Vielen Frauen ist auch die Krankenhausatmosphäre in der Geburtsklinik fremd oder unangenehm. Es sollte daher versucht werden, der Gebärenden ein Gefühl der Geborgenheit und Sicherheit zu vermitteln und die Gebärende nicht in die Patientenrolle zu zwingen. Zur Aufnahme kommen ja in den meisten Fällen gesunde, junge Frauen, und die Geburt ist in der Mehrzahl der Fälle ein physiologischer Vorgang.

▶ **Merke.** Geburt ist keine Krankheit!

Um bestehende Ängste abzubauen und die notwendige Entspannung zu fördern, sollte der Gebärenden in verständlichen Worten der jeweilige Befund erklärt werden, ebenso sollte sie über den voraussichtlichen Ablauf informiert und von notwendigen Maßnahmen überzeugt werden. Es kann, so weit dies zutrifft, nicht oft genug betont werden, dass die erhobenen Befunde normal sind, und alles voraussichtlich glatt verlaufen wird. Auch in Gesprächen zwischen Ärzten und Hebammen muss in Gegenwart der Gebärenden auf angsteinflößende Fachsprache, so weit wie möglich, verzichtet werden.

Dass auf die Wünsche der Schwangeren bezüglich der Entbindung und des Wochenbettes so weit wie möglich eingegangen wird, sollte ebenfalls selbstverständlich sein.

5.5.2 Überwachung während der Geburt

Im weiteren Verlauf der Geburt wird der Zustand der Gebärenden auch im unkomplizierten Fall regelmäßig durch Puls-, Blutdruck- und Temperaturmessung in 1–2-stündigen Intervallen überprüft.
Der Fortgang der Geburt kann äußerlich durch den 4. Leopold-Handgriff, vor allem aber über die vaginale Untersuchung verfolgt werden, die bei problemlosem Verlauf ebenfalls in 1–2-stündigen Abständen durchgeführt werden sollte. Beurteilt werden Muttermundsweite und -konsistenz, der Höhenstand der Leitstelle sowie Konfigurabilität des Kopfes und eine evtl. vorhandene Geburtsgeschwulst (Caput succedaneum). Die vaginale Untersuchung muss unter aseptischen Kautelen (Desinfektion, sterile Handschuhe) erfolgen.
Die Kontrolle der kindlichen Herztöne erfolgt über die **Kardiotokographie** (CTG, s. S. 517 ff). In der Eröffnungsperiode verwendet man normalerweise eine externe Ableitung über die mütterliche Bauchdecke. Die CTG-Kontrolle erfolgt bei normalem Ausgangsbefund und erhaltener Fruchtblase in der passiven Phase der Eröffnungsperiode in einstündigen Intervallen für jeweils 30 Minuten. Es besteht außerdem die Möglichkeit der **Telemetrie** (drahtlose Fernübertragung der Daten, die Schwangere wird in ihrer Bewegungsfreiheit nicht eingeengt). In der aktiven Phase und in der Austreibungsphase ist die CTG-Dauerüberwachung obligatorisch. Ergibt die CTG Hinweise auf eine fetale Hypoxie, sind zusätzliche Untersuchungen wie die Mikroblutuntersuchung (MBU) beim Fetus (s. S. 531) erforderlich (nach dem Blasensprung).
Zeigt sich, dass die Gebärende schlecht mit dem Wehenschmerz zurecht kommt, oder dass die Dilatation der Zervix verzögert abläuft, sollte mit der Gebärenden nochmals die Möglichkeit der Geburtsanalgesie (s. S. 67 ff) besprochen werden. Gelegentlich kann in einer solchen Situation auch eine vorübergehende Wehenhemmung oder der Einsatz von Spasmolytika sinnvoll sein.

5.5.2 Überwachung während der Geburt

Puls, Blutdruck und Temperatur werden alle 1-2 Stunden kontrolliert.

Alle 1–2 Stunden Fortschritt der Geburt kontrollieren durch 4. Leopold-Handgriff und vaginale Untersuchung unter sterilen Kautelen:
- Muttermundsweite, -konsistenz
- Höhenstand der Leitstelle
- Geburtsgeschwulst?

Die kindlichen Herztöne werden durch **Kardiotokographie** (CTG) in der passiven Phase der Eröffnungsperiode bei normalem Verlauf in stündlichen Intervallen über jeweils 30 Minuten kontrolliert (evtl. durch Telemetrie). In der aktiven Phase der Eröffnungsperiode und in der Austreibungsphase ist eine kontinuierliche CTG-Überwachung obligat. Bei Verdacht auf fetale Hypoxie ggf. Mikroblutuntersuchung (MBU) beim Fetus (s. S. 531).

Bei starken Schmerzen und verzögerter Zervixdilatation sollte man erneut die Möglichkeiten der Analgesie in Betracht ziehen (s. S. 67 ff).

5.5.3 Geburtseinleitung

Instrumentelle Fruchtblasensprengung (Amniotomie): In manchen Fällen kann eine instrumentelle Eröffnung der Fruchtblase sinnvoll sein, z. B. wenn die Wehen schwach sind und die Eröffnungsperiode sehr lange dauert. Der Eingriff führt meist innerhalb von 1–2 Stunden zu starken Wehen, der Geburtsverlauf kann dadurch beschleunigt werden. Die Indikation zur instrumentellen Blasensprengung muss streng gestellt werden. Die Amniotomie sollte erst dann durchgeführt werden, wenn die Zervix geburtsbereit ist und ein Fortschritt der Geburt nach dem Eingriff erwartet werden kann. Die kindlichen Herztöne müssen nach Eröffnung der Fruchtblase durch CTG kontrolliert werden, da es zum Vorliegen der Nabelschnur und im schlimmsten Fall zu einem Nabelschnurvorfall mit der Folge einer fetalen Hypoxie kommen kann. Wegen der Gefahr einer aufsteigenden Infektion sollte die Geburt möglichst bald beendet werden.
Nicht immer kommt es innerhalb eines tolerablen Zeitbereichs um den errechneten Geburtstermin zu spontaner Wehentätigkeit. In bestimmten Situationen kann sich daher die Notwendigkeit ergeben, eine Geburt mit künstlichen Mitteln einzuleiten. Gründe dafür sind:
- absolute Übertragung, d. h. Überschreitung der Tragzeit um 14 Tage und länger
- relative Übertragung (Überschreitung des errechneten Termins um 10–14 Tage)
- pathologisches CTG
- drohende Schädigung des Kindes z. B. bei Rh-Inkompatibilität und stattgehabter Sensibilisierung der Mutter
- vorzeitiger Blasensprung zur Vermeidung eines Amnioninfektsyndroms bei reifem Kind
- fetale Hypertrophie z. B. bei mütterlichem Diabetes mellitus
- leichte Präeklampsie (s. S. 539 f)
- intrauteriner Fruchttod.

5.5.3 Geburtseinleitung

Instrumentelle Fruchtblasensprengung (Amniotomie):
Bei schwachen Wehen oder langer Eröffnungsphase kann eine Sprengung der Fruchtblase den Geburtsverlauf beschleunigen, da nach dem Eingriff verstärkte Wehen einsetzen. Voraussetzung: geburtsbereite Zervix, rasche Beendigung der Geburt muss möglich sein (Infektionsgefahr). Anschließend CTG-Kontrolle zum Ausschluss eines Nabelschnurvorfalls.

Aus kindlicher und mütterlicher Indikation kann die Einleitung einer Geburt mit künstlichen Mitteln notwendig sein. Mögliche Indikationen:
- Übertragung
- pathologisches CTG
- kindliche und mütterliche Erkrankungen (Rh-Inkompatibilität, Diabetes)
- vorzeitiger Blasensprung
- Präeklampsie
- intrauteriner Fruchttod.

Die Einleitungsmethode hängt von der Geburtsreife der Zervix ab (Bishop-Score, s. Tab. **E-3.2**, S. 504).

Bei unreifem Zervixbefund wird **Prostaglandin E_2-Gel** intrazervikal appliziert, **Prostaglandin E_2-Tabletten** werden bei etwas reiferem Muttermund verwendet, in der geburtsbereiten Zervixsituation kann **Oxytozin** intravenös angewendet werden.

Die Einleitung der Geburt erfolgt in der Regel nach einem Aufklärungsgespräch mit den Eltern über die Notwendigkeit und Risiken (vor allem die erhöhte Rate an operativen Entbindungen nach Geburtseinleitung muss erwähnt werden). Ausschlaggebend für den Einleitungsmodus ist die Geburtsreife der Zervix nach dem Bishop-Score (s. Tab. **E-3.2**, S. 504):
Ist die Zervix noch nicht geburtsreif (Befund z. B. Portiolänge 2–3 cm, mittelweich, mediosakral, Muttermund geschlossen, Leitstelle am Beckeneingang, d. h. Bishop-Score < 5), gilt als Mittel der Wahl **Prostaglandin E_2-Gel** (0,5 mg), das intrazervikal appliziert wird. Eine 2-stündige CTG-Überwachung nach der Applikation ist obligat, danach werden in zweistündigem Abstand CTG-Kontrollen durchgeführt. Gegebenenfalls kann man nach 6–8 Stunden die Applikation wiederholen.
Bei einem Bishop-Score von 5–8 wählt man **Prostaglandin E_2-Tabletten** (3 mg), die retrozervikal im hinteren Scheidengewölbe platziert werden. Eine Wiederholung ist ebenfalls nach 6–8 Stunden möglich.
Bei einem Bishop-Score > 8 (reifer Zervixbefund) ist die **Oxytozin-Infusion** möglich (3 IE Oxytocin ad 250 ml Glukose 5 %-Lösung), beginnend mit 12 ml/h. Die Steigerung um jeweils 12 ml/h erfolgt in 40-Minuten-Intervallen. Eine kontinuierliche CTG-Dokumentation ist während der Infusion obligatorisch. Zu vermeiden ist eine zu schnelle Steigerung der Infusionsdosis, da hierdurch eine Hyperreflexie des Uterus ausgelöst wird.

5.6 Beispiel eines Geburtsverlaufs

5.6 Beispiel eines Geburtsverlaufs

Ablauf einer normalen Geburt (Erstpara):

Letzte Wochen vor Geburtsbeginn: **Leitstelle** meist **beweglich** über dem Beckeneingang, nimmt zunehmend Beziehung zum kleinen Becken auf. Gelegentlich unregelmäßige Uteruskontraktionen.

Im folgenden wird der zeitliche Verlauf einer normalen Geburt am Beispiel einer Erstgebärenden vorgestellt.
In den letzten Wochen vor dem Beginn der Geburt befindet sich der kindliche Kopf mit seiner **Leitstelle** meist noch **beweglich** über dem Beckeneingang (d. h. zwischen oberer Schoßfugenrandebene und Terminalebene) oder etwas darüber und nimmt zunehmend Beziehung zum kleinen Becken auf. Gelegentlich treten Uteruskontraktionen auf, aber noch keine regelmäßigen, schmerzhaften Wehen.

Vaginale Untersuchung (VU): erhaltene Zervix, geschlossener Muttermund, Kopf nicht oder gerade eben tastbar.

Vaginale Untersuchung (VU): Die Zervix ist erhalten, sakral, der Muttermund geschlossen. Der kindliche Kopf ist nicht oder gerade eben erreichbar.

3. Leopold-Handgriff: Ballottement
4. Leopold-Handgriff: Köpfchen noch umfassbar.

Äußere Untersuchung: Mit dem **3. Leopold-Handgriff** ist ein Ballottement auslösbar, das Köpfchen lässt sich mit dem **4. Leopold-Handgriff** noch umfassen.

Eröffnungsperiode

Seit 2–3 Stunden bestehen **regelmäßige, schmerzhafte Wehen** in immer kürzeren Abständen. Die Gebärende kommt zur Kreißsaalaufnahme. Man rät ihr, noch 1–2 Stunden umherzugehen und sich dann zum CTG vorzustellen.

Die Geburt hat begonnen: Seit etwa 2–3 Stunden bestehen **regelmäßige, schmerzhafte Wehen**, Frequenz zunehmend von etwa 10–15-minütigen Abständen auf 3–5 minütige Abstände. Die Gebärende spürt zunehmenden Druck auf Blase und Rektum, oft werden auch Kreuzschmerzen angegeben. Sie stellt sich in der Geburtsklinik vor. Nach der Kreißsaalaufnahme wird ihr angeraten, noch 1–2 Stunden umherzugehen und sich dann wieder zur CTG-Kontrolle vorzustellen.

VU: Zervix verkürzt, Muttermund geschlossen oder für einen Finger passierbar, „Zeichnen", Leitstelle in oberer Schoßfugenrandebene.

Vaginale Untersuchung: Die Zervix ist jetzt verkürzt, weich, mediosakral tastbar. Der Muttermund ist noch geschlossen oder gerade für einen Finger passierbar, die Leitstelle befindet sich in der oberen Schoßfugenrandebene. Blutig tingierter Zervixschleim geht ab („Zeichnen", häufig als Fruchtwasserabgang fehlinterpretiert).

3. Leopold-Handgriff: Kein Ballottement mehr auslösbar.

Äußere Untersuchung: Mit dem 3. Leopold-Handgriff kein Ballottement mehr auslösbar.

Seit 4–6 Stunden bestehen Eröffnungswehen, die immer kräftiger werden.

Die Wehentätigkeit besteht nun seit 4–6 Stunden. Die Eröffungswehen nehmen an Stärke weiter zu. Beim Umhergehen muss die Gebärende während der Wehen stehen bleiben und lehnt sich vornübergebeugt an den sie begleitenden Partner.

E-5.14 **Beginn der Geburt**

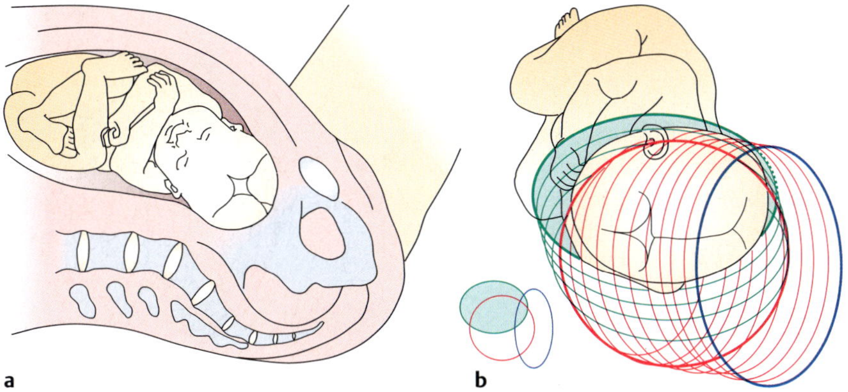

a Beziehung zwischen Beckeneingang und kindlichem Kopf.
b räumliche Darstellung mit kindlicher Pfeilnaht (schraffierter Bereich = durchdrungene Ebene).

E-5.14

In dieser Situation rät man der werdenden Mutter z. B. zu einem entspannenden Bad, häufig auch zu einer Darmentleerung durch Klysma. Dies ist aus hygienischen Gründen sinnvoll, zudem behindert ein stuhlgefüllter Darm, ebenso wie eine volle Blase, die Wehentätigkeit.

Man rät der Gebärenden zu einem entspannenden Bad, häufig auch zu einer Darmentleerung durch Klysma.

Vaginale Untersuchung: Die Zervix ist aufgebraucht, zentriert, der Muttermund 1–2 cm weit, die Fruchtblase ist erhalten (als prallelastisches Kissen tastbar). Die Leitstelle befindet sich in der unteren Schoßfugenrandebene, mit **querer Pfeilnaht** (das Durchtrittsplanum befindet sich also etwa in Höhe der Conjugata vera, der engsten Stelle im Beckeneingangsraum).

VU: Zervix aufgebraucht, Muttermundsweite 1–2 cm, Leitstelle untere Schoßfugenrandebene, **Pfeilnaht quer.**

Bei der Geburt aus vorderer Hinterhauptslage (Normalfall) tritt der Kopf zunächst in indifferenter Haltung quer ins kleine Becken ein und passt sich so dem **querovalen Beckeneingang** an. Der größte geburtsmechanische Umfang zu diesem Zeitpunkt ist also die Circumferentia frontooccipitalis (34 cm). Die Pfeilnaht steht dabei quer in der Führungslinie zwischen Promontorium und Symphyse. Man spricht von einer achsengerechten (= **synklitischen**) Einstellung. Große und kleine Fontanelle befinden sich in gleicher Höhe. Abb. **E-5.14a** zeigt die Beziehung zwischen mütterlichem Becken und kindlichem Kopf zu Beginn der Geburt, Abb. **E-5.14b** zeigt eine dreidimensionale Darstellung des Köpfchens im Beckeneingang.

Bei der Geburt aus vorderer Hinterhauptslage tritt der Kopf quer in den **querovalen Beckeneingang** ein (Pfeilnaht quer zwischen Promontorium und Symphyse, achsengerechte = **synklitische** Haltung, große und kleine Fontanelle in gleicher Höhe). Abb. **E-5.14** zeigt den kindlichen Kopf im Beckeneingang.

Die Geburtsdauer beträgt mittlerweile 8–9 Stunden, die **Aktivphase der Eröffnungsperiode** ist erreicht. Die Wehenfrequenz hat weiter zugenommen, die Abstände zwischen den Wehen betragen ca. 3 Minuten. Die Gebärende möchte nicht mehr umherlaufen, steht vornübergebeugt, oder sitzt auf dem Gymnastikball am Kreißbett und versucht, die kräftigen Wehen zu „veratmen". Zur Erleichterung kann der Partner oder die Begleitperson den Kreuzbeinbereich der Gebärenden massieren. Falls die Gebärende es als angenehmer empfindet, ist sie von der Hebamme möglicherweise bereits im Kreißbett in Rücken- oder Seitenlagerung gelagert worden.

Nach ca. 8–9 Stunden beginnt die **Aktivphase** der **Eröffnungsperiode**. Alle 3 Minuten treten Wehen auf.

Seit einiger Zeit besteht eine **CTG-Dauerüberwachung,** der Gebärenden ist aus Sicherheitsgründen ein venöser Zugang gelegt worden, damit in Notsituationen schnell gehandelt werden kann. Bei längerer Geburtsdauer kann über diesen Zugang auch der erhöhte Flüssigkeitsbedarf per Dauerinfusion ausgeglichen werden.

Eine **CTG-Dauerüberwachung** wird durchgeführt. Die Gebärende hat einen venösen Zugang erhalten.

Unter der Geburt muss sich der kindliche Kopf beim Tiefertreten der vorgegebenen Form des Geburtskanals in den verschiedenen Ebenen anpassen. Die nächste Beckenetage ist die **Beckenhöhle.** Sie besitzt einen **runden** Querschnitt. Um wiederum eine Formübereinstimmung zu erreichen, muss der Kopf

Um die **runde Beckenhöhle** zu passieren, muss das Köpfchen jetzt eine **Beugung** durchführen. Die **kleine Fontanelle** geht in Führung, der kleinste mögliche Kopf-

E-5.15

E-5.15 Kindlicher Kopf in Beckenmitte

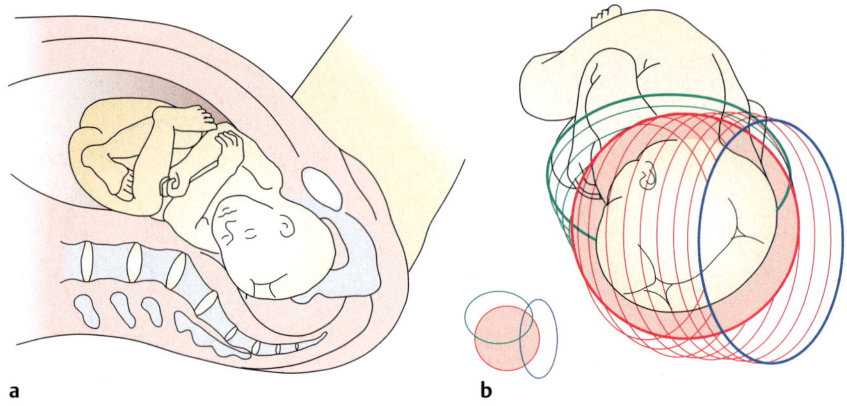

a Beziehung des Köpfchens zum mütterlichen Becken.
b Räumliche Darstellung mit Lage der Pfeilnaht.

umfang ist jetzt wirksam. Dadurch ist eine optimale Anpassung an den enger werdenden Geburtsweg gegeben. Die Pfeilnaht **dreht** sich schließlich vom queren in den schrägen Durchmesser. Abb. **E-5.15**.

zunächst eine **Beugung** durchführen, um sich mit dem kleinsten möglichen Umfang (= Circumferentia suboccipitobregmatica, 32 cm) diesen Gegebenheiten und v. a. dem enger werdenden Geburtsweg anzupassen. Bei der Untersuchung wird die Beugung dadurch deutlich, dass die **kleine Fontanelle in Führung** geht. Im Sinne einer Abbiegungsübereinstimmung kommt es schließlich zu einer **Drehung** des Hinterhaupts nach vorn, die sich palpatorisch am Verlauf der Pfeilnaht dokumentiert. Sie dreht sich aus dem zunächst queren Durchmesser in den I. oder II. schrägen Durchmesser. Das Durchtrittsplanum befindet sich nun etwa in Höhe der unteren Schoßfugenrandebene und hat die engste Stelle in Höhe der Conjugata vera also bereits passiert. Abb. **E-5.15** zeigt den kindlichen Kopf in Beckenmitte.

CTG: Gelegentlich wehensynchrone Dezelerationen (Dip I) mit raschem Wiederanstieg der fetalen Herzfrequenz, gute Oszillation.

CTG: Durch das Tiefertreten des Köpfchens oder durch Zug an der Nabelschnur kann es zu gelegentlichen wehensynchronen Dezelerationen kommen (Dip I), die Oszillation ist jedoch gut und die fetale Herzfrequenz steigt nach dem kurzfristigen Frequenzabfall schnell wieder auf den Vorwert an. Das Tokogramm zeigt regelmäßige Kontraktionen.

VU: Muttermundsweite 7–8 cm, Pfeilnaht im I. oder II. schrägen Durchmesser, Leitstelle in der Interspinalebene.

Vaginale Untersuchung: Der Muttermund ist mittlerweile auf 7–8 cm eröffnet, eine pralle Vorblase tastbar. Die Pfeilnaht befindet sich im I. oder II. schrägen Beckendurchmesser, die Leitstelle ist in der Interspinalebene zu tasten.

Die **Austreibungsperiode** kündigt sich durch den Drang zum Mitpressen in der Wehe an. Die Hebamme rät der Gebärenden, noch nicht zu pressen, damit die vordere Muttermundslippe nicht eingeklemmt wird.

Die **Austreibungsperiode** steht jetzt kurz bevor (Geburtsdauer bisher ca. 11 Stunden). Die Gebärende verspürt in der Wehe den Drang zum Mitpressen. Sie wird jedoch von der Hebamme angewiesen, noch nicht zu pressen, sondern die Wehe zu „verhecheln“, damit die vordere Muttermundslippe nicht zwischen Kopf und Symphyse eingeklemmt wird und anschwillt (dies könnte bei der Gebärenden zusätzlich starke Schmerzen verursachen).

VU: Muttermund bis auf einen schmalen Saum geöffnet, Spinae nicht mehr zu tasten. **Pfeilnaht gerade,** kleine Fontanelle in Führung. Es kommt zum rechtzeitigen Blasensprung. Der Kopf ist in der Tiefe zu sehen.

Vaginale Untersuchung: Der Muttermund ist bis auf einen kleinen Saum vollständig eröffnet. Die Spinae sind nicht mehr zu tasten. Die **Pfeilnaht** ist **gerade,** die kleine Fontanelle ist in Führung. Während der vaginalen Untersuchung springt die Fruchtblase (**rechtzeitiger** Blasensprung), die bis zu diesem Zeitpunkt als prallelastisches Kissen vor dem kindlichen Kopf zu tasten war. Es entleert sich klares Fruchtwasser. Der Kopf ist bereits in der Tiefe zu sehen

Das Köpfchen erreicht den längsovalen Beckenausgang mit gerader Pfeilnaht (s. Abb. **E-5.16**).

Mit Erreichen des Beckenausgangs ist die Pfeilnaht im geraden Beckendurchmesser (senkrecht) zu tasten. Der Kopf hat sich somit der längsovalen Form des Beckenausgangs angepasst, befindet sich jedoch noch immer in einer Flexionshaltung. Abb. **E-5.16** zeigt den kindlichen Kopf beim Erreichen des Beckenausgangs.

E-5.16 Kindlicher Kopf am Beckenausgang

E-5.16

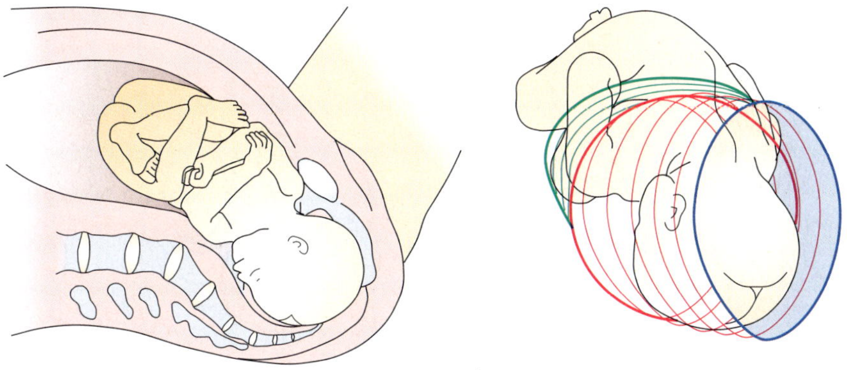

a b

a Beziehung zum mütterlichen Becken.
b Dreidimensionale Darstellung mit Lage der Pfeilnaht und der kleinen Fontanelle.

Austreibungsperiode

Nach vollständiger Muttermundseröffnung (Geburtsdauer bisher ca. 12 h) beginnt die Austreibungsperiode, in der das kindliche Köpfchen weiter tiefertritt und schließlich geboren wird. Die Gebärende wird von der Hebamme angewiesen, sich so auf das Kreißbett zu legen, dass das Kreuzbein zum Ausgleich der Lendenlordose flach aufliegt. Während einer Presswehe kann die Gebärende im Allgemeinen **2–3-mal** mitpressen. Die Pressphase erfolgt bei den meisten Frauen in Rückenlage, die in Risikosituationen eine sehr gute Kontrolle des Geburtsverlaufs ermöglicht. Dabei werden die Beine in den Hüft- und Kniegelenken angewinkelt und weit gespreizt, die Gebärende unterfasst ihre Oberschenkel und nimmt das Kinn auf die Brust. Die Begleitperson kann ihr dabei behilflich sein. Bei problemlosem Geburtsverlauf und unauffälligem CTG sind auch andere Geburtspositionen möglich (z. B. Knie-Ellenbogen-Lage bzw. Vierfüßlerstand, Seitenlage, sitzende Haltung in Hockstellung auf dem Gebärhocker etc.). Solche Positionen können sich geburtsmechanisch günstig auswirken. Die optimale Position wird stark von der individuellen Empfindung der Frau beeinflusst. Das Mitpressen in der Wehe soll in Richtung auf den Damm „wie zum Stuhlgang“ erfolgen.

Vaginale Untersuchung: Bei der Untersuchung während einer Presswehe kann das Tiefertreten des Köpfchens verfolgt werden.

Die Leitstelle erreicht schließlich das Vulvaniveau, das Köpfchen wird in der Vulva sichtbar, es schneidet ein (s. Abb. **E-5.17**). Durch zunehmende Dehnung und Streckung der Weichteile des Beckenbodens kann der kindliche Kopf nun den Beckenausgang passieren.

Beim Durchschneiden des Kopfes beginnt die Hebamme mit dem **Dammschutz,** da der Damm in diesem Augenblick seine größte Anspannung erreicht und leicht einreißen kann. Sie umgreift dazu mit ihrer rechten, gespreizten Hand den Damm, während sie mit der linken Hand den kindlichen Kopf über den Damm leitet (s. Abb. **E-5.18**). Droht der Damm einzureißen, oder soll der kindliche Kopf entlastet werden, kann in diesem Moment (auf dem Höhepunkt einer Wehe) ein Scheidendammschnitt **(Episiotomie)** durchgeführt werden (s. S. 677 f).

Der kindliche Kopf passt sich beim Durchschneiden der Abbiegung des Geburtsweges nach vorn durch zunehmende Streckung der Halswirbelsäule an (s. Abb. **E-5.19**). Nachdem das Hinterhaupt die Symphyse passiert hat wird die Beugehaltung aufgegeben, der kindliche Nacken stemmt sich an den Symphysenrand als Hypomochlion an, der Kopf „steigt“. Durch die anhaltende Streckung des Kopfes und die Dehnung der Weichteile des Beckens wird nach dem Hinterhaupt schließlich der Scheitel, die Stirn und das Kinn über den Damm geboren.

Austreibungsperiode

Die Austreibungsperiode beginnt, wenn der Muttermund vollständig eröffnet ist. Die Gebärende kann während einer Wehe meist **2–3-mal** mitpressen. Wichtig ist die richtige Lagerung und Haltung. Neben der Rückenlage mit gespreizten, in Hüft- und Kniegelenken gebeugten Beinen sind bei normalem CTG auch andere Geburtshaltungen möglich (z. B. sitzend, Knie-Ellenbogen-Lage, Seitenlage, Gebärhocker).

VU: Das Tiefertreten des Köpfchens kann verfolgt werden.

Das Köpfchen wird in der Wehe in der Vulva sichtbar, es schneidet ein (s. Abb. **E-5.17**).

Beim Durchschneiden des Köpfchens beginnt die Hebamme mit dem **Dammschutz** (s. Abb. **E-5.18**). Bei drohendem Dammriss bzw. wenn der kindliche Kopf entlastet werden soll, kann eine **Episiotomie** durchgeführt werden (s. S. 677 f).

Der Kopf wird beim Durchschneiden zunehmend gestreckt (s. Abb. **E-5.19**). Dabei stemmt sich der Nacken an der Symphyse an. Nach dem Hinterhaupt werden der Scheitel, die Stirn und zuletzt das Kinn über den Damm geboren.

E-5.17

E-5.17 **Kindlicher Kopf beim Einschneiden**

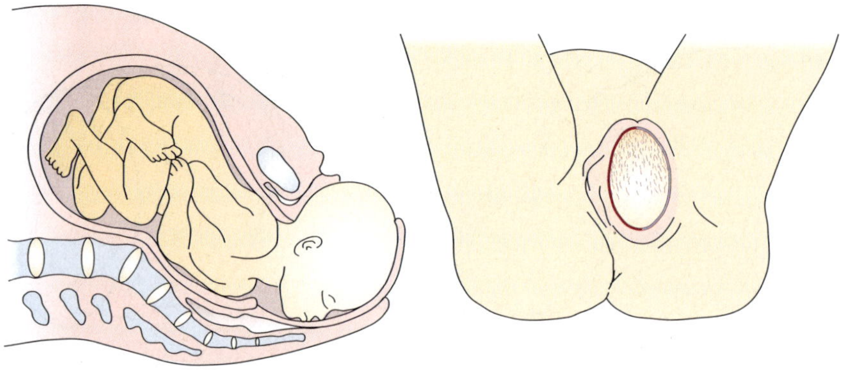

a Kindlicher Kopf am Beckenausgang. **b** Einschneiden des kindlichen Kopfes.

E-5.18

E-5.18 **Dammschutz**

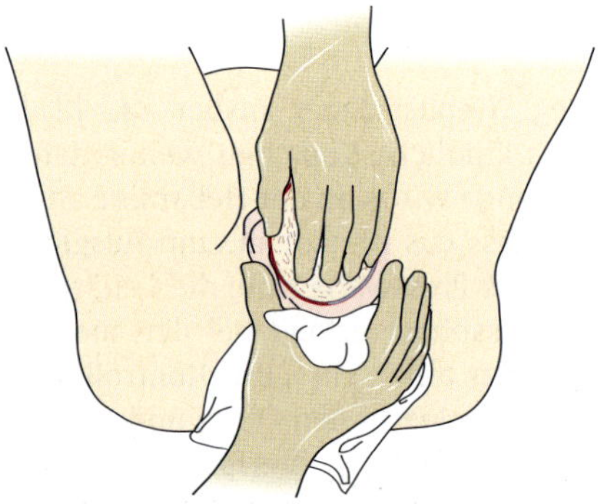

Die rechte Hand leitet den Kopf über den Damm, während die linke Hand das Tempo des hochsteigenden Kopfes reguliert.

E-5.19

E-5.19 **Kindlicher Kopf beim Durchschneiden**

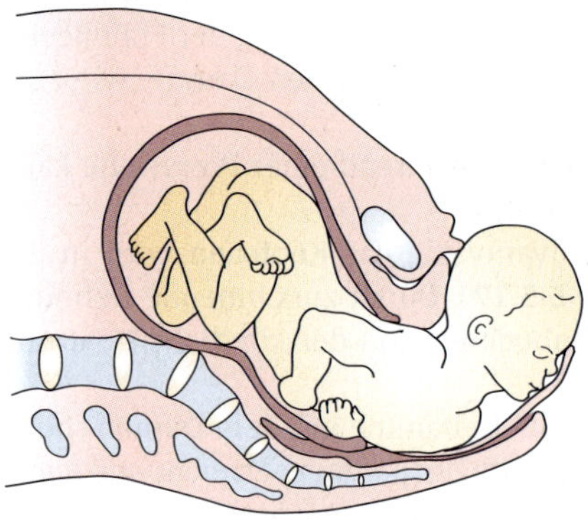

Der Kopf tritt unter zunehmender Streckung aus, wobei sich der Nacken an der Symphyse anstemmt.

Die **Geburt der Schultern** folgt. Die Schultern treten quer ins Becken ein, vollziehen eine Drehung um 90 Grad und treten dann gerade aus (s. Abb. **E-5.20** und Abb. **E-5.21**). Die innere Drehung der Schultern geht mit einer äußeren Drehung des Kopfes zur Seite einher.
Die Entwicklung der vorderen Schulter wird durch Senken des Kopfes nach hinten und abwärts (s. Abb. **E-5.22a**), die der hinteren

Ist der Kopf und somit der umfangreichste Kindsteil geboren, folgt die **Geburt der Schultern:** Da der Abstand von den Schultern bis zum Kopf des Kindes in etwa der Entfernung zwischen Beckeneingang und Beckenausgang entspricht, treten die Schultern in querer Schulterbreite in das Becken ein, während der Kopf im geraden Durchmesser geboren wird, Die Schultern vollziehen dann eine Drehung um 90 Grad, um den Beckenausgang ebenfalls im Längsdurchmesser zu passieren (s. Abb. **E-5.20** und Abb. **E-5.21**). Diese innere Drehung der Schultern bewirkt eine äußere Drehung des bereits geborenen Kopfes, so dass das Gesicht des Kindes bei einer I. Hinterhauptslage dem rechten, bzw.

E-5.20 Rotation der kindlichen Schulter

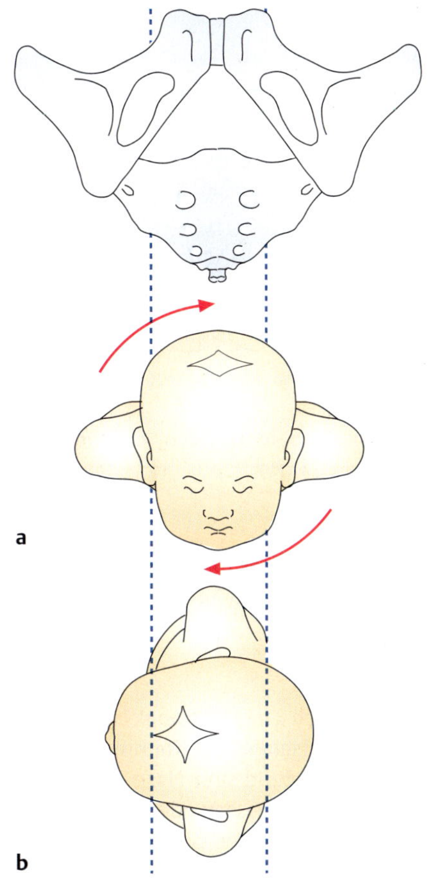

a Beim Einschneiden des Köpfchens treten die Schultern quer ins Becken ein.
b Anschließend erfolgt eine Rotation, so dass die Schultern den Beckenausgang gerade passieren können.

E-5.20

E-5.21 Kindliche Schulter in Beziehung zu den Beckenebenen. Die Rotation der Schultern ist fast abgeschlossen

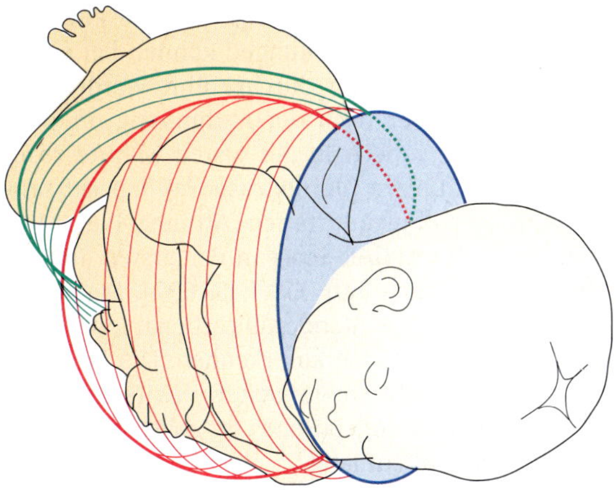

E-5.21

bei einer II. Hinterhauptslage dem linken Oberschenkel der Mutter zugewandt ist. Die Entwicklung der Schultern wird von der Hebamme oder dem Geburtshelfer unterstützt, indem der kindliche Kopf nach hinten, abwärts gesenkt wird bis die vordere Schulter geboren ist (s. Abb. **E-5.22a**). Anschließend wird durch Anheben des Köpfchens ohne Zug die hintere Schulter über den Damm geboren (s. Abb. **E-5.22b**). Das Kind wird nun entlang der Führungslinie um

Schulter durch Anheben des Köpfchens (s. Abb. **E-5.22b**) unterstützt. Da der Kopf als größter Kindsteil die Geburtswege vorgedehnt hat, folgt der Rest des kindlichen Körpers meist widerstandslos.

E-5.22

E-5.22 Geburt der Schultern

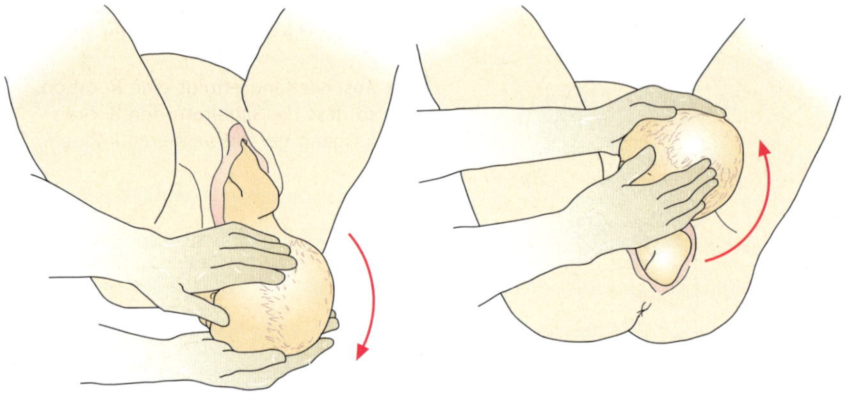

a Entwicklung der vorderen Schulter. **b** Entwicklung der hinteren Schulter.

die Symphyse herum entwickelt. Die Geburt des Rumpfes und der Extremitäten erfolgt spannungslos, da der Kopf als größtes Kindsteil die Geburtswege bereits geweitet hat.

Erstversorgung des Neugeborenen

Das Kind wird abgenabelt, nach Absaugen von Mund und Nase abgetrocknet und der Mutter nach unkompliziertem Geburtsverlauf auf den Bauch gelegt.
Ein gesundes Neugeborenes fängt spätestens nach dem Absaugen an zu schreien. Die Vitalität des Kindes wird in der 1., 5. und 10. Lebensminute nach folgenden Kriterien beurteilt: Muskeltonus, Reflexe, Hautfarbe, Atmung und Puls (Auskultation des Herzens und der Lunge). Die Hautfarbe ist direkt post partum oft etwas bläulich, sollte aber innerhalb von 1 Minute rosig sein. Sie kann z. T. noch von Käseschmiere **(Vernix caseosa)** bedeckt sein.

Die Bewertung erfolgt nach dem **APGAR-Schema** (s. auch Tab. **E-8.1**, S. 697). Zusätzlich wird der Nabelschnurarterien-pH-Wert bestimmt. Die kindliche Reife ist u. a. an Größe und Gewicht zu erkennen. Ein reifes Neugeborenes wiegt 2500–3500 g und ist 50 cm lang. Weitere Reifekriterien zeigt Tab. **E-8.4**, S. 698.

Die Geburt der **Plazenta** wird in der ersten Nachgeburtswehe durch leichten, kontinuierlichen Zug an der Nabelschnur (**„cord traction“**, s. Abb. **E-5.23**) unterstützt. Anschließend wird die Plazenta auf Vollständigkeit überprüft.

Erstversorgung des Neugeborenen

Die Erstversorgung des Neugeborenen schließt sich an. Die Nabelschnur wird mit zwei stumpfen Klemmen abgeklemmt und zwischen den Klemmen durchschnitten. Mit einem speziellen Katheter werden Mund und Nase des Kindes vorsichtig abgesaugt, um eine Aspiration von Fruchtwasser oder Blut zu vermeiden (das Absaugen kann auch bereits direkt nach der Geburt des Kopfes erfolgen). Ein vitales und gesundes Kind verzieht dabei das Gesicht und fängt spätestens nach dem Absaugen an zu schreien. Nach unproblematischem Geburtsverlauf bzw. bei gutem Zustand des Kindes legt man das Neugeborene am besten auf den Bauch der Mutter, um den ersten Mutter-Kind-Kontakt zu fördern. Um eine Auskühlung zu vermeiden, trocknet man das Neugeborene mit vorgewärmten Handtüchern vorsichtig ab, prüft dabei, ob Fehlbildungen vorliegen und beurteilt Muskeltonus und Reflexe. Es folgt eine Auskultation des Herzens und der Lungen. Diese ersten Untersuchungen können bei einem vitalen Kind durchaus auf dem Bauch der Mutter durchgeführt werden. Die Hautfarbe des Neugeborenen ist unmittelbar nach der Entbindung oft noch etwas bläulich, wird aber normalerweise innerhalb der ersten Minute rosig, die Haut kann noch zum Teil mit Käseschmiere **(Vernix caseosa)** bedeckt sein. Die Vitalität des Neugeborenen wird nach obigen Kriterien (Atmung, Puls, Muskeltonus, Aussehen, Reflexe) an Hand des **APGAR-Scors** in der ersten, fünften und zehnten Lebensminute beurteilt (s. auch Tab. **E-8.1**, S. 697). Ergänzend wird der Nabelschnurarterien-pH-Wert sowie Standardbicarbonat oder Base excess, pO_2 und pCO_2 bestimmt, um eine Azidose zu erkennen. Die Reife des Kindes wird an Hand von Größe und Gewicht sowie weiterer Kriterien beurteilt (s. auch Tab. **E-8.4**, S. 698). Ein reifes Neugeborenes ist zwischen 2500 g und 3500 g schwer und durchschnittlich 50 cm lang.
Mit der ersten Nachgeburtswehe wird versucht die Plazenta durch leichten, kontinuierlichen Zug an der Nabelschnur (**„cord traction“** [s. Abb. **E-5.23**]) zu extrahieren. Gleichzeitig wird mit der anderen Hand ein leichter Druck auf die Vorderwand des Uterus ausgeübt, um diesen in eine Streckstellung zu bringen und so die Extraktion in Führungslinie zu erleichtern (Brand-Andrews-Technik).
Die Nachgeburt muss nun noch auf Vollständigkeit überprüft werden. Im Falle eines Substanzdefektes muss eine instrumentelle Nachtastung (Kürettage) durchgeführt werden.

E-5.23 Cord traction

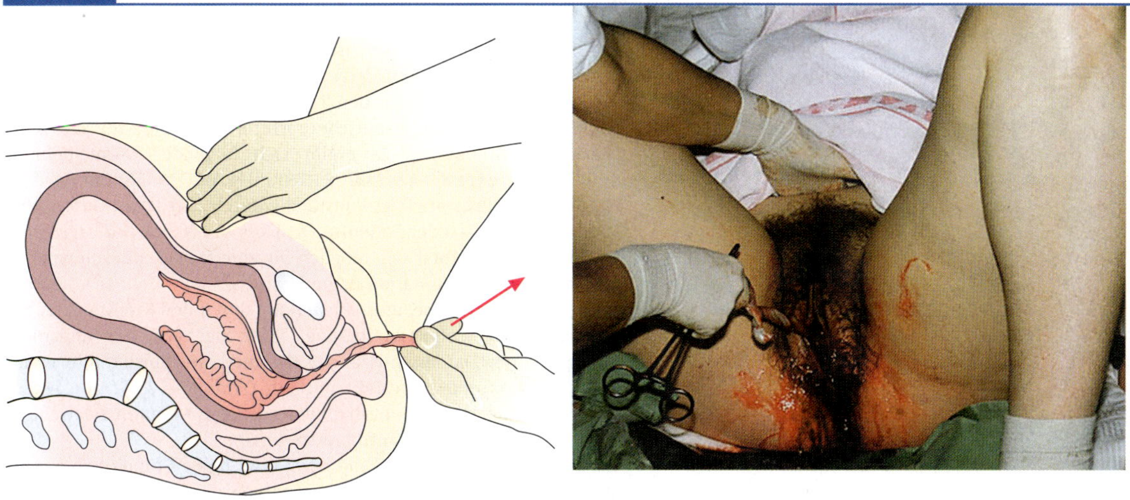

Entwicklung der Plazenta durch wehensynchronen, leichten Zug an der Nabelschnur in Führungslinie („cord traction“).

▶ **Klinischer Fall.**

1. Situation

1:30 Uhr: Eine 27-jährige Patientin 1. Gravida, 1. Para kommt in Begleitung ihres Ehemannes in die Kreißsaalaufnahme. Rechnerisch ist die Patientin in der 36. + 2. SSW. Seit 22 Uhr des Vorabends besteht bei der Patientin unregelmäßige, vorzeitige Kontraktionstätigkeit. Wie die Patientin berichtet, sei gegen 0:30 Uhr plötzlich eine größere Menge klarer, nicht riechender Flüssigkeit abgegangen, nachdem die Patientin kurz zuvor zum Wasserlassen auf der Toilette war. Seitdem spürt die Patientin ein unregelmäßiges, nicht schmerzhaftes Hartwerden des Bauches. Der Mutterpass der Patientin ist tadellos geführt, die Schwangerschaft war bisher ohne jegliche Probleme verlaufen.

Die Herztonschreibung (1.30–1.40, s. Abb. **E-5.24**) zeigt ein unauffälliges, undulatorisches fetales Herztonmuster mit einer Baseline von ca. 130 bpm, regelrechter Oszillation und sporadischen Akzelerationen. Das Tokogramm zeigt relativ regelmäßige Kontraktionen des Uterus im Abstand von 3–5 Minuten. Es geht noch immer schwallweise klares Fruchtwasser ab. Die Patientin hat kein Fieber, Blutdruck und Herzfrequenz sind normal.

E-5.24 Unauffälliges CTG mit regelmäßigen Uteruskontraktionen

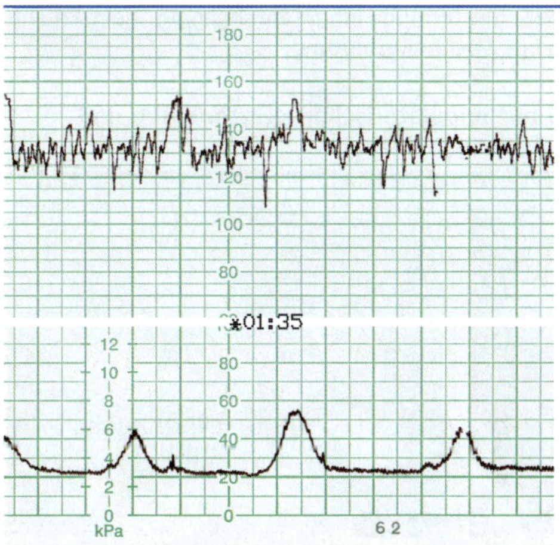

Der wegen des vorzeitigen Blasenspunges verständigte Kreißsaalarzt erhebt den folgenden vaginalen Untersuchungsbefund: **Portio erhalten, mediosakral, mittelweich, Zervixlänge 1,5 cm, gut fingerdurchgängig. Abgang von klarem Fruchtwasser mit Vernixflocken. Vorangehender Teil (Kopf) fest im Beckeneingang.** Die äußere Tastuntersuchung mit den Leopold-Handgriffen bestätigt, dass der vorangehende Teil der kindliche Kopf ist. Sicherheitshalber führt der Arzt einen Schnelltest auf hämolysierende Streptokokken der Gruppe B durch. Es erfolgt außerdem eine Blutentnahme für Blutbild, CRP, Blutgruppe, sowie für Quick und PTT. Da die Geburt definitionsgemäß mit dem vorzeitigen Blasensprung begonnen hat, indiziert der Arzt, auch beim bestehenden unreifen Befund die stationäre Aufnahme der Patientin.

6:20 Uhr: Die Patientin meldet sich erneut im Kreißsaal. Sie spürt jetzt zunehmend schmerzhafte, regelmäßige, relativ kurze Wehen im Abstand von 5 Minuten. Das CTG zeigt im Wesentlichen den gleichen Befund wie das Aufnahme-CTG. Der Kreißsaalarzt kontrolliert den vaginalen Befund: **Muttermund weich, zentriert, 4–5 cm. Vorangehender Teil fest am Beckeneingang, Pfeilnaht im ersten schrägen Durchmesser, kleine Fontanelle vorn.**

Die Patientin ist von den stärker werdenden Wehenschmerzen überrascht und fragt nach Schmerzerleichterung. Der Arzt erörtert mit ihr die Möglichkeit der Gabe eines Schmerzmittels (Dolantin) und die Möglichkeit einer Periduralanästhesie. Die Patientin entscheidet sich schließlich für eine PDA.

8:30 Uhr: Die Anästhesistin ist eingetroffen um die PDA zu legen. Die betreuende Hebamme möchte sich vorher nochmals ein Bild über den Geburtsfortschritt machen. Ihre Untersuchung ergibt folgenden Befund: **Muttermund 7–8 cm, Pfeilnaht im 1. schrägen Durchmesser, Leitstelle oberer Schoßfugenrand. Kräftige, regelmäßige Wehen.**

Das CTG (8:30–8:45, s. Abb. **E-5.25**), zum Legen der PDA im Sitzen aufgezeichnet, zeigt ein unauffälliges Herztonmuster bei regelmäßigen Wehen im Abstand von 2–3 Minuten. Bei diesem zügigen Geburtsverlauf ist es bereits fast zu spät eine PDA zu legen, die Patientin entscheidet sich nun gegen die Periduralanästhesie und bekommt von der Hebamme zur Schmerzerleichterung eine halbe Ampulle Dolantin i. m. verabreicht.

9:00 Uhr: Die Patientin verspürt einen starken Druck auf den Darm und hat beginnenden Pressdrang. Die vaginale Untersuchung durch die Hebamme ergibt: **Muttermund vollständig, Leitstelle unterer Schoßfugenrand, Pfeilnaht gerade, kleine Fontanelle vorn.**

Das CTG ist weiterhin unauffällig. Die Gebärende wird von der Hebamme angewiesen, dem Pressdrang noch nicht nachzugeben und zu

E-5.25 Unauffälliges CTG mit regelmäßigen Wehen

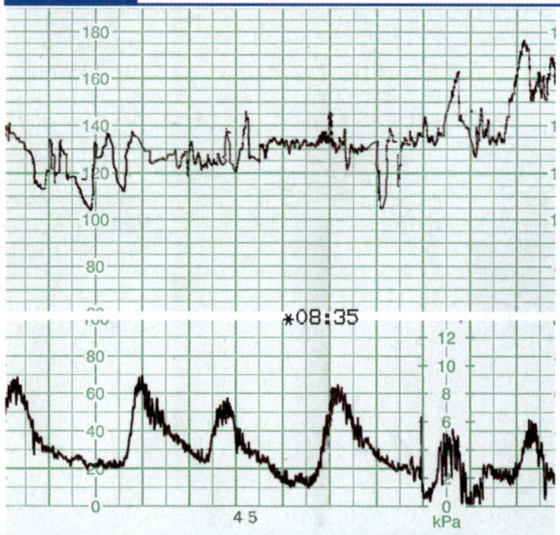

E-5.26 CTG mit regelmäßigen, wehensynchronen Dezelerationen

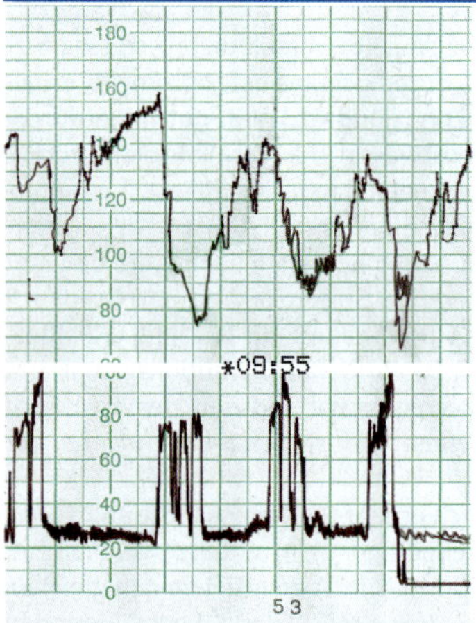

versuchen die Wehen so gut wie möglich zu veratmen. Der Ehemann unterstützt die auf dem Gymnastikball sitzende Patientin während der Wehe durch Massage im Kreuzbeinbereich, was sie als erleichternd und angenehm empfindet.

9:45 Uhr: Wehenfrequenz hat sich mittlerweile noch etwas gesteigert. Die kräftigen Wehen kommen nun alle 1–2 Minuten und werden für die Patientin schwer erträglich, da sie in den Wehenpausen kaum noch entspannen kann. Der Pressdrang ist nicht mehr zu unterdrücken. Das CTG (9:50 – Ende, s. Abb. **E-5.26**) zeigt nun regelmäßige, wehensynchrone Dezelerationen bei guter Oszillation. Die Hebamme findet bei der vaginalen Untersuchung: **Leitstelle fast Beckenboden, kleine Fontanelle führt.**

Die Haare des Kindes sind nun während der Wehe schon sichtbar, die Patientin kann den kindlichen Kopf nun selbst tasten und weiß, dass es bis zur Geburt des Kindes nicht mehr lange dauern wird. Dies gibt Kraft für die letzte Phase der Geburt. Von der Hebamme wird sie zum aktiven Mitpressen in den Wehen angeleitet. Der Kreißsaalarzt wird über die unmittelbar bevorstehende Geburt informiert und begibt sich ebenfalls zur Geburt.

10:00 Uhr: Der kindliche Kopf schneidet in der Wehe ein, der Damm ist extrem gespannt, droht zu reißen und bereitet der Patientin extreme Schmerzen. Der Kreißsaalarzt entscheidet sich deshalb für die Anlage einer kleinen, medianen Episiotomie auf dem Höhepunkt einer Wehe.

10:06 Uhr: Eine Wehe später wird ein fast reifer, lebensfrischer Junge aus I. vorderer Hinterhauptslage geboren, der Mutter auf den Bauch gelegt und mit warmen Tüchern zugedeckt. Die Hebamme dokumentiert die Geburtszeit. Die Nabelschnur wird von der Hebamme zweifach abgeklemmt und vom Vater mit der Schere durchtrennt.

Der Kreißsaalarzt überprüft den Zustand des Kindes und erhebt den APGAR-Score. Aus der Nabelschnurarterie wird Blut für die Blutgasanalyse entnommen. Es ergibt sich folgender Normalbefund: pH 7,29, Base-excess –4,9, pO_2: 21,7 mmHg, pCO_2: 45,9 mmHg.

10:10 Uhr: Die Plazenta folgt vollständig durch „Cord traction" (s. Abb. **E-5.23**). Auf Wunsch der Patientin wird aus der Nabelschnur/Plazenta so viel Nabelschnurblut wie möglich für eine Nabelschnurblutspende (Stammzellentransplantation) abgenommen.

Es folgt die vaginale Spekulumeinstellung durch den Kreißsaalarzt zur Versorgung der Geburtsverletzung. Trotz des von der Hebamme durchgeführten Dammschutzes ist die mediane Episiotomie etwas weiter gerissen und es besteht nun ein Dammriss 2. Grades. Dieser wird in Lokalanästhesie innerhalb von wenigen Minuten zweischichtig, mit resorbierbarem Nahtmaterial genäht.

Nachdem sich Mutter und Kind etwa eine halbe Stunde aneinander gewöhnt haben, wird das Neugeborene von der Hebamme kurz entführt, gemessen, gewogen, der Nabel versorgt. Der Kreißsaalarzt führt die U1 durch und überzeugt sich nochmals vom guten Zustand des Kindes. Es handelt sich um einen kleinen Jungen von 3140 g, 51 cm Länge und einem Kopfumfang von 36,5 cm. Der APGAR-Score wurde als 9/10/10 dokumentiert. Obwohl die Geburt bereits in der 37. SSW erfolgt ist, weist der Junge fast alle Reifezeichen auf, der Petrussa-Index wird als 39 ermittelt.

12:20 Uhr: Die Hebamme überzeugt sich noch einmal vom guten Zustand von Mutter und Kind, überprüft die Vitalfunktionen, die vaginale Blutung und den Kontraktionszustand der Gebärmutter und verlegt die Patientin anschließend auf die Wöchnerinnenstation.

2. Situation

6:10 Uhr: Eine 37-jährige 3. Gravida, 2. Para meldet sich im Kreißsaal. Die Patientin gibt an, seit etwa 4:30 regelmäßige, schmerzhafte Kontraktionen in 5-minütigem Abstand zu spüren. Der errechnete Geburtstermin wäre laut Mutterpass am nächsten Tag. Es sei bislang noch kein Fruchtwasser abgegangen. Die Patientin hat vor drei Jahren ihr erstes Kind auf die Welt gebracht. Das Geburtsgewicht des ersten Kindes war 4550 g. Die jetzige Schwangerschaft war problemlos verlaufen, das Kind liegt diesmal in Schädellage.

Bei der etwas adipösen Patientin wird zunächst ein Aufnahme-CTG geschrieben, das in der Abbildung dargestellt ist (6:15–6:30, s. Abb. **E-5.27**). Die Herztonkurve ist undulatorisch mit guter Oszillation bei einer Baseline von ca. 140 bpm. Die Kontraktionen werden auf Grund der adipösen Bauchdecken nicht sehr gut aufgezeichnet, erfolgen aber im Abstand von 5–6 Minuten. Die Dienst habende Kreißsaalärztin erhebt folgenden vaginalen Untersuchungsbefund: **Portio aufgebraucht, sakral, Muttermund fingerdurchgängig. Kein Fruchtwasserabgang, leichte Zeichnungsblutung.**

E-5.27 CTG mit undulatorischer Herztonkurve und regelmäßigen Wehen

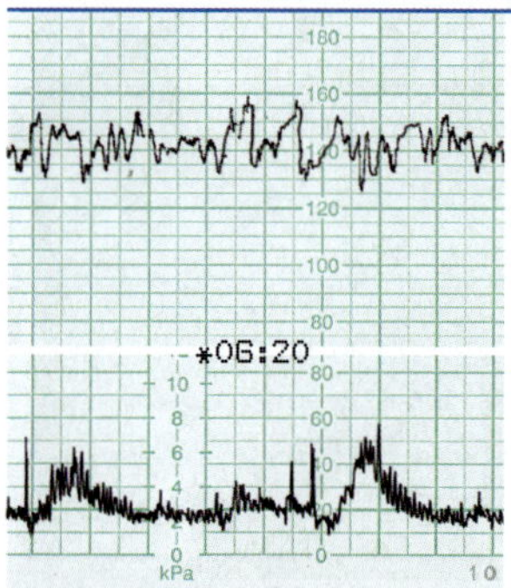

E-5.28 CTG-Befund (regelmäßige Wehen) und vaginale Untersuchung der werdenden Mutter

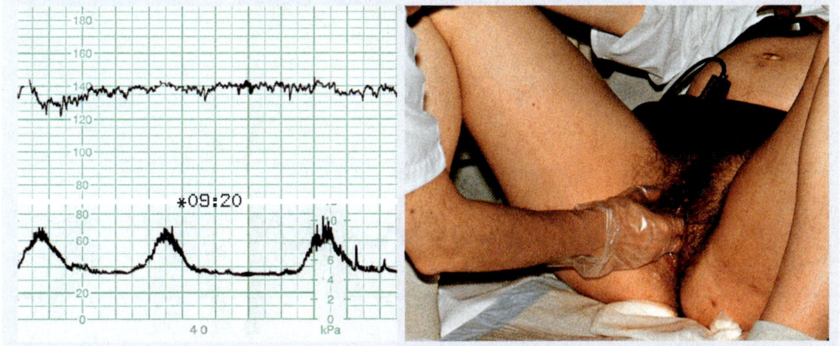

a b

Die Patientin möchte auch diesmal einen vaginalen Entbindungsversuch unternehmen. Es folgen Blutentnahmen für Blutbild, Blutgruppe und Gerinnungsstatus. Die Patientin kommt zunächst auf die Wöchnerinnenstation und wird angewiesen, im Falle von Fruchtwasserabgang oder vaginaler Blutung, spätestens aber in 2 Stunden erneut in den Kreißsaal zu kommen.

9:00 Uhr: Die Patientin hat jetzt stärkere, schmerzhaftere Wehen im Abstand von 4–5 Minuten und meldet sich erneut im Kreißsaal. Das CTG (9:15–9:25, s. Abb. **E-5.28a**) zeigt eine regelmäßige Wehentätigkeit. Die fetale Herztonkurve zeigt ein phasenweise undulatorisch eingeengtes CTG mit unveränderter Baseline. Der Untersuchungsbefund (s. Abb. **E-5.28b**) der betreuenden Hebamme: **Muttermund dünnsäumig, 3–4 cm, Kopf fest am Beckeneingang, Pfeilnaht quer.** Da sich die Patientin bisher nicht in der Klinik vorgestellt hat, wird durch die Ärztin eine orientierende Ultraschalluntersuchung durchgeführt. **Es zeigt sich ein relativ großes Kind in dorsoanteriorer Schädellage. Gewichtsschätzung 3800 g. Fruchtwassermenge untere Norm. Hinterwandplazenta.**

9:50 Uhr: Die Patientin nimmt ein entspannendes Wannenbad. Anschließend erfolgt eine CTG-Kontrolle, bei der sich eine unveränderte fetale Situation zeigt. Die Wehenfrequenz scheint eher nachzulassen. Die Patientin möchte nun mit ihrem Partner zusammen noch etwas umherlaufen. Das CTG-Monitoring erfolgt über Telemetrie.

E-5.29 CTG mit nachlassender Wehentätigkeit

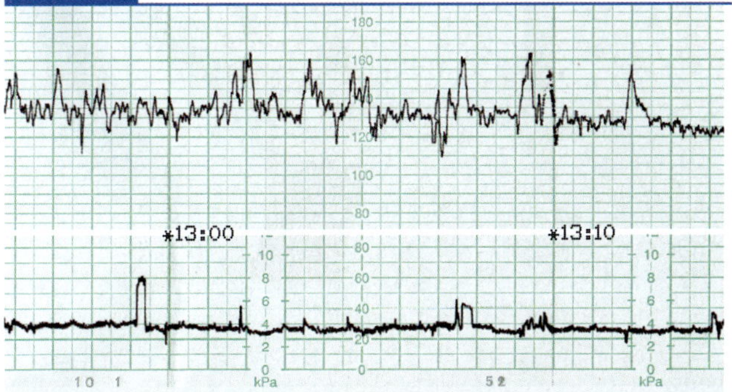

12:50 Uhr: Die Wehentätigkeit hat deutlich nachgelassen. Die Patientin spürt nur noch alle 10 Minuten Kontraktionen. Im CTG (12:50–13:10, s. Abb. **E-5.29**) wird gar keine Kontraktion aufgezeichnet. Der Patientin wird von der Kreißsaalärztin angedeutet, dass es unter Umständen besser wäre die Geburt aktiv, d. h. mit Hilfe einer Oxytozininfusion weiterzuführen, um einen übermäßigen Kräfteverschleiß der Patientin zu vermeiden. Die Patientin möchte zunächst zuwarten, ob die Wehentätigkeit wieder von selbst in Gang kommt.

14:30 Uhr: Die Patientin erscheint erneut im Kreißsaal. Das CTG zeichnet regelmäßige Kontraktionen in 10-minütigen Abständen auf. Die Kreißsaaloberärztin erhebt bei der Visite folgenden Befund: **Muttermund 3 cm, Leitstelle oberer Schoßfugenrand, Pfeilnaht im 2. schrägen Durchmesser, kleine Fontanelle rechts. Fruchtblase steht.**

Es besteht ein Geburtsstillstand. In dieser Situation entscheidet sich die Patientin für ein aktives Vorgehen. Von den Stunden der frustranen, unzureichenden, aber trotzdem schmerzhaften Wehentätigkeit ist die Patientin schon etwas zermürbt und wünscht gleichzeitig eine Periduralanästhesie. Es wird nun ein i. v. Zugang gelegt und eine Oxytozininfusion mit 140 mE/h begonnen, geplant ist die Verdoppelung der Dosis alle 30 Minuten. Parallel laufen die Vorbereitungen für das Legen der PDA.

17:15 Uhr: Der Wehentropf läuft mittlerweile auf 360 mE/h. Das CTG zeichnet regelmäßige Wehen alle 3 Minuten auf. Die fetale Herztonkurve ist unauffällig. Die Patientin ist bei gut sitzender PDA praktisch schmerzfrei.

18:15 Uhr: Frühzeitiger Blasensprung. Es entleert sich reichlich grünes, klares Fruchtwasser. Weitere Wehen alle 3 Minuten. Vaginaler Untersuchungsbefund der betreuenden Hebamme: **Muttermund 6 cm, Leitstelle Beckeneingang, Pfeilnaht gerade.**

19:40 Uhr: Visite der Dienst habenden Oberärztin. Wehentropf mittlerweile auf 560 mE/h, das CTG zeigt regelmäßige Wehen in 3–4 Minutenabständen. Die fetale Herztonschreibung weist wehensynchrone Dezelerationen auf (19:40–19:50, s. Abb. **E-5.30**). Vaginaler Untersuchungsbefund: **Muttermund vollständig, Leitstelle oberer Schoßfugenrand. Pfeilnaht steil im 2. schrägen Durchmesser. Kleine Fontanelle rechts vorn.** Die Patientin wird in rechter Seitenlage gelagert. Die Harnblase der Patientin wird durch Einmalkatheterismus entleert, da die Patientin selbst den Füllungszustand der Blase nicht bemerkt.

E-5.30 CTG mit regelmäßigen Wehen und wehensynchronen Dezelerationen

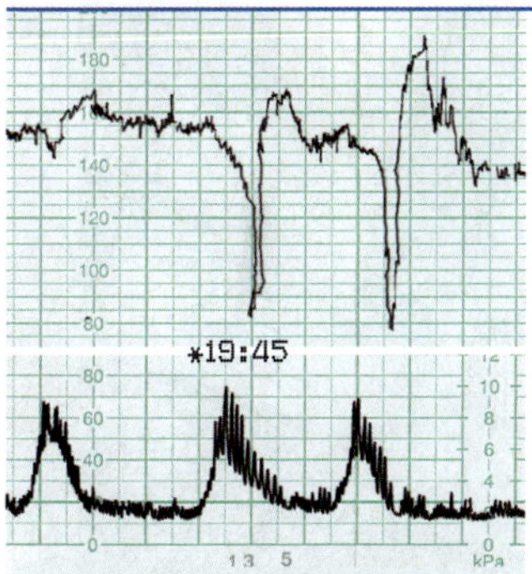

21:00 Uhr: Das CTG registriert eine Spätdezeleration (21:00–21:20, s. Abb. **E-5.31**), gefolgt von einer undulatorisch eingeengten Phase. Die Kreißsaalärztin entscheidet sich für eine Mikroblutuntersuchung, um den fetalen Zustand besser einschätzen zu können. Die Blutgasanalyse erbringt folgenden Befund: pH 7,29. Dies bedeutet, dass bei CTG-Verschlechterung eine Kontrolle durchgeführt werden muss. Der Wehentropf wird weiter auf 840 mE/h gesteigert. Die vaginale Untersuchung ergibt folgenden Befund: **Muttermund vollständig, Pfeilnaht jetzt im I. schrägen Durchmesser, Leitstelle unterer Schoßfugenrand.**

E-5.31 CTG mit Spätdezeleration

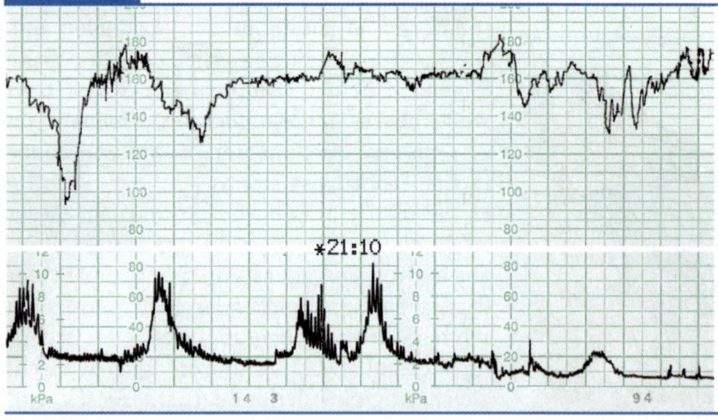

E-5.32 CTG mit weiteren Spätdezelerationen

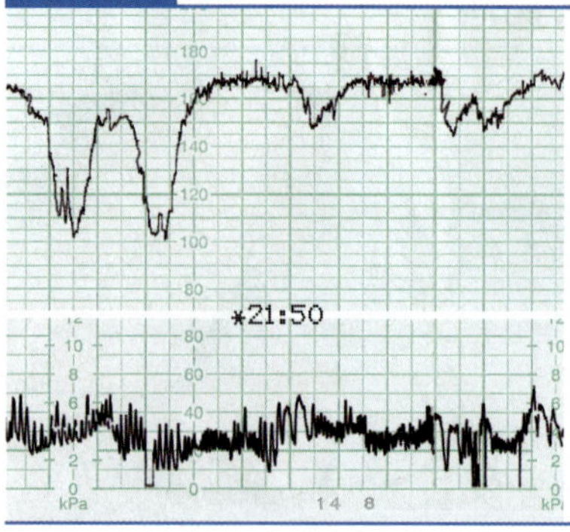

21:50 Uhr: Im CTG werden erneut Spätdezelerationen registriert (21:45–22:00, s. Abb. **E-5.32**). Die Baseline ist inzwischen auf ca. 160 bqm angestiegen. Die Patientin hat eine erhöhte Körpertemperatur von 37,8 °C. Es wird eine Kontroll-Mikroblutanalyse durchgeführt. Diese ergibt einen pH von 7,31.

23:12 Uhr: Die Patientin spürt nun einen starken Druck nach unten und hat zunehmenden Pressdrang. Der vaginale Untersuchungsbefund der Hebamme: **Muttermund vollständig, Leitstelle zwischen unterem Schoßfugenrand und Interspinalebene. Es besteht eine deutliche Geburtsgeschwulst. Kleine Fontanelle vorne tastbar.** Die Patientin

E-5.33 Ablauf einer regelrechten Geburt

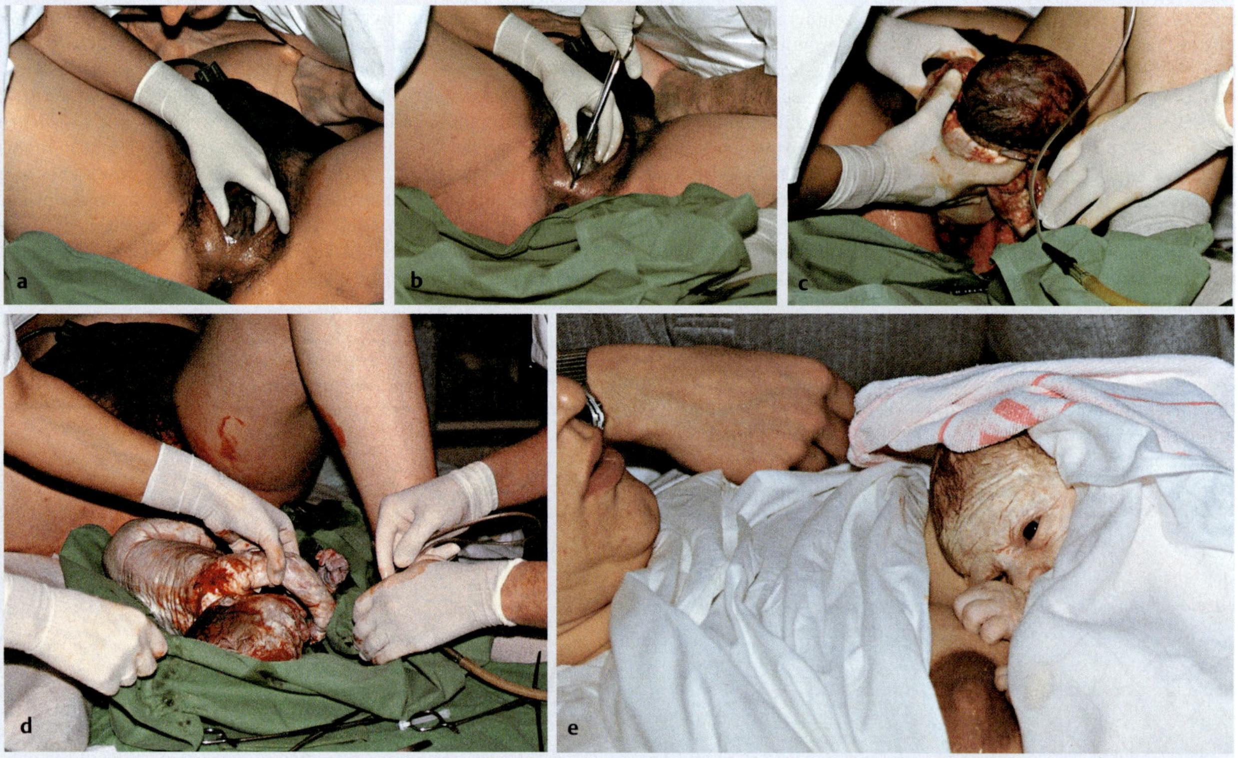

a Pressversuch unter Kristeller-Hilfe.
b Anlage einer medialen Episiotomie, beim Einschneiden des Köpfchens.
c Entwicklung des Kindes.
d Absaugen von Rachenraum und Nase.
e Das Neugeborene auf dem Bauch der Mutter.

muss unwillkürlich mitpressen. Das CTG weist lediglich wehensynchrone Dezelerationen auf.

23:40 Uhr: Die Dienst habende Oberärztin führt bei unverändertem CTG-Befund eine erneute vaginale Untersuchung durch: **Leitstelle interspinal, Pfeilnaht gerade. Kopf bereits stark konfiguriert mit erheblicher Geburtsgeschwulst. Beim Mitpressen der Patientin kommt der Kopf fast bis auf Beckenboden.**

Die Patientin ist mittlerweile, wenn auch fast schmerzfrei, am Ende ihrer Kräfte. Ihre Pressbemühungen sind bei liegender PDA nur wenig effektiv. Die Oberärztin entscheidet daher, die Geburt nun so schnell wie möglich zu beenden. Es soll zunächst ein Pressversuch mit Kristeller-Hilfe der Hebamme durchgeführt werden (s. Abb. **E-5.33a**). Wenn dies nicht zur Geburt führt, soll das Kind per Vakuumextraktion entbunden werden. Der Dienst habende Kinderarzt wird sicherheitshalber zur Geburt dazugebeten.

23:53 Uhr: Durch Kristeller-Hilfe der Hebamme und nach Anlegen einer medialen Episiotomie (s. Abb. **E-5.33b**) wird ein großes, lebensfrisches reifes Mädchen geboren (s. Abb. **E-5.33c**). Das Kind wird zunächst an den Kinderarzt übergeben, der Mund und Nase absaugt (s. Abb. **E-5.33d**) und das Neugeborene bei gutem Zustand der erschöpften, aber überglücklichen Mutter übergibt, die es nun geschafft hat, das Kind auf natürlichem Weg zur Welt zu bringen (s. Abb. **E-5.33e**). Die Blutgasanalyse des Nabelschnurblutes ergibt einen pH von 7,32, Base-excess –0,8, pO_2: 25,4 mmHg, pCO_2: 51,0 mmHg. Der APGAR-Score des Kinderarztes: 9/9/10. Das Geburtsgewicht des Kindes beträgt 4050 g, Länge 55 cm, Kopfumfang 35 cm, Petrussa-Score: 40.

Während die Patientin ihr Kind auf der Brust liegen hat, wird die Plazenta geboren, die von der Hebamme als unvollständig erkannt wird. Der Uterus ist nur mäßig gut kontrahiert und es besteht eine verstärkte vaginale Blutung. Es wird deshalb von der Kreißsaalärztin eine Kürettage des Uterus durchgeführt, um verbliebene Plazentareste zu entfernen, außerdem wird der Uterus manuell nachgetastet um sicherzustellen, dass keine Uterusruptur besteht. Die mediale Episiotomie wird mehrschichtig genäht, es bestehen keine weiteren Geburtsverletzungen.

2:30 Uhr: Damit die Mutter sich etwas erholen kann, wird das Kind vorübergehend auf die Neugeborenenstation gebracht. Die Patientin wird den Rest der Nacht im Kreißsaal verbringen, da der Kontraktionszustand der Gebärmutter zunächst schlecht ist und weiterhin eine Infusion mit Kontraktionsmittel erforderlich ist.

5.7 Methoden der Geburtserleichterung

s. S. 67 ff.

5.7 Methoden der Geburtserleichterung

s. S. 67 ff.

6 Risikogeburt

6.1 Übersicht

▶ Definition

Pathogenese. Eine Risikogeburt kann bedingt sein durch Regelwidrigkeiten der Geburts- oder Schwangerschaftsdauer, Uterusruptur, Regelwidrigkeiten der Eihäute und des Fruchtwassers, der Nabelschnur, der Plazenta, der Nachgeburtsperiode oder durch Probleme des Fetus.

Etwa zwei Drittel aller Risikogeburten werden durch die sorgfältige Erhebung der Anamnese und des Verlaufs der Schwangerschaft erkannt, der Rest durch sorgfältige Überwachung der Geburt.

Unmittelbar vor der Geburt sind stets der **Verlauf früherer Schwangerschaften und der jetzigen Schwangerschaft** sowie die **Eigenanamnese** der schwangeren Frau zu erfragen. Besonders hilfreich ist dabei der Mutterpass.

Auf eine Risikogeburt deuten folgende anamnestische Daten hin:
Wenn einer bevorstehenden Geburt eine **Geburt durch Kaiserschnitt vorausgegangen** ist, kann die Eröffnungsperiode (s. S. 587 f) verzögert ablaufen.
Das Kind kann durch den längeren Geburtsstress belastet werden. Bei der Mutter besteht das Risiko einer Uterusruptur.

Waren **frühere operative vaginale Geburten** durch eine verlängerte Austreibungsperiode (s. S. 588 f) bedingt, sind bei der bevorstehenden Geburt erneut geburtsmechanische Probleme zu erwarten.

Bei **Geburtsschäden von früher geborenen Kindern** oder bei **Totgeburten in der Anamnese** muss die Geburt besonders sorgfältig überwacht werden.

Eine **gestörte Schwangerschaft** kann mit einer Risikogeburt enden. Ist der Ablauf

6 Risikogeburt

6.1 Übersicht

▶ **Definition.** Man spricht von einer Risikogeburt, wenn die Geburt eines Kindes von der Spontangeburt aus vorderer Hinterhauptslage abweicht. Auch operative Entbindungen, Frühgeburten (Geburt vor der vollendeten 37. SSW), Übertragungen (Geburt nach der 42. SSW), Geburten von Mehrlingen und Geburten mit zu kurzer oder zu langer Geburtsdauer zählen zu den Risikogeburten.

Pathogenese. Folgende Faktoren können eine Risikogeburt bedingen:
1. regelwidrige Geburtsdauer
2. regelwidrige Schwangerschaftsdauer
3. Uterusruptur
4. Regelwidrigkeiten der Eihäute und des Fruchtwassers
5. Nabelschnurkomplikationen
6. Regelwidrigkeiten der Plazenta
7. Regelwidrigkeiten der Nachgeburtsperiode
8. Regelwidrigkeiten von Seiten des Fetus.

Die Geburt ist potenziell die gefährlichste Situation im Leben eines Menschen. Die deutsche Geburtsmedizin nimmt mittlerweile hinsichtlich ihrer Qualität eine Spitzenstellung in der Welt ein. Trotzdem muss unter der Geburt mit einem Restrisiko für Mutter und Kind gerechnet werden. Etwa zwei Drittel aller Risikogeburten werden durch die sorgfältige Erhebung der Anamnese und des Verlaufs der Schwangerschaft erkannt. Etwa ein Drittel der Risikogeburten wird erstmals unter der Geburt offenbar. Deshalb ist die sorgfältige Überwachung von Mutter und Kind unter der Geburt sehr wichtig.

Unmittelbar vor der Geburt ist stets die **Anamnese** der schwangeren Frau, insbesondere der **Verlauf früherer Schwangerschaften und der jetzigen Schwangerschaft sowie die Eigenanamnese** zu erheben. Besonders hilfreich ist dabei der entsprechend den Mutterschaftsrichtlinien geführte Mutterpass. Er sollte stets vor Beginn einer Geburt durch die betreuenden Hebammen und Ärzte hinsichtlich Anamnese und Schwangerschaftsverlauf überprüft werden.

Aus der **Anamnese** ergeben sich **wichtige Daten, die auf eine Risikogeburt hindeuten:**

Wenn einer bevorstehenden Geburt eine **Geburt durch Kaiserschnitt vorausgegangen** ist, kann die Eröffnungsperiode (s. S. 587 f) verzögert ablaufen. Die Narben im Uterus können mechanisch die Eröffnung des Muttermundes verzögern. Aber auch funktionelle Störungen der Wehentätigkeit durch Schmerzen im Narbenbereich können zu einer Verzögerung der Geburt beitragen. In dieser Situation ist eine Gefährdung von Mutter und Kind möglich. Das Kind kann durch den längeren Geburtsstress belastet werden. Bei der Mutter besteht das Risiko einer Uterusruptur, die glücklicherweise aber selten ist.

Aber auch **frühere operative vaginale Geburten** sind zur Einschätzung der bevorstehenden Geburt von Bedeutung. Wenn eine frühere Geburt wegen einer protrahierten Austreibungsperiode (s. S. 588 f) durch Zangen- oder Vakuumextraktion beendet wurde, kann mit erneuten Problemen beim Durchtritt des Kindes durch das mütterliche Becken gerechnet werden.

Bei **Geburtsschäden von früher geborenen Kindern** oder bei **Totgeburten in der Anamnese** muss die Geburt besonders sorgfältig überwacht werden. Im Einzelfall ist zusammen mit den zukünftigen Eltern sogar eine vorsorgliche Schnittentbindung zu erwägen, um das Kind nicht zu gefährden. Dieser Wunsch wird heute häufig an die betreuenden Ärzte und Hebammen herangetragen. Es bedarf großer Erfahrung und großen Einfühlungsvermögens, um eine Frau bzw. ein Elternpaar zu beraten und unter der Geburt zu führen.

Eine **gestörte Schwangerschaft** kann mit einer Risikogeburt enden. Ist der Ablauf der Schwangerschaft durch einen mütterlichen **Diabetes** kompliziert, muss mit einer erhöhten Sectiorate gerechnet werden. Dies liegt daran, dass – auch in hochspezialisierten Zentren für Diabetes und Schwangerschaft – häufiger als bei Nicht-Diabetikerinnen geburtseinleitende Maßnahmen getroffen werden, um eine Gefährdung von Mutter und Kind zu vermeiden. Schwangerschaftsbedingte Erkrankungen, wie z. B. die **Präeklampsie,** gehen mit einer erhöhten Rate von Risikogeburten einher. Der hohe Blutdruck kann das Leben der Mutter, die mangelnde Durchblutung der Plazenta das Leben des ungeborenen Kindes so gefährden, dass die Schwangerschaft vorzeitig durch Geburt beendet werden muss.

der Schwangerschaft durch einen mütterlichen **Diabetes** kompliziert, muss mit einer erhöhten Sectiorate gerechnet werden. Schwangerschaftsbedingte Erkrankungen, wie z. B. die **Präeklampsie,** gehen mit einer erhöhten Rate von Risikogeburten einher.

Aus dem **Schwangerschaftsverlauf** ergeben sich folgende **Risiken:**
Störungen von Seiten der Plazenta wie Placenta praevia und vorzeitige Plazentalösung führen häufig zu Risikogeburten, ebenso wie **Störungen der Eihäute**. Zu Letzteren zählen das Hydramnion, das Oligohydramnion, der vorzeitige Blasensprung bzw. das Amnioninfektionssyndrom.

Aus dem **Schwangerschaftsverlauf** ergeben sich folgende **Risiken:**
Störungen von Seiten der Plazenta und **Störungen der Eihäute** führen häufig zu Risikogeburten.

Unter **Hydramnion** versteht man eine erhöhte, unter Polyhydramnion eine stark erhöhte Fruchtwassermenge. Hier kommt es häufig zu Lageanomalien des Kindes, z. B. Schräg- oder Querlage.

Bei vermehrter Fruchtwassermenge (**Hydramnion**) kommt es häufig zu Lageanomalien.

Eine verminderte Fruchtwassermenge, ein **Oligohydramnion**, geht häufig mit einer Minderdurchblutung der Plazenta und intrauteriner Wachstumsretadierung einher.

Verminderte Fruchtwassermenge (**Oligohydramnion**): oft intrauterine Wachstumsretadierung.

Zum vorzeitigen Blasensprung und Amnioninfektionssyndrom s. S. 648 f.

Vorzeitiger Blasensprung und Amnioninfektionssyndrom s. S. 648 f.

Die Geburt bei **Mehrlingsschwangerschaft** ist immer mit einem erhöhten potenziellen Risiko behaftet. Höhere Mehrlingsschwangerschaften (drei oder mehr Kinder) sollten in spezialisierten geburtshilflichen Kliniken durch primäre Sectio beendet werden. Der Geburtsmodus bei Zwillingsschwangerschaft ist abhängig von der Lage der Kinder vor bzw. unter der Geburt.

Die Geburt bei **Mehrlingsschwangerschaft** ist immer mit einem erhöhten potenziellen Risiko behaftet.

Frühgeburten, insbesondere sehr kleine Frühgeburten (Gewicht < 1500 g), sollten nach Möglichkeit in sog. Perinatalzentren, in denen geburtshilfliche und neonatologische Intensivüberwachung und Therapie möglich sind, durchgeführt werden.

Frühgeburten sollten in Perinatalzentren durchgeführt werden.

Die **Übertragung,** also die Geburt nach der vollendeten 42. Schwangerschaftswoche, ist durch frühzeitiges Einleiten der Geburt heute sehr selten geworden.

Die **Übertragung** ist heute durch frühzeitiges Einleiten der Geburt selten.

Geburten bei **Lageanomalien,** also Beckenendlagen, Querlagen und Schräglagen, sind immer Risikogeburten. Die Diagnose einer Lageanomalie muss stets vor der Geburt gestellt werden. Bei der Geburt aus Beckenendlage wird heute in Deutschland bei nahezu 100 % der Erstgebärenden und ca. 70 % der Mehrgebärenden eine primäre Schnittentbindung durchgeführt. Dieses einseitig auf das Leben des Kindes abgestellte Vorgehen birgt Risiken für die Mutter in Form der Narkose, Operation und möglicher postoperativer Komplikationen. Es sind Bestrebungen im Gange, die einseitige Betrachtungsweise „Beckenendlage = Sectio" zu revidieren.

Geburten bei **Lageanomalien** (Beckenendlagen, Quer- und Schräglagen) sind immer Risikogeburten. Sehr häufig wird eine primäre Sectio durchgeführt.

Schließlich **kann die sorgfältige Überwachung der Geburt Risiken aufdecken:**
Der **vorzeitige Blasensprung** kann zu einer **Chorioamnionitis,** Syn.: **Amnioninfektionssyndrom,** führen. Diese bakterielle Infektion des Fruchtwassers, der Eihäute und der Plazenta ist für Mutter und Kind gleichermaßen gefährlich.

Die **sorgfältige Überwachung der Geburt** kann ebenfalls Risiken aufdecken:
Der **vorzeitige Blasensprung** kann Mutter und Kind durch das **Amnioninfektionssyndrom** gleichermaßen gefährden.

Nabelschnurkomplikationen, d. h. Nabelschnurvorfall, -umschlingung, -knoten und Insertio velamentosa, werden im Allgemeinen erst unter der Geburt bemerkt und zum Problem.

Nabelschnurkomplikationen werden im Allgemeinen erst unter der Geburt bemerkt und zum Problem.

Bei **Verzögerung des Geburtsverlaufs,** z. B. bei Anomalien der Wehentätigkeit, muss stets durch sorgfältige klinische Untersuchung überprüft werden, ob geburtsmechanische Regelwidrigkeiten vorliegen, z. B. ein Missverhältnis zwischen der Größe des mütterlichen Beckens und den Maßen des kindlichen Kopfes.

Bei **Verzögerung des Geburtsverlaufs** müssen geburtsmechanische Regelwidrigkeiten ausgeschlossen werden.

▶ **Merke.** Die sorgfältige Erhebung von Anamnese und Schwangerschaftsverlauf sowie die Überwachung der Geburt ermöglichen es, eine Risikogeburt rechtzeitig zu erkennen.

◀ **Merke**

6.2 Regelwidrige Geburtsdauer

▶ Definition

6.2 Regelwidrige Geburtsdauer

▶ **Definition.** Als protrahierter Geburtsverlauf wird eine Geburtsdauer von mehr als 12 Stunden bei Erstgebärenden und mehr als 8 Stunden bei Mehrgebärenden bezeichnet.
Eine zu kurze Geburtsdauer (überstürzte Geburt, Sturzgeburt) ist nicht klar definiert.

Starke Abweichungen von der normalen Geburtsdauer können insbesondere das Kind gefährden.

Bei **protrahierter Geburt** treten vermehrt fetale Hypoxien und Azidosen auf.

Eine **überstürzte Geburt** kann bei Mehrgebärenden vorkommen. Meistens wird das Kind mit einer einzigen Presswehe geboren. Mangelhafte Druckanpassung des kindlichen Kopfes im Geburtskanal führt häufig zu einer kurzfristigen postpartalen Adaptationsstörung, evtl. zu Verletzungen des Kindes.

Ursachen der regelwidrigen Geburtsdauer zeigt Tab. **E-6.1**.

Die normale Geburtsdauer beträgt bei Erstgebärenden im Mittel 6,4 Stunden und bei Mehrgebärenden im Mittel 4,8 Stunden. Starke Abweichungen von der normalen Geburtsdauer können insbesondere das Kind gefährden.
Bei **protrahierten Geburtsverläufen** werden vermehrt fetale Hypoxien und Azidosen registriert. Deshalb sollte die Geburt insgesamt nicht länger als 24 Stunden dauern.
Eine **überstürzte Geburt** (Partus praecipitatus) kann bei Mehrgebärenden vorkommen: Meistens wird das Kind mit einer einzigen Presswehe geboren. Ursachen für die sehr kurze Geburtsdauer bei Mehrgebärenden sind der gelegentlich zu beobachtende, geringe Weichteilwiderstand und die sehr heftige Wehentätigkeit. Mangelhafte Druckanpassung des kindlichen Kopfes im Geburtskanal führt häufig zu einer kurzfristigen postpartalen Adaptationsstörung in Form von Hypoxie und Azidose. Auch Verletzungen des kindlichen Rumpfes und der Extremitäten kommen bei überstürzten Geburten vor.
Die Sturzgeburt ist forensisch bedeutungsvoll. Hierbei stürzt das Kind aus dem Geburtskanal heraus auf den Boden. Derartige Situationen kommen heute praktisch nicht mehr vor.
Ursachen der regelwidrigen Geburtsdauer sind in Tab. **E-6.1** aufgelistet.

E-6.1

E-6.1 Ursachen der regelwidrigen Geburtsdauer

Mütterliche Ursachen	Fetale Ursachen
▪ isthmozervikale Insuffizienz ▪ pathologische Beckenformen (Beckendystokie) ▪ Wehendystokie (Wehenschwäche, -sturm) ▪ Zervixdystokie ▪ vorausgegangene Operationen am Uterus	▪ Lageanomalien (Beckenendlage, Querlage, Schräglage) ▪ Haltungsanomalien (Vorderhauptslage, Stirnlage, Gesichtslage, hintere Hinterhauptslage) ▪ Einstellungsanomalien (hoher Geradstand, Scheitelbeineinstellung, tiefer Querstand) ▪ Schulterdystokie ▪ Vorfall der kleinen Teile ▪ Mehrlingsgeburten ▪ Fehlbildungen (z. B. Hydrozephalus) ▪ Makrosomie

6.2.1 Mütterliche Ursachen

Isthmozervikale Insuffizienz

▶ Definition

6.2.1 Mütterliche Ursachen

Isthmozervikale Insuffizienz

▶ **Definition.** Eine isthmozervikale Insuffizienz zeichnet sich durch eine vorzeitige Verkürzung des Gebärmutterhalses bei gleichzeitiger Eröffnung und Erweichung des Muttermundes aus.

Ätiologie und Pathogenese. Die reine isthmozervikale Insuffizienz ist heute eher selten geworden. Sie wurde früher gehäuft nach Schwangerschaftsabbrüchen beobachtet.

Ätiologie und Pathogenese. Die reine isthmozervikale Insuffizienz wurde früher gehäuft nach Schwangerschaftsabbrüchen beobachtet. Die Schädigung des Verschlussmechanismus am inneren Muttermund war Folge der starken Traumatisierung durch mechanische Manipulation am Gebärmutterhals. Infolge der Anwendung von Prostaglandinen zur Dilatation der Zervix und als Folge

der Liberalisierung des Schwangerschaftsabbruchs, wodurch dieser frühzeitig erfolgt, wird die reine isthmozervikale Insuffizienz kaum noch beobachtet.
Heute ist die frühzeitige Öffnung des Muttermundes meistens Folge von vorzeitiger Wehentätigkeit, die häufig durch Infektionen bedingt ist. Die isthmozervikale Insuffizienz wird heute in der Regel bei Mehrlingsschwangerschaften beobachtet. Durch das vermehrte intrauterine Volumen kommt es zur frühzeitigen Ausdehnung des unteren Uterinsegments, wodurch die Portio verkürzt wird. Der erhöhte intrauterine Druck führt zu vermehrten Kontraktionen der Uterusmuskulatur und dadurch zur vorzeitigen Eröffnung des Muttermundes.

Heute ist die frühzeitige Öffnung des Muttermundes meist Folge von vorzeitiger Wehentätigkeit, häufig durch Infektionen bedingt. Die isthmozervikale Insuffizienz wird in der Regel bei Mehrlingsschwangerschaften beobachtet.

Klinik. Wenn eine zu starke Wehentätigkeit, die mit wehenhemmenden Mitteln nicht mehr unterbrochen werden kann, mit einer isthmozervikalen Insuffizienz kombiniert ist, kann es zu einer **überstürzten Geburt** kommen. Sie tritt meistens bei Mehrgebärenden auf, bei Erstgebärenden nur in Ausnahmefällen meist bei Frauen, die die gesamte Schwangerschaft verheimlicht oder verdrängt haben oder aber die Wehen falsch einschätzen.
Eine kontinuierliche Überwachung durch Kardiotokographie ist bei überstürzter Geburt im Allgemeinen nicht mehr gewährleistet. Durch den zu raschen Durchtritt des kindlichen Kopfes durch das mütterliche Becken können beim Kind vermehrt Hypoxien und intrakranielle Blutungen auftreten, die aber in der Regel keine Bedeutung für seine Prognose haben.
Aus überstürzten Geburten können auch mütterliche Verletzungen resultieren. Hierbei handelt es sich um Zervix-, Scheiden-, Labien- oder Dammrisse.

Klinik. Bei der Kombination von zu starker Wehentätigkeit und isthmozervikaler Insuffizienz droht die **überstürzte Geburt**.

Beim Kind können Hypoxien und intrakranielle Blutungen auftreten, die jedoch in der Regel keine Bedeutung für seine Prognose haben.

Bei der Mutter können Zervix-, Scheiden-, Labien- oder Dammrisse auftreten.

Diagnostik. Die isthmozervikale Insuffizienz wird klinisch durch Inspektion und Palpation diagnostiziert. Ergänzend sind vaginaler Ultraschall und Kardiotokographie hilfreich.

Diagnostik. Die isthmozervikale Insuffizienz wird durch Inspektion und Palpation diagnostiziert.

Therapie. Bei anamnestischen und klinischen Hinweisen auf eine isthmozervikale Insuffizienz ist eine frühzeitige Hospitalisierung anzuraten. Dies gilt insbesondere bei drohender Frühgeburt, also vor der vollendeten 37. SSW.
Es gibt keine überzeugenden Hinweise darauf, dass eine Zervix-Cerclage, d. h. eine Umschlingung des Muttermundes durch eine Naht, eine geeignete Therapie der Zervixinsuffizienz zur Verhinderung der Frühgeburt darstellt. Aus unserer Sicht ist eine Cerclage nur in Ausnahmefällen indiziert.
Eine vorzeitige Wehentätigkeit wird symptomatisch durch wehenhemmende Medikamente oder, wenn sie durch eine Infektion im Bereich der Geburtswege bedingt ist, durch Antibiotika in Kombination mit wehenhemmenden Mitteln behandelt.
Zervix-, Scheiden-, Labien- oder Dammrisse müssen chirurgisch versorgt werden.

Therapie. Bei V. a. isthmozervikale Insuffizienz ist die frühzeitige Hospitalisierung mit Bettruhe angezeigt.

Bei vorzeitiger Wehentätigkeit sind wehenhemmende Medikamente indiziert. Bei Infektion des Geburtskanals zusätzlich Antibiotika.

Geburtsverletzungen der Mutter werden chirurgisch versorgt.

Pathologische Beckenformen

Pathologische Beckenformen

▶ **Definition.** Konstitutionelle Varianten des Beckens, z. B. ein langes Becken, Trichterbecken oder verengtes Becken, die zu einem abnormen Geburtsverlauf, der Beckendystokie, führen können.

◀ **Definition**

Ein normales Becken sowie die wichtigsten Anomalien zeigt Abb. **E-6.1**.

Ein normales Becken und Anomalien: Abb. **E-6.1**.

Epidemiologie und Ätiologie. Pathologische Beckenformen waren in den Industrieländern früher vor allem Folge der Rachitis. Durch die systematische Vitamin-D-Prophylaxe seit den 50er Jahren kommen sie hier praktisch nicht mehr vor. Anlässlich der Migrationsbewegungen in Europa sollte jedoch nicht in Vergessenheit geraten, dass sie die Ursache eines protrahierten Geburtsverlaufs sein können.

Epidemiologie und Ätiologie. Pathologische Beckenformen waren in den Industrieländern früher vor allem Folge der Rachitis, heute treten sie aufgrund der Vitamin-D-Prophylaxe hier sehr selten auf.

E-6.1 Beckenformen (links) und zugehöriger Querschnitt (rechts) mit Conjugata vera und Diameter transvesa

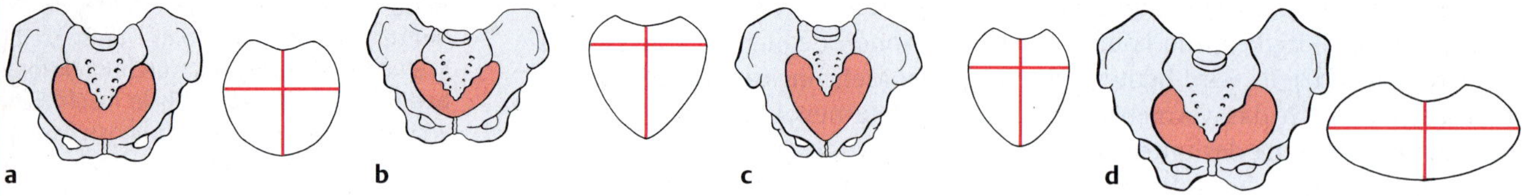

a Normales Becken mit querovalem Beckeneingang.
b Allgemein verengtes Becken.
c Langes oder Assimilationsbecken mit steilem Beckeneingang.
d Plattes Becken mit verkürztem geradem Durchmesser im Beckeneingang.

Klinik. Pathologische Beckenformen führen durch das relative Missverhältnis zwischen mütterlichem Becken und kindlichem Kopf zu einem **protrahierten Geburtsverlauf** (**Beckendystokie**) und/oder zu einer operativen Entbindung.

Klinik. Pathologische Beckenformen führen zu einem relativen Missverhältnis der Größe des mütterlichen Beckens und der Größe des kindlichen Kopfes; relativ, da die Maße des kindlichen Kopfes zwar normal, aber zu groß für das Becken sind. Hierdurch kommt es zu einem **protrahierten Geburtsverlauf (Beckendystokie)** und/oder zu einer operativen Entbindung.
Gelegentlich stellt sich die Frage, ob nach Umstellungsosteotomie, Hüftdysplasie oder Beckenfraktur eine vaginale Geburt möglich ist. Meistens kann man ungeachtet der Vorschädigungen am knöchernen Becken eine Spontangeburt riskieren.

Diagnostik. Pathologische Beckenformen können in der Regel durch Beurteilung der Michaelis-Raute und Austastung des Beckens diagnostiziert werden (s. Abb. **E-3.5**, S. 500).

Diagnostik. Pathologische Beckenformen können in der Regel durch Beurteilung der Michaelis-Raute (s. Abb. **E-3.5**, S. 500) und Austastung des Beckens (s. S. 503) mit einfachen Mitteln diagnostiziert werden.
Die apparative Abklärung des Beckens durch CT oder NMR ist nur in Einzelfällen hilfreich, da sich die Form des Beckens unter der Geburt ändert.

Langes Becken

▶ **Synonym**

▶ **Synonym.** Assimilationsbecken.

▶ **Definition**

▶ **Definition.** Beim langen Becken (s. Abb. **E-6.1**c) ist das Kreuzbein nach kranial verlängert; es besteht ein steiler Beckeneingang.

Klinik. Die Geburt verläuft protrahiert, meistens tritt **eine sekundäre Wehenschwäche** auf.

Klinik. Die **Geburt** verläuft **protrahiert**. Aufgrund der mangelnden Anpassung des kindlichen Kopfes an das mütterliche Becken empfindet die Gebärende die Wehen häufig als verstärkt und sehr schmerzhaft. Meistens kommt es infolge des protrahierten Geburtsverlaufs zu einer **sekundären Wehenschwäche**. Dann muss stets durch vaginale Untersuchung geprüft werden, ob sich der kindliche Kopf normal in das mütterliche Becken einstellt.

Beim langen Becken können folgende Einstellungsanomalien auftreten: vordere oder hintere **Scheitelbeineinstellung, hoher Geradstand** oder **Querstand in Beckenmitte**.

Abweichungen von der normalen Einstellung weisen auf ein relatives Missverhältnis hin. Beim langen Becken sind folgende regelwidrige Einstellungen möglich: vordere oder hintere **Scheitelbeineinstellung** (s. S. 627), **hoher Geradstand** (s. S. 626) oder **Querstand in Beckenmitte**. Bei letzterem steht die Pfeilnaht quer in Beckenmitte, eine ungünstige Anpassung des kindlichen Kopfes an das mütterliche Becken.

Diagnostik. Bei normalen Beckenmaßen überragt der kindliche Kopf die Symphyse; Zangemeister-Handgriff positiv. Röntgenaufnahme post partum.

Diagnostik. Die Beckenmaße sind normal. Der kindliche Kopf überragt die Symphyse, der Zangemeister-Handgriff (s. Abb. **E-3.8**, S. 502) ist positiv. Das lange Becken wird post partum radiologisch diagnostiziert.

Therapie. Zunächst sind konservative Maßnahmen wie wechselnde Lagerung der Gebärenden und Oxytozin-Infusion indi-

Therapie. Zur Unterstützung der Wehentätigkeit ist stets eine Oxytozin- (Syntocinon-)Infusion indiziert. Evtl. stellt sich der kindliche Kopf noch richtig in das Becken ein, wenn die Gebärende wiederholt umgelagert wird, z. B. bei

wechselnder Seitenlagerung. Da die Wehen sehr schmerzhaft sind, ist auf adäquate Analgesie zu achten; besonders günstig ist hier die Periduralanästhesie (PDA). Da bei protrahierter Geburt die Gefahr fetaler Hypoxie besteht, ist die Indikation zur Mikroblutuntersuchung des Fetus großzügig zu stellen, damit eine fetale Hypoxie rechtzeitig diagnostiziert wird.
Bleibt die Einstellung regelwidrig, muss eine sekundäre Sectio, d. h. eine Sectio nach Beginn der Eröffnungswehen, durchgeführt werden. Bei langem Becken ist eine Spontangeburt nur in ca. 50 % der Fälle möglich.

ziert. Wichtig sind eine adäquate Analgesie und der Ausschluss fetaler Hypoxien durch Mikroblutuntersuchung des Fetus.
Bleibt die Einstellung regelwidrig, ist die Geburt durch sekundäre Sectio zu beenden. Eine Spontangeburt ist nur in ca. 50 % der Fälle möglich.

▶ **Klinischer Fall.** Nach normalem Schwangerschaftsverlauf kommt eine 26-jährige Erstgebärende mit regelmäßiger spontaner Wehentätigkeit zur Aufnahme in den Kreißsaal. Die Beckenmaße sind normal. Der Muttermund ist 3 cm geöffnet und weich. Klinisch und nach Ultraschall scheint das Kind normal groß zu sein. Das Ende der Eröffnungsperiode ist verzögert. Wegen einer sekundären Wehenschwäche muss Syntocinon in steigender Dosis infundiert werden. Trotz guter Wehentätigkeit und einer ausreichenden Analgesie durch Periduralanästhesie kommt es zu keinem weiteren Geburtsfortschritt. Bei vollständig eröffnetem Muttermund und trotz guter Wehentätigkeit bleibt der kindliche Kopf am Beckeneingang stehen. Der Zangemeister-Handgriff ist positiv. Es besteht kein Hinweis auf Uterusruptur.
Wegen eines relativen Missverhältnisses wird die sekundäre Sectio durchgeführt. Zur Geburt kommt ein gesundes, reifes Mädchen von 3340 g.
Eine Röntgenaufnahme des Beckens der Mutter 6 Wochen post partum zeigt ein langes Becken.

◀ **Klinischer Fall**

Trichterbecken

Trichterbecken

▶ **Definition.** Ein Trichterbecken zeichnet sich durch einen verengten Beckenausgang, eine Steilstellung des Kreuzbeins und durch einen engen Schambogen aus.

◀ **Definition**

Klinik. Das Trichterbecken manifestiert sich häufig in Form einer **verlängerten Austreibungsperiode.** Zusätzlich kann die Rotation des kindlichen Hinterhauptes in Beckenmitte ausbleiben. Hieraus resultiert eine Einstellungs- bzw. Haltungsanomalie: entweder ein **tiefer Querstand** (s. S. 626 f) oder eine **Vorderhauptslage** (s. S. 624 f). Dies führt zu einer **sekundären Wehenschwäche.** Hier muss eine vaginale Untersuchung klären, wie sich der kindliche Kopf in das mütterliche Becken eingestellt hat und ob eine Einstellungsanomalie Ursache der sekundären Wehenschwäche ist.

Klinik. Häufig ist die Austreibungsperiode verlängert. Zusätzlich kann sich durch Ausbleiben der Rotation des kindlichen Kopfes in Beckenmitte ein tiefer Querstand oder eine Vorderhauptslage mit resultierender sekundärer Wehenschwäche ergeben.

Diagnostik. Die äußere Beckenform ist stets normal, zu erkennen an einer normalen Michaelis-Raute (s. Abb. **E-3.5**, S. 500). Es findet sich ein steiler Schambogenwinkel von 60–70°. Das Os coccygeum kann abnorm in das Becken vorspringen.

Diagnostik. Die äußere Beckenform ist stets normal, zu erkennen an einer normalen Michaelis-Raute. Der Schambogenwinkel ist steil.

Therapie. Beim Trichterbecken ist eine vaginale Geburt fast immer möglich. Durch Lagerung der Gebärenden versucht man eine günstige Einstellung des kindlichen Kopfes in das Becken zu erreichen: Damit die kleine Fontanelle nach vorne kommt, ist die Gebärende immer auf die Seite der kleinen Fontanelle zu lagern. Die Wehentätigkeit muss durch Oxytozin-Infusion unterstützt werden. Eine frühzeitige Episiotomie (Dammschnitt) ist oft hilfreich, da sie im Beckenausgang mehr Raum für den kindlichen Kopf schafft. Häufig ist wegen anhaltenden Geburtsstillstandes oder drohender Asphyxie (pathologisches CTG!) eine Vakuum- oder Zangenextraktion nötig.

Therapie. Beim Trichterbecken ist eine vaginale Geburt fast immer möglich. Die Gebärende wird auf der Seite der kleinen Fontanelle gelagert. Die Wehentätigkeit wird durch Oxytozin-Infusion unterstützt. Eine frühzeitige Episiotomie ist indiziert. Häufig ist eine Vakuum- oder Zangenextraktion erforderlich.

Plattes Becken

Plattes Becken

▶ **Definition.** Das platte Becken (s. Abb. **E-6.1**d) ist quer oder schräg verengt, die Conjugata vera ist zu klein. Die übrigen Beckendurchmesser sind je nachdem, ob das Becken quer oder schräg verengt ist, untermaßig.

◀ **Definition**

Epidemiologie und Ätiologie. Ursachen sind Rachitis, Koxitis oder Skoliose.

Epidemiologie und Ätiologie. Das platte Becken ist heute äußerst selten. Früher kam es vor allem nach Rachitis, Osteomalazie, Koxitis oder nach Luxation bei Skoliosen vor.

Klinik. Häufig kommt es zu einem hohen Geradstand mit sekundärer Wehenschwäche und Geburtsstillstand am Beckeneingang, seltener zum tiefen Querstand mit Geburtsstillstand am Beckenboden.

Klinik. Bei dieser Beckenform sind die Geburtsverläufe sehr unterschiedlich. In der Regel ist der Eintritt des kindlichen Kopfes in das Becken erschwert, so dass sich häufig ein **hoher Geradstand** ergibt. Er führt zur **sekundären Wehenschwäche**. Trotz einer Oxytozin-Infusion kommt es zum Geburtsstillstand am Beckeneingang.
Manchmal tritt der kindliche Kopf rasch in das Becken ein, die Rotation in Beckenmitte bleibt jedoch aus. Dies führt zum **tiefen Querstand** und zum **Geburtsstillstand am Beckenboden**.

Diagnostik. Das platte Becken ist an der Fehlstellung der Michaelis-Raute zu erkennen.

Diagnostik. Das platte Becken ist an der Fehlstellung der Michaelis-Raute zu erkennen (s. Abb. **E-3.5**, S. 500). In Einzelfällen ist eine Computertomographie des Beckens zur Bestimmung der inneren knöchernen Beckenmaße hilfreich.

Therapie. Bei Geburtsstillstand am Beckeneingang sind zunächst Schaukellagerung und Oxytozin-Infusion angezeigt. Sollte sich nach 2 Stunden kein Geburtsfortschritt ergeben, ist die sekundäre Sectio indiziert.

Bei Geburtsstillstand am Beckenboden sind Oxytozin-Infusion und frühzeitige Episiotomie indiziert.

Therapie. Im Falle des Geburtsstillstands am Beckeneingang versucht man, durch Lagerung der Gebärenden auf wechselnde Seiten (Schaukellagerung) eine Einstellung des kindlichen Kopfes in das mütterliche Becken zu erreichen. Infolge der sekundären Wehenschwäche ist die Infusion von Oxytozin nötig. Darüber hinaus ist eine adäquate Analgesie zu gewährleisten, günstig ist die Periduralanästhesie (PDA). Bei einem Geburtsstillstand am Beckeneingang ist spätestens nach 2 Stunden die sekundäre Sectio indiziert.
Im Falle des Geburtsstillstands am Beckenboden wird Oxytozin infundiert. Eine frühzeitige Episiotomie ist hilfreich. Trotzdem ist häufig eine Vakuum- oder Zangenextraktion notwendig.

Allgemein verengtes Becken

Allgemein verengtes Becken

▶ **Definition**

▶ **Definition.** Bei einem allgemein verengten Becken haben alle Beckendurchmesser einen Wert von mindestens 1 cm unterhalb der Norm.

Klinik. Unter der Geburt tritt der kindliche Kopf nicht in das Becken ein. Der Zangemeister-Handgriff ist positiv.

Klinik. Der V. a. ein allgemein verengtes Becken wird unter der Geburt dann geäußert, wenn der kindliche Kopf nicht in das Becken eintritt. Der Zangemeister-Handgriff ist dann positiv.

Diagnostik. Bei der Austastung des Beckens von vaginal oder rektal kann das Promontorium getastet werden. Die CT erleichtert die Wahl des Geburtsmodus.

Diagnostik. Bei der Austastung des Beckens von vaginal oder rektal kann das Promontorium getastet werden.
Bei V. a. ein allgemein verengtes Becken ist die Bestimmung der Beckenmaße durch Computertomographie hilfreich für die Entscheidung über den Geburtsmodus.

Therapie. Je nach Ausmaß des relativen Missverhältnisses ist ein vaginaler Geburtsversuch oder die primäre Sectio indiziert.

Bei günstiger Anpassung des kindlichen Kopfes an das mütterliche Becken, der **Roederer-Kopfhaltung** (s. Abb. **E-6.2**), ist eine vaginale Geburt möglich.

Therapie. Je nach Ausmaß des relativen Missverhältnisses ist ein vaginaler Geburtsversuch oder die primäre Sectio indiziert. Beim vaginalen Geburtsversuch ergibt sich häufig ein hoher Geradstand oder eine Deflexionshaltung. Dann ist meistens die sekundäre Sectio indiziert.
Bei günstiger Anpassung des kindlichen Kopfes an das mütterliche Becken, bei der **Roederer-Kopfhaltung,** ist eine vaginale Geburt möglich: Hier wird der kindliche Kopf schon am Beckeneingang so maximal gebeugt, dass bereits dort die kleine Fontanelle in der Führungslinie steht (s. Abb. **E-6.2**). Aber auch bei dieser günstigen Kopfeinstellung wird häufig eine sekundäre Wehenschwäche beobachtet, und trotz einer Oxytoxin-Infusion verläuft die Austreibungsperiode so protrahiert, dass eine Vakuum- oder Zangenextraktion nötig wird.

E-6.2 **Roederer-Kopfhaltung**

E-6.2

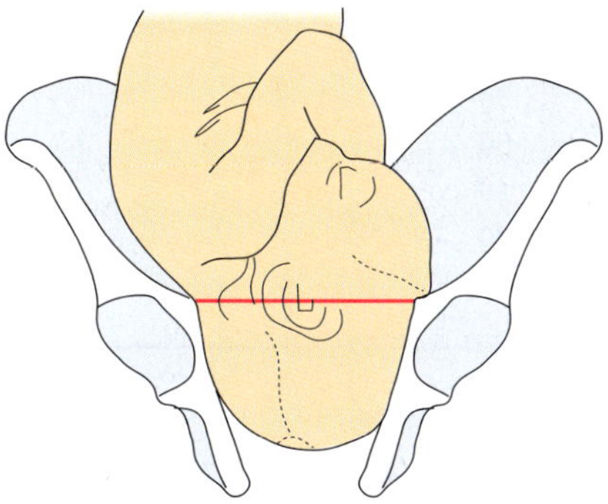

Günstige Kopfeinstellung mit höchstgradiger Beugehaltung bei allgemein verengtem Becken.

Störungen der Wehentätigkeit

Störungen der Wehentätigkeit

▶ **Definitionen.** Störungen der Wehentätigkeit sind
die **normo- oder hypotone (= echte) Wehenschwäche:** Frequenz, Dauer und/oder Amplitude der Wehen sind abnorm bei normalem oder vermindertem Basaltonus;
die **hypertone Wehenschwäche:** Bei normaler oder gesteigerter Frequenz, normaler Dauer und Amplitude der Wehen ist der Basaltonus erhöht;
der **Wehensturm:** Die Zahl oder Amplitude der Wehen ist erhöht, der Basaltonus normal.
Alle führen zu einem abnormen Geburtsverlauf, der **Wehendystokie**.

◀ **Definitionen**

Normo- oder hypotone Wehenschwäche

Normo- oder hypotone Wehenschwäche

▶ **Synonym.** Echte Wehenschwäche.

◀ **Synonym**

▶ **Definition.** Die Wehen sind zu kurz, zu selten (s. Abb. **E-6.3**) und/oder zu schwach, d. h. < 30 mmHg. Der Basaltonus ist normal oder vermindert.

◀ **Definition**

Besteht die echte Wehenschwäche von Beginn der Eröffnungsperiode an, spricht man von **einer primären Wehenschwäche,** entwickelt sie sich erst im Verlauf der Eröffnungsperiode und/oder der Austreibungsperiode, von einer **sekundären Wehenschwäche oder Ermüdungswehenschwäche.**

Die **primäre Wehenschwäche** setzt zu Beginn der Eröffnungsperiode ein, die **sekundäre Wehenschwäche** entwickelt sich im Verlauf der Geburt.

Ätiologie. Die **primäre Wehenschwäche** hat vielfältige Ursachen. Die zwei wichtigsten seien hier herausgestellt:
Medikamente, die die glatte Muskulatur hemmen, insbesondere Sedativa und Narkotika in hohen, gelegentlich aber auch normalen Dosen, können den Beginn von Eröffnungswehen vollständig unterdrücken.
Sehr häufig findet man aber auch bei Beginn der Eröffnungsperiode eine **dystope Erregungsbildung.** Im Normalfall gehen die Uteruskontraktionen von je einem Schrittmacher im Myometrium des Fundus in der Nähe der Tubenwinkel aus. Bei dystoper Erregungsbildung sind es mehrere Schrittmacher in verschiedenen Uterusregionen, daher ist die Wehentätigkeit am Korpus nicht koordiniert. Dies führt zu einem sehr langsamen Beginn der Eröffnungsperiode. Bei fortschreitender Zervixdilatation oder nach dem Blasensprung gehen diese unkoordinierten Wehen meistens in koordinierte Wehen über.
Auch die **sekundäre Wehenschwäche** hat vielfältige Ursachen. Die wichtigsten sind ein überdehnter Uterus und eine protrahierte Geburt. Eine **Überdehnung des Uterus** findet man bei Mehrlingsschwangerschaften, großen Kindern und

Ätiologie. Die häufigsten Ursachen für die **primäre Wehenschwäche** sind die Gabe von **Medikamenten,** die die glatte Muskulatur hemmen, z. B. Sedativa und Narkotika, sowie eine **dystope Erregungsbildung** im Uterus.

Die wichtigsten Ursachen für die **sekundäre Wehenschwäche** sind ein **überdehnter Uterus** und eine **protrahierte Geburt**.

E-6.3

E-6.3 **Tokogramm bei echter Wehenschwäche**

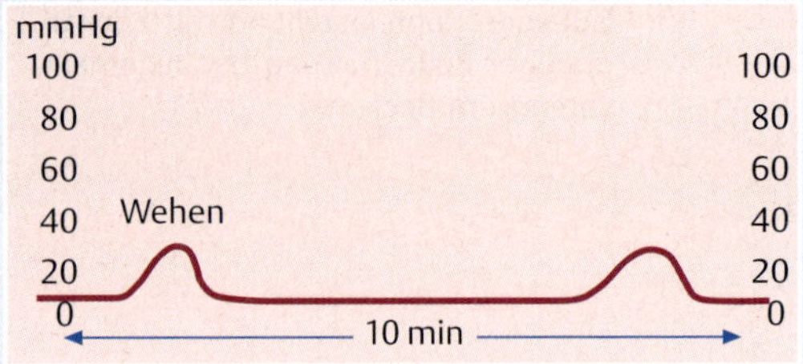

beim Hydramnion. Zu einer **protrahierten Geburt** kommt es häufig bei Beckenanomalien der Mutter oder Lage-, Einstellungs- und Haltungsanomalien des Fetus.

Klinik und Diagnostik. Bei der Tastuntersuchung des Uterus fällt entweder eine verminderte Zahl von Wehen (weniger als 3 Wehen pro 10 Minuten) und/oder eine zu geringe Wehendauer (weniger als 20 Sekunden) und/oder eine zu geringe Wehenstärke auf.

Klinik und Diagnostik. Bei der **Tastuntersuchung des Uterus** fällt entweder eine verminderte Zahl von Wehen (weniger als 3 Wehen pro 10 Minuten) und/oder eine zu geringe Wehendauer (weniger als 20 Sekunden) und/oder eine zu geringe Wehenstärke auf. Letztere ist am Uterus schwer zu objektivieren. Optimal wäre eine intrauterine Druckmessung mittels Drucksonden, die am Kind vorbei in die Gebärmutter eingeführt werden (interne Tokographie). Diese Methode ist jedoch aufgrund ihrer Invasivität nur speziellen Indikationen vorbehalten. Klinisch ist die Wehenstärke schwer zu prüfen, in der Austreibungsperiode gelingt dies näherungsweise durch die vaginale Untersuchung, indem man den Druck auf den vorangehenden Teil des Kindes abschätzt.

Die **Tokographie** ist zur Objektivierung der Wehenqualität gut geeignet. Heute wird fast ausschließlich die externe Tokographie angewandt, bei der ein Druckabnehmer auf die Bauchhaut über dem Fundus aufgesetzt wird.

Die **Tokographie** ist zur Objektivierung der Wehenqualität gut geeignet. Heute wird fast ausschließlich die externe Tokographie angewandt. Dabei wird ein mechanischer Druckabnehmer auf die Bauchhaut über dem Fundus uteri aufgesetzt. Diese Methode reicht völlig aus, um zu seltene oder zu kurze Wehen festzustellen. Absolutwerte von Basaltonus und Druckamplitude der Uterusmuskulatur können so natürlich nicht gemessen werden, sie sind nur über die interne Tokographie zu gewinnen.

Therapie. Nach Ausschluss eines Missverhältnisses wird die **primäre Wehenschwäche** zunächst durch Abführen, ein heißes Bad und Bewegung therapiert.

Therapie. Bei **primärer Wehenschwäche** muss vor Behandlungsbeginn ein Missverhältnis zwischen den Maßen von mütterlichem Becken und Kind ausgeschlossen werden. Bevor Medikamente zum Einsatz kommen, ist zunächst ein Versuch mit folgenden Maßnahmen angebracht: Bei Beginn der Eröffnungsperiode wirken Darmentleerungen mittels Klistier oder heiße Wannenbäder häufig wehenanregend. Aber auch leichte körperliche Belastung wie Spazierengehen oder Treppensteigen fördert die Wehentätigkeit. In Risikosituationen, in denen die Überwachung des Fetus notwendig ist, kann in diesen Fällen die Telemetrie zur CTG-Überwachung eingesetzt werden.

Bei **sekundärer Wehenschwäche** kann eine Entleerung der Harnblase zu einer Verstärkung der Wehen führen.

Die **sekundäre Wehenschwäche** kann zunächst ebenfalls mit einfachen Maßnahmen behandelt werden. So führt z. B. die Entleerung der Harnblase zur erneuten Verstärkung der Wehentätigkeit.

▶ Merke

▶ **Merke.** Eine volle Harnblase hemmt die Wehentätigkeit.

Bei sekundärer Wehenschwäche infolge von Haltungs- oder Einstellungsanomalien besteht die Therapie in wechselnder Lagerung, Ruhe- und Schlafpausen.

Ist die sekundäre Wehenschwäche durch Haltungs- oder Einstellungsanomalien bedingt, ist eine wechselnde Seitenlagerung der Gebärenden hilfreich. Insbesondere bei sehr langsamem, ineffektivem Geburtsbeginn müssen auch Ruhephasen oder Schlafperioden ermöglicht werden. Zur Unterstützung sind gelegentlich Sedativa erforderlich: Diazepam in einer Dosis von nicht mehr als 5 mg per os oder besser ein Morphinderivat, da hier im Gegensatz zu Diazepam die Möglichkeit der Antagonisierung besteht. Alternativ kann die PDA eingesetzt werden; sie hat keine negative Auswirkungen auf den Fetus.

Bei beiden Formen der echten Wehenschwäche ist die **Gabe eines Wehenmittels** indiziert, wenn diese Maßnahmen keine Wirkung zeigen. Es sollte nur **Oxytozin** eingesetzt werden. Mutterkornalkaloide bewirken eine Dauerkontraktion des Uterus und sind deshalb während der Schwangerschaft und unter der Geburt absolut kontraindiziert.
Überdosierung von Oxytozin führt zum Wehensturm oder zur Dauerkontraktion. Um dies zu vermeiden, darf Oxytozin nur als Infusion, z. B. 3 oder 6 IE Oxytozin in 500 ml 5 %iger Glukoselösung, und **via Infusionspumpe** appliziert werden. Andere Applikationsformen, z. B. i. m. oder i. v. als Bolus, sind nur postpartal oder im Wochenbett gestattet.
Man beginnt mit einer niedrigen Dosis (2–8 m IE/min) und steigert sie langsam. Die infundierte Dosis richtet sich nach der Wirkung auf den Uterus. Während einer Oxytozin-Infusion wird heute immer eine kontinuierliche CTG-Registrierung gefordert.
Kontraindikationen für Oxytozin sind eine **fetale Beeinträchtigung** (pathologische fetale Herzfrequenz im Kardiotokogramm), ein **eindeutiges Missverhältnis** und **geburtsunmögliche Lagen**, wie z. B. die Querlage.

Bei beiden Formen der echten Wehenschwäche ist bei mangelndem Erfolg dieser Maßnahmen **Oxytozin** indiziert. Da seine Überdosierung zum Wehensturm oder zur Dauerkontraktion führt, muss es als Infusion und **via Infusionspumpe** appliziert werden.

Die Dosis richtet sich nach der Wirkung auf den Uterus. Eine kontinuierliche CTG-Registrierung ist nötig.

Oxytozin ist kontraindiziert bei fetaler Beeinträchtigung, einem eindeutigen Missverhältnis und geburtsunmöglichen Lagen.

Hypertone Wehenschwäche

▶ **Definition.** Die Frequenz der Wehen ist normal oder gesteigert, ihre Dauer und Amplitude normal. Der Basaltonus des Uterus ist mit > 15 mmHg erhöht (s. Abb. **E-6.4**), die Effektivität der Wehen daher gering.

◀ Definition

Ätiologie. Ursache sind meist Störungen der Koordination verschiedener kontrahierter Uterusabschnitte.

Ätiologie. Ursache sind meist unkoordinierte Uteruskontraktionen.

Klinik. Die hypertone Wehenschwäche manifestiert sich durch eine zu langsame Eröffnung des Muttermundes. Allerdings findet man häufig auch eine Kontraktion des Muttermundes im Vergleich zum Ausgangsbefund.
Durch die starke intrauterine Druckerhöhung ist die Uterusdurchblutung vermindert und der **Fetus hypoxiegefährdet.** Deshalb ist eine sorgfältige Kontrolle des Kardiotokogramms erforderlich.

Klinik. Sie manifestiert sich durch eine zu langsame Eröffnung des Muttermundes.

Durch den erhöhten Uterustonus ist der **Fetus hypoxiegefährdet,** daher muss das CTG sorgfältig kontrolliert werden.

Diagnostik. Die Diagnose erfolgt klinisch durch Palpation des Uterus – der Basaltonus ist erhöht und in der Wehenpause wird der Uterus nicht weich – und durch Kontrolle der Muttermundsweite. Im Kardiotokogramm finden sich Zeichen des erhöhten Basaltonus und zusätzlich unregelmäßige Kontraktionen.

Diagnostik. Der Basaltonus des Uterus ist erhöht, der Muttermund evtl. kontrahiert. Das CTG zeigt einen erhöhten Basaltonus und unregelmäßige Kontraktionen.

Therapie. Der erhöhte Basaltonus des Uterus muss gesenkt werden. Dies ist durch einmalige oder kurzfristige intravenöse Gabe von **Wehenhemmern,** z. B. Fenoterol (Partusisten), zu erreichen. Aber auch eine analgetisch wirkende Therapie senkt den Basaltonus. Dabei ist wegen der geringen Beeinträchtigung des Fetus der **PDA** gegenüber Morphinderivaten, z. B. Pethidin (Dolantin) oder Piritramid (Dipidolor), der Vorzug zu geben. Erst wenn durch die genannten Maßnahmen der Basaltonus gesenkt wurde, wird mit einer Oxytozin-Infusion begonnen.

Therapie. Die hypertone Wehenschwäche wird durch Senkung des erhöhten Basaltonus mittels Kurzzeit-Tokolyse oder durch Analgetika oder PDA therapiert.
Erst wenn der Basaltonus gesunken ist, wird Oxytozin infundiert.

E-6.4 Tokogramm bei hypertoner Wehenschwäche

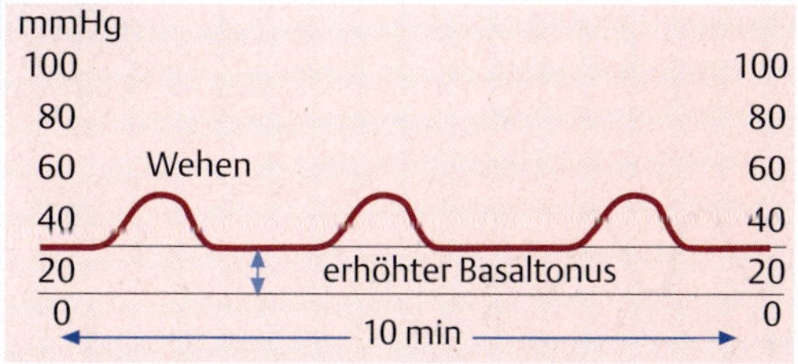

E-6.4

▶ Merke

▶ **Merke.** Eine primäre Oxytozin-Infusion ist kontraindiziert, da sie die hypertone Wehenschwäche verstärken würde. Bei der hypertonen Wehenschwäche besteht die Gefahr der fetalen Hypoxie, daher muss der Fetus sorgfältig durch Kardiotokographie überwacht werden. Ggf. ist zusätzlich die Mikroblutuntersuchung indiziert.

Wehensturm

▶ Definition

▶ **Definition.** Der Wehensturm ist definiert durch zu kräftige Wehen – Wehen einer Amplitude von > 50 mmHg – oder zu häufige Wehen – Polysystolie, d. h. mehr als 5 Wehen pro 10 Minuten (s. Abb. **E-6.5**). Der Basaltonus ist normal.

Ätiologie. Ein Wehensturm wird häufig in Zusammenhang mit geburtsmechanischen Problemen beobachtet. Er kann auch durch eine **Überdosierung von Oxytozin** oder **zu hohe endogene Oxytozin-Konzentrationen** verursacht werden.

Ätiologie. Der Wehensturm wird häufig im Zusammenhang mit **geburtsmechanischen Problemen** beobachtet. So können eine Zervixdystokie (s. u.), aber auch ein relatives Missverhältnis, insbesondere bei makrosomem Fetus, sowie Haltungs- und Lageanomalien zum Wehensturm führen. Auch eine **Überdosierung von Oxytozin** löst einen Wehensturm aus, ebenso wie **zu hohe endogene Oxytozin-Konzentrationen.** Sie finden sich nach Amniotomie und bei Überdehnung des Uterus infolge von Mehrlingsschwangerschaften oder Polyhydramnion.

Klinik und Diagnostik. Der beim Wehensturm erhöhte intrauterine Druck kann zur **Hypoxie des Fetus** führen. Die Mutter ist insbesondere bei geburtsmechanischen Ursachen durch eine Uterusruptur gefährdet.

Klinik und Diagnostik. Infolge des Wehensturms ist der intrauterine Druck erhöht, dadurch ist der **Fetus hypoxiegefährdet.** Deshalb ist eine besonders sorgfältige Kontrolle der fetalen Herzfrequenz im Kardiotokogramm notwendig. Bei Zeichen der fetalen Gefährdung, also einer pathologischen fetalen Herzfrequenz, ist zusätzlich, wenn möglich, eine Mikroblutuntersuchung vorzunehmen.

Insbesondere bei mechanischen Ursachen des Wehensturms **droht die Uterusruptur.** Deshalb sind Schmerzangaben auch in der Wehenpause besonders ernst zu nehmen.

Die Diagnose des Wehensturms erfolgt durch Palpation des Uterus und durch das Tokogramm.

Die Diagnose des Wehensturms wird durch Palpation des Uterus und das Tokogramm gestellt. Der Uterus ist hart, das Tokogramm zeigt zu häufige Kontraktionen oder eine Dauerkontraktion. Durch Palpation des Muttermundes müssen ein Missverhältnis bzw. Lage- und Haltungsanomalien ausgeschlossen werden.

Auf eine drohende Uterusruptur weisen das Hochsteigen der Bandl-Furche und die Druckschmerzhaftigkeit des unteren Uterinsegments hin.

Bei drohender Uterusruptur steigt die Bandl-Furche, der Kontraktionsring zwischen sich kontrahierenden und ruhenden Uterusabschnitten, bis in die Nähe des Nabels hoch, das untere Uterinsegment ist druckschmerzhaft (s. S. 644 f).

Therapie. Als Erstmaßnahme ist immer die Gabe eines Tokolytikums geeignet. Eine laufende Oxytozin-Infusion sollte abgestellt werden.

Therapie. Als Erstmaßnahme ist immer die Gabe eines Tokolytikums geeignet, z. B. von Fenoterol in niedriger Dosis per infusionem. Eine laufende Oxytozin-Infusion sollte, unabhängig von der Dosis, zunächst einmal abgestellt werden.

Bei fetaler Gefährdung injiziert man Tokolytikum i. v. im Bolus. Bei fortbestehender fetaler Gefährdung muss die Geburt durch sekundäre Sectio beendet werden, ebenso bei geburtsmechanischen Problemen.

Bei fetaler Gefährdung appliziert man Tokolytikum i. v. im Bolus, z. B. 25 µg Fenoterol (Partusisten). Hält die fetale Gefährdung trotzdem an, muss die Geburt durch sekundäre Sectio notfallmäßig beendet werden.

E-6.5

E-6.5 Tokogramm bei Wehensturm

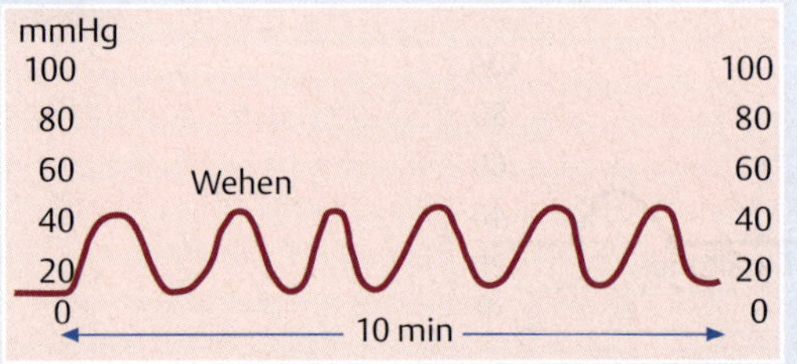

Ist der Wehensturm Folge eines erheblichen Missverhältnisses oder von geburtsunmöglichen Lagen, ist häufig die sekundäre Sectio indiziert.

▶ **Merke.** Bei allen Formen der Wehendystokie müssen vor jeder konservativen Therapie ein Missverhältnis sowie Lage- und Haltungsanomalien ausgeschlossen werden.

◀ Merke

▶ **Klinischer Fall.** Am Ende der Schwangerschaft einer 23-jährigen Erstgebärenden fällt klinisch und im Ultraschall ein großes Kind auf. Es gibt keinen Hinweis auf einen Diabetes mellitus oder Gestationsdiabetes, der orale Glukosebelastungstest ist negativ.
In der 39. Schwangerschaftswoche kommt die Patientin zur Aufnahme in den Kreißsaal mit regelmäßigen spontanen Wehen, die zur Eröffnung des Muttermundes führen. Bei fest im Becken stehendem kindlichen Kopf wird eine Amniotomie durchgeführt.
10 Minuten nach der Amniotomie kommt es zu einem Wehensturm und infolgedessen zur fetalen Bradykardie. Als Sofortmaßnahme wird das Becken der Gebärenden hochgelagert, um den Druck auf den kindlichen Kopf zu entlasten. Es werden 25 µg Partusisten i. v. im Bolus appliziert. Nach einer 5-minütigen Bradykardie normalisiert sich die fetale Herzfrequenz allmählich. Die Mikroblutuntersuchung ergibt einen pH von 7,32. Deshalb wird der vaginale Geburtsversuch unter kontinuierlicher Kontrolle des CTG fortgesetzt. Im weiteren Verlauf ist die fetale Herzfrequenz stets normal.
Am Ende der Austreibungsperiode kommt es zum Geburtsstillstand durch eine sekundäre Wehenschwäche. Eine Syntocinon-Infusion muss angelegt werden. Da es nach einer 30-minütigen Pressperiode keinen wesentlichen Geburtsfortschritt gibt, wird die Geburt durch Forzeps vom Beckenboden beendet.

◀ Klinischer Fall

Zervixdystokie

Zervixdystokie

▶ **Definition.** Unter Zervixdystokie versteht man eine verzögerte oder unzureichende Dilatation der Zervix mit daraus resultierender Geburtsverzögerung.

◀ Definition

Ätiologie. Die Zervixdystokie ist meist Folge einer funktionellen, seltener einer pathologisch-anatomischen Störung.
Bei den **funktionellen Störungen** handelt es sich um **Spasmen** am Muttermund oder am unteren Uterinsegment. Diese sind häufig Folge unkoordinierter oder hyperaktiver Wehentätigkeit. Aber auch psychische Faktoren können zu Spasmen am Muttermund führen. Die rigide Zervix der „alten Erstgebärenden" ist ebenfalls Folge einer funktionellen Störung; die endogenen Prostaglandine machen die Zervix nicht weich. Der genaue Pathomechanismus ist noch nicht ausreichend geklärt.
Pathologisch-anatomische Ursachen für die Zervixdystokie sind Zervixnarben nach Operationen, so z. B. nach Konisation oder Emmet-Plastik, gelegentlich nach Cerclage oder nach Entzündungen. Sehr selten die Conglutinatio orificii externi uteri, eine Verklebung des äußeren Muttermundes durch Bindegewebe.

Ätiologie. Die Zervixdystokie ist meist durch Spasmen am Muttermund oder unteren Uterinsegment bedingt.

Anatomische Ursachen sind Zervixnarben und die Conglutinatio orificii externi uteri.

Klinik und Diagnostik. Trotz ausreichender Wehentätigkeit öffnet sich der Muttermund nicht und ist bei der Tastuntersuchung weiterhin derb, oder er wird nach Beginn der Wehentätigkeit wulstig und spastisch.

Klinik und Diagnostik. Trotz ausreichender Wehentätigkeit öffnet sich der Muttermund nicht und bleibt derb, oder er wird wulstig und spastisch.

Therapie. Bei **Spasmen** steht die **Schmerzbeseitigung** an erster Stelle. Dies kann entweder durch Anleitung zur Verarbeitung von Wehen und Wehenschmerzen oder durch entspannende Wannenbäder erreicht werden. Zeigen diese Maßnahmen keinen Erfolg, sind Analgetika, möglichst als Periduralanästhesie, alternativ in Form von Morphinderivaten indiziert.
Bei der **rigiden Zervix** und bei **Zervixnarben** ist die **lokale Gabe von Prostaglandinen** (PGE_2) hilfreich.
Bei schon eröffnetem **spastischem Muttermund** ist in vielen Fällen die digitale oder instrumentelle **Dehnung** erfolgreich.

Therapie. Bei Spasmen steht die Schmerzbeseitigung an erster Stelle.
Bei der rigiden Zervix und Zervixnarben appliziert man lokal Prostaglandine (PGE_2).
Bei schon eröffnetem spastischem Muttermund ist Dehnung oft erfolgreich.

Vorausgegangene Operationen am Uterus

Vor allem durch die Zunahme der Schnittentbindungen wird der Geburtshelfer immer mehr mit dem Problem der vorausgegangenen Operation am Uterus konfrontiert. In allen Fällen ist die sorgfältige Erhebung der Anamnese wichtig.

Vorausgegangene Operationen am Uterus

Vor allem durch die Zunahme der Schnittentbindungen – viele große Kliniken in Deutschland haben heute eine Sectiorate von mehr als 20 % –, aber auch durch die immer häufigeren organerhaltenden Myomenukleationen wird der Geburtshelfer immer mehr mit dem Problem der vorausgegangenen Operation am Uterus konfrontiert.

In allen Fällen ist die sorgfältige Erhebung der Anamnese wichtig. Wenn möglich, sollten die alten Operationsberichte vor der Geburt gelesen werden, um die Geburtsleitung entsprechend zu planen. Bei vorausgegangener Sectio ist es wichtig zu wissen, ob die Uterotomie vom Längsschnitt oder vom isthmischen Querschnitt vorgenommen wurde. Bei Zustand nach Myomenukleation ist für die bevorstehende Geburtsleitung entscheidend, wo das Myom saß – subserös, submukös oder gar transmural – und ob bei der Myomenukleation das Cavum uteri eröffnet werden musste.

▶ Merke

▶ **Merke.** Zur Entscheidung über den Geburtsmodus müssen generell Art und Ausmaß der Voroperation bekannt sein.

Geburtsleitung: Bei **Zustand nach Sectio** ist im Allgemeinen die vaginale Geburt anzustreben.
Bei sorgfältiger Indikationsstellung können ca. zwei Drittel aller Frauen mit Zustand nach Sectio vaginal entbunden werden.
Eine Uterusruptur tritt bei vaginalem Geburtsversuch und Zustand nach Sectio in 1–3 % der Fälle auf.

Geburtsleitung: Bei **Zustand nach Sectio** ist im Allgemeinen die vaginale Geburt anzustreben. Vor dem vaginalen Geburtsversuch müssen ein Missverhältnis oder andere relative Kontraindikationen für die vaginale Geburt, z. B. Beckenendlage oder Querlage, ausgeschlossen werden. Bei sorgfältiger Indikationsstellung können ca. zwei Drittel aller Frauen mit Zustand nach Sectio vaginal entbunden werden. Eine Uterusruptur bei vaginalem Geburtsversuch nach vorausgegangenem Kaiserschnitt tritt in 1–3 % der Fälle auf. Die drohende Uterusruptur lässt sich durch sorgfältige klinische Kontrolle und Überwachung unter der Geburt fast immer rechtzeitig erkennen.

Die Periduralanästhesie kann bei Zustand nach Sectio bei entsprechender Überwachung und möglichst niedriger Dosierung unter der Geburt angewandt werden. Ebenso kann bei unreifer Zervix bei sorgfältiger Überwachung lokal PGE_2 zur Geburtseinleitung eingesetzt werden.

Bei Z. n. Sectio vom korporalen Längsschnitt: primäre Re-Sectio.

Bei Zustand nach Sectio vom korporalen Längsschnitt ist die primäre Re-Sectio indiziert.

Bei **Zustand nach Myomenukleation** ist der Geburtsmodus – primäre Sectio oder vaginaler Geburtsversuch – vom Ausmaß der Operation abhängig.

Bei **Zustand nach Myomenukleation** ist die Geburtsleitung vom Ausmaß der Operation am Uterus abhängig. Nach Entfernung von großen transmuralen Myomen oder nach Eröffnung des Uteruskavums ist die primäre Sectio indiziert. Nach Myomenukleation kleineren Ausmaßes kann ein vaginaler Geburtsversuch unternommen werden.

Auch **nach Metroplastik** sollte eine primäre Sectio erfolgen.

Auch bei **Zustand nach Metroplastik** bei Uterus bicornis ist eine primäre Sectio indiziert.

Tumoren des Uterus

Zervixkarzinom und Zervixmyom können ein Geburtshindernis darstellen. Dann ist die primäre Sectio indiziert.

Tumoren des Uterus

Tumoren des Uterus, vor allem das Zervixkarzinom und das primäre Zervixmyom, können ein Geburtshindernis darstellen. Beim Zervixkarzinom ist die Kombination von primärer Sectio und Radikaloperation, beim Zervixmyom die primäre Sectio indiziert.

6.2.2 Fetale Ursachen

6.2.2 Fetale Ursachen

▶ Definition

▶ **Definition.** Fetale Ursachen der regelwidrigen Geburtsdauer sind Lageanomalien, Haltungs- oder Einstellungsanomalien, die Mehrlingsschwangerschaft, der Vorfall der kleinen Teile, die Schulterdystokie und Fehlbildungen des Fetus.

Lageanomalien

Lageanomalien sind Beckenend-, Quer- und Schräglage.

Lageanomalien

Als Lageanomalien werden die Beckenendlage, die Quer- und die Schräglage zusammengefasst.

Beckenendlage

▶ Definition. Als vorangehender Teil treten der Steiß, Steiß und Fuß, die Knie oder die Füße in das mütterliche Becken ein.

Epidemiologie und Ätiologie. Beckenendlagen finden sich bei 3–4% aller Reifgeburten.
Erst am Ende der Schwangerschaft nimmt der kindliche Kopf Beziehung zum Becken auf. Zuvor kann das hoch über dem Becken stehende Kind noch mehrfach seine Lage verändern. So wird z. B. bei Frühgeburten der 30. SSW noch in ca. 15% das Kind aus Beckenendlage entwickelt. Somit ist eine der **Ursachen der Beckenendlage** die **Frühgeburt.** Aber auch bei **Mehrlingsschwangerschaften** werden durch mangelnde Einstellung der Kinder in das mütterliche Becken vermehrt Beckenendlagen beobachtet. Die normale Einstellung des Kindes in das mütterliche Becken bleibt jedoch auch beim **verengten Becken** aus, ebenso beim **Polyhydramnion, bei fetalen Fehlbildungen** wie dem Hydrozephalus oder Anenzephalus, bei **Placenta praevia**, bei **schlaffem Uterus** (Vielgebärende), bei **Uterusfehlbildungen**, z. B. Uterus bicornis, und **Uterusmyomen,** insbesondere einem Myom im unteren Uterinsegment.

Klinik. Es gibt mehrere Formen der Beckenendlage (s. Tab. **E-6.2**).
Steiß-Fuß-Lage, Knielage und Fußlage können vollkommen oder unvollkommen sein. Bei der vollkommenen Lage gehen beide Beine voraus, bei der unvollkommenen Lage ist ein Bein hochgeschlagen, liegt also neben dem Rumpf. Die vollkommene Steiß-Fuß-Lage zeigt Abb. **E-6.6b**.
Bei einer Geburt aus Beckenendlage ergeben sich im Wesentlichen zwei Probleme:

Beckenendlage

◀ Definition

Epidemiologie und Ätiologie. 3–4% aller Reifgeburten.

Die Ursachen der Beckenendlage sind vielfältig: Frühgeburt, Mehrlingsschwangerschaften, verengtes Becken, Polyhydramnion, fetale Fehlbildung, Placenta praevia, ein schlaffer Uterus und Uterusanomalien können eine Beckenendlage verursachen.

Klinik. s. Tab. **E-6.2**.

E-6.2 Formen der Beckenendlage und ihre Häufigkeit

▶ reine Steißlage (extended legs) (s. Abb. **E-6.6a**)	60%
▶ Steiß-Fuß-Lage	14%
▶ Knielage	1%
▶ Fußlage	25%

E-6.2

E-6.6 Reine Steißlage und vollkommene Steiß-Fuß-Lage

E-6.6

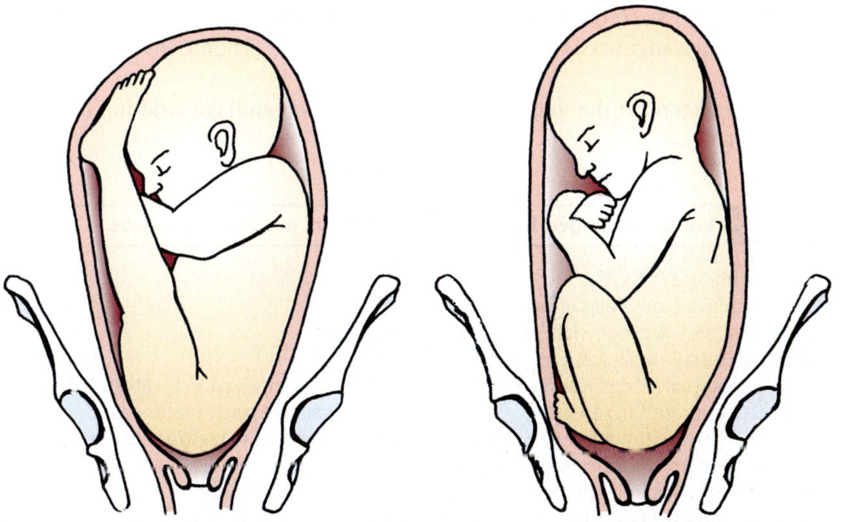

a Reine Steißlage. **b** Vollkommene Steiß-Fuß-Lage.

Die Problematik der Beckenendlage liegt
1. in der meist langsameren Muttermundseröffnung, die zu einem protrahierten Geburtsverlauf führt und
2. in der Gefahr der Nabelschnurkompression bei Eintritt des kindlichen Kopfes in das mütterliche Becken.

Bei aus Beckenendlage geborenen Kindern treten gehäuft Hypoxien und Azidosen auf.

1. Aufgrund der anatomischen Gegebenheiten und der kleineren Umfänge von Steiß, Knie oder Füßen oder Kombinationen dieser Teile ist die Eröffnung des Muttermundes nicht immer so reibungslos wie bei der Schädellage. Die Geburt verläuft protrahiert.
2. Beim Eintritt des nachfolgenden kindlichen Kopfes in das mütterliche Becken kann die Nabelschnur komprimiert werden. Deshalb muss in dieser Phase die Geburt rasch beendet werden. Hieraus ergibt sich eine mangelnde Druckanpassung des kindlichen Kopfes. Dies ist eine der Ursachen, warum bei aus Beckenendlage geborenen Kindern gehäuft Hypoxien und Azidosen beobachtet werden.

Diagnostik. Klinisch wird die Beckenendlage durch den 3. Leopold-Handgriff und die vaginale Untersuchung diagnostiziert.

Diagnostik. Klinisch wird die Beckenendlage mit Hilfe des 3. Leopold-Handgriffs diagnostiziert (s. S. 502). Über der Symphyse ist das Ballottement nicht auslösbar; es fehlt das „Kopfgefühl". Auch bei vaginaler Untersuchung fehlt dieses. Evtl. kann man den kindlichen Steiß mit dem Sitzbein oder die kleinen Teile tasten.

Fetale Herztöne: am oder über dem Nabel nachweisbar.

Die kindlichen Herztöne sind meistens am Nabel oder darüber nachweisbar.

Sonographisch lässt sich die Diagnose eindeutig stellen. Daher ist eine routinemäßige Ultraschalluntersuchung bei Aufnahme angebracht.

Im Zweifelsfall lässt sich sonographisch eine eindeutige Diagnose stellen. Bewährt hat sich die routinemäßige Ultraschalluntersuchung bei Aufnahme. Dadurch lässt sich verhindern, dass die Lageanomalie erst bei fortgeschrittenem Geburtsverlauf erkannt wird.

Therapie. Der Geburtsmodus hängt vom Ausmaß des mütterlichen und des kindlichen Risikos ab. Bei einer Sectio besteht für die Gebärende ein zehnmal höheres Risiko als bei der Spontangeburt. Für das Kind ist das Risiko bei vaginaler Entbindung größer, da nach vaginaler Beckenendlagenentwicklung die Azidoserate höher ist als bei Sectio.

Therapie. Der Geburtsmodus – vaginale oder operative Entbindung – hängt von dem Ausmaß des mütterlichen und des kindlichen Risikos ab. Bei einer Sectio besteht für die Gebärende ein zehnmal größeres Risiko als bei einer Spontangeburt. Für das Kind besteht ein größeres Risiko bei vaginaler Entbindung, da die Azidoserate nach vaginaler Beckenendlagenentwicklung höher ist als bei Sectio.
Der Arzt muss mit der Schwangeren alle Geburtsmöglichkeiten aus Beckenendlage und ihre Risiken ausführlich besprechen. Er sollte keine Priorität für das eine oder andere Verfahren setzen; das Gespräch sollte sorgfältig dokumentiert werden.

▶ Merke

▶ **Merke.** Um Gefahren von Mutter und Kind abzuwenden, sind Geburten aus Beckenendlage von Hebammen und Geburtshelfern sorgfältig zu planen.

Die **primäre Sectio** ist indiziert bei Frühgeburt, untergewichtigem Kind, „alter" Erstgebärender, reiner Fußlage, großem Kind, V. a. Missverhältnis und zusätzlichen Risiken.

Die **primäre Sectio** sollte bei Frühgeburt, untergewichtigem Kind, „alter" Erstgebärender, reiner Fußlage, großem Kind, V. a. Missverhältnis und bei Vorliegen zusätzlicher Risiken erfolgen.
Bei V. a. prognostisch ungünstige fetale Fehlbildung sollte der vaginale Geburtsweg bevorzugt angestrebt werden, um der Mutter das erhöhte Risiko der Sectio zu ersparen.

Voraussetzungen für die **vaginale Geburt** aus Beckenendlage: Tab. **E-6.3**.

Voraussetzungen für die **vaginale Geburt** aus Beckenendlage sind in Tab. **E-6.3** aufgelistet.

E-6.3

E-6.3 Voraussetzungen für die vaginale Geburt aus Beckenendlage

- vollendete 37. SSW
- Ausschluss eines Missverhältnisses
- geschätztes Kindsgewicht nicht über 3500 g
- reine Fußlagen sind auszuschließen
- Hyperextension des Kopfes sollte ausgeschlossen werden (durch Ultraschall)
- voraussehbare lange Geburtsverläufe sollten ausgeschlossen werden, z. B. hochstehender Steiß bei unreifer Zervix, protrahierte Geburt, vorzeitiger Blasensprung bei unreifem Muttermund
- zusätzliche Risiken sollten ausgeschlossen werden, z. B. Diabetes
- prognostisch ungünstige fetale Fehlbildungen: Hier ist die Vaginalgeburt anzustreben

Die vaginale Geburt aus Beckenendlage muss von Seiten der betreuenden Hebamme und Ärzte gut organisiert werden. Die Entbindung ist stets in der Klinik vorzunehmen. Unter der Geburt muss eine kontinuierliche Überwachung durch Kardiotokographie erfolgen. Vor dem vaginalen Geburtsversuch muss ein Missverhältnis ausgeschlossen werden. Dazu wird häufig die Beckenmessung mittels Computertomographie durchgeführt. Kindliche Fehlbildungen sollten mittels Ultraschalluntersuchung durch einen Fachkundigen ausgeschlossen werden. Außerdem ist eine ausreichende neonatologische Erstversorgung zu gewährleisten.

Vor dem vaginalen Geburtsversuch muss ein Missverhältnis ausgeschlossen werden. Kindliche Fehlbildungen sollten sonographisch durch einen Fachkundigen ausgeschlossen werden. Eine neonatologische Erstversorgung ist zu gewährleisten.

Der Gebärenden muss stets ein venöser Zugang gelegt werden, um die Voraussetzungen für eine intrauterine Reanimation und eine Notoperation zu schaffen. Eine adäquate Analgesie muss gewährleistet sein. Wenn möglich, sollte eine PDA durchgeführt werden, da auf diese Weise der Beckenboden entspannt und eine Notoperation jederzeit möglich ist. Der vaginale Geburtsversuch erfordert eine kontinuierliche kardiotokographische Überwachung.

Ein venöser Zugang, adäquate Analgesie, möglichst mittels PDA, und eine kontinuierliche CTG-Registrierung sind obligat.

Vaginale Beckenendlagenentwicklung: Die Fruchtblase muss so lange wie möglich erhalten bleiben, um einen Vorfall der Nabelschnur zu verhindern. Wenn der Steiß auf den Beckenboden getreten ist, wird die Fruchtblase eröffnet und eine mediolaterale Episiotomie durchgeführt. Um die Austreibungsperiode zu verkürzen, wird die Entwicklung des Kindes durch die **Manualhilfe nach Bracht** (s. Abb. **E-6.7**) unterstützt. Dazu sollten die Presswehen durch Oxytozin-Infusion unterstützt werden.

Die Manualhilfe setzt ein, sobald der Steiß so weit über den Damm hochgestiegen ist, dass der untere Schulterblattrand der vorderen Schulter sichtbar bzw. tastbar wird. Jetzt umfasst der Geburtshelfer das Kind mit beiden Händen so, dass die Daumen auf der Rückseite der Oberschenkel liegen (s. Abb. **E-6.7a**). Nun übt eine Hilfsperson wehensynchron und breitflächig Druck auf den Fundus uteri in Richtung Steiß aus (**Kristeller-Handgriff,** s. Abb. **E-6.7b**). Dieser Druck schiebt das Kind nach unten und verhindert ein Hochschlagen der Arme. Gleichzeitig, also wehensynchron, leitet der Geburtshelfer, ohne zu ziehen, den Rumpf um die Symphyse der Mutter (s. Abb. **E-6.7b** und **c**). Dabei erscheinen zuerst die Arme, dann der Kopf.

Vaginale Beckenendlagenentwicklung: Um die Austreibungsperiode zu verkürzen, wird die Entwicklung des Kindes durch die **Manualhilfe nach Bracht** (s. Abb. **E-6.7**) unterstützt.

Bleiben die Schultern oder Arme hängen, ist die **Armlösung** notwendig. Sie kann z. B. klassisch, nach Müller oder nach Bickenbach erfolgen. Zunächst umfasst der Geburtshelfer mit seiner „bauchseitigen", also der dem Bauch des Kindes nahen Hand die Fußknöchel des Kindes und hebt das Kind symphysenwärts. Mit der anderen Hand löst er, vom Rücken des Kindes kommend, dessen hin-

Bleiben die Schultern oder Arme hängen, erfolgt die **Armlösung** (s. Abb. **E-6.8**). Sie kann z. B. klassisch, nach Müller oder nach Bickenbach erfolgen.

E-6.7 Manualhilfe nach Bracht

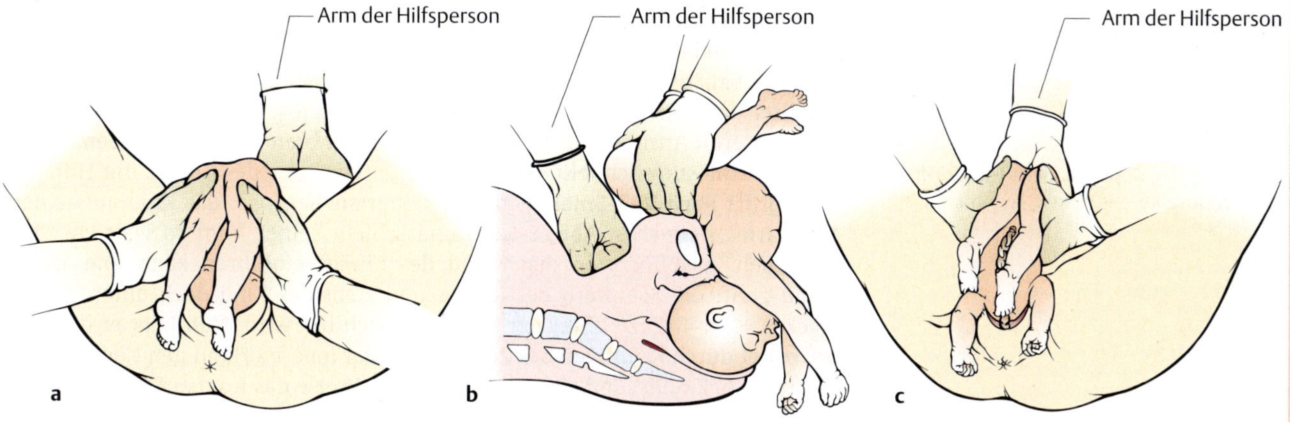

a Handgriff des Geburtshelfers.
b Entwicklung des Rumpfes und Kristeller-Handgriff in der Ansicht von lateral.
c Entwicklung des Rumpfes und Kristeller-Handgriff in der Ansicht von ventral.

E-6.8

E-6.8 **Armlösung: Lösung des hinteren Armes**

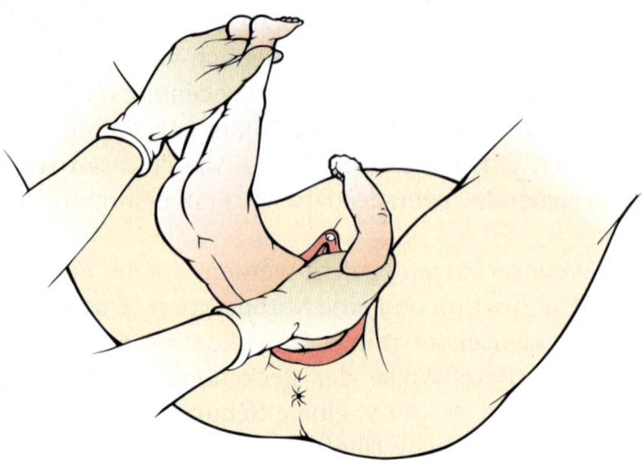

E-6.9

E-6.9 **Kopflösung nach Veit-Smellie**

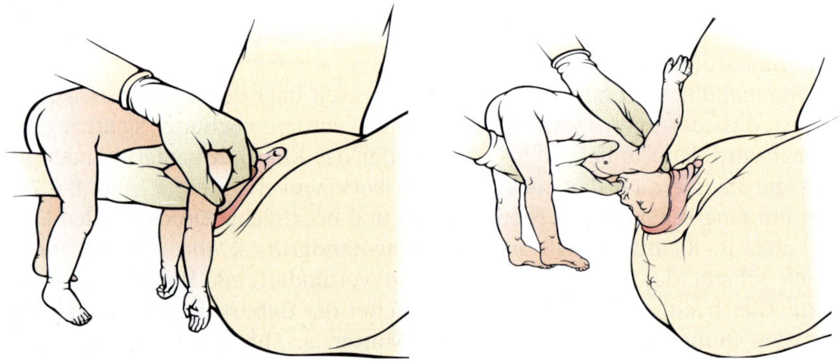

a „Reiten" des Kindes. **b** Entwicklung des Kopfes.

teren Arm aus der Kreuzbeinhöhle und führt ihn vor der Brust des Kindes heraus (s. Abb. **E-6.8**). Bei der **klassischen Armlösung** lagert der Geburtshelfer die vordere Schulter durch „stopfende" Bewegungen in die Kreuzbeinhöhle um und löst den Arm dort heraus. Bei der **Armlösung nach Müller** hebt er nach Lösung des hinteren Armes das Kind nochmals symphysenwärts an, wodurch der vordere Arm herausfällt oder leicht herausgelöst werden kann. Bei der **Armlösung nach Bickenbach** übt er nach Lösung des hinteren Armes mit der „bauchseitigen" Hand Zug auf das Kind nach unten aus, bis die vordere Schulter unter der Symphyse sichtbar wird. Dann löst er mit der anderen Hand den vorderen Arm heraus, wie oben für den hinteren Arm beschrieben.

Danach wird der Kopf mit dem **Handgriff nach Veit-Smellie** entwickelt (s. Abb. **E-6.9**).

An die Armlösung schließt sich dann die Entwicklung des Kopfes mit Hilfe des **Handgriffs nach Veit-Smellie** an: Der Geburtshelfer lässt das Kind auf seinem Unterarm „reiten" (s. Abb. **E-6.9a**) und schiebt seinen Arm so weit vor, dass er seinen Zeigefinger in den Mund des Kindes einführen kann. Die andere Hand greift die Schultern des Kindes und zieht das Kind nach unten, bis die Nacken-Haar-Grenze unter der Symphyse sichtbar wird. Nun hebt er das Kind an, beugt durch Krümmen des Zeigefingers der inneren Hand den Kopf des Kindes (s. Abb. **E-6.9b**) und entwickelt auf diese Weise das Kind auf den Bauch der Mutter.

Anschließend muss das Kind auf Verletzungen am Kiefer sowie an Schultern und Armen untersucht werden.

Anschließend muss das Kind sorgfältig auf Verletzungen am Kiefer sowie an den Schultern und Armen untersucht werden.

Wie in der Eröffnungsperiode ist auch in der Austreibungsperiode die Indikation zur sekundären Sectio großzügig zu stellen.

Äußere Wendung: Um die Risiken der vaginalen Beckenendlagenentwicklung zu vermeiden und die Sectiorate zu vermindern, kann ggf. die äußere Wendung aus der Beckenendlage in die Schädellage durchgeführt werden.
Voraussetzungen sind eine Schwangerschaftsdauer von mindestens 37 Wochen, intravenöse Tokolyse und kontinuierliche Registrierung des CTG. Außerdem muss eine adäquate neonatologische Erstversorgung gewährleistet sein.
Die äußere Wendung ist nicht ohne **Risiken:** Die Manipulation am Uterus kann zur **vorzeitigen Plazentalösung** und durch die intrauterine Druckerhöhung zur **fetalen Hypoxie** führen. Die äußere Wendung wird daher in Sectiobereitschaft vorgenommen.
Sie ist **kontraindiziert** bei Placenta praevia, intrauteriner Mangelentwicklung, Hydramnion oder Oligohydramnion, bei mütterlichen Risiken – wie Präeklampsie – und bei Wehen.

Äußere Wendung: Um eine vaginale Beckenendlagenentwicklung zu vermeiden, kann ggf. ab der vollendeten 37. SSW die äußere Wendung in die Schädellage durchgeführt werden.

Dabei können eine **vorzeitige Plazentalösung** und **fetale Hypoxie** auftreten, daher ist Sectiobereitschaft notwendig.

Kontraindiziert bei Placenta praevia, intrauteriner Mangelentwicklung, Hydramnion oder Oligohydramnion, mütterlichen Risiken und Wehen.

▶ **Klinischer Fall.** Am Ende der Schwangerschaft wird bei einer 24-jährigen Zweitgebärenden eine Beckenendlage diagnostiziert. Die erste Geburt war 2 Jahre vorher problemlos spontan erfolgt, das Geburtsgewicht betrug 3670 g. Das jetzt 2-jährige Kind ist gesund.
Nach ausführlicher Aufklärung durch den betreuenden Arzt über Risiken für Mutter und Kind bei vaginaler Beckenendlagenentwicklung und bei Kaiserschnittoperation entschließt sich die Mutter zur Vaginalgeburt. Die klinische Untersuchung ergibt normale Beckenmaße. Dies wird durch ein Computertomogramm des Beckens bestätigt. Bei Aufnahme der Schwangeren im Kreißsaal in der 39. Schwangerschaftswoche wird eine Ultraschalluntersuchung durchgeführt. Ihr zufolge liegt das Kind in reiner Steißlage (extended legs).
Bei Aufnahme ist der Muttermund 3 cm geöffnet, die Fruchtblase steht, der kindliche Steiß ist in das Becken eingetreten und nur wenig abschiebbar. Es wird eine PDA durchgeführt. Kindliche Herzfrequenz und Wehentätigkeit werden kontinuierlich durch Kardiotokographie überwacht. Es erfolgt ein rechtzeitiger Blasensprung, bei dem klares Fruchtwasser abgeht.
Nun wird der weitere Geburtsfortschritt durch eine Syntocinon-Infusion unterstützt. Nachdem der Steiß auf den Beckenboden getreten ist, wird eine mediolaterale Episiotomie durchgeführt. In einer weiteren Wehe wird nun der Steiß geboren. Der Geburtshelfer umfasst mit Hilfe eines Tuches den kindlichen Rumpf. Nachdem in einer weiteren Wehe der Unterrand der Schultern sichtbar wird, wird das Kind mittels Manualhilfe nach Bracht problemlos entwickelt. Das leicht gestresste, reife Mädchen wird nach Abnabelung sofort dem Neonatologen übergeben. Dieser saugt das Kind ab und beatmet es kurzfristig über eine Maske. Danach ist das Kind völlig stabil. Nach problemloser Nachgeburtsperiode wird die Episiotomie durch Nähte versorgt, während die PDA noch besteht.

◀ **Klinischer Fall**

Quer- und Schräglage

Quer- und Schräglage

▶ **Definition.** Bei der Quer- und der Schräglage stehen die Körperachsen von Mutter und Kind nicht parallel: Bei der Querlage (s. Abb. **E-6.10**) steht die Körperachse des Kindes quer zu der der Mutter, bei der Schräglage schneidet die Körperachse des Kindes die der Mutter im spitzen Winkel.

◀ **Definition**

Epidemiologe und Ätiologie. Quer- und Schräglagen kommen bei ca. 0,5–1 % aller Geburten vor.
Ursachen sind eine abnorm große Beweglichkeit des Kindes, wie bei Hydramnion, Frühgeburt oder schlaffem Uterus, und Störungen der Einstellung in das Becken, wie bei Mehrlingsschwangerschaften, Beckenanomalien und Placenta praevia.

Epidemiologie und Ätiologie. Die Häufigkeit beträgt ca. 0,5–1 %.

Ursachen sind Hydramnion, Frühgeburt, schlaffer Uterus, Mehrlingsschwangerschaften, Beckenanomalien und Placenta praevia.

Klinik. Nach Blasensprung kann es zum Armvorfall kommen (s. S. 630 f und Abb. **E-6.20**) und/oder zur verschleppten Querlage (s. S. 630 f). Daher ist die **Amniotomie kontraindiziert.**

Klinik. Nach Blasensprung kann es zum Armvorfall kommen (s. S. 630 f) und/oder zur verschleppten Querlage (s. S. 630 f). Daher ist die **Amniotomie kontraindiziert.**

Diagnostik. Quer- und Schräglagen werden klinisch durch den 2. und 3. Leopold-Handgriff (s. Abb. **E-3.7**, S. 501) und die vaginale Untersuchung diagnostiziert: Beim 2. Leopold-Handgriff tastet man Kopf und Steiß seitlich im Uterus. Mit Hilfe des 3. Leopold-Handgriffs wird festgestellt, dass kein vorangehender Teil über der Symphyse liegt. Bei der vaginalen Untersuchung zeigt sich, dass

Diagnostik. Quer- und Schräglagen werden durch den 2. und 3. Leopold-Handgriff und vaginale Untersuchung diagnostiziert. Die klinische Diagnose wird durch Ultraschall gesichert.

E-6.10

E-6.10 Querlage

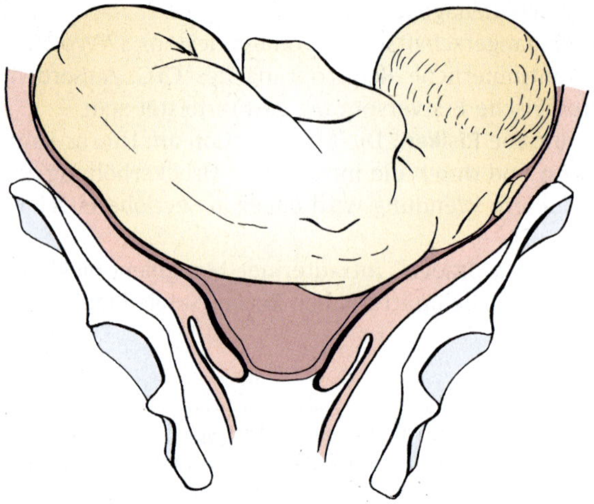

das Becken leer ist. Die klinische Diagnose wird stets durch Ultraschall gesichert.

Therapie. Bei Einlingsschwangerschaften ist generell die **primäre Sectio** indiziert.

Eine Ausnahme stellt die Schräglage bei einer Mehrgebärenden dar.

Liegt bei **Zwillingsschwangerschaften** der zweite Zwilling quer oder schräg, kann eine vaginale Entbindung angestrebt werden.

Therapie. Bei **Einlingsschwangerschaften** ist die Quer- oder Schräglage geburtsunmöglich. Wegen großer kindlicher und mütterlicher Risiken ist stets die **primäre Sectio** durchzuführen.
Eine Ausnahme stellt die Schräglage des Kindes bei einer Mehrgebärenden dar, hier ist unter guter Überwachung ein vaginaler Geburtsversuch möglich. Wie immer muss die Geburtsleitung individuell geplant werden.
Bei **Zwillingsschwangerschaften** mit zweitem Zwilling in Quer- oder Schräglage muss der Geburtsmodus sorgfältig mit der Gebärenden besprochen werden. Möglich ist die vaginale Geburt oder die Sectio. Bei der vaginalen Geburt muss nach kombinierter Wendung eine ganze Extraktion durchgeführt werden.

Haltungs- und Einstellungsanomalien

▶ Definition

▶ **Definition.** Bei **Haltungsanomalien** weicht der kindliche Kopf von seiner normalen Haltung während der Geburt ab. Die Beugung des Kopfes bleibt aus, daher spricht man von **Deflexionslagen.** Aus der mangelnden Beugung resultiert eine ungünstigere Anpassung des Kopfes an den Geburtskanal. Das Durchtrittsplanum ist im Vergleich zu regelrechter Haltung vergrößert. Deflexionslagen machen ca. 1 % aller Geburten aus.
Bei **Einstellungsanomalien** weicht der kindliche Kopf von der normalen Einstellung im Geburtskanal ab. Es führt also nicht das Hinterhaupt, sondern ein anderer Teil des Kopfes wird der vorangehende Teil, d. h. der tiefste Punkt in der Mittelachse des mütterlichen Beckens. Dabei verläuft die Pfeilnaht in der Führungslinie des Beckens **(= synklitisch).** Häufiger weicht aber die Pfeilnaht nach hinten, also kreuzbeinwärts ab, liegt also außerhalb der Führungslinie **(= asynklitisch)** (vgl. S. 626 f).
Eine Übersicht über Haltungs- und Einstellungsanomalien zeigt Tab. **E-6.4**.

Ätiologie und Klinik. Bei Reifgeburten entstehen Haltungs- und Einstellungsanomalien am häufigsten durch ein Missverhältnis zwischen kindlichem Kopf und mütterlichem Becken.

Ätiologie und Klinik. Bei Reifgeburten entstehen Haltungs- und Einstellungsanomalien am häufigsten durch ein **Missverhältnis** zwischen den Maßen von kindlichem Kopf und mütterlichem Becken: Die Anpassung des Kopfes an das Becken ist erschwert. Dadurch kann z. B. die Beugung des Kopfes ausbleiben; es entsteht eine Deflexionslage. Die erschwerte Anpassung des Kopfes an das mütterliche Becken kann auch zum Abweichen des vorangehenden Teils von

E-6.4 Die wesentlichen Befunde bei regelrechter Lage sowie bei Haltungs- bzw. Einstellungsanomalien

Schema	*Diagnose*	*Leitstelle*	*Drehpunkt: Stemmpunkt* (Hypomochlion)	*Kopfaustritt*	*Größe Durchschnittsebene*	*Umfang*
Regelrechte Lage						
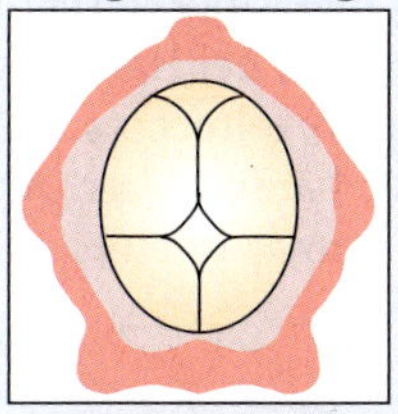	normale (vordere) Hinterhauptslage (HHL)	kleine Fontanelle	Nacken-Haar-Grenze	Streckung	Planum suboccipito-bregmaticum	32 cm
Haltungsanomalien						
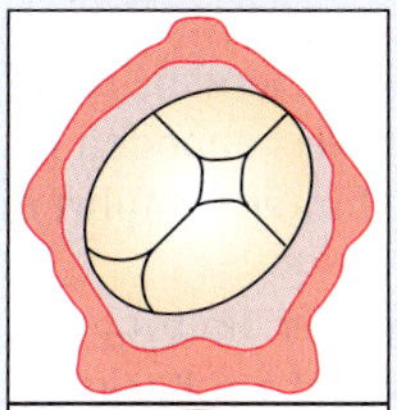	hintere Hinterhauptslage (HiHHL)	kleine Fontanelle bis Scheitelgegend	große Fontanelle bis Stirn-Haar-Grenze	erst starke Beugung, dann Streckung	Planum suboccipito-bregmaticum	32 cm
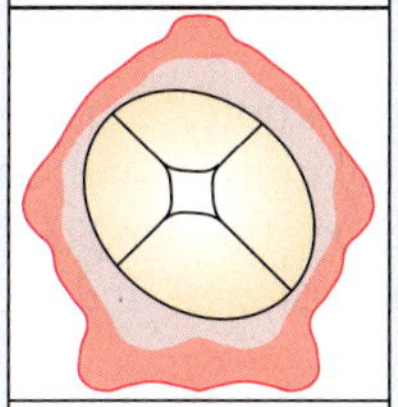	Vorderhauptslage (VoHL)	große Fontanelle	Stirn-Haar-Grenze bis Nasenwurzel	erst Beugung, dann Streckung	Planum frontooccipitale	34 cm
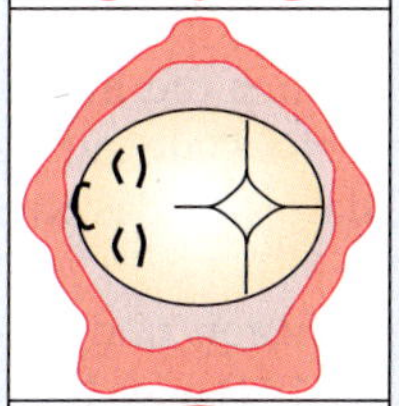	Stirnlage (SL)	Stirn	Oberkiefer (am häufigsten) oder Jochbein	erst Beugung, dann Streckung	Planum maxilloparietale, Planum zygomaticoparietale	35–36 cm
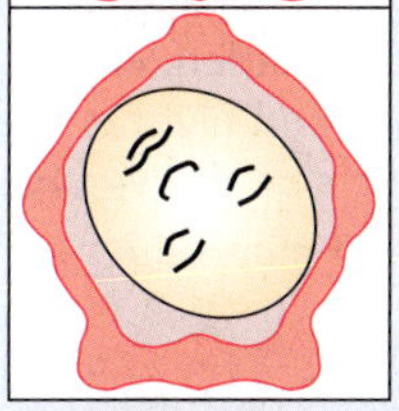	Gesichtslage (GL)	Kinn	Zungenbein	reine Beugung	Planum hyoparietale (oder Planum tracheoparietale)	34 cm
Einstellungsanomalien						
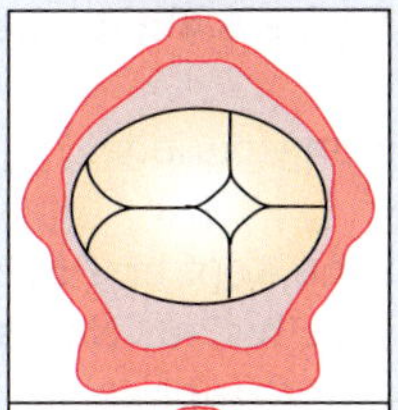	tiefer Querstand		Kopf auf Beckenboden, Pfeilnaht quer, kleine Fontanelle links (oder rechts) seitlich, große Fontanelle rechts (oder links) seitlich			
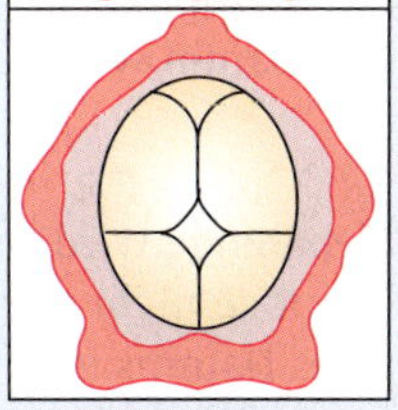	hoher Geradstand		Kopf am Beckeneingang, Pfeilnaht im geraden Durchmesser, kleine Fontanelle an der Symphyse (oder am Promontorium), große Fontanelle am Promontorium (oder an der Symphyse)			

der Führungslinie im Becken führen. Dann kommt es zu einer Einstellungsanomalie, und zwar zu einer Scheitelbeineinstellung (s. S. 627 f).

Haltungs- und Einstellungsanomalien treten gehäuft bei **Frühgeburten** und **Mehrlingsschwangerschaften** auf.

Vermehrt werden Haltungs- und Einstellungsanomalien bei **Frühgeburten**, aber auch bei **Mehrlingsschwangerschaften** beobachtet. Aufgrund der Untermaßigkeit der Frühgeborenen oder der kleinen Mehrlinge bleibt die bei Reifgeborenen notwendige Anpassung an das mütterliche Becken aus.

Haltungs- oder Einstellungsanomalien können zu **Geburtsverzögerung** oder **-stillstand** und so zu **fetaler Hypoxie** und **Azidose** führen. **Geburtsverletzungen der Mutter** sind häufiger als bei Geburt aus vorderer Hinterhauptslage.

Durch Haltungs- oder Einstellungsanomalien kann es zur **Geburtsverzögerung** oder zum **Geburtsstillstand** kommen. Daher finden sich bei den Kindern häufiger **Hypoxie** und **Azidose.** Durch das größere Durchtrittsplanum bei Haltungsanomalien wird der Damm erheblich mehr belastet als bei regelrechter Haltung. Daher kommen **Geburtsverletzungen der Mutter** hier häufiger vor. Aus diesen Gründen sollte die Entbindung aus Deflexionslagen immer in einer Klinik stattfinden.

Hintere Hinterhauptslage

Klinik und Diagnostik. Es führt die Scheitelregion zwischen großer und kleiner Fontanelle. Die kleine Fontanelle ist hinten am Beckenboden zu tasten (s. Tab. **E-6.4**).

Bei dieser leichtesten Form der Deflexionslagen kommt es **meist zum Geburtsstillstand am Beckenboden**.

Kommt es nicht zum Geburtsstillstand, erfolgt der Austritt des Kopfes zunächst in starker Beugung, später in Streckhaltung.

Klinik und Diagnostik. Leitstelle, d. h. tiefster Punkt des vorangehenden Teils in der Beckenführungslinie, ist die kleine Fontanelle. Sie ist am Beckenboden hinten zu tasten (s. Tab. **E-6.4**). Der Rücken des Kindes liegt also hinten, es führt die Scheitelregion zwischen großer und kleiner Fontanelle.
Bei dieser leichtesten Form der Deflexionslagen ist aufgrund der Haltungsanomalie die Austreibungsperiode **meistens** durch **Geburtsstillstand am Beckenboden** verlängert.
Kommt es nicht zum Geburtsstillstand, erfolgt der Austritt des Kopfes zunächst in starker Flexion. Dabei rotiert das Vorderhaupt um die Symphyse und das Hinterhaupt wird geboren. Anschließend rotiert das Hinterhaupt um den Steißbeinstachel in einer Deflexionsbewegung, damit das Vorderhaupt und der übrige Kopf geboren werden können.

Therapie. Bei der hinteren Hinterhauptslage ist die vaginale Geburt fast immer möglich.

Bei Geburtsstillstand sind eine Oxytozin-Infusion, adäquate Analgesie sowie ein ausreichend großer Dammschnitt notwendig. Bei mangelnder Wirkung oder pathologischer fetaler Herzfrequenz ist eine Vakuum- oder Zangenextraktion indiziert.

Therapie. Fast immer ist die vaginale Geburt möglich. Deutet sich die hintere Hinterhauptslage bereits in Beckenmitte an, lagert man die Gebärende auf der Seite der kleinen Fontanelle und versucht so zu erreichen, dass sich das Kind doch noch in die vordere Hinterhauptslage dreht.
Bei Geburtsstillstand am Beckenboden sind eine Oxytozin-Infusion und adäquate Analgesie indiziert, z. B. durch Pudendusanästhesie (s. S. 612 f) oder Nachspritzen der Periduralanästhesie. Außerdem ist, um Platz zu schaffen, ein ausreichend großer Dammschnitt notwendig. Sind diese Maßnahmen nicht erfolgreich oder ist die fetale Herzfrequenz pathologisch, schließt sich die vaginale operative Geburtshilfe durch Vakuum- oder Zangenextraktion an.

Vorderhauptslage

Klinik und Diagnostik. Es führt die große Fontanelle (s. Tab. **E-6.4**, Abb. **E-6.11**).

Ein **Geburtsstillstand** in der Austreibungsperiode ist **häufig**.

Kommt es nicht zum Geburtsstillstand, erfolgt der Austritt des Kopfes zuerst in Beugung, dann in Streckung, dabei wird der Damm stark belastet.

Klinik und Diagnostik. Leitstelle ist die große Fontanelle (s. Tab. **E-6.4** und Abb. **E-6.11**). Der Rücken liegt hinten.
Häufig kommt es zu einem **Geburtsstillstand** in der Austreibungsperiode.

Kommt es nicht zum Geburtsstillstand, muss sich der kindliche Kopf erst beugen. Dabei stemmt sich das Gesicht von der Stirn-Haar-Grenze bis zur Nasenwurzel an die Symphyse. Durch Flexion wird zunächst das Hinterhaupt geboren und danach in einer Deflexionsbewegung das Vorderhaupt. Der Damm wird bei Austritt des Kopfes stark belastet.

Therapie. Eine Spontangeburt ist grundsätzlich möglich. Wegen der starken Belastung des Damms ist ein ausreichend großer Dammschnitt nötig.
Falls wegen Geburtsstillstands in der Austreibungsperiode eine vaginale operative Entwicklung notwendig wird, sollte vorzugsweise die Zangenextraktion durchgeführt werden.

Therapie. Grundsätzlich ist die Spontangeburt möglich. Die Gebärende wird auf der Seite des Hinterhauptes gelagert, wenn sich das Hinterhaupt so nicht nach vorn dreht, auf der Gegenseite. Wegen der starken Belastung des Damms ist ein großzügiger Dammschnitt nötig.
Häufiger sind wegen eines Geburtsstillstands in der Austreibungsperiode vaginale operative Geburten nötig. Dabei sollte möglichst keine Vakuumextraktion vorgenommen werden, denn hier wird die Saugglocke über der großen Fontanelle angebracht, wodurch die Gefahr von Gefäßverletzungen unnötig groß ist. Die Zangenextraktion ist zu bevorzugen.

E-6.11 Vorderhauptslage im Vergleich zur normalen (vorderen) Hinterhauptslage

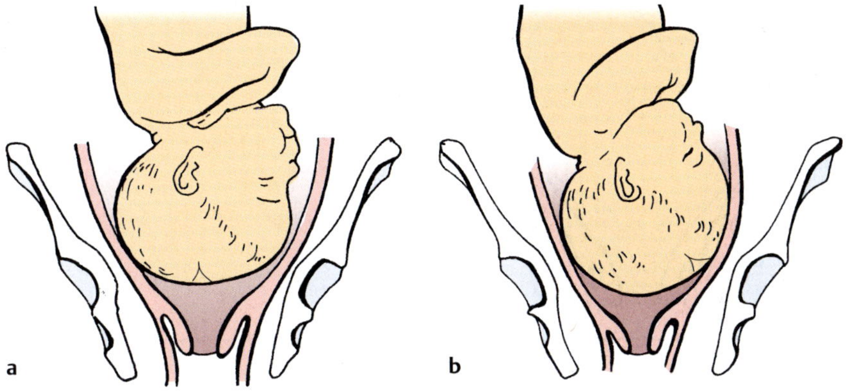

a Es führt die große Fontanelle, Vorderhauptslage.
b Es führt die kleine Fontanelle, normale (vordere) Hinterhauptslage.

E-6.11

Stirnlage

Klinik und Diagnostik. Leitstelle ist die Stirn; Nasenwurzel und Augenbrauen sind tastbar (s. Tab. **E-6.4** und Abb. **E-6.12**). Der Rücken liegt hinten.
Die Stirnlage ist die ungünstigste aller Deflexionslagen, da das Durchtrittsplanum hier am größten ist (s. Tab. **E-6.4**). Bei seinem Austritt rotiert der Kopf in Flexion mit dem Oberkiefer – am häufigsten – oder dem Jochbein um die Symphyse; dadurch wird das Hinterhaupt geboren. In einer Deflexionsbewegung, bei der das Hinterhaupt um den Steiß rotiert, wird das Vorderhaupt geboren.

Therapie. In ca. 30 % ist die Spontangeburt möglich, die perinatale kindliche Mortalität beträgt jedoch 5–10 %, die Morbidität ist hoch. Daher ist die Indikation zur sekundären Sectio großzügig zu stellen.

Stirnlage

Klinik und Diagnostik. Leitstelle ist die Stirn; Nasenwurzel und Augenbrauen sind tastbar (s. Tab. **E-6.4** und Abb. **E-6.12**). Die Stirnlage ist die ungünstigste aller Deflexionslagen, da das Durchtrittsplanum hier am größten ist (s. Tab. **E-6.4**).

Therapie. Wegen der hohen perinatalen Mortalität und Morbidität bei vaginaler Geburt ist die Indikation zur sekundären Sectio großzügig zu stellen.

E-6.12 Stirnlage

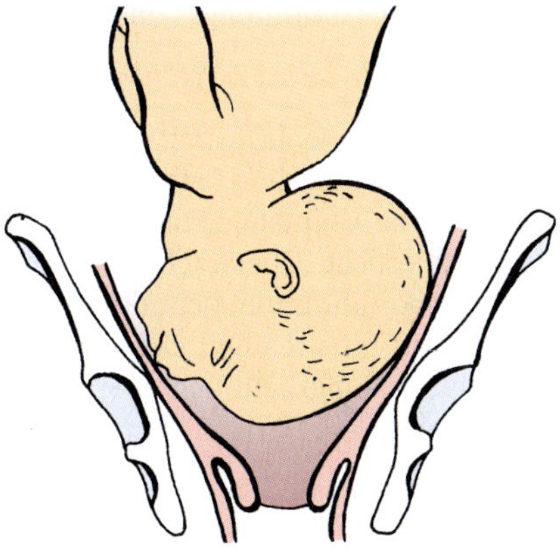

Es führt die Stirn, Stirnlage.

E-6.12

E-6.13

E-6.13 **Mentoanteriore Gesichtslage**

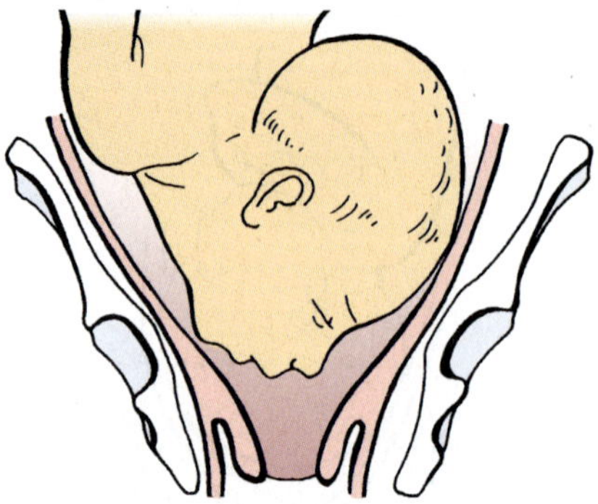

Es führt das Kinn, Gesichtslage.

Gesichtslage

Klinik und Diagnostik. Bei der ausgeprägtesten aller Deflexionslagen führt das Kinn (s. Tab. **E-6.4**). Bei mentoanteriorer Gesichtslage (s. Abb. **E-6.13**) verläuft die Geburt protrahiert.

Gesichtslage

Klinik und Diagnostik. Bei der ausgeprägtesten aller Deflexionslagen führt als Leitstelle das Kinn (s. Tab. **E-6.4**). Bei nach vorne gerichtetem Kinn – mentoanteriore Gesichtslage (s. Abb. **E-6.13**) – verläuft die Geburt protrahiert. Das Zungenbein muss in einer reinen Flexionsbewegung um die Symphyse rotieren, damit der Kopf geboren wird. Bei nach hinten gerichtetem Kinn – mentoposteriore Gesichtslage – ist eine Spontangeburt unmöglich.

▶ Merke

▶ **Merke.** Die mentoposteriore Gesichtslage ist geburtsunmöglich.

Therapie. Bei mentoanteriorer Lage ist die Indikation zur Sectio großzügig, bei mentoposteriorer Lage immer zu stellen.

Therapie. Wegen der hohen perinatalen kindlichen Mortalität und Morbidität ist bei mentoanteriorer Lage die Indikation zur Sectio großzügig zu stellen. Bei mentoposteriorer Lage ist die Sectio immer indiziert.

Hoher Geradstand

Klinik und Diagnostik. Der kindliche Kopf steht mit gerader Pfeilnaht am Beckeneingang (s. Tab. **E-6.4**, Abb. **E-6.14**). Sitzt der Kopf auf der Symphyse auf, ist der Zangemeister-Handgriff positiv.

Es resultiert ein Geburtsstillstand.

Hoher Geradstand

Klinik und Diagnostik. Trotz ausreichender Wehentätigkeit bleibt der kindliche Kopf mit gerader Pfeilnaht am Beckeneingang stehen (s. Tab. **E-6.4**). Man unterscheidet den dorsoanterioren und den dorsoposterioren hohen Geradstand (s. Abb. **E-6.14**). Gelegentlich sitzt der Kopf auf der Symphyse auf. Dann ist der Zangemeister-Handgriff positiv.
Es kommt zu einem Geburtsstillstand, entweder in der Eröffnungs- oder in der Austreibungsperiode.

Therapie. Durch wechselnde Seitenlagerung kann in 50 % eine vaginale Geburt erreicht werden. Dann ist eine kontinuierliche CTG-Registrierung nötig. Bei relativem Missverhältnis und anhaltendem Geburtsstillstand ist die sekundäre Sectio indiziert.

Therapie. Durch Schaukellagerung, also wechselnde Seitenlagerung der Gebärenden, adäquate Analgesie – möglichst Periduralanästhesie – und eine Oxytozin-Infusion kann in ca. 50 % aller Fälle noch eine vaginale Geburt erreicht werden. Dabei ist stets eine sorgfältige kontinuierliche Überwachung durch Kardiotokographie notwendig. Ggf. muss eine Mikroblutuntersuchung durchgeführt werden. Bei relativem Missverhältnis oder anhaltendem Geburtsstillstand – wenn sich also der geburtshilfliche Befund innerhalb von 2 Stunden nicht verändert – ist die sekundäre Sectio indiziert.

Tiefer Querstand

Klinik und Diagnostik. Nach Ausbleiben der Rotation des Kopfes in Beckenmitte steht der Kopf mit querer Pfeilnaht am Beckenboden (s. Tab. **E-6.4** und Abb. **E-6.15**). Die Diagnose wird häufig erst bei protrahierter Austreibungsperiode gestellt.

Tiefer Querstand

Klinik und Diagnostik. Der kindliche Kopf steht am Beckenboden, die Pfeilnaht ist quer (s. Tab. **E-6.4** und Abb. **E-6.15**). Die Rotation des Kopfes in Beckenmitte ist also ausgeblieben. Dies kommt vor allem bei kleinem Fetus vor, da hier die Notwendigkeit der Anpassung an das mütterliche Becken fehlt. Die Diagnose wird häufig erst bei protrahierter Austreibungsperiode gestellt.

E-6.14 Hoher Geradstand

E-6.14

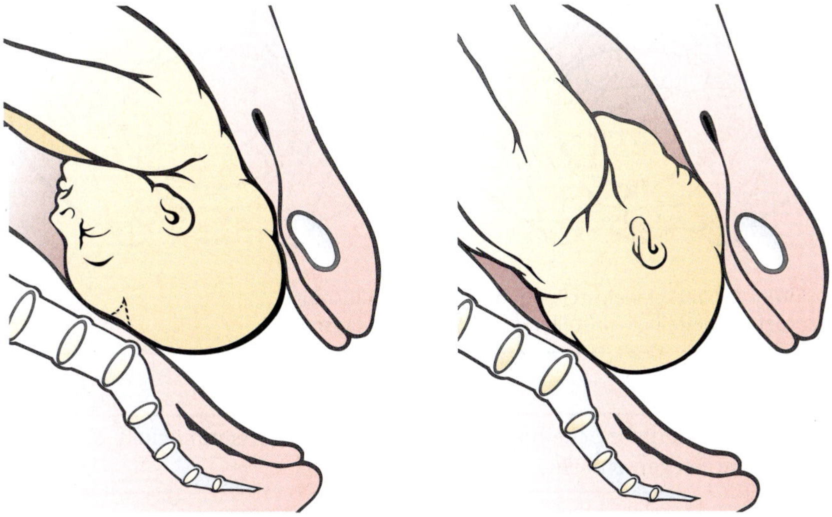

a Dorsoanteriorer hoher Geradstand. **b** Dorsoposteriorer hoher Geradstand.

E-6.15 Tiefer Querstand

E-6.15

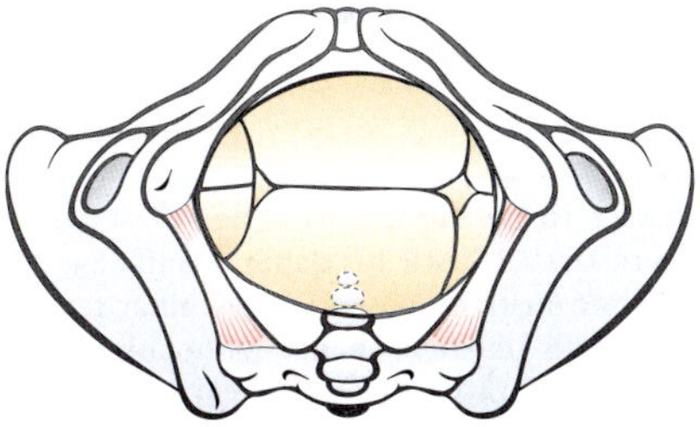

Kopf auf Beckenboden, Pfeilnaht quer.

Therapie. Um eine Rotation des Kopfes zu erreichen, wird die Gebärende auf der Seite der kleinen Fontanelle gelagert. Hat dies Erfolg, ist ein ausreichend großer Dammschnitt notwendig, um am Beckenausgang Platz zu schaffen. Häufig stellt sich eine sekundäre Wehenschwäche ein. Dann ist eine Oxytozin-Infusion indiziert. Eine adäquate Analgesie ist zu gewährleisten, entweder durch Nachspritzen der liegenden Periduralanästhesie oder durch Pudendusanästhesie. Bei Erfolglosigkeit der konservativen Maßnahmen ist entweder die Vakuum- oder die Zangenextraktion notwendig.

Therapie. Versuch einer vaginalen Geburt durch Lagerung der Gebärenden auf der Seite der kleinen Fontanelle. Gelingt dies, ist ein ausreichend großer Dammschnitt nötig; bei sekundärer Wehenschwäche Oxytozin-Infusion. Bei Erfolglosigkeit Vakuum- oder Zangenextraktion.

Scheitelbeineinstellung

Klinik und Diagnostik. Die Scheitelbeineinstellung tritt auf, wenn der Beckeneingang im geraden Durchmesser verengt ist, z. B. bei langem, plattem oder allgemein verengtem Becken (s. auch S. 607). Die Pfeilnaht weicht im Beckeneingang von der Führungslinie ab, da sich der Kopf zu einer Schulter neigt. Neigt er sich zur hinteren Schulter, nähert sich die Pfeilnaht dem Promontorium und das vordere Scheitelbein geht in Führung (**vordere Scheitelbeineinstellung** oder **vorderer Asynklitismus**, s. Abb. **E-6.16a**). Neigt er sich zur vorderen Schulter, nähert sich die Pfeilnaht der Symphyse, und das hintere Scheitelbein geht in Führung (hintere Scheitelbeineinstellung oder **hinterer Asynklitismus**, s. Abb. **E-6.16b**).

Scheitelbeineinstellung

Klinik und Diagnostik. Tritt bei im geraden Durchmesser verengtem Beckeneingang auf: Die Pfeilnaht weicht von der Führungslinie ab, da sich der Kopf zu einer Schulter neigt. Neigt er sich zur hinteren Schulter, geht das vordere Scheitelbein in Führung **(vordere Scheitelbeineinstellung)**. Neigt er sich zur vorderen Schulter, geht das hintere Scheitelbein in Führung (**hintere Scheitelbeineinstellung**, s. Abb. **E-6.16**).

E-6.16

E-6.16 Scheitelbeineinstellung

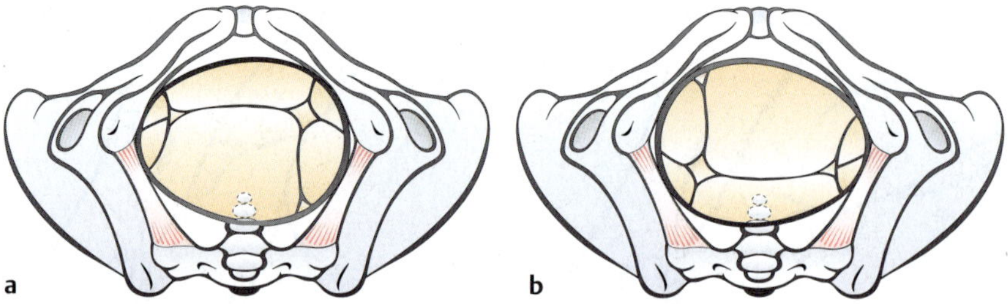

a Hintere Scheitelbeineinstellung (hinterer Asynklitismus).
b Vordere Scheitelbeineinstellung (vorderer Asynklitismus).

▶ Merke

▶ **Merke.** Die hintere Scheitelbeineinstellung ist geburtsunmöglich, da sich der Kopf im Becken einkeilt.

Therapie. Bei **vorderer Scheitelbeineinstellung** ist die Spontangeburt häufig möglich, jedoch oft protrahiert. Bei Geburtsstillstand ist die Indikation zur sekundären Sectio großzügig zu stellen.

Bei **hinterer Scheitelbeineinstellung:** sekundäre Sectio.

Therapie. Bei der **vorderen Scheitelbeineinstellung** kann der Kopf in die Kreuzbeinhöhle nach hinten ausweichen. Daher ist die Spontangeburt sehr häufig möglich, verläuft jedoch infolge der verzögerten Anpassung des Kopfes an das mütterliche Becken häufig protrahiert. Eine kontinuierliche Überwachung durch Kardiotokographie ist notwendig. Bei Geburtsstillstand sollte die Indikation zur sekundären Sectio großzügig gestellt werden.
Bei der **hinteren Scheitelbeineinstellung** ist die Indikation zur **sekundären Sectio** zu stellen.

▶ Klinischer Fall

▶ **Klinischer Fall.** Bei einer 24-jährigen Erstgebärenden ist bei der Geburt in der 40. Schwangerschaftswoche die Austreibungsperiode verlängert. Das CTG war bis dahin unauffällig, die Wehentätigkeit erfolgte spontan. Nun kommt es in der Austreibungsperiode zu einer sekundären Wehenschwäche. Der kindliche Kopf ist mit der Leitstelle in der Interspinalebene, d. h. der Ebene zwischen den Spinae ischiadicae. Die Pfeilnaht ist steil im 1. schrägen Durchmesser. Syntocinon wird in steigender Dosis infundiert und die Gebärende auf der Seite der kleinen Fontanelle gelagert. Trotz richtiger Lagerung und guter Wehentätigkeit kommt es aber zum Geburtsstillstand, da sich der Kopf nicht richtig dreht und auf dem Beckenboden mit querer Pfeilnaht steht. Weitere Lagerungsversuche sind erfolglos.
Daraufhin wird eine geräumige, mediolaterale Episiotomie geschnitten. Da trotzdem nicht ausreichend Platz für den kindlichen Kopf vorhanden ist, wird die Geburt durch Zangenextraktion beendet. Zunächst wird eine Pudendusanästhesie durchgeführt. Dann wird eine Naegele-Zange schräg an den Kopf angelegt, die Nachtastung ist unauffällig. Durch Traktion kann der kindliche Kopf in den schrägen Durchmesser rotiert werden. Dann wird die Zange nochmals biparietal angelegt. Durch zwei mittelschwere Traktionen kann der Kopf entwickelt werden. Der weitere Geburtsverlauf ist problemlos.

Schulterdystokie

Schulterdystokie

▶ Definition

▶ **Definition.** Regelwidrige Einstellung der kindlichen Schultern in das mütterliche Becken nach Geburt des Kopfes mit der Folge eines protrahierten Geburtsverlaufs. Man unterscheidet zwei Formen:

1. **Hoher Schultergeradstand:** Die Schultern stellen sich im Beckeneingang längs ein, die vordere Schulter bleibt deshalb vorne an der Symphyse hängen (s. Abb. **E-6.17**).
2. **Tiefer Schulterquerstand:** Die Schultern stehen quer am Beckenboden, weil die Rotation der Schultern in Beckenmitte ausgeblieben ist (s. Abb. **E-6.18**).

Ätiologie. Die Schulterdystokie kommt meist bei makrosomen Kindern von über-

Ätiologie. Die Schulterdystokie ist eine von Hebammen und Geburtshelfern gefürchtete, aber glücklicherweise seltene Komplikation. Sie kommt meist bei **makrosomen Kindern von übergewichtigen oder diabetischen Müttern** vor.

E-6.17 **Hoher Schultergeradstand**

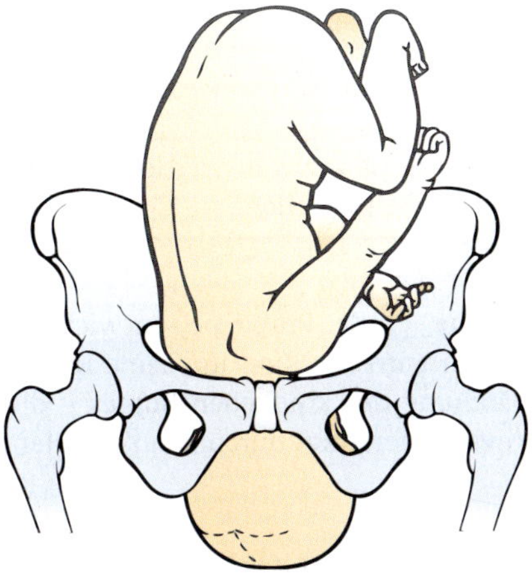

Die Schulterbreite steht am Beckeneingang gerade, die vordere Schulter hängt an der Symphyse.

E-6.17

E-6.18 **Tiefer Schulterquerstand**

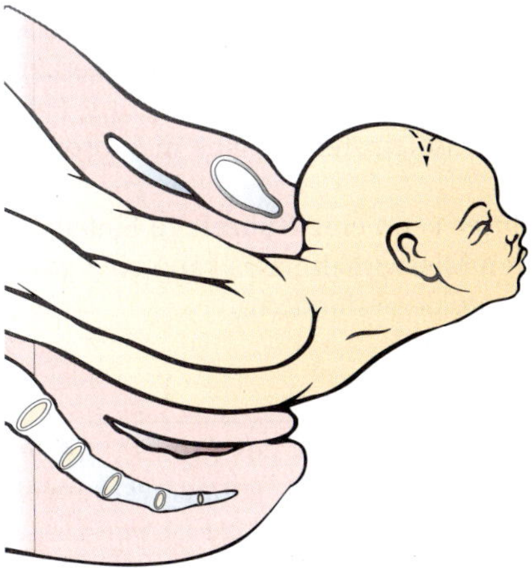

Die Schulterbreite steht auf Beckenboden quer.

E-6.18

Dabei spielt das Kindsgewicht eher eine untergeordnete Rolle. Entscheidend für die mangelnde Anpassung der kindlichen Schultern an das mütterliche Becken sind die zu ausgeprägten Fettpolster am kindlichen Rumpf oder/und die zu ausgeprägten Fettdepots im mütterlichen Becken.

gewichtigen oder diabetischen Müttern vor, ist aber insgesamt sehr selten.

Klinik und Diagnostik. Typisch ist ein unerwarteter Geburtsstillstand nach Geburt des kindlichen Kopfes. Für den **hohen Schultergeradstand** charakteristisch ist, dass die Vulva den kindlichen Kopf halskrausenartig umhüllt. Beim **tiefen Schulterquerstand** ist nach der Geburt des Kopfes von außen gut zu erkennen, dass die Rotation der Schultern in Beckenmitte ausgeblieben ist (s. Abb. **E-6.18**).

Klinik und Diagnostik. Unerwarteter Geburtsstillstand nach Geburt des kindlichen Kopfes. Beim hohen Schultergeradstand umhüllt die Vulva den kindlichen Kopf halskrausenartig.

Therapie. Beim hohen Schultergeradstand ist zunächst die intravenöse Gabe eines Tokolytikums im Bolus indiziert. Anschließend schafft man durch Erweiterung der Episiotomie Platz für die Schultern. Nun senkt man die gestreckten Beine der Gebärenden – und damit die Symphyse – und vergrößert so die Conjugata vera um bis zu 1 cm. Durch Rotation des Kindes in der Längsachse versucht man, die Schultern in den schrägen Durchmesser zu bringen. Zur Unterstützung sollte eine Hilfsperson manuell Druck unmittelbar oberhalb der Sym-

Therapie. Beim hohen Schultergeradstand erfolgt eine i. v. Tokolyse, anschließend Erweiterung der Episiotomie. Durch Absenken der gestreckten Beine der Gebärenden lässt sich die Conjugata vera vergrößern. Durch Rotation des Kindes in der Längsachse sollen die Schultern in den schrägen Durchmesser gebracht werden.

Gelingt dies, beugt man die Beine der Gebärenden maximal (Platz für die Schultern).

Gelingt dies nicht, ist evtl. eine Intubationsnarkose notwendig.

physe ausüben. Gelingt die Rotation der Schultern, werden die Beine der Gebärenden maximal gebeugt, um im Beckenausgang möglichst viel Platz für die vordere Schulter zu schaffen.
Gelingt die Rotation der Schultern nicht auf Anhieb, ist eine Intubationsnarkose nötig, um die Muskulatur des Beckenbodens maximal zu relaxieren.

▶ Merke

▶ **Merke.** Auf keinen Fall darf am kindlichen Kopf gezogen werden, denn dadurch würde die Schulter in das Becken eingekeilt werden.

Beim **tiefen Schulterquerstand** erweitert man die Episiotomie und dreht das Kind durch äußere Drehung des Kopfes und der Schultern um seine Längsachse.

Der **tiefe Schulterquerstand** lässt sich ohne große Probleme entwickeln: Zunächst erweitert man die Episiotomie. Dann wird das Kind um seine Längsachse gedreht. Dies erreicht man durch Drehung des kindlichen Kopfes – die sog. äußere Drehung – und der Schultern, evtl. unterstützt durch den Kristeller-Handgriff.

Prognose. Plexuslähmungen, Humerus- und Klavikulafrakturen werden vermehrt beobachtet. Hohe kindliche Mortalität durch zu lang dauernde Kompression von Nabelschnur oder Thorax und traumatische Hirnschädigungen.

Prognose. Die Schulterdystokie bedeutet in erster Linie eine Gefahr für das Kind. Plexuslähmungen, Humerus- und Klavikulafrakturen werden vermehrt beobachtet. In schweren Fällen beträgt die kindliche Mortalität 2–16%. Dies lässt sich durch eine zu lang andauernde Kompression von Nabelschnur oder Thorax und durch traumatische Hirnschädigungen erklären.

Prävention. Prädisponierende Faktoren müssen mittels Anamnese und Vorsorgeuntersuchungen frühzeitig festgestellt werden. Bei Makrosomie durch Diabetes kann die frühzeitige Einleitung der Vaginalgeburt, bei einem relativen Missverhältnis eine sekundäre Sectio die Schulterdystokie verhindern.

Prävention. Um eine Schulterdystokie von vornherein zu verhindern, ist es wichtig, prädisponierende Faktoren frühzeitig in der Schwangerschaft zu erkennen. Hierzu dienen die Anamnese und Vorsorgeuntersuchungen. Dann kann z. B. bei einer Diabetikerin eine gute Stoffwechseleinstellung eine makrosomiebedingte Schulterdystokie verhindern.
Bei makrosomen Kindern diabetischer Mütter kann eine frühzeitige Einleitung der Vaginalgeburt, bei Zeichen des relativen Missverhältnisses kann eine großzügige Indikation zur Sectio die Schulterdystokie verhindern.

Armvorfall

Armvorfall

▶ Definition

▶ **Definition.** Man spricht vom Vorliegen der Hand oder des Armes (vor den kindlichen Kopf), wenn die Fruchtblase noch erhalten ist. Ist sie gesprungen, liegt ein Vorfall der Hand oder des Armes vor. Bei Schädellage ist ein Vorfall der Hand – ein sog. unvollkommener Armvorfall – oder des Armes möglich – vollkommener Armvorfall (s. Abb. **E-6.19**). Bei Querlage kommt nur der vollkommene Armvorfall vor (s. Abb. **E-6.20**).

Epidemiologie und Ätiologie. Der seltene **Armvorfall bei Schädellage** tritt bei einem relativen Missverhältnis auf.

Epidemiologie und Ätiologie. Ein **Armvorfall bei Schädellage** ist ein äußerst seltenes Ereignis.
Zu dieser Situation kann es nur dann kommen, wenn das mütterliche Becken durch das Eintreten des kindlichen Kopfes nicht ausreichend abgedichtet wird. Die häufigste **Ursache** ist ein **relatives Missverhältnis, Frühgeburtlichkeit,** aber auch **Multiparität,** ein **Hydramnion** und eine **Mehrlingsschwangerschaft** begünstigen den Armvorfall.

Bei nicht erkannter **Querlage** kann es nach Blasensprung zum Armvorfall oder zur **verschleppten Querlage** (s. Abb. **E-6.21**) kommen.

Wird eine **Querlage** nicht oder zu spät erkannt, kann der Blasensprung zum Armvorfall führen. Der **Armvorfall bei Querlage** ist eine gefürchtete Komplikation, die mit hoher Morbidität und Mortalität von Mutter und Kind einhergeht. Bei Armvorfall oder wenn bei Querlage evtl. zusätzlich Oxytozin gegeben wird, kommt es zur **verschleppten Querlage** (s. Abb. **E-6.21**), bei der die Schulter in das Becken eingekeilt ist.

▶ Merke

▶ **Merke.** Bei Querlage ist die Amniotomie kontraindiziert.

Klinik. Durch den **Vorfall eines Armes bei** nicht oder zu spät erkannter **Querlage**

Klinik. Der Armvorfall kann zum **Geburtsstillstand** und zur verschleppten Querlage führen, bei der die Wehen allmählich stärker, länger und schmerzhafter

E-6.19 Armvorfall bei Schädellage

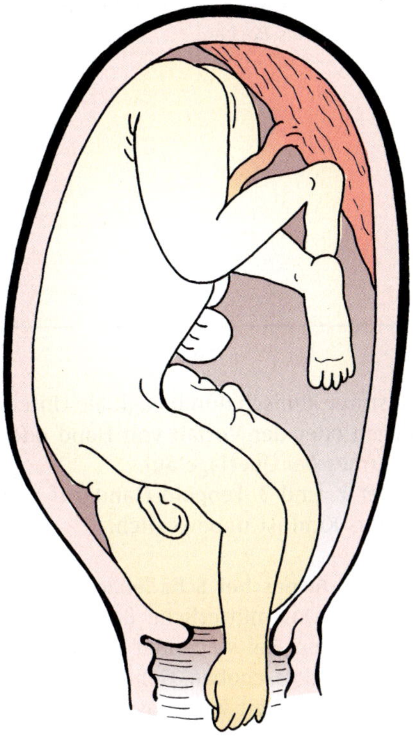

Nach Blasensprung liegen linke Hand und Unterarm vor, der linke Oberarm liegt neben dem Kopf.

E-6.19

E-6.20 Armvorfall bei Querlage

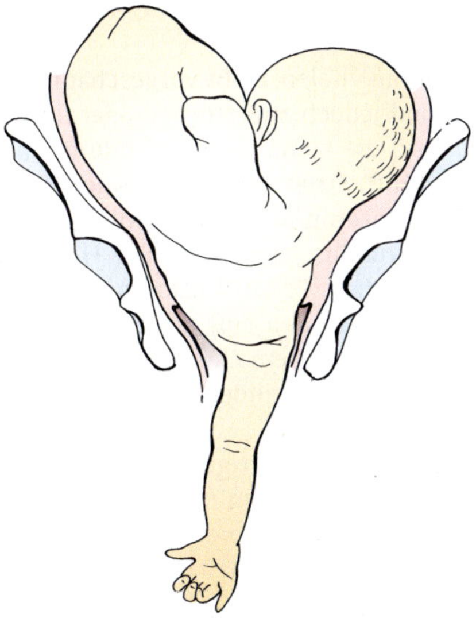

Nach Blasensprung liegt der rechte Arm komplett im Geburtskanal, die rechte Schulter ist eingekeilt ins Becken.

E-6.20

werden. Sowohl beim Armvorfall als auch bei der verschleppten Querlage geraten Mutter und Kind in Gefahr: Beim Armvorfall können sich **Verletzungen der Geburtswege** ergeben, **bei der verschleppten Querlage** drohen die Dauerkontraktion und die **Uterusruptur** (s. S. 644 f). Beide Komplikationen können so zu innerer Blutung und Kreislaufschock führen. Das **Kind** ist besonders **durch Hypoxie gefährdet**.

Beim Armvorfall können sich Verletzungen der Geburtswege ergeben. Bei der **verschleppten Querlage** droht die Uterusruptur. Bei beiden Komplikationen ist das Kind durch Hypoxie gefährdet.

E-6.21

E-6.21 **Verschleppte Querlage**

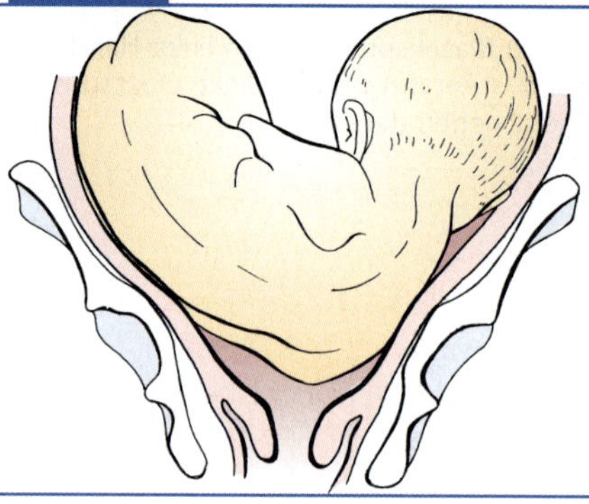

Nach Blasensprung ist die rechte Schulter eingekeilt ins Becken.

Diagnostik. Der **Armvorfall** ist nur klinisch durch vaginale Untersuchung zu diagnostizieren.

Diagnose der **verschleppten Querlage** durch Leopold-Handgriffe und vaginale Untersuchung. Das Kind ist unbeweglich.

Diagnostik. Die Diagnose des **Armvorfalls** ist nur klinisch durch vaginale Untersuchung zu stellen. Dabei fällt das Vorliegen oder der Vorfall von Hand oder Arm bei Schädellage oder der Vorfall des Armes bei Querlage auf.
Bei der **verschleppten Querlage** ergeben der 2. und 3. Leopold-Handgriff und die vaginale Untersuchung eine Querlage. Das Kind ist unbeweglich.

Therapie. Beim Vorliegen der Hand oder des Armes bei Schädellage kann man versuchen, nach Hochlagerung des mütterlichen Beckens die Hand oder den Arm am Kopf vorbei zurückzuschieben.

Therapie. Beim **Vorliegen der Hand oder des Armes bei Schädellage** ist die Spontangeburt in den meisten Fällen möglich. Das mütterliche Becken wird hochgelagert, um den Blasensprung aufzuschieben. Bei stehender Fruchtblase wird die Hand oder der Arm am Kopf vorbei zurückgeschoben. Gelingt dies, öffnet man die Fruchtblase unter Sicht. Die Wehentätigkeit wird durch eine Oxytozin-Infusion unterstützt, damit der kindliche Kopf tiefer in das Becken eintreten und es besser abdichten kann.

Bei **Vorfall einer Hand** ist die vaginale Geburt möglich, wenn es gelingt, die Hand hinter den Kopf zurückzuschieben (s. Abb. **E-6.22**). **Vorfall eines Armes:** sofortige Sectio.

Bei **Vorfall einer Hand** ist die vaginale Geburt möglich, wenn es gelingt, die Hand hinter den Kopf zurückzuschieben (s. Abb. **E-6.22**). Dagegen bedeutet der **Vorfall eines Armes** eine **geburtsunmögliche Lage**. In diesem Fall ist die sofortige Sectio indiziert.

Bei **Vorfall eines Armes in Querlage** ist bei vitalem Kind die sofortige Sectio indiziert. Bei abgestorbenem oder schwer geschädigtem Kind erfolgt die kombinierte Wendung mit anschließender ganzer Extraktion.

Bei Vorfall eines Armes in Querlage ist bei einem vitalen, nicht vorgeschädigten Kind die sofortige Sectio indiziert. Ist das Kind jedoch abgestorben oder durch lange Hypoxiephasen schwer geschädigt, wird die kombinierte Wendung und anschließend die ganze Extraktion durchgeführt. Dabei wird der vorgefallene Arm in den Uterus zurückgeschoben und gleichzeitig mit der außenliegenden Hand der kindliche Kopf hoch in den Uterusfundus geschoben. Die Hand in der Scheide versucht dann, einen Fuß zu erreichen. Es wird also durch kombinierte äußere und innere Wendung der Fetus auf den Fuß gewendet, denn nur aus dieser Lage ist die Extraktion des Kindes aus dem Uterus möglich. Als ganze Extraktion wird die vollständige Extraktion des Kindes aus dem Uterus bezeichnet.

Bei **verschleppter Querlage** und vitalem Kind ist die sofortige Sectio indiziert. Bis zum Beginn der Sectio verabreicht man ein Tokolytikum i. v., um eine Uterusruptur zu verhindern.

Bei **verschleppter Querlage** und vitalem Kind ist die sofortige Sectio indiziert. Bis zum Beginn der Sectio verabreicht man ein Tokolytikum i. v., um eine Uterusruptur zu verhindern. Bei verschleppter Querlage und totem Kind sind ggf. sogar zerstückelnde Operationen am Kind zur Entleerung des Uterus notwendig.

Droht die Uterusruptur, ist auch bei totem oder schwer geschädigtem Kind die Sectio aus mütterlicher Indikation durchzuführen.

Bei Zeichen der drohenden Uterusruptur ist auch bei totem oder schwer geschädigtem Kind aus mütterlicher Indikation die Sectio indiziert. Dabei muss der Kreislauf sorgfältig überwacht und für adäquate Flüssigkeitssubstitution gesorgt werden. Ggf. sind Gerinnungsfaktoren zu substituieren. In Einzelfällen ist eine Hysterektomie notwendig.

E-6.22 Zurückschieben der Hand

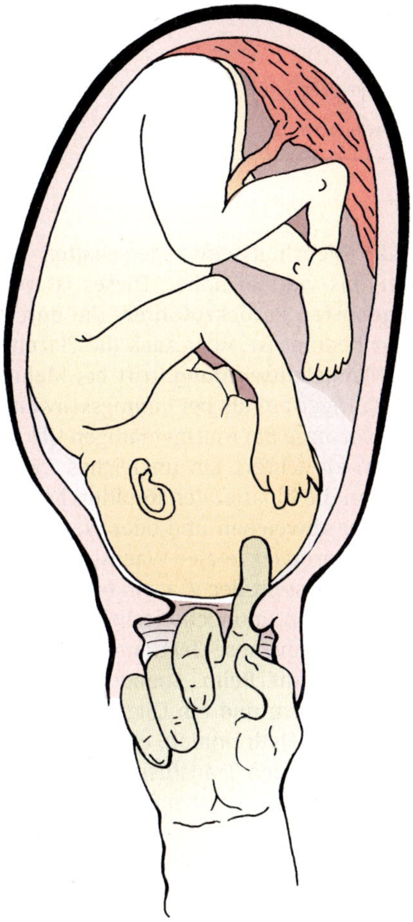

Die vorgefallene Hand wird digital bei Becken-Hoch-Lagerung am Kopf vorbei in den Uterus zurückgeschoben.

E-6.22

Mehrlingsschwangerschaft und Mehrlingsgeburt

Mehrlingsschwangerschaft und Mehrlingsgeburt

▶ **Definition.** Zwei oder mehr Kinder reifen in utero synchron heran und stehen vor der Geburt.

◀ Definition

Epidemiologie und Ätiologie. Die Inzidenz nicht stimulierter Mehrlingsschwangerschaften beträgt 1–1,5 % aller Geburten. Bei Zwillingsschwangerschaften sind 70 % zweieiig und 30 % eineiig. Die Häufigkeit von zweieiigen Zwillingen variiert mit dem Alter, der Parität, regionalen Unterschieden und dem Gebrauch von Medikamenten zur Ovulationsauslösung. So entstehen z. B. unter Clomifen-Behandlung in 6–8 % zweieiige Zwillinge. Durch die Reproduktionsmedizin hat die Zahl der Mehrlingsschwangerschaften in den letzten Jahren deutlich zugenommen. Unabhängig davon treten Zwillingsschwangerschaften familiär gehäuft auf. So wird die Disposition zu zweieiigen Zwillingsschwangerschaften mütterlicherseits vererbt.

Epidemiologie und Ätiologie. Die Inzidenz nicht stimulierter Mehrlingsschwangerschaften beträgt 1–1,5 % aller Geburten. Durch die Reproduktionsmedizin hat die Zahl der Mehrlingsschwangerschaften deutlich zugenommen. Unabhängig davon treten Zwillingsschwangerschaften familiär gehäuft auf.

Klinik. Eine **Mehrlingsschwangerschaft** kann mit **erhöhtem Risiko für Mutter und Kind** einhergehen. So sind **Präeklampsien und Hochdruckerkrankungen** in der Schwangerschaft bei Zwillingsschwangerschaften doppelt so häufig wie bei Einlingsschwangerschaften. **Blutungen infolge Placenta praevia** oder **vorzeitiger Plazentalösung**, ein **vorzeitiger Blasensprung** und ein **Hydramnion** kommen bei Zwillingsschwangerschaften zwei- bis dreimal häufiger vor als bei Einlingsschwangerschaften. Außerdem finden sich Stauungsödeme, Varizen und eine Anämie häufiger als bei Einlingsschwangerschaften.

Klinik. Potenzielle Risiken für Mutter und Kind: Präeklampsien, Hochdruckerkrankungen, Blutungen, vorzeitiger Blasensprung und Hydramnion kommen häufiger vor als bei Einlingsschwangerschaften. Auch Stauungsödeme, Varizen und eine Anämie finden sich häufiger.

E-6.5

E-6.5 Durchschnittliche Tragzeit bei Ein- und Mehrlingsschwangerschaften	
Einlinge	280,5 Tage p. m.
Zwillinge	261,6 Tage p. m.
Drillinge	246,8 Tage p. m.
Vierlinge	236,8 Tage p. m.

Die perinatale Mortalität von Kindern aus Mehrlingsschwangerschaften ist im Vergleich zu Einlingsschwangerschaften drei- bis viermal höher. Dies ist vor allem auf die **höhere Rate** von Frühgeburten, Plazentainsuffizienz und **intrauteriner Mangelentwicklung** zurückzuführen. Bei den Ultraschalluntersuchungen in der Schwangerenvorsorge ist auf diskordantes Zwillingswachstum zu achten; es ist ein Hinweis auf ein **fetofetales Transfusionssyndrom** (s. S. 565 ff).

Die perinatale Mortalität von Kindern aus Mehrlingsschwangerschaften ist gegenüber Einlingsschwangerschaften drei- bis viermal höher. Dieses ist vor allem auf die viel **höhere Rate von Frühgeburten** zurückzuführen, die durch eine erhöhte Neigung zur Zervixinsuffizienz bedingt ist. Aber auch die Plazentainsuffizienz, und somit die **intrauterine Mangelentwicklung**, tritt bei Mehrlingsschwangerschaften zwei- bis dreimal häufiger auf als bei Einlingsschwangerschaften. Deshalb ist in der Schwangerenvorsorge bei routinemäßigen Ultraschallkontrollen auf diskordantes Wachstum zu achten. Ein ungleiches Zwillingswachstum muss befürchtet werden, wenn die biparietalen Kopfdurchmesser der Feten um mehr als 5 mm voneinander abweichen und/oder wenn der kleinere Zwilling unterhalb der 10. Perzentile normaler fetaler Wachstumskurven liegt. Bei diskordantem Zwillingswachstum besteht der V. a. ein **fetofetales Transfusionssyndrom**. Dieses tritt bei monozygoten, monochorischen Zwillingen (s. S. 463 ff und S. 565 ff) auf. Es bestehen arteriovenöse Gefäßanastomosen, durch die es zu einer fetofetalen Transfusion kommt. Beim „Spender" besteht eine Wachstumsretardierung, Anämie, Dehydratation und ein Oligohydramnion. Beim „Empfänger" finden sich Ödeme und ein Hydramnion, er ist deutlich größer als sein Zwilling. Die Mortalität des fetofetalen Transfusionssyndroms liegt bei 40–60 %, u. a. bedingt durch das Hydramnion, das häufig zu vorzeitigem Blasensprung und zu Frühgeburt führt.

Bei **monoamniotischen Zwillingen** kann es zur gegenseitigen **Nabelschnurstrangulation** kommen, die Feten sterben dann meist ab (s. S. 463 ff).

Bei **monoamniotischen Zwillingen** (s. S. 463 ff, etwa 3 % aller Zwillinge) können sich die beiden Nabelschnüre ineinander verfangen (gegenseitige **Nabelschnurstrangulation**). Die Feten sterben dann meist aufgrund der gestörten Blutzirkulation ab.

Bei 6 % aller Mehrlingsschwangerschaften kommt es zum **intrauterinen Fruchttod** eines Kindes. Stirbt ein Kind nach dem 1. Trimenon ab, findet man es nach der Geburt als Fetus papyraceus.

Bei 6 % aller Mehrlingsschwangerschaften kommt es zum **intrauterinen Fruchttod** eines Kindes. Geschieht dies bis zur 30. SSW, ist die Prognose für den Ausgang der Schwangerschaft für den überlebenden Zwilling günstig. Stirbt ein Kind nach dem 1. Trimenon ab, findet man es nach der Geburt mumifiziert, aber nicht mazeriert, und – durch den überlebenden Zwilling – plattgedrückt vor (sog. Fetus papyraceus).

Gefahren der **Mehrlingsgeburt**: **Frühgeburt** (s. Tab. **E-6.5**), **Präeklampsie, Plazentainsuffizienz, Lageanomalien, sekundäre Wehenschwäche, Plazentalösungsstörungen** und **postpartale Uterusatonie**. Bei Zwillingsgeburten kann sich zudem die Plazenta des zweiten Zwillings vorzeitig lösen; monoamniotische Zwillinge sind durch **Nabelschnurvorfall** gefährdet.

Die **Mehrlingsgeburt** ist mit vielen Risiken behaftet: Neben **Frühgeburt** (s. Tab. **E-6.5**), **Präeklampsie** und **Plazentainsuffizienz** können **Lageanomalien** (s. u.) auftreten, die unter der Geburt zum Verhaken der Kinder führen können. Infolge der starken Dehnung des Uterus kommt es häufig zu einer **sekundären Wehenschwäche**, zu **Plazentalösungsstörungen** mit verstärkten Blutungen und postpartaler **Uterusatonie**. Bei Zwillingsgeburten lösen sich in der Regel die Plazenten nach Geburt beider Kinder. Es besteht jedoch die Gefahr, dass sich die Plazenta des zweiten Zwillings vorzeitig löst. Bei monoamniotischen Zwillingen kann ein **Nabelschnurvorfall** (s. S. 652 ff) auftreten.

Diagnostik. Bei der klinischen Untersuchung ist der Uterus größer, als es dem Gestationsalter entspricht. Verifiziert wird der Befund durch Ultraschall.

Diagnostik. Bei der klinischen Untersuchung fällt auf, dass der Uterus größer ist, als es dem Gestationsalter entspricht. Durch frühzeitige Ultraschalluntersuchung ist die Diagnose der Mehrlingsschwangerschaft im Allgemeinen bis zur 20. SSW gestellt, meist schon beim 1. sonographischen Screening, d. h. ca. in der 10. SSW.

Vorsorgeuntersuchungen werden häufiger durchgeführt als bei Einlingsschwangerschaften (Tab. **E-6.6**). Ab der 30. SSW sollte alle 2 Wochen eine Sonographie

Die klinischen und apparativen Vorsorgeuntersuchungen müssen bei Mehrlingsschwangerschaften häufiger durchgeführt werden als bei Einlingsschwangerschaften: Bis zur 28. SSW sollte eine klinische Untersuchung alle 2 Wochen, danach wöchentlich erfolgen. Dabei wird jedes Mal eine vaginale Untersuchung

E-6.6 Schwangerenbetreuung bei Mehrlingsschwangerschaft

E-6.6

- **frühe Feststellung der Mehrlingsschwangerschaft** durch Ultraschall, Sicherung des Geburtstermins bis zur 14. SSW
- **Betreuungshäufigkeit**
  bis 28. SSW 14-tägig
  ab 28. SSW wöchentlich
- **Untersuchungen**
  - Muttermundskontrolle bei jedem Vorsorgetermin
  - **Ultraschall**
    - Fetometrie + Doppler
      bis 30. SSW vierwöchentlich
      ab 30. SSW zweiwöchentlich
    - Fehlbildungsdiagnostik in der 22. SSW
  - **Kardiotokographie**
    - ab 28. SSW bei jedem Vorsorgetermin; bei Risikosymptomatik (z. B. Wachstumsretardierung) häufiger
    - **stets** simultane Ableitung der Herzfrequenz der Mehrlinge

E-6.7 Indikationen zur primären Sectio bei Zwillingsschwangerschaft

E-6.7

- **Lageanomalien** (Beckenendlage oder Querlage) beim vorangehenden Zwilling
- **besonders kleine und/oder unreife Kinder** (geschätztes Gewicht unter 1500 g)
- **starke Diskordanz** der Feten (geschätzter Gewichtsunterschied mehr als 500 g), unabhängig von Lage und Einstellung der Zwillinge
- **besonders große Kinder** (geschätztes Gewicht mehr als 4000 g)
- **Bestehen zusätzlicher mütterlicher Risiken** (z. B. schwere Präeklampsie, Diabetes, „alte“ Erstgebärende)

durchgeführt, um eine drohende Frühgeburt durch Zervixinsuffizienz oder vorzeitige Wehentätigkeit rechtzeitig erkennen zu können. Ab der 30. SSW sollte alle 2 Wochen eine Fetometrie durch Ultraschall erfolgen, um diskordantes Wachstum bzw. ein fetofetales Transfusionssyndrom oder eine Mangelentwicklung infolge Plazentainsuffizienz frühzeitig zu erkennen. Einen Überblick über die Schwangerenbetreuung bei Mehrlingsschwangerschaft gibt Tab. **E-6.6**.

erfolgen. Dabei ist besonders auf diskordantes Wachstum der Zwillinge zu achten, um rechtzeitig ein fetofetales Transfusionssyndrom oder eine Plazentainsuffizienz zu erkennen.

▶ **Merke.** Besteht ein Risiko, sollte die Schwangere stationär aufgenommen werden.

◀ Merke

Geburtshilfliches Vorgehen: Die Geburt von Mehrlingen sollte in einer Klinik erfolgen, in der eine adäquate geburtshilfliche Überwachung von Mutter und Kindern und eine kontinuierliche neonatologische Erstversorgung gewährleistet sind.

Höhere Mehrlingsschwangerschaften, d. h. drei und mehr Feten, sollten immer durch primäre Sectio entbunden werden.

Bei Zwillingsschwangerschaften muss vor der Geburt die Lage der Kinder sonographisch bestimmt werden, bevor die Entscheidung über den Geburtsmodus fallen kann. Die mögliche Lage von Zwillingen zueinander zeigt Abb. **E-6.23**.

Indikationen zur primären Sectio zeigt Tab. **E-6.7**.

Möglicherweise ist bei monoamniotischen Zwillingen die primäre Sectio indiziert, um das Risiko durch Nabelschnurvorfall zu reduzieren

Bei einer **vaginalen Geburt** sollte frühzeitig eine Periduralanästhesie gelegt werden. Diese hat zwei Vorteile. Zum einen ist in der Austreibungsperiode der Beckenboden optimal entspannt, zum anderen kann jederzeit eine notfall-

Geburtshilfliches Vorgehen: Mehrlingsgeburten sollten in einer geburtshilflichen Klinik mit kontinuierlicher neonatologischer Erstversorgung erfolgen.

Bei drei und mehr Kindern wird die primäre Sectio durchgeführt.

Bei Zwillingsschwangerschaften muss die Lage der Kinder sonographisch bestimmt werden, um den Geburtsmodus zu klären (Abb. **E-6.23**).

Indikationen zur primären Sectio zeigt Tab. **E-6.7**.

Bei monoamniotischen Zwillingen ist die primäre Sectio evtl. ebenfalls indiziert.

Bei einer **vaginalen Geburt** sollte möglichst frühzeitig eine Periduralanästhesie erfolgen. Stets ist eine simultane Kontrolle aller fetalen Herztöne nötig.

E-6.23 Mögliche Lage von Zwillingen zueinander

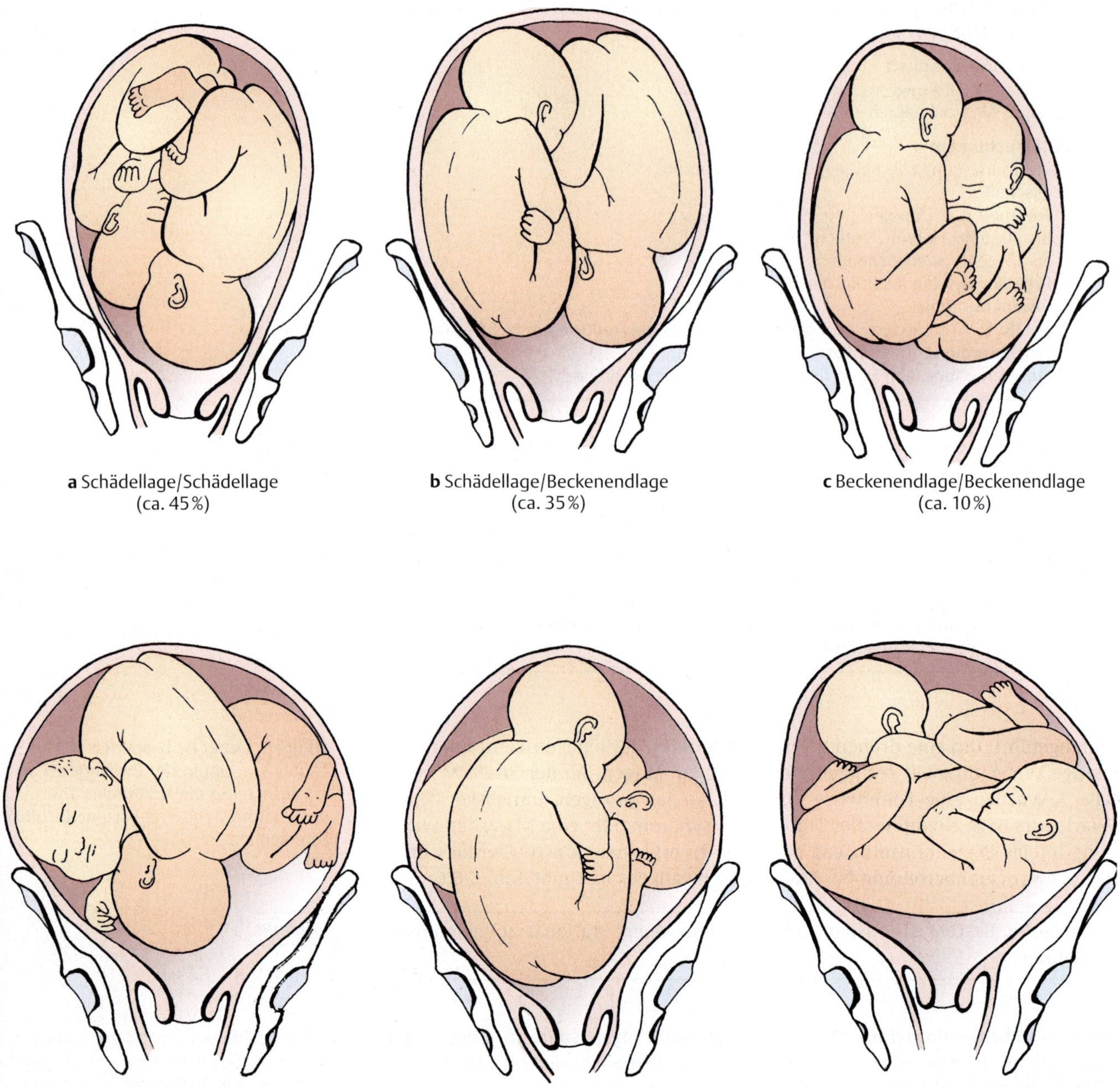

a Schädellage/Schädellage (ca. 45%)

b Schädellage/Beckenendlage (ca. 35%)

c Beckenendlage/Beckenendlage (ca. 10%)

d Schädellage/Querlage (ca. 6%)

e Beckenendlage/Querlage (ca. 1%)

f Querlage/Querlage (ca. 3%)

mäßige Operation durchgeführt werden. Es sollte immer eine simultane kardiotokographische Kontrolle der Feten erfolgen. In der Austreibungsperiode ist fast immer ein Dammschnitt nötig.

Bei Gefahr der Asphyxie des ersten Zwillings ist die operative Entbindung indiziert. Droht eine Asphyxie des zweiten Zwillings vor Geburt des ersten, erfolgt die sekundäre Sectio.

Bei drohender Asphyxie des ersten Zwillings ist je nach Höhenstand des kindlichen Kopfes und der Muttermundsweite eine operative vaginale oder abdominale Entbindung indiziert. Bei drohender Asphyxie des zweiten Zwillings vor Geburt des ersten ist stets die sekundäre Sectio indiziert.

Bei sekundärer Wehenschwäche wird Oxytozin infundiert.

Bei sekundärer Wehenschwäche ist eine Oxytozin-Infusion erforderlich.

Nach der Geburt des ersten Zwillings müssen die Herztöne des zweiten Zwillings – im CTG – und seine Lage kontrolliert werden, z. B. sonographisch. Wegen der Gefahr der vorzeitigen Plazentalösung ist auf vaginale Blutungen zu achten.

Nach der Geburt des ersten Zwillings müssen Herztöne und Lage des zweiten Zwillings kontrolliert und die Zeichen einer vorzeitigen Plazentalösung beachtet werden.

Bei pathologischer Herzfrequenz oder vorzeitiger Plazentalösung ist die umgehende Entbindung anzustreben, z. B. durch Vakuumextraktion oder durch sekundäre Sectio, die für das Kind schonendere Methode.

Besteht keine Gefahr für das Kind, wird sofort Oxytozin infundiert, denn bis zur Geburt des zweiten Zwillings sollten nicht mehr als 20 Minuten verstreichen. Bei den ersten Wehen während des Eintretens des Kopfes in das Becken sollte, um die Geburt zu beschleunigen, eine Amniotomie durchgeführt werden. Das Fruchtwasser ist vorsichtig abzulassen, um einen Nabelschnurvorfall zu vermeiden. Gelegentlich kann es jetzt zu einer Schräg- oder Querlage kommen. Dann ist individuell zu entscheiden, ob der zweite Zwilling durch kombinierte Wendung mit anschließender ganzer Extraktion oder – für das Kind schonender – durch Sectio entbunden wird.

Nach der Geburt müssen die Zwillinge sorgfältig überwacht werden, möglichst durch Neonatologen, da Adaptationsstörungen, z. B. Hypoxie, auftreten können (s. S. 699).

In der Nachgeburtsperiode müssen Geburtshelfer und Hebamme die Mutter sorgfältig überwachen, da bei 15–20 % der Geburten verstärkte Lösungsblutungen und postpartale Uterusatonien auftreten. Zur Prophylaxe der Uterusatonie hat sich eine mehrstündige Oxytozin-Infusion nach Geburt der Plazenta bewährt.

Pathologische Herzfrequenz oder vorzeitige Plazentalösung: umgehende Entbindung.

Besteht keine Gefahr für das Kind, wird sofort Oxytozin infundiert, denn bis zur Geburt des zweiten Zwillings sollten nicht mehr als 20 Minuten verstreichen.
Um die Geburt zu beschleunigen, sollte beim Tiefertreten des Kopfes eine Amniotomie erfolgen. Bei Schräg- oder Querlage kann das Kind durch kombinierte Wendung mit anschließender ganzer Extraktion oder durch Sectio entbunden werden.

Nach der Geburt müssen die Zwillinge überwacht werden (Adaptationsstörungen oder Hypoxie).

Die Mutter ist ebenfalls zu überwachen (Plazentalösungsstörungen, Uterusatonien). Prophylaxe der Uterusatonie durch mehrstündige Oxytozin-Infusion nach Geburt der Plazenta.

Fetale Fehlbildungen und Tumoren

Verschiedene **fetale Fehlbildungen** erfordern ein besonderes Vorgehen bei der Geburt:

Beim **Hydrozephalus** ist das Liquorvolumen vergrößert, infolgedessen das Hirnparenchym vermindert und der Kopfumfang meist vergrößert.

Beim **Anenzephalus** (s. Abb. **E-6.24**) fehlen die Großhirnhemisphären, die Neurohypophyse, das Zwischenhirn sowie das Schädeldach vollständig oder weitgehend.

Darüber hinaus erfordern andere fetale Fehlbildungen, z. B. **Zystennieren**, und **fetale Tumoren**, z. B. **Steißbeinteratome,** in Abbhängigkeit von ihrer Größe ein spezielles Vorgehen.

Ein weiteres geburtshilfliches Problem stellt der **Hydrops fetalis** dar, der – immunologisch – durch Rhesus-Inkompatibilität (s. S. 565 ff) oder – nicht immunologisch – durch Infektionen bedingt sein kann.

Fetale Fehlbildungen und Tumoren

Verschiedene **fetale Fehlbildungen** und Tumoren erfordern ein besonderes Vorgehen bei der Geburt:
- Hydrozephalus
- Anenzephalus (s. Abb. **E-6.24**)
- Zystennieren
- Steißbeinteratome
- Hydrops fetalis.

E-6.24 Anenzephalus

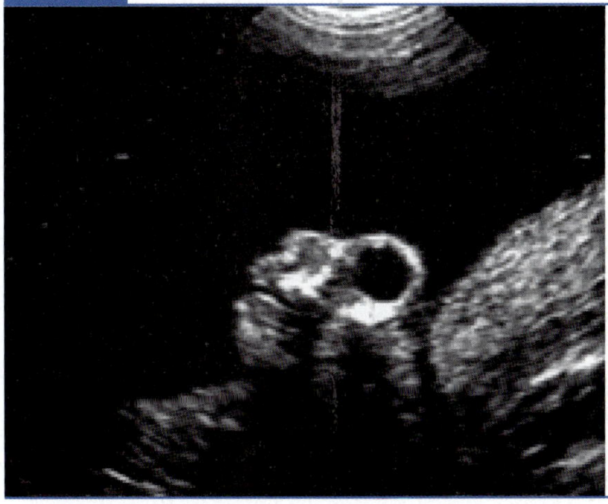

Das Großhirn fehlt, die Schädelkalotte ist flach. Deutlich sichtbare Protrusio bulbi.

E-6.24

Diagnostik. Zum Ausschluss von Fehlbildungen wird um die 20. SSW herum ein Ultraschall-Screening durchgeführt.

Bei pathologischen Befunden bedarf es meistens einer invasiven Diagnostik (s. S. 527 f).

Diagnostik. Im Vordergrund steht die Ultraschalluntersuchung. Zum Ausschluss von Fehlbildungen wird um die 20. Schwangerschaftswoche herum ein Ultraschall-Screening durchgeführt.
Bei pathologischen Befunden bedarf es in den meisten Fällen einer invasiven pränatalen Diagnostik, z. B. durch Amniozentese oder Chordozentese (s. S. 527 f).

Geburtshilfliches Vorgehen: Das geburtshilfliche Management ist abhängig von der präpartalen Einschätzung der kindlichen Prognose und berücksichtigt die Wünsche der Eltern.
Schätzt man die Prognose günstig ein und liegt kein Geburtshindernis vor, kann ein vaginaler Geburtsversuch unternommen werden.

Geburtshilfliches Vorgehen: Das geburtshilfliche Management ist abhängig von der präpartalen Einschätzung der kindlichen Prognose und berücksichtigt die Wünsche der Eltern.
Schätzt man die Prognose günstig ein und liegt kein Geburtshindernis vor – z. B. durch ein großes Steißbeinteratom oder sehr große Nierenzysten –, kann ein vaginaler Geburtsversuch unternommen werden. Er muss unter geburtshilflicher Intensivüberwachung erfolgen. In Absprache mit den Eltern kann die Entscheidung jedoch auch zugunsten der primären Sectio fallen. Bei günstig eingeschätzter Prognose sollte bei der Geburt grundsätzlich ein Neonatologe anwesend sein.

Bei ungünstiger kindlicher Prognose ist eine vaginale Geburt anzustreben, um der Schwangeren das Risiko einer Sectio zu ersparen.

Schätzt man die Prognose des Kindes als ungünstig ein, z. B. bei Chromosomenanomalien, ist nach Möglichkeit eine vaginale Geburt anzustreben und den Eltern zu empfehlen: Auf diese Weise bleibt der Schwangeren das Risiko einer Sectio erspart.

Bei **Hydrozephalus** mit günstiger Prognose: primäre Sectio und kinderchirurgische Anschlusstherapie.

Wird bei einem **Hydrozephalus** die Prognose als günstig eingeschätzt, ist die primäre Sectio indiziert. Diese sollte in einem Perinatalzentrum erfolgen, in dem die Möglichkeit der kinderchirurgischen Anschlussbehandlung gegeben ist.

Bei Vorliegen eines **Anenzephalus** wird die Schwangerschaft in der Regel abgebrochen oder eine Frühgeburt eingeleitet.

Bei einem **Anenzephalus** erfolgt, unabhängig vom Schwangerschaftsalter, ein Abbruch der Schwangerschaft oder die Einleitung einer Frühgeburt. Wenn sie will, kann die Schwangere das Kind jedoch austragen und nach der Geburt seine Organe spenden.

Nach der Geburt von kranken oder fehlgebildeten Kindern ist die pränatal gestellte Diagnose zu überprüfen.

Nach der Geburt von kranken oder fehlgebildeten Kindern ist stets die präpartal gestellte Diagnose zu überprüfen. Ist die Einschätzung der Prognose zweifelhaft, muss stets ein Neonatologe hinzugezogen werden.

Makrosomie

▶ **Definition.** Das Geburtsgewicht des Kindes liegt über der 90. Perzentile.

Ätiologie. Die Makrosomie ist meistens genetisch bedingt.
Kohlenhydratverwertungsstörungen der Mutter führen ebenfalls zu kindlichem Übergewicht.

Ätiologie. Im Wesentlichen kommen zwei Ursachen in Frage: Meistens ist das hohe Geburtsgewicht genetisch bedingt. Kohlenhydratverwertungsstörungen der Mutter infolge eines Gestationsdiabetes oder eines Diabetes mellitus führen ebenfalls zu kindlichem Übergewicht. In diesem Fall ist der Fetus intrauterin, unter und nach der Geburt besonders gefährdet (s. S. 557 ff).

Klinik und Diagnostik. Sie zeigt sich im 3. Trimenon bei der äußeren Untersuchung und wird durch Fetometrie verifiziert. Ist Diabetes die Ursache, besteht häufig ein Hydramnion. Kein Diabetes bekannt: oraler Glukosetoleranztest.

Klinik und Diagnostik. Die Makrosomie zeigt sich erstmals im 3. Trimenon bei der äußeren Untersuchung und wird durch Fetometrie bestätigt. Ist sie Folge eines Gestationsdiabetes oder eines Diabetes mellitus, besteht häufig auch ein Hydramnion. War bisher kein Diabetes bekannt, muss zum Ausschluss eines Gestationsdiabetes ein oraler Glukosetoleranztest durchgeführt werden.

Ist die fetale Makrosomie genetisch bedingt, besteht unter der Geburt lediglich die Gefahr der Schulterdystokie.

Ist sie **durch Diabetes bedingt**, bestehen zusätzlich Risiken (z. B. **Plazentainsuffizienz**).

Ist die **fetale Makrosomie genetisch bedingt**, konnten also andere Ursachen ausgeschlossen werden, ergeben sich abgesehen von der **Schulterdystokie** für Mutter und Kind unter der Geburt im Allgemeinen keine Probleme.
Ist sie **durch Diabetes bedingt**, bestehen für das Kind **außerdem** Risiken durch **Plazentainsuffizienz**, **funktionelle Unreife** und **postpartale Hypoglykämie** (s. S. 701).

Geburtshilfliches Vorgehen: s. S. 628 f.

Wird die Makrosomie infolge Diabetes vor Beginn des 3. Trimenons erkannt, kann die Optimierung der Blutzuckereinstellung die weitere Größenzunahme verhindern.

Besteht im 3. Trimenon eine Makrosomie infolge Diabetes, ist die primäre Sectio

Geburtshilfliches Vorgehen: Zum Vorgehen bei Schulterdystokie s. S. 628 f.
Bei fetaler Makrosomie infolge Diabetes hängt das Vorgehen davon ab, wann die Makrosomie erkannt wird. Vor Beginn des 3. Trimenons kann durch Optimierung der Blutzuckereinstellung die weitere Größenzunahme verhindert werden.
Besteht im 3. Trimenon eine Makrosomie infolge Diabetes, ist die primäre Sectio indiziert. Wünscht die Schwangere eine vaginale Entbindung, sollte die

Geburt frühzeitig, z. B. in der 38. SSW, eingeleitet werden.

Da beim Neugeborenen mit Atemstörungen und einer Hypoglykämie gerechnet werden muss, sollte immer ein Neonatologe hinzugezogen und das Kind in den nächsten Tagen sorgfältig überwacht werden.
Nach vaginaler Geburt makrosomer Kinder – unabhängig von der Ätiologie – ist die Rate von Klavikulafrakturen und Plexuslähmungen mit 3–4 % deutlich erhöht.

indiziert. Beim Wunsch nach vaginaler Entbindung sollte die Geburt in der 38. SSW eingeleitet werden.

Das Neugeborene ist wegen möglicher Atemstörungen und Hypoglykämie sorgfältig zu überwachen.

Nach vaginaler Geburt makrosomer Kinder ist die Zahl der Klavikulafrakturen und Plexuslähmungen erhöht.

▶ **Klinischer Fall.** Eine 25-jährige Erstgebärende kommt in der 39. Schwangerschaftswoche zur Aufnahme in den Kreißsaal. Es handelt sich um eine Asylantin aus Bosnien-Herzegowina. Die Schwangerenvorsorge ist bislang nur unzureichend durchgeführt worden. Bei der klinischen Untersuchung fallen ein makrosomes Kind sowie ein Polyhydramnion auf. Im Ultraschall wird das Kindsgewicht mit über 4000 g vorausgesagt. Es besteht eine Glukosurie von 3 g/l, jedoch keine Proteinurie. Der Blutdruck beträgt 160/100 mmHg. Die neurologischen Befunde sind unauffällig. Die Wehentätigkeit ist unregelmäßig, der Muttermund geschlossen.
Der Nüchternblutzucker ist mit 90 mg/dl erhöht. Der Glukosetoleranztest ist pathologisch (nüchtern 92 mg/dl, nach 1 Stunde 197 mg/dl, nach 2 Stunden 174 mg/dl). Das HbA_{1c} ist mit 6,2 % nur leicht erhöht.
Die Diagnose lautet „Gestationsdiabetes und transitorische Hypertonie".
Aufgrund der Makrosomie und des Polyhydramnions wird die primäre Sectio durchgeführt. Das Geburtsgewicht des Kindes beträgt 4310 g. 2 Stunden post partum beträgt der Blutzucker des Neugeborenen nur 30 mg/dl. Deshalb wird 5 %ige Glukose infundiert. Diese Infusion kann bei stabilen Blutzuckerwerten nach 2 Tagen beendet werden. Das C-Peptid im Nabelschnurblut, ein Maß für die endogene Insulinproduktion, ist mit 4,3 ng/l eindeutig erhöht. Am 3. Lebenstag muss das Kind wegen einer Hyperbilirubinämie einer Phototherapie unterzogen werden. Die weitere kindliche Entwicklung ist normal.
Nach der Geburt weist die Mutter normale Zuckerwerte und normale Blutdruckwerte auf. Ein Glukosetoleranztest 6 Wochen post partum ergibt normale Werte.

◀ **Klinischer Fall**

6.3 Regelwidrige Schwangerschaftsdauer

6.3.1 Frühgeburt

6.3 Regelwidrige Schwangerschaftsdauer

6.3.1 Frühgeburt

▶ **Definition.** Nach dem Personenstandsgesetz wird jede Geburt vor der abgeschlossenen 37. SSW oder 259 Tage post nidationem als Frühgeburt bezeichnet.

◀ **Definition**

Epidemiologie. Angaben zur Häufigkeit der Frühgeburt variieren durch unterschiedliche Bezugsgrößen. Eigentlich sollte die Tragzeit zugrunde gelegt werden. Danach gibt es in Deutschland ca. 6 % Frühgeburten. Da aber in etwa 15 % das Gestationsalter nicht exakt zu bestimmen ist, wird das Gewicht als Bezugsgröße gewählt (< 2500 g). Hierdurch ergeben sich Fehler: Von den Neugeborenen unter 2500 g in Deutschland sind nur zwei Drittel Frühgeborene, ein Drittel ist reif, aber – genetisch oder durch Mangelentwicklung bedingt – leicht. Die Häufigkeit von Frühgeborenen unter 1500 g beträgt etwa 1 %, die von Frühgeborenen unter 1000 g ca. 0,3 %.

Epidemiologie. Zwei Drittel aller Neugeborenen in Deutschland unter 2500 g sind Frühgeborene, ein Drittel ist reif, aber – genetisch oder durch Mangelentwicklung bedingt – leicht. Die Häufigkeit der Frühgeborenen unter 1500 g beträgt etwa 1 %, unter 1000 g etwa 0,3 %.

Ätiologie. Ursachen einer Frühgeburt (s. auch S. 707 f) von Seiten der Mutter sind
- sozioökonomische Faktoren, z. B. Alter < 20 oder > 35 Jahre, psychische Belastung
- Allgemeinerkrankungen, z. B. Infektionen, endokrine Erkrankungen
- Anomalien des Uterus wie Fehlbildungen oder Myome
- schwangerschaftsbedingte hypertensive Erkrankungen (in ca. 15 %)
- Plazentainsuffizienz (s. S. 657 f)
- aszendierende Infektion der Geburtswege
- Zervixinsuffizienz (s. S. 606 f).

Von Seiten des Fetus können
- Mangelentwicklung

Ätiologie. Zur Frühgeburt führen von Seiten der Mutter:
- sozioökonomische Faktoren
- Allgemeinerkrankungen, z. B. Infektionen, endokrine Erkrankungen
- Uterusanomalien
- schwangerschaftsbedingte hypertensive Erkrankungen
- Plazentainsuffizienz (s. S. 657 f)
- aszendierende Infektion der Geburtswege
- Zervixinsuffizienz (s. S. 606 f)

E-6.8

E-6.8 Einteilung der Frühgeburten nach Gewicht

- Geburtsgewicht **unter 2500 g** (entsprechend abgeschlossener 36. SSW)
- Geburtsgewicht **unter 1500 g** (entsprechend abgeschlossener 30. SSW)
- Geburtsgewicht **unter 1000 g** (entsprechend abgeschlossener 27. SSW)

Von Seiten des Fetus:
- Mangelentwicklung
- Chromosomenanomalien
- Fehlbildungen
- Mehrlingsschwangerschaft (s. S. 463 ff).

Die Frühgeburt wird am häufigsten durch vorzeitigen Blasensprung und vorzeitige Wehentätigkeit ausgelöst.

- Chromosomenanomalien
- Fehlbildungen (in ca. 10 %)
- Mehrlingsschwangerschaft (s. S. 463 ff)

zur Frühgeburt führen.
Man kann vier Hauptursachen ausmachen: Infektion, Plazentationsstörungen, fetale Pathologie und Uteruspathologie.
In über 30 % der Fälle führt ein vorzeitiger Blasensprung, in ca. 20 % vorzeitige Wehentätigkeit zur Frühgeburt. Ursache des vorzeitigen Blasensprungs ist meistens eine Infektion; auch Zervixinsuffizienz, Mehrlingsschwangerschaft und Hydramnion können einen vorzeitigen Blasensprung hervorrufen. Die vorzeitige Wehentätigkeit kann durch hohes Fieber und die oben genannten Faktoren ausgelöst werden.

Einteilung. Zur Einschätzung von Risiko und Prognose werden Frühgeburten nach Gewichtsklassen eingeteilt (s. Tab. **E-6.8**).

Die geburtshilfliche Leitung ist abhängig vom Gestationsalter, das durch Ultraschall ermittelt wird.

Einteilung. Zur Einschätzung von Risiko und Prognose ist es zweckmäßig, eine Einteilung der Frühgeburten nach Gewichtsklassen vorzunehmen (s. Tab. **E-6.8**).
Für die geburtshilfliche Leitung einer Frühgeburt ist die Ermittlung des wahren Gestationsalters von großer Bedeutung. Das wahre Gestationsalter wird durch Ultraschall bestimmt, z. B. durch Messung der Scheitel-Steiß-Länge zwischen der 10. und 14. SSW (s. S. 511 ff).

Klinik. Zeichen der drohenden Frühgeburt sind Auflockerung und Dilatation der Zervix, ein vorzeitiger Blasensprung oder vorzeitige Wehen. Bei Frühgeburten treten gehäuft Lageanomalien und Nabelschnurkomplikationen auf.

Je nach Gestationsalter sind die Organe des Kindes noch unreif. Daraus ergeben sich für das Frühgeborene folgende Gefahren: Bei Geburt vor der 34. SSW kann sich ein Atemnotsyndrom entwickeln.

Klinik. Zeichen der drohenden Frühgeburt sind Auflockerung und Dilatation der Zervix, ein vorzeitiger, also vor Beginn der Eröffnungsperiode stattfindender Blasensprung oder vorzeitige Wehen. Je nach Ursache stellt eine Frühgeburt ein Risiko für die Mutter, z. B. in Form von Blutungen bei Placenta praevia, oder das Kind dar. Bei Frühgeburten treten gehäuft Lageanomalien und Nabelschnurkomplikationen (s. S. 652 ff) auf.
Im Vergleich zum reifen Neugeborenen sind die Körpermaße des Frühgeborenen klein, je nach Gestationsalter sind seine Organe noch unreif, insbesondere die Lungen und das ZNS. Daraus ergeben sich für das Frühgeborene folgende Gefahren:
Atemnotsyndrom: Ab der 24.–26. SSW bilden sich Alveolen, erst ab der 34. SSW wird Surfactant in ausreichender Menge gebildet. Bei Geburt vor der 34. SSW kann sich ein Atemnotsyndrom entwickeln. Symptome sind Tachy- oder Dyspnoe, Blässe oder Zyanose und ein herabgesetzter Muskeltonus. Die Folgen sind Hypoxie, Hyperkapnie und Azidose.
Infolge der Unreife des ZNS können **Apnoen** und **Bradykardien** auftreten. Bei Frühgeborenen treten gehäuft **intrakranielle Blutungen** auf. Sie sind z. T. bedingt durch Hypoxie, Hyperkapnie und Azidose.

Infolge der Unreife des ZNS können **Apnoen** und **Bradykardien** auftreten. Bei Frühgeborenen treten gehäuft **intrakranielle Blutungen** auf.

Weitere Folgen von Unreife sind Retinopathie, Infektionsgefahr, Hypothermie, Hypervolämie, Elektrolytstörungen, Probleme beim Nahrungsaufbau und nekrotisierende Enterokolitis.

Unreife der Augen kann zu **Retinopathia praematurorum** mit evtl. Netzhautablösung führen. Noch unreife Haut ist zart, gerötet und fragil, was zu **Infektionen** und **Hypothermie** führt. Unreife der Nieren kann **Hypervolämie** und **Elektrolytstörungen** nach sich ziehen, Unreife des Darms Probleme beim Nahrungsaufbau und **nekrotisierende Enterokolitis.**

Diagnostik. S. Tab. **E-6.9**.

Diagnostik. Die Diagnostik bei drohender Frühgeburt ist in Tab. **E-6.9** dargestellt.

Therapie. Abhängig von der Einschätzung des mütterlichen und kindlichen Risikos.

Therapie. Die Therapie ist abhängig von der Einschätzung des mütterlichen und des kindlichen Risikos. Nach Möglichkeit sollte man anstreben, die Tragzeit mit

E-6.25 Frühgeborenes

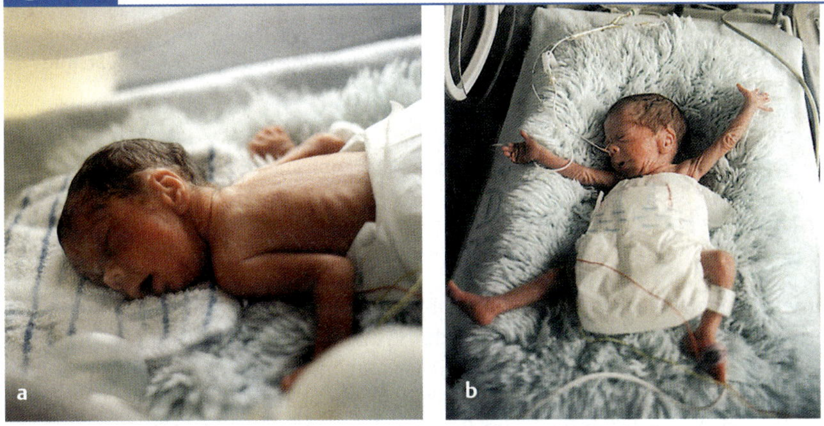

Frühes Frühgeborenes (Geburtsgewicht 810 g), hier am 8. (**a**) und 20. (**b**) Tag post partum im Inkubator.

E-6.25

E-6.9 Diagnostik bei drohender Frühgeburt

▶ **1. klinische Untersuchung**	Uterustonus, Muttermundsweite, Fruchtblase intakt oder gesprungen?, Einlings- oder Mehrlingsschwangerschaft, Kindslage, Höhenstand des vorangehenden Teils Spekulumeinstellung: Geht Fruchtwasser ab? Abstrich vom Zervikalkanal, bei Blutungen Überprüfung der Menge
▶ **2. Ultraschall**	Einlings- oder Mehrlingsschwangerschaft, Gewichtsschätzung, Lagekontrolle, Überprüfung von Fruchtwassermenge und Plazentasitz, bei Blutungen Lokalisation der Blutungsquelle
▶ **3. Kardiotokographie**	Kontrolle von Wehenfrequenz (normal, suspekt oder pathologisch?)
▶ **4. Labor**	CRP, Leukozyten, Blutgruppe, Hb, plasmatische Gerinnungsfaktoren, Urinsediment, Bakteriologie des Abstrichs vom Zervikalkanal
▶ **5. physikalische Diagnostik**	Körpertemperatur, Blutdruck

E-6.9

Hilfe wehenhemmender Medikamente, z. B. mit β-Sympathomimetika wie Fenoterol (Partusisten), zu verlängern.

Nach Möglichkeit Verlängerung der Tragzeit durch Tokolyse.

Zur Prophylaxe des Atemnotsyndroms ist zwischen der 28. und 36. SSW die Induktion der fetalen Lungenreifung indiziert. Vor der 28. SSW ist die Induktion der Lungenreifung noch nicht sinnvoll, da keine Rezeptoren vorhanden sind. Optimale Ergebnisse werden mit der Gabe von 2 × 12 mg Betamethason (Celestan) im Abstand von 24 Stunden zwischen der 28. und 34. SSW erzielt. Bei klinischer Notwendigkeit ist die medikamentöse Induktion der Lungenreifung jeweils nach 10 Tagen zu wiederholen. Der Reifegrad der Lungen kann durch Bestimmung der Lezithinkonzentration oder des Lezithin-Sphingomyelin-Quotienten (L/S-Ratio) im Fruchtwasser – nach Amniozentese – geprüft werden: Mit zunehmender Lungenreife nimmt die Lezithinkonzentration zu, die Sphingomyelinkonzentration bleibt gleich. Da aus dem Ergebnis dieser Untersuchung im Allgemeinen keine klinischen Konsequenzen abgeleitet werden, wird diese Methode zur Bestimmung des Lungenreifegrads kaum mehr angewandt.

Gleichzeitig wird zur Prophylaxe des Atemnotsyndroms die fetale Lungenreifung zwischen der 28. und 34. SSW durch Gabe von Betamethason induziert, die Behandlung bei Bedarf jeweils nach 10 Tagen wiederholt. Der Reifegrad der Lungen kann durch Bestimmung der Lezithinkonzentration oder des Lezithin-Sphingomyelin-Quotienten (L/S-Ratio) im Fruchtwasser geprüft werden.

Ist eine vorzeitige Wehentätigkeit Ursache der drohenden Frühgeburt, hat in etwa einem Viertel der Fälle die Tokolyse keinen Erfolg. Dann muss die Frühgeburt eingeleitet werden (s. u.).

Ist bei vorzeitiger Wehentätigkeit die Tokolyse erfolglos, muss die Frühgeburt eingeleitet werden (s. u.).

E-6.10

E-6.10 Indikationen zur Einleitung einer Frühgeburt

- nicht aufzuhaltende Geburt (erfolglose Tokolyse, fortschreitende Muttermundseröffnung, vorzeitiger Blasensprung mit Geburtsbeginn oder bei Quer-/Schräglage)
- Amnioninfektionssyndrom
- Erkrankungen oder Fehlbildung des Fetus
- vorzeitige Plazentalösung, Blutungen bei Placenta praevia
- schwere Präeklampsie

Bei vorzeitigem Blasensprung ist abzuwägen zwischen den Risiken von Infektion und Frühgeburtlichkeit. Meist ist die Tragzeit nur um wenige Tage zu verlängern. Bei Infektion im Zervixbereich Antibiotika-Gabe.

Bei vorzeitigem Blasensprung ist zwischen dem Risiko der Infektion, insbesondere für die Mutter, und dem Risiko der Frühgeburtlichkeit für das Kind abzuwägen. Eine Verlängerung der Tragzeit ist hier im Allgemeinen nur um wenige Tage zu erreichen. Bei vorzeitigem Blasensprung oder bei vorzeitiger Wehentätigkeit infolge von Infektionen im Bereich der Zervix gibt man Antibiotika.

Die Indikationen sind in Tab. **E-6.10** aufgelistet.

Die Indikationen zur Einleitung einer Frühgeburt sind in Tab. **E-6.10** aufgelistet.

Geburtshilfliches Vorgehen: Bei drohender Frühgeburt vor der vollendeten 34. SSW sollte die Schwangere in ein Perinatalzentrum verlegt werden.

Geburtshilfliches Vorgehen: Frühgeburten vor der vollendeten 34. SSW sollten immer in einem Perinatalzentrum erfolgen. Nach Möglichkeit sollte die Schwangere bei drohender Frühgeburt in ein Perinatalzentrum verlegt werden (**intrauteriner Transport**). Dieses Vorgehen ist für die Prognose der Kinder günstiger als ein mit Stress verbundener Transport nach der Geburt.

Bei Frühgeburten vor der 26. SSW: Aufklärung der Eltern über die Prognose. Je nach Einschätzung und Wunsch der Eltern wird vaginal oder abdominal entbunden.

Bei **Frühgeburten vor der 26. SSW** müssen die Eltern möglichst umfassend über die Prognose des Kindes aufgeklärt werden. Ob das Kind durch vaginale Geburt oder Sectio entbunden wird, hängt von der Einschätzung der Prognose durch den Arzt, der Qualität der neonatologischen Erstversorgung und der Entscheidung der Eltern ab.

Bei **Frühgeburten zwischen der 26. und der vollendeten 31. SSW** wird meistens die Sectio empfohlen.

Bei **Frühgeburten zwischen der 26. und der vollendeten 31. SSW** ist nach den derzeitigen Erkenntnissen die Sectio zu empfehlen bzw. die Indikation zur Sectio großzügig zu stellen.

Bei Beckenendlage in diesem Gestationsalter sollte immer eine primäre Sectio vom isthmokorporalen Längsschnitt aus erfolgen.

Bei Beckenendlage sollte in diesem Gestationsalter immer die primäre Sectio durchgeführt werden, und zwar vom isthmokorporalen Längsschnitt aus. Bei dieser Schnittführung lässt sich das Kind besonders gut entwickeln, da mehr Platz zur Verfügung steht als beim Querschnitt.

Bei **Frühgeburten ab der 32. SSW** sollte bei Schädellage die vaginale Geburt angestrebt werden (kontinuierliche CTG-Überwachung!). Das Einsetzen eines breiten Spekulums am Damm **(Spiegelgeburt)** senkt die Druckbelastung des kindlichen Kopfes.

Bei **Frühgeburten ab der 32. SSW** sollte bei Kindern in Schädellage unter kontinuierlicher kardiotokographischer Überwachung eine vaginale Geburt angestrebt werden, vorzugsweise unter Periduralanästhesie (PDA). Vor der Geburt sollte stets eine ausreichend große Episiotomie vorgenommen werden. Darüber hinaus werden die Geburtswege durch Einsetzen eines breiten Spekulums am Damm erweitert **(Spiegelgeburt)**, damit der kindliche Kopf nicht unnötig druckbelastet wird.

Bei Beckenendlage wird die primäre Sectio empfohlen, ein isthmokorporaler Längsschnitt ist meist nicht erforderlich.

Frühgeburten aus Beckenendlagen werden am besten durch primäre Sectio entwickelt. Dabei ist nach der 31. SSW ein isthmokorporaler Längsschnitt im Allgemeinen nicht nötig.

Die Einleitung einer Frühgeburt muss in Sectiobereitschaft erfolgen. Eine neonatologische Erstversorgung muss gewährleistet sein.

Die Einleitung einer Frühgeburt muss stets in Sectiobereitschaft erfolgen. Bei der Geburt sollten Neonatologen anwesend sein. Eine neonatologische Erstversorgung muss gewährleistet sein. Unter Umständen ist die Verlegung des Frühgeborenen in ein neonatologisches Zentrum vorzubereiten.

▶ Merke

▶ **Merke.** Zur Senkung der Perinatalmortalität und -morbidität sind die Erstversorgung des Frühgeborenen und eine adäquate Versorgung in den ersten Lebensstunden entscheidend.

▶ Klinischer Fall

▶ **Klinischer Fall.** Eine 27-jährige Erstgebärende kommt in der 28. SSW nach bisher normalem Schwangerschaftsverlauf notfallmäßig in die Klinikambulanz. Sie hat Fieber und Rückenschmerzen. Die klinische Untersuchung ergibt ein klopfschmerzhaftes Nierenlager rechts. Im Urinsediment zeigen sich Bakteriurie und Leukozyturie. Der Uterustonus ist erhöht, die Zervix ist verstrichen, und der Muttermund ist 1–2 cm geöffnet.

Nach Asservierung von Harn für die bakteriologische Untersuchung wird eine antibiotische Therapie mit 3 × 1 g Amoxicillin i. v. begonnen. Wegen der drohenden Frühgeburt wird Celestan (2 × 12 mg im Abstand von 24 Stunden i. v.) zur Lungenreifung verabreicht. Des Weiteren wird eine tokolytische Therapie – Partusisten i. v. – begonnen. Unter der Antibiotikatherapie geht die Pyelonephritis-Symptomatik rasch zurück. Die Wehentätigkeit kann jedoch nicht erfolgreich reduziert werden, trotz hoher Dosen von Partusisten. In den nächsten 2 Tagen kommt es zu einer Erweichung und Erweiterung des Muttermundes auf 3 cm. Da die Herzfrequenz der Schwangeren 120 Schläge pro Minute beträgt, kann die Dosis des Tokolytikums nicht weiter gesteigert werden.
Das Kind liegt in Beckenendlage, daher wird die primäre Sectio durchgeführt. Das Geburtsgewicht des unreifen Mädchens beträgt 1250 g. Nach CPAP-Beatmung kann es bereits am 2. Lebenstag ohne weitere Beatmung im Brutkasten überwacht werden.

6.3.2 Übertragung

6.3.2 Übertragung

▶ **Definition.** Wird der errechnete Geburtstermin (E. T.) um mehr als 7–10 Tage überschritten, spricht man von **rechnerischer Übertragung.** Wird er um mehr als 14 Tage überschritten, beträgt die Schwangerschaftsdauer also mehr als 42 Wochen = 294 Tage, spricht man von **echter Übertragung.**

◀ **Definition**

Ätiologie. Als wichtigste Ursache der Übertragung gilt die fehlende oder unzureichende Erregbarkeit der Uterusmuskulatur.

Ätiologie. Als wesentlich gilt die herabgesetzte Erregbarkeit der Uterusmuskulatur.

Klinik. Die echte Übertragung geht in der Regel mit einer **Plazentainsuffizienz** einher, eine lebensbedrohliche Situation für das ungeborene Kind. Infolgedessen steigt die perinatale Mortalität bei echter Übertragung steil an.

Klinik. Die echte Übertragung geht in der Regel mit einer Plazentainsuffizienz und steil ansteigender perinataler Mortalität einher.

Geburtshilfliches Vorgehen: Eine Überschreitung des errechneten Geburtstermins bedarf einer engmaschigen Überwachung der Schwangeren. Es sollte folgendermaßen vorgegangen werden:
Zunächst muss der **Geburtstermin neu berechnet** werden. Dies beinhaltet die nochmalige ausführliche Anamnese im Hinblick auf Termin und Stärke der letzten Periodenblutung, den möglichen Konzeptionstermin, eventuelle Zyklusanomalien und den Termin der ersten Kindsbewegungen. Bei zweifelhaften Befunden gibt die sonographische Messung der Scheitel-Steiß-Länge zwischen der 10. und 14. SSW das wahre Gestationsalter an. Sind alle Daten korrekt, muss nochmals an Hand aller verfügbaren Ultraschallmessungen festgestellt werden, ob diese mit den anamnestischen Daten korrelieren.

Geburtshilfliches Vorgehen: Ist der errechnete Geburtstermin überschritten, engmaschige Überwachung.

Zunächst muss der **Geburtstermin neu berechnet** und mit den Fetometrie-Daten verglichen werden.

Eine **erneute Ultraschall-Fetometrie** gibt Aufschluss über die aktuelle Kindsgröße, den Reifegrad der Plazenta und über die Fruchtwassermenge, die zum Ende der Schwangerschaft hin normalerweise abnimmt.

Eine **erneute Fetometrie** gibt Aufschluss über die aktuelle Situation.

Stimmen alle Parameter überein, kann man von einer tatsächlichen Terminüberschreitung ausgehen und das weitere Vorgehen danach ausrichten.
Ab Terminüberschreitung sollte **mindestens jeden 2. Tag eine Kontrolluntersuchung mit CTG-Kontrolle** und der Frage nach Kindsbewegungen erfolgen.

Übereinstimmung aller Parameter: tatsächliche Terminüberschreitung.

Ab dem E. T. müssen **mindestens alle 2 Tage Kontrolluntersuchungen** mit CTG-Registrierung erfolgen.

Ab dem 7. Tag nach E. T. sollte außerdem ein **Oxytozin-Belastungstest** durchgeführt werden: Per Infusion oder Inhalation zugeführtes Oxytozin löst Uteruskontraktionen aus; parallel wird das CTG aufgezeichnet. Zusätzlich können die Bewegungen des Fetus sonographisch registriert werden. Aus der fetalen Herzfrequenz und/oder dem Bewegungsmuster des Fetus ersieht man, ob er während der Uteruskontraktionen noch ausreichend durch die Plazenta versorgt wird.

Ab dem 7. Tag nach E. T. sollte außerdem ein **Oxytozin-Belastungstest** durchgeführt werden.

Ab dem 10. Tag nach E. T. muss die Schwangere **stationär aufgenommen** werden. Die **Geburt** sollte dann **eingeleitet** werden: Unter intermittierender CTG-Überwachung appliziert man bei noch nicht geburtsreifer Zervix Prostaglandin-E_2-Gel intrazervikal, bei mittelreifer Zervix eine Prostaglandin-E_2-Vaginaltablette, bei geburtsreifer Zervix Oxytozin i. v.

Ab dem 10. Tag nach E. T. muss die Schwangere **stationär aufgenommen** und die **Geburtseinleitung** durchgeführt werden.

6.4 Uterusruptur

6.4 Uterusruptur

s. auch S. 733 f.

▶ Definition

▶ **Definition.** Hierbei handelt es sich um eine Zerreißung der Uteruswand. Die Uteruswand kann komplett, also inklusive der Serosa, oder inkomplett durchtrennt sein (Serosa noch intakt). Die Uterusruptur kann bei wehenlosem Uterus stattfinden, d. h. in der Schwangerschaft, oder – häufiger – unter der Geburt. Die Ruptur sub partu kommt mit einer Häufigkeit von 1 auf 1500 Geburten vor.

Ätiologie. Ursache der Uterusruptur ist ein Missverhältnis zwischen Wandbelastung und Stabilität des Uterus.
Die **Uterusruptur unter der Geburt** tritt meistens bei relativem Missverhältnis, geburtsunmöglichen Lagen, Zervixdystokie oder zu starker Wehentätigkeit auf. Prädisponierende Faktoren sind vorausgegangene Operationen am Uterus. Sie sind auch die Hauptursache der **Ruptur bei wehenlosem Uterus**.

Ätiologie. Ursache der Uterusruptur ist stets ein Missverhältnis zwischen der Wandbelastung und der Stabilität des Uterus.
Die häufigste Ursache der **Ruptur unter der Geburt** ist die Überdehnung der Uterusmuskulatur bei relativem Missverhältnis infolge eines zu engen mütterlichen Beckens, bei geburtsunmöglichen Lagen, bei Zervixdystokie oder bei zu starker Wehentätigkeit. Andere Ursachen sind geburtshilfliche Eingriffe, wie die Vakuumextraktion oder die kombinierte äußere und innere Wendung des Kindes, und vorausgegangene Wandverletzungen, z. B. nach Sectio, Myomenukleation oder Korrektur einer Uterusfehlbildung.
Rupturen des wehenlosen Uterus entstehen, abgesehen von schweren Unfällen, nur, wenn der Uterus durch vorangegangene Operationen vorgeschädigt ist.

Klinik und Diagnostik. Uterusrupturen finden häufig im unteren Uterinsegment statt.

Zeichen einer drohenden Uterusruptur sind eine verstärkte Wehentätigkeit, Schmerz und Druckempfindlichkeit des unteren Uterinsegments und Hochsteigen der Bandl-Furche.

Klinik und Diagnostik. Uterusrupturen finden häufig im unteren Uterinsegment, nach Operationen auch im Korpus statt.

Als **Zeichen einer drohenden Uterusruptur** sind eine Verstärkung der Wehentätigkeit, Unruhe und Angst der Gebärenden, Schmerz und Druckempfindlichkeit im Bereich des unteren Uterinsegments sowie das Hochsteigen der Bandl-Furche bis in die Nähe des Nabels zu werten. Bei der Bandl-Furche handelt es sich um den Kontraktionsring zwischen sich kontrahierenden und ruhenden Uterusabschnitten.

Die Uterusruptur äußert sich in der Regel als plötzlicher abdominaler Schmerz; inkomplette Rupturen können symptomlos verlaufen. Die Wehen hören plötzlich auf, Kindsbewegungen sind nicht mehr festzustellen. Es kommt zu einem hämorrhagischen Schock und akuten Abdomen.

Die Uterusruptur äußert sich im Allgemeinen als plötzlich auftretender abdominaler Schmerz mit anschließender Druckempfindlichkeit des Rupturbereichs; bei inkompletter Ruptur, insbesondere im Bereich der Uterushinterwand, kann sie jedoch auch symptomlos verlaufen. Nach der Ruptur hört die Wehentätigkeit schlagartig auf, es sind keine kindlichen Herztöne und keine Kindsbewegungen mehr festzustellen. Infolge der inneren Blutung treten Schockzeichen auf, es entwickelt sich ein akutes Abdomen. Meistens blutet es aus der Scheide.

▶ Merke

▶ **Merke.** Die Diagnose einer Uterusruptur ist stets klinisch zu stellen.

Therapie. Bei Verdacht stets sofortige Einweisung in eine Klinik, i. v. Tokolyse und umgehend Sectio.

Nach intrapartaler Uterusruptur muss notfallmäßig die Sectio erfolgen.

Ruptur wehenloser Uterus: Laparotomie.
In beiden Fällen muss parallel der hämorrhagische Schock bekämpft werden.

Therapie. Bei **V. a. Uterusruptur** sind stets die sofortige Einweisung in eine Klinik, intravenöse Tokolyse mit Fenoterol und Schockprophylaxe notwendig, baldmöglichst ist die Sectio durchzuführen.
Finden sich intrapartal Zeichen der Uterusruptur, muss stets aus mütterlicher Indikation notfallmäßig eine Sectio vorgenommen werden, selbst dann, wenn das Kind bereits abgestorben sein sollte.
Bei Ruptur des wehenlosen Uterus muss stets laparotomiert werden.
In beiden Fällen muss parallel der hämorrhagische Schock durch Gabe von Volumen oder Blut bekämpft werden. Gelingt es nicht, die Uteruswunde ausreichend chirurgisch zu versorgen, ist die Hysterektomie indiziert.

6.5 Regelwidrigkeiten der Eihäute und des Fruchtwassers

6.5.1 Hydramnion

▶ **Synonym.** Polyhydramnie.

▶ **Definition.** Vermehrung der Fruchtwassermenge auf mehr als 2000 ml. Ein ausgeprägtes Hydramnion bezeichnet man als Polyhydramnion.

Ätiologie. Zu 50 % sind die Kinder von Schwangeren mit Hydramnion unauffällig (**idiopathisches** Hydramnion).
Ein Hydramnion kommt gehäuft bei **Diabetes mellitus**, **fetaler Erythroblastose** (Morbus haemolyticus fetalis), konnataler Lues, bei **Mehrlingsschwangerschaften** und bei **fetalen Fehlbildungen** vor (Tab. **E-6.11**). Bei 25 % aller Hydramnien ist eine ZNS-Fehbildung, vor allem kraniale und spinale Spaltbildung, bei 10 % eine Atresie im Gastrointestinaltrakt, z. B. eine Duodenalatresie, die Ursache. Diese Fehlbildungen führen zu einer Trinkstörung beim Fetus und so zu einer Zunahme des Fruchtwassers. Dagegen sind Ausscheidungsstörungen durch urogenitale Fehlbildungen mit ca. 1 % äußerst selten. In ca. 1 % ist das Hydramnion durch plazentare Störungen bedingt.

Klinik. Man unterscheidet das chronische vom akuten Hydramnion. Das **chronische Hydramnion** entwickelt sich langsam im Verlauf des 3. Trimenons. Als **akutes Hydramnion** wird eine ausgeprägte Zunahme der Fruchtwassermenge innerhalb 1 Woche bezeichnet. Hier führt der hohe intraabdominale Druck bei der Schwangeren zu Dyspnoe, so dass nicht selten aus mütterlicher Indikation die Entbindung erfolgen muss.

E-6.11 Ursachen der Poly- und Oligohydramnie

Polyhydramnie

▶ **fetale Ursachen**
- idiopathisch
- Ösophagus- und Darmatresien bzw. -aplasien (10 %)
- Anenzephalie
- monozygote Zwillingsschwangerschaften
- kraniale und spinale Spaltbildungen
- urogenitale Fehlbildungen

▶ **maternofetale Ursachen**
- Diabetes mellitus
- konnatale Lues
- M. haemolyticus neonatorum

Oligohydramnie

▶ **fetale Ursachen**
- Fehlbildungen der Nieren oder der ableitenden Harnwege (z. B. Nierenagenesie, Ureterstenose, Urethrastenose)

▶ **maternofetale Ursachen**
- Plazentainsuffizienz (intrauterine Mangelentwicklung des Fetus)
- allgemeine Exsikkose der Mutter
- Übertragung

6.5 Regelwidrigkeiten der Eihäute und des Fruchtwassers

6.5.1 Hydramnion

◀ Synonym

◀ Definition

Ätiologie. Zu 50 % finden sich gesunde Neugeborene.

Ein Hydramnion kommt gehäuft bei Diabetes mellitus, fetaler Erythroblastose, Mehrlingsschwangerschaften und bei fetalen Fehlbildungen vor (Tab. **E-6.11**). Dabei handelt es sich meistens um Spaltbildungen im ZNS oder Atresien im Gastrointestinaltrakt, selten um Fehlbildungen des Harntrakts. Plazentare Störungen sind selten Ursache eines Hydramnions.

Klinik. Das **chronische Hydramnion** entwickelt sich langsam im 3. Trimenon. Als **akutes Hydramnion** bezeichnet man eine ausgeprägte Zunahme des Fruchtwassers innerhalb 1 Woche; es löst bei der Schwangeren Dyspnoe aus.

E-6.11

E-6.26

E-6.26 Sonogramm bei Hydramnion

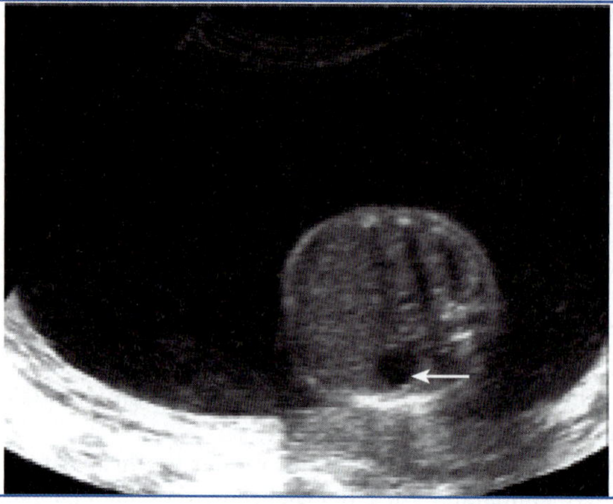

Größtes Fruchtwasserdepot ist > 8 cm, die dargestellte normale Magenblase (⟶) schließt die Ösophagusatresie weitgehend aus.

Unter der Geburt kann ein Hydramnion nach vorzeitigem Blasensprung zu vorzeitiger Plazentalösung, Nabelschnurvorfall sowie Lage-, Einstellungs- und Haltungsanomalien führen.

Unter der Geburt können sich bei Hydramnion zahlreiche **Komplikationen** ergeben: Nach vorzeitigem Blasensprung kann es infolge des plötzlichen, starken intrauterinen Druckabfalls zur **vorzeitigen Plazentalösung** kommen. Weitere Komplikationen sind **Nabelschnurvorfall** sowie **Lage-, Einstellungs- und Haltungsanomalien** durch den unkontrollierten Blasensprung.

Diagnostik. Der Uterus ist groß, meist tonisiert; das Sonogramm zeigt vermehrtes Fruchtwasser (s. Abb. **E-6.26**).

Diagnostik. Klinisch fällt der für das Gestationsalter zu große, meist tonisierte Uterus auf. Gesichert wird die Diagnose durch Ultraschall (s. Abb. **E-6.26**).

Therapie. Bei **chronischem Hydramnion** wird die Grunderkrankung behandelt. Beim idiopathischen Hydramnion kann man versuchen, die fetale Urinproduktion zu drosseln.

Bei **akutem Hydramnion** ist wegen der im Vordergrund stehenden pulmonalen Insuffizienz der Mutter häufig die sofortige Entbindung erforderlich. Je nach Gestationsalter kann auch durch wiederholte Amniozentesen versucht werden, die Tragzeit zu verlängern. Das Fruchtwasser muss langsam abgelassen werden, um eine Plazentaablösung zu vermeiden.

Therapie. Beim **chronischen Hydramnion** muss die Grunderkrankung behandelt werden. So kann z. B. durch eine verbesserte Blutzuckereinstellung die Fruchtwassermenge wieder normalisiert werden. Beim idiopathischen Hydramnion kann man versuchen, die fetale Urinproduktion zu drosseln. Dazu verabreicht man der Schwangeren 3 mg Indometacin pro kg Körpergewicht und Tag.
Bei **akutem Hydramnion** ist häufig die sofortige Entbindung notwendig, meist aus mütterlicher Indikation, am häufigsten wegen pulmonaler Insuffizienz. Andere mütterliche Indikationen zur Geburtseinleitung bei Hydramnion sind die Einschränkung der Bewegungsfreiheit durch exzessive Zunahme des Leibesumfanges, evtl. mit Stauungsödem im Bereich der unteren Extremität und der Vulva, und die Beckenvenenthrombose. Aus kindlicher Indikation muss die Entbindung bei Zeichen der fetalen Hypoxie erfolgen. Je nach Gestationsalter kann man alternativ durch wiederholte Amniozentesen versuchen, die Tragzeit zu verlängern um so das Risiko durch Frühgeburtlichkeit zu vermindern. Dabei muss das Fruchtwasser langsam über mehrere Stunden abgelassen werden, um eine Plazentaablösung zu vermeiden.

Geburtshilfliches Vorgehen:
Bei **Reifgeburten** erfolgt ein **vaginaler Geburtsversuch**. Dabei hat sich das kontrollierte Ablassen des Fruchtwassers mittels Amniotomie unter kardiotokographischer Kontrolle bewährt.

Geburtshilfliches Vorgehen: Die Geburtsleitung bei Hydramnion ist abhängig vom Gestationsalter.
Bei Reifgeburten kann man, wenn sonst keine Risiken vorliegen, einen **vaginalen Geburtsversuch** unternehmen. Bewährt hat sich dabei das kontrollierte Ablassen von Fruchtwasser durch Amniozentese oder Amniotomie unter amnioskopischer Sicht. Die Amniotomie erfolgt stets unter kontinuierlicher kardiotokographischer Kontrolle. Durch langsames Ablassen des Fruchtwassers und Unterstützung von abdominal durch eine Assistenz kann der vorangehende Teil des Kindes in das Becken geführt werden. Gelingt dies, treten häufig spontane Wehen auf. In vielen Fällen muss jedoch zusätzlich Oxytozin infundiert werden. Bei weniger ausgeprägtem Hydramnion wird die Geburt durch Oxytozin-Infusion eingeleitet. Nimmt der vorangehende Teil Beziehung zum Becken auf, wird die Amniotomie unter amnioskopischer Sicht durchgeführt. Bei Amniotomie sollte die Oxytozin-Infusion unterbrochen werden, um Dauerkontraktionen oder Polysystolien – d. h. mehr als 5 Wehen pro 10 Minuten – zu vermeiden.

Bei **Frühgeburten, fetalen Erkrankungen mit günstiger Prognose,** z. B. Hydrops fetalis, oder **mütterlichen Erkrankungen,** z. B. Diabetes mellitus, ist die **Indikation zur primären Sectio** großzügig zu stellen.

Bei **Frühgeburten, fetalen Erkrankungen mit günstiger Prognose** oder **mütterlichen Erkrankungen** sollte das Kind durch **Sectio** entwickelt werden.

Bei **ungünstiger fetaler Prognose**, wie bei extremer Unreife oder komplexem Fehlbildungssyndrom, sollte immer die **vaginale Geburt** angestrebt werden.
Bei der vaginalen Geburt ist die Eröffnungsperiode immer verlängert. In der Nachgeburtsperiode kommen sowohl nach vaginalen als auch nach abdominalen Geburten gehäuft **atonische Nachblutungen** vor. Deshalb ist post partum eine engmaschige Kontrolle des Fundusstandes und der Blutungsstärke notwendig. Bewährt hat sich die prophylaktische Gabe von Kontraktionsmitteln, entweder in Form einer Oxytozin-Infusion oder der mehrfachen Gabe von Methylergometrin (Methergin) i. m.

Bei **ungünstiger fetaler Prognose** wird die **vaginale Geburt** angestrebt.

Bei der vaginalen Geburt kommen in der Nachgeburtsperiode gehäuft **atonische Nachblutungen** vor, daher ist eine engmaschige Kontrolle des Fundusstandes und der Blutungsstärke nötig. Bewährt hat sich die prophylaktische Gabe von Kontraktionsmitteln.

6.5.2 Oligohydramnion

6.5.2 Oligohydramnion

▶ **Synonym.** Oligohydramnie.

◀ **Synonym**

▶ **Definition.** Verminderung des Fruchtwassers auf weniger als 300 ml am Ende der Schwangerschaft.

◀ **Definition**

Ätiologie. Als Ursache kommen in erster Linie **fetale Fehlbildungen** und plazentare Störungen in Frage. Die Fehlbildungen sind vor allem **im Urogenitaltrakt** zu finden. Beispiele sind die Nierenagenesie bei Potter-Syndrom, polyzystische Nieren, Ureter- und Urethraobstruktionen. Die zum Oligohydramnion führenden **plazentaren Störungen** werden meist im Zusammenhang mit hypertensiven Erkrankungen in der Schwangerschaft beobachtet und führen gleichzeitig zu intrauteriner Mangelentwicklung. Aber auch bei der **echten Übertragung** kann es zu einer Verminderung des Fruchtwassers kommen (Tab. **E-6.11**).

Ätiologie. Meist führen **fetale Fehlbildungen** und **plazentare Störungen** zu einem Oligohydramnion. Fehlbildungen finden sich vor allem im Urogenitaltrakt, plazentare Störungen meist im Zusammenhang mit hypertensiven Schwangerschaftserkrankungen. Ein Oligohydramnion tritt auch bei der **echten Übertragung** auf (Tab. **E-6.11**).

Klinik. Eine ausreichende Fruchtwassermenge ist für die normale Reifung der Lungen essenziell. Bei chronischem Oligohydramnion werden bei den Neugeborenen daher häufig Atemstörungen aufgrund von Lungenhypoplasie beobachtet. Wegen intrauterinen Platzmangels kann es zu Skelettdeformierungen, z. B. Schiefhals oder Klumpfüßen, Schädeldeformationen (zerdrücktes Gesicht) und Mangelentwicklung kommen. Auch Infektionen werden beobachtet.

Klinik. Bei chronischem Oligohydramnion werden bei den Neugeborenen häufig Atemstörungen, Skelettdeformierungen, Mangelentwicklung und Infektionen beobachtet.

Diagnostik und Differenzialdiagnose. Klinisch fällt der für das Gestationsalter zu kleine Uterus auf. Häufig berichtet die Schwangere, dass die Kindsbewegungen seltener zu spüren sind. Die klinische Diagnose wird durch Ultraschall bestätigt: Die Fruchtwassertaschen sind in ihrem größten Durchmesser kleiner als 2 cm (s. Abb. **E-6.27**).
Ein Oligohydramnion bzw. eine Anhydramnie durch einen lang zurückliegenden Blasensprung muss ausgeschlossen werden.
Tritt ein Oligohydramnion im 2. Trimenon der Schwangerschaft auf, ist Fehlbildungsdiagnostik mittels Ultraschall und Chromosomenanalyse erforderlich. Die Ultraschalluntersuchung wird nach Auffüllung des Amnions mit 300 ml Flüssigkeit wiederholt. Durch dieses Vorgehen lassen sich Störungen im Bereich des Urogenitaltrakts besser erkennen.

Diagnostik und Differenzialdiagnose. Der Uterus ist für das Gestationsalter zu klein. Evtl. berichtet die Schwangere, dass die Kindsbewegungen seltener zu spüren sind. Die Diagnose wird durch Ultraschall gesichert (s. Abb. **E-6.27**). Ausschluss vorzeitiger Blasensprung.

Tritt das Oligohydramnion im 2. Trimenon auf, ist Fehlbildungsdiagnostik mittels Ultraschall und Chromosomenanalyse erforderlich.

Therapie. Eine spezifische Therapie des Oligohydramnions gibt es nicht. Man kann versuchen, die Amnionhöhle mittels einer Glukose-Kochsalz-Lösung aufzufüllen.
Geburtshilfliches Vorgehen: Ist der Fetus lebensfähig, sollte man die baldige Entbindung anstreben. Aufgrund des Fruchtwassermangels ist bei vaginaler Geburt vermehrt mit CTG-Veränderungen, insbesondere Nabelschnurdezelera-

Therapie. Evtl. Auffüllen der Amnionhöhle mittels einer Glukose-Kochsalz-Lösung.

Geburtshilfliches Vorgehen: Ist der Fetus lebensfähig, sollte man die baldige Entbindung anstreben. Bei vaginaler Geburt

E-6.27

E-6.27 **Sonogramm bei Oligohydramnion**

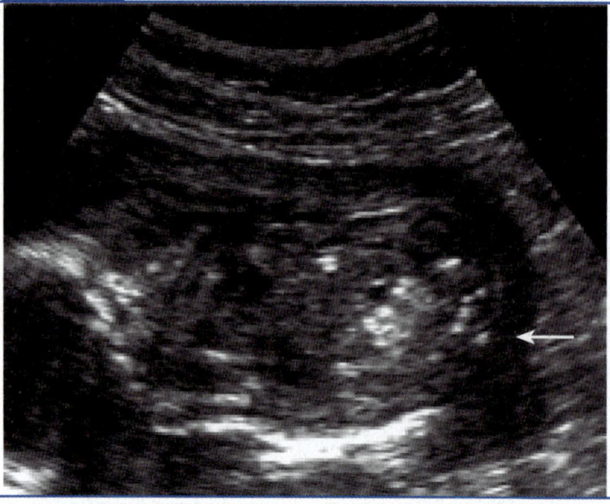

Kopf und Rumpf des Kindes sind nur durch einen schmalen Saum von Fruchtwasser (→) umgeben.

vermehrt CTG-Veränderungen (Nabelschnurdezelerationen).

tionen (s. Abb. **E-6.30**) zu rechnen. Bei vaginalen Geburtsversuchen sollte das CTG kontinuierlich registriert werden.

6.5.3 Vorzeitiger Blasensprung und Amnioninfektionssyndrom

6.5.3 Vorzeitiger Blasensprung und Amnioninfektionssyndrom

▶ Definition

▶ **Definition.** Beim **vorzeitigen Blasensprung** geht vor Beginn von Eröffnungswehen Fruchtwasser ab.
Das **Amnioninfektionssyndrom** ist eine klinische Diagnose: Es finden sich Zeichen der bakteriellen Infektion bei der Mutter und nachfolgend evtl. auch beim Kind.

Epidemiologie. Vorzeitiger Blasensprung bei ca. 15 %, Amnioninfektionssyndrom bei 3 % aller Geburten.

Epidemiologie. Der vorzeitige Blasensprung kommt bei ca. 15 % aller Geburten vor. Bei 3 % aller Geburten finden sich Zeichen des Amnioninfektionssyndroms.

Ätiologie und Klinik. Infektion am unteren Eipol (am häufigsten), vorzeitige Wehentätigkeit, Zervixinsuffizienz, Mehrlingsschwangerschaft, Lageanomalien und Hydramnion. Bei letzteren drei kann er zum Vorfall eines Armes oder der Nabelschnur führen.

Ätiologie und Klinik. Die häufigste Ursache des **vorzeitigen Blasensprungs** ist eine Infektion am unteren Eipol; die entzündlichen Veränderungen am Amnion führen dazu, dass es zerreißt. Andere Ursachen sind die vorzeitige Wehentätigkeit und die Zervixinsuffizienz. Bei Mehrlingsschwangerschaften, Lageanomalien, z. B. der Beckenend- oder Querlage, und Hydramnion besteht wegen der erhöhten Spannung in der Wand der Fruchtblase ein erhöhtes Risiko für einen vorzeitigen Blasensprung. Hier kann der vorzeitige Blasensprung zum Vorfall eines Armes oder der Nabelschnur führen.

Ursache ist eine aszendierende Infektion der Zervix, die sich zu einer Chorioamnionitis ausweitet. Häufige Erreger: β-hämolysierende Streptokokken der Gruppe B, Staphylokokken, Enterokokken, E. coli, Anaerobier.

Ursache des **Amnioninfektionssyndroms** ist eine aszendierende Infektion der Zervix, die sich zu einer Chorioamnionitis ausweitet. Die Infektion wird meistens durch die in der Vagina vorkommenden Erreger ausgelöst, besonders oft durch β-hämolysierende Streptokokken der Gruppe B, Staphylokokken, Enterokokken, E. coli und Anaerobier.

Hauptsymptom ist Fieber der Schwangeren. Komplikationen wie Sepsis und Koagulopathie sind heute sehr selten. Die Chorioamnionitis kann zur Frühgeburt führen.

Fieber der Schwangeren ist das bedeutendste Symptom des Amnioninfektionssyndroms. Endotoxine können bei der Schwangeren und dem Fetus zu Sepsis und ihren Begleiterscheinungen, z. B. Koagulopathie, führen. Dank der verbesserten Diagnostik und der frühzeitigen Therapie werden Sepsis und Gerinnungsstörungen heute jedoch kaum noch beobachtet. Die Chorioamnionitis kann zu vorzeitiger Wehentätigkeit und so zur Frühgeburt führen.

Diagnostik. Nach dem **Blasensprung** ist bei der Spekulumeinstellung Fruchtwasser

Diagnostik. Nach dem **Blasensprung** kann bei der Spekulumeinstellung Fruchtwasser nachgewiesen werden. Es sollten sterile Instrumente benutzt werden.

Die vaginale Tastuntersuchung ist auf ein Minimum zu beschränken. Ein sehr sicherer Nachweis von Fruchtwasser kann über die Bestimmung von IgF_1 geführt werden. IgF_1 kommt im Fruchtwasser vor und ist mittels Schnelltest in der Zervix nachweisbar (Verunreinigung durch mütterliches Blut verfälscht den Test und muss unbedingt vermieden werden). Es gibt kommerzielle Schnelltests, z. B. Actim-PROM-Test oder Amnicheck, die eine Spezifität von 93 % und Sensitivität von 100 % haben. Bei fraglichem Blasensprung kann auch die Lackmusprobe durchgeführt werden. Dabei wird ein Streifen Lackmuspapier auf eine Vorlage vor die Vulva gelegt. Fruchtwasser ist schwach alkalisch und färbt das Lackmuspapier blau, Scheidensekret ist schwach azidotisch und färbt es rot. Die Lackmusprobe ist unsicher, da Zervixschleim schwach alkalisch reagiert und das Lackmuspapier ebenfalls blau färbt. Insbesondere der Nachweis eines hohen Blasensprungs – bei ihm findet die Ruptur oberhalb des Muttermundes statt – kann schwierig sein. Man kann den Versuch unternehmen, mikroskopisch den Nachweis von Amnionzellen durch Färbung mit Methylenblau zu führen. Im Zweifelsfall werden insbesondere im 2. Trimenon Flüssigkeit und Farbstoff, z. B. Methylenblau oder Indigokarmin, durch Amniozentese in die Amnionhöhle eingebracht. Beim Blasensprung geht der Farbstoff über den Zervikalkanal ab.

nachzuweisen. Schnelltests auf IgF_1 im Zervikalkanal ergeben einen sicheren Nachweis. Bei fraglichem Blasensprung kann auch man die Lackmusprobe durchführen: Das schwach alkalische Fruchtwasser färbt Lackmuspapier blau; das schwach azidotische Scheidensekret färbt es rot. Die Methode ist unsicher, da Zervixschleim ebenfalls schwach alkalisch reagiert. Im Zweifelsfall kann man Methylenblau mittels Amniozentese in die Amnionhöhle einbringen: Beim Blasensprung geht es über den Zervikalkanal ab.

Bei vorzeitigem Blasensprung vor der vollendeten 37. SSW sollte man durch Abstrich Material aus der Zervix sowie Fruchtwasser für die bakteriologische Untersuchung gewinnen.

Bei vorzeitigem Blasensprung vor Ende der 37. SSW sollte Material aus der Zervix und Fruchtwasser bakteriologisch untersucht werden.

Zur rechtzeitigen Erkennung des **Amnioninfektionssyndroms** sollten mindestens einmal täglich CRP im mütterlichen Serum und die Leukozytenzahl bestimmt werden. Darüber hinaus sollte die Schwangere mehrmals täglich ihre Körpertemperatur messen. Intermittierend muss das CTG kontrolliert werden, mindestens 3-mal täglich.

Zur rechtzeitigen Erkennung des **Amnioninfektionssyndroms** sollten täglich CRP, Leukozyten und Temperatur bestimmt und mind. 3×/die das CTG kontrolliert werden.

Therapie. Die prophylaktische Gabe von Antibiotika nach **vorzeitigem Blasensprung** ist umstritten. Unumstritten ist, dass bei Fieber eine rasche Entbindung angestrebt werden muss. In Abhängigkeit von der Geburtsdauer beginnt man mit der Antibiotikatherapie peripartal oder unmittelbar nach der Geburt.

Bei Hinweisen auf ein **Amnioninfektionssyndrom** ist sorgfältig zwischen kindlichem und mütterlichem Risiko abzuwägen. Ist lediglich eine CRP-Erhöhung ohne Fieber der Mutter nachweisbar, sollte ein Penicillin oder ein Cephalosporin verabreicht werden. Die Dauer der Antibiotikatherapie beträgt 1 Woche. Bei schwerem Amnioninfektionssyndrom, also bei septischem Fieber, eitrigem Ausfluss aus dem Zervikalkanal und fetaler Tachykardie, muss im Interesse der Mutter unverzüglich die Geburt eingeleitet werden. Je nach Schweregrad des Amnioninfektionssyndroms wird die Antibiotikatherapie schon sub partu begonnen. Die Risiken des Amnioninfektionssyndroms sind in Tab. **E-6.12** aufgeführt.

Therapie. Die prophylaktische Gabe von Antibiotika nach **vorzeitigem Blasensprung** ist umstritten. Bei Fieber muss eine rasche Entbindung angestrebt werden.

Bei einer CRP-Erhöhung ohne Fieber sollte für 1 Woche ein Antibiotikum verabreicht werden. Bei schwerem Amnioninfektionssyndrom muss die Geburt unverzüglich eingeleitet werden. Je nach Schweregrad wird die Antibiotikatherapie schon sub partu begonnen. Risiken des Amnioninfektionssyndroms s. Tab. **E-6.12**.

Geburtshilfliches Vorgehen: Das geburtshilfliche Vorgehen bei vorzeitigem Blasensprung richtet sich nach dem Gestationsalter:

Nach der vollendeten 36. SSW wird die Geburt eingeleitet, wenn 8 Stunden nach dem Blasensprung keine Wehen auftreten. Die Methode der Geburtseinleitung ist abhängig von der Reife der Zervix: Bei unreifer Zervix wird ein PGE_2-haltiges Gel intrazervikal appliziert, bei mittelreifer Zervix wird eine PGE_2-Vaginaltablette appliziert. Bei reifer Zervix wird die Geburt bei primärer Wehenschwäche mittels Oxytozin-Infusion eingeleitet.

Geburtshilfliches Vorgehen:
Bei Blasensprung nach Ende der 36. SSW wird die Geburt eingeleitet, wenn 8 Stunden nach dem Blasensprung keine spontanen Wehen auftreten.

E-6.12 Risiken des Amnioninfektionssyndroms

- **für die Mutter:**
  - Sepsis
  - Endotoxinschock
  - Gerinnungsstörungen
- **für das Kind:**
  - hohe Infektletalität in Abhängigkeit von der Frühgeburtlichkeit, insgesamt ca. 10 %

E-6.12

Vor der lokalen Gabe von Prostaglandinen wird stets eine Kardiotokographie durchgeführt. Bei auffälligem oder suspektem Kardiogramm sollten Prostaglandine wegen ihrer schlechten Steuerbarkeit nicht verabreicht werden. Bei Einleitung mittels Prostaglandinen wird die Kardiotokographie intermittierend durchgeführt.

Tritt der vorzeitige **Blasensprung zwischen der 28. und 36. SSW** auf, kann die Geburtseinleitung aufgeschoben werden, wenn eine Infektion ausgeschlossen ist und die fetalen Lungen reif sind.

Tritt der **Blasensprung zwischen der 28. und 36. SSW** auf, kann die Geburtseinleitung aufgeschoben werden, wenn eine Infektion ausgeschlossen werden konnte.

Sind die fetalen Lungen reif und gibt es Hinweise auf ein Amnioninfektionssyndrom, wie Fieber und ein erhöhtes CRP, wird die Geburt eingeleitet. Fehlen Hinweise auf ein Amnioninfektionssyndrom, kann abgewartet werden.

Bei unreifen Lungen erfolgt eine intravenöse Tokolyse mit β_2-Sympathomimetika.

Bei unreifen Lungen, oder wenn die Lungenreifungsparameter nicht bestimmt werden, erfolgt eine intravenöse Tokolyse mit β_2-Sympathomimetika, z. B. Fenoterol (Partusisten), um Zeit für die Lungenreifung (s. S. 641) zu gewinnen.

Nach vorzeitigem **Blasensprung vor der 28. SSW** wird unter sorgfältiger Kontrolle der Infektionszeichen abgewartet. Eine Induktion der Lungenreifung ist nicht sinnvoll.

Nach vorzeitigem **Blasensprung vor der 28. SSW** wird unter sorgfältiger Kontrolle der Infektionszeichen – mütterliche Körpertemperatur, CRP, Leukozytenzahl – abgewartet. Eine Induktion der Lungenreifung durch Kortikosteroide ist zu diesem Zeitpunkt nicht sinnvoll, da keine Rezeptoren vorhanden sind.

Ein **Blasensprung vor der 24. SSW** ist wegen des Risikos der Lungenhypoplasie prognostisch besonders ungünstig.

Prognostisch besonders ungünstig ist der vorzeitige **Blasensprung vor der 24. SSW**. In diesen Fällen haben mehr als 50 % der Neugeborenen eine Lungenhypoplasie. Deshalb ist im Einzelfall bei sehr frühem Blasensprung die Einleitung des Aborts indiziert.

▶ **Klinischer Fall**

▶ **Klinischer Fall.** Bei einer 20-jährigen Erstgebärenden wird anlässlich des Ultraschall-Screenings in der 19. SSW bemerkt, dass kein Fruchtwasser vorhanden ist. Das zeitgerecht entwickelte Kind ist noch vital. Im Sonogramm finden sich keine Hinweise auf Fehlbildungen. Bei der klinischen Untersuchung findet sich ein weicher Uterus, der Fundus steht zwischen Nabel und Symphyse. Der Gebärmutterhals ist erhalten, der Muttermund geschlossen. Ein Abgang von Fruchtwasser lässt sich nicht nachweisen. Die Kontrolle des Blutbildes und des CRP ergibt unauffällige Werte.

Unter Ultraschallsicht wird die Fruchthöhle mit 300 ml Ringer-Laktat-Lösung aufgefüllt. Im Ultraschall zeigt sich ein anatomisch unauffälliger Fetus. Der Instillationslösung wurden 5 ml Methylenblau beigefügt. Schon 20 Minuten nach der Auffüllung lässt sich bei der Spekulumuntersuchung der Abgang des methylengefärbten künstlichen Fruchtwassers nachweisen. In den nächsten Stunden kommt es zum vollständigen Verlust des Fruchtwassers. Da die kindliche Prognose sehr ungünstig ist, wird der jungen Frau die Induktion des Spätabortes empfohlen.

6.5.4 Fruchtwasserembolie

6.5.4 Fruchtwasserembolie

▶ **Definition**

▶ **Definition.** Einschwemmen von Fruchtwasser in den mütterlichen Kreislauf.

Epidemiologie. Sehr seltene Erkrankung mit hoher Letalität > 50 %.

Epidemiologie. Die sehr seltene Erkrankung hat eine mütterliche Letalität von mehr als 50 %.

Ätiologie und Pathogenese. S. Tab. **E-6.13**.

Ätiologie und Pathogenese. Erkrankungen bzw. Situationen mit gesteigerter Wehentätigkeit prädisponieren zur Fruchtwasserembolie (s. Tab. **E-6.13**).

Das Fruchtwasser gelangt über die uterinen Venen in das venöse System des mütterlichen Kreislaufs.

Eintrittspforten für das Fruchtwasser sind ein eröffnetes plazentares Implantationsbett, eine Verletzung des uterinen Venengeflechts oder ein endozervikaler Riss. Über die uterinen Venen gelangt es in das venöse Gefäßsystem der Mutter.

In der **ersten Phase der Fruchtwasserembolie** verlegen korpuskuläre Bestandteile des Fruchtwassers die arterielle pulmonale Strombahn, es kommt zu **pulmonaler Hypertonie**, akutem Cor pulmonale und **kardiogenem Schock**.

In der **ersten Phase der Fruchtwasserembolie** verlegen korpuskuläre Bestandteile des Fruchtwassers die arterielle pulmonale Strombahn, die Folge sind Vasokonstriktion – **pulmonale Hypertonie** – und akutes Cor pulmonale. Aufgrund der Obstruktion der Pulmonalgefäße nehmen der linksventrikuläre Füllungsdruck und das Herzminutenvolumen schlagartig ab und es entwickelt sich ein **kardiogener Schock.** Die Ausprägung ist abhängig von der Anzahl der embolisierten korpuskulären Elemente. Ein Viertel der Frauen verstirbt innerhalb der ersten Stunde.

E-6.13 Für das Auftreten einer Fruchtwasserembolie prädisponierende Faktoren

- Blasensprung
- Anwendung von Kontraktionsmitteln
- Sectio
- Uterusruptur
- hoher Zervixriss
- vorzeitige Lösung der Plazenta
- intrauteriner Fruchttod
- Verletzung des uterinen Venengeflechts

E-6.13

In der **zweiten Phase** kommt es bei der Hälfte der Frauen innerhalb von ½–3 Stunden zu einer **disseminierten intravasalen Gerinnung** mit reaktiver Hyperfibrinolyse und zu einer **Verbrauchskoagulopathie.** Als Auslöser gelten der Gewebethromboplastingehalt des Fruchtwassers und der Schock, der zur Gerinnungsaktivierung beitragen kann.
Die Hypoxie und der kardiopulmonale Kollaps führen zu Leber- und Nierenversagen, Koma und Krämpfen.

In der **zweiten Phase** kommt es zu einer **disseminierten intravasalen Gerinnung** mit reaktiver Hyperfibrinolyse und einer **Verbrauchskoagulopathie.**

Klinik. Während oder kurz nach der Geburt treten plötzlich – als Ausdruck der ersten Phase der Fruchtwasserembolie – Dyspnoe, Zyanose, Angst, Unruhe und Verwirrtheit, evtl. Bewusstseinsverlust und Krämpfe auf. Als Prodromi werden evtl. Schüttelfrost bzw. Frösteln sowie Erbrechen beobachtet. Bei schweren Verläufen entwickelt sich schnell ein Atem- und Kreislaufstillstand. Im weiteren Verlauf steht die atonische Nachblutung im Vordergrund. Sie ist Ausdruck der generalisierten hämorrhagischen Diathese bei Verbrauchskoagulopathie.

Klinik. Während oder kurz nach der Geburt kommt es zu Dyspnoe, Zyanose, Angst und Unruhe, evtl. Bewusstseinsverlust und Krämpfen (erste Phase). Im weiteren Verlauf tritt eine atonische Nachblutung auf (zweite Phase).

Diagnostik. Die Verdachtsdiagnose wird aufgrund der Dyspnoe und Schockzeichen gestellt. Laborchemisch finden sich die Zeichen der Verbrauchskoagulopathie: Thrombozytopenie ($< 100\,000/\mu l$), Mangel an Fibrinogen (< 150 mg/dl), verminderte Prothrombinzeit ($< 40\,\%$), verlängerte partielle Thrombinzeit (> 50 s), Nachweis von D-Dimeren.
Für eine Fruchtwasserembolie beweisend ist der Nachweis von Amnionzellen in pulmonalen Gefäßen.

Diagnostik. Die Verdachtsdiagnose wird aufgrund von Dyspnoe und Schockzeichen gestellt. Laborchemisch zeigen sich Zeichen der Verbrauchskoagulopathie.

Beweisend ist der Nachweis von Amnionzellen in pulmonalen Gefäßen.

Therapie. Bei V. a. **Fruchtwasserembolie unter der Geburt** steht die Stabilisierung des mütterlichen Zustands im Vordergrund. Zunächst muss die Mutter ausreichend oxygeniert werden. Dazu ist meist eine Intubation mit assistierter oder maschineller Beatmung notwendig. Wegen des Cor pulmonale ist Vorsicht bei der Volumengabe geboten. Vasokonstriktorisch wirkende Substanzen dürfen nicht verabreicht werden.
Zur Behandlung der hämorrhagischen Diathese wird Fresh-frozen-Plasma verabreicht. Bei nachgewiesener Verbrauchskoagulopathie ist zusätzlich die Gabe von Frischblut und evtl. von Fibrinogen notwendig.

Therapie. Bei V. a. **Fruchtwasserembolie unter der Geburt** ist die Stabilisierung des mütterlichen Zustands durch Oxygenierung vorrangig.

Die Gerinnungsstörung wird mit Fresh-frozen-Plasma behandelt, bei Verbrauchskoagulopathie zusätzlich Frischblut, evtl. Fibrinogen.

Ist der Zustand der Mutter stabilisiert, wird die Geburt möglichst vaginal beendet. Operative geburtshilfliche Maßnahmen und Eingriffe in der Nachgeburtsperiode, z. B. manuelle Plazentalösung und instrumentelle Nachtastung, sollten nach Möglichkeit unterbleiben, da sie das Krankheitsbild verstärken können.
Bei V. a. **Fruchtwasserembolie post partum** verabreicht man zur Prophylaxe der Uterusatonie Oxytozin per infusionem: 15 IE auf 500 ml über 12 Stunden. Die Gabe von Mutterkornalkaloiden, z. B. Methergin, oder Prostaglandin ist bei V. a. Fruchtwasserembolie kontraindiziert.
Vgl. auch S. 747.

Die Geburt sollte möglichst vaginal beendet werden, da operative Eingriffe das Krankheitsbild verstärken können.

Bei V. a. **Fruchtwasserembolie post partum** Oxytozin per infusionem zur Prophylaxe der Uterusatonie. Mutterkornalkaloide und Prostaglandine sind kontraindiziert.

6.6 Nabelschnurkomplikationen

▶ Merke

6.6 Nabelschnurkomplikationen

▶ **Merke.** Nabelschnurkomplikationen, sei es ein Vorfall der Nabelschnur, eine Nabelschnurumschlingung, ein Nabelschnurknoten oder eine Insertio velamentosa, bedeuten immer eine potenzielle Gefährdung für das Kind.

6.6.1 Vorfall der Nabelschnur

▶ Definition

6.6.1 Vorfall der Nabelschnur

▶ **Definition.** Nach dem Blasensprung fällt die Nabelschnur vor den vorangehenden Teil des Kindes (s. Abb. **E-6.28**). Wenn bei erhaltener Fruchtblase die Nabelschnur vor den vorangehenden Teil des Kindes zu liegen kommt, spricht man vom Vorliegen der Nabelschnur (s. Abb. **E-6.29**).

Epidemiologie und Ätiologie. Ursache des Nabelschnurvorfalls, der bei 0,3 % aller

Epidemiologie und Ätiologie. Die Häufigkeit des Nabelschnurvorfalls beträgt 0,3 % aller Geburten. Ursache ist immer die mangelnde Abdichtung des Geburts-

E-6.28

E-6.28 Vorfall der Nabelschnur

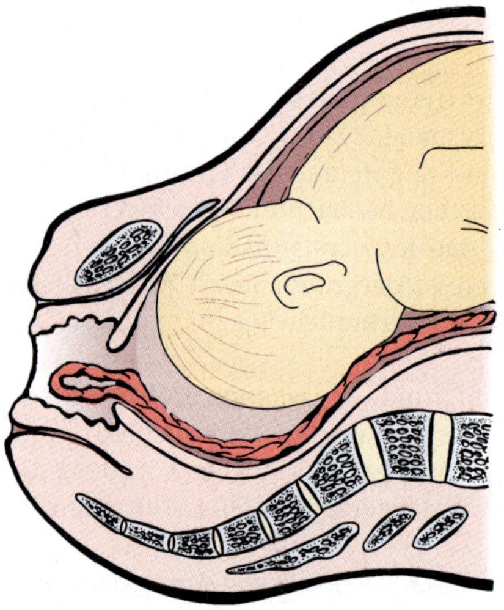

Nach Blasensprung fällt die Nabelschnur vor dem noch hoch über dem Becken stehenden Kopf in die Vagina.

E-6.29

E-6.29 Vorliegen der Nabelschnur

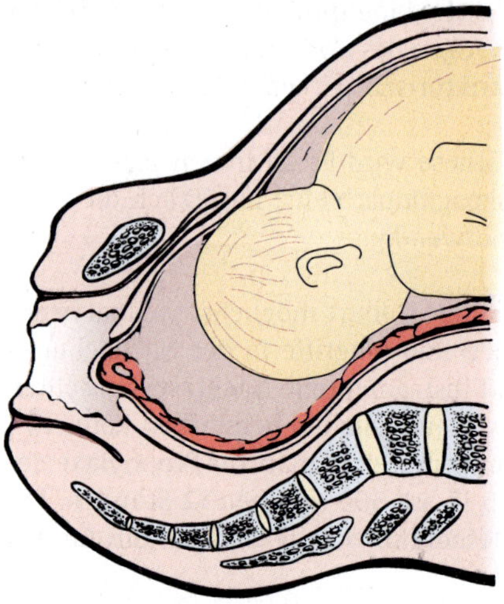

Die pulsierende Nabelschnur ist zwischen erhaltener Fruchtblase und dem Kopf tastbar.

kanals durch das Kind. Für diese Situation gibt es eine Reihe von begünstigenden Faktoren, z. B. Einstellungs-, Lage- und Haltungsanomalien, Frühgeburten, sehr kleine Kinder, ein Hydramnion und den tiefen Sitz der Plazenta. Bei einer Zwillingsschwangerschaft ist der zweite Zwilling bei monoamniotischen Zwillingen immer durch Nabelschnurvorfall bedroht, bei diamniotischen Zwillingen dann, wenn er sich noch nicht in das mütterliche Becken eingestellt hat und es zum Blasensprung kommt. Gleichermaßen droht der Nabelschnurvorfall, wenn bei relativem Missverhältnis der vorangehende kindliche Teil beim Blasensprung noch hoch über dem Beckeneingang steht. Ein iatrogen verursachter Nabelschnurvorfall kann auftreten, wenn eine Amniotomie bei hochstehendem vorangehendem Teil vorgenommen wird. Die Amniotomie sollte in der Regel nur bei fest in das Becken der Mutter eingetretenem vorangehendem Teil durchgeführt werden.

Am häufigsten tritt der Nabelschnurvorfall bei Quer-, Schräg- oder Fußlage und Zwillingsgeburten auf.

Geburten auftritt, ist die mangelnde Abdichtung des Geburtskanals durch das Kind. Begünstigende Faktoren sind ein relatives Missverhältnis, Einstellungs-, Lage- und Haltungsanomalien, Frühgeburten, kleine Kinder, Hydramnion, Mehrlingsschwangerschaften und der tiefe Sitz der Plazenta. Auch eine nicht indizierte Amniotomie kann zum Nabelschnurvorfall führen.

Die häufigsten Ursachen sind Quer-, Schräg-, Fußlage und Zwillingsgeburten.

Klinik und Diagnostik. Der Vorfall und das Vorliegen der Nabelschnur werden im Allgemeinen erstmalig in der Kardiotokographie durch variable Dezelerationen oder Bradykardien bemerkt. Die Verdachtsdiagnose wird durch vorsichtige Palpation gesichert. Dabei bemerkt man die Pulsation der Nabelschnur vor dem kindlichen Teil. Im Zweifelsfall wird die Diagnose entweder durch Spekulumeinstellung bei ausreichend weit eröffnetem Muttermund oder durch Amnioskopie gesichert.

Klinik und Diagnostik. Das Vorliegen und der Vorfall der Nabelschnur führen zu variablen Dezelerationen oder Bradykardien. Bei der vaginalen Untersuchung tastet man die pulsierende Nabelschnur vor dem vorangehenden Kindsteil.

▶ **Merke.** Der Vorfall der Nabelschnur wird meistens durch Palpation gesichert. Im Zweifel wird eine Spekulumeinstellung durchgeführt.

◀ **Merke**

Therapie. Beim **Vorliegen der Nabelschnur** zieht sich die Nabelschnur bei Beckenhochlagerung oder Seitenlagerung häufig wieder zurück. Dann ist die vaginale Geburt möglich. Sie wird in Sectiobereitschaft und unter kontinuierlicher kardiotokographischer Überwachung durchgeführt.

Bei ausgeprägter fetaler Bradykardie ist u. U. eine intrauterine Reanimation notwendig. Dabei verabreicht man 25 µg Fenoterol (Partusisten) i. v. im Bolus.

Beim **Vorfall der Nabelschnur** ist die sofortige Sectio indiziert. Zur Entlastung der Nabelschnur schiebt man bis zur Geburt durch Notsectio den vorangehenden Teil mit einer Hand von vaginal bis in das Corpus uteri hoch (s. Abb. **F-1.11**, S. 749). Unterstützend wird das mütterliche Becken hochgelagert. Evtl. muss bei ausgeprägter fetaler Bradykardie eine intrauterine Reanimation mit 25 µg Fenoterol i. v. im Bolus durchgeführt werden. Möglicherweise müssen Tokolytika zusätzlich langsam infundiert werden.

Therapie. Beim **Vorliegen der Nabelschnur** zieht sich die Nabelschnur bei Beckenhochlagerung oder Seitenlagerung häufig wieder zurück.

Ausgeprägte fetale Bradykardie: u. U. intrauterine Reanimation durch Fenoterol.

Bei **Vorfall der Nabelschnur** wird das mütterliche Becken hochgelagert und der vorangehende kindliche Teil von vaginal hochgeschoben, bis die Geburt durch Notsectio erfolgt ist. Evtl. intrauterine Reanimation.

E-6.30 Nabelschnurdezelerationen

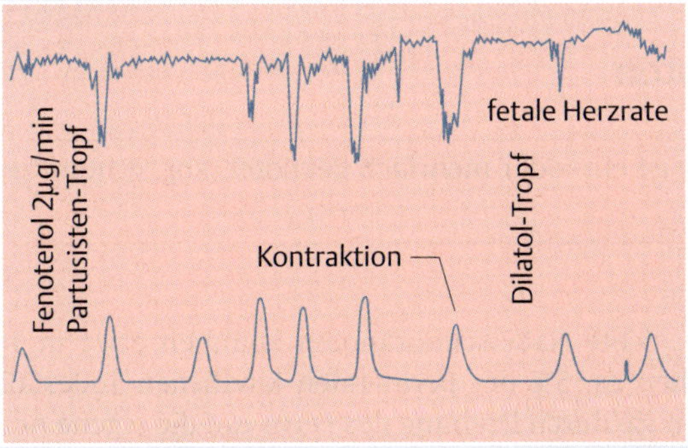

Absinken (Dezeleration) der fetalen Herzrate erfolgt nicht bei jeder Kontraktion: typisch für Nabelschnurdezelerationen.

E-6.30

Bei vorzeitigem Blasensprung muss vor geplanter Sectio wegen drohenden Nabelschnurvorfalls der Zustand des Fetus durch Kardiotokographie und evtl. durch Ultraschall bestimmt werden.

Wird ein vorzeitiger Blasensprung diagnostiziert, muss vor geplanter Sectio wegen der Gefahr des Nabelschnurvorfalls der Zustand des Fetus durch Kardiotokographie und, wenn nötig, auch durch Ultraschall genauestens bestimmt werden. Bei abgestorbenem Fetus oder nach ausgeprägter fetaler Bradykardie von mehr als 20 Minuten sollte die vaginale Geburt eingeleitet werden.
Zum Nabelschnurvorfall vgl. auch S. 748 f.

▶ Klinischer Fall

▶ **Klinischer Fall.** Bei einer 23-jährigen Zweitgebärenden wird bei der Aufnahmeuntersuchung im Kreißsaal eine fetale Bradykardie um 100 Schläge pro Minute bemerkt.
Vorausgegangen war ein vorzeitiger Blasensprung, ca. 10 Minuten vor Aufnahme. Bei der klinischen Untersuchung findet sich ein 3 cm weit geöffneter Muttermund, der kindliche Kopf steht hoch am Beckeneingang, und vor dem Kopf liegt eine pulsierende Nabelschnur.
Der Kopf des Kindes wird manuell hochgeschoben. Die fetale Herzfrequenz normalisiert sich auf 125 Schläge pro Minute, die Oszillationsfrequenz ist normal. Die notfallmäßige Sectio wird vorbereitet; so lange drückt die Hand des Arztes den kindlichen Kopf hoch. Sectio und Entwicklung des Kindes sind problemlos, der Nabelschnur-pH beträgt 7,10, die Bikarbonatkonzentration 23 mmol/l. Das leicht gestresste Kind erholt sich rasch nach kurzer Maskenbeatmung.

6.6.2 Nabelschnurumschlingung

6.6.2 Nabelschnurumschlingung

▶ Definition

▶ **Definition.** Die Nabelschnur umschlingt den Hals oder den Körper des Kindes ein- oder mehrfach.

Ätiologie und Klinik. Bei 20 % aller Geburten. Prädisponierend sind Hydramnion und lange Nabelschnur.
In 50 % Zirkulationsstörung und Hypoxie.

Ätiologie und Klinik. Die Nabelschnurumschlingung wird begünstigt durch ein Hydramnion oder eine lange Nabelschnur.
Eine Nabelschnurumschlingung ist bei 20 % aller Geburten nachweisbar, führt aber nur in der Hälfte dieser Fälle zu einer Zirkulationsstörung und fetaler Gefährdung durch Hypoxie.

Diagnostik. Präpartal kann die Nabelschnurumschlingung durch die Doppler-Sonographie erkannt werden.

Intrapartal kommt es im CTG zu variablen Dezelerationen (s. Abb. **E-6.30**). Halten sie lang an, ist zur genauen Diagnostik des fetalen Zustands die Mikroblutuntersuchung indiziert (s. S. 531).

Diagnostik. Präpartal kann die Nabelschnurumschlingung durch die Doppler-Sonographie erkannt werden. Dieses diagnostische Verfahren wird bei einer vorangegangenen Totgeburt als Zusatzuntersuchung empfohlen.
Intrapartal fallen Nabelschnurumschlingungen im Verlauf der Austreibungsperiode, beim Tiefertreten des Kopfes auf: Im CTG zeigen sich variable Dezelerationen (s. Abb. **E-6.30**), meist nur von kurzer Dauer, seltener lang anhaltende variable Dezelerationen, evtl. auch mit pathologischen Zusatzkriterien. Dann ist die Mikroblutuntersuchung zur genauen Diagnostik des fetalen Zustands indiziert. Hier werden die fetalen Blutgase aus dem Kapillarblut der Kopfhaut bestimmt (s. S. 531).

Therapie. Die Geburtsleitung ist abhängig vom fetalen Zustand.

Therapie. Die Geburtsleitung bei Nabelschnurumschlingung muss vom fetalen Zustand abhängig gemacht werden. Im Einzelfall ist bei präpartalem Nachweis einer Nabelschnurumschlingung und vorangegangener Totgeburt die primäre Sectio indiziert.

6.6.3 Nabelschnurknoten

6.6.3 Nabelschnurknoten

▶ Definition

▶ **Definition.** Die Nabelschnur ist ein- oder mehrfach geknotet (sog. echter Knoten, s. Abb. **E-6.31**).

Epidemiologie und Ätiologie. Echte Nabelschnurknoten entstehen wahrscheinlich durch Drehung des Fetus um die eigene Achse. Falsche Nabelschnurknoten (s. Abb. **E-6.32**) werden durch Varizen vorgetäuscht.

Epidemiologie und Ätiologie. Echte Nabelschnurknoten kommen etwa in 1 % aller Geburten vor und machen ca. 5 % der perinatalen kindlichen Todesfälle aus. Wahrscheinlich entstehen sie durch Drehung des Fetus um die eigene Achse. Sog. falsche Nabelschnurknoten (s. Abb. **E-6.32**) werden durch Varizen vorgetäuscht. Diese haben meist keine klinische Bedeutung.

E-6.31 Echter Nabelschnurknoten.

E-6.31

Einfacher echter Knoten.

E-6.32 Falscher Nabelschnurknoten

E-6.32

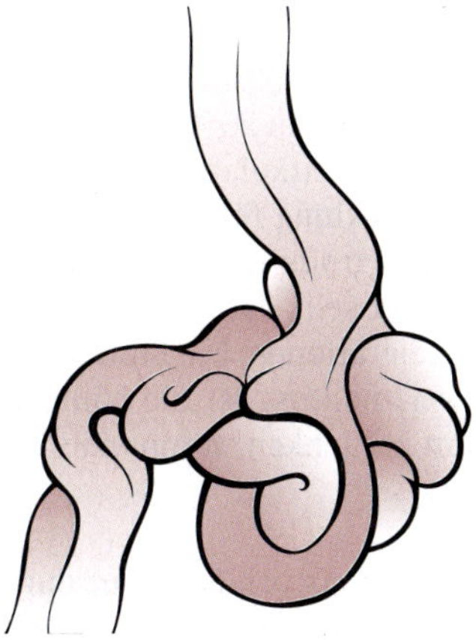

Ein Knäuel von Varizen täuscht einen Knoten vor.

Klinik und Diagnostik. Während der Schwangerschaft werden Nabelschnurknoten nicht erkannt. Bei Zirkulationsstörungen infolge Zuges am Knoten kann es zum intrauterinen Fruchttod kommen. Die Diagnose wird dann erst nach der Totgeburt gestellt.
Intrapartal können Nabelschnurknoten anhaltende Bradykardien oder variable Dezelerationen hervorrufen.

Klinik und Diagnostik. Präpartal werden Nabelschnurknoten nicht erkannt. Intrapartal können sie Bradykardien oder variable Dezelerationen hervorrufen.

Therapie. Die Geburtsleitung ist stets abhängig vom fetalen Zustand. Dieser lässt sich durch Kardiotokographie oder noch besser mittels einer Mikroblutuntersuchung feststellen. Bei drohender fetaler Asphyxie in der Eröffnungsperiode muss eine sekundäre Sectio erfolgen. In der Austreibungsperiode kann bei drohender fetaler Asphyxie die Geburt vaginal-operativ beendet werden, wenn der kindliche Kopf mindestens die Beckenmitte erreicht hat.

Therapie. Die Geburtsleitung ist abhängig vom fetalen Zustand. Droht die fetale Asphyxie, ist in der Eröffnungsperiode die sekundäre Sectio, in der Austreibungsperiode evtl. die vaginal-operative Entbindung indiziert.

6.6.4 Insertio velamentosa

6.6.4 Insertio velamentosa

▶ **Definition.** Bei der Insertio velamentosa setzt die Nabelschnur nicht an der Plazenta, sondern an den Eihäuten an (s. Abb. **E-6.33**).

◀ Definition

E-6.33

E-6.33 **Insertio velamentosa**

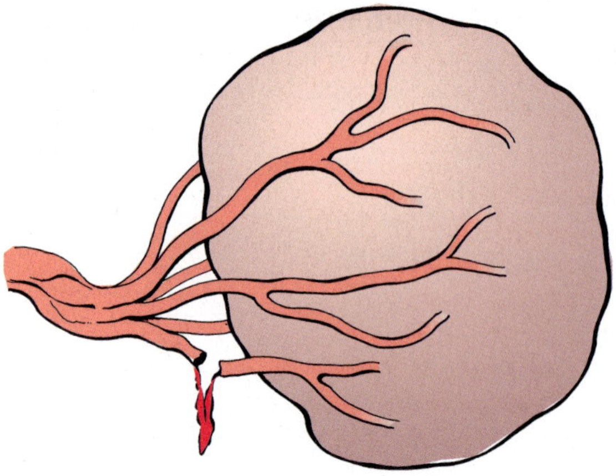

Aufzweigen der Nabelschnurgefäße oberhalb der Basalplatte der Plazenta in den Eihäuten.

Epidemiologie. Bei Schwangerschaften mit einem Kind in 1 %, mit Mehrlingen häufiger.

Klinik. Die Kompression frei verlaufender Gefäße kann zu fetaler Hypoxie führen. In der frühen Embryonalzeit können Fehlbildungen entstehen (in bis zu 25 % der Fälle), später eine Wachstumsretardierung.

Wird beim Blasensprung oder einer Amniotomie ein größeres Gefäß verletzt – häufigste Ursache einer fetalen Blutung –, kommt es zu fetaler Hypoxie mit ausgeprägten variablen Dezelerationen im CTG.

Diagnostik. Mit dem Blasensprung einsetzende Blutung. Bei jeder uterinen Blutung muss der Nachweis von Fetalblut durch Bestimmung von HbF geführt werden.

Therapie. Wird eine fetale Blutung nachgewiesen, muss sofort die Entbindung erfolgen.

Post partum ist meist eine Schockbehandlung des Kindes mit Volumensubstitution und Beatmung notwendig. Die kindliche Prognose ist in der Regel ungünstig.

6.7 Regelwidrigkeiten der Plazenta

Epidemiologie. Die Insertio velamentosa kommt bei 1 % der Einlingsschwangerschaften vor, bei Mehrlingsschwangerschaften häufiger.

Klinik. Die Kompression frei verlaufender Gefäße kann zu fetaler Hypoxie führen. Tritt die Hypoxie frühzeitig in der Embryonalperiode auf, kann es zu fetalen Fehlbildungen kommen. Die Insertio velamentosa ist in bis zu 25 % der Fälle mit nicht chromosomalen fetalen Fehlbildungen kombiniert. Zirkulationsstörungen zu einem späteren Zeitpunkt können zu Mangelentwicklung führen.
Wird beim Blasensprung oder einer Amniotomie ein größeres Gefäß verletzt, kommt es zu fetaler Hypoxie. Die Blutung kann so stark sein, dass der Fetus verblutet. Im CTG zeigen sich ausgeprägte variable Dezelerationen. Die Blutung aus einem verletzten Nabelschnurgefäß bei Insertio velamentosa ist die häufigste Ursache einer fetalen Blutung. Hieran ist vor allem zu denken, wenn eine Blutung mit dem Blasensprung einsetzt.

Diagnostik. Bei jeder uterinen Blutung muss der Nachweis von Fetalblut durch Bestimmung von HbF (s. S. 510) geführt werden. Bei Nachweis von HbF ist unverzüglich der Zustand des Fetus zu beurteilen, durch Kardiotokographie oder Ultraschall.

Therapie. Beim Nachweis einer fetalen Blutung ist unverzüglich die Entbindung einzuleiten. Der Geburtsmodus hängt vom Grad der fetalen Gefährdung ab. Eine Sectio kann evtl. für das Kind zu lange dauern. Hier besteht eine der wenigen Indikationen für eine Perfusion Toulousienne. Dabei wird das Kind mittels Vakuumextraktion, auch bei noch nicht vollständig eröffnetem Muttermund, vom Beckeneingang aus durch das gesamte mütterliche Becken herausgezogen. Zuvor erfolgt eine intrauterine Reanimation mit 25 µg Fenoterol i. v. im Bolus. Wird die Diagnose einer fetalen Blutung gestellt, ist die Erstversorgung des Kindes unverzüglich vorzubereiten. Nach der Geburt ist im Allgemeinen eine Schockbehandlung des Kindes durch Volumensubstitution und Beatmung erforderlich. Die kindliche Prognose ist bei einer Blutung aus einem Gefäß bei Insertio velamentosa in der Regel ungünstig.

6.7 Regelwidrigkeiten der Plazenta

Plazentare Ursachen der Risikogeburt sind die Plazentainsuffizienz, die Placenta praevia, die vorzeitige Lösung der Plazenta und die fehlende oder unvollständige Lösung der Plazenta nach der Geburt. Störungen der Plazentalösung sind auf S. 665 f abgehandelt.

6.7.1 Plazentainsuffizienz

▶ **Definition.** Als Plazentainsuffizienz bezeichnet man die Störung des Stoffaustauschs zwischen Mutter und Kind. Man unterscheidet die akute und die chronische Plazentainsuffizienz. Erstere manifestiert sich in Minuten oder Stunden, letztere in Tagen, Wochen bis Monaten. Da es kein eindeutiges morphologisches Korrelat gibt, wird die chronische Plazentainsuffizienz besser als intrauterine Wachstumsretardierung oder Mangelentwicklung bezeichnet.

Ätiologie. Die Ursachen der **akuten Plazentainsuffizienz** sind in Tab. **E-6.14** dargestellt.
Die Ursachen der **chronischen Plazentainsuffizienz** zeigt Tab. **E-6.15**.

Klinik und Diagnostik. Die akute Plazentainsuffizienz führt zu akuter fetaler Hypoxie und, wenn diese nicht behoben wird, zum intrauterinen Fruchttod (s. S. 668 f). Die chronische Plazentainsuffizienz führt zu Mangelentwicklung (s. S. 667 f), bei intrapartalen Komplikationen evtl. ebenfalls zu akuter fetaler Hypoxie und intrauterinem Fruchttod.
Die Diagnose der akuten Plazentainsuffizienz wird an Hand des CTGs, evtl. mittels Doppler-Sonographie gestellt, bei chronischer Plazentainsuffizienz mittels Ultraschall.

Therapie. Akute Plazentainsuffizienz: jeweilige Ursache beseitigen. Bei **chronischer Plazentainsuffizienz** muss die Grunderkrankung behandelt werden, evtl. sind Bettruhe und Tokolyse indiziert. Der Fetus muss engmaschig überwacht werden, bei Zeichen der Hypoxie muss umgehend die Entbindung erfolgen. Die Indikation zur Sectio ist großzügig zu stellen.

E-6.14 Ursachen der akuten Plazentainsuffizienz

▶ **jederzeit möglich**	▪ Vena-cava-Kompressionssyndrom
▶ **intrapartal**	▪ Wehensturm ▪ Nabelschnurkomplikationen ▪ vorzeitige Plazentalösung ▪ Placenta-praevia-Blutung ▪ Verletzung eines Nabelschnurgefäßes bei Insertio velamentosa

E-6.15 Ursachen der chronischen Plazentainsuffizienz (Mangelentwicklung)

▶ **mütterliche Allgemein- und gynäkologische Erkrankungen**	▪ ausgeprägte Anämie ▪ Diabetes mellitus ▪ chronische Niereninsuffizienz ▪ Infektionen ▪ Hypertonie ▪ Uterus myomatosus
▶ **schwangerschaftsbedingte Erkrankungen und sonstige Ursachen**	▪ Rhesus-Inkompatibilität ▪ Nikotin-, Alkohol- oder Drogenabusus ▪ Multiparität ▪ schnell aufeinander folgende Schwangerschaften ▪ Schwangerschaftsabbrüche ▪ Alter < 18 Jahre oder > 35 Jahre ▪ eiweißarme Ernährung

6.7.1 Plazentainsuffizienz

◀ Definition

Ätiologie. Ursachen der **akuten** und **chronischen Plazentainsuffizienz** sind in Tab. **E-6.14** und **E-6.15** dargestellt.

Klinik und Diagnostik. Akute Plazentainsuffizienz führt zu akuter fetaler Hypoxie und evtl. intrauterinen Fruchttod (Diagnose mit CTG). Die chronische Plazentainsuffizienz führt zu Mangelentwicklung, intrapartal evtl. auch zu akuter Hypoxie und intrauterinem Fruchttod (Diagnose durch Ultraschall).

Therapie. Akute Plazentainsuffizienz: jeweilige Ursache beseitigen. Chronische Plazentainsuffizienz: Grunderkrankung behandeln, evtl. Bettruhe und Tokolyse. Engmaschige Überwachung des Fetus. Bei fetaler Gefährdung umgehende Entbindung.

E-6.14

E-6.15

6.7.2 Placenta praevia

6.7.2 Placenta praevia

▶ Definition

▶ **Definition.** Dystoper Sitz der Plazenta im Bereich des Isthmus. Die Häufigkeit beträgt 1 auf 200 Geburten. Je nach Grad der Ausbreitung der Plazenta am inneren Muttermund unterscheidet man folgende Schweregrade:
Placenta praevia totalis (20 %): Der innere Muttermund ist durch die Plazenta völlig bedeckt (s. Abb. **E-6.34a**).
Placenta praevia partialis (30 %): Der innere Muttermund wird teilweise durch die Plazenta bedeckt (s. Abb. **E-6.34b**); die Diagnose lässt sich erst stellen, wenn der Muttermund sich öffnet.
Placenta praevia marginalis: Die Plazenta reicht bis an den Rand des inneren Muttermundes heran.
Tiefer Sitz der Plazenta: Teile der Plazenta inserieren am unteren Uterinsegment, erreichen jedoch nicht den inneren Muttermund.
Placenta praevia marginalis und tiefsitzende Plazenta machen zusammen 50 % aus.

Ätiologie und Pathogenese. Gehäuftes Auftreten nach Kürettage oder Sectio, bei Multiparität, Mehrlingsschwangerschaft, fetaler Erythroblastose, Raucherinnen und evtl. nach Endometritis.

Durch Uteruskontraktionen wird das untere Uterinsegment gedehnt, es kommt zum Abscheren der Plazenta von ihrer Haftfläche. Die Folge ist eine Blutung.

Ätiologie und Pathogenese. Ursache einer Placenta praevia kann eine Schädigung des Endometriums sein. Die Placenta praevia tritt gehäuft nach Kürettage oder Sectio, bei Multiparität, Mehrlingsschwangerschaft, bei fetaler Erythroblastose (Morbus haemolyticus) und bei Raucherinnen auf. Sie kann auch Folge einer Endometritis sein.
Durch Uteruskontraktionen wird das untere Uterinsegment gedehnt. Dabei schert die Plazenta von ihrer Haftfläche ab, und es resultiert eine Blutung. Es blutet stets aus intravillösen Räumen, d. h. es handelt sich zunächst immer um eine mütterliche Blutung. Gelegentlich kann es zur Zerreißung von Zotten kommen, so dass dann auch eine fetale Blutung einsetzt.

Klinik. Typisch ist die schmerzlose Blutung im 3. Trimenon.

Klinik. Typisch ist die **schmerzlose Blutung im 3. Trimenon.** Die Blutung bei Placenta praevia kommt gelegentlich aber schon ab der 20. SSW vor. 70–80 % aller Blutungen in der zweiten Schwangerschaftshälfte sind durch eine Placenta praevia bedingt.

Diagnostik. Bei der Spekulumeinstellung ist der Abgang von frischem Blut aus dem Zervikalkanal nachweisbar.

Diagnostik. Bei der Spekulumeinstellung ist der Abgang von frischem Blut aus dem Zervikalkanal nachweisbar. Zum Ausschluss der fetalen Blutung muss immer der Nachweis von HbF geführt werden.

E-6.34 Formen der Placenta praevia

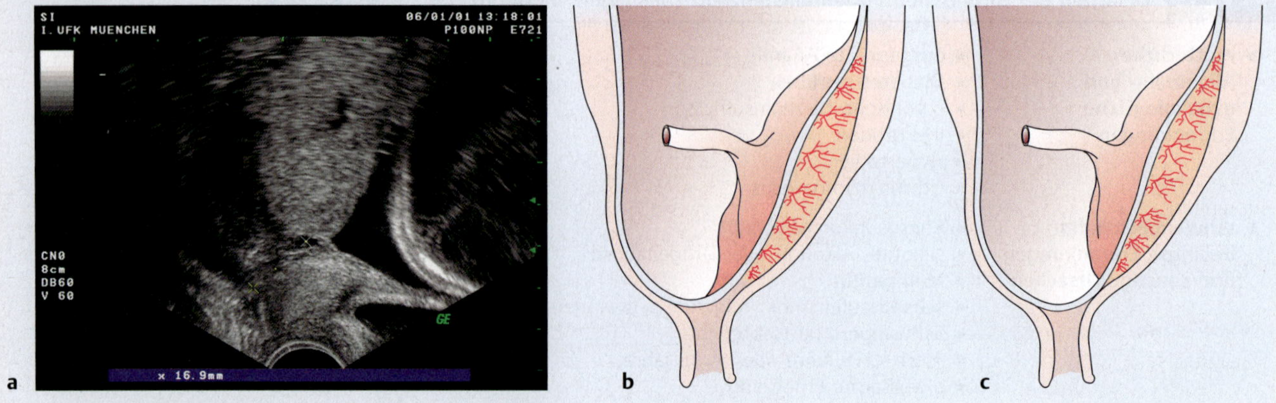

a Placenta praevia totalis.
b Placenta praevia partialis.
c Placenta praevia marginalis.

Die klinische Verdachtsdiagnose einer Blutung bei Placenta praevia wird durch Ultraschalluntersuchung gesichert (s. S. 511 ff). Diese sollte entweder bei voller Harnblase oder vorsichtig mittels Vaginalsonde durchgeführt werden.

Die klinische Verdachtsdiagnose wird durch Ultraschall gesichert.

▶ **Merke.** Bei V. a. Placenta praevia darf keine vaginale Tastuntersuchung vorgenommen werden.

◀ **Merke**

Therapie. Bei V. a. Placenta-praevia-Blutung, bei geringerer Blutungsstärke oder nach raschem Sistieren einer Placenta-praevia-Blutung muss die Schwangere stets stationär aufgenommen werden. Jegliche Belastungen, die erneut Blutungen auslösen oder die Blutung verstärken können, sind zu vermeiden. Deshalb ist strenge Bettruhe anzuraten. Zusätzlich ist eine intravenöse Tokolyse angezeigt, um erneute kontraktionsbedingte Blutungen zu verhindern bzw. die Blutung zu vermindern. Bei oder nach einer Blutung müssen Hb und plasmatische Gerinnungsfaktoren kontrolliert und nach Bestimmung der Blutgruppe muss ausreichend Blut für den Notfall bereitgestellt werden. In Abhängigkeit vom Gestationsalter muss ggf. eine Prophylaxe des Atemnotsyndroms (s. S. 641) durchgeführt werden.
Bei starker uteriner Blutung ist – unabhängig vom Gestationsalter – aus mütterlicher Indikation die sofortige Sectio indiziert.
Geburtshilfliches Vorgehen: Das geburtshilfliche Vorgehen ist abhängig vom Sitz der Placenta praevia:
Bei Placenta praevia totalis muss stets die primäre Sectio – die Sectio vor Beginn der Wehen – durchgeführt werden.
Bei Placenta praevia marginalis, tiefsitzender Plazenta und geringer Blutung oder bei nicht lebensfähigem oder totem Kind kann ein vaginaler Geburtsversuch unternommen werden. Die Schwangere ist sorgfältig zu überwachen, und es sind ausreichend frische Blutkonserven bereitzustellen. Eine frühzeitige kontrollierte Amniotomie ist anzustreben: So kann eine Kompression des Plazentarands und damit der Blutungsquelle durch den vorangehenden Teil erreicht werden. Bei zu starken Blutungen ist auch während des vaginalen Geburtsversuchs aus mütterlicher Indikation stets die sekundäre Sectio indiziert.
Zur Placenta praevia s. auch S. 730.

Therapie. Bei V. a. Placenta-praevia-Blutung, geringer Blutungsstärke oder nach raschem Sistieren einer Placenta-praevia-Blutung wird die Schwangere stationär aufgenommen. Strenge Bettruhe und Tokolyse sind indiziert. Je nach Gestationsalter wird die Lungenreifung induziert.

Bei starker Blutung erfolgt aus mütterlicher Indikation die sofortige Sectio.

Geburtshilfliches Vorgehen:
Bei Placenta praevia totalis stets primäre Sectio.

Bei Placenta praevia marginalis oder bei tiefem Sitz der Plazenta und geringer Blutung kann ein vaginaler Geburtsversuch unternommen werden. Eine frühzeitige kontrollierte Amniotomie ist sinnvoll, da der vorangehende kindliche Teil dann die Blutungsquelle komprimiert.

6.7.3 Vorzeitige Lösung der Plazenta

6.7.3 Vorzeitige Lösung der Plazenta

▶ **Synonym.** Abruptio placentae, Ablatio placentae.

◀ **Synonym**

▶ **Definition.** Als vorzeitige Lösung der Plazenta wird die teilweise oder vollständige Ablösung der normalsitzenden Plazenta vor der Geburt des Kindes bezeichnet.

◀ **Definition**

Epidemiologie. Nach den bundesdeutschen Perinatalerhebungen ist die vorzeitige Lösung der Plazenta das Risikomerkmal, das am seltensten vorkommt, aber mit der höchsten perinatalen kindlichen Mortalität einhergeht. Die Häufigkeit beträgt 0,2–1,1 % aller Geburten.

Epidemiologie. Die vorzeitige Lösung der Plazenta kommt selten vor, hat aber die höchste perinatale kindliche Mortalität.

Ätiologie und Pathogenese. Ursachen der vorzeitigen Plazentalösung können **Traumata** sein, z. B. ein Sturz oder Stoß auf den Bauch, oder **plötzliche intrauterine Druck- oder Volumenänderungen,** z. B. nach der Geburt des ersten Zwillings oder nach Blasensprung bei Hydramnion. Bei der **Präeklampsie** wird die vorzeitige Lösung der Plazenta durch Kapillarschäden im Plazentabett induziert. Eine iatrogen bedingte vorzeitige Plazentalösung kann bei äußerer Wendung eines Kindes aus Beckenendlage in die Schädellage vorkommen.

Ätiologie und Pathogenese. Die vorzeitige Plazentalösung tritt nach **Traumata, plötzlichen intrauterinen Druck- oder Volumenänderungen**, wie nach der Geburt des ersten Zwillings und nach Blasensprung bei Hydramnion, bei Präeklampsie und evtl. bei äußerer Wendung auf.

Aufgrund der Blutung bildet sich ein retroplazentares Hämatom; je nach Ausmaß löst sich die Plazenta partiell oder vollständig, evtl. mit hämorrhagischem Schock und fetaler Hypoxie. Das Hämatom kann das Myometrium durchsetzen (Couvelaire-Uterus).

Die Blutung aus uterinen Gefäßen führt zur Bildung eines retroplazentaren Hämatoms und, je nach ihrem Ausmaß, zur partiellen oder vollständigen Ablösung der Plazenta. Bei ausgeprägter Blutung kommt es zum hämorrhagischen Schock und zur akuten Plazentainsuffizienz mit fetaler Hypoxie. Durchsetzt das retroplazentare Hämatom das Myometrium, spricht man vom Couvelaire-Uterus. Häufig gelangt das Blut, unabhängig von Lokalisation und Ausmaß des Hämatoms, nach außen und ruft eine vaginale Blutung hervor.

Klinik und Diagnostik. Plötzlich auftretender, dauerhaft anhaltender Uterusschmerz.

Bei geringem Ausmaß ist der Uterus lokal druckschmerzhaft, der Fetus evtl. hypoxisch.

Bei größerem Ausmaß finden sich Zeichen eines Schocks und der fetalen Hypoxie, der Uterus ist bretthart, evtl. umschrieben geschwollen.

Klinik und Diagnostik. Leitsymptom ist der plötzlich auftretende, dauerhaft anhaltende und starke Schmerz im Bereich des Uterus.
Bei geringem Ausmaß der Plazentalösung ist dies das einzige Symptom, bei der Palpation des Uterus findet sich dann nur eine lokale Druckempfindlichkeit. Im CTG sind evtl. Zeichen der fetalen Hypoxie sichtbar.
Bei größerem Ausmaß der uterinen Blutung bzw. Plazentalösung finden sich Zeichen des Schocks – Angst, Unruhe, Zyanose, Tachykardie, evtl. Bewusstseinsverlust – und der fetalen Hypoxie – Bradykardie und silentes Oszillationsmuster. Im weiteren Verlauf kann sich eine Verbrauchskoagulopathie entwickeln. Der Uterus ist bretthart („Holzuterus") und druckempfindlich, im Falle des Couvelaire-Uterus findet sich eine lokalisierte Schwellung.

Oft vaginale Blutung, deren Ausmaß keine Rückschlüsse auf die Schwere des Krankheitsbildes erlaubt.

Die Diagnose wird durch Ultraschall gesichert.

Der Zustand des Fetus muss überwacht werden (CTG oder Ultraschall).

Hb, Thrombozytenzahl und Gerinnungsparameter müssen kontrolliert werden.

Oft lässt sich mittels Spekulumeinstellung eine frische uterine Blutung nachweisen, deren Ausmaß jedoch keine Rückschlüsse auf den Schweregrad der uterinen Blutung erlaubt.
Die Verdachtsdiagnose wird mittels Ultraschall gesichert, durch Nachweis des retroplazentaren Hämatoms oder einer partiellen Ablösung der Plazenta.
Der Zustand des Fetus muss, je nach Schweregrad, intermittierend – durch CTG oder Ultraschall – oder kontinuierlich durch CTG überwacht werden.
Hb, Thrombozytenzahl und Gerinnungsparameter müssen kontrolliert werden, um frühzeitig eine Anämie bzw. eine Verbrauchskoagulopathie zu erkennen.

Therapie. Nach Einweisung in die Klinik müssen Puls, Blutdruck, Ein- und Ausfuhr der Schwangeren engmaschig kontrolliert werden.

Therapie. Bei der vorzeitigen Plazentalösung sind stets die Einweisung in eine Klinik und eine Intensivüberwachung der Schwangeren erforderlich, d. h. Kon-

E-6.35

E-6.35 Vorzeitige Plazentalösung

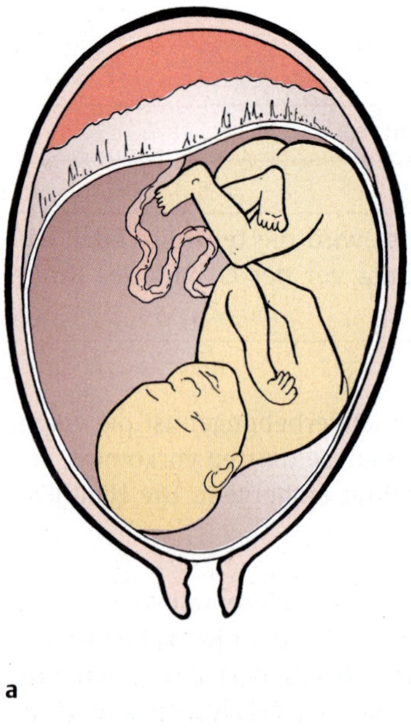
a

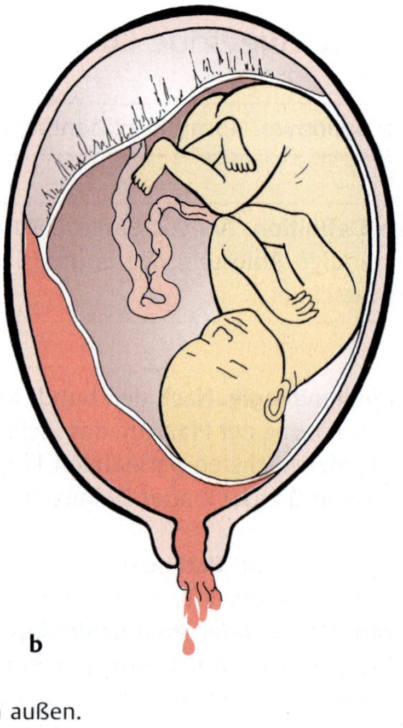
b

a Retroplazentares Hämatom ohne Blutung nach außen.
b Hämatom am Plazentarand mit Blutung nach außen.

trolle von Puls, Blutdruck, Ein- und Ausfuhr. Ausreichende Mengen von frischem Blut derselben Blutgruppe und Blutgruppenbestandteilen, wie z. B. Fresh-frozen-Plasma, müssen bereitstehen.

Zeitpunkt und Art der Entbindung sind in erster Linie vom Zustand der Mutter abhängig. Mütterliche Indikationen zur sofortigen Entbindung durch Sectio sind starker Blutverlust, Schock und Verbrauchskoagulopathie. Erst in zweiter Linie ist der Zustand des Kindes zu berücksichtigen. Aus fetaler Indikation ist bei Zeichen der Asphyxie die sofortige Entbindung durch Sectio notwendig.

Die Geburtsleitung hängt in erster Linie vom Zustand der Mutter ab.

Bei vorzeitiger Plazentalösung zwischen der 28. und 34. SSW wird bei geringem Ausmaß der Lösung, stabilem mütterlichen und normalem fetalen Zustand zunächst die fetale Lungenreifung mittels Betamethason induziert. Dies erfolgt unter Intensivüberwachung von Mutter und Kind und gleichzeitiger i. v. Tokolyse.

Bei vorzeitiger Plazentalösung zwischen der 28. und 34. SSW wird bei geringem Ausmaß, stabilem mütterlichen und normalem fetalen Zustand unter Tokolyse die fetale Lungenreife induziert.

Bei vorzeitiger Plazentalösung nach der 34. SSW ist die Lungenreife gegeben und somit ein abwartendes Verhalten nicht mehr gerechtfertigt. Die Entbindung erfolgt durch Sectio.

Nach der 34. SSW ist die Lungenreife gegeben, die Entbindung erfolgt durch Sectio.

Bei ausgedehnter Plazentalösung und gutem fetalen Zustand wird – unabhängig vom Gestationsalter – die sofortige Sectio durchgeführt.

Bei ausgedehnter Plazentalösung und gutem Zustand des Fetus sofortige Sectio.

Ist die Prognose des Kindes ungünstig, ist z. B. mehr als die Hälfte der Plazenta abgelöst und/oder hält eine schwere fetale Bradykardie – < 80 Schlägen/Minute – länger als 20–30 Minuten an, sollte keine Sectio vorgenommen werden. Dann oder bei intrauterinem Fruchttod wird bei gutem mütterlichen Zustand ein vaginaler Geburtsversuch unter intensiver Überwachung durchgeführt. Dabei wird die Geburt mittels Prostaglandinen eingeleitet, z. B. durch Infusion von Sulproston (Nalador).

Bei ungünstiger kindlicher Prognose oder intrauterinem Fruchttod wird bei gutem mütterlichen Zustand ein vaginaler Geburtsversuch unternommen.

Auch nach der Geburt ist der Zustand der Mutter sorgfältig zu kontrollieren, besonders nach schweren Fällen von vorzeitiger Plazentalösung. Noch mehrere Stunden lang besteht die Gefahr der Nachblutung durch Uterusatonie oder eine Gerinnungsstörung. Deshalb wird eine Prophylaxe der Uterusatonie durchgeführt, am besten durch Prostaglandin-Infusion, z. B. eine Sulproston-Infusion (50 µg/Stunde).

Postpartal besteht die Gefahr einer Nachblutung durch Uterusatonie oder eine Gerinnungsstörung. Daher wird eine Atonieprophylaxe mittels Prostaglandin-Infusion durchgeführt.

Zur vorzeitigen Plazentalösung s. auch S. 731.

◄ **Klinischer Fall**

▶ **Klinischer Fall.** Eine 23-jährige Erstgebärende geht in der 39. SSW in die Ambulanz einer Klinik, weil sie seit 30 Minuten anhaltende, kräftige Unterbauchschmerzen hat. Der Verlauf der Schwangerschaft war bislang unkompliziert. Die Frau ist starke Raucherin, die Schwangerenvorsorge nahm sie bisher nur unregelmäßig war. Bei Aufnahme fällt ein bretthatter und schmerzhafter Uterus auf. Die Spekulumuntersuchung zeigt unauffällige Geburtswege, der Muttermund ist noch geschlossen. Im Ultraschall zeigt sich ein retroplazentares Hämatom von ca. 100 ml. Die Maße des Kindes entsprechen der 35. SSW. Es gibt keine Hinweise auf Fehlbildungen, das Fruchtwasser ist vermindert.

Es wird die primäre Sectio durchgeführt. Dabei bestätigt sich die klinische Verdachtsdiagnose einer vorzeitigen Plazentalösung. Das mangelentwickelte Kind ist anämisch, das Hb beträgt 11,3 g/l, der Hämatokrit 28 %. Ansonsten ist das Kind vital. Zur Stabilisierung des Blutdruckes werden ihm über die Nabelvene 20 ml 5 %iges Biseko, eine Plasmaproteinlösung, verabreicht. Im weiteren Verlauf ist der Zustand von Mutter und Kind unauffällig.

6.8 Regelwidrigkeiten der Nachgeburtsperiode

6.8 Regelwidrigkeiten der Nachgeburtsperiode

Die Nachgeburtsperiode ist die für die Mutter gefährlichste Phase der Geburt, da es durch **verstärkte postpartale Blutungen** zu ausgeprägtem Blutverlust kommen kann.

Wegen des Risikos verstärkter postpartaler Blutungen die für die Mutter gefährlichste Phase.

◄ **Definition**

▶ **Definition.** Ein Blutverlust von mehr als 500 ml während der Nachgeburtsperiode oder einige Stunden danach ist pathologisch und kann einen Schockzustand zur Folge haben.

Ätiologie und Klinik. Die **häufigste Ursache** der verstärkten postpartalen Blutung ist die **Uterusatonie**. Verstärkte Blutungen kommen außerdem bei **Plazentalösungsstörungen** oder bei **Verletzungen der Geburtswege** vor, seltener bei einer **Gerinnungsstörung**.
Der Blutungsbeginn lässt Rückschlüsse auf die Blutungsursache zu: Blutungen durch Geburtsverletzungen setzen unmittelbar nach der Entwicklung des Kindes ein, Lösungsblutungen nach einem freien Intervall. Die atonische Nachblutung beginnt erst nach Geburt der Plazenta.

Ätiologie und Klinik. Die häufigste **Ursache der verstärkten postpartalen Blutung** ist die **Uterusatonie.** Verstärkte Blutungen können aber auch im Zusammenhang mit **Lösungsstörungen der Plazenta** auftreten. Seltener, aber klinisch bedeutend, sind Blutungen bei **Verletzungen der Geburtswege,** z. B. nach Dammriss, Klitoris-, Labien-, Scheiden- oder Zervixriss oder bei Nachblutungen aus einer Episiotomie. Selten wird eine verstärkte postpartale Blutung durch eine **Gerinnungsstörung** infolge Mangels an Fibrin verursacht. Der Mangel an Fibrin wird entweder durch Verbrauch oder durch Hyperfibrinolyse hervorgerufen. Gerinnungsstörungen sind auf S. 549 abgehandelt.
Klinisch lassen sich **an Hand des Blutungsbeginns Rückschlüsse auf die Ursache der Blutung** ziehen: Aus Verletzungen der Geburtswege beginnt es unmittelbar nach Entwicklung des Kindes zu bluten. Bei einer Lösungsstörung der Plazenta liegt zwischen der Entwicklung des Kindes und dem Beginn der Blutung ein blutungsfreies Intervall und bei Uterusatonie oder einer Gerinnungsstörung beginnt die Blutung erst nach Geburt der Plazenta.

▶ **Merke**

▶ **Merke.** Verstärkte postpartale Blutungen können innerhalb kürzester Zeit zum hämorrhagischen Schock führen. Um lebensbedrohliche Zustände zu verhindern, ist bei verstärkten postpartalen Blutungen rasches Handeln notwendig.

Diagnostik. Zunächst wird der Kontraktionszustand des Uterus beurteilt, anschließend das äußere und innere Genitale inspiziert. Notfallmäßig werden Hb, Thrombozytenzahl und Gerinnungsparameter bestimmt.

Diagnostik. Zuerst muss stets der Kontraktionszustand des Uterus beurteilt werden, durch Palpation und Kontrolle des Fundusstandes. Durch Inspektion des äußeren und inneren Genitales (Spekulumeinstellung) sind Verletzungen im Bereich der Geburtswege auszuschließen. Um Anämie und Gerinnungsstörungen rechtzeitig erkennen zu können, müssen notfallmäßig Hb, Thrombozytenzahl und Gerinnungsparameter bestimmt werden.

6.8.1 Geburtsverletzungen der Mutter

Manifestation direkt nach der Geburt durch Blutungen und/oder Schmerzen.

6.8.1 Geburtsverletzungen der Mutter

Verletzungen der mütterlichen Geburtswege manifestieren sich direkt nach der Geburt durch Blutungen und/oder Schmerzen.

Dammriss

Dammriss

▶ **Definition**

▶ **Definition.** Als Dammriss 1. Grades wird eine Verletzung der Haut des Dammes, meist an der hinteren Kommissur, bezeichnet (s. Abb. **E-6.36a**).
Beim Dammriss 2. Grades ist zusätzlich die oberflächliche Dammmuskulatur verletzt, der M. sphincter ani externus jedoch intakt (s. Abb. **E-6.36b**).
Beim Dammriss 3. Grades ist zusätzlich der Sphincter ani externus teilweise oder vollständig durchtrennt (s. Abb. **E-6.36c**). Evtl. ist auch die Rektumvorderwand eingerissen, dies wird auch als Dammriss 4. Grades bezeichnet.
Der Dammriss ist neben der Episiotomie die häufigste Geburtsverletzung.

Ätiologie. Ursachen für Dammrisse sind ein großes Kind, unzureichender Dammschutz, ungenügende Dehnung des Dammes, häufig bei forcierter oder operativer vaginaler Entbindung, und eine zu klein angelegte Episiotomie.

Ätiologie. Dammrisse entstehen bei großem Kind, unzureichendem Dammschutz oder wenn der Damm in den Presswehen durch den vorangehenden Teil nicht ausreichend gedehnt wurde. Letzteres ist vor allem bei forcierten Kindsentwicklungen wegen drohender Asphyxie oder bei operativen vaginalen Entbindungen häufig der Fall. Dammrisse können aber auch entstehen, wenn eine Episiotomie nicht ausreichend groß geschnitten wurde.

Klinik und Diagnostik. Diagnose durch Inspektion.

Klinik und Diagnostik. Symptome sind Blutung und/oder Schmerzen. Die Diagnose wird durch Inspektion gestellt.

Therapie. Dammrisse 1. und 2. Grades werden wie die Episiotomie chirurgisch durch Nähte versorgt.

Therapie. Dammrisse 1. und 2. Grades werden wie die Episiotomie chirurgisch durch Nähte versorgt. M. sphincter ani externus und Darm sind stets sorgfältig auf Verletzungen zu untersuchen.

E-6.36 **Dammriss**

E-6.36

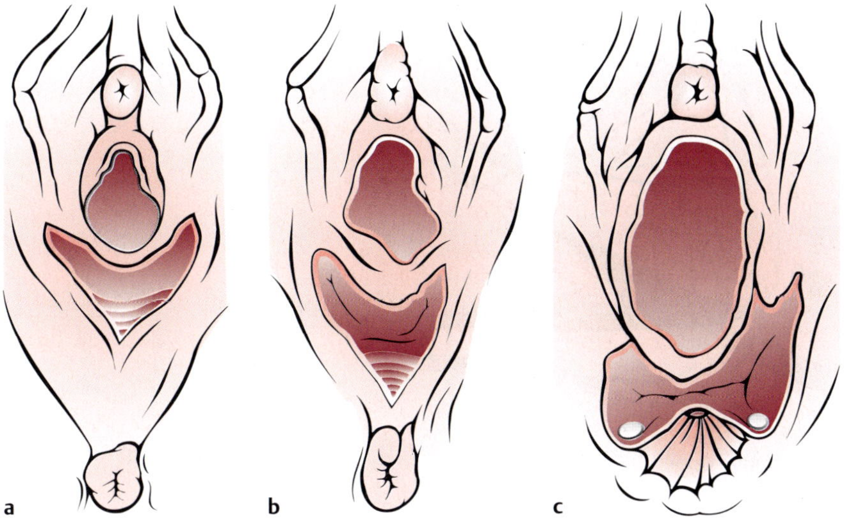

a Dammriss 1. Grades.
b Dammriss 2. Grades.
c Dammriss 3. Grades.

▶ **Merke.** Stets ist die rektale Untersuchung durchzuführen, um Darmverletzungen oder eine fehlerhafte Versorgung von Episiotomie und Dammriss rechtzeitig zu erkennen.

◀ Merke

Beim Dammriss 3. und 4. Grades müssen zunächst Darm bzw. M. sphincter ani externus durch Nähte chirurgisch versorgt werden; dann erst wird der Damm wie bei Rissen 1. und 2. Grades versorgt.

Dammriss 3. und 4. Grades: zunächst Nähen von Darm bzw. M. sphincter ani externus, anschließend wird der Damm versorgt.

Prognose. Dammrisse heilen im Allgemeinen komplikationslos ab. Dammfisteln nach geburtshilflichen Verletzungen sind bei sorgfältiger Nahttechnik heute äußerst selten geworden. Ebenso ist die lang anhaltende Darminkontinenz nach geburtshilflichen Verletzungen, insbesondere nach Dammriss 3. und 4. Grades, bei sorgfältiger chirurgischer Versorgung äußerst selten.

Prognose. Dammrisse heilen im Allgemeinen komplikationslos ab. Dammfisteln sowie Darminkontinenz sind heute äußerst selten.

Labien- und Klitorisriss

Durch starke Dehnung beim Austritt des Kopfes können die Labien oder die Klitoris einreißen. Bei Schmerzen oder starker Blutung muss der Riss chirurgisch versorgt werden.

Labien- und Klitorisriss

Bei Blutung oder Schmerzen muss der durch Dehnung entstandene Riss genäht werden.

Zervix- und Scheidenriss

Zervix- und Scheidenriss

▶ **Definition.** Blutende Verletzung von Scheide und/oder Zervix.

◀ Definition

Ätiologie und Klinik. Rissverletzungen von Scheide und/oder Zervix können durch die Spontangeburt, aber auch traumatisch durch Vakuum- oder Zangenextraktion entstehen. Scheidenrisse können, insbesondere im Zusammenhang mit nicht ausreichend großen Episiotomien, auch isoliert vorkommen.
Scheidenrisse bluten in aller Regel. Dagegen können kleine Zervixrisse auch ohne Blutungen vorkommen. Zervixrisse finden sich fast immer seitlich (s. Abb. **E-6.37**). Eine äußerst seltene Komplikation ist der Abriss der Scheide vom Uterus.

Ätiologie und Klinik. Rissverletzungen können durch Spontangeburt, Vakuum- oder Zangenextraktion entstehen.

Scheidenrisse bluten in aller Regel, größere Zervixrisse ebenfalls. Zervixrisse finden sich fast immer seitlich (s. Abb. **E-6.37**).

E-6.37

E-6.37 Rechtsseitiger Zervixriss

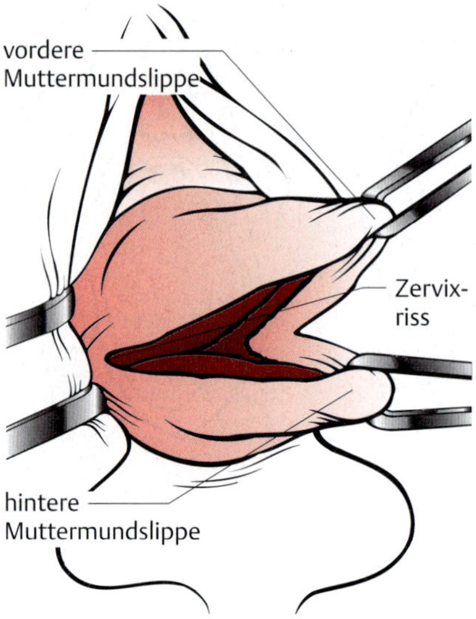

Einriss der Zervix beidseits seitlich bei 3 und 9 Uhr.

Diagnostik. Verletzungen im unteren Scheidendrittel werden meist bei der Inspektion des Dammes erkannt. Verletzungen in oberen Scheidenabschnitten oder der Zervix sind frühzeitig nur durch Spekulumeinstellung zu diagnostizieren.

Diagnostik. Verletzungen im unteren Scheidendrittel werden meist bei der Inspektion des Dammes erkannt. Verletzungen in oberen Scheidenabschnitten oder der Zervix werden frühzeitig nur durch eine Spekulumeinstellung, ansonsten durch die postpartale Blutung diagnostiziert. Die routinemäßige Spekulumeinstellung der Geburtswege ist zu empfehlen, um unnötigen Blutverlust zu verhindern

Therapie und Prognose. Scheidenrisse müssen stets chirurgisch durch Nähte versorgt werden. Die Wundheilung kann durch Hämatome gestört sein.

Therapie und Prognose. Scheidenrisse müssen stets chirurgisch durch Nähte versorgt werden, entweder durch Einzelknopfnähte oder fortlaufende Naht. Dabei sollten blutende Arterien isoliert durch Naht versorgt werden. Scheidenrisse heilen in der Regel gut, die Wundheilung kann jedoch durch supra- oder infralevatorielle Hämatome gestört sein. Diese müssen bei entsprechender Größe oder bei starkem Blutverlust ausgeräumt werden; die Wunde ist dann durch Sekundärnaht zu verschließen.

Blutende **Zervixrisse** müssen chirurgisch versorgt werden. Nicht blutende, kleine Zervixrisse können belassen werden, da sie problemlos vernarben. Nicht blutende, größere Zervixrisse sollten chirurgisch versorgt werden.

Blutende **Zervixrisse** müssen durch Einzelknopfnähte in Intubationsnarkose oder bei gut sitzender Regionalanästhesie versorgt werden. Nicht blutende, kleinere Zervixrisse bedürfen keiner chirurgischen Versorgung, da sie problemlos vernarben. Nicht blutende, größere Zervixrisse sollten aus kosmetischen Gründen chirurgisch versorgt werden, da sie sonst später meist zu verstärkter Sekretion führen.

Beim **Scheidenabriss** ist stets eine Laparotomie und meistens eine Hysterektomie erforderlich.

Bei dem selten vorkommenden **Abriss der Scheide** vom Uterus ist stets eine Laparotomie erforderlich. Dabei muss fast immer die Gebärmutter entfernt werden, da die uterinen Gefäße mit verletzt wurden.

Inversio uteri

▶ Definition

▶ **Definition.** Unter Inversio uteri versteht man die komplette oder inkomplette Ausstülpung der Uterusschleimhaut in die Scheide oder bis zur Vulva.

Ätiologie. Starke Dehnung des Uterus, Placenta adhaerens und starker Zug an der Nabelschnur.

Ätiologie. Prädisponierende Faktoren der sehr seltenen Komplikation sind starke Dehnung des Uterus, Placenta adhaerens und starker Zug an der Nabelschnur.

Klinik und Diagnostik. Schmerzen, postpartale Blutung und Schock. Diagnose durch Kontrolle des Fundusstands und Spekulumeinstellung.

Klinik und Diagnostik. Symptome sind Schmerzen, postpartale Blutung und Schock. Der Fundus ist oberhalb der Symphyse nicht mehr zu tasten, die Verdachtsdiagnose bestätigt sich bei der Spekulumeinstellung.

Therapie. Nach Behandlung der Schocksymptomatik wird unter Analgesie unter Tokolyse ein vaginaler Repositionsversuch unternommen. Evtl. muss die Plazenta vorher manuell gelöst werden. Nach erfolgreicher Reposition werden Kontraktionsmittel verabreicht. Gelingt die Reposition nicht, ist die operative Reposition notwendig, eventuell sogar die Hysterektomie indiziert.

Therapie. Nach Schockbehandlung wird unter Analgesie und Tokolyse ein vaginaler Repositionsversuch unternommen. Gelingt er, sind Kontraktionsmittel, gelingt er nicht, ist die Operation indiziert.

▶ **Klinischer Fall.** 5 Stunden nach Geburt wird eine 23-jährige Zweitgebärende intubiert wegen einer vaginalen Blutung in ein geburtshilfliches Zentrum verlegt. Die Geburt fand in einer Belegklinik statt, es wurde keine Episiotomie geschnitten. Die Nachgeburtsperiode sei wie die Geburt unauffällig gewesen. In der Belegklinik wurde eine Nachtastung der Gebärmutter durchgeführt, diese sei unauffällig gewesen.
Bei Aufnahme im geburtshilflichen Zentrum ist die intubierte Patientin kreislaufstabil. Das Hb beträgt 6,9 g/l. Der Uterus ist gut kontrahiert, der Fundus steht 2 Querfinger oberhalb der Symphyse. Bei der Spekulumeinstellung finden sich durch Nähte versorgte Labienrisse links und rechts sowie im hinteren Scheidengewölbe ein blutender, 4 cm langer Scheidenriss. Die sorgfältige Inspektion der Geburtswege (Vulva, Vagina und Uterus) ergibt keine weiteren Verletzungen. Nach chirurgischer Versorgung des Scheidenrisses sistiert die Blutung.

◀ **Klinischer Fall**

6.8.2 Störungen der Plazentalösung

6.8.2 Störungen der Plazentalösung

▶ **Definition.** Wenn die Plazenta sich nicht binnen 30 Minuten nach der Geburt des Kindes löst und/oder die Blutungsmenge 300 ml übersteigt und/oder die Plazenta nicht vollständig geboren wird, muss eine Störung der Plazentalösung und damit eine Plazentaretention angenommen werden.

◀ **Definition**

Ätiologie. Eine Störung der Plazentalösung kann funktionell oder anatomisch bedingt sein. Die durch **Wehenschwäche** hervorgerufene Lösungsstörung bezeichnet man als **Placenta adhaerens. Anatomische Ursachen** sind die Placenta accreta, increta und percreta. Bei der **Placenta accreta** fehlt die Dezidua, die Plazentazotten sind bis zum Myometrium vorgedrungen. Bei der **Placenta increta** sind die Zotten in das Myometrium, bei der **Placenta percreta** in die Serosa eingewachsen. Diese drei Formen der Lösungsstörung kommen gehäuft nach operativen Eingriffen am Uterus und nach ausgeprägten Genitalinfektionen vor.

Ätiologie. Eine Lösungsstörung der Plazenta kann durch Wehenschwäche bedingt sein (Placenta adhaerens) oder anatomische Ursachen haben (Placenta accreta, increta oder percreta). Letztere kommen gehäuft nach operativen Eingriffen am Uterus und nach Genitalinfektionen vor.

Klinik und Diagnostik. Bei der Placenta adhaerens löst sich die Plazenta nicht vollständig, bei Placenta accreta, increta und percreta löst sie sich gar nicht. Der Uterus ist zu groß und weich. Die klinischen Zeichen der Plazentalösung (Cord traction, s. Abb. **E-5.23**, S. 599) bleiben über 30 Minuten post partum aus. Die Lösungsblutung kann verstärkt sein, da sich der Uterus nicht maximal kontrahiert, solange er noch Plazenta(reste) enthält. Daher muss nach jeder Geburt das Ausmaß der vaginalen Lösungsblutung überprüft werden. Um die Blutungsmenge objektivieren zu können, legt man eine Schale unter das Gesäß der Frau.
Nach der Geburt der Plazenta muss diese stets inklusive der Eihäute und Nabelschnur auf Vollständigkeit überprüft werden. Fehlt ein mehr als bohnengroßes Plazentastück, muss man von einer partiellen Plazentaretention ausgehen.

Klinik und Diagnostik. Bei Placenta adhaerens löst sich die Plazenta unvollständig, bei Placenta accreta, increta und percreta gar nicht. Der Uterus ist zu groß und weich. Die klinischen Zeichen der Plazentalösung bleiben über 30 Minuten post partum aus. Die Lösungsblutung kann verstärkt sein.

Fehlt ein mehr als bohnengroßes Stück der Plazenta, muss man von einer partiellen Plazentaretention ausgehen.

Therapie. Zur Verkürzung der Nachgeburtsperiode sollte nach Abnabelung des Kindes stets ein Kontraktionsmittel verabreicht werden, z. B. 3 IE Oxytozin i. v. Wird die Plazenta nicht innerhalb von 30 Minuten nach Geburt des Kindes geboren, sollte zunächst die Harnblase mittels Katheter entleert werden, denn eine volle Blase hemmt die Uteruskontraktion. Danach ist die erneute Gabe von Kontraktionsmitteln indiziert, z. B. 3 IE Oxytozin i. v. Wenige Minuten danach sollte die Plazenta durch den **Credé-Handgriff** und Cord traction entwickelt werden: Beim Credé-Handgriff umfasst man bei einer Wehe den Fundus uteri und exprimiert ihn in kaudaler Richtung (s. Abb. **F-1.6**, S. 737). Nun zieht man außen an der Nabelschnur (Cord traction). Gelingt dies nicht, ist

Therapie. Nach Abnabelung des Kindes sollte stets ein Kontraktionsmittel verabreicht werden. Wird die Plazenta nicht innerhalb von 30 Minuten nach Geburt des Kindes geboren, wird zunächst die Harnblase entleert, dann erneut Kontraktionsmittel verabreicht und versucht, die Plazenta durch den **Credé-Handgriff** (s. Abb. **F-1.6**, S. 737) und Cord traction zu gewinnen. Gelingt dies nicht, ist die manuelle Plazentalösung in Vollnarkose oder Regio-

E-6.38

E-6.38 **Manuelle Lösung der Plazenta**

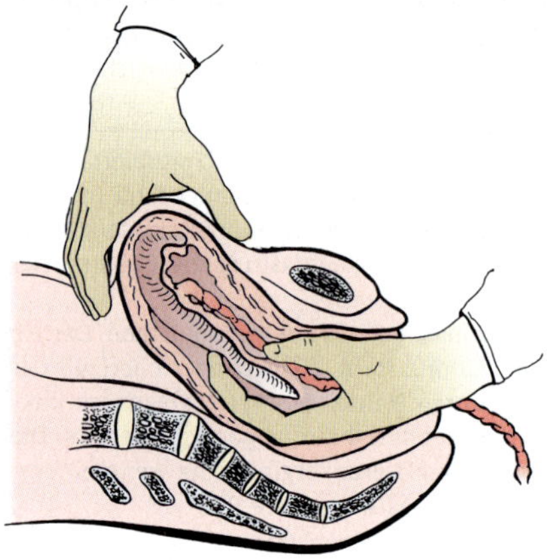

Die innere Hand schält die Plazenta aus dem Cavum uteri heraus, die äußere Hand bildet durch Druck auf den Fundus uteri ein Gegenlager.

nalanästhesie indiziert. Hierbei schält die innere Hand die Plazenta aus dem Cavum uteri heraus, während die äußere Hand den Uterus der inneren Hand entgegendrückt (s. Abb. **E-6.38**). Im Anschluss erfolgt immer eine Kürettage zur vollständigen Entfernung der Plazentareste.

die manuelle Lösung der Plazenta indiziert. Diese wird in Vollnarkose oder Regionalanästhesie durchgeführt. Dabei geht man mit einer Hand (innere Hand) in die Vagina ein, mit der anderen (äußeren) Hand drückt man den Fundus der inneren Hand entgegen und schält nun mit der inneren Hand die Plazenta aus dem Cavum uteri heraus (s. Abb. **E-6.38**). Im Anschluss an die manuelle Lösung der Plazenta wird stets eine Kürettage des Corpus uteri mit stumpfen Küretten durchgeführt, um die Plazentareste vollständig zu entfernen. Sicherheitshalber sollte während der Kürettage ein Kontraktionsmittel infundiert werden, entweder Oxytozin (12 IE auf 500 ml) oder Sulproston (100 µg/Stunde). Bei der Korpuskürettage wird der Uterus von einem Assistenten von außen gehalten, um eine Perforation des Uterus zu vermeiden.

Nach einer manuellen Plazentalösung und/oder Kürettage ist die Gefahr einer postpartalen Uterusatonie sehr groß. Daher ist die prophylaktische Gabe von Kontraktionsmitteln indiziert.

Nach manueller Lösung der Plazenta und/oder postpartaler Kürettage müssen Puls und Blutdruck der frisch Entbundenen sorgfältig überwacht und Blutungen ausgeschlossen werden. Die Gefahr der postpartalen Uterusatonie ist groß. Deshalb sollten weiterhin prophylaktisch Kontraktionsmittel verabreicht werden: 0,2 mg Methylergometrin (Methergin) i. m. oder Oxytozin (Syntocinon) per infusionem (12 IE auf 500 ml) oder Sulproston (Nalador) per infusionem (50 µg/Stunde). Bei starkem Blutverlust muss Flüssigkeit oder müssen Erythrozytenkonzentrate verabreicht werden. Eine Gerinnungsstörung wird durch Substitution von Gerinnungsfaktoren oder Frischblut behandelt.

Die sehr selten auftretende Placenta increta kann insbesondere bei massivem Blutverlust die abdominale Hysterektomie zur Folge haben.

Bei Placenta accreta, increta und percreta können auch nach Kürettage noch Plazentareste zurückbleiben. Bei der sehr seltenen Placenta increta kann es insbesondere bei sehr starkem Blutverlust notwendig sein, eine abdominale Hysterektomie vorzunehmen.

6.8.3 Uterusatonie

6.8.3 Uterusatonie

▶ Definition

▶ **Definition.** Als Uterusatonie bezeichnet man eine Kontraktionsschwäche des Uterus nach unvollständiger oder – im engeren Sinne – nach vollständiger Ausstoßung der Plazenta. Die unzureichende Uteruskontraktion führt zu mangelhafter Blutstillung und so zur sog. atonischen Nachblutung. Der Blutverlust kann lebensbedrohlich sein.

Hier wird die Uterusatonie nach vollständiger Ausstoßung der Plazenta abgehandelt; zur Uterusatonie bei Plazentaretention s. S. 665.

Ätiologie. Mit einer Uterusatonie muss besonders nach protrahierten Geburten, Mehrlingsgeburten, bei Hydramnion und traumatisierender operativer Entbindung, aber auch bei Multiparae und Uterusmyomen gerechnet werden.

Ätiologie. V. a. nach protrahierter Geburt, Mehrlingsgeburt, bei Hydramnion, bei Multiparae, Uterusmyomen und operativer Entbindung.

Klinik und Diagnostik. Der postpartale Blutverlust beträgt mehr als 500 ml, der Uterus ist groß, weich und evtl. druckdolent. Die Plazenta wurde vollständig ausgestoßen.

Klinik und Diagnostik. Verstärkte postpartale Blutung, großer, weicher und evtl. druckdolenter Uterus.

Therapie. Bei der Uterusatonie wird zunächst die Blase entleert, ggf. sogar ein Dauerkatheter in die Blase gelegt. Gleichzeitig werden Kontraktionsmittel verabreicht, z. B. 0,2 mg Methylergometrin (Methergin) i. v. plus eine Oxytozin-(Syntocinon-)Infusion (12 IE auf 500 ml). Bei Erfolglosigkeit dieser Maßnahmen und nach Ausschluss verletzungsbedingter Blutungen müssen schnell potentere Kontraktionsmittel verabreicht werden. Zum Einsatz kommen Prostaglandine, entweder 0,5 mg Sulproston (z. B. Nalador) oder 5 mg Prostaglandin $F_{2\alpha}$ (z. B. Minprostin $F_{2\alpha}$) jeweils i. v. als Bolus, per infusionem, intrazervikal oder intrakavitär.
Vgl. auch S. 738.

Therapie. Zunächst wird die Blase entleert, dann werden Kontraktionsmittel verabreicht, z. B. Methylergometrin und Oxytozin i. v. Zeigt dies keine Wirkung, werden potentere Kontraktionsmittel, nämlich Prostaglandine verabreicht.

6.9 Regelwidrigkeiten von Seiten des Fetus

6.9 Regelwidrigkeiten von Seiten des Fetus

6.9.1 Intrauterine Asphyxie

6.9.1 Intrauterine Asphyxie

▶ **Definition.** Als intrauterine Asphyxie bezeichnet man einen Sauerstoffmangel vor oder unter der Geburt. Er führt zu Hypoxie, Hyperkapnie und metabolischer Azidose.

◀ Definition

Ätiologie. Ursachen der intrauterinen Asphyxie sind die Plazentainsuffizienz (s. Tab. **E-6.14** und Tab. **E-6.15**), außerdem verstärkte Wehentätigkeit und fetale Erkrankungen, z. B. Herzfehler und Infektion.

Ätiologie. Plazentainsuffizienz (s. Tab. **E-6.14** und Tab. **E-6.15**), verstärkte Wehentätigkeit und fetale Erkrankungen.

Klinik und Diagnostik. Eine **akute intrauterine Asphyxie** äußert sich im CTG in Form anhaltender Tachy- oder Bradykardie, variabler oder später Dezelerationen, eingeschränkt undulatorischem oder silentem Oszillationstyp. Die Mikroblutanalyse zeigt einen pH < 7,30. Bei der Amnioskopie findet sich grünes Fruchtwasser bei Mekoniumabgang – Azidose führt über gesteigerte Darmperistaltik zu Mekoniumabgang – oder gelbes Fruchtwasser bei Morbus haemolyticus fetalis. Die Doppler-Sonographie zeigt pathologische Blutflusskurven in den Aa. umbilicales oder fetalen Gefäßen.
Zur **chronischen intrauterinen Asphyxie** s. S. 667 ff.

Klinik und Diagnostik. Bei **akuter intrauteriner Asphyxie** finden sich im CTG anhaltende Tachy- oder Bradykardie, variable oder späte Dezelerationen und ein eingeschränkt undulatorischer oder silenter Oszillationstyp. Mikroblutanalyse pH < 7,30, Amnioskopie: grünes Fruchtwasser und Doppler-Sonographie: pathologische Blutflusskurven.

Zur **chronischen intrauterinen Asphyxie** s. S. 667 ff.

Therapie. Bei **akuter intrauteriner Asphyxie** lagert man die Gebärende in Linksseitenlage, um ein eventuelles Vena-cava-Kompressionssyndrom zu beseitigen, und verabreicht ihr Sauerstoff. Je nach geburtshilflicher Situation ist eine intravenöse Tokolyse mit Betamimetika, z. B. Fenoterol, oder die umgehende Entbindung mittels Sectio oder operativer vaginaler Entbindung angezeigt.
Zur Therapie der **chronischen intrauterinen Asphyxie** s. S. 667 ff.

Therapie. Bei **akuter intrauteriner Asphyxie** Lagerung in Linksseitenlage, O_2-Gabe. Je nach geburtshilflicher Situation intravenöse Tokolyse mit Betamimetika oder umgehende Entbindung.

Zur Therapie der **chronischen intrauterinen Asphyxie** s. S. 667 ff.

6.9.2 Intrauterine Mangelentwicklung

6.9.2 Intrauterine Mangelentwicklung

▶ **Synonym.** Intrauterine Wachstumsretardierung, IUGR (intrauterine growth retardation).

◀ Synonym

Ätiologie. Die häufigste Ursache der intrauterinen Mangelentwicklung ist die chronische Plazentainsuffizienz (s. S. 657 f). Weitere Ursachen sind fetale Fehl-

Ätiologie. Chronische Plazentainsuffizienz, fetale Fehlbildungen, Chromosomenanomalien, Infektionen und fetofetales Transfusionssyndrom (s. S. 565 ff).

bildungen, chromosomale Anomalien, Infektionen und bei Mehrlingen das fetofetale Transfusionssyndrom (s. S. 565 ff).

Klinik und Diagnostik. Für das Gestationsalter zu niedriger Fundusstand, zu geringe Gewichtszunahme. Das Sonogramm zeigt zu geringe Körpermaße, evtl. ein Oligohydramnion. Die Östriolkonzentration im mütterlichen Serum ist zu niedrig, das Doppler-Sonogramm der Aa. umbilicales pathologisch.

Klinik und Diagnostik. Für das Gestationsalter steht der Fundus zu niedrig, der Bauchumfang und die Gewichtszunahme der Schwangeren sind zu gering. Die Ultraschall-Fetometrie ergibt zu geringe Körpermaße (s. S. 511 f). Evtl. besteht ein Oligohydramnion. Die Östriolkonzentration im mütterlichen Serum ist vermindert. Die Doppler-Sonographie der Aa. umbilicales zeigt u. U. pathologische Blutflussmuster. Ein erhöhter Widerstand in der A. umbilicalis bei gleichzeitiger Abnahme des Widerstandes in der A. cerebri media des Fetus entspricht einer Zentralisation der fetalen Blutversorgung zugunsten des Gehirns („brain sparing") und ist ein Zeichen starker fetaler Gefährdung.

Therapie. Nach Kontrolle des Geburtstermins (s. S. 496 f) ist Bettruhe, evtl. Tokolyse indiziert. Der fetale Zustand wird mittels CTG und Doppler-Sonographie überwacht. Tritt keine Besserung ein, wird die Lungenreife induziert und die Schwangerschaft beendet. Die Indikation zur Sectio ist großzügig zu stellen.

Therapie. Zunächst sollte der errechnete Geburtstermin nochmals überprüft werden (s. S. 496 f). Wenn sich die Diagnose „Mangelentwicklung" bestätigt, sind Maßnahmen zur Verbesserung der uterinen Durchblutung angezeigt: Bettruhe, evtl. Tokolytika, Ausschaltung von Noxen (Rauchen, Alkohol), bei Hypertonie Blutdrucksenkung, jedoch in Maßen. Der Fetus wird mittels CTG einschließlich Oxytozin-Belastungstest und Doppler-Sonographie überwacht. Tritt keine Besserung des fetalen Zustands ein, muss die Lungenreifung mittels Betamethason induziert und die Schwangerschaft beendet werden. Die Indikation zur Sectio ist großzügig zu stellen.

6.9.3 Intrauteriner Fruchttod

6.9.3 Intrauteriner Fruchttod

▶ **Definition**

▶ **Definition.** Als intrauterinen Fruchttod bezeichnet man das intrauterine Absterben des Fetus nach dem 6. Schwangerschaftsmonat.

Ätiologie. Ursachen sind Hypoxie, intrauterine Infektionen und Fehlbildungen. Die häufigste Ursache ist die Plazentainsuffizienz.

Ätiologie. Ursachen sind Hypoxie, intrauterine Infektionen und Fehlbildungen. Die häufigste Ursache ist die Hypoxie aufgrund von Plazentainsuffizienz. Hypoxie kann außerdem bedingt sein durch Nabelschnurkomplikationen, vorzeitige Plazentalösung oder Morbus haemolyticus fetalis.

Klinik und Diagnostik. Die Schwangere berichtet, keine Kindsbewegungen mehr zu spüren. Körpergewicht, Bauchumfang und Fundusstand gehen zurück. Kindliche Herztöne und fetale Bewegungen sind nicht mehr nachweisbar. Sehr selten tritt das **Dead-fetus-Syndrom,** eine Verbrauchskoagulopathie, auf.

Klinik und Diagnostik. Die Schwangere berichtet, keine Kindsbewegungen mehr zu spüren. Körpergewicht, Bauchumfang und Fundusstand gehen zurück. Es lassen sich keine kindlichen Herztöne und im Sonogramm keine fetalen Bewegungen mehr nachweisen. In der Regel stellt der intrauterine Fruchttod keine unmittelbare Gefahr für die Schwangere dar. Sehr selten tritt das sog. **Dead-fetus-Syndrom** auf: Ca. 4 Wochen nach intrauterinem Fruchttod werden gerinnungsaktivierende Substanzen in den mütterlichen Kreislauf eingeschwemmt und es kommt zu einer Verbrauchskoagulopathie.

Therapie. Aus psychologischem Anlass sollte die Geburt eingeleitet werden. Sie sollte am besten in Periduralanästhesie erfolgen.

Therapie. Obwohl keine ummittelbare Gefahr für die Schwangere besteht, sollte dennoch aus psychologischem Anlass die Geburt eingeleitet werden. Um die Zervix geburtsreif zu machen, verabreicht man Prostaglandine. Anschließend induziert man, am besten in Periduralanästhesie, mittels Oxytozin- oder Prostaglandin-Infusion Wehen.
Der Fetus zeigt Mazerationserscheinungen, die bis zu einem gewissen Grad Rückschlüsse auf den Zeitpunkt des Absterbens zulassen.
Eine Totgeburt muss nach dem Personenstandsgesetz dem Standesamt spätestens am folgenden Werktag mitgeteilt werden.

6.10 Medikamentöse Steuerung der Wehentätigkeit

Zur Steuerung der Uterusaktivität stehen Sensibilisierungs-, Kontraktions- und Relaxationsmittel zur Verfügung. Die Wirkung dieser Medikamente ist nicht auf den Uterus allein beschränkt, auch andere Organe und der Fetus können beeinträchtigt werden. Deshalb ist – wie immer in der Schwangerschaft – eine besonders strenge Indikationsstellung notwendig.
Zur Förderung der Wehentätigkeit werden **Sensibilisierungsmittel** eingesetzt, am häufigsten Prostaglandine. Endogene Prostaglandine verändern präpartal das Bindegewebe der Zervix. Die Zervix wird weicher und dehnbar. Die Aktivierung der Prostaglandinsynthese erfolgt über die am Ende der Schwangerschaft vermehrt vorhandenen Oxytozin-Rezeptoren. Die endogen ablaufenden Reifungsprozesse der Zervix können exogen durch Applikation von Prostaglandinen induziert werden. Es stehen natürliche und synthetische Prostaglandine zur Verfügung.
Als **Kontraktionsmittel** stehen zur Einleitung von Geburtswehen Oxytozin und zur Förderung der Uteruskontraktion post partum Mutterkornalkaloide zur Verfügung.

▶ **Merke.** Während der Schwangerschaft dürfen nur natürliche Prostaglandine und Oxytozin verabreicht werden. Synthetische Prostaglandine und Mutterkornalkaloide sind während der Schwangerschaft bei lebendem Kind streng kontraindiziert.

Zur Wehenhemmung werden **Relaxationsmittel** eingesetzt. In erster Linie kommen dabei β-Sympathomimetika zum Einsatz. Bei Kontraindikationen gegen β-Sympathomimetika kann man aber bei zervixwirksamen Wehen auch Magnesiumsulfat verwenden. Im Einzelfall werden auch Prostaglandinsynthesehemmer, z. B. Acetylsalicylsäure, zur Hemmung von Wehen benutzt. Zur Wehenhemmung sind jedoch hohe Dosen der Prostglandinsynthesehemmer erforderlich, die entsprechend ausgeprägte Nebenwirkungen haben. Sie sind deshalb nicht für den breiten klinischen Einsatz geeignet.

6.10.1 Prostaglandine

Im Uterus werden – insbesondere von der Dezidua – mit zunehmendem Gestationsalter vermehrt Prostaglandine der Gruppe E und F gebildet. Sie spielen bei der Auflockerung der Kollagenfasern der Zervix im Zusammenspiel mit Östrogenen und bei der Wehentätigkeit eine entscheidende Rolle. Sowohl Wehenbeginn als auch Fortdauer der Wehentätigkeit sind prostaglandinabhängig.
Zur Pharmakotherapie stehen Prostaglandine der Gruppe E sowie Prostaglandin (PG) $F_{2\alpha}$ zur Verfügung. Bevorzugt werden die der Gruppe E, da die unerwünschten Wirkungen viel geringer sind als bei $PGF_{2\alpha}$.
Bei lebensfähigem Fetus ist nur der Einsatz natürlicher Prostaglandine erlaubt. Synthetische Prostaglandine kommen ausschließlich zur Induktion von Aborten oder zur Behandlung der Uterusatonie zum Einsatz.
Synthetische Prostaglandine können aufgrund ihrer starken Kontraktionswirkung den Fetus hypoxisch schädigen.

Darreichungsformen. Aufgrund ihrer Nebenwirkungen sollten Prostaglandine nur lokal als Vaginaltabletten oder vaginal bzw. intrazervikal applizierbare Gels angewandt werden. Die Wirkung ist dann allerdings schlecht zu steuern. Bei intravenöser Gabe lässt sich die Wirkung besser steuern, allerdings ist das Risiko von Nebenwirkungen hoch.
Indikationen und Kontraindikationen s. Tab. **E-6.16** und Tab. **E-6.17**.

6.10 Medikamentöse Steuerung der Wehentätigkeit

Zur Steuerung der Uterusaktivität stehen Sensibilisierungs-, Kontraktions- und Relaxationsmittel zur Verfügung.

Zur Förderung der Wehentätigkeit setzt man **Sensibilisierungsmittel** ein (v. a. Prostaglandine). Endogene Prostaglandine machen präpartal die Zervix weicher und dehnbar. Die Applikation von Prostaglandinen kann dies auch induzieren.

Kontraktionsmittel zur Einleitung von Wehen: Oxytozin zur Förderung der Uteruskontraktion post partum.

◀ **Merke**

Zur Wehenhemmung werden **Relaxationsmittel** eingesetzt. In erster Linie kommen dabei β-Sympathomimetika zum Einsatz, bei Kontraindikationen Magnesiumsulfat; im Einzelfall auch Prostaglandinsynthesehemmer.

6.10.1 Prostaglandine

Mit zunehmendem Gestationsalter werden im Uterus vermehrt Prostaglandine der Gruppe E und F gebildet. Sie spielen bei der Auflockerung der Zervix und der Wehentätigkeit eine entscheidende Rolle.

Bei lebensfähigem Fetus dürfen nur natürliche Prostaglandine eingesetzt werden. Synthetische Prostaglandine kommen nur zur Induktion von Aborten oder zur Behandlung der Uterusatonie zum Einsatz.

Darreichungsformen. Prostaglandine sollten wegen ihrer Nebenwirkungen nur lokal, nicht systemisch verabreicht werden. Die Wirkung ist bei lokaler Gabe schlecht zu steuern.

Indikationen und Kontraindikationen s. Tab. **E-6.16** und Tab. **E-6.17**.

E-6.16 Indikationen für Prostaglandine bei Schwangeren

▶ **Abortinduktion bei Frühabort** bis zur vollendeten 14. SSW p. m.
Behandlungsziel: präoperative Zervixerweichung
Gemeprost (z. B. **Cergem**) 1 mg vaginal einmalig 3 h präoperativ
bei stärkeren Blutungen während des Eingriffs Sulproston (z. B. **Nalador**) 1,0–8,3 µg/min i. v. intraoperativ (ggf. max. 16,6 µg/min. i. v.);
nach Ausräumung Sulproston (z. B. **Nalador**) bis 100 µg/h i. v. postoperativ
Sonderfall Blasenmole:
Gemeprost (z. B. **Cergem**) 1 mg vaginal einmalig 3 h präoperativ
oder
Sulproston (z. B. **Nalador**) bis 100 µg/h i. v. präoperativ

▶ **Abortinduktion bei Spätabort 15.–24. SSW p. m.**
(Abruptio aus medizinischer Indikation, missed abortion)
Behandlungsziel: Abortus completus/incompletus, Nachkürettage notwendig
Die Induktion des Abortes nach der 14. SSW erfolgt in zwei Schritten: 1. Zervixreifung und danach II. Weheninduktion bis zur Ausstoßung der Frucht

I. Zervixreifung
Gemeprost (z. B. **Cergem**) 1 mg vaginal, Wiederholung alle 3 h bis Hegar 12 erreicht ist (max. 5 mg Gemeprost/24 h)
oder
PGE_2-Gel (z. B. **Prepidil**) 0,5 mg intrazervikal alle 6 h bis Hegar 12 erreicht ist

II. Weheninduktion
Sulproston (z. B. **Nalador**) 1,0–8,3 µg/min i. v. (max. 1500 µg/24 h)
Cave: Die Sensibilität des Myometriums auf Prostaglandine steigt mit zunehmender Schwangerschaftsdauer

▶ **Geburtseinleitung bei intrauterinem Fruchttod** ab 25. SSW p. m.
Behandlungsziel: Geburt mit vollständiger Plazenta ohne Nachkürettage
Die Einleitung erfolgt bei intrauterinem Fruchttod ab der 25. SSW p. m. in zwei Schritten:
I. Zervixreifung und danach
II. Weheninduktion bis zur Ausstoßung der Frucht

I. Zervixreifung
Gemeprost (z. B. **Cergem**) 1 mg vaginal, Wiederholung alle 3 h (max. 5 mg Gemeprost/24 h)
oder
PGE_2-Gel (z. B. **Prepidil**) 0,5 mg intrazervikal alle 6 h

II. Weheninduktion
Sulproston (z. B. **Nalador**) 1,0–8,3 µg/min i. v. individuell je nach Wirkung (max. 1500 µg/24 h)
Cave: Die Sensibilität des Myometriums auf Prostaglandine steigt mit zunehmender Schwangerschaftsdauer

▶ **Medizinisch indizierte Geburtseinleitung**
Einleitungsschema:
unreife Zervix-Bishop-Score ≤ 5
0,5 mg PGE_2-Gel intrazervikal (z. B. **Prepidil**) evtl. Wiederholung nach 6 h

reife Zervix: Bishop-Score > 5
Oxytozin i. v. (bis 12 ml IE/min) (z. B. **Oxytozin-Noury**) oder
PGE_2 i. v. (0,2–1,5 µg/min) (z. B. **Minprostin E_2**) oder
0,5 mg PGE_2-Gel intrazervikal (z. B. **Prepidil**) evtl. Wiederholung nach 6 h oder 3 mg PbE_2-Vaginaltablette (**Minprostin E_2-Vaginaltablette**) evtl. Wiederholung nach 8 h
Überwachung des Fetus: Besondere Überwachung ist geboten bei z. B. Wachstumsretardierung, Zustand nach Sectio
Cave: Bei fetaler Gefährdung keine Verwendung von Depotpräparaten! Vorsicht bei intrazervikalen und intravaginalen Prostaglandin-Applikationen!

▶ **Nachgeburtsperiode, Therapie der atonischen Nachblutung**
Wichtig: Prostaglandine gehören griffbereit in jeden Kreißsaal! Schnelles Handeln erforderlich, Zeitverlust vermeiden!
Vorbedingungen: Ausschluss von Plazentaretention und Geburtsverletzung (Rissblutung)
Prostaglandine sind indiziert nach erfolgloser Anwendung von Oxytozin
(10–20 IE) (z. B. **Oxytozin-Noury**) und Methylergometrin (0,2 mg)
(Methergin, Methylergobrevin), und zwar als:
intravenöse Infusion von $PGF_{2\alpha}$ (z. B. **Minprostin $F_{2\alpha}$**) 30–150 µg/min oder
intravenöse Infusion von Sulproston (z. B. **Nalador**) 4–16 µg/min
Weitere Maßnahmen (alternativ oder ergänzend):
intramurale Injektion von $PGF_{2\alpha}$ (z. B. **Minprostin $F_{2\alpha}$**) 0,2–2,0 mg
intrakavitäre Applikation von $PGF_{2\alpha}$ (z. B. **Minprostin $F_{2\alpha}$**) 2–5 mg, evtl. Wiederholung
in Sonderfällen Tamponade: Tuch mit 10 mg $PGF_{2\alpha}$ (z. B. **Minprostin $F_{2\alpha}$**)
(in 2 ml Lösung) auf 40 ml (+ 38 ml) Kochsalzlösung

E-6.17 Kontraindikationen der Prostaglandine und praktische Hinweise für die Anwendung

▶ PGE_2 und PGE-Derivate:	▶ $PGF_{2\alpha}$
Prostaglandin-Allergie	Prostaglandin-Allergie
Thyreotoxikose	Thyreotoxikose
Colitis ulcerosa	Colitis ulcerosa Status asthmaticus Glaukom Epilepsie

- keine lokale Prostaglandin-Anwendung bei Infektionen der Geburtswege!
- bei der intravenösen Infusion von Prostaglandinen ist eine engmaschige klinische Überwachung der Patientin erforderlich!
- bei schweren postpartalen Blutungen kann die lebensbedrohliche Situation die Kontraindikationen relativieren!

E-6.17

6.10.2 Oxytozin

Oxytozin ist ein Oktapeptid, das im Hypothalamus gebildet und im Hypophysenhinterlappen gespeichert wird (s. S. 81). Es wird nur synthetisches Oxytozin eingesetzt, z. B. Syntocinon.

6.10.2 Oxytozin

Es wird nur synthetisches Oxytozin eingesetzt, z. B. Syntocinon.

Indikationen.

1. **Weheninduktion bzw. Wehenverstärkung:** Überdosierung von Oxytozin führt zum Wehensturm oder zur Dauerkontraktion des Uterus. Daher wird Oxytozin stets per infusionem und via Infusionspumpe zugeführt. Während der Infusion ist eine kontinuierliche Überwachung mittels Kardiotokographie vorgeschrieben.
   Stets beginnt man mit einer niedrigen Dosis, z. B. mit 1,2 mIE/min. Bei Wirkungslosigkeit wird nach 20 Minuten die Dosis in kleinen Schritten erhöht.
2. **Verkürzung der Nachgeburtsperiode:** Hierzu verabreicht man 3 IE Oxytozin i. v. als Bolus.
3. **Behandlung von Plazentalösungsstörungen und Uterusatonie:** Nach Ausschluss einer Geburtsverletzung und plazentar bedingter Blutungen, z. B. Abriss der Nabelschnur, verabreicht man 1–2 × 3 IE i. v. im Bolus. Bei Erfolglosigkeit oder bei stärkeren uterinen Blutungen sollte schnell auf stärker wirksame Kontraktionsmittel umgestellt werden (s. Tab. **E-6.16**).

Selten tritt unter Oxytozintherapie eine Wasserintoxikation, ein hypoosmolares Koma mit Hyponatriämie, auf. Deshalb muss vor Anwendung von Oxytozin die Flüssigkeitszufuhr reduziert werden. Im Zweifelsfall sind Elektrolytkontrollen durchzuführen.

Indikationen.

1. Weheninduktion bzw. Wehenverstärkung
2. Verkürzung der Nachgeburtsperiode
3. Behandlung von Plazentalösungsstörungen und Uterusatonie.

Unter Oxytozintherapie selten hypoosmolares Koma mit Hyponatriämie. Vor Gabe von Oxytozin: Flüssigkeitszufuhr reduzieren.

6.10.3 Mutterkornalkaloide

Mutterkornalkaloide sind partielle Agonisten an α-Adrenozeptoren. Ergotamin und (Methyl-)Ergometrin steigern den Uterustonus, sie lösen im Gegensatz zu Oxytozin nicht rhythmische, sondern Dauerkontraktionen aus. Daher sind diese Substanzen in der Schwangerschaft absolut kontraindiziert. Dagegen sind die hydrierten Ergotaminderivate, z. B. Dihydroergotamin, unbedenklich, da sie vor allem Kapazitätsgefäße kontrahieren. Dihydroergotamin wird in der Schwangerschaft zur Behandlung der Hypotonie eingesetzt. Mutterkornalkaloide hemmen die Wirkung von Prolaktin, was ihre Anwendung bei Wöchnerinnen stark einschränkt.

6.10.3 Mutterkornalkaloide

Mutterkornalkaloide sind partielle Agonisten an α-Adrenozeptoren. Ergotamin und (Methyl-)Ergometrin lösen am Uterus Dauerkontraktionen aus. Daher sind diese Substanzen in der Schwangerschaft absolut kontraindiziert. Mutterkornalkaloide hemmen die Wirkung von Prolaktin und können daher bei Wöchnerinnen nur begrenzt eingesetzt werden.

Indikationen.

1. **Behandlung der Uterusatonie:** Man verabreicht 0,2 mg Methylergometrin (Methergin) i. v. oder i. m. Die Dosis kann wiederholt werden. Bei aus-

Indikationen.

1. Behandlung der Uterusatonie.

2. Prophylaxe der Uterusatonie bei Frauen, die nicht stillen.

geprägter atonischer Nachblutung sollte man rasch auf die viel stärker wirksamen Prostaglandine zurückgreifen.
2. **Prophylaxe der Uterusatonie:** Zur Atonieprophylaxe sollten Ergotaminderivate nur bei Frauen eingesetzt werden, die nicht stillen. Hierfür sind Methergin-Dragees (3 × 1–2/die) oder -Tropfen (3 × 20 täglich) geeignet. Ein Dragee enthält 0,125 mg, 25 Tropfen enthalten 0,25 mg Methergin.

6.10.4 Tokolytika

Tokolytika stellen den Uterus ruhig. Unter der Geburt sind zur Wehenhemmung nur β-Sympathomimetika geeignet.

Indikationen.
1. intrauterine Reanimation
2. Dauerkontraktion oder Polysystolie
3. unkoordinierte Wehentätigkeit.

6.10.4 Tokolytika

Tokolytika sind Substanzen, die den Uterus ruhig stellen. Unter der Geburt sind zur Hemmung der Wehen nur β-Sympathomimetika geeignet.

Indikationen.
1. **intrauterine Reanimation:** Man verabreicht der in Linksseitenlage liegenden Gebärenden 25 µg Fenoterol (Partusisten) i. v. als Bolus.
2. **Dauerkontraktion oder Polysystolie** (mehr als 5 Wehen in 10 Minuten)**:** Hier verabreicht man 25 µg Fenoterol (Partusisten) i. v. als Bolus. Anschließend wird eine Partusisten-Infusion angehängt; die Dosis richtet sich nach der wehenhemmenden Wirkung.
3. **unkoordinierte Wehentätigkeit:** Unkoordinierte Wehen bereiten meistens zu Beginn der Eröffnungsperiode Probleme. Hier kann eine Partusisten-Infusion verabreicht werden. Die Dosis richtet sich ausschließlich nach der Wirkung.

6.11 Geburtshilfliche Operationen

Zu den geburtshilflichen Operationen zählen Eingriffe zur Unterstützung der Entbindung auf vaginalem oder abdominalem Weg, die Episiotomie und die Operationen in der Nachgeburtsperiode.

6.11 Geburtshilfliche Operationen

Zu den geburtshilflichen Operationen zählen Eingriffe, die zur Entbindung auf vaginalem oder abdominalem Wege beitragen oder zur Erweiterung der Geburtswege durchgeführt werden, und die Operationen in der Nachgeburtsperiode.
Zu den vaginalen Operationsverfahren, die zur Unterstützung der Geburt geeignet sind, gehören Vakuum- und Zangenextraktion, manuelle Entwicklungsmethoden des Kindes aus Beckenendlage, Wendungsoperationen und die Episiotomie.

6.11.1 Vakuumextraktion

Voraussetzungen.
1. vollständige Eröffnung des Muttermundes
2. eröffnete Fruchtblase
3. Schädellage
4. Leitstelle unterhalb der Interspinalebene
5. Periduralanästhesie oder Pudendusblockade
6. Entleeren der Blase mittels Katheter.

Durchführung.
1. Saugglocke am Hinterhaupt anlegen, dann leichten Unterdruck erzeugen. Liegt die Glocke richtig, erfolgt ein weiterer Druckaufbau, anschließend ein Probezug.
2. Wehensynchroner Zug nach unten, gleichzeitig sollte eine Hilfsperson den Kristeller-Handgriff ausführen.
3. Bei Bedarf großräumige Episiotomie schneiden.
4. Entwicklung des Kopfes (s. Abb. **E-6.39**).

6.11.1 Vakuumextraktion

Voraussetzungen.
1. vollständige Eröffnung des Muttermundes
2. eröffnete Fruchtblase
3. Schädellage
4. Die Leitstelle muss mindestens in Beckenmitte stehen (unterhalb der Interspinalebene).
5. eine adäquate Anästhesie der Mutter entweder durch Periduralanästhesie oder Pudendusblockade
6. Entleeren der Harnblase mittels Katheter. Eine volle Harnblase ist ein mechanisches Geburtshindernis.

Durchführung.
1. Eine Saugglocke von 50 mm Durchmesser wird am Hinterhaupt des Kindes angelegt. Die Saugglocke sollte niemals im Bereich der Fontanellen angebracht werden, da es sonst zu Gefäßverletzungen kommt. Zunächst wird ein Unterdruck von 0,2 kg/m^2 angelegt; bei der Nachtastung überzeugt man sich, dass die Glocke richtig liegt und keine mütterlichen Weichteile von der Vakuumglocke erfasst wurden. Dann erfolgt ein weiterer Druckaufbau über 1–2 Minuten bis maximal 0,8 kg/m^2. Anschließend wird durch einen Probezug kontrolliert, ob die Saugglocke fest am kindlichen Kopf haftet und der kindliche Kopf dem Zug folgt.

E-6.39 Vakuumextraktion

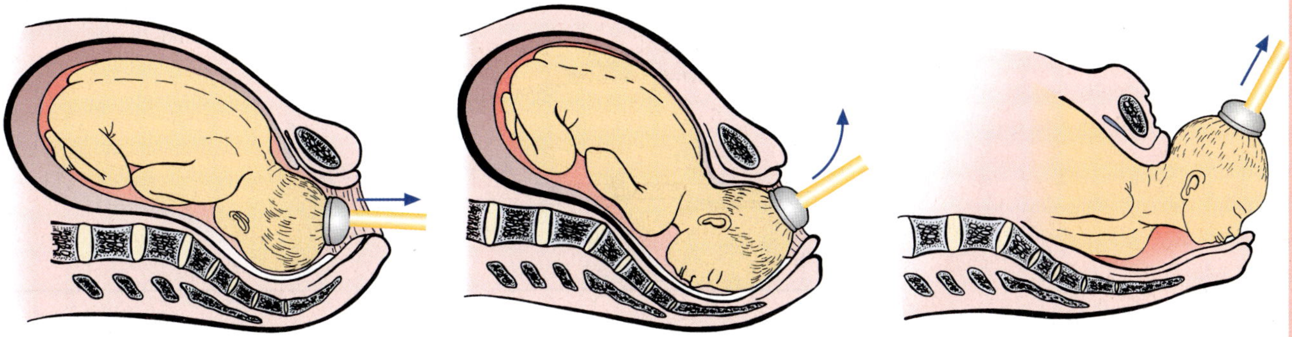

a Zug nach unten in Beckenachse. **b** Drehung des Hinterhauptes um die Symphyse. **c** Dadurch wird der Kopf geboren.

E-6.18 Indikationen für die Vakuumextraktion

- Geburtsstillstand in der Austreibungsperiode
- drohende kindliche Asphyxie (pathologische fetale Herzfrequenz in der Kardiotokographie)
- mütterliche Erkrankungen, bei denen das Mitpressen der Mutter unterbleiben sollte, z. B. proliferierende Retinopathie

E-6.18

2. Wehensynchron wird der Kopf mittels Saugglocke in der Beckenachse nach unten gezogen. Gleichzeitig sollte eine Hilfsperson den Kristeller-Handgriff ausführen (s. Abb. **E-6.7b**).
3. Bei Belastung des Damms wird eine großräumige Episiotomie geschnitten.
4. Es folgt die Entwicklung des Kopfes (s. Abb. **E-6.39**).

Indikationen. Indikationen für eine Vakuumextraktion sind in Tab. **E-6.18** aufgeführt.

Indikationen s. Tab. **E-6.18**.

Vorteile, Nachteile, Kontraindikationen. Der **Vorteil** der Vakuumextraktion liegt darin, dass eine rasche Geburtsbeendigung möglich ist. Im Gegensatz zur Zangenextraktion kann keine Kompression des kindlichen Kopfes erfolgen.
Der **Nachteil** der Vakuumextraktion ist, dass infolge der Druckänderungen – insbesondere beim Abriss der Saugglocke – intrakranielle Blutungen auftreten können.
Die Vakuumextraktion ist **kontraindiziert** bei Frühgeburt, da hier das Risiko intrakranieller Blutungen zusätzlich erhöht ist, und bei Gesichtslage.

Vorteile, Nachteile, Kontraindikationen.
Vorteil: Es ist eine rasche Geburtsbeendigung ohne Kompression des kindlichen Kopfes möglich.
Nachteil: Intrakranielle Blutungen sind möglich.
Kontraindikation: Frühgeburt und Gesichtslage.

6.11.2 Zangenextraktion

Voraussetzungen.
1. vollständige Eröffnung des Muttermundes
2. eröffnete Fruchtblase
3. Beckenausgang nicht zu eng
4. Schädellage
5. Die Leitstelle muss mindestens in Beckenmitte stehen (unterhalb der Interspinalebene).
6. kindlicher Kopf „zangengerecht“: nicht zu groß oder zu klein.
7. adäquate Anästhesie des Beckenausgangs bzw. des Beckenbodens durch Periduralanästhesie oder Pudendusblockade. In Einzelfällen muss die Zangengeburt auch in Intubationsnarkose durchgeführt werden.
8. Entleeren der Harnblase mittels Katheter.

6.11.2 Zangenextraktion

Voraussetzungen.
1. vollständige Eröffnung des Muttermundes
2. eröffnete Fruchtblase
3. Beckenausgang nicht zu eng
4. Schädellage
5. Leitstelle mindestens unterhalb Interspinalebene
6. kindlicher Kopf „zangengerecht“
7. Periduralanästhesie oder Pudendusblockade
8. Entleeren der Blase mittels Katheter.

E-6.40

E-6.40 In Deutschland gebräuchliche Zangentypen

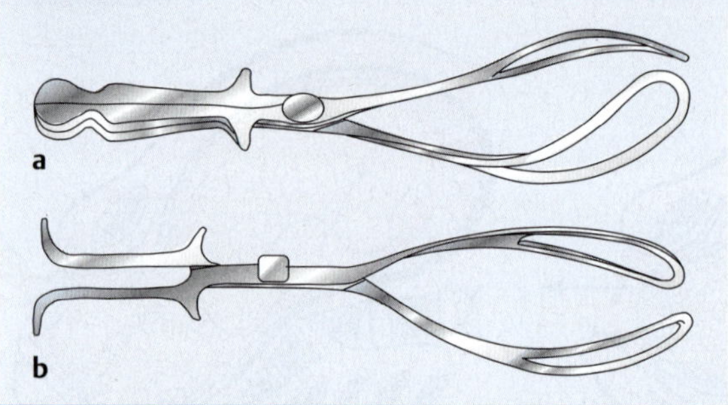

a Naegele-Zange.
b Kjelland-Zange.

In Deutschland werden hauptsächlich zwei Zangentypen verwendet (Abb. **E-6.40**).

In Deutschland werden hauptsächlich zwei Zangentypen verwendet (Abb. **E-6.40**). Die **Naegele-Zange** hat eine Kopf- und eine Beckenkrümmung sowie ein festes Schloss. Sie ist besonders als Beckenausgangszange geeignet. Die **Kjelland-Zange** hat eine Kopfkrümmung und ein Gleitschloss. Sie ist insbesondere bei höherstehendem Kopf geeignet.

Durchführung.
1. Anlegen der Zange
2. Nachtastung zur Überprüfung der korrekten Lage
3. Probezug
4. wehensynchrone Extraktion des Kindes bis zur Geburt der Nacken-Haar-Grenze (s. Abb. **E-6.41a**)
5. bei Belastung des Dammes Episiotomie
6. nach Entwicklung des Hinterhauptes Zange in Zugrichtung anheben (s. Abb. **E-6.41b** und **c**).
7. Abnehmen der Zange und Entwicklung des Körpers

Durchführung.
1. Der Operateur hält die geschlossene Zange so vor die Vulva, wie sie am kindlichen Kopf liegen soll. Dann wird der linke Löffel mit der linken Hand gefasst und über die Innenfläche der im Becken liegenden rechten Hand an den kindlichen Kopf angelegt. Anschließend wird analog der rechte Löffel an den kindlichen Kopf angelegt. Die Zange muss sich anschließend mühelos schließen lassen.
2. Bei der Nachtastung überzeugt man sich, dass die Zange richtig angelegt ist und keine mütterlichen Weichteile mit der Zange gefasst wurden.
3. Mit dem Probezug wird kontrolliert, ob der kindliche Kopf dem Zug der Zange folgt.
4. Zur Extraktion des Kindes erfolgt der Zug an der Zange stets wehensynchron in der Führungslinie, bis die Nacken-Haar-Grenze geboren ist (s. Abb. **E-6.41a**).
5. Bei Belastung des Damms wird eine geräumige Episiotomie geschnitten.
6. Die Zange wird nach Entwicklung des Hinterhauptes in der Zugrichtung angehoben, damit das Hinterhaupt um die Symphyse rotieren kann (s. Abb. **E-6.41b** und **c**).
7. Anschließend wird die Zange abgenommen und der Körper wie üblich entwickelt.

▶ Merke

▶ **Merke.** Bei der Zangenextraktion darf nur gezogen werden. Jegliche Dreh- oder Hebebewegung sowie ein Zusammendrücken der Zangenblätter müssen unterbleiben.

Der geübte Geburtshelfer kann mit der Zange den Kopf des Kindes ohne große Druckbelastung durch den Damm aus dem Beckenausgang herausführen.

Indikationen. s. Tab. **E-6.19**.

Indikationen. Indikationen für die Zangenextraktion sind in Tab. **E-6.19** aufgeführt.

Vorteile, Nachteile, Kontraindikationen.
Vorteil: Es ist eine rasche Geburtsbeendigung möglich. An Instrumenten ist lediglich die Zange erforderlich.

Vorteile, Nachteile, Kontraindikationen. Der **Vorteil** der Zangenextraktion liegt darin, dass ebenso wie bei der Vakuumextraktion eine rasche Geburtsbeendigung möglich ist. Im Vergleich zur Vakuumextraktion, bei der eine Saugglocke und eine (strombetriebene) Wasserpumpe erforderlich sind, benötigt man zur Zangenextraktion nur die Zange.

E-6.41 Zangenextraktion

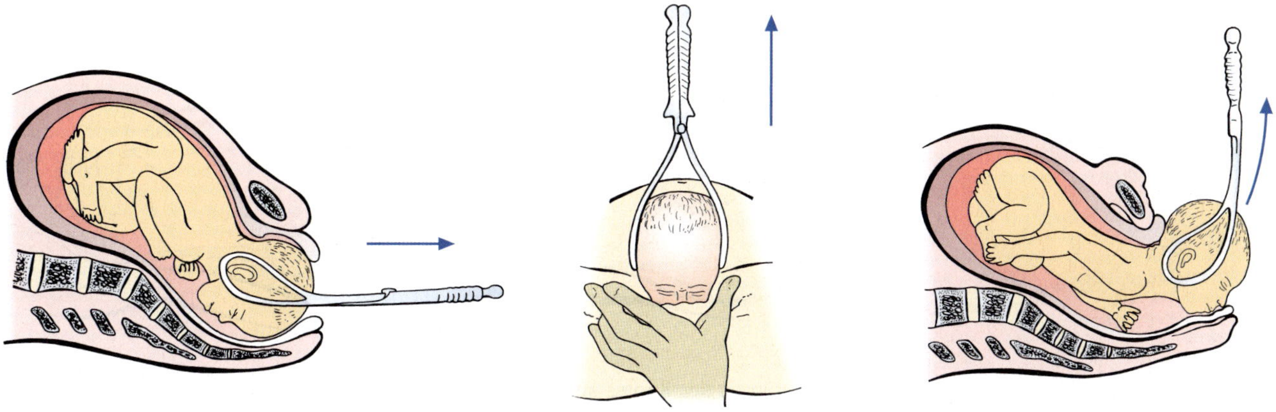

a Zug nach unten in der Beckenachse. **b** Hinterhaupt ist geboren. **c** Zug nach vorn, dadurch Rotation des Nackens um die Symphyse: Geburt des übrigen Kopfes.

E-6.19 Indikationen für die Zangenextraktion

- Geburtsstillstand in der Austreibungsperiode
- drohende kindliche Asphyxie (pathologische Herzfrequenz in der Kardiotokographie)
- mütterliche Erkrankungen, bei denen das aktive Mitpressen der Mutter unterbleiben sollte, z. B. proliferierende Retinopathie
- Frühgeburten

E-6.19

Nachteil: Die Verletzungsgefahr für Mutter und Kind.

Der **Nachteil** der Zangenextraktion ist die Verletzungsgefahr an Damm und Scheide bei der Mutter, beim Kind durch Kompression des kindlichen Kopfes. Bei durch Zangenextraktion geborenen Kindern kommen Fazialisparesen, in Einzelfällen sogar Schädelfrakturen und Plexusschäden vor.

Kontraindikation: Leitstelle oberhalb der Interspinalebene.

Steht die Leitstelle oberhalb der Interspinalebene, ist die Zangengeburt („hohe Zangengeburt") streng **kontraindiziert,** da sie mit einer besonders ausgeprägten Verletzungsgefahr für Mutter und Kind einhergeht.

6.11.3 Sectio caesarea (Kaiserschnitt)

6.11.3 Sectio caesarea (Kaiserschnitt)

◀ Definition

▶ **Definition.** Geburt durch Laparotomie und Hysterotomie. Erfolgt die Sectio vor oder bei Beginn der Eröffnungswehen, spricht man von einer primären Sectio, erfolgt sie nach Beginn der Eröffnungswehen, von der sekundären Sectio.

Die primäre Sectio kann in Peridural-, Spinalanästhesie oder Intubationsnarkose erfolgen, die Notsectio erfolgt immer in Intubationsnarkose. Die Gebärende wird in Linksseitenlage gelagert, um ein Vena-cava-Kompressionssyndrom zu vermeiden.

Durchführung.
1. Eröffnung des Bauchraums durch einen Querschnitt nach Pfannenstiel
2. bei Reifgeburten Blasenperitoneum eröffnen, dann Uterotomie im unteren Uterinsegment.

Durchführung.
1. Eröffnung des Bauchraums durch suprasymphysären Querschnitt (nach Pfannenstiel). Die Bauchdecken werden dabei in wechselnder Richtung (Wechselschnitt) eröffnet.
2. Bei Reifgeburten wird die Uterotomie stets quer im unteren Uterinsegment durchgeführt. Zuvor muss das Blasenperitoneum eröffnet und die Blase vom unteren Uterinsegment scharf distanziert werden. Die Uterotomie im unte-

E-6.42 Zugangsschnitte und Entwicklung des Kindes bei Sectio

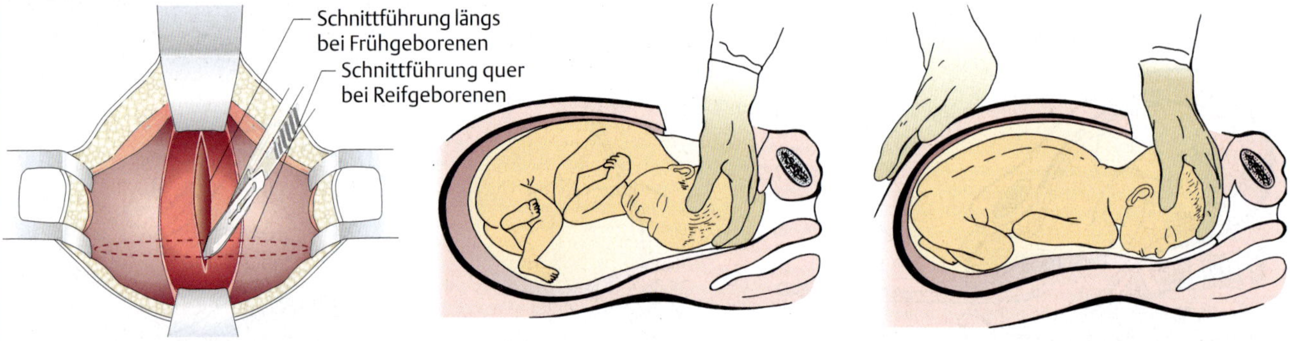

a Zugangsschnitte. **b** Herausführen des Kopfes aus dem Uterus. **c** Dabei Kristellerhilfe.

E-6.20

E-6.20 Indikationen zur Sectio

- Geburtsstillstand in der Eröffnungsperiode
- drohende kindliche Asphyxie in der Eröffnungsperiode
- Geburtsstillstand in der Austreibungsperiode im Beckeneingang, z. B. bei absolutem Missverhältnis
- Lageanomalien wie Querlage, Beckenendlage
- Geburt von Mehrlingen
- Frühgeburt vor der vollendeten 32. SSW bzw. < 1500 g
- mütterliche Erkrankungen wie Rh-Inkompatibilität, schwere Präeklampsie
- Placenta praevia totalis
- starke Blutung bei Placenta praevia, vorzeitige Plazentalösung
- Uterusruptur
- Zustand nach Sectio vom isthmokorporalen Längsschnitt, Zustand nach Entfernung großer Uterusmyome oder nach Metroplastik
- fetale Fehlbildungen mit günstiger kindlicher Prognose
- Makrosomie bei Diabetes

Bei Frühgeburten, Oligohydramnion oder Lageanomalien wird die Uterotomie häufig vom isthmokorporalen Längsschnitt durchgeführt, um ausreichend Platz zur Entwicklung des Kindes zu haben (Abb. **E-6.42a**).

3. Nach Amniotomie Entwicklung des Kindes (s. Abb. **E-6.42b**, **c**)
4. Gabe von Kontraktionsmittel
5. manuelle Lösung der Plazenta, Nachtastung
6. Verschluss und Deckung der Uteruswunde, Verschluss der Bauchdecken.

ren Uterinsegment ist vorteilhaft, weil bei Reifgeburten das untere Uterinsegment dünn ausgezogen ist und im Vergleich zur Korpusmuskulatur viel weniger kontraktile Fasern enthält.

Bei Frühgeburten muss die Uterotomie häufig vom isthmokorporalen Längsschnitt durchgeführt werden (Abb. **E-6.42a**). Diese Schnittführung ist insbesondere bei Oligohydramnion, sehr kleinen Frühgeborenen und Lageanomalien unbedingt erforderlich, damit zur Entwicklung des Kindes genügend Platz vorhanden ist.

3. Nach Amniotomie wird das Kind entwickelt (s. Abb. **E-6.42b**, **c**).
4. Kontraktionsmittel werden verabreicht, z. B. 3 IE Oxytozin i. v. im Bolus.
5. Die Plazenta wird manuell gelöst und das Uteruskavum ausgetastet, um sicherzugehen, dass keine Plazentareste verblieben sind.
6. Die Uteruswunde wird verschlossen, gedeckt und die Bauchdecken verschlossen.

Bei einer Notsectio sollte die **Entscheidungs-Entwicklungs-(E-E-)Zeit nicht mehr als 20 Minuten** betragen.

Bei einer Notsectio sollte das Intervall zwischen der Entscheidung zur Notsectio und der Entwicklung des Kindes, die **Entscheidungs-Entwicklungs- oder E-E-Zeit, nicht mehr als 20 Minuten betragen.**

Indikationen. s. Tab. **E-6.20**.

Indikationen. Indikationen zur Sectio sind in Tab. **E-6.20** aufgeführt.

Vorteile und Nachteile. Vorteil Es ist eine rasche Geburtsbeendigung ohne Kompression des kindlichen Kopfes möglich.

Vorteile und Nachteile. Die Sectio caesarea kann in der Klinik jederzeit durchgeführt werden. Unter Notfallbedingungen ist eine rasche Geburtsbeendigung möglich. Bei der Entwicklung des Kindes wird der Kopf nicht komprimiert. Dies ist bei Frühgeburten von Vorteil.

Ein **Nachteil** für das Kind kann das Auftreten einer „nassen“ Lunge durch fehlende Thoraxkompression bei abdominaler Geburt sein. Dies führt zu Adaptationsstörungen unmittelbar post partum.
Ansonsten liegen die Nachteile der Sectio caesarea einseitig bei der Mutter; Blutergüsse und Infektionen können zu Wundheilungsstörungen führen. Selten sind auch Verletzungen von Harnblase und Harnleitern möglich. Darüber hinaus besteht wie nach jeder Operation die Gefahr der Thrombose oder Embolie. Die mütterliche Morbidität ist 4–10-mal, die mütterliche Mortalität 3-mal höher als bei der Spontangeburt.

Nachteil Durch fehlende Kompression des Thorax bei der abdominalen Geburt kann eine „nasse“ Lunge auftreten und zu Adaptationsstörungen führen.
Die mütterliche Morbidität ist 4–10-mal, die mütterliche Mortalität 3-mal höher als bei der Spontangeburt.

6.11.4 Episiotomie (Dammschnitt)

6.11.4 Episiotomie (Dammschnitt)

▶ **Definition.** Operative Erweiterung des Beckenausgangs durch Einschneiden des Dammes mit medianer, mediolateraler oder lateraler Schnittführung. Als frühzeitige Episiotomie bezeichnet man den Dammschnitt vor, als rechtzeitige Episiotomie den Dammschnitt beim Durchschneiden des Kopfes. Die Episiotomie ist die häufigste geburtshilfliche Operation.

◀ **Definition**

Vor einer frühzeitigen Episiotomie sollte eine Pudendusblockade erfolgen oder der Damm lokal infiltriert werden, bei der rechtzeitigen Episiotomie ist in der Regel keine Anästhesie notwendig, da der Damm gespannt und die Schmerzempfindlichkeit dort infolgedessen herabgesetzt ist. Der Dammschnitt sollte auf dem Höhepunkt einer Wehe erfolgen, da er so am wenigsten schmerzhaft ist.

Durchführung. Die Schnittführung bei der Episiotomie zeigt Abb. **E-6.43**.

Bei der **medianen Episiotomie** (1 in Abb. **E-6.43**) wird das Bindegewebe des Dammes durchtrennt, muskuläre Strukturen werden verschont. Daher ist die mediane Episiotomie in der Regel chirurgisch leicht zu versorgen, verursacht nur geringe Beschwerden und heilt komplikationslos ab. Wenn sie reißt, kann sie jedoch in einen Dammriss 3. Grades münden.

Durchführung. Die Schnittführung bei der Episiotomie zeigt Abb. **E-6.43**.

Bei der **medianen Episiotomie** (1 in Abb. **E-6.43**) wird das Bindegewebe des Dammes durchtrennt. Sie heilt in der Regel komplikationslos ab, kann beim Einreißen jedoch in einen Dammriss 3. Grades münden.

E-6.43 Schnittführung bei der Episiotomie

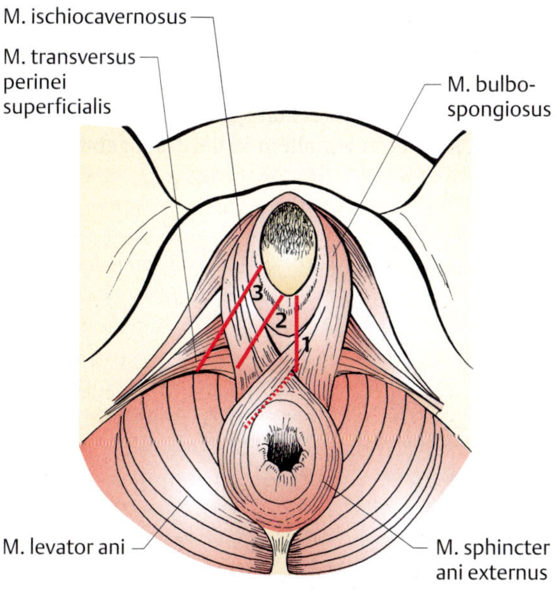

1 mediane Episiotomie
2 mediolaterale Episiotomie
3 laterale Episiotomie

E-6.43

E-6.21

Bei der **mediolateralen Episiotomie** (häufigste Form, 2 in Abb. **E-6.43**), werden Mm. bulbospongiosus und transversus perinei superficialis durchtrennt. Sie schafft mehr Raum, heilt jedoch schlechter als die mediane Episiotomie.

Bei der **lateralen Episiotomie** (3 in Abb. **E-6.43**) werden die Mm. bulbospongiosus, transversus perinei superficialis und levator ani durchtrennt. Sie schafft von allen Formen am meisten Raum, heilt jedoch schlecht und wird nur noch selten angewandt.

Indikationen. s. Tab. **E-6.21**.

6.12 Müttersterblichkeit

▶ Definition

Ursachen sind Infektionen, hypertensive Schwangerschaftserkrankungen, Hämorrhagien und Embolien.

E-6.21 Indikationen zur Episiotomie

- Frühgeburten
- alle operativen vaginalen Geburten (Vakuumextraktion, Zangenextraktion, Beckenendlagenentwicklung)
- Geburt von Zwillingsschwangerschaften
- drohender Dammriss, z. B. bei hohem Damm, großem Kind

Bei der **mediolateralen Episiotomie** (2 in Abb. **E-6.43**), der häufigsten Form der Episiotomie, werden der M. bulbospongiosus und der M. transversus perinei superficialis durchtrennt. Die medioloaterale Episiotomie schafft mehr Raum und hat ein geringeres Risiko eines Dammrisses als die mediane Episiotomie. Sie ist jedoch mit einem größeren Blutverlust verbunden, schwieriger zu versorgen und heilt schlechter.
Bei der **lateralen Episiotomie** (3 in Abb. **E-6.43**) werden der M. bulbospongiosus, der M. transversus perinei superficialis und der M. levator ani durchtrennt. Sie ist somit die Form der Episiotomie, die am meisten Raum schafft. Nachteilig sind der starke Blutverlust – er ist größer als bei den anderen Formen der Episiotomie –, die schwierige Rekonstruktion der anatomischen Verhältnisse, die häufigen Wundheilungsstörungen und ausgeprägten Beschwerden. Aus diesen Gründen wird die laterale Episiotomie nur noch selten angewandt.
Bei Episiotomie-Naht wird die Vagina durch fortlaufende Naht, die Muskulatur durch Einzelknopf-Nähte und die Dammhaut durch Intrakutan-Naht versorgt.

Indikationen. Indikationen zur Episiotomie sind in Tab. **E-6.21** aufgeführt. Klinische Zeichen des drohenden Dammrisses sind der blasse, nicht mehr dehnbare Damm und die frühzeitige vaginale Blutung.

6.12 Müttersterblichkeit

▶ **Definition.** Nach den Empfehlungen der WHO wird Müttersterblichkeit definiert als „der Tod einer Frau während der gesamten Schwangerschaft oder innerhalb von 42 Tagen nach der Entbindung“, wenn die Todesursache in Beziehung zur Schwangerschaft oder deren Behandlung steht. Sie wird als Sterbefälle pro 100 000 Lebendgeborene angegeben.

Die Müttersterblichkeit in Deutschland betrug im Jahr 1995 0,54 ‰.
Die häufigsten Ursachen für Müttersterblichkeit sind Infektionen (25 %), hypertensive Schwangerschaftserkrankung (Präeklampsie, HELLP-Syndrom) (15–20 %), Hämorrhagien (10–20 %, Auftreten vor allem in der Nachgeburtsperiode) und Embolien.

6.13 Kindliche Mortalität

6.13.1 Perinatale Mortalität

▶ **Synonym.** Perinatale Letalität.

▶ **Definition.** Nach Definition der WHO umfasst die **perinatale Mortalität** alle vor, während und bis zum 7. Lebenstag verstorbenen Kinder mit einem Geburtsgewicht von mehr als 500 g bezogen auf 1000 Lebend- oder Totgeborene.

Dabei definiert das Personenstandsgesetz (in weitgehender Übereinstimmung mit der WHO) als **Lebendgeborenes** (Syn.: Lebendgeburt) eine Leibesfrucht, die nach Verlassen des Mutterleibes Lebenszeichen wie Herzschlag, Atmung, Nabelschnurpulsationen erkennen lässt.
Als **Totgeborenes** (Totgeburt) definiert das Personenstandsgesetz in Übereinstimmung mit der WHO eine Leibesfrucht, die keine Zeichen einer Lebendgeburt erkennen ließ, deren Gewicht jedoch mindestens 500 g beträgt. Sie muss dem Standesamt gemeldet und bestattet werden.
Eine Leibesfrucht, die keine Zeichen einer Lebendgeburt gezeigt hat und weniger als 500 g wiegt, ist eine **Fehlgeburt** und muss dem Standesamt nicht gemeldet und auch nicht bestattet werden.
Die perinatale Mortalität in Deutschland betrug im Jahr 1999 6,1 ‰.
Die häufigste Ursache sind mit 70 % Frühgeburten, weitere Ursachen sind Fehlbildungen, Folgen einer Plazentainsuffizienz, Infektionen und postpartale Atemstörungen.

6.13.2 Säuglingssterblichkeit

▶ **Definition.** Als Säuglingssterblichkeit bezeichnet man die Sterblichkeit aller Lebendgeborenen bis zum Ende des 1. Lebensjahres.

Die Säuglingssterblichkeit in Deutschland betrug im Jahr 2000 4,7 ‰.
Ursachen sind Frühgeburtlichkeit, kongenitale Anomalien, z. B. des Herz-Kreislauf-Systems, und Infektionen.

6.13 Kindliche Mortalität

6.13.1 Perinatale Mortalität

◀ Synonym

◀ Definition

Ursachen sind Frühgeburten, Fehlbildungen, Folgen einer Plazentainsuffizienz, Infektionen und postpartale Atemstörungen.

6.13.2 Säuglingssterblichkeit

◀ Definition

Ursachen sind Frühgeburtlichkeit, kongenitale Anomalien und Infektionen.

7 Wochenbett

▶ Definition

7 Wochenbett

▶ **Definition.** Das Wochenbett beginnt nach der Geburt und umfasst die Periode der Rückbildung von genitalen und extragenitalen Schwangerschafts- und Geburtsveränderungen und den Beginn der Laktation. Es endet nach ca. 6 Wochen.

7.1 Physiologie des Wochenbetts

7.1.1 Postpartale Umstellung

Genitalien

Uterus

Der Uterus bildet sich post partum rasch zurück.

7.1 Physiologie des Wochenbetts

7.1.1 Postpartale Umstellung

Genitalien

Uterus

Die Rückbildung (Involution) des Uterus post partum geschieht erstaunlich rasch: von etwa 1000 g bei der Geburt auf 500 g nach etwa 1 Woche bis auf schließlich 60–100 g nach 6 Wochen. Sie wird durch Palpation des Fundus uteri kontrolliert.

▶ Merke

▶ **Merke.** Der Fundus uteri befindet sich unmittelbar nach Ausstoßen der Plazenta in der Mitte zwischen Symphyse und Nabel. Am 1. Tag post partum steht er 1 Fingerbreit unter oder in Nabelhöhe und ist dabei meist nach rechts verlagert. Pro Tag tritt er etwa 1 Fingerbreit tiefer, bis er am 10. Tag post partum in Symphysenhöhe steht (s. Abb. **E-7.1**). Bei Vielgebärenden, nach Mehrlingsschwangerschaften oder nach Schnittentbindungen geht die Rückbildung langsamer vonstatten.

Der innere Muttermund ist nach 1–2 Wochen wieder geschlossen, der äußere Muttermund ist noch für einige Tage erweitert (fingerkuppenbreit).

Ursachen für die Involution des Uterus sind u. a. der Wegfall der planzentaren Hormone und die durch die Wochenbettwehen reduzierte Blutversorgung des Uterus.

Die **Wochenbettwehen** reduzieren die Blutversorgung der Uterusmuskulatur und exprimieren das Wundsekret, die Lochien. Es gibt **drei Formen:**

Die Zervix ist zunächst im Gegensatz zum gut kontrahierten Uterus weich und formiert sich allmählich, bis der innere Muttermund nach 1–2 Wochen wieder geschlossen ist. Der äußere Muttermund ist noch für einige Tage erweitert (fingerkuppenbreit).
Ursachen für die Involution des Uterus sind der Wegfall der plazentaren Hormone, der effektive enzymatische und phagozytotische Abbau der Zellproteine sowie die durch die Wochenbettwehen gedrosselte Blutversorgung.

Wochenbettwehen: Sie reduzieren die Blutversorgung der Uterusmuskulatur, stillen dadurch die Blutung aus der Gebärmutterwunde und exprimieren das Wundsekret, die Lochien. Es lassen sich **drei Formen** unterscheiden:

E-7.1

E-7.1 Rückbildung des Uterus im Wochenbett bei Erstgebärenden und Spontanpartus

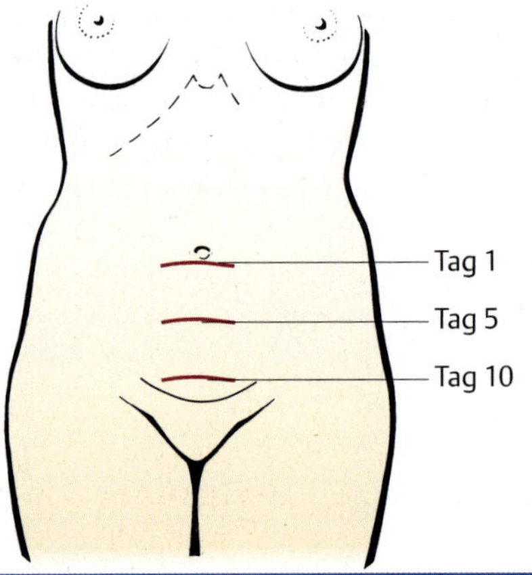

- **Dauerkontraktionen**, die nach Ausstoßung der Plazenta einsetzen und nach einigen Tagen nachlassen
- **rhythmische Kontraktionen**, die insbesondere von Multiparae als schmerzhafte Nachwehen empfunden werden und nur wenige Tage anhalten
- **Stillwehen**, die unter dem Einfluss von **Oxytozin** beim Saugen entstehen und so zur Involution des Uterus beitragen: Oxytozin entfaltet eine direkt kontrahierende Wirkung an der glatten Muskulatur des Uterus und an den myoepithelialen Zellen der Alveoli der Mamma.

Lochien: Die Lochien, auch **Wochenfluss** genannt, sind das Wundsekret aus der Gebärmutterwunde. Sie bestehen aus dezidualen Überresten, Leukozyten, weiteren Abraumzellen, Blutbestandteilen und zunächst reichlich, mit der Zeit jedoch immer weniger Bakterien. Entsprechend dem Zustand der Uteruswunde ändern sich auch Zusammensetzung und Farbe des Wundsekretes:

- **Lochia rubra:** das rein blutige Sekret der 1. Woche
- **Lochia fusca:** das bräunliche Sekret der 2. Woche
- **Lochia flava:** ein gelbes Sekret aus nekrotischem Zellmaterial in der 3. Woche
- **Lochia alba:** ein weißes Sekret, das den Abschluss der Wundheilung nach 4 Wochen anzeigt.

Vagina und Vulva

Die Vagina ist nach der Geburt ödematös und stark vaskularisiert, die Vulva – und mit ihr die Schamspalte – klafft. Nach Ende der Wochenbettperiode, d. h. nach 6 Wochen, haben sich diese Veränderungen zurückgebildet, lediglich bei Mehrgebärenden klafft die Vulva evtl. noch.

Extragenitale Organe

Blut und blutbildendes System

Das **erhöhte Blutvolumen** der Schwangeren wird zunächst durch den Blutverlust bei der Geburt (normal bis 500 ml) und im folgenden Monat durch allmählichen Rückgang der Hämodilution wieder normalisiert.

Durch Anstieg der Thrombozytenkonzentration auf etwa 500 000/mm^3 und weiteren Anstieg der Konzentration der Gerinnungsfaktoren, z. B. des Fibrinogens, kommt es zunächst zu einem **hyperkoagulabilen Zustand**. Die Blutstillung wird somit verbessert, gleichermaßen jedoch die **Gefahr der Thrombose** verstärkt.

Die während der Schwangerschaft bestehende **Leukozytose** dauert in den ersten Wochenbetttagen mit Werten bis zu 20 000/mm^3 an und normalisiert sich binnen zweier Wochen. Die **Blutsenkung** (BKS) ist im Wochenbett ebenfalls weiterhin erhöht – bis zu Einstundenwerten von 40–60. Daher sind Leukozytenwerte und BKS zum Nachweis einer bakteriellen Infektion im Wochenbett nicht geeignet. Hierzu bestimmt man vor allem die Konzentration von CRP (C-reaktivem Protein) im Serum.

Nieren und ableitende Harnwege

Der Gewichtsverlust unmittelbar nach Geburt beträgt etwa 6 kg (Fetus, Plazenta, Fruchtwasser). Die glomeruläre Filtrationsrate ist zunächst erhöht, die **Diurese verstärkt**, so dass dem Gewebe weitere 3–5 kg entzogen werden. Das extrazelluläre und das intravasale Flüssigkeitsvolumen normalisieren sich erst allmählich bis zum Ende der Wochenbettperiode.

Die häufig beobachtete geringe **Proteinurie** und **Glukosurie der Wöchnerinnen** normalisiert sich bald.

Die in der Schwangerschaft dilatierten Harnwege bilden sich im Wochenbett zurück. Zu beachten ist die im Wochenbett **erschwerte Miktion**, die u. a. durch Ödeme der Urethra zu Stande kommt. Regelmäßiges Anhalten zum Wasserlassen ist direkt nach der Geburt wichtig.

- **Dauerkontraktionen**
- **rhythmische Kontraktionen** (schmerzhafte Nachwehen)
- die durch Oxytozin induzierten **Stillwehen.** Oxytozin kontrahiert die Uterusmuskulatur und die myoepithelialen Zellen der Alveoli der Mamma.

Die **Lochien** (Synonym: **Wochenfluss**) sind das Wundsekret aus der Gebärmutter. Sie bestehen aus dezidualen Überresten, Leukozyten, Blutbestandteilen und Bakterien. Zusammensetzung und Farbe ändern sich im Verlauf der Wundheilung:

- **Lochia rubra** = blutiges Sekret (1. Woche)
- **Lochia fusca** = bräunliches Sekret (2. Woche)
- **Lochia flava** = gelbes Sekret (3. Woche)
- **Lochia alba** = weißes Sekret (4. Woche).

Vagina und Vulva

Die ausgeprägte Ödembildung und Vaskularisation der Vagina bildet sich im Wochenbett zurück. Die Vulva klafft am Ende des Wochenbetts evtl. noch bei Mehrgebärenden.

Extragenitale Organe

Blut und blutbildendes System

Das nach der Geburt noch **erhöhte Blutvolumen** normalisiert sich im Laufe des folgenden Monats.

Durch Verminderung des Blutvolumens und Anstieg der Thrombozyten- und Gerinnungsfaktorkonzentration kommt es zu einem **hyperkoagulabilen Zustand** mit der **Gefahr einer Thrombose**.

Leukozytenkonzentration und **BKS** sind im Wochenbett deutlich erhöht und deshalb zum Nachweis einer bakteriellen Infektion nicht geeignet. Hierzu bestimmt man das CRP.

Nieren und ableitende Harnwege

Die glomeruläre Filtrationsrate ist zunächst erhöht, die **Diurese verstärkt**; dadurch werden dem Gewebe 3–5 kg entzogen. Das Flüssigkeitsvolumen normalisiert sich allmählich im Wochenbett.

Die häufig beobachtete, geringe **Proteinurie** und **Glukosurie** der Wöchnerinnen normalisiert sich bald.

Die Dilatation der ableitenden Harnwege bildet sich zurück. Ödeme der Urethra erschweren die Miktion im Wochenbett.

Darm

Die in der Schwangerschaft bestehende Darmträgheit normalisiert sich rasch.

Die in der Schwangerschaft bestehende Darmträgheit normalisiert sich rasch.

Skelettmuskulatur

Gezielte Gymnastik stärkt die Bauchdecken- und Beckenbodenmuskulatur.

Die in der Schwangerschaft erschlaffte Bauchdecken- und Beckenbodenmuskulatur sollte im Wochenbett durch gezielte Gymnastik wieder gestärkt werden.

Endokrines System

Mit Geburt der Plazenta nimmt der Blutspiegel der Steroidhormone (Östrogen und Gestagen) ab. Dies induziert zum einen die Laktation (ca. 3–5. Wochenbetttag, s. S. 691), zum anderen werden vermehrt gonadotrope Hormone (LH und FSH) gebildet.

Mit der Geburt der Plazenta verändert sich das endokrine System. Während der Schwangerschaft hatte die Plazenta große Mengen an Steroidhormonen (Östrogene, Progesteron u. a.) gebildet und dadurch die Synthese der gonadotropen Hormone FSH und LH in der Hypophyse gehemmt. Durch den Wegfall der Plazenta sinkt der Östrogen- und Progesteronspiegel. Dies bewirkt zum einen, im Zusammenspiel mit dem weiterhin erhöhten Prolaktinspiegel, den Beginn der Laktation ca. nach dem 3.–5. Wochenbetttag (s. S. 690), zum anderen wird die Hypophyse dadurch wieder zur Bildung von FSH und LH angeregt.

Bei stillenden Frauen kommt es auf Grund hoher Prolaktinspiegel meist zu einer Stillamenorrhö.

Bei stillenden Frauen finden sich nach dem Absinken der Spiegel der plazentaren Östrogene zunächst hohe, später niedrigere Prolaktinspiegel. Die Hyperprolaktinämie verhindert häufig, aber nicht immer, über die gesamte Stillperiode hinweg Ovulationen **(Stillamenorrhö)**. Erneute Konzeptionen sind also vereinzelt schon während der Stillperiode möglich. Erst nach dem Ende der Stillperiode setzen wieder regelmäßige Ovulationen und im Gefolge davon echte menstruelle Blutungen ein. Klinisch fällt bei stillenden Frauen ein Östrogendefizit, ähnlich wie im Klimakterium, mit Hitzewallungen und atrophischer Kolpitis auf.

Bei nicht stillenden Frauen setzt nach 6–12 Wochen die Menstruation wieder ein.

Bei nicht stillenden Frauen erreicht der Prolaktinspiegel innerhalb von 3–4 Wochen Normwerte und der erste menstruelle Zyklus kommt nach 6–12 Wochen wieder in Gang.

Psychische Veränderungen

Scheinbar grundlose, **vorübergehende depressive Verstimmungen (Wochenbettblues)** sind bei Wöchnerinnen häufig. Ursachen könnten Gefühle der Überforderung durch die neue Aufgabe als Mutter sein. Konflikte mit den eigenen Eltern können restimuliert werden und die Verstimmung fördern (s. Tab. **E-7.1**).

Nach der Geburt eines gewünschten, gesunden Kindes empfindet die Mutter im Wochenbett überwiegend Freude und Glück. Dennoch kommt es bei etwa 70 % der Mütter zu **vorübergehenden depressiven Verstimmungen**, die meist nur 1 oder wenige Tage anhalten. Der sogenannte **Wochenbettblues** (maternity blues) ist durch scheinbar grundloses Weinen, Verzweiflung, Empfindlichkeit und das Gefühl des Versagens gekennzeichnet (s. auch S. 74 und Tab. **A-4.10**). Ursachen dürften Gefühle der Überforderung durch die ungewohnte neue Aufgabe und Verantwortung sein.

Die Angst, nunmehr nur noch als Mutter und nicht mehr als Frau geliebt zu werden, kann die Verstimmung fördern (s. Tab. **E-7.1**). Konflikte mit den eigenen Eltern können restimuliert werden.

Einfühlsames Verhalten hilft, den Wochenbettblues zu lindern.

Die Angehörigen und das Klinikpersonal können helfen, indem sie einfühlsam reagieren und die Stimmungsveränderung zulassen.

E-7.1

E-7.1 Mögliche Ängste nach der Geburt

- Desillusionierung, Trennungsängste (Verlust des intrauterinen Kindes)
- autonome Ängste (Ende der eigenen Kindheit)
- Versorgungsängste (oraler Konkurrent)
- Versagensängste als Mutter (Druck durch bevorstehende Aufgaben)
- Angst vor Attraktivitätsverlust (Verzicht auf Zweierbeziehung)
- Zukunftsängste (Verzicht auf berufliche Karriere)

7.1.2 Betreuung der Wöchnerin

Betreuung bei Klinikgeburt

Nach einer 2-stündigen Überwachung im Kreißsaal, während der das Neugeborene zum ersten Mal gestillt werden sollte, kann die Wöchnerin auf die Wochenstation verlegt werden. Hier wird sie zunächst in Begleitung von Pflegepersonal aufstehen und umhergehen, um die Blutzirkulation zu fördern **(Thromboseprophylaxe)**. Außerdem wird sie zur **Genitalhygiene angeleitet**: Nach dem Wechsel der Vorlagen, die die Lochien auffangen, muss sie sich gründlich die Hände waschen, um eine Schmierinfektion der Mammae oder/und eine Übertragung auf das Neugeborene und das Pflegepersonal zu verhindern. Die Wöchnerin sollte zur Spülung des Dammes während oder nach dem Wasserlassen angeleitet werden. Duschbäder sind sofort erlaubt, Wannenbäder sollten erst nach Sistieren des Wochenflusses erlaubt werden.

Um eine **Infektion frühzeitig zu erkennen**, ist die Überwachung der Uterusrückbildung, der Lochien, der Episiotomiewunde, der Ausscheidungsfunktionen von Blase und Darm sowie von Temperatur und Puls obligat.

Da das Stillen für Mutter und Kind in körperlicher und seelischer Hinsicht eine große Bedeutung hat, soll die Wöchnerin zum Stillen ermuntert, angeleitet und ihr über etwaige Schwierigkeiten hinweggeholfen werden (s. u.).

▶ **Merke.** Falls noch nicht geschehen, soll die Wöchnerin über die Möglichkeiten des Rooming-in und der ambulanten Geburt informiert werden.

Rhesus-negative Mütter mit Rhesus-positiven Kindern erhalten die **Rhesus-Prophylaxe** (Anti-D-Immunglobulin), Mütter ohne Rötelnimmunität eine **Rötelnschutzimpfung**.

Die Wochenbettgymnastik mit Atemübungen sowie leichten isometrischen Übungen wird begonnen.

Nach einem komplikationslosen Verlauf von Geburt und Wochenbett werden Mutter und Kind etwa am 5. Wochenbetttag entlassen. Nach Sectio etwa nach 1 Woche. Bei der **Abschlussuntersuchung** der Wöchnerin wird die Brust auf entzündliche Veränderungen und Mamillenfissuren untersucht. Die Untersuchung der Genitalien auf dem gynäkologischen Stuhl umfasst die Inspektion des Dammes und ggf. der Episiotomiewunde, die Spekulumeinstellung der Scheide und Portio und die bimanuelle Untersuchung zur Feststellung der Zervix- und Korpusrückbildung. Der Mutterpass wird komplettiert.

▶ **Merke.** Da Hyperprolaktinämie beim Stillen keinen sicheren Schutz vor einer erneuten Schwangerschaft bietet, müssen Kontrazeptionsmaßnahmen besprochen werden. Nach Spontangeburt sollte ½ Jahr, nach Sectio 1 Jahr bis zu einer erneuten Konzeption gewartet werden.

6 Wochen nach der Geburt erfolgt dann die nochmalige gynäkologische Kontrolle der Uterusrückbildung. Geschlechtsverkehr ist nach etwa 6 Wochen ebenfalls wieder ohne Infektionsgefahr möglich.

Betreuung bei ambulanter Geburt

Bei einer ambulanten Geburt werden Mutter und Kind bereits nach 2 Stunden wieder aus der Klinik entlassen. Die Mutter sollte über die Infektionsprophylaxe und Anzeichen möglicher Komplikationen im Wochenbett (s. S. 684 ff) ausführlich aufgeklärt werden. Risiken sollen ausgeschlossen sein.

Die weitere Betreuung durch eine Nachsorgehebamme und einen Kinderarzt muss gewährleistet sein. Nach 1 Woche sollte eine gynäkologische Untersuchung erfolgen.

7.1.2 Betreuung der Wöchnerin

Betreuung bei Klinikgeburt

Nach 2-stündiger Überwachung im Kreißsaal kann die Wöchnerin auf die Wochenstation verlegt werden. Neben **Mobilisation (Thromboseprophylaxe)** folgt nun die **Anleitung zur Genitalhygiene** und, zum **Ausschluss einer Infektion**, die Überwachung der Uterusrückbildung, der Lochien, der Episiotomiewunde, der Ausscheidungsfunktion von Blase und Darm, Temperatur und Puls.

Die Wöchnerin sollte zum Stillen ermuntert und angeleitet werden (s. u.).

◀ Merke

Rh-negative Mütter mit Rh-positiven Kindern erhalten die **Rhesus-Prophylaxe** und Mütter ohne Rötelnimmunität eine **Rötelnschutzimpfung**.

Nach komplikationslosem Verlauf von Geburt und Wochenbett erfolgt die **Abschlussuntersuchung** am 5. Wochenbetttag. Sie beinhaltet die Untersuchung der Brust auf entzündliche Veränderungen, die Inspektion des Dammes, der Episiotomiewunde, der Scheide und Portio sowie die Untersuchung auf Uterusrückbildung.

◀ Merke

6 Wochen nach der Geburt erfolgt eine weitere gynäkologische Untersuchung.

Betreuung bei ambulanter Geburt

Bei der ambulanten Geburt können Mutter und Kind bereits nach 2 Stunden entlassen werden. Die weitere Betreuung durch eine Nachsorgehebamme und einen Pädiater muss gewährleistet sein.

7.2 Pathologie des Wochenbetts

7.2.1 Rückbildungsstörungen

Subinvolutio uteri

▶ Definition

Ätiologie. Überdehnung des Uterus (z. B. Hydramnion), schlaffes Myometrium (Vielgebärende), Plazentareste, Uterusmyome oder -fehlbildungen, Endometritis, fehlende hormonelle Stimulation (Abstillen), fehlende Bewegung der Wöchnerin.

Klinik. Hochstand des Fundus uteri, weicher Uterus, verstärkter und blutiger Wochenfluss. Eine aufsteigende Infektion droht.

Diagnostik. Palpation des Uterus, evtl. Sonographie.

Therapie. Vermehrte Bewegung und Kontraktionsmittel (Oxytozin, Ergotamin). Bei Plazentaresten Kürettage.

Lochialstau

▶ Definition

Ätiologie. Blutkoagel und Eihautreste, zu früh geschlossene Zervix und primäre Sectio.

Klinik und Diagnostik. Der Uterus ist zu groß und druckdolent. Der Wochenfluss sistiert, Stirnkopfschmerz und hohes Fieber treten auf.

Therapie. Kontraktionsmittel (Oxytozin, Ergotamin) und Dilatation der Zervix helfen rasch. Bei größeren Eihautresten Kürettage.

7.2.2 Blutungen im Wochenbett

Man unterscheidet **frühe**, kontinuierlich aus Geburtsblutungen hervorgehende Blutungen und **späte**, d. h. nach einem freien Intervall auftretende **Blutungen**.

Epidemiologie. Auftreten in ca. 1–5 %.

Ätiologie. Blutungen im Wochenbett entstehen durch Plazentareste und -polypen, Uterusatonie oder Infektionen.

7.2 Pathologie des Wochenbetts

7.2.1 Rückbildungsstörungen

Subinvolutio uteri

▶ **Definition.** Bei der Subinvolutio uteri handelt es sich um die ungenügende Rückbildung des Uterus mit einem daraus resultierenden verstärkten, blutigen Wochenfluss.

Ätiologie. Ursachen sind die **Überdehnung des Uterus** bei Mehrlingsschwangerschaften und Hydramnion, **schlaffes Myometrium** (Vielgebärende), **Plazentareste, Uterusmyome** oder **-fehlbildungen, Endometritis**, fehlende hormonelle Stimulation **(Abstillen)** und **mangelnde Bewegung** der Wöchnerin.

Klinik. Der Fundus uteri steht für den jeweiligen Wochenbetttag zu hoch, der Uterus ist weich, der Wochenfluss verstärkt und blutig. Es besteht die Gefahr einer aufsteigenden Infektion.

Diagnostik. Die Diagnose wird durch Palpation des Uterus gestellt. Sie kann darüber hinaus sonographisch überprüft werden, dabei können auch zurückgebliebene Plazentareste als Ursache ausgeschlossen werden.

Therapie. Neben vermehrter Bewegung beschleunigen Kontraktionsmittel wie Oxytozin oder Ergotamin die Rückbildung des Uterus. Bei Plazentaresten ist die Kürettage des Cavum uteri indiziert.

Lochialstau

▶ **Definition.** Stauung des Wochenflusses im Cavum uteri, bedingt durch Verlegung des Abflusses.

Ätiologie. Ursachen für die Verlegung des Abflusses können Blutkoagel, Eihautreste, eine zu früh geschlossene bzw. bei Schnittentbindungen die nicht dilatierte Zervix sein.

Klinik und Diagnostik. Den Lochialstau erkennt man am sistierenden Wochenfluss, am zu großen, druckdolenten und weichen Uterus, dem typischen Stirnkopfschmerz sowie plötzlich einsetzendem hohem Fieber.

Therapie. Die Gabe von Kontraktionsmitteln (Oxytozin und Ergotamin), evtl. mit Spasmolytika kombiniert, ist hilfreich.
Die digitale Dilatation des verlegten Muttermundes hilft rasch. Zusätzliches Aufstehen, insbesondere Treppensteigen, unterstützt die Therapie.
Größere Eihautreste müssen ausgeräumt werden.

7.2.2 Blutungen im Wochenbett

Man unterscheidet **frühe Blutungen**, die **kontinuierlich aus Geburtsblutungen hervorgehen** und vor allem durch Geburtsverletzungen oder Uterusatonie hervorgerufen werden, von den **späten Blutungen** im Wochenbett, welche **nach einem blutungsfreien Intervall auftreten**.

Epidemiologie. Blutungen im Wochenbett sind selten (etwa 1–5 %).

Ätiologie. Ursachen sind sowohl bei frühen wie auch bei späteren Blutungen zurückgebliebene Plazenta- und Eihautreste, Plazentapolypen, d. h. von Blutkoageln umgebene Plazentareste, Uterusatonie und Endomyometritis puerperalis.

Klinik und Diagnostik. Zur Ursachenfindung führen der schlecht kontrahierte, zu große und evtl. druckdolente Uterus und die Inspektion der Zervix, da Plazentapolypen ggf. als weiche Gebilde im Zervikalkanal zu tasten sind. Die Sonographie weist ggf. Material im Uteruskavum nach. Bei Plazentaresten bzw. -polypen kann Fieber bestehen. Ggf. sind die Entzündungszeichen positiv.

Klinik und Diagnostik. Der Uterus ist weich, zu groß und evtl. druckdolent, bei Plazentaresten kann Fieber bestehen. Die Diagnose wird durch Palpation des Uterus, Inspektion der Zervix und Sonographie gestellt.

Therapie. Man verabreicht Kontraktionsmittel. Reste aus dem Uteruskavum werden evtl. unter Antibiotikaschutz durch Kürettage entfernt. Blutende Wunden werden versorgt.
Atonische Blutungen (bei Uterusatonie) können lebensbedrohlich sein. Durch manuelle Kompression des Uterus versucht man die Blutung zu reduzieren. Gleichzeitig verabreicht man Kontraktionsmittel i. v., bei unzureichendem Effekt Prostaglandine, z. B. Prostaglandin $F_{2\alpha}$.

Therapie. Kontraktionsmittel, ggf. ist eine Kürettage notwendig. Bei **atonischen Blutungen** manuelle Kompression des Uterus, Kontraktionsmittel i. v., bei unzureichendem Effekt Prostaglandine.

7.2.3 Puerperale Infektionen

7.2.3 Puerperale Infektionen

▶ **Synonym.** Wochenbettfieber.

◀ Synonym

▶ **Definition.** Wochenbettfieber ist die Folge einer entzündlichen Veränderung der Genitalien im Wochenbett. Davon abzugrenzen sind Infektionen anderer Organe, z. B. Mastitis und Harnwegsinfektionen.

◀ Definition

Epidemiologie. Die Häufigkeit des Wochenbettfiebers beträgt etwa 5 %.

Epidemiologie. Auftreten des Wochenbettfiebers in ca. 5 %.

Ätiologie und Pathogenese. Häufigste Ursache ist die **Endometritis puerperalis** (s. auch nachfolgenden klinischen Fall). Sie wird durch aufsteigende Infektion von Bakterien aus der Scheide ausgelöst. Diese wird durch vaginale operative Entbindung, Kaiserschnitt, vorzeitigen Blasensprung, häufige vaginale Untersuchungen, Retention von Plazentaresten und Lochialstau (Wundsekret bietet einen idealen Nährboden für pathogene Keime) begünstigt.
Es handelt sich überwiegend um eine Mischinfektion, wobei β-hämolysierende Streptokokken (das klassische Kindbettfieber), Staphylokokken, Enterokokken, E. coli und Proteus am häufigsten gefunden werden.

Ätiologie und Pathogenese. Meist ist die **Endometritis** durch bakterielle Besiedlung bei vaginaler operativer Entbindung, Sectio, vorzeitigem Blasensprung, häufigen vaginalen Untersuchungen, Retention von Plazentaresten oder Lochialstau.

Meist besteht eine Mischinfektion, die häufigsten Erreger sind β-hämolysierende Streptokokken, Staphylokokken, Enterokokken, E. coli und Proteus.

Unabhängig vom uterinen Krankheitsgeschehen können **infizierte Dammrisse oder -schnitte** und **infizierte Hämatome** das Wochenbettfieber auslösen.

Auch **infizierte Dammrisse oder -schnitte** und **infizierte Hämatome** können Wochenbettfieber auslösen.

Klinik und Diagnostik. Bei **Endometritis puerperalis** ist der Uterus druckdolent, groß und schlecht kontrahiert. Der Wochenfluss riecht auffällig fötide. Die Patientin hat zunächst kein hohes Fieber. Die Entzündung ist auf das Uteruskavum begrenzt. Sie kann mit einem **Lochialstau** kombiniert sein, dessen Kennzeichen der versiegende Wochenfluss, hohe (septische) Temperaturen sowie Kopfschmerz sind.
Im Sonogramm findet sich Material im Cavum uteri.

Klinik und Diagnostik. Bei **Endometritis puerperalis** ist der Uterus druckdolent, groß und schlecht kontrahiert. Ein **Lochialstau** ist durch versiegenden Wochenfluss, septische Temperaturen und Kopfschmerz gekennzeichnet.

Sonographisch ist Material im Uteruskavum nachweisbar.

▶ **Merke.** Bei Endometritis immer Abstriche aus dem Zervikalkanal anfertigen, um die Erreger und ihre Antibiotikaresistenz bestimmen zu können, damit bei Zunahme der Symptomatik eine gezielte Therapie möglich ist.

◀ Merke

Wird der Uterus sehr druckschmerzhaft und finden sich hohe Temperaturen, so ist die Infektion auf das Myometrium übergegangen **(Endomyometritis)**. Die weitere Ausbreitung über die Tuben **(Adnexitis** bzw. **Adnexabszess)** oder seitlich zu den Parametrien **(Parametritis)** ist zu befürchten. Dies sind gefährliche Infektionen, da sie bald in eine **Sepsis mit Schock, Multiorganversagen (Lunge,**

Bei sehr druckdolentem Uterus und hohen Temperaturen ist die Infektion auf das Myometrium übergegangen **(Endomyometritis)**. **Adnexitis und Adnexabszess, Parametritis** und **Sepsis** mit Schock, Multiorganversagen (Lunge, Niere) und massive Gerinnungsstörung **drohen**. Eine Gerinnungsstörung entsteht insbesondere durch gramnegative Bakterien. Die Folge ist eine **disseminierte intravasale Gerinnung** (DIC, mit Verbrauchskoagulopathie und Aktivierung der Fibrinolyse).

Niere) und massiver Gerinnungsstörung übergehen können. Die Gerinnungsstörung entsteht nach Eindringen insbesondere gramnegativer Bakterien in die Blutbahn, deren Hüllenbestandteile sowohl die intrinsische als auch die extrinsische Gerinnungskaskade aktivieren. Es kommt zur **disseminierten intravasalen Gerinnung** (DIC), die vornehmlich Lungen und Nieren betrifft. Einerseits werden Thrombozyten und plasmatische Gerinnungsfaktoren verbraucht (Verbrauchskoagulopathie), andererseits wird u. a. durch Aktivierung der intrinsischen Gerinnung (Faktor XII) und durch die Gerinnselbildung die Fibrinolyse aktiviert und eine Hyperfibrinolyse provoziert. Die Folge ist, dass das Blut nicht mehr gerinnen kann.

Therapie. Bei **Endometritis oder/und Lochialstau** Therapie mit **Kontraktionsmitteln**. Zum Aufbau des Endometriums können Östrogene eingesetzt werden. Ggf. **Dilatation des Zervikalkanals, Antibiotika** und **Kürettage** (nach Abklingen der Entzündung).

Therapie. Bei **Endometritis und/oder Lochialstau** werden zunächst **Kontraktionsmittel**, z. B. 9–15 IE Oxytozin in 500 ml physiologischer Kochsalzlösung, infundiert oder Oxytozin zusammen mit Methylergometrin (Methergin) intramuskulär injiziert, in leichteren Fällen Methylergometrin oral verabreicht. Zum Aufbau des Endometriums können Östrogene eingesetzt werden.
Ggf. ist eine **Dilatation des Zervikalkanals** notwendig. **Retiniertes Material** muss durch **Kürettage** entfernt werden, die auf Grund der Perforationsgefahr erst nach Antibiotikatherapie und Abklingen der Entzündung erfolgen sollte.
Bei **leichteren Formen** der Endometritis und des Lochialstaus werden **Antibiotika nicht benötigt**.

Endomyometritis, Adnexitis und Parametritis müssen konsequent mit **hohen Dosen von Breitbandantibiotika** behandelt werden, Abszesse gespalten werden.

Zur **Prävention der Gerinnungsstörung bei Sepsis** dient **Heparin**, zur **Therapie Fresh Frozen Plasma**. Die fulminante DIC, z. B. nach Fruchtwasserembolie, wird durch Heparin nicht verhindert. Intensivmedizinische Betreuung ist indiziert. Notfalls ist der Sepsisherd (Uterus) zu entfernen.

Endomyometritis, Adnexitis und Parametritis müssen konsequent mit **hohen Dosen von Breitbandantibiotika** behandelt werden, z. B. Ampicillin (3 × 5 g) oder Cephalosporine, z. B. Cefotaxim (3 × 2 g), in Kombination mit Metronidazol (2 × 500 mg). Abszesse müssen erkannt und chirurgisch gespalten werden.
Zur **Prävention der Gerinnungsstörung bei Sepsis** wird **Heparin** (10 000–15 000 IE pro 24 Stunden) infundiert, wodurch die schleichende septische DIC verhindert werden kann. Bei einer fulminanten DIC, beispielsweise nach Fruchtwasserembolie verschlechtert Heparin die Situation lediglich.
Der **Therapie der Gerinnungsstörung bei Sepsis** besteht in der Gabe von **Fresh Frozen Plasma** (FFP), mit dem sich Gerinnungsfaktoren und deren Inhibitoren ersetzen lassen. Intensivmedizinische Betreuung ist erforderlich. Notfalls kann es unumgänglich sein, den Uterus als Sepsisherd zu entfernen.

▶ Klinischer Fall

▶ Klinischer Fall. Eine Patientin hat vor 6 Tagen ihr zweites Kind geboren. 12 Stunden nach einem vorzeitigen Blasensprung wurde die Geburt mit Prostaglandinen eingeleitet. 8 Stunden später wurde schließlich per Vakuum die 3800 g schwere, 53 cm lange Tochter mit einem Kopfumfang von 37 cm aus hinterer Hinterhauptslage zur Welt gebracht. Die Plazenta folgte wenig später vollständig. Die große Episiotomie sowie eine kleiner Zervixriss wurden in Lokalanästhesie versorgt.
Am 3. Wochenbetttag klagt die Patientin über Müdigkeit und Kopfschmerzen. Die Temperatur ist leicht erhöht (37,5 °C). Der Fundus steht 1 Querfinger unterhalb des Nabels, und der Wochenfluss ist bereits etwas weniger geworden. Urin und Mammae sind ohne pathologischen Befund.
Am 5. Wochenbetttag fühlt sich die Patientin krank, sie hat nun 38,7 °C Fieber, Unterbauchschmerzen und Kopfschmerzen, besonders im Stirnbereich. Bei der Prüfung des Fundusstandes fällt ein sehr druckschmerzhafter Uterus auf, der bis zum Nabel reicht. Der Wochenfluss ist nun übel riechend und deutlich vermindert.
Laborchemisch fällt eine CRP-Erhöhung auf, im Ultraschall zeigt sich Sekretverhalt im Cavum uteri.
Die Diagnose lautet „Puerperalendomyometritis", die Patientin wird mit Mezlocillin (3 × 2 g) und Metronidazol (2 × 500 mg) sowie Oxytozin plus Methylergometrin (Syntometrin) i. m. behandelt. Darunter bessert sich das Krankheitsbild rasch.

7.2.4 Thromboembolische Komplikationen

Thrombophlebitiden und Phlebothrombosen treten im Wochenbett relativ häufig auf.
Zahlreiche Faktoren begünstigen thromboembolische Komplikationen im Wochenbett (s. Tab. **E-7.2**).

7.2.4 Thromboembolische Komplikationen

Thrombophlebitiden und Phlebothrombosen treten post partum relativ häufig auf.

Zahlreiche Faktoren begünstigen thromboembolische Komplikationen im Wochenbett (s. Tab. **E-7.2**).

E-7.2 Risikofaktoren für thromboembolische Komplikationen post partum

1. Venektasie und Varikosis
2. Hyperkoagulabilität durch erhöhte Konzentration an Thrombozyten und Gerinnungsfaktoren
3. postpartale Hypotonie und Blutstromverlangsamung
4. Endotheldefekte

E-7.2

Thrombophlebitis

► **Definition.** Entzündung der oberflächlichen Venen mit thrombotischem Verschluss des Lumens.

Thrombophlebitis

◄ Definition

Ätiologie. Aufgrund der Schwangerschaft varikös veränderte Beinvenen bedingen geringere Stromgeschwindigkeiten an Venenklappen, und die Hyperkoagulabilität provoziert die Bildung von Thromben.

Ätiologie. In auf Grund der Schwangerschaft varikös veränderten Beinvenen bilden sich Thromben.

Klinik und Diagnostik. Man findet schmerzhafte, gerötete, derbe oberflächliche Venenstränge, insbesondere im Unterschenkelbereich, bei Infusionstherapie auch an den Armen. Begleitend haben die Patientinnen oft erhöhte Temperatur. Die Diagnose wird durch die klinische Untersuchung gestellt. Bei ausgedehnten und unklaren Befunden muss ein Befall des tiefen Venensystems durch Duplexsonographie ausgeschlossen werden.

Klinik und Diagnostik. Insbesondere im Unterschenkelbereich finden sich gerötete, derbe druckdolente Venenstränge. Diagnose an Hand der klinischen Untersuchung, bei unklaren oder ausgedehnten Befunden zusätzlich Duplexsonographie zum Ausschluss einer Phlebothrombose.

Therapie. Die Behandlung besteht im Anlegen eines Kompressionsverbands, am besten durch Wickeln, in Mobilisation, Gabe lokaler und systemischer Antiphlogistika (z. B. Acetylsalicylsäure) und Kühlen der entzündeten Bezirke durch Eis, Alkoholumschläge oder Heparingel.

Therapie. Die Behandlung besteht in Kompression, Mobilisation, Gabe von Antiphlogistika und Kühlen.

Phlebothrombose

► **Definition.** Teilweiser oder vollständiger Verschluss des tiefen Venensystems.

Phlebothrombose

◄ Definition

Epidemiologie. Tiefe Bein- und Beckenvenenthrombosen entstehen nach Spontangeburten in 0,3–2,5 % der Fälle, nach operativen Entbindungen in bis zu 7 %.

Epidemiologie. Häufigkeit tiefer Bein- und Beckenvenenthrombosen nach Spontangeburt bis zu 2,5 %, nach Sectio bis zu 7 %.

Ätiologie. s. Tab. **E-7.2**.

Ätiologie. s. Tab. **E-7.2**.

Klinik. Meist finden sich bei **Bein- und Beckenvenenthrombosen** nur diskrete Hinweise: einseitige schmerzhafte Schwellung, Druckdolenz und bläuliche Verfärbung. Das linke Bein ist häufiger betroffen (Venensporn der Vena-iliaca-Bifurkation). Temperaturerhöhung und Kletterpuls sind selten.
Ist die Thrombose proximal des Konfluenzpunktes der Wadenvenen lokalisiert (etwas unterhalb der V. poplitea), besteht die Gefahr der Lungenembolie.

Klinik. Meist finden sich bei **Bein- und Beckenvenenthrombosen** nur diskrete Hinweise: einseitige schmerzhafte Schwellung, Druckdolenz und bläuliche Verfärbung.

Liegt der Thrombus proximal des Konfluenzpunktes der Wadenvenen, droht eine Lungenembolie.

► **Merke.** Treten post partum bei einer bisher Gesunden plötzlich heftige Kopfschmerzen und generalisierte Krampfanfälle auf, so muss man an eine **Sinusvenenthrombose** mit konsekutiver hämorrhagischer Infarzierung des betreffenden Hirngebietes denken.

◄ Merke

Fortdauernde Schmerzen im Unterbauch können durch eine **Ovarialvenenthrombose** bedingt sein.

Bei fortdauernden Schmerzen im Unterbauch ist eine **Ovarialvenenthrombose** in Betracht zu ziehen.

Diagnostik. Bein- und Beckenvenenthrombose: Klinische Zeichen und vermindertes Wadenballottement. Wegen der Unzuverlässigkeit der klinischen Zeichen ist die Doppler-Sonographie, ggf. auch eine Phlebographie, großzügig einzusetzen.

Diagnostik. Die klinischen Zeichen der tiefen **Bein- und Beckenvenenthrombose** sind oft unergiebig und unzuverlässig. Auf Grund der Ödembildung ist bei vorsichtigem Anstoßen der Wade der betroffenen Extremität das Wadenballottement vermindert. Wegen der Unzuverlässigkeit der klinischen Zeichen ist die Doppler-Sonographie der tiefen Bein- und Beckenvenen im Seitenvergleich, ggf. auch die aszendierende Phlebographie großzügig einzusetzen (ein venöser Umgehungskreislauf ist ein wichtiger Hinweis auf eine tiefe Thrombose), um daraus die Ausdehnung, das Alter der Thrombose und die therapeutischen Konsequenzen abzuleiten.

Sinusvenenthrombose: Angiographie oder Magnetresonanztomographie.

Die **Sinusvenenthrombose** wird mittels Angiographie oder Magnetresonanztomographie diagnostiziert.

Ovarialvenenthrombose: Probelaparotomie.

Die Diagnose der **Ovarialvenenthrombose** wird durch eine Probelaparotomie gestellt.

Therapie. Bein- und Beckenvenenthrombosen werden meist konservativ mit **Kompressionsverbänden** und **Heparintherapie** behandelt.

Therapie. Tiefe **Wadenvenenthrombosen** bis zum Konfluenzpunkt werden durch **Wickeln** des Beines und Gabe von **Heparin in mittlerer Dosis** behandelt. Da in dieser Situation die Gefahr einer Lungenembolie nur sehr gering ist, muss die Patientin keine strikte Bettruhe einhalten.

Tiefe **Bein-/Beckenvenenthrombosen** werden meist konservativ behandelt: **Kompressionstherapie** und PTT-wirksame **Heparinisierung** (2–3fache Verlängerung der PTT) mit 25 000–40 000 IE Heparin pro Tag behandelt. Die Möglichkeit der Thrombektomie sollte jedoch mit dem Gefäßchirurgen abgesprochen werden.

Eine medikamentöse Lyse scheidet im Wochenbett aus, da die uterine Blutungsgefahr zu hoch ist.

Die Heparintherapie sollte bis zu einem Monat dauern, anschließend 6 Monate ein Cumarin verabreicht werden. Unter Cumarintherapie ist Stillen kontraindiziert.

Die Heparintherapie sollte bis zu einem Monat fortgeführt werden. Wegen der Gefahr der Osteoporose unter Heparin sollte dieses Medikament durch Cumarine (z. B. Marcumar) ersetzt und ½ Jahr lang verabreicht werden. Unter Cumarintherapie darf nicht gestillt werden.

Bei Bein- und Beckenvenenthrombosen wird die klassische 10-Tage-Immobilisation von einigen Phlebologen heute nicht mehr empfohlen.

Da die Gefahr der Lungenembolie bereits vor der klinischen Manifestation der Thrombose am größten ist, verlassen einige Phlebologen die klassische 10-Tage-Immobilisation und mobilisieren bereits sofort oder nach wenigen Tage.

Die **Sinusvenenthrombose** wird symptomatisch durch Antikonvulsiva und Senkung des Hirndrucks behandelt.

Die **Sinusvenenthrombose** wird symptomatisch durch Antikonvulsiva und Senkung des Hirndrucks behandelt.

7.2.5 Miktionsstörungen

Harnentleerungsstörungen post partum sind relativ häufig. Daher muss im Frühwochenbett die Blasenentleerung kontrolliert werden.

Harnentleerungsstörungen post partum sind relativ häufig. Die Urethra und die Blase werden unter der Geburt mechanisch komprimiert, es entstehen Ödeme. Durch die Kombination aus schwangerschaftsbedingtem Tonusverlust der Harnblase und schmerzüberlagerter schlechterer Empfindung der Harnblasenfüllung kommt es zum Harnverhalt. Daher muss im Frühwochenbett die Blasenentleerung kontrolliert werden.

Bei Harnentleerungsstörungen muss eine Zystitis ausgeschlossen werden.

Bei Harnentleerungsstörungen, ebenso wie bei Dysurie, muss eine Zystitis durch Urin-Stix und Sediment, ggf. durch bakteriologische Kultur, ausgeschlossen werden.

Therapeutisch sind Parasympathikomimetika, evtl. kombiniert mit Spasmolytika, indiziert.

Therapeutisch sind Parasympathikomimetika, evtl. kombiniert mit Spasmolytika, indiziert.

7.2.6 Beckenringlockerung

Die Beckenringlockerung wird bei weniger als 1 % der Wöchnerinnen beobachtet. Gehen ist oft nur unter beträchtlichen Schmerzen möglich. Meist heilt die

Die Beckenringlockerung wird bei weniger als 1 % der Wöchnerinnen beobachtet. Sie kann bereits am Ende der Schwangerschaft auftreten oder sich erst nach einer traumatisierenden Geburt entwickelt haben. Die Patientinnen können oft nur unter beträchtlichen Beschwerden gehen. Besonders bei der Symphysenruptur bestehen erhebliche Schmerzen. Leichtere Fälle heilen meist binnen zweier Wochen unter Schonung mit Bettruhe ab. Bei schweren Fällen sollte die Diagnose sonographisch oder radiologisch überprüft werden. Beckenverbände sind nur selten notwendig.

Erkrankung unter Schonung mit Bettruhe ab.

7.2.7 Postpartale Hormonstörungen

Sheehan-Syndrom

▶ **Definition.** Das Sheehan-Syndrom ist ein sehr seltener postpartaler Funktionsausfall des Hypophysenvorderlappens infolge ischämischer Nekrose.

◀ **Definition**

Ätiologie. Ursache ist ein Volumenmangelschock, evtl. kombiniert mit Gerinnungsstörungen, während oder kurz nach der Geburt.

Ätiologie. Intra- oder postpartaler Volumenmangelschock, evtl. mit Gerinnungsstörungen.

Klinik und Diagnostik. Frühsymptome sind das Ausbleiben der Laktation (Agalaktie, durch Prolaktinmangel), Hypothyreose mit Hypothermie (durch Mangel an TSH) sowie allgemeine Schwäche, Antriebsarmut, Hypoglykämie und Hypotonie (durch Mangel an ACTH).
Später kann es zu Pigmentverlust (durch Mangel an MSH), Amenorrhö und Verlust der Schambehaarung (durch Mangel an LH und FSH) kommen.
Die **Diagnose** wird auf Grund der Frühsymptome vermutet und durch Funktionstests der Hypophyse sowie CT/MRT (zum Ausschluss eines Tumors) bestätigt.

Klinik und Diagnostik. Frühsymptome sind Agalaktie, Hypothyreose und Hypothermie, allgemeine Schwäche, Antriebsarmut, Hypoglykämie und Hypotonie. **Spätsymptome** sind Pigmentverlust, Amenorrhö und Verlust der Schambehaarung. Die **Diagnose** wird auf Grund der Frühsymptome vermutet und durch Funktionstests der Hypophyse und CT/MRT bestätigt.

Therapie. Die Therapie besteht in der Substitution der Hormone der Nebennierenrinde, Schilddrüse und Ovarien.

Therapie. Substitution der Nebennierenrinden-, Schilddrüsen- und Ovarialhormone.

Chiari-Frommel-Syndrom

▶ **Definition.** Das Chiari-Frommel-Syndrom ist eine postpartale Hyperprolaktinämie mit Galaktorrhö und sekundärer Amenorrhö.

◀ **Definition**

Ätiologie. Ursache ist eine Störung des Regelkreises Hypothalamus – Hypophyse, in ca. 30 % ein Prolaktinom.

Ätiologie. Ursache ist eine Störung des Regelkreises Hypothalamus – Hypophyse, in ca. 30 % ein Prolaktinom.

Klinik und Diagnostik. Hinweise auf die Diagnose sind eine post partum lange persistierende Galaktorrhö und Amenorrhö. Die Diagnose wird durch Nachweis einer Hyperprolaktinämie und einer verminderten Konzentration an Gonadotropinen, Östrogenen und Progesteron gestellt. Ein Hypophysentumor muss ausgeschlossen werden.

Klinik und Diagnostik. Post partum lange persistierende Galaktorrhö und Amenorrhö. **Diagnose:** Hyperprolaktinämie bei verminderter Konzentration an Gonadotropinen und Ovarialhormonen. Ein Hypophysentumor muss ausgeschlossen werden.

Therapie. Ein Tumor wird operativ entfernt, ansonsten sind Dopaminagonisten (Bromocriptin, Lisurid, Cabergolin) indiziert.

Therapie bei Tumor operativ; ansonsten Dopaminagonisten.

7.2.8 Psychische Störungen

In seltenen Fällen kann sich im Wochenbett eine **postpartale Depression** entwickeln, die mit Ängsten einhergeht, zu einer temporären Wesensveränderung führt (s. auch Tab. **A-4.10**, S. 74) und das Eingreifen einer engagierten, erfahrenen Person, evtl. eines Psychotherapeuten, erforderlich macht. Gezielte Kurztherapieformen können aus dieser Persönlichkeitskrise, die auf frühen Konflikten mit den Eltern basieren kann, herausführen.
Die **Wochenbettpsychose** tritt etwa bei 1 aller Wöchnerinnen auf und somit wesentlich häufiger als Schwangerschaftspsychosen. Sie äußert sich als tief greifende Persönlichkeitsstörung mit ausgeprägter Wesensveränderung (s. auch Tab. **A-4.10**, S. 74). Die **frühe Wochenbettpsychose**, gekennzeichnet durch Verwirrtheit und Unruhe, hat eine gute Prognose und bedarf meist keiner

Selten entwickelt sich im Wochenbett eine **postpartale Depression**, die zu einer temporären Wesensveränderung führt (s. auch Tab. **A-4.10**, S. 74) und das Eingreifen einer engagierten, erfahrenen Person, evtl. eines Psychotherapeuten erfordert.

Psychosen im Wochenbett sind häufiger als Schwangerschaftspsychosen. Die **frühe Wochenbettpsychose**, die sich durch Verwirrtheit und Unruhe äußert, hat eine gute Prognose und bedarf meist keiner Therapie, die **späte Wochenbettpsychose** (s. auch Tab. **A-4.10**, S. 74) dagegen verlangt wegen des Risikos von Suizid und Kindstötung fachärztliche Betreuung und Hospitalisation.

Therapie. Die **späte Wochenbettpsychose** bedarf der fachärztlichen psychiatrischen Hilfe, da u. a. das Risiko der Kindstötung und des Suizids bestehen (s. nachfolgenden klinischen Fall und S. 73).

▶ **Klinischer Fall**

▶ **Klinischer Fall.** Eine Patientin, 34 Jahre alt, wird in der 33. SSW wegen vaginaler Blutung per Sectio von Zwillingen entbunden. Seit 10 Jahren besteht bei ihr eine schizoaffektive Psychose, die allerdings bisher erst 3 akute Schübe gezeigt hat. Auch während der Schwangerschaft war sie mit einer niedrigen Dosis Haldol stabil eingestellt.
In den ersten 14 Tagen zeigt sie sich ihren beiden Söhnen sehr zugewandt, besucht sie häufig auf der Überwachungsstation und bemüht sich, bei der Pflege und Fütterung sehr viel selbst zu übernehmen. Nachdem die Patientin nach Hause entlassen worden ist, bemerkt das Personal der Kinderstation eine Veränderung in ihrem Verhalten. Sie wirkt unkonzentriert, kommt unregelmäßiger, wirkt abwesend. Auf Nachfrage betont die Patientin, dass alles in Ordnung sei.
Schließlich haben sich die Kinder so weit stabilisiert, dass die Vorbereitungen für die Entlassung getroffen werden. An dem Tag, an dem die Mutter ihr erstes Kind abholen soll, ruft sie sehr verstört von zu Hause an. Sie wisse nicht mehr, wie sie zu uns kommen solle und was für den Heimtransport wichtig sei. Wir raten ihr, mit dem Taxi zu kommen, damit wir nochmals alles besprechen können. Sie wird ca. 2 Stunden später in der Eingangshalle unserer Klinik völlig verwirrt, ängstlich und unruhig angetroffen. Sie spricht unzusammenhängend, verliert immer wieder den Kontakt, spricht davon, sich umbringen zu wollen, fantasiert, dass sie ihre Kinder durch ihre Milch vergiften werde. Sie greift immer wieder beliebige Worte von uns auf und baut sie in eigene Phrasen ein.
In diesem Zustand stellen wir sie ihrem behandelnden Arzt in der psychiatrischen Klinik vor. Es zeigt sich eine schwere psychotische Episode, die einen insgesamt 8-wöchigen stationären Aufenthalt erforderlich macht. Da der Vater der Kinder noch in einer Alkoholentziehungskur ist, müssen die Kinder zunächst vom Jugendamt in einem Heim untergebracht werden.

7.3 Laktation

7.3.1 Physiologie der Laktation

7.3 Laktation

7.3.1 Physiologie der Laktation

Schon in der Schwangerschaft wird die Brustdrüse auf die **Laktation** vorbereitet. Die Milchproduktion wird durch den Wegfall der plazentaren Hormone ausgelöst.

Die **Laktation**, also die **Produktion und Sekretion von Milch** durch die Brustdrüse, wird durch die hohen Konzentrationen von Östrogenen, Progesteron, HPL (humanes Plazentalaktogen) und Prolaktin bereits während der Schwangerschaft vorbereitet, die **Milchproduktion (Galaktogenese** oder **Laktogenese)** jedoch noch gehemmt. Sie kann erst beginnen, wenn die plazentaren Hormone nach der Geburt wegfallen und Östrogene und Progesteron im mütterlichen Kreislauf – bei erhöhtem Prolaktinspiegel – deutlich absinken. Die Synthese der Milchbestandteile geschieht nun schnell.

Bereits unmittelbar nach der Geburt wird **Kolostrum** sezerniert, ab dem 3.–5. postpartalen Tag die eigentliche Muttermilch (**„Milcheinschuss“**, auch in versprengtem Brustdrüsengewebe, mit Hyperämie der Mammae). Bei **schmerzhaftem „Milcheinschuss“** Hochbinden der Brüste, feuchte Wärme, evtl. kurzfristig Dopaminagonisten (s. u.).

Das **Kolostrum** als dicke gelbe **Vormilch** wird bereits unmittelbar nach der Geburt sezerniert. Am dem 3.–5. postpartalen Tag beginnt dann, ausgelöst durch **Prolaktin**, die Produktion der eigentlichen Muttermilch **(„Milcheinschuss“)**. Die Brüste werden dabei teilweise schmerzhaft prall gefüllt, es besteht eine Hyperämie. Linderung kann durch Hochbinden der Brüste sowie Auflegen feuchtwarmer Tücher, außerdem durch kurzfristige Gabe eines Dopaminagonisten (s. u.) erreicht werden. Nicht selten haben die Wöchnerinnen auch erhöhte Temperaturen (nicht behandlungsbedürftig). Auch in versprengtem Brustdrüsengewebe kommt es zu Milcheinschuss.

Der Saugreiz des Kindes erhält die **Milchproduktion aufrecht**, weil er bei der Mutter zur Prolaktinsekretion führt. Hemmung der Prolaktinsekretion durch Dopamin oder -agonisten führt zum Versiegen der Milchproduktion.

Für die **Aufrechterhaltung der Milchproduktion (Galaktopoese)** ist der Saugreiz des Kindes verantwortlich, der bei der Mutter zur Ausschüttung von Prolaktin führt. Die Prolaktinsekretion wird durch Dopamin gehemmt (daher heißt Dopamin auch Prolaktin inhibierender Faktor, PIF). Dopaminagonisten (Bromocriptin, Lisurid, Cabergolin) führen schnell zum Versiegen der Milchproduktion.

Stimulation der Mamillen beim Saugen induziert die Ausschüttung von **Oxytozin**, das Milchfluss und Uteruskontraktionen auslöst.

Durch die Stimulation der Mamillen beim Saugen kommt es auch zur Ausschüttung von **Oxytozin**, das die myoepithelialen Zellen der Alveoli stimuliert und den Milchfluss induziert. Gleichzeitig unterstützt es, indem es Uteruskontraktionen auslöst, die Uterusrückbildung. Die **Milchentleerung (Galaktokinese)** erfolgt dann mechanisch durch kräftiges Saugen.

E-7.3 Zusammensetzung der Milch

	Eiweiß (g/dl)	Fett (g/dl)	Laktose (g/dl)	kcal/100 ml
Frauenmilch				
– Kolostrum	1,8	3,0	6,5	65
– reife Frauenmilch	1,3	4,0	6,0	70
Kuhmilch	3,5	4,0	4,5	70

E-7.3

Die **Milchmenge** steigt täglich an und beträgt ab dem 10. postpartalen Tag etwa 500–700 ml.
In ihrer **Zusammensetzung** unterscheidet sich reife Frauenmilch von der Kuhmilch durch ihren niedrigen Eiweißgehalt, die Art des Eiweißes (Frauenmilch: fast nur Albumin, Kuhmilch: fast nur Kasein) und den höheren Zuckergehalt. Der Fettgehalt ist bei beiden gleich (s. Tab. **E-7.3**).
Muttermilch, insbesondere Kolostrum, enthält zusätzlich Immunglobuline (besonders IgA), Komplementfaktoren und Anteile der unspezifischen Infektabwehr (Lysozym, Lymphozyten, Makrophagen u. a.).

Die **Milchmenge** beträgt täglich etwa 500–700 ml.

Zur **Zusammensetzung** der Milch s. Tab. **E-7.3**.

▶ **Merke.** Muttermilch schützt das Neugeborene vor Infektionen und ermöglicht eine bessere Ausnutzung des angebotenen Fetts.

◀ Merke

7.3.2 Stilltechnik

Die richtige Stilltechnik ist für die Milchbildung und -abgabe entscheidend, daher sollte die Mutter zu Beginn der Stillphase sorgfältig und einfühlsam vom Pflegepersonal angeleitet werden. Der Wöchnerin ist dabei zu vermitteln, dass Mutter und Kind sich in einem wechselseitigen Lernprozess befinden, welcher **Geduld** und **Zeit** erfordert.
Das Stillen sollte idealerweise in einer entspannten bequemen Haltung und ohne Zeitdruck erfolgen. Bei jeder Stillmahlzeit werden dem Kind beide Brüste angeboten. Da die zuerst angebotene Brust meist besser leer getrunken wird, ist bei jedem Stillvorgang die primär angebotene Seite zu wechseln. Die Brustwarze muss vom Kind bis zum inneren Rand des Warzenhofes erfasst werden. Auf eine freie Nasenatmung ist zu achten. Um eine Brustwarzenentzündung oder Rhagadenbildung zu vermeiden sollte das Kind **nicht länger als 10 Minuten** an jeder Seite angelegt werden, zumal das Kind nach 5 Minuten bereits zwei Drittel der Milch getrunken hat.
Um eine optimale Milchbildung zu erreichen ist das Kind erstmals bereits im Kreissaal anzulegen. Die Häufigkeit des Anlegens sollte sich im weiteren Verlauf nach dem Verlangen des Kindes **(„feeding on demand")** richten, wobei sich meist schon nach kurzer Zeit ein Stillrhythmus eingependelt hat (z. B. alle 4 Stunden). Die ideale Stilldauer beträgt 4–6 Monate.

7.3.2 Stilltechnik

Die richtige Stilltechnik muss von Mutter und Kind erlernt werden, dieser Lernprozess erfordert **Geduld** und **Zeit**.

Das Stillen sollte in entspannter Haltung erfolgen. Dem Kind werden im Wechsel beide Brüste angeboten.

Die **Stillzeit** an jeder Brust sollte **10 Minuten** nicht überschreiten; nach 5 Minuten hat das Kind bereits ⅔ der Milch getrunken.

Die Häufigkeit des Anlegens richtet sich nach dem Verlangen des Kindes **(„feeding on demand")**. Die ideale Stilldauer beträgt 4–6 Monate.

7.3.3 Medikamente während des Stillens

Medikamente gehen beim Stillen in sehr unterschiedlichem Ausmaß in die Muttermilch über. Die Mutter darf daher während des Stillens nur solche Medikamente einnehmen für die erwiesen ist, dass sie nicht in die Muttermilch übergehen bzw. die als unbedenklich gelten (s. entsprechende Pharmakologiebücher und „Rote Liste").
Absolute Kontraindikationen bestehen z. B. für Aminoglykosidantibiotika, Tetrazykline, Zytostatika, Ergotamine, Kumarine, Thyreostatika, Indometazin und Valproinsäurederivate.
Die möglichen Nebenwirkungen für das Kind werden nicht nur durch die Substanz an sich, sondern auch durch die physiologischen Besonderheiten ins-

7.3.3 Medikamente während des Stillens

Medikamente gehen in sehr unterschiedlichem Ausmaß in die Muttermilch über. Die Mutter darf daher während des Stillens nur solche Medikamente einnehmen für die erwiesen ist, dass sie nicht in die Muttermilch übergehen bzw. die als unbedenklich gelten (s. Pharmakologiebücher und „Rote Liste").

Nebenwirkungen werden zum einen durch die Substanz selbst, aber auch durch die physiologischen Besonderheiten – insbesondere bei Früh- und Neugeborenen – bestimmt.

Bei absehbaren Nebenwirkungen ist im Falle einer Dauertherapie abzustillen.

besondere bei Früh- und Neugeborenen bestimmt (z. B. Unreife von Leber und Nieren).

Ist eine Therapie der Mutter mit für das Kind schädlichen Medikamenten nicht zu umgehen, muss die Muttermilch für die Dauer der Therapie verworfen bzw. im Falle einer notwendigen Dauertherapie abgestillt werden.

7.3.4 Störungen der Laktation und der Stillfähigkeit

Bei **primärer Hypogalaktie** (organisch bedingte, ungenügende Milchsekretion) ist Oxytozin-Nasenspray, bei **sekundärer Hypogalaktie** (psychisch oder durch fehlerhafte Stilltechnik bedingt) Hilfestellung durch das Pflegepersonal angezeigt.

Häufige Stillhindernisse von Seiten der Mutter sind **Flach- oder Hohlwarzen**. Bei Flachwarzen muss die Milch abgepumpt, bei ausgeprägten Hohlwarzen jedoch abgestillt werden.

Stillhindernisse von Seiten des **Frühgeborenen** auf Grund mangelnder Kraft und bei **Fehlbildungen der Lippen und des Gaumens**.

Zum **Abstillen** werden Prolaktininhibitoren eingesetzt.

7.3.4 Störungen der Laktation und der Stillfähigkeit

Unter **Hypogalaktie** versteht man eine quantitativ ungenügende Milchsekretion. Die **primäre Hypogalaktie** tritt häufig passager nach komplizierter Schwangerschaft oder operativer Entbindung auf. Hier ist, zur Förderung der Milchsekretion, Oxytozin-Nasenspray indiziert. Die **sekundäre**, funktionelle **Hypogalaktie** trotz richtigen Anlegens ist psychisch oder durch fehlerhafte Stilltechnik bedingt. Hier kann die Hilfe des Pflegepersonals oftmals den Stillerfolg retten. **Flach- oder Hohlwarzen** sind häufige Stillhindernisse von Seiten der Mutter. Gelingt bei Flachwarzen noch das manuelle oder elektrische Abpumpen der Milch, so ist bei ausgeprägten Hohlwarzen (Retraktion der Mamille) das Stillen unmöglich. Hier muss abgestillt werden.

Stillhindernisse von Seiten des Kindes bestehen insbesondere bei **Frühgeborenen**, die manchmal körperlich zu schwach sind, oder bei **Fehlbildungen der Lippen oder des Gaumens**.

Das **Abstillen** geschieht am besten durch Einnahme von Prolaktininhibitoren (Dopaminagonisten), Einschränkung der Flüssigkeitszufuhr und Hochbinden der Brust.

7.3.5 Mastitis puerperalis

7.3.5 Mastitis puerperalis

▶ Definition

▶ **Definition.** Es handelt sich um eine akute Entzündung der Brustdrüse im Wochenbett. Meist tritt sie nach der 2. Woche post partum auf.

Epidemiologie. Die Mastitis puerperalis galt bisher als häufigste Entzündung der Mamma.

Epidemiologie. Die Mastitis puerperalis galt bisher als häufigste Entzündung der Mamma. Auf Grund zunehmender Häufigkeit der Mastitis non-puerperalis ist die Inzidenz der Mastitis puerperalis in den letzten Jahren um ungefähr 40 % auf ca. 50 % gesunken.

Ätiologie und Pathogenese. In 94 % der Fälle sind Staphylokokken die Ursache (Übertragung von der Mutter oder dem Pflegepersonal auf den Nasen-Rachen-Raum des Säuglings und von dort beim Stillen auf die Mamma).
Die Eintrittspforte sind bei der **interstitiellen Mastitis** (häufigste Form) Rhagaden, bei der **parenchymatösen Mastitis** die Ductus lactiferi.

Ätiologie und Pathogenese. Als Erreger der Mastitis puerperalis ist in 94 % Staphylococcus aureus nachzuweisen, seltener sind Streptokokken, Proteus, E. coli, Pneumokokken und Klebsiellen. Die Erreger werden von der Mutter oder dem Pflegepersonal auf den Nasen-Rachen-Raum des Säuglings übertragen. Ungenügende Hygiene ist häufig ein prädisponierender Faktor. Die Übertragung auf die Mamma erfolgt beim Stillen: Meistens dringen die Erreger durch Rhagaden im Bereich der Brustwarze (Folge des Stillens) in die Lymphspalten des Bindegewebes ein **(interstitielle Mastitis)**. Der seltene Infektionsweg von der Brustwarze in die Ductus lactiferi **(parenchymatöse Mastitis)** wird durch einen Milchstau begünstigt.

Klinik und Diagnostik. Meist ist ein umschriebenes Areal der Mamma, bevorzugt der obere äußere Quadrant, entzündlich verändert. Die Symptome der Mastitis puerperalis sind **Rötung, Überwärmung, Schwellung** der Brust sowie meist erhebliche **Schmerzhaftigkeit** und **eingeschränkte Stillfunktion.**

Klinik und Diagnostik. Meist bildet sich die Entzündung in einem umschriebenen Areal der Mamma, bevorzugt im oberen äußeren Quadranten aus. Selten ist der gesamte Drüsenkörper befallen. Die Diagnose der Mastitis puerperalis bereitet selten Schwierigkeiten, da die Kardinalsymptome der Entzündung auftreten:

- Rötung (Rubor)
- Überwärmung (Calor)
- Schwellung (Tumor)

- Schmerzhaftigkeit (Dolor): häufig wird selbst die vorsichtigste Palpation des entzündeten Areals nicht toleriert
- eingeschränkte Stillfunktion (Functio laesa).

Die Achsellymphknoten sind angeschwollen, die Körpertemperatur beträgt über 38 °C und es besteht ein ausgeprägtes Krankheitsgefühl. Eine Leukozytose ist diagnostisch weniger relevant.

Häufig findet man Fieber und vergrößerte Achsellymphknoten, es besteht ein ausgeprägtes Krankheitsgefühl.

Im Anfangsstadium ist die Entzündung diffus **(Phlegmone)**. Es besteht eine flächenhafte Rötung und Verhärtung der Brust im betroffenen Bereich. Zu diesem Zeitpunkt sollte die Erkrankung erkannt und behandelt werden, denn nur in diesem Stadium ist eine konservative Therapie erfolgreich. Persistiert die Entzündung unbehandelt über einige Tage, kapselt sie sich ab und schmilzt ein, es entsteht ein **Abszess**.

Diagnostisch sind Phlegmone und Abszess durch Palpation und Sonographie zu unterscheiden: Für einen Abszess spricht bei der Palpation ein Tumor, der sich gut eindrücken lässt (Fluktuation), im Ultraschall stellt sich ein Abszess echoarm dar.

Die Thermographie zeigt eine gesteigerte Durchblutung im entzündeten Areal.

Im Anfangsstadium ist die Entzündung diffus **(Phlegmone)**. Nur in diesem Stadium ist eine konservative Therapie erfolgreich. Persistiert die Entzündung unbehandelt über einige Tage, entsteht ein **Abszess**. Bei der Palpation findet sich dann ein Tumor, der sich gut eindrücken lässt (Fluktuation). Im Ultraschall stellt sich ein Abszess echoarm dar.

Therapie. Im **Anfangsstadium** sind **Kühlung**, z. B. durch Alkoholumschläge oder Eisbeutel, und **Ruhigstellung** (straffer BH) sinnvoll. Die **Milch wird abgepumpt** (Vermeidung eines weiteren Milchstaus) und verworfen, da sie keimhaltig ist. **Antibiotikagabe ist nur im Anfangsstadium** – während sich die Erreger in der Blutbahn befinden (pyämische Phase) – sinnvoll (Breitbandpenicilline, Cephalosporine, Erythromycin). Im **fortgeschrittenen Stadium** wird, zusätzlich zum Abpumpen, die Milchproduktion medikamentös reduziert oder gehemmt (**abstillen**, durch Dopaminagonisten). Im **Spätstadium sollte** die **Einschmelzung mit Wärmetherapie** (Rotlicht, Kurzwelle) **gefördert werden**. Der **reife Abszess wird inzidiert**, gleichzeitig erfolgt am unteren Pol der Abszesshöhle eine Gegeninzision. Die Wundhöhle wird durch eine Gummilasche dräniert (Abb. **E-7.2**). Da dieser Prozess eine Sekundärheilung darstellt entstehen eventuell breite Narben.

Therapie. Anfänglich Kühlung und Ruhigstellung, Abpumpen und Verwerfen der Milch (keimhaltig!). **Antibiotikagabe** ist **nur im Anfangsstadium** sinnvoll. Im **fortgeschrittenen Stadium** Abpumpen der Milch und **Abstillen** (Dopaminagonisten). Im **Spätstadium** fördern der Einschmelzung durch Wärmetherapie. Bei einem **reifen Abszess** Inzision mit Gegeninzision am unteren Pol der Abszesshöhle, damit die Wundhöhle durch eine Gummilasche dräniert werden kann (Abb. **E-7.2**).

E-7.2 Abszessdränage bei Mammaabszess

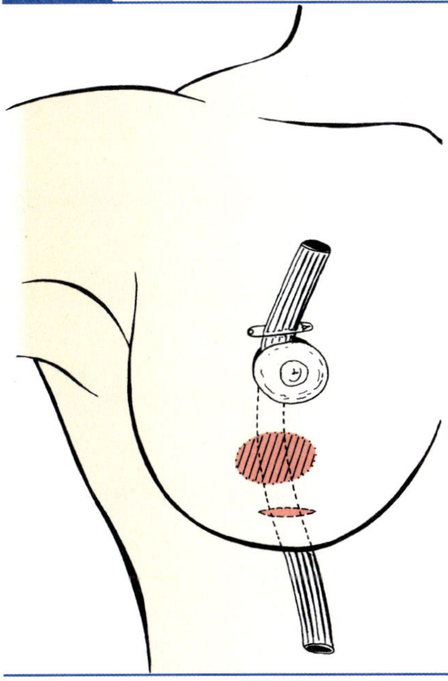

Der Abszess wird eröffnet und durch Dränage entleert (z. B. durch Einlegen einer Lasche und tägliches Spülen).

E-7.2

▶ Klinischer Fall

▶ **Klinischer Fall.** Eine 28-jährige Zweitgravida, Erstpara, 18 Tage post partum, stillt das Kind ausschließlich. Sie bemerkt eine schmerzhafte Rötung im oberen äußeren Quadranten der rechten Brust. Die Körpertemperatur ist leicht erhöht (37,9 °C). Bei der klinischen Untersuchung findet sich im befallenen Quadranten eine gerötete, überwärmte, derbe und hoch druckdolente Verhärtung (Infiltrat) ohne Fluktuation. Die ipsilateralen axillaren Lymphknoten sind geschwollen. Im Sonogramm ist das krankhafte Areal relativ echodicht; es bestehen keine Dichteunterschiede zum umliegenden Gewebe. Weder die klinische noch die sonographische Untersuchung ergibt also einen Anhalt für einen Abszess.

Die Patientin wünscht trotz der Entzündung zumindest mit der anderen Brust weiter zu stillen. Um die Milchproduktion vorübergehend zu reduzieren, erhält sie nur eine niedrige Dosis eines Dopaminagonisten. Gleichzeitig wird sie angehalten, physikalische Maßnahmen anzuwenden: Ruhigstellung der Brust (straffer BH), Kühlung mit Alkoholumschlägen und Abpumpen der Milch. Komplikationen (Abszessbildung) können durch den frühen Therapiebeginn vermieden werden. Bei der nur geringen Temperaturerhöhung wurde primär auf den Einsatz eines Antibiotikums verzichtet. Nach ca. 4 Wochen ist eine Restitutio ad integrum erreicht.

8 Das Neugeborene

8.1 Das gesunde Neugeborene

8.1.1 Adaptation an das extrauterine Leben

Die Anpassung des Neugeborenen an das extrauterine Leben vollzieht sich in mehreren Umstellungsreaktionen:

1. **Verlagerung des Gasaustauschs von der Plazenta zu den Lungen und die damit verbundene Kreislaufumstellung durch Eröffnung der pulmonalen Strombahn**: Voraussetzungen sind ein Atemzentrum, das auf Stimuli, z. B. Hyperkapnie und Hypoxie, reagiert und den ersten Atemzug induziert, sowie reife, funktionsfähige Lungen. Zur Funktionsbereitschaft der Lungen trägt bei, dass unter der Geburt Flüssigkeit aus dem Bronchialsystem des Kindes herausgepresst wird. Das Kind wird in Exspirationsstellung geboren. Meistens werden die Lungen bereits beim ersten Atemzug ausreichend entfaltet.
2. **Umstellung vom fetalen auf den neonatalen Kreislauf** (Abb. **E-8.1**): Diese Umstellungsreaktion ist mit dem Beginn der Lungenatmung eng verknüpft: Der fetale Kreislauf zeichnet sich durch einen hohen pulmonalen Gefäßwiderstand aus. Bei Beginn der Lungenatmung steigt die Sauerstoffsättigung, was zum Verschluss des Ductus arteriosus und zur Abnahme des pulmonalen Gefäßwiderstands führt. Die Durchblutung der Lungen nimmt zu und der Druck im linken Vorhof steigt. Die Druckdifferenz zwischen linkem und rechtem Vorhof hat den funktionellen Verschluss des Foramen ovale zur Folge. Somit ist der pulmonale vom systemischen Kreislauf getrennt, die Umstellung ist vollzogen.

8 Das Neugeborene

8.1 Das gesunde Neugeborene

8.1.1 Adaptation an das extrauterine Leben

Die Anpassung des Neugeborenen an das extrauterine Leben vollzieht sich in mehreren Umstellungsreaktionen:

1. **Verlagerung des Gasaustauschs von der Plazenta zu den Lungen**: Voraussetzung ist die Funktionsfähigkeit von Atemzentrum und Lungen.
2. **Umstellung vom fetalen auf den neonatalen Kreislauf** (Abb. **E-8.1**) durch Inbetriebnahme des pulmonalen Kreislaufs und Trennung desselben vom systemischen Kreislauf; allmählicher Ersatz des fetalen HbF durch HbA.

E-8.1 Umstellung vom fetalen (a) auf den neonatalen (b) Kreislauf

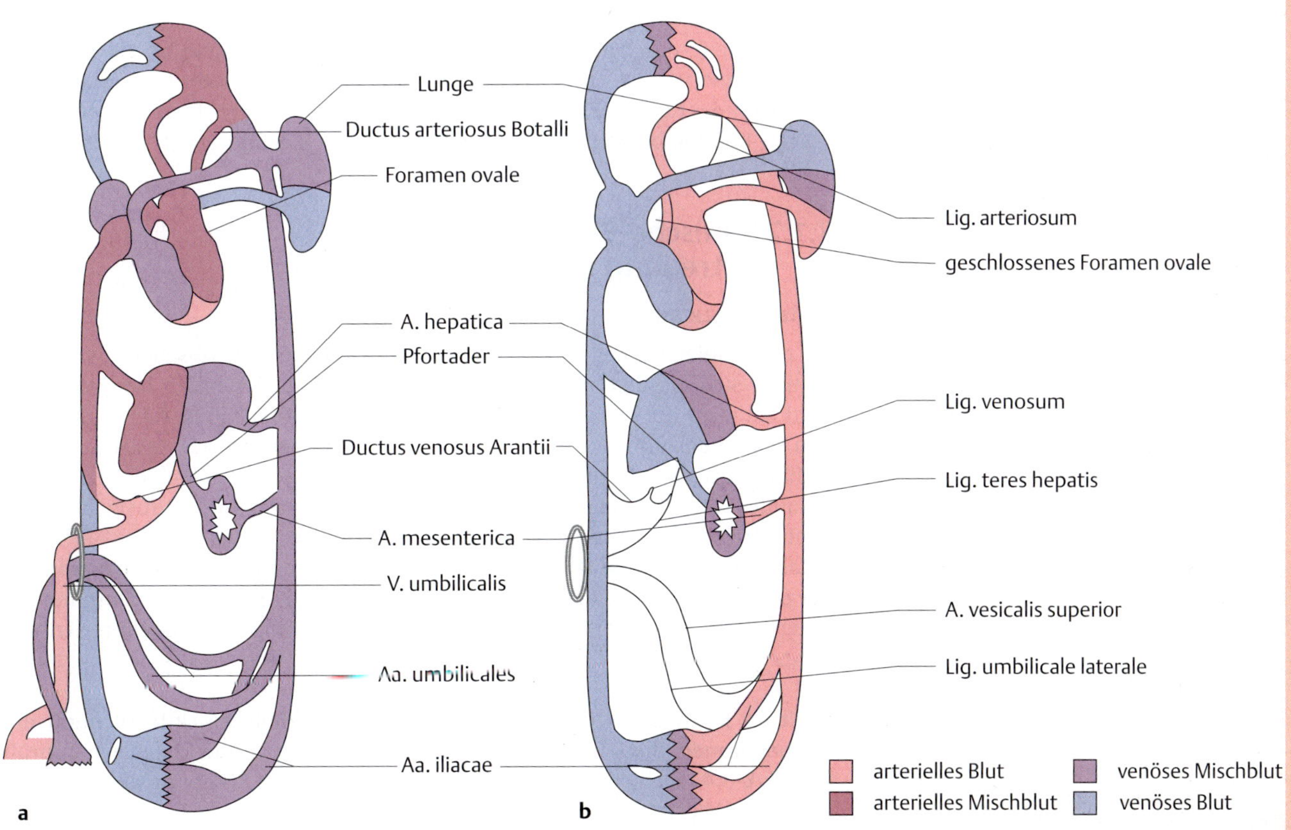

3. **Ausübung der Temperaturregulation:** Die Temperaturregulation ist in den ersten Lebenstagen noch mangelhaft, dadurch kühlt das Neugeborene leicht aus.

4. **Umstellungsreaktion der Leber:** In den ersten Lebenstagen ist die Leber noch funktionell unreif. Die Aktivität der Glukuronyltransferase, die Bilirubin durch Konjugation mit Glukuronsäure wasserlöslich macht, ist noch herabgesetzt und nimmt erst allmählich zu. Daher kann am 2. oder 3. Lebenstag eine Hyperbilirubinämie (maximal 15 mg/dl) zum **Icterus neonatorum simplex** führen, der sein Maximum am 5. Lebenstag erreicht und bis zum 14. Lebenstag wieder abklingt. Hierzu tragen der gesteigerte Erythrozytenabbau, die verminderte Konzentration an Serumeiweiß und evtl. die Resorption eines Hämatoms nach Geburtsverletzung bei.
5. **Anpassungsreaktion der Nieren:** Die Fähigkeit zur Harnkonzentrierung ist noch eingeschränkt, weshalb auf ausreichende Flüssigkeitszufuhr zu achten ist.
6. **Reifung des Immunsystems**: Das humorale Immunsystem ist im Gegensatz zum zellulären System noch weitgehend unreif.

In den ersten 3 Lebensmonaten wird HbF allmählich durch HbA ersetzt.

3. **Ausübung der Temperaturregulation:** Die Temperaturregulation ist in den ersten Lebenstagen noch mangelhaft, dadurch kühlt das Neugeborene leicht aus. Das Neugeborene ist bis etwa zum 10. Lebenstag auf seine Energiereserven, Glykogen und braunes Fett, angewiesen, da die Menge an zugeführter Nahrung noch nicht ausreicht, um den Energiebedarf zu decken. Eine Hypothermie steigert den Energiebedarf und kann daher zu Hypoxie und Hypoglykämie führen. Aus diesem Grund müssen alle pflegerischen, diagnostischen und therapeutischen Maßnahmen unter dem Wärmestrahler erfolgen.
4. **Umstellungsreaktion der Leber**: In den ersten Lebenstagen ist die Leber noch funktionell unreif. Nach der Geburt übernimmt sie die Ausscheidung von Bilirubin. Die Aktivität der Glukuronyltransferase, die Bilirubin mit Glukuronsäure konjugiert und es dadurch wasserlöslich macht, ist jedoch noch herabgesetzt und nimmt erst allmählich zu. Daher kann es am 2. oder 3. Lebenstag zu einer Gelbfärbung von Haut und Skleren kommen, die ihr Maximum am 5. Lebenstag erreicht und bis zum 14. Lebenstag wieder abklingt **(Icterus neonatorum simplex)**. Sie geht mit einer Hyperbilirubinämie – größtenteils unkonjugiertes Bilirubin – von maximal 15 mg/dl einher. Zur Hyperbilirubinämie tragen der im Vergleich zu späteren Lebensphasen gesteigerte Erythrozytenabbau und die verminderte Konzentration an Serumeiweiß bei: Die Lebensdauer der Erythrozyten beträgt beim Fetus 70–80 Tage, in späteren Lebensphasen 120 Tage. Aufgrund des geringen Proteingehalts im Serum ist die Konzentration des freien Bilirubins erhöht, es fällt also mehr Bilirubin in der Leber an. Bilirubin kann zusätzlich anfallen, wenn nach einer Geburtsverletzung ein Hämatom resorbiert wird. Aufgrund der Unreife der Leber sind die Syntheseleistungen noch herabgesetzt. Daher ist beim Neugeborenen die Konzentration fast aller Gerinnungsfaktoren vermindert.
5. **Anpassungsreaktion der Nieren**: Die Fähigkeit der Nieren zur Harnkonzentrierung ist in den ersten Lebenstagen noch eingeschränkt. Daher ist auf ausreichende Flüssigkeitszufuhr zu achten.
6. **Reifung des Immunsystems**: Das zelluläre Immunsystem ist bei der Geburt ausgereift, das humorale System jedoch noch weitgehend unreif. Das Neugeborene verfügt zum Teil über IgG-Antikörper der Mutter („Nestschutz"), die für das Kind eine humorale Leihimmunität darstellen. Die endogene fetale IgG-Bildung beginnt ca. mit der 17. SSW, die IgA-Bildung ab der 30. SSW.

8.1.2 Klinische Beurteilung und Betreuung des Neugeborenen

Erstuntersuchung

An die Erstversorgung des Neugeborenen (Abnabelung, Absaugen, s. S. 598) schließt sich die Erstuntersuchung an: Die Vitalität des reifen Neugeborenen wird beurteilt durch Bestimmung des **Apgar-Scores** (s. Tab. **E-8.1**) in der 1., 5. und 10. Lebensminute.

Ergänzend werden **Blutgase, Standardbikarbonat, Basenexzess und pH-Wert im Nabelarterienblut bestimmt**, um die Sauerstoffversorgung des Neugeborenen beurteilen zu können.

Noch im Kreißsaal erfolgt die erste vollständige klinische Untersuchung des Neugeborenen, die U1 (s. Tab. **E-8.3**), bei der man auch die Reifezeichen prüft (s. Tab. **E-8.4**).

8.1.2 Klinische Beurteilung und Betreuung des Neugeborenen

Erstuntersuchung

An die Erstversorgung des Neugeborenen (Abnabelung, Absaugen, s. S. 598) schließt sich die Erstuntersuchung an: Die Vitalität des reifen Neugeborenen wird beurteilt durch Bestimmung des **Apgar-Scores** (s. Tab. **E-8.1**) in der 1., 5. und 10. Lebensminute. Zur Beurteilung Frühgeborener ist der Apgar-Score nur bedingt geeignet, da die Parameter vom Gestationsalter abhängen. Ein reifes, gesundes Neugeborenes atmet und bewegt sich spontan und ist rosig. Bei niedrigem Apgar-Score muss eine Reanimation erfolgen (s. S. 700).
Ergänzend werden die **Blutgase, das Standardbikarbonat, der Basenexzess und der pH-Wert im Nabelarterienblut bestimmt**, um die Sauerstoffversorgung des Neugeborenen beurteilen zu können. Die Beurteilung des Nabelarterien-pH-Werts ist in Tab. **E-8.2** dargestellt.

Noch im Kreißsaal erfolgt die **erste vollständige klinische Untersuchung des Neugeborenen**, die U1 (s. Tab. **E-8.3**), bei der man auch die Reifezeichen prüft (s. Tab. **E-8.4**). Es bietet sich an, sie im Anschluss an die Erhebung des 10-Minuten-Apgar-Werts durchzuführen.

E-8.1 Apgar-Score

Punkte	*0*	*1*	*2*
Atmung	fehlt	langsam/unregelmäßig	regelmäßig, kräftiges Schreien
Puls (Herzfrequenz)	fehlt	< 100/min	> 100/min
Reflexe (z. B. Reaktion beim Absaugen)	fehlen	reduziert (z. B. Verziehen des Gesichts)	Husten, Niesen, Schreien
Muskeltonus und Bewegungen	schlaff, keine Bewegungen	reduziert	gut, aktive Bewegungen
Hautkolorit	blass-blau	Stamm rosig, Extremitäten blau	rosig

Durchführung: Die Punkte für jeden der fünf Parameter werden addiert.
Bewertung: 8–10 Punkte: lebensfrische Kinder, 4–7 Punkte: mittelgradige Depression, 0–3 Punkte: schwergradige Depression.

E-8.2 Bewertung des Säure-Basen-Status an Hand des Nabelarterien-pH-Werts

pH-Wert im Nabelarterienblut	*Bewertung*
▶ > 7,30	normaler pH-Wert
▶ 7,20–7,29	leichte Azidose
▶ 7,10–7,19	mittelgradige Azidose
▶ 7,0–7,09	fortgeschrittene Azidose
▶ < 7,00	schwere Azidose

E-8.2

E-8.3 Erste klinische Untersuchung des Neugeborenen (U1)

- Temperaturmessung
- Haut: Farbe, Turgor, Hautveränderungen
- Schädel: Fontanellen (gespannt?), Hautmarken durch Vakuum- oder Zangenextraktion? Geburtsverletzungen?
- Augen, Ohren, Nase, Mundhöhle, Gaumen (Spaltbildung?) und Gesicht (Asymmetrie durch Fazialisparese?)
- Hals: Schiefhals? Hämatom im M. sternocleidomastoideus? Struma?
- Thorax: Klavikulafraktur? Einziehungen? Fehlbildungen? Beurteilung der Atmung durch Inspektion und Auskultation, Auskultation des Herzens
- Abdomen: Nabel, Anzahl der Nabelschnurgefäße, Leber (bis 3 cm unter Rippenbogen), Milz (eben tastbar), Resistenzen, Hernien, Femoralispulse, Analöffnung
- Extremitäten: Arme, Hände, Finger, Beine, Füße, Zehen
- Hüften: Faltenasymmetrie? Abduktion prüfen, Ortolani-Zeichen?
- Wirbelsäule: Spina bifida?
- Genitale: große und kleine Labien, vaginale Sekretion, Hypospadie, Hydrozele, Hodendeszensus
- neurologischer Status: Muskeltonus, Haltung, Motorik, Art des Schreiens, Pupillenreaktion auf Licht, Reflexe (Saug- und Schluckreflex, Schreitbewegungen, Moro-Reflex, Hand- und Fußgreifreflex)

E-8.3

E-8.4

E-8.4 Merkmale eines reifen Neugeborenen

- kräftiger Schrei, ruhige Atmung
- rosige Haut
- gleichmäßig ausgeprägtes subkutanes Fettgewebe
- Reste von Vernix caseosa vorhanden
- Reste von Lanugobehaarung am Rücken und an den Streckseiten der Oberarme
- Kopfhaare 3–7 cm lang, Stirn frei
- Ohrknorpel tastbar
- Fingernägel überragen die Fingerkuppen bzw. Zehennägel erreichen die Zehenkuppen
- Fußsohlen durchgehend gefurcht
- Genitale
  - Knaben: Hoden beidseits deszendiert
  - Mädchen: Die großen Labien bedecken die kleinen Labien und die Klitoris.

Im Rahmen der U1 werden zum Ausschluss einer Ösophagus- bzw. Analatresie Ösophagus und Rektum sondiert.

Im Rahmen der U1 werden Ösophagus – vor der ersten Mahlzeit! – und Rektum sondiert, um eine Ösophagus- bzw. Analatresie auszuschließen.

Weitere Maßnahmen

Die **Prophylaxe der Gonoblennorrhö** durch Eintropfen 1 %iger Argentum-nitricum-Lösung in den Bindehautsack des Neugeborenen **(Credé-Prophylaxe)** ist heute nicht mehr gesetzlich vorgeschrieben, empfiehlt sich aber insbesondere, wenn bei der Mutter Hinweise auf eine Gonorrhö bestehen.

Alle Neugeborenen sollten die **Vitamin-K-Prophylaxe** erhalten.

Geburtsgewicht, Länge und frontookzipitaler Kopfumfang werden bestimmt. Das Gewicht wird mit einer zum Gestationsalter passenden Standardgewichtskurve verglichen, um festzustellen, ob das Neugeborene **eutroph, hypotroph (SGA)** oder **hypertroph (LGA)** ist.

Weitere Maßnahmen

Die **Prophylaxe der Gonoblennorrhö** durch Eintropfen 1 %iger Argentum-nitricum-Lösung in den Bindehautsack des Neugeborenen **(Credé-Prophylaxe)** ist heute nicht mehr gesetzlich vorgeschrieben, empfiehlt sich aber, wenn bei der Mutter Hinweise auf eine Gonorrhö bestehen, sie nicht regelmäßig die Schwangerenvorsorgetermine wahrgenommen hat oder das Neugeborene während des Aufenthalts in der Klinik nicht täglich durch geschultes Personal untersucht werden kann. Sie sollte noch im Kreißsaal erfolgen.

Alle Neugeborenen sollten die **Vitamin-K-Prophylaxe** erhalten, da Vitamin K schlecht plazentagängig ist und die Vitamin-K-Spiegel des Neugeborenen daher niedrig sind. Reife Neugeborene erhalten bei der U1, U2 (zwischen dem 3. und 10. Lebenstag, s. u.) und U3 (in der 4. – 6. Lebenswoche) je 2 mg Vitamin K (z. B. Konakion N) in Tropfenform. Früh- und Risikogeborenen verabreicht man bei der U1 zusätzlich 100–200 µg Vitamin K i. m. oder s. c.

Geburtsgewicht, Länge und frontookzipitaler Kopfumfang werden bestimmt. Das Gewicht wird mit einer zum Gestationsalter passenden Standardgewichtskurve verglichen. Liegt das Gewicht zwischen der 10 und 90. Perzentile, wird das Neugeborene als **eutroph** bezeichnet. Liegt das Gewicht unter der 10. Perzentile, bezeichnet man das Neugeborene als **hypotroph**, **Mangelgeborenes**, small for gestational age = **SGA** oder Small-for-date-Baby. Bei einem Gewicht über der 90. Perzentile bezeichnet man das Neugeborene als **hypertroph** oder large for gestational age = **LGA**.

In den ersten Lebensstunden und -tagen müssen engmaschig überwacht werden:
- **Atmung:** Atemfrequenz < 60/min, ohne Anstrengung.
- **Kreislauf:** Herzfrequenz > 100/min, Hautfarbe rosig, Extremitäten warm.
- **Temperatur** rektal zwischen 36,5°C und 37,5°C.
- **Gewicht:** Eine Gewichtsabnahme um bis zu 10 % des Geburtsgewichts in den ersten 3–5 Tagen ist physiologisch.
- **Ernährung:** Die Trinkmenge sollte täglich zunehmen, bis ⅙ des Körpergewichts in ml erreicht sind und ab dem 6. Tag 1000 ml 24/h nicht übersteigen.

In den ersten Lebensstunden und -tagen müssen folgende Parameter engmaschig überwacht werden:
- **Atmung:** Atemfrequenz < 60/min, kein Nasenflügeln, keine Einziehungen.
- **Kreislauf:** Herzfrequenz > 100/min, Femoralispulse gut tastbar, Hautfarbe rosig, Extremitäten warm.
- **Temperatur:** Rektaltemperatur zwischen 36,5°C und 37,5°C.
- **Gewicht:** Das Neugeborene sollte 1 × täglich gewogen werden. Eine Gewichtsabnahme um bis zu 10 % des Geburtsgewichts in den ersten 3–5 Tagen ist physiologisch, da die Menge an zugeführter Nahrung noch nicht ausreicht, um den Energiebedarf des Neugeborenen zu decken.
- **Ernährung:** Normalgewichtige Neugeborene sollten nach Bedarf, spätestens alle 4 Stunden gestillt werden. Am 1. Lebenstag sollte die Trinkmenge mindestens 1 %, am 2. Tag 2 %, am 3. Tag 3 % des Geburtsgewichts betragen, bis ⅙ des Körpergewichts in ml erreicht sind. Nach dem 6. Lebenstag sollte die

in 24 Stunden zugeführte Milchmenge ⅙ des Körpergewichts bzw. 1000 ml nicht übersteigen.

- **Blutglukosekonzentration:** In den ersten 3 Lebensstunden sollte die Glukosekonzentration im Serum mindestens 35 mg/dl, in den nächsten Stunden bis zum Ende des 1. Lebenstages mindestens 40 mg/dl und von da an mindestens 45 mg/dl betragen.
- **Darmentleerung:** Spätestens bis 24 Stunden nach der Geburt sollte eine Defäkation erfolgt sein. Dabei entleert sich eine schwarz-grüne, klebrige Masse aus Lanugohaaren, Schleim und Epidermiszellen **(Mekonium)**. Nach einigen Tagen setzt das Neugeborene dünne, sog. Übergangsstühle zunehmend gelblicher Farbe ab, schließlich – bei Brustmilchfütterung – gelbliche, sauer riechende Stühle.
  Eine Verzögerung des Mekoniumabgangs findet sich beim **Mekoniumileus**, der bei Mukoviszidose auftritt. Bei dieser Erkrankung ist die Viskosität aller Sekrete, auch des Mekoniums, erhöht. Es staut sich im distalen Dünndarm und im Kolon und kann oft nur mittels Laparotomie entfernt werden.
- **Nabel:** Der Nabelschnurrest sollte nicht verbunden werden, da er bei offener Behandlung schneller mumifiziert. Er sollte bei jedem Wickeln inspiziert werden. In der Regel fällt er spätestens nach 14 Tagen ab.
- **Augen:** Die Augen sollten täglich inspiziert werden, um eine Konjunktivitis, z. B. durch Chlamydien, rechtzeitig zu erkennen.

Die Mutter sollte sehr bald in der Pflege des Neugeborenen unterwiesen werden bzw. sollte das Neugeborene bald weitgehend selbst versorgen, um die Mutter-Kind-Beziehung zu festigen und Sicherheit in der Pflege zu gewinnen.
Wenn das Neugeborene unauffällig ist, erfolgt zwischen dem 3. und 10. Lebenstag die 2. Vorsorgeuntersuchung, die U2 (s. Tab. **E-8.5**), durch einen Kinderarzt.
In der 1. Lebenswoche kann bei männlichen wie weiblichen Neugeborenen eine beidseitige Hypertrophie der Brustdrüse bestehen. Sie ist Folge einer passiven endokrinen Stimulation am Ende der Schwangerschaft. Gelegentlich tritt milchiges Sekret (Hexenmilch) aus. Bei weiblichen Neugeborenen kann es als Ausdruck des Östrogenentzugs nach der Geburt zu blutig tingierter Sekretion aus der Scheide kommen. Eine Therapie ist in beiden Fällen nicht notwendig.
Ab ca. dem Ende der 1. Lebenswoche sollte das Neugeborene zur **Rachitisprophylaxe** Vitamin D 500 IE pro Tag für die Dauer von mindestens 1 Jahr erhalten. Dies kann in Tabletten (z. B. Vigantoletten)- oder Tropfenform (z. B. Provitina D_3-Tropfen) geschehen, am besten mit der Nahrung.
Zu **Impfungen** gegen Hepatitis B und Tuberkulose, s. S. 569 bzw. S. 550 f.

- **Blutglukosekonzentration:** erste 3 Stunden: ≥ 35 mg/dl, ab 2. Tag ≥ 45 mg/dl.
- **Darmentleerung:** Spätestens bis 24 Stunden nach der Geburt sollte die Defäkation erfolgen. Eine Verzögerung des Mekoniumabgangs findet sich beim **Mekoniumileus**, der bei Mukoviszidose auftritt. Hier staut sich das Mekonium im distalen Dünndarm und Kolon (häufig Laparotomie notwendig).
- **Nabel:** Der Nabelschnurrest sollte offen liegen, da er so schneller mumifiziert, und bei jedem Wickeln inspiziert werden.
- **Augen:** Die Augen sollten täglich inspiziert werden.

Die Mutter sollte sehr bald in der Pflege des Neugeborenen unterwiesen werden bzw. sollte das Neugeborene bald weitgehend selbst versorgen.
Wenn das Neugeborene unauffällig ist, erfolgt zwischen dem 3. und 10. Lebenstag die 2. Vorsorgeuntersuchung, die U2 (s. Tab. **E-8.5**), durch einen Kinderarzt.
Eine beidseitige Hypertrophie der Brustdrüse in der 1. Lebenswoche ist physiologisch, ebenso eine blutig tingierte Sekretion aus der Scheide; eine Therapie ist nicht notwendig.
Ab ca. dem Ende der 1. Lebenswoche sollte das Neugeborene zur **Rachitisprophylaxe** Vitamin D 500 IE pro Tag für die Dauer von mindestens 1 Jahr erhalten.

E-8.5 U2-Vorsorgeuntersuchung

- ▶ Untersuchung von Sinnesorganen, Mundhöhle, Herz, Lungen, Abdominalorganen und ZNS wie bei der U1
- ▶ Guthrie-Test zum Ausschluss einer Phenylketonurie
- ▶ TSH-Screening zum Ausschluss einer Hypothyreose
- ▶ Mukoviszidose-Screening

E-8.5

8.2 Pathologie des Neugeborenen

8.2.1 Adaptationsstörungen

Asphyxie

▶ **Definition.** Als Asphyxie bezeichnet man Sauerstoffmangel vor, unter oder nach der Geburt. Er hat eine Hypoxie, Hyperkapnie und Azidose zur Folge.

8.2 Pathologie des Neugeborenen

8.2.1 Adaptationsstörungen

Asphyxie

◀ Definition

Ätiologie und Klinik. Meistens entsteht die Asphyxie bereits intrauterin, z. B. durch Nabelschnurkompression oder intrauterine Infektion. Die postpartale Asphyxie wird meistens durch Fruchtwasseraspiration verursacht.
Das klinische Bild der **intrauterinen Asphyxie** ist auf S. 667 beschrieben. Sie kann zu Mekoniumabgang und -aspiration führen.
Symptome der **postnatalen Asphyxie** sind unregelmäßige bis fehlende Atmung, zunächst Tachykardie, später Bradykardie und Zyanose. Muskeltonus und Reflexerregbarkeit sind herabgesetzt.
Es kann u. a. zu intrakraniellen Blutungen und Nierenversagen kommen.

Ätiologie und Klinik. Die meisten kindlichen Asphyxien entstehen bereits intrauterin, echte postpartale Asphyxien sind seltener. Die wichtigste Ursache einer intrauterinen Asphyxie ist die akute oder chronische Plazentainsuffizienz (s. S. 657). Auslöser einer akuten Plazentainsuffizienz können u. a. Nabelschnurkompression, verminderte uterine Perfusion während Wehen und intrauterine Infektionen sein. Unter der Geburt kann die verstärkte Kompression des kindlichen Kopfes während der Wehen zur Asphyxie führen. Die häufigste Ursache der postpartalen Asphyxie ist die Fruchtwasseraspiration.
Das klinische Bild der **intrauterinen Asphyxie** ist auf S. 667 beschrieben. Intrauterine Asphyxie führt zu gesteigerter Darmperistaltik und zu Mekoniumabgang. Dabei besteht die Gefahr, dass der Fetus Mekonium aspiriert. Dieses verlegt die Lungenstrombahn, bewirkt eine pulmonale Hypertonie mit Diffusionsstörungen und löst eine Pneumonie aus.
Symptome der **postnatalen Asphyxie** sind unregelmäßige bis fehlende Atmung, zunächst Tachykardie, später Bradykardie sowie Zyanose der Extremitäten oder des ganzen Körpers. Muskeltonus und Reflexerregbarkeit sind herabgesetzt, in schweren Fällen ist das Neugeborene blass, völlig schlaff und reaktionslos.
Folgen der Hypoxie können multiple Organschäden, z. B. intrakranielle Blutungen, Nierenversagen, nekrotisierende Enterokolitis, und disseminierte intravasale Gerinnung sein.

Diagnostik. Die Asphyxie wird klinisch und mittels Apgar-Score, Blutgas- und pH-Analyse aus Nabelarterienblut diagnostiziert. Bei grünem Fruchtwasser (Mekoniumabgang) wird nach Absaugen von Mund und Rachen die Stimmritze eingestellt. Findet sich dort Mekonium, ist eine Aspiration wahrscheinlich.

Diagnostik. Die Diagnose wird klinisch und mittels Apgar-Score und Blutgas- und pH-Analyse aus Nabelarterienblut gestellt.
Ist das Fruchtwasser grün, hat der Fetus Mekonium abgesetzt. Um eine Mekoniumaspiration nachzuweisen, wird nach dem Absaugen von Mund und Rachen die Stimmritze eingestellt. Eine Aspiration ist wahrscheinlich, wenn auf der Stimmritze Mekonium nachweisbar ist.

Therapie. Leicht asphyktische Neugeborene (1-Minuten-Apgar-Wert 4–6) werden auf dem vorgewärmten Reanimationstisch gelagert. Nach Absaugen von Rachen- und Nasenraum wird zunächst nur mit der Maske beatmet. Stellt sich kein Erfolg ein oder besteht eine schwere Asphyxie (1-Minuten-Apgar-Wert 0–3), werden sie intubiert und assistiert beatmet.

Therapie. Leicht asphyktische Neugeborene (1-Minuten-Apgar-Wert 4–6) werden auf dem vorgewärmten Reanimationstisch gelagert, abgetrocknet und mit warmen Tüchern zugedeckt. Zunächst wird der Rachen- und Nasenraum abgesaugt. Die anschließende Beatmung erfolgt zunächst nur mit der Maske. Wenn sich nach wenigen Minuten kein Erfolg einstellt, wird endotracheal intubiert. Dazu wird der Kopf des Kindes in Mittelstellung gehalten – nicht überstrecken! –, durch ein Nasenloch wird ein Tubus eingeführt und der Oropharynx kurz abgesaugt. Der Spatel wird über den rechten Mundwinkel in den Mund eingeführt, die Zunge nach links abgedrängt, der Spatel unter Sicht bis zur Epiglottis vorgeschoben und der Tubus vorsichtig durch die Stimmritze vorgeschoben. Anschließend wird eine assistierte Beatmung durchgeführt. Neugeborene mit schwerer Asphyxie (1-Minuten-Apgar-Wert 0–3) werden frühzeitig endotracheal intubiert und assistiert beatmet. Bei Erfolg dieser Maßnahme ist ein rasches Umstellen auf CPAP-Beatmung gerechtfertigt: Evtl. kann eine baldige Extubation erfolgen.
Bei Misserfolg der Beatmung und Absinken der Herzfrequenz unter 60/min muss eine Herzmassage durchgeführt werden. Dazu komprimiert man die untere Sternumhälfte mit Zeige- und Mittelfinger mit einer Frequenz von ca. 2/s entsprechend einer „Herzfrequenz“ von 120/min (Abb. **E-8.2**). Die Maskenbeatmung wird kontinuierlich weitergeführt.

Bei Misserfolg der Beatmung und Absinken der Herzfrequenz unter 60/min muss eine Herzmassage durchgeführt werden (Abb. **E-8.2**). Die Maskenbeatmung wird kontinuierlich weitergeführt.

E-8.2

E-8.2 **Kardiale Reanimation des Neugeborenen**

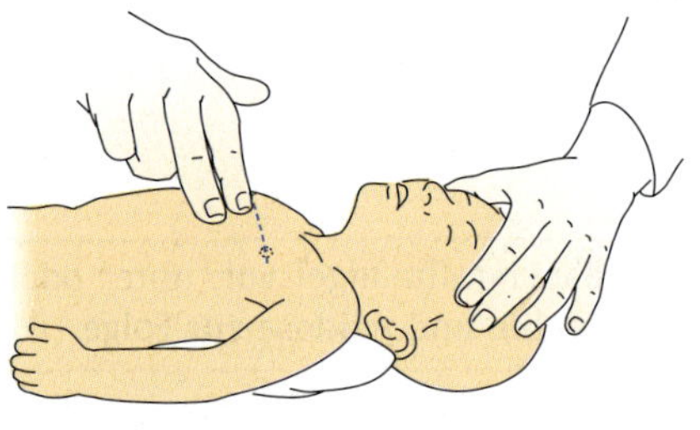

Die untere Sternumhälfte wird mit Zeige- und Mittelfinger mit einer Frequenz von 2/s komprimiert.

Zusätzlich muss umgehend über einen Nabelvenenkatheter eine Volumensubstitution mit eiweißhaltigen Lösungen erfolgen.

Über einen Nabelvenenkatheter wird Volumen in Form eiweißhaltiger Lösungen zugeführt.

Neugeborene, bei denen die Asphyxie durch Morphin(derivate) bedingt ist, die die Mutter unter der Geburt erhielt, werden mit dem Antidot Naloxon behandelt: Es werden 0,01 mg/kg Körpergewicht Naloxon i. m. verabreicht.
Besteht der Verdacht, dass das Neugeborene Mekonium aspiriert hat, sollte kurzzeitig intubiert und versucht werden, das Mekonium abzusaugen.
Bei schweren Fällen von persistierender metabolischer Azidose (pH $< 7{,}1$) mit einem Basendefizit von mehr als -10 verabreicht man zur Pufferung Bikarbonat.

Ist die Atemdepression durch Gabe von Morphin an die Mutter bedingt, verabreicht man dem Neugeborenen Naloxon.
Bei Verdacht auf Mekoniumaspiration sollte kurzfristig intubiert und das Mekonium abgesaugt werden.
Bei persistierender schwerer Azidose mit einem Basendefizit von > -10 verabreicht man Bikarbonat.

Störungen der Stoffwechseladaptation

Störungen der Stoffwechseladaptation

Hypoglykämie

Hypoglykämie

▶ **Definition.** Eine Hypoglykämie besteht, wenn der Blutzuckerwert in den ersten 3 Lebenstagen beim reifen Neugeborenen ≤ 35 mg/dl und beim Frühgeborenen ≤ 25 mg/dl beträgt.

◀ Definition

Ätiologie. Die Glukoneogenese ist in den ersten 1–2 Tagen noch reduziert und das Neugeborene in dieser Zeit auf seine Glykogenreserven angewiesen. Häufig sinkt der Blutzuckerspiegel auf ca. 50 mg/dl. Durch Hypoxie oder Hypothermie kann es zur Hypoglykämie kommen.
Besonders anfällig für Hypoglykämien sind
- Frühgeborene, hypo-, hypertrophe und übertragene Neugeborene, da sie geringere Glykogenreserven haben als reife, eutrophe Neugeborene;
- Neugeborene diabetischer Mütter auf Grund der fetalen Hyperinsulinämie: Sobald die Nabelschnur abgeklemmt ist, fällt die Glukosequelle weg, das kindliche Pankreas produziert aber immer noch relativ zu viel Insulin und es kommt zur Hypoglykämie.
- Neugeborene mit angeborenen Stoffwechselerkrankungen, z. B. Glykogenspeicherkrankheit.

Ätiologie. Die Glukoneogenese ist in den ersten 1–2 Tagen noch reduziert, das Neugeborene zehrt von seinen Glykogenreserven. Hypoxie oder Hypothermie können zu Hypoglykämie führen.
Besonders anfällig für Hypoglykämien sind
- Frühgeborene, hypo-, hypertrophe und übertragene Neugeborene
- Neugeborene diabetischer Mütter
- Neugeborene mit angeborenen Stoffwechselerkrankungen.

Klinik und Diagnostik. Neugeborenenhypoglykämien sind nur selten von Symptomen begleitet, z. B. Zittern, Krämpfen, Zyanoseattacken oder Bradykardie.
Die Diagnose wird durch Bestimmung der Glukosekonzentration im Serum gestellt. Bei Neugeborenen diabetischer Mütter wird empfohlen, die Blutglukosekonzentration 30 Minuten, 1 Stunde und 3 Stunden post partum sowie an den nächsten beiden Tagen 2 × präprandial zu bestimmen. Außerdem müssen Hämatokrit, Hb, Bilirubin sowie die Kalzium- und Magnesiumkonzentration im Serum bestimmt werden.

Klinik und Diagnostik. Selten treten z. B. Zittern, Krämpfe, Zyanoseattacken oder Bradykardie auf.
Die Diagnose wird durch Bestimmung der Glukosekonzentration im Serum gestellt. Bei Neugeborenen diabetischer Mütter sollten in den ersten 2 Tagen die Blutzuckerwerte häufig bestimmt werden.

Therapie. Je nach Blutzuckerspiegel wird Glukose oral (Tee mit Traubenzucker) oder intravenös verabreicht (5 %ige Glukoselösung). Die Blutglukosekonzentration sollte 65 mg/dl nicht übersteigen. Bei Hypokalziämie oder Hypomagnesiämie müssen Kalzium bzw. Magnesium substituiert werden. Neugeborene diabetischer Mütter sollten zunächst nicht nur gestillt werden, sondern häufig und in kleinen Mengen Glukoselösung erhalten, um Hypoglykämien zu vermeiden.

Therapie. Glukose wird oral oder intravenös verabreicht (5 %ige Glukoselösung).

Hyperbilirubinämie

Hyperbilirubinämie

▶ **Definition.** Aufgrund der funktionellen Unreife der Leber kommt es in den ersten Lebenstagen zu einer physiologischen Hyperbilirubinämie von maximal 15 mg/dl (s. S. 696). Sie führt zum **Icterus neonatorum simplex**, der nicht vor dem

◀ Definition

2. Lebenstag auftritt, sein Maximum am 5. Lebenstag erreicht und höchstens 14 Tage andauert.
Im Unterschied dazu tritt der **Icterus praecox** schon am 1. Lebenstag auf, das Gesamtbilirubin beträgt > 7 mg/dl.
Beim **Icterus gravis** beträgt das Gesamtbilirubin > 16 mg/dl.
Steigt es über ca. 20–25 mg/dl an, lagert sich unkonjugiertes Bilirubin in den Basalganglien des Gehirns ab **(Kernikterus)**. Betroffene Kinder sind vital gefährdet oder können durch athetotische Zerebralparese, Taubheit und erhebliche intellektuelle Retardierung lebenslang schwer behindert sein.
Der **Icterus prolongatus** dauert beim reifen Neugeborenen länger als 14 Tage an.

Ätiologie. Ursachen eines **Icterus praecox** sind eine protrahierte Geburt, traumatische operative Entbindung, Hämatome und der Morbus haemolyticus neonatorum.
Ursachen des **Icterus gravis** sind der Morbus haemolyticus neonatorum, hämolytische Anämie und Infektionen.
Ursache eines **Icterus prolongatus** sind Infektionen.

Ätiologie. Ursachen eines **Icterus praecox** sind ein protrahierter Geburtsverlauf, eine traumatische operative Entbindung, Hämatome, insbesondere das Kephalhämatom (s. S. 703 f), und der Morbus haemolyticus neonatorum (s. S. 565).
Die wichtigste Ursache des **Icterus gravis** ist der Morbus haemolyticus neonatorum, da der Bilirubinspiegel hier über 20 mg/dl ansteigen und einen Kernikterus auslösen kann. Andere Ursachen sind eine kongenitale oder durch Pharmaka ausgelöste hämolytische Anämie und Infektionen; hier steigt der Bilirubinspiegel nicht über 20 mg/dl.
Ursache eines **Icterus prolongatus** sind Infektionen.

Differenzialdiagnose. Bei der kongenitalen Gallengangsatresie tritt in den ersten Lebenstagen bis -wochen ein zunehmender Verschlussikterus mit hellen, acholischen Stühlen und dunkel gefärbtem Urin auf.

Differenzialdiagnose. Unter der **kongenitalen Gallengangsatresie** versteht man einen isolierten oder kombinierten Verschluss oder das Fehlen des Ductus hepaticus, cysticus oder choledochus. Hier tritt in den ersten Lebenstagen bis -wochen ein zunehmender Verschlussikterus mit hellen, acholischen Stühlen und dunkel gefärbtem Urin auf.

Therapie. Überschreitet die Bilirubinkonzentration des reifen Neugeborenen 16 mg/dl, wird meistens eine Phototherapie durchgeführt. Durch die Phototherapie wird das unkonjugierte Bilirubin in konjugiertes, wasserlösliches Bilirubin umgewandelt.

Therapie. Überschreitet die Bilirubinkonzentration des reifen Neugeborenen 16 mg/dl, wird meistens eine Phototherapie durchgeführt, obwohl ein Kernikterus bei einem Gesamtbilirubin unter 20 mg/dl unwahrscheinlich ist. Durch die Phototherapie wird das unkonjugierte Bilirubin in konjugiertes, wasserlösliches und damit renal eliminierbares Bilirubin umgewandelt.
Während der Therapie ist der Flüssigkeitsbedarf erhöht. Störungen der Temperaturregulation und ein Exanthem können auftreten. Das Kind sollte während der Phototherapie eine Augenbinde tragen, um Retinaschäden vorzubeugen.

8.2.2 Geburtsverletzungen
Caput succedaneum

8.2.2 Geburtsverletzungen

Caput succedaneum

▶ Synonym

▶ **Synonym.** Geburtsgeschwulst.

▶ Definition

▶ **Definition.** Kappenförmige Anschwellung der Kopfhaut durch ein supraperiostales Ödem mit petechialen Blutungen im Bereich der Leitstelle (Abb. **E-8.3**). Das Caput succedaneum überschreitet die Schädelnähte.

E-8.3

E-8.3 **Caput succedaneum**

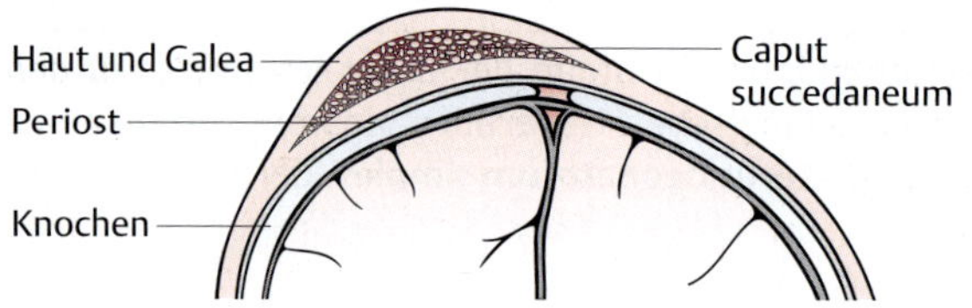

Das Caput succedaneum kommt nach protrahierter Geburt gehäuft vor. Es entsteht durch den Druck der oft straffen Zervix auf die Leitstelle und bildet sich im Allgemeinen innerhalb weniger Tage vollständig zurück. Eine Therapie ist deshalb nicht erforderlich.

Das Caput succedaneum kommt nach protrahierter Geburt gehäuft vor und bildet sich meist innerhalb weniger Tage vollständig zurück.

Kephalhämatom

▶ **Synonym.** Kopfblutgeschwulst.

◀ Synonym

▶ **Definition.** Subperiostales Hämatom, das durch die Schädelnähte begrenzt wird (Abb. **E-8.4**).

◀ Definition

E-8.4 Kephalhämatom

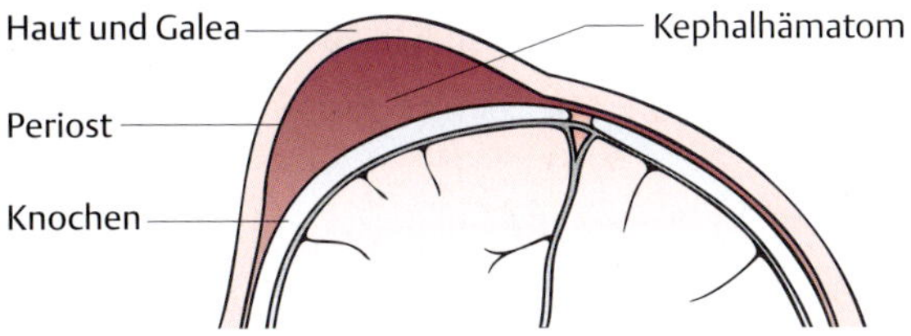

E-8.4

Ätiologie. Kephalhämatome entstehen, wenn infolge einer Abscherung des Periosts unter der Geburt subperiostale Gefäße verletzt werden. Sie kommen bei ca. 1 % aller Geburten vor. Sie können nach schwierigen Vakuumextraktionen, aber auch nach Spontangeburten auftreten.

Ätiologie. Kephalhämatome entstehen infolge von Verletzungen subperiostaler Gefäße nach schwierigen Vakuumextraktionen oder nach Spontangeburten.

Klinik. Kephalhämatome entwickeln sich innerhalb der ersten Lebenstage. Sie sind druckdolent und fluktuieren. Je nachdem, wie groß sie sind, gehen sie innerhalb von Tagen bis zu 4 Wochen zurück.

Klinik. Kephalhämatome entwickeln sich innerhalb der ersten Lebenstage. Sie sind druckdolent, fluktuieren und bilden sich nach Tagen bis Wochen zurück.

Therapie. Eine Therapie ist im Allgemeinen nicht erforderlich. Punktionen sollen wegen der Infektionsgefahr unterbleiben. Bei großen Kephalhämatomen ist der Kopf ruhig zu stellen. Stets ist die Gabe von Vitamin K indiziert.

Therapie. Im Allgemeinen ist keine Therapie erforderlich, jedoch sollte Vitamin K verabreicht werden.

Schiefhals

▶ **Synonym.** Tortikollis.

◀ Synonym

Ätiologie. Ursache ist eine Druckschädigung des M. sternocleidomastoideus. Sie kommt vor allem bei Geburten aus Beckenendlage, insbesondere bei Steißlage vor. Es entwickelt sich ein intramuskuläres Hämatom, das sich organisiert und zur Verkürzung des Muskels führt.

Ätiologie. Vor allem bei Geburten aus Beckenendlage bildet sich ein Hämatom im M. sternocleidomastoideus, dessen Organisation zur Verkürzung des Muskels führt.

Klinik. In der 2. Lebenswoche, manchmal schon früher, tastet man einen derben Tumor im mittleren Drittel des M. sternocleidomastoideus. Er ist indolent. Die Beweglichkeit des Halses ist eingeschränkt. Das Neugeborene neigt den Kopf zur Seite des Hämatoms und dreht ihn zur gesunden Seite. Später kann sich eine Schädelasymmetrie entwickeln (Caput obstipum).

Klinik. In der 2. Lebenswoche tastet man einen derben Tumor im M. sternocleidomastoideus. Das Neugeborene neigt den Kopf zur kranken und dreht ihn zur gesunden Seite.

Therapie. Die Therapie besteht in korrigierender Lagerung; bei Erfolglosigkeit ist eine operative Korrektur im 2. Lebensjahr indiziert.

Therapie. Die Therapie besteht in korrigierender Lagerung; evtl. ist eine operative Korrektur nötig.

Frakturen

Epidemiologie und Ätiologie. In abnehmender Häufigkeit treten als Geburtsverletzung Klavikula-, Humerus- und Femurfrakturen auf, erstere gehäuft nach Armlösung oder bei Schulterdystokie, Femurfrakturen nach äußerer Wendung oder ganzer Extraktion. Alle Frakturen werden auch nach Spontangeburt beobachtet.

Klinik. Klavikulafrakturen fallen evtl. durch Schwellung, häufiger aber erst durch die überschießende Kallusbildung auf. Humerus- und Femurfrakturen fallen durch Schonhaltung und Schwellung auf.

Therapie. Die Klavikulafraktur bedarf keiner Therapie. Extremitätenfrakturen werden geschient.

Nervenverletzungen

Parese des Plexus brachialis

Ätiologie und Klinik. Armplexuslähmungen treten gehäuft nach operativen Geburten auf, insbesondere nach vaginaler Beckenendlagenentwicklung (Veit-Smellie-Handgriff!).
Am häufigsten ist die **obere Plexuslähmung (Erb-Duchenne-Lähmung)** mit Läsion von C5 und C6. Die Schulter steht tief, der Arm hängt innenrotiert, proniert und schlaff herab (Abb. **E-8.5**). Der Handgreifreflex ist erhalten.
Bei der **unteren Plexuslähmung (Klumpke-Lähmung)** sind C8 und Th1, evtl. C7 beschädigt. Kennzeichen sind eine Fallhand, fehlender Greifreflex und ein Horner-Syndrom.

Therapie. Sachgemäße Lagerung und aktive Mobilisation der betroffenen Extremität.

Prognose. Meist vollständige Rückbildung innerhalb einiger Monate.

Phrenikusparese

Ist bei der oberen Plexuslähmung auch C4 betroffen, kommt es zum einseitigen Zwerchfellhochstand mit Dyspnoe. Gute Prognose.

Fazialisparese

Sie tritt vor allem nach Zangenextraktion auf. Das Gesicht des Neugeborenen verzieht sich beim Schreien zur gesunden Seite hin (Abb. **E-8.6**). Bei Lagophthalmus ist ein Augenverband zum Schutz der Hornhaut nötig. Gute Prognose.

Frakturen

Epidemiologie und Ätiologie. In abnehmender Häufigkeit treten als Geburtsverletzung Frakturen von Klavikula, Humerus und Femur auf. Klavikula- und Humerusfrakturen treten nach Armlösung bei der Entwicklung aus Beckenendlage und nach Entwicklung bei Schulterdystokie auf, im letzteren Fall also gehäuft bei makrosomen Kindern. Die Häufigkeit von Frakturen bei makrosomen Kindern beträgt 3–5 %. Femurfrakturen können bei äußerer Wendung von der Beckenend- in die Schädellage oder bei ganzen Extraktionen vorkommen. Alle Frakturen werden aber auch nach Spontangeburt beobachtet.

Klinik. Klavikulafrakturen können durch Berührungsempfindlichkeit und Schwellung der Schulterregion sowie einen asymmetrischen Moro-Reflex auffallen. Häufig werden sie jedoch erst auf Grund der überschießenden Kallusbildung bemerkt. Humerus- und Femurfrakturen fallen durch Schonhaltung und Schwellung auf.

Therapie. Die Klavikulafraktur braucht nicht behandelt zu werden. Extremitätenfrakturen werden geschient.

Nervenverletzungen

Parese des Plexus brachialis

Ätiologie und Klinik. Ähnlich wie Frakturen treten Armplexuslähmungen gehäuft nach operativen Geburten auf, so z. B. nach Schulterdystokie oder nach vaginaler Beckenendlagenentwicklung (Veit-Smellie-Handgriff!). Ursache ist eine Zerrung oder Quetschung des Plexus brachialis.
Am häufigsten ist die **obere Plexuslähmung (Erb-Duchenne-Lähmung)** mit Läsion der 5. und 6. Zervikalwurzel (C5, C6). Es besteht eine schlaffe Lähmung des M. deltoideus, der Außenrotatoren des Oberarms und der Beuger und Supinatoren des Unterarms. Die Schulter steht tief, der Arm hängt innenrotiert, proniert und schlaff herab (Abb. **E-8.5**). Der Handgreifreflex ist erhalten.
Seltener ist die **untere Plexuslähmung (Klumpke-Lähmung)** mit Läsion der 8. Zervikal- und 1. Thorakalwurzel (C8, Th1). Evtl. ist auch die 7. Zervikalwurzel (C7) betroffen. Die Beuger der Hand und Finger, die Daumen-, Kleinfingerballen- und die Fingerspreizmuskeln sind gelähmt: Dadurch entsteht eine Fallhand, der Greifreflex fehlt. Da der Ramus communicans von Th1 betroffen ist, besteht gleichzeitig ein Horner-Syndrom (Ptosis, Miosis, Enophthalmus).

Therapie. Die Therapie der Armplexuslähmung besteht in sachgemäßer Lagerung der betroffenen Extremität und aktiver Mobilisation.

Prognose. Die Prognose der Armmplexuslähmung ist außerordentlich gut. Im Allgemeinen ist sie im Alter von 6 Monaten nicht mehr nachweisbar.

Phrenikusparese

Ist bei der oberen Plexuslähmung auch C4 betroffen, kommt es zur Phrenikusparese mit einseitigem Zwerchfellhochstand. Das Neugeborene ist dyspnoisch. Meistens bildet sich die Phrenikusparese vollständig zurück.

Fazialisparese

Die Fazialisparese tritt vor allem nach Zangenextraktion auf, Ursache ist eine Druckschädigung des Nervs. Das Gesicht des Neugeborenen verzieht sich beim Schreien zur gesunden Seite hin (Abb. **E-8.6**). Da sich das Auge auf der betroffenen Seite nicht schließt (Lagophthalmus), muss man durch einen Augenverband einer Hornhautschädigung vorbeugen. Die Fazialisparese bildet sich meistens innerhalb weniger Tage vollständig zurück.

E-8.5 Obere Plexuslähmung (Erb-Duchenne)

E-8.5

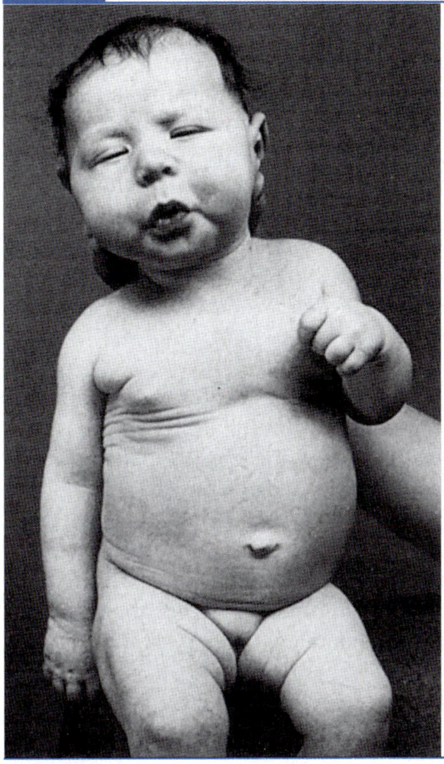

Der rechte Arm ist adduziert, innenrotiert und proniert und hängt schlaff herab. Die rechte Schulter steht tief.

E-8.6 Fazialisparese links

E-8.6

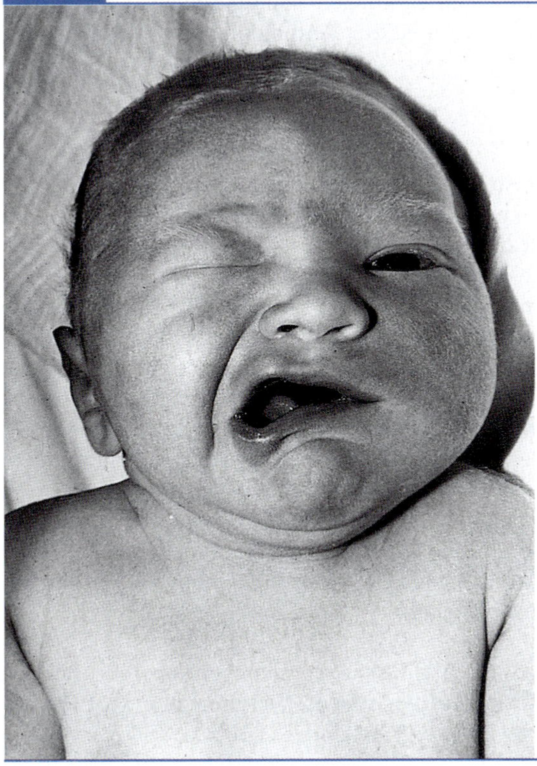

Mundwinkel ist zur gesunden Seite hin verzogen. Auf der betroffenen Seite fehlender Lidschluss (Lagophthalmus).

8.2.3 Schädigungen des ZNS

Zerebraler Insult

Ätiologie und Klinik. Sauerstoffmangel unter der Geburt kann zu hypoxischen Schäden des zentralen Nervensystems führen. Stupor, Koma und generalisierte Krämpfe können auftreten.

Therapie. Bei generalisierten Krämpfen sind Antikonvulsiva, parenterale Ernährung und ggf. Beatmung indiziert.

Intrakranielle Blutungen

Ätiologie und Klinik. Bei Frühgeborenen ist die Ursache intrakranieller Blutungen oft intrauterine Hypoxie, bei Reifgeborenen schwere Hypoxie, z. B. unter der Geburt. Subarachnoidalblutungen haben eine gute Prognose, Blutungen in die Ventrikel oder das Hirnparenchym können zu mentalen und psychomotorischen Entwicklungsstörungen führen.
Symptome sind Schläfrigkeit, Trinkschwäche, Atemstörungen und generalisierte Krämpfe.

Diagnostik. Sonographie.

Therapie. Sedation; bei schweren hinteren Ventrikelblutungen Ventrikeldränage.

8.2.4 Infektionen

Ätiologie und Klinik. Die meisten Neugeboreneninfektionen sind angeboren. Prädisponierende Faktoren sind mütterliche Infektionen während der Schwangerschaft, vorzeitiger Blasensprung, operative Entbindung, Unreife des Fetus. Die gefährlichsten Erreger sub partu erworbener Infektionen sind Streptokokken der Gruppe B, Enterokokken, E. coli, Klebsiellen und Pseudomonas. Streptokokken sind die häufigsten Erreger der Neugeborenensepsis.
Die klinischen Zeichen der Infektion bei Neugeborenen sind meist unspezifisch, z. B. Blässe, Trinkschwäche, anhaltende Atemnot.

Diagnostik. Die Diagnose wird klinisch gestellt (Aussehen, Herz- und Atemfrequenz, Temperatur).
Die klinische Diagnose „Sepsis" wird gestützt durch erhöhtes CRP, Linksverschiebung im Differenzialblutbild und Thrombozytopenie. Bakteriologie von Rachen- und Ohrabstrichen und Mageninhalt.

8.2.3 Schädigungen des ZNS

Zerebraler Insult

Ätiologie und Klinik. Durch Sauerstoffmangel unter der Geburt kann es zur hypoxischen Schädigung des ZNS kommen. Je nach Ausprägung der hypoxischen Schädigung besteht eine leichte Bewusstseinsstörung bis hin zu Stupor und Koma. Je ausgeprägter der Insult, desto wahrscheinlicher ist das Auftreten generalisierter Krämpfe, im Allgemeinen ab 6 Stunden nach der Geburt.

Therapie. Neugeborene mit Krampfanfällen müssen Antikonvulsiva erhalten: Man verabreicht z. B. 40 mg Phenobarbital/kg KG/die. Zusätzlich müssen diese Kinder parenteral ernährt und ggf. beatmet werden.

Intrakranielle Blutungen

Ätiologie und Klinik. Annähernd die Hälfte aller Frühgeborenen hat intrakranielle Blutungen unterschiedlicher Ausprägung. Häufig bestehen sie schon intrauterin und sind durch Hypoxie bedingt. Oft kann die Pathogenese allerdings nicht geklärt werden. Meistens handelt es sich dabei um Subarachnoidalblutungen, von denen angenommen wird, dass sie keinen Einfluss auf die weitere Entwicklung haben. Schwere Blutungen in das Ventrikelsystem oder in das Hirnparenchym, die bei Frühgeborenen, aber auch bei Reifgeborenen nach schwerer Hypoxie, z. B. unter der Geburt, vorkommen können, haben dagegen das Risiko einer schlechten Prognose mit mentalen und psychomotorischen Entwicklungsstörungen.
Symptome sind Schläfrigkeit, Trinkschwäche, Atemstörungen und generalisierte Krämpfe.

Diagnostik. Die Diagnose wird mittels Sonographie gestellt.

Therapie. Kinder mit intrakraniellen Blutungen sollten sediert werden. Bei schweren hinteren Ventrikelblutungen ist zur Vermeidung eines Hydrozephalus eine Ventrikeldränage indiziert.

8.2.4 Infektionen

Ätiologie und Klinik. Die meisten Neugeboreneninfektionen sind angeboren, d. h. intrauterin oder sub partu erworben. Prädisponierende Faktoren sind mütterliche Infektionen während der Schwangerschaft, vorzeitiger Blasensprung, operative Entbindung, Unreife des Fetus.
Die intrauterinen Infektionen sind auf S. 567 ff abgehandelt. Die häufigsten Erreger sub partu erworbener Infektionen sind diejenigen, die den Genitoanalbereich der Mutter besiedeln. Am gefährlichsten sind hier Streptokokken der Gruppe B und D (Enterokokken), E. coli, Klebsiellen und Pseudomonas. Streptokokken sind die häufigsten Erreger der Neugeborenensepsis. Obwohl ein Viertel der Schwangeren und viele der Neugeborenen mit Streptokokken kontaminiert sind, ist die Streptokokkensepsis glücklicherweise selten.
Die klinischen Zeichen der generalisierten Infektion bei Neugeborenen sind im Allgemeinen unspezifisch, wie z. B. Blässe, Trinkschwäche, anhaltende Atemnot, Schock oder Temperaturschwankungen. Die Neugeborenensepsis fällt meist durch eine prolongierte Atemstörung auf.

Diagnostik. Die Diagnose wird durch klinische Untersuchung gestellt: Bei der Sepsis sind die Kriterien „schlechtes Aussehen", Herzfrequenz $>$ 150/min, Atemfrequenz $>$ 60/min, Temperatur $>$ 37,5 °C oder $<$ 36,5 °C.
Folgende Laborparameter können die Diagnose unterstützen: erhöhtes CRP, Linksverschiebung im Differenzialblutbild, Thrombozytopenie.
Nach vorzeitigem Blasensprung sollten der Mageninhalt sowie ein Abstrich von Ohr und Rachen des Neugeborenen mikrobiologisch untersucht werden.

Therapie. Bei klinischen Zeichen der Infektion ist, nach Abnahme einer Blutkultur, eine Antibiotikatherapie angezeigt. Bei Sepsis und unbekanntem Erreger ist eine Kombinationstherapie mit Ampicillin, Cefotaxim und Tobramycin indiziert. Die Kinder müssen parenteral ernährt und unter Umständen sogar intubiert werden.

Therapie. Bei klinischen Zeichen der Infektion ist eine Antibiotikatherapie angezeigt.

8.2.5 Frühgeborene und hypotrophe Neugeborene

Bei **Frühgeborenen** (s. auch Abb. **E-6.25**, S. 641) sind die Körpermaße im Vergleich zum reifen Neugeborenen unterdurchschnittlich, Reifezeichen fehlen. Charakteristika eines Frühgeborenen sind

- ein im Vergleich zum Körper relativ großer Kopf
- dünne, kurze Haare und ein tiefer Haaransatz
- fehlende Augenbrauen
- schlaffe Ohrmuscheln
- dünne, durchsichtig scheinende Haut
- ein gering entwickeltes subkutanes Fettgewebe
- Ödemneigung
- bei Jungen sind die Hoden noch nicht deszendiert, bei Mädchen bedecken die großen Labien noch nicht die kleinen Labien.

Für Frühgeborene besteht ein erhöhtes postpartales Risiko, das durch die Unreife ihrer Organe bedingt ist:

- infolge der Unreife des ZNS können **Apnoen**, **Bradykardien** und **Temperaturregulationsstörungen** auftreten. Bei Frühgeborenen treten gehäuft **intrakranielle Blutungen** auf. Sie sind z. T. bedingt durch Hypoxie, Hyperkapnie und Azidose
- Unreife der Augen kann zu **Retinopathia praematurorum** mit evtl. Netzhautablösung führen
- die noch unreife Haut ist zart, gerötet und fragil, was zu **Infektionen** und **Hypothermie** führt
- Unreife der Nieren kann **Hypervolämie** und **Elektrolytstörungen** nach sich ziehen
- Unreife des Darms kann zu Problemen beim Nahrungsaufbau und zu **nekrotisierender Enterokolitis** führen.

8.2.5 Frühgeborene und hypotrophe Neugeborene

Bei **Frühgeborenen** (s. auch Abb. **E-6.25**, S. 641) sind die Körpermaße im Vergleich zum reifen Neugeborenen unterdurchschnittlich, Reifezeichen fehlen. Für Frühgeborene besteht ein erhöhtes postpartales Risiko, das durch die Unreife ihrer Organe bedingt ist: Es können u. a. Apnoen, Bradykardie, Temperaturschwankungen und intrakranielle Blutungen auftreten, das Infektionsrisiko ist erhöht.

Charakteristikum **hypotropher Neugeborener** ist das sog. **„Überreifesyndrom"** (Clifford-Zeichen):

- Mangel an subkutanem Fettgewebe
- fehlende Vernix caseosa
- dadurch verstärkte Mazeration der Haut: trockene, pergamentartige Haut, „Waschfrauenhände"
- die Reifezeichen sind vorhanden.

Auch hypotrophe Neugeborene sind postpartal stärker gefährdet als eutrophe Neugeborene: Aufgrund der geringen Energiereserven kommt es häufig zu **Adaptationsstörungen**. Postpartale Hypoxie, Hypoglykämie und Verdauungsstörungen treten gehäuft auf; das Infektionsrisiko ist erhöht.

Charakteristikum **hypotropher Neugeborener** ist das sog. **„Überreifesyndrom"** (Clifford-Zeichen). Auch hypotrophe Neugeborene sind postpartal stärker gefährdet als eutrophe Neugeborene: Aufgrund der geringen Energiereserven kommt es häufig zu postpartaler Hypoxie, Hypoglykämie und Verdauungsstörungen; das Infektionsrisiko ist erhöht.

Therapie. Sowohl bei Frühgeborenen als bei hypotrophen Neugeborenen sind folgende Maßnahmen notwendig:

- eine Hypothermie muss vermieden werden durch Abtrocknen und Einwickeln in warme Tücher
- Atemstörungen müssen behandelt werden (s. S. 700).
- die Haut muss häufig eingecremt werden, um transkutanen Wasserverlust zu vermeiden
- es muss ein venöser Zugang gelegt werden, um Dehydratation bekämpfen zu können
- Ausschluss einer perinatalen Infektion
- das Kind sollte möglichst wenig berührt werden, um Stress und Infektionen vorzubeugen
- baldige Übergabe an den Pädiater.

Therapie. Bei Frühgeborenen und hypotrophen Neugeborenen sind folgende Maßnahmen notwendig:

- Hypothermie vermeiden
- Atemstörungen behandeln
- Haut häufig eincremen
- venösen Zugang legen
- Ausschluss einer perinatalen Infektion
- Kind möglichst wenig berühren
- baldige Übergabe an Pädiater.

8.2.6 Fehlbildungen

8.2.6 Fehlbildungen

Zahlreiche Fehlbildungen können bereits vor oder kurz nach der Geburt festgestellt werden. Es handelt sich dabei z. B. um Chromosomenaberrationen (s. S. 42 f und S. 491 f) oder Embryo- und Fetopathien (s. S. 493 und S. 534 f). Im Folgenden werden nur die Fehlbildungen besprochen, die einer sofortigen Behandlung bedürfen oder in anderer Hinsicht für die Erstversorgung relevant sind.

Choanalatresie

Die Mündung der Nase in den Nasen-Rachen-Raum ist verschlossen. Bei beidseitigem Auftreten: Dyspnoe und Zyanose (besonders beim Stillen). Um eine Aspiration zu vermeiden, muss das Kind sofort parenteral ernährt werden.
Operative Korrektur notwendig.

Choanalatresie

Die Mündung der Nase in den Nasen-Rachen-Raum ist verschlossen. Bei einseitigem Auftreten staut sich das Nasensekret nur auf der betroffenen Seite, bei beidseitigem Auftreten kommt es zu Dyspnoe und Zyanose, da das Neugeborenen nicht spontan durch den Mund atmen kann. Dyspnoe und Zyanose treten insbesondere beim Stillen auf. Um eine Aspiration zu vermeiden, muss das Kind sofort parenteral ernährt werden. Die Choanalatresie muss operativ korrigiert werden.

Zwerchfellhernie

Durch, die meist linksseitige, Zwerchfellhernie gelangen Bauchorgane in den Thorax. Es kommt zu Dyspnoe, die sich durch Reanimationsmaßnahmen nicht ohne weiteres beheben lässt. Sofortige Intubation und baldige Operation notwendig.

Zwerchfellhernie

Durch eine Zwerchfellhernie gelangen Bauchorgane in den Thorax. Es kommt zu Dyspnoe, die sich durch Reanimationsmaßnahmen nicht ohne weiteres beheben lässt. Die Zwerchfellhernie tritt häufig links auf. Dann verdrängen die Bauchorgane das Herz nach rechts, über der linken Thoraxhälfte sind keine Atemgeräusche zu hören. Maskenbeatmung ist zu vermeiden. Das Kind muss sofort intubiert und baldmöglichst operiert werden.

Ösophagusatresie

Der Magen kann nicht sondiert werden. Symptome sind starke Salivation, schaumiges Sekret im Nasen-Rachen-Raum und Husten. Wegen häufig begleitender Ösophagotrachealfistel ist eine orale Nahrungszufuhr kontraindiziert.

Ösophagusatresie

Bei Ösophagusatresie gelingt es nicht, den Magen zu sondieren. Sie äußert sich durch starke Salivation, schaumiges Sekret im Nasen-Rachen-Raum und Husten. Da die Atresie häufig mit einer Ösophagotrachealfistel kombiniert ist, kann es zu Aspiration kommen. Daher darf dem Neugeborenen oral keine Nahrung zugeführt werden, es muss sofort operiert werden.

Atresie im Gastrointestinaltrakt

Die **Duodenalatresie** fällt durch frühzeitiges Erbrechen, **Rektum- und Analatresie** fallen durch fehlenden Mekoniumabgang auf.

Atresie im Gastrointestinaltrakt

Die **Duodenalatresie** fällt durch frühzeitiges Erbrechen, **Rektum-** und **Analatresie** fallen durch fehlenden Mekoniumabgang auf. Atresien im Gastrointestinaltrakt müssen baldmöglichst operiert werden.

Omphalozele und Gastroschisis

Bei der **Omphalozele** bildet die Nabelschnur den Bruchsack, Bruchinhalt können Darmschlingen sein. Bei der **Gastroschisis** fehlt ein Bruchsack. Gefahr durch Vorfall und Strangulation von Darmschlingen. Abdecken des Defekts mit sterilen Tüchern, sofortiger Defektverschluss.

Omphalozele und Gastroschisis

Aufgrund eines Defekts in der Bauchdecke kommt es zur Herniation von Baucheingeweiden. Bei der **Omphalozele** bildet die Nabelschnur den Bruchsack, Bruchinhalt können Teile von Dünn- und Dickdarm, Leber u. a. sein. Bei der **Gastroschisis** ist der Defekt in der Bauchdecke kleiner, ein Bruchsack fehlt. Im Defekt können sich Darmschlingen verfangen, durch Strangulation kann es zur Schädigung des Darms kommen. Daher muss der Defekt so schnell wie möglich verschlossen werden. Nach der Geburt wird der Defekt mit sterilen Tüchern abgedeckt, das Kind erhält eine offene Nasensonde.

Herzfehler

Hinweise auf einen Herzfehler beim Neugeborenen sind Zyanose und Dyspnoe. Der häufigste angeborene Herzfehler ist der VSD. Weitere häufige kongenitale Herzfehler sind Vorrhofseptumdefekt, Aortenisthmusstenose, persistierender Ductus arteriosus und Fallot-Tetralogie.

Herzfehler

Hinweise auf einen Herzfehler beim Neugeborenen sind Zyanose und Dyspnoe. Der häufigste angeborene Herzfehler ist der Ventrikelseptumdefekt (VSD). Bei großem Defekt finden sich die Zeichen der Herzinsuffizienz. Weitere häufige kongenitale Herzfehler sind

- Vorhofseptumdefekt: wird meist erst im Erwachsenenalter symptomatisch
- Aortenisthmusstenose: Hypertonie der oberen, Hypotonie und Zyanose der unteren Körperhälfte, Dyspnoe, Trinkschwäche
- persistierender Ductus arteriosus: Verdacht bei systolischen Herzgeräuschen
- Fallot-Tetralogie.

Hüftgelenkdysplasie

Die Hüftgelenkdysplasie ist die häufigste Fehlbildung. Mädchen haben eine 4–5-fach höhere Inzidenz als Jungen. Eine frühzeitige Diagnose ist für die Prognose entscheidend. Daher fahndet man schon bei der U1 nach den Zeichen einer Hüftgelenkdysplasie. Bei auffälligen Neugeborenen wird eine Hüftsonographie durchgeführt. Da die klinische Untersuchung nicht sensitiv ist, wird bei allen Neugeborenen bei der U3 (4. – 6. Lebenswoche) ein Hüftsonographie-Screening durchgeführt. Die Behandlung besteht bei Neugeborenen je nach Ausprägung in breitem Wickeln oder Spreizhose, bei Luxation in Reposition und Retention des Hüftkopfs.

Hüftgelenkdysplasie

Von dieser häufigsten Fehlbildung sind Mädchen mehr betroffen als Jungen. Bei suspekten Befunden bei der U1 erfolgt sofort eine Hüftsonographie, ansonsten bei der U3 (frühzeitige Diagnose ist für die Prognose wichtig). Die Behandlung besteht je nach Ausprägung in breitem Wickeln, Spreizhose bis Reposition des Hüftkopfs.

F

1 Notfallsituationen in der Gynäkologie und Geburtshilfe

1 Notfallsituationen in der Gynäkologie und Geburtshilfe

Das Vorgehen bei Notfällen in der Gynäkologie und Geburtshilfe orientiert sich daran, ob Schmerzen und/oder Blutungen und/oder eine Schwangerschaft vorliegen. In letzterem Fall wird differenziert, ob der Notfall in der Früh- oder Spätschwangerschaft, unter oder nach der Geburt auftritt oder ob es sich um eine Geburt unter Notfallbedingungen handelt.

Das Vorgehen bei Notfällen in der Gynäkologie und Geburtshilfe orientiert sich daran, ob folgende Kriterien vorliegen:
- Schmerzen
- Blutungen
- eine Schwangerschaft. Hier differenziert man zwischen Notfallsituationen in
  - der Früh- bzw. Spätschwangerschaft
  - unter der Geburt
  - nach der Geburt und
  - der „Notgeburt“, d. h. dem Partus unter Notfallbedingungen.

Zur **Erstuntersuchung am Notfallort** s. Tab. **F-1.1**. Die weitere klinische Untersuchung (s. Tab. **F-1.2**) und Diagnostik erfolgt in der Klinik.

Die **Erstuntersuchung am Notfallort** ist in Tab. **F-1.1** dargestellt. Die weitere klinische Untersuchung (s. Tab. **F-1.2**) sowie apparative und/oder laborchemische Diagnostik sind der Klinik bzw. gynäkologischen Praxis vorbehalten.

Die **Anamnese** ist bereits am Notfallort von größter Bedeutung (bei komatösen Patienten Fremdanamnese!).
Gezielt erfragt werden sollten Menstruationsdaten, Schwangerschaft, Intrauterinpessar, frühere Adnexitiden und Operationen, Beginn, Dauer und Lokalisation der Beschwerden.

Bereits am Notfallort ist die **Anamnese** für das Vorgehen von größter Bedeutung. Kaum ein Krankheitsbild ist so akut, dass nicht Zeit für eine orientierende Erhebung der Vorgeschichte wäre. Bei komatösen Patienten ist ggf. auf die Fremdanamnese durch Angehörige zurückzugreifen. Gezielt muss nach Menstruationsdaten, Vorliegen einer Schwangerschaft, Intrauterinpessar, vorausgegangenen Adnexitiden und Operationen, Beginn, Dauer und Lokalisation der Beschwerden gefragt werden. Bei Schmerzen ist nach dem Schmerzcharakter, bei Blutungen nach Blutungsdauer und -stärke zu fragen.

Erfragt werden sollten weiterhin ungewohnte körperliche Tätigkeit, stumpfes Bauchtrauma, eingenommene Mahlzeiten, Diarrhö, Pollakisurie, Dysurie, Fieber, Schüttelfrost, Allgemeinerkrankungen und Medikamente.

Es sollte nach ungewohnter körperlicher Tätigkeit gefragt sowie ein stumpfes Bauchtrauma ausgeschlossen werden. Ebenso sind in letzter Zeit eingenommene Mahlzeiten, die intestinale Infekte und Koliken auszulösen vermögen, zu erfragen, z. B. unreifes Obst oder verdorbene Nahrungsmittel.
Auch sollte nach Diarrhöen, Pollakisurie und Dysurie, Fieber und Schüttelfrost gefragt werden.
Schließlich sind Allgemeinerkrankungen und Medikamente zu erfragen.

Zur primären **Therapie am Notfallort** s. Tab. **F-1.3**.

Die weitere Therapie richtet sich nach der Symptomatik: Beim akuten Abdomen steht die Analgesie, bei vaginalen Blutungen die Blutstillung im Vordergrund. Beim

Die **Therapie am Notfallort** besteht zuerst in Maßnahmen zur Stabilisierung der Vitalfunktionen (s. Tab. **F-1.3**).
Die weitere Therapie richtet sich nach der Symptomatik: Bei einem hochakuten, schmerzhaften Abdomen steht die Analgesie mit einem kurzwirkenden Analgetikum im Vordergrund – auch wenn dadurch das Krankheitsbild kurzfristig verschleiert wird. Bei starken vaginalen Blutungen ist die physikalische und medi-

F-1.1

F-1.1 Diagnostik am Notfallort

Überprüfung der Vitalfunktionen	
▪ Bewusstsein	ansprechbar/bewusstlos
▪ Atmung	Atembewegungen feststellbar/Atemstillstand
▪ Herzfrequenz	Tachykardie?
▪ Blutdruck	Schockindex = Herzfrequenz/$RR_{systolisch}$ > 1? (Schockgefahr)
▪ Schockzeichen	blasse, kühle Haut, stehende Hautfalten, trockene Zunge/Mundschleimhaut?
Untersuchung des Abdomens	
▪ Inspektion	Hautkolorit, Narben? Hyperperistaltik?
▪ Auskultation	Darmgeräusche
▪ Palpation	Abwehrspannung? Schmerzmaximum? Resistenzen? Hernien?
▪ Perkussion	Meteorismus? Aszites?

F-1.2

F-1.2 Gynäkologische Untersuchung

▪ vaginale Untersuchung	Blutung? Resistenz?
▪ rektale Untersuchung	Blutung? Resistenz?
▪ Temperatur	Fieber?

F-1.3 Maßnahmen zur Stabilisierung der Vitalfunktionen

- Freimachen und Freihalten der Atemwege
- Legen eines peripheren venösen Zugangs
- Sauerstoffgabe
- Beatmung, kardiopulmonale Reanimation
- evtl. Volumensubstitution

F-1.3

kamentöse Blutstillung am Notfallort vorrangig, beim Partus unter Notfallbedingungen die Geburtsleitung und die Erstversorgung des Neugeborenen.

Partus unter Notfallbedingungen sind die Geburtsleitung und die Erstversorgung des Kindes vorrangig.

▶ **Merke.** Bei Notfallsituationen in der zweiten Schwangerschaftshälfte sollte die Schwangere in eine geburtshilfliche Klinik transportiert werden, in der eine neonatologische Intensivüberwachung und Therapie möglich sind. Dies ist für die Prognose des Kindes von entscheidender Bedeutung.

◀ Merke

1.1 Akutes Abdomen

Die Kardinalsymptome des akuten Abdomens zeigt Tab. **F-1.4**.
Man unterscheidet den von der Körperoberfläche ausgehenden somatischen Schmerz vom viszeralen, von den inneren Organen ausgehenden Schmerz. Beide haben einen spezifischen Schmerzcharakter und können zusammen auftreten. Die Analyse des Schmerzcharakters und des resultierenden Verhaltens der Patientin (Tab. **F-1.5**) kann zur Differenzialdiagnose der Grunderkrankung beitragen.
Die engen topografischen Beziehungen verschiedener Organsysteme im kleinen Becken ergeben bei akuten Schmerzen in diesem Bereich eine große Anzahl gynäkologischer, chirurgischer, internistischer, neurologischer, orthopädischer und urologischer Differenzialdiagnosen (Tab. **F-1.6**).
Eine schnelle, auf das Wesentliche beschränkte Diagnostik und rasches therapeutisches Handeln ist für die Prognose von großer Bedeutung.

1.1 Akutes Abdomen

Die Kardinalsymptome zeigt Tab. **F-1.4**.
Die Analyse des Schmerzcharakters und des resultierenden Verhaltens der Patientin (Tab. **F-1.5**) kann zur Differenzialdiagnose der Grunderkrankung beitragen.

Bei akuten Schmerzen im kleinen Becken gibt es eine große Anzahl von Differenzialdiagnosen (Tab. **F-1.6**).

Eine rationelle Diagnostik und rasches therapeutisches Handeln sind für die Prognose von großer Bedeutung.

F-1.4 Kardinalsymptome des akuten Abdomens

- schmerzhaftes Abdomen
- Druckempfindlichkeit und Abwehrspannung
- Schock
- Erbrechen
- evtl. Dehydratation

F-1.4

F-1.5 Differenzialdiagnose des Schmerzes

	viszeraler Schmerz	*somatischer Schmerz*
Schmerzleitung	sympathische Fasern via unpaare Abdominalganglien (Ggl. coeliacum, Ggl. mesentericum superior et inferior) zum ZNS	Interkostalnerven und N. phrenicus zum ZNS
Schmerzcharakter	dumpf, quälend, brennend, bohrend, schlecht lokalisierbar, Intensität oft wellenförmig zu- und abnehmend	schneidend scharf oder brennend, gut lokalisierbar, gleich bleibende Intensität
Verhalten des Patienten	versucht, durch Stellungswechsel Erleichterung zu bekommen	nimmt Schonhaltung ein

F-1.5

F-1.6

F-1.6 Die wichtigsten Differenzialdiagnosen bei akuten Schmerzen im Bereich des Abdomens

inneres Genitale	– Extrauteringravidität – akute Adnexitis – stielgedrehte Ovarialzyste – stielgedrehtes subseröses Myom
Darm	– Appendizitis – akute Gastroenteritis – M. Crohn – Divertikulitis – Kolitis – Peritonitis – Mesenterialvenenverschluss – Volvulus – mechanischer Ileus – perforierendes oder stenosierendes Karzinom – Meckel-Divertikel
Retroperitoneum	– Urolithiasis – akute Harnverhaltung – Harnwegsinfekt – dissezierendes Aneurysma – akute Pankreatitis
extraabdominal	– Wirbelfraktur – Bandscheibenprolaps – Rückenmarktumor – Osteomyelitis – basale Pleuritis – basale Lungenembolie – Porphyrie – Bauchdeckenhämatom
nicht organisch bedingt	– somatoforme Störungen

1.1.1 Gynäkologisch-geburtshilfliche Ursachen

Der Altersgipfel der Patientinnen liegt meist vor dem 40. Lebensjahr.

Die gynäkologischen bzw. geburtshilflichen Ursachen zeigt Tab. **F-1.7**.

1.1.1 Gynäkologisch-geburtshilfliche Ursachen

In großen Frauenkliniken werden etwa 2,5 % der Patientinnen wegen eines akuten Abdomens eingeliefert. Der Altersgipfel liegt meist vor dem 40., selten nach dem 50. Lebensjahr.
In Tab. **F-1.7** sind die gynäkologischen bzw. geburtshilflichen Ursachen des akuten Abdomens dargestellt.

▶ Merke

▶ **Merke.** Die häufigsten gynäkologisch-geburtshilflichen Ursachen eines akuten Abdomens sind die Extrauteringravidität, die akute Adnexitis, die Stieldrehung einer Ovarialzyste, postoperative Komplikationen und Blutungen aus Tumoren.

▶ Merke

▶ **Merke.** Bei der gynäkologischen Abklärung des akuten Abdomens müssen folgende Fragen beantwortet werden:

1. Wo hat die Patientin Schmerzen; wann, wo und wie hat der Schmerz begonnen?
2. Ist die Patientin schwanger?
3. Besteht eine innere Blutung?
4. Handelt es sich um einen entzündlichen Prozess?
5. Bestehen andere Ursachen für die Symptomatik ohne Blutungs- und Entzündungszeichen?

F-1.7 Gynäkologische und geburtshilfliche Ursachen des akuten Abdomens

F-1.7

Ovar	***Tube***	***Uterus***	***Douglas-Raum***	***Vagina***
aszendierende Infektion mit Abszedierung	aszendierende Infektion mit Abszedierung	aszendierende Infektion mit Endomyometritis	Abszess	
Perforation	Perforation	Perforation		Perforation mit Verletzung der Nachbarorgane
Zysten: Ruptur, Stieldrehung, Blutung		Myomerweichung, -stieldrehung, -infektion		
Überstimulation		Korpuskarzinom		
Mittelschmerz (Ovulation)	retrograde Menstruation	Dysmenorrhö		Molimina menstrualia
	Extrauterin-gravidität	Abort		

Schmerzanalyse:

1. **Schmerzanamnese:** Während sich erfahrungsgemäß die Erstmanifestation des Schmerzes, sein zeitlicher Zusammenhang mit anderen Ereignissen und sein Verlauf exakt erfragen lassen, sind Informationen über Schmerzintensität und -qualität subjektiv gefärbt und daher differenzialdiagnostisch nur bedingt verwertbar. Auch die Angaben über die Schmerzlokalisation lassen nicht immer eine eindeutige differenzialdiagnostische Schlussfolgerung zu: Besonders Schmerzen im kleinen Becken werden häufig als dumpf und schlecht lokalisierbar empfunden. Darüber hinaus kommen indirekte Schmerzlokalisationen vor, z. B. Schulterschmerzen bei der Tubargravidität.
2. Das **Verhalten der Patientin** lässt Rückschlüsse auf den Ursprung des Schmerzes zu (s. Tab. **F-1.5**).
3. Die **Objektivierung der Schmerzlokalisation** durch äußere und rektovaginale Untersuchung ist von großer Bedeutung, da der Maximalpunkt der Schmerzen häufig – wenn auch nicht immer – ihrem Entstehungsort entspricht. Die Untersuchung sollte immer in den schmerzfreien Regionen beginnen und sich an das Punctum maximum herantasten. Gelegentlich nicht vermeidbare schmerzprovozierende Untersuchungstechniken sollten erst am Ende des Untersuchungsganges stehen.

Schmerzanalyse:

1. Bei der **Schmerzanamnese** ist es wichtig, nach Erstmanifestation des Schmerzes, dem Zusammenhang mit anderen Ereignissen und dem Verlauf zu fragen. Schmerzintensität und -qualität geben weitere Hinweise. Die Lokalisation ist aufgrund des meist dumpfen Charakters oft schwierig. Darüber hinaus kommen indirekte Schmerzlokalisationen vor.
2. Das **Verhalten der Patientin** lässt Rückschlüsse auf den Ursprung des Schmerzes zu (s. Tab. **F-1.5**).
3. Die **Objektivierung der Schmerzlokalisation** gelingt durch rektovaginale Untersuchung.

Schwangerschaft: Bei allen unklaren akuten Unterbauchschmerzen bei Frauen im gebärfähigen Alter muss man sich die Frage stellen, ob eine Schwangerschaft vorliegen könnte, die der Patientin bislang nicht bekannt ist oder von ihr geleugnet wird. Besonders wenn zusätzlich eine unklare Regelanamnese oder eine azyklische Blutung besteht, ist der Nachweis bzw. der Ausschluss einer Schwangerschaft vordringlich.

Außerhalb der Schwangerschaft ist die Symptomatik des akuten Abdomens (s. Tab. **F-1.4**) zumeist so charakteristisch, dass sie nur unter außergewöhnlichen Umständen verkannt wird. In der Schwangerschaft dagegen ist die Symptomatik auf Grund der veränderten Anatomie der Schwangeren insbesondere in der zweiten Schwangerschaftshälfte zuweilen erheblich verändert. Dies trifft vor allen Dingen für die nicht-gynäkologisch/geburtshilflichen Ursachen des akuten Abdomens, z. B. die akute Appendizitis, zu, die während der Schwangerschaft und im Wochenbett nicht häufiger als sonst auftreten. Der **Symptomenwandel** kann die Diagnose der Erkrankung erschweren, so dass die Therapie verzögert wird, was für die Prognose ungünstig ist.

Schwangerschaft: Bei allen unklaren Unterbauchschmerzen bei Frauen im gebärfähigen Alter ist eine Schwangerschaft in Betracht zu ziehen, insbesondere bei Zyklusunregelmäßigkeiten oder azyklischen Blutungen.

Die Symptome des akuten Abdomens sind außerhalb der Schwangerschaft meist eindeutig (s. Tab. **F-1.4**). Vor allem in der zweiten Hälfte der Schwangerschaft kommt es oft zu **Symptomenwandel**, vor allem bei nicht gynäkologischen/geburtshilflichen Ursachen des akuten Abdomens. Er erschwert die Diagnose, verzögert die Therapie und verschlechtert so die Prognose.

Innere Blutung: Schockzeichen; Objektivierung durch Sonographie oder Laparoskopie.

Entzündung: Fieber, Leukozytose, CRP erhöht, Linksverschiebung.

Innere Blutung: Hierauf deuten Blässe, Blutdruckabfall, Tachykardie und Abwehrspannung hin. Klarheit schaffen Sonographie, Laparoskopie oder Douglaspunktion.
Entzündung: Entzündungszeichen sind Fieber, Leukozytose, Erhöhung von CRP und BKS sowie Linksverschiebung im Differenzialblutbild.

Extrauteringravidität

s. auch S. 480 ff.

Extrauteringravidität

s. auch S. 480 ff.

▶ Definition

▶ **Definition.** Unter einer Extrauteringravidität (EU) versteht man die Implantation einer befruchteten Eizelle außerhalb des Cavum uteri.

Zu 99 % handelt es sich um eine Tubargravidität. Bei ampullärem Sitz kommt es meist zum Tubarabort, für den ein akutes Abdomen untypisch ist, bei isthmischem oder intramuralem Sitz dagegen häufig zur Tubarruptur und infolgedessen zu einer intraabdominalen Blutung und akutem Abdomen.

Zu 99 % handelt es sich um eine Tubargravidität. Bei der ampullären Tubargravidität kommt es meist zum Tubarabort, d. h. die befruchtete Eizelle wird in die Bauchhöhle ausgestoßen. Die Patientin berichtet über zunehmende, krampfartige, einseitige Unterbauchschmerzen, ein akutes Abdomen entwickelt sich jedoch selten. Bei der isthmischen oder der intramuralen Tubargravidität dagegen kommt es häufig zur Tubarruptur aufgrund lokaler Ischämie und Nekrose nach Implantation der befruchteten Eizelle. Folgen der Tubarruptur sind eine intraabdominale Blutung und ein akutes Abdomen.

▶ Merke

▶ **Merke.** Bei jeder Frau im gebärfähigen Alter mit Abdominalschmerzen muss differenzialdiagnostisch auch eine Extrauteringravidität in Betracht gezogen werden.

Anamnese. Hinweise auf EU sind sekundäre Amenorrhö, unsichere Schwangerschaftszeichen und Schmierblutungen. Bei Tubarruptur tritt ein akuter, seitenbetonter Zerreißungsschmerz auf.

Prädisponierende Erkrankungen wie Adnexitis, frühere EU, Endometriose, Sterilitätsbehandlung erfragen!

Anamnese. Es besteht eine sekundäre Amenorrhö von 5–9 Wochen. Auf Nachfrage gibt die Patientin evtl. die unsicheren Schwangerschaftszeichen und kurzfristige Schmierblutungen an. Bei Tubarruptur berichtet sie von einem plötzlichen, seitenbetonten Zerreißungsschmerz. Zusätzlich können Schulterschmerzen und Singultus bestehen, bedingt durch Reizung des N. phrenicus durch die intraabdominale Blutung.
Auf Nachfrage lassen sich wichtige Hinweise auf das Vorliegen einer EU eruieren, z. B. rezidivierende Adnexitiden, frühere, konservativ behandelte EU, Intrauterinpessar, Endometriose und Sterilitätsbehandlung.

▶ Merke

▶ **Merke.** Eine Sterilitätsbehandlung schließt eine EU keinesfalls aus.

Klinik und Diagnostik. Schockzeichen, Übelkeit, Erbrechen, ein einseitiger Druckschmerz neben dem Uterus und Abwehrspannung. Evtl. leichte vaginale Blutung. Bei der rektovaginalen Untersuchung: Portioschiebeschmerz, weiche Resistenz in der Adnexgegend und vorgewölbter Douglas-Raum.

Die Körpertemperatur ist normal bis gering erhöht. Die Diagnose wird durch Sonographie und β-HCG-Nachweis i. S. gesichert.

Klinik und Diagnostik. Liegt das Bild eines akuten Abdomens vor **(Tubarruptur, Tubarabort Std. III)**, ist die Patientin blass, äußerst ängstlich und unruhig und klagt über Übelkeit und Erbrechen. Evtl. bestehen Zeichen des hämorrhagischen Schocks, z. B. kalter Schweiß, Tachykardie, Hypotonie. Bei der Tubarruptur findet sich ein einseitiger Druckschmerz neben dem Uterus mit gelegentlich lokalisierter, häufig generalisierter Abwehrspannung bei fehlender Darmperistaltik. Zusätzlich kann eine leichte vaginale Blutung bestehen. Bei der rektovaginalen Untersuchung finden sich ein Portioschiebeschmerz, eine weiche Resistenz in der Adnexgegend (eine peritubare Hämatozele) und ein vorgewölbter Douglas-Raum.
Die Körpertemperatur ist normal bis gering erhöht.
Die Diagnose „Tubarruptur bei EU" wird durch Sonographie (leeres Uteruskavum, freie Flüssigkeit im Abdomen) und β-HCG-Nachweis im Serum gesichert.

Differenzialdiagnose. Appendizitis, akute Adnexitis, stielgedrehter Ovarialtumor, Kolik bei Urolithiasis.

Differenzialdiagnose. Die Differenzialdiagnose beinhaltet **aborte**, intakte, noch nicht in utero nachweisbare **Frühgraviditäten**, die **Appendizitis**, die **akute Adnexitis** (s. S. 194 ff, 717 f), den **stielgedrehten Ovarialtumor** (s. S. 283 f, 719 f) sowie urologische Koliken (s. S. 725 f).

Therapie. Die Therapie **am Notfallort** besteht in Schockbekämpfung (Lagerung und Volumensubstitution). Die Einweisung in eine operative Klinik zur Sicherung der Diagnose und zur operativen Revision sollte schnellstmöglich erfolgen.

Therapie. Am Notfallort Schockbekämpfung. Schnellstmögliche Klinikeinweisung zur Diagnosesicherung und operativen Revision!

Akute Adnexitis

Epidemiologie. Die akute Adnexitis tritt vor allem bei jungen, sexuell aktiven Frauen mit einem Altersgipfel bei 20 Jahren auf. Bei einer Virgo intacta, aber auch bei Frauen in der späten Postmenopause sind Adnexitiden äußerst selten. Zu Pathogenese, Verlaufsformen, Diagnostik und Therapie s. S. 194 ff.

Epidemiologie. Vor allem junge, sexuell aktive Frauen sind von einer akuten Adnexitis betroffen.

Anamnese und Klinik. Hinweise auf eine Adnexitis sind die in Tab. **F-1.8** dargestellten prädisponierenden Faktoren.
Bei der Pelveoperitonitis, einer auf das kleine Becken beschränkten Peritonitis infolge einer Adnexitis, berichtet die Patientin oft über eine länger bestehende, nicht oder unzureichend behandelte Adnexitis.
Charakteristisch für die akute Adnexitis sind meist beidseitige, seltener seitenbetonte ziehende suprasymphysäre Schmerzen, die allmählich zunehmen und dann konstant bleiben. Häufig bestehen vermehrter Fluor vaginalis, Dysurie sowie Pollakisurie.
Temperaturerhöhung bzw. Fieber sind nicht obligat: Fieber findet sich bei 40 % der Patientinnen. Meteorismus und Obstipation können auftreten.
Hohes Fieber, schmerzhafte Miktion und Defäkation sowie ein allgemeines Krankheitsgefühl sind charakteristische Symptome der Pelveoperitonitis. Bei der generalisierten Peritonitis ist das gesamte Abdomen schmerzhaft, es kommt zu Erbrechen und Tachykardie.

Anamnese und Klinik. Faktoren, die auf eine Adnexitis hinweisen, zeigt Tab. **F-1.8**.

Bei der Pelveoperitonitis besteht oft seit längerem eine Adnexitis.

Typisch für die akute Adnexitis sind ziehende, allmählich zunehmende suprasymphysäre Schmerzen.

Evtl. finden sich Temperaturerhöhung bzw. Fieber.

Hohes Fieber, schmerzhafte Miktion und Defäkation sind Zeichen einer Pelveoperitonitis, zusätzlich Tachykardie und Erbrechen Zeichen einer Peritonitis.

Diagnostik. Die Befunde der klinischen Untersuchung sind in Tab. **F-1.9** zusammengefasst.

Diagnostik. Die Befunde der klinischen Untersuchung zeigt Tab. **F-1.9**.

Differenzialdiagnose. Ausgeschlossen werden müssen in erster Linie die Appendizitis und die Extrauteringravidität (s. Tab. **F-1.10**) und die Stieldrehung eines Ovarialtumors bzw. ein nekrotisches subseröses Myom (s. S. 255 ff).
Die Abgrenzung von der akuten **Appendizitis** ist manchmal sehr schwierig, aber wegen der therapeutischen Konsequenzen – Appendizitis: operative Behandlung, Adnexitis: konservative Behandlung – sehr wichtig.

Differenzialdiagnose. Ausgeschlossen werden müssen:

- Appendizitis

F-1.8 Zur Adnexitis prädisponierende Faktoren

- kurz zurückliegende Menstruationsblutung
- Zustand nach Abort, Interruptio, Partus
- Zustand nach operativen oder diagnostischen Eingriffen an Uterus bzw. Adnexe (z. B. Konisation, Abrasio, Chromopertubation, Hysterosalpingographie)
- Intrauterinpessar
- vaginale Infektion
- Zustand nach abgelaufener Adnexitis

F-1.8

F-1.9 Befunde der klinischen Untersuchung bei akuter Adnexitis und Pelveoperitonitis

	Pelveoperitonitis	*akute Adnexitis*
Palpation des Abdomens	– passive Abwehrspannung	– große Druckschmerzhaftigkeit, evtl. Abwehrspannung
gynäkologische Untersuchung	– meist unmöglich	– Adnexbereiche stark druckdolent – Portioschiebeschmerz – hinteres Scheidengewölbe stark druckdolent

F-1.9

F-1.10 Differenzialdiagnose der akuten Adnexitis

	Adnexitis	*Appendizitis*	*Tubarabort*	*Tubarruptur*
Beginn der Beschwerden	nach Menstruation, Abort, Entbindung	uncharakteristisch	uncharakteristisch	akuter Zerreißungsschmerz
Zyklusstörungen	Meno-, Metrorrhagien möglich	keine	sekundäre Amenorrhö	sekundäre Amenorrhö
Schwangerschaftstest	meist negativ	meist negativ	meist positiv	meist positiv
Schmerzcharakter	ziehend	ziehend	krampfartig	schneidend
Schmerzlokalisation	gesamtes kleines Becken	oberhalb des kleinen Beckens	einseitig im kleinen Becken	einseitig oder diffus im kleinen Becken
Punctum maximum	tief im kleinen Becken	McBurney	tief im kleinen Becken	tief im kleinen Becken
Schmerzausstrahlung	Oberschenkel und Knieregion	Leistenbeuge, in rechten Unterbauch	keine	keine
vaginale Untersuchung	Fluor cervicalis, Portioschiebeschmerz, druckdolentes hinteres Scheidengewölbe, druckdolente Adnexe	kein Fluor, Psoasschmerz, Obturatorschmerz	Schmierblutung, Portioschiebeschmerz	Schmierblutung, retrouteriner Tumor (Hämatozele, vorgewölbter Douglas-Raum
rektale Untersuchung	P. m. des Schmerzes in Höhe des unteren Drittels des Rektums	P. m. des Schmerzes in Höhe des oberen Drittels des Rektums		
Temperatur	oft febril	subfebril bis febril	subfebril möglich	normal bis gering erhöht
Leukozytenzahl	evtl. stark erhöht	anfangs mäßig erhöht bis erhöht	geringe Erhöhung möglich	normal

- Extrauteringravidität: Bei Vergrößerung des Tumors in kurzer Zeit und fehlenden Entzündungszeichen ist eine EU wahrscheinlicher als eine akute Adnexitis

Die Differenzialdiagnose gegenüber einer **Extrauteringravidität** bereitet gelegentlich Schwierigkeiten. Auch bei der Adnexitis kann es zu kurzfristigen Amenorrhöen mit nachfolgenden Dauerblutungen kommen, bei der Extrauteringravidität bisweilen zur Temperaturerhöhung. Die peritubare Hämatozele als Folge der Tubarruptur lässt sich oft von einem entzündlichen Adnextumor nicht deutlich unterscheiden.
Wenn ein intrauteriner Abort mit einer aszendierenden Infektion der Adnexe verbunden ist, kann sogar Symptomengleichheit bestehen. Vergrößert sich der Tumor kontinuierlich in kurzer Zeit, ohne dass akute Entzündungszeichen vorliegen, ist die Diagnose der Tubargravidität sehr wahrscheinlich.

- Stieldrehung eines Ovarialtumors
- nekrotisches Myom

Große Schwierigkeiten bereitet oft die Unterscheidung von einem **stielgedrehten** und durch die peritonealen Reizerscheinungen mit dem Uterus innig verbundenen **Ovarialtumor**, der sekundär infiziert sein kann. Auch erweichte, verjauchte und **nekrotische Myome** (s. S. 255 f) können eine akute Adnexitis vortäuschen.

- Ovarialkarzinom: Bei über 40-Jährigen muss bei V. a. eine chronische Adnexitis ein Ovarialkarzinom unbedingt ausgeschlossen werden.

Die Differenzialdiagnose zu einem **Ovarialkarzinom** kann ebenfalls sehr schwierig sein. Junge Frauen haben selten ein Ovarialkarzinom. Findet man dagegen bei einer über 40-jährigen Frau einen Befund, der einer chronischen Adnexitis entsprechen könnte, muss ein Ovarialkarzinom ggf. durch Pelviskopie oder Laparotomie ausgeschlossen werden.

- Adnextuberkulose
- Adnexendometriose
- Ovar-, Follikelblutung.

Zusätzlich müssen die **Adnextuberkulose** (s. S. 201 f), die **Adnexendometriose** (s. S. 306 ff) und eine **Ovar- oder Follikelblutung** in Betracht gezogen werden.

Therapie. Am **Notfallort** Legen eines venösen Zugangs und Analgosedierung.

In der Klinik wird die Diagnose gesichert: Die Indikation zur Pelviskopie sollte großzügig gestellt werden.

Zur Therapie s. S. 196 f.

Therapie. Am Notfallort beschränkt sie sich auf das Legen eines peripheren Zugangs und, je nach Intensität der Schmerzen, auf die Analgosedierung.
In der Klinik wird zunächst die Diagnose gesichert. Die Indikation zur Pelviskopie mit Entnahme mikrobiologischer Abstriche, auch zum Nachweis von Chlamydien, sollte großzügig gestellt werden.
Zur Therapie s. S. 196 f.

▶ Klinischer Fall. Eine 42-jährige Patientin kommt mit seit 2 Stunden bestehenden akuten Abdominalschmerzen, Übelkeit und Erbrechen am 1. Tag der Menses in die Notaufnahme. Die Patientin gibt regelmäßige Menstruation ohne Blutungsunregelmäßigkeiten, jedoch Dysmenorrhö in den letzten 3 Monaten an. Sie war nie bei der Krebsvorsorgeuntersuchung gewesen.
Bei der Aufnahmeuntersuchung palpiert man ein vorgewölbtes, gespanntes und druckdolentes Abdomen, ein gynäkologischer Befund kann wegen der Schmerzen nicht erhoben werden. Bei der Ultraschalluntersuchung stellt sich ein bis zum Nabel reichender, mehrknolliger, zum Teil zystischer Tumor (Uterus?) dar. Die Laborparameter liegen im Normbereich.
Wegen der Akutsymptomatik fällt die Entscheidung zur Laparotomie bei unklarem Unterbauchtumor. Intraoperativ zeigt sich ein nekrotisches, subseröses Myom mit einem Gewicht von 900 g. Bei abgeschlossener Familienplanung wird eine Hysterektomie ohne Komplikationen durchgeführt.

◀ Klinischer Fall

▶ Klinischer Fall. Eine 32-jährige Patientin wird mit den Zeichen eines akuten Abdomens und V. a. Appendizitis in eine chirurgische Klinik aufgenommen. Die gynäkologische Anamnese ist unauffällig, es liegt ein IUP. Zum Ausschluss einer Adnexitis bei liegendem IUP wird eine gynäkologische Untersuchung konsiliarisch gewünscht. Es stellt sich eine Patientin vor, die einen schwer kranken Eindruck macht. Das Abdomen ist bretthart gespannt und druckschmerzhaft. Bei der gynäkologischen Untersuchung kann lediglich ein stark schmerzhafter Douglas-Raum palpiert werden, eine weitere Untersuchung ist ebenso wenig möglich wie eine Sonographie. Es besteht eine Leukozytose mit 22000 Leukozyten/μl.
Bei akutem Abdomen erfolgt notfallmäßig die pelviskopische Abklärung, nachdem zuvor das IUP entfernt wurde. Bei der Pelviskopie fällt als erstes Pus im kleinen Becken auf. Das kleine Becken selbst ist durch das Omentum majus abgedeckt. Nach Adhäsiolyse und Mobilisierung des Netzes eröffnet sich ein Douglas-Abszess bei akuter Salpingitis beidseits. Es gelingt, pelviskopisch den Abszess auszuräumen, die Abszessmembran sowie nekrotische Anteile des Omentum majus abzutragen und den Bauchraum ausgiebig zu spülen. Unter hochdosierter Therapie mit Breitspektrumantibiotika ist der weitere Verlauf unauffällig, die Patientin ist beschwerdefrei, die Entzündungsparameter sind rückläufig, so dass die Entlassung am 7. postoperativen Tag erfolgt.

◀ Klinischer Fall

Stieldrehung eines Organs oder Tumors

Die Stieldrehung (Torsion) der Adnexe ist eine seltene Ursache akuter Unterbauchschmerzen. Sie betrifft in etwa zwei Drittel der Fälle Frauen im geschlechtsreifen Alter. Die Stieldrehung ist eine typische Komplikation bei zystischen und soliden Ovarialtumoren, vor allem bei Dermoidzysten.

Stieldrehung eines Organs oder Tumors

Die Stieldrehung der Adnexe ist eine seltene Ursache akuter Unterbauchschmerzen, aber eine typische Komplikation bei zystischen und soliden Ovarialtumoren, vor allem Dermoidzysten.

Stieldrehung von Ovarialtumoren

▶ Definition. Unter einer Stieldrehung (Torsion) eines Ovarialtumors versteht man die Drehung dieses Tumors, der nur durch einen Stiel Verbindung zum Körper der Patientin hat, um seine eigene Achse. Die Stieldrehung eines Ovarialtumors tritt mit einer Häufigkeit von ca. 10 % auf und verläuft in 30–40 % der Fälle unter dem Bild eines akuten Abdomens.

◀ Definition

Anamnese. Sie gibt kaum Anhaltspunkte, sofern nicht aus einer vorangegangenen gynäkologischen Untersuchung ein Adnextumor bekannt ist. Oft werden abrupte Körperbewegungen, z. B. Rock'n Roll oder Lageveränderungen im Bett, als Auslöser angegeben.

Anamnese. Sie liefert kaum Anhaltspunkte. Als Auslöser fungieren oft abrupte Körperbewegungen.

Klinik. Bei einer gering ausgeprägten Torsion ist der Schmerzbeginn eher schleichend, meist treten jedoch schlagartig stärkste Schmerzen im Unterbauch auf, begleitet von Schock, Übelkeit und Erbrechen, d. h. Zeichen der peritonealen Reizung.

Klinik. Starke, schlagartig einsetzenden Schmerzen mit Schock, Übelkeit und Erbrechen.

Diagnostik. Bei einem stielgedrehten Ovarialtumor lässt sich, sofern noch keine diffuse peritoneale Abwehrspannung besteht, bei schlanken Patientinnen gelegentlich von außen auf einer Seite ein dolenter Tumor im kleinen Becken tasten. Auch bei bestehender Abwehrspannung tastet man in fast allen Fällen den Tumor von rektal oder rektovaginal.

Diagnostik. Evtl. ist von außen auf einer Seite ein druckdolenter Tumor im kleinen Becken zu tasten. Auch bei Abwehrspannung tastet man in fast allen Fällen den Tumor von rektal oder rektovaginal.

Differenzialdiagnose. Eine **Extrauteringravidität** muss in Betracht gezogen werden. Ein negativer Schwangerschaftstest und ein fehlender Nachweis freier Flüssigkeit im Abdomen helfen bei der Abgrenzung.

Differenzialdiagnose. Die Abgrenzung von der **Extrauteringravidität** kann Schwierigkeiten bereiten. Der Schwangerschaftstest ist meist negativ. Bei der Ultraschalluntersuchung ist keine freie Flüssigkeit im Abdomen nachweisbar.

Therapie. Am Notfallort Schockbekämpfung und Analgesie.

In der Klinik ist die operative Revision die Therapie der Wahl.

Therapie. Am Notfallort stehen die Schockbekämpfung und die Analgesie im Vordergrund.
Nach Sicherung der Diagnose **in der Klinik** – meist durch Pelviskopie – erfolgt die operative Revision.

Ruptur von Ovarialtumoren

Die Ruptur ist eine typische Komplikation zystischer und solider Ovarialtumoren. Lebensbedrohliche intraabdominale Blutungen sind möglich.

Die Ruptur ist eine typische Komplikation zystischer und solider Ovarialtumoren. Durch die Zerreißung größerer Gefäße können lebensbedrohliche intraabdominale Blutungen mit schweren peritonealen Reizerscheinungen eintreten.

Anamnese. Sie gibt meist keine Hinweise.

Anamnese. Sie liefert kaum Hinweise, evtl. berichtet die Patientin vom Bestehen einer Eierstockzyste.

Klinik. Typisch ist ein kurzzeitiger, einseitiger, langsam abklingender Unterbauchschmerz.

Klinik. Charakteristisches Symptom ist der kurzzeitige, einseitige Unterbauchschmerz, der langsam wieder an Intensität verliert. Schocksymptome treten nur auf, wenn es zu einer stärkeren Blutung kommt.

Diagnostik. Meist kein typischer Palpationsbefund. Sonographisch evtl. freie Flüssigkeit im Abdomen.

Die Laborwerte sind unauffällig, der Schwangerschaftstest negativ.

Diagnostik. Sowohl die klinische als auch die gynäkologische Untersuchung erbringen keinen pathologischen Befund. Sonographisch lässt sich bisweilen freie Flüssigkeit im Abdomen nachweisen.
Die Laborparameter liegen zumeist im Normbereich, der Schwangerschaftstest ist negativ.

Differenzialdiagnose. Bei einer stärkeren Blutung Verwechslungsgefahr mit der rupturierten Tubargravidität.

Differenzialdiagnose. Kommt es zu einer stärkeren Blutung, kann die Ruptur eines Ovarialtumors mit der **rupturierten Tubargravidität** verwechselt werden.

Therapie. Am Notfallort wird der evtl. vorhandene Schock behandelt.

In der Klinik wartet man zunächst, unter strenger Beobachtung, ab. Bei progredienter Symptomatik ist eine operative Revision indiziert.

Therapie. Auch hier beschränkt sich die unmittelbare Therapie **am Notfallort** auf die Bekämpfung eines evtl. vorhandenen Schocks.
In der Klinik wartet man zunächst unter strenger Beobachtung ab. Bei progredienter peritonealer Reizung, Schocksymptomen oder Zunahme der freien Flüssigkeit im Abdomen im Ultraschall muss unter der Verdachtsdiagnose einer Rupturblutung eine operative Revision erfolgen.

Überstimulation der Ovarien

Eine peritoneale Reizung kann Folge einer hormonellen Sterilitätsbehandlung (Ovulationsinduktion) sein.

Eine seltene, aber charakteristische Begleiterscheinung einer hormonellen Sterilitätsbehandlung durch Ovulationsinduktion ist eine schmerzhafte peritoneale Reizung durch Ovarialzysten infolge einer Überstimulation der Ovarien.

Anamnese. Die Beschwerden beginnen nach einer Sterilitätsbehandlung.

Anamnese. Charakteristisch ist der Beginn der abdominalen Schmerzen nach der Ovulationsinduktion.

Klinik und Diagnostik. Je nach Ausprägung treten Übelkeit, Erbrechen, Diarrhö oder Atemnot auf. Der Untersuchungsbefund reicht von gespannten Bauchdecken bis zum stark aufgetriebenem Abdomen, Aszites und Hydrothorax. Die rektovaginale Untersuchung ergibt beidseitige Unterbauchtumoren, im Sonogramm Ovarialzysten.

Klinik und Diagnostik. Bei mäßiger Ausprägung des Überstimulationssyndroms klagt die Patientin über Übelkeit, Erbrechen und Diarrhö, die Bauchdecken sind gespannt. Bei schwerer Ausprägung hat die Patientin Atemnot, das Abdomen ist stark aufgetrieben, es finden sich Aszites und ein Hydrothorax. Bei fehlender Abwehrspannung und schlanken Bauchdecken können evtl. durch die Bauchdecken Unterbauchtumoren getastet werden. Die rektovaginale Untersuchung (cave: Ruptur!) ist eindeutig, sie ergibt beidseitige Ovarialtumoren. Im Sonogramm sind Ovarialzysten nachweisbar.

Therapie. Am Notfallort Analgosedierung, **in der Klinik** ist die Therapie vom Schweregrad des Überstimulationssyndroms abhängig (s. Tab. **D-3.4**, S. 437).

Therapie. Am Notfallort beschränkt sie sich auf die Analgosedierung.
In der Klinik erfolgt nach Ultraschalldiagnostik die weitere Therapie in Abhängigkeit von der Größe der Ovarialzysten (s. Tab. **D-3.4**, S. 437).

Sonstige gynäkologische Ursachen

Abort

Auch ein Abortgeschehen kann bei einsetzenden uterinen Kontraktionen ein akutes Abdomen vortäuschen.

Anamnese. Sie weist meist auf die bestehende Schwangerschaft hin. Unsichere Schwangerschaftszeichen (morgendliche Übelkeit, Brustspannen) sind oft bereits wieder verschwunden.

Klinik. Symptome sind eine Blutung, die erheblich sein kann (s. S. 484 ff), menstruationsähnliche Schmerzen und evtl. Abgang von Schwangerschaftsgewebe. Besteht Fieber, weist dies auf einen infizierten Abort hin.

Diagnostik. Der Uterus ist entsprechend dem Schwangerschaftsalter vergrößert, die Konsistenz derb, nicht aufgelockert. Bei der gynäkologischen Untersuchung kann die uterine Blutung nachgewiesen werden.
Sonographisch kann, sofern noch kein Schwangerschaftsgewebe abgegangen ist, die fehlangelegte und gestörte Fruchtanlage nachgewiesen werden.
Der Schwangerschaftstest ist positiv.

Therapie. Am Notfallort beruhigt man die Patientin. Evtl. sind Analgosedierung sowie die Prophylaxe eines hämorrhagischen Schocks indiziert.

Bei massiven Schmerzen ist **in der Klinik** die notfallmäßige Gebärmutterausschabung (Abrasio) indiziert.
Bezüglich der verschiedenen Verlaufsformen des Aborts sowie ihrer Therapie s. S. 484 ff.

Dysmenorrhö

▶ **Definition.** Unter Dysmenorrhö versteht man eine schmerzhafte Menstruationsblutung.

Klinik und Diagnostik. Vor Beginn der Menstruationsblutung treten krampfartige Unterbauchschmerzen, Übelkeit und Kreislaufstörungen auf. Ein organischer Befund lässt sich in der überwiegenden Zahl der Fälle nicht erheben. Oft besteht schon länger eine Dysmenorrhö.
Der Schwangerschaftstest ist negativ.
Die Diagnose ergibt sich meist aus der Regelanamnese (einsetzende Menstruationsblutung) sowie der Vorgeschichte (Dysmenorrhö).

Therapie. Man verabreicht Prostaglandinsynthesehemmer, z. B. Acetylsalicylsäure 500 mg, Ibuprofen 200 mg.

Molimina menstrualia

▶ **Definition.** Bei Molimina menstrualia handelt es sich um zyklisch auftretende Unterbauchschmerzen ohne Eintreten einer Menstruationsblutung bei jungen Mädchen.

Ätiologie und Pathogenese. Ursache ist eine Hymenalatresie, eine Vaginalaplasie bei funktionsfähigem Uterus (meist ist er bei Vaginalaplasie nur rudimentär angelegt, s. S. 21 ff) oder eine Atresie der Vagina. Die Hymenalatresie führt zu Hämatokolpos, evtl. auch Hämatometra und Hämatosalpinx, die Vaginalaplasie bzw. -atresie zu Hämatometra und evtl. Hämatosalpinx.

Klinik und Diagnostik. In der Pubertät treten bei primärer Amenorrhö in monatlichen Intervallen an Intensität zunehmende Unterleibsschmerzen auf, die sich

---

Sonstige gynäkologische Ursachen

Abort

Ein Abort kann ein akutes Abdomen vortäuschen.

Anamnese. Sie weist auf eine Schwangerschaft hin. Unsichere Schwangerschaftszeichen bestehen oft nicht mehr.

Klinik. Symptome sind Blutung, menstruationsähnliche Schmerzen, evtl. Gewebeabgang und Fieber. Fieber weist auf einen infizierten Abort hin.

Diagnostik. Der Nachweis eines vergrößerten Uterus von derber Konsistenz und einer uterinen Blutung führen zur Diagnose.

Ggf. sonographischer Nachweis der fehlangelegten Fruchtanlage.

Der Schwangerschaftstest ist positiv.

Therapie. Am Notfallort beruhigt man die Patientin, evtl. Analgosedierung, Schockprophylaxe.

Bei massiven Schmerzen ist **in der Klinik** die Abrasio indiziert.

Dysmenorrhö

◀ **Definition**

Klinik und Diagnose. Vor Beginn der Menstruationsblutung treten krampfartige Unterbauchschmerzen, Übelkeit und Kreislaufstörungen auf.
Die Diagnose ergibt sich aus der Regelanamnese, der Dysmenorrhö, dem meist fehlenden organischen Befund und einem negativen Schwangerschaftstest.

Therapie. Man verabreicht Prostaglandinsynthesehemmer.

Molimina menstrualia

◀ **Definition**

Ätiologie und Pathogenese. Als Folge einer Hymenalatresie bzw. einer Vaginalatresie oder -aplasie bei funktionsfähigem Uterus kommt es zu Hämatokolpos, Hämatometra und Hämatosalpinx.

Klinik und Diagnostik. Bei primärer Amenorrhö treten in monatlichen Intervallen zunehmende Unterleibsschmerzen auf, begleitet von Blähungen, Miktions- und Defäkationsstörungen.

Die Fehlbildung und ein Tumor aus retiniertem Blut begründen die Diagnose (s. Abb. **A-2.15**, S. 22).

bis zu Koliken steigern können. Sie sind von Blähungen, Miktions- und Stuhlentleerungsstörungen begleitet. In Einzelfällen können sie das Bild eines akuten Abdomens vortäuschen.
Bei der klinischen und sonographischen Untersuchung zeigt sich neben der Fehlbildung ein Tumor retinierten Blutes (s. Abb. **A-2.15**, S. 22).

Therapie. Hymenalatresie: Inzision, Vaginalatresie: Dehnung, Vaginalaplasie: künstliche Vagina.

Therapie. Bei Hymenalatresie wird der Hymen inzidiert, bei Vaginalatresie die Vagina gedehnt, bei Vaginalaplasie eine künstliche Vagina geschaffen.

Ovulationsschmerz

Klinik und Diagnostik. In Beckenmitte oder seitlich im Becken lokalisierte Schmerzen in Zyklusmitte (**Mittelschmerz**) kennzeichnen den Ovulationsschmerz. Der Untersuchungsbefund ist unauffällig, der Schwangerschaftstest negativ.

Klinik und Diagnostik. Vor allem junge und schlanke Frauen kommen bisweilen mit starken, in Beckenmitte oder seitlich im Becken lokalisierten Schmerzen in die Sprechstunde. Die Regelanamnese ergibt, dass die Schmerzen in Zyklusmitte auftreten. Sie werden daher auch als **Mittelschmerz** bezeichnet. Sie sollen durch die dem Follikelsprung vorausgehende Wandspannung des Eifollikels hervorgerufen werden.
Der Untersuchungsbefund ist unauffällig, der Schwangerschaftstest negativ.

Therapie. Patientin beruhigen und eine intraperitoneale Blutung ausschließen.

Therapie. Man beruhigt die Patientin und schließt ggf. sonographisch eine intraperitoneale Blutung aus.

Uterusperforation

Uterusperforation durch ein Intrauterinpessar

Die Uterusperforation ist eine seltene Komplikation bei oder nach IUP-Einlage.

Die Perforation des Uterus durch ein IUP ist eine relativ seltene Komplikation bei oder nach der Einlage eines IUP.

Klinik und Diagnostik. Druckschmerzhafter Bereich im Unterbauch, das IUP sitzt nicht korrekt. Die Sonographie, evtl. eine Röntgenübersichtsaufnahme sichern die Diagnose.

Klinik und Diagnostik. Bei der klinischen Untersuchung fällt neben einem druckschmerzhaften Bereich im Unterbauch auf, dass das IUP nicht korrekt sitzt.
Die Sonographie, evtl. die Röntgenübersichtsaufnahme des Abdomens bestätigen die Verdachtsdiagnose.

Differenzialdiagnose. Gravidität (Extrauteringravidität) und aszendierende Infektion.

Differenzialdiagnose. Eine gleichzeitig bestehende Gravidität (**Extrauteringravidität**) sowie eine **aszendierende Infektion** müssen ausgeschlossen werden.

Therapie. Am Notfallort Analgosedierung.
In der Klinik ist die operative Revision Therapie der Wahl.

Therapie. Am Notfallort beschränkt sie sich auf die Analgosedierung.
Nach Sicherung der Diagnose **in der Klinik** muss eine operative Revision erfolgen.

Uterusperforation bei instrumentellem Eingriff

Hierbei führen nur Blutungen oder Entzündungen zu einem akuten Abdomen. Die meisten Perforationen verlaufen symptomlos.

Bei Perforation mit der Uterussonde oder einem nicht zu dicken Hegarstift kann man unter Überwachung von Blutdruck, Hb und Entzündungsparametern abwarten.

Wird die Perforation beim Eingriff nicht bemerkt, tritt bei einer größeren Blutung meist innerhalb von 24 h ein akutes Abdomen auf. Tritt es erst nach 48–72 h auf, besteht der V. a. eine diffuse Peritonitis.

Eine Uterusperforation bei instrumentellen, intrauterinen Eingriffen, insbesondere bei einer Abrasio, selten bei der Einlage eines IUP, führt nur bei Blutung oder Entzündung zu einem akuten Abdomen. Die meisten instrumentellen Perforationen bleiben symptomlos.
Bei Perforation mit der Uterussonde oder einem nicht zu dicken Hegarstift kann man bei engmaschiger Überwachung der Patientin abwarten: Blutdruck, Körpertemperatur, Hämoglobinkonzentration, Leukozytenzahl und CRP-Konzentration im Serum sind in kurzen Abständen zu kontrollieren.
Wird die Perforation nicht beim intrauterinen Eingriff bemerkt, kommt es bei einer größeren intraabdominalen Blutung meist innerhalb von 24 Stunden zum klinischen Bild des akuten Abdomens. Tritt diese Symptomatik erst 48–72 Stunden nach dem intrauterinen Eingriff auf, muss an eine diffuse Peritonitis gedacht werden.

Anamnese. Beschwerden seit dem operativen Eingriff.

Anamnese. Die Beschwerden haben nach dem operativen Eingriff begonnen.

Klinik und Diagnostik. Symptome sind zunehmende Unterbauchschmerzen, bei

Klinik und Diagnostik. Es treten Schmerzen im Unterbauch auf, die allmählich an Intensität zunehmen. Bei einer größeren intraabdominalen Blutung sind

Schockzeichen vorhanden. Bei der Palpation findet sich eine Abwehrspannung. Ein typischer rektovaginaler Palpationsbefund kann meist nicht erhoben werden. Bei diffuser Peritonitis ist das gesamte Abdomen schmerzhaft und bretthart, es bestehen septische Temperaturen.
Laborchemisch lassen sich Entzündungszeichen (erhöhtes CRP, Leukozytose), evtl. die Zeichen der Blutung (Hämatokrit erhöht, Hb vermindert) nachweisen. Sonographisch lässt sich bei einer Blutung freie Flüssigkeit im Abdomen nachweisen.

größerer intraabdominaler Blutung Schockzeichen und Abwehrspannung.

Laborchemisch finden sich Zeichen der Entzündung.

Bei einer Blutung ist im Sonogramm freie Flüssigkeit im Abdomen nachweisbar.

Therapie. Am Notfallort, z. B. in einer gynäkologischen Praxis, besteht sie in Schockbekämpfung und Analgesie.
In der Klinik wird aufgrund des dramatischen klinischen Bildes primär die Laparotomie durchgeführt.

Therapie. Am Notfallort Schockbekämpfung und Analgesie.

In der Klinik wird unverzüglich eine Laparotomie durchgeführt.

1.1.2 Andere Ursachen

Tab. **F-1.11** zeigt extragenitale Ursachen des akuten Abdomens.

Die akute Appendizitis, die Ileitis terminalis Crohn, die Sigmadivertikulitis und Erkrankungen der ableitenden Harnwege, besonders Uretersteine, sind die wichtigsten extragenitalen Ursachen akuter abdominaler Schmerzen im Unterbauch.

1.1.2 Andere Ursachen

Tab. **F-1.11** zeigt extragenitale Ursachen des akuten Abdomens.

Die wichtigsten extragenitalen Ursachen von Unterbauchschmerzen sind akute Appendizitis, Morbus Crohn, Sigmadivertikulitis und Uretersteine.

F-1.11 Extragenitale Ursachen des akuten Abdomens

rechter Oberbauch	***Epigastrium/Mittelbauch***	***linker Oberbauch***
▪ Leberaffektionen (Entzündung, Stauung, HELP-Syndrom)	▪ Herzinfarkt ▪ Pneumonie* ▪ Coma diabeticum	▪ Milzinfarkt ▪ Nierenkolik
▪ akute Cholezystitis ▪ Cholelithiasis ▪ Nierenkolik	▪ Porphyrie*	
▪ akute Pankreatitis ▪ Pankreaskopfnekrose ▪ perforiertes Ulcus duodeni	▪ akute Pankreatitis ▪ Pankreaskopfnekrose ▪ perforiertes Magen-/Duodenalulkus	▪ akute Pankreatitis ▪ Pankreaskopfnekrose ▪ perforiertes Magenulkus
▪ akute Appendizitis	▪ akute, beginnende Appendizitis ▪ Hiatushernie ▪ Nabelbruch ▪ Ileus* ▪ Mesenterialinfarkt* ▪ Bauchtrauma* ▪ perforierende Verletzungen* ▪ Aneurysma dissecans	
rechter Unterbauch	***Regio suprasymphysica***	***linker Unterbauch***
▪ Appendizitis ▪ Meckel-Divertikel ▪ Ileitis terminalis Crohn	▪ Aneurysma dissecans	
▪ akute Zystopyelitis* ▪ Ureterstein* ▪ Ureterstau	▪ Harnverhaltung	▪ akute Zystopyelitis ▪ Ureterstein*
▪ akute Divertikulitis ▪ Perforation ▪ Beckenvenenthrombose ▪ Inkarzeration einer Leisten-/Schenkelhernie	▪ akute Divertikulitis ▪ Perforation	▪ akute Divertikulitis ▪ Perforation ▪ Beckenvenenthrombose ▪ Inkarzeration einer Leisten-/Schenkelhernie

* auch andere Lokalisation möglich

F-1.11

Akute Appendizitis

▶ Merke

▶ **Merke.** Bei allen akuten Schmerzzuständen im rechten Unterbauch, auch in der Schwangerschaft, sollte man vorrangig eine Appendizitis in Betracht ziehen, da diese deren weitaus häufigste Ursache ist.

Die Appendizitis tritt **in der Schwangerschaft** in ca. 1 : 1000 Fällen auf, am häufigsten im 2. Trimenon. Mit zunehmendem Schwangerschaftsalter werden die Krankheitsverläufe komplizierter, da die Dislokation der Appendix durch den wachsenden Uterus zum **Symptomenwandel** führt.

Die Häufigkeit der Appendizitis **in der Schwangerschaft** liegt bei ca. 1 : 1000. Sie kommt am häufigsten im 2. Trimenon vor. Mit fortschreitendem Schwangerschaftsalter werden zunehmend komplizierte Krankheitsverläufe beobachtet, da vor allem im 2. und 3. Trimenon die Dislokation der Appendix durch den größer werdenden Uterus zu einem **Symptomenwandel** führt, der die Diagnose erschwert. Perforation und Peritonitis treten gehäuft auf, die Letalität der Schwangeren verdoppelt sich. In mehr als 10 % der Fälle kommt es zum Abort oder Tod des Kindes.

Anamnese. Unabhängig von Menstruation oder intrauterinen Eingriffen treten periumbilikal ziehende, oft kolikartige Schmerzen auf, die innerhalb von Stunden in den rechten Unterbauch wandern, begleitet von Übelkeit und Erbrechen.

Anamnese. Unabhängig von der Menstruation oder einem kurz zuvor erfolgten intrauterinen Eingriff treten beim typischen Krankheitsverlauf periumbilikal ziehende, oft kolikartige Schmerzen auf, die innerhalb einiger Stunden in den rechten Unterbauch wandern. Sie sind begleitet von Erbrechen und Übelkeit, bisweilen auch von Diarrhö. Eine Appendektomie wurde noch nicht durchgeführt.

Klinik. Die Diagnose verzögert sich häufig, da die Symptome atypisch und undramatisch sind. Symptome der peritonealen Reizung sind Übelkeit, Erbrechen und diffuser Schmerz im rechten Abdomen, begleitet von Abwehrspannung und Loslass-Schmerz. Mit fortschreitendem Gestationsalter velagert sich die Appendix vom rechten Unter- in den rechten Mittel- bis Oberbauch (s. Abb. **F-1.1**).

Klinik. Die Diagnose einer Appendizitis verzögert sich häufig, da die Symptome oft atypisch und undramatisch verlaufen. Das klinische Bild wird durch die peritoneale Reizung bestimmt, die einhergeht mit: Übelkeit, Erbrechen und meist diffusen Schmerzen im rechten Abdomen, begleitet von Abwehrspannung und Loslass-Schmerz. Gelegentlich besteht ein Dauerschmerz im rechten Unterbauch, der sich beim Gehen verstärkt und bei Beugung des rechten Beines abnimmt. Die Temperatur kann erhöht oder normal sein. Die Symptome bei Schwangeren im 1. Trimenon sind identisch, wenn sie auch durch schwangerschaftsspezifische Reaktionen überlagert sein können. Mit fortschreitendem Gestationsalter verlagert sich die Appendix vom rechten Unter- in den rechten Mittel- bis Oberbauch (s. Abb. **F-1.1**).

Diagnostik. Die Schmerzen im rechten Unterbauch haben ihr Maximum am McBurney- und/oder Lanz-Punkt (s. Abb. **F-1.1**). Es finden sich das Blumberg- und das Rovsing-Zeichen (s. Abb. **F-1.1**) sowie ein Psoasschmerz.

Diagnostik. Die Schmerzen im rechten Unterbauch haben ihr Maximum am McBurney- und/oder Lanz-Punkt (s. Abb. **F-1.1**). Es findet sich ein kontralateraler Loslass-Schmerz (Blumberg-Zeichen, s. Abb. **F-1.1**): Nach Eindrücken des linken Unterbauchs tritt bei plötzlichem Loslassen eine Schmerzverstärkung im rechten Unterbauch ein. Bei Ausstreichen des Kolons in Richtung der Appendix

F-1.1

F-1.1 Druckpunkte bei akuter Appendizitis

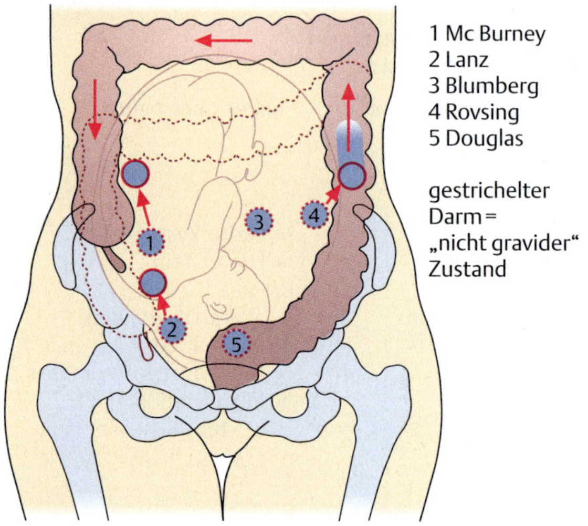

verstärken sich die Schmerzen ebenfalls (Rovsing-Zeichen, s. Abb. **F-1.1**). Bei Anheben des gestreckten rechten Beins gegen den Widerstand des Untersuchers treten auf Grund einer peritonealen Reizung paravertebral im rechten Unterbauch Schmerzen auf (Psoasschmerz).

Bei einer **Appendicitis in graviditate** geben manche Frauen trotz der veränderten Topografie auch im 2. und 3. Trimenon die Druck- und Loslass-Schmerzen an typischer Stelle im rechten Unterbauch an, denn die Appendix verbleibt bei kurzem oder adhärentem Zökum sowie nach vorausgegangenen lokalen Entzündungen an normaler Stelle. Gerät die Appendix in dorsolaterale Position, so dominieren bei diesen Patientinnen Flankenschmerzen und der Psoasschmerz, bei der rektalen Untersuchung der Schmerz im Douglas-Raum.

Die Körpertemperatur ist subfebril bis febril, klassischerweise besteht eine axillär-rektale Temperaturdifferenz von > 1 °C.

CRP kann erhöht sein und es kann eine Leukozytose bestehen.

Bei einer **Appendicitis in graviditate** werden bisweilen auch im 2. und 3. Trimenon die Druck- und Loslass-Schmerzen an typischer Stelle angegeben.
Bei dorsolateraler Position der Appendix dominieren Flankenschmerzen und der Psoasschmerz. Bei der rektalen Untersuchung ist der Douglas-Raum schmerzhaft.
Die Körpertemperatur ist subfebril bis febril.

Differenzialdiagnose. Zur Abgrenzung der Appendizitis von der **Extrauteringravidität** und der **Adnexitis** s. S. 717 ff. Auch ein **stielgedrehter Ovarialtumor und eine vorzeitige Plazentalösung** müssen in Betracht gezogen werden (s. S. 719, 730).

Die subakute Appendicitis in graviditate kann im Kardiotokogramm eine **vorzeitige Wehentätigkeit** vortäuschen, so dass aus diagnostischen Gründen eine kurzfristige Tokolyse unter engmaschiger Überwachung indiziert sein kann.

Differenzialdiagnose. Extrauteringravidität, akute Adnexitis, stielgedrehter Ovarialtumor und vorzeitige Plazentalösung.

Die subakute Appendicitis in graviditate kann vorzeitige Wehentätigkeit vortäuschen, aus diagnostischen Gründen ist daher ggf. eine kurzfristige Tokolyse indiziert.

Eine **Pyelonephritis gravidarum** muss durch eine Urinuntersuchung ausgeschlossen werden.

Eine Pyelonephritis gravidarum muss ausgeschlossen werden.

Therapie. Am Notfallort beschränkt sie sich auf Analgesie. Nach Sicherung der Diagnose **in der Klinik** ist die Appendektomie die Therapie der Wahl (s. auch S. 573).

Therapie. Die Appendektomie ist Therapie der Wahl (s. auch S. 573).

Urologische Erkrankungen

Bei Urolithiasis oder akuter Harnverhaltung strahlen die Schmerzen meist in das Genitale aus und können erhebliche differenzialdiagnostische Schwierigkeiten bereiten.

Urologische Erkrankungen

Bei Urolithiasis oder akuter Harnverhaltung strahlen die Schmerzen meist in das Genitale aus.

Urolithiasis

▶ **Merke.** Die Urolithiasis ist eine wichtige Differenzialdiagnose bei Unterbauchschmerzen.

◀ **Merke**

Anamnese. Häufig sind Nierensteine bekannt.

Klinik. Es bestehen einseitige, kolikartige Unterbauchschmerzen, die von Erbrechen begleitet sein können. Typischerweise besteht gleichzeitig eine Hämaturie. Bei einem prävesikalen Ureterstein werden zusätzlich Miktionsbeschwerden (Pollakisurie, Dysurie) angegeben.

Anamnese. Häufig sind Nierensteine bekannt.

Klinik. Typisch sind kolikartige, einseitige Unterbauchschmerzen mit Hämaturie. Bei prävesikalem Ureterstein evtl. Miktionsbeschwerden.

Diagnostik. Bei der **klinischen Untersuchung** ist das Abdomen weich, der rektovaginale Genitalbefund ist unauffällig. Die Körpertemperatur kann – bei sekundärer Harnwegsinfektion – erhöht sein.

Bei der **Urinuntersuchung** ist der Nachweis von Erythrozyten obligat.

Diagnostik. Die **klinische** und rektovaginale **Untersuchung** ist unauffällig, die Körpertemperatur evtl. erhöht.

Der Nachweis von Erythrozyten im **Urin** ist obligat.

Therapie. Am Notfallort verabreicht man 20 mg N Butylscopolaminiumbromid i. v. In der Regel wird die Patientin dadurch schmerzfrei. Das Ansprechen auf diese Therapie trägt zur Diagnosesicherung bei.

Die Therapie **in der Klinik** nach urologischer Diagnostik hängt von der Größe und Lokalisation des Konkrements ab.

Therapie. Am Notfallort Gabe von 20 mg N-Butylscopolaminiumbromid i. v.

Die Therapie **in der Klinik** hängt von der Größe und Lokalisation des Konkrements ab.

Akute Harnverhaltung

Die akute Harnverhaltung findet sich vor allem bei älteren Frauen nach gynäkologischen Eingriffen (z. B. Deszensusoperation).

Akute Harnverhaltung

Die akute Harnverhaltung findet sich vor allem bei älteren Frauen und kann grundsätzlich nach allen gynäkologischen Eingriffen auftreten. Gehäuft kommt sie nach Inkontinenz- und Deszensusoperation vor.

Anamnese. Die Patientin berichtet meist von Miktionsstörungen.

Anamnese. Oft berichtet die Patientin von Miktionsstörungen, evtl. auch von Lageveränderungen des weiblichen Genitales bzw. von vorausgegangenen gynäkologischen Operationen.

Klinik. Suprasymphysär treten akute Schmerzen auf.

Klinik. Suprasymphysär treten akute Schmerzen auf.

Diagnostik. Bei der rektovaginalen Untersuchung findet sich ein mittelständiger Unterbauchtumor. Sicherung der Diagnose durch Sonographie.

Diagnostik. Bei der klinischen Untersuchung ist palpatorisch und perkutorisch eine mittelständige Resistenz im Unterbauch nachzuweisen, bei der rektovaginalen Untersuchung imponiert ein großer Unterbauchtumor. Die Sonographie sichert die Diagnose.

Therapie. Katheterisierung.

Therapie. Die Beschwerden können umgehend durch eine einfache Katheterisierung beseitigt werden.

1.2 Blutungen

Blutungen in der Gynäkologie und Geburtshilfe können ein lebensbedrohliches Ausmaß annehmen. Zu den Blutungsursachen s. Tab. **F-1.12**.

1.2 Blutungen

Blutungen in der Gynäkologie und Geburtshilfe können massiv verlaufen und sehr schnell ein akut lebensbedrohliches Krankheitsbild darstellen.
Ursachen gynäkologisch-geburtshilflicher Blutungen sind in Tab. **F-1.12** dargestellt.

1.2.1 Blutungen ohne Vorliegen einer Schwangerschaft

1.2.1 Blutungen ohne Vorliegen einer Schwangerschaft

▶ **Definition**

▶ **Definition.** Als irreguläre genitale Blutung bezeichnet man eine vaginale Blutung, die sich in Dauer, Intervall oder Blutungsstärke von der normalen Menstruationsblutung unterscheidet oder die außerhalb des normalen Zyklus auftritt. Außerdem sind alle Blutungen nach der Menopause irregulär.

Blutungen aus gynäkologischer Ursache täuschen oft eine bedrohliche Situation vor.

Dysfunktionelle Blutungen führen selten zu kreislaufwirksamem Blutverlust.

Organische Blutungen können zu einem hämorrhagischen Schock führen.

Die Blutungsstärke wird an Hand der Anzahl der pro Tag verbrauchten Vorlagen geschätzt.

Blutungen aus gynäkologischer Ursache täuschen oft, vor allem für die Betroffene, eine bedrohliche Situation vor.
Dysfunktionelle, d. h. durch endogene Hormone ausgelöste, azyklische Blutungen ohne Menstruationscharakter, führen selten zu kreislaufwirksamem Blutverlust und hämorrhagischem Schock.
Organisch bedingte Blutungen, z. B. Hypermenorrhö bei submukösem Myom, Blutungen nach Trauma, Arrosionsblutungen durch Karzinome (z. B. Zervixkarzinom) sowie Blutungen unter Therapie mit Antikoagulanzien, können zu kreislaufwirksamem Blutverlust und hämorrhagischem Schock führen.
Bei der Beurteilung der Blutungsstärke orientiert man sich an der Mensesblutung: Der Blutverlust kann an Hand der Anzahl der notwendigen Vorlagen grob geschätzt werden. Bei einer normalen Mensesblutung werden im Durchschnitt pro Tag 3–4 Vorlagen verbraucht.

Anamnese. Sie erlaubt meist keinen Rückschluss auf die Blutungsquelle (evtl. in der Vorgeschichte Trauma, Uterus myomatosus, Karzinom oder Antikoagulanzieneinnahme).

Anamnese. Angaben über abnorme vaginale Blutungen und ihren Ablauf lassen meist keinen Rückschluss auf die Blutungsquelle zu. Evtl. berichtet die Patientin von einem vorangegangenen Trauma, einer Vergrößerung der Gebärmutter oder von einem gynäkologischen Malignom, oder sie nimmt Antikoagulanzien ein.

Klinik. Die Blutung ist überperiodenstark und meist schmerzlos. Cave: hämorrhagischer Schock.

Klinik. Es besteht eine überperiodenstarke, meist schmerzlose vaginale Blutung. Evtl. finden sich Zeichen eines hämorrhagischen Schocks: blasse, kaltschweißige Haut, Hypotonie sowie Tachykardie.

F-1.12 Ursachen gynäkologisch-geburtshilflicher Blutungen

Zeitpunkt der Blutung	*Ursache*
keine Schwangerschaft	– Uterus: funktionell, dysfunktionell organisch (Trauma, Infektion, Neoplasie) iatrogen (Hormone, Antikoagulanzien) – Vulva, Vagina: organisch (Trauma, Infektion, Neoplasie, Endometriose)
erste Hälfte der Schwangerschaft	– Nidationsblutung – Ektopie – Zervixpolyp – Abort – gestationsbedingte Trophoblasterkrankungen (Blasenmole u. a.) – Extrauteringravidität – Zervixkarzinom
zweite Hälfte der Schwangerschaft	– Placenta praevia – vorzeitige Lösung der richtig sitzenden Plazenta – Uterusruptur – Plazentarandblutung – Zeichnungsblutung bei drohendem Partus – variköse Blutung
sub partu	– Zeichnungsblutung – vorzeitige Plazentalösung – Uterusruptur – Rissblutungen (durch Geburtsverletzung/Nahtinsuffizienz) – subpartale fetale Blutungen (Insertio velamentosa, Vasa aberrantia, Vasa praevia)
Nachgeburtsperiode	– Rissblutungen (durch Geburtsverletzung/Nahtinsuffizienz) – Plazentalösungsstörungen – atonische Nachblutung – wandständige Blutkoagel – Inversio uteri – Hämatombildung – Koagulopathien – Fruchtwasserembolie
Wochenbett	– Subinvolutio uteri – Plazentarest, -polyp – wandständige Blutkoagel – Endometritis puerperalis – funktionelle Blutungen

Diagnostik. Die Diagnose wird durch die sorgfältige klinische und apparative Untersuchung von Vagina, Portio, Zervikalkanal und Cavum uteri (s. dort) gestellt. Meist ist eine diagnostische Gebärmutterausschabung (Abrasio) notwendig.

Diagnostik. Klinische und gynäkologische Untersuchung, Sonographie und diagnostische Abrasio führen zur Diagnose.

▶ **Merke.** Für die Differenzialdiagnose sind wichtig:
- die Lebensphase (Präpubertät, Pubertät, Geschlechtsreife oder Postmenopause)
- die Blutungsquelle (Vulva, Vagina oder Uterus)
- ob die Blutung funktionell, d. h. hormonell gesteuert, oder Zeichen einer Organerkrankung ist
- der Ausschluss anderer Blutungsquellen (Harnwege oder Darm)
- der Ausschluss einer Gerinnungsstörung bzw. Antikoagulationstherapie.

◀ **Merke**

Der Entzug der plazentaren Hormone führt bei **neugeborenen Mädchen** regelmäßig zu einer uterinen Abbruchsblutung.

Neugeborene Mädchen zeigen aufgrund des Wegfalls der plazentaren Hormone eine uterine Abbruchsblutung.

Während der hormonalen Ruhephase des **Kindesalters** sind genitale Blutungen meist Folge von Vergewaltigung oder Fremdkörpern, die in die Vagina einge-

Bei genitalen Blutungen im **Kindesalter** muss man an Vergewaltigung oder

F-1.2

F-1.2 Ursachen irregulärer Genitalblutungen in der Geschlechtsreife

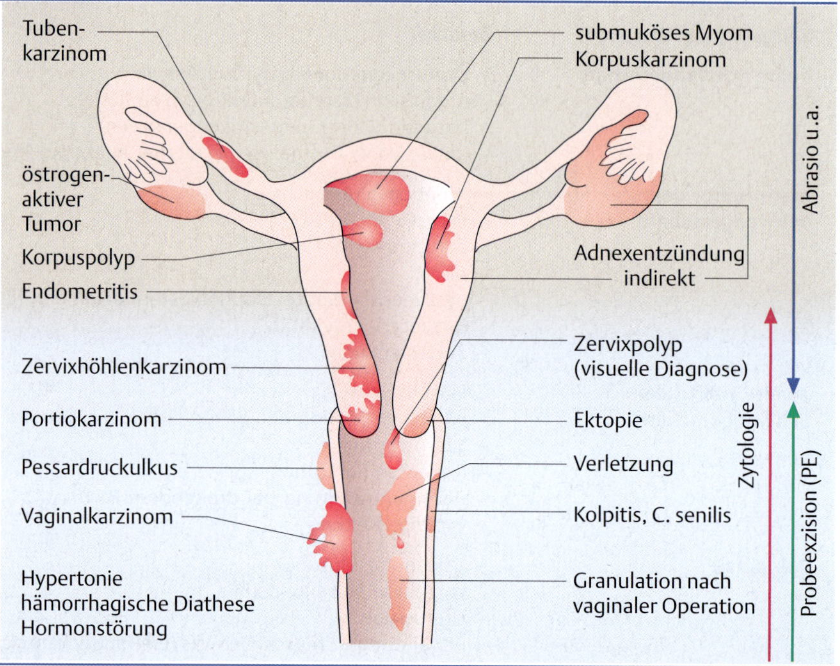

Fremdkörper in der Vagina denken. Tumoren sind selten. Bei uterinen Blutungen Pubertas praecox, hormonbildenden Ovarialtumor, prämature Menarche.

führt werden; auch an Entzündungen muss man denken. Tumoren (Scheidensarkom, Rhabdomyosarkom, Dottersacktumor) sind im Kindesalter sehr selten. Bei einer uterinen Blutung handelt es sich meist um eine Hormonentzugsblutung bei Pubertas praecox (hypothalamisch bedingt), einen hormonbildenden Ovarialtumor, oder die Blutung ist Ausdruck einer prämaturen Menarche.

In der **Pubertät** z. B. an die Folge einer Vergewaltigung, brüsken Defloration oder Kolpitis, uterine Blutungen sind anovulatorisch, durch Abort oder Extrauteringravidität bedingt.

In der **Pubertät** ist eine vaginale Blutung z. B. Folge einer Vergewaltigung. Eine brüske Defloration oder eine Kolpitis kommen ebenfalls als Ursache in Betracht. Bei einer uterinen Blutung muss man an die Möglichkeit einer anovulatorischen Blutung, einer Abortblutung oder einer Abbruchblutung bei Extrauteringravidität denken.

Ursachen genitaler Blutungen während der **Geschlechtsreife** zeigt Abb. **F-1.2**.

Die Ursachen irregulärer Genitalblutungen **bei der geschlechtsreifen Frau** sind der Abb. **F-1.2** zu entnehmen.

In der **Postmenopause** sind Karzinome neben der Colpitis senilis die häufigste Ursache genitaler Blutungen.

Genitale Blutungen in der **Postmenopause** müssen besonders sorgfältig abgeklärt werden, da meist Karzinome der Vulva, Vagina, Zervix oder des Corpus uteri die Ursache sind. Eine weitere häufige Ursache ist die Colpitis senilis.

Therapie. Am Notfallort Schockprophylaxe oder -bekämpfung.

Therapie. Am Notfallort beschränkt sie sich auf die Schockprophylaxe oder -bekämpfung durch Volumensubstitution nach Sicherung eines oder mehrerer großlumiger peripher-venöser Zugänge.

Traumatisch bedingte Blutungen bedürfen der Operation.

Eine traumatisch bedingte Blutung muss **in der Klinik** operativ versorgt werden.

Zur Stillung von Karzinomblutungen kann eine straffe Scheidentamponade, die operative Unterbindung der A. iliaca interna oder die angiographische Embolisation des geschädigten Gefäßes erfolgen.

Bei einer karzinombedingten Arrosionsblutung versucht man, durch eine straffe Scheidentamponade, die evtl. in einem Zytostatikum (z. B. Metothrexat) getränkt ist, eine Blutstillung zu erreichen. Des Weiteren kommt die operative Unterbindung der A. iliaca interna oder die angiographische Embolisation des arrodierten Gefäßes in Betracht.

Bei uterinen Blutungen ist eine therapeutische und diagnostische Abrasio indiziert. Ggf. auch operative Unterbindung der A. iliaca interna und Hysterektomie.

Bei starken uterinen Blutungen muss notfallmäßig eine Abrasio durchgeführt werden, sowohl aus therapeutischen als auch diagnostischen Gründen. Bei weiterem Fortbestehen einer starken, lebensbedrohlichen Blutung ist die Unterbindung der A. iliaca interna, evtl. die Hysterektomie indiziert.

1.2.2 Blutungen in der Schwangerschaft, unter und nach der Geburt

Blutungen in der ersten Hälfte der Schwangerschaft

Blutungen in der Frühgravidität sind ein häufiger Anlass für die Schwangere, einen Arzt aufzusuchen. Meistens steht die Angst, dass der Bestand der Schwangerschaft gefährdet ist, im Vordergrund. Die Prognose hängt von der Blutungsursache ab. In jedem Fall ist eine Abklärung erforderlich.

Blutungen bei Abort sowie gestationsbedingten Trophoblasterkrankungen

Blutungen bei Abort und bei gestationsbedingten Trophoblasterkrankungen können jederzeit – namentlich bei inkompletten Aborten – plötzlich und unvorhergesehen bedrohliche Ausmaße annehmen und notfallmedizinisches Handeln erfordern.

Differenzialdiagnose. Ein **Abortgeschehen** kann bei einsetzenden uterinen Kontraktionen die Symptomatik eines akuten Abdomens vortäuschen, so dass insbesondere bei Fieber eine Appendicitis in graviditate ausgeschlossen werden muss. Eine Extrauteringravidität ist eine wichtige Differenzialdiagnose und darf nicht übersehen werden.
Man muss einen fieberhaften Spontanabort von einem kriminellen Abort abgrenzen, bei dem es durch Verletzung des Uterus mit spitzen Gegenständen (zu Abtreibungszwecken) zu starken Blutungen und nachfolgend durch Keimaszension zu einem bedrohlichen Krankheitsbild kommen kann.
Bei den **gestationsbedingten Trophoblasterkrankungen** sind aufgrund der Übergröße des Uterus ein Hydramnion, eine Mehrlingsschwangerschaft sowie ein gravider Uterus myomatosus mit großer Ovarialzyste auszuschließen.

Therapie. Vor allem bei Spätaborten ist schon **am Notfallort** die Applikation von Oxytozin 3 IE i. v. und/oder 10 IE per infusionem (p. i.) zur Uterustonisierung sinnvoll.
Das Handeln **in der Klinik** wird bestimmt durch die Stärke der Blutung, das Stadium des Aborts und das Risiko der Infektion. Eine notfallmäßige Abrasio kann indiziert sein.

Weitere Ursachen

▶ **Merke.** Menstruationsähnliche Blutungen, Nidationsblutungen sowie rezidivierende vaginale Schmierblutungen bei Portioektopie, Zervix- oder Deziduapolypen in der Frühschwangerschaft stellen keine notfallmedizinischen Situationen dar und sind unbedenklich.

Die vaginale Blutung bei Extrauteringravidität, eine uterine Abbruchblutung, ist niemals lebensbedrohlich. Aber eine evtl. gleichzeitig bestehende intraabdominale Blutung kann lebensbedrohlich sein und zu sofortigem Handeln zwingen.

Blutungen in der zweiten Hälfte der Schwangerschaft

▶ **Merke.** Jegliche Blutung in der zweiten Schwangerschaftshälfte ist – unabhängig von der Blutungsstärke – als ernst zu nehmendes Symptom anzusehen, da sie eine lebensbedrohliche Situation für Mutter und Kind ankündigen kann. Jederzeit kann ein lebensbedrohlicher Blutverlust auftreten und die Mutter gefährden. Das Kind ist durch die mögliche Frühgeburt gefährdet.

Jenseits der 28. Schwangerschaftswoche (SSW) werden bei etwa 5 % aller Schwangeren Blutungen beobachtet. Die Differenzialdiagnose ist zum einen

---

1.2.2 Blutungen in der Schwangerschaft, unter und nach der Geburt

Blutungen in der ersten Hälfte der Schwangerschaft

Blutungen in der Frühgravidität müssen wegen der je nach Blutungsursache unterschiedlichen Prognose in jedem Fall abgeklärt werden.

Blutungen bei Abort sowie gestationsbedingten Trophoblasterkrankungen

Blutungen bei Abort und bei gestationsbedingten Trophoblasterkrankungen können jederzeit bedrohliche Ausmaße annehmen.

Differenzialdiagnose. Bei einem **Abort** kommt neben der Extrauteringravidität eine Appendicitis in graviditate (Fieber!) in Betracht.

Man muss einen fieberhaften Spontanabort von einem kriminellen Abort abgrenzen.

Bei den **gestationsbedingten Trophoblasterkrankungen** Ausschluss eines Hydramnion, einer Mehrlingsschwangerschaft und eines graviden Uterus myomatosus mit Ovarialzyste.

Therapie. Bei Spätaborten schon **am Notfallort** Uterustonisierung mit Oxytozin.

In der Klinik hängt die Therapie von Blutungsstärke, Abortstadium und Infektionsrisiko ab.

Weitere Ursachen

◀ **Merke**

Die vaginale Blutung bei Extrauteringravidität ist nie lebensbedrohlich, eine gleichzeitige intraabdominale Blutung kann jedoch zu sofortigem Handeln zwingen.

Blutungen in der zweiten Hälfte der Schwangerschaft

◀ **Merke**

Die Differenzialdiagnose ist zum einen durch die Vielzahl der Blutungsursachen erschwert, zum anderen ist zu bedenken, dass durch diagnostische Maßnahmen die Gefahr für Mutter und Kind zunehmen kann.

durch die Vielzahl der Blutungsursachen erschwert, zum zweiten ist zu bedenken, dass durch diagnostische Maßnahmen die Gefahr für Mutter und Kind zunehmen kann. So kann eine zunächst schwache Blutung bei Placenta praevia durch eine vaginale oder rektale Untersuchung sehr schnell an Stärke zunehmen, so dass man – unabhängig von der Lebensfähigkeit des Kindes – zur Beendigung der Schwangerschaft gezwungen wird.

▶ Merke

▶ **Merke.** Bei Notfallsituationen in der zweiten Schwangerschaftshälfte sollte die Schwangere in eine geburtshilfliche Klinik transportiert werden, in der eine neonatologische Intensivüberwachung und Therapie möglich sind. Dies ist für die Prognose des Kindes von entscheidender Bedeutung.

Meist sind Blutungen in der zweiten Schwangerschaftshälfte durch Lösung der Plazenta, Placenta praevia oder Ruptur des Uterus bedingt (s. S. 644 f). Dann besteht Lebensgefahr für Mutter und Kind.

Der überwiegende Teil der Blutungen in der zweiten Schwangerschaftshälfte findet seine pathogenetische Erklärung in einer Placenta praevia oder einer vorzeitigen Lösung der normal sitzenden Plazenta, seltener in der Ruptur des wehenlosen Uterus (s. S. 644 f). In jedem Fall besteht ausgesprochene Lebensgefahr für Mutter und Kind.

Blutung bei Placenta praevia

Unter einer Placenta praevia versteht man den dystopen Sitz der Plazenta im Bereich des Isthmus uteri (s. S. 658 f).

Unter einer Placenta praevia versteht man den dystopen Sitz der Plazenta im Bereich des Isthmus uteri (s. S. 658 f).

Ätiologie. Sie tritt gehäuft bei Mehr- und Vielgebärenden und nach intrauterinen Eingriffen auf. Wachstum und/oder Kontraktionen des Uterus führen zu Abscherung der Plazentahaftstelle, mütterliche Gefäße reißen ein und es kommt zu Blutungen.

Ätiologie. Die Placenta praevia tritt gehäuft bei Mehr- und Vielgebärenden, nach intrauterinen Eingriffen, z. B. Sectio oder Kürettage, bei Mehrlingsschwangerschaft, fetaler Erythroblastose (Morbus haemolyticus) und bei Raucherinnen auf. Zu Blutungen kommt es, wenn die Größenzunahme des Uterus oder Uteruskontraktionen Flächenverschiebungen an der Plazentahaftstelle auslösen. In der Folge kommt es zur Eröffnung mütterlicher Gefäße.

Anamnese. Hinweise sind die Vorgeschichte und das Auftreten von Blutungen ohne Wehen und Schmerzen.

Anamnese. Hinweise sind die geburtshilflich-gynäkologische Vorgeschichte sowie das plötzliche Auftreten schmerzloser Blutungen ohne Wehen.

Klinik. Schmerzlose Blutungen (vor dem Blasensprung) in den letzten Monaten der Schwangerschaft (ohne erkennbare Ursache) sind das Kardinalsymptom.

Die erste Blutung (Warn- oder Ansaugeblutung) ist meist leicht (es besteht keine sofortige Lebensgefahr).

Klinik. Schmerzlose Blutungen in den letzten Monaten der Schwangerschaft sind das Kardinalsymptom. Sie beginnen stets vor dem Blasensprung und treten meist ohne erkennbare Ursache und ohne spürbare Wehen, oft während des Schlafes oder bei leichter körperlicher Betätigung auf.
Die erste Blutung, die meist leicht ist, aber auch sehr ausgeprägt sein kann, bedeutet stets eine eindringliche Warnung (Warn- oder Ansaugeblutung). Auch wenn sie bedrohlich wirkt, ist sie jedoch nie sofort lebensgefährlich.

Diagnostik. Neben einer vaginalen Blutung finden sich ein weicher Uterus und evtl. Schockzeichen.

Diagnostik. Bei der Spekulumeinstellung ist der Abgang von frischem Blut aus dem Zervikalkanal nachweisbar. Bisweilen bestehen Anzeichen des hämorrhagischen Schocks. Der Uterus ist weich.

Differenzialdiagnose. Plazentarandblutung, fetale Blutungen aus Vasa aberrantia, Vasa praevia und Insertio velamentosa.

Differenzialdiagnose. In Betracht kommen die **Plazentarandblutung** sowie **fetale Blutungen** aus Vasa aberrantia, Vasa praevia und bei Insertio velamentosa.

Therapie. Immobilisation, evtl. Schockbekämpfung. Bei Wehen schon **am Notfallort** Tokolyse mit einem β-Sympathomimetikum.
Die Therapie **in der Klinik** richtet sich nach der Blutungsstärke und dem Grad der fetalen Reife (s. S. 696 ff).

Therapie. Am Notfallort besteht sie aus Sicherung des venösen Zugangs, evtl. Schockbekämpfung, aus Immobilisation der Patientin sowie schnellstem Transport in die Klinik. Bei Wehentätigkeit sollte eine Tokolyse mit einem β-Sympathomimetikum, z. B. Fenoterol (z. B. Berotec-Spray oder Partusisten) eingeleitet werden. Die geburtshilfliche Klinik muss vorverständigt werden.
Die Therapie **in der Klinik** richtet sich nach der Blutungsstärke und dem Grad der fetalen Reife (s. S. 696 ff).

Blutung bei vorzeitiger Plazentalösung

Ätiologie. Ursachen der vorzeitigen Plazentalösung (Syn.: Abruptio placentae) können Traumata sein, z. B. ein Sturz oder Stoß auf den Bauch, oder plötzliche intrauterine Druck- oder Volumenänderungen, z. B. nach der Geburt des ersten Zwillings oder nach Blasensprung bei Hydramnion. Bei der Präeklampsie wird die vorzeitige Lösung der Plazenta durch Kapillarschäden im Plazentabett induziert.

Anamnese. Hinweise können ein Trauma oder Ödeme und Proteinurie sein.

▶ **Merke.** Nach jedem Trauma in der zweiten Schwangerschaftshälfte (Sturz, Schlag gegen den Bauch, Unfall) muss eine vorzeitige Plazentalösung ausgeschlossen werden: Dazu sind eine gynäkologische Kontrolluntersuchung sowie die Überwachung für 24 Stunden (ambulant oder stationär) mit klinischen, sonographischen und kardiotokographischen Kontrolluntersuchungen zu veranlassen.

Klinik. Leitsymptom ist der plötzlich auftretende, dauerhaft anhaltende und starke Schmerz im Bereich des Uterus.

Diagnostik. Bei der Palpation fühlt sich der Uterus auffallend gespannt bis hart an (**Holzuterus**) und ist sehr druckempfindlich. Oft besteht eine vaginale Blutung, bei ausgeprägter Plazentalösung finden sich außerdem die Zeichen des hämorrhagischen Schocks.

▶ **Merke.** Da die Blutung bei der vorzeitigen Lösung der richtig sitzenden Plazenta vor allem eine innere Blutung ist, ist die wahrnehmbare Blutung aus der Scheide niemals ein Maßstab für den gesamten Blutverlust.

Therapie. Nach Sicherung der Diagnose erfolgt die weitere Therapie in erster Linie in Abhängigkeit von der maternalen Gefährdung (s. S. 57 f). Bei starkem

F-1.3 Fetale Bradykardie

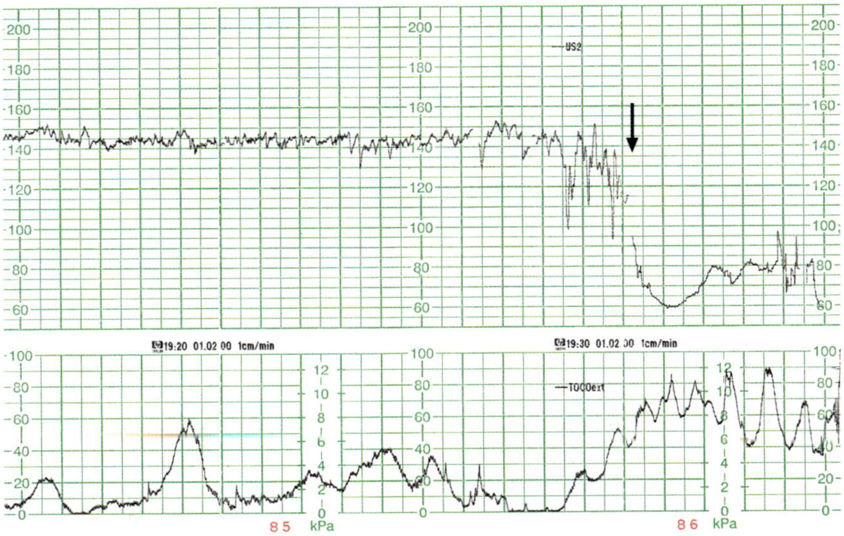

Fetales CTG: Herzfrequenzabfall (→) ohne Erholungstendenz, mit anhaltender Bradykardie (baseline) von ca. 80 Schlägen/min. Akute Gefährdung des Fetus durch intrauterine Hypoxie. Sofortige Notsectio.

Blutung bei vorzeitiger Plazentalösung

Ätiologie. Die vorzeitige Plazentalösung tritt nach Traumata, plötzlichen intrauterinen Druck- oder Volumenänderungen und bei Präeklampsie auf.

Anamnese. Trauma, Ödeme und Proteinurie sind hinweisend.

◀ Merke

Klinik. Leitsymptom ist der plötzlich auftretende, anhaltende, starke Schmerz im Bereich des Uterus.

Diagnostik. Harter druckempfindlicher Uterus (**Holzuterus**), oft vaginale Blutung. Bei ausgeprägter Plazentalösung besteht ein Schock.

◀ Merke

Therapie. Nach Sicherung der Diagnose richtet sich die Therapie in erster Linie nach der maternalen Gefährdung (s. S. 57 f).

F-1.3

Blutverlust, Schock und Verbrauchskoagulopathie erfolgt die Sectio aus mütterlicher Indikation. Erst in zweiter Linie ist der Zustand des Kindes zu berücksichtigen. Aus fetaler Indikation ist bei Zeichen der Asphyxie die sofortige Entbindung durch Sectio notwendig.

▶ Klinischer Fall

▶ **Klinischer Fall.** Eine 32-jährige II-Gravida I-Para wird nach unauffälligem Schwangerschaftsverlauf in der 40. SSW in den Kreißsaal gebracht. Das Gesicht ist schmerzverzerrt. Sie klagt über starke Bauchschmerzen.
Der Uterus ist äußerst druckdolent und hochgradig gespannt. Bei der fetalen Herztonkontrolle findet sich eine Bradykardie (s. Abb. **F-1.3**). Die Sonographie bestätigt die Verdachtsdiagnose einer vorzeitigen Plazentalösung.
Bei der Notsectio wird ein gesundes Mädchen entwickelt. Am Ende der Operation fällt eine Ungerinnbarkeit des Blutes auf, die konservativ durch Substitutionstherapie nicht beherrscht werden kann. Bei der Relaparotomie wird der Uterus unter größten Schwierigkeiten mit großem Blutverlust entfernt, die Gerinnungssituation ist jedoch weiter nicht beherrschbar. Die Patientin befindet sich im Koma. Ein CCT (kranielles Computertomogramm) zeigt eine intrakranielle Massenblutung. Die Patientin verstirbt am 5. postoperativen Tag, das Kind entwickelt sich unauffällig.
Die Erhebung der Fremdanamnese ergibt, dass die Patientin 6 Tage vor der Aufnahme beim Schneeschaufeln gestürzt war, seitdem über Abdominalschmerzen klagte, aber zu einem Arztbesuch nicht zu bewegen war.

Plazentarandblutung

Geringe, die Mutter nicht gefährdende Blutung bei wehenlosem Uterus und unbeeinträchtigtem Zustand des Kindes.

Plazentarandblutung

Es handelt sich um eine geringe, die Mutter nicht gefährdende Blutung bei wehenlosem Uterus und unbeeinträchtigtem Zustand des Kindes. Die Ursache ist erst postpartal an den randständigen, z. T. frischen, z. T. alten Plazentahämatomen zu erkennen.

Varixblutung

Hierauf weist meist der zu einem früheren Zeitpunkt der Schwangerschaft erhobene Befund hin.

Klinik. Venenerweiterungen an Vulva und Vagina, die unter der Geburt oder nach Manipulationen bersten und zu lebensbedrohlichem Blutverlust führen können.

Diagnostik. Labienspreizung und Spekulumeinstellung.

Therapie. Die Umstechung des Gefäßes in Lokalanästhesie ist die Therapie der Wahl.

Varixblutung

Auf die Möglichkeit einer Blutung aus varikös veränderten Venen im Bereich der Vulva oder Vagina weist meistens der zu einem früheren Zeitpunkt der Schwangerschaft erhobene Befund hin.

Klinik. Das Ausmaß der varikösen Veränderungen reicht von einzelnen umschriebenen Venenerweiterungen bis hin zu großen, tumorös anmutenden Varizenpaketen im Bereich der Vulva und des Introitus vaginae. Vor allem unter der Geburt oder nach Manipulationen können sie bersten und zu einem lebensbedrohlichen Blutverlust führen.

Diagnostik. Zur Sicherung der Diagnose führt das Spreizen der Labien bzw. die Spekulumeinstellung.

Therapie. Nach schnellstmöglicher Einweisung in eine vorinformierte geburtshilfliche Klinik erfolgt die Umstechung des Gefäßes in Lokalanästhesie.

Zeichnungsblutung

▶ Definition

Zeichnungsblutung

▶ **Definition.** Unter „Zeichnen" versteht man eine leichte vaginale Blutung in der frühen Phase der Eröffnungsperiode, bei der der zervikale Schleimpfropf ausgestoßen wird.

Im 2. Trimenon können leichte bis mittelstarke Blutungen, evtl. mit Abgang eines blutig imbibierten Schleimpfropfes, ein Symptom einer drohenden Frühgeburt sein.

Diese Blutung stellt per se keine notfallmedizinische Situation dar. Zu weiteren Therapien bei drohender Frühgeburt s. S. 639 ff.

Im 2. Trimenon können leichte bis mittelstarke Blutungen, evtl. kombiniert mit dem Abgang eines blutig imbibierten Schleimpfropfes – ähnlich wie bei Geburtsbeginn – ein Symptom der beginnenden Zervixdilatation und damit einer drohenden Frühgeburt sein.
Diese Blutung stellt per se keine notfallmedizinische Situation dar, die drohende Frühgeburt muss jedoch erkannt und entsprechende therapeutische und organisatorische Schritte müssen eingeleitet werden (s. S. 639 ff).

Blutungen unter der Geburt

Blutungen unter der Geburt, die Mutter oder Kind gefährden, sind im Gegensatz zu Blutungen in der zweiten Schwangerschaftshälfte relativ selten. Die häufigsten Ursachen **maternaler Blutungen** sind die Placenta praevia (s. S. 730), die vorzeitige Plazentalösung (s. S. 731) und die Uterusruptur (s. u.). Im Gegensatz zu den meist für das Kind nicht bedrohlichen maternalen subpartualen Blutungen führen die subpartualen **fetalen Blutungen** häufig zu einer akuten Gefährdung des Kindes. Dies ist an den fast immer unmittelbar nach Blutungsbeginn auftretenden schweren CTG-Veränderungen zu erkennen.

Blutungen unter der Geburt, die Mutter oder Kind gefährden, sind selten. Die häufigsten Ursachen **maternaler Blutungen** sind die Placenta praevia (s. S. 730), die vorzeitige Plazentalösung (s. S. 731) und die Uterusruptur. Subpartuale **fetale Blutungen** führen häufig zu einer akuten Gefährdung des Kindes, die unmittelbar an schweren CTG-Veränderungen zu erkennen ist.

Uterusruptur

(s. auch S. 644 f)

▶ **Definition.** Hierbei handelt es sich um eine Zerreißung der Uteruswand. Die Uteruswand kann komplett, also inklusive der Serosa, oder inkomplett durchtrennt sein (Serosa noch intakt).

◀ Definition

Ätiologie. Ursache ist ein Missverhältnis zwischen der Belastbarkeit der Uteruswand und der tatsächlichen Wandbelastung. Die Uterusruptur (Tab. **F-1.13**) kann sich in allen Phasen der Schwangerschaft ereignen, d. h. sowohl am wehenlosen Uterus als während der Wehentätigkeit, also unter der Geburt. Letzteres kommt am häufigsten vor. Sie kann spontan auftreten, als sog. „stille Ruptur" mit diskreter oder fehlender Symptomatik, oder typischerweise als „violente", d. h. durch ein Trauma bedingte Ruptur. Bei Eröffnung von Ästen der A. uterina entsteht schnell das Bild des hämorrhagischen Schocks.

Ätiologie. Ursache ist ein Missverhältnis zwischen der Belastbarkeit der Uteruswand und der tatsächlichen Wandbelastung. Die Uterusruptur (Tab. **F-1.13**) ist in allen Phasen der Schwangerschaft möglich, am wehenlosen Uterus wie während der Wehentätigkeit. Am häufigsten ereignet sie sich sub partu.

Klinik. s. Tab. **F-1.14**.

Klinik. s. Tab. **F-1.14**.

F-1.13 Pathogenese der verschiedenen Formen der Uterusruptur

Narbenruptur	*Überdehnungsruptur*	*violente Ruptur*	*Spontanruptur*
▶ Vorschädigung des Uterus – Zustand nach Sectio caesarea – Zustand nach Myomenukleation – Zustand nach operativen Eingriffen bei Uterusmissbildungen – Zustand nach manueller Plazentalösung	▶ unüberwindliches Geburtshindernis – Querlage – Hydrozephalus – mentoposteriore Gesichtslage – enges Becken – Hindernis im Geburtskanal (z. B. Tumor)	– stumpfes abdominales Trauma (z. B. Auffahrunfall) – scharfes abdominales Trauma (z. B. Stichverletzung) infolge geburtshilflicher Operationen	– Endometriosis uteri – Hämangiom – uterine Wandverletzungen bei vorausgegangenen intrauterinen Eingriffen

F-1.14 Symptome bei drohender bzw. eingetretener Uterusruptur

F-1.14

Symptome der drohenden Uterusruptur	*Symptome der eingetretenen Uterusruptur*
▪ Verstärkung der Wehentätigkeit bis hin zum Wehensturm ▪ Schmerzempfindlichkeit (auch in der Wehenpause!) ▪ Druckempfindlichkeit im unteren Uterinsegment ▪ Hochsteigen der Bandl-Furche ▪ Unruhe und Todesangst der Kreißenden ▪ Störungen des klindlichen Befindens	▪ vernichtender akuter abdominaler Rupturschmerz ▪ Befunde des akuten Abdomens ▪ schlagartiges Aufhören der Wehentätigkeit ▪ Zeichen des hämorrhagischen Schocks ▪ Blutung aus der Scheide ▪ Kindsteile dicht unter der Bauchdecke tastbar ▪ kindliche Herztöne bradykard oder nicht mehr nachweisbar

Therapie.

▶ Merke

Bei drohender Uterusruptur ist die intravenöse Tokolyse mit Fenoterol die Therapie der Wahl.

Bei **eingetretener Uterusruptur** folgt nach der Schockbekämpfung die sofortige Einweisung in die Klinik zur Notsectio.

Therapie.

▶ **Merke.** Bei **drohender Uterusruptur** ist das oberste therapeutische Ziel am Notfallort die Vermeidung der Ruptur.

Nach Legen eines peripheren Zugangs ist die intravenöse Tokolyse mit Fenoterol (z. B. Partusisten) in einer Dosierung von 10 µg/min bis zu einer Gesamtdosis von 20–50 µg die Therapie der Wahl.
Bei bereits **eingetretener Uterusruptur** steht die Bekämpfung des hämorrhagischen Schocks im Vordergrund. Auf jeden Fall muss die Patientin schnellstmöglich in die nächste geburtshilfliche Klinik zur notfallmäßigen Kaiserschnittentbindung („Notsectio") eingewiesen werden (s. auch S. 644 f).

Fetale Blutungen

Ursachen sind Vasa aberrantia, Venae praeviae, Insertio velamentosa und Zotteneinrisse bei Placenta praevia bzw. Abruptio placentae.

Fetale Blutungen

Als Ursachen fetaler Blutungen kommen Vasa aberrantia, Venae praeviae, die Insertio velamentosa (s. S. 655 f), Zotteneinrisse bei Placenta praevia bzw. Abruptio placentae in Frage.

▶ Merke

▶ **Merke.** Da das Kind durch den Blutverlust aus dem fetoplazentaren Kreislauf in akute Gefahr gerät, ist es wichtig, die Möglichkeit eines fetalen Blutverlustes auszuschließen.

Klinik. Bei einer fetalen Blutung setzt die Blutung meistens mit dem Blasensprung bzw. bei Blasensprengung ein.

Diagnostik.

▶ Merke

Klinik. Bei einer fetalen Blutung setzt die Blutung meistens mit dem Blasensprung bzw. bei Blasensprengung ein.

Diagnostik.

▶ **Merke.** Die Symptomentrias
1. vaginale Blutung
2. Beginn der Blutung mit der Amnionruptur
3. pathologisches CTG unmittelbar nach Blutungsbeginn

weist auf eine fetale Blutung hin.
Der Nachweis des fetalen Hämoglobins (HbF) sichert die Diagnose.

Therapie. Schnellstmögliche, schonende Entbindung.

Therapie. Die Entbindung muss schnellstmöglich und schonend erfolgen.

Blutungen in der Nachgeburtsperiode

Sie können so massiv sein, dass sie innerhalb kürzester Zeit für die Mutter lebensbedrohlich werden.

Verstärkte Blutungen in der Nachgeburtsperiode stellen auch heute noch die häufigste mütterliche Todesursache dar.

Blutungen in der Nachgeburtsperiode

Blutungen in der Nachgeburtsperiode können plötzlich und zu jedem Zeitpunkt auftreten und so massiv sein, dass sie innerhalb kürzester Zeit für die Mutter lebensbedrohlich werden.
Der **hämorrhagische Schock** macht auch heute noch 10–15 % der Müttersterblichkeit aus, wobei sich von den blutungsbedingten maternalen Todesfällen etwa ein Drittel in der Nachgeburtsperiode ereignen. Damit stellen verstärkte Blutungen in der Nachgeburtsperiode auch heute noch die häufigste mütterliche Todesursache dar.

Ätiologie und Diagnostik. Oft multikausale Ursachen (Tab. **F-1.15**).

Zur Ursache je nach Blutungsbeginn s. Tab. **F-1.16**.

Überschreitet der Blutverlust innerhalb von 2–4 Stunden post partum 500 ml, ist unverzüglich zu handeln.

Die Methoden zur Abklärung der Blutungsursache sind in Tab. **F-1.17** dargestellt.

Ätiologie und Diagnostik. Blutungen in der Nachgeburtsperiode haben häufig mehrere Ursachen. Zur Differenzialdiagnose s. Tab. **F-1.15**.
Anhand des Blutungsbeginns lassen sich Rückschlüsse auf die Ursache der Blutung ziehen (Tab. **F-1.16**).
Da Blutungen in der Nachgeburtsperiode schnell lebensbedrohliche Ausmaße annehmen können, ist unverzüglich zu handeln, wenn der Blutverlust innerhalb von 2–4 Stunden post partum 500 ml überschreitet.
Zur Abklärung der Blutungsursache stehen die in Tab. **F-1.17** beschriebenen Methoden zur Verfügung:

F-1.15 Ursachen von Blutungen in der Nachgeburtsperiode

Rissblutungen	*uterine Blutungen*	*Hämatombildung*	*Koagulopathien*
– Klitoris-, Labienriss	– Atonie bei unvollständiger Uterusentleerung	– Septum rectovaginale	– disseminierte intravasale Gerinnung
– Varixblutung	– Lösungsblutung	– Vulva	– Verbrauchs-koagulopathie
– Damm-verletzung	– Atonie bei vollständiger Uterusentleerung	– infralevatorielles Hämatom	– Verlust-koagulopathie
– Scheidenriss	– Inversio uteri (s. S. 664 f)	– supralevatoriel-les Hämatom	– lokale Hyperfibrinolyse
– Zervixriss			
– Uterusruptur			

F-1.15

F-1.16 Differenzialdiagnostische Bedeutung des Blutungsbeginns

- Blutungsbeginn unmittelbar nach der Entwicklung des Kindes
  - Rissblutung (Weichteilverletzung)
- Blutungsbeginn nach der Entwicklung des Kindes nach einem blutungsfreien Intervall
  - Blutung während der Plazentalösung (Lösungsblutung)
- Blutungsbeginn nach der Ausstoßung der Plazenta
  - unvollständige Uterusentleerung
  - Atonie
  - Koagulopathie

F-1.16

F-1.17 Methoden der Abklärung bei Blutungen in der Nachgeburtsperiode

- Inspektion der Vulva und des Introitus vaginae
- Spekulumeinstellung der Geburtswege
- Kontrolle der Nachgeburt auf Vollständigkeit
- Diagnostische Austastung des Uterus
- Kontrolle des Kontraktionszustandes des entleerten Uterus
- Überprüfung der hämostaseologischen Parameters des Vaginal- und Venenblutes

F-1.17

▶ **Merke.** Bei Blutungen in der Nachgeburtsperiode muss der uterine Kontraktionszustand sofort kontrolliert und außerdem eine Weichteilverletzung ausgeschlossen werden.

◀ Merke

Rissblutungen

(s. auch S. 662 ff)

Kommt es unmittelbar nach der Entwicklung des Kindes zum Einsetzen der Blutung bei gut kontrahiertem Uterus, muss der V. a. eine Rissblutung, d. h. einer Blutung aus einer Weichteilverletzung geäußert werden.

Diagnostik. An erster Stelle steht die Beurteilung des uterinen Kontraktionszustandes durch Kontrolle des Fundusstandes.

Durch Inspektion des Dammes und Spekulumuntersuchung werden Damm-, Labien-, Klitoris- und Scheidenverletzungen sowie Zervixrisse aufgesucht und versorgt. Bei verstärkter Blutung e cervice und gut kontrahiertem Uterus muss bei jeglichem V. a. eine Uterusruptur – vor allem bei anamnestischen Hinweisen – diese durch Austastung des entleerten Uterus ausgeschlossen werden.

Rissblutungen

(s. auch S. 662 ff)

Die Blutung unmittelbar nach Entwicklung des Kindes spricht für eine Rissblutung.

Diagnostik. Nach Kontrolle des Fundusstandes als Maß für den uterinen Kontraktionszustand folgt die Inspektion von Damm und Vulva mit anschließender Spekulumuntersuchung. Zum Ausschluss einer Uterusruptur ist die Austastung des Uterus obligat.

F-1.4

F-1.4 Manuelle Aortenkompression

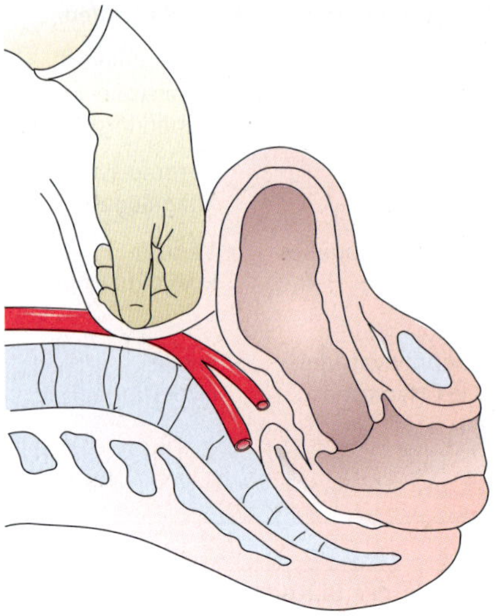

Die Aorta wird mit der Faust gegen die Wirbelsäule abgedrückt (15–20 Minuten).

F-1.5

F-1.5 Lagerung nach Fritsch

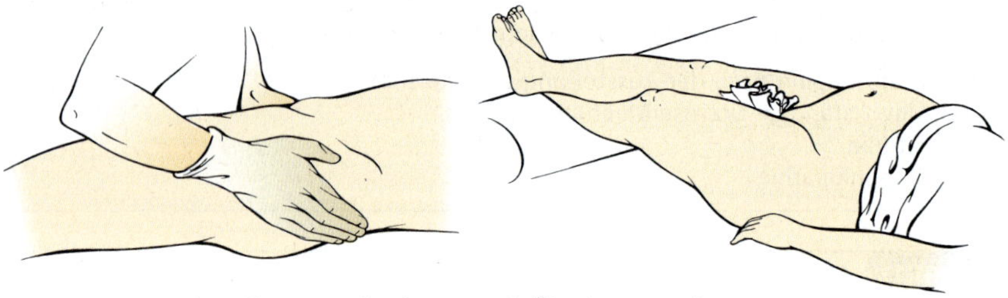

a Herunterstreichen der Gesäßbacken. **b** Überkreuzen der Beine.

Therapie. Am Notfallort stehen bei Vorliegen **starker** Blutungen die Schockprophylaxe und -therapie im Vordergrund.

Lokale Kompression an Damm und Vulva vermeiden weiteren Blutverlust. Die Aortenkompression (s. Abb. **F-1.4**) verringert Blutverluste aus höher liegenden Blutungsquellen.

Die Patientin muss sofort in eine geburtshilfliche Klinik eingewiesen werden.

Um den Blutabgang nach außen kontrollieren zu können, wird die Lagerung nach Fritsch angewandt (s. Abb. **F-1.5**).

In der Klinik operative Versorgung und Schocktherapie. Vor der Operation wird der Uterus entleert und eine Uterusruptur ausgeschlossen (austasten!). So wird die intraoperative Übersicht verbessert und die Naht nicht durch eine spätere Uterusruptur gefährdet.

Therapie. Zu therapeutischen Maßnahmen der einzelnen Rissformen s. S. 662 ff. Handelt es sich um eine **starke** Blutung, muss noch am Unfallort (z. B. bei einer Hausgeburt), die Schockprophylaxe und -therapie durch Sicherung eines oder mehrerer großlumiger peripherer Venenzugänge und Infusionstherapie im Vordergrund stehen.

Zur Vermeidung eines weiteren Blutverlustes müssen Blutungsquellen im Damm- und Introitusbereich durch lokale Kompression notfallmäßig abgedichtet werden. Blutverluste aus höher liegenden Blutungsquellen können durch die manuelle Aortenkompression (s. Abb. **F-1.4**) verringert werden. Dazu wird die Aorta abdominalis über 15–20 Minuten mit der Faust gegen die Wirbelsäule gedrückt.

Anschließend muss die sofortige Einweisung in eine geburtshilfliche Klinik erfolgen.

Um den Blutabgang nach außen kontrollieren zu können, wird die Lagerung nach Fritsch angewandt: Die Patientin erhält eine saubere Unterlage, die Gesäßbacken werden heruntergestrichen (s. Abb. **F-1.5a**), die Beine überkreuzt; vor die Vulva legt man eine sterile Vorlage (s. Abb. **F-1.5b**). Das aus der Scheide ausfließende Blut kann sich so in einer kleinen, etwa 500 ml fassenden Schüssel zwischen der Vulva und den Oberschenkeln ansammeln.

In der Klinik schließen sich die operative Versorgung sowie die Schocktherapie an. Die operative Versorgung darf erst nach Entleerung des Uterus sowie Austastung zum Ausschluss einer Uterusruptur erfolgen. Erstens erleichtern diese Maßnahmen die intraoperative Übersicht, da die Entleerung zur Kontraktion des Uterus führt und die Blutungsstärke besonders im Bereich der Zervix verringert, und zweitens wird die Naht nicht durch eine spätere Uterusruptur gefährdet.

Uterine Blutungen

Lösungsblutung (Plazentalösungsstörung)

Tritt eine Blutung in der Nachgeburtsperiode nach einem freien Intervall vor der Ausstoßung bzw. Gewinnung der Plazenta auf, so handelt es sich zumeist um eine Lösungsblutung, d. h. eine Blutung infolge einer Plazentalösungsstörung.
Plazentalösungsstörungen können durch Wehenschwäche bedingt sein (Placenta adhaerens) oder durch Nidationsstörungen (Placenta ac-, in- und percreta, s. S. 665 f).

Diagnostik. Der Kontraktionszustand des mittelständigen Uterus ist schlecht und wechselnd, die Lösungszeichen sind nicht vorhanden.

Therapie. Aufgrund der unterschiedlichen Pathogenese der Plazentalösungsstörungen sollten die in Tab. **F-1.18** dargestellten therapeutischen Schritte immer in der gleichen Reihenfolge ausgeführt werden.
Beim **Credé-Handgriff** umfasst man bei einer Wehe den Fundus uteri (s. Abb. **F-1.6a**) und exprimiert ihn in kaudaler Richtung (s. Abb. **F-1.6b**). Nun zieht man außen an der Nabelschnur (Cord traction).
Bei nidationsbedingter Plazentaretention (Placenta ac-, in-, percreta) führen diese Maßnahmen auch nach zusätzlicher Durchführung einer Kürettage mit der großen Bumm-Kürette nicht zur vollständigen Entfernung der Plazenta. Man erreicht zwar die Ablösung einiger Teile, andere können jedoch wegen der inni-

Uterine Blutungen

Lösungsblutung (Plazentalösungsstörung)

Blutungen nach einem freien Intervall vor der Ausstoßung der Plazenta sind meist auf Plazentalösungsstörungen zurückzuführen.

Ursachen sind Wehenschwäche und Nidationsstörungen.

Diagnostik. Der Uterus ist mittelständig, zu weich und mittelmäßig kontrahiert. Die Lösungszeichen sind negativ.

Therapie s. Tab. **F-1.18** und Abb. **F-1.6**.

Beim **Credé-Handgriff** umfasst man bei einer Wehe den Fundus uteri und exprimiert ihn in kaudaler Richtung (s. Abb. **F-1.6**).
Bei nidationsbedingter Plazentaretention bleibt der Versuch der Kürettage meist erfolglos. Eine Hysterektomie kann erforderlich werden.

F-1.6 Credé-Handgriff

F-1.6

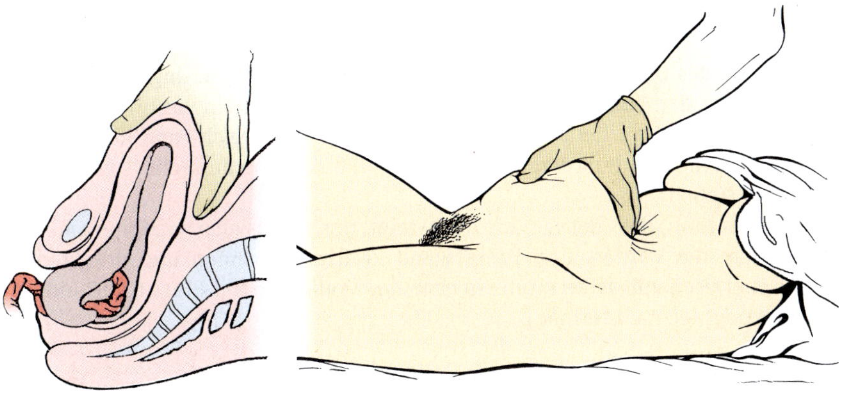

a Umfassen des Fundus uteri. **b** Exprimieren in kaudaler Richtung.

F-1.18 Behandlungsprogramm bei Plazentalösungsstörungen

F-1.18

1. Schritt:	– Sicherung eines peripher-venösen Zugangs – Wehenmittel (3 IE Oxytozin) intravenös (Cave: Überdosierung – Inkarzeration der gelösten Plazenta) – Plasmaexpander (z. B. HAES-steril-Lösung)
2. Schritt:	– Harnblase entleeren – Massage des Uterus – Eisblase
3. Schritt:	– Credé-Handgriff (s. Abb. **F-1.6**) mit Cord traction ohne Narkose
4. Schritt:	– Credé-Handgriff mit Narkose
5. Schritt:	– manuelle Plazentalösung

gen Verbindung mit der Muskulatur nicht entfernt werden. Das Auftreten von Blutungen während der Manipulationen zwingt zu einer Hysterektomie.

▶ Merke

▶ **Merke.** Nach allen Manipulationen am Uterus muss sein Kontraktionszustand kontrolliert werden.

Bei Wehenschwäche ist die Gabe von Kontraktionsmitteln obligat.

Ist Wehenschwäche die Ursache der Lösungsstörung, ist die Gabe von Kontraktionsmitteln obligat, z. B. Oxytozin 3 IE i. v. sowie 10 IE in 500 ml Lösung über 8–12 Stunden p. i. bzw. Syntometrin (5 IE Oxytozin + 0,25 mg Methylergometrinhydrogenmaleat) i. v. + 10 IE Oxytozin p. i. (s. o.).

Atonische Nachblutung

Sie kann nach unvollständiger oder vollständiger Ausstoßung der Plazenta auftreten.

Atonische Nachblutung

Eine atonische Nachblutung kann bei unvollständiger Ausstoßung der Plazenta (zurückgebliebenes Plazentastück, Nebenplazenta) oder nach vollständiger Ausstoßung der Plazenta auftreten.

▶ Merke

▶ **Merke.** Um eine Uterusatonie rechtzeitig zu erkennen, muss der Kontraktionszustand des Uterus in der Nachgeburtsperiode sorgfältig kontrolliert werden.

Therapie. Bei atonischer Nachblutung und unvollständiger Ausstoßung der Plazenta erfolgt neben Schockbekämpfung bereits **am Notfallort** die manuelle Nachtastung, evtl. mit Kürettage.

Zur Therapie bei atonischer Nachblutung und vollständiger Ausstoßung der Plazenta s. Tab. **F-1.19**.

Therapie. Bei **atonischer Nachblutung und unvollständiger Ausstoßung der Plazenta** sichert man **am Notfallort** den peripher-venösen Zugang und beginnt mit der Schockbekämpfung. Bereits am Notfallort erfolgt die manuelle Nachtastung, evtl. mit Kürettage mittels der großen Bumm-Kürette.
In der Klinik führt man die Schockbekämpfung weiter.
Das Therapiemanagement **bei atonischer Nachblutung und vollständiger Ausstoßung der Plazenta** ist in Tab. **F-1.19** dargestellt.

Zum **Halten des Uterus** wird der **Credé-Handgriff** (Abb. **F-1.6**) angewandt. Vorsichtige Streich- und Reibebewegungen unterstützen den Tonus („Anreiben" von Wehen).

Bei Hochsteigen des Uterus verhindert man sein erneutes Volllaufen mit Blut, indem man ihn zusammendrückt und vulvawärts in das kleine Becken hineinstaucht.

Zum **Halten des Uterus** wird der **Credé-Handgriff** (Abb. **F-1.6**) angewandt: Eine Hand umfasst den Fundus von oben her so, dass der Daumen vor und die anderen vier Finger hinter dem Uterus liegen. Vorsichtige Streich- und Reibebewegungen der Finger unterstützen den Tonus und halten ihn aufrecht (sog. „Anreiben" von Wehen).
Sobald man fühlt, dass der Fundus hochsteigt, der Uterus also wieder erschlafft, drückt man die Vorder- und Hinterwand kräftig zusammen und drückt den Uterus energisch vulvawärts, um ein erneutes Volllaufen mit Blut zu verhindern (Abknickung der Aa. uterinae).

F-1.19 Behandlungsprogramm der atonischen Nachblutung bei vollständiger Ausstoßung der Plazenta

1. **Wehenmittel intravenös**
   z. B. 1 ml Methergin bzw.
   1 ml Syntometrin
2. **Uterus ausdrücken** (Credé s. Abb. **F-1.6**)
   Wehe antreiben
   Harnblase entleeren
3. **Uterus halten** (Credé) **und überwachen**
   Vermeidung erneuter Einblutung in das Uteruskavum
   Kontrolle der Uteruskontraktion
4. **Ausräumen der Blutkoagel**
   Nachtasten zum Ausschluss einer Uterusruptur
5. **Uteruskompression** mit Hamilton-Handgriff (s. Abb. **F-1.7**)
6. **intrakavitäre Prostaglandinapplikation**
   (Tamponadestreifen mit 5 mg $PGF_2\alpha$)
7. **postpartale Hysterektomie** als Ultima ratio
8. **Aortenkompression** jederzeit!

parallel:
- Sicherung des peripher-venösen Zugangs Schocktherapie
- Dauerinfusion von Uterotonika (z. B. Oxytozin 10 IE in 500 ml Lsg./3 h bzw. Sulproston [Nalador 500] 1,7–17 µg/min i.v., entspricht 17–160 Tropfen/min [max 1500 µg/24 h], entspricht 3 Ampullen Nalador 500 [1 Ampulle Nalador wird in 250 ml isotonischer NaCl-Lösung aufgelöst])

bei weiterer Blutung:
- andere Blutungsursachen ausschließen
- Spekulumeinstellung zum Ausschluss einer Rissverletzung
- Gerinnungsstörung?
- **Schocktherapie**, evtl. Bluttransfusionen

F-1.7 Hamilton-Handgriff

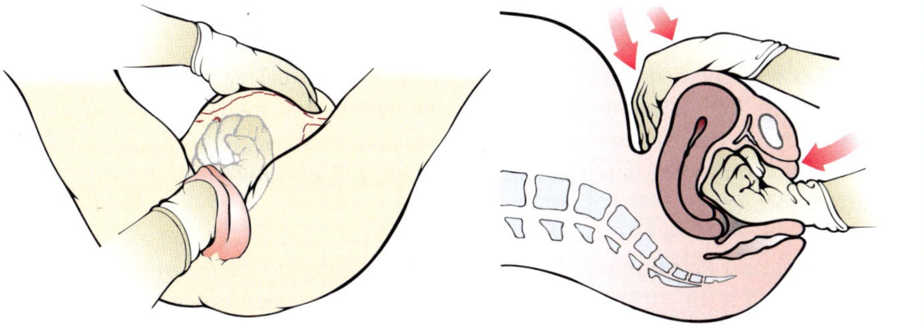

F-1.7

F-1.8 Fritsch-Handgriff

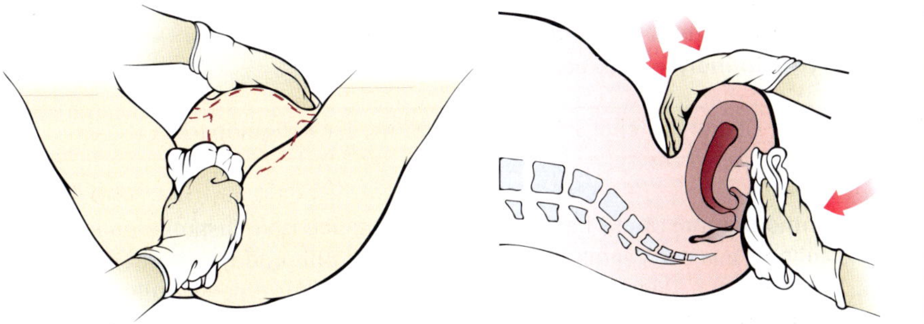

F-1.8

Beim **Hamilton-Handgriff** (Abb. **F-1.7**) wird eine Hand, die innere Hand, in der Scheide zur Faust geballt und so gehalten, dass die Fingerknöchel gegen die Vorderwand des Uterus gerichtet sind. Die äußere Hand drückt das Korpus gegen die innere Hand. Durch kräftigen Druck und Gegendruck der Hände werden Vorder- und Hinterwand der Gebärmutter fest aufeinander gepresst. Außerdem wird der Uterus gleichzeitig leicht massiert, ohne ihn aus dem festen Griff zu lassen. Dabei erteilen die Finger der äußeren Hand der Uterushinterwand leichte Schläge. Die zur Faust geballte innere Hand wird in der Scheide langsam hin und her gedreht, so dass die Knöchel leicht massierend an der Vorderwand reiben. Auf diese Weise werden Nachwehen angeregt.

Der **Hamilton-Handgriff** (Abb. **F-1.7**) ist bei einer atonischen Nachblutung ebenfalls zur Blutstillung geeignet.
Die gleichzeitige Massage des Uterus regt die Nachwehen an.

Wird der Hamilton-Handgriff lange genug ausgeführt, erreicht man fast immer eine Blutstillung. Er kann beendet werden, wenn die komprimierenden Hände regelmäßig auftretende Nachwehen fühlen, was in schweren Fällen 1–2 Stunden dauern kann.

Wird der Hamilton-Handgriff lange genug ausgeführt, erreicht man fast immer eine Blutstillung.

Der **Fritsch-Handgriff** (Abb. **F-1.8**) stellt eine weitere Möglichkeit dar, eine atonische Nachblutung zu stillen: Eine Hand ergreift mit einem großen Wattebausch die großen Schamlippen und drückt sie mit großer Kraft in die Vulva hinein, während die andere Hand den Uterus wie beim Credé-Handgriff umfasst und gegen die untere Hand presst.

Der **Fritsch-Handgriff** (Abb. **F-1.8**) stellt eine weitere Möglichkeit dar, eine atonische Nachblutung zu stillen.

Hämatombildung

Bereits unmittelbar postpartal kann es als Folge von Geburtsverletzungen zur Hämatombildung kommen. Sie kann zum Schock führen.

Hämatombildung

Unmittelbar postpartal kann es zur Hämatombildung kommen, die zum Schock führen kann.

Klinik. Je nach Sitz der Verletzung kann es zu lokalen Symptomen wie Schwellung, Schmerzen, Druckgefühl, Stuhldrang, oder zum Bild des akuten Abdomens kommen, evtl. in Kombination mit einem hämorrhagischen Schock.

Klinik. Die Symptomatik reicht von lokalen Beschwerden bis hin zum akuten Abdomen mit Schock.

Therapie. Nach unverzüglicher Einleitung einer Schocktherapie ist die operative Revision indiziert, evtl. auch die Laparotomie mit Hämatomausräumung,

Therapie. Nach Einleitung einer Schocktherapie ist die operative Revision indiziert.

Umstechung des blutenden Gefäßes und Unterbindung der A. iliaca interna. Ultimo ratio ist die Uterusexstirpation.

Koagulopathie

Blutungen in der Nachgeburtsperiode resultieren meist aus verstärkten postpartalen Blutungen und Blutungen auf Grund von Gerinnungsstörungen.

Koagulopathie

Akut erworbene Störungen der Hämostase werden bei verschiedenen Erkrankungen in der Schwangerschaft ebenso wie unter der Geburt beobachtet. Besonders in der Nachgeburtsperiode sind starke Blutungen oft eine Kombination aus verstärkten postpartalen Blutungen und Blutungen infolge von Gerinnungsstörungen.

Ätiologie und Pathogenese. Ursachen von Gerinnungsstörungen sind
1. disseminierte intravasale Gerinnung (DIG) mit **Verbrauchskoagulopathie**
2. schneller, ausgeprägter Blutverlust (> 1500 ml) (**Verlustkoagulopathie**)
3. **Hyperfibrinolyse**.

Ätiologie und Pathogenese. Ursachen von Gerinnungsstörungen sind
1. disseminierte intravasale Gerinnung (DIG) mit Verbrauch von plasmatischen Gerinnungsfaktoren und Thrombozyten (**Verbrauchskoagulopathie**). Dies ist die Ursache der Gerinnungsstörung bei vorzeitiger Plazentalösung, Fruchtwasserembolie, septischem Abort, Amnioninfektionssyndrom, Präeklampsie, Eklampsie und intrauterinem Fruchttod (Dead-fetus-Syndrom).
2. schneller, ausgeprägter Blutverlust (> 1500 ml) (**Verlustkoagulopathie**), z. B. bei ausgeprägter atonischer Nachblutung
3. **Hyperfibrinolyse**, z. B. bei atonischer Nachblutung.

▶ Merke

▶ **Merke.** Oberstes Gebot ist die Vermeidung der Koagulopathie.

Klinik und Diagnostik. Die Verdachtsdiagnose gründet sich auf eine disponierende Grunderkrankung, eine nicht gerinnende vaginale Blutung und einen Schock.
Die Überprüfung des Gerinnungsstatus erfolgt aus Zeitgründen durch Globaltests.

Verbrauchskoagulopathie: Fbrinogenkonzentration und Thrombozytenzahl vermindert, der Clot-observation-Test (s. Abb. **F-1.9**) ist unendlich. Der Nachweis von Fibrinogenspaltprodukten ist für die Akuttherapie belanglos.

Verlustkoagulopathie: Fbrinogenkonzentration und Thrombozytenzahl vermindert, Blutungszeit verlängert.

Klinik und Diagnostik. Es besteht eine zur Koagulopathie disponierende Grunderkrankung, aus der Vagina fließt ungerinnbares Blut und es besteht ein Schock, für den es keine andere pathogenetische Erklärung als eine Koagulopathie gibt. Eine zeitaufwendige Gerinnungsdiagnostik ist in der Akutsituation jedoch nicht möglich.
Am Krankenbett dienen die Globalteste, z. B. der Clot-observation-Test, der schnellen Information über die Gerinnungsfähigkeit des Blutes und die Thrombozytenfunktion.
Bei **Verbrauchskoagulopathie** ist die Fibrinogenkonzentration im Plasma vermindert (< 1,0 g/l), die Thrombozyten sind mäßig vermindert, der Clot-observation-Test (s. Abb. **F-1.9**) ist unendlich. Der Nachweis erhöhter Konzentrationen von Fibrinogenspaltprodukten und Fibrinmono- bzw. -oligomeren ist wünschenswert, gehört aber zu den aufwendigeren Laboruntersuchungen und ist für die Akuttherapie belanglos.
Bei **Verlustkoagulopathie** sind die Fibrinogenkonzentration im Plasma und die Thrombozytenzahl vermindert (< 50000/μl), die Blutungszeit ist verlängert.

F-1.9

F-1.9 Clot-observation-Test

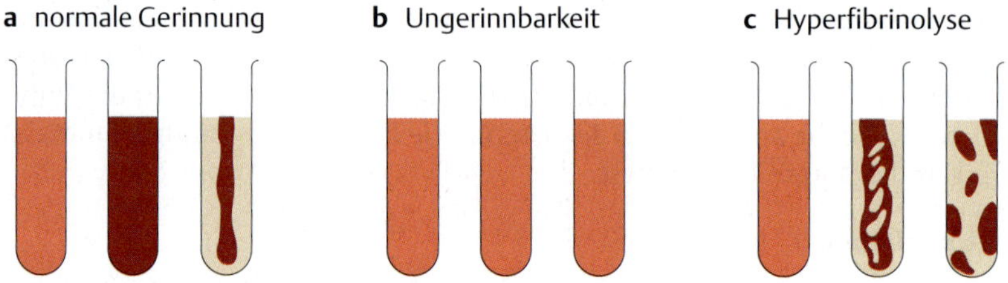

Kubitalvenen- und Vaginalblut wird in jeweils ein Röhrchen gegeben und die Gerinnungsfähigkeit des Blutes makroskopisch beurteilt.
a Innerhalb von 6–15 Minuten bildet sich ein stabiles Gerinnsel (unter Abtrennung des Serums). Das Gerinnsel lässt sich durch Schütteln nicht zerstören.
b Das Blut gerinnt nicht (z. B. bei Verbrauchskoagulopathie mit Mangel an Gerinnungsfaktoren).
c Das instabile Gerinnsel löst sich wieder auf (z. B. bei disseminierter intravasaler Gerinnung).

Therapie.

▶ **Merke.** An erster Stelle stehen die Schockbekämpfung und die Therapie der Grunderkrankung.

Besteht eine für die Verbrauchskoagulopathie prädisponierende Grunderkrankung (s. o.), sollte man frühzeitig die hochdosierte Heparinisierung einleiten, z. B. 600–800 IE/h p. i., um eine disseminierte intravasale Gerinnung zu verhindern.

Nach Sicherung mehrerer großlumiger peripher-venöser Zugänge wird zunächst der Schock durch Volumenersatz (kolloidale Lösungen, Humanalbumin) bekämpft. Danach wird die Koagulopathie behandelt.

Bei der **Verbrauchskoagulopathie** steht nach Einleitung der Schocktherapie die Beseitigung der Grunderkrankung im Vordergrund.

Ist eine Substitution von Blut indiziert, sollte man Frischblut transfundieren, da durch die Zufuhr von Gerinnungsfaktoren bereits eine Korrektur der hämostaseologischen Situation vorgenommen wird. Der Mangel an Gerinnungsfaktoren muss durch Faktorenkonzentrate ausgeglichen werden.

Bei der **Verlustkoagulopathie** ist die Substitution mit Vollblut bzw. Frischblut (nicht älter als 10 Stunden) allen anderen Maßnahmen überlegen.

Man kann den Verlust auch mit frischgefrorenem Plasma (Fresh-frozen-Plama, FFP) und frischgefrorenen Thrombozyten auszugleichen versuchen. Fibrinogen kann auch mit kommerziell erhältlichem Humanfibrinogen (3–6 g) substituiert werden.

Bei der **hyperfibrinolytischen Blutung** steht die Hemmung der Fibrinolyse im Vordergrund. Zum Einsatz kommen Aprotinin (z. B. Trasylol), ein Proteinasen-Inhibitor, sowie Aminomethylcyclohexancarbonsäure (AMCHA, z. B. Ugurol).

▶ **Klinischer Fall.** Zur Aufnahme kommt eine 33-jährige III-Gravida, II-Para in der 35. SSW mit starken Bauchschmerzen. Auffällig im Schwangerschaftsverlauf sind eine Gewichtszunahme von über 20 kg, eine starke Ödembildung, eine Proteinurie sowie eine mäßige Hypertonie. Die fetale Herzaktion ist mit 30 Schlägen pro Minute auffallend bradykard. Die Sonographie zeigt ein großes retroplazentares Hämatom.

Bei vorzeitiger Plazentalösung wird eine Notsectio vorgenommen, das Kind ist jedoch zum Zeitpunkt der Geburt bereits verstorben. Intraoperativ fällt eine Marmorierung des Uterus sowie ein schlechter Kontraktionszustand auf.

In den ersten Stunden nach der Operation verfällt die Patientin zunehmend, der Blutdruck fällt, der Puls steigt. Bei der Ultraschalluntersuchung zeigt sich Flüssigkeit in abdomine. Bei hämorrhagischem Schock und V. a. postoperative Nachblutung wird die Relaparotomie mit Hysterektomie des infarzierten Uterus vorgenommen. Es besteht eine kombinierte Gerinnungsstörung. Im weiteren Verlauf müssen wegen Nachblutungen bei einer nicht beherrschbaren Gerinnungsstörung insgesamt noch zwei operative Eingriffe vorgenommen werden. Gleichzeitig werden Warmblutkonserven, z. T. ungekreuzt von Spendern, Blut- und Blutgerinnungspräparate in großen Mengen transfundiert (71 Blutkonserven, 33 FFP).

Die Situation stabilisiert sich. Die Patientin kann extubiert werden und verlässt 2 Wochen später die Klinik. Nach 2 Jahren ist die Frau völlig beschwerdefrei. Sie hat sich trotz Massentransfusion nicht mit Hepatitis oder HIV infiziert.

Blutungen im Wochenbett

Therapiebedürftige Blutungen im Wochenbett sind selten (Häufigkeit 0,5–1 %), können aber lebensbedrohlich sein. Sie sind auf S. 684 f abgehandelt.

Therapie.

◀ **Merke**

Besteht eine prädisponierende Grunderkrankung (s. o.), ist frühzeitige Haprinisierung essenziell.

Zunächst wird der Schock durch Volumensubstitution bekämpft, dann die Koagulopathie behandelt.

Bei der **Verbrauchskoagulopathie** steht die Beseitigung der Grunderkrankung im Vordergrund. Zusätzlich ist die Transfusion von Frischblut und die Korrektur der Gerinnungsfaktoren indiziert.

Bei der **Verlustkoagulopathie** besteht die Therapie in der Substitution mit Vollblut bzw. Frischblut, FFP, Thrombozytenkonzentraten und Humanfibrinogen.

Bei der **hyperfibrinolytischen Blutung** wird die Fibrinolyse mittels Aprotinin oder AMCHA gehemmt.

◀ **Klinischer Fall**

Blutungen im Wochenbett

Therapiebedürftige Blutungen im Wochenbett sind selten, können aber lebensbedrohlich sein (s. S. 684 f).

1.3 Notfallsituationen in der Schwangerschaft, unter der Geburt und im Wochenbett

1.3.1 Präeklampsie und Eklampsie

Die Präeklampsie bzw. Eklampsie (s. S. 538 ff) ist ein schwangerschaftsspezifisches, komplexes Krankheitsbild unklarer Ätiologie, das einen für Mutter und Kind lebensbedrohlichen Verlauf nehmen kann. Der Status eclampticus ist für die Mutter lebensgefährlich. Außerdem kann es zu vorzeitiger Plazentalösung, Nierenversagen, HELLP-Syndrom, Lungenödem, Verbrauchskoagulopathie, apoplektischem Insult sowie Amaurose kommen.

Klinik. Die **Präeklampsie** ist durch Hypertonie, Ödeme und Proteinurie gekennzeichnet. Bei **schwerer Präeklampsie** steigt der Blutdruck plötzlich weiter an und es treten zusätzlich **zentralnervöse Symptome** (Tab. **F-1.20**) auf.

Die neurologischen Symptome sind **Zeichen der drohenden Eklampsie**. Ein eklamptischer Anfall kündigt sich durch starre Blickrichtung, weite Pupillen und Zuckungen der Gesichtsmuskulatur an. Bei der **Eklampsie** (**Status eclampticus**) treten zusätzlich **tonisch-klonische Krämpfe und/oder tiefe Bewusstlosigkeit** auf.
Durch Aspiration, Laryngospasmus und Atemstillstand besteht akute Lebensgefahr. Nach Sistieren der Krämpfe sinkt die Patientin in ein Koma von wechselnder Dauer.

Diagnostik. Die Diagnose ist aus Kenntnis des Krankheitsverlaufs und der Anamnese eindeutig zu stellen.

Differenzialdiagnose. Ein epileptischer Anfall, eine hypokalzämische Tetanie und eine Hyperventilationstetanie sind in Betracht zu ziehen.

F-1.20

1.3 Notfallsituationen in der Schwangerschaft, unter der Geburt und im Wochenbett

1.3.1 Präeklampsie und Eklampsie

Die hypertensiven Erkrankungen in der Schwangerschaft, speziell die Präeklampsie bzw. Eklampsie (s. S. 538 ff), sind ein schwangerschaftsspezifisches, komplexes Krankheitsbild unklarer Ätiologie, das einen für Mutter und Kind lebensbedrohlichen Verlauf nehmen kann, wenn es nicht rechtzeitig erkannt und behandelt wird. Dieses Krankheitsbild rangiert noch immer an prominenter Stelle unter den mütterlichen Todesursachen und beeinflusst die kindliche perinatale Mortalität und Morbidität entscheidend. Der Status eclampticus stellt einen unmittelbar lebensbedrohlichen Zustand für die Mutter dar: Bereits der erste Anfall kann tödlich sein. Außerdem kann es zu vorzeitiger Plazentalösung, Nierenversagen, HELLP-Syndrom, Lungenödem, Verbrauchskoagulopathie, apoplektischem Insult sowie Amaurose kommen.
Bezüglich der Ätiologie und Pathogenese wird auf S. 538 ff verwiesen.

Klinik. Die **Präeklampsie** ist durch Hypertonie, Ödeme insbesondere der nicht abhängigen Körperpartien und Proteinurie gekennzeichnet.
Bei **schwerer Präeklampsie** kommt es zu einem weiteren, plötzlichen Anstieg des Blutdrucks. Die Schwangere macht einen schwer kranken Eindruck und weist zusätzlich **zentralnervöse Symptome** (Tab. **F-1.20**) in unterschiedlicher Kombination auf.
Treten bei Präeklampsie neurologische Symptome auf, muss dies als **Prodromalstadium des eklamptischen Anfalls** betrachtet werden, der jetzt jederzeit einsetzen kann. Er kündigt sich durch starre Blickrichtung, weite Pupillen und Zuckungen der Gesichtsmuskulatur an.
Treten zusätzlich zu den neurologischen Symptomen **tonisch-klonische Krämpfe und/oder eine tiefe Bewusstlosigkeit** auf, so handelt es sich um das Vollbild der **Eklampsie** (**Status eclampticus**). Die tonisch-klonischen Krämpfe beginnen meist an den Extremitäten und breiten sich über den Stamm kranialwärts aus. Sie gleichen in ihrem Ablauf dem Status epilepticus.
Durch Aspiration, Laryngospasmus und Atemstillstand besteht akute Lebensgefahr.
Nach Sistieren der Krämpfe sinkt die Patientin in einen komatösen Zustand von wechselnder Dauer. Nur allmählich hellt sich das Sensorium auf.

Diagnostik. Die Diagnose der Präeklampsie bzw. Eklampsie ist bei Kenntnis des bisherigen Krankheitsverlaufs sowie aus der Anamnese eindeutig zu stellen.

Differenzialdiagnose. Der **epileptische Anfall** ist leicht abzugrenzen, da die Symptomatik der Präeklampsie fehlt und das Anfallsleiden im Allgemeinen bekannt ist. Ferner kommen die **hypokalzämische Tetanie** sowie die **Hyperventilationstetanie** in Betracht. Die Therapie dieser Anfallsleiden unterscheidet sich nicht von der bei nicht graviden Patientinnen.

F-1.20 Zentralnervöse Symptome bei schwerer Präeklampsie

- Kopfschmerzen
- Ohrensausen/Schwindelgefühl
- Augenflimmern, Visusstörungen (Gesichtsfeldeinengungen)
- epigastrische Schmerzen
- Übelkeit und Erbrechen
- motorische Unruhe und Hyperreflexie
- evtl. Bewusstseinstrübung

F-1.21 Behandlungsmaßnahmen bei Präeklampsie

- Sicherung eines peripher-venösen Zugangs
- Sedierung (z. B. Diazepam 10 mg langsam i. v.)
- akustische und optische Reizabschirmung
- Bereitstellen eines Gummikeils
- Bereitstellen einer Beatmungsvorrichtung
- Einleiten der antihypertensiven Therapie mit Dihydralazin (z. B. Nepresol) i. v. und p. i. – bei Ansteigen der Blutdruckwerte: initial 1,25–2,5 mg als Bolus langsam i. v. und 50 mg (2 Amp.) in 500 ml Lsg. p. i. (anfänglich 20 ml/h, Dosierung je nach Blutdruckverhalten).

F-1.21

F-1.22 Magnesiumtherapie bei drohender Eklampsie

Initialdosis	4–6 g Mg-5-sulfat i. v. innerhalb von 5–20 Minuten
Erhaltungsdosis	1 g/h Mg-5-sulfat p. i.

F-1.22

F-1.23 Behandlungsmaßnahmen bei Eklampsie

- sofort Mundkeil zwischen die Zähne schieben
- Einleitung der Narkose
- Intubation und Beatmung
- ggf. sofortige Beendigung der Schwangerschaft

F-1.23

Therapie. Am Notfallort sind unverzüglich die in Tab. **F-1.21** dargestellten Maßnahmen einzuleiten.
Bei **drohender Eklampsie** muss zusätzlich zur Anfallsprophylaxe oder -kupierung Magnesium in hoher Dosis (Tab. **F-1.22**) verabreicht werden. Wegen der befürchteten schweren Nebenwirkungen der Magnesiumtherapie – Atemdepression und Herzstillstand – ist eine intensive klinische Überwachung erforderlich. Treten diese Nebenwirkungen auf, verabreicht man als Antidot Kalzium in Form von Kalziumglukonat (10–20 ml 10 %ige Kalziumglukonat-Lösung i.v).

Therapie. Zu den Maßnahmen **am Notfallort** s. Tab. **F-1.21**.

Bei **drohender Eklampsie** ist Magnesium zur Anfallsprophylaxe oder -kupierung zu verabreichen (Tab. **F-1.22**). Magnesium kann zu Atemdepression und Herzstillstand führen, daher intensive klinische Überwachung! Das Antidot Kalziumglukonat ist bereitzuhalten.

▶ **Merke.** Ziel der Behandlung einer drohenden Eklampsie ist es, die Eklampsie zu verhindern.

◀ **Merke**

Bei den ersten Anzeichen eines **eklamptischen Anfalls** müssen sofort die in Tab. **F-1.23** aufgeführten Maßnahmen eingeleitet werden.
Die Patientin muss schnell und schonend in die nächste geburtshilfliche, vorinformierte Klinik transportiert werden.

Zur Therapie des **eklamptischen Anfalls** s. Tab. **F-1.23**.

Der schnelle Transport in die nächste geburtshilfliche, vorinformierte Klinik ist erforderlich.

Ziel der Therapie **in der Klinik** ist evtl. die schnellstmögliche Entbindung. Der Zeitpunkt der Entbindung hängt vom Schweregrad der Erkrankung und vom Gestationsalter ab. Eine schwer kranke Patientin darf nur in stabilem Zustand entbunden werden. Die Intensivmaßnahmen bei Eklampsie werden so lange fortgeführt, bis keine Krampfbereitschaft mehr registriert wird, der Blutdruck abfallende Tendenz zeigt und die Nierenfunktion sichergestellt ist. Vor der 36. SSW versucht man, wenn die mütterliche Erkrankung es erlaubt, auch bei schwerer Präeklampsie unter intensivmedizinischer Überwachung und Therapie, im Interesse des Kindes ein höheres Gestationsalter zu erreichen. Nach der 36. SSW leitet man die Geburt ein, weil der Fetus durch ein Zuwarten keinen Vorteil mehr hat.

Ziel der Therapie **in der Klinik** ist evtl. die schnellstmögliche Entbindung. Der Zeitpunkt der Entbindung hängt vom Schweregrad der Erkrankung und vom Gestationsalter ab. Die Patientin darf nur in stabilem Zustand entbunden werden. Vor der 36. SSW versucht man unter intensivmedizinischer Überwachung und Therapie im Interesse des Kindes ein höheres Gestationsalter zu erreichen. Nach der 36. SSW leitet man die Geburt ein.

▶ Klinischer Fall

▶ **Klinischer Fall.** Bei einer routinemäßigen Kontrolluntersuchung einer bis dahin unauffälligen Gravidität in der 35. SSW fallen bei der gesunden II-Gravida I-Para neu entstandene Knöchelödeme auf. Die Patientin klagt über Kopfschmerzen, die Blutdruckwerte sind erhöht (RR systolisch 145 mmHg, RR diastolisch 110 mmHg).
Bei V. a. Präeklampsie erfolgt sofort die Einweisung in die Klinik. Bei Aufnahme 20 Minuten später klagt die Patientin zusätzlich über Augenflimmern. Während der Aufnahmeuntersuchungen kommt es zu einem eklamptischen Anfall mit Zungenbiss. Die Patientin schlägt auf dem Boden auf. Nach sofortiger Injektion von 10 mg Valium i. v. kann der Krampfanfall durchbrochen werden.
Bei der notfallmäßigen Kaiserschnittentbindung wird aus Schädellage ein unreifes Mädchen geboren (Apgar 7/8/8, Nabelschnur-pH = 7,18). Postoperativ wird die Patientin auf die Intensivstation verlegt und dort für 24 Stunden nachbeatmet, der Blutdruck mit Dihydralazin gesenkt und die Nierenfunktion mit Dopamin und Lasix unterstützt. Unter dieser Therapie ist der weitere Verlauf unauffällig. Neurologisch zeigt die Patientin außer einer retrograden Amnesie keine Auffälligkeiten, durch CCT (kranielles Computertomogramm) kann eine intrakranielle Blutung ausgeschlossen werden. Konventionelle Röntgenaufnahmen des Schädels und der HWS ergeben keinen Anhalt für eine Fraktur. Nach 14 Tagen verlassen Mutter und Kind gesund die Klinik.

1.3.2 Vena-cava-Kompressionssyndrom

1.3.2 Vena-cava-Kompressionssyndrom

▶ Definition

▶ **Definition.** Unter dem Vena-cava-Kompressionssyndrom versteht man eine Sekunden bis Minuten dauernde Schocksymptomatik in der Schwangerschaft infolge Kompression der Vena cava durch den Uterus und daraus resultierender Abnahme des venösen Rückstroms zum Herzen und des Herzminutenvolumens. Das Vena-cava-Kompressionssyndrom tritt besonders in Rückenlage auf.

Epidemiologie. In leichter Form tritt es bei 30–40 % aller Schwangeren vor allem im 3. Trimenon auf.

Epidemiologie. Leichte Formen des Vena-cava-Kompressionssyndroms treten bei 30–40 % der Schwangeren im 2. und vor allem im 3. Trimenon auf.

Klinik. Blässe, Schweißausbrüche und Atemnot, evtl. Krämpfe. Die Verminderung der Uterusdurchblutung kann zu Sauerstoffmangel des Fetus und so zu fetaler Bradykardie führen.

Klinik. Blässe, Schweißausbrüche und Atemnot treten auf. Bei niedrigem Blutdruck kann es zu Krämpfen kommen, die jedoch im Gegensatz zu Epilepsie und Eklampsie nicht rhythmisch sind. Durch die Verminderung des Herzminutenvolumens nimmt u. a. die Uterusdurchblutung ab und bei Unterschreiten kritischer Grenzwerte tritt beim Feten Sauerstoffmangel auf, der sich in einer fetalen Bradykardie äußert.

Differenzialdiagnose. Orthostatische Dysregulation.

Differenzialdiagnose. Eine **orthostatische Dysregulation** ist in Betracht zu ziehen.

Therapie. Linksseitenlagerung.

Therapie. Die Patientin wird unverzüglich in Linksseitenlage gebracht, wodurch sich der Zustand sofort normalisiert.

1.3.3 Thrombose und Embolie

1.3.3 Thrombose und Embolie

Das relative Risiko venöser Thrombosen steigt während der Schwangerschaft und im Wochenbett um das Dreifache an.

Thromboembolische Erkrankungen stellen einen bedeutenden Anteil der mütterlichen Morbidität und Mortalität dar. Das relative Risiko venöser Thrombosen steigt während der Schwangerschaft und im Wochenbett um das Dreifache, nach operativ-geburtshilflichen Eingriffen sowie komplizierten vaginalen Entbindungen auf das Acht- bis Zehnfache an.

In der Schwangerschaft besteht vor allem das Risiko der Phlebothrombose und ihrer Komplikationen.

In der Schwangerschaft besteht vornehmlich das Risiko der Phlebothrombose mit den gefürchteten Komplikationen der Lungenembolie und des postthrombotischen Syndroms.

Thrombose

Thrombose

Die Diagnose der tiefen Beinvenenthrombose (TBVT) ist in der Schwangerschaft besonders schwierig.

Die Diagnose der tiefen Beinvenenthrombose (TBVT) ist in der Schwangerschaft noch schwieriger als bei nicht graviden Patientinnen. Die „Thrombosezeichen" sind extrem unsicher.

F-1.10 Druckschmerzpunkte im Bereich der unteren Extremität bei tiefer Beinvenenthrombose

F-1.10

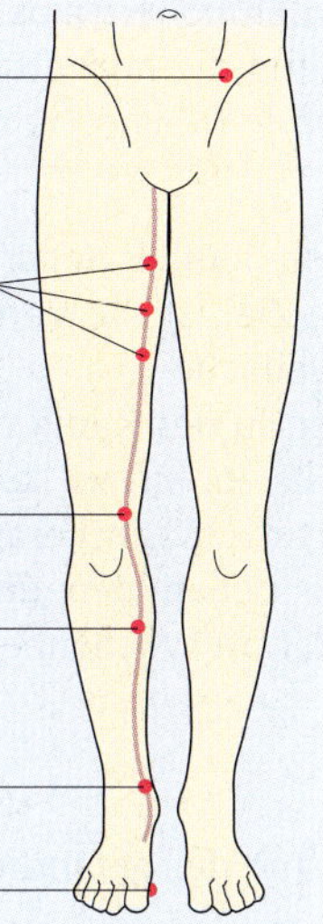

F-1.24 Klinische Zeichen bei tiefer Beinvenenthrombose

F-1.24

- Druckschmerz in der Leistengegend, im unteren Abdomen und im Verlauf der Beinvenen im Adduktorenbereich
- Fußsohlenschmerz oder Schmerzempfindlichkeit beidseits der Achillessehne (s. Abb. **F-1.10**)
- Schwellung und Ödembildung, Lividität der (des) Beine(s)
  - Phlegmasia coerulea dolens
- Wärmegefühl im erkrankten Bein
- verstärkte Schmerzen beim Laufen
- gestaute V. epigastrica superficialis
- treppenförmig ansteigende Pulsfrequenz, sog. Kletterpuls
- Schmerzhaftigkeit bei Wadenkompression (Lowenberg-Zeichen)

Anamnese. Risikofaktoren der TBVT in graviditate sind ausgedehnte Varikosis und Immobilisation oder früher durchgemachte thromboembolische Erkrankungen, z. B. in der Gravidität, nach Operationen oder während der Einnahme von Kontrazeptiva.

Anamnese. Risikofaktoren sind ausgedehnte Varikosis, Immobilisation und z. n. thromboembolischen Erkrankungen.

Klinik und Diagnostik. Die Ausprägung der Symptomatik ist wechselnd und die Diagnose durch die Vielzahl unspezifischer schwangerschaftsbedingter Beinbeschwerden, insbesondere bei Varikosis in graviditate, erschwert. Der V. a. eine TBVT ergibt sich, wenn die in Tab. **F-1.24** aufgeführten klinischen Zeichen (Abb. **F-1.10**) auftreten.
Bei jedem klinischen Verdacht muss eine apparative Diagnostik, z. B. Dopplersonographie der Venen, Venenverschluss-Plethysmographie, Phlebographie, erfolgen.

Klinik und Diagnostik. Die Ausprägung der Symptomatik in der Schwangerschaft ist wechselnd. Diagnostisch wegweisende Zeichen zeigt Tab. **F-1.24** und Abb. **F-1.10**.

Bei jedem klinischen Verdacht muss die weiterführende apparative Diagnostik erfolgen.

▶ **Merke.** Bei V. a. eine tiefe Beinvenenthrombose muss man immer auf die Zeichen einer Lungenembolie achten.

◀ Merke

Therapie.

Therapie.

▶ **Merke**

▶ **Merke.** Wegen des hohen Embolierisikos sollte die Patientin bei V. a. eine TBVT immer immobilisiert und die hochdosierte Heparinisierung eingeleitet werden, bis die weiterführende Diagnostik den Verdacht entkräftet hat.

5000 IE Heparin i. v. als Bolus, anschließend 1000 IE/h p. i. Ziel: Verlängerung der PTT auf das Zweifache.

Nach einer Bolusinjektion von 5000 IE Heparin i. v. verabreicht man eine Dauertropfinfusion mit 1000 IE/h. Ziel ist die Verlängerung der partiellen Thromboplastinzeit (PTT) auf das Zweifache.

Die Therapie ist abhängig von der Lokalisation. Infrage kommen Kompression, hochdosierte Heparintherapie (s. o.), Thrombektomie oder Fibrinolyse.

Das therapeutische Vorgehen in der Klinik nach Sicherung der Diagnose hängt von der Lokalisation der TBVT ab. Infrage kommen die einfache Kompressionsbehandlung, die hochdosierte Heparintherapie (s. o.), die Thrombektomie und die Fibrinolysetherapie, die neben den üblichen Kontraindikationen in der Schwangerschaft absolut oder im Wochenbett bei Z. n. Kaiserschnittentbindung kontraindiziert ist.

Lungenembolie

Sie ist eine der gefährlichsten Wochenbettkomplikationen.

Sie stellt auch heute noch eine der gefährlichsten Wochenbettkomplikationen dar.

Anamnese. Anhaltspunkte für eine Lungenembolie sind z. B. die Gravidität, Varikosis und frühere Thromboembolien.

Anamnese. Hinweise auf das Vorliegen einer Lungenembolie sind die Gravidität, die Varikosis, evtl. die Zeichen der frischen TBVT oder früher durchgemachte thromboembolische Erkrankungen.

Klinik und Diagnostik. Die Symptomatik hängt davon ab, ob es sich um einen einmaligen, massiven Schub (Symptome s. Tab. **F-1.25**) oder um mehrere (latente) embolische Schübe handelt, bei letzterer ist die Symptomatik weniger eindeutig (Tab **F-1.26**).

Klinik und Diagnostik. Die Symptomatik hängt davon ab, ob es sich um einen einmaligen, massiven Schub oder um mehrere (latente) embolische Schübe handelt. Die Symptome der massiven Lungenembolie sind in Tab. **F-1.25** dargestellt. Bei diesen Symptomen ist die Diagnose auf Anhieb zu stellen.
Bei multiplen embolischen Schüben kommt es nicht zu einer so hämodynamisch relevanten Veränderung wie bei massiver Lungenembolie, so dass die Symptomatik (Tab. **F-1.26**) weniger eindeutig ist.

Therapie. Sofortmaßnahmen **am Notfallort** zeigt Tab. **F-1.27**.

Therapie. Sofortmaßnahmen bei Lungenembolie sind in Tab. **F-1.27** aufgeführt.

▶ **Merke**

▶ **Merke.** Wegen der Gefährdung der Patientin durch eine Reembolie bzw. der Möglichkeit eines Mikroemboliesyndroms ist eine unverzügliche diagnostische Abklärung des Beschwerdebildes, auch in der Schwangerschaft, unter klinischen Bedingungen angezeigt.

F-1.25

F-1.25 Symptome der massiven Lungenembolie

- plötzlicher stechender Schmerz in der Brust
- Blässe, Zyanose
- Dyspnoe
- Kollaps, Schock

F-1.26

F-1.26 Symptome der rezidivierenden Lungenembolie

- Tachykardie
- subfebrile Temperaturen
- sich verschlechternder Allgemeinzustand
- blutiges Sputum
- Cor pulmonale

F-1.27 Sofortmaßnahmen bei Lungenembolie

F-1.27

- Immobilisation
- Oberkörper hochlagern
- Sauerstoffzufuhr über Atemmaske
- Sicherung eines peripher-venösen Zugangs
- Analgosedierung (z. B. Morphin 2,5–10 mg i. v. plus Diazepam 10 mg langsam i. v.)
- hochdosierte Heparintherapie (bereits bei Verdacht)
- Atropingabe bei Bradykardie
- evtl. kardiopulmonale Reanimation mit Intubation, Beatmung und externer Herzmassage
- schonender und erschütterungsfreier Transport in die Klinik

Die Therapie **in der Klinik** erfolgt nach den bekannten Therapiestrategien.

1.3.4 Fruchtwasserembolie

1.3.4 Fruchtwasserembolie

▶ **Definition.** Unter einer Fruchtwasserembolie versteht man die Einschwemmung von Fruchtwasser in die mütterliche Zirkulation. Sie ist eine der verheerendsten Schwangerschaftskomplikationen und lebensgefährlich für Mutter und Kind.

◀ **Definition**

Die Fruchtwasserembolie verläuft in zwei Phasen: In der ersten Phase verlegen korpuskuläre Bestandteile des Fruchtwassers die Lungenstrombahn, es kommt zu pulmonaler Hypertonie, akutem Cor pulmonale und kardiogenem Schock. In der zweiten Phase entwickelt sich eine Verbrauchskoagulopathie. Zu den Einzelheiten der Ätiologie und Pathogenese s. S. 650 ff.

Die Fruchtwasserembolie verläuft in zwei Phasen:

1. pulmonale Hypertonie, akutes Cor pulmonale und kardiogener Schock
2. Verbrauchskoagulopathie.

Klinik. Während oder kurz nach der Geburt treten plötzlich – als Ausdruck der ersten Phase der Fruchtwasserembolie – Dyspnoe, Tachypnoe, Zyanose, Angst, Unruhe und Verwirrtheit, evtl. Bewusstseinsverlust und Krämpfe auf. Als Prodromi werden evtl. Schüttelfrost bzw. Frösteln sowie Erbrechen beobachtet. Bei schweren Verläufen entwickelt sich schnell ein Atem- und Kreis laufstillstand.
Im weiteren Verlauf steht die atonische Nachblutung im Vordergrund. Sie ist Ausdruck der hämorrhagischen Diathese bei Verbrauchskoagulopathie (zweite Phase).

Klinik. Während oder kurz nach der Geburt kommt es zu Dyspnoe, Tachypnoe, Zyanose, Angst und Unruhe, evtl. Bewusstseinsverlust und Krämpfen, in schweren Fällen zu Atem- und Kreis laufstillstand (erste Phase). Im weiteren Verlauf tritt eine atonische Nachblutung auf (zweite Phase).

Diagnostik. Eine eindeutige Diagnose kann nur durch den Nachweis von Amnionzellen in pulmonalen Gefäßen gestellt werden.

Diagnostik. Eine eindeutige Diagnose gelingt nur durch den Nachweis von Amnionzellen in pulmonalen Gefäßen.

Differenzialdiagnose. Primär müssen die hämodynamisch relevante **Lungenembolie**, eine **akute Linksherzinsuffizienz** bei vorbestehender Herzerkrankung, die **Aspiration von Mageninhalt** sowie ein **Pneumothorax** ausgeschlossen werden. Bei **Status eclampticus** bestehen im Unterschied zur Fruchtwasserembolie Hypertonie und Proteinurie. Leicht abzugrenzen sind die **vorzeitige Plazentalösung** sowie die **Uterusruptur**.

Differenzialdiagnose. Lungenembolie, akute Linksherzinsuffizienz, Aspiration von Mageninhalt, Pneumothorax, Status eclampticus, vorzeitige Plazentalösung und Uterusruptur.

Therapie. In der Phase der kardiorespiratorischen Insuffizienz sind die kardiopulmonale Notfallbehandlung mit Intubation, Beatmung mit positivem endexspiratorischen Druck (PEEP), Volumensubstitution, Gabe von Katecholaminen (Dopamin 3–7 mg/kg KG/min) sowie die externe Herzmassage angezeigt. Zusätzlich sollte ein zentralvenöser Zugang zur Registrierung des zentralen Venendrucks gesichert sowie ein Blasendauerkatheter zur Kontrolle der Nierenfunktion gelegt werden.
In der zweiten Phase wird die Verbrauchskoagulopathie behandelt (s. S. 651).

Therapie. In der ersten Phase ist die kardiopulmonale Notfallbehandlung indiziert: Intubation, Beatmung mit PEEP, Volumensubstitution, Gabe von Dopamin, evtl. Reanimation. Daneben ZVK messen und Blasendauerkatheter legen.
In der zweiten Phase Verbrauchskoagulopathie behandeln (s. S. 651).

1.3.5 Vorzeitige Wehentätigkeit

Prädisponierende Faktoren sind u. a. psychische Belastung und eine aszendierende Infektion der Geburtswege (s. S. 633, 645 ff).

1.3.5 Vorzeitige Wehentätigkeit

Die vorzeitige Wehentätigkeit kann insofern eine Notfallsituation darstellen, als bei unaufhaltbarem Partus das Frühgeborene je nach seiner Reife akut lebensbedroht sein kann.
Prädisponierende Faktoren sind u. a. psychische Belastung, eine aszendierende Infektion der Geburtswege, Fieber, ein Hydramnion und Mehrlingsschwangerschaften (s. S. 633, 645 ff).

Diagnostik. Die Diagnose wird durch die Anamnese, klinische Untersuchung, CTG und Sonographie gestellt.

Diagnostik. Die Diagnose wird durch die Anammnese (prädisponierende Faktoren?), die klinische Untersuchung (Muttermundsweite? Konsistenz der Zervix? Zervixabstrich), CTG und Sonographie (Zervixlänge? Sicherung des errechneten Geburtstermins durch Fetometrie) gestellt.

Therapie.

Therapie.

▶ Merke

▶ **Merke.** Bei jeglichem V. a. vorzeitige Wehentätigkeit, insbesondere wenn prädisponierende Faktoren vorliegen, sollte die Patientin immobilisiert und in eine geburtshilfliche Klinik eingewiesen werden, in der eine neonatologische Intensivüberwachung und Therapie möglich sind.

Die Patientin wird sediert (10 mg Diazepam i. v.) und die Tokolyse mit Fenoterol noch **am Notfallort** eingeleitet.

Nach Sicherung eines venösen Zugangs wird die Schwangere sediert: Man verabreicht 10 mg Diazepam i. v. Bereits **am Notfallort** sollte eine Tokolyse mit einem β-Sympathomimetikum erfolgen, z. B. mit Fenoterol (Berotec-Spray oder Partusisten).
Die geburtshilfliche Klinik muss vorverständigt werden. Der Transport soll äußerst schonend sein.

In der Klinik sind Bettruhe, Tokolyse und zwischen der 28. und 36. SSW die Induktion der Lungenreife indiziert.

In der Klinik geht das Bestreben dahin, die Wehentätigkeit durch Bettruhe und Tokolyse zu beenden und so die Schwangerschaft zu erhalten. Zwischen der 28. und 36. SSW fördert man die fetale Lungenreife durch Gabe von Betamethason.

1.3.6 Nabelschnurvorfall

Der Nabelschnurvorfall nach vorzeitigem Blasensprung, z. B. bei Infektion des unteren Eipols, vorzeitigen Wehen oder Zervixinsuffizienz, stellt eine akute Gefahr für das Kind dar. Zum Nabelschnurvorfall prädisponierende Faktoren sind in Tab. **F-1.28** dargestellt.

1.3.6 Nabelschnurvorfall

Der vorzeitige Blasensprung an sich (Fruchtwasserabgang vor Beginn der Eröffnungswehen) stellt keine notfallmedizinische Situation dar. Der Nabelschnurvorfall nach vorzeitigem Blasensprung (s. Abb. **E-6.28**, S. 652) jedoch stellt eine akute Gefahr für das Kind dar. Ein vorzeitiger Blasensprung wird meistens durch eine Infektion am unteren Eipol, aber auch durch vorzeitige Wehentätigkeit und Zervixinsuffizienz ausgelöst. Ursache des Nabelschnurvorfalls ist immer die mangelnde Abdichtung des Geburtskanals durch das Kind. Prädisponierende Faktoren sind in Tab. **F-1.28** dargestellt.

Mit Einsetzen der Wehentätigkeit kann es zur Nabelschnurkompression und damit zu Sauerstoffmangel des Fetus kommen.

Mit Einsetzen regelmäßiger Wehen kann es zur Nabelschnurkompression und infolgedessen zur Abnahme der umbilikalen Durchblutung und zu Sauerstoffmangel des Fetus kommen.

Anamnese. Flüssigkeitsabgang aus der Scheide, evtl. bestehen prädisponierende Faktoren.

Anamnese. Die Schwangere berichtet, dass Flüssigkeit aus der Scheide abgegangen sei. Evtl. sind prädisponierende Faktoren (s. Tab. **F-1.28**) bekannt.

F-1.28

F-1.28 Maternale und fetale Ursachen für einen Nabelschnurvorfall

maternale Ursachen	sehr enges oder weites Becken Multiparität
fetale Ursachen	Lageanomalien (Querlage, Schräglage, Beckenendlage) tief liegende Nabelschnur (z. B. bei tiefem Sitz der Plazenta, Placenta praevia partialis oder marginalis) Zwillinge Hydramnion

F-1.11 **Hochdrücken des kindlichen Kopfes bei Nabelschnurvorfall**

F-1.11

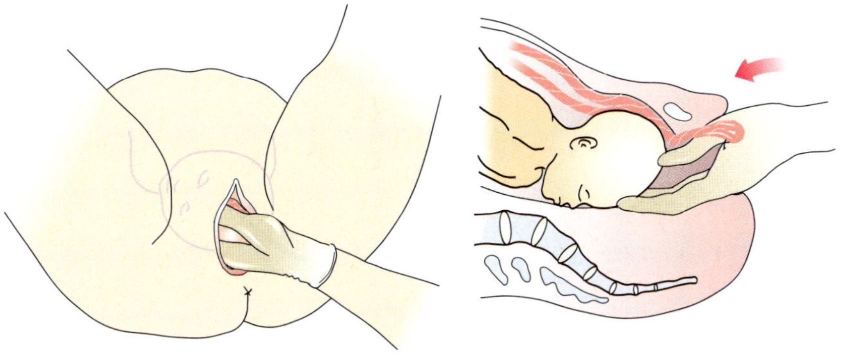

Diagnostik. Die frühzeitige Diagnose ist für die Prognose des Kindes von ausschlaggebender Bedeutung. Es empfiehlt sich deshalb, bei Vorliegen prädisponierender Faktoren (Angaben evtl. im Mutterpass) am Notfallort mit einem sterilen Handschuh vorsichtig die vaginale Untersuchung durchzuführen: Beim Nabelschnurvorfall tastet man die Nabelschnur vor dem vorangehenden kindlichen Teil, evtl. in der Vagina oder vor der Vulva.

Diagnostik. Die frühzeitige Diagnose ist für das Kind ausschlaggebend. Bei Vorliegen prädisponierender Faktoren ist daher am Notfallort eine vorsichtige vaginale Untersuchung indiziert. Die Nabelschnur ist vor dem vorangehenden kindlichen Teil zu tasten.

Therapie. Diagnostiziert der Arzt am Notfallort durch die vaginale Untersuchung einen Nabelschnurvorfall, geht er sofort mit der Hand weiter in die Vagina ein, sucht den vorangehenden kindlichen Teil auf und drängt ihn in das Corpus uteri hoch (Abb. **F-1.11**), bis die Nabelschnur von jeder Kompression befreit ist. Der vorangehende Teil wird so lange gehalten, bis die Schnittentbindung in einer Klinik durchgeführt werden kann.
Unterstützend wird die Beckenhochlagerung eingesetzt. Gleichzeitig initial i.v. Injektion von z. B. Partusisten (1 Ampulle à 25 µg mit 4 ml Infusionslösung verdünnt) über 2–3 Minuten (entsprechend 2 ml/min oder 10 µg/min) – anschließend kurzfristige Infusion mit bis zu 4 µg/min Fenoterolhydrobromid.
Es folgt die notfallmäßige Einweisung in eine geburtshilfliche Klinik, die vorverständigt werden sollte. Dort wird in den meisten Fällen die notfallmäßige Kaiserschnittentbindung durchgeführt.
Zum Nabelschnurvorfall vgl. auch S. 652 ff.

Therapie. Diagnostiziert man am Notfallort einen Nabelschnurvorfall, geht man mit der Hand in die Vagina ein und drückt den vorangehenden kindlichen Teil hoch (Abb. **F-1.11**) (bis zur Sectio!), um eine Kompression der Nabelschnur zu verhindern.

Unterstützend wird die Beckenhochlagerung eingesetzt und gleichzeitig eine Akut-Tokolyse durchgeführt. Es folgt die sofortige Klinikeinweisung, wo meistens eine Notsectio durchgeführt wird.

1.4 Partus unter Notfallbedingungen

In diesem Kapitel werden die seltene Situation der nicht organisierten Geburt, d. h. der Geburt unter Notfallbedingungen, und die resultierenden Besonderheiten beschrieben.

1.4 Partus unter Notfallbedingungen

Klinik. Presswehen und Druck auf den Darm sind die Anzeichen einer bevorstehenden Geburt.

Klinik. Zeichen einer bevorstehenden Geburt sind Presswehen und Druck auf den Darm.

Diagnostik. Bei der **äußeren Untersuchung** durch die Leopold-Handgriffe fühlt sich der Uterus in der Wehe maximal hart an. Der kindliche Kopf steht auf dem Beckenboden, d. h. er steht so tief im Becken, dass er durch den 4. Leopold-Handgriff nicht oder fast nicht mehr getastet werden kann.
Der kindliche Kopf lässt sich von außen und unten her durch zwei Handgriffe sehr gut tasten: Beim Schwarzenbach-Handgriff (Abb. **F-1.12**) tastet der Geburtshelfer zwischen Steißbeinspitze und After, beim de-Lee-Handgriff (Abb. **F-1.13**) mit Mittel- und Zeigefinger seitlich einer großen Schamlippe am Innenrand des Ramus inferior ossis pubis den auf dem Beckenboden stehenden Kopf.

Diagnostik. Die **äußere Untersuchung** ergibt einen in der Wehe harten Uterus. Der kindliche Kopf steht auf dem Beckenboden und ist durch den 4. Leopold-Handgriff kaum oder nicht mehr zu tasten. Der kindliche Kopf lässt sich durch den Schwarzenbach-Handgriff (Abb. **F-1.12**) und den de-Lee-Handgriff (Abb. **F-1.13**) gut tasten.

F-1.12 Schwarzenbach-Handgriff

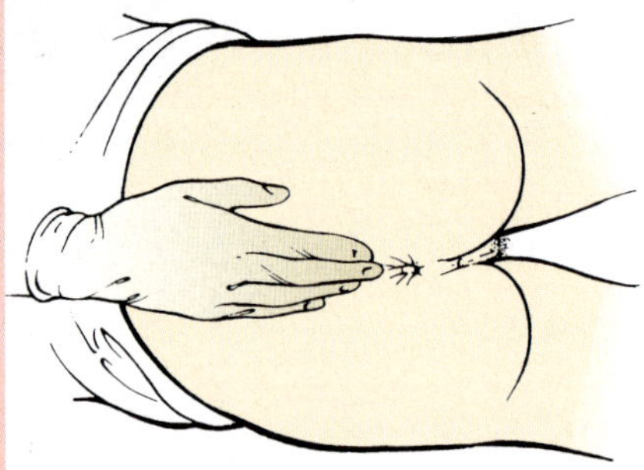

F-1.13 de-Lee-Handgriff

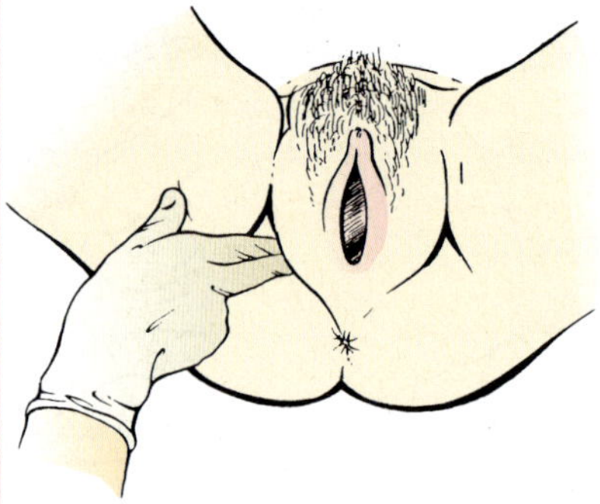

Ist der Kopf in der Vulva sichtbar, steht er im Beckenausgang. Der Damm ist vorgewölbt, der Anus klafft.

Bei der **inneren vaginalen Untersuchung** ist der Kopf auf dem Beckenboden, die Pfeilnaht meist im geraden Durchmesser und das Hinterhaupt hinter der Symphyse zu tasten.

Ist der Kopf bereits in der Vulva sichtbar, steht er im Beckenausgang. Der Damm ist vorgewölbt, der Anus klafft, evtl. ist Stuhl ausgetreten.

Bei der **inneren vaginalen Untersuchung** ist der Kopf auf dem Beckenboden zu tasten. Die Pfeilnaht steht meist im geraden Durchmesser, das Hinterhaupt als vorangehender Teil ist hinter der Symphyse zu tasten.

1.4.1 Geburtsleitung am Notfallort

▶ Merke

▶ **Merke.** Das Mitpressen wird zu einem unwiderstehlichen Zwang.

Bei der **Lagerung** muss ein Hohlkreuz vermieden werden.

Bei der **Lagerung** muss ein Hohlkreuz vermieden werden: Die Kreißende wird so gelagert, dass die Kreuzbeingegend so flach und fest wie möglich auf der Unterlage aufliegt.
Sobald die Presswehen beginnen, ändert die in Rückenlage liegende Kreißende unwillkürlich die Haltung ihrer Beine: Sie beugt die Knie, zieht die Beine an und stemmt sie fest auf die Unterlage.

Das Pressen wird erleichtert, wenn man der Kreißenden eine Handhabe gibt (s. Abb. **F-1.14**).

Das Pressen wird erleichtert, wenn man der Kreißenden eine Handhabe zum Pressen gibt (s. Abb. **F-1.14**).

F-1.14

F-1.14 Pressen ohne Hilfsperson

Außerordentlich wichtig ist die richtige **Atemtechnik**.
Zur Erleichterung, auch der nachfolgenden Schritte, soll der Steiß durch ein festes Kissen oder ähnliches erhöht werden.
Nicht selten verzögert sich das Durchschneiden des Kopfes, weil die Presswehen nachlassen. Die Wehentätigkeit kann durch „Anreiben" von Wehen (s. S. 738) angeregt werden. Zusätzlich stehen der **Kristeller-Handgriff** (s. S. 619, Abb. **E-6.7**) zur Expression des Kindes und der **Ritgen-Handgriff** zur Verfügung. Beim Ritgen-Handgriff handelt es sich um den Hinterdammgriff (Hinterdamm ist die Gegend zwischen Steißbeinspitze und After). Die eine Hand liegt wie beim Dammschnitt auf dem schon sichtbaren Teil des Kopfes, die andere Hand geht an den Hinterdamm und sucht dort das meist gut tastbare Kind auf (Wattebausch oder Tuch auf den After!).
Durch kräftig schiebenden Druck gegen das Kind wird der Kopf langsam aus dem Weichteilrohr gedrückt.
Beim Durchschneiden des Kopfes beginnt man mit dem **Dammschutz**: Mit der linken Hand wird das Hinterhaupt umfasst und durch leichten Gegendruck das Tempo des Durchtritts reguliert, während die rechte Hand den gedehnten Damm umgreift, um das Hochsteigen des Kopfes zu unterstützen.
Die **Episiotomie** (Dammschnitt) zur Entlastung des Dammes kann auch am Notfallort durchgeführt werden. Da die Möglichkeit der Anästhesie am Notfallort in den meisten Fällen nicht gegeben ist, sollte der Schnitt auf dem Höhepunkt der Wehe angelegt werden.
Nach der Geburt des Kopfes wartet man mit der Entwicklung der Schultern, bis spontan durch die nächste Wehe die **äußere Drehung** des Kopfes zur Seite hin erfolgt ist. Dann werden die Schultern und der Rumpf entwickelt. Durch den Kristeller-Handgriff kann die Entwicklung unterstützt werden.

Unmittelbar postpartal besteht bei noch nicht geborener Plazenta eine ausgeprägte **Blutungsgefahr**.

▶ **Merke.** Wichtig ist die Kontrolle der vaginalen Blutung und des Kontraktionszustandes des Uterus.

Die Frischentbundene wird nach Fritsch gelagert (s. Abb. **F-1.5**) und in eine Klinik eingewiesen.

1.4.2 Versorgung und Beurteilung des Neugeborenen

Bei der Erstversorgung des Neugeborenen sind die in Tab. **F-1.29** aufgeführten Maßnahmen zu beachten.
Das Neugeborene wird zwischen die Beine oder sofort auf die Brust der Mutter (immer in Bauchlage!) gelegt und Schleim oder Fruchtwasser vorsichtig aus dem Mund- und Rachenraum **abgesaugt**. Ist Absaugen nicht möglich, kann der Mund auch mit sterilen Mulltupfern (Kompressen) **ausgewischt** werden.
Mit keimfreien Tüchern (frisch gewaschene Handtücher, Brandwundenverbandtuch) wird das Neugeborene gut abgetrocknet und trocken eingewickelt (**cave Wärmeverlust!**). Das Einwickeln des Kindes in Haushaltsklarsichtfolie zum Schutz vor Wärmeverlust hat sich hervorragend bewährt. Die Folie haftet gut auf der Haut und verhindert die Verdunstung. Für den Kopf ist ein Loch zum Atmen zu belassen.
Das Abnabeln ist am Notfallort nicht zwingend. Große Niveauunterschiede zwischen Mutter und Kind sollten vermieden und spätestens bei Nachlassen der Nabelschnurpulsationen sollte die Zirkulationsmöglichkeit zwischen Kind und Plazenta mittels zweier Klemmen unterbrochen werden.
Parallel zu diesen Maßnahmen wird der **Vitalitätszustand** des Neugeborenen **nach** dem **Apgar-Score** (s. S. 696 ff) **beurteilt**.

Wichtig ist die richtige **Atemtechnik**.

Bei Verzögerung des Durchschneidens sollten die Wehen durch „Anreiben" stimuliert werden. Der **Ritgen-(Hinterdamm-) Handgriff** und der **Kristeller-Handgriff** sind ebenfalls hilfreich.

Durch den **Dammschutz** wird die Durchtrittsgeschwindigkeit des Hinterhauptes reguliert und das Hochsteigen des Kopfes unterstützt.

Die **Episiotomie** (Dammschnitt) sollte auf dem Höhepunkt der Wehe angelegt werden.

Nach der **äußeren Drehung** des Kopfes, die spontan geschieht, folgt die Geburt der Schultern und des Rumpfes, die mit Hilfe des Kristeller-Handgriffs unterstützt werden kann.

Unmittelbar postpartal ist die **Blutungsgefahr** groß.

◀ **Merke**

Lagerung der Mutter nach Fritsch (s. Abb. **F-1.5**) und Klinikeinweisung.

1.4.2 Versorgung und Beurteilung des Neugeborenen

Zu beachten sind die in Tab. **F-1.29** aufgeführten Maßnahmen.

Das Neugeborene wird in Bauchlage zwischen die Beine oder auf den Bauch der Mutter gelegt. Die Mundhöhle wird **abgesaugt** oder **ausgewischt**.

Das Neugeborene ist unbedingt **vor Wärmeverlust** zu **schützen**.

Große Niveauunterschiede zwischen Mutter und Kind sollten vermieden werden. Ein Abklemmen der Nabelschnur bei Nachlassen der Pulsationen ist ausreichend.

Die **Vitalitätsbeurteilung** erfolgt nach dem Apgar-Score.

F-1.29

F-1.29 Erstversorgung von Neugeborenen

- Freimachen der Atemwege
- Zustandsdiagnostik (Vitalitätszeichen) (Apgar-Score)
- Schutz vor Wärmeverlust
- evtl. kardiopulmonale Reanimation

Bei jedem Neugeborenen, das nicht ausreichend spontan atmet, das zyanotisch oder bradykard ist, muss nach gründlichem Freimachen der Atemwege die Atemhilfe eingeleitet und Sauerstoff über eine Gesichtsmaske zugeführt werden (s. Abb. **F-1.15**).

Bei jedem Neugeborenen, das nicht ausreichend spontan atmet, das zyanotisch oder anhaltend bradykard ist, muss nach gründlichem Freimachen der Atemwege unverzüglich die Atemhilfe eingeleitet und Sauerstoff zugeführt werden. Am effektivsten ist die Beatmung über eine Gesichtsmaske (s. Abb. **F-1.15**) mit 100 % Sauerstoff. Der Beatmungsdruck beträgt 20 cm H_2O, die Beatmungsfrequenz 30–40/min. Gleichzeitig wird die Atmung durch Hautreize stimuliert. Meist erholen sich die Neugeborenen unter dieser Therapie sehr schnell, die Haut wird rosig, und die Herzfrequenz normalisiert sich.

Bleibt das Neugeborene zyanotisch oder bradykard oder beträgt der Apgar-Score 0–2 Punkte, muss die Intubation erfolgen und das Neugeborene beatmet werden.

Bleibt das Neugeborene weiter zyanotisch oder bradykard (Herzfrequenz < 100/min) oder war der Zustand post partum extrem schlecht (Apgar-Score 0–2), wird das Neugeborene intubiert. Dazu wird der Kopf des Kindes in Mittelstellung gehalten – nicht überstrecken! –, durch ein Nasenloch wird ein Tubus eingeführt und der Oropharynx kurz abgesaugt. Der Spatel wird über den rechten Mundwinkel in den Mund eingeführt, die Zunge nach links abgedrängt, der Spatel unter Sicht bis zur Epiglottis vorgeschoben und der Tubus vorsichtig durch die Stimmritze vorgeschoben. Anschließend wird das Neugeborene beatmet. Der inspiratorische Beatmungsdruck beträgt 20 cm H_2O, der exspiratorische Beatmungsdruck 4 cm H_2O, die Beatmungsfrequenz 30–40/min.

Bei fehlender Herzaktion wird die externe Herzmassage durchgeführt.

Bei fehlender Herzaktion muss die externe Herzmassage durchgeführt werden. Dazu komprimiert man die untere Sternumhälfte mit Zeige- und Mittelfinger mit einer Frequenz von ca. 2/s entsprechend einer „Herzfrequenz" von 120/min (s. Abb. **E-8.2**, S. 700).

Ein venöser Zugang muss gesichert werden.

Ein venöser Zugang muss gesichert werden, z. B. in Form eines Nabelvenenkatheters.

Bei einem Apgar-Score von 0–2 Azidoseausgleich durch Blindpufferung: 5 ml eines Gemischs aus 5 %iger Glukose- und 8,4 %iger Bikarbonatlösung werden über 3 Minuten infundiert (2 ml/kg KG).

Bei einem Apgar-Score von 0–2 kann der Azidoseausgleich als Blindpufferung erfolgen. Dazu werden 5 ml eines Gemischs aus 5 %iger Glukose- und 8,4 %iger Bikarbonatlösung über 3 Minuten infundiert. Die weitere Puffertherapie in der Klinik richtet sich nach den bei der Blutgasanalyse ermittelten Werten.

F-1.15

F-1.15 Beatmung des Neugeborenen über eine Gesichtsmaske

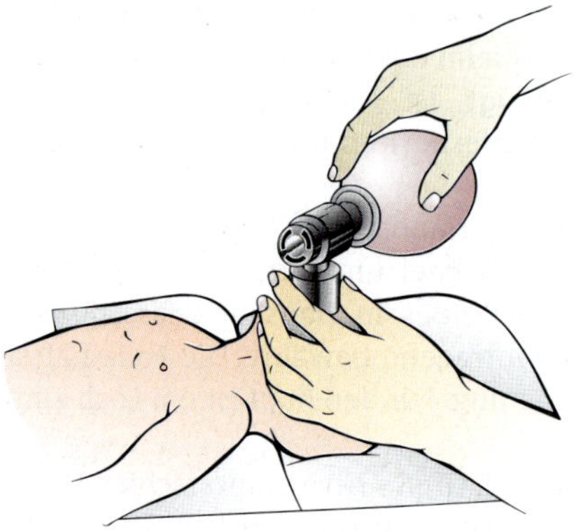

1.5 Verletzungen

Zu Verletzungen des Genitales kommt es vorwiegend bei Unfällen, vor allem im Kindesalter, aber auch bei erwachsenen Frauen.
Auch im Rahmen von Kohabitationen, vor allem bei Vergewaltigung, kann es zu Rissen des Dammes, des Scheidengewölbes oder der seitlichen Scheidenwand kommen.
Hinweise auf die Verletzung gibt der Unfall- bzw. Tathergang.

Therapie. Am Notfallort stehen nach Sicherung eines venösen Zugangs die Schockbekämpfung und die Analgosedierung im Vordergrund.

▶ **Merke.** Fremdkörper dürfen wegen der Blutungsgefahr niemals am Unfallort entfernt werden.

In der Klinik wird das Verletzungsausmaß durch Palpation, evtl. in Narkose, und Sonographie abgeklärt. Bei Pfählungsverletzungen bilden sich nicht selten paravaginale und parametrane Hämatome. Verletzungen der benachbarten Hohlorgane müssen ausgeschlossen werden, ebenso bei Verletzungen nach Vergewaltigung.
Nach Vergewaltigung müssen die Verletzungen u. a. fotografisch exakt dokumentiert werden. Von der Vulva, aus der Vagina und aus dem Zervikalkanal werden Abstriche genommen, um Spermien und Erreger sexuell übertragbarer Erkrankungen nachzuweisen.
Fremdkörper werden unter Darstellung des Verletzungskanals entfernt und das Wundgebiet chirurgisch versorgt.
Stark blutende Wunden werden umstochen und genäht.
Bei Pfählungsverletzungen Überprüfung des Tetanusimmunschutzes und ggf. Tetanusprophylaxe (Passiv-/und oder Aktiv-Immunisierung).

1.5 Verletzungen

Zu Verletzungen des Genitales kommt es vor allem bei Unfällen.

Auch Kohabitationen, vor allem bei Vergewaltigung, können zu Verletzungen führen.

Hinweise auf die Verletzung gibt der Unfall- bzw. Tathergang.

Therapie. Am Notfallort sind Schockbekämpfung und Analgosedierung vorrangig.

◀ **Merke**

In der Klinik wird das Verletzungsausmaß abgeklärt. Verletzungen benachbarter Hohlorgane müssen ausgeschlossen werden.

Nach Vergewaltigung müssen die Verletzungen exakt dokumentiert, zum Nachweis von Spermien und Infektionserregern Abstriche genommen werden.

Fremdkörper werden entfernt, Wunden chirurgisch versorgt, evtl. eine Tetanusprophylaxe durchgeführt.

Gesetz zur Änderung des Mutterschutzrechts (am 01. 01. 1997 in Kraft getreten)

1. Für Mütter nach Frühgeburten verlängert sich die 12-Wochen-Mutterschutzfrist zusätzlich jeweils um den Zeitraum, um den sich die Mutterschutzfrist im Einzelfall vor der Entbindung wegen der Frühgeburt verkürzt hatte.

Quelle: Bundesministerium für Familie, Senioren, Frauen und Jugend, 53107 Bonn

Das Mutterschutzgesetz gilt für alle Frauen, die in einem Arbeitsverhältnis stehen, auch für Teilzeitbeschäftigte, Haushaltsgehilfinnen und Heimarbeiterinnen, ebenso für Angestellte und Arbeiterinnen, die im öffentlichen Dienst beschäftigt sind, sowie für Frauen, die sich noch in der beruflichen Ausbildung befinden.

Nicht unter den Mutterschutz fallen Hausfrauen und Selbständige. Für Beamtinnen gelten besondere Regelungen, die im Beamtenrecht festgelegt sind.

Sobald eine werdende Mutter Gewissheit über ihre Schwangerschaft und den voraussichtlichen Tag der Entbindung hat, soll sie ihren Arbeitgeber unverzüglich unterrichten.

Verlangt der Arbeitgeber ausdrücklich einen Nachweis des Arztes, weil ihm die mündliche Information nicht genügt, muss er selbst die Kosten für die Bescheinigung übernehmen.

Der Arbeitgeber ist durch Gesetz verpflichtet, dem zuständigen Gewerbeaufsichtsamt die Schwangerschaft mitzuteilen. An diese Behörde, die die Einhaltung der Mutterschutzvorschriften kontrolliert, können sich Frauen mit allen Fragen wenden, die sich aus der Anwendung dieser Schutzvorschriften ergeben.

Die werdende Mutter steht unter Kündigungsschutz. Während der Schwangerschaft und in den ersten 4 Monaten nach der Entbindung ist eine Kündigung durch den Arbeitgeber ungültig, wenn ihm die Schwangerschaft oder Entbindung bekannt war oder ihm innerhalb von 2 Wochen nach Zugang der Kündigung mitgeteilt wurde.

Durch das Bundeserziehungsgeldgesetz wurde der Kündigungsschutz auf die Zeit des Erziehungsurlaubs ausgedehnt.

Gesetz zur Änderung des Mutterschutzrechts (am 01. 01. 1997 in Kraft getreten)

Die 12-Wochen-Mutterschutzfrist verlängert sich bei Frühgeburten um den Zeitraum der Verkürzung der Mutterschutzfrist im Einzelfall vor der Entbindung.
Das Mutterschutzgesetz gilt für alle Frauen, die in einem Arbeitsverhältnis stehen, auch für Teilzeitbeschäftigte, Haushaltsgehilfinnen und Heimarbeiterinnen, ebenso für Angestellte und Arbeiterinnen, die im öffentlichen Dienst beschäftigt sind, sowie für Frauen, die sich noch in der beruflichen Ausbildung befinden.

Die werdende Mutter steht unter Kündigungsschutz.

Schutzvorschriften für Mutter und Kind

Jeder Arbeitgeber muss eine werdende oder stillende Mutter so beschäftigen und ihren Arbeitsplatz einschließlich der Maschinen, Werkzeuge und Geräte so einrichten, dass sie vor Gefahren für Leben und Gesundheit ausreichend geschützt ist. Sind nach ärztlichem Zeugnis Leben und Gesundheit von Mutter und Kind bei Fortsetzung der Beschäftigung während der Schwangerschaft gefährdet, muss die Mutter ganz von der Arbeit freigestellt werden.

Wenn eine werdende Mutter bei ihrer Tätigkeit ständig stehen oder gehen muss, hat der Arbeitgeber für eine Sitzgelegenheit zum kurzen Ausruhen zu sorgen. Arbeitet sie ständig im Sitzen, muss er ihr Gelegenheit zu kurzen Unterbrechungen ihrer Arbeit geben.

Schutzvorschriften für Mutter und Kind

Jeder Arbeitgeber muss für die werdende oder stillende Mutter Bedingungen am Arbeitsplatz schaffen, die einen Schutz vor Gefahren für Leben und Gesundheit bedeuten.

Verbotene Arbeiten

Werdende Mütter dürfen nicht mit schweren körperlichen Arbeiten und nicht mit Tätigkeiten beschäftigt werden, bei denen sie schädlichen Einwirkungen von gesundheitsgefährdenden Stoffen oder Strahlen, Staub, Gasen oder Dämpfen, Hitze, Kälte oder Nässe, Erschütterungen oder Lärm ausgesetzt sind.

Verboten sind alle Tätigkeiten im Akkord, am Fließband mit vorgeschriebenem Arbeitstempo sowie alle Arbeiten, bei denen durch gesteigertes Arbeitstempo ein höheres Entgelt erzielt werden kann.

Verbotene Arbeiten

Werdende Mütter sind von belastenden Arbeiten (z. B. Akkord, Fließband) auszuschließen.

Verboten ist u. a. für werdende Mütter auch die Beschäftigung mit Arbeiten,

- bei denen regelmäßig Lasten über 5 kg oder gelegentlich Lasten von mehr als 10 kg ohne mechanische Hilfsmittel von Hand bewegt oder befördert werden müssen,
- bei denen sie sich häufig erheblich strecken oder beugen oder bei denen sie dauernd hocken oder sich gebückt halten müssen,
- bei denen sie erhöhten Unfallgefahren, z. B. durch Ausgleiten, Fallen oder Abstürzen, ausgesetzt sind,
- die bei der Bedienung von Geräten und Maschinen den Fuß stark beanspruchen, z. B. durch Fußantrieb.

Werdende Mütter haben eingeschränkte Arbeitszeiten (keine Nacht-, Sonn- und Feiertagsarbeiten) und Sonderregelungen (z. B. wenn unter 18 Jahren).

Werdende Mütter dürfen nicht

- mehr als maximal 8 ½ Stunden täglich oder 90 Stunden pro Doppelwoche,
- in der Nacht zwischen 20 und 6 Uhr,
- an Sonn- und Feiertagen beschäftigt werden.

Schwangere unter 18 Jahren dürfen täglich nur 8 Stunden oder 80 Stunden in der Doppelwoche arbeiten.

Sonderregelungen bestehen für Arbeiten im Haushalt und in der Landwirtschaft, für Künstlerinnen sowie für einzelne Gewerbezweige, z. B. das Gaststättengewerbe.

Nach Ablauf des dritten Monats der Schwangerschaft sind verboten:

- alle Arbeiten auf Beförderungsmitteln: eine werdende Mutter darf also keinen Kran führen und keinen Transportkarren bedienen.

Nach Ablauf des fünften Monats ist verboten:

- jede Arbeit, die über mehr als 4 Stunden täglich ständiges Stehen verlangt, auch wenn man sich zwischendurch für kurze Zeit setzen kann.

Schutzfristen vor und nach der Entbindung

Die Schutzfrist beginnt 6 Wochen vor der Entbindung und endet im Normalfall 8 Wochen, bei Früh- oder Mehrlingsgeburten 12 Wochen danach.

Schutzfristen vor und nach der Entbindung

Die Schutzfrist beginnt 6 Wochen vor der Entbindung und endet im Normalfall 8 Wochen, bei Früh- oder Mehrlingsgeburten 12 Wochen danach. Ab 6 Wochen vor der Geburt ihres Kindes darf die werdende Mutter nur noch dann beschäftigt werden, wenn sie selbst ausdrücklich erklärt hat, dass sie weiterarbeiten möchte. Es steht ihr frei, diese Entscheidung jederzeit rückgängig zu machen.

Während der Schutzfrist nach der Entbindung besteht für Mütter ein absolutes Beschäftigungsverbot. In dieser Zeit dürfen Frauen auch dann nicht beschäftigt werden, wenn sie dazu bereit wären.

Das Ende der Schutzfristen bedeutet nicht das Ende des Mutterschutzes. Er setzt sich im Rahmen des Erziehungsurlaubs nach dem Bundeserziehungsgeldgesetz fort. Eine Frau kann unter Verzicht auf die Möglichkeit des Erziehungsurlaubs nach Ende der Schutzfristen ihre Arbeit aber auch wieder aufnehmen.

Für stillende Mütter gelten nach Ablauf der Schutzfristen im Wesentlichen die gleichen Arbeitsverbote wie für werdende Mütter. Es besteht Anspruch auf Stillpausen.

Für stillende Mütter gelten nach Ablauf der Schutzfristen im Wesentlichen die gleichen Arbeitsverbote wie für werdende Mütter.

Eine Frau, die stillt, kann nach Wiederaufnahme ihrer Tätigkeit „Stillpausen“ während der Arbeitszeit beanspruchen. Die Zeit zum Stillen ist durch das Mutterschutzgesetz gesichert: mindestens zweimal täglich eine halbe Stunde oder einmal pro Tag eine Stunde bei einer Arbeitszeit von 8 Stunden.

Gesetzestexte

§ 3 Beschäftigungsverbote für werdende Mütter

Wenn die Gesundheit von Mutter oder Kind nach ärztlichem Zeugnis gefährdet ist, darf während der Schwangerschaft keine Beschäftigung erfolgen.

Gesetzestexte

§ 3 Beschäftigungsverbote für werdende Mütter

(1) Werdende Mütter dürfen nicht beschäftigt werden, soweit nach ärztlichem Zeugnis Leben oder Gesundheit von Mutter oder Kind bei Fortdauer der Beschäftigung gefährdet ist.

(2) Werdende Mütter dürfen in den letzten sechs Wochen vor der Entbindung nicht beschäftigt werden, es sei denn, dass sie sich zur Arbeitsleistung ausdrücklich bereit erklären; die Erklärung kann jederzeit widerrufen werden.

§ 4 Weitere Beschäftigungsverbote

Werdende Mütter dürfen nicht mit schweren körperlichen Arbeiten und nicht mit

§ 4 Weitere Beschäftigungsverbote

(1) Werdende Mütter dürfen nicht mit schweren körperlichen Arbeiten und nicht mit Arbeiten beschäftigt werden, bei denen sie schädlichen Einwirkungen

von gesundheitsgefährdenden Stoffen oder Strahlen, von Staub, Gasen oder Dämpfen, von Hitze, Kälte oder Nässe, von Erschütterungen oder Lärm ausgesetzt sind.

(2) Werdende Mütter dürfen insbesondere nicht beschäftigt werden

1. mit Arbeiten, bei denen regelmäßig Lasten von mehr als 5 kg Gewicht oder gelegentlich Lasten von mehr als 10 kg Gewicht ohne mechanische Hilfsmittel von Hand gehoben, bewegt oder befördert werden. Sollen größere Lasten mit mechanischen Hilfsmitteln von Hand gehoben, bewegt oder befördert werden, so darf die körperliche Beanspruchung der werdenden Mutter nicht größer sein als bei Arbeiten nach Satz 1,
2. nach Ablauf des fünften Monats der Schwangerschaft mit Arbeiten, bei denen sie ständig stehen müssen, soweit diese Beschäftigung täglich vier Stunden überschreitet,
3. mit Arbeiten, bei denen sie sich häufig erheblich strecken oder beugen oder bei denen sie dauernd hocken oder sich gebückt halten müssen,
4. mit der Bedienung von Geräten und Maschinen aller Art mit hoher Fußbeanspruchung, insbesondere von solchen mit Fußantrieb,
5. mit dem Schälen von Holz,
6. mit Arbeiten, bei denen sie infolge ihrer Schwangerschaft in besonderem Maße der Gefahr, an einer Berufskrankheit zu erkranken, ausgesetzt sind oder bei denen durch das Risiko der Entstehung einer Berufskrankheit eine erhöhte Gefährdung für die werdende Mutter oder eine Gefahr für die Leibesfrucht besteht,
7. nach Ablauf des dritten Monats der Schwangerschaft auf Beförderungsmitteln,
8. mit Arbeiten, bei denen sie erhöhten Unfallgefahren, insbesondere der Gefahr auszugleiten, zu fallen oder abzustürzen, ausgesetzt sind.

(3) Die Beschäftigung von werdenden Müttern mit

1. Akkordarbeit und sonstigen Arbeiten, bei denen durch ein gesteigertes Arbeitstempo ein höheres Entgelt erzielt werden kann,
2. Fließbandarbeit mit vorgeschriebenem Arbeitstempo ist verboten. Die Aufsichtsbehörde kann Ausnahmen bewilligen, wenn die Art der Arbeit und das Arbeitstempo eine Beeinträchtigung der Gesundheit von Mutter oder Kind nicht befürchten lassen.

Arbeiten beschäftigt werden, bei denen sie schädlichen Einwirkungen von gesundheitsgefährdenden Stoffen oder Strahlen, von Staub, Gasen oder Dämpfen, von Hitze, Kälte oder Nässe, von Erschütterungen oder Lärm ausgesetzt sind.

Beispiel für Beschäftigungsverbote: hohe Lasten, Unfallgefahren, Erkrankungsrisiken.

§ 5 Mitteilungspflicht, ärztliches Zeugnis

(1) Werdende Mütter sollen dem Arbeitgeber ihre Schwangerschaft und den mutmaßlichen Tag der Entbindung mitteilen, sobald ihnen ihr Zustand bekannt ist. Auf Verlangen des Arbeitgebers sollen sie das Zeugnis eines Arztes oder einer Hebamme vorlegen. Der Arbeitgeber hat die Aufsichtsbehörde unverzüglich von der Mitteilung der werdenden Mutter zu benachrichtigen. Er darf die Mitteilung der werdenden Mutter Dritten nicht unbefugt bekannt geben.

(2) Für die Berechnung der in § 3 Abs. 2 bezeichneten Zeiträume vor der Entbindung ist das Zeugnis eines Arztes oder einer Hebamme maßgebend, das Zeugnis soll den mutmaßlichen Tag der Entbindung angeben. Irrt sich der Arzt oder die Hebamme über den Zeitpunkt der Entbindung, so verkürzt oder verlängert sich diese Frist entsprechend.

(3) Die Kosten für die Zeugnisse nach den Absätzen 1 und 2 trägt der Arbeitgeber.

§ 5 Mitteilungspflicht, ärztliches Zeugnis

Werdende Mütter sollen dem Arbeitgeber ihre Schwangerschaft und den mutmaßlichen Tag der Entbindung mitteilen, sobald ihnen ihr Zustand bekannt ist.

§ 6 Beschäftigungsverbote nach der Entbindung

(1) Wöchnerinnen dürfen bis zum Ablauf von acht Wochen nach der Entbindung nicht beschäftigt werden. Für Mütter nach Früh- und Mehrlingsgeburten verlängert sich diese Frist auf zwölf Wochen, bei Frühgeburten zusätzlich um den Zeitraum, der nach § 3 Abs. 2 nicht in Anspruch genommen werden konnte. Beim Tode ihres Kindes kann die Mutter auf ihr ausdrückliches Verlangen schon vor Ablauf dieser Fristen wieder beschäftigt werden, wenn nach

§ 6 Beschäftigungsverbote nach der Entbindung

Nach der Entbindung besteht ein achtwöchiges Beschäftigungsverbot (bei Früh- und Mehrlingsgeburten 12 Wochen).

ärztlichem Zeugnis nichts dagegen spricht. Sie kann ihre Erklärung jederzeit widerrufen.
(2) Frauen, die in den ersten Monaten nach der Entbindung nach ärztlichem Zeugnis nicht voll leistungsfähig sind, dürfen nicht zu einer ihre Leistungsfähigkeit übersteigenden Arbeit herangezogen werden.
(3) Stillende Mütter dürfen mit den in § 4 Abs. 1 und Abs. 2 Nr. 1, 3, 4, 5, 6 und 8 sowie mit den in Abs. 3 Satz 1 genannten Arbeiten nicht beschäftigt werden. Die Vorschriften des § 4 Abs. 3 Satz 2 und 3 sowie Abs. 5 gelten entsprechend.

§ 7 Stillzeit

Stillende Mütter haben ein Recht auf Stillpausen.

§ 7 Stillzeit

(1) Stillenden Müttern ist auf ihr Verlangen die zum Stillen erforderliche Zeit, mindestens aber zweimal täglich eine halbe Stunde oder einmal täglich eine Stunde freizugeben.

§ 8 Mehrarbeit, Nacht- und Sonntagsarbeit

Werdende und stillende Mütter dürfen nicht mit Mehrarbeit, nicht in der Nacht zwischen 20 und 6 Uhr und nicht an Sonn- und Feiertagen beschäftigt werden.

§ 8 Mehrarbeit, Nacht- und Sonntagsarbeit

(1) Werdende und stillende Mütter dürfen nicht mit Mehrarbeit, nicht in der Nacht zwischen 20 und 6 Uhr und nicht an Sonn- und Feiertagen beschäftigt werden.
(2) Mehrarbeit im Sinne des Absatzes 1 ist jede Arbeit, die
1. von Frauen unter 18 Jahren über 8 Stunden täglich oder 80 Stunden in der Doppelwoche,
2. von sonstigen Frauen über 8 ½ Stunden täglich oder 90 Stunden in der Doppelwoche

hinaus geleistet wird. In die Doppelwoche werden die Sonntage eingerechnet.
(3) Abweichend vom Nachtarbeitsverbot des Absatzes 1 dürfen werdende Mütter in den ersten vier Monaten der Schwangerschaft und stillende Mütter beschäftigt werden
1. in Gast- und Schankwirtschaften und im übrigen Beherbergungswesen bis 22 Uhr,
2. in der Landwirtschaft mit dem Melken von Vieh ab 5 Uhr,
3. als Künstlerinnen bei Musikaufführungen, Theatervorstellungen und ähnlichen Aufführungen bis 23.00 Uhr.

(4) Im Verkehrswesen, in Gast- und Schankwirtschaften und im übrigen Beherbergungswesen, im Familienhaushalt, in Krankenpflege- und in Badeanstalten, bei Musikaufführungen, Theatervorstellungen, anderen Schaustellungen, Darbietungen oder Lustbarkeiten dürfen werdende oder stillende Mütter, abweichend von Absatz 1, an Sonn- und Feiertagen beschäftigt werden, wenn ihnen in jeder Woche einmal eine ununterbrochene Ruhezeit von mindestens 24 Stunden im Anschluss an eine Nachtruhe gewährt wird.

§ 199

Haushaltshilfen sind nach Begründung durch Arzt oder Hebamme möglich.

§ 199

Die Versicherte erhält Haushaltshilfe, soweit ihr wegen Schwangerschaft oder Entbindung die Weiterführung des Haushalts nicht möglich ist und eine andere im Haushalt lebende Person den Haushalt nicht weiterführen kann. § 38 Abs. 4 des Fünften Buches Sozialgesetzbuch gilt entsprechend.
(3) Das Mutterschaftsgeld wird für die letzten sechs Wochen vor der Entbindung, den Entbindungstag und für die ersten acht Wochen, bei Mehrlings- und Frühgeburten für die ersten zwölf Wochen nach der Entbindung gezahlt. Bei Frühgeburten verlängert sich die Bezugsdauer um den Zeitraum, der nach § 3 Abs. 2 des Mutterschutzgesetzes nicht in Anspruch genommen werden konnte. Für die Zahlung des Mutterschaftsgeldes vor der Entbindung ist das Zeugnis eines Arztes oder einer Hebamme maßgebend, in dem der mutmaßliche Tag der Entbindung angegeben ist. Das Zeugnis darf nicht früher als eine Woche vor Beginn der Schutzfrist nach § 3 Abs. 2 des Mutterschutzgesetzes ausgestellt sein. Irrt sich der Arzt oder die Hebamme über den Zeitpunkt der Entbindung, verlängert sich die Bezugsdauer entsprechend.

Heute auf dem Markt befindliche orale Kontrazeptiva

		Ethinyl-19-Nortestosteron (mg)								*17α-Hydroxy-progesteron (mg)*		*17α-Spirolacton (mg)*
		Gestoden	Desogestrel	Norgestimat	Levonorgestrel Norgestrel (NG)	Lynesterol	Norethisteron	Norethisteronacetat	Dienogest	Chlormadinonacetat	Cyproteronacetat	Drospirenon
Kombinationspräparate	Östrogenanteil > 50 µg EE									Ovosiston® 80 MES + 2		
	Östrogenanteil = 50 µg EE				Stediril® 50 EE + 0,5 NG Neogynon® 21 Stediril®-d 50 EE + 0,25 Neo-Stediril® Gravistat® 125 50 EE + 0,125 Tetragynon® (1) 50 EE + 0,25 (2 × 2 Drg.)	Lyndiol® Lyn-ratiopharm® 50 EE + 2,5 Anacyclin® Ovoresta® 50 EE + 1	Ortho-Novum® 1/50 50 MES + 1	Non-Ovlon® 50 EE + 1,0		Gestamestrol® N (3) 50 MES + 2		
	Östrogenanteil < 50 µg EE (Mikropillen)	Femovan® Minulet® 30 EE + 0,075	Marvelon® 30 EE + 0,15 Lovelle® 20 EE + 0,15 Desmin® 20 Lovina® 20 20 EE + 0,15 Desmin® 30 Lovina® 30 30 EE + 0,15	Cilest® 35 EE + 0,25	Microgynon® Stediril® 30 Femigoa® Femranette® mikro 30 EE + 0,15 Minisiston® MonoStep® 30 EE + 0,125 Leios® Miranova® 20 EE + 0,1	Yermonil® 40 EE + 2 Ovoresta® M Pregnon® L 37,5 EE + 0,75	Ovysmen® 1/35 35 EE + 1 Ovysmen® 0,5/35 35 EE + 0,5 Conceplan® M Sinovula® mikro 30 EE + 0,5 EVE® 20 20 EE + 0,5 Nora-ratiopharm® 30 EE + 0,5	Neorlest® 21 30 EE + 0,6	Valette® 30 EE + 2	Belara® 30 EE + 2	Diane®-35 (3) 35 EE + 2	Yasmin® Petibelle® 30 EE + 3
Sequentialpräparate – Zweiphasenpille	Östrogenanteil = 50 µg EE		Oviol® 22 Cyclosa® (4) 1.–7. Tag: 50 EE 8.–22- Tag: 30 EE + 0,125		Perikursal® 21 Sequilar® 21 1.–11. Tag: 50 EE + 0,05 12.–21. Tag: 50 EE + 0,125	Ovanon® Lyn-ratiopharm®-Sequenz 1.–7. Tag: 50 EE 8.–22. Tag: 50 EE + 2,5		Sequostat® 1.–6. Tag: 50 EE 7.–21. Tag: 50 EE + 1,0		Neo-Eunomin® 1.–11. Tag: 50 EE + 1 12.–22. Tag: 50 EE + 2		
	Östrogenanteil < 50 µg EE		Biviol® 1.–7. Tag: 40 EE + 0,025 8.–22. Tag: 30 EE + 0,125								Androcur®-10 (2) Androcur®-50 (2) Sequentialtherapie: 5.–25. Tag: 35 EE Androcur®: 5.–14. Tag: 10–100 mg	
Sequentialpräparate – Dreiphasenpille	Östrogenanteil < 50 µg EE			Pramino® 1.–7. Tag: 35 EE + 0,18 8.–14. Tag: 35 EE + 0,215 15.–21. Tag: 30 EE + 0,25	TriStep® 1.–6. Tag: 30 EE + 0,05 7.–11. Tag: 50 EE + 0,075 12.–21. Tag: 40 EE + 0,125 Trinordiol® Triquilar® Triette® Trigoa® Trisiston® NovaStep® 1.–6. Tag: 30 EE + 0,05 7.–11. Tag: 40 EE + 0,075 12.–21. Tag: 30 EE + 0,125		TriNovum® 1.–7. Tag: 35 EE + 0,5 8.–14. Tag: 35 EE + 0,75 15.–21. Tag: 35 EE + 1,0 Synphasec® 1.–7. Tag: 35 EE + 0,5 8.–16. Tag: 35 EE + 1,0 17.–21. Tag: 35 EE + 0,5					
Minipillen			Cerazette® 0,075		Microlut® Mikro-30 Wyeth® 28 mini 0,03	Exlutona® 0,5	Micronovum® 0,35					

Die hormonelle Zusammensetzung der Präparate ist angegeben als µg Ethinylestradiol (EE) bzw. Mestranol (MES) + mg des jeweiligen Gestagens.
(1) Interzeptivum.
(2) Zur Behandlung von Androgenisierungserscheinungen der Frau in kombinierter Anwendung mit Diane-35.
(3) Hauptindikation: Androgenisierungserscheinungen der Frau. Das Präparat hat kontrazeptive Wirkung.
(4) Hauptindikation: Zyklusstörungen, dysfunktionelle Blutungen. Das Präparat hat kontrazeptive Wirkung.

10 Quellenverzeichnis

Abbildungen

Autorenbild Dr. Weyerstahl, S. XXIII: Portrait-Studio Meinen, München
Autorenbild Prof. Stauber, S. XXIII: Klinische Fotographie, Klinikum der Universität München

A-2.14 nach: Schindler, 1989
A-2.15 Pfleiderer, A. / Breckwoldt, M. / Martius, G. (Hrsg.): Gynäkologie und Geburtshilfe. 3. Aufl., Thieme, Stuttgart 2000
A-3.1 Murken, J. / Cleve, H. (Hrsg.): Humangenetik. 6. Aufl., Enke, Stuttgart 1996
A-3.2 Murken, J. / Cleve, H. (Hrsg.): Humangenetik. 6. Aufl., Enke, Stuttgart 1996
A-3.5 Baltzer, J. / Mickan H.: Gynäkologie. 5. Auflage, Thieme, Stuttgart 1994
A-3.7 Käser, O. / Friedberg V. / Ober K. (Hrsg.): Gynäkologie und Geburtshilfe, Bdn. 1, Tl.1, Thieme, Stuttgart 1987
A-3.9 nach: Marshall und Tanner 1969
A-3.10 nach: Lauritzen 1983

B-1.30 Sitzmann, F.C. (Hrsg.): Pädiatrie. Hippokrates, Stuttgart 1995
B-1.34 nach: Leidenberger, F.H.: Klinische Endokrinologie für Frauenärzte. 2. Aufl., Springer, Berlin 1998
B-1.35 nach: Leidenberger, F.H.: Klinische Endokrinologie für Frauenärzte
B-4.2–4.6 Petersen, E.: Erkrankungen der Vulva. Thieme, Stuttgart, 1992
B-4.7 nach: Hof, H. / Müller, L. / Dörries, R.: Mikrobiologie. Thieme, Stuttgart 2000
B-4.8 Petersen, E.: Erkrankungen der Vulva. Thieme, Stuttgart, 1992
B-4.9 Soost, H.J. / Baur, S.: Gynäkologische Zytodiagnostik. 5. Aufl., Thieme, Stuttgart 1990
B-4.10 Soost, H.J. / Baur, S.: Gynäkologische Zytodiagnostik. 5. Aufl., Thieme, Stuttgart 1990
B-4.12 Soost / Baur: Gynäkologische Zytodiagnostik. 5. Aufl., Thieme, Stuttgart 1990
B-4.14 Sohn C., Holzgreve W.: Ultraschall in Gynäkologie und Geburtshilfe. Thieme, Stuttgart, 1995
B-4.18 Petersen, E.: Erkrankungen der Vulva. Thieme, Stuttgart, 1992
B-4.19 Peterson, E.: Erkrankungen der Vulva. Thieme, Stuttgart, 1992
B-5.1 Pfleiderer A. / Breckwoldt M. / Martius G. (Hrsg.): Gynäkologie und Geburtshilfe. 3. Aufl., Thieme, Stuttgart 2000
B-7.5 Käser, O. / Friedberg, V. / Karl, G. (Hrsg): Gynäkologie und Geburtshilfe, Band III, 2. Aufl., Thieme, Stuttgart 1972
B-7.14 nach: Pfleiderer, A. / Breckwoldt, M. / Martius, G. (Hrsg.): Gynäkologie und Geburtshilfe. 3. Aufl., Thieme, Stuttgart 2000
B-7.15a Petri, E. (Hrsg.): Gynäkologische Urologie. 3. Aufl., Thieme, Stuttgart 2001

C-1.1 © Nourypharma, München
C-1.2 Firma Siemens, Erlangen
C-1.21d Martius, G. / Schmidt-Gollwitzer, M. (Hrsg.): Differentialdiagnose in Geburtshilfe und Gynäkologie. Thieme, Stuttgart 1984
C-1.21f Kreuzer, G. / Boquoi, E.: Zytologie der weiblichen Brustdrüse. Thieme, Stuttgart 1981
C-1.21g Frischbier / Lohbeck: Frühdiagnostik des Mammakarzinoms. Thieme, Stuttgart 1977
C-1.23 Henne-Bruns, D. / Dürig, M. / Kremer, B.: Chirurgie. Thieme, Stuttgart 2001

D-1.4 Arbeitsgruppe NFP, Natürlich und sicher, Ehrenwirth Verlag 2000

E-1.4 Martius, G. / Rath. W.: Geburtshilfe und Perinatologie. Thieme Stuttgart 1998
E-1.5 nach: Stegner, H.E.: Gynäkologie und Geburtshilfe. 6. Aufl., Enke, Stuttgart 1996
E-1.6 nach: Pfleiderer, A. / Breckwoldt, M. / Martius, G. (Hrsg.): Gynäkologie und Geburtshilfe. 3. Aufl., Thieme, Stuttgart 2000
E-1.7 Pfleiderer, A. / Breckwoldt, M. / Martius, G. (Hrsg.): Gynäkologie und Geburtshilfe. 3. Aufl., Thieme, Stuttgart 2000
E-1.8 nach: Keck, C. / Neulen, J. / Breckwoldt, M. u. a. (Hrsg.): Endokrinologie, Reproduktionsmedizin, Andrologie. Thieme, Stuttgart 1997
E-1.9 nach: Sadler, T. / Langmann, J.: Medizinische Embryologie. 9. Aufl., Thieme, Stuttgart 1998
E-1.10 nach: Sadler, T. / Langmann, J.: Medizinische Embryologie. 9. Aufl., Thieme, Stuttgart 1998
E-2.8 Schmidt-Matthiesen, H. / Hepp, H. (Hrsg.): Gynäkologie und Geburtshilfe. 9. Aufl., Schattauer, Stuttgart 1998
E-2.9 Sitzmann, F.C. (Hrsg.): Pädiatrie. Hippokrates, Stuttgart 1995
E-3.3 © Dr. Rathenberg, Medauxil, Bad Gandersheim
E-4.2 Diedrich, K.: Gynäkologie und Geburtshilfe, Springer, Berlin 1999
E-4.3 Niessen, K.-H. (Hrsg.): Pädiatrie. 5. Aufl., Thieme, Stuttgart 1999
E-4.7 Sohn, C. / Krapfl-Gast, A.S. / Schiesser, M.: Checkliste Sonografie in Gynäkologie und Geburtshilfe. 2. Aufl., Thieme, Stuttgart 2001
E-5.2 Knörr, K.: Geburtshilfe und Gynäkologie. 3. Aufl., Springer, Berlin 1989.
E-5.13–E-5.16 F. Hoffmann – La Roche, Basel, Geburtshilfe 1980
E-5.20 F. Hoffmann – La Roche, Basel, Geburtshilfe 1980
E-6.2 Pschyrembel, W. / Dudenhausen, J.W.: Praktische Geburtshilfe, 18. Aufl., De Gruyter, Berlin 1994
E-6.7 nach: Pfleiderer, A. / Breckwoldt, M. / Martius, G. (Hrsg.): Gynäkologie und Geburtshilfe. 3. Aufl., Thieme, Stuttgart 2000
E-6.24 mit freundlicher Genehmigung von Prof. Kainer, München
E-6.26 mit freundlicher Genehmigung von Prof. Kainer, München
E-6.27 mit freundlicher Genehmigung von Prof. Kainer, München
E-6.31 nach: Pfleiderer, A. / Breckwoldt, M. / Martius, G. (Hrsg.): Gynäkologie und Geburtshilfe. 3. Aufl., Thieme, Stuttgart 2000
E-6.32 nach: Pfleiderer, A. / Breckwoldt, M. / Martius, G. (Hrsg.): Gynäkologie und Geburtshilfe. 3. Aufl., Thieme, Stuttgart 2000
E-6.37 nach: Pfleiderer, A. / Breckwoldt, M. / Martius, G. (Hrsg.): Gynäkologie und Geburtshilfe. 3. Aufl., Thieme, Stuttgart 2000
E-6.42a nach: Hirsch, H. / Käser, O. / Ikle, F.: Atlas der Gynäkologischen Operationen einschließlich urologischer, proktologischer und plastischer Eingriffe. 6. Aufl. Thieme, Stuttgart 1999
E-8.5 Simon, C.: Pädiatrie. 7. Aufl., Schattauer, Stuttgart 1995
E-8.6 Sitzmann, F.C. (Hrsg.): Pädiatrie. Hippokrates, Stuttgart 1995

F-1.2 Füeßl, H.S. / Middeke, M.: Anamnese und Klinische Untersuchung. Hippokrates, Stuttgart 1998
F-1.9 Pfleiderer, A. / Breckwoldt, M. / Martius, G. (Hrsg.): Gynäkologie und Geburtshilfe. 3. Aufl., Thieme, Stuttgart 2000

Tabellen

A-3.2 nach: Marshall und Tanner 1969
A-4.2 nach: Leitlinien der Deutschen Gesellschaft für Psychosomatische Frauenheilkunde und Geburtshilfe
A-4.10 nach: Hamilton, J.A., San Francisco, J. ISPOG 2/1989

B-6.2 nach: Schweppe
B-6.3 nach: Schweppe

C-1.13 Gradingeinteilung nach: Bloom
C-1.21 nach: Manual Tumorzentrum München
C-1.22 nach: Konsensuskonferenz St. Gallen 2001

D-1.2 Sturtevant und Wait 1991

E-1.6 nach: Martius
E-2.7 nach: Hook, 1981
E-4.2 nach Spielmann, et. al.: Taschenbuch der Arzneimittelverordnung in Schwangerschaft und Stillperiode
E-4.3 nach: Merkblatt „Hochdruck in der Schwangerschaft und während der Stillperiode" der deutschen Hochdruckliga. 4. Aufl., 1999
E-6.4 nach: Pschyrembel und Dudenhausen 1986

Sachverzeichnis

Halbfette Seitenzahl: Auf dieser Seite wird das Stichwort ausführlicher besprochen.

A

B

C

D

E

F

G

H

I

J

K

L

M

N

Q

R

T

W

X

Z

EUROCARD
MasterCard
MLP
BANK AKTIENGESELLSCHAFT
5486 2000 0000 0000
VALID DATES
00/00 00/00 DK
SUSANN MAY
RECHNUNG